DER U-BOOT-KRIEG

CLAY BLAIR

DER U-BOOT-KRIEG

DIE JÄGER
1939–1942

Aus dem Amerikanischen von
Helmut Dierlamm, Norbert Juraschitz und Ulrich Mihr

Wilhelm Heyne Verlag
München

Titel der Originalausgabe: Hitler's U-Boat War. The Hunters 1939–1942.
Die Originalausgabe erschien bei Random House, New York

Satz: Dr. Ulrich Mihr GmbH, Tübingen
Druck und Bindung: Wiener Verlag, Himberg
Printed in Austria
ISBN 3-453-12345-X

Dieses Buch ist dem verstorbenen Washingtoner Bürochef von *Time-Life,* James R. (Jim) Shepley, gewidmet. Er gründete die Shepley School of Journalism, die 1950/51 nur einen einzigen Schüler hatte – mich; außerdem widme ich es dem unvergleichlichen Verleger Marc Jaffe, der mich in meiner Tätigkeit als seriöser Historiker als erster ermutigte und förderte; ferner meinen Agenten Jack Scovil und Russ Galen, die die nötigen Mittel beschafften; und meiner Frau Joan, die bei diesem und vielen anderen Büchern im besten Sinne des Wortes meine Kollaborateurin war.

INHALT

VERZEICHNIS DER KARTEN *11*

VERZEICHNIS DER TAFELN *23*

VORWORT *25*

PROLOG
DIE HINTERGRÜNDE DES KRIEGES

Erste technische Entwicklungen *31* • U-Boote im Ersten Weltkrieg *38* • Verträge, Abrüstung und U-Boote *52* • Die Wiedergeburt der deutschen Marine *59* • Eine dramatische Rückverwandlung *66* • Am Vorabend des Krieges *71*

BUCH EINS
DER U-BOOT-KRIEG GEGEN DAS BRITISCHE EMPIRE
September 1939 bis Dezember 1941

EINS

»In Ehren untergehen« *85* • Das Boot *89* • Komplizierte Vorschriften *96* • »Winston ist wieder da« *102* • Treffer und Fehlschläge *112* • Gefechte mit der *Ark Royal 119* • »Ein herrlicher Erfolg« *123* • Die Feindfahrten in der Nordsee *130* • U-Boote versus Handelsschiffe – der Beginn eines Rüstungswettlaufs *133*

ZWEI

Pläne und Probleme *137* • Prien in der Bucht von Scapa Flow *140* • Das erste Wolfsrudel *146* • Operationen der Atlantik-U-Boote von Oktober bis Dezember 1939 *152* • Minenoperationen *159* • U-Boot-Abwehrmaßnahmen *165* • Atlantikoperationen im Januar und Februar 1940 *175* • Das Versagen der U-Boote in Norwegen *186*

DREI

Rückkehr in den Nordatlantik *201* • Großbritannien in Gefahr *206* • »Glückliche Zeit«: Das Gemetzel im Juni *210* • Erste Feindfahrten von Lorient aus *218* • Das Gemetzel im August *224* • Strategien, Geheimnisse und Abkommen *231* • Noch mehr glückliche Zeiten *237* • Das Gemetzel im Oktober *244* • Schwere britische Versäumnisse *254*

VIER

Ein bitterer Winter *268* • Britisch-amerikanische Beziehungen werden geknüpft *276* • Unheilvolle Zeiten *282* • Der Angriff auf den Enigmaschlüssel der Kriegsmarine *291* • »Die Schlacht im Atlantik« *298* • Prien wird versenkt *302* • Schepke und Kretschmer gehen verloren *309* • Mehr schlechte Nachrichten *314* • Die Aussichten verschlechtern sich *320* • Ein kleiner Vorsprung für die Briten *326*

FÜNF

Blütenblätter von seltener Schönheit *336* • »Versenkt die *Bismarck*« *347* • Reiche Beute vor Westafrika *355* • Die nordatlantischen Feindfahrten im Juni *367* • Eine aufschlußreiche Geleitzugschlacht *371* • Das Küstenkommando *380* • Indigo *384* • Unternehmen Barbarossa: Die Ostsee und das nördliche Eismeer *388* • Feindfahrten im Nordatlantik im Juli *391* • Die Atlantik-Charta *396* • Feindfahrten im Nordatlantik im August *399* • Die Kaperung von *U570* *406*

SECHS

Seeoperationen der Alliierten *419* • Seeoperationen der deutschen Kriegsmarine *425* • Die Route im Nordatlantik *428* • Eine weitere erbitterte Geleitzugschlacht *437* • »Wir sind im Krieg« *444* • Feindfahrten vor Westafrika *452* • Unterstützung für Rommel *460* • Die Krise im Mittelmeer *468* • Der Verlust der *Kota Pinang,* der *Atlantis* und der *Python* *478* • Eine heroische Geleitzugschlacht *483* • Bewertung *494*

BUCH ZWEI

DER U-BOOT-KRIEG GEGEN DIE AMERIKANER

Dezember 1941 bis August 1942

SIEBEN

Japan schlägt zu *507* • Ein neuer Krieg *513* • Die »Norwegen-Paranoia« *519* • »Wir brauchen Schiffe!« *522* • Ein neues Geleitzugsystem *531* • Paukenschläge *540* • Erste Operationen vor Kap Hatteras *546* • Der Angriff auf Kanada *551* • Nutzung der britischen Technologie zur U-Boot-Bekämpfung *557* • Umstellungen und Verzögerungen auf deutscher Seite *564* • Weitere Niederlagen vor Gibraltar und den Azoren *571*

ACHT

Der Blackout bei der Entzifferung des deutschen Marineschlüssels M *576* • Die ersten Feindfahrten von Typ-VII-Booten vor der US-Küste *581* • Erste Vorstöße zu den Westindischen Inseln und in die Karibik *588* • Unvorhergesehene und ungeplante Geleitzugschlachten *594* • Ein weiterer schwerer Schlag *599* • Hitzige Debatten *608* • Globale Herausforderungen *615* • Hardegens zweite Feindfahrt *623* • Ein spektakulärer Beutezug *628* • Feindfahrten in anderen Gewässern *640* • Geteilte Geheimnisse *649*

NEUN

Der britische Überfall auf St. Nazaire *651* • Hitlers Zweifel und Versprechen *654* • Strategische Erfolge in der Korallensee und um Midway *658* • Vorstöße in die Golfregionen *661* • Schwierige Jagd an der Ostküste *667* • Schlachtfest im Golf von Mexiko und in der Karibik *672* • Die Krise bei den Alliierten verschärft sich *683* • Die Argonauten-Konferenz *688* • Die Gruppe Hecht *695* • Agenten, Minen, Mißgeschicke *699* • Neue Rekordfahrten der Typ-IX-Boote *708*

ZEHN

Rückkehr in den Nordatlantik *716* • Feindfahrten in amerikanischen Gewässern im Juni *722* • Stark nachlassende Erfolge der Typ-IX-Boote *731* • Das Nordmeer und der Geleitzug PQ 17 *739* • Unterstützung für Rommel im Mittelmeer *748* • Rückkehr zur Nordatlantikroute *758* • Rückkehr in den Mittel- und Südatlantik *773* • Weitere Feindfahrten in amerikanischen Gewässern *781* • Weitere schlechte Ergebnisse der Typ-IX-Boote *789* • Rückzug aus der Karibik *793* • Bewertung *800*

ANHANG

1 Hochseetüchtige Front-U-Boote: Die ersten drei Jahre: August 1939 bis August 1942 . . . . . *811*
2 Feindfahrten im Nordatlantik: August 1939 bis August 1942. . . . . *819*
3 Feindfahrten im Südatlantik: Oktober 1940 bis August 1942 . . . . . *834*
4 Feindfahrten in amerikanischen Gewässern: Dezember 1941 bis August 1942 *837*
5 Ins Nordmeer entsandte U-Boote: Juli 1941 bis August 1942 . . . . . *843*
6 Ins Mittelmeer verlegte U-Boote: September 1941 bis August 1942 . . . . . *845*
7 Versenkungen durch U-Boote vom Typ II (Einbäume): September 1939 bis November 1941 . . . . . *847*
8 Im Atlantik stationierte italienische U-Boote *849*
9 Die Lage bei den britischen Zerstörern: 1939–1941 . . . . . *851*
10 Die Lage bei den kanadischen Zerstörern: 1939–1945 . . . . . *856*

11 Der Austausch von Hochsee-Geleitfahrzeugen außer Zerstörern zwischen der Royal Navy und der Royal Canadian Navy: 1942–1944 ..... *857*
12 Die Lage bei den US-amerikanischen Zerstörern: Januar 1942 bis September 1942 ..... *859*
13 US-amerikanische Bauprogramme für Geleitzerstörer und Fregatten *864*
14 Das US-amerikanische Bauprogramm für Patrouillenboote im Zweiten Weltkrieg: Januar 1942 bis Juli 1942 ..... *865*
15 Von der Royal Navy an die US Navy ausgeliehene Hochsee-Geleitfahrzeuge: 1942/1943 ..... *867*
16 Einsätze von Zerstörern der Atlantic Fleet als Geleitfahrzeuge für Truppenkonvois, spezielle Frachtkonvois und für andere Aufgaben: November 1941 bis September 1942 ..... *868*
17 Alliierte Tankerverluste durch U-Boote der Achse im Atlantik: September 1939 bis Dezember 1942 ..... *873*
18 Von deutschen und italienischen U-Booten im Zweiten Weltkrieg versenkte alliierte und neutrale Schiffe und deren Tonnage: 3. 9. 1939 bis 31. 8. 1942 ..... *884*

GLOSSAR *885*

DANKSAGUNG UND QUELLEN *889*

REGISTER *891*
Schiffe *891*
U-Boote *901*
Personen *905*

VERZEICHNIS DER KARTEN

Die britischen Inseln und Norddeutschland 12/13
Konvoirouten im Nordatlantik 14/15
Die Arktis 16
Golf von Biskaya 17
Das Mittelmeer 18/19
Golf von Mexiko und Karibik 20/21
Ostküste der USA 22

Färöer
Norwegisch
Becken
Shetland-Inseln
ATLANTISCHER
OZEAN
Orkney-Inseln
Scapa Flow
Hebriden
The Minches
Loch Ewe
Cromarty Firth
Moray Firth
Firth of Forth
Glasgow
Nordkanal
Firth of Clyde
Nords
Londonderry
NORD-
IRLAND
Hartlepool
Barrow-
in-Furness
Irische See
Galway
Bay
Liverpool
IRLAND
GROSS-
BRITANNIEN
Sankt-Georgs-Kanal
Lowe
Harwich
Milford
Haven
London
Bristol Channel
Folkestone
Dover
Calais
Land's End
Portsmouth
Portland
Scilly-Inseln
Plymouth
Der Kanal
Dieppe
FRANK

Die Britischen Inseln und Norddeutschland
0
100
200
300
400
Seemeilen
Bottnischer Meerbusen
NORWEGEN
Oslo
Horten
Christiansand
Skagerrak
Kattegat
SCHWEDEN
Stockholm
Ostsee
Kopenhagen
DÄNEMARK
Gdingen
Danzig
Kiel
Nord-Ostsee-kanal
Helgoland
Brunsbüttel
Wilhelmshaven
Hamburg
Bremen
Berlin
POLEN
DEUTSCHLAND
TSCHECHO-SLOWAKEI
LUX.

Konvoirouten im Nordatlantik
0 100 200 300 400
Seemeilen
(bei 50° nördlicher Breite)
Grönlan
Kap
Farewe
KANADA
Belle Isle
Strait
Newfoundland
Argentia
St. John's
Sankt-Lorenz
Golf
Quebec
Sankt-Lorenz-Strom
Montreal
Nova
Scotia
Sydney
Halifax
Cape Race
Cape Sable
Cape Cod
ATLANTISC
New York
USA
Norfolk
Mittelatlantisch
Konvoiroute
ab 8. November 194
Bermuda
UG–GU

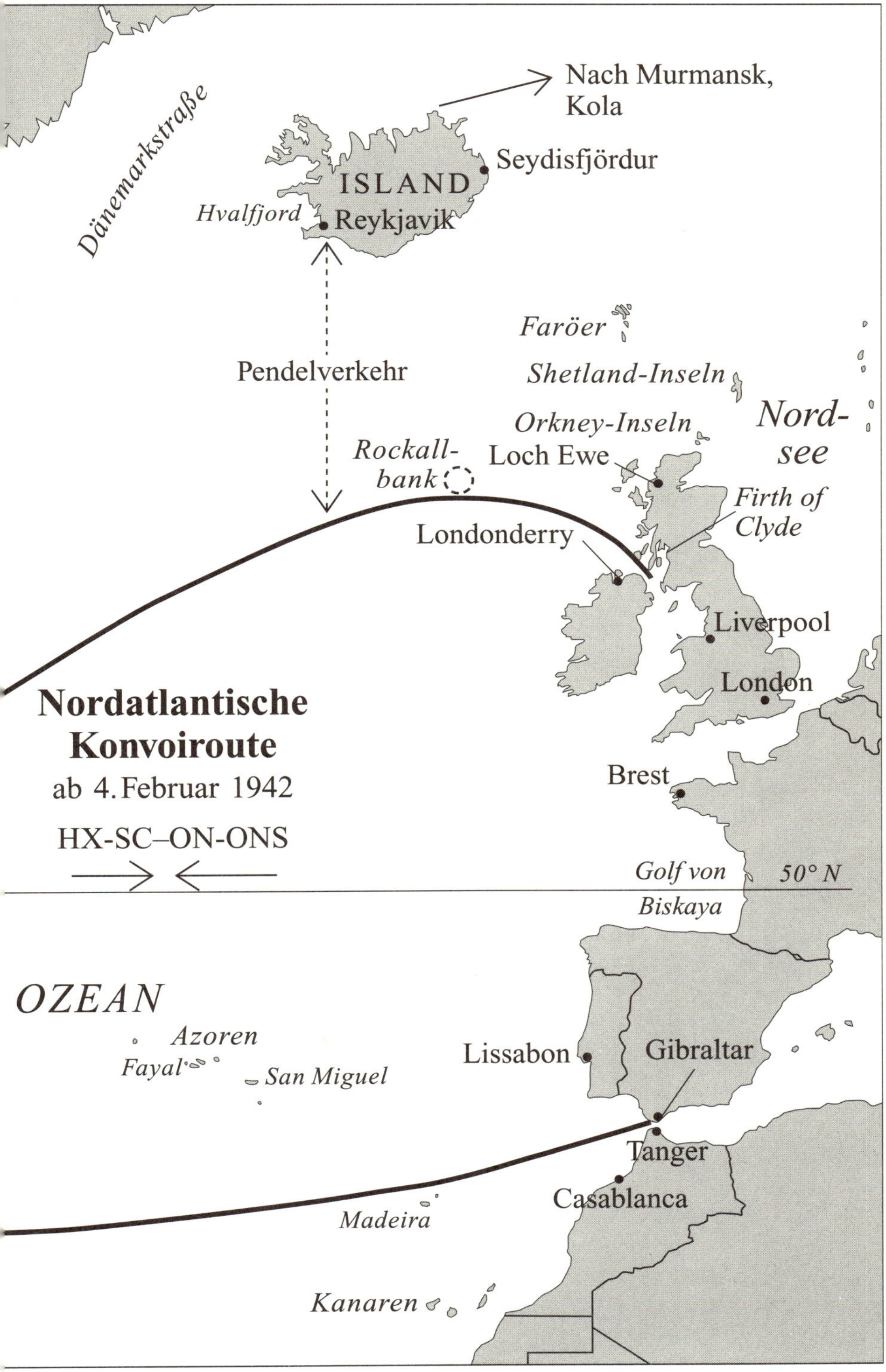

Nordatlantische Konvoiroute

ab 4. Februar 1942

HX-SC–ON-ONS

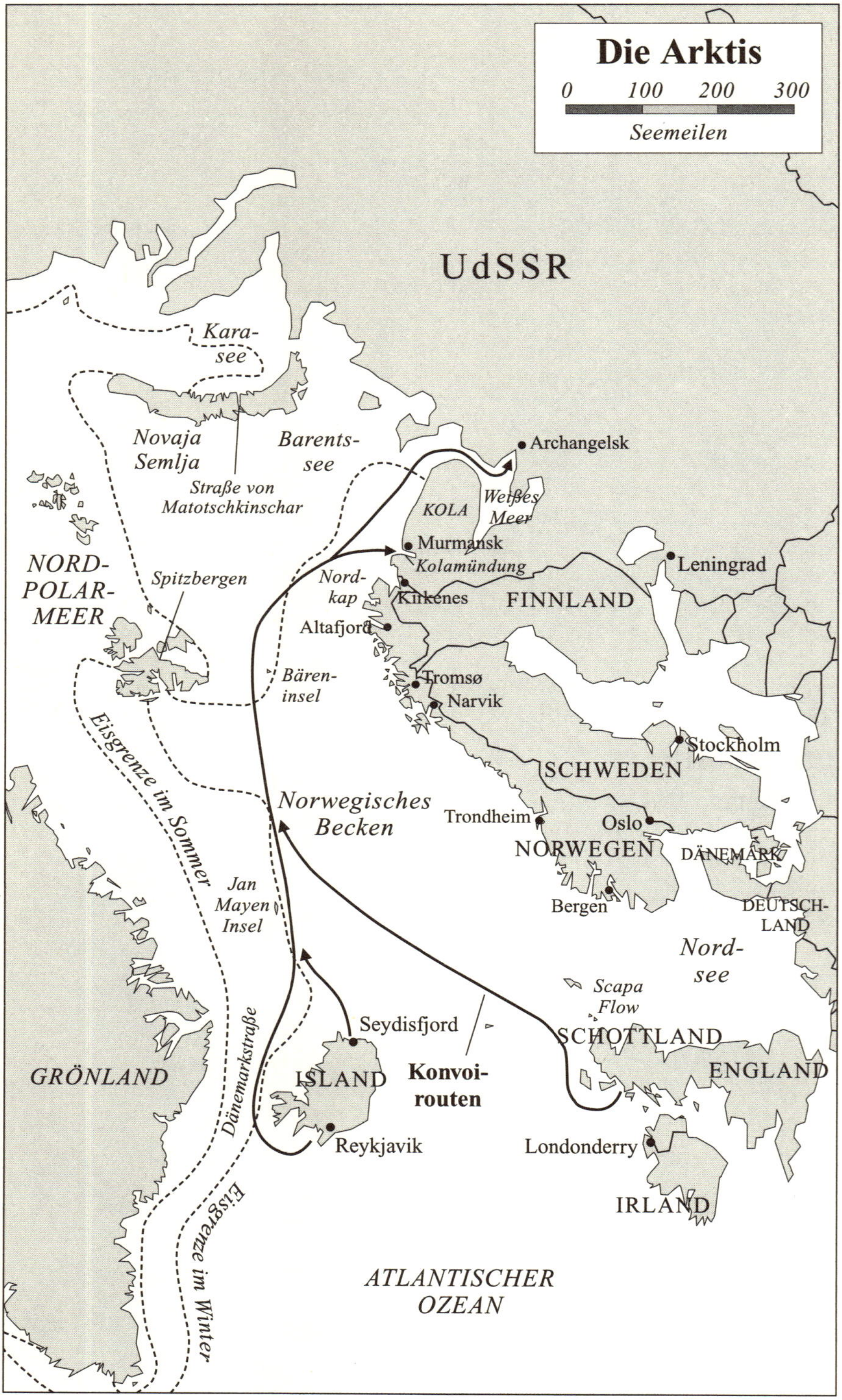

Die Arktis
0 100 200 300
Seemeilen
UdSSR
Kara-
see
Novaja
Semlja
Barents-
see
Straße von
Matotschkinschar
Archangelsk
KOLA
Weißes
Meer
Murmansk
Kolamündung
Leningrad
NORD-
POLAR-
MEER
Spitzbergen
Nord-
kap
Kirkenes
FINNLAND
Altafjord
Bären-
insel
Tromsø
Narvik
Stockholm
SCHWEDEN
Eisgrenze im Sommer
Norwegisches
Becken
Trondheim
Oslo
NORWEGEN
DÄNEMARK
Jan
Mayen
Insel
Bergen
DEUTSCH-
LAND
Nord-
see
Scapa
Flow
Dänemarkstraße
Seydisfjord
SCHOTTLAND
GRÖNLAND
ISLAND
Konvoi-
routen
ENGLAND
Reykjavik
Londonderry
IRLAND
Eisgrenze im Winter
ATLANTISCHER
OZEAN

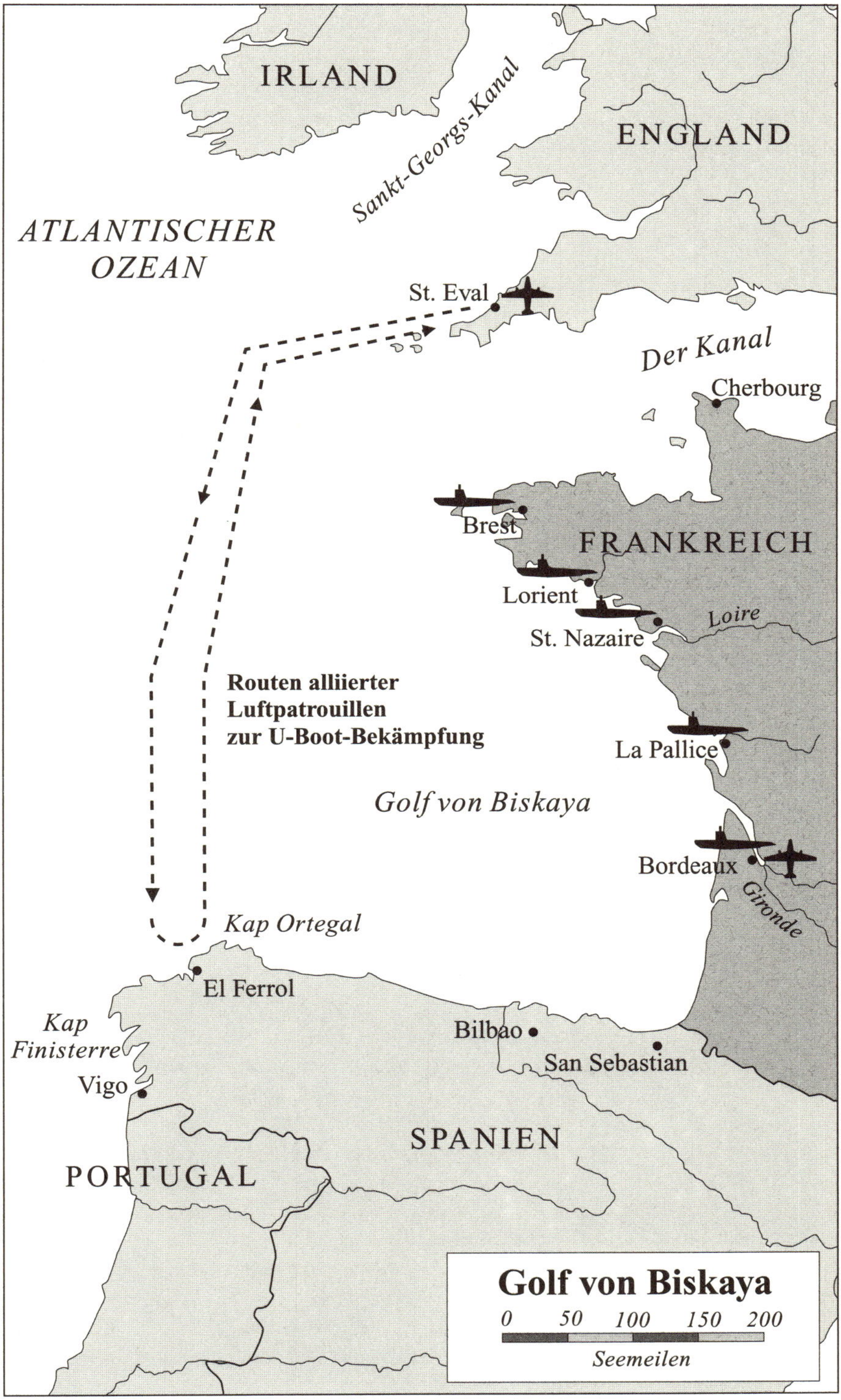
IRLAND
ENGLAND
Sankt-Georgs-Kanal
ATLANTISCHER
OZEAN
St. Eval
Der Kanal
Cherbourg
Brest
FRANKREICH
Lorient
Loire
St. Nazaire
Routen alliierter
Luftpatrouillen
zur U-Boot-Bekämpfung
La Pallice
Golf von Biskaya
Bordeaux
Gironde
Kap Ortegal
El Ferrol
Kap
Finisterre
Vigo
Bilbao
San Sebastian
SPANIEN
PORTUGAL
Golf von Biskaya
0 50 100 150 200
Seemeilen

IRLAND
GROSS-
BRITANNIEN
DÄNEM
DEUTSCH
FRANKREICH
La Spezia
Marseille
Toulon
PORTUGAL
SPANIEN
Korsika
Rom
Sardinien
IT
Si
Gibraltar
Tanger
SPANISCH-MAROKKO
Oran
Algier
Tunis
MAROKKO
TUNESIEN
ALGERIEN
Tri
Das Mittelmeer
0 100 200 300 400
Seemeilen

POLEN
SOWJETUNION
ECHOSLOWAKEI
UNGARN
RUMÄNIEN
JUGOSLAWIEN
BULGARIEN
ALBANIEN
pel
TÜRKEI
GRIECHEN-
LAND
Athen
Salamis
ZYPERN
SYRIEN
KRETA
Beirut
ALTA
Haifa
Mittelmeer
PALÄSTINA
Port Said
Tobruk
Alexandria
Bengasi
El Alamein
ÄGYPTEN
LIBYEN

USA
Mississippi
Mobile
Pensacola
New Orleans
Galveston
St. Augu
Dayton
Beach
Tampa
100-Faden-Linie
Golf von Mexiko
Miami
Key West
Floridastraße
100-Faden-Linie
Havanna
Canal de Yucatan
Tampico
KUB
Cozumel
Cayman-Inseln
Vera Cruz
Belize
MEXIKO
GUATEMALA
HONDURAS
EL
SALVADOR
NICARAGUA
Col
Panama-
kanal
PAZIFISCHER OZEAN
COSTA
RICA
Pan
Golf von Mexiko und Karibik
0 100 200 300 400
Seemeilen

ATLANTISCHER OZEAN
Bahamas
hamastraße
Guantánamo
Windward Passage
DOMINIKANISCHE REPUBLIK
HAITI
MAIKA
Mona Passage
PUERTO RICO
Anegada Passage
Martinique
St. Lucia
Barbados
Karibische See
Aruba
Curaçao
Trinidad
Golf von Venezuela
Maracaibosee
VENEZUELA
KOLUMBIEN
BRASILIEN

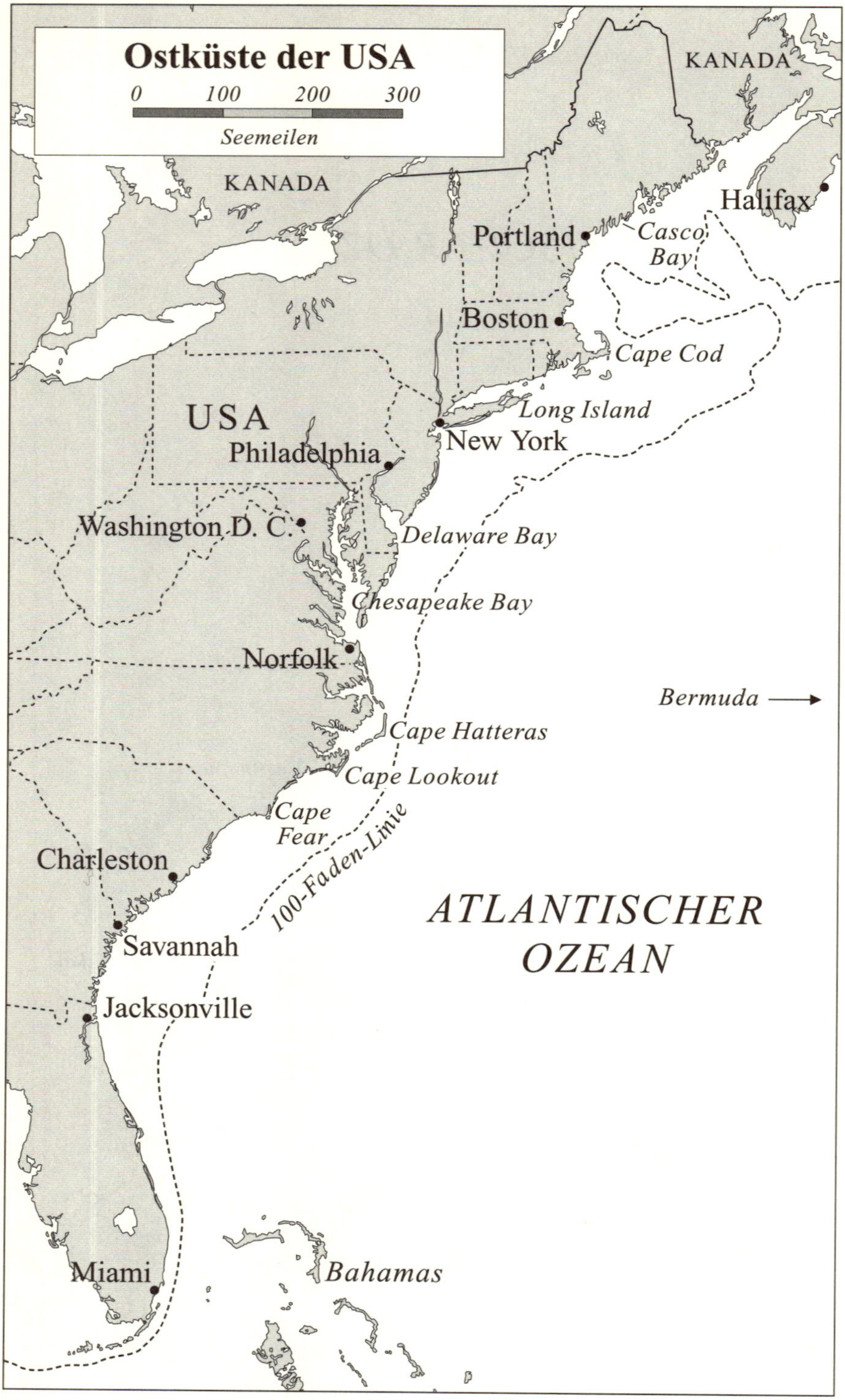

Ostküste der USA
0
100
200
300
Seemeilen
KANADA
KANADA
USA
Halifax
Portland
Casco Bay
Boston
Cape Cod
Long Island
New York
Philadelphia
Washington D. C.
Delaware Bay
Chesapeake Bay
Norfolk
Bermuda
Cape Hatteras
Cape Lookout
Cape Fear
100-Faden-Linie
Charleston
Savannah
ATLANTISCHER OZEAN
Jacksonville
Miami
Bahamas

VERZEICHNIS DER TAFELN

Querschnittzeichnungen der U-Boot-Typen VIIC und IXC finden sich auf den Seiten 92 und 93

1 Deutsche U-Boot-Streitmacht 1914–1918 50
2 Von U-Booten im Ersten Weltkrieg versenkter alliierter und neutraler Schiffsraum 50
3 Deutsche U-Boot-Typen Juni 1935 bis September 1939 73
4 Deutsche U-Boot-Rüstung vor dem Zweiten Weltkrieg Juni 1935 bis September 1939 74
5 Sicherungsfahrzeuge der Royal Navy außer Zerstörern 1939–1945 107
6 Britisch kontrollierte Handelsschiffe
Anzahl der Schiffe über 1600 BRT
Schiffsraum der Schiffe über 1600 BRT (in 1000 BRT) 135
7 Sicherungsfahrzeuge der Royal Canadian Navy außer Zerstörern 1939–1945 279
8 Auf den Britischen Inseln stationierte ASW-Flugzeuge des Coastal Command Juni/ Juli 1941 382
9 Von der britischen Luftwaffe bis August 1941 ganz oder teilweise zerstörte U-Boote der Achse 382
10 Wichtigste Frachtkonvois im Nordatlantik zu den Britischen Inseln 1939–1941 502
11 Alliierte Geleitzüge, die mindestens sechs Schiffe verloren September 1939 bis Dezember 1941 503
12 Versenkungen durch U-Boote auf Feindfahrten in amerikanischen Gewässern Dezember 1941 bis August 1942 805
13 Wichtigste Frachtkonvois im Nordatlantik zu den Britischen Inseln 1. Januar 1942 bis 31. August 1942 809
14 Vergleich der Importe ins United Kingdom 1941 und 1942 810

VORWORT

An einem kalten Tag im Spätherbst 1945 schob sich unser U-Boot, die U.S.S. *Guardfish,* mit flatternden Siegeswimpeln langsam in den U-Boot-Hafen von New London in Connecticut, wo bereits Dutzende seriengefertigter Schwesterschiffe, ebenfalls »heim von der See«, vor Anker lagen.

Man nannte uns U-Boot-Fahrer die »stille Streitmacht«, und wir waren stolz darauf. Ohne Wissen der Öffentlichkeit hatten wir entscheidend dazu beigetragen, Japan niederzuringen. In zweiundvierzig Monaten geheimen Krieges im Pazifischen Ozean hatten 250 unserer U-Boote auf 1682 Feindfahrten der japanischen Marine schwere Schläge beigebracht und 1314 Schiffe mit 5,3 Millionen BRT versenkt, darunter zwanzig große Kriegsschiffe: acht Flugzeugträger, ein Schlachtschiff und elf Kreuzer. Fast drei Jahre lang hatte die *Guardfish,* ein gutes Boot, eine bedeutende Rolle in diesem Krieg gespielt und auf zwölf langen und kräftezehrenden Einsätzen in den von Japan beherrschten Gewässern neunzehn Schiffe, darunter zwei Flottenzerstörer und ein Patrouillenboot, auf den Grund geschickt.

Wir machten an dem Pier fest, wo die *Guardfish* »eingemottet« werden sollte, und zu unserer Überraschung erblickten wir ganz in der Nähe ein seltsam fremd aussehendes U-Boot. Es war tiefschwarz gestrichen und machte einen erstaunlich schlanken und finsteren Eindruck. Wie wir rasch erfuhren, war es ein deutsches U-Boot, dessen Besatzung sich kurz nach VE-Day, dem Tag des alliierten Sieges in Europa, ergeben hatte. Nun hatte es eine amerikanische Besatzung bekommen, die es im Auftrag der Washingtoner Marinebehörden erproben und beurteilen sollte.

Normale Sterbliche wurden nicht einmal in die Nähe dieses als höchst geheim eingestuften U-Boots gelassen. Als es jedoch an »unseren« Pier verlegt wurde (und uns dabei leicht rammte), machten wir Bekanntschaft mit der amerikanischen Crew und konnten sie nach und nach überreden, uns einen Blick ins Innere werfen zu lassen. Wie wir erfuhren, handelte es sich um *U2513,* ein brandneues »Elektroboot« des Typs XXI, eines von zwei Exemplaren dieser Bauart, die der amerikanischen Marine als Kriegsbeute zugeteilt worden waren. Eines der berühmtesten deutschen U-Boot-»Asse«, Erich Topp, hatte es in Dienst genommen und befehligt, es war jedoch wie seine in Serie gefertigten Schwesterboote zu spät fertig geworden, um noch in den Krieg eingreifen zu können.

Bei unserer ersten flüchtigen Inspektion von *U2513* waren wir von manchen technischen Merkmalen, etwa der hohen Unterwassergeschwindigkeit, durchaus beeindruckt. Das Boot hatte sechs Batterien mit insgesamt 372 Zellen (daher »Elektroboot«), die es ihm ermöglichten, getaucht eine Stunde lang 16 Knoten Fahrt zu machen. Damit war es doppelt so schnell wie unsere Boote und schnell genug, um fast jedem damaligen U-Boot-Bekämpfungsschiff zu entkommen. Außerdem konnte das Boot dank der großen Batteriekapazität sowohl auf der Jagd als auch auf der Flucht bei gedrosselter Fahrt lange unter Wasser bleiben.

Ein weiteres sehr beeindruckendes Ausrüstungsmerkmal war der Schnorchel. Es handelte sich um ein technisch hochentwickeltes Atmungsrohr, einen Mast mit Lufteinzug und Abzugsschlitzen, der es *U2513* ermöglichte, beide Dieselmotoren unter Wasser zu betreiben. Wurde einer der Motoren (oder beide) zur Aufladung der Batterien eingesetzt, konnte das Boot theoretisch für längere Zeiträume unter Wasser bleiben, was die Wahrscheinlichkeit stark verringerte, vom Feind gesichtet oder von seinem Radar erfaßt zu werden.

Und das war noch längst nicht alles. Die Sehrohr-Optik und die Horchanlage waren unseren Einrichtungen weit überlegen. Mit dem raffinierten hydraulischen Torpedoladesystem konnten die sechs Bugtorpedorohre in nur fünf Minuten nachgeladen werden. Innerhalb von weiteren zwanzig Minuten konnte ein drittes Mal geladen werden. Dicke und Stärke der Druckhülle sollten dem Boot eine sichere Tauchtiefe von 360 Metern ermöglichen, doppelt so tief, wie unsere Boote gefahrlos tauchen konnten, und ausreichend, um den meisten damaligen Wasserbomben der Alliierten zu entkommen. Das Boot hatte sogar einen »Autopiloten« zur präzisen Einhaltung der Tauchtiefe bei hoher Geschwindigkeit.

Viel später, als diese und einige andere technische Eigenschaften des Elektroboots Typ XXI an die Öffentlichkeit durchsickerten, entstand darüber in Marinekreisen helle Aufregung. Angesehene Fachleute schwärmten, Typ XXI stelle einen gewaltigen Sprung in der U-Boot-Technik dar und bringe die Menschheit sehr nahe an ein »true submersible«, ein echtes Unterwasserschiff, heran. Hätten die Deutschen schon ein Jahr früher Boote dieses Typs produziert, so versicherten einige Marinehistoriker, hätten sie die Atlantikschlacht fast mit Sicherheit gewonnen und die Alliierten gezwungen, Overlord, die Invasion des besetzten Frankreich, auf unbestimmte Zeit zu verschieben.

Die amerikanischen Begutachter von *U2513* jedoch waren sich da nicht so sicher. In ihrem Geheimbericht vom Juli 1946 an den Chief of Naval Operations heißt es, Typ XXI habe zwar viele wünschenswerte und nützliche Merkmale (große Batterie, Schnorchel, Stromlinienform usw.), weise jedoch auch eine ganze Reihe von Konstruktions- und Herstellungsmängeln auf. Der Bericht legte eindeutig den Schluß nahe, daß Typ XXI den Verlauf der Atlantikschlacht nicht wesentlich verändert hätte. Die Amerikaner nannten unter anderen folgende schwerwiegende Mängel:

- **Schlechter Zusammenhalt des Druckkörpers.** Die acht Hauptteile des Rumpfs waren schlecht verarbeitet und paßten nicht richtig zusammen. Sie waren in Windeseile in 32 verschiedenen Fabriken vorgefertigt worden, wo man wenig oder keine Erfahrung mit dem U-Bootbau hatte. Daher war der Druckkörper schwach und konnte weder dem Wasserdruck in großen Tiefen noch der nahen Explosion von Wasserbomben standhalten. Die Deutschen berichteten, bei ihren Festigkeitstests habe der Druckkörper schon bei einer simulierten Tiefe von 270 Metern versagt. Die Briten nannten eine Tiefe von 240 Metern, weniger als die maximale Tauchtiefe der konventionellen deutschen U-Boote.

- **Zu schwache Dieselmotoren.** Die neuen sechszylindrigen Dieselmotoren waren mit Ladern ausgestattet, um die erforderliche PS-Leistung zu erbringen. Doch das System war so mangelhaft ausgelegt und gefertigt, daß die Lader nicht eingesetzt werden konnten. Daher sank die reale Leistung um fast die Hälfte, von 2000 PS auf 1200 PS, und Typ XXI blieb somit fatal unter der erforderlichen Leistung. Die maximale Überwassergeschwindigkeit betrug daher auch nur 15,6 Knoten, weniger als bei allen anderen während des Krieges gebauten hochseetüchtigen U-Booten und weniger auch als bei den Korvetten, die zur Sicherung von Geleitzügen eingesetzt wurden. Aufgrund der beschränkten PS-Leistung dauerte auch die vollständige Aufladung der Batterien erheblich länger.
- **Unpraktisches Hydrauliksystem.** Die Stromleitungen, Akkumulatoren, Zylinder und Kolben der Hydraulik für Tiefenruder, Ruder, Außenklappen der Torpedorohre und die Kalotten der Flakzwillinge auf der Brücke waren zu kompliziert und anfällig und befanden sich außerhalb des Druckkörpers. Sie waren daher dem Salzwasser, der Korrosion und den Waffen des Gegners ausgesetzt. Eine Reparatur von innen war nicht möglich.
- **Mangelhafter und gefahrenträchtiger Schnorchel.** Selbst in ruhigerer See geriet der Mast oft unter Wasser, wodurch Zuluft- und Abluftschächte automatisch geschlossen wurden. Dennoch drang Salzwasser in den Kielraum des Bootes und mußte ständig geräuschvoll abgepumpt werden. Bei geschlossenen Schächten sogen die Dieselmotoren außerdem Luft aus dem Innern des Bootes an, und es wurden lebensgefährliche Abgase (Kohlenmonoxid) frei, die nicht nur Kopfschmerzen und Augenbeschwerden, sondern auch ernste Atemwegserkrankungen verursachten. Das Schnorcheln im Typ XXI war daher eine alptraumhafte Erfahrung, die auf das absolute Mindestmaß beschränkt werden mußte.

Die amerikanische Marine übernahm dann tatsächlich einige Merkmale des Elektroboots Typ XXI für die neuentwickelte U-Boot-Generation der unmittelbaren Nachkriegszeit. Sie war jedoch damals schon fest entschlossen, ein nuklear betriebenes U-Boot zu bauen, ein echtes Unterwasserschiff, das für Antrieb und Unterwasserfahrt nicht von Batterien oder Schnorcheln abhängig war. Diese Leistungen der US-amerikanischen Wissenschaft und Ingenieurkunst ab den fünfziger Jahren waren technisch so überwältigend raffiniert, daß dagegen die besten Konzepte der deutschen U-Boot-Technologie hoffnungslos veraltet wirkten und den Vereinigten Staaten bis weit ins nächste Jahrhundert hinein die Führung auf diesem Gebiet sicherten.

Diese kleine Episode über das Elektroboot Typ XXI ist ein glänzendes Beispiel für den in diesem Jahrhundert entstandenen seltsamen Mythos um die deutsche Kriegsmarine. Er lautet in etwa wie folgt: Die Deutschen erfanden das Unterseeboot und bauten seitdem beharrlich die besten U-Boote der Welt. Ausgestattet mit der Gabe, dieses wunderbar komplexe und tödliche Waffensystem auf kluge Weise einzusetzen, beherrschten heldenhafte (oder, je nachdem, mörderische) deutsche U-Boot-Besatzungen in beiden Weltkriegen die Meere und errangen jedesmal um ein Haar den Sieg über die Alliierten. Zu Recht schreibt der kanadische Marinehistoriker Michael L. Hadley in einer erhellenden Studie*: »In beiden Weltkriegen wie auch in der Zwischenkriegszeit wurde das U-Boot mehr als jede andere Kriegswaffe mit Mythen umsponnen.«

Der Mythos wurde im Zweiten Welkrieg und danach besonders mächtig. Während des Krieges glorifizierte und übertrieb die gutgeschmierte Propagandamaschinerie des Dritten Reiches in den Massenmedien der Achse die »Erfolge« der deutschen U-Boot-Besatzungen bis zum Exzeß. Gleichzeitig hielt es die Propaganda der Alliierten aus verschiedenen Gründen für vorteilhaft, die von den U-Booten ausgehende Gefahr zu übertreiben. Das Resultat war ein haarsträubend verzerrtes Bild der sogenannten Atlantikschlacht.

Nach dem Krieg unterwarfen Washington, London und Ottawa die erbeuteten deutschen U-Boot-Dokumente einer strengen Geheimhaltung, um die Einzelheiten der Entschlüsselung der Funksignale, die in der Atlantikschlacht eine so wichtige Rolle gespielt hatte, nicht an die Öffentlichkeit dringen zu lassen. Die ersten »Geschichten« des U-Boot-Krieges wurden daher von Propagandisten des Dritten Reichs wie Wolfgang Frank, Hans Jochen Brennecke und Harald Busch geschrieben, sowie von Karl Dönitz, zunächst Befehlshaber der U-Boote, dann Oberbefehlshaber der Kriegsmarine und schließlich Hitlers Nachfolger als »Führer« des Dritten Reichs. Diese Form der Geschichtsschreibung trug natürlich nicht dazu bei, den Mythos zu entzaubern. Die offiziellen und halboffiziellen Marinehistoriker der Alliierten, Stephen Wentworth Roskill und Samuel Eliot Morison, wurden in ihrer Arbeit nicht nur durch die Geheimhaltung der einschlägigen Dokumente behindert, sondern offenbar auch durch ihre mangelnde Vertrautheit mit der Technik und den taktischen Beschränkungen der U-Boote. Sie waren nicht fähig oder willens, seriöse Studien zur Rolle der deutschen U-Boote in der Atlantikschlacht zu liefern. Aus diesem Grund erschien jahrzehntelang keine vollständige und verläßliche Geschichte der Atlantikschlacht, und der von den Deutschen aufgebaute Mythos blieb unangefochten.

Der Kriegsdienst auf der *Guardfish* weckte in mir ein tiefes und beharrliches Interesse am U-Boot-Krieg. In den Nachkriegsjahren arbeitete ich von Washington aus als Journalist für *Time,* für *Life* und für die *Saturday Evening Post.* In dieser Zeit hielt ich mich über die Entwicklung neuer amerikanischer U-Boote auf dem laufenden, fuhr gelegentlich auf einem der Boote mit und berichtete in Artikeln und Büchern** über die wesentlichen technischen – und politischen – Entwicklungen. Im Jahre 1970 veröffentlichte ich eine mit viel Herzblut geschriebene Arbeit: *Silent Victory: The U.S. Submarine War Against Japan,* die erste vollständige und unzensierte Geschichte der »stillen Streitmacht« in diesem sehr geheimen Krieg.

Nach der Veröffentlichung von *Silent Victory* erhielt ich Anfragen, ob ich nicht eine ähnliche Geschichte des deutschen U-Boot-Kriegs schreiben wolle. Wegen der Geheimhaltung der Dokumente zu den deutschen U-Booten und zur Funk-Entschlüsselung, die auch nach dreißig Jahren noch aufrechterhalten wurde, war dies da-

* *Count Not the Dead: The Popular Image of the German Submarine* (1995).
** *The Atomic Submarine and Admiral Rickover* (1954); *Nautilus 90 North* (1985), etc.

mals jedoch nicht möglich, doch der Gedanke daran setzte sich fest. In den folgenden zwölf Jahren arbeitete ich über andere Bereiche der Militärgeschichte. Unterdessen gewährten Washington, London und Ottawa allmählich Zugang zu den Dokumenten. In derselben Zeit werteten deutsche Marinehistoriker, darunter vor allem Jürgen Rohwer, die einschlägigen deutschen Dokumente aus und schrieben ausgesprochen wertvolle und objektive technische Studien und Berichte über verschiedene Kampfhandlungen und verwandte Themen.

Im Jahr 1987 war ich endlich in der Lage, eine Geschichte des U-Boot-Kriegs in Angriff zu nehmen. Glücklicherweise teilte man bei Random House meine Begeisterung für dieses Vorhaben und stellte die nötigen finanziellen Mittel zur Verfügung. Meine Frau Joan und ich quartierten uns jeweils für einige Monate in Washington, London und Deutschland ein, sichteten und kopierten in verschiedenen Militärarchiven zehntausende Seiten aus Dokumenten und Mikrofilmen und sammelten veröffentlichte Arbeiten zur Atlantikschlacht und zur Funk-Entschlüsselung. In Deutschland interviewten wir ehemalige Flottillenchefs, U-Boot-Kommandanten und Besatzungsmitglieder. In der Folgezeit bewältigten wir die Ende der achtziger einsetzende und auch in den neunziger Jahren anhaltende Flut großenteils erstklassiger wissenschaftlicher und populärer U-Boot-Bücher und Artikel über einzelne Phasen oder Aspekte des Kriegs.*

Ergebnis dieser Forschungsarbeit ist die hier vorliegende neue und vollständige Geschichte des U-Boot-Kriegs, die wegen ihrer Länge in zwei Bänden veröffentlicht wird. Ich sehe den U-Boot-Krieg ganz anders als die Historikerkollegen und populären Autoren. Aus meiner Sicht sind drei deutlich getrennte Phasen zu unterscheiden: der U-Boot-Krieg gegen das Britische Empire, der U-Boot-Krieg gegen die amerikanischen Staaten und der U-Boot-Krieg sowohl gegen die amerikanischen Staaten als auch gegen das Britische Empire. Zusammmen mit der Einleitung »Die Hintergründe des Krieges« werden die ersten beiden Phasen in diesem Band, *Die Jäger,* behandelt, die dritte Phase in Band II, *Die Gejagten.* Jeder Band enthält einschlägige Karten, Fotos, Anhänge und ein Register.

Dem Leser ist zweifellos bereits klargeworden, daß auch meine Einschätzung der U-Boot-Gefahr – und des Krieges – gravierend von den Auffassungen der meisten anderen Historiker und populären Autoren abweicht. Um es in einem Satz zu formulieren: Die U-Boot-Gefahr im Zweiten Weltkrieg wurde und wird bis heute weit übertrieben, ja in geradezu klassischem Ausmaß aufgebläht. Die Deutschen waren keine Supermänner, und ihre U-Boote und Torpedos waren keine technischen Wunderwerke, sondern eher rückständige, für die Atlantikschlacht nicht geeignete Schiffe und Waffen. Im Gegensatz zum strategischen Erfolg der amerikanischen U-Bootwaffe im Kampf gegen Japan scheiterten die deutsche U-Boote gegen die Alliierten im Atlantik. Ihren Hauptbeitrag zum Krieg leisteten sie als Terrorwaffe, als eine Art ständige Gefahr, die die Alliierten zwang, Geleitzüge zu bilden, die Lieferung von Gütern und Nachschub zu verschieben und starke Kräfte zur U-Boot-Bekämpfung einzusetzen. Entgegen allen Mythen fiel nur ein kleiner Prozentsatz der alliierten Handelsschiffe tatsächlich den U-Booten zum Opfer. Neunundneunzig Prozent der Schiffe in den Transatlantik-Konvois erreichten ihren Bestimmungshafen.

* Eine Liste aller Quellen findet sich im Quellen- und Nachweisteil in Band II.

Dies soll nicht heißen, daß die Atlantikschlacht ein Zuckerlecken für die Alliierten gewesen wäre oder auch daß die Deutschen die Drohung ohne größere Mühen hätten aufrechterhalten können. Im Gegenteil, es war auf beiden Seiten ein erbitterter und verlustreicher Kampf, der längste und zäheste Seekrieg der Geschichte. Seine Geschichte verdient einen Autor, der mit den U-Booten jener Zeit vertraut ist, der Zugang zu allen offiziellen Dokumenten besitzt, der von keiner Propaganda beeinflußt ist und sich von Mythen freigemacht hat.

Clay Blair
Washington, D.C., London, Hamburg
und Washington Island, Wisconsin,
1987–1996

PROLOG

DIE HINTERGRÜNDE DES KRIEGES

Erste technische Entwicklungen

Vor einigen Jahrhunderten schon erkannten Militärstrategen, daß ein unter Wasser verborgenes Schiff zwei klare Vorteile bieten würde: den Überraschungseffekt beim Angriff und die Chance zu entkommen, ohne einen Gegenangriff auf sich zu ziehen. Erste Aufzeichnungen von Erfindern, die versuchten, Unterwasserboote für Kampfzwecke zu bauen, datieren entsprechend weit zurück. Zwar lösten sie die Probleme der Wasserabdichtung und Ballastverteilung, scheiterten jedoch an einem praktischen Verfahren, das untergetauchte Boot gegen Wellen und Strömungen in eine bestimmte Richtung anzutreiben.

Die Entwicklung einer brauchbaren kohlebefeuerten Dampfmaschine im achtzehnten Jahrhundert bot dann auch eine mögliche Lösung für den Unterwasserantrieb. Unter Druck konnte Dampf für begrenzte Zeit »gespeichert« werden. Die Erfinder konzipierten dampfbetriebene U-Boote, die über Wasser zum Kampfgebiet fahren sollten, um dort für den Angriff und den Rückzug unter Wasser zu gehen, wobei gespeicherter Dampf den Antrieb übernehmen sollte. Die dampfbetriebenen U-Boote waren jedoch keineswegs zufriedenstellend. Ihre Maschinen erzeugten in den kleinen Druckhüllen eine fast unerträgliche Hitze. Aus den Heizkesseln stieg rußiger Rauch empor, der auf See kilometerweit zu sehen war und dem U-Boot den großen Vorteil der Unsichtbarkeit raubte. Außerdem mußte der Schornstein vor dem Abtauchen in mühseliger und zeitraubender Arbeit auseinandergenommen und eingezogen werden.

Um 1880 kamen weit bessere Lösungen für den Unterwasserantrieb auf, als fast gleichzeitig der Verbrennungsmotor, der Elektromotor und die Speicherbatterie entwickelt wurden. Die meisten Konstrukteure entwickelten nun U-Boote, die über Wasser von Benzinmotoren, unter Wasser von batteriegespeisten Elektromotoren angetrieben wurden. Andere sahen ausschließlich batteriebetriebene Motoren vor. Und schließlich gab es auch Konstrukteure, die alte und neue Technologie in U-Booten kombinierten, die über Wasser von Dampfmaschinen und unter Wasser von batteriegespeisten Elektromotoren angetrieben wurden. All diese frühen Entwicklungen hatten große Nachteile: Benzinmotoren waren schwer anzuwerfen, unzuverlässig und emittierten gefährliche Abgase. Die Batterien waren klobig, schwer und leistungsschwach. Die Dampfmaschinen erzeugten immer noch zuviel Wärme.

Diese Experimente mit der Antriebsweise ließen jedoch die Hoffnung aufkeimen, eines Tages werde es ein brauchbares U-Boot geben. Doch auch in der Waffentechnik war ein Durchbruch vonnöten. Die vorhandenen Waffen waren in ihrer Wirkung beschränkt und gefährlich: Zeitzünderminen (oder Bomben), die an den Boden der gegnerischen Schiffe geschraubt werden mußten, oder an Spieren befestigte Kontaktminen, die gegen die Seitenwand des gegnerischen Schiffes gerammt werden mußten. Beide Waffen verlangten engen – fast selbstmörderischen – Kontakt zum Gegner.

Robert Whitehead, einem im damals österreichischen Fiume lebenden englischen Ingenieur, gelang der Durchbruch in der Frage der Bewaffnung. Um 1866 führte er ein, was heutige Militärhistoriker als »Distanzwaffe« bezeichnen würden: eine selbstangetriebene Mine, den Torpedo. Whiteheads Torpedo wurde durch Preßluft aus einem Luftkessel angetrieben. Die abgelassene Luft bewegte die Kolben des Motors, der die Schraube antrieb. Das erste Modell war primitiv: viereinhalb Meter lang und 35 Zentimeter im Durchmesser, mit einem Gewicht von 135 Kilogramm. Bei 6 Knoten hatte es eine Reichweite von 640 Metern. Der experimentelle »Gefechtskopf« an der Spitze, der beim Aufprall auf die Seitenwand eines Schiffes durch eine Kontakt-Pistole gezündet wurde, war mit seinen acht Kilo Dynamit recht kümmerlich. Doch er funktionierte.

Der Whitehead-Torpedo war in Marinekreisen zunächst keine Sensation. Doch Whitehead steigerte bald Größe, Antriebskraft, Reichweite und Wirkung des Gefechtskopfes. Der Österreicher Ludwig Obry entwickelte ein passendes Gyroskop für den Torpedo und ermöglichte damit die Richtungskontrolle. Mit jeder Verbesserung wuchs das Interesse der Marineführungen. Bald verbreitete sich die Vorstellung, daß die Whitehead-Torpedos, von billigen, kleinen und schnellen Schiffen aus abgefeuert, wirksam gegen teure und große Schiffe eingesetzt werden könnten. Dies führte rasch zur Entwicklung des Torpedoboots und des torpedobewaffneten Zerstörers, die zunächst von schwächeren Seemächten und schließlich von allen Kriegsmarinen angeschafft wurden.

Der Whitehead-Torpedo war ursprünglich nicht als Waffe für U-Boote vorgesehen, doch zufällig war er genau das, was deren Verfechter immer gesucht hatten. Das U-Boot war in der Lage, sich unter Wasser an die Beute heranzuschleichen, ohne gesehen oder aufgespürt zu werden, zu schießen und dann ebenfalls unter Wasser relativ unbehelligt zu entkommen. Damit war es dem Torpedoboot und dem Zerstörer als Träger dieser Waffe überlegen.

Die U-Boot-Konstrukteure überarbeiteten nun zügig ihre Pläne, um den Einbau des Whitehead-Torpedos zu ermöglichen. Dieser Durchbruch weckte bei den schwächeren Seemächten beträchtliches Interesse, brachte jedoch neue, verwickelte Probleme mit sich. Zum Einsatz des Waffensystems war ein Torpedorohr im Bug der Druckhülle des U-Boots erforderlich, sowie ein Druckluftsystem, um den Torpedo zu »laden« und aus dem Rohr auszustoßen. Das Rohr mußte Innen- und Außenklappen haben, so daß es für den Abschuß geflutet und zum Nachladen eines zweiten oder dritten Geschosses ausgepumpt werden konnte. Da die neuesten Torpedos schwer waren – und ihr Gewicht mit immer größeren und wirksameren Gefechtsköpfen noch zunahm –, mußte ein Ballastsystem entwickelt werden, um den plötzlichen Gewichtsverlust beim Abschuß und die Gewichtsverlagerungen durch das Nachladen auszugleichen. Andernfalls würde das sorgfältig ausbalancierte U-Boot außer Kontrolle geraten und an die Wasseroberfläche treiben oder auf Grund laufen.

In den U-Booten verwendete man hochkomprimierte Luft in Stahlflaschen, mit der unter anderem die Haupttauchzellen ausgeblasen wurden. Durch den Einsatz von Diesel- und Dampfmaschinen sowie batteriebetriebenen Motoren erhielt das U-Boot eine Energiequelle, die die Luftkompression an Bord ermöglichte. Die Besatzungen besaßen nun also die Ausrüstung und das Know-how, um die großen Mengen an Preßluft zu erzeugen, die für das Laden der Preßluftbehälter in den Torpedos und den Ausstoß der Torpedos aus dem Rohr notwendig waren.

Diese technischen Durchbrüche führten zu einem U-Boot-Wettrüsten. Um 1890 waren rund um den Globus torpedobestückte U-Boote mit verschiedenen Antriebssystemen im Bau (nur Dampf; nur elektrisch; dampf-elektrisch; benzin-elektrisch). Die stärkeren Seemächte – Großbritannien, die Vereinigten Staaten und Deutschland – zeigten wenig Interesse an den U-Booten, doch die schwächeren – Frankreich, Rußland und andere – waren ganz begeistert von der neuen Waffe. Frankreich war nicht bereit, am englisch-deutschen Marinewettrüsten teilzunehmen, und steckte als erstes Land beträchtliche staatliche Mittel in die U-Boot-Entwicklung. Um 1906 hatte die französische Marine fast neunzig U-Boote in Dienst gestellt und im Bau.

Der fähigste und innovativste U-Boot-Konstrukteur war John P. Holland, ein Amerikaner irischer Herkunft. Sein Boot *Holland,* das den ersten Whitehead-Torpedo abfeuerte, war ein allen U-Booten der Welt überlegenes Juwel der Ingenieurskunst der neunziger Jahre. Über Wasser wurde es von einem vierzylindrigen, 160 PS starken Benzinmotor angetrieben, der eine Geschwindigkeit von 7,5 Knoten ermöglichte. Für die Unterwasserfahrt hatte das Boot eine sechzigzellige Batterie, die einen 70-PS-Motor mit elektrischer Energie versorgte. Dieser ermöglichte eine Höchstgeschwindigkeit von 6,5 Knoten für drei Stunden und doppelt so lange bei langsamerer Fahrt. Das Antriebssystem war vielseitig und flexibel. Der Benzinmotor konnte als Überwasserantrieb, als Antrieb eines Generators zum Aufladen der Batterien und zur Preßlufterzeugung eingesetzt werden. Der Elektromotor konnte als Über- und Unterwasserantrieb oder zum Anwerfen des störrischen Benzinmotors eingesetzt werden. Die Batterie lieferte auch Energie für die vielen im Boot verteilten kleineren Motoren (Sehrohrantrieb, Bilgepumpe, Trimm- und Tankpumpen etc.) und für die Innenbeleuchtung.

Holland gründete die Electric Boat Company in New London, Connecticut, und verkaufte seine U-Boote an alle möglichen Interessenten. Sein erster Kunde war die amerikanische Marine. Im Jahre 1900 kaufte sie den Prototyp *Holland* und taufte ihn auf *U.S.S. Holland* (Submarine Number 1). Nach strenger Erprobung erwarb die Navy sechs weitere *Holland*-Boote zur »Küstenverteidigung« und später noch ein weiteres Dutzend verbesserter Modelle. Die britische Royal Navy kaufte, über die große – und noch immer wachsende – U-Boot-Streitmacht der Franzosen beunruhigt, 1901 fünf *Holland*-Boote zur Erprobung. Die Briten waren von der Effizienz dieses kleinen Gefährts so verblüfft, daß sie ab 1905 ein umfangreiches U-Boot-Rüstungsprogramm in die Wege leiteten. Noch im selben Jahr verkaufte Holland U-Boote an die Kriegsgegner Rußland und Japan, die ersten Schiffe der künftigen U-Boot-Streitmacht dieser Nationen.

Das Benzin-Elektro-Boot war den anderen Modellen zwar überlegen, doch es war gefährlich. Trotz aller Anstrengungen sickerte Benzin in die Bilgen und bildete explosive Dämpfe. Aus den Auspuffrohren entwich lebensgefährliches Kohlenmonoxid. Mehrere amerikanische und britische Benzin-Elektro-Boote explodierten; einige Besatzungsmitglieder starben durch die Abgase. Diese unabwendbaren Gefahren veranlaßten die U-Boot-Konstrukteure, zwei weniger anfällige und giftige Treibstoffe für Verbrennungsmotoren zu testen: Paraffin (dem Kerosin verwandt) und »schweres« Öl oder »Diesel«, benannt nach dem deutschen Erfinder Rudolf Diesel, der 1895 das erste mit diesem Öl betriebene und schließlich als Dieselmotor bezeichnete Aggregat vorgeführt hatte.

Deutsche Ingenieure trieben die Entwicklung der Paraffin- und Dieselmotoren allmählich voran. Da es schwierig war, einen verläßlichen Dieselmotor zu bauen, der kompakt und leicht genug war, um in eine U-Boot-Hülle zu passen, hatte der Paraffinmotor mehrere Jahre Vorsprung. Der deutsche Rüstungskonzern Krupp AG baute das erste mit Paraffin betriebene U-Boot – den kleinen Prototyp *Forelle,* der 1902 vom Stapel lief. Die deutsche Industrie wäre damals sehr wohl in der Lage gewesen, Vorteile aus dem U-Boot-Bau zu ziehen, doch kam sie kaum voran. Der Grund war die unnachgiebige Haltung des Großadmirals Alfred von Tirpitz, damals Staatssekretär im Reichsmarineamt. Er überredete Kaiser Wilhelm II. zum Bau einer Reihe großer Schlachtschiffe, deren Feuerkraft der alternden Flotte der Royal Navy überlegen sein sollte. Tirpitz verfolgte dieses Unternehmen mit aller Hartnäckigkeit; er weigerte sich, Mittel für damit nicht unmittelbar verknüpfte, experimentelle und unerprobte Waffen abzuzweigen, und erstickte alle Diskussionen über »billige« Alternativen zu seiner Großschiffmarine, wie sie etwa U-Boote dargestellt hätten.

Tirpitz mochte dem U-Boot gleichgültig gegenüberstehen, doch die Firma Krupp trieb dessen Entwicklung in Erwartung eines neuen und gewinnträchtigen Marktes voran. 1904 verkaufte Krupp den Russen das Paraffinboot *Forelle* und erhielt in der Folge Aufträge für drei größere Paraffinboote der sogenannten *Karp*-Klasse. In den Jahren darauf handelte man Kaufverträge für größere, technisch weiterentwickelte Paraffinboote mit einer Reihe anderer Staaten aus (Italien, Österreich-Ungarn, Norwegen). Zugleich drängte Krupp die deutschen Ingenieure mit aller Macht, die Entwicklung eines für U-Boote brauchbaren Dieselmotors zum Abschluß zu bringen.

Obwohl sich die Vertreter der Kaiserlichen Marine mit Tirpitz' Großschiffprogramm einverstanden erklärten, war man über das zum Teil auch von der deutschen Industrie angeheizte U-Boot-Wettrüsten beunruhigt. Offenbar war es recht unvorsichtig, diese wichtige Kriegstechnologie zu exportieren, die, in falsche Händen geraten, den Großschiffen der deutschen Flotte immense Schäden zufügen konnte. Zumindest ein U-Boot, so hieß es von seiten der Flotte, solle zu Erprobungszwecken erworben werden. Tirpitz gab dem Druck schließlich nach und beauftragte Krupp mit dem Bau eines Unterseeboots oder U-Boots. So entstand ein geringfügig kleineres und verbessertes Exemplar der *Karp*-Klasse, das die Bezeichnung *U1* erhielt. Bei seiner Indienststellung im Dezember 1906 fiel auf, daß sich Deutschland nicht als erste, sondern als letzte große Seemacht für das U-Boot entschieden hatte und daß dieses den Amerikanern technologisch viel verdankte.

Die U-Boot-Ingenieure bei Krupp hatten bereits den Paraffinmotor und andere Neuerungen wie etwa eine hervorragende Sehrohroptik eingeführt und waren entschlossen, die U-Boote der konkurrierenden Seemächte auch weiterhin technisch zu übertreffen. In den folgenden Jahren propagierten sie immer größere, schnellere und besser bewaffnete Modelle mit immer größerem Aktionsradius. Tirpitz war noch immer skeptisch bezüglich des Wertes der U-Boote für die Kaiserliche Marine. Er gab nur widerstrebend Mittel für neue Bauvorhaben frei, und die Ingenieure mußten bei ihren Bemühungen um eine zügige Entwicklung viele technische Rückschläge einstecken. Aus diesem Grund war der jungen deutschen U-Bootwaffe nur ein langsames Wachstum beschieden.

Die deutschen Konstrukteure hatten inzwischen noch größere Ambitionen entwikkelt. Ihr Ziel war es, den Rückstand mit einem einzigen Sprung aufzuholen, und zwar mittels eines zuverlässigen, hochseetauglichen Paraffinboots von etwa 55 Metern Länge und einer Wasserverdrängung von 500 Tonnen. Es sollte mit vier Torpedorohren (zwei vorne, zwei achtern) und Laderaum für jeweils einen weiteren Torpedo in jedem Torpedoraum ausgestattet sein. Die Konstrukteure konnten ihre Pläne durchsetzen und produzierten mehrere dieser U-Boote. In den Jahren 1908 bis 1910 orderte die Kaiserliche Marine vierzehn große Paraffinboote, den Kern der neu entstehenden deutschen U-Boot-Streitmacht. Der Paraffinmotor war sicherer als der Benziner und effizienter als eine Dampfmaschine, hatte jedoch einen gewaltigen militärischen Nachteil: Er gab dichte weiße Abgaswolken von sich, die auf See kilometerweit zu sehen waren. Aus diesem Grunde warteten die U-Boot-Konstrukteure ungeduldig auf einen verläßlichen Dieselmotor. Seine Entwicklung zog sich jedoch hin. Die Franzosen – nicht die Deutschen – waren die ersten, die einen Dieselmotor in ein U-Boot einbauten. Dann kamen die Russen. Die nächsten waren die Briten. Auch andere Länder, darunter Italien und die Vereinigten Staaten, übernahmen diese Technik, doch die deutschen Konstrukteure verlangten bessere Leistungen und größere Zuverlässigkeit und warteten ab. Im Jahre 1910 endlich drosselten die Deutschen den Bau von Paraffinbooten und verlegten sich als letzte Großmacht auf den Dieselmotor. In der Zeit von 1909 bis 1912 gab die Kaiserliche Marine dreiundzwanzig dieselelektrische Boote in Auftrag.

Im Sommer 1914, am Vorabend des Ersten Weltkriegs, hatte das kaum ein Dutzend Jahre währende U-Boot-Wettrüsten weltweit schon eine erstaunliche Zahl von Booten hervorgebracht: um die 400. Viele davon waren technisch überholte benzin- oder dampfbetriebene Boote von begrenztem oder ohne militärischen Wert, doch ein Viertel waren moderne, hochseetüchtige dieselelektrische Boote, die mit vier oder fünf Torpedorohren ausgestattet waren. Großbritannien – nicht Deutschland – besaß die größte U-Boot-Streitmacht: 76 Boote und weitere 20 waren im Bau. Frankreich nahm mit 70 (viele davon dampfelektrisch) den zweiten Rang ein und hatte 23 im Bau. Das zaristische Rußland belegte mit 41 allerdings größtenteils veralteten Booten den dritten Platz. Die Vereinigten Staaten kamen mit 31 Booten an vierter Stelle und hatten 8 weitere im Bau. Danach folgte Deutschland mit 26 in Dienst gestellten und 15 im Bau befindlichen U-Booten.

Die Rolle des U-Boots in einem künftigen Krieg war damals noch nicht klar bestimmt. Ursprünglich als kleine Küsten- und Hafen-Verteidigungswaffen mit geringem Aktionsradius konzipiert, um Angriffe und Blockaden des Gegners zu verhindern oder zu erwidern, waren sie nun zu offensiven, hochseetüchtigen Fahrzeugen mit beträchtlicher Lebensdauer und großer Feuerkraft geworden. Man hielt sie für geeignet, einzeln oder im Verband Angriffe gegen feindliche Schlachtflotten zu führen. Sie waren auch in der Lage, in einem Handelskrieg Stippangriffe gegen den Seehandel eines Kriegsgegners zu führen. Systematisch und mit großer Intensität betrieben, konnte eine solche Kriegführung als eine neue Art der Seeblockade besonders einer Inselnation wie Großbritannien Schaden zufügen.

Jedoch würde ein mit U-Booten geführter Krieg gegen den Seehandel eine Vielzahl von rechtlichen, moralischen und praktischen Problemen aufwerfen. Im Laufe der Jahrhunderte hatte sich unter den zivilisierten Nationen das Prisenrecht herausgebildet, Regeln und Vorschriften für Angriffe auf den Seehandel, auf die man sich in verschiedenen internationalen Abkommen verpflichtet hatte. Kein wie immer geartetes Handelsschiff durfte bei der ersten Sichtung ohne Warnung versenkt werden. Bestimmte Prozeduren mußten eingehalten werden. Das aufbringende Schiff war gehalten, das Handelsschiff zunächst per Signal zu stoppen oder, falls nötig, durch einen »Schuß vor den Bug«. Daraufhin mußte es anhand eines genau festgelegten Verfahrens (der »Untersuchung«) feststellen, ob das aufgebrachte Schiff unter der Flagge eines befreundeten, gegnerischen oder neutralen Landes lief. Gehörte es einer befreundeten Macht an oder war es neutral und hatte harmlose oder unverdächtige Fracht geladen, durfte das Schiff seine Fahrt unbehelligt fortsetzen. War es ein feindliches oder als neutral getarntes Feindschiff, oder ein neutrales Schiff mit »Konterbande« für den Feind (Rüstungsmaterial und andere verbotene Fracht), durfte der Angreifer das Feindschiff beschlagnahmen oder versenken und das neutrale Schiff beschlagnahmen. Ein beschlagnahmtes Schiff mußte von einem »Prisenkommando« in einen befreundeten oder neutralen Hafen gefahren und dort einem Prisengericht übergeben werden. Die Richter hatten dann zu entscheiden, ob die Fracht des neutralen Schiffes tatsächlich Konterbande und die Beschlagnahme somit rechtens war. Lautete das Urteil entsprechend, konnten Schiff und Fracht versteigert werden, und der Erlös ging an das Aufbringerschiff oder dessen Regierung. Stellte das Gericht hingegen fest, daß der Aufbringer die Fracht zu Unrecht als Konterbande eingeschätzt hatte, konnten er und/oder seine Regierung auf Bußgeld und Schadenersatz verklagt werden.*

Zugunsten der Handelsschiffbesatzungen war im Seerecht darüber hinaus ein strenger humanitärer Gesetzeskodex entstanden. In verschiedenen internationalen Abkommen** war festgelegt, daß die Besatzungen von Handelsschiffen – und deren Passagiere – als »Nichtkombattanten« zu behandeln seien und nicht verletzt oder ihrem Schicksal überlassen werden durften. Wenn die Versenkung eines Handelsschiffs aus irgendeinem Grunde für nötig gehalten wurde, mußte der Angreifer dessen Besatzung und Passagiere an Bord nehmen und an Land bringen oder sie (samt den

* Das einschlägige Seerecht war recht kompliziert und stark von den Praktiken der Freibeuterei beeinflußt, die durch die Pariser Erklärung von 1856 abgeschafft worden war.

** Die Vorschriften waren bei der ersten Internationalen Friedenskonferenz in Den Haag von den wichtigsten Seemächten rechtlich festgelegt und übernommen und bei der zweiten Haager Konferenz 1907 noch einmal bekräftigt worden. Die Regelungen wurden daher als »Haager Konventionen« bezeichnet.

Schiffspapieren) mit genügend Proviant, Segeln und Navigationsgeräten in sicheren Rettungsbooten unterbringen und sie mit genauen Informationen über den Kurs zur nächstgelegenen Küste oder, wenn vorhanden, zum nächsten neutralen Schiff versehen. Jede Verletzung dieser Vorschrift galt als inhumaner, barbarischer Akt und unterlag schwerer Strafandrohung.

Für U-Boote in einem Handelskrieg war es jedoch unbequem und gefährlich, all diese komplizierten Regeln zu befolgen. Sie hätten damit ihren größten Vorteil verspielt: den Überraschungsangriff. Ein Schiff auf hoher See per Signal oder durch einen Schuß vor den Bug anzuhalten, um es dann streng vorschriftsmäßig zu durchsuchen, war ein sehr schwieriges Unterfangen. Das U-Boot mußte an die Wasseroberfläche kommen, wo es besonders verwundbar war. Viele Handelsschiffe hätten dann einfach auf volle Fahrt gehen und auch den meisten modernen U-Booten, die nur 12 bis 15 Knoten liefen, entkommen können. Ein mutiger Kapitän konnte womöglich den Versuch wagen, das U-Boot zu rammen.

Selbst wenn das Schiff auf das Signal hin stoppte, warfen die Vorschriften für das Untersuchen weitere Probleme auf. U-Boote hatten nicht genug Männer oder Kleinboote zur Verfügung, um eine gründliche Inspektion an Bord eines Handelsschiffs durchzuführen. Ein kleines Prisenkommando auf einem Schlauchboot konnte überwältigt und als Geisel genommen werden, was den Kapitän des U-Boots vor die unangenehme Wahl gestellt hätte, das Schiff mit seinen gefangenen Leuten weiterfahren zu lassen oder es zu torpedieren und ihren Tod in Kauf zu nehmen. Auch wenn all diese Probleme gelöst wurden, konnte man ein neutrales Schiff mit Konterbande nur unter großen Schwierigkeiten mit einem Prisenkommando versehen und in einen befreundeten oder neutralen Hafen bringen, um die Rechtmäßigkeit der Beschlagnahme zu klären. Und wenn das Schiff aus irgendeinem Grunde versenkt wurde, konnte das U-Boot die Besatzung nicht an Bord nehmen und an Land bringen oder auch nur anderweitig sinnvolle Hilfe leisten. Das U-Boot sollte abwarten, bis die Besatzung ihre Rettungsboote klargemacht und das Schiff verlassen hatte und weit genug vom Torpedo- oder Geschützfeuer entfernt war: ein mühseliges, hochriskantes Verfahren, bei dem das U-Boot sich der ständigen Gefahr eines plötzlichen Gegenangriffs feindlicher Seestreitkräfte aussetzen würde.

Diese Überlegungen wurden hinter verschlossener Tür in Marinekreisen sowie in Fachzeitschriften ausgiebig diskutiert. Einige Fachleute, darunter John (Jacky) Fisher, der profilierteste Verfechter der U-Bootwaffe in Großbritannien, kamen zu dem Schluß, das Prisenrecht sei von U-Booten in einem Handelskrieg unmöglich einzuhalten. »Wie inhuman oder barbarisch dies auch scheinen mag«, schrieb Fisher noch vor dem Krieg in einem hellsichtigen Artikel, »ein U-Boot kann nichts anderes tun als seine Gefangenen versenken.« Winston S. Churchill, First Lord of the Admiralty*, antwortete darauf 1911 im Sinne vieler britischer Marineoffiziere: »Ich glaube nicht, daß eine zivilisierte Macht jemals so handeln würde.« Am Vorabend des Ersten Weltkriegs hielt man somit an der ritterlichen, aber naiven Annahme fest, daß U-Boote nur feindliche Kriegsschiffe angreifen würden.

---

* Der First Lord of the Admiralty, ein Zivilist, wurde von der Regierung ernannt, vergleichbar dem Secretary of the Navy (Marineminister) der Vereinigten Staaten. Der First Sealord, ein Admiral, war der militärische Oberbefehlshaber der Kriegsmarine.

U-Boote im Ersten Weltkrieg

Zu Beginn des Ersten Weltkriegs Anfang August 1914 hatte die deutsche Kriegsmarine ihr Schiffbauprogramm noch nicht abgeschlossen. Die Hochseeflotte war deshalb nicht stark genug, um auszulaufen und sich der mächtigen britischen Grand Fleet in einer einzigen großen Entscheidungsschlacht zu stellen. Auch die Royal Navy war nicht in der Lage, einen entscheidenden Angriff gegen die deutsche Flotte in deren Heimatgewässer vorzutragen. Die Folge war, daß die Admirale die Großschiffe in der Hinterhand behielten und Pläne schmiedeten, wie sie die Flotte des jeweiligen Gegners durch List und Täuschung in der engumschlossenen Nordsee in die Falle locken könnten. Der Seekrieg zwischen diesen beiden großen Seemächten war daher zurückhaltender Natur und besaß eigentümliche und unerwartete Züge. Es kam nur zu einer großen Konfrontation der Überwasserschiffe – der Schlacht vor dem Skagerrak –, die nur kurz währte und ohne Entscheidung blieb.

Schon zu Beginn des Krieges setzten Deutschland und Großbritannien U-Boote für Angriffsmissionen ein. Die ersten Unternehmen waren bemerkenswert. Deutsche U-Boote versenkten drei britische Panzerkreuzer (armoured cruisers – *Aboukir, Hogue* und *Cressy*) und zwei Leichte Kreuzer (light cruisers – *Pathfinder* und *Hawke*), und über 2000 Briten kamen ums Leben. Die britischen U-Boote versenkten den deutschen Leichten Kreuzer *Hela*. Beide Flottenführungen sahen sich dadurch gezwungen, das U-Boot als neue, schwere Bedrohung zu betrachten, und reagierten entsprechend. Die britische Grand Fleet zog sich vorübergehend aus ihrem Nordseestützpunkt Scapa Flow in weniger gefährdete nordirische Gewässer zurück. Die deutsche Hochseeflotte schränkte ihre Operationen in ihren Heimatgewässern, der Deutschen Bucht, drastisch ein.

Die Briten unterwarfen Deutschland einer Seeblockade, um die Einfuhr von Kriegsmaterial zu verhindern. Dabei hielten sie sich nicht streng an das Prisenrecht; selbst neutrale, nur mit Lebensmitteln beladene Schiffe wurden bedroht, aufgebracht oder zurückgeschickt. Zur Vergeltung wies die deutsche Marineführung ihre U-Boote an, die alliierte Handelsschiffahrt zu stören. Am 20. Oktober 1914 wurde der britische Frachter *Glitra* (866 BRT) vor der Küste Norwegens unter Einhaltung des Prisenrechts von einem deutschen U-Boot angehalten, durchsucht und versenkt. Eine Woche später torpedierte ein anderes U-Boot im Kanal ohne Vorwarnung den französischen Dampfer *Amiral Ganteaume* in der Annahme, er sei mit Truppen beladen und daher nach dem Prisenrecht ein legitimes Angriffsziel. In Wahrheit drängten sich auf dem Schiff 2400 belgische Flüchtlinge, darunter viele Frauen und Kinder. Glücklicherweise sank es nicht.

Diese beiden U-Boot-Angriffe auf unbewaffnete Handelsschiffe hatten für die vollständig von ihrer riesigen Handelsflotte abhängige Inselnation Großbritannien tiefgreifende Konsequenzen. Ein von U-Booten systematisch geführter Handelskrieg konnte ihren Ruin bedeuten. Die britische Regierung verurteilte die Angriffe daher auch als unrechtmäßige, heimtückische und unmoralische Piratenakte. Schiffseigner, Kaufleute und Versicherer rund um den Globus schlossen sich diesem Urteil an.

Die Mittelmächte, Deutschland und Österreich-Ungarn, hatten ursprünglich geplant, Frankreich in einem raschen Feldzug zu besiegen, um sich dann nach Osten zu wenden und das zaristische Rußland niederzuringen. Doch der Plan schlug fehl. Die

Armeen in Frankreich fraßen sich in einem blutigen Grabenkrieg fest; Rußland griff von Osten her an und entfesselte damit einen Zweifrontenkrieg. Die Mittelmächte hatten sich nicht auf einen langen Krieg eingestellt und verfügten über keine großen Reserven an Kriegsmaterial. Aufgrund der britischen Blockade gingen Anfang 1915 neben anderen kriegswichtigen Ressourcen die Eisenerz- und Ölreserven sowie die Lebensmittel zur Neige.

Bis zu diesem Zeitpunkt hatten die deutschen U-Boote unter strenger Beachtung des Prisenrechts zehn britische Handelsschiffe von insgesamt etwa 20000 BRT versenkt. Weil es mit dem Nachschub der – praktisch immer noch handgefertigten – Torpedos haperte, waren die meisten dieser Schiffe durch Geschützfeuer versenkt worden oder hatten sich selbst versenken müssen. Diese überraschend leicht errungenen Erfolge führten die deutsche Admiralität zu dem Schluß, man könnte die Britischen Inseln bei einer Lockerung der Prisenordnung auch mit den wenigen für Fernoperationen verfügbaren U-Booten einer wirksamen Gegenblockade unterwerfen. Das bloße Erscheinen eines einzigen Bootes mit nur zwei Dutzend Mann Besatzung, mochte es nun erfolgreich angreifen oder nicht, hatte eine gewaltige psychologische Wirkung und zwang den Gegner, der Gefahr mit einem unverhältnismäßig großen Aufwand an menschlichen und materiellen Ressourcen zu begegnen. All dies, argumentierten die Befürworter des verschärften U-Bootkriegs, würde die Fähigkeit der Briten, den Krieg weiterzuführen, ernsthaft beeinträchtigen und könnte sie dazu bewegen, im Zuge eines Interessenausgleichs die Blockade gegen Deutschland aufzuheben.

Weder der Kaiser noch sein Kanzler waren von diesem Vorschlag begeistert. Deutschland hatte wegen der Versenkung von nur zehn Handelsschiffen ohnehin schon heftige Kritik von vielen Seiten auf sich gezogen. Eine Lockerung der Prisenordnung würde zweifellos noch mehr Kritik auf den Plan rufen, besonders seitens neutraler Länder wie der Vereinigten Staaten, die ein beträchtliches finanzielles Interesse am Seehandel hatten und zur Vergeltung möglicherweise in den Krieg eintreten würden. Darüber hinaus standen für die Blockade der Britischen Inseln nicht genügend U-Boote zur Verfügung. Eine Blockade anzukündigen und dann kläglich zu scheitern wäre schlimmer, als den Versuch gar nicht erst zu unternehmen.

Und doch blieb der Vorschlag auf dem Tisch. Seine Verfechter behaupteten nicht ohne Grund, die moralischen Argumente seien nicht mehr gültig. Großbritannien hatte das Prisenrecht und andere Traditionen zum Schutz des Seehandels wiederholt verletzt, vor allem indem es neutralen Schiffen, die nur Lebensmittel geladen hatten, die Durchfahrt verweigerte. Aufgrund solcher Überlegungen und anderer Argumente entschlossen sich der Kaiser und sein Kanzler schließlich, eine U-Boot-Blockade gegen Großbritannien zu autorisieren.

Der Schritt wurde sorgfältig vorbereitet. Der Kaiser verkündete öffentlich, ab dem 18. Februar 1915 würden die Gewässer um die Britischen Inseln als Kriegsgebiet betrachtet. Das Prisenrecht werde nicht mehr streng beachtet werden. Britische und französische Handelsschiffe würden ohne Warnung oder besondere Maßnahmen zum Schutz ihrer Besatzungen versenkt. Neutrale ohne Konterbande würden nach Möglichkeit ausgenommen, doch alle neutralen Schiffe würden sich auf eigene Gefahr in diesem Gebiet aufhalten. Auch würden die Kommandanten der U-Boote, so der Kaiser weiter, nicht zur Verantwortung gezogen, falls ihnen Fehler unterlaufen sollten.

Damit wurde der erste systematische, von U-Booten geführte Handelskrieg der Geschichte entfesselt. Die ersten Resultate waren wenig beeindruckend. Im Februar 1915 versenkten die 29 Boote der Deutschen Handelsschiffe mit insgesamt 60 000 BRT, im März waren es 80 000 BRT. Der Schwachpunkt der Blockade war die geringe Zahl verfügbarer U-Boote. Die Fahrten vom deutschen Heimathafen zum Einsatzort und die Reparaturen kosteten viel Zeit, so daß es nach der ursprünglichen Dislozierung der Boote in den britischen Gewässern schwierig war, dort Feindfahrtzyklen mit mehr als sechs oder sieben U-Booten zugleich aufrechtzuerhalten. Trotz der Angst und Verwirrung infolge der ersten U-Boot-Blockade und der erzwungenen Umlenkung von Nachschublieferungen wurde das Hauptziel nicht erreicht. Churchill, der First Lord of the Admiralty, erklärte die Blockade für gescheitert; die britischen Importe im Jahre 1915 übertrafen die von 1913. Die britische Regierung weigerte sich, eine Aufhebung der Blockade gegen Deutschland auch nur zu prüfen.

Mit jedem versenkten Handelsschiff wuchs die moralische Empörung. Die Versenkung dreier Passagierschiffe brachte insbesondere die Amerikaner gegen Deutschland auf: Am 7. Mai fanden bei der Versenkung des Cunard-Schiffs *Lusitania* mit 32 500 BRT 1198 Besatzungsmitglieder und Passagiere (darunter 128 Amerikaner) den Tod; am 19. August kostete die Versenkung des 16 000-BRT-Schiffs *Arabic* der Reederei White Star 40 Passagiere (darunter 3 Amerikaner) das Leben; und am 9. September wurde die *Hesperian* versenkt. Die Reaktionen in den Vereinigten Staaten waren so heftig (U-Boot-Besatzungen »wie Wilde im Blutrausch«, verkündete die *New York Times)*, daß der Kaiser im September 1915 die Blockade gegen Großbritannien aufhob und viele zusätzliche U-Boote ins Mittelmeer schickte, wo die Jagd auf Schiffe weniger umstritten und ebenso aussichtsreich war, jedoch weniger Amerikaner unterwegs waren.

Die Mittelmächte waren dem Sieg keinen Schritt näher gekommen. Anfang 1916 drängten Admiral Henning von Holtzendorff, der Chef des Admiralstabs, sowie der Oberbefehlshaber des Heeres beim Kaiser auf eine Erneuerung der Blockade gegen England. Die Marine hatte inzwischen fast doppelt so viele U-Boote in Dienst (54 gegenüber 29 im Jahr 1915), und immer mehr liefen vom Stapel. Der Kaiser war dem Vorhaben gewogen, doch der Kanzler und der Außenminister sprachen sich aus Furcht vor einem neuen Fall *Lusitania,* der fast sicher den Kriegseintritt der USA bringen würde, dagegen aus. Nach tagelangem Hin und Her entschied sich der Kaiser für den Vorschlag der Marineführung, erlegte ihr allerdings komplizierte Beschränkungen auf. Sie durfte keine Passagierschiffe, welcher Flagge auch immer, angreifen und außerhalb des Kriegsgebiets keine Frachtschiffe oder Tanker attackieren, es sei denn, sie waren offensichtlich bewaffnet.

Die erneute Blockade begann im Februar 1916. Trotz der restriktiven und komplizierten Anweisungen lief für die U-Boote zwei Monate lang alles gut: Im Februar versenkten sie 117 000 BRT und im März 167 000 BRT. Dann kam es zu einem weiteren folgenschweren Irrtum. Am 24. März hielt ein deutsches U-Boot die englische Kanalfähre *Sussex* irrtümlicherweise für ein Truppenschiff und torpedierte sie. Die *Sussex* sank nicht, doch bei der Explosion wurden etwa 80 Menschen getötet, darunter 25 Amerikaner. Wieder war die internationale Empörung groß, und als der Kaiser eine scharfe Note aus Washington erhielt, in der mit dem Abbruch der diplomatischen Beziehungen gedroht wurde, gab er abermals nach und befahl am 24. April den

U-Booten in den Gewässern der Britischen Inseln, sich erneut strikt an das Prisenrecht zu halten. In den nächsten vier Monaten ging die Tonnage der von den U-Booten in britischen Gewässern versenkten Handelsschiffe drastisch zurück.

Im September 1916 hatte die deutsche U-Boot-Streitmacht einen stattlichen Umfang erreicht: insgesamt 120 Boote aller Typen, viele mit größeren 10,5-cm-Deckgeschützen. Wiederum drängten die Stabschefs den Kaiser, das volle Potential dieser Waffe zu nutzen. Er zögerte erneut und gab schließlich nach, allerdings unter neuen Bedingungen. In den Gewässern der Britischen Inseln, wo sich zahlreiche amerikanische und andere Schiffe fanden, sollte nur ein (nach dem Prisenrecht) beschränkter U-Boot-Krieg geführt werden, im Mittelmeer jedoch war er uneingeschränkt erlaubt. Diese dritte und intensivste Phase des begrenzten U-Boot-Krieges vom 6. Oktober 1916 bis zum 1. Februar 1917 war für die Deutschen sehr erfolgreich. Die U-Boote versenkten etwa 500 britische Handelsschiffe mit insgesamt 1,1 Millionen BRT und erhöhten damit die Gesamtbilanz für 1916 auf 2,3 Millionen BRT zumeist unter britischer Flagge fahrender Schiffe.

Anfang 1917 war der Landkrieg für die Mittelmächte zu einem brutalen und sinnlosen Aderlaß geworden, der im Inneren weitverbreitete und gefährliche Unruhen verursachte. Die deutsche Militärführung drängte den Kaiser, einem uneingeschränkten U-Boot-Krieg auf allen Meeren zuzustimmen. Die Marineführung argumentierte mit den Erfolgen vom Herbst 1916, mit der größeren Zahl bereits verfügbarer U-Boote und mit den knapp 90 neuen Booten, die 1917 in Dienst gestellt werden sollten. Auf dieser Grundlage rechnete man damit, in einem uneingeschränkten U-Boot-Krieg fast die Hälfte der immer noch großen britischen Handelsflotte innerhalb von fünf oder sechs Monaten ausschalten zu können. Dadurch werde England nicht nur daran gehindert werden, den Krieg auf dem Kontinent fortzusetzen, sondern auch seine Bevölkerung in Hunger und Rebellion getrieben. Um Amerika brauche man sich keinen Deut zu scheren, hieß es in der Marineführung. Wenn es in den Krieg eintrete, werde Deutschland genug U-Boote (etwa 70 allein schon für den Einsatz im Bereich der Britischen Inseln) haben, um alle Truppen- und Nachschubtransporter vor ihrer Ankunft in Europa zu versenken. Inzwischen verfügten die Deutschen auch über genügend U-Boot-Torpedos – die U-Boot-Kommandanten mußten sich nicht mehr fast ausschließlich auf ihre Deckgeschütze verlassen.

Der Kaiser ignorierte die von Präsident Wilson und anderen ausgestreckten Friedensfühler und nahm den Vorschlag an. Ab dem 1. Februar 1917, verkündete er der Weltöffentlichkeit, würden die U-Boote jedes Handelsschiff in britischen Gewässern bei der ersten Sichtung versenken. Zugleich versicherte er der deutschen Militärführung, es werde keine Duckmäuserei und keine Rückzieher mehr geben. Den Überwasserschiffen der deutschen Flotte wies er eine grundlegend neue Aufgabe zu: Von nun an hätten sie die U-Boote zu unterstützen, und nicht umgekehrt. Denn für Deutschland sei jedes U-Boot von solcher Bedeutung, daß es sich lohne, die gesamte verfügbare Flotte einzusetzen, um ihm Hilfe und Unterstützung zu gewähren.

Deutschland entfesselte den unbeschränkten Handelskrieg der U-Boote im Bereich der Britischen Inseln mit sechzig Booten, die gleichzeitig und mit äußerster Entschlossenheit angriffen. Um eine Ortung durch alliierte Flugzeuge und U-Boote sowie Abwehrfeuer von Handelsschiffen zu vermeiden und den Vorteil der höheren

Fluchtgeschwindigkeit ausznutzen, fuhren die U-Boote nächtliche Überwasserangriffe. Die Ergebnisse waren spektakulär: Im Februar wurden 540000 BRT versenkt, im März 594000 BRT und – für die Engländer erschreckende – 881000 BRT im April. Allein im April – dem bittersten Monat des U-Boot-Kriegs – versenkten die Deutschen 423 Handelsschiffe, davon 350 britische.* Außerdem schreckte der Feldzug wie erwartet die meisten neutralen Schiffe vom Handel mit Großbritannien ab.

Angesichts der wachsenden Wut und Empörung in Amerika reagierte Präsident Wilson hart und kämpferisch auf den unbeschränkten U-Boot-Krieg. Drei Tage nach seinem Beginn, am 3. Februar 1917, brach er die diplomatischen Beziehungen zu Deutschland ab. Und auf sein Ersuchen hin erklärte der Kongreß am 6. April den Mittelmächten den Krieg.

Zu Beginn des Krieges besaß die Royal Navy keine speziellen Waffen zur Bekämpfung der U-Boote. Die britischen Seekriegsplaner hatten angenommen, die U-Boote würden, da sie die meiste Zeit aufgetaucht bleiben mußten, eine leichte Beute für Schiffsgeschütze werden oder könnten gerammt werden. Diese falsche Auffassung setzte sich noch stärker fest, nachdem der britische Kreuzer *Birmingham* das erste deutsche U-Boot, *U15,* durch Rammen versenkt hatte. Doch in den fünf Kriegsmonaten des Jahres 1914 versenkte die Royal Navy erwiesenermaßen nur noch ein weiteres U-Boot, *U18*. Drei weitere Boote gingen 1914 aus nicht bekannten Ursachen, vermutlich durch Minen, verloren.

Anfang 1915, als die Schiffsverluste durch U-Boot-Angriffe beträchtlich zunahmen, stellte die Admiralität einen beträchtlichen Teil der vorhandenen Ressourcen für die U-Boot-Bekämpfung ab (Anti-Submarine-Warfare, abgekürzt A/S in England, ASW in Amerika). Zugleich forderte sie Wissenschaftler, Ingenieure, Akademiker und andere Berufsgruppen auf, sich an der Entwicklung von Mitteln zur U-Boot-Bekämpfung zu beteiligen. In der Überzeugung, daß der Angriff die beste Verteidigung ist, wurden im Ersten Weltkrieg die folgenden wichtigen ASW-Waffen entwickelt:

- **Überwasser-U-Jäger.** Die Admiralität setzte zunächst Dutzende, dann Hunderte und schließlich Tausende Überwasserschiffe zum offensiven Aufspüren von U-Booten ein. Dazu gehörten Zerstörer, Fregatten (Frigates), Sloops, Trawler, Yachten und schwer bewaffnete U-Boot-Fallen (Q-ships), die als Trampschiffe (Tramp Steamer) getarnt waren. Manche Schiffe waren mit primitiven Hydrophonen – passiven Unterwasser-Horchgeräten – ausgestattet, welche die Motorgeräusche eines aufgetauchten U-Boots ausmachen konnten, allerdings nur, wenn sich der U-Boot-Jäger nicht selbst bewegte.

Im Jahre 1916 wurden viele dieser offensiven ASW-Schiffe mit einer neuen Waffe ausgestattet, der sogenannten Wasserbombe. Die wirksamsten dieser minenähnlichen Bomben enthielten 135 Kilogramm TNT oder Amatol und waren mit hydrostatischen Zündern ausgestattet, die auf eine Detonation in 12 oder 24 und später auf 15 bis 60 Meter Tiefe eingestellt werden konnten. Da die ersten Wasserbomben auf achtern montierten Ablaufgerüsten ins Wasser gelassen wurden und in geringer Tiefe explodierten, mußte sich der Angreifer mit Höchstgeschwindigkeit entfernen, um nicht

* Die Zahlen lauten je nach Quelle unterschiedlich. Grob läßt sich sagen, daß die U-Boote in diesem Zeitraum etwa 1000 Schiffe mit insgesamt 2 Millionen BRT versenkten.

schwere Schäden am Heck zu riskieren. Langsamere Schiffe konnten die 135-Kilo-Wasserbomben daher erst einsetzen, als Zünder für größere Tiefen entwickelt waren. Im Jahr 1916 versenkten die britischen Seestreitkräfte insgesamt nur zwei U-Boote mit Wasserbomben. 1917 und 1918, als diese Waffe technisch verbessert war und in viel größerer Menge zur Verfügung stand, stieg die Erfolgsquote beträchtlich.

• **U-Jagdflugzeuge.** Bei Kriegsbeginn war die Luftfahrt gerade ein Dutzend Jahre alt. Die Royal Navy hatte für das Aufspüren feindlicher Seestreitkräfte etwa fünfzig Wasserflugzeuge und sieben unstarre Kleinluftschiffe, sogenannte »Blimps«, erworben. Einige dieser Fluggeräte wurden für die U-Boot-Jagd bereitgestellt, konnten jedoch unter anderem wegen der mangelnden Zuverlässigkeit ihrer Motoren, ihrer geringen Geschwindigkeit, ihrer begrenzten Tankkapazität und ihrer kleinen Bombenladungen gegen die U-Boote nichts ausrichten. Allerdings stellte sich heraus, daß ein U-Boot sofort untertauchte und damit praktisch unbeweglich wurde, sobald die Besatzung ein Flugzeug sichtete. Mithin konnte man durch Luftpatrouillen die U-Boote unter Wasser zwingen und es Schiffen ermöglichen, die Gefahrenzone zu umfahren und einem Angriff zu entgehen. Im Jahre 1915 erwarb die Royal Navy stark verbesserte Wasserflugzeuge (in den USA entwickelte Curtiss-Flugboote) und eine größere Zahl von Blimps. Bewaffnet waren sie mit 45- oder 235-Kilo-Bomben mit Aufschlagzündern oder mit 103 Kilo schweren ASW-Bomben mit Verzögerungszündern, die in einer Wassertiefe von knapp 25 Metern explodierten. Trotzdem wurde auch in der Folgezeit kein U-Boot aus der Luft versenkt.

• **Unterwasser-Jäger.** Nach dem Motto »einen Dieb schnappt man am besten mit einem Dieb« schickte die Royal Navy viele mit Unterwasserhorchgeräten ausgerüstete U-Boote in die deutschen Heimatgewässer. Die ersten Feindfahrten erbrachten keine bestätigten Versenkungen, doch allein schon die Anwesenheit der britischen U-Boote in deutschen Gewässern – auch in der Ostsee, wo die deutschen Besatzungen den Einsatz trainierten – gab zu großen Befürchtungen Anlaß und störte die Routinen. Ab 1915 begannen die britischen U-Boote, ihre deutschen Gegner massiv zu torpedieren. Die Admiralität entwickelte und produzierte eigens für die U-Boot-Jagd ein kleines U-Boot (R-Klasse), das jedoch zu spät kam. Wären die britischen Torpedos zuverlässiger gewesen, hätten die U-Boote zweifellos mehr deutsche Gegner versenkt.

• **Minen.** Von den ersten Kriegstagen an setzten beide Seiten in flachen Gewässern vertäute Kontaktminen ein, meist zur Verteidigung, häufig jedoch auch offensiv. Um feindliche Kräfte am Eindringen in die eigenen Küstengewässer zu hindern und dem Beschuß der Küste, der Blockade des Schiffsverkehrs oder einer Invasion vorzubeugen, wurden defensive Minenfelder eingerichtet. Sie wurden mit großer Sorgfalt vermessen und angelegt, wobei man geheime Korridore für Freundschiffe oder verbündete Seestreitkräfte freiließ. Um britische Schiffe anzugreifen, mußten die U-Boote häufig am Rande oder inmitten der Minenfelder navigieren, ein recht gefährliches Unterfangen. Viele U-Boote gerieten in britische Minenfelder oder stießen auf scharfe Minen, die ihre Vertäubojen verschleppt oder losgerissen hatten. Eine Verminung zu Offensivzwecken war schwieriger und häufig ein Wagnis auf Leben und Tod. Überwasserschiffe, die in großer Eile im Schutz der Dunkelheit operierten, legten Minen in Schiffahrtswege oder manchmal sogar in die Sicherheitskorridore der defensiven Minenfelder, wo sie unvermutet gegnerische Kriegs- oder Handelsschiffe trafen. Später

kombinierten beide Seiten die beiden gefürchteten Marinewaffen und setzten U-Boote zum Minenlegen ein.
Um den deutschen U-Booten die Fahrt durch den Kanal in den Atlantik zu verwehren, legten die Briten Minensperren von Dover bis zum französischen Cap Gris-Nez. In den Jahren 1915 und 1916 waren die britischen Kontaktminen allerdings technisch mangelhaft, und erst als die Admiralität die deutsche Standard-Kontaktmine kopieren und in Serie produzieren ließ, blockierte das Feld von Dover zuverlässig die Durchfahrt der U-Boote. Von nun an waren für den Atlantik bestimmte U-Boote gezwungen, die nördliche Route über Schottland zu nehmen, ein Umweg von gut 2500 Kilometern (und etwa sieben Tagen).

Als die Vereinigten Staaten in den Krieg eintraten, boten sie der Royal Navy eine bislang geheimgehaltene Mine mit Magnetzündern an, und gemeinsam nahmen die Alliierten den großangelegten Plan in Angriff, ein Minenfeld von 200 000 solcher Minen zu legen, das sich von den Orkney-Inseln bis nach Norwegen über die Nordsee erstreckte. Obwohl Amerikaner und Briten etwa 80 000 Minen dieser sogenannten »Northern Barrage« legten, waren die meisten davon ebenfalls defekt und richteten bei den Deutschen, außer strapazierten Nerven, keine größeren Schaden an. Dennoch waren die Minen der Alliierten bei der Bekämpfung der U-Boote recht erfolgreich.

• **Funkaufklärung (Radio Intelligence).** Bei Kriegsbeginn war die Funkübertragung oder drahtlose Telegraphie (Wireless telegraphy, W/T) eine neue militärische Technologie, in der die Briten führten. Dank der glücklichen Erbeutung deutscher Marine-Codebücher und einem erstaunlich niedrigen technischen Standard der deutschen Funkübermittlungsverfahren und Sicherheitsmaßnahmen waren die Briten außerdem in der Lage, den Funkverkehr der deutschen Marine weitgehend zu kontrollieren. Zunächst perfektionierten sie die Funkpeilortung (Radio Direction Finding, RDF), und sie waren schließlich in der Lage, die deutschen Sender an Land und auf den Schiffen genau zu orten und zu identifizieren. Anhand der erbeuteten Codebücher »lasen« sie den Großteil der Funkkommunikation der deutschen Marine. Mit Hilfe dieser unschätzbaren Informationen konnte die geheime Funkaufklärung der Admiralität (Room 40) die Operationen der deutschen U-Boote in erstaunlichem Maße mitverfolgen. Wie ein britischer Historiker feststellte, kannte »Room 40 Anfang 1915 die Gesamtstärke der [deutschen] U-Boot-Streitmacht, ihre Zuwachsrate ... die Zusammensetzung jeder Flottille ... die Zahl der auf See und im Hafen befindlichen U-Boote und wußte, ob und wann diese auslaufen sollten ... [Ebenfalls bekannt wurden] Verluste, wenn Boote nicht zurückkamen, und in den meisten Fällen auch das Ausmaß der [U-Boot-]Gefahr in einem bestimmten Gebiet.«
Die vielen unterschiedlichen ASW-Strategien waren dennoch sehr unzulänglich. 1915 verloren die Deutschen insgesamt nur 19 U-Boote, während sie ihre Flottte um 52 weitere verstärkten. 1916 verloren sie 22 Boote und brachten 108 neue zum Einsatz. Trotz der massiven U-Boot-Bekämpfung durch die Briten verloren die Deutschen in den ersten vier Monaten des Jahres 1917 nur 11 Boote. Bis dahin hatte die durchschnittliche monatliche Verlustrate nur 1,7 betragen, eine Dauerniederlage für die Briten, da die Deutschen monatlich sieben bis acht neue Boote produzierten.

• **Konvois.** Nach den spektakulären Schiffsverlusten im April 1917 drängte der neue britische Premierminister David Lloyd George die Admiralität, den britischen Schiffsverkehr ab sofort in Geleitzügen zusammenzufassen, die von Zerstörern, Fregatten, Sloops und anderen ASW-Schiffen eskortiert werden sollten. Das war ein keineswegs neuer Gedanke: Die Verteidigung des Seehandels durch Konvoibildung war so alt wie die Segelschiffahrt, und wie der britische Marinehistoriker John Winton schrieb, »eine so natürliche und einleuchtende Taktik wie etwa die Ausnutzung des Windes«.
Die Royal Navy hatte sich bis dahin aus verschiedenen Gründen gegen Geleitzüge ausgesprochen. Dies lag Winton zufolge hauptsächlich daran, daß ihre Offiziere die eigene Geschichte vergessen hatten – der wesentliche Zweck der Royal Navy hatte nämlich immer darin bestanden, den britischen Seehandel zu schützen. Beeinflußt von den aggressiven Lehren des amerikanischen Seekriegstheoretikers Alfred Thayer Mahan (und denen sanfterer Gemüter) – wonach die Kontrolle über die Meere am wirksamsten zu gewährleisten sei, wenn man die Kampfverbände für eine einzige entscheidende Angriffsschlacht mit dem Gegner in der Rückhand behielt – wandten sich die verantwortlichen Offiziere gegen die Diversion von Ressourcen für den Geleitzugschutz, in ihren Augen eine langweilige und defensive Praxis, durch die man eingestehen würde, daß Großbritannien im Grunde die Herrschaft über die Meere an eine schwächere Seemacht verloren hatte.

Doch es gab auch andere Gründe. Erstens unterschätzte die Royal Navy trotz der gewaltigen Verluste an Handelsschiffen vor der eigenen Haustür auch weiterhin drastisch die Gesamtwirkung des U-Boot-Krieges gegen die britische Schiffahrt. Zweitens verkündeten die Admirale, Geleitzüge seien völlig ineffizient, da die schnelleren Schiffe gezwungen würden, ihre Geschwindigkeit den langsameren anzupassen, die Hafenanlagen während des Beladens und Löschens überstrapaziert und in entlegenen neutralen Häfen organisatorische Probleme entstehen würden. Drittens zweifelte die Admiralität an der Fähigkeit und dem Wunsch der Handelsschiffkapitäne, Befehle anzunehmen und sie zu befolgen oder nachts und auf schwerer See strikt den notwendigen Zickzackkurs in den Formationen zu halten. Viertens behaupteten die Admirale, eine Zusammenfassung von Handelsschiffen zu einem großen Konvoi würde den U-Booten noch reichere Beute liefern, weil sie selbst mit schlecht gezielten oder verfehlenden Torpedos noch treffen könnten.

Mit der amerikanischen Seemacht im Rücken erklärte sich die Admiralität schließlich – widerstrebend – bereit, das Geleitzugsystem auf dem Atlantik für auf der Heimreise befindliche Schiffe zu erproben. Der erste, 16 Schiffe starke Geleitzug lief am 10. Mai 1917 in Gibraltar aus; der zweite bestand aus zwölf Schiffen und startete am 24. Mai in Norfolk, Virginia.* Der Gibraltar-Konvoi erreichte in annehmbarer Zeit und ohne Verluste sein Ziel. Der Norfolk-Geleitzug, der von dem britischen Kreuzer *Roxburgh* und sechs amerikanischen Zerstörern eskortiert wurde, hatte einige geringfügige Probleme. Zwei der zwölf Schiffe konnten die mittlere Geschwindigkeit des Konvois von 9 Knoten nicht halten und fielen zurück. Eines davon wurde bei der Einfahrt in Halifax im kanadischen Nova Scotia torpediert. Die anderen zehn Schiffe

* Genauer gesagt war der Ausgangshafen Hampton Roads, Virginia, ein weitläufiger Ankerplatz bei Norfolk. Hier und im folgenden steht »Norfolk« der Einfachheit halber für Hampton Roads.

allerdings überquerten bei nebligem Wetter in dichter Formation im Zickzackkurs den Atlantik und gelangten sicher zu den Britischen Inseln.

Aufgrund dieser Versuche und anderer verfügbarer Daten rang sich die Admiralität im August 1917 endlich zu dem Entschluß durch, das Geleitzugsystem zu übernehmen. Es wurde ein durchschlagender Erfolg. Bis Oktober erreichten über 1500 Handelsschiffe in etwa 100 Geleitzügen die Britischen Inseln. Nur zehn Schiffe wurden dabei von U-Booten versenkt: eines von 150. Im Vergleich dazu betrug die Verlustrate der alleinfahrenden Schiffe (auf dem Weg nach Großbritannien oder mit anderen Zielen) eins zu zehn. Gegen Ende 1917 fuhr fast der gesamte Hochseeverkehr in Konvois. Sie waren in Windeseile fest eingeführt worden. 1917 versenkten U-Boote fast 3000 Schiffe mit 6,2 Millionen BRT, die meisten davon fuhren allein. Der Historiker Winton schrieb: »Das Geleitzugsystem brachte 1917 nicht den Sieg. Aber es verhinderte, daß der Krieg 1917 verloren wurde.«

Die Geleitzüge hätten die deutsche U-Bootwaffe der Chance beraubt, ein kriegsentscheidender Faktor zu werden, schrieb ein U-Boot-Kommandant über die Auswirkungen des Geleitzugsystems. Die Meere waren plötzlich leer gewesen; über lange Zeiten hinweg sahen die einzeln operierenden U-Boote überhaupt nichts; und dann plötzlich tauchte eine riesige Ansammlung von Schiffen auf, dreißig, fünfzig oder mehr, umgeben von einer starken Eskorte aus Kriegsschiffen aller Typen. Das einzelne U-Boot, das den Konvoi wahrscheinlich ganz zufällig gesichtet hatte, versuchte dann, wenn der Kommandant starke Nerven und Ausdauer besaß, immer wieder anzugreifen. Es habe vielleicht ein oder zwei Schiffe versenkt, schloß der Kommandant, oder auch mehrere; doch das sei nur ein kläglicher Teil der Gesamtzahl gewesen. Der Geleitzug sei weitergefahren.

In den letzten zwölf Monaten des Krieges wurden Geleitzüge von der Ausnahme zur Regel. Die britische und die amerikanische Marine errichteten große Organisationen zur Steuerung der Geleitzüge und stellten Schiffs- und, in Landnähe, auch Fliegereskorten bereit, die mit neuen, verbesserten Bomben bewaffnet waren. In vielen Fällen konnten die Behörden dank der genauen Informationen aus Room 40 über die Position der U-Boote die Konvois entsprechend umleiten. Als das Geleitzugsystem (für Schiffe von und nach den Britischen Inseln) im Jahre 1918 endgültig etabliert war, schrumpften die Gesamtverluste gegenüber 1917 um zwei Drittel: 1133 Schiffe wurden versenkt. Davon waren 999 alleine gefahren. In den zehn Monaten Seekrieg des Jahres 1918 gingen nur 134 Schiffe aus den Geleitzügen verloren.

Die Marine der Vereinigten Staaten setzte bei Kriegseintritt ganz auf die große entscheidende Seeschlacht im Sinne Mahans. Wie die Royal Navy mußte auch sie bald erkennen, daß es dazu nicht kommen würde. Daher stellte man sich zügig darauf um, den Briten im Kampf gegen die U-Boote zu helfen. Die Amerikaner stellten Dutzende von Zerstörern und anderen kleinen Schiffen für U-Jagdgruppen, sogenannte »Hunter-Killer-Groups«, zur Verfügung, ebenso Geleitzugeskorten und Minenleger für die Northern Barrage. Auch U-Boote (insgesamt 23) wurden für ASW-Patrouillen um die Azoren und die Britischen Inseln bereitgestellt. Weder die Boote noch die Besatzungen waren jedoch der Aufgabe gewachsen, und sie blieben ohne Erfolg. Der Zustrom amerikanischer Überwasserkräfte in der zweiten Hälfte des Jahres 1917 ermöglichte es den Briten jedoch, in großem Maßstab Geleitzüge zu bilden, und das trug zu einer Verdopplung der deutschen U-Boot-Verluste von 20 im ersten Halbjahr 1917 auf 43 im zweiten Halbjahr bei.

Die rasche Zunahme der U-Boot-Verluste und die vom alliierten Geleitzugsystem verursachten Schwierigkeiten waren nur zwei von vielen ernsten Problemen der Deutschen gegen Ende 1917. Die Ressourcen der ganzen Nation und ihrer Verbündeten waren in drei Jahren eines blutigen und entscheidungslosen Krieges verbraucht worden. Der Sturm der Arbeiter-und-Bauern-Revolution in Rußland hatten seine Samen auch nach Deutschland geweht; in den Reihen der erschöpften und verbitterten deutschen Streitkräfte und Rüstungsarbeiter keimte der Bolschewismus. Deutsche Soldaten desertierten zu Zehntausenden; in Wilhelmshaven kam es zu sporadischen, aber beunruhigenden Meutereien auf Schiffen der Kaiserlichen Marine, deren Besatzungen von der stumpfsinnigen Aufgabe gelangweilt waren, U-Boote in den Hafen hinein- und hinauszugeleiten. Viele der von kommunistischen Agitatoren aufgestachelten Werftarbeiter in Kiel und Hamburg streikten oder verzögerten auf andere Weise die Fertigstellung von U-Booten.

Noch ein weiteres Problem stellte sich der U-Boot-Streitmacht. Die Deutschen standen zwar in dem Ruf, effizient und zentral organisiert zu sein, doch zahlreiche in Deutschland, Flandern, im Mittelmeer und anderswo stationierte U-Boot-Flottillen wurden von den jeweiligen Befehlshabern vor Ort befehligt. Daher fand keine umfassende Abstimmung und Kontrolle der U-Boot-Operationen statt, keine zentrale Stelle sammelte Erfahrungen und Informationen oder machte Vorschläge zur Effizienzverbesserung und Risikominderung. Außerdem waren die Flottillenchefs berechtigt, den Marinebehörden Konstruktionsvorschläge für die U-Boote zu unterbreiten. Dies hatte zur Folge, daß die deutschen Werften übermäßig viele U-Boot-Typen bauten (große, mittlere und kleine Torpedoträger; große, mittlere und kleine Minenleger; riesige U-Kreuzer usw.). Unterschiedliche Konstruktionsmerkmale und widerstreitende Prioritäten, der akute Mangel an Baumaterial, Kohle, Nahrungsmitteln und Werftfacharbeitern (von denen man zu viele eingezogen hatte), der harte Winter und die politische Unruhe im Innern hatten zur Folge, daß die Marine die Produktionsziele für die U-Boote nicht einhalten, geschweige denn die Produktionsraten 1918 verdoppeln und, wie vorgesehen, 1919 hätte verdreifachen können.

Und doch kämpfte die U-Boot-Streitmacht entschlossen weiter. In den ersten acht Monaten des Jahres 1918 versenkten U-Boote durchschnittlich jeweils etwa 300 000 BRT an alliierten Schiffen, fast alle davon Alleinfahrer. Die U-Boot-Verluste stiegen gegenüber 1917 leicht an (neunundsechzig in zehn Monaten, verglichen mit dreiundsechzig im gesamten Vorjahr), doch diese Verluste wurden durch siebzig neu in Dienst gestellte Boote ausgeglichen. Die Moral blieb hoch.

Im Oktober 1918 waren die deutsche Kriegsmaschine und die Wirtschaft erschöpft, und die Nation war durch Unruhen und Aufstände zerrissen. Von wenigen Ausnahmen abgesehen, war der Wille zum Weiterkämpfen erlahmt; über eine Million Soldaten waren aus dem deutschen Heer desertiert. Eine bemerkenswerte Ausnahme stellte die U-Bootwaffe dar. Sie war immer noch stark (etwa 180 Boote einsatzfähig, zahlreiche weitere in verschiedenen Bauphasen in den Werften), die Moral blieb gut, und die Regierungstreue war ungebrochen. Angesichts der zusehends schlechteren Bedingungen im Land gab es keine Hoffnung mehr, daß die U-Boot-Streitmacht allein auf sich gestellt einen entscheidenden Schlag gegen die Alliierten führen könnte.

In Erfüllung einer Vorbedingung für die Waffenstillstandverhandlungen rief die deutsche Führung am 21. Oktober die gesamte U-Boot-Streitmacht zurück. Die heimkehrenden Besatzungen fanden eine Marine vor, die durch verbreitete Meutereien gelähmt war. Eine letzte bittere Ironie war es schließlich, daß einige U-Boote den Befehl erhielten, zur Niederschlagung der Meutereien ihre Torpedorohre auf deutsche Schlachtschiffe zu richten. Allerdings erhielt keines den Schießbefehl.

Nach dem Zusammenbruch der Mittelmächte und dem Inkrafttreten des Waffenstillstands am 11. November 1918 erhielten die alliierten Marinebehörden Zugang zu den deutschen Archiven und konnten eine Bilanz des deutschen U-Boot-Kriegs erstellen. Deutschland hatte 351 U-Boote aller Typen in Dienst gehabt. Diese hatten mehr als 5000 alliierte Kriegsschiffe aller Kategorien mit etwa zwölf Millionen Tonnen versenkt (darunter zehn Schlachtschiffe und achtzehn schwere und leichte Kreuzer). Insgesamt 178 U-Boote waren verlorengegangen, etwa 5000 Offiziere und Mannschaften waren gefallen, verwundet oder gefangengenommen worden. Bei Kriegsende waren 179 U-Boote einsatzfähig oder knapp davor, 224 im Bau und weitere 200 in der Planung. Hätte man den Krieg bis ins Jahr 1919 und darüber hinaus fortgesetzt und die 224 im Bau befindlichen Boote in Dienst gestellt, wären die Alliierten im Jahre 1919 unter Berücksichtigung der wahrscheinlichen Verlustrate mit einer Gesamtflotte von etwa 300 und 1920 mit einer noch größeren Zahl von U-Booten konfrontiert gewesen.

Die Alliierten hatten im Kampf gegen die U-Boote enorme Kräfte aufwenden müssen: 3330 Hunter-Killer-Schiffe und Eskortschiffe aller Art im vollen oder teilweisen Einsatz, fast 500 Flugzeuge, 75 Blimps, Dutzende von U-Booten und Zehntausende von Minen. Die U-Boot-Verluste schlüsseln sich wie folgt auf:

Überwasserschiffe	55*
Minen (vermutlich)	48
U-Boote	18
U-Boot-Fallen	11
Handelsschiffe	7 (5 durch Rammen)
Flugzeuge	1
Belegte Unfälle	19**
Unbekannt	19
Gesamt	178

Die meisten intakt gebliebenen U-Boote wurden unter den Siegern verteilt: 105 gingen an Großbritannien, 46 an Frankreich, 11 an Italien, 4 an die USA und 7 an Japan. Man kam überein, daß nach der Evaluierung und Ausschlachtung alle außer 10 Frankreich zugeteilten Booten zerstört werden sollten. Ebenso wurde mit den in Bau befindlichen Booten verfahren. Dies war das Ende der deutschen U-Boot-Streitmacht.

Die Entwicklung des U-Boots, das ursprünglich als Küstenfahrzeug mit begrenzten Verteidigungsaufgaben konzipiert war und schließlich in fernen Gewässern für den

* Rammung, Beschuß, Wasserbomben usw.

** Strandung, deutsche Minen und U-Boote usw.

Handelskrieg eingesetzt wurde, hatte tiefgreifende Folgen für die Strategie des Seekriegs. Künftig würde jedes Land, das die absolute Kontrolle über die Meere anstrebte, nicht nur eine allen anderen Ländern oder Bündnissen überlegene Überwasserflotte benötigen, sondern auch genügend Mittel zur U-Boot-Abwehr, um seine Kriegs- und Handelsflotte vor Angriffen zu schützen. Umgekehrt würde es gut beraten sein, eine U-Boot-Streitmacht zu unterhalten, die zur Unterwerfung oder Vernichtung gegnerischer Seestreitkräfte und Handelsflotten beitragen konnte.

Während des Krieges strickten die deutsche Propaganda, Schundliteraten und andere einen Mythos der deutschen U-Bootwaffe zusammen. Ihm zufolge waren die deutschen U-Boote weltweit unübertroffene technische Wunderwerke, die deutschen U-Boot-Kommandanten und Besatzungen brillante, heldenhafte und unbesiegbare Supermänner. Die U-Boot-Streitmacht, bis zum bitteren Ende kaisertreu, habe Großbritannien um ein Haar in die Knie gezwungen und somit die Alliierten besiegen können. Populäre Schriftsteller wie ernsthafte Historiker strickten in den zwanziger und dreißiger Jahren noch weiter an diesem Mythos.

Auch angesehene Persönlichkeiten im alliierten Lager trugen zum Mythos des U-Boots bei. Allein um das U-Boot zu neutralisieren, schrieb der britische Marinehistoriker Sir Julian Corbett, habe man »den größten Seekrieg der Geschichte« führen müssen. Der ehemalige Erste Lord der Admiralität Winston Churchill schrieb (in *Weltkrisis*), das U-Boot habe die Fundamente der Macht der Alliierten und des Lebens auf den Britischen Inseln rapide untergraben, und 1918 habe die unmittelbare und tödliche Gefahr eines Zusammenbruchs der Alliierten bestanden. Walter Hines Page, der amerikanische Botschafter in London, schrieb: »Die U-Boot-Gefahr von 1917 drohte sich für uns zu einem vollkommenen und endgültigen Desaster auszuwachsen.« Das U-Boot sei »bei weitem die beeindruckendste Waffe, die der Krieg bisher hervorgebracht hat«. William S. Sims, ein ranghoher amerikanischer Marineoffizier in London, stellte fest: »Wäre Deutschland in der Lage gewesen, im Winter und Frühjahr 1917 fünfzig U-Boote auf den großen Schiffahrtsrouten im Einsatz zu halten, dann hätte es durch nichts daran gehindert werden können, den Krieg zu gewinnen.«

Was das U-Boot im Ersten Weltkrieg so übermächtig erscheinen ließ, war jedoch im Grunde die Blindheit und Starrköpfigkeit der britischen Admiralität. Sie hatte sich im Vorfeld des Krieges geweigert, die Möglichkeit eines Handelskriegs der U-Boote einzukalkulieren, und sich nicht ernsthaft darauf vorbereitet. Als es dann zum Krieg kam, trieb die Admiralität die Technologie der U-Boot-Bekämpfung nur skandalös langsam voran. Auch der Einsatz wichtiger Waffen kam nur zögerlich in Gang, so der Patrouillenflugzeuge, der Geleitzerstörer, der U-Jagd-U-Boote (antisubmarine submarines), der Geschütze für Handelsschiffe, der Wasserbomben und zuverlässiger Minen und Torpedos.

Eine genaue Analyse der U-Boot-Erfolge zeigt, daß die deutschen U-Boote die überwiegende Mehrheit der alliierten Schiffe nicht durch Torpedotreffer, sondern mit Deckgeschützen in britischen Küstengewässern und im Mittelmeer versenkten, wo dichter Verkehr herrschte. Die meisten Deckgeschütze der ersten Jahre waren vom Kaliber 8,8 Zentimeter. Da das Deck eines U-Boots selten eine stabile Geschützplattform darstellte und die Hülle für gegnerisches Feuer extrem verwundbar war, hätte die Admiralität die britischen Handelsschiffe nur zügig mit etwas stärkeren 10-cm-

TAFEL 1

DEUTSCHE U-BOOT-STREITMACHT 1914–1918

	1914	1915	1916	1917	1918
Verfügbar	24	29	54	133	142
Zuwächse	10	52	108	87	70
Gefechtsverluste	5	19	22	63	69
Andere Verluste[1]		8	7	15	9
Jahresende	29	54	133	142	134
	Insgesamt einsatzfähig:			351	
	Insgesamt im Gefecht versenkt (50 %):			178	
	Andere Verluste insgesamt (11 %):			39	
	Nach dem Waffenstillstand fertiggestellt:			45	
	Den Alliierten übergeben:			179	

[1] Versehentlich versenkt, interniert, an Österreich-Ungarn überstellt, als Schulboot eingesetzt usw.

TAFEL 2

VON U-BOOTEN IM ERSTEN WELTKRIEG VERSENKTER ALLIIERTER UND NEUTRALER SCHIFFSRAUM[1]

Monat	1914	1915	1916	1917	1918
Januar		47 981	81 259	368 521	306 658
Februar		59 921	117 547	540 006[3]	318 957
März		80 775	167 097	593 841	342 597
April		55 725	191 667	881 027	278 719
Mai		120 058	129 175	596 629	295 520
Juni		132 428	108 855	687 507	255 587
Juli		109 640	118 215	557 988	260 967
August	62 767[2]	185 866	162 744	511 730	283 815
September	98 378	151 884	230 460	351 748[4]	187 881
Oktober	87 917	88 534	353 660	458 558	118 559
November	19 413	153 043	311 508	289 212	17 682[5]
Dezember	44 197	44 197	123 141	399 111	
Gesamt:	312 672	1 307 996	2 327 326	6 235 878	2 666 942
Tonnage gesamt:		12 850 814	Britische Gesamtverluste:		7 759 090 BRT

[1] Quelle: Fayle, C. Ernest, *Seaborne Trade,* Bd. 3, S. 465, Tabelle I[a]; London 1924. Im Lauf der Jahrzehnte wurden diese Zahlen genauer aufgeschlüsselt. Siehe beispielsweise Tarrant (1989), S. 148–159. Er beziffert die Gesamttonnage nach deutschen Quellen auf 12 284 757 und nach britischen Quellen auf 12 026 324 BRT.

[2] Beginn des Ersten Weltkriegs.

[3] Die Deutschen begannen den unbeschränkten U-Boot-Krieg.

[4] Britisches Geleitzugsystem voll etabliert.

[5] Kriegsende.

Geschützen und dafür ausgebildeten Mannschaften umrüsten müssen. Dann hätten nur die kühnsten U-Boot-Kommandanten ein Geschützduell gewagt, und die Verluste der alliierten Schiffahrt hätten sich zweifellos beträchtlich reduziert. Mehrere entsprechend bewaffnete Handelsschiffe im Verband hätten einen U-Boot-Angriff mit dem Deckgeschütz faktisch zu einem Selbstmordunternehmen gemacht und die Deutschen gezwungen, mit ihren knappen, weitgehend handgefertigten Torpedos von relativ starren Unterwasserpositionen aus anzugreifen, die leicht zu umfahren gewesen wären oder von denen man sich rasch hätte absetzen können.

Daß die Briten sich nicht sofort entschlossen, den gesamten Schiffsverkehr in Konvois abzuwickeln, war natürlich ihr schlimmster Fehler. Als das Geleitzugsystem im September 1917 voll etabliert war, hatten die U-Boote schon etwa acht von insgesamt zwölf Millionen BRT versenkt. Hätte man schon früher Geleitzüge gebildet, wäre es den Schiffen möglich gewesen, den von britischen Codebrechern und anderen Geheimdiensten aufgespürten U-Boot-Positionen »strategisch auszuweichen«, wie es Ende 1917 und 1918 fast zur Routine wurde. Wären zudem die meisten britischen Schiffe in diesen Konvois sofort mit Geschützen ausgestattet worden, hätte wohl kein U-Boot einen so wehrhaften Gegner mit der Deckkanone angegriffen. Eine Geleitzugeskorte durch wenigstens einen Zerstörer oder ein vergleichbares Schiff mit dem U-Boot überlegener Feuerkraft hätte zur Verteidigung gegen die wenigen, einzeln auf offener See operierenden Boote genügt. Da diese Boote bei Sichtung eines Flugzeugs unverzüglich tauchten und praktisch lahmgelegt wurden, hätten einfache – sogar unbewaffnete – Flugzeuge für den Geleitschutz der Küstenkonvois gute Dienste geleistet. Doch die Admiralität führte diese Küstengeleitzüge erst im Juni 1918 ein.

Auch die Deutschen waren blind und starrköpfig. Auf strategischer Ebene war der U-Boot-Krieg der ausschlaggebende Grund für den Kriegseintritt der Vereinigten Staaten, mit dem eine Niederlage der Mittelmächte letztlich unvermeidbar wurde. Darüber hinaus hatten die Deutschen den Fehler gemacht, den unbeschränkten U-Boot-Krieg zu entfesseln, bevor sie auch nur annähernd die dafür erforderlichen Boote hatten. Dies führte zu einem verzettelten Einsatz ihrer Seestreitkräfte, den die Alliierten Schritt für Schritt abwehren konnten. Auf taktischer Ebene gelang es den Deutschen nicht, den Geleitzügen umgehend etwas entgegenzusetzen, etwa den punkt-genauen Einsatz massierter Kräfte im Verband (»Wolfsrudel«) bei nächtlichen Überwasserangriffen.

Vor allem jedoch verließ sich das deutsche Oberkommando allein auf das U-Boot, um den Zustrom frischer amerikanischer Truppen in die französischen Atlantikhäfen zu blockieren. An dieser Aufgabe scheiterten die U-Boote vollständig. Alliierte Seestreitkräfte transportierten etwa 2 Millionen Soldaten von Amerika nach Frankreich, wobei nur 56 Mann durch U-Boot-Angriffe den Tod fanden – ein höchst beeindruckender, meist jedoch übersehener Triumph. Zu den Verlusten kam es, als das 9500-BRT-Truppenschiff *Moldavia* von einem Torpedo getroffen wurde. Deutsche U-Boote versenkten noch zwei weitere Truppentransporter (*Covington* und *President Lincoln*), beide allerdings auf der Leerfahrt zurück in die Vereinigten Staaten. Bekanntlich trugen die amerikanischen Truppen in Frankreich wesentlich zur endgültigen Niederlage der deutschen Armeen bei.

Die Wahrheit über den deutschen U-Boot-Krieg von 1914–1918 ist, daß er verloren wurde. Er verursachte viel Not und Zerstörung und verbreitete in nicht unerheblichem Maße Angst und Schrecken. Anders, als es der Mythos wollte, waren die U-Boote jedoch nie nahe daran, Großbritannien in die Knie zu zwingen und damit eine Niederlage der Alliierten herbeizuführen. Als die U-Boot-Gefahr im Jahre 1917 ihren Höhepunkt erreichte, konterten die Alliierten mit dem massiven Bau von Handelsschiffen und dem Geleitzugsystem. Wie der Amerikaner und Historiker der Royal Navy, Arthur J. Marder, feststellte,* entstand durch die U-Boote in Großbritannien zu keinem Zeitpunkt des Krieges »weitverbreitete Not«.

Verträge, Abrüstung und U-Boote

Die Verluste im Ersten Weltkrieg, der »alle Kriege beenden« sollte, waren gräßlich: etwa neun Millionen Tote, zwanzig Millionen Verwundete, Unsummen verschwendeter Gelder. Die Revolution in Rußland, eine Folge des Krieges, kostete weitere Millionen Menschenleben. Um eine derartige Schlächterei in Zukunft zu verhindern, gelobten die Alliierten, die Mittelmächte zu entwaffnen, zu teilen und zu bestrafen, sowie ein Netz von Verträgen und Bündnissen zu knüpfen, das einen dauerhaften Frieden gewährleisten und die Abrüstung ermöglichen sollte.

Die Bemühungen um dauerhaften Frieden begannen im Januar 1919 mit der Pariser Konferenz, bei der Präsident Wilson eine führende Rolle spielte. Ihr Ergebnis war der Versailler Vertrag, der auch die Errichtung des Völkerbunds vorsah, eines Forums zur Beilegung internationaler Konflikte. Ironischerweise weigerte sich jedoch ausgerechnet der amerikanische Senat, den Vertrag zu ratifizeren, da man fürchtete, eine Mitarbeit im Völkerbund könne Amerika in einen weiteren europäischen Krieg hineinziehen. So fiel den anderen wichtigen Alliierten des Krieges – Großbritannien, Frankreich, Italien und Japan – die Aufgabe zu, die Bestimmungen des Versailler Vertrags durchzusetzen, den Völkerbund ins Leben zu rufen und die Friedensbemühungen voranzutreiben.

Frankreich, das unter dem Krieg am meisten gelitten hatte, setzte im Versailler Vertrag harte Bestimmungen durch. Das ohnehin angeschlagene Österreich-Ungarn wurde nun in die neuen, unabhängigen Länder Österreich, Ungarn und Tschechoslowakei sowie den Kern Jugoslawiens aufgeteilt. Auch Deutschland mußte Gebiete abtreten. Elsaß-Lothringen ging an Frankreich zurück. Große Gebiete Ostdeutschlands fielen erneut an das wiedererrichtete Polen, dem auch ein Korridor zu der Freien Stadt Danzig an der Ostsee gewährt wurde. Das Rheinland wurde 1923 von alliierten Truppen besetzt und das Saargebiet unter die Verwaltung des Völkerbunds gestellt. Deutschland verlor seine Kolonien in Afrika und im Pazifik. Außerdem wurde es verpflichtet, den Alliierten enorme, später allerdings reduzierte Reparationssummen zu zahlen – 269 Milliarden Goldmark, die erste Rate, 20 Milliarden Goldmark, war im Mai 1921 fällig.

Darüber hinaus wurde Deutschland entwaffnet. Der deutsche Generalstab und das Oberkommando der Marine wurden aufgelöst. Das deutsche Heer wurde auf 100 000 Mann, die Marine auf nur 15 000 Mann beschränkt. Die Wehrpflicht wurde abgeschafft. Freiwillige mußten sich langfristig verpflichten: Offiziere fünfundzwanzig Jahre, einfache Soldaten zwölf; vor dem fünfundvierzigsten Lebensjahr konnte kein

* Zitiert in Tarrant (1981)

Militärangehöriger den Dienst quittieren; danach war es verboten, sich bei einer anderen Waffengattung zu melden. Weder das Heer noch die Marine durften eine Reserve unterhalten. Der deutschen Industrie war es verboten, U-Boote, Militärflugzeuge, schwere Artillerie, Panzer und andere Waffen zu bauen.

Die Deutschen waren über diese Bestimmungen entsetzt und zornig. Friedrich Ebert, erster Präsident der neugegründeten Weimarer Republik, weigerte sich zunächst, den Vertrag zu unterzeichnen. Er tat dies erst, als die Alliierten drohten, in ganz Deutschland einzumarschieren und es zu besetzen, sowie die Seeblockade auf unbestimmte Zeit zu verlängern. Der glücklose Ebert, ohnehin schon von der militanten Linken heftig attackiert, wurde nun in Deutschland auch zum Ziel der militanten Rechten, die ihm Verrat an Deutschland vorwarf.

Eine wichtige Kriegsbeute der Alliierten war die Hochseeflotte der Kaiserlichen Marine. Zum Zeitpunkt des Waffenstillstands wurden die vierundsiebzig Schiffe der Hauptflotte in der britischen Marinebasis Scapa Flow interniert. Aus Protest gegen den Versailler Vertrag unternahmen die deutschen Besatzungen den Versuch, die gesamte Flotte zu versenken.

Alliierte Seeleute konnten 22 der 74 explodierenden und brennenden Schiffe auf den Strand laufen lassen, doch die anderen 52 sanken. Die Alliierten verloren 10 Schlachtschiffe, 5 Schlachtkreuzer, 5 Leichte Kreuzer und 32 Zerstörer.

Das durch Krankheiten, Hunger und wirtschaftliches Chaos zerrüttete Nachkriegsdeutschland wurde zu einem politischen Schlachtfeld. Bewaffnete Banden von Links- und Rechtsextremisten lieferten sich erbitterte Straßenkämpfe und versuchten, die Macht auf lokaler und nationaler Ebene gewaltsam an sich zu reißen. Die Rechtsextremisten waren erfolgreicher. Eine der rechten Gruppen, die von Adolf Hitler geführten Nazis, die sich aus mörderischen, geldgierigen Ganoven und Kriminellen und fanatischen Ideologen rekrutierten, die Haß auf den Versailler Vertrag und die Juden predigten, gewann in den Straßenkämpfen allmählich die Oberhand.

Die Alliierten postierten eine Kontrollkommission in Deutschland, um das Verbot der Wiederaufrüstung zu überwachen. Doch die revanchelüsternen deutschen Militaristen hatten nicht die geringste Absicht, sich an den Versailler Vertrag zu halten. Mit stillschweigender Zustimmung Eberts und Paul von Hindenburgs, der 1925 Eberts Nachfolger wurde, arbeiteten der Chef der Heeresleitung, General Hans von Seeckt, die jeweiligen Chefs der Reichsmarine, die Admirale Adolf von Trotha, Paul Behnke und Hans Zenker, mit dem Rüstungskonzernchef Gustav Krupp und anderen deutschen Industriellen zusammen, um mit List und Tücke militärische Forschung und Entwicklung zu betreiben. Nach dem Rapallovertrag (1922), mit dem Deutschland und die Sowjetunion ihre Beziehungen wiederaufnahmen, errichtete Seeckt geheime Infanterie- Panzer- und Flugausbildungsstätten in der Sowjetunion und ließ dort Fabriken bauen, in denen Militärflugzeuge, Artilleriegranaten und Giftgas hergestellt wurden. Krupp erwarb die maßgebliche Beteiligung an der schwedischen Waffenfirma Bofors, die in der Folge bei Krupp entwickelte Artillerie- und Flugabwehrkanonen produzierte. Die Admirale Trotha, Behncke und Zenker sorgten dafür, daß Deutschland in der U-Boot-Technologie führend blieb, indem sie in den Niederlanden den Krupp-Ableger IVS gründeten, der U-Boote und deren Baupläne an Japan (offiziell eine der Garantiemächte des Versailler Vertrags!), Spanien, die Türkei, Finnland und andere Länder verkaufte.

Die siegreichen Alliierten pflegten unterdessen die Illusion eines ewigen Friedens. Der Völkerbund mit Sitz in Genf diente zunächst als Hauptforum, dessen Gestaltungskraft jedoch untergraben wurde, weil die Vereinigten Staaten fehlten und die anderen Großmächte nicht gewillt waren, Beschränkungen ihrer nationalen Souveränität hinzunehmen. Daher gingen die Großmächte verschiedene diplomatische Wege. Eine dem Anschein nach vielversprechende Errungenschaft war der Vertrag von Locarno (1925). Deutschland traf in Locarno zum ersten Mal seit dem Krieg mit den anderen Großmächten zusammen und schien die Bedingungen des Versailler Vertrags zu akzeptieren. Es erklärte sich mit einer dauerhaft entmilitarisierten Zone entlang des Rheins einverstanden und erklärte, keinen Krieg gegen Frankreich und Belgien führen zu wollen. Im Gegenzug wurde es in den Völkerbund aufgenommen. Frankreich, das Deutschland immer noch mißtraute, schloß separate Bündisse mit Polen und der Tschechoslowakei und garantierte diesen Ländern, sie gegen deutsche Interventionen zu schützen.

Die Friedensbemühungen erreichten im Jahre 1928 mit dem Briand-Kellogg-Pakt ihren Höhepunkt. In diesem Vertrag verzichteten 15 Mächte, darunter auch Deutschland, auf den Krieg als Mittel nationaler Politik. Am Ende hatten 62 Länder den Vertrag unterzeichnet, auch die Vereinigten Staaten. Der Pakt, der den Krieg ächtete, wurde sicherlich mit Recht als Triumph der Diplomatie gefeiert. Doch das noble Dokument enthielt keine Bestimmungen für seine Durchsetzung: Es war ein bloßes Bekenntnis.

Die Großmächte hatten schon auf der Pariser Friedenskonferenz von 1919 ihren Abrüstungswillen erklärt. Doch diese edlen Bekundungen waren meist nur heiße Luft. Die an Deutschland angrenzenden Länder – Frankreich, Polen, Tschechoslowakei – behielten und verstärkten große, wohlgerüstete Armeen, ebenso wie Italien, wo 1922 der faschistische Diktator Benito Mussolini die Macht ergriff. Die Großmächte einigten sich jedoch auf eine Reihe von Flotten-Abrüstungsverträgen, die im Rückblick durchaus bemerkenswert sind und die Entwicklung der Seekriegführung wesentlich beeinflußt haben.

Der Anstoß zur Flottenabrüstung kam von Großbritannien. Es wollte dem Aufbau der amerikanischen und japanischen Flotten Einhalt gebieten, gegen die Großbritannien nicht mehr konkurrieren konnte oder wollte. Der Gedanke gefiel Präsident Wilsons Nachfolger, Warren G. Harding, der 1921 ins Amt kam und sich verpflichtet hatte, die Marinerüstung zu reduzieren und den japanischen Expansionismus im Fernen Osten einzudämmen. Auf Hardings Einladung trafen Diplomaten und Flottenbefehlshaber aus Großbritannien, den Vereinigten Staaten, Japan, Frankreich und Italien mit großem Pomp am 12. November 1921 in Washington zusammen.

Im Vorfeld der Konferenz hatte die Regierung Harding – gegen heftige Einwände der amerikanischen Marine – beschlossen, einen beispiellos drastischen Plan zur weltweiten Flottenabrüstung vorzulegen. Als erster Redner erläuterte Außenminister Charles Evans Hughes den Vorschlag. In einem ersten Schritt sollten die Vereinigten Staaten, Großbritannien und Japan den Bau aller schon genehmigten und projektierten Großkampfschiffe* stornieren und zehn Jahre lang keine neuen bauen. Zweitens sollten die drei Großmächte ihre bestehenden Seestreitkräfte durch die Verschrottung von insgesamt fast zwei Millionen Tonnen an Großkampfschiffen reduzieren. Drittens

* Schiffe ab 10000 Tonnen, die über Geschütze mit einem Kaliber von über 20 Zentimetern (8 Zoll) verfügten.

sollten die drei großen Seemächte bis 1942 den Anteil der Großkampfschiffe auf 500 000 Tonnen für die Vereinigten Staaten und Großbritannien und 300 000 Tonnen für Japan begrenzen. Je 175 000 Tonnen waren für Frankreich und Italien vorgesehen (5 : 5 : 3 : 1,75 : 1,75), und die Hilfsschiffe (Flugzeugträger, Kreuzer, Zerstörer usw.) sollten ebenfalls in diesem Verhältnis reduziert werden.

Die Konferenzteilnehmer – und die Weltöffentlichkeit – waren verblüfft. Jahrzehnte später hätte es dieselbe Wirkung gehabt, wenn die Vereinigten Staaten ohne Ankündigung vorgeschlagen hätten, die Großmächte sollten die Hälfte oder mehr ihrer strategischen Nuklearwaffen abbauen und verschrotten. Im einzelnen bedeutete dies:

- Die Vereinigten Staaten, die bei weitem die größten Konzessionen machten, mußten 30 Großkampfschiffe mit etwa 850 000 Tonnen abbestellen oder verschrotten: 15 ältere Schlachtschiffe (battleships) und 15 im Bau befindliche Schlachtschiffe oder Schlachtkreuzer (battle cruisers), darunter zwei schon vom Stapel gelaufene und mehrere, die zu 80 Prozent fertiggestellt waren. Die verbleibende Flotte sollte aus achtzehn Großkampfschiffen mit insgesamt 500 000 Tonnen bestehen.
- Großbritannien mußte 25 Großkampfschiffe mit fast 590 000 Tonnen abbestellen oder verschrotten: 19 ältere Schlachtschiffe und 4 geplante schwere *Dreadnoughts* – 3 Schwesterschiffe der *Hood* waren schon annulliert, 4 neue wurden gestrichen. Die verbleibende Flotte sollte aus 22 Großkampfschiffen mit 600 000 Tonnen bestehen.*
- Japan sollte 25 Großkampfschiffe mit etwa 450 000 Tonnen abbestellen oder verschrotten: 10 ältere Schlachtschiffe, 7 im Bau befindliche und 8 geplante Schlachtschiffe oder Schlachtkreuzer. Die Flotte sollte künftig aus 10 Großkampfschiffen mit 300 000 Tonnen bestehen.

Der vollständige Plan war ziemlich kompliziert und führte zu einem zweiwöchigen, mühseligen Feilschen um die Details. Die Konferenzteilnehmer konnten sich nicht auf Formeln für die Limitierung der Kreuzer einigen, woraufhin diese Schiffskategorie ausgenommen wurde. Nur in einer Klausel war vorgesehen, die Kreuzer auf 10 000 Tonnen zu begrenzen und sie mit Geschützen von nicht mehr als 20 Zentimetern auszustatten.** Das Ziel eines Verhältnisses von 5 : 5 : 3 unter den drei großen Seemächten überlebte die Debatten. Der Vertrag wurde im Februar 1922 unterzeichnet und sollte bis zum 31. Dezember 1936 gelten.

Die Republikanische Partei in den USA feierte das Abkommen als »das größte Friedensdokument aller Zeiten«. Das trifft wohl nicht zu, doch zweifellos war das Vertragswerk beeindruckend und gewichtig. Das 1906 mit der *Dreadnought* entfesselte massive Flottenwettrüsten war gestoppt worden. Darüber hinaus glaubte man, der Vertrag würde den japanischen Expansionismus eindämmen. Die Vereinigten Staaten erklärten, man werde die Pazifikinseln Midway, Wake und Guam nicht militärisch ausbauen, woraufhin Japan versprach, die Hände von Sibirien zu lassen und seine Bodentruppen von der chinesischen Halbinsel Shandong zurückzuziehen.

Weil man sich nicht auf die Zahl der Kreuzer einigen konnte, entbrannte zwischen den Vereinigten Staaten und Großbritannien eine hitzige Kontroverse, die in den Vorschlag für eine weitere Flottenabrüstungskonferenz mündete. Sie fand im Juni 1927 in

---

* Großbritannien wurden 100 000 Tonnen mehr zugestanden, um das Alter und gewisse Mängel seiner Großkampfschiffe auszugleichen.

** Jeder größere oder schwerer bewaffnete Kreuzer sollte als Großkampfschiff betrachtet werden.

Genf statt. Japan nahm teil, doch Frankreich und Italien, die auf den Bau von Kreuzern setzten, boykottierten die Gespräche. Allerdings machte dies keinen Unterschied. Trotz wochenlanger zäher Verhandlungen wurde keine Einigung erzielt.

Die ungelöste Kreuzerfrage und andere Gründe veranlaßten Präsident Herbert C. Hoover und den britischen Premierminister Ramsay MacDonald, auf Januar 1930 eine weitere Flottenabrüstungskonferenz einzuberufen. Der Börsenkrach an der Wall Street vom Oktober 1929 hatte inzwischen rund um den Erdball zu wirtschaftlicher Unsicherheit geführt: Die Weltwirtschaftskrise stand vor der Tür. Diese düsteren Aussichten verliehen den Verhandlungen eine Atmosphäre der Dringlichkeit, und man war daher entschlossen, den überzogenen Rüstungsausgaben für die Flotten einen Riegel vorzuschieben.

Teilnehmer waren die fünf großen Seemächte: die Vereinigten Staaten, Großbritannien, Japan, Frankreich und Italien. Die Delegierten begannen von Grund auf neu zu verhandeln und erzielten auf Basis des Washingtoner Vertrags von 1922 ein umfassendes neues Flottenabkommen. In der Folge rüsteten die drei größten Seemächte ihre Flotten weiter drastisch ab:

- **Großkampfschiffe.** Das Verhältnis von 5:5:3 wurde bestätigt; von 1932 bis zum Auslaufen des Vertrags am 31. Dezember 1936 sollten keine neuen Schiffe gebaut werden. Großbritannien, dem zwei Neubauten zugestanden wurden, mußte 3 ältere Schlachtschiffe und einen Schlachtkreuzer verschrotten und ein Schlachtschiff abrüsten. Die Vereinigten Staaten sollten 3 weitere Schlachtschiffe verschrotten und 15 behalten. Japan sollte eines abrüsten und 9 behalten. Frankreich durfte 3 neue 23 000-Tonnen-Schlachtkreuzer bauen. Italien forderte erfolgreich ein Kräftegleichgewicht mit Frankreich.
- **Kreuzer.** Dieser andauernde Streitpunkt wurde endlich beigelegt, mit Großbritannien als Gewinner. Die Royal Navy sollte auf 50 Kreuzer aufrüsten (15 »Vertragskreuzer« mit 10 000 Tonnen und 35 Leichte Kreuzer). Die Vereinigten Staaten konnten die Zahl ihrer Kreuzer auf 37 erhöhen, waren jedoch mit dem Verhältnis von 18 Vertragskreuzern zu 19 Leichten Kreuzern) nicht zufrieden. Japan sollte seine 12 Kreuzer behalten (8 Vertragskreuzer mit je 10 000 Tonnen und vier leichte Kreuzer mit 20-cm-Geschützen [8-Zoll-Geschützen]), vorausgesetzt, die Vereinigten Staaten streckten den Bau ihrer drei Vertragskreuzer über einen bestimmten Zeitraum. Frankreich und Italien behielten jeweils 7 neue 20-cm-Kreuzer.
- **Zerstörer.** Alle drei Großmächte sollten den Zerstörerbau auf dem existierenden Tonnage-Niveau einfrieren. Bei angenommenen 1500 Tonnen pro Zerstörer sollten die Vereinigten Staaten und Großbritannien jeweils 100 behalten, Japan 70. Frankreich wurden 48 Zerstörer zugestanden, Italien 42.*

Bei allen Verhandlungen zur Flottenabrüstung spielten die U-Boote eine gewichtige Rolle. Großbritannien, das am meisten unter ihnen gelitten hatte, drängte bei der Washingtoner Konferenz von 1921, U-Boote, wie zuvor schon Giftgas, zu verbieten und abzuschaffen. Die Vereinigten Staaten suchten einen Kompromiß und schlugen Obergrenzen für U-Boote vor: 90 000 Tonnen insgesamt oder jeweils etwa 100 Boote für

* Einzelheiten zu den amerikanischen und britischen Zerstörerprogrammen finden sich in den Anhängen 9 und 12.

die Vereinigten Staaten und Großbritannien; 45 000 Tonnen oder jeweils etwa 45 Boote für Frankreich, Italien und Japan. Dieser Vorschlag stellte jedoch niemanden zufrieden.

Im Laufe der U-Boot-Verhandlungen meldete sich ein höchst angesehener Amerikaner mit umfassenden Vorschlägen zu Wort. Es war Elihu Root, ehemaliger Kriegsminister, Außenminister und Senator, der für seine unermüdlichen Friedensbemühungen in verschiedenen internationalen Organisationen den Friedensnobelpreis erhalten hatte. Root schlug drei »Resolutionen« zur Verabschiedung vor: ein Verbot von U-Boot-Angriffen auf Handelsschiffe, die Wiederinkraftsetzung des vollständigen Prisenrechts und die Festlegung juristischer Verfahrensweisen zur Bestrafung rechtsbrüchiger U-Boot-Kommandanten. Die britischen Delegierten begrüßten die Resolutionen; die Franzosen sprachen sich heftig dagegen aus. Hinter den Kulissen äußerten auch die Vereinigten Staaten Bedenken, fühlten sich jedoch wegen des schlechten Rufs der U-Boote und wegen Roots hohen moralischen Prestiges nicht in der Lage, die Resolutionen auch offiziell abzulehnen.

Die Root-Resolutionen führten zu einer langen, hitzigen Debatte zwischen den britischen und französischen Delegierten. Eine Zeitlang brachte die Auseinandersetzung um die Begrenzug der U-Boot-Bestände und die Root-Resolutionen die Washingtoner Konferenz an den Rand des Scheiterns. Um dieser Gefahr vorzubeugen, beschlossen die Delegierten, die Frage der U-Boot-Begrenzung ganz von der Tagesordnung zu streichen und die Root-Resolutionen in einem separaten Protokoll zu behandeln. In der Folge kam kein Abkommen über die U-Boote zustande, und die fünf wichtigsten Seemächte konnten ihre Bestände nun nach eigenem Ermessen beliebig erweitern. Das separate Protokoll mit den Root-Resolutionen wurde zwar im Prinzip verabschiedet, doch da die französische Regierung es nicht ratifizierte, wurde es rechtlich nicht bindend.

Die U-Boot-Frage stellte sich erneut bei der Genfer Konferenz von 1927, die zur Lösung des Kreuzerproblems einberufen worden war. Wiederum schlugen die Briten vor, die U-Boote zu ächten und abzuschaffen, doch weder die Vereinigten Staaten noch Japan waren zu diesem Schritt bereit. Da Frankreich und Italien an der Konferenz nicht teilnahmen, war die Diskussion über die Abschaffung oder Begrenzung der U-Boot-Bestände ohnehin fruchtlos. Dennoch einigte man sich auf einige generelle Prinzipien im Bereich der U-Boot-Rüstung, die zwar nicht bindend waren, jedoch künftige Verträge zur Flottenabrüstung beeinflussen sollten: Neue hochseetüchtige U-Boote sollten auf eine maximale Größe von 1600–2000 Tonnen beschränkt werden, Küsten-U-Boote auf etwa 600 Tonnen; U-Boot-Geschütze sollten ein Kaliber von 13 Zentimetern (5,1 Zoll) nicht überschreiten; sollte man sich je auf Tonnage-Obergrenzen einigen, würde ein U-Boot frühestens nach einer Dienstzeit von dreizehn Jahren ersetzt werden können. Bei der Londoner Flottenkonferenz von 1930 nahm die U-Boot-Frage erneut eine Vorrangstellung ein. Albert V. Alexander, der First Lord of the Admiralty, forderte in seiner Eröffnungsansprache die Abschaffung des U-Boots aus humanitären Gründen. Sollten sich die Delegierten nicht darauf einigen können, müsse das U-Boot wenigstens auf rein defensive Zwecke zurückgestutzt und in Zahl und Größe sowie im operativen Einsatz stark limitiert werden, wie es schon die Root-Resolutionen vorgesehen hatten. Die Vereinigten Staaten, von Außenminister Henry L. Stimson vertreten, revidierten ihre bei der Washingtoner Konferenz vertretene Auffassung und begrüßten energisch die britische Position. Auch die Italiener sprachen sich für die Abschaffung des U-Boots aus, falls alle fünf Mächte zustimmten. Da sich jedoch Franzosen und Japaner vehement dagegen aussprachen, waren die Delegierten gezwungen, dieses Ziel aufzugeben und sich auf die Begrenzungsfrage zu konzentrieren.

Nach intensivem Feilschen einigten sich die drei größten Seemächte erstmals auf eine konkrete Begrenzung der U-Boote. Die jeweiligen U-Boot-Flotten sollten auf 52 700 Tonnen begrenzt werden, U-Boote über 2000 Tonnen sollten nicht gebaut und Deckgeschütze mit einem Kaliber von über 13 Zentimetern sollten nicht montiert werden. Für ein U-Boot sollte erst nach dreizehn Jahren Dienstzeit Ersatz beschafft werden. Die Obergrenze von 52 700 Tonnen zwang alle drei Flotten, U-Boote zu verschrotten: die Vereinigten Staaten 16 000 Tonnen, Großbritannien 10 624 Tonnen und Japan 25 142 Tonnen.*

Daß Frankreich die Bestimmungen zur Tonnage- und Typenbegrenzung ablehnte, überraschte niemanden. Es besaß damals etwa 60 U-Boote aus den zwanziger Jahren und strebte für 1936 immer noch eine Flotte von 100 Booten an. Auch Italien, das vergeblich versuchte, in der U-Boot-Rüstung mit Frankreich Schritt zu halten, und damals etwa 30 Boote aus den zwanziger Jahren besaß, unterzeichnete das Abkommen nicht.**

Eine abgeschwächte Version der Root-Resolutionen wurde als Artikel 22 in Teil IV des Londoner Abkommens aufgenommen. Dort hieß es, unterzeichnet von allen fünf großen Seemächten:***

(1) In ihrem Verhalten gegenüber den Handelsschiffen müssen die U-Boote den Regeln des internationalen Rechts gehorchen, denen die Überwasser-Kriegsschiffe unterworfen sind.
(2) Insbesondere darf ein Kriegsschiff, ob Überwasserschiff oder U-Boot – außer im Falle der anhaltenden Weigerung anzuhalten, oder bei aktivem Widerstand gegen die Durchsuchung – kein Handelsschiff versenken oder navigationsunfähig machen, ohne zuerst die Passagiere, Besatzungsmitglieder und Schiffspapiere in Sicherheit gebracht zu haben. Die Rettungsboote des Schiffes gelten in solchen Fällen nicht als sichere Plätze, es sei denn, die Sicherheit der Passagiere und der Besatzung ist unter den gegebenen See- und Wetterverhältnissen insofern gewährleistet, als Land in der Nähe oder ein anderes Schiff zugegen ist, das sie an Bord nehmen kann.

---

* Die Vereinigten Staaten verschrotteten 32 veraltete Kriegs- oder Vorkriegs-U-Boote und verringerten ihre gesamte U-Boot-Flotte damit auf 80, in der Mehrzahl Exemplare der schwachen S-Klasse. Großbritannien behielt etwa 50 U-Boote im Einsatz, davon 20 relativ neue. Der Vertrag enthielt eine Ausnahmeklausel für die 2000-Tonnen- und die 13-cm-Obergrenze, so daß die Vereinigten Staaten drei neue 2800-Tonnen-Boote, *Narwhal*, *Nautilus* und *Argonaut* mit ihren 6-Zoll-Geschützen behalten durften. Eine ähnliche Ausnahmeregelung erlaubte es Großbritannien, sein *X1* mit 5,2-Zoll-Geschützen, und Frankreich, sein 3000-Tonnen-Boot *Surcouf* mit 8-Zoll-Geschützen zu behalten.

** In den Jahren 1930 bis 1932 bestellte Frankreich 20 neue U-Boote, was eine Gesamtzahl von etwa 80 ergab; Italien orderte 26 Boote und kam damit auf etwa 56.

*** Und später von zehn anderen Staaten: Deutschland, Belgien, Sowjetunion, Haiti, Nepal, Schweden, Finnland, Panama, Bulgarien und Albanien.

Das Londoner Flottenabkommen trat 1930 in Kraft, zwölf Jahre nach Ende des Ersten Weltkriegs und zu Beginn der großen Weltwirtschaftskrise. Endlich wurde ein Flottengleichgewicht zwischen den Vereinigten Staaten und Großbritannien festgeschrieben, und zum ersten Mal wurden die U-Boot-Streitkräfte der drei größten Seemächte zahlenmäßig begrenzt. In den Abschlußverhandlungen konnte Japan seine Position im Hinblick auf Kreuzer und Zerstörer geringfügig über das 5 : 5 : 3-Verhältnis hinaus verbessern und erlangte bei der U-Boot-Tonnage Parität. Da das Verbot einer Befestigung amerikanischer Marinebasen westlich von Hawaii (Midway, Wake, Guam) in Kraft blieb und Japan angeblich die pazifischen Inseln befestigte, die ihm Deutschland gemäß dem Waffenstillstandsvertrag abgetreten hatte, gewährte das Londoner Abkommen nach Auffassung vieler amerikanischer Marineexperten der Kaiserlichen Marine Japans für den Kriegsfall einen deutlichen Vorteil gegenüber der amerikanischen Navy.

Anfang 1932 unternahm man in Genf eine letzte Anstrengung, zu einem Abrüstungsvertrag zu gelangen und den Weltfrieden dauerhaft zu sichern. Delegierte aus 60 der 64 Mitgliedsländer des Völkerbunds, auch aus Deutschland, kamen zur Völkerbundkonferenz für die Reduzierung und Begrenzung der Rüstung oder, wie sie voller Hoffnung bezeichnet wurde, zur »Weltabrüstungskonferenz«. Obwohl die Vereinigten Staaten nicht Mitglied des Völkerbunds waren, schlug Präsident Herbert Hoover den Teilnehmern vor, alle Mächte sollten ihre vorhandenen Land- und Seestreitkräfte um etwa ein Drittel reduzieren und die meisten Angriffswaffen wie Panzer, große mobile Geschütze und Bomber vernichten. Er forderte auch ein Verbot der chemischen und biologischen Kriegführung und eine drastische Begrenzung der U-Boot-Bestände.* Die britische Regierung unterbreitete ähnlich weitgehende Vorschläge, etwa (nach dem Macdonald-Plan) die Herstellung eines ungefähren Gleichgewichts der Landstreitkräfte zwischen Deutschland und Frankreich auf stark reduziertem Niveau. Zur damaligen Zeit standen die paramilitärisch organisierten Nazis schon an der Schwelle zur Machtübernahme und waren die dominierende politische Partei in Deutschland, und Japan war ohne Rücksicht auf die Weltmeinung in die Mandschurei einmarschiert. Frankreich verweigerte sich deshalb jeder Form der Abrüstung, und die Konferenz scheiterte.

Die Wiedergeburt der deutschen Marine

Im Versailler Vertrag wurde die deutsche Marine faktisch abgeschafft. Sie durfte nur 1500 Offiziere und 13 500 einfache Soldaten sowie eine bunte Mischung an Schulschiffen behalten: sechs alte Schlachtschiffe, sechs alte Kreuzer, zwölf Zerstörer und zwölf Torpedoboote.* Mehr als fünfzehn Jahre alte Schiffe durften ersetzt werden,

---

* Hoovers Vorschlag zur Begrenzung der Seestreitkräfte betraf 33 Prozent der Großkampfschiffe (Reduzierung von fünfzehn auf zehn für Großbritannien und die Vereinigten Staaten), 25 Prozent der Tonnage der Flugzeugträger, Kreuzer und Zerstörer und 33 Prozent der U-Boot-Tonnage – keine U-Boot-Flotte sollte über 35 000 Tonnen stark sein. Wäre Hoovers Plan durchgekommen, hätten die Vereinigten Staaten einer Schätzung zufolge insgesamt 300 000 Tonnen an Kriegsschiffen, über 1000 schwere Geschütze, fast 1000 Panzer und 300 Bomber verschrotten müssen.

doch war deren Größe streng begrenzt: maximal 10000 Tonnen für Schlachtschiffe, 6000 Tonnen für Kreuzer und 800 Tonnen für Zerstörer.

In den ersten Jahren der Weimarer Republik genoß die deutsche Kriegsmarine kein hohes Ansehen. Sie wurde nicht nur verhöhnt, weil sie trotz der enormen Ausgaben für die Hochseeflotte vor und während des Krieges offenbar vor einer entscheidenden Konfrontation mit der Royal Navy zurückgeschreckt war. Man warf ihr auch vor, aus ihrem Schoß sei die Revolution von 1918 gekrochen, die das deutsche Heer und die Monarchie untergraben habe, und sie wurde beschuldigt, die demokratische Weimarer Regierung stürzen zu wollen. Was die deutsche Marine für sich als Erfolg buchen wollte, erschien den Kritikern bestenfalls zweifelhaft: der unbeschränkte U-Boot-Krieg, der als einer der Hauptgründe für die von den Alliierten in Versailles geforderte harte Vergeltung betrachtet wurde, und die übereilte Selbstversenkung der Hochseeflotte, die viele für eine in der gesamten Marinegeschichte nahezu beispiellose Materialvernichtung hielten. Aus diesen und anderen Gründen wurde in der Weimarer Republik verbreitet die Forderung laut, die Marine ganz abzuschaffen. Die Moral der Flottenangehörigen sank auf den Tiefpunkt; fähige Offiziere und Mannschaftsangehörige quittierten in Scharen den Dienst, um eine zivile Laufbahn einzuschlagen.

Ab Sommer 1921 erlebte die deutsche Marine eine Wiedergeburt unter einem neuen Namen: Reichsmarine. Einer ihrer Leitgedanken war den Worten Erich Raeders nach, »ein völliges Heraushalten aus jeder Art von Parteipolitik« und die »unbedingte Treue gegenüber dem Staat und seiner vom Volke gewählten Regierung«. Dementsprechend säuberte sie ihre Reihen von politischen Extremisten und anderen unerwünschten Personen. Der Dienstgrad des Deckoffiziers, der als Brutherd für linke Revolutionäre galt, wurde abgeschafft. Die neuen Freiwilligen wurden streng überprüft, um politische oder kriminelle Infiltration zu verhindern. Nur Männer mit ausgezeichneter Qualifikation, Charakter, Intelligenz und Loyalität gegenüber der Weimarer Republik blieben im Dienst oder wurden neu rekrutiert.

Zu den Hoffnungsträgern der neuen Marine gehörte Erich Raeder, ein strenger, geradliniger, unpolitischer und streng christlicher Offizier, der bald großen Einfluß auf allen Ebenen gewann. Der am 24. April 1876 in Hamburg geborene Raeder war Sohn und Enkel von Wissenschaftlern und Lehrern. Als Schüler wollte er zunächst Physiker werden, doch 1894, im Alter von achtzehn Jahren, entschied er sich anders und ging zur Kaiserlichen Marine. Im Krieg diente er vier Jahre lang ununterbrochen auf Kreuzern der Hochseeflotte. Nach dem Krieg erhielt er unter anderem die Aufgabe, eine zweibändige offizielle Geschichte der Kreuzer-Operationen zu schreiben. 1920, als er fünfundzwanzig Jahre Dienst in der Marine hinter sich hatte und glaubte, man werde ihn bald in den Ruhestand versetzen, begann er an der Berliner Universität Politik zu studieren, um sich auf eine zweite Laufbahn als Lehrer vorzubereiten. Doch er war bereits für höhere Aufgaben in der Marine ausersehen. 1922 wurde er zum Konteradmiral befördert und erhielt den Titel eines Inspekteurs des Bildungswesens. In dieser Funktion war er letztlich zum Schulmeister der neuen Reichsmarine geworden und für Überprüfung, Auswahl und Schulung ihrer Offiziere und Mannschaften verantwortlich. Die Reichsmarine sollte in jeder Hinsicht von seiner Person geprägt werden.

---

* Außerdem zwei bereits außer Dienst gestellte alte Schlachtschiffe, zwei alte Kreuzer, vier Zerstörer und vier Torpedoboote.

Wegen ihrer geringen Größe und überalterten Ausstattung fiel es der Reichsmarine schwer, ein realistisches Bild von ihrer Aufgabe zu entwickeln. Die Sowjetunion, immer noch durch revolutionäre Wirren zerrissen, stellte zur See keine wirkliche Gefahr für Deutschland dar. Polen schon eher. Es hätte sich das isolierte Ostpreußen einverleiben und damit seine Gebiete an der Ostsee erweitern können. In diesem Falle hätten die veralteten Schiffe der deutschen Marine als wirksame Gegenwehr gegen die drittklassige polnische Flotte eingesetzt werden können. Doch dieses Szenario warf ein noch größeres Problem auf: Frankreich würde sich ziemlich sicher an die Seite Polens stellen, eine Blockade vor der deutschen Nordseeküste errichten und möglicherweise auch starke Seestreitkräfte in die Ostsee entsenden. Das Polen-Szenario wirkte daher ernüchternd.

Die für die langfristige Seekriegsstrategie Verantwortlichen trugen optimistischere Pläne vor. Vor dem Hintergrund der jüngsten wirtschaftlichen und politischen Geschichte Europas war es nicht unvernünftig anzunehmen, daß Deutschland seine industrielle und finanzielle Vormachtstellung zügig wiedergewinnen würde und daß die scharfen Restriktionen des Versailler Vertrags allmählich abgeschwächt und schließlich aufgehoben würden. Die Herausforderung bestand nun darin, Strategien für künftige Flottenunternehmen zu entwickeln und eine dazu passende Marineplanung gemäß den Beschränkungen des Versailler Vertrags, wobei anzunehmen war, daß diese Restriktionen im Laufe der Jahre gelockert würden.

Bei den langfristigen Planspielen schlossen die Strategen kategorisch und absolut einen weiteren Seekrieg gegen Großbritannien aus. Nach dem angesehenen deutschen Marinehistoriker Friedrich Ruge wurde der Krieg 1914–1918 mit Großbritannien von jedem deutschen Marineoffizier als tragischer Fehler betrachtet, der nie wiederholt werden dürfe, da die Folgen für beide Seiten noch schrecklicher werden würden. Deshalb sei es in der strategischen Planung streng verboten gewesen, mit diesem Feuer zu spielen.

Die Planer gingen davon aus, daß langfristig gesehen der wahrscheinlichste und mächtigste Gegner in einem künftigen Krieg Frankreich sein würde, entweder als Verbündeter Polens in einem Streit über den »polnischen Korridor« oder aus anderen Gründen. Im Falle eines Krieges mit Frankreich sollte die Reichsmarine einen weiteren Handelskrieg führen. Wegen des Verbots, U-Boote zu bauen, empfahlen die Strategen dieses Handelskriegs einen neuen, schnellen Überwasser-Handelsstörer mit großem Aktionsradius, der schlagkräftig genug sein würde, die französische Kriegsmarine zu einer Zersplitterung ihrer Kräfte zu zwingen, weil sie diese zur Sicherung von Geleitzügen einsetzen müßte. Frankreich würde dann nicht mehr über genügend Seestreitkräfte verfügen, um zur Unterstützung Polens die deutsche Küste zu blokkieren oder um den deutschen Seehandel in der Nordsee oder anderswo zu unterbinden. Sollte Deutschland schließlich doch die Erlaubnis erhalten, U-Boote zu bauen, würden sie gut zu dieser Strategie passen. Sollte sich Großbritannien mit Deutschland in einem Krieg gegen Frankreich verbünden, würden die deutschen Handelsstörer die Kräfte der Royal Navy wirksam ergänzen.

Diese strategischen Konzepte beeinflußten direkt die Konstruktionsentwürfe für das erste für die Reichsmarine geplante neue Schlachtschiff, die *Deutschland*. Es handelte sich um ein erstaunliches, dem Stand der Technik entsprechendes 10000-Tonnen-Schiff. Der Dieselantrieb erlaubte eine Geschwindigkeit von 26 Knoten, es war mit sechs 28-cm-Geschützen ausgestattet und hatte einen Aktionsradius von 10000 Seemeilen. Laut Ruge war die *Deutschland* schneller als fast alle anderen schwereren Schiffe zur damaligen Zeit, besser bewaffnet als jedes schnellere Schiff und verfügte über einen Aktionsradius, der den jedes Kreuzers oder Großschiffs bei weitem übertraf, also offenbar das ideale Schiff für schnelle Angriffs- und Absetzbewegungen im Handelskrieg. Weil es so klein war (um den Versailler Bestimmungen zu entsprechen), wurde es als »Taschen-Schlachtschiff« bezeichnet. Doch als die Marine den Reichstag um Mittel für die teure *Deutschland* ersuchte, stieß sie auf heftigen Widerstand und mußte sich zunächst auf vier neue Leichte Kreuzer mit 6000 Tonnen beschränken, die vor allem für Ausbildungszwecke nützlich waren: *Emden* (1925), *Königsberg* (1929), *Karlsruhe* (1929) und *Köln* (1930).

Unterdessen setzte die Reichsmarine in Verletzung des Versailler Vertrags über den Krupp-Ableger IVS die Konstruktion von U-Booten fort. Die IVS unterstützte – und finanzierte – den Bau von drei U-Boot-Prototypen: eines kleinen (250 Tonnen), eines mittleren (500 Tonnen) und eines großen (750 Tonnen). Drei 250-Tonnen-Boote *(Vesikkos)* und drei 500-Tonnen-Boote *(Vetehinens)* wurden in Finnland gebaut, ein 750-Tonnen-Boot *(E1)* in Spanien. Die IVS finanzierte auch eine Fabrik für Torpedorohre und Torpedos in Spanien. Deutsche Seeleute in Zivil führten die Versuche mit den Prototypen in Finnland und Spanien durch. Andere Vertreter der Reichsmarine gründeten eine U-Boot-Schule in der Türkei, wo sie türkische Besatzungen für die drei von der IVS für das Land konstruierten U-Boote ausbildeten. Auch deutsche U-Boot-Besatzungen wurden dort geschult.

Daß die Deutschen Forschung und Entwicklung für den U-Boot-Bau und andere Waffensysteme heimlich weiterbetrieben, war ein schlecht gehütetes Geheimnis. Französische und englische Zeitungen berichteten wiederholt über die Täuschungsversuche. Auch der Alliierten Kontrollkommission, die nach dem Beitritt Deutschlands zum Locarnopakt und zum Völkerbund zurückgezogen wurde, war diese Tatsache nicht entgangen. Im Abschlußbericht der Kommission hieß es: »Deutschland hatte sich nie entwaffnet, hatte nie die Absicht dazu und hatte sieben Jahre lang alles in seiner Macht Stehende getan, um die Kommission, die seine Entwaffnung kontrollieren sollte, zu täuschen und einer ›Gegenkontrolle‹ zu unterwerfen.«

Nicht jeder in Deutschland hieß diese geheimen militärischen Aktivitäten gut. In den Jahren 1926 und 1927 deckten einige deutsche Politiker und Zeitungen die Machenschaften auf und griffen sie an. In der Folge sah sich Hindenburg gezwungen, Reichswehrminister Otto Gessler, den Chef der Heeresleitung Hans von Seeckt und den Chef der Marineleitung Hans Zenker zu entlassen.

Im Gefolge dieser personellen Veränderungen stieg der spröde, apolitische Erich Raeder am 1. Oktober 1928 zum Chef der Marineleitung auf. Wie er in seinen Erinnerungen schrieb, war er bei seiner Amtsübernahme entschlossen, einen absolut korrekten Weg zu gehen, »in voller Loyalität gegenüber dem Staat und seiner Regierung«. Er verlangte von allen Angehörigen der Reichsmarine, seinem Beispiel zu folgen. Nach einem deutschen Marinehistoriker wurde die Reichsmarine damit zu Raeder und Raeder zur Reichsmarine.

Raeder hatte zunächst alle Hände voll zu tun. Wilhelm Groener, ehemaliger Heeresgeneral und nun neuer Reichswehrminister, zweifelte wiederholt öffentlich an der Notwendigkeit einer Marine. Viele Deutsche teilten diese Zweifel, darunter auch

Adolf Hitler, der in *Mein Kampf* die Kaiserliche Marine scharf angegriffen hatte und die Strategie der Reichsmarine zur Erneuerung ihrer Schlachtschiffe in einem Presseartikel verhöhnte. Raeder gewann jedoch die Unterstützung Hindenburgs und erhielt durch kluge Manöver im Reichstag nicht nur die Mittel für die *Deutschland* (die am 19. Mai 1931 vom Stapel lief), sondern auch den Grundstock für zwei Schwesterschiffe, die *Admiral Graf Spee* und die *Admiral Scheer.** Außerdem nahm er heimlich die Unterstützung und Finanzierung der kleinen, mittleren und großen U-Boot-Prototypen in Finnland und Spanien wieder auf.

Im Jahre 1932 wurden die Nationalsozialisten unter Hitler stärkste Partei im Reichstag, und Hitler schmiedete Pläne, um den alten, entscheidungsschwachen, aber angesehenen Reichspräsidenten Hindenburg abzulösen. Ermutigt durch die Nationalsozialisten und zum Teil auch durch die britischen Vorschläge auf der Weltabrüstungskonferenz in Genf zur militärischen »Gleichrangigkeit« Deutschlands und Frankreichs trieben eine Reihe deutscher Reichskanzler und Reichswehrminister insgeheim eine beachtliche Aufrüstung von Reichswehr und Reichsmarine voran.

Raeder bewilligte die Pläne für den »Umbau« der Reichsmarine, der am 15. November 1932 beschlossen wurde. Geplant waren sechs Großkampfschiffe (Schlachtschiffe und Taschen-Schlachtschiffe), ein Flugzeugträger, sechs neue Schwere Kreuzer, sechs Zerstörergeschwader, drei Minenräumgeschwader und drei Torpedobootgeschwader, zahlreiche Hilfsschiffe und – in klarer Verletzung des Versailler Vertrags – eine beachtliche Streitmacht aus Marineflugzeugen sowie drei (halbe) U-Boot-Flottillen mit insgesamt sechzehn Booten. Eine geheime, als »U-Boot-Abwehrschule« getarnte Ausbildungsstätte sollte auf dem Gelände der Marineschule in Mürwik bei Flensburg errichtet werden.

Als Hitler am 30. Januar 1933 als deutscher Reichskanzler an die Macht kam, stand ihm Raeder mißtrauisch und besorgt gegenüber. Hitler bezog einen Großteil seiner Macht aus der Reichswehr, nicht aus der kleinen und unpolitischen Marine, die er häufig und offen kritisiert hatte. Doch Raeders Befürchtungen zerstreuten sich bald. Hitler hatte sich dazu bekannt, die »Fesseln« des Versailler Vertrags abzuschütteln und Deutschland wieder zu militärischer Größe zu führen. Dazu gehörte auch eine starke Marine.

Hitlers strategische Vision für Deutschland – größtenteils in *Mein Kampf* dargelegt – sah die Vereinigung aller deutschsprachigen Völker zu einer Nation vor, die sich dann nach Osten ausdehnen sollte, um »Lebensraum« zu gewinnen. Praktisch bedeutete dies die Wiedereingliederung des Rheinlands und der Saar, die Annexion Österreichs und des Sudetenlands, die Eroberung der Tschechoslowakei, Polens und des litauischen Memellands, ein Bündnis mit oder die Unterwerfung von Ungarn und Bulgarien und schließlich die Eroberung der Sowjetunion.

Hitler glaubte, ihm könnten diese Eroberungen ungeachtet des Völkerbunds, des Locarno- und des Kellogg-Briand-Pakts und verschiedener Verteidigungsbündnisse gelingen. Frankreich war in seinen Augen dekadent und korrupt und würde nicht kämpfen. Wenn aber doch, war es leicht zu besiegen. Mussolinis Italien und vielleicht

* In Verletzung des Versailler Vertrags verdrängten diese Taschen-Schlachtschiffe in Wahrheit 12 000 und nicht wie vorgeschrieben 10 000 Tonnen.

auch Japan konnten zur Unterstützung des NS-Regimes gebracht werden. Die britische Regierung schien aufgrund ihrer deutschfreundlichen Haltung zur militärischen »Gleichrangigkeit« Deutschlands bei den Genfer Verhandlungen und aufgrund anderer Signale die Pläne Hitlers gutzuheißen, das Land wiederaufzurüsten und nach Osten auszudehnen.

Die britische Haltung gegenüber Hitler und Deutschland wurzelte in einem dichten Gewirr psychologischer, politischer, wirtschaftlicher und militärischer Faktoren. Viele Briten der Oberschicht, die die Regierung und andere Institutionen beherrschten, hatten geschworen, sich nie auf eine zweites Gemetzel auf dem Kontinent einzulassen. Eine große Mehrheit der Briten litt schwer unter der Weltwirtschaftskrise und opponierte leidenschaftlich gegen Rüstungsausgaben jeglicher Art. Viele Briten waren mit Deutschen verwandt oder empfanden Mitgefühl für sie und haßten die Franzosen. Es herrschte die Auffassung, die von Frankreich durchgesetzen Bedingungen des Versailler Vertrags seien zu hart gewesen und die Deutschen seien inzwischen genug bestraft worden. Viele Briten empfanden auch tiefe Furcht vor Josef Stalin und den Kommunisten und sahen in einem starken Deutschland das wirksamste Bollwerk gegen die Ausbreitung des Kommunismus oder gar ein Instrument zu dessen Zerschlagung.

Ein Element von Hitlers Strategie bestand darin, die deutschfreundliche Haltung der Briten und ihre Angst vor einem weiteren Krieg nach Kräften zu bestärken. Hitler wollte einen Krieg mit Großbritannien unter allen Umständen vermeiden. Der Aufbau der Reichsmarine durfte daher das britische Volk oder die Royal Navy nicht bedrohen. Hitler strebte ein bilaterales Flottenabkommen mit Großbritannien an, das die Flotten beider Länder auf ein für die Briten nicht bedrohliches Verhältnis von 3 : 1 bei den Großkampfschiffen festschreiben sollte. Die Reichsmarine sollte freundschaftliche Beziehungen zur Royal Navy pflegen. Doch bis zur Aushandlung des Vertrags sollte der Ausbau der Reichsmarine, besonders der U-Boot-Waffe, unter strengster Geheimhaltung und Tarnung fortgesetzt werden.

In den folgenden beiden Jahren, 1933–1935, als Hitler und seine Spießgesellen diktatorische Machtbefugnisse in Deutschland errangen, organisierte Raeder diskret den Ausbau der Reichsmarine und pflegte freundschaftliche Beziehungen zur Royal Navy. In der Annahme, es werde ein bilaterales deutsch-britisches Abkommen getroffen und die Versailler Restriktionen würden aufgehoben, autorisierte er geheime Planungen für zwei große Schlachtkreuzer, die *Gneisenau* und die *Scharnhorst,* zwei große Schlachtschiffe, die *Bismarck* und die *Tirpitz,* zahlreiche bewaffnete Handelsstörer und eine U-Boot-Flotte, die zunächst aus vierundzwanzig kleinen (250 Tonnen), zehn mittleren (500 Tonnen) und zwei großen (750 Tonnen) Booten bestehen sollte.

Nachdem Hitler seine Machtstellung in Deutschland gefestigt und dessen kriegerischen Geist wieder entfacht hatte, kündigte er im Frühjahr 1935 den Versailler Vertrag auf. Berlin gab bekannt, man werde die Wehrpflicht wiedereinführen, die Wehrmacht auf 300 000 Mann (36 Divisionen) verstärken und eine Luftwaffe aufbauen. Gleichzeitig signalisierte Hitler der britischen Führung den Wunsch nach Verhandlungen über ein Flottenabkommen. Die zum »Appeasement« gegenüber Hitler entschlossene britische Regierung begrüßte diese Initiative freundlich.

Die entscheidenden Verhandlungen begannen am 3. Juni 1935 in London. Die britische Delegation wurde von Außenminister Samuel J. G. Hoare, einem der führenden

Appeasement-Politiker, geleitet. An der Spitze der deutschen Delegation stand Hitlers späterer Außenminister Joachim von Ribbentrop. Es gab kaum Meinungsverschiedenheiten. Die Deutschen boten ein Verhältnis der Großkampfschiffe von 100:35 an, und die Briten akzeptierten bereitwillig. Das Abkommen erlaubte den Deutschen etwa 183 000 Tonnen an Großkampfschiffen. Zog man die drei neuen Taschen-Schlachtschiffe ab, konnte Deutschland noch 147 000 Tonnen an Großschiffen nachlegen, gerade genug für den Bau der großen Schlachtkreuer *Gneisenau* und *Scharnhorst* und der großen Schlachtschiffe *Bismarck* und *Tirpitz*.*

Der letzte Punkt auf der Tagesordnung war die U-Boot-Frage. Deutschland bestand auf der Parität mit Großbritannien (etwa 52 700 Tonnen), versicherte jedoch, nur 45 Prozent der Parität (etwa 24 000 Tonnen) bauen zu wollen, solange nicht weitere Überlegungen ein umfangreicheres Bauprogramm notwendig machten. Auf jeden Fall werde Deutschland nicht ohne zusätzliche Verhandlungen mehr als 45 Prozent der britischen U-Boot-Tonnage bauen. Die Briten gaben den deutschen Forderungen nach, vorausgesetzt es unterzeichnete das U-Boot-Protokoll des Londoner Vertrags von 1930 (Artikel 22), das den unbeschränkten U-Boot-Krieg gegen Handelsschiffe verbot. Die Deutschen stimmten diesem Vorschlag bereitwillig zu.

Das deutsch-britische Flottenabkommen wurde am 18. Juni unterzeichnet und drei Tage später der Öffentlichkeit vorgestellt. Hitler bezeichnete den 18. Juni als den »glücklichsten Tag« seines Lebens und hielt das Abkommen für einen seiner größten diplomatischen Erfolge. Der Vertrag entband Deutschland zum ersten Mal *legal* von den Restriktionen des Versailler Vertrags und verlieh im Grunde der gesamten deutschen Wiederaufrüstung den Stempel der Rechtmäßigkeit.

Die meisten Briten waren zufrieden. Außenminister Samuel Hoare, der 1936 zum First Lord of the Admiralty ernannt wurde, lobte seine eigene staatsmännische Kunst. Der Vertrag biete Sicherheit und sei »im Interesse des Friedens«, dem »Hauptziel der britischen Regierung«. Er gewähre unter anderem den wichtigen Vorteil, daß Deutschland sich dazu verpflichte, die U-Boote »nicht uneingeschränkt gegen Handelsschiffe einzusetzen«. Der angesehenste britische Marineexperte, der ehemalige Admiral der Grand Fleet (1916–1919) und First Sealord David Beatty erklärte vor dem Oberhaus: »Wir schulden den Deutschen Dank. Sie kamen zu uns mit ausgestreckten Händen und schlugen von sich aus ein Verhältnis der Flottenstärken von fünfunddreißig zu hundert vor. Wenn sie etwas anderes vorgehabt hätten, wären wir nicht in der Lage gewesen, sie zu stoppen. Daß wir wenigstens mit einer Nation auf dieser Welt kein Wettrüsten haben, ist etwas, wofür wir dankbar sein sollten.« Unter den sehr wenigen britischen Kritikern des Vertrags war Winston Churchill, damals nicht in der Regierung und ein offener Gegner der Appeasement-Politik. Er verurteilte den Vertrag in seiner gewohnten zupackenden Sprache. Daß die britische Regierung meine, Deutschland werde sich an das U-Boot-Protokoll halten, sei der »Gipfel der Leichtgläubigkeit«.

---

* Das ursprüngliche Abkommen sah für Schlachtschiffe eine Obergrenze von je 35 000 Tonnen vor, um den von den großen Seemächten vereinbarten Beschränkungen des Londoner Flottenabkommens von 1930 zu entsprechen. Sie wurde jedoch später auf 45 000 Tonnen angehoben. In der Endversion verdrängten die *Gneisenau* und die *Scharnhorst* 32 000 Tonnen, die *Bismarck* und die *Tirpitz* 42 000 Tonnen.

Vor den und während der Verhandlungen hatte die Reichsmarine unter strengster Geheimhaltung in finnischen Werften sechs Duplikate des 250-Tonnen-Prototyps *Vesikko* bauen lassen. Am 29. Juni 1935, eine Woche nach Bekanntgabe des Vertrags, stellte die Reichsmarine, inzwischen zutreffend in Kriegsmarine umgetauft, im Rahmen einer öffentlichen Festveranstaltung das erste U-Boot, *U1,* in Dienst. Die Nachricht war für die Weltöffentlichkeit ein schwerer Schock. Aus dem Nichts, so schien es, war das gefürchtete, böse und lange verbotene U-Boot zurückgekehrt.

Eine dramatische Rückverwandlung

Die so lange geplante, nun ins Leben gerufene, allerdings noch gestaltlose deutsche U-Boot-Flotte brauchte einen fähigen Kommandeur. Raeder hatte nach seinen eigenen Worten nicht den Schatten eines Zweifels, wer der richtige Mann für diese Aufgabe war. Seine Wahl fiel auf Karl Dönitz, einen 48jährigen Fregattenkapitän, der Raeders Bemühungen um ein loyales, engagiertes, verantwortungsvolles und professionelles Marineoffizierskorps auf ideale Weise verkörperte.

Der jüngere der beiden Söhne des Emil Dönitz, eines Ingenieurs bei den Zeiss-Werken, wurde am 16. September 1891 im Berliner Vorort Grünau geboren. Seine Mutter Anna (geb. Beyer) starb, bevor er vier war. Sein Vater blieb danach unverheiratet und zog in Grünau und Jena die beiden Söhne Friedrich und Karl groß. Sie wuchsen in kleinbürgerlicher Behaglichkeit unter lauter Männern auf und erhielten in Privatschulen eine klassische Bildung. Obwohl es in der Familie keine Seefahrertradition gab, ging Friedrich zur Handelsmarine, und der 18jährige Karl wurde am 1. April 1910 in die Kaiserliche Marine aufgenommen. Zwei Jahre später starb der Vater; die Brüder verloren sich aus den Augen und entfremdeten sich allmählich. Für Karl wurde die Kriegsmarine Familienersatz.

Er machte schnell Karriere. Nach einem Pflichtjahr auf See als Kadett auf dem Schulkreuzer *Hertha* und einem Jahr an der Kaiserlichen Marineschule in Mürwik erhielt Dönitz sein Offizierspatent und wurde 1912 auf den neuen Leichten Kreuzer *Breslau* kommandiert, der im Mittelmeer und im Schwarzen Meer operierte. Bei Ausbruch des Krieges 1914 übergab der Kaiser die *Breslau* und einen Schlachtkreuzer, die *Goeben,* der Türkei als Gegenleistung für deren Kriegseintritt auf seiten der Mittelmächte. Mit gemischten deutsch-türkischen Besatzungen spielten die beiden Schiffe Katz und Maus mit der russischen Schwarzmeerflotte. Während die *Breslau* auf der Werft lag, qualifizierte sich Dönitz zum Fliegerbeobachter und heiratete Ingeborg Weber (27. Mai 1916), die Tochter eines in der Türkei stationierten deutschen Generals; 1917 wurde Dönitz' Tochter Ursula geboren. Und im selben Jahr veröffentlichte er ein bewegendes Buch über seine Schiffsabenteuer: *Die Fahrten der* Breslau *im Schwarzen Meer.*

Als die Kaiserliche Marine 1916 den Schwerpunkt auf die U-Boot-Waffe legte, meldete sich Dönitz als Freiwilliger. Nach einer dreimonatigen Ausbildung in Deutschland kehrte er Anfang 1917 ins Mittelmeer zurück, wo er als Wachoffizier auf *U39* diente, das von Walter Forstmann, dem zweitbesten U-Boot-As der Deutschen, kommandiert wurde. Von Februar bis Oktober 1917 nahm Dönitz an vier Feindfahrten von *U39* teil, bei denen Forstmann zweiunddreißig Schiffe versenkte. Dönitz wurde zum Kommandanten von *UC25* befördert, einem kleinen, alten Minenlege- und Torpedo-U-Boot. Er machte mit ihm zwei weitere Feindfahrten im Mittelmeer, bei denen er zwei Minenfelder legte und fünf Schiffe torpedierte – und erhielt für seine Tapferkeit eine hohe Auszeichnung, das Ritterkreuz des Hauses Hohenzollern.

Gegen Ende des Krieges, im September 1918, wurde Dönitz zum Kommandanten eines größeren Angriffs-U-Boots, *UB68,* befördert. Am 4. Oktober griff er auf seiner ersten Feindfahrt im Mittelmeer einen Konvoi an und versenkte ein Schiff. Im nachfolgenden Gefecht jedoch geriet das U-Boot außer Kontrolle und stieg an die Oberfläche. Es war tauchunfähig und mußte unter schwerem Feuer der Geleitzugeskorten von Dönitz selbst versenkt werden. Die Briten fischten ihn und 29 andere Besatzungsmitglieder aus dem Wasser und brachten sie nach England, wo sie bis Juli 1919 in Gefangenschaft blieben.

In den Nachkriegswirren kehrte Dönitz zu Frau und Tochter nach Deutschland zurück und beschloß, in der Reichsmarine zu bleiben. In den Jahren 1920–1924 kommandierte er das auf der Marinebasis Swinemünde an der Ostsee stationierte Torpedoboot *T-157*. Und in Swinemünde wurden seine beiden Söhne Klaus (1920) und Peter (1922) geboren. Nach diesem Kommando wurde der inzwischen zum Kapitänleutnant beförderte Dönitz zur Marineleitung nach Berlin versetzt, wo er unter Konteradmiral Erich Raeder diente.

Raeder gewann einen guten Eindruck von Dönitz. In einer offiziellen Einschätzung schrieb er, Dönitz sei ein »kluger, strebsamer, ehrgeiziger Offizier. Von recht guten allgemeinen Berufskenntnissen und klarem Urteil in Fragen der Seekriegführung. Sowohl militärisch wie technisch gut veranlagt.« Ab 1928 führte Raeder Dönitz auf immer höhere Sprossen der Karriereleiter: 1928–1930 Beförderung zum Korvettenkapitän und Chef einer Torpedoboot-Halbflottille; 1930–1934 Admiralstabsoffizier bei der Marinestation der Nordsee; Beförderung zum Fregattenkapitän und zur begehrten Position eines Kommandanten des Leichten Kreuzers *Emden* (1934–1935).

Als Karl Dönitz 1935 zum Chef der U-Boot-Flottille ernannt wurde, war er zunächst nicht begeistert. Für die Marineleitung hatte der Aufbau einer Flotte aus Großkampfschiffen den Vorrang. Die U-Boote waren klar zweitrangig und in ihrer Zahl durch die Bestimmungen des deutsch-britischen Flottenabkommens begrenzt. Dönitz hatte das Gefühl, »auf ein Nebengleis geschoben« zu werden und am Ende seiner vielversprechenden Marinekarriere angelangt zu sein.

Diese Einstellung erfuhr jedoch einen dramatischen Wandel. Dönitz widmete sich, wie er in seinen Erinnerungen schrieb, »mit allen Kräften« der neuen Aufgabe und wurde »mit Leib und Seele wieder U-Boot-Mann«. Mit diesem Sinneswandel verband sich bei Dönitz die hartnäckige Überzeugung, daß ein Krieg mit Großbritannien entgegen Hitlers Strategie unvermeidlich sei und Deutschland nicht auf große Überwasserschiffe setzen dürfe, sondern U-Boote bauen müsse – und zwar Hunderte.

Diese Überzeugung fußte auf einer genauen Analyse der Berichte deutscher U-Boot-Kommandanten, der offiziellen und inoffiziellen Marinegeschichten des Ersten Weltkriegs und auf Dönitz' eigenen Erfahrungen im U-Boot-Krieg. Seiner Meinung nach war es der kleinen und primitiven U-Boot-Streitmacht der Kaiserlichen Marine fast gelungen, eine kriegsentscheidende Seeblockade gegen Großbritannien zu errichten.

Hätte Deutschland statt Großkampfschiffen für die Hochseeflotte eine Vielzahl von U-Booten gebaut und hätte der Kaiser den unbeschränkten U-Boot-Krieg schon im ersten Kriegsjahr gestattet, dann hätte Deutschland einen frühen und entscheidenden Seesieg über die Alliierten errungen. Daher hielt Dönitz mit der richtigen Organisation und Planung, mit modernen U-Booten und einer neuen Taktik in dem Krieg, den er kommen sah, einen deutschen Sieg für möglich.

Gewiß würde es Schwierigkeiten und Risiken geben. Da waren zunächst einmal die Geleitzüge. Im Ersten Weltkrieg hatten sie die Alliierten vor einer Niederlage zur See bewahrt. Dieses Mal würden die Alliierten sicher schon in den ersten Kriegstagen Geleitzüge bilden. Ein zweites Problem war das Asdic-Gerät.

Die Reichsmarine hatte erfahren, daß die Royal Navy ein aktives elektronisches Unterwasser-Ortungsgerät entwickelt hatte, von dem die Briten glaubten, es werde bei der Ortung von U-Booten eine Effektivität von 80 Prozent erreichen. Ein drittes Problem waren die Flugzeuge. Zuverlässige, schnelle und moderne Flugzeuge konnten riesige Seegebiete absuchen und eine größere Nutzlast verbesserter ASW-Bomben und Wasserbomben tragen.

Dennoch glaubte Dönitz, das U-Boot könne gewinnen. Diese Überzeugung beruhte auf den beachtlichen technologischen Fortschritten deutscher Ingenieure und anderer Spezialisten bei der Konstruktion von U-Booten, Torpedos und Kommunikationsgeräten sowie auf einer neuen Taktik, die man auf deutscher Seite für den U-Boot-Angriff auf Konvois entwickelt hatte.

Die neuen U-Boot-Prototypen waren den Booten des Ersten Weltkriegs weit überlegen. Ihr Druckkörper wurde aus einer neuen Stahllegierung gefertigt und nicht mehr zusammengenietet, sondern geschweißt. Sie waren daher insgesamt stabiler und elastischer und konnten schneller und tiefer tauchen. Der neue mittelschwere Typ (500 Tonnen) hatte doppelt so starke Diesel- und Elektromotoren wie sein Vorgänger, was die Geschwindigkeit über Wasser um 3 Knoten (von 13 auf 16) erhöhte und auch unter Wasser schnellste Fahrt erlaubte. Einer der beiden Dieselmotoren konnte beide Schraubenwellen antreiben und eine neue Methode, Kraftstoff zu sparen, hatte den Überwasser-Aktionsradius der neuen Bootstypen stark vergrößert.

Deutsche Ingenieure hatten, so glaubte man, erstaunliche Verbesserungen bei den U-Boot-Torpedos entwickelt. Die Gefechtsköpfe waren fast doppelt so groß wie beim Modell aus dem Ersten Weltkrieg (277 Kilogramm Sprengstoff im Vergleich zu 160 Kilogramm). Neben dem luftgetriebenen Torpedo hatten die Deutschen einen (mit Batterien) elektrisch betriebenen Torpedo einsatzfähig gemacht, der keine verräterische Spur von Luftblasen hinter sich herzog, die auf das U-Boot deutete. Als weitere Maßnahme, die Position des U-Boots zu verbergen, waren die Torpedorohre so umgebaut worden, daß sie die Luftblasen absorbierten, die beim Abschuß des Torpedos mittels Preßluft entstanden. Alle Torpedos konnten mit einer Magnetpistole ausgestattet werden, einem Zünder, der vom Magnetfeld des Ziels aktiviert wurde. Diese Torpedos waren so konstruiert, daß sie *unter* dem Kiel des Ziels und nicht an den Seitenwänden explodierten, und sie sollten eine viel tödlichere Wirkung entfalten als Torpedos mit Aufschlagpistolen. Vielleicht würde man nur noch einen Magnettorpedo brauchen, um ein gegnerisches Schiff zu versenken.

Auch die Funktechnologie hatte seit dem letzten Krieg große Fortschritte gemacht. Die neuen U-Boot-Prototypen waren mit einer Reihe hervorragender neuer Empfänger sowie Lang- und Kurzwellensendern ausgestattet. Ein Befehlshaber konnte daher mit allen auf See befindlichen U-Booten ununterbrochen klaren Funkkontakt halten, und auch die Boote konnten Funkverbindung miteinander aufnehmen. Der Befehlshaber war daher in der Lage, Meldungen über Feindpositionen anzunehmen und weiterzugeben, aktuelle Berichte von den U-Booten über dem Gegner zugefügte oder eigene Schäden sowie Art und Ausmaß der gegnerischen ASW-Maßnahmen zu empfangen, und er konnte über die verbleibende Treibstoff- und Torpedomenge an Bord jedes Bootes ebenso wie über die aktuellen Wetter- und Seebedingungen im zugewiesenen Operationsgebiet unterrichtet gehalten werden.

Im Ersten Weltkrieg waren die U-Boote im Kampf gegen die feindlichen Geleitzüge gescheitert, weil sie diese nur selten ausfindig machen konnten und, falls dies doch gelang, meist alleine angreifen mußten. Dönitz war der Auffassung, daß die Geleitzüge nun durch eine raffiniertere Aufstellung von U-Booten entlang der wahrscheinlichen Routen aufgespürt werden könnten, und zwar mittels Aufklärung durch die Luftwaffe und durch Informationen über die Geleitzugrouten, die man durch Code-Entzifferung, durch Agenten und aus anderen Quellen gewann. Hatte ein Kommandant Informationen über Zusammensetzung, Kurs und Geschwindigkeit eines Konvois erhalten, so konnte er nach Dönitz' Auffassung theoretisch die verfügbaren U-Boote per Funk in die geeignete Stellung beordern, um den Konvoi durch einen massierten oder Gruppenangriff abzufangen, den die verwirrten Eskorten praktisch nicht würden verhindern können.

Die Gruppenangriffe (der sogenannten »Wolfsrudel«) konnten entweder tagsüber unter Wasser oder nachts an der Oberfläche durchgeführt werden. Um die Gefahr der Entdeckung zu mindern, sollten die U-Boote bei den tagsüber gefahrenen Überwasserangriffen nur blasenfreie, batteriebetriebene Elektro-Torpedos mit Magnetpistolen in den Gefechtsköpfen einsetzen. Bei Nachtangriffen über Wasser, wenn der Torpedorückstrahl schwerer auszumachen war, sollten die schnelleren und weiter reichenden Lufttorpedos mit Magnetpistolen eingesetzt werden.

Dönitz hielt die neuen ASW-Waffen, vor allem das Asdic-Gerät und die Flugzeuge, für stark überschätzt. Auch das fortgeschrittenste dieser Unterwasser-Ultraschall-Ortungsgeräte hatte immer noch deutliche technische Schwächen, eine Reichweite von höchstens anderthalb bis zweieinhalb Kilometer, und – was am schwersten wog – es konnte kein aufgetauchtes U-Boot orten. Die elektrischen Torpedos hatten eine größere Reichweite (knapp fünf Kilometer) als das Sonar. Fuhr ein U-Boot daher einen Überwasserangriff im ersten Tageslicht, konnte es Distanz halten und schießen, bevor es durch das gegnerische Sonar entdeckt werden konnte. Sollte eine U-Jagdeskorte nach dem Angriff das untergetauchte Boot per Schall orten, konnte dieses dank seiner hohen Beschleunigung und Tieftauchfähigkeit ausweichen und entkommen. Flugzeuge würden ein getauchtes U-Boot oder sein Sehrohr in den meisten Gewässern nicht orten können und daher für ein U-Boot, das tagsüber einen Unterwasserangriff fuhr und blasenfreie Torpedos einsetzte, eine geringe bis gar keine Gefahr darstellen. Flugzeuge patrouillierten noch nicht bei Dunkelheit, und würden daher während eines nächtlichen Überwasserangriffs nicht eingesetzt werden können. Die Hauptgefahr, die von einem Flugzeug ausging, war seine Fähigkeit, ein über Wasser fahrendes U-Boot bei Tageslicht zu entdecken. Doch Flugzeuge waren immer noch relativ langsam. Eine Brückenwache, die auf der Hut war, konnte, wie Dönitz glaubte, ein Flugzeug sehen oder hören, bevor es das U-Boot entdeckte. Da ein modernes U-Boot rasch (in dreißig Sekunden) und tief tauchen konnte, war es bei hinreichender Wachsamkeit in der Lage, dem Angriff jedes bekannten Flugzeugtyps auszuweichen.

Um den Handelskrieg zu gewinnen, würde Deutschland nach Dönitz' Berechnungen eine Flotte von etwa 300 mittleren (500 Tonnen) U-Booten brauchen. Unter Berücksichtigung der Zeit, die für die Fahrt zum und vom Einsatzgebiet und für Reparatur und Wartung verlorenging, würde Deutschland dann in der Lage sein, ständig etwa 100 Boote in den Konvoigebieten zu halten. Aufgrund der Abschußzahlen deutscher U-Boote im Ersten Weltkrieg berechnete Dönitz, daß eine Flotte moderner Boote zweifellos eine Million Tonnen an britischer Schiffstonnage im Monat würde versenken können. Die britische Handelsmarine der späten dreißiger Jahre bestand einschließlich der Tanker aus etwa 3000 Schiffen mit 17,5 Millionen BRT. Die U-Boote würden also in nur sechs Monaten fast ein Drittel dieser Flotte versenken können und innerhalb eines Jahres fast zwei Drittel. Dönitz hielt es daher nicht für abwegig, daß eine moderne deutsche U-Boot-Flotte die Briten im Laufe von ein bis anderthalb Jahren wirtschaftlich erdrosseln könnte.

Dönitz war noch nicht lange auf seinem neuen Posten, als er auf informellem Wege Raeder und dem Oberkommando der Kriegsmarine (OKM) in Berlin diese Gedankengänge unterbreitete. Er erhielt eine schroffe Abfuhr. Hitler hatte Raeder immer wieder versichert, ein Krieg mit Großbritannien sei undenkbar. Dem Historiker Ruge zufolge waren Manöver mit England als fiktivem Gegner verboten. Das deutsch-britische Flottenabkommen – Hitlers großer diplomatischer Triumph – war soeben unterzeichnet worden. Danach war Deutschland – sollten nicht ungewöhnliche Umstände eintreten, die Neuverhandlungen erforderten – auf eine Obergrenze von 24000 Tonnen für U-Boote festgelegt. Der Großteil dieser erlaubten Tonnage war damals schon verplant. Und selbst wenn dies nicht der Fall gewesen wäre, hätten nur 48 mittlere (500 Tonnen) U-Boote gebaut werden können. Außerdem hatte Deutschland das U-Boot-Protokoll unterzeichnet, das Überraschungsangriffe auf fast alle Handelsschiffe verbot. Darüber hinaus waren viele hohe Offiziere im OKM unerschütterlich davon überzeugt, daß ein U-Boot-Krieg in den Jagdgründen nahe der Britischen Inseln durch das Sonargerät und das moderne Flugzeug unmöglich geworden war. Sie hatten den Bau größerer U-Boote für Operationen in ferneren Gewässern vorgeschlagen, wo die ASW-Maßnahmen des Gegners nicht so intensiv waren. Diese Boote sollten ähnlich wie die Taschen-Schlachtschiffe und bewaffneten Handelskreuzer nach den Regeln des Kreuzerkriegs und unter Beachtung des U-Boot-Protokolls gegen die feindliche (etwa die französische) Handelsschiffahrt operieren.

Dönitz ließ sich weder entmutigen noch von seinen Plänen abbringen. Er blieb fest davon überzeugt, daß Hitler früher oder später einen Krieg mit Großbritannien provozieren würde, daß es ein schwerer Fehler der Kriegsmarine sei, große Überwasserschiffe zu bauen, daß man das deutsch-britische Flottenabkommen, die Limitierung der U-Boot-Tonnage und das U-Boot-Protokoll mißachten müsse und daß Deutschland zum zweiten Male gezwungen sein würde, sich im Seekrieg auf die U-Boot-Waffe zu stützen. Daher tat er alles in seiner Macht Stehende, um Ausbildung, Bewaffnung und operative Planung der neuen U-Boot-Streitmacht seinen Überzeugungen anzupassen.

Am Vorabend des Krieges

Als das Londoner Abkommen der fünf Seemächte im Jahre 1936 auslief, gab es keine Chance für seine Erneuerung. Japan war aus dem Völkerbund ausgetreten, hatte die Mandschurei besetzt und war schon dabei, seine Marine über die vertraglichen Grenzen hinaus auszubauen. Italien hatte Abessinien (Äthiopien) besetzt, hatte auf seiten des faschistischen Generals Francisco Franco in den Spanischen Bürgerkrieg eingegriffen und plante ebenfalls, seine Marine forciert aufzurüsten, was die Franzosen zu ähnlichen Schritten veranlaßte. Obwohl Großbritannien und die Vereinigten Staaten sich im Prinzip auf bestimmte Grenzen des Flottenbestands einigten, waren diese nicht bindend, und jede Nation ging ihren eigenen Weg. Die ungewöhnliche Epoche der Rüstungsbegrenzung unter den großen Seemächten ging zu Ende.

Ebenfalls 1936 leitete Adolf Hitler erstmals militärische Operationen ein. Im März nahmen Truppen der Wehrmacht im Stechschritt das Rheinland wieder in Besitz. Einige Zeit später tat Hitler es Mussolini gleich und schickte zu Francos Unterstützung Einheiten der Luftwaffe und Panzer nach Spanien. Dennoch legte er auch weiterhin Wert auf freundschaftliche Beziehungen zu der um Appeasement bemühten britischen Regierung. Deshalb hielt sich die Kriegsmarine strikt an die Bestimmungen des deutsch-britischen Flottenabkommens und beehrte die Royal Navy mit feierlichen Schiffsvisiten, Segelregatten und anderen Höflichkeiten.

Der Vertrag erlaubte es den Deutschen, U-Boote mit insgesamt 24 000 Tonnen zu bauen. Im Jahre 1935 nahm das OKM die Hälfte davon (12 500) in Anspruch und bestellte 36 U-Boote, die auf den finnischen und spanischen Prototypen der IVS beruhten.* Da die Pläne schon entwickelt, die Prototypen in Finnland und Spanien schon getestet und einige Teile schon vorgefertigt worden waren, wurden diese 36 Boote mit Ausnahme eines Boots vom Typ VII, *U32,* dessen Bau auf das Jahr 1937 verschoben wurde, rasch gebaut und in den Jahren 1935 und 1936 in Dienst gestellt.

Über die Frage, wie die restlichen 11 500 Tonnen zu verbauen waren, entbrannte ein heftiger Streit. Dönitz bekräftigte seine Überzeugung, ein Krieg mit Großbritannien sei unvermeidlich und zum Einsatz gegen die Geleitzüge müßten U-Boot-Gruppen oder Wolfsrudel gebildet werden. Er sprach sich vehement dafür aus, die ganzen 11 500 Tonnen für den Bau von 23 verbesserten mittleren Booten des Typs VII (500 Tonnen) zu verwenden, damit er seinen Konzepten entsprechend Übungen durchführen und Männer ausbilden könne. Das OKM schlug hingegen 23 Boote in anderer Zusammenstellung vor: 8 weitere verbesserte des kleinen Typs II, 8 große Boote mit großem Aktionsradius (verbesserte Versionen des Typs I, als Typ IX bezeichnet) und 7 verbesserte des mittleren Typs VII. Nach monatelangen zähen Auseinandersetzungen schlug sich Raeder auf die Seite des OKM.

Diese Entscheidung war ein schwerer Rückschlag für Dönitz und seine noch schwache U-Boot-Waffe. Berlin hatte seine Auffassungen und Theorien über einen Krieg mit Großbritannien abgelehnt. Wegen der Entscheidungskonflikte und der Prioritätsverlagerung auf den großen Typ IX mit längerer Bauzeit verzögerte sich der Aufbau der U-Boot-Waffe. Im Jahre 1937 sollten keine U-Boote der zweiten Katego-

* 24 kleine 250-Tonnen-U-Boote des Typs II (*U1* bis *U24*), 2 große (750 Tonnen) des Typs I (*U25* und *U26*) und zehn mittlere (500 Tonnen) des Typs VII (*U27* bis *U36*).

rie (mittleren Typs) gebaut werden, 1938 nur neun und in den ersten acht Monaten des Jahres 1939 zwölf. Sein Scheitern bei dem Versuch, Raeder und das OKM von seinen Theorien und Vorstellungen – und den entsprechenden U-Boot-Typen – zu überzeugen, sollte Dönitz für den Rest seines Lebens peinigen.

Die ersten U-Boote des kleinen Typs II, *U1* bis *U12,* wurden im Sommer 1935 in Dienst gestellt. Die ersten sechs wurden der Kieler U-Boot-Schule für die Grundausbildung der Besatzungen zugeteilt. Die zweiten sechs, verbesserte Boote vom Typ IIB mit größerem Aktionsradius, bildeten den Kern einer für weitere Ausbildung vorgesehenen Flottille, die ebenfalls in Kiel stationiert wurde. Sie wurde von Dönitz befehligt und erhielt den Namen eines berühmten U-Boot-Helden der Kaiserlichen Marine, Otto Weddigen, der vier britische Kreuzer torpediert hatte, bevor er selbst versenkt wurde. Dönitz stellte die Flottille Weddigen offiziell am 25. September 1935 in Dienst.

Die Kommandanten der Flottille waren handverlesene Kapitän- und Oberleutnants im Alter von durchschnittlich achtundzwanzig Jahren, die etwa zehn Jahre in der deutschen Marine gedient hatten.* Einige hatten schon auf den geheimen IVS-Prototypen in Finnland und Spanien geübt, andere auf den IVS-Booten in der Türkei. Alle hatten kurz zuvor die U-Boot-Schule absolviert oder waren dort Ausbilder gewesen. Sie waren eine kleine, verschworene Gruppe, eine Marine in der Marine. Alle kannten sich gut. Zwei, Hans-Günter Looff *(U9)* und Hans-Rudolf Rösing, waren mit Schwestern verheiratet. Alle teilten Dönitz' Überzeugung, daß ein Krieg mit Großbritannien unvermeidlich sein würde und daß die U-Boote die Hauptlast des Seekrieges zu tragen hätten.

Die Flottille Weddigen begann am 1. Oktober 1935 unter der neuen Flagge der Kriegsmarine, mit dem schwarzroten Hakenkreuz, ihre Ausbildung auf See. Sechs weitere U-Boote vom Typ IIB – welche die Deutschen scherzhaft »Einbäume« nannten – stießen während der nächsten drei Monate zur Flottille und erhöhten ihre Gesamtstärke auf zwölf Boote. Unter Dönitz' Leitung und der seiner rechten Hand, des Flottilleningenieurs Otto (»Pappa«) Thedsen – eines 50jährigen Seebären, der als einfacher Matrose in der Kaiserlichen Marine begonnen hatte –, übten die Besatzungen unter großem Zeitdruck. Das OKM hatte Weisung gegeben, die Flottille müsse im März 1936 »kriegsbereit« sein, um Hitlers Wiederbesetzung des Rheinlands abzusichern. Denn diese würde möglicherweise einen Krieg mit Frankreich auslösen, das sich nicht nur mit Polen, sondern auch mit der Sowjetunion verbündet hatte, was die Gefahr eines Zwei-Fronten-Seekriegs in der Ostsee heraufbeschwören konnte.

Dönitz fuhr täglich auf dem einen oder anderen »Einbaum« mit. Er war ein anspruchsvoller, aber fairer und nachsichtiger Ausbilder. Im Gegensatz zu den Gepflogenheiten der Kaiserlichen Marine förderte er die Kameraderie zwischen Offizie-

* Im Normalfall trat der deutsche Marinenachwuchs mit achtzehn in die Marine ein, direkt nach dem Gymnasium. Wie die Rekruten in der Kaiserlichen Marine verbrachten alle das erste Jahr auf See als Mannschaftsdienstgrade auf einem Segelschiff mit voller Takelage. Das Eintrittsjahr wurde daher als »Crew-Jahr« bezeichnet, vergleichbar mit dem »Class«-Jahr in anderen Kriegsmarinen. Die Kommandanten der Flottille Weddigen rekrutierten sich aus den Crews der Jahre 1924 bis 1927.

TAFEL 3

DEUTSCHE U-BOOT-TYPEN

Juni 1935 bis September 1939

	Klein			Mittel		Groß	
Typ	II	IIB	IIC	VII	VIIB	I	IX
Vertragl. Größe (t)	250	250	250	500	500	750	750
Kriegsmäßig beladen (t)	254	280	291	626	753	826	1032
Länge in m	40,9	42,7	43,9	64,5	66,5	72,39	76,50
Diesel PS	700	700	700	2320	2800	3080	4400
Bunkerkapazität (t)	12	21	23	67	108	96	154
Höchstgeschwindigkeit (kn)	13,0	13,0	12,0	16,0	17,25	17,8	18,2
Aktionsradius bei 12 kn (km)	1900	3300	3500	8000	12000	12400	15000
Torpedorohre	3	3	3	4/1[1]	4/1[2]	4/2[3]	4/2[3]
Torpedos insgesamt	6	6	6	11	14	14	22
Interne Torpedos	6	6	6	10	12	14	12
Minenlast	18	18	18	33	39	42	66
Max. Tauchtiefe in m	150	150	150	200	200	200	200
Besatzung	25	25	25	44	44	43	48
In Dienst gestellt (57)	6	18	6	10	8	2	7

[1] Externes Hecktorpedorohr

[2] Internes Hecktorpedorohr

[3] Vier Rohre im Bug, zwei im Heck

ren und Matrosen, eine Art »demokratische« Marine, in der alle das gleiche Essen bekamen und Arbeit, Gefahren und Härten teilten. In der Enge der kleinen Boote lernte Dönitz seine Männer und sie ihn von Tag zu Tag besser kennen. Er war ein charismatischer Führer. Für die Männer, die ihn den »Löwen« nannten, war er wegen seiner offensichtlichen Kompetenz und der ihnen erwiesenen Achtung und Fürsorge ein Idol.

Dönitz ließ die Einbäume eine Reihe von Übungen durchführen, der Schwerpunkt lag jedoch auf dem Torpedoschießen. Jeder Einbaum in der Flottille mußte 66 Unterwasser-Tagesangriffe und 66 Überwasser-Nachtangriffe fahren, bei denen Wasserkugeln (Schüsse mit Preßluft) anstelle von Übungstorpedos abgefeuert wurden. Diese Manöver waren für alle Beteiligten strapaziös, besonders jedoch für die Kommandanten. Sie mußten die Tages- oder Nachtanfahrten gegen das Zielschiff planen und dabei Windverhältnisse, Seegang, Sicht, Wassertiefe, Mondphasen und andere Faktoren berücksichtigen, gleichzeitig Kurs und Geschwindigkeit des Ziels abschätzen und den geeigneten Abfangkurs und die richtige Geschwindigkeit ihres Bootes berechnen. Sie sollten eine Art sechsten Sinn dafür entwickeln, ob sie von Flugzeugen oder Überwasserschiffen gesichtet werden konnten – oder schon geortet waren –, wann sie das Sehrohr einsetzen konnten und mit welchen taktischen Manövern den Verfolgern am besten auszuweichen war. Erst nach diesen 132 simulierten Angriffen durften die Boote echte Torpedos mit Gefechtskopf-Attrappen abschießen, die so eingestellt waren, daß sie tief unter den Zielschiffen durchliefen.

TAFEL 4

DEUTSCHE U-BOOT-RÜSTUNG VOR DEM ZWEITEN WELTKRIEG

Juni 1935 bis September 1939

	1935	1936	1937	1938	1939
Januar	–	*U14, U18, U19, U20*	–	–	–
Februar	–	–	–	–	*U40,U52, U58*
März	–	*U15*	–	–	*U59*
April	–	*U25*	*U32*	–	*U41, U48*
Mai	–	*U16, U26*	–	–	–
Juni	*U1*	–	–	*U45*	*U53*
Juli	*U2,U7*	*U33*	–	–	*U42,U60*
August	*U3,U4, U5, U8, U9*	*U21, U22, U27*	–	*U51, U37*	*U49, U43, U61*
September	*U6, U10, U11, U12*	*U23, U28, U34, U24, U30*	–	–	
Oktober	–	–	–	*U38*	
November	*U13*	*U29, U35*	–	*U46, U39, U56,U57*	
Dezember	*U17*	*U31; U36*	–	*U47*	
Gesamt:	14	21	1	9	12

U1 bis *U6*	Typ II (Einbaum)
U7 bis *U24*	Typ IIB (Einbaum)
U25 und *U26*	Typ 1
U27 bis *U36*	Typ VII
U37 bis *U44*	Typ IX
U45 bis *U55*	Typ VIIB
U56 bis *U61*	Typ IIC (Einbaum)

Während der Torpedo-Übungen entwickelte Dönitz neue Schießtechniken, die auf allen U-Booten eingeführt wurden. Bei Unterwasser-Tagesangriffen führte der Kommandant, der als einziger Zugang zum Angriffssehrohr hatte, die Anfahrt, unterstützt vom Ersten Wachoffizier, am Kartentisch durch, zielte dann und feuerte die Torpedos ab. Beim nächtlichen Überwasserangriff leitete der Kommandant die Anfahrt vom Kartentisch im Kontrollraum aus, schoß jedoch die Torpedos nicht selbst ab. Diese Aufgabe wurde an den Ersten Wachoffizier auf der Brücke delegiert, der dazu eine leistungsstarke, auf einen Tochterkompaß montierte Zieloptik von Zeiss benutzte. Dieses Verfahren war effizienter, doch nur wenige Kommandanten gaben diese Aufgabe bereitwillig an den Ersten Wachoffizier ab. Die Praxis wurde von keiner anderen Marine übernommen.

Die kleinen Boote waren fünf Tage die Woche auf See. Der Dienst war strapaziös. An manchen Tagen wurden bis zu acht Unterwasser-Tagesangriffe und sechs Überwasser-Nachtangriffe geübt. Ein Beteiligter erinnerte sich, daß vierzehn Angriffe in vierundzwanzig Stunden »bis an die oberste Grenze unserer physischen und nervlichen Belastbarkeit« gegangen seien.

Die Einbäume hatten starke, geschweißte Druckröhren, die (auf dem Papier) dem

Wasserdruck bis etwa 150 Meter Tiefe standhalten konnten. Eine Möglichkeit, das Sonar des Gegners zu überlisten, bestand darin, alle nicht unbedingt erforderlichen Geräte auszuschalten und auf maximale Tiefe zu gehen (Schleichfahrt, Tieftauchen). Dönitz drängte auf Tieftauchübungen, doch eine Beinahe-Katastrophe auf dem von Werner von Schmidt kommandierten *U12* ließ ihn vorsichtiger werden. In 102 Meter Tiefe knickte ein Winkeleisen an der Innenwand, die Hülle brach, und gefährlich viel Wasser drang in das Boot. Es wurde gerettet, und die Hüllen aller Einbäume wurden später verstärkt, doch im Gefolge des Unfalls begrenzte das OKM die Tauchtiefe für alle U-Boote auf 45 Meter. Da Dönitz der festen Überzeugung war, das Tieftauchen würde im Krieg zur unabdingbaren Routine werden und müsse in einem Ausmaß trainiert werden, daß es dann keine Panik auslöste, setzte er sich für die Aufhebung des Befehls ein. Seine Argumente wurden jedoch verworfen. Und in seinen Erinnerungen bemerkte er bitter, für die Lektionen, die man im Frieden nicht lerne, müsse man im Krieg einen hohen Preis zahlen.

Als die Wehrmacht am 7. März 1936 ins Rheinland einmarschierte, wurden zwölf Boote der Flottille Weddigen – und die sechs vom Typ II der U-Boot-Schule – für einen möglichen Krieg mit Polen, Frankreich oder der Sowjetunion in der Nord- und Ostsee einsatzbereit gehalten. Diese Gefechtsbereitschaft war gewissermaßen eine »Abschlußprüfung« für die Flottille. Alle Boote »bestanden« mit guten Noten. Dönitz erntete von einem Vorgesetzten höchstes Lob: »Er hat durch unermüdliche Arbeit und persönliche Anleitung die U-Flottille ›Weddigen‹ in planmäßiger Ausbildung so weit gebracht, daß sie bereits … zu kriegsmäßiger Aufgabe verwendungsbereit war.«

Im weiteren Verlauf des Jahres 1936 wurden sechs weitere Einbäume und die größeren Boote in Dienst gestellt: *U25* und *U26* des großen Typs I mit 750 Tonnen, und neun von zehn der 500-Tonnen-Boote des mittleren Typs VII, *U27* bis *U36*. Trotz aller Bemühungen um den IVS-Prototyp *E1* in Spanien stellten sich bei den großen Booten *U25* und *U26* viele Konstruktionsfehler heraus. Sie waren gefährlich instabil, langsam beim Tauchen, schwer zu manövrieren und mittels Sonar leicht zu orten und zu halten. Deshalb wurden beide als für den Kampfeinsatz ungeeignet eingestuft und für Experimentierzwecke oder zur Propaganda verwendet, etwa um zusammen mit anderen Schiffen der Kriegsmarine die Hakenkreuzfahne in spanischen Gewässern zu zeigen. Die neun Boote des mittleren Typs VII, die in Konstruktion und Mechanik ebenfalls schwere Mängel aufwiesen und sich als wahre Treibstofffresser erwiesen, wurden zu einer zweiten Kampf-Flottille zusammengefaßt, die nach Reinhold Saltzwedel, einem weiteren U-Boot-Helden der Kaiserlichen Marine, benannt wurde. Die Saltzwedel-Kommandanten – aus den Crews von 1924 bis 1926 – waren ehemalige Kapitäne oder hochrangige Wachoffiziere von den Einbäumen der Flottille Weddigen.

Die vielen neuen Boote waren Anlaß für das OKM, die U-Boot-Flotte neu zu organisieren. Die 18 Einbäume wurden auf zwei Flottillen aufgeteilt, Weddigen und eine neue, benannt wiederum nach einem U-Boot-Helden der Kaiserlichen Marine, Johannes Lohs. Dönitz wurde zum Führer der U-Boote (FdU) befördert und kommandierte alle 3 Flottillen mit ihren 28 einsatzfähigen Booten (18 Einbäume, 10 Boote des Typs VII) und den beiden experimentellen Vorzeigebooten *U25* und *U26*. Der Stab des FdU wurde klein gehalten: Dönitz, sein Chefingenieur »Pappa« Thedsen, Eberhard Godt, ein neu rekrutierter kluger Planer und Taktiker aus der Crew von 1918, und einige andere.

Nachdem die Saltzwedel-Besatzungen ihre Schulung und Torpedoausbildung abgeschlossen hatten, startete Dönitz die ersten Versuche mit koordinerten Gruppen- oder »Wolfsrudel«- Angriffen gegen simulierte »gegnerische« Geleitzüge in der Ostsee. Er leitete die Übungen von einem Kommandoschiff aus, das mit einer Reihe technisch hervorragender Funksender und Empfänger ausgestattet war. Er ließ die Boote »Aufklärungsstreifen« bilden, die Geleitzüge abfangen sollten. Sobald ein Boot einen Konvoi sichtete und meldete, befahl er den anderen Booten, sich zu gruppieren und ebenfalls anzugreifen. Obwohl die Manöver zugunsten der U-Boote manipuliert waren, war Dönitz mit dem Ergebnis sehr zufrieden und mehr denn je davon überzeugt, auf dem richtigen Wege zu sein.

Viele Schwierigkeiten mußten beseitigt werden. Am dringendsten war die Suche nach einer Möglichkeit, beim Typ VII die Kapazität der Treibstofftanks oder Bunker zu vergrößern. Wie Dönitz sich erinnerte, war es der Ingenieur Thedsen, der die Lösung fand. Er entwickelte externe Satteltanks, die mittschiffs rund um den Druckkörper angebracht waren. Sie erhöhten die Bunkerkapazität des Typs VII von 67 auf 108 Tonnen. Bei den ersten zehn Booten dieses Typs konnte nichts mehr verändert werden, doch *U45* bis *U51,* die sieben Boote der zweiten Serie des Typs VII (Typ VIIB), wurden mit den Zusatztanks versehen.

Im Mittsommer 1937 teilte Großbritannien Deutschland im Rahmen des deutsch-britischen Flottenabkommens mit, es werde seine U-Boot-Flotte um 17300 Tonnen verstärken – von 52700 Tonnen auf 70000 Tonnen. Diese Steigerung erlaubte es Deutschland in strenger Übereinstimmung mit dem Vertrag, der nur 45 Prozent der britischen U-Boot-Tonnage zuließ, seine eigene Flotte um 7785 Tonnen aufzustocken. Wegen dieser zusätzlichen Tonnage entbrannte ein weiterer heftiger Streit zwischen Dönitz und dem OKM. Dönitz drängte wiederum darauf, die gesamte Kapazität für den Bau von 500-Tonnen-U-Booten des verbesserten Typs VIIB zu verwenden. Das OKM hingegen trat abermals für den Bau verbesserter Boote des großen Typs IXB mit 750 Tonnen ein. Raeder entschied sich erneut gegen Dönitz. Er teilte die Tonnage fast gleichmäßig zwischen mittleren und großen Booten auf und orderte 8 Boote des Typs VIIB (mit insgesamt 4000 Tonnen) und 5 des Typs IXB (mit insgesamt 3750 Tonnen). Als die Boote aus dieser dritten Bestellung einsatzbereit waren, bestand die U-Boot-Flotte schließlich aus 72 Booten mit insgesamt 31750 Tonnen: 32 Einbäume, 25 Boote des Typs VII, 13 große Boote des Typs IX und die beiden großen Fehlkonstruktionen *U25* und *U26*.

Als Hitler sich 1938 anschickte über Europa herzufallen, wurde die im Entstehen begriffene U-Boot-Waffe bei drei Gelegenheiten kriegsmäßig disloziert: während des »Anschlusses« von Österreich im März; während des gescheiterten Versuchs, im Mai das tschechische Sudentenland anzugliedern und während der Münchner Verhandlungen im September, als Hitler das Sudetenland auf diplomatischem Wege gewann. In allen Fällen luden die 36 in Dienst gestellten Boote – auch die sechs Einbäume der U-Boot-Schule – Kriegsmaterial und liefen unter Dönitz' Kommando die vorgesehenen Operationsgebiete in der Nord- und Ostsee an, bereit einen Seekrieg mit einer Reihe möglicher Gegner zu führen: mit Frankreich, Polen, der Sowjetunion und möglicherweise sogar mit Großbritannien. Für die Besatzungen war dies Ausbildung unter realistischen Bedingungen, doch die Übungen hinterließen keinen

Zweifel daran, daß die U-Boot-Waffe, was Größe und Bewaffnung anging, für diese Aufgaben vollkommen unzulänglich war.

Ende Mai 1938, nachdem Hitler bei seinem ersten Versuch, das Sudetenland Deutschland anzugliedern, eine demütigende Niederlage erlitten hatte, bestellte er Raeder in die Reichskanzlei und unterbreitete ihm erstaunliche Neuigkeiten. Er hob alle früheren Weisungen auf und teilte Raeder mit, daß die Kriegsmarine »die Möglichkeit« eines Seekriegs mit Großbritannien in Betracht ziehen müsse. Er werde die auf Beschwichtigung bedachte britische Regierung zwar weiterhin umwerben und die Freundschaft mit England zu festigen suchen, doch solle Raeder unterdessen umfassende Planungen für eine gewaltige Flottenaufrüstung in Angriff nehmen. Auch große Kriegsschiffe für »politische Zwecke« – als Symbole der Macht – sollten gebaut werden, die »für England eine Veranlassung sein« würden, »bei etwa noch kommenden politischen Differenzen zwischen uns und anderen Staaten nicht auf die Gegenseite zu treten«. Außerdem wollte Hitler mehr U-Boote. Er werde sich auf die Sonderklausel im deutsch-britischen Flottenabkommen berufen, die Deutschland unter gewissen Bedingungen U-Boot-Parität mit Großbritannien gewähre – die Briten planten eine Gesamtstärke von 70 000 Tonnen.

Raeder nahm an, Hitler wolle diese Klausel sofort in Anspruch nehmen, doch aufgrund der gespannten politischen Lage während der Sudetenkrise verschob Hitler die Flottenverhandlungen. Ungeachtet dessen begann Raeder – mit eindeutiger Vertragsverletzung –, den Bau von 36 weiteren U-Booten mit insgesamt 25 250 Tonnen zu planen. Auch diesmal kam es wegen Tonnagezuteilung zum Konflikt zwischen Dönitz und dem OKM, und wieder entschied Raeder gegen Dönitz. Die Bestellung lautete schließlich auf 9 Boote des Typs IX (mit insgesamt 6750 Tonnen), zwei sehr große Minenleger des Typs XB (3600 Tonnen), zwei riesige U-Kreuzer des Typs XI mit vier 12,7-cm-Geschützen in zwei Geschützstürmen (mit insgesamt 6000 Tonnen) und 17 Boote des Typs VII (mit insgesamt 8500 Tonnen). Diese von Dönitz dringend benötigten Boote machten nur 34 Prozent der gesamten Neutonnage aus.

In jenem Jahr (1938) konnte Dönitz 9 neue Boote in Dienst stellen, darunter *U45*, das erste des Typs VIIB mit Satteltanks, *U37*, das erste große Boot des Typs IX, und die ersten verbesserten Einbäume *U56* und *U57* mit der Typenbezeichnung IIC. Sie und die nachfolgenden Schwesterboote wurden auf drei neugebildete Flottillen verteilt, die wiederum nach Helden der Kaiserlichen Marine benannt waren: Bernhardt Wegener, Paul Hundius und Hans Joachim Emsmann. Die VIIBs sollten die Flottille Wegener bilden, die Boote des Typs IX die Flottille Hundius und die IICs die Flottille Emsmann.

Unterdessen verabschiedete das OKM in den letzten Tagen des Jahres 1938 den Plan für die Vergrößerung der Kriegsmarine. Der sogenannte Ziel- oder Z-Plan war der Traum eines jeden Admirals. Er sah eine Überwasserflotte von 17 Großkampfschiffen vor (6 Superschlachtschiffe mit jeweils 72 000 Tonnen, 4 große Schlachtschiffe, 4 Flugzeugträger, 3 Schlachtkreuzer), 3 Taschen-Schlachtschiffe, 5 Schwere Kreuzer, 48 Leichte Kreuzer, 68 Zerstörer, 90 Torpedoboote, zahlreiche Minenleger und Minenräumer und eine ganze Reihe von Hilfsschiffen und kleineren Schiffen. Bei der geplanten Fertigstellung im Jahre 1948 hätte die Kriegsmarine Überwasserschiffe mit einer Tonnage von über einer Million Tonnen besessen.

Im Z-Plan war auch eine Vielzahl von U-Booten vorgesehen – insgesamt 249 mit etwa 200 000 Tonnen. Doch die vorgeschlagene Auswahl der Typen war eine weitere schwere Niederlage für Dönitz, der nicht einmal konsultiert worden war. Das OKM empfahl 60 Boote des kleinen Typs II, 27 riesige »U-Kreuzer« und Minenleger, 72 große Boote des Typs IX, aber nur 100 mittlere des Typs VII. Bei einer Verwirklichung dieses Plans hätten 75 Prozent der U-Boot-Flotte (150 000 Tonnen) aus Booten bestanden, die Dönitz eigentlich nicht haben wollte, und nur 25 Prozent (50 000 Tonnen) aus dem mittleren Typ VII mit 500 Tonnen, der sich am besten für die von ihm entwickelte Strategie der »Wolfsrudel« eignete.

Dönitz versuchte nach Kräften, den Z-Plan seinen Vorstellungen anzupassen. Seine 1939 erschienene Monographie *Die U-Bootswaffe* war eine Propagandaschrift für das U-Boot. Aus Sicherheitsgründen verzichtete er auf eine Beschreibung seiner Rudeltaktik, sprach sich jedoch für einen »Handelskrieg« mit U-Booten aus und unterstrich die Vorteile des nächtlichen Überwasserangriffs, zweifellos, um den Ansichten des OKM entgegenzutreten, die U-Boote seien wegen des Sonars und durch Flugzeugangriffe sehr verwundbar und daher in britischen Gewässern nur von begrenztem Nutzen.* Dönitz nahm außerdem die politische Unterstützung der größten verfügbaren Kapazität in Anspruch: des Flottenchefs Admiral Hermann Boehm. Dieser ließ das OKM wissen, in einem Seekrieg mit Großbritannien seien als Waffen vorrangig U-Boote und Minen geeignet. Raeder legte den Z-Plan Hitler vor, der ihn ohne Veränderungen billigte, allerdings mit einer Ergänzung. Hitler forderte, daß die geplante Flotte nicht erst 1948, sondern schon 1945 fertigestellt werden solle. Um dieses Zeitlimit einhalten zu können, garantierte er Raeder, der Kriegsmarine Priorität gegenüber den anderen Waffengattungen zu gewähren.

Die Verabschiedung des Z-Plans war eine flagrante Verletzung von Geist und Buchstaben des deutsch-britischen Flottenabkommens. Der Plan sollte geheimgehalten werden, bis Hitler einen politisch geeigneten Weg gefunden hatte, den Vertrag aufzukündigen und den Vertragsbruch den Briten in die Schuhe zu schieben. In der Zwischenzeit gab Berlin vor, sich an den Vertrag zu halten. Im Zuge dieses Täuschungsmanövers berief sich Außenminister Joachim von Ribbentrop am 12. Dezember 1938 verspätet auf die U-Boot-Ausnahmeklausel, die es Deutschland erlaubte, U-Boote bis zur Parität mit Großbritannien, also 70 000 Tonnen zu bauen. Dieser Schritt war ein böser Schock für die Admiralität, doch die britische Regierung akzeptierte die Erklärung ohne Einwände.

Einen Monat später, im Januar 1939, bestellte Raeder weitere 20 U-Boote mit etwa 13 000 Tonnen. Damit sollte bis 1942 das Gleichgewicht mit den Briten hergestellt werden – 118 Boote mit 70 000 Tonnen. Wiederum wurden Dönitz' bevorzugte Typen nicht gebaut. Raeder verfügte, die Hälfte der neuen Tonnage (6500 Tonnen) für einen weiteren sehr großen Minenleger des Typs XB und zwei weitere riesige U-Kreuzer des Typs XI zu verwenden. Die andere Hälfte der Tonnage stand für den Typ VII zur Verfügung. Dies war der letzte U-Boot-Auftrag im Rahmen des im deutsch-britischen Flottenabkommens gesetzten Tonnagelimits. Bei Fertig-

* Die Monographie wurde von den britischen Geheimdiensten offensichtlich nicht zur Kenntnis genommen. Die britische Admiralität gelangte erst 1942 in den Besitz eines Exemplars, doch zu diesem Zeitpunkt waren die Einsichten zum künftigen Handelskrieg und zur U-Boot-Taktik bereits wertlos geworden.

stellung der Boote im Jahr 1942 sollte die U-Boot-Waffe laut Plan folgende Typen und Tonnagezahlen aufweisen:

32	kleiner Typ II	8 000 Tonnen
55	mittlerer Typ VII	27 500 Tonnen
2	großer Typ 1 *(U25, U26)*	1 500 Tonnen
22	großer Typ IX	16 500 Tonnen
3	großer Typ XB Minenleger	5 400 Tonnen
4	sehr großer Typ XI U-Kreuzer	12 000 Tonnen
118	Boote gesamt	70 900 Tonnen gesamt

Diese Typenauswahl war für Dönitz natürlich keineswegs befriedigend. Der Typ VII, den er bei weitem bevorzugte, machte immer noch nur 39 Prozent der Gesamttonnage aus. Außerdem stellte die Gesamtzahl von 55 bis 1942 zu bauenden Booten des Typs VII weniger als ein Fünftel der Flottenstärke dar, die er für einen entscheidenden Angriff auf die britische Handelsmarine für notwendig hielt.

Hitler brach das mit Großbritannien, Frankreich und Italien geschlossene Münchner Abkommen, besetzte mittels Bluffs und politischer Intrigen im März 1939 den Rest der Tschechoslowakei und fuhr im Triumphzug durch Prag. Dieser Gewaltakt überschattete einen weiteren Sieg der Nazis eine Woche später: Die Kriegsmarine vereinigte abermals ohne Blutvergießen das litauische Memelland mit Deutschland. Wie Hitler richtig vorausgesehen hatte, rührten weder Frankreich noch Großbritannien einen Finger, um der Tschechoslowakei zu helfen.

Hitler hatte Polen in die Zange genommen, das er ebenfalls mit List und Tücke Deutschland einverleiben wollte. Für den Fall eines Fehlschlags wies er die Oberbefehlshaber des Heeres, der Luftwaffe und der Kriegsmarine an, bis spätestens zum 1. September 1939 die militärische Eroberung Polens vorzubereiten.

Die Besetzung der Tschechoslowakei durch das NS-Regime führte bei der britischen Bevölkerung zu einer unerwarteten Reaktion. Voller Wut verlangte sie, der wichtigste Appeasement-Politiker, Neville Chamberlain, solle Hitlers Aggression eine Grenze setzen. Chamberlain sah sich aufgrund dieser öffentlichen Empörung und seines drohenden Sturzes zu der Erklärung gezwungen, Großbritannien werde Frankreich unterstützen, falls dieses den schon lange bestehenden gegenseitigen Beistandspakt mit Polen erfüllen sollte.

Hitler nahm die englisch-französischen Garantien für Polen zum Vorwand, das deutsch-britische Flottenabkommen aufzukündigen. Er tat dies öffentlich, in einer sarkastischen Rede vor dem Reichstag am 28. April. Außerdem hatte die Kriegsmarine den Bau der beiden Superschlachtschiffe *Bismarck* und *Tirpitz* schon 1936 begonnen! Trotz dieser Provokationen, der öffentlichen Empörung und der beschleunigten Kriegsvorbereitungen Großbritanniens versicherte Hitler auch weiterhin, daß weder Großbritannien noch Frankreich für Polen kämpfen würden. Raeder glaubte, Hitler werde erneut in letzter Minute ein politisches Wunder wirken; er gab diese Versicherung naiv und unverantwortlich an die Kriegsmarine weiter.

Dönitz war überzeugter denn je, daß das Gegenteil der Fall sei. Er glaubte, die

»schwere Spannung«, die Hitler zwischen England und Deutschland erzeugt hatte, könne sich jeden Moment in einem kriegerischen Konflikt entladen. Daher drängte er Raeder und das OKM vehement, bis dahin verbotene U-Boot-Manöver im Atlantik zu gestatten. Mit seinen Eingaben für eine Aufstockung der U-Boot-Bestellungen stieß er auf taube Ohren – die verfügbaren Werften waren ohnehin schon überlastet –, doch Raeder genehmigte die Übungen im Atlantik.

Diese Manöver erreichten im Mai 1939 mit Gruppen- oder »Wolfsrudel«-Angriffen auf simulierte Geleitzüge ihren Höhepunkt. Die Konvois wurden von Schiffen der Kriegsmarine gebildet, die für die jährliche Flottenkreuzfahrt nach Lissabon und ins westliche Mittelmeer bestimmt waren. Ingesamt 15 Boote des Typs VII und IX der Flottillen Saltzwedel, Wegener und Hundius nahmen teil. Der »Geleitzug« bestand aus vier deutschen Überwasserschiffen: einem Tanker, einem Frachter, Dönitz' »Führerschiff« *Erwin Wassner* und der *Saar,* einem Versorgungsschiff der Flottille Saltzwedel – wobei die beiden letzten Schiffe abwechselnd als Ziele und als Geleitfahrzeuge fungierten.

Die 15 U-Boote waren in fünf Wolfsrudeln aus jeweils drei Booten an einem mehrere hundert Kilometer langen Aufklärungsstreifen aufgestellt. Ein Wolfsrudel »entdeckte« rasch den »Geleitzug« und funkte eine Sichtungsmeldung an die anderen Boote. Trotz der ausgeklügelten Ausweich- und Verteidigungsmaßnahmen des Konvois – und extrem schlechten Wetters – trafen die anderen Boote am Ziel zusammen und griffen es 48 Stunden lang, vom 12. bis zum 14. Mai, unablässig an. Am Ende der Übung war der »Geleitzug« von 13 der 15 U-Boote umstellt, die ihm den »Todesstoß« versetzten.

Das Szenario der Übung war absolut unrealistisch und von vornherein zugunsten der U-Boote angelegt. Es gab schwerwiegende Ausfälle bei Funkverkehr und Zielverfolgung und grobe Fehler bei den Positionsmeldungen. Dönitz hätte trotzdem nicht zufriedener sein können. In einer ausführlichen Manöverkritik folgerte er, »der einfache Grundsatz, einen Geleitzug von mehreren Dampfern auch durch mehrere U-Boote zu bekämpfen, ist richtig« und »der Geleitzug wäre vernichtet worden«. Er hielt seine Gruppen- oder Rudeltaktik deshalb für ein vernünftiges Konzept, um Großbritannien zu besiegen, und bat wiederum Raeder, den Bau des Typs VII zu forcieren.

Das OKM war so begeistert vom seinem grandiosen Z-Plan, daß es Dönitz energisch widersprach. Der Planungschef für die U-Boote im OKM, Werner Fürbringer, ein Konteradmiral und Assistent von Raeders Stabschef Otto Schniewind, formulierte die Antwort: »Der U-Boot-Handelskrieg gegen England hat heute für Deutschland keine Aussichten auf Erfolg. Jede gegenteilige Ansicht, die sich etwa auf die große Zahl unserer U-Boote oder auf die Aussicht stützt, daß die englische U-Boot-Abwehr auf hohem Atlantik weniger wirkungsvoll sein könnte als erwartet, muß als abwegig bezeichnet werden.« Weiterhin sei es unverantwortlich die wertvollen U-Boot-Besatzungen auf einen solchen Krieg zu verpflichten. Es dürfe als erwiesen gelten, daß jeder englische Konvoi, ob er nun an der Küste oder auf hoher See operiere, »mit Abwehrkräften gesichert ist, die in der Lage sind, jedes unter Wasser angreifende U-Boot mit Sicherheit zu vernichten«. Um sein Argument zu stützen, unterstrich Fürbringer, wie wirksam das britische Sonar sei, und sagte voraus, daß die Briten erneut defensive Minenfelder anlegen würden, die gegen deutsche U-Boote im Ersten Weltkrieg eine so tödliche Wirkung entfaltet hatten. Solange die U-Boote nicht gegen das Sonar immun seien, sei es sinnlos, einen U-Boot-Krieg gegen den britischen Handel auch nur ins Auge zu fassen.

Dönitz reagierte enttäuscht und wütend auf Fürbringers Denkschrift. In einer Antwort an Fürbringers Vorgesetzten Otto Schniewind wies er dessen Argumente Punkt für Punkt energisch zurück. Er ging sogar noch einen – großen, karrieregefährdenden – Schritt weiter und teilte seine Auffassung direkt und leidenschaftlich Raeder mit, den er bat, sie Hitler zu unterbreiten. Hitlers von Raeder übermittelte Antwort lautete nach Dönitz' Erinnerungen: »Er werde dafür sorgen, daß es keinesfalls zu einem Krieg mit England kommt. Denn das wäre ›Finis Germaniae‹. Die U-Boot-Offiziere sollten beruhigt sein.«

BUCH EINS

DER U-BOOT-KRIEG GEGEN DAS BRITISCHE EMPIRE

September 1939 bis Dezember 1941

EINS

»In Ehren untergehen«

Am 15. August 1939 ließ Großadmiral Erich Raeder, Oberbefehlshaber der Kriegsmarine, Karl Dönitz, dem Führer der U-Boote, einen Mobilmachungsbefehl übermitteln. In dem Befehl hieß es, alle ranghohen Stabsoffiziere und U-Boot-Kommandanten sollten sich am 19. August zu einer Besprechung in Dönitz' Hauptquartier auf dem U-Boot-Versorgungsschiff *Hecht* einfinden, das am Marinepier in Kiel lag. Die Einladung zu der Besprechung war der verschlüsselte Befehl zur kriegsmäßigen Dislozierung der deutschen U-Boot-Streitmacht, die nur vier Tage nach Herausgabe des Befehls beginnen sollte.

Dönitz brach seinen Urlaub ab und eilte tags darauf nach Kiel. Andere Betroffene meldeten sich noch am selben oder am folgenden Tag in großer Aufregung an Bord der *Hecht.* Als alle versammelt waren, skizzierte Dönitz die komplizierte geopolitische Lage, die daraus folgenden Gefahren und die Pläne für den U-Boot-Krieg.

Hitler hatte sich endgültig entschieden, Polen anzugreifen, und den Tag der Invasion vom 1. September auf den 26. August vorverlegt. Großbritannien und Frankreich hatten Polen ihre Hilfe zugesagt. Hitler glaubte nicht, daß Großbritannien und Frankreich kämpfen würden, aber Dönitz war anderer Ansicht. Er hielt einen Krieg mit Großbritannien und Frankreich nicht nur für möglich, sondern für wahrscheinlich. Erschwerend kam hinzu, daß die Verhandlungen über einen deutsch-sowjetischen Nichtangriffspakt, die Hitler zur Vermeidung eines Zweifrontenkriegs mit Stalin führte, sehr schleppend verliefen. Es war immer noch denkbar, daß Moskau Hitlers Vorschlag ablehnen und zusammen mit London und Paris Warschau unterstützen würde. Aus diesen Gründen mußte die Kriegsmarine mit zahlreichen und bedrohlichen Eventualitäten rechnen: einem Krieg nur gegen Polen; einem Krieg gegen Polen, Großbritannien und Frankreich; einem Krieg gegen Polen, Großbritannien, Frankreich und die Sowjetunion; und einem Krieg nur gegen Polen und die Sowjetunion.

Für einen Seekrieg gegen Großbritannien und Frankreich war die Kriegsmarine keineswegs gerüstet. Trotz der Abrüstungsverträge aus den 20er und 30er Jahren verfügten Großbritannien und Frankreich zusammen über ein furchterregendes Aufgebot an Überwasserschiffen: 22 Schlachtschiffe (battleships) und Schlachtkreuzer (battle cruisers) , 7 Flugzeugträger (aircraft carriers), 83 Kreuzer (cruisers) und zahllose Zerstörer (destroyers) sowie 7 im Bau befindliche neue Schlachtschiffe und 8 Flugzeugträger. Demgegenüber besaß die Kriegsmarine nur 2 Schlachtschiffe *(Bismarck* und *Tirpitz)* und einen im Bau befindlichen Flugzeugträger *(Graf Zeppelin*), 2 in Dienst gestellte, aber nicht gefechtsbereite Schwere Kreuzer *(Gneisenau* und *Scharnhorst)*, 3 Taschen-Schlachtschiffe *(Deutschland*, *Admiral Graf Spee* und *Admiral Scheer)*, von denen nur zwei gefechtsbereit waren, sowie 8 Kreuzer und circa 20 Zerstörer in unterschiedlichen Stadien der Gefechtsbereitschaft. Insgesamt besaßen die Alliierten bei den Überwasserschiffen eine zehnfache Überlegenheit.

Auch bei den Hochsee-U-Booten waren Großbritannien und Frankreich zahlenmäßig überlegen. 50 britischen und 70 französischen in Dienst gestellten Hochsee-U-Booten standen nur 27 deutsche gegenüber. Die U-Boote der Alliierten waren nicht alle gefechtsbereit oder von guter Qualität, doch dies galt für die deutschen genauso. Zwei große U-Boote, *U25* und *U26,* waren als Versuchsfahrzeuge nicht wirklich gefechtstauglich, und fünf Boote waren entweder brandneu oder lagen zur Überholung oder Instandsetzung auf der Werft. Am 19. August wären deshalb nur 20 Boote voll oder nahezu gefechtsbereit gewesen.

Zusätzlich besaßen die Deutschen 30 Einbäume, kleine 250-Tonnen-U-Boote. Sie wurden zwar in der Hauptsache zu Ausbildungs- und Übungszwecken eingesetzt, besaßen jedoch drei Torpedorohre und konnten sechs Torpedos oder neun Minen tragen, so daß alle Einbäume (außer *U11,* das ausschließlich zu Versuchszwecken benutzt wurde) in der Nord- oder Ostsee begrenzte Gefechtsaufgaben übernehmen konnten. Von den 29 Einbäumen wären am 19. August etwa 18 voll oder nahezu gefechtsbereit gewesen.

Der Schlachtplan der Kriegsmarine war darauf angelegt, das Beste aus mehreren Möglichkeiten zu machen: Die beiden gefechtsbereiten Taschen-Schlachtschiffe *Admiral Graf Spee* und *Deutschland* sollten nebst einem Versorgungsschiff heimlich auf Wartestellungen im Nord- und Südatlantik auslaufen. 16 der 20 gefechtsbereiten Hochsee-U-Boote sollten vor der Atlantikküste Großbritanniens und Frankreichs und vor der Straße von Gibraltar stehen. Sieben Einbäume hatten Wartestellungen in der Nordsee einzunehmen. Falls Großbritannien und Frankreich den Krieg erklärten, konnten die Taschen-Schlachtschiffe und die U-Boote offensiv gegen die britischen und französischen Seestreitkräfte im Atlantik operieren und die U-Boote in der Nordsee sowohl offensiv als auch defensiv eingesetzt werden. Der Rest der einsatzbereiten deutschen Kräfte, darunter vier Hochsee-U-Boote und elf Einbäume, konnte in der Ostsee offensiv gegen die kleine polnische Kriegsmarine – fünf U-Boote, vier Zerstörer, mehrere Minenleger – operieren oder, wenn nötig, auch die sehr viel größere Sowjetflotte bekämpfen.

Das war der Plan. Raeder machte sich keinerlei Illusionen über den Ausgang eines etwaigen Krieges gegen Großbritannien und Frankreich. »Die deutsche Kriegsmarine«, schrieb er in seinen Memoiren, werde dann »kämpfend und in Ehren untergehen«.

Zwischen dem 19. und dem 23. August wurde der heimliche Aufmarsch der Taschen-Schlachtschiffe und der U-Boote wie geplant vollzogen. Die *Admiral Graf Spee,* ihr Versorgungsschiff *Altmark* und 14 torpedobestückte Hochsee-U-Boote stachen in der

Nacht zum 20. August in See. Zwei weitere U-Boote verließen die Werft in der Nacht vom 22. auf den 23. August. Die *Deutschland* und ihr Versorgungsschiff *Westerwald* liefen in der Nacht zum 24. August aus; in derselben Nacht bezogen auch die Nordseeeinheit (sieben Einbäume) und die Ostseeeinheit (drei Hochsee-U-Boote und elf Einbäume) ihre Wartestellungen. Von den 57 in Dienst gestellten U-Booten wurden insgesamt 34 (65 Prozent) aufgestellt: 16 im Atlantik, 7 in der Nordsee und 11 in der Ostsee.

Die Verhandlungen mit Stalin gingen immer noch äußerst zäh vonstatten. Daß er schließlich am 20. August einem vorläufigen Handelsabkommen zustimmte, konnte Hitler kaum genügen, und er nahm die Sache selbst in Hand. Noch am selben Tag telegraphierte er nach Moskau und bat Stalin, den deutschen Außenminister Ribbentrop zu empfangen, den er mit allen Vollmachten ausgestattet hatte, den deutsch-sowjetischen Vertrag zu unterzeichnen. Stalin traf sich am 23. August mit Ribbentrop und ließ, zu Hitlers großer Erleichterung, den Pakt von Molotov unterzeichnen. Das offizielle Vertragswerk war auf zehn Jahre bindend und bestimmte, daß weder Deutschland noch die Sowjetunion einander angreifen oder den Angriff eines dritten Landes oder miteinander verbündeter Drittländer unterstützen würden. Durch das geheime Zusatzprotokoll jedoch wurden die baltischen Staaten und Polen zum Untergang verurteilt. Deutschland und die Sowjetunion wollten in Polen einmarschieren und es entlang der Weichsel in grob zwei Hälften aufteilen. Finnland, Estland und Lettland sollten dem sowjetischen und Litauen dem deutschen »Einflußbereich« zugeschlagen werden.

Termin für den Einmarsch in Polen blieb zunächst der 26. August. Am Tag zuvor erhielt Hitler jedoch mehrere Nachrichten, die ihm zu denken gaben: Die britische Regierung verkündete die Ratifizierung eines offiziellen Beistandsabkommens mit Polen, das die britische Bereitschaft, für Polen zu kämpfen, erneut ganz unmißverständlich betonte. Der französische Botschafter suchte Hitler persönlich auf und machte ihm mit großem Nachdruck klar, daß Frankreich dem englischen Beispiel folgen werde. Benito Mussolini schrieb an Hitler, Italien sei nicht für einen Krieg gerüstet und könne nicht sofort in einen Krieg mit Großbritannien und Frankreich eintreten, es sei denn, es werde von Deutschland mit gewaltigen Mengen an Militärmaterial versorgt. Aufgrund dieser Entwicklung verschob Hitler den Invasionstermin wieder auf das ursprünglich geplante Datum, den 1. September, um Zeit für erneute Neutralitätsverhandlungen mit Großbritannien und Frankreich zu gewinnen.

Die rasante diplomatische Entwicklung sowie der Aufschub des Tages X veranlaßten das OKM, die U-Boote neu zu gruppieren. Dank des Hitler-Stalin-Pakts konnte die militärische Präsenz in der Ostsee verringert werden, dafür legte die von London und Paris signalisierte Kriegsbereitschaft eine Verstärkung der U-Boot-Einheiten im Westen nahe. Also verlegte Dönitz zwischen dem 23. und dem 28. August vier Hochsee-U-Boote und zehn Einbäume von der Ostsee in die Nordsee; *U36* wurde als Verstärkung der Einbäume in der Nordsee eingesetzt, die anderen drei wurden in Reserve gehalten.

Am 28. August war die Umrüstung von zwei weiteren Hochsee-U-Booten abgeschlossen. Das erste, *U26,* war eines der großen instabilen Boote vom Typ I. Dönitz hatte es auf Befehl des OKM mit Minen und sechs Torpedos bestücken lassen. Im Kriegsfall sollte es zunächst vor Portland, einer britischen Marinebasis an der Kanalküste, Minen legen und danach alliierte Schiffe torpedieren, obwohl es für einen Kampfeinsatz eigentlich nicht geeignet war. Das zweite, *U53,* vom neuen Typ VIIB, war das Flaggschiff der Flottille Wegener. Es lief mit dem Flottillenchef Ernst Sobe an Bord als letztes aus, womit sich die Anzahl der U-Boote im Atlantik, einschließlich des Minenlegers *U26,* auf achtzehn erhöhte.*

Die Aufstellung der U-Boote im Atlantik hing von ihrer Bunkerkapazität, d.h. von ihrem Aktionsradius, ab. Sechs Typ-VII-Boote der Flottille Saltzwedel mit mittlerer Reichweite sollten einzeln in einem Halbkreis vor der britischen Atlantikküste patrouillieren; sechs Boote der Flottille Wegener vom neuen Typ VIIB mit doppelter Bunkerkapazität sollten weiter westlich und weiter südlich bis hinunter zum Golf von Biskaya ebenfalls einzeln und in einem ähnlichen Halbkreis operieren. Fünf große Langstrecken-U-Boote des Typs IX von der Flottille Hundius sollten unter dem Kommando des auf *U37* fahrenden Flottillenchefs Werner Hartmann im Süden vor der Iberischen Halbinsel und in der Straße von Gibraltar patrouillieren. Der Minenleger *U26* sollte vor der westlichen Mündung des Ärmelkanals auf seinen Einsatzbefehl warten.

Um die Gefahr der Entdeckung zu minimieren, fuhren die 18 für den Atlantik bestimmten Boote nicht durch den Ärmelkanal, sondern nahmen die wesentlich längere Route um die Nordspitze der Britischen Inseln, wobei sie tagsüber getaucht blieben und jeden Kontakt mit anderen Schiffen vermieden. Auf der gesamten langen, ermüdenden und treibstoffzehrenden Fahrt wurde absolute Funkstille gewahrt.** Alle U-Boote und auch die beiden Taschen-Schlachtschiffe erreichten unentdeckt den Atlantik und nahmen die vorgesehenen Wartepositionen ein.

Die U-Boot-Streitmacht in der Nordsee bestand schließlich aus 17 Einbäumen und dem Hochsee-U-Boot *U36.* Nach Kriegsausbruch sollten fünf Einbäume in englischen und französischen Häfen Minen legen, zwei Einbäume sollten offensiv in den Gewässern nordöstlich von Schottland patrouillieren in der Hoffnung, überraschende Torpedoangriffe gegen britische Kriegsschiffe führen zu können. Die restlichen zehn Einbäume und *U36* sollten in der Nordsee Abwehrlinien bilden, um mögliche Gegenangriffe der Royal Navy auf Deutschland zu melden und zu vereiteln.

Während die U-Boote in Stellung gingen, traf sich Raeder in Kiel mit Dönitz und dem Flottenchef Hermann Boehm. Dönitz und Boehm hielten einen Seekrieg mit den Westmächten für unvermeidlich und drängten Raeder, auf die großen Schiffe des bombastischen Z-Plans zu verzichten und statt dessen schnellstmöglich 300 U-Boote zu bauen – davon mindestens 200 verbesserte Boote des mittelgroßen Typs VII. Wie sich Dönitz später erinnerte, hieß Raeder den Plan mündlich gut und beauftragte ihn, dem OKM seine Vorschläge schriftlich und auf dem Dienstweg zu unterbreiten. Ein paar Tage später gab das OKM den Z-Plan auf und übernahm Dönitz' Plan, Hunderte von U-Booten zu bauen. Dieser militärisch – und historisch – einschneidende Richtungswechsel bedurfte jedoch Hitlers Zustimmung, und dieser war zu sehr mit Polen beschäftigt, als daß er sich um Marineangelegenheiten gekümmert hätte.

Am 1. September marschierten die Deutschen in Polen ein. Wie geplant unter-

* Die U-Boote und ihre Kommandanten sind in Anhang 1 und 2 aufgeführt.

** Die Strecke von Wilhelmshaven zur westlichen Mündung des Ärmelkanals beträgt über die Nordroute um die Britischen Inseln etwa 2600 Seemeilen.

stützte die Kriegsmarine das Heer und die Luftwaffe durch Angriffe auf die polnische Flotte und den Beschuß von Küstenstellungen. Drei in der Memel stationierte Einbäume des Typs II beteiligten sich an den Angriffen. Zwei Einbäume meldeten die Versenkung polnischer U-Boote, aber in Wirklichkeit konnten alle fünf polnischen U-Boote (große, in Frankreich hergestellte Minenleger) entkommen. Drei liefen in neutrale schwedische Gewässer und wurden interniert, zwei *(Wilk* und *Orzel)* entkamen schließlich aus der Ostsee und schlossen sich, wie auch drei der vier polnischen Zerstörer, der Royal Navy an.

Am 3. September erklärten Großbritannien und Frankreich Deutschland den Krieg. Doch die Alliierten konnten Polen nicht mehr helfen. Am 17. September marschierte die Sowjetunion von Osten her in das Land ein. Die polnischen Truppen kämpften heldenhaft gegen den Zangengriff der Deutschen und der Sowjets, erlagen jedoch der feindlichen Übermacht und mußten sich am 27. September ergeben. Polen hatte aufgehört zu existieren.

Das Boot

U30, ein mittelgroßes, hochseetüchtiges 500-Tonnen-U-Boot patrouillierte ungefähr 150 Seemeilen westlich von Schottland im Wartegebiet »U«. Südlich davon lauerten seine fünf Schwesterschiffe von der Flottille Saltzwedel in ihren Wartestellungen westlich der Britischen Inseln. Diese sechs Boote vom Typ VII stellten ein Drittel der im Atlantik aufgestellten deutschen U-Boot-Streitmacht dar.

U30 war eines der zehn in den Vorkriegsjahren in Dienst gestellten Boote des Typs VII. Das drei Jahre alte Boot war der Vorläufer der verbesserten, bereits existierenden mittelgroßen Boote vom Typ VIIB und der noch im Bau befindlichen Boote vom Typ VIIC. Es wurde von dem 26jährigen Oberleutnant zur See Fritz-Julius Lemp kommandiert. Er war seit acht Jahren im aktiven Dienst. Der am Vorabend des Ersten Weltkrieges als Sohn eines Heeresoffiziers in China geborene Lemp war 1931 als 18jähriger zur Reichsmarine gegangen und hatte sich 1936, im fünften Dienstjahr, zu der im Aufbau befindlichen U-Bootwaffe gemeldet. Nachdem er die U-Boot-Schule und eine Fahrt als Wachoffizier auf *U28* (einem Boot des Typs VII) absolviert und sein Kapitänspatent gemacht hatte, wurde er 1938 zum Kommandanten von *U30* ernannt. Noch zu Friedenszeiten hatte *U30* bei einer Übung einen lebensgefährlichen Zusammenstoß mit seinem Schwesterschiff *U35* gehabt. Lemp hatte einen bemerkenswert kühlen Kopf bewahrt und die kritische Situation souverän gemeistert, wofür ihm nicht nur Dönitz und Hans Ibbeken, der Chef der Flottille Saltzwedel, sondern auch seine vollzählig gerettete Crew – drei weitere Offiziere und vierzig Mannschaftsdienstgrade – sehr dankbar waren.

U30 und die verbesserten Nachfolgemodelle des Typ VII waren der von Dönitz bevorzugte U-Boot-Typ. Das Boot maß 64,4 Meter Länge über alles und 5,8 Meter größte Breite. Im Inneren des zigarrenförmigen Druckkörpers, der über die ganze Länge in sechs nahezu gleich große Räume gegliedert war, war es jedoch viel kleiner, nämlich nur 43 Meter lang und an den meisten Stellen nicht mehr als 3 Meter breit. Im Boot war es außerordentlich eng – ein wahrer Alptraum, wenn man zu Platzangst neigt.

Im Bugraum befand sich die Hauptwaffe des Bootes: vier Torpedorohre, die Standardbewaffnung aller damals in Dienst oder im Bau befindlichen Hochsee-U-Boote, und zehn Torpedos, eines in jedem Torpedorohr und sechs zum Nachladen – davon zwei über den Flurplatten und vier in den Bilgen. Der Bugraum diente außerdem dem Torpedomechanikermaat und etwa 24 der rangniedrigsten Seeleute und Funkern und Maschinenmaaten als Quartier. Sie teilten sich je sechs entlang den Schiffswänden eingebaute Klappkojen und vier Hängematten. Ihre Mahlzeiten nahmen sie an kleinen hölzernen Klapptischen (den sogenannten Backs) ein, wobei sie auf den unteren Kojen saßen. Der Bugraum war so vollgestopft mit Torpedos, Gerätschaften und Männern, daß es kaum Bewegungsspielraum gab und man nicht aufrecht stehen konnte. Manche U-Boot-Männer nannten das Boot »die Büchse«. Treffender wäre »Schlangengrube« gewesen. Wie bei allen Schiffen spürte man das Stampfen bei schwerem Seegang im Bugraum am meisten. Daß kein Durchgangsverkehr herrschte, kann vielleicht als einziger Vorteil des Lebens im Bug angeführt werden.

Wie alle im Atlantik dislozierten U-Boote war auch *U30* mit zwei Torpedo-Typen bestückt: dem älteren luftgetriebenen Torpedo vom Typ G7a und den neuen, geheimen, Elektro-Torpedo vom Typ G7e mit blasenfreiem Batterieantrieb. Beide Typen waren 7,2 Meter lang, maßen 53 Zentimeter im Durchmesser und wogen an die 2000 Kilogramm; beide trugen eine Sprengladung von 278 Kilogramm. Die Pistolen der luftgetriebenen Torpedos konnten auf Magnet- oder auf Aufschlagzündung eingestellt werden, die Elektro-Torpedos hatten ausschließlich Magnetpistolen. Bei beiden Torpedotypen mußte alle drei bis vier Tage sorgfältig geprüft werden, ob die komplizierten Antriebs-, Lenkungs- und die Tiefeneinstellungsmechanismen noch funktionstüchtig waren, und bei den Elektro-Torpedos wurde zusätzlich geprüft, ob die Batterien aufgeladen und warm genug waren. Durch die Wartung der Torpedos wurden die Männer beim Essen und Schlafen gestört. Die Kojen mußten hochgeklappt und die Klapptische weggepackt werden, wenn man die Torpedos, wie zur Inspektion erforderlich, teilweise aus den Rohren zog und die Flurplatten anhob, um an die Ersatztorpedos in den Bilgen heranzukommen. Die Männer im Bugraum beteten regelrecht um ein Gefecht, weil ihnen jeder losgemachte Torpedo etwas mehr Lebensraum verschaffte.

Der zweite Raum Richtung Heck war weniger schlimm. Unter ihrem Deck lag mit 62 großen Zellen die eine Hälfte der U-Boot-Batterien. Darüber befand sich der Schlaf- und Aufenthaltsraum für neun Besatzungsmitglieder, den Kommandanten, die drei Offiziere und fünf Portepeeunteroffiziere (wie Steuermann, Bootsmann, Maschinist). Die Kapitänskoje konnte mit einem Vorhang verschlossen werden; sie lag backbord hinter dem Quartier der anderen Offiziere direkt gegenüber dem Funk- und dem Horchraum. Die anderen acht Männer schliefen in eingebauten Kojen entlang der Backbord- und der Steuerbordwand. Der Kommandant und die Offiziere nahmen das Essen an einer kleinen Back im Durchgang ein, wobei bei sie auf gegenüberliegenden unteren Kojen saßen und jedesmal Platz machen mußten, wenn jemand in den Bugraum mußte oder wieder herauskam. Um den Raum etwas freundlicher und vielleicht auch eleganter zu gestalten, waren die Spinde mit lackiertem Holz furniert.

Die sanitären Anlagen auf *U30* waren primitiv. Sie bestanden aus zwei Klosetts von der Größe einer Telefonzelle mit je einer Toilettenschüssel. Ein Klosett lag auf der Steuerbordseite am vorderen Ende des Offiziersraums, das andere lag achtern, neben der Kombüse. Da der Stauraum für Lebensmittelvorräte jedoch begrenzt war, wurden diese auch auf dem Achterklosett gelagert. Deshalb wurde die Toilette im Offiziersraum von allen 44 Männern benutzt. Waschen mit Süßwasser war wegen der begrenzten Vorräte nicht erlaubt; die Bärte sprossen, und der Körpergeruch wurde mit Kölnischwasser bekämpft.

Der nächste Raum Richtung Heck – der Kontrollraum oder die Zentrale des Bootes – lag fast genau mittschiffs und war in mancher Hinsicht der Brücke eines Überwasserschiffes vergleichbar. Die Zentrale war knapp sechs Meter lang und vollgestopft mit Geräten, die der Bedienung des Bootes in getauchtem oder aufgetauchtem Zustand dienten: die Kontrollen der Kurs- und Tiefensteuerung und der Einlaß- und Ausstoßventile für die Tauchzellen und anderen Tanks, der Maschinentelegraph, der Kreiselkompaß, der Kartentisch und die Okulare des einen der beiden Sehrohre. Meß- und Kontrollinstrumente aller Art bedeckten jeden Zentimeter des Rundschotts und der niedrigen Decke, unter der ein Mann von einsachtzig gerade noch aufrecht stehen konnte. Auf einen Nicht-U-Boot-Fahrer mußte die Zentrale mit diesem Haufen unverständlicher Apparaturen wie eine Rumpelkammer wirken, für einen U-Boot-Mann aber hatte jedes Instrument, jede Uhr, jedes Ventil einen Sinn, war es doch für sein Wohlbefinden und seine Sicherheit von vitaler Bedeutung.

Die Mitte der Zentrale wurde vom unteren Ende einer großen zylindrischen Röhre beherrscht, durch die eine Leiter in den Kommandoturm führte. Dieser enge, mißverständlich als Kommandoturm bezeichnete Raum war ein kleiner Gefechtsstand mit einem zweiten Ruderstand, einem Tochterkompaß, einem zweiten Maschinentelegraphen, den Okularen des schlanken Angriffssehrohrs (das ein schwächeres Kielwasser erzeugte) und der Torpedorechenanlage, die Abschußwinkel- und Tiefeneinstellung der Torpedos bestimmte. Während eines Unterwasserangriffs benutzte der Kommandant dieses Sehrohr und gab dem Offizier am Vorhaltrechner mündlich die Daten durch – Größe, geschätzte Geschwindigkeit und Entfernung des Ziels, seine Lage zum Bug des Bootes in Grad usw. Außerdem instruierte er den den Rudergänger und gab Anweisungen zur Tiefenkontrolle an die Männer unten in der Zentrale.*

Der Kommandoturm war zugleich auch der Notausstieg des Bootes. Die größte Schwierigkeit bei der Flucht aus einem manövrierunfähig gesunkenen U-Boot bestand darin, trotz des immensen Wasserdrucks ein Luk aufzubekommen. Um aus einem U-Boot vom Typ VII zu entkommen, versammelten sich zunächst alle Männer in der Zentrale, schlossen die vorderen und achteren wasserdichten Schotts und legten Sauerstoffgeräte an. Sie fluteten die Zentrale bis über den Rand der Röhre, die zum Kommandoturm führte, mit Seewasser, und ließen aus Deckenventilen Preßluft in den Raum strömen, die das Wasser im Raum verdrängte und durch die Röhre in den Kommandoturm trieb. Der Luftdruck wurde so lange erhöht, bis der Druck im Inneren des Bootes dem äußeren Wasserdruck entsprach. Nun ließ sich das Ausstiegsluk auf der

* Frühe U-Boote hatten gläserne Bullaugen im Kommandoturm, so daß das Boot über Wasser vom Kommandoturm aus geführt oder kommandiert werden konnte. Die Bullaugen hatten jedoch der Explosion von Wasserbomben nicht standhalten können und waren abgeschafft worden. Bei der Überwasserfahrt wurde das Boot von der Brücke über dem Kommandoturm aus geführt.

Der mittelgroße Typ VII C

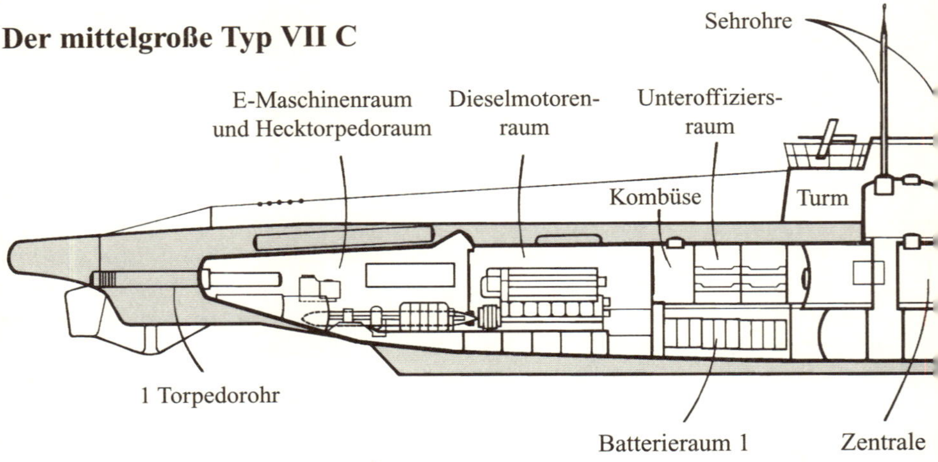

(Hinweis: Der Aufbau von Turm, Brücke und Luftabwehr wurde während des Krieges oft geändert.)

Der große Typ IX C

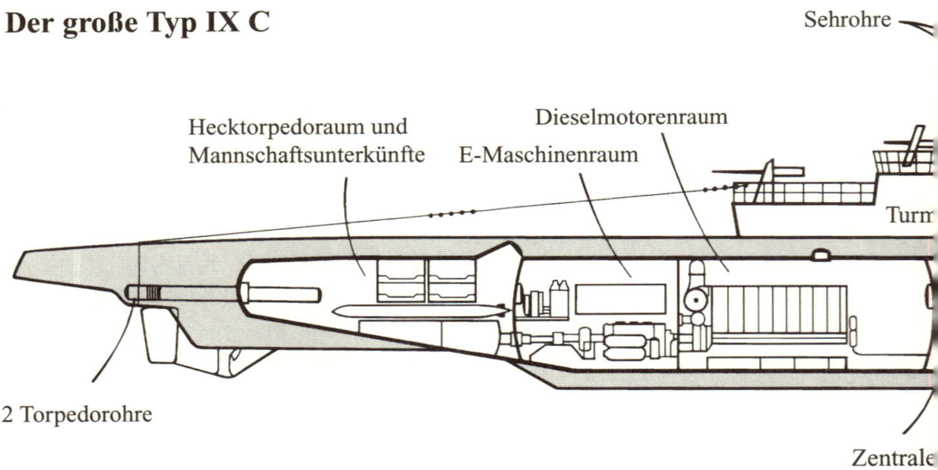

Die Standardtypen deutscher U-Boote im 2. Weltkrieg

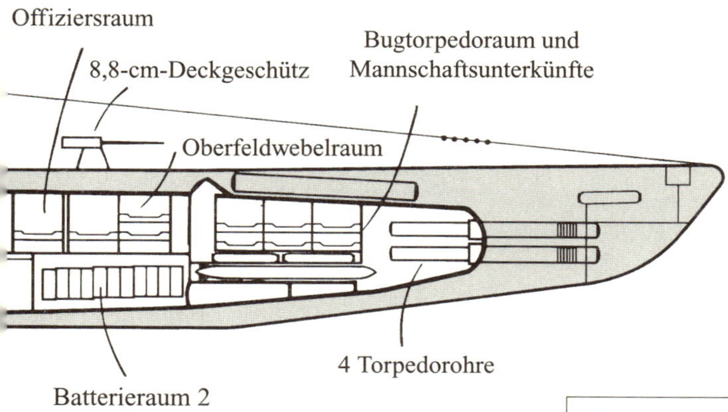

Länge	67,1	Meter
Treibstoff	113	Tonnen
Geschwindigkeit	17	Knoten
Aktionsradius		
bei 12 Knoten	12000	Kilometer
Torpedos	12	

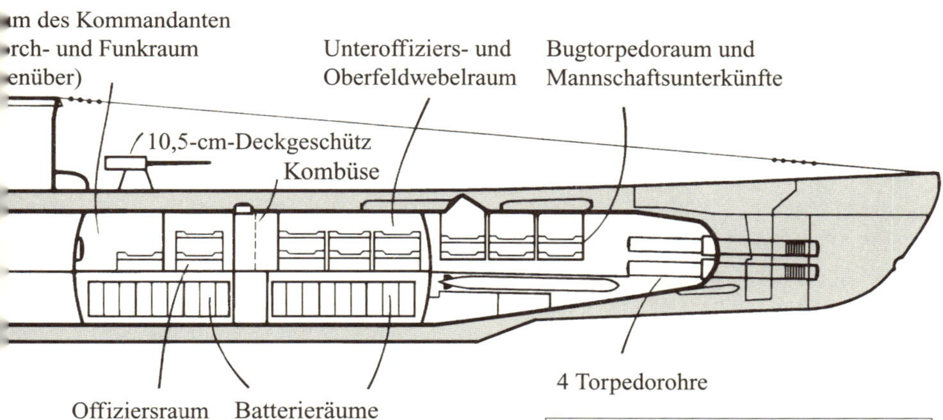

Länge	76,76	Meter
Treibstoff	208	Tonnen
Geschwindigkeit	18,3	Knoten
Aktionsradius		
bei 12 Knoten	20000	Kilometer
Torpedos	14	

Brücke des Kommandoturms leicht öffnen. Die Männer tauchten unter den Rand der Röhre, schwammen durch die geflutete Röhre in den ebenfalls gefluteten Kommandoturm und erreichten durch das Luk die Brücke und schließlich die Wasseroberfläche.*

Der Raum hinter der Zentrale war weniger streng. Unter den Flurplatten befand sich mit 62 weiteren Zellen die andere Hälfte der U-Boot-Batterien. Darüber lagen die acht Einbaukojen für die Unteroffiziere und 36 holzverkleidete Spinde von der Größe einer Zigarrenkiste, in denen die Mannschaftsdienstgrade ihre persönlichen Dinge und Wertgegenstände aufbewahrten, etwa Geld, Papiere, Fotos oder Zigaretten. Auch die Männer aus diesem Raum aßen auf den unteren Kojen sitzend an einer Back im Durchgang, wobei sie besonders oft aufstehen mußten, da der Durchgangsverkehr in ihrem Raum wegen der auf der backbordachteren Seite liegenden Kombüse besonders groß war. Die Kombüse, die zwei kleine Backöfen, einen winzigen Elektroherd mit drei Platten und einer Abzugshaube sowie eine Spüle von der Größe eines Tabletts enthielt, wurde das Essen für alle 44 Männer gekocht. Die Backschafter mußten das Essen von der Kombüse in den Bugraum und in den Offiziersraum bringen und die benutzten Schüsseln und Teller wieder einsammeln und zurücktragen.

Das Essen auf *U30* und auf allen anderen Booten vom Typ VII galt als hervorragend, doch die Rationen waren aufgrund des begrenzten Stauraums und fehlender Kühlmöglichkeiten eher klein. In jeder Ecke und jeder Ritze des Bootes lagerten Kartoffeln, verschiedene Käse, zahllose Konserven mit Kaffee und Tee, Milch, Obst, Keksen und anderen Süßigkeiten. Hartrindiges Schwarzbrot hing in Hängematten unter der Decke. Zusätzlich führte *U30* noch eine Ladung Brot in Dosen mit, das angeblich nicht schimmelte. Über die ganze Länge des Bootes hingen massenhaft Würste und Rauchfleisch von der Decke, so daß man sich vorkam wie in einem Metzgerladen.

Der fünfte Raum, vom Bug aus gesehen, war der Maschinenraum. Er enthielt die beiden großen, lauten 1160-PS-Dieselmotoren, je einen an Backbord und Steuerbord. Die Luft für die Diesel wurde über ein großes Rohr angesaugt – den Hauptzuluftschacht –, das außerhalb des Druckkörpers zur Brücke hinauflief und so hoch wie möglich über der Wasserlinie mündete. Um die Rauchbildung zu reduzieren, wurden die Abgase mit Seewasser vermischt abgelassen. Im Maschinenraum befand sich auch der Hauptkompressor zum Auffüllen der Preßluftflaschen und ein kleiner Destillierapparat, mit dem man Meerwasser entsalzen konnte; es wurde hauptsächlich dazu verwendet, die 124 Batteriezellen aufzufüllen, die sich so aufheizten, daß ständig ziemlich viel Wasser verdunstete.

Der letzte Raum oder Heckraum wurde auch der Elektro-Raum genannt, weil sich dort zwei 375-PS-Elektromotoren oder, genauer gesagt, Motorgeneratoren befanden. Die großen Antriebswellen der Dieselmotoren liefen durch das Herz der Motorgeneratoren. Wenn die Diesel liefen, konnten die Motorgeneratoren, einzeln oder beide, an die sich drehenden Wellen angekuppelt werden und dienten dann als Generatoren zum Aufladen der Batterien. Um Treibstoff zu sparen (und an

* Anwärter für den U-Boot-Dienst mußten den Notausstieg in nachgebauten Kommandotürmen auf dem Grund von Wassertürmen üben. Es ist nicht verwunderlich, daß viele Anwärter diese schreckliche Mutprobe nicht bestanden.

Aktionsradius zu gewinnen), konnte die Kraft des einen, von einem Dieselmotor getriebenen Generators auf den anderen Generator übertragen werden, um auch die andere Schraubenwelle zu drehen.* Beim Tauchen waren die Dieselmotoren ausgeschaltet, und die Motorgeneratoren wurden an die Antriebswellen gekoppelt und trieben, von den Batterien gespeist, das Boot an.

Sowohl *U30* als auch seine neun Schwesterschiffe vom Typ VII waren mit einem Hecktorpedorohr bewaffnet. Es lag jedoch ungünstig außerhalb des Druckkörpers und mußte über eine Fernbedienung im Heckraum abgeschossen werden. Das Rohr war mit einem luftgetriebenen Torpedo bestückt, der weniger Wartung und weniger Wärme brauchte als die Elektro-Torpedos. Es konnte auf See nicht nachgeladen werden. Diese Nachteile wurden bei der nächsten Generation der mittelgroßen Boote (Typen VIIB und VIIC) beseitigt, indem man das Rohr in den Heckraum verlegte und unter den Flurplatten für einen Reservetorpedo Platz schaffte.

Die Brücke schließlich befand sich über dem Kommandoturm. Bei der Überwasserfahrt, wenn das Boot am leichtesten von Flugzeugen entdeckt werden konnte, waren vier Männer, der Wachoffizier und drei Ausgucke, auf der Brücke postiert. Jeder verfügte über ein scharfes 7x50-Zeiss-Fernglas, mit dem er einen 90-Grad-Sektor des Horizonts und des Luftraums zu überwachen hatte. Die Sicherheit des Bootes hing von der Fähigkeit der Brückenwache ab, ein Flugzeug oder ein feindliches Kriegsschiff so schnell auszumachen, daß noch Zeit blieb, zu tauchen und zu entkommen. Jede Unachtsamkeit wurde strengstens geahndet; blieb eine Bedrohung des Bootes unentdeckt, konnte dies eine offizielle Untersuchung und harte disziplinarische Maßnahmen nach sich ziehen.

Bei schönem Wetter war die Wache auf der Brücke natürlich eine willkommene Abwechslung gegenüber dem überfüllten, stinkenden Unterdeck. Außerdem war die Brücke der einzige Ort, wo die Raucher ihrem Laster frönen konnten. Bei schwerem Seegang oder kaltem Wetter war es auf der Brücke jedoch unangenehm und gefährlich, und Rauchen war nicht möglich. Gewaltige Wellen brachen ständig über die Brücke, rissen an den angegurteten Männern und durchnäßten sie bis auf die Haut. Dann kamen sie frierend und erschöpft und oft auch mit bösen Prellungen von der Wache.

Bei einem nächtlichen Überwasserangriff war die Brücke eine Gefechtsstation. Der Kommandant blieb unten am Kartentisch und behielt den Überblick, während der Erste Offizier die Zieloptik oder UZO bediente, die auf einem Tochterkompaß angebracht war; er bestimmte das Ziel, visierte es mit der UZO an und gab nach Freigabe durch den Kommandanten den Befehl zum Abschuß der Torpedos. Die während des Angriffs auf der Brücke befindlichen drei – oder vier – Ausgucke gehörten zu den fähigsten Leuten an Bord und mußten eine hervorragende Nachtsichtigkeit besitzen. Sie durften keinen Blick an die Kampfhandlungen verschwenden. Jeder hielt sein Glas unerschütterlich auf seine 90 Grad Luftraum und Horizont geheftet und hatte zu melden, was immer auftauchen mochte.

Alle Hochsee-U-Boote, egal welcher Flotte der Welt sie angehörten, waren mit einer großen Deckkanone bewaffnet. Wie auch schon im Ersten Weltkrieg wurde sie zur Versenkung unbewaffneter oder nur leicht armierter Handelsschiffe, für Spezialeinsätze und zur Verteidigung im Notfall benutzt. Wie alle Boote vom Typ VII war

* Bei dieser Sparmaßnahme schlich das Boot mit höchstens 6 Knoten dahin.

auch *U30* mit einem 8,8-cm-Geschütz, einer zuverlässigen Schiffskanone mit schneller Schußfolge, bewaffnet, die jedoch über keinen Schild verfügte. Ihre Munition war unter Deck gelagert und mußte während eines Geschützeinsatzes von Hand zu Hand nach oben gereicht werden. Sie wurde von Schützen unter dem Kommando eines speziell ausgebildeten Offiziers bedient, keine leichte Aufgabe auf dem schmalen ungeschützten Rumpf des rollenden und stampfenden Bootes, der häufig von der See überspült wurde.

Ein Außenstehender mußte das Leben auf *U30* schlichtweg schrecklich finden. Im Boot stank es penetrant nach Dieselöl, Schweiß, Essensdünsten und Kölnisch-Wasser. Die Uniformen der Besatzung waren schmutzig, die Männer hatten keine Kleidung zum Wechseln. Ihre Haare und Bärte waren verfilzt vom Salzwasser und fettig vom Dieselöl. Wenn das Boot nicht gerade auf Tauchfahrt war, stampfte, rollte und gierte es schon bei mäßig bewegter See; man konnte kaum stehen oder gehen, ohne sich irgendwo festzuhalten. Alles, was nicht niet- und nagelfest verstaut war, flog wild durch die Gegend. Kaltes Seewasser wurde durch das Luk im Kommandoturm in die Zentrale gespült. Vor der einzigen Toilette war immer eine Schlange – manchmal eine sehr lange. Es stank infernalisch. Weder die Entlüftung noch die Heizung waren ausreichend. Entweder es war zu heiß oder zu kalt, und natürlich war es immer feucht, schwül oder klamm. Der Proviant, einschließlich des Dosenbrotes, verdarb und verschimmelte. Und ein Großteil der wichtigsten Maschinen, insbesondere die Hochleistungs-Diesel, schienen permanent Pannen zu haben.

Doch die junge Besatzung von *U30* ertrug all diese Unannehmlichkeiten und Gefahren mit Bravour. Schließlich war das Boot eine Kampfmaschine und kein Zuhause. Eine Fahrt dauerte nicht ewig, sondern nur ein paar Wochen. Sobald *U30* wieder in den Hafen einlief, trat die Besatzung – wie alle U-Boot-Fahrer der Welt – eine ausgedehnte Erholungsphase an. Die Männer fanden an Bord der Versorgungsschiffe, in den Matrosenheimen nahe den Einsatzhäfen oder auf Heimaturlaub zu Hause Bequemlichkeit, Sauberkeit und Platz zum Dehnen und Strecken und konnten sich endlich zurückziehen und allein sein, wenn sie wollten. Die Männer von *U30* fühlten sich als etwas Besonderes, als eine Elite von Freiwilligen in der Elite der Kriegsmarine, und darauf waren sie stolz – genauso stolz wie auf ihr Boot und ihren schneidigen Kommandanten Lemp, der sich von den anderen Männern durch seine strahlend weiße Mütze abhob. Wohl keiner der Männer hätte seine schwere Aufgabe auf *U30* gegen einen anderen Dienst eingetauscht.

Komplizierte Vorschriften

Hitler hoffte auch dem nach deutschen Einmarsch in Polen immer noch, Großbritannien und Frankreich aus dem Krieg heraushalten zu können. Daher erlegte er den beiden Taschen-Schlachtschiffen und den U-Booten, die zum Gefecht im Atlantik und in der Nordsee aufgestellt waren, strenge Beschränkungen auf. Ohne Hitlers ausdrückliche Zustimmung sollten die Taschen-Schlachtschiffe keine Operationen gegen die Handelsschiffahrt oder die Seestreitkräfte der Alliierten beginnen; auch »die U-Boote wurden«, wie sich Raeder erinnert, »mit starken Einschränkungen für ihre Operationen belastet«.

Eine der ersten und wichtigsten Weisungen Hitlers bestand in dem Verbot, die U-Boote für den Angriff auf feindliche Seestreitkräfte zu massieren. Seine Gründe waren sowohl politischer als auch pragmatischer Natur. Erstens wollte er laut Raeder »die erhofften Gespräche mit dem Westen keinesfalls vorbelasten durch etwaige gegnerische Verluste im Seekrieg, die das Prestige Englands als Seemacht berühren würden«, zweitens hielt Dönitz U-Boot-Operationen gegen Seestreitkräfte für wenig erfolgversprechend.

Am Vorabend des Krieges war die Royal Navy auf zahlreiche, stark gesicherte Marinestützpunkte verteilt, unter anderem in der Bucht von Scapa Flow, dem Firth of Forth, dem Firth of Clyde, in Portland und in Portsmouth. Selbst wenn die großen Schiffe in See gestochen wären, hätte ein U-Boot große Schwierigkeiten gehabt, ein Großkampfschiff wie etwa ein Schlachtschiff zu versenken. Es gab zu wenig U-Boote, um die britischen Stützpunkte ausreichend abzudecken. Die großen Schiffe würden sicherlich von Flugzeugen und sonarbestückten Zerstörern stark gesichert werden und fuhren außerdem mit 25 Knoten zu schnell, als daß ein U-Boot sie einholen und torpedieren konnte. Ein Treffer wäre reine Glücksache und nur dann möglich gewesen, wenn sich ein U-Boot zufällig direkt auf der Route eines feindlichen Kriegsschiffes befunden hätte.

Hitler hatte deswegen angeordnet, daß sich die die U-Boote bei der ersten Offensive vor allem auf Handelsschiffe konzentrieren sollten, ein Druckmittel, das aus politischen Gründen allerdings nur mit größter Umsicht eingesetzt werden sollte. Alle U-Boote hatten sich strikt an das Londoner U-Boot-Protokoll von 1930 zu halten, dem auch Deutschland im Jahre 1936 beigetreten war. Es legte in Artikel 22 fest, daß Schiffe, von bestimmten Ausnahmen abgesehen, nicht ohne Vorwarnung versenkt werden durften. Es mußte zuerst angehalten und untersucht werden. Wenn es sich um ein feindliches Schiff handelte, oder um ein neutrales, das mit Konterbande einen feindlichen Hafen anlief, durfte es versenkt werden, allerdings erst wenn das Überleben seiner Mannschaft absolut sichergestellt war.

Ausgenommen waren aus deutscher Sicht folgende Schiffe, die ohne Vorwarnung versenkt werden durften:

- Truppentransporter, d. h. Schiffe, die durch nachrichtendienstliche Quellen oder direkte Beobachtung eindeutig als Träger von Truppen oder Kriegsmaterial identifiziert worden waren.
- Schiffe in einem Geleitzug oder jedes Schiff, das von Kriegsschiffen oder Flugzeugen eskortiert wurde.
- Schiffe, die sich an Kampfhandlungen beteiligten oder feindliche Operationen direkt unterstützten, wozu auch das Sammeln von Nachrichten gezählt wurde.

Es waren nicht genügend U-Boote vorhanden, um der riesigen Handelsflotte der Alliierten in der ersten Offensive nennenswerten Schaden zuzufügen. Außerdem waren die meisten U-Boote im Atlantik schon am 19. August in See gestochen und mußten bald zurückbeordert werden, weil sie nur noch über wenig Treibstoff und Proviant verfügten. Da es keine Reserve gab, die sie ersetzen konnte, würde bei den U-Boot-Operationen zwangsläufig eine »Flaute« oder »Lücke« von mehreren Wochen entstehen. Deshalb war die Eröffnungsoffensive der U-Boote darauf angelegt, maximale psychologische Wirkung zu erzielen. Man wollte an möglichst vielen Orten möglichst viele feindliche Schiffe versenken, um den Eindruck zu erwecken, daß die deutschen

U-Boote »überall« wären, und so viel Verwirrung und Angst säen, daß die Erinnerung an die verlustreiche Belagerung Englands durch deutsche U-Boote im Ersten Weltkrieg wieder aufleben würde. Unter diesem Druck, so hoffte Hitler, würden die Alliierten vielleicht die Lust verlieren, weiter für Polen zu kämpfen.

Der Beschluß, sich strikt an das U-Boot-Protokoll zu halten, verschärfte die Risiken für die U-Boote und verringerte die Chancen, einen dramatischen ersten Schlag zu führen. Das größte Risiko bestand darin, daß das aufgetauchte U-Boot während der Prozedur des Anhaltens und Untersuchens von einem feindlichen Kriegsschiff oder Flugzeug überrascht wurde. Um Bedrohung durch feindliche Flugzeuge so gering wie möglich zu halten, waren die Atlantik-Boote mindestens hundert Meilen von der Küste entfernt aufgestellt, weit seewärts der »Engstellen« um die Britischen Inseln, wo sich der Schiffsverkehr konzentrierte und verdichtete – ein Umstand, der den Booten die Ortung von Schiffen, insbesondere bei ungünstigem Wetter, beträchtlich erschwerte.

Die Beschränkungen schlossen auch weitgehend aus, daß die Einbäume in der Nordsee mit Torpedoangriffen zu der geplanten psychologischen Wirkung beitragen konnten. Sie waren zu klein und mit nur einem abmontierbaren Maschinengewehr auf Deck, das nur bei ruhiger See bemannt werden konnte, zu schwach bewaffnet, um ein Handelsschiff zu stoppen, zu entern und zu durchsuchen. Außerdem ging man davon aus, daß britische Flugzeuge bei Tageslicht fast ständig die Operationsgebiete der Nordsee überwachten, was eine extreme Gefahr für die kleinen Boote darstellte. Bestenfalls konnte von den Einbäumen erwartet werden, daß sie mit viel Glück einen Torpedotreffer bei einem britischen Handelsschiff, Kriegsschiff oder U-Boot erzielten und/oder daß britische Schiffe den Minenfeldern zum Opfer fielen, die einige Einbäume legen sollten.

Trotzdem hing von dieser ersten U-Boot-Offensive einiges ab. Wenn Hitlers Einschätzung der politischen Lage richtig war, konnte ein schlagender Erfolg der U-Boote die Alliierten durchaus davon abhalten, den Krieg fortzusetzen, und Polen würde ohne größere Verluste an Deutschland fallen. Für diejenigen aber, die nicht daran glaubten, daß die Alliierten sich aus dem Krieg zurückziehen würden – und zu diesen gehörten auch Raeder und Dönitz –, bot sich die Gelegenheit, Hitlers Aufmerksamkeit vom Landkrieg auf den Seekrieg zu lenken und ihm die drohende Gefahr vor Augen zu führen, die von den alliierten Seemächten ausging. Ein Anfangserfolg der U-Boote konnte Hitler dazu bewegen, der kleinen U-Bootwaffe jene rückhaltlose Unterstützung zu geben, die sie dringend brauchte, um einen ernstzunehmenden Seekrieg führen zu können.

Am 3. September erklärten Großbritannien und Frankreich Deutschland den Krieg, und das OKM funkte um 12.56 Uhr eine dringliche chiffrierte Meldung an alle Schiffe, U-Boote und Küstenstationen der Kriegsmarine: »Beginn der Feindseligkeiten mit England sofort.« Um 14 Uhr, etwas mehr als eine Stunde später, erging dann folgende Weisung des OKM: »Handelskrieg der U-Boote zunächst gem. Op. Befehl.« Dies bedeutete, daß die Boote sich strikt an das U-Boot-Protokoll und die Prisenordnung zu halten hatten. Da den U-Booten bis zu diesem Zeitpunkt Kampfhandlungen nur zur Selbstverteidigung erlaubt gewesen waren, sah sich Dönitz zu einer weiteren Klarstellung veranlaßt. Um 15.50 Uhr funkte er von seinem Hauptquartier in Wilhelmshaven aus an alle U-Boote, die Feindseligkeiten gegen England seien *sofort* zu eröffnen, ohne auf Angriffe des Gegners zu warten.

Mit England – ja. Aber was war mit Frankreich? Da Hitler immer noch glaubte, er könne Frankreich leichter vom Krieg abhalten als England, war er zu der problematischen Entscheidung gelangt, daß kein französisches Schiff von einem U-Boot angegriffen werden durfte. Am selben Tag um 17.52 Uhr erließ die Seekriegsleitung in Berlin einen entsprechenden Befehl: »Eigene Feindhandlungen auch bei Vorgehen gegen [französische] Handelsdampfer zunächt nur in Abwehr.«

Dies bedeutete eine zusätzliche Komplikation – und eine zusätzliche Gefahr –, denn ein U-Boot konnte nicht davon ausgehen, daß ein Schiff französisch war, nur weil es eine französische Kennung oder Flagge führte; auch britische Schiffe oder Neutrale mit Konterbande konnten unter französischer Flagge fahren. Aus diesem Grund würden alle Schiffe, die die französische Flagge führten, angehalten, geentert und überprüft werden müssen, um sicherzugehen, daß es sich um französische Schiffe handelte. Denn nur diese wollte man unbeschadet weiterfahren lassen. Eine solche Vorgehensweise konnte einen enormen Zeitverlust bedeuten, und das Boot war während der ganzen Aktion für feindliche Schiffe und Flugzeuge verwundbar.

Durch die Beschränkungen waren nächtliche U-Boot-Angriffe praktisch ausgeschlossen. Im Dunkeln war es schwierig, wenn nicht unmöglich, ein unbefeuertes französisches Handelsschiff mit Sicherheit von einem britischen zu unterscheiden. Hinzu kam, daß kein U-Boot-Kommandant guten Gewissens *irgendeinen* Konvoi bei Nacht angreifen konnte, um nicht aus Versehen ein französisches Schiff zu versenken.

Um 16.30 Uhr kreuzte Fritz-Julius Lemp auf Überwasserfahrt mit *U30* nordwestlich von Irland im nördlichsten Sektor seines Einsatzgebietes, ungefähr sechzig Seemeilen südlich der Rockallbank, eines kahlen Riffs, das zwanzig Meter aus dem Meer herausragte. Lemp hatte sich bis zu diesem Zeitpunkt von den üblichen Schiffahrtswegen ferngehalten, um unentdeckt zu bleiben. Als nun die Brückenwache ein Schiff am Horizont ausmachte, das auf Nordwestkurs von den Britischen Inseln kommend ungewöhnlich nahe an der Rockallbank lief, drehte Lemp über Wasser bei und nahm die Verfolgung auf. Dann tauchte er, um das Schiff mit dem Sehrohr genauer unter die Lupe zu nehmen.

Die beiden Fahrzeuge näherten sich einander gegen 19 Uhr. In der einsetzenden Dämmerung konnte Lemp nur sehen, daß es sich um ein sehr großes Schiff handelte. Es hatte keine Lichter gesetzt, es zackte, und es sah so aus, als sei es mit Deckgeschützen bewaffnet. Lemp schloß aus diesem, im Übereifer schnellen und flüchtigen Blick und aufgrund der Tatsache, daß das Schiff im Zickzackkurs auf ungewöhnlicher Route nahe der Rockallbank lief, daß es sich um ein bewaffnetes britisches Handelsschiff oder einen Hilfskreuzer handelte*, die beide ohne Vorwarnung angegriffen werden durften. Er ließ seine Crew auf Gefechtsstationen gehen und zwei Torpedos klarmachen.

Um 19.40 Uhr eröffnete Lemp mit dem Abschuß der beiden Torpedos den U-Boot-Krieg im Atlantik. Der erste Torpedo erzielte einen Volltreffer. Der zweite aber war ein Irrläufer. Da Lemp fürchtete, er könnte im Kreis laufen und das eigene Boot tref-

* Ein großes, schnelles Handelsschiff mit 5- oder 6-Zoll-Geschützen, also ein Kriegsschiff.

fen, tauchte er tief, um ihm auszuweichen. Als die Gefahr vorbei war, tauchte er wieder auf, ging auf die Brücke und musterte das krängende Schiff im Halbdunkel durch das Fernglas. Er schob sich immer näher heran, wobei er darauf achtete, sein Boot im Schatten auf der mondabgewandten Seite des Schiffes zu halten. Da der Dampfer nicht zu sinken schien, schoß Lemp einen dritten Torpedo ab, aber auch dieser zündete nicht oder verfehlte sein Ziel.

Als sich das Boot dicht an das Ziel herangepirscht hatte, konnte Lemp die Silhouette des Schiffes klar erkennen. Er ging unter Deck, schlug im Lloyd's Register für Handelsschiffe nach – und sah, daß er einen unentschuldbaren und schrecklichen Irrtum begangen hatte. Das Schiff war kein Hilfskreuzer, sondern die *Athenia,* ein wohlbekannter, 16 Jahre alter, 13 580 BRT großer britischer Passagierdampfer der Donaldson Line. Die *Athenia* war auf dem Weg nach Kanada gewesen; vollgestopft mit 1103 Männern, Frauen und Kindern, darunter 311 Amerikaner, die vor dem Krieg flüchten wollten. Sollte Lemp noch irgendwelche Zweifel hinsichtlich der Identität des Schiffes gehabt haben, wurden diese kurz darauf beseitigt, als der Funker der *Athenia* wiederholt einen unverschlüsselten Notruf absetzte, wobei er seine Position angab und durch den Dreibuchstaben-Code SSS signalisierte, daß das Schiff von einem U-Boot angegriffen worden war. All dies war im Funkempfänger von *U30* deutlich zu hören.

Dann verschlimmerte Lemp seinen Fehler noch. Er hatte zwar den Befehl, absolute Funkstille zu wahren, um unentdeckt zu bleiben, aber der Notruf – und das SSS – der *Athenia* hatten ihn bereits verraten. Er hätte sein Boot also keiner zusätzlichen Gefahr ausgesetzt, wenn er die Funkstille gebrochen und Dönitz oder Berlin über seinen fatalen Fehler informiert hätte. Die Reichsregierung wäre dann rechtzeitig vor dem Sturm der Entrüstung gewarnt gewesen, der mit Sicherheit losbrechen würde. Vielleicht aus Angst, er könne zurückgerufen, abgelöst oder gar von der Nazi-Regierung schwer bestraft werden, setzte er trotzdem keinen Funkspruch ab und ließ sowohl Dönitz als auch Berlin über den Vorfall völlig im dunkeln.

Er unternahm auch keinerlei Anstrengungen, den Passagieren und der Besatzung der *Athenia* Hilfe zu leisten. Glücklicherweise war das Wetter gut und die See ruhig, so daß die *Athenia* erst am nächsten Morgen sank und den Passagieren und der Mannschaft genug Zeit blieb, das Schiff in Ruhe zu verlassen. Drei Handelsschiffe und zwei britische Zerstörer eilten zu ihrer Rettung herbei, und so hielt sich die Zahl der Todesopfer in Genzen. Am Ende waren »nur« 118 Menschenleben, darunter 28 amerikanische Staatsbürger, zu beklagen. Einige Tote gab es erst, als der an der Rettungsaktion beteiligte norwegische Frachter *Knut Nelson* bei einem ungeschickten Manöver mit seinen Schrauben ein Rettungsboot zum Kentern brachte.*

Der Aufschrei der Empörung über diese erste Torpedierung des Krieges war gewaltig. Obwohl die Verluste begrenzt waren, beschwor der Vorfall das Grauen angesichts der Versenkung der *Lusitania* im Jahr 1915 wieder herauf, bei der 1198 Menschen (darunter 128 Amerikaner) ums Leben gekommen waren. Die britische

* Joseph P. Kennedy, der amerikanische Botschafter in Großbritannien, entsandte eine offizielle diplomatische Delegation nach Irland, die den überlebenden Amerikanern half und den Vorfall untersuchte. Ein Mitglied der Delegation war der Harvard-Student John F. Kennedy. Er war der zweitälteste Sohn Joseph P. Kennedys und hatte damals gerade eine Europa-Reise beendet.

Admiralität zögerte nicht, die Medien davon in Kenntnis zu setzen, daß die *Athenia* durch einen Torpedo versenkt und das U-Boot von einigen Passagieren gesehen worden sei. Dies ließ eigentlich nur den Schluß zu, daß Deutschland gegen das U-Boot-Protokoll verstoßen und den Zweiten Weltkrieg mit einem barbarischen und menschenverachtenden Akt des unbeschränkten U-Boot-Kriegs eröffnet hatte.

Dönitz und die Seekriegsleitung erfuhren von der Versenkung der *Athenia* erst aus den Rundfunknachrichten. Sie waren zutiefst schockiert. Nachdem sie bei all ihren schriftlichen und mündlichen Befehlen sorgfältig darauf geachtet hatten, eine Verletzung des U-Boot-Protokolls zu vermeiden, schien es unfaßbar, daß das allererste britische Schiff, noch dazu ein Passagierschiff, unrechtmäßig versenkt worden war! Welch ein Schandfleck für die Kriegsmarine! Der Vorfall würde Hitlers Bemühungen, mit Großbritannien einen Separatfrieden auszuhandeln, zweifellos erschweren und vielleicht sogar endgültig scheitern lassen und auch die Vereinigten Staaten ernstlich gegen Deutschland aufbringen.

Die Lage war so ernst, daß Raeder am Morgen des 4. September nach Wilhelmshaven flog und mit Dönitz die Operationsbefehle und Einsatzgebiete der U-Boote überprüfte. Es besteht wenig Zweifel darüber, daß sie an jenem Morgen wußten, daß Lemp und *U30* die *Athenia* versenkt hatten, auch wenn beide dies später in Abrede stellten. Aufgrund der Funkstille und weil Lemp innerhalb seiner Zone frei manövrieren konnte, war seine Position nicht genau bekannt. Doch die *Athenia* war definitiv in Lemps Einsatzgebiet, Zone U, versenkt worden.

Hitlers größte Sorge war, daß die Briten die Versenkung der *Athenia* zu einem zweiten Fall *Lusitania* aufbauschen und die Stimmung derartig anheizen könnten, daß die Vereinigten Staaten in den Krieg eintreten würden. Noch bevor Raeder nach Berlin zurückgekehrt war, hatte Hitler die Weisung gegeben, kategorisch abzustreiten, daß ein deutsches U-Boot die *Athenia* versenkt habe, und jede Behauptung des Gegenteils als britisches Schauermärchen abzutun. Das Reichsaußenministerium gab das offizielle Dementi am Mittag des 4. September heraus. Der Pressesprecher erklärte, es sei auszuschließen, daß ein U-Boot die *Athenia* versenkt habe, da sich die Nordgrenze des nächstgelegenen Operationsgebiets eines U-Boots 70 Seemeilen südlich des abgeschossenen Schiffes befunden habe. Von deutscher Seite wurde behauptet, die *Athenia* müsse von einem britischen U-Boot oder durch eine britische Mine versenkt worden sein.

Hitlers Entschluß, die Versenkung der *Athenia* zu leugnen, setzte eine umfangreiche Vertuschungsaktion in Gang, an der auch Raeder und Dönitz beteiligt waren. Vier Tage nach der Versenkung nannte Raeder in einem Telegramm an einen Zeitungsjournalisten (das ausländischen Marineattachés in Berlin zugespielt wurde) die britische Behauptung, die *Athenia* sei von einem U-Boot torpediert worden, eine infame Lüge, da das nächstgelegene U-Boot 170 Seemeilen entfernt gewesen sei und sich die Kriegsmarine außerdem strikt an das Völkerrecht und insbesondere an das Prisenrecht halte. Kurze Zeit später behauptete Hitlers Propagandaminister Joseph Goebbels in einem absurden Zeitungsartikel, die britische Admiralität hätte die Versenkung der *Athenia* vorsätzlich angeordnet, um neutrale Nationen für sich zu gewinnen und Amerika in den Krieg zu ziehen.

Die Versenkung der *Athenia* zog weitere Komplikationen, Risiken und Gefahren für die U-Boot-Fahrer nach sich. Um einen ähnlichen politisch katastrophalen Zwischenfall in Zukunft zu vermeiden, erlegte Hitler den U-Booten noch weitere Beschränkungen auf. »Auf Anordnung des Führers zunächst keinerlei Feindhandlungen gegen Passagierschiffe, auch wenn im Geleit«, funkte das OKM am 4. September an seine Streitkräfte im Atlantik einschließlich der U-Boote und Taschen-Schlachtschiffe.

Der Befehl sollte zweifellos vor allem für große Ozeandampfer gelten, enthielt jedoch keine klare Definition des Begriffs »Passagierschiff«. Viele Schiffe, auch Trampschiffe, hatten Passagiere an Bord. Sollten die U-Boot-Kommandanten ein solches Frachtschiff mit zehn oder zwanzig Passagieren an Bord unbehelligt lassen? Wenn nicht – wo war dann die Grenze? Sollten »Passagierschiffe«, die eindeutig Truppen transportierten (und nach dem U-Boot-Protokoll als Truppentransporter galten), ebenfalls verschont werden? Und sollte man auch Geleitzüge, in denen Passagierschiffe mitfuhren, ungeschoren lassen, nur weil die Gefahr bestand, versehentlich ein Passagierschiff zu treffen? Dönitz konnte seinen Kommandanten nicht helfen, da er nicht in der Lage war, diese Fragen zu beantworten oder den Befehl in irgendeiner Weise klarer zu formulieren.

»Winston ist wieder da«

Am Abend des 3. September, als Lemp die *Athenia* torpedierte, holte Premierminister Neville Chamberlain den 65jährigen Falken Winston Churchill aus dem politischen Exil wieder in die Regierung und gab ihm einen Posten, den er auch von 1911 bis 1915 innegehabt hatte: First Lord of the Admiralty. Die Admiralität meldete seine Ernennung mit dem Funkspruch »Winston ist wieder da« an alle Einheiten.

Churchills Ernennung war eine Energiespritze für die Briten, deren Admiralität dringend eines tatkräftigen Führers bedurfte. Senior Admiral A. Dudley P. R. Pound, der im Juni zum Chef des britischen Admiralstabs ernannt worden war, litt unter starker Arthritis in der linken Hüfte und war sowohl aufgrund seines Gesundheitszustandes als auch aufgrund seiner gesamten Persönlichkeit nicht in der Lage, die Marine mit Verve zu führen. Er hatte, schreibt der offizielle Marinehistoriker Stephen Roskill, »keine geistigen Interessen und war nicht besonders geschickt im Umgang mit Menschen«, er war »zu sehr einer extremen Zentralisierung verhaftet« und »hatte eine Schwäche für Terminpläne und Untersuchungskommissionen«. Ein ranghoher General notierte in seinem Tagebuch, daß Pound bei den Generalstabstreffen »neunzig Prozent der Zeit schlief« und »in den verbleibenden zehn Prozent ... nicht genau wußte, worüber er eigentlich redete«. Aber Churchill mochte Pound und vertraute ihm. Pound war ein gutes Korrektiv.

Churchill war ein Phänomen. Mit ihm in der Regierung stand Hitler ein unermüdlicher Kämpfer mit charismatischer Ausstrahlung und einem ungeheuren militärischen Wissen gegenüber. Er arbeitete wie ein Besessener und erschütterte die Admiralität in den Grundfesten. Aus seinem Amt ergoß sich eine Flut von (bisweilen auch hirnrissigen) Ideen und Memoranden, die die unübersehbare Anweisung »Heute noch erledigen« trugen. Er verlangte sofortige und präzise Berichte über jede nur erdenkliche Angelegenheit der Royal Navy. Nichts schien seiner Aufmerksamkeit zu entgehen. Seine Anfragen, die immer mit den Worten »Pray tell me ...« begannen, wurden scherzhaft »The Lord's Prayers« genannt.

Die Royal Navy, deren Führung Churchill übernahm, war der deutschen Kriegsmarine noch immer weit überlegen, und doch war sie nur noch ein Schatten ihres früheren Selbst, nachdem sie fünfzehn Jahre lang durch Marineabkommen, Sparmaßnahmen und die Antikriegsstimmung in England beschnitten worden war. Ihre Hauptstreitmacht bestand aus zwölf Schlachtschiffen, drei Schlachtkreuzern und sechs Flugzeugträgern. Zehn Schlachtschiffe und zwei Schlachtkreuzer stammten noch aus dem Ersten Weltkrieg, zwei Schlachtschiffe *(Rodney* und *Nelson)* waren 1927 in Dienst gestellt worden, und der dritte Schlachtkreuzer (*Hood*, ein riesiges Schiff von 42 000 Tonnen) war Baujahr 1920. Drei Schlachtschiffe *(Queen Elizabeth*, *Warspite*, und *Valiant)* und ein Schlachtkreuzer *(Renown)* waren zwischen 1936 und 1939 umfassend modernisiert worden, doch die *Queen Elizabeth,* die *Valiant* und die *Renown* lagen schon wieder zur Instandsetzung auf der Werft. Nur die 1938 in Dienst gestellte *Ark Royal* war wirklich von Anfang als Flugzeugträger konzipiert worden, die anderen fünf waren umgebaute Schiffe aus den zwanziger Jahren.*

Die Großkampschiffe der Navy waren auf zwei Flotten verteilt, die Home Fleet und die Mediterranean Fleet. Die Home Fleet unter Charles M. Forbes bestand aus sieben Schlachtschiffen, zwei Schlachtkreuzern und vier Flugzeugträgern, verstärkt durch etwa zwanzig Schwere und Leichte Kreuzer. Die Mediterranean Fleet bestand aus drei Schlachtschiffen und einem Flugzeugträger, verstärkt durch sechs Kreuzer; sie war in Gibraltar und Alexandria stationiert und wurde von Andrew B. Cunningham befehligt. Weitere Geschwader mit Schweren und Leichten Kreuzern waren über den ganzen Erdball verteilt. Alle Verbände wurden außerdem durch zahllose Zerstörer unterstützt.

Die Home Fleet hatte drei Hauptaufgaben. Die erste und wichtigste war, die Überwasserstreitkräfte der deutschen Kriegsmarine in Schach zu halten, außer Gefecht zu setzen und zu vernichten und sie so jeder Möglichkeit zu berauben, britische Handelsschiffe anzugreifen oder die englische Küste zu beschießen. Diese Aufgabe sollte in Anlehnung an die Seekriegsstrategie des Ersten Weltkrieges erfüllt werden, indem ein Auslaufen der deutschen Flotte in den Atlantik verhindert wurde. Sie sollte in der Nordsee eingeschlossen und aufgerieben werden, falls sie ihre Stützpunkte verließ und die Schlacht anbot.

Das größte Hindernis bei der Erfüllung dieser Mission war die deutsche Luftwaffe. Die Gefahr, die sie für die Home Fleet darstellte, schloß einen offensiven Schlag gegen die Kriegsmarine in der südlichen Nordsee aus und zwang die Briten, ihre Hauptstreitmacht in der Bucht von Scapa Flow zu stationieren, die sich vermutlich außer Reichweite der deutschen Bomber befand und zugleich genau richtig lag, um die Nordsee zu blockieren.

Auch die zweite Aufgabe, eine See- und Wirtschaftsblockade Deutschlands, sollte in Anlehnung an die Strategie des Ersten Weltkrieges ausgeführt werden. Die Blokkade konnte wegen der Präsenz der deutschen Luftwaffe im Zweiten Weltkrieg viel weiter nördlich durchgeführt werden: Die Blockadelinie verlief nun vom Westen der Orkneyinseln nach Island und vom Osten der Orkneyinseln nach Norwegen. Um die Blockade zwischen Island und den Orkneyinseln aufrechtzuerhalten, hatte die Admi-

* Elf neue Großkampfschiffe befanden sich in Bau: fünf Schlachtschiffe der Klasse King George V und sechs Flugzeugträger der Klasse Illustrious.

ralität die Northern Patrol zusammengestellt, die zunächst aus acht Leichten Kreuzern älteren Baujahres bestand. Die Blockadeschiffe sollten sich an die Regeln des Kreuzerkriegs halten – eine dem U-Boot-Protokoll vergleichbare Vorgehensweise des Anhaltens und Überprüfens – und nur Neutrale ohne Konterbande passieren lassen.

Kaum jemand rechnete damit, daß die Seeblockade eine spürbare Wirkung auf Deutschland haben würde. Die Blockade im Ersten Weltkrieg hatte zum Teil deshalb eine so vernichtende Wirkung gehabt, weil das zaristische Rußland ebenfalls gegen Deutschland gekämpft hatte. Nun aber waren Deutschland und die Sowjetunion militärische Verbündete und Handelspartner. Lebensmittel, Treibstoff – alles, was Deutschland importieren mußte, konnte über Land mit Lastwagen oder Zügen aus Rußland gebracht werden. Das hochwertige Eisenerz für die deutsche Rüstung kam aus dem neutralen Schweden. Bei milder Witterung wurde es über die Ostsee direkt nach Deutschland transportiert. Und wenn die Ostsee zugefroren war, wurde es mit dem Zug nach Narvik verfrachtet, auf norwegischen Gewässern weiterverschifft und kam schließlich über das Skagerrak und das Kattegat nach Deutschland. Die Royal Navy konnte weder in die Ostsee eindringen, noch konnte sie nach dem Völkerrecht eine Blockade in neutralen norwegischen Gewässern errichten. Die »Seeblockade« gegen Deutschland konnte also kaum mehr als eine rein psychologische Wirkung erzielen.

Die dritte Aufgabe der Home Fleet bestand darin, die britischen Marine- und Seeverbindungen vor deutschen U-Booten abzuschirmen. Da Deutschland erst seit 1935 eine U-Bootwaffe besaß, hatte die Admiralität das Problem der U-Boot-Bekämpfung (Anti-Submarine Warfare oder ASW) vernachlässigt. Erst als Deutschland im Dezember 1938 Großbritannien informierte, daß es bei den U-Booten Parität anstrebe, begann sich die Admiralität ernsthaft auf einen möglichen U-Boot-Krieg vorzubereiten. Alle ASW-Pläne waren von der Überzeugung beeinflußt, daß das U-Boot durch das gegen Ende des Ersten Weltkrieges entwickelte und während der zwanziger und dreißiger Jahre verbesserte Sonar eigentlich obsolet geworden war. So bezeichnete etwa Churchill das Sonar als ein »bemerkenswertes« Gerät und meinte, mit Sonaren seien zwei Zerstörer so wirkungsvoll wie zehn Zerstörer im Ersten Weltkrieg.

Die Pläne der Admiralität zur U-Boot-Bekämpfung wurden aus den Erfahrungen des Ersten Weltkrieges abgeleitet. Im Gegensatz zu damals nahm man jedoch an, daß Deutschland von Anfang an einen unbeschränkten U-Boot-Krieg führen würde. Die Royal Navy sollte die U-Boote mit folgenden Mitteln bekämpfen:

- **Minen:** Es war nicht in Vergessenheit geraten, daß Minen im Ersten Weltkrieg die effektivste U-Boot-Vernichtungswaffe gewesen waren. Der Ärmelkanal und die Ostküste der Britischen Inseln sollten durch defensive Minenfelder gesperrt werden, offensiv sollte die südliche Nordsee westlich von Helgoland vermint werden. Ein Plan zur Wiedererrichtung der North Sea Barrage zwischen den Orkneyinseln und Norwegen befand sich zwar in Ausarbeitung, aber es wurde sehr viel ernsthafter erwogen, zwischen den Orkney- und den Färöerinseln, zwischen den Färöerinseln und Island und zwischen Island und Grönland Minenfelder zu legen.
- **U-Jagdgruppen (Hunter-Killer Groups):** Offensive Feindfahrten von Überwasserschiffen hatten sich im Ersten Weltkrieg als wenig effektiv erwiesen. Inzwischen gab es jedoch Flugzeugträger, und man nahm an, daß ein von einer Flottille von

sechs oder acht modernen, sonarbestückten Zerstörern eskortierter Flugzeugträger ein hervorragendes Waffensystem zur U-Boot-Bekämpfung darstellen würde. Trägergestützte Flugzeuge konnten in einem Tag ein großes Gebiet überfliegen. Wenn sie ein U-Boot lokalisierten, sollten sie es angreifen und möglichst versenken oder zumindest zum Tauchen zwingen und unter Wasser halten, bis die Zerstörer zum Angriff herangeführt waren.
Dieser Plan hatte jedoch einige Schwachstellen. Zum einen verfügte die Home Fleet der Royal Navy nur über vier Flugzeugträger, von denen nur die *Ark Royal* erstklassig war, zum anderen waren die Marinepiloten darauf gedrillt, große Kriegsschiffe anzugreifen, und nicht kleine U-Boote auszumachen. Hinzu kam, daß Großbritannien die Entwicklung von Flugzeugen und Waffensystemen für die Träger zugunsten der Bomber und Jäger der Royal Air Force (RAF) vernachlässigt hatte. Im September 1939 verfügte die britische Kriegsmarine nur über 175 trägergestützte Flugzeuge: 150 alte, tuchbespannte Doppeldecker (Swordfish), die zum Torpedoabschuß, und 25 neue Eindecker (Skuas), die als Sturzkampfbomber eingesetzt werden konnten. Die Flieger waren allerdings der Meinung, daß die wenigen verfügbaren Flugzeuge nicht für ASW-Patrouillen verschwendet, sondern zum Angriff auf deutsche Großkampfschiffe eingesetzt werden sollten.

Alternativvorschläge für eine billigere Seestationierung von ASW-Flugzeugen waren gemacht worden. Ein Konzept sah vor, in Amerika eine Anzahl Geleitträger zu bauen, kleine Flugzeugträger, auf denen etwa ein Dutzend Flugzeuge stationiert werden konnten. Man ging davon aus, daß diese Träger schnell gefertigt werden könnten, indem man ein Flugdeck und ein Katapult auf bereits vorhandene Tanker oder auf geeignete Rümpfe anderer Handelsschiffe von etwa 12000 Tonnen aufsetzte. Zur Prüfung dieses Plans hatte die Admiralität den versuchsweisen Umbau des Wasserflugzeug-Versorgungsschiffs *Pegasus* genehmigt. Ein anderes Konzept sah vor, normale Handelsschiffe mit Katapulten (ähnlich denen auf Kreuzern oder Schlachtschiffen) zum Start von Flugzeugen auszurüsten. Sie konnten entweder Wasserflugzeuge tragen, die man wieder bergen konnte, oder Flugzeuge mit Fahrwerk, die an der Küste landen würden.

- **Landgestützte Luftaufklärung:** Die RAF hatte zur Unterstützung der Royal Navy das Coastal Command eingerichtet. Seine Hauptaufgabe bestand darin, die Navy über die Bewegungen der deutschen Großkampschiffe in der Nordsee und anderswo aufzuklären. Obwohl landgestützte Flugzeuge während des ganzen Ersten Weltkrieges nur ein einziges U-Boot versenkt hatten, glaubte man, daß das Coastal Command eine wichtige Rolle in der U-Boot-Bekämpfung spielen könnte. Nur die Hälfte seiner Piloten waren jedoch in der Sichtung von U-Booten ausgebildet, und die dafür erforderlichen Flugzeuge waren auch nicht vorhanden. Im September 1939 verfügte das Coastal Command über 300 meist veraltete Flugzeuge. Nur drei Geschwader waren mit modernen Flugzeugen ausgerüstet – zwei mit viermotorigen Langstrecken-Flugbooten (Sunderlands), eines mit zweimotorigen, mit einem Fahrwerk ausgestatteten Mittelstrecken-Flugzeugen (Hudsons). Die Hudsons waren in Amerika entworfen und in Großbritannien gebaut worden. Sie sollten die veralteten Ansons ersetzen, waren jedoch noch nicht voll einsatzfähig.
- **Geleitzüge:** Über diesen Punkt gab es diesmal keine langen Debatten mehr. Mit Beginn des Krieges würden alle Fahrten der britischen Handelsschiffe dem Befehl der

britischen Regierung unterliegen. Alle Commonwealth-Schiffe* – mit Ausnahme derer, die schneller als 15 Knoten oder langsamer als 9 Knoten liefen – sollten in Geleitzügen fahren. Als vorbereitende Maßnahme für dieses umfangreiche Unternehmen hatte die Regierung Tausende von Offizieren der Handelsmarine in Taktiken und Verfahren des Konvoisystems geschult, etwa dem Halten der Position im Konvoi, dem Fahren im Zickzackkurs und den Regeln des Funkverkehrs. Eine Organisation zur Führung der Konvois existierte bereits auf dem Papier. Man hatte eine Liste pensionierter Marineoffiziere erstellt, die wieder einberufen und in der Organisation an Land oder als Geleitzug-Kommandeure auf See dienen sollten.

Die – große – Schwachstelle dieses Plans war der akute Mangel an Geleitschiffen. Großbritannien verfügte weltweit über circa 175 Zerstörer; davon waren ungefähr 100 zwischen 1926 und 1939 gebaut und entsprechend modern, der Rest stammte aus dem Ersten Weltkrieg.** 15 der letzteren (Schiffe der V- und der W-Klasse) waren als Geleitzerstörer vorgesehen. Dazu kamen ungefähr 30 sogenannte Sloops, kleinere, langsamere Kriegsschiffe, die aber den Zerstörern in mancher Hinsicht (Aktionsradius und Wohnlichkeit) überlegen waren und sich besser als Geleitschiffe eigneten. Die modernen Zerstörer wurden vor allem zur Sicherung der Großkampfschiffe, zum Schutz der Häfen und als Aufklärer benötigt. Zum Eskortieren der Hochsee-Geleitzüge blieben also nur die älteren Zerstörer und die Sloops. Die alten Zerstörer mußten ständig gewartet werden, und nur wenige waren mit einem Sonar ausgerüstet.*** Als Eskorte in Küstengewässern konnte die Navy einige 50 Meter lange, dampfgetriebene Trawler einsetzen, die mit 3-Zoll-Geschützen und Wasserbomben bestückt waren. Einige von ihnen besaßen ältere Sonargeräte, doch sie waren mit 11 Knoten zu langsam, um ein U-Boot zu verfolgen.

Um die Lücke zu füllen, hatte die Navy zwei neue Schiffe entwickelt: einen Zerstörer der Hunt-Klasse als Hochsee-Geleitschiff – klein (85 Meter, 900 Tonnen), schnell (26 Knoten), schwer bewaffnet (vier 4-Zoll-Geschütze) – und eine Korvette der Flower-Klasse zur Verstärkung der Trawler als Geleitschiff im Küstenbereich. Dieses 62,5 Meter lange, ölbetriebene Einschrauben-Schiff basierte auf dem Entwurf eines für Norwegen gebauten Walfangschiffs; es war langsam (16 Knoten) und entsetzlich feucht, weil sich in seinen Räumen viel Kondenswasser bildete, aber ein robustes, hochseetüchtiges Schiff, das schnell und billig gebaut werden konnte. Im Februar 1939 waren für die Navy 20 Zerstörer der Hunt-Klasse, 56 Korvetten der Flower-Klasse und 20 Trawler der Tree-Klasse im Bau. Doch waren sie im September 1939 noch weit von der Fertigstellung entfernt.****

- **Schiffsverteidigung:** In der Annahme, daß Deutschland sich nicht an das U-Boot-Protokoll halten und britische Handelsschiffe ohne Vorwarnung versenken würde,

* Das Britische Empire und seine Dominions hatten sich 1931 im Commonwealth of Nations zusammengeschlossen.

** Detailliertere Informationen über die Situation bei den britischen Zerstörern finden sich in Anhang 9.

*** Bei Kriegsausbruch hatten insgesamt nur 185 britische Schiffe ein Sonar: 100 moderne Zerstörer, 45 Sloops und alte Zerstörer sowie 40 Trawler.

**** Vier Zerstörer der Hunt-Klasse wurden im Dezember 1939 in Dienst gestellt, die anderen 16 zwischen Februar und September 1940.

TAFEL 5

SICHERUNGSFAHRZEUGE DER ROYAL NAVY AUSSER ZERSTÖRERN 1939–1945[1]

Typ	Klasse	Gebaut/erhalten	Länge in Meter	Tonnen
Patrouillenboot (PCE)	Kil	15 (erhalten)[2]	54	800
Korvette (PE)	Flower	100[3]	61	950–1 000
Korvette (PE)	Flower 2	7 (erhalten)[4]	62	1 000
Korvette (PE)	Castle	31[5]	76	1 000–1 100
Sloop (PS)	1 928–1 935	22	80	1 000
Sloop (PS)	Bittern, Egret	6	85–88	1 200
Sloop (PS)	Black Swan	12	90	1 250–1 300
Sloop (PS)	Black Swan 2	24	90	1 350
Zerstörer (DE)	Hunt	75	84–89	1 000
Fregatte (PF)	Captain	78 (erhalten)[6]	87	1 000–1 300
Fregatte (PF)	River	51	90	1 400
Fregatte (PF)	River	8 (erhalten)[7]	90	1 400
Fregatte (PF)	Bay	25	90	1 300–1 500
Fregatte (PF)	Colony	21 (erhalten)[8]	91	1 300–1 500
Fregatte (PF)	Loch	26	93	1 430
Insgesamt in Dienst gestellte Schiffe:			501 (129 erhalten)	

[1] Quellen: Elliot, Lenton, Tucker usw.
[2] Von den USA.
[3] Zusätzlich weitere 33: 10 für die US Navy; 23 für andere alliierte Seestreitkräfte. (Insgesamt gebaut: 133).
[4] Von Kanada.
[5] Fünf dienten als Rettungsschiffe für Geleitzüge. 12 weitere wurden für Kanada und eines für Norwegen gebaut. (Insgesamt gebaut: 44).
[6] Von den USA.
[7] Von Kanada.
[8] Von den USA.

hatte die Admiralität geplant, die Handelsschiffe nach Beginn der Feindseligkeiten so schnell wie möglich zur Selbstverteidigung zu bewaffnen. Zu diesem Zweck hatte sie Hunderte von Geschützen und Tausende von Granaten gelagert. Einige Handelsschiffe sollten sogar mit Wasserbomben bestückt werden. Sie sollten eher zur Abschreckung als zur Vernichtung von U-Booten über Bord gerollt werden. Die Admiralität hatte Tausende von Kapitänen und Offizieren der Handelsmarine im Einsatz von Geschützen und Wasserbomben geschult und sie angehalten, U-Boote zu rammen, wann immer sich ihnen eine Gelegenheit bot. Die britischen Handelsschiffe sollten ausnahmslos jeden wie auch immer gearteten Kontakt mit einem U-Boot mit dem Signal SSS melden – ein zusätzliches Mittel zur Aufklärung der Position von U-Booten.

• **U-Boote:** Im Ersten Weltkrieg hatten sich die britischen U-Boote als besonders effektive U-Boot-Jäger erwiesen. Und in der Erwartung, daß die britische Blockade die Meere von deutschen Handelsschiffen freihalten und sich die deutsche Kriegsflotte kaum aus ihren Heimathäfen wagen würde, wollte die britische Admiralität die britische U-Bootwaffe größtenteils zur U-Boot-Bekämpfung einsetzen.

Die Unterwasserkräfte der Royal Navy unterstanden dem Rear Admiral, Submarines,

Bertram C. Watson mit Hauptquartier im Firth of Forth. Die Admiralität hatte der U-Bootwaffe lange Zeit gleichgültig und bisweilen sogar feindlich gegenübergestanden, und nun bestand sie aus einem Sammelsurium von 58 Booten aus zehn verschiedenen Klassen. Über die Hälfte (33) waren alte, gefährliche Pötte, darunter 18 große Hochsee-U-Boote der O-, P- und R-Klasse, 12 kleine Boote der H- und L-Klasse aus dem Ersten Weltkrieg und 3 riesige Flotten-U-Boote der River-Klasse. Nur 24 der 58 Boote konnten als erstklassig gelten: 12 relativ neue Kampfboote mittlerer Größe (700 Tonnen) der Swordfish- oder S-Klasse, 6 große Minenleger von 1800 Tonnen, 3 neue große Kampfboote der Triton- oder T-Klasse mit 1300 Tonnen und 3 neue kleine 600-Tonnen-Kampfboote der Unity- oder U-Klasse, die sich speziell für Einsätze in der Nordsee oder im Mittelmeer eigneten.*

Ende August 1939 waren 45 britische U-Boote kriegsbereit: 18 waren in Nordseehäfen stationiert, 9 auf Malta, zwei im Südatlantik und 16 im Fernen Osten. In der spannungsgeladenen letzten Augustwoche hatte Watson 11 der 18 U-Boote aus den Nordseehäfen auf Feindfahrt in die Nordsee beordert, um Großkampfschiffe der Kriegsmarine aufzuspüren. Ihr erster Einsatz nahm jedoch einen äußerst unglücklichen Verlauf: Die *Sturgeon* und die *Seahorse* wurden versehentlich von britischen Flugzeugen bombardiert. Die *Sturgeon* schoß irrtümlich Torpedos auf die *Swordfish* ab – die jedoch glücklicherweise alle ihr Ziel verfehlten. Die neue Triton beschoß versehentlich die alte *Oxley*, und ihre Torpedos verfehlten ihr Ziel leider nicht. Nur zwei Besatzungsmitglieder der *Oxley* überlebten. Sie war das erste U-Boot, das von einem der kriegführenden Staaten des Zweiten Weltkriegs versenkt wurde. Ihr Abschuß durch ein Schwesterschiff warf einen dunklen Schatten auf die britische U-Bootwaffe, und in der Admiralität wurde die Kompetenz ihrer Kommandanten in Frage gestellt.

Die Franzosen hatten stark in den Ausbau ihrer Unterwasserkräfte investiert. Zu Beginn des Krieges besaß die französische Marine 77 U-Boote: 38 große Hochsee-U-Boote von 1300 bis 1500 Tonnen, 32 Boote mittlerer Größe (600 Tonnen), 6 Minenleger von 750 Tonnen und den 3000-Tonnen-Koloß *Surcouf.* Obwohl ungefähr zwanzig große und mittlere Boote aus den zwanziger Jahren in den späten Dreißigern modernisiert worden waren, konnten nur 41 der 77 Boote als erstklassig gelten: 29 Boote von 1500 Tonnen aus den dreißiger Jahren, 6 Minenleger der Saphir-Klasse und 6 neue mittelgroße Boote der Minerve-Klasse.

Die französischen U-Boot-Fahrer waren ungemein stolz auf ihr Erbe als U-Boot-Pioniere Europas. Ihre Moral war ausgezeichnet, und man setzte große Erwartungen in sie, aber es gab ernsthafte organisatorische und technische Schwächen. So hatten sie keinen gemeinsamen Oberbefehlshaber, sondern waren größtenteils untergeordneten Flottenkommandos zugeteilt und auf verschiedene Marinestützpunkte zwischen dem Atlantik und dem Mittelmeer verteilt. Einige der technischen Mängel waren erschreckend. Wegen ihrer unzuverlässigen Gyroskope konnten die französischen Torpedos nicht im spitzen Winkel abgeschossen werden; um diese Unzulänglichkeit auszugleichen, waren einige Boote mit komplizierten, aber unpraktischen Abschußvorrichtungen ausgerüstet worden, etwa mit extern montierten, schwenk- und richtbaren Torpedorohren, wie sie auch auf Zerstörern verwendet wurden. Außerdem führ-

* Eine ansehnliche Zahl besserer Boote der S-, T- und U-Klasse befanden sich in Bau.

ten einige Boote Torpedos verschiedener Größen (53 und 38 Zentimeter) mit, was zu logistischen Problemen führte.

Da Italien nicht in den Krieg eingetreten war und Deutschland den französischen U-Booten wenig Angriffsziele bot, wäre es zweifellos sehr vorteilhaft gewesen, wenn sich die französischen mit den britischen U-Booten zur gemeinsamen U-Boot-Bekämpfung zusammengeschlossen hätten. Eine kombinierte Streitmacht der 120 französischen und britischen U-Boote, kommandiert von einem zentralen Hauptquartier und einem gemeinsamen Oberbefehlshaber á la Dönitz, wäre zweifellos ein furchterregender Gegner für die 56 kampffähigen deutschen U-Boote gewesen. Es wurde aber kein Schritt in diese Richtung unternommen, und die französische U-Boot-Streitmacht sollte auf eine Vielzahl unproduktiver Aufträge wie etwa die Sicherung von Geleitzügen verschwendet werden.

- **Funkaufklärung:** Im Ersten Weltkrieg war Großbritannien durch ein Netz von Funkpeilstationen und die Entschlüsselung von Codes stark in den Marinefunkverkehr der Deutschen eingebrochen. Zwischen den Kriegen hatte Deutschland von diesen Erfolgen der feindlichen Aufklärung erfahren und einschneidende Maßnahmen eingeleitet, um einer Wiederholung vorzubeugen. Die Kriegsmarine hatte bestimmte Funkverfahren – Funkstille oder verschlüsselte »Kurzsignale« – angeordnet, um die Effizienz der gegnerischen Funkpeilortung zu minimieren, und sie benützte in ihren Funksprüchen einen internen Code für die Positionsmeldung, um die Angabe häufig benutzter und möglicherweise erkennbarer Längen- und Breitengrade zu vermeiden.* Nach Heer und Luftwaffe hatte auch die Kriegsmarine die hervorragende Chiffriermaschine Enigma eingeführt, deren Schlüsseleinstellungen angeblich nicht zu knakken waren.

Der Enigma-Schlüssel der Kriegsmarine war nicht nur komplexer als der der Luftwaffe oder des Heeres, auch die Funksicherheit war strenger und der Funkverkehr weniger dicht. Daher hegten viele britische Codeknacker – darunter auch einige alte Hasen aus dem berühmten »Room 40« des Ersten Weltkriegs – wenig Hoffnung, den Enigma-Schlüssel der Kriegsmarine entziffern zu können. Trotzdem hatte eine Gruppe englischer Dechiffrierexperten, unterstützt von einigen exzellenten polnischen Codeknakkern, in dem abgelegenen Landsitz Bletchley Park die Aufgabe in Angriff genommen und glaubte, sie lösen zu können, insbesondere wenn man irgendwie die Schlüssel und anderes Material über das Enigma-System der Kriegsmarine erbeuten würde.

In der Zwischenzeit konzentrierten sich die Briten auf drei weitere Wege der Funkaufklärung:

- **Funkpeilortung (Direction Finding, DFing):** Von Kriegsbeginn an arbeiteten die Briten an der Verbesserung dieser Methode zum Anpeilen gegnerischer Funksprüche auf See. Sie hatten auf den Britischen Inseln, in Kanada, auf den Bermudas und auf

* Es handelte sich um ein Gitternetz, in dem die Planquadrate zwischen den Schnittpunkten der Längen- und Breitengrade alphabetisch definiert waren. Die großen Planquadrate wurden mit zwei Buchstaben gemeldet. So versenkte *U30* beispielsweise die *Athenia* im Marinequadrat AM. Die großen Quadrate wie etwa AM waren in weitere durch Zahlen definierte Planquadrate unterteilt, die jeweils noch einmal unterteilt und durch Zahlen gekennzeichnet waren. Nach dem deutschen Gitternetzsystem wurde die *Athenia* in AM 1631 versenkt, was 56 Grad, 44 Minuten nördlicher Breite und 14 Grad 5 Minuten westlicher Länge bedeutet.

den Westindischen Inseln ein neues Netz von hochentwickelten landgestützten Horchposten errichtet. Diese Posten waren durch ein spezielles Nachrichtenübermittlungssystem mit London verbunden und mit Technikern bemannt, die die neue, komplizierte Technologie bald beherrschten. Wenn nun ein U-Boot aus der Nordsee in den eigentlichen Atlantik einlief und, wie von Dönitz gefordert, eine Passiermeldung absetzte oder beim Verlassen seines Einsatzgebiets einen Versenkungs- und Lagebericht abgab, dann konnten die Briten diesen Funkverkehr mit ihrer wachsenden Zahl weit auseinanderliegender Horchstationen mit weitaus größerer Genauigkeit orten, als die Deutschen ahnten.

- **Nachrichtenverkehrsanalyse (Traffic Analysis, TA):** Der Funkverkehr der U-Boote war, wie auch der enigmaverschlüsselte Verkehr von Heer und Luftwaffe, durch einen bestimmten Stil gekennzeichnet. Daher waren die Techniker der britischen Funkaufklärung bald in der Lage, den Funkverkehr der U-Bootwaffe (zum Beispiel zwischen Dönitz oder einem Flottillenchef und einem U-Boot) an seinen häufig wiederholten speziellen Merkmalen oder den einleitenden Aufrufen zu Kurzsignalen, wie etwa einer Passiermeldung, zu erkennen.
- **Radio Fingerprinting (RFP) und TINA:** Im Funkwesen war schon lange bekannt, daß jeder U-Boot-Sender eine einzigartige »elektronische Signatur« aussendete, die als sogenannter »Funk-Fingerabdruck« auf lichtempfindlichem Papier registriert werden konnte. Auch jeder Funker hatte beim Morsen seine eigene »Handschrift«. Ein erfahrener Funkbeobachter konnte daher die Handschrift eines bestimmten Funkers erkennen. Doch die Briten verbesserten dieses TINA genannte Identifizierungsverfahren durch die Aufzeichnung der Signale und deren mathematische Analyse. Sie wollten mit der Methode das Erscheinen und Verschwinden bestimmter U-Boote verfolgen und sie immer wieder identifizieren können. Die Bemühungen waren allerdings nur wenig erfolgreich.

Die Kombination der Ergebnisse von DFing, TA, RFP und TINA mit allen Meldungen über versenkte und gesichtete U-Boote versetzte jedoch die britischen Funkbeobachter in die Lage, sich ein relativ genaues Bild der U-Boot-Bewegungen zu machen und eine mögliche Bedrohung bestimmter Gebiete vorherzusagen, auch ohne daß sie die enigmaverschlüsselten Kurzsignale der Deutschen entziffert hatten. Die Briten konnten also wie im Ersten Weltkrieg Geleitzüge erfolgreich an bekannten oder angenommenen U-Boot-Positionen vorbeileiten und so den Verlust von Schiffen reduzieren.

- **Radar:** Nach den Vereinigten Staaten, Frankreich und Deutschland hatte Großbritannien als letzte Nation Radar entwickelt – eine Technik, mit der scharf gebündelte elektromagnetische Wellen in Form kurzer Pulse gesendet und empfangen werden können, um die Entfernung eines Objektes in der Luft oder auf dem Wasser zu bestimmen. Die Angst vor der wachsenden Stärke der deutschen Luftwaffe hatte das britische Luftfahrtministerium und die britischen Wissenschaftler jedoch Mitte der dreißiger Jahre angespornt, ihre Anstrengungen zu vervielfachen, so daß Großbritannien bei Kriegsausbruch in der Radartechnologie weltweit führend war. Die Ostküste und die Südküste der Britischen Inseln gegenüber den deutschen Gewässern waren zur Frühwarnung vor deutschen Bombern mit einem hochentwickelten, ineinandergreifenden Netz von Radarstationen, den sogenannten Chain Homes, überzogen. Auch hatte Großbritannien kleine, primitive Radargeräte entwickelt, die in Flugzeuge und Kriegsschiffe eingebaut

werden konnten; auf Kriegsschiffen gaben die Radargeräte den Schützen bei schlechtem Wetter oder in der Nacht die exakte Entfernung eines Objektes an.
Die Admiralität hielt Radargeräte auf Flugzeugen (Air to Surface Vessel oder ASV) und Schiffen für eine potentielle Wunderwaffe bei der U-Boot-Bekämpfung. Falls die Radargeräte in ein einsatzfähiges Stadium gebracht werden konnten, würde man auch bei Nacht oder schlechten Wetterverhältnissen aufgetauchte U-Boote orten können. Im September 1939 waren jedoch sowohl die luftgestützten als auch die seegestützten Radargeräte praktisch nutzlos; sie waren weder stark noch verläßlich genug, um ein so kleines Ziel wie den Kommandoturm eines U-Bootes zu orten und im Visier zu behalten. Irgendein wissenschaftlicher Durchbruch war von Nöten – doch niemand wußte, wie er aussehen sollte. In der Zwischenzeit hatte die Verbesserung eines Radargeräts für Nachtjäger höchste Prioriät, das die Jagdflieger der RAF in die Lage versetzen sollte, die erwarteten Wellen deutscher Bomber auch im Dunkeln auszumachen und abzuschießen.

Winston Churchill war sich bewußt, daß die Gefahr für Großbritannien nicht von den Überwasserschiffen der Kriegsmarine ausging, sondern von ihren U-Booten. Schon kurz nach seinem Amtsantritt bereitete er Neville Chamberlain und das Kriegskabinett darauf vor, daß Großbritannien innerhalb von neun Monaten, also im Sommer 1940, »einem Angriff von 200 bis 300 U-Booten ausgesetzt sein könnte«. Vielleicht glaubte Churchill dies wirklich, aber vielleicht übertrieb er auch absichtlich die Gefahr, um das Kriegskabinett und die Admiralität zu energischeren ASW-Maßnahmen anzuspornen. Jedenfalls lagen die von ihm genannten Zahlen weit jenseits der Realität. Denn eine solche Zahl von einsatzfähigen U-Booten hätte es frühestens drei Jahre später geben können.

In Anbetracht der wenigen Hochsee-U-Boote im Atlantik, ihrer unerfahrenen Besatzungen und der komplizierten Gefechtsregeln, die Hitler aufgestellt hatte, war die britische Entscheidung, ab September Geleitzüge im Atlantik einzusetzen, vielleicht verfrüht. Das Geleitzugsystem brachte den Gutteil des lebenswichtigen britischen Seehandels zeitweilig zum Erliegen und würde die britischen Importe, wie Churchill schätzte, in den folgenden Monaten um ein Drittel vermindern. Die meisten offiziellen und nicht offiziellen Marinehistoriker halten die rasche Entscheidung für das Konvoisystem für richtig. Ihre Argumente basieren jedoch weder auf wissenschaftlichen Untersuchungen der technischen Mängel der U-Boote und ihrer begrenzten Kapazitäten für Treibstoff und Torpedos, noch wurden ihre Anzahl, ihre Aufstellung oder etwa das Wetter in die Analyse miteinbezogen. Die Annahme ist jedoch berechtigt, daß die britischen Importe in jenen ersten kritischen Monaten nicht um »ein Drittel« zurückgegangen wären, wenn man das Konvoisystem weniger überstürzt eingeführt hätte, und daß der extreme Verschleiß bei den Geleitschiffen – bei Schlachtschiffen, Flugzeugträgern, Kreuzern und Zerstörern –, der zu ausgedehnten Überholungs- und Werftliegezeiten führte, hätte vermieden werden können.

Laut Churchills Biograph Martin Gilbert hatte der First Lord of the Admiralty Bedenken bezüglich der Einführung des Geleitzugsystems. Wie Gilbert berichtet, äußerte Churchill am 9. November, zehn Wochen nach Kriegsbeginn, »tiefe Bestürzung« über den »immensen«, durch das Konvoisystem verursachten Rückgang des Handels. Nachdem er auf höchster Ebene eine Sondersitzung zu diesem Punkt einberufen hatte, verfaßte er eine Denkschrift, in der er die Position vertrat, daß Großbritannien »das Konvoisystem [das er in der Öffentlichkeit lautstark lobte] insbesondere auf den äußeren Routen heimlich lockern« sollte. Und er beauftragte zwei seiner Vorkriegsberater, Frederick Lindemann und Desmond Morton, mit einer sorgfältigen Studie über das Schiffahrtsproblem, von deren Ergebnis Gilbert jedoch leider nichts berichtet.

In einem Punkt lag Churchill mit seiner Beurteilung absolut richtig. Er war überzeugt, daß Großbritannien, wie schon im Ersten Weltkrieg, gewaltige und großzügige Hilfe von den Vereinigten Staaten brauchen würde, um Deutschland zu schlagen. Deshalb nahm er das Angebot eines vertraulichen Briefwechsels gerne an, das ihm Präsident Franklin D. Roosevelt nur wenige Tage nach seinem Amtsantritt machte. Der Briefwechsel eröffnete ihm überraschend die Möglichkeit, Roosevelt zur Unterstützung Großbritanniens zu ermutigen und ihn mehr und mehr zum Kriegseintritt zu verlocken. Churchill sollte diese Möglichkeit optimal nutzen.

Zuerst dachte er natürlich darüber nach, wie Roosevelt der Royal Navy helfen konnte. Insbesondere wollte er Roosevelt zum Verkauf von Zerstörern überreden, um die dringend benötigten Geleitschiffe für Konvois auf offener See aufzutreiben. Aufgrund der Entscheidung, fünf Schlachtschiffe der Klasse King George V, ein halbes Dutzend Flugzeugträger, sowie Zerstörer der Hunt-Klasse und zahlreiche Korvetten zu bauen, konnten in den ersten achtzehn Kriegsmonaten nämlich nur neun Zerstörer vom Stapel laufen. Die Idee, Flottenzerstörer von den Vereinigten Staaten zu kaufen, fand in der Admiralität allmählich immer mehr Anhänger. Doch aufgrund des ungünstigen politischen Klimas in den USA und weil Roosevelt darauf bestand, daß die Schiffe voll bezahlt werden müßten, sollte es ein ganzes Jahr dauern, bis das Zerstörer-Geschäft endlich zur beidseitigen Zufriedenheit abgeschlossen werden konnte.

Treffer und Fehlschläge

Die sechs neuen Boote der Flottille Wegener vom Typ VIIB stellten ein weiteres Drittel der deutschen Atlantik-U-Boote. Sie patrouillierten in einem großen Bogen westlich der Britischen Inseln bis hinunter zum Golf von Biskaya. Für das ungeschulte Auge sieht ein Boot vom Typ VIIB genauso aus wie ein Boot vom Typ VII der Flottille Saltzwedel. Tatsächlich aber waren die Boote vom Typ VIIB technisch deutlich verbessert worden. Sie waren länger, stärker und schneller, hatten eine größere Bunkerkapazität und waren schwerer bewaffnet: 66,3 Meter Länge über alles gegenüber 63,3 Meter, zwei Dieselmotoren mit insgesamt 2800 PS gegenüber 2320 PS, 17,2 Knoten Überwassergeschwindigkeit gegenüber 16 Knoten, 108 Tonnen Bunkerkapazität gegenüber 67 Tonnen und 14 gegenüber 11 Torpedos*, sowie ein internes Hecktorpedorohr.

U47 vom Typ VIIB patrouillierte in Gebiet »I«, 550 Kilometer westlich von Bordeaux. Das Boot war gerade neun Monate alt und wurde von dem 31jährigen Günther

* Zehn Torpedos waren wie beim Typ VII im Bugraum untergebracht und zwei im Heckraum. Zusätzlich wurden zwei Reservetorpedos in druckfesten Behältern im Oberdeck mitgeführt, die bei ruhiger See unter Deck geholt werden konnten.

Prien kommandiert, der dazu bestimmt war, der berühmteste U-Boot-Mann aller Zeiten zu werden. Prien war einer der Aberhundert Handelsmarineoffiziere, die von der rapide expandierenden Reichsmarine angeworben worden waren. Sein Lebenslauf war charakteristisch für jene Gruppe von Männern, die Dönitz als U-Boot-Kommandanten rekrutiert hatte.

Er wurde 1908 als Sohn eines Richters im Ostseehafen Lübeck geboren; dort besuchte er das Katharineum. Nach der Scheidung seiner Eltern zog er mit seiner Mutter und den beiden Geschwistern nach Leipzig. 1923, als Prien fünfzehn war, wurde seine Mutter durch die Inflation in völlige Armut gestürzt. Um seiner Mutter zu helfen – und um sich einen Jungentraum zu erfüllen –, ging Prien von der Schule ab, um sich der Handelsmarine anzuschließen. Er verließ Leipzig und investierte sein letztes erspartes Geld in einen dreimonatigen Kurs auf der Seemannsschule Finkenwerder.

Priens Laufbahn bei der deutschen Handelsmarine erstreckte sich über acht Jahre. Er begann als Decksjunge auf einem Vollschiff, und er erwies sich als guter Seemann – den man auch bei Raufereien auf dem Vorderdeck oder in einer Hafenbar besser auf seiner Seite hatte – und als guter Schüler. Während er auf den verschiedensten Handelsschiffen alle Ozeane befuhr, lernte er Telegraphie und Navigation, Seerecht und Schiffsführung; und er lernte die Kunst der Menschenführung. Er arbeitete sich stetig nach oben. 1931 war er Obermaat und bestand die Aufnahmeprüfung für die Seefahrtschule, die er im Januar 1932 mit dem Kapitänspatent verließ. Zu diesem Zeitpunkt aber litt die deutsche Handelsmarine schwer unter der Weltwirtschaftskrise und konnte einem jungen Kapitänsanwärter keine angemessene Stelle bieten.

1932 war für Prien ein schwieriges Jahr, da er kurz vor dem Höhepunkt seiner Karriere so unerwartet gestrandet war. Er hielt sich mit Gelegenheitsarbeiten über Wasser, aber auch die wurden immer spärlicher angeboten. So war er gezwungen, sich zum Arbeitsdienst zu melden. Als er erfuhr, daß die im Ausbau befindliche Reichsmarine auch Offiziere der Handelsmarine als Offiziersanwärter aufnahm, ergriff er sofort die Gelegenheit. Im Januar 1933 trat er, 25jährig, in den Dienst der Reichsmarine. Er wurde in den Marinejahrgang 1933 aufgenommen, war aber aufgrund seines Alters und seiner Erfahrung den Männern des Crew-Jahrs 1926 ebenbürtig.

Nach der Ausbildung, die speziell auf erfahrene Handelsmarineoffiziere zugeschnitten war, erhielt er sein Offizierspatent und wurde schnell befördert; er heiratete und bekam eine Tochter. Und er meldete sich als Freiwilliger zum U-Boot-Dienst. 1935, nach dem Abschluß der U-Boot-Schule, fuhr er als Erster Wachoffizier auf *U26,* dem großen Versuchsboot vom Typ I, auf der Schaufahrt nach Spanien mit. Bald schon war er einer der sechs bestbewerteten U-Boot-Offiziere der Truppe und wurde als dritter und (nach dem Crew-Jahr) jüngster Offizier zum Kommandanten eines Bootes vom neuen Typ VIIB ernannt. Bei den Kriegsspielen, die im Mai 1939 im Atlantik stattfanden, erwies er sich als der aggressivste Kommandant; er »schoß« aus der geringsten Entfernung und erzielte die höchste »Trefferquote«.

Tagelang hatte Prien sein Boot vor allen Schiffen und Flugzeugen verborgen gehalten. Auch am 3. September, dem ersten Tag des Seekrieges, sah er kein anderes Schiff. Am 4. September erfuhr er aus den Rundfunknachrichten von der Versenkung der *Athenia*. Am selben Tag noch kam Hitlers direkte Order, alle Feindseligkeiten gegen Passagierschiffe einzustellen. Kurz darauf mahnte Dönitz mit einem scharfen Befehl alle Boote, sich an das U-Boot-Protokoll zu halten. Prien verhielt sich entsprechend. Er hielt einen griechischen Neutralen an und ließ ihn unbeschadet weiterfahren. Er traf auch auf ein norwegisches und ein schwedisches Schiff, als er aber ihre Kennungen und ihre Flaggen sah, machte er sich gar nicht erst die Mühe, sie anzuhalten.

Im Morgengrauen des 5. September sichtete der 28jährige Engelbert Endraß, Erster Wachoffizier auf *U47* und wie Prien ehemaliger Handelsmarineoffizier, ein unbefeuertes, zackendes Schiff. Prien tauchte und setzte sich vor das Schiff. Dann tauchte er auf und ließ einen Warnschuß aus der 8,8-cm-Deckskanone abgeben. Anstatt anzuhalten, ging das Schiff auf volle Fahrt, und versuchte zu entkommen. Es funkte SSS, seine Position und seinen Namen: *Bosnia*. Es war ein kleiner, 2407 BRT großer britischer Frachter, der Schwefel geladen hatte. Als Prien die Funksprüche hörte, gab er vier weitere, diesmal gezielte, Schüsse ab. Drei davon trafen. Die Besatzung der *Bosnia* geriet in Panik und verließ das Schiff. Ein Rettungsboot kenterte. Überlebende trieben im Wasser.

Prien lief zu den Überlebenden und zog sie an Bord. Seine Männer richteten das gekenterte Rettungsboot auf und schöpften es aus. Während die Rettungsaktion in vollem Gang war, kam ein norwegisches Schiff auf und stoppte. Prien bat die Norweger um Hilfe. Sie ließen ein Rettungsboot zu Wasser und konnten gerade noch rechtzeitig alle überlebenden Briten retten. Als das norwegische Schiff weit genug entfernt war, schoß Prien einen Torpedo auf die Bosnia ab. Das Schiff knickte ein und sank innerhalb weniger Sekunden. Nach der *Athenia* war die *Bosnia* das zweite britische Schiff – und der erste Frachter –, das von den Deutschen torpediert wurde.

In der Morgendämmerung des nächsten Tages – es war der 6. September – machte Prien einen weiteren britischen Frachter aus, die 4086 BRT große *Rio Claro,* die mit einer gemischten Ladung aus London kam. Prien tauchte auf und besetzte das Geschütz. Das Schiff stoppte, funkte aber SSS. Prien gab einen Schuß ab, doch der Frachter funkte weiter. Erst als drei weitere Schüsse die Brücke getroffen hatten, schwieg der Sender. Die Besatzung verließ das Schiff in den Rettungsbooten, und Prien versenkte die *Rio Claro* mit einem Torpedo. Dann inspizierte er die Rettungsboote; alle führten Proviant, Wasser, Kompaß, Segel und Leuchtkugeln mit. Während Prien noch überlegte, ob er ein neutrales Schiff rufen sollte, das die Überlebenden an Bord nehmen konnte, erschien am Himmel vielleicht aufgrund der U-Boot-Meldung ein Flugzeug und nahm ihm die Entscheidung ab. Prien interpretierte das Erscheinen des Flugzeugs als feindlichen Akt, tauchte, und überließ die Männer der *Rio Claro* ihrem Schicksal.

Am Nachmittag des 7. September stieß er auf den nächsten britischen Frachter. Es war die 1777 BRT große *Gartavon,* die Eisenerz geladen hatte. Sie sichtete *U47,* funkte SSS und versuchte zu entkommen. Ein geglückter Schuß aus der Deckskanone kappte den Mast mit der Funkantenne, und das Schiff drehte bei. Prien beobachtete, wie ein einziges Rettungsboot zu Wasser gelassen wurde, und die Männer hastig davonruderten. Plötzlich nahm das unbemannte Schiff Fahrt auf und hielt direkt auf *U47* zu. Offenbar hatte die Besatzung das Schiff so manipuliert, daß es *U47* rammen sollte, nachdem sie von Bord gegangen war. Prien ging auf volle Fahrt, wobei er die ganze Zeit feuerte, und konnte gerade noch rechtzeitig ausweichen, so knapp, daß das Boot vom Kielwasser des Schiffes halb um die eigene Achse gedreht wurde.

Prien ließ das verlassene Schiff im Kreis fahrend zurück und näherte sich dem überfüllten Rettungsboot. Obwohl er über das Täuschungsmanöver sehr verärgert war, bot er dem Kapitän der *Gartavon* an, ein zweites Rettungsboot von seinem Schiff zu holen. Als dieser ablehnte, überprüfte Prien, ob das Rettungsboot ausreichend mit Proviant versehen war, und versprach dem Kapitän, ein neutrales Schiff zu Hilfe zu rufen, wenn er auf eines träfe – angesichts des feindlichen Akts gegen sein Boot werde er jedoch nicht um Hilfe funken. Er kehrte zur *Gartavon* zurück und schoß einen Torpedo ab, der sich jedoch als Irrläufer erwies. Daraufhin versenkte er das Schiff mit der Deckkanone, um Torpedos zu sparen.

In Gebiet »H«, genau westlich von *U47,* patrouillierte das Schwesterschiff *U48*. Kommandant war der 30jährige Herbert Schultze, auch er ein ehemaliger Offizier der Handelsmarine. Am 5. September stieß *U48* auf einen großen Frachter mit Kurs auf die Britischen Inseln. Schultze wollte ihn mit einem Schuß aus der Deckkanone stoppen, der Frachter aber machte Dampf, drehte unter großen Rußwolken ab und funkte SSS. Um das Funken abzustellen, beschoß Schultze die Brücke. Das Schiff stoppte, und die gesamte Besatzung außer dem Funker ging in die Rettungsboote. Obwohl das Schiff weiter SSS funkte, stellte Schultze das Feuer ein. Er wartete, bis die Mannschaft das Schiff verlassen hatte, ging längsseits und holte den Funker vom Schiff. Dann schoß er einen Torpedo ab und landete einen glatten Treffer. Es sank die *Royal Sceptre,* ein britisches Schiff von 4853 BRT, das Weizen geladen hatte.

Schultze näherte sich den Rettungsbooten und erkundigte sich nach etwaigen Verwundeten, aber niemand war verletzt. Alles andere war in Ordnung. Schultze beglückwünschte den Funker zu seinem Mut und setzte ihn in ein Rettungsboot. Er bat die Männer zu warten, denn er hatte Rauch am Horizont gesehen – ein unbekannter Frachter näherte sich. Schultze hielt direkt auf das Schiff zu und stellte fest, daß es sich um einen weiteren britischen Frachter handelte, die 5332 BRT große *S.S. Browning* auf dem Weg nach Lateinamerika. Schultze gab einen Schuß mit der Kanone ab, um sie zu stoppen; er wollte ihren Kapitän veranlassen, die Crew der *Royal Sceptre* zu retten. Bevor er aber noch seine Absichten äußern konnte, hatte die Besatzung des Frachters schon die Rettungsboote zu Wasser gelassen und das Schiff in Panik verlassen.

Verärgert drehte Schultze bei und wies die Männer in den Rettungsbooten an, wieder an Bord der *Browning* zu gehen und die Besatzung der *Royal Sceptre* zu retten. Die mißtrauischen Briten machten jedoch keinerlei Anstalten, ihm zu gehorchen. Erst als er wütend mit den Waffen drohte, kehrten die Männer auf die *Browning* zurück und nahmen die Crew der *Royal Sceptre* mit nach Brasilien.*

An den beiden folgenden Tagen, am 6. und am 7. September, stoppte und überprüfte Schultze noch einige andere Neutrale und ließ sie unbeschadet weiterfahren. Erst am Morgen des 8. September sichtete er wieder einen britischen Frachter, die

---

* Churchill war über die Rettungsaktion nicht informiert und nahm fälschlicherweise an, daß »zwischen 40 und 50« Mann in den Rettungsbooten ums Leben gekommen wären. Er sprach von »Mord« und verlangte von der Regierung, diesen »Akt der Gewalt« so breit wie möglich zu publizieren. Er müsse, forderte er, als »ein verabscheuungswürdiger Akt brutalster Piraterei auf hoher See« charakterisiert werden.

5000 BRT große *Winkleigh,* und versenkte sie mit einem Torpedo, nachdem die Besatzung das Schiff verlassen hatte.

Die fünf großen Langstreckenboote der Flottille Hundius, *U37–U41* vom Typ IX, patrouillierten in den am weitesten entfernten Gebieten, in den Gewässern entlang der Iberischen Halbinsel und auf den westlichen Zufahrten zur Straße von Gibraltar.

Die Boote des Typs IX waren für Langstreckeneinsätze entworfen und daher etwas geräumiger und weniger unbequem als die des Typs VII. Sie waren 76,5 Meter lang und damit 12 Meter länger als Typ VII und 10 Meter länger als Typ VIIB. Die Räume innerhalb des Druckkörpers von Typ IX waren ähnlich denen von Typ VII mit der Ausnahme, daß man den Unteroffiziersraum mit der Kombüse, der bei Typ VII ungünstig zwischen der Zentrale und dem Maschinenraum lag, abgeschafft hatte. Die acht Kojen des Unteroffiziersraums waren nach achtern in einen stark vergrößerten Heckraum verlegt, der zwei interne Torpedorohre besaß; die Kombüse lag vorn im Offiziersraum. Die E-Maschinen, die sich beim Typ VII im Heckraum befanden, waren in den Dieselraum verlegt. Die neu gestalteten fünf Räume des Typs IX waren größer als die sechs Räume des Typs VII; der Kommandoturm und die Brücke waren ebenfalls geräumiger.

Auch alle anderen Daten des Typs IX waren größer als bei den Typen VII und VIIB: Dieselmotoren mit 4000 PS gegenüber 2320 PS und 2800 PS; E-Maschinen mit 1000 PS gegenüber 750 PS; 18,2 Knoten Überwassergeschwindigkeit gegenüber 16 Knoten und 17,2 Knoten; 154 Tonnen Bunkerkapazität gegenüber 67 und 108 Tonnen; 15 000 Kilometer Aktionsradius gegenüber 8000 Kilometer und 12 000 Kilometer; eine Torpedokapazität von 22* gegenüber 11 und 14; eine 10,5-cm-Deckkanone gegenüber 8,8 Zentimeter. Und 48 Mann Besatzung statt 44.

Trotzdem war Typ IX nicht der von Dönitz bevorzugte Typ. In seinen Augen sollte ein U-Boot-Krieg in erster Linie in den Gewässern nahe den Britischen Inseln geführt werden, so daß die Torpedos schnell verschossen werden konnten und der größere Aktionsradius des Typs IX mehr oder weniger überflüssig sein würde. Auch die größere Torpedokapazität (22 gegenüber 14 bei Typ VIIB) hielt durchaus nicht, was sie versprach, denn acht der 22 Torpedos waren luftgetrieben und in Deckbehältern gelagert, wo sie nicht gewartet werden konnten; außerdem konnten sie nur bei ruhiger See unter Deck gebracht werden. Ausschlaggebend aber war für Dönitz, daß die »interne« Torpedokapazität von 14 gegenüber 12 nicht ausreichte, um die dreifachen Investitionen an Zeit und Material für das größere Boot zu rechtfertigen. Außerdem hatten die Boote vom Typ IX einen größeren Wendekreis und waren langsam beim Abtauchen, sie verhielten sich auf Tauchfahrt eher schwerfällig, ließen die große Unterwasserbeschleunigung des Typs VII vermissen und waren vom gegnerischen Sonar leichter zu orten.

Dönitz hoffte, die fünf Boote vom Typ IX könnten in südlichen Gewässern unter der taktischen Führung des auf *U37* fahrenden Flottillenchefs Werner Hartmann im »Rudel« gegen Konvois operieren. Aus verschiedenen Gründen aber waren die Boote

---

* Zehn Torpedos waren wie beim Typ VII im Bugraum, vier im Heckraum (zwei in den Rohren, zwei Reservetorpedos in den Bilgen) und bis zu acht luftgetriebene Torpedos vom Typ G7a in Behältern auf Deck.

außerstande, als Gruppe zu operieren. Alle Boote patrouillierten in weit auseinanderliegenden Gebieten, die allem Anschein nach nicht von Handelsschiffen befahren wurden.

Kapitänleutnant Heinrich Liebe war Kommandant von *U38*. Der 31jährige war wie Lemp von *U30* Sohn eines Offiziers des Heeres, und wie Lemp war auch er mit 18 Jahren in den Dienst der Reichsmarine getreten. Nachdem er die U-Boot-Schule absolviert und sich als Kommandant des Einbaums U2 bewährt hatte, wurde er im Dezember 1938 auf U38 eingesetzt.

Am 5. September patrouillierte er an der Westküste der Iberischen Halbinsel auf der Höhe von Lissabon, wo der Verkehr am dichtesten war. Er sichtete einen Frachter, tauchte auf und zwang das Schiff beizudrehen, um es zu überprüfen. Frustriert mußte er feststellen, daß es der französische Frachter *Pluvoise* war. Nachdem er die Papiere geprüft hatte, ließ er den Frachter fahren, aber der Kapitän der *Pluvoise* funkte U-Boot-Alarm, der in Berlin gehört wurde. Dies brachte Liebe einen Verweis ein und zog weitere Verschärfungen der U-Boot-Einsatzbefehle nach sich: »Als französisch ausgemachte Handelsschiffe nicht anhalten. Zwischenfälle mit Frankreich strikt vermeiden.«

Am nächsten Tag befand sich Liebe immer noch vor Lissabon. Er gab dem 7242 BRT großen Frachter *S.S. Manaar* zur Warnung einen Schuß aus seinem 10,5-cm-Deckgeschütz vor den Bug. Doch die *Manaar* war mit einem fast gleichkalibrigen Heckgeschütz bewaffnet (4 Zoll). Als sich *U38* nun näherte, eröffnete der Frachter das Feuer. Es war das erste Mal, daß ein britisches Handelsschiff ein U-Boot beschoß. Liebe war über diese unerwartete und scharfe Reaktion so perplex, daß er tauchte und die *Manaar* kurzerhand torpedierte und versenkte. Aufgrund der militärischen Gegenwehr des Frachters meinte Liebe, die *Manaar* nicht gemäß dem U-Boot-Protokoll behandeln zu müssen. Er bemühte sich nicht, den Überlebenden Hilfe zu leisten und verließ das Gebiet.

In der Nacht brach er die Funkstille, um Dönitz über das Gefecht zu berichten und die anderen U-Boote vor ähnlichen Gefahren zu warnen. Das OKM in Berlin setzte die ausländischen Militärattachés und die Medien von dem Vorfall in Kenntnis und betonte, die *Manaar* habe ohne Warnung das Feuer auf *U38* eröffnet. Dönitz war außer sich: Es konnte nicht angehen, daß seine Männer sich strikt an das U-Boot-Protokoll zu halten hatten, während der Feind seine Handelsschiffe bewaffnete und sie so in Kriegsschiffe verwandelte. Aber aus, wie er sich ausdrückte, »politischen Gründen« konnte er wenig mehr tun, als alle U-Boote zu warnen und zu äußerster Vorsicht anzuhalten.

Die gefährlichste Mission im Atlantik hatte das instabile, mit Minen beladene *U26* unter dem Kommando des 32jährigen Klaus Ewerth durchzuführen. Der zuverlässige und umsichtige Korvettenkapitän war 1933 einer der Stars des ersten Jahrgangs der geheimen U-Boot-Schule gewesen. Er hatte 1935 den ersten Einbaum, *U1,* in Dienst gestellt und war danach zwei Jahre lang Kommandant auf *U35,* einem Boot vom Typ VII, gewesen. Die Kunst des Minenlegens hatte er schon in Friedenszeiten gelernt.

Das OKM hatte die Mission von *U26* geplant, um vor dem britischen Marinestützpunkt von Portland eine Minensperre zu legen und dadurch die Einschiffung britischer Truppen für den Transport über den Kanal nach Frankreich zu verhindern. Dönitz war von Anfang an gegen die Mission gewesen. Portland war schließlich die

Homebase der Sonarschule der Royal Navy, und Dönitz war überzeugt, daß die Zufahrt vom Ärmelkanal nach Portland von sonarbestückten ASW-Verbänden gesichert war, die das große, plumpe Boot wohl kaum verfehlen würden.

Am 4. September wagte Ewerth einen vorsichtigen Unterwasser-Vorstoß. Wie erwartet, stieß er auf zahlreiche ASW-Patrouillen. Nachdem er ein paar Stunden lang Versteck gespielt hatte, brach er den ersten Versuch ab und tauchte tief. Auch der zweite Versuch schlug fehl. Beim dritten Vorstoß, den er in der Nacht des 8. September unternahm, konnte er schließlich unentdeckt Shambles, eine geeignete Stelle vor dem Hafen von Portland erreichen.

In den Zwischenkriegsjahren hatte die Reichsmarine heimlich eine ganze Reihe verschiedener Minen entwickelt, die den im Ersten Weltkrieg verwendeten weit überlegen waren. *U26* hatte TMB-Minen geladen, einen Typ, der speziell für U-Boot-Missionen entwickelt worden war. Die TMB-Mine war eine unvertäute See- oder Grundmine mit Magnetzünder und eignete sich speziell für Wassertiefen bis zu 20 Metern. Sie war 2,2 Meter lang und hatte eine Ladung von 578 Kilogramm Sprengstoff – doppelt so viel wie ein deutscher Torpedo. Wenn ein großes Schiff die Mine überlief, aktivierte sein Magnetfeld die Zündpistole, und die Mine detonierte mit verheerender Wirkung direkt unter dem Kiel des Schiffes.

Das Minenlegen mit einem U-Boot war ein anstrengendes und gefährliches, pedantische Genauigkeit erforderndes Geschäft. Die Minen mußten exakt in die ausgewählte Fahrrinne gelegt werden, sonst waren sie nutzlos. Dazu mußte das Boot metergenau über die ausgewählte Stelle manövriert werden. Außerdem mußte ein Minenfeld nach internationalem Recht exakt vermessen und verzeichnet werden, damit es nach Einstellung der Feindseligkeiten wieder geräumt werden konnte. Auch für die Deutschen war dies hilfreich; wenn sie ein Feld vergrößern wollten, wußten sie genau, wo die ersten Minen lagen, und konnten ihnen ausweichen.

Die vier Bugtorpedorohre und die beiden Hecktorpedorohre von *U26* waren mit Minen beladen; weitere Minen lagerten im Bugraum und im Heckraum. Ewerth katapultierte die Minen nacheinander mit Preßluft aus den Rohren, wobei er deren genaue Position anhand der Richtfeuer an der Küste und in der Fahrrinne bestimmte und verzeichnete. Für das Boot bestand keine Gefahr, denn die Minen waren mit Verzögerungsschaltungen ausgerüstet, so daß sie erst scharf wurden, wenn das Boot in sicherer Entfernung war. Nachdem Ewerth alle Minen gelegt – und verzeichnet – hatte, fuhr er getaucht in tiefes Wasser und legte das Boot auf Grund, damit die Besatzung eine Ruhepause einlegen konnte, bevor die Torpedos aus den Stauräumen unter den Flurplatten gemannt wurden und die Torpedomixer die sechs Rohre luden.

Das Minenlegen war bei den U-Boot-Fahrern aller Länder unbeliebt. Die Minen mußten immer in Küstennähe und in flachem Wasser ausgelegt werden, wo das Boot sehr verwundbar war, wenn es entdeckt wurde. Auch das Legen der Minen und das anschließende Laden der Torpedorohre war eine gefährliche und harte körperliche Arbeit. Es fügte im Gegensatz zu einem Torpedoangriff dem Feind keinen unmittelbaren Schaden zu, also fehlte das Erfolgserlebnis und meist auch die Anerkennung. Außerdem wurde das Minenlegen von vielen als hinterhältig und gemein angesehen – eine Haltung, die die Minenleger als unfair empfanden.

Auf dem Rückmarsch wurde *U26* westlich des Kanals abermals von britischen ASW-Kräften gesichtet und zu einer langwierigen Flucht gezwungen. Die Flucht und die großen Verzögerungen beim Legen des Minenfelds warfen Ewerth in der Erfüllung seines Operationsplanes um Tage zurück und hinderten ihn daran, sich bei Dönitz zu melden. Als die britische Admiralität am 8. September bekanntgab, britische Seestreitkräfte hätten ein U-Boot versenkt, das versucht habe, im Ärmelkanal ein Minenfeld zu legen, mußte Dönitz annehmen, daß es sich um *U26* handelte. Zur Überprüfung forderte er Ewerth auf, seine Position zu melden. Er erhielt keine Antwort und war überzeugt, daß *U26* verloren war.

Der vermeintliche Verlust von *U26* verursachte gewaltige Aufregung im OKM, vor allem weil das Boot die Marine-Enigma und entsprechende Unterlagen an Bord hatte. Wenn es, wie angenommen, in flachem Wasser gesunken war, konnten die Briten es bergen oder Taucher einsetzen und die Enigma-Maschine mit der Gebrauchsanweisung und den aktuellen Schlüsseln bergen. Das OKM ordnete daraufhin an, die Einstellungen aller Enigma-Maschinen in der gesamten Kriegsmarine zu ändern, und es erließ den Befehl, daß Minenleger künftig nicht mehr mit einer Enigma-Maschine an Bord fahren durften. Die Vorsichtsmaßnahme erwies sich als unnötig. *U26* war sicher und unbeschädigt, und Ewerth meldete sich schließlich, nachdem er seine Verfolger abgeschüttelt und das offene Meer erreicht hatte.

Wie sich später zeigte, machte sich das von *U26* gelegte Minenfeld bezahlt. Die britische Admiralität gab bekannt, daß drei große »Neutrale«, ein griechischer, ein holländischer und ein belgischer Frachter von insgesamt 17414 BRT Größe, auf Minen gelaufen und gesunken waren. Auch die *Kittiwake,* eine der neuen britischen Korvetten, war auf eine Mine gelaufen. Man glaubte, das Schiff sei von einer Mine, die *U26* gelegt hatte, beschädigt worden; tatsächlich war es jedoch eine britische Mine.

Gefechte mit der Ark Royal

Keine fünf Tage später befahl Dönitz eine radikale Umgruppierung der Atlantik-U-Boote. Durch diese Änderung sollten hauptsächlich die Hochsee-U-Boote in der Heimat zusammengezogen und im Oktober in einer zweiten Welle wieder ausgeschickt werden, damit keine Lücke oder Pause in der U-Boot-Offensive entstand. Entsprechend befahl Dönitz am 8. September zehn der achtzehn im Atlantik stehenden Boote (fünf der sechs Boote vom Typ VIIB und allen fünf Booten vom Typ IX) den Rückmarsch nach Deutschland. Auch *U26,* das keine Ziele für seine sechs Torpedos gefunden, aber technische Probleme bekommen hatte, schloß sich bald den Heimkehrern an. So führten nur sieben Boote der ursprünglichen Gruppe – alles Boote vom Typ VII der Flottille Saltzwedel – den Krieg weiter. Zu ihrer Verstärkung setzte Dönitz die drei Reserveboote vom Typ VII ein: *U32* wurde über die Nordroute um die Britischen Inseln herum in den Ärmelkanal geschickt, um vor der britischen Marinebasis Portsmouth, östlich von Portland, ein TMB-Minenfeld zu legen; *U31* und *U35* sollten mit Torpedos direkt durch den Ärmelkanal in den Atlantik fahren. *U31* kam sicher durch den Kanal, aber *U35* wurde von Fliegern und dem britischen U-Boot *Ursula* angegriffen und war gezwungen, auf die Nordroute auszuweichen.

Die zehn zurückbeorderten Boote liefen auf einem Kurs weit westlich der Britischen Inseln durch die Operationsgebiete der zurückbleibenden U-Boote. Es war kein glücklicher Rückmarsch. Von den fünf Booten der Flottille Hundius hatte nur *U38* unter Heinrich Liebe ein Schiff (die *Manaar*) versenkt, und die fünf Boote der Flottille Wegener hatten nur fünf Versenkungen vorzuweisen: Prien hatte mit *U47* drei und Schultze mit *U48* zwei Schiffe versenkt. Liebe und Schultze konnten jedoch auf der Heimfahrt weitere Erfolge verbuchen. Am 11. September torpedierte Liebe den 9456 BRT großen, vollbeladenen britischen Tanker *Inverliffey,* der in einem Feuerball explodierte. Trotz beträchtlichen Risikos für sein Boot nahm Liebe die Rettungsboote ins Schlepptau, und rettete die Besatzung des Tankers aus dem flammenden Inferno. Am selben Tag versenkte Schultze weiter nördlich den 4869 BRT großen britischen Frachter *Firby* mit der Deckkanone und einem Torpedo. Einige Besatzungsmitglieder wurden verletzt. Schultze leistete medizinische Hilfe und versah die Rettungsboote mit Proviant. Danach meldete er die Position der Versenkung unverschlüsselt an Churchill und bat um die Rettung der Mannschaft.

Die Rückkehrer passierten das Gebiet nahe der Rockallbank, wo Lemp mit *U30* – nunmehr glücklos – patrouillierte. Seit dem 3. September, dem Tag, an dem er die *Athenia* versenkt hatte, war er von schlechtem Wetter und einem Mangel an feindlichen Schiffen heimgesucht worden und hatte mit dem 4500 BRT großen britischen Frachter *Blairlogie* nur ein weiteres Schiff gesichtet und durch Geschützfeuer versenkt. Dabei hielt sich Lemp strikt an die Prisenordnung, er gab den Überlebenden Whisky und Zigaretten und blieb bei den Rettungsbooten, bis ein neutrales Schiff zu Hilfe kam.

Am Morgen des 14. September sichtete Lemp in der Nähe der Rockallbank einen weiteren britischen Frachter, die 5200 BRT große *Fanad Head.* Er stoppte sie mit einem Schuß aus der Deckkanone, aber erst nachdem sie SSS und ihre Position gefunkt hatte. Die Crew verließ das Schiff, und Lemp schickte in einem Schlauchboot Adolph Schmidt und einen weiteren Mann hinüber, um das Schiff in die Luft zu sprengen. Das sparte kostbare Torpedos, und außerdem brachte das Sprengkommando von der *Fanad Head* frisches Brot und andere Beute zurück.

Der Notruf der *Fanad Head* war nicht nur in britischen Küstenstationen und auf britischen Schiffen gehört worden, sondern auch auf dem modernsten und kampfkräftigsten Flugzeugträger der Royal Navy, der *Ark Royal.* Sie befand sich, von sechs Zerstörern eskortiert, 180 Seemeilen nordöstlich der *Fanad Head* auf ASW-Patrouille. Drei Zerstörer scherten aus und liefen in voller Fahrt nach Südwesten zur *Fanad Head.* Kurz darauf starteten auf der *Ark Royal* drei Eindecker, sogenannte Skuas, bestückt mit ASW-Bomben.* Die Flugzeuge tauchten mitten in der Spreng-

* Zur U-Boot-Bekämpfung waren drei unterschiedlich große Fliegerbomben entwickelt worden: 45 Kilogramm, 113 Kilogramm und 226 Kilogramm – die Sprengladung betrug jeweils die Hälfte der Masse. Der Zünder war mit einem kleinen Propeller versehen, der an der Spitze leicht vorstand. Um ein U-Boot zu zerstören, war äußerste Genauigkeit erforderlich. So mußte zum Beispiel eine 230-Kilogramm-Bombe (mit 90 Kilogramm Sprengstoff) im Umkreis von 2,5 Metern des Druckkörpers explodieren, um das Boot zu vernichten. Die Flugzeuge konnten auch mit den mülltonnenförmigen Standard-Wasserbomben bewaffnet werden. Die Piloten aber bevorzugten Fliegerbomben, denn Wasserbomben hatten keine spitzzulaufende Nase und keine Schwanzflossen, kamen daher leicht ins Trudeln und hatten eine unberechenbare Flugbahn. Außerdem waren die Wasserbomben nicht sehr solide gebaut und brachen leicht auseinander, wenn sie auf der Wasseroberfläche aufschlugen.

operation auf und zwangen Lemp, die Aktion abzubrechen, zu tauchen und Schmidt und seinen Helfer auf der *Fanad Head* zurückzulassen. In der Eile hatten Lemps Männer vergessen, die Bootsleine zu kappen, so daß *U30* das Schlauchboot wie eine Markierungsboje hinter sich herzog.

Die drei Skua-Piloten sahen ein »schwarzes Objekt« (das Gummiboot) und griffen es mit Bomben an, von denen einige *U30* ziemlich erschütterten. Die britischen Piloten hatten leider keine Ahnung, daß ihre Bomben extrem schlecht konstruiert waren; manche »sprangen« zurück, wenn sie auf dem Wasser aufschlugen. Sie zündeten beim Aufschlag und spien ihre Splitter in die Bahn der anfliegenden Skuas. Zwei der Flugzeuge wurden von den Bombensplittern so schwer beschädigt, daß sie notwassern mußten. Adolph Schmidt und sein Assistent verfolgten von der *Fanad Head* aus staunend das Geschehen. Sie sprangen ins Wasser und bargen beide Piloten, von denen der eine schwere Verbrennungen erlitten hatte. Ein Flugzeug war zwar noch in der Luft, aber Lemp tauchte trotzdem auf, um seine beiden Männer und die zwei britischen Piloten an Bord zu holen – und um die Leine zum Schlauchboot zu kappen. Während der Bergungsaktion nahm das dritte Flugzeug *U30* unter Maschinengewehrbeschuß und verwundete Schmidt, als er den verletzten britischen Piloten unter Deck brachte.

Während sich der Sanitäter um Schmidt und die beiden britischen Piloten kümmerte, machte Lemp vier Bugtorpedos klar und schoß sie auf die *Fanad Head*, aber alle versagten. Erst der fünfte Torpedo aus dem externen Hecktorpedorohr war ein Treffer, das Schiff explodierte und sank. Just in diesem Moment – um 18.30 Uhr – erreichte die zweite Welle von Flugzeugen der *Ark Royal* den Schauplatz; sie bestand aus sechs älteren Swordfish-Doppeldeckern, von denen jeder mit sechs 50-Kilogramm-Bomben bestückt war. Die Piloten konnten deutlich die Silhouette des getauchten U-Bootes erkennen. Sie griffen an und warfen insgesamt elf Bomben ab, von denen einige unweit des Bootes detonierten. Lemp tauchte tief und entkam.

Schließlich trafen auch die drei Zerstörer ein; sie hatten die 180 Seemeilen in etwa sieben Stunden zurückgelegt. Jedes Schiff war mit einem Sonar neuesten Typs ausgerüstet, das von erfahrenen Männern bedient wurde. Ein Zerstörer machte sich auf die Suche nach der Mannschaft der *Fanad Head,* die beiden anderen suchten – und fanden – *U30*. Die Bedingungen für den Sonareinsatz waren gut, und die Männer an den Ortungsgeräten wußten genau, was sie zu tun hatten.

In einer koordinierten Aktion nagelten die beiden Zerstörer das U-Boot fest und machten eine Serie von verheerenden Wasserbombenangriffen.* Die gewaltigen Detonationen ließen das Glas von Armaturen splittern – und zerfetzten die Nerven der Männer. Die Mündungsklappen von zwei Bugtorpedorohren wurden beschädigt, und im Maschinenraum brach ein Ventil, so daß der Raum teilweise geflutet wurde. Bevor das Leck abgedichtet und eine Kette organisiert werden konnte, um das Wasser mit Eimern in die Bilgen unter der Zentrale zu mannen, wo es ausgepumpt werden konnte, war das Boot auf eine größere Tiefe gesunken als je ein U-Boot zuvor: 143 Meter.

* Die Wasserbomben waren seit dem Ersten Weltkrieg kaum verbessert worden. Die britische Standardbombe wog 200 Kilogramm , enthielt 135 Kilogramm Amatol-Sprengstoff und besaß einen hydrostatischen Zünder, der, in Intervallen von 15 Metern, auf Explosionstiefen zwischen 15 Metern und 150 Metern eingestellt werden konnte.

Lemp bewältigte die schwere Krise absolut souverän – sehr entschlossen und mit unerschütterlicher Ruhe – und blieb jederzeit Herr über das Boot. Nach sechs Stunden wich er den Verfolgern aus, tauchte auf und entkam in die Dunkelheit.

Lemp brach die Funkstille, meldete das Gefecht und seinen Schaden und bat um Erlaubnis, Schmidt und die beiden verwundeten Piloten der *Ark Royal* zur ärztlichen Versorgung in das neutrale Island zu bringen. Dönitz genehmigte den Umweg und befahl Lemp, anschließend auf direktem Weg nach Deutschland zurückzukehren. Das OKM in Berlin, das den Funkverkehr mitgehört hatte, glaubte daraufhin, *U30* hätte die beiden Flugzeuge abgeschossen, und am nächsten Tag verkündeten die Berliner Propagandisten hämisch einen »Sieg« über die *Ark Royal.*

Während die *Ark Royal* am 14. September die erste Kette von Flugzeugen zum Angriff auf *U30* startete, stieß das von dem 30jährigen Gerhard Glattes kommandierte *U39,* eines der Typ-IX-Boote der heimkehrenden Flottille Hundius, auf den Flugzeugträger. Der Anblick im Sehrohr von *U39* war der Traum jedes U-Boot-Fahrers: die majestätische *Ark Royal* auf einsamer Fahrt. Sie hatte in den Wind gedreht, um die Skuas zu starten, und war dabei vier Meilen hinter die verbleibenden Zerstörer ihrer Sicherung, die *Faulknor, Foxhound* und *Firedrake,* zurückgefallen.

Die Aufregung auf *U39* hätte nicht größer sein können. Nach 26 Tagen glücklosen Patrouillierens hatte Glattes der Royal Navy ganzen Stolz im Fadenkreuz! Umsichtig, kompetent und mit kühlem Kopf befahl er, die Bugrohre klar zu machen und die Mündungsklappen zu öffnen. Um 15.07 Uhr schoß er einen Dreierfächer von Elektro-Torpedos mit Magnetpistolen. Ihre Laufzeit wurde mit einer Stoppuhr gemessen, und die Besatzung wartete gespannt. Dann, endlich, die Explosionen. Treffer!

So schien es. In Wirklichkeit hatten die Torpedos ihr Ziel verfehlt oder nicht gezündet. Keiner hatte die *Ark Royal* getroffen. Die Männer auf einem der Zerstörer konnten beobachten, wie die *Ark Royal* nach backbord drehte, dann sahen sie eine »hohe, weiße Wassersäule« auf ihrer Backbordseite, gefolgt von »einem Blitz und schwarzem Rauch an Steuerbord«. Die Briten vermuteten, daß Glattes die Geschwindigkeit der *Ark Royal* unterschätzt hatte (auf 20 Knoten statt ihrer tatsächlichen Geschwindigkeit von 26 Knoten). Sie berichteten, daß die Torpedos harmlos »im Kielwasser« des Schiffes explodiert seien. Dönitz schreibt in seinen Nachkriegsmemoiren, daß die Magnetzünder nicht richtig funktioniert hätten und daß Torpedos »in der Nähe des Schiffes Frühzünder wurden, also vor dem Unterlaufen des Schiffes im Wasser detonierten«.

Als die *Ark Royal* den U-Boot-Angriff über Funk meldete, wendeten die drei Zerstörer und nahmen die Jagd auf. Sie liefen mit einem Abstand von jeweils einer Meile auf gleicher Höhe mit 15 Knoten Fahrt auf das Boot zu. Die Bedingungen für den Einsatz ihrer Sonars waren gut, die Männer, die sie bedienten, gehörten zu den besten der Flotte, und so hatten die *Foxhound* und die *Faulknor* das U-Boot innerhalb von 18 Minuten geortet. Die *Foxhound* griff sofort mit zwei Wasserbomben an – eine war auf 75 Meter eingestellt, die andere auf 90 Meter. Die *Faulknor* folgte mit weiteren auf 30 und 40 Meter eingestellten Bomben. In dem Getöse der explodierenden Wasserbomben verloren die *Foxhound* und die *Faulknor* den Kontakt, aber inzwischen hatte die *Firedrake* das Boot geortet und fuhr einen Angriff mit fünf weiteren auf 75 und 150 Meter eingestellten Wasserbomben.

Die zwölf Wasserbomben explodierten unweit von *U39* und erschütterten das Boot schwer. Die Salve verursachte einen Kurzschluß in der Batterie, und die gesamte Beleuchtung fiel aus. Glattes tauchte zwar sofort tief (auf etwa 70 Meter), aber auch die zweite Wabo-Salve lag richtig. Ventile und Flansche brachen, und es gab einen Wassereinbruch in der Batterie, die nun tödliches Batteriegas absonderte. Dann fielen die E-Maschinen aus, und das getauchte Boot wurde manövrierunfähig.

Niemand auf *U39* hatte je zuvor ein derartiges Getöse und einen solchen Schrekken erlebt. Nach zwanzig Minuten kam der verstörte Glattes zu dem Schluß, daß das Boot irreparabel beschädigt war; er befahl seinen Männern, den Ausstieg vorzubereiten, und ließ alle wichtigen Tauchzellen anblasen. Um 15.46 Uhr – 39 Minuten nach dem Torpedoabschuß – durchbrach *U39* mit dem Bug voran am hellen Tag inmitten von drei Zerstörern die Wasseroberfläche. Diese eröffneten sofort das Feuer, stellten es aber wieder ein, als sie sahen, daß die Besatzung von Bord sprang. Glattes Männer hatten das vordere Torpedoübernahmeluk geöffnet und eine Sprengladung gesetzt. Sie explodierte planmäßig und riß ein großes Leck in den Schiffskörper. *U39* sank über den Bug – der erste U-Boot-Verlust des Krieges. Ansonsten waren keine Verluste zu beklagen. Die drei Zerstörer ließen Rettungsboote zu Wasser und fischten die 43 bärtigen und verstörten Überlebenden aus dem Wasser.

Die Hunter Killer Group der *Ark Royal* hatte allen Grund zum Feiern. Bevor Berlin die Gefangennahme der beiden Skua-Piloten meldete und sie auf Island wieder auftauchten, glaubte die Gruppe, an einem einzigen Tag zwei U-Boote versenkt und dabei nur zwei Skuas verloren zu haben. In der falschen Annahme, daß *U39* zuvor die *Firby* versenkt und den an ihn persönlich gerichteten Aufruf zur Rettung der Überlebenden abgesetzt hatte, prahlte Churchill nun in einer öffentlichen Rede mit der Gefangennahme der Übeltäter. Die Freude über den mutmaßlichen Erfolg wurde jedoch dadurch stark getrübt, daß *U39* die *Ark Royal* mit seinen Torpedos fast getroffen hatte, und sie lieferte all jenen schlagende Argumente, die sich gegen den Einsatz von Flugzeugträgern und kostbaren Flugzeugen bei der U-Boot-Bekämpfung aussprachen.

Zwischen dem 15. und dem 17. September erreichten neun der zehn zurückbeorderten Boote Deutschland. Gustav-Adolf Mugler, der 26jährige Kommandant von *U41,* einem Boot des Typs IX, brachte in der Annahme, daß sie Konterbande führten, zwei kleine, 1000 BRT große finnische Frachter auf und geleitete sie nach Deutschland. Von diesen unbedeutenden »Prisen« abgesehen, hatten die zehn Boote der Flottille Wegener und der Flottille Hundius insgesamt nur acht Schiffe versenkt: Schultze und Prien je drei und Liebe zwei. Sieben der zehn Kommandanten hatten gar keinen Erfolg gehabt. Obendrein war mit *U39* eines der zehn Boote verlorengegangen – kein vielversprechender Anfang!

»Ein herrlicher Erfolg«

Nach dem Rückruf der zehn Boote der Flottillen Wegener und Hundius, dem abgebrochenen Einsatz von *U26* und dem Transport der Verwundeten auf *U30* nach Island führten nur noch neun Boote der Flottille Saltzwedel den Handelskrieg gegen England weiter. Auf fünf Booten war der Treibstoff knapp. Die drei Reserveboote vom

Typ VII hatten inzwischen ihr Gebiet erreicht, doch von ihnen war *U32* zum Minenlegen eingesetzt* und hatte nur wenige Torpedos an Bord.

Sieben der neun Boote standen in angrenzenden Operationsgebieten im Westen des Ärmelkanals. In diesem Gebiet, das die Briten die Western Approaches (Westliche Zufahrtswege) nannten, liefen die Seewege von und nach den Britischen Inseln zusammen, und es herrschte reger Schiffsverkehr aller Art. Um all diese Schiffe einigermaßen zu schützen, hatte die Admiralität den alten Flugzeugträger *Courageous***, von Zerstörern gesichert, zur U-Boot-Bekämpfung eingesetzt.

In den ersten Kriegstagen waren drei Booten der Flottille Saltzwedel in den Western Approaches Schläge gegen britische Handelsschiffe gelungen. Hans-Wilhelm von Dresky, der 31jährige Kommandant von *U33,* hatte am 7. September einen 4000 BRT großen Frachter versenkt. Am 7. und am 8. September hatte der 32jährige Wilhelm Rollmann mit *U34* einen 5500-BRT- Frachter versenkt und mit der *Kennebec* einen 5500-BRT-Tanker schwer beschädigt, der schließlich von britischen Kriegsschiffen versenkt wurde. Der 30jährige Otto Schuhart von *U29* hatte am 8. September mit dem 10000 BRT großen Tanker *Regent Tiger* das größte und wichtigste Schiff versenkt. Danach war eine Pause eingetreten. Nur Schuhart konnte am 13. September einen 800 BRT großen Hochseeschlepper versenken.

Am 14. September – an jenem Tag, als Lemp und Glattes weiter nördlich ihre Gefechte mit der *Ark Royal* hatten – versenkte der 27jährige Günter Kuhnke von *U28* einen 5000 BRT großen Frachter in der Mündung des St.-Georgs-Kanals. Schuhart von *U29* sichtete weiter westlich einen weiteren großen Tanker, die brandneue 8500 BRT große *British Influence*, und griff an.

Bei dem Angriff machte Schuhart eine ähnlich merkwürdige und beunruhigende Erfahrung wie Glattes, als dieser auf die *Ark Royal* schoß. Die Magnetpistolen der ersten beiden Torpedos zündeten vorzeitig. Die Detonationen erschütterten das Boot, und Schuhart war zu einem weiteren Schuß gezwungen. Da er glaubte, mit den Magnetzündern wäre etwas nicht in Ordnung, brach er später die Funkstille, um Dönitz die »Frühdetonierer« zu melden. Dönitz leitete die Meldung an die Experten in der TI (Torpedo-Inspektion) weiter, die sich dieses Versagen aber auch nicht erklären konnten. Bis das Problem untersucht war, empfahlen sie, die Magnetpistolen »zwei Zonen« niedriger zu stellen, um ihre Empfindlichkeit zu vermindern. Dönitz gab diese Anweisung an alle Boote weiter. Diese niedrigere Zoneneinstellung bedeutete, daß gegen Schiffe bis zu 3000 BRT Größe mit einem schwachen magnetischen Feld nur Aufschlag- (oder Kontaktpistolen) eingesetzt werden konnten, was für die Kommandanten der Boote bedeutete, daß sie die Tonnage von mittelgroßen Schiffen mit großer Genauigkeit feststellen mußten.

Am 15. September hatte das Reserveboot *U31* unter dem 32jährigen Johannes Ha-

* Wegen der intensiven ASW-Patrouillen im Ärmelkanal und aufgrund der Tatsache, daß *U32* vor dem Verbot des OKM, Enigma auf Minenlegern zu führen, ausgelaufen war und eine Enigma-Maschine an Bord hatte, wurde das Einsatzgebiet von *U32* von Portsmouth nach Bristol verlegt.

** Die 22500 Tonnen große *Courageous* und ihre Schwesterschiffe *Furious* und *Glorious* waren ursprünglich 1916 auf Kiel gelegte Schlachtkreuzer gewesen. In den zwanziger Jahren wurden sie zu Flugzeugträgern umgebaut; sie konnten jeweils 48 Flugzeuge, davon 24 Swordfish-Doppeldecker und 24 Jäger, tragen und hatten Besatzungen von je 1200 Mann.

bekost gerade seine gefährliche Fahrt durch den Ärmelkanal hinter sich, als es auf einen auslaufenden Geleitzug stieß. Habekost brach befehlsgemäß die Funkstille, um Dönitz Kurs und Geschwindigkeit des Konvois zu melden. Dieses erste »eindeutige« Zusammentreffen eines U-Bootes mit einem Konvoi in britischen Gewässern verursachte große Aufregung. Dönitz beorderte alle U-Boote – einschließlich *U29* unter Schuhart und *U53* vom Typ VIIB unter dem 31jährigen Ernst-Gunther Heinicke, das als letztes ausgelaufen war – zu einem massierten Angriff auf den Konvoi in die Western Approaches. In der Nacht umfuhr Habekost mit *U31* den Konvoi und war am frühen Morgen des 16. September in Schußposition. Er dachte nach dem Angriff, er hätte zwei große Schiffe versenkt, aber offensichtlich hatte auch er Probleme mit Torpedoversagern. Nur der 4000 BRT große britische Frachter *Aviemore* ging unter.

Heinicke mit *U53* und Schuhart mit *U29* reagierten auf Habekosts Kontakt. Als sie am 17. September Jagd auf den Konvoi machten, stieß Heinicke auf die *Kafiristan,* einen britischen 5000-BRT-Frachter auf Heimatkurs, und versenkte ihn durch Geschützfeuer und Torpedobeschuß. Während Heinicke im Begriff war, die Überlebenden der *Kafiristan* zu retten, tauchte eine Kette von Swordfish-Doppeldeckern auf und griff *U53* mit Bomben und Maschinengewehrfeuer an. Heinicke wurde zum Alarmtauchen gezwungen und konnte einige Männer an der Deckkanone nicht mehr ins Boot holen. Sie kamen in der See um.

Am selben Tag sichtete Schuhart, der mit *U29* östlich von *U53* auf Tauchfahrt war, einen Swordfish-Doppeldecker. Eine Swordfish 300 Meilen westlich von England über dem offenen Meer bedeutete, daß ein Flugzeugträger in der Nähe sein mußte. Schuhart blieb unter Wasser und mahnte die Sehrohrwache zu höchster Aufmerksamkeit. Gegen 18.00 Uhr sichtete die Wache Rauch am Horizont – es war die *Courageous*. Schuhart korrigierte seinen Kurs, um seine Position zu verbessern, und befahl die Männer auf ihre Gefechtsstationen. Er warf einen kurzen Blick durch das Sehrohr und sah, daß Flugzeuge über dem Träger kreisten, jedoch zwei Zerstörer bei ihm waren. Die beiden anderen Zerstörer zu seiner Sicherung waren nach Westen zu der sinkenden *Kafiristan* gelaufen, um *U53* zu jagen.

Schuhart tat, was er konnte, um seinen Abstand zu der *Courageous* zu verkürzen, aber es gelang ihm nicht. Wie er später ins Logbuch schrieb, schien die Operation zunächst aussichtslos. Er konnte wegen der Flieger nicht auftauchen, und seine Unterwassergeschwindigkeit betrug weniger als 8 Knoten, während der Flugzeugträger 20 Knoten lief. Doch er hatte bei den Übungen gelernt, so nahe wie möglich dranzubleiben, und das tat er, indem er dem Träger unter Wasser folgte.

Eineinhalb Stunden blieb Schuhart der *Courageous* verbissen auf den Fersen, bis sie um 19.30 Uhr plötzlich in den Wind drehte, um Flugzeuge aufzunehmen. Damit lief sie direkt auf Schuhart zu. Er gab Befehl, die Mündungsklappen von drei Bugtorpedorohren zu öffnen. Den Abschußwinkel mußte er allerdings überschlagen, denn die enorme Größe des Ziels machte jede normale Berechnung unmöglich, und außerdem schaute er direkt in die Sonne.

Um 19.40 Uhr schoß Schuhart aus einer Distanz von 2700 Meter einen Dreierfächer. Während die Torpedos noch unterwegs waren, lief einer der Begleitzerstörer, der *U29* noch immer nicht bemerkt hatte, in 500 Metern Entfernung vorbei. Schuhart tauchte tief, um weiter unentdeckt zu bleiben. Während das Boot tauchte, hörte und spürte die Besatzung zwei Schläge. Die Explosionen waren laut Schuhart so stark, daß er meinte, sein Boot sei beschädigt worden. Einige Männer jubelten, auch wenn sich jeder fragte, was als nächstes passieren würde. Er ging mit dem Boot auf 55 Meter Tiefe – 10 Meter tiefer, als er je zuvor getaucht war – und ließ es vorsichtig weiter sinken.

Zufällig lief gerade das holländische Passagierschiff *Veendam* vorbei, als die *Courageous* von zwei Torpedos getroffen wurde. Die Passagiere sahen, wie die *Courageous* von einer riesigen weißen Wolke verschluckt wurde. Zuerst dachten sie, es sei eine Rauchwolke. Sekunden später jedoch hörten sie zwei fürchterliche Detonationen und sahen Flammen aus der Wolke schlagen und Stahlstücke und Flugzeugteile durch die Luft fliegen. Entsetzt beobachteten sie, wie die *Courageous* sich langsam nach Backbord neigte und sank – fünfzehn Minuten, nachdem sie die Torpedos getroffen hatten. Von ihren 1260 Besatzungsmitgliedern kamen 519 ums Leben. Die *Veendam* und der britische Frachter *Collingworth,* der auf den Notruf reagiert hatte, retteten die Überlebenden aus dem öligen Wasser.

Die beiden Zerstörer orteten *U29* mit dem Sonar und griffen mit Vehemenz an. Das Boot taumelte unter den Explosionen der Wasserbomben. Bei einem der Angriffe dachte Schuhart, der Kommandoturm würde implodieren. Doch er hielt. Vier Stunden lang wurde *U29* immer wieder von Schlägen erschüttert, bis 23.40 Uhr; dann hatten beide Zerstörer all ihre Wasserbomben verbraucht. *U29* machte sich in aller Stille davon, und nach dem Auftauchen funkte Schuhart an Dönitz: *Courageous* versenkt. *U29* auf Heimatkurs.

Am Morgen des 18. September war die Nachricht von Schuharts Sieg auf der ganzen Welt bekannt. Die Admiralität zog umgehend die drei verbleibenden Flugzeugträger der Home Fleet von ASW-Missionen zurück. Wie sich Raeder erinnert, hatte Hitler zwar vermeiden wollen, die Briten durch die Versenkung eines Hauptkampfschiffes zu demütigen, er hatte jedoch keinen speziellen Befehl erlassen, der Angriffe auf solche Schiffe verbot. Tatsächlich herrschte bei der Kriegsmarine überschwengliche Freude über das Ereignis. Auch Dönitz war begeistert. Schuharts Heldentat versprach die psychologische Wirkung enorm zu verstärken, die er mit seiner ersten U-Boot-Offensive bei den Briten hatte erzielen wollen. »Ein herrlicher Erfolg«, schwärmte er in seinem Kriegstagebuch. Raeder wies ihn an, Schuhart das Eiserne Kreuz Erster Klasse (EKI) und allen Besatzungsmitgliedern von *U29* das EKII zu verleihen.

Treibstoff, Proviant und Torpedos waren knapp geworden, und sechs der neun Typ-VII-Boote der Flottille Saltzwedel, einschließlich des aus Island kommenden *U30,* traten bald den Rückmarsch nach Deutschland an. Sie ließen vier Boote zurück, die den Seekrieg in den britischen Gewässern weiterführen sollten: *U31, U32* und *U35* – die drei jüngst angekommenen Reserveboote der Flottille Saltzwedel – und *U53* von Typ VIIB, das noch gut mit Treibstoff und Torpedos versorgt war. Nachdem *U32,* kommandiert von dem 32jährigen Kommandanten Paul Büchel, in der Nacht des 17. September ein Minenfeld im Bristol-Kanal gelegt hatte, machte Büchel wie die drei anderen Boote Jagd auf Schiffe, hatte aber schon am 18. September, nach der Versenkung eines 4900 BRT großen Frachters, einen Maschinenschaden und mußte seinen Einsatz vorzeitig abbrechen. Damit waren nur noch *U53* und zwei Boote der Flottille Saltzwedel in britischen Gewässern.

Nur einem Boot der sieben heimkehrenden Typ-VII-Boote war es nicht gelungen, ein Schiff mit Torpedos zu versenken. Der 32jährige Johannes Franz von *U27* hatte zwar in seinem Gebiet im Eingang des Nord-Kanals zwischen Schottland und Irland unerbittlich und aggressiv patrouilliert und insgesamt elf große Frachter gestoppt und zwei davon mit Torpedos verfehlt. Er hatte nur zwei Trawler, einen durch Geschützfeuer und einen durch Sprengung, versenken können. Am 18. September sichtete Franz die zurückbeorderte *Ark Royal* auf Heimatkurs, war jedoch für einen Angriff zu weit entfernt. Wie Glattes und Schuhart hatte auch Franz beunruhigende und erschreckende Probleme mit Torpedoversagern gehabt. Am 17. September waren ihm zwei Torpedos, die er auf einen britischen Frachter abgeschossen hatte, bereits nach einem Lauf von kaum 270 Meter detoniert und hatten sein Boot erschüttert und beschädigt. Auch Franz hatte wie Schuhart die Funkstille gebrochen, um die Panne zu melden. Dönitz hatte daraufhin eine weitere Veränderung des Torpedoabschußvorgangs veranlaßt.

U27 befand sich auf Heimatkurs, als die Brückenwache in der Nacht des 19. September, ein paar Minuten vor Mitternacht, »sechs Silhouetten« sichtete und den Kommandanten eilig auf die Brücke rief. Franz konnte sein Glück kaum fassen – ging er doch davon aus, daß es Kreuzer wären. Er befahl die Männer auf die Gefechtsstationen, tauchte auf und leitete ohne Zögern einen Nachtangriff ein. Er schoß drei mit Magnetpistolen versehene Torpedos mit einem Tiefenlauf von 3,7 bis 4 Meter auf die überlappende Wand der Schiffe ab und hoffte, mindestens drei Kreuzer mit nur einem Fächer versenken zu können und es auf diese Weise dem legendären Otto Weddigen aus dem Ersten Weltkrieg gleichzutun.

In Wirklichkeit hatte Franz auf eine Phalanx von sieben Zerstörern geschossen. Zwei Torpedos detonierten verfrüht, nur dreißig Sekunden, nachdem sie das Rohr verlassen hatten, der dritte verfehlte sein Ziel. Der durch die beiden Detonationen alarmierte Zerstörer *Fortune* sichtete *U27* und drehte sofort auf das Boot zu. Franz war entsetzt über die beiden Frühzündungen und den Angriff der *Fortune,* die er nun richtig als Zerstörer identifizierte, und tauchte schnell tief. Die *Fortune* warf nach Augenmaß fünf Wasserbomben, die aber alle ihr Ziel weit verfehlten. Während der Zerstörer einen besser vorbereiteten Angriff plante, bekam er Sonarkontakt und lief langsam zu einem zweiten Versuch an. Er warf fünf weitere auf Tiefen von 30 und 45 Metern eingestellte Wasserbomben, die nahe bei dem U-Boot explodierten. Die Schraubenwelle wurde verbogen und ein gefährliches Leck in die Dichtung der Welle geschlagen.

Im Wirbel der explodierenden Wasserbomben verlor die *Fortune* den Sonarkontakt. Die sieben Zerstörer bildeten wieder eine Phalanx für eine sorgfältige Suche. Franz war mittlerweile auf Sehrohrtiefe gegangen, um einen Blick auf die Angreifer zu werfen. Als er sah, daß vier Zerstörer ganz in seiner Nähe das Wasser mit Suchscheinwerfern absuchten, ging er sehr tief – auf 120 Meter – und ordnete Schleichfahrt an.

Die Zerstörer intensivierten die Jagd. Um 1.27 Uhr bekam die *Forester* Sonarkontakt und griff mit Wasserbomben an, die auf 30 und 45 Meter Tiefe eingestellt waren – zu flach, um Schaden anzurichten. Auch die *Forester* verlor durch die Wirbel den Kontakt, und Franz glaubte eine Zeitlang, entkommen zu können. Um 2.12 Uhr jedoch war er wieder geortet, und die *Forester* unternahm kurz hintereinander zwei wohlgeplante Angriffe mit Wasserbomben, die auf Tiefen zwischen 30 und 75 Meter eingestellt waren. Einige dieser Bomben explodierten in unmittelbarer Nähe von *U27* und verursachten einen so schweren Wassereinbruch, daß Franz beschloß, aufzutauchen und in der Dunkelheit einen Fluchtversuch zu wagen. Um 2.41 Uhr, drei Stunden und achtundvierzig Minuten nach dem Torpedoangriff, durchbrach *U27* unweit der sieben Zerstörer, von denen ein paar noch die Suchscheinwerfer benutzten, die Wasseroberfläche. Franz befahl volle Fahrt voraus und machte sich davon.

Die *Fortune* sah das aufgetauchte Boot zuerst. Sie drehte auf Rammkurs und eröffnete das Feuer. Unter dem Beschuß sprangen Franz, zwei Offiziere, der Obersteuermann und sechzehn andere Männer von Bord des dahinpreschenden Bootes; sie wurden später von der *Faulknor* aus dem Wasser gefischt. Als die *Fortune* sah, daß die Männer über Bord sprangen und sich weitere an Deck drängten, stellte sie nach vier Schuß das Feuer ein und drehte bei, um einen Rammstoß zu vermeiden und *U27* und seine Besatzung unversehrt in die Hand zu bekommen. Als *U27* seinen vergeblichen Fluchtversuch endlich eingestellt hatte, schickte die *Fortune* ein Enterkommando. Der Leitende Ingenieur von *U27* hatte jedoch bereits die Selbstversenkung eingeleitet, und das Boot begann zu sinken. Der Ingenieur der *Fortune* ging mutig unter Deck, um die Flutklappen der Tauchzellen und die Flutventile zu schließen – und natürlich, um alles mitzunehmen, was er an Dokumenten finden würde. Aber es war bereits zu spät. *U27* war schon voller Batteriegas und füllte sich rasch mit Wasser. Um 3.50 Uhr stellte das U-Boot sich auf das Heck und ging senkrecht nach unten. Die *Fortune* rettete die restlichen 18 Mann der Besatzung. Es waren keine Verluste zu beklagen.

Die anderen sechs Boote der Flottille Saltzwedel blieben auf ihrem Rückmarsch unentdeckt. Büchel von *U32* heftete noch einen kleinen Skalp an seinen Gürtel, indem er ein 875 BRT großes norwegisches Schiff durch Sprengladungen versenkte; desgleichen Dresky von *U33,* der einen Trawler mit dem Deckgeschütz versenkte. Rollmann von *U34* stoppte in der Nordsee einen 2500 BRT großen estnischen Frachter und brachte ihn nach Deutschland. Als die sechs Boote zwischen dem 26. und dem 30. September in Wilhelmshaven einliefen, hatten fünf von ihnen gerade noch ein paar Tassen Treibstoff im Tank.

Am 27. September kehrte Fritz-Julius Lemp mit *U30* von Island zurück. Das Boot war in verheerendem Zustand; ein Diesel war tot, der zweite tuckerte nur noch. Dönitz schickte dem Boot einen Minenräumer als Schlepper. Doch Lemp wies stolz jede Hilfe zurück, und *U30* lief aus eigener Kraft in den Jadebusen ein. Bärtig und schmutzbedeckt standen die Männer auf Deck, und zwischen ihnen stolzierte der Truthahn Alfonso umher, den sie in Island als zusätzlichen Proviant gekauft, aber als Maskottchen behalten hatten.

Dönitz und die gesamte U-Bootwaffe wußten natürlich, daß Lemp die *Athenia* versenkt hatte. Da Berlin jedoch sein Dementi weiterhin aufrechterhielt, wurden Lemp und seine Besatzung (und die gesamte Unterwasser-Streitmacht) zu strengster Geheimhaltung verpflichtet, und das Logbuch von *U30* wurde nachträglich geändert, um jeden Hinweis auf die Versenkung zu tilgen. Eine Sorge aber blieb: Würde der verwundete Adolph Schmidt in Island das Geheimnis preisgeben? Lemp versicherte Dönitz, daß Schmidt absolut zuverlässig sei.*

* Was er auch war. Als britische Truppen 1940 Island besetzten, kam Schmidt in Kriegsgefangenschaft; er wurde wiederholt über den Vorfall befragt, gab aber die Versenkung der *Athenia* nicht preis.

Einer Legende zufolge wurde Lemp wegen der Versenkung der *Athenia* die Hölle heiß gemacht, und das OKM drohte, ihn vor ein Kriegsgericht zu stellen. Dies ist unwahrscheinlich. Die Versenkung der *Athenia* war zwar ein Fehler gewesen, hatte aber große Angst gesät und zu der von Dönitz und der Kriegsmarine gewünschten Demoralisierung des Gegners beigetragen. Darüber hinaus hatte Lemp einen hervorragenden Einsatz gefahren: Er hatte in einem Randgebiet und obendrein unter schlechten Wetterbedingungen einschließlich der *Athenia* drei Schiffe versenkt; er hatte, laut Propaganda, zwei Flugzeuge der *Ark Royal* abgeschossen und hatte bei der Rettung der beiden britischen Piloten und deren Transport nach Island untadeligen Kameradschaftsgeist und tiefes Mitgefühl gezeigt; er hatte den schlimmsten Wasserbombenangriff, dem je ein Boot im Atlantik ausgesetzt war, mit »unerschütterlicher Ruhe« überstanden; er war mit *U30* in die bisher unerreichte Tiefe von 143 Metern getaucht, und er hatte sein Boot trotz schwerer Gefechtsschäden und trotz Maschinenschaden in den Heimathafen zurückgebracht. Lemp vor ein Kriegsgericht zu stellen wäre ein falsches Signal für die U-Boot-Streitmacht gewesen (nämlich daß kühne Angriffslust bestraft wurde), und außerdem hätten vielleicht die Alliierten von dem Verfahren Wind bekommen und Berliner Lügen aufgedeckt.

Im Vergleich zu Lemps Erfolgen waren die Trefferquoten der ersten sieben Boote der Flottille Saltzwedel, einschließlich des vernichteten *U27*, eher enttäuschend. In siebzehn Tagen Kampf im Atlantik (3. bis 20. September) hatten sie nur vierzehn Handelsschiffe und drei Trawler mit Torpedos, Geschützfeuer und Sprengladungen versenkt und ein Schiff erbeutet. Wenn man die Trawler abzieht, so ergibt die Statistik nur zwei versenkte Schiffe pro Boot oder ein versenktes Schiff pro acht Einsatztagen. Hinzu kommt, daß die Minensperre von *U32* nicht besonders wirkungsvoll war; sie hatte zwar zwei große Frachter beschädigt und die Briten gezwungen, den Hafen von Bristol zeitweilig zu schließen, aber sie hatte nicht zu Versenkungen geführt.

Trotz allem wurden die Kommandanten und ihre Besatzungen als Helden willkommen geheißen. Hitler und Raeder reisten persönlich nach Wilhelmshaven, um Lob und Orden zu verteilen. Der Mann der Stunde war Otto Schuhart von *U29,* der vier der vierzehn Versenkungen für sich verbuchen konnte, darunter zwei wichtige Tanker und vor allem die *Courageous*. Er hatte auf einer einzigen Fahrt 41 905 Tonnen versenkt – ein Rekord, der lange Zeit bestehen bleiben sollte. Mit drei Schiffen und 23 206 BRT kam Lemp mit *U30* eigentlich an zweiter Stelle, da jedoch der Name *Athenia* nicht einmal in den Mund genommen, geschweige denn ihre Versenkung belohnt werden durfte, ging der zweite Platz an Wilhelm Rollmann von *U34,* der zwei Schiffe und 11 400 BRT versenkt und ein 2500-BRT-Schiff erbeutet hatte. Büchel von *U32* hatte ebenfalls zwei Schiffe versenkt, und Dresky von *U33* sogar drei, an Tonnage aber jeweils nur halb soviel wie Rollmann. Kuhnke von *U28* hatte ein Schiff versenkt.

Drei Boote der ersten Welle waren noch im Atlantik: *U31* und *U35,* die Reserveboote der Flottille Saltzwedel, und *U53* von der Flottille Wegener. *U53* kehrte vor den beiden anderen zurück; es hatte einen Frachter und den 8826 BRT großen Tanker *Cheyenne* versenkt. Damit erhöhte sich die Gesamtbilanz der sechs VIIB-Boote der Flottille Wegener auf acht Versenkungen. Das Reserveboot *U31* hatte zwei Schiffe versenkt, *U35* vier. Rechnet man noch die drei Trawler hinzu, so hatten die neun Boote der Flottille Saltzwedel insgesamt 24 Versenkungen zu verbuchen und erhöhten die Quote von durchschnittlich 2 Versenkungen pro Boot und Einsatz auf 2,6.

Die Versenkungs-Statistik der 21 hochseetüchtigen U-Boote der ersten Welle sah daher aus wie folgt:

Kräfte	Schiffe	Tonnage
Flottille Saltzwedel (9 Typ-VII-Boote)	24	112689
Flottille Wegener (6 VIIB-Boote)	8	37065
Flottille Hundius (5 Typ-IX-Boote)	4	18870
U26 (1 Typ-I-Boot) [Minenfeld]	3	17414
Gesamt	39	186038

Die Feindfahrten in der Nordsee

Als die Feindseligkeiten am 3. September begannen, waren in der Nordsee 17 Einbäume und das hochseetüchtige U-Boot *U36* vom Typ VII zu Offensiv- und Defensivoperationen aufgestellt. Nach der Kapitulation Polens wurden drei Einbäume aus Marinestützpunkten an der Memel und andere Boote aus der östlichen Ostsee in die Nordsee verlegt, so daß am Ende des ersten Kriegsmonats 20 der 30 in Dienst gestellten Einbäume in der Nordsee patrouillierten.

Fünf Einbäume hatten den Auftrag, in vier britischen Häfen Minenfelder zu legen; auch ein französischer Hafen sollte vermint werden, diese Mission wurde jedoch aufgegeben, nachdem Hitler jede feinselige Handlung gegen französische Handelsschiffe untersagt hatte. Die fünf Einbäume legten insgesamt 36 TMB-Minen in vier Häfen an der englischen Ostküste und im Ärmelkanal. Die Felder von Dover und Hartlepool waren nicht wirkungsvoll, dagegen brachte das Feld von Ordfordness, das von Karl Daublebsky von Eichhain mit *U13* gelegt worden war, mit drei versenkten Schiffen von insgesamt 27203 BRT ein gutes Ergebnis, und das Feld von Flamborough Head, gelegt von Heinz Buchholz auf *U15,* versenkte zwei mittelgroße Frachter von insgesamt 4274 BRT.

U36 und die übrigen Einbäume patrouillierten offensiv und defensiv in jedem Winkel der engen Nordsee. Die zwei Einbäume *U9* und *U19* jagten britische Kriegsschiffe auf der Höhe von Nordostschottland, einige Einbäume sondierten die Gewässer im Ostausgang des Ärmelkanals, *U14* lauerte vor dem britischen Marinestützpunkt in der Bucht von Scapa Flow, *U20* patrouillierte bis über den Polarkreis hinauf nach Narvik, und die übrigen Boote kreuzten im Kattegat und im Skagerrak.

Wegen ihrer begrenzten Bunkerkapazität konnten die Einbäume nicht länger als etwa 18 Tage auf See bleiben. Viele Einsätze waren aber kürzer. Einige Einbäume liefen in Wilhelmshaven aus und auch wieder direkt dorthin zurück, oder sie fuhren durch den Nord-Ostsee-Kanal in die Kieler Bucht, andere fuhren von Kiel über Kattegat und Skagerrak in die Nordsee und kehrten auf derselben Route wieder nach Kiel zurück. Nur wenige Einbäume konnten im September 1939 zwei Feindfahrten absolvieren, denn zwischen den Einsätzen lagen die meisten Einbäume mindestens eine Woche zur Instandsetzung auf der Werft. Während dieser Zeit bekamen die Besatzungen Ausgang und Heimaturlaub.

In der Nordsee wimmelte es von Handelsschiffen – britische Schiffe und Schiffe unter neutraler norwegischer, dänischer, schwedischer, finnischer, estnischer, lettischer oder litauischer Flagge, von denen aber viele Konterbande führten und Eisenerz, Chemikalien, Lebensmittel, Waffen, Holz und ähnliches nach Großbritannien brachten. Die Einbäume waren jedoch zu klein, zu schlecht bewaffnet und mit nur 13 Knoten Höchstgeschwindigkeit zu langsam, um die Schiffe gemäß dem U-Boot-Protokoll anzuhalten und zu überprüfen. Außerdem hatte Hitler aus politischen Gründen verfügt, eindeutig als neutral erkannte Schiffe in der Nordsee nicht anzuhalten. So mußten die Einbäume ihre Angriffe auf Ziele beschränken, die zum Abschuß frei waren und die sie bei einem Überraschungsangriff ohne Warnung versenken konnten: britische Kriegsschiffe, U-Boote und Handelsschiffe, die eindeutig von Kriegsschiffen eskortiert wurden.

Wenn doch einmal ein erlaubtes Ziel auftauchte, griffen die Einbäume vehement an. Fritz Frauenheim von *U21* und Udo Behrens von *U24* schossen vor Nordostschottland auf britische Zerstörer. Frauenheim behauptete, einen Zerstörer versenkt zu haben, und die Versenkung wurde anerkannt, aber weder er noch Behrens waren tatsächlich erfolgreich gewesen. Auch Horst Wellner von *U14* und Werner Winter von *U22* bekamen irrtümlich die Versenkung polnischer U-Boote gutgeschrieben. Danach griffen sie britische U-Boote an, die wiederum fälschlich als versenkt gewertet wurden. Im September war kein britisches Kriegsschiff von einem Einbaum beschädigt, geschweige denn versenkt worden.

Otto Kretschmer von *U23* – einer der wenigen Kommandanten, die auf eskortierte oder uneskortierte britische Handelsschiffe trafen – schoß einen vollen Dreierfächer aus dem Bug und einen Reservetorpedo auf ein eskortiertes altes 2000 BRT großes Küstenfahrzeug, aber alle vier Torpedos versagten oder verfehlten ihr Ziel. Wilhelm Fröhlich auf *U36* stoppte und überprüfte den uneskortierten 1000 BRT großen Küstenfahrer *Truro* und versenkte ihn, nachdem die Besatzung das Schiff verlassen hatte, und Werner Heidel auf *U7* stoppte und versenkte den uneskortierten 2700 BRT großen Frachter *Akenside*. Dies waren die beiden einzigen Schiffe, die bis zum 22. September von allen U-Booten in der Nordsee versenkt worden waren.

Der rege Nordseeverkehr von Neutralen mit Konterbande hatte Raeder und Dönitz so erzürnt, daß Raeder sich am 23. September mit Hitler in Danzig traf, um eine Lokkerung der Beschränkungen des U-Boot-Kriegs zu erreichen, die es nicht nur den Einbäumen erlauben würde, neutrale Schiffe in der Nordsee anzuhalten und gegebenenfalls anzugreifen, sondern auch der nächsten Welle von Atlantik-U-Booten bessere Chancen und geringere Risiken bieten würde. Polen war erobert, und Hitler war es müde, Frankreich und Großbritannien zum Kriegsaustritt zu bewegen. Er plante damals, sich nach Westen zu wenden und Frankreich anzugreifen. Er sah den schnellen Zusammenbruch Frankreichs voraus und glaubte, daß Großbritannien danach ein Friedensangebot machen würde.

Eine Lockerung der Beschränkungen des U-Boot-Kriegs und ein schärferes Vorgehen gegen die Neutralen in der Nordsee paßten daher gut zu Hitlers Plan, den Druck im Westen zu verstärken. Folgende von Hitler gebilligte Maßnahmen zugunsten der U-Boote wurden am 24. September vom OKM an Dönitz weitergeleitet:

- Die Beschränkungen bezüglich französischer Handelsschiffe und bezüglich des Verminens französischer Häfen wurden aufgehoben. Französische Schiffe waren nun genauso zu behandeln wie britische Schiffe.

• Die U-Boote erhielten die Erlaubnis, mit »Waffengewalt« gegen jedes alliierte Handelsschiff vorzugehen, das den Notruf SSS aussendete. Diese Schiffe waren ausnahmslos »einzubringen bzw. zu versenken«, nicht jedoch, ohne einen Versuch zur Rettung der Besatzungen zu unternehmen.

• Alliierte »Passagierschiffe«, die nur bis zu 120 Passagiere führten und von denen daher angenommen werden konnte, daß es sich in der Hauptsache um Frachtschiffe handelte, konnten unter Berücksichtigung des U-Boot-Protokolls und unter Einhaltung der Prisenordnung versenkt werden. Passagierschiffe mit mehr als 120 Passagieren an Bord durften aber unter keinen Umständen versenkt werden.*

Die U-Bootwaffe begrüßte die Lockerung der Beschränkungen. Die Erlaubnis, auch französische Schiffe zu versenken, verringerte die Risiken beträchtlich, ermöglichte Nachtangriffe auf alliierte Geleitzüge und erhöhte die Anzahl der legalen Ziele um etwa 500 weitere Handelsschiffe mit insgesamt 2,7 Millionen BRT. Da alle britischen Schiffe den Befehl hatten, bei Sichtung eines U-Boots SSS zu funken, verminderte auch die Erlaubnis zum Angriff auf Schiffe, die diesen Funkspruch absetzten, das Risiko für die Boote, da sie vor dem Versenken nicht mehr untersucht werden mußten.

Trotz der Lockerungen blieben mißliche Beschränkungen bestehen. Auch wenn die SSS funkenden Schiffe der Alliieren nun ohne Überprüfung versenkt werden konnten, mußten die Kommandanten doch zumindest den Versuch unternehmen, die Besatzungen zu retten, was immer ein nicht zu unterschätzendes Risiko darstellte. Das Verbot, ein Schiff mit mehr als 120 Passagieren zu versenken, zog für den Kommandanten die schwierige Aufgabe nach sich, zum Beispiel anhand der Rettungsboote zu beurteilen, wie viele Passagiere an Bord waren. Auch war der Forderung, alle bewaffneten und alle unbefeuerten Schiffe vor den Britischen Inseln warnungslos versenken zu dürfen, nicht nachgegeben worden.

Nachdem die Einbäume die neue Weisung erhalten hatten, fielen sie mit aller Gewalt über die neutrale Schiffahrt in der Nordsee her. Heidel von *U7* versenkte ein norwegisches Schiff, Harro von Klot-Heydenfeldt von *U4* einen schwedisches und zwei finnische Schiffe, Hannes Weingärnter von *U16* versenkte ein schwedisches, Joachim Schepke von *U3* ein dänisches und ein schwedisches, und Fröhlich von *U36* versenkte ein schwedisches Schiff, stoppte ein weiteres und brachte es nach Deutschland ein, womit er seinen einmonatigen Einsatz in der Nordsee beendete. Insgesamt hatten die Nordseeboote in nur einer Woche zehn Neutrale mit 13 000 BRT versenkt oder eingebracht.**

Oslo, Stockholm, Kopenhagen und Helsinki protestierten mit solcher Schärfe, daß sich Hitler zu einem Rückzieher gezwungen sah. Am 30. September setzte er die alten Beschränkungen für die Einbäume wieder in Kraft, was den Angriffen auf Neutrale in der Nordsee ein Ende setzte. In der Folge mußten sich die Einbäume auf offensive Einsätze und Minenoperationen in britischen Gewässern beschränken.

---

* Die Lockerung der Beschränkungen galt auch für die Taschen-Schlachtschiffe *Deutschland* und *Admiral Graf Spee*, denen am 25. September Weisung für ihren Einsatz als Handelsstörer zuging.

** Dazu kommen noch die Erfolge der Atlantik-Boote, die, wie oben erwähnt, auf dem Rückmarsch ein norwegisches Schiff versenkt sowie ein estnisches und zwei finnische Schiffe eingebracht hatten und damit insgesamt 5400 BRT verbuchen konnten.

In der Nordsee wurden die U-Boote der Kriegsmarine von britischen U-Booten gejagt. Die *Seahorse* schoß drei Torpedos auf *U36* ab und meldete irrtümlich seine Versenkung. *U23* unter Otto Kretschmer wurde im Kattegat von einem (nicht identifizierten) U-Boot beschossen, doch die Torpedos verfehlten auch diesmal ihr Ziel. Auch andere Einbäume hatten Begegnungen mit britischen U-Booten, konnten aber alle entkommen.

Nur der Einbaum *U12* ging verloren. Dönitz hatte das von dem 30jährigen Dietrich von der Ropp kommandierte Boot in den Ärmelkanal geschickt, um britische Truppentransporter anzugreifen. Nachdem andere Einbäume das Gebiet zu einem früheren Zeitpunkt erkundet hatten, rechnete Dönitz nicht damit, daß die Briten den Kanal inzwischen vermint haben könnten. Großbritannien und Frankreich hatten jedoch zwischen dem 11. und 17. September mit 3000 Treib- oder Ankertauminen eine Sperre von Dover bis Cap Gris Nez gelegt, die sie ab dem 25. September noch mit 3636 Beobachtungsminen verstärkt hatten, die von Unterwasserhydrophonen überwacht und von Küstenstationen ferngezündet werden konnten. Am 8. Oktober lief *U12* auf eine Mine und explodierte. Es war der erste U-Boot-Verlust, bei dem die gesamte Besatzung fiel. Dönitz aber wollte immer noch nicht glauben, daß die Alliierten im Kanal ein Minenfeld gelegt hatten, und schrieb den Verlust von *U12* fälschlicherweise Überwasser-Kräften der U-Boot-Bekämpfung zu.

Bei ihrer Rückkehr hatten *U36* und die 23 Einbäume (von denen einige schon zwei Einsätze gefahren hatten) lediglich 13 kleine Schiffe, ein britisches und zwölf neutrale, von insgesamt 16751 BRT mit Torpedos oder Sprengsätzen versenkt oder eingebracht. Wären die von *U13* und *U15* gelegten Minenfelder nicht so wirkungsvoll gewesen, die fünf Schiffe mit insgesamt 15575 BRT vernichtet hatten und so die Zahl der versenkten und eingebrachten Schiffe auf ansehnliche achtzehn mit insgesamt 32326 BRT erhöhten, dann wäre die Ausbeute der in der Nordsee aufgestellten Einbäume und von *U36* sehr enttäuschend gewesen. Der Wert der Feindfahrten in der Nordsee war jedoch nicht in Zahlen zu messen. Sie säten Angst und zwangen die Alliierten, Geleitzüge zu bilden, und sie waren eine perfekte Ausbildung für U-Boot-Offiziere und Mannschaften. Fast alle Kommandanten der Einbäume, um nur Kretschmer und Schepke zu nennen, sollten auf Atlantik-Boote »befördert« werden.

U-Boote versus Handelsschiffe – der Beginn eines Rüstungswettlaufs

Die ordengeschmückten U-Boot-Fahrer hatten allen Grund, sich mit stolzgeschwellter Brust in den Hafenbars von Wilhelmshaven oder Kiel zu zeigen. Da Hitler aus politischen Gründen Luftangriffe auf Großbritannien und die Royal Navy verboten hatte, waren sie die einzigen gewesen, die in den ersten Wochen nach Beginn der Feindseligkeiten den Krieg gegen England geführt hatten.* Auch wenn, statistisch gesehen, die Zahl der Versenkungen pro Boot enttäuschen mußte, so hatte doch die U-Bootwaffe insgesamt Großbritannien empfindliche psychologische und materielle Schläge

* Die Taschen-Schlachtschiffe *Deutschland* und *Admiral Graf Spee* kamen erst im Oktober zum Einsatz.

versetzt. Die erste Welle der U-Boote hatte 39 britische Schiffe versenkt, darunter die *Courageous* und fünf wichtige Tanker*, und dabei waren nur zwei U-Boote verlorengegangen und 81 Männer in Kriegsgefangenschaft geraten. Die U-Boote hatten Angst und Verwirrung auf See gestiftet und die Briten gezwungen, das Geleitzugsystem einzuführen, was nach Churchills Schätzung die Importe um etwa ein Drittel reduzieren würde. Und sie hatten erreicht, daß Hunderte von Flugzeugen und Schiffen in ASW-Missionen verschlissen wurden und zahllose Schiffe zum Minenlegen und Minenräumen eingesetzt werden mußten.

Von weitreichender Bedeutung war außerdem, daß Hitler während der ersten U-Boot-Einsätze im September zugunsten eines massiven Ausbaus der U-Bootwaffe vom Z-Plan abrückte. Das Hauptgewicht des Rüstungsprogramms sollte, wie von Dönitz bereits seit drei Jahren gefordert, auf den verbesserten mittelgroßen Booten vom Typ VIIB und VIIC liegen. Sechzehn Werften sollten für den U-Bootbau ausgerüstet werden, dreizehn für die mittelgroßen und drei für die verbesserten großen Boote der Typen IXB und IXC.** Hitler sicherte Raeder außerdem zu, daß dem U-Bootbau vor allen anderen militärischen Erfordernissen, einschließlich des Baus der modernisierten JU-88 Sturzkampfbomber (Stukas) für die Luftwaffe, Priorität eingeräumt werde. Und daß fähige Schiffsbauer, die zur Wehrmacht eingezogen worden waren, wieder in die Werften zurückkehren könnten. Das Programm sah eine Produktion von 20 bis 30 U-Booten pro Monat vor. Die U-Boot-Streitmacht, die so lang ein Stiefkind der Kriegsmarine gewesen war, würde wieder die wichtige Rolle einnehmen, die sie schon im Ersten Weltkrieg gespielt hatte.

Es würde Zeit brauchen, die Werften umzurüsten und all diese U-Boote zu bauen – viel Zeit. Wieviel, das würde von einer Reihe von Faktoren abhängen – nicht zuletzt von der Verläßlichkeit Hitlers, was die zugesagte Priorität des U-Bootbaus und die Entlassung der Schiffbauer aus der Wehrmacht betraf. Wie Dönitz schätzte, würde es mindestens zwei Jahre, also bis zum Spätsommer 1941, dauern bevor die U-Bootwaffe durch Boote in beträchtlicher Zahl verstärkt werden konnte. Bis dahin konnte der U-Boot-Krieg angesichts des bisherigen Schneckentempos im U-Bootbau, das kaum mit den wirklichen oder vorhergesagten Gefechtsverlusten Schritt halten konnte, nicht viel mehr sein als psychologische Kriegführung – das Säen von Angst.

Es lohnt, sich die erschreckende Herausforderung noch einmal vor Augen zu führen, der sich die Unterwasser-Streitkräfte damals gegenübersahen. Ohne Küstenfahrzeuge und Frachtschiffe bis zu 1600 BRT hatte die Handelsflotte des Commonwealth etwa 3000 Schiffe mit insgesamt 17,5 Millionen BRT, darunter 450 Tanker mit 3,2 Millionen BRT. Die Handelsflotte der Vereinigten Staaten hatte dagegen nur die halbe Größe: 1400 Schiffe mit 8,5 Millionen BRT, einschließlich 390 Tanker mit 2,8 Millionen BRT plus weiterer 64 unter panamesischer Flagge fahrender Tanker. Und wenn man von Italien und Japan absah, verfügte Norwegen mit 800 Schiffen und 4,2 Mil-

---

* Siehe Anhang 2 und 17.

** Der Bau der Boote vom Typ VII und IX sollte im Verhältnis 3:1 erfolgen. Der Bau von vier großen Minenlegern vom Typ XB sowie von 16 verbesserten Einbäumen vom Typ IID ging unverändert weiter; dagegen wurde der Bau der vier 3000 Tonnen großen U-Kreuzer eingestellt.

TAFEL 6

BRITISCH KONTROLLIERTE HANDELSSCHIFFE[1]

Anzahl der Schiffe über 1600 BRT

	Britische Frachter	Britische Tanker	Britische gesamt	Frachter Ausland	Tanker Ausland	Ausland gesamt	Gesamt
3. 9. 39	2520	445	2965	–	34	34	2999
30. 9. 40	2611	442	3053	526	178	704	3757
30. 9. 41	2358	427	2785	592	231	823	3608
31. 12. 41	2360	427	2787	602	227	829	3616
Veränderung:	(–)160	(–)18	(–)178	(+)602	(+)193	(+)795	(+)617

Schiffsraum der Schiffe über 1600 BRT (in 1000 BRT)

	Britische Frachter	Britische Tanker	Britische gesamt	Frachter Ausland	Tanker Ausland	Ausland gesamt	Gesamt
3. 9. 39	14352	3172	17524	–	260	260	17784
30. 9. 40	14512	3078	17590	2398	1398	3783	21373
30. 9. 41	13221	2944	16165	2704	1683	4387	20552
31. 12. 41	13329	2955	16284	2754	1655	4409	20693
Veränderung:	(–)1023	(–)217	(–)1240	(+)2754	(+)1395	(+)4149	(+)2909

[1] Quelle: Hancock, HG., (1975), Tabelle 151 und 152, S. 173 f.

lionen BRT, einschließlich seiner 268 Tanker mit 2,1 Millionen BRT über die drittgrößte Flotte.*

Churchill vertrat die Position, die Handelsflotte des Commonwealth müsse jährlich um 3 Millionen BRT aufgestockt werden, um den Verlust an Schiffen – und an Importen – durch die U-Boote und das Konvoisystem auszugleichen und einen effektiven Krieg führen zu können. Und auf sein Drängen beschloß das Kriegskabinett ein Notprogramm zum Bau von möglichst vielen Frachtschiffen und Tankern. Doch die britischen Werften waren bereits durch Aufträge für neue Kriegsschiffe überlastet und außerdem durch veraltete Konstruktionsmethoden und Arbeitskräftemangel beeinträchtigt, so daß sie mit 1,2 Millionen BRT pro Jahr nicht einmal die Hälfte des Kriegsbedarfs decken konnten.

Es gab aber Mittel und Wege, den vorhergesagten Mangel wettzumachen. Das erste und billigste Mittel war die Beschlagnahme von deutschen Handelsschiffen auf See. Weiterhin konnten »eingemottete« Schiffe aus den Vereinigten Staaten gekauft werden.** Eine andere, allerdings sehr kostspielige Möglichkeit bestand im Chartern norwegischer, griechischer oder holländischer Handelsschiffe. In den ersten acht Kriegsmonaten verschaffte sich Großbritannien aus diesen Quellen rund 100 Schiffe mit etwa einer halben Million BRT.

Abgesehen vom Verkauf »eingemotteter« Schiffe konnten die Vereinigten Staaten

* Danach kamen Frankreich und die Niederlande mit je 500 Schiffen und 2,7 Millionen BRT, gefolgt von Griechenland mit 400 Schiffen und 1,7 Millionen BRT.

** Die Vereinigten Staaten verfügten 1939 über eine Million BRT an »eingemotteten« Schiffen, wobei sich allerdings bei den meisten eine Wiederindienststellung nicht mehr lohnte.

Großbritannien keine sinnvolle Hilfe leisten. Gemäß den 1935 ratifizierten Neutralitätsgesetzen durfte die amerikanische Handelsmarine weder Gewässer befahren, die zum Kriegsgebiet erklärt worden waren, noch durfte sie Handel mit kriegführenden Staaten treiben; und um den Gesetzen Nachdruck zu verleihen, durften amerikanische Handelsschiffe nicht bewaffnet werden. Die Neutralitätsgesetze wurden erst am 11. November 1939 geändert, um Großbritannien die Möglichkeit zu verschaffen, im »Cash-and-Carry«-Verfahren amerikanische Rüstungsgüter zu kaufen. Die Beschränkungen für die amerikanische Handelsmarine aber blieben weiterhin in Kraft, und die Rüstungsgüter mußten auf Schiffen des Commonwealth transportiert werden.

Der amerikanische Handelsschiffbau hatte sich lange im Tiefschlaf befunden. Sein langsames Erwachen war erst 1936 eingeleitet worden, als Roosevelt die U.S. Maritime Commission eingesetzt hatte, um die Modernisierung der veralteten amerikanischen Trockenfrachtschiffflotte* voranzutreiben. Unter Vorsitz des energischen Rear Admiral im Ruhestand, Emory S. (»Jerry«) Land, hatte die Kommission schon vor dem Krieg einen Zehn-Jahres-Plan zum Bau von fünfzig neuen Schiffen pro Jahr verabschiedet. Prototypen großer, schneller und moderner Tanker und Trockenfrachtschiffe waren bereits geplant und in Auftrag gegeben worden. Und im Jahr 1939 konnte die Kommission die ersten, ausnahmslos für die Handelsmarine der Vereinigten Staaten bestimmten 28 Schiffe mit insgesamt 242 000 BRT ausliefern.

Mit Ausbruch des Krieges in Europa hatte Roosevelt Jerry Land beauftragt, Pläne für eine massive Expansion der amerikanischen Schiffbauindustrie zu entwickeln. Land machte sich sofort an die Arbeit und beschrieb auch die Voraussetzungen, die zur Verwirklichung der Pläne notwendig waren. Damit war der Startschuß für einen beispiellosen Rüstungswettlauf im Schiffbau gegeben. Die Deutschen hatten vor, Hunderte von U-Booten zu bauen, und die Alliierten wollten Hunderte von Handelsschiffen bauen. Ein Wettlauf, der auf den gesamten Verlauf des Zweiten Weltkriegs starken Einfluß haben sollte.

Dönitz meinte im nachhinein – und mit dieser Einschätzung stand er nicht allein –, die U-Bootwaffe hätte den Seekrieg im Alleingang und im Handumdrehen gewinnen können, wenn Hitler und Raeder auf ihn gehört und schon vor dem Krieg 300 U-Boote gebaut hätten. Das ist Unsinn. Ein U-Boot-Bauprogramm dieses Ausmaßes hätte in Friedenszeiten eine außerordentliche Provokation dargestellt. Hitler hätte dadurch das vielgepriesene deutsch-englische Flottenabkommen von 1935 verletzt, kaum daß es unterzeichnet war, und ein völlig verändertes weltpolitisches Klima heraufbeschworen. In einer Zeit intensiv konkurrierender Seemächte und neuer Schiffbauprogramme hätte die britische Admiralität in diesem Fall kaum die Hände in den Schoß gelegt, sondern den Bau von U-Boot-Bekämpfungswaffen, wie etwa einer großen Zerstörerflotte und moderner ASW-Flugzeuge, vorangetrieben. Auch hätte ein massives U-Bootbau-Programm mit größter Wahrscheinlichkeit die Kriegsmarine der Vereinigten Staaten auf den Plan gerufen, die nach einem möglichen Sieg Deutschlands über die Royal Navy mit der deutschen Aggression in der westlichen Hemisphäre hätte rechnen müssen.

---

* Im Gegensatz dazu mußten die Ölgesellschaften die amerikanische Tankerflotte immer auf dem modernsten Stand halten, um mit der großen ausländischen Konkurrenz mithalten zu können.

ZWEI

Pläne und Probleme

Anfang Oktober 1939 war der größte Teil des Heeres und der Luftwaffe aus Polen zurückgezogen und bereitete sich auf den Angriff gegen Frankreich vor. Nach einem letzten fruchtlosen Appell an Großbritannien und Frankreich, den Krieg zu beenden, wollte Hitler mit der Offensive gegen Frankreich beginnen. Die deutschen Generäle waren aber zu dem Angriff noch nicht bereit, und er wurde zunächst Woche um Woche aufgeschoben, bis schließlich der kälteste Winter seit Menschengedenken einsetzte und die Offensive auf das Frühjahr verschoben werden mußte. Diese dazwischen liegende Zeit der Untätigkeit und des Wartens ging als »Sitzkrieg«, *»Drôle de guerre«* oder *»Phony War«* in die Geschichte ein.

In jenem Herbst und Winter wurde Hitler von Raeder gedrängt, das neutrale Norwegen entweder durch politische Subversion oder mit Waffengewalt unter seine Herrschaft zu bringen. Er nannte mehrere Gründe. Zum einen befürchtete die Marineleitung, daß Großbritannien und Frankreich Norwegen besetzen wollten, um den im Winter genutzten Versorgungsweg für hochwertiges Eisenerz über Narvik nach Deutschland abzuschneiden und um für die alliierte Luftwaffe Stützpunkte für Angriffe auf Deutschland, auf Streitkräfte der Kriegsmarine und auf deutsche Stützpunkte in der Ostsee zu gewinnen. Zum anderen war Deutschlands einstweiliger Verbündeter, die Sowjetunion, Ende November in Finnland einmarschiert, und es bestand die Möglichkeit, daß sie ganz Skandinavien überrollen und im Norden eine gefährliche Front gegen Deutschland bilden könnte. Eine deutsche Besetzung Norwegens würde nicht nur all diese Gefahren ausschalten, sie würde der Kriegsmarine auch Stützpunkte außerhalb der Nordsee verschaffen, die so nahe an den britischen Schifffahrtswegen lagen, daß sie auch von den Einbäumen mit ihrem geringen Aktionsradius erreicht werden konnten.

Hitler erkannte die strategischen Vorteile dieses Plans. Daher versuchte er zunächst, die norwegische Regierung mit Hilfe des Verräters Vidkun Quisling zu stürzen. Gleichzeitig wies er die Wehrmachtführung an, für den Fall eines Scheiterns der subversiven Strategie Pläne für eine militärische Eroberung Norwegens – und Dänemarks – vorzubereiten. Dabei sollte die Kriegsmarine eine entscheidende Rolle spielen und alle verfügbaren Kräfte einschließlich aller verfügbaren U-Boote einsetzen. Gemäß der überarbeiteten Großstrategie sollte die Eroberung Norwegens und Dänemarks etwa einen Monat vor dem Angriff auf Frankreich stattfinden.

Bis zum Start dieser beiden Unternehmen sollte der inzwischen zum Konteradmiral beförderte Karl Dönitz den U-Boot-Krieg gegen Großbritannien und Frankreich fortführen. Dönitz sah sich bei der Planung der Operationen für Herbst und Winter 1939/40 mit drei großen Problemen konfrontiert:

Das entscheidende Problem war der akute Mangel an hochseetüchtigen U-Booten.

Raeder und Hitler hatten zwar den Z-Plan aufgegeben, aber trotzdem wurde die Arbeit an zahlreichen Überwasserfahrzeugen fortgesetzt: an den beiden Superschlachtschiffen *Bismarck* und *Tirpitz*, dem Flugzeugträger *Graf Zeppelin*, den drei Schweren Kreuzern *Prinz Eugen*, *Lützow* und *Seydlitz* (letzterer sollte später zum Flugzeugträger umgebaut werden) und an Unmengen von Zerstörern, Torpedobooten, Minenlegern und Minenräumern. Deshalb war es nicht möglich, die Fertigstellung der in Bau befindlichen U-Boote zu beschleunigen. In den ersten sechs Kriegsmonaten, vom September 1939 bis zum März 1940, sollten nur sechs neue Hochsee-U-Boote in Dienst gestellt werden: drei Boote vom Typ VIIB, eines vom Typ IX und zwei von dessen verbesserter Version IXB. Wenn man von der Verlustrate von zwei Hochsee-U-Booten im September ausging, dann war bis zum März 1940 mit einem Gesamtverlust von sechs U-Booten zu rechnen, der die Anzahl der Hochsee-U-Boote von 27 auf 21 reduzieren würde.

Auch kamen bei den harten Feindfahrten und Gefechten im Atlantik einige gravierende Konstruktionsfehler und Schwachstellen bei den Hochsee-U-Booten ans Licht. So waren die Motorengestelle der Boote vom Typ VII nicht belastbar genug; alle Boote brauchten neue Motoren. Ihre Abgasklappen schlossen *gegen*, und nicht mit dem Wasserdruck, und leckten in großen Tiefen gefährlich – ein Mangel, der nicht früher entdeckt worden war, da das OKM in Friedenszeiten die Tauchtiefe auf 45 Meter beschränkt hatte. Die Werften waren überlastet und außerstande, diese (und andere) Mängel sofort zu beheben. Bis dahin waren die neun restlichen Boote der Flottille Saltzwedel, die ein Drittel der Atlantik-Streitmacht stellten, nicht gefechtsbereit und konnten nur beschränkt eingesetzt werden.

Dönitz war gezwungen, zur Verstärkung der Atlantikeinheiten zwei ziemlich verzweifelte Maßnahmen zu ergreifen. Ungeachtet der damit verbundenen Risiken entschied er erstens, die beiden großen Versuchsfahrzeuge *U25* und *U26* weiterhin auf Feindfahrten einzusetzen; zweitens konfiszierte er den U-Kreuzer *Batiray*, der von Krupp für die Türkei gebaut wurde. Bis dieses Boot, genannt *UA*, jedoch sicher im Atlantik patrouillieren konnte, mußte es auf der Werft noch umfangreichen Modifikationen unterzogen werden.

Dönitz' zweites Problem war der sich erhärtende Verdacht, daß die Torpedos unzuverlässig waren. Dies eindeutig festzustellen war aufgrund des komplizierten Mechanismus sowohl der Torpedopistolen als auch der Torpedos selbst keine leichte Aufgabe. Weder die Frontoffiziere noch Dönitz und sein Stab waren ausgebildete Ingenieure oder Techniker – die meisten von ihnen hatten noch nicht einmal eine Technische Hochschule besucht; so mußten sie sich in technischen Fragen auf das Urteil der Spezialisten der Torpedo-Inspektion verlassen, die zunächst nicht ohne eine gewisse Berechtigung davon ausgingen, daß die meisten gemeldeten Torpedoversager durch schlechte Wartung und Fehler beim Abschuß durch unerfahrene Kommandanten und genauso unerfahrene Besatzungen verursacht worden waren.

Dönitz vertrat von Anfang an die Ansicht, daß einige Torpedoversager und Fehlschüsse zweifellos den Besatzungen zugeschrieben werden müßten, dies jedoch gewiß nicht für alle gelte. Allein im September hatten dreizehn Kommandanten Torpedoversager und Irrläufer gemeldet. Einer von ihnen war der analytisch begabte Otto Kretschmer auf dem Einbaum *U23*, der in Friedenszeiten eine fast hundertprozentige Trefferquote erzielt hatte und nun vor Nordostschottland aus unerklärlichen Gründen mit vier Torpedos ein langsames Trampschiff verfehlt hatte. Franz auf *U27* und Schuhart auf *U29* hatten Frühdetonierer zu melden – die Magnetpistolen der Torpedos hatten schon nach einem Lauf von weniger als 270 Metern gezündet.*

Ausgestattet mit einer detaillierten und vernichtenden Analyse des Torpedoverhaltens bei den im September eingesetzten Booten, verlangte Dönitz von Raeder und dem OKM, die Torpedo-Inspektion mit einer ausführlichen technischen Untersuchung zu beauftragen. Die TI konnte auch gleich auf zwei Mängel hinweisen, die die Magnetzünder ungünstig beeinflussen konnten: eine schlechte Kabelverlegung bei den Elektro-Torpedos und ein mechanischer Fehler bei den luftgetriebenen Torpedos, der allerdings noch nicht benannt werden konnte. Die TI meinte, die Mängel bei den Elektro-Torpedos könnten durch eine neue Anordnung der Kabel mit Sicherheit behoben werden, und empfahl, bei bei den luftgetriebenen Torpedos nur die Aufschlagpistolen zu benutzen, bis das Problem geklärt sei.

Dönitz und viele seiner Kommandanten – einschließlich Otto Kretschmers – standen den Ergebnissen der »Untersuchung« sehr skeptisch gegenüber. Ihrer Ansicht nach bestand das Hauptproblem darin, daß die Torpedos tiefer liefen, als sie der Einstellung nach sollten. Diese Möglichkeit war jedoch von der TI nicht einmal in Erwägung gezogen worden. Trotzdem blieb Dönitz nichts anderes übrig, als sich auf die Techniker zu verlassen, und er erließ entsprechende Anweisungen für die Boote, die im Oktober auslaufen sollten.

Das dritte große Problem, dem Dönitz in jenem Winter gegenüberstand, war der immer wieder erhobene Anspruch Raeders und des OKM, U-Boote für Sonderaufträge zur Verfügung zu stellen.

Raeder und das OKM hatten schon zu Beginn der Feindhandlungen vorgesehen, britische Seehäfen mit TMB-Minen zu verseuchen. Diese Mission sollte vor allem von Zerstörern ausgeführt werden, die im Schutz der winterlichen Dunkelheit über die Nordsee und zurück eilen sollten. Die Zerstörer konnten allerdings nur die Häfen im Südosten der Britischen Inseln erreichen; die Häfen im westlichen Ärmelkanal, an der Westküste und an der Nordostküste Schottlands lagen außerhalb ihrer Reichweite und mußten von Flugzeugen und U-Booten vermint werden. Zusätzlich wollte Raeder den britischen Marinestützpunkt in Gibraltar verminen und, Hitlers Zustimmung vorausgesetzt, auch den Hafen von Halifax in Nova Scotia, wo sich die Geleitzüge aus Nordamerika sammelten. Dazu brauchte er U-Boote.

---

* Damals konnte Dönitz noch nicht wissen, daß Torpedoversager im September 1939 zur Entdeckung und Vernichtung von *U27* und *U39* geführt hatten.

Dönitz erhob Widerspruch gegen diesen ehrgeizigen Verminungsplan, bei dessen voller Durchführung jedes verfügbare gefechtsbereite U-Boot hätte eingesetzt werden müssen. Er hielt es wegen der psychologischen Wirkung für wichtiger, den Torpedokrieg gegen die feindliche Handelsschiffahrt fortzusetzen, er wollte die Fähigkeiten seiner Kommandanten und Besatzungen unter Gefechtsbedingungen weiter verbessern, und er hielt es für dringend notwendig, die schwierige Suche nach den Torpedodefekten fortzusetzen. Außerdem waren viele Kommandanten und Besatzungen im Minenlegen nicht ausgebildet.

Man einigte sich schließlich auf einen Kompromiß: Während der Neumondphasen der Wintermonate, wenn die langen und dunklen Nächte ideal zum Minenlegen waren, würde Dönitz ein Drittel der Hochsee-U-Boote zur Verfügung stellen, um in Häfen an der Westküste Großbritanniens und vor Gibraltar 14 Minenfelder zu legen. Die Einbäume aus der Nordsee sollten etwa ein Dutzend Felder in Häfen an der Ostküste und im Ärmelkanal legen, um die Zerstörer und Flugzeuge zu entlasten.

Außer diesen Minenoperationen hatten Raeder und das OKM noch weitere Sonderaufträge für die Hochsee-U-Boote parat. Dönitz konnte sie größtenteils abbiegen, bis auf drei, auf denen die Seekriegsleitung in Berlin bestand: Er mußte erstens eine bestimmte Anzahl von Booten ins Mittelmeer schicken, wo sie alliierte Handelsschiffe angreifen sollten; zweitens mußte er Boote ins Nordmeer schicken, wo sie mit Murmansk als Geheimstützpunkt alliierte Schiffe angreifen sollten, die Holz für Grubenstempel von Skandinavien nach Großbritannien transportierten. Und drittens sollten Agenten der Abwehr ins neutrale Irland gebracht werden, wo sie antibritische Ressentiments schüren sollten.

Der Mangel an gefechtsfähigen Hochsee-U-Booten, die empörenden und unverzeihlichen Torpedodefekte und der Einsatz von U-Booten für Sonderaufträge verringerte die Fähigkeit der U-Bootwaffe, der alliierten Schiffahrt im Winter 1939/40 ernsthaften Schaden zuzufügen. Trotzdem waren Dönitz und seine loyalen und motivierten U-Boot-Männer entschlossen, ihr Bestes zu geben.

Prien in der Bucht von Scapa Flow

Dönitz hatte schon im ersten Kriegsmonat einen Plan entwickelt, wie er der Royal Navy einen weiteren schweren Schlag beibringen konnte. Die genaue Sondierung der Gewässer um den britischen Marinestützpunkt in der Bucht von Scapa Flow durch Einbäume und Flugzeuge war nämlich eine Lücke in der Sicherung von Scapa entdeckt worden: der Kirk-Sund, eine der Fahrrinnen, die in den Stützpunkt führten, war nicht ausreichend durch Hulke* blockiert. Dönitz war überzeugt, daß ein U-Boot im Schutz der Dunkelheit durch die Sicherungslücke in die Fahrrinne eindringen und die Home Fleet an ihrem Hauptliegeplatz angreifen konnte. Wenn dies glang, konnte das Boot eines oder mehrere Großkampfschiffe versenken und den Abzug der Flotte aus Scapa Flow bewirken. Dies würde die britische Blockade schwächen und es den Handelsstörern der Kriegsmarine erleichtern, aus der Nordsee in den Atlantik und wieder zurück zu kommen.

* Ballastgefüllte versenkte Schiffe, die mit Trossen an Land verankert waren.

Mit dieser riskanten Mission betraute Dönitz Günther Prien von *U47*, einen wagemutigen Kapitän und erfahrenen Seemann. Am 8. Oktober brachte Prien seine Enigma-Maschine und alle geheimen Dokumente von Bord und fuhr heimlich von Kiel durch den Nordostseekanal über Wilhelmshaven in die Nordsee. Erst auf offener See instruierte er seine Crew. Obwohl der Auftrag mit Risiken verbunden war und mit der Gefahr, gefangengenommen zu werden oder gar zu fallen, waren die Männer alle begeistert.

Am selben Tag brach auch der neue Schlachtkreuzer *Gneisenau*, eskortiert von dem Leichten Kreuzer *Köln*, in Kiel zu einer kurzen Fahrt in die Nordsee auf. Es gab verschiedene Gründe für diese kurze Reise; zum einen sollten die Schiffe und ihre Besatzungen in einem begrenzten Gefechtsgebiet üben können, zum anderen sollten die alliierten Handelsschiffe in der Nordsee angesichts der Bedrohung zur Bildung von Geleitzügen gezwungen werden, die ein legales Angriffsziel für die Einbäume waren. Darüber hinaus sollten Einheiten der Home Fleet aus ihren Stützpunkten in die Reichweite der deutschen Luftwaffe gelockt werden; und schließlich wollte man auch Hitler besänftigen, der gefragt hatte, warum diese teuren Schiffe nicht eingesetzt würden.

Die Schiffe nahmen den Weg durch Kattegat und Skagerrak. Wie beabsichtigt, bekam die britische Admiralität Wind von dem Einsatz, und das Coastal Command schickte Aufklärungsflugzeuge in die Nordsee. Am frühen Nachmittag des 8. Oktober sichtete eines der Flugzeuge die beiden Schiffe nahe der südnorwegischen Küste. In der Annahme, daß die *Gneisenau* auf eine lange Fahrt in den Nordatlantik aufgebrochen sei, um dort alliierte Geleitzüge anzugreifen, schickte Admiral Forbes die meisten Großkampfschiffe der von ihm befehligten Home Fleet in verschiedene Seestützpunkte in Schottland.* Die *Gneisenau* aber ging nicht in die Falle; sie drehte noch in derselben Nacht bei und lag in den frühen Morgenstunden des 10. Oktober wieder an ihrem Liegeplatz in Kiel. Unterdessen hatten Flugzeuge der Luftwaffe wie geplant am 9. Oktober die in die Nordsee ausgelaufenen Einheiten der Home Fleet angegriffen – aber keine der über 100 abgeworfenen Bomben hatte ein britisches Schiff getroffen.

Die Einheiten der Home Fleet aus Scapa Flow wußten nicht, daß die *Gneisenau* schon wieder im Hafen lag, und setzten die Jagd nördlich und nordwestlich der Orkney-Inseln fort. Als sie keine Spur von den Deutschen fanden, ordnete Forbes schließlich den Abbruch der Suche an und befahl den Schlachtschiffen *Nelson* und *Rodney*, den Schlachtkreuzern *Hood* und *Repulse* sowie dem Flugzeugträger *Furious*, die von Scapa Flow gekommen waren, den Stützpunkt Loch Ewe im Nordwesten Schottlands anzulaufen. Nur das alte (1916–1917) 30000 Tonnen große Schlachtschiff *Royal Oak*, das zur Sicherung eines Geleitzugs eingesetzt worden war, kehrte nach Scapa Flow zurück. Der kurze Einsatz der *Gneisenau* hatte also den Effekt gehabt, die wichtigsten Großkampfschiffe der Home Fleet aus Scapa Flow abzuziehen. Obendrein flog auch noch die Luftwaffe einen Aufklärungseinsatz über Scapa Flow. Einige Bri-

* Da die Flugzeugträger *Ark Royal* und die alte *Hermes* sowie das Schlachtschiff *Renown* entweder zur Sicherung von Geleitzügen im Einsatz waren oder im Südatlantik Jagd auf das Taschen-Schlachtschiff *Admiral Graf Spee* machten, stand der Home Fleet nur noch ein Flugzeugträger zur Verfügung, nämlich die *Furious*, das Schwesterschiff der *Courageous*.

ten interpretierten dies als Vorspiel zu einem groß angelegten Bombenangriff, weshalb die Großkampfschiffe nicht aus Loch Ewe zurückkehrten.

Inzwischen taststе sich Prien in der flachen Nordsee vorsichtig nordwärts. Er vermied jeglichen Kontakt mit anderen Schiffen und legte das Boot tagsüber auf Grund. Am Freitag, dem 13. Oktober, tauchte er um 19.15 Uhr auf, um einen langsamen Vorstoß auf Scapa Flow zu wagen, der vier Stunden dauern und *U47* bei Fluthöchststand zum Kirk-Sund bringen sollte.

Als Prien auf die Brücke ging, mußte er feststellen, daß der Himmel klar und »schrecklich« hell war – da starkes Nordlicht herrschte. Trotz der unerwarteten und unwillkommenen Naturerscheinung fuhr Prien weiter und bereitete sich darauf vor, wenn nötig einen Unterwasserangriff mit dem Sehrohr durchzuführen. Pünktlich um 22.00 Uhr wurden für dreißig Minuten die Leitfeuer der Orkney-Inseln angeschaltet, so daß Prien seine Position genauestens bestimmen konnte. Als sich *U47* um 23.07 Uhr der Landzunge Rose Ness näherte, machte die Brückenwache ein Handelsschiff aus, das schwerfällig vor sich hin stampfte. Prien tauchte, um einen Kontakt mit dem Schiff zu vermeiden, und versuchte es probeweise ins Fadenkreuz seines Sehrohrs zu bekommen, konnte es jedoch wegen Nordlichts nicht sehen. Wenn man im Sehrohr nichts sah, kam ein Unterwasserangriff in der Bucht von Scapa Flow nicht in Frage. Prien würde über Wasser angreifen.

Um 23.31 Uhr tauchte er wieder auf, bestimmte seine Position und fuhr mit dem Gezeitenstrom genau nach Westen. Die Sicht war jedoch nicht so gut, wie erhofft. Prien fuhr versehentlich in die falsche Fahrrinne, den Kerry-Sund, zwischen den Inseln Lamb Holm und Burray. Gerade noch rechtzeitig entdeckte er seinen Fehler. Er drehte hart Steuerbord und konnte der Gefahr in letzter Minute ausweichen.

Als er wieder Kurs auf den Kirk-Sund nahm, entschied sich er sich gegen den von Dönitz vorgeschlagenen Weg südlich an den beiden Blockschiffen in der Einfahrt vorbei. Prien nahm Kurs auf eine Lücke zwischen dem mittleren und dem nördlichen Blockschiff, das er in nur 13 Metern Entfernung passierte. Aufgrund des starken Gezeitenstroms gelang der Durchbruch, wie Prien schrieb, mit unglaublicher Geschwindigkeit. Und er war nervenaufreibend. Das Boot wurde von der Strömung nach Steuerbord abgedrängt und landete direkt in der Ankerkette eines Blockschiffs. Prien stoppte die Backbordmaschine, ging mit dem Steruerborddiesel auf langsame Fahrt voraus und steuerte hart Backbord. Das Boot ging zunächst langsam auf Grund, während sein Heck noch immer in der Kette hing. Endlich kam das Boot frei. Es drehte nach backbord, und Prien brachte es mit schwierigen, schnellen Manövern wieder auf Kurs. Der Durchbruch war geschafft. Es war 27 Minuten nach Mitternacht.

In dem weiten Becken des Ankerplatzes herrschte, begünstigt durch das Nordlicht, eine bessere Sicht. Prien, sein Erster Offizier Engelbert Endraß und die Ausgucke suchten die Bucht begierig mit den Ferngläsern ab, aber sie konnten keine Großschiffe an dem üblichen Liegeplatz zwischen den Inseln Cava und Burray erkennen. Unmöglich, daß Scapa Flow leer war!

Prien drehte nach Norden und drang weiter in die Bucht vor. Plötzlich sichtete er zwei Schlachtschiffe, die er als *Royal Oak* und *Repulse* identifizierte. Sie lagen ungewöhnlich nahe an der zerklüfteten Nordküste der Bucht vor Anker, etwa drei Kilometer voneinander entfernt. Tatsächlich handelte es sich um die *Royal Oak* und das alte, 6900 Tonnen große Flugzeugmutterschiff *Pegasus*, das mit einem experimentellen Flugzeugkatapult für Geleitschiffe ausgerüstet werden sollte.

Prien ging auf 3300 Meter an beide Schiffe heran und machte alle vier Bugtorpedorohre klar. Um 0.55 Uhr schoß er zwei Elektro-Torpedos mit Magnetpistolen auf die vermeintliche *»Repulse«* und zwei auf die *Royal Oak*. Der für die *»Repulse«* bestimmte Torpedo in Rohr 4 versagte völlig und blieb im Rohr. Die anderen drei liefen ruhig und ohne Blasenspur mit etwa 30 Knoten pro Stunde durch das Wasser. Der auf die *»Repulse«* abgeschossene ging vorbei und lief höchstwahrscheinlich auf Land. Einer der auf die *Royal Oak* abgeschossenen Torpedos traf dreieinhalb Minuten nach dem Abschuß die Steuerbordseite des Vorschiffs; der zweite verfehlte sein Ziel. Der Treffer riß ein großes Leck in Kiel und Vordersteven der *Royal Oak*. Trotzdem war der Lärm nicht so groß, daß er auf dem mächtigen Schiff große Aufregung verursacht hätte. Der Kommandant der *Royal Oak* stieg zwar aus der Koje, führte die Explosion jedoch auf eine interne Ursache zurück und ergriff keine besonderen Maßnahmen.

In der Dunkelheit war es für Prien nicht leicht zu erkennen, was geschehen war. Er nahm irrtümlicherweise an, daß er die *»Repulse«* mit einem Torpedo getroffen und beschädigt, die *Royal Oak* aber verfehlt hätte. Also lief er zu einem erneuten Angriff an. Während die Torpedowache die Rohre 1 und 2 wieder lud und das blockierte Rohr 4 klarmachte, wendete Prien und schoß seinen Hecktorpedo auf die *Royal Oak*. Doch die Explosion blieb aus. Auch dieser Torpedo hatte versagt und war vermutlich auf Land gelaufen.* Als die Bugtorpedorohre 1, 2 und 4 wieder klar waren, drehte Prien erneut und schoß alle drei Torpedos auf die *Royal Oak*, von der er annahm, sie sei noch unbeschädigt.

Alle drei Torpedos trafen an der Steuerbordseite und rissen ein gewaltiges Loch in den Maschinenraum und zwei weitere mittschiffs, wo sie eine Munitionskammer trafen. Eine gewaltige Explosion war die Folge. Trümmer flogen durch die Luft. Das ganze Schiff erzitterte, die Beleuchtung und die Bordsprechanlage fielen aus, und in Windeseile breitete sich Feuer aus. Durch die großen Lecks in der Schiffshülle brach so viel Wasser ein, daß das Schiff sogleich 45 Grad nach Steuerbord krängte. Dreizehn Minuten nach den letzten drei Treffern kenterte das alte Schlachtschiff und sank – 883 von insgesamt 1200 Besatzungsmitgliedern kamen ums Leben.

Um 1.28 Uhr meinte Prien zu sehen, daß Zerstörer die Verfolgung aufnahmen, drehte bei und lief mit voller Kraft Richtung Kirk-Sund, durch den er entkommen wollte. Tatsächlich hatte ihn jedoch niemand gesichtet, und er hatte keine Zerstörer auf den Fersen. Alle Briten, die nicht unter Schock standen, waren vollauf damit beschäftigt, die Überlebenden zu bergen. Prien hätte seine fünf verbleibenden Torpedos zu einem zweiten Angriff auf die *»Repulse«* laden können, ohne einen Gegenangriff befürchten zu müssen. Aber selbst wenn die Torpedos getroffen hätten, hätte er mit einem zweiten Angriff nur die unwichtige *Pegasus* erledigt. Prien hatte also, wenn auch angesichts falscher Annahmen, die richtige Entscheidung getroffen.

Zweieinhalb Stunden nachdem er in die Bucht von Scapa Flow eingelaufen war, hatte Prien wieder die westliche Mündung des Kirk-Sunds erreicht und konnte den Rückzug antreten. Dieses Mal aber lief er durch die von Dönitz empfohlene Lücke südlich der Blockschiffe. Auch dieses Mal unter großen Schwierigkeiten. Er mußte

* Die Briten bargen mindestens einen dieser Elektro-Torpedos mit intakter Magnetpistole.

ständig die Geschwindigkeit und die Ruderlage verändern und passierte das südliche Blockschiff auch dieses Mal nur sehr knapp. Als er die Blockschiffe und ihre Ankerkabel hinter sich hatte, konnte er gerade noch einer Mole ausweichen – dann waren alle Hindernisse überwunden, und er bog mit voller Fahrt in den Holm-Sund ein. Es war 2.15 Uhr. Erleichtert vermerkte er die gelungene Flucht in seinem Logbuch, bedauerte aber, daß er nur ein Schiff versenkt hatte.

Am 14. Oktober gab die Admiralität die traurige und niederschmetternde Meldung heraus, daß die *Royal Oak* in der Bucht von Scapa Flow versenkt worden war und dabei Hunderte von Männern den Tod gefunden hatten. Auch Berlin hörte die Rundfunkmeldung, enthielt sich aber des Jubels und jeglichen Kommentars und wartete statt dessen auf Priens Meldung. Forbes, der Chef der Home Fleet, zog sofort alle seine Schiffe aus Scapa Flow ab und beorderte sie nach Loch Ewe, bis die Sicherung des Stützpunkts verbessert war.* Die Kreuzer der Northern Patrol kamen Sullom Voe auf den Shetland-Inseln, obwohl der Stützpunkt nur über eine dürftige Sicherung durch primitive Einrichtungen verfügte.

Mit Überwasserfahrt auf dem Weg nach Süden funkte Prien am 16. Oktober einen verschlüsselten Bericht an Dönitz: *Royal Oak* versenkt, *Repulse* beschädigt. In Deutschland war die Begeisterung groß. Das OKM freute sich riesig über den glorreichen Erfolg. Der Verlust der *Royal Oak* und die Beschädigung der *Repulse* seien harte Schläge, die das britische Prestige in hohem Maße beeinträchtigten und das Ansehen der Kriegsmarine vergrößerten, hieß es im Kriegstagebuch der Seekriegsleitung. Sie stärkten die Sympathie für die junge U-Bootwaffe, die ihre überragende operative Leistungsfähigkeit Gefechtstauglichkeit nun mehr als bewiesen habe.

Im Glauben, die beschädigte *»Repulse«* wäre in den Firth of Forth zur Werft von Rosyth gelaufen, ordnete Berlin am 16. Oktober einen Luftangriff auf Rosyth an. Es war der erste Luftangriff auf einen Stützpunkt der Royal Navy. Luftwaffenpiloten bestätigten (fälschlicherweise), daß die *Repulse* auf der Werft läge. Sie trafen die *Southampton* mit einer Bombe, die allerdings nicht explodierte. Das einzig erwähnenswerte Ergebnis des Angriffs war die leichte Beschädigung eines Zerstörers. Die *Repulse* war immer noch völlig unbeschädigt und lief zusammen mit dem Flugzeugträger *Furious* zu einem Konvoieinsatz aus.

Damals war es üblich, in weißer Farbe die Namen der »erledigten« Schiffe auf den Kommandoturm eines heimkehrenden U-Boots zu schreiben. Auf *U47* übernahm Engelbert Endraß persönlich diese angenehme Aufgabe. Der Erste Offizier, der für Prien die Torpedos abgeschossen hatte, hielt den bloßen Namen *»Royal Oak«* für unzureichend, um die ganze Dramatik der Versenkung auszudrücken, und so verschönerte er den Kommandoturm mit der Skizze eines massigen Stiers mit gesenkten Hörnern und schnaubenden Nüstern. Eine verfeinerte Version des »Stiers von Scapa Flow« wurde später zum Emblem der Flottille Wegener.

Als *U47* am Morgen des 17. Oktober in Wilhemshaven einlief, hatte sich die Heldentat der Crew schon in ganz Deutschland herumgesprochen. Raeder und Dönitz standen am Pier, um Prien und seine Männer zu begrüßen. Als das Boot festgemacht

* Wie sich später herausstellte, hatte das Sperrschiff, das die Lücke im Kirk-Sund schließen sollte, Verspätung und kam erst am 15. Oktober, einen Tag nach dem Angriff, in Scapa Flow an.

hatte, gingen die Admirale an Deck, um jedes einzelne Besatzungsmitglied persönlich zu beglückwünschen und auszuzeichnen – Prien erhielt das EKI, die anderen Männer das EKII – und um anzukündigen, daß Hitlers Privatflugzeug unterwegs sei, um die Männer nach Berlin zu fliegen.

Die Tat von Scapa Flow entsprach in ihrer Dramatik und in ihrer Kühnheit genau dem Bild soldatischer Tapferkeit und strategischen Scharfsinns, das Hitler vorschwebte. Er wies Propagandaminister Goebbels an, Prien und seiner Besatzung die ihnen gebührende Behandlung zukommen zu lassen. Die Volksempfänger posaunten heroische und übertriebene Siegesmeldungen hinaus (einschließlich der angeblichen Beschädigung der *Repulse*) und versetzte die Deutschen in rasende Begeisterung. Die Crew von *U47* wurde auf dem Flughafen Tempelhof von einer riesigen Menschenmenge empfangen; auch säumten Tausende den Avus und drängten sich im Hotel Kaiserhof, um einen Blick auf die Seekriegshelden zu erhaschen oder ihnen Blumen, Konfekt und andere Präsente zu überreichen. Es war das größte Freudenfest in der Geschichte des U-Boot-Kriegs, ein Jubel, der für alle Zeiten und in der ganzen Welt unübertroffen bleiben würde. Der regierende U-Boot-König Otto Schuhart war fast vergessen, obwohl er Prien noch immer die Versenkung des wendigeren und wichtigeren Großkampfschiffes *Courageous* voraus hatte.*

Die Feierlichkeiten zogen sich tagelang hin. Hitler lud die Crew in die Reichskanzlei zum Essen ein, wo er Prien einen neuen hohen Orden verlieh, das Ritterkreuz. Danach wurde Prien von Hitlers Pressechef Dr. Otto Dietrich der deutschen und ausländischen Presse vorgestellt. (Prien sei ein »aalglatter, hochnäsiger, fanatischer Nazi und offensichtlich sehr fähig«, schrieb der amerikanische Rundfunkreporter William L. Shirer in sein Tagebuch.) Am Abend waren die Männer zuerst Goebbels' Gäste im Wintergarten, wo ein begeistertes Publikum Prien zu einer Rede nötigte. Danach wurden sie in einem Nachtklub bewirtet.

Priens Husarenstück verschaffte Dönitz und den Unterwasserstreitkräften einen gewaltigen Vorteil. Es gab zwar keine unmittelbare Programmänderung und keinen sofortigen Ausbau der U-Boot-Produktion, aber die Operation von Scapa Flow hatte Hitlers Aufmerksamkeit auf sich gezogen. Er und alle Deutschen würden niemals vergessen, daß ein einziges, billiges U-Boot mit einer Besatzung von 44 Mann in der Lage gewesen war, ein riesiges Schlachtschiff mit 1200 Mann Besatzung zu versenken. Man konnte sich leicht ausmalen, welches Gemetzel eine große U-Boot-Flotte unter der dürftig bewaffneten britischen Handelsmarine veranstalten könnte, und der Gedanke, daß Deutschland Großbritannien zu See in einem U-Boot-Krieg niederringen könnte, gewann an Überzeugungskraft. Langfristig sollte der Erfolg von Scapa Flow der U-Bootwaffe also unschätzbare Dienste erweisen.

---

* Schuhart hatte in einem einzigen Einsatz 41 950 Tonnen versenkt. Dieser Rekord wurde auch von Prien nicht übertroffen; er fügte seinem Konto aber die 30 000 Tonnen der *Royal Oak* hinzu, so daß er 38 000 Tonnen und vier versenkte Schiffe bei zwei kurzen Einsätzen verbuchen konnte.

Das erste Wolfsrudel

Anfang Oktober stand Dönitz kurz davor, die zweite Welle von U-Booten in den Atlantik zu schicken. Inzwischen hatten die Alliierten ihre Handelsschiffahrt größtenteils in Geleitzügen organisiert. Sie bestanden aus je 30 bis 40 Schiffen, die die Britischen Inseln vor allem über die Western Approaches anliefen und auch wieder verließen. Der dichteste Geleitzugverkehr herrschte im Nordatlantik, zwischen den Britischen Inseln und der strategisch günstig gelegenen britischen Kolonie Newfoundland* und ihrer kanadischen Nachbarprovinz Nova Scotia.

Im Oktober 1939 war das Geleitzugystem im Nordatlanik voll etabliert. Im Westen war der Hafen Halifax in Nova Scotia der Sammelpunkt. Alle Schiffe, die mit einer Geschwindigkeit von 9 bis 15 Knoten liefen und Kurs auf die Britischen Inseln nahmen, mußten sich Geleitzügen anschließen. Es gab zwei Typen von Konvois: Schiffe mit 9 bis 12 Knoten Reisegeschwindigkeit mußten sich dem Typ HX für »Halifax Slow« anschließen und Schiffe mit 12 bis 15 Knoten dem Typ HX-F für »Halifax Fast«. Schiffe, die schneller als 15 Knoten oder langsamer als 9 Knoten liefen, durften alleine fahren. Bei den ersteren ging man davon aus, daß sie zu schnell wären, um von U-Booten gefährdet zu sein. Letztere hielt man für zu unwichtig, als daß die Geleitzüge ihretwegen langsamer gefahren wären.

Geleitzüge, die von den Britischen Inseln am östlichen Ende der Route nach Halifax oder einem anderen Hafen der westlichen Hemisphäre ausliefen und meist nur Ballast geladen hatten, hießen »Outbound B« oder OB. Einige dieser Schiffe scherten nach ein paar Tagen aus den OB-Konvois aus und fuhren direkt nach Süden durch den Mittelatlantik zu westafrikanischen Häfen.** Auch von den Outbound-Konvois waren Schiffe mit Reisegeschwindigkeiten von über 15 Knoten oder unter 9 Knoten ausgeschlossen. Die meisten Geleitzüge im Nordatlantik wurden nur auf dem Anfangs- und Endabschnitt der Route eskortiert. Im westlichen Abschnitt geleiteten die Royal Canadian Air Force (RCAF) und mit sechs Zerstörern die kleine, unerfahrene Royal Canadian Navy die ostwärts fahrenden Geleitzüge einige hundert Kilometer nach Osten, wo sie westwärts fahrende Konvois abholten und mit ihnen nach Halifax zurückkehrten. Auf der umgekehrten Route wurden die Schiffe von britischen und französischen Überwasserfahrzeugen und Flugzeugen etwa über die gleiche Entfernung und auf die gleiche Weise eskortiert. Nur die wichtigen HX-F-Geleitzüge wurden auf dem ganzen Weg zu den Britischen Inseln von Großkampfschiffen (Schlachtschiffen und Flugzeugträgern) der Royal Navy und von deren Zerstörer- oder Kreuzersicherungen begleitet. Allerdings nur widerstrebend. Die lange Fahrt über den Atlantik auf den Kriegsschiffen war eine üble Strapaze. Die alten Zerstörer der V- und W-Klasse kamen nur über den Atlantik, wenn sie auf See nachgetankt wurden, ein Verfahren, das die Royal Navy damals noch nicht voll beherrschte, und die modernen

* Newfoundland hatte 1869 die Eingliederung in die kanadische Konföderation abgelehnt und ist erst 1948 eine kanadische Provinz geworden.

** Geleitzüge mit der Bezeichnung OA fuhren direkt nach Westafrika, OG-Konvois nach Gibraltar. Für die umgekehrte Route nach den Britischen Inseln sammelten sich die Geleitzüge in Freetown (Sierra Leone) und hießen SL, diejenigen, die von Gibraltar aus *heim*fuhren, hatten die Bezeichnung »Homebound Gibraltar« oder HG.

Zerstörer schafften die Überfahrt bei schwerer See nur mit großer Mühe – und schwere See war im Nordatlantik der Normalfall. Überhaupt war der Geleitzugdienst eine lästige, langweilige und »defensive« Arbeit für die Seeleute, die darin ausgebildet waren, große deutsche Schiffe in komplexen Flottenmanövern anzugreifen.

Die Deutschen hatten ein ziemlich genaues Bild vom Seeverkehr der Alliierten. Schon 1935, während der Mittelmeerkrise, als Italien in Abessinien (Äthiopien) einmarschierte, hatte der B-Dienst die altmodischen, nicht maschinellen operativen Codes der Royal Navy und später auch den unsicheren Code der britischen Handelsmarine geknackt. Und seit Kriegsbeginn hatten die Codeknacker des von Heinz Bonatz geleiteten Funkbeobachtungsdienstes der Kriegsmarine das OKM über die Bewegungen der meisten britischen Großkampfschiffe und anderer Flottenverbände sowie über die Konvoirouten und Sammelhäfen des Geleitzugsystems auf dem laufenden gehalten.

In der ersten U-Boot-Offensive hatte das OKM den Atlantik-Booten getrennte Einsatzgebiete zugeteilt. Damals waren noch kaum Geleitzüge gebildet worden, und die U-Boote hatten fast ausschließlich allein fahrende Handelsschiffe versenkt. Nun aber war das Konvoisystem voll etabliert, und Dönitz hielt die Zeit für gekommen, seine Gruppen- oder Rudeltaktik anzuwenden. Die Rudel sollten von den Informationen profitieren, die die Codeknacker des B-Diensts lieferten.

Dönitz hatte geplant, im Oktober die ersten zwei Rudel aus den zehn Booten zu bilden, die er zuvor zurückgerufen hatte: fünf Boote der Flottille Wegener und fünf Boote der Flottille Hundius. Dieser Plan ließ sich jedoch nicht realisieren, da fünf der zehn Boote nicht zur Verfügung standen – *U47* war mit der Mission in der Bucht von Scapa Flow betraut, *U52* und *U41* lagen für größere Reparaturen auf Werft, *U38* war für einen Spezialauftrag in Murmansk abgestellt, und *U39* war verloren.

In der Folge konnte Dönitz nur ein Rudel zusammenstellen, das jedoch aus einer ungünstigen Kombination von sechs Booten unterschiedlicher Typen bestand, die zu verschiedenen Flottillen gehörten und noch nie als Gruppe geübt hatten: *U45*, *U46* und *U48* vom Typ VIIB und *U37*, *U40* und *U42* vom Typ IX; *U42* war brandneu und noch vor Abschluß der Erprobungsphase in Dienst gestellt worden. Das Rudel unterstand der taktischen Führung Werner Hartmanns, des 37jährigen Chefs der Flottille Hundius, der das Kommando auf *U37* übernommen hatte.

In der ersten Oktoberwoche fuhren fünf der sechs Boote unabhängig voneinander durch die kalte, stürmische Nordsee auf der Nordroute um die Britischen Inseln herum in den Atlantik. In der irrigen Annahme, die Alliierten hätten den Kanal noch nicht vermint, schickte Dönitz den Nachzügler *U40* durch den Ärmelkanal, um den Vorsprung der anderen Boote wettzumachen. Das Boot vom Typ IX war auf seiner zweiten Feindfahrt und hatte mit dem 30jährigen Wolfgang Barten einen neuen Kommandanten.

Inzwischen stand Hitler, wie er meinte, bereit, Frankreich anzugreifen, und hob deshalb eine weitere wichtige Beschränkung des U-Boot-Kriegs auf. Ab dem 4. Oktober durften die U-Boote *jedes* abgeblendet fahrende Schiff (auch ein neutrales), das sie im Atlantik oder in der Nordsee nahe der britischen Küste oder vor der französischen Atlantikküste sichteten, ohne Warnung versenken. Dönitz und seine Kommandanten waren hocherfreut über die Nachricht, auch wenn sie mit einer Einschränkung verbunden war. Um Vorwürfen von Barbarei und Inhumanität vorzubeugen, verlangte

Hitler noch immer, daß die U-Boote die Mannschaften aller von ihnen versenkten Schiffe zu retten versuchten, wenn dies das U-Boot nicht gefährdete.

U40 beeilte sich, um die anderen Boote einzuholen, und fuhr mit voller Überwasserfahrt durch den Kanal – direkt in das Minenfeld zwischen Dover und Cap Gris Nez hinein. In den frühen Morgenstunden des 13. Oktober lief es auf eine Mine und sank sofort auf eine Tiefe von 35 Meter. Alle Männer auf der Brücke und in den vorderen Räumen waren vermutlich sofort tot. Doch das druckfeste Schott zum Heckraum war zugewesen, und dort überlebten neun Männer die Explosion und den Untergang. Als sie sich von dem Schock erholt und die Lage begriffen hatten, organisierte der Ranghöchste, der 21jährige Otto Winkler, den Notausstieg durch das Achterdecksluk, das zu diesem Zweck eine Röhre hatte. Die Männer aßen ein paar Kekse, schnallten ihre Sauerstoffgeräte an und fluteten die Abteilung. Als der innere Wasserdruck dem äußeren entsprach, ließ sich das das Luk öffnen, und die Manner schwammen an die Wasseroberfläche. Sie waren die ersten, die sich aus einem gesunkenen U-Boot retten konnten.

Winkler verließ das Boot als letzter. Als er auftauchte, sah er in der Dunkelheit der Neumondnacht das achtköpfige Grüppchen im eiskalten Wasser des Ärmelkanals schwimmen. Winkler glaubte, einen Leuchtturm zu sehen, und schwamm darauf zu. Dann aber wurde ihm schwindlig, und er fiel in Ohnmacht. Am nächsten Morgen bargen zwei britische Zerstörer (*Brazen* und *Boreas*) Winkler, zwei weitere Überlebende und fünf Tote aus dem Wasser. Alle trugen Tauchretter mit der Aufschrift »*U40*«. Winkler und die beiden anderen wurden schnell in ein Krankenhaus gebracht und überlebten als Kriegsgefangene. Von den anderen 46 Besatzungsmitgliedern fand sich keine Spur. Am folgenden Tag stieß der Zerstörer *Boreas* auf eine mit einer Funkvorrichtung ausrüstete Rettungsboje, die sich bei der Explosion vom Boot gelöst hatte. Auf einem Messingschild standen folgende Informationen: *U40* hier gesunken. Boje nicht entfernen. Lage an das nächste deutsche Marinekommando telegrafieren.*

Die anderen fünf Boote des Rudels fuhren nacheinander zu den Western Approaches, ohne von dem Verlust im Ärmelkanal zu wissen. Als erstes erreichte das neue, unzureichend erprobte Boot vom Typ IX – *U42* unter dem 33jährigen Rolf Dau – den Atlantik. Es hatte an dem Tag, als *U40* verlorenging, den britischen Frachter *Stonepool* gesichtet, der aus einem Geleitzug ausgeschert war. Um Torpedos für Rudeloperationen zu sparen, griff Dau die *Stonepool* mit der 10,5-cm-Kanone an. Der Frachter war jedoch bewaffnet; er schoß zurück und sendete SSS. Zwei britische Zerstörer (*Imogen* und *Ilex*) reagierten auf den Alarm und eilten der *Stonepool* zu Hilfe. Sie feuerten auf das Boot und zwangen es zum Tauchen.

Dau versuchte zu entkommen und ging auf 110 Meter. Die Zerstörer aber hatten Sonarkontakt und fuhren einen gut gezielten und brutalen Wasserbombenangriff. Eine Bombe detonierte dicht über dem Heck des U-Boots. Sie riß die achteren Regelzellen

* Solche ins Oberdeck eingelassenen Rettungsbojen gehörten in Friedenszeiten zur Standardausrüstung der U-Boote aller Länder. Die Briten waren von der Qualität der Boje beeindruckt, aber sie waren darüber verwundert, daß die Deutschen weder das Schild von der Boje noch die Aufschrift auf den Tauchrettern entfernt hatten, um die Identität des U-Bootes geheimzuhalten.

auf, und das Boot begann in einem Winkel von 45 Grad über das Heck zu sinken. In dem verzweifelten Versuch, ein Absinken auf eine tödliche Tiefe zu verhindern, ließ Dau alle Regelzellen ausblasen, und das Boot schoß wie ein riesiger Korken an die Wasseroberfläche – mitten unter die wartenden Zerstörer. Diese eröffneten sofort das Feuer auf den Bug des Bootes. Mit Einschlägen in Bug und Heck begann das Boot zu sinken. Der Kommandant des Zerstörers *Ilex* hatte mit voller Kraft auf das U-Boot zugehalten, um es zu rammen, sah jedoch, daß es ohnehin sank. Er ging auf volle Kraft zurück, um das eigene Schiff nicht zu beschädigen, und streifte *U42* nur leicht hinter dem Kommandoturm. Dau und 16 Männer entkamen über das Turmluk aus dem sinkenden Boot und wurden von dem anderen Zerstörer aus dem Meer gefischt. Die anderen 32 Besatzungsmitglieder kamen ums Leben.

Dönitz hatte inzwischen gute Nachrichten vom B-Dienst erhalten: Aus dem jamaikanischen Kingston war der französisch-britische Spezialkonvoi KJF 3, eskortiert von dem mit zwei 20,5-cm-Kanonen bewaffnten französischen Riesen-U-Boot *Surcouf*, auf dem Weg zu den Britischen Inseln. In der Annahme, daß alle sechs U-Boote ihr Operationsgebiet in den Western Approaches erreicht hatten, befahl Dönitz Hartmann, das Rudel zum Angriff auf den Geleitzug zu führen. Aber zwei der sechs Boote waren verloren, und Hartmann selbst war durch die Versenkung eines schwedischen und eines griechischen Neutralen in Verzug geraten, die er unterwegs gesichtet hatte. Er war zu weit entfernt, um die taktische Führung der anderen Boote zu übernehmen.

Zwei Boote vom Typ VIIB, die allein operierten, sichteten den Geleitzug und griffen an. Schultze von *U48* versenkte zwei französische Schiffe, den 14000 BRT großen Tanker *Emile Miguet* und den 7000 BRT großen Frachter *Louisiane*, sowie zwei britische Frachter, offenbar Nachzügler von anderen Konvois. Auch *U45* unter Alexander Gelhaar versenkte zwei Schiffe – den britischen 9200-BRT-Frachter *Lochavon* und den 10000 BRT großen französischen Passagierdampfer *Bretagne*. Der Angriff auf das Passagierschiff war rechtswidrig, aber die *Bretagne* hatte das Schicksal herausgefordert, weil sie abgeblendet gefahren war. Britische Schiffe retteten 300 Passagiere von dem langsam sinkenden Schiff.

Gelhaar mußte sich für seinen Fehler nicht mehr verantworten. Er wurde von den britischen Zerstörern, *Icarus*, *Inglefield*, *Intrepid* und *Ivanhoe*, die auf die SSS-Signale reagiert hatten, aufgespürt und angegriffen, als er ein anderes Schiff aus dem inzwischen weit verstreuten Geleitzug verfolgte. Danach war *U45* spurlos verschwunden. Es war das erste VIIB und das erste Atlantik-U-Boot, das verschwand, ohne daß es Überlebende gegeben hätte.*

Die anderen beiden Boote des Rudels kamen zu spät, um noch einen koordinierten Angriff zu fahren. Am Morgen des 15. Oktober jedoch traf Hartmann mit *U37* zufällig auf den Nachzügler *Vermont*, einen 5200 BRT großen französischen Frachter, und versenkte ihn mit Sprengladungen. Nur Herbert Sohler mit *U46* bekam keine Fühlung mehr mit dem Geleitzug. Sein einziger Beitrag zu der Operation hatte darin bestanden, die letzte Funkmeldung von *U45* zu empfangen (die man in Deutschland nicht empfangen hatte) und über Gelhaars erste – und letzte – Versenkungen zu berichten.

---

* Die Versenkung von *U45* war irrtümlicherweise dem französischen Zerstörer *Sirocco* zugeschrieben worden.

Nachdem sich der Geleitzug aufgelöst hatte, verfolgte Dönitz das weitere Geschehen über Funk und über die Notrufe und Bewegungen der britischen Schiffe, die ihm vom B-Dienst gemeldet wurden. Er befahl den (wie er meinte) sechs Booten, ihre bisherigen Resultate zu melden und nach Süden zu fahren, um den Geleitzug HG 3 anzugreifen, der von Gibraltar zu den Britischen Inseln unterwegs war. Schultze von *U48* meldete vier versenkte Schiffe mit 29 000 BRT, Hartmann von *U37* drei versenkte Schiffe mit 11 000 BRT; Sohler von *U46* meldete keine Versenkung. In der irrtümlichen Annahme, Schultze und Hartmann hätten insgesamt sieben Schiffe aus dem karibischen Geleitzug versenkt und Gelhaar weitere zwei, kam Dönitz zu dem Schluß, daß der erste Angriff eines Rudels auf einen Geleitzug neun Versenkungen erbracht hätte – ein schlagender Erfolg, der seine Rudeltaktik in jeder Hinsicht bestätigte. In Wirklichkeit aber war der erste Rudelangriff eine Katastrophe gewesen: Drei der sechs U-Boote waren gesunken, und nur vier Schiffe aus dem Geleit waren tatsächlich versenkt – und eines davon, ein Passagierschiff, auch noch rechtswidrig!

Am 17. Oktober, als die U-Boote bereits auf dem Weg nach Süden waren, verfügte Hitler, der immer noch glaubte, der Angriff auf Frankreich stehe unmittelbar bevor, eine weitere Lockerung der Beschränkungen. Hinfort durften die U-Boote »feindliche« britische oder französische Handelsschiffe, nicht jedoch große Passagierschiffe, unter Mißachtung des U-Boot-Protokolls angreifen. Das heißt, die U-Boote mußten nun nicht mehr für die Sicherheit der Mannschaften der angegriffenen Schiffe sorgen. Faktisch wurde durch diesen Befehl der unbeschränkte U-Boot-Krieg auf die gesamte britische und französische Schiffahrt mit Ausnahme großer Passagierschiffe eröffnet.*

Der Unglücksrabe Sohler von *U46* bekam als erster Fühlung mit dem Geleitzug HG 3. Der Konvoi war stark von britischen Zerstörern gesichert, die vom Mittelmeer in heimische Gewässer verlegt wurden. Sohler verfolgte den Geleitzug über Nacht, meldete die Fühlung und fuhr im Morgengrauen einen Unterwasserangriff. Einer der ersten Elektro-Torpedos zündete vorzeitig, und Sohler hatte insgesamt sieben Torpedoversager. Trotzdem gelang es ihm, den 7200 BRT großen britischen Frachter *City of Mandalay* zu versenken. Dank Sohlers Meldung hatte auch Hartmann mit *U37* Fühlung bekommen und den britischen 10 000-BRT-Frachter *Yorkshire* versenkt. Auch Schultze kam mit *U48* heran, und versenkte den 7250 BRT großen britischen Frachter *Clan Chisholm* – sein fünftes Schiff in fünf Tagen.

Nach dem Gefecht brach Sohler die Funkstille und meldete den Frühdetonierer und die anderen Torpedoversager. Dönitz war schockiert – und wütend. Er erklärte die Magnetpistolen für ausnahmslos »unsicher« und befahl, ohne das OKM oder die TI zu konsultieren, allen Booten, nur noch Aufschlag- oder Kontaktpistolen zu benutzen. Der Vorteil der Magnetpistole – ihre größere Wirkung, weil sie *unter* dem Schiff zündete – war dahin. »Damit sind wir auf dem Stande von 1914/18 wieder angekommen«, kommentierte Dönitz bitter in seinem Tagebuch.

---

* Die Vorschriften des U-Boot-Protokolls galten weiterhin für neutrale Schiffe, die nicht im Geleitzug oder abgeblendet fuhren. Auch Neutrale konnten versenkt werden, wenn Konterbande an Bord vermutet wurde, aber bei ihnen mußte noch immer für die Sicherheit der Crew gesorgt werden. Schiffe befreundeter Nationen oder Schiffe von Deutschlands Verbündeten – Italien, Japan, Spanien, Irland, der Sowjetunion – und Schiffe der Vereinigten Staaten blieben unbehelligt.

Am 20. Oktober, zwei Tage, nachdem man bei der TI erfahren hatte, daß Dönitz jeglichen Gebrauch der Magnetpistolen untersagt hatte, gestanden die Techniker einen weiteren Defekt ein: Die Torpedos liefen tatsächlich zwei Meter tiefer, als sie eingestellt waren. Die Techniker hatten dies schon die ganze Zeit gewußt, Dönitz aber keine Meldung gemacht, weil sie davon ausgingen, daß dies bei der Verwendung von Magnetpistolen keinen großen Unterschied machte. Beim Einsatz von Aufschlagpistolen jedoch war es höchst relevant. Dönitz beeilte sich, seine Kommandanten über die neue Hiobsbotschaft zu informieren, und wies sie an, bei der Verwendung von Aufschlagpistolen zwei Meter von der üblichen Tiefeneinstellung abzuziehen. Diese Anordnung brachte jedoch neue Komplikationen mit sich. Da eine Tiefeneinstellung von weniger als vier Metern bei schwerer See nicht ratsam war, konnten die Kommandanten nicht mehr auf Ziele schießen, die einen Tiefgang von weniger als vier Metern hatten – also beispielsweise auf Zerstörer.

Nach dem Angriff auf den Gibraltar-Konvoi war der Einsatz des ersten Wolfsrudels zu Ende. Die beiden intakten Boote vom Typ VIIB, *U46* und *U48*, kehrten fast ohne Treibstoff und ohne bzw. fast ohne Torpedos nach Deutschland zurück. Herbert Schultze war der gefeierte Held. Er hatte auf zwei Feindfahrten acht Schiffe mit insgesamt 52 000 BRT versenkt und führte damit in bezug auf die versenkte Tonnage. Hartmann fuhr mit *U37* noch bis zu den Zufahrten von Gibraltar und versenkte drei weitere Schiffe mit Kanone und Torpedo. Damit hatte er auf *einer* Fahrt acht Schiffe mit insgesamt 35 000 BRT versenkt und ebenfalls einen neuen Rekord aufgestellt.

Eine sorgfältige Nachbereitung des ersten Rudeleinsatzes ließ die anfängliche Euphorie rasch schwinden. Denn der Angriff auf den Karibik-Konvoi war in Wirklichkeit völlig unkoordiniert gewesen. Das Gefecht mit HG 3 war dank Sohlers Fühlungsmeldung etwas besser koordiniert gewesen, das Ergebnis war aber insgesamt nicht überwältigend. Die U-Boote hatten nur vier Schiffe des Karibik-Konvois und drei Schiffe des Gibraltar-Konvois versenkt. Drei von sechs Booten, also die Hälfte des Rudels, waren verlorengegangen. Zwei davon waren der Sicherung der Geleitzüge zum Opfer gefallen. Hartmann, der nur je ein Schiff aus den beiden Konvois versenkt hatte und dem es nicht gelungen war, die anderen Boote des Rudels »taktisch zu koordinieren«, empfahl in einem umfassenden und folgenschweren Bericht, das Konzept der Flottillen und der lokalen Führung des Rudels aufzugeben, und alle Boote einzeln und direkt von Dönitz' Hauptquartier aus zu führen.

Dönitz sah drei Gründe, warum der Angriff auf den Geleitzug aus der Karibik fehlgeschlagen war. Erstens war er zu spät erfolgt. Der Konvoi hatte bereits die Western Approaches erreicht, seine Sicherung war durch lokale ASW-Schiffe verstärkt worden, und er hatte noch eine relativ kurze Strecke zu bewältigen gehabt, bis er in Sicherheit war. Zweitens waren *U45* und *U48*, die mit dem Geleitzug Fühlung bekommen hatten, im Getümmel des Gefechts nicht in der Lage gewesen, genaue Daten über Position, Kurs und Geschwindigkeit des Geleitzugs durchzugeben. Deshalb war *U46* nicht zum Einsatz gekommen. Drittens waren mit nur zwei Booten zu wenige an dem Angriff beteiligt gewesen. Deshalb hatten sich die Geleitschiffe auf diese beiden konzentrieren und eines davon, *U45*, versenken können.

Diese Analyse legte folgende Schlüsse nahe: Erstens mußten alle Geleitzüge, die auf dem Weg zu den Britischen Inseln waren, so weit draußen wie möglich angegriffen werden, damit die U-Boote genügend Spielraum für Wiederholungsangriffe über mehrere Tage hatten und damit der Geleitzug nicht durch lokale ASW-Kräfte verstärkt werden konnte. Zweitens sollte das erste Boot, das Fühlung bekam, nicht sofort angreifen, sondern den Konvoi zuerst »beschatten« und Peilsignale senden, um die anderen Boote des Rudels heranzuführen. Drittens sollten dann alle Boote zugleich mit einem einzigen massiven Schlag angreifen, der den Geleitzug auseinandersprengen und seine Sicherung überfordern würde. Eine Strategie, die die Chancen für wiederholte Angriffe maximieren und Gegenangriffe minimieren würde.

Diese Taktik konnte bei Übungen in der Ostsee erprobt werden, nicht jedoch im Gefecht im Atlantik. Denn es sollte Monate dauern, bis Dönitz wieder genügend Hochsee-U-Boote zur Verfügung standen, um ein Wolfsrudel zusammenzustellen.

Operationen der Atlantik-U-Boote von Oktober bis Dezember 1939

Außer dem ersten Wolfsrudel fuhren im Oktober 1939 nur vier Boote in den Atlantik. Eines von ihnen war *U34*, ein Boot vom Typ VII der Flottille Saltzwedel, das man trotz der Konstruktionsfehler und anderer Mängel der Boote seines Typs für geeignet hielt, Feindfahrten im Atlantik zu unternehmen. Die anderen drei Boote bildeten gemäß Raeders Forderung eine locker organisierte Spezialgruppe, die zunächst ein Minenfeld in dem britischen Marinestützpunkt von Gibraltar legen und dann im Mittelmeer alliierte Schiffe angreifen sollte.

U34 unter dem 32jährigen Wilhelm Rollmann wurde im Oktober als einziges Boot auf Feindfahrt geschickt. Auf seiner Fahrt über die Nordroute um die Britischen Inseln zu den Western Approaches brachte Rollmann einen kleinen schwedischen und einen kleinen britischen Frachter zur Strecke. In den Western Approaches stieß er auf den nach Großbritannien laufenden Geleitzug Halifax 5 (in den Dokumenten abgekürzt HX 5). Trotz wiederholter Torpedoversager versenkte er den britischen 8000-BRT-Frachter *Malabar* und beschädigte den britischen Frachter *Bronte* so stark, daß er von britischen Zerstörern versenkt werden mußte. *U34* war jedoch nicht mehr gefechtsbereit. Einer der internen Regelbunker brach und zwang Rollmann, seinen Einsatz vorzeitig abzubrechen. Auf dem Rückmarsch brachte er den 3200 BRT großen norwegischen Frachter *Snar* auf – seine zweite Prise bei zwei Einsätzen – und erhöhte seine Bilanz damit auf eindrucksvolle acht Schiffe mit insgesamt 33 600 BRT bei zwei Einsätzen. Die technischen Probleme bestätigten jedoch erneut, daß die Boote vom Typ VII für Feindfahrten nicht sicher genug waren. Und sie wurden erst wieder ausgeschickt, nachdem man sie umfangreichen Modifikationen unterzogen hatte.

Die ins Mittelmeer entsandte Spezialgruppe bestand aus den schwerfälligen Schwesterschiffen *U25* (dessen Überholung endlich abgeschlossen war) und *U26* vom Typ I sowie aus *U53* vom Typ VIIB. Laut Plan sollte *U26* mit Klaus Ewerth, der das wirkungsvolle Minenfeld vor Portland gelegt hatte, den anderen Booten ein paar Tage vorausfahren und vor Gibraltar TMB-Minen mit Verzögerungsschaltungen legen. Die beiden anderen Boote sollten im Atlantik warten, bis Ewerth Vollzug meldete, und dann durch die Straße von Gibraltar ins Mittelmeer eindringen, wo alle drei Boote Torpedoangriffe auf Handelsschiffe fahren sollten.

Aber alles, was schiefgehen konnte, ging schief. Ewerth war wegen schwerer ASW-Sicherung und schlechtem Wetter gezwungen, seine Mission abzubrechen, und machte keinen zweiten Versuch. Er kehrte nach Deutschland zurück und wurde auf einen anderen Posten versetzt. Viktor Schütze, der 33jährige Kommandant von *U25*, wartete vor Gibraltar auf Ewerths Startzeichen und griff unterdessen zwei Schiffe an, die sein Wartegebiet kreuzten. Beim ersten Angriff hatte er trotz bester Bedingungen (stationäres Ziel, ruhige See, kurze Entfernung, sorgfältiges Zielen) vier Torpedoversager mit Aufschlagpistolen; aber schließlich versenkte er das Schiff. Beim zweiten Angriff mit der Deckkanone brach durch den Rückstoß das Torpedoübernahmeluk, und Schütze war gezwungen, den Einsatz abzubrechen und nach Deutschland zurückzufahren. Ernst-Gunther Heinicke auf *U53* wagte es nicht, die schwer bewachte Straße von Gibraltar zu passieren, und kreuzte tagelang ohne Funkkontakt in der Gegend herum.

Der Sondereinsatz im Mittelmeer war ein Fehlschlag gewesen.

Schütze brach die Funkstille und meldete das Versagen der Aufschlagpistolen, was beim OKM und in Dönitz' Hauptquartier einen Sturm der Entrüstung auslöste. Raeder ordnete eine weitere gründliche Untersuchung an. Am 10. November wies Dönitz die U-Boote an, vorläufig wieder auf Magnetpistolen zurückzugreifen, die, wie ihm die TI versichert hatte, verbessert worden waren. Es war ein kalkuliertes Risiko, aber er war zu dem Schluß gekommen, daß eine unsichere, aber verbesserte Magnetpistole immer noch besser war als eine Aufschlagpistole, die offensichtlich überhaupt nicht funktionierte.

Dönitz schäumte vor Wut. Die Torpedotechniker »beherrschten in keiner Weise die Versagerursachen«, schrieb er in sein Kriegstagebuch. »Mindestens 25 Prozent aller abgegebenen Schüsse waren Torpedoversager.« Sie hätten entweder überhaupt nicht oder an der falschen Stelle gezündet. Die Kommandanten verlören »das Zutrauen« in ihre Torpedos, und die Torpedoversager seien für den »Angriffsgeist der U-Bootwaffe« die »größte Belastung«. Sie seien gegenwärtig das dringlichste Problem im U-Boot-Krieg. Doch die Torpedo-Inspektion schien außerstande, die Fehler zu beheben.

Im November wurde die Atlantikschlacht durch eine weitere Spezialoperation unterbrochen. Das Taschen-Schlachtschiff *Deutschland*, das (mit mageren Ergebnissen) im Nordatlantik operierte, hatte Maschinenprobleme bekommen und vorzeitig nach Deutschland zurückkehren müssen. Etwa zur gleichen Zeit sollten die Schlachtkreuzer *Gneisenau* und *Scharnhorst* einen Ausfall in den Atlantik machen. Da das OKM davon ausging, daß dieses Manöver Großkampfschiffe der Royal Navy anlokken konnte, deren Bewegungen vom B-Dienst gemeldet werden würden, mußten sich in der Nordsee verschiedene U-Boote (Hochsee-U-Boote und Einbäume) auf die Lauer legen.

Für die Hauptfalle, die in einer Route östlich der Shetland-Inseln gelegt wurde, wählte Dönitz vier Hochsee-U-Boote aus: *U47* (Prien) und *U48* (Schultze) vom Typ VIIB und, widerstrebend, zwei zusammengeflickte Boote vom Typ VII, *U31* (Habekost) und *U35* (Lott). Wie erwartet reagierte die Royal Navy auf die Bewegungen der *Gneisenau* und der *Scharnhorst* und schickte Schiffe, um sie zu suchen und anzugreifen. Der B-Dienst lieferte dem OKM die aktuellen Daten der britischen Bewegungen. Aber die Operationen beider Seiten wurden durch fürchterliches Wetter behindert.

Am 28. November sichtete Lott von *U35* den Schweren Kreuzer *Norfolk*, als er 110

Kilometer östlich der Shetland-Inseln durch die tobende See patrouillierte. Er brach die Funkstille und meldete den Kontakt. Zwanzig Kilometer nordöstlich von *U35* fing Prien auf *U47* Lotts Meldung auf und berechnete einen Kurs, um das Schiff abzufangen.

Trotz der hohen Wellenberge war Priens Operation perfekt. Als er die Mastspitze der *Norfolk* sichtete, tauchte er und näherte sich dem Schiff auf etwa 1000 Meter. Er feuerte einen Torpedo mit der verbesserten Magnetpistole und machte ein zweites Torpedorohr klar, aber die schwere See drehte das Boot, und Prien verlor die *Norfolk* aus dem Sehrohr. 86 Sekunden nach dem Abschuß, hörten die Männer auf *U47* deutlich eine Detonation; sie jubelten.

Prien tauchte in der rauhen See auf, um den Schaden zu begutachten. Als er sich dem Kreuzer unentdeckt näherte, konnte er sehen, daß das Oberdeck leicht eingeknickt war und Rohre über die Steuerbordseite hingen. Das Aufklärungsflugzeug des Schiffes war auf das Leitwerk gekippt. Aus dem Loch unter dem Torpedogerüst auf der Steuerbordseite des Schiffes, wo der Torpedo getroffen hatte, quoll schwarzer Rauch.

Der Kreuzer drehte ab und verschwand in den Regenböen. Prien wollte ihn verfolgen, aber die schwere See vereitelte sein Vorhaben. Er brach die Funkstille und meldete, daß er bei Windstärke 10 einen Kreuzer der London-Klasse torpediert und einen Treffer erzielt hatte. Er behauptete weder damals noch später, das Schiff versenkt zu haben, sondern lediglich, daß er sehr wahrscheinlich einen Treffer erzielt hatte. Doch das OKM schloß sofort auf eine Versenkung und verbuchte den Angriff triumphierend als großartigen Erfolg. Gegen Dönitz' Protest behauptete das Propagandaministerium, ein U-Boot habe einen Schweren Kreuzer der London-Klasse versenkt, und nannte Prien, »den Stier von Scapa Flow«, als den Kommandanten, der die Tat vollbracht hatte.

Churchill und der First Sea Lord Pound erfuhren die Nachricht erst aus dem deutschen Rundfunk. Auf eine Anfrage der Admiralität meldete sich die *Norfolk* selbst als unbeschädigt. Sie hatte zwar eine Explosion in ihrem Kielwasser gesehen, hatte sie aber einer Fliegerbombe zugeschrieben; *U47* hatte sie nicht gesichtet. Die verbesserte Magnetpistole des von Prien abgeschossenen Torpedos hatte offensichtlich versagt. Die BBC dementierte die Versenkung, aber Radio Berlin erhielt seine Behauptung aufrecht, was Prien noch berühmter machte.

In der Morgendämmerung nach Priens vergeblichem Angriff kreuzte Lott mit *U35* über Wasser in der Nähe der Shetland-Inseln. Vielleicht waren Lotts Fühlungshaltermeldung, die Prien in die Lage versetzt hatte, die *Norfolk* zu finden, und Priens Funkbericht über das Gefecht mit der *Norfolk* von der britischen Funkpeilortung aufgefangen worden. Jedenfalls sichtete der britische Zerstörer *Icarus U35* und lief mit der aufgehenden Sonne im Rücken zum Angriff an.

Die Brückenwache von *U35* hatte den Zerstörer wegen der Sonne nicht gesehen; Lott wurde überrascht und war zum Alarmtauchen gezwungen. Er ging auf 70 Meter Tiefe und machte Ausweichbewegungen. Die *Icarus* aber bekam Sonarkontakt und warf Wasserbomben, die auf 75 Meter Tiefe eingestellt waren. Die beiden Zerstörer *Kingston* und *Kashmir* wurden von der *Icarus* alarmiert und zu der Stelle geführt, wo *U35* vermutet wurde. Die *Kingston* setzte zwei Wasserbombenangriffe an, die das Tiefentauchruder des U-Boots blockierten und es in einen steilen Aufwärtswinkel brachten. Lott schickte alle verfügbaren Männer nach vorn in den Bugraum und ging auf volle Fahrt. Aber es war hoffnungslos; die Wasserbomben hatten auch Treibstoffbunker und Regelzellen im Heck des Bootes beschädigt, und die Erhöhung des Gewichts im Bug reichte bei weitem nicht aus, um es wieder in eine waagerechte Lage zu bringen.

Lott gab das Boot verloren, blies alle Regelzellen an und tauchte auf. Er bemannte seine Deckkanone, um sich seiner Haut zu wehren, als er aber sah, daß er von drei Zerstörern umgeben war und der Zerstörer *Kashmir* das Feuer eröffnete, gab er auf und befahl, das Boot zu versenken. Als das Boot langsam vollief und sank, hob die Geschützmannschaft die Arme und ergab sich. Die *Kashmir* fischte vier Offiziere und 27 Männer aus dem eiskalten Wasser, die *Kingston* barg Lott und elf weitere Männer, die das Boot als letzte verlassen hatten. Alle 43 Männer von *U35* wurden gerettet.

Da *U47* und *U48* in der Nordsee lauern mußten, standen nur noch drei hochseetüchtige U-Boote für die Atlantikschlacht im November zur Verfügung: *U49*, ein brandneues Boot vom Typ VIIB, und zwei Boote vom Typ IX, *U41* und das ebenfalls brandneue *U43*. Ausgerüstet mit den verbesserten Magnetpistolen, liefen sie in die kalte See mit turmhohen Wellen.

Diese Boote und andere sollten von einer weiteren Lockerung der U-Boot-Beschränkungen profitieren. Am 12. November autorisierte Hitler die Versenkung aller gegnerischen Passagierschiffe, bei denen sichtbar oder bekannt war, daß sie bewaffnet waren, und zwar ungeachtet ihrer Größe. Auch alle Tanker, einschließlich derjenigen neutraler Nationen (mit Ausnahme befreundeter Länder und der USA), die zweifelsfrei die Britischen Inseln oder Frankreich anliefen oder von dort kamen, konnten ohne Warnung versenkt werden. Dies bedeutete in der Praxis, daß jeder feindliche oder neutrale Tanker in britischen Gewässern unverzüglich versenkt werden konnte, ohne daß für die Sicherheit seiner Mannschaft Sorge getroffen wurde.

Am 12. November versenkte Gustav-Adolf Mugler von *U41* auf seiner Fahrt um die Britischen Inseln bei schrecklichem Wetter einen britischen Trawler mit seiner 10,5-cm-Kanone. Er hatte Mitleid mit den Überlebenden und rettete etwa die Hälfte aus dem eiskalten Wasser, in der Absicht, sie einem anderen Trawler zu übergeben. Bevor es jedoch zur Übergabe kam, sichtete er den norwegischen 11 000-BRT-Tanker *Arne Kjöde*, der nach den gelockerten Vorschriften ein rechtmäßiges Angriffsziel war. Unter den entsetzten Augen der überlebenden britischen Trawler-Crew versenkte Mügler den Tanker mit einem einzigen Elektro-Torpedo, der mit einer verbesserten Magnetpistole ausgerüstet war. Diesmal unternahm Mugler nichts, um die Besatzung zu retten (fünf Männer kamen um). Noch am selben Tag traf er auf einen anderen Trawler und übergab die Briten.*

* Mit Hilfe der (sonst seltenen) Augenzeugenberichte der Überlebenden des versenkten Trawlers führten die Ankläger von Nürnberg die Versenkung der *Arne Kjöde* als Beispiel für die von den U-Boot-Streitkräften begangenen »Kriegsverbrechen« an. Vielleicht hatte Dönitz vergessen, daß Hitler die Beschränkungen speziell hinsichtlich der Versenkung neutraler Tanker gelockert hatte, oder er wollte es nicht erwähnen – jedenfalls bezeichnete er die Versenkung der *Arne Kjöde* als einen Fehler und meinte, Mugler hätte das Schiff mit einem die Britischen Inseln anlaufenden britischen Tanker verwechselt (d. h. es falsch identifiziert). Wenn man in fünfeinhalb Jahren U-Boot-Krieg einen oder zwei Fehler finden könne, so beweise das gar nichts, erklärte er. Die Rettung der Überlebenden des Trawlers am selben Tag wurde zu Dönitz' Verteidigung angeführt und führte tatsächlich dazu, daß der Vorwurf des Kriegsverbrechens fallengelassen wurde.

Das Wetter vor den Britischen Inseln wurde immer entsetzlicher. Daher beorderte Dönitz die drei Atlantik-Boote nach Süden, um vor der Iberischen Halbinsel zu patrouillieren. Auf ihrem Weg durch die Western Approaches fanden alle drei Boote ein Ziel. Mügler griff mit *U41* den britischen Frachter *Hope Star* an, aber drei Torpedos gingen vorbei oder versagten. Das brandneue Typ-XI-Boot *U43* unter dem 36jährigen Wilhelm Ambrosius versenkte den britischen 5000-BRT-Frachter *Arlington Court*. Der 34jährige Curt von Gossler von *U49*, dem neuen Boot vom Typ VIIB, schoß erfolglos vier Torpedos auf den 7000 BRT großen britischen Frachter *Rothesay Castle*. Die Zerstörer *Echo* und *Wanderer* lokalisierten sein Boot und fuhren einen brutalen Wasserbombenangriff, der Gossler zwang, auf die nie zuvor erreichte Tiefe von 170 Metern zu tauchen.

Gossler konnte schließlich entkommen und nahm Kurs nach Westen, um eine wichtige Meldung an Dönitz abzusetzen. Er hatte schlechte Nachrichten: Drei luftgetriebene Torpedos vom Typ G7a mit verbesserten Magnetpistolen hatten vorzeitig gezündet, zwei davon schon nach 200 Metern; ein Elektro-Torpedo vom Typ G7e mit Magnetpistole hatte überhaupt nicht gezündet. Der Bericht war »eine bittere Enttäuschung«, schrieb Dönitz, »die unsere besten Hoffnungen (in bezug auf die verbesserten Magnetpistolen) mit einem Schlag wieder zunichte machte.« Der Torpedo, fügte er wütend hinzu, könne keinesfalls als brauchbare Frontwaffe von Nutzen betrachtet werden.

Dieses jüngste Torpedodesaster und der Beinaheverlust von *U49* brachten Raeder so auf, daß er zu einer drastischen Maßnahme griff. Er sah sich außerhalb der Kriegsmarine um und ernannte den Wissenschaftler Dr. E. A. Cornelius zum Torpedo-Bevollmächtigten. Cornelius hatte wirklich weitreichende Vollmachten, nicht nur hinsichtlich der Torpedodefekte (bei den Pistolen, dem Tiefenlauf usw.). Er war auch befugt, Maßnahmen zur Steigerung der Torpedoproduktion zu ergreifen, die arg hinter dem Zeitplan hinterherhinkte. Seine Bestallung war für die U-Bootwaffe von größter Bedeutung. »Man kann nur hoffen, daß er auf der ganzen Linie erfolgreich ist«, notierte Dönitz.

Da alle vier Torpedorohre und ein Sehrohr irreparabel beschädigt waren, mußte Gossler den Rückmarsch antreten. Als er mit dem angeschlagenen Boot nach nur 20 Tagen auf See in Wilhelmshaven einlief, hatte er das Gefühl, nur mit viel Glück überlebt zu haben. Daß er die erstaunliche Tauchtiefe von 170 Metern erreicht hatte, war eine wertvolle Erfahrung. Bis dahin hatte man angenommen, daß ein Boot vom Typ VIIB in solchen Tiefen implodieren oder zerquetscht werden würde. Nun hatte sich gezeigt, daß es gefahrlos mindestens 20 Meter unter die maximale Tiefeneinstellung der britischen Wasserbomben (150 Meter) tauchen konnte. Damit hatte sich eine neue Fluchtmöglichkeit vor Wasserbomben eröffnet.

Heinicke patrouillierte mit *U53* nach dem gescheiterten Mittelmeer-Unternehmen immer noch vorsichtig vor der Iberischen Halbinsel. Da stieß er auf den Geleitzug Sierra Leone 7 (in den Dokumenten abgekürzt SL 7). Er erstattete Meldung und hielt Fühlung. Dann sendete er auf Dönitz' Anweisung ein Peilsignal, um die nach Süden fahrenden Typ-IX-Boote *U41* und *U43* heranzuführen. Auf diese Weise bildete sich spontan ein aus drei Booten bestehendes Rudel, das lose von Dönitz geführt wurde. Nachdem Mugler mit *U41* unterwegs ein kleines britisches Trampschiff versenkt hatte, bekam er Fühlung mit dem Geleitzug; er übernahm die Beschattung, als *U53* von der Geleitsicherung abgedrängt wurde. Alle drei Boote schossen unabhängig voneinander auf Schiffe des Geleitzugs, aber nur Ambrosius gelang mit *U43* eine Versenkung. Britische und französische Zerstörer fielen über *U41* und *U43* her. Sie hielten *U41* beispiellose 20 Stunden unter Wasser* und beschädigten *U43* schwer. Ambrosius konnte seine Verfolger schließlich abschütteln und nach Westen entkommen, wo er einen alleine fahrenden 2500 BRT großen britischen Frachter versenkte, bevor er den Einsatz wegen seiner Gefechtsschäden abbrach und sich auf den Rückmarsch nach Deutschland machte.

Die Ergebnisse der Novemberoperationen im Atlantik waren mager. Bei Mugler von *U41* wurden neun Torpedoversager bei elf Schüssen und vier Versenkungen, darunter die zweier Trawler mit insgesamt 12914 BRT, bestätigt, doch nur wegen der Versenkung des norwegischen Tankers *Arne Kjöde* hatte sich die Fahrt gelohnt. Ambrosius auf dem schwer beschädigten *U43* konnte vier versenkte Schiffe mit insgesamt 16000 BRT verbuchen. Gossler auf dem ebenfalls schwer angeschlagenen *U49* hatte keine Versenkung zu melden. Auch Heinicke auf *U53* – der sich zuvor gescheut hatte, ins Mittelmeer zu fahren – hatte kein Schiff versenkt. Er kehrte mit elf seiner vierzehn Torpedos nach Deutschland zurück, wo er auf einen anderen Posten versetzt wurde. Wegen der erforderlichen Reparaturen würden *U43* und *U49* erst im März 1940 wieder einsatzbereit sein.

Der Operationsplan für Dezember war schon eher ermutigend. Dönitz ging davon aus, daß er sechs Boote in den Atlantik schicken könnte: *U47* unter Prien und *U48* unter Schultze, die beide nicht mehr in der Nordsee lauern mußten, und vier weitere Boote, einschließlich der beiden Boote vom Typ VIIB, *U51* und *U52*, die nach monatelanger Instandsetzung und Modifikation endlich wieder einsatzbereit waren. Der Plan wurde aber aufgrund eines von Dönitz so bezeichneten »Sabotageaktes« nicht realisiert. Die Besatzungen fanden Sand im Schmieröl von *U25*, *U51* und *U52*. *U25* wurde repariert und lief aus, mußte aber wegen eines Öllecks, das mit dem Sand nichts zu tun hatte, seinen Einatz schon in der Nordsee abbrechen. *U51* und *U52* konnten im Dezember nicht auslaufen. *U52* war so schwer beschädigt, daß es, wie Dönitz in sein Tagebuch schrieb, bis auf weiteres außer Gefecht sein werde. U46 konnte aus anderen Gründen erst später auslaufen.

So standen für die Atlantikschlacht Anfang Dezember nicht sechs, sondern nur zwei Boote zur Verfügung, *U47* unter Prien und *U48* unter Schultze. Auf diesen Booten aber war der Treibstoff knapp. Schultze konnte auf dem Weg zu den Shetland-Inseln dank der gelockerten Beschränkungen den schwedischen 6300-BRT-Tanker *Gustaf E. Reuter* versenken. Beide Boote hatten mit schrecklicher Kälte und riesigen Wellenbergen zu kämpfen; die eisigen Wogen brachen über die Brückenwachen herein, und die Boote stampften, gierten und rollten in äußerst bedenklichem Maß.

---

* Das überstieg die normale Luftkapazität. Die Luft im Inneren eines U-Bootes konnte jedoch grob von CO_2 gereinigt werden, indem man sie durch Kartuschen mit Kaliumhydroxid blies, die in allen Abteilungen installiert waren. Zusätzlich verfügten die Boote noch über CO_2-absorbierende Atmungsgeräte mit 2-Kilogramm-Kanistern Natronkalk, die die Männer wie Gasmasken benutzen konnten. Um »Luft zu sparen«, mußten alle Männer, die dienstfrei hatten, in ihren Kojen liegen.

Als Prien in den Western Approaches ankam, hatte er nur noch so wenig Treibstoff, daß er seine Feindfahrt im Atlantik auf circa fünf Tage beschränken mußte. In dieser kurzen Zeit versenkte er drei große und wichtige Schiffe: den 8800 BRT großen britischen Frachter *Navasota*, den 6200 BRT großen norwegischen Tanker *Britta* und den 8150 BRT großen holländischen Frachter *Tajandoen*. Bei dem Angriff auf die *Navasota* gingen britische Zerstörer zum Gegenangriff vor, und Prien und seine Männer bekamen zum ersten Mal die Wirkung von Wasserbomben zu spüren. Der Gegenangriff war jedoch recht planlos; Prien konnte entkommen und trat den Rückmarsch an. Unterwegs schoß er seine letzten Torpedos auf zwei Schiffe ab, doch sie versagten oder verfehlten ihr Ziel.

Bei seiner Ankunft in Wilhelmshaven wurde Prien wieder wie ein Held empfangen. Berlin ließ sich trotz empörter Dementis aus London nicht davon abbringen, ihm die Versenkung des Kreuzers *Norfolk* anzurechnen, was die Gesamttonnage seiner Versenkungen auf 72 000 BRT bei drei Einsätzen erhöhte. In Wirklichkeit hatte er bei seinem dritten Einsatz drei Schiffe mit 23 168 BRT versenkt und seine insgesamt versenkte und bestätigte Tonnage auf 61 500 erhöht. Auch das reichte für den ersten Platz. Er meldete, daß acht von zwölf Elektro-Torpedos mit verbesserten Magnetpistolen versagt hatten. Nachdem die Besatzung die dafür erforderlichen drei Kriegseinsätze geleistet hatte, bekamen alle Männer eine neue, begehrte Auszeichnung, das U-Boot-Kriegsabzeichen.

Schultze patrouillierte mit *U48* nur noch sieben Tage allein in der stürmischen See der Western Approaches. Auch er konnte in dieser kurzen Zeit drei wichtige Versenkungen für sich verbuchen: einen 5000 BRT großen griechischen Frachter, den 6700 BRT großen britischen Frachter *Brandon* und den 7400 BRT großen britischen Tanker *San Alberto*, den er so schwer beschädigte, daß er von einem britischen Zerstörer versenkt werden mußte. Nachdem Schultze am 19. Dezember den Atlantik verlassen hatte, waren einige Zeit überhaupt keine U-Boote mehr in diesen Gewässern.

Wie Prien und Schuhart war auch Schultze bei seiner Ankunft in Wilhelmshaven auf dem besten Weg, ein gefeierter Nationalheld zu werden. Er hatte bei seinem dritten Einsatz vier Schiffe mit 25 618 BRT versenkt und seine Versenkungsziffer auf 12 Schiffe mit insgesamt 77 500 BRT erhöht. Dies waren fast doppelt so viele nachweislich versenkte Schiffe und eine weit größere Tonnage als bei Prien. In der Propaganda wurde Schultzes Bilanz großzügig auf »80 000 BRT« aufgerundet, und er und seine Männer wurden in allen Medien gefeiert.

Die Besatzung bekam Orden und das U-Boot-Kriegsabzeichen, allerdings wurde Schultze das Ritterkreuz vorenthalten, denn Dönitz hatte angeordnet, daß ein Kommandant für diese hohe Auszeichnung mindestens 100 000 BRT an feindlichen Schiffen versenkt oder eine Heldentat von außerordentlichem Rang wie zum Beispiel Priens Eindringen in die Bucht von Scapa Flow vollbracht haben mußte.

Aufgrund der Sabotage bei *U51* und *U52* und der abgebrochenen Fahrt von *U25* fuhr im Dezember nur ein Boot aus Deutschland in den Atlantik. Es war *U46*, ein VIIB-Boot unter dem Kommando von Herbert Sohler. *U46* versenkte schon in der Nordsee einen norwegischen Frachter von 1000 BRT und hatte danach die zweifelhafte Ehre, als einziges deutsches U-Boot über Weihnachten im Atlantik zu sein. In den Western Approaches traf Sohler auf viele weitere Handelsschiffe und griff aggressiv an, konnte jedoch keine weiteren Versenkungen verbuchen. Nach zwei Wochen fiel ein Diesel aus, und Sohler mußte den Einsatz abbrechen. Da das Boot in drei Einsätzen nur zwei Schiffe mit insgesamt 8000 BRT versenkt hatte, kam Dönitz zu dem Schluß, daß die Besatzung an der Feuerleitanlage unzureichend ausgebildet war, und schickte das Boot zurück in die »Schule« – eine Demütigung für diese erfahrene, aber glücklose Crew und eine weitere unvorhergesehene Schwächung der schwindenden Atlantik-Streitmacht.

Dönitz hatte in den drei Monaten von Oktober bis Dezember 1939, einschließlich der ersten gescheiterten Operation im Rudel und des ebenfalls gescheiterten Mittelmeerunternehmens, nur 16 U-Boote in den Atlantik schicken können – fünf weniger, als bei der ersten Offensive im September zum Einsatz gekommen waren. Drei der sechzehn Atlantik-Boote (*U40*, *U42* und *U45*) waren verlorengegangen, und zusätzlich war *U35* bei dem Einsatz gegen die britische Kriegsmarine in der Nordsee gesunken.* Zwei Boote, *U43* und *U49*, hatten schwere Gefechtsschäden erlitten. *U51* und *U52* waren sabotiert und *U46* war zur Nachschulung geschickt worden. Die sechzehn Feindfahrten im Atlantik hatten zur Versenkung oder Erbeutung von 35 Schiffen geführt. Die Quote von durchschnittlich 2,2 versenkten oder erbeuteten Schiffen pro Boot und Einsatz war damit nicht besser als im September und durchaus enttäuschend. Die fünf Kommandanten mit der größten versenkten Tonnage waren Schultze, Prien, Schuhart, Hartmann und Rollmann.

Nach den Statistiken der britischen Admiralität waren bis zum 31. Dezember insgesamt 5756 Schiffe vor allem in heimatlichen Gewässern oder in der Nordsee in britischen Geleitzügen gefahren. Von diesen, prahlte die Admiralität, waren nur vier von deutschen U-Booten versenkt worden. Dies war eine Untertreibung, die Tendenz aber stimmte: Nach einer minutiösen Studie des deutschen U-Boot-Historikers Jürgen Rohwer hatten in den vier Monaten des sogenannten »Sitzkriegs« 1939 alle U-Boote einschließlich der Einbäume in der Nordsee 123 Handelsschiffe ab einer Mindestgröße 500 BRT versenkt. Wenn man von dem französischen Konvoi KJF 3 absieht, waren nur 14 der 123 von U-Booten versenkten Schiffe in Geleitzügen gefahren – jeweils drei in Geleitzügen mit Heimatkurs aus Halifax, Sierra Leone und Gibraltar und der Rest mit Ballast in auslaufenden Geleitzügen.**

Minenoperationen

Zur Unterstützung von Hitlers geplantem Angriff auf Frankreich im November 1939 hatten Admiral Raeder und das OKM deutsche Überwasserschiffe, U-Boote und Flugzeuge angewiesen, britische Seehäfen zu verminen. Das Hauptziel dieser Minenoperationen bestand darin, den Transport von britischen Truppen und Nachschub auf

* Außerdem war auch *U36*, ein Boot vom Typ VII, auf seinem zweiten Einsatz in der Nordsee von dem britischen U-Boot *Salmon* unter dem Kommando von E. O. Bickford mit der gesamten Besatzung versenkt worden. Bickford hatte im weiteren Verlauf seines Einsatzes auch noch die Leichten Kreuzer *Leipzig* und *Nürnberg* schwer beschädigt.

** Zur Anzahl der wichtigsten einlaufenden Geleitzüge und deren Verlusten siehe Tafel 10 (S. 502). Zur Statistik der bestätigten Versenkungen durch Einbäume siehe Anhang 7.

den Kontinent zu verhindern. In zweiter Linie sollten sie die britische Handelsschifffahrt stören oder zum Erliegen bringen und Angst und Schrecken verbreiten.

Aufgrund des Mangels an Magnetminen, die in Friedenszeiten nicht in großen Mengen produziert worden waren, begannen die Operationen nur schleppend. Im Oktober legten vier Einbäume Minenfelder von je neun TMB-Minen mit Verzögerungsschaltung. Zwei Felder waren ein Mißerfolg. Dem von Horst Wellner mit *U16* vor Dover gelegten Feld fiel nur ein kleiner Schlepper zum Opfer. Wellner jedoch lief in der Minensperre zwischen Dover und Cap Gris Nez auf eine Mine der Alliierten, und *U16* ging mit der gesamten Besatzung verloren. Dem von Harald Jeppener-Haltenhoff mit *U24* vor Hartlepool gelegten Feld fiel lediglich ein 1000 BRT großes Küstenfahrzeug zum Opfer.* Zwei Felder waren recht wirkungsvoll. Das Feld, das Hans Meckel auf *U19* ebenfalls vor Hartlepool gelegt hatte, versenkte drei Frachter mit insgesamt 12344 BRT. Das Feld, das Fritz Frauenheim auf *U21* in einer gewagten Aktion vor dem britischen Marinestützpunkt im Firth of Forth gelegt hatte, machte den neuen britischen Leichten Kreuzer *Belfast* fast schrottreif – ein spektakulärer Sieg für die Einbäume.

Die hochseefähigen Boote sollten jene Häfen an der britischen Westküste verseuchen, die jenseits der Reichweite der Einbäume oder der deutschen Flugzeuge lagen. Dönitz setzte für diese Mission die verfügbaren Boote der Flottille Saltzwedel ein, die, bevor sie modifiziert waren, für Feindfahrten zu unsicher waren. Mit der ersten, wichtigsten – und gefährlichen – Mission sollte eigentlich *U32* unter Paul Büchel betraut werden, das im September ein (wirkungsloses) Feld im Bristol-Kanal gelegt hatte. Sein Ziel war der Marinestützpunkt Loch Ewe in Nordwestschottland, wo die Home Fleet nach Priens Überfall auf Scapa Flow ihren Hauptliegeplatz hatte. *U32* war jedoch nicht seetüchtig und wurde durch *U31* unter Johannes Habekost ersetzt.

Habekost stopfte 18 TMB-Minen in sein Boot. Vor Loch Ewe verfing er sich mit seinem Boot in einer Torpedonetzsperre – eine alptraumhafte Erfahrung –, kam aber schließlich wieder frei, legte seine Minen in der äußeren Fahrrinne und kehrte nach zehn Tagen – und dem bisher kürzesten Einsatz des Krieges – wieder zurück. Das Feld erzielte lange keine Wirkung und wurde schon als fehlplaziert gewertet. Am 4. Dezember, 37 Tage nach Habekosts Operation, lief jedoch das Flaggschiff der Home Fleet, das Schlachtschiff *Nelson*, auf eine Mine und wurde so schwer beschädigt, daß es vier Monate lang im Trockendock liegen mußte. Es gelang den Briten jedoch, die Katastrophe vor den Deutschen zu verheimlichen.

Die nächste Mission sollte von Hans-Wilhelm von Dresky auf *U33* im Bristol-Kanal ausgeführt werden, wo Büchel mit *U32* im September sein Feld allem Anschein nach fehlplaziert hatte. Da man davon ausgehen mußte, daß die Briten über die Minenoperationen der U-Boote Bescheid wußten, konnten die U-Boote nicht völlig schutzlos auslaufen. Dresky führte deshalb 12 TMB-Minen und sechs Torpedos mit. Wie sich ein Besatzungsmitglied erinnert, fielen auf dem Weg durch die Nordsee beide Diesel aus, und das Boot mußte drei Tage lang auf Grund liegen, während die Ingenieure die Reparaturen vornahmen. »Das Boot war eigentlich nicht seetüchtig«,

* Die Versenkung dieser kleinen Schiffe, insbesondere des nur 57 BRT großen Schleppers, waren weitere Hinweise darauf, daß die Minen zu empfindlich eingestellt waren. Doch die Deutschen erkannten das Problem nicht.

erzählte der Mann. »Die Besatzung war sehr beunruhigt. Viele (Männer) fuhren nur widerstrebend wieder mit diesem Boot zum Einsatz.« Das von *U33* gelegte Feld war jedoch höchst wirkungsvoll; ihm fielen drei Schiffe mit insgesamt 25 600 BRT einschließlich des britischen Tankers *Inverdargle* zum Opfer, und die Briten sahen sich zum zweiten Mal gezwungen, den Hafen von Bristol zu schließen.

Nachdem Dresky das Feld gelegt hatte, hielt er Ausschau nach Zielen für seine Kanone und seine Torpedos. Auf der Höhe von Nordirland hielt er fünf britische Trawler an und versenkte sie alle mit der Kanone, nachdem er ihren Mannschaften erlaubt hatte, die Schiffe zu verlassen. Auf der Heimfahrt zerstörte er auf der Höhe der Orkney-Inseln bei schwerer See mit Kanone und Torpedo den 3700 BRT großen deutschen Frachter *Borkum*, der von britischen Kriegsschiffen als Prise genommen worden war. Dabei tötete er durch den Beschuß vier deutsche Besatzungsmitglieder. Als das Boot schwer angeschlagen nach Deutschland zurückkehrte, lobte Dönitz Dresky für seinen gut geführten Einsatz; *U33* aber mußte zu umfangreichen Reparaturen zurück auf die Werft.

Das Minenunternehmen kam erst im November so richtig in Schwung. Nun kamen endlich auch deutsche Überwasserschiffe und Flugzeuge zum Einsatz und suchten im Schutz der langen Nächte die britische Ostküste und die Häfen im Ärmelkanal heim. Über die Nordsee hin und her eilend legten die Überwasserschiffe über 500 Minen. In separaten Missionen warf die Luftwaffe in drei Nächten 41 mit Bremsfallschirmen versehene Minen über der Themse-Mündung, vor der Humber-Mündung und vor Harwich ab. Eine Mine wurde von der Luftwaffe versehentlich über dem Wattland von Shoeburyness abgeworfen, und die Briten konnten sie intakt bergen. Sie hatten die Geheimnisse der Magnetmine schnell verstanden und starteten sofort ein Forschungsprogramm zur Entwicklung von Gegenmaßnahmen. Die Minenoffensive der Überwasserschiffe war höchst wirkungsvoll. Sie zwang die Briten, zahlreiche Häfen an der Ostküste und im Ärmelkanal zu schließen, und brachte die britische Handelsschiffahrt zeitweilig zum Erliegen. Ihre psychologische Wirkung war genauso groß oder sogar größer als die der Versenkungen durch die U-Boote. Um die schockierte britische Bevölkerung zu beruhigen und um Hitler für den Gebrauch einer unheimlichen und barbarischen Waffe zu strafen, enthüllte die Regierung unter Chamberlain unverzüglich die Geheimnisse der Magnetminen (die ein britischer Regierungsbeamter als »eine erstaunliche neue Erfindung« würdigte), versprach jedoch, die neue Bedrohung mit »Wissenschaft und Intelligenz« genauso erfolgreich zu bekämpfen wie die deutschen U-Boote.

Im Rahmen der erweiterten Offensive liefen im November sieben Einbäume aus, um Minenfelder zu legen. Zwei davon waren Mißerfolge: das Feld von *U23* unter Otto Kretschmer vor dem britischen Marinestützpunkt in Cromarty Firth (Invergordon) und das Feld von *U58* unter Herbert Kuppisch vor Lowestoft. Die anderen fünf Felder vor Lowestoft, Ordfordness, Yarmouth und Newcastle führten zu sechs Versenkungen mit insgesamt 15 000 BRT und zur Beschädigung eines 4434 BRT großen Frachters.

Drei der sieben durch die Einbäume herbeigeführten Versenkungen betrafen kleine Schiffe von 209, 258 und 496 BRT. Als dies in Deutschland bekannt wurde, begann Dönitz die Zuverlässigkeit der TMB-Minen mit derselben Konsequenz anzuzweifeln wie die Zuverlässigkeit der Torpedos. Die Minen-Inspektion führte daraufhin in der

Ostsee realitätsnahe Versuche mit TMB-Minen durch, deren Ergebnisse Dönitz' Verdacht erhärteten. Die Inspektoren räumten ein, daß die Minen nicht »absolut tödlich« seien, wenn sie, wie es die Anweisung vorschrieb, in 30 Meter Tiefe auf Grund gelegt würden, sondern wahrscheinlich nur in 25 Meter. Außerdem zeigten die Versuche, daß die Zünder zu empfindlich waren. Dönitz wies daraufhin die U-Boot-Besatzungen an, TMB-Minen fünf Meter weniger tief zu legen als bisher und die Magnetzünder unempfindlicher zu machen.

Dönitz hatte eine weitere Beschwerde. Er glaubte nicht, daß die 543-Kilogramm-Sprengladung der TMB-Mine stark genug war für den Einsatz gegen schwer gepanzerte Großkampfschiffe. Dönitz wollte eine Mine mit der doppelten Sprengkraft der TMB-Mine. In augenfälligem Unterschied zu den Torpedo-Ingenieuren machten sich die Minen-Ingenieure willig und begeistert an die Arbeit. Sie konstruierten zügig die große, damals in Produktion gehende, von U-Booten zu legende Treibmine TMA zu einer Grundmine um. Die nun in TMC umbenannte Mine hatte eine riesige Sprengladung von 1000 Kilogramm und galt bis zu einer Tiefe von 36 Metern als tödlich.

Im November wurden zwei Boote der Flottille Saltzwedel, *U28* unter Günter Kuhnke und *U29* unter Otto Schuhart, nach wochenlanger Werftliegezeit mit Minenoperationen im Atlantik betraut. Beide luden je zwölf TMB-Minen und sechs Torpedos, um die Aktion im Bristol-Kanal fortzusetzen.

Auf dem Weg nach Bristol versenkte Kuhnke zwei Schiffe mit Torpedos. Das erste Schiff war der 5000 BRT große holländische Tanker *Sliedrecht*, der gemäß den gelokkerten Beschränkungen bezüglich neutraler Schiffe ein erlaubtes Ziel war. Nachdem die Crew das Schiff verlassen hatte, schoß Kuhnke einen einzigen Torpedo ab, der das Schiff in einer fürchterlichen Detonation vernichtete. Er überließ die Besatzung ihrem Schicksal – nur fünf Mann überlebten. Das zweite versenkte Schiff war der 5100 BRT große britische Frachter *Royston Grange*, den er in den Western Approaches versenkte, nachdem die Crew das Schiff verlassen hatte.

Kuhnke legte sein Minenfeld vor Swansea und kehrte wieder nach Deutschland zurück. Da es nicht sofort Wirkung zeitigte, wurde auch dieses Feld zunächst für fehlplaziert gehalten. *U28* kam erneut für mehrere Wochen zur Instandsetzung und Modifikation in die Werft. 60 Tage später lief jedoch mit dem 9600 BRT großen britischen Frachter *Protesilaus* ein wichtiges Schiff auf eine Mine in Kuhnkes Feld und sank.

Otto Schuhart, der Held von *U29*, der den Flugzeugträger *Courageous* versenkt hatte, wurde nach Milford Haven geschickt, um dort ein Minenfeld zu legen. Er brach die Funkstille und meldete, daß schlechtes Wetter und ein heller Mond ihn gezwungen hätten, die Mission abzubrechen. Dönitz befahl ihm, das Minenfeld an einer anderen Stelle zu legen, aber Schuhart konnte sich für den Auftrag wohl nicht recht begeistern und kehrte mit allen Minen und Torpedos nach Deutschland zurück. Dönitz war so aufgebracht über den Fehlschlag, daß er Schuhart vorwarf, er sei zu vorsichtig gewesen. In Anbetracht von Schuharts herausragendem ersten Einsatz beschloß er jedoch, ihm eine zweite Chance zu geben. Die aber ließ auf sich warten, denn auch *U29* kam zunächst für mehrere Wochen zur Modifikation in die Werft.

Im Dezember legten fünf Einbäume Minenfelder. Alle fünf Felder waren wirkungsvoll, und insgesamt sanken acht kleine Schiffe mit 13 200 BRT durch Minentreffer. Das von Karl-Heinrich Jenisch mit *U22* vor Newcastle gelegte Feld war mit vier kleinen Frachtern und 4978 BRT am erfolgreichsten. Jürgen Oesten versuchte, in den gefährlichen Gewässern des Firth of Forth ein zweites Feld zu legen, wurde jedoch von ASW-Einheiten verjagt, bevor er seine Operation beenden konnte; seine Minen versenkten ein kleines Küstenfahrzeug. Das größte Schiff, ein 4373 BRT großer Frachter, wurde vor Lowestoft durch eine von Georg Schewes mit *U60* gelegte Mine versenkt.

Zwei Boote vom Typ VII unternahmen im Dezember Minenoperationen im Atlantik: *U30* unter Lemp und *U32* unter Büchel. Lemp erhielt den Auftrag, ein Dutzend TMB-Minen vor Liverpool zu legen, um diesen wichtigen Hafen zu blockieren. Büchel sollte vor dem britischen Marinestützpunkt in den gefährlichen Gewässern des Firth of Clyde acht der neuen superstarken TMC-Minen legen in der Hoffnung, sie würden dort ein Großkampfschiff erledigen.

U30 hatte 70 Tage lang zur Reparatur von Gefechtschäden und zur Modifikation auf der Werft gelegen. Lemp hielt das Boot für seetüchtig, doch auf seinem Weg in den Atlantik fiel nahe den Shetland-Inseln ein Diesel aus, und er mußte nach Deutschland zurückkehren. Am 23. Dezember lief er schließlich wieder aus – vier Tage nach Sohler, der mit *U46* im Atlantik patrouillierte. Als sich Lemp am Heiligen Abend wieder in der Nähe der Shetland-Inseln befand, empfing er eine Funkbotschaft von Raeder, in der dieser allen U-Booten fröhliche Weihnachten und Gottes Hilfe bei weiteren erfolgreichen Operationen wünschte. Da alle Einbäume und die anderen hochseetüchtigen U-Boote in den Häfen lagen, galten diese Wünsche nur Sohler und Lemp.

Am frühen Morgen des 28. Dezember hatte Lemp die Nordseite der Britischen Inseln umrundet und erreichte den Butt of Lewis am Nordende der Hebriden, wo er auf einen britischen Trawler stieß. Um seine Männer aus der Weihnachtsstimmung zu reißen, tauchte Lemp gefechtsklar auf und versenkte den Trawler mit der Deckkanone, nachdem die Besatzung das Schiff verlassen hatte. Zufällig lief just am selben Tag der 2500 BRT große britische Frachter *Stanholme* im Bristol-Kanal auf eine der Minen, die Dresky gelegt hatte. Und London behauptete entrüstet, die *Stanholme* sei warnungslos von einem U-Boot torpediert worden. Als das OKM in Berlin diese Nachricht hörte, schrieb es die Versenkung fälschlicherweise Lemp zu. Möglicherweise eingedenk der Aufregung, die Lemp durch die Versenkung der *Athenia* verursacht hatte, gab sich das OKM diesmal moralisch und rügte Lemp, weil er Großbritannien einen Grund geliefert habe, die Deutschen dafür zu verurteilen, daß sie sogar an Weihnachten den U-Boot-Krieg fortführten.

Zur Verstärkung der ausgedünnten Home Fleet hatte die Admiralität zwei alte Schlachtschiffe der Baujahre 1915/1916 in die Heimatgewässer gebracht, die *Warspite*, die in den dreißiger Jahren modernisiert worden war, und die *Barham*. Zusätzlich standen auch noch der alte Schlachtkreuzer *Repulse* und der Flugzeugträger *Furious* zur Verfügung, die mit einem Geleitzug aus Kanada zurückgekehrt waren. Am späten Nachmittag des 28. Dezember kreuzten die *Repulse* und die *Barham*, von fünf Zerstörern eskortiert, auf der Höhe des Butt of Lewis. Sie sollten die Kreuzer der Northern Patrol entlasten, falls die *Gneisenau* und die *Scharnhorst* wieder auslaufen würden.

Als Lemp nach der Versenkung der *Stanholm* wieder nach Süden fuhr, sichtete er die Mastspitzen der *Repulse* und der *Barham*. Er tauchte, um sich den Schiffen zu nähern, und machte ruhig die vier Elektro-Torpedos (mit Magnetpistolen) in den Bugrohren klar. Nachdem er kühn unter der Zerstörersicherung hindurchgetaucht war, schoß er je zwei Torpedos auf die *Repulse* und auf die *Barham*. Lemp und seine Männer hörten zu ihrer Freude, wie einer der vier Torpedos die Barham traf. Der Treffer am Vorschiff hatte beträchtliche Schäden verursacht und die Munitionskammern geflutet. Die anderen drei Torpedos hatten versagt oder ihre Ziele verfehlt.

In der Aufregung und der Verwirrung nach dem Angriff vermasselten die Briten die U-Boot-Jagd, und Lemp konnte unbehelligt entkommen. Noch in derselben Nacht versetzte er Dönitz und das OKM mit der Meldung in Hochspannung, er habe von Zerstörern eskortierte Schiffe der R-Klasse angegriffen und wahrscheinlich einen Treffer erzielt. Der B-Dienst fing die Schadensmeldung der *Barham* auf und entschlüsselte auch die Anweisungen der Admiralität, die das Schiff zur Reparatur nach Liverpool schickten, weil der Firth of Clyde überfüllt sei. Die *Barham* wurde auf einer Liverpooler Werft repariert und war für drei Monate außer Gefecht.

Auch Lemp nahm Kurs auf Liverpool. Er näherte sich seinem Ziel mit äußerster Vorsicht und plazierte seine zwölf TMB-Minen sehr sorgfältig. Die Sorgfalt machte sich bezahlt. Innerhalb der nächsten 30 Tage fielen dem Feld ein Tanker und drei große britische Frachter von insgesamt 22472 BRT zum Opfer, und der 5600 BRT große Frachter *Gracia* wurde schwer beschädigt. Die Briten waren gezwungen, auch den Hafen von Liverpool zu sperren.

Lemp erntete großes Lob von Dönitz. Wie er in seinem Tagebuch schrieb, war die Minenoperation gut ausgeführt und hatte eine Menge Kühnheit, Überlegung, Geschick und Entschlossenheit erfordert. Wenn Lemps Ruf unter der Versenkung der *Athenia* gelitten hatte, so war die Scharte durch den Treffer auf die *Barham* ausgewetzt. Lemp hatte einschließlich der *Athenia* und der durch seine Minen versenkten Schiffe nachweislich acht Schiffe mit insgesamt 45678 Tonnen versenkt. Damit stand er hinsichtlich der versenkten Tonnage in der Flottille Saltzwedel an erster Stelle und belegte in der gesamten U-Bootwaffe nach Herbert Schultze und Günther Prien den dritten Platz.

Ende Dezember lief *U32* unter Büchel endlich wieder aus, nachdem es 89 Tage lang immer wieder auf der Werft gelegen hatte. Wie Lemp unterbrach auch er seine Fahrt im Norden der Britischen Inseln und versenkte ein Schiff (einen 1000 BRT großen Norweger), um die Jagdlust seiner Besatzung zu wecken. Dann fuhr er weiter nach Süden, gelangte in den Nordkanal und näherte sich mit der gebotenen Vorsicht dem Firth of Clyde, der schwer bewacht und mit Torpedosperren gesichert war. Entmutigt durch die starke ASW-Sicherung legte Büchel die Minen nicht in der Mitte der Fahrrinne, wie von Dönitz befohlen, sondern an einer weniger vielversprechenden Stelle in tieferem Wasser. Bei seiner Rückkehr nach Deutschland wurde er von Dönitz entlassen. Der Auftrag sei für diesen Kommandanten zu schwierig gewesen, notierte Dönitz wütend in sein Tagebuch. Keine der TMC-Minen detonierte. Der erste Einsatz dieser äußerst wirkungsvollen Waffe war ein Fehlschlag gewesen.

Zwischen Oktober und Dezember 1939 hatten die Einbäume und die Hochsee-U-Boote insgesamt 22 Minenoperationen in britischen Gewässern durchgeführt und dabei 218 Minen gelegt. Ein Hochsee-U-Boot, *U29*, mußte mit zwölf Minen an Bord den Einsatz vorzeitig abbrechen; ein Einbaum, *U61*, wurde vertrieben, bevor er sein Feld im Firth of Forth legen konnte. Einige Felder waren schlecht plaziert, vor allem das TMC-Minenfeld von *U32* im Firth of Clyde. Zwei von Einbäumen gelegte Felder waren vermutlich ebenfalls fehlplaziert und erzielten keine Wirkung. Zwei andere wurden zwar wirksam, versenkten aber nur zwei sehr kleine Schiffe. Die fünf Minenfelder, die die Hochsee-U-Boote mit insgesamt 62 Minen gelegt hatten, vernichteten zehn Schiffe mit insgesamt 58000 BRT. Die 16 Felder der Einbäume mit insgesamt 140 Minen versenkten 20 Schiffe mit 46400 BRT. Insgesamt führten die Minenoperationen zu Versenkungen von 30 Schiffen* und 104400 BRT, ein statistischer Durchschnitt von 1,4 Schiffen pro Boot und Einsatz oder einem Schiff von 3500 Tonnen pro sieben gelegten Minen. Ein Einbaum *(U16)* war bei einer Minenoperation verlorengegangen.

Zwischen Oktober und Dezember 1939 waren nach Schätzungen der Admiralität 72 Handelsschiffe in britischen Gewässern durch feindliche Minen verlorengegangen. Fast die Hälfte (42 Prozent) dieser Verluste, sowie die schwere Beschädigung des Kreuzers *Belfast* und die mittelschwere des Schlachtschiffs *Nelson*, gingen auf das Konto der von den U-Booten gelegten Minen. Trotzdem wurde die Begeisterung Raeders für die Minenoperationen der U-Boote von Dönitz nicht geteilt. Sie waren langweilig, zeitintensiv und sehr gefährlich. Die beobachteten oder bekannt gewordenen Feindverluste pro Minenfeld schienen eher gering. Außerdem hielt Dönitz die TMB-Minen für unzuverlässig. Durch die Minenoperationen wurden viele Einbaum-Kommandanten von Torpedo-Einsätzen abgehalten, die aufgrund der großzügig gelokkerten Vorschriften für den U-Boot-Krieg nicht nur bessere Erfolgschancen versprachen, sondern auch ein wertvolles Gefechtstraining dargestellt hätten. Außerdem konnten fast alle für die Einbäume erreichbaren Häfen auch durch deutsche Flugzeuge und Überwasserschiffe vermint werden.

Dönitz drängte Raeder und das OKM, die U-Boote von den Minenoperationen zu befreien, konnte allerdings nur einen Teilsieg erringen. Alle weiteren geplanten Minenoperationen der Einbäume, mit Ausnahme zweier Missionen im Moray Firth, wurden abgesagt. Die Atlantik-U-Boote jedoch mußten weitere Minenoperationen in den Häfen der britischen Westküste durchführen.

U-Boot-Abwehrmaßnahmen

Mit Hilfe einiger redseliger deutscher Kriegsgefangener und der Entdeckung von Priens Blindgängern in Scapa Flow erfuhren Churchill und die Admiralität fast alles, was es über die Größe und die Organisation der U-Bootwaffe zu wissen gab: die technischen Merkmale der Boote, ihre Bewaffnung, die Leistungsgrenzen der drei U-Boot-Hauptklassen (Typen II, VII und IX), die üblichen Routen und Operationsgebiete der Boote, die Mängel bei den Torpedos, den Booten und den Produktionsraten im U-Bootbau. Diese reichhaltigen Informationen in Verbindung mit dem starken Rückgang der Verluste der Handelsmarine zwischen Oktober und Dezember 1939 und einer absurden Überschätzung der deutschen U-Boot-Verluste, brachten Churchill und Pound – und in der Tat die ganze Admiralität – zu der Überzeugung, daß die U-Boot-Gefahr, zumindest für den Augenblick, gebannt sei.

---

* Einschließlich aller in späteren Monaten versenkten Schiffe.

Churchill machte sich aber weiterhin Sorgen um die Zukunft, in der mit Sicherheit mehrere hundert U-Boote auftauchen und über die britische Handelsschiffahrt herfallen würden. Er drängte daher darauf, die Zahl der Geleitschiffe immer weiter zu erhöhen – etwa durch Geleitträger oder ASW-Überwasserschiffe wie die kleinen Zerstörer der Hunt-Klasse –, und außerdem Geleitflugzeuge und, im In- und Ausland, neue Handelsschiffe zu bauen sowie Forschung und Entwicklung zur Verbesserung der Sonar- und Radargeräte, ASW-Bomben und Wasserbomben zu fördern.

Die drei technisch schwierigsten, aber vielversprechendsten britischen Forschungs- und Entwicklungsprogramme zur U-Boot-Bekämpfung betrafen die Bereiche Minenräumen, Radar und Entzifferung. Es war ein glücklicher Zufall für die Briten, daß alle drei Programme Anfang 1940 erste Erfolge zeigten.

- **Minenräumen** Gleich nach der Entdeckung der fehlplazierten deutschen Magnetminen vor Shoeburyness begannen britische Wissenschaftler, Ingenieure und Minenspezialisten in einem Sofortprogramm, Methoden zum Räumen (d. h. zur Explosion bringen) dieser Minen zu entwickeln.

Das Team verfolgte eine Reihe von Ansätzen, die Methode aber, die sich als die praktikabelste und wirksamste erwies, war »Double Longitude« oder »Double L«. Zwei Minensuchboote aus Holz liefen circa 300 Meter voneinander entfernt auf parallelem Kurs und schleppten zwei schwimmfähige elektrische Kabel, ein langes und ein kurzes. Ein Kabel stellte den Minuspol dar, das andere den Pluspol. Wenn nun die Kabelpaare beider Schiffe genau gleichzeitig durch 5-Sekunden-Impulse mit Gleichstrom aus den Schiffsbatterien aktiviert wurden, schloß das Salzwasser den Stromkreis und schuf ein verstärktes magnetisches Feld von über 40 000 m^2 Größe.

Der erste vollständige See-Versuch mit der Double-L-Methode wurde einen Tag nach Weihnachten durchgeführt, nur 36 Tage nach der Entdeckung der deutschen Minen. Der Versuch verlief nicht ganz zufriedenstellend; die Mängel des Systems konnten aber bis Ende Januar behoben werden. Im Februar 1940 wurden insgesamt 74 Räumaktionen durchgeführt, bei denen Dutzende von Magnetminen zur Explosion gebracht und zahlreiche verminte Gebiete gesäubert wurden. Mit der britischen Double-L-Methode, die in circa drei Monaten entwickelt worden war, konnte die erste Generation der deutschen Magnetminen sehr wirksam bekämpft werden.

Parallel zu den Minenräumunternehmen begannen die Briten Verfahren zu entwickeln, mit denen sie Schiffe »entmagnetisieren«, das heißt, ihr Eigenmagnetfeld neutralisieren konnten, um ihre Verwundbarkeit sowohl für Magnetminen als auch für die Magnetzünder der Torpedos zu reduzieren. Dies wurde zunächst dadurch erreicht, daß ein langes, robustes Elektrokabel um die Schiffshülle herumgeführt, befestigt und ständig aus den Schiffsbatterien unter Strom gehalten wurde. Dann entdeckte man, daß der gleiche Effekt erzielt werden konnte, indem die Stromkabel auf Deck gelegt oder, noch besser, in Stahlrohren innerhalb der Schiffshülle angebracht wurden. Später fand man heraus, daß ein Schiff für die Dauer von drei Monaten ausreichend entmagnetisiert werden konnte, indem man ein Hochspannungskabel über die ganze Schiffshülle entlang führte, solange das Schiff noch im Hafen lag.

Auch wenn diese Wiping genannte Entmagnetisierungstechnik nur befristet wirksam war, wurde sie doch den anderen Verfahren vorgezogen, weil fest an Bord installierte Kabel störend waren.

- **Radar** Das Hauptaugenmerk der britischen Radarforschung lag auf der Verbesserung der Zuverlässigkeit und Genauigkeit des umfassenden Chain Home-Netzwerks zur Frühwarnung vor den Bombern der deutschen Luftwaffe. Trotzdem gingen auch die Entwicklungsarbeiten von kleinen Radargeräten zum Einbau in Flugzeugen und kleinen Überwasserschiffen, wie etwa Geleitschiffen, weiter. Ende 1939 hatte das von Edward G. (»Taffy«) Bowen geleitete Forschungsteam des Luftfahrtministeriums in bezug auf kleine Radargeräte für Flugzeuge (ASV zur U-Boot-Ortung und A-I zum Abfangen von Nachtbombern) zwar einige Fortschritte zu verzeichnen, Feldversuche mit diesen in Laboren gebauten Geräten ließen jedoch kaum auf einen wissenschaftlichen Durchbruch schließen.

Robert Watson-Watt aus dem Luftfahrtministerium, der die ganze britische Radarentwicklung überwachte, kam zu dem Schluß, daß eine Verkleinerung der Geräte, wie sie von Bowens Team und anderen Wissenschaftlern angestrebt wurde, physikalisch unmöglich sei. Er empfahl daher, daß sich eine weitere Gruppe von Wissenschaftlern unabhängig von Bowen mit dem Problem befassen und nach einer Lösung auf bislang unerprobten Wegen suchen sollte. Zu diesem Zweck schuf Watson-Watt ein neues Komitee unter dem Wissenschaftler Frederick Burnett. Dieser vergab den Forschungsauftrag an die Fakultät für Physik der Universität Birmingham unter dem Australier Mark Oliphant, einem Cambridge-Absolventen.

Oliphant, sein Assistent John Randall und der Doktorand Henry Boot machten sich mit einem Gefühl für die Dringlichkeit ihrer Aufgabe an die Arbeit. Einfach formuliert war ihre Zielsetzung, ein völlig neues »elektronisches Ventil« zu entwickeln, das in der Lage sein würde, Hochfrequenz-Radiowellen zu erzeugen, die stark genug waren, so kleine Objekte wie Bomber und U-Boote zu orten – ein neuartiger starker elektronischer »Dynamo«, der Radiowellen genau fokussieren konnte.

Bei ihren anfänglichen Recherchen stießen Randall und Boot auf eine obskure wissenschaftliche Veröffentlichung des amerikanischen Physikers Albert W. Hull. Während seiner Tätigkeit im General Electric Research Laboratory in Schenectady (New York), wo er in den zwanziger und dreißiger Jahren eine Alternative zur Hochvakuumröhre entwickeln sollte, hatte Hull das sogenannte »Magnetron« erfunden, in dem der Elektronenfluß eher magnetisch als elektrostatisch gesteuert wurde. Aus verschiedenen Gründen hatte General Electric das Magnetron nicht kommerziell verwertet. Hull jedoch hatte noch weitere zehn Jahre über die physikalischen Besonderheiten seiner Erfindung gearbeitet und eine Reihe von Artikeln veröffentlicht, die nur für eine der Handvoll hochspezialisierter Physiker von Interesse schienen.

Das Magnetron war zwar nicht das, was Randall und Boot suchten, ein flüchtiges Studium von Hulls Veröffentlichungen brachte sie jedoch auf eine Idee, die die Verkleinerung von Radargeräten in der Praxis ermöglichte und den Weg für deren Installation in Flugzeugen und Schiffen ebnete.

Die Idee des sogenannten »Vielschlitzmagnetrons« ist für einen Wissenschaftler einfach zu verstehen – nicht jedoch für einen Laien. Der Radarhistoriker David Fisher erklärte sie folgendermaßen:

> *Die Grundidee eines Magnetrons besteht darin, Elektronen mittels eines magnetischen Felds zu bündeln und sie dahin zu lenken, wo man sie haben will. Randall und Boot kombinierten dies mit einem völlig anderen Konzept – dem der Trillerpfeife.*

Eine Trillerpfeife hat einen losen, harten Gegenstand in einem Hohlraum, in den man hineinbläst. Der Luftstrom versetzt den Gegenstand innerhalb des Hohlraumes in Bewegung, wobei er Schallwellen erzeugt, die im Innern des Hohlraums schwingen und dann nach außen dringen. Die Frequenz, mit der sie im Inneren schwingen, bestimmt die Frequenz des austretenden Schalls, die wiederum von der Größe des Hohlraumes abhängig ist. Eine große Pfeife erzeugt einen langwelligen Ton mit niedriger Frequenz, eine kleine Pfeife dagegen ein hohen, schrillen Ton mit hoher Frequenz. So ähnlich funktioniert ein Vielschlitzmagnetron.

Randall und Boot konstruierten einen kleinen, massiven Kupferblock, in dem ein variables magnetisches Feld erzeugt wird. In diesen Kupferblock schnitten sie einen präzise ausgemessenen Hohlraum. Wenn nun elektrischer Strom durch das Kupfer floß und man um den Block herum ein magnetisches Feld erzeugte, wurden Elektronen in dem Hohlraum, der als Anode diente, eingefangen und durch das magnetische Feld zum Schwingen gebracht. Dabei sandten sie elektromagnetische Wellen aus ähnlich den Schallwellen, die die Kugel in einer Trillerpfeife erzeugt. Das Volumen des Hohlraums war so bemessen, daß die Elektronen nur ein paar Zentimeter hin und her schwangen und folglich auch die elektromagnetischen Wellen nur ein paar Zentimeter lang waren. Es war genial – und es funktionierte.

Am 21. Februar 1940 führten Randall und Boot das erste Experiment mit dem Vielschlitzmagnetron durch. Da sie keine Vorstellung davon hatten, wie groß die ausgesandte Energie sein würde, verbanden sie das Magnetron in der Hoffnung, zumindest schwaches Licht erzeugen zu können, zuerst mit einem Paar Autoscheinwerfer. Die Energie war so groß, daß die Autoscheinwerfer und später auch die Scheinwerfer eines Lastwagens durchbrannten. Schließlich schlossen sie das Gerät an Neonscheinwerfer an. Die brannten nicht durch und ermöglichten es Randall und Boot, die Wellenlänge und die Leistung ihres Magnetrons zu messen. Wie erwartet, betrug die Wellenlänge 9,8 Zentimeter (üblicherweise als »zehn Zentimeter« bezeichnet), und die Leistung bei dieser kleinen Versuchsanordnung betrug ehrfurchtgebietende 400 Watt, also fast ein halbes Kilowatt; das war viermal mehr als die Leistung der damals existierenden Flugradargeräte. Und es würde ein leichtes sein, die Leistung noch zu verhundertfachen. Ein Prototyp, der 50 Kilowatt erzeugte, konnte das Sehrohr eines getauchten U-Bootes auf eine Entfernung von mehr als sieben Meilen orten!

Mit dem Vielschlitzmagnetron war es möglich geworden, Radargeräte extrem zu verkleinern. Seine Erfindung war einer der wichtigsten wissenschaftlichen Durchbrüche des Zweiten Weltkrieges, wenn nicht *der* wichtigste, was seinen allgemeinem Nutzen betraf. Wie der britische Schriftsteller Brian Johnson 1978 richtig schrieb, »ist die Arbeit von Randall und Boot von unschätzbarem Wert gewesen. Sie haben das Radar aus der elektronischen Steinzeit in die Gegenwart versetzt.«

• **Entzifferungsverfahren** Die deutsche Chiffriermaschine Enigma, die von allen militärischen und paramilitärischen Organisationen des Dritten Reiches benutzt wurde, war in den Jahren unmittelbar nach dem Ersten Weltkrieg von dem Holländer Hugo Alexander Koch erfunden worden. Der deutsche Ingenieur Arthur Scherbius erwarb die Patente und versuchte in den zwanziger Jahren erfolglos, das Gerät zu

vermarkten. Daraufhin kauften zwei deutsche Unternehmen (Heimsoth & Rinke und Konski & Kroger) die Rechte und verkauften die Maschine zu kommerziellen Zwekken – für 144 Dollar zuzüglich Versand. Bis 1930 hatten die militärischen Entzifferer in allen größeren Ländern die »kommerzielle« Version der Chiffriermaschine zu Forschungszwecken erstanden – und die Grundprinzipen der Enigma verstanden.
Die Enigma-Maschine war ein kleines, tragbares, batteriebetriebenes Gerät, das in einem lackierten Eichenholzkasten mit aufklappbarem Deckel untergebracht war. Sie hatte etwa die Größe einer Schreibmaschine und sah mit ihrem dreireihigen Tastenfeld mit 26 Lettern auch so ähnlich aus. Allerdings hatte sie keine Ziffern und keine Satzzeichen. Anstelle der Walze und der Typenhebel hatte sie ein flaches Buchstabenfeld, in dem die 26 Buchstaben des Alphabets in gleicher Reihenfolge wie auf dem Tastenfeld wiederholt wurden. Hinter jedem Buchstaben auf dem Feld befand sich eine kleine Glühbirne. Wenn der Sender nun Buchstabe für Buchstabe der Nachricht, die er verschlüsseln wollte, in die Tastatur tippte, wandelte die Maschine automatisch jeden einzelnen Klartext-Buchstaben in einen anderen Buchstaben um – sie chiffrierte ihn – und ließ ihn auf dem Buchstabenfeld in verschlüsselter Form aufleuchten. Umgekehrt tippte der Empfänger die einzelnen Buchstaben der verschlüsselten Nachricht nacheinander auf der Tastatur einer identischen Enigma, und in ihrem Buchstabenfeld leuchtete dann der Klartext-Buchstabe auf.

Der Umwandlungs- oder Verschlüsselungsmechanismus im Inneren der Maschine waren ungeheuer raffiniert. Der Grundgedanke war der, die elektrischen Impulse von der Tastatur auf möglichst komplizierte Weise und auf möglichst vielen Umwegen zu dem Buchstabenfeld zu leiten. Das Herz dieses verschachtelten Systems bestand aus drei nebeneinanderliegenden und hintereinandergeschalteten Walzen von ungefähr sieben Zentimetern Durchmesser. Jede Walze war an beiden Seiten mit 26 Kontaktflächen und Kontaktstiften mit den anderen Walzen verbunden. Wenn man eine Taste drückte, drehte sich die erste Walze, die rechte, um eine Stufe, das heißt um ein Sechsundzwanzigstel ihres Umlaufs, ungefähr so wie der Kilometerzähler eines Autos. Mit dieser Bewegung änderte sich die komplette Einstellung der Kontaktstifte zu den anderen Walzen und leitete den elektrischen Strom auf einem völlig neuen Eingabe- und Ausgabepfad. Beim Tippen des zweiten Buchstabens wurde die erste Walze um eine weitere Kerbe, das heißt ein weiteres 26 stel ihres Umlaufs gedreht, so daß der Strom wieder auf einem neuen Pfad geleitet wurde. Wenn 26 Buchstaben getippt waren, trat die zweite, mittlere Walze in Aktion und führte das Verschlüsselungsverfahren mit ihren 26 Kontaktstiften fort, bis sich zum Schluß die dritte Walze, die linke, mit ihren 26 Kontaktstiften einklinkte. Insgesamt konnten die drei Walzen 17576 (26 x 26 x 26) verschiedene Positionen einnehmen. Eine weitere »Reflektor« genannte Einrichtung leitete den elektrische Strom durch das Labyrinth der Kontaktstifte zurück und verschlüsselte die Buchstaben ein weiteres Mal (was einer Verschlüsselung durch sechs Walzen entsprach), bevor sie im Buchstabenfeld aufleuchteten.

Aber das war noch lange nicht alles. Die Walzen konnten herausgenommen und in sechs verschiedenen Kombinationen auf der Achse angeordnet werden: 1-2-3, 1-3-2, 2-3-1 usw. Diese Variable erhöhte die Zahl der möglichen Walzenpositionen auf 105456 (6 × 17576). Zusätzlich hatten die Walzen an den Außenseiten je einen Zahnradring, mit dem man die Grundstellung jeder Walze verändern konnte, so daß sie an jedem der 26 Kontaktstifte ihren Umlauf beginnen konnte. Multipliziert man mit den 105 456 möglichen Walzenstellungen, ergeben diese 26 möglichen Ringstellungen jeder Walze eine astronomisch hohe Zahl von möglichen elektrischen Kontakten.

Das Verschlüsseln und Entschlüsseln von Nachrichten auf identisch eingestellten Schlüsselmaschinen war leicht zu bewerkstelligen, wenn man sich genau an den vorher festgelegten und verteilten Funkschlüssel hielt. Erstens mußten Sender und Empfänger die drei Walzen in der gleichen Reihenfolge auf der Achse anordnen, 1-2-3 oder 1-3-2 usw. Zweitens mußten sie die Ringstellungen der Walzen in Übereinstimmung bringen, und drittens mußten Sender und Empfänger die drei Walzen so drehen, daß in kleinen Gucklöchern über den Walzen, auf deren Rand Buchstaben aufgeprägt waren, jeweils die gleichen Buchstaben zu sehen waren. Wenn all diese Einstellungen gemäß dem vereinbarten Funkschlüssel auf identisch verdrahteten Schlüsselmaschinen korrekt vorgenommen worden waren, konnten Sender und Empfänger miteinander kommunizieren.

In dem Moment, wo der Sender die erste Taste drückte, begann automatisch die Verschlüsselung. Mit jedem getippten Buchstaben der Nachricht schickte er einen elektrischen Impuls durch ein Labyrinth von Stromkreisen, Schaltern und Kontakten, die den Klartext-Buchstaben automatisch chiffrierten und das Glühbirnchen hinter dem verschlüsselten Buchstaben auf dem Buchstabenfeld aufleuchten ließen. (Ein getipptes A konnte zum Beispiel als R erscheinen.) Ein Assistent schrieb die verschlüsselten Buchstaben ab, die auf dem Buchstabenfeld aufleuchteten. Wenn die Nachricht vollständig verschlüsselt war, wurde sie einem Funker übergeben, der sie in Gruppen von jeweils fünf Buchstaben dem Empfänger telegraphierte. Umgekehrt tippte der Empfänger die verschlüsselte Nachricht in seine Maschine, die sie automatisch entschlüsselte und die Klartext-Buchstaben im Buchstabenfeld aufleuchten ließ. (Das verschlüsselte R würde auf diese Weise wieder als A erscheinen.)

Kryptanalytiker gingen zunächst mit Recht davon aus, daß Nachrichten, die mit einer Enigma-Maschine korrekt verschlüsselt waren, nicht zu entschlüsseln wären. Die Anzahl aller durch die verschiedene Kombination der Variablen möglichen Permutationen war schwindelerregend: sechstausend Trillionen nach einer Berechnung. Diese enorme Anzahl von Möglichkeiten schloß Entschlüsselungsverfahren auf der Grundlage statistischer Analysen, wie zum Beispiel Buchstabenhäufigkeit, aus und schien sogar der höheren Mathematik zu trotzen. Sogar der Besitz einer Enigma-Maschine, die genauso verdrahtet und eingestellt war wie die des Gegners, würde nur dann wirklich weiterhelfen, wenn man die drei leicht zu ändernden Komponenten des Funkschlüssels kannte, die Reihenfolge, die Ringeinstellungen und die Grundeinstellungen der Walzen.

Das deutsche Militär war von der Enigma-Maschine begeistert. Sie war klein und handlich, leicht zu bedienen, robust und billig, und sie wirkte idiotensicher. Selbst die Erbeutung einer Enigma-Maschine durch den Feind würde keinen größeren Schaden anrichten, weil der Funkschlüssel jederzeit und nach Belieben geändert werden konnte. 1926 führte die Reichsmarine Enigma ein, die Reichswehr 1929. Um die Sicherheit der kommerziellen Enigma-Maschine, die von jedermann erworben werden konnte, zu übertreffen, änderten die Deutschen die Verdrahtung der militärischen Version und fügten eine weitere Verschlüsselungsmöglichkeit hinzu: Steckkontakte vorne unter dem Tastenfeld, bestehend aus 26 Löchern, benannt von A bis Z (oder, eine andere Möglichkeit, von 1 bis 26). Wenn eine oder mehrere Kombinationen dieser Buchstaben wie bei einer altmodischen Telefon-Schalttafel durch je ein Kabel miteinander verbunden wurden, floß der Strom durch ein weiteres Labyrinth und erhöhte die Schlüsselmöglichkeiten auf eine Zahl fast jenseits mathematischer Berechenbarkeit. Um diese Militärversion des Enigmaschlüssls zu knacken, mußte man nicht nur die drei Walzeneinstellungen, sondern auch die Steckverbindungen unter dem Tastenfeld kennen.

Die Enigma war außerordentlich flexibel. Die verschiedenen Organisationen des Dritten Reiches konnten sich eigener, völlig unterschiedlicher Verschlüsselungsschemata bedienen, indem sie einfach unterschiedliche Funkschlüssel für die Walzen und die Steckkontakte ausgaben, die jeweils für eine bestimmte und begrenzte Zeit in Kraft waren, oder indem sie, was allerdings komplizierter war, die internen Einstellungen veränderten oder noch eine oder mehrere Walzen hinzufügten. Es war bekannt, daß die Enigma-Maschinen der Kriegsmarine, des Heeres und der Luftwaffe sich verschieden entwickelt hatten und keine Waffengattung die Funksprüche der anderen lesen konnte, ohne identisch geschaltete Maschinen und die richtigen Schlüssel zu besitzen.

Ein Team polnischer Kryptanalytiker – unter ihnen Jerzy Rózycki, Henryk Zygalski und Marian Rejewski, der das Team leitete – begann im Dezember 1932 einen Angriff auf die deutsche Militärversion der Enigma. Ihr Handwerkszeug war nicht schlecht: eine schon früher erworbene kommerzielle Enigma-Maschine, Geheimmaterial (alte Funkschlüssel, Steckverbindungen usw.), von dem geldgierigen deutschen Verräter Hans Thilo Schmidt, genannt »Asche«, den der Chef der französischen Codeknacker Gustave Bertrand bezahlt und ausgehorcht hatte, sowie einer Vielzahl von Enigma-Funksprüchen, die von polnischen Funkstationen aufgefangen worden waren.

Die Polen waren bald vollkommen mit den deutschen Verfahren für die Übermittlung von Enigma-Meldungen vertraut, und ihnen war ein besonders interessantes Merkmal des Verfahrens aufgefallen. Nachdem Sender und Empfänger die vier Einstellungen nach den vereinbarten Funkschlüsseln vorgenommen hatten, unternahmen sie einen weiteren Schritt, um die Schlüsselsicherheit der Enigma zu erhöhen. Der Sender wählte nach dem Zufallsprinzip eine dreistellige Buchstabenkombination als seinen Spruchschlüssel aus und tippte ihn zweimal in die Enigma ein, um sicher zu gehen, daß der Empfänger ihn auch bei schlechten Funkbedingungen erhielt, und setzte ihn an den Anfang seines Funkspruchs.

Die Deutschen gingen davon aus, daß sich mit der Anweisung an die Sender, einen dreistelligen Spruchschlüssel nach dem Zufallsprinzip auszuwählen, die Sicherheit der Enigma noch erhöhte – doch sie irrten sich. Die Enigma-Maschinen wurden von Menschen bedient, und deren Verhalten war vorhersagbar. Zu viele Funker wählten zunächst aus Bequemlichkeit leicht vorhersagbare Schlüssel wie AAA oder ABC oder eine Reihe von diagonal untereinanderliegenden Buchstaben auf dem Tastenfeld wie QSC oder ESY. Darüberhinaus gewannen die Kryptanalytiker durch die Anweisung, den Spruchschlüssel zu wiederholen, wichtige Informationen: der erste und vierte, der zweite und fünfte und der dritte und sechste Buchstabe am Anfang eines Spruchs (der wiederholte individuelle Spruchschlüssel) waren immer identisch. Diese Konstante machte Enigma in Verbindung mit der Tatsache, daß ein verschlüsselter

Buchstabe nie gleich dem Klartext-Buchstaben war (R leuchtete niemals als R auf), angreifbar für die Durchdringung auf der Grundlage bestimmter, sehr komplizierter Verfahren der höheren Mathematik.

Enigma war auch noch auf andere Weise angreifbar. Der Funkverkehr des deutschen Militärs war straff und stilisiert; er bestand vor allem aus militärischen Anreden, Rängen, Grüßen und oft wiederholten Begriffen. Ein Analytiker, der mit diesen Funksprüchen vertraut war, konnte manchmal einen Begriff oder einen Ausdruck richtig erraten, so zum Beispiel »Division«, »Operation«, »Regiment«, oder »nichts zu melden«. Korrekt erratene Begriffe aus diesen offiziellen Meldungen, aus irgendwelchen belanglosen Testplaudereien zwischen einzelnen Funkern oder aus ungenügend verschlüsselten Meldungen wurden im Entzifferungsgewerbe »cribs« oder »Übersetzungshilfen« genannt. In den ersten Tagen, als die Deutschen noch nicht so versiert in der Nachrichtensicherheit waren, lieferte Enigma eine Menge von Übersetzungshilfen.

Das polnische Team brauchte erstaunlicherweise nur ein paar Wochen, um den deutschen Enigma-Schlüssel zu knacken, und die Polen konnten die Enigma-Maschine nachbauen, ohne je eine deutsche Version gesehen zu haben. Obwohl die Deutschen die Sicherheitsmaßnahmen verschärften und die Verschlüsselungsverfahren der Enigma immer ausgeklügelter wurden, konnten die Polen in den sechs Jahren bis 1938 den deutschen Enigma-Funkverkehr problemlos durchdringen und die Funksprüche kontinuierlich und weitgehend lückenlos lesen. Um die gültige Schlüsseleinstellung schneller herauszufinden, entwickelten sie den »Zyklometer« (ein Gerät mit zwei Sätzen von Schlüsselwalzen, die auf bestimmte Weise miteinander verbunden waren) und legten eine riesige Kartei mit möglichen Schlüsseleinstellungen und anderen Daten an. Im Januar 1938 entschlüsselte das zehnköpfige polnische Team in einem zweiwöchigen »Versuch« 75 Prozent der aufgefangenen deutschen Enigma-Funksprüche; nach einer Hochrechnung hätte es mit mehr Personal sogar 90 Prozent entschlüsseln können.

Während der Sudetenkrise im September 1938 und noch einmal im Dezember 1938 erlitt das polnische Team zwei niederschmetternde Rückschläge. Am 15. September hörten die Deutschen auf, Schlüssel zur Walzen-Grundeinstellung, wie sie durch die Gucklöcher sichtbar war, zu verteilen. Statt dessen waren die Funker angehalten, nach dem Zufallsprinzip drei Buchstaben für die anfängliche Grundeinstellung auszuwählen und diese dem Empfänger unverschlüsselt zu senden, bevor die verschlüsselten, wiederholten Spruchschlüssel für die Nachricht selbst übermittelt wurden. Dann, am 15. Dezember, führten die Deutschen zwei zusätzliche Walzen ein, womit jeder Bediener insgesamt über fünf Walzen verfügte, von denen drei ausgewählt und in die Maschine eingesetzt wurden. Das neue Verfahren zur Walzen-Grundeinstellung, die zufällige Wahl der Startposition, machte die ganze Entschlüsselungsarbeit der Polen erst einmal zunichte. Und die Einführung der beiden zusätzlichen Walzen trieb die Verschlüsselungsmöglichkeiten mathematisch in noch astronomischere Höhen.

Die Polen waren bestürzt, aber sie verzagten nicht. Um mit der durch die Verfahrensänderungen bewirkten erhöhten Komplexität fertig zu werden, entwarfen sie zwei Techniken. Die erste war ein genialer, von Rejewski entwickelter Automat, in gewisser Weise ein Super-Zyklometer, den die Polen »Bomba« nannten. Das Herz des

Automaten bestand aus drei Sätzen von sechs miteinander verbundenen Schlüsselwalzen (18 Walzen).* In einer bestimmten Einstellung »probierte« der Automat so lange verschiedene Kombinationen von verschlüsselten Buchstaben durch, bis der verwendete Funkschlüssel gefunden war. Es waren sechs »Bombas« mit insgesamt 108 Walzen nötig, um alle möglichen Kombinationen der Walzen durchzuprobieren. Die zweite Technik war von Rejewskis Partner Zygalski entwickelt worden und arbeitete auf der Grundlage von langen Lochstreifen aus dickem Papier, auf denen senkrechte und waagrechte Buchstabenspalten aufgetragen waren und die, wenn sie auf eine bestimmte Weise auf einem Leuchttisch übereinandergelegt wurden, Licht durch die Perforation ließen und den Spruchschlüssel preisgaben. Jeder Lochstreifen hatte an die 1000 Löcher. Für eine vollständige Schlüsselsuche auf einer Dreiwalzen-Enigma brauchte man 156 einzelne Lochstreifen (sechs Serien von je 26 Lochstreifen) mit 156 000 Löchern – jedes einzelne von Hand mit einer Rasierklinge geritzt.

Die Einführung der zwei zusätzlichen Walzen im Dezember 1938 machte den Polen größere Probleme. Sie mußten zunächst herausfinden, wie jede neue Walze verdrahtet war. Dies gelang ihnen aufgrund eines weiteren fahrlässigen Verstoßes der Deutschen gegen die Funksicherheit. Die SS und der SD führten in ihren Funknetzen zwar das Fünf-Walzen-System ein, behielten aber unerklärlicher- und törichterweise das alte System der vorverteilten Guckloch-Einstellungen bei, das die Polen schon früher geknackt hatten. Unter Ausnutzung dieses Fehlers und mit der richtigen Intuition konnten die Polen die Verdrahtung der neuen Walzen nachvollziehen – eine weitere überragende kryptanalytische Leistung. Im Januar 1939 konnten die Polen den mit fünf Walzen verschlüsselten Funkverkehr der SS und des SD genau und lückenlos entziffern.

Trotzdem gelang es den Polen nicht, den Funkverkehr mit der Fünf-Walzen-Enigma des Militärs bei nicht vorbestimmter Guckloch-Einstellung und Zufallseinstellung der Walzen bei jedem einzelnen Funkspruch zu entziffern. Nach Rejewskis Berechnungen hätte jede der sechs vorhandenen Bombas (mit jeweils fünf Walzen) mit je 36 der beiden neuen Walzen, also insgesamt 1080 Walzen, rund um die Uhr arbeiten müssen, um die Schlüsselsuche automatisch durchzuführen. Die Methode mit den mühsam gefertigten Lochstreifen hätte 1560 verschiedene Streifen, also 60 Serien von je 26 Lochstreifen mit insgesamt 1 560 000 handgeritzten Löchern erfordert. All dies wäre natürlich möglich gewesen – aber die Polen hatten nicht die Ressourcen für so ein umfangreiches Unternehmen.

Das war der Stand der Dinge im Juli 1939, wenige Tage vor Ausbruch des Krieges, als die Polen den Briten und den Franzosen Kopien ihres gesamten Forschungsmaterials und die in Polen gebauten Militärversionen der deutschen Enigma aushändigten.

In Führung und Personal des britischen Entzifferungsdienst GCHQ mit Sitz in Bletchley Park arbeiteten zahlreiche Veteranen aus dem berühmten »Room 40« des Ersten

* Die Herkunft der Benennung »bomba« liegt im dunkeln. Die einen sagen, sie komme daher, daß Rejewski gerade ein Eis gegessen habe, während ihm die Idee zu dieser Maschine kam – polnisch *bomba* kann frei mit »Eiscreme« übersetzt werden. Andere sagen, die Maschine sei so benannt worden, weil sie ein Geräusch ähnlich dem Ticken einer Bombe machte.

Weltkriegs – darunter Alastair Denniston, der Direktor, Edward Travis, sein Stellvertreter, und die Kryptanalytiker A. Dillwyn Knox, William F. Clarke und andere. Nachdem Großbritannien in den zwanziger Jahren die kommerzielle Version der Enigma erworben hatte, waren sie alle ziemlich vertraut mit den Grundlagen dieser Maschine, hatten jedoch nur flüchtige und erfolglose Versuche unternommen, den deutschen Code zu knacken. Das »Geschenk« der Polen war daher von unschätzbarem Wert, weil die Briten viele Monate harter Arbeit sparten.

Das GCHQ hatte vor dem Krieg eine »Reserveeinheit« rekrutiert, für die schwerpunktmäßig Akademiker aus Oxford und Cambridge herangezogen worden waren. Diese Reserveeinheit wurde bei Kriegsbeginn nach Bletchley Park einberufen und zwischen der Dechiffrierabteilung und den Spezialeinheiten von Heer, Luftwaffe und Kriegsmarine aufgeteilt, die fälschlicherweise »Hütten« genannte provisorische einstöckige Gebäude bekamen. Unter den ersten Einberufenen waren Gordon Welchman, Alan Turing und John R. F. Jeffreys, drei brillante Mathematiker aus Cambrigde.

Sie bekamen drei unterschiedliche Aufgabenbereiche zugewiesen. Alan Turing, der immer schon von Maschinen fasziniert war, sollte eine »Bomba« entwickeln, die leistungsstärker und »allgemeiner« wäre als die polnische und wenigstens theoretisch in der Lage sein sollte, mit der deutschen Verbesserung des Enigma-Systems fertig zu werden. John Jeffreys erhielt den Auftrag, die enorme Anzahl von Lochstreifen herzustellen, die für die Entschlüsselung der Fünf-Walzen-Enigma nötig war. Und Gordon Welchman sollte die deutschen Rufzeichen erforschen und die verschiedenen Funknetze der Enigma identifizieren.

Die intellektuelle Herausforderung durch Enigma schlug Gordon Welchman schnell in ihren Bann. Das GCHQ war zwar aus Sicherheitsgründen streng in Abteilungen gegliedert, aber Welchman ließ sich nicht auf das Studium der Rufzeichen beschränken, sondern schweifte immer auf andere Gebiete ab. Durch einen brillanten Einfall gelang es ihm, die Lochstreifen-Methode noch einmal entwickeln. Als er Dillwyn Knox seine Idee vorstellte, mußte er erfahren, daß sie schon intensiv erforscht wurde. Auch hatte er einen Vorschlag für Turings Bomba, der laut Turings Biograph so »atemberaubend« war, daß Turing es fast nicht glauben konnte. Turing berücksichtigte den Vorschlag bei der Konstruktion seiner Maschine, und er verlieh ihr »eine fast unheimliche Eleganz und Leistungsstärke«.

Im Dezember 1939 hatten Jeffreys und seine Helfer zwei Sätze von Lochstreifen fertiggestellt, jeder Satz mit ungefähr anderthalb Millionen gestanzten Löchern. Ein Satz wurde an die französischen und polnischen Spezialisten in Paris geschickt. Er ermöglichte es den Polen, für den 28. Oktober die Tagesschlüssel eines mit der Fünf-Walzen-Enigma verschlüsselten Funknetzes herauszufinden und alle Funksprüche in dem von den Alliierten »Green« genannten Schlüsselkreis des deutschen Heeres für einen Tag zu entziffern. Damit hatten die Alliierten die Fünf-Walzen-Enigma zum ersten Mal geknackt. Die dadurch ausgelöste Begeisterung wurde von der Befürchtung gedämpft, daß die Deutschen zum 1. Januar 1940 die Schlüssel oder die Verfahren ändern und den errungenen Erfolg wieder zunichte machen könnten.

Doch die Deutschen nahmen am 1. Januar keinerlei Änderungen vor. In der Folge konnten die Kryptanalytiker von Bletchley Park am 6. Januar 1940 mit der Lochstreifen-Methode in den von ihnen »Red« genannten Operations-Schlüssel der deutschen Luftwaffe einbrechen und damit den ersten »gesamtbritischen« Entzifferungstriumph über die Deutschen feiern. Da Enigma und die Funksicherheit bei der Luftwaffe allgemein lax gehandhabt wurden, bekamen die britischen Entzifferer ständig Eselsbrücken geliefert oder fanden intuitiv selber welche, so daß sie die in »Red« übermittelten Funksprüche bald mit beträchtlicher Zuverlässigkeit entziffern konnten. Sporadisch gelangen den Briten auch Einbrüche in den Administrativen Heeres-Schlüssel »Green« und den Luftwaffen-Übungs-Schlüssel »Blue« sowie in einige andere deutsche Netze, die immer noch eine Enigma mit drei Walzen verwendeten.

Von Januar 1940 an spielten die britischen Analytiker von Bletchley Park die führende Rolle beim Brechen des Enigma-Systems. Die Polen und die Franzosen leisteten zwar weiterhin ihren Beitrag, ihre Arbeit verlor aber immer mehr an Bedeutung. Bis Turings Bomba mit Welchmans »atemberaubendem« Verbesserungsvorschlag gebaut sein würde, verließen sich die Briten auf die Lochstreifen-Methode. Dies war ein anstrengendes und arbeitsintensives Verfahren, das eine immer größere Zahl von Helfern erforderte. Außerdem war es nicht sonderlich zuverlässig, und die Briten schafften es häufig nicht, die Tagesschlüssel zu entziffern.

Keinerlei Fortschritt wurde bei der Durchdringung des Funkverkehrs der deutschen Kriegsmarine erzielt. Da die Kriegsmarine statt der fünf Schlüsselwalzen des Heeres und der Luftwaffe acht Walzen verwendete, konnte die Lochstreifen-Methode nicht angewandt werden. Der Funkverkehr war nur spärlich – zu wenig Wasser auf die Mühlen der Codeknacker. Außerdem wahrten die Funker der Kriegsmarine eine strenge Funkdisziplin und lieferten den Briten keine Übersetzungshilfen. Alle Versuche, den Enigma-Funkschlüssel der Marine zu knacken, bevor Turings Bomba fertig war, waren zum Scheitern verurteilt. Und sie scheiterten.

Es muß noch erwähnt werden, daß über die technischen Leistungen von Bletchley Park hinaus auch der Informationsfluß hervorragend organisiert war. Das Sammeln, das Archivieren und die Weitergabe aller, auch noch so trivialer Informationen für die Entzifferung wurde von der Führung zentralisiert. Damit verhinderte sie Rivalitäten zwischen den einzelnen Abteilungen und das eifersüchtige Zurückhalten von Informationen zugunsten der einen oder anderen Waffengattung. Alle Mitarbeiter wurden gleichberechtigt an allen Phasen des Unternehmens beteiligt – von den Übersetzern über die Analytiker und die Bibliothekare in der schnell wachsenden Datenbank bis hin zu den Informationsverteilern. Außerdem gab es, soweit man heute weiß, in der ganzen Organisation keine einzige undichte Stelle.

Atlantikoperationen von Januar bis Februar 1940

Der Winter 1939/40 war der kälteste seit Beginn des Jahrhunderts. Anfang Januar waren die Ostsee, der Nordseekanal, die Elbe und der Jadebusen vollständig zugefroren. Die klirrende Kälte und die dicke Eisschicht erschwerten den Bau, die Instandsetzung, die Übungen und überhaupt jede Bewegung der U-Boote extrem. Die Deutschen setzten jedes verfügbare Überwasserschiff, etwa das alte Schlachtschiff *Schleswig-Holstein*, als Eisbrecher ein und schützten die Bugtorpedoluken der U-Boote mit Holz. Trotzdem erlitten zahlreiche U-Boote Beschädigungen durch das Eis und wurden an ihren Piers in den Ostseehäfen vom Eis eingeschlossen.

Um dem Eis zu entkommen, mußte Dönitz den U-Boot-Stützpunkt in die wärmere, eisfreie Nordsee nach Helgoland verlegen. Die deutschen U-Bootmänner haßten diesen kahlen, trostlosen, windgepeitschten und bitterkalten Vorposten leidenschaftlich. Alle Anlagen für die Boote und die Männer waren primitiv; es war schwierig, Treibstoff und Ersatzteile über das Eis auf die Insel zu transportieren; britische U-Boote durchstreiften die nahegelegenen eisfreien Gebiete zu Versuchs- und Übungszwecken, und die Bomber der Royal Air-Force (RAF) fielen gelegentlich in das Gebiet ein.

Im Januar 1940 liefen von Helgoland fünf Boote zu Feindfahrten im Atlantik aus: *U25* – das große, instabile Boot vom Typ I, das im Dezember zweimal seinen Einsatz hatte abbrechen müssen –, *U51* und *U55* – zwei neue Boote vom Typ VIIB – sowie *U41* und *U44* – ersteres ein altgedientes, letzteres ein neues Boot vom Typ IX. Die Boote waren mit Torpedos bestückt, zu denen niemand mehr das geringste Vertrauen hatte. Dönitz faßte die Lage bezüglich der Torpedos in seinem Kriegstagebuch wie folgt zusammen:

> *Die größte Belastung, die der Angriffsgeist der U-Bootwaffe seit dem Kriegsbeginn gehabt und die ihre Erfolge auf das schwerste geschädigt hat, ist die Tatsache, daß die Hauptwaffe, der Torpedo, in starkem Maße nicht frontbrauchbar ist. Mindestens 25% aller gefallenen Schüsse waren Torpedoversager. Nach einer Statistik, die die Schüsse bis zum 6. 1. erfaßt, waren 40,9% der Schüsse ohne Erfolg Torpedoversager... Das Zutrauen der Kommandanten und Besatzungen zum Torpedo ist erheblich erschüttert. Trotz starker Gegenwehr haben die Boote immer wieder versucht, die Torpedos unter möglichst günstigen Bedingungen anzubringen, trotz oft schneidigstem Einsatz haben sie Mißerfolge und Versager und Gefährdung des Bootes erlebt... Daß die U-Bootwaffe trotz gründlicher Friedensausbildung infolge der Torpedoversager nicht das erntete, was sie erwarten konnte, ist für Kommandanten und Führung bitter. Ich werde auch weiterhin meinen ganzen Einfluß einsetzen, um trotz aller Rückschläge den Angriffsgeist der U-Bootwaffe zu erhalten.*

Trotz allem gab es damals Gründe zum Optimismus. Raeder hatte Oskar Wehr, den engstirnigen Leiter der Torpedo-Versuchs-Anstalt, entlassen und ihn durch Oskar Kummetz ersetzt, und er hatte den Wissenschaftler Dr. E. A. Cornelius zum »Torpedo-Diktator« ernannt. Kummetz, war ein »tatkräftiger« Offizier von Dönitz' Jahrgang. Dönitz hielt die beiden neuen Männer für unvoreingenommen und erwartete, daß sie die technischen Probleme mit Elan und mit kritischem Verstand angehen würden. Schon wenige Tage, nachdem Kummetz seine Arbeit aufgenommen hatte, informierte er Dönitz, daß er und Cornelius mit neuen Versuchen zweifelsfrei bewiesen hätten, daß die Torpedos verschiedene Mängel aufwiesen. Dönitz hatte damit einen wichtigen Sieg über die Bürokratie errungen, aber die Mängel waren dadurch noch nicht behoben.

Wegen der Kälte, des Eises und anderer Gründe waren die Besatzungen der neuen Boote vom Typ VIIB, die zu ihrem ersten Kriegseinsatz ausgelaufen waren, noch nicht vollständig ausgebildet. Dönitz schickte deshalb beide Kommandanten in Einsatzgebiete mit nur leichter ASW-Überwachung westlich von Irland, damit sie mehr Erfahrung sammeln konnten, bevor sie die feindliche Schiffahrt angriffen.

Keiner der beiden Kommandanten war jedoch scharf darauf, nur eine Übungsfahrt zu machen.

Dietrich Knorr, der 28jährige Kommandant von *U51*, ging am ersten Tag im Atlantik ins Gefecht. Er versenkte einen 1600 BRT großen schwedischen Frachter und fuhr danach direkt in die Western Approaches, wo er einen 1500 BRT großen norwegischen Frachter versenkte, wobei er zwei Überlebende rettete. *U51* bekam jedoch Probleme mit den Bugtorpedorohren, und Knorr mußte den Einsatz abbrechen und nach Deutschland zurückkehren.

Werner Heidel, der 30jährige Kommandant von *U55*, der sich auf dem Einbaum *U7* bewährt hatte, führte sein brandneues Boot ebenfalls sofort ins Gefecht. Auf seiner Fahrt um die Britischen Inseln versenkte er zwei kleine neutrale Schiffe, ein dänisches und ein schwedisches, und fuhr danach in die Western Approaches. Am 29. Januar 1940, dem zehnten Tag des Einsatzes, setzte Dönitz Heidel auf einen Konvoi an, der vom B-Dienst ausfindig gemacht worden war. Heidel versenkte den 5000 BRT großen britischen Tanker *Vaclite* und einen griechischen 5000-BRT-Frachter.

Ein Begleitschiff des Konvois, die Sloop *Fowey*, scherte aus und verfolgte *U55* auf der nebligen See. Sie konnte das U-Boot mit dem Sonar orten, griff mit Wasserbomben an und zwang Heidel, auf 100 Meter zu tauchen. Die *Fowey* warf fünf Wasserbomben, drei waren irrtümlicherweise auf 150 Meter eingestellt, zwei auf 100 Meter. Letztere explodierten ganz nah am Boot und verursachten einen schweren Wassereinbruch und eine Panik. Heidel konnte den Schaden ausbessern, die Panik eindämmen und entkommen. Doch die *Fowey* jagte das Boot weiter durch den Nebel und rief Verstärkung herbei. Die beiden britischen Zerstörer *Whitshed* und *Ardent*, der französische Zerstörer *Valmy* sowie eine viermotorige Sunderland, ein Flugboot des 228. Geschwaders der Coastal Command, geflogen von Edward J. Brooks, nahmen ebenfalls die Verfolgung auf.

Das Flugzeug und die vier Schiffe jagten das beschädigte Boot erbarmungslos. Die *Whitshed* bekam Sonarkontakt und griff mit Wasserbomben an. Zu diesem Zeitpunkt konnte die Crew den Wassereinbruch nicht mehr kontrollieren. In der Hoffnung, im Nebel entkommen zu können, gab Heidel Befehl zum Auftauchen und bemannte die Deckkanone. Die *Fowey* sichtete das davonlaufende *U55* im Nebel und eröffnete das Feuer. Auch die *Valmy* und das Flugboot griffen in das Gefecht ein. Die Sunderland warf eine Fliegerbombe und eine Rauchbombe zum eigenen Schutz, dann suchte sie schnell das Weite. Heidel erwiderte das Feuer der feindlichen Schiffe mit der Deckkanone, bis ihr Verschlußblock klemmte.

Mit ausgefallener Kanone und tauchunfähig blieb Heidel keine andere Wahl, als das Boot zu versenken. Der Erste Wachoffizier und der Leitende Ingenieur halfen Heidel unaufgefordert, die Flutventile zu öffnen. Als das Boot zu seiner letzten Tauchfahrt ansetzte, blieb Heidel verschwunden. Die Überlebenden glaubten, er sei freiwillig mit seinem Boot untergegangen. Die restlichen 41 Mann ließen ein Rettungsfloß aus Gummi zu Wasser und sprangen in die eiskalte Flut. Sie wurden alle von der *Fowey* und von der *Whitshed* gerettet.

Dönitz erfuhr sofort von dem Verlust. Die Flieger des Coastal Command hatten Monat für Monat ohne nachweislichen Erfolg über der See patrouilliert, und um ihre Moral zu heben, schrieb sich die RAF am 31. Januar die Versenkung von *U55* öffentlich gut. Die Überwasserkräfte räumten widerstrebend ein, daß die Sunderland einen

Beitrag geleistet haben könnte, wenn auch keinen großen. Trotzdem schrieb ein britisches Beurteilungskomitee dem Coastal Command die Versenkung neben der *Fowey* und der *Whitshed* auch der Sunderland-Maschine zu. Eine gewisse Mitverantwortung für den Verlust trug zweifellos auch Dönitz, der *U55* ohne ausreichendes Training auf einen Konvoi angesetzt hatte.

Die drei großen Boote, *U25*, *U41* und *U44*, wurden in den Gewässern vor der Iberischen Halbinsel auf Feindfahrt geschickt. Sie alle konnten bei Bedarf von dem deutschen Schiff *Thalia* Treibstoff- und Lebensmittelvorräte ergänzen, das zu diesem Zweck im Hafen von Cadiz zurückgelassen worden war.

Das große, instabile *U25* und *U44*, das brandneue Boot vom Typ IX, fuhren voran. Im Gebiet der Shetland-Inseln fanden sie gute Angriffsziele. Viktor Schütze versenkte mit *U25* drei Frachter, einen schwedischen, einen norwegischen und einen britischen mit insgesamt 13 000 BRT. Der 31jährige Ludwig Mathes versenkte mit *U44* in den Western Approaches drei Frachter, einen norwegischen, einen griechischen und einen holländischen mit insgesamt 14 000 BRT.

Nach seiner Ankunft vor der Iberischen Halbinsel stieß Mathes auf mehrere Geleitzüge. Innerhalb von zehn Tagen versenkte Mathes im Alleingang und mit perfekt funktionierenden Torpedos fünf weitere Schiffe (zwei französische, zwei griechische und ein dänisches) von insgesamt 15 500 BRT. Er mißtraute dem Angebot, heimlich in Cadiz aufzutanken, und machte von seinem Recht Gebrauch, nach Deutschland zurückzukehren, wo er mit Lob überschüttet wurde. Dönitz hatte vielleicht vergessen, daß auch Hartmann auf *U37* acht Schiffe während eines Einsatzes versenkt hatte, und zwar mit einer größeren Gesamttonnage, jedenfalls erhöhte er Mathes Ergebnis fälschlicherweise um 8000 BRT und erklärte, der Einsatz von *U44* sei perfekt durchgeführt und der erfolgreichste aller bisherigen gegen die Handelsschiffahrt gewesen.

Auf dem Weg nach Süden durch die Western Approaches versenkte Viktor Schütze mit *U25* sein viertes Schiff. Da das OKM die geheime Versorgungsbasis in Cadiz testen wollte und *U44* sie nicht in Anspruch genommen hatte, befahl Dönitz Schütze, bei der *Thalia* aufzutanken. Am 30. Januar schlich sich *U25* im Schutz der Nacht in den Hafen von Cadiz, nahm Lebensmittel, Treibstoff und anderes Material an Bord und lief sofort wieder aus. Gleich darauf versenkte Schütze sein fünftes Schiff, einen 6800 BRT großen britischen Frachter.

Zu diesem Zeitpunkt bereiteten zehn deutsche Handelsschiffe im spanischen Vigo den Durchbruch durch die britische Blockade vor. Um den Schiffen einen gewissen Schutz zu gewähren, wies das OKM Dönitz an, *U25* als Begleitfahrzeug einzuteilen. Dönitz protestierte. U-Boote waren als Begleitschiffe nicht zu gebrauchen, da sie unter Wasser nicht Schritt halten konnten und über Wasser durch Luftangriffe stark gefährdet waren. Das OKM aber gab nicht nach. Doch Schütze konnte dem Befehl keine Folge leisten, da ihn ein Maschinenschaden schon wieder zwang, den Einsatz abzubrechen. Auf dem Rückmarsch mit dem angeschlagenen Boot versenkte er sein sechstes Schiff, den 5200 BRT großen dänischen Tanker *Chastine Maersk*, und erreichte damit eine Gesamttonnage von 27 335 BRT – eine bemerkenswerte Leistung für dieses unsichere und unzuverlässige Boot.

Da das OKM weiterhin darauf bestand, daß Dönitz den deutschen Schiffen in Vigo Geleitschutz gab, leitete dieser den Auftrag an Gustav-Adolf Mugler weiter, der sich mit *U41*, dem anderen Boot vom Typ IX, auf seinem zweiten Atlantikeinsatz befand.

Auf dem Weg nach Vigo stieß Mugler in den Western Approaches auf einen Geleitzug. Er unterbrach seine Fahrt und griff an. Er beschädigte den 8000 BRT großen holländischen Tanker *Ceronia* schwer und versenkte den 9875 BRT großen britischen Frachter *Beaverburn*. Das einzige Geleitfahrzeug des Konvois, der Zerstörer *Antelope*, nahm die Verfolgung auf, ortete das U-Boot mit dem Sonar und warf Wasserbomben. Das war das Ende von *U41*. Es war das vierte, das von den acht Typ-IX-Booten der Flottille Hundius verlorenging, und das dritte, das durch einen Wasserbombenangriff versenkt wurde.

Für Januar hatte Dönitz vier Minenoperationen geplant. Da jedoch nur zwei Boote vom Typ VII – *U31* unter Habekost und *U34* unter Rollmann – seetüchtig waren, strich er eine Operation und beauftragte mit der anderen Herbert Schultze von *U48*, der mit seinem Boot vom Typ VIIB den ersten Platz auf der Versenkungsliste belegte. Die drei Boote sollten je acht der neuen, hochwirksamen TMC-Minen legen und führten außerdem je sechs Torpedos mit. Rollmann und Schultze hatten beide noch keine Minen gelegt, doch Habekost hatte das Feld im Loch Ewe gelegt, von dem das Schlachtschiff *Nelson* beschädigt worden war – ein Erfolg, über den die Deutschen immer noch nicht unterrichtet waren.

Die beiden Boote vom Typ VII liefen zuerst aus. Rollmann versuchte mit *U34* unterwegs ein 15 000 BRT großes, bewaffnetes Handelsschiff, zu torpedieren – die Torpedos versagten jedoch. Dann legte er seine Minen vor Falmouth. Habekost fuhr ein weiteres Mal in die gefährlichen Gewässer von Loch Ewe. Beide Felder mit insgesamt 16 Minen waren entweder fehlplaziert oder die Minen versagten größtenteils – jedenfalls führten sie zu nur einer Versenkung: Der 7800 BRT große britische Tanker *Caroni River* ging in Rollmanns Feld vor Falmouth auf Grund.

Nachdem die beiden Boote ihre Minenfelder gelegt hatten, machten sie eine Feindfahrt in den Western Approaches. Rollmann versenkte einen 5600 BRT großen griechischen Frachter, Habekost hatte jedoch wiederholt Probleme mit Torpedoversagern und konnte keine Versenkung melden. Auf dem Rückmarsch stieß er auf zwei britische Schlachtschiffe und einen Schweren Kreuzer, hatte aber keine Torpedos mehr.

U48 unter Herbert Schultze lief am 31. Januar aus. Schultze sollte seine Minen in den gefährlichen Gewässern vor Portland legen, einem britischen Marinestützpunkt im Ärmelkanal. Obwohl Schultze davon ausging, daß er alle acht Minen an den richtigen Stellen ausgelegt hatte, waren keine Versenkungen zu verzeichnen. Er zog sich in die Western Approaches zurück, um seine sechs Torpedos zum Einsatz zu bringen, und konnte prompt einen 6900 BRT großen holländischen Frachter zur Strecke bringen.

Im Februar liefen fünf Boote von Helgoland zur Feindfahrt im Atlantik aus: *U26*, das große und unzuverlässige Boot vom Typ I, drei Boote vom Typ VIIB und *U37*, und das inzwischen berühmt gewordene Boot vom Typ IX, immer noch unter Werner Hartmann, dem Chef der Flottille Hundius. Dieser Mann wollte selbst die schwerste See nicht gegen einen Schreibtisch tauschen und brannte darauf, Schiffe zu versenken und das Ritterkreuz zu bekommen.

Bevor Hartmann seinen regulären Einsatz fahren konnte, mußte er noch einen gefährlichen Spezialauftrag ausführen. Er sollte zwei Agenten der Abwehr in Irland absetzen, wo sie antibritische Ressentiments schüren sollten.* Als Hartmann auf dem Weg nach Irland die Orkney- und die Shetland-Inseln passierte, konnte er ein britisches und ein norwegisches Schiff von je 5700 BRT Größe versenken und so seinen Einsatz vielversprechend beginnen. Er fuhr weiter nach Süden an die Südwestküste Irlands, wo am 8. Februar im Schutz der Nacht in die Dingle Bay glitt und die beiden Agenten an Land setzte. Alles umsonst. Schon nach wenigen Tagen hatten Geheimdienst- oder Polizeibeamte beide Agenten enttarnt und festgenommen.

Danach bekam Hartmann von Dönitz einen weiteren Spezialauftrag. Der B-Dienst hatte herausgefunden, daß der Flugzeugträger *Ark Royal* und der Schlachtkreuzer *Renown* den Südatlantik verlassen und als Begleitschiffe des Kreuzers *Exeter* – der in einem Gefecht mit dem Taschen-Schlachtschiff *Admiral Graf Spee*** beschädigt worden war – Kurs auf Portsmouth genommen hatten. Das OKM hatte Dönitz angewiesen, alle verfügbaren Boote, einschließlich *U37* unter Hartmann und *U48* unter Schultze, zusammenzuziehen und den britischen Kriegsschiffen in der westlichen Zufahrt des Ärmelkanals aufzulauern.

Hartmann bezog eine günstige Position, um die Kriegsschiffe abzufangen. Schultze jedoch stieß auf einen auslaufenden Konvoi und verfolgte ihn über 600 Kilometer nach Westen. Die Jagd brachte Schultze Versenkungen mit insgesamt 24 700 BRT ein, einschließlich des 9000 BRT großen holländischen Tankers *Den Haag* und des 12 300 BRT großen britischen Kühlschiffs *Sultan Star*. Danach hatte er keine Torpedos mehr und verspürte wenig Lust, mit seinem U-Boot den Kriegsschiffen aufzulauern, nur um Hartmann als Späher zu dienen. Also fuhr er nach Deutschland zurück. Dönitz tadelte ihn zunächst, weil er seinen Auftrag nicht ausgeführt hatte und zu weit nach Westen gefahren war, dann lobte er ihn über den grünen Klee, weil er nicht nur ein TMC-Minenfeld gelegt, sondern auch noch vier Schiffe mit insgesamt 31 526 BRT versenkt hatte. Damit hatte er 16 bestätigte Versenkungen mit insgesamt 109 200 Tonnen erzielt und als erster Kommandant die Marge von 100 000 BRT überschritten. Diese Heldentat brachte ihm als zweitem U-Boot-Kommandanten nach Prien das begehrte Ritterkreuz ein.

Heinz Scheringer, der 32jährige neue Kommandant von *U26* (vormals auf dem Einbaum *U13*), versuchte zu Hartmann zu stoßen, wurde aber durch schwere See behindert und kam zu spät. Auch Hartmann mit *U37* fand den britischen Verband nicht. Das Unternehmen wurde abgeblasen, und beide Boote versenkten je zwei Schiffe in den Western Approaches, bevor sie zu ihrem ursprünglich geplanten Operationsgebiet vor der Iberischen Halbinsel weiterfuhren. Hartmann erreichte es, aber Scheringer hatte einen Maschinenschaden und mußte den Einsatz abbrechen. Auf dem Rückmarsch versenkte er ein drittes Schiff und erhöhte seine Gesamtbilanz auf drei Schiffe mit insgesamt 10 500 BRT.

Zuletzt liefen die drei Boote vom Typ VIIB von Helgoland aus. *U50* und *U54* waren brandneue Boote, die schnell und ohne ausreichendes Training der Besatzung zum Einsatz kamen. Der 27jährige Max-Hermann Bauer – Sohn des berühmten U-Boot-

* Den 61jährigen Ernst Weber-Drohl, einen ehemaligen Akrobaten, und Wilhelm Preetz, einen ehemaligen Schiffssteward.

** Die *Admiral Graf Spee* hatte sich nach Montevideo in Uruguay geflüchtet. Sie wurde am 17. Dezember von ihrer Mannschaft versenkt.

Mannes und Historikers Hermann Bauer –, vormals Kommandant von *U18*, fuhr nun auf *U50*. Weil sein Boot Öl verlor, mußte er den Einsatz jedoch in der Nordsee abbrechen, lief aber ein paar Tage später schon wieder aus. *U54*, unter dem 29jährigen Günter Kretschmann, verschwand spurlos. Man nimmt an, daß es kurz nach dem Auslaufen vom Kurs abkam und in der Bucht von Helgoland auf eine deutsche oder britische Mine lief.* *U53* lief unter seinem neuen Kommandanten, dem 33jährigen Harald Grosse, der Heinicke ersetzt hatte, wegen einer undichten Luke im Kommandoturm erst später aus.

Als *U50* unter Bauer und *U53* unter Grosse endlich auf dem Weg in den Atlantik waren und die Britischen Inseln umfuhren, versenkte Bauer zunächst ein 1900 BRT großes schwedisches Schiff bei den Orkney-Inseln und danach westlich von Irland ein 5000 BRT großes holländisches Schiff. Ungefähr zur gleichen Zeit versenkte Grosse nordwestlich von Schottland vier Schiffe, zwei schwedische, ein norwegisches und ein dänisches mit insgesamt 11 500 BRT. Grosse glaubte, er habe auch den 8000 BRT großen britischen Tanker *Imperial Transport* versenkt, der Tanker konnte sich jedoch angeschlagen in einen Hafen retten. Grosse war begierig darauf, die verlorene Ehre von *U53* wiederherzustellen, und brach die Funkstille, um sich damit zu brüsten, daß er fünf Schiffe von insgesamt 30 000 BRT versenkt hatte. Grosse und Bauer setzten auf unterschiedlichen Routen ihre Fahrt nach Süden zur Iberischen Halbinsel fort.

Mitte Februar glaubte Dönitz, daß die sechs Boote nun in südlichen Gewässern, oder zumindest in deren Nähe, angekommen sein müßten. Die Anzahl der Boote erlaubte es ihm, die Rudeltaktik ein weiteres Mal gegen einen Geleitzug anzuwenden, der ihm vom B-Dienst gemeldet worden war; er befahl Hartmann, dem ranghöchsten Kommandanten, die taktische Führung der Operation zu übernehmen. Weder Dönitz noch Hartmann wußten jedoch, daß nur noch drei Boote – *U37* unter Hartmann, *U50* unter Bauer und *U53* unter Grosse – vor der Iberischen Halbinsel standen, da die Boote *U41* und *U54* verloren waren und *U26* den Einsatz abgebrochen hatte.

Ganz ähnlich wie bei dem ersten Wolfsrudel, das ebenfalls von sechs auf drei Boote dezimiert worden war, bekamen auch diesmal zwei Boote Kontakt mit dem Geleitzug und setzten zu einem lose koordinierten Angriff an. Hartmann versenkte mit *U37* einen griechischen, einen französischen und einen britischen Frachter von insgesamt 16 000 BRT, Grosse schoß auf einen französischen Tanker, aber seine Torpedos zündeten vorzeitig. Danach versenkte Grosse versehentlich und illegal den 2140 BRT großen neutralen spanischen Frachter *Banderas*, der nicht zu dem Geleitzug gehörte, aber törichterweise abgeblendet fuhr. Nachdem Hartmann und Grosse alle ihre Torpedos abgesetzt hatten, machten sie sich auf den Rückmarsch.

Bauer auf *U50* bekam keine Fühlung mit dem gemeldeten Geleitzug, stieß jedoch, als er allein vor Lissabon kreuzte, auf einen anderen Konvoi. Er versenkte zwei Schiffe, einen holländischen Frachter und den britischen Tanker *Endeavor*, und er hielt die Verfolgung aufrecht, bis ein Diesel ausfiel, den er auf See nicht reparieren konnte. Er brach seinen Einsatz ab und folgte *U37* und *U53* nach Hause.

Die Nachricht über die unrechtmäßige Versenkung des spanischen Schiffes erreichte Dönitz und das OKM, während die drei Boote auf dem Rückmarsch waren. In

---

* Dönitz glaubte fälschlicherweise, *U54* sei in den Atlantik durchgebrochen und dort von dem französischen Zerstörer *Simoun* versenkt worden.

Madrid war man ausgesprochen verärgert. Die Versenkung belastete die deutsch-spanischen Beziehungen und gefährdete künftige heimliche Versorgungsoperationen in spanischen Häfen. Wie das Schicksal spielt, hatte Grosse in seinem Eifer, die Ehre von *U53* wiederherzustellen, dem Boot ein weiteres Mal Schande gemacht.

Doch *U53* mußte sich für diesen jüngsten Fehltritt nicht mehr verantworten. Es ging in den frühen Morgenstunden des 24. Februar auf der Route um die Britischen Inseln verloren. Der alleine fahrende britische Zerstörer *Gurkha* hatte es kurz nach Mitternacht im Mondlicht gesichtet. Er ging sofort auf Kollisionskurs, doch *U53* befand sich innerhalb des Wendekreises des Zerstörers auf Gegenkurs und tauchte. Die *Gurkha* warf auf gut Glück eine Wasserbombe, um das Boot »unten zu halten«. Dann bekam der Zerstörer »guten« Sonarkontakt und setzte zu einem wohlgeplanten Angriff an. Er überlief *U53* dreimal und warf 13 Wasserbomben, die auf 45 und 75 Meter Tiefe eingestellt waren. Als er für einen vierten Angriff nachlud, wurde der Sonarkontakt »immer schwächer, bis überhaupt nichts mehr zu hören war«. *U53* war in dem 550 Meter tiefen Wasser spurlos verschwunden. Es war das vierte VIIB der Flottille Wegener, das verlorenging, und das dritte, bei dessen Verlust es keine Überlebenden gab. Der Verlust der Schwesterschiffe *U53*, *U54* und *U55* innerhalb von nur vier Wochen, – davon zwei auf der Jungfernfahrt und alle von Männern kommandiert, die zum ersten Mal auf einem Boot vom Typ VIIB fuhren – blieb nicht unbemerkt.

Werner Hartmann auf *U37* wurde in Deutschland begeistert empfangen. Er hatte erfolgreich zwei Agenten in Irland abgesetzt, hatte pflichtgemäß auf die *Ark Royal* gelauert, und er hatte die Bilanz seines vorhergegangenen Einsatzes auf insgesamt 16 Schiffe, einschließlich eines Trawlers, verdoppelt. Damit hatte er Herbert Schultzes Rekord in bezug auf die Zahl der versenkten Schiffe, nicht jedoch bezüglich der Tonnage, eingestellt. Hartmann meldete für seinen Einsatz 43 000 BRT, was seine Gesamtbilanz auf 78 300 BRT erhöht hätte. Tatsächlich hatte er jedoch nur 24 539 BRT versenkt und folglich eine (bestätigte) Gesamttonnage von nur 60 000 BRT. Raeder akzeptierte jedoch die von Hartmann gemeldeten »80 000 Tonnen in zwei Einsätzen« und schickte ihm und seiner Besatzung ein Glückwunschtelegramm.

Auch Bauer bekam großes Lob für seine, wenn auch abgebrochene, Jungfernfahrt. Er meldete sechs Versenkungen mit insgesamt 36 000 BRT. Dies war entweder maßlos übertrieben oder auf Torpedoversager zurückzuführen. An bestätigten Versenkungen hatte er jedenfalls nur vier Schiffe mit insgesamt 16 000 BRT aufzuweisen.

Dönitz setzte für die Minenoperationen im Februar alle Boote des Typs VII der Flottille Saltzwedel ein, die nun endlich aus der Werft gekommen waren. Günter Kuhnke legte mit *U28* acht TMC-Minen vor dem britischen Marinestützpunkt in Portsmouth und torpedierte und versenkte anschließend ein holländisches und ein griechisches Schiff von insgesamt 11 200 BRT. Otto Schuhart von *U29* bekam seine »zweite Chance«. Er legte zwölf TMB-Minen im Bristol-Kanal und behauptete, auf dem Rückmarsch drei britische Schiffe mit insgesamt 25 000 BRT torpediert und versenkt zu haben. (Nur zwei Versenkungen mit insgesamt 9800 BRT konnten nach dem Krieg bestätigt werden.) Der Erfolg sicherte ihm nicht nur sein Kommando, sondern brachte ihm auch Lob vom OKM. *U32* legte mit seinem neuen Kommandanten – dem 26jährigen Hans Jenisch, der auf *U22* sieben Schiffe mit 8400 BRT, einschließlich des Zerstörers *Exmouth*, versenkt hatte und nun Paul Büchel ersetzte – zwölf TMB-Minen vor Liverpool. Außerdem griff Jenisch auf dem Hin- und Rückmarsch drei

Schiffe an und schoß sieben Torpedos ab. Fünf versagten und zwei verfehlten ihr Ziel, aber Jenisch konnte ein 2800 BRT großes schwedisches Schiff mit der Deckkanone versenken.

Die drei unter hohem Risiko gelegten Minenfelder zeigten kaum Wirkung. Kuhnkes TMC-Minenfeld vor Portsmouth erbrachte überhaupt keine Versenkungen.* Schuharts TMB-Minenfeld im Bristol-Kanal versenkte ein kleines Küstenfahrzeug von 710 BRT, das die Mine eigentlich nicht zur Detonation hätte bringen dürfen. Dem von Jenisch vor Liverpool gelegten TMB-Minenfeld fiel mit dem 5000 BRT großen britischen Frachter *Counsellor* das einzige wichtige Schiff zum Opfer.

Dresky auf *U33* war mit der vierten – und gefährlichsten – Minenmission betraut. Er sollte acht TMC-Minen vor den britischen Marinestützpunkt im Firth of Clyde legen, wo vor ihm Büchel mit *U32* versagt hatte. In den frühen Morgenstunden des 12. Februars glitt Dresky vorsichtig auf Tauchfahrt in den Firth of Clyde. Kurz darauf wurde sein Boot vom Unterwasserhorchgerät des Minenräumers *Gleaner* geortet. Dresky sah nur den Suchscheinwerfer, mit dem die *Gleaner* die Wasseroberfläche absuchte, und hielt sie für einen Schweren Kreuzer. Er dachte, der »Kreuzer« würde aufs Meer hinauslaufen und ging auf Grund, wo er in 55 Meter Tiefe wartete. Doch der Minenräumer ortete *U33* mit dem Sonar und warf sechs Wasserbomben, die auf 45 Meter Tiefe eingestellt waren. Vier detonierten direkt über *U33*; sie erschütterten das Boot heftig und verursachten einen schweren Wassereinbruch.

Dresky war von dem Angriff völlig überrascht. In der Annahme, der Angreifer sei ein Zerstörer, drängten ihn seine Männer, aufzutauchen und in die offene See zu entkommen, aber Dresky war wie gelähmt. Erst weitere fünf Wasserbomben der *Gleaner*, die nahe dem Boot explodierten und den Wassereinbruch verstärkten, brachten ihn zur Besinnung. Er meinte, das Boot sei dem Untergang geweiht, und befahl aufzutauchen, das Boot zu versenken und von Bord zu gehen. Da das Boot eine Enigma-Maschine mitführte und in der geringen Tiefe geborgen werden konnte, verteilte er die Walzen an die Offiziere und befahl ihnen, vom Boot wegzuschwimmen und sie ins Meer zu werfen.**

Die *Gleaner* machte *U33* sofort aus, als das Boot auftauchte. Sie eröffnete das Feuer mit ihrer 4-Zoll-Deckkanone und ging auf Kollisionskurs. Als der Kommandant der *Gleaner* jedoch sah, daß die Männer von *U33* mit erhobenen Händen an Deck kamen, stellte er das Feuer nach fünf Schuß ein und drehte bei, um längsseits zu gehen. Dresky hatte inzwischen seinem Leitenden Ingenieur befohlen, die Selbstversenkung in Gang zu setzen. Der erste Versuch schlug fehl, doch der zweite war erfolgreich; allerdings konnte der Ingenieur sich nicht mehr aus dem Boot retten. *U33* sank über den Bug und die Besatzung sprang in das eiskalte Wasser. Dresky riet den Männern, zusammen zu bleiben. Viele, darunter auch Dresky, starben schnell durch Schock oder Unterkühlung. Von 42 Besatzungsmitgliedern überlebten nur 17; sie wurden gefangengenommen – unter ihnen auch drei Offiziere mit je einer Chiffrierwalze der

* Insgesamt wurden von *U28*, *U31*, *U32*, *U34* und *U48* fünf TMC-Minenfelder mit insgesamt 40 Minen gelegt. Nur dem von *U34* vor Falmouth gelegten Feld fiel ein Schiff zum Opfer. Die Minen waren entweder fehlplaziert, zu tief gelegt, oder ihre Zünder waren defekt.

** Das OKM hatte den Minenlegern verboten, eine Enigma-Maschine mitzuführen. Warum *U33* eine Enigma mitführte, ist nicht bekannt.

Enigma-Maschine. Die Walzen waren zwar eine Hilfe für die Entzifferer in Bletchley Park, aber sie reichten nicht aus, um den Marineschlüssel zu knacken.

Dönitz erfuhr sofort, daß *U33* verloren und das Minenunternehmen im Firth of Clyde ein zweites Mal gescheitert war. Der B-Dienst hatte bemerkenswerterweise drei Meldungen der *Gleaner* aufgefangen. Die erste, um 5.25 Uhr, war der Alarm, mit dem das Auftauchen von *U33* gemeldet wurde; in der zweiten Meldung, um 5.30, wurde mitgeteilt, daß sich die Besatzung von *U33* ergab; und die dritte, um 5.45, war die Bitte um Verstärkung zur Rettung der Besatzung.

Einschließlich der sieben Minenoperationen hatte Dönitz im Januar und Februar 1940 achtzehn Boote in den Atlantik geschickt. Fünf der achtzehn Boote waren verlorengegangen: *U33*, *U41*, *U53*, *U54* und *U55*. Drei mußten den Einsatz wegen Maschinenschäden abbrechen: *U25*, *U50* und *U51*. Trotz der Torpedo- und Minenprobleme und trotz ungünstiger Wetterbedingungen hatten die 18 Boote mit Torpedos oder Minen 58 Schiffe von insgesamt 233 496 BRT versenkt; die meisten versenkten Schiffe waren alleine gefahren. Mit durchschnittlich 3,2 versenkten Schiffen pro Boot und pro Einsatz stellte dies im Vergleich zu früheren Monaten eine deutliche Verbesserung des Durchschnitts dar. Schultze, Prien, Hartmann, Schuhart, Rollmann und Lemp waren am 1. März die sechs Kommandanten mit der höchsten versenkten Tonnage.

Für die Boote, die von ihren Einsätzen im Februar heil zurückkehrten, hatte Dönitz aufregende Neuigkeiten. Hitler hatte für die Zeit nach dem 10. März die militärische Eroberung Norwegens (und Dänemarks) befohlen. Alle verfügbaren U-Boote und Einbäume sollten an dem Feldzug teilnehmen. Ab dem 1. März war der U-Boot-Krieg gegen die Schiffahrt im Atlantik auf unbestimmte Zeit verschoben.

Der Rückzug der Atlantik-Boote zum Einsatz gegen Norwegen bietet sich an, um für den U-Boot-Krieg in den ersten sieben Kriegsmonaten bis zum 1. April 1940 eine Zwischenbilanz zu ziehen. Zu diesem Zweck ist es angebracht, mit Sorgfalt jene zahllosen Statistiken zu studieren, die damals wie heute manche Gemüter erregen und andere zum Gähnen bringen. In Kürze:

- Alle U-Boote (Hochsee-U-Boote und Einbäume) versenkten zusammen in allen Einsatzgebieten mit Torpedos, Deckkanone, Minen und Sprengladungen insgesamt 227 Schiffe, darunter 26 Trawler, von etwa 974 000 Tonnen; die meisten dieser Schiffe waren entweder alleine gefahren oder aus dem Konvoi ausgeschert.* Zusätzlich konnten die Hochsee-U-Boote vier Schiffe als Prisen erbeuten. Die Einbäume in der Nordsee hatten mit 113 Schiffen 41 Prozent aller Schiffe und mit 238 000 BRT 25 Prozent der Tonnage versenkt.
- Von den 227 versenkten Schiffen waren 118 (43 Prozent) britische Schiffe, darunter auch die 26 Trawler. Der Verlust von 92 Schiffen (ohne die Trawler) in sieben Monaten entspricht ungefähr 3 Prozent der 3000 hochseefähigen Schiffe der britischen Handelsmarine. In den sieben Monaten erbeutete, kaufte oder charterte Großbritannien 99 ausländische Schiffe und glich damit die Verluste durch die U-Boote

* Aufgrund des akuten Mangels an Geleitfahrzeugen verzichtete die Admiralität ab dem 12. Februar auf Geleitzüge des Typs »Halifax-Fast« (HX-F) und legte die Geschwindigkeit aller Halifax-Konvois auf 9 Knoten festgelegt.

aus. Darüberhinaus produzierten britische Werften in der gleichen Zeitspanne neue Schiffe von ungefähr 700 000 Tonnen, viele davon für die Handelsmarine. Damit war die britische Handelsmarine in den ersten sieben Kriegsmonaten eher gewachsen als geschrumpft.

• Unter den 227 von deutschen U-Booten versenkten Schiffen waren überraschend wenig Tanker; nur 23 mit etwa 170 000 BRT. Davon waren 14 mit etwa 100 000 BRT in britischem Besitz. Die neun anderen Tanker kamen aus Frankreich, Norwegen, Dänemark, Schweden oder Holland. Die Verluste der britischen Tanker wurden durch Erbeutung und Beschlagnahme, durch Neubauten und durch Kauf und Charter ausländischer Schiffe mehr als ausgeglichen. Also wies auch die britisch kontrollierte Tankerflotte einen Nettozuwachs auf.*

• Trotz der Vergrößerung der Handelsflotte gingen jedoch die britischen Importe in den fraglichen sieben Monaten um 25 Prozent zurück: von 60 Millionen auf 45 Millionen Tonnen pro Jahr. Dieser Einbruch wurde durch das Geleitzugsystem verursacht. Der Rückgang betrug zwar nicht ein Drittel, wie Churchill vorausgesagt hatte, aber immerhin ein Viertel. Der Rückgang der Importe war zwar sehr unerfreulich und hatte Einschränkungen und vereinzelt echten Mangel zur Folge, stellte jedoch in keiner Hinsicht eine Bedrohung für das Überleben des Landes dar.

• Die U-Boot-Verluste in den sieben Monaten waren schwer. Insgesamt 17 Boote (30 Prozent der U-Boot-Streitmacht) waren auf verschiedene Weise verlorengegangen: vier Einbäume, acht Boote vom Typ VII und fünf Boote vom Typ IX mit insgesamt 650 Mann Besatzung. Der Verlust bei den Hochsee-U-Booten wurde durch den Bau von acht neuen Booten, vier Booten vom Typ VII und vier Booten vom Typ IX, teilweise ausgeglichen. Die Gesamtzahl der hochseetüchtigen Atlantik-Boote ging somit von 27 auf 22 zurück, von denen die Boote *U25* und *U26* nur bedingt verwendbar waren und einige andere zu umfassenden Reparaturen auf der Werft lagen. Die Hinzunahme von *UA*, eines ursprünglich für die Türkei produzierten, ebenfalls nur begrenzt einsatzfähigen Bootes, erhöhte Ende März die Zahl der hochseetüchtigen U-Boote auf 23.

Zu diesem Zeitpunkt des U-Boot-Krieges betrachteten sich sowohl Berlin als auch London als Sieger. Die Zahlen aber deuten eher auf eine Art Patt hin. Jedenfalls stellten die deutschen U-Boote noch keine ernsthafte Bedrohung für die britische Schifffahrt dar. Mit einer wirklichen U-Boot-Gefahr war – wenn sie tatsächlich eintreten würde – nicht, wie Churchill annahm, im Sommer 1940, sondern erst in der damals noch fernen Zukunft des Jahres 1942 und später zu rechnen. Auch hatten die U-Boot-Besatzungen, entgegen Churchills Behauptungen, den Krieg weder brutal oder blutrünstig noch mit erbarmungsloser Gleichgültigkeit gegenüber der Sicherheit der gegnerischen Seeleute geführt. Größtenteils hatten sich die Deutschen im U-Boot-Krieg fair – und zum Teil sogar ritterlich – verhalten. Wie Dönitz oft genug betonte, leitete er eine »saubere Firma«; und er hatte auch nicht vor, daran etwas zu ändern.

Ein wichtiger Faktor in diesem Seekrieg war die zunehmend antideutsche und probritische Haltung des amerikanischen Präsidenten. Roosevelt hatte die Lockerungen der Neutralitätsgesetze erreicht, wodurch nun amerikanische Firmen an Großbritannien und an Frankreich Waffen verkaufen konnten. Und er hatte auch ein Auge

* siehe Anhang 17.

zugedrückt, als amerikanische Tanker unter panamesischer Flagge zu fahren begannen, um ihr Öl legal in die Kriegsgebiete transportieren zu können. Darüber hinaus war Roosevelt der geistige Vater der »Panama-Deklaration« vom 2. Oktober 1939, in der sich 21 amerikanische Staaten – außer Argentinien – zu einer »Sicherheitszone« der westlichen Hemisphäre zusammengeschlossen hatten, die kriegführende Parteien von » kriegsähnlichen Operationen« abhalten sollte. Um diese Deklaration zu stärken, hatte Roosevelt die U.S. Navy angewiesen, eine »Neutrality Patrol« aufzustellen. Und schließlich hatte Roosevelt in Voraussicht des fortschreitenden Bedarfs an Handelsschiffen Jerry Land und dessen Maritime Commission noch einmal gedrängt, für eine beträchtliche Erweiterung der Kapazitäten für den Bau von Frachtschiffen und Tankern zu sorgen.

Das Versagen der U-Boote in Norwegen

Winston Churchill hatte die Regierungen der Alliierten gedrängt, Norwegen zu besetzen, um den winterlichen Transport von schwedischem Eisenerz von Narvik nach Deutschland zu unterbinden, um Luftwaffen- und Marinestützpunkte zu gewinnen, von denen aus Deutschland angegriffen werden konnte, um die Kriegsmarine in der Nordsee einzuschließen und um Deutschland und/oder der Sowjetunion die Möglichkeit zu nehmen, dieses strategisch wichtige Gebiet zu erobern. Nachdem die tapferen Finnen am 12. März schließlich der sowjetischen Übermacht unterlegen waren, genehmigten Neville Chamberlain und der neue französische Premierminister Paul Reynaud einen Plan zur Besetzung Norwegens, und die britische Home Fleet wurde in Vorbereitung des Unternehmens wieder nach Scapa Flow verlegt.

Inzwischen hatte auch Hitler *seinen* Plan zur Besetzung Norwegens vollendet – ein gewagtes und kompliziertes Unternehmen. Kleine Einheiten luft- und seegestützter Stoßtruppen sollten in einem gleichzeitigen Überraschungsangriff fünf strategisch wichtige norwegische Seehäfen einnehmen. Dabei sollte die Kriegsmarine die Hauptrolle spielen. Ihre Schiffe sollten im Schutz der Dunkelheit nach Norwegen fahren, die seegestützen Truppen absetzen und sofort wieder nach Deutschland zurückkehren, bevor die überlegene Home Fleet oder die Royal Air Force reagieren könnten.

Die Deutschen wußten von dem alliierten Vorhaben, Norwegen zu besetzen. Ihnen war klar, daß es sich um einen Wettlauf handelte. Trotzdem wurde der Beginn der Invasion aus verschiedenen Gründen – vor allem wegen der dicken Eisschicht in der Ostsee und weil Raeder meinte, die Operation unbedingt bei Neumond ausführen zu müssen – auf den 9. April verschoben. Um zu verhindern, daß nun die Alliierten vor den Deutschen in Norwegen landeten, ordnete Hitler an, daß die Luftwaffe einen massierten Angriff auf die Home Fleet in Scapa Flow fliegen sollte und daß die U-Bootwaffe sowohl offensiv als auch defensiv in der Nordsee patrouillieren und ihre Angriffe auf alliierte Kriegsschiffe und Truppentransporter konzentrieren sollte.

Damit wurde erstmals in der Geschichte einer ganzen, wenn auch kleinen U-Boot-Streitmacht befohlen, an einer großen militärischen Operation teilzunehmen, die eine enge Kooperation zwischen Luftwaffe, Kriegsmarine und Landstreitkräften erforderlich machte. Dies war ein radikaler – und gefährlicher – Rollenwechsel. Bis dahin hatten U-Boote ihre Einsätze meist alleine gefahren und in entfernten Seegebieten im offenen, tiefen Meer operiert, wobei sie einen großen Entscheidungsspielraum hatten; sie waren plötzlich aufgetaucht und hatten vor allem allein fahrende Handelsschiffe überraschend angegriffen, während sie Sicherungsschiffen und U-Boot-Jägern ausgewichen waren. Dagegen würden sie auf dem Norwegenfeldzug sehr streng geführt in den engen Gewässern der Nordsee und Norwegens operieren müssen, wo es von feindlichen Flugzeugen und U-Booten nur so wimmelte. Und sie würden alliierte Kriegsschiffe und Truppentransporter angreifen müssen, die vor U-Boot-Angriffen extrem auf der Hut sein würden.

Die absolut vordringlichste Aufgabe der U-Boote bestand darin, ein alliiertes Landungsunternehmen in Norwegen zu vereiteln. Als der B-Dienst Nachrichten abfing, die auf ein unmittelbar bevorstehendes Landungsunternehmen der Alliierten hindeuteten, erhielt Dönitz am 11. März vom OKM den Befehl, unverzüglich zehn Hochsee-U-Boote vor der norwegischen Küste und zwölf Einbäume in der Nordsee aufzustellen, um die befürchtete Invasion zurückzuschlagen.

Schon in der Frühphase der Aufstellung gingen zwei Hochsee-U-Boote verloren. Am 11. März wurde Johannes Habekost mit dem Typ-VII-Boot *U31* auf Überwasserfahrt in der Nähe von Wilhelmshaven von einem Blenheim-Bomber der Royal Air Force gesichtet. Der Pilot Miles Villiers Delap flog seinen Angriff unter geschickter Ausnutzung der Wolken und warf vier verbesserte 120-Kilogramm-Bomben ab. *U31* explodierte und sank sofort auf 32 Meter Tiefe. Dabei fanden die gesamte Besatzung sowie zehn Dieselspezialisten und Werftarbeiter den Tod. *U31* war das erste Boot, das von einem Flugzeug versenkt wurde; es konnte jedoch gehoben und geborgen werden. Etwa zwei Tage später, vermutlich am 13. März, lief *U44* unter dem vielversprechenden neuen Kommandanten Ludwig Mathes beim Verlassen der Helgoländer Bucht auf eine Mine. Auch *U44* sank sofort mit der gesamten Besatzung. Dönitz setzte ein anderes Boot für *U31* ein; von dem Verlust von *U44* erfuhr er allerdings erst Tage später.

Die zehn Hochsee-U-Boote hatten den Auftrag, defensiv vor den drei wichtigsten norwegischen Häfen zu patrouillieren.

Vor *Narvik* (1800 Kilometer von der deutschen Küste entfernt) wurden vier Boote vom Typ VIIB aufgestellt: *U46* unter Sohler, das seine Nachschulung im Torpedoabschuß absolviert hatte; *U47* unter Prien, nach 90 Tagen Instandsetzung; *U49* unter Gossler, ebenfalls nach 90 Tagen Werftliegezeit zur Reparatur von Gefechtsschäden, und *U51* unter Knorr, das im Januar einen (abgebrochenen) Einsatz im Atlantik gefahren hatte.

Vor *Trondheim* (1350 Kilometer von der deutschen Küste entfernt) wurden zwei Boote vom Typ VII aufgestellt: *U30* unter Lemp und *U34* unter Rollmann, beide wieder instand gesetzt nach ihren Minenoperationen im Atlantik.

Und vor *Bergen* (800 Kilometer von der deutschen Küste entfernt) sollten vier Boote aufgestellt werden: *U52*, ein Boot vom Typ VIIB unter Otto Salman, das im Dezember sabotiert worden war und, abgesehen von einem kurzen, erfolglosen Einsatz im September unter einem anderen Kommandanten, noch nie in Aktion getreten war; und drei Boote vom Typ IX: *U38* unter Liebe, das einen langen, interessanten, aber weitgehend fruchtlosen Einsatz vor Murmansk hinter sich hatte; *U43* unter Ambrosius, nach 90tägiger Reparatur von Gefechtsschäden wieder im Dienst, und *U44* unter Mathes, von dessen Verlust Dönitz noch nichts wußte.

Während die Boote noch auf dem Weg in ihre Einsatzgebiete waren, führte die Luftwaffe in der Nacht des 16. März den geplanten Angriff auf Scapa Flow durch. Der Angriff wurde von 29 Flugzeugen der Typen Ju-88 und He-111 geflogen, wobei viele gewaltige 1000-Kilogramm-Bomben abwarfen. Die Piloten meldeten große Erfolge: zwei direkte Treffer auf ein Schlachtschiff; einen Treffer auf ein weiteres Schlachtschiff oder einen Schlachtkreuzer; einen Treffer auf einen Schlachtkreuzer; und einen Treffer auf einen Schweren Kreuzer sowie Detonationen in unmittelbarer Nähe anderer Schlachtschiffe. In Wirklichkeit war jedoch nur der Kreuzer *Norfolk* beschädigt worden.

In der Annahme, all diese angeblich beschädigten Großkampfschiffe würden nun zur Reparatur in ihre Heimathäfen fahren oder die gesamte Home Fleet würde Scapa Flow wieder als Stützpunkt aufgeben, erhielt Dönitz vom OKM den Befehl, eine Angriffsgruppe aus Hochsee-U-Booten zu bilden, um die Schiffe abzufangen. Dönitz befahl daraufhin fünf der auf dem Weg nach Norwegen befindlichen Boote (einschließlich des verlorenen *U44*), Positionen westlich der Orkney-Inseln zu beziehen. Die anderen fünf Boote setzten ihre Fahrt nach Norwegen fort.

Um einem weiteren Luftangriff zu entgehen, verließ die Home Fleet tatsächlich am 19. März die Bucht von Scapa Flow. An diesem Tag sichtete Prien mit *U47* in der Morgendämmerung drei Schlachtschiffe, die von Zerstörern begleitet wurden. Prien befand sich auf Sehrohrtiefe, und die Schlachtschiffe fuhren mit hoher Geschwindigkeit in einer Entfernung von ungefähr neun Kilometern. Damit waren sie außerhalb der Torpedoreichweite, und Prien konnte nichts tun. Außerdem konnte er wegen der schweren Luftüberwachung im Gebiet um die Orkney-Inseln erst nach Einbruch der Dunkelheit auftauchen und Meldung erstatten. Kein anderes Boot der Angriffsgruppe sichtete die Schiffe.

Dönitz hielt die Angriffsgruppe ungefähr zehn Tage bei den Orkney-Inseln. Zwei der vier Boote fanden Angriffsziele: Liebe versenkte mit *U38* drei dänische Schiffe von insgesamt 10300 BRT und Prien mit *U47* ein dänisches Schiff von 1146 BRT. Alle Boote hatten mit schlechtem Wetter und intensiven ASW-Maßnahmen zu kämpfen – durch U-Jagdflugzeuge und aus Zerstörern bestehende U-Jagdgruppen. *U47* war zum zweiten Mal einem Wasserbombenangriff ausgesetzt, erlitt aber keine ernsthaften Schäden.

Dönitz hielt die Angriffsgruppe für Zeitverschwendung und drängte das OKM, die Hochsee-U-Boote durch Einbäume ersetzen zu dürfen. Das OKM erklärte sich einverstanden, bestand aber darauf, daß einige Hochsee-U-Boote noch bis zur Ankunft der Einbäume im Gebiet der Orkney-Inseln blieben. Daraufhin gruppierte Dönitz die Hochsee-U-Boote erneut um. Er rief *U44* unter Mathes (das verlorene Boot), *U47* unter Prien und *U49* unter Gossler nach Wilhelmshaven zurück, wo sie für den Einsatz in Norwegen ihre Vorräte ergänzen sollten. *U38* unter Liebe und *U43* unter Ambrosius ließ er auf ihren Posten und zog *U52* unter Salman von Bergen zu den Orkney-Inseln ab. Liebe versenkte einen norwegischen Frachter, Ambrosius und Salman fanden keine Ziele. Als die Einbäume Anfang April das Gebiet erreicht hatten, rief Dönitz die drei Hochsee-U-Boote nach Wilhelmshaven zurück.

Die vier Boote, die defensiv vor der norwegischen Küste patrouillierten, mußten ihre Angriffe auf feindliche Kriegsschiffe, U-Boote und Truppentransporter beschränken. Vor Trondheim stieß Lemp mit *U30* auf ein britisches U-Boot und griff an, aber seine Torpedos versagten oder verfehlten ihr Ziel. Die anderen Boote fanden keine erlaubten Ziele. Dönitz ließ *U46* unter Sohler und *U51* unter Knorr in norwegischen Gewässern stehen, rief jedoch *U30* und *U34* zur Versorgung zurück. *U46* blieb vor Narvik und *U51* fuhr nach Süden, um *U30* und *U34* vor Trondheim zu ersetzen. Lemp rettete mit *U30* auf der Rückfahrt die Besatzung eines deutschen Militärflugzeugs, das notgewassert hatte. Die beiden zurückbeorderten Boote wurden unverzüglich wieder einsatzbereit gemacht, um bei der Abwehr der erwarteten Invasion zu helfen.

Schon im März waren 14 Einbäume in die Nordsee geschickt worden. Nur zwei davon, die als Ersatz für die Angriffsgruppe der Hochsee-U-Boote bei den Orkney-Inseln operierten, fanden Ziele. Joachim Schepke versenkte mit *U19* vier kleine dänische Frachter mit insgesamt 5500 BRT, und Claus Korth mit *U57* zwei Schiffe mit 7000 BRT, darunter den 5700 BRT großen britischen Frachter *Daghestan,* der durch einen deutschen Luftangriff bereits beschädigt war. Zwei Einbäume gingen verloren: *U21* unter Wolf Stiebler lief vor Norwegen auf Grund, konnte aber später geborgen werden, und *U22* unter Karl-Heinrich Jenisch verschwand mit der gesamten Besatzung vor Nordostschottland, vermutlich weil es auf eine britische Mine lief. Die zwölf verbliebenen Einbäume kehrten nach Deutschland zurück und wurden für die Invasion in Norwegen einsatzbereit gemacht.

Insgesamt waren im März 24 U-Boote disloziert worden, um die mutmaßliche alliierte Invasion Norwegens zu vereiteln. Doch es war ein völlig fruchtloses Unternehmen gewesen. Aus verschiedenen politischen und militärischen Gründen hatten auch die Alliierten ihre Operationen in Norwegen verschieben müssen. Zwar hatten Liebe, Prien, Schepke und Korth zwölf kleine Frachter von insgesamt 28 000 BRT versenkt, doch der Verlust der Hochsee-U-Boote *U31* (später geborgen) und *U44* und der Einbäume *U21* (später geborgen) und *U22* stand in keinem Verhältnis zu diesem kümmerlichen Ergebnis. Die Besatzungen der restlichen 20 Boote waren von ihren nervenaufreibenden Feindfahrten ausgelaugt und erschöpft, hatten jedoch keine Zeit, sich für die bis dahin größte Herausforderung der U-Bootwaffe zu erholen und vorzubereiten.

Am 1. April, unmittelbar vor der deutschen Invasion in Norwegen, war die U-Bootwaffe auf 48 in Dienst gestellte Boote zusammengeschrumpft – 9 Boote weniger als zu Beginn des Krieges. Dönitz stellte 32 der 48 für die Invasion auf: 14 der 22 Hochsee-U-Boote und 18 der 26 Einbäume. Auf Anordnung des OKM mußten zwei der 14 Hochsee-U-Boote zuerst Sonderaufträge ausführen: Sie sollten die auslaufenden Handelsstörkreuzer *Atlantis* und *Orion* eine Zeitlang begleiten.* Die anderen zwölf hoch-

* Diese beiden Schiffe kamen als erste von zahlreichen deutschen Handelsstörkreuzern zum Einsatz. Beide Schiffe waren mit sechs 15-cm-Geschützen und vier bis sechs Torpedorohren schwer bewaffnet und führten einen Satz Magnetminen mit. Sie hatten eine ähnliche Aufgabe wie die *Admiral Graf Spee*, nämlich die feindliche Handelsschiffahrt im Südatlantik anzugreifen und dadurch Kriegsschiffe der Royal Navy zu binden. Das Typ-IX-Boot *U37* eskortierte die *Atlantis*, und *U64*, das erste Boot des neuen Typs IXB, die *Orion*.

seetüchtigen U-Boote, einschließlich der Boote *U46* und *U52* vom Typ VIIB, die noch auf Feindfahrt waren, erhielten den Befehl, Wartepositionen in den am weitesten entfernten Gebieten nördlich von Bergen zu beziehen; die 18 Einbäume wurden auf Wartepositionen südlich von Bergen und in der südlichen Nordsee geschickt.

Am Morgen des 9. April marschierten die Deutschen in Norwegen und in Dänemark ein. Bis zum Abend hatten die deutschen Streitkräfte alle strategisch wichtigen Städte beider Länder besetzt. Die überlisteten Alliierten waren schockiert über die Schnelligkeit und Effizienz der Operation und gingen in Norwegen so schnell wie möglich zu Wasser, zu Land und aus der Luft zum Gegenangriff vor.

Die Kriegsmarine erlitt schwere Verluste: Zehn deutsche Zerstörer wurden von Kräften der britischen Kriegsmarine vor Narvik eingeschlossen; der Schwere Kreuzer *Blücher* wurde vor Oslo durch norwegische Küstenbatterien versenkt; der Leichte Kreuzer *Königsberg* fiel vor Bergen einem Angriff britischer Flugzeuge zum Opfer, die auf den Orkneys gestartet waren; dem Leichten Kreuzer *Karlsruhe* wurde durch das britische U-Boot *Truant* vor Kristiansand ein tödliches Leck beigebracht; mindestens sechs Handelsschiffe aus der deutschen Versorgungsflotte wurden von britischen U-Booten und dem polnischen U-Boot *Orzel* versenkt. Und die beiden Schlachtkreuzer *Gneisenau* und *Scharnhorst*, das in *»Lützow«* umbenannte Taschen-Schlachtschiff *Deutschland*, der neue Schwere Kreuzer *Hipper*, der Leichte Kreuzer *Emden* und das Schulschiff *Bremse* wurden durch britische und/oder norwegische Kräfte jeweils leicht beschädigt.

Der schwerste Schlag, den die Deutschen am Tage der Invasion einstecken mußten, war die Einschließung der zehn Flottenzerstörer vor Narvik. Das Städtchen Narvik liegt malerisch am Fuße eines majestätischen, schneebedeckten Gebirges etwa 200 Kilometer nördlich des Polarkreises, ist jedoch dank des warmen Golfstromes das ganze Jahr über eisfrei. Für Seeleute ist Narvik faszinierend und herausfordernd zugleich, denn man muß fast 100 Kilometer durch enge, gewundene Fjorde fahren, um es zu erreichen – zunächst durch den Vestfjord, dann durch den Ofotfjord –, wobei es die viermal täglichen Gezeitenwechsel mit einem Tidenhub von 3,5 Meter zu beachten gilt, die starke Strömungen und Wirbel verursachen.

Dönitz hatte im Vestfjord, dem äußeren Eingang zu Narvik, drei hochseetüchtige U-Boote disloziert: *U46* unter Sohler, *U51* unter Knorr und das große, instabile *U25* unter Schütze. *U46* und *U51*, beides Boote vom Typ VIIB, waren schon fast einen Monat, seit dem 11. März, auf Fahrt. Beide Boote hatten nur noch wenig Treibstoff, und ihre Besatzungen waren erschöpft und angespannt. Nur *U25* war frisch aus Deutschland eingetroffen.

Narvik war ein ungünstiges Gebiet für U-Boote. Im April waren die Nächte am Polarkreis nur vier bis fünf Stunden lang. Um unentdeckt zu bleiben, mußte ein U-Boot also täglich 19 oder 20 Stunden tauchen. Dieses lange Tauchen verschlechterte die Luft im Boot extrem und erschwerte die Atmung; die Wachsamkeit der Besatzung ließ nach, und die Batterien wurden geleert. Die Nächte währten kaum lange genug, um die Batterien wieder voll aufzuladen. Zu diesem Zweck mußten die Boote entweder eine lange, zeitraubende und riskante Fahrt ins offene Meer unternehmen, sie mußten sich im Nebel oder in einem Schneesturm verbergen, oder sie mußten sich in kleine, nicht auf der Karte verzeichnete Fjorde verkriechen, die vom Hauptfjord abzweigten. Das Wasser in diesen Fjorden war jedoch an manchen Stellen sehr flach, und sie boten kaum Raum, einem Wasserbombenangriff durch Tauchen zu entkommen.

Am Tage der Invasion beauftragte die britische Admiralität fünf Zerstörer, die Gerüchte über die Landung der Deutschen in Narvik zu überprüfen. Knorr, der mit *U51* im äußeren Vestfjord patrouillierte, sichtete die einlaufenden Zerstörer. Er fuhr zwei getrennte Angriffe, erzielte jedoch keinen Treffer. Später tauchte er auf und setzte eine Warnung ab, die für die deutschen Zerstörer in Narvik bestimmt war. Sie war jedoch mißverständlich, und so waren die Deutschen nicht auf die Ankunft der britischen Zerstörer vorbereitet. In der folgenden erbitterten Schlacht versenkten die Briten zwei deutsche Zerstörer und beschädigten vier weitere schwer. Dann jedoch überwanden die Deutschen ihre anfängliche Verwirrung und konnten ebenfalls zwei britische Zerstörer versenken und einen dritten schwer beschädigen.

Die drei U-Boote lauerten im Vestfjord, um die britischen Zerstörer auf dem Rückmarsch abzufangen. Sohler auf *U46* bekam sie nicht zu Gesicht, aber *U25* (Schütze) und *U51* (Knorr) griffen jeweils mit Elektro-Torpedos unter Verwendung von Magnetpistolen an. Irgend etwas ging jedoch völlig schief. Schütze meldete nach zwei abgeschossenen Torpedos kein erkennbares Resultat, und Knorr meldete nach einem Nahangriff mit vier Torpedos zwei Frühzünder und zwei Fehlschüsse.

Hitler befürchtete, daß der Feldzug vor Narvik eine fatale Wende nehmen könnte, und befahl, alle verfügbaren Hochsee-U-Boote dort zu konzentrieren, um zum einen die kommenden Angriffe der Royal Navy zurückzuschlagen, und zum anderen, um Nachschubmaterial zu den 2000 Mann der Landungstruppen zu bringen. Dönitz beorderte daraufhin sechs weitere Hochsee-U-Boote nach Narvik, darunter auch *U37* mit Hartmann, der die *Atlantis* begleitet hatte. Hartmann konnte den Auftrag jedoch aufgrund eines Mangels an Schmieröl nicht erfüllen. Als dieser Meldung machte, befahl ihm Dönitz, *U64* als Eskorte der *Orion* zu ersetzen, und beorderte *U64* nach Narvik, obwohl es sich um ein brandneues Boot auf dem ersten Einsatz handelte. Auch *U65*, das ebenfalls völlig unerfahrene Schwesterschiff von *U64*, wurde nach Narvik geschickt. Gleichzeitig befahl Dönitz vier Booten, die in deutschen Häfen lagen, Nachschubgüter zu laden und sie nach Narvik zu bringen – *U26* unter Scheringer, *U29* unter Schuhart, *U43* unter Ambrosius und den Einbaum *U61* unter Oesten. Damit waren zwölf hochseetüchtige Boote nach Narvik beordert – neun als Angreifer und drei als Versorger.

Herbert Schultze fuhr auf *U48* mit voller Fahrt nach Narvik und stieß am 11. April auf mehrere große Schiffe der Home Fleet, die Ausschau nach der *Gneisenau* und der *Scharnhorst* hielten. Es waren drei Schlachtschiffe, einige Schwere Kreuzer, ein Leichter Kreuzer und fünf Zerstörer. Kühn wagte Schultze zwei separate Unterwasserangriffe gegen drei Schwere Kreuzer, wobei er insgesamt sechs Torpedos mit Magnetpistolen losmachte. Vier der sechs Torpedos zündeten vorzeitig, keiner traf. Später tauchte Schultze auf und meldete den Verband und die Torpedoversager.

Dönitz war sehr besorgt. Drei Boote *(U25, U48, U51)* hatten insgesamt zwölf Torpedos verschossen, und sechs bis acht hatten frühgezündet oder versagt – eine Versagerrate von 50 bis 66 Prozent. Was war die Ursache dieses jüngsten Torpedofiaskos? War es die Abschwächung des Magnetfelds der Erde in extrem nördlichen Breiten? War es das Eisenerz in den norwegischen Bergen? Oder war es etwas anderes?

Der neue Leiter der Torpedo-Versuchs-Anstalt, Oskar Kummetz, war abkommandiert, um die Invasionstruppen in Oslo zu befehligen. Deshalb besprach sich Dönitz telephonisch mit dem Torpedo-Bevollmächtigten Dr. Cornelius und anderen Technikern. Sie bezweifelten, daß das Magnetfeld der Erde oder der Eisenerzgehalt des norwegischen Bodens die Torpedoprobleme verursachten, und ansonsten waren sie ebenfalls rat- und hilflos

In Ermangelung einer Alternative hätte Dönitz am liebsten befohlen, nur noch Aufschlagpistolen zu verwenden. Aufgrund des (noch nicht behobenen) mangelhaften Tiefenlaufs der Torpedos hätte dies jedoch den Beschuß von Schiffen mit geringem Tiefgang, also auch von Zerstörern, ausgeschlossen – eine inakzeptable Einschränkung. Angesichts dieser Zwickmühle befahl Dönitz schließlich allen Booten, die nördlich des 62. Breitengrades operierten, eine Mischung aus Aufschlagpistolen und Magnetpistolen einzusetzen und drei Torpedos mit Aufschlagpistolen und einen Torpedo mit einer Magnetpistole in den vier Bugtorpedorohren zu führen. Bei Schüssen auf Schiffe mit großem Tiefgang (Kreuzer oder größere Schiffe) sollten nur Torpedos mit Aufschlagpistolen verwendet werden, und bei Schüssen auf Schiffe mit geringem Tiefgang (Zerstörer etc.) sollten je ein Torpedo mit Magnet- und einer mit Aufschlagpistole verwendet werden. Um zu vermeiden, daß eine vorzeitig zündende Magnetpistole den Torpedo mit der Aufschlagpistole zur Detonation brachte, sollte zwischen den beiden Torpedoabschüssen eine Pause von acht Sekunden eingehalten werden.

Am 12. April waren neun hochseetüchtige Kampfboote auf dem Weg nach Narvik. Darunter waren vier große, schwerfällige und für diese engen Gewässer völlig ungeeigneten Boote: *U25* vom Typ I, *U38* vom Typ IX und die beiden brandneuen Boote vom Typ IXB, *U64* und *U65*. Einige Boote tankten bei den außer Gefecht gesetzten deutschen Zerstörern oder Handelsschiffen vor Narvik auf. Obwohl die Boote in sehr flachen und gefährlichen Gewässern operierten, hatten sie alle eine Enigma-Maschine mit den Schlüsselwalzen der Kriegsmarine an Bord, um mit Dönitz oder untereinander Verbindung zu halten.

An jenem Tag gingen zwei sehr wichtige, Enigma-verschlüsselte Nachrichten von Dönitz hinaus. Die erste enthielt die neuen, komplizierten Torpedoabschußbefehle: Aufschlagpistolen nur gegen große Schiffe, eine Kombination von Aufschlag- und Magnetpistolen gegen Zerstörer. Mit der zweiten Nachricht befahl Dönitz eine Umgruppierung der Boote. Nach Informationen des B-Dienstes wurde eine alliierte Landung im nächsten, nördlich gelegenen Vaagsfjord erwartet. Vier der neun vor Narvik stehenden Atlantik-Boote sollten nun nach Norden in den Vaagsfjord laufen, um die Landung zu verhindern: *U38* unter Liebe, *U47* unter Prien, *U49* unter Gossler und das IXB-Boot *U65* unter Stockhausen. Die fünf vor Narvik verbleibenden Boote wurden wie folgt positioniert: *U25* unter Schütze und *U51* unter Knorr im äußeren Vestfjord, *U46* unter Sohler, *U48* unter Schultze und *U64* vom Typ IXB im inneren Ofotfjord.

Am Morgen des 13. April schickte die britische Admiralität das alte, aber modernisierte Schlachtschiff *Warspite* und neun Zerstörer in den Vest- und in den Ofotfjord, um Narvik für die Landung sturmreif zu schießen und die verbliebenen deutschen Zerstörer zu vernichten.

Auf dem Weg in den Vaagsfjord stieß *U65*, das neue Boot unter dem 32jährigen Hans-Gerrit von Stockhausen, auf diesen Verband und meldete »zehn Zerstörer«. Obwohl *U65* seine Erprobungsphase und die Torpedoschulung noch nicht abgeschlossen hatte und gerade fünf Tage von seinem ersten Kriegseinsatz hinter sich hatte, griff Stockhausen sofort zwei Zerstörer an. Wie vorgeschrieben, schoß er auf jeden Zerstörer je zwei Torpedos (mit einer Magnet- und einer Aufschlagpistole) im Abstand von acht Sekunden. Dann belegten die Zerstörer das Boot mit Wasserbomben, und es wurde beschädigt. In dem Getöse konnte Stockhausen nicht hören, ob seine Torpedos getroffen hatten. Aber alle hatten ihr Ziel verfehlt.

Der britische Verband gelangte unbeschadet in den Vestfjord, wo *U25* unter Schütze und *U51* unter Knorr patrouillierten. Schütze sah den Verband kommen und näherte sich, um anzugreifen. Wie auch Stockhausen wählte er zwei in der Nähe befindliche Zerstörer als Angriffsziel und schoß die vorgeschriebene Kombination von Torpedos ab. Nichts geschah – keine Treffer. Nachdem der britische Verband weiter den Fjord hinaufgefahren war, startete die *Warspite* mit dem Katapult ein altes Schwimmerflugzeug zur Luftaufklärung. Die Besatzung gab wertvolle Informationen über die Aufstellung der deutschen Zerstörer durch. Dann meldete sie plötzlich ein vor Anker liegendes U-Boot am nördlichen Ende des Herjangsfjords, eines Nebenarmes des Ofotfjords, nahe bei Narvik.

Es war *U64*, das gerade erst eingetroffene IXB-Boot unter Georg-Wilhelm Schulz, dem 34jährigen vormaligen Kommandanten des Einbaums *U10*. *U64* war im Dezember 1939 in Dienst gestellt worden, jedoch am Kieler Pier im Eis festgelegen und hatte seine Erprobungsphase nicht abschließen können. Wie auch Prien war Schulz ein ehemaliger Handelsmarinekapitän und ein hervorragender Seemann. Doch das Auftauchen des Flugzeugs überraschte ihn völlig unvorbereitet.

Die Besatzung griff im Sturzflug an und warf zwei 50-Kilogramm-ASW-Bomben ab. Eine Bombe traf den Bug und riß ein klaffendes Loch in die Hülle. *U64* sank fast sofort auf 35 Meter. Nach *U31* war dies das zweite U-Boot, das von einem Flugzeug versenkt worden war. Schulz und ein Dutzend Männer, die an Deck gewesen waren, zappelten in dem eiskalten Wasser, ohne daß ihnen Überwasserschiffe zu Hilfe kommen konnten. Etwa 30 weitere Männer konnten nach dem oft geübten Notausstiegsverfahren aus dem gesunkenen Boot entkommen. Deutsche Soldaten kamen in kleinen Booten von der Küste und retteten die verstörten und frierenden Überlebenden, die schließlich alle per Zug oder Schiff nach Deutschland zurückkehrten. Acht Besatzungsmitglieder waren bei der Versenkung umgekommen.

Am frühen Nachmittag des 13. April erreichten das Schlachtschiff *Warspite* und die neun Zerstörer, unterstützt durch zehn Swordfish-Flugzeuge des Trägers *Furious*, den Ofotfjord und postierten sich in einiger Entfernung von der Küste. Gewarnt durch die Swordfish, die *U64* versenkt hatte, waren die Zerstörer in volle Alarmbereitschaft versetzt und brannten darauf, weitere U-Boote zur Strecke zu bringen.

An diesem Nachmittag kam es in den engen Gewässern des Ofotfjords noch zu einem weiteren verlustreichen Seegefecht. Der mächtige britische Verband traf auf acht deutsche Zerstörer, die er in einem erbarmungslosen Gemetzel versenkte. Die Deutschen kämpften heldenhaft bis zum bitteren Ende. Obwohl sie an Männern und Feuerkraft weit unterlegen waren, gelang es ihnen, drei britischen Zerstörern schwere Schäden zuzufügen, doch alle drei überstanden den Beschuß und wurden wieder ins Gefecht geschickt.

U46 unter Sohler und *U48* unter Schultze, zwei Boote vom Typ VIIB, patrouillierten an diesem Nachmittag im Ofotfjord. Es war ein Alptraum – neun feindliche Zerstörer in dem engen Fjord und ein scheinbar nicht enden wollender Strom von Flugzeugen am Himmel. Sohler manövrierte sein Boot unter der Zerstörersicherung hindurch und nahm die *Warspite* aufs Korn. Als er schußklar war, lief das Boot auf einen in der Seekarte nicht verzeichneten Felsen und wurde mit dem gesamten Bug über Wasser gehoben. Zum Glück für Sohler und seine Männer waren die britischen Schiffe jedoch so darauf erpicht, die deutschen Zerstörer zu versenken, daß sie Sohlers Mißgeschick nicht bemerkten. Erst später am Tag fanden die Zerstörer *U46* und belegten es so schwer mit Wasserbomben, daß Sohler glaubte, das Boot sei nicht mehr zu retten, und die Vernichtung der Enigma-Maschine und aller geheimen Unterlagen anordnete. Schultze auf *U48* tauchte auf, um Informationen mit einem Zerstörer auszutauschen, den er für einen deutschen hielt. Es war jedoch ein britischer Zerstörer, und Schultze tauchte schnell wieder. Der Zerstörer warf 13 Wasserbomben, die alle in der Nähe des Bootes detonierten. In dem engen Fjord klangen die Detonationen noch lauter; sie waren ohrenbetäubend und nervenzerfetzend, aber sie verursachten keine ernsten Schäden.

U48 ging auf Kernschußweite an die *Warspite* heran und schoß einen vollen Viererfächer ab (drei Torpedos mit Aufschlagpistolen, einen mit einer Magnetpistole). Nichts geschah. Danach griff Schultze zwei Zerstörer an – keine Treffer. Horst Hofmann, ein Besatzungsmitglied von *U48* erinnert sich an diese Zeit als »Höllentage«. Er schreibt in seinem Bericht:

»Stunde um Stunde, Tag für Tag greifen wir die Zerstörer an, haben uns die Zerstörer in den Klauen. Tag um Tag und Nacht um Nacht... kutschieren wir in dem Fjord unter Wasser einher... Und die Nächte sind kurz, viel zu kurz, um die Batterien aufzuladen und das Boot gefechtsklar zu halten. Wir bekommen keinen Schlaf mehr. Wir finden kaum Zeit, etwas zu essen... Wir brauchen die letzte Luft aus den Sauerstoffflaschen... Wir verschießen einen Magnettorpedo nach dem anderen. Doch keiner krepiert. Alle Mühe, alle Angst, alle Not, alle Opfer sind umsonst...«

Die britische Einheit zog sich durch den Vestfjord zurück, wo *U25* mit Schütze und *U51* mit Knorr patrouillierten. Schütze konnte zwei Angriffe fahren, einen auf die *Warspite* und einen auf einen Zerstörer. Nichts geschah. Bei beiden Angriffen gab es keine Treffer.

Der First Lord of the Admiralty Churchill hatte darauf gedrängt, daß die alliierte Invasionsstreitmacht am Abend des 13. April direkt bei dem geschwächten Narvik landen sollte. Wie jedoch der B-Dienst erfahren hatte, favorisierte der Oberbefehlshaber der britischen Armee einen indirekten Angriff über den Vaagsfjord, den nächsten, nördlich von Narvik gelegenen Meeresarm.

Am Morgen des 15. April näherte sich die Hauptmacht der britischen Landungstruppen dem Vaagsfjord. An diesem Morgen standen vier deutsche U-Boote in dem Fjord: *U38* unter Liebe, *U47* unter Prien, *U49* unter Gossler und *U65* unter Stockhausen. Liebe, Prien und Gossler hatte noch keinen einzigen Torpedo abgeschossen.

Die Boote vom Typ IX, *U38* und das beschädigte, unbefahrene *U65*, waren im Eingang des Fjords positioniert und traten als erste in Aktion. Liebe wagte mit *U38* kühne Angriffe auf das Schlachtschiff *Valiant* und den Kreuzer *Southampton,* aber kein Torpedo traf. Danach griff Stockhausen mit *U65* den großen polnischen Passagierdampfer *Batory* an, der als Truppentransporter zwangsverpflichtet worden war. Keine Treffer.

Die VIIB-Boote *U47* und *U49* warteten getaucht im Vaagsfjord. Im Morgengrauen hatten einige Norweger *U49* im Norden der Insel Andorja an der Oberfläche gesichtet und dies den Briten gemeldet. Als der Konvoi in den Fjord einlief, schickten die Briten die zwei Zerstörer *Fearless* und die *Brazen* direkt zu der gemeldeten Position von *U49.* Die *Fearless* bekam guten Sonarkontakt und griff mit fünf Wasserbomben an, die auf 45, 75 und 105 Meter Tiefe eingestellt waren. Eine Bombe detonierte nahe dem Kommandoturm, und das Boot »machte einen Satz«. Die Lichter gingen aus, Wasser brach ein. Eine andere Bombe detonierte nahe dem Heck.

Im vergangenen November hatte *U49* den schwersten Wasserbombenangriffen standgehalten und war entkommen. Vielleicht spukten die Erinnerungen an diese schreckliche Erfahrung noch im Kopf des Kommandanten – jedenfalls hatte Gossler, wie es in einem Gefechtsbericht der Briten hieß, »anscheinend völlig den Kopf verloren«. Er geriet offensichtlich in Panik und ließ alle Tauchzellen anblasen. Fast unmittelbar nach der ersten Detonation der Wasserbomben durchbrach *U49* unweit der Zerstörer die Wasseroberfläche. Die Deutschen rannten an Deck, anscheinend um das Geschütz zu bemannen, aber die Zerstörer hielten sie davon ab, indem sie ein paar Schüsse abgaben, von denen einer den Kommandoturm traf. Gossler gab Befehl, das Boot zu versenken. Alle Männer außer ihm und einem Unteroffizier hechteten »laut schreiend und um Hilfe rufend« in das ruhige, aber eiskalte Wasser.

Noch auf der Brücke des sinkenden Bootes stopften Gossler und der Unteroffizier aufgeregt geheime Unterlagen in eine Tasche. Dies wurde auf der *Fearless* gesehen, und die Briten zwangen die beiden durch Maschinengewehrfeuer, ins Wasser zu springen, wo sie die Tasche verloren, die sie noch nicht beschwert hatten. Inzwischen hatten die Zerstörer Boote zu Wasser gelassen, um die Überlebenden zu retten. Britische Seeleute fischten die Tasche aus dem Wasser, bevor sie sank. Andere retteten 41 der 42 Besatzungsmitglieder, darunter einen Verwundeten, und bargen schließlich auch die Leiche des letzten Mannes, der im Geschützfeuer gefallen war. Die Tasche enthielt, neben anderen Geheimdokumenten, Karten, auf denen die Aufstellung der U-Boote vor Norwegen verzeichnet war. Aber zur großen Enttäuschung der Codeknacker in Bletchley Park, die sich immer noch erfolglos mit dem Enigma-Schlüssel der Marine herumschlugen, enthielt sie nichts, was ihnen hätte weiterhelfen können.

Prien (dem Dönitz kürzlich mitgeteilt hatte, daß seine Frau eine zweite Tochter geboren hatte*) stand mit *U47* ganz in der Nähe im Vaagsfjord, als *U49* versenkt wurde. Abends sondierte er die Wasserwege und stahl sich vorsichtig in den Bygdenfjord, einen Nebenarm des Vaagsfjord. Dieser führte nach Elvenes, wo die Hauptstreitmacht der britischen Bodentruppen landete. Was Prien dort sah, ließ ihm den Atem stocken – drei große Truppentransporter von je 30 000 Tonnen und drei weitere, kleinere

* »Ein U-Boot ohne Sehrohr ist heute angekommen«, hatte Dönitz scherzhaft gefunkt.

Schiffe, von zwei Zerstörern gesichert. Alle acht Schiffe lagen im engen Südende des Bygdenfjords vor Anker und schifften die Truppen in Fischerbooten aus. Wie Prien in sein Logbuch eintrug, lagen die Schiffe dicht nebeneinander und in einigen Fällen leicht überlappend.

Das war die Gelegenheit für Prien, seinen Triumph von Scapa Flow noch zu übertreffen, indem er auf einen Schlag mindestens 150 000 Tonnen feindlicher Schiffe, einschließlich zweier Schwerer Kreuzer, versenkte und den britischen Gegenangriff auf Narvik vereitelte. Prien und sein Erster Wachoffizier Engelbert Endraß steckten die Köpfe zusammen, um den Angriff mit großer Sorgfalt zu planen. Sie beschlossen, auf Sehrohrtiefe vier Torpedos aus den Bugrohren auf vier verschiedene Schiffe abzuschießen (drei mit Aufschlagpistolen, einen mit einer Magnetpistole, wie Dönitz befohlen hatte). Im anschließenden Durcheinander wollten sie die Bugtorpedorohre nachladen, auftauchen, und mit voller Fahrt anlaufen, um schließlich noch einmal vier Torpedos aus den Bugrohren auf die vier restlichen Schiffe loszumachen.

Um 22.42 Uhr setzte sich Prien ans Sehrohr, und der Angriff begann. Die feindlichen Schiffe seien unbeweglich wie eine Wand vor ihm gelegen, schrieb er später ins Logbuch. Er schoß die vier Torpedos in Abständen von acht Sekunden aus den Bugrohren ab; sie waren auf einen Tiefenlauf von 3,7 und 4,5 Meter eingestellt. Die Ziele von links nach rechts: ein Kreuzer, zwei Truppentransporter und ein weiterer Kreuzer; die Entfernung war mit 700 bis 1400 Meter gering. Die Crew wartete gespannt, zählte die Sekunden – aber nichts geschah. Keine Explosionen. Die Torpedos waren entweder unter dem Ziel durchgelaufen, oder die Zünder hatten versagt. Ergebnis: Null, schrieb Prien wütend.

Zum Glück für Prien gab es keine Anzeichen, daß der Feind gewarnt war. Ein zweiter Angriff war also möglich. Prien befahl, die vier Torpedorohre nachzuladen. Gemäß der Anweisung wurden drei Torpedos mit einer Aufschlagpistole und einer mit einer Magnetpistole geladen. Sorgfältig kontrollierten Prien, Endraß und der Obermechaniker alle Torpedos; Prien und Endraß überprüften noch einmal die Schußwerte. Kurz nach Mitternacht tauchte Prien auf und machte sich für den zweiten Abschuß und die anschließende Flucht bereit.

Auch beim zweiten Angriff schoß Prien die vier Torpedos auf die gleichen stationären Ziele (Kreuzer, Transporter, Transporter, Kreuzer). Auch die Tiefeneinstellung und die Entfernung war gleich. Wieder gab es keine Ergebnisse – keinen Treffer. Ein Torpedo kam vom Kurs ab und und explodierte an einem weit entfernten Felsen. Prien fürchtete, die Explosion könnte den Feind gewarnt haben und einen Gegenangriff auslösen, aber es gab keine Reaktion.

Prien und seine Crew waren bestürzt und wütend – von acht Torpedos (sechs mit Aufschlagpistolen, zwei mit Magnetpistolen) hatte kein einziger sein unbewegliches Ziel getroffen. Prien hatte immer noch einen Torpedo im Heckrohr und bereitete ihn zum Abschuß vor, während er über Wasser davonlief. Doch er konnte sein Vorhaben nicht ausführen. Das Boot lief mit voller Fahrt auf Grund und blieb, gut erreichbar für die Geschütze der Kreuzer, in einer nicht verzeichneten Sandbank stecken.

Alle Anstrengungen waren nun darauf gerichtet, das Boot wieder flottzubekommen. Prien stellte die Diesel auf volle Kraft zurück und blies die vorderen Trimmzellen an. Als das nichts half, befahl er alle verfügbaren Männer an Deck, um das Boot »freizuschaukeln«. Die Männer rannten wie die Verrückten auf dem Deck hin und her und brachten das Boot zum Schaukeln. Schließlich kam es frei. In diesem Moment brach der Steuerborddiesel unter der Belastung der zu hohen Drehzahl zusammen. Prien stellte seine Antriebswelle auf E-Maschinen-Antrieb, schickte die Männer unter Deck und raste Richtung Vaagsfjord davon. Als er tiefes Wasser erreichte, tauchte er und schlich sich hinaus auf die offene See. Spät in der Nacht tauchte er auf und setzte über die Torpedoversager und den Maschinenschaden eine kurze Meldung an Dönitz ab. Der Diesel konnte nicht repariert werden, und Prien mußte seinen Einsatz abbrechen.

Dönitz war entsetzt: Es war völlig unmöglich gewesen, diese unbeweglichen, einander überlappend daliegenden Schiffe zu verfehlen. Entweder waren die Torpedos tiefer gelaufen, als von den Technikern angenommen, oder die Pistolen hatten versagt. Die U-Bootwaffe stand mit einem Torpedo da, der in nordischen Gewässern weder mit Aufschlagpistolen noch mit Magnetpistolen funktionierte. Die U-Boote waren de facto unbewaffnet.

Noch am selben Tag (dem 16. April) ließ sich Dönitz für ein dringendes Telefongespräch zu Raeder durchstellen und beschwerte sich über das Torpedo-Desaster. Es könne keinesfalls an den Besatzungen liegen; Prien und Schultze – beide Ritterkreuzträger und U-Boot-Asse – hätten unter optimalen Bedingungen kapitale Ziele (ein Schlachtschiff, Schwere Kreuzer, große Truppentransporter) verfehlt. Allem Anschein nach funktionierten die Torpedos, die in südlichen Breiten schon oft genug versagten, in nördlichen Breiten überhaupt nicht. Es sei ein Verbrechen, die U-Boote mit diesen Torpedos auf Feindfahrt zu schicken. Sofortmaßnahmen müßten ergriffen werden, um die Defekte zu beheben. Raeder beeilte sich zuzustimmen. Er werde einen weiteren technischen Ausschuß einsetzen, der die Torpedos erneut akribisch untersuchen werde.

Trotz Hitlers Befehl, bis zum letzen Mann um Narvik zu kämpfen, beharrte Dönitz auf dem Rückzug der U-Boote aus dem Vestfjord, dem Ofotfjord und aus dem Vaagsfjord. Raeder stimmte dieser Forderung ebenfalls zu. Also befahl Dönitz noch in derselben Nacht den vier U-Booten vor Narvik den Rückzug. *U46* unter Sohler und *U51* unter Knorr, die seit dem 11. März auf Feindfahrt gewesen waren, sowie *U48* unter Schultze, der keine Torpedos mehr hatte, sollten nach Deutschland zurückkehren. Schütze sollte mit *U25*, das noch reichlich Treibstoff und Torpedos hatte, in einiger Entfernung vor der Küste patrouillieren. Drei Boote – *U38* unter Liebe, *U49* unter Gossler und *U65* unter Stockhausen – sollten vor der Zufahrt zum Vaagsfjord bleiben. Dönitz wußte allerdings nicht, daß *U49* verloren war und nur zwei Boote beim Vaagsfjord lagen.

Die Boote im Gebiet vor Narvik hatten am 18. und am 19. April weitere Torpedoversager unter Verwendung von Magnetpistolen. Stockhausen von *U65* schoß drei Torpedos auf einen Leichten Kreuzer, der aus dem Vaagsfjord kam. Die Torpedos explodierten schon nach einem Lauf von nur 22 Sekunden. Liebe von *U38* schoß ebenfalls erfolglos auf einen Leichten Kreuzer. Knorr von *U51* beschoß einen Schweren Kreuzer, landete aber auch keine Treffer. Prien stieß mit *U47* auf dem Rückmarsch auf das von zwei Zerstörern begleitete Schlachtschiff *Warspite*. Er schoß aus einer Entfernung von 830 Metern zwei Torpedos mit Magnetpistolen auf die *Warspite*. Keiner traf. Einer explodierte am Ende seines Laufes und alarmierte die Zerstörer, die von allen Seiten über *U47* herfielen und das Boot in eine mißliche Lage brachten. Doch Prien entkam.

Am 19. April traf Prien, immer noch auf dem Rückmarsch, auf einen großen Geleitzug mit zehn Truppentransportern und zahlreichen Zerstörern. Er hatte zwar noch vier Torpedos, in die er aber so wenig Vertrauen setzte, daß er es vorzog, nicht anzugreifen. Als er Dönitz später seine Entscheidung erklärte, sagte dieser, man könne kaum von ihm erwarten, daß er mit einem Holzgewehr kämpfe. Trotz des Maschinenschadens hielt Prien beharrlich und geschickt Fühlung mit dem Konvoi und setzte regelmäßig Standortmeldungen ab. Die drei in diesem Gebiet patrouillierenden Boote – *U25* unter Schütze, *U38* unter Liebe und *U65* unter Stockhausen – reagierten auf Priens Signale und griffen bei schwerer See an. Kein Boot konnte einen Treffer landen. Prien konnte ohne den zweiten Diesel nicht mehr mithalten; er setzte sich ab und trat den Rückmarsch an. Das tat auch Liebe auf *U38*, dem das Schmieröl knapp wurde.

Damit verblieben nur noch zwei Boote in den fernen nördlichen Gewässern: *U25* mit Schütze und *U65* mit Stockhausen. Dönitz beorderte die beiden Boote in Einsatzgebiete westlich der Shetland- und der Orkney-Inseln, weil er vermutete, daß die restlichen Torpedos in südlicheren Breiten eher funktionieren würden und weil er die Boote aus dem Bereich der starken alliierten ASW-Überwachung vor Norwegen abziehen wollte. Stockhausen stieß mit *U65* auf ein Schlachtschiff und einen Schweren Kreuzer, kam jedoch nicht in Schußposition. *U25* mit Schütze fand keine Ziele. Beide Boote kehrten ohne weitere Zwischenfälle nach Deutschland zurück – *U25* sogar unerwartet früh, weil sich weitere technische Probleme eingestellt hatten. Die vier U-Boote, die mit Versorgungsmaterial Kurs auf Narvik genommen hatten, wurden zu anderen norwegischen Häfen umgeleitet.

Die neun nach Narvik entsandten Kampfboote hatten in keiner Weise zur Verbesserung der Lage der deutschen Truppen beitragen können. Kein einziges Boot hatte ein Feindschiff versenkt. Zwei der neun Boote, *U49* und *U64*, waren verlorengegangen. Die britischen Truppen, die im Vaagsfjord an Land gegangen waren, quälten sich durch hüfthohen Schnee nach Süden und vertrieben bald darauf die durch die überlebenden Seeleute der versenkten Zerstörer verstärkten deutschen Truppen aus Narvik. Doch der Sieg war nicht von Dauer.

Weitere alliierte Kräfte landeten südlich und nördlich von Trondheim, um die Deutschen dort in die Zange zu nehmen. Dönitz hatte zur Abwehr der alliierten Landung vier hochseetüchtige U-Boote eingesetzt: *U30* unter Lemp und *U50* unter Bauer im nördlich von Trondheim gelegenen Namsfjord, sowie *U34* unter Rollmann und *U52* unter Salman im südlich von Trondheim gelegenen Romsdalsfjord. *U50* wurde am 10. April auf dem Weg in den Namsfjord von dem britischen Zerstörer *Hero* aufgespürt und mit der gesamten Besatzung versenkt, so daß nur noch Lemp mit *U30* im Namsfjord verblieb. Alle drei Boote im Namsfjord und im Romsdalsfjord fanden Ziele und griffen an, aber ihre Torpedos versagten, und außerdem war die ASW-Überwachung sehr intensiv. Nur Rollmann auf *U34* konnte einen Treffer landen: Er torpedierte den auf den Strand gesetzten norwegischen Minenleger *Fröya*.

Dönitz schickte zwei der auf dem Rückmarsch befindlichen Boote – *U46* mit Sohler und *U51* mit Knorr – als zeitweilige Verstärkung in den Namsfjord und in den Romsdalsfjord. Sohler schoß auf den französischen Großzerstörer *Albatros* – kein

Treffer. Knorr griff einen britischen Schweren Kreuzer an – kein Treffer. Rollmann griff einen Zerstörer und einen Kreuzer an – kein Treffer. Als Dönitz von diesen Torpedoversagern erfuhr, zog er auch aus dem Gebiet vor Trondheim alle Boote ab; *U46* und *U51* befahl er den Rückmarsch, und *U30*, *U34* und *U52* ließ er vor den Shetland- und den Orkney-Inseln operieren.* Rollmann griff dort den 20000 BRT großen Ozeandampfer Franconia an, doch auch diesmal versagten die Torpedos.

Daraufhin setzte Dönitz die Hochsee-U-Boote nur noch für Versorgungsaufgaben ein. *U26*, *U29* und *U43* – die ersten drei Versorgungsboote, die Kurs auf Narvik genommen hatten – wurden nach Trondheim umgeleitet, der Einbaum *U61* nach Bergen. Drei weitere Hochsee-U-Boote – der U-Kreuzer *UA*, *U32* und *U101*, das brandneue Boot vom Typ VIIB** – eilten mit Flugzeugbenzin beladen nach Trondheim. Auf der Fahrt wurde die Besatzung von *U32* von den austretenden Benzindämpfen beinahe außer Gefecht gesetzt. Dönitz verzichtete auf weitere Benzintransporte. Auf dem Rückmarsch torpedierte und versenkte Scheringer mit *U26* den 5200 BRT großen britischen Frachter *Cedarbank*, der Nachschub für die britischen Truppen im Romsdalsfjord geladen hatte. Die *Cedarbank* war das einzige alliierte Schiff, das von einem der 13 zur Unterstüzung der Invasion in Norwegen abgestellten Hochsee-U-Boote*** versenkt wurde.

Vier zusätzliche Einbäume wurden für die Operationen in Norwegen abgestellt; damit belief sich die Zahl der aufgestellten Einbäume auf 22. Die meisten patrouillierten in den Gewässern Südnorwegens oder der südlichen Nordsee, einige aber auch vor Nordostschottland und den Orkney-Inseln. Die 22 Einbäume versenkten drei Feindschiffe von insgesamt 8100 Tonnen, darunter das 1100 Tonnen große britische U-Boot *Thistle*. Es wurde von *U4* unter dem Kommando des 25jährigen Hans-Peter Hinsch vor Stavanger versenkt; die gesamte Besatzung kam ums Leben. Die *Thistle* war das erste alliierte U-Boot, das nachweislich von einem deutschen U-Boot versenkt wurde und das einzige feindliche Kriegsschiff, das während des Norwegenfeldzuges von den U-Booten versenkt wurde. *U1* unter dem 27jährigen Jürgen Deecke ging mit der gesamten Besatzung verloren. Die Versenkung wurde zunächst dem britischen U-Boot *Porpoise* zugeschrieben, nach näheren Untersuchungen jedoch kam die Admiralität zu dem Schluß, daß *U1* auf eine Mine gelaufen sein mußte.

---

* Am 3. Mai brach Lemp auf *U30* seinen Einsatz ab, um 13 Überlebende des neutralen schwedischen Schiffes *Hagar* zu bergen, das auf eine Mine gelaufen war. Auf der Fahrt nach Trondheim war *U30* irrtümlicherweise von dem Schweren Kreuzer *Hipper* mit Granaten beschossen worden.

** *U101* hatte ursprünglich die Bezeichnung *U71* getragen. Die Numerierung des Bootes (und die seiner Schwesterschiffe) wurde aus taktischen Gründen heraufgesetzt, um die stockende U-Boot-Produktion in Deutschland zu verschleiern.

*** *U37* unter Hartmann, das 14. ursprünglich für den Norwegen-Einsatz vorgesehene Boot, gelangte, nachdem es zunächst die *Atlantis* und dann die *Orion* eskortiert hatte, nicht mehr nach Norwegen. Nachdem er seine Sicherungsaufgabe nahe den Faröer- und der Shetland-Inseln abgeschlossen hatte, schoß Hartmann zunächst auf einen Schweren Kreuzer, den er verfehlte, versenkte dann jedoch drei andere Schiffe von insgesamt 18715 BRT, darunter den 9100 BRT großen schwedischen Tanker *Sveaborg*. Danach brach er wegen Schmierölknappheit seinen Einsatz ab.

Am 26. April, die Kämpfe an Land bei Trondheim und bei Narvik waren noch in vollem Gange, zog das OKM die U-Boote aufgrund der Torpedoversager aus Norwegen ab. Einschließlich der sechs Versorgungsboote hatten 20 der 23 in Dienst gestellten Hochsee-U-Boote* und 22 der 26 in Dienst gestellten Einbäume an den Operationen vor Norwegen teilgenommen. Alle 42 U-Boote hatten im April insgesamt acht Schiffe von 32522 Tonnen versenkt; mehr als die Hälfte dieser Tonnage hatte Hartmann auf *U37* verbucht, der in großer Entfernung zu den Invasionsgebieten operiert hatte. Das magere Ergebnis war mit vier verlorenen Booten erkauft worden: *U49* und *U50* vom Typ VIIB, *U64* vom Typ IXB und der Einbaum *U1*. Der erste Einsatz einer kompletten U-Boot-Streitmacht in einer großangelegten Operation zu Wasser, zu Lande und in der Luft war ein völliger Fehlschlag gewesen.

Dönitz und seine U-Bootmänner führten den Fehlschlag wütend auf die Torpedoversager zurück. Natürlich hatten sie dafür allen Grund, aber durch die Aufregung über die Torpedos wurde eine wichtige seestrategische Lehre nicht richtig erfaßt. Der Wechsel von der Jagd auf Handelsschiffe zur Jagd auf Kriegsschiffe hatte nicht funktioniert. U-Boote waren nicht sonderlich effektiv im Einsatz gegen schwer gepanzerte und bewaffnete Kriegsschiffe, die von Flugzeugen und sonarbestückten Zerstörern gesichert wurden und darauf getrimmt waren, mit U-Boot-Angriffen zu rechnen. Dies galt insbesondere, wenn die U-Boote in engen und flachen Gewässern operierten oder in arktischen Breiten, solange dort die Nächte kurz waren. Die Entscheidung, den Handelskrieg auszusetzen, um mit der U-Bootwaffe die Invasion in Norwegen zu unterstützen, war ein Fehler gewesen. Wegen der Aufregung über die Torpedoversager wurde dies in Berlin jedoch nicht voll begriffen, und der gleiche Fehler wurde später noch einmal gemacht.

* *U28* und *U31* vom Typ VII lagen zur Überholung auf der Werft. Und *U122* vom Typ IXB, das am 30. März in Dienst gestellt wurde, war nicht ausgelaufen.

DREI

Rückkehr in den Nordatlantik

Die Kämpfe in Norwegen waren noch im Gang, da eröffnete Hitler am 10. Mai die seit langem aufgeschobene Offensive gegen den Westen. In einem blitzartigen Vorstoß preschten die Deutschen durch Belgien und Nordfrankreich und trieben einen Keil zwischen die alliierten Bodentruppen. Die Regierung Chamberlain stürzte, und Winston Churchill wurde Premierminister. Er versuchte, die mutlosen und defätistischen Franzosen aufzurütteln und zu sammeln, doch das war ein vergebliches Unterfangen. Frankreich war verloren.

Nach den üblen Erfahrungen in Norwegen war die Kriegsmarine nun nicht in der Lage, viel für die Offensive in Frankreich zu leisten. Weil Dönitz bei der Operation in Norwegen fünf hochseetüchtige U-Boote verloren hatte und die verbliebenen instand setzen lassen und den kampfesmüden Besatzungen eine Pause gönnen mußte, setzte er in den frühen Phasen des Blitzkriegs keine Hochsee-U-Boote ein. Die Unterstützung beschränkte sich auf Feindfahrten von acht Einbäumen in der Nordsee. Drei Einbäume versenkten sechs Schiffe mit 17400 Tonnen, darunter das französische U-Boot *Doris* und den britischen Zerstörer *Grafton*, letzteren bei der Evakuierung britischer Truppen aus Dünkirchen. Die britische Korvette *Weston* spürte den Einbaum *U13* unter dem Kommando des 24jährigen Max Schulte auf, zwang ihn zur Selbstversenkung und nahm die Besatzung gefangen.*

In Wahrheit hatten die U-Boot-Besatzungen wenig Lust, den Kampf wiederaufzunehmen. Laut Dönitz waren in der Kriegsgeschichte niemals Männer mit einer so

---

* Die Briten bargen *U13* und erbeuteten eine Reihe von »ständigen Kriegsbefehlen«, die Dönitz ausgegeben hatte und in denen er ausdrücklich die Rettung feindlicher Überlebender in den Gewässern um die Britischen Inseln untersagte. (»Keine Leute retten und mitnehmen. Keine Sorge um Boote des Dampfers.«) Die Ankläger in Nürnberg führten diese Befehle an, um den Anklagepunkt zu erhärten, Dönitz habe einen unmenschlichen und völkerrechtswidrigen U-Boot-Krieg geführt. Dönitz hielt dem entgegen, dieser strenge und harte Befehl sei notwendig gewesen, weil zu viele Kommandanten dazu geneigt hätten, Rettungsaktionen durchzuführen, die jedoch in den stark befahrenen Gewässern der Britischen Inseln »Selbstmord für das U-Boot« bedeutet hätten.

nutzlosen Waffe wie den damaligen deutschen Torpedos in den Kampf geschickt worden. »Das Vertrauen zum Torpedo war verlorengegangen«, schrieb er. »Diese tapferen, einsatzbereiten und in den vergangenen Kriegsmonaten bewährten [U-Boot-] Besatzungen hatte eine tiefe Niedergeschlagenheit erfaßt.«

In den Tagen unmittelbar nach der Norwegen-Operation sammelte Dönitz die Daten zu den Torpedoabschüssen und analysierte sie sorgfältig. Die Kommandanten hatten insgesamt 38 Angriffe durchgeführt: 4 auf Schlachtschiffe, 14 auf Kreuzer, 10 auf Zerstörer und 10 auf Transporter. Ohne die Angriffe aus großer Entfernung auf schnell fahrende Ziele unter schlechten Lichtverhältnissen oder anderen ungünstigen Voraussetzungen mitzurechnen, kam Dönitz zu dem Schluß, daß »ohne Torpedoversager sichere Treffer« (und vermutlich Versenkungen oder schwere Schäden) bei einem der Angriffe gegen die Schlachtschiffe, bei sieben gegen die Kreuzer, bei sieben gegen die Zerstörer und bei fünf gegen die Transporter hätten erzielt werden müssen. Alles in allem errechnete er, daß etwa 20 feindliche Kriegsschiffe und Transporter aufgrund des Versagens von Torpedos der beinahe sicheren Versenkung entronnen waren.

Dönitz benutzte diese niederschmetternden Zahlen, um intern politischen Druck auf die für den Torpedobau verantwortlichen Bürokraten auszuüben, und er setzte sich gegenüber Admiral Raeder und dem Oberkommando der Kriegsmarine (OKM) durch. Das ständige Versagen der Torpedos, das auf katastrophale technische Mängel zurückzuführen sei, schrieb der Tagebuchführer des OKM, als er Dönitz' vernichtende Bilanz erhielt, müsse als Katastrophe betrachtet werden... als ein Versagen von historischer Bedeutung in der deutschen Seekriegführung zu einer Zeit, die von entscheidender Bedeutung sei. Admiral Raeder erklärte, die Beseitigung der Mängel an den Torpedos sei das dringlichste Problem der Kriegsmarine, und er versicherte Dönitz und seinen Männern, die Mängel seien bekannt und würden mit höchster Priorität behoben.

Dönitz widmete einen großen Teil seiner Arbeitszeit der Suche nach einer Lösung für das Torpedoproblem – aber vergebens. Es sei ungeheuerlich, schrieb er in sein Kriegstagebuch, daß er mit langwierigen Diskussionen und Untersuchungen über die Ursachen der Torpedoversager und ihre Beseitigung belästigt werde. Das sei Sache der technischen Leiter und Abteilungen. Aber solange diese Behörden sich damit Zeit ließen, das Nötige zu tun, sei er gezwungen, selbst zu handeln.

Mittlerweile hatte Dönitz jedes Vertrauen in die Magnetpistole verloren. Sie war zu kompliziert und zu empfindlich. Überdies glaubte er (ganz richtig), daß die Briten ihre Methode zur Entmagnetisierung ihrer Schiffe verbessert hätten, was die Wirkung der Magnetpistole verringert hatte. Deshalb drängte er darauf, zunächst bei der Aufschlagpistole den fehlerhaften Tiefenlauf und andere Mängel zu beheben.

Der Torpedo-Bevollmächtigte Dr. Cornelius hatte intensive Tests mit der Aufschlagpistole durchführen lassen, sobald in der Ostsee wieder besseres Wetter herrschte. Die am 1. Mai vorgelegten Ergebnisse waren laut Dönitz schwindelerregend und kriminell. Cornelius meldete eine hohe Versagerquote, die auf eine schlechte, überkomplizierte und plumpe Bauweise zurückzuführen sei. Diese Schwäche sei bislang nicht entdeckt worden, weil die Torpedotechniker die Pistole in Friedenszeiten nicht ausreichend getestet hätten.

Einige Tage, nachdem Cornelius die Testergebnisse bekanntgegeben hatte, fiel den

Deutschen am 5. Mai das britische U-Boot *Seal*, ein 1500 Tonnen großer Minenleger, in die Hände. Als das Boot nach Deutschland geschleppt wurde, entdeckte man, daß es zwölf Torpedos mit sich führte (sechs in den Rohren, sechs zum Nachladen), die mit Aufschlagpistolen ausgerüstet waren. Nach einer sorgfältigen Untersuchung der Pistolen durch Dönitz und seinen Stab erklärte er sie für sehr zuverlässig und wirkungsvoll und bestand darauf, sie zu »kopieren«. Cornelius pflichtete ihm bei, und nun waren die Deutschen in der Lage, in kürzester Zeit eine zuverlässige Aufschlagpistole zu fertigen.

Inzwischen hatte Cornelius bessere Nachrichten. Am 11. Mai verkündete er, der fehlerhafte Tiefenlauf sei behoben. Torpedos würden nun mit einer Abweichung von nur etwa einem halben Meter zuverlässig in der eingestellten Tiefe laufen. Überdies, versicherte er, sei eine »verbesserte Zündung der Magnetpistole« erreicht worden.

Der Fehler in der Tiefensteuerung war in Wahrheit nicht vollständig behoben, und dies sollte in den folgenden zwei Jahren auch nicht gelingen. Es gab eine weitere, bislang unentdeckte Fehlerquelle. Das Rudergestänge des Torpedos lief durch den Behälter für den Tiefenapparat, in dem sich das hydrostatische Ventil befand, das die Tiefeneinstellung steuerte. Der Behälter war nicht luftdicht abgeschlossen. Deshalb stieg der Luftdruck in der Kammer, wenn die U-Boote (wie in Norwegen) längere Zeit getaucht fuhren und der Luftdruck innerhalb des Bootes anstieg. Der erhöhte Druck beeinträchtigte das hydrostatische Ventil, das für den Betrieb an der Wasseroberfläche (oder bei atmosphärischem Druck) gedacht war, und dies hatte zur Folge, daß die Torpedos sich auf eine größere Tiefe einstellten. Da die letzte Testreihe mit Überwasserfahrzeugen oder mit U-Booten, die nicht sehr lange unter Wasser geblieben waren, an der Wasseroberfläche durchgeführt worden war, hatte die undichte Stelle in dem Behälter keine negativen Auswirkungen auf das hydrostatische Ventil gehabt, und die Fehlerquelle war unentdeckt geblieben.

Dönitz und sein Stab hatten eine qualvolle Entscheidung zu treffen: Sollte man den U-Boot-Krieg im Atlantik wiederaufnehmen oder auf verbesserte Torpedos warten? Wie Dönitz sich später erinnerte, war sein Stabschef Eberhard Godt der »entschiedenen Ansicht«, daß die U-Boote nicht in den Kampf geschickt werden sollten, bevor alle Mängel an den Torpedos behoben wären. Dönitz hingegen glaubte, daß jede Verzögerung der Moral und der Kampfkraft seiner Männer »in unübersehbarem Ausmaße« schaden werde. Trotz Frühzündungen und anderen Mängeln hatten die Atlantik-Boote im Februar unter Verwendung von Magnetpistolen beachtliche Erfolge erzielt. Dr. Cornelius hatte verkündet, das Problem des Tiefenlaufs sei behoben und die Magnetpistole sei verbessert worden. »Solange noch ein geringer Prozentsatz an Erfolgsaussichten bestand«, schrieb Dönitz, »mußte ich den U-Boot-Krieg weiterführen.«

Zuvor mußte man jedoch den Männern Mut machen und ihre Zuversicht stärken. Admiral Raeder trug mit aufmunternden Besuchen und der Verleihung des Ritterkreuzes an Dönitz seinen Teil dazu bei. Dönitz erreichte seinerseits, daß auch Werner Hartmann, der 19 Schiffe versenkt und damit das bis dahin führende As Herbert Schultze übertroffen hatte, und Otto Schuhart, der in den ersten Kriegstagen den

Flugzeugträger *Courageous* versenkt hatte, das Ritterkreuz erhielten.* Außerdem besuchte er persönlich alle Flottillenstäbe und U-Boote, um seinen Männern den Rükken zu stärken.

Ferner nahm Dönitz wesentliche Veränderungen in der Befehlsstruktur und in den Stäben vor. Er entband drei Kommandanten von ihrer Aufgabe: Werner Hartmann, den Kommandeur der Flottille Hundius und Kommandanten von *U37*, Herbert Sohler von *U46*, der aus Norwegen in einem Zustand »nervöser Erschöpfung« zurückgekehrt war, und Herbert Schultze von *U48*, der mit einem schweren Magen- oder Nierenleiden ins Krankenhaus eingeliefert werden mußte. Hartmann wurde Dönitz' Erster Stabsoffizier, anstelle des 32jährigen Viktor Oehrn, der seinerseits Hartmann auf *U37* ablöste. Sohler wurde zum Chef der Flottille Wegener ernannt und löste Hans-Rudolf Rösing ab, der wiederum Schultze in *U48* ersetzte. Und Priens tüchtiger Erster Wachoffizier, der 29jährige Engelbert Endraß, löste Sohler in *U46* ab.

Bei der Wiederaufnahme des U-Boot-Krieges im Atlantik beabsichtigte Dönitz, die Eröffnungsoffensive vom September 1939 zu wiederholen, den Einsatz möglichst vieler Boote auf möglichst breiter Front. Doch diese Absicht wurde durch Hitler und die Überbelegung der Werften vereitelt. Der Führer bestand darauf, daß die U-Bootwaffe weiterhin Nachschub zu den belagerten deutschen Bodentruppen in Norwegen karrte, und das OKM wies Dönitz an, ein Drittel der hochseetüchtigen Kräfte (sieben Boote) für diese logistische Aufgabe einzusetzen. Durch seinen Einspruch konnte Dönitz die Zahl der Boote für den Nachschub auf zwei *(U26, U122)* verringern, doch wegen der neuerlichen Umrüstung der anderen fünf Boote von Versorgungs- zu Kampfbooten verschob sich deren Verfügbarkeit. Der Engpaß in den Werften verzögerte ferner die Überholung anderer Boote. Dönitz war daher gezwungen, den Erstschlag – mit der größten verfügbaren Streitmacht – auf Juni zu verschieben.

Sechs hochseetüchtige Boote liefen im Mai aus, um den U-Boot-Krieg im Atlantik wiederaufzunehmen. Ärgerlicherweise zwangen technische Defekte zwei Boote, *U28* (Kuhnke) und *U48* (Rösing), schon in der Nordsee zum Abbruch. Die anderen vier erreichten den Atlantik: *U29* unter Schuhart, *U37* unter Oehrn, *U43* unter Ambrosius und das neue Boot vom Typ VIIB, *U101*, unter dem Kommando des 28jährigen Fritz Frauenheim, der bisher den Einbaum *U21* kommandiert hatte. Um ihre Erfolgsaussichten zu erhöhen, hatte Dönitz bei Hitler eine weitere Lockerung der Vorschriften erreicht, die in der Praxis den unbeschränkten U-Boot-Krieg in britischen und französischen Gewässern bedeutete. Vom 24. Mai an war es den U-Booten gestattet, *jedes* Schiff ohne Vorwarnung zu versenken, auch nicht eskortierte neutrale Schiffe und Passagierschiffe.

Viktor Oehrn, der neue Kommandant des berühmten *U37*, fuhr voraus. Oehrn war sich sehr wohl darüber im klaren, daß es aus internen politischen Gründen und zur Hebung der Moral in der U-Bootwaffe dringend erforderlich war, mit *U37* einen durchschlagenden Erfolg zu landen. Der Anfang war vielversprechend; er versenkte

* Hartmanns gemeldete Versenkungen hatten die erforderlichen 100 000 Tonnen für ein Ritterkreuz erreicht. Seine bestätigte Tonnage betrug 78 500 Tonnen. Schuhart hatte 65 000 Tonnen, darunter die *Courageous*, gemeldet. Seine bestätigte Quote lag bei sieben Schiffen mit 53 300 Tonnen. Schuharts Rekord von 41 905 versenkten Tonnen auf einer einzigen Feindfahrt war jedoch nicht überboten worden.

einen schwedischen 5000-Tonner und beschädigte einen britischen 9500-Tonnen-Frachter mit seinem Deckgeschütz schwer.

In den Western Approaches erlebte Oehrn jedoch am 23. Mai ein Debakel. Er schoß fünf Torpedos ab – alle mit den verbesserten Magnetpistolen –, und alle fünf versagten. Oehrn brach die Funkstille und meldete die Versager, zwei Frühzünder, zwei Blindgänger und einen Irrläufer.

Dönitz kochte vor Wut. Er untersagte sofort die Verwendung der Magnetpistolen und lehnte es ab, ihren Einsatz wieder zu genehmigen, bevor sie absolut einwandfrei funktionierten. Oehrn und alle anderen Kommandanten durften nur noch die erst kürzlich verbesserten Aufschlagpistolen verwenden. Gleichzeitig verlangte Dönitz, den Nachbau der erbeuteten britischen Aufschlagpistole mit äußerster Dringlichkeit voranzutreiben.

Der Wechsel zu den verbesserten Aufschlagpistolen hatte unmittelbare Erfolgsmeldungen von Oehrn zur Folge. In den folgenden Tagen versenkte er drei Schiffe mit Torpedos, darunter den französischen 10 500-Tonnen-Frachter *Brazza*. Danach versenkte er weitere fünf Schiffe und einen Fischkutter, ein Schiff durch Sprengung, vier mit der Kanone und eines durch eine Kombination von Torpedoeinsatz und Geschützfeuer. Zu seinen Opfern zählte der britische Tanker *Telena* mit 7400 BRT.

Eine der Versenkungen sollte zu einem Streitfall werden: der britische 5000-Tonnen-Frachter *Sheaf Mead*, der am Nachmittag des 27. Mai vor dem Kap Finisterre versenkt wurde. Die Besatzung von 31 Mann kam ums Leben. Vor dem Abschuß hatte Oehrn entdeckt, daß der Frachter bewaffnet und mit dem Grau der Kriegsschiffe angestrichen war. Er hatte mehrere Geschütze auf dem Achterdeck, und mittschiffs war womöglich ein weiteres unter einer Plane verborgen. Dönitz hatte die Kommandanten gewarnt, daß mit bewaffneten britischen Hilfskreuzern in diesem Gebiet (vor Vigo in Spanien) zu rechnen war. Oehrn überzeugte sich, daß die *Sheaf Mead* ein solcher Hilfskreuzer war, und unternahm deshalb nach dem Auftauchen keinen Versuch, den Überlebenden zu helfen. Er schrieb in sein Logbuch:

> *Ein großer Haufen Schiffstrümmer schwimmt umher. Wir nähern uns, um den Namen zu ermitteln. Die Mannschaft hat sich auf Schiffstrümmer und gekenterte Boote gerettet. Wir fischen einen Rettungsring auf. Kein Name dran. Ich frage einen Mann auf dem Floß. Er sagt: »Nix Name« und dreht kaum den Kopf. Ein junger Bursche im Wasser ruft: »Help, help, please.« Die anderen sind alle sehr gefaßt. Sie sehen bedrückt und ziemlich müde aus. Ein Ausdruck kalten Hasses liegt auf ihren Gesichtern. Zurück auf den alten Kurs.* *

---

* Die Ankläger in Nürnberg führten Oehrns Weigerung, den Überlebenden der *Sheaf Mead* zu helfen, als weiteres Beispiel für die Grausamkeit der Nazis zur See an und erhoben den Vorwurf, Oehrn habe eine außerordentlich »rücksichtslose Handlungsweise« an den Tag gelegt. In seiner Erwiderung argumentierte der Verteidiger von Dönitz, die *Sheaf Mead* sei »wahrscheinlich kein Handelsschiff, sondern [eher] eine U-Bootfalle« gewesen. Jedenfalls sei das Schiff »erheblich« bewaffnet gewesen, und die Versenkung bei Sichtung sei völlig berechtigt gewesen, weil Oehrn den Eindruck gehabt habe, es handle sich zumindest um einen (bewaffneten) Hilfskreuzer. Dönitz entschuldigte jedoch nicht Oehrns Gleichgültigkeit gegenüber den Überlebenden, sondern räumte ein, daß Oehrn hätte helfen müssen, weil keine Gefahr für das U-Boot bestanden habe.

Da Oehrn seine Torpedos und seine Munition verbraucht hatte, kehrte er nach nur 26 Tagen Feindfahrt mit *U37* nach Wilhelmshaven zurück. Dönitz war begeistert. Oehrn hatte das Ziel erreicht, den U-Boot-Krieg im Atlantik mit durchschlagendem Erfolg zu eröffnen. Insgesamt hatte er zehn bestätigte Versenkungen mit 41 207 Tonnen erzielt. Bezüglich der Zahl der versenkten Schiffe war dies für die erste Feindfahrt ein Rekord, und Oehrn lag lediglich 700 Tonnen unter Schuharts Rekord von 41 905 Tonnen auf einer einzigen Feindfahrt.

Die anderen drei Boote folgten *U37* im Laufe einer Woche ins Jagdgebiet. Weder *U29* (Schuhart) noch *U43* (Ambrosius) hatten Glück. Fritz Frauenheim hingegen versenkte in den Western Approaches auf seiner ersten Atlantikfahrt mit dem VIIB-Boot *U101* drei britische Frachter mit 14 200 BRT. Danach patrouillierten die Boote in iberischen Gewässern, wo sie bei Bedarf heimlich in spanischen Häfen auftanken konnten.

In der Nähe von Lissabon stieß Frauenheim mit *U101* am 6. Juni auf ein großartiges Ziel, das er für ein riesiges griechisches Passagierschiff hielt. Frauenheim tauchte auf, näherte sich und befahl dem Kapitän, das Schiff innerhalb von zehn Minuten zu verlassen. Es war jedoch kein griechisches Schiff, sondern der Passagierdampfer *Washington* der Vereinigten Staaten mit 24 000 BRT, der auf dem Weg von Lissabon nach Galway in Irland war, voller amerikanischer Männer, Frauen und Kinder, die aus dem Kriegsgebiet flohen. Bei einer näheren Untersuchung entdeckte Frauenheim seinen Irrtum und rief dem Kapitän zu: »Sorry. Mistake. Proceed.« (Entschuldigung. Irrtum. Weiterfahren.) Kein Schaden wurde angerichtet. Doch Frauenheims Ruf wurde als strenger Befehl aufgefaßt und löste bei den Alliierten einen Aufschrei der Empörung aus. Berlin versuchte anfangs ein Vertuschungsmanöver und gab (wie bei der *Athenia*) vor, es sei ein britisches U-Boot gewesen, räumte schließlich jedoch ein, daß die *Washington* irrtümlich von einem deutschen U-Boot gestoppt worden war.*

Großbritannien in Gefahr

Frankreich brach unrühmlich zusammen. Am 10. Juni – die deutschen Truppen rückten auf Paris vor – erklärte Hitlers Verbündeter Benito Mussolini in der Hoffnung auf leichte Beute Frankreich und Großbritannien den Krieg. Ein Tattergreis, der 84jährige französische Militärheld Marschall Henri Pétain, löste Paul Reynaud als französischer Staatschef ab und nahm mit Hitler Waffenstillstandsverhandlungen auf. Nach den Bestimmungen des Vertrages wurde Frankreich in eine von Deutschland besetzte Nordhälfte und eine unbesetzte Südhälfte, das sogenannte »Vichy-Frankreich«, geteilt. Französische Patrioten, die nach England entkommen waren, sammelten sich um General Charles de Gaulle, der sich zum Oberhaupt der Streitkräfte des Freien Frankreichs erklärte.

Die Kapitulation Frankreichs und der Kriegseintritt Italiens stellten für Großbritan-

* Der in Berlin stationierte amerikanische Rundfunkreporter William Shirer und andere spekulierten, die Deutschen hätten die Absicht gehabt, die *Washington* heimlich zu versenken und einem britischen U-Boot die Schuld zu geben, um die britisch-amerikanischen Beziehungen zu vergiften. Es sind jedoch keinerlei Dokumente ans Tageslicht gelangt, die diese abwegige Theorie erhärten könnten.

nien eine schwerwiegende Gefährdung der Seewege dar. Nach einer Bestimmung des Waffenstillstandsvertrags erhielt Deutschland ungehinderten Zugang zu allen französischen Marinestützpunkten und Seehäfen am Ärmelkanal und entlang der Atlantikküste (dem Golf von Biskaya) nach Süden bis Bordeaux; dadurch wurden die Britischen Inseln und ihre Seewege ins Mittelmeer durch eine neue Front von Marinestützpunkten gefährdet. In einer weiteren Bestimmung versprach Hitler feierlich, daß die französische Flotte neutral bleiben und in nichtbesetzten Stützpunkten (der sogenannten »freien Zone«) in Frankreich und Nordafrika liegen könne und nicht von Deutschland beschlagnahmt werden würde. Churchill hielt Hitlers Versprechen jedoch für wertlos, denn dieser konnte der Vichy-Regierung jederzeit befehlen, die gesamte französische Flotte gegen Großbritannien zu entsenden. Überdies war es wegen des Ausfalls der französischen Flotte erforderlich, einen beträchtlichen Teil der britischen Seestreitkräfte ins Mittelmeer zu verlegen, um nun die italienische Flotte in Schach zu halten.

Der Befehlshaber der französischen Marine, Admiral François Darlan, versicherte Churchill insgeheim, daß die französische Marine niemals Hitler in die Hände fallen werde; Darlan hatte in der Tat geheime Befehle an alle französischen Kommandanten ausgegeben, daß sämtliche französischen Schiffe sofort versenkt werden sollten, falls Hitler wortbrüchig würde und versuchen sollte, die Flotte zu beschlagnahmen. Doch Churchill traute Darlan nicht mehr als Hitler: Darlan war allzu eilfertig als Marineminister in die Vichy-Regierung eingetreten. Auf Hitlers Anordnung hin hätte Darlan durchaus der französischen Flotte den Befehl erteilen können, die britische Flotte anzugreifen und/oder die Kriegsmarine bei Hitlers mutmaßlich nächstem Schritt zu unterstützen – bei der Invasion der Britischen Inseln.

Churchill bestand deshalb gegenüber dem Kriegskabinett darauf, daß die französische Flotte zerstört werden müsse. Dies sei »ein höchst widerwärtiger Beschluß« gewesen, »der unnatürlichste und schmerzlichste«, den er jemals empfohlen habe, schrieb er später. Das Kriegskabinett stimmte zu, und die Admiralität gab Befehl für einen Überraschungsangriff, der im Morgengrauen des 3. Juli durchgeführt werden sollte. Die ranghöchsten britischen Admirale, die mit der Aufgabe betraut wurden, nahmen die Befehle mit einer Mischung aus Unglauben, Unmut und Unwillen auf; aber sie gehorchten. Auf dem französischen Liegeplatz Mers-el-Kebir in der Nähe von Oran in Algerien versenkte ein britischer Verband das alte französische Schlachtschiff *Bretagne* und beschädigte das ebenfalls alte Schlachtschiff *Provence*, den modernen Schlachtkreuzer *Dunkerque* und einen großen Zerstörer. Dabei kamen insgesamt 1297 französische Seeleute ums Leben. Auf dem britischen Marinestützpunkt in Alexandria in Ägypten entwaffneten britische Seestreitkräfte das alte Schlachtschiff *Lorraine*, vier Kreuzer und drei Zerstörer ohne Gegenwehr und machten sie manövrierunfähig. Auf dem französischen Marinestützpunkt bei Dakar beschädigten die Briten das bewaffnete, aber noch nicht fertiggestellte Schlachtschiff *Richelieu*. Auf den Britischen Inseln enterten Einheiten der britischen Marineinfanterie und des Heeres etwa 200 französische Schiffe und beschlagnahmten sie, darunter die zwei alten Schlachtschiffe *Paris* und *Courbet*, acht Zerstörer, den monströsen U-Kreuzer *Surcouf* und sechs weitere U-Boote, anschließend internierten sie etwa 12 000 französische Seeleute unter erbärmlichen Umständen in Lagern.

Der Stab der französischen Marine war zu Recht empört und erbittert. Eine Folge dieses Vorgehens war, daß die auf den Britischen Inseln aufgestellte Marine des Freien Frankreichs (Forces Navales Françaises Libres) nur langsam wuchs. Viele von den Briten gefangengenommene französische Seeleute wurden später repatriiert und meldeten sich bei der Kriegsmarine der Vichy-Regierung. Sie bestand aus dem beschädigten Schlachtkreuzer *Dunkerque*, seinem unbeschädigten Schwesterschiff *Strasbourg* und zahlreichen Kreuzern, Zerstörern und U-Booten, die nach Toulon in Südfrankreich entkommen waren.

Die französische Kriegsflotte war nun zwar zerstört oder lag neutralisiert in Toulon, doch die Royal Navy mußte sich immer noch der italienischen Flotte stellen. Diese bestand aus vier kleineren, älteren Schlachtschiffen mit je 23 000 Tonnen, 19 Kreuzern, 59 Zerstörern und 115 U-Booten. Nur zwei der vier Schlachtschiffe, *Cavour* und *Cesare*, waren seeklar; die beiden anderen wurden gerade modernisiert.*

Auf dem Papier stellte die U-Boot-Streitmacht der Italiener mit ihren 115 in Dienst gestellten Booten eine ernste Bedrohung für die Royal Navy dar. Sie war damals zweimal so groß wie die deutsche U-Bootwaffe. Von den 115 Booten waren 39 große »hochseetüchtige« Boote (900 bis 1500 Tonnen), und 69 waren »Mittelmeerboote« (600 bis 900 Tonnen). Als Italien den Krieg erklärte, waren etwa 84 der Boote einsatzbereit; 54 von ihnen sollten kriegsmäßig im Atlantik und im Indischen Ozean sowie im Mittelmeer und im Roten Meer aufgestellt werden.

Der erste Gefechtseinsatz der italienischen U-Bootwaffe war ein Fiasko. Innerhalb von drei Tagen war über die Hälfte der 54 Boote (28) ausgefallen. Auf der *Fieramosca* kam es zu einer Explosion der Batterie. Die *Guglielmotti* und die *Macalle* liefen auf Grund; erstere wurde geborgen, letztere von der Besatzung versenkt. Bei der *Ferraris* fielen die Maschinen aus. Britische Flugzeuge und Überwasserschiffe versenkten in den ersten Tagen sieben Boote *(Diamante, Liuzzi, Uebi Scebeli, Rubino, Argonauta, Torricelli, Galvani)* und kaperten ein weiteres, die *Galilei*, die wertvolle nachrichtendienstliche Dokumente lieferte. Der Aviso *La Curieuse* des Freien Frankreichs versenkte ferner die *Provana*.

Die italienischen U-Boot-Fahrer kehrten zutiefst erschüttert zu ihren Stützpunkten zurück. Alles in allem waren zehn der 54 U-Boote und etwa 400 Mann in den ersten 20 Einsatztagen verlorengegangen. Zum Teil ließen sich die Verluste auf die technischen Mängel der italienischen U-Boote zurückführen, zum Teil auf die realitätsfremde Ausbildung in Friedenszeiten und schließlich auf leichtsinnigen Wagemut. Diese schweren Verluste hatten eine Verunsicherung in der italienischen U-Boot-Streitmacht zur Folge, die alle künftigen Operationen kennzeichnen sollte.

Das Desaster der U-Boote war mit ein Grund für die Entscheidung in Rom, die Marineschlüsselverfahren zu ändern. Am 5. beziehungsweise 17. Juli führten die Italiener völlig neue Codes für ihre U-Boote und Überwasserschiffe ein. Diese Änderungen, zusammen mit den zuvor angeordneten Änderungen der Codes des italienischen Heeres und der Luftwaffe, wirkten wie ein »großer Schock« auf die britischen Codeknacker im Bletchley Park, die bis zu diesem Zeitpunkt die meisten italienischen Verfahren ständig und fließend gelesen hatten. Danach waren die Briten nur in der Lage, die nur wenig verwendete Version der kommerziellen Enigma – Alfa – zu ent-

* Vier neue und beeindruckende Schlachtschiffe mit 35 000 Tonnen waren in Bau. Zwei von ihnen, die *Littorio* und die *Vittorio Veneto*, waren beinahe fertiggestellt.

ziffern, und ab Juni 1941 gelang der Einbruch in den mit der Hagelin-Maschine E38m verschlüsselten Verkehr mit verhängnisvollen Folgen für den Nordafrika-Nachschub. Das doppelt überschlüsselte Codeverfahren der Führung wurde nie gebrochen.

Der plötzliche und unrühmliche Zusammenbruch Frankreichs, der Großbritannien zu Deutschlands einzigem Kriegsgegner machte, und der Kriegseintritt Italiens verblüfften die meisten Amerikaner. Trotz Churchills mitreißenden Reden und der Stärke der Royal Air Force und der Royal Navy schien die Niederlage Großbritanniens unvermeidlich. Viele Amerikaner fürchteten, Hitler werde nach der mutmaßlichen Invasion und Eroberung der Britischen Inseln als nächsten Schritt mit Hilfe von Diplomatie, List und Waffengewalt Lateinamerika erobern und damit die Vereinigten Staaten einer schweren strategischen Bedrohung aussetzen. Die Verteidigung der westlichen Hemisphäre wurde folglich die alles beherrschende Sorge in Washington.

Diese Sorge, wie auch das Schicksal Großbritanniens, hatten im Mai und Juni 1940 eine verstärkte militärische Mobilisierung in den Vereinigten Staaten zur Folge. Aus der Sicht der Regierung Roosevelt war die dringlichste militärische Aufgabe, rasch neue Marine- und Luftstreitkräfte aufzubauen. Falls die Briten, dem Beispiel Frankreichs folgend, Churchill und andere Falken absetzen und wieder eine prodeutsche, auf Appeasement bedachte Regierung an die Macht bringen würden, konnte die Royal Navy wie die französische Flotte unter Hitlers Kommando kommen. Eine vereinte und neu ausgestattete deutsche, italienische, französische und britische Flotte* würde Hitler die unanfechtbare Herrschaft über die Meere sichern. Gegen eine so überlegene Seestreitmacht würden die Vereinigten Staaten in schwere Bedrängnis geraten, wenn sie eine militärische Besetzung Lateinamerikas oder später eine Landung an ihrer eigenen Küste verhindern wollten.

Eine weitere Komplikation und schwerwiegende Bedrohung für die strategischen Interessen Amerikas war die Politik der Japaner. Japan verhielt sich expansionistischer denn je, und die Stärke seiner Seestreitmacht nahm rasch zu. Mit der Duldung der Vichy-Regierung hatte Japan in Französisch-Indochina eine starke Militärbasis errichtet. Dieser verwegene und provozierende Vorstoß gefährdete die Philippinen, einen wichtigen Militärstützpunkt der Vereinigten Staaten im Fernen Osten, der im Kriegsplan der US Navy für die Niederwerfung Japans im Falle eines Krieges eine wichtige Rolle spielte. Um die Japaner von einer weiteren Expansion abzuschrecken, hatte Präsident Roosevelt die Hauptstreitmacht der US-Navy nach Pearl Harbor auf Hawaii verlegt und die Flotte im Atlantik empfindlich geschwächt.

Nach Auslaufen des Londoner Flottenabkommens im Jahr 1937 hatte die US Navy ein umfassendes Bauprogramm (660 000 Tonnen) an Großkampfschiffen, Kreuzern, Zerstörern, U-Booten und anderen Wasserfahrzeugen in die Wege geleitet. Nach Ausbruch des Krieges in Europa hatte Roosevelt eine Steigerung der Tonnage um 25 Prozent bei den Trägern, Kreuzern und U-Booten vorgeschlagen. Am 14. Juni, dem Tag, an dem Paris fiel, billigte der Kongreß diese Steigerung. Angesichts der Bedrohung,

* Noch verstärkt durch die kurz vor der Fertigstellung stehenden deutschen Superschlachtschiffe *Bismarck* und *Tirpitz*, die fünf neuen britischen Schlachtschiffe der Klasse King George V, die sechs im Bau befindlichen britischen Träger, die vier neuen italienischen Schlachtschiffe mit je 35 000 Tonnen und die neuen französischen Schlachtschiffe *Jean Bart* und *Richelieu*.

die Hitler für amerikanische Gewässer darstellen konnte und die die Japaner im Fernen Osten bereits waren, und angesichts einer drohenden Allianz der von Deutschland kontrollierten und der japanischen Seestreitkräfte beantragte Roosevelt im Kongreß die Bewilligung von vier Milliarden Dollar für die Schaffung einer »Two Oceans Navy« (einer Marine der zwei Meere), eine Erweiterung des Schiffsbauprogramms um 1325000 Tonnen über die bereits bewilligte Tonnage hinaus. Der Kongreß verabschiedete die Vorlage nach einer kurzen Debatte, und mit Roosevelts Unterschrift erhielt sie Gesetzeskraft. Die Vereinigten Staaten begannen nun, Kriegsschiffe in furchterregenden Mengen zu produzieren.

Zu jener Zeit war die amerikanische Politik von innenpolitischen Themen beherrscht. Die große Frage war, ob Präsident Roosevelt eine noch nie dagewesene dritte Amtszeit anstreben und gegen den Republikaner Wendell L. Willkie kandidieren würde. Die positive Antwort wurde im Juli 1940 auf dem Parteikongreß der Demokraten in Chicago gegeben. Um Willkies wachsende Anhängerschaft zu schwächen, aber auch um die Riege der Internationalisten in seinem Kabinett zu stärken, die eine Unterstützung der Briten befürworteten, vertraute Roosevelt zwei angesehenen Republikanern die Führung der amerikanischen Streitkräfte an. Der millionenschwere Zeitungsverleger Frank Knox (Alf Landons Kandidat für die Vizepräsidentschaft im Jahr 1936) löste den Erfindersohn Charles Edison als Marineminister ab, und Henry L. Stimson wurde statt Henry H. Woodring Kriegsminister.

Die zunehmende Sorge um die Verteidigung der eigenen Hemisphäre veranlaßte Roosevelt, eine lang ausstehende Bitte von Churchill um die »Leihgabe« von »vierzig oder fünfzig alten Zerstörern« neu zu überdenken. Er versprach in einem vertraulichen Brief an Churchill, er werde versuchen, die Zustimmung der Öffentlichkeit und des Kongresses für diese Transaktion zu erlangen, vorausgesetzt, daß Churchill ihm garantiere, daß keine Einheit der Royal Navy jemals an Deutschland übergeben oder selbstversenkt würde, und daß Großbritannien den Vereinigten Staaten für 99 Jahre das Recht einräumen würde, Militärstützpunkte auf Neufundland, auf den Bermudas und den Bahamas, auf Jamaika, St. Lucia, Trinidad und auf Britisch Guayana zu kaufen oder zu pachten. Mit ihrer Hilfe sollte »ein Angriff gegen die amerikanische Hemisphäre durch jede nichtamerikanische Nation« abgeschreckt werden.

»Glückliche Zeit«: das Gemetzel im Juni

In den chaotischen Junitagen des Jahres 1940, mitten im Zusammenbruch Frankreichs und der Gegeninvasion der Alliierten in Norwegen, wurde die Royal Navy bis zum Äußersten beansprucht. Sie mußte gleichzeitig Truppen der Alliierten aus Frankreich und Norwegen evakuieren, sich für den Angriff auf die französische Flotte in Nordafrika rüsten, die italienische Flotte im Mittelmeer, im Roten Meer und im Indischen Ozean in Schach halten, die deutschen Handelsstörkreuzer *Atlantis* und *Orion* verfolgen und sich auf eine drohende Invasion der Britischen Inseln vorbereiten. Wegen dieser Aufgaben – und wegen des Verlustes von 15 versenkten und 27 schwer beschädigten Zerstörern während der Norwegen-Operation und der Evakuierung aus Dünkirchen – mußten die Eskorten der Geleitzüge und andere Maßnahmen zur U-Boot-Abwehr in heimischen Gewässern auf ein Mindestmaß zurückgefahren werden.

Zufällig fiel die Verkleinerung der britischen Geleitzugeskorten und ASW-Kräfte zeitlich genau mit der Umsetzung von Dönitz' Plan zusammen, den U-Boot-Krieg im Atlantik mit einem Maximum an Kräften in einem möglichst großen Gebiet wieder aufzunehmen; dieser Plan war notgedrungen vom Mai auf Juni verschoben worden. Außerdem hatten sich die Besatzungen der U-Boote von der Tortur in Norwegen gut erholt. Das Vertrauen in die Torpedos war durch die Erfolge von Oehrn in *U37* und Frauenheim in *U101*, die beide ausschließlich Aufschlagpistolen verwendet hatten, wiederhergestellt worden.

Am 1. Juni standen einschließlich des ehemals türkischen Bootes *UA* 24 hochseetüchtige U-Boote im Dienst, drei weniger als am ersten Kriegstag. Zwei Boote (*U100* vom Typ VIIB und *U123* vom Typ IXB) waren nagelneu und befanden sich noch in der Erprobungsphase. Das Boot *U37* war bereits auf dem Rückmarsch von seiner Feindfahrt. Drei Boote, *U29*, *U43* und *U101*, patrouillierten noch in iberischen Gewässern. Die anderen 18 Boote liefen im Juni von Deutschland aus und erhöhten die Zahl der im Einsatz befindlichen Boote auf 21 – die höchste Zahl gleichzeitig im Nordatlantik eingesetzter Boote seit September 1939.

Raeder und das Oberkommando der Kriegsmarine (OKM) gaben den Befehl, alle Anstrengungen darauf zu konzentrieren, die alliierten Verbände, die sich aus Norwegen zurückzogen, abzufangen und zu vernichten. Anfang Juni liefen zu diesem Zweck die *Gneisenau* und die *Scharnhorst* aus. Sie entdeckten und versenkten den alten Träger *Glorious* und die beiden eskortierenden Zerstörer. Im Lauf des Gefechts traf der britische Zerstörer *Acasta* die *Scharnhorst* jedoch mit einem Torpedo und beschädigte sie so stark, daß die beiden deutschen Schiffe alle weiteren Operationen abbrechen und nach Trondheim fahren mußten.

Auf Ersuchen des OKM schickte Dönitz fünf der auslaufenden U-Boote zu den Orkney-Inseln, um andere Schiffe der Alliierten auf der Rückfahrt von Norwegen abzufangen. Wegen technischer Probleme war eins der fünf Boote, *U65*, gezwungen, nach Bergen abzudrehen; die anderen vier, *UA*, *U25*, *U51* und *U52*, hatten kein Glück. Als das Unternehmen aufgegeben wurde, fuhr *UA* unter dem Kommando des 32jährigen Hans Cohausz in das Gebiet zwischen den Färöer-Inseln und Island, um die britischen Hilfskreuzer der Northern Patrol anzugreifen, und versenkte die *Andania* mit 14000 Tonnen. Die anderen Boote, einschließlich des in Bergen reparierten *U65*, fuhren in die Western Approaches. Auf dem Weg dorthin verfehlte das unzuverlässige Boot *U25* mit dem neuen 32jährigen Kommandanten Heinz Beduhn, der zuvor den Einbaum *U23* kommandiert hatte, einen Schlachtkreuzer (die *Renown* oder die *Repulse*), traf und versenkte aber den Hilfskreuzer *Scotstoun* (vormals *Caledonia*) mit 17000 Tonnen.

Neun U-Boote versammelten sich in den schwach verteidigten Western Approaches. Dazu zählten auch Prien auf *U47*, der drei Männer eines abgeschossenen Flugzeuges bei den Orkneys gerettet hatte, und Liebe, der mit *U38* die Dingle Bay in Irland angelaufen und einen weiteren Agenten der Abwehr an Land gesetzt hatte.* Innerhalb von wenigen Tagen richteten diese neun Boote durch den Einsatz von Torpedos mit Aufschlagpistolen ein furchtbares Gemetzel an. Alles in allem versenkten acht der neun Boote in den Western Approaches 31 Schiffe mit etwa 162500 Tonnen.

---

* Walter Simon, der schon nach Stunden gefaßt und inhaftiert wurde.

• Prien versenkte mit *U47* sieben Schiffe mit 36 000 BRT, darunter den britischen 13 000-Tonnen-Tanker *San Fernando* und den holländischen 2580-Tonnen-Tanker *Leticia*.
• Liebe versenkte mit *U38* sechs Schiffe mit 30 400 BRT, darunter den norwegischen Tanker *Italia* mit 10 000 BRT.
• Hans Jenisch versenkte mit *U32* fünf Schiffe mit 16 000 BRT, darunter den norwegischen 9000-Tonnen-Tanker *Eli Knudsen*.
• Dietrich Knorr versenkte mit *U51* drei Schiffe mit 22 200 BRT, darunter den britischen 12 000-Tonnen-Tanker *Saranac*.
• Günter Kuhnke versenkte mit *U28* drei Schiffe mit 10 300 BRT.
• Otto Salman versenkte mit *U52* drei Schiffe mit 9400 BRT.
• Stockhausen versenkte mit *U65* zwei Schiffe mit 29 300 BRT, darunter das große französische Passagierschiff *Champlain* mit 28 124 BRT, das von Flugzeugen der Luftwaffe bereits beschädigt worden war.
• Fritz-Julius Lemp versenkte mit *U30* zwei Schiffe mit 8900 BRT.
• Beduhn in *U25* versuchte mit seinem schwerfälligen Boot einen Unterwasserangriff auf einen Tanker, aber ein nachfolgendes Schiff rammte das Boot, und er war gezwungen, die Fahrt mit verbogenen Sehrohren und beschädigtem Kommandoturm abzubrechen.

Sechs der neun Boote folgten dem kampfunfähigen *U25* zurück nach Deutschland, weil sie ihre Torpedos verschossen hatten. Auf der Unterwasserfahrt vor dem Nordkanal in den frühen Morgenstunden des 2. Juli traf Prien, der noch einen für defekt gehaltenen Torpedo an Bord hatte, auf den britischen Ozeandampfer *Arandora Star* mit 15 500 BRT auf der Fahrt nach Kanada. Als sich die *Star* im Zickzackurs *U47* näherte, sah Prien Geschütze auf dem Vorder- und auf dem Achterdeck und hielt sie daher für erlaubtes Wild. Er schoß den vermeintlich defekten Torpedo aus einer Entfernung von 1,8 Kilometern ab und traf genau mittschiffs – ins Schwarze. Da es bereits taghell war, blieb Prien nicht in der Nähe, um das weitere Geschehen zu verfolgen.

Was Prien nicht wußte: Die *Arandora Star* war vollgepackt mit 1299 deutschen und italienischen Männern, die in Kanada interniert werden sollten. Auf dem Schiff befanden sich 565 Deutsche, von denen 86 Kriegsgefangene mit »schlechtem Charakter« waren und 479 »zivile Internierte«, die als Gefahr für die innere Sicherheit betrachtet wurden. Die 734 Italiener waren durchweg zivile Internierte. Die Deutschen und Italiener wurden von 200 britischen Armeesoldaten bewacht. Zusammen mit der Crew der *Arandora Star* von 174 Mann befanden sich 1673 Menschen auf dem Schiff. Sie war nicht mit einem Roten Kreuz oder anderen Merkmalen eines Sonderstatus gekennzeichnet, noch hatte die Admiralität für sie »freies Geleit« beantragt.

Die leckgeschlagene *Arandora Star* lief langsam voll und blieb noch etwa eine Stunde über Wasser. Während dieser Zeit funkte das Schiff SOS und ließ zehn Rettungsboote und massenhaft Flöße zu Wasser. Die Häftlinge und die Wachen – alle durcheinander – und zuletzt die Crew verließen das Schiff, aber viele Italiener weigerten sich, von Bord zu gehen, wie es im offiziellen Bericht der Admiralität heißt. Auf den SOS-Ruf hin tauchte am Himmel eine Sunderland auf und warf Notrationen ab, und der kanadische Zerstörer *St. Laurent*, der in einer Entfernung von 156 Kilometern das Schlachtschiff *Nelson* gesichert hatte, eilte zu Hilfe.

Geleitet von der Sunderland traf die *St. Laurent* am frühen Nachmittag an der Unglücksstelle ein. Sie barg mehrere hundert Überlebende in den zehn Rettungsbooten und schickte danach die Rettungsboote und ihre eigenen Boote aus, um die anderen Überlebenden von den Flößen und Wrackteilen einzusammeln. Die Männer beeilten sich mit der Rettung, damit sie nicht ihrerseits Opfer eines U-Boots wurden; innerhalb von nur 35 Minuten hatte die Besatzung alle gesichteten Überlebenden aus dem Meer gefischt. Als der britische Zerstörer *Walker* zur Unterstützung eintraf, erkundete er die Gegend, doch er konnte kein weiteres Lebenszeichen – und keine Spur von einem U-Boot – entdecken.

Im Laufe dieser bemerkenswerten Operation rettete die *St. Laurent* über die Hälfte der zum Zeitpunkt des Torpedotreffers an Bord der *Arandora Star* befindlichen Menschen. Zu den Geretteten zählten 322 Deutsche, 243 Italiener, 163 Wachsoldaten und 119 Besatzungsmitglieder. Insgesamt 826 Menschen kamen ums Leben, darunter 713 Deutsche und Italiener. Es war der bislang höchste Verlust an Menschenleben bei der Versenkung eines zivilen Schiffes durch ein U-Boot in diesem Krieg.

Bei der Ankunft von *U47* in Wilhelmshaven lobte Dönitz, der noch nichts von der Tragödie der *Arandora Star* wußte, Prien in den höchsten Tönen. Prien wurde die Versenkung von zehn Schiffen mit 68 587 BRT gutgeschrieben, die bisher weitaus beste Leistung eines Kapitäns während des Krieges. In der Zählung nach dem Krieg wurde die Zahl der Versenkungen auf acht Schiffe mit 51 483 Tonnen reduziert. Denoch war es der bestätigten Tonnage nach die bislang erfolgreichste Einzelfahrt. Der Umstand, daß Priens Torpedo 713 Deutsche und Italiener auf der *Arandora Star* das Leben gekostet hatte, wurde in den Medien der Achsenmächte verschwiegen.

Die Boote *U46* und *U48* vom Typ VIIB erhielten Befehl, sich den drei Booten in den iberischen Gewässern *(U29, U43, U101)* anzuschließen, um vor dem Kap Finisterre ein Rudel zu bilden. Das Rudel sollte unter der taktischen Führung von Hans Rösing, dem neuen Kommandanten des berühmten *U48*, einen einlaufenden Geleitzug von Truppentransportern abfangen, in dem auch die riesigen Ozeandampfer *Queen Mary* (81 000 BRT) und *Mauritania* (36 000 BRT) mitfuhren und der 25 000 australische Soldaten nach Großbritannien bringen sollte.

Auf dem Weg nach Süden zum Sammelpunkt des Rudels stießen Rösing und der neue Kommandant von *U46*, Engelbert Endraß, auf zahllose Schiffe. Rösing versenkte mit *U48* drei Schiffe und beschädigte ein weiteres. Endraß versenkte mit *U46* vier, darunter den 20 277 Tonnen schweren britischen Hilfskreuzer *Carinthia*, und er beschädigte einen britischen Tanker mit 8700 BRT schwer. Beide Boote hatten nur noch wenige Torpedos übrig, als sie am vereinbarten Ort eintrafen.

Auf seinem Anmarsch versenkte Frauenheim mit *U101*, der schon zuvor drei Schiffe auf den Grund geschickt hatte, drei weitere Schiffe (ein britisches und zwei griechische), das letzte am 14. Juni westlich des Kap Finisterre, einen Tag vor dem verabredeten Treffen des Rudels. Möglicherweise alarmierte diese Versenkung den Geleitzug mit der *Queen Mary* und veranlaßte ihn, weit ins offene Meer abzudrehen. Wie dem auch sei, das Rudel hatte keinen Erfolg. Keines der fünf Boote machte den Konvoi aus.

Sobald der Fehlschlag erkannt war, entließ Dönitz die fünf Boote wieder für unabhängige Feindfahrten. Mit seinen letzten Torpedos versenkte Frauenheim den britischen Dampfer *Wellington Star* mit 13 200 BRT. Dann fuhr er nach Hause, wo er hohe Auszeichnungen erhielt. Seine Gesamtbeute – sieben Schiffe mit 42 022 Tonnen – übertraf knapp die von Otto Schuhart. Damit war seine Fahrt nach der Priens die zweitbeste Feindfahrt, bezogen auf die Tonnage der bestätigten Versenkungen. Rösing versenkte mit *U48* vier weitere Schiffe, darunter den holländischen 7500-Tonnen-Tanker *Moerdrecht*, und erhöhte seine Trefferquote bei dieser ersten Fahrt auf sieben versenkte Schiffe mit 31 500 BRT. Endraß mit *U46* schoß drei Torpedos auf den Flugzeugträger *Ark Royal* ab, verfehlte aber sein Ziel. Der Träger war auf dem Weg zu den britischen Verbänden, die die französische Flotte angreifen sollten. Bevor er den Rückmarsch antrat, versenkte Endraß noch ein weiteres Schiff und erhöhte seine bestätigte Gesamtbeute bei seiner ersten Fahrt als Kommandant auf fünf Schiffe mit 35 300 BRT. Das Berliner Propagandaministerium veranstaltete einen entsprechenden Wirbel um Frauenheim, Rösing und Endraß, wobei die versenkte Tonnage hemmungslos übertrieben wurde (bei Endraß auf 54 000 Tonnen).

Nach der Rückkehr der sieben Boote von den Western Approaches und der drei aus den iberischen Gewässern (und nach der Entscheidung, *UA* auf eine Erkundungsfahrt an die afrikanische Küste zu entsenden) blieben bis zum Eintreffen der letzten fünf Boote, die aus Deutschland ausgelaufen waren, nur noch vier Boote *(U29, U30, U43, U52)* für die Fortsetzung des Krieges im Atlantik. Da sie alle vier noch reichlich Torpedos hatten (weder *U29* noch *U43* hatte bislang ein Schiff versenkt), befahl Dönitz allen Booten, in spanischen Häfen aufzutanken. Schuhart mit *U29*, Ambrosius mit *U43* und Lemp mit *U30* schlichen sich am 19., 21. beziehungsweise 25. Juni nach Vigo, um an dem deutschen Frachter *Bressel* aufzutanken; Salman in *U52* legte am 2. Juli in El Ferrol an, um an der *Max Albrecht* aufzutanken.

Nach dem Auftanken patrouillierten die vier Boote unabhängig voneinander. Schuhart versenkte mit *U29* vier Schiffe mit 25 000 BRT, darunter den britischen 9000-Tonnen-Tanker *Athellaird*, doch sein Angriffssehrohr wurde beschädigt, und er mußte nach Deutschland heimkehren. Ambrosius versenkte ebenfalls vier Schiffe (mit 29 000 BRT), darunter das 13 400 BRT schwere britische Passagierschiff *Avelona Star* und den britischen Tanker *Yarraville* mit 8600 BRT. Als er schließlich nach Deutschland zurückkehrte, war er zehn Wochen auf See gewesen – ein neuer Rekord. Lemp in *U30* wurden vier weitere Schiffe mit 17 500 BRT gutgeschrieben; damit erhöhte er seine Trefferquote auf dieser Fahrt auf sechs Schiffe. Salman versenkte mit *U52* noch ein Schiff, insgesamt also vier.

Inzwischen trafen die letzten im Juni ausgelaufenen Boote im Atlantik ein. Es waren zwei neue Boote vom Typ VIIB auf ihrer ersten Fahrt, *U99* und *U102*, das schwerfällige *U26*, *U34* vom Typ VII, sowie ein Boot des neuen Typs IXB, *U122*, das bereits eine Versorgungsfahrt nach Norwegen hinter sich hatte. Ende Juni erreichte *U26* unter dem Kommando von Heinz Scheringer die Western Approaches mit schweren Maschinenproblemen. Trotz der Defekte griff Scheringer entschlossen an. Er versenkte drei Frachter* und beschädigte einen weiteren, die britische *Zarian*, in einem Geleitzug.

Ein Geleitfahrzeug des Konvois, die Korvette *Gladiolus* der neuen Flower-Klasse,

* Einen griechischen 6700-Tonner, die estnische *Merkur* und die norwegische *Belmoira*, letztere wurde fälschlich *U102* zugeschrieben.

griff unter günstigen Bedingungen für eine Sonarortung *U26* an und warf, eingestellt auf Tiefen zwischen 100 und 150 Metern, 35 ihrer 41 Wasserbomben ab.

Die Bomben richteten *U26* übel zu und verursachten mehrere Lecks. Aber in den Frühstunden des 1. Juli tauchte Scheringer auf, um seine leeren Batterien aufzuladen und im Nebel zu entkommen. In der Zwischenzeit waren die britische Sloop *Rochester* und eine Sunderland der 10. australischen Staffel des britischen Küstenkommandos mit dem Piloten W. M. (»Hoot«) Gibson von der *Gladiolus* alarmiert und herangeführt worden. Als die *Rochester U26* an der Oberfläche sichtete, ging sie auf äußerste Kraft, um das Boot zu rammen. Wenn die Diesel und die E-Maschinen von *U26* einwandfrei gearbeitet hätten und Scheringer seine Batterien hätte ganz aufladen können, wäre er möglicherweise entkommen. Aber angesichts der auf ihn zurasenden und mit dem Buggeschütz feuernden *Rochester* (die er für einen Zerstörer hielt) und der Sunderland am Himmel, mußte er wieder tauchen.

Die Sunderland sah den »Strudel«, wo das U-Boot getaucht war, und flog einen Angriff. Hoot Gibson warf vier 113 Kilogramm schwere ASW-Bomben ab, die sehr nahe am Boot explodierten. Sie richteten jedoch keinen ernsten Schaden an, aber Scheringers Batterien waren leer, und das Boot leckte immer noch im Heck als Folge des Wasserbombenangriff der *Gladiolus*. Aus Furcht, von dem nahenden »Zerstörer« tödlich getroffen zu werden, tauchte Scheringer auf und wollte das Boot versenken. Als das Boot auftauchte, warf die Sunderland vier weitere Bomben, doch inzwischen hatte der Leitende Ingenieur bereits die Versenkung in die Wege geleitet und die Besatzung sprang ins Wasser.

Mit geöffneten Luks ging *U26* rasch unter. Die Geschütze immer noch auf das Boot gerichtet, kam die *Rochester* heran. Sie ließ die Überlebenden eine Weile schwimmen, um ihnen Angst einzujagen und sie gesprächiger zu machen; dann fischte sie alle 48 Mann aus dem Wasser. Niemand kam um, doch die Einschüchterungstaktik hatte keinen Erfolg. Ja die Crew von *U26* erwies sich sogar als besonders widerspenstig, wie aus britischen Geheimdienstberichten hervorgeht.

Am selben Tag, dem 1. Juli, stand das neue Boot vom Typ VIIB, *U102*, unter dem Kommando des 29jährigen Harro von Klot-Heydenfeldt nur wenige Meilen von dem Einbaum *U20* entfernt und lauerte auf einen einlaufenden Geleitzug aus Freetown in Sierra Leone. Klot-Heydenfeldt entdeckte einen Nachzügler des Konvois, den britischen, mit Kohle angetriebenen Frachter *Clearton* mit 5219 BRT, der Weizen geladen hatte, und versenkte ihn mit zwei Torpedos.* Bei der Detonation kamen acht Besatzungsmitglieder ums Leben; die anderen 26 retteten sich in die Boote.

Auf das Notsignal der *Clearton* hin eilte der in dem Gebiet patrouillierende britische Zerstörer *Vansittart* herbei. Eine Stunde später hatte er guten Sonarkontakt und fuhr zwei Angriffe mit insgesamt elf Wasserbomben, die auf Tiefen von 100 bis 150 Metern eingestellt waren. Danach konnte der Zerstörer *U102* nicht mehr orten. Er barg die Überlebenden der *Clearton* und kehrte dann zum Ort des Angriffs zurück, wo er einen riesigen Ölfleck entdeckte. Er operierte bis zum Abend des 2. Juli weiter in dem Gebiet und stellte fest, daß an der Stelle weiterhin Öl aufstieg. Die *Vansittart* nahm an, daß sie das U-Boot versenkt hatte, aber das aufsteigende Öl war kein hinreichender Beweis für eine Versenkung. Als nach dem Krieg die deutschen und die

---

* Die *Clearton* wurde irrtümlich Lemps *U30* zugeschrieben.

britischen Akten verglichen werden konnten, kamen britische Marinehistoriker jedoch zu dem Schluß, daß die *Vansittart* tatsächlich *U102* versenkt hatte, und zwar am neunten Tag seines ersten Einsatzes und unter Verlust der gesamten Besatzung.

U122 vom neuen Typ IXB unter dem Kommando des ehemaligen Chefs der Flottille Weddigen, des 34jährigen Hans Günther Looff (Rösings Schwager), versenkte am 20. Juni ein Schiff mit 5100 BRT und sendete am folgenden Tag eine Wettermeldung für die Luftwaffe. Danach hörte man nie wieder etwas von dem Boot. Da die Admiralität den Verlust mit keinem Angriff der Alliierten in Verbindung bringen konnte, wurde in den Statistiken jahrelang »unbekannt« als Ursache eingetragen. Nach einer neuerlichen Untersuchung in den letzten Jahren kamen britische Marinehistoriker zu dem Schluß, daß das Boot wegen eines »Unfalls« verlorengegangen war – vielleicht weil eines der noch unerfahrenen Besatzungsmitglieder einen Fehler machte. Der erste und letzte Einsatz von *U122* hatte nur etwa sechzehn Tage gedauert.

Dönitz erfuhr rasch durch das Rote Kreuz, daß *U26* verlorengegangen, aber die gesamte Besatzung gerettet worden war. Der Verlust dieses einstigen Flaggschiffs der U-Bootwaffe war ein bitterer Wermutstropfen, aber keine große Überraschung; das Schwesterschiff, *U25*, war nur drei Wochen zuvor in den gleichen Gewässern gerammt worden und wäre um ein Haar ebenfalls verlorengegangen. Diese instabilen und unzuverlässigen Boote hätten besser nicht in den Western Approaches operieren sollen. Dagegen wog das spurlose Verschwinden der neuen Boote *U102* und *U122* hinsichtlich der militärischen Schlagkraft viel schwerer.

Als letzte Boote liefen im Juni das alte Typ-VII-Boot *U34* unter Wilhelm Rollmann und das neue VIIB-Boot *U99* unter dem 28jährigen Otto Kretschmer aus. Kretschmer hatte zuvor mit dem Einbaum *U23* sechseinhalb bestätigte Versenkungen mit 22 500 Tonnen erzielt, darunter die des britischen Zerstörers *Daring*. Nun hatte er als Glücksbringer Hufeisen an beide Seiten des Kommandoturms von *U99* geschweißt. Trotzdem hatte er einen unglücklichen Start. Beim Auslaufen wurde einer seiner Männer krank und mußte in Bergen an Land gesetzt werden. Bei dem Umweg kreuzte *U99* den Pfad der beschädigten *Scharnhorst*, die gerade zurück nach Trondheim fuhr. Eines ihrer Aufklärungsflugzeuge hielt *U99* für ein britisches U-Boot und bombardierte es. Kretschmer war gezwungen, zur Reparatur wieder nach Deutschland zurückzukehren.

U34 und *U99* erreichten die Western Approaches Anfang Juli und fanden in den folgenden zehn Tagen reiche Jagdbeute. Rollmann versenkte mit *U34* beeindruckende acht Schiffe mit 22 400 Tonnen, darunter den britischen Zerstörer *Whirlwind* und den holländischen 2600-Tonnen-Tanker *Lucretia*. Kretschmer erzielte mit *U99* vier bestätigte Versenkungen mit 13 800 BRT und meldete noch eine weitere mit 3600 BRT (die jedoch nicht bestätigt werden konnte). Außerdem nahm er die 2100 BRT große estnische *Merisaar* als Prise; sie wurde jedoch auf dem Weg nach Bordeaux von der deutschen Luftwaffe versenkt. Bei einem dieser Angriffe entdeckten britische Geleitfahrzeuge *U99* und begannen einen zermürbenden Wasserbombenangriff (Kretschmer zählte 127 Detonationen), der das Boot 18 nervenaufreibende Stunden lang unter Wasser hielt und auf die noch nie dagewesene und beängstigende Tiefe von 210 Metern zwang.

Nach dem Verlust von *U26*, *U102* und *U122* standen Anfang Juli nur noch vier hochseetüchtige Boote im Atlantik: *U30* mit Lemp und *U52* mit Salman, die in Spanien aufgetankt hatten, sowie *U34* mit Rollmann und *U99* mit Kretschmer, der jedoch alle oder fast alle Torpedos verschossen hatte. Aber diese vier Boote sollten als erste von einer verblüffend schnell und wirkungsvoll von Dönitz durchgeführten Maßnahme profitieren, die aus der deutschen Besetzung Nordfrankreichs Nutzen zog.

Bereits wenige Stunden nach der Unterzeichnung des deutsch-französischen Waffenstillstandsabkommens flog Dönitz nach Westfrankreich, um geeignete Orte für U-Boot-Stützpunkte entlang der französischen Atlantikküste auszukundschaften. Er wählte fünf Orte aus: Brest, Lorient, St. Nazaire, La Pallice (das an La Rochelle angrenzt) und Bordeaux. In der Zwischenzeit ließ sein Stab einen Sonderzug mit Torpedos, Ersatzteilen und anderer Ausrüstung beladen und schickte alles nach Paris. Von dort aus fuhr der Zug nach Lorient, wo eine Vorhut von Stabsoffizieren und Technikern den ersten U-Boot-Stützpunkt einrichtete.

Lorient war ein französischer Marinehafen gewesen. Er war bisher vom Krieg verschont geblieben und nach Aussage eines der damals in Lorient stationierten Deutschen »eine jener häßlichen Provinzstädte, die für die Bretagne so typisch sind«. Die besseren Häuser hätten von Palmen beschattet hinter hohen Mauern gelegen, aber der ganze Rest sei »in schmutzigen, engen, grauen Straßen zusammengedrängt und dringend sanierungsbedürftig« gewesen. Die Deutschen richteten in der französischen Marinepräfektur ein operatives Hauptquartier und eine Offiziersmesse ein. Es wurde vereinbart, daß die U-Boot-Offiziere im Hotel Pigeon Blanc und die Mannschaften im Hotel Bleu Sejour einquartiert werden sollten, wo sie auch ihre Wäsche waschen lassen konnten. Da Lorient eine Hafenstadt war, gab es zahlreiche Cafés und Bars und einen Rotlicht-Bezirk.

Die vier im Atlantik verbliebenen Boote erhielten Befehl, Lorient anzulaufen. Am 7. Juli traf Lemp mit *U30* als erster ein, Salman folgte mit *U52*, dann Rollmann mit *U34* am 18. Juli und Kretschmer mit *U99* am 21. Juli. Ihnen folgten zwei Einbäume, *U56* und *U58*, die von Bergen heruntergefahren waren.

Die Besatzungen der U-Boote zogen deutsche Stützpunkte wie Kiel und Wilhelmshaven vor, weil sie vertrauter und familiennäher waren, aber sie gewöhnten sich auch rasch an das neue Leben in einem fremden Land. Sie verschlangen Unmengen französischer Speisen, becherten französischen Wein, Champagner und Cognac und genossen die Gesellschaft junger französischer Frauen, von denen sich viele gern mit den Eroberern einließen. Die Männer tauschten ihre stinkenden, dicken Wintersachen und ihr Ölzeug gegen die sauberen britischen Khakiuniformen ein, die abziehende Tommies zurückgelassen hatten. Und Dönitz organisierte besonders luxuriöse Eisenbahnwaggons für die Fahrt in den Heimaturlaub und zurück, die zur Verfügung standen, sobald die Fabriken im besetzten Frankreich wieder zu den erforderlichen Wartungs- und Instandsetzungsarbeiten in der Lage waren.

Die 4 hochseetüchtigen Boote, die im Mai, und die 16, die im Juni im Atlantik eintrafen, versenkten insgesamt 91 Schiffe mit etwa 477 409 Tonnen, darunter zehn Tanker. Dies war ein Durchschnitt von etwa 4,3 bestätigten Versenkungen mit etwa 23 000 Tonnen pro Boot und Fahrt – das bislang weitaus beste Ergebnis des Krieges. Es war der Beginn einer kurzen Periode, die von den deutschen U-Boot-Fahrern die »glückliche Zeit« genannt wurde.

Dönitz konnte mit den Ergebnissen der Wiederaufnahme des U-Boot-Krieges im Atlantik sehr zufrieden sein. Er hatte zwar drei Boote verloren, aber nur zwei von ihnen (die neuen *U102* und *U122*) waren militärisch von Bedeutung. Für jedes verlorene Boot waren etwa dreißig Schiffe der Alliierten versenkt worden, eine »Tauschrate«, die mit den besten Monaten des Ersten Weltkrieges vergleichbar war.

Da er im Juni die gesamte U-Boot-Streitmacht in den Kampf geworfen hatte, blieben Dönitz jedoch für den Juli keine hochseetüchtigen Boote mehr, mit Ausnahme der vier Boote in Lorient, von denen zwei, *U30* und *U52*, größere Maschinenschäden gemeldet hatten. Er war daher gezwungen, für die Feindfahrt in den Gewässern vor den Britischen Inseln in einem noch nie dagewesenen Ausmaß auf Einbäume aus Bergen zurückzugreifen.

Das Gemetzel vom Mai und Juni war für die amerikanischen Marineoffiziere in London, die den U-Boot-Krieg aufmerksam verfolgten, ein schwerer Schock. Obwohl die überwältigende Mehrheit der versenkten Handelsschiffe Alleinfahrer ohne Eskorte gewesen waren, kamen die Amerikaner, weil sie dies damals noch nicht wußten, zu dem Schluß, es sei unklug, wenn nicht gar töricht, Handelsschiffe in schwach gesicherten Geleitzügen fahren zu lassen. Und daß das Gemetzel in den Western Approaches bis zum Herbst 1940 anhielt, bestärkte sie in dieser Ansicht, die auch vom Marineministerium in Washington geteilt wurde.

Obwohl diese U-Boot-Erfolge eindeutig den Bedarf von zahlreichen Geleitfahrzeugen für den Fall eines amerikanischen Kriegseintritts belegten, versäumte es Washington, auf diese besondere Forderung der Marine zu reagieren. Präsident Roosevelt und sein neuer Marineminister Knox lehnten präzise Vorschläge des Chief of Naval Operations Harold R. Stark für eine Steitmacht geeigneter Geleitfahrzeuge und sogar den Bau eines Prototyps ab. Roosevelt und Knox glaubten irrtümlich, daß die amerikanische Industrie auf Wunsch sehr schnell kleine, billige Geleitfahrzeuge würde bauen können, wenn der Bedarf eintreten sollte.

Erste Feindfahrten von Lorient aus

Der rasche Zusammenbruch Frankreichs hatte Hitler und seine militärischen Berater überrascht. Entgegen der allgemeinen Annahme verfügten sie über keinen Gesamtplan und hatten keine Vorkehrungen für eine Invasion der Britischen Inseln getroffen. Da Hitler immer noch glaubte, Großbritannien könne zu einer Verständigung gezwungen werden, richtete er in Wahrheit seinen Blick in die andere Richtung – nach Osten auf die Sowjetunion. In Hitlers Augen hatte Stalin mit der militärischen Besetzung der baltischen Staaten Litauen, Lettland und Estland sowie der Balkanprovinzen Bessarabien und Nordbukowina gegen den Geist des deutsch-russischen Nichtangriffspakts verstoßen. Er hatte damit seine Position in der östlichen Ostsee verbessert, und sowjetische Truppen waren gefährlich nahe an Deutschlands wichtigste Rohstoffquelle, die reichen rumänischen Ölfelder, herangerückt.

Bei seinen Gesprächen mit Hitler versuchte Admiral Raeder, die wachsende Besorgnis des Führers über die Schritte der Sowjetunion zu zerstreuen und die Gefahren hervorzuheben, die von der Royal Navy ausgingen. Er riet entschieden davon ab, sich nach Osten zu wenden und die Sowjetunion anzugreifen, bevor Großbritannien durch einen Vertrag ruhiggestellt oder vernichtend geschlagen sein würde. Man würde damit den großen Fehler des Kaisers von 1914 wiederholen und die denkbar schlimmste Lage herbeiführen: einen Zwei-Fronten-Krieg. Statt eines Angriffs im Osten schlug Raeder vor, sich nach Süden zu wenden und mit Spaniens Duldung den britischen Marinestützpunkt auf Gibraltar zu erobern. Dies hätte die Seeherrschaft der Briten im Mittelmeer praktisch beendet und eine entscheidende Unterstützung für Mussolinis Truppen bedeutet, die gerade von Libyen aus nach Ägypten marschierten, um Kairo, den Suezkanal und, mit Alexandria, die andere große Marinebasis der Briten zu erobern. Die absolute Kontrolle des Mittelmeerbeckens durch die Achsenmächte hätte Deutschland eine günstige Ausgangsposition für die Ausbeutung der Ölvorkommen im Nahen Osten und der gewaltigen Rohstoffe Afrikas verschafft.

Für Hitler war die Lage eine ganz andere als 1914. Der Hauptfeind auf dem Kontinent, Frankreich, war bereits geschlagen und besetzt. Norwegen war ebenfalls besetzt. Großbritannien sah sich im Osten und im Süden feindlichen Küsten gegenüber und setzte nach Hitlers Ansicht den Krieg nur noch mit Mühe fort. Es hatte keine Basis mehr auf dem Kontinent und keine Hoffnung, je wieder eine zu bekommen. Die britische Seeblockade Deutschlands war nicht mehr wirksam. Deutschland beherrschte Norwegen und die gesamte französische Atlantikküste vom Ärmelkanal bis Bordeaux. Obendrein waren Italien und Japan diesmal Verbündete und nicht Gegner.* Japan stellte im Fernen Osten eine Bedrohung für die Sowjetunion dar, und dadurch waren beträchtliche sowjetische Truppenverbände in diesem Gebiet gebunden. Ohnehin waren die Rote Armee und ihre Luftwaffe in Hitlers Augen keine Gegner, sondern ein schlecht ausgerüsteter Pöbelhaufen. Er glaubte, das deutsche Heer und die Luftwaffe könnten die Sowjetunion in einem Feldzug von sechs bis acht Wochen vernichtend schlagen.

Aus diesen Gesprächen ergab sich kein Gesamtplan. Nach dem Fall Frankreichs improvisierte Hitler mehr oder weniger die deutschen Operationen von Woche zu Woche. Die Luftwaffe und alle verfügbaren Kräfte der Kriegsmarine sollten größtmöglichen Druck auf die britische Luft- und Seefahrt ausüben, um Großbritannien an den Verhandlungstisch zu zwingen. Falls der psychologische Druck seine Wirkung verfehlen sollte, dann sollte die Wehrmacht als letztes Mittel eine Invasion der Britischen Inseln in Erwägung ziehen. In der Zwischenzeit arbeitete Hitler heimlich Pläne für die Eroberung der Sowjetunion aus, die für das Frühjahr 1941 vorgesehen war.

Raeder und das OKM lehnten eine Invasion der Wehrmacht auf den Britischen Inseln radikal ab. Die Kriegsmarine war nicht in der Lage, einen größeren Landungsangriff durchzuführen. Die meisten großen Überwasserschiffe waren bei der Norwegen-Operation versenkt, beschädigt oder verschlissen worden. Lediglich der schwere Kreuzer *Hipper* war gefechtsbereit. Überdies verfügte die Marine nicht über Landungsboote und hatte nicht die Mittel, Truppen, Panzer, Artillerie, Lastwagen, Munition und anderes Militärmaterial über den Kanal zu transportieren. Dennoch arbeitete das OKM eine Planstudie (Operation Seelöwe) aus, die den massenhaften Einsatz von Flußkähnen, Leichtern und Prahmen als Landungsbooten vorsah.

Es gab nur einen Weg, um eine erfolgreiche Invasion von England vorzubereiten.

* Am 27. September 1940 sollte sich Japan durch den Dreimächtepakt offiziell mit den Achsenmächten verbünden.

Die Luftwaffe mußte die Royal Air Force und die Royal Navy zerschlagen. Erst wenn die deutsche Luftwaffe die absolute Luft- und Seeherrschaft errungen haben würde, könnten die Kähne – und selbst große Passagierschiffe wie die *Bremen* – die Nordsee und den Ärmelkanal gefahrlos überqueren. Der Kanal konnte an beiden Enden durch Minenfelder und je einen Kordon von U-Booten abgeriegelt werden, um Angriffe von alliierten U-Booten oder Nachtangriffe von verbliebenen Überwasserschiffen der Royal Navy abzuwehren. Aber eine Invasion, wiederholte Raeder beharrlich, sollte nur »als letzter Ausweg« versucht werden.

Auch Hermann Göring, der Oberbefehlshaber der Luftwaffe, war wenig erpicht auf eine Invasion. Aber er begrüßte die Gelegenheit, einen umfassenden Krieg gegen die RAF und Großbritannien zu führen. Er meinte, die Luftwaffe könne die RAF in knapp drei Wochen vom Himmel fegen und Großbritannien, dieses letzten Verteidigungsmittels beraubt, werde kapitulieren und um Frieden bitten. Entsprechend mobilisierte er praktisch die gesamten Einsatzkräfte der Luftwaffe für diese Aufgabe. Die Luftflotte 2 bezog Stützpunkte in den Niederlanden, Luftflotte 3 Stützpunkte in Nordfrankreich und Luftflotte 5 Stützpunkte in Norwegen und Dänemark – insgesamt etwa 2800 Flugzeuge, von denen etwa 1600 Bomber oder Sturzkampfflugzeuge und etwa 1200 Jäger oder Aufklärungsflugzeuge waren.

In einer Reichstagsrede am 19. Juli unternahm Hitler einen letzten Versuch, das britische Volk zur Kapitulation zu überreden. Dabei machte er sich über Churchills trotzige Durchhalteparolen lustig und sagte: »In dieser Stunde fühle ich mich verpflichtet, vor meinem Gewissen noch einmal einen Appell an die Vernunft auch in England zu richten. Ich glaube, dies tun zu können, weil ich ja nicht als Besiegter um etwas bitte, sondern als Sieger nur für die Vernunft spreche. Ich sehe keinen Grund, der zur Fortführung dieses Kampfes zwingen könnte.« Bereits eine Stunde später verbreitete die BBC in London die Antwort: Großbritannien werde nicht verhandeln, und es werde sich niemals ergeben.

Die Schlacht der deutschen Luftwaffe gegen die Britischen Inseln – die sogenannte Luftschlacht um England (»Battle of Britain«) – begann am 10. Juli. An diesem Tag zählten rund 2000 Flugzeuge zum Bestand der Royal Air Force, davon waren rund 1200 dem Bomber- und dem Küstenkommando (Bomber Command und Coastal Command) unterstellt und 800 dem Jägerkommando (Fighter Command). Da die Bomber und Sturzkampfflugzeuge der Luftwaffe verwundbar waren und Jagdflugzeuge zur Sicherung benötigten, waren die 700 Spitfire- und Hurricane-Maschinen des Fighter Command am wertvollsten für die Verteidigung. Die Zukunft von Großbritannien hing von diesen Maschinen und ihren Piloten ab, die eine Übermacht von 1100 Jägern der Luftwaffe ausschalten und die Bomber angreifen sollten.

Auch wenn die Briten weniger Jäger hatten, so hatten sie doch den Vorteil eines eigenen Netzes an Radarstationen und einer äußerst effizienten Kommandostruktur. Folglich konnten die Hurricanes und die Spitfires sehr ökonomisch eingesetzt und verlegt werden, um der momentan größten Gefahr entgegenzutreten. Göring wußte von dem britischen Radarnetz, aber weil er ein ähnliches französisches Netz mit Leichtigkeit überwunden hatte, hielt er auch das britische nicht für eine ernste Bedrohung; er informierte nicht einmal seine Piloten von dessen Existenz. Görings Versäumnis, das britische Radarnetz – und die Kommandostationen der RAF – auszuschalten, erwies sich als tödlicher Fehler.

Die Briten hatten noch einen weiteren Vorteil in der Aufklärung: Sie hatten den Enigmaschlüssel der deutschen Luftwaffe geknackt. Wegen einer Änderung des Schlüsselverfahrens am 10. Mai, als die Deutschen in Frankreich einmarschierten, hatten die Kryptanalytiker den von ihnen »Red« genannten Operations-Schlüssel der deutschen Luftwaffe nicht mehr lesen können. Doch durch einen erstaunlichen Kraftakt hatte Bletchley Park »Red« schon zwölf Tage später – am 22. Mai – wieder geknackt und konnte ihn vollständig und fließend lesen. Der Schlüssel Red lieferte wertvolle strategische Informationen, etwa über Organisation und Leitung der Luftwaffe. Er lieferte jedoch nicht, was am dringlichsten nötig gewesen wäre: taktische Informationen, etwa wie viele deutsche Flugzeuge wann und wo zuschlagen würden.

Als wichtigste taktische Details lieferte »Red« vereinzelte Hinweise auf »Knikkebein« und »X-Gerät«. Der ausgezeichnete junge Zivilchef der wissenschaftlichen Aufklärung in der RAF, R. V. Jones, nahm ganz richtig an, daß es sich hier um Einrichtungen zur Funknavigation bei Nacht- oder Schlechtwetterangriffen handelte. Durch »Red« einmal auf die Fährte gesetzt, konnte Jones seine Annahme durch die Befragung von Kriegsgefangenen und die Bergung der Ausrüstung eines abgeschossenen deutschen Flugzeugs bestätigen. Zur gegebenen Zeit waren er und die Elektroniker der RAF in der Lage, mutmaßliche Angriffsziele aufgrund der über Enigma in Erfahrung gebrachten Einstellungen der Leitstrahlen vorherzusagen und Mittel und Wege zu finden, diese Leitstrahlen zu »blockieren« (oder »abzulenken«); auf diese Weise lenkten sie einige deutsche Bomber in die Irre. Doch das kam erst später.

Die Luftwaffe begann die Schlacht um England mit massiven Bombenangriffen auf britische Geleitzüge mit Handelsschiffen in den Western Approaches und im Ärmelkanal. Das Hauptziel dieser Angriffe war, die Jäger des Fighter Command in einen Kampf zu verwickeln und sie unter Bedingungen, die für die Deutschen günstig waren, aufzureiben. Im Laufe dieser Operationen versenkten deutsche Piloten im Juli 33 Schiffe mit etwa 70 000 Tonnen. Diese Verluste und das Risiko, durch deutsche Luftangriffe weitere Schiffe zu verlieren, veranlaßten die britische Admiralität, die Geleitzüge über weiter nördlich gelegene Routen zu den Britischen Inseln zu führen, was praktisch eine Schließung der westlichen und südwestlichen Zufahrtswege bedeutete und zudem den deutschen U-Booten ihre Aufgabe erheblich erschwerte.

Der neue U-Boot-Stützpunkt in Lorient lag ideal für Angriffe auf die britische Schiffahrt, aber Dönitz war nicht in der Lage, im Monat Juli einen wesentlichen Beitrag zum Druck auf Großbritannien zu leisten. Die meisten hochseetüchtigen Boote waren zur Instandsetzung nach Deutschland zurückgekehrt; lediglich vier solche Boote konnten im Juli aus Lorient auslaufen.

Als das erste Boot, *U30*, in Lorient eintraf, informierte der Beobachtungsdienst Dönitz von dem Angriff der Royal Navy auf die französische Flotte in Oran und Dakar. Da er glaubte, daß weitere Informationen des B-Dienstes es den U-Booten ermöglichen würden, einige der britischen Großkampfschiffe abzufangen, schickte Dönitz Lemp mit *U30* nach Süden in die Nähe der Straße von Gibraltar und wies den vor der afrikanischen Küste stehenden U-Kreuzer *UA* an, sich Dakar zu nähern.

Obwohl *U30* und *UA* Maschinenschäden gemeldet hatten, versuchten beide, ihre Aufträge auszuführen. Lemp lief am 13. Juli in Lorient aus – das erste U-Boot in Lorient und das erste, das von dort aus eine Feindfahrt machte –, doch er hatte einen weiteren Maschinenschaden. Nach der Versenkung eines kleinen Schiffes – des siebten, seit er in Deutschland ausgelaufen war – mußte Lemp wegen schlecht laufender Maschinen die Fahrt abbrechen und nach Lorient zurückkehren. Auf dem Weg von Freetown nach Dakar versenkte Hans Cohausz mit *UA* sein drittes Schiff, einen norwegischen 5800-Tonnen-Frachter, aber auch er meldete den Ausfall einer Maschine und erbat die Erlaubnis, abzubrechen und heimzukehren. Dönitz verweigerte jedoch die Erlaubnis und befahl ihm, sich für Reparaturarbeiten, Nachtanken und gemeinsame Einsätze mit dem deutschen Handelsstörkreuzer *Pinguin* zu treffen.

Inzwischen hatte der B-Dienst Dönitz neue Informationen über die Geleitzüge im Nordatlantik geliefert. Die Briten hatten zwei bedeutsame Veränderungen bei ihren Geleitzügen vorgenommen. Sie hatten als Reaktion auf die Angriffe der Luftwaffe und die Einrichtung von deutschen U-Boot-Stützpunkten in Frankreich die Routen der Geleitzüge weiter nach Norden verlegt, und sie erhielten nun die Geleitsicherung zu Wasser und in der Luft bis zum 17. Grad westlicher Länge aufrecht, also bis annähernd 670 Kilometer westlich der Britischen Inseln. Damit lag der Ort, an dem die Geleitfahrzeuge auf die Konvois warteten, nun irgendwo nordwestlich oder westlich der Rockallbank, die bei einem gefahrlosen Anmarsch über den Atlantik etwa gleich weit (ca. 1850 Kilometer) von Wilhelmshaven und Lorient entfernt war. Folglich hatte sich der Vorteil des Stützpunkts Lorient für Feindfahrten gegen die Geleitzüge im Nordatlantik erheblich verringert. Der bleibende Hauptvorteil von Lorient gegenüber Wilhelmshaven im Krieg gegen die Geleitzüge im Nordatlantik war die Vermeidung des langsamen, ermüdenden Anmarschs und Rückmarschs durch die engen und verminten Gewässer der Nordsee, die tagsüber eine Unterwasserfahrt erforderlich machten, um Angriffe durch feindliche Flugzeuge und U-Boote zu vermeiden.

Die Aufrechterhaltung der Geleitsicherung bis zum 17. Längengrad stellte Dönitz vor zwei Hauptprobleme. Erstens mußten die U-Boote, wenn sie einen nach Großbritannien fahrenden Geleitzug, bevor er sich mit seiner Eskorte traf, oder einen auslaufenden Geleitzug, nachdem die Eskorte abgedreht hatte, wiederholt angreifen wollten, deutlich westlich des 17. Längengrades operieren. Da dies jedoch außerhalb der »britischen Gewässer« lag, in denen Hitler den uneingeschränkten U-Boot-Krieg gestattet hatte, mußte Dönitz über Raeder und das OKM um eine weitere Lockerung der Vorschriften bitten. Zweitens war der Einsatz der U-Boote vom Typ VII, die lediglich halb so viel Treibstoff bunkern konnten wie der Typ VIIB, bei Operationen so weit westlich stark eingeschränkt, und in einer längeren Geleitzugschlacht, bei der sie mit äußerster Kraft fahren mußten, stießen selbst Boote vom Typ VIIB an ihre Grenzen. Somit wurde die verfügbare Treibstoffmenge bei den meisten Geleitzugschlachten ein ausschlaggebender Faktor.

Mit diesen neuen Informationen in der Hand flog Dönitz am 22. Juli nach Lorient, um sich mit den vier Kommandanten der hochseetüchtigen Boote zu treffen: Lemp *(U30)*, Rollmann *(U34)*, Salman *(U52)* und Kretschmer *(U99)*. Nach den Inspektionen und Besprechungen war klar, daß *U30*, *U34* und *U52* – allesamt von technischen Problemen geplagt – mit größter Vorsicht eingesetzt werden mußten. Lediglich *U99*, Kretschmers neues VIIB-Boot, war in hinreichend gutem Zustand, so daß er nach seiner Fahrt wieder nach Lorient zurückkehren konnte. Die anderen drei würden ihren Einsatz in Deutschland beenden und vielleicht nie wieder im Atlantik patrouillieren.

Rollmann in *U34* lief am 23. Juli als erster aus. Er profitierte von den Informationen des B-Dienstes und fing den einlaufenden Geleitzug Halifax 58 in der Nähe der Rockallbank ab. Trotz einiger Torpedoversager und Fehlschüsse versenkte er vier Schiffe mit 29 300 BRT, darunter den britischen Tanker *Thiara* mit 10 400 BRT und den britischen Frachter *Accra* mit 9300 BRT. Und er brachte auf dem Rückmarsch nach Deutschland mit seinem letzten Torpedo vor Norwegen das britische U-Boot *Spearfish* mit 700 Tonnen zur Strecke und und barg einen glücklichen Überlebenden aus dem Wrack.

Dönitz war begeistert. Wenn man diese fünf Versenkungen zu den acht auf dem ersten Teil der Feindfahrt im Juni hinzuzählte, hatte Rollmann auf einer Fahrt insgesamt 13 Schiffe mit (wie man meinte) 74 300 BRT versenkt. Seine früheren Erfolge hinzugerechnet, hatte Rollmann insgesamt 24 Schiffe mit 121 900 Tonnen versenkt und belegte damit nach der Zahl der Schiffe und nach der Tonnage unter den U-Boot-Assen den ersten Platz. Rollmann hatte sich als fünfter deutscher U-Boot-Fahrer das Ritterkreuz verdient, und er wurde vom Berliner Propagandaministerium in den höchsten Tönen gelobt. *U34* aber wurde aus dem Gefecht gezogen. Von technischen Problemen unablässig geplagt, wurde es zu Ausbildungszwecken in die Ostsee geschickt. Rollmann ging ebenfalls an die U-Boot-Schule.

Otto Kretschmer lief mit *U99* als nächster aus. Er fuhr dicht an der britischen Küste entlang zum Nordkanal und versenkte innerhalb von drei Tagen vier Schiffe mit 32 300 BRT, darunter das Passagierschiff *Auckland Star* mit 13 200 BRT. Im Gegenzug war Kretschmer schweren Angriffen durch Geleitfahrzeuge ausgesetzt (50 nah detonierende Wasserbomben). Unbeschädigt – und unerschrocken – setzte er sich auf die Fährte eines auslaufenden Geleitzugs, griff drei mit Ballast fahrende große Tanker an und schoß auf jeden einen Torpedo ab. Kretschmer behauptete, alle drei Tanker seien gesunken – und meldete damit sieben versenkte Schiffe mit 56 000 BRT in nur sechs Tagen –, doch die Tanker waren nur beschädigt. Obwohl Dönitz durch den B-Dienst wußte, daß die Erfolgsmeldungen übertrieben waren, gefiel ihm Kretschmers aggressives Vorgehen, und er erhöhte, womöglich zu Propagandazwecken, die Zahl noch auf 65 137 Tonnen. Damit hatte Kretschmer eine Gesamttonnage von 100 000 Tonnen aufzuweisen und war für das Ritterkreuz qualifiziert. Als er nach einer Fahrt von nur zwölf Tagen – der kürzesten dokumentierten Feindfahrt mit Torpedos – in Lorient einlief, standen Raeder und Dönitz am Dock, um ihm die Auszeichnung zu überreichen.*

Lemp in *U30* und Salman in *U52* verließen Lorient als letzte. Lemp ging auf Heimatkurs und versenkte zwei Schiffe mit 12 400 BRT, mußte dann jedoch wegen Maschinenproblemen die Feindfahrt abbrechen und direkt nach Deutschland fahren. Lemps Gesamtbilanz belief sich, einschließlich der *Athenia,* auf 16 Versenkungen mit 80 232 BRT und war zusammen mit der Beschädigung des Schlachtschiffs *Barham* ebenfalls für das Ritterkreuz ausreichend; es wurde ihm verliehen, als er sich noch auf See befand. Nach der Ankunft in Deutschland wurde *U30* in die Ostsee verlegt, und Lemp übernahm mit vielen seiner Besatzungsmitglieder eines der neuen Boote vom Typ IXB. Salman versenkte auf der Heimfahrt mit *U52* drei britische Frachter

* Einer Nachkriegsstudie zufolge beliefen sich Kretschmers bestätigte Versenkungen mit dem Einbaum *U23* und mit *U99* damals auf 15,5 Schiffe mit 70 740 Tonnen.

mit 17100 BRT und erlitt bei einem Wasserbombenangriff einen schweren Gefechtsschaden; das Boot lag für die nächsten vier Monate in der Werft.

In der Zwischenzeit waren die verbliebenen Einbäume vom Typ II und IIB alle der wachsenden U-Boot-Schule zugeteilt worden. Die sieben verbliebenen Einbäume vom Typ IIC aus der Flottille Emsmann (*U56* bis *U62*), die in Bergen stationiert waren, patrouillierten im Atlantik und beendeten ihre kurzen Fahrten in Bergen oder in Lorient. Auf neun Fahrten im Juli vor dem schwer verteidigten Nordkanal versenkten die Einbäume zwölf Schiffe mit 64600 Tonnen, darunter den britischen 7000-Tonnen-Tanker *Scottish Minstrel*. Otto Harms versenkte mit *U56* das größte Schiff: den britischen Hilfskreuzer *Transylvania* mit 17000 Tonnen.

Die Fahrten der Einbäume dienten der Schulung der Kommandanten und Besatzungen im Gefecht; sie lenkten die schwachen Verbände der feindlichen U-Boot-Abwehr von den hochseetüchtigen Booten ab, spürten auslaufende Geleitzüge auf und lösten durch gelegentliche Versenkungen in britischen Heimatgewässern Angst und Verwirrung aus. Wegen des großen Andrangs an der U-Boot-Schule ordnete das OKM jedoch an, daß auch Einbäume der Flottille Emsmann (*U56* bis *U62*) ab 1. Oktober der U-Boot-Schule zugeteilt würden, zusammen mit den meisten fabrikneuen Einbäumen vom Typ IID (*U137* bis *U152*) und zwei Einbäumen vom Typ IIB *(U120, U121)*, die ursprünglich für den Export vorgesehen waren. Damit waren die Feindfahrten von Einbäumen in heimischen und in britischen Gewässern faktisch beendet.

Das Gemetzel im August

Im August 1940, als die Royal Air Force und die deutsche Luftwaffe die Schlacht um England ausfochten, liefen in Deutschland 13 hochseetüchtige U-Boote aus, um den U-Boot-Krieg im Atlantik fortzusetzen. Dazu zählten zwei neue Boote: *U100* vom Typ VIIB unter dem Kommando des 28jährigen Joachim Schepke, der als Kommandant der Einbäume *U3* und *U19* elf Schiffe mit 18000 Tonnen versenkt hatte, und *U124* vom Typ IXB unter Georg-Wilhelm Schulz. Außer ihm selbst gehörten weitere Überlebende von *U64*, das im Fjord bei Narvik gesunken war, zu Schulz' Crew. Alle 13 Boote sollten in den nördlichen Jagdgebieten um die Rockallbank patrouillieren und dann Lorient ansteuern. *U65* vom Typ IXB unter Stockhausen sollte zunächst zwei Agenten der Abwehr in Irland an Land setzen.

In Anbetracht der Tatsache, daß den Briten durch den Luftkampf und durch die Vorbereitung auf die erwartete deutsche Invasion die Hände gebunden waren, rechnete Dönitz mit einem ähnlichen Gemetzel ohne große Verluste wie im Juni. Auf sein Ersuchen hatte Hitler am 17. August das Gebiet für den uneingeschränkten U-Boot-Krieg bis zum 20. Grad westlicher Länge erweitert.* Außerdem arbeitete der B-Dienst mit höchster Effizienz und versorgte Dönitz mit zahlreichen Informationen über die Routen der Geleitzüge und ihre Treffpunkte mit dem Geleitschutz – eine ideale Gelegenheit, die Rudeltaktik wiederaufzunehmen.

---

* Berlin bezeichnete die Lockerung der Beschränkungen für den U-Boot-Krieg bis zum 20. Längengrad als »Gegenblockade« Großbritanniens zur Vergeltung für die britische Blockade Deutschlands.

Gleich beim ersten Vorstoß der neun Boote ging jedoch einiges schief. Das große, schwerfällige Boot *U25* unter Heinz Beduhn, das am 1. August aus Wilhelmshaven auslief, geriet in ein Minenfeld und ging mit der gesamten Besatzung verloren. Britische Luftpatrouillen entdeckten und bombardierten Viktor Oehrn in *U37* und Dietrich Knorr in *U51*; sie fügten den Booten so große Schäden zu, daß beide nach Lorient abdrehen mußten. Der Treffer bei *U51* wurde von einer Sunderland der Coastal Command Squadron 210 mit dem Piloten Ernest Reginald Baker erzielt. Als sich *U51* in den frühen Morgenstunden des 20. August Lorient näherte, torpedierte der britische U-Minenleger *Cachalot* unter dem Kommando von David Luce* das Boot und versenkte es mit Mann und Maus. Stockhausen in *U65* mußte die Landung der beiden Abwehragenten abbrechen, weil der ranghöhere Agent starb.** Kurz darauf bekam das Boot einen technischen Defekt und mußte zur Reparatur nach Brest.

Nach diesen Unglücksfällen konnten nur noch fünf der in Deutschland ausgelaufenen Boote Anfang August im Gebiet um die Rockallbank Jagd auf Geleitzüge machen. In den ersten zehn Tagen wurden sie (wie auch die Flugzeuge in der Schlacht um England) alle von einem für die Jahreszeit ungewöhnlich stürmischen Wetter geplagt. Dennoch versenkte Heinrich Liebe mit *U38* zwei Schiffe mit 12 500 BRT, darunter das ägyptische Passagierschiff *Mohammed Ali-Kebir* mit 7500 BRT, das 860 britische Soldaten nach Gibraltar transportieren sollte. Etwa 320 Soldaten kamen ums Leben; 540 wurden von einem britischen Zerstörer gerettet. Mit diesen beiden Versenkungen erhöhte sich Liebes bestätigte Ausbeute auf 18 Schiffe mit 87 000 Tonnen. Zählt man zwei unbestätigte Erfolgsmeldungen mit 13 000 Tonnen dazu, so hatte sich Liebe für das Ritterkreuz qualifiziert, das ihm noch auf See verliehen wurde.

Mit aufklarendem Wetter hatten die fünf Boote um die Rockallbank etwas mehr Glück:

- Engelbert Endraß beschädigte mit *U46* zwei Schiffe schwer, ein holländisches und ein griechisches.
- Hans Rösing versenkte mit *U48* zwei Schiffe, ein schwedisches und ein belgisches, mit 9900 BRT.
- Joachim Schepke versenkte mit dem neuen Boot vom Typ VIIB *U100* einen britischen 5000-Tonnen-Frachter.
- Fritz Frauenheim versenkte mit *U101* einen britischen 4500-Tonnen-Frachter.

Die Ergebnisse hatten sich also etwas gebessert, doch bis zum 23. August galten die Erfolge der neun von Deutschland ausgelaufenen Boote als enttäuschend: Nur acht Schiffe waren versenkt und zwei beschädigt worden.***

Zu diesem Zeitpunkt wurde der B-Dienst gewissermaßen »blind« oder »taub«. Nach einem vollen Kriegsjahr merkten die Briten, daß die Codes der Royal Navy ent-

* Dem späteren First Sea Lord.

** General Sean Russell, der Stabschef der Irisch-Republikanischen Armee. Er starb, wie Stockhausen später berichtete, an einem blutenden Magengeschwür. Russell wurde auf See bestattet. Der andere Agent, Frank Ryan, blieb an Bord.

*** Einschließlich der beiden Versenkungen von Liebe und je eines versenkten Schiffs der Boote *U37* und *U51*, die ihren Einsatz abgebrochen hatten und auf dem Weg nach Lorient waren. Der britische 5700-Tonnen-Tanker *Sylvafield* war *U51* zum Opfer gefallen.

ziffert waren, und änderten das gesamte Verschlüsselungsverfahren der Navy. Der Tagebuchführer des OKM kommentierte: »Diese Feststellung ist für die Funkaufklärung der schwerste Schlag seit Kriegsbeginn … Es stand zu erwarten, daß der Gegner über kurz oder lang eine grundlegende Änderung seiner Funkverfahren zur Wiederherstellung der Schlüsselsicherheit vornehmen würde, wobei lediglich die Tatsache beachtlich ist, daß er diesen Schritt erst jetzt … vornimmt.« Es sei damit zu rechnen, daß der B-Dienst »frühestens nach 6 Wochen« wieder in den feindlichen Funkverkehr einbrechen werde, hielt der Tagebuchführer fest. Doch diese Hoffnung sollte sich nicht erfüllen.

Die nun fehlende Entzifferung der britischen Funksprüche war vielleicht gar kein so schwerer Schlag für die U-Bootwaffe. Im ersten Kriegsjahr hatte Dönitz dadurch zahlreiche U-Boote auf Verbände der britischen Kriegsmarine und wichtige Geleitzüge mit Truppentransportern oder Handelsschiffen ansetzen können, doch wegen widriger Witterungsverhältnisse, Navigationsfehlern der U-Boote oder der Briten, falscher oder verspäteter Informationen des B-Dienstes oder aus anderen Gründen hatte sich kaum eines dieser Unternehmen gelohnt und eine erhebliche Zahl der Seetage der U-Boote war vergeudet worden. Inzwischen waren die Fahrzyklen auf den meisten Geleitzugrouten hinlänglich bekannt, und man rechnete auch weiterhin mit einer nachlässigen Kontrolle des Rauchausstoßes und einer schlechten Einhaltung der Funkdisziplin innerhalb der Geleitzüge. Der einzige wirklich schwerwiegende Rückschlag waren jedoch die künftig fehlenden Informationen über Positionen und Operationen britischer U-Boote im Rahmen der U-Boot-Abwehr.

Trotz der fehlenden nachrichtendienstlichen Informationen schlugen sich die U-Boote in der letzten Augustwoche überaus gut. Nach der Reparatur seines Gefechtsschadens in Lorient kehrte Viktor Oehrn mit *U37* ins Jagdgebiet zurück und stellte durch die bestätigte Versenkung von sieben Schiffen mit 24400 Tonnen in nur vier Tagen einen neuen Rekord auf. Zu seinen Opfern gehörte auch die britische Sloop *Penzance* mit 1000 Tonnen, die fälschlich als »Zerstörer« identifiziert und angerechnet worden war. Nach Treffern von Luft- und Überwassereskorten war Oehrn jedoch gezwungen, zum zweiten Mal vorzeitig nach Lorient zurückzukehren.

- Joachim Schepke versenkte mit *U100* fünf weitere Schiffe mit 21000 BRT und beschädigte ein sechstes.
- Endraß versenkte mit *U46* vier Schiffe mit 29800 Tonnen, darunter den 15000 Tonnen schweren Hilfskreuzer *Dunvegan Castle*.
- Rösing versenkte mit *U48* drei weitere Schiffe mit 19200 BRT, darunter zwei britische Tanker, die *Athelcrest* mit 6800 BRT und die *La Brea* mit 6700 BRT.
- Hans Jenisch, der mit dem Typ-VII-Boot *U32* am 15. August in Deutschland ausgelaufen war, versenkte drei Schiffe mit 13000 BRT und beschädigte den britischen Leichten Kreuzer *Fiji*.
- Fritz Frauenheim versenkte mit *U101* zwei weitere Schiffe (ein griechisches und ein finnisches) mit 7700 BRT oder beschädigte sie schwer.
- Günther Kuhnke versenkte mit *U28* vom Typ VII zwei Schiffe mit 5500 BRT.

Womöglich weil Göring für unbestätigte und überhöhte Abschußzahlen in der Schlacht um England sehr großzügig Ritterkreuze an Piloten der Luftwaffe verlieh und/oder aus Propagandazwecken, wurde nun auch Dönitz nachlässiger bei der Bewertung von gemeldeten Versenkungen. In Berlin fuhr man fort, überzogene Abschußraten der U-Boote zu verkünden: Hans Jenisch in *U32* wurden bei einer bestätigten versenkten Tonnage von 13 000 Tonnen 40 000 Tonnen zugeschrieben, und bei Joachim Schepke in *U100* wurden 25 800 Tonnen in 43 000 Tonnen verwandelt. Dönitz wurde viel freigiebiger mit den Ritterkreuzen. Drei weitere seiner Lieblingskommandanten, die lediglich zwei Fahrten im Atlantik hinter sich hatten, profitierten von dieser Lockerung: Engelbert Endraß von *U46* (zugeschrieben 105 000 Tonnen, tatsächlich 65 347 Tonnen); Hans Rösing von *U48* (zugeschrieben 88 600 Tonnen, tatsächlich 60 702 Tonnen)* und Fritz Frauenheim in *U101*. Frauenheim hatte mit *U101* lediglich 54 300 Tonnen versenkt, aber einschließlich seiner früheren Versenkungen mit dem Einbaum *U21* und der Wirkung des Minenfelds, das den Schweren Kreuzer *Belfast* mit 11 500 Tonnen übel zugerichtet hatte, belief sich seine Bilanz an bestätigten Versenkungen auf insgesamt 72 300 Tonnen.

Zu den letzten Booten, die im August aus Deutschland ausliefen, zählte *U124*, vom neuen Typ IXB unter Georg-Wilhelm Schulz. Zu Ehren der deutschen Gebirgsjäger, die die Besatzung gerettet hatten, als *U64* vor Narvik gesunken war, hatten die Männer das Abzeichen der Gebirgsjäger übernommen und den Kommandoturm von *U124* mit einem überdimensionalen Edelweiß geschmückt.

Am Abend des 25. August entdeckte Schulz den Geleitzug Halifax 65 A in der Nähe des nördlichen Endes der Hebriden in stark gesicherten, seichten Gewässern und griff über Wasser an. Als er sich durch die Geleitfahrzeuge hindurchschlängelte, schoß er impulsiv seine beiden Hecktorpedos auf einen »Zerstörer« ab. Beide Torpedos gingen fehl, und der ahnungslose »Zerstörer« fuhr weiter. Schulz brachte sein Boot in Schußposition, wählte vier Frachter aus und schoß im Abstand von einer Minute auf jeden einen Torpedo ab. Bei allen vier Torpedos wurde angeblich beobachtet, wie sie trafen und explodierten. Dies wäre der erstaunlichste Fächer des Krieges gewesen: vier Schiffe mit 30 000 BRT innerhalb von fünf Minuten durch vier Torpedos versenkt! Doch die Meldung war falsch. Nur zwei Schiffe sanken. Ein drittes, die *Stakesby* mit 4000 BRT, wurde beschädigt, konnte aber gerettet werden. Der vierte Torpedo verfehlte sein Ziel.

Es blieb keine Zeit, den gemeldeten Erfolg lange zu feiern. Einer der Zerstörer erfaßte *U124* mit dem Scheinwerfer und lief zum Angriff an; Schulz mußte alarmtauchen und Tiefe gewinnen. Bei knapp 90 Meter schlug das Boot auf einem Felsen auf und kam mit einem lauten Kreischen zum Stehen. Auf diesen Schrecken folgte sogleich ein weiterer: ein Hagel unweit detonierender Wasserbomben. Schulz konnte das Boot von dem Felsen lösen, ging vorsichtig tiefer und legte es bei knapp 100 Metern auf Grund. Der Zerstörer unternahm einen weiteren flüchtigen Wasserbombenangriff, gab dann aber die Jagd auf.

Später lief Schulz weit ins offene Meer hinaus und ließ einen Taucher den Schaden inspizieren, den das Boot bei der Kollision mit dem Felsen genommen hatte. Der Schaden war schwerwiegend: drei Mündungsklappen der Bugtorpedorohre waren beschädigt; nur eine war noch voll funktionstüchtig. Als Dönitz die Schadensmeldung

* *U48* hatte nach fünf Fahrten unter Herbert Schultze, einschließlich des Norwegen-Einsatzes, und zweien unter Rösing insgesamt 30 bestätigte Versenkungen mit 169 823 Tonnen vorzuweisen und lag damit weit vor allen anderen Booten.

erhielt, befahl er Schulz, sein Operationsgebiet zu verlassen und bis zum 20. Längengrad nach Westen zu fahren, wo er von der Luftwaffe dringend benötigte Wettermeldungen senden sollte. An dem neuen Bestimmungsort flutete einer der Männer versehentlich den Hecktorpedoraum zur Hälfte und verursachte für kurze Zeit eine Notlage, die schreckliche Erinnerungen an Narvik weckte.

Das dreizehnte und letzte Boot, das im August aus Deutschland auslief, war Priens *U47*. Es verließ Kiel am 27. August. Zu diesem Zeitpunkt waren noch sechs der zwölf Atlantik-Boote, die vor Prien im August ausgelaufen waren, in Lorient oder auf dem Weg dorthin zur Instandsetzung, zum Auftanken und zur Erholung der Männer. Zwei waren verloren, und vier standen noch im Operationsgebiet: *U28* mit Kuhnke, *U65* mit Stockhausen, das von Brest aus wieder eingelaufen war, *U101* mit Frauenheim und *U124* mit Schulz (mit den drei defekten Mündungsklappen) als Wetterbeobachter.

Prien traf am 2. September im Jagdgebiet ein, und am selben Nachmittag machte sein Ausguck am Sehrohr eine ungewöhnlich schwarze Rauchwolke am Horizont aus. Der belgische 7500-Tonnen-Frachter *Ville de Mons*, der ohne Eskorte von New York aus einlief, hätte eine Reinigung seines Dampfkessels dringend nötig gehabt. Prien traf ihn mit einem Torpedo und sah, wie die Besatzung das Schiff in drei Rettungsbooten verließ. Als die *Ville de Mons* keine Anstalten machte zu sinken, tauchte Prien auf, um sie mit dem Deckgeschütz zu erledigen, überlegte es sich aber anders und versenkte sie mit einem weiteren Torpedo. Ein Besatzungsmitglied starb an Unterkühlung, die übrigen wurden gerettet.

Die Funkaufklärer des B-Dienstes lieferten Dönitz weitere Informationen über Geleitzüge im Nordatlantik, die sie aufgrund schlechter Funkdisziplin bei den Alliierten und aus anderen Quellen erschlossen hatten. Zu den Informationen zählte die wichtige Neuigkeit, daß die Briten am 15. August ein zweites Geleitzugsystem auf der Nordatlantikroute eingeführt hatten, um den Stau des Schiffsverkehrs in Halifax und um Nova Scotia aufzulösen und bei dem günstigen Spätsommer- und Frühherbstwetter eine größere Zahl Handelsschiffe fahren zu lassen. Diese neuen Geleitzüge sammelten sich in dem weiter nördlich gelegenen kanadischen Hafen Sydney, auf Cape Breton Island in Nova Scotia, einem Hafen, der im Winter wegen Vereisung geschlossen war. Die Geleitzüge wurden SC genannt, als Hinweis auf ihren geographischen Ausgangspunkt (Sydney – Cape Breton, ebenso wie HX für Halifax stand), weil sie aber nur mit 7,5 bis 9 Knoten fuhren, erhielt SC den Spottnamen »Slow Convoy« (langsamer Geleitzug) im Gegensatz zu den schnelleren HX-Zügen.*

Am 2. September machte der B-Dienst Dönitz auf den einlaufenden Slow Convoy 2 (in den Dokumenten abgekürzt SC) mit 53 Schiffen aufmerksam. Dönitz wies Prien an, den Geleitzug am 6. September an einem festgelegten Punkt in der Nähe des 20. Längengrads abzufangen, bevor dieser auf seine Eskorte traf. Dönitz hatte die Absicht, drei weitere Boote zum gemeinsamen Angriff mit Prien zu entsenden: *U65* (Stockhausen), *U101* (Frauenheim), das nur noch sechs Torpedos übrig hatte, und eventuell auch *U124* (Schulz) trotz der beschädigten Mündungsklappen. Das letzte

* Seit dem 12. Februar 1940 lief in Halifax alle vier Tage ein HX-Geleitzug aus, mit einer festgelegten Geschwindigkeit von 9 Knoten. Schnellere Schiffe (15 Knoten und mehr) fuhren allein. Die SC-Geleitzüge fuhren alle acht Tage von Sydney aus.

Boot, *U28* vom Typ VII (Kuhnke), konnte wegen seiner kleineren Treibstoffkapazität nicht so weit westlich operieren. Berlin lehnte es jedoch ab, *U124* von der Wetterberichterstattung zu befreien, also blieben für den Angriff auf den Konvoi nur drei Boote (*U47*, *U65* und *U101*).

Auf dem Weg in das Operationsgebiet stieß Prien mit *U47* am Abend des 3. September überraschend auf einen weiteren Geleitzug, den auslaufenden Outbound 207 (in den Dokumenten abgekürzt OB). Um Torpedos zu sparen, pickte er sich nur zwei Ziele heraus und führte einen Überwasserangriff bei Nacht durch. Er versenkte den britischen 9000-Tonnen-Frachter *Titan* und meldete einen Treffer bei einem weiteren Frachter mit 4000 BRT, doch der letztere konnte nach dem Krieg anhand der Akten nicht identifiziert werden.

Bis zum Morgen des 4. September hatten die drei Boote, *U47*, *U65* und *U101*, einen Vorpostenstreifen in Nord-Süd-Richtung entlang des 20. Längengrads gebildet. Das Wetter war hundsmiserabel: Sturmböen, turmhohe Wellen. Am 5. September ging bei Prien ein Mann über Bord und ertrank. Am Morgen des nächsten Tages meldete Stockhausen in *U65* Fühlung zum Geleitzug, doch das Wetter und die Sicht waren so schlecht, daß er nicht zum Schuß kam. Er blieb auf Fühlung und versuchte, die anderen Boote heranzuführen. *U101* meldete jedoch einen schweren Maschinenschaden, und Frauenheim mußte nach Lorient abdrehen. Damit blieben nur noch *U47* und *U65* für den Angriff auf den Geleitzug, zu dem inzwischen die heimischen Geleitfahrzeuge gestoßen waren: zwei Zerstörer, zwei Korvetten und drei Trawler.

Noch am selben Abend, dem 6. September, bekam auch Prien Fühlung zu dem Geleitzug Slow Convoy 2 und nahm die Verfolgung auf. In der Nacht griff er dann über Wasser an und versenkte drei der 53 Schiffe: zwei britische Frachter, die *Neptunian* mit 5200 BRT und die *Jose de Larringa* mit 5300 BRT, sowie den norwegischen Frachter *Gro* mit 4211 BRT. Wegen der ungünstigen Witterung und aus anderen Gründen gelang es Stockhausen jedoch nicht, in eine günstige Schußposition zu kommen.

Der Konvoi dampfte weiter nach Osten in Richtung Nordkanal, aber Prien blieb ihm hartnäckig auf den Fersen und gab seine Position durch. Am späten Vormittag des 9. September versenkte er südlich der Hebriden ein viertes Schiff, den griechischen 3800-Tonnen-Frachter *Poseidon*. Auf Priens Meldungen hin schloß einige Stunden später Kuhnke mit *U28* auf und versenkte den britischen 2400-Tonnen-Frachter *Mardinian*. Die Hauptmasse des Geleitzugs Slow Convoy 2 – 48 Schiffe und die sieben Geleitfahrzeuge – erreichte den Nordkanal ohne weiteren Schaden.

Prien hatte nur noch einen Torpedo übrig, nachdem er sechs Schiffe versenkt und, wie er meinte, eines beschädigt hatte. Da er erst zwei Wochen auf Feindfahrt war und noch reichlich Treibstoff hatte, befahl ihm Dönitz, zum 20. Längengrad zu fahren und *U124* (Schulz) als Wettermelder abzulösen. Zweifellos hielt Prien diesen Auftrag für wenig reizvoll – die Besatzung von *U47* harrte noch der Freuden von Lorient –, doch er führte ihn klaglos aus. Nach seiner Ablösung fuhr *U124* nach Lorient. Am 10. September verkündete Berlin frohlockend Priens Erfolgsmeldungen: sechs versenkte Schiffe mit 40 000 Tonnen und eines beschädigt.

Günther Kuhnke spürte mit *U28* vom Typ VII, bei dem der Treibstoff zur Neige ging, mit Outbound 210 einen weiteren Geleitzug auf und blieb ihm auf den Fersen. In den frühen Stunden des 11. September griff er über Wasser an und schoß, wie er meinte, auf zwei Frachter und einen Tanker. Er meldete einen Treffer bei einem

10 000-Tonnen-Tanker und die Versenkung von zwei Frachtern mit insgesamt 13 000 BRT. Nach dem Krieg wurden ihm ein Treffer bei einem britischen Frachter mit 4700 BRT und die Versenkung eines holländischen Frachters mit 2000 BRT angerechnet. Danach nahm Kuhnke wegen bedenklich knappen Treibstoffs Kurs auf Lorient und meldete fünf versenkte Schiffe mit 30 000 Tonnen als Ergebnis seiner Fahrt. Diese und frühere überhöhte Erfolgsmeldungen qualifizierten ihn nach den gelockerten Kriterien für das Ritterkreuz, und es wurde ihm nach der Einfahrt in Lorient verliehen. Seine bestätigte Trefferzahl betrug zu dieser Zeit 13 Schiffe mit 56 272 Tonnen.

Nach Kuhnkes Rückkehr standen noch zwei der im August ausgelaufenen Boote im atlantischen Jagdgebiet: *U47* (Prien), der nur noch einen Torpedo hatte, und als Wetterbeobachter *U65* (Stockhausen). Letzteres war am 8. August aus Deutschland ausgelaufen, hatte den Sonderauftrag, Agenten in Irland an Land zu setzen, abgeblasen, war wegen technischer Probleme nach Brest abgedreht, hatte dort nachgetankt und war erneut anmarschiert. Stockhausen hatte den Geleitzug Slow Convoy 2 gesichtet, aber noch keinen einzigen Torpedo verschossen.

Zu diesem Zeitpunkt – dem 15. September – hatten die 13 im August in Deutschland ausgelaufenen Boote insgesamt 44 bestätigte Versenkungen mit etwa 230 000 Tonnen zu verbuchen, ein Rückgang auf 3,4 Schiffe pro Boot und Fahrt, aber immer noch beeindruckend. Fünf Kommandanten – Oehrn, Prien, Schepke, Endraß und Rösing – zeichneten für zwei Drittel (29) der Versenkungen verantwortlich. Zwei der im August ausgelaufenen Boote waren verlorengegangen: *U25* und *U51*. Der neue Stützpunkt in Lorient hatte es Oehrn ermöglicht, mit *U37* seine abgebrochene Fahrt mit großem Erfolg wiederaufzunehmen, aber sonst hatte er sich noch nicht wesentlich auf den U-Boot-Krieg ausgewirkt.

Im August führten die Einbäume der Flottille Emsmann von Deutschland, Norwegen oder Lorient aus sechs Atlantikfahrten durch. Sie versenkten insgesamt sieben Schiffe mit 32 000 BRT. Der Einbaum *U57* unter Erich Topp versenkte drei (mit 24 000 BRT), wurde aber selbst bei der Einfahrt in eine Schleuse am Nord-Ostsee-Kanal von dem norwegischen Trampschiff *Rona* gerammt und versenkt. Sechs Mann kamen dabei ums Leben, doch *U57* wurde geborgen, und Topp wurde mit dem Rest der Besatzung ein neues Boot vom Typ VIIB zugeteilt. Am 31. August torpedierte der Einbaum *U60* unter dem Kommando des 26jährigen Adalbert Schnee das holländische Passagierschiff *Volendam* mit 15 300 BRT, das 321 britische Kinder nach Kanada bringen sollte; das beschädigte Schiff wurde aber in einen Hafen geschleppt, und alle Kinder wurden gerettet.

Die britischen Verluste an Tankern waren immer noch besorgniserregend. In den Monaten Juli und August hatten die hochseetüchtigen U-Boote sechs Tanker mit etwa 44 000 BRT versenkt. Der Einbaum *U61* hatte ebenfalls einen Tanker versenkt, und Einbaum *U57* hatte den britischen Tanker *Pecten* mit 7500 BRT erledigt. Außerdem versenkte das italienische U-Boot *Malaspina* in der Nähe der Azoren den Tanker *British Fame* mit 8400 BRT, und *UA* brachte auf seiner Feindfahrt vor Westafrika die norwegische *Sarita* mit 5800 BRT zur Strecke.* Damit hatten die Alliierten im Juli und August insgesamt zehn Tanker verloren.

---

* *UA* versenkte noch sechs weitere Schiffe und konnte sieben Versenkungen mit 40 706 BRT verbuchen.

Strategien, Geheimnisse und Abkommen

Mitten in der Schlacht um England traf Churchill eine kühne und bedeutsame Entscheidung, die den Verlauf des Zweiten Weltkriegs in hohem Maß bestimmen sollte. Großbritannien sollte den Achsenmächten mit gleicher Hartnäckigkeit die Kontrolle über das Mittelmeer, über den Kontinent Afrika und über den Nahen Osten streitig machen. Sobald Großbritannien seine militärische Schlagkraft hinreichend gestärkt hatte, sollte es das Mittelmeer als Sprungbrett für Gegenangriffe auf die Achse nutzen, indem es zunächst Italien zerschlug und dann Deutschland durch einen Angriff auf seinen »weichen Unterleib« über Italien und den Balkan.

Dies war eine komplexe und umstrittene Strategie, die mit einem hohen Risiko verbunden war. In Afrika kontrollierten Benito Mussolinis Truppen Libyen, Äthiopien und Eritrea. Im Juli und im August hatten sich italienische Verbände von Äthiopien aus in mehrere Richtungen gewandt und waren in den anglo-ägyptischen Sudan und in die britische Kolonie Kenia vorgestoßen. Ferner hatten sie das gesamte Britisch-Somaliland am Golf von Aden überrollt. Mussolini konnte danach von Ostlibyen aus jederzeit Ägypten angreifen; außerdem sammelte er in Albanien Truppen für einen Angriff auf Griechenland. Mit der Indienststellung der beiden neuen 35 000-Tonnen-Schlachtschiffe *Littorio* und *Vittorio Veneto* und des älteren, kleineren, aber modernisierten Schlachtschiffs *Duilio* hatte die Stärke der italienischen Flotte drastisch zugenommen. Sie verfügte nun über fünf Schlachtschiffe, zahlreiche moderne Schwere und Leichte Kreuzer und Zerstörer.

Fast unbemerkt machten sich die Briten in den schwersten Tagen der Luftschlacht um England daran, diese Mittelmeerstrategie umzusetzen. So wurden die Force H in Gibraltar und die Mittelmeerflotte in Alexandria von der Admiralität im August erheblich vergrößert und Pläne zur Verstärkung der Insel Malta entwickelt. Das Kriegsministerium verstärkte die schwachen britischen Bodentruppen in Ägypten, die großspurig »The Army of the Nile« (Nil-Armee) genannt wurden. Und Churchill stellte zusammen mit Charles de Gaulle, dem Führer des Freien Frankreichs, Überlegungen an, wie die Kolonien der Vichy-Regierung in Afrika und im Nahen Osten zum Übertritt auf die Seite der Alliierten gebracht werden konnten.

Am 13. September begann das italienische Heer in Libyen mit 200 000 Mann seine Offensive gegen Ägypten. Die Nil-Armee konnte den Einmarsch mit ihren 63 000 Mann nicht verhindern und zog sich unter klug geführten Rückzugsgefechten knapp 100 Kilometer nach Sidi Barrani zurück. Mit einem weiteren Ansturm wären die Italiener womöglich bis Kairo, Alexandria und zum Suezkanal vorgestoßen, aber ihnen war die Puste ausgegangen, und sie stoppten den Vormarsch.

Die Briten hatten große Schwierigkeiten, die Nil-Armee zu verstärken und mit Nachschub zu versorgen, weil die italienische Flotte und die landgestützte Luftwaffe der Italiener im zentralen Mittelmeerbereich eine schwere Bedrohung darstellten. Alle Lieferungen von England aus mußten in Geleitzügen auf dem langen Weg um die Südspitze von Afrika (das Kap der Guten Hoffnung) herum und dann nach Norden in den Indischen Ozean und ins Rote Meer transportiert werden, eine langwierige und kostenzehrende Route. Um die Bedrohung durch die Italiener auszuschalten und das Mittelmeer den britischen Geleitzügen wieder zu öffnen, versuchte der Befehlshaber der Mittelmeerflotte, Andrew Cunningham, wiederholt, die italienische Flotte in eine

Schlacht zu verwickeln. Die italienischen Admirale hielten aber die Bedrohung der Seewege geschickt aufrecht, indem sie einer größeren Auseinandersetzung auswichen.

Inzwischen unternahmen Churchill und de Gaulle konkrete Anstrengungen, die Kolonien der Vichy-Regierung in Afrika zum Übertritt auf die Seite der Alliierten zu bewegen. Der erste Versuch, die Operation »Menace«, richtete sich gegen die Kolonie Senegal an der afrikanischen Westküste. Eine gemeinsame Expeditionsstreitmacht aus Briten und freien Franzosen sollte vor Senegals wichtigstem Hafen, Dakar, Stärke demonstrieren, wo das kanonenbestückte, aber nicht fertiggestellte Schlachtschiff *Richelieu* Zuflucht gesucht hatte. Das Ziel der Operation bestand darin, daß sich die Franzosen im Senegal nicht nur de Gaulle anschließen und den Senegal übergeben, sondern auch die *Richelieu* ausliefern würden. Danach sollte der Senegal als Sprungbrett für weitere Operationen im von Vichy kontrollierten Westafrika dienen.

Für das Unternehmen wurde ein mächtiger britischer Flottenverband eingesetzt, der Flugzeugträger *Ark Royal* und das Schlachtschiff *Resolution* von der Force H, das Schlachtschiff *Barham* und mehrere Kreuzer, darunter die *Fiji*, die Hans Jenisch mit *U32* vor England beim Auslaufen torpediert hatte. Anders als erhofft, wurde den britischen Kriegsschiffen in Dakar ein heißer Empfang bereitet: schweres Geschützfeuer von den Küstenbatterien, von der *Richelieu* und von französischen Kreuzern und großen Zerstörern der Vichy-Regierung, die von Toulon aus zu Hilfe geeilt waren. Während des Artillerieduells torpedierte das in Dakar stationierte U-Boot *Béveziers* die *Resolution* und richtete »ernsthaften Schaden« an. Ernüchtert mußten die Briten den Rückzug antreten und ihren ursprünglichen Plan aufgeben. Trotzdem war das Unternehmen kein völliger Fehlschlag. Die Demonstration der Stärke ermunterte den französischen Führer von Kamerun, Jacques Philippe Leclerc, sich auf die Seite der Alliierten zu schlagen, und die Führer des Tschad und des Französisch-Kongo folgten seinem Beispiel. In der Folge eroberten französische Truppen aus diesen drei Kolonien, gemeinsam mit übergelaufenen Soldaten aus dem Senegal, am 12. Oktober das von Vichy kontrollierte Gabun und besetzten es.

Nicht ganz unerwartet marschierte am 28. Oktober eine italienische Armee von Albanien aus nach Griechenland ein. Griechenland war mit Großbritannien verbündet, und eine Eroberung des Landes durch Italien hätte Ägypten und damit auch die Nil-Armee und den Marinestützpunkt in Alexandria von Norden her bedroht. Deshalb unternahmen Churchill und das Kriegskabinett unverzüglich Schritte, um den Griechen beizustehen. Britische Bodentruppen aus Ägypten besetzten die Inseln Kreta und Lemnos. Jäger- und Bomberstaffeln der RAF wurden auf Stützpunkte in der Nähe von Athen verlegt, um die griechischen Streitkräfte zu unterstützen.

Aufgrund des raschen Anwachsens der britischen Verpflichtungen und Operationen im östlichen Mittelmeer wurde es unumgänglich, daß britische Marineverbände eine direkte Geleitzugroute von Gibraltar nach Alexandria öffneten. Zu diesem Zweck unternahm Cunningham am 11. November einen Überraschungsangriff auf den Kriegshafen Tarent am »Stiefelabsatz« der italienischen Halbinsel. Von dem neuen Flugzeugträger *Illustrious* aus starteten 21 alte Swordfish-Doppeldecker und torpedierten drei der fünf italienischen Schlachtschiffe, die große, neue *Littorio* und die kleineren, aber modernisierten *Duilio* und *Cavour*. Die *Littorio* und die *Duilio* wurden für fünf beziehungsweise sieben Monate außer Gefecht gesetzt; die *Cavour* wurde schwer beschädigt auf den Strand gesetzt und konnte nicht mehr in Dienst gestellt werden. Die zwei unbeschädigten Schlachtschiffe, *Vittorio Veneto* und *Cesare*, zogen sich eilig nach Neapel zurück.

Dieser Sieg machte den Weg frei für britische Geleitzüge im Mittelmeer – allerdings nur für kurze Zeit. Der gedemütigte Mussolini bat Berlin um Hilfe. Als Antwort schickte Hitler etwa 400 Flugzeuge der Luftwaffe nach Sizilien, um die Italiener bei den Angriffen auf britische Geleitzüge und ihre Eskorten zu unterstützen. Obwohl die Luftwaffe unter den Geleitzügen regelrechte Massaker anrichtete, erkannte Hitler schon bald, daß er weitere Boden- und Luftstreitkräfte in den Mittelmeerraum entsenden müßte, um die nicht sehr kampfkräftigen italienischen Streitkräfte zu verstärken, die nun in Ägypten und in Griechenland festsaßen.

Die Entscheidung, im Mittelmeer, in Afrika und im Nahen Osten bis zum Äußersten zu kämpfen, stellte gewaltige Anforderungen an die militärischen Ressourcen der Briten. Die Admiralität schickte einen Großteil der Royal Navy ins Mittelmeer: die Träger *Illustrious*, *Ark Royal* und *Eagle*; die Schlachtschiffe *Warspite*, *Royal Sovereign*, *Malaya*, *Ramillies*, *Valiant*, *Barham* und *Renown*; zahlreiche Kreuzer; ganze Flotten von Zerstörern und Hilfsschiffen; und nicht zuletzt fast zwei Dutzend U-Boote.* Zahllose andere Kriegsschiffe mußten zur Sicherung von Geleitzügen eingesetzt werden, die den langen Weg um das Kap der Guten Hoffnung und durch den Indischen Ozean nach Ägypten nahmen.

Dieser Einsatz militärischer Ressourcen im Mittelmeerraum wurde in Washington nie ganz verstanden und gebilligt. Für die amerikanische Regierung lief die britische Strategie auf ein verschwenderisches und nutzloses »Herumhacken an der Peripherie« hinaus. Sie meinte, alle Ressourcen und die ganze militärische Macht Großbritanniens müßten direkt gegen Deutschland eingesetzt werden.

Die britische Entscheidung, mit aller Kraft um die Oberhand im Mittelmeerraum zu kämpfen, zu einer Zeit, als die Deutschen scheinbar jeden Augenblick auf den Britischen Inseln landen konnten, verwickelte die Royal Navy faktisch in einen »Zwei-Fronten-Krieg«. Viele Zerstörer waren bei den Operationen in Norwegen und in Dünkirchen verlorengegangen oder beschädigt worden, eine große Zahl Zerstörer war in Häfen entlang des Ärmelkanals stationiert, um einer möglichen Invasion zu begegnen, und weitere wurden ins Mittelmeer verlegt. In Anbetracht dieser Umstände blieben für den Schutz der Geleitzüge im Nordatlantik und in den nordwestlichen Zufahrtswegen nur noch sehr wenige Zerstörer übrig, und die meisten waren alte Schiffe, die dringend modernisiert werden mußten und einen hohen Wartungsaufwand hatten.

Und die Admiralität hatte noch ein weiteres Problem: Die ersten Zerstörer der neuen Hunt-Klasse mit 84 Metern Länge und 1000 Tonnen, die eigens für die Geleitzugeskorte übers offene Meer entwickelt worden waren, entsprachen nicht den Anforderungen der Royal Navy für diese Aufgabe. Die überhastet konstruierten Schiffe waren topplastig, gefährlich instabil in schwerer See und für ihre Größe zu stark be-

* Unklugerweise zählte dazu ein Dutzend alter U-Boote der O-, P- und R-Klasse sowie Minenleger, die wegen ihres Alters und ihrer Größe für Operationen im Mittelmeer völlig ungeeignet waren. Die schlecht ausgerüstete und schlecht ausgebildete italienische U-Boot-Abwehr versenkte prompt sieben von ihnen, unter großen Verlusten bei den britischen Mannschaften. Im Gegenzug versenkte das britische U-Boot *Parthian* das italienische U-Boot *Diamante*.

waffnet (vier 4-Zoll-Geschütze); ihre Treibstofftanks reichten nicht für weite Fahrten aus, und trotz des Verzichts auf Torpedorohre hatten sie an Deck nur für maximal 50 Wasserbomben Platz – eigentlich nicht genug für einen wirksamen Geleitschutz. Als Folge davon und weil andere Zerstörer knapp waren, mußte die Admiralität die Korvetten, die für Eskorten entlang der Küste vorgesehen waren, für den Geleitschutz auf offener See einsetzen. Im großen und ganzen beschränkte sich der Einsatz der Hunt-Klasse auf Kurzstreckenmissionen in heimischen Gewässern und im Mittelmeer – ein schrecklicher Rückschlag.

In diesen schweren Zeiten verstärkte Churchill seine heimlichen Bitten an Roosevelt, den Briten mit der Lieferung von Zerstörern beizustehen. Der Präsident war dazu bereit, doch die neuerlichen Bitten kamen zu einem politisch ungünstigen Zeitpunkt. Er steckte mitten in einer noch nie dagewesenen Kandidatur für eine dritte Amtszeit gegen den populären Kandidaten der Republikaner, Wendell Willkie. Roosevelt hatte versprochen, die Vereinigten Staaten aus dem Krieg in Europa herauszuhalten, und er wagte es nicht, den starken Block der isolationistischen Wähler zu verärgern.

Wegen der bevorstehenden Wahl wagte Roosevelt einen Drahtseilakt. Er setzte Anfang September die Übergabe von 50 Glattdeck-Zerstörern an Großbritannien durch und rechtfertigte die Maßnahme als gutes Geschäft für die Vereinigten Staaten, weil die Zugangsrechte zu den britischen Basen, die sie in diesem sogenannten »Destroyer Naval Bases Deal« als Gegenleistung erhielten, der Sicherheit der westlichen Hemisphäre dienen würden.

Die 50 Zerstörer für Großbritannien stammten aus einer Flotte von 273 amerikanischen Fahrzeugen, die in den letzten Jahren des Ersten Weltkriegs gebaut worden waren. Ursprünglich hatte man sie nach amerikanischen Seehelden benannt, nun aber erhielten die meisten Namen von Städten, die in Großbritannien und in den USA bekannt waren (z.B. *Annapolis*, *Georgetown*, *Richmond* etc.); infolgedessen wurden sie als Schiffe der Town-Klasse (Städte-Klasse) bekannt. Sie waren 94,5 Meter lang, verdrängten 1200 Tonnen und erreichten eine Höchstgeschwindigkeit von etwa 29 Knoten. Ihre Hauptbewaffnung bestand aus vier 4-Zoll-Geschützen, einem 3-Zoll-Geschütz und zwölf Torpedorohren. Der Royal Navy wurden 43 Schiffe zugeteilt und der Royal Canadian Navy sieben, die nach kanadischen Flüssen benannt wurden. Die Royal Navy bemannte drei Schiffe *(Bath, Lincoln, Mansfield)* mit norwegischen Besatzungen; ein Schiff, die *Cameron*, wurde bei einem Luftangriff auf Portland beschädigt und kam nie zum Einsatz.*

Über diese Schiffe ist viel Unsinn geschrieben worden. Zum Beispiel wurden sie als »50 Schiffe, die die Welt retteten«, gepriesen. In Wahrheit waren sie sehr instandsetzungs-, modifizierungs- und modernisierungsbedürftig. Etwa vier Monate vergingen, bevor die meisten Schiffe England erreicht hatten, und bis zu dem Zeitpunkt, als sie voll einsatzfähig waren, war auch die schwere Krise, wegen der die Briten sie erworben hatten, bereits überstanden. Der symbolische Wert der Übergabe war zwar hoch für die Briten, wie jedoch der Historiker Arnold Hague in seiner Geschichte der Town-Klasse schreibt, war »der taktische Wert der Schiffe selbst gering…« und sie »verschwanden ziemlich rasch wieder von der operativen Bildfläche«.

---

* Siehe Anhang 9.

Im privaten und verborgenen tat Roosevelt allerdings viel mehr, um den Briten beizustehen. Zu seinen wichtigsten Schritten zählte die Entsendung einer militärischen Delegation unter Rear Admiral Robert L. Ghormley im August nach London. Diese sollte vorgeblich die britischen Überlebenschancen beurteilen, in Wahrheit jedoch gemeinsam mit den Briten einen langfristigen Plan zur Niederwerfung der Achsenmächte entwerfen.

Als Reaktion auf das Gemetzel unter der britisch kontrollierten Schiffahrt durch die deutschen U-Boote billigte Roosevelt etwa zur selben Zeit (August 1940) ein Konzept von Admiral Jerry Land von der US Maritime Commission, um den Bau von Handelsschiffen deutlich zu steigern. Da aber das halbe Dutzend größerer Schiffswerften in den Vereinigten Staaten bereits mit Verträgen für die gewaltige Erweiterung der US Navy voll ausgelastet war, gründete Land sieben neue Werften für den Bau neuer Handelsschiffe (drei an der Golf- und vier an der Westküste). Das geänderte Schiffsbauprogramm sah Pachtverträge für 200 neue Schiffe bis Juli 1941 vor, doch das war nur ein kleiner erster Schritt auf dem Weg zum größten Bauprogramm von Handelsschiffen in der Weltgeschichte.*

Auf der Suche nach Handelsschiffen schickte Churchill eine geheime Delegation nach Washington und Ottawa. Die Delegationsmitglieder hatten Entwürfe für das benötigte Fahrzeug dabei: ein einfaches, geschweißtes, 132 Meter langes Frachtschiff mit 10000 BRT, das mit Kohle betrieben wurde und mit einer einzigen Schraube eine Geschwindigkeit von 11 Knoten erreichte. Obwohl die Maritime Commission bereits überlastet war, willigte Washington ein, 60 solche Schiffe für die Briten zu bauen. Ottawa erklärte sich gleichzeitig bereit, weitere 26 Fahrzeuge zu bauen, griff dabei aber verstärkt auf eine Bauweise mit Nieten statt Schweißnähten zurück. Die Briten bezeichneten die 60 Schiffe aus den USA als Ocean-Klasse und die 26 aus Kanada als Fort-Klasse.**

Unter der Voraussetzung, daß einige Verbesserungen vorgenommen wurden, beschloß die Maritime Commission, den britischen Entwurf der Ocean-Klasse für die 200 Frachtschiffe, die bereits im Bau waren, zu übernehmen. Die wichtigste Veränderung betraf den Antrieb: mit Öl beheizte Kessel anstelle der mit Kohle beheizten »Scotch boilers« (schottischen Dampfkessel) in den britischen Schiffen. Die Amerikaner gaben diesen Schiffen die offizielle Bezeichnung EC 2 Emergency Cargo Ship (Notfrachtschiff), im Volksmund aber hießen sie »Liberty«-Schiffe (Freiheits-Schiffe) oder scherzhaft »Ugly Ducklings« (Häßliche Entlein).***

Churchill und das Kriegskabinett beschlossen, ihre bestgehüteten wissenschaftlichen und technischen Errungenschaften auch den Vereinigten Staaten zugute kommen zu lassen, weil das Netz freundschaftlicher Kontakte zwischen Großbritannien und den

---

* Im Jahr 1940 baute die Maritime Commission 54 neue Schiffe, darunter 16 Tanker. Von diesen Schiffen wurden 41 dem Heer und der Kriegsmarine zugeteilt und 13 dem privaten Sektor.

** Henry J. Kaisers Unternehmen Todd-California in Richmond, Kalifornien, baute 30 Schiffe; sein Unternehmen Todd-Maine die anderen 30 in Portland, Maine. Das erste in Amerika gebaute Schiff, die *Ocean Vanguard*, lief zehn Monate später vom Stapel, am 17. August 1941.

*** Das erste amerikanische Liberty-Schiff, die *Patrick Henry*, lief am 27. September 1941 vom Stapel. Es konnte 2800 Jeeps oder 300 Güterwagen laden.

USA immer enger wurde. Unter Leitung des Wissenschaftlers Henry Tizard fuhr Ende August eine weitere Geheimdelegation, zu der auch der Radarexperte Taffy Bowen gehörte, mit dem Passagierschiff *Duchess of Richmond* nach Washington. Die Delegation führte eine 200 Kilogramm schwere Fliegerbombe zur U-Boot-Abwehr vom Typ Mark VII mit sich und hatte Pläne und Entwürfe für die 125 Kilogramm schwere Mark VIII dabei. Außerdem brachte sie folgende technische und wissenschaftliche Errungenschaften mit in die USA: die chemische Formel für RDX, einen Sprengstoff, der um 50 Prozent stärker ist als TNT und in Amerika unter der Bezeichnung Torpex hergestellt werden sollte; den Rolls-Royce-Flugzeugmotor Merlin; eine in Schweden gebaute automatische Flugabwehrkanone vom Typ Bofors; einen Abstandzünder für großkalibrige Flugabwehrgranaten; einen motorgetriebenen Geschützturm für schwere Bomber; das neueste Modell des britischen Sonars; Pläne und Entwürfe für einen nach vorn werfenden Mörser zur U-Boot-Abwehr, genannt Hedgehog (Igel); Pläne und Entwürfe für ein verkleinertes Kurzwellenpeilgerät (HF/DF oder Huff Duff) für Schiffe; Pläne und Entwürfe für einen Geleitträger oder sogenannten »Jeep«-Flugzeugträger; Pläne und Entwürfe für das britische Radarnetz zur Flugabwehr sowie die Daten der neuesten Modelle von Radargeräten für Flugzeuge, dem A-I gegen Kampfflugzeuge und dem ASV gegen Schiffe; und drei Modelle der letzten Version des Vielschlitzmagnetrons von Randall und Boot, das nach dem ersten Test im Februar stark verbessert worden war.

Alle diese Neuerungen waren für amerikanische Militärs, Wissenschaftler und Ingenieure sehr interessant, und einige waren sehr wertvoll. Keine aber erregte die Wissenschaftler und Ingenieure mehr als das Vielschlitzmagnetron. Es war, wie ein amerikanischer Wissenschaftler später schrieb, »der kostbarste Schatz, der jemals an diese Küsten gebracht wurde«. In Washington war man etwas verärgert über die Entdeckung, daß die Idee auf eine vergessene amerikanische Erfindung (Hulls Magnetron) zurückging, und vergab den Forschungsauftrag für die Perfektionierung des Geräts an das Radiation Laboratory am Massachusetts Institute of Technology (MIT), das seinerseits verschiedene technische Versuchsreihen an Forschungslabore der Unternehmen General Electric und Westinghouse, Radio Corporation of America und Bell Telephone weitervergab.

Um diese Zeit trafen Großbritannien und die Vereinigten Staaten auch die Vereinbarung, Informationen aus der Funkentschlüsselung auszutauschen. Beide Nationen hatten hier große Erfolge vorzuweisen: Sensationelle neue Einbrüche waren gelungen. In Washington hatten Kryptanalytiker des Heeres und der Kriegsmarine unabhängig voneinander im September 1940 komplizierte japanische Codes geknackt. Das Team der Army, angeführt von William F. Friedman, war in den japanischen diplomatischen Maschinenschlüssel »Purple« eingebrochen, der 18 Monate zuvor, im Februar 1939, eingeführt worden war. Und noch in derselben Woche hatte das Team der Navy unter Leitung von Laurence F. Safford und Agnes Driscoll den japanischen Marineschlüssel JN-25 geknackt, der erst im Juni 1939 eingeführt worden war.

Friedmans Purple-Maschine, die Stufenschalter anstelle von Walzen verwendete, ermöglichte es den amerikanischen Experten, fortlaufend den gesamten Funkverkehr zwischen Tokio und den hohen Diplomaten in den japanischen Botschaften in Washington, London, Berlin und anderen Städten auf dem ganzen Erdball zu »lesen«. Laurence Safford bezeichnete später Friedmans Einbruch in Purple als »das Meisterstück der Kryptanalyse in der Kriegszeit«. Der Einbruch der Navy in JN-25 verschaffte ihr den vollen und fortlaufenden Zugang zum operativen Funkverkehr der japanischen Kaiserlichen Marine, doch er erforderte die Zusammenstellung riesiger »Code-Bücher« und Tausender von englischen Übersetzungen, die von Hand erstellt werden mußten, eine mühselige Aufgabe, für die das Team ein weiteres Jahr benötigte. Und bei einem Austausch der Codebücher und Überschlüsselungstafeln mußte man wieder von vorn anfangen, wie im November 1941.

Etwa zur selben Zeit, im September 1940, lieferte die British Tabulating Machine Company die ersten beiden Prototypen von Turings und Welchmans »Bomba« nach Bletchley Park. Diese wundersamen Maschinen automatisierten praktisch die Jagd nach den Schlüsseln der Enigma-Maschine mit fünf Walzen zur Auswahl. Die Bombas waren keine Wundermittel. Man mußte ihnen mit »Übersetzungshilfen« auf die Sprünge helfen; ohne zusätzliche Hinweise waren sie nutzlos. Doch nach einem Jahr intensiver Arbeit mit verschiedenen deutschen Enigma-Netzen verfügte Bletchley Park über eine Fülle von Anhaltspunkten in seinen Daten, und der Mitarbeiterstab hatte einen geradezu unheimlichen Sinn für das Aufspüren neuer Hinweise entwickelt.

Wurden die Bombas täglich mit einer Dosis von Hinweisen gefüttert, so ermöglichten sie es Welchman und seinen Funkentzifferern, »Red«, den Schlüssel der Luftwaffe – aber kein anderes Enigma-Netz – langfristig, fortlaufend und zuverlässig zu knacken. »Wir sollten Red nie wieder verlieren«, erinnert sich Peter Calvocoressi, ein angesehener britischer Wissenschaftler und Historiker, der in Bletchley Park arbeitete. »Er wurde zu unserer ständigen Massenware ... wir knackten ihn täglich, in der Regel am fraglichen Tag, und zwar früh am Tag.«

Der Militärhistoriker Bradley F. Smith hat den Hintergrund für das anglo-amerikanische Abkommen im Bereich der Kryptanalyse dokumentiert.* Er schreibt, daß der ursprüngliche Vorschlag von Brigadier General George Strong, einem Repräsentanten der US Army in London, ausgegangen sei und daß daraufhin ranghöhere amerikanische Offiziere auf einen Austausch der Informationen gedrängt hätten, offenbar mit Zustimmung Roosevelts. Andererseits waren sowohl die britischen als auch die amerikanischen Codeknacker traditionell mißtrauisch und verschwiegen; sie waren entschieden gegen das Abkommen und zögerten es so lange wie möglich hinaus. Vor allem auf Drängen des Kriegsministers Henry Stimson wurde der Handel Mitte Dezember 1940 endlich abgeschlossen, durch ein Dokument mit nur einem Blatt, das der Öffentlichkeit bis heute nicht zugänglich gemacht worden ist.

Noch mehr glückliche Zeiten

Das zweite Kriegsjahr war angebrochen, und Dönitz war sich durchaus bewußt, daß die Bande zwischen den Vereinigten Staaten und Großbritannien immer enger wurden. Er glich mehr und mehr einem einsamen und frustrierten Krieger. Nie hatte er daran gezweifelt, daß Großbritannien ausschließlich durch einen großangelegten U-Boot-Krieg in die Knie gezwungen werden konnte. Die Vorbereitungen für eine Invasion der Britischen Inseln – und die geheimen Vorbereitungen für einen Angriff auf die Sowjetunion,

* In *The Ultra-Magic Deals* von 1993.

von denen gerüchteweise die Rede war – hielt er für eine absurde Verschwendung von Ressourcen, die dem U-Boot-Krieg hätten zugute kommen sollen.

Hitler hatte U-Boote versprochen – Hunderte von U-Booten –, aber er hatte nicht geliefert. Wenn es hart auf hart ging im Kampf um Stahl und anderes Material, dann wurden das Heer und die Luftwaffe ständig bevorzugt. Obendrein waren für die Vorbereitungen der Invasion Großbritanniens (den Umbau von Kähnen zu Landungsbooten usw.) für den U-Boot-Bau verplante Arbeitskräfte und Rohstoffe eingesetzt worden. Dönitz beschwerte sich bei Raeder und dem OKM, daß 23 hochseetüchtige U-Boote wegen eines Mangels an Torpedorohren vier bis sechs Monate später als vorgesehen fertiggestellt würden. Wegen dieses Engpasses – und anderer Probleme – lag das bescheidene Produktionsprogramm von U-Booten für das Jahr 1940 um 37 Boote zurück. Außerdem, warnte Dönitz, würden der U-Bootwaffe im Oktober die Torpedos ausgehen, wenn keine Notmaßnahmen eingeleitet werden würden.

Auf starken Druck von Dönitz führte Admiral Raeder ein entscheidendes Gespräch mit Hitler. Womöglich hatte Hitler inzwischen erkannt, daß die Luftwaffe die Schlacht um England verlieren würde, daß eine Invasion nicht in Frage kam und daß der Krieg gegen Großbritannien ohne eine große Zahl von U-Booten nicht zu gewinnen war. Jedenfalls (es gibt keine Dokumente über die Gründe) verlieh Hitler endlich ausdrücklich und mit aller Entschiedenheit dem Bau von U-Booten und U-Boot-Torpedos sowie ihrer Instandhaltung und Reparatur und der Schulung auf den Booten die größtmögliche Priorität, indem er den inflationär gebrauchten Begriff »Erste Priorität« durch »Dringlichkeits-Sonderstufe« ersetzte.

Hitler deutete auch die Möglichkeit an, einen Bündnispartner als Lückenbüßer zu benutzen. Benito Mussolini hatte angeboten, 30 hochseetüchtige U-Boote für den Einsatz im Atlantik zur Verfügung zu stellen, falls Hitler einwilligen würde, sie im besetzten Bordeaux zu stationieren. Dönitz war skeptisch. Gerüchte über das Fiasko der italienischen U-Boote im Juni – insbesondere die feige Kapitulation der *Galilei* vor einem britischen Trawler – waren bis zur U-Bootwaffe gedrungen. Dennoch konnte das Angebot kaum abgelehnt werden.

Dönitz wurde gewiß durch die Nachricht ermutigt, daß Hitler dem U-Boot-Bau die »Dringlichkeits-Sonderstufe« eingeräumt hatte. Vorgesehen war, bis Dezember 1941, also in kaum 15 Monaten, einen Ausstoß von 25 U-Booten pro Monat zu erreichen. Wenn dies realisiert werden konnte, hielt es Dönitz für möglich, den Seekrieg gegen Großbritannien im Jahr 1943 zu gewinnen. Aber er wußte nichts von dem sagenhaften Vielschlitzmagnetron, von den Turing-Welchman-Bombas, und er wußte auch nicht, daß die Radargeräte und HF/DF-Peilgeräte (Huff Duffs) so verkleinert wurden, daß sie in kleinen Luft- und Wasserfahrzeugen Platz fanden. Außerdem hatte er nicht die leiseste Ahnung von der Fähigkeit der US Maritime Commission, ein Bauprogramm von Handelsschiffen mit wahrhaft gigantischen Ausmaßen auf Kiel zu legen.

Der Wendepunkt in der Luftschlacht um England kam am 15. September,* als das Fighter Command der RAF einen massiven Angriff der Luftwaffe erfolgreich ab-

* In Großbritannien wird des 15. September als »Battle of Britain Day« (Tag der Schlacht um England) gedacht.

wehrte und 183 Abschüsse meldete. Nur etwa ein Drittel dieser Abschüsse wurde bestätigt, trotzdem waren sie ein vernichtender Schlag für die ohnehin bereits erschöpfte und stark geschwächte Luftwaffe. Zwei Tage später verschob Hitler offiziell die Landung in England (Unternehmen Seelöwe) und forcierte die geheime Planung der Invasion in der Sowjetunion (Unternehmen Barbarossa) im Frühjahr 1941.

Während des gesamten Winters 1940 wurde der Krieg gegen Großbritannien von der Luftwaffe und der Kriegsmarine fortgeführt. Die Luftwaffe ging zu nächtlichen Bombardements britischer Städte über (der »Blitz«). Die Kriegsmarine setzte ihre Operationen gegen die britische Schiffahrt mit U-Booten, einigen Handelsstörkreuzern und Hilfskreuzern, mit Schnellbooten und Minenlegern fort. Die hochseetüchtigen U-Boote trugen weiterhin die Hauptlast des Seekriegs.

In Vorbereitung der Invasion Großbritanniens hatte Dönitz sein Hauptquartier in ein spartanisches Gebäude in Paris verlegt, das mit einem ausgezeichneten Fernmeldenetz verbunden war. Als die Invasion abgesagt wurde, wies er seinen Stab an, die Weiterverlegung nach Lorient vorzubereiten. Doch der Umzug wurde verschoben, bis eine angemessene Funkstation in Lorient installiert werden konnte. In der Zwischenzeit lenkte der inzwischen zum Vizeadmiral beförderte Dönitz die Boote von seinem Hauptquartier in Paris aus und sprach entweder in Paris oder in Lorient ausführlich mit jedem U-Boot-Kommandanten schon Stunden nach dessen Rückkehr von der Feindfahrt.

Dönitz trat das zweite Jahr des U-Boot-Krieges mit 24 in Dienst gestellten hochseetüchtigen Booten an; das waren 3 weniger als am ersten Kriegstag, und nur etwa die Hälfte dieser Boote war voll kampftauglich. Die andere bestand aus vier fabrikneuen Booten in der Ausbildungs- und Erprobungsphase, die noch nicht für den Einsatz zur Verfügung standen; aus zwei Booten mit ausgebildeten, aber noch völlig unerfahrenen Besatzungen, die noch keine einzige Feindfahrt gemacht hatten; aus *UA*, das von seiner langen, sehr erfolgreichen Reise nach Westafrika zurückgekehrt war und erheblich ausgebessert werden mußte; aus Typ-VII-Boot *U31*, das zwar geborgen und wieder in Dienst gestellt, aber bezüglich seiner Gefechtstauglichkeit eine unbekannte Größe war; aus drei beschränkt einsatzfähigen Booten vom Typ VII, drei rasch veraltenden Booten vom Typ IX und aus dem VIIB-Boot *U52*, das zur Überholung auf der Werft lag.

Dies war nicht gerade eine Streitmacht, mit der man einen U-Boot-Krieg führen konnte. Aber einige Faktoren kamen Dönitz zugute: Die Stützpunkte in Lorient und St. Nazaire waren gut ausgerüstet und konnten rasch Reparaturen ausführen. Die Torpedos (mit den britischen Aufschlagpistolen) waren verläßlicher, und der Mangel an Torpedos wurde durch Notprogramme überwunden. Die meisten Beschränkungen für die Kriegführung waren aufgehoben worden. Die erste Gruppe großer italienischer Hochsee-U-Boote war in Bordeaux eingetroffen.* Die Entzifferer vom B-Dienst hatten das Grundmuster der ein- und auslaufenden Geleitzüge im Nordatlantik erkannt. Die Konvois waren schwach eskortiert, und auch andere Maßnahmen zur U-Boot-Abwehr waren auf ein Minimum herabgesetzt worden.

Auch wenn die ein- und auslaufenden Geleitzüge im Nordatlantik nach vorhersagbaren Zeitplänen ein vergleichsweise begrenztes Gebiet in den nordwestlichen

* Siehe Anhang 8.

Zufahrtswegen (den Northwest Approaches) durchfuhren, hatte die Erfahrung im August gelehrt, daß diese Geleitzüge in der Regel schwer aufzuspüren waren. Die Briten änderten die Fahrtrouten, passierten die Rockallbank einmal nördlich, einmal südlich, und wichen Gebieten aus, in denen Geleitzüge angegriffen worden waren oder ein U-Boot gesichtet oder angepeilt worden war. Bei so wenig Booten im Einsatz konnte Dönitz nur einen kleinen Teil der möglichen Routen abdecken, wenn er gleichzeitig die Boote eng genug zusammenhalten wollte, um im Rudel angreifen zu können. Da die Boote unter Normalbedingeungen nicht weiter als einige Kilometer »sehen« oder »hören« konnten und bei ungünstigem Wetter noch weniger, waren viele Geleitzüge unentdeckt vorbeigeschlüpft.

Um bei der Aufspürung von Geleitzügen mitzuhelfen, hatte Dönitz die Luftwaffe um Aufklärungsflüge über der Rockallbank gebeten. Zwei Küstenfliegergruppen der Marine, mit Stützpunkt in Frankreich, waren zu diesem Zweck eingeteilt worden. Doch die Luftwaffe, die von der Operation Blitz, vom Abwurf der neuentwickelten »akustischen« Minen* in britischen Seehäfen und von anderen Aufgaben voll in Anspruch genommen war, hatte sich noch nicht behilflich gezeigt. Trotz all seiner Bemühungen, beklagte sich Dönitz in seinem Tagebuch, habe die Luftwaffe gemeldet, für diese Aufgabe seien keine Einheiten verfügbar.

Mitte September verschob Hitler die Invasion in England auf unbestimmte Zeit. Jetzt waren noch zwei hochseetüchtige Boote auf Feindfahrt: *U47* (Prien) als Wettermelder am 20. Längengrad und *U65* (Stockhausen). Ob sie nun einsatztauglich waren oder nicht, im September liefen zwölf hochseetüchtige Boote aus: fünf von Deutschland und sieben von Lorient aus. Alle waren dazu ausersehen, die Geleitzüge in den Northwest Approaches zu stören; dabei sollten sie möglichst nachts und über Wasser angreifen, um zu vermeiden, daß sie von den Geleitfahrzeugen unter Wasser festgenagelt wurden. Außerdem sollten sie Fühlungshaltermeldungen und Peilsignale senden, um andere Boote heranzuführen.

Ritterkreuzträger Otto Kretschmer lief mit *U99* als erster in Lorient aus. Als Beitrag zur Schulung der italienischen U-Boot-Kommandanten in der Kriegführung im Atlantik nahm Kretschmer Primo Longobardo, den Kommandanten der *Torelli*, mit an Bord. In der Nähe der Rockallbank versenkte Kretschmer prompt zwei mittelgroße Frachter, einen britischen und einen norwegischen. Stockhausen hatte mit *U65* den einlaufenden Geleitzug Halifax 71 entdeckt und die *Hird* und die *Tregenna* versenkt; er führte Kretschmer an den auseinanderfallenden Konvoi heran, und dieser schoß mit der *Crown Arun* einen weiteren mittleren britischen Frachter heraus.

Das berühmte Rekord-Boot *U48* lief nach Kretschmer in Lorient aus. Es hatte wieder einen neuen Kommandanten, den dritten innerhalb von einem Jahr: Der 30jährige Heinrich Bleichrodt hatte den Ritterkreuzträger Rösing abgelöst, den Dönitz nach Bordeaux geschickt hatte, um dort mit dem italienischen Befehlshaber der U-Boote

* Die deutschen akustischen Minen waren in der Zwischenkriegszeit entwickelt worden und wurden wie Magnetminen in seichten Gewässern auf Grund gelegt. Aktiviert wurden sie jedoch durch das Geräusch einer Schiffsschraube, und nicht durch das Magnetfeld eines Schiffes. Gegen magnetische Minenräumboote waren sie immun. Außerdem konnten sie für viele Tage »schlafend« gestellt werden oder so, daß sie mehrere Schiffe passieren ließen, bevor sie detonierten.

zusammenzuarbeiten. Am 15. September fing Bleichrodt in der Nähe der Rockallbank den einlaufenden Geleitzug Slow Convoy 3 ab. Mit seinem ersten Angriff als Kommandant sorgte Bleichrodt dafür, daß *U48* Rekordhalter blieb, indem er mit der Sloop *Dundee* ein Geleitfahrzeug und drei weitere Schiffe mit insgesamt 12500 Tonnen versenkte. Andere Boote bekamen jedoch keine Fühlung mit dem Geleitzug.

Bei der Weiterfahrt nach Westen über den 17. Längengrad hinaus, ab dem die auslaufenden Geleitzüge ohne Sicherung fuhren, entdeckte Bleichrodt am Morgen des 18. September einen nichteskortierten Geleitzug. Er blieb tagsüber den Schiffen auf der Spur und griff im hellen Mondlicht über Wasser an. Als erstes Ziel wählte er sich ein riesiges »Passagierschiff« im Zentrum des Zuges aus. Er schoß zwei Torpedos ab, aber beide waren schlecht gezielt und gingen fehl. Bei einem zweiten Angriff schoß er je einen Torpedo auf das »Passagierschiff« und auf einen Frachter mit 5000 BRT. Beide Torpedos trafen, und beide Schiffe sanken.

Bei dem »Passagierschiff« handelte es sich um das Flaggschiff des Geleitzuges, das britische Passagierschiff *City of Benares* mit 11000 BRT, auf dem sich 400 Passagiere drängten. Darunter waren 90 englische Kinder, die in Kanada vor den deutschen Luftangriffen in Sicherheit gebracht werden sollten. Bei dem panikartigen Versuch, das sinkende Schiff in der Dunkelheit und bei schwerem Seegang zu verlassen, ließ die Besatzung einige Rettungsboote fallen, und diese krachten auf andere Boote. Dabei wurden Passagiere und Besatzungsmitglieder getötet oder in das eisige Wasser geschleudert, und einige Boote wurden leckgeschlagen. Einige Rettungsboote trieben viele Tage auf dem Meer, ehe sie entdeckt wurden. Insgesamt kamen bei der Versenkung 300 Passagiere ums Leben – darunter 77 der 90 Kinder.

Die *City of Benares* war ohne besondere Kennzeichnung und abgeblendet gefahren, und die Admiralität hatte kein sicheres Geleit für sie erbeten. Dennoch übertraf die Empörung in London über diese »schlimmste Tat Hitlers« sogar noch die Entrüstung angesichts der Versenkung der *Athenia* ein Jahr zuvor. Der Eindruck wurde noch gesteigert durch die Veröffentlichung der grausigen Geschichten, die die 13 überlebenden Kinder über ihre Zeit in den Rettungsbooten erzählten. Infolge dieser Tragödie und der knapp verhinderten Katastrophe mit dem Passagierschiff *Volendam* drei Wochen zuvor gab die britische Regierung den Plan zur Evakuierung von Kindern nach Übersee auf. Ohne die leiseste Ahnung, wieviel Schmerz und Leid er verursacht hatte, versenkte Bleichrodt in der folgenden Nacht einen weiteren britischen Frachter und erhöhte damit seine Gesamtausbeute auf sieben bestätigte Versenkungen mit 31800 Tonnen innerhalb von vier Tagen – ein weiterer Rekord für *U48*.

Am 20. September wurde Günther Prien, der mit *U47* noch immer als Wetterbeobachter fungierte, von dem Geleitzug Halifax 72 mit 40 Schiffen beinahe überrannt. Da er nur noch einen Torpedo hatte, funkte Prien eine Meldung an Dönitz und verließ seinen Standort, um Fühlung zu dem Geleitzug zu halten. Dönitz befahl fünf weiteren Booten, die alle aus Lorient kamen, Priens Peilzeichen anzusteuern. Die fünf Boote fanden Prien am Abend des 21. September und bildeten ein Rudel aus sechs Booten – der größten Zahl, die jemals gegen einen Geleitzug zusammengezogen worden war.

Die Boote griffen über einen Zeitraum von etwa 26 Stunden immer wieder an. Bleichrodt machte mit *U48* den Anfang. Mit seinen letzten Torpedos versenkte er einen Frachter mit 4400 BRT und beschädigte einen weiteren. Danach löste er Prien in der Rolle als Fühlunghalter ab und funkte Peilzeichen und Positionsmeldungen. Kretschmer griff mit *U99* als nächster an, beschädigte die *Elmbank* und versenkte zwei britische Schiffe, den Tanker *Invershannon* mit 9200 BRT und den Frachter *Baron Blythswood* mit 3700 BRT.* Auch Prien verschoß seinen letzten Torpedo, aber dieser versagte oder ging fehl. Danach versenkte er gemeinsam mit Kretschmer die beschädigte *Elmbank* durch Beschuß mit der Deckkanone. In der zweiten Nacht ließ sich Joachim Schepke mit *U100* tollkühn über Wasser in das Zentrum des Geleitzugs hineinsacken. In einem der verblüffendsten und erfolgreichsten U-Boot-Angriffe des Krieges erzielte er in nur vier Stunden sieben bestätigte Versenkungen mit 50 300 BRT. Zu seinen Opfern zählten die britischen 10 000-Tonnen-Tanker *Torinia* und *Frederick S. Fales*. Hans Jenisch beschädigte mit *U32* einen 7900-Tonnen-Frachter, Stockhausens Angriff hingegen schlug fehl.

Aus den Meldungen der U-Boote und aus vom B-Dienst aufgefangenen Funksprüchen schloß Dönitz, das Rudel habe 13 Schiffe des Geleitzuges versenkt und somit erstmals seine Gruppentaktik eindrucksvoll bestätigt. Die bestätigte Trefferquote lag nicht weit davon entfernt: elf Schiffe mit 72 700 Tonnen versenkt und zwei mit 13 000 Tonnen beschädigt.

Noch während fünf der sechs Boote aus dem Rudel nach Lorient zurückfuhren, feierten Dönitz und das Propagandaministerium den großen Sieg und überschütteten die Kommandanten mit Lob und Auszeichnungen. Dönitz schrieb Prien mit *U47* Versenkungen in Höhe von 43 130 BRT auf seiner Fahrt zu, womit Prien angeblich 24 Schiffe mit 151 400 BRT erbeutet hatte. Damit hatte er mit Rollmann in der Zahl der angerechneten Schiffe gleichgezogen, lag jedoch bei der Tonnage um etwa 25 000 BRT höher. Da Joachim Schepke in *U100* eine Versenkung zuviel zugeschrieben wurde, qualifizierte er sich durch eine Ausbeute von acht Schiffen mit 61 300 BRT auf dieser Fahrt und durch seine früheren Versenkungen für das Ritterkreuz. Ebenfalls mit einer Versenkung zuviel bedacht, erhielt auch Bleichrodt in *U48* für eine Ausbeute von neun Schiffen mit 61 300 BRT uneingeschränktes Lob. Otto Kretschmer wurden korrekterweise sechseinhalb Versenkungen mit 22 600 BRT zugeschrieben.**

Die ersten drei Boote, die im September in Deutschland ausliefen, waren altersschwache Kisten: *U29* vom Typ VII unter Ritterkreuzträger Otto Schuhart; das geborgene und wieder in Dienst gestellte Typ-VII-Boot *U31* unter dem 27jährigen Wilfred Prellberg und *U43* vom Typ IX unter dem Kommando des alten Hasen Wilhelm

* Kretschmer rettete Joseph Byrne, einen einzelnen Überlebenden des Frachters, von einem sinkenden Rettungsfloß. Nachdem er ihm zu Essen gegeben und ihn medizinisch versorgt hatte, übergab er ihn einem Rettungsboot unter Segel. Da Kretschmer und Longobardo Englisch als gemeinsame Sprache vereinbart hatten, glaubte Byrne, er sei von einem britischen U-Boot gerettet worden!

** Rechnet man eine halbe Versenkung für die *Elmbank*, so betrug Priens bestätigte Trefferquote auf dieser Fahrt 6,5 Schiffe mit 37 585 BRT, und seine bestätigte Gesamtbilanz lag bei 22,5 Schiffen mit 151 652 BRT. Schepkes bestätigte Trefferquote betrug sieben Schiffe mit 50 300 BRT und seine bestätigte Gesamtbilanz wie bei Rollmann 24 Schiffe, aber mit 94 175 BRT. Bleichrodts bestätigte Trefferquote auf dieser Fahrt betrug acht Schiffe mit 34 588 BRT. Kretschmers bestätigte Gesamtbilanz belief sich einschließlich einer halben Versenkung für die *Elmbank* auf 22 Schiffe mit 110 683 BRT.

Ambrosius, das nach einer dreimonatigen Reparatur von Gefechtsschäden wieder in den Atlantik zurückkehrte. Bereits kurz nach dem Auslaufen waren zwei Boote gezwungen, in Bergen haltzumachen: *U29* hatte Probleme mit dem Sehrohr, *U43* mit undichten Stellen.

Nach Erreichen des Atlantiks stieß Schuhart mit *U29* auf den auslaufenden Geleitzug Outbound 217. Er gab Alarm, blieb in Fühlung und führte *U31* (Prellberg) und *U43* (Ambrosius) heran. Schuhart und Ambrosius versenkten je einen britischen Frachter, aber Prellbergs Torpedos versagten oder verfehlten ihr Ziel. Danach fiel bei Schuhart in *U29* eine Maschine aus, und er mußte nach Lorient abdrehen. Einige Tage später machte Prellberg mit *U31* einen weiteren auslaufenden Geleitzug aus, von dem er ein Schiff versenkte; ein zweiter Angriff wurde jedoch von einem begleitenden alliierten U-Boot vereitelt, das *U31* mit einem Torpedofächer vertrieb. Prellberg war ebenfalls gezwungen, die Fahrt wegen technischer Probleme abzubrechen; er wurde in der Nähe von Lorient von einem weiteren alliierten U-Boot angegriffen (von der *Trident*) und wäre beinahe gesunken. Ambrosius machte eine, laut Dönitz, unbefriedigende Feindfahrt und wurde nach seiner Ankunft in Lorient zu einer Schulflottille in der Ostsee versetzt.

In Reaktion auf Schuharts Kontaktmeldung spürte ein Boot aus Lorient (*U32* unter Jenisch), das zunächst ein alleinfahrendes Schiff versenkt hatte, am 26. September den Geleitzug Outbound 217 auf. Jenisch torpedierte den britischen Frachter *Corrientes* mit 6900 BRT, heftete sich dem Geleitzug an die Fersen und fuhr immer weiter nach Westen. Die von ihrer Besatzung aufgegebene *Corrientes* sank nicht, doch zwei Tage später entdeckte ein weiteres Boot aus Lorient, Oehrns *U37*, den Hulk und schickte ihn durch Geschützfeuer und einen Torpedo auf den Grund. Bei der Verfolgung des Geleitzugs nach Westen versenkte Jenisch in der Nähe des 25. Längengrades zwei weitere Schiffe und noch vier weitere auf dem Rückmarsch nach Lorient. Dönitz schrieb ihm für den Einsatz acht Schiffe mit 42644 BRT gut und verlieh ihm das Ritterkreuz.*

Nach der *Corrientes* versenkte Oehrn mit *U37* fünf weitere Schiffe mit 23200 BRT, darunter den 7000-Tonnen-Tanker *British General*. Damit erhöhte sich seine bestätigte Trefferquote auf 23,5 Schiffe mit 101414 Tonnen, und er erhielt das Ritterkreuz. Nach seiner Rückkehr nach Lorient gab Oehrn sein Kommando über *U37* ab und nahm wieder seine vorige Stellung als Erster Stabsoffizier von Dönitz ein. Er löste Werner Hartmann ab, der es nicht erwarten konnte, mit einem neuen Boot wieder in See zu stechen.**

---

* Rechnet man für die *Corrientes* eine halbe Versenkung, dann hatte Jenisch innerhalb von sieben Tagen siebeneinhalb bestätigte Versenkungen mit 39250 BRT erzielt. Da ihm auf dieser und der vorigen Fahrt mit 82644 BRT zuviel gutgeschrieben war, wurde er nun mit einer Tonnage von 104818 Tonnen geführt. Tatsächlich betrug seine bestätigte Versenkungsbilanz jedoch 17,5 Schiffe mit 76290 Tonnen.

** Als Kommandanten von *U37* hatten Hartmann und Oehrn zusammen eine bestätigte Trefferquote von 42,5 Schiffen mit 180000 Tonnen aufzuweisen. Nach der Zahl der versenkten Schiffe nahm das Boot den ersten Platz ein. Da jedoch die versenkte Tonnage stärker zählte, galt *U48*, das unter drei Kommandanten 36 Schiffe mit 204411 Tonnen versenkt hatte, immer noch als das Spitzenboot, denn es lag etwa 53000 Tonnen vor Priens *U47*.

Das Gemetzel im Oktober

Am 1. Oktober 1940 hatte Dönitz, der immer noch in Paris saß, 18 hochseetüchtige Boote unter seinem direkten Befehl;* zehn von ihnen wurden von Ritterkreuzträgern befehligt. Doch diese bescheidene Streitmacht sollte im Laufe des Monats um ein Drittel verkleinert werden. Vier altersschwache und unzuverlässige Boote vom Typ VII wurden vom Kampfeinsatz abgezogen und zur U-Boot-Schule verlegt, zwei Boote vom Typ VIIB mußten zu umfassenden Ausbesserungs- und Erneuerungsarbeiten nach Hause fahren. Auf Befehl des Oberkommandos der Kriegsmarine sollte ein Boot vom Typ IXB, *U65*, eine ausgedehnte Kreuzfahrt nach Freetown unternehmen und die beeindruckende Fahrt von *UA* in dieses Gebiet wiederholen.

Um die Lücke zu schließen, die sich durch diese Umstellungen auftat, ordnete das OKM an, daß die meisten italienischen Boote, die in Bordeaux eintrafen, im Norden patrouillieren sollten, in Regionen, die bislang deutschen Booten vorbehalten waren. Dönitz nahm diese Entscheidung mit Skepsis auf. Auf Hitlers persönliche Anordnung hin sollten die italienischen Boote unter dem Einsatzbefehl des italienischen Befehlshabers der U-Boote, Vizeadmiral Angelo Perona, in Bordeaux bleiben.** Kein italienisches Boot hatte jemals in dem kalten, rauhen Nordatlantik operiert; keines hatte jemals die schwierigen Aufgaben der Geleitzugverfolgung oder des Rudelangriffs trainiert. Dönitz meinte, die italienischen Boote könnten sich als nützlich für die Aufklärung erweisen – für das Aufspüren von Geleitzügen –, doch solange ihre Kommandanten und Besatzungen keine intensive Ausbildung unter deutscher Aufsicht genossen hatten, bezweifelte er, daß sie sich als große Hilfe erweisen würden. Seine Skepsis sollte sich bestätigen.

Zwei neue, Ende September in Deutschland ausgelaufene Boote erreichten das Jagdgebiet Anfang Oktober. Das eine war *U103* vom Typ VIIB unter dem Kommando von Viktor Schütze, der mit der alten *U25* mehrere Atlantikfahrten gemacht hatte. Das andere war *U123* vom Typ IXB unter dem Kommando des 30jährigen Karl-Heinz Möhle, zuvor auf dem Einbaum *U20*. Beide Boote fungierten zunächst am 26. Längengrad als Wetterbeobachter, um die noch unerfahrenen Besatzungen mit dem Atlantik vertraut zu machen und um den Anforderungen der Luftwaffe Genüge zu leisten. Am 6. Oktober versenkte Schütze mit *U103* den norwegischen 7000-Tonnen-Tanker *Nina Borthen*; Möhle versenkte mit *U123* einen 6000-Tonnen-Frachter.

Zwei Tage später befahl Dönitz *U124* (Schulz), das zu seiner zweiten Fahrt von Lorient aus auslief, *U103* und *U123* als Wetterbeobachter abzulösen. Sie sollten nun gemeinsam mit zwei anderen Booten aus Lorient westlich der Rockallbank einen Vorposten bilden, und zwar mit Liebes *U38*, das den britischen Dampfer *Highland Patriot* mit 14100 BRT versenkt hatte, und mit Bleichrodts *U48*. Trotz der stürmi-

---

* Sieben Boote auf See, zehn in Lorient oder St. Nazaire zur Reparatur und das neue Boot *U93* vom Typ VIIC, das von Deutschland aus auslaufen sollte.

** Hitler befürchtete, daß die Italiener ihrerseits den direkten Befehl über Staffeln der Luftwaffe fordern würden, die zur Unterstützung des Angriffs der italienischen Streitkräfte auf Ägypten nach Nordafrika geschickt worden waren, wenn Dönitz den direkten Oberbefehl über die italienischen U-Boote übernommen hätte.

schen, schweren See entdeckte Schütze in *U103* den einlaufenden Geleitzug Slow Convoy 6, aus dem er zwei Schiffe versenkte und ein weiteres, die *Graigwen* mit 3700 BRT, beschädigte. Von den Wellenbergen und dem Nebel irritiert, konnte Möhle in *U123* den Geleitzug nicht ausmachen, doch er stieß auf die beschädigte *Graigwen* und versenkte sie mit einem Torpedo. Weder *U38* noch *U48* konnten den Geleitzug entdecken.

Auf der Suche nach Schützes Geleitzug stieß Bleichrodt jedoch auf Halifax 77, den nächsten großen einlaufenden Geleitzug. Er setzte eine Fühlungshaltermeldung ab und gab Peilzeichen. Anschließend versenkte er bei seinem dritten, gut ausgeführten Überwasserangriff in einem Monat drei Schiffe mit insgesamt 21 900 BRT, darunter den britischen 10 000-Tonnen-Dampfer *Port Gisborne* und den norwegischen Tanker *Davanger* mit 7100 BRT. Von Bleichrodt herangeführt, entdeckte Fritz Frauenheim in *U101*, der soeben von Lorient aus eingetroffen war, einen Nachzügler des Konvois und versenkte ihn.

Weiter nördlich gelangte das fabrikneue Boot *U93* unter dem Kommando des 29jährigen Claus Korth in sein Operationsgebiet. *U93* war vor kaum zwei Monaten, am 30. Juli 1940, in Dienst gestellt worden und erreichte als erstes Boot vom neuen Typ VIIC den Atlantik. Der Typ VIIC war beinahe baugleich mit dem Typ VIIB, doch er war 60 cm länger und enthielt im Inneren einige Verbesserungen in der Ausführung und der Technik. Der Typ VIIC sollte für die mittleren U-Boote der Standardtyp werden.

Korth entdeckte am 14. Oktober den Geleitzug Outbound 227. Er meldete den Kontakt und bezog *U103* (Schütze) und andere in die Jagd mit ein. Bei seinem Angriff verfehlte Korth mit *U93* die von ihm anvisierten Schiffe, aber er traf und versenkte den britischen Frachter *Hurunui* mit 9300 BRT. Als Schütze aufgeschlossen hatte, schoß er mit seinen letzten Torpedos ein 4700-Tonnen-Schiff aus dem Konvoi und drehte dann nach Lorient ab. Korth verlor die Fühlung zu diesem Geleitzug, aber er spürte einen weiteren auslaufenden Geleitzug, Outbound 228, auf. Bei zwei Angriffen in der Nacht vom 16. auf den 17. Oktober verfehlte er erneut die anvisierten Schiffe, traf und versenkte aber wiederum zwei andere.

Südlich von Korth stieß Georg-Wilhelm Schulz mit *U124* auf den allein fahrenden britischen Frachter *Trevisa* (1813 Tonnen) und versenkte ihn in den frühen Stunden des 16. Oktober. Schulz wußte nicht, daß dieses Schiff von dem Slow Convoy 7 getrennt worden war, den ein einziges Kriegsschiff, die Sloop *Scarborough*, eskortierte und der nach einer lokalen Sicherungsgruppe Ausschau hielt, die aus den Sloops *Fowey* und *Leith* und zwei Korvetten bestand. Bleichrodt sichtete 24 Stunden später den Geleitzug Slow Convoy 7, schickte eine Fühlungshaltermeldung an Dönitz und griff sofort mit *U48* an. Er versenkte den britischen Tanker *Languedoc* mit 9500 BRT, den britischen Frachter *Scoresby* mit 3800 BRT, und er beschädigte einen britischen 4700-Tonnen-Frachter. Einige Stunden später versenkte Liebe mit *U38* den griechischen 3600-Tonnen-Dampfer *Aenos*, der von dem Zug getrennt worden war, mit Torpedo und Deckkanone. Nach Bleichrodts Fühlungshaltermeldung wies Dönitz fünf weitere Boote an, den mutmaßlichen Kurs des Geleitzugs anzusteuern. In der Zwischenzeit stieß Bleichrodt mit *U48* auf einen nach Westen fahrenden britischen Frachter, der von einem auslaufenden Geleitzug getrennt worden war. Bleichrodt jagte und versenkte ihn, doch bei dieser Aktion kam er zu weit nach Westen ab, um Slow Convoy 7 noch einmal anzugreifen. Liebe in *U38*, von dem man glaubte, er sei zu weit nördlich des Geleitzuges, spürte den Geleitzug in den frühen Morgenstunden des 18. Oktober als nächster auf. Er meldete den Kontakt, griff an und beschädigte den britischen Frachter *Carsbreck* mit 3700 BRT.

Aufgrund von Liebes Meldung eilten die fünf Boote nach Nordosten, die Dönitz für den Angriff auf Slow Convoy 7 eingeteilt hatte. Am Abend des 18. Oktober bekamen alle fünf Fühlung zu dem Geleitzug, der inzwischen durch die lokale Eskorte verstärkt worden war. In dieser Nacht griffen alle U-Boote bei ruhiger See im hellen Licht eines vollen »Jagdmondes« an. Es war eine chaotische Schlacht. Kretschmer in *U99* hielt das Drama aus der Sicht der U-Boote in seinem Logbucheintrag vom 18./19. Oktober fest – ein legendäres Dokument:

> *1745: Wind Südost, Stärke 3; See 3; dünne Wolkendecke.* U101 *Frauenheim, 2 oder 3 Seemeilen nördlich, signalisiert mit Scheinwerfer: »Feind an Backbord in Sicht.«**
> *1749: Kriegsschiff gesichtet, Peilung 030, mit Kurs nach Ost. Kurz danach, Rauchfahne links davon. Endlich, der Geleitzug. Während wir uns zum Angriff vor den Geleitzug setzen, sichten wir einen Dampfer im Südosten, anscheinend auf Westkurs.*
> *1928: Tauchen zum Angriff.*
> *1950: Auftauchen, da Schiff sich langsam nach Osten absetzt. Ziehe weiter nach vorn. 2000 [Uhr]: Fahre in einigen hundert Metern Entfernung an einem U-Boot über Wasser vorbei, offenbar wieder* U101.
> *2024: Ein anderes U-Boot hat das Schiff torpediert. Kurz danach Austausch von Erkennungssignal mit* U123 *[Möhle]. Geleitzug wieder in Sicht. Ich liege vor ihm, lasse daher mein Boot zurückfallen, weiche dem Zerstörer an der Spitze aus.*** Die Zerstörer schießen dauernd Leuchtgranaten. Von außen her greife ich den rechten Flügel des ersten Gliedes an.*
> *2202: Wetter: Sicht mäßig, helles Mondlicht. Bugschuß nach dem Vorhalterechner. Fehlschuß.*
> *2206: Heckschuß nach Vorhaltrechner. Auf 700 Meter, Treffer vor mittschiffs. Dampfer von etwa 6500 BRT sinkt innerhalb von 20 Sekunden. Ich stoße nun tiefer in den Geleitzug hinein. Alle Schiffe unabhängig voneinander auf Zickzackkurs.*
> *2230: Bugschuß nach Vorhaltrechner. Fehlschuß wegen Fehlers bei der Berechnung des Schußwinkels. Ich beschließe daher, die restlichen Torpedos ohne den Rechner abzuschießen, insbesondere weil die Anlage von der Torpedoversuchsanstalt noch nicht abgenommen und ausgebessert worden ist. Boot wird kurz darauf von einem Schiff gesichtet, das eine weiße Leuchtgranate abschießt und mit voller Kraft auf uns zuhält, setzt Verfolgung nach Kursänderung fort. Ich*

* Teilweise rückübersetzt (Anm. des Übers.).

** In der Verwirrung nächtlicher Angriffe identifizierten die U-Boot-Kommandanten häufig Sloops, Fregatten und Korvetten als »Zerstörer«. Ein britischer Bericht über den Geleitzugkampf findet sich in Lund und Ludlam, Night of the U-boats (1973).

muß mit Motoren auf äußerster Kraft ablaufen. Endlich dreht das Schiff ab, feuert mit einer seiner Kanonen und nimmt wieder Platz im Geleitzug ein.
2330: Ich greife nun den rechten Flügel des vorletzten Gliedes an. Bugschuß auf großen Frachter. Da der Dampfer zuzackt, geht der Torpedo vorbei und trifft dessen noch größeren Nebenmann nach einer Laufstrecke von 1740 m. Dieses Schiff, etwa 7000 BRT groß, wird in der Höhe des vorderen Mastes getroffen und sinkt mit dem Vorschiff schnell bis zur und unter die Wasseroberfläche, da anscheinend zwei Laderäume vollaufen.
2355: Bugschuß auf großen Frachter, etwa 6000 BRT, Entfernung 750 m. Treffer vorderer Mast. Der Torpedo-Detonation folgt unmittelbar eine durch eine hohe Stichflamme begleitete Explosion, die das Vorschiff bis zur Brücke aufreißt und deren Qualmwolke etwa 200 m hoch steht. Vorschiff anscheinend gebrochen. Schiff brennt weiter mit grünlicher Flamme.
0015: Drei Zerstörer nähern sich dem Schiff und suchen in Dwarslinie die Umgebung ab. Ich laufe mit äußerster Kraft ab nach Süd-West und gewinne bald wieder Anschluß an den Geleitzug. Es sind dauernd Torpedo-Detonationen anderer Boote zu hören. Die Zerstörer wissen sich nicht zu helfen und schießen dauernd zu ihrer Beruhigung Leuchtgranaten, die aber in der hellen Mondnacht nicht viel ausrichten. Ich fange nun an, den Geleitzug von achtern abzubauen.
0138: Bugschuß auf großen tiefbeladenen Frachter von etwa 6000 BRT, Entfernung 945 m. Treffer am vorderen Mast. Schiff sinkt in der Detonation.
0155: Bugschuß auf den nächsten großen Dampfer von etwa 7000 BRT. Entfernung 975 m. Treffer am vorderen Mast. Schiff sinkt innerhalb von 40 Sekunden.
0240: Fehlschuß durch Zielfehler mit einem Torpedo, den ich auf einen der größten Dampfer des Geleitzugs abgeschossen habe, einem Schiff der Glenapp-Klasse mit 9500 BRT.
0255: Ich verfehle dasselbe Ziel erneut aus einer Entfernung von etwa 800 m. Unerklärlich, weil die Abschußdaten absolut korrekt waren. Vermute, es war ein Kompaßfehler, weil wir etwa sieben Minuten später am anderen Ende des Geleitzuges eine Explosion hören.
0302: Dritter Versuch auf dasselbe Ziel aus einer Entfernung von 720 m. Treffer vor der Brücke. Vorschiff sinkt rasch bis auf Wasseroberfläche.
0356: Schieße auf ein sehr kleines, unbeladenes Schiff, das die Fühlung zum Geleitzug verloren hatte, und verfehle es. Wir haben erst geschossen, als der Dampfer auf uns zudrehte.
0358: Drehe ab und schieße Hecktorpedo aus einer Entfernung von 690 m. Treffer hinter mittschiffs. Schiff fällt nach achtern ab, liegt etwas tiefer im Wasser. Da alle Torpedos verbraucht sind, warte ich ab, ob das Schiff sinken wird, bevor ich es mit der Deckkanone auf Grund schicke.
0504: Schiff ist von anderem Fahrzeug mit Geschützfeuer versenkt worden. Ich vermute, es war ein britischer Zerstörer, aber später sickert durch, daß es U123 *[Möhle] war. Einige Granaten liegen sehr nahe, so daß ich mich schnell aus der Gegend verholen muß. Das Schiff war die* Clintonia, *3106 BRT.*

Niemand konnte jemals genau ermitteln, wer in jener Nacht welches Schiff aus dem Geleitzug Slow Convoy 7 versenkte. Einige Boote torpedierten offenkundig die gleichen Schiffe – und beanspruchten sie jeweils für sich. Als Dönitz um Meldung bat, fügten einige Boote noch Schiffe aus früheren Angriffen hinzu und steigerten damit noch die Verwirrung. Nach den Kurzberichten, die Boote waren noch auf See, kam Dönitz zu dem Schluß, daß die sechs Boote, die seiner Ansicht nach an dem Angriff auf Slow Convoy 7 beteiligt waren, 30 Schiffe mit 196000 BRT versenkt hätten. In den Nachkriegsjahren kam der deutsche U-Boot-Experte Jürgen Rohwer in Zusammenarbeit mit der Admiralität zu dem Schluß, daß es deutlich weniger waren, nämlich 20 Schiffe mit 79646 BRT. Zum Vergleich:

	Dönitz		Rohwer	
U38 (Liebe)	0	0 Tonnen	1	3554 Tonnen
U46 (Endraß)	4	21000	3	8453
U48 (Bleichrodt)	3	21000	2	13355
U99 (Kretschmer)	7	45000	6½	28949
U100 (Schepke)	3	14600	0	0
U101 (Frauenheim)	8	51000	3	8837
U123 (Möhle)	5	44500	3½	14685
U124 (Schulz)	0	0	1	1813
Gesamt:	30	196000	20	79646

Vier Atlantik-Boote, die keine Torpedos mehr oder nur noch wenig Treibstoff hatten, fuhren in Richtung Lorient. Kretschmer traf mit *U99* am 23. Oktober dort ein, nach einer Feindfahrt von nur neun Tagen – der kürzesten dokumentierten Feindfahrt. Frauenheim erreichte Lorient mit *U101* am folgenden Tag, nach einer Fahrt von lediglich 20 Tagen. Kretschmer erhielt eine frische Ladung Torpedos, füllte die Treibstofftanks bis zum Rand und lief eine Woche später, am 30. Oktober, wieder aus – die bis dahin kürzeste Pause zwischen zwei Einsätzen in Lorient. Erschöpft verließ der Ritterkreuzträger Fritz Frauenheim, der fünf Schiffe mit etwa 42200 BRT zuviel gemeldet hatte, sein Boot *U101* und wechselte zur U-Boot-Schule.

Günther Prien war mit *U47* zu spät von Lorient ausgelaufen, um in den Angriff auf Slow Convoy 7 einzugreifen; er kam am 19. Oktober im Jagdgebiet an. Schon nach wenigen Stunden entdeckte er den großen, einlaufenden und schwer eskortierten Geleitzug Halifax 79. Nach der Kontaktmeldung befahl Dönitz vier weiteren Booten, zu Prien zu stoßen und anzugreifen.

Ein zweiter wüster Geleitzugkampf folgte in der Nacht vom 19. auf den 20. Oktober. Alle fünf Boote bohrten sich in die Formation hinein, schossen links, rechts und mittendrin, trafen wiederum Schiffe, die bereits von anderen torpediert worden waren. Da Prien soeben aus Lorient mit einer vollen Ladung Torpedos und Treibstoff eingetroffen war, zeichnete er sich als der aggressivste Schütze aus und meldete acht Schiffe mit 50500 BRT. Anhand der Kurzberichte kam Dönitz zu dem Ergebnis, daß die anderen vier Boote weitere neun Schiffe mit insgesamt 113100 BRT versenkt hatten. Die bestätigte Gesamtbilanz war auch dieses Mal weit niedriger, und es war wiederum schwer zu ermitteln, wer welches Schiff versenkt hatte. Zum Vergleich Dönitz' Aufstellung und Rohwers Analyse der Nachkriegszeit:

	Dönitz		Rohwer	
U38 (Liebe)	2	13 000	2	12 619
U46 (Endraß)	3	23 000	2½	16 987
U47 (Prien)	8	50 500	4	22 552*
U48 (Bleichrodt)	1	7 000	½	3 011
U100 (Schepke)	3	19 600	3	19 894
Gesamt:	17	113 000	12	75 063

Dönitz und die Berliner Propaganda suchten nach Worten, um ihre Begeisterung über diese Erfolge auszudrücken. Dönitz faßte die Angriffe auf die Geleitzüge Slow Convoy 7 und Halifax 79 zu einer überlangen Schlacht zusammen (»Die Nacht der langen Messer«) und trug in sein Kriegstagebuch ein, acht U-Boote mit etwa 300 Mann Besatzung hätten 47 Schiffe mit 310 000 BRT versenkt – »ein gewaltiger Erfolg«. In der Propaganda wurden Prien alle von ihm gemeldeten Versenkungen von 50 500 BRT angerechnet und damit seine Gesamtbilanz auf 200 000 Tonnen erhöht – ein neuer Meilenstein für einen einzelnen Kommandanten, der mit einem Glückwunschtelegramm von Hitler und einer weiteren hohen Auszeichnung honoriert wurde – dem Eichenlaub zum Ritterkreuz. Bleichrodt wurde die Versenkung von 105 396 Tonnen in zwei kurzen Feindfahrten mit *U48* angerechnet (und zusätzlich die der Sloop *Dundee*), was ihm das Ritterkreuz einbrachte. Frauenheim *(U101)* wurden 51 000 Tonnen angerechnet; Kretschmer *(U99)* 45 000 Tonnen; Möhle *(U123)* 44 500 Tonnen und Schepke *(U100)* 34 200 Tonnen.**

Bei der Verleihung des Ritterkreuzes an Bleichrodt tauchte ein ungewöhnliches Problem auf. Er weigerte sich, den Orden zu tragen, falls dem 24jährigen Reinhard Suhren nicht ebenfalls das Ritterkreuz verliehen würde. Suhren war seit Beginn des Krieges Erster Wachoffizier auf *U48*. Das U-Boot hielt mit insgesamt 42,5 Schiffen und 244 411 Tonnen den Rekord. Bleichrodt bestand darauf, daß Suhren sich den Orden verdient hatte, weil er von der Brücke aus Torpedos abgeschossen hatte, die wenigstens 200 000 Tonnen der genannten Tonnage ausgemacht hätten. Sein Standpunkt wurde noch dadurch bestärkt, daß Viktor Oehrn vor kurzem ebenfalls ein Ritterkreuz für einen Nicht-Kommandanten erhalten hatte, für Suhrens älteren Bruder Gerd, den Leitenden Ingenieur von *U37*, der das Boot trotz zahlreicher Defekte einsatzbereit gehalten hatte. Dönitz stimmte Bleichrodt zu, und Reinhard Suhren erhielt den Orden.***

Natürlich wurden die Zahlen in Berlin wahnsinnig übertrieben. Dennoch ließ sich nicht leugnen, daß die Geleitzüge Slow Convoy 7 und Halifax 79 böse zugerichtet worden waren. Die neun Boote, die an den Angriffen beteiligt gewesen waren, hatten insgesamt 33 Schiffe mit 154 709 BRT versenkt. Zu den Verlusten der Alliierten zähl-

* Zwei Schiffe mit *U46* und *U48* geteilt.

** Priens bestätigte Trefferquote betrug insgesamt 26,5 Schiffe mit 173 552 Tonnen. Bleichrodts Versenkungsbilanz für diese Feindfahrt lag bei sechseinhalb Schiffen mit 40 000 Tonnen, womit sich seine bestätigte Gesamtbilanz auf 14,5 Schiffe mit 74 682 Tonnen erhöhte.

*** Kretschmer von *U99* argumentierte ähnlich und ebenso erfolgreich, daß sein Obersteuermann Heinrich Petersen ein Ritterkreuz verdiene. Obwohl das Ritterkreuz in der Regel nur Offizieren verliehen wurde, machte Dönitz in diesem Fall eine Ausnahme.

ten fünf große, kostbare und voll beladene Tanker: die britischen *Languedoc*, *Shirak*, *Caprella* und *Sitala* sowie die schwedische *Janus*. Und Prien hatte noch einen weiteren großen britischen Tanker schwer beschädigt.

Drei der fünf Boote kehrten nach ihrem Angriff auf Halifax 79 nach Lorient zurück: *U38* (Liebe), *U47* (Prien) nach lediglich acht Seetagen und *U100* (Schepke) nach nur elf Seetagen. Die anderen beiden, *U46* (Endraß) und *U48* (Bleichrodt), fuhren zur turnusmäßigen Werftüberholung und zu Modifikationen weiter nach Deutschland. Als Endraß am 25. Oktober mit *U46* die norwegische Küste entlangfuhr, wurde er von drei Hudson-Maschinen der Coastal Command Squadron 233 entdeckt. Ein Flugzeug, gelenkt von Arthur T. Maudsley und dem Kanadier Everett Baudoux, wurde von der Flak des U-Boots durchsiebt, warf aber zehn 50-Kilogramm-Bomben ab; ein zweites Flugzeug, geflogen von Pilot Officer Winnicott, warf zwei 120-Kilogramm-Bomben ab. Die Bomben des dritten Flugzeugs unter dem Kommando von Pilot Officer Walsh detonierten nicht. Die Bomben explodierten nahebei, beschädigten das Boot schwer und verletzten ein Besatzungsmitglied tödlich. Da das Boot nicht mehr tauchen konnte, schlich Endraß, eskortiert von dem deutschen Minensuchboot *M18*, nach Kristiansand in Norwegen. Von dort aus fuhr er mit einer Luft- und Überwassereskorte nach Deutschland weiter. Die Boote mit den höchsten Versenkungszahlen, *U46* und *U48,* sollten die folgenden drei Monate in deutschen Werften liegen.*

Georg-Wilhelm Schulz in *U124* wurde von seiner Aufgabe als Wetterbeobachter befreit und erhielt den Befehl, den Schiffsverkehr anzugreifen. Am 20. Oktober fing er den Geleitzug Outbound 229 ab und versenkte zwei große Frachter mit 11000 BRT. Danach gingen die Geleitfahrzeuge zum Gegenangriff über und belegten das Boot lange und hartnäckig mit Wasserbomben, der zweite Wasserbombenangriff für das Boot auf ebenso vielen Fahrten. Als der Koch darauf hinwies, daß beide Wasserbombenangriffe an einem Tag erfolgten, an dem er Schokoladenpudding aufgetischt hatte, strich Schulz diesen Nachtisch auf *U124.* Danach fuhr Schulz nach Osten, um die Lücke nordwestlich der Rockallbank zu schließen, verbrauchte jedoch unterwegs den Rest seiner Torpedos, indem er zwei weitere alleinfahrende Schiffe versenkte; danach kehrte er nach Lorient zurück. Die Feindfahrt hatte fünf bestätigte Versenkungen mit 20000 BRT erbracht und wurde von Dönitz als »gut durchgeführt« gelobt.

Die vier alten U-Boote vom Typ VII in Lorient fuhren im Oktober nach Hause zur U-Boot-Schule, vollgepackt mit französischen Süßigkeiten für Angehörige und Freunde. Beim Auslaufen aus Lorient wurde *U31* (Prellberg) zum drittenmal von einem feindlichen U-Boot angegriffen, entkam aber. *U29* unter Schuhart hatte Maschinenprobleme. Es wurde in den Golf von Biskaya umgeleitet, wo es den zurückkehrenden deutschen Handelsstörer *Widder* (der zehn Schiffe mit 58645 BRT versenkt oder gekapert hatte) nach Brest eskortierte, und fuhr später weiter. Die U-Boote *U28*, *U31* und *U32* patrouillierten bei stürmischer, rauher See durch britische Gewässer heimwärts.

Am 26. Oktober griff eine deutsche Maschine vor der Nordwestküste von Irland

* Pilot Maudsley kam später im Krieg ums Leben. Baudoux stieg in der RCAF zum Rang eines Wing Commander (Oberstleutnant) auf.

den 42 348 BRT schweren britischen Ozeandampfer *Empress of Britain* an und setzte ihn in Brand. Als Dönitz von dem Angriff erfuhr – und davon, daß das Schiff geborgen wurde –, wies er *U28*, *U31* und *U32* an, die *Empress* aufzuspüren und zu versenken.

Prellberg befand sich mit *U31* in der günstigsten Position, um die *Empress* abzufangen, doch Ritterkreuzträger Hans Jenisch wilderte mit *U32* in den frühen Morgenstunden des 28. Oktober in Prellbergs Revier und entdeckte den Dampfer zuerst. Zwei hochseetüchtige Schlepper hatten ihn im Schlepptau; zwei Zerstörer dienten als Eskorte. Jenisch lag regungslos in der Dunkelheit an der Oberfläche, ließ die Zerstörer und die Schlepper passieren und schoß dann aus der geringen Entfernung von 600 Metern kaltblütig einen Fächer von drei Torpedos auf die *Empress*. Zwei davon trafen, und die *Empress* ging auf Grund – in diesem Krieg das bislang größte versenkte Schiff. Das Propagandaministerium verkündete die Neuigkeit noch am selben Tag, feierte Jenisch für den Abschuß und schrieb ihm eine versenkte Gesamttonnage von 146 816 Tonnen zu.*

Zwei Tage später, am 30. Oktober, entdeckte Jenisch bei regnerischem und nebligem Wetter den allein fahrenden britischen Frachter *Balzac* und griff ihn unter Wasser an. Er schoß einen Torpedo ab, der nicht weit von dem Schiff frühdetonierte. Da die *Balzac* meinte, sie stünde unter Geschützfeuer, funkte sie Alarm und rief damit die britischen Zerstörer *Harvester* und *Highlander* herbei. Ohne etwas von den Zerstörern zu ahnen, versuchte Jenisch einen zweiten Unterwasserangriff auf die *Balzac*. Der Zerstörer *Harvester* entdeckte das Sehrohr von *U32* und wendete, um das U-Boot zu rammen. Doch Jenisch sah den Zerstörer, brach den Angriff ab und ging auf Tiefe. Die *Harvester* peilte *U32* mit dem Sonar ein, lief heran und warf sechs Wasserbomben – alle weit ab. Die *Highlander* folgte mit einer Serie von 14 Bomben.

Einige dieser Bomben detonierten nahe bei *U32*, schalteten die E-Maschinen aus, beschädigten eine Tauchzelle im Heck und unterbrachen die Preßluftleitungen. Nach einer kurzen Überprüfung des Schadens schickte Jenisch alle Mann in den Bugraum, um den Aufwärtswinkel des Bootes zu verringern, tauchte auf und ging mit den Dieseln auf äußerste Kraft, um im Regen und in der Dunkelheit zu entkommen. Doch die *Harvester* und die *Highlander* erfaßten das Boot mit den Suchscheinwerfern und eröffneten mit ihren 4,7-Zoll-Geschützen und Maschinengewehren aus kürzester Entfernung das Feuer. Als Jenisch erfuhr, daß sämtliche Preßluftleitungen gerissen waren und das Boot tauchunfähig war, befahl er, das Schiff zu verlassen und zu versenken. Die Zerstörer fischten 33 Überlebende aus dem eisigen Wasser, darunter auch Jenisch. Neun Besatzungsmitglieder kamen ums Leben.

Die Briten waren hocherfreut, Jenisch und den größten Teil seiner Besatzung gefangengenommen zu haben – die ersten Kriegsgefangenen von U-Booten seit *U26* vor vier Monaten. Die britische Propaganda beeilte sich, mit der Gefangennahme eines U-Boot-»Asses« (oder Ritterkreuzträgers) zu prahlen, und hob hervor, daß Jenisch die *Empress of Britain* versenkt hatte. In dem vergeblichen Versuch, den Erfolg der Briten zu schmälern – und vielleicht auch, um die deutsche Öffentlichkeit zu beruhigen –, wurde Jenischs Gefangennahme von Berlin vehement dementiert. Ja man griff sogar zu der absonderlichen Maßnahme, im Rundfunk einen fiktiven Bericht

* Seine bestätigte Gesamtbilanz lag bei 18,5 Schiffen mit 118 638 Tonnen.

von Jenischs »siegreicher Heimkehr« zu senden; in der Sendung schilderte ein falscher »Jenisch« in leuchtenden Farben die Versenkung der *Empress*.

Nachdem er von Brest aus die unterbrochene Heimfahrt wieder angetreten hatte, entdeckte Prellberg mit *U31* einen auslaufenden Geleitzug und verfolgte ihn nach Westen. Zu diesem Zeitpunkt patrouillierten vier italienische U-Boote in der Nähe des Geleitzugs; und drei weitere näherten sich dem Gebiet. Dönitz leitete die Meldung über seinen Verbindungsoffizier in Bordeaux, Hans-Rudolf Rösing, an die sieben italienischen Boote weiter, aber kein einziges italienisches Boot entdeckte den Geleitzug, und Prellberg hatte ihn in dem ungünstigen Wetter rasch wieder verloren. Nach Abbruch der Verfolgung stieß er auf den verlassenen Hulk des britischen 5400-Tonnen-Frachters *Matina*, den zuvor Kuhnke mit *U28* auf der Heimfahrt torpediert hatte. Prellberg schoß fünf Torpedos auf den treibenden Hulk; drei gingen fehl, aber zwei trafen, und das Schiff sank.

Am Morgen des 2. November machte Prellberg einen britischen Zerstörer aus und tauchte sofort. In der Absicht, den Zerstörer anzugreifen, besetzte er die Gefechtsstationen und nahm die Verfolgung auf, doch der Seegang war zu stark, um Torpedos abzuschießen. Die erstrebte Beute war die *Antelope*, die im Februar im Alleingang *U41* versenkt hatte und zur Zeit des vergeblichen Angriffs in Gefechtsbereitschaft war.

Die *Antelope* ortete *U31* mit dem Sonar und fuhr sofort einen Angriff mit einer kompletten Salve von sechs Wasserbomben. Gleichzeitig setzte sie eine Alarmmeldung ab, die den Zerstörer *Achates* heranführte, doch das Sonar der *Achates* funktionierte nicht. Die *Antelope* machte allein weiter, führte einen zweiten Angriff durch und warf noch einmal sechs Wabos ab, die das Boot heftig durchschüttelten, aber keinen ernsten Schaden anrichteten. Prellberg wich der *Antelope* in den folgenden zwei Stunden geschickt aus, doch dann spürte ihn der Zerstörer wieder auf und führte einen weiteren sorgfältig vorbereiteten Angriff durch. Er warf eine weitere Salve von sechs Wabos und kurz darauf noch einmal drei.

Dieser dritte und vierte Angriff waren für das Boot tödlich. Die Detonationen zerrissen die Tauchzellen im Heck, fluteten das Hecktorpedorohr und den Hauptzuluftschacht der Dieselmotoren, so daß sich das Boot steil aufstellte. In dem Versuch, das Boot wieder zu trimmen, schickte Prellberg jeden verfügbaren Mann in den Bugraum, doch das nutzte nichts – *U31* sank mit dem Heck voran auf 93 Meter Tiefe. Der Leitende Ingenieur meinte, er könnte den Schaden beheben, doch Prellberg hielt, wie er später den Briten mitteilte, den Heldentod für eine übertriebene Geste und befahl dem Ingenieur, aufzutauchen und die Selbstversenkung einzuleiten.

Die *Antelope* eröffnete das Feuer, sobald sie *U31* erblickte, und ließ ein Rettungsboot zu Wasser, um an Bord zu gehen und Geheimdokumente zu bergen. Aber *U31* machte bei geöffneten Flutventilen noch Fahrt mit den E-Maschinen, und das Rettungsboot konnte nicht aufschließen. Während Prellberg und seine Männer vom Deck in die stürmische See sprangen, eröffnete der Zerstörer erneut das Feuer und versuchte, längsseits zu gehen, um das Boot zu entern. Doch das vollaufende und unbemannte U-Boot drehte sich plötzlich hart nach Backbord und rammte die *Antelope*. Dabei schlug es zwei Treibstofftanks und einen Heizraum leck und richtete noch anderen Schaden an. Außerdem kenterte es bei der Kollision, lief nun durch das Turmluk voll und sank wie ein Stein.

Das Rettungsboot der *Antelope* fischte Prellberg und 43 weitere Mitglieder der

45köpfigen Besatzung aus dem Wasser. Einer der Männer fiel ins Koma und starb an Bord der *Antelope*. Er war in Panik geraten, und hatte »seine Energie«, wie es in der Diagnose der Briten hieß, »durch ständiges Schreien verbraucht«. Bei der folgenden Befragung der Überlebenden erfuhren die Briten, daß *U31* vor Wilhelmshaven schon einmal von einem britischen Flugzeug versenkt und wieder geborgen worden war. Das Boot hatte also die zweifelhafte Ehre, als einziges U-Boot des Krieges zweimal versenkt worden zu sein.

Nur eines der vier alten Typ-VII-Boote, die im Oktober Kurs auf Deutschland genommen hatten, gelangte planmäßig dort an: Kuhnkes *U28*. Er hatte mit dem Boot insgesamt 13,5 bestätigte Versenkungen mit 59000 Tonnen erzielt. Ritterkreuzträger Kuhnke übergab das Boot an die U-Boot-Schule und stellte ein neues Boot in Dienst. Das letzte heimfahrende Boot vom Typ VII, Schuharts *U29* – zugleich das letzte Typ-VII-Boot, das in der Kampfzone zum Einsatz kam –, kehrte erst Anfang Dezember nach langer Wetterberichterstattung heim. Ritterkreuzträger Schuhart hatte es mit dem Boot einschließlich des Flugzeugträgers *Courageous* auf zwölf bestätigte Versenkungen mit 84588 Tonnen gebracht, auf der letzten Feindfahrt aber kein einziges Schiff mehr versenkt. Schuhart übernahm eine Stelle in der U-Boot-Schule. Nicht zuletzt wegen ihrer zahlreichen Mängel hatten die zehn Boote vom Typ VII nur ein knappes Jahr im Atlantik überstanden.

Im September und Oktober patrouillierten vier Einbäume der Flottille Emsmann durch den Nordkanal nach Hause, um zur Schulflottille zu stoßen. Zwei der vier, *U58* und *U59*, versenkten drei Schiffe mit 17500 BRT; die anderen hatten kein Glück. Zwei der neuen Einbäume vom Typ IID patrouillierten über den Nordkanal nach Lorient, um die abgezogenen Einbäume zeitweilig zu ersetzen. Beide hatten großen Erfolg. Auf der Fahrt nach Lorient versenkte *U137* unter dem 25jährigen Herbert Wohlfarth drei Schiffe mit 12000 BRT, darunter den britischen 4753-Tonnen-Tanker *Stratford*, und beschädigte einen Frachter mit 5000 BRT. (Wohlfarth hatte zuvor den alten Einbaum *U14* kommandiert und mit ihm neun bestätigte Versenkungen erzielt.) Bei einer zweiten Feindfahrt von Lorient aus landete Wohlfarth einen Treffer bei dem 10500 Tonnen großen Hilfskreuzer *Cheshire* und setzte ihn für sechs Monate außer Gefecht. *U138* versenkte unter dem Kommando von Wolfgang Lüth, der es zuvor mit dem Einbaum *U9* auf acht bestätigte Versenkungen oder Prisen gebracht hatte, auf der Fahrt nach Lorient in einem einzigen, dreistündigen Überwasserangriff in einer Nacht vier Schiffe mit 34600 BRT, darunter den britischen 13900-Tonnen-Tanker *New Sevilla*. Bei einer zweiten Fahrt von Lorient aus versenkte Lüth einen britischen 5300-Tonnen-Frachter und beschädigte einen britischen 7000-Tonnen-Tanker. Da Dönitz meinte, letzterer sei ebenfalls gesunken, schrieb er Lüth (für *U9* und *U138*) eine Gesamttonnage von 87236 Tonnen und zusätzlich die Versenkung des französischen U-Boots *Doris* gut.* Außer Lüth erhielt während des gesamten Krieges nur noch ein einziger Kommandant eines Einbaums das Ritterkreuz, und zwar 1944 der Kommandant von *U18*, Oberleutnant Fleige, im Schwarzen Meer. Lüth wurde in Lorient zum Kommandanten des ruhmlosen Typ-IX-Boots *U43* befördert.

Die vier in Bordeaux stationierten italienischen U-Boote, die als erste den Weg in den rauhen Nordatlantik antraten, gaben wie erwartet eine schwache Vorstellung. Ein

* Lüths bestätigte Trefferzahl lag bei 13 Schiffen mit 57192 Tonnen.

Boot, die *Malaspina*, meldete einen Geleitzug und griff ihn an, doch ihr Kommandant Mario Leoni schoß fehl und – viel schlimmer – versäumte es, den Kurs und die Geschwindigkeit des Geleitzuges zu melden. Deshalb konnte Dönitz keine anderen italienischen oder deutschen Boote zum Schauplatz dirigieren. Überdies wurde entdeckt, daß die Operationsfähigkeit der Italiener durch einen Konstruktionsfehler ihrer Boote beeinträchtigt wurde. Ihre Dieselmotoren verfügten über keinen nach außen führenden Zuluftschacht. Deshalb wurde die Luft für die Diesel durch das Turmluk angesogen, so daß dieses ständig offen bleiben mußte, wenn das Boot über Wasser fuhr. Im rauhen Atlantik ergoß sich eimerweise Meerwasser durch das Luk und überflutete ungünstig angebrachte elektrische Instrumente in der Zentrale.*

Schwere britische Versäumnisse

Anfang November begann Dönitz die Verlegung des U-Boot-Hauptquartiers von Paris nach Lorient. Das Datum der offiziellen Eröffnung entbehrte nicht einer gewissen Symbolkraft: Es war der 11. November, der Jahrestag des Waffenstillstandes im Ersten Weltkrieg. Dönitz richtete sich seine Wohn- und Arbeitsunterkunft in einem großen Schloß im angrenzenden Kernével ein, mit Blick über den Fluß Scorff, den wichtigsten Wasserweg nach Lorient hinein. Sein persönlicher Stab blieb ungewöhnlich klein: Eberhard Godt, der Stabschef; Viktor Oehrn als Erster Stabsoffizier; Hans Meckel vom Einbaum *U19* als Fernmeldeoffizier und wenige andere – so wenige, daß Besucher aus Berlin sich stets verblüfft darüber zeigten.

Um dieselbe Zeit begann die Organisation Todt, die in Deutschland bereits die Autobahnen gebaut hatte, die Arbeit an den mächtigen U-Boot-Bunkern in Brest, Lorient, St. Nazaire und La Pallice. Diese gewaltigen Bauwerke aus Stahlbeton sollten den U-Booten bei Überholung und Wiederausrüstung vor Bomben Schutz bieten; sie hatten Wände und Decken mit einer Dicke von dreieinhalb bis zehn Metern. Die vier Bunker konnten insgesamt etwa 80 U-Boote beherbergen. Einige Boxen in den Bunkern hatten Schleusentore, so daß sie leergepumpt werden und als Trockendock dienen konnten.

Aufklärungsflugzeuge der Royal Air Force machten Aufnahmen von den Grundmauern der ersten Bunker in Lorient und La Pallice. Somit waren die Briten einigermaßen gewarnt, aber sie nutzten ihr Wissen nicht angemessen aus. Das Bomber Command der RAF räumte Zielen in Deutschland oberste Priorität ein. Die U-Boot-Bunker standen in den Jahren 1940 und 1941 nie weit oben auf der Liste der Angriffsziele der RAF. Folglich lief der Bau nur mit gelegentlichen und wirkungslosen Störversuchen durch das Bomber Command weiter, ein schwerwiegendes Versäumnis, das die Briten noch bedauern sollten und das den Amerikanern immer ein Rätsel bleiben würde.

* Britische Luft- und Überwasserverbände hatten seit Juni im Mittelmeer weitere sechs italienische U-Boote versenkt: *Iride*, *Gondar*, *Berillo*, *Foca*, *Durbo* und *Lafolé*. Ein weiteres, die *Gemma*, wurde von einem anderen italienischen U-Boot irrtümlich versenkt. Ein britisches Enterkommando barg kostbare nachrichtendienstliche Dokumente aus der *Durbo*, bevor sie sank. Die italienischen U-Boot-Verluste in den ersten fünf Monaten nach Kriegseintritt beliefen sich auf insgesamt 17 Boote.

Bis November hatte Dönitz guten Grund, eine verstärkte Unterstützung durch die Luftwaffe beim Aufspüren von Geleitzügen zu erwarten. Doch sie blieb aus. Die Gruppen der Luftwaffe in Frankreich, die dafür eingesetzt werden sollten, waren immer noch skandalös schlecht ausgerüstet. Am 16. November schrieb Dönitz in sein Kriegstagebuch, eine Gruppe könne keine Hilfe leisten, weil ein Flugzeug abgestürzt sei. Die andere Gruppe meldete, alle Flugzeuge müßten wegen »technischer Mängel« zwei Monate lang am Boden bleiben. Eine in Bordeaux stationierte Gruppe, die mit den viermotorigen Langstreckenmaschinen Focke-Wulf 200 Condor ausgestattet war, konnte täglich nur ein Flugzeug zur Verfügung stellen. Die Condor war die Militärversion eines zivilen Linienflugzeuges, das von Frankreich nach Norwegen flog. Aber selbst die wenigen Aufklärungsflüge der Maschinen waren keine Hilfe. Wenn sie tatsächlich einmal einen Geleitzug ausmachten, gaben sie unweigerlich falsche Positionsmeldungen durch, und sie griffen die Geleitzüge an und zwangen sie damit, auf einen neuen Kurs zu gehen (oder gar sich zu zerstreuen), bevor Dönitz die verfügbaren U-Boote zu einem Rudelangriff zusammenziehen konnte.

Im November liefen 14 hochseetüchtige U-Boote zum Angriff auf die Geleitzugrouten im Nordatlantik aus, vier von Deutschland und zehn von Frankreich aus. Die Italiener fügten von Bordeaux aus weitere neun hinzu. Sämtliche U-Boot-Operationen der Achsenmächte des Monats wurden von dem schlechten, kalten Wetter behindert. Ferner litten sie darunter, daß die Alliierten die Geleitzüge vorübergehend ausgesetzt hatten, weil das Taschen-Schlachtschiff *Admiral Scheer* Ende Oktober von den Briten unbemerkt Kiel verlassen und einen Ausfall in den Atlantik gemacht hatte.

Die Helden Otto Kretschmer in *U99* und Günther Prien in *U47* legten als erste Kommandanten in Frankreich ab. Beide hatten Kriegsberichterstatter oder Kriegsverherrlicher (im Dienst des Berliner Propagandaministeriums) an Bord, deren Aufgabe es war, die Kommandanten und ihre Besatzungen – und die U-Bootwaffe – in Wort und Bild zu verherrlichen, worauf ein Strom Freiwilliger in die U-Boot-Schulen drängte. Prien hieß seinen Passagier Wolfgang Frank* willkommen; Kretschmer, dem der ganze Rummel zuwider war (er war als »Otto der Schweigsame« bekannt), den seinen nicht.

Am Nachmittag des 3. November war Kretschmer auf der Westseite von Irland Richtung Nordkanal unterwegs. Er sichtete die Rauchfahne eines alleinfahrenden, einlaufenden Frachters auf Zickzackkurs – die britische *Casanare* mit 5400 BRT. Nach Einbruch der Dunkelheit näherte er sich über Wasser und versenkte sie mit einem einzigen Torpedo. Beim Angriff erspähte er ein weiteres alleinfahrendes Schiff, das sich als das britische Passagierschiff *Laurentic* mit 18 700 BRT entpuppte, das für die Northern Patrol zu einem bewaffneten Hilfskreuzer (merchant cruiser) umgebaut worden war. Kretschmer schwenkte das Boot herum und schoß einen Torpedo auf die *Laurentic*. Er traf mit einem deutlich hörbaren Aufprall, doch das Schiff sank nicht. Kretschmer fuhr auf kürzeste Entfernung heran (580 Meter) und schoß noch einen Torpedo, der fehlging, und einen dritten, der zwar traf, aber, wie Kretschmer vermerkte, »keine besondere Wirkung« hatte.

* Zusätzlich zu seinen Zeitschriftenbeiträgen veröffentlichte Frank im Jahr 1942 ein Propagandabuch über Priens Feindfahrten: *Prien greift an*. In den fünfziger Jahren verfaßte Frank auch eine romanhafte Geschichte des U-Boot-Kriegs unter dem Titel *Die Wölfe und der Admiral* sowie andere Werke.

Während dieses Angriffs erschien ein weiteres großes Schiff auf dem Schauplatz: der 11300 Tonnen schwere Hilfskreuzer *Patroclus*. Er war unklugerweise herangefahren, um Überlebende der *Casanare* und der *Laurentic* zu retten. Kretschmer lief auf die *Patroclus* zu und schoß aus 1200 Meter Entfernung zwei Torpedos. Beide trafen, aber erneut: »Keine besondere Wirkung.« Aus 850 Meter schoß er einen dritten Torpedo und griff dann, um Torpedos zu sparen, mit dem Deckgeschütz an. Als jedoch die *Patroclus* das Feuer »mit gutliegenden Zeitzündergranaten« erwiderte, lief er außer Reichweite und schoß noch einen Torpedo, der zwar traf, aber wieder »keine besondere Wirkung« erzielte.

Obwohl die *Laurentic* wie die *Patroclus* bereits arg durchlöchert waren und langsam sanken, war Kretschmer entschlossen, ihr Ende zu beschleunigen. Während die Torpedomänner die Rohre nachluden, kreuzte er in der Gegend, bis eine Sunderland heranflog und ihn unter Wasser zwang. Eineinhalb Stunden später tauchte er auf, um weiterzuschießen, entdeckte aber nun zwei herbeieilende Zerstörer, die *Achates* und die *Hesperus*. Kretschmer wich ihnen aus und traf die *Laurentic* mit einem Torpedo und die *Patroclus* mit zweien. Beide Schiffe sanken daraufhin rasch.

In der Dunkelheit machte sich Kretschmer eilig davon, brach die Funkstille, um die Versenkung von drei Schiffen mit genau 35414 Tonnen und drei verbliebene Torpedos zu melden. Der hellauf begeisterte Dönitz (»ein weiterer gewaltiger Erfolg«) beorderte Kretschmer nach Lorient zurück. Da die Kretschmer zugeschriebene Gesamtausbeute 217198 Tonnen betrug – der zweite Kommandant nach Prien, dem über 200000 Tonnen zugeschrieben wurden –, verlieh Hitler Kretschmer das Eichenlaub zum Ritterkreuz, und Goebbels' Propaganda verkündete eilig die Neuigkeit. Auf dem Weg nach Lorient stieß Kretschmer am 5. November auf den Geleitzug Halifax 83 und versenkte den britischen 7000-Tonnen-Tanker *Scottish Maiden* mit seinen letzten Torpedos; seine Ausbeute erhöhte sich damit für diese Fahrt auf vier Schiffe mit 42400 Tonnen.* Hitler lud Kretschmer zur Überreichung der Auszeichnung nach Berlin ein und forderte ihn auf, zum Mittagessen in der Reichskanzlei zu bleiben. Auf die Frage des Führers, was er tun könne, um der U-Bootwaffe zu helfen, antwortete Kretschmer frei heraus: Geben Sie uns viel mehr U-Boote und viel mehr Luftaufklärung.

Kretschmer hatte seinen Kurzbericht vom 5. November an Dönitz kaum abgesetzt, als das Taschen-Schlachtschiff *Admiral Scheer*, das unbemerkt die Dänemark-Straße zwischen Island und Grönland passiert hatte, den Geleitzug Halifax 84 mit 38 Schiffen in der Nähe des 32. Längengrads aufspürte und angriff. Es war das erste Mal in 14 Kriegsmonaten, daß ein deutsches Überwasserkriegsschiff einen Geleitzug im Nordatlantik fand und angriff. Die *Admiral Scheer* versenkte das einzige Geleitfahrzeug, den bewaffneten Hilfskreuzer *Jervis Bay* mit 14000 Tonnen, fünf weitere Schiffe mit insgesamt 47300 BRT, und sie beschädigte noch zwei Schiffe schwer.

Von diesem Angriff völlig überrumpelt, warf die britische Admiralität in die Schlacht, was sie hatte. Die Home Fleet (*Nelson*, *Rodney*, *Repulse*, *Hood* usw.) lief in den Atlantik aus, um die *Admiral Scheer* abzufangen, falls sie kehrtmachen und nach Deutschland zurückfahren oder einen französischen Atlantikhafen anlaufen sollte. Alles vergebens – die *Scheer* entschlüpfte in den Südatlantik. In der Zwischenzeit sagte

---

* Seine bestätigte Gesamtbilanz betrug 32,5 Schiffe mit 182032 Tonnen.

National Archives, 242HP3438

Großadmiral Karl Dönitz, vom 28. September 1935 bis 17. Oktober 1939 Führer, danach Befehlshaber der U-Boote. Ab 30. Januar 1943 Oberbefehlshaber der deutschen Kriegsmarine bis 1. Mai 1945. Danach Nachfolger Adolf Hitlers als Staatsoberhaupt.

National Archives, 306NT112042

Großadmiral Erich Raeder, Oberbefehlshaber der deutschen Kriegsmarine vom 1. Oktober 1928 bis 30. Januar 1943.

Winston S. Churchill, First Lord of the Admiralty vom 3. September 1939 bis 10. Mai 1940, danach Premierminister, und Alfred Dudley Pickman Rogers Pound, First Sea Lord vom 12. Juni 1939 bis zu seinem Tod im Dienst am 15. Oktober 1943.

Imperial War Museum, A84178767

Admiral Percy L. H. Noble, Commander in Chief Western Approaches vom 17. Februar 1941 bis 19. November 1942.

National Archives, 306NT291a14

Überraschende Enthüllung der neugeschaffenen U-Boot-Waffe im Jahr 1935. Diese kleinen U-Boote vom neuen Typ II, sogenannte »Einbäume«, wurden vor allem als Schulboote eingesetzt.

Imperial War Museum, A28893

Deutsche U-Boote am Pier. Deutlich zu erkennen ist der Größenunterschied zwischen den Typ-VII-Booten und dem Typ-IX-Boot, das in der vorderen Reihe ganz außen vertäut ist. Weitere Informationen bieten die vergleichenden Querschnitte auf den Seiten 92 und 93.

Bei der Vorbereitung auf eine Feindfahrt entdeckte ein deutscher U-Boot-Fahrer ein enges Plätzchen zum Schreiben, umringt von Wurst, Käse, Brot und anderen Lebensmitteln.

Laden eines Torpedos in den Bugraum. Die deutschen Torpedos waren 7 m lang, hatten einen Durchmesser von 53,3 cm und wogen 1,53 Tonnen. Einschließlich der vier Torpedos in den Rohren bestand die übliche Kriegsbewaffnung im Bugraum der Typen VII und IX aus zehn Torpedos.

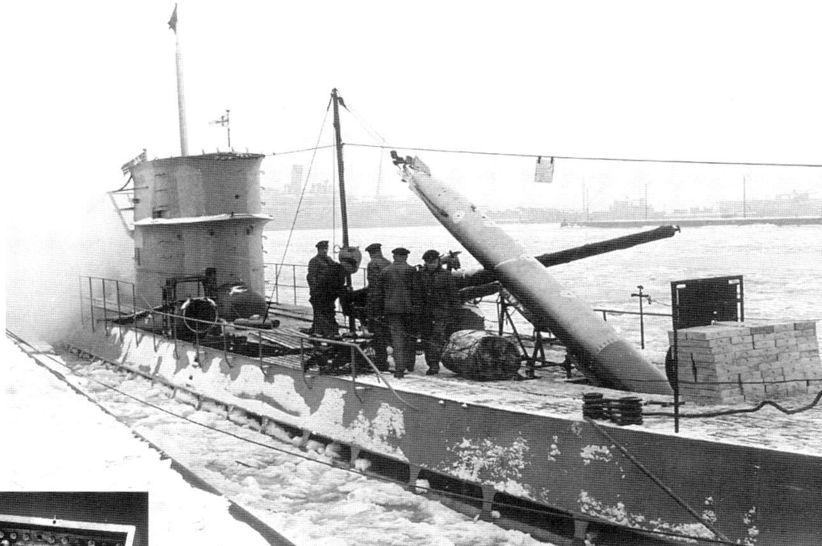

Bundesarchiv, MW5536/3

Der Befehlshaber der U-Boote und die Boote auf See blieben über Funksprüche in Verbindung, die mit Hilfe der »Enigma«-Schlüsselmaschine M der Marine chiffriert und dechiffriert wurden. Die Abbildung zeigt eine vierwalzige Enigma-Maschine der Marine, ausgestellt in der Smithsonian Institution.

Bundesarchiv, MW397118a

Gefechtsklar und begierig auf die Jagd im Atlantik läuft *U564* vom Typ VII zu einer Feindfahrt aus.

Robert Hunt Library, London

Die British Home Fleet in Scapa Flow, wo Günther Prien mit *U47* das Schlachtschiff *Royal Oak* versenkte.

National Archives, 242GAP96B1a

Günther Prien, Deutschlands meistgefeierter U-Boot-Kommandant. Er versenkte 189 156 Tonnen Schiffsraum des alliierten Schiffsverkehrs und steht damit der Tonnage nach auf Platz drei von allen Kommandanten. Er ist im März 1941 im Einsatz gefallen.

Imperial War Museum

Otto Schuhart traf mit *U29* den britischen Flugzeugträger *Courageous* – hier zu sehen mit starker Schlagseite kurz vor dem Sinken.

National Archives, 242PKA2191

Ein Boot vom Typ VII in den rauhen Gewässern des Nordatlantiks auf der Suche nach einem Opfer.

Bundesarchiv, MW422019a

Herbert Schultze, Kommandant von *U48,* versenkte 183 432 Tonnen und kam damit auf Platz fünf.

Joachim Schepke, Kommandant von *U100,* versenkte 155 882 Tonnen und kam auf Platz 13. Im März 1941 im Einsatz gefallen.

US Naval Institute, 99741

Otto Kretschmer, der »Tonnagekönig«, versenkte 45 Schiffe mit 269 872 Tonnen und nahm damit den ersten Platz unter allen deutschen U-Boot-Kommandanten ein. Im März 1941 wurde er von den Briten auf seinem sinkenden Boot *U99* gefangengenommen und verbrachte den Rest des Krieges in einem Kriegsgefangenenlager.

National Archives, 242PKA2103

Vom Torpedo eines U-Boots getroffen, versinkt ein unbekannter Tanker der Alliierten in den Wellen.

U-Boot Archiv, Cuxhaven

Heinrich Lehmann-Willenbrock, Kommandant von *U96,* versenkte 183 223 Tonnen und belegte damit Platz sechs. Er diente als Vorbild für den Kommandanten in dem Roman *Das Boot* von Lothar-Günther Buchheim sowie in dem gleichnamigen Fernseh-Mehrteiler und in dem Spielfilm.

Reinhard Suhren, der berühmte Erste Wachoffizier von *U48* und spätere Kommandant von *U564.* Nach Aussage der Kommandanten von *U48* zielte und schoß Suhren persönlich die Torpedos, die insgesamt über 200 000 Tonnen alliierten Schiffsraum vernichteten.

U-Boot Archiv, Cuxhaven

Adalbert Schnee, Kommandant von *U201,* gewann Ruhm und hohe Auszeichnungen für seine kühnen Angriffe auf Geleitzüge der Alliierten. Er versenkte 20 Schiffe und beschädigte mehrere andere.

Jürgen Oesten, Kommandant des IXB-Boots *U106,* versenkte zehn Schiffe und beschädigte das britische Schlachtschiff *Malaya.*

Eitel-Friedrich Kentrat, Kommandant von *U74,* bei der Rückkehr zum Stützpunkt nach einer erfolgreichen Feindfahrt.

Bundesarchiv, MW369110

Auf dem Rückmarsch von einer Feindfahrt in tropischen Gewässern übergibt das glücklose IXC-Boot *U154* übrige Torpedos an das erfolgreiche *U564.*

Eine deutsche Focke-Wulf 200 Condor, Militärversion eines deutschen Linienflugzeugs der Vorkriegszeit. Die Condor-Maschinen waren in Frankreich stationiert, um für die U-Boote Geleitzüge der Alliierten auszukundschaften. Sie waren bei den Alliierten sehr gefürchtet, richteten in Wirklichkeit jedoch wenig aus.

Robert Hunt Library, London

Britische Kriegsschiffe kapern am 9. Mai 1941 *U110* vom Typ IXB. Der Versuch, das Boot in einen Hafen zu schleppen, scheiterte. Es sank – aber erst nachdem ein Enterkommando der Alliierten die Enigma-Maschine, die Codebücher und anderes wertvolles nachrichtendienstliches Material geborgen hatte.

Bundesarchiv, MW425430

U109 vom Typ IXB auf der Rückkehr von einer Feindfahrt.

Sicher in den U-Boot-Bunkern von St. Nazaire im besetzten Frankreich vertäut, werden hier zwei Boote vom Typ VII ausgebessert.

die Admiralität drei von Halifax einlaufende Geleitzüge ab; der geregelte Geleitzugverkehr wurde erst am 17. November mit der Fahrt von Halifax 89 wiederaufgenommen. »Der Verlust an Importwaren«, schrieb ein Historiker der Admiralität, »der diesem Land durch das plötzliche Auftauchen des Taschenschlachtschiffes auf unserer Hauptgeleitzugroute zugefügt wurde, war somit weit größer als die tatsächlich von ihm versenkte Fracht.«

Die Aussetzung der Geleitzüge im Nordatlantik in der Periode vom 5. bis zum 17. November war für die Hochsee-U-Boote frustrierend. Zwischen dem 5. und 21. November versenkten sie kein einziges Schiff – die bislang längste »Durststrecke« in diesem Krieg. In dieser Phase hatten lediglich ein Einbaum, der über den Nordkanal heimfuhr, und zwei italienische Boote Jagdglück. In einem gut vorgetragenen nächtlichen Überwasserangriff auf einen Geleitzug aus Gibraltar mit Kurs auf England versenkte Herbert Wohlfarth mit dem Einbaum *U137* vier Schiffe mit 13 300 BRT.* Das italienische U-Boot *Marconi* versenkte den 2700-Tonnen-Dampfer *Vingaland* aus dem Geleitzug Halifax 84, der nach dem Angriff der *Admiral Scheer* von einer Condor beschädigt worden war. Und die *Baracca* versenkte einen britischen Frachter mit 4900 Tonnen.

Prien, der Stier von Scapa Flow, erlebte eine frustrierende Feindfahrt. Der mitfahrende Mann des Propagandaministeriums, Wolfgang Frank, berichtete, daß er ein kleines neutrales portugiesisches Schiff mit seinem Deckgeschütz stoppte, die Papiere kontrollierte und es weiterfahren ließ. In den folgenden zehn Tagen sichtete er kein einziges Schiff. Da Prien nicht wußte, daß die *Admiral Scheer* einen vorübergehenden Abbruch des Geleitverkehrs verursacht hatte, kamen er und sein 26jähriger Erster Wachoffizier Amelung von Varendorff zu dem Schluß, daß die britische Admiralität die Geleitzüge auf eine andere Route weit ab vom Gebiet um die Rockallbank verlegt hatte. Prien meinte, sie seien weit nach Norden ausgewichen, während Varendorff meinte, weit nach Süden. Frank schrieb, die Stimmung sei immer gereizter geworden.

Am 18. November, als die Admiralität die Geleitzüge wiederaufnahm, machte Wohlfarth mit Einbaum *U137* auf dem Rückmarsch in der Nähe des Nordkanals den Geleitzug Outbound 244 aus. Nach seiner Kontaktmeldung beorderte Dönitz fünf U-Boote aus Lorient in Wohlfarths Operationsgebiet. Prien entdeckte den Geleitzug und griff mit fünf Torpedos an. Keiner traf sein Ziel: drei gingen fehl, einer ging nicht los und lief im Rohr »heiß«, und einer brach nach oben aus dem Wasser aus. Viktor Schütze versenkte mit *U103* zwei Schiffe mit 10 900 BRT. Als ein Schiff auf ihn zudrehte, um ihn zu rammen, schoß Schütze ihm einen Torpedo direkt vor den Bug, doch der Torpedo glitt an der Wand des Schiffes ab und explodierte nicht. Mit einem wilden Ausweichmanöver gelang es Schütze mit knapper Not zu entkommen.

Als letzter nahm Karl-Heinz Möhle mit *U123* vom Typ IXB in den frühen Morgenstunden des 22. November Fühlung zu dem Geleitzug auf. In einer bemerkenswert hartnäckigen und aggressiven Serie von Angriffen in den folgenden 30 Stunden ver-

---

* Die deutsche Propaganda frohlockte, Wohlfarth habe in »kleinen U-Booten« (den Einbäumen *U14* und *U137*) die großartige Gesamtzahl von 61 500 Tonnen versenkt. Seine bestätigte Gesamtbilanz war für Einbäume tatsächlich der Rekord – 16 versenkte Schiffe und zusätzlich noch eine schwere Beschädigung des Hilfskreuzers *Cheshire*. Doch die bestätigte Tonnage betrug lediglich 36 800 Tonnen.

senkte Möhle sechs Schiffe mit 28000 BRT. Bei der letzten Aktion stieß Möhle, während er unter Wasser einen Fangschuß abgab, mit einem »unbekannten Gegenstand« zusammen; der Kommandoturm und beide Sehrohre wurden beschädigt, und Möhle war gezwungen, nach nur 15 Tagen auf See nach Lorient zurückzukehren. Die Reparatur von *U123* dauerte 50 Tage, und die Besatzung bekam einen Heimaturlaub, der bis nach Weihnachten dauerte.

Bei einer vergeblichen Verfolgung des Geleitzugs Outbound 244 stieß Joachim Schepke mit *U100* am 23. November zufällig auf den einlaufenden Slow Convoy 11. Er gab die Position durch, und Claus Korth mit *U93* vom Typ VIIC lief heran. Korth hatte kein Glück, aber Schepke verfolgte den Zug und griff ihn 20 Stunden lang unablässig an. Schepke meldete sieben versenkte Schiffe mit 41400 BRT und zog mit dem hervorragenden Ergebnis auf seiner vorigen Fahrt gleich. Eine Analyse nach dem Krieg bestätigte die sieben Versenkungen, verringerte jedoch die Tonnage auf 24601 BRT.

Schepkes Versenkungsmeldungen wurden zu einem kniffligen Problem. Nach eigener Schätzung hatte er elf Schiffe mit 36372 Tonnen auf den Einbäumen *U3* und *U19* versenkt, sowie 26 Schiffe mit 176938 Tonnen auf *U100*, kam also auf insgesamt 37 Schiffe mit 213310 Tonnen. Wenn dies zutraf, war er der dritte Kommandant, der über 200000 Tonnen versenkt und sich für das Eichenlaub zum Ritterkreuz qualifiziert hatte. Dönitz wußte jedoch über den B-Dienst, daß Schepke bezüglich der Tonnage notorisch übertrieb; und tatsächlich nannte man seine Meldungen in der ganzen U-Bootwaffe spöttisch »Schepke-Tonnage«. Trotzdem ließ sich nicht leugnen, daß Schepke definitiv 34 Schiffe versenkt hatte – 23 davon in nur 90 Tagen auf *U100*. Damit lag er nach der Zahl der versenkten Schiffe an erster Stelle, eine Leistung, die eine außergewöhnliche Auszeichnung verdiente. Folglich empfahl Dönitz Schepke für das Ritterkreuz mit Eichenlaub, obwohl er nach Dönitz' Rechnung noch keine 200000 Tonnen versenkt hatte.

Weit im Süden, vor Freetown, führte Stockhausen in *U65* vom Typ IXB einen U-Boot-Krieg mit einem einzigen Boot. Seine Hauptaufgabe war es, zu verhindern, daß Frachtschiffe um das Kap der Guten Hoffnung herum Nachschub zur Nil-Armee in Ägypten transportierten. Am 11. November meldete er Dönitz, er habe an der *Nordmark* nachgetankt (die als Troßschiff für die *Admiral Scheer* diente), aber in den 28 Tagen seit seiner Abfahrt von Lorient habe er noch kein einziges Schiff versenkt.

Diese schlechte Nachricht war überaus enttäuschend. Sie veranlaßte Dönitz, erneut beim Oberkommando der Kriegsmarine gegen die Entsendung von U-Booten in den Südatlantik zu protestieren. Doch das OKM bestand darauf, ein weiteres Boot in das Gebiet zu schicken. Widerwillig erteilte Dönitz dem veralteten Typ-IX-Boot *U37* diesen Auftrag, das inzwischen unter dem 29jährigen Nikolaus Clausen, ehemals Einbaum *U142*, fuhr. Es lief am 28. November aus und sollte an einem deutschen Versorgungsschiff bei den Kanarischen Inseln nachtanken.

Dönitz stand kurz davor, *U65* zurückzurufen, als Stockhausen »starken Verkehr« und die Versenkung von vier Alleinfahrern mit 21000 BRT zwischen dem 15. und dem 18. November meldete. Dazu zählten zwei Tanker, die norwegische *Havbör* mit 7600 BRT und die britische *Cangonian* mit 5000 BRT. Diese vielversprechende Meldung veranlaßte Dönitz, *U65* im Gebiet vor Freetown zu lassen; später im Monat sollte das Boot ein zweites Mal bei der *Nordmark* nachtanken. Doch die Briten, die wegen der Versenkungen und durch die Einpeilung mit HF/DF von der Anwesenheit von *U65* wußten, machten einen weiten Bogen um das Boot und verstärkten die Luftaufklärung. Stockhausen tankte am 28. November das zweite Mal nach (er übergab dabei einen Überlebenden einer Versenkung) und noch einmal am 7. Dezember, bekam jedoch volle vier Wochen lang kein Feindschiff mehr zur Gesicht. Dönitz fragte sich deshalb erneut, ob es klug sei, U-Boote in dieses weit entfernte Gebiet zu entsenden.

In den letzten Tagen des Novembers verblieben nur vier U-Boote aus Lorient in dem stürmischen Nordatlantik: *U43* des veralteten Typs IX unter dem neuen Kommandanten Wolfgang Lüth, der zweimal mit technischen Problemen abgebrochen hatte, bevor er schließlich das Jagdgebiet erreichte; *U47* (Prien); *U93* (Korth) und *U103* vom Typ IXB (Schütze). Lediglich eins der vier Boote hatte Glück: Viktor Schütze versenkte mit *U103* drei Schiffe mit 13 000 BRT. Korth hatte mit *U93*, dem ersten VIIC-Boot, das auf Feindfahrt ausfuhr, nur eine Menge Treibstoff verbraucht und mußte vorzeitig nach Frankreich zurückkehren. *U93* verdiente sich damit die zweifelhafte Auszeichnung, als erstes Boot ohne ein einziges versenktes Schiff nach Lorient zurückzukehren. Ein weiteres Mißgeschick sollte *U93* als erstes ereilen: Es wurde am Pier von einem der selten auftauchenden RAF-Bomber getroffen. Der Schaden war nur gering, aber er verzögerte den nächsten Einsatz des Bootes bis Januar 1941.

Sieben weitere U-Boote liefen im November aus; damit erhöhte sich die Zahl der Boote in den Operationsgebieten auf zehn. Fünf fuhren in Deutschland los, zwei in Lorient. Drei der Boote aus Deutschland waren neu. Beinahe sofort nach Erreichen der Kampfzone kamen zwei, *U95* unter dem 28jährigen Gerd Schreiber, vorher auf dem Einbaum *U3*, und *U104* unter dem 27jährigen Harald Jürst, ehemals Einbaum *U59*, mit Feindschiffen in Berührung; beide versenkten und beschädigten je ein Schiff. Danach verschwand *U104* vom Typ IXB spurlos – möglicherweise, weil es durch einen Fehler der Besatzung sank.* Der Einbaum *U140* unter dem Kommando des 26jährigen Hans-Peter Hinsch versenkte im Nordkanal drei Schiffe mit 13 200 BRT und kehrte zur U-Boot-Schule zurück.

Am letzten Tag des Monats November blieben noch acht Boote in den Jagdgebieten, darunter auch Prien, dessen Treibstoff – und Geduld – zur Neige gingen und der Kurs auf Lorient genommen hatte. Lediglich das VIIB-Boot *U101*, frisch aus Lorient mit dem neuen 28jährigen Kommandanten Ernst Mengersen, ehemals Einbaum *U18*, versenkte ein Schiff; alle anderen meldeten: »Kein Verkehr.«

In der Annahme, die Briten hätten die Geleitzugrouten nach Süden verlegt, befahl Dönitz etwa der Hälfte der Boote, darunter auch Priens auf dem Rückmarsch befindlichem Boot *U47*, in dieser Richtung Ausschau zu halten. Es war ein guter Rat. Am 1. Dezember meldete Mengersen mit *U101* nach Einbruch der Dunkelheit Fühlung zu dem großen einlaufenden Geleitzug Halifax 90.

Dönitz befahl ihm, die Fühlung zu halten und mit dem Angriff so lange zu warten, bis andere Boote heran waren. Mengersen blieb am Feind und sendete Peilzeichen, aber er konnte der Versuchung nicht widerstehen: Er stieß in den Geleitzug hinein, verschoß alle zwölf Torpedos und meldete die Versenkung von vier Schiffen mit

* Nach *U102* war *U104* das zweite Boot vom neuen Typ IXB, das auf der ersten Feindfahrt spurlos verschwand.

33 000 BRT und die Beschädigung von zwei weiteren mit 11 000 BRT. Zu seinen bestätigten Opfern zählte der britische 8800-Tonnen-Tanker *Appalachee*. Prien griff mit *U47* in den frühen Stunden des 2. Dezember als nächster an und meldete ein versenktes Schiff mit 10 000 BRT und Treffer bei dem britischen 8400-Tonnen-Tanker *Conch*. Danach beschoß er ein unbekanntes Schiff mit dem Deckgeschütz, bis die Geleitfahrzeuge ihn vertrieben. Frisch aus Lorient traf als nächster Otto Kretschmer mit *U99* ein und versenkte mit fünf Torpedos den Hilfskreuzer *Forfar* mit 16 400 Tonnen, der im Begriff gewesen war, zur Eskorte des Geleitzugs Outbound 251 zu wechseln. Die *Forfar* war der dritte große Hilfskreuzer, den Kretschmer innerhalb eines Monats versenkte.

Ein neues VIIC-Boot aus Deutschland, *U95* (Schreiber), kam heran und entdeckte die *Conch*, die Prien beschädigt hatte. Schreiber schoß drei Torpedos auf sie ab. Zwei glitten mit geringer Wirkung ab, aber einer traf genau. In der Meinung, der Tanker werde untergehen, brach Schreiber den Angriff ab, um sich ein neues Opfer zu suchen. Die *Conch* jedoch weigerte sich hartnäckig, zu sinken.

Zwei weitere Boote eilten zum Schauplatz: *U52* (Salman), das nach Überholung in Deutschland in den Atlantik zurückkehrte, und das altersschwache Boot *U43* (Lüth) aus Lorient. Am Morgen des 2. Dezember versenkte Salman zwei britische Frachter mit 7000 BRT und beschädigte einen weiteren. Lüths Anmarschkurs führte genau in den Kurs von Geleitzug Outbound 251. Er griff an und versenkte zwei Schiffe mit 19 400 BRT, darunter den britischen 12 200-Tonnen-Tanker *Victor Ross*.

Zwei Zerstörer, die kanadische *St. Laurent* und die britische *Viscount*, reagierten auf die Notrufe des Geleitzugs. Bei Tagesanbruch sichteten sie ein U-Boot an der Oberfläche und zwangen es zum Tauchen. Die *St. Laurent* bekam Sonarkontakt und begann einen Angriff mit Wasserbomben. Die *Viscount* schloß sich bald an. Insgesamt führten die zwei Zerstörer in vier Stunden 13 separate Angriffe durch und warfen 81 Wasserbomben, die auf 45, 75, 105 und 150 Meter Tiefe eingestellt waren. Sie versenkten zwar kein U-Boot (wie angenommen wurde), aber ihre Anwesenheit – und die Angriffe – hielten alle Boote unter Wasser, und der Geleitzug entschlüpfte ihnen.

Als Dönitz erfuhr, daß der Geleitzug entkommen war, schäumte er vor Wut. Nie hatte er genug Boote! Nie reichte die Zeit, um sich für einen Großangriff zu sammeln! Keine Unterstützung seitens der Luftwaffe! Er steckte den mutmaßlichen Kurs des Geleitzuges ab, rief die Boote zur Verfolgung auf und forderte bei der Luftwaffe Unterstützung an. Drei Flugzeuge wurden entsandt – eine Rekordanstrengung! –, aber keines entdeckte den Geleitzug.

Am späten Nachmittag des 2. Dezember setzte sich *U94*, ein weiteres Boot des neuen Typs VIIC aus Deutschland, unter dem 31jährigen Herbert Kuppisch, ehemals Einbaum *U58*, vor den Geleitzug und meldete die Fühlung. Als Dönitz die Kontaktmeldung erhielt, wies er alle Kommandanten an, zu der Feindformation aufzuschließen, auch Mengersen mit *U101*, obwohl er keine Torpedos mehr hatte. Immer noch auf Fühlung stieß Kuppisch nach Einbruch der Dunkelheit in den Geleitzug hinein und griff an; er versenkte zwei britische Frachter mit 12 700 BRT. Beim Versuch, wieder aufzuschließen, torpedierte Kretschmer mit *U99* einen norwegischen Nachzügler mit 4300 BRT und später den aufgegebenen britischen Tanker *Conch*. Kein weiteres Boot fand den Geleitzug am zweiten Tag.

Nach Eingang der Kurzberichte von den sechs Booten, die den Geleitzug angegriffen hatten, meinte Dönitz, sie hätten einen weiteren sensationellen Sieg errungen. Er errechnete, daß die Boote insgesamt 18 Schiffe mit 120 698 BRT versenkt hatten, die Tonnage von Salman in U52 nicht mitgerechnet. Jürgen Rohwers Nachforschungen nach dem Krieg schmälerten den Sieg erheblich. Zum Vergleich:

	Dönitz		Rohwer	
U47 (Prien)	2	17 000	1 1/3*	10 347*
U52 (Salman)	3	?	2	7 034
U94 (Kuppisch)	3	21 000	2	12 747
U95 (Schreiber)	2	12 000	1/3	2 792
U99 (Kretschmer)	3	29 698	2 1/3	23 470
U101 (Mengersen)	5	41 000	3	17 105
Gesamt:	18	120 698	11	73 495

Nach einer genauen Prüfung der Kurzberichte und anderer Daten verringerte Dönitz die Gesamtzahl der Versenkungen im Geleitzug Halifax 90 von 18 auf 16 Schiffe. Eifrig bemüht, den Sieg auszuschlachten, warf die deutsche Propagadna am 3. Dezember die beiden Versenkungen von Lüth aus Outbound 251 dazu und prahlte, die U-Boote hätten innerhalb der vergangenen 24 Stunden 18 Schiffe mit 148 000 BRT versenkt. Einschließlich der *Conch*, die erst am 3. Dezember sank, betrug die bestätigte Versenkungszahl aus beiden Geleitzügen 13 Schiffe mit 92 855 BRT. Ernst Mengersen, der Halifax 90 als erster ausgemacht und die anderen fünf Boote herangeführt hatte, wurde namentlich erwähnt; ihm wurden fünf Versenkungen mit 41 000 BRT zugeschrieben.

Drei der sechs an diesen Kampfhandlungen beteiligten U-Boote kehrten nach Lorient zurück. Prien, seine Besatzung und der Kriegsberichterstatter Wolfgang Frank waren alles andere als glücklich. Sie hatten nach 34 Tagen Feindfahrt bei schrecklichem Wetter nur eine bestätigte Versenkung zu verbuchen, den belgischen Frachter *Ville d'Arlon* mit 7555 BRT (und dazu den Schaden an dem Tanker *Conch*). Aber Dönitz empfing sie mit guten Nachrichten: *U47* würde in Lorient überholt werden; allen Männern wurde bis Weihnachten Heimaturlaub gewährt.

Der zur Wetterbeobachtung eingeteilte Otto Kretschmer versenkte mit *U99* einen 5200-Tonnen-Frachter, dann brach er wegen eines Maschinenschadens seinen Einsatz ab und kehrte nach Lorient zurück. Die deutsche Propaganda verkündete hämisch, daß Kretschmer auf dieser 16tägigen Feindfahrt vier Schiffe mit 34 935 BRT versenkt habe und daß er mit einer Gesamttonnage von 252 100 Tonnen der neue König der U-Boot-Asse sei.** Letzteres war richtig. Kretschmer wurde gedrängt (wie zuvor Prien und Werner Hartmann), ein Buch zu schreiben, aber der »schweigsame Otto« lehnte ab. Als Dönitz ihm und seiner Besatzung bis Weihnachten Fronturlaub gewährte, nahm Kretschmer die ganze Crew zum Skifahren mit.

Von den Booten aus Lorient, die auf See blieben, hatte nur Viktor Schütze mit

* Mit *U95* und *U99* geteilt für die Versenkung des Tankers *Conch*.

** Kretschmers bestätigte Gesamtzahl betrug 35 versenkte Schiffe und eine Teilversenkung mit insgesamt 191 515 Tonnen.

U103 vom Typ IXB Glück. Er versenkte noch zwei Schiffe und kehrte dann nach Lorient zurück, nachdem er ebenfalls 34 grauenvolle Seetage unterwegs gewesen war. Da ihm für diese Feindfahrt acht Schiffe mit 46 000 BRT zugeschrieben wurden, beliefen sich seine Meldungen (für *U25* und *U103*) auf insgesamt 20 Schiffe mit 109 317 Tonnen.* Er wurde mit dem Ritterkreuz und einem Fronturlaub bis Weihnachten belohnt.

Nicht weit von dem Schauplatz des Gefechts mit Halifax 90 stieß das italienische U-Boot *Argo* unter dem Kommando von Alberto Crepas auf einen weiteren einlaufenden Geleitzug, Home Gibraltar 47 (in den Dokumenten abgekürzt HG). Als Crepas Torpedos abschoß, entdeckte der kanadische Zerstörer *Saguenay* unter dem Kommando von F. H. Davidson die *Argo* und drehte auf sie zu, um sie zu rammen. Ein Torpedo traf die *Saguenay* an der vorderen Backbordseite, sprengte 18 Meter des Vorschiffs ab und tötete 21 Männer. Der britische Zerstörer *Highlander* eilte der *Saguenay* rasch zu Hilfe und nahm 90 Mann auf, darunter 18 Verwundete. Bemerkenswerterweise löschte eine Rumpfmannschaft der Kanadier die Brände und rettete die *Saguenay*, die von britischen Schleppern nach England gebracht wurde. Sie erntete viel Lob, weil sie Angriffe auf Handelsschiffe des Geleitzugs Home Gibraltar 47 verhindert hatte, blieb jedoch viele Monate in der Werft.

Dieser beinahe tödliche Angriff auf einen feindlichen Zerstörer war der Höhepunkt der Einsätze italienischer U-Boote im Herbst 1940. Bis dahin hatten neun der 27 italienischen Boote zwölf Schiffe versenkt, darunter fünf (!) neutrale.** Im Gegenzug war ein italienisches U-Boot, die *Faá di Bruno*, verlorengegangen. Diese erste Versenkung eines italienischen Bootes im Atlantik war das Ergebnis einer hartnäckigen, 20stündigen Jagd am 6./7. November durch den kanadischen Zerstörer *Ottawa* unter dem Kommando von Edmond R. Mainguy und durch den britischen Zerstörer *Harvester* unter dem Kommando von M. Thornton.*** Es gab keine Überlebenden.

Im Dezember versenkten fünf italienische U-Boote, darunter auch die *Argo*, fünf weitere Frachter der Alliierten, zwei davon waren Nachzügler des Slow Convoy 15 und zwei andere Nachzügler der Geleitzüge Outbound 252 und 260. Im Gegenzug ging ein zweites italienisches Boot verloren. Es handelte sich um die *Tarantini*, die vor Bordeaux von dem britischen U-Boot *Thunderbolt* torpediert wurde. Auch von diesem Boot gab es keine Überlebenden.

In der dreimonatigen Periode vom 2. September bis zum 2. Dezember 1940, in der zweiten Phase der »glücklichen Zeit«, wüteten deutsche U-Boote unter der britisch kontrollierten Schiffahrt ein weiteres Mal in bestürzendem Ausmaß. Die 24 hochseetüchtigen U-Boote, die in dieser Zeit im Nordatlantik unterwegs waren, versenkten 140 Schiffe mit etwa 760 000 Tonnen. Auf elf Feindfahrten (drei von Deutschland oder Norwegen und acht von Lorient aus) versenkten die Einbäume weitere 17 Schiffe (darunter zwei Tanker) mit etwa 89 000 Tonnen; das machte insgesamt 157 Schiffe mit et-

* Schützes bestätigte Versenkungszahl bei dieser Feindfahrt betrug sieben Schiffe mit 38 465 BRT; seine bestätigte Gesamtzahl 19,5 Schiffe mit 93 801 Tonnen.

** Zwei spanische Schiffe, ein jugoslawisches, ein schwedisches und ein griechisches.

*** Damals schrieb die britische Admiralität die Versenkung irrtümlich dem britischen Zerstörer *Havelock* zu.

wa 847 000 Tonnen, von denen 17 mit etwa 140 000 Tonnen Tanker waren.* Dagegen gingen im selben Zeitraum lediglich drei U-Boote verloren (die unbedeutenden Typ-VII-Boote *U31* und *U32* und das neue Typ-IX-Boot *U104*); damit lag das Verhältnis von verlorenen Schiffen zu verlorenen U-Booten bei etwa fünfzig zu eins!

Zahlreiche Faktoren hatten bei dem Gemetzel eine Rolle gespielt: der kluge und intuitive Einsatz der wenigen verfügbaren U-Boote, der Rudelangriffe auf sieben verschiedene Geleitzüge ermöglicht hatte; der Wagemut, die Erfahrung und die Zuversicht seitens der zwei Dutzend Kommandanten; die ausgezeichnete Wirkung der Torpedos bei nächtlichen Überwasserangriffen; die unzureichende und ungeeignete Geleitsicherung und die mangelhaften ASW-Maßnahmen; und schließlich eine gute Portion Glück. »In allen Fällen«, schrieb Dönitz in sein Kriegstagebuch, »war jedoch die Herstellung der ersten Fühlung mit dem Geleitzug eine zufällige. Ein U-Boot wurde von dem Geleitzug angelaufen.«

Die Briten hatten allen Grund zur Besorgnis. In den sechs Monaten der »glücklichen Zeit« hatten die U-Boote von Mitte Mai 1940, als sie in den Atlantik zurückkehrten, bis zum 2. Dezember die beeindruckende Gesamtzahl von 298 Schiffen mit mehr als 1,6 Millionen Tonnen versenkt, davon fast alle in den Zufahrtsrouten im Nordwestatlantik. Darin waren 37 Tanker enthalten, von denen 27 britischen Unternehmen gehört hatten.

Vor allem 18 U-Boot-Kommandanten zeichneten für das Gemetzel während dieser »glücklichen Zeit« verantwortlich. Sie zogen ausnahmslos in das Pantheon der deutschen Seehelden ein. Hier die bestätigten Erfolge:

Kommandant	Boot	Schiffe	Tonnen
Otto Kretschmer	*U99*	30 1/3	175 804
Joachim Schepke	*U100*	23 1/2	121 712
Viktor Oehrn	*U37*	23 1/2	101 415
Günther Prien	*U47*	20 1/3	124 470
Engelbert Endraß	*U46*	17	95 658
Heinrich Bleichrodt	*U48*	14 1/2	76 292
Fritz Frauenheim	*U101*	14	68 949 +
Hans Jenisch	*U32*	15 1/2	68 404
Viktor Schütze	*U103*	12 1/2	60 592
Hans-Rudolf Rösing	*U48*	12	60 702
Heinrich Liebe	*U38*	12	73 191
Wilhelm Rollmann	*U34*	13	52 424
Karl-Heinz Möhle	*U123*	9 1/2	3 854
Fritz-Julius Lemp	*U30*	8	38 736
Otto Salman	*U52*	9	37 678
Günter Kuhnke	*U28*	7 1/2	22 942 +
Wolfgang Lüth	*U138***, *U43*	7	59 331
Herbert Wohlfarth	*U137*	7	25 444 +
Gesamt:		255 +	1 307 598 +

* Zwei Tanker und zwei Frachter, die U65 in westafrikanischen Gewässern versenkte, nicht mitgerechnet.

** *U137* und *U138* waren Einbäume vom Typ IID.

Die Amerikaner verfolgten das Gemetzel dieser »glücklichen Zeit« weiterhin mit Schrecken – und heimlicher Verachtung. Die U-Boot-Erfolge in den offenen Geleitzugschlachten bestärkten sie in ihrer Auffassung, daß ein schwach eskortierter Geleitzug schlimmer sei als überhaupt kein Geleitzug, weil er den deutschen Rudeln eine Masse idealer Ziele bot – zu viele Eier in einem allzu löchrigen Korb. Das Fehlen von Überwassereskorten zum Schutz der Geleitzüge bestärkte die Amerikaner ferner in ihrer Auffassung, daß Churchills Strategie, den Mittelmeerraum zu verteidigen, für die ein wesentlicher Teil der britischen Seestreitkräfte aus heimischen Gewässern abgezogen wurde, einen törichten Kräfteverschleiß in einer überaus kritischen Phase bedeutete. Vor allem kritisierten die Amerikaner an der britischen Regierung, daß sie ihre Bomberstaffeln nicht gegen den Bau der U-Boot-Bunker in den französischen Atlantikhäfen einsetzte.

Premierminister Churchill war sich der drohenden Krise der Schiffahrt genau bewußt. Er schreibt in seinen Kriegserinnerungen:

> *Inmitten der Flut gewaltsamer Ereignisse gab es eine alles beherrschende Furcht. Schlachten konnten gewonnen oder verloren werden, Unternehmungen konnten Erfolg haben oder scheitern, Gebiete konnten erobert oder aufgegeben werden, aber der ausschlaggebende Faktor für unsere gesamte Macht, den Krieg fortzuführen oder auch nur zu überleben, lag in unserer Beherrschung der Seewege und der freien Zu- und Einfahrt in unsere Häfen... Wie gern hätte ich einen umfassenden [deutschen] Versuch einer Invasion [der Britischen Inseln] gegen diese amorphe, grenzenlose [U-Boot-]Gefahr getauscht, die sich in Statistiken, Diagrammen und Kurven äußerte...*

Neben den Maßnahmen, die Churchill Ende 1940 ergriff, um neue Handelsschiffe von den Vereinigten Staaten und Kanada zu erhalten, wies er die Admiralität an, ihre Koordination der Geleitzüge und der schnellen unabhängigen Schiffe drastisch zu verbessern. Zuerst einmal verlegte die Admiralität alle transatlantischen Geleitzüge weiter nach Norden, um sie aus der Reichweite der für hocheffizient gehaltenen deutschen Luftaufklärung zu bringen. Als weiterer Schritt wurden Schiffe mit einer Reisegeschwindigkeit von mindestens 13 Knoten von der Auflage befreit, in Geleitzügen zu fahren.*

Außerdem unternahmen die Briten Schritte, um den Schutz der schwach eskortierten transatlantischen Geleitzüge zu verstärken. Da die Gefahr einer deutschen Invasion nach dem Sieg der Royal Air Force über die Luftwaffe praktisch gleich null war und wegen des anhaltend schlechten winterlichen Wetters befreite die Admiralität eine Reihe von Flotten- und anderen Zerstörern von den Aufgaben bei der Abwehr einer Invasion und teilte sie dem Geleitschutz zu. Dennoch herrschte weiterhin ein akuter Mangel an Zerstörern für den Geleitschutz. Er beruhte zum Teil

* Bis dahin hatten lediglich Schiffe mit einer Reisegeschwindigkeit von mindestens 15 Knoten außerhalb der mit 9 Knoten reisenden Halifax-Geleitzüge fahren dürfen. Das neue und riskantere Verfahren gestattete es einer Vielzahl neuer, schneller und bewaffneter Handelsschiffe, wie zum Beispiel Tankern, allein zu fahren, was ihre Fahrtzeiten verkürzte.

auf den schweren Zerstörerverlusten und -beschädigungen bei Seeschlachten, zum Teil darauf, daß die ersten 23 neuen kleinen Fahrzeuge der Hunt-Klasse nicht die Ansprüche für den Einsatz im Nordatlantik erfüllten, und zum Teil auf der Verzögerung der Ankunft oder Verfügbarkeit der 50 Glattdeck-Zerstörer der US Navy. Im November machte Churchill in einer Denkschrift an die Admiralität seiner Enttäuschung Luft:

> *Noch heute zu erledigen. Beunruhigend ist jedoch, daß von 151 Zerstörern nur 84 dienstfähig sind, und von den 60 [als Geleitzugeskorte und zur U-Boot-Abwehr] für die nordwestlichen Zufahrtswege bestimmten nur 33. Als wir vor mehr als einem Monat unsere Konferenz abhielten, standen dem Admiral [in den Northwest Approaches] nur 24 Zerstörer zur Verfügung. Die amerikanischen Zerstörer wurden jedoch fortlaufend in Dienst gestellt, und mir wurde versichert, daß die Produktion unserer eigenen Werften stetig weiterläuft. Ich verstehe deshalb nicht, warum einstimmig gefaßte Beschlüsse auf diese Weise durchkreuzt wurden und warum eine so verhältnismäßig große Zahl von Zerstörern aus dem einen oder anderen Grund stillgelegt ist.*

Um die Zahl der verfügbaren Geleitfahrzeuge zu erhöhen, führte die Admiralität mehrere Änderungen ein. Am westlichen Ende der Geleitzugrouten wurden die transatlantischen Geleitzüge aus Amerika »auseinandergezogen« oder verzögert. Statt alle vier Tage fuhr etwa die Hälfte der wichtigen Halifax-Geleitzüge nur noch alle sechs Tage. Alle Sydney-Geleitzüge (oder Slow Convoys) fuhren statt alle acht nur noch alle zehn Tage (und zwar, seit Sydney vereist war, von Halifax aus). Am östlichen Ende verlegte die Admiralität die Basen für die Zerstörereskorten von Bristol und Liverpool nach Loch Ewe in Nordschottland und Belfast in Nordirland. Diese Änderungen ermöglichten es einer größeren Zahl von Geleitfahrzeugen, die Geleitzüge an beiden Enden der Routen weiter ins offene Meer hinaus zu begleiten.

Um jene Zeit wurden die ersten in Großbritannien und Kanada gebauten 61,5 Meter langen, einschraubigen Korvetten der Flower-Klasse in größerer Zahl in Dienst gestellt.* Obwohl sie anfangs ausschließlich für den küstennahen Geleitverkehr vorgesehen waren, war die Admiralität in ihrer großen Not gezwungen, sie an beiden Endpunkten der transatlantischen Routen einzusetzen. David K. Brown, ein Schiffbauingenieur der britischen Admiralität, schrieb dazu kürzlich:

> *Die Schiffe der Flower-Klasse … hatten beim Einsatz auf hoher See viele Nachteile. Sie waren kurz, so daß sie stark stampften und schlingerten, was zu einem hohen Anteil von Seekranken und, aller Wahrscheinlichkeit nach, von Fehlentscheidungen führte; außerdem ließ ihre Wohnlichkeit sehr zu wünschen übrig. Unzulängliche Schlingerkiele ließen die Schiffe stark rollen; außerdem waren sie*

* Die erste in Großbritannien gebaute Korvette der Flower-Klasse, die *Gladiolus*, lief am 24. Januar 1940 vom Stapel. Bis Ende 1940 hatten britische Werften 76 Korvetten fertiggestellt. Die erste in Kanada gebaute Korvette, die *Dunvegan*, lief am 11. Februar 1940 vom Stapel. Aus den kanadischen Werften kamen bis Ende 1940 45 Korvetten. Insgesamt also 121 Korvetten bis Ende 1940.

zu langsam, um mit einem aufgetauchten U-Boot Schritt zu halten oder rasch auf ihre Position zurückzukehren... Die Schiffe waren schlecht konstruiert ... Die ersten mit dem kurzen Vordeck waren die schlimmsten. Sie hatten die Kojen im Bugraum, wo der Seegang am stärksten zu spüren war. Um auf die Brücke oder in den Maschinenraum zu gelangen, mußte man das offene Treppendeck überqueren, auf dem man bei schlechtem Wetter unweigerlich durchnäßt wurde. Schlimmer noch, die Kombüse lag achtern, und das Essen mußte über das offene Oberdeck zur Messe getragen werden, so daß es auf dem Weg kalt, wenn nicht gar verschüttet wurde.

Das von Frederick Bowhill geführte Coastal Command hatte sich seit Beginn des Krieges beträchtlich entwickelt, war jedoch immer noch ein armes Stiefkind der Royal Air Force. Seine Aufklärungsflüge bei Tageslicht mit Sunderland- und Hudson-Maschinen waren nützlich gewesen, um die U-Boote zum Tauchen zu zwingen, aber kein Flugzeug des Coastal Command hatte bislang ein deutsches U-Boot ohne Hilfe eines Überwasserschiffs versenkt. Seit Juli 1940, als die U-Boote zu nächtlichen Überwasserangriffen übergingen, waren diese Luftpatrouillen des Coastal Command nutzlos gewesen, weil es praktisch unmöglich war, ein U-Boot bei Nacht mit bloßem Auge zu entdecken.

Dringend benötigt wurde also ein Radarsystem zur U-Boot-Bekämpfung. Anfang 1940 hatte das Luftfahrtministerium einige Radaranlagen für Flugzeuge (Air to Surface Vessel; ASV) mit 1,5 Meter Wellenlänge für eine Handvoll Flugzeugtypen (Hudson, Swordfish, Walrus) des Coastal Command und der Navy geliefert, die zum Aufspüren großer feindlicher Überwasserschiffe eingesetzt werden sollten. Da diese Anlagen jedoch nicht in der Lage waren, U-Boote aufzuspüren, hatten das Coastal Command und die Royal Navy die beschleunigte Produktion von 4000 verbesserten Anlagen mit gleichfalls 1,5 Meter Wellenlänge (ASV-II) beantragt. Der Marinehistoriker J. David Brown schrieb dazu: »Leider wurde die Bedeutung des Programms von den Beamten des Luftfahrtministeriums nicht erkannt, und sie legten das Gesuch auf Eis ...« Statt dessen gaben sie dem Radargerät Air Interception (A-I) für die Jäger des Fighter Command den Vorrang, das zum Abfangen von Nachtbombern diente. Die Folge war, daß bis Ende 1940 lediglich 49 Flugzeuge des Coastal Command und einige wenige Swordfish-Doppeldecker der Navy versuchsweise über die verbesserten ASV-II-Radaranlagen verfügten, ein fatales Versäumnis, das lediglich von dem Fehler übertroffen wurde, den Bau von U-Boot-Bunkern in französischen Atlantikhäfen nicht zu verhindern.

Selbst wenn das verbesserte ASV-Radarsystem Mark II mit 1,5 Meter Wellenlänge genau geeicht war und mit größtmöglicher Präzision arbeitete, war es beinahe nutzlos für den Angriff auf ein U-Boot bei Nacht. Abgesehen von Störflecken am Boden oder auf dem Meer, wurde das Radar aus komplizierten elektronischen Gründen »blind«, sobald sich das Flugzeug dem U-Boot auf 1,8 Kilometer näherte. Eine aufmerksame U-Boot-Wache hatte also genug Zeit, der Flugrichtung des »blinden« Flugzeugs nach rechts oder links auszuweichen und seinen Spreng- oder Wasserbomben zu entgehen.

Was die Flugzeuge benötigten, war folglich ein Mittel zur Verbesserung der »Sicht« auf diesen letzten Kilometern bis zum U-Boot. Ende Oktober 1940 schlug ein Offizier im Hauptquartier des Coastal Command, Humphrey de Verde Leigh, eine mögliche Lösung vor: einen sehr starken, lenkbaren Scheinwerfer, der an einem einziehbaren Gestell an der Unterseite des Rumpfes befestigt war. Bowhill pflichtete dem Vorschlag begeistert bei und befreite Leigh von allen anderen Aufgaben, damit er sich ganz der Realisierung seiner Idee widmen konnte. Aufgrund technischer Probleme und der Trägheit und Gleichgültigkeit der Bürokratie sollte Leigh volle 18 Monate benötigen, bis er sämtliche Pannen behoben hatte, die volle Zustimmung des Luftfahrtministeriums erhielt und der Scheinwerfer gefechtsfähig war – ein weiteres schwerwiegendes Versäumnis der Briten.

Ähnlich langsam kam die Ausrüstung britischer Geleitfahrzeuge mit Radargeräten voran. Erst am 19. Juni 1940 stach ein britischer Zerstörer mit einem Versuchsradar zur U-Boot-Abwehr in See. Es handelte sich um die *Verity* und ein Radarsystem vom Typ 286 M, das mit einer Wellenlänge von 1,5 Metern arbeitete. Es hatte eine »feste« Antenne, die nur »nach vorne schauen« konnte. Um einen größeren Bereich des Meeres abzusuchen, mußte das Schiff nach back- und steuerbord schwenken. Britische Ingenieure arbeiteten an einer drehbaren Antenne und an einer Kathodenstrahlröhre als Anzeige (Planned Position Indicator oder PPI), auf der das eigene Schiff im Zentrum eines flachen Bildschirms zu sehen war und die anderen Fahrzeuge als sich langsam bewegende Punkte.

Der Typ 286 M war nützlich, um die Position im Geleitzug zu halten, aber um U-Boote aufzuspüren, benötigten Schiffe – genau wie Flugzeuge – ein leistungsfähigeres Radargerät, das auf dem Vielschlitzmagnetron von Randall und Boot basierte. Die Arbeit daran lief bereits, kam aber ebenfalls langsam voran. Am 12. August 1940 führten britische Wissenschaftler in der Swanage Bay den ersten erfolgreichen Testeinsatz eines Radars mit 10 Zentimeter Wellenlänge gegen ein U-Boot durch. Genau wie bei dem verbesserten ASV-II Radar rüstete das Luftfahrtministerium auch diesmal vorrangig das Fighter Command mit dem zentimetrischen Radar aus, um das Abfangen von Bombern zu erleichtern. Sechs Monate vergingen, ehe ein Wasserfahrzeug in See stach, um erstmals ein 10-Zentimeter-Radargerät (mit einer festen Antenne) an Bord eines Schiffes zu testen. Das System hatte die Typenbezeichnung 271 M.

Auf der Gegenseite wurde rasch deutlich, daß die Handvoll deutscher U-Boote das Gemetzel der »glücklichen Zeit« nicht fortsetzen konnte. Die Kommandanten und die Besatzungen hatten bis zur Erschöpfung gekämpft und brauchten Erholung, ihre Fahrzeuge mußten ausgebessert und überholt werden. Das Winterwetter wurde zunehmend ungemütlicher. Die Witterung und die kurzen Wintertage verschlechterten drastisch die Sicht und verringerten damit die Chance, eine Rauchfahne von Schiffen in einem Geleitzug auszumachen. Anders als die Briten vermuteten, kam von der Luftwaffe immer noch keine nennenswerte Hilfe bei der Aufspürung der Geleitzüge. Außerdem war der Engpaß bei der Zahl der U-Boote noch schlimmer geworden. Sämtliche Boote vom alten Typ VII und alle Einbäume waren verlorengegangen oder aus dem Atlantik zur U-Boot-Schule abgezogen worden. Mehrere hochseetüchtige Boote waren zur Überholung und Modernisierung nach Deutschland zurückgekehrt. Viele neue U-Boote, die in der Ostsee erprobt wurden, waren wegen technischer Probleme noch nicht einsatzbereit. Und die großen italienischen U-Boote in Bordeaux waren so gut wie nutzlos.

Schwere Zeiten standen bevor.

VIER

Ein bitterer Winter

Der auf Kontinentaleuropa fixierte Adolf Hitler hatte sich endgültig zu einer Invasion in die Sowjetunion im Frühjahr 1941 entschlossen. Am 18. Dezember 1940 erteilte er die vorbereitenden Befehle für das Unternehmen Barbarossa.

Die Planung wurde durch Mussolinis Mißerfolge in Nordafrika und Griechenland erschwert. Bevor Hitler in die Sowjetunion einfallen konnte, mußte er zunächst Mussolini zu Hilfe eilen und Deutschlands strategische Position auf dem Balkan sichern. Dies erreichte er durch die schnellstmögliche Entsendung von Landstreitkräften – dem Deutschen Afrikakorps – nach Nordafrika und durch die Eroberung und Besetzung Griechenlands im März (Operation Marita). Aus diesen Gründen wollte Hitler zunächst das Heer ausreichend stärken und sich erst danach ganz auf die Bedürfnisse der Luftwaffe und der Kriegsmarine konzentrieren.

Der Bedarf an Arbeitskräften und Material für diese Unternehmen und die Vorbereitung des Rußlandfeldzugs verlangsamten den U-Bootbau. Am 27. Dezember, zehn Tage nachdem Adolf Hitler die ersten Befehle für das Unternehmen Barbarossa gegeben hatte, hatte Großadmiral Raeder eine Unterredung mit Hitler, in der er eindringlich vor dem Unternehmen warnte. Raeders Argumente wurden in verkürzter Form von einem Stenographen festgehalten:

> *Erkenntnis unumgänglich notwendig, daß als dringlichstes Gebot der Stunde die klare und ausschließliche Schwerpunktsbildung gegen England erforderlich ist, d. h. Bereitstellung der für die Niederringung Englands erforderlichen Kampfmittel mit der allergrößten Energie und Beschleunigung; jedoch bewußte Zurückstellung aller für die Kampfführung gegen England nicht unbedingt notwendigen Forderungen. Schwere Bedenken gegen »Barbarossa« vor Niederringung Englands. – Kampf gegen England getragen von Luftwaffe und Kriegsmarine. Daher weitestgehende Förderung der Kampfmittel dieser beiden Teile der Streitkräfte und Konzentration ihrer Waffen auf den britischen Nachschub, der im Hinblick auf allmähliche Umstellung gesamter englischer Rü-*

stungs-, insbesondere Flugrüstungsindustrie und des Handelsschiffsbaus auf Amerika stark steigende Bedeutung gewinnt, so daß Abhängigkeit Englands von Aufrechterhaltung der Einfuhren absolut kriegsentscheidend.... Feste Überzeugung Skl. [der Seekriegsleitung der deutschen Kriegsmarine], daß deutsche Kriegführung in U-Bootswaffe ähnlich wie im Weltkriege... kriegsentscheidendes Kampfmittel gegen England besitzt.

Hitler war von Raeders Bedenken wenig beeindruckt. Solange Mussolinis Position nicht gefestigt, der Balkan nicht gesichert und die Sowjetunion nicht erobert waren, sollte der Krieg gegen Großbritannien nur nachgeordnete Priorität haben. Obgleich diese Unternehmen hauptsächlich vom Heer und der Luftwaffe ausgeführt wurden, sollte die Kriegsmarine viele wichtige Verpflichtungen übernehmen. Diese Aufgaben umfaßten etwa, die sowjetische Marine in der Ostsee, im Schwarzen Meer und im Nördlichen Eismeer zu blockieren, Norwegen und Griechenland gegen mögliche Landungsunternehmen der Briten zu verteidigen, die Schiffstransporte für das Afrikakorps und dessen Ausrüstung von Italien nach Nordafrika zu organisieren und eine Nachschublinie zur Versorgung dieser Streitmacht aufzubauen.

Raeder schrieb später, Hitlers Entscheidung, Großbritannien unbesiegt und unbesetzt zu lassen und statt dessen den Angriff auf die Sowjetunion zu wagen, sei völlig verrückt gewesen. Trotzdem fand er sich als guter Soldat mit ihr ab und wies das Oberkommando der Kriegsmarine (OKM) an, die erforderlichen Pläne auszuarbeiten.

Der Seekrieg im Atlantik sollte während des ganzen Jahres 1941 mit größtmöglicher Intensität weitergeführt werden. Die U-Boote sollten dabei die Hauptlast tragen, doch sie sollten durch zahlreiche Handelsstörkreuzer, durch die Schweren Kreuzer *Admiral Hipper* und *Prinz Eugen*, die Taschen-Schlachtschiffe *Admiral Scheer* und *Lützow*, die Schlachtkreuzer *Gneisenau* und *Scharnhorst* und schließlich auch durch die Superschlachtschiffe *Bismarck* und *Tirpitz* verstärkt werden.

Das – ewige – Problem war der akute Mangel an hochseetüchtigen U-Booten. Zwischen dem 1. September und dem 1. Dezember 1940 wurden dreizehn neue Hochsee-U-Boote in Dienst gestellt, drei Boote *(U31, U32, U104)* waren jedoch in dieser Zeit verlorengegangen und zwei andere Boote (*U28* und *U29*) waren für Ausbildungszwecke abgestellt worden. Das waren effektiv acht neue hochseetüchtige Boote bei einem Gesamtbestand von einunddreißig in Dienst gestellten Booten (einschließlich *UA*). Allerdings befanden sich viele der neuen Boote noch in der Erprobungsphase. Selbst wenn das Eis in der Ostsee keine übermäßigen Verzögerungen verursachen würde, konnte es März oder April werden, bevor die meisten neuen Boote den Atlantik erreichen würden.*

Wegen des Mangels an U-Booten und weil B-Dienst und Luftwaffe keine verläßlichen taktischen Informationen lieferten, benötigte Dönitz dringend geheimdienstliche Informationen über die Bewegungen britischer Schiffsverbände. Daher pochte er bei Raeder darauf, endlich die von der Luftwaffe schon seit langem versprochene und dringend erforderliche Luftaufklärung zu bekommen. Raeder stimmte dem zu, da die Aufklärung auch die geplanten offensiven Operationen der deutschen Kriegsschiffe unterstützen würde. Er hatte allerdings keinen Einfluß auf den Oberbefehlshaber der

* Die Erprobungsphase für ein neues Boot betrug damals etwa vier Monate.

Luftwaffe, den Reichsmarschall Göring. Raeder und Göring sprachen kaum miteinander.

Raeders Vorgehensweise in dieser Sache war mit einem politischen Risiko verbunden. Er überging Göring und beauftragte Dönitz, seine Argumente direkt General Alfred Jodl, dem Hitler nahestehenden Chef des Wehrmachtsführungsstabes im OKW, vorzutragen. Das Gespräch, schrieb Dönitz, sei überaus zufriedenstellend verlaufen: »Er [Jodl] wurde überzeugt.« Das Resultat des Gesprächs war, daß das Kampfgeschwader KG 40 unter dem Kommando des ehemaligen Marineoffiziers Martin Harlinghausen durch eine persönliche Verfügung Hitlers der operativen Kontrolle von Dönitz unterstellt wurde. Obwohl die Gruppe nur einige Flugzeuge des Typs Condor besaß und die Piloten noch viel lernen mußten, schrieb Dönitz nach Hitlers Verfügung voller Optimismus in sein Tagebuch: »Die Kriegführung der U-Boote ist mit diesem Befehl einen entscheidenden Schritt weitergekommen.«

Göring schäumte vor Wut, weil Hitler ihn nicht konsultiert hatte, als er das Kampfgeschwader Dönitz unterstellte. Als Göring später in seinem Befehlszug nach Frankreich reiste, lud er Dönitz auf einen Besuch ein. »Ich sah ihn an diesem Tage zum erstenmal«, schrieb Dönitz später. »Er versuchte, mich in einer Unterredung zu bewegen, einer Aufhebung des Führerbefehls beizupflichten. Ich lehnte verstimmt ab. Eine Einladung zum Essen im Anschluß an die Unterredung schlug ich aus. Wir schieden grollend.«

Im Dezember 1940 war die Anzahl einsatzbereiter Hochsee-U-Boote auf sechs geschrumpft – der niedrigste Stand im Vergleich zu allen Vormonaten des Jahres 1940. Vier Boote stachen von Lorient aus in See, und zwei Boote, das VIIC-Boot *U96* und das IXB-Boot *U105*, traten von Deutschland aus ihre erste Feindfahrt an.

Diese sechs Boote, wie auch die im November entsandten Boote, die sich noch auf Feindfahrt befanden, waren mit tobenden Stürmen aus westlicher Richtung konfrontiert. Ein bitterer, frostiger Winter war angebrochen, der sogar noch schlimmer als jener von 1939/1940 werden sollte. Schwere Sturmböen türmten riesige, graue Wellenberge auf, und die Boote wurden auf schwindelerregende Höhen emporgerissen, um wieder in den Abgrund zwischen den Wellen hinabzuschießen. Die Boote stampften und erzitterten, rollten heftig und krängten sehr stark. Die Ausgucke wurden von beißend kalter Gischt, Hagel oder Schneeregen gepeitscht. Von Zeit zu Zeit brachen riesige Wellen über die Brücke, die die Männer völlig durchnäßten, schwer an ihnen zerrten und ihre Lungen und die Sicherheitsgurte auf eine harte Probe stellten. Häufig war die Sichtweite gleich Null. Die Lebensbedingungen im Boot waren alptraumhaft, ein Leben in einer einer hin und her rollenden, nassen Tonne. Es war nicht möglich, Essen zu kochen und zu verteilen, aber den meisten Besatzungsmitgliedern war dies gleichgültig. Selbst alten Seebären war der Appetit vergangen.

Außerdem mußten die Boote auch mit einer weiteren möglichen Störung der Geleitzugabfolge rechnen. Der Schwere Kreuzer *Hipper* befand sich mit dem Sonderauftrag, die Geleitzüge aus Halifax anzugreifen, auf dem Weg in den Nordatlantik. Die Mission hatte einen doppelten Zweck: Zum einen sollten wertvolle Schiffsfrachten vernichtet werden, zum anderen schwere Einheiten der Home Fleet in den westlichen Atlantik gelockt werden, damit die Schlachtkreuzer *Gneisenau* und *Scharnhorst* mit ihren Versorgungsschiffen im selben Monat unbeschadet durch die Nordsee in den Atlantik vorstoßen konnten. Falls die *Hipper* Erfolg haben sollte und einen Halifax-Geleitzug aufspürte, würden die Briten die Halifax-Geleitzüge wahrscheinlich erneut einstellen, bis die Gefahr beseitigt war.

Joachim Schepke lief mit *U100* als erster in Lorient aus. Zu diesem Zeitpunkt hatte die Führung in Berlin veranlaßt, ständig zwei Boote zur Wetterbeobachtung einzusetzen, um dadurch die Angriffe der Luftwaffe auf England zu unterstützen. *U100* sollte eines der beiden Wetterboote ablösen und auf einer Position in der Nähe des 20. Grads westlicher Länge dreimal täglich Kurzsignale absetzen.

Der Wetterdienst war unpopulär. Es war eine langweilige Angelegenheit, Wetterdaten zu sammeln und die Meldungen für die Funkübermittlung zu verschlüsseln. Aufgrund von atmosphärischen Störungen war es häufig nötig, ein Signal mehrmals zu senden. Wiederholte Sendungen erhöhten jedoch die Wahrscheinlichkeit, daß die Briten das Boot mit einer DF-Funkeinpeilung orten konnten. Obgleich die Sendeposition jenseits der Reichweite der meisten britischen ASW-Flugzeuge lag, bestand stets die Möglichkeit, daß die Briten einen Zerstörerverband aussandten, um das Boot zur Strecke zu bringen. Zumindest jedoch würde die Admiralität Handelsschiffe um die angepeilte Position herumleiten und damit die Chance verringern, daß auch ein Wetterboot gelegentlich ein Ziel finden konnte.

Auf dem Weg zu seiner Position geriet Schepke unversehens in einen schweren Wintersturm. Sturm und Seegang setzten dem Boot derart zu, daß Schepke in den kommenden beiden Tagen durchschnittlich nur rund 133 Kilometer in westlicher Richtung zurücklegte, wobei er gut die Hälfte der Zeit unter Wasser lief. Als er endlich seine Position erreicht hatte, empfing er eine an alle Boote gehende Anweisung von Dönitz, vorübergehend Funkstille zu wahren, es sei denn, es wurde ein Angriff gefahren. Der B-Dienst hatte Dönitz informiert, daß die Briten das zuvor eingesetzte Wetterboot exakt angepeilt hatten.

Schepke war mit dem Ritterkreuz mit Eichenlaub ausgezeichnet worden, doch seltsamerweise hatte die deutsche Propaganda die Verleihung nicht öffentlich bekannt gegeben. Möglicherweise hatte Dönitz die Ankündigung zurückgehalten, bis Schepke noch einige Schiffe mehr versenkt hatte, um Schepkes sprichwörtlich überhöhte Meldungen zu kompensieren. Wenn dies den Tatsachen entsprach, hatte Schepke allen Grund, trotz des fürchterlichen Wetters unbarmherzig weiter zu jagen.

Am 8. Dezember hatte Schepke zwei Gelegenheiten, seine Bilanz zu verbessern, doch beide Versuche scheiterten. In den frühen, noch dunklen Morgenstunden sichtete einer der Ausguckleute einen großen Dampfer, doch ein unerfahrener Steuermann richtete das Boot falsch aus, so daß der Ausguck das Schiff aus den Augen verlor und es nicht wiederfinden konnte. Später, bei Tageslicht, sichtete die Brükkenwache ein weiteres Schiff. Schepke ging auf Sehrohrtiefe, griff an und schoß aus nächster Nähe zwei Torpedos ab. Doch beide Torpedos verfehlten vermutlich wegen des schweren Seegangs ihr Ziel, und Schepke brach den Angriff ab, um es bei Nacht noch einmal zu versuchen. Nach Einbruch der Dunkelheit verloren Schepke und die Brückenwache jedoch den Sichtkontakt mit dem Schiff, und es entkam ebenfalls. Verärgert und entmutigt ob der beiden Fehlschläge, setzten Kommandant und Besatzung ihre Fahrt fort.

Das neue VIIC-Boot *U96* lief als nächstes in Deutschland aus. Es wurde von dem

29jährigen Heinrich Lehmann-Willenbrock kommandiert, der zuvor die Einbäume *U5* und *U8* kommandiert hatte. Am 11. Dezember, dem achten Tag auf See, geriet Lehmann-Willenbrock auf dem Weg zu seiner Position als Wetterbeobachter mitten in den großen, auf der Heimreise befindlichen Geleitzug Halifax 92. Er griff unter Wasser an und versenkte den britischen Frachter *Rotorua* mit 10900 BRT. Nach Einbruch der Nacht fuhr er einen Überwasserangriff auf den Geleitzug und torpedierte drei weitere Schiffe mit insgesamt 15200 Tonnen.

Für Schepke in *U100*, der westlich von *U96* stand und nun endlich ermächtigt war, dreimal täglich Wetterberichte zu senden, wendete sich das Blatt. Am 14. Dezember sichtete seine Brückenwache zwei einzelne Schiffe, die ohne Geleitschutz fuhren. Schepke versenkte beide Schiffe mit Überwasserangriffen, benötigte jedoch wegen der rauhen See fünf Torpedos. Beim ersten Schiff handelte es sich um den britischen 3670-BRT-Frachter *Kyleglen*, den Schepke mit 4573 BRT meldete. Das zweite Schiff meldete er korrekt mit 3380 BRT. Daß er für die beiden mäßig großen Schiffe fünf Torpedos verbraucht hatte, mißfiel ihm, und er setzte seine Fahrt, wie er im Logbuch vermerkte, schweren Herzens fort.

Am selben Tag hatte auch der mit *U96* etwa 200 Kilometer nordöstlich von Schepke patrouillierende Lehmann-Willenbrock Glück. Er versenkte einen 11000 BRT großen Dampfer und beschädigte einen Frachter mit 5100 BRT. Die Versenkungen erhöhte Lehmann-Willenbrocks Trefferquote auf fünf bestätigte Schiffe mit insgesamt 37000 BRT – ein hervorragender Einstand, insbesondere angesichts des schrecklichen Wetters und da die Condor-Flugzeuge und die anderen U-Boote praktisch keine Geleitzüge sichteten.

Schepke berichtete am 15. Dezember, daß ein Orkan in seinem Einsatzgebiet wüte. Der Sturm tobte die folgenden 48 Stunden und zwang sämtliche Boote, fast immer getaucht zu fahren. Aufgetaucht wurde nur zur Aufnahme von Frischluft und zum Aufladen der Batterien. Trotz dieser Schwierigkeiten setzte Schepke gehorsam dreimal täglich seine Wetterberichte ab.

Aufgrund der fürchterlichen Wetterbedingungen im Nordatlantik faßten das OKM und die Befehlsstelle im französischen Kernével die Möglichkeit ins Auge, Boote im südlichen Atlantik zusammenzuziehen, wie es Dönitz im Winter zuvor getan hatte. Die Verlegung wäre in Rom bestimmt sehr positiv aufgenommen worden. Die britische Nil-Armee war am 9. Dezember trotz ihrer bescheidenen Größe zum Gegenangriff übergegangen und hatte die überhebliche, aber unfähige italienische Armee nach Libyen zurückgeworfen. Konzentrierte U-Boot-Angriffe auf die Geleitzüge, die den britischen Bodentruppen in Ägypten über Gibraltar und über Freetown und das Kap der Guten Hoffnung Nachschub lieferten, hätten nicht nur den ins Wanken geratenen Italienern geholfen, sondern auch die Briten gezwungen, ihre ASW-Maßnahmen im Südatlantik zu verstärken und dadurch ihre Seestreitkräfte im Mittelmeer zu schwächen.

Dönitz war jedoch aus mehreren Gründen gegen eine Konzentration der U-Boote im Süden.

Erstens hielt er nach wie vor den Nordatlantik für das entscheidende Schlachtfeld und betrachtete U-Boot-Operationen in anderen Gebieten als eine unkluge Zersplitterung seiner geringen Kräfte. Obwohl die Erfolge der U-Boote im Nordatlantik stark zurückgegangen waren, zwang schon die Anwesenheit einiger U-Boote die Briten, das Geleitzugsystem aufrechtzuerhalten, was allein genügte, um die Einfuhr von Gütern auf die Britischen Inseln zu reduzieren.

Zweitens schienen die Ergebnisse der beiden Typ-IX-Boote im Süden sogar noch armseliger als die Resultate der Boote im unfreundlichen Nordatlantik. *U65* (Stockhausen) patrouillierte in der Nähe von Freetown und hatte seit dem 19. November keinen Erfolg mehr gemeldet. Das andere Boot, *U37* (Clausen), hatte sieben Schiffe versenkt, jedoch ausnahmslos kleine Schiffe mit insgesamt lediglich 11 000 BRT.*

Drittens waren in südlichen Gewässern die Möglichkeiten für das Auftanken der Boote sehr beschränkt. Die *Nordmark*, das Versorgungsschiff des Taschen-Schlachtschiffs *Admiral Scheer*, war über das Kap der Guten Hoffnung hinaus weit nach Süden vorgestoßen. Die Anwesenheit britischer Seestreitkräfte im Gebiet der Kanarischen Inseln hatte Clausen von *U37* zweimal gezwungen, ein geplantes Auftanken abzubrechen, so daß er vorzeitig nach Lorient zurückkehren mußte.

Aufgrund dieser Überlegungen entschied Dönitz, keine deutschen, sondern italienische U-Boote vom Nordatlantik in den Südatlantik zu verlegen. Die Operationen der italienischen U-Boote im Nordatlantik waren völlig fehlgeschlagen. Dönitz schrieb dazu in seinem Tagebuch, die italienischen Boote seien im Nordatlantik von keinerlei praktischem Wert. »Tatsächlich habe ich von ihnen während der ganzen Zeit nicht eine einzige Feindmeldung bekommen, auf die hin ich hätte operieren können.« Er war »durchaus im Zweifel, ob durch ihr Auftreten im Op.[erations]Gebiet der deutschen Boote, ihr Sich-sehen-Lassen, ihr Funken, ihre ungeschickten Angriffe nicht mehr Schaden als Nutzen für uns entstanden ist.« Laut Dönitz waren die Italiener »nicht hart und zäh genug« für die U-Boot-Kriegführung im Nordatlantik und dachten »zu schwerfällig und schematisch«. Sie waren »nicht ausreichend diszipliniert und angesichts des Feindes nicht kühl genug«. Die Italiener hatten nicht die geringste Vorstellung, wie man Fühlung mit einem Geleitzug hielt, wie man seine Position und seinen Kurs meldete oder wie man einen Nachtangriff fuhr. Laut Dönitz waren die italienischen Angriffe plump und die Boote wurden zu oft gesichtet.

Am 18. Dezember, nachdem der Orkan über den Nordatlantik hinweggefegt war, setzte Lehmann-Willenbrock mit *U96* seine hervorragende erste Feindfahrt fort und griff mit den verbliebenen Torpedos den Konvoi Outbound 259 an. Er beschädigte einen britischen, im Ballast fahrenden 10 000-Tonnen-Tanker, konnte ihn jedoch nicht versenken. Dann blieb er dem Geleitzug auf den Fersen und meldete Dönitz die Fühlung. Dieser befahl Schepke in *U100* und Salman in *U52*, den Geleitzug anzusteuern und anzugreifen. Keines der beiden Boote konnte den Konvoi jedoch erreichen.

Auf der Suche nach dem beschädigten Tanker stieß Schepke auf einen einzelnen, auslaufenden Frachter, die *Napier Star* mit 10 100 BRT. Er verfolgte das Schiff tagsüber und griff es nachts über Wasser mit drei Torpedos an. Einer verfehlte sein Ziel, doch zwei trafen, und der Frachter ging unter. Nach dieser dritten Versenkungsmeldung Schepkes auf seiner Fahrt vermerkte Dönitz glücklich, daß Schepke als dritter Kommandant die 200 000 Tonnen überschritten hatte. Erst jetzt gab er die Nachricht von der Versenkung und von der Verleihung des Eichenlaubs zum Ritterkreuz an das

* Drei dieser Versenkungen waren peinliche »Fehler«: ein spanischer Trawler, der 2800-Tonnen schwere Vichy-Tanker *Rhone* und – am schlimmsten – das Vichy-U-Boot *Sfax* mit 1400 Tonnen.

Propagandaministerium weiter. Dieses brachte Schepke am 21. Dezember groß heraus und schrieb ihm eine Trefferquote von über vierzig Schiffen mit 208 975 Tonnen zu.*

Schepke hatte noch zwei Torpedos übrig und war entschlossen, mindestens ein weiteres großes Schiff zu versenken. In den frühen Nachtstunden des 22. Dezember machte die Brückenwache ein mögliches Opfer aus – einen 10 000 Tonnen großen Alleinfahrer, vermutlich ein bewaffnetes Handelsschiff, ein sogenannter Hilfskreuzer. Schepke ging entschlossen auf volle Fahrt für einen Überwasserangriff, doch als er den Schuß vorbereitete, gaben beide Dieselmotoren den Geist auf. Verzweifelt ging Schepke auf Tauchstation, um den Angriff mit Hilfe der E-Maschinen zu Ende zu führen, doch im entscheidenden Moment der Annäherung versagte das Periskop. Schepke tauchte in schwerer See auf, bis der Leitende Ingenieur die Diesel wieder betriebsbereit meldete. Er setzte die Verfolgung fort, überholte, wendete und setzte sich im Dunkeln vor das Schiff. Doch das Boot wurde gesichtet, als es zum dritten Angriff heranlief, und das Schiff machte wilde Ausweichmanöver, weshalb Schepke nicht in einen guten Schußwinkel kam. Jetzt oder nie, dachte Schepke, und schoß seine letzten beiden Torpedos ab. Doch beide verfehlten ihr Ziel.

Wie Schepke an seinem 22. Seetag ins Logbuch schrieb, war die Moral in *U100* auf einen Tiefpunkt gefallen. Er habe nur drei Schiffe mit 18 000 Tonnen versenkt, schrieb er in einer Art Selbstgeißelung, also sei er die ganze Zeit fast umsonst unterwegs gewesen. Zudem waren es nur noch drei Tage bis Weihnachten. Um die Moral etwas zu heben, wollte sich Schepke die anstehende Überholung von *U100* für Kiel statt für Lorient genehmigen lassen. Dönitz entsprach seinem Wunsch, vielleicht weil er spürte, daß die Mannschaft von *U100* eine Aufmunterung nötig hatte, oder weil er meinte, sie hätte es verdient. Nach Schepkes – triumphaler – Heimkehr stand von den 18 Assen (oder Ritterkreuzträgern) nur noch Heinrich Liebe mit *U38* im Atlantik. Er löste Schepke als Wetterbeobachter ab.**

Insgesamt standen am Weihnachtstag des Jahres 1940 acht U-Boote im Atlantik: sechs Boote in nördlichen Gewässern sowie *U65* und *U37* vom Typ IX, die aus afrikanischen Gewässern nach Lorient zurückkehrten. Alle Mannschaften begingen den Feiertag, indem sie die Boote mit kleinen Christbäumen schmückten, sich an besonderen Mahlzeiten und Süßigkeiten erfreuten und sich auf einigen Booten einen kleinen Schluck Alkohol gönnten.

Die Jagd im Nordatlantik verlief in der letzten Woche des Jahres relativ erfolglos. Die vier neu in das Gebiet entsandten U-Boote versenkten nur drei Schiffe. Der einzige Ritterkreuzträger auf See, Heinrich Liebe von *U38*, versenkte zwei und teilte den

---

* Schepkes bestätigte Trefferquote betrug lediglich 37 Schiffe mit 155 882 Tonnen.

** Es ist bemerkenswert, daß alle 18 Kommandanten, die sich das Ritterkreuz verdient hatten, zu diesem Zeitpunkt noch am Leben waren: Prien, Kretschmer, Lüth und Schütze, deren Boote in Lorient lagen, hatten Urlaub. Schepke und Endraß hatten in Deutschland Urlaub bekommen; Rollmann, Schuhart, Frauenheim, Rösing, Kuhnke, Hartmann (Hartmann war zu der Zeit Kommandant der 2. U-Boot-Lehrdivision) und Oehrn waren im Stab oder bei der Ausbildung tätig; Lemp und Bleichrodt rüsteten in Deutschland neue Boote aus; Jenisch saß in einem britischen Kriegsgefangenenlager. Herbert Schultze, der nach dem Feldzug gegen Norwegen im Krankenhaus gelegen hatte, war zurückgekehrt, um das Kommando von *U48* zu übernehmen, das in Deutschland überholt wurde.

Erfolg großzügig mit dem italienischen U-Boot *Tazzoli*. Gerd Schreiber von *U95* torpedierte das andere Schiff, einen britischen 12 800-BRT-Frachter.

Daß die Jagd fast den ganzen Dezember über so schlecht verlief, war nicht auf den Einsatz des deutschen Kreuzers *Hipper* zurückzuführen. *Die Hipper* war am 9. Dezember auf die atlantischen Geleitzugrouten gestoßen, hatte jedoch weder einen Halifax-Konvoi noch ein anderes Ziel gefunden. Nach zehn Tagen ergebnisloser Suche war das Schiff schließlich wegen eines Maschinenschadens gezwungen, die Fahrt abzubrechen und Kurs auf Frankreich zu nehmen. Auf der Fahrt nach Brest stieß die *Hipper* am ersten Weihnachtsfeiertag auf einen militärischen Konvoi, der sich auf der Fahrt nach Ägypten befand und von mehreren Kreuzern und den Trägern *Furious* und *Argus* gesichert wurde, die Flugzeuge überführten. Die *Hipper* unternahm einen wirkungslosen Angriff an der Peripherie des Verbands und lief dann in Brest ein. Wie beabsichtigt hatte das plötzliche Auftauchen der *Hipper* Einheiten der britischen Home Fleet in den Atlantik gelockt und dadurch der *Gneisenau* und der *Scharnhorst* ermöglicht, unentdeckt auszulaufen. Doch es war alles umsonst. Die *Gneisenau* wurde unweit von Norwegen durch den rauhen Seegang beschädigt, und beide Schiffe mußten nach Kiel zurückkehren – ein weiterer demütigender Rückschlag für die Kriegsmarine.

Stockhausen hatte mit *U65* auf dem Rückmarsch aus afrikanischen Gewässern eine Glückssträhne und versenkte vier Alleinfahrer mit ungefähr 27 000 BRT, darunter zwei Tanker, die panamesische *Charles Pratt* (9000 BRT) und die *British Premier* (5900 BRT). Dies erhöhte seine versenkte Tonnage auf der neunzigtägigen Feindfahrt nach Freetown – der bis dahin längsten Fahrt – auf acht Schiffe (vier Tanker) mit 52 800 Tonnen, ein Ergebnis, das von alliierten Aufzeichnungen mit acht Schiffen (vier Tankern) und 47 785 Tonnen fast bestätigt wurde. Einschließlich früherer überhöhter Meldungen, darunter die großzügige Anrechung von 28 000 BRT für die Versenkung des von der Luftwaffe zerstörten französischen Passagierschiffs *Champlain*, hatte Stockhausen damit eine Gesamtausbeute von 100 000 Tonnen erreicht und sich für das Ritterkreuz qualifiziert. Nach einem verlängerten Heimaturlaub übernahm Stockhausen, während *U65* überholt wurde, eine Tätigkeit an der U-Boot-Schule.*

Der Erfolg von *U65* ließ es wieder attraktiv erscheinen, deutsche U-Boote in afrikanische Gewässer zu entsenden, vorausgesetzt das Versorgungsproblem würde gelöst werden. Für einige Stabsoffiziere im OKM und in Kernével war das Gesamtergebnis der Feindfahrt von *U65* – acht Versenkungen – beeindruckend. Außerdem hatte die Anwesenheit des Bootes in den südlichen Gewässern einige Geleit- und Kriegsschiffe aus dem Mittelmeer und dem Nordatlantik abgezogen und die Briten gezwungen, in der Nähe von Freetown umfangreiche ASW-Patrouillen zu Wasser und in der Luft durchzuführen. Doch Dönitz war noch immer nicht überzeugt. Die Versenkung von acht Schiffen auf einer neunzigtägigen Feindfahrt, also durchschnittlich alle elf Tage ein Schiff, sei ein kaum akzeptables Ergebnis, schrieb er in sein Kriegstagebuch. Wenn man die Vorbereitung für die Feindfahrt, die Fahrt selbst und die nachfolgende technische Überholung zusammenrechnete, so belief sich der zeitliche Aufwand für den Beutezug vor Afrika auf rund sechs Monate. In dieser Zeit hätte das

---

* Stockhausens bestätigte Gesamttonnage, einschließlich der *Champlain*, betrug zwölf Schiffe mit 87 278 Tonnen.

Boot mehrere Feindfahrten im Nordatlantik durchführen und möglicherweise die doppelte Anzahl an Schiffen versenken können, und es hätte für andere Boote Geleitzüge aufspüren können.

Die von den U-Booten im Dezember erzielten Resultate waren, wie vorauszusehen, enttäuschend. Bei den sechs Feindfahrten im Nordatlantik hatten die hochseetüchtigen U-Boote dreizehneinhalb Schiffe mit etwa 90 000 Tonnen versenkt, was einen weiteren Rückgang um rund 2,3 Schiffe und 15 000 Tonnen pro Boot und Feindfahrt bedeutete.

Es bestand wenig Hoffnung auf eine baldige Verbesserung der Versenkungsziffern bei Handelsschiffen. Lediglich vier U-Boote blieben am 31. Dezember 1940 in den Einsatzgebieten zurück, und zwei von ihnen als Wettermelder. Sie alle hatten mit schweren Stürmen und einer extrem rauhen See zu kämpfen. Wegen Verzögerungen bei Neuausrüstung und Überholung und bei der Fertigstellung neuer Boote standen nur zehn U-Boote zur Verfügung, um jene vier Boote im Januar zu ersetzen. Zudem litt Deutschland unter einem Winter, der sogar noch kälter war als der vorherige. Dadurch erhöhte sich die Wahrscheinlichkeit, daß sich in der Ostsee und in der Kieler Bucht sowie auf der Elbe und der Jade dickes Eis bilden würde, was die Ausbildung an der U-Boot-Schule stark einschränken oder ganz verhindern und die Erprobungsphasen der neu in Dienst gestellten Boote verlängern würde.

Britisch-amerikanische Beziehungen werden geknüpft

Bis zum Neujahrstag 1941 hatte Winston Churchill in einer Angelegenheit gute Fortschritte gemacht, die er als die wichtigste Voraussetzung für einen Sieg über die Deutschen betrachtete: Er hatte die Vereinigten Staaten geistig und materiell stärker auf seiten Großbritanniens in den Krieg involviert.

Präsident Roosevelt war im November 1940 für eine nie dagewesene dritte Amtszeit gewählt worden. Danach verkündete er in einer Rede, die Vereinigten Staaten sollten zu einem »Arsenal der Demokratie« werden. Er versprach Freiheit von Meinung und Rede, Glaubensfreiheit und Freiheit von Furcht und Not für alle Völker. In Reaktion auf Roosevelts Anliegen und auf Churchills Forderung »Gebt ihr uns das Werkzeug, und wir machen die Arbeit« debattierte der Kongreß den Lend Lease Act (das Leih- und Pachtgesetz) und billigte die radikale Reform mit überwältigender Mehrheit. Durch den Lend Lease Act wurde die »Cash and Carry«-Politik des bereits abgeschwächten Neutrality Act (Neutralitätsgesetz) praktisch aufgehoben. Er gab dem Präsidenten umfassende Vollmachten, militärische Güter an jede Nation »zu übertragen, zu verpachten, zu verleihen oder anderweitig zu veräußern, deren Verteidigung für die Sicherheit der Vereinigten Staaten lebenswichtig war«.*

In der Öffentlichkeit betonte Roosevelt auch weiterhin, daß die Vereinigten Staaten

---

* Der Lend Lease Act trat am 11. März 1941 in Kraft. Er war hauptsächlich zur Unterstützung Großbritanniens vorgesehen, dem kein Gold und keine Kredite mehr zur Verfügung standen. Bei Kriegsende hatten die USA im Rahmen des Gesetzes 50,6 Milliarden Dollar aufgebracht, davon 31 Milliarden Dollar für Großbritannien.

nicht in den Krieg eintreten würden. Die Lieferung der Glattdeck-Zerstörer, das Leih- und Pachtgesetz und andere Maßnahmen interpretierte er als Hilfe für einen Freund – wie man etwa dem Nachbarn, dessen Haus brennt, einen Wasserschlauch leiht – oder als umsichtige Maßnahmen, um die nationale Sicherheit der Vereinigten Staaten zu gewährleisten. Hinter den Kulissen brachte Roosevelt die USA einer direkten militärischen Intervention jedoch immer näher. »Der Präsident ist entschlossen, daß wir den Krieg gemeinsam gewinnen«, sagte Roosevelts Vertrauter und einflußreichster Berater Harry L. Hopkins zu Churchill, als er im Januar 1941 Großbritannien besuchte. Die streng geheime gemeinsame militärische Kriegsplanung, die im August 1940 mit der Mission Admiral Ghormleys in London begonnen hatte, wurde in Washington ab Februar 1941 wieder ernsthaft in Angriff genommen. Das Ergebnis war ein detaillierter gemeinsamer Plan (ABC-1) für einen Krieg gegen die Achsenmächte, zu denen nun nach der Unterzeichnung des Dreimächtepaktes vom 27. September 1940 auch Japan gehörte.

Der ABC-1-Plan legte im wesentlichen fest, daß die Alliierten, sollten die Vereinigten Staaten in den Krieg hineingezogen werden, zunächst Deutschland und Italien und erst danach Japan besiegen wollten. In der Zwischen- oder »Vorkriegszeit« sollten die Vereinigten Staaten sobald wie möglich umfassende militärische Aufgaben im Atlantik übernehmen. Deren wichtigste war die Sicherung von Geleitzügen zwischen Kanada und Island, das die Briten nach dem Fall Dänemarks besetzt und zu einer Zwischenstation für ihre Geleitfahrzeuge und für die Flugzeuge des Coastal Command ausgebaut hatten. In Vorbereitung für die Übernahme dieser und anderer Aufgaben schuf Roosevelt am 1. Februar 1941 die Atlantic Fleet unter dem Kommando von Ernest J. King, genehmigte den Bau eines Marinestützpunktes bei Argentia in Newfoundland und einiger weiterer auf den Britischen Inseln und teilte die drei Schlachtschiffe *Idaho*, *Mississippi* und *New Mexico*, den Flugzeugträger *Yorktown*, vier Leichte Kreuzer und die Zerstörergeschwader 8 und 9 der Atlantic Fleet zu. Die Schiffe hatten zuvor zur Pacific Fleet gehört, die noch immer in Pearl Harbor auf Hawaii stationiert war, um Japan von einer Expansion im Pazifik abzuschrecken.

Der Chief of Naval Operations, Harold Stark, und der Commander in Chief der Atlantic Fleet, Ernest King, beauftragten ihre besten und intelligentesten jungen Offiziere mit der Ausarbeitung der Pläne für die Sicherung der Atlantikkonvois. Zu diesen Offizieren gehörten drei Männer, die Befehlshaber der wieder zusammengeschlossenen Navy der Nachkriegsjahre wurden: Robert B. Carney, Louis E. Denfeld und Forrest P. Sherman. Am 15. Februar 1941 stimmte Stark den Plänen zu und übertrug Arthur Leroy Bristol jr., einem seiner kompetentesten hohen Marineoffiziere, das Kommando über die von den jungen Offizieren vorgeschlagene Support Force Atlantic Fleet*, einen Geleitdienst, der King unterstellt war.

Bald nach der Schaffung der Support Force entschied Präsident Roosevelt, daß Schiffe der amerikanischen Kriegsmarine die nach Osten fahrenden Nordatlantikkonvois nicht von amerikanischem Boden aus und nicht über Island hinaus eskortieren sollten. Folglich richtete Bristol sein Hauptquartier auf dem hervorragenden

* Den Hauptbestandteil der Support Force bildete Task Force 4, die später in Task Force 24 umbenannt wurde.

neuen 16 500 Tonnen großen Zerstörer-Versorgungsschiff (destroyer tender) *Prairie* ein, und stationierte es in der Placentia Bay vor Argentia in Newfoundland, wo aufgrund des Zerstörer-Abkommens Hunderte von amerikanischen Arbeitern fieberhaft mit dem Bau von Schiffs- und Luftwaffenstützpunkten für die US-Marine beschäftigt waren. Bald darauf schloß die US-Regierung einen Vertrag mit der dänischen Exilregierung, in dem sie sich bereit erklärte, Grönland und Island vor den Streitkräften der Achsenmächte zu schützen. Im Gegenzug gestanden die Dänen den Amerikanern das Recht zu, Luft- und Marinestützpunkte auf Grönland und Island zu errichten, die nach dem neuen Geleitschutzplan als östliche Endstationen der amerikanischen Sicherungskräfte dienen sollten.

Stark und King teilten Bristols Support Force eine ansehnliche Streitmacht zu. Sie umfaßte neben dem Versorgungsschiff *Prairie* eine Zerstörerflottille von 27 Schiffen, ein Patrouillengeschwader von 48 Catalina-Flugbooten,* ein U-Boot-Geschwader von fünfzehn Booten der R-Klasse, zwei neue 8700 Tonnen große Versorgungsschiffe für Wasserflugzeuge (seaplane tenders), die *Albemarle* und die *Curtiss*, und die beiden zu diesem Zweck umgebauten Zerstörer *Belknap* und *George E. Badger*. Bristol befehligte auch die amerikanischen Wasserfahrzeuge, die mit der Northern Patrol vor Grönland operierten. Ein Großteil seiner Schiffe war in dem neuen Stützpunkt in Argentia stationiert, doch einige wagten sich auch nach Island, um dort am Aufbau eines britisch-amerikanischen Liegeplatzes am Hvalfjord bei Reykjavik in der Nähe der Dänemarkstraße mitzuwirken.

Der kanadische Premierminister W. L. Mackenzie King hatte seit Kriegsbeginn bereitwillig die sieben von Großbritannien hergestellten Zerstörer Kanadas unter die unumschränkte Befehlsgewalt der britischen Kriegsmarine gestellt. Die kanadischen Zerstörer hatten als Geleitfahrzeuge gedient und waren mit den Seestreitkräften der Royal Navy zur Abwehr der Invasion eingesetzt worden. Ende 1940 hatte Kanada der Royal Navy auch seine sieben amerikanischen Glattdeck-Zerstörer der Town-Klasse und die sechzehn in Kanada gebauten Korvetten der Flower-Klasse zur Verfügung gestellt. Insgesamt waren also dreißig kanadische Schiffe (darunter vierzehn Zerstörer) dem Kommando der Royal Navy unterstellt.**

Obwohl Kanada eine dynamisch wachsende Nation des Commonwealth war, wurden die Kanadier vom britischen Establishment noch immer als tumbe »Vettern vom Lande« betrachtet, die in einem Entwicklungsland lebten. Diese Haltung war besonders in den höheren Kreisen der Royal Navy verbreitet. Als die amerikanisch-britischen Kriegsstrategen Anfang 1941 den geheimen Kriegsplan ABC-1 entwikkelten, machte sich niemand die Mühe, den Befehlshaber der kanadischen Marine, Percy W. Nelles, mit einzubeziehen. Nach dem ABC-1-Plan wurde der Atlantik in zwei Verantwortungsbereiche aufgeteilt, einen britischen im Osten und einen amerikanischen im Westen. Die Briten, die die kanadische Marine lediglich als eine weitere untergeordnete Einheit der Royal Navy betrachteten (und zwar nicht gerade als eine sonderlich gute), versprachen lässig, daß die kanadischen Seestreitkräfte

---

* Die PBY Catalina war ein zweimotoriges Flugboot, das als Patrouillenbomber (PB) bezeichnet und von Consolidated (Y) gefertigt wurde. Sein Aktionsradius betrug bei einer Geschwindigkeit von 103 Knoten rund 1100 Kilometer. Die Bombenlast betrug 1800 Kilogramm.

** Siehe Anhang 10.

TAFEL 7
SICHERUNGSFAHRZEUGE DER ROYAL CANADIAN NAVY AUSSER ZERSTÖRERN 1939–1945[1]

Typ	Klasse	Gebaut/erhalten	Länge in m	Tonnen
Korvette (PE)	Flower	69	61	950–1 000
Korvette (PE)	Flower 2	4 (erhalten)	62	1 000
Korvette (PE)	Flower 2	37[2]	62	1 000
Korvette (PE)	Castle	12 (erhalten)	76	1 000–1 100
Fregatte (PF)	River	7 (erhalten)	90	1 400
Fregatte (PF)	River	61[3]	90	1 400
Fregatte (PF)	Loch	3 (erhalten)	93	1 400
	Insgesamt in Kanada gebaute Schiffe:		167	
	Insgesamt erhaltene Schiffe (alle früher RN):		26	
	Insgesamt in Dienst gestellte Schiffe:		193	

[1] Quellen: Tucker, S. 502–522, sowie Elliott, Lenton usw.
[2] Plus 8 für die US Navy und 7 für die Royal Navy. Insgesamt also 52.
[3] Plus 2 für die US Navy (*Ashville* und *Natchez*). Insgesamt also 63.

selbstverständlich unter amerikanisches Kommando kämen, wenn die USA in den Krieg eintreten würden.

Das Versäumnis der Kriegsstrategen, die Kanadier auch nur zu konsultieren, empörte Percy Nelles und andere führende Angehörige der kanadischen Kriegsmarine. Als Bristol und sein Stab auf der *Prairie* in Argentia eintrafen, um die Geleitsicherung in der westlichen Zone zu übernehmen, schäumten die Kanadier innerlich vor Wut. Bristol verschlimmerte die Situation noch, weil er in Newfoundland einen herrscherähnlichen Status für sich in Anspruch nahm und sogar rund zweihundert Familien aus der Region von Argentia »umsiedelte«. Da sich Newfoundland Kanada noch nicht formal angeschlossen hatte und die Briten das Gebiet den Amerikanern als Gegenleistung für die Glattdeck-Zerstörer zur Errichtung von Stützpunkten überlassen hatten, war Bristol formal völlig im Recht, und er tat, was er für richtig hielt, offenbar ohne die nötige Rücksicht auf die Empfindlichkeiten der Kanadier zu nehmen.

Aus verschiedenen Gründen verschob sich der Beginn des von Bristol und seinem Stab organisierten amerikanischen Geleitdienstes von April auf September 1941. Als das Unternehmen in Gang kam, stellten die Amerikaner die Kanadier vor vollendete Tatsachen und übernahmen, wie mit den Briten vereinbart, das Kommmando über einen Großteil der kanadischen Seestreitkräfte im westlichen Atlantik. Die Führungskräfte in der erstarkenden kanadischen Marine waren über diese dreiste und arrogante Übernahme der Befehlsgewalt in ihren Heimatgewässern natürlich empört. Sie versuchten auf bürokratischem Wege rückgängig zu machen, was sie als schreckliches Unrecht ansahen. Doch sie scheiterten, und die Ungleichheit in der Kommandogewalt hatte noch lange Zeit Bestand.

Zu gegebener Zeit sollte die langsam heranreifende kanadische Marine eine zentrale Rolle in der Atlantikschlacht spielen. Sie steuerte etwa die Hälfte der Kriegsschiffe bei und sicherte etwa die Hälfte aller Geleitzüge auf der nordatlantischen Route. In den meisten historischen Darstellungen dieses Seekriegs wird es versäumt, die wichtige Rolle der Kanadier hervorzuheben. Manchmal werden sie überhaupt nicht erwähnt oder sogar lächerlich gemacht.*

Aus diesen Planungen und Aktivitäten ist ersichtlich, daß die Amerikaner sehr wohl wußten, daß die Geleitzüge eine unerläßliche Maßnahme gegen die Bedrohung durch die deutschen U-Boote waren und daß sie den Geleitschutz seit Anfang 1941 als die vorrangige Aufgabe der Atlantic Fleet betrachteten. Allerdings bedeutete die »Leihgabe« (d.h. das Geschenk) von 50 Glattdeck-Zerstörern an die Briten und die Kanadier einen so schweren Aderlaß für die verfügbaren amerikanischen Geleitkräfte im Atlantik, daß die Amerikaner in den folgenden zwei Jahren (1941 und 1942) für ihre Großzügigkeit hohe Verluste an Seeleuten und Schiffen hinnehmen mußten.

Dies war jedoch erst der Beginn der großzügigen Hilfe, die Präsident Roosevelt den Briten im Atlantik angedeihen ließ. Die zunehmende Sympathie der amerikanischen Bevölkerung für die Briten, die im Winter 1940/1941 die Schrecken der deutschen Luftangriffe ertragen mußten, und die Verabschiedung des Lend Lease Act erweiterten den politischen Spielraum des Präsidenten beträchtlich. In den ersten Wochen des Jahres 1941 unterstützte er die Briten mit folgenden zusätzlichen Maßnahmen:

- dem Transfer von zehn amerikanischen Küstenschutzschiffen der Lake-Klasse an die britische Kriegsmarine. Diese breiten, 76 Meter langen Schiffe mit einer Verdrängung von ungefähr 2000 Tonnen waren in den Jahren 1928–1932 in Dienst gestellt worden. Sie hatten einen großen Aktionsradius und eine Höchstgeschwindigkeit von 17 Knoten, waren also etwa genauso schnell wie ein U-Boot vom Typ VII und geringfügig schneller als eine Korvette. Zum Zeitpunkt der Überführung bestand ihre Hauptbewaffnung aus zwei 3-Zoll-Geschützen, Wasserbombenwerfern und Wasserbombenablaufgerüsten. Die meisten dieser Küstenschutzschiffe befanden sich in einem guten Zustand. Die Briten nannten die Schiffe Sloops und stellten sie sofort als Konvoieskorten auf den Routen zwischen Sierra Leone und den Britischen Inseln in Dienst. Auch dieses Geschenk sollte die Amerikaner einen hohen Preis kosten.
- der Zuteilung von ungefähr 50 hochwertigen amerikanischen Tankern an den britischen »Pendelverkehr« auf See. Sie transportierten Öl und Petroleumprodukte aus der Karibik in Häfen an der amerikanischen Ostküste. Von dort wurde es von bewaffneten britischen Tankern nach Großbritannien weiterbefördert. Diese durch den Lend Lease Act abgedeckte Maßnahme setzte dieselbe Anzahl britischer Tanker für die Atlantiküberquerung frei und bedeutete in der Praxis einen Ausgleich für die 42 Tanker, die Großbritannien seit Kriegsbeginn durch U-Boote verloren hatte. Um die amerikanischen Tanker zu ersetzen, ermächtigte der Kongreß Roosevelt einige Wochen später zur Beschlagnahme von in amerikanischen Häfen liegenden »Flüchtlingstankern« unter französischer, dänischer und anderer Flagge.
- der nach und nach erfolgenden Überstellung von rund 75 zuvor von Erdölfirmen des amerikanischen Kontinents gecharterten norwegischen und panamesischen Tankern an den britischen Frachtverkehr. Dank des »Pendelverkehrs« und dieser gechar-

* Seit den achtziger Jahren haben eine Reihe von Militär- und Marinehistorikern eifrig – und erfolgreich – daran gearbeitet, dieses Bild zu korrigieren. Siehe Bibliographie: Douglas, Hadley, Lund, Milner, Sarty, Syrett, Steury u.a.

terten Schiffe war die britische Tankerflotte inzwischen größer als bei Ausbruch des Krieges. Washington bezahlte die gesamten Charterkosten in Lend-Lease-Dollars, einer von den Norwegern heißbegehrten Währung.

- dem Bau des 13 000 Tonnen großen Geleitträgers *Archer* für die Royal Navy. Diese auch »Escort«- oder »Jeep«-Flugzeugträger genannten Schiffe waren ursprünglich dafür vorgesehen, mit ihren Flugzeugen Geleitzüge gegen feindliche Luftangriffe zu schützen. Sie waren mit einem ungefähr 150 Meter langen Flugdeck ausgestattet und konnten fünfzehn bis zwanzig Jagdflugzeuge tragen. Anfang 1941 ließ die Maritime Commission, Amerikas oberste Handelsschiffahrtsbehörde, auf Drängen Präsident Roosevelts zwei neue Schwesterschiffe der Moore-Macormack-Linie zu Gleitträger-Prototypen umbauen: die HMS *Archer* für die britische Marine und die USS *Long Island* für die US-Marine.*
- der Genehmigung, britische Kriegsschiffe dank einer besonders großzügigen Auslegung des Lend Lease Act durch Präsident Roosevelt auf amerikanischen Werften zu reparieren und zu modernisieren. Die Maßnahme trug dazu bei, die unter Druck stehenden britischen Werften zu entlasten, wo sich bereits die reparaturbedürftigen Schiffe stauten. Die britischen Schlachtschiffe *Malaya* und *Resolution*, die Gefechtsschäden erlitten hatten, waren die ersten großen Schiffe, die das Angebot nutzten.
- Zusätzlich zu allen möglichen Flugzeugen, Schiffen und Waffen versprach Präsident Roosevelt den Briten, daß sich unter den »Werkzeugen« aus Roosevelts »Arsenal der Demokratie«, die in großer Anzahl bereitgestellt werden sollten, auch Zentimeter-Radar-Geräte für Flugzeuge und Schiffe befinden würden. Einige Unternehmen der gewaltigen amerikanischen Elektronikindustrie rüsteten sich bereits mit den Maschinen für die Fertigung aus.

Die Wissenschaftler am Radiation Laboratory des Massachusetts Institute of Technology (MIT) trieben die Forschung und Entwicklung im gesamten Radarbereich, insbesondere jedoch bei den Zentimeter-Radar-Geräten energisch voran. Dabei setzten sie auf das Vielschlitzmagnetron von Randall und Boot und arbeiteten parallel zur britischen Forschung. Bis Januar 1941 hatte das Labor (und seine zahlreichen Zulieferer) ein Versuchsmodell für Schiffe fertiggestellt. Dieses Modell besaß eine drehbare Antenne und auf der Basis einer Kathodenstrahlröhre einen einzigen Bildschirm (PPI), der ein nachklingendes Echosignal erzeugte. Bis zum März 1941, als die Briten das erste Zentimeter-Radar-Gerät in einen Beaufighter-Nachtjäger des Fighter Command einbauten, hatten auch die Amerikaner einen ähnlichen Prototyp in einem B18-Bomber installiert. Und als, gleichfalls im März 1941, die Korvette *Orchis* als erstes britisches Kriegsschiff mit einem Zentimeterwellenradar vom Typ 271 M in See stach, wurde auch der amerikanische Zerstörer *Semmes* mit dem entsprechenden amerikanischen Modell vom Typ SG ausgestattet.**

* Gleichzeitig waren britische Werften dabei, die rund 140 Meter lange und 5600 Tonnen große, in Deutschland hergestellte *Hannover* in den Geleitträger HMS *Audacity* umzubauen, der sechs Jagdflugzeuge tragen konnte. Die *Long Island* und die *Audacity* wurden im Juni in Dienst gestellt, die *Archer* im November 1941.

** Bei Tests ortete *Orchis* ein aufgetauchtes U-Boot auf etwa 4,5 Kilometer, ein getauchtes Boot auf rund 2,5 Kilometer Entfernung und ein zweieinhalb Meter hohes U-Boot-Periskop immerhin noch auf knapp 1,2 Kilometer.

Zusätzlich zu den oben geschilderten Maßnahmen, wies Roosevelt die Maritime Commission an, die Briten mit einer beträchtlichen Zahl neu gefertigter Tanker zu versorgen. Sie kamen noch zu den 60 Frachtern der Ocean-Klasse hinzu, die für Großbritannien bereits im Bau waren. Jerry Land schätzte, daß er den Briten 1941 etwa 21 Tanker liefern könnte, die meisten davon gegen Jahresende. Die Notwendigkeit, diese Tanker wie auch die Schiffe der Ocean-Klasse so schnell wie möglich zu liefern, weckte in der Maritime Commission ein Gefühl der Dringlichkeit, von dem nicht nur die Briten, sondern auch die Amerikaner profitieren sollten.

Gegen Ende des Winters und in den ersten Frühlingsmonaten schlug Land außerdem zwei neue Programme für den Bau von Handelsschiffen vor, die Präsident Roosevelt sofort billigte. Land regte erstens an, für die amerikanische Handelsmarine zusätzlich zu den bereits in Bau befindlichen 200 »Liberty«-Schiffen weitere 200 Schiffe zu bauen, die Hälfte davon Liberty-Schiffe. Und er fügte mit einem zweiten Bauprogramm im April 1941 noch einmal 306 Handelsschiffe hinzu. Damit belief sich die Gesamtzahl der in den USA genehmigten und bestellten neuen Handelsschiffe, einschließlich der für Großbritannien vorgesehenen 60 Frachter der Ocean-Klasse und 21 Tankern, auf etwa 800. Dies alles zusätzlich zu den 2000 Schiffen, die für die US Navy und andere Waffengattungen gebaut wurden.

Unheilvolle Zeiten

Als Dönitz im Januar 1941 Urlaub machte, übernahm sein Stabschef Eberhard Godt die Führung des U-Boot-Kriegs.

Bei Jahresbeginn befanden sich noch vier Dezember-Boote auf Feindfahrt; zwei davon waren als Wetterboote eingesetzt. Zu diesen vier kamen nun fünf weitere hinzu, nämlich zwei neue Boote des Typs IXB (*U105* und *U106*), die in Deutschland ausgelaufen waren, und drei Boote aus Lorient. Alle Boote hatten unter der winterlichen Dunkelheit und einer anscheinend endlosen Folge schrecklicher Stürme zu leiden. Heinrich Liebe war mit dem veralteten Typ-IX-Boot *U38* der einzige Ritterkreuzträger im Einsatz. Sein Boot, mit dem er im Dezember zwei Schiffe versenkt hatte (eines davon zusammen mit der *Tazzoli*), wurde jedoch durch Wasserbomben so schwer beschädigt, daß er die Fahrt abbrechen und Lorient anlaufen mußte. Mitte des Monats standen noch sieben deutsche und einige italienische U-Boote im Nordatlantik, darunter auch die *Torelli* unter dem Kommando von Primo Longobardo, der bei Otto Kretschmer in *U99* im Kampf ausgebildet worden war.

Die Jagdausbeute blieb weiterhin mager. Wegen des Angriffs der *Admiral Hipper* auf den militärischen Konvoi am Weihnachtstag und wegen der extrem schlechten Wetterverhältnisse hatten die Briten die Fahrten von Konvois aus Halifax erneut verschoben. Als beispielsweise der Geleitzug Halifax 103 zum Auslaufen bereit war, konnten die 31 Schiffe wegen des schlechten Wetters ihre Reise nicht antreten. Lediglich 243 Schiffe überquerten während des gesamten Januars den Atlantik von Kanada nach Großbritannien in Geleitzügen, davon 170 Schiffe in Halifax-Konvois und 73 Schiffe in den langsam fahrenden Slow Convoys.

In der ersten Januarhälfte versenkten U-Boote der Achsenmächte nur sechs Schiffe, ausschließlich Einzelfahrer oder Nachzügler der von Stürmen gebeutelten Geleitzüge.

Primo Longobardo war mit der *Torelli* für drei der Versenkungen (insgesamt 12291 Tonnen) verantwortlich – die bis dahin erfolgreichste Feindfahrt eines italienischen U-Bootes. Das neue IXB-Boot *U105* unter dem 31jährigen Georg Schewe (vormals Einbaum *U60*) versenkte das 4800 BRT große britische Frachtschiff *Bassano*. *U106*, ein weiteres Boot vom Typ IXB, unter dem 28jährigen Jürgen Oesten (vormals Einbaum *U61*) versenkte den 10600 BRT großen britischen Frachter *Zealandic*. Der vielversprechende neue Kommandant Georg-Wilhelm Schulz von *U124* torpedierte den britischen Frachter *Empire Thunder* mit 6000 BRT, ein nervenaufreibender und beinahe tödlicher Triumph, der fünf Torpedos kostete. Die beiden ersten verfehlten das Ziel, der dritte traf, jedoch der vierte entpuppte sich als Kreisläufer und verfehlte *U124* nur um wenige Meter.* Schließlich traf auch der fünfte und gab dem Schiff den Rest. Schulz kehrte nach 38 schrecklichen Seetagen mißmutig nach Lorient zurück.

Zu dieser Zeit ging das dritte italienische Boot im Nordatlantik verloren. Es war die *Nani* unter Gioacchino Polizzis Kommando. Das Boot wurde am 7. Januar durch Wasserbomben der britischen Korvette *Anemone* versenkt. Auch bei diesem Boot gab es keine Überlebenden.

Das neue VIIC-Boot *U96* unter Heinrich Lehmann-Willenbrock, der auf seiner ersten Feindfahrt fünf Schiffe versenkt hatte, verließ Lorient am 9. Januar nach nur zwölftägiger Liegezeit und erreichte das Gebiet der Rockallbank am 16. Januar. An diesem und am folgenden Tag sichtete und versenkte Lehmann-Willenbrock je einen großen britischen Frachter mit 14118 bzw. 15000 BRT. Beide Schiffe waren allein gefahren.

Lehmann-Willenbrock hatte für die Versenkung der beiden Schiffe alle zwölf Torpedos verbraucht und kehrte am 22. Januar nach nur 14 Tagen Feindfahrt wieder nach Lorient zurück. Seine Ausbeute von 29000 Tonnen war im Januar bei weitem die beste Leistung von allen U-Booten.

Auf Hitlers persönlichen Befehl hin begann die in Bordeaux stationierte Luftwaffengruppe I/KG. 40 im Januar nach Geleitzügen zu suchen. Durchschnittlich führten pro Tag zwei Condor-Maschinen Aufklärungsflüge im Gebiet um die Rockallbank durch. Die Piloten entdeckten am 11., 16. und 20. Januar Geleitzüge, aber wegen des ungünstigen Wetters, der geringen Anzahl von U-Booten und der ungenauen Positionsmeldungen der Condor-Piloten war Godt nicht in der Lage, auch nur ein einziges Boot mit einem der Konvois in Fühlung zu bringen. Als man feststellte, daß auf die Positionsmeldungen der Condorpiloten kein Verlaß war, wurden sie angewiesen, den Geleitzügen zu folgen und Peilzeichen zu senden, damit die U-Boote ihr Ziel fanden.

Weitere sechs Boote liefen in der zweiten Januarhälfte aus – vier in Lorient, darunter auch das XB-Boot *U103* unter dem Ritterkreuzträger Viktor Schütze – und zwei in Deutschland. Letztere waren der Rekordhalter *U48* (vom Typ VIIB), wieder einmal unter dem Ritterkreuzträger Herbert Schultze, und das neue *U107* (vom Typ IXB) unter Dönitz' 31jährigem Schwiegersohn Günter Heßler. Er hatte im November 1937 Ursula Dönitz geheiratet und war im April 1940 zur U-Bootwaffe gekommen. Auch

* Kreisläufer, die durch eine Fehlfunktion des Gyroskops oder durch ein blockiertes Ruder verursacht wurden, traten bei U-Booten aller Marinen auf. Man geht davon aus, daß viele U-Boote, die aus »unbekannten« Gründen auf Feindfahrt verschwanden, Opfer ihrer eigenen Torpedos wurden.

für diese Boote verlief die Jagd schlecht. Die Condor-Maschinen sichteten zwar am 26., 28. und 30. Januar Geleitzüge, aber aufgrund von Fehlern bei der Funkübermittlung und anderen Faktoren konnte kein U-Boot an den Feind gebracht werden.

Am Ende dieses deprimierenden Monats stieß das VIIC-Boot *U93* unter Claus Korth unversehens auf den stark gesicherten einlaufenden Slow Convoy 19. Nach Korths Meldung befahl Godt allen Booten in der Umgebung – und den Condor-Flugzeugen –, den Peilzeichen von *U93* zu folgen und sich an den Geleitzug heranzuarbeiten. Inzwischen griff Korth an und versenkte drei Schiffe mit 21 300 Tonnen, einschließlich des 10 500 BRT großen britischen Tankers *W. B. Walker*. Herbert Kuppisch von *U94* lief ebenfalls heran und versenkte zwei zurückgebliebene Frachter. Oesten von *U106* versenkte einen weiteren Nachzügler. Eines der Geleitfahrzeuge, der erfolgreiche britische Zerstörer *Antelope*, der bereits *U31* und *U41* versenkt hatte, hielt ein leeres Rettungsfloß irrtümlich für ein U-Boot, rammte das Floß, und verspielte dadurch die Chance zu einem Gegenangriff.

Dönitz kehrte am 1. Februar aus seinem Urlaub zurück. Inzwischen waren die noch aktiven »Asse« bereit, die Schlacht im Atlantik wiederaufzunehmen. Herbert Schultze von *U48* und Viktor Schütze von *U103* befanden sich bereits in den Einsatzgebieten. Günther Prien, Otto Kretschmer und Wolfgang Lüth hielten sich in Lorient auf und machten ihre Boote gefechtsbereit. Fritz-Julius Lemp, Joachim Schepke und Engelbert Endraß waren in Deutschland und bereiteten dort ebenfalls ihre Boote für den Kampfeinsatz vor. Wenn alles gutging, würden sich am Monatsende alle acht »Asse«, die noch Kampfboote kommandierten, wieder im Einsatz befinden.

Doch es ging nicht alles gut. In Lorient wurde Wolfgang Lüths *U43* aus unerfindlichen Gründen geflutet. Es sank an seinem Liegeplatz und war für drei Monate außer Gefecht. Eine gerichtliche Untersuchung ergab, daß das Flutventil einer Tauchzelle versehentlich nicht geschlossen worden war. Das Gericht machte den Ersten und den Zweiten Wachoffizier Hinrich-Oskar Bernbeck und Erwin Witte für den Unfall verantwortlich und verfügte, daß sie die Reparaturen von ihren Sparguthaben und ihrem Sold bezahlen mußten(!). In Deutschland führte die große Kälte und die starke Eisbildung in der Ostsee zu Verzögerungen bei der Überholung von Schepkes *U100* und der Erprobungsphase von Lemps neuem IXB-Boot, *U110*.*

Einschließlich der sechs neuen Boote in Deutschland konnte Dönitz im Februar achtzehn U-Boote einsetzen. Ungeachtet des schrecklichen Wetters und der schlechten Ergebnisse im Januar bestand Dönitz darauf, daß der Großteil der Boote zusammen mit den Condor-Flugzeugen weiterhin im Nordatlantik operierte und dabei ein sogenanntes verbessertes Fernmeldeverfahren anwandte. Aber er erklärte sich auch einverstanden, wieder U-Boote in westafrikanische Gewässer zu entsenden, und zwar *U37* unter Clausen, das seine Fahrt vom Dezember wiederholen sollte, und *UA*, ein Boot, das für Operationen gegen Geleitzüge im Nordatlantik völlig ungeeignet war.

Zwei Faktoren hatten Dönitz dazu bewogen, die Feindfahrten in westafrikanischen Gewässern nun in einem günstigeren Licht zu sehen. Zunächst einmal befand sich das

---

* Endraß mit *U46* und fünf neue Boote eilten von Kiel nach Helgoland, um dem Eis in der Ostsee zu entgehen. Einige neue hochseetüchtige Boote und mehrere Einbäume der U-Boot-Schule wurden von der Eisbildung überrascht und lagen bis Ende März in ihren Häfen fest.

Afrikakorps unter Erwin Rommel auf dem Weg nach Nordafrika, um der ins Wanken geratenen italienischen Armee zu Hilfe zu eilen. Von dieser hatte sich die Hälfte (130000 Mann) der noch kleinen, aber erfahrenen britischen Nil-Armee ergeben. Die in westafrikanischen Gewässern aktiven italienischen U-Boote waren mit ihrem Versuch gescheitert, eine nennenswerte Lücke in die britischen Konvois zu reißen, die das Kap der Guten Hoffnung umfuhren und die Nil-Armee mit Nachschub versorgten, und alle Erfolge deutscher U-Boote gegen diese Konvois waren nun eine direkte Hilfe für Rommel. Außerdem waren die Schlachtkreuzer *Gneisenau* und *Scharnhorst* endlich aus der Nordsee ausgebrochen. Der Schwere Kreuzer *Hipper* sollte von Brest aus zu ihnen stoßen und gemeinsam mit ihnen die britischen Geleitzüge im Südatlantik angreifen. Und die Versorgungsschiffe der *Gneisenau* und der *Scharnhorst* konnten auch die U-Boote versorgen.

Im Nordatlantik fand Dönitz' Schwiegersohn Günter Heßler in dem neuen Boot *U107* vom Typ IXB am 3. Februar den Konvoi Outbound 279 und setzte eine Kontaktmeldung ab. Danach versenkte er einen 4700 BRT großen Frachter und hielt den Tag über Fühlung mit dem Konvoi. Dönitz gab die Meldung weiter und befahl sechs weiteren Booten, bei dem Konvoi zusammenzutreffen. Heßler war in Fühlung geblieben und versenkte am folgenden Abend ein weiteres Schiff mit 5000 Tonnen. Keines der anderen Boote fand den Geleitzug. Doch auf der Suche stießen Salman mit *U52* und Möhle mit *U123* auf den langsamen Geleitzug Slow Convoy 20, der sich auf dem Weg zu den Britischen Inseln befand. Jeder von ihnen versenkte ein Schiff, und Heßler von *U107*, der auf ihre Kontaktmeldungen reagiert hatte, tat es ihnen gleich. Korth von *U93* versenkte mit dem Deckgeschütz ein weiteres Schiff aus diesem Geleitzug. Es war ein 2700 Tonnen großes Schiff, das bereits von einer Condor beschädigt worden war.

Die britische Admiralität bekam Wind vom Durchbruch der *Gneisenau* und der *Scharnhorst* in die Nordsee und brachte starke Seestreitkräfte der Home Fleet (*Nelson*, *Rodney*, *Repulse* usw.) südlich von Island in Stellung, um die deutschen Schiffe abzufangen. Ein britischer Kreuzer, die *Naiad*, erhaschte einen Blick auf die deutschen Kriegsschiffe, als sie in der Island-Faröer-Enge nach Süden fuhren. Doch die Briten schenkten der Meldung keinen Glauben – oder mißtrauten ihr. Die mit primitiven Radargeräten ausgestatteten Kriegsschiffe *Gneisenau* und *Scharnhorst* entkamen der *Naiad* mit hoher Geschwindigkeit und zogen sich nach Norden in das Nordmeer zurück, um für den 3. und 4. Februar einen weiteren Versuch vorzubereiten.

Die beiden Schlachtkreuzer hatten den Befehl, Halifax-Geleitzüge bei Island anzugreifen. In der Annahme, daß der Angriff die Home Fleet wieder herauslocken würde, wies das OKM Dönitz an, südlich von Island mit den U-Booten einen Hinterhalt für die britischen Schiffe zu legen. Am 8. Februar fingen die *Gneisenau* und die *Scharnhorst* den Geleitzug Halifax 106 ab, brachen ihren Angriff jedoch ab, als sie feststellten, daß der Konvoi von dem Schlachtschiff *Ramillies** eskortiert war, da sie

* Nach dem Angriff der *Hipper* am ersten Weihnachtstag hatte die britische Admiralität wieder Schlachtschiffe und U-Boote als Eskorten für diese wichtigen atlantischen Geleitzüge eingeteilt: Das britische Versorgungsschiff *Forth* und acht U-Boote, die für diese beschwerliche Aufgabe in Halifax stationiert waren, arbeiteten dabei mit dem frei-französischen Riesen-U-Boot *Surcouf* zusammen.

Anweisung hatten, Gefechte mit Großkampfschiffen zu vermeiden. Erwartungsgemäß bewegte sich die Home Fleet bei der Verfolgung der *Gneisenau* und der *Scharnhorst* westwärts. Dönitz hatte mittlerweile acht deutsche U-Boote südlich von Island auf die Lauer gelegt. *U48* unter Herbert Schultze sichtete und meldete einen Schlachtkreuzer und einen Leichten Kreuzer, kam jedoch nicht in Schußposition. Ein Whitley-Flugzeug der Squadron 502 des Coastal Command mit dem Piloten J. A. Walker entdeckte Korth mit *U93* über Wasser und bombardierte das Boot, was seine Rückkehr nach Lorient beschleunigte. Die Reparaturen an *U93* sollten drei Monate dauern. Kein anderes Boot fing Einheiten der Home Fleet ab. Die U-Boot-Falle war nicht zugeschnappt.

Dönitz war über die Verlegung seiner Boote keineswegs verstimmt. Er glaubte, die Aufklärungsflüge der Condor-Maschinen nahe der Rockallbank hätten die Briten dazu gezwungen, ihre Geleitzüge weit nach Norden umzuleiten, um die Entdeckung aus der Luft zu vermeiden. Als das OKM die Boote aus dem gescheiterten Hinterhalt entließ, stationierte er deshalb sechs Boote genau westlich von Island. Da diese Region nicht in Reichweite der bei Bordeaux stationierten Condor-Flugzeuge lag, forderte er, daß Aufklärungsflüge über diesem Gebiet von Norwegen aus erfolgen sollten.

Auf seiner Fahrt nach Süden in afrikanische Gewässer stieß Nikolaus Clausen mit *U37* am 9. Februar auf den Geleitzug Home Gibraltar 53. Der Konvoi mit 21 Schiffen hatte mit einem Zerstörer und einer Sloop nur eine schwache Eskorte. Clausen setzte eine Fühlungshaltermeldung ab, griff an und meldete drei versenkte Schiffe mit 13 500 Tonnen, aber bestätigt wurden nur zwei Schiffe und 3300 Tonnen.

In iberischen Gewässern hielt sich kein anderes deutsches U-Boot auf, doch für den Schweren Kreuzer *Hipper*, der von Brest nach Süden fuhr, um sich der *Gneisenau* und der *Scharnhorst* anzuschließen, und für die in Bordeaux stationierten Condor-Flugzeuge war der Geleitzug leicht zu erreichen. Dönitz sah darin eine einmalige Gelegenheit, auf ein und denselben Konvoi einen kombinierten Angriff von U-Booten, Flugzeugen und Überwasserschiffen zu führen. Er befahl Clausen, mit dem Geleitzug Fühlung zu halten und Peilsignale zu senden. In der Zwischenzeit instruierte er die Luftwaffengruppe I/KG. 40, so viele Condor-Maschinen wie möglich an den Ort des Geschehens zu beordern, und schlug dem OKM vor, die *Hipper* heranzuführen. Fünf Condor-Flugzeuge starteten sofort. Das OKM lehnte es zunächst ab, die *Hipper* zu schicken, doch es änderte seine Meinung nach nochmaligem Überdenken der Situation.

Die Condor-Maschinen richteten sich nach den Funksignalen von *U37*, die fast 280 Kilometer entfernt zu hören waren, und sie erreichten den Konvoi am späten Nachmittag des 9. Februar. Bei dieser ersten erfolgreichen, von Flugzeugen und U-Booten durchgeführten Operation meldeten die Condor-Piloten Treffer auf neun Schiffen mit zusammen 45 000 Tonnen. Insgesamt fünf Schiffe wurden versenkt. Eine Condor-Maschine wurde beschädigt und mußte in Spanien notlanden, doch die Besatzung überlebte und kehrte nach Bordeaux zurück.

Clausen hielt noch immer für die *Hipper* Fühlung mit dem Geleitzug. In den Morgenstunden des 10. Februar schlug er mit *U37* wieder zu. Clausens Ziele waren diesmal zwei große Tanker. Die sechs Torpedos verfehlten die Tanker, trafen und versenkten jedoch, wie Clausen glaubte, zwei 7500 Tonnen große Schiffe, die sich hinter den Tankern befanden. Tatsächlich versenkte Clausen nur einen Frachter mit 1473 BRT und erhöhte damit seine Versenkungsbilanz auf drei Schiffe mit 4773 Tonnen.*

Der gerupfte Geleitzug Home Gibraltar 53 sollte sich mit einem auf der Heimreise befindlichen, ungesicherten Konvoi von 19 Schiffen treffen, der aus Sierra Leone kam. Auf ihn stieß die *Hipper* am 12. Februar, als sie mit hoher Geschwindigkeit aus südwestlicher Richtung heranrauschte. Sie versenkte sieben Schiffe mit 32 800 Tonnen, was für das deutsche Schiff der erste nennenswerte Erfolg im Atlantik war. Die *Hipper* entdeckte danach noch einen weiteren Frachter, der sich vom Gibraltar-Konvoi getrennt hatte. Sie nahm die Besatzung an Bord und versenkte das Schiff, mußte danach jedoch ihre Fahrt zum zweiten Mal wegen eines Maschinenschadens abbrechen und nach Brest zurückkehren. Die Condor-Flugzeuge gaben ihr Geleitschutz bis zum Hafen.

Dönitz war überaus zufrieden mit dieser einzigartigen Operation. Die kombinierten deutschen Kräfte hatten zwei Geleitzüge schlimm zugerichtet und dabei sechzehn bestätigte Versenkungen erzielt: acht durch die *Hipper*, fünf durch die Condor-Maschinen und drei durch *U37*. Dönitz sah die Möglichkeit kombinierter Operationen von U-Booten und Schiffen mit der *Gneisenau* und der *Scharnhorst* voraus und ordnete an, daß sich drei Boote vom Typ IXB *(U105, U106, U124)* für die Abfahrt in westafrikanische Gewässer vorbereiteten. Ihnen sollte *UA* folgen, das in Deutschland auslief. Clausen hatte auf *U37* alle Torpedos verschossen. Er brach die Fahrt nach Afrika ab und kehrte nach Lorient zurück. Dort wurde ihm uneingeschränktes Lob zuteil, und er erhielt zugleich die Nachricht, daß sein berühmtes, aber altersschwaches Boot seine letzte Feindfahrt nach Deutschland machen sollte, um an der U-Boot-Schule in den verdienten Ruhestand zu treten.

Der Einsatz der Condor-Maschinen für die Operationen mit *U37* und der *Admiral Hipper* sowie die Entscheidung, den Condor-Piloten eine Schnellbleiche in Navigation und Fernmeldewesen zu verpassen, verzögerten den Einsatz dieser Flugzeuge von Norwegen aus. Daher bekamen die Boote, die südlich von Island jagten, tagelang keinerlei Hilfe von den Condor-Maschinen. Sie entdeckten keine Geleitzüge, doch einige von ihnen versenkten bei schlechtem Wetter einzelne Schiffe und Nachzügler von Konvois. Lehmann-Willenbrock von *U96* versenkte den britischen Tanker *Clea* mit 8100 BRT und einen Frachter. Er tat sich dann mit Viktor Schütze von *U103* zusammen und versenkte das britische 10 500 BRT große Tankschiff *A. F. Corwin*. Schütze versenkte später drei andere Schiffe mit 23 000 Tonnen, darunter die *E. R. Brown*, einen weiteren britischen Tanker mit 10 500 BRT. Das neue VIIC-Boot *U69* unter dem 32jährigen Jost Metzler, einem weiteren ehemaligen Offizier der Handelsmarine, versenkte zwei Schiffe ohne Geleitschutz mit 14 100 Tonnen. Herbert Schultze von *U48*, Otto Salman von *U52* und Ernst Mengersen von *U101* versenkten je zwei Schiffe. Karl-Heinz Möhle von *U123*, das als Wetterboot diente, versenkte ein Schiff.

Schließlich, am 19. Februar, entdeckte eine einzelne, in Norwegen gestartete Condor-Maschine den Konvoi Outbound 287. Dönitz befahl fünf Booten, die angegebene

---

* Diese drei Abschüsse erhöhten Clausens bestätigte Gesamtbilanz mit *U37* auf zehn Schiffe mit 16 000 Tonnen in etwa zwei Monaten. Alle diese Schiffe waren mit durchschnittlich 1600 Tonnen relativ klein, wie die meisten Schiffe in den Gibraltar-Konvois.

Position anzulaufen, und wies die Luftwaffengruppe I/KG. 40 an, am nächsten Morgen beim ersten Tageslicht weitere Condor-Flugzeuge zu schicken. Doch das Unternehmen erwies sich als Fehlschlag. Drei Condor-Maschinen erreichten das Gebiet, doch alle meldeten unterschiedliche Positionen, was zu der Vermutung führte, daß noch ein oder gar zwei Geleitzüge ausfindig gemacht worden waren. Weitere Verwirrung stiftete der Notruf eines Schiffes, den der B-Dienst auffing. Das Schiff meldete den Angriff einer Condor – wiederum auf einer anderen Position. *U96* unter Lehmann-Willenbrock folgte den Peilsignalen eines Condor-Aufklärers, stieß bei schlechtem Wetter auf den Geleitzug und versenkte einen Nachzügler, den 7000 BRT großen britischen Tanker *Scottish Standard*. Doch kein anderes Boot konnte den Geleitzug aufspüren.

Einige Tage später, am 22. Februar, meldete eine in Norwegen stationierte Condor einen Geleitzug bei den Orkney-Inseln. Dönitz dirigierte zwei Boote, die sich auf der Fahrt von Deutschland in die Nordsee befanden, dorthin: *U46* vom Typ VIIB mit Engelbert Endraß, das nach langer Überholungszeit wieder im Einsatz war, und *U552*, ein neues VIIC-Boot, unter Erich Topp, dessen Einbaum *U57* auf der Elbe gerammt worden und gesunken war. Viele Stunden später korrigierte der Pilot jedoch seine Positionsmeldung: Der Geleitzug befand sich nicht in der Nähe der Orkneys, sondern mindestens 370 Kilometer westlich der Inseln, auf dem Weg nach Halifax. Es war der Konvoi Outbound 288.

Als Dönitz die neue Position erhielt, befahl er vier Booten, den Konvoi abzufangen. Wenn möglich, sollten noch drei zusätzliche Boote hinzustoßen, darunter auch der zur Wetterbeobachtung eingeteilte Möhle mit *U123*. Bei der Operation brach vorübergehend Verwirrung aus, weil der B-Dienst abermals einen Notruf wegen eines Condor-Angriffs meldete, der mit der berichtigten Positionsmeldung absolut nicht übereinstimmte. Dönitz verwarf richtigerweise diese letzte Meldung und vermerkte in seinem Tagebuch, daß auf die Meldungen des B-Dienstes kein Verlaß mehr sei.

Das neue, in Deutschland ausgelaufene VIIB-Boot *U73* unter dem 27jährigen Helmut Rosenbaum (vormals Einbaum *U2*) bekam Fühlung zu Outbound 288 und meldete den Kontakt. Dönitz instruierte Rosenbaum, Peilzeichen zu senden und unter allen Umständen Fühlung zu halten, bis die anderen Boote – und weitere Condor-Flugzeuge – heran waren. In der Nacht vom 23. auf den 24. Februar wurde der Geleitzug durch fünf deutsche Boote und das italienische U-Boot *Bianchi* angegriffen. Lehmann-Willenbrock von *U96* versenkte drei Schiffe mit 18 400 Tonnen, darunter den 11 000 BRT großen Hilfskreuzer *Huntingdon*. Gerd Schreiber in dem VIIC-Boot *U95* torpedierte drei Schiffe mit 13 900 Tonnen. Möhle von *U123* versenkte ein Schiff, was auch Metzler *(U69)*, Rosenbaum *(U73)* und Adalberto Giovannini mit der *Bianchi* gelang. Zur Vergeltung führten ein Sunderland-Flugzeug und drei Korvetten einen entschlossenen Wasserbombenangriff auf das erst kürzlich in Dienst gestellte, noch »grüne« *U69*, richteten jedoch keinen ernsthaften Schaden an.

Das italienische U-Boot *Marcello* unter Carlo Alberto Teppati traf während des Gefechtes am Schauplatz ein. Eines der Sicherungsfahrzeuge war der ehemals amerikanische Glattdeck-Zerstörer *Montgomery*, der vor nicht einmal einem Monat überholt und technisch aufgerüstet worden war. Er sichtete die *Marcello* und griff sie mit Geschützen und Wasserbomben an. Der Angriff war erfolgreich; die *Marcello* sank unter Verlust der gesamten Besatzung. Sie war als erstes U-Boot der Achsenmächte einem der amerikanischen Zerstörer zum Opfer gefallen, die im Rahmen des »Destroyer Deal«* an die Royal Navy überstellt worden waren.

Die meisten U-Boote fuhren nach Lorient, nachdem sie ihre Torpedos verschossen hatten. Auf der Grundlage von Kurzberichten kalkulierte Dönitz, daß die deutschen Boote zehn Schiffe des Konvois Outbound 288 mit 77000 Tonnen versenkt hatten. In Wirklichkeit waren es acht Schiffe mit 42282 Tonnen gewesen. Lehmann-Willenbrock qualifizierte sich durch die Meldung von sieben Schiffen mit 55600 Tonnen auf seiner Feindfahrt für das Ritterkreuz. Auch Karl-Heinz Möhle bekam mit vier Versenkungen auf einer Fahrt die begehrte Auszeichnung.** Die neuen Kommandanten, Günter Heßler von *U107* und Jost Metzler von *U69*, hatten auf ihrer in Deutschland begonnenen Jungfernfahrt vier bzw. drei Schiffe versenkt und wurden sehr gelobt.

Südlich von Island sichtete Erich Topp mit seinem neuen VIIC-Boot *U552* am 24. Februar den Geleitzug Outbound 289. Er hatte zuvor mit dem Einbaum *U57* sechs Schiffe mit 37000 Tonnen versenkt. Dönitz wies drei Boote an, sich Topp anzuschließen, darunter auch zwei weitere neue Boote aus Deutschland: *U97* vom Typ VIIC unter dem 27jährigen Udo Heilmann, (ehemals Einbaum *U24*) und *U108* vom Typ IXB unter dem 32jährigen Klaus Scholtz. Topp hielt hartnäckig Fühlung mit dem Geleitzug, griff dann an und verschoß alle fünf Torpedos in den Bug- und Hecktorpedorohren. Alle verfehlten ihr Ziel. Bevor er nachladen und wieder angreifen konnte, zwang ihn ein Flugzeug zum Tauchen, und der Geleitzug entkam.

Als Topp nach Einbruch der Dunkelheit mit nachgeladenen Torpedorohren wieder auftauchte, sah er ein großes Schiff ohne Eskorte herankommen. Er machte schnell die Torpedos klar und schoß bei einer geschätzten Schußweite von knapp 1500 Meter einen Dreierfächer ab. Doch alle drei Torpedos gingen vorbei. Als das Schiff sich näherte, stellte Topp fest, daß er seine Größe und damit die Distanz zum Ziel stark unterschätzt hatte; es war der riesige französische Luxusdampfer *Ile de France* mit 43000 BRT. Schnell schoß er den verbliebenen Bugtorpedo auf den mit hoher Geschwindigkeit fahrenden Koloß ab, doch auch dieser Torpedo verfehlte sein Ziel. Mit diesem Schuß hatte er neun Fehlschüsse abgegeben und nur noch drei Torpedos an Bord.

Udo Heilmann war auf Topps Meldung hin mit dem neuen *U97* herangekommen und hatte den Geleitzug ebenfalls gesichtet. Vielleicht in der irrigen Annahme, Topp sei noch in Fühlung mit dem Konvoi, oder weil er den Geleitzug für sich allein haben wollte, griff Heilmann in den Morgenstunden des 24. Februar an, ohne eine Fühlungshaltermeldung abzusetzen. Er versenkte bei seinem fünfstündigen Angriff den 6900 BRT großen britischen Tanker *British Gunner* und zwei Frachter und beschädigte einen 9700 BRT großen, im Ballast fahrenden Tanker. Dönitz war wütend, als Heilmann die Kampfergebnisse meldete, da dieser weder Peilzeichen gesendet noch ver-

* Ursprünglich wurde der tödliche Angriff auf die *Marcello* von der britischen Admiralität einer Sunderland-Maschine der Squadron 210 des Coastal Command zugeschrieben und auf den 6. Januar 1941 datiert. Eine Neubewertung nach dem Krieg ergab jedoch, daß die Versenkung auf das Konto der *Montgomery* ging.

** Lehmann-Willenbrocks bestätigte Trefferquote für diese Feindfahrt belief sich auf sechseinhalb Schiffe mit 44232 Tonnen, was seine bestätigte Gesamttrefferquote auf dreizehneinhalb Schiffe mit 110322 Tonnen erhöhte. Möhles bestätigte Geamttrefferquote betrug einschließlich der Versenkungen mit dem Einbaum *U20* achtzehneinhalb Schiffe mit 77310 Tonnen.

sucht hatte, Topp oder Schreiber in *U95* heranzuführen. Topp bekam in einem tobenden Sturm unweit von Island erneut Fühlung mit dem Geleitzug, konnte jedoch genau wie Schreiber wegen des schlechten Wetters nicht angreifen.

Die führenden Tonnage-»Asse« der U-Bootwaffe, Günther Prien von *U47* und Otto Kretschmer von *U99,* liefen von Lorient am 20. bzw. 22. Februar aus. Prien war 76 Tage und Kretschmer 72 Tage auf der Werft gelegen. Auf ihren berühmten Booten hatte ein grundlegender Besatzungswechsel stattgefunden. Die Ersten Wachoffiziere beider Boote waren befördert worden und hatten Führungsaufgaben in der U-Boot-Schule übernommen. Andere Offiziere hatten neue Boote zugeteilt bekommen. Wegen britischer Minen und U-Boote sowie gelegentlicher Luftangriffe auf Lorient hatte es nicht viel Gelegenheit zur Ausbildung der neuen Besatzungen gegeben. Beide Kommandanten hatten Vorschläge von Dönitz, einen sicheren Posten im Ausbildungskommando zu übernehmen, wiederholt abgelehnt.

Prien war noch auf dem Weg zu seinem Einsatzgebiet, als die *Gneisenau* und die *Scharnhorst* am 22. Februar vor Newfoundland erschienen. Die beiden Schlachtkreuzer attackierten einen westwärts fahrenden Konvoi, der sich dem Entlassungspunkt in kanadischen Gewässern näherte, an dem sich der Geleitzug aufgelöst hatte. Die beiden Schlachtkreuzer versenkten zusammen fünf Schiffe mit 25 784 Tonnen, ihre ersten Erfolge, seit sie am 4. Februar den Atlantik erreicht hatten. Anschließend fuhren sie in den Südatlantik weiter und griffen vor Sierra Leone Geleitzüge an. Das Auftauchen der beiden Schiffe verursachte große Bestürzung in Ottawa, London und Washington und weitere Aufschübe und Verzögerungen bei den Konvois, die von Halifax aus in See gingen. Admiral Bristol und die anderen Amerikaner der Support Force, die Vorbereitungen für den Geleitschutz nordatlantischer Konvois trafen, wurden durch den Angriff der beiden Schlachtkreuzer in einem Gebiet, das bald ihrer Verantwortung unterliegen würde, unsanft daran erinnert, daß U-Boote nicht die einzige Bedrohung darstellten. Das Ereignis brachte sie auf den Gedanken, einige in Argentia und im isländischen Hvalfjord liegende alte und neue amerikanische Schlachtschiffe* in der Dänemarkstraße zu stationieren.

Prien fuhr mit *U47* direkt die Westküste Irlands hinauf. Am Nachmittag des 25. Februar stieß er auf den Geleitzug Outbound 290, der aus 39 Schiffen und sieben Begleitschiffen bestand. Er meldete den Konvoi, hielt Fühlung und sendete Peilzeichen. Dönitz befahl Kretschmer mit *U99* und zwei Booten, die auf ihrer ersten Feindfahrt waren, sich an der Jagd zu beteiligen – Heilmann mit *U97*, der sich ohne Torpedos auf dem Weg nach Lorient befand, und Rosenbaum mit *U73*, der als Wetterbeobachter eingesetzt war. Dönitz wies auch die Luftwaffengruppe I/KG. 40 an, am folgenden Tag ihre Condor-Flugzeuge aufsteigen zu lassen.

Am 26. Februar griff Prien den Konvoi kurz nach Mitternacht alleine an. Der Mond stand nicht am Himmel, doch das Nordlicht verschaffte ihm eine ausgezeichnete

* Diese drei »alten« Schlachtschiffe (von 1917–1919), die dieser Aufgabe gewachsen waren, waren von der Pazifikflotte an die Atlantikflotte überstellt worden *(Idaho, Mississippi, New Mexico)*. Die neuen 35 000 Tonnen großen Schlachtschiffe der Treaty-Klasse, die *North Carolina* und die *Washington*, wurden am 9. April bzw. 15. Mai in Dienst gestellt. Zwei Flugzeugträger, die *Ranger* (1934) und die *Yorktown* (1937), konnten zusätzliche Aufklärung und Feuerkraft liefern. Der neue Flugzeugträger *Hornet* wurde am 20. Oktober 1941 in Dienst gestellt.

Sicht. Mit seinem ersten Fächer versenkte Prien einen 5300 BRT großen belgischen Frachter und beschädigte einen im Ballast fahrenden britischen Tanker mit 8100 BRT. Danach näherte er sich erneut und schoß einen zweiten Fächer. Er versenkte zwei weitere Frachter, ein schwedisches Schiff mit 3200 BRT und ein norwegisches mit 3600 BRT. Prien lud erneut nach, verfolgte den Geleitzug, meldete ein Ergebnis von 20000 Tonnen und sendete Peilzeichen. Doch in dieser Nacht kam kein anderes U-Boot mehr heran.

Bei Tageslicht fanden die Condor-Piloten durch Priens Peilsignale den Geleitzug und griffen an. Eine Maschine tauchte gegen Mittag auf; fünf weitere am Spätnachmittag. Erstaunlicherweise versenkten die Flugzeuge sieben Schiffe mit 36250 Tonnen und beschädigten vier weitere mit 20755 Tonnen. Prien hielt hartnäckig weiter Fühlung und sendete Peilsignale. In seiner letzten Meldung dieses Tages hieß es, er sei von Flugzeugen abgedrängt und von Sicherungsschiffen mit Wasserbomben angegriffen worden. Außerdem korrigierte er sein Abschußergebnis leicht nach oben, auf 22000 Tonnen. Tatsächlich hatte er 12000 Tonnen versenkt.

Am Abend sichtete Heilmann von *U97*, der keine Torpedos mehr hatte, den Geleitzug und ersetzte Prien als Fühlungshalter. Er wollte Rosenbaum mit *U73* und Kretschmer mit *U99* heranführen, doch der Versuch mißlang, und der Geleitzug zerstreute sich. Dönitz wies Prien, Kretschmer und Rosenbaum an, das Meer westwärts zu durchkämmen. Prien versenkte einen einzelnen 4200 Tonnen großen britischen Frachter, doch weder Rosenbaum noch Kretschmer hatten Glück. Adalberto Giovannini entdeckte mit der *Bianchi* zwei Nachzügler des Konvois, von denen er mindestens einen versenkte.* Tatsächlich hatten Prien und Giovannini zusammen vier Schiffe aus Outbound 290 versenkt, und Prien hatte zusätzlich einen im Ballast fahrenden Tanker beschädigt.

Die verheerenden Stürme im Nordatlantik tobten den ganzen Februar über. Ein Orkan traf den Geleitzug Halifax 106. Zwei Schiffe sanken, und zahlreiche andere wurden beschädigt. Trotzdem überquerten insgesamt 307 Schiffe den Atlantik von Kanada zu den Britischen Inseln in Geleitzügen. In diesem Monat versenkten U-Boote der Achsenmächte im Nordatlantik elf beladene, nach Osten fahrende Schiffe, allesamt Nachzügler der Konvois Halifax 106 und 107 und der Slow Convoys 20 und 21.

Der Angriff auf den Enigmaschlüssel der Kriegsmarine

Der ursprüngliche Plan der Amerikaner, ab April 1941 die Sicherung der Geleitzüge auf der Kanada-Island-Etappe der nordatlantischen Route zu übernehmen, brachte erneut das Problem des Austausches geheimdienstlicher Informationen zwischen den USA und Großbritannien auf den Tisch. Die Amerikaner wollten insbesondere alle verfügbaren Informationen über die deutschen und italienischen Marineoperationen

* Die *Bianchi* meldete auf dieser Feindfahrt die Versenkung von 26800 Tonnen und hielt die Versenkung eines weiteren Schiffes mit 7800 Tonnen für wahrscheinlich. Dies hätte einen italienischen Rekord bedeutet, der für einige Zeit Bestand hatte – und noch immer in einigen italienischen Darstellungen des Krieges Erwähnung findet. Jürgen Rohwer schreibt Giovannini drei Versenkungen mit 14705 Tonnen zu.

im Atlantik haben. Zu der wachsenden Zahl an U-Booten, die immer weiter westlich Richtung Kanada patrouillierten, kamen vier mächtige deutsche Kriegsschiffe, fünf Handelsstörer und fünfundzwanzig italienische U-Boote hinzu, die eine ernsthafte Bedrohung der amerikanischen Geleitschutzoperationen darstellten.* Darüber hinaus war eine noch größere Bedrohung in Sicht: die deutschen Superschlachtschiffe *Bismarck* und *Tirpitz*.

Wie oben erwähnt, hatten sich hohe Zivilbeamte der britischen und der amerikanischen Regierung darauf geeinigt (schriftlich im Dezember 1940), Informationen über die Entzifferung von Chiffren der Achsenmächte auszutauschen. Was die Amerikaner damals am nötigsten brauchten, waren Daten über die britischen Erfolge beim Entziffern deutscher und italienischer Marineschlüssel. Im Gegenzug sollten die Amerikaner die Ergebnisse ihrer erfolgreichen Arbeit im Dechiffrieren japanischer Schlüssel zugänglich machen, inbesondere was den sensationellen kryptanalytischen Triumph betraf, den man kürzlich mit dem Nachbau der Schlüsselmaschine Purple errungen hatte.

Nicht alle alliierten Entzifferungsexperten – auf beiden Seiten des Atlantiks – waren auf den beabsichtigten Informationsaustausch erpicht. Kryptanalytiker sind ihrem Wesen nach äußerst verschwiegene Personen, die über ihre Dechiffrierverfahren nur widerwillig Informationen preisgeben. Jede Seite hegte Bedenken bezüglich der Vertrauenswürdigkeit der anderen, und das nicht ohne Grund. Nach dem Ersten Weltkrieg hatten die Briten unbedacht und prahlerisch die Geheimnisse des Room 40 enthüllt. Und der Entzifferungsexperte Herbert Yardley hatte indiskret und ruhmsüchtig die Geheimnisse der amerikanischen Kryptographie an die Öffentlichkeit gebracht. Außerdem hatten beide Seiten jahrelang die Codes der jeweils anderen entschlüsselt, eine Aktivität, die als Spionagetätigkeit bei einem potentiellen Gegner gerechtfertigt worden war.

Es ist insofern auch wahrscheinlich, daß einige amerikanische Entzifferungsfachleute darauf aus waren, den Informationsaustausch streng zu kontrollieren. Viele Amerikaner waren der Ansicht, daß die Britischen Inseln noch immer in großer Gefahr schwebten und von den Deutschen vielleicht im Frühjahr 1941 erobert werden könnten. Sie hielten es für möglich, daß die britischen Codeknacker durch die Luftangriffe im Winter bei den intensiven, einer Invasion vorausgehenden Luftangriffen oder bei der Invasion selbst ums Leben kommen oder kompromittiert werden könnten. Andere glaubten, daß die Amerikaner auf der Grundlage des Erfolgs bei der Entzifferung von Purple die vorhandene Enigma-Technik wirkungsvoller nutzen könnten als die Briten, weil die USA geeignete Bereiche der riesigen amerikanischen Elektronik- und Rechenmaschinen-Industrie ins Spiel bringen konnten.

Trotz alledem machten die Amerikaner im Informationsaustauch zwischen den amerikanischen und den britischen Codeknackern den ersten Schritt. Am 25. Januar 1941 gingen vier Amerikaner – zwei Offiziere des Heeres und zwei der Kriegsmarine – in der Chesapeake Bay an Bord des neuen britischen Schlachtschiffes *King George V*, das gerade den neuen britischen Botschafter Edward F. L. Wood (Lord Ha-

* Der Schwere Kreuzer *Hipper*; das Taschen-Schlachtschiff *Admiral Scheer*; die Schlachtkreuzer *Gneisenau* und *Scharnhorst*; die Handelsstörer *Atlantis*, *Kormoran*, *Orion*, *Penguin*, *Thor* (die jeweils mit 15-cm-Geschützen und vier Torpedorohren ausgestattet waren).

lifax), nach Amerika gebracht hatte.* Sie hatten eine Purple-Maschine (oder vielleicht zwei; die Quellen widersprechen sich in diesem Punkt) und anderes wichtiges Material über die die Entzifferung des Funkverkehrs der japanischen Diplomatie und Kriegsmarine.

Die *King George V* überquerte den Atlantik mit der gebotenen Vorsicht, da unterdessen die *Gneisenau* und die *Scharnhorst* diese Gewässer erreicht hatten. Das britische Schlachtschiff lief am 6. Februar während eines Schneesturmes in der Bucht von Scapa Flow ein. Der britische Brigadier John H. Tiltman, ein Spezialist auf dem Gebiet nichtmaschinell verschlüsselter Texte empfing die Amerikaner. Er brachte sie auf einen Kreuzer, der sie zur Themsemündung beförderte. Dort wurden sie vom stellvertretenden Leiter der Government Code and Cipher School, Eward W. Travis, mit dem Wagen abgeholt und zur britischen Funkentzifferung in Bletchley Park gefahren. Der Kommandeur Alastair Denniston hieß die Delegation herzlich willkommen.

Die Amerikaner hielten sich ungefähr fünf Wochen in England auf. Der genaue Verlauf des Besuchs ist unter amerikanischen Historikern bis heute umstritten. Ohne jeden Zweifel übergaben die Amerikaner eine Purple-Maschine (oder zwei) und unterwiesen die Briten in der Anwendung. Umstritten ist dagegen, was die Amerikaner als Gegenleistung für diese außergewöhnliche Gabe erhielten. Einige Historiker meinen, die Briten hätten alles offengelegt, was ihnen über Enigma und die italienischen Schlüssel bekannt gewesen sei. Andere sind der Ansicht, die Briten hätten nichts dergleichen getan, sondern hätten sich extrem verschlossen gezeigt, kaum Informationen preisgegeben und die Amerikaner auf Abstand gehalten. Bradley Smith**, der scharfsinnigste unter diesen Historikern, neigt zu der Ansicht, daß die Briten zuviel zurückgehalten und die Amerikaner übervorteilt hätten. Unbestritten ist, daß die Amerikaner keine Enigma-Maschine oder den Nachbau einer solchen als Gegenleistung für ihre Purple-Maschine erhielten.

Die Purple-Maschine war den Briten eine gewaltige Hilfe. Mit ihr konnten sie für den Rest des Krieges den Nachrichtenverkehr der hohen japanischen Diplomaten lesen. Von besonderem Nutzen für die Briten (und natürlich auch für die Amerikaner) waren dabei die Funksprüche, die mit der Purple-Maschine verschlüsselt zwischen dem japanischen Botschafter Hiroshi Oshima in Berlin und der Regierung in Tokio hin und her gingen. Oshima hatte bei seinen Pflichtbesuchen als Botschafter das Vertrauen von Hitler, Göring, Ribbentrop und anderen führenden Persönlichkeiten des Dritten Reichs gewonnen. Die Deutschen sprachen offen über ihre militärischen Vorhaben und ihre Waffen, und Oshima übermittelte den Kern dieser Gespräche häufig im Purple-Schlüssel nach Tokio – eine Art Guckloch für Briten und Amerikaner, durch das sie Einblick in Hitlers Gedanken nehmen konnten, aber auch in großem Umfang detaillierte Informationen über die deutsche Waffentechnik erhielten.

---

* Abraham Sinkov und Leo Rosen vom Heer und Prescott H. Currier und Robert H. Weeks von der Marine. Ursprünglich hatte der legendäre Entzifferungsexperte des Heeres William F. Friedman die Delegation leiten sollen. Er hatte jedoch nach der erfolgreichen Entzifferung von Purple einen Nervenzusammenbruch erlitten.

** The Ultra-Magic Deals (1993).

Zu dieser Zeit besaßen die Briten insbesondere im Bereich der Marine nicht allzu viele Enigma-Erkenntnisse, die sie an die USA hätten weitergeben können. Mit Hilfe der Turing-Welchman-Bomba und durch Spionageinformationen aus verschiedenen Quellen waren die Briten in der Lage, den Luftwaffen-Operations-Schlüssel »Red« durchweg mitzulesen. Doch selbst das war ein angespannter, täglicher Kampf. Wie zahlreiche britische Kryptanalytiker* enthüllen, hatte es damals noch wenig oder gar keine Fortschritte beim Einbruch in den Enigma-Funkschlüssel der deutschen Kriegsmarine gegeben. Einige von ihnen waren damals der Ansicht, der Enigma-Schlüssel der Marine könnte nicht geknackt werden, wenn man nicht einen Tagesschlüssel und andere Hilfsmittel in die Hände bekäme.

Als die Amerikaner in England eintrafen, hatten die Briten gerade einen ausgeklügelten Plan gemacht, wie sie in den Besitz von Enigma-Material der Kriegsmarine gelangen wollten. Der beabsichtigte Diebstahl war ein risikoreiches Unternehmen, das nicht alle Beteiligten für richtig hielten. Falls die Operation den Deutschen bekannt wurde oder sie auch nur einen Hinweis darauf bekamen, würden sie die Sicherheitsmaßnahmen für Enigma vielleicht verstärken oder die Verschlüsselungstechnik komplizierter gestalten. Dies konnte dazu führen, daß die Briten den Schlüsselkreis »Red« der Luftwaffe verlieren und nicht mehr wiedererlangen würden. Doch die Versenkungen durch die *Hipper*, *Gneisenau*, *Scharnhorst* und die Handelsstörer, die Aussicht, daß die Zahl der U-Boote stark ansteigen würde, die sich abzeichnende Bedrohung durch die *Bismarck* und *Tirpitz* und vielleicht auch das dringende Bedürfnis der USA nach nachrichtendienstlichen Informationen über die deutsche Kriegsmarine bewogen die Briten dazu, das Kommandounternehmen voranzutreiben.

Die Deutschen hatten die unweit von Narvik liegende Inselgruppe der Lofoten mit nur schwachen Besatzungskräften okkupiert und beuteten die Kabeljau- und Heringsbestände in den regionalen Fischgründen aus. Die Befürworter der Operation waren davon überzeugt, daß ein starkes und gut organisiertes Kommandounternehmen auf den Inseln eine Enigma-Maschine der Kriegsmarine und weiteres Schlüsselmaterial erbeuten könnte. Am 1. März 1941 wurde die Operation Claymore in Scapa Flow gestartet. Die Stärke des Kommandos war beträchtlich: 600 Mann an Bord zweier Kanaldampfer, die von fünf großen Zerstörern der Tribal-Klasse eskortiert wurden, die wiederum von zwei Kreuzern und in größerer Entfernung von stärkeren Einheiten der Home Fleet gesichert wurden.

Die Landung erfolgte in den frühen Stunden des 3. März und kam für die Deutschen völlig überraschend. Um den tatsächlichen Zweck des Angriffs zu vertuschen, sprengten die Briten die Fischfabriken in die Luft. Nach einem kurzen, erbitterten Gefecht wurden 213 Deutsche gefangengenommen, doch die Briten konnten zu ihrer großen Enttäuschung keine Enigma-Maschinen finden. Die fünf Zerstörer der Tribal-Klasse griffen deutsche Schiffe in den Fjorden an und versenkten das 9800 BRT große Fischereifabrikschiff *Hamburg* und einige Küstenmotorschiffe. Der bewaffnete deutsche Trawler *Krebs* leistete erbitterten Widerstand. Der Kapitän der *Krebs*, Hans Kupfinger, warf eine Enigma-Maschine über Bord, starb jedoch, bevor er alle Enig-

* Siehe die Veröffentlichungen von Clarke, Denniston, Hinsley, Morris, Welchman und zahlreiche Sekundärquellen.

ma-Unterlagen vernichten konnte. Darunter befanden sich zwei Schlüsselwalzen und einige deutsche Tagesschlüssel der Marine.

Den Briten fiel mit der Claymore-Aktion eine Beute von unschätzbarem Wert in die Hände: Enigma-Schlüsseltabellen, die Ringeinstellungen und die Steckerverbindungen für Februar 1941. Mit Hilfe dieses Materials konnten die Kryptanalytiker in Bletchley Park in einer knappen Woche (bis zum 10. März) den gesamten deutschen Funkverkehr des Monats Februar im Schlüsselkreis »Heimische Gewässer« (britisch »Dolphin«) lesen. Dieser ein Monat alte Funkverkehr war von keinem unmittelbaren taktischen Wert, doch da 95 Prozent des gesamten Funkverkehrs der Kriegsmarine in dem Schlüsselbereich »Heimische Gewässer« (Dolphin) verschlüsselt waren, bot er Einblick in vergangene Operationen, in die Organisation und in die Verschlüsselungsverfahren der Kriegsmarine, und er lieferte zahlreiche detaillierte Informationen über die U-Boote.

Etwa zum selben Zeitpunkt gelang den Briten ein wichtiger Einbruch in den deutschen »Werftschlüssel«, auch »Werft« genannt. Dieser nichtmaschinelle »Papier und Bleistift«-Schlüssel wurde von allen kleineren Marineeinheiten und Hafeneinrichtungen in deutschen und norwegischen Gewässern benutzt. Die unauffällige Abteilung »Cinderella« in Bletchley Park hatte bei der kryptanalytischen Beschäftigung mit diesem und anderen Tagesschlüsseln bislang wenig Erfolg gehabt. Wie Christopher Morris, einer der Mitarbeiter dieser Abteilung, enthüllt hat, konnten die Briten jedoch »vom März 1941 an« den »Werft«-Funkverkehr für den Rest des Krieges »in der Regel laufend« lesen. Insgesamt dechiffrierte die Abteilung Cinderella in einem Zeitraum von 47 Monaten insgesamt 33000 »Werft«-Funksprüche, also durchschnittlich 23 Meldungen pro Tag.

Da viele Funksprüche der Kriegsmarine in beiden Schlüsseln, Enigma und Werft, übermittelt werden mußten, damit sie auch von den weniger wichtigen Schiffen und Küstenstellungen verstanden wurden, gewährte jedes der beiden Verfahren Einblicke in das jeweils andere. »Tatsächlich«, so Morris, »war das Hinundherpendeln zwischen den beiden Schlüsseln eine Zeitlang das einzige Glanzstück, das die Marineabteilung illustren Besuchern wie etwa Winston Churchill vorführen konnte.« Funksprüche im Werftschlüssel, die von großen Schiffen an Hafendienststellen oder an kleine Schiffe, wie etwa Schlepper, abgesetzt wurden, oder Meldungen, die von U-Booten in der Erprobungsphase in der Ostsee an Werften oder an Zielschiffe und Schleppkähne gefunkt wurden, versetzten Morris und seine Kollegen in der Dechiffrierabteilung in die Lage, die Positionen der großen Schiffe genau festzustellen, neu in Dienst gestellte U-Boote zu identifizieren und ihren Weg zu verfolgen. Wenn es ihnen bei Enigma und Werft an »Übersetzungshilfen« fehlte, verlegten sich die Briten aufs »Gärtnern« (gardening), das heißt, sie legten Minen in speziellen Zonen, die von den Deutschen geräumt worden waren. Dies führte unweigerlich zu einer Flut gefunkter Warnungen und/oder Instruktionen an Minenräumer in den Funkschlüsseln Enigma und Werft. Sie konnten wechselseitig analysiert werden, wobei sich eine Fülle neuer Hinweise ergab, die von den Briten Küsse (kisses) genannt wurden.

Als die vier Amerikaner Bletchley Park Ende März 1941 verließen, hatten sie wahrscheinlich Kenntnis von der britischen Enigma-Operation auf den Lofoten und dem massiven Einbruch in den Werftschlüssel erhalten, kehrten also nicht mit leeren Händen zurück. Wie Robert H. Weeks, einer der beiden Vertreter der US Navy, enthüllte, hatten die Briten ihnen einige Enigma-Schlüssel und eine »Enigma-Maschine auf Papier« (eine detaillierte technische Zeichnung) mitgegeben, auf der alle »Walzen und der Reflektor verzeichnet waren«. Dem amerikanischen Historiker David Kahn* zufolge schrieben die beiden Vertreter des Heeres, Sinkov und Rosen, in ihrem offiziellen Bericht (vom April 1941): »Wir wurden aufgefordert, nach allem zu fragen, was wir sahen. Keine Tür blieb uns verschlossen, und wir erhielten Kopien von sämtlichem Material, das wir als möglicherweise hilfreich für die Vereinigten Staaten betrachteten.«

Demgegenüber betonen zwei andere amerikanische Historiker, gestützt auf voneinander unabhängige Interviews mit Sinkov, daß die Briten nicht verrieten, wie sie Enigma eigentlich entziffert hatten. So schreibt Thomas Parrish,** gestützt auf sein Interview mit Sinkov vom Februar 1984, in seinem Buch *The Ultra Americans* (1986), daß die Briten »ein- oder zweimal« gewisse »kryptanalytische« Details von Enigma mit den Amerikanern diskutiert hätten. Dabei habe es sich jedoch »im Grunde genommen nur um die Darstellung einiger britischer Errungenschaften gehandelt«. Dazu sagte Sinkov: »Es reichte bei weitem nicht aus, damit wir das eigentliche Verfahren der Informationsgewinnung verstanden hätten.« Nachdem der bereits erwähnte Bradley Smith Sinkovs Unterlagen überprüft und ihn im Oktober 1990 interviewt hatte, schrieb er, die amerikanische Delegation sei »nur sehr allgemein« über das britische Entschlüsselungsverfahren informiert worden. »Man zeigte ihnen keine Bomba, ja man informierte sie nicht einmal über deren Existenz.« Smith kommt zu der Schlußfolgerung: »Die amerikanische Delegation hatte also keine hieb- und stichfesten Beweise für maschinelle Analyseverfahren bei den kryptanalytischen Bemühungen der Briten, auch wenn sie vermuteten, daß in Bletchley mit Rechenmaschinen gearbeitet wurde.«

Zu den Amerikanern in Washington, die sich von den Briten verraten fühlten, gehörte auch Laurence Safford, der die Dechiffrierabteilung der US-Marine leitete. Angesichts wachsender Verpflichtungen der US Navy im Atlantik – und der Kriegsgefahr – stand Safford zweifellos unter großem Druck, mit Informationen über deutsche und italienische Marineoperationen in diesem Gebiet aufzuwarten. Er war über die Briten verbittert und blieb es für den Rest seines Lebens, was sich später in mehreren veröffentlichten Artikeln und Dokumenten niederschlug.

Als Folge des »faulen Geschäfts«, wie Bradley Smith diesen ersten »Austausch« kryptographischen Materials beschreibt, mußten die amerikanischen Kryptanalytiker sich darauf einstellen, Enigma allein zu entziffern. Dies bedeutete eine weitere ungeheure Belastung für Safford, der mit seinen anderen Aufgaben, wie etwa der Entzifferung der japanischen Marineschlüssel, ohnehin schon zuviel zu tun hatte. Zu diesem Zeitpunkt hatte der gesamte Nachrichtendienst der US-Marine im Bereich des Fernmeldewesens, einschließlich der Stationen, die Funksprüche im atlantischen und pazifischen Raum auffingen, nur etwa 550 ständige Mitarbeiter, von denen nur 44 Offiziere waren.

Safford suchte daher Hilfe von außen. Seine wichtigste Stütze wurde der 38jährige Marinereservist Howard Theodore Engstrom. Obgleich die Historiker Engstroms Arbeit auf dem Gebiet der Dechiffrierung kaum erwähnen, sollte dieser bei den Versu-

* *Seizing the Enigma* (1991).
** *The Ultra Americans.*

chen der Amerikaner, den Enigmaschlüssel der deutschen Kriegsmarine zu knacken, die Schlüsselrolle spielen, einem Unternehmen von zentraler Bedeutung, das ebenfalls gerne ignoriert wird, weil das gesamte Verdienst häufig vorschnell den Polen und Briten zugeschrieben wird.

Engstrom wurde als zweiter von drei Söhnen skandinavischer Einwanderer geboren; sein Vater war Schwede und seine Mutter Norwegerin. Der Vater, ein Rettungsschwimmer in Plymouth und Manomet, Massachusetts, starb, als Howard zehn Jahre alt war. Danach wurden die Kinder, von denen das jüngste im Alter von elf Jahren starb, allein von der Mutter erzogen, die als Wäscherin arbeitete. Howard erwies sich als brillanter Schüler. Er beendete 1918 als 16jähriger die Plymouth High School und studierte danach an der Northeastern University, wo er 1922 als 20jähriger einen Abschluß in Industriechemie machte.

Danach wählte der sprachlich und mathematisch begabte junge Mann eine akademische Laufbahn. Er erwarb 1925 an der University of Maine ein Master's Degree in Mathematik und 1929 in Yale den Doktortitel. Die folgenden zwei Jahre (1930–1931) arbeitete er als Forschungsstipendiat am Institute of Technology in Kalifornien und im deutschen Göttingen, wo er fließend Deutsch sprechen lernte. Ab 1932 lehrte er zunächst als Assistent und später als außerordentlicher Professor für Mathematik an der Yale University. 1935 heiratete er die in Finnland geborene Karin Ekblom, die im Jahr zuvor in Yale einen Abschluß in Krankenpflege gemacht hatte.

Engstrom hatte auf eine Rekrutierungsaktion der Radio Intelligence Organization der US Navy reagiert, die seit dem 6. Mai 1936 von Safford geleitet wurde, und war Reserveoffizier im Rang eines Lieutenant-Junior geworden. Als er von 1936 bis 1940 in den Sommermonaten seinen aktiven Dienst in Washington versah, hatte er bereits gelegentlich mit Safford zusammengearbeitet. Im Sommer 1940 hatte er sich dabei auf maschinelle Verschlüsselung spezialisiert und sich »zehn Stunden pro Tag und sieben Tage in der Woche« dieser Aufgabe gewidmet, wie er an seinen älteren Bruder Walder, einen Bankpräsidenten aus Plymouth, schrieb.

Noch in Yale leistete Engstrom in den ersten Monaten des Jahres 1941 auf Saffords Wunsch vermutlich einige theoretische Vorarbeiten über den Enigma-Schlüssel der deutschen Kriegsmarine. Ein paar Monate später, im Juli 1941, wurde er im Rang eines Lieutenant zur ständigen Mitarbeit in Saffords Einheit berufen. Er stieg, wie man sehen wird, schnell auf und übernahm größere Verantwortung. Er wurde für seine Leistungen auf dem Gebiet der Entzifferung sowohl durch die britische als auch durch die amerikanische Regierung ausgezeichnet* und brachte Resultate hervor, die sich mit denen der britischen Mathematiker Alan Turing und Gordon Welchman messen konnten.

* Vom amerikanischen Präsidenten wurde Engstrom mit der begehrten Distinguished Service Medal ausgezeichnet. Der Präsident hob dabei Engstroms exzellente Fähigkeiten und seinen Unternehmungsgeist hervor und lobte außerdem seine hervorragende Urteilskraft, die scharfsinnige Planung und die kompromißlose Hingabe, mit der er seinen anspruchsvollen Auftrag erfüllte. Von dem britischen Botschafter Halifax wurde Engstrom im Namen von König George VI. der Order of the British Empire verliehen. Halifax betonte Engstroms außergewöhnlichen Charakter und sein Genie.

»Die Schlacht im Atlantik«

Anfang März hatte Churchill mit dem First Sea Lord Dudley Pound eine Unterredung über die Verluste der Handelsschiffahrt im Atlantik. Churchill sagte zu Pound, er werde »die Schlacht im Atlantik« ausrufen, wie er im vergangenen August, während des Angriffs der deutschen Luftwaffe, die »Schlacht um England« verkündet hatte, um »alle klugen Köpfe in den betroffenen Ministerien auf den U-Boot-Krieg zu konzentrieren«.

Kurz darauf gründete Churchill das Battle of the Atlantic Committee und übernahm in seiner Eigenschaft als Verteidigungsminister selbst den Vorsitz. Das Gremium bestand aus Ministern und den »betroffenen hohen Beamten« und tagte mehrere Stunden pro Woche. Am 6. März verteilte Churchill in dem Ausschuß eine Direktive mit einer Liste von dreizehn Schritten, die seiner Ansicht nach notwendig waren, um die Schlacht im Atlantik zu gewinnen. Hier ein Auszug:

- Die U-Boote und Condor-Aufklärer müssen auf See gejagt und ausgeschaltet werden. Die Werften der U-Boote und die Flugplätze der Condor-Maschinen sind zu bombardieren.
- Höchste Priorität hat die Ausstattung von 200 (später nur 35) Handelsschiffen mit Katapulten, um Jäger zur Abwehr der Condor-Maschinen zu starten, damit jeder Geleitzug mit vier solchen Schiffen fahren kann.*
- Ein Großteil der Luftstreitkräfte des Küstenkommandos ist über den wichtigsten Routen der Geleitzüge in den Northwest Approaches zu konzentrieren.
- Versuchsweise dürfen alle Handelsschiffe, die 12 (statt zuvor 13) Knoten oder schneller fahren können, ohne Sicherung außerhalb der Geleitzüge fahren.
- Die Ausstattung von Handelsschiffen mit Flakgeschützen geringer Reichweite zur Abwehr der Condor-Maschinen ist mit »höchster Dringlichkeit« voranzutreiben.
- Britische Seehäfen (z. B. Mersey, Clyde, Bristol Channel) sind mit Flugabwehrsystemen von »maximaler« Feuerkraft auszustatten, um der fortdauernden Luftoffensive der Deutschen zu begegnen, die schon bis zu den Werften Liverpools vorgedrungen ist.
- Von den 2,6 Millionen BRT an Handelsschiffen, die mit Sturm- und Gefechtsschäden und anderen Defekten ungenutzt in britischen Häfen liegen, sind binnen vier Monaten mindestens 400 000 BRT zu reparieren, selbst auf Kosten des Baus neuer Schiffe.**
- Die untragbar langsamen Abfertigungszeiten für Handelsschiffe in britischen und ausländischen Häfen sind mit allen erdenklichen Mitteln zu beschleunigen.

Ein wichtiger (aber verheimlichter) Beweggrund für Churchills öffentlichkeitswirksame Verkündung der Atlantikschlacht war das klägliche Scheitern des britischen

---

* Zusätzlich patrouillierten das Flugzeugmutterschiff *Pegasus*, das von Prien in Scapa Flow verfehlt worden war, und weitere vier mit Katapulten ausgestattete Kriegsschiffe als U-Jagdschiffe in den Operationsgebieten der Condor-Aufklärer.

** 2,6 Millionen BRT Schiffsraum entsprachen etwa 520 Schiffen mit je 5000 BRT. Bemerkenswerterweise wurde das geforderte Soll von den britischen Werften um mehr als das Doppelte überschritten; sie schickten bis zum 31. Juli 975 000 BRT (ein Äquivalent von 195 Schiffen mit je 5000 BRT) zurück auf See, was den wegen Beschädigungen ungenutzten Schiffsraum auf ungefähr 1,6 Millionen BRT verringerte.

Militärs in der U-Boot-Bekämpfung. Die britischen Streitkräfte hatten im gesamten Jahr 1940 nur zwölf hochseetüchtige deutsche U-Boote definitiv versenkt. In den sechs Monaten zwischen September 1940 und März 1941 hatten sie nur drei bestätigte Versenkungen von U-Booten erzielt – und im Dezember, Januar und Februar überhaupt keine. Deutschland konnte nun weit mehr U-Boote neu produzieren, als es verlor.

Angeregt durch das Battle of the Atlantic Committee, forcierten die Briten einige weitere wichtige Maßnahmen, um die Zahl der versenkten U-Boote zu erhöhen.

Vor allem wurde die Aufklärung über die Operationen der U-Boote durch die Auswertung geheimdienstlicher Informationen aus alten – und neuen – Quellen verbessert. Bis zum Ausbruch des Kriegs hatte die Naval Intelligence Division (NID), der Geheimdienst der britischen Kriegsmarine, still vor sich hingedämmert. Inzwischen hatte jedoch John H. Godfrey, ein neuer, in der obskuren Welt der Nachrichtendienste noch unerfahrener Mann, die Leitung der NID übernommen und ihr dank seines angeborenen Talents und durch die Rekrutierung von Mitarbeitern aus dem akademischen Umfeld, aus dem juristischen Bereich und aus der Presse neues Leben eingehaucht. Patrick Beesly, einer von Godfreys Lieutenants der Reserve, charakterisierte Godfrey als »einen Mann mit weitgefächerten Interessen, großer Energie und Entschlossenheit, einen Neuerer und originellen Denker« und als einen »praktischen und erfolgreichen Seemann«*.

Da die britische Admiralität nicht nur ein Ministerium war, das politische Konzepte und Beschaffungsprogramme entwickelte, sondern auch eine operative Kommandobehörde wie etwa das Jagdflieger- und das Bomberkommando der Royal Air Force, besaß sie auch ein zentrales Lagezimmer, den »War Room«. Er lag in einem neugebauten, bombensicheren Betongebäude mit niedrigen Decken, das spaßhaft »Lenins Grab« oder die »Zitadelle« genannt wurde, offiziell jedoch Operational Intelligence Centre (OIC) hieß. Dieses Operative Nachrichtenzentrum war rund um die Uhr mit Leuten aus Godfreys Geheimdienst besetzt und wurde von dem wieder in Dienst gestellten Admiral J. W. (Jock) Clayton geleitet. Beesly schildert ihn als einen Mann von unerschütterlicher Gelassenheit, der über ein scharfes Urteilsvermögen und gute Freunde in hohen Positionen verfügte.

Eine der Hauptaufgaben des OIC bestand darin, die Seestreitkräfte der Achsenmächte zu überwachen. Zu diesem Zweck waren vier Abteilungen gebildet worden: Das German Surface Ship Plot (unter Patrick Barrow-Green) für deutsche Überwasserschiffe; das Italian-Japanese Surface Plot (beide unter dem späteren Vice Admiral Norman Denning) für deutsche, italienische und japanische Überwasserschiffe; das Axis Submarine Plot zur Überwachung der U-Boote der Achsenmächte und, als vierte Abteilung, die für die Funkeinpeilung der Feindschiffe zuständige DF Section (unter dem Journalisten und späteren bekannten Marinehistoriker Peter Kemp), die alle anderen Abteilungen unterstützte.

Von diesen Abteilungen hatte das Axis Submarine Plot, auch Submarine Tracking Room genannt, am meisten Arbeit. Bei Kriegsbeginn stand die Abteilung unter dem Befehl des erfahrenen Berufsoffiziers Ernest W. C. Thring, der bereits in Room 40 gedient hatte. Thring war froh, schon zu einem frühen Zeitpunkt die Dienste des

* Very Special Intelligence (1977) und Very Special Admiral: The Life of J. H. Godfrey (1980).

37jährigen Rechtsanwaltes Rodger Winn in Anspruch nehmen zu können, der als Reservist einberufen worden war. Winn war als Kind an Kinderlähmung erkrankt, hatte eine schwere Rückgratverkrümmung und hinkte. Doch er hatte diese körperlichen Behinderungen durch einen, wie Beesly es ausdrückt, »ungeheuren Triumph der Willenskraft« kompensiert und eine erfolgreiche Anwaltskanzlei gegründet. Im OIC demonstrierte Winn die unglaubliche, ja fast unheimliche Fähigkeit, sich in die Gedanken der Deutschen hineinzuversetzen und die Bewegungen der U-Boote vorherzusagen.

Nachdem er Winn ein Jahr lang an seiner Seite beobachtet hatte, empfahl der Befehlshaber des OIC Jock Clayton seinem Vorgesetzten John Godfrey, Thring als Leiter des Submarine Tracking Room durch Winn zu ersetzen. Diese Empfehlung Claytons, diese äußerst wichtige Abteilung einem »Zivilisten« statt einem Berufsoffizier anzuvertrauen, war laut Beesly so revolutionär und beispiellos, daß man die Entscheidung durch alle Instanzen bis hinauf zum First Sealord Dudley Pound durchboxen mußte. Pound war jedoch einverstanden, und Anfang 1941 übernahm Winn den Posten, was sich nach Beeslys Urteil »als einzigartiger Glücksfall« erwies.

Bald nachdem Winn die Leitung des Submarine Tracking Room übernommen hatte, fiel den Briten das Enigma-Material von dem Trawler *Krebs* in die Hände, und sie konnten den handcodierten »Werftschlüssel« brechen. Wie David Kahn schreibt, erhielt Winn am 12. März aus Bletchley Park ein Fernschreiben mit den ersten zehn entschlüsselten Enigma-Funksprüchen der deutschen Kriegsmarine, am nächsten Tag waren es 34, danach wurden es immer mehr. Tatsächlich stellte sich bald eine regelrechte Flut ein. Der Inhalt dieser ersten Funksprüche war nicht mehr aktuell und für Winn ohne unmittelbaren taktischen Wert, doch sie erweiterten seine Kenntnisse über Strategie und Taktik der U-Bootwaffe gewaltig.

Die zweitwichtigste Maßnahme zur Verbesserung der U-Boot-Abwehr war die Verlegung des Western Approaches Command von Plymouth in das Derby House in Liverpool. Mit dem Umzug am 7. Februar 1941 übernahm ein neuer Kommandeur, der 50jährige Percy Noble, die Stelle von Martin Dunbar-Nasmith, der in Plymouth blieb.

Noble und sein Stabschef J. M. Mansfield bauten in Derby House bald eine riesige Abteilung der Kriegsmarine auf, die eine Personalstärke von rund tausend Männern und Frauen erreichte. Sie richteten einen riesigen »War Room« ein, in dem eine zwei Stockwerke hohe Wandkarte des Nordatlantiks angebracht war. Dieses operative Zentrum war rund um die Uhr durch abhörsichere Fernschreiber- und Telefonverbindungen mit dem OIC in London verbunden, so daß die beiden Organisationen einander über die aktuellen Operationen der feindlichen Kriegsmarinen immer auf dem neuesten Stand halten konnten.

Zur selben Zeit konzentrierte das Coastal Command der RAF, wie von Churchill gefordert, den Großteil seiner Luftstreitkräfte in den Nordtwest Approaches. Die Group 15 unter J. M. Robb (später unter Leonard H. Slatter) wurde ebenfalls von Plymouth ins Derby House in Liverpool verlegt. Dort verschmolz sein Personal praktisch mit dem des Western Approaches Command, nutzte denselben War Room und stellte damit die enge Koordination und Zusammenarbeit zwischen Luft- und Seestreitkräften sicher. Wie John C. Slessor von der RAF, der damals beim Bomberkommando seinen Dienst versah, in seinen Memoiren schrieb*, wurden 1941 und

* *The Central Blue* (1956).

1942 wegen Churchills Direktive vom 6. März nicht weniger als siebzehn Fliegerstaffeln vom Bomberkommando an das Küstenkommando überstellt, und »die Anstrengungen des Bomberkommandos kamen ebenfalls in bedenklichem Maß dem Seekrieg zugute«.

Die allgemein bekannte Vernachlässigung des Küstenkommandos hatte zu dem Vorschlag geführt, es der Admiralität statt dem Luftfahrtministerium zu unterstellen. Churchill war zunächst gegen diesen radikalen Vorschlag, doch er hatte eine umfassende Untersuchung angeordnet, die die Defizite des Kommandos in schokkierenden Einzelheiten ans Tageslicht brachte. Das Ergebnis dieser Untersuchung war die schwerwiegende Entscheidung, das Küstenkommando nur noch administrativ beim Luftfahrtministerium zu belassen, die operative Kontrolle der Organisation jedoch (mit Wirkung vom 15. April 1941) an die Admiralität zu übertragen. Danach sollten die Anforderungen des Seekriegs, und insbesondere die U-Boot-Jagd, Vorrang vor allen anderen Aufgaben des Coastal Command erhalten.

Eine von Percy Nobles ersten und energischsten Initiativen war es, der Ausbildung des Geleitschutzes uneingeschränkte Unterstützung zu gewähren. Diese wichtige Aufgabe wurde seit dem vergangenen Juli vor allem in Tobermory auf Mull, einer Insel der Inneren Hebriden, durchgeführt. Das an Land gelegene Hauptquartier trug wie andere britische Marineschulen einen Schiffsnamen und hieß HMS Western Isles. Die Schule stand unter dem Kommando des für seine Härte und Smartheit berüchtigten Vice Admirals der Reserve G. O. Stephenson. Jedes neue Geleitschiff mußte einen Monat unter Stephensons hartem Regiment verbringen, ein Leidensweg, den Nicholas Monsarrat in seinem berühmten Kriegsroman über das Leben an Bord einer fiktiven Korvette namens *Compass Rose* treffend beschrieben hat*.

Bis zu diesem Zeitpunkt hatten die britischen und kanadischen Sicherungsschiffe je nach Verfügbarkeit und Gefechtsbereitschaft ihre Aufgaben überstürzt zugewiesen bekommen. Dank eines steten Stroms neuer Zerstörer, Sloops und Korvetten und mit der Übernahme der 61 ehemals amerikanischen Zerstörer und Sloops Anfang 1941 wurde es nun jedoch möglich, ein langersehntes Ziel zu erreichen: die Bildung britischer und kanadischer »Geleitschutzgruppen«. Die Schiffe dieser Gruppen sollten mehr oder weniger dauerhaft zusammenarbeiten und den Konvois als geschlossene Einheiten zugeteilt werden. Die Admiralität glaubte, daß die Gruppen, wenn sie auf diese Weise permanent organisiert und ausgebildet waren, die Geleitzüge besser schützen – und U-Boote versenken – könnten als wahllos zugeteilte einzelne Schiffe. Bald schon gab es ein Dutzend dieser von Percy Noble initiierten und von Stephenson geschulten Gruppen, die auf dem Papier aus zehn Zerstörern, Sloops und Korvetten bestanden, von denen sechs bis acht gefechtsbereit gehalten wurden. Die Leistung dieser Gruppen, in denen fast ausschließlich im Krieg eingezogene Wehrpflichtige oder Freiwillige dienten, waren zunächst stümperhaft und wurden nie ganz perfekt, sie wurden aber mit der Zeit ziemlich effektiv.

Alle Amerikaner, die 1941 britische Militärdienststellen besuchten, waren von dem Zusammenhalt außerordentlich beeindruckt, den man in der Atlantikschlacht erreicht hatte. Alle Institutionen, das Kriegskabinett, das Battle of the Atlantic Committee, die Admiralität und das Luftfahrtministerium, Bletchley Park, das OIC und das Derby

* *The Cruel Sea* (1951).

House – arbeiteten mit einer außergewöhnlichen Zielstrebigkeit Hand in Hand. Die straffe Kontrolle und die Verteilung der umfangreicher werdenden Informationen über U-Boot-Operationen und die raffinierte Ausnutzung dieser Informationen auf allen Ebenen waren gewissermaßen unerwartete, quantitativ nicht meßbare Waffen höchster Wirksamkeit. Und sie sollten den Verlauf des Seekriegs nachhaltig beeinflussen.

Prien wird versenkt

Ironischerweise befand sich die U-Bootwaffe, als Churchill die »Schlacht um den Atlantik« verkündete, in der schlimmsten Verfassung seit Kriegsbeginn. Am 1. März 1941 standen nur acht deutsche U-Boote im Nordatlantik, darunter *U147*, ein neuer Einbaum vom Typ IID. Fünf Boote, darunter *U147,* patrouillierten zwischen Island und Schottland. Prien mit *U47* und Kretschmer mit *U99* operierten nahe der Rokkallbank. Das achte Boot, Heilmann mit *U97*, hatte seine Torpedos verbraucht und war mit der Wettermeldung beauftragt.

Ohne Hilfe der Condor-Aufklärer stieß Erich Topp mit dem VIIC-Boot *U552* am 1. März nach Einbruch der Dunkelheit auf den einlaufenden Konvoi Halifax 109, der sich der schottischen Küste näherte und dem U-Boot nur noch wenig Seeraum für einen Angriff ließ. Topp meldete die Fühlung und versenkte mit seinen letzten drei Torpedos den britischen 12000-BRT-Tanker *Cadillac* – sein erster Erfolg mit *U552.* Das neue VIIC-Boot *U70* unter dem 27jährigen Joachim Matz, ehemals Einbaum *U59*, das erst acht Tage zuvor in Helgoland ausgelaufen war, fand den Geleitzug. Matz war gerade zum Angriff auf die *Cadillac* angelaufen, als Erich Topp ihm das Schiff vor der Nase wegschoß. Gerd Schreiber kam mit dem VIIC-Boot *U95* hinzu und versenkte zwei Schiffe mit 11100 Tonnen. Reinhard Hardegen torpedierte mit dem Einbaum *U147* einen norwegischen 4800-BRT-Frachter und kehrte anschließend nach Deutschland zurück.

Eines von zwei in Norwegen aufgestiegenen Condor-Flugzeugen meldete am Morgen des 2. März einen auslaufenden Konvoi und griff an. Dönitz befahl sechs der sieben seetüchtigen Boote im Einsatzgebiet, westlich der Rockallbank einen sich von Nord nach Süd erstreckenden Aufklärungsstreifen zu bilden. Die Boote gingen am 3. März bei dichtem Nebel in Stellung. Gleichzeitig suchten Condor-Maschinen den wahrscheinlichen Kurs des Geleitzugs ab, doch sie fanden, genau wie die fast blinden Boote, nichts.

Nach einer schnellen Analyse des gescheiterten Unternehmens befahl Dönitz eine drastische – und nach Ansicht der Piloten beklagenswerte – Veränderung bei den Operationen der Condor-Aufklärer. Dönitz war zu dem Schluß gekommen, daß ein Geleitzug, wenn er von Condor-Flugzeugen offen angegriffen wurde, eine radikale Kursänderung vornahm, um einem Gruppenangriff durch heranlaufende U-Boote zu entgehen. Deshalb verbot er den Condor-Maschinen, die Geleitzüge anzugreifen. Sie sollten sich nur noch auf Sichtung und Meldung beschränken und möglichst unentdeckt bleiben – Beschränkungen, die den Besatzungen der Condor-Aufklärer gar nicht gefielen.

Am folgenden Tag, dem 4. März, meldete eine Condor einen weiteren auslaufenden Konvoi. Aus der Meldung war nicht ersichtlich, ob es sich um denselben auslaufenden Geleitzug oder um einen neuen handelte. Außerdem war nicht sicher, ob die Positionsmeldung genau war. Trotzdem brachte Dönitz die sechs Boote nochmals für einen Aufklärungsstreifen weiter westlich in Stellung. Er fügte dem Fächer auch *UA* unter Hans Eckermann hinzu, das sich auf dem Weg von Deutschland nach Lorient befand, um von dort aus in westafrikanischen Gewässern zu operieren. Als die Boote am 5. März in Stellung gegangen waren, brach der im Zentrum des Streifens stehende Gerd Schreiber in *U95* unerklärlicherweise die Funkstille, um seine Versenkungen zu melden. In der Annahme, daß die Briten die Meldung von *U95* eingepeilt hatten und den Kurs des Konvois ändern würden, um Schreiber und dem Aufklärungsstreifen auszuweichen, schrieb Dönitz in sein Kriegstagebuch, daß Schreiber einen sehr dummen Fehler begangen habe. Dönitz mag recht gehabt haben; der Konvoi entkam.

Dieser Mißerfolg führte zu einer noch detaillierteren Analyse der kombinierten Condor- und U-Boot-Operationen. Die Untersuchung ergab, daß die U-Boote in zwei Monaten nur einmal (am 19. und 20. Februar) von den Geleitzugmeldungen der Condor-Aufklärer profitiert hatten. Fast immer waren die Meldungen der Condor-Maschinen hinsichtlich der Positionen und Kurse der Konvois falsch gewesen. Außerdem nahm es zuviel Zeit in Anspruch, die Boote umzudirigieren. Wenn die Boote die wahrscheinlichste Abfanglinie eines Geleitzugkurses erreichten, die auf dessen – genau oder nicht – gemeldetem Kurs beruhte, dann war die Meldung bereits 24 Stunden alt und nicht mehr verläßlich. Dönitz gab deshalb die Anweisung, auf Flugzeugmeldungen hin keine weiteren U-Boot Operationen zu unternehmen, bis bessere Mittel der Positionsmeldung und der Kooperation von U-Booten und Flugzeugen gefunden waren. Die Condor-Aufklärer sollten weiterhin Patrouillenflüge unternehmen und Geleitzüge zum Nutzen aller deutschen Streitkräfte melden. Und sie durften gesichtete Geleitzüge wieder angreifen.

Am 6. März dirigierte Dönitz seine Boote erneut um. Fünf Boote des Typs VII bildeten westlich der Rockallbank einen Aufklärungsstreifen in nord-südlicher Richtung. *UA* marschierte nach Westen und löste das Wetterboot *U97* ab. Der Streifen hatte sich gerade erst formiert, als Prien in *U47* auf einen auslaufenden Konvoi stieß und ihn meldete. Er verfolgte ihn und funkte Peilzeichen, um die anderen Boote heranzuführen. Dönitz wies drei weitere Boote des Aufklärungsstreifens – *U37* (Clausen), *U70* (Matz) und *U99* (Kretschmer) – wie auch das in westlicher Richtung fahrende *UA* an, sich mit Hilfe von Priens Signalen zu sammeln. Es handelte sich um den Konvoi Outbound 293, der von zwei Zerstörern, *Wolverine* und *Verity*, und zwei Korvetten, *Arbutus* und *Camellia*, begleitet wurde.

Prien mit *U47* und Kretschmer mit *U99* trafen sich um 18 Uhr im Nebel bei ruhiger See. Sie sprachen durch ein Megaphon miteinander und vereinbarten einen gemeinsamen Angriff auf den Geleitzug. Noch während der Unterhaltung tauchten plötzlich die beiden mit Radar des Typs 286 M ausgestatteten Zerstörer aus dem Nebel auf: die *Wolverine* unter dem Befehl von James M. Rowland und die *Verity*. Die Zerstörer, die vor dem Konvoi patrouillierten, überraschten Prien und Kretschmer und zwangen beide zu einem Schnelltauchmanöver. Die Zerstörer fanden Prien und deckten ihn mit Wasserbomben ein. Kretschmer tauchte tief und entkam. Später in der Nacht tauchten beide Boote wieder auf.

Inzwischen war Joachim Matz mit dem neuen *U70* herangekommen und hatte sich in der Dunkelheit vor den Konvoi gesetzt. Matz hatte bereits zwei Wochen im Atlantik gestanden und noch keinen Torpedo geschossen. Er griff am 7. März um 4.30 Uhr an und schoß seine vier Bugtorpedos auf vier verschiedene Schiffe ab. Später behauptete er, alle vier Schiffe (mit insgesamt 35 000 Tonnen) getroffen und versenkt zu haben, doch in Wirklichkeit hatte er nur den 6400 BRT großen britischen Frachter *Delilian* und vielleicht den britischen Tanker *Athelbeach* mit 6600 BRT getroffen und beschädigt. Zehn Minuten später funkte Prien, dem nur noch wenige Torpedos zur Verfügung standen, seine aktuelle Position an Dönitz und griff an. Er hatte sich das größte Schiff im Konvoi, das in einen Tanker umgebaute, 20 640 BRT große norwegische Walfangmutterschiff *Terje Viken,* ausgesucht. Prien traf das Schiff mit zwei Torpedos. Doch da es im Ballast fuhr, war es sehr schwer zu versenken und fuhr trotz schwerer Schäden weiter.

Matz hatte seine vier Bugtorpedorohre nachgeladen und kam um sechs Uhr für eine weitere Attacke heran. Er sichtete die beschädigte *Terje Viken* und feuerte drei Torpedos auf sie ab, die jedoch alle fehlgingen. Matz war im Begriff, das vierte Bugtorpedorohr klarzumachen, als ein anderes Boot das Fabrikschiff mit einem Torpedo traf. Der Schuß stammte von Kretschmers *U99*. Kretschmer schoß danach einen Torpedo auf ein weiteres Schiff, doch dieser verfehlte sein Ziel. Er drehte das Boot und feuerte drei Torpedos auf den möglicherweise beschädigten Tanker *Athelbeach* ab, die ihn trafen, aber nicht versenkten. Kretschmer setzte dem schwer angeschlagenen Tanker mit dem Deckgeschütz nach, doch der Kanonier hatte keinen Erfolg. Kretschmer mußte einen weiteren Torpedo opfern, der den Tanker endgültig zur Strecke brachte.

Die vier Begleitschiffe unter dem taktischen Kommando von James Rowland auf dem Zerstörer *Wolverine* reagierten aggressiv. Während der Geleitzug mit einer scharfen Wendung nach Backbord auswich, erhellten Leuchtgranaten die Nacht, und die Sicherungsschiffe begannen mit der Jagd auf *U47*, *U70* und *U99*, die sich alle in unmittelbarer Nähe befanden. Die Korvette *Arbutus* stellte als erstes Schiff um 4.48 Uhr Sonarkontakt her, warf Wasserbomben und rief die andere Korvette, *Camellia,* zu Hilfe. Die Zerstörer *Wolverine* und *Verity* sichteten U-Boote, zwangen sie zum Tauchen und warfen Wasserbomben.

Matz in *U70*, der noch einen Torpedo in einem Bugrohr hatte, näherte sich unter Wasser dem 7500 BRT großen, holländischen Tanker *Mijdrecht.* Er traf und beschädigte das Schiff, doch der holländische Kapitän entdeckte das Sehrohr des U-Boots und änderte den Kurs, um das Boot zu rammen. Er hatte gut gezielt: Der Bug der *Mijdrecht* traf den Kommandoturm, zertrümmerte die Brücke und das Periskop und preßte das Boot unter Wasser, als wäre es von einer riesigen Welle getroffen worden. Die *Mijdrecht* war nicht ernsthaft beschädigt worden; die Besatzung reparierte das durch den Torpedo verursachte Leck und fuhr weiter.

Durch die Kollision waren Lecks im Kommandoturm des Bootes entstanden, aber keine ernsthaften Schäden am Druckkörper. Matz zog sich in den Nebel zurück, tauchte auf und besichtigte den Schaden. Gegen 8.15 Uhr sichtete die Korvette *Camellia* das Boot ungefähr siebeneinhalb Kilometer voraus, griff an und zwang Matz zu einem Schnelltauchmanöver. Die *Camellia* setzte eine Alarmmeldung ab, die die zweite Korvette *Arbutus* heranführte. Das Sonar der *Camellia* versagte; dennoch warf das Schiff »nach Augenmaß« sechs Wasserbomben. Um 9.25 Uhr traf die *Arbutus* ein, bekam klaren Sonarkontakt und warf in zwei kurz aufeinanderfolgenden Angriffen zwölf Wasserbomben. Gestützt auf den Sonarkontakt der *Arbutus* griff auch die *Camellia* erneut an und warf weitere sechs Wasserbomben. Ohne eigenes Sonar war die Korvette kaum eine Hilfe, und sie wurde zurückbeordert, um die beschädigten Schiffe zu schützen und Überlebende zu retten.

Die *Arbutus* verfolgte *U70* beharrlich und fuhr in den folgenden drei Stunden fünf weitere Angriffe mit je sechs Wasserbomben. Insgesamt wurde *U70* von den Korvetten mit 54 Wasserbomben belegt. Die letzten drei Angriffe der *Arbutus* verursachten tödliche Schäden. Das U-Boot lief achtern voll Wasser und geriet außer Kontrolle. Es ragte in einem Winkel von 45 Grad mit dem Bug nach oben. Matz schickte alle verfügbaren Männer in den Bugraum, aber ohne Erfolg. Das Boot sank über das Heck auf 200 Meter Tiefe. Matz bekam das Boot nicht mehr unter Kontrolle, ließ mit der allerletzten Druckluft alle Tauchzellen anblasen und tauchte auf, um das Boot zu versenken. Die *Arbutus* sichtete *U70*, lief heran, um das Boot zu rammen, und feuerte dabei mit ihrer 4-Zoll-Kanone und anderen Waffen.

Als Matz das Turmluk öffnete, war der Druck im Bootsinnern so hoch, daß er und fünf andere Männer auf die zerstörte Brücke geschleudert wurden. Auf der *Arbutus* sah man die Besatzung von *U70* ins Meer springen, drehte ab und ließ zwei Rettungsboote zu Wasser. Flutventile und Luks waren geöffnet, und das Boot sank wie ein Stein. Die *Arbutus* fischte Matz und fünfundzwanzig weitere Männer aus dem Wasser. Zwanzig Deutsche starben bei der Versenkung.

Die Bewegungen von Priens *U47* und Kretschmers *U99* an diesem Tag sind nicht mit letzter Sicherheit zu rekonstruieren. Anscheinend bekamen die Zerstörer *Wolverine* und *Verity* Sonarkontakt und griffen beide Boote wiederholt an. Kretschmer berichtete später, daß ihn ein Zerstörer alten Typs für rund neun Stunden unter Wasser gezwungen und mit 51 Wasserbomben belegt habe. Es ist möglich, daß Prien mit *U47* in dieselbe Salve geriet und versenkt wurde.

Prien blieb spurlos verschwunden. Weder er noch Matz reagierten in dieser Nacht, als Dönitz sie aufforderte, Position und Versenkungen zu melden.

Ebenfalls noch am 7. März bekam Hans Eckermann mit *UA* um 22 Uhr weiter westlich Fühlung mit Konvoi 293 und meldete den Kontakt. Nikolaus Clausen in *U37*, der den Geleitzug noch nicht gefunden hatte, bat um ein Peilsignal, und Eckermann setzte eine halbe Stunde nach Mitternacht – am 8. März – eine weitere Positionsmeldung ab. Kurz darauf lief er an den Geleitzug heran und griff an. Er schoß zwei Torpedos auf das Spitzenschiff in der Steuerbordkolonne. Eckermann glaubte, beide Torpedos hätten getroffen, doch nur einer traf und beschädigte den 5300 BRT großen britischen Frachter *Dunaff Head* geringfügig.

Zu diesem Zeitpunkt fuhren die Zerstörer *Wolverine* und *Verity* auf der Steuerbordseite des Geleitzugs. *UA* lag genau auf dem Kurs der *Wolverine*. In der Hoffnung, das Boot zu überraschen und zu rammen, schoß James Rowland keine Leuchtgranaten, verzichtete darauf, zu beschleunigen und blieb auf Kurs. Dreizehn Minuten später sichtete Rowland direkt voraus »Rauch, der Dieselabgasen glich«, und sein Horcher meldete Sonarkontakt. Nach weiteren drei Minuten sah er einen Kielwasserstreifen und dann das Boot selbst, das »mit hoher Geschwindigkeit wild zackte«. Rowland ging auf äußerste Fahrt, nahm das Boot jedoch nicht unter Feuer, da er immer noch hoffte, es zu rammen. Die *Verity* vereitelte dieses Vorhaben jedoch, indem sie Leuchtgranaten abfeuerte, die das Gebiet hell erleuchteten und das U-Boot knapp anderthalb Kilometer von der *Wolverine* entfernt zu einem Schnelltauchmanöver zwangen.

Rowland verminderte seine Geschwindigkeit, bekam jedoch keinen Sonarkontakt und konnte nicht abschätzen, wo das Boot getaucht war. Beide Zerstörer wendeten und gingen auf Gegenkurs. Sieben Minuten darauf bekamen sie beide »festen« Sonarkontakt. Rowland griff an und warf zwei separate Salven von insgesamt 18 Wasserbomben. Danach warf er drei Salven von insgesamt sechs und eine Leuchtbombe, um die Position des U-Boots zu markieren. Die 24 Wasserbomben führten zu keinem erkennbaren Ergebnis, doch Rowlands Ingenieur meldete, er habe eindeutig Schieferöl gesehen und gerochen, was auf einen möglichen Schaden an den Treibstofftanks des U-Boots hinwies.

In einer Analyse dieses Angriffs kamen die Briten, denen nicht klar war, daß *UA* die *Dunaff Head* torpediert hatte, später zu dem Schluß, das von den Zerstörern *Wolverine* und *Verity* attackierte U-Boot sei Priens *U47* gewesen. Es fand sich niemals ein Beweis für diesen Schluß. Möglicherweise war er richtig. Möglicherweise verfolgte Prien an diesem Abend den Geleitzug nach Westen. Doch dies ist nicht wahrscheinlich. Prien hatte auf seiner Fahrt bereits fünf Schiffe mit Torpedos angegriffen (vier am 26. Februar); er konnte nicht mehr genügend Torpedos an Bord haben, um eine Verfolgung und einen weiteren Angriff zu rechtfertigen. Er setzte in dieser Nacht keine Fühlungshaltermeldungen ab; falls sein Funkgerät defekt war, hätte es keinen Sinn gehabt, den Geleitzug zu jagen, es sei denn, er rechnete damit, daß es rechtzeitig repariert werden könnte. Bezeichnenderweise verfolgte Otto Kretschmer, der ausreichend Torpedos zur Verfügung hatte, den Konvoi in dieser Nacht nicht nach Westen.

Wie Eckermann von *UA* später berichtete, war sein Boot unmittelbar nach dem Abschuß der Torpedos (auf die *Dunaff Head*) einem heftigen Wasserbombenangriff ausgesetzt. Dieser Angriff wurde zweifellos von der *Wolverine* und der *Verity* geführt. Wie sich Eckermanns Erster Wachoffizier Carl Emmermann erinnert, setzte sich das Boot ab und tauchte in der Dunkelheit nahe bei den Zerstörern auf. Eckermann wollte mit den Dieselmotoren auf äußerste Fahrt gehen und davonfahren, aber Emmermann konnte ihn dazu bewegen, sich ohne Rauch und ohne Lärm mit den E-Maschinen davonzuschleichen. Und das Boot kam mit knapper Not davon. Später, in sicherer Entfernung, funkte Eckermann an Dönitz, *UA* habe schwere Schäden durch Wasserbomben erlitten und müsse vorzeitig nach Lorient zurückkehren.

Die *Wolverine* setzte die Jagd hartnäckig fort. Rowland berichtete, die *Wolverine* habe gegen 4.10 Uhr die Geräusche eines über Wasser fahrenden U-Boots gehört und mit 20 Knoten Fahrt die Verfolgung aufgenommen. Gelegentlich verlangsamte sie die Fahrt, um den Kurs des Boots mit dem Sonar zu verifizieren. Nach einer Stunde Fahrt und einer Strecke von rund 37 Kilometern sichtete die *Wolverine* das U-Boot direkt voraus und ging auf äußerste Fahrt, um es zu rammen. Doch das U-Boot tauchte in nur »180 bis 270 Metern« Entfernung. Rowland passierte die Stelle und sah einen V-förmigen »phosphoreszierenden Schwall von Luftblasen«. Da er sechs Dienstjahre auf U-Booten gedient hatte, war er sich absolut sicher, daß die Blasen aus ausgeblasenen Tauchzellen stammten und er das U-Boot in niedriger Tiefe direkt unter dem Kiel hatte. Er drehte hart nach Backbord und warf in Intervallen von vier Sekunden zehn auf eine Tiefe von 30 Metern eingestellte Wasserbomben.

Wäre Rowland nicht einem Phantom, einem Wal oder einem Schwarm Tümmler hinterhergejagt, hätten seine Wasserbomben das U-Boot in tausend Stücke reißen müssen, und es wären Trümmer und Leichen aufgetaucht. Doch zu Rowlands »großer Enttäuschung« kamen keinerlei Trümmer an die Wasseroberfläche. Rowland sah »für ungefähr zehn Sekunden« ein geheimnisvolles »schwaches orangefarbenes Leuchten« nahe der Stelle, wo die Wasserbomben explodiert waren. Er konnte jedoch nicht anhalten und das Phänomen untersuchen, da er immer noch »guten Sonarkontakt« mit dem Ziel hatte. Er drehte das Schiff, hielt die Sonarortung aufrecht und warf bis 7.55 Uhr weiterhin sporadisch einzelne Wasserbomben, brach jedoch den Angriff ab, »als bei Tageslicht in unmittelbarer Nähe Tümmler gesichtet wurden«.

Es hatte so viele falsche Meldungen von U-Boot-Versenkungen gegeben, daß die Admiralität strenge Kriterien für die Bestätigung einer eindeutigen Versenkung aufgestellt hatte. Die Anhaltspunkte der *Wolverine* reichten nicht aus, um diese Kriterien zu erfüllen. Als man jedoch von Matz und anderen gefangengenommenen Besatzungsmitgliedern von *U70* sowie aus anderen Quellen erfuhr, daß sich Prien in unmittelbarer Nähe aufgehalten hatte und von der Feindfahrt nicht zurückgekehrt war, akzeptierte das Assessment Committee der Admiralität diesen »Indizienbeweis« und entschied, daß die *Wolverine* wahrscheinlich »*U47* unter dem Kommando Priens versenkt« hatte. Ohne Zweifel wurde diese Entscheidung angesichts der schwachen und unsicheren Beweislage von dem propagandistischen Erfolg mit beeinflußt, daß ein britischer Kapitän und seine Mannschaft Deutschlands berühmtestes U-Boot-As zur Strecke gebracht hatten. Wahrscheinlicher ist, daß Prien schon am 7. März durch einen Wasserbombenangriff, einen Kreisläufer, einen Fehler seiner Besatzung oder durch einen katastrophalen Konstruktionsfehler an *U47* versenkt wurde. Es ist ebenfalls möglich, daß *U47* durch unbekannte Ursachen (Minen, Fehler der Besatzung usw.) verlorenging, als es mit einem defekten Funkgerät nach Lorient zurückfuhr.

Wie dem auch sei, die vier Sicherungsschiffe des Geleitzugs Outbound 293 hatten sich höchstes Lob und Auszeichnungen verdient. Ihre aggressiven Angriffe auf die U-Boote hatten nicht nur die zwei besten U-Boot-Asse Deutschlands bei geringen Schiffsverlusten abgewehrt*, sondern auch *U70* und (vermutlich) das As Prien mit *U47* versenkt und *UA* schwer beschädigt. Keine Eskortgruppe war je so erfolgreich gewesen. Hinzu kam, daß *U47* und *U70* die ersten bestätigten Versenkungen von U-Booten durch britische Streitkräfte seit dem Verlust von *U31* am 2. November darstellten. Eine mehr als viermonatige Durststrecke war zu Ende, die von den Briten als tiefe Demütigung empfunden worden war.

Dönitz war sehr besorgt, als *U47* und *U70* auf seine Funksprüche nicht antwor-

* Von den vier Booten, die den Geleitzug angegriffen hatten, versenkte nur Kretschmer mit dem Tanker *Athelbeach* ein im Ballast fahrendes Schiff. Prien und Kretschmer torpedierten außerdem das ebenfalls mit Ballast fahrende Walfangmutterschiff *Terje Viken* und richteten irreparable Schäden an. Versenkt wurde der Hulk jedoch erst am 14. März durch das Geschützfeuer zweier britischer Zerstörer und einer Korvette. Matz beschädigte die *Delilian* und die *Mijdrecht*, doch beide Schiffe erreichten den Hafen, wie auch die von Eckermann in *UA* torpedierte *Dunaff Head*.

teten. Er wollte sich aber nicht eingestehen, daß beide Boote – insbesondere jedoch das des unbesiegbaren Prien – verlorengegangen waren. Er tröstete sich mit der Möglichkeit, daß bei Prien und Matz die Funkgeräte ausgefallen waren und daß Prien jeden Tag, mit flatternden Siegeswimpeln am ausgefahrenen Sehrohr vor Lorient auftauchen konnte. Und doch ...

Bessere Nachrichten kamen aus südlichen Gewässern. Höchst erfreuliche Nachrichten, in der Tat. Die drei IXB-Boote *U105*, *U106* und *U124* hatten auf ihrem Marsch Richtung Freetown in Sierra Leone zwischen dem 4. und dem 6. März bei den Kanarischen Inseln von dem deutschen Tanker *Corrientes* Treibstoff übernommen und waren dann weiter nach Süden gefahren. Am 6. März traf das führende Boot, *U124* unter Georg-Wilhelm Schulz, die *Gneisenau* und die *Scharnhorst* in der Nähe der afrikanischen Küste. Einen Tag darauf entdeckten die Schlachtkreuzer den einlaufenden Geleitzug Sierra Leone 67, der von dem britischen Schlachtschiff *Malaya* und anderen Schiffen gesichert wurde. Da die deutschen Schiffe noch immer die Anweisung hatten, sich nicht auf Gefechte mit Großkampfschiffen einzulassen, zogen sie sich zurück und alarmierten *U124*. Man faßte den Plan, daß *U124* und *U105* sich dem Konvoi nähern und die *Malaya* versenken sollten, damit die *Gneisenau* und die *Scharnhorst* zurückkehren und die Handelsschiffe angreifen konnten. Falls Schiffe diesen kombinierten Angriff überstehen und ihm entkommen sollten, konnten sie von *U106*, das den anderen Booten im Abstand von mehreren Tagen folgte, weiter nördlich abgefangen werden.

Der Plan mißglückte, doch die U-Boote hatten trotzdem großen Erfolg. Georg Schewe griff mit *U105* am frühen Morgen des 8. März als erster an und versenkte einen 5200 BRT großen britischen Frachter. Schulz fuhr mit *U124* mitten in den in Panik geratenen Konvoi und verschoß innerhalb von 21 Minuten die Torpedos aus allen sechs Rohren (vier im Bug, zwei im Heck) auf sechs verschiedene Schiffe. Schulz meldete fünf der Schiffe mit insgesamt 33 000 Tonnen als versenkt und ein weiteres mit 6000 Tonnen als sinkend. Nach dem Krieg wurde die Versenkung von vier britischen Frachtern mit 23 300 BRT bestätigt, für eine einzige Salve immer noch ein beachtlicher Erfolg. Wenig später fand auch Jürgen Oesten mit *U106* den Geleitzug und torpedierte einen britischen Frachter mit 7500 BRT. Das bestätigte Gesamtresultat betrug sechs versenkte Schiffe mit 36 000 Tonnen.

Die *Malaya* war unbeschadet davongekommen, weshalb die *Gneisenau* und die Scharnhorst den Konvoi nicht angreifen konnten. Sie übernahmen Treibstoff von ihren Versorgungsschiffen und gingen auf nordwestlichen Kurs, um Halifax-Geleitzüge anzugreifen. *U124* marschierte nach Westen, um von dem Handelsstörer *Kormoran* Torpedos und Treibstoff zu übernehmen und auf ein Rendezvous mit dem auf der Fahrt nach Deutschland befindlichen Taschen-Schlachtschiff *Admiral Scheer* zu warten und ihm ein Ersatzteil für sein primitives Radargerät zu übergeben. *U105* und *U106* setzten unverzüglich die Fahrt nach Freetown fort.

Schepke und Kretschmer gehen verloren

Großadmiral Raeder drängte immer noch auf eine verstärkte Kriegführung gegen Großbritannien und bewog Hitler, massive Bombenangriffe auf die britischen Seehäfen Portsmouth, Bristol, Liverpool und den Firth of Clyde zu unternehmen. Als Vorbereitung der Bombadierung, die zwischen dem 10. und 20. März stattfinden sollte, forderten die Planer der Luftwaffe für den vorgesehenen Zeitraum detaillierte Wetterberichte der U-Boote an. Dönitz hatte, als ihn diese Forderung am 9. März erreichte, lediglich vier U-Boote im Nordatlantik, und eines davon, *U95*, hatte keine Torpedos mehr an Bord. Er stationierte das nach Deutschland fahrende Boot *U37* als Wettermelder »im Norden« und *U95* mit Schreiber als Wettermelder im Süden. Damit blieben ihm nur noch zwei Boote, um den Krieg gegen die Geleitzüge im Nordatlantik zu führen: *U99* mit Otto Kretschmer und das brandneue VIIC-Boot *U74* unter dem 34jährigen Eitel-Friedrich Kentrat, der zuvor auf dem Einbaum *U8* gefahren war. Eine wahrhaft »absurde Situation«, wie Dönitz in seinem Tagebuch klagte.

Doch Verstärkung war auf dem Weg. Am 11. März lief in Deutschland Fritz-Julius Lemp in dem neuen IXB-Boot *U110* aus. Bei der Mannschaft waren zahlreiche alte Veteranen, die unter Lemp schon auf *U30* Dienst getan hatten. Lemp hatte seit sechs Monaten nicht mehr im Atlantik gestanden. *U110* war vorübergehend im Eis der Ostsee festgesessen; als Folge war die Bootsbesatzung zehn Tage lang in eisiger Kälte geschult worden und hatte keine Torpedo-, Geschütz- oder Gruppenangriffe trainiert. Einen Tag nach Lemp lief Joachim Schepke, bei den Assen nach Kretschmer an zweiter Stelle, mit *U100* aus, nachdem er zehn Wochen lang Heimaturlaub, Ferien und Propagandareisen genossen hatte. Auch ihn hatte das Eis in den heimischen Gewässern gehindert, die Ausbildung seiner Besatzung fortzusetzen.

Lemp und Schepke umrundeten die Britischen Inseln, während die Luftwaffe ihre verheerenden Angriffe auf britische Seehäfen begann. Auch die großen deutschen Kriegsschiffe im Atlantik blieben in Bewegung. Die Schlachtkreuzer *Gneisenau* und *Scharnhorst* fuhren am 15. und 16. März weit nach Westen, bis sie kanadische Gewässer erreichten. Dort griffen sie nahe der Newfoundland Bank erneut in der Auflösung begriffene auslaufende Geleitzüge an und versenkten sechzehn Handelsschiffe mit 82 000 BRT. Danach nahmen sie Kurs auf Brest. Der Schwere Kreuzer *Hipper* lief am 15. März in Brest aus und schloß sich dem Taschen-Schlachtschiff *Admiral Scheer* an, um durch die Dänemarkstraße wieder nach Deutschland durchzubrechen. Die britische Admiralität bekam Wind von einigen dieser Bewegungen und stellte schwere Einheiten der Home Fleet und aus Halifax auf, die die Schiffe abfangen sollten. Doch die Deutschen wichen dem feindlichen Verband geschickt aus.

Am Nachmittag des 15. März erreichte Lemp mit *U110* nach drei Tagen im Atlantik seine vorgesehene Position etwa 280 Kilometer südlich von Island. Da die Sichtverhältnisse sehr schlecht waren, tauchte er alle vier Stunden, um mit dem Horchgerät nach Schraubengeräuschen von Geleitzügen zu lauschen. Um 22 Uhr in dieser Nacht meldete der Horcher das dumpfe Geräusch weit entfernter Schiffsschrauben. Lemp tauchte auf und folgte der Peilung des Horchers, bis er nach eigener Aussage 15 bis 20 Dampfer, einige große Tanker und mindestens zwei Zerstörer sichtete. Zehn Minuten nach Mitternacht, am 16. März, setzte er die Kontaktmeldung an Dönitz ab und machte sich bereit zum Angriff.

Lemp hatte den Geleitzug Halifax 112 mit 41 voll beladenen Handelsschiffen und Tankern gesichtet. Er wurde von der Escort Group 5 (EG 5) gesichert, die erst an jenem Morgen zu dem Konvoi gestoßen war. EG 5 wurde von Donald Macintyre* auf dem Zerstörer *Walker*, einem Schiff aus dem Ersten Weltkrieg, geführt. Die Sicherungsgruppe bestand aus vier weiteren alten Zerstörern (*Vanoc*, *Volunteer*, *Sardonyx*, *Scimitar*) und zwei neuen Korvetten *(Bluebell, Hydrangea)*. EG 5 war Anfang März eilends zusammengestellt worden und auf ihrer Jungfernfahrt mit einem auslaufenden Konvoi gefahren. Sie befand sich nun auf der Heimreise. Die Mannschaften hatten vor dem Auslaufen keine taktischen Übungen absolviert.

Lemp wählte als erstes Ziel ein Schiff, das er für einen 10 000 BRT großen Tanker hielt. In Wirklichkeit handelte es sich um den Tanker *Erodona* mit 6200 BRT. Lemp schoß zunächst zwei Bugtorpedos ab. Der erste durchbrach die Wasseroberfläche und lief unregelmäßig; der zweite verfehlte sein Ziel. Ein dritter Torpedo aus einem Heckrohr traf und verursachte eine gewaltige Explosion, so daß Lemp (und Donald Macintyre auf der *Walker*) vermutete, die *Erodona* sei in Stücke gerissen worden. Tatsächlich war der Tanker jedoch nur schwer beschädigt und wurde später nach Island geschleppt.

Die See wurde von den Flammen »taghell« erleuchtet. Der Zerstörer *Scimitar* sichtete *U110*, nahm Kurs auf das U-Boot und führte die *Walker* und die *Vanoc* heran. Die Vanoc war mit einem nicht drehbaren Radar des Typs 286 M ausgestattet. Lemp sah die Zerstörer, tauchte tief und fuhr mit großer Geschwindigkeit unter den Konvoi. Die Zerstörer warfen an der Stelle, wo Lemp getaucht war, 24 Wasserbomben, jedoch ohne Wirkung. Die *Walker* schloß sich dem Geleitzug wieder an und ließ die *Vanoc* und die *Scimitar* zurück, in der Hoffnung, das U-Boot unter Wasser zu halten, bis der Konvoi die Stelle sicher passiert hatte.

Eine Stunde später tauchte Lemp auf und verfolgte den Geleitzug. Um 4.10 Uhr setzte Lemp eine weitere Fühlungshaltermeldung an Dönitz ab und leitete einen zweiten Angriff ein. Er hatte nachgeladen und schoß vier Bugtorpedos ab; zwei auf einen Frachter und zwei auf einen Tanker. Einer durchbrach die Wasseroberfläche, die anderen drei verfehlten ihr Ziel. Ein fünfter Torpedo traf Lemps Meldung zufolge einen Tanker mit 8000 BRT; dieser Treffer wurde jedoch nicht bestätigt. Von der Sicherungsgruppe wurde dieser zweite Angriff von *U110* nicht bemerkt.

Lemp hielt auch am Morgen des 16. März beharrlich Fühlung mit dem Geleitzug, meldete seine Position und sendete Peilsignale. Als Dönitz allen Booten in der Nähe befahl, sich zu melden, erhielt er Positionsmeldungen von dem nördlichen Wetterboot *U37* mit Clausen, von Kretschmer in *U99*, von Schepke in *U100* und überraschenderweise auch von Kentrat in *U74*, der Anweisung hatte, das Wetterboot im Süden abzulösen. Dönitz befahl Lemp, die am nächsten stehenden Boote (*U37* und *U99*) durch Peilsignale heranzuführen. Lemp tat wie geheißen, doch dann zwang ihn ein technischer Defekt und später ein Sunderland-Flugzeug, getaucht zu fahren, und er verlor den Kontakt. Gegen Mittag sichtete jedoch Clausen mit *U37* den Konvoi und sendete Peilsignale, die Kretschmer in *U99* und Schepke in *U100* heranführten.

Bei Sonnenuntergang bekam auch Lemp wieder Fühlung und setzte eine Positionsmeldung und Funksignale ab. Dies brachte Kentrat mit *U74* heran, doch Lemp hatte

* Macintyre wurde in den Nachkriegsjahren ein bekannter Marinehistoriker.

die Fühlung inzwischen wieder verloren. Kentrat kam mit seinem Boot längsseits und die beiden Kommandanten besprachen sich per Megaphon. Lemp vermutete, daß der Konvoi stark nach Nordosten gezackt hatte, und schlug vor, ihn zu zweit in dieser Richtung zu suchen. Die Vermutung stimmte nicht, und *U74* und *U110* fuhren in die falsche Richtung. Unterdessen hatten jedoch *U37*, *U99* und *U100* Fühlung bekommen, aber keines der Boote sendete Peilsignale, um Lemp und Kentrat zu dirigieren.

Die drei neuen Boote näherten sich Halifax 112. Lemp hatte in seiner ersten Meldung eine Sicherung von »mindestens zwei Zerstörern« gemeldet, und diese Schätzung war nicht revidiert worden. Clausen, Schepke und Kretschmer waren daher überrascht, nicht zwei, sondern sieben Geleitfahrzeuge – fünf Zerstörer und zwei Korvetten – vorzufinden. Der Zerstörer *Scimitar* sichtete Schepkes *U100*, zwang es zum Tauchen und rief die Zerstörer *Walker* und *Vanoc* heran. Als Schepke nach einer Stunde wieder auftauchte, war einer der Zerstörer immer noch da. Er zwang Schepke ein zweites Mal unter Wasser und warf Wasserbomben.

Otto Kretschmer begann seinen Angriff gegen 22 Uhr. Verwegen fuhr er über Wasser mitten in den Konvoi hinein und verschoß seine acht verbliebenen Torpedos. Es war eine weitere bemerkenswerte Leistung. Ein Torpedo ging fehl, doch die übrigen sieben krachten in sechs verschiedene Schiffe. Vier davon waren Tanker, die in einem glühend heißen Flammenmeer explodierten. Kretschmer glaubte, er habe alle sechs Schiffe mit einer Gesamttonnage von 59 000 BRT versenkt, was seine Salve zur verheerendsten des ganzen Krieges gemacht und sein Gesamtergebnis auf einen Rekord von 86 000 Tonnen gebracht hätte. Doch er hatte sich bei seiner letzten Aktion um ein Schiff verschätzt. Fünf Schiffe mit 34 500 Tonnen sanken, darunter drei Tanker*, doch die Besatzung des sechsten Schiffs, des britischen 9300-BRT-Tankers *Franche Comte*, konnte die Brände unter Kontrolle bringen und das Schiff retten. Kretschmer verbarg sein Boot im dichten Rauch der brennenden Tanker und wich den sieben Eskortschiffen aus. Er legte einen Kurs fest, der ihn aus dem Gebiet heraus und nach Lorient führen sollte.

Inzwischen versuchten die anderen Boote anzugreifen. Das war kein leichtes Unterfangen. Das Meer war von den Flammen der brennenden Tanker hell erleuchtet. Die sieben Begleitschiffe schwärmten nach allen Richtungen aus, verstärkten die Helligkeit noch mit Leuchtgranaten und warfen Wasserbomben. Fünfzig Minuten nach Mitternacht sichtete Donald Macintyre auf der *Walker* ein U-Boot unmittelbar voraus und hielt mit äußerster Fahrt auf es zu, um es zu rammen. Es war vermutlich Clausen mit *U37*, der noch keine Torpedos abgefeuert hatte. Er tauchte nur 90 Meter von der *Walker* entfernt. Macintyre fuhr direkt über das Boot und warf zehn auf 75 Meter Tiefe eingestellte Wasserbomben. Er hörte eine »schwere Explosion«, sah »orangefarbene Flammen« im Kielwasser seines Schiffes und dachte, er habe sein erstes U-Boot versenkt. Doch dem war nicht so. Clausen meldete schwere Kollisionsschäden, die ihn zwangen, seine Fahrt nach Deutschland fortzusetzen.

---

* Die norwegischen Schiffe *Fern* (6600 BRT) und *Beduin* (8100 BRT) und das britische Schiff *Venetia* (5700 BRT). Kretschmer, dem man die Versenkung der (wahrscheinlich von *U47* und *U70* beschädigten Schiffe) *Terje Viken* und *Athelbeach* allein zuschrieb, hatte damit in zehn Tagen insgesamt fünf Tanker mit 47 663 BRT versenkt!

Auf ihrem Weg in die falsche Richtung sichteten Lemp in *U110* und Kentrat in *U74* die Flammen und Explosionen. Sie gingen auf Gegenkurs und fuhren mit äußerster Fahrt zum Ort der Schlacht. Als sie herankamen, wimmelte es überall von Geleitfahrzeugen, die Leuchtgranaten verschossen und Wasserbomben warfen. Verblüfft angesichts all dieser Begleitschiffe – viel mehr als gemeldet worden waren – notierte Lemp im Logbuch, der Konvoi müsse wohl durch weitere Zerstörer verstärkt worden sein. Beide Boote hatten extrem gefährliche Begegnungen mit Zerstörern; keines konnte in den Kampf eingreifen.

Macintyre bekam am 17. März um 1.30 Uhr deutlichen Sonarkontakt. Er hatte Schepke mit *U100* gefunden, der ebenfalls noch keine Torpedos abschossen hatte. Macintyre rief den Zerstörer *Vanoc* herbei und warf eine Salve von neun auf 150 Meter eingestellten Wasserbomben. Als der Lärm der Detonationen vorbei war, konnte er das Boot wieder orten und warf weitere acht Wasserbomben, die auf große Tiefe eingestellt waren. Die *Vanoc* traf ein, konnte das Boot ebenfalls mit dem Sonar orten und warf unverzüglich sechs Wasserbomben ab, die auf Tiefen von 45, 75 und 150 Meter eingestellt waren. Danach drehte die *Walker* ab, um Überlebende eines versenkten Schiffs zu retten, doch die *Vanoc* setzte die Jagd fort. Sie bekam erneut Sonarkontakt und warf weitere sechs Wasserbomben, die auf dieselben Tiefen eingestellt waren.

Einige dieser 29 Wasserbomben detonierten in unmittelbarer Nähe von *U100*. Die Explosionen zertrümmerten Instrumente, setzten die Pumpen außer Betrieb und verursachten schwere Wassereinbrüche. Das Boot geriet außer Kontrolle und sank mit dem Heck voran auf fast 230 Meter – tiefer, als jemals ein U-Boot getaucht war. Aus Angst, die Druckhülle könnte implodieren, und in der Hoffnung, er könnte die *Vanoc* torpedieren, befahl Schepke dem Leitenden Ingenieur, alle Tauchzellen anzublasen und aufzutauchen.

Schepke tauchte gegen 3 Uhr auf. Zu diesem Zeitpunkt hatte sich die *Walker* wieder der *Vanoc* angeschlossen. Die Techniker an dem 286 M-Radargerät der *Vanoc* empfingen ein Signal aus etwa 915 Meter Entfernung – die erste nachweisbare Ortung eines U-Boots mit dem Radargerät eines britischen Überwasserschiffs. Ungefähr gleichzeitig sichtete Schepke die *Vanoc*, die sich mit schneller Fahrt näherte, um ihn zu rammen. Um das Boot zu wenden und seine Torpedos abschießen zu können, befahl Schepke volle Kraft voraus, aber die Dieselmotoren sprangen nicht an, und zunächst funktionierten auch die E-Maschinen nicht. Als die Maschinen schließlich liefen, befahl Schepke versehentlich volle Fahrt voraus, statt volle Fahrt zurück, und verlor damit die letzte Chance, seine Torpedos abzufeuern.

Schepke dachte, die *Vanoc* werde am Heck des Bootes vorbeilaufen, doch er täuschte sich. Die *Vanoc* schaltete die Maschinen ab, um den eigenen Schaden auf ein Minimum zu reduzieren, und traf *U100* um 3.18 Uhr in einem exakten rechten Winkel am Turm. Schepke schrie den Befehl: »Schiff verlassen!« Es waren seine letzten Worte. Der riesige, scharfe Bug der Vanoc quetschte ihn auf der Brücke zu Tode. *U100* sank augenblicklich. Und die *Vanoc* signalisierte der *Walker*: »U-Boot gerammt und versenkt.«

Nachdem sie 38 Überlebende des von Kretschmer torpedierten Frachters *J. B. White* aufgenommen hatte, eilte die *Walker* heran, und umkreiste schützend die *Vanoc*, während diese die Überlebenden von *U100* aus dem Wasser fischte. Die *Vanoc* fand sechs Überlebende, darunter Siegfried Flister – der Schepke zur Schulung begleitet hatte, um danach selbst ein Boot zu übernehmen – und fünf Mannschaftsdienstgrade.

Ganz in der Nähe versuchte Kretschmer mit *U99* immer noch, unentdeckt aus dem Kampfgebiet zu entweichen, um den Rückmarsch anzutreten. Kretschmers ehemaliger Steuermann Heinrich Petersen, für den Kretschmer ein Ritterkreuz in Empfang genommen hatte und der zum Leutnant und Zweiten Wachoffizier befördert worden war, hatte Brückenwache. Einer der Brückenposten paßte nicht auf. Als Petersen in den Sektor des Ausgucks blickte, sah er die *Walker* nur wenige Meter entfernt. In der Annahme, *U99* müsse gesichtet worden sein, machte Petersen einen schweren Fehler. Er gab Befehl zum Alarmtauchen, statt mit äußerster Fahrt in die Dunkelheit zu entweichen.

Niemand auf der *Walker* hatte *U99* gesehen, doch während die *Walker* noch um die *Vanoc* kreiste, bekam ihr Horcher Sonarkontakt. Macintyre schenkte der Meldung zunächst keinen Glauben – eine dritte U-Boot-Ortung in drei Stunden, das war einfach zu schön, um wahr zu sein. Als jedoch der Horcher darauf bestand, daß es sich um ein in Bewegung befindliches U-Boot handelte, befahl Macintyre einen Angriff. Die *Walker* nahm Kurs auf die gemeldete Position und warf sechs Wasserbomben auf *U99*, das in einer Entfernung von rund 120 Metern zu entweichen suchte. Die Bomben detonierten knapp unterhalb des Bootes, warfen es wild umher und zerstörten Lufttanks, Ölbunker und Tauchzellen. Das Boot machte Wasser, geriet außer Kontrolle, und sank auf 210 Meter oder tiefer. Kretschmer erkannte, daß das Boot unter Wasser nicht mehr zu retten war. Er ließ alle Tauchzellen anblasen und *U99* schoß an die Meeresoberfläche. Kretschmer besaß keine Torpedos mehr; er hoffte, in der Dunkelheit zu entkommen.

Um 3.52 Uhr, neun Minuten, nachdem die *Walker* ihre Wasserbomben geworfen hatte, meldete die *Vanoc* der *Walker*: »U-Boot achteraus aufgetaucht.« Die *Vanoc* erfaßte *U99* mit dem Suchscheinwerfer, und beide Schiffe eröffneten das Feuer aus ihren 4-Zoll-Geschützen. Kretschmer befahl volle Kraft voraus, doch weder die Diesel- noch die E-Maschinen funktionierten. Außerdem war die Ruderanlage defekt. Schweren Herzens rang sich Kretschmer zu dem Befehl durch, das Boot zu fluten und zu verlassen. Er setzte eine letzte knappe, verwirrte und unverschlüsselte Meldung an Dönitz ab: »Bomben, Boot versenkt, Heil Hitler! Kretzschmer [sic], 2 Zerstörer 53 000 BRT.« Dann übermittelte er der *Walker* mit dem Signalscheinwerfer: »Wir sinken.« Zwei Minuten später stellten die *Walker* und die *Vanoc* ihren – wirkungslosen – Beschuß ein und machten sich daran, die Überlebenden an Bord zu nehmen.

Die *Walker* näherte sich dem sinkenden *U99* und ließ Kletternetze herab. Das Schiff nahm vierzig Mann auf, darunter den neuen, 23jährigen Ersten Wachoffizier Hans-Joachim von Knebel-Döberitz; den Zweiten Wachoffizier und Ritterkreuzträger Heinrich Petersen; den Offiziersanwärter Horst Hesselbarth; zwei Fähnriche zur See, die zur Schulung mitgefahren waren; und schließlich auch Kretschmer. Der Leitende Ingenieur Gottfried Schroder, der – vermutlich unnötig – noch einmal ins Boot zurückgekehrt war, um die Flutventile der Tauchzellen zu öffnen, und zwei Mannschaftsdienstgrade wurden nicht mehr gefunden.

Die erste Nachricht von dem Desaster erhielt Dönitz in Kernével durch das kampfunfähige, auf dem Weg nach Deutschland befindliche *U37*. Es hatte Kretschmers letzte, verwirrte Funkmeldung empfangen und gab sie weiter.

Die Nachricht war niederschmetternd, weil man seit zehn Tagen (seit dem 7. März) auch von Prien in *U47* und von Matz in *U70* nichts mehr gehört und alle Hoffnung für diese beiden aufgegeben hatte. Außerdem hatte sich auch Schepke mit *U100* schon bedenklich lange nicht mehr gemeldet.

Winston Churchill trug zur Klärung der Lage bei. Noch bevor die Sicherungsgruppe EG 5 unter großem Beifall Liverpool erreichte, verkündete er im britischen Unterhaus, daß die beiden führenden U-Boot-Asse Deutschlands, Otto Kretschmer und Joachim Schepke, gefangengenommen bzw. getötet worden seien. Aufgrund dieser Erklärung sah sich Berlin am 20. März gezwungen, den Verlust einzugestehen.* Die entsprechende Presseerklärung war ein Schock für die U-Bootwaffe, denn inzwischen wußte man auch, daß Prien umgekommen war.

Die britischen Nachrichtendienste schlossen aus Aussagen der Kriegsgefangenen der Boote *U70, U99* und *U100,* daß auch Prien umgekommen war. Solche Quellen spielten bei der Entscheidung der Admiralität, die Versenkung der *Wolverine* gutzuschreiben, eine Rolle. Doch die Admiralität hatte es nicht eilig, das Verdienst für den Abschuß von Prien und *U47* zu beanspruchen. Auch Berlin hatte nichts dazu zu sagen. Laut Priens Biograph Wolfgang Frank wurde die Verbreitung der Nachricht von Priens Tod von Hitler untersagt, da sie eine verderbliche Wirkung auf die öffentliche Moral gehabt hätte, insbesondere wenn sie kurz nach dem Verlust von Kretschmer und Schepke bekanntgegeben worden wäre. Berlin hielt die Nachricht von Priens Tod, so Frank, für weitere zehn Wochen zurück – bis zum 23. März.**

Mehr schlechte Nachrichten

Aus deutscher Sicht entwickelte sich der U-Boot-Krieg im Nordatlantik in den letzten beiden Märzwochen katastrophal. Jost Metzler von *U69* lief zu seiner zweiten Feindfahrt aus und schrieb, das Wetter sei entsetzlich, sogar noch schlechter als auf seiner ersten Fahrt im Februar. Die Elemente seien verrückt geworden. Es war unmöglich, organisierte Aufklärung zu betreiben; die Sicht war praktisch gleich Null.

---

* In der Berliner Pressemitteilung wurden Kretschmer Versenkungen mit 313611 Tonnen, zuzüglich dreier Zerstörer, und Schepke Versenkungen mit 233871 Tonnen zugeschrieben. Dönitz hatte Kretschmers letzte Meldung irrtümlich so aufgefaßt, daß dieser auf seiner Feindfahrt zwei Zerstörer und Schiffe mit insgesamt 53000 Tonnen versenkt hatte. Kretschmers endgültige bestätigte Trefferquote (mit *U23* und *U99*) betrug 43,5 Schiffe mit 247012 Tonnen (als halbes Schiff wurde ihm das als Tanker dienende Walfangmutterschiff *Terje Viken* angerechnet), einschließlich dreier Hilfskreuzer, des Zerstörers *Daring* und einer Prise. Am 21. März war Kretschmer zum Korvettenkapitän befördert worden. Schepkes endgültige bestätigte Trefferquote (mit *U3*, *U19* und *U100*) belief sich auf 37 Schiffe mit 155882 Tonnen. Kretschmers Versenkungsergebnis blieb unerreicht; er blieb der »Tonnage-König« des Zweiten Weltkriegs. Schepke sollte von vielen Kommandanten überrundet werden und am Ende den 13. Platz einnehmen. Er war als Kapitänleutnant gestorben und wurde posthum nicht befördert.

** Priens bestätigte Gesamttonnage mit *U47* betrug $32\frac{1}{3}$ Schiffe mit 202514 Tonnen, einschließlich des Schlachtschiffs *Royal Oak* und der Anrechnung eines halben Schiffes für die *Terje Viken*. Prien rangierte damit nach der Tonnage an dritter Stelle. Hitlers Entscheidung, die Nachricht von Priens Tod zurückzuhalten, führte zu zahlreichen wilden – und anhaltenden – Gerüchten, wie beispielsweise, Prien und seine Besatzung hätten gemeutert, seien zur Strafe in ein Arbeitslager an der russischen Front gesteckt worden und dort umgekommen. Am 19. März wurde Prien posthum zum Korvettenkapitän befördert.

Trotzdem unternahmen die in Norwegen und Frankreich stationierten Condor-Maschinen Patrouillenflüge. Am 19. März meldeten die Flugzeuge drei Geleitzüge, zwei auslaufende und einen einlaufenden. Mit nur fünf Booten im nördlichen Einsatzgebiet und wegen der tobenden See konnte Dönitz mit den Meldungen nicht viel anfangen. Er befahl Engelbert Endraß, der gerade mit *U46* in Lorient ausgelaufen war, und drei anderen Booten, darunter die neuen aus Deutschland kommenden *U98* und *U551* vom Typ VIIC, einen auslaufenden Konvoi abzufangen, doch keines der vier Boote fand den Geleitzug.

Am 21. März stieß Metzler mit *U69* auf einen einlaufenden Konvoi aus Halifax. Dönitz wies Herbert Schultze mit *U48* und vier in der Nähe befindliche italienische Boote an, sich an der von Metzler gefunkten Position zu versammeln. Im Laufe des Tages wurde Metzler, der unter Wasser Fühlung hielt, jedoch geortet und von zwei aggressiv angreifenden Geleitschiffen gezwungen, tief zu tauchen. Die beiden Schiffe arbeiteten zusammen und deckten *U69* mehrere Stunden mit Wasserbomben ein, die das Boot, wie Metzler melodramatisch notierte, in einem langsamen, erbitterten Kampf auf Leben und Tod hin und her warfen. Der Geleitzug entwich während des Kampfes. Schließlich brachen die Zerstörer den Angriff ab und schlossen sich dem Konvoi wieder an. Metzler und seine Besatzung blieben schwer erschüttert zurück.

Fritz-Julius Lemp patrouillierte mit dem neuen *U110* weit westlich von Island. Dort entdeckte er in der Nacht des 23. März einen 2500 BRT großen norwegischen Frachter. Lemp lief vorsichtig heran und schoß aus geringer Entfernung einen Torpedo. Er verfehlte sein Ziel, und auch zwei weitere, einzeln abgeschossene Torpedos trafen nicht. Mit den drei Fehlschüssen erhöhte sich Lemps Gesamtzahl an Fehlschüssen auf dieser Feindfahrt auf neun, zweifellos eine Folge fehlender Übung, denn er hatte mit seiner Besatzung in der vereisten Ostsee nicht trainieren können. Lemp machte jedoch nicht sich selbst oder die Männer an seinen Feuerleitgeräten verantwortlich, sondern die Torpedos.

Lemp hatte sein Vertrauen in die Torpedos verloren und griff das Schiff mit der 10,5-cm-Kanone an. In der Aufregung dieses ersten Angriffs mit dem Deckgeschütz vergaßen die Kanoniere den Mündungspfropfen (einen wasserdichten Stöpsel) aus der Mündung der Kanone zu nehmen, und das Geschütz explodierte beim ersten Schuß. Keiner der Männer wurde getötet oder ernsthaft verletzt, doch die umherfliegenden Stahlteile durchschlugen Ölbunker und Tauchzellen. Das Boot war schwer beschädigt und verlor viel Öl. Lemp mußte die Fahrt abbrechen, ohne eine nach dem Krieg bestätigte Versenkung erzielt zu haben. In mißmutiger Stimmung traf er in Lorient ein und klagte über das fehlende Training in der Ostsee und die Unzuverlässigkeit der Torpedos.

Die zunehmende Zahl von gemeldeten Torpedoversagern wurde in Kernével mit Sorge zur Kenntnis genommen und führte zu einer weiteren eingehenden Untersuchung. Dabei ergab sich, daß sechs in Deutschland ausgelaufene Boote im Februar 21 Torpedoversager oder Fehlschüsse gemeldet hatten. Trotz der eingeschränkten Schießübungen in heimischen Gewässern und des schlechten Wetters beruhten diese Mißerfolge, wie Dönitz insistierte, nicht auf Fehlern der Kommandanten, sondern auf einem neuen, ungeklärten Defekt der Torpedos. Eine mögliche Erklärung lag, wie Dönitz mutmaßte, vielleicht darin, daß beispiellose Kälte in Deutschland den inneren Mechanismus der Torpedos nachteilig beeinflußt hatte. Er bestand deshalb darauf, daß in Deutschland auslaufende Boote nicht mit Torpedos bestückt wurden, die extremer Kälte ausgesetzt gewesen waren, und daß die Torpedos bei extremer Kälte getestet werden müßten.

Weiter östlich erreichte das neue *U551* vom Typ VIIC unter dem 30jährigen Karl Schrott (ehemals Einbaum *U7*) am 23. März sein Einsatzgebiet südöstlich von Island. Das am 7. November in Dienst gestellte Boot hatte seine letzte Erprobungsphase in den eisfreien Gewässern unweit von Bergen absolviert und war am 18. März ausgelaufen. Am fünften Tag seiner Jungfernfahrt entdeckte Schrott den allein fahrenden belgischen Frachter *Ville de Liège* mit 7430 BRT und bereitete gegen Sonnenaufgang einen Überwasserangriff vor. Die *Ville de Liège* sichtete *U551* und setzte eine Alarmmeldung ab.

Der bewaffnete britische Trawler *Visenda*, der einen in der Nähe fahrenden Konvoi eskortierte, reagierte auf den Funkspruch. Die *Visenda* rauschte mit Höchstgeschwindigkeit (13 Knoten) heran und sichtete *U551* über Wasser siebeneinhalb Kilometer voraus. Das U-Boot tauchte, doch die *Visenda* bekam Sonarkontakt und warf in den nächsten anderthalb Stunden insgesamt achtzehn Wasserbomben. Die Bomben zerstörten das Boot. Die *Visenda* war der erste ASW-Trawler, der ein U-Boot versenkt hatte, und sie kehrte mit Beweisstücken zurück: der Sperrholztür eines Spindes mit deutscher Aufschrift, Kleidungsstücken mit sechs verschiedenen Namensschildchen, einem deutschsprachigen Buch und Teilen eines menschlichen Körpers. Sie wurden von Medizinern als Herz und Lunge einer »erwachsenen, aber noch nicht alten Person« identifiziert. Deutsche Kriegsgefangene erkannten die Spindtür; sie stammte von der Backbordseite hinten im Bugraum. Auf der Grundlage dieser Informationen – und anderer Daten – vermutete das Assessment Committee der Admiralität, eine der Wasserbomben der *Visenda* habe einen Torpedo im Bugraum von *U551* zur Explosion gebracht, die den vorderen Teil des Bootes zerstörte, so daß die Spindtür, die Kleidungsstücke und andere Trümmer an die Wasseroberfläche trieben.

Dönitz war ernsthaft besorgt, als sich *U551* in jener Nacht trotz Aufforderung nicht meldete. Wenn dem Boot ein Unglück zugestoßen war, dann hatte er in nur siebzehn Tagen fünf U-Boote – etwa 25 Prozent seiner operativen Streitkräfte im Atlantik – in dem Gebiet südsüdöstlich von Island verloren: *U47* (Prien), *U70* (Matz), *U99* (Kretschmer), *U100* (Schepke) und *U551* (Schrott). Darüber hinaus war *U37* (Clausen) unter Wasser gerammt worden, wobei die Besatzung nur mit viel Glück überlebt hatte, und *UA* (Eckermann) war bei einem Wasserbombenangriff fast verlorengegangen.

Der Verlust bzw. Beinaheverlust von sieben im Nordatlantik aufgestellten Booten in einem so kurzen Zeitraum gab Anlaß zu der Vermutung, die Briten hätten ein neues Mittel zum Aufspüren von U-Booten entwickelt. Doch Dönitz hatte keine Vorstellung, um was es sich dabei handeln könnte. Saß in der Kriegsmarine oder Luftwaffe ein Spion mit Zugang zur Aufstellung der U-Boote oder zum Funkverkehr? Hatten britische Wissenschaftler einen Durchbruch in der Radartechnologie erzielt, der sie in die Lage versetzte, solche Geräte auf Geleitschiffen einzubauen? Hatten britische Wissenschaftler ein neues und erheblich verbessertes Sonar entwickelt? Oder neue Geräte für die DF-Einpeilung? Oder irgend etwas vollkommen Neues, das der deutschen Wissenschaft unbekannt war?

Diese Vermutungen veranlaßten Dönitz, die Boote aus den Northwest Approaches zurückzuziehen. Am 25. März brachte Dönitz die sechs verbliebenen Boote auf einer rund 555 Kilometer langen, nord-südlich verlaufenden Linie auf dem 20. Grad westlicher Länge neu in Stellung. Am äußersten nördlichen Ende des Streifens, am nächsten bei Island, befand sich der erfahrenste Kommandant, Herbert Schultze, auf dem Rekord-Boot *U48*. Engelbert Endraß stand mit *U46* auf einer Position in der Mitte des Streifens.

Schultze entdeckte am 29. März einen einlaufenden Konvoi, der Island südlich passierte. Es handelte sich um Halifax 115, der von acht Eskortschiffen begleitet war. Mit bemerkenswertem Wagemut, Geschick und Gelassenheit griff Schultze an und versenkte vier Schiffe mit fünf Torpedos. Er meldete 24 500 Tonnen; bestätigt wurden vier Versenkungen mit 17 300 Tonnen und die Beschädigung eines Tankers. Angesichts des starken Geleitschutzes entschied sich Dönitz dagegen, die völlig unerfahrenen Boote zur Unterstützung auf Schultzes Position zu schicken. Keines der anderen Boote fand den Konvoi.

Am selben Tag entdeckte Metzler mit *U69* den Geleitzug Outbound 302 weiter südlich in dem Aufklärungsstreifen. Schultze mit *U48* und Endraß mit *U46* reagierten auf Metzlers Meldung und wollten den Konvoi abfangen. Endraß fand den Geleitzug, konnte jedoch nur einen Frachter mit 1800 BRT versenken. Metzler verfolgte den Konvoi weit nach Westen und torpedierte einen Frachter, den er mit 7000 BRT meldete; tatsächlich war das Schiff jedoch nur halb so groß. Für diese und eine vorherige Aktion meldete Metzler fünf Versager von elektrischen Torpedos, was zusammen mit den neun von Topp *(U552)* gemeldeten Fehlschüssen und einer ähnlichen Zahl bei Lemp *(U110)* in Kernével die Zweifel an der Zuverlässigkeit der Torpedos verstärkte.

Insgesamt überquerten im März 1941 dreihundert beladene Schiffe den Nordatlantik, alle von Halifax* aus. Die Lage der Deutschen wurde erschwert durch den akuten Mangel an U-Booten, durch schlechte Wetterverhältnisse, den zunehmend aggressiven Geleitschutz zu Wasser und in der Luft (einige Sicherungsschiffe hatten 1,5-Meter-Wellenradar) und durch die Mißerfolge der Condor-Aufklärer und der italienischen U-Boote. Die Deutschen erzielten deshalb im Nordatlantik magere Resultate: eine Gesamtzahl von 24 bestätigten Versenkungen, die Hälfte davon mit Fracht (darunter vier Tanker) in ostwärts fahrenden Halifax-Konvois. Fast alle diese Schiffe waren von Ritterkreuzträgern torpediert worden: von Kretschmer mit *U99* und Schultze mit *U48*. Im Gegenzug hatten britische Streitkräfte fünf U-Boote versenkt; ein »Wechselkurs« von etwa fünf britischen Schiffen für ein verlorenes U-Boot, das war für die U-Bootwaffe eine katastrophales Verhältnis.

In eindrucksvollem Kontrast zu den Booten im Norden hatten die drei U-Boote des Typs IXB bei besseren Wetterverhältnissen im Süden weiterhin Erfolg. So bekam Jürgen Oesten mit *U106* am 16. März unweit von Freetown Fühlung mit dem Konvoi Sierra Leone 68, der sich auf der Fahrt nach Großbritannien befand. Oesten meldete den Kontakt und und sendete Peilsignale, um Georg Schewe mit *U105* heranzuführen. Dann griff er an und versenkte einen Frachter mit 6800 BRT. In der folgenden Nacht unternahm er einen weiteren Angriff und meldete die Versenkung von drei Frachtern mit 21 000 BRT und die Beschädigung eines weiteren. Schewe nahm mit *U105* Füh-

---

* Aufgrund der winterlichen Vereisungen war der Hafen von Sydney auf Nova Scotia geschlossen; die Sydney- und Slow-Konvois liefen in Halifax aus.

lung auf, und in den nächsten drei Tagen (vom 18. bis 21 März) sägten beide Boote an dem Geleitzug, bis sie ihre je vierzehn geladenen Torpedos aufgebraucht hatten. Schewe torpedierte vier Schiffe mit 25 500 Tonnen, Oesten meldete einen versenkten und einen beschädigten Frachter. Oesten wußte nicht, daß der von ihm als versenkt gemeldete Frachter in Wirklichkeit das Schlachtschiff *Malaya* war, das den Konvoi begleitete. Leicht beschädigt schaffte es die *Malaya* über den Atlantik bis zur Insel Trinidad und von dort aus in die Vereinigten Staaten, wo sie nach den Bestimmungen des Lend Lease Act zusammen mit dem Schlachtschiff *Resolution* repariert und neu ausgerüstet wurde. Die *Resolution* war bei dem abgebrochenen alliierten Angriff auf Dakar von dem U-Boot *Bévéziers* der Vichy-Regierung übel zugerichtet worden.

Schewe und Oesten meldeten große Erfolge. In sieben Tagen beharrlicher Angriffe meldete Schewe sechs versenkte Schiffe mit 41 000 Tonnen und Oesten fünf Schiffe mit 36 000 Tonnen – insgesamt elf Schiffe mit 77 000 Tonnen. Die bestätigte Quote war niedriger: fünf Schiffe mit 27 000 Tonnen für Schewe, drei Schiffe mit 17 000 Tonnen für Oesten; insgesamt also acht Schiffe mit 44 000 Tonnen, zuzüglich Oestens Schlag gegen die *Malaya*, der das Schiff für Monate außer Gefecht setzte.

Winston Churchill war über die Verluste bei diesem Geleitzug besonders schockiert und aufgebracht. Er nahm sich den First Sealord Dudley Pound vor und kritisierte, daß bei dem Geleitschutz keine Zerstörer gewesen waren, ein schweres Versäumnis, weil sich auch die *Malaya* in der Formation befand. Pound antwortete, die zur Verfügung stehenden Zerstörer hätten keinen ausreichenden Aktionsradius, um mit Sierra-Leone-Konvois zu fahren, und ein Auftanken auf See werde für zu gefährlich gehalten, da die Schiffe beim Tanken praktisch manövrierunfähig seien. Churchill antwortete, das sei »Unsinn«. Wenn vier Zerstörer vorhanden seien, könnten drei davon den vierten schützen, während dieser im Geleitzug Treibstoff von einem Tanker aufnehmen würde.

Das dritte, in südlichen Gewässern operierende Boot vom Typ IXB, *U124* mit Georg-Wilhelm Schulz, versuchte, sich den anderen Booten wieder anzuschließen, nachdem es von der *Kormoran* mit Nachschub versorgt worden war. Doch das Boot hatte katastrophale Schäden an beiden Maschinen und blieb zurück. Nach der Reparatur näherte sich das Boot der afrikanischen Küste, wo es einen einzelnen britischen Frachter mit 3800 BRT versenkte. Dies erhöhte die bestätigten Versenkungen, einschließlich gravierender Überschätzungen, auf insgesamt 100 117 Tonnen und brachte Schulz das Ritterkreuz. Während sich Schulz Freetown näherte, nahmen Schewe mit *U105* und Oesten mit *U106* ihre auf Deck mitgeführten Torpedos ins Boot und liefen anschließend nach Westen, wo sie von der *Kormoran* bzw. der *Nordmark* mit Nachschub versorgt wurden. Auf dem Weg zu diesem Rendezvous meldete Oesten die Versenkung eines Frachters mit 5000 BRT, was seine Gesamtquote auf über 82 000 Tonnen erhöhte. Dönitz erfuhr durch den B-Dienst, daß Oesten die *Malaya* beschädigt hatte, und verlieh ihm das Ritterkreuz.*

Bis dahin war Dönitz der unerschütterlichen Überzeugung gewesen, daß der entscheidende Kriegsschauplatz auf den Routen der Northwest Approaches lag – zwi-

* Die bestätigte Trefferquote für Schulz (auf *U124*) belief sich auf dreizehn Schiffe mit 57 683 Tonnen. Oestens bestätigte Quote, darunter sechs Schiffe mit 20 754 Tonnen auf dem Einbaum *U61* betrug zwölf Schiffe mit 58 723 Tonnen plus die Beschädigung der *Malaya*.

schen Island und den Britischen Inseln. Er hatte sich deshalb aufs schärfste fast jeder »Diversion« von U-Booten aus diesem Gebiet widersetzt. Doch die schlechten Resultate und der Verlust von fünf Booten aufgrund geheimnisvoller, d.h. ungeklärter Ursachen (davon drei Boote unter dem Kommando von seinen erfahrensten und berühmtesten Kommandanten) veranlaßten Dönitz zu einer folgenschweren Entscheidung: Er zog *alle* U-Boote vorläufig aus diesem, viele Zielobjekte aufweisenden Gebiet zurück und verteilte sie auf entferntere Gebiete wie etwa auf die Gewässer westlich von Island und den Südatlantik, wo die britischen ASW-Maßnahmen weniger stark zum Tragen kamen.

Diese wenig beachtete Entscheidung war ein Markstein im U-Boot-Krieg gegen das britische Empire: die erste klare Niederlage der deutschen U-Boote.

Der wichtigste Grund für diese Niederlage war der Mangel an U-Booten. Rechnete man sämtliche neu hinzugekommenen Boote und die Verluste gegen Ende März 1941 zusammen, dann befehligte Dönitz lediglich 27 kampfbereite und hochseetüchtige Boote, dieselbe Zahl, mit der er 19 Monate zuvor den U-Boot-Krieg begonnen hatte. Drei dieser Boote waren vorübergehend wegen Gefechtsschäden oder anderer Defekte nicht einsatzbereit; drei patrouillierten vor der Küste Westafrikas. Damit waren nur 21 Boote für Feindfahrten auf den nordatlantischen Konvoirouten übrig, und die Hälfte dieser Boote waren neu. Infolge der Anmarsch- und Versorgungszeiten konnte sich nur ein Drittel der Boote – sieben an der Zahl – gleichzeitig im Einsatzgebiet aufhalten. Angesichts der raffinierten Streuung der Geleitzüge und der wachsenden Zahl von erfahrenen, entschlossen angreifenden Überwassereskorten gab es einfach nicht genügend U-Boote, um feindliche Konvois in den Northwest Approaches aufzuspüren, Fühlung zu halten und erfolgreiche Rudelangriffe durchzuführen.

Die Entscheidung, die U-Boote in entfernteren Gewässern westlich von Island und im Südatlantik zu verteilen, brachte einen ernsten Nachteil mit sich. Die bisher im Nordatlantik aufgestellten Typen VIIB und VIIC hatten nicht genug Bunkerkapazität für ausgedehnte Feindfahrten über weite Entfernungen, insbesondere wenn es notwendig war, einen oder mehrere Geleitzüge mit hoher Geschwindigkeit zu jagen. Diese Treibstoffprobleme sollten die Zahl der Boote verringern, die für die Bildung von Rudeln in den westlichen Einsatzgebieten des Nordatlantik zur Verfügung standen. Außerdem mußten die enormen Entfernungen bei Feindfahrten im Südatlantik die Einsatzbereitschaft der dorthin entsandten größeren Boote mindern. Ungeachtet der in Aussicht stehenden Vergrößerung der U-Streitmacht im Atlantik sollte die Zahl der Boote, die pro Tag den feindlichen Schiffsverkehr angreifen konnten, zurückgehen.

Gleichfalls im März 1941 wurde in den USA der Lend Lease Act erlassen. Außerdem überstellte Präsident Roosevelt damals zusätzlich zu den fünfzig bereits gelieferten Zerstörern zehn Küstenschutzschiffe an die Royal Navy und autorisierte weitere Maßnahmen, um den Briten zu Frachtschiffen und Tankern zu verhelfen, den Pendelverkehr der britischen Öltanker in amerikanischen Gewässern zu verstärken und britischen Kriegsschiffen die Instandsetzung in amerikanischen Werften zu ermöglichen. Dönitz beschrieb diese Maßnahmen als eine Kette von Verstößen gegen das Völkerrecht und drängte Hitler, die strengen Beschränkungen für Angriffe auf amerikanische Schiffe aufzuheben. Hitler war in die Planung von Operationen in der

Sowjetunion, auf dem Balkan und im Mittelmeerraum vertieft, und er hatte immer noch Bedenken, sich die Amerikaner zum Feind zu machen und einen offenen Krieg mit ihnen zu riskieren. Deshalb lehnte er den Vorschlag ab.

Die Aussichten verschlechtern sich

Hitler startete am 6. April das Unternehmen Marita zur Rettung der italienischen Armeen in Griechenland. Deutsche Bodentruppen und Luftstreitkräfte griffen von Österreich, Ungarn, Rumänien und Bulgarien aus an, überrannten Jugoslawien und stießen an der Nordostgrenze nach Griechenland vor. Innerhalb von drei Wochen eroberten die Deutschen den Großteil der griechischen Halbinsel und zwangen die kürzlich eingetroffenen britischen Bodentruppen und Luftstreitkräfte, sich nach Kreta und nach Nordafrika zurückzuziehen. Dort hatte Rommels kleines Afrikakorps die inzwischen als Achte Armee bezeichnete Nil-Armee nach Ägypten zurückgeworfen. Der U-Boot-Krieg im Atlantik wurde in Übereinstimmung mit Dönitz' Entscheidung, sich aus den Northwest Approaches zurückzuziehen, fortgesetzt. Am 1. April verlegte Dönitz neun Boote in das Einsatzgebiet weit im Westen. Die Boote bildeten einen Aufklärungsstreifen in nord-südlicher Richtung auf dem 30. Grad westlicher Länge, ungefähr im gleichen Abstand zwischen Island und Grönland, wo, wie Dönitz annahm, die britischen Maßnahmen zur U-Boot-Bekämpfung nicht so stark waren. Zur gleichen Zeit befahl er vier großen Booten, in westafrikanische Gewässer zu fahren und die in diesem Gebiet bereits patrouillierenden drei Boote zu unterstützen.

Ärgerlicherweise bestand das OKM darauf, daß die U-Bootwaffe im April drei Sondermissionen durchführen solle. Zwei Boote sollten für die Luftwaffe ständig zur Wetterbeobachtung eingesetzt werden. Zwei weitere Boote sollten die britischen Hilfskreuzer jagen, die in der Dänemarkstraße gemeldet worden waren. Zusätzlich sollten auch noch zwei Boote aus der südlichen Gruppe den deutschen Blokkadebrecher *Lech*, der eine wertvolle Fracht geladen hatte, von Rio de Janeiro zum Golf von Biskaya eskortieren. Diese Aufgaben, beschwerte sich Dönitz in seinem Tagebuch, würden wahrscheinlich weniger versenkte Schiffe bedeuten, und er werde auf diese Tatsache die gebührende Aufmerksamkeit lenken.

Dönitz hatte gerade erst den aus neun Booten bestehenden Aufklärungsstreifen südwestlich von Island aufgebaut, als das neue, in Deutschland ausgelaufene VIIB-Boot *U76* in den Northwest Approaches – 740 Kilometer östlich seines Heimathafens – den 51 Schiffe umfassenden Geleitzug Outbound 305 entdeckte. *U76* wurde vom 26jährigen Friedrich von Hippel kommandiert, der zu Kriegsbeginn als Wachoffizier auf Werner Hartmanns *U37* gedient hatte, jedoch wegen chronischer Magenprobleme lange außer Gefecht gewesen war. Das Training des Bootes hatte sich aufgrund der Eisbildung in der Ostsee verzögert, und es hatte seine Fahrt nach dem Auslaufen in Kiel abbrechen und wegen technischer Schwierigkeiten Bergen anlaufen müssen. Deshalb befand es sich erst seit zwei Tagen im Atlantik.

Wegen der starken ASW-Maßnahmen in den Northwest Approaches widerstrebte es Dönitz, die anderen Boote in den Osten zurückzuverlegen. Er wies Hippel daher an, den Konvoi nicht anzugreifen, sondern Fühlung zu halten, bis der Geleitzug 740 Kilometer weiter westlich auf den Aufklärungsstreifen treffen würde – ein schwieriger und riskanter Auftrag für den unerfahrenen Kommandanten. Es war fast sicher, daß die Briten die Positionsmeldungen Hippels einpeilen, ihn jagen und den Geleitzug umleiten würden. Hippel hielt Fühlung, stieß aber noch am selben Tag südlich von Island auf Segelschiffe und Trawler und war gezwungen, neun Stunden getaucht zu fahren, damit er nicht entdeckt wurde. Als er wieder auftauchte, meldete er, daß er die Fühlung verloren hatte. Dönitz wies Hippel an, nach Westen weiterzufahren und sein Äußerstes zu tun, um erneut Fühlung zu bekommen.

Inzwischen war *U74* unter Eitel-Friedrich Kentrat, eines der neuen Boote im Aufklärungsstreifen, auf den einlaufenden Slow Convoy 26 gestoßen. Die 22 Schiffe wurden von dem 11 400 Tonnen großen Hilfskreuzer *Worcestershire* begleitet. Als Dönitz die Kontaktmeldung erhielt, gab er Kentrat Anweisung, Fühlung zu halten, Peilzeichen zu senden und nicht anzugreifen, bis die anderen Boote herangeführt worden seien. Herbert Schultze von *U48* hatte nur noch einen Torpedo und wenig Treibstoff, so daß er nicht reagieren konnte. Doch die anderen acht Boote liefen auf den Konvoi zu und bildeten das bisher größte Rudel.

Der Angriff begann am späten Abend des 2. April. Engelbert Endraß von *U46*, der auf seiner letzten Feindfahrt zwei Schiffe mit 10 500 Tonnen, darunter den schwedischen 8700-BRT-Tanker *Castor*, torpediert hatte, griff als erster an. Er versenkte einen weiteren Tanker, die 7000 BRT große *British Reliance*, und einen Frachter mit 4300 BRT. Ein Torpedo, der den britischen 4900 BRT großen Frachter *Thirlby* traf, detonierte nicht, und ein weiterer verfehlte den 5400 BRT großen Frachter *Athenic*. Eitel-Friedrich Kentrat griff mit *U74* als zweiter an und torpedierte einen 5400 BRT großen belgischen und einen 4300 BRT großen griechischen Frachter. Er beschädigte zudem das einzige Geleitschiff, den Hilfskreuzer *Worcestershire*. Helmut Rosenbaum griff mit dem neuen Boot *U73* als dritter an und versenkte einen Frachter mit 5800 BRT und die *British Viscount*, einen 6900 BRT großen Tanker, der in einem Flammenmeer explodierte und die See hell erleuchtete.

Die Briten waren geschockt, als sie von einem U-Boot-Angriff so weit im Westen erfuhren. Auf Befehl des Escort Commander zerstreuten sich die restlichen sechzehn Schiffe, und einige feuerten mit ihren Geschützen auf wirkliche oder vermeintliche U-Boote. Die Briten hatten mittlerweile andere Sicherungsschiffe an den Ort des Geschehens dirigiert. Der Zerstörer *Hurricane* begleitete den beschädigten Hilfskreuzer *Worcestershire* nach Liverpool. Die beiden Zerstörer *Havelock* und *Hesperus* suchten nach Überlebenden der sechs versenkten Schiffe. Fünf weitere Kriegsschiffe, darunter die Zerstörer *Veteran* und *Wolverine*, holten die anderen verstreuten Schiffe zusammen und brachten sie wieder in Geleitformation.

Hippels neues Boot *U76*, das auf der Suche nach dem Konvoi Outbound 305 noch immer nach Westen fuhr, stieß zufällig auf die Schiffe des zerstreuten Slow Convoy 26. Am Morgen des 3. April schoß er um 6.30 Uhr zwei Torpedos auf den 2000 BRT großen finnischen Frachter *Daphne*. Beide gingen fehl, doch Hippel verfolgte das Schiff unter Wasser und versenkte es fünf Stunden später.

Die anderen U-Boote verfolgten den sich wieder formierenden Geleitzug nach Osten. In der Nacht vom 3. auf den 4. April holten zwei Boote auf und griffen an. Herbert Kuppisch versenkte mit *U94* einen britischen Frachter mit 5400 BRT. Der 30jährige Robert Gysae, der sich mit dem neuen VIIC-Boot *U98* auf seiner Jungfernfahrt, befand, torpedierte zwei weitere Frachter. Während der Zerstörer *Veteran* Überlebende rettete, ging der Zerstörer *Wolverine* zum Gegenangriff auf die U-Boote über, drängte sie ab und hielt sie unter Wasser, was weitere Angriffe verhinderte.

Am späten Nachmittag des 4. April sichtete Hippel mit *U76* bei Unterwasserfahrt ein weiteres Schiff des Konvois, den 5400 BRT großen, allein fahrenden britischen Frachter *Athenic*. Hippel griff an, feuerte einen Torpedo und traf. Die Besatzung der *Athenic* setzte einen Notruf ab und gab das Schiff auf. Hippel näherte sich, noch immer auf Sehrohrtiefe, von der anderen Seite und machte zwei weitere Torpedos los. Beide trafen, und die *Athenic* explodierte mit einem donnernden Krachen.

Vier Begleitschiffe, die die übriggebliebenen Schiffe des Konvois schützten, hörten die U-Boot-Warnung SSS der *Athenia* und eilten herbei: die Zerstörer *Havelock* und *Wolverine* (dem die Versenkung von Prien mit U47 gutgeschrieben wurde), die Korvette *Arbutus* (die Matz mit *U70* versenkt hatte) und die Sloop *Scarborough*. Als die Kriegsschiffe am frühen Morgen des 5. April das Gebiet erreichten, war Hippel aufgetaucht und lud die Batterien auf. Die Brückenwache sichtete eines der Geleitfahrzeuge und ließ Alarmtauchen. Die *Wolverine* bekam Sonarkontakt und verständigte die *Arbutus* und die *Scarborough*. Durch eine Fehlfunktion ihres Sonargeräts verwirrt, warf die *Wolverine* nur zwei Wasserbomben ab. Auch die *Arbutus* erfaßte das Boot mit dem Sonar, verlor es jedoch wieder im Angriffslärm der *Wolverine*. Danach lief die Sloop *Scarborough* heran, bekam guten Sonarkontakt und warf acht Wasserbomben.

Alle zehn Bomben lagen gut. Die erste Bombe der *Wolverine* zerstörte alle Instrumente von *U76*. Bei der nächsten gab eine Schweißnaht nach, einer der Spanten verbog sich, und die Beleuchtung fiel aus. Die acht Wasserbomben der *Scarborough* führten achtern zu einem gefährlichen Wassereinbruch. Hippel hielt das Boot für verloren, und tauchte um 9.25 Uhr, nur vier Minuten nach dem Angriff der *Scarborough*, auf, um das Boot zu verlassen und zu versenken.

Auf Weisung der Admiralität lief die Korvette *Arbutus* kühn heran, um endlich ein U-Boot zu erbeuten. Sie ging vorsichtig längsseits, während Hippel und seine Besatzung ins Wasser sprangen. Der First Lieutenant der *Arbutus*, Geoffrey Angus, und drei Matrosen sprangen auf das Vorderdeck von *U76* – sie waren die ersten Briten, die in diesem Krieg ein deutsches U-Boots betraten. Sie rannten zur Brücke, um in das Boot zu steigen und die Enigma-Maschine sowie Geheimpapiere an sich zu nehmen. Gleichzeitig befestigten andere Helfer Taue und eine 20-Zentimeter-Trosse an dem Boot, um es vor dem Sinken zu bewahren. Als er das Turmluk erreichte, sah Angus, daß das Boot bereits »halb voll« mit Seewasser war. Das Salzwasser hatte mit der Batteriesäure reagiert, und es hatte sich viel Chlorgas gebildet. Angus erkannte, daß es Selbstmord gewesen wäre, ins Boot zu steigen. Er knallte das Turmluk zu und verschloß es, damit keine Luft mehr entwich und das Boot schwimmfähig blieb.

Dies war eine heldenhafter Versuch, doch *U76* nahm achtern immer noch Wasser auf und sank schnell. Die *Arbutus* mußte, um nicht selbst zu kentern, die Taue und die Trosse losmachen. Das Boot sank. Die *Wolverine* fischte Hippel und 39 Besatzungsmitglieder auf, und die *Scarborough* und die *Arbutus* retteten je einen Mann, also insgesamt 42 Mann. Wie die Briten vermerkten, starb ein Matrose von *U76* an den giftigen Gasen, die sich bildeten, als Salzwasser in die Kalipatrone seines Tauchretters eindrang.

Einschließlich der Überlebenden von *U70*, *U76*, *U99* und *U100* hatten die Briten innerhalb eines Monats 113 deutsche U-Boot-Männer (14 Offiziere und 99 Matrosen) gefangengenommen. Einige dieser Kriegsgefangenen gaben ihr Wissen bereitwillig preis, oder sie wurden durch Zwang und List dazu gebracht. Sie enthüllten viele Details über die Boote des Typs VII, die Organisation der U-Bootwaffe und die französischen Stützpunkte. Einer der Offiziere berichtete sogar über den Streit, der zwischen Dönitz und Göring wegen der Befehlsgewalt über die Condor-Maschinen ausgebrochen war. Einem britischen Geheimdienstbericht zufolge offenbarte ein anderer deutscher Offizier die »erstaunlichen Erfolge«, die der B-Dienst im Entschlüsseln britischer Marineschlüssel erreicht hatte, doch für die Briten war das ein alter Hut.

Als Dönitz die Boote aufforderte, ihre Versenkungen zu melden, wußte er bereits, daß der Rudelangriff auf den Slow Convoy 26 ein großer Erfolg gewesen war. Er schätzte, daß die Boote zwölf von zweiundzwanzig Schiffen mit 80 000 Tonnen versenkt und den Hilfskreuzer *Worcestershire* beschädigt hatten. Er kam dem tatsächlichen Ergebnis nahe.

Dönitz wußte nicht, daß das verlorengegangene *U76* zwei Schiffe mit 7400 Tonnen versenkt hatte. Das brachte die bestätigte Gesamtquote auf elf von zweiundzwanzig Schiffen mit 54 000 Tonnen. Die anderen elf Schiffe erreichten schließlich den Hafen.*

Der Rückzug aus den gefährlichen Northwest Approaches zu entfernteren Gewässern im Westen wirkte angesichts des überwältigenden Erfolgs gegen Slow Convoy 26 nicht wie eine Niederlage, sondern wie ein Geniestreich. Bei Verlust nur eines einzigen (unerfahrenen) Bootes hatte das Rudel elf Schiffe versenkt, die sich mit wertvoller Fracht auf der Heimreise zu den Britischen Inseln befunden hatten. Tatsächlich war der Erfolg jedoch nur Anfängerglück. Der hohe Treibstoffverbrauch für die Fahrt bis westlich von Island schränkte die Möglichkeiten der VII-Boote, dem Gegner nachzusetzen, ernsthaft ein.

Eine Reihe der im Westen aufgestellten Boote hatte kaum noch Treibstoff und Torpedos. Fünf Boote mußten daher *U48* nach Frankreich folgen. Unter den Rückkehrern war auch Herbert Schultze mit dem berühmten Rekordhalter *U48*. Er hatte auf dieser Feindfahrt mit sechs bestätigten Versenkungen und 40 000 Tonnen das beste Ergebnis erzielt (nach dem Krieg bestätigt: fünf Schiffe mit 27 256 Tonnen). Danach folgte Engelbert Endraß mit *U46* mit fünf Versenkungen und 32 000 Tonnen (bestätigt: vier Schiffe mit 21 778 Tonnen). Auch zwei Kommandanten, die ihre Jungfernfahrt absolviert hatten, ernteten großes Lob. Eitel-Friedrich Kentrat mit *U74* hatte den Geleitzug entdeckt, einen Frachter versenkt und den Hilfskreuzer *Worcestershire* beschädigt, und Robert Gysae mit *U98* hatte vier Schiffe mit 15 588 Tonnen versenkt. Zwei Kommandanten, die von Frankreich aus ihre zweite Fahrt unternommen hatten, wurden kritisiert, weil sie es nicht geschafft hatten, ihre Chancen optimal zu nutzen. Udo Heilmann von *U97* hatte zwar drei Schiffe mit 20 500 Tonnen, darunter zwei britische Tanker, die 8000 BRT große *Chama* und die *Conus* mit 8100 BRT, versenkt. Doch er hatte es versäumt, andere U-Boote an den Geleitzug Outbound 289 heranzuführen. Und Jost Metzler von *U69* hatte eine bestätigte Versenkung mit 3800 Tonnen erzielt.

---

* Das 4900 BRT große Schiff *Thirlby* entkam den U-Booten, wurde jedoch beim Erreichen des Nordkanals von deutschen Flugzeugen bombardiert und schwer beschädigt.

Nach dem Rückmarsch dieser Boote verblieben nur noch drei U-Boote im nordatlantischen Einsatzgebiet. Drei andere Boote liefen in Frankreich aus, doch zwei von ihnen wurde die vom OKM angeordnete Sondermission übertragen, in der Dänemarkstraße britische Hilfskreuzer zu jagen. Klaus Scholtz führte diese Aufgabe mit *U108* erfolgreich aus und versenkte die 16400 Tonnen große *Rajputana*. Herbert Kuppisch lieferte mit *U94* dagegen gemischte Resultate. Auf dem Weg in die Dänemarkstraße versenkte er den 15000 BRT großen, norwegischen Tanker *Lincoln Ellsworth*. Doch bei dem Angriff auf sein wichtigstes Ziel, einen nicht identifizierten 15000 Tonnen großen Hilfskreuzer, versagten die Torpedos.

Der Verlust von elf Schiffen einschließlich zweier Tanker aus Slow Convoy 26 so weit im Westen Islands, beschleunigte das Vorhaben, umfangreiche britische ASW-Kräfte auf Island zu stationieren, damit auch weiter westlich dieser Insel starker Geleitschutz gewährleistet war. Diese Entscheidung schloß eine Lücke, die durch die verspätete Einsatzbereitschaft der kanadischen Korvetten und die Verschiebung des amerikanischen Plans entstanden war, den Geleitschutz auf der Route Island-Kanada zu übernehmen.

Die Admiralität entsandte drei der neu formierten Sicherungsgruppen nach Island: B-3, B-6 und B-12. Sie sollten das offene Zentrum der nordatlantischen Konvoirouten schließen, indem sie die Eskorten in westlicher Richtung fahrender Geleitzüge bei ungefähr 20 Grad westlicher Länge trafen und ablösten. Nachdem sie diese Geleitzüge über eine Distanz von 1670 Kilometern oder etwa fünf Tage lang bis zum 35. Längengrad eskortiert hatten, wendeten sie und begleiteten nach Osten fahrende Konvois (Slow Convoy und Halifax) wieder bis zum 20. Längengrad. Dort übergaben sie den Geleitschutz an jene Eskorten, die zu den Britischen Inseln zurückkehrten. Da die Eskorten besonders bei schlechten Wetterverhältnissen einen eingeschränkten Aktionsradius hatten und zur Treibstoffübernahme Island anlaufen mußten, waren für den permanenten Geleitschutz drei Gruppen erforderlich.

Zusätzlich verlegte die Admiralität Sunderland- und Hudson-Flugzeuge des Coastal Command nach Island. Diese Flugzeuge waren mit 1,5-Meter-Radargeräten des Typs ASV II ausgerüstet und sollten den Konvois Geleitschutz aus der Luft gewähren. Die Einrichtungen auf den Stützpunkten der Flugzeuge waren noch recht primitiv, aber sie konnten das besser gewordene Flugwetter im April und die längeren Tage (und kürzeren Nächte) ausnutzen, was die Wahrscheinlichkeit erhöhte, aufgetauchte U-Boote mit bloßem Auge zu sichten.

Man sollte nicht glauben, daß die Briten die Lücke auf der nordatlantischen Konvoiroute praktisch über Nacht mit starken und wirksamen Kräften gestopft hätten. Das neue System erforderte eine ungemein rigide Festlegung der Konvoirouten und der Einsatzpläne für die Sicherungsgruppen. Der mit unerfahrenen Besatzungen bemannte Luft- und Überwassergeleitschutz arbeitete mit einem komplizierten Zeitplan, der keine Fehler tolerierte. Häufig verirrten sich die Geleitgruppen und fanden die Konvois nicht, was das gesamte System durcheinanderbrachte. Schiffe und Flugzeuge hatten technische Probleme, oder ihnen ging der Treibstoff aus, so daß sie ihre Missionen abbrechen mußten. Das rauhe Wetter und die Eisberge erschwerten den pünktlichen Austausch der Sicherungsgruppen. Darüber hinaus erhöhte die extreme Starrheit des Systems die Wahrscheinlichkeit, daß die Deutschen die Konvoirouten und die Positionen der Treffpunkte erahnten und sich die Schwachstellen des Systems zunutze machten.

Dönitz hatte für den April einen großen U-Boot-Feldzug in westafrikanischen Gewässern geplant. Er wollte sieben große Boote einsetzen, die sich bei den im Mittelatlantik stehenden deutschen Versorgungsschiffen *Nordmark* und *Egerland* mit Nachschub eindecken sollten. Doch das OKM bestand darauf, daß zwei der bereits in afrikanischen Gewässern operierenden Boote, *U105* (Schewe) und *U106* (Oesten), abgestellt wurden, um den Blockadebrecher *Lech* von Brasilien nach Deutschland zu eskortieren. Deshalb zogen sich die beiden Boote auf eine Wartestellung nahe der *Nordmark* zurück, von der sie mehrmals Treibstoff übernahmen. Schewe stieß, während er im Mittelatlantik kreuzte und auf das Auslaufen der *Lech* wartete, auf einen allein fahrenden britischen Frachter mit 5200 BRT und versenkte ihn. Danach hatte er im April kein Jagdglück mehr. Jürgen Oesten in *U106* versenkte im April überhaupt kein Schiff. Dönitz protestierte wiederholt wegen dieser Verschwendung von Feuerkraft, und das OKM gestattete ihm schließlich, ein Boot *(U105)* abzuziehen. *U106* mußte jedoch weiterhin auf die Lech warten.

Wegen der Sonderaufgabe für *U105* und *U106* blieb in der ersten Aprilhälfte nur ein Boot vor Freetown zurück: *U124* unter Georg-Wilhelm Schulz. Nachdem es Nachschub von der *Kormoran* übernommen hatte, näherte es sich der Küste und versenkte zwischen dem 4. und 8. April drei Schiffe mit 11 000 Tonnen. Das letzte war der britische 2700-Tonnen-Frachter *Tweed*. Als Schulz heranlief, entdeckte er, daß eines der beiden Rettungsboote gekentert war und mehrere Männer, die sich an das Boot klammerten, verletzt waren. Schulz fischte die Überlebenden aus dem Wasser und richtete das Boot wieder auf. Hubertus Göder, ein Arzt, der auf *U124* mitfuhr, versorgte die Verletzten.* Schulz rüstete das Rettungsboot mit Lebensmitteln, Wasser, Cognac und Zigaretten aus und gab den Überlebenden den Kurs nach Freetown. Dann setzte er seine Feindfahrt fort, versenkte drei weitere Schiffe mit 15 000 Tonnen vor Freetown und lief am 1. Mai nach 67 Tagen Feindfahrt wieder in Lorient ein. Ihm wurden zwölf Versenkungen mit ungefähr 62 000 Tonnen gutgeschrieben. Obwohl sich die Quote nach dem Krieg auf 11 Versenkungen mit 52 397 Tonnen verringerte, hatte er damit eine der herausragenden Feindfahrten des Krieges gemacht.

Das neue IXB-Boot *U107* unter Dönitz' Schwiegersohn Günter Heßler war das erste Boot, das im April zur Verstärkung in afrikanische Gewässer fuhr. Auf Heßler folgten Viktor Schütze mit *U103* und Heinrich Liebe mit dem altersschwachen Typ-IX-Boot U38. Zuletzt kam Hans Eckermann mit *UA*. *U103* und *UA* waren gezwungen, die Fahrt wegen technischer Probleme abzubrechen. *U103* lief im April wieder aus, doch *UA* war wochenlang nicht einsatzbereit.

Auf der Fahrt nach Süden traf Heßler auf einen schwerfälligen Konvoi ohne Geleitschutz. Er versenkte zwischen dem 8. und dem 21. April fünf britische Schiffe mit 30 600 Tonnen, darunter den 8500 BRT großen britischen Tanker *Duffield*. Das fünfte Schiff war die *Calchas*, ein Frachter mit 10 300 BRT. Wie Heßler später berichtete, sah er die Besatzung das Schiff aufgeben, oder glaubte dies zumindest. Er fuhr unter Wasser heran, um den Überlebenden in den Rettungsbooten zu helfen. Doch eine

* Einige der größeren Boote vom Typ IX hatten bei ihren Operationen in afrikanischen Gewässern Ärzte an Bord, die als Nicht-Kombattanten galten. In einem offiziellen Bericht für Dönitz' Verteidigung im Nürnberger Prozeß schrieb Schulz später, Dönitz habe seine Entscheidung gebilligt, den britischen Überlebenden zu helfen.

Ahnung von Gefahr hielt ihn davon ab. Er fuhr das Sehrohr aus, um sich einen Überblick zu verschaffen, und sah, daß sich unter den Geschützen und hinter dem Schanzkleid Seeleute versteckt hatten, die nun aufsprangen und das Feuer auf das Periskop eröffneten. Heßler fuhr das Sehrohr ein, tauchte hastig, und hinterließ den feindlichen Schützen eine leere See. Daß sie ihn beinahe erwischt hätten, dämpfte seine humanitären Neigungen beträchtlich.

Die Briten waren über die Erfolge der Deutschen in westafrikanischen Gewässern zutiefst beunruhigt. Am 9. April, dem Höhepunkt von Heßlers Erfolg, billigte das Kriegskabinett das kühne und riskante Vorhaben, die Kanarischen Inseln zu erobern (Operation Puma). Der Zweck des Unternehmens lag darin, den Deutschen die Nutzung der Inseln zu verwehren und sie in eine britische Marinebasis umzuwandeln, die nicht zuletzt der U-Boot-Bekämpfung in südlichen Gewässern dienen sollte. Die Admiralität bildete eine starke Einsatzgruppe (drei Flugzeugträger, ein Schlachtschiff, drei Schwere Kreuzer und neunzehn Zerstörer), die 10 000 Soldaten an der Küste absetzen sollte. Die Operation wurde jedoch zugunsten harter diplomatischer Maßnahmen zunächst aufgeschoben und später aufgegeben. Churchill verlangte, Franco solle deutsche U-Boote (und andere Marineschiffe) von den Kanaren – und aus anderen spanischen Gewässern – verbannen. Franco gab angesichts des massiven britischen Drucks schließlich nach.

Daß er die Kanarischen Inseln nicht mehr als geheimen Stützpunkt zum Auftanken nutzen konnte, brachte Dönitz jedoch nicht um den Schlaf. Er schickte die U-Boote ohnehin nicht gerne zu den Kanaren. Britische Seestreitkräfte beobachteten die Inseln genau und hatten Clausen mit *U37* schon zweimal die Zufahrt verwehrt. Außerdem war Franco nicht vertrauenswürdig. Angesichts des unsicheren politischen Klimas konnte er jederzeit alle in seinen Gewässern befindlichen U-Boote beschlagnahmen und festhalten. Dönitz zog es vor, die Boote von deutschen Versorgungsschiffen im Südatlantik neu ausrüsten zu lassen.

Heßler in *U107* versenkte auf einer Fahrt, die sich zu einem ziemlich großen Erfolg entwickelte, am 30. April das sechste britische Schiff, einen Frachter mit 7400 Tonnen. Danach zog er sich in den Mittelatlantik zurück und versorgte sich bei der *Nordmark* und der *Egerland*. Nach Heßler erreichten Liebe mit *U38* und Schütze, der wieder mit *U103* ausgelaufen war, afrikanische Gewässer. Schütze versenkte am 25. April ein Frachtschiff mit 2300 BRT.

Ein kleiner Vorsprung für die Briten

Mitte April befanden sich neun U-Boote im nordatlantischen Operationsgebiet. Sechs patrouillierten auf einem Streifen ein gutes Stück südwestlich Islands. Zwei patrouillierten direkt im Süden Islands. *U75*, ein neues Boot vom Typ VIIB unter dem 29jährigen Helmuth Ringelmann, fuhr in westlicher Richtung durch die Northwest Approaches. Drei der acht Boote hatten nur noch wenig Treibstoff und standen kurz davor, nach Frankreich zurückzukehren. Drei andere U-Boote liefen aus, um sie zu ersetzen, darunter auch *U553*, ein neues Boot vom Typ VIIC unter dem 31jährigen Karl Thurmann. Es mußte die Fahrt jedoch wegen Defekten an den Maschinen abbrechen und Bergen anlaufen.

Diesmal verlief die Jagd in den entfernten westlichen Gewässern sehr schlecht. Drei Wochen lang, vom 4. bis zum 25. April, griffen die Boote überhaupt keine Geleitzüge an. In den zwei Wochen vom 10. bis zum 25. April verbuchten lediglich drei Boote Erfolge: Otto Salman mit *U52* (zwei Schiffe mit 14000 Tonnen), Helmut Rosenbaum mit *U73* (ein Schiff mit 8600 Tonnen) und Karl-Heinz Möhle mit *U123* (ein Schiff mit 7300 Tonnen).

Unter den von Salman mit *U52* versenkten Schiffen war der 6600 BRT große holländische Frachter *Saleir*, ein Nachzügler aus dem Konvoi Outbound 306 ohne Ladung. Das Schiff sank am 10. April in der Nähe des 31. Längengrads. Als dies geschah, befand sich der neue, 1940 in Dienst gestellte amerikanische Zerstörer *Niblack* in der Nähe auf einer Aufklärungsfahrt. Er gehörte zu der in Argentia stationierten amerikanischen Support Force und wurde von Edward R. Durgin kommandiert. Durgin rettete Überlebende aus drei Rettungsbooten. Mitten in der Rettungsaktion bekam er Sonarkontakt mit einem U-Boot. Er ging zum Angriff über und vertrieb das U-Boot mit drei Wasserbomben. Der amtlichen Geschichte des Zerstörers zufolge war diese unblutige Begegnung »offensichtlich die erste Kampfhandlung zwischen amerikanischen und deutschen Streitkräften im Zweiten Weltkrieg«.*

Das vollkommene Fehlen von Geleitzugkontakten weckte Mißtrauen in Kernével. Dönitz war überzeugt, daß ein Spion in den deutschen oder italienischen Streitkräften die Positionen der U-Boote verriet. Er veranlaßte neue und drastische Restriktionen für eine Reihe von Personen in Kernével, Bordeaux, Berlin und anderswo, die Kenntnisse von U-Boot-Positionen hatten oder den Funkverkehr der U-Boote abhören durften. Und auf seinen Wunsch gab Großadmiral Raeder an alle Befehlsstellen der Kriegsmarine die Mitteilung heraus, daß es für die U-Boot-Kriegführung zwingend sei, das Lesen von Funksignalen durch nicht autorisierte Personen strikt einzuschränken. Er verbot nochmals allen Dienststellen, die keine ausdrückliche Anweisung vom Marinegruppenkommando oder dem kommandierenden Admiral der U-Boote hatten, sich in die operative Funkfrequenz der U-Boote einzuschalten, und er kündigte an, jeden künftigen Verstoß gegen diese Weisung als einen die nationale Sicherheit gefährdenden kriminellen Akt zu ahnden.

Dönitz hatte außerdem den Verdacht, daß die Briten möglicherweise die DF-Einpeilung verbessert und – was undenkbar schien – den Enigma-Schüssel der Marine entziffert hatten. Daher befahl er den U-Booten, außer bei Wetterberichten und Fühlungshaltermeldungen strikte Funkstille einzuhalten. Auch bat er das OKM, einen neuen U-Boot-Schlüssel einzuführen. Wie Dönitz in seinem Kriegstagebuch vermerkte, war das OKM damit einverstanden. Doch es sollte lange dauern, bis die Maßnahme durchgeführt war.

Dönitz hatte in beiden Punkten recht. Die Briten hatten die DF-Einpeilung und – nicht weniger wichtig – die Informationsauswertung der Funkeinpeilungen verbessert. Der offizielle Historiker schrieb, daß die Kryptologen in Bletchley Park mit Hilfe des von der *Krebs* in Norwegen erbeuteten Materials und »kryptanalytischer Methoden seit dem 22. April »den gesamten Enigma-Funkverkehr« entschlüsselt hatten. Rodger Winn im Submarine-Tracking Room des OIC war daher mit dem *gesamten* Funk-

* Diese fragwürdige Auszeichnung ist häufig dem Zerstörer *Greer* für den Herbst jenes Jahres zugesprochen worden.

verkehr der U-Boote der Monate Februar (zuvor bereits entziffert) und April vertraut. Dieser Funkverkehr und die Funkmeldungen im handverschlüsselten Werft-Code vermittelten ihm ein komplettes Bild der U-Boot-Operationen dieser beiden Monate, einschließlich von Dönitz' Entscheidung, die Boote aus den Northwest Approaches in die Gewässer westlich von Island zu verlegen.

Auch erfuhr Bletchley Park aus dem Enigma-Funkverkehr der Monate Februar und April erstmals, daß die Kriegsmarine im Atlantik eine Flotte von acht Trawlern für Wettermeldungen unterhielt. Mindestens zwei der Trawler waren ständig auf See, einer nördlich von Island und einer im Mittelatlantik. Die Trawler hatten Enigma-Maschinen an Bord. Sie sendeten Wetterberichte mit einem besonderen Schlüssel, dem Wetterkurzschlüssel, und führten außerdem Kurzsignalhefte mit sich. Harry Hinsley, ein Marineoffizier in Bletchley Park (und später der herausragende Historiker der britischen Nachrichtendienste), schlug vor, daß die Admiralität versuchen solle, einen dieser Trawler so bald wie möglich zu kapern, um an mehr Enigma-Schlüssel und -Material heranzukommen.

Die Admiralität nahm den Vorschlag positiv auf und ließ Pläne ausarbeiten. Das vorgeschlagene Entern »auf See« war nicht ungewöhnlich. Mehr als ein Jahr zuvor hatte Charles Forbes, der Kommandeur der Home Fleet, darauf gedrungen, daß alle leichten Schiffe der Royal Navy ein »Enterkommando« für das Kapern eines U-Bootes bilden sollten. Seine Vorschläge zur Verfahrensweise waren allerdings reichlich brutal und mit dem internationalen Seerecht kaum in Einklang zu bringen.

Das erste und vorrangige Ziel war es natürlich, die U-Boot-Besatzung daran zu hindern, durch Öffnen der Tauchzellenventile oder durch das Anbringen von Sprengladungen die Versenkung des Bootes einzuleiten und dann erst von Bord zu springen. Um dieses Ziel zu erreichen, schlug Forbes vor, Deutsche unter Deck zu halten, damit sie gezwungen wären, die Ventile zu schließen oder die Sprengsätze zu entschärfen, um ihr Leben zu retten. Die zu bildenden Kaperkommandos sollten deshalb mit voller Fahrt auf das aufgetauchte U-Boot zufahren und die Besatzung, wenn sie durch das Turmluk ausstieg, mit Lewis-Maschinengewehren unter Feuer nehmen. »Das Ziel wird am wirkungsvollsten erreicht«, stellte Forbes herzlos fest, »wenn frühzeitig eine Leiche im Luk steckenbleibt.« Jene Deutschen, die bereits auf Deck und vom Turmluk entfernt waren und keine feindlichen Handlungen begingen, sollten verschont und gefangengenommen werden. Allerdings sollten Crew-Mitglieder, die man Unterlagen über Bord werfen sah, »gezielt und wirkungsvoll« mit den Maschinengewehren unter Feuer genommen werden – ein Vorschlag, der einer Aufforderung zum Mord gleichkam.

Der nächste Schritt bestand darin, eine kleine, bewaffnete Gruppe auf das Deck des U-Boots überzusetzen. Das Enterkommando sollte alle Offiziere und die meisten Mannschaftsdienstgrade vom U-Boot entfernen und sie so daran hindern, abzutauchen und zu entkommen. »Zwei bis drei Besatzungsmitglieder« sollten jedoch unter Deck gelassen und unter Bewachung »dauerhaft« dort gehalten werden, um sicherzustellen, daß sich keine scharfgemachten Sprengsätze an Bord befanden und das Boot in ausgezeichnetem Zustand erbeutet werden würde. Falls alle Deutschen das Boot bereits verlassen hatten, sollten »eines oder mehrere Besatzungsmitglieder gezwungen werden«, zum genannten Zweck »wieder an Bord zu gehen«.

Dönitz war wegen der ausbleibenden Erfolge auf den nordatlantischen Routen frustriert und glaubte, er könne vielleicht zu stark auf die Bedrohung durch die britische ASW-Maßnahmen reagiert haben. Deshalb verlegte er in den letzten Apriltagen den Großteil der nordatlantischen U-Boot-Kräfte wieder ostwärts in Richtung der Britischen Inseln. Am Spätnachmittag des 27. April stieß Erich Topp mit *U552* ungefähr auf dem 17. Grad westlicher Länge auf ein großes Ziel: den allein fahrenden, 10000 BRT großen britischen Frachter *Beacon Grange*. Topp griff unter Wasser an und schoß aus allen vier Bugtorpedorohren. Das Schiff ging unter; die Mannschaft setzte den U-Boot-Notruf SSS ab und ging dann in die Rettungsboote.

Neun Stunden später, am 28. April, entdeckte Karl-Heinz Möhle mit *U123* den Konvoi Halifax 121 etwa auf dem 17. Längengrad. Der Geleitzug bestand aus 47 Schiffen und neun Eskortschiffen. Er bot den Deutschen in diesem Gebiet nach fast vier Wochen die erste Gelegenheit, einen weiteren Rudelangriff durchzuführen. Dönitz instruierte Möhle, Fühlung zu halten und Peilzeichen zu senden, so daß die anderen Boote in dem Gebiet und Condor-Aufklärer aus Frankreich und Norwegen herangeführt werden konnten.

Die Briten peilten Möhles Fühlungsmeldungen ein und warnten den Kommandeur des von Möhle entdeckten Konvois und den des Geleitzugs Outbound 314, der auf westlichem Kurs in der Nähe vorbeifuhr. Die Warnung war nicht ganz umsonst. Die Geleitschiffe versuchten, Möhle zu vertreiben, doch er blieb dem Konvoi beharrlich auf den Fersen und bekam in der Morgendämmerung erneut Fühlung. Die Condor-Aufklärer konnten den Geleitzug nicht lokalisieren, und die Geleitschiffe drängten Möhle erneut ab, so daß er die Fühlung verlor. Später am selben Tagen wurde der Konvoi jedoch von drei weiteren Booten gesichtet.

Der Escort Commander des Geleitzugs wußte sehr wohl, daß U-Boote im Anmarsch waren, doch er erwartete keinen Angriff vor Einbruch der Dunkelheit. Doch Erich Topp von *U552*, der vor dem Konvoi getaucht war, wartete nicht auf die Nacht. Um die Mittagszeit ließ er die voranfahrenden Begleitschiffe passieren und schoß dann auf den 8200 BRT großen britischen Tanker *Capulet*. Mehrere Torpedos trafen und verwandelten das Schiff in ein Wrack, doch es sank nicht. Wie der Nachrichtendienst der Admiralität später vermerkte, war dies der erste tagsüber durchgeführte Unterwasserangriff eines U-Bootes auf einen gesicherten Konvoi seit dem Sommer 1940. Einige ASW-Experten vermuteten deshalb, daß sich angesichts der verstärkten Eskorten und der immer kürzer werdenden Nächte alle U-Boote in dem nördlichen Gebiet wieder ganz auf Unterwasserangriffe bei Tag verlegen könnten.

Die Begleitschiffe gingen zum Gegenangriff vor. Zwei Zerstörer, die *Maori* und die *Inglefield,* orteten *U552* mit dem Sonar und führten fünf Wasserbombenangriffe gegen das Boot. Diese Attacken zwangen Topp stundenlang unter Wasser, während der Konvoi weiterfuhr, und er konnte keinen zweiten Angriff starten. Unterdessen schlossen sich drei Eskortschiffe des Konvoi Outbound 314 dem Konvoi Halifax 121 an und erhöhten damit die Zahl der Geleitschiffe auf zwölf. Eines der hinzugestoßenen Sicherungsfahrzeuge, der Zerstörer *Douglas*, versuchte, das Wrack des Tankers *Capulet* durch Geschützfeuer zu versenken, scheiterte jedoch und schloß sich darauf der U-Boot-Jagd an.

Nach Einbruch der Dunkelheit setzte Lehmann-Willenbrock von *U96* eine weitere Positionsmeldung ab und griff danach über Wasser an. Mit einer gutgezielten Salve mit den vier Bugtorpedos versenkte er drei große, beladene Schiffe: den britischen Tanker *Oilfield* (8500 BRT), den norwegischen Tanker *Caledonia* (9900 BRT) und das britische Frachtschiff *Port Hardy* (8900 BRT). Die *Oilfield* ging in Flammen auf, die den Ort hell erleuchteten und Lehmann-Willenbrock zum Tauchen zwangen, so daß ihm keine Möglichkeit zu einem weiteren Angriff blieb. Alle drei Schiffe mit insgesamt 27300 BRT sanken.

Die zwölf Eskortschiffe jagten die U-Boote unerbittlich. Die Korvette *Gladiolus* erhielt eine Sonarortung und warf zehn Wasserbomben. Der *Gladiolus* schlossen sich die *Leamington* und die *Roxborough* an, zwei ehemals amerikanische Glattdeck-Zerstörer vom Konvoi Outbound 314. Die drei Schiffe führten vier weitere Wasserbombenangriffe durch. Ein weiteres hinzugestoßenes Eskortschiff, der britische Zerstörer *Douglas*, führte einen harten Wasserbombenangriff gegen ein Boot, das sich als das IXB-Boot *U65* unter dem 26jährigen Kommandanten Joachim Hoppe entpuppte. Er kommandierte das Boot erst seit sechzehn Tagen und hatte noch keinen einzigen Torpedo abgeschossen. Der Angriff vernichtete *U65*. Es gab keine Überlebenden. In den Gewässern der Northwest Approaches war damit das siebte U-Boot in sieben Wochen verlorengegangen.

Dönitz unternahm jede nur denkbare Anstrengung, weitere Angriffe auf Halifax 121 durch U-Boote und Condor-Flugzeuge zu organisieren. Doch die Briten leiteten den Konvoi geschickt von den Booten weg, und sämtliche Bemühungen, den Geleitzug wiederzufinden, scheiterten. Zwei Boote hatten Torpedos losgemacht, was zur Versenkung oder Zerstörung von vier Schiffen geführt hatte, drei davon beladene Tanker. Das war ein Schlag für den Gegner, doch die anderen 43 Schiffe des Geleitzugs Halifax 121 erreichten sicher den Hafen.

Die Korvette *Gladiolus* wurde am 29. April, einen Tag nach dem Angriff, von dem Konvoi abgezogen und rettete Überlebende des zwei Tage zuvor von *U552* torpedierten Frachters *Beacon Grange*. Die von einer Sunderland-Maschine zu den Rettungsbooten geleitete Korvette fischte 41 Männer auf. Nachdem sie den letzten Mann an Bord genommen hatte, sichtete die *Gladiolus* eine Rauchwolke am Horizont und hielt mit hoher Geschwindigkeit darauf zu. Sie konnte den Kommandoturm eines U-Boots identifizieren und einen Gegenstand, der als über dem Boot fliegender »Drachen« beschrieben wurde. Die Korvette kam heran, doch das Boot (und der »Drachen«) verschwanden unter Wasser. Das Schiff bekam Sonarkontakt und führte 3 Angriffe mit insgesamt 31 Wasserbomben durch. Eine große Luftblase und ein aufblasbares Rettungsfloß kamen an die Wasseroberfläche, das Rettungsboot sank jedoch, bevor es geborgen werden konnte. Die *Gladiolus* meldete stolz eine Versenkung, doch an diesem Tag ging kein U-Boot verloren.*

Im April fuhren 307 beladene Schiffe in Geleitzügen von Halifax zu den Britischen Inseln. Deutsche U-Boote versenkten aus diesen Konvois sechzehn Schiffe (darunter fünf Tanker): elf vom Geleitzug Slow Convoy 26, vier von Halifax 121 und einen kleinen Nachzügler von Halifax 117. Darüber hinaus torpedierten hochseetüchtige U-Boote weitere elf Alleinfahrer (darunter einen Tanker) mit ungefähr 70000 Ton-

* Die Admiralität schrieb der *Gladiolus* die Versenkung von Hoppes *U65* bei diesem Angriff zu, doch nach weiterführenden Untersuchungen in den Nachkriegsjahren wurde die Bestätigung annulliert und die Versenkung dem Zerstörer *Douglas* zugesprochen.

nen. Sie waren aufgrund der neuen Richtlinie allein unterwegs gewesen, die es Schiffen mit einer Reisegeschwindigkeit von mindestens 12 Knoten erlaubte, allein zu fahren. Die Gesamtzahl an Versenkungen durch U-Boote im Nordatlantik belief sich daher auf 27 Schiffe.* Im Gegenzug waren zwei U-Boote, *U65* und *U76*, verlorengegangen. Wie zuvor überdeckten die großen Erfolge der U-Boote in den Gewässern vor Westafrika die schwachen Ergebnisse der Geleitzugjagd auf den nordatlantischen Routen.

Zu diesem Zeitpunkt wurde Dönitz mit dem Plan zu einer weiteren Verkleinerung der atlantischen U-Boot-Flotte konfrontiert. Die Berliner Kriegsstrategen schlugen vor, U-Boote in das östliche Mittelmeer und in das Ägäische Meer zu entsenden, um die deutschen Bodentruppen in Griechenland und Nordafrika zu unterstützen. Die Boote sollten gegen britische Kriegs- und Handelsschiffe operieren, die britische Soldaten aus Griechenland nach Kreta und Nordafrika evakuierten und die Briten dort und in Palästina mit Nachschub versorgten.

Da dieser Vorschlag bei Hitler und seinen engsten Beratern Gefallen fand, mußten Großadmiral Raeder und Dönitz eine großangelegte Kampagne starten, um ihnen das Unternehmen auszureden. Bei einer Besprechung mit Hitler am 20. April sprach sich Raeder gegen das Vorhaben aus. Es werde erstens U-Boote aus der entscheidenden Schlacht im Nordatlantik abziehen, wo Dönitz insgesamt nur 30 Boote zur Verfügung stünden, von denen er maximal acht bis zehn im Einsatz halten könne. Zweitens sei das enge Mittelmeer ein gefährlicher Ort für U-Boot-Operationen, und nur die erfahrensten Kommandanten könnten dorthin entsandt werden, was die U-Boot-Streitmacht im Nordatlantik ihrer erfolgreichsten Boote berauben würde. Und drittens müsse ein U-Boot-Stützpunkt in Italien oder Jugoslawien geschaffen werden, was zum Abzug von raren U-Boot-Technikern aus Frankreich und Deutschland führen werde.

Statt dessen regte Raeder an, man solle Rom den Vorschlag machen, die in Bordeaux stationierten und im Atlantik wenig effektiv operierenden italienischen Boote zurückzuziehen und in das östliche Mittelmeer zu entsenden. Wie der Stenograph protokollierte, war Hitler mit diesem Vorschlag sofort einverstanden: »Führer stimmt Nichtentsendung deutscher U-Boote ins Mittelmeer voll zu; ebenso der Zurückziehung der italienischen U-Boote aus dem Atlantik.« Dönitz geriet in Hochstimmung, als er die Nachricht bekam. Doch die Idee, deutsche U-Boote zur Unterstützung deutscher Bodentruppen ins Mittelmeer zu schicken, war damit nicht vom Tisch.

Bis dahin waren vier in Bordeaux stationierte italienische U-Boote im Nordatlantik verlorengegangen; übrig war eine Gruppe von 23 Booten. Die meisten dieser U-Boote patrouillierten nun südwärts der Azoren oder jenseits davon in westafrikanischen Gewässern. Vier mittlere Boote, die aus dem Roten Meer ausbrachen, sollten über das Kap der Guten Hoffnung in den Atlantik fahren und im Mai zu der Gruppe in Bordeaux stoßen. Nach dem geplanten Rückruf sollten zehn Boote im Juni die Reise nach Italien antreten. Am 1. Mai 1941 hatten die italienischen U-Boote neun Monate

* Zusätzlich versenkten der Einbaum *U147* in britischen Gewässern und das italienische U-Boot *Tazzoli* nahe Gibraltar je einen Frachter. Und wie erwähnt, torpedierte das IXB-Boot *U108* auf einer Sondermission einen großen Hilfskreuzer in der Dänemarkstraße.

im Atlantik operiert und in dieser Zeit nur 33 Schiffe (darunter fünf neutrale und je ein Schiff zusammen mit *U38* und *U107*) versenkt und den kanadischen Zerstörer *Saguenay* schwer beschädigt.*

Der U-Boot-Krieg im Nordatlantik hatte im Winter 1940–1941 die Erwartungen der Deutschen ganz und gar nicht erfüllt. Die in diesem Gebiet operierenden U-Boote versenkten in den fünf Monaten vom 1. Dezember bis zum 1. Mai nur 125 Handelsschiffe mit etwa 752 658 Tonnen. Dies entsprach durchschnittlich ungefähr 150 500 Tonnen im Monat, deutlich weniger als der monatliche Durchschnitt in den »glücklichen Zeiten« vom Mai bis November 1940. Die Feindfahrten im Südatlantik erhöhten die Gesamtzahl an Versenkungen wesentlich und verschleierten die zurückgehenden Resultate im Norden. Die Feindfahrten im Süden steuerten rund 65 Schiffe mit etwa 364 215 Tonnen bei und erhöhten damit die Gesamtversenkungsziffer aller U-Boote in diesen fünf Monaten auf 194 Schiffe mit ungefähr 1,1 Millionen Tonnen. Britische Schiffswerften stellten in diesem Zeitraum weniger als die Hälfte dieser Tonnage her, doch der Gesamtverlust betrug auch mehr, als durch die Wiederindienststellung der beschädigten Schiffe wettgemacht werden konnte, die mit einer Tonnage von fast einer Million BRT ungenutzt in britischen Schiffswerften gelegen hatten.

London beklagte weiterhin lautstark den Verlust an Tankern, doch tatsächlich waren die Tankerverluste – 27 Schiffe mit etwa 231 500 Tonnen – in diesen fünf Monaten nicht überwältigend gewesen. 23 dieser Tanker gingen im Nordatlantik verloren, vier im Südatlantik. Zwanzig davon waren unter britischer Flagge gefahren, vier waren gecharterte ausländische Schiffe gewesen, und einer war die irrtümlicherweise versenkte *Rhone* des Vichy-Regimes. Dem Historiker D. J. Payton-Smith zufolge, der die offizielle Geschichte der britischen Erdölversorgung schrieb, ließ die oft vorhergesagte Ölkrise auf den Britischen Inseln immer noch auf sich warten. Die Gründe dafür waren der Bau neuer Tanker in britischen Werften,** verschiedene Maßnahmen in Übereinstimmung mit dem Lend Lease Act, nach denen die Briten mit amerikanischen und ausländischen Tankern versorgt wurden, und zusätzlich die Teilnahme amerikanischer Schiffe am Pendelverkehr von der Karibik zur amerikanischen Ostküste.

Es war noch nicht klar zu erkennen, doch Ende April 1941 hatte sich die Schlacht um den Atlantik leicht zugunsten der Briten gewendet. Unter der operativen Kontrolle der Admiralität hatte das Küstenkommando Luftwaffenstützpunkte auf Island und auf den Faröern errichtet und seinen Geleitschutz bei Tage für einlaufende und auslaufende Konvois immer weiter nach Westen ausgedehnt. Keine Maschine des Küstenkommandos hatte bislang ohne Hilfe ein U-Boot versenkt, doch die Begleitflugzeuge übermittelten den Überwassereskorten U-Boot-Warnungen, und sie vertrieben die U-Boote und hielten sie unter Wasser, was das Fühlungshalten und die Bildung

* Die Italiener begannen schon im Mai, U-Boote aus dem Nordatlantik zurückzuziehen. Die höchste Trefferquote hatte Primo Longobardo mit der *Torelli* vorzuweisen; er hatte vier bestätigte Versenkungen mit 17 489 Tonnen. An zweiter Stelle folgte Adalberto Giovannini von der *Bianchi* mit drei bestätigten Versenkungen und 14 705 Tonnen. Bei den vier im Nordatlantik verlorengegangenen Booten handelte es sich um *Tarantini*, *Marcello*, *Faá di Bruno* und *Nani*.

** Acht Tanker mit 77 000 BRT im letzten Quartal von 1940 und im ersten Quartal von 1941.

von Rudeln erschwerte. Die zwischen den Britischen Inseln und Island pendelnden und die auf Island stationierten Eskortgruppen stellten ebenfalls ein bedrohliches Hindernis dar. Dank der stetig wachsenden Zahl von Begleitschiffen war es nun möglich, eines oder mehrere Sicherungsschiffe abzuziehen und das mit dem Konvoi Fühlung haltende Boot zu jagen und zu vertreiben. Auch konnten Gegenangriffe eingeleitet und die angreifenden U-Boote unter Wasser gehalten und so an einem zweiten Angriff gehindert werden, während der Geleitzug den Kurs änderte. Da U-Boote einen Angriff auf Schiffe und Flugzeuge des Geleitschutzes eher vermieden, eigneten sich die Mannschaften der Eskorten mit jedem Monat mehr Erfahrung und Fertigkeiten in der U-Boot-Jagd an, während die Erfahrung und die Fertigkeiten der U-Boot-Besatzungen abnahmen, ein Trend, der sich mit Sicherheit fortsetzen würde, wenn die Deutschen kein Mittel fanden, die Eskorten anzugreifen.

Weitere Schwierigkeiten standen den U-Booten bevor. Die Briten hatten den Enigma-Schlüssel der Kriegsmarine schon einmal geknackt; und wenn die geplante Erbeutung weiteren Schlüsselmaterials gelang, hatte Bletchley Park, wo man eine erhöhte Anzahl von Turing-Welchman-Bombas einsetzte, die reelle Chance, ihn endgültig zu knacken. Die Zahl der primitiven (aber nützlichen) 1,5-Meter-WellenRadargeräte in den Flugzeugen des Coastal Command und den Überwassereskorten nahm stetig zu, und neue elektronische Geräte standen kurz vor der Massenproduktion: das umfassend verbesserte Zentimeter-Radar-Gerät für Luftfahrzeuge und Schiffe mit dem Vielschlitzmagnetron von Randall and Boot; stark verkleinerte Hochfrequenzgeräte zur DF-Einpeilung (HF/DF oder Huff Duff genannt), die sich zum Einbau auf den Sicherungsschiffen eigneten und diese in die Lage versetzten, auf die Hochfrequenzfunkmeldungen von in der Nähe befindlichen U-Booten zuzulaufen;* eine stark verbesserte Funkausrüstung für die Kommunikation zwischen den Überwassereskorten (dem sogenannten Talk Between Ships, kurz TBS), zwischen den Begleitschiffen und dem Geleitschutz aus der Luft. Auch letzteres war ein wichtiger Fortschritt, der in Darstellungen des U-Boot-Krieges gewöhnlich übersehen wird.

Woche um Woche wurden die Vereinigten Staaten tiefer in die Atlantikschlacht hineingezogen. Zusätzlich zu den bereits beschriebenen Maßnahmen verkündete der Befehlshaber der Atlantikflotte, Ernest King, am 18. April feierlich, daß sich die Gewässer der »Westlichen Hemisphäre«, für die er verantwortlich war, fortan nach Osten bis nahe an den 30. Grad westlicher Länge (einer Linie, die von den Gewässern im Westen von Island und nach Süden bis zu den Azoren verlief) erstreckten, was in der Praxis bedeutete, daß jede Überschreitung dieser Linie durch Kräfte der Achsenmächte als feindseliger Akt betrachtet wurde.

---

* U-Boote funkten Kontakt- und Fühlungsmeldungen im Hochfrequenzbereich nach Kernével. Wenn aus Kernével die entsprechende Weisung kam, führten die Fühlungshalter auf mittleren Frequenzen andere Boote an den Zielort heran. Zur Verhinderung eines Rudelangriffs mußten die Geleitfahrzeuge auf die Kontakt- und Fühlungsmeldungen im Hochfrequenzbereich reagieren, weil die örtlichen Signale zur Heranführung weiterer U-Boote bei dieser Vorgehensweise für den Geleitschutz zu spät kamen. Die Ausrüstung der Begleitschiffe mit HF/DF-Geräten brachte jedoch ein Problem mit sich, da Schiffe mit Überwassersuchradar keinen Platz für beide Systeme hatten und kein Schiff auf Radar verzichten wollte. Dies führte dazu, daß anfangs die meisten HF/DF-Geräte auf Konvoi-Rettungsschiffen, auf mit Flugzeugkatapulten ausgestatteten Trägerschiffen und später auf Geleitträgern installiert wurden.

In Reaktion auf Anfragen (d. h. Direktiven) aus London, standen auch die Kanadier kurz davor, erstmals auf wichtige Weise in die Atlantikschlacht einzugreifen. Nach Ankunft der Zerstörer der amerikanischen Support Force sollten die Kanadier die Verantwortung für den Geleitschutz in ihren atlantischen Heimatgewässern und bis zum 35. westlichen Längengrad übernehmen, wo die auf Island stationierten, zur Schließung der Lücke auf der nordatlantischen Konvoiroute eingesetzten britischen Eskortgruppen die Konvois übernahmen. Zu diesem Zweck bildeten die Kanadier die in St. John stationierte Newfoundland Escort Force mit ungefähr 38 Kriegsschiffen*, die von dem Kanadier L. W. Murray kommandiert wurden. Diese Einheit wurde von zwei Geschwadern des Canadian Eastern Air Command unterstützt, die aus 24 in den USA gebauten Flugzeugen bestanden.**

Aufgrund der verbesserten ASW-Maßnahmen der Briten in den Northwest Approaches war es erneut erforderlich, die Boote vom Typ VII weiter westlich operieren zu lassen, was mit gravierenden Treibstoffproblemen verbunden war. Daher benötigte Dönitz, um wieder die Oberhand zu gewinnen, weit mehr U-Boote, als er zuvor gedacht hatte. Nicht nur 300 Boote, sondern ungefähr doppelt so viele. Die U-Boot-Produktion wurde dramatisch gesteigert: 43 neue Boote wurden in den vier Monaten vom Januar bis April 1941 in Dienst gestellt.*** Da die Erprobungsphase jedoch gewöhnlich vier Monate dauerte, konnten sie den Atlantik in größerer Zahl erst im Juni oder später erreichen. Auch wenn Dönitz geringe Gefechtsverluste und für die zweite Jahreshälfte von 1941 eine maximale Produktionsrate von 20 oder mehr Booten pro Monat annahm, würde er zu Beginn des Jahres 1942 für Operationen im Atlantik maximal 100 hochseetüchtige Boote aller Typen zur Verfügung haben.

Angesichts der beschleunigten Produktion von Flugzeugen, Eskortschiffen und Handelsschiffen in Großbritannien, Kanada und den Vereinigten Staaten, des spät angelaufenen und hinterherhinkenden deutschen U-Boot-Baus und der abnehmenden Erfahrung seiner U-Boot-Besatzungen mußte es Dönitz sehr schwer fallen, in der Schlacht um den Atlantik bis 1943 die Oberhand zu gewinnen, falls ihm das überhaupt jemals gelingen sollte. Und doch stellte sich bei den Stabsangehörigen in Kernével nicht das geringste Gefühl der Niederlage ein. Auch wenn man die überzogenen Versenkungsmeldungen der Kommandanten in Rechnung stellte, war klar, daß die

---

* Dreizehn Zerstörer (sechs kanadische und sieben britische), vier britische Sloops und 21 Korvetten (siebzehn kanadische und vier britische).

** Geschwader 10 in Gander bestand aus fünfzehn Digbys, der kanadischen Version des zweimotorigen B-18-Bombers der US-Army Air Force; Geschwader 116 in Dartmouth auf Nova Scotia bestand aus neun ehemals britischen Catalinas, die die Kanadier Cansos nannten. Zu dieser Zeit standen in Argentia achtzehn Catalinas der US Navy und in Gander sechs B-18-Bomber der USAAF zur Aufklärung, aber natürlich nicht für Kampfhandlungen zur Verfügung. Die Catalinas besaßen eine effektive Reichweite von etwa 1000 und die B-18-Bomber von rund 600 Kilometern.

*** Acht neue Boote im Januar, acht im Februar, dreizehn im März und vierzehn im April. Sieben der neuen Boote wurden jedoch zu Forschungs- und Entwicklungszwecken, aufgrund von Reparaturen oder zum Dienst bei der U-Boot-Schule in der Ostsee festgehalten. So groß war der Bedarf des Ausbildungskommandos, daß auch acht von den Alliierten erbeutete U-Boote für Ausbildungszwecke eingesetzt wurden: die britische HMS *Seal*, die norwegischen Boote *B5* und *B6* und die niederländischen *O8*, *O12*, *O25*, *O26* und *O27*.

kleine U-Bootwaffe Schrecken verbreitete, der britischen Handeslsschiffahrt beträchtlichen Schaden zufügte und die Alliierten zwang, gewaltige Mittel zur Abwehr der Bedrohung einzusetzen. Allein das Geleitzugsystem hatte, wie Churchill wiederholt klagte, Großbritanniens Einfuhren um ein Drittel vermindert. In Wirklichkeit war es nicht ganz so schlimm, aber doch schlimm genug.

FÜNF

Blütenblätter von seltener Schönheit

Die Diversion deutscher Streitkräfte auf den Balkan zur Unterstützung der Italiener und zur Erorberung der griechischen Halbinsel und Kretas verzögerte das Unternehmen Barbarossa, den Einmarsch der Deutschen in der Sowjetunion, um ungefähr fünf Wochen. Hitler setzte mit dem 22. Juni einen neuen Invasionsbeginn fest. Der Termin lag für diese gewaltige Militäroperation spät im Jahr. Dennoch war Hitler zuversichtlich, die schlecht geführte und ausgerüstete Rote Armee vor Einsetzen des Winters zerschlagen zu können.

Danach wollte er sich mit Großbritannien befassen. In der Zwischenzeit sollte die Kriegsmarine weiterhin Druck auf die Briten ausüben. Sie sollte ihre See- und Luftstreitkräfte binden und alle britischen Versuche vereiteln, den Russen, etwa durch einen weiteren Landungsversuch in Norwegen, Hilfe zu leisten. Die U-Boote und Handelsstörer sollten jeden Zwischenfall mit den Vereinigten Staaten vermeiden, der Washington zu einer offenen Intervention im Verlauf der Operation Barbarossa provozieren könnte.

Vom späten Mai 1941 an verließen in weiterhin steigenden Stückzahlen neu in Dienst gestellte U-Boote des Typs VII die Ostsee in Richtung Kriegsschauplatz: zwölf im Juni, neun im Juli und zwölf im August. Dies entsprach bei weitem nicht den monatlich 25 bis 30 neuen U-Booten, die in den Bauprogrammen von 1939 vorgesehen waren; doch es waren zwei- bis dreimal mehr neue Boote im Atlantik als bisher – die erste merkliche Verstärkung der U-Boot-Streitkräfte seit Ausbruch des Krieges. Infolge der geringen Gefechtsverluste vom Dezember 1940 bis zum 1. Mai 1941 (sieben Boote) und einer Fortsetzung dieses Trends in den Sommermonaten besaß Dönitz die Mittel, um den U-Boot-Krieg nicht nur im entscheidenden Teil des Nordatlantik zu verstärken, sondern auch um eine weitere Reihe von Booten des Typs IX in die mehr Erfolg versprechenden Gewässer Westafrikas zu entsenden.

Im Mai fuhren 19 U-Boote in den Nordatlantik. Das erste war das VIIC-Boot *U94* unter Herbert Kuppisch. Es meldete am 7. Mai südlich von Island einen Konvoi. Es war der Geleitzug Outbound 318, der mit 38 Schiffen von den Britischen Inseln kam.

Er war von der Escort Group 7 unter I. H. Bockett-Pugh stark gesichert, die aus zehn Kriegsschiffen bestand: drei Zerstörern (darunter die ehemals amerikanischen Glattdeck-Zerstörer *Campbeltown* und *Newmarket*), fünf Korvetten, einer Sloop und einem ASW-Trawler. Flugzeuge des Coastal Command aus Island und Schottland sorgten für die Luftsicherung. Drei Handelsschiffe hatten den Konvoi früher an diesem Tag planmäßig verlassen und liefen Island an. Fünf andere Schiffe, einschließlich eines zum bewaffneten Hilfskreuzer umgebauten Passagierdampfers, der *Ranpura* mit 10000 Tonnen, hatten sich dem Geleitzug angeschlossen, womit sich die Gesamtzahl auf vierzig Schiffe erhöhte.

Als Kuppisch den Konvoi ausmachte, war beim Geleitschutz für Outbound 318 gerade eine komplizierte Umstellung im Gange. Escort Group 3 unter Addison Joe Baker-Cresswell war in Island ausgelaufen, um Bockett-Pughs Escort Group 7 für die mittlere Etappe der Reise abzulösen. Escort Group 3 bestand aus neun Kriegsschiffen (drei Zerstörern, drei Korvetten und drei ASW-Trawlern) und fuhr mit dem Hilfskreuzer *Ranpura* und den vier Frachtern, die ebenfalls von Island kamen, um sich Outbound 318 anzuschließen. Damit eine sichere Ablösung gewährleistet war, sollten die Sloop *Rochester* und fünf Korvetten von Bockett-Pughs Escort Group 7 für weitere 24 Stunden beim Konvoi verbleiben, bevor sie andere Aufgaben übernahmen. Deshalb befanden sich 15 Kriegsschiffe in der Nähe von Outbound 318.

Es war eine mondhelle Nacht, als Kuppisch den Geleitzug meldete und sich zu einem Unterwasserangriff entschloß. Er ließ die voraus fahrenden Geleitfahrzeuge passieren und gelangte in der Mitte des Konvois auf eine Position zwischen zwei Passagierdampfern mit 10000 Tonnen, wahrscheinlich die britischen Schiffe *Ranpura* und *Ixion*. Kuppisch schoß vier Torpedos in die Kolonnen der Schiffe und meldete die Versenkung von vier Schiffen, versenkte jedoch tatsächlich nur zwei: die *Ixion* mit 10300 BRT und einen norwegischen Frachter mit 5700 BRT. Danach unternahmen das Flaggschiff der Escort Group 3, der Zerstörer *Bulldog* zusammen mit dem Zerstörer *Amazon* und der Sloop *Rochester* von Escort Group 7 laut Kuppisch einen schweren und gezielten Gegenangriff. Sie warfen in vier Stunden 89 Wasserbomben, die beträchtlichen Schaden anrichteten. Sie hatten damit einen zweiten Angriff von *U94* verhindert, doch Kuppisch reparierte die Schäden und setzte die Feindfahrt fort.

Auf Kuppischs Fühlungsmeldung hin alarmierte Dönitz sechs weitere Boote, die westlich von Island patrouillierten. In der Nacht des 8. Mai sichteten zwei dieser Boote den Konvoi bei hellem Mondlicht: Fritz-Julius Lemp, der mit *U110* aus Lorient kam und seine zweite Feindfahrt absolvierte, und *U201*, ein neues Boot vom Typ VIIC unter Adalbert (»Adi«) Schnee, der bei Kriegsbeginn Erster Wachoffizier auf Kretschmers Boot *U23* gewesen war und später die Einbäume *U6* und *U60* befehligt hatte. Lemp war bereits seit drei Wochen im Einsatz und hatte ein Frachtschiff mit 2500 BRT versenkt. Schnee war in Bergen ausgelaufen und seit einer Woche auf Feindfahrt. Er hatte dem aufgegebenen Hulk des Tankers *Capulet* den Rest gegeben, den Topp mit *U552* in ein Wrack verwandelt hatte, und möglicherweise hatte er auch einen Dampfer mit 2000 BRT versenkt.

Lemp und Schnee lauerten am Morgen des 9. Mai vor dem Konvoi, dem zu diesem Zeitpunkt keine Luftsicherung zur Verfügung stand. Da auch in dieser Nacht mit hellem Mondlicht zu rechnen war, kamen die beiden überein, daß ein Überwasserangriff gefährlich sein könnte. Und weil sie annahmen, der Geleitschutz habe den Konvoi mittlerweile verlassen, beschlossen die beiden Kommandanten (die sich mittels Signalflaggen miteinander verständigten), so bald wie möglich einen Unterwasserangriff bei Tageslicht zu wagen, um den Verlust der Fühlung zu verhindern. Der ranghöhere Ritterkreuzträger Lemp sollte als erster angreifen und Schnee eine halbe Stunde später, wenn der Geleitzug durch Lemps Angriff in Verwirrung gestürzt war.

Lemp tauchte und ließ den Konvoi herankommen. Er war überrascht, als er die Sicherungsschiffe sah, beschloß jedoch trotzdem, den Angriff fortzusetzen. Gegen Mittag erreichte er die rechte Flanke des Geleitzugs, schoß auf vier Schiffe und meinte, drei davon versenkt zu haben. In Wirklichkeit gingen zwei britische Frachter unter, die *Esmond* mit 5000 BRT und die *Bengore Head* mit 2600 BRT. Der vierte Torpedo ließ sich nicht abschießen, doch Lemp konnte ihn neu einstellen und bereitete den Schuß auf einen Tanker vor. Der Geleitzug drehte aufgrund des Angriffs hart nach Backbord ab, und als Schnee dreißig Minuten später angriff, schoß er auf die rückwärtige Seite der Formation. Er traf zwei 5900 BRT große Frachtschiffe und beschädigte die *Gregalia* und die *Empire Cloud* schwer. Letzteres Schiff wurde zunächst verlassen, konnte jedoch später gerettet und nach Schottland geschleppt werden.

Während dieser Angriffe wurde der Konvoi von Baker-Cresswells auf Island stationierter Escort Group 3 begleitet. Ihr Flaggschiff, der Zerstörer *Bulldog*, jagte zusammen mit dem ehemals amerikanischen Glattdeck-Zerstörer *Broadway* und der *Aubrietia*, einer der drei Korvetten, *U110*, das noch immer auf Sehrohrtiefe lag und einen Angriff auf den Tanker vorbereitete. Alle drei Sicherungsschiffe bekamen guten Sonarkontakt. Zunächst griff die *Broadway* mit einer einzelnen Wasserbombe an. Dann sichtete die *Aubrietia* unter V. F. Smith das Sehrohr und griff das Boot zweimal mit sechzehn wohlplazierten Wasserbomben an, die auf Tiefen von 30 und 60 Metern eingestellt waren.

Die Wasserbomben der *Aubrietia* detonierten sehr nahe an dem Boot. Sie zerschmetterten den Tiefenanzeiger und andere Instrumente, setzten E-Maschinen, Tiefenruder, Ruder und Kompaß außer Betrieb, zerrissen achtern einen Brennstoffbunker oder eine Tauchzelle, rissen die Preßluftventile in der Zentrale ab, und durch Seewassereinbruch entstand Chlorgas in den vorderen Batteriezellen. Das Boot geriet durch einen Wassereinbruch im Heck außer Kontrolle und sank mit dem Heck voran auf über 90 Meter Tiefe. Lemp erkannte, daß *U110* nicht mehr zu retten war, und befahl dem Leitenden Ingenieur »Notanblasen klarmachen«, um das Boot an die Oberfläche zu bringen. Noch bevor der Befehl ausgeführt werden konnte, ging eine unerwartete, schlingernde Bewegung durch das Boot, die anzeigte, daß es von selbst aufgetaucht war – möglicherweise weil die Tauchzellen infolge des Bruchs einer Preßluftleitung ausgeblasen worden waren.

Lemp eilte auf die Brücke und war mit einem erschreckenden Anblick konfrontiert. Die *Bulldog*, die *Broadway* und die *Aubrietia* waren ganz in der Nähe und feuerten aus allen Rohren, wobei die *Bulldog* und die *Broadway* mit voller Kraft heranfuhren, um das Boot zu rammen. Lemp befahl der gesamten Besatzung, das Boot so schnell wie möglich zu verlassen. Es blieb keine Zeit, die Sprengsätze für die Versenkung des Bootes scharfzumachen. Der schnellste Weg, das Boot zu versenken, war das Öffnen der Flutventile. Der Erste Wachoffizier Dietrich Loewe, der sich mit dem Leitenden Ingenieur Hans-Joachim Eichelborn in der Zentrale aufhielt, erinnerte sich, daß Lemp als nächstes befahl, die Ventile zu öffnen, und Eichelborn den Befehl befolgte. Doch etwas ging schief. Entweder führte Eichelborn den Befehl nicht aus oder die Kontrollen versagten. Die Ventile blieben geschlossen.

An Bord von *U110* befanden sich 47 Männer. Alle Besatzungsmitglieder reagierten auf den Ruf »alle Mann aus dem Boot« und rannten in heillosem Durcheinander zur Brücke, so daß der Funker sich nicht die Zeit nahm, die Enigma-Maschine und das Schlüsselmaterial zu zerstören oder mitzunehmen. Auch Kriegsberichterstatter Helmut Ecke ließ seine Foto- und Filmkameras mitsamt seinen Filmen zurück. Die Männer kletterten inmitten des mörderischen Geschützfeuers auf Deck und sprangen in das eisige Wasser. Loewe erinnerte sich, daß nur zwei Mann verwundet wurden und die gesamte Besatzung »lebend« von Bord kam und daß er, Lemp und Eichelborn die Brücke als letzte verließen. Sie hätten dies jedoch erst getan, als das »Wasser am Turm einen Meter hoch« stand und sie sicher sein konnten, daß *U110* untergehen würde.

Der Chef der Escort Group, Baker-Cresswell, der mit der *Bulldog* zum Rammstoß heranlief, bemerkte, daß *U110* mit dem Heck unter Wasser lag, jedoch anscheinend nicht sank. Er glaubte, er könne vielleicht ein Enterkommando auf das Boot schikken oder es sogar aufbringen, und befahl daher äußerste Kraft zurück, um eine Rammung zu vermeiden. Zugleich rief er das Enterkommando zusammen. T. Taylor, der Kommandant der *Broadway*, kam etwa gleichzeitig zu demselben Schluß und hob ebenfalls den Befehl zum Rammen auf. Taylor steuerte genau neben den Bug von *U110* und warf zwei auf geringe Tiefe eingestellte Wasserbomben, um die deutsche Bootsbesatzung in Panik zu versetzen, die Evakuierung des Bootes voranzutreiben und dadurch die Versenkung zu verhindern. Die *Broadway* kollidierte bei dieser Aktion jedoch mit dem Bugruder von *U110*, das einen klaffenden Riß in die dünne Bordwand des Zerstörers riß. Dabei wurden zehn Brennstofftanks und das vordere Magazin der *Broadway* geflutet und ihre Backbordschraube beschädigt. Die fürchterlichen Explosionen der beiden Wasserbomben dürften die Panik im Innern von *U110* durchaus verschärft und die ohnehin schon überhastete Evakuierung noch beschleunigt haben.

Was genau in den folgenden Minuten passierte, ist bis heute nicht völlig geklärt. Loewe sagte aus, sie hätten den Bug und den Kommandoturm von *U110* hoch »aus dem Wasser ragen« sehen, was darauf hindeutete, daß das Boot nicht sank. »Wir schwimmen zurück an Bord!« soll Lemp laut Loewe geschrien haben. Lemp wollte offensichtlich die Ventile öffnen oder die Sprengladungen zur Selbstversenkung zünden, wenigstens jedoch die Enigma-Maschine und das Schlüsselmaterial über Bord werfen. Doch *U110* war zu weit abgetrieben, und die Männer konnten es nicht mehr erreichen. Sie wendeten erneut und schwammen auf die *Bulldog* zu, die gerade ein Rettungsboot mit einem schwerbewaffneten Enterkommando zu Wasser ließ.

Zu diesem Zeitpunkt verschwand Lemp. Einige deutsche U-Boot-Veteranen beharren (zuletzt Peter Hansen) darauf, daß das Enterkommando Lemp im Wasser gesichtet und einer der Männer ihn sofort erschossen habe, um jegliche Störung der Mission zu verhindern und um die Tatsache geheimzuhalten, daß die Briten an Bord von *U110* gelangt waren. (Der Kriegsberichterstatter Helmut Ecke behauptete, daß die Briten im Wasser auf ihn geschossen hätten.) Andere berichten, Lemp habe verzweifelt die Arme hochgeworfen und sei unter den Wellen verschwunden – ein offensichtlicher Selbstmord. Von der Admiralität gibt es nur die Feststellung, daß Lemp und vierzehn Mannschaftsdienstgrade der Besatzung ums Leben kamen.*

Baker-Cresswell auf der *Bulldog* und Taylor auf der *Broadway* konzentrierten sich ganz darauf, *U110* zu entern oder aufzubringen, und unternahmen keinerlei Anstrengungen, die Deutschen aus dem eisigen Wasser zu fischen. Bei Smith auf der *Aubrietia* war vorübergehend das Sonargerät ausgefallen, und er entfernte sich aus dem Gebiet, um Reparaturen auszuführen. Unterwegs rettete er 49 Überlebende aus den Rettungsbooten des von Lemp versenkten Frachters *Esmond*. Die Deutschen blieben über zwei Stunden lang sich selbst überlassen. Viele starben an Verwundungen, Unterkühlung und Schock oder trieben außer Sichtweite.

Das Kaperkommando der *Bulldog* unter dem 22jährigen Sub-Lieutenant David E. Balme ruderte mit dem Rettungsboot geradewegs zum Vorderdeck von *U110*. Die neun Männer verteilten sich mit Gewehren und Pistolen bewaffnet auf dem Deck und der Brücke, um jeden Deutschen zu erschießen, der versuchen sollte, ihre Mission zu stören. Zu Balmes Erstaunen waren die Luks des Kommandoturms und der Zentrale fest verschlossen, was bei der Selbstversenkung eines U-Boots eigentlich nicht zu erwarten war. Balme öffnete die Luks mit gezogener Pistole, weil er damit rechnete, an Bord auf Besatzungsmitglieder zu treffen. Doch das Boot war verlassen. Alle Lichter brannten hell, und es gab keine Anzeichen eines Wassereinbruchs oder der Bildung von Chlorgas.

Balme signalisierte Baker-Cresswell auf der *Bulldog* nach einer schnellen Inspektion, daß das U-Boot »seetüchtig war und ins Schlepptau genommen werden konnte«. Er bat Baker-Cresswell, einige Techniker zur Bedienung der Maschinen herüberzuschicken. Baker-Cresswell wies Taylor auf der *Broadway* an, mit einem Beiboot einen Ingenieur herüberzuschicken, und ging dann mit der *Bulldog* vorsichtig längsseits, um eine alte, rostige 5-cm-Stahltrosse zu übernehmen, die zwei von Balmes Leuten in einem Verschlußraum am Oberdeck des U-Boots gefunden hatten.

Unterdessen erbeuteten Balme und die anderen sechs Männer des Kommandos geheimdienstliches Material von unschätzbarem Wert. Balme beschrieb seine Arbeit in einem geheimen Bericht an die Admiralität. Hier ein Auszug:

> *Das U-Boot war offenbar in großer Eile aufgegeben worden, da überall Bücher und Ausrüstung herumlagen. Wir bildeten eine Kette, und alle Bücher, Karten usw. wurden hinaufgereicht. Weil wir schnell handeln mußten, da das Boot (obgleich es durchweg trocken war) jederzeit sinken konnte, gab ich die Anweisung, alle Bücher mit Ausnahme offensichtlicher Freizeitlektüre mitzunehmen. Deshalb wurde auch eine Anzahl verhältnismäßig wertloser Navigationsbücher usw. geborgen. Sämtliche Karten waren in Schubladen unter dem Kartentisch in der Zentrale verstaut; es gab dort auch einige Signalbücher, Logbücher usw. Unterdessen ging der Funker** in den W/T[Funk]-Raum, der direkt vor der Zentrale auf der Steuerbordseite lag. Dieser befand sich in hervorragendem Zu-*

* Lemp war nach Jenisch, Prien, Schepke und Kretschmer der fünfte Ritterkreuzträger, der von einem Kampfeinsatz nicht zurückkehrte. Seine bestätigte Versenkungsquote mit *U30* und *U110* betrug siebzehn Schiffe mit 91 277 Tonnen.

** Alan Osborne Long.

stand. Offenbar hatte kein Versuch stattgefunden, Bücher oder Geräte zu zerstören. Hier fanden sich C.B.s [Codebücher], Signalkladden, Soldbücher und allgemeine Korrespondenz; alles deutete darauf hin, daß dieser Raum als Büro des Schiffes genutzt worden war. Hier fand sich auch die [Enigma-]Schlüsselmaschine, eingesteckt, als ob sie vor dem Ausstieg gerade benutzt worden wäre. Insgesamt glich der Apparat einer Schreibmaschine, und der Funker drückte die Tasten, fand das Resultat absonderlich und schickte die Maschine zum Luk hinauf.

Der Konvoi war inzwischen unter dem Schutz des Zerstörers *Amazon*, zweier Korvetten und zweier ASW-Trawler weitergefahren. Die *Amazon* bekam Sonarkontakt mit Schnees *U201* und rief die Korvette *Nigella* und den Trawler *St. Apollo* herbei. Die drei Schiffe orteten das Boot mit ihren Sonargeräten und belegten es ungefähr vier Stunden lang mit Wasserbomben. Schnee und seine Männer zählten 99 Explosionen. Einige dieser Explosionen verursachten schwere Schäden, darunter ein großes Leck in einem externen Treibstofftank, was den Sicherungsschiffen die Jagd erleichterte. Trotzdem gelang es Schnee schließlich zu entkommen, ohne daß er *U110* nochmals gesehen hätte. In der Nacht meldete er seine Erfolge und Gefechtsschäden nach Kernével. Dann fügte er hinzu, er habe noch sieben Torpedos und werde alles tun, um das Leck zu reparieren und die Feindfahrt fortzusetzen. Und das tat er.

Baker-Cresswell von der *Bulldog* war mit *U110* weit zurückgeblieben und glaubte, er habe eine reelle Chance, das Boot nach Island zu schleppen. Er befestigte die 5-cm-Stahltrosse des U-Boots an seinem Schiff und nahm das Boot ins Schlepptau. Die Techniker der *Broadway*, die unter Leitung von G. E. Dodds an Bord des Bootes gingen, fanden es vollständig »intakt« vor und stellten nur eine »geringfügige Wasseransammlung in den Bilgen« fest. Dennoch gab es zwei Probleme: Die Backbordwelle von *U110* drehte sich langsam, und achtern war ein »schwaches, blubberndes Geräusch« zu vernehmen. Da Dodds die deutschen Gebrauchsanweisungen im Boot nicht lesen konnte, gelang es ihm nicht, den Elektromotor auf der Backbordseite des Bootes zu stoppen oder den Steuerbordmotor anzulassen, um die Vorwärtsbewegung zu stabilisieren. Er führte das blubbernde Geräusch auf ein leckendes Tauchzellen- oder Ölbunkerventil zurück, das vielleicht durch die Wasserbomben beschädigt worden war. Da er sich mit U-Booten nicht auskannte, konnte er den Tank nicht ausblasen. Wenn das Ventil weiterhin leckte, würde der Tank vollkommen geflutet werden und *U110* mit dem Heck voraus in die Tiefe ziehen.

Unterdessen kehrte die *Aubrietia* zum Schauplatz des Geschehens zurück und begann, die Deutschen aus dem Wasser zu fischen. Insgesamt rettete sie 34 Männer, darunter den Ersten Wachoffizier Loewe, den Leitenden Ingenieur Eichelborn, den Zweiten Wachoffizier Ulrich Wehrhöfer und den Kriegsberichterstatter Ecke. Alle Deutschen wurden hastig unter Deck gebracht, um sie vor den aufgebrachten Überlebenden der *Esmond* zu schützen und die Aufbringung von *U110* vor ihnen geheimzuhalten. Zwei Deutsche starben an Bord der *Aubrietia*, also verblieben 32 Gefangene.

Als die *Aubrietia* gerade die letzten Deutschen an Bord holte, meldete die *Bulldog* einen deutlichen Sonarkontakt. Baker-Cresswell machte die Stahltrosse los und mobilisierte die beschädigte *Broadway* und die *Aubrietia*. Die drei Schiffe griffen aufgrund der Sonarortung eineinhalb Stunden lang an und warfen 32 Wasserbomben, was den britischen Enterkommandos im Innern von *U110* einige angstvolle Momente bereitete. Es konnte jedoch kein Anzeichen eines zerstörten Bootes ausgemacht werden, und der Sonarkontakt wurde später als »zweifelhaft« eingestuft. Die Jagd wurde eingestellt, und man fuhr mit der Bergung von *U110* fort. Damit Baker-Cresswell die Aufbringung des U-Boots vor den Überlebenden der *Esmond* und von *U110* geheimhalten konnte, wies er die *Aubrietia* an, das Gebiet zu verlassen, den Zerstörer *Amazon* zu suchen und sämtliche Überlebenden und Gefangenen diesem Schiff zu übergeben.

Baker-Cresswell ließ die alte rostige Stahltrosse von *U110*, das zu diesem Zeitpunkt mit dem Heck tief unter Wasser lag, wieder befestigen. Balmes Gruppe – und Ingenieur Dodds' Gruppe von der *Broadway* – befanden sich seit ungefähr fünf Stunden an Bord von *U110* und hatten alle nützlichen und wichtigen Gegenstände (darunter sechs Sextanten und zehn Zeiss-Ferngläser, Eckes Kameras und Lemps Ritterkreuz) geplündert. Nun schlossen sie alle druckfesten Schotts und sämtliche Luks und kehrten auf ihre Schiffe zurück. Die *Bulldog* machte sich, begleitet von der beschädigten *Broadway*, auf den Weg zu dem 742 Kilometer entfernten Island. Sie hatte das gierende *U110* im Schlepptau und machte etwa sechs Knoten Fahrt. Für etwa siebzehn Stunden und eine Strecke von 185 Kilometern ging alles gut, doch um 11 Uhr am folgenden Morgen (dem 10. März) richtete sich *U110* plötzlich auf und sank »mit dem Bug senkrecht aus dem Wasser ragend«. Der Verlust, schrieb Baker-Cresswell, sei ein »bitterer Schlag« gewesen.

Ebenfalls am 10. März bekam das neue VIIC-Boot *U556* unter Herbert Wohlfarth*, der zuvor auf den Einbäumen *U14* und *U137* gefahren war, noch bei Nacht weit im Westen Fühlung mit dem Konvoi. Wohlfarth griff über Wasser an und schoß zwei Torpedos auf zwei verschiedene Schiffe. Er meldete, beide Schiffe als versenkt, traf jedoch nur eines, das beschädigt wurde. Der Konvoi löste sich auf, doch Wohlfarth hielt weiterhin Ausschau nach umherirrenden Schiffen und versenkte etwas später an diesem Tag einen britischen Frachter mit 4900 BRT durch einen Unterwasserangriff. Danach stoppte er noch ein belgisches Frachtschiff mit 5100 BRT mit einem Torpedo und gab ihm mit dem Deckgeschütz den Rest.

Aus den Kurzberichten dreier U-Boote und vom B-Dienst aufgefangenen Notsignalen schloß Dönitz, die vier Boote, die den Geleitzug Outbound 318 angegriffen hatten, hätten dreizehn Schiffe mit 76248 Tonnen versenkt. Das bestätigte Ergebnis betrug etwa die Hälfte dieser Schätzung, nämlich sieben Schiffe mit 39255 Tonnen; zwei davon hatte Kuppisch** mit *U94* versenkt, zwei Lemp mit *U110*, zwei Wohl-

* Auf der Fahrt in den Atlantik hatte Wohlfarth mit dem Geschütz den unbewaffneten, 166-Tonnen schweren, von den Faröern stammenden Fischschoner *Emanuel* angegriffen und versenkt. Der Granatbeschuß tötete drei der acht Fischer. Bei einer Radioansprache in Berlin sagte Wohlfarth später, der brennende Schoner sei ein herrlicher Anblick gewesen. Die Briten charakterisierten den Angriff als »abscheulichen Vorfall« und kaltblütigen »Mord«, brachten die Angelegenheit beim Prozeß in Nürnberg gegen Dönitz jedoch nicht zur Sprache.

** Kuppischs bestätigte Versenkungen mit dem Einbaum *U58* und mit *U94* beliefen sich auf siebzehn Schiffe mit 87282 Tonnen. Wohlfarths bestätigte Versenkungen mit den Einbäumen *U14* und *U137* und mit dem VIIC-Boot *U556* betrugen neunzehn Schiffe mit 47919 Tonnen, einschließlich des Fischkutters *Emanuel.*

farth mit *U556* und eines Schnee mit *U201*. Diese und frühere überhöhte Schätzungen und Bestätigungen führten dazu, daß Kuppisch und Wohlfarth mit dem Ritterkreuz ausgezeichnet wurden.

Baker-Cresswell traf gegen Ende des 10. März mit der *Bulldog* in Island ein. Er übernahm die 32 deutschen Gefangenen von der *Amazon* und machte sich am nächsten Tag auf den Weg nach Scapa Flow. Dabei fuhr er 25 Knoten, um jede Möglichkeit eines U-Boot-Angriffs auszuschließen. Auf der Fahrt sprach er einzeln und vorsichtig mit den drei deutschen Offizieren und dem Kriegsberichterstatter Ecke, um herauszufinden, ob einer von ihnen eine Ahnung hatte, daß *U110* geentert und ins Schlepptau genommen worden war. Keiner schien es zu wissen. Auch die Matrosen, die von der Besatzung der *Bulldog* auf ähnliche Weise befragt wurden, wußten nichts davon. Da einige Deutsche gesehen hatten, wie das Beiboot mit einem Enterkommando zu Wasser gelassen worden war, verbreiteten Baker-Cresswell und seine Mannschaft, *U110* sei »gesunken«, bevor man an Bord habe gehen können.*

Das auf *U110* erbeutete nachrichtendienstliche Material füllte »zwei Kisten«. Es war sensationell und von historischer Bedeutung: eine funktionsfähige Enigma-Maschine der Marine; die Einstellungen für den Schlüssel Heimische Gewässer im April und Juni;** die Schlüssel für den doppelt chiffrierten Offiziers-Code; ein Buch, das die Codes für die Kurzsignale enthielt; sowie in Planquadrate unterteilte Karten der Kriegsmarine und spezielle Karten, auf denen sichere Routen durch die deutschen Minenfelder in der Nordsee und entlang der französischen Küste eingezeichnet waren; dechiffrierte U-Boot-Funksprüche (im Heimisch-Schlüssel) für die Zeitspanne vom 15. April bis 9. Mai, administrative Korrespondenz, ein kompletter Satz technischer Handbücher und Diagramme für alle Treibstoff-, Luft-, Hydraulik- und anderen Bedienungssysteme der IXB-Boote, und zuletzt Hunderte von alltäglichen Dingen, einschließlich einer Urkunde zum Eisernen Kreuz Zweiter Klasse des Leitenden Ingenieurs Eichelborn. Nachdem der First Sealord Dudley Pound sich über die Beute informiert hatte, schickte er Baker-Cresswell, der der Kaperung den Codenamen Operation Primrose gegeben hatte, folgendes Fernschreiben: »Herzlichen Glückwunsch. Die Blütenblätter Ihrer Blume sind von seltener Schönheit.«

Die Admiralität überhäufte all jene mit Lob und Auszeichnungen, die am Sieg über *U110* beteiligt gewesen waren. Pound beförderte Baker-Cresswell umgehend vom Commander zum Captain. Bei einer Feier im Buckingham Palast ernannte König George VI. Baker-Cresswell und den Kapitän der *Aubrietia*, Smith, zu Companions of

* Die Besatzungen sowohl der *Bulldog*, der *Broadway* und der *Aubrietia* als auch die gerettete Mannschaft der *Esmond* an Bord der *Aubrietia*, insgesamt also rund 400 Mann, die die Aufbringung von *U110* beobachtet oder daran teilgenommen hatten, wurden auf Geheimhaltung eingeschworen. Bemerkenswerterweise sickerte nicht ein Wort über die Kaperung durch. Bis 1959, als der offizielle Marinehistoriker Stephen Roskill ein dünnes Buch mit Titel *The Secret Capture* publizierte, wurde von der Admiralität offiziell keine Darstellung des Vorfalls freigegeben.

** Die aktuellen Heimisch-Schlüssel für Mai, gedruckt auf wasserlöslichem Papier, waren anscheinend von den Deutschen zerstört worden, gingen möglicherweise verloren oder wurden während des Transports zur *Bulldog* vernichtet. Daher war es Bletchley Park nicht möglich, Heimisch vom März bis Juni zu lesen. Identische Heimisch-Schlüssel für Juni verschaffte man sich, als eine Sondereinheit der britischen Kriegsmarine am 7. Mai in einer gut geplanten Aktion den zur Wetterbeobachtung eingesetzten deutschen 300-Tonnen-Trawler *München* aufbrachte.

the Distinguished Service Order (DSO) und zeichnete Balme, Dodds und den Kapitän der *Broadway*, Taylor, mit dem Distinguished Service Cross (DSC) aus. Drei weitere Personen erhielten die Distinguished Service Medal (DSM), und 14 weitere Offiziere und Besatzungsmitglieder wurden in den Kriegsberichten erwähnt. Als der König Dodds das DSC überreichte, sagte er laut dem offiziellen Marinehistoriker, die Operation sei »vielleicht das bedeutendste einzelne Ereignis im gesamten Seekrieg«.

Obwohl die britischen Geheimdienstoffiziere gegenüber den deutschen Gefangenen behaupteten, *U110* sei gesunken, bevor man habe an Bord gehen können, war der Erste Wachoffizier Loewe davon nicht völlig überzeugt. Er erinnerte sich, daß er mit sechs Besatzungsmitgliedern von *U110* auf der *Amazon* und der *Bulldog* gesprochen hatte und daß »keiner« das Boot tatsächlich hatte sinken sehen. Loewes Mißtrauen wurde erst recht geweckt, als die Briten dem Leitenden Ingenieur Eichelborn die Urkunde über sein Eisernes Kreuz Zweiter Klasse zurückgaben. Eichelborn glaubte zu wissen, daß er die Urkunde »in der Zentrale in einer Mappe« zurückgelassen hatte. Wenn dem so war, dann waren die Briten mit Sicherheit an Bord von *U110* gelangt. Loewe erinnerte sich, daß er die Angelegenheit damals mit den höheren deutschen Kriegsgefangenen, Otto Kretschmer und Hans Jenisch, diskutierte, und man beschloß, Loewe solle Dönitz informieren.

Vor dem Krieg hatte Dönitz ein Chiffriersystem eingeführt, das kriegsgefangene Offiziere in Briefen an ihre Familien verwenden konnten. Es war derselbe Code, den Kriegsgefangene von U-Booten im Ersten Weltkrieg benutzt hatten. Dabei standen die ersten Buchstaben bestimmter Wörter für die Punkte und Striche der Morsezeichen. Die Familien waren angewiesen, jegliche Post von Kriegsgefangenen an Dönitz weiterzuleiten, der die Briefe auf wichtige chiffrierte Informationen prüfte, etwa auf Gründe für den Verlust des Bootes, Torpedoversager usw.

Die Briten hatten diesen relativ simplen Code bereits im Ersten Weltkrieg entschlüsselt und waren nicht überrascht, als er im Zweiten Weltkrieg wieder auftauchte. Daher »lasen« sie alle chiffrierten Informationen, die an Dönitz gingen. Durch diesen Strom an verschlüsselter Post gelangten die Briten an Informationen, die sich ihnen auf andere Weise nicht offenbarten, darunter einige ziemlich wertvolle. Außerdem nutzten die Briten den Code zur Verschlüsselung der Post, um falsche Informationen an Dönitz weiterzuleiten, aber auch für andere Zwecke.

Die Briten gaben Eichelborn die Urkunde über seine Auszeichnung vermutlich zurück, um zu prüfen, ob ihre Geschichte über die Versenkung von *U110* von den deutschen Gefangenen geglaubt wurde. Man wollte damit eine Reaktion provozieren, um herauszufinden, was sie wirklich wußten. Auf dieses Spiel fiel Loewe herein. Er sandte einen für Dönitz chiffrierten Brief an seine Familie, wobei er die zuvor vereinbarte Bezeichnung U-E-O für *U110* verwandte. Die verschlüsselte Nachricht lautete: »Verdacht, UEO in Feindeshand.« Die Briten beschlagnahmten den Brief natürlich und verstärkten ihre Bemühungen, die Überlebenden von *U110* davon zu überzeugen, das Boot sei nicht geentert worden.*

---

* Die Briten bearbeiteten Loewe weiterhin in einem ungewohnten Ausmaß. Als Loewe im April 1942 in ein kanadisches Kriegsgefangenenlager verlegt wurde, arrangierten die Briten, daß er mit einem anderen Überlebenden von *U110* zusammentraf. Dieser sagte ihm: »Ich weiß, zwei Mann haben das Boot sinken sehen.« Der Vorfall hatte einen weiteren verschlüsselten Brief

Die Deutschen wußten nicht, was auf *U110* passiert war. Lemp war in ihren Augen als Held gestorben, und Dönitz taufte, wie damals üblich, eine Kaserne in Lorient auf seinen Namen. Als jedoch nach dem Krieg der tatsächliche Verlauf der Ereignisse allmählich ans Tageslicht kam, empörten sich einige deutsche U-Boot-Veteranen. Einer von ihnen, Peter Hansen, schrieb, Lemps unverantwortliche Mißachtung der Befehle, alles Geheimmaterial zu vernichten, sei direkt dafür verantwortlich, daß Tausende von U-Boot-Männern umgekommen und Hunderte von U-Booten zerstört worden seien. Zwar seien auch die Funker und Offiziere mitverantwortlich für das Desaster, der Hauptschuldige aber sei Fritz-Julius Lemp selbst gewesen. Wenn die Engländer Lemp nicht erschossen hätten, so Hansen, dann hätten ihn die Deutschen für seine Verantwortungslosigkeit und Pflichtvergessenheit an die Wand stellen müssen.

Das sind harte Worte, doch sie haben einen wahren Kern. Lemp hatte die Pflicht, den Engima-Schlüssel um jeden Preis zu schützen, wenn nötig auch mit seinem Leben. Er hätte *U110* nicht verlassen dürfen, bevor er sich sicher war, daß das Boot untergehen – und zwar sehr schnell untergehen – würde. David Balme warf in der Schlußzeile seines Geheimberichts über die Kaperung eine Schlüsselfrage auf, in der er zur Betonung alle Wörter in Großbuchstaben schrieb: »WARUM WAREN BEIDE LUKS DES KOMMANDOTURMS VERSCHLOSSEN?«

Insgesamt hatten die U-Boote aus dem Geleitzug Outbound 318 sieben leere Frachtschiffe mit ungefähr 40 000 BRT versenkt und zwei weitere Frachter beschädigt, die einen Hafen anlaufen mußten. Doch nach dieser Schlacht hatten es die Boote im Nordatlantik wieder sehr schwer, Ziele zu finden. Zwischen dem 10. und 20. Mai versenkten sie nur vier Schiffe. Das wichtigste war der 10 500-Tonnen-Hilfskreuzer *Salopian*, den Robert Gysae mit *U98* versenkte, das unauffälligste Schiff war ein französisches Segelschiff mit 500 Tonnen, das von Wolfgang Lüth mit *U43*, einem Boot des alten Typs IX, zusammengeschossen wurde. *U43* war Anfang Februar im Dock von Lorient gesunken und nun endlich wieder einsatzbereit. Ritterkreuzträger Karl-Heinz Möhle kehrte mit *U123* nach einer 32tägigen Feindfahrt nach Lorient zurück und meldete die Versenkung eines einzigen Schiffes (im April). Dönitz kam zu dem Schluß, Möhle habe »gesundheitliche Probleme«, entband ihn seines Kommandos und versetzte ihn zum Ausbildungskommando.**

---

von Loewe an Dönitz zur Folge, in dem er seine erste Botschaft revidierte und schrieb: »UEO gesunken, möglich (wahrscheinlich) (?) Feind an Bord.« Im Februar 1944 arrangierten die Briten dann eine weitere Begegnung Loewes mit einem anderen Besatzungsmitglied von *U110*. Dieser Mann teilte ihm mit, die Briten hätten das Deck von *U110* betreten und eine Schlepptrosse befestigt, jedoch nicht ins Innere vordringen können, und das Boot sei dann »senkrecht über den Achtersteven« gesunken. Dies führte zu einer weiteren Nachricht von Loewe an Dönitz im April 1944, in der Loewe schrieb: »Boot ist gesunken. Feind nicht im Boot gewesen.« Die Briten hatten Loewe mit dieser Kriegslist endgültig dazu gebracht, ihre Geschichte zu akzeptieren. Man ließ diese Nachricht passieren und Loewe bei einem Gefangenenaustausch nach Deutschland zurückkehren, damit er Dönitz persönlich mitteilte, *U110* sei gesunken, die Briten seien nicht im Boot gewesen und der Enigma-Schlüssel sei nicht in Feindeshand geraten.

** Möhle hatte auf dem Einbaum *U20* und dem IXB-Boot *U123* 19,5 bestätigte Versenkungen mit 84 301 Tonnen Schiffsraum erzielt.

Auf der Suche nach Geleitzügen außerhalb der Reichweite der auf Island stationierten Luft- und Überwassereskorten verlegte Dönitz die Hauptmacht der Boote noch weiter nach Westen. Am 19. Mai patrouillierten neun Boote auf einer Linie am 41. Grad West, direkt südlich von Grönland. Am späten Nachmittag dieses Tages fing Herbert Kuppisch von *U94*, der zuvor den Konvoi Outbound 318 entdeckt und das Ritterkreuz erhalten hatte, den lediglich von einem Hilfskreuzer begleiteten Geleitzug Halifax 126 ab. Dönitz wies Kuppisch an, Fühlung zu halten und nicht anzugreifen, bis die anderen Boote eingetroffen seien.

Am 20. Mai um 16 Uhr begannen die Boote ihren Angriff. Kuppisch war der erste. Er schoß zwei Torpedos auf ein Ziel, doch beide gingen fehl. Sie liefen jedoch weiter in das Zentrum des Konvois und trafen zwei andere Schiffe, die beide sanken. Später am diesem Nachmittag versenkte Kuppisch die *John P. Pedersen*, einen norwegischen Tanker mit 6100 BRT.

Auch fünf andere Boote konnten Erfolge verbuchen. Herbert Wohlfarth mit *U556*, das seine erste Feindfahrt absolvierte, versenkte den Tanker *British Security* mit 8500 BRT und einen Tanker mit 5000 BRT. Er beschädigte außerdem ein Frachtschiff mit 13000 BRT. Hans-Georg Fischer versenkte mit dem neuen IXB-Boot *U109* einen Frachter mit 7400 BRT, und Wilhelm Kleinschmidt versenkte ebenfalls mit einem neuen IXB-Boot *(U111)* einen Frachter mit 6000 BRT. Robert Gysae von *U98* versenkte einen Frachter mit 5400 BRT und beschädigte ein weiteres Frachtschiff. Der Tanker *Elusa* mit 6200 BRT wurde von Claus Korth mit *U93* in Brand geschossen. Diese Versenkung brachte Korth zusammen mit früheren überhöhten Meldungen das Ritterkreuz ein.*

Die auf Island stationierte Escort Group 12 unter C. D. Howard-Johnston lief mit hoher Geschwindigkeit nach Westen, als der erste Notruf eintraf. Als die aus elf Kriegsschiffen (fünf Zerstörern, vier Korvetten und zwei ASW-Trawlern) bestehende Gruppe eintraf, hatte sich der Konvoi aufgelöst und war völlig desorganisiert. Howard-Johnston von dem Zerstörer *Malcolm* formierte die Escort Group, um die verstreuten Schiffe zusammenzuholen und erneut in eine Geleitzugformation zu bringen.

Eine der Korvetten, die *Verbena* unter Denys Arthur Raynor, wurde angewiesen, den qualmenden Hulk des Tankers *Elusa* wenn möglich nach Island zu schleppen. Als sich Raynor dem Hulk näherte, sichtete er zu seiner Überraschung ein U-Boot, das ebenfalls auf die *Elusa* zuhielt. Die *Verbena* gab Alarm, eröffnete das Feuer und zwang das Boot zum Tauchen. Die Korvette erreichte die Position, wo das Boot getaucht war und warf fünf Wasserbomben, während der ehemals amerikanische Glattdeck-Zerstörer *Churchill* zur Unterstützung heranlief. Beide Schiffe bekamen deutlichen Sonarkontakt und führten mehrere Wasserbombenangriffe durch. Aus den Dokumenten geht nicht klar hervor, um welches U-Boot es sich handelte, doch vermutlich war es *U74* unter Eitel-Friedrich Kentrat, das gerade in Frankreich ausgelaufen war. Kentrat meldete damals schwere Schäden durch Wasserbomben, daß er den Einsatz abbrechen und nach Lorient zurückkehren mußte.

Als Dönitz durch eines der Boote erfuhr, daß fünf Zerstörer hinzugekommen waren, um den Geleitzug zu sichern, befahl er allen Booten, den Angriff abzubrechen

* Korths bestätigte Versenkungen auf dem Einbaum *U57* und dem Typ-VII-Boot *U93* betrugen 16,5 Schiffe mit 76782 BRT.

und weiter südlich einen Aufklärungsstreifen zu bilden. Er ließ ein Boot, Kleinschmidts neues *U111*, in nördlichen Gewässern zurück, damit dieses per Funk eine Reihe von Scheinmeldungen absetzen konnte. Diese Meldungen sollten die Briten überzeugen, daß das Rudel Halifax 126 noch immer ostwärts verfolge, und sie dazu bringen, die Route des nächsten Konvois nach Süden zu legen, direkt in die Arme des neu gebildeten Aufklärungsstreifens. Dies ist das erste bekannte Beispiel, bei dem Dönitz sich des »Täuschungs-Funkverkehrs« bediente. Während Kleinschmidt das Täuschungsmanöver am 22. Mai ausführte, traf er auf einen allein fahrenden Frachter mit 4800 BRT, den er versenkte. Aus den Kurzberichten der Boote schloß Dönitz, das Rudel habe dem Konvoi Halifax 126 durch die Versenkung von neun Schiffen mit 71484 Tonnen einen schweren Schlag versetzt. Dönitz hatte recht. Die sechs Boote hatten neun Schiffe versenkt, doch wie üblich hatte man bei der Tonnage übertrieben. Die bestätigte Gesamtbilanz belief sich auf 54451 BRT, darunter der Tanker *Elusa,* der nicht mehr gerettet werden konnte, und zwei weitere Tanker. Außerdem war noch ein weiterer Tanker beschädigt worden.

»*Versenkt die* Bismarck!«

Die U-Boot-Operationen im Nordatlantik wurden am 22. Mai von dem zu dieser Zeit aufsehenerregendsten Ereignis des Seekriegs unterbrochen: dem Ausbruch des Superschlachtschiffs *Bismarck* in den Atlantik. In den frühen Morgenstunden des 19. Mai lief die *Bismarck*, begleitet von dem neuen Schweren Kreuzer *Prinz Eugen*, von Gotenhafen (Gdingen) aus. Bletchley Park konnte die Enigma-Funksprüche der Marine im Mai nicht schnell genug entziffern; daher erhielt die Admiralität aus dieser Quelle keine rechtzeitige Warnung. Jedoch erfuhr der britische Marineattaché in Stockholm in der Nacht des 20. Mai, daß das Schlachtschiff ausgelaufen war, und informierte die Admiralität. Am nächsten Tag sichteten britische Aufklärungsflugzeuge die beiden Schiffe nahe Bergen. Bletchley Park knackte eine alte Enigma-Nachricht (vom April), die besagte, die *Bismarck* habe fünf Prisenkommandos und entsprechende Karten an Bord, was die Admiralität zu der richtigen Annahme veranlaßte, daß die *Bismarck* und die *Prinz Eugen* eine Kaperfahrt gegen Geleitzüge im Nordatlantik unternahmen. Als Winston Churchill diese Nachricht erhielt, erteilte er den einfachen, legendär gewordenen Befehl: »Versenkt die *Bismarck!«* Alle verfügbaren Großkampfschiffe der Home Fleet und der Kampfgruppe H aus Gibraltar stachen in See.

Die mit primitiven Radargeräten ausgestatteten Schiffe *Bismarck* und *Prinz Eugen* erreichten am 23. Mai die nebelverhangene Dänemarkstraße und fuhren unweit von Grönland am Packeisgürtel entlang. Die *Suffolk* und die *Norfolk*, zwei Schwere Kreuzer mit 10000 Tonnen, waren ebenfalls mit primitiven Radargeräten ausgerüstet und patrouillierten in der Passage. Die *Suffolk*, die bessere Radargeräte als die *Bismarck* hatte, entdeckte die Deutschen am späten Abend des 23. Mai und führte die *Norfolk* heran. Die *Bismarck* ortete die *Norfolk* mit Radar und feuerte ihre ersten Salven dieses Krieges. Sie erzielte keine Treffer, doch die Erschütterung durch den Rückstoß ihrer 38-cm-Kanonen beschädigte das eigene Radargerät. Dies hatte zur Folge, daß die *Prinz Eugen* nun die Vorhut bildete. Die *Suffolk* und die *Norfolk* behielten die deutschen Schiffe auf dem Radarschirm und verfolgten sie hartnäckig.

Der neue Befehlshaber der Home Fleet, Admiral John Tovey, reagierte auf den Alarm und entsandte den großen Schlachtkreuzer *Hood* (42 000 Tonnen) und das neue Schlachtschiff *Prince of Wales*, von Zerstörern gesichert, um die deutschen Schiffe am südlichen Ende der Dänemarkstraße abzufangen. Die vier auf den selben Punkt zulaufenden britischen Schiffe waren den deutschen an Feuerkraft erheblich überlegen. Die *Hood* besaß wie die *Bismarck* acht 15-Zoll-Geschütze; die *Prince of Wales* war mit zehn 14-Zoll-Kanonen ausgerüstet, und die *Suffolk* und die *Norfolk* besaßen wie die *Prinz Eugen* jeweils acht 8-Zoll-Geschütze. Doch die *Hood* war sehr alt und schlecht gepanzert, die *Prince of Wales* befand sich noch in der Erprobungsphase, und einige ihrer Kanonen waren noch nicht richtig eingeschossen. Auch die *Suffolk* und die *Norfolk* waren alte Schiffe und schwächer gepanzert als die *Prinz Eugen*.

In den frühen Morgenstunden des 24. Mai trafen die beiden Verbände aufeinander. Die Briten machten den Fehler, den Angriff aus einem schrägen Winkel zu eröffnen, weshalb sie alle Geschütze nicht gleichzeitig einsetzen konnten und zugleich den Deutschen ein besseres Ziel boten. Die Hood hielt irrtümlicherweise die *Prinz Eugen* für die *Bismarck* und eröffnete aus einer Entfernung von 26,5 Kilometern das Feuer auf den Schweren Kreuzer. Die *Bismarck* und die *Prinz Eugen* beantworteten das Feuer sofort und mit tödlicher Treffsicherheit. Die *Hood* erhielt einen Treffer in die Munitionskammern; sie explodierte und sank innerhalb von Minuten. Der britische Zerstörer *Electra* konnte nur drei Überlebende der 1419 Mann starken Besatzung retten. Die *Prince of Wales* wurde durch zwei Treffer schwer beschädigt und hatte mit Fehlfunktionen ihrer Geschütze zu kämpfern, so daß sie sich absetzte und sich hinter eine Wand aus künstlichem Nebel zurückzog. Zuvor hatte sie jedoch mit zwei oder drei 14-Zoll-Granaten die vorderen Brennstofftanks der *Bismarck* getroffen, wodurch die *Bismarck* entscheidende 1000 Tonnen Treibstoff verlor.

Angesichts der Schäden an der *Bismarck* änderte der Flottenchef Admiral Günther Lütjens seine Pläne. Die *Prinz Eugen* sollte sich von der *Bismarck* trennen und alleine Jagd auf britische Schiffe machen. Die *Bismarck* sollte auf direktem Wege zur Reparatur nach St. Nazaire laufen. Bevor dieses Vorhaben ausgeführt werden konnte, mußte Lütjens jedoch seine Verfolger, die *Suffolk*, die *Norfolk*, die beschädigte *Prince of Wales* und die Zerstörer abschütteln. Er drehte die *Bismarck* in Richtung seiner Verfolger, als ob er angreifen wollte, und in der dadurch ausgelösten Verwirrung verschwand die *Prinz Eugen* nach Süden in den riesigen Atlantik.*

Als Dönitz erfuhr, daß die *Bismarck* getroffen worden war, bot er die gesamte atlantische U-Boot-Flotte zur Unterstützung an. Lütjens beeilte sich, das Angebot anzunehmen, und bat zunächst darum, im Planquadrat AJ-68 genau südlich von Grönland mit den U-Booten einen Hinterhalt zu legen. Lütjens wollte seine Verfolger am Morgen des 25. Mai in das Planquadrat locken. Dort sollten die U-Boote angreifen und genügend Verwirrung stiften, um der *Bismarck* die Flucht zu ermöglichen.

Am Nachmittag des 24. Mai wies Dönitz fünf Boote an, den Hinterhalt zu legen. Drei der Boote wurden von Ritterkreuzträgern kommandiert, das alte Typ-IX-Boot *U43* von Lüth; das ebenfalls ältere VIIB-Boot *U46* von Endraß, und das VIIC-Boot *U94* von Kuppisch, der nur noch wenige Torpedos hatte. Die beiden anderen Boote

---

* Sie wurde nicht entdeckt, mußte jedoch aufgrund von Maschinenschäden den Einsatz abbrechen und kehrte am 1. Juni nach Brest zurück, ohne ein feindliches Schiff versenkt zu haben.

kamen frisch aus Deutschland, befanden sich auf der Jungfernfahrt und hatten noch keine Torpedos verschossen: *U66* unter dem 37jährigen Richard Zapp, das als erstes IXC-Boot* den Atlantik erreichte, und das VIIC-Boot *U557* unter dem 25jährigen Ottokar Paulshen. Kleinschmidts IXB-Boot *U111* sollte sich nach dem Auftanken bei der *Belchen*, einem der Versorgungsschiffe der *Bismarck*, dem Hinterhalt anschließen. Zwei weitere Boote, das gerade in Lorient ausgelaufene *U73* unter Helmut Rosenbaum und Claus Korth mit *U93*, gingen etwas weiter östlich in Stellung.

Dönitz legte einen zweiten Hinterhalt im Golf von Biskaya, 779 Kilometer westlich von Lorient mit vier Booten vom Typ VII: *U48* unter Herbert Schultze, das in Lorient auslief, und drei auf dem Rückweg befindliche Boote bezogen ihre Positionen. Eines davon war Udo Heilmanns *U97*. Heilmann hatte drei Schiffe mit 17852 Tonnen versenkt, darunter den Tanker *Sangro* mit 6466 BRT, ein erbeutetes italienisches Schiff. Die beiden anderen, Robert Gysaes *U98* und Herbert Wohlfarths *U556*, hatten keine Torpedos mehr und sollten den anderen Booten als Aufklärer dienen. Zwei weitere Boote aus Lorient, *U108* unter Klaus Scholtz und *U552* unter Erich Topp, die fast wieder einsatzbereit waren, wurden angewiesen, in der Nacht des 25. Mai auszulaufen und diesen zweiten Hinterhalt zu verstärken. Ein weiteres Boot, Kentrats *U74*, das mit schweren Wasserbombenschäden auf dem Rückmarsch war, gesellte sich freiwillig zu dem Rudel.

Am späten Nachmittag des 24. Mai vermerkte Dönitz stolz, alle verfügbaren Kräfte der U-Bootwaffe seien eingesetzt worden, um der *Bismarck* beizustehen, eine Gesamtzahl von fünfzehn Booten, sieben davon in westlichen Gewässern und acht im Golf von Biskaya. Es handelte sich um den größten Einsatz der U-Bootwaffe für eine einzelne Aufgabe seit der Invasion in Norwegen vor vierzehn Monaten. Alle Kommandanten und Besatzungen waren sich der historischen Bedeutung ihrer Mission überaus bewußt und entschlossen, alles zu tun, um die *Bismarck* zu unterstützen.

Am späten Abend des 24. Mai brachten die Verfolger der *Bismarck* den neuen Flugzeugträger *Victorious* auf die Fährte des Schlachtschiffs. Als die *Victorious* sich der *Bismarck* auf rund 220 Kilometer genähert hatte, starteten neun alte Swordfish-Doppeldecker, von denen jeder mit einem einzelnen, aus der Luft abwerfbaren 18-Zoll-Torpedo und primitivem ASV-Radar ausgestattet war. Die Swordfish-Maschinen orteten ein Schiff, doch die Rardarsignale stammten von der *Norfolk*, die die Flugzeuge per Funk wieder auf den richtigen Kurs brachten. Ein zweiter Radarimpuls stammte von den drei amerikanischen Küstenschutzschiffen *Modoc*, *Northland* und *General Greene*, die sich auf einer »Neutralitätspatrouille« befanden.

Unmittelbar darauf fanden die Flugzeuge die *Bismarck*. Sie flogen mutig in die Feuerwand der Flugabwehrgeschütze, griffen in Sichtweite der Küstenwachboote an und konnten einen Treffer erzielen. Erstaunlicherweise überstanden alle neun Swordfish-Maschinen den Angriff und kehrten zur *Victorious* zurück.

Der einzelne Torpedotreffer fügte der *Bismarck* keinen Schaden zu, doch der Angriff hatte weitreichende Konsequenzen. Durch die wilden Manöver, mit denen die *Bismarck* den Torpedos auszuweichen suchte, wurden die behelfsmäßigen Repara-

---

* Das IXC-Boot war jeglicher Hinsicht mit dem IXB-Typ identisch, außer daß seine Brennstofftanks 43 Tonnen mehr faßten, also 208 Tonnen statt 165 Tonnen. Dies erhöhte den Aktionsradius des IXC-Boots um 4266 Kilometer bei einer Reisegeschwindigkeit von 12 Knoten, also auf 20405 Kilometer statt 16138 Kilometer.

turen der Schäden, die am Morgen jenes Tages durch die *Prince of Wales* verursacht worden waren, zunichte gemacht, und die *Bismarck* verlor noch mehr Öl und nahm Tonnen von Wasser auf, wodurch das Schiff langsamer wurde. Aufgrund dieses Mißgeschicks gab Lütjens den Plan auf, die Verfolger in den Hinterhalt der U-Boote zu locken, und nahm direkt Kurs auf Brest, das näher lag als St. Nazaire. Dönitz verlegte sieben der acht in westlichen Gewässern stehenden Boote nach Osten (er ließ *U111* zum Auftanken zurück) auf die vermutliche Route der *Bismarck* und dirigierte die fünf Boote, die den Hinterhalt im Golf von Biskaya bildeten, weiter nach Norden.

In den frühen Morgenstunden Stunden des 25. Mai schüttelte die *Bismarck* ihre Verfolger ab. Die Deutschen frohlockten. Falls Lütjens unentdeckt blieb und seine Geschwindigkeit hielt, würde die *Bismarck* in Kürze den U-Boot-Aufklärungsstreifen im Golf von Biskaya erreichen und in Reichweite der in Frankreich stationierten Maschinen der Luftwaffe kommen, die das Schlachtschiff aus der Luft sichern könnten. Das Aufkommen schwerer Atlantikstürme würde der *Bismarck* helfen, unentdeckt zu bleiben. Die Briten weinten. Ihre großartige Beute hatte sich auf unerklärliche Weise ihrem Griff entwunden, und das stürmische Wetter ließ die Hoffnung auf eine Wiederentdeckung schwinden.

Die Briten waren über die schlimmen Schäden an der *Bismarck* und den Treibstoffverlust nicht informiert und wußten daher nicht, wohin sich ihre Beute wenden würde. In den südlichen Atlantik? Nach Norden und zurück nach Deutschland? Nach Osten, um Frankreich anzulaufen? Auf der Grundlage ungenauer oder falsch interpretierter DF-Einpeilungen von Funksprüchen der *Bismarck* neigte Admiral Tovey zu der Ansicht, das Schiff werde durch die Island-Faröer-Passage nach Deutschland durchbrechen, und ließ die Kräfte der Home Fleet entsprechend falsch aufmarschieren. Der First Sealord Dudley Pound von der Admiralität nahm dagegen an, daß sich die *Bismarck* auf dem Weg nach Frankreich befinde, und dislozierte zur selben Zeit die von Gibraltar herauf kommende Force H (mit dem Flugzeugträger *Ark Royal* und dem Schlachtkreuzer *Renown*) entsprechend. So waren, wenngleich unzureichend, zwei der drei Möglichkeiten abgedeckt. Doch das schlechte Wetter war für die *Bismarck* von Vorteil, weil es die Aufklärung durch land- und trägergestützte Flugzeuge behinderte.

Während der verzweifelten, aber ergebnislosen Jagd auf die *Bismarck* am 25. Mai fingen die Entschlüsselungsexperten in Bletchley Park, die damals den Engima-Schlüssel Red der Luftwaffe, nicht jedoch den Enigma-Schlüssel der Marine lesen konnten, eine wichtige, auf die *Bismarck* bezogene Meldung der Luftwaffe auf. In Reaktion auf eine Anfrage des Stabschefs der Luftwaffe, der sich aufgrund des deutschen Fallschirmspringerangriffs auf die Insel Kreta* in Athen aufhielt, antwortete

* Die Deutschen überfielen Kreta am 20. Mai mit 20 000 Fallschirmjägern und Infanteristen in Lastenseglern, mit Hilfe von 600 Lufttransportern und unterstützt von von 630 Bombern und Jägern. Vorgewarnt durch entschlüsselte Engima-Funksprüche der deutschen Luftwaffe brachten 40 000 britische Verteidiger den Deutschen schwere Verluste bei und töteten 4000 Mann. Trotzdem errangen die Deutschen schließlich die Oberhand, töteten 2000 Soldaten des Commonwealth und nahmen 12 000 Mann gefangen. Im Verlaufe der Schlacht und der Evakuierung fügte die Luftwaffe der Royal Navy verheerende Verluste zu. Sie versenkte die Kreuzer *Gloucester*, *Fiji* und *Calcutta* sowie sechs Zerstörer und beschädigte die Schlachtschiffe *Warspite* und *Barham*, den Flugzeugträger *Formidable*, die Kreuzer *Perth*, *Orion*, *Ajax*, *Carlisle* und *Naiad* sowie acht Zerstörer.

Berlin, die Bismarck befinde sich auf dem Weg zur Westküste Frankreichs. Bletchley Park übermittelte diese äußerst wichtige Nachricht eilends der Admiralität. Zu diesem Zeitpunkt hatten die Admiralität und Admiral Tovey jedoch bereits den Schluß gezogen, die *Bismarck* sei nach Frankreich unterwegs und alle ihre Seestreitkräfte entsprechend umdirigiert. Immerhin fühlten sie sich durch die Informationen aus Bletchley Park bestätigt.

Bei denkbar schlechtestem Wetter befahl der First Sealord Pound am Morgen des 26. Mai dem Coastal Command und trägergestützten Einheiten, ihre Aufklärungsflüge auf den vermuteten Kurs der *Bismarck* nach Brest zu konzentrieren. Um 10.30 Uhr – 31 Stunden, nachdem die *Bismarck* verschwunden war – wurde sie von einer neu eingetroffenen, in Amerika gebauten Catalina des Coastal Command entdeckt. Ironischerweise war der Pilot ein Angehöriger der US Navy, Leonard »Tuck« Smith, den man »ausgeliehen« hatte, damit er die Piloten der Royal Air Force in die besonderen Flugeigenschaften der Catalina einweisen konnte. Während Smith steil in die Wolken aufstieg, um dem schweren Flakfeuer der *Bismarck* zu entgehen, setzte der britische Kopilot, Flying Officer D. A. Briggs, eine Kontaktmeldung in einer simplen Verschlüsselung ab, die der B-Dienst schnell dechiffrierte und der *Bismarck* und Dönitz übermittelte.

Die *Bismarck* war nur noch 1280 Kilometer von Brest entfernt – eine Fahrt von ungefähr 35 Stunden –, doch die Force H stand nur rund 140 Kilometer östlich und versperrte dem Schiff den Weg. Der Chef der Force H, James F. Somerville, wies den mit Radar ausgerüsteten Kreuzer *Sheffield* und eine Reihe von mit ASV-Radar ausgestatteten Swordfish-Doppeldeckern der *Ark Royal* an, mit der *Bismarck* Fühlung zu halten, während er den Start von Swordfish-Flugzeugen mit Torpedos vorbereitete. Beim ersten Flug von vierzehn Swordfish-Maschinen wurde irrtümlich die *Sheffield* attackiert, die der Versenkung nur durch wilde Ausweichmanöver entging. Das zweite, von der *Sheffield* gut geleitete Geschwader von 15 Swordfish-Maschinen griff um 20.47 Uhr die *Bismarck* an und warf dreizehn Torpedos ab, von denen zwei trafen. Einer traf das schwer gepanzerte Mittschiff der *Bismarck* und blieb wirkungslos. Der andere traf das Superschlachtschiff voll am Heck, beschädigte die Ruderanlage, die Schrauben und das Ruder und machte das Schiff manövrierunfähig.

Die vom B-Dienst abgefangenen Kontaktmeldungen der britischen Flugzeuge und eine Nachricht von Lütjens versetzten Dönitz in die Lage, den wahrscheinlichen Kurs der *Bismarck* und ihrer Verfolger festzustellen. Er dirigierte die U-Boote aus dem Golf von Biskaya zum vermutlichen Schauplatz des Kampfes. Die U-Boote wurden durch Rosenbaums *U73* verstärkt, nicht jedoch durch Topp mit *U552*, der nicht auslief (also insgesamt sieben Boote). Und am Abend des 26. Mai befanden sich trotz der sturmgepeitschten und tobenden See alle Boote nur wenige Kilometer von der *Bismarck* und der Force H entfernt. Um 20 Uhr bohrten der Flugzeugträger *Ark Royal* und der Schlachtkreuzer *Renown*, die beide mit hoher Geschwindigkeit fuhren, eines der Boote, Wohlfarths *U556*, beinahe in den Grund. Doch Wohlfarth fungierte nur noch als »Aufklärer« und hatte keine Torpedos mehr! »Wenn ich doch jetzt Torpedos hätte!« schrieb er frustriert in sein Logbuch. »Ich brauchte nicht einmal mehr anzulaufen, sondern ich stehe genau richtig für einen Angriff. Ohne Zerstörer, ohne Zickzackkurse! Ich könnte mich dazwischenlegen und beide gleichzeitig erledigen. Der

Träger hat Flugbetrieb von Torpedoflugzeugen. Vielleicht hätte ich der ›*Bismarck*‹ helfen können.« Er meldete den Kontakt und versuchte Fühlung zu halten, doch die großen Schiffe ließen ihn bald hinter sich zurück.

Als Dönitz erfuhr, daß die *Bismarck* nicht mehr manövrierfähig war, befahl er allen Booten des Biskaya-Hinterhalts (einschließlich Gysaes *U98*, der nur noch wenig Treibstoff und keine Torpedos mehr hatte), bei der Bismarck zusammenzutreffen und sie zu verteidigen. Gysae mit *U98* und Wohlfarth mit *U556* sollten weiterhin als Späher fungieren und die anderen Boote an den Gegner heranführen. Rosenbaum, der sich nach den Funksignalen der *Bismarck* richtete, fand mit *U73* das Schiff kurz nach Mitternacht des 27. Mai. Die *Bismarck* wurde inzwischen von einer Flottille von fünf Zerstörern unter Führung von Philip Vian auf der mit Radar vom Typ 286 ausgestatteten *Cossack* mit Torpedos beschossen, die auf die Fühlungsmeldungen der *Sheffield* reagiert hatte. Rosenbaum beobachtete die Aktionen der Zerstörer, die zwei weitere Torpedotreffer auf der *Bismarck* meldeten. Doch er war nicht in der Lage, die wild manövrierenden Zerstörer anzugreifen oder die *Sheffield* zu finden, und verlor bald den Kontakt im stürmischen Wetter.

Der »Aufklärer« Wohlfarth traf mit *U556* als nächster ein. Er war von den Funksignalen der *Bismarck* oder von *U73* herangeführt worden, doch sein Treibstoff ging zur Neige.

»Was kann ich nur für die ›*Bismarck*‹ tun?« schrieb er. »Ich beobachte LG[Leuchtgranaten]-Schießen und Abwehrfeuer von der ›*Bismarck*‹. Artillerie-Überfälle. Es ist ein schreckliches Gefühl, in der Nähe zu sein und nichts tun zu können. Ich kann jetzt nur noch aufklären und Torpedo-Träger heranführen.« In der aufgewühlten See näherten sich der *Bismarck* zu diesem Zeitpunkt die Schlachtschiffe *King George V* (mit zehn 14-Zoll-Geschützen) und *Rodney* (mit neun 16-Zoll-Geschützen) sowie die Schweren Kreuzer *Dorsetshire* und *Norfolk*. Lütjens wußte, daß er zum Untergang verurteilt war, und funkte eine Nachricht an Hitler. »Wir kämpfen bis zum Letzten im Glauben an Sie, mein Führer, und im felsenfesten Vertrauen auf Deutschlands Sieg.«* Die letzte Nachricht von Lütjens um 7.10 (deutscher Zeit) lautete, man solle ein U-Boot schicken, um das Kriegstagebuch zu retten.

Dönitz beauftragte Wohlfarth von *U556*, der scheinbar der *Bismarck* am nächsten war, mit der riskanten Mission, das Kriegstagebuch zu übernehmen. Doch Wohlfarth antwortete, er habe so wenig Brennstoff, daß er die Fahrt auf der Stelle abbrechen und nach Lorient zurückkehren müsse. Als zweitnächstes Boot übernahm Kentrats schwer beschädigtes *U74* die Aufgabe. Doch bevor Kentrat versuchen konnte, den Befehl auszuführen, eröffneten die *King George V* und die *Rodney* das Feuer mit ihren schweren Geschützen, und die Kreuzer *Dorsetshire* und *Norfolk* trafen die *Bismarck* mit einem oder mehreren Torpedos. Aus allen noch funktionstüchtigen Geschützen

* Hitler war wütend, daß Lütjens die *Prince of Wales* nicht zugleich mit der *Hood* versenkte hatte und mit der *Bismarck* und der *Prinz Eugen* direkt nach Deutschland zurückgekehrt war, und antwortete ihm kühl, er danke ihm im Namen des deutschen Volkes. Dem fügte er ein Wort für die Mannschaft der *Bismarck* hinzu: »Ganz Deutschland ist bei Euch. Was noch geschehen kann, wird getan. Eure Pflichterfüllung wird unser Volk im Kampf um sein Dasein stärken.« Als Antwort auf eine frühere Bitte Lütjens in derselben Reihe von Botschaften verlieh Hitler dem Artillerieoffizier der *Bismarck*, Adalbert Schneider, das Ritterkreuz für die Versenkung der *Hood*.

feuernd und mit noch immer wehenden Flaggen sank die zusammengeschossene *Bismarck* um 10.40 Uhr* und riß 2200 Menschen mit sich in den Tod.

Britische Schiffe kamen heran und retteten Überlebende der *Bismarck.* Man fischte 110 Menschen aus dem Wasser, doch weitere Rettungsaktionen wurden abgebrochen, als eines der Schiffe einen U-Boot-Alarm funkte. Er zwang alle britischen Schiffe, das Gebiet zu räumen und Hunderte von deutschen Überlebenden in der See zurückzulassen. Etwas später am selben Abend entdeckte Kentrat mit *U74* drei Überlebende und zog sie an Bord, was Dönitz dazu brachte, eine organisierte Suche mit sechs Booten über die nächsten vier Tag hinweg zu veranlassen. Herbert Schultze *(U48)* meldete, er habe Trümmer und einige Leichen im Wasser entdeckt, aber keine Überlebenden. Ein zur Wettermeldung eingesetzter deutscher Trawler, die *Sachsenwald,* fand zwei weitere Überlebende, so daß insgesamt fünf Überlebende von deutschen Schiffen gerettet wurden, bis Großadmiral Raeder die Suche am 31. Mai abbrach.

Kentrat hatte bei der Rückkehr mit den Überlebenden der *Bismarck* nach Lorient mit dem schwer beschädigten Boot *U74* eine schwere Zeit zu überstehen. Nahe der Küste war Salzwasser in die Batterien eingedrungen und hatte Chlorgas gebildet. Er konnte daher nicht mehr tauchen und Lorient wie üblich unter Wasser anlaufen. Ein unidentifiziertes britisches U-Boot sichtete *U74* und schoß Torpedos direkt von achtern, doch die Brückenwache war äußerst aufmerksam, und *U74* schaffte es, den Torpedos auszuweichen. Die notwendigen Reparaturen legten das Boot bis Ende Juli lahm.

Der Verlust der *Bismarck* markierte einen Wendepunkt im deutschen Seekrieg. Das demütigende Scheitern der *Bismarck* und die Tatsache, daß die Schlachtkreuzer *Gneisenau* und *Scharnhorst* der britischen Schiffahrt keinen nennenswerten Schaden zugefügt hatten, setzte der Vorherrschaft großer Überwasserschiffe in der Kriegsmarine ein Ende. Nie wieder sollte ein solches Schiff in den Atlantik ausbrechen. Das U-Boot wurde praktisch über Nacht zum bevorzugten Schiff der Kriegsmarine, nur mit ihm konnte sie Großbritannien zur See besiegen. Großadmiral Raeders Einfluß auf Hitler nahm ab, der von Dönitz stieg entsprechend.

Präsident Roosevelt nutzte den Ausfall der *Bismarck,* um die Vereinigten Staaten dem Kriegseintritt näherzubringen. Am 27. Mai, dem Tag, an dem die *Bismarck* versenkt wurde, verhängte er den unbeschränkten nationalen Ausnahmezustand. »Die Schlacht im Atlantik«, so Roosevelt ein wenig überschwenglich, »erstreckt sich nun von den eisigen Gewässern des Nordpols bis zum vereisten Kontinent der Antarktis.« Die schonungslose Wahrheit, fuhr er fort, sei, daß die Nazis Handelsschiffe dreimal schneller versenkten, als britische und amerikanische Schiffswerften sie ersetzen könnten, und alles deute darauf hin, daß letztlich ein Angriff auf die westliche Hemisphäre erfolgen werde. »Es wäre Selbstmord, so lange zu warten, bis sie vor unserer Haustür stehen«, schloß Roosevelt. Daher habe er der Armee und der Marine befohlen, die Patrouillen mit Flugzeugen und Überwasserschiffen im Nord- und Südatlantik zu verstärken, und er habe die US Maritime Commission angewiesen, die

---

* Fotos, die ein ferngesteuertes Tieftauchfahrzeug 1989 machen konnte, zeigen das Schiff in einer vollkommen aufrechten Stellung auf dem Kiel. Die aufrechte Position scheint die Behauptung verschiedener britischer und deutscher Marinehistoriker zu bestätigen, daß der Kapitän der *Bismarck,* Ernst Lindemann, das Schiff versenkte.

Produktion von Handelsschiffen drastisch zu erhöhen. Zwei Wochen später ließ er deutsche und italienische Vermögenswerte in den Vereinigten Staaten einfrieren und schloß alle Konsulate der beiden Staaten.

Hinter den Kulissen veranlaßte Roosevelt für den atlantischen Raum sogar noch weitere kriegsmäßige Maßnahmen. Er wies die Armee und Marine an, ein Expeditionskorps vorzubereiten, das sich den Briten anschließen sollte, wenn diese die Kanarischen Inseln (sowie die Azoren und die Kapverdischen Inseln) erobern wollten. Falls diese Operation erneut verschoben werden sollte, bot Roosevelt ein weiteres Expeditionskorps an, das die Truppen der britischen Garnison auf Island ablösen sollte; die Operation Indigo wurde am 7. Juli ausgeführt. Wie bereits früher in ABC-1 vereinbart worden war, verstärkte die US Navy ihre Anstrengungen zur Sicherung von Geleitzügen auf der Route zwischen Kanada und Island.

Das Kesseltreiben auf die *Bismarck* brachte den U-Boot-Krieg gegen die nordatlantische Schiffahrt in den letzten zehn Tagen des Mai praktisch zum Erliegen. Die zwanzig Boote in diesem Gebiet versenkten nur zwei Schiffe. Ottokar Paulshen erwischte mit dem neuen Boot *U557*, das wegen eines Unfalls bei der Erprobung in der Ostsee fast gesunken war, einen Frachter mit 7300 BRT, und *U147*, ein Einbaum vom Typ IID unter Eberhard Wetjen, versenkte auf einer Ausbildungsfahrt in den Atlantik ein Frachtschiff mit 2500 BRT. Als das neue IXB-Boot *U109* unter dem 33jährigen Hans-Georg Fischer am 29. Mai Lorient erreichte und auf seiner 18tägigen Feindfahrt nur ein Schiff versenkt hatte, meinte Dönitz, Fischer sei unfähig, ein U-Boot zu führen, und entband ihn des Kommandos. Um Fischer zu ersetzen, holte Dönitz den Ritterkreuzträger Heinrich Bleichrodt zurück, der damals mit *U67* in der Ostsee Sonargeräte erprobte.

Insgesamt fuhren im Mai 347 beladene Schiffe in Slow und Halifax Convoys von Halifax zu den Britischen Inseln. Die U-Boote versenkten dreizehn (oder 4 Prozent) dieser Schiffe – neun aus Geleitzug Halifax 126 und vier Nachzügler von anderen ostwärts laufenden Konvois. Weiterhin versenkten U-Boote in diesem Raum sieben Schiffe des westwärts laufenden Konvois Outbound 318, sowie weitere sechs Alleinfahrer mit 32 500 Tonnen. Der Einbaum *U138* versenkte einen weiteren einzeln fahrenden Frachter nahe des Nordkanals. Insgesamt wurden in der nördlichen Region im Mai 31 Schiffe versenkt.*

Der erfolgreiche Angriff auf den Geleitzug Halifax 126 nahe des 41. Grads westlicher Länge beschleunigte die Pläne der Admiralität und des Western Approaches Command, Sicherungsgruppen von Halifax an den 34. Grad West zu verlegen, wo sie ihre Geleitzüge an die auf Island stationierten britischen Sicherungsgruppen übergeben sollten. Die erste kanadische Sicherungsgruppe dieser Art (von der Escort Force auf Newfoundland) fuhr am 2. Juni von St. John's aus, um sich mit dem nach Osten laufenden Konvoi Halifax 129 zu treffen. Die Gruppe wurde von J. S. D. (Chummy) Prentice befehligt und bestand aus den drei kanadischen Korvetten *Chambly*, *Collingwood* und *Orillia*. Diese kanadische Pioniergruppe, die sich mit Fernmelde- und Maschinenproblemen herumschlagen mußte, schnitt nach Ansicht der

* Ein italienisches U-Boot, die *Otaria*, versenkte den 4700-Tonnen-Frachter *Starcross* aus dem nordwärts fahrenden Geleitzug Sierra Leone 73; ein anderes Boot, die *Marconi*, versenkte vor Spanien das britische Tankerschiff *Cairndale* mit 8100 BRT.

Briten nicht gerade glänzend ab. Doch Prentice fand, daß zumindest die einzelnen Schiffe unter Berücksichtigung aller Umstände gute Arbeit leisteten.

Der Konvoi Halifax 129 sollte als der erste transatlantische, ostwärts laufende Geleitzug in die Geschichte eingehen, der »durchgehend« oder »von einem Ende zum anderen« eskortiert wurde. Das heißt, er wurde von St. John's bis zum 35. Grad West von einer kanadischen Escort Group begleitet, vom 35. Grad West bis zum 20. Grad West von einer auf Island stationierten britischen Escort Group und vom 20. Grad West bis zum Nordkanal von einer in Großbritannien stationierten, ebenfalls britischen Escort Group. Kanadische und britische Flugzeuge aus Newfoundland und Island sorgten für eine begrenzte Luftsicherung, doch wie man sehen wird, waren für Angriffe auf Halifax 129 keine U-Boote verfügbar. In der Gegenrichtung wurde der Konvoi Outbound 331 als erster transatlantischer westwärts laufender Geleitzug durchgehend gesichert. Damit genügend Sicherungsgruppen vorhanden waren, um diesen durchgehenden Geleitschutz über den Atlantik zu gewährleisten, war es nötig, die Anzahl der Schiffe in jeder Gruppe zu verringern, ein kalkuliertes Risiko, das jedoch um der Vorteile willen bewußt in Kauf genommen wurde.

Reiche Beute vor Westafrika

Die auf allen Kriegsschauplätzen nur schwach präsente Royal Navy war weder geistig noch materiell darauf eingerichtet, U-Boote in den äquatorialen Gewässern Westafrikas zu bekämpfen. Reginald (»Bob«) Whinney, ein auf U-Boot-Bekämpfung spezialisierter Berufsoffizier, war entsetzt von den Zuständen in Freetown, wo er die örtlichen Geleitschutzkräfte schulen sollte. Sein Vorgesetzter Admiral Algernon Willis sei, wie Whinney in seinen Memoiren schrieb, »streng und reserviert« gewesen und habe »sehr dünn, aschfahl und unzufrieden ausgesehen, möglicherweise von den Einsätzen ermüdet und körperlich nicht auf der Höhe. Was für ein Mann für einen Posten, auf den dringend eine energische, jedoch im wesentlichen freundliche und anspornende Führungspersönlichkeit gehört hätte.« Danach faßte Whinney die Situation wie folgt zusammen:

Mit wenigen Ausnahmen waren die Offiziere in Freetown der freudloseste Haufen, dem ich je begegnet war und in meiner ganzen Dienstzeit je begegnen sollte. Dafür gab es verschiedene Gründe. Das Klima war gewiß ein Grund. Die Hitze, die Feuchtigkeit und die Häufigkeit von Malaria wirkten lähmend. Die Lebensbedingungen waren entsetzlich; Erholung war nicht möglich, und ein gesellschaftliches Leben existierte nicht. Und um das alles auf die Spitze zu treiben, war offensichtlich eine Reihe von Offizieren, die kürzlich, nicht zuletzt wegen ihres Alkoholkonsums, Ärger gehabt hatten, nach Freetown versetzt worden, wo der Alkohol zollfrei war und ein Glas Gin zwei Pence kostete. Häufig hatten diese armen Kerle nicht genug zu tun. (Ich beeile mich hinzuzufügen, daß das auf mich nicht zutraf.) Außerdem war Freetown keine Region, wo der Krieg tobte; daher wurde ihr von der Admiralität wenig Priorität zugemessen. Also gab es zu allem Übel auch keine inspirierende Führung von der Spitze.

Anfang Mai patrouillierten fünf große Boote in den Gewässern des Südatlantiks. Oestens *U106* eskortierte den Blockadebrecher *Lech* von Brasilien, eine Mission, die das Boot bis zum 50. Grad westlicher Länge führte, der bis dahin weiteste Vorstoß eines U-Boots in die westliche Hemisphäre. Das OKM beharrte darauf, daß *U106* in brasilianischen Gewässern verbleiben und einen zweiten Blockadebrecher, die *Windhuk*, begleiten solle. Doch das Auslaufen dieses Schiffes wurde immer wieder verschoben. Als Oesten am 7. Mai endlich von seiner Aufgabe entbunden wurde, hatte er kaum noch Treibstoff und Probleme mit den Maschinen. Er mußte sich mit dem Versorgungsschiff *Egerland* treffen, das, um die *Bismarck* auf ihrer geplanten Fahrt zu versorgen, bereits in den Südatlantik geschickt worden war.

Die anderen vier Boote patrouillierten in einiger Entfernung von der afrikanischen Küste und ergänzten ihre Vorräte bei der *Egerland* und einem weiteren Versorgungsschiff, der *Nordmark*. Schewe mit *U105* und Heßler mit *U107* waren die letzten Boote, die bei der *Nordmark* auftankten. Solange sie dies am 3. und 4. Mai erledigten, patrouillierten die Neuankömmlinge Heinrich Liebe mit *U38* und Viktor Schütze mit *U103* in der Nähe von Freetown und schnappten sich Schiffe ohne Geleitschutz, ohne auf nennenswerte ASW-Maßnahmen zu treffen. Liebe versenkte zwei Schiffe mit 10 200 Tonnen; Schütze sechs mit 28 800 Tonnen.

Danach tauschten diese vier Boote ihre Plätze. Nach ihrer Versorgung operierten Schewe mit *U105* und Heßler mit *U107* vor Freetown, während Liebe mit *U38* und Schütze mit *U103* in den Mittelatlantik fuhren, um die *Egerland* zu treffen. Schewe torpedierte vier Schiffe mit 28 400 Tonnen, darunter den 11 800 BRT großen britischen Frachter *Rodney Star;* Heßler versenkte zwei Schiffe mit 16 300 Tonnen. Einschließlich früherer überhöhter Meldungen hatte sich Schewe durch seine jüngsten Triumphe das Ritterkreuz* verdient. Als Schewe am 16. Mai das vierte Schiff versenkte, wurde ein Besatzungsmitglied durch einen Torpedoversager schwer verletzt. Auf Anweisung von Dönitz drehte Schewe ab und übergab den Verletzten der *Egerland*, tankte auf und nahm Kurs auf Lorient.

Drei Boote trafen sich vom 13. bis 17. Mai mit der *Egerland*, liefen dann nach Freetown und schlossen sich Heßler mit *U107* an. Nachdem die *Egerland* das letzte Boot versorgt hatte, meldete sie am 18. Mai, daß sie nur noch sechs Torpedos an Bord hatte. Deshalb wurde die *Gedania*, ein weiteres Versorgungsschiff der *Bismarck*, angewiesen, die *Egerland* abzulösen. Zwei weitere Boote liefen im Mai in Lorient in die afrikanischen Gewässer aus: Eckermanns *UA* und Jost Metzlers *U69*, das erste Typ-VII-Boot, das eine so weite Fahrt machen sollte.

In seiner Zeit bei der Handelsmarine hatte Metzler oft afrikanische Häfen besucht, ebenso wie sein Matrosengefreiter Bade, »ein alter Seebär«. Metzler und Bade kam die Idee, daß zwei Häfen an der afrikanischen Goldküste im Golf von Guinea – Takoradi und Lagos – von einem U-Boot mittlerer Größe vermint werden könnten. Dönitz war mit dem Plan einverstanden, und so fuhr *U69* am 5. Mai vollgestopft mit TMB-Minen und acht Torpedos nach Süden – die Minen und sechs Torpedos waren unter Deck und zwei Torpedos in Behältern auf dem Oberdeck gelagert.

Metzler fuhr, um Treibstoff zu sparen, mit einem Dieselmotor langsam nach Sü-

* Schewes bestätigte Gesamtbilanz mit dem Einbaum *U60* und *U105* betrug fünfzehn Schiffe mit 86 232 Tonnen.

den, war jedoch stets bereit, auch den anderen Diesel anzuwerfen. Es war eine lange, langsame und eintönige Reise, bei der er kein einziges Schiff sichtete, das einen Torpedo wert gewesen wäre. Als das Boot die äquatorialen Breiten erreichte, wurde die feuchte Hitze laut Metzler selbst in der Nacht fast unerträglich. Zwei Wochen später, am 19. Mai, traf er die *Egerland*. Er tankte in nur drei Stunden, übergab dem Versorgungsschiff seine Enigma-Maschine und alle geheimen Unterlagen (die ein Boot auf einer Minenoperation nicht an Bord haben durfte) und nahm Kurs auf die Goldküste.

Auf dem Weg nach Afrika sichtete Metzlers Brückenwache am Abend des 21. Mai ein beleuchtetes Schiff mit südlichem Kurs. Da es beleuchtet fuhr, schien das Schiff neutral zu sein, doch Metzler glaubte, es könne sich vielleicht um ein getarntes U-Jagdschiff handeln. Er näherte sich dem Schiff vorsichtig und forderte es durch Blinksignale auf, sich zu identifizieren. Als das Schiff mit *»Robin Moor«* antwortete, wuchs Metzlers Mißtrauen, da er kein solches Schiff in Lloyd's-Register finden konnte. Metzler erkannte zudem bei Tagesanbruch den Namen *Exmoor* am Heck des Schiffes, und ein Schiff dieses Namens wurde im Lloyd's als amerikanisches Schiff mit 5000 Tonnen geführt. War das Schiff nun die *Robin Moor*, die *Exmoor* oder ein getarntes U-Jagdschiff?

Der Kapitän setzte in einem Beiboot zu *U69* über und brachte seine Schiffspapiere und eine Frachtliste mit. Er erklärte, das Schiff sei eben erst von Amerikanern gekauft worden, und deshalb sei der Name von *Exmoor* in *Robin Moor* geändert worden. Metzler behauptete, auf der Frachtliste seien Funkgeräte und Waffen verzeichnet gewesen. Er stufte das Schiff als Neutralen mit Konterbande ein, der nach dem Prisenrecht angegriffen werden durfte. Entgegen den ausdrücklichen Befehlen von Hitler, dem OKM und Dönitz beschloß Metzler, das amerikanische Schiff zu versenken. Die Mannschaft verließ das Schiff in Rettungsbooten, und Metzler versenkte es mit einem Torpedo und dreißig Schuß aus dem Deckgeschütz. Die *Robin Moor* war das erste amerikanische Schiff, das im Krieg von einem U-Boot versenkt wurde.

Metzler schrieb, er habe alle Anstrengungen unternommen, um die Sicherheit der Überlebenden nach dem Prisenrecht zu gewährleisten. Er sammelte alle Rettungsboote ein und stattete sie mit Lebensmitteln, Brot, Butter, Brandy und Medikamenten aus. Danach schleppte er sie mehrere Stunden lang Richtung Afrika, bis zu einem Punkt, von dem sie innerhalb weniger Tage durch eine sanfte Strömung an die afrikanische Küste getrieben würden. Tatsächlich trieben die Strömungen die Überlebenden, darunter eine Frau und ein zweijähriges Kind, jedoch in die entgegengesetzte Richtung nach Südamerika, und sie verbrachten zwei Wochen in den offenen Booten – ein furchtbares Martyrium –, bevor sie die Küste erreichten.

Zufällig hatte Churchill diesen Augenblick gewählt, um die Amerikaner mit einem weiteren Ereignis nach Art der *Lusitania-* oder *Athenia*-Versenkung aufzurütteln – und sie dem Kriegseintritt näherzubringen. Die Admiralität gab bekannt, die Deutschen hätten den ägyptischen Passagierdampfer *Zamzam* versenkt. Er habe sich mit »196 amerikanischen Passagieren« an Bord auf dem Weg von New York nach Ägypten befunden, die Amerikaner seien vermutlich alle umgekommen. Um die Empörung über diese »Greueltat« noch zu erhöhen, betonte der Sprecher der Admiralität, die getöteten Amerikaner seien freiwillige Krankenwagenfahrer gewesen; die *Zamzam* wurde daher in der Sensationspresse zu einem »mercy ship« oder »Schiff der Barmherzigkeit« stilisiert.

Wie beabsichtigt, löste die Geschichte einen Schock aus. Die Zeitung *New York World-Telegram* brachte die Meldung mit einer doppelzeiligen Schlagzeile auf der Titelseite: TOD VON 196 AMERIKANERN AUF ÄGYPTISCHEM SCHIFF DER BARMHERZIGKEIT BEFÜRCHTET

Die *Zamzam* war am 16. April von dem Handelsstörer *Atlantis* versenkt worden, aber erst nachem die *Atlantis* alle 340 Passagiere (darunter 138 Amerikaner) mit ihrem Gepäck an Bord genommen hatte. Später wurden die Passagiere dem deutschen Frachter *Dresden* übergeben, der sie auf direktem Weg unbeschadet nach Frankreich brachte.* Die deutsche Propaganda stach die Londoner zunächst aus, indem sie die Menschlichkeit und Rücksichtnahme, die den Passagieren der *Zamzam* zuteil geworden war, in der Öffentlichkeit pries. Doch die Nachricht von der Versenkung der *Robin Moor* verdrängte die Berliner Version des *Zamzam*-Vorfalls von den Titelseiten und vermittelte dem amerikanischen Durchschnittsleser den Eindruck, die Deutschen hätten auf dem »Gnadenschiff« *Zamzam* »196« Amerikaner »umgebracht« und danach ebenso mitleidlos die *Robin Moor* versenkt, und das alles innerhalb weniger Tage. Dank Metzler wurde die Propagandaschlacht also letztlich doch von London gewonnen.

Dönitz war außer sich, als er die Nachricht von der Versenkung der *Robin Moor* erhielt. Metzler berichtete, Dönitz habe ihm eine Zigarre nach der anderen verpaßt und ihn mit Fragen nach den Einzelheiten und Gründen für die Versenkung bombardiert, wobei ihn keine Antwort habe zufriedenstellen können. Er habe sich angesichts von Dönitz' Ton nach seiner Rückkehr schon vor dem Kriegsgericht stehen sehen.

Die Jagd vor Freetown verlief weiterhin gut.

- Heinrich Liebe versenkte mit *U38* nach dem Auftanken bei der *Egerland* fünf Schiffe mit 29 400 Tonnen und erhöhte seine Gesamtzahl auf sieben Schiffe.
- Jost Metzler legte mit *U69* tapfer seine TMB-Minen in den Häfen von Takoradi (am 27. Mai) und Lagos (am 29. Mai). Später beschrieb Metzler diese sehr gefährliche Mission unbekümmert als verrücktes Abenteuer, doch der Einsatz war erfolgreich. Die Briten waren gezwungen, beide Häfen zu schließen. Eine Mine beschädigte ein Frachtschiff mit 5400 BRT in Takoradi; und in Lagos ging ein Frachter mit 2900 BRT durch eine Mine verloren.
- Viktor Schütze versenkte mit *U103* vier Schiffe mit 22 500 Tonnen, darunter den *Tanker British* Grenadier mit 6900 BRT, was seine Quote auf elf Schiffe erhöhte.
- Auf der Heimfahrt nach Lorient torpedierte Georg Schewe mit *U105* ein weiteres Schiff, was seine bestätigte Trefferquote auf 70 500 Tonnen erhöhte.
- Jürgen Oesten, der wegen Geleitschutzmissionen mit *U106* für fast sieben Wochen kaltgestellt gewesen war, versenkte zwei Schiffe mit 13 200 Tonnen, und erhöhte seine Gesamtbilanz auf sieben versenkte Schiffe und den Treffer auf das Schlachtschiff *Malaya*.
- Günther Heßler torpedierte mit *U107* drei weitere Schiffe mit 14 500 Tonnen; dies

* Unter den Passagieren der *Zamzam* hatten sich ein Fotograf der Zeitschrift *Life* und ein Reporter der Zeitschrift *Fortune* befunden. Sie verfaßten nach ihrer Freilassung durch die Deutschen gemeinsam für *Life* einen Artikel über den Vorfall, der mehrere gefälschte Fotos enthielt.

erhöhte seine Trefferzahl auf elf Schiffe, darunter ein weiterer Tanker, die 8000 BRT große holländische *Marisa*.*

- Nachdem er am 29. Mai bei der *Egerland* aufgetankt hatte, machte Hans Eckermann mit *UA* eine äußerst vorsichtige Feindfahrt, auf der er kein einziges Schiff versenkte.
- Das italienische U-Boot *Tazzoli* versenkte den norwegischen Tanker *Alfred Olsen* mit 8800 BRT.

Bis zum 1. Juni hatte Günther Heßler, einschließlich der vier auf seiner ersten Feindfahrt im Nordatlantik versenkten Schiffe, 15 Versenkungen mit 101 000 Tonnen erzielt. An jenem Tag stieß er in einiger Entfernung von Freetown auf ein allein fahrendes britisches Frachtschiff, die *Alfred Jones* mit 5000 BRT. Aussehen und Verhalten des Schiffes weckten Heßlers Mißtrauen. Er kam zu dem Schluß, es könne sich vielleicht um ein getarntes U-Jagdschiff handeln. Heßler näherte sich mit extremer Vorsicht und griff mit zwei Torpedos an. Beide trafen und beschädigten das Schiff schwer, und die Mannschaft schien das Schiff in Rettungsbooten zu verlassen. Heßler, fuhr immer noch argwöhnisch unter Wasser an das Schiff heran und und widerstand der Versuchung, für einen Angriff mit dem Geschütz aufzutauchen und den Überlebenden Hilfe anzubieten. Im Näherkommen erkannte er Dutzende von Seeleuten, die sich auf dem schiefen Deck versteckten und bereit waren, ein halbes Dutzend 4-Zoll- und 6-Zoll-Kanonen zu besetzen; außerdem sah er Wasserbombenablaufgerüste und andere Waffen. Er setzte zurück und schoß einen Torpedo ab, der das Schiff auf den Grund schickte.**

Die Versenkung erhöhte Heßlers Trefferquote mit *U107* auf 16 Schiffe mit 106 000 Tonnen, von denen er 12 im Südatlantik torpediert hatte; damit hatte er mit Georg Schewes bemerkenswerter Feindfahrt auf *U105* gleichgezogen. Üblicherweise hätte Heßler das Ritterkreuz erhalten sollen, doch aus Kernével war keine Reaktion zu vernehmen. Dönitz äußerte sich später über die Gründe: »Ich konnte mich jedoch nicht recht dazu entschließen, einen entsprechenden Antrag für ihn zu stellen, da er mein Schwiegersohn war.« Als Admiral Raeder von der Verzögerung erfuhr, meinte dieser laut Dönitz, »wenn ich den Antrag auf die Auszeichnung für Heßler nun nicht sofort stellte, würde er es selbst tun«. Doch Dönitz hielt sich immer noch zurück.

Die Gesamtversenkungsbilanz der im Südatlantik stehenden Boote im Mai war eindrucksvoll genug, um die »Diversion« dieser Boote aus dem Nordatlantik zu rechtfertigen. Die Versenkungen dienten auch einem anderen Zweck: Sie zwangen die Briten, den Schiffsverkehr ohne Geleitschutz in diesem Raum drastisch einzuschränken, den Konvoiverkehr von Freetown aus zu verstärken und eine beträchtliche Zahl von Geleitfahrzeugen aus dem Nordatlantik in den Südatlantik zu verlegen. Deshalb entsandte Dönitz im Juni mit *U66* und *U123* zwei weitere IXB-Boote in westafrikanische Gewässer.

Dank der unschätzbaren geheimdienstlichen Beute aus Lemps *U110* konnten britische Kryptologen den Marineschlüssel im ganzen Juni fließend und kontinuierlich le-

* Beim Nürnberger Prozeß sagte Heßler zu Dönitz' Verteidigung aus, er habe den Überlebenden eines dieser Schiffe, des griechischen Schiffes *Papalemos*, Wasser und präzise Informationen mitgegeben, wie sie Land erreichen könnten.

** In seinem Prozeß führte Dönitz die *Alfred Jones* als ein weiteres Beispiel für die Gefahren an, denen U-Boot-Kommandanten ausgesetzt waren, die versuchten, Überlebenden zu helfen.

sen.* Diese Informationsflut, der die Briten den Namen Most Secret Ultra (abgekürzt Ultra) gaben, ermöglichte einigen wenigen Auserwählten in der Admiralität einen erstaunlichen Einblick in die verborgensten Geheimnisse der Kriegsmarine, einschließlich aller Informationen über die Operationen der U-Boote. »Wir brachten schnell die exakte Anzahl der auf See befindlichen U-Boote in Erfahrung«, schreibt Rodger Winns Assistent im U-Boat Tracking Room Patrick Beesly, »und zwar nicht nur den Inhalt ihrer eigenen Funksignale, sondern, noch wichtiger, auch die Anweisungen, die ihnen Dönitz in seinem Hauptquartier in Lorient ständig zukommen ließ.«

Durch den Funkverkehr zwischen Dönitz und seinen Kommandanten kannte die Admiralität auch die täglichen Positionen fast aller U-Boote. Sie hatte daher die Möglichkeit, gemischte Kampfverbände zusammenzustellen. Sie hätte die U-Boote mit Überwasserschiffen und Flugzeugen überfallartig angreifen und vernichten und damit der Bedrohung durch einen einzigen simultanen Schlag ein Ende setzen können. Ein gleichzeitiger Angriff auf rund zwanzig U-Boote in verschiedenen Gebieten hätte den Deutschen nach Ansicht der Admiralität jedoch klargemacht, daß Enigma entziffert war, und sie zu Abwehrmaßnahmen wie etwa einer Änderung der Schlüssel oder vielleicht sogar der Einführung einer neuen Chiffriermaschine veranlaßt.

Die Admiralität entschied sich deshalb, die Operationen der U-Boote auf indirekte Weise zu erschweren, statt sie massiv anzugreifen. Hierfür gab es zwei Möglichkeiten: Man konnte die Geleitzüge um die bekannten U-Boot-Positionen herumleiten, und man konnte verhindern, daß die U-Boote die Versorgungsschiffe der *Bismarck* planmäßig zum Auftanken auf See nutzten.

Der Plan zum Auftanken sollte durchkreuzt werden, indem man die Versorgungsschiffe direkt angriff und sie entweder aufbrachte oder versenkte, wobei es so aussehen sollte, als wären die Briten durch fleißiges Patrouillieren auf hoher See auf die Schiffe gestoßen. Die Briten waren sich über das Risiko im Klaren, den Argwohn der Deutschen zu wecken, doch war es bei der Versenkung großer Überwasserschiffe geringer, weil diese Schiffe durch Radar einfacher aufzuspüren waren als U-Boote. Die Admiralität wußte aus entzifferten Enigma-Funksprüchen der *Bismarck*, daß Lütjens das OKM auf die erstaunlich wirkungsvollen Radargeräte der britischen Überwasserschiffe aufmerksam gemacht hatte, die ein Überwasserschiff auf eine Distanz von mindestens 35 Kilometern orten könnten.

Der Angriff auf die Versorgungsschiffe der *Bismarck* begann am 3. Juni im Nordatlantik. Die Kreuzer *Aurora* und *Kenya* attackierten den 10000 BRT großen Tanker *Belchen*, der 148 Kilometer südwestlich von Grönland stand. Die *Belchen* hatte Kleinschmidts *U111* und Paulshens *U557* aufgetankt, und als die Kreuzer zuschlugen, war man gerade dabei, Korths Boot *U93* aufzutanken. Auf der *Belchen* machte man die Ölschläuche los und versenkte das Schiff. Korth tauchte, wagte jedoch nicht, die Kreuzer anzugreifen.

Kurze Zeit später tauchte Korth auf und rettete alle fünfzig Überlebenden der *Belchen*. Dönitz wies ihn an, sich auf den Weg zur *Friedrich Breme*, einem anderen Versorgungsschiff der *Bismarck,* zu machen, die Schiffbrüchigen zu übergeben, auf-

* Ein Versuch Ende Mai, die Marineschlüssel für Juli von zwei Wetterbeobachtungsschiffen, den Trawlern *August Wriedt* und *Heinrich Freese*, zu erbeuten, scheiterte. Die Deutschen warfen während des Angriffs das ganze Engima-Material über Bord.

zutanken und die Feindfahrt fortzusetzen. Doch Korth wandte ein, daß er, falls das Rendezvous mißlinge, nicht mehr genügend Treibstoff hätte, um Frankreich zu erreichen, und nahm Kurs auf Lorient. Am 6. Juni sichtete und meldete er auf halbem Weg einen südwärts fahrenden Konvoi, verzichtete jedoch wegen Treibstoffmangels und wegen der 50 Überlebenden der *Belchen* an Bord darauf, den Geleitzug anzugreifen oder für andere Boote Fühlung zu halten. Obwohl sich Korth zu einem früheren Zeitpunkt seiner Feindfahrt das Ritterkreuz verdient hatte, rügte ihn Dönitz bei der Ankunft in Lorient, weil er meinte, Korth hätte den Konvoi trotz der geretteten Seeleute in seinem Boot angreifen oder wenigstens beschatten müssen. Korth scheine wohl seinen Kampfgeist zu verlieren, notierte er in sein Kriegstagebuch, und er beschloß, ihn auf seiner nächsten Feindfahrt in westafrikanische Gewässer zu entsenden.

Der Verlust der *Belchen* war für Dönitz ein schwerer Schlag. Das Schiff hatte sich für die Versorgung der westlichen Aufklärungsstreifen in einer idealen Position befunden, wodurch es den Booten möglich gewesen wäre, die Dauer ihres Einsatzes im Operationsgebiet zu verdoppeln. Nach Korth hatte der 27jährige Walter Kell bei der *Belchen* auftanken sollen, der sich mit dem VIIC-Boot *U204* auf seiner Jungfernfahrt befand. Nun mußte diese Operation, wie verschiedene andere auch, abgesagt werden.

In den zwei Tagen nach der Versenkung der *Belchen*, am 4. und 5. Juni, schlugen britische Seestreitkräfte bei vier weiteren deutschen Versorgungsschiffen im Nord- und Südatlantik zu. Flugzeuge von der *Victorious*, das Schlachtschiff *Nelson* und der Kreuzer *Neptune* zwangen zusammen mit dem bewaffneten Handelsschiff *Esperance Bay* die 5000 Tonnen große *Gonzenheim* zur Selbstversenkung. Im selben Gebiet kaperte das bewaffnete »Ocean Boarding Vessel« *Marsdale*, dessen Mannschaft für das Entern ausgebildet war, das Tankschiff *Gedania* mit 9000 BRT, bevor die Deutschen es versenken konnten. Und in südlichen Gewässern zwangen der Kreuzer *London* und der Zerstörer *Brilliant* die Tankschiffe *Esso Hamburg* (9900 BRT) und *Egerland* (9800 BRT) zur Selbstversenkung.

Bei der Kaperung der *Gedania*, die zur Ablösung der *Egerland* unterwegs gewesen war, kam es zu einem Gefecht zwischen Briten und Deutschen, in dessen Verlauf mehrere Besatzungsmitglieder der *Gedania* getötet wurden. Nach ihrem Sieg entdeckten die Briten zahlreiche Geheimdokumente, darunter Enigma-Material und die Operationsbefehle der *Gedania*. Diese Befehle enthielten eine Fülle neuer Informationen: Anweisungen, wie das Zusammentreffen mit einem U-Boot ablaufen sollte (chiffrierte Treffpunkte, Verfahren für den Funkverkehr, Erkennungssignale), die genauen (verschlüsselten) Routen, auf denen Versorgungsschiffe und Blockadebrecher französische Häfen ansteuern sollten.* Und, keineswegs zufällig, die Position des im Juni zur Wetterbeobachtung im Nordatlantik eingesetzten Trawlers.

Dönitz erfuhr von dem Verlust der *Egerland* durch Heinrich Liebe in *U38*. Liebe hatte das Schiff angelaufen, um seine Vorräte zu ergänzen, als es gerade durch Selbstversenkung unterging. Anschließend hatte er erfolglos nach Überlebenden gesucht. Der Verlust der *Egerland* und ihrer Ablösung, der *Gedania*, war ein weiterer schwerer Schlag für die U-Bootwaffe. Er bedeutete, daß die so erfolgreichen U-Boot-Operatio-

* Flugzeuge des Trägerschiffes *Eagle* fingen am 6. Juni den einlaufenden 9200 Tonnen großen Blockadebrecher *Elbe* in der Nähe der Azoren ab, bombardierten ihn und zwangen ihn zur Selbstversenkung.

nen vor Westafrika unterbrochen werden mußten, bis in den Gewässern ein anderes Versorgungsschiff als Ersatz stationiert werden konnte. Dönitz befahl deshalb den fünf vor Freetown verbliebenen Booten, wenn nötig bei dem 10700 BRT großen Tanker *Lothringen* aufzutanken, einem weiteren Versorgungsschiff der *Bismarck*, das weiter nördlich stand.

Die Briten setzten diese geheime Kampagne fort und waren in fünf weiteren Fällen erfolgreich. Der Kreuzer *Sheffield* erzwang am 12. Juni die Selbstversenkung des Tankers *Friedrich Breme* mit 10400 BRT. Am 15. Juni kaperten der Flugzeugträger *Eagle* und der Kreuzer *Dunedin* die *Lothringen*, erbeuteten dabei Enigma-Material und machten die geplante Versorgung der U-Boote im Gebiet vor Freetown zunichte. Das Späh- und Versorgungsschiff *Babitonga* mit 4400 Tonnen wurde am 21. Juni durch den Kreuzer *London* zur Selbstversenkung gezwungen. Und am 23. Juni zwangen die Zerstörer der 8. Flottille, die *Marsdale* und Flugzeuge in einer gemeinsamen Aktion auch das 3000 Tonnen große Späh- und Versorgungsschiff *Alstertor*, sich selbst zu versenken.

Doch damit noch nicht genug. Der Kreuzer *Nigeria* und drei Zerstörer der Home Fleet griffen am 28. Juni ein Wetterbeobachtungsschiff an, den 41 Meter langen und 344 Tonnen großen Trawler *Lauenburg* unter dem 58jährigen Hinrich Gewald. Ein von T. Hugh P. Wilson geführtes und von dem Dechiffrierer Allon Bacon angeleitetes Kaperkommando des Zerstörers *Tartar* brachte den Trawler auf und erbeutete geheimdienstlieches Material von »unschätzbarem Wert«, wie es die Admiralität später beschrieb. Darunter auch die Schlüssel für die tägliche Ringstellung der Enigma-Maschine und die Position der Steckverbindungen für den Juli. Nun konnte Bletchley Park den Marineschlüssel M auch im Juli fließend und kontinuierlich mitlesen.

All diese Versenkungen weckten freilich größten Argwohn in Kernével. Die Folge war, daß Dönitz am 16. Juni ein kompliziertes neues Verfahren einführte, mit dem die Positionen der U-Boote vor außenstehenden Personen geheimgehalten werden sollten. Er gab für die Boote eine Reihe von feststehenden »Bezugspunkten« (Franz, Oscar, Herbert usw.) heraus, mit denen er sie zu neuen Gebieten dirigierte. Statt ein Boot anzuweisen, beispielsweise eine Position in einem der Standard-Planquadrate der Kriegsmarine wie etwa BC-64 einzunehmen, gab er den Befehl, es solle ein Planquadrat anlaufen, das beispielsweise 250 Grad, 278 Kilometer oder 050 Grad, 370 Kilometer vom Bezugspunkt »Franz« entfernt lag. Außerdem sollten die Boote, um eine DF-Einpeilung zu verhindern, den Positions- und Angriffsbefehl, je nachdem ob sie ihn ausführen konnten, mit einem einfachen »Ja« oder »Nein« im Kurzsignal-Schlüssel beantworten.

Sowohl Bletchley Park als auch die U-Boot-Kommandanten fanden dieses neue System sehr umständlich. Wie der offizielle britische Historiker schrieb, verringerten die Verzögerungen, die sich beim Entschlüsseln des neuen Systems einstellten, »in der zweiten Junihälfte den operativen Wert der aus der fortlaufenden Entschlüsselung von Enigma gewonnenen Erkenntnisse«. Doch schon Anfang Juli hatte man »das Problem weitgehend bewältigt«. Die U-Boot-Kommandanten kritisierten das Verfahren als zu kompliziert; viele machten Fehler oder verrechneten sich und liefen falsche Positionen an.

Da sie nicht mehr auf die ausgeschalteten Versorgungsschiffe *Egerland*, *Gedania* und *Lothringen* zurückgreifen konnten, kehrten die Boote nacheinander aus den westafrikanischen Gewässern zur Ausrüstung und Instandsetzung und um den Mannschaften die dringend notwendige Ruhepause zu gönnen, nach Frankreich zurück. Am 13. bzw. 18. Juni trafen Georg Schewe mit *U105* und Jürgen Oesten mit *U106* in Frankreich ein; sie waren 112 und 110 Tage auf See gewesen. Dönitz war voll des Lobes für die beiden Kommandanten. Schewes Versenkungsquote von zwölf Schiffen mit 70 500 Tonnen stellte einen neuen Rekord für eine einzelne Feindfahrt dar.

Heinrich Liebe, der mit *U38* ungefähr eine Woche nach *U105* zurückkehrte, versenkte unterwegs sein achtes Schiff, den britischen Frachter *Kingston Hill* mit 7600 BRT. Diese Versenkung brachte Liebe über die 200 000-Tonnen-Marke, und er wurde damit der sechste Kommandant, der das Eichenlaub zum Ritterkreuz erhielt.* Er hatte *U38* seit Kriegsbeginn kommandiert und war länger als jeder andere Kommandant im Kampfeinsatz im Atlantik gewesen. Als er Lorient erreichte, betraute ihn Dönitz mit einer Tätigkeit im Ausbildungskommando, das altersschwache *U38* aber blieb im Atlantik.

Günther Heßler versenkte auf der Heimfahrt mit *U107* nochmals zwei Schiffe, sein dreizehntes und vierzehntes Schiff. Das letzte war der griechische Frachter *Pandias* mit 5000 BRT. Obwohl er der *Alfred Jones* zuvor nur knapp entronnen war, half Heßler, wie er sich später erinnerte, den Griechen ihre Rettungsboote in Ordnung zu bringen, versorgte sie mit Wasser und Lebensmitteln und gab ihnen Anweisungen für das Erreichen der afrikanischen Küste.**

Nach der Versenkung der *Pandias* beantragte Dönitz schließlich das Ritterkreuz für seinen Schwiegersohn. Die Tonnage-Berechnung für diese Feindfahrt war die vorsichtigste des Krieges: 14 Schiffe (darunter zwei Tanker) mit 90 793 Tonnen. Aufzeichnungen in der Nachkriegszeit bestätigten 14 Schiffe mit 86 699 Tonnen – bis zum Kriegsende die erfolgreichste Einzelunternehmung eines U-Bootes im internationalen Vergleich. Die Ankündigung der Ritterkreuzverleihung durch die deutsche Propaganda verlief vorsichtig. Berlin sprach Heßler für zwei Feindfahrten 18 Schiffe mit 111 272 Tonnen zu, während sein bestätigtes Gesamtergebnis 18 Schiffe mit 118 862 Tonnen betrug. Bei der Ankunft in Lorient am 2. Juli, nach 96 Tagen auf See, kam *U107*, wie die anderen Boote aus dem Süden, zu einer gründlichen Überholung in die Werft.

Viktor Schütze kehrte eine Woche nach *U107* mit *U103* zurück. Auf der Heimreise versenkte er zwei weitere Schiffe und steigerte sein Gesamtergebnis für diese Feindfahrt auf dreizehn Schiffe (darunter einen Tanker) mit 65 172 Tonnen. Peinlich war jedoch die letzte Versenkung am 29. Juni. Denn es handelte sich um den italienischen, 6000 Tonnen großen Blockadebrecher *Ernani*, der als holländisches Schiff getarnt war. Nach dieser Versenkung war Schütze gezwungen, bei dem deutschen Tanker *Corrientes*, der auf den Kanarischen Inseln angelegt hatte, einen heimlichen Zwischenstop einzulegen und aufzutanken. Unter Einrechnung seiner vorherigen Versenkungen auf *U25* und *U103* überschritt Schütze auf dieser Feindfahrt ebenfalls die 200 000-Tonnen-Marke und wurde mit dem Eichenlaub zum Ritterkreuz ausgezeich-

* Liebes bestätigtes und ausschließlich auf *U38* erzieltes Gesamtergebnis betrug 31 Schiffe mit 168 506 Tonnen, womit er unter allen Kommandanten den neunten Platz belegte.

** Dieser zweite humanitäre Akt gegenüber Überlebenden auf jener Feindfahrt wurde von Heßler beim Nürnberger Prozeß ebenfalls zur Verteidigung von Dönitz vorgebracht.

net.* Nach der Ankunft in Lorient am 12. Juli wurde Schütze zum Chef einer Ausbildungs-Flottille in der Ostsee ernannt.

Von den Booten, die aus westafrikanischen Gewässern zurückkehrten, hatte Jost Metzler mit dem VIIC-Boot *U69* den schwierigsten Rückmarsch zu bewältigen. Mitte Juni gingen die Lebensmittel und der Treibstoff zur Neige, und er hatte Probleme mit den zur Frischwassergewinnung benötigten Destillierapparaten. Um die geringen Lebensmittelbestände zu strecken, setzte sich Metzler über einen alten seemännischen Aberglauben hinweg und tötete Tümmler. Der Koch drehte das Fleisch durch den Wolf und machte Fischfrikadellen. Zunächst widerstrebte es der Mannschaft, Tümmler zu essen, doch sie gab schließlich nach, und die Frikadellen wurden sehr gelobt. Nach dem Verlust der *Gedania* und der *Lothringen* wies Dönitz Metzler an, heimlich bei der *Corrientes* Treibstoff zu übernehmen, doch Metzler bezweifelte, daß er die Kanarischen Inseln noch erreichen könnte.

Am späten Nachmittag des 26. Juni stieß *U69*, das nur noch mit einem Diesel dahinschlich, auf den Geleitzug Sierra Leone 76, der, in nördlicher Richtung fahrend, aus Freetown kam. Es waren die ersten gegnerischen Schiffe, die *U69* seit einem Monat gesichtet hatte, und Metzler meldete Kernével den Konvoi und lief trotz seines Treibstoffmangels mit zwei Dieselmotoren zu einem nächtlichen Überwasserangriff an. Metzler schlich sich unbemerkt zwischen die Kolonnen der Schiffe und schoß seine letzten vier Torpedos auf vier verschiedene Schiffe. Er meldete die Versenkung zweier Schiffe mit 17 500 Tonnen und die vermutliche Versenkung eines Schiffes mit 6000 Tonnen, doch nach dem Krieg wurde nur die Versenkung der beiden britischen Frachter *Empire Ability* und *River Lugar* mit 13 000 BRT bestätigt. Im nachfolgenden Durcheinander jagten einige Korvetten oder Sloops *U69* und feuerten mit ihren Geschützen auf das Boot, doch Metzler konnte entkommen. Dönitz forderte Metzler auf, für die beiden auf südlichem Kurs befindlichen Typ-IX-Boote *U123* und *U66* Fühlung zu halten, Metzler konnte die Anweisung wegen Treibstoffmangels jedoch nicht befolgen.

Auf *U123* war der Kommandant Karl-Heinz Möhle von dem 28jährigen Reinhard Hardegen abgelöst worden; der hatte zuvor den Einbaum *U147* befehligt, der am 2. Juni unter Eberhard Wetjen mit der gesamten Besatzung verlorengegangen war. Hardegen, ein ehemaliger Marineflieger, hatte sich bei einem Flugzeugabsturz Verletzungen zugezogen (ein verkürztes rechtes Bein und Magenblutungen), die ihn für den Dienst auf einem U-Boot untauglich gemacht hätten. Doch er hatte die Verletzungen verheimlicht und einen Posten als Erster Wachoffizier auf Georg-Wilhelm Schulz' *U124* erhalten, hatte dann zur Ausbildung im Nordkanal eine Feindfahrt als Kommandant von *U147* gemacht und schließlich von Dönitz, der nichts von seinen Verletzungen wußte, das Kommando über *U123* erhalten.

Am 20. Juni stieß Hardegen auf der Fahrt Richtung Freetown auf ein alleinfahrendes britisches Schiff. Er griff unter Wasser an und schoß einen Torpedo, der jedoch sein Ziel verfehlte. Nach langer Jagd unter Wasser schoß Hardegen abermals. Dieses Mal traf der Torpedo und die Besatzung gab das Schiff auf, das jedoch noch immer schwimmfähig blieb. Hardegen lief heran und gab dem Wrack einen Fangschuß. Er traf gut, doch das Schiff wollte immer noch nicht sinken. Also tauchte er

* Schützes bestätigte Quote mit *U25* und *U103* belief sich auf 36 Schiffe mit 187 179 Tonnen. Damit lag er in der Bestenliste des gesamten Krieges auf dem vierten Platz.

auf und versenkte das Schiff mit der 10,5-cm-Kanone, um keinen weiteren Torpedo zu verschwenden. Erst als er sich den Rettungsbooten näherte, entdeckte er, daß er kein britisches Schiff, sondern den portugiesischen Neutralen *Ganda* mit 4333 Tonnen versenkt hatte. Als die Portugiesen diplomatischen Protest erhoben, machten die Deutschen ein britisches U-Boot für die Versenkung verantwortlich, und Dönitz befahl Hardegen, wie schon Lemp nach der Versenkung der *Athenia*, den Bericht über seine Feindfahrt zu ändern, um den Vorfall zu vertuschen.

Nachdem Hardegen in den frühen Nachtstunden des 25. Juni heimlich bei der *Corrientes* seine Vorräte ergänzt hatte, verließ er die Kanarischen Inseln und lief weiter nach Süden, wobei seine Mannschaft schwer unter der ungewohnten Hitze und Feuchtigkeit der Tropen litt. Am folgenden Tag gab Kernével die von Metzler gemeldete Position des Konvois Sierra Leone 76 an Hardegen weiter. Hardegen steckte einen entsprechenden Kurs ab und fand den Konvoi am Nachmittag des 27. Juni. Inzwischen wurde der Geleitzug jedoch von mehreren Zerstörern und Korvetten und von einer Sunderland-Maschine eskortiert. Hardegen hielt bis zum Einbruch der Nacht Fühlung, tauchte dann auf und meldete Dönitz den Konvoi (23 Schiffe). Dönitz befahl Hardegen, anzugreifen und weiterhin Fühlung zu halten, damit das nach Süden fahrende *U66* herangeführt werden konnte.

Kurz vor Mitternacht führte Hardegen seinen Angriff durch und schoß drei Torpedos auf drei verschiedene Schiffe. Zwei davon trafen die Ziele, der dritte ging fehl, traf jedoch vielleicht ein anderes Schiff. Hardegen meldete die Versenkung eines 10 000 BRT großen Tankers und zweier Frachtschiffe mit 5000 BRT mit diesem Fächer, doch aus den Aufzeichnungen der Admiralität geht hervor, daß lediglich zwei Frachter, ein 5600 BRT großer britischer und ein 2000 BRT großer holländischer, untergingen. Die Geleitschiffe jagten und fanden *U123* und attackierten das Boot zwölf Stunden lang mit Wasserbomben, doch Hardegen vermied ernsthafte Beschädigungen, indem er 200 Meter tief tauchte, ein gutes Stück unterhalb der maximalen Tiefeneinstellung britischer Wasserbomben.

Am nächsten Tag eilte Hardegen nach Norden, um den Konvoi wiederzufinden, und meldete seine Erfolge (20 000 Tonnen) nach Kernével. Er bekam am Nachmittag Fühlung und meldete den Konvoi, doch ein Sunderland-Flugzeug drängte ihn ab. In der Nacht setzte Hardegen die Verfolgung in nördlicher Richtung fort. Am folgenden Tag, dem 29. Juni, hatte *U66* unter Richard Zapp Fühlung bekommen. An diesem Tag und dem nächsten versenkte Zapp drei Nachzügler, zwei Griechen und ein britisches Schiff mit insgesamt 15 600 Tonnen. Hardegen griff ebenfalls am 29. Juni die Hauptformation des Konvois an und torpedierte den britischen Frachter *Rio Azul* mit 4000 BRT, meldete ihn jedoch als Hilfskreuzer.

Nachdem Dönitz erfahren hatte, daß der Konvoi durch Luft- und Überwassereskorten verstärkt worden war und daß ihn Hardegen 740 Kilometer nach Norden verfolgt hatte, befahl er Hardegen und Zapp am 1. Juli, beizudrehen und wieder Richtung Freetown zu patrouillieren. Bis die Boote Freetown erreichten, hatte die Admiralität jedoch ihre ASW-Maßnahmen verstärkt und, offensichtlich mit Hilfe von Ultra, Geleitzüge und einzelne Schiffe aus diesem Raum abgezogen. Aus diesem Grund konnten Hardegen und Zapp vor ihrer Rückkehr nach Lorient jeweils nur noch einen Frachter versenken. Abgesehen von *UA*, das auf einer Feindfahrt von 76 Tagen kein einziges Schiff versenkt hatte, waren das in diesem Sommer die unergiebigsten Feindfahrten vor Freetown.

Unterdessen setzte Jost Metzler, der Hardegen und Zapp auf Sierra Leone 76 angesetzt hatte, mit dem VIIC-Boot U69 seine Fahrt zu den Kanarischen Inseln fort, wo er bei der *Corrientes* auftanken wollte. Zu Metzlers Erstaunen verkündete der Berliner Rundfunk – unter Nennung seines Namens – die von ihm gemeldeten Erfolge vor der Küste Afrikas: 31 500 Tonnen. Dabei wurden, wie Metzler vermerkte, die Ergebnisse der Verminungsaktion mitgerechnet, nicht jedoch die Versenkung der *Robin Moor.* In der Nacht vom 28. auf den 29. Juni ging *U69* mit den letzten Tropfen Brennstoff bei der *Corrientes* längsseits. Die Besatzung aß sich richtig satt, die Treibstofftanks wurden gefüllt, und das Boot setzte seine Fahrt nach Lorient fort. Unterwegs unternahm Metzler, der keine Torpedos mehr hatte, einen tollkühnen Angriff auf den schwer bewaffneten britischen Frachter *Robert L. Holt* und versenkte ihn mit dem Deckgeschütz, ein offenes Artilleriegefecht, das Metzler als das verrückteste Abenteuer seiner langen und ungewöhnlichen Feindfahrt bezeichnete.

Metzler traf am 8. Juli in St. Nazaire ein. Er war 64 Tage ununterbrochen auf See gewesen, für ein VIIC-Boot einen eindrucksvoller Rekord. Inzwischen war der Protest wegen der *Robin Moor* längst vergessen, überdeckt von den durchschlagenden Erfolgen des Heeres und der Luftwaffe im Rußlandfeldzug. Dönitz vermerkte pflichtbewußt, daß die Versenkung des amerikanischen Schiffes *Robin Moor* entgegen den erteilten Befehlen erfolgt sei, doch das von Metzler befürchtete Kriegsgerichtsverfahren blieb aus. Ganz im Gegenteil: Dönitz lobte Metzler herzlich für seine gut durchgeführte Feindfahrt, wobei er sich insbesondere auf das Minenlegen und den kühnen Artillerieangriff auf die *Robert L. Holt* bezog. Er schrieb *U69* die Versenkung von sechs Schiffen mit 36224 Tonnen zu, darunter auch die britische *Sangara*, die geborgen worden war, nicht jedoch die *Robin Moor.* Nach dem Krieg wurden Metzler, einschließlich der *Robin Moor* und eines durch eine Mine versenkten Schiffes, 28400 Tonnen an versenktem Schiffsraum und der Schaden an der *Sangara* bestätigt. Nachdem Dönitz alle Einzelheiten dieser ungewöhnlichen und beschwerlichen Feindfahrt erfahren hatte, erhielt Metzler das Ritterkreuz.

Mit Ausnahme von *UA* erzielten die acht in afrikanischen Gewässern patrouillierenden Boote von März bis Juni einige der besten Resultate des U-Boot-Kriegs. Alle sieben Kommandanten verdienten sich das Ritterkreuz oder das Eichenlaub zum Ritterkreuz. Hier die bestätigten Gesamtresultate:

		Schiffe	Tonnage
U107	(Heßler)	14	86699
U105	(Schewe)	12	70500
U103	(Schütze)	13	65172
U124	(Schulz)	11	52397
U38	(Liebe)	8	47279
U106	(Oesten)	8	37224*
U69	(Metzler)	6	28400
Gesamt:		72	387671

* Sowie die Beschädigung des Schlachtschiffs *Malaya*

Diese im Mai und Juni 1941 gemeldeten 72 Versenkungen erhöhten die Erfolge der U-Boote beträchtlich. Die Zahlen täuschten auch über die verhältnismäßig geringe Ausbeute im »entscheidenden« Nordatlantik hinweg.

Der Raubzug im Südatlantik zwang die Admiralität schließlich, die ASW-Maßnahmen in diesem Raum zu verstärken. Ein wichtiger Schritt war die Einführung eines ständigen Geleitschutzes für die Sierra-Leone-Konvois. Nach dem am 1. Juli genehmigten, neuen Verfahren sollte jeder Sierra-Leone-Geleitzug von Freetown bis zu den Gewässern von Gibraltar von mindestens fünf Korvetten begleitet werden. Dort sollte sich der Konvoi mit zu den Britischen Inseln fahrenden Gibraltar-Geleitzügen und einer weiteren Gruppe von Korvetten zusammenschließen. Für den Plan wurden insgesamt 66 Korvetten gebraucht, 36 für die Etappe von Freetown nach Gibraltar und 30 für den Abschnitt zwischen Gibraltar und den Britischen Inseln. Da nur 99 Korvetten verfügbar waren,* konnte der Plan nicht vollständig umgesetzt werden, ohne Korvetten von den nordatlantischen Geleitzugrouten abzuziehen. Aus diesem Grund ergab sich für die US Navy die dringende Notwendigkeit, zum frühestmöglichen Termin die Verantwortung für den Geleitschutz der nordatlantischen Konvois von Kanada nach Island zu übernehmen.

Die nordatlantischen Feindfahrten im Juni

Der Einsatz für die *Bismarck* hatte den Rhythmus der U-Boot-Fahrten im Atlantik gestört und den im Westen gebildeten Aufklärungsstreifen südlich von Grönland ausgedünnt. Am 1. Juni bestand der Streifen nur noch aus vier Booten. Allerdings waren sieben der zwanzig im Juni auslaufenden Boote auf dem Weg, um den Streifen zu verstärken. Hinzu kam noch *U557*, das sich vorübergehend zurückgezogen hatte, um bei der *Belchen* aufzutanken, einem Versorgungsschiff der *Bismarck*, das sich jedoch selbst versenkte. Auf Wunsch des OKM wurden mit *U79* und *U559* zwei in Deutschland ausgelaufene neue Typ-VII-Boote, die sich dem Aufklärungsstreifen anschließen sollten, vorübergehend in die Dänemarkstraße dirigiert, um den geplanten Durchbruch des Taschen-Schlachtschiffs *Lützow* (ehemals *Deutschland*) in den Atlantik zu unterstützen.**

Dönitz erwartete großartige Ergebnisse von dem westlichen Aufklärungsstreifen, da die Boote außerhalb der Reichweite der auf Island und Newfoundland stationierten ASW-Flugzeuge Position bezogen hatten und für das Auftanken nahe genug bei der *Belchen* standen. Es tauchten jedoch Probleme auf. Die *Belchen* ging wenig später verloren, und Korth brachte mit *U93* Überlebende der *Belchen* nach Lorient. Weiterhin verlor ein anderes Boot, Richard Zapps neues IXB-Boot *U66*, alle Außenklappen seiner vier Bugtorpedorohre und brach die Fahrt ab – unnötig früh, wie Dönitz no-

* Sechs bis acht neue Korvetten wurden jeden Monat in Dienst gestellt. Das Battle of the Atlantic Committee beurteilte diese Produktionsrate als »nicht zufriedenstellend«, insbesondere, da bei den ersten gelieferten Korvetten eine gründliche Überholung fällig war, die nach dem Lend Lease Act in amerikanischen Schiffswerften ausgeführt wurde.

** Das Coastal Command schickte am 13. Juni, wahrscheinlich aufgrund von Enigma-Informationen, 14 torpedotragende Beaufort-Flugzeuge gegen die sich in norwegischen Gewässern befindende *Lützow* aus. Ein Flugzeug konnte einen Treffer erzielen, der einen Einsatz der *Lützow* für die nächsten sieben Monate verhinderte.

tierte. Die verbleibenden zehn Boote waren in großen Abständen auf mögliche Konvoirouten verteilt und durch starken Nebel beeinträchtigt, der sich bildete, als kalte, arktische Luftmassen auf das warme Wasser des Golfstroms trafen.

Dank Ultra kannte die Admiralität die ungefähre Position und Stärke des U-Boot-Aufklärungsstreifens. In enger Zusammenarbeit leiteten Rodger Winn im Submarine Tracking Room, die Offiziere und Helfer/innen der Admiralty Trade Division und im Derby House in Liverpool die ostwärts fahrenden Geleitzüge weit um den Streifen herum. Die U-Boote sichteten daher nur Schiffe, die in der Regel unbeladen und allein oder paarweise nach Westen fuhren und sich von den auslaufenden Konvois westlich von Island gelöst hatten, bevor der durchgehende Geleitschutz realisiert wurde.

Das Fehlen jeglicher Halifax-Konvois stellte die Deutschen vor ein großes Rätsel. Dönitz vermutete, die Admiralität könnte die Konvois vielleicht weit im Norden an dem Aufklärungsstreifen vorbeileiten, am Rand des Packeises zwischen Newfoundland und Grönland. Daher holte er die Genehmigung des OKM ein, Kleinschmidts Boot *U111*, das bei der inzwischen versenkten *Belchen* aufgetankt hatte, zur Erkundung der neufundländischen Küste von Kap Race nach Norden bis zur Belle-Isle-Straße zu entsenden. Weil damit erstmals ein U-Boot in »amerikanische Gewässer« eindrang und Hitler während der Operation Barbarossa jede unnötige Provokation vermeiden wollte, durfte Kleinschmidt nur besonders wertvolle Schiffe abschießen (Kreuzer, größere Kriegsschiffe oder große Passagierschiffe, die wie etwa die *Queen Mary* als Truppentransporter eingesetzt wurden), und er mußte während der Aufklärungsfahrt absolute Funkstille wahren.

Dieser Auftrag war für ein Boot auf der Jungfernfahrt ein schwieriges Unternehmen, insbesondere da Kleinschmidt keine Navigationskarten für die Region um Newfoundland besaß. Nach der Annäherung an die Küste stieß er auf schweres Packeis, Eisberge und dichten Nebel. Er erkundete das Gebiet eine Woche lang, wobei zwei Mündungsklappen durch das Eis unbrauchbar wurden, zog sich dann weit nach Osten zurück und funkte seinen Bericht an Dönitz. Kleinschmidt hatte keine Schiffe gesichtet und hielt es wegen des schweren Packeises für unwahrscheinlich, daß die Konvois auf diese Route umgeleitet wurden. Nach diesem Bericht verlegte Dönitz den Aufklärungsstreifen weiter nach Süden – ohne Erfolg.

Die Boote des Aufklärungsstreifens entdeckten zwar keine Halifax-Geleitzüge, sichteten und versenkten jedoch einige einzeln und paarweise westwärts fahrende Schiffe. Das beste Ergebnis erzielte der Ritterkreuzträger Herbert Schultze, der das berühmte, aber altersschwache *U48* für das Ausbildungskommando in die Heimat brachte. In nur neun Tagen versenkte Schultze fünf Schiffe mit 38462 Tonnen, darunter drei Tanker: die britische *Inversuir* mit 9500 BRT, die britische *Wellfield* mit 6000 BRT und die holländische *Pendrecht* mit 10700 BRT. Damit hatte Schultze die 200000-Tonnen-Grenze überschritten und erhielt nach Prien, Kretschmer und Schepke das Eichenlaub zum Ritterkreuz als vierter Kommandant, der sich diese hohe Auszeichnung im Nordatlantik erworben hatte.* Schultze ließ *U48* in Deutschland und

* Schultzes bestätigte und ausschließlich auf *U48* erzielte Trefferquote belief sich auf 28 Schiffe mit 183435 Tonnen, was ihm im Krieg den fünften Rang unter den deutschen Assen eintrug. *U48* blieb das führende Boot des Krieges; es hatte unter Schultze, Rösing und Bleichrodt 54,5 Schiffe mit 320429 Tonnen versenkt. Kretschmers *U99* rangierte auf dem zweiten Platz.

kehrte nach Frankreich zurück, wo er das Kommando über die 3. U-Flottille in La Pallice übernahm.

Nicht weniger aggressiv operierte der Ritterkreuzträger Engelbert Endraß mit dem ebenfalls altersschwachen VIIB-Boot *U46*. Er war jedoch von insgesamt vier Torpedoversagern geplagt. Am 2. und 6. Juni griff Endraß ein Frachtschiff und einen Tanker an und traf, doch beidesmal detonierte der Torpedo nicht. Am 8. Juni griff er gleichzeitig einen Frachter und einen Tanker an. Wieder versagten zwei Torpedos, doch Endraß beschädigte den 6200 BRT großen britischen Tanker *Ensis* und versenkte den Frachter mit 5300 BRT. Nach diesem Angriff drehte die *Ensis* auf *U46* zu, rammte das Boot und beschädigte das Angriffssehrohr. Endraß gab der *Ensis* den Fangschuß und versenkte sie. Danach brach er die Fahrt ab und kehrte nach Frankreich zurück. Auf dem Weg nach Lorient versenkte er noch einen 5600 BRT großen Frachter per Torpedo und Deckgeschütz. Dank überhöhter Meldungen von 16 500 Tonnen versenkten Schiffsraumes überschritt auch Endraß die 200 000-Tonnen-Marke und erhielt das Eichenlaub zum Ritterkreuz.*

Wolfgang Lüth, ein weiterer Ritterkreuzträger, mit dem alten, jedoch kürzlich wieder in Dienst gestellten Typ-IX-Boot *U43* ersetzte Endraß in dem Aufklärungsstreifen. Er torpedierte zwei Schiffe mit 7500 Tonnen, aber *U43* war nicht wirklich gefechtstauglich. Nach seiner Rückkehr mußte es in Lorient zu einer weiteren Überholung in die Werft und blieb dort bis November. Es hatte in zwölf Monaten nur zwei Feindfahrten gemacht, auf denen Lüth nur fünf Schiffe versenkt hatte.

Die anderen, teilweise auf der Jungfernfahrt befindlichen Kommandanten im Aufklärungsstreifen versenkten zwischen dem 1. und 18. Juni weitere 14 Schiffe. Der erfolgreichste war Klaus Scholtz mit dem IXB-Boot *U108*, der sich auf seiner dritten Feindfahrt im Atlantik befand. Er meldete die Versenkung von vier Schiffen mit 27 300 Tonnen, darunter einen Hilfskreuzer mit 14 000 Tonnen. Tatsächlich hatte er vier Frachter mit 17 000 BRT versenkt.**

Erich Topp von *U552*, der mit dem Einbaum *U57* drei und mit *U552* zwei Feindfahrten im Nordkanal unternommen hatte, bat erneut um einen Einsatz in diesem gefährlichen Gebiet. Da der Einbaum *U141* dort erst kürzlich auf einer Ausbildungsfahrt schwer beschädigt worden war und die kürzesten Nächte des Jahres unmittelbar bevorstanden, stimmte Dönitz dem Einsatz nur zögernd zu.

Geplant war, daß Topp seine Operationen mit drei Einbäumen vom Typ IID koordinieren sollte, die sich nahe der Britischen Inseln auf Schulungsfahrten befanden. Der Einbaum *U141* war in Lorient repariert worden, *U143* lief in Deutschland aus, und *U147* war schon zu einem früheren Zeitpunkt in Deutschland in See gestochen. Dönitz wußte noch nicht, daß *U147* unter Eberhard Wetjen am 2. Juni durch britische Kriegsschiffe versenkt worden war, als der Zerstörer *Wanderer* und die Korvette *Peri-*

* Endraß' bestätigtes und ausschließlich mit *U46* erzieltes Gesamtergebnis betrug 24 Schiffe mit 134 566 Tonnen.

** Zu Dönitz' Verteidigung in Nürnberg legte Scholtz' Erster Wachoffizier Heinz-Konrad Fenn ein Dokument und Fotos vor, die belegten, daß Scholtz, nachdem er am 8. Juni den 4200 BRT großen griechischen Frachter *Dirphys* versenkt hatte, den Überlebenden in den Rettungsbooten zwanzig Brotlaibe und reichlich Trinkwasser überließ, ihnen Anweisungen für die Fahrt zur Küste gab und vorübergehend einen der Schiffbrüchigen zur medizinischen Behandlung an Bord nahm.

winkle Wetjen nach seinem kühnen Einzelangriff auf den Konvoi Outbound 329 angegriffen hatten.

Topp mußte feststellen, daß es in dem Gebiet von ASW-Flugzeugen wimmelte, die ihn bis zu zehnmal am Tag zum Alarmtauchen zwangen; eine nervenzerfetzende Prozedur, unter der mehrere seiner Männer zusammenbrachen. Trotzdem fand und versenkte er drei Schiffe mit 24400 Tonnen, darunter den britischen Frachter *Norfolk* mit 11000 BRT. Einschließlich dieser Versenkungen hatte Topp 100000 Tonnen gemeldet, was ihm das Ritterkreuz einbrachte.* Am 18. Juni stieß Topp auf einen einlaufenden Geleitzug. Er versuchte anzugreifen und die anderen Einbäume und Boote heranzuführen, doch die Geleitfahrzeuge drängten ihn ab. Dem Einbaum *U141* war es nicht möglich, mit *U552* zu kooperieren, doch das Boot schoß auf zwei Schiffe und versenkte eines davon.

U138, ein weiterer Einbaum, war in streng geheimer Mission von Deutschland nach Lorient gefahren. Das Boot wurde von dem 25jährigen Franz Gramitzky kommandiert, der bei Kampfeinsätzen unter Schepke und Lüth auf anderen Einbäumen gedient hatte. Gramitzky sollte in den britischen Marinestützpunkt bei Gibraltar eindringen mit dem ausdrücklichen Ziel, das Schlachtschiff *Renown* oder einen Flugzeugträger, mindestens jedoch einen Schweren Kreuzer zu versenken. Falls ihm – wie Prien in Scapa Flow – die Versenkung eines Großkampfschiffs gelang, war ihm das Ritterkreuz sicher. Wenn er dagegen in Schwierigkeiten geriet, sollte er das Boot versenken und mit der Besatzung nach Spanien schwimmen, wo man ihm helfen würde, wieder zurück nach Lorient zu gelangen.

Gramitzky lief am 12. Juni in Lorient aus. Außer ihm wußte auf dem Boot niemand vom Zweck der Mission. Als er am frühen Morgen des 18. Juni etwa 185 Kilometer westlich der Straße von Gibraltar über Wasser auf seinen Bestimmungsort zulief, sichtete seine Brückenwache ein Schiff, das sie für einen Kreuzer hielt, und das Boot tauchte. Der »Kreuzer« war in Wirklichkeit der Zerstörer *Faulknor*, der gemeinsam mit vier Schwesterschiffen der 13. Zerstörerflottille, der *Fearless*, der *Forester*, der *Foresight* und der *Foxhound*, das Gebiet per Sonar durchkämmte und vermutlich aufgrund von Ultra-Informationen nach *U138* Ausschau hielt. Die exzellenten Sonarteams auf der *Faulknor* und der *Forester* waren an der ersten Versenkung von deutschen U-Booten (*U27* und *U39*) beteiligt gewesen.

Die Faulknor bekam Sonarkontakt mit *U138*, griff sofort an und warf sechs Wasserbomben, die auf Tiefen zwischen 30 und 75 Meter eingestellt waren. Sie explodierten mit unheimlicher Genauigkeit, und zerstörten und fluteten das Boot. Außer Kontrolle und mit vollaufenden Innenräumen, sank das Boot zweimal auf beinahe 200 Meter, bevor Gramitzky die Tauchzellen anblasen und das Boot an die Meeresoberfläche bringen konnte. Als es die Wasseroberfläche durchbrach, sprang die gesamte Besatzung über Bord. Die *Forester* sichtete das zum Untergang verurteilte Boot und nahm es unter Feuer. Außerdem warf sie sechs weitere Wasserbomben, bevor sie erkannte, daß *U138* bereits sank – senkrecht, mit dem Heck voran. Die *Faulknor* fischte die gesamte Besatzung von 28 Mann aus dem Wasser; es gab keine ernsthaft Verletzten.

---

* Topps bestätigte Versenkungen mit dem Einbaum *U57* und mit *U552* beliefen sich auf 14,5 Schiffe mit 94076 Tonnen.

Eine aufschlußreiche Geleitzugschlacht

Bis zum 18. Juni hatte kein Boot des weit entfernten westlichen Aufklärungsstreifens Anzeichen für einen Halifax-Konvoi ausmachen können. Dönitz vermerkte, die Flaute im Schiffsverkehr sei auffallend. Er beschloß, den Streifen weiter nach Südosten zu verlegen und so den Gegner zu täuschen, für den Fall, daß dieser Kenntnis von dem Aufklärungsstreifen haben sollte. Gleichzeitig befahl er Kleinschmidt in *U111*, dem am weitesten nördlich stehenden Boot, zu dem Packeisgürtel vor Newfoundland zurückzukehren, um auszukundschaften, ob die Konvois weit im Norden fuhren. Die Verlegung in den Südosten brachte keinerlei Ergebnisse. Deshalb löste Dönitz den Aufklärungsstreifen auf und verteilte die zwanzig Boote im Nordatlantik auf Positionen innerhalb eines großen Rechteckes, das grob 1800 mal 3300 Kilometer maß. Unter den zwanzig U-Booten befanden sich auch die VIIC-Boote *U79* und *U559*, denen man die Dänemarkstraße zugewiesen hatte, wo sie den zweiten Durchbruch der *Lützow* unterstützen sollten. *U559* hatte sich jedoch im Eis die Sehrohre verbogen und war deshalb gezwungen, nach Lorient zu fahren.

Das neue VIIC-Boot *U203* unter dem 28jährigen Rolf Mützelburg, der zuvor den Einbaum *U10* kommandiert hatte, war auf dem Weg nach Westen in sein Einsatzgebiet, als es am 20. Juni kurz nach Mitternacht ein von einem Zerstörer begleitetes Schlachtschiff sichtete. Es handelte sich um die betagte *Texas*, die zu einem auf befristete Zeit gebildeten Verband der US-Marine gehörte. Die Einheit, zu der auch die beiden ebenfalls alten Schlachtschiffe *New York* und *Arkansas* gehörten, sollte den Briten helfen, den erwarteten Durchbruch der *Lützow* zu verhindern. Da sich die *Texas* zu diesem Zeitpunkt rund 1480 Kilometer süd-südwestlich von Island und etwa 18 Kilometer innerhalb einer Zone aufhielt, für die Hitler die Genehmigung erteilt hatte, Angriffe auf neutrale Schiffe durchzuführen, ging Mützelburg kühn auf Gefechtsstation, jagte den im Zickzackkurs fahrenden Giganten in nordöstlicher Richtung und fragte sich dabei wohl, ob die *Texas* (wie die fünfzig Glattdeck-Zerstörer und die zehn Küstenschutzschiffe) an Großbritannien verpachtet, verkauft oder übergeben worden war. Doch die *Texas* machte hohe Fahrt, und nach einer sechzehnstündigen Verfolgung, die die Schiffe 275 Kilometer in die freigegebene Zone hineinführte, mußte Mützelburg zu seiner großen Enttäuschung aufgeben.

Als Mützelburg am selben Tag seine erfolglose Jagd meldete, sorgte dies für großen Wirbel in Kernével und Berlin. Bis zum Beginn des Unternehmens Barbarossa waren es nur noch 48 Stunden, und Hitler hatte klargestellt, daß U-Boote und Handelsstörer Zwischenfälle mit Schiffen der Vereinigten Staaten vermeiden sollten. Doch die Anwesenheit der *Texas* innerhalb der »deutschen Zone« war eine kühne Herausforderung. Da Dönitz, Raeder und andere im OKM der Meinung waren, Deutschland dürfe keine Schwäche zeigen, da die Vereinigten Staaten sonst weitere Verstöße begehen würden, kamen sie zu dem Schluß, Mützelburg habe bei dem Versuch, die *Texas* anzugreifen, richtig gehandelt. Hitler wurde von Raeder entsprechend informiert und stimmte mit dieser Ansicht völlig überein. Da jedoch Fehler in der Positionsbestimmung eher die Regel als die Ausnahme waren, kam man überein, daß innerhalb von 37 Kilometern der deutschen Grenzlinie keine Schritte gegen neutrale (d.h. amerikanische) Kriegsschiffe unternommen werden sollten, und Dönitz gab diese Information an die Boote weiter.

Später in der Nacht vom 21. auf den 22. Juni rief Hitler Raeder persönlich an und annullierte die neue Richtlinie. Während der Operation Barbarossa, so Hitler nun, hätten Angriffe auf amerikanische Kriegsschiffe *überall* in der deutschen Zone zu unterbleiben. »Der Führer erklärt des näheren«, vermerkte dazu das OKM, »daß er bis zur klaren Entwicklung des [Unternehmens] ›Barbarossa‹ jeden Zwischenfall mit USA vermeiden möchte.« Hitler selbst werde entscheiden, wann ein »scharfes Vorgehen auch gegen USA« wieder angebracht sei.

Am 21. Juni gab Dönitz die neue Direktive an die U-Boote weiter: »[Der] Führer hat Vermeidung jeden Zwischenfalls mit USA für die nächsten Wochen befohlen. In allen denkbaren Fällen in diesem Sinne handeln.« Als weitere Vorsichtsmaßnahme hatte Hitler befohlen, die U-Boote sollten nur eindeutig als britisch erkannte Kreuzer, Schlachtschiffe und Flugzeugträger in und außerhalb der Zone angreifen, und nicht etwa alle Kriegsschiffe, denn »Abgeblendet-Fahren gilt bei Kriegsschiffen nicht als Beweis feindlichen Charakters«.

Durch diese Anordnung, klagte Dönitz in seinen Memoiren, war »ein Zustand erreicht, der in einem Krieg einmalig war«. Sie »bedeutete für die U-Boote, daß sie ihre schlimmsten Feinde, die Zerstörer, Fregatten und Korvetten, also auch die englischen, nicht mehr angreifen durften... Die englische U-Bootsicherung hatte also freie Hand.« Doch dies war Haarspalterei. Weil die Torpedos bei Angriffen auf Sicherungsschiffe auf geringe Tiefen eingestellt werden mußten und deshalb unzuverlässig liefen, griffen U-Boote üblicherweise keine Begleitschiffe an. Sie mieden Eskortschiffe und wichen ihnen aus, und bei Gegenangriffen tauchten sie tief. Trotzdem wurmte es die U-Boot-Fahrer, daß sie Geleitfahrzeuge nicht angreifen durften, und Dönitz zögerte nicht, dies dem OKM klarzumachen.

Auf dem Rückweg in sein ursprünglich geplantes Einsatzgebiet sichtete Mützelburg mit *U203* am Nachmittag des 23. Juni – dem zweiten Tag des Unternehmens Barbarossa – auf dem 41. Grad westlicher Länge, 740 Kilometer südlich von Island, den Geleitzug Halifax 133. Seine Fühlungsmeldung elektrisierte Kernével; nach 35 Tagen hatte ein U-Boot erstmals wieder einen Halifax-Konvoi entdeckt. Da der Konvoi noch eine sehr große Entfernung zurücklegen mußte, bestand eine gute Chance, zehn oder mehr Boote heranzuführen und entlang seiner Route anzugreifen. Also befahl Dönitz Mützelburg, Fühlung zu halten und Peilzeichen für die anderen Boote zu funken, und brachte damit eine U-Boot-Jagd und Geleitzugschlacht von epischem Ausmaß in Gang.

Halifax 133 hatte ursprünglich aus 49 mit wertvoller Fracht beladenen Schiffen bestanden und war am 21. Juni ausgelaufen. Es war der fünfte ostwärts fahrende transatlantische Geleitzug, der »durchgehend« oder »von einem Ende zum anderen« gesichert wurde und der sich mit erhöhter Geschwindigkeit bewegte, um Schiffe mit einer Reisegeschwindigkeit von 12 bis 15 Knoten mitnehmen zu können, die zuvor nicht in Geleitzügen gefahren waren. Eine neu gebildete kanadische Sicherungsgruppe, der Zerstörer *Ottawa* und vier Korvetten (drei kanadische und eine britische), sollte den Konvoi in östlicher Richtung bis zum 35. Grad westlicher Länge bringen, wo sie von einer auf Island stationierten britischen Sicherungsgruppe abgelöst würde, die den Geleitzug auf der mittleren Etappe bis ungefähr zum 20. Grad westlicher Länge begleiten sollte. Umgekehrt sollte eine andere kanadische Sicherungsgruppe (die

Korvette *Wetaskiwin* und vier weitere Schiffe) von Island aus eine britische Gruppe beim 35. Grad West ablösen und den Geleitzug Outbound 336 weiter nach Kanada begleiten.

Mützelburg hielt mit *U203* den gesamten Nachmittag und Abend des 23. Juni Fühlung und funkte mehrere Meldungen. Auf dem ganzen Ozean rechneten die weit verstreuten Boote die Positionen mittels des neuen Bezugspunkt-Systems aus und kalkulierten ihre Chancen, den Konvoi abzufangen. Als zwei weitere neue VIIC-Boote, *U79* und *U371*, Fühlung bekommen und Meldung erstattet hatten, gab Dönitz *U203* in den frühen Morgenstunden des 24. Juni den Befehl zum Angriff.

Seinen ersten Fächer in diesem Krieg schoß Mützelburg auf drei große Schiffe. Er meldete zwei davon als versenkt, doch nur die Versenkung des norwegischen 4400-BRT-Frachters *Solöy* wurde bestätigt. Der 28jährige Heinrich Driver griff mit dem neuen *U371* an und versenkte den norwegischen Frachter *Vigrid*, einen Nachzügler mit 4800 BRT. Die Mannschaft und zehn Krankenschwestern vom amerikanischen Roten Kreuz ließen vier Rettungsboote zu Wasser. Zwei Boote nahmen Kurs auf Grönland und zwei auf Irland. Der 29jährige Wolfgang Kaufmann kam mit dem neuen Boot *U79* nicht zum Schuß; er hielt jedoch Fühlung und setzte Positionsmeldungen ab. Die *Ottawa* unter Edmond R. Mainguy und die vier Korvetten der kanadischen Sicherungsgruppe »nahmen die erste Geleitzugschlacht der kanadischen Marine an«; sie jagten hin und her, ohne miteinander kommunizieren zu können, und warfen ziemlich ziellos Wasserbomben.

Zu diesem Zeitpunkt waren in dem Gebiet die beiden aufeinanderfolgenden Geleitzüge Outbound 335 und Outbound 336 nach Westen unterwegs. Das Western Approaches Command erkannte, daß der aus 23 Schiffen und einer kanadischen Sicherungsgruppe von fünf Korvetten bestehende Konvoi Outbound 336 in der Nähe des angegriffenen Geleitzuges Halifax 133 vorbeifahren würde, und befahl seinem SOE, den Kurs zu ändern und das Gebiet zu umfahren. Doch der Funker des SOE des Geleitzugs war krank, und sein Ersatzmann konnte die Nachricht nicht dechiffrieren und legte sie achtlos beiseite. Eine ähnliche Nachricht ging auch an *Wetaskiwin*, das Flaggschiff der kanadischen Eskortgruppe, doch die Kanadier hatten den Konvoi noch nicht gefunden und konnten die Nachricht deshalb nicht weiterleiten. Outbound 336 steuerte also weiterhin genau auf den ostwärts fahrenden Konvoi Halifax 133 zu. Dies brachte eine Gesamtzahl von 65 Handelsschiffen und zwei neu gebildete kanadische Begleitgruppen zusammen.

Am Vormittag des 24. Juni, ungefähr sieben Stunden nach seinem Angriff auf den Halifax 133, bekam Mützelburg Fühlung mit Outbound 336. Nach dem vorgeschriebenen Verfahren hätte er den Konvoi melden müssen und erst angreifen dürfen, wenn er die Erlaubnis erhielt, damit Kernével andere Boote heranführen konnte. Doch Mützelburg ließ sich zu einem sofortigen Angriff hinreißen und versenkte zwei Frachter, die britische *Kinross* mit 5000 BRT und die holländische *Schie* mit 2000 BRT. Er meldete den neuen Geleitzug erst am Spätnachmittag, zusammen mit der schlechten Nachricht, daß er bereits angegriffen hatte und die Fahrt wegen eines defekten Abgasventils sofort abbrechen mußte. Da noch kein anderes Boot Fühlung bekommen hatte, befahl ihm Dönitz wütend, an dem Geleitzug zu bleiben und Fühlungshaltermeldungen abzusetzen, doch Mützelburg hatte den Kontakt bereits verloren und konnte den Befehl nicht ausführen.

Aus den Berichten von *U203* und anderen Booten schloß Dönitz, daß sich zwei Konvois auf engem Raum passierten und die Gelegenheit zu einem vernichtenden Gemetzel bestand.

Er gab daher alle Informationen weiter und wies die zusammenlaufenden Boote an, den Geleitzug anzugreifen, der für sie günstiger lag. Gleichzeitig gab das Western Approaches Command, das bemüht war, die wertvollsten (ostwärts laufenden) Schiffe zu schützen, der immer noch nach Outbound 336 suchenden kanadischen *Wetaskiwin*-Escort Group und fünf mit Outbound 335 und Outbound 336 fahrenden britischen Geleitfahrzeugen den Befehl, den ostwärts laufenden Konvoi Halifax 133 zu verstärken.

Als diese Befehle eingingen, hatte die Wetaskiwin-Gruppe bereits die Notrufe des lange gesuchten Konvois Outbound 336 aufgefangen und dessen Position festgestellt. Unter Mißachtung der Anordnungen des Western Approaches Command entschied sich der Führer der *Wetaskiwin*-Gruppe, Guy S. Windeyer, seine Streitkraft zu teilen, damit Outbound 336 nicht völlig ungeschützt blieb. Er schickte zwei Korvetten zu Halifax 133 und schloß sich mit der *Wetaskiwin* und zwei anderen Korvetten Outbound 336 an. Wegen dieser Mißachtung eines ausdrücklichen Befehls wurde die kanadische Marine später kritisiert – und verspottet –, doch nach einer eingehenden Untersuchung billigte Derby House die Entscheidung. Als jedoch die *Wetaskiwin*-Gruppe den Geleitzug endlich einholte, hatte sich dieser im dichtem Nebel zerstreut, und die Gruppe konnte keinen wirksamen Schutz mehr bieten.

Etwa sechs U-Boot-Kommandanten entschieden sich, diesen in Auflösung begriffenen Konvoi zu verfolgen. Darunter auch die beiden erfahrenen Kommandanten Ernst Mengersen mit *U101* und Klaus Scholtz mit *U108*. Alle Boote waren jedoch durch den Nebel und durch Treibstoffmangel behindert. Nur Scholtz hatte Erfolg und versenkte die 4400 Tonnen große griechische *Nicolas Pateras*.

Am 24. Juni blieb Wolfgang Kaufmann mit dem neuen Boot *U79* dem ostwärts laufenden Konvoi Halifax 133 tagsüber auf den Fersen. Am frühen Abend kam Peter Lohmeyer mit seinem neuen VIIC-Boot *U651* heran und griff drei Schiffe an. Der 30jährige Kommandant war ein Veteran der Handelsmarine und auf dem kürzlich gesunkenen Einbaum *U138* ausgebildet worden. Er meldete die Versenkung aller drei Schiffe, doch nur der britische Frachter *Brockley Hill* mit 5300 BRT sank wirklich. Die kanadischen Begleitschiffe unternahmen einen konfusen und erfolglosen Gegenangriff. Nach Lohmeyers Angriff trafen auch die britische Korvette *Gladiolus* von Outbound 335 und vier weitere Geleitfahrzeuge von Outbound 336 ein, was die Zahl der Sicherungsschiffe von Halifax 133 auf zehn erhöhte.

Kurz nach Mitternacht, also am 25. Juni, sichtete die *Gladiolus* ein U-Boot, das sehr nahe vor ihrem Bug vorbeischoß. Es war der 32jährige Walter Flachsenberg mit *U71*, einem weiteren VIIC-Boot. Er hatte kühn aber unaufmerksam manövriert, um den Konvoi von hinten anzugreifen. Die *Gladiolus* ging auf volle Fahrt, um das Boot zu rammen, doch dann fiel ihrem Kommandanten ein, daß das Schiff rund 1100 Kilometer vom Festland entfernt war und sich beim Rammen selbst versenken könnte. Die Korvette drehte bei, und *U71* konnte abtauchen. Die *Gladiolus* bekam guten Sonarkontakt und führte fünf separate Angriffe durch, in deren Verlauf sie dreißig Wasserbomben warf. Die kurz zuvor eingetroffene britische Korvette *Nasturtium* schloß sich der *Gladiolus* an, die fast alle Wasserbomben verbraucht hatte, und warf weitere sechs. Eine halbe Stunde später tauchte das im Inneren schwer beschädigte *U71* auf, um sich in der Dunkelheit davonzuschleichen. Die *Gladiolus* sichtete das Boot jedoch und eröffnete das Feuer, konnte jedoch ihre 4-Zoll-Kanone nicht einsetzen, da die *Nasturtium* im Weg war. Als sie aus der Schußbahn war, brachte die *Gladiolus* ihre Kanone zum Einsatz und meldete einen direkten Treffer auf den Kommandoturm des U-Boots. Später wurde die *Gladiolus* kritisiert, weil sie das Boot beim ersten Angriff nicht gerammt hatte, doch für den zweiten Angriff wurde ihr die Versenkung des Bootes gutgeschrieben. In Wirklichkeit konnte Flachsenberg entkommen und brachte *U71* trotz schwerer Schäden nach Lorient zurück.* Dönitz überhäufte Flachsenberg mit Lob, weil er *U71* aus dieser sehr schwierigen Lage gerettet hatte.

Von zehn Geleitschiffen umgeben setzte der Konvoi Halifax 133 am 26. Juni seine Fahrt nach Osten fort. Bei Einbruch der Nacht näherten sich ein halbes Dutzend U-Boote ihrer Beute. Wolfgang Kaufmann, der geduldige Fühlungshalter, traf und beschädigte mit *U79* einen britischen Tanker mit 10400 BRT, doch das Schiff fuhr weiter. Erich Topp, der mit *U552* aus dem Nordkanal nach Westen gekommen war und nur noch wenig Treibstoff und Torpedos hatte, traf einen Frachter. Doch der Torpedo explodierte nicht, und Topp mußte wegen Treibstoffmangels nach Lorient zurückkehren. *U562*, ein weiteres neues VIIC-Boot unter dem 25jährigen Herwig Collmann, war gerade erst im Atlantik eingetroffen. Collmann versuchte anzugreifen, wurde jedoch vertrieben. Dagegen hatte *U564*, ein weiteres neues VIIC-Boot, Erfolg. Es fuhr unter Reinhard Suhren, der sich während seines Dienstes als Erster Wachoffizier auf dem berühmten *U48* das Ritterkreuz verdient hatte. Suhren griff an und traf mit einem einzigen erstaunlichen Fächer drei große Schiffe: den holländischen 8800-BRT-Frachter *Maasdam*, den britischen Frachter *Malaya II* mit 8700 BRT und den norwegischen Tanker *Kongsgaard* mit 9500 BRT. Die *Maasdam* sank. Sie hatte eine Kompanie amerikanischer Marines an Bord, die sich auf dem Weg zur amerikanischen Botschaft in London befanden. Rettungsschiffe brachten die Marines nach Island. Die *Malaya II* hatte Munition geladen und flog mit einer entsetzlichen Explosion in die Luft. Die *Kongsgaard* wurde beschädigt, fuhr aber weiter.

In den frühen Morgenstunden des 27. Juni schloß sich mit *U556*, das unter dem Ritterkreuzträger Herbert Wohlfarth gerade in Lorient zu seiner zweiten Feindfahrt aufgebrochen war, ein weiteres VIIC-Boot den Angreifern an. Trotz eines sehr geräuschvollen Kupplungsschadens am Backbordmotor entschied Wohlfarth, bei Tageslicht unter Wasser anzugreifen, setzte sich vor den Geleitzug und ging auf Sehrohrtiefe. Bevor er jedoch schießen konnte, ortete ihn die britische Korvette *Nasturtium* mit dem Sonar und warf ihre restlichen zwanzig Wasserbomben. Die britischen Korvetten *Celandine* und *Gladiolus* reagierten auf den Alarm der *Nasturtium* und kamen herbei. Aber beide bekamen keinen Sonarkontakt, und sie bezweifelten die Ortung. Doch die *Nasturtium* meldete noch immer guten Kontakt und führte die *Celandine* an die vermutete Position heran.

Die *Celandine* warf 24 Wasserbomben, jedoch ohne sichtbaren Erfolg. Sowohl die *Celandine* als auch die Gladiolus äußerten erneut Zweifel an dem »Kontakt«. Doch

* Der aggressiven *Gladiolus* hatte man zuvor ebenfalls irrtümlicherweise die Versenkung von *U65* angerechnet.

schließlich bekam auch die *Gladiolus* eine Ortung und führte einen Angriff mit zehn Bomben durch, nach dem auf der Wasseroberfläche ein großer Ölfleck erschien.

Die Bomben der *Nasturtium*, der *Celandine* und der *Gladiolus* hatten *U556* tatsächlich schwer beschädigt. Wohlfarth stellte den lauten Backbordmotor ab, doch ein starker Wassereinbruch achtern verursachte einen Kurzschluß im Steuerbordmotor, und Wohlfarth mußte den Backbordmotor wieder in Betrieb nehmen. Aber der Wassereinbruch im Heck war so stark, daß Wohlfarth die Kontrolle über das Boot verlor und es auf 130 Meter absackte. Wohlfarth sah seine einzige Überlebenschance darin, aufzutauchen und die Korvetten (unter Mißachtung von Hitlers Befehl) anzugreifen. Er ließ die Tauchzellen anblasen und tauchte so dicht neben der *Gladiolus* auf, daß er fast ihren Kiel gerammt hätte. Die Korvette war gerade im Begriff, drei von ihren zehn verbliebenen Wasserbomben zu werfen; eine polterte auf das Achterdeck von *U556* und prallte ab.

Die *Gladiolus*, die *Nasturtium* und die *Celandine* eröffneten aus kürzester Distanz das Feuer mit ihren 4-Zoll-Kanonen und trafen den Kommandoturm von *U556*. Das Geschützfeuer tötete einige Besatzungmitglieder und bewog Wohlfarth, das Boot zu fluten und aufzugeben. Die *Gladiolus* hoffte, *U556* kapern zu können, und ließ ein Beiboot mit einem Enterkommando unter Lieutenant J. G. Gifford-Hull zu Wasser. Er fischte einen »deutschen Offizier« aus dem Wasser, der ihm »helfen« sollte. Die britischen Seeleute gelangten auf den Kommandoturm des Bootes, sahen jedoch, daß die Zentrale geflutet war, und rochen Chlorgas. Da *U556* sehr schnell sank, gab Gifford-Hull die Kaperung auf. Er mußte sich mit einem Torpedo-Wartungsheft und einer Leuchtpistole als Beute begnügen.

Unterdessen nahm die *Gladiolus* Wohlfarth und 39 Männer seiner Besatzung an Bord. Vier Deutsche kamen bei der Versenkung um; ein weiterer starb, weil er giftige Gase aus seinem Tauchretter eingeatmet hatte. Wohlfarth war der sechste Ritterkreuzträger, der zur Strecke gebracht, und der dritte, der gefangengenommen wurde.* Die britischen Vernehmungsoffiziere stuften die Besatzung nicht hoch ein. Außer Wohlfarth und ein paar fähigen und erfahrenen Oberbootsmännern und Maaten, die schon früher unter ihm gedient hatten, waren die ranghöheren Offiziere und Männer, wie es im Bericht der Vernehmungsoffiziere hieß, »unzuverlässige« Neulinge mit »geringer Erfahrung«, die »hastig befördert« worden waren. Die rangniederen Männer wurden sogar als »ganz armselige Tröpfe« bezeichnet.

An diesem Nachmittag fand bei der Sicherung von Halifax 133 eine Ablösung statt. Die kanadische Sicherungsgruppe (der Zerstörer *Ottawa* und fünf Korvetten) zogen ab und nahmen Kurs auf Island, wo die Gruppe, weil sie fünf Schiffe aus dem Geleitzug verloren hatte, ohne selbst einen Erfolg zu erzielen, heftig kritisiert – und verspottet – wurde. Sie wurde durch die britische Escort Group 12 unter C. D. Howard-Johnston ersetzt, was die Zahl der Geleitfahrzeuge auf der letzten Etappe auf dreizehn erhöhte.

Die U-Boote setzten die Verfolgung des Geleitzugs fort und griffen weiterhin an. In den frühen Stunden des 29. Juni schloß Peter Lohmeyer mit dem neuen *U651* nach viertägiger Jagd wieder auf. Er näherte sich unter Wasser, schoß zwei Torpedos ab

---

* Sein Gesamtergebnis mit den Einbäumen *U14* und *U137* sowie mit *U556* betrug 20 Schiffe mit 56389 Tonnen.

und traf den 6300 BRT großen britischen Frachter *Grayburn*, das mit 10000 Tonnen Stahl beladene Flaggschiff des Konvois. Es sank innerhalb von vier Minuten. Doch das nächste Schiff in der Kolonne, der britische 8000-Tonnen-Tanker *Anadara*, rammte das getauchte *U651*. Das Boot geriet außer Kontrolle, und durch den starken Stoß wurden die Schweißnähte geschwächt.

Die Kriegsschiffe der Escort Group 12 besaßen mehr Gefechtserfahrung und gingen kampflustig in Stellung. Zur Abschreckung warfen sie zunächst ziellos Wasserbomben. Der Zerstörer *Scimitar* und das Minensuchboot *Speedwell* bekamen jedoch bald Sonarkontakt und führten gezielte Angriffe durch. Einige Wasserbomben detonierten nahe bei *U651* und rissen Schweißnähte auf, die durch die Kollision mit der *Anadara* bereits geschwächt waren. Durch den Wassereinbruch sank *U651* auf eine Tiefe von 160 Metern. Lohmeyer verschwendete den letzten Batteriestrom bei dem vergeblichen Versuch, das Boot mit Hilfe der E-Maschinen wieder unter Kontrolle zu bekommen. In einem letzten verzweifelten Versuch, mit den Dieselmotoren über Wasser zu entkommen, blies er alle Tauchzellen an und tauchte auf.

Als Lohmeyer die Dieselmotoren einschaltete, stießen diese kleine schwarze Abgaswolken aus. Der Zerstörer *Malcolm* sichtete den Rauch in einer Entfernung von elf Kilometern, gab Alarm, jagte los und nahm das Boot mit der Hauptgeschützgruppe unter Feuer. Vier weitere Geleitschiffe, darunter der Zerstörer *Scimitar* und die Korvette *Nasturtium*, kamen heran und feuerten mit ihren Geschützen. Unter dem schweren Beschuß gab Lohmeyer das Boot auf und versenkte es. Die *Malcolm* ließ Kletternetze hinunter und nahm Lohmeyer und alle 44 Mann seiner Besatzung auf, doch die *Scimitar* näherte sich und schnappte sich einen der Deutschen vom Netz. Die Admiralität verbuchte die Versenkung zunächst für Escort Group 12, doch Jahre später revidierten ihre Historiker diese Entscheidung und schrieben die Versenkung der *Anadara* gut. Sie wurde damit rückwirkend das erste Handelsschiff, dem die Versenkung eines U-Bootes angerechnet wurde.

Als sich der Konvoi den stark gesicherten Northwest Approaches näherte, rief Dönitz die Boote zurück, dirigierte sie auf andere Positionen um und verlangte Meldungen. Er überschlug, daß insgesamt etwa 14 U-Boote Fühlung mit Halifax 133 bekommen hatten, darunter vier neue, frisch von Deutschland ausgelaufene Boote, die sich der Jagd gegen Ende angeschlossen hatten. Die bestätigten Ergebnisse waren erschreckend mager: Fünf U-Boote hatten sechs Schiffe mit 38000 Tonnen* versenkt und zwei Tanker, die *Tibia* und die *Kongsgaard*, beschädigt. Im Gegenzug waren zwei Boote, *U556* und *U651*, verlorengegangen, und *U71* war nur mit knapper Not entkommen – ein ruinöser »Wechselkurs« von nur drei versenkten Schiffen für ein verlorenes Boot. Zwei Boote hatten drei Schiffe mit 11300 Tonnen aus dem Geleitzug Outbound 336 versenkt. Das Gesamtresultat belief sich somit auf neun Schiffe mit 49300 Tonnen. Drei davon hatte Mützelburg mit *U203* torpediert. Und er hatte gegenüber Dönitz eingeräumt, daß er einen Fehler gemacht hatte, als er sich zu dem

* Herbert A. Werner, der Erste Wachoffizier auf dem neuen Boot *U557*, behauptet in seinem Bestseller *Die eisernen Särge* (Hamburg, 1970), das Boot habe den Halifax-Konvoi 133 am 24. Juni angegriffen und Schiffe mit 30000 Tonnen versenkt. (Danach sei es durch einen brutalen Wasserbombenangriff zum Abbruch der Fahrt gezwungen worden.) Diese Darstellung wird durch die deutschen Aufzeichnungen nicht bestätigt.

impulsiven Angriff auf Outbound 336 hinreißen ließ und danach den Einsatz abbrach, bevor ein anderes Boot Fühlung bekommen hatte.

Die Schlacht mit dem Geleitzug Halifax 133 führte zu wichtigen Veränderungen in der deutschen U-Boot-Strategie und -Taktik, darunter vor allem zu einem Rückzug der Boote aus dem Gebiet von Grönland in weiter östlich gelegene Einsatzgebiete. Dafür gab es eine Reihe von Gründen:

- Zwar gab es in den Gewässern westlich von Island und südlich von Grönland noch immer keine ASW-Flugzeuge und keine erfahrenen Sicherungsgruppen, weshalb sie für U-Boot-Operationen sicherer waren. Doch war das Gebiet einfach zu groß, um bei den wenigen damals verfügbaren Booten mit Aufklärungsstreifen wirkungsvoll Konvois aufzuspüren. *U203* hatte den Geleitzug Halifax 133 erst entdeckt, nachdem Dönitz den westlichen Aufklärungsstreifen aufgelöst und die Boote über ein großes Gebiet verstreut hatte. Durch eine solche Streuung verbaute sich Dönitz jedoch die Möglichkeit, die Boote für einen Gruppenangriff zu massieren, um beim Kontakt mit dem Gegner mit maximaler Stärke zu operieren.
- Einsätze in diesem entfernten Raum waren für die Typ-VII-Boote mit verhältnismäßig geringem Aktionsradius nur unter großen Schwierigkeiten zu bewältigen. Auf der Hin- und Rückfahrt wurde so viel Treibstoff verbraucht, daß für eine angemessene Zeit im Einsatzgebiet oder für die aussichtsreiche Verfolgung eines Geleitzugs viel zu wenig verblieb. Außerdem wurde schon durch den Verbrauch aller Torpedos oder durch einen simplen mechanischen Defekt – wie etwa den am Abgasventil von *U203* – ein kostspieliger Abbruch der Feindfahrt erzwungen. Erst der Einsatz der noch im Bau befindlichen U-Tanker oder Versorgungs-U-Schiffe* würde die Dauer der Einsätze wesentlich erhöhen und die Zahl der abgebrochenen Fahrten verringern, weil die Typ-VII-Boote dann auf See mit Treibstoff, Nahrungsmitteln, medizinischer Hilfe und Ersatzteilen versorgt werden könnten. Bis dahin waren Operationen in dem Gebiet um Grönland schlichtweg ineffizient.
- Die höhere Geschwindigkeit der Halifax-Geleitzüge war für die U-Boote ein großes Problem. Die Boote des Typs VII besaßen eine maximale, die Maschinen belastende Geschwindigkeit von 17 Knoten, die Boote vom Typ IX liefen maximal 18 Knoten. Wenn sie nicht von der Überwasser- oder Luftsicherung unter Wasser gehalten wurden, konnten sie effektiv Fühlung halten. Aber selbst ein zackender Geleitzug war für sie nur mit großem Zeitaufwand (und Treibstoffverbrauch) zu *überholen*, wenn sie sich in eine günstige Schußposition vor dem Konvoi oder an seinen Flanken bringen wollten. Außerdem wuchs damit die Wahrscheinlichkeit, von den Eskorten entdeckt und angegriffen zu werden, womit das Überraschungsmoment verlorenging.

---

* Sechs große Versorgungs-U-Schiffe vom Typ XIV befanden sich im Bau. Die ersten beiden, *U459* und *U460*, sollten bis November und Dezember 1941 fertiggestellt sein, die anderen vier Anfang 1942. Der Plan, die großen Minenleger vom Typ XB in Versorgungs-U-Schiffe umzuwandeln, wurde geprüft. Die ersten drei dieser Boote, *U116*, *U117* und *U118*, sollten im Juli, Oktober und Dezember 1941 fertiggestellt werden. Rechnete man die Zeit für die umfassende technische Abnahme, die Testfahrten und die Erprobungsphase mit ein, dann war mit einem Einsatz dieser Versorgungs-U-Schiffe im Atlantik vor dem Frühling 1942 nicht zu rechnen.

• Die Wetterverhältnisse und die bevorstehende Sommersonnenwende war für U-Boot-Operationen in dem Gebiet um Grönland unvorteilhaft. Zurückkehrende U-Boote berichteten, daß sie im Einsatzgebiet die halbe Zeit von Nebel blind gemacht worden waren. Der Nebel behinderte nicht nur die Aufklärung, sondern auch die Navigation (nach den Gestirnen), so daß viele Kommandanten oft nur noch eine vage Vorstellung hatten, wo sie sich befanden. Wenn kein Nebel herrschte, waren aufgrund der sehr langen Tage und sehr kurzen Nächte in diesen nördlichen Breiten die verfügbaren Stunden für nächtliche Überwasserangriffe sehr begrenzt, bei denen die Boote am beweglichsten und schlagkräftigsten waren. Die Kommandanten waren deshalb häufig gezwungen, sich auf Unterwasserangriffe bei Tageslicht zu verlegen, bei denen die Boote am unbeweglichsten und für die Sonarortung am verwundbarsten waren.

Die Briten hatten im Juni 383 beladene Schiffe in Geleitzügen von Halifax und Sydney zu den Britischen Inseln gebracht. In diesem Monat erfaßten die U-Boote nur einen Konvoi, Halifax 133; von diesem versenkten sie sechs von 49 beladenen Schiffen. Kein anderes von Kanada ostwärts laufendes Schiff fiel den U-Booten im Juni zum Opfer; also erreichten 377 beladene Schiffe (oder rund 99 Prozent) ihr Ziel. In den ersten zwei Juniwochen, bevor der Geleitdienst auf der Etappe Island-Kanada voll etabliert war, hatten die U-Boote größeres Glück beim Versenken von Alleinfahrern – zumeist unbeladenen Schiffen aus Outbound-Geleitzügen, die südlich von Grönland aufgelöst worden waren. Die Boote versenkten in diesem Zeitraum 24 solcher Alleinfahrer, zuzüglich zweier Schiffe aus dem Konvoi Outbound 336, also insgesamt 24 Schiffe mit 134754 Tonnen. Dagegen versenkten sie in der zweiten Junihälfte im selben Gebiet nur noch fünf Alleinfahrer, nachdem auf der Etappe von Island nach Kanada ein besserer Schutz durch die kanadischen Eskortgruppen und durch Flugzeuge eingeführt und die Konvoigeschwindigkeit erhöht worden war, um Schiffe mit einer Reisegeschwindigkeit von 12 bis 15 Knoten in die Konvois aufzunehmen.*

Daß es den U-Booten nicht gelang, (außer Halifax 133) ostwärts laufende Konvois im Nordatlantik zu finden, und daß sie dem einzigen von ihnen entdeckten Geleitzug keinen größeren Schaden zufügen konnten, war ein klarer Sieg der britischen Verteidigung über die deutsche Offensive, und dasselbe gilt auch für Dönitz' Entscheidung, die Boote aus dem Gebiet um Grönland abzuziehen. Dieser Triumph war folgenden Faktoren zu verdanken: Der Funkaufklärung (Ultra, DF-Einpeilungen, Funkverkehrsanalyse, RFP, TINA), die die Royal Navy in die Lage versetzt hatte, das Versorgungsschiff *Belchen* zu versenken und die meisten Geleitzüge um die Aufklärungsstreifen der U-Boote herumzuleiten; der Einführung eines durchgehenden Überwasser-Geleitschutzes (auch wenn er teilweise durch die unerfahrenen Kanadier geleistet wurde) und der Luftsicherung von Newfoundland und Island aus; der höheren

---

* Zusätzlich versenkten U-Boote in der Nähe des Nordkanals fünf Schiffe mit 29200 Tonnen, und bei den Azoren versenkte *U553* zwei Schiffe mit 8000 Tonnen, darunter den norwegischen Tanker *Ranella*. Die in südlichen Gewässern stehenden italienischen U-Boote versenkten sechs Schiffe mit 24700 Tonnen, einschließlich des britischen 8000-Tonnen-Tankers *Auris*. Der britische Zerstörer *Wishart* versenkte das italienische U-Boot *Glauco* auf dem Weg von Bordeaux nach Italien.

Geschwindigkeit der Halifax-Konvois; der Unfähigkeit der U-Boote, wirkungsvoll in den weit im Westen gelegenen Regionen zu operieren; und in hohem Maße dem steten Rückgang des Erfahrungsniveaus der U-Boot-Kommandanten und ihrer Besatzungen. Erst 16 Monate später (im Oktober 1942), sollte es den U-Booten wieder gelingen, einem Halifax-Geleitzug nennenswerten Schaden zuzufügen.

Das Küstenkommando

Die vom Coastal Command durchgeführten britischen Luftangriffe auf die U-Bootwaffe im Atlantik hatten bis zum 1. Juni 1941 praktisch keine Versenkungen zur Folge. Zwei Sunderland-Maschinen teilten sich mit Überwasserschiffen das Verdienst, die beiden U-Boote *U26* und *U55* zerstört zu haben. Doch kein im Atlantik eingesetztes Flugzeug des Coastal Command hatte ohne Hilfe ein U-Boot versenkt.*

Es gab zahlreiche Gründe für dieses miserable Ergebnis. Der Hauptgrund war, daß das Coastal Command ein armes Stiefkind der Royal Air Force blieb und nach Bewaffnung, Elektronik und Personalstärke immer noch an dritter Stelle stand. Eine Folge war, daß das Coastal Command noch immer nicht in der Lage war, einen ernstzunehmenden Angriff auf die U-Bootwaffe durchzuführen. Nach einer amtlichen Studie verfügte das Coastal Command Mitte des Jahres 1941 nur über rund 200 ASW-Flugzeuge in Frontstaffeln.**

Der Hauptbeitrag des Coastal Command in der Schlacht im Atlantik hatte bisher darin bestanden, in den Northwest Approaches und in isländischen Gewässern bis etwa 550 Kilometer vor der Küste Operationen von einzelnen U-Booten und von U-Boot-Gruppen zu vereiteln. Dies war hauptsächlich die Aufgabe der hundert von Lockheed in Amerika gefertigten zweimotorigen Hudson-Maschinen, die zur Luftsicherung von Geleitzügen oder für offensive ASW-Patrouillen eingesetzt wurden. Die Hudson-Flugzeuge konnten jedoch nur drei oder vier circa 125 Kilogramm schwere Wasserbomben tragen, und sie führten nicht genügend Treibstoff mit sich, um sich weiter als 550 Kilometer von der Küste zu entfernen oder in dieser Entfernung längere Zeit zu patrouillieren. Ein U-Boot zum Tauchen zu zwingen und es unter Wasser zu halten, war das Beste, was sie leisten konnten. Dies traf auch auf die vierzig in Großbritannien hergestellten, zweimotorigen Whitley-Maschinen zu. Sie konnten die doppelte Bombenlast tragen wie die Hudsons (sechs Wasserbomben), doch sie konnten nicht mit einem Motor fliegen, ein schwerwiegendes Handikap für Operationen über dem Wasser. Deshalb waren die Hudson- und Whitley-Maschinen, die etwa 70 Prozent der Frontstärke des Coastal Command ausmachten, für offensive Aktionen gegen U-Boote nur bedingt geeignet.

Was das Coastal Command für die Luftsicherung und für offensive ASW-Patrouillen dringend benötigte, war ein Flugzeug mit großer Reichweite und einer gro-

* Siehe Tafel 9. Im Mittelmeerraum hatten Flugzeuge der RAF zwei italienische U-Boote (*Argonauta* und *Rubino*) ohne Hilfe versenkt und waren zusammen mit britischen Überwasserschiffen an der Versenkung von zwei weiteren Booten (*Gondar* und *Durbo*) beteiligt gewesen.

** Siehe Tafel 8. Einschließlich der 130 die in Amerika hergestellten Catalinas (30) und Hudsons (100).

ßen Bombenlast. Die 24 Sunderland-Flugboote erfüllten diese Erfordernisse zum Teil. Sie konnten bei Aufklärungsflügen auf eine Distanz von ungefähr 1300 Kilometern acht 120-Kilogramm-Wasserbomben tragen. Die große Sunderland war jedoch kein effizientes Luftfahrzeug; ihre vier Motoren hatten einen großen Wartungsaufwand. Eine Studie des Coastal Command zeigte, daß jede Sunderland-Maschine durchschnittlich nur zwei Einsätze pro Monat flog. Die Briten sollten weiterhin in bescheidenem Umfang Sunderland-Flugboote herstellen, doch niemand befürwortete den Bau in größerem Umfang.

Noch besser waren die in Amerika hergestellten Catalina-Maschinen, von denen das Coastal Command 30 besaß. Sie konnten bei einer Reichweite von etwa 1670 Kilometern die doppelte Bombenlast einer Sunderland-Maschine tragen (sechzehn 120-Kilogramm-Wasserbomben). Die Amerikaner stellten sich darauf ein, eine hohe Zahl an Catalina-Flugzeugen zu bauen,* doch angesichts des Einsatzes amerikanischer Streitkräfte auf zwei Ozeanen und neuer umfangreicher Pflichten im Atlantik hatte die US Navy bei der Catalina den Vorrang, und für die Briten und Kanadier blieb nur eine bescheidene Anzahl übrig. Ende 1941 standen dem Coastal Command noch immer lediglich 36 Catalinas in den vier Frontgeschwadern 209, 210, 240 und 413 zur Verfügung, die auf den Britischen Inseln und in ihrer Nähe stationiert waren.

Im Juni 1941 bekam das Coastal Command einen neuen Chef, Philip Joubert de la Ferté, der Bowhill ersetzte. Er drängte auf eine Erweiterung des Coastal Command, um für eine Steigerung der *offensiven* Patrouillenflüge zu sorgen, insbesondere über dem Golf von Biscaya, einem »Nadelöhr«, das die U-Boote auf dem Weg von und zu den französischen Stützpunkten passieren mußten. Doch das Bomber Command hoffte, den Krieg durch massive Luftangriffe auf Deutschland gewinnen zu können, und weigerte sich hartnäckig, auch nur ein einziges Flugzeug an das Coastal Command abzutreten.

Trotzdem hatte Joubert de la Ferté wenigstens kurzfristig einen Teil seines Anliegens durchgesetzt. Das Kriegskabinett teilte dem Coastal Command die ersten neun der neuen viermotorigen Bomber vom Typ B-24 Liberator zu, die aus Amerika eingetroffen waren. Diese besaßen ungefähr denselben Aktionsradius wie die Catalinas (1660 bis 1860 Kilometer), waren jedoch doppelt so schnell (380 gegenüber 195 Kilometer pro Stunde), sie konnten die zweifache Bombenlast tragen (etwa 4000 statt 2000 Kilogramm), waren robuster und zu ihrer Verteidigung besser mit Maschinengewehren und 2-cm-Bord-Kanonen bewaffnet. Außerdem waren sie landgestützte Flugzeuge, die auf den vorhandenen Flugplätzen stationiert werden konnten. Die neun B-24-Bomber gingen an Squadron 120, eine neue Staffel des Coastal Command, die im nordirischen Nutt's Corner stationiert war und Terence M. Bulloch unterstand. Doch alle übrigen, aus Amerika eintreffenden B-24-Bomber wurden dem Bomber Command zugeteilt.

Joubert de la Ferté forderte Wissenschaftler an, um die Operationen des Coastal Command und insbesondere die miserable Versenkungsquote an U-Booten zu verbessern. Die Admiralität schickte Joubert den brillanten Physiker Patrick M. S. Blackett, der in den Nachkriegsjahren einen Nobelpreis erhalten erhalten sollte.

* Während des Krieges produzierten amerikanische Flugzeugwerke insgesamt 3290 Catalinas.

TAFEL 8

AUF DEN BRITISCHEN INSELN STATIONIERTE ASW-FLUGZEUGE DES COASTAL COMMAND JUNI/ JULI 1941[1]

Typ	Anzahl	Motoren	Last: Bomben, Wabo	Aktionsradius in km	Einsätze pro Monat
Catalina	30	2	16/120 kg	1 650	85
Sunderland	20	4	8/120 kg	1 300	40
Wellington	20	2	12/120 kg	1 000	70
Whitley	40	2	6/120 kg	930	170
Hudson	100	2	3/120 kg	830	570
Gesamt	210[2]				

[1] Quelle: Monatlicher ASW-Bericht Juni und Juli 1941. ADM. 199/1245. „The Air Offensive Against U-boats", 1. 6. 42.

[2] Ohne Blenheim-, Beaufighter- und Anson-Maschinen.

TAFEL 9

VON DER BRITISCHEN LUFTWAFFE BIS AUGUST 1941 GANZ ODER TEILWEISE ZERSTÖRTE U-BOOTE DER ACHSE[1]

Datum	U-Boot	Maschine/ Squadron	Pilot	Schiff beteiligt	Gebiet
1/30/40	*U55*	Sunderland/228	Brooks	Ja	Atl.
3/11/40	*U31*	Blenheim/82	Delap	Nein	Jade
6/28/40	*Argonauta*	Sunderland/230	Campbell	Nein	Mittelm.
6/29/40	*Rubino*	Sunderland/230	Campbell	Nein	Mittelm.
7/ 1/40	*U26*	Sunderland/10	Gibson	Ja	Atl.
9/30/40	*Gondar*	Sunderland/230	Alington	Ja	Mittelm.
10/18/40	*Durbo*	2 Londons/202	Hatfield/ Eagleton	Ja	Mittelm.

[1] Quelle: Franks, *Axis Submarine Losses,* (1986–1995).

Blackett bediente sich einer statistisch orientierten, ursprünglich für die RAF entwickelte Methode, die später »Operations Research« genannt wurde, und analysierte mit einem kleinen Team Tausende von U-Boot-Kontakt- und Angriffsmeldungen. Aufgrund dieser Analyse (die »quantitatives, analytisches Denken und empirische Überprüfung« umfaßte) kam das Blackett-Team zu folgenden Schlüssen:

- Die Navigation des Küstenkommandos war erschreckend schlecht. Die Flugzeugbesatzungen wußten selten, wo sie sich genau befanden, patrouillierten nicht wirklich in den zugewiesenen Gebieten und schafften es häufig nicht, die Konvois zu finden, denen sie als Luftsicherung zugeteilt waren.
- Die ASV-II-Radargeräte mit 1,5 Meter Wellenlänge, die in drei Vierteln der Frontflugzeuge des Coastal Command eingebaut waren, wurden nicht richtig genutzt. Das Radarpersonal war unzureichend ausgebildet und überarbeitet. Die Radargeräte wurden schlecht gewartet und eingestellt.
- Die Flugzeuge flogen zu hoch, um das Beste aus den Geräten herauszuholen. Auf der Grundlage überzogener Schätzungen von Radar-Befürwortern erwarteten die Flugzeugbesatzungen zuviel vom ASV-II-Radar und beklagten sich, wenn das Gerät ihre überzogenen Erwartungen nicht erfüllte.
- Beim Großteil der U-Boot-Kontakte sichteten die U-Boote die Flugzeuge zuerst und tauchten rechtzeitig weg. Die Flugzeuge vergeudeten zuviel Zeit und Material, wenn sie die weggetauchten Ziele vergeblich mit Wasserbomben belegten.
- Die normalen 120-Kilogramm-Wasserbomben waren in der Regel auf eine zu große Tiefe eingestellt; der Sprengstoff in den Bomben war zu schwach.
- Die vorherrschende Ansicht, man benötige eine Monster-Bombe von 1000 Kilogramm, damit auch schlecht gezielte Würfe Erfolg hätten, war absolut falsch.

Der Blackett-Bericht enthielt viele Empfehlungen, um die Mängel zu beseitigen. Unter anderem: Eine gründliche Ausbildung für die Navigatoren und das Personal, das die Radargeräte wartete und bediente; eine Dämpfung der in die Geräte gesetzten Erwartungen; bequeme Arbeitsplätze und, zur Schonung der Augen, häufige Ruhepausen für das Radarpersonal; eine Begrenzung der Flughöhe bei Radareinsatz auf rund 1200 Meter für die Geleitzugerfassung und etwa 600 Meter für die U-Boot-Erfassung; den Einsatz von Peilzeichen, um die Lokalisierung von Konvois zu verbessern; die Tarnung der Flugzeugunterseite mit weißer Farbe; die Montage von Ferngläsern auf Sockeln für die Suche tagsüber; eine Tiefeneinstellung von etwa 7,5 Meter für die Wasserbomben; die vermehrte Zuladung von 50-Kilogramm-Wasserbomben, die mit den stärkeren Sprengstoffen RDX oder Torpex (mit Aluminiumpulver angereichertes TNT oder Cyclonite) geladen waren.

Einige dieser Empfehlungen lösten heftige Kontroversen aus. Die hitzigste Auseinandersetzung gab es über die Größe der Wasserbomben. Die meisten Piloten sträubten sich gegen die Ansicht, eine größere Anzahl kleiner Wasserbomben sei besser als eine kleinere Zahl von »Killer-Bomben« mit dem Gewicht von einer Tonne. In der Folge wurde sowohl die Entwicklung der 900-Kilogramm-Bombe als auch weniger schwerer Bomben vorangetrieben, und es wurde an einem Zielgerät zum Abwurf der Wasserbomben gearbeitet. Unterdessen blieb die auf Sicht abgeworfene 120-Kilogramm-Wasserbombe die Standardwaffe für die U-Boot-Bekämpfung aus der Luft. Dagegen wurden Blacketts Empfehlungen befolgt, den Raum für die Bombenreihe an Bord der Flugzeuge um das Dreifache zu verlängern, die Sprengkraft der Bomben durch die Verwendung von Torpex zu verbessern und ihre Tiefeneinstellung auf 7,5 Meter zu reduzieren.*

In einer oft zitierten Äußerung schrieb Winston Churchill, ihm habe während des Zweiten Weltkriegs allein die U-Boot-Gefahr wirklich Angst gemacht. Wenn dem wirklich so war, ist es unverständlich, warum man in Großbritannien damals das Potential der B-24-Bomber als hochwirksame ASW-Waffe nicht erkannte und nicht dafür sorgte, daß alle eintreffenden B-24-Bomber für ASW-Aufgaben eingeteilt wurden. Die übliche Erklärung lautet, das Kriegskabinett sei so felsenfest von dem Konzept überzeugt gewesen, Deutschland könne und müsse allein durch strategische Bombenangriffe besiegt werden, daß alle großen Bomber dem Bomberkommando zugeteilt wurden. Jedenfalls teilte das Kriegskabinett dem Küstenkommando lange Zeit keine viermotorigen Bomber mehr zu.

Zahlreiche weitere wichtige Faktoren spielten bei dieser Entscheidung eine Rolle, nicht zuletzt die Unfähigkeit des Coastal Command, die Mehrheit des Kriegskabinetts davon zu überzeugen, daß ein angemessenes Flugzeug wie die B-24 ein potentiell wirkungsvoller U-Boot-Jäger war. Wie man sehen wird, war diese Entscheidung verhängnisvoll; sie erwies sich als einer der schlimmsten Fehler, den das Kriegskabinett im ganzen Krieg machte. Eine ganze Reihe von Untersuchungen sollten zeigen, daß das Coastal Command mit einer Streitmacht von nur 100 B-24-Bombern zur U-Boot-Bekämpfung der deutschen U-Boot-Waffe im Sommer 1941 eine vernichtende Niederlage beigebracht und den Alliierten die schrecklichen Schiffsverluste in den kommenden Jahren erspart hätte.

Indigo

In einer geheimen Rede am 25. Juni im Unterhaus drückte Premierminister Churchill seine Zufriedenheit darüber aus, daß sich in der Schlacht im Atlantik das Blatt zugunsten der Briten gewendet hatte. Sein Entschluß, das Battle of the Atlantic Committee** einzurichten, damit diesem Kampf größte Aufmerksamkeit gewidmet wurde, hatte sich ausgezahlt. Trotz der zahlenmäßig stärker werdenden deutschen U-Bootwaffe waren die Verluste an Handelsschiffen in den wichtigen nordatlantischen Geleitzügen zurückgegangen, und auch die Verluste durch gegnerische Flugzeuge hatten abgenommen. Darüber hinaus machten die britischen Werften beim Abbau des Überhangs an beschädigten Schiffen erstaunliche Fortschritte; die deutschen Luftangriffe auf die Docks in Bristol Channel, Liverpool, Firth of Clyde und anderswo hatten nach

* Das von der Admiralität vorgegebene Minimum der Tiefeneinstellung für Wasserbomben lag bei rund 15 Metern, damit das Flugzeug, das die Bombe warf, vor der Wirkung der Explosion geschützt war. Beginnend mit dem Sommer 1941 stellte das Coastal Command die aus der Luft abgeworfenen Wasserbomben bis zur Entwicklung der hydrostatischen 7,5-Meter-Zünder auf 15 Meter ein. Die Konzentration auf dieses Problem offenbarte, daß die Zünder der 110-Kilogramm-Wasserbomben unzuverlässig waren – zweifellos ein Faktor, der für die niedrige Zahl von Versenkungen mitverantwortlich war. Ein Forschungs- und Entwicklungsprogramm mit hoher Priorität brachte bald verläßliche Zünder hervor.

** Der Ausschuß tagte vom 19. März bis 8. Mai wöchentlich, danach alle 14 Tage und schließlich noch seltener. Insgesamt fanden 1941 sechzehn Sitzungen statt, die letzte am 22. Oktober.

und nach fast ganz aufgehört. Und eine neue Institution, das von dem Großunternehmer Frederick Leathers geleitete Ministry of War Transport, hatte bereits effizientere Methoden zur Abwicklung des Schiffs- und Zugverkehrs entwickelt.

Es gab zwei weitere gewichtige Gründe für Churchills Zuversicht bei der Geheimrede. Diese Gründe waren:

- Das Unternehmen Barbarossa, der deutsche Einmarsch in der Sowjetunion, das drei Tage zuvor, am 22. Juni, begonnen hatte. Obwohl die Briten glaubten, die Deutschen würden der desorganisierten Sowjetarmee innerhalb einiger Monate eine Niederlage beibringen, schienen die militärischen Anstrengungen, die mit Barbarossa verbunden waren, jede deutsche Invasion der Britischen Inseln für das Jahr 1941 auszuschließen. Wenn sich dies als richtig erwies, konnten die zur Invasionsabwehr eingesetzten Zerstörer und andere leichte Schiffe der Home Fleet wieder als Geleitschutzfahrzeuge und möglicherweise in U-Jagdgruppen eingesetzt werden. Dieses zusätzliche Engagement von Seestreitkräften im Nordatlantik würde zweifellos die langersehnte und notwendige Steigerung der Versenkungsrate bei den U-Booten herbeiführen.
- Indigo, die amerikanische Besetzung Islands. Als Churchill vor dem Unterhaus sprach, stand ein schlagkräftiger amerikanischer Verband im Begriff, zu diesem Zweck auszulaufen.

Präsident Roosevelt hatte Indigo am 6. Juni in die Wege geleitet. Der Hauptgrund für dieses wichtige amerikanische Unternehmen bestand darin, Luft- und Seebasen für die amerikanischen Streitkräfte zu sichern, die den Geleitdienst zwischen Kanada und Island übernehmen sollten, und für die britischen Geleitschutzkräfte, die auf der mittleren und östlichen Etappe im Einsatz waren, absolut sichere Luftwaffen- und Marinestützpunkte einzurichten. London erwartete außerdem, daß das Eintreffen der Amerikaner auf Island die dortigen britischen Besatzungstruppen für Aufgaben in Nordafrika freisetzen würde.

In Washington befahl Admiral Stark dem Befehlshaber der Atlantikflotte, Admiral King, Indigo am 16. Juni durchzuführen. Es war die erste große militärische Operation der Amerikaner im Zweiten Weltkrieg und natürlich auch das erste Mal, daß sich eine große amerikanische Expeditionsstreitmacht für Aufgaben in Übersee einschiffte. Das Unternehmen wurde prompt und mit seemännischer Professionalität durchgeführt, ein Verdienst von King und allen Beteiligten. Zweifellos war diese neue Glanzleistung Kings ein wichtiger Faktor, warum er dazu auserwählt wurde, die US Navy den ganzen restlichen Krieg über zu führen.

Da Washington und London sich gegen wütende Reaktionen der Achsenmächte auf das Unternehmen wappnen mußten, war der amerikanische Landungsverband außerordentlich stark und die für die Besatzung vorgesehen Truppen gutausgebildete US-Marines, also Berufssoldaten und nicht Wehrpflichtige aus dem Heer. King war stolz darauf, daß die Truppentransporte der US Navy im Ersten Weltkrieg bemerkenswert erfolgreich verlaufen waren, und er war absolut entschlossen, diesen Erfolg im Zweiten Weltkrieg zu wiederholen. Daher hatte er bestimmt, alle Truppentransporte der US Navy (gleichgültig, ob es sich um US-Marines, Truppen der Army oder ausländische Truppen handelte) massiv durch amerikanische Schlachtschiffe, Kreuzer und Zerstörer zu sichern.

Welche Bedeutung die Amerikaner diesem Verfahren bei Truppentransporten beimaßen und wie genau sie es dabei mit der Geleitsicherung nahmen, kann nicht genug betont werden. Weder damals noch später schienen die Briten diese Politik zu verstehen – oder auch nur zu akzeptieren. Dies führte zu vielen Mißverständnissen zwischen britischen und amerikanischen Marinebehörden und zu unabsichtlich – oder absichtlich – verzerrten und falschen Darstellungen in den meisten britischen und in vielen amerikanischen Berichten über die Atlantikschlacht, so etwa zu der unsinnigen Behauptung, King sei sich der Bedrohung durch die U-Boote nicht bewußt gewesen oder habe sie weit unterschätzt und deshalb die meisten US-Zerstörer in den Pazifik verlegt.

Die amerikanischen Vorschriften für Truppentransporte traten mit der Besetzung Islands in Kraft. Ende Juni gingen 4000 Marines an Bord von vier Truppentransportern der US-Marine (mit dem Navy-Kürzel AP). Ihr Material füllte zwei Angriffsfrachter (mit dem Kürzel AK). Zu ihrem Schutz setzte Admiral King 17 Kriegsschiffe ein: die alten Schlachtschiffe *Arkansas* und *New York*, die Leichten Kreuzer *Brooklyn* und *Nashville* und dreizehn Zerstörer* der Squadron 7, darunter neun neue (von 1940) und vier betagte Glattdeck-Zerstörer.

Der Geleitzug mit dem Namen Task Force 19 lief am 1. Juli in den Vereinigten Staaten aus. Einer der neuen Zerstörer, die *Charles F. Hughes*, stieß unterwegs auf eines der zwei nach Grönland fahrenden Rettungsboote des norwegischen Frachters *Vigrid* aus dem Konvoi Halifax 133, der von *U371* versenkt worden war. Die *Hughes* nahm die 14 Überlebenden an Bord, darunter vier der zehn amerikanischen Rotkreuz-Krankenschwestern, die fürchterliche zwölf Tage in dem Boot durchlitten.**

Der Konvoi traf am Abend des 7. Juli im Hafen von Reykjavik ein. Ironischerweise wurden die an Land gehenden US-Marines (der 1st Provisional Marine Brigade) von den überlebenden amerikanischen Marines der 12th Provisional Company begrüßt. Sie hatten sich auf dem ebenfalls aus dem Konvoi Halifax 133 stammenden holländischen Frachter *Maasdam* befunden, der von *U564* torpediert worden war.

Die Amerikaner machten sich sogleich daran, Stützpunkte auf Island zu errichten. Am 6. August sollte das nächste wichtige Kontingent eintreffen, die Patrol Wing 7 der US Navy, bestehend aus einer Staffel von Consolidated produzierter Catalinas (VP 73) und einer Staffel von Martin produzierter Mariners (VP 74), neuerer, schlagkräftigerer und schwerer bewaffneter zweimotoriger Flugboote.*** Diese drei Dutzend Flugzeuge wurden von zwei Zerstörertendern für Flugzeuge (mit dem Kürzel AVD), der *George E. Badger* und der *Goldsborough*, unterstützt.

Auf Island waren zu dieser Zeit drei Geschwader mit Flugzeugen des Küstenkommandos der Royal Air Force stationiert. Diese Staffeln flogen rund fünfzig in Amerika hergestellte Flugzeuge: neun Catalinas in Squadron 209, 26 Hudson-Maschinen in der besonders starken Squadron 269 sowie 18 Northrop-Aufklärungs-

* *Benson, Bernadou, Buck, Charles F. Hughes, Ellis, Gleaves, Hilary P. Jones, Lansdale, Lea, Mayo, Niblack, Plunkett, Upshur.*

** Ein britischer Zerstörer stieß auf eines der Richtung Irland fahrenden Rettungsboote der *Vigrid* und rettete zwei weitere amerikanische Krankenschwestern. Die beiden anderen Rettungsboote wurden nie gefunden.

*** Mit doppelter Motorenleistung und Treibstoffkapazität bei etwa derselben Reichweite konnten die Mariner-Maschinen viermal mehr Bomben- oder Wasserbomben tragen als die Catalinas.

bomber in Squadron 330, die von norwegischen Piloten geflogen wurden. Zusätzlich hatte die RAF ungefähr zehn Hurricanes bereitgestellt, um deutsche Luftangriffe abzuwehren.

Zwei Wochen nach der Ankunft der Marines verstärkte Admiral King die auf Island stationierte Streitmacht weiter durch die Bildung der Task Force 1 und, am 1. September, durch die Schaffung der Denmark Strait Patrol. Den ersteren Verband hatte man aus den alten Schlachtschiffen *Arkansas*, *New York* und *Texas* zusammengestellt; die Patrouille für die Dänemarkstraße bestand aus neueren, erstklassigen Schlachtschiffen, die kürzlich von der Pazifikflotte überstellt worden waren, der *Idaho*, der *Mississippi* und der *New Mexico*; hinzu kam die Destroyer Squadron 2 der Atlantikflotte mit neun neuen Zerstörern.* Falls die *Tirpitz* und/oder die Taschen-Schlachtschiffe *Lützow* und *Admiral Scheer* oder der Schwere Kreuzer *Hipper* erneut versuchen sollten, durch die Dänemarkstraße in den Atlantik auszubrechen, oder die *Prinz Eugen*, die *Gneisenau* und die *Scharnhorst* auf dieser Route von Brest nach Deutschland zurückkehren wollten, sollten die amerikanischen Kriegsschiffe in der Rolle als »Aufklärer« unter dem Befehl der britischen Home Fleet operieren. Die Anwesenheit dieser großen amerikanischen Schiffe in Island erlaubte es den Briten, die Home Fleet zu verkleinern und einen Verband großer Schiffe als Abschreckung gegen japanische Angriffe auf Hongkong, Singapur und andere britische Vorposten in den Fernen Osten zu entsenden.**

Mit dem im September 1940 erlassenen, für Friedenszeiten beispiellosen American Selective Training and Service Act war in den USA ein einjähriger Wehrdienst eingeführt worden, der nur in den Vereinigten Staaten abgeleistet werden durfte. Auf Roosevelts Ersuchen überarbeitete und erweiterte der Kongreß im August 1941 dieses Gesetz. Das Verbot von Einsätzen in Übersee wurde aufgehoben und die Dienstzeit auf achtzehn Monate verlängert. In der Folge wies Roosevelt das War Department an, zur Verstärkung der Marines und der britischen Streitkräfte 5000 Soldaten der US Army nach Island zu schicken.

Zur Durchführung dieser Mission stellte Admiral King Task Force 15, einen zweiten Flottenverband, zusammen. Der am 5. September auslaufende Geleitzug von 21 Schiffen wurde von dem Schlachtschiff *Mississippi*, vier Schweren Kreuzern *(Quincy, Tuscaloosa, Vincennes* und *Wichita)* und 15 Zerstörern begleitet. Der neue Flugzeugträger *Wasp* (Baujahr 1940) brachte die 33. Pursuit Squadron der Army Air Forces nach Island. Am 25. September übernahm der Befehlshaber der Streitkräfte des amerikanischen Heeres die Verantwortung für die Verteidigung Islands, doch die Brigade der Marines und eine kleiner Rest der britischen Bodentruppen blieben vorläufig auf der Insel.

Island wurde von den Amerikanern in kürzester Zeit in eine praktisch uneinnehmbare militärische Festung verwandelt. Es diente als Basis für die Denmark Patrol, für die Geleitsicherung durch Flugzeuge und Überwasserschiffe und später für offensive ASW-Patrouillen von Luft- und Seestreitkräften, aber auch als Zwischen-

* Die Zerstörer *Anderson, Hammann, Hughes, Morris, Mustin, O'Brien, Russell, Sims, Walke.*

** Die Admiralität mobilisierte das große neue Schlachtschiff *Prince of Wales*, den Schlachtkreuzer *Repulse* und den neuen Flugzeugträger *Indomitable* (auf Testfahrt in der Karibik) für diese Aufgabe.

station für militärische Lufttransporte über den Atlantik. Island wurde damit zum wichtigsten alliierten Vorposten im atlantischen Ozean.

Die Führung der deutschen Kriegsmarine war empört. Dönitz empfand diesen Schachzug der Amerikaner im Atlantik als eine dreiste Provokation, die man nicht ignorieren durfte, und schlug Großadmiral Raeder und dem OKM vor, mit einem U-Boot-Angriff zu reagieren. Der Vorschlag traf in Berlin auf offene Ohren, und Raeder war sofort bereit, Hitler um Aufhebung des Verbots von Angriffen auf amerikanische Kriegs- und Handelsschiffe (und auf britische Kriegsschiffe, die kleiner als Kreuzer waren) in isländischen Gewässern zu ersuchen.

Das Gespräch mit Hitler fand am 9. Juli, dem 18. Tag der Offensive gegen Rußland statt. »Besetzung Islands durch USA bedeutet stärkste Auswirkung und Beeinträchtigung eigener Kampfführung im Atlantik sowohl für U-Boote wie für Überwasserschiffe«, betonte Raeder nach dem Gesprächsprotokoll. Trotzdem lehnte Hitler es ab, die Beschränkungen aufzuheben. Der Stenograph protokollierte Hitlers Ansichten wie folgt:

> *Führer führt des längeren aus, daß ihm alles daran liege, den Kriegseintritt der USA noch 1–2 Monate hinauszuschieben, da einerseits der Ostfeldzug mit der gesamten Luftwaffe, die dafür bereitgestellt sei und die er auch nicht teilweise abziehen möchte, durchgeführt werden müsse und da andrerseits die Wirkung des siegreichen Ostfeldzuges auf die Gesamtlage, wahrscheinlich auch auf die Haltung der USA, ungeheuer groß sein werde. Daher wolle er die bisherigen Weisungen vorläufig nicht geändert, vielmehr jeden Zwischenfall weiterhin vermieden wissen.*

Die amerikanische Besetzung Islands führte folglich nicht zu Reaktionen der deutschen Marine.

Unternehmen Barbarossa: Die Ostsee und das nördliche Eismeer

Ein Hauptziel des deutschen Einmarsches in die Sowjetunion war die große Stadt Leningrad (St. Petersburg), die am äußersten östlichen Ende der Ostsee am Finnischen Meerbusen liegt. Die Heeresgruppe Nord stieß von Ostpreußen aus nordöstlicher Richtung durch die von Rußland besetzten baltischen Staaten Litauen, Lettland und Estland auf Leningrad vor. Gleichzeitig griff eine deutschfreundliche, von den Deutschen ausgerüstete finnische Armee Leningrad im Nordwesten an. Die Deutschen preschten schnell durch die baltischen Staaten vor, dann jedoch blieb der deutsch-finnische Angriff in den Vororten der Stadt stecken.

Die Baltische Flotte der Sowjetunion war im Finnischen Meerbusen stationiert und bewachte die Seewege nach Leningrad. Die Flotte bestand aus zwei alten, aber modernisierten Schlachtschiffen aus dem Jahr 1911, zwei Schweren Kreuzern, 21 Zerstörern und etwa 65 U-Booten. Diese Überwasserstreitkräfte waren der in der Ostsee verfügbaren Überwasserstreitmacht der Kriegsmarine nicht gewachsen, doch Großadmiral Raeder und das OKM waren zutiefst besorgt über den möglichen Schaden, den die mächtige (aber nie erprobte) sowjetische U-Boot-Streitmacht bei einem offensiven Einsatz in der Ostsee anrichten könnte. Andererseits erwartete der Befehlshaber der sowjetischen Kriegsmarine, Admiral Nikolai G. Kusnezow, daß die deutsche Kriegsmarine im Finnischen Meerbusen mit Überwasserkräften eine Offensive zur Unterstützung der Heeresgruppe Nord durchführen würde.

Beide Marinen wurden jedoch nicht offensiv eingesetzt. Vielmehr begannen beide die kriegerischen Auseinandersetzungen mit einer defensiven Einstellung und indem sie riesige Minenfelder in der schmalen Mündung des Finnischen Meerbusens legten, um damit die jeweils gegnerische Flotte in Schach zu halten. Beide Marinen ergänzten die Minenfelder durch patrouillierende U-Boote, Zerstörer und andere kleine Überwasserfahrzeuge. Die deutsche Kriegsmarine organisierte außerdem Feindfahrten mit Zerstörern und U-Booten im Großen und Kleinen Belt in der westlichen Ostsee und in norwegischen Gewässern, um vor einen möglichen Vorstoß der britischen Marine abzuschrecken oder diesen zu blockieren, da Großbritannien mit der Sowjetunion schnell eine, wenn auch ungeliebte, Allianz gebildet hatte.

Am Vorabend des Unternehmens Barbarossa hatte das OKM die Aktivitäten zur U-Boot-Ausbildung in den östlichen Gewässern der Ostsee eingestellt. Die Agru Front (Ausbildungsgruppe für Front-U-Boote) verlegte ihre Operationen in weiter entfernte und ungünstigere norwegische Gewässer; sie war nun in Horten stationiert, und die neuen Boote machten ihre taktischen Übungen in der Erprobungsphase im Oslofjord. Auf dem Weg nach Norwegen lief das neue IXC-Boot *U128* unter Ulrich Heyse hart auf einen nicht verzeichneten Felsen und riß sich die Unterseite auf. Das Vorratsschiff *Odin* und der Leichte Kreuzer *Nürnberg* retteten die Besatzung und schleppten das Boot nach Horten. Dort wurde es provisorisch zusammengeflickt und dann zu größeren Reparaturen nach Kiel geschickt. Ironischerweise war der 35jährige Heyse, ein ehemaliger Offizier der Handelsmarine, der später auf einem Zerstörer gedient hatte, einer der reifsten und erfahrensten Seeleute in der U-Bootwaffe. Er wurde von der Untersuchungskommission entlastet und behielt sein Kommando.

Die Deutschen und die ihnen freundlich gesinnten Finnen setzten hinter den Minenfeldern, die den Finnischen Meerbusen durchzogen, neun U-Boote als Minenleger und für Torpedomissionen ein. Unter den fünf deutschen Booten befanden sich drei Einbäume vom Typ IID, die vorübergehend von der U-Boot-Schule abgezogen worden waren.* Drei dieser fünf Boote versenkten kleine, für den küstennahen Einsatz bestimmte sowjetische U-Boote. Das sowjetische U-Boot *Shch-307* torpedierte und versenkte den Einbaum *U144* unter dem Kommando des 29jährigen Gert von Mittelstaedt, der zuvor das russische U-Boot *M78* versenkt hatte. Nach diesem Verlust zog das OKM die deutschen Einbäume zurück. Ein lettisches Schiff unter sowjetischem Befehl lief auf eine von dem finnischen U-Boot *Vesihiisi* gelegte Mine und sank später. Die finnischen U-Boote *Vesikko* und die *Vetehinen* torpedierten jeweils einen sowjetischen Frachter. Deutsche Minen, Flugzeuge und Schiffe zur U-Boot-Bekämpfung – und die vorrückenden deutschen Bodentruppen – zerstörten eine sehr große Anzahl sowjetischer U-Boote oder zwangen die Besatzungen, die Boote zu versenken. Abgesehen vom Erfolg des Bootes *Shch-307* über *U144* scheiterte die sowjetische U-Bootwaffe kläglich, und ihre Reste zogen sich nach Leningrad zurück.

---

* Zu den finnischen U-Booten gehörte der deutsche Einbaum-Prototyp *Vesikko*, der Typ-VII-Prototyp *Vetehinen* und zwei weitere U-Boote.

Zum Unternehmen Barbarossa gehörte auch ein wenig bekannter Vorstoß der Deutschen von Nordnorwegen aus, um Murmansk und Archangelsk einzunehmen. Als Geste der Freundschaft und Zusammenarbeit mit den Sowjets schickte das britische Kriegskabinett Ende Juli einen Verband mit den Flugzeugträgern *Furious* und *Victorious* in diese arktische Region. Trägergestützte Flugzeuge griffen deutsche Streitkräfte in Petsamo, Kirkenes und Tromsö an, erlitten jedoch schwere Verluste, ohne viel Wirkung zu erzielen.

Seit dem britischen Überfall auf die Lofoten Anfang März 1941 hatte Hitler stets einen weiteren Angriff der Briten oder eine große Landungsoperation in Norwegen befürchtet, und der Schlag der britischen Flugzeugträger am Nordkap verstärkte diese Furcht. Er drängte Raeder, Norwegen mit den großen Überwasserschiffen der Kriegsmarine zu verteidigen, doch dies war nicht möglich. Das Schwesterschiff der *Bismarck*, die *Tirpitz*, wurde noch ausgerüstet; die Taschen-Schlachtschiffe *Lützow* und *Admiral Scheer* lagen mit Gefechtsschäden oder zur Überholung in deutschen Werften; die Schlachtkreuzer *Gneisenau* und *Scharnhorst* und der Schwere Kreuzer *Prinz Eugen* lagen in französischen Atlantikhäfen, und überdies waren die *Gneisenau* und die *Scharnhorst* durch britische Luftangriffe beschädigt worden.

Die einzige wirkungsvolle Waffe, die der Kriegsmarine zur Aufklärung und für offensive Operationen in norwegischen und arktischen Gewässern zur Verfügung stand, waren die U-Boote. Hitler und Raeder trafen daher die Entscheidung, U-Boote in diesen Gewässern patrouillieren zu lassen, bis die großen Überwasserschiffe wieder zur Verfügung standen. Das OKM wies Dönitz an, vor den Shetland- und Orkney-Inseln mindestens zwei Einbäume bereitzuhalten, die vor einem von Loch Ewe oder Scapa Flow aus geführten britischen Einsatz gegen Norwegen warnen sollten. Zusätzlich sollte er im Eismeer mindestens zwei hochseetüchtige Boote bereithalten, um den deutschen Vorstoß auf Murmansk zu unterstützen.

Dönitz war empört. Die neuen Aufgaben machten die Abstellung von etwa vier Einbäumen und vier bis sechs hochseetüchtigen Booten erforderlich. Weil die Befehle direkt von Hitler kamen, stellte sie Dönitz jedoch nicht in Frage und erhob keinen Widerspruch.

Zwei neue VIIC-Boote, die schnell die Erprobungsphase durchlaufen hatten, begannen im Juli im Nordmeer vor Murmansk zu patrouillieren: *U81* unter dem 26jährigen Friedrich Guggenberger und *U652* unter dem 24jährigen Georg-Werner Fraatz. Anfang August erreichten die Boote das Gebiet der Kola-Bucht, nachdem sie sich in Trondheim versorgt hatten. Vier weitere neue VIIC-Boote folgten bald. Die sechs hochseetüchtigen U-Boote waren bei ihren Operationen vor Murmansk durch die langen arktischen Tage und sehr kurzen Nächte und den extrem geringen Schiffsverkehr behindert. Sie erreichten fast nichts. Fraatz versenkte mit *U652* einen 558-Tonnen-Trawler. Der 29jährige Eberhard Hoffmann versenkte mit *U451* ein Patrouillenboot von 550 Tonnen. Der 28jährige Karl-Ernst Schroeter von *U752* versenkte einen Hilfsminensucher mit 633 BRT. Der 28jährige Helmut Möhlmann beschädigte mit *U571* einen Frachter mit 3900 BRT so stark, daß dieser sich selbst auf den Strand setzte. Somit belief sich das Gesamtergebnis auf vier Schiffe mit 5600 Tonnen.

Barbarossa hatte für die U-Bootwaffe unangenehme Folgen gehabt. Sie konnte den östlichen Raum der Ostsee nicht mehr für die taktische Ausbildung nutzen und war gezwungen, die Agru-Front nach Norwegen zu verlegen. Ungefähr acht Einbäume wurden für mehrere Monate von der U-Boot-Schule und einige andere Boote von Feindfahrten im Atlantik abgezogen. Zudem waren sechs hochseetüchtige Boote ins Eismeer entsandt worden, der Beginn einer U-Boot-Präsenz in diesem Gebiet, die bis Kriegsende beträchtliche Ausmaße erreichen sollte.

Dönitz betrachtete diese Störungen und Diversionen als Verschwendung. Er war besonders wütend über die Abstellung hochseetüchtiger U-Boote ins Eismeer. »Ich wandte mich [beim OKM] mehrfach gegen diese Maßnahmen«, schrieb Dönitz und legte seine Gründe deutlich dar:

»Die bisherigen unmittelbaren Erfolge sind sehr gering und fallen nicht ins Gewicht. Gründe: Verkehr mit kleinsten Schiffen, auf die Torpedo-Angriffe wenig Erfolg versprechen ...,

... die Entscheidung des Krieges muß im Kampf gegen die Einfuhr Englands fallen. Dieser Kampf ist die Hauptsache der U-Boote, die ihnen durch andere Streitkräfte nicht abgenommen werden kann. Die Entscheidung im Kampf gegen Rußland fällt zu Lande. U-Boote können in ihm nur eine Nebenrolle spielen.«

Hitler ließ sich die Entscheidung jedoch nicht ausreden. Seine Furcht, die Briten würden bald wieder in Norwegen einfallen, wurde zu einem Glaubensartikel. Auf seine besondere Weisung hin sollten immer mehr U-Boote zur Abwehr dieser erwarteten Invasion und später für andere Aufgaben in die arktische See verlegt werden.

Feindfahrten im Nordatlantik im Juli

Infolge der komplizierten neuen Beschränkungen, die Hitler den U-Booten bis zum Erfolg des Unternehmens Barbarossa auferlegt hatte, war Dönitz gezwungen, um Island und die nordwestlichen Zufahrten einen weiten Bogen zu machen. Er verlegte daher im Juli 1941 die meisten der 20 neu auslaufenden Boote in südlichere Gewässer, wo sie die Gibraltar- und Sierra-Leone-Geleitzüge angreifen sollten. Zusätzlich schickte Dönitz eine weitere Gruppe von vier U-Booten nach Freetown, die alle von Ritterkreuzträgern kommandiert wurden. Diese vier sollten beim deutschen Tanker *Corrientes* auf den Kanarischen Inseln heimlich auftanken.

Da die Briten den Marineschlüssel im Juli ständig und fließend lesen konnten, tricksten sie Dönitz in diesem Monat aus. Sie verstärkten die Gibraltar- und Sierra-Leone-Konvois mit zusätzlichem Geleitschutz aus der Luft und zu Wasser und leiteten die Konvois geschickt um, wobei sie einen für die Jahreszeit ungewöhnlich dichten Nebel im mittleren Atlantik ausnutzten. Außerdem übten sie auf den spanischen Diktator Francisco Franco so starken diplomatischen Druck aus, daß dieser die Kanaren für deutsche U-Boote sperrte und damit den Abbruch der Freetown-Mission erzwang. Die Folge war, daß im Juli kein deutsches U-Boot einen Konvoi entdeckte. Sämtliche Erstkontakte mit Geleitzügen wurden von in Bordeaux stationierten Maschinen des Typs Focke-Wulf Condor oder von den dort liegenden italienischen Booten gemacht.

Am 1. Juli wurde der erste Geleitzug von einer Condor etwa 1100 Kilometer westlich von Lorient gemeldet. Dönitz befahl fünf Booten, gegen den Konvoi zu operieren, darunter auch das erstklassige Boot *U96* unter Ritterkreuzträger Heinrich Lehmann-Willenbrock. Die Boote stellten die genaue Position des Geleitzuges fest, die

Peilzeichen der Condor von ihren weit auseinanderliegenden Positionen aus empfingen. In den letzten Stunden des 2. Juli fand Klaus Scholtz, der mit *U108* aus dem Raum um Grönland heimkehrte, den Konvoi – mit Kurs auf Gibraltar, wie er meldete. Doch bevor Scholtz die anderen Boote oder Flugzeuge heranführen konnte, verlor er die Schiffe in einem dichten Nebel und kehrte nach Frankreich zurück. Er hatte eine sehr erfolgreiche, 41tägige Feindfahrt hinter sich, bei der er sieben Schiffe mit 27000 Tonnen versenkt hatte.

Auf dem Weg nach Südwesten zu der von Scholtz gemeldeten Position stieß Lehmann-Willenbrock mit *U96* am Morgen des 5. Juli im Nebel auf eine seltsame Formation von fünf Schiffen: auf die *Challenger*, eine Jacht der Royal Navy, die dem 6000 Tonnen großen Frachter *Anselm* vorausfuhr, und auf die drei Korvetten *Petunia*, *Lavender* und *Starwort*, die den Frachter backbords, steuerbords und achtern sicherten – mit gutem Grund, denn die *Anselm* war ein Truppentransporter mit 1200 Soldaten an Bord.

Lehmann-Willenbrock bot der Gefahr, die von diesem ungewöhnlich starken Geleitschutz ausging, die Stirn, näherte sich unter Wasser und schoß einen vollen Bugfächer auf die *Challenger* und die *Anselm*. Er verfehlte die *Challenger*, aber die *Anselm* wurde von zwei Torpedos getroffen. Sie sank in 22 Minuten, doch die Besatzung hatte ausreichend Zeit, alle Rettungsboote bis auf eines zu Wasser zu lassen. Dennoch verloren 254 der 1200 Soldaten ihr Leben. Die Jacht *Challenger* fischte sechzig Überlebende aus dem Wasser.

Die drei Korvetten griffen *U96* sofort an. Das Sonar der *Starwort* war außer Betrieb, deshalb führten die *Petunia* und *Lavender*, die klare Ortungen hatten, den Angriff durch. Die *Petunia* warf sechs Wasserbomben, die *Lavender* zwanzig. Als der Angriff die Korvetten in die Nähe der im Wasser schwimmenden Schiffbrüchigen brachte, mußte der Wasserbombenabwurf abgebrochen werden, doch er war mit vernichtender Genauigkeit ausgeführt worden. Noch am gleichen Tag meldete Lehmann-Willenbrock nach Kernével, daß er die Feindfahrt wegen schwerster Schäden durch Wasserbomben abbrechen müsse.

Eine Woche später, am 7. Juli, meldeten die Condor-Maschinen einen weiteren auslaufenden Konvoi ungefähr 460 Kilometer vom Nordkanal entfernt. Dönitz alarmierte alle Boote in Reichweite, doch keines konnte den Geleitzug finden. Sie fanden auch keinen anderen. Folglich war die Anzahl der bestätigten Versenkungen in den ersten drei Juliwochen miserabel: der von Lehmann-Willenbrock versenkte Truppentransporter und drei andere Schiffe mit 13300 Tonnen, eines versenkt durch Klaus Scholtz mit *U108* und zwei durch Robert Gysae mit *U98*.*

Dönitz war verwirrt und frustriert. Zweimal innerhalb von sechs Tagen (zwischen dem 15. und 20. Juli) vermerkte er, das größte Problem sei es, Geleitzüge zu *finden*. Wie üblich machte er für die fehlenden Kontaktmeldungen den Mangel an U-Booten verantwortlich. Nur wenn die Zahl der Boote erhöht werde und man mehr zur Aufklärung einsetzen könne, werde sich die Situation verbessern. Er verlegte die Boote hin und her, bildete vorübergehende Aufklärungsstreifen, löste diese abermals auf und

* In derselben dreiwöchigen Zeitspanne versenkten die drei italienischen U-Boote *Malaspina*, *Morosini* und *Torelli*, die westlich von Gibraltar operierten, fünf Schiffe mit 30400 Tonnen.

bildete in anderen Regionen neue Streifen. Doch die Briten konterten diese Schachzüge mit geschickten Gegenmaßnahmen. Den Deutschen schien nichts zu glücken.

Den dritten Kontakt mit einem Geleitzug bekam am 22. Juli westlich von Gibraltar das italienische Boot *Barbarigo*. Es führte die *Bagnolini* herbei. Die *Barbarigo* erzielte mit dem britischen 8300-BRT-Tanker *Horn Shell* eine bestätigte Versenkung; die *Bagnolini* gab Treffer auf zwei Schiffe an, doch keine britische Meldung bestätigte ihren Angriff. Dönitz versuchte, nachdem er von dem Kontakt gehört hatte, die vier Boote der aufgelösten Sondereinheit für Freetown ins Gefecht zu bringen. Eines dieser Boote, *U109* unter Heinrich Bleichrodt, konnte nicht reagieren. Es lag im spanischen Cadiz, wo durch das Versorgungsschiff *Thalia* dringende Reparaturen durchgeführt wurden. Dönitz schickte Rolf Mützelburg mit *U203*, den es bei der vergeblichen Verfolgung eines anderen Schiffes nach Süden verschlagen hatte, doch die Briten wichen prompt aus, und weder Mützelburg noch die anderen drei Kommandanten konnten den Geleitzug der *Barbarigo* finden.

Am 25. Juli wurde ein vierter Geleitzug 740 Kilometer westlich des Ärmelkanals von einer Condor gemeldet. Es war der auslaufende kombinierte Gibraltar- und Sierra-Leone-Geleitzug Outbound Gibraltar 69 (in den Dokumenten abgekürzt OG). Er bestand aus 26 Schiffen und wurde von neun Korvetten und einem bewaffneten Trawler begleitet. Elf weit verstreute U-Boote fingen die Peilzeichen der Condor auf, wodurch Kernével die Position des Konvois mit ziemlicher Genauigkeit feststellen konnte. Die Peilzeichen einer zweiten Condor wurden von 15 U-Booten aufgefangen, die die zuerst gemeldete Position bestätigten.

Dönitz befahl acht Booten, den südwärts laufenden Konvoi anzugreifen. Alle Boote marschierten mit Höchstgeschwindigkeit zur angegebenen Position. *U79* unter Wolfgang Kaufmann, der in Lorient zu seiner zweiten Feindfahrt ausgelaufen war, und das XIC-Boot *U126* unter dem 27jährigen Ernst Bauer, frisch aus Deutschland auf seiner ersten Feindfahrt, erreichten die genannte Position als erste. Sie sichteten keine Spur von einem Geleitzug und nach einer Besprechung per Megaphon funkte Bauer die schlechte Nachricht an Dönitz, der die acht Boote daraufhin anwies, entlang bestimmter Positionen in südlicher und südwestlicher Richtung zu suchen.

Am folgenden Morgen, dem 26. Juli, entdeckte eine weitere Condor den Geleitzug. Sechs Boote fingen ihr Peilzeichen auf, und Kernével bestimmte eine neue Position. Falls sie korrekt war, befand sich der Geleitzug 400 Kilometer von dem durch die Condor gemeldeten Standort entfernt. Sieben Boote standen nahe der gemeldeten Position, und doch konnte unerklärlicherweise keines den Konvoi finden. War die Meldung der Condor trotzdem präzise? Funkten die Briten irreführende Peilzeichen? Eine weitere Condor-Maschine suchte noch am selben Tag beide Positionen ab, fand jedoch nichts.

Dönitz war im Begriff, die Jagd abzublasen, als eines der Boote Fühlung meldete. Es war das neue IXC-Boot *U68* unter dem 35jährigen Karl-Friedrich Merten, und er befand sich seit 27 Tagen auf der Jungfernfahrt. Dönitz wies Merten an, Fühlung zu halten und Peilzeichen zu funken. Unterdessen war der Konvoi dabei, sich aufzuteilen, was Merten nicht wußte. Die Hälfte der Schiffe – mit Ziel Sierra Leone – fuhr ohne Begleitung mit höchster Geschwindigkeit weiter. Zwei der neun Korvetten verließen den Konvoi und schlossen sich einem Geleitzug an, der sich auf der Heimfahrt zu den Britischen Inseln befand.

Drei andere Boote trafen ungefähr gegen Mitternacht mit Mertens *U68* zusammen:

Kaufmanns *U79*, Bauers *U126* und Mützelburgs *U203*. Nachdem sie ihre Ankunft gemeldet hatten, erteilte Dönitz Bauer die Anweisung, Fühlung zu halten, und ermächtigte Merten, nach Belieben zu schießen, doch Mertens Angriff wurde von einer Korvette vereitelt. Er verlor die Fühlung, und so waren es Kaufmann mit *U79* und Mützelburg mit *U203*, die die ersten Torpedos abschossen. Kaufmann gab die Versenkung von drei Schiffen mit 24000 Tonnen und Beschädigungen an zwei weiteren Schiffen durch. Mützelburg meldete die Versenkung zweier Schiffe mit 14000 Tonnen. In Wirklichkeit hatte Kaufmann nur einen britischen Frachter mit 2500 BRT versenkt und Mützelburg einen britischen Frachter mit 1500 BRT.*

Drei der sieben Korvetten gingen zum Gegenangriff über. Die *Rhododendron* warf vermutlich auf Mertens *U68* 24 Wasserbomben. Die *Sunflower* und *Pimpernel* jagten gemeinsam ein weiteres Boot. Sie versuchten es zu rammen, doch das Boot tauchte weg, und sie warfen 22 Wasserbomben. Diese rechtzeitigen, aggressiven Gegenangriffe und die Verteidigungsmaßnahmen der anderen vier Korvetten verhinderten in dieser Nacht alle weiteren Angriffe.

Am 27. Juli hielt Bauer mit *U126* tagsüber weiter Fühlung und funkte Peilzeichen. Diese ermöglichten es Merten mit *U68* und Mützelburg mit *U203* sowie zwei neuen VIIC-Booten aus Deutschland, *U561* unter dem 30jährigen Robert Bartels und *U562* unter Herwig Collmann, erneut an den Geleitzug heranzukommen. Bartels hatte jedoch eine technische Panne und mußte den Einsatz abbrechen. Ein anderes Boot, *U371* unter Heinrich Driver, der seine zweite Feindfahrt absolvierte, entdeckte später den zweiten Teil des Konvois, der sich jetzt auf südlichem Kurs nach Freetown befand. Driver versenkte zwei Frachter mit je 7000 BRT.

Mit Einbruch der Nacht ermächtigte Dönitz den Fühlungshalter Bauer zum Angriff und ermahnte ihn und die anderen Boote, jede Möglichkeit zu einem Angriff zu nutzen. Wenn sich vorher keine guten Gelegenheiten ergaben, sollten sie ab 2 Uhr nachts gleichzeitig angreifen. Die Boote sollten die Geleitsicherung zersprengen; sie sei vermutlich schwächer als in der Nacht zuvor. Sie sollten weiterhin Meldung erstatten, Peilzeichen senden, andere Boote heranführen und selber angreifen, ohne den Druck zu vermindern.

Bauer in *U126* wartete nicht lange. Kurz vor Mitternacht lief er über Wasser an und schoß sechs Torpedos ab – vier aus den Bugrohren und zwei aus den Heckrohren. Nach dieser Aktion, seinem ersten Angriff, gab er ein sensationelles Ergebnis durch: vier versenkte Schiffe mit 20000 Tonnen. Tatsächlich hatte er zwei Frachter mit je 1300 BRT versenkt, die britische *Erato* (das Flaggschiff des Geleitzugs) und ein norwegisches Schiff. Die Korvetten *Rhododendron* und *Begonia* führten einen Gegenangriff durch; der Konvoi zerstreute sich.

Zwei andere Boote näherten sich und griffen die übrigen Schiffe an, die in alle Richtungen flohen. Merten schoß mit *U68* auf eine der zwei Korvetten. Er sah einen roten Flammenstrahl an der Seite der Korvette und meldete eine Versenkung. Doch er hatte entweder nicht getroffen oder der Torpedo hatte versagt, denn in dieser Nacht wurde keine Korvette getroffen. Bartels in *U561* meldete die Versenkung zweier

* Im Gegensatz zu den Geleitzügen im Nordatlantik waren die Schiffe der Gibraltar-Konvois für gewöhnlich recht klein, was die U-Boot-Kommandanten zu beträchtlich überhöhten Schätzungen verführte.

Schiffe mit 16000 Tonnen, darunter einen Tanker mit 12000 BRT, und er meldete die Beschädigung eines Hilfskreuzers mit 5000 Tonnen. Doch nur ein 1900 BRT großer britischer Frachter ging tatsächlich unter.

Bis zum Abend des 28. Juli hatten sich fünf der ursprünglich dreizehn nach Gibraltar fahrenden Schiffe, von fünf Korvetten und einer Catalina gesichert, wieder in einem losen Konvoi zusammengefunden. Drei U-Boote jagten den Schiffen noch immer nach. Die Catalina und zwei Korvetten sichteten die U-Boote, ließen sich hinter den Konvoi zurückfallen und drängten zwei der Boote ab.

Mützelburg hatte jedoch hartnäckig Fühlung gehalten und führte nach Einbruch der Dunkelheit seinen zweiten Angriff durch. Er meldete die Versenkung von drei Schiffen mit 17000 Tonnen und Treffer bei einem »Zerstörer«. In Wirklichkeit versenkte er nur einen kleinen britischen und einen kleinen schwedischen Frachter mit insgesamt 2800 Tonnen. Die Korvette *Rhododendron* meldete, drei Torpedos seien auf sie abgefeuert worden, doch sie hätte durch »wildes Manövrieren« ausweichen können. Die *Rhododendron* ging zusammen mit der Korvette *Fleur de Lys* zum Gegenangriff über. Beide Schiffe verbrauchten ihre Wasserbomben bis auf drei, doch Mützelburg entkam ohne nennenswerten Schaden.

Aufgrund der überhöhten Schätzungen der sechs an dem Angriff beteiligten Boote glaubte Dönitz, eine weitere große Geleitzugschlacht habe stattgefunden. Er überschlug, daß die Kommandanten 17 oder 18 Schiffe mit etwa 108000 Tonnen, zuzüglich eines Zerstörers und einer Korvette versenkt hätten, Zahlen, die die deutsche Propaganda eilends weiter aufbauschte und bekanntgab.* Tatsächlich waren nur halb so viele Schiffe wie von Dönitz errechnet und nur ein Viertel des Schiffsraums versenkt worden. Fünf Boote hatten sieben nach Gibraltar fahrende Schiffe mit 11303 Tonnen zerstört, und Heinrich Driver hatte mit *U371* zwei der dreizehn Richtung Freetown fahrenden Schiffe mit 14000 Tonnen versenkt. Gesamtergebnis: neun Schiffe mit 25300 Tonnen. Weder ein Zerstörer noch eine Korvette wurden versenkt. 17 der 26 Handelsschiffe erreichten den Hafen.**

Im Monat Juli fuhren 412 beladene Handelsschiffe mit Halifax- und Sydney (oder Slow)-Konvois von Kanada zu den Britischen Inseln. Bemerkenswerterweise fiel kein Schiff einem U-Boot zum Opfer. Halifax 135 folgte einer südlichen Route, um Gegenschlägen der Achsenmächte wegen der amerikanischen Besetzung Islands zu entgehen. Halifax 136 besaß das erste CAM-Ship (mit einem Katapult für ein Jagdflugzeug auf dem Vorschiff). In der Monatsmitte fuhren Halifax 138 und Slow Convoy 37 versuchsweise über den St.-Lorenz-Golf und die Belle Isle-Straße in den Atlantik, von dort weiter zum Kap Farvel und dann entlang der von Eis umschlossenen Ostküste Grönlands nach Norden. Diese Geleitzüge stießen auf dichten Nebel und auf Eisberge, so daß sich einige Kollisionen ereigneten.

Der starke nordatlantische Schiffsverkehr in der entgegengesetzten Richtung ver-

* Berlin behauptete, die U-Boote hätten 24 Schiffe mit 140500 Tonnen sowie einen Zerstörer und eine Korvette versenkt.

** Mützelburg von *U203*, dem die Versenkung von insgesamt fünf Schiffen mit 31000 Tonnen und eines »Zerstörers« zugeschrieben wurde, durfte im Berliner Rundfunk ein Propagandainterview geben. Seine bestätigte Quote betrug drei kleine Handelsschiffe mit 4305 BRT. Das italienische U-Boot *Torelli* versenkte den norwegischen Tanker *Ida Knudsen* mit 8900 BRT.

lief ebenfalls zufriedenstellend. Insgesamt elf auslaufende Konvois mit 536 Schiffen fuhren von den Britischen Inseln aus. Wie beschrieben versenkte Robert Gysae mit *U98* zwei leere Frachter mit 10800 BRT aus dem Geleitzug Outbound 341. Eine Focke-Wulf Condor beschädigte einen leeren Frachter im Konvoi Outbound 346.

Im Monat Juli befuhren zusammengerechnet über 1000 alliierte Schiffe mit ungefähr fünf Millionen BRT die nordatlantische Route in östlichen und westlichen Geleitzügen, und zwar unbehelligt von hochseetüchtigen U-Booten.

Gegen Ende Juli führten die Briten ein neues System zur Benennung der auslaufenden Geleitzüge ein. Nach dem Konvoi Outbound 346 wurden alle Geleitzüge, die letztlich zu den Westindischen Inseln, nach Mittelamerika oder Westafrika unterwegs waren, Outbound South (OS) benannt. Vor dem Nordkanal schoß Philipp Schüler mit dem Einbaum *U141* am 26. Juli auf zwei leere Frachter von OS 1, ein Frachter mit 5100 BRT sank, der andere rettete sich mit Müh und Not in den Hafen zurück. Nach Outbound 349 erhielten alle Konvois in Richtung Kanada oder zur Ostküste der Vereinigten Staaten die Bezeichnung Outbound North (ON). Die Geleitzüge mit ungeraden Ziffern fuhren langsam, die mit geraden schnell.

Die Atlantik-Charta

Die deutsche Invasion in der Sowjetunion stellte die Alliierten vor eine Vielzahl neuer, vielschichtiger Probleme. Joseph Stalin ersuchte Großbritannien und die Vereinigten Staaten um massive militärische Unterstützung (Flugzeuge, Panzer, Maschinengewehre, Gewehre usw.) und verlangte, daß Großbritannien den auf Rußland lastenden Druck verringere, indem es durch eine Invasion des besetzten Frankreichs eine »zweite Front« eröffnete. Weder Churchill noch Roosevelt behagte der Gedanke, dem verhaßten und wenig vertrauenswürdigen Stalin zu helfen, doch wie Churchill es blumig ausdrückte:

»Wenn Hitler die Hölle überfiele, dann würde ich dem Teufel zumindest schöne Grüße ausrichten lassen...« Eine »zweite Front« im besetzten Frankreich kam nicht in Frage, doch Churchill und Roosevelt versprachen, Stalin mit Waffen zu unterstützen – Churchill kostenlos und Roosevelt nach dem Lend Lease Act.

Weitere Komplikationen entstanden im Fernen Osten. Einen Monat nach der deutschen Invasion in der Sowjetunion, am 24. Juli, besetzte Japan das Vichy-französische Indochina (Vietnam). Dieser dreiste Vorstoß destabilisierte den Fernen Osten und stellte für China, für die Philippinen und für die britischen und holländischen Besitzungen und Dominions in Südostasien, Australien und Ozeanien eine neue Bedrohung dar. Roosevelt reagierte aggressiv, indem er die japanischen Vermögenswerte in den Vereinigten Staaten einfror, über Japan ein Ölembargo verhängte, den Großteil der Pazifikflotte in Pearl Harbor beließ und die amerikanischen Streitkräfte auf den Philippinen in großem Umfang mit Flugzeugen, U-Booten* und anderen Waffen ver-

* Die Vereinigten Staaten unterhielten eine kleine Flotte alter Kriegsschiffe im Fernen Osten, die großartig als Asiatic Fleet bezeichnet wurde. Ihre Hauptstreitmacht – zur die Verteidigung der Philippinen im Fall einer japanischen Invasion – hatte jahrelang aus einer Flottille von sechs 800-Tonnen-U-Booten der S-Klasse aus dem Ersten Weltkrieg bestanden. Diese Flottille wurde 1939

stärkte. Die Briten und Holländer schlossen sich dem Ölembargo an, was Japans Ölimporte um 90 Prozent verringerte. Churchill befahl der Admiralität, wie bereits erwähnt, einen Verband der Royal Navy (die *Prince of Wales*, die *Repulse*, die *Indomitable* usw.) in den Fernen Osten zu entsenden.

Die Entscheidung, die Sowjetunion wie auch Großbritannien nach dem Lend Lease Act mit Waffen zu versorgen und die Kräfte auf den Philippinen zu verstärken, war eine fast unerträgliche Belastung für das »Arsenal der Demokratie«. Die Folge war, daß das wachsende amerikanische Heer und die Luftwaffe nicht angemessen ausgerüstet werden konnten; Wehrpflichtige wurden an Gewehr- und Panzerattrappen ausgebildet. Diese Belastung brachte hohe amerikanische Militärs dazu, die Mittelmeerstrategie der Briten scharf zu kritisieren, die sie noch immer für eine Vergeudung wertvollen militärischen Materials auf einem Nebenkriegsschauplatz hielten. Roosevelts Sonderbeauftragter Harry Hopkins übermittelte Churchill diese Ansichten klar und deutlich, als er auf dem Rückweg von Moskau in London Zwischenstation machte. Er betonte, nach Ansicht amerikanischer Strategen sei »die Schlacht im Atlantik die letzte entscheidende Schlacht des Krieges«. Auf sie »sollte alles konzentriert werden«. Hopkins' Botschaft wurde auch von den militärischen Vertretern der USA in London vertreten, die von den Strategen in Washington stark beeinflußt waren.

Angesichts dieser Meinungsverschiedenheiten und des sich wandelnden Krieges kamen Churchill und Roosevelt überein, sich zusammen mit ihren ranghöchsten militärischen Beratern zu treffen. Das Gipfeltreffen sollte heimlich und auf See stattfinden. Churchill und seine Delegation verließen Scapa Flow auf dem Schlachtschiff *Prince of Wales*; Roosevelt und seine Abgesandten verließen die Vereinigten Staaten auf Admiral Kings Flaggschiff, dem Schweren Kreuzer *Augusta*. Die Schiffe trafen am 9. August in der für beide Seiten günstig gelegenen, gut verteidigten und ruhigen Placentia Bay ein, in dem neu eingerichteten amerikanischen Marinestützpunkt in Argentia auf Newfoundland.

Churchill und seine Delegation waren ziemlich sicher, daß die Amerikaner im Begriff standen, eine formelle Kriegserklärung auszusprechen oder daß sie dazu überredet werden könnten. Dementsprechend hatten die Briten ausführliche – und konkrete – militärische Pläne für die gemeinsame Niederringung Deutschlands und Italiens vorbereitet. Wortgewandt skizzierte Churchill die Pläne, die in chronologischer Reihenfolge folgende vier Hauptpunkte enthielten:

- **Beherrschung der Seewege.** Mit Unterstützung der amerikanischen Marine sollte die Royal Navy die U-Boote, das Superschlachtschiff *Tirpitz* und alle anderen Schiffe der Achsenmächte versenken, die eine Bedrohung der alliierten Herrschaft über die Seewege der Handelsschiffahrt darstellten.
- **Beherrschung des Mittelmeerraumes.** Mit Hilfe der Amerikaner – vielleicht in Gestalt von drei Divisionen an Bodentruppen – sollte Großbritannien die vollständige

und 1940 durch elf moderne Flotten-U-Boote verstärkt. Nun wurden auf Roosevelts Anordnung hin weitere zwölf Flotten-U-Boote nach Manila geschickt, was die Gesamtzahl der U-Boote in der Asiatic Fleet auf 29 erhöhte, 23 davon moderne Flotten-U-Boote. Bei einem Ausbruch von Feindseligkeiten sollten die Torpedos all dieser Boote mit strenggeheimen Magnetpistolen, ähnlich den von Konstruktionsfehlern geplagten deutschen Magnetpistolen, ausgerüstet werden.

und absolute Kontrolle über das Mittelmeer, Nordafrika und den Nahen Osten erringen und Italien durch massive Luftangriffe als kriegführende Macht ausschalten.

- **Strategische Luftangriffe auf Deutschland.** Mit Unterstützung der Amerikaner – zunächst durch 6000 schwere viermotorige B-17- und B-24-Bomber – sollte Großbritannien erbarmungslose und schwere Luftangriffe auf deutsche Städte und Rüstungsbetriebe fliegen. Sie sollten von Stützpunkten auf den Britischen Inseln und in Italien aus erfolgen und durch die »innere Zermürbung oder den Zusammenbruch« Deutschlands den Sturz Hitlers und des NS-Regimes herbeiführen.
- **Invasion.** Wenn nötig sollten die Vereinigten Staaten und Großbritannien 1943 mit »Panzerspitzen« in »mehreren« besetzten Nationen (wie etwa Frankreich) landen. Sie sollten mit heimlich bewaffneten Widerstandsgruppen zusammenarbeiten und das deutsche Regime stürzen. Ungefähr 15 000 Panzer und etwa 200 hochseetüchtige Landungsboote für Panzer (Landing Ship Tank oder LST) würden dafür gebraucht werden. Die alliierte Truppenstärke, und insbesondere die amerikanische Truppenstärke, sollte auf ein Minimum beschränkt werden; der Einsatz einer großen amerikanischen Armee würde daher nicht notwendig sein.

Roosevelt stand noch immer unter dem Druck starker isolationistischer Gruppierungen in den Vereinigten Staaten und war nicht in der Stimmung nach Argentia gekommen, offen in den Krieg einzugreifen oder irgendwelche weitergehenden Verpflichtungen zu übernehmen, als bereits in ABC-1 festgelegt waren. Den US-Militärberatern war es daher nicht erlaubt, sich auf detaillierte Diskussionen einzulassen; sie hatten auch keine Grundsatzpapiere vorbereitet. Obwohl die US-Berater mit allen Punkten Churchills außer dem ersten (Beherrschung der Seewege) nicht einverstanden waren oder zumindest ernste Vorbehalte hegten, beschränkten sie sich in ihren Beiträgen auf die Verpflichtungen, die die USA, wie etwa beim Geleitschutz zwischen Kanada und Island, bereits eingegangen waren.

Die Briten waren von der vorsichtig distanzierten Haltung der Amerikaner und dem Ergebnis der Konferenz tief enttäuscht. Allerdings erreichte Churchill ein sehr wichtiges Zugeständnis, das damals in seiner vollen Tragweite vielleicht nicht begriffen wurde. Er überzeugte Roosevelt grundsätzlich von der Richtigkeit der britischen Mittelmeerstrategie, brachte ihn damit in Gegensatz zu seinen Militärberatern und setzte der amerikanischen Kritik an den britischen Operationen in dieser Region wenigstens vorläufig ein Ende. Dieser Erfolg Churchills sollte für den Rest des Krieges einen sehr großen Einfluß auf den Verlauf der alliierten Militäroperationen haben.

Aus politischen und propagandistischen Gründen wollten sowohl Churchill als auch Roosevelt die Konferenz mit einer hochgesinnten gemeinsamen Erklärung abschließen. Sie erschien in Form der nicht unterzeichneten Pressemitteilung »The Atlantic Charta« mehrere Tage nach der Konferenz. In dieser »Atlantic Charta« schlossen die Vereinigten Staaten und Großbritannien eine feste moralische Partnerschaft im Kampf um die Niederwerfung der Achsenmächte, und beide verpflichteten sich, für eine allgemeine Abrüstung und für die politische Freiheit aller Nationen und Menschen in der Nachkriegszeit einzutreten. Vielleicht in dem Bestreben, der im Grunde ergebnislosen Konferenz etwas Positives abzugewinnen, maß Churchill dem Dokument große Bedeutung zu. »Allein schon die Tatsache«, schrieb er, »daß die formal noch immer neutralen Vereinigten Staaten sich durch eine solche Erklärung mit einer kriegführenden Macht verbünden, war erstaunlich.«

Feindfahrten im Nordatlantik im August

Seit der ausgedehnten Schlacht mit Halifax 133 Ende Juni war der Angriff auf den Konvoi Outbound Gibraltar 69 Ende Juli nach einer Durststrecke von einem vollen Monat der einzige nennenswerte Erfolg der U-Bootwaffe gewesen. Dennoch verlegte Dönitz die Boote immer weiter ostwärts und südostwärts in die Gewässer der Southwest Approaches, der iberischen Halbinsel und der Kanarischen Inseln.

Bis zum 1. August waren die gut zwanzig auf Feindfahrt befindlichen Boote in drei Gruppen aufgestellt: eine Hauptgruppe von zwölf Booten in Gebieten mehrere hundert Kilometer westlich von Irland und dem Ärmelkanal, was der U-Boot-Aufstellung der frühen Kriegstage entsprach; eine Gruppe von vier Booten in den Gebieten direkt westlich der Straße von Gibraltar und eine weitere Gruppe von vier Booten unter dem Kommando von Ritterkreuzträgern (der zurückgerufenen Sondereinheit für Freetown) im Raum westlich der Kanarischen Inseln. Die acht Boote bei Gibraltar und den Kanaren waren autorisiert, im Notfall heimlich spanische Häfen (Cadiz und El Ferrol) anzulaufen. Der 28jährige Hans-Dietrich von Tiesenhausen, der eine Menge Treibstoff bei der vergeblichen Verfolgung von Outbound Gibraltar 69 verbraucht hatte, tankte in Cadiz auf.

Am 2. August meldete *U204* unter Walter Kell, ein Boot der nördlichsten Hauptgruppe, einen einlaufenden Konvoi etwa 930 Kilometer genau westlich von Brest in dichtem Nebel. Kell hatte den Konvoi mit dem Horchgerät aufgespürt, jedoch keinen Sichtkontakt gehabt. Nach der Meldung befahl ihm Dönitz, Fühlung zu halten, ließ Condor-Maschinen aufsteigen und führte die übrigen elf Boote der Hauptgruppe heran. Unter diesen war Ritterkreuzträger Engelbert Endraß, der *U46* – das letzte der alten VIIB-Boote der Flottille Wegener – zur Verwendung im Ausbildungskommando in die Heimat brachte.

Der von Kell entdeckte Geleitzug war der einlaufende Sierra Leone 81, der aus 17 großen Schiffen bestand. Der Geleitschutz, dem sich ein Kontingent aus Gibraltar angeschlossen hatte, war sehr stark: zwölf Kriegsschiffe, darunter die ehemals amerikanischen Glattdeck-Zerstörer *Campbeltown* (mit einem 1,5-Meter-Radargerät vom Typ 286) und *St. Albans*; die Zerstörer *Wanderer* und das Ocean Boarding Vessel *Malpin*, ein mit einem Katapult und einer Hurricane-Maschine ausgestattetes Schiff, und neun Korvetten.

Am 3. August näherten sich die Condor-Aufklärer und die Boote dem Konvoi. Die *Malpin* startete ihre Hurricane, die von R. H. W. Everett, einem bekannten englischen Jockey' geflogen wurde. Er setzte sich dicht hinter eine Condor und schoß die Magazine leer. Die Condor brach auseinander und stürzte in die See – die erste Maschine, die einem schiffsgestützten Jäger zum Opfer fiel. Everett setzte neben dem Zerstörer *Wanderer* auf, der ein Beiboot zu Wasser ließ und ihn an Bord holte. Everett wurde mit dem Distinguished Service Order (DSO) ausgezeichnet. Er wurde fünf Monate später bei der routinemäßigen Überführung eines Flugzeugs auf den Britischen Inseln getötet.

Eines der ersten Boote, die zu Kell aufschlossen, war *U401*, ein neues VIIC-Boot unter dem 31jährigen Gero Zimmermann. *U401* war am 10. April in Dienst gestellt worden und hatte die Erprobungsphase im Oslofjord in neunzig Tagen abgeschlossen. Das Boot war am 9. Juli in Trondheim zu seiner ersten Atlantikfeindfahrt ausgelaufen und befand sich seit 26 Tagen auf See. Nun hatte es seine erste Feindberührung. Sie war kurz und tödlich. Der Zerstörer *Wanderer* (der im Juni an der Versenkung des Einbaums *U147* beteiligt gewesen war) und der Zerstörer *St. Albans* sowie die Korvette *Hydrangea* orteten *U401* mit dem Sonar und führten einen heftigen Wasserbombenangriff durch. Das Boot verschwand mit der gesamten Besatzung.

Am Abend des 3. August hatten etwa zehn U-Boote, die meisten davon auf der Jungfernfahrt oder auf der zweiten Feindfahrt den Konvoi Sierra Leone 81 erreicht. Dönitz, der noch nicht wußte, daß *U401* verloren und der Geleitzug sehr stark gesichert war, befahl, in der Meinung, die U-Boote seien zahlreicher als die Geleitsicherung, einen rücksichtslosen Angriff noch in derselben Nacht. Doch es war Vollmond, und die Geleitschiffe waren zu zahlreich. Kein Boot kam zum Schuß. Ein weiteres neues VIIC-Boot aus Deutschland, *U565* unter dem 25jährigen Johann Jebsen, entkam nur knapp einer Katastrophe. Es mußte wegen eines Schadens an beiden Dieselmaschinen die Fahrt abbrechen.

Am 4. August setzten die Condor-Aufklärer und die Boote die Verfolgung des Geleitzugs den Tag über fort. Bis zum Abend war er nur noch 370 Kilometer von der irischen Küste entfernt und damit weit innerhalb der Reichweite von Flugzeugen des Coastal Command. Bei der Verfolgung gaben in *U431* unter dem 34jährigen Wilhelm Dommes, einem weiteren neuen VIIC-Boot, beide Diesel den Geist auf. Dommes konnte nur einen reparieren und mußte die Fahrt abbrechen.

Nach Einbruch der Dunkelheit liefen die verbliebenen Boote, darunter auch Engelbert Endraß mit *U46* im hellen Mondlicht zum Angriff heran. Die Sicherung wehrte Endraß und fünf andere Boote ab, und nur vier kamen zum Schuß. Das erste war das VIIC-Boot *U372* unter dem 32jährigen Heinz-Joachim Neumann, das sich von Deutschland aus auf der Jungfernfahrt befand. Er meldete die Versenkung zweier Schiffe mit 12000 Tonnen sowie einen wahrscheinlichen Treffer auf ein weiteres 7000-Tonnen-Schiff. Tatsächlich versenkte er mit seinem Fächer zwei britische Frachter mittlerer Größe mit insgesamt 8300 BRT. Neumann hatte den britischen Frachter *Volturo* verfehlt, und dieser nahm ihn nun aus nächster Nähe mit seinem 4-Zoll-Geschütz und kleineren Waffen unter Feuer. Außerdem rief er die Korvette *Zinnia* heran. Sie jagte hinter dem Boot her, um es zu rammen, und feuerte mit ihrem 4-Zoll-Geschütz, doch Neumann tauchte rechtzeitig und entkam.

Als nächster kam der hartnäckige Fühlungshalter Walter Kell mit *U204* zum Schuß. Er wählte zunächst ein Ziel, das er als einen Frachter mit 14000 BRT meldete. Vermutlich war es jedoch das Flaggschiff des Geleitzugs, die *Abosso*, ein Dampfer mit 11300 BRT und 274 Passagieren an Bord. Selbst wenn Kell die *Abosso* (oder ein anderes Schiff) getroffen haben sollte, dann sank es nicht. Anschließend versenkte er den britischen Frachter *Kumasian* mit 5000 BRT. Als dritter schoß Helmuth Ringelmann mit *U75*. Er meldete die Versenkung zweier britischer Frachter mit 12000 BRT, als versenkt bestätigt wurde jedoch nur der britische Frachter *Cape Rodney* mit 4512 BRT. Als letzter schoß Eitel-Friedrich Kentrat mit *U74*, der die Versenkung eines Schiffes mit 8000 Tonnen und die Beschädigung dreier anderer mit 8000 Tonnen meldete, tatsächlich versenkte er jedoch nur den 5400 BRT großen britischen Frachter *Harlingen*.

Bei Sonnenaufgang tauchten Flugzeuge des Coastal Command über dem Konvoi auf und und wurden von müden und nervösen britischen Kanonieren mit einem Stoß »freundlichen« Flugabwehrfeuers empfangen. Ein Flugzeug sichtete ein U-Boot und warf zwei 230-Kilogramm-Bomben ab, doch sie verursachten keinen aktenkundigen Schaden. Die U-Boote waren sehr nahe an die irische Küste herangekommen und mußten beidrehen. Die vier Boote, die Torpedos verschossen hatten, meldeten sechs Versenkungen mit 46 500 Tonnen, hatten jedoch nur fünf Schiffe mit 23 200 Tonnen versenkt. Auf der Grundlage ungewöhnlich umfassender Informationen des B-Dienstes errechnete Dönitz, daß die Boote mit Sicherheit vier Schiffe mit 24 500 Tonnen versenkt und wahrscheinlich sechs andere beschädigt hätten. Angesichts der relativen Unerfahrenheit vieler Boote und in Anbetracht der starken Geleitsicherung und des ungünstigen Mondlichts war Dönitz mit dem Ergebnis vollauf zufrieden.

Auch andere Boote dieser Gruppe kehrten in den Hafen zurück. Engelbert Endraß, der mit *U46* auf dieser Feindfahrt keine Schiffe mehr versenkt hatte, übergab das Boot an das Ausbildungskommando. Wie sein Mentor Prien und seine Kollegen Kretschmer und Schepke lehnte auch er eine sichere Stelle im Ausbildungskommando zugunsten weiterer Kampfeinsätze ab und kehrte als Reservekommandant nach Lorient zurück. *U558* unter dem 26jährigen Günther Krech, einem ehemaligen Marineflieger, der als Erster Wachoffizier unter Schepke auf *U100* gedient hatte, mußte die Fahrt abbrechen, weil einer der Maate schwer erkrankte.

Nach der Schlacht um den Geleitzug Sierra Leone 81 am 5. August nahm Dönitz trotz der Risiken den U-Boot-Krieg in den Gewässern bei Island und in den Northwest Approaches wieder auf. Diese Entscheidung wurde erstens durch die Dechiffrierer des B-Dienstes mitverursacht, denen ein begrenzter, aber nützlicher Einbruch in den Naval Cypher No. 3, die Funkschlüssel der nordatlantischen Geleitzüge, gelungen war. Zweitens hoffte Dönitz, er könne die Alliierten überrumpeln, da seit Wochen keine U-Boote mehr in diesen Gewässern operiert hatten, und drittens waren im August 14 weitere neue U-Boote in den Atlantik aufgebrochen, was die operativen Kräfte im Atlantik auf über 60 hochseetüchtige Boote erhöhte, so viele, daß Dönitz im August die bis dahin beispiellose Anzahl von 38 Booten entsenden und damit mehrere weiträumige Einsatzgebiete gleichzeitig abdecken konnte.

Entsprechend wurden die bereits auf See befindlichen und die eben ausgelaufenen Boote in drei lockeren Gruppen aufgestellt: eine Nordgruppe vor Island; eine Gruppe in der Mitte vor Schottland und Irland und eine Südgruppe vor der Straße von Gibraltar. Die britischen Kryptanalytiker hatten die neue Aufstellung sofort erkannt und nahmen besonders von der neu geschaffenen Nordgruppe Kenntnis, denn sie war eine potentielle Bedrohung für die *Prince of Wales*, die sich mit Churchill und seiner Delegation auf dem Weg nach Argentia in Newfoundland befand.

Die Nordgruppe bestand zunächst nur aus zwei erstmals in den Atlantik beorderten neuen Booten, die vor Island in Stellung gingen. Eines war *U501* unter dem 36jährigen Hugo Förster; er war älteste Kommandant im Atlantik, jedoch neu bei der U-Bootwaffe. Das am 30. April in Dienst gestellte *U501* war das erste Boot des neuen Typs IXC von der Deutschen Werft in Finkenwerder. Vier Tage nachdem Förster in Trondheim ausgelaufen war, sichtete er am 11. August einen auslaufenden langsamen Geleitzug etwa 130 Kilometer südlich von Island. Der Konvoi mit der Bezeichnung Outbound North 5 (in den Dokumenten abgekürzt ON) war durch Überwasserschiffe und Flugzeuge stark gesichert. Försters Fühlungsmeldung war die Bestätigung für den Submarine Tracking Room der Admiralität, daß die deutschen U-Boote wieder in isländischen Gewässern operierten.

Ein weiteres neues Boot fing Försters Fühlungsmeldung auf: das VIIC-Boot *U568* unter dem 27jährigen Joachim Preuß, der zuvor auf dem Einbaum *U10* gefahren war. Förster wurde von Sicherungsflugzeugen vertrieben, die in seiner Nähe Bomben und Wasserbomben warfen. Doch in den frühen Stunden des 12. August kam Preuß heran und schoß (in Mißachtung von Hitlers Befehl) auf ein Sicherungsfahrzeug und auf ein Schiff, das er als einen Frachter mit 7000 BRT meldete. Er traf die Korvette *Picotee*, die explodierte und sank, doch er verfehlte den Frachter. Andere Sicherungsschiffe führten einen Angriff gegen *U568* durch, zwangen das Boot zum Tauchen und hielten es unter Wasser, bis der Konvoi entkommen war. Die *Picotee* war nach fast einem Jahr das erste Kriegsschiff, das von einem U-Boot versenkt wurde.

Noch am selben Tag meldeten zwei neue Boote der Nordgruppe zwei auslaufende Konvois, die Island im Süden passierten. Es waren die Boote *U206* vom Typ VIIC unter dem 26jährigen Herbert Opitz und das IXC-Boot *U129* unter dem Veteranen Nikolaus Clausen, der das berühmte alte *U37* zum Ausbildungskommando überführt hatte. Opitz wurde durch die Sicherungsgruppe von seinem Geleitzug abgedrängt, doch Clausen hielt Fühlung mit seinem Geleitzug, den er als groß beschrieb. Dönitz wies Opitz, Förster, Preuß und die Kommandanten zweier weiterer neuer Boote an, sich an Clausens Peilzeichen zu orientieren, den Geleitzug westwärts zu verfolgen und einen vernichtenden Angriff zu fahren.

Aufgrund der Chancen, die Outbound North 5 zu bieten schien, dirigierte Dönitz die mittlere Gruppe weit nach Nordwesten. Am 13. August schloß sich die gesamte Zentrumsgruppe (zwölf Boote) auf seinen Befehl hin der Jagd an und lief mit hoher Geschwindigkeit nach Grönland. Damit bewegten sich 18 achtzehn U-Boote unwissentlich auf die *Prince of Wales* zu, die sich auf dem Rückweg von Argentia nach Island befand. Sie wurde von zwei Zerstörern geschützt, wobei auf dem einen Leutnant Franklin D. Roosevelt jr. diente. Die Offiziere der Admiralität, und vielleicht auch jene an Bord des Schlachtschiffes und der Zerstörer, verbrachten zweifellos eine schlaflose Nacht mit dem Abstecken von Ausweichkursen, denn sie erhielten aus Ultra Kenntnis von der Verlegung der U-Boote und der Gefahr, die der *Prince of Wales* und ihren wichtigen Passagieren drohte. In seinen Memoiren geht Churchill jedoch kaum auf die Bedrohung ein und schreibt nur, die Reise nach Island »verlief ohne Zwischenfälle, auch wenn wir einmal den Kurs wechseln mußten, weil U-Boote in der Nähe gemeldet wurden«.

Die lange Jagd auf den Konvoi Outbound North 5 nach Westen durch die 18 Boote blieb erfolglos. Clausen verlor die Fühlung, und keines der anderen Boote konnte ihn wiederfinden. Auch die *Prince of Wales* wurde von keinem Boot gesichtet. Sie traf sicher und planmäßig am 16. August in Island ein machte sich am folgenden Tag, von britischen Zerstörern gesichert, auf den Weg nach Scapa Flow. Die U-Boote wurden vom Submarine Tracking Room ausgetrickst. Nur ein einziges versenkte in den folgenden 18 Tagen ein alliiertes Schiff, und auch dieses war nur ein unbedeutender Frachter aus Panama mit 1700 BRT. Erfolgreich war das betagte Typ-IX-Boot *U38* unter dem neuen 35jährigen Kommandanten Heinrich Schuch. Die *Prince of Wales* erreichte Scapa Flow unentdeckt.

Während dieser ergebnislosen Jagden im Norden erhielt Kernével die Meldung eines »Spions«, ein großer Geleitzug habe Gibraltar mit Kurs auf die Britischen Inseln verlassen. Dönitz alarmierte die Südgruppe, ließ Condor-Maschinen aufsteigen und holte die westlich der Kanarischen Inseln patrouillierende Gruppe mit vier Booten heran. Am Nachmittag des 10. August entdeckte ein Boot der Südgruppe, Wolfgang Kaufmanns *U79*, den Konvoi Home Gibraltar 70. Dönitz befahl Kaufmann, Peilzeichen für die anderen Boote und die Condor-Maschinen zu funken, doch der Konvoi war durch Flugzeuge und Überwasserschiffe stark gesichert und Kaufmann wurde von »Zerstörern« unter Wasser gedrückt.

Die Gruppe westlich der Kanaren, die sich aus den vier Ritterkreuzträger-Booten der abgebrochenen Freetown-Mission zusammensetzten, liefen mit Höchstgeschwindigkeit heran. Am Morgen des 11. August fand einer dieser Kommandanten, Claus Korth von *U93*, den Konvoi und meldete, der Geleitzug habe eine scharfe Kursänderung nach Norden vollzogen und fahre dicht unter der portugiesischen Küste entlang. Ein Flugzeug des Geleitschutzes bombardierte und vertrieb *U93*, wobei es so stark beschädigt wurde, daß es die Fahrt abbrechen und nach Frankreich zurückkehren mußte. Doch Korths Meldung ermöglichte es Kaufmann in *U79*, die Fühlung wiederaufzunehmen, und einen weiteren Ritterkreuzträger, Herbert Kuppisch mit *U94*, heranzuführen. Der Geleitschutz vertrieb Kaufmann und Kuppisch und führte einen schweren Wasserbombenangriff auf *U79* durch. Auf ihre Meldungen reagierte *U331* unter Tiesenhausen, ein weiteres Boot aus der Südgruppe, und sichtete den Geleitzug. Tiesenhausen wurde dreimal abgedrängt und mußte die Fahrt schließlich wegen eines Maschinenschadens abbrechen.

Zu diesem Zeitpunkt fuhr Reinhard Hardegen, der mit dem IXB-Boot *U123* von einer langen und enttäuschenden Feindfahrt vor Freetown nach Lorient zurückkehrte, dicht an der Iberischen Halbinsel vorbei. Dönitz wies Hardegen an, den Angriff auf Home Gibraltar 70 zu verstärken. Dank der Positionsmeldung einer Condor, die sich als präzise entpuppte, fand Hardegen in den Abendstunden des 12. August den Geleitzug. Doch auch er wurde abgedrängt und schwer mit Wasserbomben belegt – er meldete 126 Explosionen, davon 36 in unmittelbarer Nähe. Die Druckwellen legten vorübergehend beide Dieselmotoren lahm und verursachten ein ernstes Schmierölleck, das Hardegen zwang, seine Rückfahrt nach Lorient wiederaufzunehmen und eine 68tägige Feindfahrt zu beenden.

Als nächste fanden zwei Ritterkreuzträger mit IXB-Booten, Heinrich Bleichrodt in *U109* und Georg-Wilhelm Schulz in *U124*, den Geleitzug. Auch sie wurden von der Luftsicherung und den Geleitfahrzeugen vertrieben. Bleichrodt meldete Lecks, aus denen Öl und Luft austrat, und mußte zum ersten Mal mit allen Torpedos nach Lorient zurückkehren. Auch Schulz kam wegen der Eskortschiffe nicht in Schußposition und brach nach fünf schlaflosen Tagen und Nächten die Jagd ab. Auch er kehrte mit allen Torpedos nach Lorient zurück.

Der stete Strom von Hiobsbotschaften, die größtenteils von erfahrenen Kommandanten kamen, verwirrte und beunruhigte Dönitz. Er beschrieb in seinem Kriegstagebuch die Schwierigkeiten, mit denen die Boote beim Angriff auf diesen Geleitzug zu kämpfen hatten, und vermutete, daß die Eskorten ein Gerät zur Überwasserortung einsetzten. Aus diesem Grund gab er einen radikal neuen Befehl: Alle Boote sollten zuerst die Sicherungsschiffe angreifen und einen Fächer auf sie schießen. Wenn möglich sollten sie diese Angriffe miteinander abstimmen und gleichzeitig schießen, ohne dabei Torpedos zu sparen. Kein Boot war jedoch in der Lage, ein Schiff des Geleitschutzes von Home Gibraltar 70 anzugreifen.

Schließlich beendete Dönitz am 15. August die Jagd. Sie war ein katastrophaler Mißerfolg gewesen. Nicht eines der zehn Boote, die Fühlung mit dem Konvoi bekommen hatten, darunter auch der vielversprechende Kommandant Reinhard Hardegen in *U123* und die vier Ritterkreuzträger Bleichrodt, Korth, Kuppisch und Schulz, hatte seine Torpedos abschießen können. Vier Boote hatten ihre Fahrt wegen Gefechtsschäden oder Defekten an den Maschinen abbrechen müssen. Es war wie ein Wunder, daß alle Boote die brutalen Angrife mit Wasserbomben überlebt hatten.

Von all diesen Mißerfolgen war keiner so deprimierend wie das Scheitern der Sondereinheit der vier Ritterkreuzträger. Nach dem Abbruch ihres Sonderauftrags vor Freetown wegen des Verlusts der deutschen Versorgungsschiffe hatten sie westlich der Kanarischen Inseln operiert und sich dann dem Angriff auf Home Gibraltar 70 angeschlossen. Keines der Asse hatte auf der rund fünfwöchigen Feindfahrt auch nur einen einzigen Torpedo verschossen! Nach ihrer Ankunft in Frankreich verließen drei der vier ihre Boote und übernahmen andere Aufgaben. Korth von *U93*, der früher als überaus fähig gegolten hatte, wirkte auf Dönitz nun erschöpft und wurde ins Ausbildungskommando versetzt. Kuppisch von *U94* war angeblich nur noch ein Nervenbündel und kam zu Dönitz' Stab in Kernével. Schulz von *U124* wurde befördert und übernahm das Kommando über die 6. U-Flottille in St. Nazaire.

Diese drei Veteranen wurden durch drei sehr junge, aber kampferfahrene Offiziere ersetzt. *U93* ging an den 24jährigen Horst Elfe, Crew-Jahr 1936. Er hatte sieben Feindfahrten als Wachoffizier auf Kretschmers *U99* absolviert und danach für acht Monate den Einbaum *U139* kommandiert. *U94* wurde von dem 23jährigen Otto Ites, Crew-Jahr 1936, übernommen. Ites war Wachoffizier auf dem Rekordboot *U48* gewesen und hatte vier Monate den Einbaum *U146* geführt (und ein Schiff versenkt). Der 25jährige Johann Hendrick Mohr, Crew-Jahr 1934, war acht Monate lang Erster Wachoffizier bei Schulz auf dem IXB-Boot *U124* gewesen und wurde nun zum Kommandanten dieses Bootes befördert.*

Nur Stunden nach dem Ende der glücklosen Jagd auf Home Gibraltar 70 meldete eine Focke-Wulf Condor am 17. August ungefähr 460 Kilometer westlich von Irland den Konvoi Outbound Gibraltar 71. Er wurde von der britischen Escort Group 5 gesichert. Bis zum 13. August hatte die mittlere Gruppe in diesem Gebiet gestanden, doch Dönitz hatte sie zur ergebnislosen Verfolgung des Konvois Outbound North 5 nach Nordwesten in Richtung Grönland geschickt, und das Gebiet in der Mitte war nur noch spärlich besetzt. Dennoch bekam der drei Tage zuvor in Brest ausgelaufene Adalbert Schnee mit *U201* Fühlung mit dem Geleitzug und funkte Peilzeichen. Er wurde von der Geleitsicherung vertrieben, doch andere Condor-Aufklärer, die sich an Schnees Peilzeichen ausrichteten, lokalisierten den Geleitzug am 18. August erneut und brachten die wenigen verfügbaren Boote heran.

In den frühen Morgenstunden des 19. August näherten sich drei Boote dem Kon-

* Zu diesem Zeitpunkt wurden neun der neu eingetroffenen Typ-VII-Boote der Atlantikstreitmacht ebenfalls von jungen Kommandanten der Crew-Jahre 1934 und 1935 kommandiert: *U84* von dem 24jährigen Horst Uphoff; *U85* von Eberhard Greger (25 Jahre); *U207* von Fritz Meyer (25); *U432* von Heinz-Otto Schultze (25); *U433* von Hans Ey (25); *U557* von Ottokar Paulshen (25); *U564* von Reinhard Suhren (25); *U565* von Johann Jebsen (25); *U652* von Georg-Werner Fraatz (24).

voi Outbound Gibraltar 71. Walter Kell mit *U204* befolgte Dönitz' Befehl, die Sicherungsschiffe zuerst anzugreifen. Er schoß auf den mit einer norwegischen Besatzung bemannten Glattdeckzerstörer *Bath* und zerfetzte ihn in tausend Stücke. Außerdem meldete er die Versenkung von zwei großen Frachtern mit 16000 BRT, doch das konnte nach dem Krieg nicht nachgewiesen werden. Kell hatte nur noch wenig Treibstoff und mußte nach Frankreich zurückkehren. Als nächstes Boot griff *U559* unter dem 27jährigen Hans Heidtmann an. Heidtmann meldete zwei große Frachter mit 22000 BRT als versenkt und einen weiteren mit 8000 BRT als beschädigt, doch nach dem Krieg wurde lediglich die Versenkung eines britischen Frachters mit 1600 BRT nachgewiesen. Als dritter griff Schnee mit *U201* an. Er meldete die Versenkung eines Tankers und zweier Frachter mit 20000 BRT, hatte jedoch nur zwei britische Frachter mit 5000 BRT versenkt. Insgesamt wurden also drei Frachter und der Zerstörer *Bath* mit einer Gesamttonnage von 6650 Tonnen zerstört.

Die Briten ergriffen Notmaßnahmen, um den Geleitzug zu schützen. Die Zerstörer *Gurkha II* (ehemals *Larne*) und *Lance* verließen den Militärkonvoi WS 10 X und verstärkten die Überwassereskorte von Outbound Gibraltar 71. Sie hatten den neuen Kurzwellenpeiler HF/DF (High Frequency Direction Finder), auch Huff Duff genannt, an Bord, mit dem sich die Funksignale von U-Booten einpeilen ließen. Auf Gibraltar stationierte Catalina- und Sunderland-Maschinen trafen ein, um zusätzlichen Schutz zu gewährleisteten. Die Condor-Aufklärer beschatteten den Konvoi weiterhin aus einiger Entfernung und erstatteten Meldung, doch keines der Boote konnte den starken Geleitschutz in der Nacht vom 19. auf den 20. August durchdringen. Die *Gurkha II* und die *Lance* meldeten einen bedingten Erfolg bei der DF-Einpeilung der Boote. Heidtmann mußte mit *U559* wegen Treibstoffmangels nach Frankreich zurückkehren.

Zwei Boote, die von außergewöhnlich fähigen und kampflustigen Kommandanten befehligt wurden, blieben dem Konvoi auf den Fersen: *U201* unter Adalbert Schnee und *U564* unter Reinhard Suhren. Sie arbeiteten sich in der Nacht vom 22. auf den 23. August heran. Schnee griff den Geleitzug zum zweiten Mal an und meldete die Versenkung zweier Frachter mit 9000 BRT und die Beschädigung zweier weiterer Frachter mit 12000 BRT (was seine Versenkungsbilanz bei diesem Geleitzug auf sechs versenkte Schiffe mit 37000 BRT zuzüglich der beschädigten Schiffe erhöht hätte). Er hatte tatsächlich zwei Frachter versenkt, doch sie waren sehr viel kleiner, einer mit 800 BRT, der andere mit 2000 BRT. Suhren verschoß bei seinem ersten Angriff auf den Geleitzug elf Torpedos in ungefähr fünf Stunden. Er torpedierte die Korvette *Zinnia*, die in fünfzehn Sekunden unterging, und meldete die Versenkung von vier Frachtern mit 20000 BRT sowie die Beschädigung von weiteren vier Frachtern mit 20000 BRT. Nach dem Krieg wurde nur die Versenkung der *Zinnia* und die Beschädigung zweier Frachter bestätigt. Die 1200 BRT große *Clantara* wurde wegen des Schadens von ihrer Besatzung aufgegeben und von einem Seeschlepper versenkt, und die *Spind* mit 2100 BRT wurde ebenfalls aufgegeben.

Dönitz befahl vier weiteren Booten, einschließlich *U552* unter Erich Topp, sich dem Angriff auf Outbound Gibraltar 71 anzuschließen. Der frisch aus Lorient eingetroffene Topp entdeckte den Hulk der *Spind* und versenkte ihn mit dem Deckgeschütz. Wenig später hatte er jedoch einen Maschinenschaden, mußte seinen Einsatz abbrechen und mit allen Torpedos St. Nazaire anlaufen. Die anderen drei Boote jagten den Konvoi, der anscheinend nach Lissabon fuhr; sie wurden jedoch durch die starke Geleitsicherung in der Luft und zu Wasser vertrieben.

Aus den Kurzmeldungen der fünf Boote schloß Dönitz, daß sich eine weitere große Geleitzugschlacht abgespielt hatte. Er errechnete für Kell, Heidtmann, Suhren, Schnee und Topp die Versenkung von 15 Schiffen mit 90000 Tonnen und die Beschädigung von fünf Schiffen mit 29000 Tonnen sowie die Versenkung jeweils eines »Zerstörers« durch Kell und Suhren. In Wirklichkeit hatten die fünf Boote den Zerstörer *Bath*, die Korvette *Zinnia* und acht kleine Schiffe mit etwa 14000 Tonnen versenkt.

Adalbert Schnee von *U201* erhielt nach seiner Rückkehr nach Lorient das Ritterkreuz. Nach den Nachkriegsberechnungen hatte Schnee, als er die Auszeichnung erhielt, acht oder neun Schiffe mit etwa 20000 Tonnen versenkt (mit dem Einbaum *U60* und mit *U201*). Zweifellos wurde Schnee nicht nur wegen seiner beträchtlich überhöhten Meldungen ausgezeichnet, sondern auch weil er Outbound Gibraltar 71 trotz starker feindlicher Gegenmaßnahmen so zäh verfolgt hatte. Aufgrund der schlechten Ergebnisse des Sommers 1941 war Schnee der einzige deutsche U-Boot-Kommandant, der in der Zeit von August bis Ende Oktober dieses Jahres das Ritterkreuz bekam.

Die Kaperung von U570

Am 23. August stellte Dönitz eine neue Zentrumsgruppe in der Nähe der Rockallbank zusammen. Zwei Einbäume, *U141* und *U143*, klärten nahe des Nordkanals auf, um der Gruppe auslaufende Konvois zu melden; sieben hochseetüchtige Boote lagen vor der Küste in Wartestellung. Das Wetter war schlecht; ein Sturm hatte das Meer aufgepeitscht. Trotzdem waren die Flugzeuge des Coastal Command unterwegs und zwangen jedes Boot mehrmals täglich zum Tauchen.

Eines der Boote war das VIIC-Boot *U69* unter Jost Metzler. Er war im Juli mit dem Ritterkeuz für seine lange und abenteuerliche Feindfahrt zum Golf von Guinea ausgezeichnet worden. Nach mehreren Tagen auf Feindfahrt fühlte sich Metzler sehr unwohl. Er wollte nicht aufgeben und blieb wie gewöhnlich Tag und Nacht auf der Brücke. Doch schließlich brach er zusammen. Er war an einer Niereninfektion erkrankt und meldete seinen Zustand Dönitz, der ihn sofort nach Frankreich zurückbeorderte. Der Erste Wachoffizier übernahm das Kommando und brachte das Boot nach St. Nazaire. Nach langem Krankenhausaufenthalt und Genesung wurde Metzler als Kommandant eines neuen, im Bau befindlichen Bootes eingeplant.

Ein anderes Boot dieser Gruppe war *U557* unter Ottokar Paulshen, der sich auf der zweiten Feindfahrt befand. Am Abend des 26. August entdeckte und meldete Paulshen bei schlechtem Wetter den Geleitzug Outbound South 4 (in den Dokumenten abgekürzt OS), der auf dem Weg nach Sierra Leone war. Er wurde von drei Zerstörern, einer Sloop, zwei ehemaligen Küstenwachschiffen und zwei Trawlern begleitet. Nachdem Paulshens Meldung eingegangen war, ordnete Kernével eine komplizierte Umgruppierung der U-Boote an. Sieben Boote sollten mit *U557* Outbound

South 4 angreifen. Sieben weitere, in grönländischen und isländischen Gewässern patrouillierende Boote sollten schnell nach Südosten und Süden fahren und dort eine neue Zentrumsgruppe bilden, falls auf OS 4 ein weiterer Outbound-South-Konvoi folgen würde.

Die acht auf Outbound South 4 angesetzten Boote hatten alle Kampferfahrung. *U95* unter Gerd Schreiber befand sich auf dem fünften Atlantikeinsatz. Die anderen sieben machten ihre zweite Feindfahrt. Doch in der sturmgepeitschten See war es fast unmöglich, den Geleitzug zu verfolgen. In Anbetracht der Wetterbedingungen autorisierte Dönitz Paulshen und alle anderen Boote, anzugreifen, wann immer sich eine Chance bot. In den frühen Stunden des 27. August lief Paulshen zum Angriff heran, versenkte vier große Frachter mit 20400 BRT und beschädigte möglicherweise einen weiteren mit 5000 BRT. Nur noch ein weiterer Kommandant kam zum Schuß: Günther Krech versenkte mit *U558* einen britischen Frachter mit 10300 BRT.

Im Verlauf dieser Geleitzugjagd meldete der B-Dienst einen einlaufenden Konvoi, der nahe der Südküste Islands vorbeilief. Inzwischen wimmelte es auf der Insel von britischen und amerikanischen Luft- und Seestreitkräften. Das Coastal Command flog dreißig bis fünfzig Einsätze pro Tag. Hinzu kam, daß Hitlers Befehl, in dieser Region Angriffe auf Kriegsschiffe, die kleiner waren als Kreuzer, und auf alle amerikanischen Kriegsschiffe zu unterlassen, noch in Kraft war. Obwohl Dönitz die isländischen Gewässer noch immer als gefährlich betrachtete, wollte er die Geleitzüge mit allen Mitteln abfangen.

Eine weitere komplizierte Umgruppierung folgte. Die sieben Boote, die südöstlichen und südlichen Kurs genommen hatten, um eine neue Zentrumsgruppe zu bilden, mußten umkehren und wurden in isländische Gewässer geschickt. Neun Boote der großen Grönland-Gruppe wurden abgezogen und angewiesen, in östlicher und nordöstlicher Richtung zu suchen. Durch diese Umgruppierung wurden 16 Boote, ungefähr die Hälfte davon auf Jungfernfahrt, für die Verfolgung des Geleitzuges eingeteilt.

Den Deutschen war nicht bekannt, daß es drei ostwärts laufende, aus über hundert Schiffen bestehende Konvois gab, die dicht hintereinander Island im Süden passierten. Zunächst kam Halifax 144. Als nächstes folgte Slow Convoy 40, etwa 280 Kilometer weiter hinten. Und als letzter fuhr Halifax 145, circa 280 Kilometer hinter Slow Convoy 40. Rodger Winn vom Submarine Tracking Room las die entschlüsselten Enigma-Meldungen an die U-Boote und wies Derby House an, alle drei Geleitzüge in eine andere Richtung zu lenken. Dem offiziellen Marinehistoriker Stephen Roskill zufolge fuhren alle drei Geleitzüge »ein gutes Stück südlich an dem Aufklärungsstreifen vorbei«.

Das Coastal Command organisierte eine umfassende Luftsicherung. Eine Catalina der auf Island stationierten Squadron 209 erwischte das neue Boot *U452* unter dem 27jährigen Jürgen March über Wasser. Das am 29. Mai in Dienst gestellte *U452* hatte die Erprobungsphase in nur achtzig Tagen durchlaufen und den Atlantik gerade erst erreicht. Die Catalina griff »im Tiefflug das Deck« an und warf einen gutgezielten Fächer von vier 200-Kilo-Wasserbomben, die, wie von Professor Blackett empfohlen, auf eine geringe Detonationstiefe eingestellt waren. Zwei Wasserbomben schlugen links und rechts vom Bug des Bootes ein, wodurch es mit dem Heck aus dem Wasser gehoben wurde. Der Trawler *Vascama* reagierte auf den Alarm und sah beim Heranlaufen, wie die Catalina den aus dem Wasser ragenden Kommandoturm des Bootes beschoß. Er griff an und warf zwanzig Wasserbomben, die »Holzstücke« an die Oberfläche brachten. *U452* tauchte nie wieder auf. Die Admiralität rechnete die Versenkung zu gleichen Teilen der Catalina und der *Vascama* an, doch zweifellos gebührte der Löwenanteil der von Edward A. Jewiss geflogenen Catalina. Er kam vier Monate später bei einem Flugzeugabsturz ums Leben.

Hundertsiebzig Kilometer nordwestlich machte *U570*, ein weiteres neues VIIC-Boot, Jagd auf den Geleitzug. Das Boot stand unter dem Kommando des 32jährigen Hans Rahmlow, Crew-Jahr 1928. Er war vor kurzem in die U-Bootwaffe eingetreten und hatte fünf Monate lang den Schulungseinbaum *U58* kommandiert, bevor er *U570* übernahm. Dieses am 15. Mai in Dienst gestellte Boot hatte die Erprobungsphase ebenfalls sehr rasch durchlaufen und bei der Agru Front in Norwegen abgeschlossen. Dort war das Boot auf Grund gelaufen und beschädigt worden, als es wegtauchen mußte, um einem britischen Flugzeug zu entkommen. Nur vier Mann der 43köpfigen Besatzung, der Leitende Ingenieur Erich Mensel, zwei Maate und ein Matrose, hatten zuvor an Feindfahrten teilgenommen. Der Erste Wachoffizier, Bernhard Berndt, Crew-Jahr 1935, hatte sechs Jahre bei der Marine gedient, war jedoch neu bei den U-Booten. Der Zweite Wachoffizier, Walter Christiansen, war erst im Frühjahr zum Offizier befördert worden.

Nach einem rauschenden Abschiedsfest in Trondheim mit viel Bier und Wein lief *U570* am 24. August um 8 Uhr aus. Das Boot war nicht in bestem Zustand: die Dieselmotoren waren nicht richtig eingestellt, der Luftkompressor war überholungsbedürftig, einige Batterien waren nicht ordentlich befestigt, die vier Reservetorpedos im Bugraum waren nicht sicher verstaut und ein Bugtorpedorohr leckte. Und die Horchgeräte waren beim Auflaufen kaputtgegangen und nicht repariert worden, weil in Norwegen keine Fachleute verfügbar waren.

Als das Boot die offene See errreichte, wurde ein Großteil der Mannschaft schrecklich seekrank. Da sich auf der Brücke gleichzeitig nur ein oder zwei kranke Männer aufhalten konnten, und das auch nicht lange, mußten sich die meisten unter Deck in Eimer übergeben. Der Anblick der Speienden und der widerliche Gestank im Innern des beengten Druckkörpers bewirkten eine seuchenartige Ausbreitung der Seekrankheit. Viele Männer waren nicht in der Lage, ihren Dienst zu versehen; viele, die es taten, waren desorientiert oder unaufmerksam und nicht bereit oder fähig, selbst die kleinsten Mängel zu beheben. Einige der schlecht verankerten Bugtorpedos lösten sich und krachten gegen Innenklappen der Torpedorohre, und die ungenau eingestellten Dieselmotoren arbeiteten ineffizient.

Am Morgen des 27. August, nach 72 Stunden Fahrt von Trondheim aus, ging *U570* mit der Anweisung, den einlaufenden Konvoi abzufangen, etwa 150 Kilometer vor der Südküste Islands in Wartestellung. Da die Horchgeräte außer Betrieb waren, mußte Rahmlow die Suche nach dem Geleitzug auf Sicht durchführen. Das hieß, er mußte in der aufgewühlten See über Wasser bleiben, in einem Gebiet, das unter massiver Luftüberwachung stand, und wo das Coastal Command an jedem Tag von Island aus 36 Einsätze fliegen ließ.

Um 8 Uhr tauchte Rahmlow auf 27 Meter und blieb dort etwa zweieinhalb Stunden praktisch bewegungslos, um seinen seekranken Männern eine kurze Ruhepause zu gönnen. Um 10.50 Uhr ging er auf Sehrohrtiefe und sah sich nach Überwasserschiffen um, versäumte es jedoch, den Himmel nach gegnerischen Flugzeugen abzusuchen. Er tauchte auf, öffnete das Luk und kletterte auf die wassertriefende Brücke. Noch bevor die Diesel ansprangen, hörte er die Motoren eines Flugzeugs und ließ sofort alarmtauchen.

Das Flugzeug war eine zweimotorige Lockheed Hudson der Squadron 269 des Coastal Command, die in Kaldadarnes auf Island stationiert war. Sie wurde von dem 31jährigen James H. Thompson geflogen und war gerade erst zu einer U-Jagd-Mission gestartet. Ihre Besatzung ortete *U570* beim Auftauchen mit dem ASV-Radar. Thompson nahm instinktiv Gas weg und ging langsam tiefer, so daß er das Boot erreichte, bevor es tauchen konnte. Er warf einen Fächer von vier Wasserbomben mit 125 Kilogramm, die gemäß der neuen Vorschrift auf fünfzehn Meter Detonationstiefe eingestellt waren. Der Kopilot und Navigator John O. Coleman sah zwei Bomben links und rechts des Bugs einschlagen.

Die Auswirkungen der Explosionen im Inneren von *U570* waren fürchterlich. Das Boot hob sich heftig und rollte sich fast völlig herum. Das Licht ging aus. Das Glas auf den Tiefenmessern und anderen Armaturen in der Zentrale zerbrach. Die unerfahrene, seekranke Mannschaft wurde von wilder Panik ergriffen. Es verbreitete sich das Gerücht, achtern eingedrungenes Salzwasser sei in die Batterien gedrungen und erzeuge Chlorgas. Alle Männer im Heck rannten in Todesangst nach vorn in die Zentrale. Andere schlossen das achtere Schott der Zentrale, schalteten das Ventilationssystem ab und isolierten damit die hintere Abteilung des Bootes. Rahmlow versuchte zu tauchen und befahl volle Kraft mit den E-Maschinen und Tiefenruder hart unten, doch nichts passierte. Durch die Detonation waren Stromschienen und Sicherungen unterbrochen oder durchgebrannt, und im Heckraum war niemand, der sie hätte reparieren oder neu einsetzen können, was eigentlich eine einfache Aufgabe war.

Aus der Luft drohte *U570* nur noch geringe Gefahr. Die Hudson hatte all ihre Wasserbomben abgeworfen und konnte nur noch mit den Maschinengewehren schießen. Eine erfahrene, gut ausgebildete U-Boot-Besatzung hätte die Lage gemeistert und wäre entkommen, doch Rahmlow verlor die Kontrolle über Mannschaft und Boot. Er hielt die Gerüchte über das Chlorgas für richtig, beschloß, das Boot aufzugeben und zu versenken und befahl der Besatzung, die Tauchretter anzulegen und durch den Kommandoturm auf die Brücke zu klettern.

Es war eine Sache, ein Boot bei schwerem Seegang aufzugeben und zu versenken, wenn sich ein Rettung verheißendes Schiff – selbst ein feindliches – in der Nähe befand, aber eine ganze andere, ins Wasser zu springen, wenn nur ein zweimotoriges, landgestütztes Flugzeug über einem kreiste. Wie es für einen solchen Fall vorgeschrieben war, warfen Rahmlow und die Besatzung die Enigma-Maschine und anderes Geheimmaterial über Bord, schreckten jedoch davor zurück, in die todbringende, leere See zu springen. Thompson dachte, die Deutschen seien auf die Brücke gekommen, um das Deckgeschütz und die Maschinengewehre zu bemannen, und flog mehrere Angriffe mit den Bordwaffen. Beim vierten Anflug sah er zu seinem Erstaunen einen Deutschen ein weißes Hemd und einen anderen ein weißgestrichenes Brett hochhalten – klassische Gesten der Kapitulation –, und er schrie »Feuer einstellen!«

Verblüfft über diese unerwartete Entwicklung zog er das Flugzeug hoch und kreiste mißtrauisch. Er funkte eine Alarmmeldung und forderte Hilfe an, während die Bordschützen Fredrick J. Drake und Douglas Strode ihre Maschinengewehre auf die Brükke von *U570* gerichtet hielten. Eine weitere, auf dem Weg von Schottland nach Island befindliche Hudson der Squadron 269 mit Hugh Eccles als Pilot empfing den Funkspruch und flog zur angegebenen Position. Dasselbe tat auch eine Catalina der Squadron 209 des Coastal Command. Letztere wurde von Edward Jewiss geflogen, der zwei Tage zuvor *U452* versenkt hatte. Eccles machte Fotos und diente als Funkrelaisstation. Jewiss hatte eine komplette Last Wasserbomben an Bord und kreiste über dem Boot, bereit, beim geringsten Anzeichen eines Tauchversuchs anzugreifen.

Da Rahmlow das Boot wegen Chlorgas für tauchunfähig hielt, gab es für ihn nur die Rettung durch ein anderes U-Boot, wenn den Flugzeugen der Treibstoff knapp wurde und sie den Heimflug antreten mußten oder wenn sie nach Einbruch der Dunkelheit keine Sicht mehr hatten. Also funkte er hastig und unverschlüsselt an Dönitz, er sei tauchunfähig und werde von einem Flugzeug angegriffen, gab seine Position an und teilte mit, daß er keine Funksprüche empfangen könne. Dönitz befahl sämtlichen U-Booten in der Nähe, Hilfe zu leisten. Am nächsten stand *U82*, ein weiteres neues VIIC-Boot unter dem 26jährigen Siegfried Rollmann. Er versuchte, sich *U570* zu nähern und die Besatzung zu retten, wurde jedoch, wie er Dönitz meldete, durch die starke feindliche Luftüberwachung daran gehindert.

Als die diensthabenden Offiziere in Derby House die Funkmeldungen des Coastal Command – und den abgefangenen unverschlüsselten Funkspruch Rahmlows – erhielten, waren sie wie elektrisiert. Endlich bot sich wieder eine Gelegenheit, ein intaktes U-Boot und vielleicht auch eine Enigma-Maschine und andere geheime Geräte und Papiere zu erbeuten. Admiral Percy Noble übernahm persönlich das Kommando über die Operation und wies eine kleine Armada von Überwasserschiffen an, mit Höchstgeschwindigkeit zu *U570* zu rasen. Sie bestand aus zwei Glattdeck-Zerstörern, der britischen *Burwell* und der kanadischen *Niagara*, und aus den vier britischen Trawlern *Kingston Agathe*, *Northern Chief*, *Wastwater* und *Windermere*. Am nächsten stand der Trawler *Northern* Chief, etwa 110 Kilometer südöstlich des Boots, was bei der rauhen See eine acht- bis neunstündige Fahrt bedeutete. Der Befehl von Derby House an die *Northern Chief* lautete: »Verhindern Sie mit allen Mitteln die Selbstversenkung des U-Boots.«

Thompson kreiste mit der Hudson-Maschine über *U570*, solange er genug Treibstoff hatte, und kehrte dann zur Basis der Squadron 269 in Kaldadarnes zurück. Als er zur Landung einschwenkte, sah er, daß das gesamte Geschwader auf dem Flugfeld erschienen war, um ihn und seine Crew zu begrüßen. Doch die Zeremonie ging schief. Die Hudson wurde auf dem Landeanflug von einer heftigen Windböe erfaßt und krachte mit der Nase voran in einen Sumpf. Thompson und die Besatzung wurden nicht ernstlich verletzt, doch das Flugzeug war ein Wrack. Später zeichnete König George VI. Thompson und seinen Kopiloten und Navigator Coleman im Bukkingham-Palast mit dem Distinguished Flying Cross aus.

Der von N. L. Knight kommandierte Trawler *Northern Chief*, traf gegen 22 Uhr am Ort des Geschehens ein. Es regnete, die Dunkelheit brach herein und die Sicht war schlecht. Jewiss' Catalina und mehrere Hudson-Maschinen kreisten über dem U-Boot und schossen Leuchtgranaten, um den Trawler heranzuführen. Nach den Befehlen von Derby House, die Selbstversenkung »mit allen Mitteln« zu verhindern, signalisierte Knight, als er *U570* gefunden hatte, den Deutschen mit einer Signallampe auf englisch, sie sollten ein »kleines weißes Licht« zeigen. Dann signalisierte er: »Wenn Sie einen Versuch zur Versenkung unternehmen, werde ich niemanden retten und auf Ihre Flöße schießen.« Rahmlow entgegnete: »Ich kann das Boot weder versenken noch aufgeben. Bitte retten Sie uns morgen.«

In der Nacht wurde das Wetter noch schlechter – stürmischer Wind, schaumgekrönte Wellen und eine hohe Dünung. Die seekranken Deutschen verbrachten eine gräßliche Nacht auf dem rollenden und stampfenden Boot. Mit Funksprüchen und Suchscheinwerfern führte die *Northern Chief* die Trawler *Kingston Agathe*, *Wastwater* und *Windermere* und die Zerstörer *Burwell* und *Niagara* heran. Jewiss war mit seiner Catalina 16 Stunden in der Luft gewesen (dreizehn davon kreisend über *U570*) und flog nun nach Island.

Der hohe Marineoffizier S. R. J. Woods, der den Zerstörer *Burwell* befehligte, übernahm nun das Kommando über den gesamten Verband und arbeitete einen Plan aus. Aus nicht bekannten Gründen konnte *U570* offensichlich weder tauchen noch die Dieselmotoren in Gang setzen; andernfalls hätte das Boot den Flugzeugen und dem Trawler *Northern Chief* entkommen können. Offensichtlich war auch, daß diese Deutschen der Legende vom tapferen deutschen Krieger keineswegs entsprachen. Sie hatten nicht versucht, gegen die Flugzeuge oder die *Northern Chief* zu kämpfen. Sie hatten kapituliert und wollten vor allem gerettet werden. Doch man konnte ihnen nicht trauen. Falls Woods sie von dem Boot holte, würden sie es sicher versenken. Sein von Derby House gebilligter Plan war, die Deutschen als Geiseln auf *U570* festzuhalten, während er das Boot nach Island schleppte. Und er wollte ihnen drohen, sie nicht zu retten oder noch schlimmer zu bestrafen, falls sie das Boot versenkten.

Nach Tagesanbruch setzte Woods seinen Plan in die Tat um. Während die anderen Schiffe kreisten und die Stelle mit ihren Sonaren gegen andere U-Boote sicherten, begann Woods mit Rahmlow einen Dialog per Signalscheinwerfer. Rahmlow behauptete, das Boot sinke, und bat um sofortige Rettung. Obwohl *U570* tief im Wasser und der Bug sogar unter Wasser lag, glaubte ihm Woods kein Wort, sondern entgegnete: »Schicken Sie die halbe Besatzung nach unten und blasen Sie die Tauchzellen an. Vernichten Sie keine Unterlagen oder Bücher und werfen Sie nichts über Bord. Führen Sie keine Selbstversenkung durch, oder Sie werden nicht aus dem Wasser gefischt.« Danach versuchte Woods ein Schlepptau zu dem Boot hinüberzuwerfen, doch die See war zu rauh, und die Deutschen waren nicht kooperativ.

Woods war im Begriff, den nächsten Schritt zu überlegen, als plötzlich ein einmotoriges Northrop-Schwimmerflugzeug am Himmel erschien und ungeachtet der Anwesenheit von sechs alliierten Kriegsschiffen zwei kleine Bomben neben *U570* warf und dann anschließend die *Northern Chief* angriff, die das Feuer erwiderte. Das Flugzeug war mit einer norwegischen Besatzung von Squadron 330 auf Island gestartet und wollte unbedingt ein U-Boot versenken. Woods bekam Funkkontakt mit den Norwegern, erklärte ruhig die Lage und redete ihnen einen zweiten Angriff auf *U570* aus.

Der ungeplante Angriff der Norweger hatte die Deutschen gewaltig verstört. Rahmlow beharrte zwar weiterhin darauf, daß das Boot sinke, und bat wiederholt um sofortige Rettung, doch er wurde plötzlich kooperativer und war einverstanden, beim Befestigen eines Schlepptaus zu helfen. Woods brachte glücklich ein Anholtau aus Hanf zu den Deutschen hinüber, doch als diese versuchten, eine Stahltrosse herüberzuziehen, riß das Hanfseil. Woods hielt einen Sabotageakt der Deutschen für möglich und entschied sich für eine weitere Machtdemonstration. Er wies einen MG-Schützen an, eine Salve über die Köpfe der Deutschen hinweg zu feuern. Aber »unglücklicherweise trafen«, wie es in einem später verfaßten Bericht hieß, »aufgrund der Bewegungen der beiden Wasserfahrzeuge einige Kugeln den Kommandoturm und verletzten fünf Mann der [U-Boot-]Besatzung. Die Aktion hatte jedoch den gewünschten Effekt.« Die Deutschen begannen nun ernsthaft zu kooperieren. Der Großteil der Mannschaft ging unter Deck, und Rahmlow ließ die Ballast- und Brennstoffzellen anblasen und brachte das Boot so weit wie möglich aus dem Wasser. Das Ablassen des Dieselöls trug dazu bei, die wilde See zu dämpfen.

Dann signalisierte Rahmlow Woods: »Würden Sie meine Verwundeten an Bord nehmen?« Woods antwortete mit »Ja.« Er machte zwei Versuche, ein festgebundenes Floß zu *U570* hinübertreiben zu lassen. Doch in dem schweren Seegang schlugen beide Versuche fehl – trotz des Öls von *U570* und zusätzlich abgelassenen Öls der beiden Trawler *Wastwater* und *Windermere*. Da ein Trawler bei starkem Seegang manövrierfähiger war als ein Zerstörer, befahl Woods der *Kingston Agathe* unter dem Kommando von H. O. L'Estrange, einen weiteren Versuch zu unternehmen.

H. O. L'Estrange war von der großen Wichtigkeit dieser Befehle durchaus beeindruckt und ging eifrig an die Arbeit. Er stellte ein vierköpfiges Enterkommando unter der Führung von H. B. Campbell zusammen und manövrierte nahe an *U570* heran. Das Enterkommando stieg in ein angeseiltes Floß, trieb über das Wasser und zog eine Trosse mit. Mit Hilfe der Deutschen ging das Kommando an Bord von *U570*. Sie warnten Campbell, daß der hintere Teil des Bootes mit Chlorgas gefüllt und überschwemmt sei und das Boot sinke. Die anderen Mitglieder des Kommandos machten sich daran, die Trosse am Heck von *U570* befestigen, während Campbell unter Deck ging und nach der Enigma-Maschine und anderem geheimdienstlichen Material suchte. Er fand nichts von Wert und öffnete vorsichtig das hintere Schott der Zentrale. Er sah, daß das Wasser im Maschinenraum bis zu den Bodenplatten stand, meinte Batteriegas zu riechen und signalisierte L'Estrange, von der Warnung der Deutschen beeinflußt, daß das Boot tatsächlich sinke.

Einem offiziellen amerikanischen Geheimdienstbericht zufolge scheiterte zu diesem Zeitpunkt der von Woods entworfene Plan zur Geiselnahme. »Die ersten Personen, die das U-Boot verließen«, hoben die Amerikaner in ihrem Bericht hervor, »waren die Offiziere, und nicht die Verwundeten.« Das heißt, Rahmlow, der Erste Wachoffizier Bernhard Berndt und der Leitende Ingenieur Erich Mensel, nicht jedoch der Subalternoffizier Walter Christiansen. Dem amerikanischen Bericht zufolge erzählte letzterer den Briten, daß »die Besatzung über den Kommandanten und die anderen Offiziere des Bootes empört war, weil diese vor ihr und ohne sie an Bord der *Kingston Agathe* gingen«. Die fünf Verwundeten setzten nach dem Bericht erst später auf dem Floß zum Trawler über. Insgesamt nahm die *Kingston Agathe* zwölf Deutsche an Bord.

Es ist nicht bekannt, warum Rahmlow und die anderen zwei Offiziere als erste an Bord genommen wurden. Vielleicht trat eine Verwechslung bei der Signalübermittlung auf, oder der Kommandant auf der *Kingston Agathe* verstand den Plan mit der Geiselnahme nicht. Wie die Amerikaner schrieben, hatte Woods »weder geplant noch gewünscht, mit Ausnahme der Verwundeten irgendein Besatzungsmitglied von

Bord zu nehmen, solange er sie nicht gezwungen hatte, das Boot in einen möglichst stabilen und hochseetüchtigen Zustand zu bringen«. Ferner hieß es, wegen dem »enthusiastischen, aber etwas frühzeitigen Eingreifen« der *Kingston Agathe* habe Woods »die Kontrolle über die Situation verloren«, und dies habe »beinahe den Verlust des U-Bootes zur Folge« gehabt, weil die drei Männer mit der Fähigkeit, die Seetüchtigkeit von *U570* sicherzustellen, von Bord des Bootes genommen wurden.

Mit oder ohne Befehl von Woods – die Aufzeichnungen hierzu sind nicht eindeutig – wurde nun der kanadische Zerstörer *Niagara* unter dem Kommando von T. P. E. Ryan aktiv. Die Niagara lief achtern an *U570* heran und schoß Leinen zu den Deutschen hinüber, die »überaus bereitwillig« ein Floß zum Boot herüberzogen. Ryan signalisierte den Deutschen, über das Floß mit der Evakuierung des Bootes zu beginnen, doch wie er im Logbuch vermerkte, wollten die Deutschen »nicht zu uns herüberkommen, da ihnen zuvor (von Woods auf der *Burwell*) befohlen worden war, an Bord zu bleiben«. Als jedoch ein deutschsprechender Obermaat mit einigem Nachdruck darauf bestand, daß sie das Floß bestiegen, fügten sich die Deutschen, und die restlichen 31 Mann wurden einschließlich des Zweiten Wachoffiziers Christiansen im Pendelverkehr an Bord der *Niagara* gebracht. Die Kanadier nahmen den Gefangenen ihre Kleidung und Papiere ab und gaben ihnen Sachen zum Anziehen, Kaffee und Rum, und später ein komplettes Essen. Dann wurden sie unter schwerer Bewachung in einen Heizraum gesperrt.

Inzwischen hatten die Männer des Enterkommandos der *Kingston Agathe* das Schlepptau an *U570* befestigt. Sie hatten die Luks des Kommandoturms geschlossen und waren zu ihrem Schiff zurückgekehrt. Aufgrund der Berichte über den »Wassereinbruch« glaubte niemand, daß das Boot die Reise nach Island überstehen würde. Trotzdem wurde der Versuch unternommen. Woods gab die Trawler *Wastwater* und *Windermere* für andere Aufgaben frei, und die verbleibenden vier Schiffe *Burwell*, *Niagara*, *Northern Chief* und *Kingston Agathe* brachen, von Maschinen des Coastal Command gesichert, nach Island auf. Mehrere Stunden später, als die Formation die Geschwindigkeit erhöhte, brach die Schlepptrosse. Danach nahm die *Northern Chief* das Boot ins Schlepptau, und die *Kingston Agathe* fuhr mit den deutschen Gefangenen nach Island voraus. »Wenn Trosse in der Nacht bricht, [U570] mit Wasserbomben versenken«, signalisierte Woods an Knight auf der *Northern Chief*.

In dieser Nacht klarte das Wetter auf. Beim Sonnenaufgang am Morgen des 29. August lag *U570* noch immer mit dem Bug unter Wasser, doch es sank nicht. »Leichter Seegang. U-Boot am Heck bei sechs Knoten gut im Schlepp«, schrieb Knight ins Logbuch. Da das Wetter weiterhin »günstig und klar« zu bleiben schien, glaubte Knight, er könne Reykjavik erreichen. Doch Woods war skeptisch und befahl Knight, den nächsten geschützten Hafen, Thorlakshafn nahe der Stadt Eyrarbakki, anzulaufen. Gegen 7 Uhr, am 29. August, lief *U570* sanft mit dem Heck voraus auf den Strand, drehte sich seitwärts und saß fest. Vier Stunden später kamen zwei Bergungsschlepper aus Reykjavik und halfen, das Boot sicher zu vertäuen.

Die Kaperung von *U570* war nicht nach Plan verlaufen, und die Briten hatten Glück, daß sie das Boot an einen sicheren Liegeplatz gebracht hatten. Wie aus den amerikanischen Geheimdienstberichten hervorgeht, trennten sich die verschiedenen an der Bergung Beteiligten nicht in bestem Einvernehmen. Doch die Aufgabe war dank eindrucksvollen seemännischen Könnens unter schwierigen und aufreibenden

Bedingungen gemeistert worden. Da Hunderte von Menschen, einschließlich zahlreicher auf Island stationierter Amerikaner, von der Kaperung wußten, und die Briten daran zweifelten, daß die Amerikaner das Ereignis geheimhalten könnten, gab London die Nachricht über die Kapitulation des Bootes frei. Und weil das Ereignis obendrein die deutsche U-Bootwaffe in einem sehr schlechten Licht erscheinen ließ, wurde die Nachricht nicht nur freigegeben, sondern in Zeitungsartikeln und Radiosendungen weidlich ausgeschlachtet.

In den folgenden Tagen gingen britische Bergungs-, Geheimdienst- und U-Bootoffiziere in *U570* aus und ein. Sie fanden das Innere von einer ekelhaften Mischung aus Erbrochenem, Exkrementen, Obst, Brot, Mehl, Dieselöl und Salzwasser überflutet. Die Deutschen hatten den Torpedovorhalterechner, den Kreiselkompaß und die Konsole mit den Horchgeräten zerstört, und ungefähr ein Drittel der 62 Batteriezellen war geborsten. Dennoch war das Boot bis auf einige geringfügige Defekte an der Hülle und an den Treibstofftanks strukturell intakt. Die Experten kamen zu dem Schluß, daß die Gefahr einer Flutung und des Sinkens bestanden hatte, und sie bezweifelten stark, daß sich Chlorgas im hinteren Teil des Bootes gebildet hatte. Nach dem ersten Angriff Thompsons mit seiner Hudson hätte eine gut ausgebildete Besatzung gefahrlos abtauchen, die Schäden reparieren und entkommen können.

Ein britischer U-Boot-Kommandant, George R. Colvin, und eine kleine Mannschaft übernahmen das »Kommando« auf *U570*. Colvin brachte das Boot, nachdem einige geringfügige Reparaturen ausgeführt worden waren, unter starkem Geleitschutz nach Barrow-in-Furness, an der Nordwestküste Englands. Anschließend unterzogen die Briten das U-Boot gründlichen und systematischen Tests, die die Ingenieure in die Lage versetzten, die charakteristische Funktionsweise des Bootes (Dauer des Alarmtauchens, Wendekreis, Unterwassergeschwindigkeit, Tauchtiefen usw.) bis ins kleinste Detail zu erfassen. Obwohl es wenig Überraschungen gab, waren diese exakten Informationen für die alliierte U-Bootbekämpfung recht nützlich.

Die Briten und Amerikaner waren von einigen Merkmalen des Typs VII sehr beeindruckt. Am verblüffendsten sei der drehbare »Fahrradsattel« am Angriffssehrohr im Kommandoturm, »der Traum eines jeden U-Boot-Kommandanten«.* Andere lobenswerte Merkmale waren die U-Boot-Zieloptik (UZO) auf der Brücke, die Horchgeräte (sechsmal wirkungsvoller als die auf britischen Booten),** die Dicke des Druckkörpers (2,22 cm Mittschiffs, 1,75 cm an Bug und Heck) und die hervorragende handwerkliche Qualität der Schweißnähte. Wirklich mangelhaft waren nur die Wohnlichkeit des Bootes oder der Komfort (drangvolle Enge, Knappheit an Kojen, an Frischwasser, an Lagerraum für Lebensmittel an Bereichen für die Einnahme des Essens usw.) sowie die unzureichenden Vorkehrungen zum Lagern destillierten Wassers für die Batterien.

* Die amerikanischen Techniker, die *U570* untersuchten, drängten das Marine-Ministerium, den Sitz nachzubauen, doch dies geschah nicht während des Krieges.

** Die akustische Ausrüstung des Typs VII: sehr empfindliche, aus mehreren Einheiten bestehende Horchgeräte; je 24 Sensoren waren auf der Backbord- und der Steuerbordseite des Bugs angebracht; Unterwasser-»Telefone« für die Verständigung zwischen U-Booten; Echolote für flache und tiefe Gewässer; experimentelle Geräte zum Aufspüren von Minen mit einer Reichweite von etwa 460 Metern, die jedoch von den Deutschen »sabotiert« worden waren. Ein »aktives« Sonargerät, das Schallimpulse aussandte, war dagegen nicht vorhanden.

Churchill prüfte alle sich bietenden Möglichkeiten, *U570* politisch zu nutzen. Sein erster Gedanke war, das Boot zu Reparaturen in die Vereinigten Staaten zu schicken. Dies wäre doch eine »besondere Herausforderung« für die Amerikaner, schrieb er. Die Amerikaner waren durchaus interessiert – ja sogar erpicht darauf, *U570* in die Hände zu bekommen, doch die Admiralität erhob Einspruch.* Danach kam Churchill auf die Idee, das Boot an eine jugoslawische U-Boot-Besatzung zu übergeben, die mit einem nicht mehr gefechtstauglichen Boot im ägyptischen Alexandria eingetroffen war. »Mir gefällt der Gedanke, daß die Jugoslawen mit einem gekaperten deutschen U-Boot fahren«, schrieb Churchill. Doch in der Admiralität wurde die Ansicht vertreten, daß es »aus politischen Gründen vielleicht nicht wünschenswert« wäre, *U570* den Jugoslawen übergeben, nachdem man es den Amerikanern verweigert hatte. Schließlich wurde *U570* bei der Royal Navy als H.M.S. *Graph* in Dienst gestellt; eine scherzhafte Anspielung auf die großen Mengen an Schaubildern, die die Tests erbracht hatten. Es wurde überholt und unter dem Kommando von Peter B. Marriott auf ASW-Patrouillen vorbereitet.

Die Kaperung von *U570* brachte noch ein weiteres streng geheimes Werkzeug zur U-Boot-Bekämpfung hervor. Um Enterkommandos in der Technik der Erbeutung von U-Booten und ihres Enigma-Materials zu schulen, bauten die Briten drei Modelle der Zentrale des Typs VIIC sowie der unmittelbar bugwärts davor gelegenen Offiziersmesse und des Funkraums, wo die Enigma-Maschine und die Schlüsselunterlagen gewöhnlich aufbewahrt wurden, in Originalgröße nach. In der Zentrale befand sich auch ein (deutsch und englisch beschrifteter) Flutverteiler für die Anblase- und Entlüftungsventile, so daß die Mitglieder eines Enterkommandos lernen konnten, die Selbstversenkung durch das Fluten der Tauchzellen durch Anblasen zu verhindern.

Britische Geheimdienstoffiziere verhörten die empörte und entehrte Besatzung von *U570* in London Cage, Kensington. Die Briten waren über das geringe Alter, über die fehlende Erfahrung und Ausbildung und über die allgemeine »Inkompetenz« der Männer erstaunt. Viele Gefangene hatten das Boot mit Tagebüchern, Briefen und anderen persönlichen Papieren verlassen, die weitere wertvolle Einblicke in die deutsche U-Bootwaffe boten.

Die vier Offiziere wurden später nach Grizedale Hall, einem Kriegsgefangenenlager für Offiziere in einem ländlichen Herrenhaus im Lake District im Nordwesten von England überstellt. Rahmlow wurde vorübergehend isoliert, doch der Erste Wachoffizier Bernhard Berndt und die zwei anderen Offiziere, Mensel und Christiansen, erstatteten dem ranghöchsten Kriegsgefangenen Otto Kretschmer Meldung, der aus britischen Zeitungen und Radiosendungen wußte, daß *U570* »kapituliert« hatte. Kretschmer berief einen aus ranghöheren Kriegsgefangenen bestehendes »Ehrengericht« ein und machte Berndt »den Prozeß«. Das Gericht befand Berndt und Rahmlow (in Abwesenheit) der »Feigheit« für schuldig.

Kretschmer informierte Dönitz von Prozeß und Urteil in einem verschlüsselten Brief, den die Briten passieren ließen. Das Ehrengericht nahm an, Rahmlow und Berndt würden, nachdem die Deutschen England besiegt und besetzt und die deut-

* Die Briten übergaben den Amerikanern einen der G7a-Lufttorpedos von *U570*, zusammen mit allen technischen Informationen, die sich aus den Tests ergaben.

schen Kriegsgefangenen befreit hätten, von einem deutschen Militärgericht für schuldig befunden und zum Tod verurteilt werden.*

Als die deutschen Kriegsgefangenen später erfuhren, daß *U570* in das nur 55 Kilometer entfernte Barrow-in-Furness gebracht worden war, schlug der »verurteilte« Berndt einen außergewöhnlichen Plan vor, um seine persönliche Ehre wiederzuerlangen. Er wollte fliehen, sich zum Boot durchschlagen und es zerstören. Das Vorhaben gefiel Kretschmer. Er billigte es, und andere Kriegsgefangene halfen Berndt bei der Beschaffung von gefälschten Ausweispapieren, Landkarten und Kleidung.

Berndt entkam wie vorgesehen, doch der Lagerkommandant James R. Veitch wußte entweder schon von der geplanten Flucht, oder er entdeckte sie sofort. Er alarmierte nahe Einheiten der Home Guard. Eine ihrer Einheiten fand Berndt nur Stunden nach seiner Flucht und erschoß ihn bei dem Versuch, ihn festzunehmen. Auf Kretschmers Anweisung beerdigten die deutschen Kriegsgefangenen Berndt mit allen militärischen Ehren. Rahmlow wurde von Veitch isoliert und später in ein Lager für Luftwaffenoffiziere verlegt.

Dönitz erfuhr durch britische Zeitungen und Radiosendungen von der Kaperung des Bootes *U570*, einem für ihn deprimierenden Ereignis. Aus diesen Quellen und vielleicht auch durch Kretschmers Brief gewann er den Eindruck, daß Rahmlow, an einer Gasvergiftung leidend, vorübergehend nicht in der Lage gewesen war, das Kommando zu führen, und daß die Kapitulation unter Berndts Kommando stattgefunden hatte. Als Dönitz außerdem erfuhr, daß Berndt bei dem Versuch zu fliehen erschossen worden war, schrieb er in sein Kriegstagebuch, Berndt habe die volle Bedeutung seines Verhaltens wahrscheinlich erst als Kriegsgefangener erkannt und dann den Tod auf der Flucht allem anderen vorgezogen.**

Keines der 16 in der Nähe von Island aufgestellten Boote fand einen der drei einlaufenden Konvois. Zwei Boote, *U452* und *U570*, waren verlorengegangen, wobei Flugzeuge des Coastal Command die Hauptrolle gespielt hatten. Am 28. August, dem Tag nach der Aufbringung von *U570*, flog eine weitere auf Island stationierte Maschine einen schweren Wasserbombenangriff auf zwei weitere Boote. Das neue IXC-Boot *U501* war zum zweiten Mal betroffen, und der Veteran *U73* unter Helmut Rosenbaum wurde so schwer beschädigt, daß er die Fahrt abbrechen mußte.

Die Rückkehr von U-Booten in isländische Gewässer hatte sich damit als kostspieliger Fehlschlag erwiesen. Ein Boot war versenkt, eines aufgebracht, eines ausgeschaltet und ein weiteres beinahe ausgeschaltet worden, und das alles, ohne daß eine einzige Tonne feindlichen Schiffsraums versenkt worden wäre. Zudem hatten viele Boote bei den ergebnislosen Jagden ihren Treibstoff verbraucht und mußten ihre Einsätze abbrechen und nach Frankreich zurückkehren. Die in diesem August ge-

* Das Ehrengericht sprach den Leitenden Ingenieur Mensel, der keine Befehlsgewalt gehabt hatte, und den sehr jungen Offizier Christiansen von jeder Schuld an der Kapitulation frei.

** Das OKM hielt sich mit einem Urteil zurück. Es riet Dönitz, keine voreiligen Schlüsse zu ziehen, denn auf Grundlage der vorliegenden spärlichen Information lasse sich weder beweisen, daß Rahmlow nicht mehr befehlsfähig gewesen sei, noch daß Berndt das Boot ausgeliefert habe, noch daß Berndt die enorme Tragweite seines Verhaltens erst später erkannt habe. Keiner der beiden Männer, entschied das OKM, sollte als »schuldig« verdammt werden, solange nicht weitere Informationen vorlagen.

machten Erfahrungen bestätigten die frühere Überzeugung, daß isländische Gewässer für U-Boot-Operationen, insbesondere mit neuen Booten und unerfahrenen Besatzungen, einfach zu gefährlich waren. Folglich zog Dönitz die Boote zurück. Nur Boote, die noch ausreichend Treibstoff hatten, und die frisch in Deutschland und Frankreich auslaufenden Boote entsandte er wieder in die entfernten Gewässer um Grönland, außer Reichweite der auf Island und den Britischen Inseln stationierten Flugzeuge des Coastal Command.

Am 22. August wurde der U-Boot-Krieg im Nordatlantik zusätzlich gestört und begrenzt. Bei einem Treffen mit Raeder äußerte Hitler schwerste Besorgnis über die Lage der Marine im Mittelmeer. Britische Luft- und Seestreitkräfte (darunter auch U-Boote) hatten den Schiffen der Achsenmächte erhebliche Verluste beigebracht, die Rommels Afrika-Korps von Italien aus mit Nachschub versorgen sollten, was die deutschen und italienischen Truppen in Nordafrika gefährdete. In krassem Gegensatz dazu wurden die britischen und freifranzösischen Truppen, die im Nahen Osten sichere Stellungen aufbauten und festigten, von alliierten Schiffen im östlichen Mittelmeer ständig mit Nachschub versorgt. Man hatte erwartet, daß die italienische U-Bootwaffe die Sicherheit für die Schiffe der Achsenmächte gewährleisten würde, doch wie Hitler erklärte, hatten »die Italiener mit ihren U-Booten nichts« erreicht, und die »Entlastung des Afrikakorps durch einige deutsche U-Boote« war »sehr erwünscht«. Deshalb befahl Hitler, mindestens sechs U-Boote (drei Gruppen von je zwei Booten) so bald wie möglich ins Mittelmeer zu entsenden.

Raeder protestierte, daß der entscheidende Schauplatz des Seekriegs der Nordatlantik sei. Er betonte, U-Boote sollten nur »bei dringenden Notlagen« ins Mittelmeer – oder ins Polarmeer oder für andere Aufgaben – abkommandiert werden, solange Dönitz nicht mindestens 40 Boote ständig auf Feindfahrten im Atlantik hätte, was eine Streitmacht von 120 oder mehr einsatzfähigen Hochsee-U-Booten erfordert hätte. Doch Hitler ignorierte Raeders Protest. Es müsse alles getan werden, um Rommel so schnell wie möglich Unterstützung zukommen zu lassen. »Die Aufgabe Nordafrikas« würde »für uns und die Italiener einen schweren Verlust bedeuten.«

Hitlers Befehle verursachten in Kernével Bestürzung und Wut. Die Führung in Berlin schien die Grundlagen der Seekriegsführung nicht zu verstehen. Hitler hatte bereits U-Boote für das Nordmeer abgezweigt, und das OKM hatte zu viele U-Boote für Sonderaufgaben wie etwa den Geleitschutz für Blockadebrecher von und nach Frankreich eingeteilt. Diese Zersplitterung schwächte die atlantische U-Boot-Streitmacht, die im Seekrieg die entscheidende Rolle spielte. Sechs Boote konnten Rommel nicht retten, und es sah folglich nicht danach aus, als ob es bei diesen sechs Booten bleiben würde. Zusätzliche Verlegungen ins Mittelmeer waren zu erwarteten.

Es gab noch weitere Probleme. Die Fahrt durch die stark bewachte Straße von Gibraltar galt als gefährlich, und dasselbe galt auch für Operationen in den engen, stark phosphoreszierenden und oft klaren Gewässern des Mittelmeers. Nur Boote des mittleren Typs VII, bemannt mit den erfahrensten und verläßlichsten Kommandanten und Besatzungen, konnten ins Mittelmeer abkommandiert werden, was die Atlantikstreitmacht eines großen Teils ihrer Elite beraubte. Die Mittelmeerboote würden Stützpunkte brauchen, die mit raren deutschen U-Boot-Technikern bemannt werden müßten – und ein Versorgungssystem für einen steten Strom von Nachschub und Ersatzteilen mußte aufgebaut werden. Außerdem konnten die Boote im Mittelmeer logischerweise nicht von Kernével kommandiert werden, sondern nur von einem untergeordneten Hauptquartier auf diesem Kriegsschauplatz.

Hitlers Entscheidung, U-Boote zur Unterstützung des Afrika-Korps ins Mittelmeer zu entsenden, war ein schwerer Fehler vom gleichen Ausmaß wie seine frühere Ablehnung, die Massenproduktion von U-Booten voll zu unterstützen. Die mühevoll gelernte Lektion in Norwegen – daß U-Boote keine geeignete Waffe für die Unterstützung von Bodentruppen waren – schien vergessen. Wie man in Kernével befürchtete, würde der Einsatz von U-Booten im Mittelmeer zunehmen und in einer kritischen Periode des Seekriegs zahlreiche Boote von den nordatlantischen Geleitzugrouten abziehen.

Wie im Juli 1941 hatten auch im August über 1000 alliierte Handelsschiffe mit etwa 5 Millionen BRT in östlichen und westlichen Geleitzügen vom Gegner unbehelligt den Nordatlantik überquert. Von diesen fuhren 568 beladene Schiffe in Halifax-Geleitzügen oder in Sydney oder Slow Convoys von Kanada aus zu den Britischen Inseln.* Zusätzlich überquerten 414 leere Schiffe in Outbound North Convoys den Ozean. Das einzige im August von den U-Booten versenkte Schiff auf der Nordatlantikroute war die Korvette *Picotee*, die den nach Island fahrenden Teil des Konvois Outbound North 5 eskortiert hatte.

Bei ihren Angriffen auf Gibraltar- und Sierra- Leone-Konvois hatten die deutschen U-Boote im August besser abgeschnitten. Sie versenkten acht Schiffe und zwei Sicherungsschiffe (den Zerstörer *Bath* und die Korvette *Zinnia)* des Geleitzugs Outbound South 4 sowie fünf Schiffe des nach den Britischen Inseln einlaufenden Konvois Sierra Leone 81. Damit hatten sie insgesamt 20 von den 200 in diesen Konvois fahrenden Schiffen versenkt.**

---

* Um diesen starken Schiffsverkehr zu bewältigen, fuhren die Halifax- und Sydney-Geleitzüge nun alle sechs Tage. Die vorgeschriebene Geschwindigkeit für Halifax-Konvois betrug (von HX 147 an) 10 Knoten; für langsame Slow-Konvois immer noch 7,5 Knoten.

** Das italienische U-Boot *Tazzoli* hatte im August den norwegischen Tanker *Sildra* unweit von Freetown versenkt. Es war der siebte Tanker, der im Atlantik den Italienern zum Opfer fiel, und der einzige alliierte Tanker, der in diesem Monat vom Feind vernichtet wurde.

SECHS

Seeoperationen der Alliierten

Zu Beginn des dritten Kriegsjahres, am 3. September 1941, war die britische Admiralität mit dringenden operativen Aufgaben überlastet. Zu den Wichtigsten zählten:

- Die Führung und Sicherung von Geleitzügen mit Kriegs- und Handelsschiffen im Nord- und Südatlantik.
- Die Einführung und Sicherung eines neuen Geleitzugsystems von Island nach Nordrußland (»Murmansk-Geleitzüge«).
- Die Erhaltung einer angemessenen Streitmacht in der Home Fleet, um Angriffe durch große deutsche Überwasserschiffe und Handelsstörer abzuwehren.
- Der anhaltende Seekrieg um die Beherrschung des Mittelmeers.
- Die Aufstellung einer Eastern Fleet, um bei der Abwehr der japanischen Aggression im Indischen Ozean und im Fernen Osten mitzuhelfen.

Die anspruchsvollste und schwierigste Aufgabe war der Schutz der Geleitzüge im Atlantik – des Lebensnervs Großbritanniens. Unter strenger Geheimhaltung wurden im September 1941 bei dieser Mission wesentliche Veränderungen vorgenommen.

Am bedeutendsten war der Umstand, daß die Amerikaner die Verantwortung für die Geleitsicherung auf dem Teilstück der Nordatlantikroute von Kanada nach Island übernahmen. Der Eintritt der »neutralen« Amerikaner in diesen »nicht erklärten« Krieg hatte große Auswirkungen auf Aufstellung und Operationen der kanadischen Seestreitkräfte.

Als der Befehlshaber der Atlantikflotte Ernest King Anfang September die Verantwortung für diesen Geleitdienst übernahm, stellte er den größten Teil seiner Flotte, nämlich alle 6 Schlachtschiffe, 5 Schwere Kreuzer, 4 neue und 4 alte Leichte Kreuzer, 27 neue und 23 alte Zerstörer und 48 Catalina- und Mariner-Patrouillenflugzeuge, für die Geleitsicherung ab. Zwei der drei neueren Schlachtschiffe und zwei Schwere Kreuzer sollten die Patrouille in der Dänemark-Straße von Hvalfjord aus übernehmen; zwei der drei älteren Schlachtschiffe und zwei Schwere Kreuzer mit Stützpunkt in Argentia sollten sie dabei unterstützen. Außerdem sollten zwei der drei

Kampfverbände mit Flugzeugträgern im Atlantik auf den Bermudas oder in Argentia in Bereitschaft gehalten werden.

Nach den Bestimmungen des anglo-amerikanischen Abkommens ABC-1 konnte King auch auf die gesamte im Atlantik stationierte kanadische Flotte zurückgreifen. Die Kanadier begrüßten sehr die Beteiligung der Amerikaner am Krieg, waren jedoch, wie oben erwähnt, über den Umstand verärgert, daß ein nicht-kriegführender oder neutraler Staat nun ihre Seestreitkräfte im Atlantik befehligte. Überdies waren sie sehr offensiv eingestellt und nicht gerade erfreut über die strikt defensiven Instruktionen, die King allen kanadischen Kriegsschiffen erteilte.

Außerdem war die Canadian Navy durch eine Reihe von Problemen damals nahezu gelähmt. Sie hatte eine wahre Flut in Dienst gestellter Kriegsschiffe zu bemannen: drei Ozeandampfer der Prince-Klasse mit 6000 Tonnen, die zu bewaffneten Hilfskreuzern umgewandelt worden waren, 13 Zerstörer unterschiedlicher Herkunft,* etwa 50 in Kanada gebaute Korvetten und zahlreiche andere kleinere in Kanada gebaute Fahrzeuge, wie Minenleger und Minenräumer. Mit Ausnahme einer Handvoll Berufsmatrosen wurden die erforderlichen 19000 Männer und Frauen in Montreal, Toronto und Vancouver direkt von der Straße oder auf den Farmen in den Prärieprovinzen rekrutiert. Es war nicht genügend Zeit geblieben, um diese Freiwilligen auszubilden; viele Männer meldeten sich zum Dienst, waren aber noch feucht hinter den Ohren. Außerdem zog Ottawa, noch bevor neue Schiffe ihre Erprobungsphase beendet hatten, bis zu einem Drittel ihrer Besatzungen ab, um andere Schiffe neu zu bemannen, wie etwa die Korvetten, von denen Kanada monatlich fünf bis sechs fertigstellte.

Im September 1941 legten die 10 Knoten schnellen Halifax-Geleitzüge und die 7,5 Knoten schnellen Sydney-Geleitzüge (oder Slow Convoys) alle sechs Tage in Kanada ab. Die schnellsten Schiffe und die mit den kostbarsten Frachten wie Erdöl oder Ölerzeugnissen fuhren in den Halifax-Geleitzügen. Die langsameren und kleineren Schiffe fuhren in Sydney-Geleitzügen. Logischerweise übernahmen die Amerikaner mit ihren 50 schnellen Zerstörern den Geleitschutz der Halifax-Geleitzüge und delegierten die Sicherung der langsamen Sydney-Geleitzüge an die Canadian Navy.

Anfangs konnten die Kanadier lediglich 20 schlecht ausgerüstete Kriegsschiffe für die Eskorte über den Ozean zur Verfügung stellen: 5 Zerstörer und 15 Korvetten. Die Briten ergänzten das kanadische Kontingent um fünf ehemals amerikanische Glattdeck-Zerstörer und einige Korvetten, doch auch das war noch keine ausreichende Streitmacht für eine angemessene Sicherung der Slow Convoys. Die Kanadier baten die Amerikaner um weitere Unterstützung, aber Admiral King lehnte ab. Er hatte nicht genug Zerstörer für die Durchführung der eigenen dringlichen Aufgaben. Dazu zählten die Sicherung der Halifax-Geleitzüge, die Sicherung der Patrouillen in der Dänemark-Straße und ihre Unterstützung durch große Schiffe in Argentia, die Sicherung der drei Flugzeugträgerverbände der Atlantikflotte, plus zahlreiche Sonderaufträge. So mußte er die Task Force 15, die Soldaten der US Army nach Island brachte, mit einer Gruppe von 15 Zerstörern eskortieren und einen britischen Truppenkonvoi mit 8 Zerstörern nach Kapstadt in Südafrika und darüber hinaus begleiten.

* Fünf noch erhaltene Vorkriegsfahrzeuge plus die *Assiniboine* und sieben ehemals amerikanische Glattdeck-Zerstörer. Ein Vorkriegsfahrzeug, die *Saguenay*, war nach einer längeren Reparatur wegen eines Gefechtsschadens erst vor kurzem aus einer britischen Werft zurückgekehrt.

Überdies hatten King und andere Amerikaner wenig Vertrauen zu »gemischten« Einheiten, Schiffen aus verschiedenen Staaten, die in der gleichen Einheit wie etwa der Sicherungsgruppe eines Geleitzugs operierten, und sie lehnten es ab, ihre Bildung zu unterstützen. Auch wenn amerikanische und kanadische Kriegsschiffe sich äußerlich in mancher Hinsicht stark ähnelten, operierten sie doch nach unterschiedlichen taktischen Doktrinen und Funkvorschriften und verfügten über eine unterschiedliche Ausstattung an Sonar- und Radargeräten, Waffen und Maschinen; so hatten sie beispielsweise unterschiedliche Heizkessel. Deshalb waren bei »gemischten« Einheiten mit großer Wahrscheinlichkeit Streitfälle und Unglücksfälle im grausamen Nordatlantik zu erwarten, während die Wahrscheinlichkeit für effiziente Gefechtseinsätze gegen den Feind eher gering war. Sie machten einen mühsamen doppelten Nachschub für Ersatzteile, Munition und andere Gegenstände erforderlich und ebenso einen doppelten Verwaltungsstab für Haushaltsangelegenheiten in Übersee, wie zum Beispiel Bezahlung, Urlaub, medizinische Versorgung, Disziplinarmaßnahmen usw.

Die kanadischen Kriegsschiffe waren bei den Geräten zum Aufspüren feindlicher Schiffe nicht auf dem gleichen Stand wie die britischen und die amerikanischen. Die Briten hatten die Kanadier in die Geheimnisse des Suchradars für Schiffe mit 1,5-Meter Wellenlänge (Typ 286) eingeweiht, und kanadische Elektronikbetriebe stellten die ersten Anlagen her. Aber noch Ende des Jahres 1941 hatten lediglich 15 der 70 kanadischen Korvetten ein Radargerät vom Typ 286. Die kanadische Entwicklung des ausgefeilteren Zentimeter-Radargeräts (Typ 271) hinkte arg hinterher. Und die kanadischen Schiffe waren mit einem britischen Sonar der Vorkriegszeit ausgerüstet, das über keine der Verbesserungen und zusätzlichen Eigenschaften der neuesten britischen Modelle verfügte.

In Absprache mit der britischen Admiralität nahm Admiral King wesentliche Veränderungen bei dem Geleitdienst im westlichen Nordatlantik vor. Am wichtigsten war die Entscheidung, den Treffpunkt in der Meeresmitte (Mid-Ocean Meeting Point, MOMP) nach Osten zu verlegen, in eine Region zwischen dem 26. und dem 22. westlichen Längengrad und etwa 550 Kilometer südlich von Island. Dies ermöglichte es den Alliierten, auf die lästige Eskorte im mittleren Teilstück durch die drei auf Island stationierten britischen Sicherungsgruppen (der 3., 7. und 12.) zu verzichten, die wegen fehlender Nachschubmöglichkeiten und des scheußlichen Wetters in den Wintermonaten ohnehin nicht in Island stationiert bleiben konnten. Durch diese Umstellung erübrigte sich eines der beiden Treffen von Geleitzugeskorten mitten im Nordatlantik, die schon bei gutem Wetter schwierig und bei ungünstigem Wetter nahezu unmöglich waren, und die Admiralität konnte dadurch ihre Flotte von Geleitfahrzeugen im Südatlantik verstärken.

Nach diesen Veränderungen funktionierte das atlantische Geleitzugsystem wie folgt:

- Die amerikanischen Sicherungsgruppen, die aus fünf Zerstörern bestanden, begleiteten von Argentia aus die schnellen (10 Knoten) Halifax-Geleitzüge aus kanadischen Gewässern bis zum MOMP zwischen dem 26. und dem 22. westlichen Längengrad. Nach der Übergabe an eine britische Sicherungsgruppe fuhren die Amerikaner nach Island und begleiteten dabei (wenn es welche gab) Schiffe nach Island sowie Schiffe, die sich den Geleitzügen nach Nordrußland anschließen sollten. Nach einem kurzen Reparaturaufenthalt fuhr die amerikanische Sicherungsgruppe wieder zurück zum MOMP zwischen dem 26. und dem 22. westlichen Längengrad, um die geradzahligen (schnellen) Geleitzüge Outbound North mit Kurs auf die kanadischen

Gewässer zu übernehmen. Nach der Auflösung des Geleitzuges etwa beim 55. Grad westlicher Länge fuhren die Amerikaner zur Reparatur und Erholung nach Boston oder Portland. Danach kehrten die amerikanischen Sicherungsgruppen wieder in kanadische Gewässer zurück, und der Kreislauf begann von neuem. In Argentia und Island stationierte amerikanische Catalinas und Mariners stellten die Luftsicherung.

• Drei amerikanische Zerstörertender versorgten die amerikanischen Sicherungsgruppen: die großartige *Prairie* in Argentia, die auch als Hauptquartier für Admiral Bristols Support Force diente, und zwei kleinere Versorgungsschiffe, die *Melville* in Argentia und die *Vulcan* in Island. Auf den letzten beiden Schiffen war auch das Hauptquartier des Zerstörergeschwaders untergebracht.

• Die kanadischen Sicherungsgruppen, die sich aus britischen und kanadischen Zerstörern und Korvetten zusammensetzten, begleiteten von St. John's aus die 7,5 Knoten schnellen Slow Convoys von kanadischen Gewässern aus zu demselben MOMP zwischen dem 26. und dem 22. westlichen Längengrad. Nach der Übergabe an eine britische Sicherungsgruppe fuhren die Kanadier genau wie die Amerikaner für kurze Reparaturarbeiten nach Island. Danach kehrten sie zum MOMP zurück, um die ungeraden (langsamen) Geleitzüge Outbound North zu eskortieren, und begleiteten diese bis zu einem Entlassungspunkt etwa beim 55. westlichen Längengrad. Danach liefen die kanadischen und britischen Geleitfahrzeuge zur Instandsetzung und Erholung St. John's auf Neufundland an und wiederholten anschließend den Kreislauf von neuem. Amerikanische und kanadische Flugzeuge auf Neufundland sowie amerikanische und britische Flugzeuge auf Island stellten die Luftsicherung.

• Von den Britischen Inseln aus begleiteten die britischen Sicherungsgruppen die schnellen und die langsamen Geleitzüge Outbound North nach Westen bis zum MOMP zwischen dem 26. und dem 22. Längengrad. Ohne Aufenthalt in Island begleiteten die britischen Sicherungsgruppen, nachdem sie ihren Geleitzug an die jeweils zuständige amerikanische oder kanadische Sicherungsgruppe übergeben hatten, die schnellen Halifax- und die langsamen Sydney-Geleitzüge nach Osten zu den Britischen Inseln. Flugzeuge des Coastal Command (Catalinas, Sunderlands, Hudsons, Northrops, Whitleys, etc.), die in Island, Nordirland und Schottland stationiert waren, übernahmen die Luftsicherung.

Die Briten rüsteten ihre Luft- und Überwassereskorten so schnell wie möglich mit verbesserten Radargeräten aus. Bis September 1941 verfügten rund 30 Geleitfahrzeuge der Royal Navy über Zentimeter-Radargeräte vom Typ 271 M (mit fester Antenne) und/oder vom Typ 271 P (mit drehbarer Antenne). Zu diesen Fahrzeugen zählten 24 Korvetten, 2 Glattdeck-Zerstörer und 1 Sloop. Sofern der Zeitplan es erlaubte, fuhr in den Western Approaches bei jedem Geleitzug wenigstens ein Kriegsschiff mit, das mit einem Zentimeter-Radargerät ausgerüstet war.

Mit diesen neuen Radargeräten stand den Briten keineswegs sofort eine kriegsentscheidende Waffe zur Verfügung, wie einige Autoren angedeutet haben. Alle Radargeräte der damaligen Zeit waren unzuverlässig und fielen häufig aus. Die meisten Geräte auf den Schiffen waren die Hälfte der Zeit außer Betrieb. Damit die Anlagen so lange wie möglich in Betrieb und so genau wie möglich geeicht waren, mußte die Admiralität den Überwasserschiffen ausgebildete Radartechniker zur Verfügung stellen, und die waren rar. Die Admiralität mußte ferner einen Kader eigens geschulter Seeleute ausbilden, die diese Geräte mit der größtmöglichen Effizienz bedienten.

Auf dem Papier erschien das neue Verfahren beim Geleitverkehr im Nordatlantik den wirkungsvollsten Einsatz der wenigen verfügbaren Flugzeuge und Überwasserschiffe zu gewährleisten. In der Praxis war es vor allem für die kanadischen Sicherungsgruppen ein Alptraum. Aufgrund der neuen Route mußten alle Geleitzüge auf dem Abschnitt Kanada-Island etwa elf Tage lang durch bekanntermaßen eisige und gefährliche Wintermeere fahren, in denen unablässig Stürme und Hurrikane tobten, die Schiffe vereisten und gigantische Wellen sie in einem wilden Tanz hin- und herschleuderten; Rettungsboote und die Scheiben der Brücke gingen dabei zu Bruch, Masten brachen und andere Aufbauten wurden beschädigt. Kein Mann und kein Schiff hielt die unablässigen Stöße auf Dauer aus, vor allem nicht die Seeleute, die auf den ehemals amerikanischen Zerstörern und den kleinen Korvetten in britischen und kanadischen Diensten angeheuert hatten.

Nach nur wenigen Wochen Einsatz erkannten Admiral Bristol in Argentia und Admiral Noble in Liverpool, daß die Zahl der Geleitfahrzeuge für die Geleitzüge im Nordatlantik bei weitem nicht ausreichte. Bristol teilte King mit, daß die amerikanische Support Force von 50 auf 44 Zerstörer geschrumpft sei und er, um die Geleitzüge auf dem Abschnitt Kanada-Island adäquat zu sichern, eigentlich mindestens 56 Zerstörer (für 7 Sicherungsgruppen aus je 6 Schiffen und eine Gruppe in Reserve) oder noch besser 72 Zerstörer (für neun Sicherungsgruppen plus Reserve) benötige. Ferner würden die Kanadier für eine angemessene Sicherung der Slow Convoys mindestens 63 Schiffe (für 9 Sicherungsgruppen) benötigen.

Ein weiteres großes Problem war absehbar. Die 48 amerikanischen Catalinas und Mariners in Argentia und die 9 britischen Catalinas auf Island waren Flugboote ohne Räder. Wenn die Gewässer zufroren, von denen aus sie operierten, konnten sie nicht mehr starten und landen und mußten in mildere Klimazonen verlegt werden. Sie hätten durch eine amphibische Catalina-Version (PBY-5 A) ersetzt werden können, die in den Rumpf einziehbare Räder eingebaut hatte, doch an diesen Flugzeugen herrschte akuter Mangel.

Es war jedoch wichtig, an den Luftpatrouillen von Island aus festzuhalten. Abgesehen von ihrem nützlichen Dienst als Luftsicherung von Geleitzügen erfüllten sie noch eine weitere Funktion. Sie dienten als »Tarnung« für den unschätzbaren Einbruch der Briten in den deutschen Marineschlüssel. Um zu verhindern, daß die Deutschen von diesem Einbruch Kenntnis erhielten, hatten die Briten angeordnet, daß jede »operative Nutzung« von Erkenntnissen der Funkentzifferung (da sie dem höchsten Geheimhaltungsgrad »Ultra« unterlagen), wie etwa bei der Umgehung eines Rudels von U-Booten oder einem Angriff auf sie, dem Schein nach die »Entdeckung« des Rudels Folge einer routinemäßigen Luftpatrouille sein sollte.

Die zweitwichtigste und schwierigste Aufgabe der Admiralität im Herbst 1941 war die Einführung und Sicherung von Geleitzügen zwischen Island und Nordrußland.

Bis zum 1. September 1941 schien es Roosevelt und Churchill, als würden die Deutschen die Sowjetunion besiegen, ja, als stünde die Rote Armee am Rande des Zusammenbruchs. Beinahe täglich forderte Stalin, daß die Briten im besetzten Frankreich eine »zweite Front« eröffnen sollten, um den Druck der Deutschen auf die sowjetischen Streitkräfte abzuschwächen. Da die Briten jedoch ganz in Nordafrika in Anspruch genommen waren, konnten sie auf keinen Fall eine zweite Front eröffnen. Gemäß der Auffassung, daß die Briten alles menschenmögliche tun müßten, um den

Sowjets materiell und geistig beizustehen, regte Churchill immerhin eine Maßnahme an, die als »Murmansk-Geleitzüge« in die Geschichte eingehen sollte.

Der erste solche Geleitzug – eine eilig zusammengestellte Formation – lief am 21. August in Reykjavik aus. Er bestand aus sechs Handelsschiffen und der *Argus*, einem alten Flugzeugträger, der nun als Flugzeugtransporter eingesetzt wurde. Diese Schiffe wurden von dem voll einsatzfähigen Flottenträger *Victorious,* von den Schweren Kreuzern *Devonshire* und *Norfolk* und von sechs Zerstörern gesichert. Die bemerkenswerteste Militärfracht war eine Ladung von 39 Hurricane-Jägern, 24 gefechtsbereit auf der *Argus* und 15 in Kisten verpackt auf einem Handelsschiff. In Island stationierte Hudsons und Northrops von den Coastal Command Squadrons 269 und 330 boten bis zu einer Entfernung von 280 Kilometern zusätzliche Sicherung aus der Luft.

Zielort dieses Flottenverbands war der Seehafen Archangelsk im Weißen Meer in Nordrußland, knapp 1000 Kilometer nördlich von Moskau. Die Schiffe fuhren durch die Dänemark-Straße nach Norden, umrundeten die spätsommerliche Eisgrenze in der Grönlandsee und passierten auf der Höhe der Insel Jan Mayen Island. Von dort fuhren sie nach Nordosten an der Bäreninsel vorbei (südlich von Spitzbergen und nördlich des Nordkaps) in die Barentssee und durch die von den Russen Gorlo genannte natürliche Wasserstraße nach Süden ins Weiße Meer. Die *Argus* setzte ihre Jäger in Murmansk ab; die übrigen Schiffe legten in Archangelsk an, wo die verpackten Jäger rasch montiert und nach Murmansk geflogen wurden.

Dieses erste Tröpfeln von militärischem Nachschub für die Sowjets diente in erster Linie der Propaganda und sollte den Widerstandswillen der Russen gegen die Deutschen stärken. In gewisser Weise war er für Churchill auch eine Antwort auf Stalins Forderungen nach einer zweiten Front. Um diese psychologischen und politischen Ziele weiter zu verfolgen, sparten die Briten nicht an Beiträgen, Büchern und Filmen über die »Murmansk-Geleitzüge«, in denen die stets gegenwärtige Gefahr feindlicher Luft- und U-Boot-Angriffe, das abscheuliche Wetter und die Eisberge sowie die schrecklichen Folgen für diejenigen, die in diesen eisigen Gewässern Schiffbruch erlitten, dramatisch geschildert wurden. Dadurch wurden die Geleitzüge nach Murmansk die berühmtesten des Krieges, sogar noch berühmter als die weit wichtigeren und nicht weniger gefährlichen Geleitzüge durch den Nordatlantik.

Churchill ordnete an, daß die Geleitzüge nach Murmansk alle zehn Tage von Island aus in See stechen sollten. Für den Befehlshaber der Home Fleet John Tovey schuf diese neue Aufgabe einen Bedarf an Geleitfahrzeugen, den er nicht decken konnte. Er legte fest, daß jeder Geleitzug nach Nordrußland zumindest von einem Schweren Kreuzer, zwei Zerstörern, einem Minensucher und zwei ASW-Trawlern und der leere Geleitzug auf dem Rückweg von demselben Schweren Kreuzer, einem Zerstörer und zwei Minensuchern eskortiert werden mußte. Zusätzlich zu der Luftsicherung von Island aus sollte ein zweiter Schwerer Kreuzer mit Standort in der Nähe der Bäreninsel weitere Hilfe bei der Fahrt durch arktische Gewässer leisten.

Die Geleitzüge nach Rußland erhielten die Bezeichnung PQ, die zurückkehrenden die Bezeichnung QP. Der Plan, die Geleitzüge alle zehn Tage fahren zu lassen, stellte sich als undurchführbar heraus; die Briten mußten sich mit einem 14tägigen Zyklus zufrieden geben. PQ 1 (zehn Handelsschiffe, der Schwere Kreuzer *Suffolk*, zwei Zerstörer usw.) brach am 28. September in Island nach Archangelsk auf und kam am

11. Oktober an. Zur gleichen Zeit fuhr QP 1 (jene ersten Schiffe, die Ende August gefahren waren) wieder heimwärts. Kein Geleitzug erlitt Verluste. PQ 2 legte am 18. Oktober ab, PQ 3 am 9. November und so weiter. Die Fahrten der zurückkehrenden Geleitzüge QP 2, 3, etc. überschnitten sich mit den Fahrten der PQ-Geleitzüge.

Bis zum Ende des Jahres 1941 eskortierten die Briten in sieben Geleitzügen 53 vollbeladene Schiffe nach Nordrußland und 44 Schiffe in den zurückkehrenden Geleitzügen. Diese Schiffe lieferten 800 Jagdflugzeuge, 750 Panzer, 1400 Lastkraftwagen und andere militärische Fahrzeuge sowie etwa 100000 Tonnen Munition und andere Nachschubgüter. Viele Schiffe wurden zwar von der stürmischen Witterung beschädigt, aber kein einziges Schiff ging durch deutsche Angriffe verloren.

Die Russen hatten versprochen, Archangelsk mit Hilfe von Eisbrechern das ganze Jahr hindurch freizuhalten. Nach dem 12. Dezember hielten sie dieses Versprechen aber nicht mehr ein, und für den Rest des Winters legten die Geleitzüge folglich in dem in der Barentssee am Nordende der Halbinsel Kola gelegenen eisfreien Hafen Murmansk an (daher der Name »Murmansk-Geleitzüge«). Da Murmansk weniger gut ausgebaut war als Archangelsk, erwies es sich als wenig gastfreundlicher Ort für einen Zwischenaufenthalt der alliierten Seeleute; auch gaben sich die Russen nicht gerade Mühe, ihnen ihre Wertschätzung zu bezeigen. Mit der Zeit waren die Murmansk-Geleitzüge deshalb bei den Besatzungen der alliierten Handelsschiffe nicht nur gefürchtet, sondern verhaßt, obwohl sie eine besondere Gefahrenzulage erhielten und die Zahl der Schiffsverluste im Vergleich mit den anderen Geleitzugrouten in Wirklichkeit nicht hoch war.

Seeoperationen der deutschen Kriegsmarine

In Berlin nahm zu Beginn des dritten Kriegsjahres das Unternehmen Barbarossa, die deutsche Invasion in der Sowjetunion, alle Energien in Anspruch. Hitler führte die deutschen Truppen persönlich von der Wolfsschanze aus, seinem geheimen Hauptquartier in Ostpreußen. Da ihm seine weit auseinanderklaffenden Flügel Kummer machten, verwarf er eine Empfehlung seiner Generäle, im Zentrum einen massierten Vorstoß in Richtung Moskau zu unternehmen, und stärkte statt dessen den Vorstoß auf Leningrad im Nordosten und den auf Kiew im Südosten. Durch diese Schwächung des Zentrums verschob sich die Offensive gegen Moskau (Unternehmen Taifun) auf den 1. Oktober, und lag nun gefährlich nahe vor dem Wintereinbruch.

Im Vergleich mit dem Rußlandfeldzug war der Wüstenkrieg in Nordafrika ein winziger Nebenkriegsschauplatz: etwa 120000 Deutsche und Italiener standen etwa derselben Zahl Soldaten aus Großbritannien und dem Commonwealth gegenüber. Und doch stand für Hitler auf diesem Nebenkriegsschauplatz viel auf dem Spiel: das deutsche Ansehen, die Integrität und Solidarität des Stahlpakts mit Italien und nicht zuletzt die Kontrolle über das Mittelmeerbecken, den Balkan und den Nahen Osten.

Der Wüstenkrieg stand vollkommen im Zeichen der Logistik. Am 3. September war keine Seite stark genug, die andere niederzuwerfen. Die Briten hatten jedoch drei Vorteile: Informationen aus dem Funkverkehr der Luftwaffe (Ultra) und dem italienischen C-38m-Verkehr, der seit Juni 1941 entziffert wurde. Sie halfen ihnen beim Abfangen und Zerschlagen von Geleitzügen mit Nachschub für die Kräfte der Achse, ihre überlegenen Seestreitkräfte im Mittelmeer und die Nutzung des wenig gefährdeten Seewegs über das Kap der Guten Hoffnung nach Ägypten. London war zuversichtlich, daß die 8. Armee der Briten bis Oktober oder Anfang November stark genug sein würde, um eine Offensive (Operation Crusader) zu starten: Die Italiener und Erwin Rommels Afrikakorps sollten zerschlagen werden, und eine belagerte Garnison des Commonwealth in Tobruk, die Rommel umgangen hatte, sollte befreit werden.

Die geplante Verstärkung der U-Streitmacht im Atlantik blieb im Herbst 1941 aus. Dafür gab es verschiedene Gründe. Die Probleme in der Heimat spitzten sich zu. Es herrschte ein Mangel an Werftarbeitern, der auf etwa 20000 Mann geschätzt wurde, und die U-Boot-Schule verfügte nur über 300 statt der erforderlichen 1000 Torpedobergungsfahrzeuge. Der Mangel an Werftarbeitern hatte in einigen Werften ein schludriges Arbeiten zur Folge. Deshalb mußten viele U-Boote zu ausgiebigen und zeitraubenden Reparaturen zurück auf die Werft, bevor sie in den Atlantik ausliefen. Wegen des Engpasses bei den Torpedobergungsfahrzeugen verlängerte sich die Erprobungsphase der Boote, und die Schießübungen mußten von 43 auf 26 Torpedos begrenzt werden. Die Verlegung einiger Schulflottillen der Agru-Front (Ausbildungsgruppe Front) aus der östlichen Ostsee in norwegische Gewässer hatte weitere Verzögerungen zur Folge, und die Erprobungszeit mußte von 90 Tagen wieder auf 120 Tage verlängert werden. Viele neue, noch nicht voll gefechtsbereite U-Boote blieben deshalb zunächst in der Ostsee und vor Norwegen hängen. Darüber hinaus wurden elf neue U-Boote vom Typ VIIC im Herbst ins Nordmeer verlegt.

Am 3. September stand etwa die halbe Atlantikflotte für Kampfoperationen im Atlantik. Abgesehen von den Booten, die auf französischen Stützpunkten überholt wurden oder routinemäßig von einer Feindfahrt heimkehrten, waren aus verschiedenen Gründen zahlreiche Boote nicht einsatzbereit:

- Auf Hitlers Befehl wurden sechs bewährte Typ-VII-Boote in französischen Stützpunkten auf eine Verlegung ins Mittelmeer vorbereitet.
- Auf Befehl des OKM wurden sechs neue Typ-VII-Boote für die Feindfahrten im Nordmeer eingeteilt. Die ersten beiden, *U132* und *U576*, lösten *U81* und *U652* ab, die zur Atlantikflotte kamen.
- Auf Befehl des OKM wurde *U106* unter dem Ritterkreuzträger Jürgen Oesten in das Gebiet um die Azoren beordert, um den Blockadebrecher *Anneliese Eßberger* nach Bordeaux zu eskortieren.*
- Drei Boote mit erfahrenen Kommandanten mußten ihren Einsatz abbrechen: *U73* mit Helmut Rosenbaum wegen eines schweren Bombenschadens, den es vor Island erlitten hatte; *U101* mit Ernst Mengersen wegen ausgefallener Maschinen; und das neue *U129* unter Nikolaus Clausen wegen eines mutmaßlichen Falls von Diphtherie an Bord.
- Herbert Opitz brach mit seinem neuen Boot *U206* ebenfalls die Fahrt ab. Opitz hatte sechs britische Flieger gerettet, die im Wasser notgelandet waren. Obwohl Opitz

* Die beiden Fahrzeuge trafen sich am 3. September. *U106* eskortierte bis zum 8. September. Dann übernahmen Focke-Wulf-Condor-Maschinen vor dem Kap Finisterre. Der Blockadebrecher erreichte sicher Bordeaux.

das Gegenteil behauptete, war Kernével der Auffassung, die Kampftauglichkeit seines Bootes sei durch diesen Akt der Humanität beeinträchtigt worden.*
Wegen der Zuteilung von 14 neuen U-Booten und des Transfers von 2 Booten aus dem Nordmeer zur Atlantik-Streitmacht im August konnte Dönitz eine noch nie dagewesene Zahl von U-Booten in atlantischen Gewässern einsetzen. Am 3. September patrouillierten 36 Boote in 3 Sektoren des Atlantiks oder waren auf dem Marsch dorthin:

- Die Gruppe Markgraf (14 U-Boote) lag südöstlich von Grönland, um ost- oder westwärts fahrende Geleitzüge auf der Atlantikroute anzugreifen.
- Die zwei Gruppen Bosemüller (sieben U-Boote) und Kurfürst (acht U-Boote) lagen ein gutes Stück südwestlich der Britischen Inseln und westlich des Golfs von Biskaya und der Iberischen Halbinsel, um ein- oder auslaufende Geleitzüge von Gibraltar und Sierra Leone anzugreifen.
- Sieben U-Boote patrouillierten unabhängig voneinander im Südatlantik, um den Schiffsverkehr vor Sierra Leone und entlang der ganzen westafrikanischen Küste anzugreifen.

Dönitz und sein Stab hegten die Hoffnung, daß die Boote trotz der abnehmenden Kampferfahrung Geleitzüge aufspüren und gute Erfolge melden würden. Nach einem Jahr völliger Blindheit waren die deutschen Entzifferer vom B-Dienst in den wichtigsten operativen Schlüssel der Royal Navy (Number 2, in Deutschland Köln genannt) eingebrochen und hatten auch beim Knacken eines besonderen Marineschlüssels (Number 3, in Deutschland München) einige Fortschritte erzielt, der gemeinsam von Großbritannien, Kanada und den Vereinigten Staaten bei Geleitzugeinsätzen benutzt wurde. Obwohl auch der B-Dienst unter den bei der Kryptanalye unvermeidlichen Verzögerungen und Fehlschlägen zu leiden hatte, wurde der Informationsfluß für ausreichend und für frühzeitig genug gehalten, um das Aufspüren der Geleitzüge zu erleichtern. Man hoffte auch, daß die Aufklärung durch die Sichtungs- und Beschattungsberichte der in Norwegen und in Bordeaux stationierten Condor-Maschinen verbessert werden könnte, deren Besatzungen die Kunst der Navigation inzwischen etwas besser gelernt hatten.

Um die Positionen der U-Boote vor den Briten geheimzuhalten, hatte Dönitz neue strenge Maßnahmen getroffen. Alle U-Boote sollten künftig mit dem Nachnamen des Kommandanten angesprochen werden (U-Topp für *U552*). Die Marinequadrate sollten doppelt verschlüsselt werden, dabei wurden Schlüsseltabellen verwendet, an die man sich genau zu halten hatte und die häufig gewechselt werden mußten. Küstenstationen wurde untersagt, die Daten der U-Boot-Positionen aufzubewahren. Eine neue Enigma-Maschine für die U-Boote war beinahe fertiggestellt, mit einer vierten Walze, durch die sich die Zahl der möglichen Einstellungen vervielfachte.**

Ohne die Marineschlüssel für September konnten die Briten den Funkverkehr im

* Dönitz billigte die Rettung. Ein Bericht darüber wurde zu seiner Verteidigung in Nürnberg ausgearbeitet, aber nicht vorgelegt.

** Die vierte später als Beta-Walze bezeichnete Walze wurde auf die Walzenachse gesteckt; sie war ähnlich wie der Reflektor eine feste Ergänzung innerhalb der Maschine, ließ sich jedoch in eine »neutrale« Position bringen und damit außer Funktion setzen. Die übrigen drei Walzen blieben austauschbar, wobei zwischen insgesamt acht Walzen gewählt werden konnte.

Schlüsselbereich Heimische Gewässer in Deutschland (britisch Dolphin) nicht lükkenlos und ständig mitlesen. Sie hatten jedoch Werftschlüssel und einige Schlüssel für die Wetterberichte geknackt. Diese Informationen und andere Quellen lieferten genügend Hinweise für die Bombes, so daß Bletchley Park mit einer Verzögerung von ein oder zwei Tagen erneut in den Schlüsselbereich Heimische Gewässer einbrechen konnte. Nicht zuletzt aufgrund dieser Daten gelang es der britischen Admiralität im Herbst 1941, den U-Booten mit erstaunlichem Erfolg fortwährend auszuweichen. Dabei spielten weitere Faktoren eine wichtige Rolle: die verbesserten landgestützten HF/DF-Anlagen, die Funkverkehrsanalyse, Radio Fingerprinting (RFP) und TINA, die U-Boot-Sichtungen durch Handelsschiffe, Kriegsschiffe und Flugzeuge des Coastal Command und nicht zuletzt die Erkenntnisse über die U-Boot-Operationen und die Taktik der U-Boote, die durch den ungehinderten Zugang zum Enigma-Funkverkehr während des Sommers gewonnen worden waren.

Die Route im Nordatlantik

Wegen der großen Entfernung zu den Gewässern um Grönland, durch die sich die Zahl der Tage im Operationsgebiet für die Boote vom Typ VIIB stark verminderte, wegen des Nebels an der Neufundlandbank und anderen Risiken bei der Navigation und wegen der Störungen im Funkverkehr hatte Dönitz im Sommer 1941 die U-Boot-Operationen in diesem entlegenen Raum eingeschränkt. Die verstärkte britische U-Boot-Abwehr in den Gewässern um Island und in den Northwest Approaches – insbesondere die Luftpatrouillen – veranlaßten Dönitz jedoch, das Hauptgewicht der Einsätze im Nordatlantik wieder in den Westen von Grönland zu verlegen, außerhalb der Reichweite der in Island stationierten Hudsons für Kurzstrecken und Catalinas und Mariners für Langstrecken.* Dies hatte einen weiteren Vorteil. Dönitz wußte, daß inzwischen die unerfahrenen Kanadier die Sydney-Geleitzüge zwischen Kanada und Island eskortierten. Die vielen grünen U-Boot-Kommandanten und Besatzungen, die auf ihrer Jungfernfahrt in den Atlantik waren, hatten gegen diese Geleitzüge weit größere Erfolgs- und Überlebenschancen als gegen andere.

Beginnend mit der Gruppe Markgraf wollte Dönitz in den folgenden 70 Tagen – von Anfang September bis Anfang November – ständig eine oder mehrere, große Gruppen in den Gewässern südöstlich von Grönland halten. Wegen der begrenzten Bunkerkapaziät der Typ-VII-Boote wechselte die Zusammensetzung dieser Wolfsrudel häufig; frische Boote aus Deutschland oder Frankreich lösten die Boote ab, die ihre Fahrt beenden mußten.

U81 und *U652*, die zwei neuen Boote, die im Sommer als erste im Nordmeer patrouilliert hatten, liefen in Trondheim aus, um zur Gruppe Markgraf zu stoßen. Am Morgen des 4. September erspähte eine Hudson der British Squadron 269 vom Coastal Command auf Island *U652*, doch der 24jährige Kommandant Georg-Werner Fraatz tauchte rechtzeitig, bevor die Hudson angreifen konnte.

Zufällig befand sich jedoch ein einsamer amerikanischer Zerstörer etwa 18 Kilo-

---

* Das sicherere Gebiet wurde im Jargon der Militärs mit »Luftlücke«, »Grönland-Luftlücke«, »Schwarzes Loch« und anderen Ausdrücken bezeichnet.

meter südlich der Stelle – die *Greer*, ein Glattdeck-Zerstörer, wie die 50 amerikanischen Zerstörer, die Großbritannien übergeben worden waren. Der Zerstörer unter dem Kommando von Laurence H. Frost war mit Post und Fracht für die amerikanischen Besatzungstruppen nach Island unterwegs. Als die Hudson den Zerstörer erblickte, signalisierte sie ihm, daß ein U-Boot auf ihrer Flugroute sei. Frost befahl vorsorglich alle Mann auf die Gefechtsstationen und beschleunigte auf 22 Knoten. Die Hudson kehrte zu der Stelle zurück, wo *U652* getaucht war und warf vier 120-Kilogramm-Wasserbomben ab. Danach kreiste sie noch 20 Minuten, um die Stelle zu markieren, und informierte schließlich das Hauptquartier in Island, das später Rettungsflugzeuge und drei Zerstörer, *Malcolm*, *Sandonyx* und *Watchman*, zu der Stelle schickte.

Nach den unklaren Befehlen für amerikanische Kriegsschiffe, die damals in Kraft waren, durfte die *Greer* sich selbst verteidigen, doch es war ihr nicht ausdrücklich erlaubt, einen unprovozierten Angriff auf ein U-Boot durchzuführen. Beim Näherkommen drosselte die Greer ihre Fahrt auf zehn Knoten und bekam deutlichen Sonarkontakt mit *U652*; sie hielt den Kontakt und manövrierte so, daß das U-Boot unten bleiben mußte. Warum sich Frost zu diesem aggressiven Vorgehen entschloß, ist ungeklärt – vielleicht, um seine Besatzung zu trainieren, vielleicht, um das U-Boot an Ort und Stelle festzunageln, bis britische ASW-Kräfte eintrafen. Da Fraatz nicht entkommen konnte und zweifellos fürchtete, daß bald andere ASW-Kräfte eintreffen würden, schoß er, nach dem er drei Stunden lang gejagt worden war, einen Torpedo auf die *Greer*. Möglicherweise glaubte er, daß sich um einen der Glattdeck-Zerstörer handelte, die an Großbritannien übergeben worden waren. Dies war der erste deutsche U-Boot-Angriff auf ein amerikanisches Kriegsschiff im Zweiten Weltkrieg.

Frost war auf einen möglichen Angriff gefaßt, wich dem Torpedo aus und ging mit dem Abwurf von acht Wasserbomben zum Gegenangriff über. Fraatz antwortete mit einem zweiten Torpedo, dem Frost ebenfalls auswich. Beim zweiten Ausweichmanöver verlor Frost die Ortung im Sonar, und Fraatz entkam für kurze Zeit. Zwei Stunden später hatte ihn Frost wieder geortet und griff zum zweitenmal an. Diesmal warf er elf Wasserbomben. Keine einzige detonierte in der Nähe des U-Bootes, und Fraatz entschlüpfte der *Greer* erneut. Frost jagte noch einmal vier Stunden, gab dann auf und fuhr weiter nach Island. Sein Versäumnis, den Angriff aggressiver fortzusetzen – und andere ASW-Kräfte herbeizurufen –, zog wütende Kommentare vom Befehlshaber der Atlantikflotte Ernest King nach sich.

Bis zu diesem Zeitpunkt hatten die Vereinigten Staaten in der Öffentlichkeit den Anschein der Neutralität gewahrt. Diese Pose ließ sich jedoch kaum noch länger aufrechterhalten. Denn amerikanische Zerstörer bereiteten sich darauf vor, ihren ersten schnellen Geleitzug, Halifax 150, von Kanada nach Island zu eskortieren. Teilweise um diesen offenen Eingriff in das Kriegsgeschehen zu rechtfertigen, prangerte Roosevelt den Angriff von *U652* auf die *Greer* empört als unprovozierte »Seeräuberei« an und verkündete in den Medien, er habe den Befehl erteilt, auf jedes U-Boot oder Schiff der Achsenmächte, das die Freiheit der Meere bedrohe, »bei Sichtung zu schießen«. »Wenn man eine Klapperschlange sieht, die sich aufrichtet«, erklärte Roosevelt in einer sogenannten »Plauderei am Kamin« im Rundfunk, »dann wartet man nicht, bis sie auf einen zuschnellt, sondern man zerschmettert die Schlange vorher.«

Admiral Raeder und Admiral Dönitz nahmen diese öffentliche Erklärung Roosevelts zum Anlaß, Hitler zu drängen, die komplizierten Beschränkungen für die

U-Boote aufzuheben. Bei einer Besprechung mit dem Führer in der Wolfsschanze schlugen sie vor, daß er den U-Booten faktisch bis etwa 37 Kilometer vor der Küste Nord- und Südamerikas einen unbeschränkten U-Boot-Krieg erlauben solle. Aber Hitler zauderte. Wegen des Regens, der schlechten Verbindungsstraßen und anderer Faktoren kam der Rußlandfeldzug nicht planmäßig voran. Hitler meinte jedoch, bis Ende September seien »große Entscheidungen« zu erwarten. Deshalb müsse sorgfältig darauf geachtet werden, bis etwa Mitte Oktober jeden »Zwischenfall im Handelskrieg« zu vermeiden. Da den deutschen U-Boot-Fahrern solange die Hände gebunden waren, wies Hitler Dönitz an, seinen Männern »den Grund für die vorläufige Beibehaltung alter Befehle« taktvoll mitzuteilen.

Nur zwei Stunden nach dem Gefecht zwischen *U652* und der *Greer* verlegte Dönitz die gesamte Gruppe Markgraf (14 U-Boote) etwa 280 Kilometer weiter nach Westen, in sicherere Gewässer südöstlich von Grönland, möglicherweise weil der B-Dienst ihn auf die Fährte eines Geleitzuges gestoßen hatte. Am 9. September patrouillierten zwei der als letzte zu der Gruppe gestoßenen Boote, *U81* und *U85*, in der Nähe des Packeises an der Ostküste von Grönland. Am frühen Morgen entdeckte Friedrich Guggenberger in *U81* einen einsamen britischen 5600-Tonnen-Frachter und versenkte ihn. Ein wenig südlich von Guggenberger stieß der 26jährige Eberhard Greger mit *U85* auf zahlreiche Schiffe. Er schoß auf einen britischen Frachter, verfehlte aber sein Ziel und setzte eine Fühlungshaltermeldung ab.

U81 und *U85* hatten den Slow Convoy 42 aufgespürt. Der Geleitzug bestand aus 65 Schiffen, die mit etwa fünf Knoten fuhren, und wurde von der neugebildeten Canadian Escort Group 24 begleitet. Der moderne kanadische Zerstörer *Skeena* unter dem Befehl des kampferprobten J. C. Hibbard und die Korvetten *Alberni*, *Kenogami* und *Orillia* zählten zu der Gruppe.

Auf Gregers Kontaktmeldung hin befahl Dönitz der gesamten Gruppe Markgraf den Angriff auf den Konvoi. Drei weitere Boote stießen in der Nacht vom 9. auf den 10. September und am folgenden Tag zu *U81* und *U85*. Alle fünf Boote hatten großes Jagdglück.

- Guggenberger führte mit *U81* zwei weitere Angriffe durch und verschoß dabei alle Torpedos bis auf einen. Er meldete die Versenkung von vier weiteren Schiffen (also insgesamt fünf Schiffe mit 31000 BRT), aber lediglich ein weiteres mit 3300 BRT sank tatsächlich.
- Siegfried Rollmann, 26 Jahre alt, versenkte mit dem neuen Boot *U82* ein Schiff, die *Empire Hudson* mit 7500 Tonnen, die mit einem Katapult und Flugzeugen ausgerüstet war.
- Obwohl Eberhard Greger fünf Torpedoversager bei zwei Angriffen hatte, meldete er drei versenkte Schiffe mit 15000 BRT und möglicherweise eine weitere Versenkung, aber lediglich ein Schiff mit 4700 BRT ließ sich bestätigen. Er versenkte es bei einem Sehrohrangriff. Im Gegenzug fuhren Kommandant Hibbard mit dem Zerstörer *Skeena* und Reginald Jackson mit der Korvette *Kenogami* (auf ihrem ersten Kampfeinsatz) einen aggressiven Angriff gegen *U85*. Sie belegten das Boot mit Wasserbomben, die einen so schweren Maschinenschaden anrichteten, daß Greger die Feindfahrt abbrechen mußte.
- Der 26jährige Heinz-Otto Schulze versenkte mit dem neuen Boot *U432* drei Schiffe mit 9500 BRT und hielt hartnäckig Fühlung.

• Georg-Werner Fraatz beschädigte mit *U652* den britischen 6500-Tonnen-Tanker *Tahchee* und den britischen 3500-Tonnen-Frachter *Baron Pentland.* Aufgrund mißverständlicher Signale nahm die Korvette *Orillia* unter W. E. S. (Ted) Briggs den Tanker *Tahchee* ins Schlepptau und machte sich auf den Weg nach Island; damit blieben nur drei Geleitfahrzeuge übrig. Die *Baron Pentland* wurde aufgegeben, aber ihre Fracht aus Nutzholz hielt sie über Wasser.

Insgesamt wurden beim ersten Angriff dieser fünf Boote sieben Schiffe mit 30600 BRT versenkt und zwei mit 9900 BRT beschädigt.

Als der Angriff auf den Geleitzug dem Western Approaches Command gemeldet wurde, schickte es Sicherungsschiffe und ASW-Flugzeuge zu Hilfe. Die erste Verstärkung waren die beiden kanadischen Korvetten *Chambly* und *Moosejaw*, Kanadas erste »Support Group«.* Die beiden Korvetten schlossen in der Nacht des 10. September gegen 22.00 Uhr zu einigen Schiffen des zerfallenen Geleitzugs auf. Nur Minuten nach ihrer Ankunft bekam die *Chambly* unter dem Kommando von J. D. Prentice einen guten Sonarkontakt, lief zu der angegebenen Position und griff mit vier Wasserbomben an. Als die *Moosejaw* unter F. E. Grubb zur Unterstützung heranlief, sah Grubb genau voraus ein U-Boot auftauchen und eröffnete sofort das Feuer mit dem 4-Zoll-Geschütz. Doch die Kanone hatte Ladehemmung, und Grubb beschleunigte, um das U-Boot zu rammen.

Es handelte sich um das neue Boot *U501* vom Typ IXC unter dem 36jährigen Hugo Förster, das 35 Tage zuvor in Trondheim ausgelaufen war. Auf seiner langen, mühseligen Fahrt hatte Förster bisher nur am 5. September einen norwegischen 2000-Frachter versenkt und dabei sechs Torpedos und 40 Granaten mit dem Deckgeschütz verschwendet. Die Wasserbomben der *Chambly* erwischten das Boot in einer Tiefe von 40 Metern; die Lichter fielen aus, Armaturen und Ventile zerbrachen, und das Backbordtiefenruder wurde abgerissen. Obwohl *U501* schneller war als die Korvetten und Förster in der Dunkelheit durchaus hätte entkommen können, entschloß er sich, aufzutauchen und das Boot zu versenken.

Als die *Moosejaw* näher kam, um *U501* zu rammen, ging Förster auf Parallelkurs, und die Seitenwände der beiden Fahrzeuge waren nur noch Zentimeter voneinander entfernt. Zum Erstaunen der Deutschen und der Kanadier sprang Förster plötzlich von der Brücke von *U501* auf das Deck der *Moosejaw.* »Es ist nicht klar, wie er es geschafft hat«, berichtete Grubb, »aber er wurde bei dem Sprung nicht naß.« Die Tatsache, daß Förster so rasch den Kampf aufgegeben hatte und als erster statt als letzter das U-Boot verlassen hatte, sorgte bei den Deutschen für große Verärgerung. Förster rechtfertigte seine Handlung später als ersten Schritt, um über die Kapitulation der Besatzung zu verhandeln, aber wenige Kanadier glaubten dies.

Da Grubb nicht darauf vorbereitet war, »ein Enterkommando abzuwehren«, drehte er ab, bevor noch mehr Deutsche auf sein Schiff springen konnten. Über das von seinem Kommandanten verlassene *U501* übernahm der Erste Wachoffizier Werner Albring das Kommando und ordnete die Selbstversenkung an. In den folgenden Minuten

* Wie an der Bezeichnung abzulesen ist, unterscheidet sich eine »Support Group« (Unterstützungsgruppe) von einer »Escort Group« (Sicherungsgruppe). Erstere war in der Regel eine Verstärkungseinheit für einen bedrohten Geleitzug. »Hunter-Killer Groups« (U-Jagdgruppen) dienten häufig als Unterstützungsgruppen.

schickte die *Chambly* ein von Edward T. Simmons geführtes neunköpfiges Enterkommando hinüber, um Geheimpapiere zu erbeuten. Simmons fand noch elf Deutsche auf Deck und zwang zwei von ihnen mit vorgehaltener Waffe, ihm auf der Brücke zu helfen, doch es war alles vergebens. Das Boot lief rasch über das Heck voll und sank Simmons buchstäblich unter den Füßen weg. Die *Moosejaw* und die *Chambly* retteten 37 Deutsche, darunter alle 6 Offiziere und Offiziersanwärter; etwa 11 Mannschaftsdienstgrade blieben verschollen. Auch William I. Brown, ein Mitglied des Enterkommandos, wurde von Deck gespült und konnte nicht mehr gerettet werden.

Britische Nachrichtenoffiziere registrierten die Jugend und die mangelnde Erfahrung und Ausbildung der Besatzung von *U501* sowie das für einen U-Boot-Kommandanten hohe Alter des 36jährigen Förster und daß er erst kürzlich zur U-Bootwaffe gekommen war. Lediglich 7 Mann der 48köpfigen Besatzung hatten zuvor eine Feindfahrt auf einem U-Boot mitgemacht. Ein Rekrut war nur 17 Jahre alt. Als Förster in das Offiziersgefangenenlager in Grizedale Hall gebracht wurde, berief Otto Kretschmer, wie der britische Autor Terence Robertson berichtet, das Ehrengericht ein, um Förster wie Rahmlow und Berndt von *U570* wegen Feigheit vor dem Feind zu verurteilen. Doch die Lagerleitung erfuhr von dem Plan, isolierte Förster und verlegte ihn in ein anderes Kriegsgefangenenlager.

Während die *Chambly* und die *Moosejaw U501* versenkten, begannen acht andere U-Boote der Gruppe Markgraf einen zweiten Angriff auf die Hauptformation von Slow Convoy 42.

- Ritterkreuzträger Wolfgang Lüth verschoß mit dem altersschwachen Boot *U43* eine Serie von sechs Torpedos, aber vier durchbrachen die Wasseroberfläche und wurden Irrläufer, und zwei andere gingen fehl.
- Siegfried Rollmann führte mit *U82* einen zweiten und einen dritten Angriff durch und meldete vier weitere versenkte Schiffe mit 26 000 BRT. Nach dem Krieg wurden drei Versenkungen mit 16 900 BRT, darunter der britische 7 500-Tonnen-Tanker *Bulysses*, sowie ein Treffer an dem schwedischen 2 000-Tonnen-Frachter *Scania* bestätigt.
- Ritterkreuzträger Georg Schewe versenkte mit *U105* vom Typ IXB einen Nachzügler mit 1 500 BRT, aber Schewes Dieselmotoren fielen aus und zwangen ihn zum Abbruch des Einsatzes.
- Der 25jährige Fritz Meyer versenkte mit dem neuen VIIC-Boot *U207* zwei Frachter mit 9 700 BRT und eventuell auch noch einen kleinen kanadischen Frachter.
- Der 28jährige Hans-Heinz Linder schoß bei seinem ersten Angriff mit dem VIIC-Boot *U202* alle fünf Torpedos daneben. Bei einem zweiten Angriff erledigte er die beschädigte *Scania* mit zwei Torpedos und meldete fälschlich die Versenkung eines Geleitfahrzeugs.
- Heinz-Otto Schulze versenkte mit *U432* bei seinem dritten Angriff einen 1 200-Tonnen-Frachter – sein drittes bestätigtes Opfer.
- Der 25jährige Hans Ey beschädigte mit dem neuen Boot *U433* einen 2 200-Tonnen-Frachter.
- Hans-Peter Hinsch in dem neuen Boot *U569* mußte wegen technischer Probleme abdrehen, bevor er zum Schuß kam.

Die Gesamtausbeute beim zweiten Angriff auf Slow Convoy 42 betrug acht versenkte Schiffe mit 31 300 BRT und eventuell noch ein weiteres mit 1 500 BRT; ein Schiff mit 2 200 BRT wurde beschädigt.

Am Morgen des 11. September traf von Island aus Verstärkung ein für die belagerte Sicherungsgruppe des Geleitzugs: Catalinas der British Squadron 209, fünf Zerstörer der britischen Escort Group 2 unter dem Kommando von W. E. Banks auf der *Douglas*, die kampferfahrene britische Korvette *Gladiolus*, die kanadische Korvette *Wetaskiwin* und zwei britische Trawler, die *Buttermere* und die *Windermere*. Damit war die Zahl der Überwassereskorte auf zwölf Schiffe gestiegen.

Am frühen Nachmittag meldete ein Flugzeug des Coastal Command ein U-Boot vor dem Geleitzug. Banks schickte die beiden Zerstörer *Leamington* und *Veteran* zur Erkundung aus. Um 15.00 Uhr sichteten beide Zerstörer etwa 13 Kilometer direkt voraus ein U-Boot an der Wasseroberfläche. Es war das neue Boot *U207* vom Typ VIIC unter Fritz Meyer, das erst vor zwei Wochen in Trondheim ausgelaufen war. Die *Leamington* und die *Veteran* beschleunigten auf 22 Knoten, und Meyer befahl ein Schnelltauchmanöver. Doch es war zu spät: Beide Zerstörer fanden *U207* rasch mit dem Sonar. In drei gezielten, gut durchgeführten Angriffen warfen sie 21 Wasserbomben. Da es keinen handfesten Beweis für eine Versenkung gab, wurde sie während des Krieges auch nicht anerkannt. *U207* blieb jedoch nach diesem Angriff spurlos verschwunden. Und nach dem Krieg rechnete die Admiralität den beiden Zerstörern die Versenkung an.

In den folgenden fünf Tagen verfolgten sechs U-Boote den Geleitzug nach Osten bis Island und darüber hinaus. Doch die starken Sicherungskräfte, die noch durch drei amerikanische Zerstörer (*Hughes*, *Russell*, *Sims*) aus Island und in Island stationierte Flugzeuge verstärkt wurden, hielten die U-Boote zunächst auf Abstand. Erst in den letzten Stunden des 16. September, als der Geleitzug sich dem Nordkanal näherte, griff Robert Gysae mit *U98* an und versenkte einen britischen 4400-Tonnen-Frachter. Noch später entdeckte Heinz-Joachim Neumann mit *U372* den verlassenen Hulk des Frachters *Baron Pentland*, den Fraatz mit *U652* beschädigt hatte, und versenkte ihn.

Der bestätigte Schaden an dem Geleitzug Slow Convoy 42 betrug, alle Angriffe zusammengenommen: 19 der ursprünglich 65 Schiffe mit 73 574 BRT (darunter ein Tanker) versenkt, und der 6500-Tonnen-Tanker *Tahchee* getroffen, aber gerettet.

Bezüglich der Zahl der versenkten Schiffe war dies der zweithöchste Verlust aus einem Geleitzug seit Slow Convoy 7, der im Oktober 1940 durch U-Boote 21 Schiffe verloren hatte. Die Katastrophe ereignete sich, unmittelbar nachdem die Amerikaner den Geleitdienst auf der Strecke Kanada-Island übernommen hatten, und er beeinflußte nachhaltig die Strategie der amerikanischen Befehlshaber der Atlantic Fleet und der Support Force King und Bristol. Sie war eine überaus klare Bestätigung der vorherrschenden amerikanischen Auffassung, daß ein schwach eskortierter Geleitzug schlechter sei als überhaupt kein Geleitzug.

Die Kanadier mußten wegen des Verhaltens ihrer Escort Group 24 einen Hagel von offiziellen und inoffiziellen Vorwürfen über sich ergehen lassen. Man konnte ihnen vielleicht vorwerfen, daß sie sich, vielleicht aus Nationalstolz, zu viel zugetraut hatten, doch die britische Admiralität war mitschuldig an dem Debakel. Sie hatte es zugelassen, daß die Kanadier mit ihrer unzureichend ausgerüsteten und ausgebildeten Seestreitmacht große Verantwortung übernahmen, und sie hatte den Geleitzug nach Norden, genau vor die Rohre der Gruppe Markgraf, dirigiert statt nach Süden, um der Bedrohung auszuweichen.* Auch wenn die *Orillia* den Geleitzug irrtümlich verfrüht verlassen hatte, hatten sich die übrigen kanadischen Kriegsschiffe wacker geschlagen, ja sogar besser, als man unter den gegebenen Umständen hatte erwarten können. Sie hatten in der Geleitzugschlacht mit *U501* ihr erstes U-Boot versenkt und *U85* so schwer beschädigt, daß es hatte heimfahren müssen.

Noch ein letzter Aspekt dieser Schlacht sollte noch hervorgehoben werden. Es fiel den U-Booten viel leichter, einen langsamen Geleitzug aufzuspüren und anzugreifen, gleichgültig ob er nach Osten oder Westen unterwegs war, als einen Geleitzug, der wie die Halifax-Geleitzüge zwei oder vier Knoten schneller fuhr. Auch wenn der Unterschied scheinbar gering war, reichte der Geschwindigkeitsvorsprung, den die »schnellen« Geleitzüge genossen, knapp aus, um den meisten U-Booten davonzufahren, wenn sie aus den weiter entfernten Abschnitten eines Aufklärungsstreifens auf einen Geleitzug zuliefen. Außerdem konnten sich die schnellen Zerstörer, die schnelle Geleitzüge eskortierten, zurückfallen lassen und Fühlung haltende U-Boote unter Wasser drücken und auf Abstand halten; anschließend schlossen sie wieder zum Geleitzug auf, während das U-Boot dies nicht konnte.

Dönitz ging wegen der überhöhten Versenkungsmeldungen der Boote davon aus, daß die Gruppe Markgraf in der Geleitzugschlacht weit über das Doppelte der in den Nachkriegsjahren bestätigten Tonnage versenkt hatte. Daher war er trotz des Verlusts von zwei auf der Jungfernfahrt befindlichen U-Booten mit den Ergebnissen durchaus zufrieden.

Ein neuer Aufklärungsstreifen, die Gruppe Brandenburg, löste die Gruppe Markgraf ab. Er bestand aus neun Booten, von denen einige frisch aus Deutschland oder Frankreich eingetroffen waren.

U94 vom Typ VIIC, das nun von dem jungen Otto Ites kommandiert wurde, gehörte zu den Booten, die der Gruppe Brandenburg zugeteilt worden waren. Der Dreiundzwanzigjährige war zwei volle Kriegsjahre als Wachoffizier auf dem berühmten Boot *U48* gewesen und hatte unter allen vier Ritterkreuzträgern des Bootes, Herbert Schultze, Hans-Rudolf Rösing, Heinrich Bleichrodt und Reinhard Suhren, gedient. Ites hatte Befehl, mit *U94* zu einer gründlichen Werftüberholung und Modernisierung in die Ostsee zurückzukehren.

Auf dem Weg in das Gebiet der Gruppe Brandenburg stieß *U94* am 15. September auf Schiffe aus dem Geleitzug Outbound North 14 und/oder andere alleinfahrende Fahrzeuge. In einer Reihe von gut vorgetragenen nächtlichen Überwasserangriffen machte Ites das Beste aus seinem glücklichen Fund und versenkte drei Frachter (zwei britische und einen griechischen) mit 16477 BRT, ein bemerkenswertes Debut für diesen jungen Kommandanten, der offenbar auf *U48* einiges gelernt hatte. Danach hatte er in der Gruppe Brandenburg kein Glück, aber zwei Wochen später, am 1. Oktober, versenkte er den imposanten britischen 12800-Tonnen-Tanker *San Florentino*, einen Nachzügler des vom Sturm auseinandergetriebenen langsamen Geleitzugs Outbound North 19. Mit diesem Erfolg erhöhte sich seine gesamte Ausbeute auf vier

* Die Admiralität führte den nach Osten fahrenden Slow Convoy 43, Halifax 148, die amerikanische Task Force 15, die Soldaten der US-Army nach Island transportierte, und andere Geleitzüge südlich an Markgraf vorbei.

Schiffe mit 29300 BRT, was dem Boot, als es zur Überholung in Kiel eintraf, einen herzlichen Empfang bescherte.

Ohne daß Dönitz zunächst davon erfuhr, stieß *U74* unter Eitel-Friedrich Kentrat aus der Gruppe Brandenburg am 18. September auf den Slow Convoy 44. Der Geleitzug bestand aus 66 Schiffen und wurde, wie schon SC 42, von einer schwachen kanadischen Sicherungsgruppe (einem Zerstörer und vier Korvetten) begleitet. Kentrat setzte eine Fühlungshaltermeldung ab, doch Kernével hörte ihn nicht. Andere Boote empfingen die Meldung, und während sie auf Kentrats Peilzeichen zuliefen, griff dieser den Geleitzug zweimal an und verschoß alle Torpedos. Er meldete die Versenkung von vier großen Frachtern mit 26000 BRT, aber lediglich zwei Schiffe mit 8000 Tonnen – ein britischer Frachter und die kanadische Korvette *Levis* unter dem Kommando von C. W. Gilding – wurden bestätigt. Die kanadischen Korvetten *Mayflower* und *Agassiz* konnten 40 Überlebende der *Levis* bergen; 17 Kanadier kamen ums Leben.

In den letzten Stunden des 19. September bekamen andere Boote Fühlung zu dem Geleitzug und griffen an. Das erste war *U552* unter dem Ritterkreuzträger Erich Topp. Er meldete die Versenkung von zwei Tankern und zwei Frachtern mit 27000 BRT. Bestätigt wurde nach dem Krieg die Versenkung zweier Tanker, der britischen *T. J. Williams* mit 8200 BRT und der norwegischen *Barbro* mit 6300 BRT, sowie eines 4200-Tonnen-Frachters, insgesamt also 18700 BRT. *U69* unter dem Kommando von Wilhelm Zahn, der im selben Jahr wegen nervlicher Probleme von dem Kommando auf dem Einbaum *U56* befreit worden war, entdeckte die brennende *Barbro*. Zahn wollte ihr den Todesstoß versetzen, aber der Torpedo detonierte nicht. Wie alle anderen Kommandanten außer Kentrat und Topp versenkte auch er kein einziges Schiff.

Insgesamt richteten Kentrat und Topp an Slow Convoy 44 folgenden Schaden an: sieben versenkte Schiffe (zwei Tanker) mit 26700 BRT.

Während dieser Kämpfe fuhr mehrere hundert Kilometer südlich der Geleitzug Halifax 150 Richtung Osten. Er setzte sich aus 50 schnellen Handelsschiffen verschiedener Länder zusammen und wurde als erster Halifax-Geleitzug von einer ausschließlich amerikanischen Sicherungsgruppe begleitet. Die Gruppe bestand aus fünf Zerstörern, die beiden neuen *Ericsson* und *Eberle* und den Glattdeck-Zerstörern *Dallas*,* *Ellis* und *Upshur*. Da alle neun U-Boote der Gruppe Brandenburg nach Norden geeilt waren, um Slow Convoy 44 anzugreifen, hatte Halifax 150 keine Feindberührung. Ein Frachter des Geleitzugs, die *Nigaristan*, fing Feuer und mußte aufgegeben werden. Eine britische Sicherungsgruppe aus zwei Zerstörern und vier Korvetten löste die amerikanische Sicherungsgruppe am Treffpunkt in der Meeresmitte (MOMP) südlich von Island planmäßig ab und begleitete den Konvoi weiter zu den Britischen Inseln. Die amerikanischen Zerstörer legten in Island an, um nachzutanken, und bereiteten sich auf die Rückreise nach Kanada mit einem schnellen Outbound-North-Geleitzug vor.

Die Amerikaner zogen aus dieser Mission zahlreiche Lehren. Vor allem erkannten sie, was die Briten auf sehr unangenehme Weise herausgefunden hatten: Die betagten

---

* Amerikanische Zerstörer wurden nach Personen, Kreuzer nach Städten benannt. Der Zerstörer *Dallas* war nach einem Seehelden des 19. Jahrhunderts benannt worden. Um Verwechslungen zu vermeiden, wurde während des Weltkriegs kein nach der Stadt Dallas benannter Kreuzer in Dienst gestellt.

amerikanischen Glattdeck-Zerstörer, wie die *Dallas*, waren wegen ihrer begrenzten Treibstoffkapazität und Instabilität eigentlich für die Geleitzugeskorte im Nordatlantik ungeeignet.

Die britischen Entzifferer machten erste Fortschritte beim Einbruch in die doppelt verschlüsselten deutschen Codes für die Marinequadrate und konnten die Positionen vieler Boote der Gruppe Brandenburg einzeichnen oder ungefähr eingrenzen und die Geleitzüge entsprechend umdirigieren. In der Folge durchkämmten die U-Boote dieser Gruppe tagelang das leere Meer. Durch die ausbleibenden Feindberührungen gelangten Dönitz und sein Stab zu der Überzeugung, daß die Briten über Informationen aus Quellen verfügten, die den Deutschen unbekannt waren, und deshalb den U-Boot-Rudeln ausweichen konnten. Da Dönitz erst kurz zuvor umfassende Maßnahmen zur Sicherung des Funkverkehrs getroffen hatte, glaubte er nicht, daß die britischen Informationen aus der Funkentzifferung stammten. Außerdem versicherte ihm der B-Dienst am 19. September schriftlich, daß »ein Einbruch in die eigenen Schlüsselmittel nicht in Betracht« komme; das sei schlicht unmöglich. Dennoch gab der Leiter des Fernmeldewesens in der Kriegsmarine, Vizeadmiral Erhard Maertens, auf Dönitz' Bitte hin eine neue und sorgfältige Prüfung der Schlüsselsicherheit in Auftrag.

Alles in allem eskortierten die Alliierten im September in 20 Geleitzügen beinahe 1000 Schiffe von Ost nach West oder umgekehrt. Die U-Boot-Rudel führten erfolgreiche Angriffe gegen die beiden von Kanadiern eskortierten Slow Convoys 42 und 44 durch und versenkten dabei 26 Handelsschiffe (drei Tanker) mit rund 100 000 BRT und ein Geleitfahrzeug, die kanadische Korvette *Levis*. Im Gegenzug versenkten britische und kanadische Sicherungsgruppen zwei U-Boote, *U207* und *U501*; außerdem zwangen kanadische Geleitfahrzeuge *U85*, die Feindfahrt mit Gefechtsschaden abzubrechen. Zusätzlich versenkten die U-Boote in nördlichen Gewässern vier einsame Frachter mit 12 800 BRT, womit sich die Gesamtbeute auf 30 Schiffe mit etwa 110 000 BRT erhöhte. Etwa 970 Schiffe in 18 transatlantischen Geleitzügen gelangten sicher ans Ziel. Ein schwerer Sturm zersprengte den Geleitzug Outbound North 19.

Für die Deutschen hatte ein unheilvoller neuer Trend eingesetzt. Im August und noch einmal im September kehrte etwa die Hälfte der U-Boote zu ihren Stützpunkten zurück, ohne eine einzige bestätigte Versenkung erzielt zu haben. Dies lag teilweise an der Unerfahrenheit und mangelnden Vorbereitung der Kommandanten und Besatzungen der vielen neuen Boote, teilweise an der drastischen Verringerung des alliierten Handelsschiffverkehrs außerhalb von Geleitzügen und teilweise an der Zusammenfassung der U-Boote in immer größeren Gruppen oder »Wolfsrudeln«, denen die Alliierten mit Hilfe von Ultra meist geschickt ausweichen konnten.

Für die Briten war es nicht weniger unheilvoll, daß sie die Rate der U-Boot-Versenkungen nicht hatten steigern können. Sie hatten im August zwei U-Boote versenkt und *U570* gekapert und im September zwei der im August ausgelaufenen Boote versenkt. Von den im September in Deutschland oder Frankreich zur Feindfahrt ausgelaufen 26 U-Booten aber hatten sie kein einziges versenkt. Diese schlechte Erfolgsquote lag teilweise daran, daß die Flugzeuge des Coastal Command gesichtete U-Boote nicht versenken konnten, und teilweise an der Ausweichstrategie der Geleitzüge, durch die sich die Zahl der Feindberührungen zwischen Überwassereskorten und U-Booten drastisch verringert hatte.

Als eine defensive Strategie, um die »sichere und rechtzeitige« Ankunft der Geleitzüge auf den Britischen Inseln zu gewährleisten, war dies gut und schön, aber wenn die Zahl der U-Boot-Versenkungen nicht deutlich und schnell durch offensive Maßnahmen gesteigert wurde, würde die U-Boot-Streitmacht im Atlantik zu einem wahrhaft furchterregenden Gegner heranwachsen.

Eine weitere erbitterte Geleitzugschlacht

Anfang Oktober war die glücklose Gruppe Brandenburg im Nordatlantik aufgelöst worden, und das neue Rudel Mordbrenner stand im Begriff, sich zu formieren. Vier neue Boote aus Deutschland sollten den Grundstock bilden. Verstärkt wurden sie durch vier erfahrene Boote aus Frankreich, darunter auch Ernst Mengersen mit dem VIIB-Boot *U101*, das zur Schulflottille überführt werden sollte. Mengersens Funkgerät fiel jedoch zwei Tage nach der Abfahrt in Frankreich aus, und er mußte nach Lorient zurückkehren.

Vier U-Boote sichteten Anfang Oktober auf dem Rückmarsch nach Frankreich allein fahrende Handelsschiffe und versenkten drei davon.

- Horst Hamm entdeckte mit *U562* vom neuen Typ VIIC den britischen 7500-Tonnen-Frachter *Empire Wave*, der mit einem Katapult und einem Jagdflugzeug ausgerüstet war. Die *Empire Wave* war in dem vom Sturm zersprengten Geleitzug Outbound North 19 nach Westen gefahren. Hamm traf sie mit zwei Torpedos und versenkte sie. Die Besatzung ließ zwei 15 Meter lange Rettungsboote zu Wasser, und das Backbordboot nahm 16 Mann auf. Fünfzehn Tage später wurde das Backbordboot von einer in Island stationierten amerikanischen Catalina entdeckt, und die 16 Mann wurden noch am selben Tag von einem britischen Trawler gerettet. Das Steuerbordboot wurde nie gefunden.
- Günther Heydemann entdeckte mit dem neuen VIIC-Boot *U575* eine Gruppe von vier Schiffen, offensichtlich Nachzügler eines vom Sturm zersprengten Geleitzugs. Er schoß drei Torpedos in die Gruppe und versenkte den holländischen 4700-Tonnen-Frachter *Tuva.*
- Wilhelm Dommes versenkte mit *U431* den britischen 3200-Tonnen-Frachter *Hatasu.*

Auf dem Weg zur Gruppe Mordbrenner vor Grönland stieß das in Deutschland ausgelaufene neue U-Boot *U502* vom Typ IXC unter dem 28jährigen Jürgen von Rosenstiel auf eine fette, alleinfahrende Beute. Es handelte sich um das norwegische Walfangmutterschiff *Svend Foyn* mit 15000 BRT, das zu einem Tanker umgebaut worden war. Das Schiff hatte 220 Passagiere an Bord und war mit 20000 Tonnen Erdöl und 10 (!) zerlegten B-24 Liberator-Bombern auf dem Hauptdeck schwer beladen. Es war mit dem Geleitzug Halifax 152 gefahren, der von einer amerikanischen Sicherungsgruppe eskortiert wurde. Doch der Geleitzug war am 1. Oktober in stürmisches Wetter geraten, die Ladung der *Svend Foyn* hatte sich verschoben, und sie hatte mehrere Stunden lang beidrehen müssen. Bei diesem Aufenthalt war der Geleitzug ohne sie weitergefahren.

Am Nachmittag des 7. Oktober erspähte Rosenstiel mit *U502* die *Svend Foyn* und schoß zwei Torpedos ab. Einer ging fehl, doch der andere traf die Steuerbordseite des

Schiffs und riß ein Loch von 21 Metern Länge und 12 Metern Breite. Als Rosenstiel gut einen Kilometer achtern auftauchte, um den Schaden zu begutachten, eröffnete die *Svend Foyn* mit ihrem 4-Zoll-Geschütz und Maschinengewehren das Feuer und zwang das U-Boot zum Tauchen, was einen zweiten Angriff vereitelte. Das Innere des Schiffes war schwer beschädigt, aber die Crew ließ 7500 Tonnen Erdöl ab und brachte das angeschlagene Schiff durch eine seemännische Meisterleistung sechs Tage später nach Island.

Nach der Meldung, daß die Svend *Foyn* torpediert worden sei, ordnete der Kommandeur der amerikanischen Sicherungsgruppe des Geleitzugs Halifax 152 Zickzackkurs bis zum MOMP an, wo eine britische Sicherungsgruppe wartete. Beim Zacken in der Dämmerung verpaßten einige Schiffe des Geleitzuges die Wendezeichen. Infolgedessen wurde »der Geleitzug«, wie der Kommandeur später schrieb, »vollkommen zersprengt«. Der kunterbunt durcheinandergewürfelte Haufen, den er den wartenden Briten übergab, war kein schöner Anblick; doch alle Schiffe erreichten schließlich ihre Bestimmungshäfen.

Um dieselbe Zeit unterlief den Briten ein ähnlicher Patzer. Wegen eines schweren Sturms mußte der schnelle Geleitzug Outbound North 22 drei Tage lang ohne Hilfe der Sterne oder der Sonne navigieren und war aufs Koppeln angewiesen. In der Folge kam er am 7. Oktober 28 Kilometer nördlich des Treffpunktes an, und die Amerikaner konnten ihn nicht finden. Die meisten der 22 Schiffe des Geleitzugs fuhren weiter und zerstreuten sich – glücklicherweise ohne Verluste.

In der Zwischenzeit bildete die Gruppe Mordbrenner einen Streifen in der »Luftlücke«, die südöstlich von Grönland verlief. Als erste trafen drei der vier neuen Boote aus Deutschland ein. Schon bald stieß aus Frankreich Ritterkreuzträger Heinrich Bleichrodt mit *U109* vom Typ IXB zu ihnen; er hatte in den vier Monaten seines neuen Kommandos noch kein Schiff versenkt. Die nächsten dem Rudel zugeteilten Boote aus Frankreich, *U553* unter Karl Thurmann und *U568* unter Joachim Preuß, verspäteten sich um vier Tage. Weitere sechs Boote aus Frankreich, darunter auch Mengersens *U101*, das nach der Reparatur losgefahren war, sollten Mitte des Monats zu Mordbrenner stoßen; damit waren es insgesamt 13 Boote.

Im Nordatlantik drängten sich geradezu die Geleitzüge: drei nach den Britischen Inseln einlaufende und zwei auslaufende Konvois. Da die Briten durch Ultra wußten, daß sich die Gruppe Mordbrenner südöstlich von Grönland formierte, lenkten sie alle fünf Geleitzüge weit im Süden an den drei Booten vorbei, die bereits in Stellung gegangen waren. Doch die Entzifferer im Bletchley Park »verloren« am 12. und 13. Oktober den Marineschlüssel, und der Submarine Tracking Room der Admiralität mußte sich bezüglich der exakten Position des noch fehlenden vierten Bootes aus Deutschland (*U502*) und der acht aus Frankreich heranlaufenden Boote mit Vermutungen begnügen.

In den frühen Morgenstunden des 15. Oktober stieß Thurmann mit *U553* auf einen der fünf Geleitzüge. Der Slow Convoy 48 war mit 50 Schiffen und einer kanadischen Sicherungsgruppe unterwegs. Sie bestand aus dem ehemals amerikanischen Glattdeck-Zerstörer *Columbia* und sieben Korvetten (fünf kanadischen, einer britischen und einer frei-französischen). Mehrere Tage nach dem Auslaufen war der Geleitzug in einen Sturm geraten, und etwa elf Handelsschiffe hinkten hinterher. Die kanadische Korvette *Shediac*, die ihr Funkgerät nicht einwandfrei eingestellt hatte, war von ihnen getrennt worden und verschollen. Der Zerstörer *Columbia* und zwei andere Korvetten versuchten, die Nachzügler aufzuspüren, so daß bei der Hauptmasse des Geleitzuges nur noch vier Korvetten verblieben.

Thurmann setzte eine Fühlungshaltermeldung ab und griff an. Er verfehlte seine Hauptziele, meldete aber, seine Torpedos hätten zwei Schiffe mit 11 000 BRT und möglicherweise ein drittes mit 4 000 BRT versenkt. Nach dem Krieg wurde die Versenkung von zwei Schiffen mit 6 000 BRT bestätigt. Nach Eingang von Thurmanns Meldung befahl ihm Dönitz, die Fühlung zu halten, und führte neun der Boote heran, die zu der Gruppe Mordbrenner nach Grönland unterwegs waren – das neue aus Deutschland kommende *U502* und die acht erfahrenen Boote aus Frankreich.

Während Thurmann am 15. Oktober die Fühlung hielt und die neun anderen Boote mit seinen Peilzeichen heranführte, hatten die Briten den Marineschlüssel wieder geknackt. Sie erkannten, daß ein größerer U-Boot-Angriff auf Slow Convoy 48 bevorstand. Sie schickten von Island aus Catalinas, und sie befahlen zahlreichen in der Nähe befindlichen amerikanischen und britischen Überwasserschiffen – darunter auch Sicherungsgruppen von anderen nicht gefährdeten Geleitzügen –, die kanadische Eskorte zu verstärken. In der Zwischenzeit waren der Zerstörer *Columbia* und die beiden Korvetten wieder zum Geleitzug gestoßen. Am späten Nachmittag sichtete der Zerstörer *U553* und griff an. Thurmann schoß zwei Torpedos auf die *Columbia*, aber er traf nicht.

Am selben Abend schlossen mehrere Boote zu Thurmanns Peilzeichen auf. Auf dem Anmarsch stieß *U558* unter Günther Krech, einem ehemaliger Piloten der Luftwaffe, der als Erster Wachoffizier auf Schepkes berühmtem Boot *U100* gedient hatte, auf den alleinfahrenden kanadischen 9 500-Tonnen-Frachter *Vancouver Island* (die ehemals deutsche *Weser*) und versenkte ihn. Joachim Preuß fand den Geleitzug selbst und versenkte mit *U568* einen britischen 6 000-Tonnen-Frachter. Die erstklassige britische Korvette *Gladiolus*, der drei U-Boot-Versenkungen (*U26*, *U556* und fälschlicherweise *U65*) voll oder zum Teil gutgeschrieben waren, ging zum Gegenangriff über und vertrieb Preuß.

Die Überwasserverstärkung traf am 16. Oktober ein. Als erste kamen fünf amerikanische Zerstörer, die Halifax 151 zum MOMP begleitet hatten und mit dem schnellen Geleitzug Outbound North 24 auf dem Rückweg nach Kanada gewesen waren. Darauf folgten zwei britische Zerstörer von dem nach Osten fahrenden Truppenkonvoi TA.14. Als letzte kamen zwei der sechs britischen Korvetten von dem langsamen Geleitzug Outbound North 25 und eine Korvette des freien Frankreich aus Island. Zusammen mit der zersprengten kanadischen Gruppe waren damit 18 Geleitfahrzeuge versammelt (acht Zerstörer, zehn Korvetten) – der weitaus stärkste Schutz, der je einem Geleitzug im Nordatlantik gewährt wurde.

Der ranghöchste Offizier der Geleitfahrzeuge, der Kapitän der US Navy und Kommandeur der Destroyer Squadron 13, Leo H. Thebaud, übernahm die taktische Führung. Über einige amerikanische Schiffskommandanten und die Ausrüstung ihrer Fahrzeuge war er nicht gerade erfreut. Wie er später schrieb, war von den fünf bislang in Dienst gestellten neuen Zerstörern nur einer ordentlich erprobt, nur einer hatte jemals mit dem Hauptgeschütz gefeuert und einige hatten nicht einmal mit den Maschinengewehren geschossen. Vier seiner Kommandanten hatten ein beachtliches Alter und einen hohen Offiziersrang, aber sie hatten keine Erfahrung mit Zerstörern und

»ihre Fähigkeiten in der Schiffsführung sowie ihre Unsicherheit beim Befehlen wirkten auf ihre Besatzungen sicher alles andere als ermutigend«. »In dieser Verfassung wurden diese prächtigen Schiffe zum Sicherungsdienst im nordatlantischen Winter auf See geschickt, um sich mit ihrer Unwissenheit und mangelhaften Ausbildung feindlichen U-Boot-Fahrern entgegenzustellen, die über zwei Jahre Kriegserfahrung verfügten.«*

Die herangekommenen U-Boote griffen den Geleitzug in der Nacht vom 16. auf den 17. Oktober bei tiefster Dunkelkeit ein zweites Mal an. Bei seinem zweiten Angriff verschoß Thurmann mit *U553* alle Torpedos. Er meldete die Versenkung eines panamesischen 6600-Tonnen-Frachters und eines Zerstörers, den er jedoch verfehlt hatte. Günther Krech versenkte mit *U558* den britischen 9600-Tonnen-Tanker *W. C. Teagle* und den norwegischen 6600-Tonnen-Tanker *Erviken* sowie vermutlich einen weiteren norwegischen 1400-Tonnen-Frachter. Heinz-Otto Schulze versenkte mit *U432* den norwegischen 9700-Tonnen-Tanker *Barfonn* und einen griechischen 5300-Tonnen-Frachter, verfehlte aber zwei weitere Frachter. Schultze schilderte seinen Treffer an der *Barfonn*, die mit Flugbenzin beladen war:

> *Eine gewaltige Stichflamme brach aus dem Geleitzug empor und wurde zu einem Flammenmeer, das sich donnernd wie ein vorüberfahrender Schnellzug über dem Wasser erhob. Die riesige Feuersäule, deren Durchmesser ungefähr der Länge des Schiffes entsprach, aus dessen Tank sie entsprang, schien fast an die Wolkendecke zu stoßen. Der ganze Geleitzug wurde von ihrem Schein beleuchtet.*

In diesem Chaos rasten die Geleitfahrzeuge hin und her, warfen Wasserbomben und schossen Leuchtgranaten. Ein Torpedo von Schultzes *U432* oder von Krechs *U558* traf die wackere Korvette *Gladiolus*, sie explodierte und sank mit der gesamten Besatzung. Preuß, der bereits im August die britische Korvette *Picotee* versenkt hatte, schoß mit *U568* gezielt auf einen »feindlichen« Zerstörer, der fast gestoppt hatte, um den Zusammenstoß mit einer Korvette zu vermeiden. Er traf.

Der »feindliche« Zerstörer war der neue, stabil gebaute amerikanische Zerstörer *Kearny*, der von dem 42jährigen Anthony L. Danis befehligt wurde. Der Torpedo traf die *Kearny* auf der Steuerbordseite. Er verursachte gewaltigen Schaden, tötete 11 Mann und verletzte 22. Dies waren die ersten amerikanischen Opfer des Seekriegs im Nordatlantik. Danis, seinem Chefingenieur Robert J. Esslinger und anderen gelang es jedoch, den Schaden unter Kontrolle zu bringen** und die *Kearny* mit einer Geschwindigkeit von zehn Knoten aus der Gefahrenzone zu manövrieren. Anschließend eskortierte die *Greer* die *Kearny* nach Island, wo die Mechaniker auf dem Mutterschiff *Vulcan* das Heck wieder zusammenflickten.

---

* Stark und King ordneten an, ältere Zerstörerkommandanten mit anderen Aufgaben zu betrauen. Das Durchschnittsalter der Squadron Commanders (Geschwaderkommandeure) sollte auf 45 Jahre gedrückt werden, das der Divisionskommandeure auf 43 und das der Schiffskommandanten auf 41 oder weniger. Der 51jährige Thebaud wurde schon bald von dem 47jährigen John B. Heffernan abgelöst.

** Für die Rettung des Schiffs wurden Danis, Esslinger und der Chefmaschinist Aucie McDaniel mit dem Navy Cross ausgezeichnet, der höchsten Auszeichnung der Navy, über der lediglich die Medal of Honor stand.

Am folgenden Tag, dem 17. Oktober, stieß die britische Escort Group 3, die aus vier Zerstörern und mehreren Korvetten und Trawlern bestand, zu Slow Convoy 48; gleichzeitig übernahmen Catalinas aus Island die Luftsicherung. Die U-Boote blieben am Geleitzug, obwohl sie immer wieder vor Flugzeugen tauchen mußten, doch sie konnten den dichten Schirm von Geleitfahrzeugen nicht mehr durchdringen. Die britische Korvette *Veronica* führte fünf Wasserbombenangriffe durch und meldete einen Erfolg, aber bei diesem Gefecht wurde kein U-Boot versenkt. Eine Catalina bombardierte Krech mit *U558* und beschädigte das Boot, doch Krech blieb dem Geleitzug trotzdem weitere 24 Stunden auf den Fersen. In der Nacht vom 17. auf den 18. Oktober torpedierte Ernst Mengersen mit *U101* den ehemals amerikanischen Glattdeck-Zerstörer *Broadwater*; das Schiff wurde so schwer beschädigt, daß es aufgegeben und versenkt werden mußte.

Insgesamt wurden bei den Angriffen auf Slow Convoy 48 neun von fünfzig Handelsschiffen mit 51 000 BRT definitiv versenkt (darunter drei Tanker). Außerdem sank die Korvette *Gladiolus*, der Zerstörer *Broadwater* wurde tödlich getroffen und der amerikanische Zerstörer *Kearny* schwer beschädigt.

Roosevelt machte sich den Angriff auf die *Kearny* zunutze, um in den USA die Unterstützung der Öffentlichkeit für den amerikanischen Geleitdienst im Nordatlantik zu gewinnen und die Aufhebung des Neutrality Act zu erreichen. In einer kriegerischen Ansprache zum Navy Day am 27. Oktober sagte er, die Vereinigten Staaten hätten immer vermeiden wollen, daß geschossen wird, aber »es wird geschossen« und es ist historisch bewiesen, »wer den ersten Schuß abgefeuert hat«. Obwohl Hitler angeordnet hatte, »Zwischenfälle« mit Schiffen der Vereinigten Staaten zu vermeiden, wurde Joachim Preuß nicht gerügt wegen des Treffers an der *Kearny*. Für frühere Erfolge und den tödlichen Schuß auf den Zerstörer *Broadwater* wurde Ernst Mengersen das Ritterkreuz verliehen*, als er *U101* in die U-Boot-Schule überführte, und er wurde auf einen Posten im Stab befördert.

In den Tagen nach dem Angriff auf Slow Convoy 48 bildete Dönitz drei Gruppen aus den 20 U-Booten im Nordatlantik, die bereits ausgelaufen waren oder neu gerade eintrafen:

- Mordbrenner: Diese Gruppe wurde nie komplett. Drei neue U-Boote aus Deutschland und Bleichrodts *U109* aus Frankreich standen immer noch im vorgesehenen Einsatzgebiet südöstlich von Grönland, hatten jedoch nichts erreicht. Nachdem das OKM von Hitler die Erlaubnis erhalten hatte, schickte Dönitz diese vier Boote nach Westen Richtung Newfoundland, um Geleitzüge auszukundschaften und anzugreifen, die möglicherweise durch die Belle-Isle-Straße nach Nordosten fuhren.

Das waren die ersten U-Boote, die gezielt und offen in »amerikanischen Verteidigungsgewässern« operierten, was bislang aus politischen Gründen vermieden worden war. Die britischen Codeknacker entzifferten den Funkverkehr, in dem der Einsatz befohlen wurde, und die Admiralität teilte den Kanadiern mit, was im Gange war. Alarmiert setzten die Kanadier die größtmögliche Zahl an Luft- und Überwasserpatrouillen zur U-Boot-Abwehr ein. Doch es standen nur wenige Flugzeuge und

---

* Zusätzlich zur Broadwater hatte Mengersen mit dem Einbaum *U18* ein Schiff und mit *U101* neun Schiffe versenkt, insgesamt also zehn bestätigte Versenkungen mit 54 000 Tonnen erzielt.

Schiffe zur Verfügung, die Besatzungen waren unerfahren, und das Wetter war für die Luftaufklärung ungünstig.

- Reißewolf: Dieses Rudel bestand aus dem neuen Boot *U502* aus Deutschland und den sieben alten Booten aus Frankreich, die allesamt den Slow Convoy 48 angegriffen hatten, und es löste die Gruppe Mordbrenner auf einem Streifen südöstlich von Grönland ab. Die britischen Codeknacker erfuhren auch von dieser Formation und lenkten die Geleitzüge entsprechend um.
- Schlagetod: Dieses Rudel bestand aus neun alten Booten, die frisch aus Frankreich in See stachen, und sollte in Gewässern südöstlich des Rudels Reißewolf in Position gehen; der Streifen der U-Boote verlängerte sich dadurch um über 370 Kilometer quer durch das mutmaßliche Gebiet der Geleitzugrouten.

Beim Anmarsch aus Frankreich stieß Horst Uphoff mit *U84*, einem Boot der Gruppe Schlagetod, 650 Kilometer westlich von Irland auf einen Verband, den er als »vier schnelle Schiffe« meldete. Tatsächlich war es eine Formation aus fünf großen und schnellen bewaffneten Passagierschiffen auf dem Weg nach Norden zu den Britischen Inseln, die von dem britischen Zerstörer der Hunt-Klasse *Croome* und den ehemals amerikanischen Küstenschutzschiffen *Sennen* und *Totland* eskortiert wurde. Da Dönitz nicht glaubte, daß die anderen Boote von Schlagetod diese Schiffe erreichen konnten, bevor sie in die Reichweite der Flugzeuge des Coastal Command kamen, gab er Uphoffs Meldung mit der Anweisung weiter, kein Boot der Gruppe solle versuchen, Fühlung aufzunehmen, wenn es nicht gute Aussicht auf Erfolg habe.

Zufällig hatte die *Ranpura*, eins der fünf großen Schiffe, etwa zu diesem Zeitpunkt einen Maschinenschaden und war gezwungen, aus der Formation auszuscheren. Der Kutter *Sennen* ließ sich zurückfallen, um die *Ranpura* zu sichern, und die übrigen Schiffe verringerten ihre Fahrt von 14 auf 11 Knoten. Wegen der Verminderung der Geschwindigkeit konnte *U84* aufschließen und einen Fächer von zwei Torpedos auf eines der Schiffe schießen. Beide Torpedos gingen jedoch fehl und detonierten am Ende ihres Laufs. Als sie die Detonationen hörten, beschleunigten die anderen vier großen Schiffe und die beiden Geleitfahrzeuge erneut auf 14 Knoten und ließen die *Ranpura* und die *Sennen* hinter sich. Uphoffs Hoffnung, einen zweiten Angriff auf die Hauptgruppe zu führen, wurde damit zunichte.

Zu dem Zeitpunkt, als Dönitz an die Gruppe Schlagetod die Fühlungnahme meldete, befand sich Reinhard Hardegen mit *U123* nur etwa 130 Kilometer nordwestlich des Geleitzuges. Hardegen meinte, er habe gute Erfolgsaussichten, verschob seinen Anmarsch nach Grönland, änderte den Kurs und lief mit äußerster Kraft die Peilzeichen von *U84* an. Als die Schiffe beschleunigten und *U84* hinter sich ließen, sagte Dönitz die Operation ab und befahl allen Booten von Schlagetod, ihren Marsch in die Gewässer um Grönland fortzusetzen. Hardegen nahm jedoch das Risiko disziplinarischer Bestrafung auf sich und setzte die Verfolgung fort. Sein Ungehorsam lohnte sich. In den frühen Morgenstunden des 21. Oktober stieß Hardegen auf die vier schnell fahrenden großen Schiffe und die beiden Geleitfahrzeuge. Er manövrierte sich an der Sicherungsgruppe vorbei und hielt auf das dritte und das vierte Schiff zu, um einen Fächer von drei Bugtorpedos auf das dritte Schiff und den Hecktorpedo auf das vierte zu schießen. Ein Geleitfahrzeug kam ihm jedoch in die Quere, und er konnte nur die Bugtorpedos abschießen.

Sein Ziel war der Ozeandampfer von Cunard White Star *Aurania* mit 14000 Tonnen. Ein Torpedo traf und richtete viel Schaden und Verwirrung an. Als die *Aurania* schwere Schlagseite bekam, schwenkte die Besatzung als Vorsichtsmaßnahme die Rettungsboote aus. Ein Boot mit 6 Mann der 250köpfigen Besatzung wurde vorzeitig zu Wasser gelassen und kenterte. Die *Aurania* war jedoch nicht tödlich getroffen; der Kapitän bekam das Schiff unter Kontrolle und entkam mit einer Geschwindigkeit von acht Knoten, während die *Croome* und die *Totland* Wasserbomben warfen. Nach einer vergeblichen Jagd auf die anderen drei großen Schiffe setzte Hardegen eine Positionsmeldung nach Kernével ab und kehrte später zum Ort seines Angriffs zurück, um der *Aurania* den Gnadenschuß zu geben. Dort fand er lediglich ein gekentertes Rettungsboot und einen Überlebenden namens Bertie E. Shaw. Hardegen nahm Shaw an Bord, und dieser ließ Hardegen schlauerweise glauben, die *Aurania* sei gesunken, damit er sie nicht weiter verfolgte.*

Mit der Versenkung der Aurania auf seiner Abschußliste ging Hardegen wieder auf den Westkurs nach Grönland. Etwas später am selben Tag – dem 21. Oktober – machte seine Brückenwache Rauchwolken aus. Sie stammten von dem einlaufenden Geleitzug Sierra Leone 89 mit 20 großen Frachtern und Tankern, gesichert von je drei Zerstörern und Korvetten sowie von Catalinas des Coastal Command, die erst an diesem Tag dazugestoßen waren. Als Hardegen die Fühlungshaltermeldung absetzte, erspähte die Sloop *Wellington* das U-Boot und meldete einer Catalina seine Anwesenheit. Das Flugzeug griff *U123* an und warf vier auf 15 Meter eingestellte 120-Kilogramm-Bomben ab. Sie explodierten nahe am Boot und schüttelten Hardegen und seine Besatzung – wie auch den englischen Gefangenen Shaw – tüchtig durch, ohne jedoch großen Schaden anzurichten. Anschließend durchkämmten drei Sicherungsschiffe das Gebiet und hielten *U123* unter Wasser, bis der Geleitzug in sicherer Entfernung war.

Nach Hardegens Meldung befahl Dönitz der Gruppe Schlagetod, den Geleitzug aufzuspüren und anzugreifen. Noch am selben Abend bekamen Siegfried Rollmann in *U82* und Rolf Mützelburg in *U203* Fühlung. Rollmann schlängelte sich an den Geleitfahrzeugen vorbei und versenkte durch Torpedos zwei britische Frachter. Die mit 6700 Tonnen Eisenerz beladene *Treverbyn* sank sofort mit Mann und Maus. Im Schein der Leuchtgranaten sichtete die Sloop *Wellington* ein U-Boot und lief darauf zu, um es zu rammen und unter Feuer zu nehmen; doch ihr Geschütz versagte, und das U-Boot wich aus und tauchte. Die *Wellington* warf Wasserbomben. Keine traf ihr Ziel, aber immerhin verhinderten sie weitere U-Boot-Angriffe.

Am nächsten Tag, dem 22. Oktober, sicherte das Coastal Command den gesamten Luftraum über Sierra Leone 89 mit Whitleys und Sunderlands sowie mit einem der wenigen kostbaren B-24-Liberator-Bomber der Squadron 120. Die gute Luftsicherung hielt sowohl die Boote der Gruppe Schlagetod als auch zwei Condor-Maschinen von Angriffen ab. Die britischen Flugzeuge führten fünf Angriffe auf U-Boote durch. Doch ihre Spreng- und Wasserbomben zündeten nicht oder zum falschen Zeitpunkt oder gingen weit entfernt von ihren Zielen nieder. In dem, wie es hieß, »ersten« Angriff einer B-24 Liberator auf ein U-Boot warf der Pilot vier 200-Kilogramm-Wasserbomben ab, die auf 15 Meter Tiefe eingestellt waren. Eine war ein Fehlzünder, aber

* Ein Bericht über Shaws Rettung durch Hardegen wurde als Beispiel für die Humanität der Deutschen zur Verteidigung von Dönitz in Nürnberg vorbereitet, aber nicht vorgelegt.

drei detonierten und erschütterten zweifellos das Boot. Trotzdem wurde weder durch diesen noch durch die anderen Luftangriffe ein U-Boot versenkt.

Angesichts der starken Luft- und Überwassereskorte und weil ein Sturm ausbrach, entschloß sich Dönitz zum Abbruch der Jagd. Nachdem die Gruppe Schlagetod mehrere Tage lang die großen, schnellen und bewaffneten Handelsschiffe und den Geleitzug Sierra Leone 89 mit wenig Erfolg gejagt hatte, nahm sie am Ende wieder Kurs auf Nordwest nach Grönland. Die Jagd hatte viel Treibstoff gekostet. Nur Hardegen in seinem Typ IXB *U123* hatte noch genügend Dieselöl, um eine effektive Feindfahrt durchzuführen.

»Wir sind im Krieg«

In der letzten Oktoberwoche fingen U-Boote in mehreren Gebieten des Nordatlantik Geleitzüge ab. Die erste Meldung kam von Eitel-Friedrich Kentrats kampferprobtem Boot *U74* auf dem Weg in die Gewässer um Grönland. Kurz nach dem Auslaufen aus Frankreich am Morgen des 27. Oktober meldete Kentrat den schnellen Geleitzug Outbound North 28, etwa 1 000 Kilometer westlich von Irland. Da der Geleitzug eindeutig in Richtung des allmählich kleiner werdenden Rudels Reißewolf unterwegs war, befahl Dönitz Kentrat, mit dem Angriff zu warten und Fühlung zu halten, während er die fünf verbliebenen Boote der Gruppe Reißewolf in Stellung brachte. Dönitz war jedoch alles andere als optimistisch. Das Wetter war schlecht, und zwei der Reißewolf-Boote hatten nur noch sehr wenig Treibstoff.

Das alte Typ-IXB-Boot *U106*, das mit vollen Treibstofftanks in Frankreich auslief, schloß sich der Jagd an. Es fuhr unter dem 27jährigen Hermann Rasch, der den Ritterkreuzträger Jürgen Oesten als Kommandant des Bootes abgelöst hatte; Oesten wiederum war zum Kommandeur der 9. U-Flottille in Brest befördert worden. Eine schauerliche und beängstigende Episode hatte sich kurz nach Auslaufen auf *U106* ereignet. Das Boot war in einen schweren Sturm geraten, und eine riesige Welle war von achtern über die Brücke hereingebrochen und hatte alle vier Mann der Brückenwache ins Meer gespült. *U106* fuhr beinahe eine Stunde blind weiter, bis das Unglück endlich bemerkt wurde. Rasch machte kehrt und suchte nach seinen Männern, fand jedoch keine Spur von ihnen. Als Folge dieses Unglücks mußte Rasch selbst anstelle des verlorenen Wachoffiziers Wachdienst auf der Brücke machen, womit er einer hohen zusätzlichen Belastung ausgesetzt war.

Kentrat folgte dem Geleitzug Outbound North 28 und wagte mit *U74* eine bemerkenswerte Verfolgungsjagd von 1 800 Kilometern quer über den Nordatlantik. Anhand seiner fortlaufenden Meldungen und Peilzeichen verlegte Dönitz die Gruppe Reißewolf, um den Geleitzug abzufangen. Vier U-Boote der Gruppe, darunter auch das erst kürzlich dazugestoßene *U106*, bekamen Fühlung. Als Dönitz aber endlich den Angriff freigab, vertrieb eine starke Sicherungsgruppe amerikanischer Zerstörer alle Boote außer *U106* unter Rasch.

Rasch begann seinen Angriff etwa 900 Kilometer östlich von Newfoundland in den nebligen Frühstunden das 30. Oktober. Er wählte zwei große Tanker aus, die im Ballast fuhren, und schoß auf jeden zwei Bugtorpedos. Den einen Tanker verfehlte er, den anderen aber traf er mit beiden Torpedos. Sein Opfer war der alte, 1921 gebaute

9000-Tonnen-Flottentanker *Salinas* der US Navy. Rasch meinte – und meldete –, der Tanker sei explodiert und gesunken, aber dies war ein Irrtum. Die *Salinas* wurde schwer beschädigt, doch ihr Kapitän Harley F. Cope und seine Besatzung hielten sie über Wasser* und brachten sie schließlich, eskortiert von dem Glattdeck-Zerstörer *Du Pont*, nach Argentia. Wie Rasch in seinem Kriegstagebuch berichtet, belegten die amerikanischen Zerstörer *U106* nach seinem Angriff neun Stunden lang mit Wasserbomben, wobei sie einigen Schaden anrichteten und einen Wassereinbruch im Heck des Bootes verursachten. Ein zweiter Angriff auf den Geleitzug war damit vereitelt.

Die anstrengende Jagd auf den Geleitzug Outbound North 28 bedeutete das Ende für die Operationen der Gruppe Reißewolf. Drei Boote (*U73*, *U502* und *U568*) hatten nur noch wenig Treibstoff und drehten nach Frankreich ab. Die beiden Boote *U77* und *U751* blieben auf ihrer Position südöstlich von Grönland und sollten den Grundstock für das neue Rudel Stoßtrupp bilden. Kentrat in *U74* und Rasch in *U106* setzten die Verfolgung des Geleitzuges nach Westen bis in die Gewässer vor Newfoundland fort, um die vier U-Boote der Gruppe Mordbrenner heranzuführen, die vor der Mündung der Belle-Isle-Straße patrouilliert hatten. Doch der Versuch scheiterte. In dem Geleitzug Outbound North 28 war nur der amerikanische Tanker *Salinas* torpediert, aber gerettet worden.

Etwa zur selben Zeit erreichten die neun Boote der Gruppe Schlagetod, die wegen der Jagd auf die bewaffneten Hilfskreuzer und den Geleitzug Sierra Leone 89 ihren Kurs geändert hatten, kanadische Gewässer und bildeten nordöstlich von Newfoundland einen Aufklärungsstreifen. Vier der neun Boote hatten kaum noch Treibstoff und konnten nur wenige Tage im Operationsgebiet bleiben. Hardegens Boot *U123* vom Typ IXB wurde herausgelöst und vor die Belle-Isle-Straße geschickt, um nach Geleitzügen Ausschau zu halten. Er löste die Gruppe Mordbrenner ab, die in dem vergeblichen Versuch, Outbound North 28 in den Zufahrten nach Newfoundland aufzuspüren, nach Süden gefahren war. Mit Hardegens Ankunft erhöhte sich die Zahl der U-Boote in den Gewässern um Newfoundland auf sieben, aber drei der vier U-Boote aus der Gruppe Mordbrenner hatten nur noch wenig Treibstoff, und das vierte, *U109* unter dem Ritterkreuzträger Bleichrodt, wurde erneut von technischen Problemen geplagt.

Die neue Gruppe Stoßtrupp, die südöstlich von Grönland die Gruppe Reißewolf ablöste, sollte ursprünglich aus acht U-Booten bestehen. Zwei Boote waren noch von der Gruppe Reißewolf übrig, drei Boote hatten von Deutschland aus ihre Jungfernfahrt angetreten, und drei, allesamt von Ritterkreuzträgern befehligte Boote, kamen neu überholt aus Frankreich: *U96* unter Heinrich Lehmann-Willenbrock, *U552* unter Erich Topp und *U567* unter Engelbert Endraß, der in Frankreich den ursprünglichen Kommandanten des U-Boots abgelöst hatte.

Die Gruppe Stoßtrupp erwies sich jedoch als Totgeburt. Bei der Ankunft in dem zugeteilten Planquadrat in den frühen Morgenstunden des 31. Oktober sichtete Erich Topp in *U552* einen schnellen, nach Osten fahrenden Geleitzug. Halifax 156 bestand

* Cope, seinem Ersten Offizier Ashton B. Smith und zwei weiteren Männern wurde für die Rettung des Schiffs das Navy Cross verliehen. Admiral King kritisierte, daß so hohe Auszeichnungen nur für die Rettung eines Schiffes – ohne jeden Schaden beim Feind – unangemessen seien; daraufhin wurden sie entsprechend eingeschränkt.

aus 44 Schiffen und wurde von fünf amerikanischen Zerstörern eskortiert. Topp griff einen Zerstörer mit zwei Torpedos an und setzte gleichzeitig eine Fühlungshaltermeldung ab.

Sein Ziel war der Glattdeck-Zerstörer *Reuben James* unter dem Kommando von Heywood L. Edwards. Ein Torpedo traf die *»Rube«* an der Backbordseite und zerriß sie in zwei Teile. Der Bug explodierte und sank sofort; das Heck hielt sich noch fünf Minuten über Wasser. Die übrigen vier amerikanischen Zerstörer *Benson*, *Hilary P. Jones*, *Niblack* und *Tarbell* retteten 45 Mann der 160köpfigen Besatzung aus den ölbedeckten Wogen. 115 Mann, darunter der Kommandant und alle Offiziere, blieben verschollen.

Die *Reuben James* war das erste Schiff der US Navy, das im Zweiten Weltkrieg von feindlichen Kräften versenkt wurde. Der Chief of Naval Operations (Chef der operativen Führung) Harold R. Stark sagte: »Ob das Land es wahrhaben will oder nicht, wir sind im Krieg.« Der Folksänger Woody Guthrie gedachte in einer Ballade der Versenkung. Präsident Roosevelt machte sich den Verlust des Schiffs zunutze, um weitere Gefolgsleute für seine Intervention im Atlantik und für die Aufhebung des Neutrality Act zu mobilisieren. Der Kongreß reagierte rasch, aber zurückhaltend auf die vorgeschlagenen Gesetze und verabschiedete nach einer heftigen Debatte mehrere Ergänzungen zum Neutrality Act, die Roosevelt vorerst zufriedenstellten.*

Topp hielt die Fühlung zu Halifax 156, aber nur zwei andere Boote waren in der Nähe: Lehmann-Willenbrock mit *U96* und Endraß mit *U567*. Am Morgen des 1. November führten Topp und Endraß einen zweiten Angriff auf den Geleitzug durch, aber sie verfehlten ihre Ziele. Eine britische Sicherungsgruppe, zu der auch der ehemals amerikanische Glattdeck-Zerstörer *Buxton* und der Zerstörer *Wolverine* zählten, kam am selben Morgen heran, um den Geleitzug von den Amerikanern zu übernehmen. Die *Buxton* meldete, ein oder zwei U-Boote hätten Torpedos auf sie abgeschossen, aber sie sei ausgewichen und mit 16 Wasserbomben zum Gegenangriff übergegangen; dann habe sie den Sonarkontakt verloren. Topp und Endraß setzten die Verfolgung unbeschädigt fort, und Dönitz schickte mehrere Condor-Maschinen aus, doch die britischen Luft- und Überwassereskorten vereitelten weitere Angriffe auf den Geleitzug.

In der Zwischenzeit war Lehmann-Willenbrock mit *U96*, der auf Topps Fühlungshaltermeldung reagiert hatte, auf einen anderen Geleitzug gestoßen: Outbound South 10 auf dem Weg nach Sierra Leone. Er verfogte ihn nach Süden und führte andere U-Boote der Gruppe Stoßtrupp heran. Da Topp, Endraß, Lehmann-Willenbrock und andere Boote der Gruppe Stoßtrupp Geleitzüge in entgegengesetzter Richtung verfolgten, verzichtete Dönitz darauf, die Gruppe Stoßtrupp zu bilden, und schickte die beiden übrigen Boote der Gruppe Reißewolf, *U77* und *U751,* zu der Gruppe Schlage-

* Die immer noch nachklingende isolationistische Stimmung spiegelt sich in den Abstimmungsergebnissen wieder: im Senat am 7. November 50 Ja-Stimmen gegen 37 Nein-Stimmen; am 13. November im Repräsentantenhaus 259 zu 138. Präsident Roosevelt unterzeichnete am 17. November das Gesetz. Die Zusatzbestimmungen gestatteten es den Vereinigten Staaten, Handelsschiffe zu bewaffnen und »kriegführende« Häfen anzulaufen, also die Häfen der Britischen Inseln und der Dominions. Geschützbedienungen der US Navy, die unter dem Namen »Armed Guard« (Bewaffnete Garde) bekannt wurden, sollten die Geschütze auf den Handelsschiffen bemannen.

tod im Nordosten von Newfoundland, und taufte die Gruppe Schlagetod zur allgemeinen Verwirrung in Raubritter um.

Bis Ende Oktober hatten die vier Boote der Gruppe Mordbrenner, die als erste in »amerikanischen Gewässern« patrouillierte, nichts erreicht. Sie tappte, von britischen Codeknackern umgangen und von unerfahrenen kanadischen Fliegern belästigt, im Nebel herum, und kein einziges Boot hatte ein Schiff versenkt. Auf Befehl von Kernével hin war das Rudel nach Süden marschiert, um Outbound North 28 abzufangen. Doch kein Boot der Gruppe Mordbrenner hatte den Geleitzug entdeckt. Zwei Typ-VII-Boote, die nur noch bedenklich wenig Treibstoff hatten, mußten den Einsatz abbrechen und nach Frankreich zurückkehren. Ritterkreuzträger Heinrich Bleichrodt, der auf *U109* mit technischen Problemen zu kämpfen hatte, mußte sich zu Reparaturen aufs offene Meer zurückziehen. Der 26jährige Alfred Schlieper versenkte mit dem neuen Typ-VII-Boot *U208* auf dem Rückmarsch einen britischen 3 900-Tonnen-Frachter. Als Bleichrodt meldete, *U109* könne nicht vollständig repariert werden, wurde er zur Sicherung von Blockadebrechern eingeteilt.

Am 31. Oktober stand also nur noch ein U-Boot der Gruppe Mordbrenner in den Gewässern um Newfoundland: das neue Boot *U374* vom Typ VIIC unter Unno von Fischel. Der 25jährige Fischel war der Sohn eines U-Boot-Kommandanten des Ersten Weltkriegs, der inzwischen Admiral der Kriegsmarine war. Er hatte vor 33 Tagen in Kiel seine Jungfernfahrt angetreten und verfügte ebenfalls nur noch über wenig Treibstoff. Die glücklose Jagd nach Outbound North 28 hatte ihn auf eine Position etwa 90 Kilometer südöstlich von Kap Race in Newfoundland geführt. Dort sichtete und torpedierte er, obwohl er sich bereits auf den Rückmarsch nach Frankreich vorbereitete, den einzeln fahrenden britischen 5 100-Tonnen-Frachter *King Malcolm.* Der Frachter sank innerhalb von 30 Sekunden.

Offensichtlich ging das Schiff unter, bevor es Alarm funken konnte, denn nur wenige Stunden später fuhr ein großer nach Osten fahrender Geleitzug *U374* genau vor den Bug. Der Slow Convoy 52 mit 36 Schiffen war am 29. Oktober in Sydney in Nova Scotia ausgelaufen und hatte neun kanadische Kriegsschiffe als Sicherungsgruppe dabei. Nach Umrundung von Kap Race – dem südöstlichsten Punkt Newfoundlands – hatte die Admiralität ihn nach Norden umgelenkt, um den U-Booten auszuweichen, die Outbound North 28 verfolgt hatten. Durch diese Umleitung lief der Geleitzug jedoch genau auf die Gruppe Raubritter (vormals Schlagetod) und – durch einen weiteren Zufall – auf Fischels *U374* zu.

Nachdem Fischel den Geleitzug am 1. November gemeldet hatte, befahl ihm Dönitz, am Feind zu bleiben und mit dem Angriff zu warten, bis die acht U-Boote der Gruppe Raubritter und alle verfügbaren Boote in den Gewässern um Newfoundland herangeführt waren. Zu den anderen Booten zählten *U74* unter Kentrat und *U106* unter Rasch, die den Geleitzug Outbound North 28 gejagt hatten, sowie *U123* mit Hardegen, das von der Gruppe Raubritter abgestellt worden war, um die Belle-Isle-Straße auszukundschaften. Insgesamt hatte Dönitz zwölf U-Boote auf Slow Convoy 52 angesetzt, das fühlunghaltende *U374* mitgerechnet. Vier der acht Boote der Gruppe Raubritter und *U374* hatten jedoch so wenig Treibstoff, daß sie die Verfolgung nur noch ein oder zwei Tage durchhalten konnten.

Am 2. November hielt Fischel mit *U374* bei dichtem Nebel Fühlung und wagte einen Angriff. Er wurde von der kanadischen Korvette *Buctouche* abgewehrt, die ihn vertrieb und unter Wasser zwang. Die *Buctouche* warf sechs Wasserbomben ab, die jedoch kaum Schaden anrichteten. Fischels Hauptsorge war der Treibstoffmangel. Um Öl zu sparen, legte er das Boot in 91 Meter Tiefe auf Grund und rührte sich nicht. Später tauchte er auf und nahm Kurs auf Frankreich.

Die Gruppe Raubritter und Hardegen eilten nach Süden, um Slow Convoy 52 abzufangen. Am Spätnachmittag des 2. November sichtete Hardegen den Geleitzug und meldete seine Position. Er hielt neun Stunden lang Fühlung, griff jedoch nicht an – ein seltsames und unerklärliches Versäumnis, für das er später gerügt wurde. Jedoch brachten seine Meldungen und Peilzeichen mehrere Boote von Raubritter in den frühen Morgenstunden des 3. November in Schußposition. Hans-Heinz Linder versenkte mit *U202* zwei Schiffe mit 6600 BRT, und Hans-Peter Hinsch versenkte mit *U569* eines mit 3300 BRT. Später am selben Tag versenkte Rolf Mützelburg mit *U203* zwei weitere Schiffe mit 10500 BRT. Dann verhinderte ein Geleitfahrzeug einen zweiten Angriff, indem es ihn mit Wasserbomben belegte. Auf der Flucht vor den U-Booten liefen im Nebel zwei Schiffe des Geleitzuges auf Grund, aber sie wurden gerettet. Insgesamt hatte Slow Convoy 52 durch die U-Boote fünf Schiffe mit 20400 BRT verloren.

Als die britische Admiralität erkannte, daß sie bei der Umleitung von Slow Convoy 52 nach Norden einen Fehler begangen hatte, traf sie die beispiellose Entscheidung, den Geleitzug aufzulösen. Die verbliebenen 29 zersprengten und verwirrten Schiffe tasteten sich durch die nebelverhangene Belle-Isle-Straße in den St.-Lorenz-Golf und kehrten nach Sydney auf Nova Scotia zurück. Sie fuhren später bei den Geleitzügen Slow Convoy 53 und 54 mit. Die neun kanadischen Geleitfahrzeuge setzten ihren Weg nach Osten fort, um planmäßig einen nach Westen fahrenden Geleitzug zu übernehmen. Es war dies das einzige Mal im Krieg, daß ein ganzer Geleitzug auf der Nordatlantikroute aufgegeben wurde.

Als Kentrat auf Hardegens Peilzeichen zulief, stieß er mit *U74* am 3. November in nebligen Gewässern auf einen nicht identifizierten, auslaufenden Geleitzug. Es war vermutlich ein Halifax-Geleitzug, der mit einer Geschwindigkeit von zehn Knoten nach Osten fuhr. Auf Kentrats Meldung hin befahl Dönitz Horst Uphoff mit *U84* aus der Gruppe Raubritter und den drei (ursprünglich der totgeborenen Gruppe Stoßtrupp zugeteilten) frisch eingetroffenen Booten, Kentrats Peilzeichen zu folgen. Uphoff in *U84* hatte jedoch zu wenig Treibstoff, um diesen Befehl auszuführen, und die anderen drei Boote fanden Kentrat nicht. Er selbst verlor den Geleitzug schon bald im Nebel und nahm Kurs auf Frankreich, weil er bei der hartnäckigen Verfolgung von Outbound North 28 viel Treibstoff verbraucht hatte. Auf dem Heimweg entdeckte er den alleinfahrenden britischen Dampfer *Nottingham* mit 8500 BRT und versenkte ihn.

Nach der Auflösung von Slow Convoy 52 zog Dönitz alle U-Boote aus den fernen Gewässern um Newfoundland ab. Vier U-Boote aus der Gruppe Raubritter fuhren, um Treibstoff zu sparen, mit nur einem Diesel nach Frankreich zurück. Drei davon – Linder mit *U202*, Mützelburg mit *U203* und Hinsch mit *U569* – hatten Schiffe aus Slow Convoy 52 versenkt. Nach seiner Ankunft in Brest wurde Mützelburg das Ritterkreuz verliehen.*

Acht U-Boote mit genügend Treibstoff, darunter Rasch mit dem IXB-Boot *U106*

* In einer Propagandasendung schrieb Berlin Mützelburg die Versenkung von 50000 Tonnen zu. Die bestätigte Tonnage betrug acht Schiffe mit 26086 Tonnen.

und Hardegen mit dem IXB-Boot *U123*, sowie drei neue Typ-VII-Boote aus Deutschland, formierten auf einem Streifen südlich von Grönland die Gruppe Raubritter neu. Der britische Nachrichtendienst konnte die Position der Gruppe genau bestimmen und lenkte die Geleitzüge um. Rasch hatte mit *U106* flüchtigen Kontakt zu einem Geleitfahrzeug (als »Zerstörer« bezeichnet), konnte jedoch nicht angreifen. Auf dem Weg von Frankreich zur Gruppe Raubritter versenkte *U561* unter dem Kommando von Robert Bartels zwei Nachzügler von Slow Convoy 53 mit 8 500 BRT. Von der neu aufgestellten Gruppe Raubritter hingegen spürte kein Boot einen Geleitzug auf. Nach und nach fiel die Gruppe auseinander, weil den U-Booten der Treibstoff ausging. Das berühmte alte Typ-IX-Boot *U38* unter dem Kommando von Heinrich Schuch folgte *U101* nach Deutschland zur U-Boot-Schule.* Schuch hatte seit seiner Übernahme des Bootes von Ritterkreuzträger Heinrich Liebe nur ein Schiff mit 1 700 Tonnen versenkt.

Aufgrund von Befehlen aus Berlin mußte der U-Boot-Krieg auf der Route im Nordatlantik in den ersten Novembertagen abermals abgebrochen werden. Zwanzig U-Boote sollten für Sonderaufgaben eingesetzt werden:

- Acht Boote sollten einen geplanten Ausbruch des Taschen-Schlachtschiffs *Admiral Scheer* in den Nordatlantik unterstützen.
- Sechs Boote sollten ein- oder auslaufende Prisenschiffe, Handelsstörer oder Blokkadebrecher eskortieren.
- Sechs weitere Boote vom Typ VII sollten ins westliche Mittelmeer verlegt werden, um eine angeblich bevorstehende britische Landung in Algerien zu vereiteln.

Dönitz war bestürzt. Die Diversion der U-Boote für diese Sonderaufgaben sei der deutschen Sache sehr schädlich, schrieb er in sein Tagebuch. Dadurch würde der U-Boot-Krieg gegen die Geleitzüge im Nordatlantik und von Gibraltar aus praktisch zum Erliegen kommen. Er flog nach Berlin, um persönlich bei Admiral Raeder zu protestieren, aber er erreichte nur ein geringes organisatorisches Zugeständnis bei den Aufgaben der Sicherungsgruppen, wodurch sich die Zahl der für diesen Zweck angeforderten U-Boote etwas verringerte.

Zu den acht U-Booten, die beim Ausbruch der *Admiral Scheer* helfen sollten, zählten vier Boote, die bereits im Nordmeer patrouillierten, drei frisch aus Deutschland anmarschierte Boote und ein Boot aus Frankreich. Die vier Boote aus dem Nordmeer sollten entlang des äußeren Randes der Eisfelder die Lage auskundschaften und darüber berichten; ferner sollten sie Wettermeldungen senden. Die übrigen vier Boote sollten in der Dänemark-Straße und in den Gewässern um Island patrouillieren, um britische und amerikanische Schiffe der Home Fleet, die versuchten, die *Admiral Scheer* abzufangen, zu melden und anzugreifen.

Die britischen Codeknacker konnten die deutschen Vorbereitungen für den Ausbruch der *Scheer* genau mitverfolgen. Da die Admiralität argwöhnte, das Schwesterschiff der *Bismarck*, das Schlachtschiff *Tirpitz*, könne die *Admiral Scheer* begleiten, legte sie einen raffinierten britisch-amerikanischen Hinterhalt, um beide Schiffe zu versenken, was auch bei der *Bismarck* gelungen war.

Anfang November schickte der Befehlshaber der Home Fleet, Admiral Tovey, sei-

---

* Nach dem Abschied von *U38* war von den Booten, die im Jahr 1939 den Krieg im Atlantik eröffnet hatten, nur noch das Typ-IX-Boot *U43* unter Wolfgang Lüth im Kampfeinsatz.

ne stärksten Schiffe* nach Island und vereinte diese Kräfte mit der amerikanischen Denmark Strait Patrol, den Schlachtschiffen *Idaho* und *Mississippi*, den zwei Schweren Kreuzern *Wichita* und *Tuscaloosa* sowie mehreren Zerstörern als Geleitschutz. Am 5. November fuhr der anglo-amerikanische Verband in die Dänemark-Straße ein, um die Falle aufzustellen. Doch der ganze Aufwand war vergebens. Am 13. November sagte Hitler den Ausbruch der *Scheer* mit der Begründung ab, ihr möglicher Verlust wäre ein nicht hinzunehmender Schlag für das deutsche Ansehen und sie werde für die Verteidigung Norwegens benötigt.

Nachdem der Ausbruch der *Admiral Scheer* abgeblasen worden war, entließ das OKM die vier Boote, die in der Nähe von Island in Reserve gehalten wurden, nicht jedoch die Boote im Nordmeer. Mit zwei der vier entlassenen Boote hatte Dönitz den Grundstock, um den er das kleine Rudel Steuben (sechs Boote) für einen von ihm entworfenen, streng geheimen Sondereinsatz gruppieren wollte: einen neuerlichen – möglicherweise sensationellen – Überfall auf die Schiffahrt der Alliierten in den Gewässern um Newfoundland. Zwei Ritterkreuzträger in Booten vom Typ IX, Wolfgang Lüth in *U43* und Georg Schewe in *U105*, sollten direkt in den Ankerplatz der Geleitzüge und die Eisenerzverladestelle in St. John's beziehungsweise in der Conception Bay in Newfoundland eindringen und Schiffe an ihren Liegeplätzen angreifen. Vier weitere Boote sollten vor der Küste bleiben; sie sollten den anderen im Notfall zu Hilfe kommen und aus der Zerstörung und der Panik, die mit großer Wahrscheinlichkeit auf den Angriff folgen würde, Kapital schlagen.

Diese letzte schwache Offensive gegen die Nordatlantikroute durch U-Boote im November mußte ebenfalls abgeblasen werden. Dönitz bekam einen neuen Befehl aus Berlin, praktisch alle einsatzklaren Typ-VII-Boote der Atlantikflotte ins Mittelmeer zu entsenden, um den Landkrieg in Nordafrika zu unterstützen. Der Befehl beendete die U-Boot-Offensive auf der Nordatlantikroute für längere Zeit.

Im Monat Oktober hatten etwa 900 Schiffe in 20 Geleitzügen den Nordatlantik in ostwestlicher und westöstlicher Richtung überquert. Die vielen U-Boote, die in diesem Gebiet patrouillierten, konnten nur einen einzigen wirkungsvollen Angriff auf den Geleitzug Slow Convoy 48 führen, bei dem sie 9 von 50 Handelsschiffen mit 51 000 BRT versenkten; sie zerstörten zwei britische Geleitfahrzeuge (den Zerstörer *Broadwater* und die Korvette *Gladiolus*) und beschädigten den neuen amerikanischen Zerstörer *Kearny* schwer. Außerdem versenkte Erich Topp mit U552 den amerikanischen Zerstörer *Reuben James* von dem Geleitzug Halifax 156. Fünf weitere U-Boote hatten fünf alleinfahrende Schiffe versenkt, was im Nordatlantik für diesen Monat eine Gesamtausbeute von 17 Schiffen ergeben hatte.

Im November kam der U-Boot-Feldzug im Nordatlantik fast völlig zum Erliegen. Etwa 850 Handelsschiffe überquerten den Ozean. Vor dem Abzug der U-Boote ver-

* Das neue Schlachtschiff *King George V.* und der neue Flottenträger *Victorious*. Die Admiralität hatte das zweite neue Schlachtschiff, die *Prince of Wales*, und den Schlachtkreuzer *Repulse* nach Singapur geschickt. Der neue Flugzeugträger *Indomitable* sollte die Flotte im Fernen Osten verstärken, lief jedoch in der Erprobungsphase in der Karibik vor Jamaika auf Grund und mußte zu langwierigen Werftarbeiten nach Norfolk fahren. Dort war er in Gesellschaft der neuen britischen Träger *Illustrious* und *Formidable*, die ebenfalls in Norfolk lagen. Die *Indomitable* kam nie in Singapur an.

senkten die Deutschen fünf Schiffe aus Slow Convoy 52 und erzwangen seine Umkehr. Später kamen noch zwei Nachzügler von Slow Convoy 53 hinzu, also insgesamt sieben Schiffe mit etwa 29 000 BRT. Zusätzlich versenkten zwei U-Boote zwei alleinfahrende Schiffe mit insgesamt 12 400 BRT. In den ostwärts fahrenden Geleitzügen gab es keine weiteren Verluste durch Feindeinwirkung, aber in Geleitzug Halifax 161 rammte ein norwegischer Frachter den amerikanischen Zerstörer *Du Pont*. Die *Du Pont* überstand den Schaden, doch die Reparaturen in einer Bostoner Werft dauerten zwei Monate. In den zehn auslaufenden Geleitzügen Outbound North gab es keine Verluste, aber heftige Stürme richteten die Schiffe von vier Konvois übel zu und versprengten sie. Viele Fahrzeuge, die nach Westen fuhren, auch der kanadische Zerstörer *St. Laurent* (von Outbound North 33), wurden durch die tobenden Stürme und turmhohen Wellen schwer beschädigt. Am 25. November meldete das Kommando der Western Approaches, von dem Geleitzug Outbound North 37 seien noch 26 Nachzügler unterwegs.

Zusätzlich zu den anderen dringenden Aufgaben im November mußte Admiral King 18 Schiffe seiner Atlantikflotte für eine langwierige Sondermission zur Unterstützung der Briten zur Verfügung stellen – den Transport von etwa 20 000 Soldaten des Commonwealth nach Kapstadt und weiter in den Fernen Osten. Unter der Bezeichnung WS 12 X fuhr dieser Geleitzug aus sechs Truppentransportern der US Navy am 10. November in Halifax los. Gemäß seiner Haltung, für amerikanische wie fremde Truppentransporte die größtmögliche Sicherung aufzubieten, ließ King den Geleitzug WS 12 X mit einer Sicherungsgruppe von elf Kriegsschiffen fahren: dem Träger *Ranger*, den Schweren Kreuzern *Quincy* und *Vincennes* und acht Zerstörern.* Der große Tanker *Cimarron* der Navy wurde mitgenommen, damit die Kriegsschiffe auf See nachtanken konnten.

Im Dezember wiederholte sich auf der Route im Nordatlantik in etwa dasselbe Spiel wie im November. Rund 815 Schiffe überquerten bei scheußlichem Wetter in beiden Richtungen den Nordatlantik. Zwei neue Boote vom Typ IXC, die aus Deutschland anmarschierten, versenkten vier beladene Schiffe: der 35jährige Ernst Kals erwischte mit *U130* drei Dampfer mit 15 000 BRT aus dem Geleitzug Slow Convoy 57, der sich mit einer britischen Sicherungsgruppe den Britischen Inseln näherte; der 37jährige Arend Baumann versenkte mit *U131* einen 4 000 Tonnen schweren Nachzügler aus dem ebenfalls mit einer britischen Sicherungsgruppe fahrenden Geleitzug Halifax 166. Kein anderes U-Boot versenkte ein alleinfahrendes Schiff. Damit gab es seit drei Monaten in Folge keine Verluste mehr bei den Outbound-North-Geleitzügen. Die fürchterlichen Stürme jedoch zersprengten sieben von elf westwärts fahrenden Geleitzügen und beschädigten zahlreiche weitere Fracht- und Geleitfahrzeuge.

Der U-Boot-Krieg im Nordatlantik war somit im letzten Drittel des Jahres 1941 eine Pleite – ein fast vergessener Sieg der Briten und ein schwerer Rückschlag für die Deutschen. In dieser Zeitspanne überquerten etwa 80 Geleitzüge mit etwa 3 700 Schif-

---

* *Mayrant, McDougal, Moffett, Rhind, Rowan, Trippe, Wainwright, Winslow.* Sie sollten allesamt bis nach Neujahr unterwegs sein. Mit den beschädigten Zerstörern *Kearny* und *Du Pont* und der verlorenen *Reuben James* hatte sich die Sicherungsstreitmacht von Admiral Bristol damit im November um elf Zerstörer verringert.

fen den Atlantik in Ost-West-Richtung. Die U-Boote führten auf nur 4 der 80 Geleitzüge wirkungsvolle Angriffe durch, und zwar ausschließlich auf Slow Convoys (oder Sydney-Geleitzüge), die von neuen, unerfahrenen und schlecht ausgerüsteten kanadischen Sicherungsgruppen begleitet wurden: die Geleitzüge SC 42, 44, 48 und 52. Die Deutschen versenkten 42 Handelsschiffe mit etwa 173 800 BRT aus diesen Geleitzügen, außerdem zwölf alleinfahrende Dampfer und Nachzügler mit etwa 60 000 BRT, sowie vier Geleitfahrzeuge: die Korvetten *Levis* und *Gladiolus* und die Zerstörer *Broadwater* und *Reuben James*. Der erste Einfall eines Rudels in amerikanische Verteidigungsgewässer erzwang bei Slow Convoy 52 erstmalig die Umkehr eines Geleitzuges, doch die Mehrzahl der Schiffe lief kurz darauf wieder aus.

Angesichts des großen Aufwands waren dies erschreckend magere Erfolge – himmelweit entfernt von der reichen Ernte an alliiertem Schiffsraum, die knapp die Hälfte der U-Boote im selben Zeitraum des Vorjahres eingefahren hatte. Überdies hatten sich die Beschädigungen an dem amerikanischen Zerstörer *Kearny* und an dem Tanker *Salinas* sowie die Versenkung der *Reuben James* in Wahrheit zum Nachteil der Deutschen ausgewirkt, weil sie es Roosevelt erleichtert hatten, die wichtigen Zusatzbestimmungen zum Neutrality Act durchzusetzen und die Vereinigten Staaten immer stärker in einen offenen Krieg gegen die U-Boote zu verwickeln.

Wegen der Schlappe im Nordatlantik stellten sich Strategen im OKM und nicht wenige Planer in Kernével die Frage, ob der U-Boot-Krieg noch den immensen Aufwand an Männern und Ressourcen Wert war, vor allem angesichts des gewaltigen Aderlasses in dem festgefahrenen Feldzug gegen die Sowjetunion. Dönitz vertrat einmal mehr die Ansicht, daß allein die Anwesenheit von U-Booten im Nordatlantik die Alliierten zwinge, den Geleitverkehr fortzusetzen; schon dadurch würden die britischen Importe reduziert, und die Alliierten müßten zur Abwehr viele Männer und Ressourcen binden, die sonst auf anderen Kriegsschauplätzen eingesetzt werden könnten. Überdies biete eine Feindfahrt im Nordatlantik den neuen Generationen deutscher U-Boot-Fahrer Gefechtserfahrung zu einem bemerkenswert geringen Preis (nur zwei neue U-Boote, *U501* und *U207*, waren im letzten Drittel des Jahres 1941 verlorengegangen). Diese jungen Männer würden die Geschwader neuer U-Boote bemannen, die im Jahr 1942 aus den Fabriken kommen sollten, um Großbritannien im Seekrieg den entscheidenden Schlag zu versetzen.

Feindfahrten vor Westafrika

Im Spätsommer 1941 hatten die Feindfahrten in westafrikanischen Gewässern nur spärliche Erfolge erzielt; kurzfristig standen keine deutschen Versorgungsschiffe zur Verfügung, und die unter spanischer Herrschaft stehenden Kanaren waren den deutschen U-Booten wegen des diplomatischen Drucks der Briten verschlossen. Dennoch war Dönitz der Ansicht, die Fahrten in dieses Gebiet müßten fortgesetzt werden. Die Anwesenheit von U-Booten im Südatlantik zwang die Briten zur Aufstellung von Geleitzügen und zum Abzug von ASW-Kräften von anderen Kriegsschauplätzen. Außerdem wurde der Druck auf die Nachschublinie der Briten um das Kap der Guten Hoffnung nach Ägypten und in den Nahen Osten aufrechterhalten. Folglich liefen im Frühherbst zwei Gruppen zu je vier Booten vom Typ IX in das Gebiet vor Freetown aus.

Die erste Welle erreichte sehr wenig. Dönitz meinte, die britischen Schiffe würden womöglich Schutz in der Verteidigungszone der amerikanischen Hemisphäre suchen, die sich bis in südamerikanische Gewässer erstreckte, und schickte daher zwei der vier U-Boote über die engste Stelle des Südatlantiks nach Brasilien: *U66* unter Richard Zapp und *U111* unter Wilhelm Kleinschmidt, die ersten beiden U-Boote, die südlich des Äquators operierten.* Kleinschmidt versenkte zwei große alleinfahrende Frachter: einen holländischen 5700-Tonner, der mit einer Ladung Flugzeugen nach Ägypten unterwegs war, und einen britischen 8400-Tonner, der mit einer Ladung Roheisen und Mangan auf dem Weg nach England war.** Zapp versenkte mit *U66* über 1100 Kilometer südlich des Äquators den panamesischen 7000-Tonnen-Tanker *I. C. White*. Bei ihren Feindfahrten in dem einst reichen Jagdgebiet vor Freetown wurden Klaus Scholtz in *U108* und der Ritterkreuzträger Günter Kuhnke in *U125* vom britischen Nachrichtendienst und den ASW-Kräften ausgespielt. Beide Boote versenkten kein einziges Schiff.

Die zweite Gruppe mit vier U-Booten hatte – zumindest anfangs – mehr Glück. Auf dem Weg nach Süden entdeckte Dönitz' Schwiegersohn Günter Heßler in *U107* am 21. September vor der afrikanischen Küste den nach Norden fahrenden Geleitzug Sierra Leone 87. Er setzte sich aus elf großen Dampfern und einer schlecht ausgebildeten und ausgerüsteten Sicherungsgruppe unter Führung des früheren amerikanischen Küstenschutzschiffs *Gorleston* zusammen. Aus unerklärlichen Gründen hatten die Geleitfahrzeuge in Freetown nicht vollgetankt, und keines war voll gefechtsbereit.

Heßler meldete den Geleitzug, und Dönitz befahl ihm, Fühlung zu halten, bis er die anderen drei nach Süden fahrenden U-Boote der zweiten Welle heranführen konnte. Als erster traf Karl Friedrich Merten mit *U68* ein, der seine erste Feindfahrt in südatlantische Gewässer machte. In den frühen Morgenstunden des 22. September griffen Heßler und Merten den Geleitzug an. Alle vier Torpedos von Heßler versagten oder gingen fehl. Dann fiel ein Diesel aus, und er war gezwungen, sich zur Reparatur zurückzuziehen. Merten schoß drei Torpedos ab. Er meldete die Versenkung von zwei Schiffen mit 14000 BRT und die Torpedierung von einem 7000-Tonnen-Tanker. In Wahrheit versenkte er kein Schiff, sondern beschädigte lediglich den britischen 5300-Tonnen-Frachter *Silverbelle* schwer.

Die Geleitfahrzeuge schossen Leuchtgranaten und schwirrten aufgeregt umher, aber sie führten keinen organisierten Gegenangriff durch. Drei der fünf Sicherungsschiffe, auch die *Gorleston*, lagen bei der beschädigten *Silverbelle*, deren Besatzung verzweifelt versuchte, die Schäden zu beheben. Die *Gorleston* nahm die *Silverbelle* in Schlepptau und fiel ein gutes Stück hinter den Geleitzug zurück, bis das Western Approaches Command in Derby House ihr und der Korvette *Gardenia* befahl, umgehend wieder zum Geleitzug aufzuschließen. Darauf nahm ein weiteres Geleitfahrzeug, der

* Als ehemaliger Offizier der Handelsmarine hatte Kleinschmidt den Äquator schon zuvor überquert und war also ein »alter Seebär«. Er inszenierte für die Neulinge, die zum erstenmal den Äquator überquerten, einen entsprechend archaischen Initiationsritus, der von einem Seemann im Kostüm des Meergottes Neptun geleitet wurde.

** Kleinschmidt schrieb, er habe die Überlebenden beider Schiffe mit Schokolade, Zigaretten, Streichhölzern und Branntwein versorgt.

kleine frei-französische Minensucher *Commandant Duboc*, die *Silverbelle* ins Schlepptau. Eine Woche später ging der Treibstoff der *Duboc* zur Neige. Sie mußte mit der Besatzung der *Silverbelle* nach Freetown zurückkehren, und das Wrack trieb ziellos auf dem Ozean umher.

Zu Beginn der folgenden Nacht schloß ein drittes, nach Süden fahrendes U-Boot zum Geleitzug auf. Es war *U103* unter dem Kommando des 29jährigen Werner Winter, der seine erste Feindfahrt im Atlantik als Kommandant absolvierte. Nach Einbruch der Dunkelheit fuhr er näher an die Formation heran, schoß fünf Torpedos und meldete die Versenkung von vier Schiffen mit 24000 BRT und die Beschädigung eines weiteren mit 6000 BRT. Tatsächlich hatte er nur zwei große Frachter mit 10600 BRT getroffen und versenkt. Die drei Geleitfahrzeuge, darunter auch die Korvette *Gardenia*, retteten die Überlebenden, führten aber wiederum keine Gegenangriffe durch. Da bei der *Gardenia* der Treibstoff knapp wurde, drehte sie ab, als die *Gorleston* den Geleitzug wieder eingeholt hatte. Es waren also noch drei Geleitfahrzeuge und acht Handelsschiffe übrig.

Merten fuhr in dieser Nacht mit *U68* zu einem zweiten Angriff heran. Wie er später meldete, sichtete er einen angeschossenen Frachter und einen angeschossenen Tanker, nahm jedoch, schneidig wie er war, einen der »Zerstörer« ins Visier. Er zielte und schoß, aber beide Torpedos gingen fehl. Danach entdeckte er, daß seine Batterien zu schwach für eine Tauchfahrt waren. Er mußte den Angriff abbrechen, sich zurückziehen und zunächst einmal die Batterien wiederaufladen.

Als viertes und letztes U-Boot traf *U67* unter dem Kommando des 27jährigen Günther Müller-Stöckheim ein. Das Boot war am 22. Januar 1941 unter dem Ritterkreuzträger Heinrich Bleichrodt in Dienst gestellt (der später auf *U109* wechselte) und im Frühjahr und Sommer für Versuche eingesetzt worden.* Es hatte noch keine echte Feindfahrt gemacht, und die lange auf die Folter gespannte Besatzung war nun begierig darauf, ein Schiff zu versenken.

Als Müller-Stöckheim zum Angriff heranlief, fiel ein Ventil bei der Luftzufuhr zur Haupttauchzelle aus. Außerdem meldete der Leitende Ingenieur noch weitere kleinere Defekte, und daß das Boot nicht voll tauchfähig war. Trotzdem führte Müller-Stöckheim den Angriff durch und schoß drei Torpedos auf einen, wie er meinte, 7000-Tonnen-Dampfer. Er traf und versenkte einen britischen 3800-Tonnen-Frachter, der so rasch unterging, daß er kenterte und seine drei Rettungsboote mit in die Tiefe zog. Die Geleitfahrzeuge retteten die Überlebenden, führten aber wiederum keinen Gegenangriff durch.

Nach der Reparatur seines Diesels schloß Günter Heßler mit *U107* in den Frühstunden des 24. September wieder zum Geleitzug auf. Bei diesem zweiten Angriff meldete er die Versenkung von drei Schiffen mit 26000 BRT, darunter eines 13000-Tonnen-Tankers. In Wahrheit versenkte er drei Frachter mit 13600 BRT. In seinem Bericht an Kernével meldete Heßler, daß von dem Geleitzug nur noch ein Schiff übrig sei und von den Geleitfahrzeugen sorgfältig bewacht werde.

Nach Heßlers Meldung sagte Dönitz den Angriff ab; er war mit dem Ergebnis sehr zufrieden. Anhand der Berichte der vier U-Boote schätzte er, daß sie mindestens fünf

* Die Oberseite des Druckkörpers wurde mit einem »Alberich« genannten Gummiüberzug beklebt, der ASDIC-Impulse neutralisieren sollte. Das Experiment war ein Fehlschlag.

Schiffe mit 41 000 BRT und eventuell noch vier weitere mit 24 000 BRT versenkt und zusätzlich zwei Schiffe mit 12 000 BRT beschädigt hätten. Also sei, wie er befriedigt in sein Tagebuch notierte, der gesamte Geleitzug bis auf ein Schiff vernichtet worden. Tatsächlich hatten die vier U-Boote jedoch nur gut die Hälfte des Geleitzuges versenkt, nämlich sechs der elf Schiffe mit 28 000 BRT. Das siebente, die *Silverbelle* im Schlepptau der *Duboc*, versuchte zu diesem Zeitpunkt noch immer verzweifelt, sich über Wasser zu halten.

Die vier verbliebenen Schiffe von Sierra Leone 87 erreichten, eskortiert von der *Gorleston* und zwei weiteren Geleitfahrzeugen, auf dem planmäßigen Kurs die Britischen Inseln. Das Versäumnis der Sicherungsgruppe, sich ausreichend auf den Auftrag vorzubereiten und energische Gegenangriffe durchzuführen, zog scharfe Kritik aus dem Derby House nach sich. Ein Bericht über die Versäumnisse machte unter den ASW-Kräften als Beispiel dafür die Runde, wie man es nicht machen sollte. Derby House sorgte dafür, daß dem Kommandanten der *Gorleston* nie wieder das Kommando über eine Sicherungsgruppe übertragen wurde.

Die vier U-Boote, die den Geleitzug Sierra Leone 87 angegriffen hatten, gingen danach getrennte Wege. Winter in *U103* und Heßler in *U107* fuhren unabhängig voneinander weiter, um vor Freetown zu patrouillieren. Aber kein Boot versenkte ein Schiff, weil sie ebenfalls vom britischen Nachrichtendienst und den ASW-Kräften ausgespielt wurden. Müller-Stöckheim in *U67* und Merten in *U68* mußten ihre Fahrt nach Süden unterbrechen. Auf *U67* hatte ein Mann eine Geschlechtskrankheit; und Merten hatte bereits den Großteil seiner Torpedos verschossen.

Als Kernével über die Lage auf *U67* und *U68* ins Bild gesetzt wurde, wurden beide Boote zu einem Treffen mit Kleinschmidts *U111* geschickt, das auf dem Rückmarsch aus dem Südatlantik war. Ein Arzt an Bord von *U68* sollte den Kranken auf *U67* untersuchen, und falls er ihn nicht behandeln konnte, sollte er mit *U111* nach Frankreich zurückkehren. Gleichzeitig sollte Merten von *U111* Torpedos übernehmen. Auf diese Weise konnten *U67* und *U68* ihre Fahrt in den Südatlantik fortsetzen.

Kernével schickte die drei Boote zu dem Treffen in ein abgelegenes Gebiet: die Bucht Tarafal der Insel Santo Antão, die zu den portugiesischen Kapverden gehörte. Die britischen Codeknacker fingen mehrere Funksprüche ab, die sich auf das Treffen bezogen, darunter auch einen indiskreten von Kleinschmidt, in dem die Bucht Tarafal namentlich genannt wurde. Die Admiralität befahl dem großen U-Boot *Clyde* der River-Klasse unter David Ingram, das sich in der Nähe der Kanarischen Inseln auf ASW-Patrouille befand, zu der Bucht zu fahren und möglichst alle drei U-Boote zu versenken.

Dieser Befehl, eine Operation aufgrund von Informationen aus dem deutschen Funkverkehr durchzuführen, war riskant. Bislang hatten die Deutschen die Kapverdischen Inseln bei U-Boot-Einsätzen nicht angelaufen. Sollte die *Clyde* nicht alle drei U-Boote versenken, würde ein Bericht über ihr Auftauchen in der Bucht Tarafal genau zum Zeitpunkt des ersten U-Boot-Treffens in Deutschland gewiß den starken Verdacht wecken, daß Enigma geknackt war.

Planmäßig trafen Merten mit *U68* und Kleinschmidt mit *U111* am Abend des 27. September in der Bucht ein. Die U-Boote gingen etwa 200 Meter vor der Küste längsseits vor Anker. Während Merten und Kleinschmidt zu Abend aßen, hievten die Besatzungen vier Torpedos aus den Behältern auf dem Oberdeck von *U111* zu *U68* hinüber. Beide Kommandanten fühlten sich in dem engen und unbekannten Gewässer nicht wohl. Kurz vor Mitternacht nahmen beide Boote Kurs aufs offene Meer, um am folgenden Abend zum Treffen mit Müller-Stöckheim und *U67* zurückzukehren.

Just in diesem Moment tastete sich die *Clyde* über Wasser in die Bucht Tarafal hinein. Die Brückenwache sichtete *U68*, und Ingram wendete, um einen Bugfächer zu schießen. Bevor er jedoch zum Schuß kam, sichtete er auch *U111* und meinte, das Boot wolle ihn rammen. Also brach er den Angriff ab und wandte sich zuerst *U111* zu. Kleinschmidt sichtete nun das britische Boot, entschloß sich jedoch zum Alarmtauchen, statt zum Rammen – eine Entscheidung, die ihm herbe Kritik von seinen Männern eintrug. Die *Clyde* fuhr direkt über *U111* hinweg, nur Zentimeter vom Druckkörper entfernt.

Sobald *U111* außer Sicht war, nahm Ingram seinen Angriff auf *U68* wieder auf. Das Boot hatte seine Anwesenheit noch nicht bemerkt. Immer noch an der Oberfläche schoß Ingram alle sechs Bugtorpedorohre auf *U68* ab, doch die aufmerksame Brükkenwache von Merten sah die Torpedos heranlaufen, drehte *U68* auf einen Parallelkurs und tauchte sofort. Die Torpedos gingen fehl, aber zwei trafen das ferne Ufer und detonierten. Da Ingram es nun mit zwei gewarnten und getauchten U-Booten zu tun hatte, ging er mit der *Clyde* ebenfalls unter Wasser, ließ nachladen und suchte mit dem Horchgerät nach seiner Beute.

Während die drei U-Boote in der Bucht getaucht waren und blindlings naceinander tasteten, erschien an der Oberfläche ein viertes auf dem Schauplatz: Müller-Stöckheims *U67*. Als Stöckheim die beiden Torpedo-Explosionen hörte, war er alarmiert und verwirrt – und tauchte sofort. Er vernahm im Horchgerät ein Schraubengeräusch, konnte aber im Sehrohr nichts erkennen. Klugerweise beschloß er, aufzutauchen und sich ins offene Meer abzusetzen.

Kurz nach dem Auftauchen von *U67* erspähte Müller-Stöckheim »einen Schatten« backbord voraus. Es war die *Clyde*, die ihre Rohre nachgeladen hatte und aufgetaucht war; das Deckgeschütz war bereits bemannt. Als Müller-Stöckheim den Schatten als großes britisches U-Boot der River-Klasse identifizierte, das auf Kollisionskurs lag, befahl er äußerste Kraft zurück und legte das Ruder hart um. Die Folge war, daß *U67* zwar nicht gerammt wurde, aber unabsichtlich die *Clyde* am Heck streifte.

Die beiden U-Boote gingen wieder auf Abstand und tauchten. Die *Clyde* hatte keinen ernsthaften Schaden erlitten, *U67* aber war übel zugerichtet. Der Bug stand im rechten Winkel ab, und drei der vier Bugtorpedorohre waren unbrauchbar und undicht. Da die Besatzung den Schaden nicht reparieren konnte, mußte *U67* die Fahrt abbrechen und nach Frankreich zurückkehren. Den Mann mit der Geschlechtskrankheit, der für dieses katastrophale Treffen mitverantwortlich war, nahm das Boot mit.

Am folgenden Tag, dem 28. September, fuhren die vier U-Boote aufs offene Meer hinaus und zerstreuten sich. Müller-Stöckheim setzte mit *U67* den ersten Bericht nach Kernével ab: Er habe »zwei Explosionen« in der Bucht gehört, sei mit einem britischen U-Boot zusammengestoßen und müsse den Einsatz abbrechen. Aus Sorge, die *Clyde* habe *U68* oder *U111* oder beide versenkt, bat Dönitz um Positionsmeldungen. Kleinschmidt meldete sich und berichtete, daß tatsächlich ein britisches U-Boot das Treffen gestört und *U68* angegriffen und vielleicht versenkt hatte. Schließlich berichtete Merten, er sei nicht versenkt oder beschädigt worden, habe Torpedos von *U111* übernommen und wünsche, die Feindfahrt in den Südatlantik fortzusetzen. Da das beschädigte Boot *U67* ohnedies nach Frankreich zurückkehren mußte, bat Merten um ein zweites Treffen, um von Müller-Stöckheim möglichst viel Treibstoff und Torpedos zu übernehmen. Kernével arrangierte ein zweites Treffen in einer abgelegenen kleinen Bucht an der Küste Mauretaniens. Danach schlich *U67* nach Frankreich zurück, und *U68* fuhr weiter in den Südatlantik.

Von den Kapverdischen Inseln aus nahm Kleinschmidt mit *U111* Kurs auf Frankreich. Er fuhr westlich an den Kanarischen Inseln vorüber, in der Nähe der Stelle, wo die U-Boote der zweiten Gruppe den Zug Sierra Leone 87 angegriffen hatten, und Kernével wies ihn an, nach dem verlassenen Hulk der *Silverbelle* Ausschau zu halten, den Merten mit *U68* angeschossen hatte.

Am Morgen des 4. Oktober entdeckte Kleinschmidt auf der Suche nach dem Wrack Rauch am Horizont. In der Meinung, er habe einen großen Frachter aufgespürt, wendete er *U111* zum Angriff. Der Rauch kam jedoch von dem mit Kohle beheizten, bewaffneten Trawler *Lady Shirley*, der in Gibraltar ausgelaufen war, um die *Silverbelle* zu bergen oder vielleicht auch um *U111* aufgrund von Erkenntnissen aus der Funkentzifferung (Ultra) abzufangen (die Akten sind in diesem Punkt nicht eindeutig). Als das Boot etwa 18 Kilometer entfernt war, sichtete der Ausguck der *Lady Shirley* den Kommandoturm des Bootes. Er hielt ihn für den Schornstein eines Handelsschiffes, doch der Kommandant des Trawlers, A. H. Callaway, nahm für den »unwahrscheinlichen Fall«, daß es sich um ein U-Boot handelte, Kurs auf das Objekt. Kleinschmidt, der den Trawler immer noch für einen großen Frachter hielt, tauchte zum Unterwasserangriff. Sein Horcher fing das Schraubengeräusch der *Lady Shirley* auf und warnte ihn, daß ein kleines Schiff dem Boot gefährlich nahe komme. Doch der Kommandant blieb hartnäckig bei seiner Überzeugung, das Schiff sei groß und weit entfernt.

Die *Lady Shirley* hielt weiter auf das Boot zu und bekam in etwa 1500 Metern Entfernung einen guten Sonarkontakt. Sie griff mit vier Wasserbomben an, von denen zwei auf 45 Meter und zwei auf 75 Meter eingestellt waren. Sie explodierten, als *U111* noch auf Sehrohrtiefe war – 15 Meter – und richteten kaum Schaden an. Als Reaktion auf diese überraschende und gefährliche Entwicklung befahl Kleinschmidt einen Artillerieangriff. Er tauchte nicht weit von der *Lady Shirley* auf, aber beide Dieselmotoren streikten und der Maschinenraum füllte sich mit dichtem, erstickendem Qualm, was eine Reparatur erschwerte und einen zweiten Tauchversuch wenig ratsam erscheinen ließ.

Wegen dieses Defekts versuchte Kleinschmidt, den Artillerieangriff fortzusetzen. Doch die *Lady Shirley* hielt direkt auf das Boot zu und feuerte mit dem 4-Zoll-Geschütz und kleineren Waffen. Kleinschmidt schaffte es, das 2-cm-Geschütz auf der Brücke zu bemannen, doch das nahe, gut gezielte Dauerfeuer der *Lady Shirley* hinderte die Deutschen daran, den Turm zu verlassen und die große 10,5-cm-Deckkanone zu bemannen.

Wie zwei Segelschiffe in alter Zeit lagen die *Lady Shirley* und *U111* längsseits und lieferten sich aus kürzester Entfernung ein Feuergefecht. Callaway ließ sich die Initiative nicht mehr nehmen, und die Deutschen konnten ihr Deckgeschütz nicht einsetzen. Bei dem Schußwechsel wurden auf der *Lady Shirley* vier Mann verletzt und einer getötet, doch sie töteten sieben Deutsche, einschließlich des Mannes am 2-cm-Geschütz und aller drei Offiziere des Bootes: Kleinschmidt, den Ersten Wachoffizier

Helmut Fuchs und den Zweiten Wachoffizier Friedrich Wilhelm Rösing, den jüngeren Bruder des Ritterkreuzträgers Hans-Rudolf Rösing, der inzwischen die 3. U-Flottille in La Pallice kommandierte.

Nach dem Tod der drei Offiziere übernahm der Offiziersanwärter Hans Joachim Heinecke, der bei der Reparatur der Dieselmotoren mitgeholfen hatte, das Kommando über *U111* und befahl, das Boot zu verlassen und zu versenken. Der Leitende Ingenieur öffnete die Flutventile und die 45 Überlebenden, darunter fünf Verwundete, sprangen über Bord. Neunzehn Minuten nach Beginn des Feuergefechts tauchte *U111* zum letzten Mal.

Die siegreiche *Lady Shirley* fischte die Überlebenden aus dem Wasser und nahm Kurs auf Gibraltar. Einer der verletzten Deutschen, der ein Bein verloren hatte, starb unterwegs und wurde auf See bestattet; damit blieben noch 44 Mann von der 52köpfigen Besatzung. Sie waren schockiert und deprimiert, weil der alte Handelsmarineoffizier Kleinschmidt einen Trawler irrtümlich für einen großen Frachter gehalten hatte und ihr großes und mächtiges Boot von einem winzigen britischen Heringsfänger mit nur 14 Mann Besatzung besiegt worden war.

Wie schon nach der Gefangennahme der Besatzungen von *U570* und *U501* fiel den britischen Nachrichtenoffizieren auch diesmal die Unerfahrenheit der U-Boot-Fahrer auf. Kleinschmidt hatte auf Torpedobooten und Kreuzern gedient und war erst seit einem Jahr bei der U-Bootwaffe. Der 24jährige Erste Wachoffizier Fuchs war erst vier Jahre bei der Kriegsmarine. Fuchs diente normalerweise als Zweiter Wachoffizier und hatte nur deshalb den höheren Rang, weil der eigentliche Erste Wachoffizier sich an Land verletzt hatte und nicht mitgefahren war. Rösing war Crew-Jahr 1936 und ein Jahr länger Soldat als Fuchs. Doch er war erst vor kurzem von der Luftwaffe gekommen und hatte keine U-Boot-Erfahrung, weshalb er als Zweiter Wachoffizier diente. Von den Unteroffizieren hatten nur fünf zuvor in anderen U-Booten Dienst getan, aber wie es in einem britischen Bericht hieß, hätten nur zwei dieser fünf vor dem Krieg als »erfahren« gegolten. Einige einfache Matrosen waren erst seit zehn Monaten bei der Kriegsmarine.

Durch das Auftauchen des britischen U-Bootes *Clyde* in der Bucht Tarafal gelangte Dönitz trotz der wiederholten gegenteiligen Versicherungen des Oberkommandos der Kriegsmarine zu der Überzeugung, daß die Briten den Marineschlüssel dechiffriert hätten. Wie er am 28. September in seinem Tagebuch festhielt, sei es nicht einzusehen, »wieso an solch einer abgelegenen Stelle des Ozeans sich *zufällig* ein englisches U-Boot befinden sollte«. Wahrscheinlicher sei vielmehr eine Kompromittierung der Schlüssel oder ein Bruch der Sicherheitsbestimmungen. In der Folge wurde am 1. Oktober eine für Notfälle vorgesehene Änderung der Marineschlüssel eingeführt, die Bletchley Park kurzfristig blendete. Innerhalb von sieben Tagen waren die britischen Codeknacker jedoch erneut in den Schlüssel eingebrochen und konnten den Funkverkehr bis zum 12. Oktober kontinuierlich mitlesen, bis sich, wie erwähnt, ein weiterer, zweitägiger Blackout einstellte.

Von Dönitz alarmiert, intensivierte der Leiter des Fernmeldewesens der Kriegsmarine, Vizeadmiral Maertens, eine neuerliche und angeblich umfassende Überprüfung der Sicherheit von Enigma. Am 24. Oktober legte er dem OKM und Dönitz einen 18seitigen Bericht vor, in dem er die unerschütterliche Überzeugung der Seekriegsleitung nochmals bestätigte, daß Enigma sicher sei. Maertens tat das Auftauchen der *Clyde* in der Bucht Tarafal als eine routinemäßige ASW-Patrouille ab. Wenn die Briten aufgrund von Entschlüsselungen des Funkverkehrs eine »Falle« geplant hätten, schrieb er, hätten sie mit Sicherheit mehr als ein U-Boot geschickt. In ähnlicher Weise erklärte er weitere von Dönitz angeführte besorgniserregende Ereignisse für harmlos, indem er sie auf den Einsatz britischer Kurzwellenpeilgeräte oder auf Sichtungen durch feindliche und neutrale Schiffe oder Flugzeuge zurückführte. Die Frage, ob die Briten die Enigma-Maschine aus dem gekaperten Boot *U570* geborgen hatten, konnte er weder verneinen noch bejahen, meinte aber, bislang gebe es keinen Hinweis darauf, daß ihnen dies gelungen sei. Außerdem habe *U570* ohnedies nur Enigma-Schlüssel an Bord gehabt, die kurz darauf ungültig geworden seien.

Maertens Untersuchung wurde schlampig durchgeführt. Der amerikanische Historiker Timothy Mulligan, der Maertens Bericht fand, schreibt treffend in seiner Analyse, daß Maertens durch die zu enge Beschränkung auf den Vorfall in der Bucht Tarafal und einige andere den wesentlichen Punkt völlig außer acht ließ: Es wurde für die U-Boote eindeutig immer schwieriger, auf der Nordatlantikroute zwischen Kanada und den Britischen Inseln ein- oder auslaufende Geleitzüge aufzuspüren.

Durchaus möglich ist auch, daß Maertens seine Untersuchung als Zeitverschwendung betrachtete, weil die Deutschen gerade im Begriff standen, die Schlüsselsicherheit bei der U-Bootwaffe wesentlich zu erhöhen. Zu diesem Zweck wurden zwei Maßnahmen getroffen:

- Etwa ab dem 5. Oktober sollten die U-Boote einen eigenen Schlüsselbereich erhalten, der von dem normalen Schlüsselbereich Heimische Gewässer (britisch Dolphin) der Kriegsmarine getrennt war. Die Deutschen nannten den neuen Schlüsselbereich Triton, die Briten Shark. Der Zugang zu Triton war strikt auf U-Boote im Einsatz sowie auf acht Marinekommandos und die sechs U-Boot-Flottillen am Atlantik beschränkt. U-Boot-Besatzungen, die nicht auf Feindfahrt waren, durften den Funkverkehr nicht mithören. Selbstverständlich wurde Triton auch von keinem Wetterschiff genutzt, und daß wie bei *U110* ein weiteres Mal die Schlüsselbücher eines U-Boots erbeutet würden, war sehr unwahrscheinlich.
- Eine neue Schlüsselmaschine mit vier Walzen (anstelle von drei) auf der Drehachse sollte alsbald für den Einsatz im Schlüsselbereich Triton an die U-Boote verteilt werden. Die Deutschen meinten, daß der Enigma-Schlüssel der Marine nach Einführung der links fest eingesetzten vierten Walze, und wenn die Auswahl und die Anordnung der anderen drei Walzen häufig geändert würde, auch mit Hilfe noch so ausgeklügelter und genialer mathematischer Theorien nicht mehr zu knacken wäre. Der Feind hätte zu diesem Zweck sowohl eine vierwalzige Schlüsselmaschine als auch die zugehörigen Tagesschlüssel erbeuten müssen, und er hätte selbst dann nur einen kurzfristigen Erfolg erzielt, da die Schlüssel ebenfalls häufig gewechselt wurden.

Die britischen Codeknacker in Bletchley Park hatten aus dem Funkverkehr im Bereich Heimische Gewässer bereits geschlossen, daß ein neuer Schlüsselbereich für die U-Boote (Triton bzw. Shark) und eine neue Schlüsselmaschine mit vier Walzen in Vorbereitung waren. Am 7. Oktober fingen sie erste vierwalzig verschlüsselte Testmeldungen auf, deren Dechiffrierung sich als unmöglich erwies. Sie wurden von den Kryptanalytikern als »ein unheilvolles Vorzeichen für noch Schlimmeres« interpretiert. Sie warnten, der Shark-Schlüssel lasse sich nur mit Hilfe einer neuen vierwalzigen

Hochgeschwindigkeits-Bomba knacken, versäumten es jedoch, wie es in der offiziellen Geschichte der britischen Funkentzifferung heißt, die Dringlichkeit der Entwicklung und des Baus einer solchen Bomba angemessen zu betonen. Einige zweifelten sogar daran, daß es überhaupt gelingen werde, eine funktionierende vierwalzige Bomba zu bauen.

In der Tat war Bletchley Park weder geistig noch materiell in der Lage, mit einer so gewaltigen Herausforderung fertig zu werden. Die wichtigsten Kryptanalytiker, Gordon Welchman und Alan Turing (in Nebengebäuden Hut 6 und Hut 8), waren ohnehin völlig überlastet und erschöpft, und die zwölf dreiwalzigen Bombes, die in Betrieb waren, konnten keine weiteren Aufgaben übernehmen. Überdies wurde wegen der notwendigen äußersten Geheimhaltung die Bedeutung der Arbeit in Bletchley Park von Leuten, die nicht im Bilde waren, stark unterschätzt, und die Londoner Bürokratie gewährte den Codeknackern nicht die Unterstützung, die sie benötigt und verdient hätten. Am 21. Oktober baten Welchman und Turing sowie zwei weitere ranghohe Kryptanalytiker Churchill in einem außergewöhnlichen Brief um Unterstützung. Sie wiesen darauf hin, daß das Team der Marine in Hut 8 wegen Personalmangels und Überarbeitung die Nachtschichten absetzen müsse, was zur Folge habe, daß »die Marineschlüssel [für Enigma] täglich mit einer Verzögerung von wenigstens zwölf Stunden gefunden wurden«. In Hut 6, wo an den Enigma-Schlüsseln von Heer und Luftwaffe gearbeitet wurde, war die Situation ähnlich.

Als Reaktion auf den Brief ordnete Churchill an, Bletchley Park »mit höchster Priorität alles zu geben, was sie wollen«. Der Personalmangel wurde rasch behoben, doch das schwierige – vielleicht unmögliche – Projekt einer vierwalzigen Bomba wurde nicht energisch weiterverfolgt. Erst im Dezember wurde ein Konstruktionsentwurf in Angriff genommen, und ein weiterer Monat verging, ehe ein Team von Technikern zusammengestellt wurde, um sich dieser furchteinflößenden Aufgabe zu widmen.

Unterstützung für Rommel

Berlin sorgte sich zu Recht um den Mittelmeerraum. Die italienischen See- und Luftstreitkräfte hatten es nicht geschafft, dieses strategisch lebenswichtige Gebiet unter ihre Kontrolle zu bringen. Britische Flugzeuge, Überwasserschiffe und U-Boote hatten von den Einbrüchen in den Funkverkehr der Luftwaffe und den italienischen C38m-Schlüssel profitiert, durch den die deutschen Flugzeuge bei der Sicherung besonderer Geleitzüge und die italienischen Konvois gesteuert wurden, und die Briten hatten den Nachschub aus Italien zu den deutschen und italienischen Truppen in Nordafrika empfindlich gestört. Wegen des ausbleibenden Nachschubs war Rommels Afrikakorps nicht in der Lage gewesen, das abgeschnittene Tobruk einzunehmen; außerdem war die Fähigkeit der Achsenmächte geschwächt worden, eine mögliche britische Offensive abzuwehren. Darüber hinaus herrschte in Berlin weiter die Überzeugung vor, daß die Briten eine Landung im Rücken der Achsenmächte – in Algier oder Oran – vorbereiteten, um Rommel in eine riesige Zange zu nehmen.

Zur Bewältigung dieser zunehmend gefährlichen Situation wies das OKM Dönitz an, er solle zusätzlich zu den sechs U-Booten, die er im September ins Mittelmeer geschickt hatte, alles menschenmögliche tun, um den britischen Nachschub ins Mittelmeer durch die Straße von Gibraltar zu unterbinden.

Dönitz stand dem Befehl ablehnend gegenüber. Er blieb bei seiner Auffassung, daß der Krieg im Mittelmeer weit weniger wichtig sei als der Krieg im Nordatlantik. Aufgrund der geringen Größe und Zahl der Schiffe in den Gibraltar-Geleitzügen meinte er, daß der von ihnen in den Mittelmeerraum transportierte Nachschub so bedeutend nicht sein könne. Die Hauptmasse des britischen Nachschubs kam, wie er zutreffend behauptete, über Freetown und Kapstadt in Südafrika nach Ägypten. Überdies hätten die Angriffe auf die Geleitzüge Gibraltar 70 und 71 im August gezeigt, daß diese Geleitzüge von Luft- und Überwassereskorten so massiv bewacht würden, daß man sie fast schon als U-Boot-Fallen betrachten müsse. Lediglich sehr erfahrene Kommandanten hätten gegen diese Geleitzüge Aussicht auf Erfolg, und wie die Angriffe im August gezeigt hätten, sei auch diese Aussicht nur klein. Diese erfahrenen Kommandanten würden dringend im Nordatlantik benötigt, wo es mehr und weniger riskante Gelegenheiten gebe, den Lebensnerv Großbritanniens empfindlich zu treffen.

Man einigte sich auf einen Kompromiß. Dönitz sollte den U-Boot-Krieg gegen die Gibraltar-Geleitzüge fortsetzen; allerdings sollten die U-Boote in kleineren Gruppen von etwa acht Booten weiter von der Küste entfernt eingesetzt werden, wo die britischen Luftpatrouillen weniger stark waren und die U-Boote auch Geleitzüge von und nach Sierra Leone und sogenannte Winston Specials, über Kapstadt nach Ägypten fahrende militärische Geleitzüge, abfangen konnten. Diese Rudel konnten, falls nötig, für kurze Zeit von Booten verstärkt werden, die in den Nordatlantik marschierten, oder von den nach Frankreich zurückkehrenden, die noch genügend Treibstoff und Torpedos hatten. Die in Bordeaux stationierten Condor-Maschinen sollten den Rudeln beim Aufspüren und Verfolgen der Geleitzüge helfen.

In den ersten drei Wochen des September war die Jagd nach Gibraltar- oder Sierra-Leone-Geleitzügen vergeblich. Die U-Boote und die Condor-Maschinen fanden zwar mehrere Konvois, da jedoch die Briten den Marineschlüssel entziffern und somit den Aufklärungsstreifen ausweichen konnten und das Wetter miserabel war, versenkte kein einziges U-Boot der beiden ersten Rudel Bosemüller (sieben Boote) und Kurfürst (acht Boote) ein Schiff. Als einige Boote zu anderen Aufgaben eingesetzt wurden oder nach Frankreich zurückkehrten, wurden die verbliebenen Boote zu einem einzigen Rudel, der Gruppe Seewolf, zusammengefaßt, aber auch sie hatte keinen Erfolg. Am 14. September bombardierten bis heute nicht identifizierte Flugzeuge des Coastal Command zwei Boote vom Typ VIIC aus diesem Rudel und beschädigten sie schwer: Gerd Schreibers altes Boot *U95* und *U561* unter Robert Bartels. Beide mußten die Fahrt abbrechen.

Kurz nach der Auflösung der Gruppe Seewolf meldete ein italienisches U-Boot, das westlich von Gibraltar operierte, einen nach Norden fahrenden Geleitzug. Es war Home Gibraltar 73 mit 25 Schiffen, die von einem Zerstörer, zwei Sloops, acht Korvetten und dem Katapultschiff *Springbank* mit seinen Jagdflugzeugen eskortiert wurden. Nur drei U-Boote waren nahe genug, um diesen Geleitzug abzufangen und anzugreifen, *U371* unter dem Kommando von Heinrich Driver war jedoch auf dem Marsch ins Mittelmeer und hatte Befehl, im Atlantik keine Schiffe anzugreifen.

Driver passierte den Geleitzug in kurzer Entfernung und meldete seine Position. Seine Meldung ermöglichte es Dönitz, die anderen beiden Boote auf die Fährte des Geleitzuges zu setzen. Die aus Frankreich ausgelaufenen Boote waren *U124* unter dem 25jährigen Johann Mohr, dem ehemaligen Ersten Wachoffizier des Bootes, und *U201* unter Adalbert Schnee, der sich für seinen hartnäckigen Angriff auf Gibraltar 71 im August das Ritterkreuz verdient hatte. *U124* war ein Boot vom Typ IXB, den Dönitz eigentlich für zu groß, für zu langsam beim Tauchen und für zu schwerfällig hielt, um ihn gegen die sehr stark gesicherten Gibraltar-Geleitzüge einzusetzen. Doch er setzte großes Vertrauen in den jungen Kommandanten Mohr.

Mohr erspähte am Nachmittag des 20. September auf seiner Wartestellung etwa 1 100 Kilometer westlich des Ärmelkanals Rauch am Horizont. Es war ein Geleitzug, aber nicht der erwartete, sondern Outbound Gibraltar 74, der von den Britischen Inseln ins Mittelmeer fuhr. Der Geleitzug bestand aus 27 Schiffen und wurde von einer Sloop, fünf Korvetten und dem Geleitträger *Audacity* gesichert, der seinen ersten Einsatz als Sicherungsschiff absolvierte. Auf Mohrs Meldung hin befahl ihm Dönitz, die Fühlung zu halten und Peilzeichen zu senden, um mit Schnees *U201* das einzige andere Boot in der Nähe heranzuführen.

Mohr blieb am Feind, bis auch Schnee Fühlung bekam, und griff dann am 20. September nach Einbruch der Dunkelheit an. Für seinen ersten Dreierfächer meldete er drei Treffer: die Versenkung von zwei Frachtern mit 15 000 BRT und eine Beschädigung an einem 8 000-Tonnen-Tanker. In Wirklichkeit versenkte er zwei kleine Frachter mit insgesamt 4 200 BRT und richtete an dem »Tanker« keinen Schaden an. Die Sicherungsschiffe erhellten den Himmel mit neuentwickelten Leuchtgranaten, die »Snowflakes« (Schneeflocken) genannt wurden,* drängten *U124* ab und zwangen es zum Tauchen.

Am nächsten Tag blieben Mohr und Schnee in der Nähe, um bei Dunkelheit anzugreifen, während Dönitz Condor-Maschinen zum Angriff auf den Geleitzug ausschickte. Bei ihrer Ankunft ließ *Audacity* ihre sechs Martlets (die britische Version der in Amerika gebauten Grumman Wildcat) aufsteigen. Eine Martlet schoß eine Condor ab – der erste Luftsieg eines Geleitträgers im Zweiten Weltkrieg –, eine andere Martlet beschoß *U124* oder *U201* mit dem Maschinengewehr und zwang das Boot zum Tauchen. Gleichzeitig bombardierte und versenkte eine Condor einen Frachter, der zurückgefallen war, als er die Besatzungen der beiden von Mohr torpedierten Schiffe retten wollte.

Nach der Dämmerung griffen Mohr und Schnee den Geleitzug von gegenüberliegenden Seiten an. Mohr visierte drei Schiffe an und hatte vor, auf jedes Schiff zwei Torpedos abzuschießen. In dem Moment, als er schießen wollte, explodierten alle drei Schiffe und sanken. Wie Mohr an Dönitz meldete, hatte Schnee sie ihm vor der Nase weggeschnappt. Schnee meldete die Versenkung von drei Schiffen mit 14 000 BRT, aber die drei Schiffe hatten insgesamt nur 4 500 BRT. Beide Boote bekamen keine weitere Chance zum Angriff, da die Geleitfahrzeuge und die Martlets von der *Audacity* ihnen keine Ruhe ließen.

Der Gesamtschaden an Outbound Gibraltar 74 durch Mohr und Schnee betrug fünf Schiffe mit 8 700 BRT.

* Die »Snowflakes« hatten Vor- und Nachteile. Einerseits erleuchteten sie die Gegend »taghell« und nahmen den U-Booten den Schutz der Dunkelheit. Andererseits konnten die U-Boote ihre Ziele deutlich ausmachen und anschließend einen Unterwasserangriff mit dem Sehrohr durchführen.

Der zufällige Zusammenstoß mit Outbound Gibraltar 74 hatte zwar Erfolgsmeldungen gebracht, doch die Hauptaufgabe für *U124* und *U201* war nach wie vor der schwer eskortierte Geleitzug Home Gibraltar 73, den die italienischen Boote immer noch verfolgten und meldeten. Erstaunlicherweise schien der Geleitzug direkt das Gebiet anzusteuern, in dem Mohr und Schnee den auslaufenden Geleitzug angegriffen hatten. Am 24. September schickte Dönitz Condor-Maschinen aus, um die italienischen Meldungen zu überprüfen. Die Flugzeuge bestätigten Position und Kurs des Geleitzugs und fügten hinzu, daß die Italiener angegriffen hätten. Dabei hätten sie drei Schiffe versenkt oder beschädigt.* Zwei weitere U-Boote vom Typ VII, die aus Frankreich ausliefen, wurden zur Verstärkung von Mohr und Schnee ausgeschickt: *U203* unter Rolf Mützelburg und *U205* unter Franz-Georg Reschke.

U124 unter Mohr steuerte die Peilzeichen der Condor-Maschinen an, bekam als erstes Boot Fühlung mit dem Geleitzug und griff am Morgen des 25. September bei schwerem Seegang und starkem Regen an. Mohr schoß zunächst zwei Torpedos auf ein Schiff, das er als »Kreuzer« meldete, doch es handelte sich vermutlich um einen Zerstörer. Beide Torpedos gingen fehl. Dann meldete er einen Schuß auf einen Zerstörer. Auch dieser Torpedo verfehlte sein Ziel. Schließlich schoß er zwei Torpedos auf ein Schiff, das er als 12000-Tonnen-Tanker meldete. Sie trafen beide und versenkten das Ziel, bei dem es sich jedoch um einen Frachter mit 3000 BRT handelte.

Etwas später in derselben Nacht stieß Mützelburg mit *U203* zu Mohr, und beide Kommandanten griffen den Geleitzug fast gleichzeitig an. Mohr meldete die Versenkung von zwei weiteren Schiffen mit 11000 BRT, aber nur zwei kleine britische Frachter mit 2700 BRT wurden bestätigt. Mützelburg meldete die Versenkung eines Frachters und eines Tankers mit 20000 BRT. Aufgrund der Akten wurden ihm nach dem Krieg drei kleine Frachter mit 7700 BRT angerechnet. Die Geleitfahrzeuge vertrieben Mohr und Mützelburg und drückten sie unter Wasser.

Den ganzen 26. September über blieben Mohr und Mützelburg dem Geleitzug hartnäckig auf den Fersen und führten Schnee mit *U201* und Reschke mit *U205* heran. Nach Einbruch der Dunkelheit griffen Mohr und Schnee erneut an. Mohr verschoß seine letzten Torpedos und meldete anschließend die Versenkung eines Dampfers mit 3000 BRT und möglicherweise eine Beschädigung an einem anderen mit 5000 BRT. Nach dem Krieg wurde nur die Versenkung eines 1800-Tonnen-Frachters bestätigt. Schnee meldete die Versenkung einer Korvette und zweier Frachter mit 8000 Tonnen. Eine Korvette wurde nicht getroffen, aber das Katapultschiff *Springbank* mit 5200 Tonnen und ein weiterer Frachter mit 2500 BRT sanken. Schnee blieb weiter an dem Geleitzug dran und verschoß in der folgenden Nacht seine letzten Torpedos. Er meldete zwei weitere Frachter mit 8000 BRT, aber nur einer mit 3100 BRT wurde bestätigt. Mützelburg hatte mit *U203* keine Gelegenheit mehr zum Angriff. Ein Flugzeug »mit den Abzeichen der Vereinigten Staaten« entdeckte und bombardierte Reschke mit *U205*; er mußte zur Reparatur nach Frankreich zurückkehren.

Dönitz war begeistert, als Mohr, Schnee und Mützelburg ihre Versenkungsmeldungen durchgaben. Mohr meldete insgesamt sechs Schiffe mit 41000 Tonnen,

* Offenkundig das Werk des italienischen Bootes *Malaspina* unter dem Kommando von Giuliano Prini. Doch das Boot ging um jene Zeit spurlos verloren, und die gemeldeten Versenkungen ließen sich anhand der britischen Dokumente nicht bestätigen.

Schnee sieben Schiffe mit 30000 Tonnen plus eine Korvette, Mützelburg zwei Schiffe mit 20000 Tonnen und möglicherweise ein weiteres. Die Meldungen ergaben insgesamt 15 sicher versenkte Schiffe mit 91000 Tonnen plus 1 Korvette, 2 weitere Schiffe eventuell versenkt. Wie nach dem Krieg festgestellt wurde, hatte Mohr sechs kleine Schiffe mit 11700 BRT versenkt, Schnee sechs kleine Schiffe mit 15200 BRT (und keine Korvette) und Mützelburg drei kleine Schiffe mit 7700 BRT. Der bestätigte Gesamtschaden betrug 15 mit Sicherheit versenkte Schiffe mit 34500 BRT, davon fünf Schiffe mit 8700 BRT aus dem Geleitzug Outbound Gibraltar 74 und zehn mit 25800 BRT aus Home Gibraltar 73.

Am 2. Oktober entdeckte eine Condor den nach Süden fahrenden Geleitzug Outbound Gibraltar 75, und Dönitz schickte ihm ein halbes Dutzend Boote hinterher. Hans-Werner Kraus mit *U83* und Walter Flachsenberg mit *U71* bekamen schon bald Fühlung, verfolgten den Geleitzug hartnäckig und sendeten Peilzeichen, bis sie den Kontakt aufgrund der schweren See und geschickter britischer Ausweichmanöver wieder verloren. Klaus Bargsten mit *U563* bekam in der Nähe der portugiesischen Küste als nächster Fühlung, doch dem Geleitzug gelang es erneut, sich seinen Verfolgern zu entziehen, und er erreichte am 14. Oktober Gibraltar, ohne ein einziges Handelsschiff verloren zu haben. Herbert Opitz verfolgte die Schiffe tapfer mit *U206* bis zu den westlichen Zufahrten der Straße von Gibraltar und schoß auf einen »Zerstörer«. Er hatte jedoch die britische Korvette *Fleur de Lys* getroffen, die unter hohen Verlusten an Menschenleben blitzschnell sank.

Die Deutschen unterhielten ein wirkungsvolles Spionagenetz im spanischen Algeciras, an der afrikanischen Küste der Straße von Gibraltar und in Tanger, das eine kleine Enklave in Spanisch-Marokko bildete. Die Spione lieferten Berlin genaue Informationen über jedes Schiff oder jeden Geleitzug der Alliierten, die von Gibraltar ausliefen und die Straße passierten. Weil die Briten den Enigma-Schlüssel der Abwehr laufend und lückenlos mitlasen, wußten die Briten von dem Spionagenetz,* doch sie konnten nichts tun, um dessen Operationen zu vereiteln oder die eigenen Schiffsbewegungen zu tarnen.

Die Spione meldeten nach Berlin, daß der Geleitzug Home Gibraltar 75 sich zum Auslaufen bereit mache. Auf diese Meldung hin lenkte Dönitz die Boote, die erfolglos Outbound Gibraltar 75 gejagt hatten, nach Süden in die Nähe der Meerenge. Gemeinsam mit anderen bildeten sie die Gruppe Breslau, die sich für den Angriff auf Home Gibraltar 75 bereithielt. Zwei der sechs Boote, *U204* unter Walter Kell, der den Blockadebrecher *Rio Grande* zu den Azoren eskortiert hatte, und *U564* unter Ritterkreuzträger Reinhard Suhren, tankten heimlich in Cadiz bei dem deutschen Versorgungsschiff *Thalia* auf.

Die Briten wußten durch die Entzifferung von Enigma-Funksprüchen, daß sechs Boote westlich von Gibraltar auf den Geleitzug Home Gibraltar 75 lauerten, und verschoben daher seine Abfahrt um beinahe eine Woche. In der Zwischenzeit versenkte Kell mit *U204* den britischen 9200-Tonnen-Tanker *Inverlee* und Opitz mit *U206* ei-

* Wie ein offizieller britischer Historiker schreibt, empfing die britische Admiralität »bisweilen die Entschlüsselung der deutschen Meldung über die Ankunft eines Schiffes in Gibraltar, bevor die britische Meldung einging«.

nen 3000-Tonnen-Frachter. Hans-Werner Kraus griff mit *U83* einen Flottenverband an, der aus den alten britischen Flugzeugträgern *Eagle* und *Argus* (inzwischen als Flugzeugtransporter im Einsatz), aus dem Kreuzer *Hermione* und einem Zerstörer zur Abschirmung bestand. Kraus verfehlte die beiden Träger, bekam jedoch fälschlich die Versenkung des Zerstörers bestätigt. Tatsächlich entkam der Flottenverband unbeschadet.

Die Briten unternahmen tägliche ASW-Patrouillen, um die U-Boote zu eliminieren, die westlich der Straße von Gibraltar auf der Lauer lagen. Am 19. Oktober, nachdem Kell mit *U204* den Tanker versenkt hatte, entdeckten die Sloop *Rochester* und die Korvette *Mallow U204* und griffen ihrerseits an. Die Korvetten *Bluebell* und *Carnation*, die zur Hilfe herangefahren waren, entdeckten einen Ölfleck sowie Teile des Antriebs eines Torpedos, doch das galt nicht als ausreichender Beweis für eine Versenkung. Die Admiralität stufte den Angriff lediglich als »vielversprechend« ein. Doch wie sich später herausstellte, hatten die *Rochester* und die *Mallow U204* mit der gesamten Besatzung versenkt.

Am Abend des 22. Oktober lief der Geleitzug Home Gibraltar 75 endlich aus. Er bestand aus 17 Handelsschiffen und einer starken Sicherungsgruppe von 13 Kriegsschiffen – vier Zerstörer, eine Sloop, sieben Korvetten sowie dem Katapultschiff *Ariguani* mit 6700 Tonnen. Zehn der dreizehn Geleitfahrzeuge waren mit Radar ausgerüstet, drei davon mit den leistungsfähigen Zentimeter-Geräten vom Typ 271. Die deutschen Spione meldeten unverzüglich die Abfahrt des Geleitzugs sowie die genaue Zahl und die Typen der Schiffe.

Dönitz war von der hervorragenden Arbeit des Nachrichtendiensts begeistert und gab die Meldung an die (auf fünf Boote geschrumpfte) Gruppe Breslau weiter. Mehrere U-Boote bekamen schon in der ersten Nacht Fühlung, doch die Eskorten wehrten die Angriffe ab. Der Zerstörer *Vidette* bekam ein etwa 6,5 Kilometer entferntes U-Boot auf den Radarschirm, ging auf äußerste Kraft, um es zu rammen, und nahm es mit seinem Hauptgeschütz unter Beschuß. Das Boot tauchte aber rechtzeitig. Der Zerstörer leitete einen Angriff ein, aber seine Crew verpfuschte den Abwurf der Wasserbomben, und das Boot entkam.

In der Nacht vom 23. auf den 24. Oktober wurde der Geleitzug von drei U-Booten angegriffen. Die Korvette *Carnation* drückte ein Boot unter Wasser und hielt es mit Wasserbomben unten, doch die beiden anderen hatten mehr Glück. Klaus Bargsten verfehlte mit *U563* einen Frachter, traf aber statt dessen den großen Zerstörer *Cossack* der Tribal-Klasse und schoß ihm das Vorschiff weg. Bei zwei Angriffen verschoß Reinhard Suhren alle elf internen Torpedos. Er meldete sechs beschädigte Schiffe, traf und versenkte jedoch in Wirklichkeit drei britische Frachter mit 7200 BRT. Die Briten versuchten mit allen Mitteln, die *Cossack* zu retten, aber sie sank im Schlepptau.

Am 24. und 25. Oktober hielten die U-Boote die Fühlung und gaben ihre Berichte durch, während Dönitz mehrere Condor-Maschinen ausschickte und drei italienische U-Boote heranführte. Eine Catalina der British Squadron 202 sichtete die *Ferraris*, eines der italienischen Boote, gut 30 Kilometer vor dem Geleitzug über Wasser. Der Pilot Norman F. Eagleton griff mit zwei Wasserbomben und Maschinengewehren an, doch die Bomben zündeten nicht. Der Zerstörer *Lamerton* erblickte die kreisende Catalina, eilte zum Schauplatz und feuerte mit seinem 4-Zoll-Geschütz auf das Boot.

Die *Ferraris* hielt ihn irrtümlich für eine Korvette, erwiderte das Feuer mit ihrem 10-cm-Geschütz und ergriff die Flucht. Als die *Lamerton* sie mit Leichtigkeit überholte, leiteten die Italiener die Selbstversenkung ein und ergaben sich.

In der Nacht vom 25. zum 26. Oktober wurde der auf vierzehn Schiffe und zehn Sicherungsfahrzeuge geschmolzene Geleitzug von drei U-Booten angegriffen. Walter Flachsenberg schoß mit *U71* vier Torpedos auf einen »Zerstörer«, verfehlte aber sein Ziel. Die anderen Geleitfahrzeuge fielen über *U71* her und belegten das Boot sieben Stunden lang mit Wasserbomben, wie Flachsenberg berichtete. Kraus schoß mit *U83* seine letzten drei Torpedos auf drei verschiedene Schiffe und meldete alle als versenkt. In Wahrheit traf er nur das Katapultschiff *Ariguani*, das jedoch gerettet und zurück nach Gibraltar geschleppt wurde. Als Bargsten in *U563* seine Torpedos klarmachte, wurde er von der Korvette *Heliotrope* abgefangen, angegriffen und unter Wasser gedrückt. Doch auch sie verpfuschte ihren Wasserbombenangriff. Bargsten schoß aus sehr großer Entfernung zwei Torpedos auf einen »Zerstörer« (möglicherweise die *Heliotrope*) und meldete eine Versenkung, aber seine Torpedos gingen ebenfalls vorbei.

Am Abend des 26. Oktober waren von der Gruppe Breslau nur noch die beiden Boote *U563* mit Bargsten und *U564* mit Suhren übrig. In dieser Nacht schoß Bargsten fünf seiner verbliebenen sechs Torpedos auf zwei Frachter, aber sie verfehlten ihre Ziele. Suhren hatte inwischen einen Torpedo vom Oberdeck ins Boot geladen und schoß ihn aus großer Entfernung auf einen Frachter. Er meldete die Versenkung eines 3 000-Tonnen-Dampfers, aber auch er hatte nicht getroffen. Der Zerstörer *Duncan*, die Sloop *Rochester* und die Korvette *Mallow* nutzten wirkungsvoll das Radar und tauschten untereinander Informationen aus. Sie griffen die beiden U-Boote an und hielten sie auf Distanz.

Bargsten und Suhren hatten zwar gemeinsam nur noch einen Torpedo, hielten aber am 27. Oktober beide zäh die Fühlung zu Home Gibraltar 75. Ihre Berichte und Flüge der Condor-Maschinen ermöglichten es Dönitz, noch ein U-Boot an den Geleitzug heranzuführen: *U432* unter Heinz-Otto Schultze, das nach dem Angriff auf Slow Convoy 48 auf dem Rückmarsch war. Schultze steuerte die Peilzeichen von Bargsten und Suhren an, kam in den frühen Morgenstunden des 28. Oktober heran und schoß auf zwei Frachter. Er meldete beide als versenkt, aber lediglich die *Ulea* mit 1 600 BRT sank, nachdem sie zuvor tapfer versucht hatte, *U432* zu rammen.

Aufgrund der Kurzberichte von allen U-Booten kam Dönitz zu dem Schluß, daß die Gruppe Breslau einen sensationellen Sieg über den Geleitzug Home Gibraltar 75 errungen habe: Ein Zerstörer und sieben Frachter mit 34 000 Tonnen von Kraus, Bargsten und Schultze versenkt, sechs Schiffe mit 25 000 Tonnen von Suhren beschädigt. In Wirklichkeit war der Erfolg wegen der geringen Größe der Schiffe in diesen Geleitzügen sehr bescheiden. Der Zerstörer *Cossack* und vier Frachter mit insgesamt 8 800 Tonnen waren versenkt und das Katapultschiff *Ariguani* beschädigt worden. Zwei U-Boote, Kells *U204* und die *Ferraris*, waren verlorengegangen.

Wie berichtet, stieß *U96* unter dem Ritterkreuzträger Heinrich Lehmann-Willenbrock in der Nacht des 31. Oktober auf dem Weg zu einem Aufklärungsstreifen vor Grönland auf einen Geleitzug. Es hatte den Geleitzug Outbound South 10 gefunden, der mit 34 großen Schiffen und 6 Geleitfahrzeugen auf dem Weg nach Sierra Leone war.

Da kein anderes U-Boot in der Nähe war, erlaubte Kernével Lehmann-Willenbrock, den Geleitzug allein anzugreifen.

Es war Vollmond und der Himmel war klar. Bei diesem Licht war ein Überwasserangriff gefährlich, doch für einen Angriff mit dem Seerohr unter Wasser reichte es nicht aus. Lehmann-Willenbrock machte das Beste aus der ungünstigen Situation und schoß aus beträchtlicher Entfernung vier Torpedos auf zwei große Schiffe. Er meldete zwei Treffer »mittschiffs« an jedem Schiff, aber nach dem Krieg wurde nur die Versenkung eines holländischen 6000-Tonnen-Frachters bestätigt. Während Lehmann-Willenbrock wieder ablief, um eine Positionsmeldung durchzugeben, wurde er von dem ehemaligen Küstenschutzschiff *Lulworth* in einer Entfernung von knapp vier Kilometern gesichtet. Das Boot ging auf volle Fahrt und nahm *U96* unter Feuer. Das Geschützfeuer zwang *U96* unter Wasser und verhinderte einen zweiten Angriff. Die *Lulworth* warf 27 Wasserbomben, aber keine kam dem U-Boot zu nahe. Lehmann-Willenbrock entkam, tauchte später auf und setzte eine weitere Fühlungshaltermeldung ab.

Ein interessierter Beobachter auf *U96* war der 23jährige »Kriegskünstler«, Marinekriegsberichterstatter und Propagandist Lothar-Günther Buchheim. Zuvor hatte Buchheim von einer Unterkunft an der Küste aus den U-Boot-Krieg in Ölgemälden und Kohlezeichnungen von heimkehrenden U-Booten und Kommandanten verherrlicht. Nun jedoch machte er, bewaffnet mit Leica-Kameras und Notizbüchern, seine erste Feindfahrt mit. Seine mit dem geübten Auge des Künstlers geschossenen Aufnahmen sind bemerkenswert – die besten des Krieges. Viele Jahre nach dem Krieg schrieb Buchheim anhand seiner Notizen von dieser Reise den Roman *Das Boot* (1973), der weltweit ein Bestseller wurde. Er bildete auch die Grundlage für einen sechsstündigen deutschen Mehrteiler im Fernsehen und für einen nervenaufreibenden und realistischen Spielfilm desselben Namens von 145 Minuten Länge. Drei Jahre später (1976) veröffentlichte Buchheim einen »nichtfiktionalen« Bildband, der mit Hilfe seiner eigenen Bilder eine impressionistische Geschichte des U-Boot-Krieges liefert und Realität und Fiktion miteinander verbindet.

Die deutschen U-Boot-Fahrer waren begeistert von Buchheims Gemälden, Aufnahmen und Heldengeschichten, aber sie waren empört über seine Nachkriegsschriften und den Film. Sie beschimpften ihn, weil er den Film *Das Boot* mit Szenen einer rauschenden Orgie im Offiziersclub in Lorient beginnen ließ, und attackierten ihn wegen der negativen, defätistischen und antimilitaristischen Haltung von Buch und Film und der darin enthaltenen Kritik an Dönitz. Die beiden U-Boot-Kommandanten Karl-Friedrich Merten und Kurt Baberg waren so erbost über Buchheims Buch, das er als »einen Roman, aber kein Werk der Fiktion« bezeichnete, daß sie im Jahr 1985 ein eigenes Buch veröffentlichten *(Nein! So war das nicht),* in dem sie Buchheims Fehler und/oder irreführenden Aussagen darlegten.

Nach Eingang der Fühlungsmeldung von Lehmann-Willenbrock setzte Dönitz Condor-Maschinen ein und befahl zehn anderen ein- und auslaufenden U-Booten, die Peilzeichen von *U96* anzusteuern. Die Boote wurden in der neuen Gruppe Störtebekker zusammengefaßt. Während sie anmarschierten, versuchte Lehmann-Willenbrock in der Nacht vom 1. auf den 2. November einen zweiten Angriff auf den Geleitzug Outbound South 10, doch die aus dem ehemals amerikanischen Glattdeck-Zerstörer *Stanley*, dem ehemals amerikanischen Küstenschutzschiff *Gorleston* und der britischen Korvette *Verbena* bestehende Sicherungsgruppe vertrieb sein Boot mit Geschützfeuer und Wasserbomben.*

Dönitz setzte große Hoffnungen auf die elf Boote der Gruppe Störtebecker. Die Gruppe geriet jedoch in einen schweren Sturm – im Film von Buchheim anschaulich festgehalten –, der jede Chance auf einen gemeinsamen Angriff vereitelte. Nach zwei enttäuschenden Tagen blies Dönitz die Jagd ab und befahl der Gruppe, einen gemeldeten Geleitzug aus Gibraltar abzufangen. Als dieses Unterfangen fehlschlug, gab Dönitz der Gruppe die neue Anweisung, den nach Norden fahrenden Geleitzug Sierra Leone 91 abzufangen, doch auch diese Verfolgung scheiterte. Die Gruppe Störtebekker wurde schließlich aufgelöst, nachdem sie von britischen Ausweichmanövern ausgespielt und von scheußlichem Wetter, Treibstoffmangel und technischen Problemen geplagt worden war. Sie versenkte kein einziges Schiff.

Die verschiedenen U-Boot-Gruppen, die im September und im Oktober 1941 in ostatlantischen Gewässern patrouillierten, um den britischen Nachschub ins Mittelmeer über Gibraltar zum Erliegen zu bringen, hatten nun ebenfalls sehr enttäuschende Ergebnisse vorzuweisen. Sie hatten 4 Gibraltar-Geleitzüge angegriffen (Outbound 74 und 75; Home 73 und 75) und 19 kleine Schiffe mit etwa 43 400 BRT sowie den Zerstörer *Cossack* und die Korvette *Fleur de Lys* versenkt. Bei diesen schwierigen und riskanten Angriffen war jedoch der größte Schaden an den weniger wichtigen heimwärts fahrenden Geleitzügen (Home) angerichtet worden. Bis Ende November 1941 versenkten all diese U-Boote lediglich fünf kleine in Richtung Gibraltar fahrende Handelsschiffe mit insgesamt 8700 BRT und einen 6000-Tonnen-Dampfer aus dem Geleitzug Outbound South 10. Dies war gewiß keine große Hilfe für Rommels Afrikakorps.

Die Krise im Mittelmeer

Von der ersten Gruppe aus sechs U-Booten, die in Frankreich ausliefen, um zu den Achsenmächten im Mittelmeer zu stoßen, erreichte Heinrich Driver mit *U371* am Abend des 21. September als erster die Straße von Gibraltar. Es war eine gefährliche Durchfahrt. Mit Radar ausgerüstete britische Flugzeuge und Überwasserschiffe, die in Gibraltar stationiert waren, patrouillierten an der engsten Stelle von knapp 15 Kilometern. Um die Durchfahrt zu beschleunigen und die vom Atlantik ins Mittelmeer führende Oberflächenströmung auszunutzen, blieb Driver über Wasser. Sein Kurzsignal, mit dem er meldete, daß er sicher im Mittelmeer angelangt sei, wurde in Kernével mit Erleichterung aufgenommen.

In den folgenden zwei Wochen passierten auch die übrigen fünf für das Mittelmeer bestimmten U-Boote mit Erfolg die Straße. Alle patrouillierten mit äußerster Vorsicht und blieben bei Tag ständig getaucht. Kein U-Boot konnte unmittelbare Erfolge verbuchen, doch Driver verdiente sich die Wertschätzung der italienischen Flotte, indem er 42 Überlebende des italienischen Patrouillenbootes *Albatros* rettete.

In der Zwischenzeit richteten italienische Verwaltungsbeamte und technisches Per-

* Buchheims Schilderung von der Versenkung eines Tankers durch Lehmann-Willenbrock ist fiktional, beruht aber auf einem Angriff, den *U96* früher im selben Jahr durchgeführt hatte.

sonal im östlichen Mittelmeer auf der Insel Salamis in der Nähe von Athen einen deutschen U-Boot-Stützpunkt ein.

Die erste Aufgabe der U-Boote im Mittelmeer war, den Nachschub nach Tobruk zu unterbinden. Tobruk bildete eine Enklave des Commonwealth an der Küste Libyens, weil Rommel es bei seinem Vorstoß nach Ägypten umgangen hatte. Die Mission war ein schwieriges Unterfangen für die U-Boote, weil sie in ungewohnten Gewässern operierten. Die Briten brachten ihren Nachschub bei Nacht in kleinen Küstenfahrzeugen und motorisierten Kähnen an Land, die schwer aufzuspüren waren und wegen ihres geringen Tiefgangs von Torpedos kaum getroffen werden konnten. Außerdem herrschte in den engen Gewässern eine starke Konzentration feindlicher (und verbündeter) Flugzeuge, und die U-Boote mußten wie in Norwegen bei Tage ungewöhnlich lange unter Wasser fahren, um eine Entdeckung durch die feindliche Luftüberwachung zu vermeiden. Bei längerer Tauchfahrt erhöhte sich der Luftdruck im Boot, und durch das noch unentdeckte Leck in der Tiefensteuerung der Torpedos, stieg er auch dort und beeinflußte den Steuerungsmechanismus. In der Folge liefen die Torpedos tiefer, als sie eingestellt waren.

Die ersten Meldungen der U-Boote im Mittelmeer waren nicht ermutigend. Bei einem Angriff auf ein kleines Fahrzeug mit dem Deckgeschütz wurde Drivers *U371* von Abwehrfeuer getroffen und mußte mit Verwundeten und Gefechtsschäden Salamis anlaufen. Hans Heidtmann auf *U559* schoß sieben Torpedos auf kleine Fahrzeuge und verfehlte sie allesamt. Später meldete er die Versenkung eines »Zerstörers« durch einen Torpedo, doch dies konnte nicht bestätigt werden. Hans-Dietrich von Tiesenhausen in *U331* meldete die Versenkung einer Barke mit dem Deckgeschütz, doch sie war nur beschädigt. Wolfgang Kaufmann auf *U79* schoß vier Torpedos auf das britische Kanonenboot *Gnat* mit 600 Tonnen. Drei liefen unter dem Schiff hindurch, aber einer traf. Kaufmann meldete eine Versenkung, doch auch die *Gnat* war nur beschädigt. Im ganzen Oktober versenkten die sechs Boote der ersten ins Mittelmeer entsandten Gruppe lediglich vier kleine Schiffe, deren Versenkung nach dem Krieg bestätigt wurde: zwei Barken mit 500 BRT durch Helmuth Ringelmann in *U75* und zwei Küstenschiffe mit 2000 BRT durch Udo Heilmann in *U97*.*

Eine zweite Welle aus sechs Booten stach Anfang November von Frankreich aus in See, um die Mittelmeerflotte zu verstärken. Als erste liefen Friedrich Guggenberger mit *U81* und Franz-Georg Reschke mit *U205* aus.

Am Nachmittag des 30. Oktober wurde Guggenberger bei der Fahrt durch den Golf von Biskaya von einer Catalina der British Squadron 209, die vor kurzem von Island abgezogen und nach Südwestengland verlegt worden war, über Wasser gesichtet. Der Pilot Denis M. Ryan zog eine Schleife und griff an, doch Guggenberger erwiderte das Feuer und traf die Catalina. Danach flog eine Hudson der ebenfalls in Südwestengland stationierten British Squadron 53 heran und griff mit drei Wasserbomben an. Guggenberger tauchte so schnell wie möglich, doch auch Ryan griff mit der Catalina

* Nach der Durchfahrt durch die Straße von Gibraltar verwendeten die Boote im Mittelmeer den Enigma-Schlüssel Süd (von den Briten Porpoise genannt), den Bletchley Park nicht knacken konnte. Der Submarine Tracking Room der Admiralität »verlor« somit diese U-Boote, und es war schwer, ASW-Maßnahmen einzuleiten.

noch einmal an und warf ebenfalls drei Wasserbomben. Die sechs Bomben beschädigten *U81* so stark, daß es nach Brest zurückkehren mußte.

Nach eiliger Instandsetzung machte sich *U81* abermals auf den Weg in die Straße von Gibraltar und passierte zusammen mit *U205* unter Reschke in der Nacht vom 11. auf den 12. November bei Neumond unentdeckt die Meerenge.

Um diese Zeit kehrte die britische Kampfgruppe Force H gerade nach Gibraltar zurück, nachdem sie 44 Flugzeuge zur Verstärkung von Malta abgesetzt hatte. Der Verband bestand aus dem Flottenträger *Ark Royal*, dem ehemaligen Träger *Argus* (der als Flugzeugtransporter diente), dem alten Schlachtschiff *Malaya*, dem Kreuzer *Hermione* und sieben Zerstörern.

Italienische Flugzeuge meldeten die Rückkehr von Force H nach Gibraltar. Daraufhin brachte Dönitz *U81* mit Guggenberger und *U205* mit Reschke in günstige Stellungen entlang einer Linie östlich von Gibraltar. Am 13. November fing Reschke mit *U205* den Verband ab und schoß einen Fächer von drei Bugtorpedos auf die *Ark Royal*. Drei Minuten und 29 Sekunden später beobachtete Reschke einen Feuerstrahl an der *Ark Royal* und jubelte über einen Treffer, aber er irrte sich. Fast neun Minuten nach dem Abschuß *hörte* Reschke zwei weitere Detonationen und vermutete einen Treffer an einem Zerstörer. Auch das war falsch. Keiner der drei Torpedos hatte getroffen.

Am selben Nachmittag dampfte Force H 55 Kilometer östlich von Gibraltar mit 19 Knoten auf *U81* zu. Guggenberger fuhr bei ruhiger See vorsichtig sein Sehrohr aus und schoß um 16.29 Uhr aus sehr großer Entfernung alle vier Bugtorpedos – zwei auf die *Malaya* und zwei auf die *Ark Royal*. Ein Zerstörer zwang Guggenberger in die Tiefe, so daß er den Lauf der Torpedos nicht verfolgen konnte. Sechs Minuten und sechs Sekunden sowie sieben Minuten 43 Sekunden nach dem Abschuß hörte er Detonationen. Er ging von mutmaßlichen Treffern an der *Malaya* und an einem »ungewissen« Ziel aus.

Guggenberger verfehlte die *Malaya*, aber ein Torpedo schlug mittschiffs an der Steuerbordseite der *Ark Royal* ein. Durch die Explosion wurde ein Heizraum geflutet und ein Mann getötet. Die *Ark Royal* bekam schwere Schlagseite, und die Crew leitete Maßnahmen zur Schadensbegrenzung ein und flutete zum Ausgleich Tauchzellen an der Backbordseite. Eine Zeitlang schien es, als habe die Crew das Schiff unter Kontrolle; dennoch kam der Zerstörer *Legion* längsseits und nahm bis auf eine Notmannschaft alle Männer an Bord. Gleichzeitig liefen zwei Schlepper in Gibraltar aus, um den lecken Flugzeugträger in den Hafen zu schleppen.

Die anderen Zerstörer des Verbands jagten – und fanden – *U81* und machten einen zermürbenden Gegenangriff. Guggenberger zählte 130 Wasserbomben, aber er ging mit *U81* auf Tiefe, und keine einzige fiel nahe genug, um ernsthaften Schaden anzurichten. Aufgrund seines Berichts in derselben Nacht und des Berichts von Reschke mit *U205* meinte Dönitz, Guggenberger habe die *Malaya* getroffen und Reschke die *Ark Royal* – ein bemerkenswertes und überaus zufriedenstellendes Tagesergebnis.

In der Nacht vom 13. zum 14. November trafen die beiden Schlepper ein und nahmen die *Ark Royal* in Schlepptau. Die Notmannschaft bekam Dampf auf einen Kessel, aber plötzlich fegte ein verheerendes Feuer durch den Maschinenraum. Um 4.30 Uhr sah die Wachmannschaft, daß ihr Rettungsversuch zum Scheitern verurteilt war, und verließ das Schiff. Um 6.13 Uhr am 14. November legte sich die berühmte *Ark*

Royal über und sank. Der Verlust, den die Admiralität folgenden Tag bekanntgab, war ein schwerer Schlag für die Briten. Zwar hatten sie nur einen Mann verloren, doch sie hatten keinen Flottenträger zur Verfügung, um die *Ark Royal* zu ersetzen. Die britischen Seestreitkräfte im Mittelmeer hatten folglich keine seegestützte Flugsicherung mehr.

In Kernével war man verwirrt. Man nahm an, Reschke habe mit *U205* die *Ark Royal* versenkt und Guggenberger mit *U81* die *Malaya* schwer beschädigt. Die Verwirrung wurde erst beseitigt, als beide Boote später im selben Monat in dem italienischen U-Boot-Stützpunkt La Spezia eintrafen. Nach sorgfältiger Durchsicht der Fahrberichte schrieb Dönitz korrekt Guggenberger die Versenkung der *Ark Royal* zu – und verlieh ihm für diese Heldentat das Ritterkreuz –, rechnete ihm aber fälschlich auch einen Treffer an der *Malaya* an.

Die Versenkung der *Ark Royal* und der vermutete Treffer an der *Malaya* waren aus psychologischer Sicht sensationelle Erfolge für die U-Bootwaffe. Mit einem einzigen Angriff hatte ein deutsches U-Boot, das in fremden Gewässern operierte, der Royal Navy einen härteren Schlag versetzt als die gesamte italienische Flotte in 17 Kriegsmonaten. In einem allgemeineren Sinn erwies sich dieser Sieg jedoch als nachteilig für die deutsche U-Bootwaffe. Er ließ nämlich in Berlin den irrigen Gedanken aufkeimen, daß deutsche U-Boote mit Leichtigkeit die Herrschaft über das Mittelmeer erringen könnten.

Aufgrund des Mangels an U-Booten und weil Berlin Umstellungen vornahm, wurde der ursprüngliche Beschluß aufgegeben, nur die erfahrensten Kommandanten ins Mittelmeer zu schicken. Als nächste versuchten Hans Ey mit *U433* und Johann Jebsen mit *U565* die Durchfahrt durch die Straße von Gibraltar. Der junge Ey hatte erst eine Atlantikfahrt hinter sich, der junge Jebsen zwei. Keiner von beiden hatte bisher ein Schiff versenkt, aber Ey hatte immerhin einen Frachter beschädigt.

Beide Boote passierten die Straße in der Nacht vom 15. auf den 16. November, ohne entdeckt zu werden. Dönitz befahl ihnen, unweit von Guggenberger und Reschke in der Nähe von Gibraltar zu operieren, um die vermutete britische Landung in Algerien zu verhindern. Die Boote wurden zu Ehren von Arnauld de la Périère, einem U-Boot-Helden des Ersten Weltkriegs, als Gruppe Arnauld bezeichnet. Périère hatte damals das Kommando über die U-Boote im Mittelmeer übernehmen sollen, war jedoch auf dem Weg nach Rom bei einem Flugzeugabsturz ums Leben gekommen.

Die Briten waren sich der U-Boot-Gefahr im westlichen Mittelmeer voll bewußt und stellten am 16. November eine U-Boot-Falle. Sie schickten einen »Scheingeleitzug« von Gibraltar nach Osten, der aus mehreren leeren Handelsschiffen bestand und von zwei Sloops und vier Korvetten begleitet wurde. Zumindest eine Korvette, die *Marigold*, war mit einem Zentimeter-Radargerät des Typs 271 ausgerüstet.

Am Abend des 16. November fiel die *Marigold* mit einem zeitweiligen Maschinenschaden hinter die Formation zurück. Als sie nach der Reparatur mit hoher Fahrt wieder zum »Geleitzug« aufschließen wollte, wurde das alleinfahrende Schiff unweit der Stelle, wo die *Ark Royal* gesunken war, von Ey in *U433* gesichtet. Ey hielt die Korvette irrtümlich für einen Leichten Kreuzer und griff sie mit vier Torpedos an, die aber alle ihr Ziel verfehlten. Ohne von dem Angriff etwas zu ahnen, entdeckte die *Marigold* das Boot auf dem Radarschirm, ging auf volle Kraft, um es zu rammen, und nahm es mit dem 4-Zoll-Geschütz unter Feuer. Sie kam bis auf 270 Meter heran, doch Ey tauchte noch rechtzeitig. Hastig warf die *Marigold* fünf Wasserbomben nach Augenmaß, doch sie richteten keinen Schaden an. Dann stoppte die Korvette alle Maschinen und versuchte, *U433* mit den Horchgeräten aufzuspüren.

Ey meinte, der »Kreuzer« sei abgelaufen, und ging auf Sehrohrtiefe, um sich umzusehen und aufzutauchen. Die *Marigold* ortete *U433* mit dem Sonar und griff sofort an; sie warf zehn auf geringe Tiefe eingestellte Wasserbomben. Einige explodierten direkt unter dem Boot und beschädigten es so schwer, daß Ey befahl aufzutauchen, das Boot zu versenken und zu verlassen. Die *Marigold* sah *U433* achtern auftauchen und schwenkte sofort herum, um es zu entern. Sie feuerte mit dem Hauptgeschütz und mit kleineren Waffen. Doch das verlassene U-Boot lief mit einem Dieselmotor ab, zackte wild und lief schnell voll. Als es sank, nahm die *Marigold* Ey und 37 Mann seiner Besatzung an Bord. Zwei Deutsche versuchten, so Ey, die über 50 Kilometer entfernte spanische Küste schwimmend zu erreichen. Sie wurden nie gefunden. Dönitz erfuhr nichts von dem Verlust und nahm an, daß noch immer zehn U-Boote im Mittelmeer operierten.

Durch die Versenkung von *U433* erlangte die *Marigold* einen gewissen Ruhm in britischen Marinekreisen. Es war die erste Versenkung eines U-Boots, bei der ein Zentimeter-Radargerät vom Typ 271 eine Schlüsselrolle gespielt hatte.

Die britische 8. Armee wußte aus dem abgehörten Enigma-Funkverkehr der Luftwaffe, daß Rommel einen Großangriff auf die abgeschnittene britische Garnison in Tobruk starten wollte, und begann am 18. November ihrerseits von Sidi Barrani in Ägypten aus die lange vorbereitete Großoffensive Crusader. Die überraschten Deutschen und Italiener kämpften erbittert, wurden jedoch durch die Wucht des britischen Angriffs zurückgeworfen. Aufgrund dieser Offensive und der immer noch bestehenden Befürchtung, die Briten könnten in Algerien landen und die Streitmacht der Achsenmächte in die Zange nehmen, rief Hitler den Notstand aus. Die Kriegsmarine sollte jede nur erdenkliche Anstrengung unternehmen, um Rommels Afrikakorps zu retten; und vor allen Dingen sollte sie um jeden Preis den britischen Angriffen auf Rommels Versorgungsschiffe ein Ende bereiten.

Raeder und das OKM reagierten mit einer verhängnisvollen Entscheidung. Bekanntlich sollte jedes verfügbare U-Boot der Atlantikflotte dafür eingesetzt werden, Rommel zu retten und die Kontrolle über das Mittelmeerbecken zu erringen. Die fünf in Norwegen stationierten U-Boote, die damals im Nordmeer patrouillierten, wurden zur Atlantikflotte verlegt und von vier neuen U-Booten aus Kiel abgelöst. Insgesamt sollten, wie Raeder Hitler mitteilte, 50 U-Boote zur Unterstützung Rommels abgestellt werden – 20 Boote vom Typ VII im östlichen Mittelmeer und 30 Boote im westlichen Mittelmeer oder auf den atlantischen Zufahrten zur Straße von Gibraltar.

Die britische Admiralität wußte aus den entzifferten Enigma-Funksprüchen der Marine von diesen Plänen und traf entprechende Gegenmaßnahmen. Das Coastal Command ließ verstärkt radarbestückte Flugzeuge aus Südwestengland und Gibraltar über dem Golf von Biskaya patrouillieren. Derby House verlegte eine große Zahl radarbestückter Geleitfahrzeuge von der Nordatlantikroute nach Gibraltar. Eine mit Radar ausgerüstete Staffel von Swordfish-Maschinen, die zuvor auf der *Ark Royal* stationiert gewesen war, wurde auf einen Landstützpunkt in Gibraltar verlegt. Die neu eingetroffenen Geleitfahrzeuge und Flugzeuge patrouillierten Tag und Nacht in der Straße von Gibraltar, um die Durchfahrt für U-Boote zu sperren.

Von den neun U-Booten im Mittelmeer standen nicht alle für den von Hitler ausgerufenen Notstand zur Verfügung. Die Anlagen zur U-Boot-Überholung und Reparatur in Salamis und La Spezia waren noch nicht voll einsatzbereit; zahlreiche Verzögerungen traten auf. Als erster brach Tiesenhausen mit *U331* in Salamis zu einer zweiten Feindfahrt im Mittelmeer auf. Er hatte zunächst den Auftrag, einen deutschen Kommandotrupp bei R'as in Libyen an Land zu setzen und wieder zu bergen, der einen britischen Militärzug sprengen sollte. Tiesenhausen setzte den Trupp an Land, doch er wurde von den Briten auf frischer Tat ertappt.

Als Tiesenhausen in der Nähe des britischen Marinestützpunktes in Alexandria unter Wasser patrouillierte, meldete sein Horcher am Morgen des 25. November laute Schraubengeräusche. Tiesenhausen nahm Kurs auf die gemeldete Position, ging auf Sehrohrtiefe und hatte einen Anblick, der ihm das Herz stillstehen ließ: die Schlachtschiffe *Queen Elizabeth*, *Barham* und *Valiant*, von etwa acht Zerstörern gesichert. Er nahm zunächst die *Queen Elizabeth* aufs Korn, doch sie drehte ab, und er mußte sich das nächstgrößte Ungetüm vornehmen. Es war die *Barham* mit 31 100 Tonnen, aber das Schiff füllte sein Sehrohr so vollständig aus, daß er es nicht identifizieren konnte. Er schoß einen vollen Fächer von vier Bugtorpedos und ging auf die neue Rekordtiefe von 240 Metern.

Die *Barham* – von Lemp mit *U30* im Dezember 1939 bereits schwer beschädigt – wollte gerade ihre Position im Verband wechseln. Sie wurde von drei Torpedos auf der Breitseite getroffen, wobei mindestens einer in der Nähe einer Munitionskammer detonierte. Das Schiff wurde von einer ungeheuren Explosion erschüttert und sank innerhalb von drei Minuten mit ihrem Kommandanten und der Hälfte ihrer Besatzung. Insgesamt kamen 862 Mann ums Leben. Nach der durch Prien versenkten *Royal Oak* war sie das zweite Schlachtschiff, das von einem U-Boot zur Strecke gebracht wurde, und das erste, das auf See versenkt wurde. Die britische Admiralität hielt den Verlust mehrere Wochen lang geheim.

Tiesenhausen konnte das Ergebnis seines Angriffs weder sehen noch hören. In der folgenden Nacht meldete er Dönitz, er habe »ein Schlachtschiff torpediert«, doch das Ergebnis sei ungewiß. Da es keinen Hinweis auf eine Versenkung gab und keine Ankündigung der Admiralität oder Information des B-Dienstes darauf hinwies, hielt sich Dönitz mit Lob zurück und notierte nur, der Angriff sei sehr zufriedenstellend gewesen. Als jedoch die Briten endlich den Verlust der *Barham* meldeten, beantragte er für Tiesenhausen das Ritterkreuz.

In der letzten Novemberwoche nahmen zehn weitere U-Boote Kurs auf das Mittelmeer. Die ersten fünf gelangten unbeschadet durch die Straße von Gibraltar, aber zwei davon wurden schon kurz danach versenkt.

Als erstes U-Boot ging *U95* unter dem Kommando des erfahrenen Gerd Schreiber verloren. Schreiber hatte das Boot im August 1940 in Dienst gestellt und seither durchgehend kommandiert. Am 28. November erspähte die Brückenwache nach der Durchfahrt durch die Meerenge kurz nach Mitternacht ein »Objekt« in der Dunkelheit. Das Objekt war das holländische U-Boot *O21*, das unter dem Kommando von

Johannes Frans van Dulm in britischen Diensten stand und von einer glücklosen Feindfahrt vor der italienischen Küste nach Gibraltar zurückkehrte.

Schreiber ließ die Gefechtsstationen besetzen, zögerte jedoch zu schießen, da er befürchtete, das andere Boot könnte ein befreundetes deutsches oder italienisches U-Boot sein. Er näherte sich dreimal unbemerkt, drehte aber jedesmal wieder ab. Beim viertenmal gab er das übliche deutsche Erkennungssignal ab. Dieses fremde Signal alarmierte *O21*. Van Dulm machte sein Boot gefechtsklar, nahm *U95* ins Visier und schoß einen Hecktorpedo. Er ging fehl, doch der zweite Hecktorpedo traf und riß *U95* in Stücke. Van Dulm fuhr vorsichtig an die Trümmer heran und fand Schreiber, drei weitere Offiziere und acht Mann Besatzung im Wasser. Er fischte sie heraus und brachte sie nach Gibraltar.

In Gibraltar wurde Schreiber mit Hans Ey in eine Zelle gesteckt, dem Kommandanten von *U433*, das zwei Wochen zuvor versenkt worden war. Schreiber und Ey entdeckten eine Schwachstelle in der britischen Sicherung und flohen in der Absicht, auf spanischem Boden Zuflucht zu suchen. Die Briten faßten aber beide Kommandanten wieder und schickten sie nach London.

Als zweites Boot ging Ottokar Paulshens *U557* im Mittelmeer verloren.* Nachdem er in der Nacht des 26. November die Meerenge passiert hatte, erhielt Paulshen den Befehl, gemeinsam mit dem italienischen U-Boot *Dagabur* im östlichen Mittelmeer vor Alexandria zu patrouillieren. Am Abend des 14. Dezember entdeckte die *Dagabur* unter dem Kommando von Alberto Torri den britischen Leichten Kreuzer *Galatea* mit 5200 Tonnen, der auf dem Weg nach Alexandria war. Torri schoß zwei Torpedos auf den Kreuzer und »hörte« zwei Detonationen. Ob er traf oder nicht, ist nie geklärt worden. Auch Paulshen beteiligte sich an dem Angriff und schoß. Kurz darauf sank die *Galatea*.

Nach diesem Erfolg nahm Paulshen Kurs auf den neuen U-Boot-Stützpunkt in Salamis. Am späten Abend des 16. Dezember wurde er etwa 28 Kilometer westlich von Kreta von dem italienischen Torpedoboot *Orione* gesichtet. Die *Orione* hielt *U557* irrtümlich für ein alliiertes U-Boot, lief mit voller Kraft darauf zu, feuerte aus allen Rohren und rammte es. *U557* trug ein riesiges Leck davon und sank. Auch die *Orione* war schwer beschädigt und gelangte nur mit knapper Not wieder in einen Hafen. Als die Deutschen am folgenden Tag von dem Angriff erfuhren, vermuteten sie ganz richtig, daß die *Orione U557* angegriffen hatte, und schickten von Kreta aus Luftpatrouillen auf die Suche nach Überlebenden. Kein einziger wurde gefunden.

Die folgenden fünf U-Boote, die Ende November bei Vollmond Richtung Mittelmeer ausliefen, trafen auf die verstärkten britischen ASW-Maßnahmen. Kein einziges Boot konnte die Meerenge passieren. In Kürze:

- Nach dem Auftanken in Vigo wurde Ritterkreuzträger Lehmann-Willenbrock mit *U96* von einer radarbestückten Swordfish in der Meerenge geortet. Das Flugzeug warf aus geringer Höhe zwei 200-Kilo-Wasserbomben ab. Willenbrock legte das schwer getroffene und von sechs Überwasserschiffen gejagte Boot in etwa 55 bis 70

* Er hatte einen neuen Ersten Wachoffizier an Bord, der Herbert Werner abgelöst hatte. Werner hatte sich für ein eigenes Kommando qualifiziert und schrieb später das Buch *Die eisernen Särge*.

Meter Tiefe für fünf Stunden auf Grund und ließ Reparaturen durchführen. Danach kehrte er nach Frankreich zurück. Der damals an Bord befindliche Kriegsberichter Lothar-Günther Buchheim schildert am dramatischen Höhepunkt seines Romans *Das Boot* diesen Rückzug von *U96*. Er spielt den Vorfall stark hoch und übertreibt auch die Gefahr für die deutschen U-Boot-Bunker in Frankreich durch britische Flieger. Dasselbe gilt auch für den Spielfilm und den Fernseh-Mehrteiler.*

- *U206* unter Herbert Opitz lief am 29. November nach dem Auslaufen vor St. Nazaire auf eine Mine und sank mit der gesamten Besatzung. Die Briten schrieben die Versenkung irrtümlich einer Whitley der British Squadron 502 zu und datierten sie auf den 30. November, doch nach dem Krieg wurde der Irrtum berichtigt. Als *U206* auf Anfragen nicht antwortete, nahm Dönitz zutreffend an, daß das Boot vor St. Nazaire auf eine Mine gelaufen war, und verlangte, das OKM solle die Minenräumarbeiten vor der französischen Küste intensivieren.
- Klaus Bargsten (der den Zerstörer *Cossack* versenkt hatte) lief mit *U563* in Brest aus und wurde von einer Whitley der Squadron 502 im Golf von Biskaya gesichtet. Der Pilot W. W. Cave kam aus der Sonne und warf sechs Wasserbomben, die das U-Boot so schwer beschädigten, daß es nicht mehr tauchfähig war. Nach dem Abwurf der Wasserbomben griff das Flugzeug fünfmal im Tiefflug mit den Bordwaffen an und verwundete Bargsten (zwei Kugeln in der Schulter) und zwei seiner Männer.

Bargsten funkte um Hilfe. Dönitz beorderte Opitz mit *U206* (gesunken) und Walter Flachsenberg mit dem ebenfalls fürs Mittelmeer bestimmten Boot *U71* auf die gemeldete Position. Flachsenberg hatte jedoch einen Maschinenschaden und mußte selbst nach Frankreich zurückkehren. Der verwundete Bargsten brachte *U563* nach Lorient, doch das Boot war so übel zugerichtet, daß es zur Reparatur nach Deutschland zurückkehren mußte. Bargsten nutzte das rauhe Wetter aus und umrundete die Britischen Inseln über Wasser, ohne entdeckt zu werden. Bei der Ankunft in Deutschland wurde ihm und seiner Besatzung ein langer Weihnachtsurlaub gewährt, und sie erhielten ein neues U-Boot. Der Pilot Cave und sein Copilot A. E. Coates, ein Neuseeländer, fielen beide später im Krieg.

- Günther Krech lief mit *U558* in Brest aus und versuchte in der Nacht vom 1. auf den 2. Dezember im Licht eines beinahe vollen Mondes die Durchfahrt durch die Straße von Gibraltar. Mit Radar bestückte britische Flugzeuge entdeckten Krech westlich der Meerenge, und die Maschinen griffen das Boot an. Als die Flugzeuge Überwasserschiffe anforderten, liefen die Sloop *Stork* und die Korvette *Samphire* heran und warfen Wasserbomben. Die Briten bewerteten den kombinierten Angriff von Flugzeugen und Überwasserschiffen als erfolglos. Tatsächlich jedoch wurde *U558* so schwer beschädigt, daß Krech nach Frankreich zurückkehren mußte.

Nach einem vorübergehenden Rückschlag gruppierte sich die 8. Armee der Briten neu, trieb die Truppen der Achsenmächte in Libyen weiter nach Westen und befreite Tobruk. Weitere 15 U-Boote, darunter einige, deren Kommandanten ihre erste Atlantikfahrt machten, nahmen Kurs auf die Straße von Gibraltar, wobei mehrere in Vigo nachtankten.

- Jürgen Könnenkamp mit *U375* fuhr auf seiner ersten Feindfahrt von Deutschland

---

* Siehe dazu Krug (1996) »Filming *Das Boot*«.

aus direkt in die Straße von Gibraltar. Am Abend des 6. Dezember wurde er von britischen ASW-Kräften gesichtet und mit Wasserbomben belegt. Er mußte sich in den Atlantik zurückziehen und meldete Dönitz, er werde es in einer günstigeren Nacht noch einmal versuchen. Zwei Nächte später, am 9. Dezember, schaffte er die Durchfahrt.

• Alfred Schlieper brach mit *U208* am 3. Dezember in Brest zu seiner zweiten Feindfahrt auf. Er kam heil durch den Golf von Biskaya, aber danach meldete er sich nicht mehr. Später kam man zu dem Schluß, daß er am 7. Dezember von den britischen Zerstörern *Hesperus* und *Harvester* 130 Kilometer westlich der Meerenge entdeckt und mit Wasserbomben versenkt wurde. Es gab keine Überlebenden.

• Am 7. Dezember lief Heinrich Heinsohn mit *U573* in St. Nazaire zu seiner zweiten Feindfahrt aus, mußte aber wegen eines undichten Torpedorohres die Fahrt abbrechen. Am 11. Dezember brach er erneut auf und passierte am 18. Dezember die Meerenge.

• Auch Johannes Liebe erhielt den Befehl, mit *U332* gleich auf seiner ersten Feindfahrt von Deutschland aus in Vigo nachzutanken und dann ins Mittelmeer zu fahren. Als sich das Boot am 6. Dezember der Küste näherte, wurde es von einer Catalina der British Squadron 202 gesichtet und bombardiert. Der Pilot Hugh Garnell forderte Überwasserschiffe an. Liebe entkam seinen Verfolgern, wurde jedoch zwei Tage später, am 9. Dezember, erneut von britischen Flugzeugen entdeckt und mit Spreng- oder Wasserbomben angegriffen. Sie richteten so schweren Schaden an, daß Liebe nach Frankreich zurückkehren mußte. Der Pilot Garnell kam später im Südpazifik ums Leben.

• Günther Heydemann erhielt bei seiner zweiten Atlantikfahrt mit *U575* ebenfalls den Befehl, in Vigo nachzutanken und danach ins Mittelmeer zu fahren. Auch er wurde am 9. Dezember, als er sich der Küste näherte, gesichtet und mit Wasserbomben angegriffen. Er tankte am Abend des 11. Dezember befehlsgemäß in Vigo auf, entdeckte dabei aber, daß der Schaden so schwer war, daß er zur Reparatur nach Frankreich zurückkehren mußte.

• Hans Peter Hinsch lief mit *U695* in St. Nazaire zu seiner dritten Feindfahrt aus und wollte am Abend des 16. Dezember bei hellem Mondlicht die Straße durchfahren. Britische Flugzeuge entdeckten Hinsch in der Meerenge und zwangen ihn mit Wasserbomben zum Tauchen. Das Boot war so schwer beschädigt, daß Hinsch die Fahrt ebenfalls abbrechen und zur Reparatur nach Frankreich zurückkehren mußte.

• Hans-Heinz Linder legte mit *U202* in Brest ab und sollte nach der Vollmondphase die Straße von Gibraltar passieren. In der Nacht des 21. Dezember erreichte er die westliche Zufahrt zur Meerenge, mußte aber nach Frankreich zurückkehren. Er lief erst im März wieder aus.

• Nach der Überholung in Kiel stach das ehemalige Nordmeer-Boot *U451* unter Eberhard Hoffmann in See. Auch Hoffmann machte seine erste Atlantikfahrt. Er tankte in Lorient nach, lief drei Tagen später wieder aus und erreichte in den Frühstunden des 21. Dezember die Meerenge. Während Hoffmann sich auf die Durchfahrt vorbereitete, entdeckte eine radarbestückte Swordfish, die früher zu Squadron 812 der *Ark Royal* gehört hatte, *U451* in einer Entfernung von 6,5 Kilometern. Die Swordfish ging im Sturzflug auf 18 Meter herunter und warf drei 120-Kilo-Wasserbomben; alle waren auf 15 Meter Tiefe eingestellt.

Hoffmann befahl alarmzutauchen und ließ dabei versehentlich seinen seit 1934 bei der Kriegsmarine dienenden Ersten Wachoffizier Walter Köhler an Deck. Von den Leuchtgranaten der Swordfish alarmiert, eilte die britische Korvette *Myosotis* in das Gebiet, wo der Angriff stattgefunden hatte. Sie fand einen dicken Ölfilm vor und konnte weder mit dem Radar- noch mit dem Sonargerät eine Ortung bekommen. Die Briten hörten Köhlers Rufe, fanden ihn und nahmen ihn an Bord. Köhler wußte nicht, ob *U451* versenkt oder entkommen war. Deshalb konnte seine Rettung und Gefangennahme nicht als Beweis für eine Versenkung gewertet werden. Doch es war eine Versenkung gewesen; *U451* blieb spurlos verschwunden. Es war das erste deutsche U-Boot, das bei Nacht von einem radarbestückten Flugzeug versenkt wurde.*

• Unno von Fischel brach mit *U374* in Frankreich zu seiner zweiten Feindfahrt auf und passierte die Straße von Gibraltar in der Nacht vom 10. zum 11. Dezember. Danach fing Kernével eine verzweifelte Meldung von Fischel auf, die besagte, er sei entdeckt worden, werde von »vier Zerstörern« gejagt und brauche »sofortige Luftunterstützung«. Letzteres war möglicherweise ein Irrtum, denn Fischel wußte sehr wohl, daß deutsche »Luftunterstützung« bei Gibraltar so gut wie unmöglich war. Danach beschloß Fischel vermutlich, seine Verfolger anzugreifen. Am 11. Dezember versenkte er das Patrouillenfahrzeug *Rosabelle* mit 500 Tonnen und den tapferen Trawler *Lady Shirley*, der einen Monat zuvor Wilhelm Kleinschmidts *U111* in einem offenen Feuergefecht mitten auf dem Ozean versenkt hatte. Durch diese Siege konnte Fischel die anderen Verfolger abschütteln und gelangte ins Mittelmeer.

Bis zur dritten Dezemberwoche waren 37 U-Boote ins Mittelmeer aufgebrochen. Drei Boote waren bei der Annäherung an die Straße von Gibraltar oder bei der versuchten Durchfahrt verlorengegangen (*U206*, *U208*, *U451*); acht waren umgekehrt, sechs mit schweren Gefechtsschäden und zwei wegen technischer oder anderer Probleme. Nur 26 von 37 Booten waren ins Mittelmeer gelangt, und 3 von ihnen, *U95*, *U433* und *U557*, waren fast unmittelbar danach verlorengegangen; damit verblieben noch 23 U-Boote.

Bei dem Versuch, zwei Geleitzüge im östlichen Mittelmeer anzugreifen, fielen noch im Dezember zwei weitere U-Boote den britischen Geleitfahrzeugen zum Opfer. Am 23. Dezember belegten die Zerstörer *Hasty* und *Hotspur* *U79* mit Wasserbomben und zwangen den Kommandanten Wolfgang Kaufmann zur Selbstversenkung. Kaufmann und alle 43 Besatzungsmitglieder wurden gerettet. Am 28. Dezember belegte der Zerstörer *Kipling* Helmut Ringelmann in *U75* mit Wasserbomben und zwang ihn zur Selbstversenkung. Ringelmann und 18 andere U-Boot-Fahrer kamen dabei ums Leben; 25 Deutsche wurden von dem Zerstörer aus dem Wasser gefischt. Damit hatte sich die Zahl der im Mittelmeer operierenden U-Boote auf 21 vermindert.

Außer dem Träger *Ark Royal*, dem Schlachtschiff *Barham* und dem Leichten Kreuzer *Galatea* versenkten die U-Boote, die in den Monaten November und Dezember 1941 im Mittelmeer operierten, zwei weitere Kriegsschiffe (die australische Sloop *Parramatta* und die britische Korvette *Salvia*) und acht Frachter oder Tanker mit etwa 30 500 BRT. Diese Verluste bewirkten zusammen mit einem erfolgreichen Angriff ita-

* Und es war nach der Versenkung von *U64* bei Narvik im April 1940 die zweite U-Boot-Versenkung durch eine Swordfish der Navy ohne Unterstützung von Überwasserschiffen.

lienischer Froschmänner* auf die Schlachtschiffe *Queen Elizabeth* und *Valiant* im Hafen von Alexandria, dem Verlust des Kreuzers *Neptune* und der Beschädigung des Kreuzers *Aurora* durch Minen der Achsenmächte sowie der Verlegung der deutschen Luftflotte 2 von Rußland ins Mittelmeer, daß die britische Kriegsmarine zeitweilig die Vorherrschaft im Mittelmeer verlor. Sie war nicht mehr in der Lage, die 8. Armee zu unterstützen, und dies war einer der Gründe, warum die britische Offensive Crusader nach der Einnahme von Benghazi in Libyen ins Stocken geriet. Die Truppen der Achse verschanzten sich bei El Agheila; ein weiteres Patt im nordafrikanischen Wüstenkrieg war die Folge.

In der Anfangsphase wurden die U-Boote im Mittelmeer von Dönitz in Kernével geführt. Er ging davon aus, daß die U-Boote in den Atlantik zurückkehren würden, sobald sich die militärische Lage in Nordafrika wieder zugunsten der Achse gewendet hätte. Am 7. Dezember jedoch übertrug die Seekriegsleitung das Kommando über die Boote dem deutschen Oberkommando in Rom, das von dem Luftwaffengeneral Albert Kesselring geleitet wurde. Sein ranghöchster Marineberater (und Verbindungsoffizier zur italienischen Flotte) war Eberhard Weichold, und der Ritterkreuzträger Viktor Oehrn (ehemals *U37*) trug für kurze Zeit den Titel Führer der U-Boote Süd. Administrativ hatte der italienischsprechende 53jährige Franz Becker (Crew-Jahr 1906) das Kommando über die 21 verbliebenen U-Boote, die allesamt der 29. Flottille zugeteilt waren, die über Stützpunkte in Salamis, in La Spezia und im noch italienischen Pola verfügte.

Im Gegensatz zu Dönitz' Vermutung kehrte kein einziges U-Boot, das 1941 (oder später) ins Mittelmeer entsandt wurde, jemals in den Atlantik zurück. Ein nicht enden wollender Strom von U-Booten sollte dort verlorengehen – ein schwerer Verlust an Kampfkraft im »entscheidenden« Gebiet der nordatlantischen Seewege und ein Schachzug, der trotz hoher Kosten nur wenig einbrachte.

Der Verlust der Kota Pinang, der Atlantis und der Python

Trotz des drastischen Rückgangs der U-Boot-Erfolge in westafrikanischen Gewässern setzte Dönitz im Spätherbst 1941 die Feindfahrten in dieses Gebiet fort. Wie schon zuvor mußten die Briten wegen weniger U-Boote, die nur wenig ausrichteten, Geleitzüge aufstellen und ASW-Kräfte aus der entscheidenden Zone im Nordatlantik abziehen. Und außerdem kam die Anwesenheit der Boote indirekt Rommel zugute.

Zwei weitere »Wellen« wurden in das entlegene Gebiet entsandt.

Die ersten beiden U-Boote, *U126* unter Ernst Bauer und *U129* unter Nikolaus Clausen, liefen Ende September aus. Beide sollten – wie auch die anderen U-Boote

* Von dem italienischen U-Boot *Scirè* aus drangen die Froschmänner in der Nacht vom 18. auf den 19. Dezember in den Hafen ein. Sie ritten auf drei langsam laufenden »bemannten Torpedos«, die über ausklinkbare 250-Kilo-Sprengköpfe mit Zeitzündern verfügten. Die schweren Detonationen rissen große Löcher in das 32 000-Tonnen-Schiff *Queen Elizabeth* und ihr Schwesterschiff *Valiant* sowie in den den 7500-Tonnen-Tanker *Sagona* und den Zerstörer *Jervis*. Beide Schlachtschiffe sanken im flachen Wasser und waren viele Monate außer Gefecht. Die sechs italienischen Froschmänner, die diese erstaunliche Tat vollbracht hatten, überlebten und wurden gefangengenommen.

im Südatlantik – von dem Versorgungsschiff *Kota Pinang* unterstützt werden, das ebenfalls Ende September in Bordeaux auslief. Die britische Admiralität wußte aus entzifferten Enigma-Funksprüchen von diesem Plan und sandte die beiden in Gibraltar stationierten Kreuzer *Kenya* und *Sheffield* aus, um die *Kota Pinang* abzufangen. Die *Kenya* entdeckte das Versorgungsschiff in den frühen Morgenstunden des 4. Oktober etwa 1400 Kilometer westlich von Spanien, versenkte es durch Geschützfeuer und überließ die Überlebenden ihrem Schicksal.

Clausen in *U129* hatte die Aufgabe erhalten, sich mit der *Kota Pinang* zu treffen und sie zu eskortieren. Er traf ein, als die *Kota Pinang* bereits unter Beschuß stand. Als die *Kenya* abgelaufen war, fuhr Clausen an die Rettungsboote heran und nahm 119 deutsche Überlebende an Bord. Er nahm Kurs auf Lorient, doch als Dönitz von dem Rückschlag erfuhr, befahl er Clausen, die Überlebenden nach El Ferrol in Spanien zu bringen. Zwei Tage später lag Clausen vor diesem Hafen und übergab die Überlebenden einem spanischen Schleppboot. Dann kehrte er nach Lorient zurück, um seine arg dezimierten Lebensmittel- und Frischwasservorräte aufzufüllen. Nach einiger Zeit wurden die deutschen Überlebenden wieder in das von Deutschland besetzte Frankreich überführt.

Der Verlust der *Kota Pinang* war ein schwerer Schlag für den U-Boot-Feldzug im Südatlantik. Vier der fünf Boote in südatlantischen Gewässern mußten deshalb den Rückmarsch antreten; lediglich Merten blieb mit *U68* in dem Gebiet, weil das Boot von *U111* und dem beschädigten *U67* Nachschub erhalten hatte. Auf dem Rückmarsch wurden Zapp mit *U66*, Winter mit *U103* und Heßler mit *U107* zeitweilig der glücklosen Gruppe Störtebecker vor Gibraltar zugeteilt, aber keiner von ihnen hatte noch genügend Treibstoff oder Vorräte für einen wirkungsvollen Einsatz, und sie fuhren bald weiter nach Frankreich. Bei ihrer Ankunft wurde Heßler zum Ersten Stabsoffizier seines Schwiegervaters befördert und löste Viktor Oehrn ab, der ins Mittelmeer versetzt wurde.

Zufällig befand sich der berühmte deutsche Handelsstörer *Atlantis* zu jener Zeit auf dem Heimweg von einer langen Reise in den Pazifik. Dönitz arrangierte, daß Merten mit *U68*, Bauer mit *U126* und Clausen mit *U129* bei der *Atlantis* ihre Vorräte auffrischen konnten, doch kurz nach dem Auslaufen hatte Clausen mit *U129* einen Maschinenschaden und mußte ein zweites Mal nach Frankreich zurückkehren.

Damit blieben Ende Oktober nur zwei U-Boote im Südatlantik: Merten mit *U68* und Bauer mit *U126*. Merten stieß weit in den Südatlantik vor, um die Routen der Geleitzüge zu erkunden, und kundschaftete die Gegend um die Inseln Ascension und Sankt Helena aus. In Ascension fand er kein Ziel, aber in Sankt Helena schlüpfte er kühn in den Hafen von Jamestown hinein und versenkte den britischen 8100-Tonnen-Tanker *Darkdale* mit einem Viererfächer. Danach ging er auf östlichen Kurs und suchte die afrikanische Küste vor der Walfischbai von Britisch-Südwestafrika ab. Unterwegs versenkte er zwei große britische Frachter mit 10300 BRT, die allein fuhren. Bauer versenkte mit *U126* vor Freetown drei alleinfahrende Schiffe mit 16900 BRT: den 7000-Tonnen-Tanker *British Mariner* und am 19. Oktober den amerikanischen 5000-Tonnen-Frachter *Lehigh*.* Der hatte gezackt, und Bauer hatte ihn deshalb für

* Nach der *Robin Moor* war die *Lehigh* das zweite amerikanische Handelsschiff, das von U-Booten versenkt wurde, bevor Amerika in den Krieg eintrat.

ein britisches Schiff gehalten, so behauptete er zumindest. Beide U-Boote liefen anschließend eilig in Richtung Mittelatlantik, um sich mit dem heimkehrenden Handelsstörer *Atlantis* zu treffen.

Die zweite Gruppe von U-Booten im Südatlantik hatte sich höhere Ziele gesetzt. Zusammen mit Bauers *U126*, das zunächst von dem Handelsstörer *Atlantis* und dann von dem frisch aus Frankreich ausgelaufenen Versorgungsschiff *Python* versorgt wurde, sollten vier U-Boote den Schiffsverkehr direkt vor Kapstadt in Südafrika angreifen. Die anderen drei U-Boote waren *U124* unter Johann Mohr, das verspätete Boot *U129* unter Nikolaus Clausen und *UA*, das nach monatelanger Werftliegezeit noch immer unter dem Kommando von Hans Eckermann wieder in den Atlantik zurückkehrte. Durch den Funkverkehr ahnte die Admiralität, was geplant war, und traf Vorkehrungen, um die deutsche Operation zu vereiteln.

Vereinbarungsgemäß traf Merten mit *U68* am 13. November die *Atlantis*, doch der Seegang war zu schwer, um das Versorgungsmanöver durchzuführen. Die Fahrzeuge blieben in Verbindung und warteten auf einen Wetterumschwung. Inzwischen hatten sich die Briten zu einer zweiten »taktischen Verwendung« von Enigma-Erkenntnissen entschlossen. Die Schweren Kreuzer *Devonshire* und *Dorsetshire* und der Leichte Kreuzer *Dunedin* wurden unabhängig voneinander losgeschickt, um die *Atlantis*, das Versorgungsschiff *Python* und die fünf U-Boote, die sich mit diesen Schiffen treffen sollten, aufzuspüren und zu versenken. Am 14. November besserte sich das Wetter, und *U68* ging längsseits der *Atlantis*. Merten übernahm Dieselöl, Lebensmittel, Wasser, Seife, Handtücher, Unterwäsche und Zigaretten. Dann brach er auf, um vor Freetown zu patrouillieren und anschließend nach Hause zu fahren.

Ebenfalls plangemäß traf Bauer mit *U126* am 22. November an einem schönen Morgen die *Atlantis*. Bei Bauer war ein Maschinenschaden aufgetreten, den er nicht beheben konnte, und er hatte von Kernével die Erlaubnis erhalten, die Fahrt nach Kapstadt abzubrechen und nach Frankreich zurückzukehren. Folglich mußten Bauers Vorräte nicht so dringend ergänzt werden.

Der Kommandant der *Atlantis*, Bernhard Rogge, lud Bauer und »ein paar« Mann der Besatzung zum Frühstück ein. Bauer nahm die Einladung an, weil er meinte, das Gebiet sei sicher vor feindlichen Angriffen. Während Bauer ein Bad nahm, meldete ein Ausguck der *Atlantis* Masten am Horizont. Es war der mit acht 8-Zoll-Geschützen bewaffnete Schwere Kreuzer *Devonshire*. Die Admiralität hatte die *Devonshire* anhand entzifferter Funksprüche zu dem Treffpunkt gelenkt, wobei der Anschein erweckt werden sollte, daß sich der Kreuzer auf einer Routinepatrouille befand. Und das Aufklärungsflugzeug hatte die *Atlantis* und *U126* gesichtet.

Die *Devonshire* eröffnete aus einer Entfernung von etwa 13 Kilometern das Feuer. Die *Atlantis* und *U126* liefen sofort auseinander, und Bauer blieb mit einem Teil der U-Boot-Crew an Bord der *Atlantis* zurück. *U126* tauchte unter dem Kommando des Ersten Wachoffiziers, um dem Artilleriefeuer zu entgehen und die *Devonshire*, falls sich eine Gelegenheit bot, selbst anzugreifen. Sie wußte jedoch, daß *U126* in der Nähe war, blieb in großer Entfernung und fuhr ständig Ausweichmanöver; gleichzeitig feuerte sie eine Granate nach der anderen auf die *Atlantis*. Als der Handelsstörer so durchlöchert war, daß keinerlei Hoffnung mehr bestand, befahl Rogge die Selbstversenkung und gab das Schiff auf.* Als die *Devonshire* sah, daß die *Atlantis* sank, räumte sie das Feld, um einem Angriff durch *U126* zu entgehen.

U126 tauchte auf und nahm Bauer und die anderen U-Boot-Fahrer an Bord. Bauer meldete die Katastrophe nach Kernével und kümmerte sich danach um die Rettung der 305köpfigen Besatzung der *Atlantis*. Er nahm 107 Mann an Bord, 55 Mann, darunter alle Verwundeten, kamen unter Deck und 52 aufs Oberdeck. Die übrigen 198 Mann wurden auf sechs Rettungsboote verteilt. Bauer nahm die Rettungsboote ins Schlepptau und steuerte die südamerikanische Küste an. Er berichtete Dönitz über diese Maßnahmen und fügte hinzu, daß *U126* auf dem Rückmarsch werde nachtanken müssen.

Nach dieser Meldung befahlen jedoch das OKM und Kernével dem neu eingetroffenen Versorgungsschiff *Python*, die Überlebenden der *Atlantis* zu übernehmen und nach Frankreich zurückzukehren. Gleichzeitig sollte der U-Boot-Überfall auf Kapstadt wie geplant stattfinden; Mertens *U68* sollte Bauers *U126* ersetzen, dessen Maschinen noch immer nicht einwandfrei liefen. Die vier U-Boote der neu formierten Kapstadt-Gruppe sollten bei der *Python* nachtanken, bevor sie nach Frankreich zurückkehrten.

Die *Python* steuerte die Peilzeichen von *U126* an und traf am 24. November ein. Sie nahm die 305 Überlebenden der *Atlantis* an Bord und versorgte Bauers *U126*. Danach nahm Bauer Kurs auf Frankreich, während die *Python* zu ihrem nächsten Rendezvous abdampfte, um die vier Boote der Kapstadt-Gruppe aufzutanken. Der Treffpunkt befand sich 3 100 Kilometer südlich der Stelle, wo die *Atlantis* versenkt worden war. Auch dieser neue Plan wurde der Admiralität von ihrem Entzifferungsdienst gemeldet, und sie traf Vorkehrungen für eine zweite Falle.

Auf dem Weg zu dem Treffen mit der *Python* sichtete Mohr in *U124* am Nachmittag des 24. November den Mastkorb eines britischen Kriegsschiffes. Es war der alte Leichte Kreuzer *Dunedin*, der mit hoher Geschwindigkeit einen Zickzackkurs fuhr. Mohr setzte sich mit einer Hundekurve vor das Schiff und tauchte für einen Sehrohrangriff. Der Angriff war keineswegs perfekt, da Mohr durch einen zeitweiligen Ausfall der Bugtiefenruder und einen defekten Tiefenmesser behindert wurde. Zu allem Überfluß drehte die *Dunedin* plötzlich ab, als Mohr endlich schußbereit war. In seiner Verzweiflung schoß Mohr drei Torpedos aus der großen Entfernung von 5,5 Kilometern. Erstaunlicherweise wurde der Kreuzer nach einem Lauf von fünf Minuten und zwanzig Sekunden trotzdem von zwei Torpedos getroffen. Er explodierte und sank sofort unter hohen Verlusten an Menschenleben.

Wie geplant trafen sich am 30. November *U68* unter Merten und *UA* unter Ekkermann mit der *Python*. Merten nahm auf seiner überlangen Feindfahrt bereits zum viertenmal Vorräte auf und tankte *U68* voll. Am folgenden Tag, dem 1. Dezember, übernahm Merten Torpedos von der *Python*, während *UA* sich mit dem Bug voraus heranschob, um Treibstoff nachzutanken. Die Admiralität hatte den mit acht 8-Zoll-Geschützen bestückten Schweren Kreuzer *Dorsetshire* zu dem Treffen dirigiert. Er traf am Spätnachmittag in dem Gebiet ein und startete ein Aufklärungsflugzeug, das die deutschen Schiffe sichtete. Die *Dorsetshire* fürchtete, daß die *Python* britische

* Die *Atlantis* hatte als erfolgreichster Handelsstörer des Krieges 622 Tage auf See verbracht, über 188 000 Kilometer zurückgelegt und 22 Schiffe mit 145 698 BRT versenkt oder gekapert.

Kriegsgefangene an Bord hatte, und gab aus 22 Kilometern Entfernung »zwei Warnschüsse« ab, um die *Python* zur Kapitulation zu zwingen.

Völlig überrascht liefen die deutschen Fahrzeuge sofort auseinander. Die wehrlose *Python* fuhr mit voller Kraft davon und ließ die beiden U-Boote zwischen sich und der *Dorsetshire*. Merten und Eckermann tauchten, um anzugreifen, doch es ging alles schief, was schiefgehen konnte. Mertens Torpedos waren noch nicht korrekt verstaut und das Boot war noch nicht getrimmt. Als er tauchte, geriet *U68* außer Kontrolle und sank steil über den Bug ab. Nach den erforderlichen Notmaßnahmen war jede Chance auf einen Angriff vertan. Eckermann in *UA* mißlang sein Angriff. Er schoß fünf Torpedos aus sehr großer Entfernung und unterschätzte bei der Einstellung die Geschwindigkeit der *Dorsetshire*. Um weiteren U-Boot-Angriffen zu entgehen, lief die *Dorsetshire* aus dem Gebiet ab und ließ die inzwischen versenkte *Python* zurück.

Als der Kreuzer verschwunden war, tauchten die beiden U-Boote inmitten der Überlebenden der *Python* auf. Einschließlich der Besatzung der *Atlantis* waren 414 Deutsche auf elf Rettungsboote und zahlreiche Flöße verteilt. Der Kommandant der *Atlantis*, Bernhard Rogge, übernahm als ranghöchster Offizier das Kommando über die Rettungsaktion. Er brachte jeweils etwa 100 Überlebende an Bord von *U68* und *UA* und verteilte die verbliebenen 200 Mann auf zehn Rettungsboote. Danach nahm jedes U-Boot fünf Rettungsboote ins Schlepptau. Eckermann meldete mit *UA* dieses zweite Desaster nach Kernével und fügte hinzu, beide U-Boote und ihr Zug aus Rettungsbooten hätten genügend Treibstoff, um die 9200 Kilometer nach Frankreich zurückzulegen.

Die Nachricht von dieser zweiten Versenkung löste einen gewaltigen Schock aus. Dönitz sagte den Vorstoß nach Kapstadt ab und befahl den anderen beiden U-Booten, *U124* unter Mohr und *U129* unter Clausen, zu *U68* und *UA* zu stoßen und ihnen nach Kräften zu helfen. Mohr eilte mit *U124* in der Nacht des 3. Dezembers nach Norden und stieß auf einen abgedunkelten Frachter auf Zickzackkurs; er stoppte und durchsuchte ihn. Es war der amerikanische 6300-Tonnen-Frachter *Sagadahoc* mit Kurs auf Durban in Südafrika. Mohr kam zu dem Schluß, die Ladung sei Konterbande, schickte die Besatzung in die Rettungsboote und versenkte den Frachter. Es war das dritte amerikanische Handelsschiff, das vor dem Kriegseintritt der USA einem U-Boot zum Opfer fiel.

Am 5. Dezember trafen Mohr mit *U124* und Clausen mit *U129* am Ort der Katastrophe ein. Rogge verteilte die 200 Überlebenden in den Rettungsbooten auf *U124* und *U129* und ließ die Rettungsboote treiben. Die vier U-Boote, von denen jedes etwa 104 Überlebende an Bord hatte, fuhren danach erheblich schneller nach Norden. Auf jedem Boot war die eine Hälfte der Überlebenden unter Deck und die andere auf dem Oberdeck in Gummibooten oder auf Floßen verteilt, die bei einem plötzlichen Tauchmanöver frei treiben würden. Für die Überlebenden an Deck wurde es eine lange, kalte und entbehrungsreiche Reise.

In der Zwischenzeit wandte sich Dönitz an die Italiener um Hilfe. Sie sandten vier große in Bordeaux stationierte U-Boote aus, die mit Höchstgeschwindigkeit nach Süden eilten. Die italienischen Boote trafen die vier deutschen U-Boote zwischen dem 16. und dem 18. Dezember an unterschiedlichen Orten in der Nähe der Kapverdischen Inseln, übergaben ihnen Treibstoff, Schmieröl und Lebensmittel und nahmen

260 deutsche Überlebende an Bord.* Auf dem Weg nach Frankreich entdeckte ein britischer Zerstörer oder eine Korvette die *Torelli* und griff sie heftig mit Wasserbomben an, doch das U-Boot überstand den Angriff. Die übrigen sieben Boote kamen ohne ein weiteres Mißgeschick in Frankreich an.

Die Rettungsoperation für die Überlebenden der *Atlantis* und der *Python* wurde rasch zur Legende. Kein einziger Deutscher der 414 Mann auf den beiden Schiffen kam ums Leben. Doch die Versenkung der *Kota Pinang*, der *Atlantis* und schließlich der *Python* innerhalb von nur 60 Tagen überzeugte Dönitz, daß die Versorgung von U-Booten durch Überwasserschiffe nicht mehr »ratsam« war. Die Feindfahrten nach Freetown – oder Kapstadt – mußten aufgegeben werden, bis die in Bau befindlichen U-Tanker zur Verfügung standen.

Der Verlust der *Atlantis* und der *Python* weckte erneut den Verdacht, die Briten hätten den Enigma-Schlüssel der Marine geknackt. Das OKM teilte die Ansicht, daß die Verluste nicht zufällig gewesen seien, bekräftigte jedoch nach einer weiteren flüchtigen Untersuchung der Funksicherheit abermals sein Vertrauen in den Marineschlüssel mit dem Argument, daß in den letzten Wochen drei Prisenschiffe in Frankreich eingetroffen seien und zwei Blockadebrecher Frankreich verlassen hätten, die trotz intensiven Funkverkehrs nicht angegriffen worden seien. Diese Überlegung basierte im wesentlichen auf der irrigen Annahme, daß die Briten *jede* Information aus der Funkentzifferung taktisch verwerten würden.

Ab Juli 1941 hatte Dönitz 18 U-Boote auf Feindfahrten in westafrikanische Gewässer geschickt. Vier U-Boote der besonderen Einsatzgruppe für Freetown mußten wegen des Verlusts der deutschen Versorgungsschiffe ihren Einsatz abbrechen. *U67* rammte das britische U-Boot *Clyde* und mußte ebenfalls abbrechen. Die übrigen 13 U-Boote erzielten 19 bestätigte Versenkungen, ein Durchschnitt von nur 1,5 Schiffen pro Boot und (überlanger) Feindfahrt. Sechs Boote versenkten kein Schiff. Ein Boot, *U111*, wurde von einem britischen Trawler versenkt. Im November und Dezember hatte Dönitz keine U-Boote mehr in dieses Gebiet entsandt.

Eine heroische Geleitzugschlacht

Als weitere Maßnahme zur Unterstützung des Afrikakorps wies das OKM Dönitz Anfang Dezember an, ein Dutzend U-Boote ständig vor der westlichen Mündung der Straße von Gibraltar im Atlantik patrouillieren zu lassen. Sie sollten die Angriffe auf Geleitzüge fortsetzen, die vom Mittelmeer zu den Britischen Inseln und wieder zurück fuhren.

Wiederum äußerte Dönitz Bedenken. Der größte Teil der Nachschublieferungen, betonte er abermals, gelange über Freetown und Kapstadt ins Mittelmeer, und nicht über Gibraltar. Außerdem seien die britischen ASW-Maßnahmen in den Gewässern westlich von Gibraltar verstärkt worden, und die ein- und auslaufenden Geleitzüge seien sicherlich besser gesichert als je zuvor. Weil so viele U-Boote vom Typ VII im Mittelmeer standen und zehn weitere bei der versuchten Durchfahrt gescheitert wa-

* Merten in *U68* übergab 70 Mann an die *Tazzoli*, Mohr in *U124* 70 Mann an die *Calvi*, Clausen in *U129* 70 Mann an die *Finzi* und Eckermann in dem größeren Boot *UA* 50 Mann an die *Torelli*.

ren, hatte Dönitz nicht genügend Boote vom Typ VII, um die Gibraltar-Geleitzüge anzugreifen. Wenn das OKM auf seinem Vorschlag bestand, würde er einige Boote vom Typ IX einsetzen müssen, die als ungeeignet für den Angriff auf schwer bewachte Geleitzüge galten.

Das OKM blieb bei seiner Forderung.

Als erstes verlegte Dönitz die Gruppe Steuben aus sechs U-Booten von Gewässern um Newfoundland in die Zufahrten zur Straße von Gibraltar. Zu der Gruppe gehörten zwei Boote vom Typ IX: Wolfgang Lüths betagtes Boot *U43* und Georg Schewes *U105*. Bei stürmischem Wetter stieß Lüth am 29. November in der Nähe der Azoren auf Teile des vom Sturm zersprengten Geleitzuges Outbound South 12, der ursprünglich aus 52 Handelsschiffen und einer Sicherungsgruppe von sechs Geleitfahrzeugen bestanden hatte.

Lüth entdeckte etwa die Hälfte der Handelsschiffe und die Hälfte der Geleitfahrzeuge. Er versenkte zwei britische Frachter in dem Geleitzug, die *Thornliebank* mit 5600 BRT und die *Ashby* mit 4900 BRT. Erstere war ein voll beladenes Munitionsschiff; sie explodierte mit einem fürchterlichen Getöse, und Trümmer flogen in alle Richtungen durch die Luft. In einer Propagandasendung versicherte Lüth später, eine Granate sei von der einen Kilometer entfernten *Thornliebank* herübergeschleudert worden und habe seinem Steuermann Theodor Petersen, der sich an Deck befand, einen blauen Fleck geschlagen. Die beiden früheren Küstenwachfahrzeuge, *Totland* und *Sennen*, und ein weiteres Geleitfahrzeug sichteten *U43*, drückten das Boot unter Wasser und belegten es stundenlang mit Wasserbomben, aber Lüth wich aus und entkam.

Einen Tag später, am 2. Dezember, stieß Lüth auf den alleinfahrenden amerikanischen 11 900-Tonnen-Tanker *Astral*, der Benzin geladen hatte und aus der Karibik kam. Lüth hielt die *Astral* für einen britischen 12 300-Tonnen-Tanker der San-Melito-Klasse – zumindest schreibt er das in seinem Propagandabuch aus der Kriegszeit* – und versenkte sie mit zwei Torpedos.

Nach seiner Schilderung bot der brennende Tanker ein herrliches Schauspiel. Noch Stunden danach standen dicke Rauchwolken so hoch über der Stelle, daß man unter ihnen ein paar kleine, leuchtende Schönwetterwolken sehen konnte. Über die Hälfte des Himmels war von schwarzem Rauch bedeckt.

Von der 37köpfigen Besatzung überlebte kein einziger. Dönitz versuchte, die anderen fünf Boote der Gruppe Steuben an den Geleitzug Outbound South 12 heranzuführen, doch alle Bemühungen scheiterten. Nach dieser vergeblichen Jagd mußte die Gruppe Steuben aufgelöst werden, weil der Treibstoff der sechs Boote zur Neige ging. Die Ritterkreuzträger Lüth mit *U43* und Schewe mit *U105* (der auf dieser Fahrt kein einziges Schiff versenkt hatte) nahmen Kurs auf Frankreich. Die vier anderen Boote erhielten zunächst den Befehl, in Vigo zu tanken und direkt ins Mittelmeer zu fahren, doch der Befehl wurde später teilweise geändert.

Auf dem Weg zum Nachtanken in Vigo für den Durchbruch ins Mittelmeer stieß

---

* *Boot greift wieder an. Ritterkreuzträger erzählen.* Diese und andere Feindfahrten von Wolfgang Lüth sind von dem amerikanischen Biographen Jordan Vause in seinem Buch *U-boat Ace* (Annapolis, 1990) geschildert worden. Bei den Einzelheiten über den Verlust der *Astral* stützte sich Vause auf zwei voneinander unabhängige Beiträge von Edward F. Oliver und Arthur Gordon in den U.S. Naval Institute Proceedings vom März 1961 beziehungsweise vom Oktober 1965.

U434 von der Gruppe Steuben auf den Geleitzug Outbound Gibraltar 77. Das Boot wurde von dem 28jährigen Wolfgang Heyda kommandiert, war in Deutschland ausgelaufen und befand sich auf seiner ersten Feindfahrt. Heyda hielt Fühlung, und Dönitz führte Lüth mit *U43* und Müller-Stöckheim mit *U67*, einem weiteren Typ-IX-Boot, heran. *U67* war nach dem Zusammenstoß mit dem britischen U-Boot *Clyde* bei den Kapverdischen Inseln repariert worden und frisch aus Lorient ausgelaufen. Lüth erspähte einen Zerstörer und griff ihn mit seinem letzten Torpedo an, verfehlte jedoch sein Ziel. Da sein Treibstoff zur Neige ging, konnte er nicht mehr Fühlung halten, sondern mußte den Einsatz abbrechen und Frankreich ansteuern. Aus demselben Grund mußte auch Heyda den Angriff abbrechen und Vigo anlaufen. Müller-Stöckheim in *U67* blieb allein zurück, fand den Geleitzug und schoß einen Bugfächer auf einen schnellfahrenden »Zerstörer«. Ein Torpedo erwies sich als Kreisläufer und hätte *U67* beinahe getroffen, die anderen verfehlten ihr Ziel. Der »Zerstörer«, andere Geleitfahrzeuge und in Gibraltar aufgestiegene britische Flugzeuge verhinderten einen zweiten Angriff.

Zu der Zeit meldeten deutsche Spione aus dem Raum Gibraltar, daß der Geleitzug Home Gibraltar 76 bald in Richtung Britische Inseln auslaufen würde. Auch wenn Dönitz nur ungern Boote vom Typ IX gegen Gibraltar-Geleitzüge einsetzte, mußte er wegen des Mangels an Booten vom Typ VII Müller-Stöckheim mit *U67* in eine Position bringen, in der er nach dem Geleitzug Ausschau halten konnte.

In der Zwischenzeit stellte Dönitz als Verstärkung für Müller-Stöckheim die neue Gruppe Seeräuber auf. Zu ihr zählten zwei Typ-VII-Boote der aufgelösten Gruppe Steuben, die in Vigo nachgetankt hatten: Wolfgang Heydas *U434* und Dietrich Gengelbachs *U574*, die sich beide noch immer auf ihrer ersten Feindfahrt befanden. Außerdem gehörten vier Typ-IX-Boote zu der Gruppe. Frisch in Frankreich ausgelaufen waren *U107* mit dem 26jährigen Harald Gelhaus als neuem Kommandanten und *U108* unter dem alten Hasen Klaus Scholtz. Und erst zwei Wochen zuvor in Deutschland gestartet waren die beiden nagelneuen Boote *U127* unter Bruno Hansmann und *U131* unter Arend Baumann. Die Gruppe war alles andere als wohlgerüstet: Fünf der sieben Boote waren vom Typ IX; und fünf der sieben Kommandanten machten ihre erste Feindfahrt.

Am Nachmittag und Abend des 14. Dezember liefen in Gibraltar 58 Schiffe Richtung Atlantik aus. Als erster legte der Geleitzug Home Gibraltar 76 ab, der aus 32 Handelsschiffen und 17 Geleitfahrzeugen bestand. Ihm folgte ein besonderer Geleitzug aus einem Frachter und drei Tankern mit fünf Geleitfahrzeugen, der Freetown und andere Orte im Süden ansteuerte. Die Geleitzüge wurden von den beiden erfahrenen Kommandanten in Typ-VII-Booten gesichtet, die sich darauf vorbereiteten, durch die Meerenge ins Mittelmeer durchzubrechen. Eitel-Friedrich Kentrat mit *U74* meldete Home Gibraltar 76, und Heinrich Schonder mit *U77* meldete den Geleitzug nach Freetown.

Trotz der dringenden Notwendigkeit, diese beiden U-Boote ins Mittelmeer zu bringen, befahl ihnen Dönitz, die Geleitzüge anzugreifen, obwohl sie nur geringe Erfolgschancen hatten. Kentrat kam mit *U74* nicht in Schußposition, brach den Angriff ab und passierte Gibraltar in der Nacht des 15. Dezember. Schonder konnte mit *U77* die Geleitfahrzeuge und die Luftsicherung überlisten, schoß auf einen Frachter und einen Tanker und versenkte den 5000-Tonnen-Frachter *Empire Barracuda*. Dann nahm er wieder Kurs auf Gibraltar und schaffte in der Nacht des 16. Dezember den Durchbruch. Etwas weiter westlich versenkte in derselben Nacht Scholtz von der Gruppe Seeräuber mit *U108* den 4800-Tonnen-Frachter *Cassequel*. Doch das Schiff war peinlicherweise ein neutraler, alleinfahrender Portugiese. Danach hielt Scholtz einige Zeit lang Fühlung zum Geleitzug Home Gibraltar 76.

Bekanntlich hatten deutsche Spione im Raum Gibraltar den Aufbruch des Geleitzugs gemeldet. Sie hatten die genaue Zahl von 32 Handelsschiffen genannt, aber die Sicherungsgruppe unterschätzt und nur drei Zerstörer, ein U-Boot, mehrere Korvetten und das Flugzeugmutterschiff *Unicorn* gemeldet. Tatsächlich war die Sicherungsgruppe erheblich stärker und bestand aus drei Zerstörern, vier Sloops, neun Korvetten und dem Geleitträger *Audacity*, der der *Unicorn* ähnelte. Die *Audacity* hatte vier Jagdflugzeuge vom Typ Martlet an Bord, die Condor-Maschinen abwehren sollten.

Home Gibraltar 76 wurde von der Escort Group 36 bewacht und von dem 45jährigen Frederic J. (»Johnny«) Walker auf der Sloop *Stork* geführt. Der rauhe und offenherzige Walker war der Sohn eines Berufsoffiziers der Marine, hatte früher im Mittelgewicht geboxt und war seit 27 Jahren Berufssoldat. In der Zwischenkriegszeit hatte er sich auf U-Boot-Abwehr spezialisiert und war 1937 zum Leiter der ASW-Schule in Portland aufgestiegen, aber bei der Beförderung zum Kapitän »übergangen« worden. Im März 1941 war er von seinem Posten als Stabsoffizier erlöst worden und hatte das Kommando über die neugebildete Escort Group 36 (zwei Sloops und sieben Korvetten) erhalten. EG 36 war für ihre erste Mission Ende November nach Gibraltar beordert worden. Während die Geleitfahrzeuge auf das Ablegen des Geleitzugs warteten, hatten sie in den westlichen Zufahrten vor Gibraltar patrouilliert. Dabei hatte die der Gruppe eingegliederte Korvette *Marigold* einen Monat zuvor Eys *U433* versenkt.

Auf Kentrats Fühlungsmeldung hin alarmierte Dönitz die Gruppe Seeräuber, stellte sie entlang einer Nord-Süd-Linie westlich von Gibraltar auf und sandte Condor-Maschinen aus. Am 15. Dezember war die Sicht jedoch sehr schlecht; weder die U-Boote noch die Condor entdeckten den Geleitzug. Die in der Regel zuverlässigen deutschen Spione sorgten in Kernével mit der Falschinformation für zusätzliche Verwirrung, der Geleitzug habe wegen der lauernden U-Boote die Fahrt abgebrochen und sei kurz nach dem Auslaufen wieder nach Gibraltar zurückgekehrt.

In der Nacht des 15. Dezember durchkämmten vier Zerstörer einige Zeit nach dem Aufbruch von Home Gibraltar 76 das Gebiet 50 Kilometer südlich von Kap São Vicente in der westlichen Zufahrt zur Straße von Gibraltar nach U-Booten. Dort operierten die australische *Nestor* und die britischen *Croome*, *Foxhound* und *Gurkha II*. Gegen 23.00 Uhr sichtete die *Nestor* in 13 Kilometern Entfernung ein U-Boot an der Oberfläche. Sie alarmierte die anderen Zerstörer, ging auf volle Kraft und bemannte die Geschütze. Auch die *Gurkha II* und die *Foxhound* jagten heran und ließen sich von der *Nestor* durch Peilzeichen in Position bringen. In einer Entfernung von etwa elf Kilometern eröffnete die *Nestor* mit ihren Hauptgeschützen das Feuer auf das U-Boot. Sie schoß achtmal, erzielte aber keinen Treffer.

Ihr Opfer war das fabrikneue U-Boot *U127* vom Typ IXC. Das Boot wurde von dem 33jährigen Bruno Hansmann kommandiert und war 17 Tage zuvor von Kiel aus in See gestochen. Er gehörte zur Gruppe Seeräuber und stand am südlichen Ende des Aufklärungsstreifens. Aufgrund der falschen Agentenmeldung, daß Home Gibraltar 76 wieder nach Gibraltar zurückgefahren sei, lag Hansmann nun für den Fall, daß der Geleitzug in dieser Nacht wieder auslaufen sollte, auf der Lauer.

Als die *Nestor* die Stelle erreichte, wo *U127* getaucht war, reduzierte sie ihre Geschwindigkeit auf 18 Knoten und bekam sofort ausgezeichneten Sonarkontakt. Sie hielt den Kontakt und führte einen raschen, aber sorgfältigen Angriff mit fünf auf geringe Tiefe eingestellten Wasserbomben durch. Die *Foxhound* konnte das Boot ebenfalls orten und wollte angreifen, hörte jedoch eine dumpfe Explosion tief unter ihrem Kiel und brach den Angriff ab. Die *Nestor*, die *Gurkha II* und die *Croome* hörten die Explosion ebenfalls. Kurz darauf entdeckten die Zerstörer Dieselöl und Schiffstrümmer, Holzteile, einige Kleidungsstücke und »Leichenteile«. Aus diesen Anzeichen wurde geschlossen, daß die Wasserbomben der *Nestor* eine »innere Explosion« in dem U-Boot ausgelöst hatten. Der *Nestor* wurde zu Recht die Versenkung eines unbekannten U-Boots zugesprochen, denn *U127* blieb für immer verschwunden.

Am Morgen des 16. Dezember sichteten Condor-Maschinen aus Bordeaux den Geleitzug Home Gibraltar 76 und hielten unbemerkt von den Geleitfahrzeugen die Fühlung. Dönitz gab die Position an die Gruppe Seeräuber weiter. Am Spätnachmittag bekam Klaus Scholtz mit dem IXB-Boot *U108* erneut Fühlung zu dem Konvoi, setzte eine Positionsmeldung ab und blieb am Geleitzug. Dönitz leitete diese Information an die übrigen Boote der Gruppe weiter und befahl ihnen, mit äußerster Kraft heranzulaufen und sich vor den Geleitzug zu setzen, damit sie am 17. Dezember bei Morgengrauen angreifen könnten. Die britische Admiralität fing diese Funksprüche ab, warnte den Geleitzug vor der drohenden Gefahr und befahl der *Audacity*, in der Morgendämmerung ihre ASW-Flugzeuge aufsteigen zu lassen.

In den Frühstunden des 17. Dezember hatten vier U-Boote den Geleitzug erreicht. Scholtz, der mit *U108* immer noch Fühlung hielt, Gelhaus in *U107* vom Typ IXB, Baumann in *U131* vom Typ IXC und Gengelbach in *U574* vom Typ VII, der kurz zuvor in Vigo nachgetankt hatte. Sobald es zu tagen anfing, hob eine Martlet von der *Audacity* ab und erkundete das Gebiet. Kurz darauf meldete der Pilot ein U-Boot etwa 40 Kilometer vor dem Geleitzug. Das U-Boot tauchte, als es die Martlet sichtete.

Auf diese Meldung hin scherte Johnny Walker, der Kommandeur von EG-36, mit der Sloop *Stork* aus dem Geleitzug aus und ging auf U-Boot-Jagd. Er befahl den drei Zerstörern *Blankney*, *Exmoor II* und dem ehemals amerikanischen Glattdeck-Zerstörer *Stanley* sowie der Korvette *Penstemon*, ihn bei der Jagd zu unterstützen.

Die Zerstörer eilten zu der gemeldeten Position. Als erste traf die *Blankney* ein und warf aufgrund einer zweifelhaften Ortung Wasserbomben. Als die *Exmoor II* und die *Stork* eintrafen, gruppierte Walker die drei Schiffe für eine planmäßige U-Boot-Suche, doch sie fanden nichts. Als letzte liefen die Korvette *Penstemon* und der Zerstörer *Stanley* heran, und diese beiden bekamen eine gute Ortung im Sonar. Kurz nach 11.00 Uhr warf die *Penstemon* gezielt zehn Wasserbomben, die auf eine Tiefe von 45 bis 120 Meter eingestellt waren.

Das Ziel des Angriffs war *U131* vom Typ IXC unter dem Kommando des 37jährigen Arend Baumann. Dieser schon seit 1922 bei der Marine dienende Offizier war drei Wochen zuvor in Kiel zu seiner ersten Feindfahrt als U-Boot-Kommandant ausgelaufen. Bei der überhasteten Erprobung waren die Horchgeräte seines Bootes beschädigt und nicht mehr repariert worden. *U131* war also »taub«, sobald es tauchte, und konnte nicht entsprechend ausweichen. Einige Wasserbomben detonierten sehr nahe und richteten im Boot erhebliche Schäden an. Baumann entfernte sich mit Schleichfahrt und versuchte, die Schäden zu reparieren, doch nach einer Stunde und 41 Minuten gab er auf, ging an die Oberfläche und setzte eine panische Meldung nach Kernével ab. Er meldete, er sei nicht tauchklar, und bat um Unterstützung. Kernével entgegnete, man könne keine Unterstützung schicken, und fügte hinzu, er solle sein Boot versenken, wenn er keine andere Möglichkeit habe.

Der Zerstörer *Stanley* sichtete *U131* beim Auftauchen und gab Alarm. Alle fünf Schiffe und eine Martlet von der *Audacity* liefen auf die Position zu. Der nächste Zerstörer, die *Exmoor II*, eröffnete mit ihrem Hauptgeschütz aus etwa elf Kilometern das Feuer, erzielte aber keine Treffer. Der Pilot der Martlet, George Fletcher, jagte tollkühn – aber unklug – voraus und griff *U131* im Tiefflug an. Sein Feuer wurde von Baumanns Flak erwidert. Die deutschen Schützen trafen das Cockpit, töteten Fletcher oder verwundeten ihn tödlich, und die Martlet stürzte ins Meer.

Nun wurde das Boot von vier der fünf Geleitfahrzeuge unter schweres Feuer genommen, und Baumann befahl seiner Besatzung, das U-Boot zu versenken und zu verlassen. Um 13.21 Uhr meldete die *Exmoor II*, *U131* habe sich aufgestellt und sei mit dem Heck voraus gesunken. Die *Exmoor II* rettete 44 Deutsche, darunter Baumann, und die *Stanley* die restlichen vier. Die *Stork* barg den toten Piloten der Martlet und bestattete ihn auf See. Die Admiralität schrieb die Versenkung großzügig der *Stork*, der *Blankney*, der *Exmoor II*, der *Stanley*, der *Penstemon* und der *Audacity* zu, doch die Deutschen sagten, der gut gezielte Wasserbombenangriff der *Penstemon* habe unmittelbar zur Zerstörung von *U131* geführt.

Mehrere U-Boote blieben in der Nacht vom 17. auf den 18. Dezember am Geleitzug. Klaus Scholtz in *U108* meldete, er habe ein Schiff torpediert, doch er irrte sich. In dieser Nacht wurde kein Schiff getroffen.

Am nächsten Morgen, dem 18. Dezember, erblickte die *Stanley* kurz nach 9.00 Uhr in etwa elf Kilometern Entfernung ein U-Boot an der Oberfläche. Die anderen beiden Zerstörer *Blankney* und *Exmoor II* und die Sloop *Deptford* schlossen sich der *Stanley* bei der Jagd an. Als die *Stanley* auf knapp sechs Kilometer aufgeschlossen hatte, tauchte das U-Boot, und weil ihr Sonar zeitweilig ausgefallen war, konnte die *Stanley* es nicht orten. Dennoch warf sie 19 einzelne Wasserbomben in einem quadratischen Muster über der vermuteten Position des U-Boots ab. Die *Blankney* eilte zu Hilfe, bekam auf kurze Enrfernung einen guten Sonarkontakt und warf sechs Wasserbomben. Sie teilte ihre Ortung der *Stanley* mit, und diese warf weitere 14 auf große Tiefe eingestellte Wasserbomben. Zur Abrundung warf die *Blankney* noch einmal sechs Wasserbomben mit Zündung auf mittlerer Tiefe.

Das Opfer dieser 45 Wasserbomben war das in Deutschland ausgelaufene Typ-VII-Boot *U434* unter dem Kommando von Wolfgang Heyda auf seiner ersten Feindfahrt. Er hatte in Vigo nachgetankt und sollte ursprünglich ins Mittelmeer weiterfahren, war dann aber der Gruppe Seeräuber für den Angriff auf Home Gibraltar 76 zugeteilt worden. *U434* war in Danzig in einer neuen U-Boot-Werft gebaut worden und hatte zahlreiche Konstruktionsmängel. So waren etwa die Flutventile und Entlüftungen der Tauchzellen unzuverlässig. Einige Wasserbomben fielen nahe am Boot und bewirkten so schwere Schäden und Wassereinbrüche, daß Heyda auftauchen mußte.

Die *Blankney* war knapp zwei Kilometer entfernt, als *U434* die Oberfläche durchstieß. Sie ging auf äußerste Kraft, um das Boot zu rammen, und feuerte mit dem Hauptgeschütz. Als die *Blankney* näher kam, sprangen alle Deutschen außer dem Offizier am Maschinengewehr von Bord. In letzter Sekunde entschloß sich der Kommandant der *Blankney*, zu entern, statt zu rammen, doch der Entschluß kam zu spät. Die Blankney streifte *U434*, was dem Boot nichts schadete, aber die *Blankney* beträchtlich beschädigte. Sie ließ ein Rettungsboot mit einem Enterkommando zu Wasser, doch Heyda hatte Sprengladungen angebracht. *U434* explodierte und versank, bevor das Rettungsboot es erreichte. Die *Blankney* rettete Heyda und 41 andere. Vier Deutsche, darunter der trotzige Offizier, der das Maschinengewehr bedient hatte, blieben verschollen. Die Versenkung wurde der *Blankney* und der *Stanley* gemeinsam gutgeschrieben.

Absichtlich oder zufällig schmolz die Sicherungsgruppe für Home Gibraltar 76 zusammen. Die Korvette *Carnation* verließ als erste die Formation. Ihr folgten die Sloops *Black Swan* und *Fowey* und nach ihnen die Korvette *La Malouine*. Nachdem er sich durch die Kollision mit *U434* selbst beschädigt hatte, kehrte auch der Zerstörer *Blankney* nach Gibraltar zurück; er wurde von dem Zerstörer *Exmoor II* begleitet, bei dem der Treibstoff zur Neige ging. Bis zum Abend des 18. Dezember hatte sich die Überwassereskorte um beinahe ein Drittel auf elf Schiffe verringert. Der einzige verbliebene Zerstörer, die ehemals amerikanische *Stanley*, übernahm eine Position am Ende des Geleitzuges. Sie sichtete in den frühen Morgenstunden des 19. Dezember ein Boot und gab U-Boot-Alarm. Walker befahl der *Stanley*, ihre Position durch eine Leuchtgranate anzuzeigen. Als er das Leuchtsignal erblickte, wollte er über Lichtsignale mit der *Stanley* kommunizieren, wurde jedoch von einer panischen Meldung der *Stanley* unterbrochen: »Torpedos achteraus vorbeigelaufen!« Sekunden später wurde die *Stanley* getroffen und detonierte »mit einer über hundert Meter hohen Stichflamme«.

Der Schütze war Dietrich Gengelbach in *U574* vom Typ VII, der in Vigo nachgetankt hatte. Ihm blieb nicht viel Zeit, um seinen ersten Sieg auszukosten. Walker führte mehrere Korvetten heran, und schon nach neun Minuten bekam die *Stork* eine gute Ortung mit dem Sonar und griff an. Sie warf 2 Serien von insgesamt 15 auf geringe Tiefe eingestellten Wasserbomben. Einige fielen nahe bei *U574* und beschädigten es so schwer, daß Gengelbach – nur 15 Minuten nach der ersten Wasserbombenexplosion – auftauchen mußte.

Das Boot durchbrach knapp 200 Meter vor der *Stork* die Wasseroberfläche. Walker sichtete es, ging auf äußerste Kraft voraus, um es zu rammen, schoß Leuchtgranaten und nahm das Boot mit dem Hauptgeschütz unter Feuer. Gengelbach ging ebenfalls auf volle Kraft und drehte nach Backbord ab. Die *Stork* kam *U574* so nahe, daß die britischen Kanoniere das Rohr für einen Schuß nicht weit genug senken konnten und sich, wie Walker berichtete, darauf beschränken mußten »mit den Fäusten zu drohen und Schimpfworte zu brüllen«.

Nach elfminütiger Jagd rammte die *Stork U574* vor dem Kommandoturm und legte das Boot auf die Seite. Obendrein warf Walker noch zehn Wasserbomben, die auf 15 Meter Tiefe eingestellt waren.

Auf dem übel zugerichteten Boot spielte sich danach ein Drama wagnerischen Ausmaßes ab. Gengelbach gab Befehl, das Schiff zu versenken und zu verlassen, doch dann gerieten er und der Leitende Ingenieur in einen Streit. Die Deutschen berichteten später, der Ingenieur habe sich im Verlauf des Streits mit seiner Pistole erschossen. Auch Gengelbach beging Selbstmord: Nachdem alle seine Männer von Bord gesprungen waren, stürzte er sich in den Kommandoturm und ging mit dem Boot unter.

Die *Stork* hatte *U574* um den Preis eines Schadens am Bug und des Verlustes ihrer Sonarhaube erledigt und machte sich nun daran, nach Überlebenden von der *Stanley* zu suchen. Sie orientierte sich an den Rufen der im Wasser treibenden Seeleute und nahm 5 Deutsche und 25 Briten an Bord. Die Korvette *Samphire* fand weitere 11 Deutsche und 3 Männer von der *Stanley*. Insgesamt wurden 16 Deutsche und 28 Briten gerettet.

Unterdessen hatte Ritterkreuzträger Klaus Scholtz mit *U108* vom Typ IXB den Geleitzug mit bemerkenswerter Hartnäckigkeit verfolgt und seine Position kontinuierlich gemeldet. In den 60 Stunden seiner Verfolgungsjagd hatte er mehrere Torpedoangriffe durchgeführt und irrtümlich mindestens einen Treffer gemeldet. Während die *Stork* und andere Geleitfahrzeuge mit der Rettung der Überlebenden von *U574* und von der *Stanley* beschäftigt waren, griff Scholtz die Formation der Frachter an und schoß seine letzten Torpedos auf die britische *Ruckinge* mit 2900 BRT. Er meldete ihre Versenkung und betonte, daß er keine Torpedos mehr habe, doch Kernével befahl ihm, weiter Fühlung zu halten.

Die *Ruckinge* wurde tödlich getroffen, aber sie sank nicht. Ihre 39köpfige Besatzung stieg dennoch eilig in die Rettungsboote und ließ die »vertraulichen Papiere« des Schiffes an Bord. Die *Stork* und der Frachter *Finland* nahmen die Überlebenden auf. Als Walker erfuhr, daß der Kapitän die Geheimpapiere zurückgelassen hatte, befahl er der Korvette *Samphire*, ein Enterkommando an Bord des Hulks zu schicken und die Papiere zu bergen. Danach versenkte die *Samphire* das Wrack durch Geschützfeuer.

An diesem Tag, dem 19. Dezember, waren Condor-Maschinen in Bordeaux aufgestiegen. Auf dem Weg zum Geleitzug Home Gibraltar 76 entdeckten sie einen nach Süden fahrenden Geleitzug und meldeten ihn. Der südwärts fahrende Geleitzug war offenkundig ein wertvolleres Angriffsziel, doch Dönitz hatte wenig Vertrauen in die Positionsmeldungen der Condor-Flugzeuge und zog den Spatz in der Hand der Taube auf dem Dach vor. Er teilte den Booten der Gruppe Seeräuber mit, Home Gibraltar 76 sei immer noch ihr Zielobjekt, gab aber den Angriff auf den südwärts fahrenden Geleitzug frei, falls ein U-Boot zufällig auf ihn stoßen sollte. Die Condor-Flugzeuge flogen weiter in Richtung Home Gibraltar 76 und wurden von den Martlets der *Audacity* heiß empfangen.

Die britischen Piloten schossen an diesem Tag zwei Condor-Maschinen ab und beschädigten eine dritte.

Inzwischen hatte Dönitz drei weitere Typ-VII-Boote aus französischen Stützpunkten zur Verstärkung der Gruppe Seeräuber ausgeschickt. Sie waren, wie er in sein Tagebuch schrieb, allesamt mit aggressiven und erfahrenen Kommandanten besetzt; er war zuversichtlich, daß sie mit dem schwierigen Geleitzug fertig werden könnten. Die Kommandanten waren Walter Flachsenberg in *U71*, der Ritterkreuzträger Engel-

---

* Acht weitere Ritterkreuzträger befehligten damals Atlantik-Boote: Lüth in *U43*, Lehmann-Willenbrock in *U96*, Schewe in *U105*, Bleichrodt in *U109* Schnee in *U201*, Mützelburg in *U203*, Topp in *U552* und Suhren in *U564*.

bert Endraß, der Tonnagekönig unter den noch Gefechtseinsätze fahrenden Kommandanten* in seinem neuen Boot *U567*, und Gerhard Bigalk in *U751*. Flachsenberg und Bigalk waren im Juni im Atlantik angekommen. Flachsenberg hatte noch keine bestätigte Versenkung erzielt, und Bigalk hatte einen 5400-Tonner versenkt. Endraß hatte seit der Übernahme von *U567* im September eine Feindfahrt gemacht, hatte aber noch kein Schiff versenkt.

Trotz des sich verschlechternden Wetters und zunehmender Erschöpfung blieben die restlichen Typ-IX-Boote der Gruppe Seeräuber, *U67*, *U107* und *U108*, vom 19. bis zum 21. Dezember am Geleitzug. Nur *U67* und *U107* hatten noch Torpedos, aber beide hatten kein Glück. Müller-Stöckheim schoß drei von neun verbliebenen Torpedos auf einen »großen Zerstörer«, verfehlte jedoch, wie er meldete, wegen eines Versagers im mittleren Rohr sein Ziel. Alle drei U-Boote wurden von Martlets der *Audacity* belästigt. Ein Pilot meldete, er habe 46 Kilometer hinter dem Geleitzug zwei U-Boote entdeckt, die längsseits an der Oberfläche gelegen und durch eine »Planke« verbunden gewesen seien. Er habe die U-Boote im Tiefflug angegriffen und trotz Abwehrfeuer beider Boote »drei Männer von der Planke geschossen«. Die Briten vermuteten, daß die Boote miteinander zusammengestoßen waren und den Schaden reparierten.

Die drei frisch in Frankreich ausgelaufenen Typ-VII-Boote steuerten die Peilzeichen von Scholtz an und bekamen am Nachmittag des 21. Dezember Fühlung mit dem Konvoi. Vermutlich unnötigerweise funkte ihnen Dönitz, sie sollten bei gleichen Erfolgschancen den Flugzeugträger zuerst versenken, dann würden sie es leichter haben. Walker hatte von der Admiralität über Funk erfahren, daß sich sechs U-Boote an den Geleitzug heranpirschten, und befahl der Sloop *Deptford* und einigen Korvetten, auf einige Entfernung abzulaufen und mit Leuchtgranaten und Geschützfeuer ein »Scheingefecht« zu inszenieren, um die U-Boote irrezuführen und von dem Geleitzug abzuziehen. Doch das »Scheingefecht« hatte nicht die beabsichtigte Wirkung. Es versetzte mehrere Frachter in dem Geleitzug in Panik, und sie schossen ihrerseits superhelle Snowflakes ab. Dadurch wurde das Scheingefecht als Täuschungsmanöver entlarvt und die Position des echten Geleitzugs preisgegeben.

Die Snowflakes dienten Engelbert Endraß in *U567* als Leuchtfeuer. Er lief heran und torpedierte die britische *Annavore*. Der 3300-Tonnen-Frachter hatte Eisenerz geladen und sank sofort; nur vier Mann der Besatzung konnten gerettet werden. Nach diesem Angriff befahl Walker der Gruppe um die *Deptford*, das Scheingefecht zu beenden und wieder zum Geleitzug zu stoßen.

Fast im selben Moment (um 23.00 Uhr) sichtete Bigalk in *U751* die *Audacity*, die ungeschützt dahindampfte und sich vor dem Licht der »Schneeflocken« klar abzeichnete. Er hielt den Geleitträger mit 10000 Tonnen fälschlich für einen Flugzeugträger der neuen Formidable-Klasse mit 23000 Tonnen. Freudig überrascht über diese großartige Chance nahm er das Schiff rasch, aber kaltblütig ins Visier und schoß drei Bugtorpedos. Alle trafen die *Audacity*. Die *Audacity* hatte als ehemaliges Handelsschiff keine Rumpfpanzerung. Sie lief nach den drei Volltreffern rasch voll und sank innerhalb von zehn Minuten. Bigalk hatte nicht bemerkt, daß das Schiff sank, und tauchte, um seine Bugrohre nachzuladen und ihm mit einem zweiten Fächer den Rest zu geben. Als er wieder auftauchte, war von dem Schiff der »Formidable-Klasse« jedoch nichts mehr zu sehen. Als er die Versenkung meldete, wurde er von Dönitz beglückwünscht und bei seiner Rückkehr nach Frankreich mit dem Ritterkreuz ausgezeichnet.*

Ein wildes nächtliches Durcheinander folgte. Unter der Führung von Walker auf der *Stork* liefen die zehn verbliebenen Geleitfahrzeuge von Home Gibraltar 76 hierhin und dorthin, schossen Leuchtgranaten, bargen Überlebende der *Audacity* und warfen Wasserbomben. Die Korvetten *Samphire*, *Vetch* und *Marigold* führten einen Angriff auf ein U-Boot durch, aber ohne Erfolg. Die Sloop *Deptford* sichtete ein U-Boot an der Oberfläche und ging auf Kollisionskurs. Als das Boot tauchte, warf die *Deptford* »nach Augenmaß« zehn auf geringe Tiefe eingestellte Wasserbomben. Nach Verklingen des Detonationslärms bekam sie guten Sonarkontakt und fuhr einen weiteren, diesmal sorgfältig gezielten Angriff mit zehn Wasserbomben. Sie konnte den Sonarkontakt halten und unternahm drei weitere verheerende Wasserbombenangriffe. Die Admiralität entschied zunächst, daß es nicht genügend Beweise für die Versenkung eines U-Boots gebe. Doch Jahre später kamen britische Historiker nach einem sorgfältigen Studium britischer und deutscher Akten zu dem Schluß, daß die *Deptford U567* unter Engelbert Endraß versenkt hatte.**

Die Besatzung der *Deptford* hatte sich bei dem Angriff auf Endraß völlig verausgabt. Sie ließ es an der nötigen Wachsamkeit fehlen, und die Sloop krachte, als sie in der pechschwarzen Nacht zum Geleitzug zurückkehrte, in die Backbordseite der *Stork*. Sie schob sich, wie Walker in sein Logbuch notierte, mit dem Bug über das Deck der *Stork* und zertrümmerte die Heckkajüte, in der die fünf Überlebenden von Gengelbachs *U574* untergebracht waren. Zwei der Deutschen »wurden buchstäblich zu einer blutigen Masse zerquetscht«, notierte Walker nüchtern. Glücklicherweise hatte die *Deptford* keine lebenswichtigen Maschinen der *Stork* getroffen. Nachdem sich die Sloops wieder voneinander getrennt hatten, setzten sie mit defekten Sonargeräten und deutlich verringerter Geschwindigkeit ihre Fahrt fort.

Am 22. Dezember forderte Dönitz die Boote der Gruppe Seeräuber zur Meldung auf. Seit Tagen hatte er nichts mehr von Bruno Hansmann in dem neuen Boot *U127* vom Typ VIIC gehört. Kernével ging fälschlich davon aus, daß Geleitfahrzeuge von Home Gibraltar 76 das U-Boot versenkt hatten, und nicht die aus Zerstörern bestehende U-Jagdgruppe, die *U127* tatsächlich erwischt hatte. Ferner wurde ganz richtig vermutet, daß die Geleitzugeskorte das neue Boot *U131* vom Typ IXC unter Baumann und die beiden neuen VIIC-Boote *U434* unter Heyda und *U574* unter Gengelbach versenkt hatte, die in Vigo nachgetankt hatten. Niemand wollte aber glauben, daß auch der unbesiegbare Engelbert Endraß mit seinem VIIC-Boot *U567* verlorengegangen war, und doch antwortete er nicht auf die wiederholte Aufforderung, Standort und Zustand des Bootes zu melden. Als Dönitz sich endlich eingestand, daß *U567* verloren war, hielt er die Nachricht wochenlang zurück.

---

* Zum Zeitpunkt der Verleihung hatte Bigalk einschließlich der *Audacity* zwei bestätigte Versenkungen mit 15370 Tonnen erzielt. Klaus Scholtz in *U108*, der sieben Tage lang geschickt die Fühlung zum Geleitzug gehalten und ein Schiff versenkt hatte, erhielt zur gleichen Zeit das Ritterkreuz. Seine bestätigte Versenkungsbilanz betrug 13 Schiffe mit 61760 Tonnen.

** Endraß hatte als Kommandant von *U46* und *U567* insgesamt 25 Versenkungen mit 137990 Tonnen erzielt. Nach dem Krieg belegte er bezüglich der versenkten Tonnage den 18. Platz.

Nach einer Bewertung des Gefechtsverlaufs am 22. Dezember sagte Dönitz die Jagd ab und befahl Müller-Stöckheim in *U67*, Gelhaus in *U107*, Scholtz in *U108* und Bigalk in *U751*, nach Frankreich zurückzukehren. Dönitz stellte die Ergebnisse der Geleitzugschlacht in einer Tabelle zusammen und war geradezu bestürzt: ein Flugzeugmutterschiff* und drei (in Wahrheit nur zwei) kleine Frachter waren auf Kosten von (wie er meinte) fünf U-Booten einschließlich Endraß' Boot versenkt worden. Das war eine fürchterliche Niederlage für die U-Bootwaffe.

Verstärkt durch Überwasser- und Lufteskorten mit Stützpunkten auf den Britischen Inseln, darunter auch durch eine B-24 Liberator der British Squadron 120, die sich fast 1500 Kilometer von ihrem Stützpunkt entfernte, erreichte Home Gibraltar 76 am 23. Dezember seinen Bestimmungshafen. Auch wenn der Verlust der *Audacity* und der *Stanley* ein harter Schlag war, überhäufte die Admiralität den Chef der Sicherungsgruppe Johnny Walker und seine Kommandanten mit Lob und Auszeichnungen. Mit ihrer unnachgiebigen und aggressiven Vorgehensweise hatten sie innerhalb von drei Tagen mit Sicherheit drei U-Boote versenkt *(U131, U434, U574)* – eine einmalige Leistung – und 30 von 32 Handelsschiffen des Geleitzuges nach Hause gebracht, ein überwältigender Sieg zur rechten Zeit.

Die Bemühungen der U-Bootwaffe, im Herbst 1941 den Streitkräften der Achse in Nordafrika beizustehen, hatten somit einen hohen Preis gefordert: 13 U-Boote und etwa 600 Mann in nur sechs Wochen – die bislang höchste Verlustrate des Krieges. Zusätzlich war ein halbes Dutzend Boote mit Gefechtsschäden ausgefallen. Nicht weniger besorgniserregend war der totale Stopp des U-Boot-Krieges im Nordatlantik zugunsten der Unterstützung des Afrikakorps' gewesen.

Dönitz setzte ein taktvolles Gesuch an das OKM auf. Er räumte die dringende Notwendigkeit ein, den Bodentruppen der Achse in Nordafrika beizustehen, indem U-Boote ins Mittelmeer geschickt würden, bat jedoch eindringlich, die Angriffe auf die Gibraltar-Geleitzüge im Atlantik einzuschränken. Es sei unverantwortlich und eine schreckliche Verschwendung von Ressourcen, unerfahrene Kommandanten gegen die schwer eskortierten Geleitzüge auszuschicken. Vier Kommandanten seien bei der Jagd auf Home Gibraltar 76 auf ihrer ersten Feindfahrt gefallen. Ebenso unklug sei es, wiederholte er hartnäckig, die großen, trägen U-Boote vom Typ IX gegen die schwer eskortierten Gibraltar-Geleitzüge einzusetzen oder sie in der Nähe der schwer bewachten Straße von Gibraltar patrouillieren zu lassen. Von den fünf U-Booten vom Typ IX, die gegen Home Gibraltar 76 ausgesandt worden seien, habe lediglich Scholtz in *U108* ein Schiff versenken können. Die übrigen hätten eine schwere und gefahrvolle Zeit durchgemacht und zwei (*U127* und *U131*) seien verlorengegangen.

Das OKM pflichtete Dönitz widerstrebend bei. Die U-Boot-Angriffe gegen die Gi-

* In Kernével mißtraute man insgeheim Bigalks Meldung, er habe einen Träger der Formidable-Klasse versenkt; in der Öffentlichkeit wurde diese Meldung jedoch verbreitet. Die Offiziere in Kernével wußten immer noch nicht, daß die Briten über Geleitträger verfügten. Sie glaubten weiterhin, Bigalk habe das Flugzeugmutterschiff *Unicorn* versenkt, zum einen, weil die deutschen Spione bei Gibraltar sie falsch informiert hatten, und zum anderen, weil Müller-Stöckheim in *U67*, der die *Audacity* gesichtet und beschossen hatte, diese als »Flugzeugmutterschiff« beschrieben hatte.

braltar-Geleitzüge sollten eingestellt und die Feindfahrten im Atlantik unmittelbar westlich der Straße von Gibraltar auf ein Minimum beschränkt werden.

Bewertung

Mit dem offiziellen Kriegseintritt der Vereinigten Staaten gingen 28 Monate eines U-Boot-Kriegs zu Ende, der fast ausschließlich gegen das Britische Empire geführt worden war. An diesem Meilenstein soll eine Bilanz des deutsch-britischen Seekriegs gezogen werden. Um zu konkreten Schlußfolgerungen zu kommen, muß einmal mehr eine Fülle von Zahlen einer sorgfältigen Bewertung unterzogen werden.

In den ersten 28 Kriegsmonaten setzten die Deutschen 153 hochseetüchtige Kampfboote in verschiedenen Kriegsgebieten ein.* Nach der zuverlässigsten Quelle, dem britischen Autor V. E. Tarrant, versenkten diese Boote 1124 britische und »neutrale« Schiffe mit rund 5,3 Millionen BRT.** Darunter waren 28 Kriegsschiffe: die Flugzeugträger *Courageous* und *Ark Royal*, die Schlachtschiffe *Royal Oak* und *Barham*, der erste Geleitträger *Audacity*, die Leichten Kreuzer *Dunedin* und *Galatea*, neun Zerstörer (darunter die amerikanische *Reuben James* und die ehemals amerikanischen Glattdeck-Zerstörer *Bath*, *Broadwater* und *Stanley*), drei Sloops, sechs Korvetten und drei U-Boote (die britischen *Thistle* und *Spearfish* und die französische *Doris*).

Die Versenkung von 5,3 Millionen BRT britischer und »neutraler« Handelsschiffe durch die U-Boote der Achsenmächte war unleugbar ein schwerer Schlag, wobei der hohe Verlust von Menschenleben in den Reihen der britischen Besatzungen für Handelsschiffe besonders ins Gewicht fiel. Die Admiralität bezifferte den Verlust am 31. Dezember 1941 auf 9267 Mann. Die meisten starben schnell und gräßlich bei den Explosionen und in den sinkenden Schiffen, und andere hingegen erlitten einen langen qualvollen Todeskampf auf Rettungsbooten und Floßen. Obwohl statistisch gesehen die Wahrscheinlichkeit, daß ein Schiff getroffen oder versenkt wurde, sehr niedrig war, wurde für die Besatzungen jede Reise zu einem langen, grauenhaften Alptraum.

In Berichten über die Schlacht im Atlantik in dieser Phase wird eine Tatsache selten erwähnt: Die Briten waren bemerkenswerterweise in der Lage, den Verlust von 5,3 Millionen BRT Schiffsraum durch mehrere verschiedene Maßnahmen zu kompensieren. Unter anderem wurden etwa zwei Millionen BRT neue (und bessere) Handelsschiffe in britischen Werften gebaut, und weitere vier Millionen BRT wurden von den Achsenmächten und von verbündeten »neutralen« Staaten rechtzeitig konfisziert, gekauft oder gepachtet.*** Tatsächlich vergrößerte sich die Flotte der britisch kontrollierten Handelsmarine in diesem Zeitraum von 3000 Schiffen mit 17,8 Millionen BRT auf 3600 Schiffe mit 20,7 Millionen BRT.****

---

* Siehe Anhang 1, 5 und 6.

** Siehe Anhang 18.

*** Dazu zählten 180 Schiffe aus Norwegen, 156 aus Griechenland, 147 aus den Niederlanden und 137 »Prisen« oder »beschlagnahmte« Schiffe.

**** Siehe Tafel 6.

Einige Autoren sprachen von einer »Ölkrise« auf den Britischen Inseln, die durch die schweren Tankerverluste der Alliierten in diesem Zeitraum verursacht worden sei. Tatsächlich waren jedoch die Tankerverluste der Alliierten durch U-Boote der Achse nicht bedrohlich: 117 Fahrzeuge mit etwa 936777 BRT, von denen sich 76 mit 628110 BRT in britischem Besitz befanden.*

Im hier behandelten Zeitraum glichen britische Werften den Verlust an britischer Tankertonnage etwa zur Hälfte aus, indem sie 37 neue und größere Tanker mit etwa 365000 BRT fertigstellten.

Außerdem erlangte die britische Regierung in dieser Periode die Kontrolle über etwa 200 Tanker aus Norwegen und Belgien, den Niederlanden und anderen Staaten. Zusätzlich stellten die Vereinigten Staaten für den britischen »Oil Shuttle« oder Pendelverkehr mit Öl in amerikanischen Gewässern 50 Tanker zur Verfügung und ermächtigten amerikanische (und panamesische) Gesellschaften, Tanker zu den Briten ins Kriegsgebiet zu schicken.

Infolge dieser Zugewinne an Tankern war auch die britisch kontrollierte Tankerflotte bis Ende 1941 deutlich *gewachsen.* Aus diesem Grund und wegen der Rationierung von Benzin und anderen Treibstoffsparmaßnahmen gab es laut der offiziellen britischen Geschichte des Zweiten Weltkriegs in diesem Zeitraum keine echte Ölkrise auf den Britischen Inseln.

Die Gesamtimporte der Britischen Inseln fielen jedoch weiter rapide, von etwa 60 Millionen Tonnen im Jahr 1939 auf etwa 45 Millionen Tonnen 1940 und 1941 auf den besorgniserregenden Tiefpunkt von 31 Millionen Tonnen. Bis zum Ende des Jahres wurden fast alle Konsumgüter und Lebensmittel auf den Britischen Inseln rationiert, und sogenannte »Victory Gardens« (Gärten, aus denen man die rationierten Lebensmittel ergänzte) waren von einer patriotischen Geste fast schon zu einer Lebensnotwendigkeit geworden.

Neben den Versenkungen und Beschädigungen von Handelsschiffen durch die U-Boote gab es zahlreiche weitere Ursachen für den drastischen Rückgang der Importe. Die wichtigsten waren die Neuorganisation des Schiffsverkehrs nach streng militärischen Gesichtspunkten und die Verzögerungen durch den Geleitverkehr. Daneben spielten folgende Punkte eine Rolle: Bomben- und Minenschäden an Schiffen und Seehäfen durch deutsche Luftangriffe, die Sperrung von Geleitzugrouten im Mittelmeer, Mängel beim Entladen und Verteilen der Güter in Großbritannien, die Überlastung von Anlagen zur Ausbesserung, Überholung und Reparatur von Schiffen, Probleme mit den Arbeitern** und eine steigende Zahl von Havarien und Schiffskollisionen, die auf den Geleitverkehr und auf die Schließung von Navigationshilfen und andere kriegsbedingte Beschränkungen zurückzuführen waren.

Im Gegenzug für die Vernichtung und Beschädigung alliierten Schiffsraums kam auch die atlantische U-Boot-Flotte der Deutschen nicht ungeschoren davon. Bis zum 31. Dezember 1941 gingen 49 hochseetüchtige U-Boote mit etwa 2150 Mann aus ver-

* Siehe Anhang 17.

** Als die Briten beim Bau einiger Schiffe verspätet vom Nieten zum Schweißen umstellten, traten die Nieter in Streik. Von Zeit zu Zeit streikten auch Werftarbeiter trotz der Leiden der Zivilbevölkerung, einschließlich ihrer eigenen Angehörigen, für höhere Löhne und Sozialleistungen.

schiedenen Gründen bei Kampfeinsätzen im Atlantik verloren.* Die Briten retteten und nahmen 828 Mann (39 Prozent) gefangen, die anderen starben einen schrecklichen Tod auf See. Fünf weitere U-Boote mit etwa 220 Mann, die frisch im Mittelmeer eintrafen, gingen im November und Dezember 1941 in diesen Gewässern verloren. Die Briten retteten und nahmen 119 Mann (54 Prozent) gefangen. Die Gesamtzahl von 54 hochseetüchtigen U-Booten, die bis Ende 1941 im Einsatz verlorengegangen waren, machte 35 Prozent der 153 hochseetüchtigen, außerhalb der Ostsee eingesetzten Kampfboote aus. Die insgesamt 2400 verlorenen Männer (947 in Gefangenschaft) waren vor dem Krieg die absolute Elite der deutschen U-Bootwaffe gewesen.**

Bis zu diesem Zeitpunkt fällt es schwer, die eine oder andere Seite in der »Schlacht im Atlantik« zum »Sieger« zu erklären. Angesichts der Tatsache, daß die Briten die Amerikaner dafür gewinnen konnten, sie in erheblichem Ausmaß zu unterstützen (60 Kriegsschiffe, der Geleitdienst im Nordatlantik, die Besetzung von Island, die Lokkerung des Neutrality Act, der »Oil Shuttle« und am wichtigsten das Lend-Lease-System), hatten sie sich auf lange Sicht den Sieg über die U-Boote gesichert. Kurzfristig gesehen, standen jedoch noch viele schwierige Monate bevor. Die Briten hatten die U-Bootwaffe nicht geschlagen, doch sie hatten die nötigen Maßnahmen ergriffen, damit sie nicht von der U-Bootwaffe geschlagen wurden.

Tatsächlich waren weder Deutschland noch Großbritannien wirklich auf einen U-Boot-Krieg im Atlantik vorbereitet gewesen, und dies hatte seine Auswirkungen gehabt. Als der Krieg schließlich kam, hatte keine Seite mit kriegsentscheidenden Maßnahmen reagiert. Beide Seiten hatten falsche Maßnahmen getroffen und richtige unterlassen. Ein Überblick über diese Fehler verdeutlicht die Lage zu Beginn der zweiten Phase des U-Boot-Krieges.

Betrachten wir zunächst die britische Seite:

- Die Beschwichtigungspolitik aus Furcht vor einem Krieg, die von einer Mehrheit der britischen Bürger befürwortet und von mehreren britischen Regierungen betrieben wurde, ermöglichte es Hitler, den Versailler Vertrag aufzukündigen und ein bilaterales Flottenabkommen mit den Briten zu schließen, das es ihm erlaubte, eine neue deutsche U-Boot-Streitmacht aufzustellen. Mit Blick auf die Seekriegserfahrung des Ersten Weltkriegs muß dies als ein eklatanter und verhängnisvoller Fehler bewertet werden; angesichts der wirtschaftlichen Situation der 30er Jahre und der Stimmung im demokratischen Großbritannien war er jedoch vielleicht unvermeidlich und unumgänglich.
- Obwohl die Briten in der Folge mit der Möglichkeit rechnen mußten, noch einmal gegen eine deutsche U-Boot-Streitmacht kämpfen zu müssen, handelte die Regierung in London Ende der 30er Jahre nicht energisch genug, um sich auf diesen Ernstfall

* Bei der Erprobung in der Ostsee gingen drei neue Boote vom Typ VIIC, *U560*, *U580* und *U583*, durch Zusammenstöße verloren. *U560* wurde gehoben und gerettet, aber nur noch als Schulboot eingesetzt.

** Außerdem gingen in allen Gewässern elf Einbäume vom Typ II mit 275 Mann verloren. Zwei wurden versehentlich von Überwasserschiffen unter deutscher Kontrolle gerammt und versenkt, vier wurden durch Minen versenkt, vier durch britische Kriegsschiffe und einer von einem russischen U-Boot. Die Briten nahmen von den drei Einbäumen *U13*, *U63* und *U138* 78 Mann gefangen.

vorzubereiten. Durch die Erfolge des Geleitzugsystems im Ersten Weltkrieg war die Admiralität selbstgefällig geworden und vertraute zu stark auf das moderne Sonar, das getauchte U-Boote unfehlbar aufspüren sollte. Sie vernachlässigte folglich die Ausbildung von Männern und die Entwicklung von Waffen für einen möglichen Krieg gegen U-Boote in den küstenferneren Räumen des Atlantik.
Bei Kriegsbeginn hatten die Briten deshalb nicht annähernd genug Überwasserschiffe und Flugzeuge, um ihre Geleitzüge zu schützen, und sie verfügten über zu wenig geeignete ASW-Waffen. Als die 1000-Tonnen-Zerstörer der Hunt-Klasse, die für die Eskorte über den Atlantik vorgesehen waren, den Anforderungen nicht gerecht wurden, mußten die Briten in großem Umfang auf langsame Korvetten zurückgreifen, die eigentlich für Eskorten entlang der Küste eingesetzt werden sollten. Sie waren nicht ausreichend bewaffnet und für die rauhe See auf dem offenen Meer eigentlich nicht geeignet. Historisch gesehen blieb das Coastal Command zu lange das skandalös vernachlässigte Stiefkind der Royal Air Force. Es kam zu spät unter das operative Kommando der Admiralität und erhielt weder genug Männer noch die Flugzeuge, die Elektronik oder die Bewaffnung, die für eine angemessene Sicherung der Geleitzüge oder für die Versenkung von U-Booten erforderlich gewesen wären.

Darüber hinaus verschwendete die Admiralität einige sehr wertvolle Aktivposten bei der U-Boot-Abwehr in schlecht vorbereiteten Operationen wie zum Beispiel bei U-Jagd-Einsätzen im Jahr 1939 und bei der versuchten Besetzung Norwegens im Frühjahr 1940 und Griechenlands im Jahr 1941. Bei den U-Jagd-Einsätzen verlor die Royal Navy den Flugzeugträger *Courageous.* Bei der versuchten Besetzung Norwegens und Griechenlands wurden zusätzlich zu denen, die bei Dünkirchen verlorengingen, zahlreiche Zerstörer versenkt oder beschädigt.* Andernorts wurden allzu viele Zerstörer bei unsinnigen U-Jagd-Einsätzen verschlissen.

• Die Briten hatten den schnellen und schmählichen Zusammenbruch Frankreichs nicht vorhersehen können. Als sich aber im Sommer 1940 eindeutig abzeichnete, daß die Deutschen ihre gesamte hochseetüchtige U-Boot-Streitmacht an Stützpunkte entlang der Atlantikküste des besetzten Frankreich verlegten, trafen die Briten keine Gegenmaßnahmen. Wenn das Kriegskabinett dem Bomber Command der RAF den Befehl erteilt hätte, seine Luftangriffe statt auf deutsche Städte auf diese Stützpunkte zu konzentrieren, hätten die Briten zweifellos den Bau der massiven, bombensicheren U-Boot-Bunker verhindern können. Die Tatsache, daß dies nicht geschah und daß keine nachhaltigen ASW-Luftpatrouillen über dem Golf von Biskaya durchgeführt wurden – über dem »Engpaß«, den alle ein- und auslaufenden U-Boote nun durchqueren mußten –, waren sehr bedauerliche Unterlassungssünden der Briten im Jahr 1941.

• Der unbemerkte Einbruch der Briten in den deutschen Marineschlüssel im Jahr 1941 war ein Triumph des Nachrichtendienstes, und zwar im wörtlichen wie im übertragenen Sinn. Er hatte jedoch auch einen Haken. Einerseits wurde den Briten dadurch ermöglicht, den U-Booten auszuweichen und Schiffe zu retten, andererseits hatte dies den Effekt, daß die Zahl der U-Boot-Versenkungen zurückging.
Bis Ende 1941 wurden die meisten U-Boote bei der Verfolgung eines Geleitzuges oder beim Angriff versenkt oder außer Gefecht gesetzt. Die erfolgreiche »Ausweich«-Strategie verringerte drastisch die Zahl der Zusammenstöße von U-Booten und Ge-

---

* Siehe Anhang 9.

leitzügen und gleichzeitig die Zahl der Gelegenheiten, U-Boote zu versenken. Im ganzen Jahr 1941 versenkten britisch kontrollierte ASW-Kräfte lediglich 30 hochseetüchtige U-Boote, durchschnittlich 2,5 Boote pro Monat. Der britische Nachrichtendienst gab für den U-Bootbau einen Durchschnitt von 20 Booten pro Monat an. Im Jahr 1941 lag der Durchschnitt zwar nicht so hoch, aber wenigstens sechsmal so hoch wie die Zahl der Versenkungen. Folglich war – zumindest den Amerikanern – klar, daß sich die Briten nicht mehr völlig auf »Ausweichmanöver« der Geleitzüge beschränken konnten. Zusätzlich zur defensiven Verstärkung der Geleitzugeskorte mußten sie offensiv Luft- und Unterwasserstreitkräfte auf U-Boot-Werften, Schulungsgebiete, Stützpunkte und Bunker der U-Boote, auf den Golf von Biskaya und auf andere Punkte ansetzen, um U-Boote in weit größerer Zahl zu vernichten.

Einige Historiker haben die Ansicht vertreten, es sei ein weiterer bedauerlicher Fehler der Briten gewesen, das anglo-amerikanische Abkommen zur Funkentzifferung vom Dezember 1940 nicht richtig umzusetzen und den Amerikanern nicht vollen Zugang zu den Geheimnissen der Enigma-Entzifferung von 1941 zu gewähren. Die Briten hatten große Mühe, Ingenieure und geeignete Anlagen für den Bau der Drei-Walzen-Bombas zu finden, ganz zu schweigen von der geplanten neuen Generation der Vier-Walzen-Bombas. Die Amerikaner hätten über die Ingenieure und Anlagen verfügt, um beide Projekte zu verwirklichen. Hätten die Briten den Amerikanern bereitwilliger und früher den Aufbau der Entzifferungsmaschine enthüllt, dann hätte das spezielle technische Know-how der Amerikaner unter Umständen die Wahrscheinlichkeit auf ein Minimum reduziert, daß die Alliierten den Marineschlüssel für längere Zeit »verloren«, wie es schon bald der Fall war. Dieselbe weiterentwickelte Funkentzifferungstechnik hätte auch leichter deutsche Einbrüche in anglo-amerikanische Marineschlüssel aufgedeckt, die ebenfalls vorkamen.

- Obwohl früh erkannt wurde, daß die landgestützten Flugzeuge des Coastal Command sich gut für die U-Boot-Abwehr eigneten, und sei es nur, um die U-Boote unter Wasser zu drücken, solange die Geleitzüge aus dem Gebiet flüchteten oder bis Überwasserfahrzeuge eintrafen, nahm das britische Kriegskabinett im Jahr 1941 noch immer die ASW-Rolle des Coastal Command weit weniger wichtig als die des Bomber Command und seiner Luftangriffe auf deutsche Städte. Dem Coastal Command fehlte es deshalb an geeigneten ASW-Flugzeugen, Zentimeter-ASV-Radargeräten und elektronischen Anlagen für Navigation und Positionsbestimmung. Die Entwicklung zuverlässiger Spreng- und Wasserbomben mit wirkungsvolleren Sprengladungen aus Torpex und mit Zündern, die bereits in geringen Tiefen (7,5 Meter) aktiviert wurden, hinkte ebenso hinterher wie die Entwicklung des auf Flugzeuge montierten Hochleistungsscheinwerfers Leigh Light, der für nächtliche ASW-Operationen unbedingt erforderlich war.
- Die britische Führung der Seestreitkräfte Kanadas, des Hauptverbündeten im U-Boot-Krieg, ließ ebenfalls zu wünschen übrig. Diese noch unerfahrene, rasch wachsende Kriegsmarine, der gewaltige neue Pflichten übertragen worden waren, hätte einer feinfühligen Führung bedurft, stieß jedoch auf allzu harte Kritik und Verachtung. Hätte die Royal Navy der Canadian Navy eine nachhaltigere und einfühlsamere Ausbildung in Geleitdienst und U-Boot-Bekämpfung angedeihen lassen und ihr schon früher verbesserte Schiffe, Elektronik und Waffen geliefert, dann hätten die Kanadier ihre Aufgaben beim Geleitschutz zweifellos rechtzeitig genauso gut oder noch besser

wie die Briten erfüllt. Auch war die Führung der kanadischen Seestreitkräfte durch die Amerikaner um keinen Deut besser, was jedoch in den ersten 28 Monaten des Krieges noch keine große Rolle gespielt hatte.

Kommen wir nun zu den Fehlern auf deutscher Seite:

• Hitler täuschte sich mit der Annahme, daß Großbritannien und Frankreich auf eine Eroberung Polens nur schwach oder gar nicht militärisch reagieren würden. Er unterschätzte außerdem die in der Person Winston Churchills verkörperte Entschlossenheit der Briten, für ihr Vaterland zu kämpfen. Hitlers Entschluß, die Niederringung Großbritanniens zugunsten der Eroberung der Sowjetunion zu verschieben, war eine weitere verhängnisvolle Fehlentscheidung. Der gigantische Rußlandfeldzug zog Männer und Material vom U-Boot-Bau ab, und schwächte damit die einzige Waffe, die überhaupt eine Chance gehabt hätte, Großbritannien zu isolieren und niederzuwerfen. Auch verschaffte das Versäumnis, die U-Boot-Produktion nach der Aufkündigung des deutsch-englischen Flottenabkommens im Jahr 1939 auf ein Maximum zu steigern, Großbritannien wertvolle Zeit, einen wirklich entscheidenden Schlag der U-Boote abzuwehren und den Amerikanern Hilfsleistungen aus deren »Arsenal der Demokratie« abzuringen.

• Neben Hitlers Fehler, die U-Boot-Produktion nicht drastisch zu steigern, war es auch falsch, hartnäckig darauf zu beharren, daß zahlreiche U-Boote nach Norwegen, in die Arktis und ins Mittelmeer abgezogen wurden. Ende 1941 stand etwa ein Drittel (30 Boote) aller gefechtsbereiten, hochseetüchtigen U-Boote in jenen Gebieten, so daß der Atlantikflotte nur 64 Boote blieben – nicht annähernd genug, um den Seekrieg für Deutschland zu entscheiden. Zu Recht, aber vergeblich wies Dönitz darauf hin, daß die U-Bootwaffe mit größter Kraft gegen den lebenswichtigen Geleitverkehr im Nordatlantik zwischen Kanada und den Britischen Inseln eingesetzt werden müsse und daß sie nicht zersplittert und in weniger wichtigen Gebieten eingesetzt werden dürfe. Seiner Ansicht nach hätte sie auch nicht zur Unterstützung von Operationen zu Lande, zur Sicherung von Überwasserschiffen oder zur Wetterberichterstattung eingesetzt werden dürfen.

Hitler und Mussolini irrten beide, was den strategischen und taktischen Wert der 39 hochseetüchtigen italienischen U-Boote betraf, die bis Mitte 1941 in den Stützpunkt in Bordeaux verlegt worden waren.* Wie Dönitz vermutet hatte, waren weder die Boote noch die Besatzungen für Gefechte in den rauhen und gefährlichen Gewässern des Nordatlantik geeignet. Die italienischen Boote hätten sicherlich weit bessere Ergebnisse erzielt, wenn sie schon viel früher für Feindfahrten südlich der Azoren, der Kanarischen und der Kapverdischen Inseln und in westafrikanischen Gewässern eingesetzt worden wären. In diesem Fall wären die Briten viel früher gezwungen gewesen, erhebliche Kräfte für die U-Boot-Bekämpfung in südlichen Regionen aufzubieten, und ihre spärlichen Ressourcen für den Nordatlantik hätten sich dadurch noch weiter verringert.

• Hitler versuchte, Großbritannien und Frankreich durch Verhandlungen aus dem Krieg herauszuhalten. Er wollte vermeiden, durch einen weiteren Vorfall wie die Versenkung der *Lusitania* erneut internationale Empörung auszulösen, und beschränkte deshalb den U-Boot-Krieg durch eine Vielzahl komplizierter Vorschriften so sehr, daß

* Siehe Anhang 8.

alle U-Boot-Kommandanten in einem besonderen Handbuch nachschlagen mußten, was versenkt und was nicht versenkt werden durfte. Diese Vorschriften senkten die Effektivität der U-Boote erheblich, erhöhten ihr Risiko und führten teilweise zu den hohen U-Boot-Verlusten im ersten Kriegsjahr.
Die versehentliche Versenkung der *Athenia* in den ersten Tagen der Feindseligkeiten durch Lemp in *U30* wurde in London zu Recht als Schandtat angeprangert und sprach der Behauptung Berlins Hohn, die Deutschen würden einen sorgfältig »beschränkten« U-Boot-Krieg führen. Angesichts der allgemeinen Auffassung, Deutschland habe einen barbarischen, »unbeschränkten« U-Boot-Krieg begonnen, war Hitler, gelinde gesagt, schlecht beraten, als er an diesen komplizierten Vorschriften und Beschränkungen festhielt. Er erreichte überhaupt nichts dadurch, weder auf politischer Ebene noch in anderer Hinsicht.

• Dönitz irrte ebenfalls, als er darauf beharrte, die Kriegsmarine solle fast ganz auf den überbewerteten mittleren U-Boot-Typ VIIC setzen. Der Typ VIIC war für den Angriff auf Geleitzüge in den Northwest, Western und Southwest Approaches in Gruppen oder »Wolfsrudeln« für vergleichsweise kurze Missionen entwickelt worden. Für Operationen über weitere Entfernungen und für harte, Treibstoff zehrende Geleitzugjagden im mittleren und westlichen Nordatlantik eignete er sich nur, wenn die Möglichkeit bestand, im Einsatzgebiet Ersatzteile zu erhalten und die Vorräte an Treibstoff, Torpedos, Lebensmitteln und Wasser zu ergänzen. Außerdem waren die Boote vom Typ VII viel zu vollgestopft und beengt für längere Operationen und hatten keine Klimatisierung für die Sommermonate und keine ausreichende Heizung für den Winter.
Angesichts der häufigen Ausfälle der Hochleistungsdiesel unter Dauerbelastung hätte den Typ-VII-Booten der Einbau eines dritten Dieselmotors gut getan. Mit dieser Ausrüstung hätte ein U-Boot vom Typ VIIC bei Ausfall eines Diesels immer noch mit zwei Motoren laufen und die Jagdgeschwindigkeit halten können. Der Einbau eines dritten Dieselmotors hätte eine deutliche Verlängerung des Typs VIIC erforderlich gemacht, was wiederum eine Vergrößerung der Bunkerkapazität ermöglicht und die Höchstgeschwindigkeit vielleicht um ein oder zwei Knoten erhöht hätte. Der zusätzliche Raum innerhalb des Druckkörpers hätte die Boote mit Sicherheit wohnlicher gemacht.

• Dönitz überschätzte ferner die Fähigkeit einzelner U-Boote oder Gruppen, Geleitzüge aufzuspüren, Fühlung zu halten und anzugreifen. Da die U-Boote auf der Nordatlantikroute immer weiter nach Westen fahren mußten, um den britischen Luft- und Überwassereskorten und U-Boot-Jägern auszuweichen, erweiterte sich das Meeresgebiet, das sie mit bloßem Auge oder mit Hilfe des Horchgeräts nach Geleitzügen absuchen sollten, nahezu ins Unermeßliche. Um dieses Handicap auszugleichen, forderte Dönitz später eine große Zahl Aufklärungsflugzeuge mit großer Reichweite von der Luftwaffe eigens für das Aufspüren von Geleitzügen. Hitler und Göring versicherten Dönitz, daß seinen Bitten und Forderungen entsprochen werde, waren tatsächlich jedoch völlig unfähig, für eine annähernd ausreichende und kompetente Luftaufklärung auf See zu sorgen. Im Jahr 1941 wurden zu diesem Zweck zwar Flugzeuge in Frankreich und Norwegen stationiert, doch ihre Zahl war zu gering, die Maßnahme kam zu spät und ihre Besatzungen waren unzureichend in der Navigation und im Funkverkehr ausgebildet.

Dönitz stand also keine geeignete Aufklärung über die Standorte der Geleitzüge zur Verfügung, und er mußte deshalb bei der Geleitzugjagd »Aufklärungsstreifen« bilden – die Aufstellung der U-Boote einer Gruppe (oder eines »Wolfsrudels«) auf einer geraden Linie mit festgelegten Positionen jeweils etwa 28 Kilometer voneinander entfernt. Die Organisation und Aufstellung der U-Boote in solchen Ketten und die Verlegung der Ketten hatten einen intensiven Funkverkehr zur Folge, der die Briten mit dem steten Strom standardisierter und vorhersagbarer Meldungen versorgte – den die Codeknacker für ihre Arbeit brauchten. Außerdem waren die Aufklärungsstreifen so lang (bei zwölf Booten über 300 Kilometer), daß die entferntesten U-Boote Mühe hatten, bei der Fühlungnahme mit einem Geleitzug rechtzeitig zum Angriff heranzulaufen, vor allem bei Tage, wenn feindliche Flugzeuge in der Nähe waren. Folglich bestanden die »Geleitzugschlachten« in den meisten Fällen aus Angriffen in der ersten Nacht, die nur einige U-Boote des Streifens durchführten. Das gängige Bild eines gefräßigen »Wolfrudels«, das einen Geleitzug viele Tage lang umkreiste und ihn hungrig anknabberte, entsprang der überhitzten Phantasie von Propagandisten auf beiden Seiten.

Diese Propaganda hat den Eindruck hinterlassen, die U-Boote hätten einen Geleitzug aus Handelsschiffen nach dem anderen versenkt. Dies trifft nicht zu. In den ersten 28 Kriegsmonaten stellten die Briten etwa 900 Geleitzüge über den Atlantik zusammen. Lediglich bei 19 dieser Geleitzüge errangen die U-Boote größere Erfolge, d.h. sie erzielten sechs oder mehr bestätigte Versenkungen.* Die lebenswichtigen Geleitzüge im Atlantik – Großbritanniens Lebensnerv – bewegten in diesem Zeitraum insgesamt 12057 Schiffe. Die U-Boote versenkten lediglich 291 dieser Fahrzeuge.** 98 Prozent aller Schiffe in diesen Geleitzügen erreichten die Britischen Inseln.

Die deutschen Techniker versagten kläglich bei der Versorgung der U-Boote mit leistungsfähigen, sicheren und zuverlässigen elektronischen Geräten und Torpedos, die für eine erfolgreiche Führung des U-Boot-Kriegs im Zweiten Weltkrieg von zentraler Bedeutung waren. Die Wissenschaftler und Ingenieure der Kriegsmarine vernachlässigten in eklatanter Weise die Radartechnik und versäumten es insbesondere, kleine Zentimeter-Radargeräte für den Einbau in die U-Boote zu entwickeln. Wenn die Deutschen dieses wichtige Instrument zur Ortung zu einem frühen Zeitpunkt entwickelt hätten, dann wäre die Fähigkeit der U-Boote, Geleitzüge bei Nacht und bei schlechten Sichtverhältnissen aufzuspüren und anzugreifen, erheblich gestiegen. Außerdem hätte es ihnen ermöglicht, sich gegen überraschende Angriffe durch feindliche, mit Radar ausgerüstete Überwasser- und Luftstreitkräfte zur Wehr zu setzen und in Küstennähe genau zu navigieren. Wäre diese Elektronik fortentwickelt worden, hätte das zweifellos bereits zu einem früheren Zeitpunkt eine größere Wertschätzung für Radarortungsgeräte verschiedener Wellenlängen als Gegenmittel zu dem von den Alliierten benutzten Suchradar zur Folge gehabt. Das Versäumnis der Ingenieure der Kriegsmarine, in den Vorkriegsjahren die Preßluft- und die Elektro-Torpedos sowie deren Pistolen sorgfältiger zu prüfen, muß hier nicht weiter ausgeführt werden, aber es bleibt festzustellen, daß die Torpedos noch Ende 1941 schwerwiegende Mängel hatten.

---

* Siehe Tafel 11.
** Siehe Tafel 10.

TAFEL 10

WICHTIGSTE FRACHTKONVOIS IM NORDATLANTIK ZU DEN BRITISCHEN INSELN 1939–1941

Anzahl der angekommenen Schiffe und der Verluste durch Feindeinwirkung[1]

Datum	Halifax	Sydney	Freetown	Gesamt
1939				
September	8	–	3	11
Oktober	63 (3)	–	90	153
November	159	–	109 (2)	268
Dezember	187	–	81	268
Gesamt:	417 (3)		283 (2)	700 (5)
1940				
Januar	173 (1)	–	86	259 (1)
Februar	162 (2)	–	89	251 (2)
März	264	–	77	341
April	287	–	79	366
Mai	301	–	73	374
Juni	336 (7)	–	101	437 (7)
Juli	355 (5)	–	185	540 (5)
August	489 (17)	40 (3)	206	735 (20)
September	260 (14	130 (9)	137 (1)	527 (24)
Oktober	319 (20	155 (25	152	626 (45)
November	261 (4)	94 (7)	155 (1)	510 (12)
Dezember	218 (15)	89 (2)	161	468 (17)
Gesamt:	3425 (85)	508 (46)	1501 (2)	54344 (133)
1941				
Januar	170 (1)	73 (6)	131 (1)	374 (8)
Februar	199 (6)	108 (5)	149 (2)	456 (13)
März	300 (13)	–	148 (12)	448 (25)
April	307 (15)	–	128	435 (15)
Mai[2]	347 (13)	–	164 (1)	511 (14)
Juni	306 (6)	77	82 (10)	465 (16)
Juli	297	115	56	468
August	471	97	45 (6)	613 (6)
September[3]	275	238 (24)	45 (7)	558 (31)
Oktober	263 (1)	256 (11)	50 (2)	569 (14)
November	218	235 (7)	91	544 (7)
Dezember	07 (1)	213 (3)	62	482 (4)
Gesamt:	3360 (56)	1412 (56)	1151 (41)	5923 (153)
Gesamter Zeitraum:	72022 (144)	1920 (102)	2935 (45)	12057 (291)[4]

[1] Quelle: Die Zahlen für die mit den Geleitzügen eingetroffenen Schiffe sind den British Monthly Anti-Submarine Reports vom September 1939 bis Dezember 1941 entnommen und vermutlich genau. Die Angaben über die Schiffsverluste in diesen Bulletins sind ungenau, da sie aufgrund der unvollständigen Daten der Kriegszeit zusammengestellt wurden. Die hier in Klammern angezeigten Verluste (einschließlich Geleitfahrzeuge) sind Rohwers *U-Boot-Erfolge der Achsenmächte 1939–1945* entnommen. Man beachte, daß in diesen Zahlen die beträchtliche Menge der allein fahrenden und verlorengegangenen Schiffe nicht enthalten ist.

[2] Aus *U110* wurde eine Enigma-Maschine erbeutet.

[3] Beginn des amerikanischen Geleitdiensts im Nordatlantik.

[4] Die Schiffsverluste machen etwa 2,4 Prozent der gefahrenen Schiffe aus.

TAFEL 11

ALLIIERTE GELEITZÜGE, DIE MINDESTENS SECHS SCHIFFE VERLOREN

September 1939 bis Dezember 1941

Datum	Geleitzug	Versenkte Schiffe	BRT
21.9.40	Halifax 72	11	72737
16.10.40	Slow 7	21	79646
19.10.40	Halifax 79	12	75063
23.11.40	Slow 11	7	24601
1.12.40	Halifax 90	10	65064
29.1.41	Slow 19	6	34724
28.2.41	Outbound 288	8	42282
17.3.41	Sierra L. 68	7	38003
2.4.41	Slow 26	11	53908
7.5.41	Outbound 318	7	39255
20.5.41	Halifax 126	9	54451
24.6.41	Halifax 133	6	38269
27.7.41	Out-Gib. 69	9	25300
19.8.41	Out-Gib. 71	10	15185
10.9.41	Slow 42	19	73574
19.9.41	Slow 44	7	26700
22.9.41	Sierra L. 87	7	33290
25.9.41	Home-Gib. 73	10	25818
15.10.41	Slow 48	11	53208
Gesamt:	19 Geleitzüge	187[1]	871078

[1] Von einlaufenden Geleitzügen 153 Schiffe, von auslaufenden 34 Schiffe.

• Die Deutschen unterschätzten nicht nur die Fähigkeit der Briten, leistungsfähige verkleinerte Radargeräte zu entwickeln, sondern auch ihre Fähigkeit, die Funksprüche der U-Boote mit einer sehr hohen Genauigkeit einzupeilen. Ende des Jahres 1941 lieferte das stark verbesserte Netz landgestützter HF/DF-Anlagen (Huff Duffs) sehr verläßliche Informationen über die Positionen der U-Boote, und eine Version der HF/DF-Anlagen für Überwasserschiffe war bereits fertiggestellt. Die Deutschen hatten so gut wie keine HF/DF-Technologie und glaubten nicht an die Effizienz der britischen Geräte.

• Nicht nur die Bereitschaft Präsident Roosevelts und der amerikanischen Regierung, die Briten auf verschiedene Weise zu unterstützen, sondern auch die Fähigkeit der USA, schwindelerregende Mengen der verschiedensten Schiffe zu bauen, wurden von den Deutschen stets unterschätzt. Auch Dönitz wertete das geplante gigantische Schiffbauprogramm arrogant als »Propaganda« ab und akzeptierte andererseits beinahe unkritisch Versenkungsmeldungen der U-Boote, die in manchen Fällen, absichtlich oder unabsichtlich, um volle 100 Prozent überhöht waren. Diese Fehlurteile führten zu einem sehr verzerrten Bild von dem Wettlauf zwischen deutscher Versenkung und alliierter Produktion von Schiffsraum, wobei die Erfolge der U-Boote übertrieben und der britische und amerikanische Schiffbau unterschätzt wurden – mit der Folge, daß die Deutschen immer meinten, sie würden sich weit besser schlagen, als es in Wirklichkeit der Fall war.

Diese Analyse zeigt, daß die deutschen U-Boote, im Gegensatz zu der allgemeinen Auffassung, am Ende des Jahres 1941 keineswegs kurz davor standen, Großbritannien zu isolieren und auszuhungern. Obwohl die Rudeltaktik in manchen Fällen Erfolg gehabt hatte, war sie im ganzen gesehen ein Fehlschlag. Die Boote vom Typ VII wie auch der Typ IX waren ungeeignet für diese Art der Kriegführung im Atlantik. Aus den genannten Gründen war die Zahl der U-Boote, die auf ihren Feindfahrten kein Schiff versenkten, in allen Gebieten bedrohlich angestiegen, und zwar in solchem Ausmaß, daß die U-Boote eindeutig keinerlei Aussicht mehr hatten, Großbritannien in die Knie zu zwingen, ganz zu schweigen von dem gewaltigen neuen Feind, den Vereinigten Staaten.

Dennoch hatte sich der Mythos vom Heldenmut der U-Boot-Fahrer und der Unbesiegbarkeit ihrer Boote zum zweitenmal in diesem Jahrhundert in der öffentlichen Meinung festgesetzt. Zu Recht hatte Churchill die Schlacht im Atlantik ausgerufen, damit die britischen ASW-Behörden ihre gesamte Aufmerksamkeit auf das U-Boot-Problem konzentrierten. Dieser Schlachtruf erreichte viel rascher seinen Zweck, als gemeinhin anerkannt wird. Aus diesem Grund bleibt es bis heute ein Rätsel, warum Churchill nach dem Krieg versicherte, nur die U-Boot-Gefahr habe ihm während des Krieges wirklich Sorgen bereitet.

BUCH ZWEI

DER U-BOOT-KRIEG GEGEN DIE AMERIKANER

Dezember 1941 bis August 1942

SIEBEN

Japan schlägt zu

Auf Drängen des neuen, kriegerischen Ministerpräsidenten Tojo Hideki beschloß die japanische Regierung am 5. November 1941, den Krieg gegen die Streitkräfte der Vereinigten Staaten, Großbritanniens und der Niederlande im Pazifik und im Fernen Osten zu eröffnen. In den folgenden Tagen informierten die Japaner Hitler nur sehr vage und andeutungsweise über ihren Beschluß, weil sie eine schriftliche Zusage über die gegenseitige Zusammenarbeit wünschten – also eine Kriegserklärung an die Vereinigten Staaten. Hitler begrüßte Japans Entscheidung, in den Krieg einzutreten, zögerte jedoch mit dem Vertragsabschluß, weil er Japan dafür gewinnen wollte, ebenfalls die Sowjetunion anzugreifen. Die Japaner hingegen waren nicht bereit, dies in einen formellen Vertrag aufzunehmen, doch Hitler gewann den Eindruck, daß Deutschland auf ihre Unterstützung zählen könnte, sobald sie ihre Eroberungen im Pazifik gefestigt hätten. Bis dahin würde Japan zumindest den Strom amerikanischer (nicht jedoch sowjetischer) Schiffe zum Versiegen bringen, die im Rahmen des Lend Lease Act über Wladiwostok Nachschub jeglicher Art in die Sowjetunion transportierten.

Hitler hatte stets beabsichtigt, einen offenen Krieg mit den Vereinigten Staaten zu vermeiden. Angesichts seiner wachsenden militärischen Schwierigkeiten in der Sowjetunion hatte er guten Grund, an dieser Linie festzuhalten. Wie Admiral Raeder – und indirekt Dönitz – jedoch immer wieder betonten, führten die Vereinigten Staaten aus Sicht der Marine bereits Krieg gegen Deutschland. Sie hielten Island besetzt, eskortierten Geleitzüge im Nordatlantik, bewaffneten ihre Handelsschiffe und gestatteten ihnen, ins Kriegsgebiet vorzustoßen, und sie versorgten Großbritannien und die Sowjetunion im Rahmen des Lend Lease Act kostenlos mit gewaltigen Mengen von Kriegsmaterial. Japans Kriegseintritt mußte erhebliche See- und Luftstreitkräfte der Alliierten vom Atlantik und Mittelmeer in den Pazifik und in asiatische Gewässer abziehen, wodurch die Chancen auf entscheidende Siege der Achse im Atlantik und im Mittelmeer deutlich stiegen. Folglich lag es in Deutschlands bestem Interesse, Japan als kriegführende Macht willkommen zu heißen und Seite an Seite mit ihm zu marschieren, ja, vielleicht sogar die Seekriegführung in einigen Räumen wie dem Indischen Ozean mit Japan zu koordinieren. Außerdem würde eine volle Partnerschaft Deutschland auch Zugang zu wichtigen Rohstoffen aus den japanisch besetzten Gebieten in Südost-Asien verschaffen.

Andere Überlegungen spielten ebenfalls eine Rolle. Da die deutschen Streitkräfte es nicht geschafft hatten, Moskau und Leningrad rasch einzunehmen und die Sowjetarmeen zu zerschlagen, waren in manchen deutschen Kreisen Unbehagen und Zweifel aufgekommen. Ein neuer Partner im Kampf und ein dramatisches Ereignis – wie die Kriegserklärung an die Vereinigten Staaten – würden mit großer Wahrscheinlichkeit neuen Mut machen und neue Energien freisetzen. Allein die Möglichkeit eines japanischen Angriffs auf die Sowjetunion im Fernen Osten konnte die Verlegung sowjetischer Truppen aus diesem Raum an die deutsche Front vor Moskau oder anderswo verhindern und erhöhte damit die Aussicht auf einen deutschen Sieg über die Sowjetunion, sobald im Frühjahr das Wetter besser wurde.

Und so wurde die Entscheidung getroffen. Wenn Japan den Krieg gegen die Vereinigten Staaten eröffnete, würden Deutschland und Italien den USA ebenfalls den Krieg erklären. Vielleicht um diese verhängnisvolle Entscheidung zu rechtfertigen, die viele aus Hitlers engerer Umgebung ablehnten, ließ er von nun an im privaten Kreis seiner Wut über Präsident Roosevelt und über die finsteren Machenschaften amerikanischer Juden, die den Präsidenten angeblich in ihren Klauen hielten, freien Lauf.

Obwohl die Japaner Hitler ihre Freundschaft und ihr volles Vertrauen bekundeten, verschwiegen sie ihm schlau den Plan, wie sie die Feindseligkeiten eröffnen wollten. Sie hatten sich große Ziele gesetzt. In der Anfangsphase sollten die japanischen Streitkräfte nahezu zeitgleich einen Schlag gegen die amerikanische Pacific Fleet in Pearl Harbor und die Asiatic Fleet und die Army Air Forces in Manila führen und die britische Flotte in Singapur (vor allem das Schlachtschiff *Prince of Wales* und den Schlachtkreuzer *Repulse*) angreifen. Außerdem sollten die amerikanischen Inseln Wake und Guam, die britischen Inseln Tarawa und Makin und die britische Kolonie Hongkong eingenommen werden. In der zweiten, unmittelbar darauffolgenden Phase sollten japanische Truppen die Philippinen, Malaya, Borneo, Sumatra, Java, Birma und andere britische und holländische Besitzungen in Südost-Asien erobern.

Die Japaner versuchten, ihre Kriegsvorbereitungen vor Washington geheimzuhalten, indem sie zum Schein die diplomatischen Verhandlungen durch ihren Botschafter, Admiral Nomura Kichisaburo, fortsetzten. Aber Washington ließ sich nicht täuschen. Amerikanische Kryptanalytiker konnten Purple, den wichtigsten diplomatischen Schlüssel der Japaner, laufend und fließend lesen, so daß die amerikanische Regierung sich über das Täuschungsmanöver voll im klaren war und beinahe stündlich einen japanischen Angriff erwartete. Das Problem war, daß die japanische kaiserliche Marine vor kurzem einige Änderungen in ihrem wichtigsten operativen Code (JN-25) vorgenommen hatte, die die Amerikaner noch nicht geknackt hatten. Aus diesem Grund hatten sie die Spur der japanischen Kriegsflotte verloren und wußten nicht, wo die Japaner losschlagen wollten. Die vorherrschende Meinung war, daß die Japaner nach Süden vorstoßen würden – vielleicht nach Malaya. Kaum jemand rechnete damit, daß Pearl Harbor das erste Angriffsziel sein würde.

Der Oberbefehlshaber der japanischen Flotte, Admiral Yamamoto Isoroku, war gegen den Krieg. Er war häufig ins Ausland gereist und hatte großen Respekt vor dem industriellen Potential der Vereinigten Staaten. Hinter den Kulissen tat er sein möglichstes, um den Krieg zu verhindern, und er stellte fest: »Wenn man mir befiehlt, ohne Rücksicht auf die Folgen zu kämpfen, werde ich die ersten sechs Monate oder ein Jahr lang wild expandieren, aber ich hege nicht die geringste Zuversicht für das zweite oder dritte Jahr.« Seine Argumente hatten bei Tojo und anderen Falken wenig Gewicht; sie meinten, die Vereinigten Staaten würden angesichts der Verpflichtungen ihrer Kriegsmarine im Atlantik nur widerwillig auch noch im Pazifik kämpfen und, selbst wenn sie es täten, des Kampfes rasch müde werden und zu Verhandlungen übergehen. In diesem Fall würde es Tojo vollkommen genügen, wenn die japanische Kriegsmarine ihre Seeherrschaft ein Jahr stark ausdehnte.

Angesichts der zunehmenden Wahrscheinlichkeit eines Krieges mit den Vereinigten Staaten hatte Yamamoto die alten japanischen Pläne verworfen, sich der amerikanischen Flotte in einer alles entscheidenden Schlacht in fernöstlichen Gewässern zu stellen. Statt dessen plante er einen Überraschungsangriff auf die Pazifikflotte in Pearl Harbor, den eine Streitmacht aus Flugzeugträgern, unterstützt von Begleitfahrzeugen ausführen sollte. Das ganze Jahr 1941 hatten die betreffenden Marineeinheiten unablässig unter äußerster Geheimhaltung verschiedene Varianten des Plans durchgespielt. In der Zwischenzeit hatten japanische Ingenieure einen speziellen Lufttorpedo (mit hölzernen Flossen) gebaut, der in dem seichten Wasser des Hafens von Pearl Harbor (zwölf Meter) funktionieren würde, sowie riesige Fliegerbomben, die aus den 40-cm-Granaten für Schlachtschiffe entwickelt worden waren.

Heimlich sammelte sich der japanische Trägerverband (Kido Butai) bei der entlegenen Kurileninsel Etorofu und stach am 26. November in See. Die Streitmacht wurde von Admiral Nagumo Chuichi befehligt und setzte sich aus sechs Flottenträgern, zwei Schlachtschiffen, zwei Schweren Kreuzern, drei eskortierenden U-Booten und einem langen Zug von Versorgungsschiffen zusammen.* Damit die Schiffe nicht von Handelsschiffen entdeckt wurden, fuhren sie weit im Norden und schlichen dicht an Schlechtwetterfronten entlang. Alle Schiffe hielten absolute Funkstille. Der Streitmacht fuhren 25 japanische Flotten-U-Boote voraus, die ihnen zuvor zugewiesene Vorposten in den Gewässern um Hawaii bezogen. Fünf Flotten-U-Boote führten 23 Meter lange »Kleinst-U-Boote« für zwei Mann mit sich, die sich bei geöffneter Balkensperre in den Liegeplatz Pearl Harbor schleichen und Großkampfschiffe angreifen sollten.

Am Sonntag, dem 7. Dezember 1941, starteten rund 350 Flugzeuge von den Flugzeugträgern aus in Richtung Pearl Harbor. Die japanischen Flieger griffen vollkommen überraschend an und versenkten vier Schlachtschiffe *(Arizona, California, Oklahoma, West Virginia)*, ein altes Zielschiff *(Utah)* und einen Minenleger *(Oglala)*. Sie beschädigten vier weitere Schlachtschiffe *(Maryland, Nevada, Pennsylvania, Tennessee)*, drei Leichte Kreuzer *(Raleigh, Honolulu, Helena)*, ein Wasserflugzeugmutterschiff *(Curtiss)*, drei Zerstörer *(Cassin, Shaw, Downes)* und ein Reparaturschiff

---

* Die Flottenträger: *Akagi, Kaga, Soryu, Hiryu, Zuikaku, Shokaku.* Die Schlachtschiffe: *Hiei, Kirishima.* Die Schweren Kreuzer: *Tone, Chikuma.*

(Vestal).* 219 amerikanische Flugzeuge wurden zerstört. Zum Glück für die Amerikaner waren zwei Träger der Pacific Fleet, die *Lexington* und die *Enterprise*, zusammen mit ihren Begleitschiffen auf See und entgingen somit einer möglichen Beschädigung; ein dritter Träger, die *Saratoga*, war in Kalifornien. Unerklärlicherweise griff Nagumo nicht die Öllager und die Reparaturwerften an der Küste an, so daß der Stützpunkt vom Rest der Flotte einschließlich der drei Träger weiter genutzt werden konnte. Die japanischen Flotten-U-Boote hatten kein Glück: Alle fünf Kleinst-U-Boote sanken oder wurden versenkt. Lediglich einer der zehn Mann Besatzung überlebte.

Die japanischen Flugzeuge trafen und zerstörten nur eines der annähernd 40 amerikanischen Flotten-U-Boote, die in Pearl Harbor und Manila stationiert waren. Schon wenige Stunden nach dem Überfall auf Pearl Harbor wies Washington die übrigen Flotten-U-Boote und die sechs alten Boote der S-Klasse in Manila an, »einen unbeschränkten U-Boot-Krieg« gegen Japan zu führen. Die meisten liefen schon nach wenigen Tagen jeweils allein zu Feindfahrten aus. Die Befehlshaber und Kommandanten der amerikanischen U-Boote hatten jahrelang geübt, gemeinsam mit Überwasserverbänden zu operieren, und sie hatten nie einen unbeschränkten Krieg gegen die japanische Handelsschiffahrt auch nur in Erwägung gezogen, geschweige denn geplant. Den meisten fiel es schwer, sich in dieser neuen Rolle zurechtzufinden. Außerdem zeigte sich nach und nach, daß die Torpedos schwerwiegende Mängel hatten. Wie die deutschen Torpedos liefen auch die amerikanischen viel zu tief, und Magnet- und Aufschlagpistolen funktionierten nicht einwandfrei. Aus diesem Grund hatten die amerikanischen U-Boot-Fahrer in den ersten Monaten des Pazifikkrieges wenig Erfolg.**

Der Überraschungsangriff auf Pearl Harbor war eine klassische, gut durchgeführte taktische Operation, unleugbar ein großer Seesieg. Wie beabsichtigt, wurde dadurch die Pacific Fleet gelähmt, und Japan hatte praktisch freie Hand für die geplanten Eroberungen in Südost-Asien. Dennoch war der Angriff strategisch gesehen vielleicht ein Fehler. Der hinterhältige Angriff, der 2403 Mitgliedern der amerikanischen Navy das Leben kostete – und 1178 verwundete –, empörte die Amerikaner und weckte einen so starken Haß gegen die Japaner, daß von vornherein die Möglichkeit vollkommen ausschied, die Amerikaner könnten jemals das Interesse am Krieg im Pazifik verlieren und einen Verhandlungsfrieden schließen. Der Historiker Ronald H. Spector schreibt dazu: »Wenn sie [die japanische Armee] die amerikanischen Besitzungen verschont und sich auf die britischen und holländischen beschränkt hätte, wäre es Roosevelt schwergefallen, Unterstützung für einen Krieg zur Verteidigung ferner europäischer Kolonien in Asien zu gewinnen, und er hätte nicht einen regelrechten Kreuzzug führen können, um Pearl Harbor zu rächen.«

Wegen des Verlustes der amerikanischen Kriegsschiffe in Pearl Harbor und der starken Bedrohung des Pazifiks durch die Japaner mußten so schnell wie möglich

---

* Drei der vier gesunkenen Schlachtschiffe wurden gehoben, nur die *Arizona* nicht. Die *California* und die *West Virginia* konnten schließlich wieder in Dienst gestellt werden, die *Oklahoma* nicht. Die vier beschädigten Schlachtschiffe waren nach mehreren Monaten wieder einsatzfähig.

** Genaueres dazu siehe Blair, *Silent Victory. The U.S. Submarine War Against Japan* (1975).

Kriegsschiffe von der Atlantikflotte zur Pazifikflotte überstellt werden. Als erste wurde die Task Force 17 verlegt. Sie bestand aus dem Flugzeugträger *Yorktown* und den beiden Leichten Kreuzern *Richmond* und *Trenton* und verließ die Panamakanalzone am 22. Dezember. Vier moderne (1939/40) Zerstörer, die *Hughes*, *Russell*, *Sims* und *Walke*, gaben Geleit. Im Gegensatz zu veröffentlichten Aussagen, die den Eindruck erweckten, über 24 amerikanische Zerstörer hätten im Dezember 1941 die Atlantikflotte verlassen,* wechselten in diesem Monat keine weiteren Zerstörer in den Pazifik.

Weitere Kriegsschiffe der Atlantic Fleet wurden von Washington angewiesen, sich auf eine Verlegung zur Pacific Fleet Anfang Januar 1942 vorzubereiten. Die wichtigsten waren die älteren Schlachtschiffe *Idaho*, *Mississippi* und *New Mexico*, die erst knapp sechs Monate im Atlantik waren. Sie sollten von fünf modernen Zerstörern (Baujahr 1939/40) der Atlantic Fleet eskortiert werden: *Anderson*, *Hammann*, *Morris*, *Mustin* und *O'Brien*. Alle Schiffe nahmen Anfang Januar Kurs in Richtung Pazifik, gefolgt von zwei weiteren modernen Zerstörern (Baujahr 1938), der *Sampson* und der *Warrington*. Im Dezember und im Januar wurden insgesamt elf Zerstörer in den Pazifik verlegt, neun von Squadron 2 und zwei von Squadron 9.

Nach diesen Verlegungen blieben der Atlantic Fleet noch neun Großkampfschiffe: drei alte Schlachtschiffe, die sich nur für den Geleitschutz eigneten *(Arkansas, New York, Texas),* zwei neue Schlachtschiffe in einer verlängerten Erprobungsphase (die *North Carolina* und die *Washington*) und vier Flugzeugträger (die *Hornet*, die sich auf den Abmarsch in den Pazifik vorbereitete, die *Ranger* und *Wasp* sowie der Geleitträger *Long Island*). Vierzehn Kreuzer (fünf Schwere, neun Leichte) bildeten den Rest der schweren Kriegsschiffe der Atlantikflotte; dazu kamen natürlich noch die Zerstörer, von denen später die Rede sein wird.

Schließlich sagte Washington die Verlegung eines verstärkten Geschwaders mit 18 U-Booten der S-Klasse und dem neuen Mutterschiff *Griffin* nach Argentia auf Newfoundland ab. Ursprünglich waren sie dafür gedacht, die Support Force von Admiral Bristol zu vergrößern (eine fragwürdige Zuteilung); statt dessen fuhren nun zwei Abteilungen mit insgesamt zwölf Booten und der *Griffin* in den Pazifik. Die sechs Boote der dritten Abteilung wurden der Royal Navy leihweise zur Verfügung gestellt.**

Die Japaner realisierten ihren Kriegsplan mit erstaunlicher Effizienz und Geschwindigkeit. Von der Insel Formosa aus zerstörten japanische Flugzeuge schnell die amerikanische Luftstreitmacht auf den Philippinen und vertrieben die Asiatic Fleet;

---

* Siehe dazu Gannon, *Operation Paukenschlag*, Frankfurt, Berlin 1992, S. 181. Er schreibt: »... zwei Geschwader der modernsten Zerstörer waren Ende Dezember in den Pazifik verlegt worden.« Diese falsche Behauptung geht offenkundig auf einen Irrtum in der offiziellen amerikanischen Geschichte des Zweiten Weltkrieges zurück; in der *U.S. Navy's Administrative History of the World War II. Atlantic Fleet* (No. 138, S. 261), heißt es: »Zwei Geschwader der besten und neuesten Zerstörer wurden Ende Dezember 1941 in den Pazifik verlegt ...« In der Regel hatte ein Zerstörergeschwader zwölf Fahrzeuge. Lediglich Squadron 2, die aus zwei nicht vollbesetzten *Divisionen* (Nr. 3 und 4) bestand, wurde damals in den Pazifik verlegt. (Genaueres dazu in Anhang 12.)

** *S1, S21, S22, S24, S25* und *S29*. Unter dem neuen Namen *Jastrazab* wurde *S25* mit einer polnischen Besatzung versehentlich am 5. Februar 1942 von alliierten Kräften vor Norwegen versenkt.

damit war alles bereit für eine Invasion von Luzon. Am 10. Dezember bombardierten in Indochina stationierte japanische Flugzeuge die *Prince of Wales* und die *Repulse* auf See und versenkten die Kriegsschiffe, wobei 840 von 3761 Seeleuten ums Leben kamen. (»Während des ganzen Krieges«, schrieb Churchill, »traf mich kein so unerwarteter Schlag.«*) Die Pazifikinseln Wake, Guam, Tarawa und Makin sowie die britische Kronkolonie Hongkong fielen in japanische Hände. Japanische Soldaten marschierten in Malaya ein, andere Truppen wurden für einen Schlag gegen Borneo, Sumatra und Java zusammengezogen.

In den letzten Tagen vor dem Angriff auf Pearl Harbor waren die Japaner immer noch verzweifelt bemüht, Hitler zur Unterzeichnung eines Bündnisvertrages zu bewegen, und sie hielten ihre konkreten Kriegspläne nach wie vor geheim. Sie deuteten lediglich an, der Krieg könne schneller kommen, als irgend jemand sich vorstellen könne. Folglich war Hitler von dem Angriff auf Pearl Harbor völlig überrascht. Er betrachtete Deutschland als das ranghöchste Mitglied der Achsenmächte und war beleidigt und verärgert, daß die Japaner ihn nicht ins Vertrauen gezogen hatten – ja, in gewisser Weise sogar betrogen hatten – und daß sie weder seinen Rat noch seine Zustimmung, oder auch nur Unterstützung erbeten hatten, wie die Italiener es getan hatten. Es war nicht nur für ihn persönlich ein Schlag ins Gesicht, sondern auch ein Signal, daß Tokio die Absicht hatte, seinen eigenen Krieg nach Belieben und zur Durchsetzung seiner eigenen Interessen zu führen, ohne Berlin oder Rom zu Rate zu ziehen.

Doch überwand Hitler seinen Stolz und hielt seine Zusage an die Japaner ein. Er berief am 11. Dezember das Marionettenparlament in den Reichstag, erklärte den Vereinigten Staaten den Krieg, wobei er in aller Öffentlichkeit Gift und Galle gegen Roosevelt spie. Vorher am selben Tag gelobten Hitler, Mussolini und Tojo, die Waffen nicht niederzulegen, bis die Vereinigten Staaten und Großbritannien geschlagen seien, und keinen Separatfrieden zu schließen. Im Gegenzug forderte Roosevelt den Kongreß auf, Deutschland den Krieg zu erklären. Erklärungen aus Moskau blieben dagegen aus; Japan und die Sowjetunion befanden sich weiterhin nicht im Krieg miteinander.

Churchill reagierte auf den japanischen Angriff auf Pearl Harbor und Hitlers Kriegserklärung an die Vereinigten Staaten mit gemischten Gefühlen. Einerseits sicherte der volle Kriegseintritt der Vereinigten Staaten den späteren Sieg (»Damit hatten wir den Krieg gewonnen!« schrieb er). Andererseits bestand wegen der Wut der Amerikaner auf Japan die besorgniserregende Möglichkeit, daß sie die bereits vereinbarte anglo-amerikanische Kriegsstrategie umkehren, sich zuerst gegen Japan, und dann erst gegen Deutschland und Italien wenden könnten. Wenn dies geschah, würden die britischen Verluste an Menschenleben und Ressourcen auf weitentfernten Schlachtfeldern und Ozeanen länger anhalten und weitere Entbehrungen, Qualen und Gefahren für das Land mit sich bringen.

Um sicherzugehen, daß die Amerikaner sich an den ursprünglichen Plan hielten,

* Zusammen mit dem Werk der italienischen Froschmänner im Hafen von Alexandria am 19. Dezember und der im Mittelmeer stationierten U-Boote erlitt die Royal Navy in einem Zeitraum von 37 Tagen ihr eigenes »Pearl Harbor«: der Flugzeugträger *Ark Royal*, die Schlachtschiffe *Prince of Wales* und *Barham*, der Schlachtkreuzer *Repulse*, der Geleitträger *Audacity* und die Leichten Kreuzer *Dunedin*, *Neptune* und *Galatea* wurden versenkt, die Schlachtschiffe *Valiant* und *Queen Elizabeth* wurden schwer beschädigt.

eilte Churchill zu einem Gipfeltreffen mit Roosevelt nach Washington. Zusammen mit einer großen Gruppe ranghoher Militärberater stach er am 12. Dezember auf dem neuen Schlachtschiff *Duke of York* vom Firth of Clyde aus in See. Da im Nordatlantik heftige Stürme tobten, wandte sich das auf der letzten Testfahrt befindliche Schlachtschiff mit seiner Sicherungsgruppe nach Süden und durchquerte den Golf von Biskaya. Tollkühn passierte der Verband Brest in einer Entfernung von gut 180 Kilometern und kreuzte den, wie Churchill es nannte, »Strom« von U-Booten, die französische Stützpunkte anliefen oder verließen. Die Admiralität kannte die Positionen der U-Boote aufgrund des entzifferten Funkverkehrs und lenkte die *Duke of York* über Ausweichkurse durch den Golf. Nach der Überfahrt über den Mittelatlantik erreichte das Schiff am 22. Dezember ohne Zwischenfälle Norfolk in Virginia. Am nächsten Tag begannen Roosevelt und Churchill und ihre jeweiligen militärischen Befehlshaber eine Reihe von Treffen zur globalen Strategie, die als die Arcadia-Konferenz bekannt wurden.

Ein neuer Krieg

Als Hitler den Vereinigten Staaten den Krieg erklärte, waren die deutschen U-Boote, direkt oder indirekt, überwiegend mit der Unterstützung der Streitkräfte der Achse in Nordafrika betraut, also mit einer Aufgabe, für die sie sich nicht eigneten und die Dönitz für einen nutzlosen Abzug von der »entscheidenden« Aufgabe hielt, im Nordatlantik den Import von Waren nach Großbritannien zu stoppen.

Kernével war über die offizielle Kriegserklärung an die Vereinigten Staaten erfreut. Nun hatte Dönitz das denkbar stärkste Argument für eine Einschränkung der gefahrvollen und unrentablen Operationen im Mittelmeer und vor Gibraltar und für die Wiederaufnahme des umfassenden, unbeschränkten U-Boot-Krieges im Nordatlantik. Damit bot sich die Gelegenheit, einen vernichtenden Schlag gegen den Schiffsverkehr der Alliierten in amerikanischen Gewässern zu führen, noch bevor die Amerikaner Geleitzüge aufstellen oder effektive Maßnahmen zur U-Boot-Abwehr einleiten konnten. Durch diesen Schlag würde womöglich der Nachschub von Kriegsmaterialien aus dem Arsenal der Demokratie gleich vor dessen Toren wirksam unterbunden.

Das – nur allzuvertraute – Problem der Deutschen war der akute Mangel an U-Booten. Aufgrund von Gefechtsverlusten, Außerdienststellungen, aufgrund des Abzugs von Booten in die Arktis und ins Mittelmeer und aufgrund der zunehmenden Verzögerungen beim Neubau und der Erprobung hatte die atlantische U-Bootwaffe am 1. Januar 1942 nur 64 hochseetüchtige U-Boote: 19 Typ IX, 44 Typ VII und *UA*.*

* Von den 64 Booten der Atlantikflotte waren 14 (22 Prozent) nicht einsatzbereit oder verfügbar. Die Boote *U73, U561* und *U572* vom Typ VIIC wurden im Januar ins Mittelmeer geschickt, um versenkte Boote zu ersetzen. Das ehemals türkische Boot *UA* wurde zu einem provisorischen U-Tanker umgebaut. *U43* vom Typ IX, sowie *U94, U201, U563* und *U101* vom Typ VII waren zur Überholung, zur Reparatur von Gefechtsschäden oder zur Außerdienststellung auf dem Weg nach Deutschland oder dort schon angekommen. Das aus dem Nordmeer zurückgerufene Boot *U752* lag zur Überholung in Kiel, danach sollte es in Richtung Atlantik auslaufen. An vier weiteren Typ-VII-Booten wurden in französischen Stützpunkten Gefechtsschäden repariert: *U71, U202, U558* und *U569*.

Die Atlantikflotte der U-Boote hatte nicht nur zu wenig Boote, sie war auch vergleichsweise unerfahren. Von den 64 Booten waren 44 (69 Prozent) nicht länger als sechs Monate im Atlantik. Von diesen zuletzt eingetroffenen Booten waren 14 (32 Prozent) erst im Dezember 1941 zur Flotte gestoßen. Sechs Boote vom Typ VII waren aus der Nordmeerflotte verlegt worden und hatten noch keine richtige Feindfahrt im Atlantik hinter sich.

Zahlreiche Autoren haben von einer starken Zunahme der U-Boot-Gefahr im Jahr 1942 geschrieben und eine Steigerung von 20 Booten pro Monat angegeben. Wenn mit dieser Zahl die neu in Dienst gestellten Boote beziffert werden sollen, so handelt es sich nur um eine geringfügige Übertreibung. In den ersten fünf Monaten des Jahres 1942 wurden 78 neue Kampfboote in Dienst gestellt, pro Monat durchschnittlich 15,6. In den übrigen sieben Monaten betrug die Zahl der in Dienst gestellten U-Boote tatsächlich 20 Boote pro Monat, oder sie lag sogar etwas darüber; insgesamt waren es 148 U-Boote, oder im Durchschnitt 21,1 pro Monat. Für das ganze Jahr 1942 betrug die Zahl 226 U-Boote oder im Durchschnitt 18,8 Boote pro Monat.

Das aber ist nur die eine Seite der Medaille. Einige dieser neuen Kampfboote wurden der U-Boot-Schule oder Forschungsprojekten zugeteilt und kamen nie an die Front. Ein paar gingen in der Ostsee durch Minen oder bei Unfällen verloren. Etwa die Hälfte der 226 neu in Dienst gestellten U-Boote gingen wegen Verzögerungen in der Erprobungsphase, oder weil sie Ende 1942 in Dienst gestellt worden waren, erst 1943 an die Front. Ungefähr 50 U-Boote gingen bei den ersten Feindfahrten von Deutschland oder Norwegen aus verloren, ohne daß sie etwas Nennenswertes ausgerichtet hätten; sie bildeten also »nur auf dem Papier« eine kurzlebige Steigerung der Frontflottillen.

Die einzige aussagekräftige Angabe in diesem Wirrwarr von Zahlen ist die tatsächliche »Zunahme« der atlantischen U-Boot-Flotte. Sie war nämlich weit entfernt von den häufig behaupteten »20 Booten pro Monat«. Durch Verzögerungen in der Ostsee, durch die Verlegung von Booten in die Arktis und ins Mittelmeer und durch Gefechtsverluste wuchs die Atlantikflotte der U-Boote in den ersten sechs Monaten des Jahres 1942 lediglich um 34 Kampfboote, oder im Durchschnitt um 5,6 Boote pro Monat. Gewiß rein zufällig, verteilt sich die Zunahme genau gleich auf die beiden Typen VII und IX:

	1/1	1/2	1/3	1/4	1/5	1/6	1/7	Zunahme
Typ VII	43	49	47	48	51	52	60	+17
Typ IX	20	23	29	30	33	35	37	+17
Summe	63	72	76	78	84	87	97	+34

Wegen der riesigen Entfernung von Frankreich nach Nordamerika – über 5500 Kilometer von Lorient nach New York – eigneten sich nur die zwanzig Boote vom Typ IX für den bevorstehenden Feldzug in diesen Gewässern. *U43* vom älteren Typ IX und acht Boote vom Typ IXB hatten bei 12 Knoten eine Reichweite von nur 16000 Kilometern. Die übrigen elf U-Boote vom Typ IXC hatten bei 12 Knoten eine Reichweite von über 20000 Kilometern.

Als Berlin grünes Licht für einen U-Boot-Angriff auf Nordamerika gab, standen 8 der 20 Typ-IX-Boote nicht für diese Aufgabe zur Verfügung. Das verschlissene Typ-IX-Boot *U43* hatte Befehl, zur Generalüberholung nach Deutschland zurückzukehren. Vier Typ-IX-Boote *(U68, U124, U126, U129)* kehrten von Feindfahrten im Südatlantik zurück und benötigten eine längere Überholung. Drei U-Boote *(U67, U107, U108)* waren an dem schweren Gefecht mit dem Geleitzug Home Gibraltar 76 beteiligt gewesen und mußten zuerst nach Frankreich zurückkehren, nachtanken und Torpedos übernehmen, und ihre Besatzungen brauchten eine gewisse Erholungszeit.

Kümmerliche sechs U-Boote vom Typ IX konnten für die Eröffnung des U-Boot-Krieges in amerikanischen Gewässern einsatzklar gemacht werden. Im Gegensatz zu vielen veröffentlichten Darstellungen wählte Dönitz die »U-Boot-Asse« für den ersten Angriff keineswegs sorgfältig aus. Er behalf sich mit den Kommandanten der sechs Typ-IX-Boote, die ihm in Frankreich zur Verfügung standen. Diese waren:

- Richard Zapp in *U66* vom Typ IXC. Zapp war im Mai 1941 an den Atlantik gekommen und hatte drei Feindfahrten gemacht: eine in den Nordatlantik, die wegen technischer Pannen vorzeitig abgebrochen wurde, und zwei lange Fahrten in den Südatlantik, bei denen er fünf Schiffe versenkt hatte.
- Heinrich Bleichrodt in *U109* vom Typ IXB. Bleichrodt hatte auf zwei Feindfahrten mit dem berühmten Boot *U48* im Herbst 1940 14,5 Schiffe versenkt und sich das Ritterkreuz verdient. Danach hatte er *U67* vom Typ IX in Dienst gestellt, das zeitweilig der Sonarforschung zugeteilt war. Im Juni 1941 hatte Bleichrodt das Kommando über *U109* übernommen und zwei Atlantikfahrten gemacht. Beidesmal hatte er technische Probleme gehabt. Die letzte Fahrt hatte er als Eskorte für einen Blokkadebrecher abgeschlossen. Mit *U67* und *U109* hatte er kein Schiff versenkt.
- Reinhard Hardegen in *U123* vom Typ IXB. Das Boot war im September 1940 unter dem Kommando von Karl-Heinz Möhle in den Atlantik gekommen, der sich auf dem Boot ein Ritterkreuz verdiente. Seit Hardegen im Mai 1941 das Kommando übernommen hatte, war er zweimal ausgefahren: einmal nach Freetown und einmal nach Newfoundland. Er hatte schon mit dem Einbaum *U147* ein Schiff versenkt und mit *U123* fünf Schiffe – auf seiner zweiten Feindfahrt mit *U123* aber kein einziges.
- Ulrich Folkers in *U125* vom Typ IXC. Das Boot war im Juli 1941 unter dem Kommando von Ritterkreuzträger Günter Kuhnke in den Atlantik gekommen und hatte eine glücklose Feindfahrt im Südatlantik gemacht. Folkers war am 15. Dezember 1941 zum Kommandanten von *U125* befördert worden. Er hatte in seiner neuen Funktion noch keine Feindfahrt gemacht.
- Ernst Kals in *U130* vom Typ IXC. Kals war von Kiel aus zu seiner ersten Feindfahrt in See gestochen und am 10. Dezember auf den nach Osten fahrenden Geleitzug Slow Convoy 57 gestoßen. Er hatte allein angegriffen, sechs Torpedos losgemacht und drei Frachter mit 15 000 BRT versenkt. Er wurde zur Vorbereitung für den Angriff auf Amerika zurückgerufen und erreichte Lorient am 16. Dezember nach nur siebzehn Tagen auf See.
- Jürgen von Rosenstiel in *U502* vom Typ IXC. Das Boot hatte vom 29. September bis zum 9. November eine Atlantikfahrt gemacht, auf der Rosenstiel kein Schiff versenkte, aber das Walfangmutterschiff *Svend Foyn* schwer beschädigte.

Diese sechs Typ-IX-Boote bildeten die erste Welle. Eine zweite Welle lief ungefähr zwei Wochen nach der ersten in Richtung Vereinigte Staaten aus. Eine dritte Welle aus Booten vom Typ IX legte kurz nach der zweiten ab. Diese Boote sollten vor den Westindischen Inseln und in der Karibik patrouillieren. Weitere Boote folgten.

Obwohl die ersten Boote in amerikanischen Gewässern vom Überraschungseffekt und den schwachen ASW-Maßnahmen der USA profitierten, waren Fahrten über solche Distanzen mit großen Gefahren und Schwierigkeiten verbunden. Abgesehen von den riesigen Entfernungen des Hin- und Rückwegs lag der Hauptnachteil in den sehr seichten Gewässern vor einem großen Teil der Ostküste der Vereinigten Staaten, eine Folge des breiten Kontinentalschelfs, der sich auf der Höhe von New York beinahe 180 Kilometer (100 Seemeilen) ins Meer erstreckt. Um die Möglichkeit auszuschalten, daß ASW-Kräfte die U-Boote in den sehr seichten Gewässern stellten, wurde den großen, schwerfälligen Typ-IX-Booten geraten, nur bei Nacht anzugreifen und rechtzeitig vor Tagesanbruch in 200 Meter tiefes Wasser abzulaufen – eine kluge Vorgehensweise, die aber viel Treibstoff kostete. Da zu erwarten war, daß die Amerikaner den gesamten Schiffsverkehr vor der Küste in die seichten Gewässer umleiten und diese mit Flugzeugen überwachen würden, ja daß sie vielleicht sogar den Schiffen befehlen würden, bei Nacht einen der vielen geeigneten Häfen an der Ostküste aufzusuchen, mußten es die U-Boote der folgenden Wellen noch schwerer haben, weil das Überraschungsmoment wegfiel.

In der sonst so ungünstigen Unterwassergeographie der amerikanischen Ostküste gab es lediglich einen vielversprechenden Punkt: die Outer Banks von North Carolina, deren charakteristisches Kennzeichen das Kap Hatteras bildete. An diesem Vorsprung war der Schelf nur knapp 55 Kilometer breit. Tiefe Gewässer waren von der Küste aus über Wasser in nur zwei Stunden voller Fahrt zu erreichen. Falls sich die Schiffe also, wie zu erwarten war, dicht an die Küste hielten, um Luftunterstützung zu bekommen, dann war am Kap Hatteras die Wahrscheinlichkeit eines dichten Schiffsverkehrs sehr hoch, und zugleich konnten die U-Boote sich schnell im tiefen Wasser verbergen. Außerdem würden vermutlich Feuerschiffe und Leuchttürme die genaue Navigation erleichtern.

Weiter im Süden, vor der Küste Floridas, war der Meeresboden ähnlich günstig. Von Palm Beach nach Süden bis nach Miami ragt der Schelf nur 18 Kilometer ins Meer hinaus. Die Floridaküste ist jedoch sehr weit von Lorient entfernt, und das Wasser ist sehr phosphoreszierend. Ein Boot vom Typ IX, das in diesen Gewässern patrouillierte, konnte nur kurze Zeit vor der Küste bleiben und lief wegen seines schimmernden Kielwassers Gefahr, bei Nacht von einem Flugzeug erspäht zu werden.

Um die materielle und die psychologische Wirkung des Angriffs auf Nordamerika noch zu steigern, schlug Dönitz vor, daß eine Gruppe aus Typ-VII-Booten in den kanadischen Gewässern vor Halifax in Nova Scotia und vor St. John's auf Newfoundland patrouillieren sollte. Diese Boote sollten nicht nur Schiffe versenken, sondern allein durch ihre Anwesenheit Sicherungs- und ASW-Kräfte der Alliierten in kanadischen Gewässern und entlang der Nordatlantikroute binden, die sonst in Gewässer der Vereinigten Staaten hätten verlegt werden können. Es war durchaus möglich, daß diese U-Boote die Alliierten zwingen würden, Geleitzüge nach Osten abzusagen, so wie sie Anfang November den bedrängten Slow Convoy 52 aufgelöst hatten. Dadurch konnten sich einige Schiffe, die über Murmansk Nachschublieferungen in die Sowjetunion brachten, verspäten oder überhaupt nicht ankommen – ein Problem für die Rote Armee in einer kritischen Phase.

Weder in Kernével noch im Oberkommando der Kriegsmarine wurde der Einsatz von Typ-VII-Booten in kanadischen Gewässern allgemein gebilligt. Das Wetter im Nordatlantik – und im Gebiet um Newfoundland – war mit Sicherheit gräßlich und die Funkverbindung schlecht. Schon bei gutem Wetter hatten Typ-VII-Boote bei der Ankunft vor Newfoundland nach sparsamer Fahrt nicht mehr genug Treibstoff, um effektiv zu operieren. Günstigstenfalls benötigte jedes Boot bei der Fahrt mit einem Motor etwa zweieinhalb Wochen, um das Gebiet zu erreichen, und noch einmal zweieinhalb Wochen für den Rückmarsch. Treibstoff und Lebensmittel reichten für eine Feindfahrt in kanadischen Gewässern nur für zehn Tage, und eine längere Geleitzugjagd würde den Zeitraum noch verkürzen. Wenn die U-Boote beim Anmarsch nach Kanada in stürmische See gerieten, waren weitere Verzögerungen zu erwarten, und die zur Verfügung stehende Zeit im Operationsgebiet reduzierte sich drastisch. Außerdem war der Kontinentalschelf, der sich vor Newfoundland und Nova Scotia ins Meer erstreckte, nicht weniger breit, und das Meer war ebenso seicht wie vor der Küste der Vereinigten Staaten. Die Große Neufundlandbank mit einer Tiefe von durchschnittlich 75 Metern erstreckte sich von Newfoundland aus etwa 370 Kilometer nach Osten.

Kritiker stellten außerdem die Frage, ob es nicht klüger sei, die Typ-VII-Boote für die Fortsetzung des U-Boot-Krieges gegen Geleitzüge im nähergelegenen Nordatlantik zu verwenden. Wegen des Abzugs von Booten ins Mittelmeer (und der britischen Ausweichtaktik aufgrund von Enigma-Informationen) waren die Nordatlantik-Geleitzüge im Herbst 1941 weitgehend verschont geblieben. Tausende von Frachtern, beladen mit Waffen, Erdöl und Lebensmitteln, hatten unbehelligt Island und die Britischen Inseln erreicht, und einige waren weiter nach Murmansk gefahren. Wenn die Typ-VII-Boote näher bei ihren Stützpunkten operierten, konnten sie mit großer Wahrscheinlichkeit viel effektiver und mit einer geringeren physischen und psychischen Belastung für die Besatzungen gegen diese Geleitzüge eingesetzt werden.

Dönitz setzte sich durch. Ungeachtet der Risiken sollten Typ-VII-Boote trotz ihrer Schwächen die Boote vom Typ IX in amerikanischen Gewässern verstärken. Durch die geschickte Nutzung von Tauchzellen und Frischwassertanks konnten die Boote vom Typ VII ihre Reichweite um etwa 1800 Kilometer vergrößern und eine etwas größere Mobilität in den kanadischen Gewässern erlangen. Wenn Sie jedoch versucht hätten, in dem noch weiter entfernten Gebiet vor Kap Hatteras zu patrouillieren, dann hätten sie keinen Bewegungsspielraum mehr gehabt. Um Treibstoff zu sparen, hätten sie tagsüber meist reglos auf Grund liegen und darauf hoffen müssen, daß Schiffe zufällig ihren Weg kreuzten.

Am Ende bildeten zehn Boote vom Typ VII eine erste Welle, die im Dezember in kanadische Gewässer auslaufen sollte. Zwei wurden von Ritterkreuzträgern kommandiert: *U203* unter Rolf Mützelburg und *U552* unter Erich Topp. Fünf Boote waren jedoch neu und liefen von Deutschland zu ihrer ersten Feindfahrt aus.* Weitere Wellen von Typ-VII-Booten sollten folgen.

Am 17. Dezember berief Dönitz die sechs Kommandanten der ersten Welle von Typ-IX-Booten, deren Operation den Decknamen Paukenschlag erhielt, nach Kernével. Es war ein neuer Krieg, eine neue Gelegenheit, einem unvorsichtigen und uner-

---

* Siehe Anhang 4.

fahrenen Gegner einen schweren Schlag zu versetzen. Angesichts der bedrückenden Fehlschläge der Wehrmacht in der Sowjetunion und in Nordafrika sollte ein eindrucksvoller Erfolg der U-Boote in amerikanischen Gewässern dazu beitragen, die Kampfmoral in Deutschland zu heben und Hitler und das OKM von neuem für die U-Bootwaffe zu gewinnen, die in der zweiten Hälfte des Jahres 1941 im Atlantik so wenig erreicht hatte.*

In taktischer Hinsicht sollte sich mit der Operation Paukenschlag die Eröffnung des U-Boot-Krieges im September 1939 wiederholen. Die Boote sollten nicht in Gruppen oder Wolfsrudeln operieren, sondern unabhängig in einem großen Gebiet, und sie sollten auf ein Signal von Kernével gleichzeitig losschlagen. Wie 1939 war das Ziel, dem Feind psychisch und materiell den größtmöglichen Schock zu versetzen. Ritterkreuzträger Heinrich Bleichrodt in *U109* und der unerfahrene Ernst Kals in dem neuen Boot *U130* sollten im Gebiet vor Newfoundland und Nova Scotia patrouillieren und die zehn Typ-VII-Boote verstärken. Richard Zapp in *U66*, Reinhard Hardegen in *U123*, Ulrich Folkers in *U125* und Jürgen von Rosenstiel in *U502* sollten in den amerikanischen Gewässern zwischen New York und Kap Hatteras patrouillieren. Wie 1939 sollten die Kommandanten möglichst große Ziele auswählen – vor allem beladene Tanker –, die allein fuhren; eskortierten Geleitzügen sollten sie ausweichen. Um größtmögliche Wirkung zu erzielen, empfahl Dönitz den Kommandanten, die Schiffe wenn möglich mit einem Zweierfächer zu versenken; außerdem gestattete er den Einsatz des Deckgeschützes, wenn die Voraussetzungen für einen solchen Angriff günstig waren.

Am 18. Dezember stachen Folkers mit *U125* und Rosenstiel mit *U502* in See. Beim Verlassen des Golfs von Biskaya stieß Folkers in *U125* auf den bereits angegriffenen Geleitzug Home Gibraltar 76 und meldete die Fühlung, doch Kernével wies ihn an, einem Gefecht auszuweichen und die Fahrt fortzusetzen. Bei *U502* trat ein großes Leck auf, das eine verräterische Ölspur an der Wasseroberfläche verursachte; Rosenstiel brach deshalb die Fahrt ab und kehrte am 22. Dezember nach Lorient zurück. Hardegen legte noch selben Tag mit *U123* ab, Zapp mit *U66* am 1. Weihnachtstag. Bleichrodt brach mit *U109* und Kals mit *U130* am 27. Dezember nach Kanada auf. Zu diesem Zeitpunkt waren alle zehn Boote vom Typ VII, die nach Kanada fahren sollten, bereits auf See. Die erste Welle bestand aus insgesamt 15 U-Booten, darunter die drei Typ-IX-Boote *U66*, *U123* und *U125*, die den Schiffsverkehr in amerikanischen Gewässern angreifen sollten.

Einige Historiker haben behauptet, die britischen Codeknacker hätten das Aus-

* Vielleicht um die Fehlschläge der U-Boote vergessen zu machen und die Moral zu heben, erhielten damals fünf Kommandanten hohe Auszeichnungen: Otto Kretschmer erhielt, obwohl er in britischer Kriegsgefangenschaft war, die begehrten Gekreuzten Schwerter zum Ritterkreuz; Reinhard Suhren in *U564*, der als Erster Wachoffizier des berühmten Bootes *U48* das Ritterkreuz erhalten hatte, wurde das Eichenlaub zum Ritterkreuz verliehen, ebenso Heinrich Lehmann-Willenbrock in *U96*. Eitel-Friedrich Kentrat in *U74* und Robert Gysae in *U98* erhielten das Ritterkreuz. Suhren hatte als Kommandant von *U564* acht bestätigte Versenkungen mit 27 136 Tonnen erzielt und sich das Verdienst für zwei weitere Versenkungen geteilt. Lehmann-Willenbrock in *U96* hatte insgesamt 18,5 Schiffe mit 143 604 Tonnen versenkt, und belegte unter den noch im Einsatz befindlichen U-Boot-Assen nach der Tonnage den ersten Platz. Kentrat hatte mit *U74* (im Mittelmeer) fünf bestätigte Versenkungen mit 27 561 Tonnen erzielt. Gysae hatte mit *U98* neun Schiffe mit 46 727 Tonnen versenkt.

laufen dieser Boote bemerkt und London habe sehr konkrete Warnungen nach Washington und Ottawa gesendet, die weitgehend ignoriert worden seien. Diese Behauptungen entsprechen nur zum Teil der Wahrheit.

Anhand der Informationen, die Rodger Winn täglich aus dem Submarine Tracking Room lieferte, verfaßte der Stab der Navy in Washington die täglichen Berichte der gemeldeten U-Boot-Positionen für den Commander in Chief der Atlantic Fleet. Die Berichte waren jedoch wenig hilfreich. Fast alle enthielten Vorbehalte und Dementis vorheriger Meldungen. Hier einige Beispiele:

> *24. Dezember: Allgemeine Lage unklar, keine konkreten Informationen.*
> *25. Dezember: Situation vage und keine Anzeichen für Aktivität im Nordatlantik.*
> *26. Dezember: U-Boot-Lage immer noch unklar. Keine Anzeichen für starke Aktivität im Nordatlantik, aber vermutlich wenigstens zwei Boote westlich des 40. Längengrades West…*
> *27. Dezember: Lage im Westatlantik ist vage und unklar. Möglicherweise zwei oder drei Boote westlich des 40. Längengrades, gegenwärtige Positionen unbekannt.*

In seinem wöchentlichen Bericht für die Admiralität vom 29. Dezember schrieb Rodger Winn: »Es liegen noch keine eindeutigen Anzeichen dafür vor, daß mehrere U-Boote in den Westatlantik marschieren, möglicherweise um in der Karibik oder vor Halifax zu operieren.« Es gab keinerlei Anzeichen, daß ein U-Boot vor der Ostküste der Vereinigten Staaten operieren könnte.

Diese vagen Berichte aus London gingen gleichzeitig mit einer Serie von Schrekkensmeldungen aus dem Pazifik und dem Fernen Osten ein. Außerdem versenkten etwa zehn japanische U-Boote, die im Dezember nahe vor der Küste von Kalifornien und Oregon operierten, die amerikanischen Tanker *Emidio* und *Montebello* und beschädigten fünf weitere Tanker und zwei amerikanische Frachter. Sie beschossen auch ein Ölfeld in der Nähe von Santa Barbara und verstärkten damit Gerüchte, die Japaner seien drauf und dran, in Kalifornien einzumarschieren.*

Die »Norwegen-Paranoia«

Während sich die 15 U-Boote der Operation Paukenschlag nach Westen vortasteten, führten die Briten einen weiteren Handstreich gegen Norwegen durch. Vermutlich mit dem Hauptziel, eine Vier-Walzen-Enigma oder Codebücher und Schlüsselunterlagen zu erbeuten, planten sie für den 26. und 27. Dezember einen Überraschungsangriff an zwei Punkten, einen Hauptvorstoß in den Westfjord, der nach Narvik führt, und einen

---

* Nach den 1996 zugänglichen Informationen waren der U-Boot-Überfall der Japaner vor der Westküste und der U-Boot-Überfall der Deutschen vor der Ostküste nicht abgesprochen. Rein zufällig wirkten sich diese Überfälle günstig aufeinander aus. Beispielsweise banden die japanischen U-Boote wochenlang Flugzeuge der U-Boot-Abwehr an der Westküste und zwangen die amerikanischen Kräfte im Pazifik, einen Geleitverkehr einzuführen, der von Zerstörern der Pacific Fleet stark eskortiert wurde.

zweiten Schlag weiter südlich gegen die Insel Vagöy im Nordfjord in der Nähe von Ålesund. Weil ein Truppentransporter einen Maschinenschaden hatte und abdrehen mußte, verlief der Hauptangriff auf den Westfjord alles andere als zufriedenstellend. Der Nebenangriff auf Vagöy hatte jedoch Erfolg. Zusätzlich zu den Operationen an der Küste versenkten oder kaperten die britischen Seestreitkräfte (der Kreuzer *Kenya* und vier Zerstörer) fünf deutsche Handelsschiffe, zwei Vorpostenboote und einen Schlepper. Die Admiralität hat enthüllt, daß der Handstreich »kryptanalytisches Material« erbrachte. Wie der Tagebuchführer des OKM notierte, sei eine Fernmeldestation der deutschen Marine auf Malöy (im Nordfjord) zerstört worden, es habe »keine Überlebenden« gegeben, und ferner sei der »Verbleib der Verschlußsachen unbekannt«.

Diese Überfälle hatten zwar nur die Wirkung von Nadelstichen, doch sie zogen umfassende Veränderungen für die Kriegsmarine und die U-Bootwaffe nach sich. In einer ersten, schwachen Reaktion verlegte das OKM fünf frisch aus Deutschland ausgelaufene Typ-VII-Boote in den Nordfjord, um britische Seestreitkräfte abzuwehren. Dönitz war bestürzt, als er dies erfuhr. Er protestierte beim OKM, alle fünf Boote seien für die zweite Welle in die amerikanischen Gewässer vorgesehen gewesen und die Verlegung nach Norwegen sei pure Verschwendung von Zeit und Treibstoff. Außerdem sei sie eine äußerst riskante Aufgabe für die unerfahrenen Besatzungen, die erst vor wenigen Tagen zu ihren ersten Feindfahrten aus Kiel ausgelaufen seien. Außerdem wies er schroff den weitergehenden Vorschlag des OKM zurück, zum Schutz vor weiteren Angriffen der Alliierten neun U-Boote langfristig für die Westküste Norwegens abzustellen.

Die britischen Überfälle fielen zeitlich mit einer Flut von Gerüchten zusammen, die aus verschiedenen Quellen nach Berlin drangen und eine breit angelegte Invasion der Alliierten in Nordnorwegen ankündigten. Die vermutete Invasion sollte parallel zu einem sowjetischen Vorstoß nach Westen durch Finnland erfolgen, der möglicherweise auch von Schweden unterstützt werden würde. Bei erfolgreicher Durchführung dieses Unternehmens wäre im Norden eine weitere Front gegen Deutschland entstanden, und das Reich wäre von dem lebenswichtigen Eisenerz und Nickel in Schweden abgeschnitten worden; ferner wäre es durch Angriffe alliierter Luft- und Seestreitkräfte in Skandinavien verwundbar geworden, die über die Ostsee angreifen konnten.

Hitler war stets geneigt, solchen Gerüchten Glauben zu schenken, und berief Großadmiral Raeder am 29. Dezember in die Wolfsschanze. »Wenn die Engländer richtig handeln«, sagte Hitler wutentbrannt, »greifen sie Nordnorwegen an vielen Punkten an.« »Dies«, setzte Hitler hinzu, »kann von kriegsentscheidender Bedeutung sein.« Deshalb müsse die »deutsche Flotte ihre ganze Kraft für die Verteidigung Norwegens einsetzen«. Mit »Flotte« meinte Hitler das in heimischen Gewässern befindliche Schwesterschiff der *Bismarck*, die *Tirpitz*, die Schlachtkreuzer *Gneisenau* und *Scharnhorst* in Brest, das Taschen-Schlachtschiff *Admiral Scheer*, ebenfalls in heimischen Gewässern, und die Schweren Kreuzer *Prinz Eugen* in Frankreich und *Admiral Hipper* in heimischen Gewässern.

Raeder machte Einwände. Er glaubte weder, daß die britischen Kommandounternehmen Vorboten einer größeren Invasion gewesen waren, noch glaubte er den Gerüchten von einem sowjetischen Vorstoß durch Finnland und Schweden. Wenn die *Gneisenau*, die *Scharnhorst* und die *Prinz Eugen* in Frankreich blieben, zwangen sie die Briten, ansehnliche Kräfte zur Abwehr in ihren heimischen Gewässern zu halten, die sie sonst in anderen Gebieten – etwa im Mittelmeer – einsetzen konnten. Damit half die Anwesenheit dieser großen Schiffe indirekt Rommel. Außerdem lagen die Schiffe schon so lange in französischen Häfen und die Zahl der erfahrenen Besatzungsmitglieder war so sehr gesunken, daß alle drei Schiffe erst nach einer wochenlangen Vorbereitungsphase zu den Gefechten fähig sein würden, die sie bei einem Vorstoß nach Norwegen mit Sicherheit führen mußten.

Hitler bekam einen Wutanfall. Vielleicht unter dem Eindruck der in Pearl Harbor angerichteten Zerstörungen und der beinahe gleichzeitigen Verluste des Schlachtschiffs *Prince of Wales* und des Schlachtkreuzers *Repulse* im Fernen Osten kam er zu dem Schluß, daß Schlachtschiffe im Zeitalter der Flugzeuge nur noch geringen Wert besäßen.* Am Schluß des Treffens befahl er Raeder, seine Befehle auf sein Zeichen hin auszuführen. Die *Tirpitz* sollte (wie bereits geplant) innerhalb von drei Wochen nach Trondheim verlegt werden. Die *Gneisenau*, die *Scharnhorst* und die *Prinz Eugen* sollten so rasch wie möglich – und um jeden Preis – durch den Ärmelkanal nach Hause überführt werden. Danach sollten sie zusammen mit der *Admiral Scheer* und der *Admiral Hipper* nach Norwegen fahren. Sämtliche Bewegungen der großen Schiffe sollten durch Flugzeuge, Überwasserfahrzeuge und U-Boote gesichert werden.

Die Verlegung von U-Booten zur Verteidigung Norwegens wurde nicht ausführlich erörtert. Zum damaligen Zeitpunkt waren vier Boote vom Typ VII für Feindfahrten im Eismeer eingeteilt, um Murmansk-Geleitzüge anzugreifen,** und das OKM hatte Dönitz Widerspruch gegen den Einsatz zahlreicher U-Boote für die Verteidigung Norwegens unterstützt. Hitler bestand jedoch darauf, daß die Kriegsmarine »alle verfügbaren Kräfte« zur Verteidigung Norwegens einsetzte. Das OKM legte den Befehl dahingehend aus, daß alle U-Boote gemeint seien außer denen, die zur Unterstützung Rommels im Mittelmeer operierten, verschob jedoch eine so umfassende Neugruppierung der U-Boote, bis eine sorgfältige Studie über die Lage in Norwegen erstellt war und genauere Instruktionen von Hitler vorlagen.

Der U-Boot-Krieg in nordamerikanischen Gewässern begann also in einer ungewissen Ausgangssituation. Falls sich Hitlers sogenannte »Norwegen-Paranoia« verstärken sollte, war es gut möglich, daß die 15 U-Boote der ersten Welle zurückgerufen wurden, um eine vermutete Invasion der Alliierten in Norwegen zu vereiteln, und daß aus demselben Grund die folgenden Wellen nach Amerika gestoppt werden würden. Ein dramatischer U-Boot-Erfolg war deshalb unbedingt erforderlich, um eine, nach Dönitz' Ansicht unsinnige weitere Zersplitterung der U-Bootwaffe zu verhindern.

---

* Und er pflichtete törichterweise Raeders Vorschlag bei, den Bau des einzigen deutschen Flugzeugträgers *Graf Zeppelin*, für den noch keine Flugzeuge entwickelt worden waren, energisch voranzutreiben, obwohl ein akuter Mangel an hochwertigem Stahl und an Werftarbeitern für den U-Bootbau herrschte.

** *U134* unter Rudolf Schendel, *U454* unter Burkhard Hackländer, *U584* unter Joachim Deecke und *U585* unter Bernhard Lohse, die in Kirkenes im äußersten Norden Norwegens in der Barentssee stationiert waren. Auf dem Anmarsch nach Kirkenes versenkte Schendel mit *U134* irrtümlich den deutschen 2200-Tonnen-Frachter *Steinbek* vor dem Tana-Fjord; zwölf Mann kamen dabei ums Leben. Da Schendel nicht über den deutschen Schiffsverkehr informiert gewesen war und von Dönitz in Schutz genommen wurde, bekam er keine Rüge.

»Wir brauchen Schiffe!«

Bei der Arcadia-Konferenz am 23. Dezember in Washington war ein neues Gesicht unter der erlesenen amerikanischen Delegation: Admiral Ernest J. King, 63 Jahre alt, zuvor Befehlshaber der Atlantikflotte. Nach Pearl Harbor hatte Roosevelt King (mit Wirkung vom 30. Dezember) auf den neugeschaffenen Posten des Commander in Chief der U. S. Fleet befördert, ein Posten, der dem des First Sea Lord der Royal Navy und dem des Chefs der Seekriegsleitung der Kriegsmarine vergleichbar war. King hatte die operative und administrative Kontrolle über die von seinem Nachfolger Royal E. Ingersoll befehligte Atlantic Fleet, über die Pacific Fleet unter Chester W. Nimitz, der Husband E. Kimmel ablöste, über die Asiatic Fleet unter Thomas C. Hart und über die United States Coast Guard, die Küstenwache, deren Führung Präsident Roosevelt am 1. November 1941 per Verordnung dem Schatzamt entzogen und der Navy unterstellt hatte. Vorläufig behielt Admiral Harold R. Stark seinen Titel Chief of Naval Operations, aber seine Tage in Washington waren gezählt und seine Zuständigkeiten wurden auf administrative Angelegenheiten und »langfristige Planungsaufgaben« beschränkt.

King war ein hervorragender, grimmiger Kämpfer, so knallhart und furchtlos, daß es von ihm hieß, er rasiere sich »mit dem Lötkolben«. In seiner 40jährigen Berufslaufbahn hatte er auf Überwasserschiffen und U-Booten Dienst getan, hatte den Pilotenschein erworben und sich als Pionier bei der Marineluftwaffe und dem Einsatz von Flugzeugträgern hervorgetan. Keiner kannte die Stärken und Schwächen der US Navy – und ihrer ranghöchsten Offiziere – besser als er. Niemand war so angriffslustig oder so begierig, sich für den heimtückischen Angriff auf Pearl Harbor zu rächen, nach dem die Navy eine Weile geschockt und demoralisiert gewesen war. Obwohl King sich bereits dem Rentenalter näherte, hatte der Marineminister Knox ihn Roosevelt als denjenigen Admiral empfohlen, der sich am besten dafür eignete, die Lähmung der Navy nach Pearl Harbor zu überwinden.

King war eben erst in Washington eingetroffen. Er war noch immer dabei, sich eine Dienststelle und einen Stab aufzubauen. »Nichts war fertig«, sagte er später. »Ich mußte bei Null anfangen.« Er hatte jedoch an der Atlantik-Konferenz in Argentia im August 1940 teilgenommen und kannte folglich die meisten amerikanischen und britischen Größen. Er sagte nur wenig, und die britischen Delegierten, auch der First Sea Lord Dudley Pound, gewannen den Eindruck, daß sich sein Augenmerk stärker auf den Krieg im Pazifik richtete als auf den Krieg in Europa und im Mittelmeer.

Dies traf nur zum Teil zu. Da King erst vor kurzem das Kommando über die Atlantikflotte abgegeben hatte, wußte er über die Probleme des Kriegsschauplatzes Atlantik genausogut Bescheid wie jeder britische Delegierte. Insbesondere fürchtete er, wie auch die Briten, einen Ausbruch des Schlachtschiffs *Tirpitz* in den Atlantik, dem sich die Schlachtkreuzer *Gneisenau* und *Scharnhorst*, das Taschen-Schlachtschiff *Admiral Scheer* und die Schweren Kreuzer *Prinz Eugen* von Brest aus und *Hipper* von der Ostsee aus anschließen konnten. Ein Ausfall in den Atlantik durch diese sechs großen deutschen Schiffe würde eine beängstigende Bedrohung für die geschwächte britische Home Fleet und die amerikanische Atlantic Fleet darstellen, und er würde Truppen- und Nachschubgeleitzüge gefährden. Die Gefahr würde sich noch erhöhen, falls die Flotte der Vichy-Regierung in Martinique sich dazu entschließen sollte, die Deutschen zu unterstützen oder unabhängig gegen die alliierten Seestreitkräfte zu operieren oder auch nur in Richtung Panamakanal in See zu stechen.

Während der gesamten Arcadia-Konferenz ging eine Flut zutiefst beunruhigender Nachrichten aus dem Pazifik und dem Fernen Osten ein: Ein japanischer Sieg nach dem anderen wurde gemeldet. Die Konferenzteilnehmer mußten sich einen Großteil der Zeit damit befassen, mit welchen Notmaßnahmen man den bedrängten alliierten Streitkräften auf diesem Schauplatz zu Hilfe kommen konnte. Dennoch hielten sie sich an das Hauptziel der Konferenz, nämlich eine globale Strategie für den Sieg auszuarbeiten und den Zeitplan für die Kriegsproduktion aufzustellen, mit deren Hilfe diese Strategie umgesetzt werden sollte. Alle Delegierten, auch Admiral King, bekräftigten erneut und rückhaltlos die frühere Vereinbarung, daß Deutschland und Italien zuerst niedergerungen werden sollten und dann erst Japan. Doch es herrschte große Unsicherheit und Uneinigkeit darüber, wie dies zu verwirklichen war und zu welchem Zeitpunkt die Alliierten im Pazifik von der Defensive in die Offensive übergehen sollten, damit die Japaner ihre Eroberungen nicht zu stark befestigen konnten.

All diesen Diskussionen lag der einmütige Wunsch zugrunde, so früh wie möglich gegen Deutschland und Italien offensiv zu werden. Churchill schlug einen Plan für eine Invasion der Alliierten in Französisch-Nordwestafrika (Operation Gymnast) vor, mit der Rommel in die Zange genommen werden und der sowjetischen Forderung nach einer »Zweiten Front« entsprochen werden sollte. Die Amerikaner standen Churchills »Mittelmeer-Strategie« immer noch skeptisch gegenüber und meinten, die Alliierten sollten direkt das deutsche Kernland angreifen. Der Army Chief of Staff (Generalstabschef des Heeres) George C. Marshall schlug deshalb im Gegenzug eine alliierte Invasion im besetzten Frankreich noch im Spätsommer 1942 (Operation Sledgehammer) vor. Admiral King pflichtete Marshalls frühem Invasionsplan begeistert bei, zum Teil, weil er meinte, eine solche frühe Invasion hätte womöglich den Abzug der deutschen U-Boote aus Frankreich und ihren Rückzug auf leichter verwundbare und entlegene Stützpunkte in Norwegen und Deutschland zur Folge.

Roosevelt wollte jedoch den Einsatz amerikanischer Soldaten gegen die Deutschen keinen Tag länger als unbedingt nötig hinauszögern. Deshalb überstimmte er Marshall und votierte für die Operation Gymnast. Gleichzeitig gestattete er aber, daß unter dem Decknamen Operation Bolero auf den Britischen Inseln Truppen und Kriegsmaterial für die Operation Sledgehammer oder ihre große Alternative, die für 1943 geplante Operation Roundup, konzentriert wurden. Andere schlugen vor, daß die Alliierten vor Afrika im Atlantik gelegene Inseln (die Azoren, die Kanarischen und die Kapverdischen Inseln) besetzen und befestigen sollten. Als King jedoch barsch darauf hinwies, man könne nicht alles auf einmal tun, wurden diese Vorschläge fallengelassen.

Am Ende einigten sich die Konferenzteilnehmer auf folgende Maßnahmen:

- Größtmögliche Unterstützung für die Sowjetunion, die mit Hilfe des bitterkalten Winters die Deutschen vor den Toren Moskaus und Leningrads zurückgeworfen hatte. Die Hilfslieferungen für die Sowjets sollten den langen Weg um das Kap der Guten Hoffnung und durch den Persischen Golf sowie die kürzere Route nach Murmansk nehmen. Die Murmansk-Geleitzüge sollten in Island auslaufen und auf der ganzen Strecke von Seestreitkräften der Alliierten, falls nötig auch von Großkampfschiffen, gesichert werden,

• Die Operation Gymnast, also die alliierte Invasion in Französisch-Nordwestafrika, sollte bis 25. Mai erfolgen.
• Der Aufbau eines amerikanischen Truppenkontingents (Bolero) auf den Britischen Inseln für die Operation Sledgehammer im Jahr 1942 oder, falls diese sich als undurchführbar erweisen sollte, für Roundup im Jahr 1943 sollte unverzüglich beginnen. Fünf oder sechs amerikanische Infanterie- und Panzerdivisionen, die ihre Ausbildung weitgehend abgeschlossen hatten, sollten so rasch wie möglich nach Nordirland und England eingeschifft werden. Diese Truppen sollten auch vor einer deutschen Invasion der Britischen Inseln abschrecken, die immer noch für möglich gehalten wurde.
• Der japanische Vormarsch sollte kurz vor Australasien gestoppt werden. Zu diesem Zweck sollten die Amerikaner eine »Versorgungslinie« von Hawaii zu den Inseln Samoa, Fidschi und Neukaledonien im Südwestpazifik unterhalten und an diesen Orten und in Australien Truppen für Gegenangriffe stationieren.
• Die amerikanische 5. Infanteriedivision der Army in Island sollte durch amerikanische Marineinfanteristen und britische Streitkräfte ersetzt werden, damit sie an die Front verlegt werden konnte.

Die Beschlüsse der Arcadia-Konferenz zogen einen immensen Bedarf an Schiffsraum nach sich: Truppentransporter, Frachter, Tanker, große und kleine Landungsboote. Um wenigstens die ersten und dringlichsten Aufgaben zu erfüllen, verlegten die Amerikaner allein im Januar und Februar über 100 000 Mann und eine Million Tonnen Nachschubgüter auf Stützpunkte in Übersee. Die späteren, umfassenderen Operationen (Gymnast, Sledgehammer) erforderten schwindelerregende Mengen von Soldaten, Waffen, Landungsbooten und Millionen Tonnen Nachschubgüter. Es zeigte sich rasch, daß die Zahl der vorhandenen Schiffe bei weitem nicht ausreichte, um alle Operationen durchzuführen. Der neue Chef der Planungsabteilung der Army, Dwight D. Eisenhower, schilderte die Lage mit einfachen, aber treffenden Worten in seinem Tagebuch: »Schiffe! Schiffe! Wir brauchen Schiffe! Sie sind unsere größte Sorge!« Churchill formulierte es später etwas eleganter: »Mit einem Mal hing unsere Kriegsstrategie völlig von der Schiffahrt ab und gründete sich allein auf sie.«

Als Notmaßnahme wurde vereinbart, die britische und die amerikanische Handelsschiffahrt in einem Pool zusammenzufassen. Obwohl die britische Handelsmarine in den 28 Kriegsmonaten schwer gelitten hatte, waren ihre Verluste doch in einem beträchtlichen Ausmaß durch den Neubau und den Erwerb fremder Schiffe ausgeglichen worden. Die Briten verfügten mit gut 20 Millionen BRT immer noch über eine mächtige Flotte, doch war sie wegen der vielfältigen britischen Verpflichtungen stark überbeansprucht worden; zahlreiche Schiffe waren verschlissen oder stillgelegt und warteten auf die Reparatur von Gefechtsschäden. Die amerikanische Handelsmarine hingegen war in den Vorkriegsjahren arg vernachlässigt worden. Sie hatte nur 1500 Schiffe mit rund 8 Millionen BRT. Etwa ein Drittel der Schiffe war alt und klapprig, ein weiteres Drittel waren Tanker, die sich nicht für Truppen- und Frachttransporte eigneten. Nach der Zusammenlegung umfaßten die beiden Handelsflotten (einschließlich der Tanker) immerhin fast 30 Millionen BRT.

Die Zusammenlegung half ein wenig weiter, doch sie behob den akuten Mangel an Schiffen keineswegs. Als Folge des Pools mußten die Planer viele Aktionen absagen oder verschieben, die bei der Arcadia-Konferenz vereinbart worden waren. Die Operation Gymnast, die frühe Invasion in Französisch-Nordwestafrika, fiel als eine der ersten den Änderungen zum Opfer und wurde auf unbestimmte Zeit verschoben. Die Überführung amerikanischer Bodentruppen nach Island (Indigo) und nach Nordirland (Magnet) mußte leicht reduziert und zeitlich gestreckt werden. Obwohl die Amerikaner weiterhin darauf drängten, unter dem Decknamen Bolero eine Streitmacht für eine Invasion im besetzten Frankreich noch im Jahr 1942 (Operation Sledgehammer) aufzubauen, mußte auch diese Operation abgesagt und durch den Alternativplan Roundup ersetzt werden.

Langfristig wurde auf der Arcadia-Konferenz vereinbart, in einem noch nie dagewesenen Ausmaß Handelsschiffe zu bauen. Die U. S. Maritime Commission war bereit.* Vor der Konferenz hatte Roosevelt die Kommission beauftragt, neue Schiffe mit zwölf Millionen BRT zu bauen: fünf Millionen im Jahr 1942 und sieben Millionen im Jahr 1943.** Noch während der Konferenz steigerte Roosevelt am 3. Januar das Ziel auf 18 Millionen BRT: acht Millionen im Jahr 1942 und zehn Millionen im Jahr 1943. Am 19. Februar, nach der Konferenz, erhöhte Roosevelt das Ziel noch einmal auf 24 Millionen BRT: 9 Millionen (750 Schiffe) im Jahr 1942 und 15 Millionen im Jahr 1943 (1500 Schiffe). Falls dieses Ziel erreicht werden sollte, würde das zuletzt veranschlagte Bauprogramm den Schiffsraum der vereinten anglo-amerikanischen Handelsflotte auf beinahe 50 Millionen BRT erhöhen, zu erwartende Verluste nicht berücksichtigt.

Die frühen, zwingend erforderlichen Truppenbewegungen, die auf der Arcadia-Konferenz beschlossen wurden, brachten die US Navy in arge Bedrängnis. Unmittelbar nach den Katastrophen im Pazifik und im Fernen Osten hätte der Verlust eines Truppentransporters nicht nur eine weitere tragische Niederlage, sondern auch einen unerträglichen Schock für die amerikanische Öffentlichkeit bedeutet. King hielt deshalb weiter an der Linie fest, daß alle Truppentransporter in Geleitzügen fahren und stark gesichert werden mußten,*** wenn möglich von Schlachtschiffen, Kreuzern und zahlreichen Zerstörern, die ständig am Sonar Wache halten und eine undurchdringliche Wand aus Stahl rings um die Truppentransporter bilden sollten. Der Marinehistoriker Thomas B. Buell schreibt, daß der neue Befehlshaber der Pacific Fleet Chester Nimitz »beinahe die gesamte Pazifikflotte eingesetzt« habe, um Mitte Januar das erste Kontingent Marineinfanteristen nach Samoa zu eskortieren.

---

* Bis zum 1. Januar 1942 hatte die Maritime Commission 185 Schiffe (darunter 54 Tanker) fertiggestellt, von denen 103 Schiffe (27 Tanker) im Jahr 1941 gebaut worden waren.

** Die Ziele der Maritime Commission waren in den höheren, noch beeindruckenderen Angaben zum Leergewicht formuliert. Schiffe mit etwa 85 Prozent der veranschlagten Tonnage wurden in amerikanischen Werften fertiggestellt. Dafür wurden etwa 90 Werften und 700000 Werftarbeiter mit einem hohen Anteil an Frauen benötigt. Mit den Kosenamen »Rosie the Riveter« (die Nieterin) und »Wilma the Welder« (die Schweißerin) wurden sie sowohl personifiziert als auch glorifiziert.

*** Mit Ausnahme der riesigen britischen Ozeandampfer wie der *Queen Mary*, der *Queen Elizabeth* und der *Aquitania*, die den Amerikanern für den Transport von Soldaten ins ferne Australien zur Verfügung gestellt wurden. Diese Schiffe liefen mit einer Geschwindigkeit von 26 Knoten und waren deshalb zu schnell für eine ständige Eskorte; allerdings schien es unwahrscheinlich, daß sie von einem U-Boot getroffen würden, und selbst wenn, war es wegen ihrer Unterteilung in zahlreiche Abteilungen mit dichten Schotten unwahrscheinlich, daß sie sanken.

Die Zahl und Verfügbarkeit amerikanischer Zerstörer für Geleitzugeskorten Ende 1941 und im Jahr 1942 wurde bald zu einem Streitpunkt und sorgte für viel böses Blut zwischen London und Washington, wie auch zwischen Army und Navy. Weil populärwissenschaftliche Autoren und selbst ausgewiesene Marinehistoriker – insbesondere britische – dazu neigen, unkritisch die Behauptungen der einen oder der anderen Seite in diesen Debatten zu übernehmen, hat sich in diesem Bereich ein Bild ergeben, das in nicht zu entschuldigender Weise die Realität verzerrt. Hier die Tatsachen:

Seit Ausbruch des Krieges in Europa bauten die Vereinigten Staaten so schnell wie möglich neue Kriegsschiffe. Wegen der langen Lieferzeiten räumte Washington dem Bau von zehn neuen Schlachtschiffen, 31 Flottenträgern der Essex-Klasse, zahlreichen Schweren und Leichten Kreuzern sowie U-Booten höchste Priorität ein. Kurz nach Pearl Harbor fügte die Navy, zum Teil auf Drängen von London, ihrer Dringlichkeitsliste noch 25 Geleitträger zur Geleitsicherung hinzu. Hohe Priorität war außerdem der Reparatur, Modernisierung und Ausbesserung britischer Kriegsschiffe eingeräumt worden sowie dem Bau von 6 britischen Geleitträgern und etwa 300 anderen britischen Fahrzeugen, die sich für den Geleitschutz eigneten.*

Als Folge dieser Prioritäten beim Schiffbau und wegen der Überführung der 50 Glattdeck-Zerstörer nach Großbritannien und Kanada herrschte bei der US Navy, als Amerika in den Krieg eintrat, ein akuter Mangel an Zerstörern. Insgesamt verfügte sie über 177 Zerstörer, von denen lediglich 100 modern waren (nach 1934 gebaut). Die übrigen waren Glattdeck-Zerstörer, die entweder seit dem Ersten Weltkrieg ständig im Dienst gewesen oder erst vor kurzem reaktiviert worden waren.** Die amerikanischen Zerstörer teilten sich im Dezember 1941 in drei Gruppen auf: 92 in der Atlantic Fleet, 72 in der Pacific Fleet und 13 in der Asiatic Fleet.

Nach dem Angriff auf Pearl Harbor wurden die 92 Zerstörer der Atlantikflotte durch eine Reihe von Aufgaben sehr stark beansprucht. Die harten Einsätze im rauhen Nordatlantik hatten bei den Schiffen einen hohen Bedarf an Reparaturen, Überholung und Modernisierung zur Folge. Aus diesem Grund lagen ständig ungefähr 14 Zerstörer (15 Prozent) in Werften und waren nicht sofort einsatzbereit. Die Zerstörer hatten im Dezember 1941 verschiedene Sonderaufgaben zu erfüllen. Einige seien hier wiederholt:

- Geleitsicherung im Nordatlantik zwischen Kanada und Island. Die amerikanischen Zerstörer wechselten sich bei dieser Aufgabe zwar häufig ab, aber etwa 30 waren

* Zum Zeitpunkt des Angriffs auf Pearl Harbor waren sechs britische Geleitträger im Bau: *Archer, Avenger, Biter, Dasher, Tracker* und *Charger*. Der letztgenannte wurde von der US Navy für die Ausbildung von Flugzeugbesatzungen zurückbehalten und ersetzte ihren einzigen Geleitträger *Long Island*, der in den Pazifik verlegt worden war. Zehn der 25 neu in Auftrag gegebenen Geleitträger sollte die Royal Navy erhalten, so daß die amerikanischen Werften nun 15 Geleitträger für die Royal Navy bauten. Später wurden auf amerikanischen Werften noch weitere 23 Geleitträger für Großbritannien gebaut, also insgesamt 38, von denen 2 an die Canadian Navy gingen. Britische Werften bauten vier Geleitträger.

** Vom 1. März bis zum 30. Juni 1940 hatte die Navy 72 Glattdeck-Zerstörer reaktiviert, die »eingemottet« in Philadelphia und San Diego gelegen hatten. Abzüglich der 50 an die britische und die kanadische Navy gegangenen Zerstörer hatte die US Navy damit 22 Zerstörer erhalten. Im Jahr 1940 stellte die US Navy 18 neue Zerstörer in Dienst *(DD 415* bis *432)*, und im Jahr 1941 waren es 17 neue Zerstörer *(DD 433* bis *DD 444, DD 453* bis *DD 457* und *DD 463)*.

ständig im Geleitdienst tätig. Etwa 25 Zerstörer bildeten die 5 amerikanischen Sicherungsgruppen; die übrigen lagen in Argentia oder Island.

- Wie erwähnt wurden im Dezember acht amerikanische Zerstörer als Sicherungsgruppe für einen besonderen britischen Truppengeleitzug, WS 12 X, von Halifax nach Kapstadt abgestellt.* Sie waren durch diese Operation den größten Teil des Dezembers gebunden, und einige mußten danach ausgebessert werden.
- Sechs Zerstörer wurden als Teil der Task Force 19, zu der die *Arkansas* und die *Nashville* zählten, mit der Sicherung des Truppentransports Troop Convoy 16 (TC 16) von New York nach Island betraut. Zwei der drei amerikanischen Truppentransporter brachen die Fahrt wegen technischer Probleme ab, drei britische Truppentransporter stießen in Halifax dazu.
- Vier Zerstörer wurden als Sicherung für den Flugzeugträger *Yorktown* und die Leichten Kreuzer *Richmond* und *Trenton* in den Pazifik abkommandiert.
- Im Januar wurden fünf Zerstörer mit der Aufgabe betraut, drei ältere Schlachtschiffe in den Pazifik zu eskortieren. Zwei weitere Zerstörer fuhren ebenfalls dorthin.
- Zahlreiche Zerstörer waren mit der Aufgabe betraut, die verbliebenen Schlachtschiffe, Flugzeugträger und Schweren Kreuzer der Atlantic Fleet zu sichern, von denen einige in Bereitschaft gehalten wurden, um zu verhindern, daß das Superschlachtschiff *Tirpitz* und/oder andere große deutsche Schiffe oder Kriegsschiffe der Vichy-Regierung aus Martinique in den Atlantik fuhren.

In den kommenden Monaten sollte sich die atlantische Zerstörerflotte nicht entscheidend vergrößern. Der Bau neuer Zerstörer war noch nicht in Schwung gekommen. Die US Navy stellte im Dezember 1941 lediglich zwei neue Zerstörer in Dienst, im Januar 1942 drei. Zwei weitere wurden im Februar in Dienst gestellt und weitere drei im März. Die neuen Zerstörer mußten wochenlang getestet werden, bevor sie zur Flotte stießen.

Noch schlimmer war, daß die Navy außer den Zerstörern keine Schiffe hatte, die sich für eine Geleitzugeskorte übers offene Meer eigneten. Dies war ein bemerkenswertes und bedauerliches Versäumnis. Präsident Roosevelt machte, wie später auch der Marinehistoriker Samuel Eliot Morison und andere, die US Navy dafür verantwortlich.** Dagegen gibt King in seinen nach dem Krieg verfaßten Memoiren Roosevelt die Schuld. Die offiziellen Dokumente aus dieser Zeit bestätigen eindeutig Kings Ansicht.

Zu Beginn des Krieges in Europa erkannte das General Board der Navy – eine Gruppe ranghoher Admirale, die kurz vor der Pensionierung standen, darunter auch King – die Notwendigkeit, in großer Zahl Fahrzeuge zu beschaffen, die sich für den Geleitschutz eigneten. Wie King schreibt, war die Gruppe sich einig, daß sich Flottenzerstörer gut für diesen Zweck eigneten, doch sie hielt die Zerstörer (genau wie die britische Admiralität) für zu stark bemannt, für zu stark bewaffnet und für zu kostspielig, um sie in großer Stückzahl für diese Aufgabe herstellen zu lassen. Folglich hatte das General Board laut King nach einer Konstruktion gesucht, die »weniger auf-

* Siehe Anhang 16.

** Morison schreibt, die US Navy sei auf den U-Boot-Krieg »materiell und mental völlig unvorbereitet« gewesen, unter anderem weil sie keine ASW- und Sicherungs-Fahrzeuge angefordert habe.

wendig war als die Zerstörer«. In der Auffassung, es sei »wichtig, sofort *überhaupt etwas* zu bauen«, habe das General Board auf Drängen von King hin als Notmaßnahme die Massenproduktion der neuen und bewährten Küstenschutzschiffe der 98,1 Meter langen Treasury-Klasse empfohlen. Doch dieser Vorschlag sei von der Navy und von Roosevelt abgelehnt worden. Obwohl sie absolut hochseetüchtig waren und den Besatzungen ausreichend Komfort boten, hielt die Navy sie für zu groß, zu teuer und etwas zu langsam für den Geleitschutz.

In London studierten in der Zwischenzeit die Mitglieder der Delegation von Admiral Ghormley und die Marineattachés sorgfältig die britischen Bemühungen, ein ideales hochseetüchtiges Geleitfahrzeug zu bauen, das anstelle der Flottenzerstörer der Royal Navy und der ungeeigneten Korvetten die Aufgabe übernehmen sollte. Wie erwähnt erwies sich der erste Versuch – die Zerstörer der Hunt-Klasse – als ein Schlag ins Wasser. Der zweite Versuch – ein 87 Meter langer, 1100 Tonnen schwerer Geleitzerstörer (destroyer escort) oder nach der britischen Bezeichnung Fregatte (frigate) mit einer Geschwindigkeit von 21 Knoten – war weit vielversprechender und sollte im Rahmen des Lend Lease Act in Kanada und in den Vereinigten Staaten gebaut werden.

Anfang 1941 kehrte einer der ranghöheren, stellvertretenden Marineattachés in London, der bekannte Schiffbauer Edward L. Cochrane, nach Washington zurück und übernahm die Abteilung für Schiffe. Am 1. Februar desselben Jahres wies Cochrane den Entwicklungsstab an, schleunigst Entwürfe für eine etwas größere und verbesserte Version der britischen Fregatte anzufertigen. Mit einer Länge von 91,8 Metern, einer Verdrängung von 1400 Tonnen und einer Geschwindigkeit von 23,5 Knoten entsprach dieser Geleitzerstörer genau der Empfehlung des General Board, ein Schiff zu bauen, das »weniger aufwendig war als ein Zerstörer«.*

Nach Fertigstellung der Entwürfe legten der damalige Secretary of the Navy Charles Edison (der Sohn des Erfinders Thomas Alva Edison) und Admiral Stark Roosevelt die Pläne vor. Zu ihrem Entsetzen billigte Roosevelt ein Gesuch der Briten, 50 Fregatten zu bauen, verweigerte aber der Navy die Ermächtigung, selbst Geleitzerstörer zu bauen. In seinen Memoiren erinnert sich King, er habe Stark als Befehlshaber der Atlantic Fleet gefragt, weshalb nichts unternommen werde, um geeignete Geleitfahrzeuge zu bekommen. Stark habe geantwortet, man habe die Zustimmung des Präsidenten nicht erhalten. Darüber hinaus lehnte Roosevelt bis zum Kriegseintritt Amerikas – und noch länger – alle Gesuche von Edisons Nachfolger Frank Knox und von Stark ab, Geleitzerstörer zu bauen.

Roosevelts Haltung hatte mehrere Gründe:

Erstens schätzte Roosevelt laut King »die Bedrohung durch U-Boote wenig realistisch« ein. Aufgrund seiner Erfahrungen im Ersten Weltkrieg hegte der Präsident »eine Vorliebe für kleine Fahrzeuge zur U-Boot-Abwehr«, die bei Bedarf billig und

* Die britische Fregatte (frigate) und ihr amerikanisches Gegenstück, der Geleitzerstörer (destroyer escort, DE), waren ähnlich bewaffnet: drei 3,5-Zoll-Geschütze, zwei Wasserbombenablaufgerüste im Heck und acht Wasserbombenwerfer an Back- und Steuerbord. Die etwas größere amerikanische Version verfügte über drei Torpedorohre. In späteren Ausführungen wurde die Hauptgeschützgruppe der amerikanischen Version auf zwei 5-Zoll-Geschütze verbessert. Sowohl die britische als auch die amerikanische Ausführung waren stark mit Flugabwehrwaffen bestückt.

rasch produziert werden konnten.* Auf sein Drängen hin hatte die Navy Verträge für Prototypen zweier solcher Fahrzeuge abgeschlossen: ein 33 Meter langes U-Jagd-Boot (Submarine Chaser, abgekürzt SC) mit einem hölzernen Rumpf und einer Höchstgeschwindigkeit von 14 Knoten, und ein 52 Meter langes Patrouillenfahrzeug (Patrol Craft, abgekürzt PC) mit einem Stahlrumpf und einer Höchstgeschwindigkeit von 22 Knoten. Keines der beiden eignete sich jedoch für die Jagd auf moderne U-Boote in den rauhen Gewässern des Nordatlantik.** Royal Ingersoll, Kings Nachfolger als Befehlshaber der Atlantic Fleet, formulierte das Problem in einem Interview mit der Kommission für Oral History, die die Geschichte des Zweiten Weltkriegs in Interviews aufarbeitete, wie folgt:

Die U-Jagd-Boote, von denen die Navy [später] eine große Zahl hatte, waren nicht besonders gut. Sie waren eine Laune von Herrn Roosevelt. Er segelte selbst mit kleinen Booten und liebte es, mit kleinen Nußschalen wie der *Potomac* [die Präsidentenjacht mit 49,5 Metern] zu kreuzen; er mochte eben kleine Schiffe. Aber das U-Jagd-Boot war kein Schiff, mit dem man auf hoher See gegen ein U-Boot kämpfen konnte.

Der zweite Grund für Roosevelts Haltung war, daß sich in Washington die von Jerry Land von der U. S. Maritime Commission und anderen vertretene unsinnige Theorie durchgesetzt hatte, daß die U-Boote einfach dadurch besiegt werden könnten, daß man erheblich schneller neue Handelsschiffe baute, als die U-Boote diese versenken konnten. Folglich räumte Roosevelt in den ersten Kriegstagen dem Bau von Handelsschiffen eine höhere Priorität ein als dem Bau von Geleitfahrzeugen mit Ausnahme der kleinen SC- und PC-Boote.

Drittens wollte Roosevelt so rasch wie möglich amerikanische (im Rahmen der Operationen Gymnast und/oder Sledgehammer) Soldaten gegen die Deutschen einsetzen und gleichzeitig den Erfordernissen im Pazifik gerecht werden. Er räumte deshalb auch dem Bau von Landungsbooten eine hohe Priorität ein. Schätzungen zufolge wurden gewaltige Mengen benötigt: 8000 bis 20 000 (kleine und große) Landungsboote für Sledgehammer und nicht weniger als 4000 für den Pazifikraum. Den größten Teil des Jahres 1942 hatte der Bau dieser Fahrzeuge in amerikanischen Werften ebenfalls Vorrang vor den britischen Fregatten und den amerikanischen Geleitzerstörern.

Nach Amerikas Kriegseintritt ordnete Roosevelt die schnelle Massenproduktion der SC- und PC-Schiffe an. Das SC-Bauprogramm wurde unter dem Schlagwort

---

* Im Ersten Weltkrieg hatte Roosevelt als Assistant Secretary of the Navy (1913–1920) beim Bau von 440 hölzernen, 33 Meter langen U-Jagd-Booten durch 30 amerikanische Werften eine wichtige Rolle gespielt. Diese kleinen, benzinbetriebenen Fahrzeuge mit kurzer Reichweite eigneten sich für vergleichsweise ruhige Gewässer, aber nicht für den rauhen Nordatlantik; natürlich waren sie auch nicht mit Flugabwehrwaffen ausgerüstet und hatten keinen Munitionsraum. »In Wahrheit bestand Bedarf an einem größeren Schiff, das bei jedem Wetter eingesetzt werden konnte«, schreibt Starks Biograph B. Mitchell Simpson III. »Als Chief of Naval Operations mühte sich Stark vergeblich, Roosevelt diese Notwendigkeit zu erklären, weil Roosevelt kleinere Patrouillenfahrzeuge vorzog.«

** Der SC wurde mit einem 3,5-Zoll-Geschütz und einigen Wasserbomben ausgerüstet. Das PC wurde mit zwei 3,5-Zoll-Geschützen und Wasserbomben ausgerüstet. Die Artillerie war damit nicht stärker als die Kanone des Typ-VII-Boots und schwächer als die eines Typ-IX-Boots. Weil kein Raum für Flugabwehrkanonen vorhanden war, konnte keines der beiden Fahrzeuge in Gegenden operieren, in denen mit Flugzeugen der Achsenmächte zu rechnen war.

»Sixty Ships in Sixty Days« (Sechzig Schiffe in Sechzig Tagen) bekannt.* Die Navy hatte gegen diese Anweisung keine Einwände. Wie erwartet, erwiesen sich die kleinen SC- und PC-Schiffe als notwendig für die Schulung von Zehntausenden Reservisten, die in die Navy eintraten, und für den Geleitschutz in küstennahen Gewässern sowie im Golf von Mexiko und in der Karibik. Aus den offiziellen Schreiben von Knox, King, Stark und Ingersoll geht jedoch hervor, daß die Navy sehr verärgert war über Roosevelts starrsinnige und realitätsferne Weigerung, die Massenproduktion der Geleitzerstörer zu genehmigen, die für rauhere Gewässer mit feindlichem Flugverkehr benötigt wurden. In einem wütenden Brief an Stark zu diesem Thema bezeichnete Knox Roosevelts Haltung treffend als »Blind Folly« (Blinde Torheit).**

Wie nicht genug betont werden kann, geht aus diesem und anderen zeitgenössischen Dokumenten eindeutig hervor, daß sich die amerikanische Kriegsmarine über den dringenden Bedarf an Geleitfahrzeugen voll im klaren war und Präsident Roosevelt mehrmals drängte, sie zu bewilligen. Nicht die Navy, sondern er trug die Verantwortung für die lange Verzögerung beim Bau der britischen Fregatten und der amerikanischen Geleitzerstörer. Roosevelt unterschätzte die U-Boot-Gefahr in atlantischen Gewässern kolossal und bewilligte nur die falschen Schiffstypen SC und PC, um der Gefahr zu begegnen. Ihr Bau und die Verzögerung des Baus geeigneter Fahrzeuge waren zwei unglückliche – und letztlich skandalöse – Fehlentscheidungen, für die Roosevelt jedoch damals und später jede Verantwortung ablehnte. Die Behauptungen, Admiral King habe den Bedarf an Geleitfahrzeugen im Atlantik nicht vorausgeahnt oder deren Bau zugunsten von Waffensystemen für den Kampf im Pazifik verzögert, sind grobe Verzerrungen der historischen Wahrheit.

Zwar hatte die Hauptaufgabe der Küstenwache (Coast Guard) in den Vorkriegsjahren im Suchen und Retten von Schiffbrüchigen bestanden, aber in den zwanziger Jahren hatte sie bei der Jagd auf Alkoholschmuggler auf hoher See gute Dienste geleistet. Deshalb waren ihre 30 000 Mitarbeiter (25 000 militärische, 5000 zivile) und ihre 168 registrierten Schiffe mit mindestens 30 Metern Länge eine willkommene Ergänzung für die Navy. Die meisten dieser größeren Fahrzeuge sollten zusammen mit mehreren großen Jachten als Geleitfahrzeuge in Dienst genommen werden. Im Atlantik und im Pazifik hatte die Coast Guard folgende größeren Fahrzeuge stationiert:

Klasse	Anzahl	Länge	Verdrängung	In Dienst gestellt
Treasury (PG)	7	100 m	2 200 t	1936–37
Tampa (PG)	4	73 m	1 500 t	1921–22
Northland (PG)	1	66 m	1 800 t	1927
Cutter (PG-A)	6	50 m	1 000 t	1932–35
Cutter (PC-B)	16	50 m	337 t	1931–34
Cutter (SC)	33	38 m	232 t	1927

* Siehe Anhang 14.

** Die ersten beiden der 50 britischen Fahrzeuge wurden 28. Februar 1942 auf Kiel gelegt. Insgesamt wurden im Jahr 1942 in amerikanischen Werften lediglich 92 Geleitzerstörer auf Kiel gelegt, 50 für die Briten und 42 für die Amerikaner. Wegen der niedrigen Priorität (eine Zeitlang erst auf Rang zehn) wurde vor 1943 kein Zerstörer in Dienst gestellt. Nach einer neuen Vereinbarung behielten die Amerikaner am Ende 45 der 50 für Großbritannien vorgesehenen Fahrzeuge, die Auslieferung der übrigen verzögerten sie bis weit ins Jahr 1943 hinein.

Am eindrucksvollsten waren die Fahrzeuge der zuvor erwähnten Treasury-Klasse, die nach ehemaligen US-Finanzministern benannt waren.* Sie waren eine modifizierte Version des ausgelaufenen Kanonenboots der Erie-Klasse der Navy, hatten eine Höchstgeschwindigkeit von 19,5 Knoten und bei einer Marschgeschwindigkeit von 13 Knoten einen Aktionsradius von knapp 13 000 Kilometern. Da sie ursprünglich dafür konzipiert waren, ein kleines Wasserflugzeug zu Aufklärungs- und Bergungszwecken aufzunehmen, waren sie sehr breit (über 12 Meter) und somit sehr geräumig. Einige waren mit zwei einzelnen 5-Zoll-Geschützen bestückt, andere mit drei einzelnen Geschützen desselben Kalibers. Alle verfügten über Wasserbombenablaufgerüste, einige über Werfer vom Typ Y.

Der Marineoffizier Andrew G. Shepard beurteilte diese sieben Schiffe als ausgezeichnete Geleitfahrzeuge: »Sie sind recht geräumig, so daß sie eine große Zahl Schiffbrüchiger aufnehmen können. Sie sind bessere Seeschiffe als Zerstörer und sind besser für den Einsatz von Beibooten und für Rettungsaktionen geeignet. Bei der Aufnahme von Überlebenden ist ihre Lazarettausstattung jener der Zerstörer überlegen.«

Ein neues Geleitzugsystem

Die 15 U-Boote mit Kurs auf amerikanische Gewässer hatten auf ihrem Weg mit gräßlichem Wetter – eisiger Kälte und turmhohen Wellen – zu kämpfen. Horst Degen in dem neuen Typ-VII-Boot *U701* meldete, daß sein Erster Wachoffizier, der leichtsinnigerweise nicht angegurtet an Deck ging, über Bord gespült wurde und ertrank. Trotz des Wetters entdeckten Degen und zwei andere neue Kommandanten von Typ-VII-Booten auf dem Anmarsch Schiffe und griffen sie an. Zwischen dem 2. und dem 7. Januar schoß Degen elf interne Torpedos auf »eine Gruppe« von Schiffen und auf zwei alleinfahrende Schiffe. Neun Torpedos gingen fehl oder versagten, zwei jedoch trafen und versenkten den britischen 3700-Tonnen-Frachter *Baron Erskine*. Joachim Berger versenkte mit *U87* den britischen 8200-Tonnen-Tanker *Cardita*. Peter Cremer in *U333* schoß vier Torpedos auf einen amerikanischen 10 800-Tonnen-Tanker, verfehlte aber sein Ziel. Kein U-Boot konnte bei diesem Seegang Torpedos aus den Behältern auf dem Oberdeck nach unten befördern. Degen überquerte den ganzen Atlantik ohne interne Torpedos und mußte daher zwei anderen Schiffen, denen er begegnete, ausweichen.

Am 8. Januar liefen Degen, Berger und Cremer – und andere Boote – direkt in einen winterlichen Hurrikan hinein.

Laut Cremer von *U333* brachen die haushohen Wellen wie Lawinen über das Deck herein und spülten die wenigen Dinge, die sie zu fassen bekamen, hinweg. Fender und Leinen unter der äußeren Verkleidung verschwanden, Streben brachen wie Streichhölzer. Das Boot neigte sich bis zu 60 Grad, wie das Pendel in der Zentrale zeigte, man meinte, man könne mit bloßer Hand ins Wasser greifen, dann richtete es sich

* *Bibb, Campbell, Duane, Alexander Hamilton, Ingham, Spencer, Taney.* Die *Alexander Hamilton* trug den vollen Namen, um sie von dem Glattdeck-Zerstörer *Hamilton* der US Navy zu unterscheiden.

dank seines tiefliegenden Schwerpunkts wie ein Stehaufmännchen wieder auf, nur um sofort auf die andere Seite überzukippen. Das U-Boot erkletterte buchstäblich einen Wellenberg, durchstieß den Kamm, hing einen Moment lang mit dem Bug in der Luft und stürzte dann auf der anderen Seite ins Wellental. Wenn es mit der Nase eintauchte, schienen die Schrauben im Heck in der Luft leerzudrehen. Dann tauchte das Heck wieder tief ein, die Schrauben verschwanden in dem Mahlstrom, und der Auspuff verstummte mit einem Gurgeln. Unter den harten Stößen erzitterte jedes Bauteil im Gerippe des Bootes wie eine Stahlfeder.

Degen in *U701* versuchte, die Brückenwache beizubehalten. Erst als ein gewaltiger Brecher die Befestigung des drehbaren Geschützes auf der Brücke lockerte, so daß es herumschwenkte und seinen Zweiten Wachoffizier schwer verwundete, gab er auf. Er verriegelte wie Cremer das Turmluk und wartete, daß der Sturm nachließ. Beinahe eine ganze Woche lang lief er untergetaucht, legte nur 40 bis 55 Kilometer pro Tag zurück und tauchte nur ein- oder zweimal täglich kurze Zeit auf, um das Boot zu lüften und die Batterien aufzuladen. Schließlich legte sich der Sturm, und Degen konnte wieder eine Brückenwache hinaufschicken und Torpedos nach unten bringen. Außerdem konnte er zum erstenmal seit zehn Tagen den Standort nach den Gestirnen bestimmen.

Die schweren Stürme bereiteten auch den Alliierten Kummer und zersprengten sechs nach Westen laufende Geleitzüge: Outbound North 51 bis Outbound North 56. In der Sicherungsgruppe von Outbound North 55 stießen der amerikanische Zerstörer *Mayo* und der britische Zerstörer *Douglas* zusammen; beide Schiffe mußten schwer beschädigt den Einsatz abbrechen. Island meldete Windgeschwindigkeiten von über 160 Stundenkilometern: »der schlimmste Sturm seit 15 Jahren«. In dem Orkan liefen der amerikanische Kreuzer *Wichita* und sechs andere Fahrzeuge auf Grund, fünf amerikanische Catalinas wurden zerstört und Minenfelder, U-Boot-Sperren, Funkpeilstationen und Militärbaracken wurden verwüstet. Außerdem meldete Island, die amerikanische Sicherungsgruppe für Geleitzug ON 56 könne nicht auslaufen, denn die Stürme hatten die *Broome* und die *Dickerson*, zwei von fünf Zerstörern der Gruppe, beschädigt.

Als die U-Boote der ersten Welle sich der nordamerikanischen Küste näherten, meldete der B-Dienst den Notruf eines griechischen Fahrzeugs, das 330 Kilometer östlich von Newfoundland mit Ruderschaden aus einem Geleitzug herausgefallen war. Dönitz teilte dies Reinhard Hardegen in *U123* mit und ermächtigte ihn, die Sache zu überprüfen, sofern er nicht mehr als 280 Kilometer von der Stelle entfernt sei. Hardegen war mehr als doppelt so weit von dem angeschlagenen Schiff entfernt, doch er ignorierte die Einschränkung und lief die angegebene Position an, weil er endlich ein Schiff versenken wollte. Als er jedoch den Griechen entdeckte, waren zwei »Zerstörer« und ein Schlepper bei dem Schiff – eine feindliche Streitmacht, die Hardegens Eifer dämpfte. Er verzichtete auf einen Angriff und nahm auf einem Motor seine langsame Reise nach New York wieder auf, voller Bedauern über seine disziplin- und nutzlose Treibstoffverschwendung.

Um den Marsch der Boote nach Westen zu kaschieren, hatte Dönitz einem neuen Typ-VII-Boot *U653* aus Deutschland unter dem Kommando des 32jährigen Gerhard Feiler den Auftrag erteilt, Täuschungssignale zu senden und eine große Ansammlung von U-Booten in den Northwest Approaches vorzutäuschen. Die Briten ließen sich jedoch von dieser Kriegslist nicht irreführen. Bis zum 2. Januar hatte Rodger Winn so viele Daten gesammelt, daß Washington die Atlantic Fleet alarmieren konnte: »Informationen deuten darauf hin, daß fünf oder sechs [U-Boote] bis westlich des Gebietes von Newfoundland vorstoßen« und »dort in Kürze Aktivitäten zu erwarten sind«. Zwei Tage später teilte Washington der Atlantic Fleet mit: »Positionen nicht genau bekannt, aber von sechs [U-Booten] wird angenommen, daß sie nach Westen fahren.« In seinem Wochenbericht für die Admiralität vom 5. Januar wies Winn auf das Täuschungsmanöver von *U653* hin und mutmaßte, der Zweck des Manövers sei unter anderem, die »Konzentration« von »sechs U-Booten vor Newfoundland« zu verschleiern. Am folgenden Tag, dem 6. Januar, gab Washington Winns Ergebnis an die Atlantic Fleet weiter: »Bislang vermutete Bewegung der U-Boote nach Westen ist nun bestätigt, aber die Zahl der operierenden Boote scheint größer als zunächst angenommen. Mehrere befinden sich vermutlich bereits im Westatlantik in der Nähe von Newfoundland und sieben weitere sind westwärts unterwegs.«

Die Berichte von Winn waren bis etwa zum 12. Januar gleichbleibend vage. Doch an diesem Tag stellte er in seinem Wochenbericht fest:

Die allgemeine Lage ist jetzt etwas klarer, und das auffälligste Merkmal ist eine starke Konzentration vor der nordamerikanischen Küste von New York bis Kap Race.

Zwei Gruppen haben sich bislang gebildet. Eine mit sechs Booten liegt bereits in Position vor Kap Race und St. John's, und eine zweite mit fünf Booten nähert sich offenbar der amerikanischen Küste zwischen New York und Portland. Es ist bekannt, daß diese fünf Boote ihre Operationsgebiete bis zum 13. Januar erreichen werden.

Fünf weitere U-Boote befinden sich zwischen dem 30. und dem 50. westlichen Längengrad und fahren in Richtung eines der beiden oben erwähnten Gebiete; sie werden später wahrscheinlich von weiteren fünf nach Westen fahrenden Booten verstärkt werden. Dies ergibt insgesamt 21 Boote.

Dieser Bericht entsprach annähernd der Realität. Bis zum 12. Januar hatten die ersten Boote nordamerikanische Gewässer erreicht und sollten vermutlich gleichzeitig am 13. Januar die Feindseligkeiten eröffnen. Allerdings waren nicht fünf, sondern nur drei in Richtung der »amerikanischen Küste zwischen New York und Portland« unterwegs: *U66* unter Zapp, *U123* unter Hardegen und *U125* unter Folkers. Die übrigen nach Westen fahrenden Boote, die Winn meldete (insgesamt 21), waren die ersten Boote der »zweiten Welle«.

Am selben Tag, dem 12. Januar, erreichte Hardegen mit *U123* immer noch in kanadischen Gewässern einen Punkt etwa 200 Kilometer südöstlich von Kap Sable in Nova Scotia. Dort stieß er auf den alleinfahrenden, britischen 9100-Tonnen-Frachter *Cyclops*. Obwohl Hardegen gegenüber der planmäßigen Ankunft in New York bereits im Verzug war und ihm vor dem 13. Januar lediglich die Versenkung von Schiffen über 10000 BRT ausdrücklich gestattet war, konnte er einer Versuchung wie der *Cyclops* nicht widerstehen. Er lief heran und schoß zwei Torpedos, die beide trafen. Die *Cyclops* funkte SSS (U-Boot-Angriff) und sank. 100 Mann ihrer 181köpfigen Besatzung kamen ums Leben. Ohne Halt zu machen und den Überlebenden zu helfen, setzte Hardegen seine Fahrt nach New York fort – er hatte als erster auf die Pauke gehauen.

Die Arcadia-Konferenz in Washington war noch im Gange, als Winns Einschätzung vom 12. Januar den Teilnehmern mitgeteilt wurde. Der First Sea Lord Dudley Pound brachte ernste Besorgnis zum Ausdruck. Abgesehen von dem Teilstück zwischen Kanada und Island auf der Nordatlantikroute war der Schiffsverkehr in nordamerikanischen Gewässern nicht in Geleitzügen organisiert. Die Schiffe aus Geleitzügen, die von den Britischen Inseln westwärts fuhren, zerstreuten sich in der Regel weit östlich der nordamerikanischen Küste (etwa beim 55. westlichen Längengrad) und fuhren ohne Eskorte zu ihren Bestimmungshäfen. Schiffe aus der Karibik oder von der Ostküste der Vereinigten Staaten, die sich den ostwärts fahrenden Geleitzügen in Sydney oder Halifax anschließen wollten, fuhren ebenfalls allein. Wenn nicht unverzüglich Vorkehrungen getroffen wurden, waren diese Schiffe wie auch der starke lokale Verkehr vor der amerikanischen Küste ideale Ziele für U-Boot-Angriffe.

All diese Schiffe hätten von einer Ausdehnung des Geleitzugsystems bis zur Ost- und Golfküste der Vereinigten Staaten und bis in die Karibik profitiert. Kein Marinebefehlshaber im Lager der Alliierten bestritt diese Ansicht, doch über das Wie und Wann kam es zu hitzigen Debatten. Über dieses Thema haben viele Historiker – vor allem britische – viel Unsinn geschrieben. Sie stellten die Amerikaner als dumme und unfähige, oder gar kriminell fahrlässige Hinterwäldler hin. Auf durchweg einseitige Quellen gestützt haben diese Historiker insbesondere die Fähigkeiten und Ansichten Admiral Kings schlimm verzerrt, und diese Verzerrungen wurden allzu lange beharrlich wiederholt.

Die unsinnigste Behauptung ist, Admiral King habe aus den britischen Erfahrungen beim Kampf gegen die U-Boote nichts gelernt oder er sei so sehr auf den pazifischen Kriegsschauplatz fixiert gewesen, daß er das Ausmaß der U-Boot-Gefahr im Atlantik falsch eingeschätzt oder gar bewußt ignoriert hätte. Aus diesen Gründen wird ihm vorgeworfen, er habe sich »geweigert«, Geleitzüge einzuführen, oder diese sogar generell »abgelehnt«.

Nichts könnte weiter von der Wahrheit entfernt sein. Ein ganzes Jahr lang, vom Dezember 1940 bis Dezember 1941, hatte King zunächst als Commander in Chief der Atlantic Fleet und dann der US Fleet mehr mit den deutschen U-Boot-Operationen zu tun gehabt als irgendein anderer ranghoher Offizier in der US Navy. Er hatte zum Kampf gegen die U-Boote Marinestützpunkte in Argentia, auf den Bermudas und an anderen Orten eingerichtet und hatte die Besetzung Islands sowie die Einrichtung von Stützpunkten der Marine und Luftwaffe auf der Insel geleitet. Er hatte die atlantische Zerstörerflotte und Luftstaffeln der Navy in Argentia und auf Island für den Geleitschutz im Nordatlantik eingesetzt. Ein Zerstörer aus seiner Flotte, die *Niblack*, hatte als erstes amerikanisches Kriegsschiff ein deutsches U-Boot mit Wasserbomben angegriffen. Die *Greer* hatte als erstes ein Gefecht mit einem U-Boot geführt. Ein dritter Zerstörer, die *Kearny*, war als erstes amerikanisches Kriegsschiff von einem U-Boot-Torpedo getroffen worden und hatte auch als erstes Tote zu beklagen. Und schließlich war die *Reuben James* als erstes amerikanisches Kriegsschiff von einem U-Boot versenkt worden. Aus dieser unmittelbaren Kampferfahrung, aus seinen direkten Kontakten zur Royal Navy und aus der Flut von Berichten der Delegation Admiral Ghormleys und der amerikanischen Marineattachés in London hatte King eine außerordentlich genaue Vorstellung von der Bedrohung für die Handelsschiffahrt, die von den U-Booten ausging.

In seiner Funktion als Commander in Chief, Atlantic Fleet, organisierte und befürwortete King nicht nur den Geleitverkehr auf der Nordatlantikroute, sondern drängte auch Marinebehörden an der Küste, die Einführung eines Geleitverkehrs entlang der Ostküste vorzubereiten. Drei Wochen vor Pearl Harbor hatte King an einen hochrangigen Marineoffizier geschrieben:

Ich habe den Eindruck, der Zeitpunkt steht *kurz* bevor, an dem wir unsere eigenen Geleitzüge in Boston, New York, Hampton Roads [Norfolk] ... zusammenstellen müssen. Jeder dieser Standorte benötigt eine eigene Organisation zur Aufstellung von Geleitzügen, ähnlich denen, die inzwischen in Halifax und, wenn das Eis es erlaubt, in Sydney auf Nova Scotia arbeiten.

Ich habe gehört, Organisationen mit den nötigen Vollmachten, der nötigen Größe und der nötigen Bereitschaft *seien nicht vorhanden*. Deshalb möchte ich vorschlagen, daß – wenn dies nicht schon geschehen ist – sofort Schritte eingeleitet werden, um die genannten Geleitzughäfen zu organisieren; zu diesem Zweck wäre es günstig, aus erster Hand zu erfahren, wie Halifax organisiert – und geführt – ist.*

Zur selben Zeit schlug King dem Chief of Naval Operations, Admiral Stark, mehrere wichtige Änderungen zur Verbesserung des Geleitverkehrs im Nordatlantik vor. Die Vorschläge hatten zum Ziel, die Alliierten von der Zwischenstation auf Island unabhängig zu machen, weil das Wetter dort sehr schlecht war, weil die Anlagen zur Überholung der Sicherungsschiffe den Anforderungen nicht genügten und weil die Übergabe der Geleitzüge von einer Sicherungsgruppe zur nächsten vor allem bei winterlicher Witterung nicht immer klappte.

Nach Kings Plan sollten auch amerikanische Zerstörer für Geleitaufgaben an der amerikanischen Ostküste bereitgestellt werden. Sie sollten laut King die »Schwäche unserer Kräfte zur Küstenverteidigung« überwinden helfen und der Vorbereitung auf einen »vermutlich unmittelbar bevorstehenden U-Boot-Angriff [der Achsenmächte]« dienen.**

Es muß nicht nochmals betont werden, daß diese Dokumente King als einen ranghohen Offizier ausweisen, der sich eingehend mit dem Geleitverkehr beschäftigte, als einen Mann, der sein Möglichstes tat, um das bestehende System zu verbessern, und der alle Verantwortlichen drängte, in amerikanischen Küstengewässern ein Geleitzugsystem einzuführen. Und doch soll dies angesichts der noch nachklingenden und absurden Vorwürfe, daß Admiral King vom Geleitverkehr keine Ahnung gehabt habe oder ihm gegenüber feindselig eingestellt gewesen sei, hier noch einmal ausdrücklich wiederholt werden.

Angesichts der Tatsache, daß viele Historiker die Rolle der Canadian Navy beim Schutz der alliierten Handelsschiffahrt herunterspielen oder völlig übergehen, ist es an dieser Stelle auch angebracht, ihren wesentlichen Beitrag nochmals hervorzuheben. Von den erforderlichen Geleitfahrzeugen zur Umsetzung von Kings Vorschlägen stammten nahezu 40 Prozent aus der kanadischen Flotte. Außerdem sollte

* King an Rear Admiral Adolphus Andrews, 17. November 1941, King Papers, Library of Congress. Hervorhebungen von King. Andrews entgegnete ziemlich schroff, solche Hafenorganisationen seien bereits im Dienst, und erinnerte King daran, daß zwei Versuchsgeleitzüge in New York ausgelaufen seien, einer im Juli und einer im September 1941; allerdings sei es damals zu einer ziemlichen Verwirrung gekommen.

** King an den Chief of Naval Operations Stark, 17. November 1941, zitiert in Marc Milner, *North Atlantic Run*, S. 90–93.

Ottawa die Geleitzüge im Nordatlantik organisieren und führen, bis die US Navy diese Aufgabe übernehmen konnte.

Die Marinestäbe in Washington und London brachten einige Änderungen zu Kings Geleitzugplan ein, doch die wesentlichen Grundzüge blieben erhalten und waren Gegenstand zahlreicher Diskussionen auf der Arcadia-Konferenz. Im Laufe dieser Sitzungen vertraten Churchill und Pound die Ansicht, anstelle von drei voneinander unabhängigen Kommandos, die King vorgeschlagen hatte, solle es nur einen einzigen Befehlshaber für alle Geleitzugeskorten im Nordatlantik geben, und sie schlugen Admiral Percy Noble vom Western Approaches Command für den Posten vor. Nach dem bestehenden Plan befehligte King alle amerikanischen und kanadischen Sicherungsgruppen im westlichen Atlantik. Er wollte aus logistischen und anderen Gründen nicht auf die »strategische Führung« verzichten und die amerikanischen Schiffe einem britischen Oberbefehlshaber unterstellen. Unter anderem störte ihn die Aussicht, daß amerikanische Geleitzüge nach Einführung des Geleitzugsystems vor der amerikanischen Ostküste von kanadischen oder britischen Offizieren kommandiert werden könnten.

Kings unnachgiebige Haltung in dieser Frage der Zuständigkeitsverteilung reizte die Briten. Obwohl die Royal Navy damals bereits sichtlich erschöpft war und sich deutlich abzeichnete, daß sie auf allen Gewässern, auch im Atlantik, von der US Navy an Bedeutung überragt werden würde, traten die Briten den ersten Platz als Seemacht keineswegs bereitwillig an die Amerikaner ab. Sie drängten weiterhin stark darauf, ihnen die strategische Führung über alle Geleitzugeskorten im Nordatlantik zu überlassen. Einige amerikanische Historiker haben angedeutet, die Briten hätten King und die Leistungen der amerikanischen U-Boot-Abwehr mit Absicht ständig als unzulänglich kritisiert, um ihre Forderung nach einer britischen Führung zu untermauern, und britische Historiker hätten diese wohlkalkulierte Kritik wissentlich oder unwissentlich als Tatsache wiedergegeben.

Kings Plan für den Geleitverkehr war Gegenstand weiterer intensiver Diskussionen auf einer sogenannten »Geleitzug-Konferenz« in Washington am 22. Januar, die im Anschluß an die Arcadia-Konferenz stattfand. Die Briten sprachen sich erneut für einen einzigen Befehlshaber für die Geleitsicherung im Nordatlantik aus und drängten auf die Einführung von Geleitzügen entlang der Ostküste der Vereinigten Staaten. Zu diesem Zweck bestätigten sie ein Angebot der Admiralität, den Vereinigten Staaten »nach Fertigstellung« zehn in »Überholung« und »im Bau« befindliche Korvetten zu überlassen, um die Aufstellung von Geleitzügen zu beschleunigen. King lehnte das Konzept eines einzigen Befehlshabers für alle Sicherungsgruppen auch weiterhin ab, nahm aber die zehn angebotenen Korvetten dankbar an, da er alles menschenmögliche tat, um genug Geleitfahrzeuge für ein Geleitzugsystem entlang der Ostküste zusammenzubringen.*

Innerhalb von 48 Stunden – bis zum 24. Januar – hatten die Konferenzteilnehmer der Geleitzug-Konferenz eine abgeänderte Version von Kings Plan ausgearbeitet, ge-

* Entgegen dem Eindruck, der in manchen Berichten entsteht, kamen die zehn Korvetten erst Monate später in amerikanischen Häfen an. In gewisser Weise waren sie eine Gegenleistung für die zehn Küstenschutzschiffe der Lake-Klasse, die ein Jahr zuvor der Royal Navy überstellt worden waren.

billigt und an die zuständigen Stellen verteilt. Die bestehende multinationale Befehlsstruktur blieb erhalten, die Basis Island für die Sicherungsgruppen wurde gestrichen und statt dessen die weiter südlich verlaufende, kürzere Großkreisroute direkt über den Atlantik beschlossen, womit die Teilnehmer auf die Möglichkeit verzichteten, die Geleitzüge weiterhin auf Ausweichrouten durch weit nördlich gelegene Breiten zu lenken. Nach diesem Plan sollten sich 200 Kriegsschiffe (70 Zerstörer und 130 Korvetten) am Geleitschutz für alle transatlantischen Geleitzüge (Halifax, Slow Convoy, Outbound North) beteiligen. Die Amerikaner sollten rund 30 Zerstörer stellen, die Briten 28 Zerstörer und 61 Korvetten und die Kanadier 13 Zerstörer und 70 Korvetten oder Minensuchboote.

Zusätzlich zu dem Geleitschutz für die Nordatlantikroute sah Kings Plan vor, etwa 24 Zerstörer für andere wichtige Geleitaufgaben bereitzuhalten. 14 Zerstörer (10 der Royal Navy, 4 der US Navy) sollten für die Sicherung von Truppenkonvois bereitgehalten werden. Die übrigen zehn amerikanischen Zerstörer sollten den Grundstock für das neue Geleitzugsystem entlang der Ostküste der Vereinigten Staaten bilden.

Dudley Pound war keineswegs erfreut, als er eine Abschrift dieses Geleitschutz-Abkommens erhielt. Fünf Tage später, am 29. Januar, telegrafierte er nach Washington und erklärte, er habe den Plan »persönlich« geprüft und habe zu mehreren Punkten starke Bedenken. Hier seine mürrischen Kommentare:

- Er war »ernstlich beunruhigt« über die lange Zeit, die der Plan diskutiert worden war und die »damit verbundene Verzögerung eines optimalen Einsatzes der vereinten Geleitsicherungskräfte«.
- Es sprach sich für einen Geleitdienst an der Ostküste der Vereinigten Staaten aus und fand es »wichtig, unverzüglich einen Plan zur Freisetzung der für diesen Zweck benötigten Kräfte auszuarbeiten«.
- Das bestehende System der »getrennten Führung« der Geleitkräfte bezeichnete er als »eine Verschwendung unserer Ressourcen«, und drängte »sehr stark« darauf, daß das britische Western Approaches Command »so früh wie möglich die strategische Leitung« übernehmen solle, wobei er hervorhob, daß eine solche strategische Leitung keineswegs »die Führung der gesamten Atlantikstreitkräfte durch die Briten« impliziere.

Bis zu diesem Zeitpunkt hatte die Admiralität angenommen – oder behauptet, anzunehmen –, daß die Vereinigten Staaten für den Geleitdienst der Nordatlantikroute 51 Zerstörer abgestellt hätten. Folglich schien es nach Kings neuem Plan, der als amerikanischen Beitrag insgesamt 30 amerikanische Zerstörer vorsah, als habe Washington nun 21 Zerstörer freigestellt, die nach Ansicht der Admiralität den Grundstock für einen Geleitdienst entlang der Ostküste bilden konnten, und nicht nur die zehn, die King für diesen Zweck vorgesehen hatte. Folgerichtig schlug Pound in seinem Telegramm eine andere Aufteilung der Fahrzeuge vor, nach der »21 Zerstörer« für »Ostküsten-Geleitzüge« freigestellt werden sollten, wobei vermutlich »etwa zwölf US-Zerstörer« sofort für den Einsatz vor der amerikanischen Küste »verfügbar« sein sollten.

Hier muß betont werden, daß King bei diesem Notenwechsel zu keinem Zeitpunkt der britischen Annahme (oder vorgeblichen Annahme) beipflichtete, daß 21 amerikanische Zerstörer für die Sicherung von Geleitzügen an der Ostküste freigestellt würden.

Im Gegenteil, King machte mehrmals deutlich, daß lediglich zehn amerikanische Zerstörer zu diesem Zweck abgestellt werden sollten. Dennoch war in den folgenden offiziellen Berichten der Admiralität zu dem Geleitzugabkommen zu lesen, daß tatsächlich nur zehn amerikanische Zerstörer für die Ostküste verfügbar wurden und diese »Diskrepanz« (also die fehlenden elf amerikanischen Zerstörer) »sich lediglich durch die Annahme erklären läßt, daß der Überschuß andernorts eingesetzt worden ist«.*

Das Fazit dieser langwierigen und gereizten Debatten war eine veränderte Version von Kings Plan mit folgenden Hauptmerkmalen:

- Für die Sicherung der Geleitzüge in nordamerikanischen Gewässern, die im Nordatlantik zwischen Halifax und dem etwa 2000 Kilometer von der Küste entfernt auf dem 45. westlichen Längengrad gelegenen, westlichen Treffpunkt im Ozean (West Ocean Meeting Point, WESTOMP) verkehrten, sollten die Kanadier sechs Sicherungsgruppen stellen. Diese als Western Local Escort Force (WLEF) bezeichnete Streitmacht, die die Newfoundland Escort Force ablöste, sollte aus 47 Schiffen bestehen: 5 kanadischen Zerstörern, 12 »geliehenen« Zerstörern der Royal Navy und 30 größtenteils kanadischen Korvetten.**
- Für die Gewässer der Britischen Inseln sollte die Royal Navy eine vergleichbare, aber kleinere Gruppe stellen, die die Sicherung der nordatlantischen Geleitzüge zwischen Nordirland oder Schottland und dem 22. westlichen Längengrad (dem östlichen Treffpunkt oder EASTOMP) übernehmen sollte, während die Zwischenstation in Island entfiel. Unter der Bezeichnung Eastern Local Escort Force (ELEF) sollte diese Gruppe aus 18 britischen Zerstörern gebildet werden.
- Für das lange Zwischenstück (von 3300 Kilometern) zwischen WESTOMP und EASTOMP sollten die Alliierten eine multinationale Streitmacht bilden, die aus 14 Sicherungsgruppen – fünf amerikanischen, fünf britischen und vier kanadischen – bestehen sollte. Sie trugen die Bezeichnung Mid-Ocean Escort Force (MOEF) und sollten 143 Schiffe umfassen: 15 amerikanische, 15 britische, 12 kanadische Zerstörer und 52 britische und 49 kanadische Korvetten. Zusätzlich sollten die Amerikaner eine in Island stationierte Gruppe von fünf Zerstörern stellen, um Schiffe, die nach wie vor in Island Zwischenstation machten (insbesondere Geleitzüge nach Murmansk), von den Slow Convoys nach Island oder von Island zu den ebenfalls langsamen Outbound North Convoys zu geleiten.

Die MOEF-Gruppen sollten vom WESTOMP quer über den Atlantik bis nach Londonderry in Nordirland fahren und in der Gegenrichtung vom EASTOMP nach St. John's auf Newfoundland. Vorausgesetzt, die MOEF-Gruppen fuhren mit der optimalen Marschgeschwindigkeit (12–14 Knoten) von den Treffpunkten zum Stützpunkt und umgekehrt, blieb ihnen so viel Treibstoff, daß sie die Reise quer über den Atlantik schafften, wenn sie streng auf der Großkreisroute blieben. Die amerikanischen Zerstörer der MOEF sollten einmal von West nach Ost bis Londonderry und wieder zurück von Ost nach West bis Kanada fahren, um dann zu Wartung, Reparatur und zur Erholung der Besatzung nach Boston oder Portland zurückzukehren.

---

* In britischen Darstellungen wird behauptet, King habe diese elf sogenannten »fehlenden« Zerstörer ohne Wissen der Briten in den Pazifik geschickt.

** Anfang 1942 verfügte die Canadian Newfoundland Escort Group über 83 kanadische Kriegsschiffe: 13 Zerstörer und 70 Korvetten.

Nach weiteren Debatten zwischen Washington und London und einigen geringfügigen Veränderungen billigten King und Pound diesen Geleitzugplan am 3. beziehungsweise 4. Februar. In seiner Annahmeerklärung wiederholte King, daß ein einziger, mit der »strategischen Führung« der transatlantischen Geleitzüge betrauter Befehlshaber »nicht akzeptabel« sei, weil die bestehende Organisation der amerikanischen Führung (amerikanischer und kanadischer Kräfte) im Westatlantik »zufriedenstellend« funktioniere. Pound äußerte hingegen in seiner Annahmeerklärung »beträchtliches Widerstreben« in diesem Punkt, weil damit »ein System dualer Kontrolle mit all seinen erwiesenen Nachteilen und Verzögerungen fortgesetzt« werde. Die Briten werden »alles tun, was in ihrer Macht steht, damit das System funktioniert«, setzte Pound hinzu, »aber ich nehme mir die Freiheit, diese Frage erneut aufzuwerfen, wenn ich den Eindruck haben sollte, daß unser Warenverkehr [mit Handelsschiffen] darunter leidet«.

Um die Überführung von amerikanischen Zerstörern von der Nordatlantikroute zu beschleunigen, ordnete Admiral King zu dieser Zeit an, die sechs im Atlantik stationierten 100 Meter langen Küstenschutzschiffe der Treasury-Klasse offiziell und dauerhaft dem Geleitschutz in diesem Abschnitt zuzuteilen. Später entwickelten sich fünf dieser großen, geräumigen Fahrzeuge *(Bibb, Campbell, Duane, Ingham, Spencer)* zu regelrechten Arbeitspferden auf der Geleitzugroute. Sie waren den amerikanischen, britischen und kanadischen Glattdeck-Zerstörern weit überlegen und eigneten sich in mancher Hinsicht besser für diese Aufgabe als selbst die modernen amerikanischen Flottenzerstörer.

Wegen der im Dezember und Januar notwendig gewordenen Überführung von elf modernen Zerstörern der Atlantic Fleet in die Pacific Fleet und wegen eines plötzlichen, ungeahnt starken Bedarfs an Zerstörern, um einzelne Truppentransporter und Truppengeleitzüge in den Atlantik zu eskortieren, war Admiral King für unbestimmte Zeit nicht in der Lage, die versprochenen 15 amerikanischen Zerstörer für die MOEF plus die fünf in Island zur Verfügung zu stellen. Tatsächlich mußten nach und nach sogar fast alle amerikanischen Zerstörer von der Nordatlantikroute abgezogen werden, um Truppenkonvois im Atlantik zu sichern oder andere dringende Aufgaben, wie etwa die Unterstützung der britischen Home Fleet, zu übernehmen.*

Etliche britische und kanadische Historiker zeichnen sich durch Unkenntnis oder mangelndes Verständnis für den Grundsatz der Amerikaner aus, Truppentransporter von einer massierten Zerstörereskorte begleiten zu lassen. Sie haben King angegriffen, weil er die Eskorte für Frachtgeleitzüge oder Geleitzüge ohne Truppentransporter den Kanadiern und den Briten überließ. Die folgende Aussage des kanadischen Historikers W. D. G. Lund ist typisch: »Als die Vereinigten Staaten in den Krieg eintraten, wurden unverzüglich alle amerikanischen Zerstörer für Aufgaben an anderen

* Siehe Anhang 12 und 16. Nach den täglichen Standortmeldungen der US Navy waren im Zeitraum vom 10. bis zum 20. Februar 1942 noch fünf amerikanische Escort Groups (A-1 bis A-5) mit 20 Zerstörern auf der Nordatlantikroute im Einsatz, dazu kamen zwei Küstenschutzschiffe der Treasury-Klasse. Sie eskortierten die Frachtgeleitzüge HX 175 und 176, ON 67 und 69 und SC 70. Bis Mitte März betrug die Zahl der amerikanischen Zerstörer für diese Aufgabe noch zwölf, plus ein Küstenschutzschiff. Am 1. Mai lag die Zahl bei zehn Zerstörern und zwei Küstenschutzschiffen in den fünf amerikanischen Sicherungsgruppen. Die amerikanischen MOEF-Gruppen wurden durch kanadische oder britische Geleitfahrzeuge auf die volle Stärke gebracht.

Schauplätzen abgezogen; bis Februar 1942 standen lediglich noch zwei Küstenschutzschiffe der Vereinigten Staaten für den Geleitschutz zur Verfügung.«*

Diese Behauptung ignoriert die Tatsache, daß die Stärke der Zerstörerflotte in der Atlantic Fleet im Jahr 1942 ungefähr gleichblieb und die Zerstörer ständig auf diesem Schauplatz agierten, wobei sie vor allem zur Sicherung von Truppenkonvois und Großkampfschiffen eingesetzt wurden und häufig für die Briten arbeiteten. Im wesentlichen ging es um folgendes: Angesichts seiner spärlichen Ressourcen entschied sich King, wenn er vor der Wahl stand, Fracht- oder Truppenschiffe zu eskortieren, für den Geleitschutz von Truppentransportern; darin spiegelte sich die amerikanische Auffassung wider, Menschenleben seien wertvoller als Frachtgut. Ein Ergebnis dieser Haltung konstatiert der amerikanische Marinehistoriker Robert W. Love: »Die Verteidigung der amerikanischen Truppenschiffe durch die amerikanische Kriegsmarine war einer der wichtigsten Siege des Weltkrieges.«**

Paukenschläge

Bis Sonnenuntergang am 13. Januar hatten die drei Typ-IX-Boote der ersten Welle ihre zugewiesenen Positionen vor der Ostküste der Vereinigten Staaten erreicht. Hardegen stand mit *U123* in der Nähe der Ostspitze von Long Island, der neue Kommandant von *U125* Folkers stand vor New Jersey, und Zapp stand mit *U66* östlich von Kap Hatteras. Im Morgengrauen des 14. Januar stieß Hardegen auf den bewaffneten und beladenen panamesischen 9600-Tonnen-Tanker *Norness*. Er schoß in zwei Überwasserangriffen aus kurzer Entfernung fünf Elektro-Torpedos. Drei davon trafen, und die *Norness* sank in seichtem Wasser; etwa 30 Meter ihres Bugs ragten noch aus dem Wasser. Der neue, in der Erprobungsphase befindliche amerikanische Zerstörer *Ellyson* rettete am nächsten Tag 24 Überlebende.

Hardegen legte das Boot den ganzen Tag über auf Grund, um seiner Besatzung Erholung zu gönnen und Treibstoff zu sparen. Am Abend des 14. Januar näherte er sich dann in sehr seichtem Wasser dem Außenbereich des Hafens von New York. Er war nahe genug, um den Lichterglanz im Süden Manhattans zu sehen. Hardegen war von dem Anblick sehr ergriffen – und von der Erkenntnis, daß die Männer von *U123* ihn als erste deutsche Soldaten zu Gesicht bekamen –, und er holte andere Besatzungsmitglieder auf die Brücke, auch den Fotografen und Kriegsberichterstatter Alwin Tölle. Aber es war zu dunkel, und das Boot war zu weit weg für Aufnahmen.***

Nach der »Besichtigung« wendete Hardegen das Boot und fuhr mit Long Island an Backbord nach Osten in tieferes Wasser. In den Frühstunden des 15. Januar erspähte der Ausguck ein hell erleuchtetes Fahrzeug, das von achtern auf *U123* zufuhr. Es war der vollbeladene britische 6800-Tonnen-Tanker *Coimbra* auf dem Weg nach Halifax.

---

* Siehe den Aufsatz in Boutilier (1982).

** Love, *History of the U. S. Navy* (1992), Bd. 2, Kap. 4.

*** Später veröffentlichte das Berliner Propagandaministerium angeblich von Tölle aufgenommene, gefälschte Einzelaufnahmen und Filmstreifen der »Lichter von New York«. Obwohl die Fälschungen stümperhaft gemacht waren, wurden sie vom deutschen Publikum als authentisch akzeptiert. Die Aufnahmen und das Filmmaterial kursierten noch im Jahr 1996.

Hardegen lief bis etwa 800 Meter heran und schoß zwei Elektro-Torpedos. Mindestens einer traf. Die *Coimbra* explodierte in einem gewaltigen Feuerball. Sie sank ebenfalls in seichtem Wasser mit dem Bug nach oben. Von der Besatzung kamen 36 Mann ums Leben; sechs Mann wurden – allesamt verletzt – gerettet.

Hätte Admiral Raeder die *Tirpitz* zum Angriff auf die Vereinigten Staaten ausgesandt, dann hätte Admiral King von seinem Hauptquartier in Washington aus den Befehlshaber der Atlantic Fleet, Royal Ingersoll, beauftragt, einzugreifen und sie zu versenken. Aber die Abwehr eines U-Boot-Angriffs auf die Handelsschiffahrt nahe vor der Küste rief ganz andere Befehlsstellen der Marine auf den Plan. Ihre Stützpunkte lagen an der Küste, und sie waren zuständig für die *local defense* (Verteidigung vor Ort).

Diese »Coastal Frontiers« genannten Befehlsstellen waren vor dem Krieg eingerichtet worden und hatten die alten Naval Districts militärisch und administrativ abgelöst. Ihre jeweiligen Befehlshaber hielten sich ständig auf dem laufenden über die Kriegs- und Handelsschiffe, die in ihrem Abschnitt verkehrten. Bei einem Angriff sollten sie ihren Abschnitt verteidigen, die Küstenschiffahrt schützen und die Atlantic Fleet, die Army und andere dort operierende Streitkräfte unterstützen.

Die erste, meistbefahrene und wichtigste Befehlsstelle war die North Atlantic Naval Coastal Frontier, die kurze Zeit später in Eastern Sea Frontier umbenannt wurde. Ihr Zuständigkeitsbereich erstreckte sich auf den Küstenbereich von der kanadischen Grenze bis North Carolina und reichte 370 Kilometer ins Meer hinaus. Sie unterstand dem Befehl von Adolphus Andrews, wie King Jahrgang 1901 der Marineakademie, einem 63jährigen, tüchtigen und tatkräftigen Admiral, der mit Präsident Roosevelt befreundet war. Andrews Hauptquartier befand sich im Federal Building in der Church Street 90 im Herzen von Manhattan und hatte ein Kontrollzentrum, in dem sein Stab den gesamten Schiffsverkehr auf riesige Wandkarten übertrug.

Wegen des Mangels an Kriegsschiffen hatte Andrews keine Schiffe ständig unter seinem Kommando, sondern er sollte, falls die Eastern Sea Frontier von Handelsstörern oder U-Booten angegriffen wurde, bei der Atlantic Fleet Kriegsschiffe anfordern. Angesichts der vielfältigen Aufgaben dieser Flotte waren die Chancen, daß sie bei der Abwehr von U-Booten mitwirken konnte, jedoch praktisch gleich Null – zumindest so lange der neue Geleitzugplan von King nicht umgesetzt war. Folglich hatte Andrews eine eigene Flotte mobilisiert und in Kriegsbereitschaft versetzt, die ein offizieller Marinehistoriker treffend »zusammengeschusterte Flotte« nannte. Sie bestand aus 20 kleinen Fahrzeugen, 7 Küstenschutzbooten (die 49,5 Meter lange *Dione* und 6 37,5 Meter langen Booten), 4 Vorkriegs-SC-Schiffen mit 33 Metern Länge, 3 60 Meter langen U-Jägern der Eagle-Klasse aus dem Ersten Weltkrieg, 2 uralten Kanonenbooten (1905) und 4 großen (51 bis 73 Meter langen) umgebauten Jachten. Von diesen Fahrzeugen war höchstens das in Norfolk stationierte Küstenschutzboot *Dione* mit einer Geschwindigkeit von 16 Knoten auch nur annähernd in der Lage, ein U-Boot zu stellen. Es verfügte über ein einzelnes 3,5-Zoll-Buggeschütz und über Wasserbombenablaufgerüste im Heck. Außerdem war in technischer Hinsicht lediglich auf die *Dione* und auf zwei andere Fahrzeuge Verlaß.

Andrews unterstanden auch keine landgestützten Flugzeuge zur U-Boot-Bekämpfung. Er befand sich damit in einer ähnlichen Lage wie die Royal Navy im Jahr 1939, als die Admiralität noch keine operative Kontrolle über das Coastal Command hatte.

Dies ist von vielen Historikern nicht erkannt worden und erfordert daher Erläuterung und Klarstellung. Aus heutiger Sicht erscheint die Angelegenheit etwas seltsam, ja sogar widersinnig.

Nachdem sich in der Zwischenkriegszeit gezeigt hatte, daß das Flugzeug ein wichtiges Mittel der Kriegführung geworden war, entbrannte zwischen führenden Militärs in Heer und Kriegsmarine der USA ein heftiger Kampf um die strategische Führung der militärischen Luftfahrt. In diesem Streit auf bürokratischer Ebene errang das Heer einen wichtigen Sieg: Sämtliche landgestützten Flugzeuge – insbesondere alle Bombertypen – sollten dem Army Air Corps (ab 20. Juni 1941 Army Air Forces) unterstellt werden, einem halbselbständigen Ableger des Heeres. Nach der Übereinkunft, die Gesetzeskraft erlangte, war die Luftstreitmacht der US Navy wie bei der Royal Navy auf Flugzeuge beschränkt, die von Großkampfschiffen oder Flugzeugträgern aus operierten, und auf große Flugboote oder Wasserflugzeuge (wie die Catalinas und Mariners), auf starre lenkbare Luftschiffe und unstarre Kleinluftschiffe, sogenannte Blimps. Dazu kamen einige an der Küste stationierte Verwaltungs-, Nutz- und Schulungsflugzeuge mit Fahrwerk, die sich nicht für den Kampfeinsatz eigneten.

Am 12. Januar 1942 unterstanden Admiral Ingersoll von der Atlantic Fleet (abgesehen von den auf Schiffen stationierten Maschinen) 150 Flugzeuge: rund 100 Catalinas und rund 50 Aufklärungs- und Nutzflugzeuge. Die als Küstenbomber bezeichneten Catalinas waren wie folgt stationiert: 8 in Island, 8 in Argentia, 6 in Newport auf Rhode Island, 38 in Norfolk, 12 in San Juan auf Puerto Rico, 24 in Coco Solo in Panama und 6 in Natal in Brasilien. Wie bei den Sunderland-Maschinen der Royal Navy im Jahr 1939 bestand die Hauptaufgabe der Catalinas darin, feindliche Großkampfschiffe (wie die *Tirpitz*) aufzuspüren und zu melden, die eine Gefahr für die Atlantic Fleet oder den Panamakanal oder andere wichtige Küstenanlagen dargestellt hätten. Zusätzlich boten die 16 Catalinas auf Argentia und Island einen begrenzten Geleitschutz zwischen diesen beiden Orten.

Wegen der laufenden Überführung von Catalinas an die Briten* im Rahmen des Lend Lease Act und wegen der beim Angriff auf Pearl Harbor verlorenen Catalinas herrschte in der US Navy Anfang 1942 ein akuter Mangel an diesen Maschinen und an den neueren Mariner-Küstenbombern. Deshalb mußte King die Überführung von Catalinas an die Royal Navy von Januar bis März 1942 aussetzen. Auch wenn die Überstellungen im April wiederaufgenommen wurden (und bis auf 50 Flugzeuge pro Monat anstiegen), verärgerte die zeitweilige Aussetzung die Admiralität und gab ihr einen weiteren Grund, über King zu schimpfen. Er schickte den größten Teil der Catalina-Produktion in diesen Monaten in den Pazifik, um die Verluste in Pearl Harbor und an anderen Schauplätzen auszugleichen.

Angesichts der akuten Knappheit amerikanischer Catalinas im Atlantikraum konnte Admiral Ingersoll Admiral Andrews von der Eastern Sea Frontier keine Flugzeuge für Patrouillen zur U-Boot-Abwehr zur Verfügung stellen, vor allem, weil bislang keine nennenswerte U-Boot-Gefahr in amerikanischen Gewässern bestanden hatte. Die

---

* Das Coastal Command verfügte damals über vier Catalina-Staffeln auf den Britischen Inseln: die Squadrons 209, 210, 240 und die kanadische Squadron 413. Sie bestanden aus insgesamt 36 Flugzeugen, plus Reserve- und Schulmaschinen. Die übrigen britischen Catalinas waren auf Stützpunkten außerhalb der Britischen Inseln stationiert.

wenigen Catalinas, die Ingersoll im Januar 1942 bereitstellte, wurden vor allem zur begrenzten Luftsicherung von Truppenkonvois eingesetzt. Andrews konnte für küstennahe Luftpatrouillen lediglich etwa 100 unbewaffnete oder nur leicht bewaffnete Flugzeuge der Navy und der Coast Guard und vier Blimps der Navy mobilisieren, die in Lakehurst, New Jersey, stationiert waren.

Von diesen Maschinen konnten lediglich die Blimps größere ASW-Patrouillen durchführen und genug Spreng- oder Wasserbomben mit sich führen, um ein U-Boot anzugreifen. Im Juni 1940 hatte Präsident Roosevelt eine Streitmacht von 48 Blimps zur lokalen Geleitsicherung und für ASW-Patrouillen bewilligt, aber nur diese vier waren am 1. Januar 1942 in Lakehurst einsatzbereit, als die Navy sie in der ersten operativen Squadron 12 in Dienst stellte.* Im Januar 1942 flogen diese Blimps 45 ASW-Patrouillen und sechs Einsätze zur Geleitsicherung.

Auch wenn es aus heutiger Sicht völlig unlogisch – ja widersinnig – erscheint, war den Army Air Forces, genau wie der RAF, in den Jahren unmittelbar vor dem Krieg die Hauptrolle bei der U-Boot-Abwehr in amerikanischen Gewässern zugedacht worden. Das war die Folge einer schwammigen, strategischen Doktrin, nach der die Army für die Verteidigung der amerikanischen Landmasse *und* der Küste verantwortlich war. Die Briten hatten zwar bereits vorexerziert, daß das Coastal Command der RAF eine effektivere ASW-Waffe geworden war, nachdem die Admiralität die operative Kontrolle übernommen hatte, doch Präsident Roosevelt und sein Kriegsminister Stimson hatten sich standhaft allen Bemühungen der US Navy widersetzt, diese Zuständigkeitsverteilung auch in der amerikanischen Militärführung zu verändern. Ein wichtiger Grund war, daß die US Navy in diesem Fall unweigerlich auf die Übernahme der größeren viermotorigen landgestützten Flugzeuge (B-17, B-24) gedrängt hätte, die allein den Army Air Forces unterstanden. Hätte jedoch die Navy solche Flugzeuge übernommen, hätte dies die absolute Befehlsgewalt der Army über die strategische Luftstreitmacht untergraben.

Am 14. Januar 1942 bemühte sich die US Navy erneut um landgestützte Flugzeuge für ASW-Maßnahmen und andere Aufgaben. Der Chef des Bureau of Aeronautics (der Dienststelle für die Marineluftwaffe) John H. Towers bat den Chef der Army Air Forces Henry »Hap« Arnold um 400 viermotorige Langstreckenflugzeuge vom Typ B-24 Liberator und 900 zweimotorige Mittelstreckenflugzeuge vom Typ B-25 Mitchell aus den Beständen der Army. Arnold lehnte das Gesuch ab, weil es ihm, wie er schrieb, »an 1190 Flugzeugen fehle, um wenigstens die dringlichsten Aufgaben der United States Army Air Forces zu erfüllen« und weil das Gesuch Fragen aufwerfe, die von »weit größerer Wichtigkeit sind als die mögliche Überstellung von Flugzeugen« an die Navy.

Nach seiner Ernennung zum Commander in Chief der US Fleet brachte King das

* Bei den vier Blimps handelte es sich um das Modell K, das im Zweiten Weltkrieg »massenproduziert« wurde. Es war über 75 Meter lang und mit Wasserbomben vom Typ Mark XVII bewaffnet, und es hatte als sichere Verbindung zu Lakehurst Brieftauben (!) an Bord. Im Juni 1942 bewilligte der Kongreß eine Streitmacht von insgesamt 200 Blimps vom Typ K oder Variationen dieses Typs. Goodyear Aircraft übernahm den Auftrag, während des Kriegs 134 K-Typen zu bauen, und dazu eine Reihe knapp 45 Meter langer Schulschiffe vom Typ L – Nachbauten der aus fünf Luftschiffen bestehenden Vorkriegs-Werbeflotte des Konzerns, die von der Navy kurz nach Pearl Harbor aufgekauft wurde.

Gesuch mit größter Energie und Hartnäckigkeit erneut vor. Sein unablässiges Drängen auf die Überstellung landgestützter Flugzeuge verärgerte den Kriegsminister Stimson. Der ehemalige Beamte der National Guard hatte schon vor dem Ersten Weltkrieg (1911–1913) in der Regierung Taft als Kriegsminister gedient und rühmte sich, ein erfahrener Militärstratege zu sein. Er hatte eine ausgeprägte Abneigung gegen die Navy entwickelt, vor allem gegen King, der häufig als schroffer und undiplomatischer Verfechter einer Sache auftrat, und gegen Frank Knox. Stimsons gereizte Reaktionen auf die Navy und King prägten die Ansichten der gesamten Führung der Army.* Die beißende Kritik an King in seinen ausführlichen persönlichen Tagebüchern hat insbesondere den britischen Kritikern Kings jahrzehntelang viel Munition geliefert. Diese Kritiker weisen selten oder gar nicht darauf hin, daß Stimson alles andere als objektiv war und seine Motive keineswegs über jeden Zweifel erhaben waren.

Stimson, Marshall und Arnold lehnten Kings Forderung nach landgestützten Flugzeugen für den ASW-Einsatz mit der Begründung ab, daß die Army Air Forces selbst in der Lage seien, die U-Boot-Abwehr aus der Luft zu übernehmen. Tatsächlich, so meinten sie, könne die Army diese Aufgabe sogar besser bewältigen als die Navy, der die nötige Infrastruktur für landgestützte Flugzeuge fehle und die mit diesem Kampfmittel nicht vertraut sei. Präsident Roosevelt hielt diese Einschätzung entweder für richtig, oder er zog es vor, sich aus dem erbitterten Streit zwischen den Waffengattungen herauszuhalten. Jedenfalls hielt er sich bedeckt, obwohl eine klare Entscheidung oder Richtlinie des Präsidenten gewiß notwendig gewesen wäre. Auch in diesem Punkt schätzte der Präsident die potentielle Bedrohung durch die U-Boote falsch ein und ließ bei ihrer Bekämpfung eine klare Führung vermissen. Trotzdem wurde er auch in diesem Punkt bislang nie kritisiert.

Hap Arnold beauftragte Arnold N. Krogstad, den Chef des 1. Bomber Command der First Air Force, mit der U-Boot-Bekämpfung aus der Luft vor der amerikanischen Ostküste. Wie fast alle Luftwaffeneinheiten dieser hektischen Tage befand sich auch das 1. Bomber Command im Umbruch; es war keineswegs einsatzbereit. Viele erfahrene Piloten waren versetzt worden, um den Kern der gewaltig expandierenden Army Air Forces zu bilden, oder sie waren dringenderen Kampfaufgaben zugeteilt worden. Übrig war nur noch eine dünne Schicht aus erfahrenen Männern und eine sehr große Zahl eifriger, aber unerfahrener Flugzeugbesatzungen, die in der Luftkampftaktik, im Bombenabwurf und in der Navigation noch intensiv geschult werden mußten. Sie bemannten etwa 100 mehrmotorige Mittel- und Langstreckenbomber auf vier Flugplätzen entlang der Ostküste. Kein einziges Flugzeug war mit Radar oder Wasserbomben ausgerüstet. Kein Flieger wußte, wie er ein U-Boot aufspüren und angreifen sollte oder wie schwer es war, es zu versenken. Aus diesen Gründen bestand nicht die geringste Aussicht, daß das 1. Bomber Command einen wesentlichen Beitrag zur U-Boot-Abwehr leisten würde.

Gemäß der ihm zugeteilten Aufgabe, U-Boote abzuwehren und zu zerstören, bezog der Chef des 1. Bomber Command Arnold Krogstad ein Hauptquartier im Federal Building in Manhattan, das sich im selben Korridor wie Admiral Andrews' Kontroll-

---

* So schreibt der Kriegsstratege Eisenhower wutschnaubend in seinem Tagebuch, daß der Krieg, wenn King erschossen würde, vielleicht leichter zu gewinnen wäre.

raum befand. Sorgfältig auf die Trennung der Teilstreitkräfte bedacht, richtete Krogstad sein eigenes Kontrollzentrum ein, das mit dem der Eastern Sea Frontier weder elektronisch noch auf andere Weise verbunden war. Dann nahm er in einer »losen Zusammenarbeit« mit Andrews die ASW-Patrouillen auf.

Die Versenkung von zwei Tankern in den Gewässern der Eastern Sea Frontier durch Reinhard Hardegen in *U123* löste eine schnelle und energische Reaktion im Federal Building aus. Andrews und Krogstad setzten alle verfügbaren Flugzeuge, Blimps und kleinen Schiffe ein, um Hardegen und seine Kameraden aufzuspüren und zu versenken. Die Flugzeuge und Blimps der Navy patrouillierten nahe der Küste, die Flugzeuge der Army flogen weiter über das Meer hinaus. Da jedoch niemand wußte, wie man ein U-Boot aufspürte und versenkte, waren die Aktionen nutzlos. Die Funkverbindungen zwischen den verschiedenen Befehlsstellen und Flugplätzen an der Küste und den Streitkräften auf See oder in der Luft waren primitiv oder ineffektiv.

King ist massiv kritisiert worden, weil er nicht prompt und aggressiv genug auf die Bedrohung durch die Operation Paukenschlag reagierte. Die jüngsten und lautstärksten Vorwürfe wurden von den Amerikanern Michael Gannon und Montgomery C. Meigs erhoben.* So schreibt Gannon, die Navy habe sich der Pflichtvergessenheit – oder gar Feigheit – schuldig gemacht, da am 12. Januar in den Häfen der Ostküste von Maine bis Virginia 25 amerikanische Zerstörer gelegen hätten und diese nicht in U-Jagdgruppen gegen *U123* und die anderen Paukenschlag-Boote eingesetzt worden seien. Als der Autor später entdeckte, daß 4 der 25 Zerstörer *(Dallas, Kearny, Lea, MacLeish)* im Trokkendock lagen oder »nur im Notfall« eingesetzt werden durften, verringerte er in einer Taschenbuchausgabe seines Buches die Zahl der verfügbaren Zerstörer auf 21, minderte aber nicht die Schärfe seiner Kritik an King und der Navy.

Die heftige Kritik, die Gannon in diesem Punkt an der Navy übt, ist nicht gerechtfertigt. Die britische und die amerikanische Marine hatten damals längst festgestellt, daß die Art von U-Jagd-Operationen, die Gannon vorschlägt, nutzlos, verschwenderisch und gefährlich waren. Vor allem jedoch waren die 21 Zerstörer, die er aufzählt, bereits mit anderen lebenswichtigen Aufgaben betraut worden:

- 13 der 21 Zerstörer auf Gannons Liste sollten zusammen mit dem Schlachtschiff *Texas*, dem Flugzeugträger *Wasp* und dem Schweren Kreuzer *Quincy* als Task Force 15 Amerikas ersten großen Truppenkonvoi AT 10 eskortieren. Der Konvoi stach am 15. Januar von New York aus nach Island und Nordirland in See. Er wurde erst in letzter Minute auf drei große Truppentransporter *(Chateau Thierry, Munargo, Strathaird)* beschränkt, und 4 der 13 Zerstörer *(Charles F. Hughes, Hilary P. Jones, Ingraham, Lansdale)* wurden umdirigiert. Sie eskortierten nun mit den Kreuzern *Vincennes* und *Nashville* als Task Force 16 den Truppenkonvoi BT 200, der aus sieben Truppentransportern mit 22000 Soldaten bestand und am 22. Januar von New York aus in den Pazifik fuhr.
- Zwei weitere Zerstörer auf Gannons Liste (*Mustin* und *O'Brien*) hatten den Befehl, zusammen mit drei anderen Zerstörern *(Anderson, Morris* und *Hammann)* die Schlachtschiffe *Idaho*, *Mississippi* und *New Mexico* zu eskortieren, die, wie erwähnt, im Januar vom Atlantik in den Pazifik verlegt wurden.

---

* In den Büchern *Operation Drumbeat*, 1990; (Deutsche Ausgabe: *Operation Paukenschlag*, Frankfurt, Berlin 1992) beziehungsweise *Slide Rules and Submarines*, 1990.

• Ein weiterer Zerstörer auf der Liste *(Gleaves)* lief am 15. Januar in Boston aus, um den kostbaren Zerstörer Tender *Melville* mit 7000 Tonnen nach Argentia zu geleiten. Von dort sollte die *Melville* weiter nach Londonderry verlegt werden, wo sie eine amerikanische Zerstörerbasis für die neuen direkt durchfahrenden Geleitzüge errichten sollte. (Das Küstenschutzschiff der Treasury-Klasse *Ingham* fuhr ebenfalls in der Eskorte.)

• Ein weiterer Zerstörer *(Bristol)*, der am 22. Oktober 1941 in Dienst gestellt worden war, befand sich für weitere Tests auf dem Weg von New York nach Casco Bay in Maine.

• Und der Zerstörer *Ellyson*, der am 28. November 1941 in Dienst gestellt worden und noch in der Erprobungsphase war, verließ Newport in Rhode Island, um weitere Tests auf See zu absolvieren. Er rettete am 14. Januar Überlebende des torpedierten Tankers *Norness*.

Laut Gannon hatte für das Auslaufen des großen Truppenkonvois AT 10 am 15. Januar »keinerlei dringende Notwendigkeit« bestanden, und er hätte »leicht ... aufgehalten werden können«, um die ursprünglich für seine Eskorte vorgesehenen 13 Zerstörer auf U-Boot-Jagd zu schicken. Washington sah das jedoch anders. Auch wenn die Zahl der Soldaten in letzter Minute verringert wurde, kam den mit AT 10 im Rahmen der Operationen Indigo und Magnet nach Island und Nordirland fahrenden Truppen ein hoher politischer und symbolischer Wert zu. Sie sollten andere Truppen für den Kampf freisetzen, eine mögliche deutsche Invasion der Britischen Inseln im Frühjahr 1942 abwehren und die Operation Gymnast vorbereiten, die Moskaus Forderung nach einer zweiten Front wenigstens teilweise erfüllen sollte. Wenn die Navy das Auslaufen dieses Truppenkonvois und des ebenso wichtigen Konvois BT 200 verzögert hätte, um eine unbekannte Zahl von U-Booten zu jagen, die bislang lediglich zwei Schiffe in den Gewässern der Eastern Sea Frontier versenkt hatten, dann wären nicht nur sämtliche Fahrpläne der Geleitzüge und Kriegsschiffe völlig durcheinandergeraten, sondern King hätte sich noch den Zorn der US Army zugezogen, die ihn beinahe stündlich drängte, das Auslaufen der Truppentransporte zu beschleunigen. Abgesehen davon fuhr die Mehrheit der Kriegsschiffe mit AT 10 tatsächlich direkt in kanadische Gewässer, in denen sich damals die weitaus größte Zahl der Paukenschlag-Boote befand.

Erste Operationen vor Kap Hatteras

Durch die Versenkung der Tanker *Norness* und *Coimbra* hatte Hardegen den gewünschten psychologischen Effekt erzielt und verließ nun mit *U123* die seichten Gewässer vor New York. Als er vor New Jersey nach Süden fuhr, stieß er in den nächtlichen Morgenstunden des 17. Januar, wie er meldete, auf einen nicht identifizierten 4000-Tonnen-Frachter und versenkte ihn mit einem einzigen Torpedo. In deutschen Nachkriegsunterlagen wird ihm die Versenkung des amerikanischen 2000-Tonnen-Dampfers *San José* angerechnet. Gannon fand jedoch anhand von offiziellen Berichten der Überlebenden heraus, daß die *San José* nicht torpediert wurde. Sie stieß mit einem anderen Schiff, der *Santa Elisa*, zusammen und sank. Das von Hardegen als versenkt gemeldete Schiff konnte Gannon nicht identifizieren. Kein anderes Schiff sank in jener Nacht in diesem Gebiet. Vielleicht war Hardegen zufällig am Schauplatz der Kollision erschienen und glaubte, sein Torpedo habe die *San José* oder die *Santa Elisa* tödlich getroffen. Letztere fing bei dem Zusammenstoß Feuer, brannte sechs Stunden lang und erreichte schließlich schwer beschädigt New York.

Hardegen in *U123* und Richard Zapp in *U66* trafen am 18./19. Januar beinahe gleichzeitig vor Kap Hatteras ein. Zapp griff einen Pulk beleuchteter, nicht eskortierter Schiffe an und versenkte den beladenen amerikanischen 6600-Tonnen-Tanker *Allan Jackson* und das kanadische Passagier-Frachtschiff *Lady Hawkins* mit 8000 BRT. Von den 48 Seeleuten auf der *Allan Jackson* starben 35 in dem flammenden Inferno. Von den 312 Besatzungsmitgliedern und Passagieren der *Lady Hawkins* kamen etwa 250 gleich beim Angriff oder nach entsetzlichen Qualen in den Rettungsbooten ums Leben.

Hardegen, der nur noch fünf Torpedos übrig hatte, war erstaunt über den dichten Schiffsverkehr vor Kap Hatteras. Wie er in sein Tagebuch schrieb, sichtete er an einem Punkt nicht weniger als 20 Dampfer, einige mit voller Beleuchtung. In der Nacht vom 18. auf den 19. Januar meldete er für einen Zeitraum von sieben Stunden vier Versenkungen per Torpedo oder Deckgeschütz: einen weiteren nicht identifizierten 4000-Tonnen-Frachter, den amerikanischen 5300-Tonnen-Frachter *City of Atlanta*, den lettischen 3800-Tonnen-Frachter *Ciltvaria* und den amerikanischen 8200-Tonnen-Tanker *Malay*, der im Ballast nach Süden fuhr. In Nachkriegsberichten wurde der nicht identifizierte Frachter als die *Brazos* mit 4500 BRT angegeben, doch auch in diesem Fall haben Gannons Nachforschungen ergeben, daß ein Irrtum vorliegt. Die *Brazos* war schon sechs Tage zuvor wie die *San José* nach einem Zusammenstoß gesunken.* Die Versenkungen der *City of Atlanta* und der *Ciltvaria* wurden bestätigt, doch der Tanker *Malay* war nur beschädigt und kam noch bis Norfolk.

Bislang hatten Hardegen und Zapp nach Unterlagen der Alliierten drei Tanker versenkt und einen weiteren beschädigt. Diese vier Schiffe waren ein winziger Bruchteil des gigantischen und lebenswichtigen Tankerverkehrs an der Ostküste der Vereinigten Staaten. Die Schiffe, die hier verkehrten, fuhren aus der Karibik (Aruba, Curaçao, Trinidad) und dem Golf von Mexiko (Texas, Louisiana) zu Häfen an der Ostküste und wieder zurück, sowie nach Halifax, wo sie sich Geleitzügen zu den Britischen Inseln anschlossen. Da die deutschen U-Boote in amerikanischen Gewässern vor allem diesen Schiffsverkehr angriffen, ist es angebracht, ihn näher unter die Lupe zu nehmen.

In den ersten Tagen des amerikanischen Erdölbooms ließ die Industrie das Erdöl aus den reichen Feldern in Texas und Louisiana in Kesselwagen der Eisenbahn zu den Raffinerien und Verbrauchern an der Ostküste transportieren. Nähergelegene Orte wurden durch Kähne auf dem Mississippi, dem Ohio und anderen Flüssen oder durch Tanklastwagen und kurze Pipelines versorgt. Erfahrungen mit Tankern in der Karibik und an anderen Orten lehrten, daß Erdöl oder Erdölprodukte (wie Benzin) viel ökonomischer auf dem Wasserweg transportiert werden können als auf Schienen. Im Juni 1941 wurden bereits 95 Prozent der gesamten Fördermenge mit Schiffen aus Texas und Louisiana an die Ostküste gebracht; nur noch drei Prozent wurden durch Tanklastwagen, Kähne oder Pipelines und nur noch zwei Prozent per Bahn transportiert.

* Die *Brazos* stieß mit dem britischen Geleitträger *Archer* zusammen, der sich in der Karibik in der Erprobungsphase befand.

Ebenfalls im Juni 1941 erkannte die Regierung Roosevelt, daß der Transport von Erdöl und Erdölprodukten zu den wichtigsten Aufgaben des Krieges zählte. Roosevelt ernannte daher den Innenminister Harold I. Ickes zum Ölzaren (»oil czar«) und übertrug ihm die Leitung der neugeschaffenen Petroleum Administration for War (PAW). Die erste Aufgabe der PAW im Jahr 1941 war die Organisation des Pendelverkehrs zwischen den USA und Großbritannien, für den 50 amerikanische Tanker abgestellt wurden. Sie arbeitete eng mit der Erdölindustrie zusammen und entwarf ein umfassendes Bild der Versorgungsprobleme, die im Kriegsfall zu erwarten waren, sowie eine Reihe von Plänen und Programmen, um sie zu überwinden.

Dazu zählten Mittel und Wege, die Effizienz des bestehenden Erdöltransports mit seetüchtigen Tankern zu den Häfen an der Ostküste zu steigern und neue Schritte oder Notmaßnahmen für den Fall, daß die Tankerflotte nicht ausreichen sollte. Im wesentlichen wurden folgende Maßnahmen beschlossen:

- Der Bau eines über 22 000 Kilometer langen Netzes aus Pipelines – die ökonomischste und effizienteste Methode für die Beförderung von Erdöl. Die bekannteste Pipeline war die Big Inch, ein gigantisches Netz aus über 60 Zentimeter dicken, nahtlosen Stahlrohren für die Beförderung von Rohöl. Das Netz reichte von Longview in Texas bis zu einem bereits bestehenden Knotenpunkt in Norris City in Illinois und von dort an die Ostküste und hatte eine Gesamtlänge von 2360 Kilometern. Allein diese Rohre faßten 3,8 Millionen Barrel Erdöl, und waren, wie ein Historiker es formulierte, ein »nie versiegendes Reservoir, das unablässig nach Osten floß« und täglich rund 300 000 Barrel lieferte. Die zweitwichtigste Pipeline war die kaum weniger gigantische Little Big Inch, ein Netz aus über 50 Zentimeter dicken Rohren, mit dem fertige Produkte (Flugzeugbenzin mit 100 Oktan oder ähnliches) befördert wurden. Es verlief von Texas über Seymour in Indiana an die Ostküste. Die Rohre faßten 2,9 Millionen Barrel Erdölprodukte und lieferten täglich rund 235 000 Barrel. Die drittgrößte war die Plantation-Pipeline; sie verlief von Baton Rouge über Bremen in Georgia nach Greensboro in North Carolina und wurde später bis Richmond und Norfolk verlängert. Diese Pipeline (30-cm-Rohre bis Bremen und 25-cm-Rohre bis Greensboro) lieferte rund 50 000 Barrel täglich.*
- Die Wiederaufnahme des Erdöltransports mit Kesselwagen der Bahn. Am Vorabend des Krieges waren etwa 145 000 Kesselwagen mit einem durchschnittlichen Fassungsvermögen von 215 Barrel pro Wagen über die ganzen Vereinigten Staaten verstreut. Etwa 105 000 Wagen wurden für den Transport von Erdöl und Erdölprodukten verwendet. Nach Kriegsausbruch wurden die meisten Wagen dem Transport von rohem oder raffiniertem Erdöl aus Texas an die Ostküste zugeteilt. Man stellte besondere, kilometerlange Schnellzüge mit bis zu 100 Wagen zusammen, die eine Gesamtmenge von rund 22 000 Barrel beförderten. Der Erdöltransport per Bahn stieg von täglich 141 000 Barrel im Oktober 1941 auf über 585 000 Barrel im April

* Der Bau der Big Inch wurde im Juli 1942 begonnen; sie beförderte etwa ein Jahr später im August 1943 erstes Rohöl in das Gebiet von Philadelphia. Der Bau der Little Big Inch wurde im April 1943 begonnen; sie beförderte im März 1944 erste Produkte nach Linden in New Jersey. Während des Krieges flossen etwa 380 Millionen Barrel Erdöl und Erdölprodukte durch die beiden Rohrleitungen. Die Plantation-Pipeline wurde im Jahr 1941 gebaut und 1942 voll in Betrieb genommen.

1942 und 828 000 Barrel im September 1942 bis auf sensationelle eine Million Barrel täglich (rund 51 Züge mit hundert Wagen) im März 1943.

• Eine drastische Verbesserung des Transports mit Ölkähnen auf Flüssen, Seen und küstenverbindenden Wasserwegen, sowie des Transports mit Tanklastzügen auf Haupt- und Seitenstraßen. Im Januar 1942 setzten Unternehmen der Vereinigten Staaten 1400 Ölkähne und 106 000 Tanklastzüge ein. Dank einer effizienteren Streckenführung und anderer Maßnahmen lieferten diese Fahrzeuge mehr als doppelt so viel Erdöl wie bisher. Außerdem ordnete die PAW an, daß Tanklastzüge rund um die Uhr und bei jedem Wetter den gesamten Erdöltransport auf Strecken von unter 320 Kilometern übernehmen mußten, wodurch Tausende von Eisenbahnwagen für die besonderen Erdölzüge von Texas an die Ostküste frei wurden.

Zur Zeit der Operation Paukenschlag, als bereits 95 Prozent des Erdöls mit Schiffen zu den Häfen an der Ostküste transportiert wurden, umfaßte die in Amerika registrierte Flotte rund 350 moderne und seetüchtige Tanker mit etwa drei Millionen BRT.* Etwa 260 davon beförderten Rohöl von Texas an die Ostküste. Außerdem wimmelte es auf den Seewegen von britischen und für Großbritannien fahrenden Tankern, die aus der Karibik und dem Golf von Mexiko nach Halifax unterwegs waren, um zu einem Geleitzug zu stoßen.

Als Admiral Andrews von den Operationen deutscher U-Boote in den Gewässern vor der amerikanischen Ostküste erfahren hatte, ordnete er an, daß diese Tanker und die übrige Küstenschiffahrt weit ab von der Küste fahren sollten, damit sie den Deutschen keine massierten Ziele auf den bekannten Routen boten. Das Western Approaches Command wies die Schiffe unter britischer Flagge zunächst an, amerikanische Häfen anzulaufen, bis sich ein klareres Bild der U-Boot-Gefahr ergeben hatte, entließ diese Fahrzeuge aber bald wieder und lenkte sie auf Umwegen zu den Bermudas oder nach Halifax, wo sie in Geleitzügen zu den Britischen Inseln weiterfuhren. Die deutschen U-Boote versenkten deshalb im Januar und Februar 1942 in den Gewässern der Eastern Sea Frontier nur noch einen Tanker in britischem Besitz.

Hardegen nahm Kurs auf Frankreich, weil sein Treibstoff zur Neige ging und er keine Torpedos mehr hatte. In sicherer Entfernung von der amerikanischen Küste funkte er Dönitz das Ergebnis seines einwöchigen Raubzugs in amerikanischen Gewässern, der vom 12. bis zum 19. Januar gedauert hatte. Er hatte mächtig auf die Pauke geschlagen und acht Schiffe mit 53 060 BRT, darunter drei Tanker, versenkt. Zusammen mit den früheren überhöhten Meldungen meinte Hardegen, er habe über 100 000 Tonnen versenkt und sich für das Ritterkreuz qualifiziert. Admiral Raeder und Dönitz waren hochzufrieden mit dem Paukenschlag, gratulierten Hardegen und belohnten ihn mit der Auszeichnung.**

Aber Hardegen war noch nicht fertig. Im Mittelatlantik entdeckte er auf dem Rück-

* Die in Panama registrierten Fahrzeuge nicht mitgerechnet.

** Einschließlich des Schiffes, das Hardegen mit dem Einbaum *U147* versenkt hatte, betrug seine bestätigte Versenkungszahl elf Schiffe mit 60 787 Tonnen. Gannon rechnete die Versenkungen der beiden »unbekannten« Schiffe mit 8000 BRT dazu, weil sie in Hardegens Kriegstagebuch so lebhaft und genau geschildert werden. Der amerikanische Forscher Edward E. Rumpf meint, die beiden Schiffe könnten die norwegische *Octavian* mit 1300 BRT und die panamesische *Olympic* mit 5300 BRT gewesen sein, deren Versenkung einem anderen U-Boot zugeschrieben worden ist.

marsch zwei Schiffe, griff sie mit dem Deckgeschütz an und versenkte sie: am 25. Januar den britischen 3000-Tonnen-Frachter *Culebra* und am 26. Januar den norwegischen 9200-Tonnen-Tanker *Pan Norway*, der im Ballast fuhr.* Zum Glück für die 51 Überlebenden der *Pan Norway* befand sich ein von der Schweiz gecharterter italienischer Frachter (also ein »Neutraler«) in der Nähe. Er änderte auf Befehl Hardegens seinen Kurs und rettete die Norweger. Zum Unglück für Hardegen explodierte bei dem Angriff auf die *Culebra* eines der Geschütze auf der Brücke, und der Kriegsberichterstatter Alwin Tölle wurde schwer verwundet. Hardegen konnte ihn nicht angemessen medizinisch versorgen und plante zusammen mit Kernével, Tölle an den heimfahrenden Blockadebrecher *Spreewald* zu übergeben, der einen Arzt an Bord hatte.

Richard Zapp in *U66* kehrte in das Gebiet vor Kap Hatteras zurück, nachdem Hardegen es verlassen hatte. Er versenkte am 22. und 23. Januar zwei amerikanische Frachter, die *Norvana* mit 2300 BRT (mit Zucker beladen), die *Venore* mit 8000 BRT (mit Eisenerz beladen) und den britischen 8100-Tonnen-Tanker *Empire Gem*. Da Zapp der Treibstoff und die Torpedos ausgingen, nahm er ebenfalls Kurs auf Frankreich. In seinem Kurzbericht meldete auch er einen mächtigen Paukenschlag: fünf Schiffe mit 50000 BRT versenkt, allesamt vor Kap Hatteras. Seine bestätigte Quote lag bei fünf Schiffen mit 33456 BRT. Zusammen mit den überhöhten Meldungen früherer Feindfahrten betrug Zapps Gesamtzahl etwa 75000 Tonnen – das war nicht genug für ein Ritterkreuz, aber mit seinen Erfolgen verdiente er sich ein »gut gemacht« von Dönitz und eine Propagandasendung aus Berlin.

Als letztes der drei Boote erreichte der unerfahrene Kommandant Ulrich Folkers mit *U125* das Gebiet vor Kap Hatteras. Ursprünglich war ihm ein Operationsgebiet östlich der Küste von New Jersey zugeteilt worden, wo er jedoch keinen Schiffsverkehr ausgemacht hatte, und nun lechzte er förmlich nach Versenkungen. Am Nachmittag und Abend des 25. Januar erspähte er zwei Opfer. Das erste war der amerikanische Tanker *Olney*, der auf eine Sandbank gelaufen war. Folkers schoß insgesamt sieben Torpedos auf diese leichte Beute, aber unerklärlicherweise traf seiner Meldung zufolge nur einer, der die Olney beschädigte. Der Kapitän des Schiffs berichtete jedoch erleichtert, daß alle sieben Torpedos ihr Ziel verfehlt hatten. Am Abend schoß Folkers zwei Torpedos auf den amerikanischen 5700-Tonnen-Frachter *West Ivis*. Diesmal funktionierten die Torpedos, und die *West Ivis* sank in 14 Minuten.

Mit einem knappen Rest Treibstoff – und frustriert – nahm Folkers Kurs auf Frankreich. In seiner Meldung wies er Dönitz darauf hin, daß er noch sechs Torpedos im Bugraum habe, daß aber drei seiner Bugtorpedorohre nicht in Ordnung seien. Kernével wies Folkers an, Torpedos vom Deck in den Heckraum zu laden, für den Fall, daß er auf dem Rückmarsch eine lohnende Beute entdeckte. Folkers kam diesem ungewöhnlichen Befehl nach, fand aber kein weiteres Ziel. Sein Paukenschlag war nur ein dumpfes Pochen gewesen.

Die ersten drei Typ-IX-Boote, die im Rahmen der Operation Paukenschlag in die

---

* Mit diesen beiden Versenkungen erhöhte sich Hardegens bei dieser Fahrt gemeldete Zahl auf zehn Schiffe mit 66135 Tonnen, die beste Feindfahrt seit langem. Die bestätigte endgültige Zahl lag bei sieben Schiffen mit 46744 Tonnen, die beiden »unbekannten« Schiffe nicht mitgerechnet.

Gewässer der Eastern Sea Frontier eingedrungen waren, hatten vom 14. bis zum 24. Januar in diesem Gebiet elf Schiffe gesichtet und zehn auf Grund geschickt. Hardegen erzielte mit *U123* vier eindeutig bestätigte Versenkungen (darunter zwei Tanker), Zapp mit *U66* fünf bestätigte Versenkungen und Folkers mit *U125* vesenkte einen Frachter. Die übrigen gemeldeten Versenkungen bleiben unbestätigt. Dieser Schaden war kaum größer, als der, den japanische U-Boot-Kommandanten im Dezember vor Kalifornien angerichtet hatten: neun Handelsschiffe (sieben Tanker) getroffen, zwei Tanker versenkt. Der Schaden, den U-Boote der Achsenmächte an beiden Küsten anrichteten, gab Anlaß zu ernster Besorgnis, aber nicht zur Panik.

Der Angriff auf Kanada

In den meisten Darstellungen des ersten U-Boot-Feldzuges in amerikanische Gewässer werden die Fahrten der zwölf U-Boote (zwei Typ IX, zehn Typ VII), die im Januar in kanadische Gewässer geschickt worden waren, kaum erwähnt. Dabei richteten sie jedoch fast den doppelten Schaden an, wie die drei Typ-IX-Boote, die zur selben Zeit in Gewässern der Vereinigten Staaten operierten.

Die zwölf Boote mußten gegen gräßliches Wetter ankämpfen. Schneestürme fegten über die trostlose See und das öde Land und behinderten die Sicht. Die Oberflächen der Boote waren von einer tonnenschweren Eisschicht überzogen, die als destabilisierender Ballast wirkte. Vor dem Tauchen mußte die Brückenwache das Eis von den Flanschen des Hauptzuluftschachts schlagen, damit das Ventil richtig schloß. Der Komfort unter Deck ließ zu wünschen übrig; die meisten Typ-VII-Boote hatten keine Heizung. Ein Boot meldete Tag für Tag Innentemperaturen um Null Grad. Die unbeheizten Sehrohre beschlugen so stark, daß sie unbrauchbar wurden.

Die Canadian Navy und die amerikanischen Luft- und Seestreitkräfte im Gebiet von Newfoundland und Nova Scotia befanden sich in voller Alarmbereitschaft, weil die britische Admiralität sie vor dem bevorstehenden U-Boot-Überfall gewarnt hatte. Die Befehlsstellen in Kanada fügten dem Geleitzug Halifax 169 eine weitere Sicherungsgruppe aus neun Fahrzeugen hinzu und lenkten ihn nach Nordosten um. Trotz ungünstiger Flugbedingungen flogen Luftpatrouillen, wenn immer es zu verantworten war.

Ernst Kals, der mit dem neuen IXC-Boot *U130* seine erste große Feindfahrt machte, ging in der Cabotstraße in Position. Die Straße trennte Newfoundland und die Kap-Breton-Insel. Am 12. Januar entdeckte ein kanadisches Flugzeug Kals über Wasser und griff mit 120-Kilogramm-Wasserbomben an. Zum Glück für Kals und seine Männer hatte die Besatzung schlecht gezielt, und *U130* entkam unbeschädigt. Immer noch in der Straße eröffnete Kals den U-Boot-Krieg in kanadischen Gewässern. In zwei getrennten Angriffen schoß er fünf Torpedos ab, landete vier Treffer und versenkte zwei Schiffe: den norwegischen 1600-Tonnen-Frachter *Frisco* und den panamaischen 5400-Tonnen-Frachter *Friar Rock*. In seiner ersten Erfolgsmeldung klagte er über starke Luftüberwachung und eisige Kälte.

Trotz der verstärkten Luftpatrouillen arbeitete Kals sich näher an den Seehafen Sydney auf der Kap-Breton-Insel heran, wo, wie er meinte, die langsamen Geleitzüge zusammengestellt wurden, und tauchte am Abend des 16. Januar 19 Kilometer vor der Küste auf. Ähnlich wie Hardegen New York City betrachtet hatte, betrachtete Kals nun Sydney. Wie New York war auch Sydney hell erleuchtet. Aber kein Geleitzug zeigte sich. Einige Tage zuvor, am 9. Januar, war Sydney nach dem Auslaufen von Slow Convoy 64 für den Winter geschlossen und die Aufstellung aller Geleitzüge nach Halifax verlegt worden.

Am nächsten Tag wäre *U130* beinahe beschädigt worden. Zwei »Zerstörer« entdeckten *U130* an der Oberfläche. Einer drehte auf das Boot zu und versuchte es zu rammen, doch Kals tauchte gerade noch rechtzeitig. Die eisverkrustete Flansch am Zuluftschacht schloß jedoch nicht richtig; acht Tonnen Eiswasser fluteten den Maschinenraum und zogen *U130* in 47 Meter Tiefe auf Grund. Vielleicht waren die Ablaufgerüste der »Zerstörer« vereist, jedenfalls folgte kein Wasserbombenangriff. Nachdem das überschüssige Wasser abgepumpt war, tauchte Kals auf und lief aufs offene Meer hinaus. Dönitz gab *U130* in einem Funkspruch »freies Manöver«, und Kals verließ, weil er noch reichlich Treibstoff hatte, kurzerhand die kanadischen Gewässer und nahm Kurs auf die wärmeren und sichereren Gewässer vor Kap Hatteras. Unterwegs versenkte er den norwegischen 8200-Tonnen-Tanker *Alexandra Höegh*, der weit vor der Küste allein fuhr.

Das andere große Boot in neufundländischen Gewässern, *U109* vom Typ IXB unter dem Kommando von Ritterkreuzträger Heinrich Bleichrodt, hatte mit ähnlichen witterungsbedingten Problemen zu kämpfen; hinzu kamen allerdings noch Probleme mit den Torpedos, die Bleichrodt den letzten Nerv raubten. Er patrouillierte vor der Südküste von Nova Scotia und entdeckte einen beigedrehten 5000-Tonnen-Frachter, der offenbar auf einen Lotsen für die Einfahrt nach Yarmouth wartete. In fünf unabhängigen Anläufen auf die leichte Beute schoß Bleichrodt fünf Torpedos aus knapp 600 Metern Entfernung. Alle Torpedos gingen unerklärlicherweise fehl oder versagten – eine demoralisierende Erfahrung für Bleichrodt, der kein Schiff versenkt hatte, seit er im vorigen Mai das Kommando von *U109* übernommen hatte. Wegen der starken ASW-Maßnahmen und des miserablen Wetters in kanadischen Gewässern und wegen der Größe und Unhandlichkeit von *U109* hätte Bleichrodt einen Standortwechsel zum Kap Hatteras zweifellos ebenfalls begrüßt, doch sein IXB-Boot hatte eine kleinere Treibstoffkapazität als der Typ IXC (165 Tonnen gegenüber 208 Tonnen); deshalb mußte er an Ort und Stelle bleiben und die Tortur durchstehen. Vor dem Rückmarsch erzielte Bleichrodt mit dem britischen 4900-Tonnen-Frachter *Thirlby* eine bestätigte Versenkung in kanadischen Gewässern.*

Die zehn Typ-VII-Boote, die in kanadische Gewässer geschickt worden waren, patrouillierten in einem großen Abschnitt der Küsten von Newfoundland und Nova Scotia, wobei sie möglichst sparsam mit ihrem Treibstoff umgingen. Der Ritterkreuzträger Erich Topp in *U552*, der ebenfalls einen Fotografen und Kriegsberichterstatter an Bord hatte, versenkte am 15. Januar das erste Schiff, den britischen 4100-Tonnen-Frachter *Dayrose*, der vor Kap Race auf der Halbinsel Avalon von Newfoundland allein fuhr. Er benötigte allerdings fünf Torpedos für die Versenkung; drei versagten oder gingen fehl, nur zwei trafen.

In den folgenden Tagen kreuzte Topp unmittelbar vor St. John's. Seine Sehrohre

* Irrtümlich wurde Bleichrodt die Versenkung des britischen 6100-Tonnen-Frachters *Empire Kingfisher* angerechnet, der auf Grund lief.

waren vom Eis beschädigt worden, und er hatte weiterhin Probleme mit den Torpedos. Am 17. Januar griff er einen Frachter an, der von zwei »Zerstörern« eskortiert wurde. Erneut versagten drei Torpedos oder gingen fehl, und einer der »Zerstörer« ging zum Gegenangriff über und vertrieb Topp. Am folgenden Tag fing Topp vor St. John's den amerikanischen 2600-Tonnen-Frachter *Frances Salman* ab. Wieder benötigte er fünf Torpedos, um sein Opfer zu versenken – drei versagten oder gingen fehl, nur zwei trafen. In der folgenden Nacht griff Topp einen, wie er meldete, »griechischen 10000-Tonnen-Frachter« mit dem Geschütz an und feuerte 126 Granaten auf den Dampfer. Er meldete, das Schiff sei untergegangen, doch die Versenkung ließ sich anhand von Unterlagen der Alliierten nicht bestätigen. Nachdem Topp mit 13 Torpedos nur zwei bestätigte Versenkungen mit 6722 BRT erzielt hatte, ging er auf Heimatkurs. Er kochte vor Wut über die neun Torpedoversager oder Fehlschüsse und über die magere Ausbeute, die er angesichts der investierten Zeit, des hohen Risikos und der extrem strapaziösen Fahrt erzielt hatte.

Zwei weitere Boote vom Typ VII, beide auf der Jungfernfahrt, verließen etwa zur selben Zeit die kanadischen Gewässer. Das erste war *U87* unter Joachim Berger, der auf dem Anmarsch nach Kanada einen Tanker versenkt hatte. Am 17. Januar hatte Berger noch einen Tanker, die norwegische *Nyholt* mit 8100 BRT, mit Torpedo und Deckgeschütz angegriffen. Das Schiff ging unter, doch bei der Aktion wurde *U87*, wie Bergers meldete, selbst böse zusammengeschossen, weshalb er nach Frankreich abdrehen mußte. Das zweite Boot war *U135* unter Friedrich-Hermann Praetorius. Er versenkte in kanadischen Gewässern kein Schiff, doch auf dem Rückmarsch erwischte er den imposanten belgischen 9600-Tonnen-Frachter *Gandia*, einen Nachzügler des Geleitzugs Outbound North 54, der von den Winterstürmen zerstreut worden war.

Von den übrigen sieben Booten in kanadischen Gewässern hatte Karl Thurmann mit *U553* den größten Erfolg. Obwohl er sieben Torpedofehlschüsse meldete, versenkte er zwei große Tanker mit 17366 BRT: die britische *Diala* mit 9106 BRT und die norwegische *Inneröy* mit 8260 BRT. Peter Cremer mit dem neuen Boot *U333* kam nach der Tonnage an zweiter Stelle. Er versenkte mit vier Torpedos drei Frachter mit 14045 BRT. An dritter Stelle folgte ein weiterer neuer Kommandant, Hans Oestermann in *U754*; er versenkte vier Frachter (zwei britische und zwei griechische) mit 11386 BRT. Walter Schug in dem neuen Boot *U86*, der ebenfalls eine unangenehme Begegnung mit einem kanadischen Flugzeug gehabt hatte, versenkte einen beschädigten griechischen 4300-Tonnen-Frachter und beschädigte den britischen 8600-Tonnen-Tanker *Toorak* schwer. Auf dem Rückmarsch griff er noch einen Tanker an, aber die Torpedos versagten oder gingen fehl. Der Ritterkreuzträger Rolf Mützelburg in *U203* versenkte zwei Schiffe, peinlicherweise auch ein neutrales portugiesisches. Insgesamt hatten die beiden Schiffe aber nur 2000 BRT. Zwei andere Kommandanten, Horst Uphoff in *U84* und Horst Degen in *U701*, die bereits auf dem Anmarsch nach Kanada ein Schiff versenkt hatten, blieben in kanadischen Gewässern ohne Erfolg. Bei seiner Rückkehr wurde Degen von Dönitz wegen seiner Unbesonnenheit und wegen der Verschwendung von Torpedos scharf kritisiert. Außerdem hätte er gründlicher nach seinem Ersten Wachoffizier suchen müssen, der gleich zu Beginn der Fahrt über Bord gespült worden war.

Einige der in kanadischen Gewässern operierenden Typ-VII-Boote bereiteten der amerikanischen Marineleitung nicht nur wegen der von ihnen versenkten Schiffe Kopfzerbrechen. Das Schlachtschiff *Arkansas,* der Geleitträger *Long Island,* der Leichte Kreuzer *Philadelphia* und der neue, kleine Seeflugzeugtender *Barnegat* lagen mit der entsprechenden Zerstörereskorte in Argentia, Newfoundland, und bereiteten sich auf das Auslaufen Richtung Vereinigte Staaten am 18. Januar vor. Als die amerikanische Marineleitung erfuhr, daß der Frachter *Dayrose* und der Trawler *Catalina* am 15. Januar – nur 110 Kilometer von Argentia entfernt – vor Kap Race versenkt worden waren, schickten sie eine U-Jagdgruppe von acht Schiffen zum Kap Race, um die U-Boote anzugreifen und zu vertreiben. Sie bestand aus vier amerikanischen Zerstörern *(Badger, Ellis, Ericsson, Greer)* und vier kanadischen Korvetten und sollte eine sichere Durchfahrt für die großen Schiffe gewährleisten. Da die alliierten Kriegsschiffe jedoch die U-Boote nicht finden und versenken konnten und diese weiterhin vor Kap Race Schiffe versenkten, mußte das Auslaufen der großen Schiffe auf den 22. Januar verschoben werden.

Wegen der begrenzten Treibstoffkapazität hatten bis zum 22. Januar alle zehn Typ-VII-Boote der ersten Welle ihre lange und entbehrungsreiche Heimreise aus kanadischen Gewässern angetreten. Auch Bleichrodt war mit *U109* auf dem Rückmarsch, erhielt jedoch den Befehl, einen südlicheren Kurs zu nehmen und die Gegend um die Bermudainseln auszukundschaften. Die Typ-VII-Boote hatten in den kanadischen Gewässern viel Aufsehen erregt und keine geringe Verwirrung gestiftet, doch der überlange Anmarsch, das miserable Wetter, die starken ASW-Maßnahmen und die außergewöhnlich hohe Zahl von Torpedoversagern hatten zu eher enttäuschenden Ergebnissen geführt. Zählt man die Versenkungen auf dem Hin- und Rückmarsch mit, erzielten die zehn Typ-VII-Boote jedoch immerhin insgesamt 18 bestätigte Versenkungen mit 85400 BRT. Einschließlich der beiden bestätigten Erfolge, die Kals mit *U130* erzielte, und jeweils einer Versenkung durch Bleichrodt in *U109* und Hardegen in *U123* hatten die U-Boote der ersten Welle in kanadischen Gewässern 22 Schiffe versenkt.

Nachdem Ernst Kals auf der Fahrt von Kanada zum Kap Hatteras einen großen Tanker versenkt hatte, drang er mit dem IXC-Boot *U130* als vierter und letzter Kommandant der ersten Welle in Gewässer der Vereinigten Staaten ein. Er stieß auf gute Jagdgründe. Nach den Unterlagen der Alliierten versenkte er am 22. Januar den in Panama registrierten 5300-Tonnen-Tanker *Olympic.* Er wandte sich nach Norden zur Küste von New Jersey und versenkte am Abend des 25. Januar den beladenen norwegischen Tanker *Varanger* mit 9300 BRT. Die Detonation ließ die Fenster an der knapp 65 Kilometer entfernten Küste klirren. Auf der Rückfahrt in das Gebiet vor Kap Hatteras stieß er am 27. Januar auf den 7100-Tonnen-Tanker *Francis E. Powell*, traf ihn und sprengte ihn in die Luft. Danach hatte er alle Torpedos verschossen, griff jedoch mit der Deckkanone noch den amerikanischen 7000-Tonnen-Tanker *Halo* an. Doch dieses Schiff entkam.

Auf der Heimfahrt nach Frankreich meldete Kals seine Erfolge an Dönitz: sechs Schiffe mit etwa 48000 BRT, darunter vier Tanker, plus Beschädigung eines fünften Tankers. Durch Nachkriegsanalysen wurden sechs Versenkungen (darunter vier Tanker) mit 37000 BRT bestätigt. Ohne Hardegens zwei nicht identifizierte Frachter zu rechnen, deren Versenkung sich bis heute nicht offiziell bestätigen ließ, hatte Kals – auf seiner ersten vollen Feindfahrt – in nordamerikanischen Gewässern mehr Schiffe versenkt als alle anderen Kommandanten. Zusammen mit den drei Schiffen mit 15 000 BRT, die er Anfang Dezember auf der 17tägigen Fahrt von Kiel nach Lorient versenkt hatte, war seine Bilanz – neun bestätigte Schiffe mit 52 000 BRT – ein überaus glänzender Start für einen Kommandanten im Krieg. Wie bei Hardegen und Zapp wurden auch Kals' Erfolge von der Berliner Propaganda weidlich ausgeschlachtet.

Ritterkreuzträger Heinrich Bleichrodt erkundete mit *U109* auf dem Rückmarsch befehlsgemäß das Gebiet um die Bermudainseln, fand aber keine Ziele. Der Umweg kostete ihn mehr Treibstoff als angenommen, und er meldete, er könne Frankreich nicht mehr erreichen. In Reaktion befahl Kernével Kals in *U130*, sich mit *U109* zu treffen und Treibstoff zu übergeben. Während Kals an dem Treffpunkt wartete, erspähte er den britischen 8000-Tonnen-Frachter *Tacoma Star*, aber er hatte keine Torpedos mehr. Selbstlos verfolgte er das Schiff und führte Bleichrodt mit *U109* heran. Dieser traf am 1. Februar ein, versenkte den Frachter und übernahm anschließend Treibstoff von *U130*. Bleichrodt konnte auf der Fahrt nach Frankreich mit Torpedos und Deckgeschütz zwei weitere Schiffe versenken: den kanadischen 11 300-Tonnen-Tanker *Montrolite* und einen panamaischen 3500-Tonnen-Frachter. Einschließlich dieser Schiffe meldete Bleichrodt fünf Versenkungen mit 33 700 BRT. Nach dem Krieg wurden vier Versenkungen mit 27 700 BRT bestätigt – seine ersten Erfolge nach 15 Monaten.

Auf dem Rückmarsch von Kanada nach Frankreich stieß Peter Cremer in dem neuen Typ-VII-Boot *U333*, der drei Schiffe mit 14 000 BRT versenkt hatte, am 31. Januar auf einen einzelnen Frachter mit Zick-Zack-Kurs. Er tauchte, fuhr auf knapp 400 Meter heran und sah sich das Schiff an. Er kam zu dem Schluß, daß es sich um ein britisches Schiff handelte und versenkte es mit seinen letzten beiden Torpedos. Nach dem ersten Treffer funkte das Schiff unverschlüsselt SOS und identifizierte sich als das britische Schiff *Brittany*. In Wirklichkeit handelte es sich jedoch um den deutschen Blockadebrecher *Spreewald* mit 5100 BRT. Er kam aus dem Fernen Osten und war mit einer Ladung von 3365 Tonnen Gummi und 230 Tonnen Zinn sowie 86 britischen Kriegsgefangenen auf Heimatkurs, die er von dem deutschen Handelsstörer *Kormoran* übernommen hatte.*

An der unverschlüsselten SOS-Meldung erkannten Dönitz und das OKM sofort den Irrtum – und tobten vor Wut. »Angesichts der Rohstofflage«, heißt es im Kriegstagebuch der Seekriegsleitung, ist der »durch einen unverzeihlichen Irrtum« hervorgerufene Verlust der Fracht der *Spreewald* »außerordentlich schmerzlich«. Dönitz ärgerte sich besonders, weil der Vorfall den großen Erfolg der Operation Paukenschlag beeinträchtigte. Als Dönitz von Cremer erfuhr, daß *U333* geschossen hatte, befahl er, Cremer bei seiner Ankunft wegen »Ungehorsam in Tateinheit mit fahrlässiger Tötung und Wehrmittelbeschädigung« vors Kriegsgericht zu stellen.

In der Zwischenzeit organisierte Dönitz eine riesige See- und Luftrettungsaktion. Nach Cremer erreichten Hardegen in *U123* (der nach der *Spreewald* gesucht hatte, um den verwundeten Kriegsberichterstatter zu übergeben) und Günther Heydemann

* Kurz nach der Übergabe der Gefangenen an die *Spreewald* war die *Kormoran* am 19. November 1941 in australischen Gewässern von dem australischen Kreuzer *Sydney* abgefangen worden. Doch die *Kormoran* versenkte den Kreuzer mit seiner gesamten Besatzung, wurde bei dem Gefecht jedoch so schwer beschädigt, daß sie sich selbst versenken mußte. 85 Mann ihrer 400köpfigen Besatzung kamen bei dem Gefecht ums Leben.

in U575 (der die *Spreewald* nach Frankreich hatte eskortieren sollen) den Ort des Geschehens. Drei weitere Typ-VII-Boote auf dem Rückmarsch von Kanada trafen als nächste ein. Dann folgten zwei Boote auf dem Marsch nach Nordamerika, darunter *U105* vom Typ IXB unter dem neuen Kommandanten Heinrich Schuch. Schließlich suchten fünf Condor-Maschinen aus Frankreich ein großes Gebiet um die gemeldete Position ab. Wegen Treibstoffmangels konnten die Boote auf dem Rückmarsch nicht lange suchen, und Hardegen fuhr mit *U123* bald weiter nach Lorient; der Kriegsberichterstatter überlebte seine Verletzungen.

Zwei Tage nach der Versenkung, am Nachmittag des 2. Februar, entdeckte Schuch Überlebende in drei Rettungsbooten und auf drei Flößen: 25 der 60 Deutschen und 55 der 86 britischen Kriegsgefangenen. Ein Rettungsboot, in dem der Kapitän der *Spreewald* und zwanzig deutsche Matrosen saßen, war von diesen getrennt worden und konnte nicht gefunden werden. Schuch pferchte die 80 Überlebenden unter Deck und fuhr mit voller Kraft Richtung Frankreich. Als er meldete, daß ein deutscher Überlebender schwerverwundet war, schickte Dönitz ein Dornier-Wasserflugzeug aus, um ihn aufzunehmen. Doch bei der Landung in dem rauhen Seegang brach der Dornier eine Tragfläche ab; Schuch mußte auch die Flieger retten. Andere auslaufende Boote suchten nach den vermißten Deutschen von der *Spreewald*, aber sie wurden nicht gefunden.

Bei der Ankunft mit *U333* in Lorient am 9. Februar wurde Cremer sofort vors Kriegsgericht gestellt. Als jedoch alle Einzelheiten erörtert und analysiert worden waren, setzte sich Dönitz' Erster Stabsoffizier Günter Heßler für Cremer ein. Die Versenkung sei in der Tat bedauerlich, aber es sei eine schlichte Tatsache, daß die *Spreewald* nicht an dem Ort gewesen sei, wo man sie vermutet habe. Deshalb sei die Versenkung nicht Cremers Schuld gewesen. Auch der Umstand, daß Cremer eine hervorragende Jungfernfahrt absolviert hatte und von ihm noch große Erfolge zu erhoffen waren, sprach sehr zu seinen Gunsten. Das Gericht sprach ihn frei, und alle Beteiligten verpflichteten sich eidlich zur Geheimhaltung. Die irrtümliche Versenkung der *Spreewald* wurde jahrelang vertuscht.*

Trotz der enttäuschenden Resultate in kanadischen Gewässern und trotz des Vorfalls mit der Spreewald bezeichneten Dönitz und die Berliner Propaganda den ersten Raubzug der U-Boote in nordamerikanische Gewässer als großen Erfolg, und das war er auch. Zusammen mit den Schiffen, die auf dem Hin- und Rückweg versenkt wurden, hatten die fünf Typ-IX-Boote 23 Schiffe mit etwa 150000 BRT versenkt; dazu kamen 18 Versenkungen mit etwa 85000 BRT durch die Typ-VII-Boote. Die Gesamtzahl lag bei 41 Schiffen mit etwa 236000 BRT, plus Beschädigungen an mehreren anderen. Unter den versenkten Schiffen waren 13 Tanker, davon 8 britische oder für Großbritannien fahrende.**

---

* Cremer selbst enthüllte gegenüber Fritz Brustat-Naval in dessen Buch *Ali Cremer* (1982) als erster die volle Wahrheit.

** Bei einigen Booten der zweiten Welle, die im Januar auslief, überschnitt sich der Einsatz mit dem der Dezember-Boote. Sie versenkten ebenfalls schon im Januar Schiffe, und einige Dezember-Boote erzielten noch Anfang Februar Versenkungen. Die Gesamtbilanz beider Gruppen nur für den Monat Januar betrug 42 versenkte Schiffe mit 230685 BRT (darunter 15 Tanker) und 5 beschädigte Schiffe (darunter 4 Tanker).

Bei dem Einsatz war kein einziges U-Boot verlorengegangen; nur Bergers *U87* war von alliierten Einheiten schwer beschädigt worden.

Nutzung der britischen Technologie zur U-Boot-Bekämpfung

Die Briten bedrängten die Amerikaner weiterhin, an der Ostküste der Vereinigten Staaten Geleitzüge zu organisieren. Zu diesem Zweck boten Churchill und Pound Präsident Roosevelt und King zusätzlich zu den 10 Korvetten nur 24 britische ASW-Trawler und 10 Torpedoboote an, die in Kanada noch im Bau waren. King nahm die 24 Trawler bereitwillig an,* lehnte jedoch die kanadischen Fahrzeuge ab, weil die »Sechzig Schiffe in sechzig Tagen«, wie er dachte, lange vor den kanadischen Fahrzeugen fertig sein würden.

Das britische Kriegskabinett schickte mehrere Militärdelegationen in die Vereinigten Staaten. Sie sollten die britischen Erfahrungen mit U-Booten an die Amerikaner weitergeben. Ferner sollten sie herausfinden, ob die Amerikaner »tatsächlich zu wenig Geleitfahrzeuge an der Ostküste zur Verfügung« hatten und ob King, wie vermutet wurde, die Zerstörer, die von der Nordatlantikroute freigestellt worden waren, allmählich zur Verstärkung der Pazifikflotte abzog. Wie vorherzusehen war, fielen die Berichte der Delegationen durchweg negativ aus. Die Amerikaner hätten noch nicht erfahren, wie schwer es sei, ein U-Boot zu finden und zu versenken. Es gebe wenig bis überhaupt keine Koordination zwischen den Luft- und Seestreitkräften – kein gemeinsames Kontrollzentrum. Die Gesamtstärke der ASW-Kräfte in der Luft und zur See sei »völlig unzureichend«. Innerhalb der US Navy habe noch keine einzige Führungskraft eine taktische ASW-Doktrin ausgegeben, Leitlinien für die Ausbildung formuliert oder die Entwicklung neuer Waffen koordiniert. Die verfügbaren Waffen seien für die Aufgabe ungeeignet. Beispielsweise ließen sich amerikanische Wasserbomben maximal auf eine Tiefe von 90 Metern einstellen.

Das alles ließ sich nicht leugnen. Diese Berichte lieferten den Historikern später reichlich Munition, wenn sie die Ansicht vertraten, daß die Amerikaner aus den britischen Erfahrungen mit den U-Booten nichts gelernt und/oder daß sie – und King – die Gefahr nicht erkannt oder falsch eingeschätzt hätten. Doch die Berichte verschwiegen die umfangreichen ASW-Maßnahmen, die in Amerika eingeleitet worden waren, vor allem die gigantischen Schiff- und Flugzeugbauprogramme und die Reparaturmaßnahmen. Ein großer Teil dieser Maßnahmen war unmittelbar auf die britischen Erfahrungen zurückzuführen, wie folgende Aufstellung zeigt:

* 22 dieser Trawler waren die üblichen 51 Meter langen, mit Kohle betriebenen Modelle mit einer Höchstgeschwindigkeit von 12 Knoten. Sie waren mit einem 4-Zoll-Buggeschütz, Wasserbomben und dem britischen Sonar ausgerüstet. Von der *Northern Princess* glaubte man, sie sei auf dem Weg nach Newfoundland in der stürmischen See mit der ganzen Besatzung gesunken. In Wahrheit war sie von Otto Ites torpediert worden, der sich mit *U94* auf dem Anmarsch nach Amerika befand. Die ersten zehn Trawler erreichten New York erst am 12. März. Die übrigen folgten etwas später im selben Monat. Viele mußten repariert oder ausgebessert werden, weil sie bei der Überfahrt beschädigt worden waren. Sie hatten keine Ersatzteile oder metrischen Werkzeuge an Bord und benötigten eine knappe hochwertige Kohle, doch die britischen Besatzungen waren nicht unterzukriegen, und ihre gute Moral wirkte ansteckend.

• **Die Mobilisierung der Wissenschaft:** In der Nachahmung des britischen Beispiels hatte Amerika im Juni 1940 sein gewaltiges Potential an Wissenschaftlern und Ingenieuren zur Unterstützung der Streitkräfte mobilisiert. Präsident Roosevelt hatte das National Defense Research Committee (Forschungskomitee zur nationalen Verteidigung) gegründet, das von Dr. Vannevar Bush geleitet wurde. Das Komitee selbst umfaßte eine Reihe hochangesehener Wissenschaftler und rekrutierte eifrige Forscher und Ingenieure zu Tausenden, die in alle Militärbehörden ausschwärmten, um ihr Talent in den Dienst der Kriegsanstrengungen zu stellen, oder in ihren eigenen Instituten und Laboratorien militärische Projekte vorantrieben.

Die Dienststellen der Navy und das Naval Research Laboratory (NRL) empfingen diese Talente nicht immer mit offenen Armen. Viele zivile Wissenschaftler stießen auf bewußte Feindseligkeit. Dennoch hatten das Komitee von Vannevar Bush oder seine Ableger zu der Zeit, als Amerika in den Krieg eintrat, eine große Zahl von Forschungsprojekten zur U-Boot-Abwehr in die Wege geleitet. Sie stützten sich auf die Arbeit britischer oder amerikanischer Forscher, Ingenieure und Mathematiker; einige von ihnen hatten bereits die neue britische Methode des »Operations Research« übernommen.

• **Radar:** Auf der Grundlage des britischen Vielschlitzmagnetrons war die amerikanische Forschung in der Radartechnologie enorm ausgeweitet worden. Bis zum 1. Januar 1942 liefen im Radiation Laboratory des Massachusetts Institute of Technology (MIT) 50 verschiedene Forschungsprojekte im Bereich Radar. Die Massenproduktion von Zentimeter-Radargeräten für Schiffe und Flugzeuge der Navy erwies sich jedoch als schwierig. Nach den Angaben eines führenden Wissenschaftlers* war am 1. Januar 1942 »noch kein einziges [Zentimeter-] Gerät in Betrieb«. Doch die Forscher hatten gute Vorarbeit geleistet, und schon bald folgten die ersten Durchbrüche. Am 17. Februar gab die Navy die Massenproduktion eines rund 130 Kilo schweren Zentimeter-Radars für Flugzeuge (Luft-Oberfläche) in Auftrag. Dieses Modell AS-G (gemeinhin als »George« bekannt) konnte eine Küstenlinie in einer Entfernung von 185 Kilometern orten, Geleitzüge in knapp 160 Kilometern und ein U-Boot an der Oberfläche in einer Entfernung von über 17 Kilometern. Produktionsaufträge für leistungsstarke, weitreichende Zentimeter-Radargeräte für Schiffe (Oberfläche-Oberfläche) folgten kurze Zeit später (das Modell S-G, ebenfalls »George« genannt).

• **Huff Duff:** Angespornt durch das Werk britischer und französischer Rundfunktechniker und amerikanischer Experten auf diesem Gebiet forschte das NRL mit höchster Priorität an der Entwicklung eines Kurzwellenpeilgerätes (HF/DF oder Huff Duff) zum Einbau auf Schiffen. Unter der Führung von Maxwell K. Goldstein vom NRL, der mit Ingenieuren in den International Telephone and Radio Laboratories zusammenarbeitete, wurde der Prototyp Model DAQ entwickelt. Dieses Gerät wurde in den ersten Monaten des Jahres 1942 zusammen mit dem britischen Model FH-3 für einen Vergleichstest in den neuen Zerstörer *Corry* eingebaut.

Das Ergebnis war die Entwicklung einer weiteren amerikanischen Anlage, genannt DAR, die im Spätsommer 1942 in Serie ging. Nach Goldsteins Angaben war DAR eine stark modernisierte Version des britischen FH-3. Das System nutzte zwar die »meisten Grundelemente« des FH-3, doch es enthielt »ausschließlich amerikanische

* James Phinney Baxter III in seinem Buch *Scientist Against Time* (1950).

Röhren, eine Stabilisierung des Hochfrequenzoszillators, eine Kathodenstrahlanzeige zur Kursbestimmung und eine neue, kompakte Energiequelle (mit Lautsprecher)«.

Das DAR (und modifizierte Versionen des Geräts) sollte im Zweiten Weltkrieg zu einem der wirkungsvollsten »Werkzeuge« der U-Boot-Abwehr werden. Parallel zum DAR entwickelten die Ingenieure im NRL und in den International Telephone and Radio Laboratories auch ein ebenso leistungsstarkes, landgestütztes Huff Duff, das Modell DAJ.

- **Wasserbomben:** Wie von den Briten berichtet, hatten die amerikanischen Wasserbomben eine unzureichende maximale Tiefeneinstellung von nur 90 Metern, und amerikanische Forscher entdeckten weitere Mängel. Die Bomben sanken zu langsam und wanderten unter Wasser in einer Fallkurve aus. Die Sprengladungen waren zu schwach. Ein dringendes Entwicklungsprogramm war bereits eingeleitet: Das Ziel war der Bau von Wasserbomben mit einer maximalen Tiefeneinstellung von 180 Metern, mit einer schnelleren Sinkgeschwindigkeit und verbesserten Fallkurven, und mit einer um 50 Prozent höheren Sprengkraft, indem TNT durch das von den Briten entwickelte Torpex ersetzt wurde. Schon bald lagen zwei zuverlässige Standardwasserbomben für Überwasserfahrzeuge vor: die Mark VII mit einer Sprengladung von 250 Kilo und die Mark IX mit einer Sprengladung von 130 Kilo. Die große Mark VII konnte lediglich von Ablaufgerüsten im Heck abgerollt werden. Die kleinere Mark IX konnte abgerollt werden oder mit Wasserbombenwerfern vom Typ Y oder dem verbesserten Typ K ausgeworfen werden.
- **Sich selbst zerstörende Sonobojen:** Britische Wissenschaftler hatten ein geniales Instrument vorgeschlagen: die Geräusch- oder Sonoboje, die bei einem vermuteten oder tatsächlichen U-Boot-Angriff von einem Handelsschiff oder einem Geleitfahrzeug abgeworfen werden sollte. Die Boje war mit einem verkleinerten Unterwasserhorchgerät und einem Sender ausgestattet. Sie sollte frei hinter dem Geleitzug treiben, das Geräusch eines getauchten U-Bootes auffangen und ein Warnsignal abgeben. Die Briten verfolgten die Idee der Sonoboje nicht weiter, doch die Amerikaner hielten dieses Instrument für sehr wirksam und starteten ein umfassendes Forschungsprogramm für den Bau verbesserter Sonobojen für Flugzeuge. Sobald ein Flugzeug die mutmaßliche Position eines U-Bootes erreichte oder eines erspäht hatte, sollte der Pilot in einem bestimmten Muster Sonobojen abwerfen. Jede Boje sollte ein anderes verschlüsseltes Funksignal senden, damit das Flugzeug den Bewegungen des U-Bootes unter Wasser folgen und es anhand der registrierten Bewegungen angreifen oder auch Überwasserkräfte zur Unterstützung des Angriffs anfordern konnte.
- **Aus der Luft abgeworfene Kampfmittel:** Beim Kriegseintritt der Vereinigten Staaten hatten die Briten für luftgestützte Wasserbomben bereits einen Zündmechanismus mit einer Tiefeneinstellung von nur etwa 7,5 Metern entwickelt, der für Angriffe auf aufgetauchte oder gerade tauchende U-Boote geeignet war. Die Amerikaner profitierten von diesem britischen Mechanismus und entwickelten unverzüglich eine eigene Version dieses Zünders für die luftgestützte 120-Kilo-Wasserbombe vom Typ Mark XVII. Außerdem steigerten die Amerikaner auch bei dieser Bombe die Sprengkraft um 50 Prozent, indem sie TNT durch Torpex ersetzten.

Amerikanische Wissenschaftler wußten aufgrund der Erfahrungen der Briten, daß Luftangriffe auf U-Boote bislang nicht sehr erfolgreich gewesen waren. Deshalb suchten sie ein geeigneteres Mittel zur Versenkung schnell tauchender U-Boote. Das

Resultat war ein kleiner luftgestützter, zielsuchender, akustischer Torpedo, der nach dem Eintauchen ins Wasser das getauchte U-Boot nach seinem Geräusch »ansteuerte«.

Im Dezember 1941 wurde erklärt, der Torpedo sei technisch machbar. Danach arbeiteten Forscher und Ingenieure am Underwater Sound Laboratory von Harvard, am Underwater Sound Laboratory der Columbia University, im David Taylor Model Basin der US Navy, bei General Electric und bei Western Electric und bei dem Tochterunternehmen Bell Laboratories mit höchster Priorität und unter strengster Geheimhaltung an dieser Waffe. Sie benutzten den Decknamen »Mark XXIV Mine«. Die Waffe war schon nach zwölf Monaten einsatzbereit und wurde inoffiziell als »Fido« bekannt. Sie erwies sich als eine der wirkungsvollsten Mittel zur U-Boot-Abwehr, das während des Krieges entwickelt wurde. »Fido« war so erfolgreich, daß die ursprüngliche Bestellung von 10000 Torpedos auf 4000 Torpedos herabgesetzt wurde. Der »Fido« war 2,10 Meter lang und hatte einen Durchmesser von 43,2 Zentimetern. Er wog 310 Kilogramm und hatte eine Sprengladung aus Torpex mit 41 Kilogramm. Er konnte ein getauchtes U-Boot zehn Minuten lang mit einer Höchstgeschwindigkeit von 12 Knoten »jagen«. Weil ein U-Boot dem Torpedo entkommen konnte, wenn es auftauchte und mit den Dieseln auf äußerster Kraft ablief, blieben die genauen Daten von Fido während des gesamten Krieges streng geheim. Das ging soweit, daß die Waffe nur gegen ein voll getauchtes U-Boot eingesetzt werden durfte und nur wenn kein alliiertes Schiff und kein anderes, aufgetauchtes U-Boot in der Nähe war.

• **LORAN:** Die Erfahrung der Briten hatte gelehrt, daß ein Mittel zur Allwetternavigation sehr wichtig war für die Meldung der Position gesichteter U-Boote, für eine effektivere Übergabe der Geleitzüge an Luft- und Überwassereskorten, für die Ausweichmanöver der Geleitzüge und für andere militärische Zwecke.
Im Oktober 1940 machte der amerikanische Wissenschaftler Alfred Loomis den Vorschlag, ein elektronisches Navigationssystem zu entwickeln, das auf Radioimpulsen beruhte, die auf eine bestimmte Weise von Sendern an der Küste ausgestrahlt wurden. Anfang 1941 verfolgte ein Team im Radiation Laboratory des MIT unter der Leitung von Melville Eastham diesen Vorschlag weiter und wies bis September desselben Jahres nach, daß sich die Idee realisieren ließ. Wie sich herausstellte, konnte das System, das unter der Bezeichnung Long Range Aid to Navigation (LORAN, Navigationshilfe für Langstrecken) bekannt wurde, tagsüber bis zu einer Entfernung von knapp 1300 Kilometern von den Sendern an der Küste sehr genaue Fixpunkte für die Navigation bei jedem Wetter bieten und nachts sogar bis zur doppelten Entfernung. Kurz nach Amerikas Kriegseintritt hatten die Army und die Navy fünf LORAN-Sendestationen in Kanada und Grönland für den Geleitverkehr auf der Nordatlantikroute eingerichtet. Nach diesen Anfängen breitete sich das LORAN-System über den halben Globus aus.

• **Magnetic Airborne Detector (MAD):** Amerikanische Wissenschaftler hatten schon vor dem Krieg vermutet, daß die Metallmasse eines getauchten U-Bootes von einem tieffliegenden, mit einem Magnetometer ausgerüsteten Flugzeug aufgespürt werden könnte. Im Oktober 1941 wurde die Vermutung durch eine mit einer primitiven MAD-Anlage ausgerüstete Catalina bestätigt. Als Amerika in den Krieg eintrat, war bereits ein sehr umfassendes MAD-Forschungsprogramm begonnen worden, das eine Steigerung der Empfindlichkeit des Magnetometers zum Ziel hatte. Eine ver-

besserte MAD-Anlage war bereits in einen an der Ostküste stationierten Blimp eingebaut worden, und auch andere Blimps wurden mit den magnetischen Ortungsgeräten ausgerüstet.
Sobald der Blimp eine Ortung im MAD hatte, warf er schwimmende Leuchtfeuer oder Lichtsignale ab, um den Kurs des getauchten U-Bootes zu kennzeichnen und ihm selbst oder anderen ASW-Kräften einen Angriff zu ermöglichen. Damit die Signale senkrecht und genau fielen, wurden sie mit einer Geschwindigkeit nach hinten ausgestoßen, die der Vorwärtsbewegung des Blimp entsprach. Die Ingenieure arbeiteten daran, das Gewicht der MAD-Ausrüstung so stark zu reduzieren, daß an jeder Tragflächenspitze eines Flugzeuges mit starren Tragflächen eine Anlage befestigt werden konnte, um eine genauere Peilung zu erhalten. Außerdem wurde an einer Magnetic Airborne Bomb Sight (MABS; magnetische Zieleinrichtung für Fliegerbomben) gearbeitet. Diese MABS sollte die Geschwindigkeit des Flugzeugs kompensieren und automatisch Bomben oder Raketen nach hinten ausstoßen, die genau wie die Lichtsignale senkrecht auf das Angriffsobjekt fallen sollten.

• **Sonar und Sonardisplay:** Im Zuge von Forschungen, die die Leistungsfähigkeit des Sonars erheblich verbessern sollten, hatten amerikanische Wissenschaftler auf die Entwicklung eines elektronischen »Plotters« gedrängt. Er sollte den ungeschulten Reservisten, mit denen die meisten Schiffe der Navy bemannt werden würden, das schwierige Aufspüren und Angreifen eines U-Bootes sehr erleichtern. Nun entwikkelte man in den Laboratorien den wichtigen Antisubmarine Course Plotter (Kursschreiber zur U-Boot-Abwehr). Der Plotter errechnete aus den Daten des Sonars, des Kreiselkompasses und der Schiffsgeschwindigkeit des Überwasserschiffes automatisch den Kurs des U-Bootes und den Kurs des angreifenden Überwasserschiffes und zeigte beides auf einer Kathodenstrahlröhre an.

Diese und viele andere neuen Hilfsmittel sollten den Alliierten zu gegebener Zeit im U-Boot-Krieg unschätzbare Dienste leisten, allerdings fehlte, wie die Briten bemängelten, noch immer eine zentrale Instanz, die die ASW-Anstrengungen der Navy leitete. Ein wichtiger Schritt zur Behebung dieses Mangels wurde am 7. Februar 1942 unternommen – als die erste Welle der Paukenschlag-Boote gerade nach Frankreich zurückkehrte. An diesem Tag gründete Royal Ingersoll, der Befehlshaber der Atlantic Fleet in Boston, die sogenannte Atlantic Fleet ASW Unit unter dem Kommando von Wilder D. Baker, einem erfahrenen Zerstörerkommandanten und Befehlshaber von Sicherungsgruppen, der für diese Aufgabe vom Geleitdienst auf der Nordatlantikroute freigetellt wurde.

Bakers Einheit sollte eine Taktik, die nötigen Waffensysteme, die nötigen Waffen und ein Ausbildungsprogramm für die U-Boot-Bekämpfung entwickeln und vereinheitlichen. Auf Kings Anweisung oder Einladung hin schickten sämtliche Sea Frontiers und die Army Air Forces Verbindungsoffiziere zu der Einheit. Baker gewann auch zehn Forscher aus der Antisubmarine Warfare Operations Research Group (ASWORG, Forschungsgruppe U-Boot-Bekämpfung), einer Abteilung des National Defense Research Committee, die mit der Methode des Operations Research für seine Einheit arbeiteten. Kurz nach der personellen Zusammenstellung der Einheit verlegte King sie von Boston in sein Washingtoner Hauptquartier und erteilte ihr außergewöhnliche Vollmachten.

Ausgehend vom britischen Beispiel aus den ersten Kriegstagen, verfaßte die Gruppe um Baker Handbücher über die Durchführung eines Angriffs auf U-Boote und für Angriffsimulatoren. Letztere waren ausgeklügelte praxisorientierte Geräte zur Simulation eines Kampfes gegen U-Boote. Die amerikanischen Angriffsimulatoren waren anhand von wenigen importierten britischen Modellen entwickelt worden und wurden von den drei Firmen General Electric, Snagamo und Submarine Signal Company hergestellt. Wie die Royal Navy verlangte auch die US Navy, daß alle an der U-Boot-Bekämpfung mitwirkenden amerikanischen Offiziere die Finessen des Angriffsimulators beherrschten.

Im Federal Building im Herzen von Manhattan mußten Admiral Andrews und General Krogstad in der Zwischenzeit mit den unzulänglichen »Werkzeugen« improvisieren, die ihnen zur Verfügung standen. Die »zusammengeschusterte Flotte« der Eastern Sea Frontier operierte, verstärkt von einigen Minenräumbooten der Navy sowie von Schleppern und anderen Wasserfahrzeugen, mit allem was überhaupt in See stechen konnte, nahe vor der Küste, doch diese kleinen Schiffe waren so sehr damit beschäftigt, Überlebende von den vielen torpedierten Schiffen zu suchen und zu retten, daß ihnen kaum Zeit blieb, U-Boote zu jagen. Die Flugzeuge und Blimps der Navy und der Coast Guard patrouillierten entlang der küstennahen Schiffsrouten. Und Krogstads eifrige, aber unerfahrene Piloten erkundeten die weiter vor der Küste gelegenen Routen, wobei sie abwechselnd zur Grundausbildung als Bomberpiloten und zur ASW-Patrouille eingeteilt wurden. Einige Fliegerbesatzungen meinten, U-Boote zu sichten, und griffen sie an, doch diese Feindkontakte waren zweifellos Produkte ihrer überreizten Phantasie.

Die Briten drängten King weiterhin, endlich einen Geleitdienst entlang der Ostküste der Vereinigten Staaten einzurichten. King, Ingersoll, Andrews und alle anderen ranghohen Marineoffiziere widersetzten sich diesem Drängen jedoch, weil sie im Gegensatz zu den Briten glaubten, unzureichend eskortierte Frachtgeleitzüge seien schlechter als gar keine Geleitzüge. Die amerikanische Auffassung ging zum großen Teil darauf zurück, daß die Briten in den schwach eskortierten Nordatlantik-Geleitzügen im Sommer und Herbst 1940 viele Schiffe verloren hatten. Schwere Verluste hatten sie auch im Herbst 1941 erlitten, als unzulänglich ausgebildete und ausgerüstete kanadische Fahrzeuge als Sicherungsgruppe gedient hatten. Der Abbruch des von einer kanadischen Sicherungsgruppe begleiteten Slow Convoy 52 Anfang November 1941 vor Newfoundland war den Amerikanern noch lebhaft in Erinnerung, und King und andere führende Marineoffiziere wurden zweifellos davon beeinflußt.

In seiner scharfen Kritik an der US Navy vertritt der Historiker Michael Gannon die Ansicht, daß die Alliierten, als Dönitz die Nordatlantikroute »in Ruhe ließ« und seine U-Boote vor Amerikas Haustür zusammenzog, unverzüglich die Hauptmasse der ASW-Kräfte und Geleitfahrzeuge zur Bekämpfung der U-Boote und zur Einrichtung eines Geleitdiensts an der amerikanischen Ostküste aus dem Nordatlantik in nordamerikanische Gewässer hätten verlegen sollen.

Dieses Argument mag auf den ersten Blick logisch und einleuchtend erscheinen, ist aber weder das eine noch das andere, und zwar aus folgenden Gründen:

- Daß die Nordatlantikroute »in Ruhe gelassen« wurde, bedeutete keineswegs, daß sie nicht mehr bedroht war. Die U-Boote überquerten den Atlantik auf dem Hin- und Rückweg nach Amerika, beinahe auf denselben Routen wie die Geleitzüge. Da die U-Boote allein fuhren, und nicht in Gruppen oder Rudeln, und da sie außerdem Funkstille einhielten, waren sie schwer zu orten und zu umfahren. Jedes dieser U-Boote konnte jede Minute zu jedem beliebigen Zeitpunkt auf einen Geleitzug im Nordatlantik stoßen. Wenn der Geleitzug nicht ausreichend eskortiert war, konnte dies katastrophale Folgen haben.*

• Aus der ersten Welle von fünfzehn U-Booten, die Dönitz nach Amerika schickte, fuhren zwölf in kanadische Gewässer. Sie patrouillierten vor Halifax, St. John's und Sydney, wo die transatlantischen Geleitzüge aufgestellt wurden oder sich auflösten. Ohne eine angemessene Sicherung konnten die folgenden Wellen aus U-Booten unter diesen Geleitzügen in kanadischen Gewässern ein Gemetzel anrichten.

• Wegen Hitlers »Norwegen-Paranoia« befahl das OKM Dönitz Anfang Januar, einen Verteidigungsstreifen aus U-Booten zwischen Island und den Faröer Inseln aufzustellen. Einige dieser Boote gingen zwar auf Positionen, die nördlich der üblichen Geleitzugrouten in den Northwest Approaches lagen; dennoch stellten sie, wie noch gezeigt wird, eine massive Bedrohung für einlaufende Nordatlantik-Geleitzüge dar, wenn diese sich den Britischen Inseln näherten. Diese Geleitzüge ohne Sicherung fahren zu lassen, hätte ebenfalls katastrophale Folgen haben können.

• Die US Navy war bereits im Begriff, ihre Patrouillenbomber und viele Zerstörer von der Nordatlantikroute in amerikanische Gewässer abzuziehen, was bedeutete, daß Briten und Kanadier nun die Hauptlast des Geleitschutzes auf der Nordatlantikroute trugen. In der Folge mußten die abgezogenen amerikanischen Zerstörer größtenteils zur Sicherung von Truppenkonvois eingesetzt werden. Eine Verlegung der verbliebenen kanadischen und britischen Geleitfahrzeuge in Gewässer an der amerikanischen Ostküste hätte nicht nur die Nordatlantikroute U-Boot-Angriffen schutzlos ausgesetzt, sondern auch diese Kriegsschiffe weit von ihren Stützpunkten und Nachschublinien entfernt und ihre Effektivität und Verfügbarkeit beeinträchtigt.

Admiral Andrews tat weiterhin sein Möglichstes, um den alliierten Schiffsverkehr mit den verfügbaren Mitteln zu schützen. Er ließ in den Zufahrten zu den wichtigsten Atlantikhäfen Minenfelder zur Verteidigung legen, in Portland, Maine, Boston, New York, Charleston, ferner in den Einfahrten zur Delawarebai und zur Chesapeakebai vor Kap May in New Jersey und vor Kap Henry in Virginia. Er verlegte den Schiffsverkehr von Routen, die weit von der Küste ablagen, zu neu gekennzeichneten Routen in seichten, küstennahen Gewässern, wo ein Aufenthalt der U-Boote weniger wahrscheinlich war und die wenigen verfügbaren Flugzeuge wenigstens ein Minimum an Schutz bieten konnten. Er forderte die Handelsschiffe auf, geschützte Abkürzungen wie den Kap-Cod-Kanal zu nutzen. Außerdem riet er den Handelsschiffen, streng auf ihren Rauchausstoß zu achten, wenn möglich über Nacht in einem Hafen anzulegen oder abgedunkelt und im Zickzackkurs zu fahren sowie ihre Funksprüche auf das Nötigste zu beschränken, da die U-Boote sie mithören konnten. Die amerikanischen Kapitäne waren jedoch eine solche Reglementierung nicht gewohnt, oder

* Gannon untermauert sein Argument, die Nordatlantikroute sei damals ruhig und die Verlegung von ASW-Kräften deshalb klug und gerechtfertigt gewesen, mit Zahlen, die beweisen, daß in diesem Gebiet nur sehr wenige Geleitzüge angegriffen wurden und kaum Schiffe verlorengingen. Diese Beweisführung ist jedoch nicht überzeugend, weil die Schiffsverluste durch U-Boote dort selten hoch waren. Wie erwähnt erreichten 98 Prozent der Schiffe in den Nordatlantik-Geleitzügen – buchstäblich Tausende und Abertausende von Schiffen – ihre Bestimmungshäfen.

sie wollten sich von der Navy nichts vorschreiben lassen. Viele ignorierten schlichtweg die Vorschriften, und nicht wenige verloren deshalb ihre Schiffe.

Aufgrund der Versenkungen im Bereich der Eastern Sea Frontier wies King am 24. Januar Ingersoll an, Andrews und anderen Befehlshabern von Sea Frontiers Flugzeuge der Atlantic Fleet zur Verfügung zu stellen, die innerhalb des jeweiligen Zuständigkeitsbereichs stationiert waren. Damit erhielt Andrews die operative Kontrolle über rund 44 Catalinas, 38 in Norfolk und 6 in Newport. Ingersoll teilte »allen Befehlshabern der Sea Frontiers« mit, daß die Überstellungen nicht für die Dauer seien, sondern lediglich eine zeitlich befristete »Notmaßnahme«. Und er betonte, daß sich der Einsatz solcher Flugzeuge für ASW-Patrouillen »nicht mit den planmäßigen Operationen der Flugzeuge der Atlantic Fleet, und insbesondere mit dem Geleitschutz, überschneiden darf«.*

So schockiert und verblüfft die amerikanische Öffentlichkeit über die japanischen Erfolge im Pazifik und im Fernen Osten auch war, so wenig wußte sie über die ernste Bedrohung durch die deutschen U-Boote in amerikanischen Gewässern. Die Navy tat ihr Möglichstes, um die Amerikaner im unklaren zu lassen: Eine Zensur wurde eingeführt. Die Höhe der Schiffsverluste wurde heruntergespielt – oder geleugnet –, und beruhigende Meldungen über U-Boot-Versenkungen wurden herausgegeben. Ladislas Farago, ein Mitglied des Marinestabs in Washington, versicherte in seinem Buch *The Tenth Fleet*, ein Propagandaexperte der Navy habe sogar bewußt die legendäre Funkmeldung von Donald F. Mason gefälscht. Der Pilot einer in Argentia stationierten Hudson hatte mit dem Funkspruch »U-Boot gesichtet und unverzüglich versenkt« Begeisterung ausgelöst. Masons Siegesmeldung war richtig zitiert worden, wie Admiral Bristol in Argentia in einem Bericht über die Angelegenheit an Ingersoll vom 28. Januar bestätigte (Kopien gingen an King und Stark), auch wenn Mason in Wirklichkeit kein U-Boot versenkt hatte.**

Umstellungen und Verzögerungen auf deutscher Seite

In den ersten Wochen des Januars 1942 verstärkten sich in Berlin die Gerüchte über eine Invasion der Alliierten in Norwegen. Zweifellos setzten die Briten einen großen Teil dieser Gerüchte in Umlauf. Sie wollten damit Hitler täuschen, und außerdem wollten sie den winzigen norwegischen Untergrund zum Aufstand anstacheln und auch die übrigen Norweger ermutigen.

Angesichts der Katastrophen in Pearl Harbor, Manila und an anderen Orten im Pa-

* Catalinas wirkten bei der Sicherung der Truppenkonvois AT 10 und BT 200 mit. Andere stellten die Luftsicherung für den neuen britischen Geleitträger *Archer*, der, wie erwähnt, während der Erprobungsphase in der Karibik mit einem anderen Fahrzeug zusammenstieß und von dem Schlepper *Cherokee* der US-Navy nach Charleston geschleppt wurde.

** Wegen des schwierigen Einsatzes der Catalina-Wasserflugzeuge in den vereisten Gewässern vor Newfoundland hatte die Army zähneknirschend eingewilligt, die in Argentia stationierte Patrol Squadron 82 der Navy mit landgestützten Hudson-Maschinen auszurüsten, die eigentlich an die Royal Air Force hatten überstellt werden sollen. Bristols Nachricht Nr. 282317 schloß mit dem Satz: »Pilot D. F. Mason Amm 1 st Class NAP, dessen erste Meldung lautete: U-Boot gesichtet und unverzüglich versenkt.«

zifik und der Niederlagen der Briten im Mittelmeer waren diese Gerüchte schlicht unglaubwürdig. Doch Hitler nahm jede neue Meldung für bare Münze.

Da der Alptraum einer Besetzung Norwegens sich in Hitlers Kopf festgesetzt hatte, arbeiteten Raeder und das OKM Pläne für die Umsetzung des Führerbefehls vom 29. Dezember 1941 aus, »alle Schlachtschiffe und Taschen-Schlachtschiffe« der Kriegsmarine zur Verteidigung Norwegens einzusetzen. Das Schlachtschiff *Tirpitz* verließ am 15. Januar deutsche Gewässer in Richtung Norwegen. Obwohl Raeder schwere Bedenken geäußert hatte, als Hitler befahl, die Schlachtkreuzer *Gneisenau* und *Scharnhorst* sowie den Schweren Kreuzer *Prinz Eugen* von Frankreich durch den Ärmelkanal nach Norwegen und Deutschland zu verlegen, wies er die Seekriegsleitung an, den Operationsplan auszuarbeiten, und traf mit der Luftwaffe Vorkehrungen für eine massive Luftsicherung.

Hitlers Befürchtungen bezüglich einer Invasion in Norwegen erreichten am 22. Januar ihren Höhepunkt. Bei einem Treffen mit Raeders Stabschef, Vizeadmiral Kurt Fricke, erklärte der Führer, Norwegen sei die »Schicksalszone dieses Krieges«. Eine alliierte Invasion Norwegens stehe unmittelbar bevor. Für Hitler bestand »völlige Sicherheit, daß England/USA mit allen Mitteln [den] Kriegsablauf durch Angriff in Nordnorwegen entscheidend beeinflussen« wollten. Deshalb, wiederholte Hitler, müsse die Kriegsmarine »jedes Schiff« in Norwegen einsetzen. Die Marine müsse alles tun, um die »Angriffsabsichten noch im Keime zu ersticken durch Aufklärung der Anmarschwege bei Nichtflugwetter und in der Abwehr des gelandeten Gegners mit allen zur Verfügung stehenden Streitkräften unter völliger Aufgabe jeglicher sonstiger [See-]Kriegführung mit Ausnahme des Mittelmeeres«. Außerdem verlangte Hitler »unbedingtes Eingehen auf seine Befehle und Wünsche für die Sicherung dieses Raumes« und »äußerste Beschleunigung und Einsatz aller Mittel« bei der Ausführung.

Fricke gewann bei der Besprechung den Eindruck, Hitler habe befohlen, alle U-Boote (außer den zur Unterstützung von Rommel im Mittelmeer befindlichen) seien zur Verteidigung von Norwegen einzusetzen. Dies hätte eine Aufgabe des U-Boot-Kriegs gegen Amerika bedeutet. Einen Tag später rief jedoch Hitlers Marineadjutant Karl-Jesko von Puttkamer bei Fricke an und teilte ihm mit, Hitler habe »von der steigenden Versenkungsziffer an der USA-Küste sehr erfreut Kenntnis genommen« und wünsche, »die Boote laufend dort stehen zu lassen«. Die Seekriegsleitung stellte hierzu fest, »daß dieser Wunsch des Führers, der stark von dem am 22. Januar ... erteilten Befehl abweicht, von Bedeutung ist«.

Da Hitler sich so zufrieden über die U-Boot-Operationen in amerikanischen Gewässern geäußert hatte, blieb die Frage ungeklärt, wie viele U-Boote denn nun genau zur Verteidigung Norwegens verlegt werden sollten. Dönitz bezweifelte, daß die Alliierten die Absicht hatten, in Norwegen einzumarschieren. Folglich war jede Verlegung von U-Booten zur Verteidigung Norwegens eine törichte Verschwendung. Da er die Absicht hatte, die Wirkung der U-Boot-Operationen in amerikanischen Gewässern so weit wie möglich zu steigern, drängte er das OKM nicht zu einer Entscheidung. Das Ergebnis war ein komplizierter und improvisierter Einsatz, der jedoch den U-Boot-Krieg gegen Nordamerika erheblich abschwächte.

Bei Beginn dieser Diskussion standen vier U-Boote im äußersten Norden Norwegens. Sie waren in Kirkenes stationiert, nur 160 Kilometer Luftlinie von Murmansk entfernt. Ihr Auftrag lautete, vor der befürchteten Invasion zu warnen und sie abzuwehren, sowie den Schiffsverkehr der Alliierten zwischen Island und Murmansk zu stören. Trotz schwieriger See und beinahe völliger Polarnacht erzielten drei der Boote im Januar bestätigte Erfolge: Rudolf Schendel versenkte mit *U134* einen 5100-Tonnen-Frachter aus dem Murmansk-Geleitzug PQ 7; Joachim Deecke versenkte mit *U584* das russische 206-Tonnen-U-Boot *M175*; Burkhard Hackländer brachte mit *U454* den britischen Zerstörer Matabele zur Strecke und beschädigte einen britischen 5400-Tonnen-Frachter aus dem Geleitzug PQ 8 sowie einen russischen Trawler mit 600 Tonnen.

Hackländers Angriff auf Geleitzug PQ 8, ein indirekter Schlag gegen die Sowjetunion, wurde in Berlin mit großer Freude aufgenommen. Außer der Versenkung des Zerstörers und der Beschädigung an dem Frachter meldete Hackländer fälschlicherweise die Versenkung eines 2000-Tonnen-Frachters, Schäden an einem weiteren 5000-Tonnen-Frachter und schwere Schäden an einem weiteren »Zerstörer«. Im Tagebuch der Seekriegsleitung heißt es hämisch, Hackländers Angriff habe deutlich gemacht, daß die Alliierten im Eismeer nicht mehr unbehelligt operieren könnten. Da Hackländer selbst so schweren Schaden erlitten hatte, daß sein Boot in Trondheim in die Werft mußte, schickte das OKM als Ersatz das neue Boot *U456* direkt aus Kiel nach Kirkenes und teilte damit fünf Boote dem Raum Norwegen zu, obwohl noch kein Gesamtplan zur U-Boot-Aufstellung ausgearbeitet worden war. Die vier Boote aus Kirkenes patrouillierten vor Murmansk – doch kein einziges hatte noch einmal Jagdglück.

Zu Dönitz' Bestürzung befahl das OKM, als sich die Gerüchte über eine Invasion im Januar verdichteten, so viele Boote wie möglich in dem Raum zwischen Island und den Britischen Inseln patrouillieren zu lassen. Dieser Befehl betraf 13 neue, aus Deutschland auslaufende Boote und 3 erfahrene Boote, die von der Überholung auf Werften in Deutschland oder Norwegen zurückkehrten, insgesamt 16 Boote, von denen die meisten für Feindfahrten nach Nordamerika vorgesehen waren. Einige Boote dienten bei der Verlegung der *Tirpitz* nach Norwegen als defensive Aufklärer, andere suchten vergeblich nach einem Militärkonvoi aus »zehn Transportern«, der angeblich amerikanische Streitkräfte für die Invasion Norwegens von Island nach Schottland verlegen sollte. Der Abzug dieser 16 U-Boote verringerte die deutsche Schlagkraft des U-Boot-Feldzuges gegen Nordamerika in der Anfangsphase ganz erheblich.

Zusätzlich zu diesen Booten fuhr Ritterkreuzträger Wolfgang Lüth in dem betagten Typ-IX-Boot *U43* durch denselben Seeraum zur Überholung nach Deutschland. Obwohl die Briten im Januar noch den Marineschlüssel lasen und die Geleitzüge um die U-Boote herumführten, fand Lüth reiche Beute. Er versenkte vier Schiffe mit 21 300 BRT. Die beiden letzten gehörten zu dem Geleitzug Outbound North 55, der von den schweren Winterstürmen zerstreut worden war. Nach der Ankunft in Deutschland gab Lüth das Kommando über *U43* an einen neuen Kommandanten ab, nachdem er insgesamt zwölf Schiffe mit 68 000 Tonnen versenkt hatte. Obwohl er praktisch jeden Schreibtisch- oder Schulungsposten in der Kriegsmarine hätte haben können, entschied er sich wie schon Prien, Kretschmer, Schepke, Lemp, Endraß und andere Ritterkreuzträger für die Rückkehr ins Gefecht mit einem neuen Boot.

Unter den frisch in See gestochenen Booten war *U213* unter Amelung von Varendorff, Priens Zweitem Wachoffizier in Scapa Flow, eine Rarität – ein improvisierter Minenleger, der als Typ VIID bezeichnet wurde. Sechs solche Boote (*U213* bis *U218*) waren nach Kriegsbeginn in Auftrag gegeben worden. Sie basierten auf einem Grundmodell des Typs VIIC, in das unmittelbar hinter der Zentrale ein 9,80 Meter langer Minenraum eingefügt worden war. Der Raum enthielt fünf Schächte, die jeweils drei senkrecht auszustoßende SMA-Minen mit Ankertau und einer Sprengladung von 350 Kilogramm aufnehmen konnten. Dank der Einfügung des Minenraums konnten die Ingenieure, weitere Treibstoffbunker einbauen lassen, wodurch der Typ VIID über 65 Tonnen Treibstoff zusätzlich verfügte und sich der Aktionsradius dieser Boote um über 2900 Kilometer erhöhte (von 12025 auf 14985 Kilometer). Die SMA-Mine erwies sich jedoch als störanfällig, und das OKM hatte ihre Verwendung bis zur Entwicklung einer verbesserten Version untersagt. Damit waren die VIID-Boote für den Einsatz mit Torpedos frei geworden, wofür sie ebenfalls gut ausgerüstet waren.

Vier der frisch ausgelaufenen Boote patrouillierten in der Nähe der isländischen Seehäfen Reykjavik und Seidisfjord. Ernst Vogelsang mit *U132*, der im Herbst eine Feindfahrt ins Nordmeer gemacht hatte, griff am 29. Januar vor Reykjavik mit einem Viererfächer aus den Bugtorpedorohren einen »Zerstörer« an, der einen beschädigten Frachter in den Hafen schleppte. Einige Torpedos trafen, und der »Zerstörer« wurde schwer beschädigt. Der britische Schlepper Frisky nahm das Schiff ins Schlepptau, doch es kenterte und wurde danach von dem neuen amerikanischen Zerstörer *Ericsson* mit der Artillerie versenkt. Tatsächlich war Vogelsangs Ziel das 98,1 Meter lange Küstenschutzschiff der Treasury-Klasse *Alexander Hamilton* gewesen, das den Geleitzug Halifax 170 über den Atlantik eskortiert hatte. Das Küstenschutzschiff war nach der *Reuben James* das zweite und bisher größte amerikanische Kriegsschiff, das von einem deutschen U-Boot versenkt wurde. Von der Besatzung kamen 26 Mann ums Leben. Während ein amerikanischer Zerstörer die Überlebenden rettete, ging der neue Zerstörer *Stack* zum Gegenangriff über und beschädigte *U132* so schwer mit Wasserbomben, daß es nach Frankreich zurückkehren mußte. Zahlreiche amerikanische Kriegsschiffe hatten zwar bereits Versenkungen oder Seeschäden an U-Booten gemeldet, doch die *Stack* war das erste amerikanische Schiff, das tatsächlich ein U-Boot beschädigt hat. Die Reparaturen an *U132* setzten das Boot für die nächsten vier Monate außer Gefecht.

Die meisten neu ausgelaufenen U-Boote patrouillierten in den Northwest Approaches oder in der Nähe der Faröer- und der Shetland-Inseln. Dieses vertraute Gebiet war gefährlicher als je zuvor. Mit ASV-Radar ausgerüstete Flugzeuge des Coastal Command sorgten für eine dichte Luftüberwachung. Darüber hinaus verfügten die Briten über 25 Escort Groups mit insgesamt 205 Schiffen (70 Zerstörer, 67 Korvetten, 68 Sloops), die in Häfen der Britischen Inseln stationiert waren. Die meisten Schiffe waren mit 1,5-Meter-Radargeräten vom Typ 286 ausgerüstet, viele hatten das leistungsstärkere Zentimeter-Radargerät Typ 271.* Einige waren bereits mit Kurzwellenpeilgeräten (Huff Duff) ausgerüstet.

Kein U-Boot entdeckte auch nur ein Anzeichen der Invasionsstreitmacht für Norwegen, doch am 26. Januar stieß Alfred Manhardt von Mannstein mit *U753* am zehnten Tag seiner Jungfernfahrt auf Teile eines Geleitzuges. Sie gehörten zu Outbound North 59, der in einem Wintersturm zersprengt worden war. Mannstein alarmierte

* Bis zum 1. Januar 1942 waren 73 Schiffe (59 Zerstörer, 14 Korvetten) der Royal Navy in allen Gewässern mit dem Zentimeter-Radargerät vom Typ 271 ausgerüstet worden.

Kernével und griff einen Tanker an, verfehlte aber sein Ziel; dafür ging ein »Zerstörer« der Sicherungsgruppe zum Gegenangriff über. Mannstein meldete, der »Zerstörer« habe nur zwei Wasserbomben abgeworfen, doch diese hätten im Boot schweren Schaden angerichtet. Außerdem habe er das U-Boot (offenbar bei einem Rammversuch) überfahren und das Oberdeck beschädigt. Deshalb sei das Boot nicht mehr seetüchtig, und er müsse die Fahrt abbrechen. Dönitz setzte sechs andere Boote auf den Geleitzug an, aber keiner bekam Fühlung. Damit hatten die 16 U-Boote, die im Januar zur »Verteidigung« Norwegens abgezogen worden waren, nur das Küstenschutzschiff *Alexander Hamilton* versenkt.

Auch Otto Ites in *U94* war auf den zerstreuten Geleitzug Outbound North 59 angesetzt worden. Das Boot war nach einer Überholung in Deutschland wieder in See gestochen und hatte alsbald technische Probleme, weshalb Ites nach Deutschland zurückkehrte. Auf dem Rückmarsch meldete Ites am 30. Januar, er habe bei der Belüftung seiner elektrischen Torpedos entdeckt, daß sich in der Trimmkammer, die die Tiefensteuerung enthielt, wegen eines Lecks ein Überdruck gebildet habe. Dieser Überdruck habe womöglich zur Folge, daß die Torpedos tiefer liefen als eingestellt. Ites' Meldung erreichte Kernével just zu dem Zeitpunkt, als man sich dort über die vielen Torpedoversager wunderte, die von der ersten Welle der nach Nordamerika ensandten Boote gemeldet worden waren. Auch wenn bekannt sei, daß viele versagende Torpedos zuvor nicht belüftet worden seien, schrieb Dönitz in sein Tagebuch, könne die undichte Trimmkammer doch einiges erklären. Deshalb untersagte er vorläufig allen Booten auf See, ihre Torpedos zu belüften, und gab die Nachricht mit der Forderung, unverzüglich neue Tests durchzuführen, an den Inspektor der Torpedoproduktion weiter.

Wie sich herausstellte, hatte der 23jährige Otto Ites den letzten schweren Defekt der elektrischen Standardtorpedos entdeckt. Drei Wochen später bestätigten die Torpedotechniker die Existenz des Lecks und empfahlen bis zu einer Änderung der Trimmkammer provisorische Maßnahmen, die den bereits auf See befindlichen oder kurz vor dem Auslaufen stehenden Booten auch weiterhin eine Belüftung der Torpedos ermöglichten. Dönitz war zugleich begeistert und empört. Er und seine Kommandanten hatten die ganze Zeit über hartnäckig darauf hingewiesen, daß die Torpedos zu tief liefen, aber vergebens. Nach 30 Kriegsmonaten wurde ihr Verdacht nun durch einen jungen Kommandanten mit minimalen Kenntnissen bestätigt – ein vernichtendes Urteil über den Stand von Wissenschaft und Technik in Hitlerdeutschland.

Daß dieser Defekt nur kurz nach Beginn des U-Boot-Krieges gegen Amerika korrigiert wurde, war ein glücklicher Zufall, der wesentlich zum Erfolg der deutschen U-Boote auf allen Meeren beitrug, insbesondere jedoch die Erfolge weiterer Wellen der in nordamerikanische Gewässer entsandten Boote erhöhte.

Hitler selbst arbeitete am 6. Februar den offiziellen Plan für den Einsatz von U-Booten bei der Verteidigung Norwegens aus. Insgesamt, ordnete er an, seien ständig 20 U-Boote zu diesem Zweck einzusetzen: acht in einem Aufklärungsstreifen zwischen Island und den Britischen Inseln (um die erwarteten amerikanischen Invasionstruppen aus Island anzugreifen), sechs in Kirkenes (um eine Invasionsstreitmacht abzublocken und PQ- bzw. QP-Geleitzüge in arktischen Gewässern anzugreifen) sowie je zwei Boote in Narvik, Trondheim und Bergen als allerletzte Verteidigung gegen angreifende Kräfte. Darüber hinaus sollten *UA* und drei große holländische U-Boote – sie waren bei der Besetzung Hollands erbeutet und fertiggebaut worden und seither in der U-Boot-Schule eingesetzt worden – sowie vier »kleine« U-Boote in Bereitschaft gehalten werden, um Benzin und anderen Nachschub für die Luftwaffe nach Narvik und Tromsö zu transportieren.

Zeitgleich mit Hitlers Befehl kam es zu einem plötzlichen Kälteeinbruch im Ostseeraum. Darüber heißt es im Kriegstagebuch der Seekriegsleitung: »Für den heutigen Tag stellt die Eislage eine seit Bestehen des deutschen Eisdienstes nicht beobachtete Extremlage dar.« Überdies werde sich die Eislage im März noch verschlimmern, wenn das »Minimum der Temperatur des Oberflächenwassers« erreicht werde. Zusammenfassend sagte der Eisdienst eine Vereisung der Ostsee voraus, »wie sie in diesem Jahrhundert noch nicht aufgetreten ist«. Diese Vorhersage sollte sich bewahrheiten.

Die plötzliche starke Vereisung der Ostsee war für die U-Bootwaffe ein weiteres Hindernis. Den Winter über sollten fast 100 Boote, die vom Stapel liefen oder sich in unterschiedlichen Erprobungsphasen befanden, manövrierunfähig werden; sie froren am Dock fest oder kamen aus anderen Gründen um drei bis vier Monate verspätet zum Einsatz. Die Mehrzahl der 78 Boote, die vom November 1941 bis zum Februar 1942 in Dienst gestellt wurden, verließen die Ostsee erst nach sieben oder acht Monaten.* Die 37 Boote, die im März und April 1942 in Dienst gestellt wurden, blieben durchschnittlich sechs Monate in der Ostsee. Infolgedessen nahm der Zustrom neuer Boote an allen Fronten im Jahr 1942 rapide ab: dreizehn im Februar, dreizehn im März, acht im April, sechs im Mai.

Aufgrund der langen Verzögerungen durch die Vereisung der Ostsee wurde es zusätzlich erschwert, Boote vom Typ VII für die Verteidigung Norwegens abzustellen. Fünf Boote (einschließlich *U454* in der Werft) waren bereits in Norwegen stationiert; also fehlten noch fünfzehn. Um das Defizit auszugleichen, sollten noch drei neue Typ-VII-Boote, die im Januar in Deutschland ausliefen, alle sieben neuen Boote vom Februar und weitere sieben der zehn neuen Boote vom März umgeleitet werden, also insgesamt 22 Boote. Der Überschuß von zwei Booten diente als Ersatz für U-Boote, die wie *U454* zur Überholung oder zur Reparatur von Gefechtsschäden auf der Werft lagen.

Da Hitler gefordert hatte, die 20 Boote sollten spätestens Mitte Februar zur Verteidigung Norwegens an Ort und Stelle sein, und weil dem Befehl wegen der Vereisung der Ostsee nicht sofort mit neu in See stechenden Booten nachgekommen werden konnte, mußte Dönitz als Übergangslösung acht alte Boote für den Aufklärungsstreifen zwischen Island und den Britischen Inseln abstellen. Diese Verpflichtung erfüllte er, indem er die Feindfahrten einiger neu eingetroffener Januar-Boote verlängerte und einige der im Februar ausgelaufenen Boote in diesem Seeraum hielt. Auch einige Boote auf dem An- oder Rückmarsch nach und von Amerika patrouillierten dort (soweit es der Treibstoff zuließ), und schließlich schickte er von Frankreich aus mehrere Boote nach Norden. Diese Zurückstellungen und die Verlegung anderer Boote in die North-

* Einige Beispiele: *U438* wurde am 22. November 1941 in Dienst gestellt und verließ am 1. August 1942 die Ostsee. *U600* wurde am 11. Dezember 1941 in Dienst gestellt und lief am 14. Juli 1942 aus. *U611* wurde am 26. Februar 1942 in Dienst gestellt und lief am 1. Oktober 1942 aus.

west Approaches verringerten die Zahl der in den Jagdgebieten vor Kanada und den Vereingten Staaten operierenden Boote.

Der letzte große Schritt zur Verstärkung der Seestreitkräfte vor Norwegen war die Verlegung der *Gneisenau*, der *Scharnhorst* und der *Prinz Eugen* durch den Ärmelkanal und durch deutsche Gewässer nach Norwegen. Die Schiffe liefen in der Nacht vom 11. auf den 12. Februar unter strengster Geheimhaltung in Brest aus und wurden massiv durch Minenräumboote, Torpedoboote, Zerstörer, Jäger der Luftwaffe und – aus der Ferne – durch die U-Boote des Aufklärungsstreifens in den Northwest Approaches gesichert. Aus der Funkentzifferung und über andere nachrichtendienstliche Quellen wußten die Briten von dem Plan und hatten einen Gegenplan (Operation Fuller) ausgearbeitet, um alle drei Schiffe zu versenken. Das britische Frühwarnsystem (U-Boote, Flugzeuge, landgestützte Radaranlagen, etc.) brach jedoch zusammen, und die Operation Fuller scheiterte. Nicht weniger als 250 britische Flugzeuge, fünf Zerstörer und ein halbes Dutzend Motortorpedoboote griffen die deutsche Formation im Ärmelkanal verspätet mit Torpedos und Bomben an, doch diese Kräfte waren zu schwach und kamen zu spät – das Ganze war ein niederschmetternder Fehlschlag.

Trotzdem erreichten die deutschen Schiffe Deutschland nicht unbeschadet. In Vorbereitung auf den Kanaldurchbruch hatten die Briten entlang der vorhergesagten Route neue Minenfelder gelegt. Sowohl die *Gneisenau* als auch die *Scharnhorst* liefen auf britische Minen. Der Schaden an der *Gneisenau* war nur gering, doch als sie in die Jade einlief, streifte sie ein gesunkenes Wrack, das ihren Rumpf beschädigte, was sie, wie man beim OKM schätzte für drei Wochen ins Trockendock gebracht hätte. Dann jedoch wurde sie in der Nacht vom 26. zum 27. Februar von der Bombe eines RAF-Bombers getroffen, die ein Magazin im Vorschiff zur Explosion brachte und das Schiff so beschädigte, daß es nicht mehr zu reparieren war. Die beiden Minen, auf die die *Scharnhorst* aufgelaufen war, beschädigten einen Geschützturm und ihre turboelektrischen Motoren. Ihre Überführung nach Norwegen verzögerte sich nach Vorhersage des OKM um »mehrere Monate«, zog sich in Wahrheit jedoch ein ganzes Jahr hin.

Obwohl die beiden Schlachtkreuzer nicht mehr einsatzfähig waren, verfolgte das OKM den Plan weiter, das Taschen-Schlachtschiff *Admiral Scheer* und den unbeschädigten Schweren Kreuzer *Prinz Eugen* nach Norwegen zu überführen. Sie verließen am 21. Februar von drei Zerstörern eskortiert die Jade. Die *Tirpitz* stach von Norwegen aus in See, um für einen Angriff auf die Murmansk-Geleitzüge zu ihnen zu stoßen. Doch die *Trident* unter G. M. Sladen, eines der vier britischen U-Boote, die vor Trondheim lagen, schoß einen Dreierfächer auf die *Prinz Eugen* und sprengte ihr das Ruder und neun Meter des Hecks weg. Sladens Erfolg zwang die Deutschen, den Ausbruch ins Nordmeer aufzugeben und nach Norwegen zurückzukehren – eine weitere peinliche Schlappe für die Kriegsmarine. Die *Prinz Eugen* schlich zurück nach Deutschland, wo sie acht Monate repariert wurde. Danach kam sie nur noch als Schulschiff zum Einsatz und sollte die Ostsee nie mehr verlassen.

Die Zahl der Großkampfschiffe für die Verteidigung Norwegens – und für Angriffe auf die Murmansk-Geleitzüge – reduzierte sich damit auf drei: das Schlachtschiff *Tirpitz*, das Taschen-Schlachtschiff *Admiral Scheer* und den Schweren Kreuzer *Admiral Hipper*.

Weitere Niederlagen vor Gibraltar und den Azoren

Durch den Einsatz von U-Booten vor Nordamerika und Norwegen im Dezember und Januar standen nur sehr wenige Boote für Feindfahrten vor Gibraltar und den Azoren zur Verfügung. Als das OKM erfuhr, daß im Januar zwei weitere Boote – Unno von Fischels *U374* und Herbert Schauenburgs *U577* – im Mittelmeer verlorengegangen waren,* wurde Dönitz befohlen, drei Boote aus dem Gebiet westlich von Gibraltar ins Mittelmeer zu verlegen. Helmut Rosenbaum in *U73* und Robert Bartels in *U561* durchfuhren am 14. beziehungsweise 15. Januar die Straße von Gibraltar. Heinz Hirsacker in *U572* hingegen, der als Erster Wachoffizier auf Georg-Wilhelm Schulz' Boot *U124* große Hoffnungen geweckt hatte, scheute am 16. Januar vor dem Durchbruch zurück und meldete schlechtes Wetter und starke Verteidigung. Dönitz befahl Hirsacker, es noch einmal zu versuchen, doch ein zweiter Versuch am 19. Januar scheiterte ebenfalls. Damit behielt die Mittelmeerflotte ihre Stärke von 21 Booten.

Diese neuen Verlegungen fielen zeitlich mit einer kühnen Offensive Erwin Rommels zusammen. Durch Verluste oder Beschädigungen ihrer Großkampfschiffe Ende 1941 hatte die Royal Navy die Seeherrschaft über das Mittelmeer verloren. Geleitzüge der Achse kamen mit Panzern und Nachschublieferungen zu Rommel durch, und er war kurze Zeit logistisch im Vorteil. Als er durch einen Einbruch in den Code der Alliierten erfuhr,** daß die britische 8. Armee momentan geschwächt war, griff er am 21. Januar von El Agheila aus an. Bereits nach einer Woche hatte er Bengasi zurückerobert und drängte die Briten bis Tobruk zurück. Hirsackers Zurückschrecken zu diesem kritischen Zeitpunkt – als Rommel die U-Boote dringend benötigte, um die Küstenschiffe anzugreifen, die die 8. Armee mit Nachschub versorgten – war ein Schandfleck für die U-Bootwaffe und sollte für Hirsacker üble Folgen haben.

Nach den Verlegungen ins Mittelmeer blieben im Januar noch vier Boote vom Typ VII in den südlichen Gewässern zwischen den Azoren und Gibraltar. *U373* unter dem Kommando von Paul-Karl Loeser wurde für die Sicherung des Blockadebrechers *Elsa Eßberger* nach Frankreich abgestellt. Die Mission scheiterte jedoch, als ein britisches Flugzeug aus Gibraltar die beiden Fahrzeuge erspähte und angriff. Der Blokkadebrecher mußte nach El Ferrol in Spanien fliehen. In der Meinung, die *Elsa Eßberger* werde rasch repariert und könne wieder auslaufen, blieb Loeser tagelang vor El Ferrol, doch die Reparaturen dauerten länger als erwartet. Nachdem Loeser drei Wochen nutzlos vertan hatte, kehrte er nach Frankreich zurück.

Die übrigen drei Boote in südlichen Gewässern bekamen Fühlung zu dem einlaufenden Geleitzug Sierra Leone 97. Als die Briten davon erfuhren, schickten sie eine neuartige Versuchseinheit von vier Zerstörern *(Croome, Hesperus, Laforey* und

* Das britische U-Boot *Unbeaten* versenkte *U374* am 12. Januar 1942 vor Sizilien und barg einen Überlebenden, einen Brückenposten. Ein britisches Flugzeug versenkte *U577* am 9. Januar 1942 vor Tobruk mit der gesamten Besatzung. *U331* lief am 27. Januar 1942 vor Tobruk hart auf Grund, doch Tiesenhausen rettete das Boot mit erstaunlichem Geschick und brachte es durch eine seemännische Glanzleistung in den Stützpunkt zurück.

** Ein italienischer Agent, der an der amerikanischen Botschaft in Kairo beschäftigt war, hatte einen Tresor aufgebrochen und die amerikanischen Schlüsselunterlagen »Black« fotografiert; die Militärattachés benutzten diesen Schlüssel, um Washington über die Pläne und Operationen und die militärische Stärke Großbritanniens in Nordafrika zu informieren.

Westcott) nach Gibraltar, um die U-Boote anzugreifen. Unter der Bezeichnung »Striking Force« (Schlaggruppe) stellte die Einheit im Kleinformat die favorisierte offensive Vorgehensweise gegen die U-Boot-Gefahr dar. Der Geleitzug hatte als »Köder« gedient, um die U-Boote »anzulocken«. Die Striking Force hatte keine unmittelbaren Schutzaufgaben für den Geleitzug; sie konnte daher frei operieren und U-Boote bis an die Grenze ihrer eigenen Ausdauer jagen.

Dieser erste Einsatz einer Striking Force unter dem Kommando von I. H. Bockett-Pugh auf der *Westcott*, dessen Escort Group 7 sich im Nordatlantik Verdienste erworben hatte, war nicht gerade ein Muster an Perfektion. Um die U-Boote zu täuschen und ihnen zu entkommen, hatte der Geleitzug den Befehl erhalten, den Kurs stark zu ändern. Doch die Striking Force wurde über die Kursänderung nicht informiert und suchte den Geleitzug vergeblich. Nun wurden die zwei Zerstörer *Croome* und die *Westcott* zu dringenderen Aufgaben abkommandiert. Nur die *Laforey* und die *Hesperus* blieben zurück und fanden am Morgen des 14. Januar doch noch den Konvoi. Sie waren von einer Condor verfolgt worden, die ihre Position nach Kernével meldete. Die *Laforey* vertrieb die Condor mit der Flak, doch das Flugzeug hatte bereits die drei Boote herangeführt, darunter auch *U93* auf seiner zweiten Fahrt unter dem Kommando des jungen Horst Elfe.

In der Frühe des 15. Januar gingen die *Laforey* und die *Hesperus* etwa 18 Kilometer von dem Geleitzug querab an Backbord in Position. Kurze Zeit später bekam die *Hesperus* mit dem 1,5-Meter-Radargerät eine Ortung in 2700 Meter Entfernung. Die *Hesperus* schwenkte herum, ging auf volle Kraft voraus, eröffnete mit dem Hauptgeschütz das Feuer und schaltete ihren großen Scheinwerfer mit 25 Zentimeter Durchmesser ein. Der Strahl erfaßte ein U-Boot, das mit etwa 17 Knoten ablief. Es war Elfes *U93*. Die *Laforey* beteiligte sich an der Jagd, doch die *Hesperus* lag weit voraus, streifte *U93* an der Steuerbordseite und warf fünf Wasserbomben mit einer Zündereinstellung von 15 Metern. Der Rammstoß schleuderte Elfe und mehrere andere von der Brücke ins Wasser und verklemmte das Turmluk, so daß der Rest der Besatzung unter Deck eingeschlossen wurde. Salzwasser drang in die Batterien ein, Chlorgas strömte aus. Das vollaufende Boot füllte sich mit tödlichen Dämpfen, und die Männer unter Deck arbeiteten verzweifelt daran, das Luk zu öffnen. Im letzten Augenblick schafften sie es schließlich. Die *Hesperus* schickte ein Enterkommando, doch das *U93* sank, bevor die Männer es erreichten. Die *Hesperus* nahm Elfe und 35 weitere Überlebende auf, die *Laforey* vier. Sechs Deutsche wurden nicht gefunden. Da die *Hesperus* bei dem Zusammenstoß beschädigt worden war, kehrte sie nach Gibraltar zurück. Dort wurde sie für die aggressive Vorgehensweise zwar gelobt, aber auch an die dringende Notwendigkeit erinnert, die Deutschen am Verlassen und Versenken ihrer Boote zu hindern, damit Geheimpapiere (d.h. Schlüsselmaschinen, Schlüssel und Dokumente) geborgen werden konnten. Um die Selbstversenkungen zu verhindern, wurden Enterkommandos erneut – und ausdrücklich – zu »drastischen Maßnahmen« einschließlich des Schußwaffengebrauchs ermächtigt, damit »die [U-Boot-]Besatzung unter Deck« festgenagelt wurde. Das hieß im Klartext, sie sollten auf jeden Deutschen schießen, der versuchte, ein sinkendes U-Boot zu verlassen.

Obwohl das Zusammentreffen mit dem Konvoi zunächst mißlungen war und die Briten die Striking Force um die Hälfte reduziert hatten, mußte ihr Einsatz als Erfolg gewertet werden. Ihre beiden verbliebenen Schiffe konnten im Januar die einzige bestätigte U-Boot-Versenkung im Atlantik melden.

Auf dem Weg nach Amerika stieß Siegfried von Forstner bei seiner zweiten Fahrt mit dem Typ-VII-Boot *U402* am 16. Januar genau westlich des Golfs von Biskaya auf einen südwärts fahrenden »Winston Special«, einen Truppenkonvoi. Er meldete, der Geleitzug bestehe aus fünf Dampfern, eskortiert von nur einem »Zerstörer«. Doch eine Condor, die in der Nähe den auslaufenden Handelsstörer *Thor* eskortiert hatte und in Reaktion auf Forstners Meldung einen kühnen Angriff auf den Geleitzug flog, meldete 19 Schiffe mit einer Sicherungsgruppe von fünf Zerstörern. Forstner fuhr an die Formation heran und schoß auf den 12000-Tonnen-Passagierdampfer *Llangibby Castle*, der 1000 Mann an Bord hatte. Der Torpedo sprengte das Ruder weg und tötete 26 Mann.

Dönitz erklärte den Angriff auf diesen militärischen Geleitzug zu einem »Muß«, dirigierte drei weitere nach Amerika marschierende Typ-VII-Boote um und alarmierte die beiden noch vor Gibraltar stehenden Typ-VII-Boote, so daß der Geleitzug nun von sechs Booten verfolgt wurde. Doch die beiden Boote in der Nähe der Azoren mußten wegen Treibstoffmangels den Rückmarsch antreten, und zwei der Amerika-Boote fanden den Geleitzug nicht und setzten ihren Marsch nach Westen fort. Forstner in *U402* hielt Fühlung und funkte Peilsignale an den 29jährigen Werner Pfeifer in dem brandneuen Typ-VII-Boot *U581*. Auch Pfeifer fand den Geleitzug nicht, attackierte jedoch mit drei Torpedos ein Schiff, das er für eine Korvette hielt. Es war keine Korvette, sondern vermutlich der britische ASW-Trawler *Rosemonde*, der um diese Zeit mit der gesamten Besatzung verschwand.

Die *Llangibby Castle* schaffte es trotz ihres Schadens zu dem Hafen Horta auf den portugiesischen Azoren, wo sie nach internationalem Recht ihre Gefechtsschäden reparieren durfte. Als Kernével erkannte, daß die Hauptmasse des Geleitzuges den U-Booten entwischt war, wies Dönitz Forstner in *U402* und Pfeifer in *U581* an, Horta anzulaufen, auf die wieder auslaufende *Llangibby Castle* zu warten und sie in einem vereinten Angriff zu versenken.

Pfeifer traf in der Nacht des 31. Januar mit *U581* vor Horta ein. Die Besatzung des Bootes hatte ein schweres Los, der 31jährige Leitende Ingenieur Helmut Krummel war ein strenger Zuchtmeister, dem Pfeifer ungewöhnlich weitreichende Kompetenzen eingeräumt hatte. »Jeder Maat war eigenhändig von ihm gezüchtigt worden«, schrieb ein britischer Nachrichtenoffizier später. Einmal habe »ein Obermaat seinerseits Krummel in Gegenwart anderer Offiziere mit Gewalt gedroht«. In den Augen der Besatzung, hieß es in dem britischen Bericht, war der Kommandant Werner Pfeifer, der Krummel bereits vor dem Krieg gekannt hatte, »unter den schlechten Einfluß dieses Mannes geraten«.

Pfeifer war fest entschlossen, den Auftrag auszuführen. Mit verblüffender Kühnheit – und in einem eklatanten Verstoß gegen die Neutralitätsbestimmungen – fuhr er unter Wasser geradewegs in den Hafen von Horta hinein. Als er nur 90 Meter vom Ufer entfernt auftauchte, sah er die *Llangibby Castle* – außer Reichweite – auf der anderen Seite eines Steinpiers liegen. Wie er später sagte, hätte er Torpedos geschossen, wenn der Pier nicht aus Stein, sondern aus Holz gewesen wäre. So aber brach er den Angriff ab, zog sich wieder aufs Meer zurück und traf dort Forstner in *U402*. Die beiden Kommandanten arbeiteten nun einen Plan für die Bewachung der beiden Ausgänge von Horta aus: Pfeifer übernahm den Südkanal, Forstner den Nordkanal.

In der Zwischenzeit hatte die Admiralität aus Gibraltar Geleitschutz für die *Llan-*

gibby Castle angefordert, und Bockett-Pugh auf dem Zerstörer *Westcott* lief mit einer verkleinerten Striking Force aus, die außer der *Westcott* aus den Zerstörern der Hunt-Klasse *Croome* und *Exmoor* sowie einem hochseetüchtigen Schlepper bestand.

Die *Westcott* war als erstes Schiff der Royal Navy mit der neuen geheimen ASW-Waffe »Hedgehog« (Igel) ausgerüstet. Es handelte sich um einen auf den Bug montierten Mörser mit mehreren Rohren, der eine Salve von 24 Wurfgranaten mit 26 Kilogramm Gewicht (und einer Sprengladung von 14,5 Kilogramm) abfeuern konnte, die Granaten gingen etwa 230 Meter vor dem Schiff nieder. Die Bomben waren mit dem neuen und wirkungsvolleren Sprengstoff Torpex gefüllt und hatten Aufschlagzünder, die keine Tiefeneinstellung erforderten. Sie explodierten erst, wenn sie auf ein Ziel oder auf den Meeresboden aufschlugen.

Der Mörser hatte theoretisch mehrere Vorteile gegenüber den konventionellen Wasserbomben, die im Heck oder im Heckbereich abgeworfen oder abgerollt wurden. Der Angreifer mußte nicht länger direkt über das U-Boot hinwegfahren und, damit nicht sein eigenes Heck beschädigt wurde, mit den Maschinen auf volle Kraft gehen, wodurch das Sonargerät zeitweilig nicht benutzt werden konnte. Außerdem entfielen auch die nutzlosen Explosionen der Wasserbomben, die in der Regel fehlgingen und das Sonar ebenfalls taub machten. Mit dem Hedgehog konnte der Angreifer den Sonarkontakt theoretisch die ganze Zeit aufrechterhalten, und die üblichen Ausweichmanöver der U-Boote, während sie überfahren wurden und während die Wasserbomben explodierten, würden unmöglich werden.

Hedgehog hatte aber auch einige Nachteile. Der Werfer war groß und hatte einen gewaltigen Rückstoß, weshalb er nur auf dem Bug größerer Geleitfahrzeuge montiert werden konnte.* Es handelte sich um ein »Präszisionsinstrument«, das sehr schwer zu laden und zu bedienen war und noch viele »Macken« hatte. Überdies war die Möglichkeit ausgeschlossen, ein U-Boot mit knappen Fehlschüssen zu beschädigen oder seine Besatzung in Angst und Schrecken zu versetzen, weil die Bomben nur noch durch den unmittelbaren Aufschlag zündeten. Infolgedessen standen viele Kommandanten von Sicherungsschiffen und ihre Besatzungen der neuen Waffe skeptisch gegenüber.

Als die *Llangibby Castle* in den Frühstunden des 2. Februar bei Vollmond auslief, gingen die drei Zerstörer der Striking Force auf See in Position. Die *Westcott* und die *Croome* lagen vor dem Südkanal, wo Pfeifer mit *U581* lauerte, und die *Exmoor* vor dem Nordkanal, wo Forstner mit *U402* stand. Pfeifer entdeckte die Zerstörer, tauchte und schoß wagemutig einen Torpedo auf einen von ihnen, verfehlte jedoch sein Ziel. Augenblicke später öffnete sich plötzlich die Abgasklappe des Backborddieselmotors, flutete den Maschinenraum und zog das Boot über das Heck auf 157 Meter Tiefe. Um die Kontrolle über das Boot wiederzuerlangen, ließ Pfeifer die Haupttauchzellen anblasen. Die *Westcott* und die *Croome* empfingen die Geräusche mit ihren Horchgeräten und liefen zum Angriff heran – genau in dem Augenblick, als *U581* die Wasseroberfläche durchstieß und mit äußerster Fahrt in den neutralen portugiesischen Gewässern Zuflucht suchte.

---

* Mit Hedgehogs sollten Korvetten und die 50 britischen Fregatten, die in den Vereinigten Staaten noch immer im Bau waren, sowie ihre amerikanischen Gegenstücke, die Geleitzerstörer, ausgerüstet werden. Die Amerikaner arbeiteten an einer kleineren Version von Hedgehog, genannt »Mousetrap« (Mausefalle), die auf die SC- und PC-Boote montiert werden sollte. Die Mousetrap sollte acht raketengetriebene Aufschlaggranaten abfeuern, die keinen Rückstoß entwickelten.

Die *Westcott* sichtete das Boot und ging auf volle Kraft, um es zu rammen, doch der Kommandant irrte sich im Winkel und verfehlte *U581*. Als die beiden Schiffe in neun Metern Entfernung aneinander vorbeifuhren, warf die Westcott zehn auf geringe Tiefe eingestellte Wasserbomben, die allesamt unter *U581* explodierten. Die *Westcott* konnte ihr Geschütz nicht einsetzen, weil der andere Zerstörer in Schußrichtung lag. Sie lief deshalb ab, wendete um 180 Grad und hielt in einem zweiten Rammversuch auf *U581* zu. Inzwischen hatte Pfeifer seinen Männern befohlen, das Boot aufzugeben und zu versenken; der größte Teil der Besatzung war mit Rettungswesten an Deck versammelt und sprang ab, während die beiden Fahrzeuge Bug voraus mit nahezu 80 Kilometern pro Stunde aufeinander zu liefen.

Die *Westcott* traf *U581* hinter dem Kommandoturm und schob sich auf und über das Achterdeck, wobei sie selbst nur geringfügig beschädigt wurde. Das U-Boot kenterte und sank sofort mit dem Heck voraus. Ironischerweise hatte die *Westcott* gar keine Gelegenheit gehabt, den Hedgehog einzusetzen. Die *Westcott* und die *Croome* (die bis dahin nur eine Zuschauerrolle gespielt hatte) retteten Pfeifer und 40 Mann der Besatzung, darunter den ungeliebten Ingenieur Krummel. Sechs Deutsche blieben verschwunden. Einer, der Zweite Wachoffizier Werner Sitek, schwamm an die Küste und kehrte später nach Deutschland zurück.* Britische Geheimdienstbeamte, die von der Verbitterung der glücklosen Besatzung profitierten, schrieben in ihrem Bericht, daß abgesehen von den Offizieren auf *U581* »nur drei Männer zuvor Erfahrung auf U-Booten gesammelt hätten«.

Beim Auslaufen aus Horta nahm die ruderlose *Llangibby Castle* den Nordkanal, wo Forstner mit *U402* auf der Lauer lag. Der Zerstörer *Exmoor* übernahm gemeinsam mit der *Croome* den Geleitschutz. Forstner schoß insgesamt fünf Torpedos auf einen der beiden Zerstörer, aber alle gingen fehl. Als die Zerstörer *U402* erspähten, griffen sie mit Artillerie und Wasserbomben an und vertrieben das U-Boot. Obwohl Forstner allmählich der Treibstoff knapp wurde, hielt er die Fühlung zu der Formation, bis Heinz Hirsacker mit *U572* herangelaufen war. Hirsacker, der sich nach seinem zweiten gescheiterten Durchbruchversuch auf dem Rückweg von Gibraltar befand, war keine Hilfe; er wagte keinen einzigen Angriff. Zum Ärger von Kernével erreichte die *Llangibby Castle*, eng eskortiert von der Striking Force aus drei Zerstörern und später von Flugzeugen, schließlich mit ihren 1000 Soldaten Gibraltar.

Das halbe Dutzend U-Boote, das im Januar in südlichen Gewässern kreuzte, hatte damit lediglich eine bestätigte Versenkung zu verbuchen: den ASW-Trawler *Rosemonde*. Im Gegenzug hatte Bockett-Pughs versuchsweise eingesetzte Striking Force in zwei unabhängigen Angriffen zwei U-Boote versenkt: Elfes *U93* und Pfeifers *U581*. Angesichts dieser Verluste und der ausbleibenden Erfolge sowie wegen des Mangels an Booten für die Verteidigung Norwegens und den Operationen gegen Amerika konnte Dönitz das OKM überzeugen, auf Feindfahrten in dem Gebiet zwischen Gibraltar und den Azoren bis auf weiteres zu verzichten.

---

* Pfeifer erhob eine förmliche, schriftliche Anklage gegen die Briten und behauptete, sein Schiff sei in Seenot unrechtmäßig in portugiesischen Gewässern versenkt worden. Bockett-Pugh, der für die Versenkung mit dem Distinguished Service Order ausgezeichnet wurde, wies die Vorwürfe aber zu Recht als unsinnig zurück. Die Admiralität pflichtete ihm bei.

ACHT

Der Blackout bei der Entzifferung des deutschen Marineschlüssels M

Dank der Erbeutung von Enigma-Material der deutschen Kriegsmarine im Frühling 1941 waren die Briten in der Lage gewesen, den Schlüssel Heimisch (von den Briten »Dolphin« genannt), der mit drei Walzen versehenen Enigma ohne große Verzögerungen bis zum Ende dieses Jahres mitzulesen. Die wichtigsten Hinweise für den Einbruch in den Schlüsselkreis Heimisch hatte das auf U110 erbeutete Kurzsignalbuch erbracht, das die U-Boote für Wettermeldungen benutzten. Die per Kurzsignal übermittelten Wettermeldungen wurden von den deutschen meteorologischen Stationen unbekümmert in einem weniger sicheren Schlüssel weitergegeben, den die Briten lesen konnten. Mit dem lesbaren Text der meteorologischen Stationen als Arbeitsgrundlage konnten die Briten für gewöhnlich die Einstellungen der Tagesschlüssel für die U-Boot-Enigma ohne große Verzögerungen und mit einem geringen Aufwand an Bombas herausfinden.

Am 1. Februar 1942 hatten die Deutschen für die Atlantik- und Mittelmeer-U-Boote neue Schlüsselmaschinen mit vier Walzen und ein neues Kurzsignalbuch für den neuen U-Boot-Schlüsselkreis Triton (von den Briten »Shark« genannt) eingeführt. Hätten die Briten ein Exemplar des neuen Kurzsignalbuchs besessen, dann wäre ihnen sehr wahrscheinlich mit Hilfe des gesendeten meteorologischen Funkverkehrs ein erneuter Einbruch in die Marine-Enigma gelungen. Doch ohne die neuen Kurzsignalbücher waren sie mattgesetzt. Sie konnten die weiterentwickelte Vier-Walzen-Engima nicht mehr lesen – ein Rückschlag mit unabsehbaren Folgen.

Es gab mehrere Möglichkeiten, in die für den Schlüsselkreis Triton (Shark) benutzte und mit vier Walzen ausgestattete Enigma einzubrechen. Dies ging am schnellsten, wenn man ein Exemplar des neuen Kurzsignalbuches erbeutete. Das war zweifellos eine Absicht gewesen, die man Ende Dezember mit dem britischen Kommandounternehmen in Norwegen verfolgt hatte, doch dort wurden keine Kurzsignalbücher gefunden. Eine andere Möglichkeit bestand darin, Hinweise, die man sich aus anderen Quellen verschafft hatte, in die mit drei Walzen ausgestatteten Bombas einzugeben. Doch die Bombes mit drei Walzen benötigten 26mal länger, um die täglichen Einstellungen einer vierwalzigen Schlüsselmaschine festzustellen. Eine dritte Möglichkeit bestand darin, schnelle und technisch hochmoderne Bombas mit vier Walzen zu bauen. Die Briten verfolgten den ersten und dritten Weg, auch wenn große Zweifel bestanden, daß eine Bomba mit vier Walzen rechtzeitig entworfen und gebaut werden könnte, um den Ausgang des Krieges zu beeinflussen.

Der Blackout bei der Entzifferung des Marineschlüssels M der Atlantik-U-Boote bürdete Rodger Winn und seinen Mitarbeitern im U-Boat Tracking Room der Admiralität eine ungeheure Last auf. Winn konnte zwar auf umfangreiche Kenntnisse zurückgreifen, die man sich in dem sechsmonatigen Zeitraum des Jahres 1941 verschafft hatte, als Bletchley Park den Schlüsselkreis Heimisch entziffern konnte. Er konnte auch das stetig verbesserte, landgestützte HF/DF-Netz und den Funkverkehr im Werft-Schlüssel heranziehen und sich auf die Befragungen von Kriegsgefangenen, die fotografische Luftaufklärung in der Ostsee und die deutsche Propaganda stützen, die in verschiedenen Medien U-Boot-Kommandanten verherrlichte. Dennoch konnte Winn keine exakten und rechtzeitigen taktischen Informationen über die Bewegungen der Atlantik-Boote mehr bereitstellen. Nachdem die Deutschen die vierwalzige Schlüsselmaschine eingeführt hatten, gab Winn in seinem Wochenbericht vom 9. Februar eine düstere Zusammenfassung der Lage: »Seit Ende Januar waren keine speziellen Informationen über irgendwelche U-Boote mehr verfügbar, außer über die, welche dem Admiral Nordmeer unterstellt sind. Unvermeidlich ist unser Bild der Vorgänge im Atlantik ›unscharf geworden‹. Über die gegenwärtigen und künftigen Bewegungen lassen sich kaum noch zuverlässige Aussagen machen.«

Die Verachtung der Briten für die angebliche Unfähigkeit Admiral Kings und der USA, mit der Bedrohung durch die U-Boote fertig zu werden bzw. diese überhaupt ernst zu nehmen, hatte viel scharfe Kritik und zahlreiche dümmliche Äußerungen britischer und amerikanischer Historiker zur Folge, doch keine ist alberner als jene von Francis H. Hinsley, dem offiziellen Historiker der britischen Nachrichtendienste im Zweiten Weltkrieg. In seiner ansonsten überragenden geschichtlichen Darstellung schreibt er tatsächlich, die Amerikaner seien bei der U-Boot-Bekämpfung derart unfähig gewesen, daß der alliierte Blackout bei der Entzifferung des Enigma-Schlüssels, der von den im Atlantik stehenden U-Booten verwendet wurde, zu genau der Zeit, in der Dönitz den umfassenden U-Boot-Angriff auf Amerika inszenierte, sich auf die Alliierten nicht wirklich nachteilig ausgewirkt habe. »Nicht einmal optimale geheimdienstliche Informationen über [U-Boot-]Unternehmungen vor der US-amerikanischen Küste«, schrieb Hinsley, »hätten einen wirkungsvollen Gegenangriff auf sie [die U-Boote] oder eine effektive Umleitung des Schiffsverkehrs ermöglicht, solange die U-Boote, weil es keine Luftsicherung gab, ungestört nahe der Küste, und weil es kein Geleitzugsystem gab, gegen ungeschützte Schiffe operieren konnten.«

Das Gegenteil ist der Fall: Hätten die Alliierten den Marineschlüssel M auch weiterhin entziffern können, hätte der U-Boot-Feldzug gegen Amerika vielleicht einen ganz anderen Verlauf genommen. Zusammen mit anderen hochwichtigen Teilinformationen hätten sie dann zweifellos gewußt,

- daß der U-Boot-Angriff auf Amerika kein Scheinangriff oder Ablenkungsmanöver war, sondern eine Großoffensive, für die Dönitz jedes verfügbare U-Boot mobilisierte und deren Umfang er Woche für Woche erhöhte.

• daß der U-Boot-Feldzug in den Gewässern der Vereinigten Staaten nicht nur die am 1. Januar 1942 vorhandenen 20 Typ-IX-Boote umfassen sollte, deren Aufgaben und Bewegungen den alliierten Nachrichtendiensten relativ gut bekannt waren, sondern auch eine große Menge an Booten des Typs VII, die man wegen ihrer begrenzten Reichweite nicht als Bedrohung US-amerikanischer Gewässer angesehen hatte.
• daß mehrere U-Tanker eingesetzt werden sollten, um den Krieg gegen Amerika zu unterstützen. Sie sollten die Kampfboote der Typen VII und IX mit Treibstoff, Nahrungsmitteln, medizinischer Hilfe und Ersatzteilen versorgen, und damit den Aktionsradius, die Durchhaltefähigkeit und die Erfolgsquote beider Typen erhöhen. Hätten die Alliierten von dieser neuen wichtigen Dimension des U-Boot-Krieges viel früher erfahren, als es der Fall war, dann hätten sie Gegenmaßnahmen planen können, wie etwa einen Schlag mit einem Flugzeugträger bei einem Treffen zur Treibstoffübernahme, wenn viele U-Boote beisammen und relativ wehrlos waren. Wie man sehen wird, weigerten sich die britischen Geheimdienste viele Monate lang, den Gerüchten um »U-Tanker« Glauben zu schenken.
• daß die U-Boote ihre Angriffe auf das Gebiet vor Kap Hatteras und vor der Südküste Floridas konzentrieren würden, weil der Kontinentalschelf dort am schmalsten und für U-Boot-Operationen am günstigsten war. Dort konnten die Boote rasch tiefes (und damit sicheres) Wasser erreichen. Wäre dies bekannt gewesen, hätten die Amerikaner ihre schwachen ASW-Kräfte früher in diesen Gebieten zusammenziehen können, als sie es schließlich, insbesondere vor Kap Hatteras, taten.
• daß die U-Boote in den Gewässern der Vereinigten Staaten nicht wie bis dahin üblich in Gruppen oder Wolfsrudeln, sondern einzeln und bei Wahrung der Funkstille operieren würden. Hätte man diese wichtigen taktischen Informationen aus der Funkentzifferung gewinnen können, wären die amerikanischen Marineoffiziere, und nicht zuletzt King, vielleicht sehr viel eher bereit gewesen, in diesen Gewässern trotz des Mangels an Begleitschiffen das Risiko eines Geleitdienstes einzugehen. Ein einzelnes U-Boot konnte gewöhnlich nur ein oder zwei Schiffe aus einem Konvoi versenken, bevor es festgenagelt wurde oder fliehen mußte. Und es konnte, wenn Funkstille verhängt war, keine anderen Boote heranrufen.
• daß den großen deutschen Überwasserschiffen (die *Tirpitz* usw.) aus verschiedenen Gründen kein Durchbruch in den Atlantik möglich war, um Geleitzüge anzugreifen. Wäre dies durch die Funkentzifferung eindeutig bekannt gewesen, hätten die Amerikaner ihre starken Seestreitkräfte bei Island, den Bermudas und bei Argentia zu einem früheren Zeitpunkt abziehen können und vielleicht sogar die Anzahl der zur Sicherung von Truppenkonvois eingesetzten Zerstörer verringern können. In diesem Fall wären für ein Geleitsystem an der Ostküste der Vereinigten Staaten sehr viel früher Zerstörer verfügbar gewesen.
• daß den deutsche Dechiffrierern beim B-Dienst ein wesentlicher Einbruch in den Schlüssel Naval Cypher Number 3 gelungen war, den die Alliierten für die meisten Geleitzugoperationen verwendeten. Etwa vom 15. Februar 1942 bis 15. Dezember 1943 konnte der B-Dienst dem Historiker Hinsley zufolge »einen großen Teil der Funksprüche lesen – manchmal bis zu 80 Prozent«. Die Entzifferung der Marine-Enigma hätte auch diesen schwerwiegenden Mangel in der Sicherheit des alliierten Marinefunkverkehrs enthüllt und den entscheidenden Vorsprung zunichte gemacht,

den die Deutschen für das Jahr 1942 in der hin und her wogenden Schlacht der Funkentzifferung errangen.
Bis dahin hatte es zwischen Briten und Amerikanern noch immer keinen uneingeschränkten Austausch kryptographischer Technologie gegeben. Zwar hatten die Briten Admiral King über Rodger Winns Vermutungen zu U-Boot-Operationen im Atlantik informiert, die sich zum Teil aus dem Marineschlüssel M und dem Werft-Schlüssel ergeben hatten. Doch sie hatten die geheimen Techniken des Einbruchs in den Enigma-Schlüssel nicht vollständig offengelegt. Erst nach dem formalen Kriegseintritt Amerikas, nach dem fast gleichzeitigen Blackout bei der Entzifferung des deutschen Marineschlüssels und aufgrund der steigenden Schiffsverluste in US-amerikanischen Gewässern waren die Briten schließlich bereit, die Amerikaner an ihrer hart erarbeiteten kryptologischen Technologie teilhaben zu lassen.

Dieser Technologieaustausch erhielt Auftrieb durch Präsident Roosevelt und Winston Churchill. Am 25. Februar schrieb Churchill eine außerordentliche private Note an Roosevelt, die von einem Diplomaten persönlich nach Washington gebracht und übergeben wurde. Churchill bat Roosevelt, den Brief zu »verbrennen«, nachdem er ihn gelesen hatte, doch der US-Präsident kam diesem Wunsch nicht nach, und eine Abschrift davon wurde 1989 von Louis Kruh* veröffentlicht. Hier ein Auszug:

> Eines Abends, als wir uns [während der Arcadia-Konferenz] bis spät in die Nacht unterhielten, sprachen Sie davon, wie wichtig es sei, daß Ihre Entzifferungsexperten eng mit den unseren zusammenarbeiten. Ich bin absolut bereit, jeden Fachmann, den Sie vorschlagen möchten, mit meinen Technikern zusammenzubringen. Die Verschlüsselung war und ist für die Seestreitkräfte unserer beider Nationen eine Angelegenheit, die zwischen den jeweiligen Teilstreitkräften offen diskutiert wird. Doch die diplomatische und die militärische [für Army und Air Force] ist von gleicher Bedeutung, und wir wissen offiziell nichts über Ihre [Schlüssel] in diesen Bereichen …

Tatsächlich fuhr Churchill fort, hätten britische Dechiffrierer »vor einiger Zeit« einige vom amerikanischen »diplomatischen Korps« benutzte Schlüssel geknackt. Churchill hatte diese Aktivitäten, wie er sagte, »von dem Moment an, als wir Verbündete wurden« (!) gestoppt. Doch man habe ihn auf die nicht auszuschließende Möglichkeit hingewiesen, daß auch »unsere Feinde« diese diplomatischen Schlüssel geknackt hätten.

Damals befanden sich die amerikanischen Entzifferungsdienste und insbesondere die der US Navy in einer Krise, da sie im voraus keinerlei Hinweise auf den japanischen Angriff auf Pearl Harbor entdeckt hatten. In den Wochen nach dieser Katastrophe war im Navy Department eine bürokratische Schlacht um die Führung der ungewöhnlichen und verwundbaren Gruppe der Kryptologen ausgebrochen. Die wichtigsten Beteiligten waren einerseits der neue Direktor des Office of Naval Intelligence (ONI), Theodore S. Wilkinson, und anderseits der Direktor des Office of Naval Communications (ONC), Leigh Noyes, und dessen Stellvertreter, Joseph R. Redman. Admiral King, der jedes Vertrauen in die Fähigkeiten des ONI verloren hatte, ergriff Partei für Noyes und Redman und verschaffte damit dem ONC die Führung über die Dechiffrierer der US Navy.

Eine der vielen, von Noyes und Redman initiierten bemerkenswerten Verände-

---

* Siehe Kruhs Artikel in *Cryptologia* vom April 1989.

rungen war die Kaltstellung von Laurence Safford, der die Entzifferungseinheit der Navy (OP20 G) fast sechs Jahre lang hervorragend geführt hatte. Da sich ein freier Austausch kryptographischer Technologie mit den Briten abzeichnete und Safford aus seiner argwöhnischen und feindseligen Haltung gegenüber den Briten kein Hehl machte (weil diese im Tausch gegen die Purple-Maschine die Technologie der Bombes nicht herausgerückt hatten), entschieden Noyes und Redman, Safford von seinem zentralen Posten zu entfernen. Obwohl Safford darum bat, das Kommando über OP20 G behalten zu dürfen, versetzte ihn Noyes am 14. Februar zu OP20 Q, einer Einheit, die mit der Sicherheit von amerikanischen (und alliierten) Codes und mit Forschung befaßt war. Eine Folge davon war, daß Safford weder eine hohe Kriegsauszeichnung erhielt noch in den Rang eines Admirals erhoben wurde, nach Meinung der meisten alten Hasen beim OP20 G eine skandalöse Ungerechtigkeit.

Die Degradierung verärgerte und deprimierte Safford natürlich. Und sie beeinflußte zweifellos den Inhalt einer Denkschrift, die er am 18. März für Noyes und Redman verfaßte. Wie Safford es formulierte, wollte er durch die Denkschrift auf die Notwendigkeit hinweisen, den Einbruch in die japanischen Schlüssel geheimzuhalten, indem man die Verbreitung von aus dieser Quelle gewonnenen Informationen scharf begrenzte. Aufgrund der in ihr enthaltenen pessimistischen Randbemerkungen genießt die Denkschrift in der Geschichtsschreibung über die amerikanische Funkentzifferung einen nachgerade legendären Ruf.

Typisch war, daß Safford das Memorandum mit einer scharfen Kritik an den Briten eröffnete. Sie hätten, schrieb er, zwar im Ersten Weltkrieg mit der DF-Einpeilung von U-Booten und der Entzifferung ihres Funkverkehrs gute Arbeit geleistet, doch nach dem Krieg hätten sie in allgemein zugänglichen Druckwerken dumm und egoistisch mit ihren Errungenschaften geprahlt. »Scheinbar ist es den Briten niemals in den Sinn gekommen, daß die Deutschen von diesen Enthüllungen profitieren könnten«, schrieb Safford verdrossen.

Als eine Folge dieser britischen Enthüllungen, fuhr er fort, seien im Zweiten Weltkrieg die »deutschen Schlüssel und Fernmeldeverfahren so gestaltet worden, daß die aus dem Funkverkehr zu gewinnenden Informationen praktisch gleich Null sind«. Mit Ausnahme von »Wetter-Schlüsseln« und bestimmten anderen »unbedeutenden Systemen«, seien Meldungen der deutschen Kriegsmarine nur »aufgrund erbeuteten Materials« entziffert worden.

Daher, so schloß er bedrückt, »stehen unsere Aussichten, die Einstellungen der deutschen ›Engima‹-Schlüsselmaschine je zu entziffern, eher schlecht«.

Die Briten brachten der Organisation der amerikanischen Nachrichtendienste im allgemeinen und der amerikanischen Funkentzifferung im besonderen auch weiterhin nur Verachtung entgegen. Es gab noch immer keine zentralisierte Geheimdienstbehörde in Washington, keinen Ort, wo alle Teilinformationen über den Gegner zur Analyse und Verteilung gesammelt wurden. Die Dechiffrierer der Armee, der Kriegsmarine, der Küstenwache und des FBI arbeiteten noch immer nahezu isoliert und konkurrierten mehr oder weniger miteinander, statt in einem vereinten Team nach dem Muster von Bletchley Park zusammenzuarbeiten. Der Druck des Krieges – die Herausforderung, beispielsweise den Enigma-Schlüssel der deutschen Kriegsmarine und andere Schlüssel zu entziffern – machte eine engere Kooperation zwischen britischen und amerikanischen Nachrichtendiensten erforderlich. Sie bahnte sich an, doch die üblichen Hindernisse und Vorsichtsmaßnahmen verlangsamten den Prozeß erheblich. Erst im April unternahmen Briten und Amerikaner endlich entschlossene Schritte in Richtung auf einen sinnvollen Austausch geheimdienstlicher Informationen.

Die ersten Feindfahrten von Typ-VII-Booten vor der US-Küste

Trotz des Abzugs von annähernd 50 Typ-VII-Booten für Aufgaben im Mittelmeer und für die Verteidigung Norwegens und ungeachtet der Verzögerungen, die sich durch die stärkste Eisbildung des Jahrhunderts in der Ostsee ergaben, konnte Dönitz im Januar 1942 26 U-Boote in amerikanische Gewässer entsenden: zwölf Boote des Typs IX und 14 des Typs VII.

Die im Januar nach Amerika fahrenden Boote sollten in einem riesigen Gebiet operieren, das von Kanada bis zur Karibik reichte. Die zwölf Typ-IX-Boote sollten an der weiter entfernten Ostküste der Vereinigten Staaten und in der Karibik patrouillieren. Trotz der schweren ASW-Maßnahmen, der ungeheuren Kälte und der schlechten Ergebnisse der Typ-VII-Boote im Dezember sollte auch im Januar die Masse der Typ-VII-Boote in kanadischen Gewässern patrouillieren, und nur drei sollten versuchsweise in amerikanische Gewässer vorstoßen.

Sieben der zwölf im Januar in See stechenden Typ-IX-Boote sollten die Schiffahrt direkt in den Küstengewässern der Vereinigten Staaten angreifen. Davon waren fünf Boote des älteren Typs IXB mit geringerem Aktionsradius, die im Jahr zuvor vor Freetown operiert hatten. Der von Frankreich kommende Heinrich Schuch stieß mit *U105* auf den Konvoi Sierra Leone 98 und versenkte mit zwei Torpedos eines der Geleitfahrzeuge, das ehemalige Küstenschutzschiff *Mendota,* das nun als Sloop unter dem Namen *Culver* fuhr. Die *Culver* war nicht nur mit einem Zentimeter-Radargerät des Typs 271 ausgerüstet, sondern auch mit einem der modernsten britischen HF/DF-Bordgeräte. Unmittelbar nach der Versenkung erhielt Schuch, wie oben berichtet, den Auftrag, nach Überlebenden der *Spreewald* zu suchen, und kehrte mit 80 Überlebenden an Bord nach Frankreich zurück. Die anderen vier IXB-Boote patrouillierten zwischen New York und dem Kap Hatteras. Zwei modernere IXC-Boote dieser Gruppe, die einen größeren Aktionsradius hatten, patrouillierten weiter südlich in den Gewässern Floridas.

Als die ersten dieser sechs Typ-IX-Boote Ende Januar und Anfang Februar US-amerikanische Gewässer erreichten, stellten sie fest, daß die Maßnahmen zur U-Boot-Bekämpfung nicht sonderlich verbessert worden waren. Von verschiedenen Verteidigungsmaßnahmen an der Eastern Sea Frontier abgesehen, bestand die wichtigste neue Maßnahme im vorübergehenden Einsatz von Catalina-Flugbooten, die von der Atlantic Fleet für ASW-Patrouillen ausgeliehen waren.

Der neue, am 4. Februar in Kraft tretende Plan Kings für die »durchgehenden« Geleitzüge der Nordatlantik-Route setzte, wie versprochen, zehn Zerstörer als Kernstreitmacht für ein Geleitsystem an der amerikanischen Ostküste frei. Sieben davon,* alles moderne Schiffe, wurden in der Zeit vom 6. bis 8. Februar für Admiral Andrews an der Eastern Sea Frontier »verfügbar gemacht«. Allerdings war der angebotene britische Anteil für dieses Netzwerk (10 Korvetten und 24 ASW-Trawler) noch nicht in Sicht. Tat-

** Die Zerstörer *Hilary P. Jones, Ludlow, Mayrant, Roe, Rowan, Trippe, Wainwright.*

sächlich sollte wochenlang kein britisches Schiff eintreffen. Andrews trieb insgesamt 28 andere Schiffe für seinen Befehlsbereich auf, die mit Müh und Not als Geleitfahrzeuge für küstennahe Geleitzüge dienen konnten, doch er brauchte, wie er King mitteilte, mindestens doppelt so viele Schiffe, um das Konvoisystem überhaupt in Gang zu bringen.

Doch es gab noch eine weitere Komplikation. Ein großer Konvoi mit Truppentransportern, AT 12, sollte New York planmäßig am 10. Februar verlassen. King war darüber empört gewesen, daß die Admiralität für AT 10, den ersten Geleitzug dieser Art, am EASTOMP (dem östlichen Treffpunkt im Ozean) nur zwei Glattdeck-Zerstörer bereitgestellt hatte, und fragte nun in einem scharf formulierten Fernschreiben an, ob die Admiralität für AT 12 einen angemessenen Geleitschutz am EASTOMP bereitstellen könne. Die Admiralität antwortete, daß sie aufgrund der Notwendigkeit, den eigenen Truppenkonvoi Winston Special 16 zu schützen, für AT 12 erst Ende Februar eine starke Eskorte bereitstellen könne. Daher wurde es erforderlich, das Auslaufen des Konvoi AT 12 um neun Tage auf den 19. Februar zu verschieben. Zu diesem Zeitpunkt wurden sechs der sieben Zerstörer (ohne die *Roe*), die zeitweise Aufgaben an der Eastern Sea Frontier übernommen hatten, angewiesen, den Geleitschutz von AT 12 zu verstärken. Um diese Schiffe zu ersetzen, gab Ingersoll vier Glattdeck-Zerstörer* frei, was natürlich nach Anzahl und Qualität nicht gerade zufriedenstellend war. Insgesamt konnte Ingersoll Andrews im Februar elf verschiedene Zerstörer zur U-Boot-Bekämpfung zur Verfügung stellen.

Trotz des unübersehbaren Mangels an Geleitfahrzeugen setzten die Briten King weiterhin unter Druck, an der Ostküste ein Geleitzugsystem einzuführen. Am 12. Februar wies King Andrews an, einen Plan für einen Geleitdienst einzureichen. Andrews wiederum befragte die Kommandeure der Marinebezirke innerhalb seines Befehlsbereichs. Alle sprachen sich dagegen aus, Geleitzüge einzuführen, bevor ein ausreichender Geleitschutz verfügbar war. Andrews erinnerte King daran, daß jeden Tag 66 verschiedene, nach Norden laufende Schiffe und die »gleiche Zahl« südwärts laufender Schiffe sein Gebiet passierten (insgesamt 120 bis 130 Schiffe täglich), wofür ein Minimum von 68 Sicherungsschiffen erforderlich sei. Andrews empfahl, daß »kein Versuch unternommen werden sollte, die Küstenschiffahrt durch ein Konvoisystem zu schützen, bevor eine angemessene Anzahl geeigneter Geleitfahrzeuge verfügbar ist«.

Am 12. Februar liefen die deutschen Schlachtkreuzer *Scharnhorst* und *Gneisenau* sowie der Schwere Kreuzer *Prinz Eugen* in Brest aus, um durch den Ärmelkanal nach Deutschland durchzubrechen. Daß diese großen deutschen Schiffe plötzlich in Marsch gesetzt wurden, erhöhte die Gefahr, daß sie oder die *Tirpitz* und die *Admiral Scheer* oder all diese Schiffe, vielleicht sogar in Verbindung mit der Flotte des Vichy-Regimes in Martinique, in den Atlantik fahren und alliierte Frachter- und Truppentransporter angreifen würden. Da die Alliierten den Marineschlüssel M nicht lesen konnten, führte diese Bedrohung dazu, daß die schweren Einheiten der Atlantic Fleet – mit ihren Begleitzerstörern – in Island, auf den Bermudas, in Argentia und in Casco Bay im amerikanischen Bundestaat Maine festsaßen.

Auch Havarien von Zerstörern der Atlantic Fleet trugen ihr Teil dazu bei, daß der

* Die *Jacob Jones* und die *Dickerson* (im Januar bei Island beschädigt) in New York; die *Dallas* und die *Upshur* in Norfolk. Die *Roe* blieb bis etwa zum 3. März.

Engpaß bei diesem Schiffstyp fortbestand. Am 18. Februar lief das wertvolle 14000-Tonnen-Versorgungsschiff *Pollux* mit zwei seiner Sicherungsschiffe, den Zerstörern *Truxtun* und *Wilkes*, in einem heftigen Sturm vor der Avalon Peninsula auf Grund. Von der *Pollux* und dem Glattdeck-Zerstörer *Truxtun* blieben nur noch Wracks, und von den 386 Mann der beiden Besatzungen kamen 212 ums Leben. Auch der neue Zerstörer *Wilkes* wurde beschädigt, schaffte es jedoch, zurückzusetzen und sich zu retten. Er wurde nach umfassenden Reparaturen wieder in Dienst gestellt.

Im Januar war das altgediente *U106* unter Hermann Rasch, der seine zweite Feindfahrt als Kommandant absolvierte, das erfolgreichste der sechs in amerikanischen Gewässern patrouillierenden Typ-IX-Boote. Rasch, den immer noch der Vorfall bedrückte, daß er bei seiner ersten Fahrt nach Newfoundland die komplette Brükkenwache verloren hatte, operierte vor der Küste von New York, Delaware und Maryland. In zwei Wochen, vom 24. Januar bis 6. Februar, versenkte er mit Torpedos und Deckgeschütz fünf Schiffe mit 42000 BRT, darunter den 6800 BRT großen Tanker *Rochester* und einen der weltweit größten und schnellsten Passagier- und Frachtdampfer, die schwedische *Amerikaland* mit 15400 BRT. Diese Feindfahrt beseitigte nicht nur jegliche Zweifel an Raschs Kompetenz, sondern brachte ihm auch ein Lob von Dönitz und vom Berliner Propagandaministerium ein.

Auch die anderen Boote des Typs IXB, die zwischen New York und Kap Hatteras Angriffe durchführten, konnten, trotz einer großen Zahl von Fehlschüssen und Torpedoversagern, gute Erfolge vorweisen.

- Zwischen dem 2. und dem 5. Februar erzielte Werner Winter mit *U103* (vier Torpedoversager oder Fehlschüsse) mit Torpedos und Deckgeschütz vier bestätigte Versenkungen mit 26500 BRT, einschließlich dreier amerikanischer Tanker – der 6200 BRT großen *W. L. Steed*, der *India Arrow* mit 8300 BRT und der *China Arrow* mit 8400 BRT. Irrtümlich meldete Winter auch einen »Zerstörer« als versenkt.
- In den elf Tagen vom 8. bis zum 18. Februar versenkte Ritterkreuzträger Klaus Scholtz mit *U108* (vier Torpedoversager oder Fehlschüsse) fünf Frachtschiffe mit 20000 BRT, darunter die *Ocean Venture*, eines der sechzig für Großbritannien gebauten Schiffe der Liberty-Klasse, das sich auf der Jungfernfahrt befand.
- Zwischen dem 31. Januar und dem 6. Februar versenkte Harald Gelhaus mit *U107* (drei Torpedoversager oder Fehlschüsse) zwei Schiffe mit 10800 BRT, darunter den Tanker *San Arcadio* mit 7400 BRT, der weit entfernt von der Küste fuhr.

Die zwei neuen IXC-Boote *U128* und *U504* mit größerem Aktionsradius, die in den Gewässern vor Florida patrouillierten, wurden von dem 35jährigen Ulrich Heyse und dem 37jährigen Fritz Poske kommandiert. Heyses Boot war auf dem Weg nach Norwegen auf Grund gelaufen, und die Reparaturen hatten den Einsatz des Bootes um Monate verzögert. Die Gewässer vor Florida, wo der Kontinentalschelf wie vor Kap Hatteras sehr schmal war, erwiesen sich als ein Operationsgebiet, das relativ sicher war und reiche Beute brachte. Die rettenden tiefen Gewässer begannen nur etwa 18 Kilometer vor der Küste am Rande des nordwärts fließenden Golfstroms, einer natürlichen und stark befahrenen Wasserstraße.

Beide Boote operierten erfolgreich in einem sich überlappenden Küstenbereich zwischen Daytona Beach und Palm Beach bei gutem Wetter und Mondlicht, ohne die Einwirkung von ASW-Streitkräften und trotz des stark phosphoreszierenden Wassers.

In der Zeit vom 19. Februar bis zum 5. März versenkte Heyse mit *U128* mit Torpedos und Deckgeschütz zwei amerikanische Tanker (die *Pan Massachusetts* mit 8200 BRT und die *Cities Service Empire* mit 8100 BRT) sowie – östlich der Bahamas – den norwegischen Tanker *O. A. Knudsen*. Poske versenkte vom 22. bis zum 26. Februar zwei US-Tanker (die Republic mit 5300 BRT und die *W. D. Anderson* mit 10200 BRT) sowie den holländischen Tanker *Mamura* durch Torpedos. Nur ein Besatzungsmitglied der *Mamura* überlebte. Poske meldete schwere Schäden an den Deckaufbauten durch den starken Seegang und mußte die Fahrt abbrechen. Auf der Heimfahrt torpedierte er einen 2800 BRT großen britischen Frachter. Beide Kommandanten nutzten den Vorteil heller Lichter an der Küste aus, vor denen sich ihre Ziele deutlich abzeichneten. Ungeachtet des Gemetzels unter den Schiffsbesatzungen und der ölgetränkten Strände sträubten sich einige Eigentümer von Ferienhäusern gegen eine Verdunklung, weil diese angeblich den Tourismus in den Wintermonaten beeinträchtigt hätte.*

Die sechs Typ-IX-Boote der zweiten Welle, die im Januar zur amerikanischen Ostküste gefahren waren, hatten insgesamt 23 Schiffe mit ungefähr 157000 BRT versenkt. Darunter waren elf Tanker, zehn im Bereich der Eastern Sea Frontier und einer (durch *U128*) unmittelbar östlich der Bahamas. Dieses Resultat kam der Jagdbeute der fünf Typ-IX-Boote, die als erste Welle im Dezember nach Amerika ausgelaufen waren, beinahe gleich. Beide, aus elf Booten des Typs IX bestehenden Gruppen hatten zusammen 46 Schiffe mit etwa 307000 BRT versenkt. Gemeldet hatten sie allerdings eine beträchtlich höhere Tonnage.

Viele Besatzungsmitglieder der Handelsmarine waren getötet worden oder in den Rettungsbooten umgekommen, und viele Überlebende hatten schreckliche Qualen erlitten. In einer Darstellung des U-Boot-Angriffs gegen die Vereinigten Staaten berichtet Gary Gentile**, daß von den 1631 Passagieren und Mannschaften, die sich an Bord von 29 im Januar und Februar 1942 versenkten Schiffen befunden hatten, 999 Menschen starben und 632 überlebten. Allein bei der Versenkung des kanadischen Liniendampfers *Lady Hawkins* waren 250 Passagiere und Besatzungsmitglieder umgekommen. Dieses Schiff nicht mitgerechnet, lag die Todesrate bei den Mannschaften der anderen versenkten Handelsschiffe nach Gentiles Zahlen bei 50 Prozent.

Am 19. Februar lief der verspätete große Truppenkonvoi ATL. 12 in New York aus. Er bestand aus 15 Transportern, die 14688 Soldaten nach Island (Unternehmen Indigo) und Nordirland (Unternehmen Magnet) beförderten. Den Geleitschutz bildete der Verband Task Force 32, der sich aus dem Schlachtschiff *New York*, dem Leichten Kreuzer *Philadelphia* und zehn amerikanischen Zerstörern zusammensetzte. Wie erwähnt, wurde die Geleitsicherung zusätzlich durch sechs weitere amerikanische Zerstörer verstärkt, die sich vorübergehend der U-Boot-Bekämpfung an der Ostküste ge-

* Viele Autoren haben diesen Widerstand gegen Verdunklung und Teilverdunklung zu sehr in den Vordergrund gerückt. Nur selten waren die Wetterverhältnisse und taktischen Bedingungen so günstig, daß ferne Lichter an der Küste für die wenigen deutschen U-Boote, die in den Gewässern von Florida operierten, ein Vorteil waren. Der Großteil der Zivilschutzbehörden und der Bürgermeister an der gesamten Ostküste waren gegen Verdunklung oder Teilverdunklung. Sie hätte, wie es hieß, die Gefahr von Auto- und LKW-Unfällen erhöht und außerdem zu einem Rückgang der nächtlichen Besuche in Restaurants, Nachtclubs usw. geführt, was für viele Menschen große wirtschaftliche Einbußen bedeutet hätte.

** *Track of the Gray Wolf* (1988).

widmet hatten. Task Force 32 blieb in Island, um als Streitmacht gegen die *Tirpitz* zu dienen und später Truppen für die Rückkehr in die USA an Bord zu nehmen. Beim EASTOMP lösten sechs britische Zerstörer die Task Force 32 ab und übernahmen die Sicherung des für Nordirland bestimmten Teilkonvois. Admiral King betrachtete den britischen Geleitschutz als unzureichend. Dieser Mangel war mit ein Grund für den bald darauf gemachten Vorschlag, die nach Osten laufenden Truppenkonvois auf der ganzen Atlantikroute mit amerikanischen Kriegsschiffen zu eskortieren.

Dreizehn Typ-VII-Boote der zweiten Welle – vier davon unter dem Befehl von Ritterkreuzträgern – operierten, von ASW-Einheiten gestört, in den sturmgepeitschten und eisigen kanadischen Gewässern. Am erfolgreichsten war *U96* unter dem führenden U-Boot-As Heinrich Lehmann-Willenbrock, der erst kürzlich das Eichenlaub zum Ritterkreuz erhalten hatte. Er brachte vor Halifax in Nova Scotia trotz fünf Torpedoversagern oder Fehlschüssen die beeindruckende Zahl von fünf Schiffen mit 25 500 BRT einschließlich des britischen 9000-Tonnen-Tankers *Kars* zur Strecke. Nach Frankreich zurückgekehrt wurde er zum Chef der 9. U-Flottille in Brest* befördert und ersetzte damit Jürgen Oesten, der als technischer Berater zu den in Norwegen liegenden U-Booten versetzt wurde. Der zweiterfolgreichste Kommandant war Siegfried Rollmann mit *U82*, der zwei Tanker (die britische *Athelcrown* mit 12 000 BRT und die norwegische *Leiesten* mit 6100 BRT) sowie den britischen Zerstörer *Belmont* mit 1200 Tonnen versenkte, einen weiteren der 50 an Großbritannien überstellten amerikanischen Glattdeck-Zerstörer, der den zurückkehrenden Truppenkonvoi NA 2 eskortierte. Auf der *Belmont* gab es keine Überlebenden. Obwohl Ritterkreuzträger Gerhard Bigalk von *U751* sechs Torpedoversager und Fehlschüsse meldete, versenkte er zwei Schiffe mit 11 500 BRT und beschädigte in einem heftigen Artilleriegefecht vor Halifax einen holländischen Tanker mit 8100 BRT.

Sechs andere Typ-VII-Boote dieser Gruppe versenkten jeweils ein Schiff. Der 26jährige Ludwig Forster in dem neuen Boot *U654* meldete neun Torpedoversager und Fehlschüsse (sieben auf ein gestopptes Ziel), doch er traf und beschädigte die freifranzösische Korvette *Alysee*, die den Geleitzug Outbound North 60 eskortierte. Die kanadische Korvette *Hepatica* nahm die *Alysee* ins Schlepptau, doch das Schiff sank, bevor man einen Hafen erreichen konnte. Ritterkreuzträger Robert Gysae versenkte mit *U98* einen britischen Frachter mit 5300 BRT. Nach Frankreich zurückgekehrt, verließ er das Boot, und stellte ein neues, sehr viel größeres Boot in Dienst.** Zwei Boote versenkten kein Schiff: Günther Heydemann mit *U575*, dessen

---

* Mit Bilanz von 25 bestätigten Versenkungen mit 183 223 BRT – alle mit *U96* erzielt – erreichte Lehmann-Willenbrock, der als Vorbild für den U-Boot-Kommandanten in dem Roman *Das Boot* diente, im Krieg den sechsten Platz.

** Ein Boot vom Typ IXD, das größte von den Deutschen während des Krieges gebaute Kampfboot. Geplant, um die Befürworter der fallengelassenen U-Kreuzer zufriedenzustellen, war der Typ IXD 10,8 Meter länger (87,6 gegenüber 76,8 Meter) als der Typ IXC und besaß die doppelte Bunkerkapazität (442 Tonnen), was dem Boot einen doppelt so großen Aktionsradius gab (43 960 gegenüber 20 400 Kilometer). Wie der Typ IXC war auch das IXD-Boot plump und tauchte nur langsam; es war daher für den Angriff auf Geleitzüge ungeeignet. Die älteren, ehemaligen Flottillen-Kommandeure Hans Ibbeken und Ernst Sobe stellten die ersten beiden IXD-Boote, *U178* und *U179*, in Dienst. Gysae und Ritterkreuzträger Wolfgang Lüth die nächsten beiden Boote, *U177* und *U181*.

Anreise sich durch die Suche nach Überlebenden der *Spreewald* stark verzögert hatte, und Wilhelm Zahn mit *U69*. Zahn, der drei erfolglose Feindfahrten mit *U69* absolviert hatte, übernahm nach seiner Rückkehr nach Frankreich andere Aufgaben.

Einen weiteren Konvoi 1100 Kilometer westlich von Lorient entdeckte Siegfried Rollmann mit *U82*, der sich mit nur noch einem defekten Torpedo im Heckraum auf Heimatkurs befand. Dönitz riet zur Vorsicht. Wenn sich der Konvoi als ein Gibraltar-Geleitzug erwies, teilte er seinem Stab mit, sollte man ihn angesichts der starken Sicherung meiden. Als Rollmann allerdings meldete, der Geleitschutz bestehe nur aus »Korvetten«, stufte Kernével den Geleitzug als Outbound South Convoy ein und versuchte, drei Typ-VII-Boote auf ihn anzusetzen, die sich auf dem Weg nach Amerika befanden. Rollmann hielt, obwohl er nicht angreifen konnte und nur noch wenig Treibstoff hatte, trotzdem pflichtbewußt Fühlung, doch das Abfangmanöver mißlang. Der Geleitzug war tatsächlich der Konvoi Outbound South 18, aber die mit Radargeräten ausgestatteten britischen Sicherungsfahrzeuge waren aufmerksam und erfahren. Am 6. Februar wurde *U82* von der Sloop *Rochester* und der Korvette *Tamarisk* gestellt und mit der gesamten Besatzung durch Wasserbomben versenkt. *U82* war das erste nach Amerika ausgelaufene Boot, das verlorenging.

Zwei der dreizehn Typ-VII-Boote, die in kanadische Gewässer entsandt worden waren, sondierten in südlicher Richtung versuchsweise US-amerikanische Gewässer und kreuzten relativ fern der Küste vor New York: Reinhard Suhren mit *U564*, der ebenfalls neues Eichenlaub zum Ritterkreuz trug, und Gerhard Feiler in dem neuen Boot *U653*. Suhren versenkte den kanadischen 11400 BRT großen Tanker *Victolite* mit Torpedos und Deckgeschütz und griff einen britischen Tanker mit dem Geschütz an, doch dieser entkam nur leicht beschädigt. In der Nähe desselben Gebiets, 650 Kilometer östlich von New York, versenkte Feiler einen norwegischen Frachter mit 1600 BRT.

Suhren hatte noch reichlich Torpedos, aber nur noch wenig Treibstoff. Kernével reagierte auf seine Bitte um Unterstützung, indem es Werner Winter, der sich mit dem IXB-Boot *U103* auf Heimatkurs befand, anwies, *U564* aufzutanken. Schlechtes Wetter und ungenaue Navigation verhinderten das Treffen jedoch, und Kernével mußte Harald Gelhaus mobilisieren, der sich mit dem IXB-Boot *U107* ebenfalls auf Heimatkurs befand. Doch Gelhaus rammte Suhrens Boot bei dem Rendezvous am 13. Februar, riß ein Loch in dessen Steuerbordöltank und zertrümmerte alle vier Bugtorpedorohre. Der Unfall zwang Suhren, die Fahrt abzubrechen, und ließ Gelhaus nur noch so wenig Treibstoff, daß er gemeinsam mit Suhren zurückfuhr, von dem er ironischerweise bei Bedarf Treibstoff bekommen konnte. Hätten die Alliierten die Marine-Enigma lesen können, hätten sie den Schauplatz dieses Treffens leicht ermitteln und zwei kampfunfähige U-Boote vernichten können.

Suhren und Gelhaus stießen, während sie langsam mit je einem Dieselmotor nach Osten tuckerten, auf eine Gruppe von sechs großen, westwärts laufenden Tankern, die sich von einem Outbound North Convoy gelöst hatten. Suhren konnte wegen seiner demolierten Bugrohre nicht angreifen, aber Gelhaus traf den norwegischen Tanker *Egda* mit seinem letzten Torpedo. Da das Schiff jedoch im Ballast fuhr, war der Schaden gering. Keine anderen Boote standen nahe genug, um diese leichte Beute zu erreichen.

Der kurze Vorstoß der Typ-VII-Boote *U564* und *U653* in US-amerikanische Gewässer war nur mäßig erfolgreich gewesen, doch er überzeugte Dönitz, daß die Boote des Typs VII sieben bis zehn Tage in US-amerikanischen Gewässern patrouillieren konnten, wenn sie der Großkreisroute folgten und konsequent Treibstoff sparten. Ein im Februar stattfindender Angriff in diesen Gebieten durch ein anderes Typ-VII-Boot, das kampferprobte und unter ungewöhnlichen Umständen eintreffende *U432* unter Heinz-Otto Schultze, zeigte, daß die Typ-VII-Boote, wenn sie auf See aufgetankt wurden, sogar sehr viel länger in jenen Gewässern operieren konnten.

Die Fahrt von *U432* in amerikanische Gewässer war veranlaßt worden von einer ärgerlichen, vom OKM gestellten Geleitschutzaufgabe. Dieses Mal sollte der Minenleger und Handelsstörer *Doggerbank* eskortiert werden, der Befehl hatte, Minenfelder in den Zufahrten von Kapstadt in Südafrika zu legen. Das OKM wies Kernével an, eines oder mehrere Boote des Typs IX zur Sicherung des Schiffes bereitzustellen. Nach Einwänden von Dönitz, der für diese ausgedehnte Mission keines der wenigen Typ-IX-Boote vor Amerika abziehen wollte, war das OKM damit einverstanden, Boote des Typs VII einzusetzen. Außerdem stimmte es auch zu, daß die Typ-VII-Boote bei der *Doggerbank* auftanken und das Schiff verlassen durften, wenn es eine Position erreicht hatte, die den Vereinigten Staaten am nächsten lag.

Am 21. Januar lief Schultze, dem die Geleitmission zugefallen war, mit *U432* aus. Er begleitete die Doggerbank bei stürmischem Wetter bis zum 31. Januar, tankte auf See auf – das erste Auftanken eines Typ-VII-Bootes im Rahmen der Operationen vor Amerika – und nahm Kurs auf das Gebiet vor Kap Hatteras. Obwohl der britische Nachrichtendienst das Auslaufen der *Doggerbank* festgestellt und einen Verdacht hinsichtlich ihres Zielorts hatte, konnte das Schiff seine Aufgabe durchführen und erzielte einen bescheidenen Erfolg.*

Am 14. Februar erreichte Heinz-Otto Schultze mit reichlich Treibstoff das Gebiet vor Kap Hatteras. In den nächsten zwölf Tagen erzielte er, während er von Kap Hatteras nach Norden zur Küste von Maryland und wieder zurück patrouillierte, sechs bestätigte Versenkungen mit 27 900 BRT; er stach damit das führende »Ass« Lehmann-Willenbrock aus und verzeichnete die bis dahin beste Feindfahrt eines Typ-VII-Bootes in amerikanischen Gewässern. Dummerweise waren seine beiden ersten Opfer brasilianische »Neutrale«: die 5200 BRT schwere *Buarque* und die *Olinda* mit 4100 BRT. Der pro-amerikanische Diktator Brasiliens, Getulio Vargas, meldete sofortigen und heftigen diplomatischen – wie auch öffentlichen – Protest an. Und Berlin machte sich auf »Vergeltungsmaßnahmen« gegen Vermögenswerte der Achsenmächte in Brasilien gefaßt.

Die 14 Typ-VII-Boote der im Januar nach Amerika ausgelaufenen zweiten Welle hatten 24 Schiffe (darunter drei Tanker) mit ungefähr 125 000 BRT versenkt. Dies entsprach durchschnittlich 1,7 versenkten Schiffen pro Boot und Feindfahrt, was dem Durchschnittsergebnis der zehn Dezember-Boote gleichkam, die 18 Schiffe mit

* Die *Doggerbank* trickste ein Patrouillenflugzeug, einen Leichten Kreuzer und einen Hilfskreuzer aus und legte in der Nacht vom 12. auf den 13. März vor Kapstadt 75 Minen. In der Nacht vom 16. auf den 17. April kehrte das Schiff noch einmal nach Kapstadt zurück und legte weitere 80 Minen. Die 155 Minen verursachten ein zeitweiliges Durcheinander in Kapstadt, versenkten zwei Frachter und beschädigten drei weitere Schiffe.

85 000 BRT oder ebenfalls 1,7 Schiffe pro Boot und Feindfahrt versenkt hatten.* Zwei Kommandanten von Typ-VII-Booten der Februargruppe, Lehmann-Willenbrock mit *U96* und Schultze mit *U432*, hatten fast die Hälfte der Jagdbeute dieser zweiten Welle für sich verbucht: elf Schiffe (einschließlich eines Tankers) mit etwa 53 300 BRT.

Erste Vorstöße zu den Westindischen Inseln und in die Karibik

Keine Fahrt der 26 deutschen U-Boote, die im Januar nach Amerika fuhren, wurde mit größerem Interesse verfolgt, als die der fünf ins Karibische Meer geschickten IXC-Boote. Die Gruppe hatte die Bezeichnung Neuland und den besonderen Auftrag, den Schiffsverkehr zu stören, der Öl und Bauxit von Südamerika nach Nordamerika brachte. Eine Gruppe von fünf großen italienischen Booten fuhr aus in den Westatlantik östlich der Inselgruppe der Kleinen Antillen und hielt der Gruppe Neuland den Rücken frei.

Der Großteil des südamerikanischen Erdöls wurde an zwei Orten gefördert, in den reichen Ölfeldern unter dem flachen Maracaibosee in Venezuela, und auf Trinidad, einer der zu Großbritannien gehörenden Westindischen Inseln. Das Rohöl von Maracaibo wurde in kleinen Tankern mit geringem Tiefgang durch den Golf von Venezuela zu riesigen Raffinerien auf den holländischen Inseln Aruba** und Curaçao gebracht, die einige Kilometer vor der Nordküste Venezuelas liegen. Diese Inseln waren nach der deutschen Besetzung der Niederlande von britischen Truppen besetzt worden, die nach und nach von amerikanischen Verbänden abgelöst wurden. Große hochseetüchtige Tanker beförderten Benzin- und Mineralöl-Derivate weiter. Das meiste Öl aus Trinidad wurde auf der Insel in Raffinerien verarbeitet. Das strategisch günstig vor der Nordostküste Venezuelas liegende Trinidad war auch ein Anlaufhafen für Schiffe, die nach Süden zu lateinamerikanischen und afrikanischen Häfen fuhren, und für eine Flotte von Schiffen mit geringem Tiefgang, die Bauxit (Grundstoff für die Aluminiumproduktion) von Britisch-Guyana und Niederländisch-Guyana (Surinam) nach Trinidad beförderten, wo es auf größere Schiffe umgeladen wurde.

Die Gruppe Neuland bestand aus drei kampferprobten und zwei neuen Booten, die im Dezember kurze Feindfahrten von Deutschland nach Lorient unternommen, aber noch keine nennenswerten Gefechte erlebt hatten. Am 20. Januar nahmen drei Boote Kurs auf das 7400 Kilometer entfernte Gebiet Aruba-Curaçao: Günther Müller-Stöckheim mit *U67*, Jürgen von Rosenstiel mit *U502* und Werner Hartenstein mit dem neuen Boot *U156*. Die anderen beiden Boote – Nikolaus Clausen mit *U129* und Albrecht Achilles mit dem neuen *U161* – machten sich am 25. Januar auf den Weg in das etwa 6600 Kilometer entfernte Gebiet um Trinidad. Alle Boote überquerten den Atlantik auf südwestlichem Kurs und fuhren nur mit einem Dieselmotor, eine quälend langsame Reise von mindestens drei Wochen. Wie bei der Operation Paukenschlag sollten die fünf Boote zur selben Zeit angreifen – am 16. Februar bei Neumond.

---

* Siehe Tafel 12.

** Die Lago-Raffinerie auf Aruba, die im Monat sieben Millionen Barrel Mineralölerzeugnisse produzierte, war die größte der Welt.

Während sich die Boote im Schneckentempo auf die Karibik zubewegten, brach zwischen Dönitz und der Führung in Berlin ein scharfer Streit darüber aus, wie der wichtigste Teil dieser Operation ablaufen sollte. Admiral Raeder ordnete persönlich an, daß die drei nach Aruba-Curaçao fahrenden Boote die Operation mit einem überraschenden Beschuß der riesigen Raffinerien und Tanklager auf diesen Inseln, die von der See her leicht zugänglich waren, eröffnen sollten. Obgleich bekannt war, daß die Inseln von britischen und amerikanischen Truppen besetzt waren und daß Aruba drei große 7,5-Zoll-Geschütze zur Küstenverteidigung besaß, dachte Raeder, ein plötzlicher Nachtangriff könnte die alliierten Streitkräfte überrumpeln, die Raffinerien und Tanklager in Brand setzen und sie für Monate unbrauchbar machen. Dönitz dagegen hielt einen Überraschungsangriff auf die unbewaffneten Tanker für lohnender – und auf jeden Fall für weniger riskant und befriedigender für seine U-Boot-Fahrer. Deshalb widersetzte er sich Raeders Befehl energisch und vertrat die Ansicht, daß die Beschießung fehlschlagen, feindliche Schiffe auf die Anwesenheit der U-Boote aufmerksam machen und damit vielleicht zu einer vorübergehenden Einstellung des Tankerverkehrs führen könne, was ein Scheitern der Gruppe Neuland zur Folge hätte. Raeder lehnte es ab, seinen Befehl aufzuheben; doch Dönitz setzte sich über Raeder hinweg und wies die Boote an, die Operation mit Angriffen auf Tanker zu eröffnen. Erst danach sollten sie, wenn es die Umstände zuließen, die Raffinerien und Tanklager beschießen.

In den frühen Stunden des 16. Februar eröffnete der 32jährige Werner Hartenstein, der unerfahrenste, aber älteste Kommandant der Gruppe Neuland (Crew-Jahr 1928), mit *U156* den deutschen Angriff in der Karibik. Er glitt in die Hafeneinfahrt von San Nicholas auf Aruba und schoß auf drei vertäute Tanker. Alle Torpedos trafen, versenkten einen Tanker (die britische *Oranjestad* mit 2400 BRT) und beschädigten die beiden anderen schwer, darunter ein amerikanisches Schiff. Die beiden beschädigten Tanker wurden später repariert und wieder eingesetzt.

Obwohl Hartenstein seine Anwesenheit verraten hatte, gab er seiner Besatzung noch am selben Tag nach Einbruch der Dunkelheit den kühnen Befehl, die 10,5-cm-Kanone und die kleinkalibrigeren Waffen zu besetzen und die Raffinerie und die Tanklager unter Beschuß zu nehmen. Doch das ganze endete in einem Desaster. Die Kanoniere vergaßen, den Mündungspfropfen am Geschütz zu entfernen, so daß beim ersten Schuß der Lauf der Kanone explodierte. Die Detonation tötete einen Kanonier und richtete das Geschütz übel zu. Außerdem wurde der Artillerieoffizier Dietrich-Alfred von dem Borne, Sohn eines hochrangigen Offiziers der Kriegsmarine, schwer verletzt. Hartensteins Sanitäter versuchte, Bornes zerschmettertes Bein zu operieren – eine grausame Tortur für den Helfer und den Verletzten – doch es war offensichtlich, daß von dem Borne unbedingt eine ordentliche ärztliche Versorgung benötigte. Hartenstein hatte den Einfall, von dem Borne an die Küste von Martinique zu bringen, das zu Vichy-Frankreich gehörte, und bat Dönitz um die Genehmigung. Dönitz klärte die Sache mit Berlin ab und erlaubte die Landung, obwohl sich die Vichy-Franzosen auf Martinique aus Angst vor amerikanischen Vergeltungsmaßnahmen zunächst sträubten.

Martinique wurde noch immer durch alliierte Flugzeuge, Überwasserschiffe und U-Boote überwacht, um eine mögliche »Flucht« des alten Vichy-französischen Flugzeugträgers *Béarn*, der Leichten Kreuzer *Emile Bertin* und *Jeanne d'Arc* sowie anderer Kriegsschiffe in europäische Gewässer zu verhindern oder Versuche zu vereiteln, die Raffinerien auf Aruba und Curaçao zu zerstören oder den Panamakanal anzugreifen und dessen Schließung zu provozieren. Aus diesen Gründen näherte sich Hartenstein dem Hafen bei Fort-de-France mit äußerster Vorsicht. Die Vichy-französischen Marineoffiziere gaben ihre ablehnende Haltung gegenüber seinem Plan auf, schickten eine Barkasse und holten Borne an Land. Die französischen Ärzte amputierten sein Bein, und er erholte sich schließlich von seinen Verwundungen und kehrte nach Deutschland zurück. Die amerikanischen Marinebeobachter erfuhren bald von dieser Übergabe, die die Gerüchte (die jedoch alle falsch waren) zu bestätigen schien, daß das Vichy-Regime deutsche U-Boote aktiv unterstützte. Als Vergeltung forderte Roosevelt, die Franzosen sollten die auf Martinique stationierten Kriegsschiffe »innerhalb von 36 Stunden« »bewegungsunfähig« machen (indem sie einige Maschinen ausbauten), und drohte mit einem amerikanischen Bombenangriff. Die Franzosen machten die Kriegsschiffe bewegungsunfähig.

Raeder war verstimmt, daß sein Befehl zur Beschießung nicht aggressiver ausgeführt worden war, und gab Dönitz erneut den ausdrücklichen Befehl, die Raffinerie auf Aruba anzugreifen. Dönitz reagierte, indem er Müller-Stöckheim mit *U67* von Curaçao nach Aruba verlegte, und Rosenstiel mit *U502* ins Spiel brachte. Auf Aruba befand man sich zu diesem Zeitpunkt in voller Alarmbereitschaft, und die Insel war verdunkelt. Eine einzelne holländische Motorbarkasse kreuzte zur Verteidigung vor der Hafeneinfahrt; die drei großen Geschütze zur Küstenverteidigung waren besetzt und ausgerichtet. Dies führte dazu, daß keines der Boote einen wirkungsvollen Nachtangriff mit dem Deckgeschütz durchführen konnte oder wollte und die Raffinerien und Tanklager unversehrt blieben.*

Der Befehl wurde aufgehoben, und die drei Boote konzentrierten sich nun auf die Schiffahrt in dem Gebiet vor Aruba und Curaçao. Alle waren erfolgreich. Hartenstein versenkte mit *U156* nach seiner Rückkehr von Martinique vier weitere Schiffe, die letzten zwei mit dem Deckgeschütz, das die Besatzung wieder funktionstüchtig gemacht hatte, indem sie mit einer Bügelsäge die zerfetzte Mündung absägte. Unter den versenkten Schiffen waren zwei Tanker, der amerikanische 7000-Tonner *Oregon* und der britische Tanker *La Carriere* mit 5700 BRT. Rosenstiel versenkte fünf Tanker mit Torpedos: drei kleine auf der Maracaibo-Route sowie die panamaische *Thalia* mit 8300 BRT und den Norweger *Kongsgaard* mit 9500 BRT. Diese Versenkungen wurden bestätigt. Außerdem meldete er die Versenkung eines sechsten Tankers und die Beschädigung eines amerikanischen 9000-Tonnen-Tankers. Müller-Stöckheim von *U67* hatte eine Pechsträhne. Er meldete sechs Torpedoversager oder Fehlschüsse beim Angriff auf zwei verschiedene Schiffe und etwas später einen Riß im Druckkörper, was seine Tauchtiefe auf 30 Meter beschränkte. Trotz dieser Fehlschläge und Handikaps versenkte er zwei Tanker (den amerikanischen 9000-Tonner *J. N. Pew* und die panamaische *Penelope* mit 8400 BRT) und beschädigte einen kleineren.

Diese Angriffe lähmten zeitweise den Verkehr von Tankern mit geringem Tiefgang vor Maracaibo, Aruba und Curaçao. Die größtenteils chinesischen Tankerbesatzungen meuterten und weigerten sich, ohne alliierten Geleitschutz auszulaufen. Keine Tanker

* Dönitz' Weigerung, die Raffinerien und Tanklager auf Aruba und Curaçao beschießen zu lassen, die für die Alliierten weit mehr wert waren als die Tanker, die *U67* oder *U502* vielleicht hätten versenken können, muß als schwerer strategischer Fehler betrachtet werden.

trafen mehr in Aruba oder Curaçao ein, und die riesigen Raffinerien waren vorübergehend gezwungen, den Betrieb einzustellen. Die holländischen Behörden warfen die chinesischen Meuterer ins Gefängnis, doch der Schiffsverkehr verlief erst wieder normal, als Admiral John H. Hoover, der Befehlshaber der Caribbean Sea Frontier, zwei Zerstörer und einige Catalina-Flugboote aus Puerto Rico schickte, um die Tankerflotte des Maracaibosees zu sichern. Er entsandte auch einen amerikanischen Admiral, der sämtliche alliierten Streitkräfte in diesem strategisch äußerst wichtigen Gebiet organisieren, kommandieren und koordinieren sollte.

Von den zwei bei Trinidad stehenden U-Booten hatte das neue *U161* unter dem 28jährigen Albrecht Achilles die ersten Erfolge vorzuweisen. Achilles, der seine erste Feindfahrt als Kommandant absolvierte, kreuzte kühn im flachen, eng begrenzten und Trinidad vom Festland Venezuela trennenden Golf von Paria. Er näherte sich Port of Spain, der hell erleuchteten Hauptstadt Trinidads, als wäre *U161* ein Kreuzfahrtschiff. Am 18. Februar, kurz vor Mitternacht, schoß er in zehn Meter tiefem Wasser vor Port of Spain an der Oberfläche liegend, einen Bugfächer auf zwei Schiffe. Zwei der vier Torpedos funktionierten nicht oder verfehlten ihr Ziel, doch die beiden anderen trafen einen britischen 7000-Tonnen-Tanker und einen amerikanischen Frachter mit 7500 BRT. Beide Schiffe gingen in dem flachen Gewässer auf Grund, wurden jedoch später gehoben und wieder in Dienst gestellt.

Hoover war sich der strategischen Bedeutung Trinidads als Öllieferant und Zwischenstation für den Schiffsverkehr vollkommen bewußt. Er war im Begriff, auf der Insel einen starken, mit dem auf Island vergleichbaren ASW-Stützpunkt zu errichten. Doch die Arbeiten hatten gerade erst begonnen, und Achilles hatte die alliierten Streitkräfte überrumpelt. Aus diesem Grund konnte er die lange Strecke durch flache Gewässer bis zur offenen See aufgetaucht zurücklegen, ohne mit Gegenangriffen rechnen zu müssen. Sein kühnes Eindringen in den Golf von Paria sollte mit Priens Heldentat von Scapa Flow verglichen werden, obwohl die Ergebnisse in keinster Weise vergleichbar waren.

Danach fuhr Achilles nach Norden zu den Kleinen Antillen. Obgleich die Alliierten den größten Teil des Schiffsverkehrs in diesen Gewässern zeitweise eingestellt hatten, sichtete er in den folgenden beiden Wochen zwei Tanker und versenkte sie mit Torpedos und Deckgeschütz (die britische *Circe Shell* mit 8200 BRT und die kanadische *Uniwaleco* mit 9800 BRT) und den amerikanischen 7000-Tonnen-Frachter *Lihue*. Er versenkte alle drei Schiffe mit Torpedos und dem Deckgeschütz, obwohl der Frachter bewaffnet war und sich erbittert wehrte. Das amerikanische U-Boot *S17*, das am 4. und 5. März in der Anegada-Passage der Kleinen Antillen patrouillierte, meldete eine haarsträubende, aber folgenlose Begegnung mit einem U-Boot, das zweifellos *U161* war.

Als Achilles am 9. März mit dem Sehrohr die britische Insel St. Lucia in Augenschein nahm, sah er in ihrem Haupthafen Port Castries zwei Schiffe am Dock liegen. Es handelte sich um ein kanadisches Passagierschiff mit 8000 BRT und ein britisches Fracht- und Passagierschiff mit 8200 BRT, die beide an diesem Morgen eingelaufen waren. Achilles tauchte nach Einbruch der Nacht auf, schlich sich mit den E-Motoren leise in den Hafen und torpedierte beide Schiffe. Beide sanken in dem flachen Hafenbecken, konnten jedoch gehoben und wieder eingesetzt werden. An der Küste postierte MG-Schützen nahmen *U161* unter Feuer, als es sich in offene Gewässer zurückzog, doch der Beschuß verursachte kaum Schaden.

Achilles fuhr weiter nach Norden zu den Kleinen Antillen, wo er in den folgenden Tagen zwei weitere Schiffe versenkte. Das erste meldete er als einen 5000-Tonnen-Tanker, doch es handelte sich wahrscheinlich um einen kanadischen 2000-Tonnen-Frachter. Das zweite war das Feuerschiff *Acacia* der US-Küstenwache. Achilles versenkte die leicht bewaffnete *Acacia* mit dem Deckgeschütz, was seine bestätigte Abschußquote auf fünf Schiffe mit 28 000 BRT erhöhte (darunter zwei Tanker), zuzüglich der vier Schiffe mit 30 500 BRT, die auf dem Grund der Häfen auf Trinidad und St. Lucia lagen. Der amerikanische Glattdeck-Zerstörer *Overton* rettete 35 Besatzungsmitglieder der *Acacia*.

Das andere vor Trinidad liegende Boot, das in vielen Einsätzen erprobte *U129* unter Nikolaus Clausen, patrouillierte südöstlich der Insel im offenen Atlantik, um die Bauxit-Transporte zu stören. In vier Tagen, vom 20. bis 23. Februar, torpedierte und versenkte Clausen vier Frachtschiffe mit 11 700 BRT. Danach fuhr er an der Küste entlang nach Süden bis Britisch- und Niederländisch-Guyana (Surinam), um die Bauxit-Transporte an der Quelle zu stören. Dort scheiterte er jedoch aufgrund der flachen Gewässer des in diesem Gebiet 180 Kilometer breiten Kontinentalschelfs und weil der Schiffsverkehr inzwischen unterbrochen oder umgeleitet worden war. Er kehrte zu seinem vorherigen Operationsgebiet bei Trinidad zurück und versenkte in sieben Tagen, vom 28. Februar bis zum 6. März, drei weitere Frachter mit 13 900 BRT, was seine Trefferquote auf sieben Frachter mit 25 600 BRT erhöhte.

Die fünf Boote der Gruppe Neuland hatten den Alliierten in der Karibik eine materiell wie psychologisch hochwirksame Tracht Prügel verpaßt und begaben sich nun auf die lange Heimfahrt. Die Gruppe hatte es nicht geschafft, die Raffinerien auf Aruba und Curaçao lahmzulegen, doch sie hatte 24 Schiffe (davon zwölf Tanker) mit 119 000 BRT versenkt und wahrscheinlich acht Schiffe (davon fünf Tanker) mit ungefähr 50 000 BRT beschädigt. Wären diese Schiffe nicht in flachen Hafengewässern, sondern auf hoher See getroffen worden, wären sechs davon mit ziemlicher Sicherheit für immer verloren gewesen (zwei durch Hartenstein und vier durch Achilles). Überdies wäre die Bilanz der Gruppe zweifellos noch viel besser ausgefallen, wenn Müller-Stöckheim nicht mit Torpedodefekt und einem Leck im Druckkörper zu kämpfen gehabt hätte.

Auf dem Rückmarsch durch den Golf von Biskaya wurde Clausens *U129* von einer von Victor D. Pope geflogenen Whitley-Maschine der Squadron 502 des Coastal Command bombardiert. Doch das Boot überstand den Angriff und erreichte Lorient. Da Clausen seinen Meldungen zufolge die 100 000-Tonnen-Marke überschritten hatte, wurde er mit einem Ritterkreuz ausgezeichnet.* Natürlich versuchte auch die Berliner Propaganda aus seinen Erfolgen wie auch aus der wirklich eindrucksvollen Leistung von Achilles Kapital zu schlagen. Clausen wurde von seinem Kommando auf *U129* entbunden und kehrte wie Gysae und Lüth nach Deutschland zurück, um einen der neuen U-Kreuzer des Typs IXD in Dienst zu stellen.**

* Zum Zeitpunkt der Auszeichnung betrug Clausens auf *U37* und *U129* erzielte und bestätigte Versenkungsquote 19 Schiffe mit 63 855 BRT, darunter zwei irrtümlich versenkte Vichy-französische Fahrzeuge, das U-Boot *Sfax* und der kleine Tanker *Rhone*.

** Nach seiner Versetzung waren noch acht Ritterkreuzträger aktiv am U-Boot-Krieg gegen Amerika beteiligt: Bigalk, Bleichrodt, Hardegen, Mützelburg, Schnee, Scholtz, Suhren und Topp.

Die gewünschte Auswirkung des Unternehmens auf den Öltransport in der Karibik war für die Gruppe Neuland ein bemerkenswerter Erfolg. Sie hatte zwölf Tanker versenkt, fünf weitere beschädigt und den Schiffsverkehr vor Aruba und Curaçao vorübergehend lahmgelegt.

Doch all dies hatte seinen Preis: Wie die früheren Feindfahrten vor Freetown dauerten die der Gruppe Neuland durchschnittlich 65 Tage. Zwar konnten die neuen Boote der Gruppe (*U156*, *U161* und *U502*) nach etwa einem Monat Pause und Instandsetzung in Frankreich wieder auslaufen, aber die älteren Boote (*U67* und *U129*) benötigten zwei Monate für die Instandsetzung. Pro Boot und Feindfahrt war das durchschnittlich erreichte Ergebnis deshalb bei diesem Aufwand nicht allzu beeindruckend, vom Verschleiß der Besatzungen in tropischen Gewässern ganz zu schweigen.

Zudem hatte die Gruppe Neuland das Überraschungsmoment in einem zuvor nicht angetasteten Gebiet für sich gehabt. Bei den folgenden Feindfahrten in der Karibik würde nach Ansicht einiger Mitarbeiter des Stabs in Kernével mit verstärkten ASW-Maßnahmen zu rechnen sein – auch wenn die ASW-Einheiten noch unerfahren und ungeschickt sein würden –, wodurch sich die Resultate höchstwahrscheinlich verschlechtern und die Risiken steigen würden. Daher hielten jene Mitglieder des Stabs Feindfahrten in der Karibik, genau wie die nach Freetown, solange für ineffizient, bis die Möglichkeit bestand, die Boote in diesem Gebiet mit Treibstoff und Torpedos zu versorgen.

Aufgrund früherer Leistungen hatte man in Kernével keine sonderlich tatkräftige Unterstützung durch die fünf italienischen Boote erwartet, die bei dem Vorstoß der Gruppe Neuland genau östlich der Kleinen Antillen patrouilliert hatten. Man hatte angenommen, daß sie allenfalls als Ablenkung dienen würden. Doch die italienischen U-Boot-Männer, von denen einige in der Ostsee oder auf Feindfahrten von Deutschen ausgebildet worden waren, hatten von allen eingesetzten italienischen U-Booten den erfolgreichsten koordinierten Schlag des ganzen Krieges geführt.

- Carlo Fecia di Cossato von der *Tazzoli* versenkte sechs Schiffe mit 29 200 BRT, darunter den britischen Tanker *Athelqueen* mit 8800 BRT.
- Athos Fraternale von der *Morosini* versenkte drei Schiffe mit 22 000 BRT, einschließlich des holländischen Tankers *Oscilla* mit 6300 BRT und des britischen Tankers *Peter Bogen* mit 9700 BRT.
- Ugo Giudice von der *Finzi* versenkte drei Schiffe mit 21 500 BRT, darunter den britischen 7000-Tonnen-Tanker *Melpomene* und den norwegischen 10 000-Tonnen-Tanker *Charles Racine*.
- Antonio de Giacomo von der *Torelli* versenkte zwei Schiffe mit 16 500 BRT, darunter den panamesischen Tanker *Esso Copenhagen* mit 9200 BRT.
- Luigi Longanesi-Cattani von der *Da Vinci* versenkte ein Schiff mit 3644 BRT.

Das Gesamtergebnis belief sich auf 15 Schiffe mit etwa 93 000 BRT, davon sechs Tanker. Obwohl die *Torelli* an der Wasseroberfläche von einem alliierten Flugzeug entdeckt und bombardiert wurde, wobei zwei Mann getötet wurden, kehrte das Boot wie auch die anderen vier sicher nach Bordeaux zurück. Zusammen hatten die Gruppe Neuland und die italienische Gruppe bei diesem ersten, durch neun Boote ausgeführten Angriff der Achse auf die Westindischen Inseln und die Karibik ein eindrucksvolles Gesamtresultat erzielt: 39 eindeutig versenkte Schiffe (davon 18 Tanker) mit 212000 BRT sowie wahrscheinlich acht ernsthaft beschädigte weitere Schiffe (davon fünf Tanker) mit ungefähr 50000 BRT.*

Die 25 deutschen Boote, die im Januar in amerikanische Gewässer vorgestoßen waren, hatten der alliierten Schiffahrt einen schweren Schlag versetzt. Elf Typ-IX-Boote, einschließlich der Gruppe Neuland, erzielten 47 bestätigte Versenkungen mit 276000 BRT (und beschädigten viele weitere Schiffe). Die 14 Typ-VII-Boote versenkten 24 Schiffe mit 125000 BRT (und beschädigten weitere). Es handelte sich um den erfolgreichsten Beutezug von U-Booten im Zweiten Weltkrieg: 71 bestätigte Schiffe mit ungefähr 401000 BRT (davon 23 Tanker) waren versenkt worden.** Im Gegenzug hatten die die Alliierten mit *U82* ein U-Boot versenkt.

Zweifellos beeinflußte dieser Sieg Hitlers Entscheidung, Dönitz schnell zu einem Viersterneadmiral zu befördern; die Beförderung trat am 14. März in Kraft. Als Dönitz die Nachricht erhielt, benachrichtigte er alle U-Boot-Küstenstützpunkte und alle Boote auf See und dankte seinen Männern.

Ungeachtet dieses erstaunlichen Erfolgs waren Admiral Raeder und das OKM verärgert, als sie erfuhren, daß Dönitz keine zweite Gruppe von Typ-IX-Booten in Marsch gesetzt hatte, um die Gruppe Neuland in der Karibik übergangslos zu ersetzen. Raeder erklärte, die Unterbrechung des alliierten Öl- und Bauxit-Transports in der Karibik sei von größerer Wichtigkeit als jede andere Aufgabe, und er beharrte darauf, Dönitz solle in der Karibik »im größtmöglichen Ausmaß« patrouillieren lassen und einen weiteren Versuch machen, die Raffinerien und Tanklager auf Aruba und Curaçao zu beschießen.

Unvorhergesehene und ungeplante Geleitzugschlachten

Dönitz hatte geplant, die Januar-Offensive in amerikanischen Gewässern im Februar mit 26 oder mehr Booten fortzusetzen oder sie noch zu verstärken. Doch wegen Hitlers Norwegen-Paranoia und den Verzögerungen beim Aufbau der atlantischen U-Boot-Streitmacht, die sich durch das Eis in der Ostsee ergaben, mußten vorübergehend acht Typ-VII-Boote für die Aufklärungsstreifen bei Island und Schottland abgestellt werden. Außerdem glaubte Dönitz, die Region bei Freetown könnte unterbesetzt und/oder vernachlässigt werden, und deshalb schickte er nur zwei Typ-IX-Boote in den Südatlantik. Dort hatte man nach dem katastrophalen Verlust der *Python* und der *Atlantis* im November 1941 keine Feindfahrten mehr durchgeführt. Das Fazit war,

* Im Kielwasser der italienischen Gruppe versenkte Emilio Olivieri auf der *Calvi*, der im selben Gebiet und südlich bei Britisch- und Niederländisch-Guyana patrouillierte, fünf Schiffe mit 27571 BRT, darunter drei Tanker (zwei Amerikaner, die *T. C. McCobb* (7500 BRT) und die *E. V. R. Thayer* (7100 BRT) sowie das panamaische Schiff *Ben Brush* (7700 BRT)). Dies verbesserte die Ergebnisse der ersten italienischen Feindfahrten im Gebiet der Westindischen Inseln auf 20 versenkte Schiffe (davon neun Tanker) mit 120417 BRT. Allerdings versenkten die Italiener 1942 keine weiteren Schiffe mehr im Atlantik.

** Einige der Januar-Boote versenkten im Januar, Februar und März Schiffe; einige der Februar-Boote versenkten bereits im Februar Schiffe. Die Gesamtzahl an bestätigten Versenkungen durch alle U-Boote betrug nur auf den Februar bezogen 59 Schiffe (davon 23 Tanker) mit 331219 BRT sowie 9 beschädigte Schiffe (davon 8 Tanker).

daß im Februar nur 18 Boote (jeweils 9 des Typs IX und des Typs VII) Kurs auf amerikanische Gewässer nahmen. Zwei Drittel der Typ-IX-Boote (sechs von neun Booten) und beinahe die Hälfte der Typ-VII-Boote (vier von neun Booten) waren neu und wegen des Eises in der Ostsee hatten die meisten noch keine komplette Erprobungsphase absolviert.

Aus den Erfahrungen von Suhren in *U564* und Feiler in *U653* hatte Dönitz den Schluß gezogen, daß die Typ-VII-Boote, wenn sie der Großkreisroute folgten, konsequent Treibstoff sparten und langsam fuhren, in amerikanischen Gewässern bis zu zehn Tage operieren konnten, also fast so lange wie die Typ-VII-Boote in kanadischen Gewässern. Er stellte daher die schwierigen und wenig produktiven Feindfahrten in kanadischen Gewässern zeitweise ein und ließ alle zehn Boote der Februar-Gruppe in US-amerikanischen und karibischen Gewässern operieren.

Die Februar-Boote waren die ersten, die davon profitierten, daß die Briten die Einstellungen der Vier-Walzen-Enigma-Maschine nicht entziffern und bekannt gewordenen U-Boot-Positionen nicht mehr ausweichen konnten. Am 21. Februar griffen zwei neue, auf dem Weg nach Amerika befindliche Typ-IX-Boote, *U154* und *U155*, im Mittelatlantik große Geleitzüge an, die in die entgegengesetzte Richtung fuhren. Der 34jährige Walter Kölle von *U154* reagierte auf die Meldung eines anderen Bootes und fand den schnell fahrenden und stark eskortierten, ostwärts laufenden Konvoi Halifax 175. Er setzte die vorgeschriebene Kontaktmeldung ab, blieb auf Fühlung, griff hartnäckig an und verschoß alle 14 Torpedos, erzielte jedoch keinerlei Wirkung. Nach Erhalt von Kölles Schußmeldung (zehn unerklärliche Fehlschüsse und vier »Versager« bei einem Tanker) wies Kernével ihn an, mit voller Fahrt nach Lorient zurückzukehren. Als er dort eintraf, stellte man fest, daß die Eichung des Torpedovorhalterechners nicht mehr stimmte. Kölle hatte sich auf dem Anmarsch in die Karibik befunden. Reparaturen und weitere Schulung verzögerten sein Auslaufen bis zum März und schwächten damit, zur Bestürzung der Führung in Berlin, die U-Boot-Operation in der Karibik.

Adolf-Cornelius Piening von *U155* fand den Geleitzug Outbound North 67, der mit westlichem Kurs einer neu eingeführten, südlicher liegenden Großkreisroute folgte. Der Konvoi bestand aus 35 Handelsschiffen, darunter vielen im Ballast fahrenden Tankern, und wurde von einer kanadischen Korvette *Algoma*, zwei alten amerikanischen Zerstörern, *Lea* und *Bernadou*, und den beiden neuen amerikanischen Zerstörern *Nicholson* und *Edison* gesichert, die mit Meter-Radargeräten ausgestattet waren. Dem Geleitzug folgte ein 1600 BRT großes »Rettungsschiff«, die *Toward*. Sie war für mehrere hundert Schiffbrüchige eingerichtet und hatte medizinisches Personal an Bord, war jedoch auch mit einem der neuen Huff-Duff-Bordgeräte ausgerüstet, mit dem sich die Positionen fühlungshaltender U-Boote für die Sicherungsfahrzeuge an Ort und Stelle einpeilen ließen.

In dem Geleitzug befand sich der britische 8000-Tonnen-Tanker *Empire Celt*, der mit der neuen, experimentellen Torpedoabwehrvorrichtung Admiralty Net Defense ausgestattet war. Die Vorrichtung bestand aus riesigen Rollen starker »Stahlnetze«, die bei Gefahr oder bei einer Einzelfahrt mit Hilfe von etwa 15 Meter langen Stangen an Steuerbord und Backbord »ausgeworfen« wurden. Bei kontrollierten Tests hatten die Netze britische U-Boot-Torpedos gestoppt, doch diese Fahrt war der erste Test unter Gefechtsbedingungen. Obwohl die Netze nur bei einer Geschwindigkeit von unter neun Knoten eingesetzt werden konnten, schwierig zu handhaben waren und nach jeder Reise ersetzt werden mußten, glaubten die Befürworter der Torpedonetze, daß damit ein 50- bis 60prozentiger Schutz für Frachter und Tanker gewährleistet werden könnte. Der Projektmanager des Admiralty Net Defense, C. N. E. Currey, und ein älterer amerikanischer U-Boot-Fahrer, George C. Crawford, hatten sich auf der *Empire Celt* eingeschifft, um den Versuch unter Gefechtsbedingungen zu überwachen und zu beobachten.

Das Rettungsschiff *Toward* meldete die DF-Einpeilung von Pienings *U155* und gab Alarm. Der Zerstörer *Lea* suchte eine Stunde lang planlos an der angegebenen Position und kehrte auf seinen Platz in der Geleitschutzformation zurück. Piening wich der *Lea*, den drei anderen Zerstörern und der Korvette aus und griff in den frühen Morgenstunden des 22. Februar drei Schiffe mit einer Bugsalve an. Seine Torpedos versenkten den britischen 8000-Tonnen-Tanker *Adellen* und einen Frachter mit 1800 BRT. Während der Konvoi seinen Weg fortsetzte, fischten die *Toward* und die *Nicholson* die Überlebenden aus dem Wasser.

Da der Geleitzug nach Westen lief, wies Dönitz alle nach Amerika marschierenden und nahe bei dem Konvoi stehenden Boote an, dort zusammenzulaufen. Zwei weitere neue Typ-IX-Boote, *U158* unter Erich Rostin und *U162* unter Jürgen Wattenberg, sowie vier Typ-VII-Boote nahmen Kurs auf Pienings Peilzeichen, und am späten Abend des 23. Februar wurde Outbound North 67 von sieben U-Booten verfolgt, die versuchten, die Begleitschiffe auszumanövrieren. Durch reines Glück und Improvisation wurde dies der erste Rudelangriff auf einen nordatlantischen Geleitzug seit dem vergangenen November, als die Deutschen den Slow Convoy 52 nach Newfoundland zurückgetrieben hatten.

Der alte Hase Günther Krech mit dem Typ-VII-Boot *U558* griff den Geleitzug als nächster an. Sein Angriff am 24. Februar war einer der denkwürdigsten des Krieges. In fünf Stunden erzielte er fünf bestätigte Versenkungen: vier große im Ballast fahrende Tanker mit 32600 BRT* und einen Frachter mit 4400 BRT. Krech, der alle Torpedos bis auf einen verbraucht hatte, kehrte nach Frankreich zurück, wo er uneingeschränktes Lob von Dönitz erhielt und wie üblich von der Berliner Propaganda gefeiert wurde.

Als nächste liefen zwei Typ-IX-Boote zum Angriff heran, Rostin mit *U158* und Wattenberg mit *U162*. Rostin traf und beschädigte einen Tanker. Dann schossen er und Wattenberg wahrscheinlich gleichzeitig auf den Tanker *Empire Celt*, der das Admiralty Net Defense auswarf. Ein Torpedo durchbrach das Netz, traf mittschiffs und riß ein klaffendes Loch. Das Schiff fiel hinter den Geleitzug zurück und zerbrach in zwei Teile. Der Bug sank. Ein Schlepper aus Newfoundland rettete 45 Mann, darunter auch Currey und Crawford vom Heck und versuchte, das Heckteil nach St. John's zu schleppen, doch es sank 65 Kilometer vor dem Ziel.

Der gescheiterte Einsatz des Torpedonetzes unter Gefechtsbedingungen war ein »schwerer Schlag« für das Admiralty Net Defense, wie ein britischer Sach-

* Die norwegische *Eidanger* (9400 BRT) und drei britische Schiffe – die *Inverarder* mit 5600 BRT, die *Finnanger* mit 9500 BRT und die *Anadara* mit 8000 BRT, der nach dem Krieg die Versenkung von *U651* gutgeschrieben wurde.

verständiger schrieb. Trotzdem rüstete die Admiralität zahlreiche Schiffe mit einer Tonnage von über 8000 BRT mit dieser Vorrichtung aus.*

Ulrich Borchert griff mit *U587*, einem neuen Typ-VII-Boot, als nächster Kommandant an. Er war am 13. Februar in Frankreich ausgelaufen und hatte zusammen mit Viktor Vogel in seinem Schwesterschiff *U588* und Otto Ites in dem altgedienten Boot *U94* den Auftrag erhalten, nach den Überlebenden einer Focke-Wulf Condor zu suchen, die auf See notwassern mußte. Am 15. Februar hatte Borchert fünf Überlebende in einem Schlauchboot gefunden und an Bord genommen. Danach mußte er sich mit einem auf Heimatkurs befindlichen Boot treffen und die Geretteten übergeben. Das erste Treffen mit Gerhard Bigalk von *U751* war schiefgegangen, doch das zweite am 18. Februar mit Ernst Kals geglückt. Für die Besatzung der Focke-Wulf war dies ein glücklicher Ausgang, doch im Verlauf der Suche und der Übergabe hatte Borchert eine Menge kostbaren Treibstoff verbrannt.

Dies veranlaßte Dönitz zu einem ungewöhnlichen Eintrag in sein Kriegstagebuch. Auch wenn die Rettung der Flugzeugbesatzung völlig selbstverständlich und normal erscheine, schrieb er, sei doch trotzdem immer schwer zu entscheiden, ob U-Boote auf dem Weg in ihr Einsatzgebiet nach den Besatzungen notgewasserter Flugzeuge suchen sollten. Unter den gegebenen Umständen sei jeder Tropfen Dieselöl für die Boote von größter Bedeutung. Deshalb könne es durchaus passieren, daß die Bitte um Hilfe wegen operativer Aufgaben abgelehnt werden müsse. Das OKM bemerkte zu dem Eintrag, eine im Seekrieg eingesetzte Flugzeugbesatzung sei so wertvoll, daß schon ein *sehr* ernster Grund vorliegen müsse, wenn ein solches Ersuchen abgelehnt würde.

Borchert, der von hinten an den Konvoi heranfuhr, um seinen Angriff durchzuführen, sichtete das Rettungsschiff *Toward*. Das Schiff sei mit schwachen Seitenlampen gefahren und mit etwas ausgestattet gewesen, das Borchert für ein Gerät zur Verlegung von Kabeln hielt. Borchert zog aus seinen Beobachtungen den Schluß, daß das Schiff eine U-Boot-Falle oder ein »Q«-Ship war, und schloß einen Torpedo. Dieser ging jedoch fehl oder versagte, was Borchert und Kernével später zur der – falschen – Schlußfolgerung führte, der Torpedo sei von Torpedonetzen abgelenkt worden. Danach griff Borchert den Konvoi an und traf möglicherweise einen Tanker, der bereits von Krech schwer beschädigt worden war. Ein zweiter Angriff wurde von der Geleitsicherung verhindert.

Die US Navy zeichnete den kommandierenden Offizier der amerikanischen Sicherungsgruppe, Albert C. Murdaugh vom Zerstörer *Edison*, für seine »besonders herausragende« Leistung bei der Verteidigung des Geleitzugs aus. Doch in Wirklichkeit waren die Folgen des Angriffs peinlich und eine große Katastrophe: acht den Briten gehörende oder für sie fahrende Schiffe (davon sechs Tanker) mit etwa 55 000 BRT waren gesunken, und ein britischer Tanker war beschädigt worden. Diese Resultate waren, wie Dönitz vermerkte, ungewöhnlich zufriedenstellend, insbesondere angesichts der hohen Zahl unerfahrener Kommandanten, die an der Schlacht beteiligt waren. Der Verlauf der Kampfhandlungen bestärkte Dönitz in seiner Ansicht, daß orga-

---

* Die Alliierten statteten 768 Handelsschiffe mit Torpedonetzen aus. Insgesamt wurden während des Krieges 21 mit Netzen ausgerüstete Schiffe Ziel von Torpedoangriffen. Die Netze lenkten zehn Angriffe ab, doch fünf Schiffe wurden beschädigt und sechs versenkt.

nisierte Gruppenoperationen gegen Geleitzüge mit großen Erfolgsaussichten wiederaufgenommen werden könnten, wenn genügend Boote zur Verfügung standen, um die Geleitzüge zu suchen, zu verfolgen und anzugreifen.

Die Berichte von Krech und anderen Kommandanten über die Torpedonetze der *Empire Celt* weckten große Besorgnis in Kernével. Dönitz fand es erstaunlich, daß ein Schiff mit ausgeworfenen Netzen noch neun oder zehn Knoten Fahrt machen konnte. Er informierte sofort die Torpedo-Techniker über diese Entdeckung und betonte die dringende Notwendigkeit, ein Gegenmittel zu entwickeln. Das einzige wirksame Gegenmittel war ein Torpedo mit einer zuverlässigen Magnetpistole: Der Torpedo mußte unter dem Netz durchlaufen und unter dem Kiel des Schiffs explodieren. Die Techniker hatten eine neue und verbesserte Magnetpistole gebaut, doch sie war noch in der Erprobung. Angesichts der harten Strafen, die ihre Vorgänger für das Versagen der ersten Magnetpistole erhalten hatten, hatten die Techniker zweifellos Bedenken, die neue Pistole freizugeben, bevor sie völlig einwandfrei funktionierte.

Im Februar hatten die U-Boote insgesamt sechs Geleitzüge mit Frachtschiffen auf der Nordatlantikroute angegriffen: die mit Ladung ostwärts laufenden Geleitzüge Halifax 173 und 175 und Slow Convoy 67 sowie die leer nach Westen fahrenden Geleitzüge Outbound North (Slow) 61 und 63 und Outbound North 67. Die Deutschen versenkten zwölf Schiffe aus diesen Geleitzügen (darunter sechs Tanker) und drei Korvetten (die *Alysee*, die *Arbutus* und die *Spikenard*). Zusätzlich beschädigten sie zwei Tanker. Dies war wohl kaum eine Zeit, in der die Nordatlantikroute »in Ruhe gelassen« wurde, und gewiß nicht die richtige Zeit für einen umfassenden Transfer von Geleitfahrzeugen an die Ostküste Amerikas, wie Michael Gannon meint.

Bei dem Angriff auf Outbound North 67 oder kurz danach meldete Wattenberg von dem IXC-Boot U162 einen schwerwiegenden Unfall. Die Klappen zweier Bugtorpedorohre hatten sich gelöst und blockierten die anderen beiden Bugrohre. Später schaffte er es, die beiden blockierten Rohre freizumachen und die defekten Klappen notdürftig zu reparieren, und bat um die Erlaubnis, die Fahrt fortzusetzen, doch Kernével verzichtete darauf, den neuen Kommandanten mit einem teilweise defekten Boot nach Amerika zu schicken. Das Boot wurde umgeleitet, um den einlaufenden Blockadebrecher Osorno nach Frankreich zu eskortieren, doch das Zusammentreffen kam nicht zustande.

Die unvorhergesehenen und ungeplanten Angriffe auf die Geleitzüge Halifax 175 und Outbound North 67 führten dazu, daß ein Boot *(U558)* zurückkehrte und zwei (*U154* und *U162*) die Fahrt abbrechen mußten, so daß sich die Stärke der nach Amerika ausgelaufenen Februar-Gruppe von 18 auf 15 Boote verringerte. Darüber hinaus mußte der Einsatz von Borchert mit *U587* auf kanadische Gewässer beschränkt bleiben, da dieser durch die Rettung der Condor-Besatzung und den Angriff auf Outbound North 67 viel Brennstoff verbraucht hatte. Damit waren nur noch 14 Boote auf dem Weg in US-amerikanische Gewässer.

Dönitz wußte nicht, daß das Rudel nochmals kleiner wurde, als es in südlicher Richtung kanadische Gewässer passierte. Am 1. März wurde Ernst Krönings neues Typ-VII-Boot *U656* von einer Hudson-Maschine mit dem Piloten William Tepuni gesichtet. Das Flugzeug der US Navy, das zu der auf Argentia stationierten Patrol Squadron 82 gehörte, griff das Boot ungefähr 110 Kilometer südöstlich von Kap Race an und versenkte es mit der gesamten Besatzung. Dies war die erste bestätigte Versenkung eines U-Boots durch US-Streitkräfte vor dem nordamerikanischen Subkontinent. Zwei Wochen später, am 15. März, sichtete eine von dem Piloten Donald F. Mason geflogene Hudson desselben Geschwaders Otto Gerickes neues IXC/40-Boot *U503* in der Nähe des gleichen Gebiets. Mason, der sich bereits zuvor ein Distinguished Flying Cross (DFC) und großen Ruhm (»U-Boot gesichtet und unverzüglich versenkt«) erworben hatte, griff Gerickes Boot an. *U503* sank ebenfalls mit der gesamten Besatzung. Tepuni wurde mit dem DFC ausgezeichnet, und Mason wurde zum Ensign befördert.

Ein weiterer schwerer Schlag

Im Februar erreichten nur 13 der ursprünglich vorgesehenen 18 U-Boote nordamerikanische Gewässer. Darunter waren Ulrich Borchert mit *U587*, dessen Einsatzgebiet sich wegen Treibstoffmangels auf kanadische Gewässer beschränkte, und Ernst Bauer mit dem IXC-Boot *U126*, der für die Nordostküste Kubas eingeteilt war. Er sollte dort Schiffe angreifen, die durch die Windward Passage zwischen Kuba und Haiti in die Karibik hinein- und hinausfuhren. Die anderen elf Boote – fünf Boote des Typs IX und sechs des Typs VII – patrouillierten vor der Ostküste der Vereinigten Staaten.

Borchert hatte vor Kanada eine schlechte Zeit. Das Wetter war noch immer frostig, und die alliierten ASW-Kräfte, die in diesem Monat *U656* und *U503* versenkt hatten, wurden besser. Zwischen diesen beiden Versenkungen, am 8. März, klagte Borchert gegenüber Kernével, er sei innerhalb von neun Tagen zehnmal auf Zerstörer oder Patrouillenboote gestoßen. Er schoß auf einige Zerstörer und auf andere Schiffe, konnte jedoch nur einen Küstenfrachter mit 900 BRT versenken. Auf der Heimfahrt meldete er, er habe einen schwer beschädigten und verlassenen (aber nicht identifizierten) Tanker versenkt.

Am 27. März sichtete und meldete Borchert nahe des westlichen Randes des Golfs von Biskaya einen »schnellen« südwärts laufenden Geleitzug. Es handelte sich um eines der besten Ziele des Krieges, den stark gesicherten, aus 30 Truppentransportern bestehenden Konvoi Winston Special 17 mit 60000 britischen Soldaten.* Der glücklose Borchert hatte nur noch einen preßluftgetriebenen G7a-Torpedo und konnte daher nicht angreifen. Er hielt für andere Boote Fühlung, doch eines der Geleitfahrzeuge, der Zerstörer *Keppel,* peilte ihn mit dem neuen Huff Duff präzise ein, und vier weitere Sicherungsschiffe – die *Leamington,* die *Grove,* die *Aldenham* und die *Volunteer* – griffen das Boot an und versenkten es mit Wasserbomben. Es sank mit der gesamten Besatzung. Andere Boote konnten nicht auf die Kontaktmeldung von *U587* reagieren, so daß die Verfolgung des Geleitzugs und der Verlust des Bootes nutzlos waren. *U587* war das dritte Februar-Boot, das bei Kampfhandlungen verlorenging und das zweite (nach Rollmanns *U82*), das auf der Heimfahrt von Amerika versenkt wurde.

---

* Einige Truppen waren für ein Landungsunternehmen (Operation Ironclad) auf der Vichy-französischen Insel Madagaskar bestimmt, um zu verhindern, daß sich die Japaner dort festsetzten, was eine ernste Bedrohung der britischen Schiffahrt im Indischen Ozean bedeutet hätte.

Im Gegensatz zu Borchert hatte der alte Hase Ernst Bauer, der mit dem Typ-IX-Boot *U126* zwischen den Bahamas und Kuba patrouillierte, herrliches Wetter, wurde so gut wie gar nicht von ASW-Kräften behelligt und stieß auf dichten Schiffsverkehr nahe der Windward Passage. In nur zwölf Tagen – vom 2. März bis zum 13. März – erzielte er mit Torpedos und dem Deckgeschütz sieben bestätigte Versenkungen mit 33 000 BRT und beschädigte drei weitere Schiffe mit 23 000 BRT. Er brachte den panamaischen Tanker *Hanseat* mit 8200 BRT zur Strecke und beschädigte zwei weitere Tanker. Aufgrund früherer überhöhter Meldungen und seiner Rolle bei der Rettung von Schiffbrüchigen des deutschen Handelsstörers *Atlantis* erhielt er das Ritterkreuz und wurde natürlich von der Berliner Propaganda entsprechend gefeiert.*

Bei den amerikanischen ASW-Streitkräften hatte sich nicht viel zum Besseren gewandelt. Im Februar patrouillierten elf verschiedene Zerstörer, die von ihren Aufgaben auf der Nordatlantikroute entbunden waren, zeitweilig an der Eastern Sea Frontier. Doch etwa die Hälfte von ihnen wurde abgezogen, um den Truppenkonvoi AT 12 zu sichern, so daß sich Ende Februar an der Eastern Sea Frontier nur noch fünf Zerstörer (einschließlich der *Roe*) im ASW-Einsatz befanden.

Im März wurden Andrews vom Befehlshaber der Atlantic Fleet Ingersoll jeweils für einen bestimmten Zeitraum 14 verschiedene Zerstörer zur Verfügung gestellt.** Andrews errechnete später für jenen Monat, daß diese Kriegsschiffe für eine Dauer von insgesamt 63 Tagen in seinem Gebiet im ASW-Einsatz gewesen waren, was durchschnittlich etwa zwei Zerstörer pro Tag bedeutete. Der Glattdeck-Zerstörer *Herbert* steuerte den größten Anteil bei: volle 18 Tage.

Der Bedarf an Zerstörern stieg in allen Bereichen. Abgesehen von der Geleitsicherung auf der Nordatlantikroute, die immer weniger Zerstörer in Anspruch nahm, hatten sie im März fogende Aufgaben:

- Sicherung des Richtung Pazifik fahrenden Truppenkonvois BT 201 vom 4. bis zum 12. März zwischen New York und Panama, der mit Task Force 18 (dem in den Pazifik fahrenden Flugzeugträger *Hornet* und den Kreuzern *Nashville* und *Vincennes*) zusammen fuhr. Neun amerikanische Zerstörer, die teilweise auch als Transporter und Minenräumer einsetzbar waren, begleiteten den Verband: die *Dickerson,* die *Ellyson,* die *Grayson,* die *Gwin,* die *Manley,* die *Meredith,* die *Monssen,* die *Stansbury* und die *Sturtevant.* Die Zerstörer *Grayson, Gwin, Meredith* und *Monssen* sicherten den Flugzeugträger *Hornet* beim »Doolittle Raid«, dem Luftangriff auf Tokio, und blieben danach im Pazifik, was die Gesamtzahl an Zerstörern, die vom Atlantik in den Pazifik verlegt wurden, auf 15 erhöhte.
- Sicherung für zwei Versorgungskonvois mit hoher Dringlichkeitsstufe, AS 1 und AS 2, zu der Insel Ascension und nach Freetown, die am 14. und am 19. März ausliefen. Die Sicherung dieser Geleitzüge bestand aus dem neuen britischen Geleitträger *Archer* (der nach Europa überführt wurde), dem britischen Kreuzer *Devonshire,* den amerikanischen Kreuzern *Cincinnati* und *Memphis* sowie aus den acht amerikanischen Zerstörern *Cole, Du Pont, Ellis, Greer, Jouett, Somers, Upshur* und *Winslow.*

---

* Zum Zeitpunkt der Auszeichnung betrug Bauers bestätigte Versenkungsquote 15 Schiffe mit 62 221 BRT.

** Die Zerstörer *Cole, Dahlgren, Dallas, Dickerson, Du Pont, Ellis, Emmons, Greer, Hamilton, Herbert, Macomb, Roper, Tarbell* und *Upshur.*

• Sicherung des britischen Truppenkonvois NA 5 (zwei Schiffe) zwischen Halifax und den Britischen Inseln vom 14. bis zum 22. März. Die beiden neuen, 1941 in Dienst gestellten Zerstörer *Nicholson* und *Swanson,* führten diesen Auftrag aus.
• Sicherung des Truppenkonvois TA 12, der in die Staaten zurückkehrte, vom 14. bis zum 25. März. Diese Aufgabe wurde von Task Force 32 übernommen, die aus dem Schlachtschiff *New York,* dem Kreuzer *Philadelphia* und den zehn Zerstörern bestand, die den nach Osten fahrenden Truppenkonvoi AT 12 begleitet hatten.*
• Sicherung für Task Force 39 (umbenannt in Task Force 99), die aus dem Flugzeugträger *Wasp,* dem neuen Schlachtschiff *Washington* und den Schweren Kreuzern *Tuscaloosa* und *Wichita* bestand, vom 25. März zum 4. April. Der Verband fuhr von der Cascobai in Maine nach Scapa Flow. Die Sicherung wurde von den sechs modernen Zerstörern *Lang, Madison, Plunkett, Sterett, Wainwright* und *Wilson* übernommen. Der amerikanische Verband fuhr unter britischem Oberbefehl und verstärkte die Home Fleet, die geschwächt war, da sie für die Eroberung Madagaskars Schiffe an die Force H in Gibraltar abgetreten hatte.

Auch weiterhin passierten Unfälle mit Zerstörern. Am 17. März kollidierte der Zerstörer *Stack* in der Erprobungsphase unmittelbar vor der Fahrt nach Scapa Flow vor Kap Delaware im Nebel mit dem Flugzeugträger *Wasp.* Der Zerstörer überstand den Unfall nur um Haaresbreite. Er wurde schwer beschädigt, krängte wegen starker Wassereinbrüche und mußte monatelang in die Werft. Frank LeR. Knight von der Besatzung des Zerstörers, der sich nach dem Zusammenstoß wachsam und mutig zum Heck vorgearbeitet und alle Wasserbomben entschärft hatte, wurde mit der Medal of Honor ausgezeichnet.

Das erste der elf Februar-Boote, das die Küste der Vereinigten Staaten erreichte, war das Typ-VII-Boot *U578* unter Ernst-August Rehwinkel, der zuvor eine Feindfahrt im Nordmeer unternommen hatte. Am 27. Februar, kurz nach Mitternacht, sichtete Rehwinkel, als er 55 Kilometer vor der Küste New Jerseys in flachem Wasser kreuzte, einen im Zickzackkurs laufenden, abgedunkelten Tanker, der nach Norden fuhr. Das Schiff war die amerikanische, 7500 BRT große *R. P. Resor,* die 78 720 Barrel Öl geladen hatte und erst kürzlich ein Geschütz mit einer neunköpfigen Bedienungsmannschaft der US Navy bekommen hatte. Rehwinkel schoß aus kurzer Entfernung einen Zweierfächer. Die *Resor* wurde von dem Angriff völlig überrascht und explodierte mit großem Getöse in einem Feuerball. Nur drei der fünfzig Männer an Bord überlebten, und das Schiff brannte zwei Tage lang gut sichtbar für die Menschen an der Küste.

An diesem Nachmittag liefen die *Dickerson* und die *Jacob Jones,* zwei der Glattdeck-Zerstörer, die ASW-Aufgaben an der Eastern Sea Frontier wahrnahmen, in New York aus. Die *Jones* war erst kürzlich vom Geleitdienst auf der Nordatlantikroute freigestellt worden und trug den Namen eines anderen Glattdeck-Zerstörers aus dem Ersten Weltkrieg, der am 6. Dezember 1917 von einem U-Boot in europäischen Gewässern versenkt worden war. Die Zerstörer hatten den Befehl, nachts in Küstennähe

---

* Die den Geleitzügen AT 12 und TA 12 zugeteilten Zerstörer waren für diese Aufgaben ungefähr 35 Tage, vom 19. Februar bis zum 25. März, auf See. Rechnet man eine Woche für die Überholung der Schiffe und als Ruhepause für die Besatzungen hinzu, dann waren alle Zerstörer, die einen nach Europa fahrenden Truppenkonvoi sicherten, für etwa sechs Wochen gebunden.

und tagsüber bis zu einer Wassertiefe von 182 Meter vor der Küste zu patrouillieren. Kurz vor Einbruch der Dunkelheit legten sie bei dem brennenden Wrack der *R. P. Resor* einen kurzen Zwischenstopp ein und suchten nach Überlebenden. Da sie keine fanden, setzten sie ihre Fahrt fort und patrouillierten wie geplant.

Gegen fünf Uhr des folgenden Morgens, am 28. Februar, sichtete Rehwinkel von *U578* die *Jacob Jones,* als sie direkt auf ihn zulief, sein Boot aber offenbar nicht bemerkt hatte. Rehwinkel ließ das Schiff in aller Ruhe herankommen und schoß dann zwei Bugtorpedos. Beide trafen und die *Jacob Jones* detonierte und sank. Als sie unterging, explodierten ihre Wasserbomben, und die Druckwellen töteten viele Männer im Wasser. Etwas später sichtete ein Flugzeug der Army Wrackteile, und ein kleines Patrouillenboot rettete elf Überlebende der 200köpfigen Besatzung. Weitere Überlebende wurden nicht gefunden. Der Verlust der *Jacob Jones* – des zweiten amerikanischen Zerstörers, der nach der *Reuben James* durch ein U-Boot versenkt wurde – unterstrich nicht nur die Nutzlosigkeit, sondern auch das Risiko der U-Jagd-Einsätze von Zerstörern.*

Rehwinkel hatte Treibstoff für eine etwa einwöchige Feindfahrt in amerikanischen Gewässern zur Verfügung. In der ersten Märzwoche wurde die Ostküste von schweren Stürmen heimgesucht, und er und andere U-Boot-Kommandanten konnten kaum Schiffe finden und versenken. Am 7. März meldete er, ein Flugzeug habe ihn vor Kap Hatteras bombardiert – die erste deutsche Meldung eines Angriffs auf ein U-Boot in US-amerikanischen Gewässern –, die Bomben seien jedoch klein gewesen und hätten keine Wirkung erzielt. Rehwinkel fand keine weiteren Ziele und trat die Heimfahrt an. Auf dem Rückweg versenkte er einen einzeln fahrenden Frachter mit 3100 BRT.

Die anderen zehn Februar-Boote (je fünf des Typs IX und VII) trafen fast in Rehwinkels Kielwasser ein. Piening und Rostin in den IXC-Booten *U155* und *U158,* die beim Angriff auf den Konvoi Outbound North 67 Torpedos und Treibstoff verbraucht hatten, lauerten vor Kap Hatteras. Piening, der in schlechtem Wetter operierte, hatte eine Pechsträhne. Sein Erster Wachoffizier wurde über Bord gespült und ertrank, als erster Deutscher in US-amerikanischen Gewässern. Piening versenkte nur den 7900-Tonnen-Frachter *Arabutan.* Dieser war jedoch leider ein weiteres »neutrales« brasilianisches Schiff. Rostin hatte mehr Glück. Fast mühelos versenkte er mit Torpedos und dem Deckgeschütz die im Ballast fahrenden amerikanischen Tanker *Ario* mit 7000 BRT und *John D. Gill* mit 11 600 BRT sowie einen amerikanischen Frachter. Außerdem beschädigte er den 11 600 BRT großen amerikanischen, ebenfalls ohne Ladung fahrenden Tanker *Olean.* Piening kehrte nach 49 Tagen auf See nach Frankreich zurück, Rostin nach 58 Tagen. Beide Kommandanten wurden für ihre aggressiven ersten Feindfahrten gelobt.

Der junge Otto Ites – der von Kernével für die Entdeckung eines Lecks in der Steuerungsanlage der Torpedos so großes Lob geerntet hatte – versenkte auf dem Weg nach Amerika mit dem VIIC-Boot *U94* einen britischen 7000-Tonnen-Frachter und die *Northern Princess,* einen der nach Amerika fahrenden 24 britischen ASW-Trawler. Als er am 7. März bei schlechten Wetterverhältnissen vor New York patrouil-

* Das folgende Baupogramm für Geleitzerstörer umfaßte auch eine *Reuben James* und eine *Jacob Jones,* in Befolgung einer Richtlinie der US Navy, einige Neubauten stets nach in Gefechten versenkten Schiffen zu benennen.

lierte, versenkte er einen Passagier- und Frachtdampfer mit 5200 BRT, der abgedunkelt mit Zickzackkurs fuhr. Auch dieser Dampfer war ein brasilianischer »Neutraler«, die *Cayrú,* das vierte brasilianische Schiff, das innerhalb von drei Wochen durch deutsche U-Boote versenkt wurde. Wütend fror der brasilianische Präsident Vargas als Vergeltungsmaßnahme die deutschen und japanischen Vermögenswerte in brasilianischen Banken ein, beschlagnahmte weiteres Eigentum von Deutschen und Japanern und heizte die öffentliche Empörung in seinem Land zusätzlich an, um die Voraussetzungen für eine Kriegserklärung an Deutschland zu schaffen.

Ites versenkte ein weiteres Schiff, womit er sein Gesamtergebnis auf 28 300 BRT erhöhte. Dann trat er wegen Treibstoffmangels den Rückmarsch nach Frankreich an. Unterwegs stieß er auf den Geleitzug Outbound North 77, meldete ihn und schoß vier Torpedos auf den im Ballast fahrenden britischen 8000-Tonnen-Tanker *Imperial Transport.* Er beschädigte das Schiff und versuchte, mit dem Konvoi Fühlung zu halten, mußte jedoch wegen Teibstoffmangels abbrechen, bevor andere Boote herankommen konnten. Nach Frankreich zurückgekehrt erhielt er das Ritterkreuz.*

Viktor Vogel erreichte in dem neuen Typ-VII-Boot *U588* fast gleichzeitig mit Ites amerikanische Gewässer und fuhr von New York nach Süden. Schon auf dem Anmarsch hatte er einen britischen Frachter mit 4900 BRT versenkt. Am 2. März traf er mit nur einem Torpedo einen 4800 BRT großen, im Ballast fahrenden britischen Tanker und griff das Schiff danach hartnäckig mit der Deckkanone an, wobei er in vier Stunden erstaunliche 200 Schuß abfeuerte. Vogel meldete eine Versenkung, doch das Schiff überstand den Angriff, wenn auch schwer beschädigt, und schaffte es mit Müh und Not nach New York. Nachdem die Stürme am 10. März abgeflaut waren, torpedierte Vogel vor New Jersey den amerikanischen Tanker *Gulftrade,* der in zwei Hälften zerbrach, bevor er sank. Nach zehntägigem Aufenthalt in amerikanischen Gewässern trat er die lange Heimfahrt nach Frankreich an. Er traf dort am 27. März ein und hatte 44 Tage auf See verbracht, davon 34 Tage auf der Hin- und Rückfahrt nach Nordamerika.

Otto von Bülow, der Sohn eines hohen Offiziers der kaiserlichen Marine, erreichte mit dem neuen Typ-VII-Boot *U404* als nächster den nordamerikanischen Kontinent. Als er mit südlichem Kurs Halifax passierte, entdeckte er einen amerikanischen Frachter, der vor dem Hafen gestoppt hatte und offenbar auf einen Lotsen wartete. Er hielt den Frachter für ein ein sehr viel größeres, mit 10 Knoten fahrendes Schiff, und verschoß zahlreiche Torpedos, bis er einen Treffer landen konnte. Der Frachter sank rasch. Danach lief er in das Gebiet vor New York, wo er in zwei Tagen zwei weitere Schiffe versenkte, einen 7600 BRT großen amerikanischen Frachter und – peinlicherweise – den betagten chilenischen Neutralen *Tolten.* Berlin hatte der pro-deutschen chilenischen Regierung freies Geleit für ihre Schiffe (die Kupfer in die Vereinigten Staaten transportierten) zugesichert, wenn diese weder in Geleitzügen noch abgedunkelt fuhren.

Die *Tolten* war jedoch in Befolgung der amerikanischen Vorschriften abgedunkelt

* Zum Zeitpunkt der Auszeichnung verkündete die deutsche Propaganda in Berlin, Ites habe elf Schiffe mit über 100 000 BRT versenkt. Seine bestätigte, auf dem Einbaum *U146* und auf *U94* erzielte Gesamtbilanz belief sich jedoch auf neun Schiffe mit 47 257 BRT und die Beschädigung des 8000-Tonnen-Tankers.

gefahren, so daß von Bülow für die Versenkung nicht verantwortlich gemacht wurde. Nur ein Besatzungsmitglied überlebte die Versenkung des Schiffes.

Als Bülow am Abend des 16. März vor der Küste New Jerseys nach Süden fuhr und bereits knapp an Torpedos und Treibstoff war, stieß er auf den 8100 BRT großen britischen Tanker *San Demetrio.* Er war zu einem früheren Zeitpunkt des Krieges durch das Taschen-Schlachtschiff *Admiral Scheer* bei einem Angriff auf den Konvoi Halifax 84 durch Geschützfeuer schwer beschädigt worden, doch die Mannschaft hatte das Schiff mit einer heldenhaften Anstrengung gerettet, ein Vorgang, der in einem Propagandafilm romantisiert worden war. Von Bülow traf die *San Demetrio* mit einem Torpedo direkt vor der Brücke. Wie er berichtete, geschah zunächst gar nichts. Kein Boot wurde zu Wasser gelassen, und das Schiff zeigte keine erkennbare Reaktion. Dann war es ganz plötzlich auf seiner ganzen Länge eingeschlossen von Flammen, und die Hitze des Feuers war so groß, daß von Bülow 800 Meter und mehr zurückfahren mußte. Neunzehn Mann der 53köpfigen Besatzung starben in dem Inferno.

Nachdem Bülow auf seiner bemerkenswerten Jungfernfahrt fast alle Torpedos für die bestätigte Versenkung von vier Schiffen mit 22700 verbraucht hatte, trat er wegen Treibstoffmangel die 18tägige Rückfahrt nach Frankreich an. Unterwegs stieß er am 22. März auf eine alliierte Streitmacht von angeblich zwei Kreuzern, sechs Zerstörern und fünf großen Schiffen und schoß seine beiden letzten Torpedos ab. Er hörte zwei dumpfe Geräusche, aber keine Explosionen, woraus er den Schluß zog, daß bei beiden Torpedos die Aufschlagpistolen nicht funktioniert hatten. Er meldete die fette Beute, doch kein anderes Boot konnte reagieren.

Zwei kampferprobte U-Boote der Februar-Gruppe liefen gleichzeitig Kap Hatteras an.

Johannes Liebe kam mit dem Typ-VII-Boot *U332* zuerst an. Er hatte nur noch sehr wenig Treibstoff, und in Kernével hoffte man, daß er von Heyses *U128,* das sich auf der Rückkehr aus den Gewässern Floridas befand, etwas Treibstoff übernehmen könnte. Doch Heyse, der die Gewässer bei den Bermudas auskundschaften sollte, meldete, er könne wegen akuten Mangels an Lebensmitteln keinen Umweg machen.* In der Folge konnte Liebe nur sechs Tage vor der amerikanischen Küste operieren, doch er setzte das Gemetzel vor Kap Hatteras fort, indem er einen amerikanischen Viermaster mit 700 BRT, einen jugoslawischen Frachter mit 5000 BRT und den amerikanischen Tanker *Australia* mit 11600 BRT versenkte.

Johann Mohr traf mit dem IXB-Boot *U124* als zweiter vor Kap Hatteras ein. Auf dem Hinweg hatte er bei den Bermudas den 7200 BRT großen Tanker *British Resource* versenkt. Der Tanker war explodiert, und die Flammen waren 180 Meter hoch in den Himmel geschossen. Als sich Mohr am Abend des 16. März in einer dunklen Neumondnacht den Gewässern vor Kap Hatteras näherte, versenkte er einen honduranischen Frachter mit 1700 BRT.

Am folgenden Tag operierte er getaucht im flachen Wasser vor Kap Hatteras. Am Spätnachmittag fand und attackierte er acht Stunden lang drei Schiffe. Er versenkte

* Am 7. März fanden und attackierten zwei amerikanische »Wasserflugzeuge«, die wahrscheinlich auf eine DF-Einpeilung reagierten, Heyse vor den Bermudas und warfen insgesamt sechs Wasserbomben ab. Zwei waren Blindgänger, die anderen fielen weitab vom Ziel.

zwei davon mit Torpedos – einen griechischen Frachter mit 5100 BRT und den amerikanischen Tanker *E. M. Clark* mit 9600 BRT – und beschädigte den amerikanischen 6900-Tonnen-Tanker *Acme* schwer. Während dieses Angriffs befanden sich der Glattdeck-Zerstörer *Dickerson* und das mit einer 3-Zoll-Bugkanone, Wasserbombenwerfern und Ablaufgerüsten bewaffnete, 50 Meter lange Küstenschutzboot *Dione* auf einer ASW-Patrouille nahe Kap Hatteras. Beide Kriegsschiffe waren jedoch so sehr mit der Rettung von Schiffbrüchigen des Griechen und der *E. M. Clark* beschäftigt, daß sie *U124* nicht angriffen. Doch ein Wasserflugzeug der Navy warf zwei Wasserbomben in die Nähe des Bootes. Sie schüttelten das Boot kräftig durch und veranlaßten Mohr, sich in tieferes Wasser zurückzuziehen und einen Tag zu pausieren.

In der folgenden mondlosen Nacht, vom 18. auf den 19. März, kehrte Mohr ins Flachwasser zurück und navigierte anhand des Leuchtturms von Kap Hatteras und anderer Hilfsmittel. *U124* lag lautlos an der Wasseroberfläche und lauerte. Schon bald sichtete die Brückenwache zwei abgedunkelte amerikanische Tanker: den ohne Ladung südwärts laufenden 6000-Tonnen-Tanker *Papoose* und den mit 65 000 Barrel Heizöl nach Norden fahrenden 7000-Tonner *W. E. Hutton.* Mohr torpedierte in aller Ruhe beide Schiffe. Die *Hutton* explodierte in einem gigantischen Feuerball. Auf beiden Schiffen kamen 15 der insgesamt 55 Seeleute ums Leben. Die Überlebenden ruderten an Land oder wurden gerettet.

Der Glattdeck-Zerstörer *Dickerson* raste nach Süden zum Schauplatz des Gefechts. Auf dem Weg dorthin begegnete er dem nordwärts laufenden amerikanischen Frachter *Liberator,* der mit einer 4-Zoll-Kanone bewaffnet war. Das Geschütz auf der Liberator wurde von einer unerfahrenen Crew der Armed Guard bedient, die die *Dikkerson* fälschlicherweise für ein U-Boot hielt und unter Feuer nahm. Unglücklicherweise trafen eine oder zwei Granaten die Brücke der *Dickerson.* Die Granaten töteten zwei Seeleute, verwundeten den Kommandanten John K. Reybold tödlich und zerstörten die Brücke. Die *Dickerson* kehrte zur Beisetzung der Toten und für Reparaturen nach Norfolk zurück. Ihr Schicksal unterstrich, wie das der *Jacob Jones,* erneut die Nutzlosigkeit und die Gefahren offensiver ASW-Patrouillen.

Liebe, der mit *U332* in der Nähe stand, aber nur noch wenig Treibstoff hatte, sah möglicherweise das Mündungsfeuer auf der *Liberator* und griff das Schiff an. Seine Torpedos trafen gut, und die *Liberator* sank. Fünf Besatzungsmitglieder starben bei der Versenkung, doch ein Schleppkahn der Navy rettete 35 Überlebende – einschließlich der Schützen der Armed Guard, die an Land damit prahlten, sie hatten ein »U-Boot« (tatsächlich den Zerstörer *Dickerson*) unter Feuer genommen und versenkt, bevor sie selbst versenkt wurden. Liebe schoß seine letzten drei Torpedos auf einen Tanker – alle gingen fehl – und trat danach den langen Rückmarsch an. Er hatte vier versenkte Schiffe mit 22 000 BRT gemeldet. Nach dem Krieg wurden vier Versenkungen bestätigt und die Tonnage wurde auf 25 000 BRT nach oben berichtigt.

Mohr setzte sich mit *U124* erneut in tiefere Gewässer ab, um der Mannschaft eine Erholungspause zu gönnen und Torpedos aus den Behältern an Deck ins Boot zu laden. Am späten Nachmittag des 20. März kehrte er unter Wasser zum Kap Hatteras zurück. Inzwischen war mit dem Typ-VII-Boot *U71* unter Walter Flachsenberg eine erfahrene Besatzung vor dem Kap eingetroffen, das noch auf hoher See den 6400 BRT großen norwegischen Tanker *Ranja* versenkt hatte. In dieser Nacht versenkte Flachsenberg einen amerikanischen Frachter mit 5800 BRT, und Mohr beschädigte mit Torpedos und Deckgeschütz zwei weitere abgedunkelte Tanker der Amerikaner: die *Esso Nashville* mit 8000 BRT und die *Atlantic Sun* mit 11400 BRT. Mohr meldete, beide Schiffe seien gesunken, doch sie hatten den Angriff überstanden. Die *Esso Nashville* zerbrach in zwei Teile; die *Atlantic Sun* entkam mit leichten Schäden. Der vorbeifahrende Zerstörer *McKean* und zwei Kutter der Küstenwache bargen das Heckteil der *Esso Nashville,* die später mit einem neuen Bug wieder eingesetzt wurde.

Bei seiner achttägigen Feindfahrt vor Kap Hatteras hatte Mohr 18 seiner 20 Torpedos verbraucht. In der letzten Nacht, am 23. März, schoß er die restlichen zwei auf den beladenen, nach Norden laufenden Tanker *Naeco.* Die *Naeco,* ein amerikanischer Tanker mit 5400 BRT, explodierte in einem Feuerball; 24 der 38 Mann starken Besatzung starben in den Flammen oder im Wasser. Der Glattdeck-Zerstörer *Roper,* das Küstenwachboot *Dione,* der Minenräumer *Osprey* und ein weiteres Fahrzeug der Kriegsmarine rasten zum Schauplatz. Doch als sie eintrafen, war Mohr bereits in tiefen Gewässern auf der Heimfahrt. Die Schiffe konnten nur noch die Lebenden und die Toten der *Naeco* an Bord nehmen.

Als Mohr sein Gesamtergebnis zusammenrechnete, geriet er ins Schwärmen: zehn versenkte Schiffe (davon acht Tanker) mit 64000 BRT. Er übermittelte die Versenkungsmeldung in Form eines Gedichts, in dem er die versenkte Tonnage sogar verringerte:

Weidmanns Dank für freie Jagd!
In der Gewittervollmondnacht
war bei Lookout die Tankerschlacht.
Der arme Roosevelt verlor
50000 Tonnen! – Mohr.

Mohr irrte sich bei den Zahlen. Tatsächlich hatte er sieben Schiffe (davon fünf Tanker) mit 42048 BRT versenkt und drei Tanker mit 26167 BRT beschädigt. Trotzdem war Mohrs Feindfahrt, wenn man die schweren Schäden der *Acme* und der *Esso Nashville* mit einbezieht, die bislang erfolgreichste in amerikanischen Gewässern. Dank seiner aktuellen Meldung und überhöhten Schätzungen auf zwei zuvor durchgeführten Feindfahrten hatte er die 100000-Tonnen-Marke überschritten und sich für das Ritterkreuz qualifiziert. Es wurde ihm prompt verliehen, und wie üblich wurde er von der deutschen Propaganda entsprechend gefeiert.*

Flachsenberg blieb mit *U71* in den seichten Gewässern von Kap Hatteras. Er berichtete, die US-Luftpatrouillen seien verstärkt worden und die Flieger seien »mit ihren Bomben nun ziemlich schnell bei der Hand«. Trotzdem versenkte Flachsenberg in den folgenden Tagen den beladenen Tanker *Dixie Arrow* mit 8000 BRT und ein Frachtschiff. Im Gefolge des erfolgreichen Angriffs auf den Tanker, der in einem Feuerball explodierte, eilten ein Wasserflugzeug der Navy und der Glattdeck-Zerstörer *Tarbell* herbei. Das Flugzeug warf zwei gut plazierte Wasserbomben, und die *Tarbell*

* Zur Zeit der Verleihung betrug Mohrs bestätigtes Trefferergebnis 15 Schiffe mit 64832 BRT, einschließlich des Leichten Kreuzers *Dunedin,* den er auf dem Weg zu dem Treffen mit der *Python* versenkt hatte.

führte einen aggressiven Wasserbombenangriff durch, brach ihn jedoch ab, als sie erkannte, daß die Bomben die im Wasser schwimmenden Überlebenden gefährdeten. Die *Tarbell* rettete nun 22 Mann der 33köpfigen Besatzung der *Dixie Arrow.*

Auf der Heimfahrt sichtete Flachsenberg am 31. März nördlich der Bermudas mehrere Schiffe. Er versenkte zunächst den britischen Tanker *San Gerardo* mit 12900 BRT und am nächsten Tag mit den letzten Torpedos einen britischen Frachter mit 5800 BRT. Mit einem Gesamtergebnis von fünf Schiffen (darunter drei Tanker) mit 39000 BRT war Flachsenbergs Feindfahrt eine der beiden erfolgreichsten eines Typ-VII-Boots in amerikanischen Gewässern. Am 20. April kehrte er nach Frankreich zurück, nachdem er 56 Tage auf See gewesen war – ein weiterer Rekord für den Typ VII –, und schrieb eine Fahrstrecke von 14665 Kilometern ins Logbuch.

Als letzte der Februar-Welle trafen zwei Typ-IX-Boote in US-amerikanischen Gewässern ein: das kampferprobte *U105* unter dem neuen Kommandanten Heinrich Schuch und das neue IXC-Boot *U160* unter Georg Lassen. Schuch hatte es scheinbar nicht geschafft, der Großkreisroute zu folgen, und hatte nur noch wenig Treibstoff. Auf dem Weg in das Einsatzgebiet hatte er nördlich der Bermudas zwei Tanker versenkt, die britische *Narragansett* mit 10400 BRT und die norwegische *Svenör* mit 7600 BRT, und dann die Fahrt nach Kap Hatteras fortgesetzt. Doch er war wegen des Treibstoffmangels nur noch sehr beschränkt aktionsfähig und versenkte keine weiteren Schiffe.

Georg Lassen von *U160* war auf Schuharts *U29* Erster Wachoffizier gewesen, als das Boot den Flugzeugträger *Courageous* versenkte. Er hatte bei der Erprobungsphase in der Ostsee einen verheerenden Unfall gehabt: Bei einem Feuer im Inneren des Bootes waren sieben Mann seiner Besatzung umgekommen und ein weiterer schwer verletzt worden. Trotz dieses Unfalls und seiner schlecht ausgebildeten Besatzung versenkte Lassen fünf Schiffe und beschädigte einen Tanker. Eines der Schiffe war der 8300 BRT große Passagier- und Frachtdampfer *City of New York* mit 124 Personen an Bord. Der Glattdeck-Zerstörer *Roper* rettete 69 Überlebende, darunter eine Frau, die im Rettungsboot ein Kind zur Welt brachte. Ein weiteres Opfer war das britische Passagier- und Frachtschiff *Ulysses,* der zweitgrößte Dampfer nach der *Amerikaland,* der in amerikanischen Gewässern versenkt wurde. Die *Ulysses* war mit einer Besatzung von 195 Mann und 95 Passagieren, darunter 61 Frauen und Kinder, auf dem Weg von Australien nach Halifax, von wo sie nach Großbritannien weiterfahren wollte. Ihre Fracht von 11000 Tonnen hatte aus Roheisen, Gummi, Wollstoff und anderen Waren bestanden. Alle 290 Besatzungsmitglieder und Passagiere konnten das torpedierte Schiff in zehn Rettungsbooten verlassen und wurden kurz darauf von dem Transportzerstörer *Manley* gerettet.

In Deutschland war man, auch wenn dies den Alliierten vielleicht verwunderlich erschienen wäre, mit den Erfolgen der Februar-Gruppe nicht ganz zufrieden, was vor allem an der enttäuschenden Leistung der Typ-IX-Boote lag. Neun Boote dieses Typs waren ausgelaufen, doch zwei hatten die Fahrt abgebrochen, eines war verlorengegangen und eines *(U105)* hatte wegen Treibstoffmangels keine wirklich effektive Feindfahrt mehr durchführen können.

Die Konsequenz war, daß die neun nach Amerika entsandten Typ-IX-Boote insgesamt nur 28 Schiffe (davon dreizehn Tanker) mit 176630 BRT versenkt hatten, wobei die Hälfte durch zwei Kommandanten, Mohr mit *U124* und Bauer mit *U126,* zur

Strecke gebracht wurde. Dies bedeutete einen enttäuschenden Rückgang auf durchschnittlich 3,1 bestätigte Versenkungen pro Typ-IX-Boot und Feindfahrt.

Im Gegensatz dazu hatten die Typ-VII-Boote sehr gute Ergebnisse geliefert. Neun Boote dieses Typs waren ausgelaufen. Wie erwähnt, war Krech mit *U558* nach seinem erfolgreichen Angriff auf Outbound North 67 nach Frankreich zurückgekehrt, Borchert hatte sich mit *U587* auf kanadische Gewässer beschränken müssen, und Kröning mit *U656* war bei der Ankunft vor Kanada versenkt worden. Nur sechs der neun Typ-VII-Boot hatten also ihr vorgesehenes Einsatzgebiet erreicht, doch diese sechs hatten 22 Schiffe einschließlich des Zerstörers *Jacob Jones* versenkt. Rechnet man diese Zahlen zu Krechs und Borcherts Versenkungen hinzu, dann lagen pro Typ-VII-Boot die erzielten Versenkungen geringfügig höher als die der Typ-IX-Boote: 29 versenkte Schiffe (davon 23 Tanker) mit 344494 BRT. Im Gegenzug hatten die Alliierten die drei Boote *U503, U587* und *U656* mit der gesamten Besatzung versenkt.

Hitzige Debatten

Das von Mohr mit *U124* und den anderen Februar-Booten angerichtete Gemetzel vor Kap Hatteras empörte die Regierung in London. Wo waren die amerikanischen Zerstörer, die von der Nordatlantikroute freigestellt worden waren, um Küstengeleitzüge zu formieren? Konnten die Geleitzüge nicht mit den soeben eingetroffenen britischen ASW-Trawlern gebildet werden? Warum konnte man nicht einige amerikanische Zerstörer aus dem Pazifik in den Atlantik verlegen?

Ein Großteil der britischen Experten wollte die Probleme der Amerikaner offensichtlich nicht verstehen: den dichten Schiffsverkehr, die überaus lange Küstenlinie, den Mangel an geeigneten Sicherungsfahrzeugen, der aufgrund anderer dringlicher Aufgaben bestand. Die britische Begriffsstutzigkeit und Ignoranz spiegelt sich vorbildlich in einem vom 16. März stammenden, privaten Tagebucheintrag des Staatssekretärs für auswärtige Angelegenheiten, Alexander Cadogan, in dem er völlig zu Unrecht annimmt, die zehn britischen Korvetten und 24 britischen ASW-Trawler seien bereits in den Vereinigten Staaten eingetroffen: »Nicht viel Neuigkeiten, außer von schrecklichen Versenkungen – fast alle an der amerikanischen Küste. Die Amerikaner scheinen *wirklich* furchtbar ineffizient zu sein! Und wir haben ihnen etwa vierzig Kriegsschiffe geliehen!«*

Am 12. März telegrafierte Churchill an Präsident Roosevelts wichtigsten Berater Harry Hopkins, wobei er überflüssigerweise auf die »enormen« Tankerverluste** aufmerksam machte, und verlangte »entschlossenes Handeln«, um das Konvoinetz auszudehnen. Falls dies nicht – schnell – geschähe, betonte Churchill, seien die Briten gezwungen, ihren Tankerverkehr einzustellen und andere drastische Schritte ein-

* Im März waren keine britischen Korvetten eingetroffen; nur 14 britische Trawler waren am 1. April einsatzbereit.

** Bis zum 1. März 1942 hatten alle U-Boote in amerikanischen Gewässern 45 Tanker versenkt und 13 beschädigt. 18 dieser 45 Schiffe waren in den Gewässern der Eastern Sea Frontier versenkt worden, 11 in der Karibik und 16 in anderen Gebieten.

zuleiten, die die lebenswichtigen und ohnehin schon unter dem absoluten Minimum liegenden britischen Einfuhren weiter reduzieren würden.

Roosevelt antwortete am 16. März, man habe gehofft, daß durch Kings neuen Geleitschutzplan für die Nordatlantikroute, »zehn US-Zerstörer... für Aufgaben an der amerikanischen Atlantikküste verfügbar würden«, doch dies sei »nicht ganz gelungen«, und zwar unter anderem aus folgenden Gründen:

- Die Briten hätten noch immer nicht die vorgesehene Zahl von Geleitfahrzeugen für die Mid-Ocean Escort Force (MOEF) gestellt, und deshalb »ist es nötig gewesen, nach Osten fahrende britische Sicherungsgruppen im Mittelatlantik« durch amerikanische Schiffe zu verstärken.
- Auch die Kanadier hätten noch nicht die volle Quote an Sicherungsschiffen für die Western Local Escort Force (WLEF) gestellt, und aufgrund »der Schwäche der lokalen kanadischen Sicherungsgruppen im Westen« müßten amerikanische Schiffe nach Westen laufende Konvois nicht nur bis zum West Ocean Meeting Point (WESTOMP), sondern etwa 550 Kilometer »über den vereinbarten Punkt hinaus nach Westen« begleiten.
- Die unvorhergesehene Entscheidung, Task Force 39 (umbenannt in Task Force 99) zur Verstärkung der britischen Home Fleet nach Scapa Flow zu verlegen, werde den Abzug weiterer amerikanischer Zerstörer notwendig machen.
- Die britischen ASW-Trawler seien »erst kürzlich eingetroffen oder noch auf dem Weg«, und die bereits angekommenen würden »den durch die Überfahrt nötig gewordenen, unverzichtbaren Reparaturen« unterzogen.*

Roosevelt drückte die Hoffnung aus, Churchill werde mit dem First Sealord Dudley Pound sprechen, »um zu klären, ob sich die völlige Umstellung des transatlantischen Geleitschutzes realisieren läßt, damit die zehn Zerstörer an unserer Atlantikküste patrouillieren können«. Er sei sicher, fuhr Roosevelt fort, »daß wir diese Sache in den Griff bekommen, doch dazu ist in den nächsten paar Wochen Ihre Mithilfe nötig.«

Für die Zwischenzeit der »nächsten paar Wochen« machte Roosevelt Churchill zwei Vorschläge, wie man »den U-Booten wirksamer begegnen« könne:

- Die transatlantischen Geleitzüge sollten in größeren Abständen fahren, d.h. sie sollten bis zum 1. Juli nur »alle acht Tage«** auslaufen; bis dahin werde »unsere Produktion von kleineren Sicherungsfahrzeugen [SCs und PCs] und von Flugzeugen voll zum Tragen kommen«.
- Churchill sollte dem Western Approaches Command persönlich die Anweisung erteilen, daß im Westatlantik befindliche britische Handelsschiffe »sich an die Routen halten, die von der Navy vorgeschrieben sind« und nachts ihre Fahrlichter löschen.

Die längeren zeitlichen Abstände bei auslaufenden Geleitzügen auf der Nordatlantikroute würden natürlich wichtige britische Importe weiter verringern. Dennoch glaubte Roosevelt, diese Möglichkeit sei dem »unklugen« Alternativvorschlag der Admiralität vorzuziehen, die Zahl der Sicherungsfahrzeuge pro Frachtkonvoi auf der Nordatlantikroute zu verringern. Er beeilte sich jedoch hinzuzufügen, er sei »sicher«, daß angesichts des auf vollen Touren laufenden amerikanischen Bauprogramms für

---

* Darüber hinaus wurde King am 26. Februar von Andrews informiert, daß die Trawler keine »zufriedenstellenden Geleitfahrzeuge« seien.

** Die Marinebehörden zogen nicht acht, sondern sieben Tage in Betracht.

Handelsschiffe jegliche, durch längere Zeitabstände in der Konvoiabfolge verursachte Reduzierung lebenswichtiger britischer Importe »in der zweiten Hälfte dieses Jahres« ausgeglichen werden könnte.

Vielleicht, weil er den scharfen Ton seiner Botschaft vom 16. März bedauerte, schrieb Roosevelt am 18. März erneut an Churchill und erklärte unter anderem, er erwarte, bis zum 1. Mai »von Newfoundland bis Florida und weiter bis zu den Westindischen Inseln eine ziemlich gute Küstenpatrouille« zu haben. Zu diesem Zweck, so Roosevelt weiter, habe er »Wasserfahrzeuge jeglicher Art mit einer Länge von mehr als 24 Metern erbettelt, geborgt und gestohlen ...« Danach übte Roosevelt völlig unnötig und völlig ungerechtfertigt folgende Kritik an den Admirälen King, Stark und anderen, die von Kings Kritikern weidlich ausgenutzt wurde:

Meine Marine war mit Sicherheit nachlässig, bei den Vorbereitungen auf diesen U-Boot-Krieg vor unserer Küste. Ich brauche Ihnen nicht zu sagen, daß die meisten Marineoffiziere es in der Vergangenheit abgelehnt haben, Schiffe mit weniger als 2000 Tonnen in ihre Überlegungen einzubeziehen. Sie haben diese Lektion vor zwei Jahren gelernt. Wir müssen sie noch lernen.

Roosevelt wollte damit den Eindruck vermitteln, »seine« Marine beharre auf der Ansicht, daß kein Schiff sich als Sicherungsfahrzeug eigne, das kleiner als ein Zerstörer sei. Dies stimmt natürlich nicht. Wie berichtet hatte das General Board der Navy, in dem King Mitglied war, 1939 den Bau eines Geleitzerstörers mit 1200 Tonnen (britisch »Fregatten«) empfohlen, und Anfang 1941 hatte das Bureau of Ships die Pläne für ein solches Schiff entwickelt. Trotz der wiederholten Empfehlungen von Stark und den Marineministern Edison und Knox war Roosevelt zunächst gegen dieses Schiff, und stufte es dann in der Dringlichkeit auf den zehnten Platz zurück, während er den unzulänglichen SCs und PCs höchste Priorität einräumte. Die Empfehlung des General Board von 1939, die Navy solle 2200 Tonnen große Küstenschutzschiffe der Treasury-Klasse erwerben, war nur eine Notmaßnahme gewesen, die die Navy selbst abgelehnt hatte.*

Admiral King litt zweifellos unter Roosevelts Kritik an der Navy, die man als Kriecherei vor den Briten interpretieren konnte, und er mischte sich energisch in diesen Meinungsaustausch auf höchster Ebene ein. Am 19. März schickte er Churchill ein mit Roosevelts Unterschrift versehenes, unwirsches und spöttisches Telegramm, das laut Churchill Anzeichen von »Nervosität« erkennen ließ:

Ihr letztes Telegramm an Hopkins zeigt, welches Interesse Sie an Maßnahmen zur Bekämpfung der U-Boot-Gefahr im Atlantik haben; ich sehe mich deshalb veranlaßt, Sie zu ersuchen, besonderes Augenmerk auf die Durchführung schwerer Angriffe gegen Stützpunkte, Werften und Reparaturstätten der U-Boote zu richten und dadurch der Aktivität der U-Boote an der Quelle beziehungsweise an den Sammelstellen entgegenzuwirken.

---

* Zu einem früheren Zeitpunkt hatte Roosevelt an Churchill geschrieben: »Ich war stets der Meinung, Zerstörer sollten nicht für Küstenpatrouillen eingesetzt werden, weil sie Allzweckschiffe sind.« Nur wenige Marineangehörige hatten dieser Ansicht widersprochen, doch King und die meisten höheren Offiziere hatten die Ansicht vertreten, daß Küstenkonvois mindestens Zerstörer (bzw. Fregatten) als Geleitfahrzeuge brauchten, die den nötigen Aktionsradius sowie die nötige Seetüchtigkeit, Belastbarkeit und Feuerkraft besaßen.

Am nächsten Tag, dem 20. März, antwortete Churchill:

Der Bombardierung von U-Boot-Konstruktionswerften und Stützpunkten wird von uns größte Bedeutung beigemessen; sie wird bei unserer Bomberoffensive im Frühjahr an oberster Stelle stehen. Alles ist dafür bereit, einschließlich einer stark verbesserten Methode, wie wir unseren Weg zum Ziel finden... Wir sind nur durch das Wetter aufgehalten worden, das für eine Durchführung der Bombardierung das schlechteste seit 15 Jahren ist... Keine Möglichkeiten werden ausgelassen werden. Wir ziehen auch den Angriff mit Langstreckenflugzeugen gegen U-Boote in Betracht, die von Bordeaux aus in die Karibik fahren. Es ist eine Frage von miteinander konkurrierenden Forderungen.

Am 29. März führte Churchill die britischen Pläne einer Bombardierung bei einem Informationsaustausch mit Roosevelt weiter aus. Die Royal Air Force werde ihre Angriffe auf »U-Boot-Schlupfwinkel« nun »verstärken«, um »mit einer zukünftigen U-Boot-Brut fertigzuwerden«. 250 Bomber der RAF hätten in der vergangenen Nacht Lübeck mit »allerbesten« Ergebnissen angegriffen. Das Coastal Command bereite sich darauf vor, über dem Golf von Biskaya »Patrouillen rund um die Uhr« zu organisieren, damit man von ihren französischen Stützpunkten aus- und einlaufende U-Boote angreifen, behindern und vernichten und so den Druck auf die Amerikaner an deren Küste vermindern könne. Churchill befürwortete zu diesem Zweck einen Wunsch der Admiralität, vier (später sechs) Geschwader von Wellington- und Whitley-Bombern des Bomber Command an das Coastal Command zu überstellen. Als Ausgleich bat er um den verstärkten Aufbau von amerikanischen Bomberstreitkräften auf den Britischen Inseln, »genau 100 schwere US-Bomber«, um das Bomber Command zu vergrößern.

In den meisten Darstellungen der Operation Paukenschlag und der folgenden U-Boot-Angriffe in amerikanischen Gewässern wird der Eindruck erweckt, daß King Geleitzüge an der Küste nicht vor dem 15. Mai habe einführen wollen – oder können. Dies war nicht der Fall. Am 20. März ordnete King an,* »sofort« Konvois auf mehreren Küstenrouten einzuführen, selbst wenn der »Geleitschutz vorläufig schwach« sei. Bei diesen Routen handelte es sich um:

- Ein in drei Etappen aufgeteiltes atlantisches Netz von Trinidad zu einem Mid-Ocean Meeting Point (MOMP) nahe den Bermudas, und von dort nach Halifax. Die Schiffe sollten alle zwei Wochen fahren. Einige US-Zerstörer und kanadische Korvetten sollten als Geleitfahrzeuge dienen.
- Ein küstennahes Netz von Boston bis Halifax und in umgekehrter Richtung** mit einigen amerikanischen Zerstörern und kanadischen Korvetten als Geleitfahrzeugen. War diese Route erst einmal etabliert, dann mußten sich die Schiffe der Outbound North Convoys nicht mehr unter der Küste zerstreuen, sondern konnten im Geleitzug nach Halifax und von dort mit den Küstenkonvois nach Boston, New York und weiter nach Süden fahren.

Ingersoll muß verständnislos dreingeblickt haben, als er diese Befehle erhielt. Am folgenden Tag, dem 21. März, erinnerte er King taktvoll an die vielen Aufgaben, die seinen bereits überlasteten Zerstörern zugeteilt worden waren. Diese Aufgaben um-

* King an Ingersoll, Information an NSHQ, Ottawa, 201305 und 201310.

** Halifax-Boston-Geleitzüge wurden mit XB, Boston-Halifax-Geleitzüge mit BX bezeichnet.

faßten noch immer: Geleitschutz für Frachtkonvois auf der Nordatlantikroute; Sicherung von AT- und NA-Truppentransportern sowie AS-Frachtgeleitzügen mit hoher Dringlichkeit; Geleitschutz für die monatlichen Konvois von New Orleans in die Karibik und von Charleston zu den Bermudainseln. Zusätzlich gab es eine Reihe von »Sonderaufgaben«, die sofort anfielen oder im April anstanden:

• Sicherung des britischen Flottenflugzeugträger *Furious* und der neuen Geleitträger *Archer* und *Avenger* (bei der Überführung) von amerikanischen Häfen zum EASTOMP.

• Sicherung der vereinigten Truppenkonvois AT 14 und NA 7 vom 8. bis zum 18. April. Der Konvoi bestand aus sieben Truppentransportern, die von Task Force 37 gesichert wurden, die aus dem Kreuzer *Philadelphia* und zehn amerikanischen Zerstörern bestand.

• Sicherung des von Häfen an der Ostküste nach Panama in Richtung Pazifik laufenden Truppenkonvois BT 202 vom 10. bis zum 17. April. Dieser Geleitzug bestand aus 17 Truppentransportern und wurde von Task Force 38 gesichert. Sie bestand aus dem Schlachtschiff *Texas,* dem Kreuzer *Brooklyn* und elf amerikanischen Zerstörern.

• Sicherung von Task Force 36 mit dem Flugzeugträger *Ranger* bei der Überführung von Flugzeugen nach Ghana (siehe unten) durch fünf Zerstörer.

• Stationierung eines speziellen »schweren Kampfverbands« ab dem 23. April auf unbestimmte Zeit in Argentia, um einem möglichen Durchbruch der *Tirpitz* und anderer Schiffe in den Atlantik zu begegnen. Diese Einheit sollte aus einem modernen Schlachtschiff (der *North Carolina,* später der *South Dakota*), einem Flottenträger (der *Ranger,* später der *Wasp*), zwei Schweren Kreuzern, einem Leichten Kreuzer und vier oder fünf US-Zerstörern bestehen.*

• Sicherung der zusammengelegten Truppenkonvois AT 15 und NA 8 vom 30. April bis zum 12. Mai. Diese bestanden aus 13 Truppentransportern, die von Task Force 38 mit dem Schlachtschiff *New York,* dem Kreuzer *Brooklyn* und 14 amerikanischen Zerstörern gesichert wurden.

Um all diese und andere Verpflichtungen erfüllen zu können, drang Ingersoll darauf,

• daß die Zwischenstops in Londonderry verkürzt wurden, die amerikanische Zerstörer einlegten, wenn sie zur Sicherung der in fünf- bis sechswöchigem Turnus fahrenden AT- und zurückkehrenden TA-Konvois eingeteilt waren.

• daß durch die Verlängerung der Zeitabstände zwischen den Nordatlantikkonvois auf sieben Tage *amerikanische Geleitfahrzeuge* für andere Aufgaben freigesetzt würden.

• daß die Briten und Kanadier die »zugesicherte Quote« an Sicherungsfahrzeugen für alle fünf Gruppen der amerikanischen Mid-Ocean Escort Force (MOEF) stellten.

Etwa zur selben Zeit initiierten King und Andrews ein inoffizielles Geleitzugsystem an der Küste zwischen Florida und Norfolk und zwischen Norfolk und New York

---

* Einschließlich Task Force 39 (99), die aus dem modernen Schlachtschiff *Washington,* dem Flugzeugträger *Wasp,* den Kreuzern *Wichita* und *Tuscaloosa* und sechs Zerstörern bestand und vorübergehend in Scapa Flow lag, hatte die US Navy insgesamt etwa 20 Kriegsschiffe vorgesehen, um einem Durchbruch der *Tirpitz* und anderer Schiffe zu begegnen: zwei Flugzeugträger, zwei neue Schlachtschiffe, vier Schwere Kreuzer, einen Leichten Kreuzer und etwa zehn Zerstörer.

bzw. Boston. Bei diesem behelfsmäßigen System, das als »Bucket Brigade« (im Sinne der Bekämpfung eines Brandes durch das Weiterreichen von Löscheimern in einer Menschenkette) bekannt wurde, fuhren die Schiffe im Zick-Zack-Kurs sehr dicht an der Küste, und zwar nur tagsüber und auf vorgeschriebenen Etappen. Nachts liefen sie Häfen oder künstliche Ankerplätze an, die durch U-Boot-Netze und Minen geschützt waren. Wo auch immer es nötig – und möglich – war, stellte Andrews lokale Sicherungsfahrzeuge aus seiner langsam wachsenden Streitmacht bereit, die am 1. April aus folgenden Schiffen bestand:

20	SCs, PCs usw. (U-Jagd-Boote und Patrouillenboote von 28 bis 52 Meter Länge)
60	Küstenwachfahrzeuge (23 bis 50 Meter Länge)
14	britische Trawler (51 Meter Länge)
82	Flugzeuge der Navy (Catalinas)*
4	Blimps
89–100	Flugzeuge der Army

In Rahmen der neuen Bucket Brigade konnte die küstennahe Fahrt eines Schiffes etwa folgende vier Etappen haben:

Von Key West nach Jacksonville,
dann von Jacksonville nach Charleston,
dann von Charleston nach Kap Fear oder Kap Lookout,
dann von Kap Fear oder Kap Lookout nach Norfolk.

Andrews dislozierte den Großteil seiner ASW-Kräfte in der gefährlichen Region um Kap Hatteras und auf der Etappe zwischen Kap Lookout und Norfolk. Nach Norden laufende Schiffe sammelten sich gewöhnlich am Kap Lookout. Tagsüber fuhren sie von dort in inoffiziellen Geleitzügen um Kap Hatteras und wurden üblicherweise sowohl von vier kleinen Kriegsschiffen als auch von Flugzeugen begleitet. Ein (langsames) Sicherungsfahrzeug führte den Konvoi an; drei (schnelle) Sicherungsfahrzeuge patrouillierten auf der seewärtigen und der rückwärtigen Seite des Konvois. Flugzeuge der Navy wie etwa Aufklärer patrouillierten über der Formation.

In Norfolk – oder genauer gesagt in Hampton Roads – hatten die nach Norden laufenden Schiffe die Wahl, über die sichere »Binnenlinie« durch die Chesapeake Bay nach Baltimore oder andere Häfen weiterzufahren, und sie konnten auf dieser Binnenlinie durch den rund 30 Kilometer langen Chesapeake und Delaware Canal** weiter nordwärts nach Wilmington, Philadelphia und Camden gelangen. Alternativ konnte ein nach Norden fahrendes Schiff die küstennahe »Seelinie« von Norfolk zur

* Zusätzlich weitere, in Norfolk stationierte Catalinas der Atlantikflotte, die leihweise abgetreten wurden. Die 82 Flugzeuge der Navy umfaßten auch zwischen 15 und 70 Aufklärungswasserflugzeuge des Typs Vought OS2 U Kingfisher, deren Auslieferung an die Briten verzögert und die Fliegern der Coast Guard bemannt wurden.

** Der Kanal war für Schiffe mit bis zu 7,6 Metern Tiefgang und bis zu 152 Metern Länge befahrbar. Die meisten beladenen, nach Norden laufenden Tanker lagen zu tief im Wasser, doch alle Tanker, die (ohne Ladung und mit geringerem Tiefgang) nach Süden fuhren und höchstens 152 Meter lang waren, mußten diesen Weg nehmen.

Delaware Bay benützen und zu den Häfen von New Jersey und New York weiterfahren. Von New York aus konnten die nach Norden fahrenden Schiffe die »Binnenlinie« durch den Long Island Sound, den Block Island Sound und den Rhode Island Sound zur Buzzard Bay nehmen, und von dort aus durch den etwa 15 Kilometer langen Kap-Cod-Kanal zur Kap-Cod-Bucht und nach Boston, Portland (Maine) und anderen Orte im Norden fahren.

Während die amerikanische Marine diese Maßnahmen in die Tat umsetzte, um die Handelsschiffahrt zu schützen, beharrte Admiral King weiterhin darauf, daß die Sicherung von Truppenkonvois die höchste Priorität hatte. Im April wurden die Fahrten der AT-Konvois von den USA aus sowie der (häufig zusammgefaßten) NA-Konvois von Kanada aus einheitlich geregelt. Dennoch war King noch immer wegen der seiner Meinung nach unzureichenden Sicherung der AT- und NA-Konvois durch die Royal Navy beunruhigt, die vom EASTOMP zu den Britischen Inseln fuhren. Am 4. April reagierte die Admiralität auf Kings Beschwerden und schlug vor, die amerikanische Marine solle auf der Atlantikpassage durchgehend die volle Verantwortung für die Sicherung der AT- und NA-Truppenkonvois übernehmen. Am 9. April erklärte sich King mit dem Vorschlag einverstanden.* Die Folge war, daß an der Ostküste der Vereinigten Staaten weniger US-Zerstörer für die Sicherung der Küstenkonvois verfügbar waren, als ursprünglich vorgesehen, was die Einführung eines regulären Geleitzugsystems in diesem Gebiet weiter verzögerte.

Im Lauf der gesamten im Februar und März ausgetragenen Kontroverse um die Geleitzüge versuchte Admiral King energisch die absurde Politik zu berichtigen, nach der die Army Air Forces weiterhin die Hauptverantwortung für die Bereitstellung von landgestützten Aufklärungsflügen zur U-Boot-Bekämpfung trugen. Am 26. März konnte King einen Teilsieg verbuchen. In einem vom Marineminister Frank Knox und dem Kriegsminister Henry Stimson unterschriebenen, komplizierten Dokument, willigte Stimson ein, die operative Führung des Ersten Bomberkommandos, das bis dahin von Westside T. Larson kommandiert wurde, vorübergehend an Admiral Andrews von der Eastern Sea Frontier zu übertragen.** Ab dem 1. April führte und koordinierte Andrews direkt 170 Starrflügelflugzeuge (82 der Navy und 88 der Army), die auf 18 Stützpunkten an der Ostküste stationiert waren, sowie vier Blimps und die kleine, aber wachsende – und einsatzfreudige – freiwillige Civil Air Patrol, die von zwei Flugplätzen in New Jersey und Delaware aus unbewaffnete Aufklärungsmaschinen flog.

Die Vereinbarung beendete die Rolle der Army bei der U-Boot-Bekämpfung jedoch nicht. Im Gegenteil, den Army Air Forces wurde ausdrücklich auch weiterhin die langfristige Gesamtverantwortung für ASW-Flüge mit landgestützten Maschinen übertragen. Obwohl die Briten bei den offensiven U-Jagd-Einsätzen der Flugzeuge des Coastal Command sehr schlechte Abschußquoten erzielt hatten, waren die ame-

* Public Records Office (PRO), Kew, »Control of Shipping in West Atlantic During U-boat Campaign. January–June 1942.« Dokument ADM 205/21, S. 1–10.

** Durch dieselbe Vereinbarung erhielt Admiral Hoover von der Caribbean Sea Frontier die operative Führung der 50 Flugzeuge umfassenden Antilles Air Task Force, die zu den Army Air Forces gehörte.

rikanischen Flieger überzeugt, ihren ASW-Auftrag am besten durch *offensive* Luftpatrouillen erfüllen zu können. Folglich wurde in Langley Field, Virginia, eine Sea Search Attack Group mit einer eigenen Forschungs- und Entwicklungseinheit, der Search Attack Development Unit, gebildet. Unter dem Kommando von William C. Dolan unternahm die Sea Search Attack Group mit Bombern des Typs Douglas B-18 Bolo, die mit handgefertigten Zentimeter-Radargeräten und anderen Mitteln zur U-Boot-Bekämpfung (schwimmende Leuchtbomben, Sonobojen usw.) ausgerüstet waren, versuchsweise offensive ASW-Patrouillen an der Ostküste. Diese Patrouillen waren nicht mit denen des First Bomber Command koordiniert, so daß es bei Einsätzen häufig zu Überschneidungen kam.

Globale Herausforderungen

In den meisten Darstellungen des deutschen U-Boot-Angriffs, der im Frühling 1942 in amerikanischen Gewässern stattfand, wird diese Operation isoliert beschrieben. Diese Darstellungsweise liefert unvermeidlich ein höchst unvollständiges und sogar verzerrtes Bild der amerikanischen Gegenmaßnahmen.

Als im April 1942 der U-Boot-Krieg vor der Ostküste der Vereinigten Staaten seinen Höhepunkt erreichte, fanden im Seekrieg weltweit folgende wichtige Operationen statt:

Die Japaner im Indischen Ozean

In der ersten Aprilwoche stießen schlagkräftige japanische Seestreitkräfte und Landungseinheiten von Malaysia aus in den Golf von Bengalen vor. Die Operation wurde durch einen Verband von fünf Flugzeugträgern, vier Schlachtschiffen und unterstützenden Schiffen gedeckt, die der auf Ceylon stationierten, neu eingetroffenen, aber schwachen britischen Eastern Fleet (drei Flugzeugträger und fünf alte Schlachtschiffe) entgegentraten. Die Japaner versenkten den alten und kleinen Flugzeugträger *Hermes,* die Kreuzer *Cornwall* und *Dorsetshire,* die Zerstörer *Tenedos* und *Vampire,* die Korvette *Hollyhock* sowie zwei Flottentanker, und sie zwangen die britische Eastern Fleet, sich 5560 Kilometer nach Westen auf den bei Mombasa in Kenia gelegenen Stützpunkt Kilindini an der afrikanischen Ostküste zurückzuziehen. Bei ihrem Vorstoß versenkten verschiedene japanische Kriegsschiffe und Flugzeuge zusätzlich 23 von Briten kontrollierte Handelsschiffe mit etwa 112 000 BRT und beschädigten weitere. Japanische U-Boote versenkten ein weiteres halbes Dutzend Handelsschiffe. Amphibische Streikräfte der Japaner landeten in Rangun und Burma sowie auf der Inselgruppe der Andamanen, was eine akute Bedrohung für Indien bedeutete.

Churchill bat Roosevelt in einer Serie dringender Appelle um Unterstützung auf diesem Kriegsschauplatz. Unter anderem regte er an, den Flugzeugträger *Ranger* und das Schlachtschiff *North Carolina* von der Atlantic Fleet an die britische Eastern Fleet zu überstellen, oder, alternativ, zur Abwehr der *Tirpitz* außer dem Schlachtschiff *Washington* auch die *North Carolina* in Scapa Flow zu stationieren, um das Schlachtschiff *Duke of York* für die Eastern Fleet freizusetzen. Admiral King lehnte diese Vorschläge ab und bot statt dessen an, unverzüglich amerikanische Bomber in den Indischen Ozean zu verlegen.

Churchill schlug außerdem vor, mit der amerikanischen Pazifikflotte eine für die Japaner bedrohliche Operation durchzuführen, damit die japanischen Seestreitkräfte aus dem Golf von Bengalen in den Pazifik zurückkehren müßten. Churchill wußte nicht, daß sich zu diesem Zeitpunkt bereits die US-Flugzeugträger *Hornet* und *Enterprise* und weitere Schiffe kühn den japanischen Inseln näherten, um den Doolittle Raid durchzuführen. Dank eines unwahrscheinlichen Zufalls war dieser Luftangriff genau die Art von Seeoperation, durch die Churchill den japanischen Druck im Indischen Ozean verringern wollte. Obwohl sich die japanischen Streitkräfte schon einige Tage vor dem am 18. April durchgeführten Doolittle Raid aus dem Golf von Bengalen zurückzogen, sollte dieses Unternehmen, das allzuoft als bloßes Spektakel abgetan wurde, den Verlauf des Kriegs im Pazifik in den folgenden zwei Monaten nachhaltig beeinflussen.

Die Briten auf Madagaskar

Ungefähr zur selben Zeit wurden britische See- und Landungsstreitkräfte in den südafrikanischen Häfen Kapstadt und Durban massiert, um das Vichy-französische Madagaskar zu erobern und damit den Japanern eine mit Vichy abgesprochene Besetzung wie in Indochina zu verwehren. Wie erwähnt wurden für diese Operation (Ironclad) wichtige Einheiten der britischen Force H von Gibraltar abgezogen, was indirekt eine Schwächung der Home Fleet in Scapa Flow zur Folge hatte, da diese die Force H bei Gibraltar verstärken mußte. Weiterhin führte dieses Unternehmen zur Überführung der amerikanischen Task Force 39 (99) mit dem Flugzeugträger *Wasp* und dem Schlachtschiff *Washington* nach Scapa Flow, die dort wiederum die Home Fleet zur Abwehr der *Tirpitz* verstärkten.

Am 25. April liefen in Durban die Führungsschiffe der britischen Invasionsstreitmacht Richtung Madagaskar aus, und Einheiten der britischen Eastern Fleet verließen zur Unterstützung Kilindini. Die Briten hatten gehofft, daß sich die Vichy-französischen Streitkräfte auf Madagaskar der Landung am 5. Mai nicht widersetzen würden, doch die Franzosen leisteten mehrere Tage lang heftigen Widerstand, bevor sie überwältigt wurden.

Um die alliierte Luftmacht im Gebiet des Indischen Ozeans zu vergrößern, bat Churchill dringend um die Verlegung amerikanischer Jagdflugzeuge nach Westafrika. Roosevelt entsprach diesem Wunsch, und King beauftragte den Flugzeugträger *Ranger* mit der Aufgabe. Am 22. April verließ die *Ranger* Rhode Island. Sie hatte 68 Maschinen des Typs Curtiss-P-40 Warhawk an Bord und wurde von dem Kreuzer *Augusta* und fünf Zerstörern gesichert.* Die Flugzeuge starteten am 10. Mai von der *Ranger* und landeten an der afrikanischen Goldküste im ghanaischen Accra. Von dort aus flogen sie weiter nach Indien; die *Ranger* und ihr Geleitschutz kehrten in die Vereinigten Staaten zurück.

Historiker – insbesondere britische Historiker – sind geneigt zu behaupten, Admiral King sei damals auf die Operationen im Pazifik fixiert gewesen und habe den

* Die Zerstörer *Ellyson, Emmons, Hambleton, Macomb* und *Rodman.*

U-Boot-Krieg im Atlantik vernachlässigt. Sie versäumen es jedoch ausnahmslos, die damalige britische Fixierung auf Unternehmen im Indischen Ozean und den daraus folgenden Abzug alliierter Seestreitkräfte aus dem Atlantik zu erwähnen.

Malta

Die deutsche Luftwaffe im Mittelmeer, die Rommels Afrika-Korps unterstützte, führte zu dieser Zeit einige schwere Bombenangriffe auf die britische Insel Malta durch, die von alliierten Kriegsstrategen als Auftakt einer Luftlandeoperation angesehen wurden. Churchill hielt Malta strategisch und psychologisch für unschätzbar wertvoll und beharrte aus diesem Grund darauf, daß gewaltige Anstrengungen unternommen werden müßten, um eine deutsche Invasion der Insel abzuwehren; zugleich versicherte er den Maltesern, daß »die Navy Malta niemals im Stich lassen wird«.

Die Verteidigung Maltas bedeutete einen weiteren schweren Aderlaß für die alliierten Seestreitkräfte im Atlantik. Die deutsche Luftwaffe und italienische Luft- und Seestreitkräfte fügten den britischen Geleitzügen, die versuchten, sich zu der Insel durchzuschlagen, schwere Verluste zu. Um die schwachen britischen Luftstreitkräfte auf Malta zu verstärken, fragte Churchill am 31. März bei Roosevelt an, ob der mit Task Force 39 (99) auf dem Weg nach Scapa Flow befindliche Flugzeugträger *Wasp* Spitfire-Maschinen nach Malta bringen könne. Obgleich Admiral King keineswegs scharf darauf war, einen neuen Flugzeugträger auf diesen Friedhof für Kriegsschiffe* zu schicken, gab er schließlich nach, und die *Wasp* nahm im Firth of Clyde 47 Spitfires an Bord und lief am 14. April ins Mittelmeer aus.

Gesichert von dem Schlachtkreuzer *Renown* und den Kreuzern *Charybdis* und *Cairo* sowie einem Schwarm von Zerstörern, darunter die US-Schiffe *Lang* und *Madison,* schlüpfte die *Wasp* am 20. April unbemerkt durch die Straße von Gibraltar und setzte die Spitfires ab. In der ersten Maiwoche unternahm die *Wasp* mit den US-Zerstörern *Lang* und *Sterett* sowie in Begleitung des britischen Flugzeugträgers *Eagle* und Sicherungsfahrzeugen eine zweite Fahrt vom Firth of Clyde ins Mittelmeer. Und am 9. Mai stiegen von der *Wasp* weitere 47 Spitfires auf und flogen nach Malta.

Die Murmansk-Route

Auf direkten Befehl Hitlers hin bedrohten die *Tirpitz,* das Taschen-Schlachtschiff *Admiral Scheer* und der Schwere Kreuzer *Hipper* zusammen mit Zerstörern und der Luftwaffe alliierte PQ- und QP-Konvois, die von Island nach Murmansk und wieder zurück nach Island fuhren. Die *Tirpitz* unternahm im März einen Durchbruch – ihr erster Kampfeinsatz –, doch er war ein völliger Fehlschlag. Dennoch waren die Briten durch die Anwesenheit der *Tirpitz,* der *Admiral Scheer* und der *Hipper* gezwungen, schwere Schiffe der Home Fleet zum Schutz der Murmansk-Geleitzüge einzusetzen.

Die Gefahr deutscher Angriffe auf Murmansk-Geleitzüge erhöhte sich noch, als im April die Tage im Nordmeer länger wurden. Angesichts dieses jahreszeitlichen Fak-

* In einem Schreiben mit Roosevelts Unterschrift fragte King spitz bei Churchill an, warum die Admiralität für diesen Zweck nicht den britischen Flugzeugträger *Furious* einsetzen könne, der am 3. April die Vereinigten Staaten verließ.

tors vertrat Admiral Pound im Kriegskabinett die Ansicht, daß die Murmansk-Konvois das Risiko nicht wert seien. Doch Roosevelt hielt entschieden dagegen, daß es wegen der drohenden Frühjahrsoffensive der Deutschen gegen die Rote Armee nicht nur politisch unklug, sondern auch gefährlich wäre, die Murmansk-Geleitzüge einzustellen. Er lehnte es nicht nur ab, eine Einstellung der Konvois in Erwägung zu ziehen, sondern verlangte sogar, die Admiralität solle den Umfang und die Anzahl der Murmansk-Konvois erhöhen, damit die 107 in Island und andernorts versammelten Handelsschiffe, die für die Sowjetunion Fracht an Bord nahmen oder schon beladen waren, abgefertigt werden konnten.

In Übereinstimmung mit den Ansichten der Admiralität lehnte Churchill diesen Vorschlag ab. Die Murmansk-Route hatte die Royal Navy die Kreuzer *Trinidad* und *Edinburgh* gekostet; ersterer war beschädigt, letzterer versenkt worden.* Außerdem war ein Schlachtschiff der Home Fleet, die *King George V.,* bei einer schrecklichen Kollision mit dem Zerstörer *Punjabi* beschädigt worden und der Zerstörer war in zwei Hälften gebrochen und gesunken. Das Schlachtschiff mußte umfangreichen Reparaturen unterzogen werden, bevor es erneut die Sicherung eines Murmansk-Konvois übernehmen konnte.** Churchill konnte bestenfalls versprechen, daß alle zwei Monate drei PQ-Konvois mit 25 bis 35 Schiffe fahren würden. Aus dieser halbherzigen Voraussage zogen Roosevelt und King den korrekten Schluß, daß man, um die Stalin gemachten Versprechen einzuhalten, Schiffe des in Scapa Flow liegenden US-Verbands für den Geleitschutz der Murmansk-Konvois einsetzen müßte. Nicht ohne Grund argwöhnte King, daß die Admiralität amerikanische Marineeinheiten noch tiefer in die vielfältigen britischen Seekriegspläne einbeziehen wollte, gleichgültig wie unklug diese Projekte (etwa in Madagaskar und Malta) den Amerikanern auch erschienen.

Operation Sledgehammer

Ganz oben auf der amerikanischen Liste erstrebenswerter Marineoperationen stand Anfang April das Unternehmen Sledgehammer, die Invasion im besetzten Frankreich im Falle eines katastrophalen Zusammenbruchs der Roten Armee unter dem Druck der deutschen Frühjahrsoffensive. Am 8. April trafen Armeestabschef George Marshall und Harry Hopkins mit einem Flugzeug in London ein, um die Zustimmung der Briten für die 1942 geplante Operation Sledgehammer einzuholen und um Operation Roundup, die für 1943 geplante umfangreichere Alternative, zu erörtern.

Aufgrund des unmittelbar bevorstehenden Doolittle Raid auf Japan und weil kryptologische Erkenntnisse darauf hindeuteten, daß sich im Pazifik eine weitere große – vielleicht sogar entscheidende – Seeschlacht anbahnte, war King in Washington

* Die *Edinburgh* sank, als sie mit dem Geleitzug QP 11 zu den Britischen Inseln unterwegs war. Sie hatte fast sechs Tonnen Gold in 46512-Kilogramm-Barren an Bord, die als Bezahlung für Kriegsmaterial an die Amerikaner gehen sollten. Der Großteil des Goldes wurde 1981 von britischen Tauchern geborgen und mit den Sowjets geteilt.

** Der Befehlshaber von Task Force 99, Robert C. Giffen, schrieb an King, die britischen Zerstörer hätten im dichtem Nebel bei 18 Knoten mit »schlechter Technik« operiert, und sein Schlachtschiff, die *Washington,* sei ebenfalls »nur knapp davongekommen« und beinahe mit dem britischen Zerstörer *Martin* kollidiert. Vorfälle dieser Art bestärkten King in der Überzeugung, amerikanische und britische Seestreitkräfte sollten nicht »vermischt« werden.

geblieben. Es kann jedoch nicht genug betont werden, daß King die Operationen Sledgehammer oder Roundup befürwortete, einerseits, um die deutschen U-Boote aus ihren französischen Stützpunkten zu vertreiben, und andererseits, um die seiner Ansicht nach peripheren britischen Operationen im Mittelmeerbecken und im Indischen Ozean zu beschränken, damit sich die Admiralität so stark wie möglich auf Unternehmungen konzentrierte, von denen sich die Amerikaner am ehesten eine schnelle Niederlage Deutschlands versprachen.

Die Briten waren gegen Sledgehammer und gegen Roundup, vermittelten Marshall und Hopkins aber bewußt den falschen Eindruck, sie seien mit Roundup einverstanden, damit die Amerikaner ihren Kampf gegen Deutschland nicht aufgaben, um sich mit aller Kraft gegen Japan zu wenden. Tatsächlich strebten die Briten danach, die aufgegebene Operation Gymnast doch noch zu realisieren und im Vichy-französischen Nordwestafrika zu landen, um Rommels Afrikakorps mit den Landungstruppen und der Britischen 8. Armee in die Zange zu nehmen.

Während Marschall und Hopkins in London weilten, lenkten Churchill und der First Sea Lord Pound die Aufmerksamkeit ihrer Gäste wiederholt auf die schweren alliierten Schiffsverluste an der Ostküste der Vereinigten Staaten und forderten mehrmals, daß die Amerikaner in dieser Region Geleitzüge einführten. Zweifellos stimmte Marshall mit diesem Standpunkt überein – der ganz der Linie des amerikanischen Heers entsprach –, und vielleicht beeinflußte er Hopkins, der am 14. April Präsident Roosevelt kabelte, er solle auf die Einführung von Küstenkonvois dringen. In Auszügen erklärte Hopkins:

Die amerikanischen Schiffsverluste im westlichen Nordatlantik belaufen sich vom 12. Januar bis zum 12. April auf 1,2 Millionen BRT. In der letzten Woche haben wir im gleichen Gebiet 150 000 BRT verloren, wovon 106 000 BRT auf Tanker entfallen. Meiner Ansicht nach sind die Schiffsverluste in der Regel sehr viel wichtiger als verlorene Frachten. In den nächsten Monaten werden wir diese Schiffe dringend benötigen.

Die Briten sind einverstanden, ihre Vorräte [d. h. Importe] zu reduzieren, um sicherzustellen, daß keine Schiffe versenkt werden, und ich denke, wir sollten in der Lage sein, dasselbe zu tun. Mit anderen Worten, wenn die Frachten nicht absolut notwendig sind, dann sollte man die Schiffe nicht fahren lassen, bis nächsten Monat unser neues [Geleitzugs-]System etabliert wird. Ich habe große Zweifel, daß diese Aufgabe mit irgendeinem geringeren Mittel als Geleitzügen zu bewältigen ist, und es wäre die falsche Politik, ohne eine vernünftige Sicherung weitere Schiffe aufs Spiel zu setzen. Ich würde darüber anders denken, wenn alle Ladungen für die Kriegsanstrengungen in den nächsten paar Wochen absolut erforderlich wären, doch wenn sogar die Briten eine Zeitlang auf Importe verzichten können, bin ich sicher, daß wir das auch können …

Ich kann kaum deutlich genug auf die Besorgnis hinweisen, die alle Verantwortlichen hier [in London] wegen dieser Angelegenheit erfüllt. Das ist nur natürlich, weil diese Insel so sehr von Importen abhängt, und man hier die Bedeutung dieser Versenkungen für den zukünftigen Kriegsverlauf in ihrem vollem Ausmaß erkennt. Ich muß hier nicht näher ausführen, wie wichtig jedes einzelne Schiff in den nächsten Monaten sein wird. Ich hatte geplant, eine Erörterung dieser Sache so lange zu verschieben, bis wir uns persönlich sehen, doch die Angelegenheit scheint mir von solcher Dringlichkeit zu sein, daß ich beschloß, sie telegrafisch zur Sprache zu bringen.

King war zweifellos über dieses provokative Telegramm bestürzt, tat er doch zu diesem Zeitpunkt sein Möglichstes, um die anderen mannigfaltigen Anforderungen der Briten an seine Seestreitkräfte zu erfüllen und um Geleitzüge an der Eastern Sea Frontier einzuführen. Außerdem hatte er, wie er am 16. April via Hopkins an Churchill telegrafierte, bereits entschieden, den Tankerverkehr einzustellen:

Auf einer Konferenz mit den Vertretern der betroffenen Stellen wurde der Beschluß gefaßt, die Tankerfahrten an der Atlantikküste für einen Zeitraum einzustellen, dessen Dauer davon abhängt, ab wann eine bessere Sicherung zur Verfügung steht. Die Gelegenheit wird genutzt, um die Schiffe so rasch wie möglich zu bewaffnen. Maßnahmen bezüglich der Trockenfrachter werden in Betracht gezogen …

Vom 16. April bis zum 29. April blieben alle unter amerikanischer Kontrolle stehenden Tanker in der westlichen Hemisphäre in den Häfen. Am 18. April stellten auch die Briten den Tankerverkehr im Golf von Mexiko und in der Karibik ein, doch nach einer Änderung der Routen wurden die Fahrten sechs Tage später, am 23. April, wiederaufgenommen. Die von Briten kontrollierten Tanker fuhren nun nach Trinidad, überquerten von dort in genau östlicher Richtung den Atlantik bis Freetown und fuhren schließlich in Sierra-Leone-Geleitzügen zu den Britischen Inseln.

In einer separaten Nachricht an Roosevelt drückte Churchill seine Freude und Zufriedenheit über die Treffen mit Marshall, Hopkins und anderen aus und bedauerte, daß Admiral King nicht auch gekommen war. »Wir haben sehr vertrauliche Kontakte mit der United States Army und der Air Force [sic] hergestellt, doch wie Harry Ihnen mitteilen wird, sind wir mit den Seestreitkräften nicht annähernd so eng verbunden. Es hängt jedoch alles davon ab, daß hier abgestimmt und erfolgreich gehandelt wird. Ich schicke deshalb den First Sea Lord mit General Marshall und Harry zurück in die Staaten, damit er die ganze Lage mit Ihnen und Admiral King erörtern und langfristige Pläne machen kann …«

Am 18. April verließ die amerikanische Delegation mit dem First Sea Lord Pound auf dem Luftweg die Britischen Inseln. Pound hielt sich eine Woche lang, vom 20. bis zum 26. April, in Washington auf und konferierte mit Roosevelt, King und anderen über viele anstehende Entscheidungen im Seekrieg.

Pound und andere Mitglieder der britischen Marinedelegation kamen zu dem Ergebnis, Admiral King und seine hochrangigen Mitarbeiter seien völlig auf den Pazifik fixiert. Britische Historiker und Autoren beschreiben diese Fixierung als eine Art Schikane oder Illoyalität oder, in Anbetracht der Bedrohung durch die U-Boote im Atlantik, als skandalöse Dummheit.

Tatsächlich hatte King jedoch allen Grund, sich in jener Woche vorrangig mit dem Pazifik zu beschäftigen. Alliierten Dechiffrierern war erneut ein begrenzter Einbruch in die neueste Variante des japanischen Marineschlüssels JN 25 gelungen, und dieser hatte Hinweise erbracht, daß die Japaner »Ende April« Landungsoperationen in Port Moresby in Neuguinea und/oder auf den Inselgruppen Neukaledonien und Fidschi planen könnten. Die Einnahme von Port Moresby hätte den Japanern eine ideale Ausgangsbasis für eine Invasion Australiens verschafft, das als der zentrale Stützpunkt der Alliierten im Südwestpazifik vorgesehen war, und eine Eroberung Neukaledoniens und/oder der Fidschi-Inseln hätte die Japaner in die Lage versetzt, die Verbindungswege nach Australien zu unterbrechen, zu deren Offenhaltung sich die Amerikaner auf der Arcadia-Konferenz verpflichtet hatten. Obendrein war die amerikanische Funkentzifferung am 18. April in teilweise entzifferten Funksprüchen der Japaner auf Hinweise gestoßen, daß die Japaner einen weiteren großen Angriff auf Hawaii oder eventuell sogar auf Kalifornien planten.

Zum damaligen Zeitpunkt waren die wichtigsten Einheiten der amerikanischen Seestreitkräfte im Pazifik nicht darauf vorbereitet, japanische Vorstöße im Südwestpazifik zu verhindern. Die Flugzeugträger *Hornet* und *Enterprise* und ihre Hilfsschiffe hatten nach dem Doolittle Raid am 18. April gerade erst die Rückreise angetreten. Es bestand keine Möglichkeit, sie rechtzeitig wiederauszurüsten, um die alliierten Seestreitkräfte im Südwestpazifik bis »Ende April« zu verstärken. Wenn die Japaner in diesem Gebiet aufgehalten werden sollten, dann mußten die Flugzeugträger *Lexington* und *Yorktown* und ihre Unterstützungseinheiten diese Aufgabe übernehmen.*

In Washington gab es kaum eine Diskussion darüber, ob man versuchen sollte, den Japanern im Südwestpazifik einen Strich durch die Rechnung zu machen. Eine weitere schwere Niederlage im Pazifik, etwa der Verlust Port Moresbys, Neukaledoniens oder der Fidschi-Inseln oder gar Australiens zusätzlich zum Fall der Bataanhalbinsel oder der Inselfestung Corregidor** auf den Philippinen, hätte verheerende Folgen gehabt und zu einem Sturz der Regierung Churchill oder gar zu einem Impeachment gegen Präsident Roosevelt führen können. Zumindest aber hätte ein solcher Rückschlag den Ruf der Navy erneut geschädigt.

Die Lage war so bedrohlich, daß King auf einem persönlichen Treffen mit dem Befehlshaber der Pazifikflotte, Chester Nimitz, an einem für beide günstigen Ort bestand. Daher verließen King und seine hochrangigen Berater plötzlich Washington, als der First Sea Lord Pound und seine Delegation sich eben darauf eingerichtet hatten, umfassende und ausführliche Gespräche über die Strategie zu führen. King und seine Berater fuhren nach San Francisco, um dort vom 25. bis 27. April Nimitz und seine Berater zu treffen. In San Francisco arbeiteten die Befehlshaber mit ihren Mitarbeitern einen Plan für einige teure amerikanische Großkampfschiffe aus, die zum ersten Mal in diesem Krieg japanische Großkampfschiffe auf hoher See bekämpfen sollten.

Da man den First Sea Lord Pound und seine Begleiter in Washington einfach warten ließ, ist es nicht verwunderlich, daß sie sich von Admiral King brüskiert fühlten und den falschen Eindruck erhielten, King sei zu einseitig mit dem Pazifik beschäftigt. Trotzdem waren Pounds Gespräche mit Roosevelt und mit Kings Untergebenen insofern fruchtbar, als über einige wichtige Probleme des Seekriegs wie etwa die bevorstehende Einführung von Geleitzügen in allen für deutsche U-Boote erreichbaren Gewässern Nordamerikas Klarheit geschaffen wurde.

---

* Ein weiterer Flugzeugträger aus dem Pazifik, die *Saratoga*, war von den Japanern am 11. Januar 1942 mit Torpedos beschädigt und an der Westküste der USA repariert worden und befand sich noch in der Erprobungsphase.

** Die Streitkräfte auf Bataan hatten am 9. April, die auf Corregidor am 6. Mai kapituliert.

Die Geleitzugrouten in amerikanischen Gewässern, die in den ersten beiden Maiwochen eingeführt werden sollten, waren:

- *Key West – Norfolk – Key West*

Diese Route sollte von 43 Kriegsschiffen gesichert werden, die auf fünf Sicherungsgruppen verteilt waren, zu denen auch Flugzeuge gehörten. Diese Streitmacht sollte aus neun amerikanischen Glattdeck-Zerstörern bestehen, die der Eastern Sea Frontier im April permanent zugeteilt wurden,* und außerdem aus fünf der zehn britischen Korvetten, die im April endlich eingetroffen waren.** Hinzu kamen 12 der 14 britischen ASW-Trawler, die nach der Überfahrt inzwischen repariert waren und die im April in Dienst gestellt wurden; ferner zwei große Kanonenboote (die früheren Jachten *Plymouth* und *St. Augustine*), neun neue Patrouillenboote mit 53 Metern Länge, vier 50 Meter lange Küstenschutzboote (die Boote *Argo, Calypso, Dione* und *Icarus*) und zwei Eagle-U-Jäger aus dem Ersten Weltkrieg. Acht weitere Schiffe (vier Küstenschutzboote mit 50 Metern Länge; zwei britische Trawler und zwei Schiffe des Typs Eagle) sollten als Reserve dienen. Zusätzlich sollten 57 Küstenboote entlang der Route ASW-Patrouillen und Rettungsmaßnahmen durchführen.

- *Halifax – Boston – Halifax*

Diese Route sollte von der kanadischen Western Local Escort Force (WLEF), die aus Glattdeck-Zerstörern und Korvetten bestand, gesichert werden.

- *Direktroute Halifax – Karibik – Halifax*

Die Geleitzüge auf dieser Route sollten ausschließlich für kanadische Ölimporte genutzt werden und von einer kanadischen Gruppe von vier Korvetten gesichert werden, die von der MOEF abgezogen werden sollten. Der Verkehr auf dieser Route sollte am 17. Mai beginnen. Anfangs bestanden die Konvois aus sechs Tankern, die alle zwei Wochen ausliefen, doch ab dem 8. Juni fuhr alle zehn Tage ein Geleitzug ohne Umweg über Trinidad direkt von Aruba nach Halifax.

- *Trinidad – Aruba – Trinidad*

Diese Route für den »Pendelverkehr« der britischen Tanker, die am 18. Mai eröffnet wurde, sollte von einer britischen, von der MOEF abgezogenen Escort Group gesichert werden. Wenn die beladenen Tanker Trinidad erreicht hatten, sollten sie einzeln nach Osten bis Freetown und von dort in Sierra-Leone-Konvois zu den Britischen Inseln fahren. Das gefährliche Gebiet an der amerikanischen Ostküste wurde dadurch vermieden. Tanker, die nach Trinidad zurückkehrten, um sich dort für den Rückweg einem Geleitzug nach Aruba anzuschließen, sollten in Outbound South Convoys fahren.

---

* Die Zerstörer *Broome, Decatur, Dickerson, Du Pont, Herbert, MacLeish, McCormick, Roper* sowie das für verschiedene Aufgaben einsetzbare Hilfsschiff *Semmes.*

** Die Korvetten *Fury, Impulse, Ready, Restless* und *Temptress.*

- *Weitere Routen*

Einige weitere Routen im Golf von Mexiko und in der Karibik sollten eingerichtet werden, sobald Sicherungsfahrzeuge verfügbar waren.

Hardegens zweite Feindfahrt

Wie im Januar schickte Dönitz auch im März 26 U-Boote nach Amerika, 6 Typ-IX- und 20 Typ-VII-Boote. Es handelte sich um eine relativ erfahrene Gruppe. Zwei Drittel der Boote hatten bereits zu Anfang des Jahres Feindfahrten in nordamerikanischen Gewässern absolviert. Sechs Boote (jeweils drei des Typs IX und drei des Typs VII) wurden von Ritterkreuzträgern kommandiert: *U108* von Klaus Scholtz, *U109* von Heinrich Bleichrodt, *U123* von Reinhard Hardegen, *U203* von Rolf Mützelburg, *U552* von Erich Topp und *U201* von Adalbert Schnee, ein Boot, das nach langer Überholung aus Deutschland zurückgekehrt war, um seine erste Feindfahrt in amerikanischen Gewässern zu machen.

Die März-Boote sollten von den beiden U-Tankern *UA* und *U459* versorgt werden. *UA* unter Hans Cohausz war von seinen Versorgungsaufgaben im Rahmen der »Verteidigung Norwegens« vorläufig entbunden; es sollte die drei Typ-VII-Boote auftanken und danach nach Deutschland zurückkehren. *U459,* der erste U-Tanker, der als solcher konzipiert worden war,* sollte direkt von Deutschland aus in den Westatlantik marschieren, 15 Boote auftanken und dann nach Frankreich zurückfahren. *UA* war ein vorübergehender und kaum zufriedenstellender Notbehelf, doch *U459* unter dem »alten Adligen« Georg von Wilamowitz-Möllendorf, einem 48jährigen Veteranen der Kaiserlichen Kriegsmarine, kam als materielle und psychologische Unterstützung für den U-Boot-Krieg in amerikanischen Gewässern gerade recht.

Alle 26 März-Boote waren für Feindfahrten in US-amerikanischen und karibischen Gewässern vorgesehen, keines für kanadische Gewässer. Drei IXB-Boote mit geringerem Aktionsradius und alle 20 Boote des Typs VII sollten von New York aus zu südlich gelegenen Positionen patrouillieren. Drei IXC-Boote mit großem Aktionsradius sollten einen zweiten Schlag in der Karibik führen. Weil Admiral Raeder und das OKM darauf beharrten, sollte eines der Karibik-Boote, *U130* unter Ernst Kals, die Raffinerien und Tanklager auf Curaçao beschießen.

U123 unter dem frischgebackenen Ritterkreuzträger Reinhard Hardegen war das

* Die U-Tanker des Typs XIV, liebevoll Milchkühe genannt, hatten in der Tat ein rinderartiges Aussehen: Das Boot war mit 67,1 Metern Länge 9,4 Meter kürzer als die Typ-IX-Boote und war mit gewölbten externen Satteltanks für Brennstoff ausgestattet, die ihm an der Wasseroberfläche eine Verdrängung von fast 1700 Tonnen gaben. Die Milchkühe besaßen eine Treibstoffkapazität von rund 650 Tonnen – etwa 200 Tonnen für den eigenen Verbrauch und 450 Tonnen für ihre »Kunden«. Zu ihrer 53köpfigen Besatzung gehörte auch ein Arzt. Sie waren nur leicht zur Selbstverteidigung bewaffnet und hatten keine Torpedorohre, aber zwei Flugabwehrkanonen vor und hinter der Brücke, und ein Maschinengewehr auf der Brücke. Abgesehen von der niedrigen Geschwindigkeit über Wasser und der schlechten Manövriereigenschaften unter Wasser war der Hauptnachteil des Typs XIV, daß im Boot kein Platz war, um unter Deck Torpedos für die Kampfboote mitzuführen; vier Torpedos wurden in Oberdeckbehältern transportiert.

erste von sechs Typ-IX-Booten, die im März ausliefen. Das Boot führte 16 Torpedos mit (14 unter Deck und 2 in Oberdeckbehältern), und es hatte den Kriegsberichterstatter Rudolf Meisinger an Bord. Nachdem Hardegen einem viertägigen Sturm getrotzt hatte, stieß er in den drei folgenden Tagen, vom 22. bis zum 24. März, im Mittelatlantik auf zwei große, beladene und alleinfahrende Tanker. Er versenkte den ersten, die amerikanische *Muskogee* mit 7000 BRT, mit einem G7a-Torpedo. Beim zweiten, der britischen *Empire Steel* mit 8100 BRT, hatte er Schwierigkeiten. Ein Torpedo versagte im Rohr, ein zweiter wurde versehentlich abgeschossen. Doch die beiden nächsten Torpedos waren Volltreffer, und das mit Benzin beladene Schiff explodierte in einem Flammenmeer. Hardegen besetzte das Deckgeschütz, um den lodernden Hulk zu erledigen, doch die Hitze war so groß, daß er die Aktion nach acht Schüssen abbrach. Auf beiden Schiffen gab es keine Überlebenden.

Als sich das Boot am Nachmittag des 26. März Kap Hatteras näherte, meldete die Brückenwache Rauchwolken am Horizont. Hardegen war enttäuscht, daß es sich bei seinem Ziel nur um ein alleinfahrendes altes Trampschiff mit 3000 BRT zu handeln schien. Trotzdem hielt er Fühlung mit dem Schiff und schoß nach Einbruch der Dunkelheit einen Torpedo aus kurzer Entfernung. Er verursachte einen ordentlichen Schlag, doch die Detonation war schwach. Hardegen besetzte erneut das Deckgeschütz, um sein Opfer zu erledigen.

Doch seine Beute war unerwarteterweise die *Atik* (früher *Carolyn*), eines von zwei Q-Ships. Die alten, aus dem Jahr 1912 stammenden amerikanischen U-Boot-Fallen befanden sich auf einer streng geheimen ASW-Patrouille 460 Kilometer vor der Ostküste. Die *Atik* war vier Tage zuvor in Portsmouth, New Hampshire, zu ihrer ersten Testfahrt unter Gefechtsbedingungen ausgelaufen. Das ebenfalls auf seiner ersten Feindfahrt befindliche Schwesterschiff *Asterion* (früher *Evelyn*) war in der Nähe, hatte jedoch keine direkte Verbindung. Um die U-Boot-Falle zu tarnen, ließ die *Atik* nach dem Torpedotreffer zwei Rettungsboote zu Wasser, als würde die Mannschaft das Schiff aufgeben.

Doch als Hardegen heranlief, um sie mit dem Deckgeschütz unter Feuer zu nehmen, erwachte das Schiff plötzlich auf höchst verwirrende und furchterregende Weise zum Leben. Das Schanzkleid klappte weg, und ein direkt auf *U123* gerichtetes Geschütz wurde sichtbar. Es feuerte, doch zum Glück für Hardegen und seine Leute gingen die Geschosse weit daneben. Dem folgte ein Hagel von Maschinengewehrfeuer und ein ganzer Schwung Wasserbomben. Erstaunt und verdrossen – er habe sich wie ein Schuljunge gefühlt, sagte Hardegen später – lief Hardegen mit äußerster Kraft ab und manövrierte wild, um dem Geschützfeuer auszuweichen. Einige Granaten und MG-Geschosse trafen die Brücke und verwundeten den Fähnrich Rudolf Holzer tödlich.

Als Hardegen sich wieder gefaßt und festgestellt hatte, daß *U123* nicht ernsthaft beschädigt worden war, tauchte er und näherte sich der *Atik* für einen zweiten Torpedoangriff. Er nahm aus geringer Entfernung sorgfältig den Maschinenraum ins Visier und schoß einen elektrischen Torpedo, der traf und zufriedenstellend detonierte. Die *Atik* sank langsam, aber sicher. Das Schwesterschiff *Asterion* und andere Kriegsschiffe und Flugzeuge fingen die letzten Notrufe der *Atik* auf und suchten nach Überlebenden, doch es wurden keine gefunden.

Inzwischen, es war Ende März, waren die ASW-Einheiten im Bereich der Eastern Sea Frontier im Vergleich zum Januar, als Hardegen die Operation Paukenschlag eröffnet hatte, beträchtlich verstärkt worden. Unter Andrews' direktem Kommando standen fast 100 kleine Überwasserschiffe aller Art und ungefähr 100 Flugzeuge der Navy und der Coast Guard sowie vier Blimps, und er hatte zusätzlich weitere 100 Flugzeuge der Army Air Force und Catalinas der Atlantic Fleet zu seiner vollen Verfügung. Darüber hinaus sollten King und Ingersoll im April 23 verschiedene Zerstörer bereitstellen*, die insgesamt an 140 Patrouillentagen zur U-Boot-Bekämpfung eingesetzt würden.

Am 30. März erreichte Hardegen, der die zwei Torpedos vom Oberdeck in das Boot hinuntergeladen hatte, bei hellem Mondlicht das Gebiet vor Kap Hatteras. Obwohl die Gegend von Luft- und Überwasserpatrouillen wimmelte, griff er in den nächsten 48 Stunden drei Schiffe an und schoß auf jedes einen Torpedo, doch alle versagten oder verfehlten ihr Ziel. Gegen das dritte Ziel, den amerikanischen Tanker *Liebre* mit 7100 BRT unternahm er einen zweiten Angriff mit dem Deckgeschütz und schoß ihn in Brand. Ein weiterer Angriff wurde durch ein Patrouillenboot verhindert, das Hardegen im Flachwasser (30 Meter Tiefe) zum Wegtauchen zwang, das Boot jedoch nicht beharrlich und energisch genug verfolgte. Hardegen meldete die Versenkung der *Liebre,* doch das ohne Ladung fahrende Schiff war nur beschädigt und kam Monate später wieder zum Einsatz.

Angesichts der starken ASW-Maßnahmen kam Hardegen zu dem richtigen Schluß, daß die seichten Gewässer vor Kap Hatteras nicht der richtige Ort für das große und plumpe Typ-IX-Boot *U123* waren. Also fuhr er nach Süden zum Saint Simons Island an der Küste Georgias. In der Nacht vom 7. auf den 8. April sichtete und attackierte Hardegen zwei große, beladene, nach Norden laufende US-Tanker, die *Oklahoma* mit 9300 BRT und die *Esso Baton Rouge* mit 8000 BRT. Er verschoß vier seiner restlichen sieben Torpedos. Beide Schiffe explodierten in einem Feuerball, und Hardegen meldete sie als versenkt, aber beide Tanker wurden später geborgen und wieder in Dienst gestellt. Da kein Gegenangriff erfolgte, legte sich Hardegen vor Georgia für einen weiteren Tag auf die Lauer. In den frühen Morgenstunden des 9. April versenkte er das 3400 BRT große amerikanische Kühlschiff *Esparta* mit einem einzigen Torpedo.

Danach setzte Hardegen die Fahrt in südlicher Richtung bis Florida fort, wo er feststellte, daß das stark phosphoreszierende Wasser in diesem Gebiet ein gefährlich leuchtendes Kielwasser verursachte. Als er am Abend des 10. April in geringer Entfernung von St. Augustine in 14 Meter tiefem Wasser kreuzte, stieß Hardegen auf den beladenen amerikanischen Tanker *Gulfamerica* mit 8100 BRT. Dieser befand sich in nördlicher Richtung auf der Jungfernfahrt und war mit einer von der Armed Guard bemannten 4-Zoll-Kanone bewaffnet. Obwohl das Schiff fast zwei Kilometer entfernt war und sich rasch vorwärtsbewegte, schoß Hardegen seine letzten zwei Torpedos auf den Tanker. Einer traf, und die *Gulfamerica* explodierte in einem Feuerball, den man von der Küste aus sehen konnte. Später trieb das Wrack auf die hohe See hinaus und sank. Dies war der einzige Tanker, der im April von einem Typ-IX-Boot im Bereich der Eastern Sea Frontier versenkt wurde.

Kurz nach dem Angriff trafen zahlreiche ASW-Kräfte bei *U123* ein, darunter Flug-

* Die Zerstörer *Bristol, Broome, Buchanan, Cole, Dallas, Dickerson, Du Pont, Edison, Ellis, Emmons, Greer, Hambleton, Hamilton, Herbert, Lea, MacLeish, Macomb, Nicholson, Noa, Roper, Semmes, Swanson, Woolsey.*

zeuge der Army und der Navy von den nahen Stützpunkten in Jacksonville, der Glattdeck-Zerstörer *Dahlgren* und das Schwesterschiff der *Atik,* die U-Boot-Falle *Asterion,* die sich noch immer auf Testfahrt befand. Ein Flugzeug warf eine helle Leuchtbombe genau über *U123* ab. Hardegen ließ alarmtauchen – und setzte das Boot in 20 Metern Tiefe auf Grund –, doch die *Dahlgren* sichtete die Leuchtbombe, erfaßte *U123* mit dem Sonar und warf sechs gut gezielte Wasserbomben. »Das Boot wird toll durchgeschüttelt«, so Hardegen in seinem Kriegstagebuch, »Leute fliegen durch die Gegend, praktisch fällt alles aus. Überall zischt und rauscht es.«

Hardegen, dessen Boot in dem flachen Wasser in der Falle saß und schwer beschädigt war, war überzeugt, daß *U123* erledigt war, und befahl der Besatzung, das Boot aufzugeben. Da das Boot in dem flachen Wasser leicht zu bergen war, verteilte er die Walzen der Enigma-Maschine an die Offiziere (die sie bei Gelegenheit loswerden sollten) und stellte sicher, daß die auf wasserlöslichem Papier gedruckten Schlüsselunterlagen ungeschützt im Boot lagen. Andere machten die Sprengladungen für die Selbstversenkung scharf und verteilten Tauchretter. Doch die *Dahlgren* setzte ihren Angriff nicht fort, und sie rief auch weder die *Asterion* noch andere ASW-Streitkräfte heran. Ihr Kommandant zog die falsche Schlußfolgerung, daß er doch kein U-Boot geortet hatte, und dampfte davon.

Hardegen konnte sein Glück kaum fassen. Er tauchte später auf und rettete sich mit Müh und Not in tiefes Wasser. Dort setzte er das Boot auf Grund, damit sich die Besatzung erholen und man Reparaturen ausführen konnte. Am späten Abend des 12. April waren Boot und Besatzung wieder gefechtsbereit. Und sie fanden vor Kap Canaveral ihre Opfer: den amerikanischen Frachter *Leslie* mit 2600 BRT, der von Havanna mit einer Ladung Zucker nach Norden fuhr, und den britischen, mit Phosphat beladenen Frachter *Korsholm* mit 4600 BRT. Hardegen versenkte die *Leslie* mit dem letzten Torpedo und die *Korsholm* mit dem Deckgeschütz. Dann nahm er Kurs auf Frankreich.

Hardegen war begeistert, als er seine Versenkungen für die Meldung an Dönitz zusammenrechnete. Nach seiner Berechnung hatte er auf dieser Feindfahrt zehn Schiffe (davon sieben Tanker) mit 75 837 BRT versenkt, was die auf seiner ersten Fahrt nach Amerika versenkte Tonnage beträchtlich überstieg. Außerdem war *U123,* wie er überschwenglich vermerkte, durch dieses Resultat das (nach dem außer Dienst gestellten *U48*) zweite U-Boot, das »die 300 000-Tonnen-Grenze erreicht« hatte. Beide Schätzungen Hardegens waren allerdings stark überhöht (wie das natürlich auch bei *U48* der Fall gewesen war). Tatsächlich hatte Hardegen auf seiner Feindfahrt bisher sieben bestätigte Versenkungen mit etwa 30 000 BRT erzielt und die Tanker *Liebre, Oklahoma* und *Esso Baton Rouge* mit insgesamt 24 300 BRT schwer beschädigt. *U123* hatte unter Möhle und Hardegen nicht »300 000«, sondern ungefähr 172 000 BRT versenkt.

In Nachahmung Johann Mohrs verfaßte auch Hardegen über seine Versenkungen Verse:

Sieben Tankern schlug die letzte Stund',
Die U-Falle sank träger.
Zwei Frachter liegen mit auf Grund
Versenkt vom Paukenschläger!

Hardegens Meldung elektrisierte den U-Boot-Stab in Paris und das OKM in Berlin. Doch er war, wie schon auf seiner ersten Fahrt in amerikanischen Gewässern, noch nicht fertig. Am 16. April versenkte er auf dem Rückmarsch den 4832 BRT großen amerikanischen Frachter *Alcoa Guide* mit dem Deckgeschütz. Mit der Meldung dieses Triumphes erhöhte Hardegen seine geschätzte Tonnage auf elf Schiffe mit 79 649 BRT, eine Feindfahrt die (ohne daß das Boot unterwegs mit Torpedos versorgt wurde) alle Rekorde brach und Hardegen von Raeder und Dönitz uneingeschränktes Lob einbrachte. Da seine gemeldete Gesamtbilanz am 23. April 200 000 BRT erreicht oder überschritten hatte, traf eine Nachricht von Hitler ein, daß Hardegen das Eichenlaub zum Ritterkreuz verliehen wurde.*

Als *U123* Lorient erreichte, standen Admiral Raeder und Dönitz am Pier, um Hardegen und allen Besatzungsmitgliedern für eine »vorzüglich durchgeführte Unternehmung« zu gratulieren. Hardegen flog später zur Wolfsschanze, wo er von Hitler das Eichenlaub erhielt – und ein vegetarisches Essen genießen durfte. Einige Zeit danach überführte er *U123* nach Deutschland, damit der Gefechtsschaden repariert und das Boot überholt werden konnte. *U123* lag bis Dezember in Deutschland. Hardegen war nun ähnlich berühmt wie die alten U-Boot-Helden Prien und Kretschmer, doch er verließ *U123* für eine Tätigkeit beim Ausbildungskommando und fuhr keine Kampfeinsätze mehr.

Die anderen fünf Typ-IX-Boote der Märzgruppe waren verschieden erfolgreich, was zum Teil auf die Einstellung des Tankerverkehrs in den letzten beiden Aprilwochen zurückging.

Richard Zapp von *U66,* der Mitte April mit 24 Torpedos (zehn davon in Oberdeckbehältern) Trinidad erreichte, führte eine bemerkenswerte Feindfahrt durch. Er versenkte sechs bestätigte Schiffe mit etwa 44 000 BRT – eine höhere *bestätigte* Tonnage als bei Hardegen und Mohr – und beschädigte einen britischen Tanker mit 12 500 BRT. Vier der sechs versenkten Schiffe waren Tanker.** Zapp erhielt noch während seiner 68tägigen Feindfahrt das Ritterkreuz*** und übernahm nach seiner Rückkehr nach Frankreich das Kommando über die 3. U-Flottille.

Ernst Kals griff in den frühen Stunden des 19. April mit *U130* wie befohlen die Raffinerien und Tanklager auf der Insel Curaçao an. Er konnte jedoch nur zwölf Schüsse abgeben, die keinen erkennbaren Schaden anrichteten, dann wurde er durch das Abwehrfeuer der Küstenbatterien von Curaçao vertrieben.

Aufgrund des vorläufig eingestellten Tankerverkehrs in der Karibik und wegen einiger Torpedoversager erzielte Kals nur zwei bestätigte Versenkungen, einen Frachter mit 5400 BRT und, auf der Heimfahrt, den 7700 BRT großen amerikanischen Tanker

* Hardegens bestätigte Gesamttonnage auf dem Einbaum *U147* und auf *U123* betrug 23 Schiffe mit 107 781 BRT, ausschließlich der beiden nicht identifizierten Schiffe, die ihm gewöhnlich für seine erste Feindfahrt nach Amerika zugeschrieben werden, jedoch einschließlich der beiden versenkten, aber gehobenen Tanker *Oklahoma* und *Esso Baton Rouge.*

** Die panamaischen Schiffe *Heinrich von Riedemann* (11 000 BRT) und *H. G. Seidel* (10 400 BRT); das norwegische Schiff *Sandar* (7600 BRT) sowie den Holländer *Amsterdam* (7300 BRT).

*** Als Zapp die Auszeichnung am 23. April erhielt, betrug seine bestätigte Versenkungsquote 13 Schiffe mit 80 014 BRT. Am Ende der Feindfahrt war der Stand 15 Schiffe mit 103 495 BRT.

Esso Boston. Damit hatte er eine enttäuschende, überlange und deprimierende 75tägige Feindfahrt hinter sich.

Ritterkreuzträger Klaus Scholtz patrouillierte mit dem IXB-Boot *U108* im Gebiet der Bermudas, in der Floridastraße und der Windward Passage, nachdem er am 20. April bei dem U-Tanker *U459* – als erster »Kunde« – Treibstoff übernommen hatte. Scholtz erzielte auf dem Hin- und Rückmarsch und in den ihm zugeteilten Einsatzgebieten fünf bestätigte Versenkungen mit 31 000 BRT. Unter seinen Opfern waren zwei Tanker, die amerikanische Mobiloil mit 9900 BRT und der Norweger *Norland* mit 8000 BRT.

Walther Kölle patrouillierte mit *U154* bei Puerto Rico und meldete fehlenden Schiffsverkehr, aber starke ASW-Patrouillen von Flugzeugen. Dönitz verlegte ihn daraufhin nach Norden in die vielversprechenden Gewässer der Windward Passage, wo Kölle fünf Schiffe mit 28 700 BRT versenkte, bevor er nach 60 Seetagen nach Frankreich zurückkehrte. Zu seinen Opfern gehörten drei Tanker, die beiden amerikanischen 5000-Tonnen-Schiffe *Comol Rico* und *Catahoula* sowie der britische Tanker *Empire Amethyst.*

Ritterkreuzträger Heinrich Bleichrodt patrouillierte mit *U109* bei Kap Hatteras und fuhr dann weiter nach Süden in die Gewässer vor Florida. Er versenkte zwei Frachter mit 11 500 BRT und einen nicaraguanischen Frachter mit 555 BRT – eine enttäuschende Feindfahrt.

Insgesamt erzielten die sechs Typ-IX-Boote, die im März nach Amerika marschiert waren, 29 bestätigte Versenkungen (davon 13 Tanker) mit 164 100 BRT, wobei allein Zapp mit *U66* und Hardegen mit *U123* für fast die Hälfte dieser Bilanz verantwortlich waren. Diese Erfolge kehrten den beunruhigenden Abwärtstrend der Versenkungen durch Typ-IX-Boote um. Ihre durchschnittliche Trefferquote pro Boot und Feindfahrt betrug 4,8 Schiffe mit 27 351 BRT und lag damit etwas höher als bei den Typ-IX-Booten der Dezember-Welle. Das Auftanken des IXB-Bootes *U108* durch *U459* ermöglichte es Scholtz, seine Fahrt auf 71 Tage zu verlängern. Auch Bleichrodt war jedoch mit seinem IXB-Boot *U109* dank strengem Treibstoffsparen die gleiche Anzahl von Tagen auf See gewesen – ohne Versorgung, aber sicher nicht ohne die ständige Sorge, ob der Treibstoff reichen würde.

Ein spektakulärer Beutezug

Die zwanzig im März nach Amerika fahrenden Typ-VII-Boote – die bis dahin größte Welle dieses Typs – patrouillierten an der Ostküste der Vereinigten Staaten von Maine bis Florida. Alle zwanzig Boote hatten zuvor Feindfahrten absolviert und zwölf (60 Prozent) waren bereits in amerikanischen Gewässern gewesen. Nur der Kommandant, Wilhelm Schulze, der auf *U98* den Ritterkreuzträger Robert Gysae abgelöst hatte, war ein Neuling, doch seine Besatzung war gut ausgebildet und hatte bereits eine Fahrt in kanadische Gewässer gemacht. Wie erwähnt, wurden drei der Typ-VII-Boote von Ritterkreuzträgern befehligt; davon hatten zwei, *U552* unter Erich Topp und *U203* unter Rolf Mützelburg, bereits vor Kanada operiert.

Ein weiterer Ritterkreuzträger, Adalbert Schnee, lief mit *U201* in Deutschland aus, nachdem das Boot lange überholt worden war. Die Versorgungsboote *UA* und *U459* sollten acht der zwanzig Typ-VII-Boote auftanken, von denen sich sechs auf der Fahrt nach Amerika und zwei auf dem Rückmarsch nach Frankreich befanden.

Acht dieser Typ-VII-Boote liefen in den ersten beiden Märzwochen nach Kap Hatteras. Drei tankten im Mittelatlantik bei *UA* auf: *U84* unter Horst Uphoff; *U202* unter Hans-Heinz Linder, der viel Brennstoff bei dem fehlgeschlagenen Versuch verbraucht hatte, den einlaufenden Blockadebrecher *Germania* zu finden; und Ritterkreuzträger Rolf Mützelburg mit *U203,* der bei der erfolglosen Jagd auf den Geleitzug Outbound North 77 ebenfalls viel Treibstoff verbraucht hatte. Dieser Outbound North 77 war von Otto Ites mit *U94* auf dem Rückmarsch von Amerika nach Frankreich entdeckt und gemeldet worden. Die anderen fünf Boote fuhren mit nur einer Dieselmaschine auf der Großkreisroute.

Alle acht Typ-VII-Boote fanden auf dem Marsch nach Kap Hatteras wichtige Ziele, die in kanadischen und amerikanischen Küstengewässern unterwegs waren, und griffen sie an.

Paul-Karl Loeser versenkte mit *U373* zwei Frachter (einen Briten und einen Griechen) mit 9900 BRT.

Helmut Möhlmann versenkte mit *U571* das 11 000 BRT große britische Kühlschiff *Hertford,* das mit Fleisch und Molkereiprodukten beladen war.

Hans-Heinz Linder von *U202* und Horst Uphoff von *U84* versenkten jeweils Frachter mit 5200 BRT.

Hans Oestermann versenkte mit *U754* den Tanker *British Prudence* mit 8600 BRT.

Ritterkreuzträger Erich Topp von *U552* torpedierte den holländischen Tanker *Ocana* mit 6300 BRT, der ausbrannte und später von alliierten Streitkräften versenkt wurde.

Heinz Hirsacker von *U572* (der in Ungnade gefallen war, weil er sich im Januar nicht durch die Straße von Gibraltar getraut hatte) führte mit der Kanone einen glanzlosen Angriff auf den 6200 BRT großen britischen Tanker *Ensis* durch, der mit leichten Schäden entkommen konnte.

Ritterkreuzträger Rolf Mützelburg stieß am 25. März mit *U203* auf einen unidentifizierten Konvoi, als er kanadische Gewässer passierte, doch sein Angriff wurde durch wohlgezielte Wasserbomben der Sicherungsfahrzeuge vereitelt.

Sieben dieser acht Boote erreichten die Region von Kap Hatteras zwischen März und Anfang April, wo sie teilweise gleichzeitig mit Hardegens *U123* operierten. Ungeachtet der verstärkten ASW-Maßnahmen der Amerikaner und einem hellen Vollmond hatten drei der Boote großen Erfolg. Im Lauf einer spektakulären Woche versenkte Erich Topp mit *U552* vom 3. bis zum 10. April weitere sechs Schiffe (darunter vier Tanker)* mit etwa 40 000 BRT, die beste je mit einem Typ-VII-Boot in amerikanischen Gewässern erzielte Leistung. Heinz Oestermann versenkte zwischen dem 31. März und dem 6. April mit *U754* ebenfalls sechs weitere Schiffe mit 23 000 BRT: einen Frachter, zwei Tanker (die amerikanische *Tiger* mit 6000 BRT und die norwegische *Kollskegg* mit 9900 BRT), einen Schlepper und zwei seiner drei Leichter. Obwohl seine Horchgeräte nicht funktionierten, was Operationen im flachen Wasser erschwerte, versenkte Helmut Möhlmann mit *U571* den 10 000 BRT großen norwegischen Tanker *Koll* und zwei Frachter. Ritterkreuzträger Rolf Mützelburg von *U203*

* Darunter drei Amerikaner: die *B. T. Benson* (8000 BRT), die *Atlas* (7100 BRT), die *Tamaulipas* (7000 BRT); und die *British Splendor* mit 7100 BRT.

meldete die Versenkung dreier Tanker und eines Frachters mit 36000 BRT, doch zwei der Tanker waren nur beschädigt und entkamen, was seine bestätigte Quote auf einen Frachter und den britischen 8100-Tonnen-Tanker *San Delfino* reduzierte. Hirsacker versenkte mit *U572* zwei Frachter mit 9500 BRT und beschädigte einen Tanker. Uphoff, der mit *U84* als letzter eintraf, versenkte einen 3000-Tonnen-Frachter. Linder mit *U202* und Loeser mit *U373* blieben vor Kap Hatteras ohne Beute.

Insgesamt hatten diese ersten acht Boote ein wahres Gemetzel angerichtet: 26 Schiffe (darunter 10 Tanker) mit annähernd 150000 BRT, Topps Tanker *Ocana* mit eingerechnet.

Das Auftanken der Typ-VII-Boote durch Versorgungsboote hatte die Dauer der Feindfahrten in amerikanischen Gewässern beträchtlich erhöhen sollen. Diese Hoffnung erfüllte sich nicht. Die drei Boote, die auf dem Weg nach Amerika bei *UA* aufgetankt hatten, blieben durchschnittlich 55 Tage auf See. Zwei weitere Boote, Möhlmanns *U571* und Hirsackers *U572,* übernahmen auf dem Rückmarsch nach Frankreich Treibstoff von *U459* und dehnten damit ihre Feindfahrt auf durchschnittlich 60 Tage aus. Die durchschnittlich auf See verbrachte Zeit der fünf Boote der Gruppe, die auf dem Hin- oder Rückmarsch getankt hatten, betrug also 57 Tage. Dagegen waren die drei Boote, die nicht getankt hatten, durchschnittlich 50 Tage auf See; die aufgetankten Boote hatten also im Schnitt nur sieben Tage gewonnen.

Auch die Zahl der Versenkungen wurde bei dieser Gruppe durch das Auftanken nicht erhöht. Die fünf auf dem Hin- oder Rückmarsch auf See versorgten Boote versenkten zehn Schiffe, also durchschnittlich zwei pro Boot. Die drei Boote, die nicht aufgetankt hatten, versenkten 16 Schiffe, also 5,3 pro U-Boot. Die Zahl der Versenkungen war noch immer abhängig vom Ausbildungsstand und von der Aggressivität der Kommandanten und Besatzungen, vom Wetter, von den sich bietenden Gelegenheiten, vom Glück und von der Verfügbarkeit von Torpedos. Einigen Kommandanten der Gruppe (etwa Topp und Mützelburg) gingen die Torpedos aus. Die Versorgungsschiffe würden erst voll zum Tragen kommen, wenn sie die Boote auch mit neuen Torpedos versorgen konnten.*

Erich Topp hatte für seine Feindfahrten insgesamt über 200000 BRT versenkten Schiffsraums gemeldet und sich das Eichenlaub zum Ritterkreuz verdient. Am 11. April gab Hitler die Auszeichnung im Rundfunk bekannt, während Topp auf der Heimfahrt war.** Später überreichte er Topp und Hardegen ihre Auszeichnung per-

* Zu diesem Zweck hatten Dönitz und das OKM Ende 1941 den Umbau von vier VIIC-Booten *(U1059* bis *U1062)* zu Torpedotransportern mit der Bezeichnung VIIF angeordnet. Von ähnlicher Länge (77,6 Meter) und Form wie das Minen-U-Boot VIID, hatte das VIIF-Boot zwischen der Zentrale und dem Maschinenraum einen Lagerraum für Torpedos, der, neben der eigenen internen Torpedoladung des Bootes, Platz für 24 weitere Torpedos bot. Bis zur Einsatzfähigkeit der VIIF-Boote (im Jahr 1943) wurden die beiden (als *UD3* und *UD5* in Dienst gestellten) gekaperten holländischen Boote zu Torpedotransportern umgebaut. Für den Seekrieg in amerikanischen Gewässern wurden die Umbauten jedoch zu spät begonnen.

** Die deutsche Propaganda schrieb Topp die Versenkung von 31 Schiffen mit 208000 BRT zu, darunter einen Zerstörer und ein weiteres »Sicherungsfahrzeug«. Topps bestätigte Trefferquote mit dem Einbaum *U57* und mit *U552* belief sich dagegen zur Zeit der Auszeichnung auf 28 Schiffe mit ungefähr 163000 BRT einschließlich des US-Zerstörers *Reuben James* und des britischen ASW-Trawlers *Commander Horton* mit 227 BRT.

sönlich in der Wolfsschanze. Obwohl Topp praktisch jeden anderen Posten hätte haben können, zog er es vor, mit *U552* weiterhin im Kampfeinsatz zu bleiben. Er wurde so das führende »As« an der Front.

In der zweiten Märzhälfte liefen Tag für Tag die restlichen zwölf Typ-VII-Boote aus. Zu dieser Gruppe gehörten der Ritterkreuzträger Adalbert Schnee mit *U201,* der seine erste Fahrt nach Amerika machte, und einige vielversprechende Kommandanten wie Peter Cremer mit *U333,* den man nach der irrtümlichen Versenkung des Blockadebrechers *Spreewald* freigesprochen hatte, sowie Siegfried von Forstner mit *U402* und Heinrich Zimmermann mit *U136.* Cremer hatte zuvor eine Fahrt nach Kanada unternommen. Forstner und Zimmermann machten wie Schnee ihre erste Feindfahrt in amerikanischen Gewässern.

Vier dieser zwölf Typ-VII-Boote tankten bei *U459* auf: das kampferprobte *U98* unter dem neuen 32jährigen Kommandanten Wilhelm Schulze, *U333* mit Peter Cremer und *U582* mit Werner Schulte, der viel Brennstoff bei dem ergebnislosen Versuch verbraucht hatte, den Blockadebrecher *Rio Grande* zu suchen, dem er auf dem Weg nach Frankreich hätte Geleitschutz geben sollen.

Auf dem Weg zu seinem Rendezvous mit *U459* wurde Schulte am 16. April von dem amerikanischen ASW-U-Boot *R1* mit vier Torpedos beschossen. Dem Kommandanten von *R1,* James D. Grant, wurde als erstem amerikanischen U-Boot-Kommandanten der Abschuß eines deutschen U-Boots angerechnet; er wurde mit dem Navy Cross ausgezeichnet. Doch *U582* überstand den Angriff unbeschadet und versorgte sich wie vorgesehen mit Treibstoff.

Der Vorgang des Auftankens war kompliziert. Keines der Typ-VII-Boote hatte diese Methode je in der Praxis geübt. Die Besatzungen seien noch nicht einmal ordentlich eingewiesen worden, schrieb der technische Berater von *U459.* Um das anderthalb bis fünf Stunden in Anspruch nehmende Auftankmanöver durchzuführen, mußte die See relativ ruhig sein und die Bootsbesatzung sehr diszipliniert arbeiten. Der U-Tanker fuhr mit den E-Maschinen mit drei bis vier Knoten Fahrt voraus und brachte eine Schlepptrosse und einen Ölschlauch für das hinter ihm fahrende, aufzutankende Boot aus. Gewöhnlich ging fast alles schief, wie der Berater berichtet:

> *Bei acht [von fünfzehn] Booten traten mehr oder weniger verzögernde Pannen auf, durch Schlauchleckagen, welche durch schlechte Fahrtmanöver, durch wiederholtes Überfahren der Schläuche, durch unsachgemäße Behandlung an Deck (Durchscheuern und Aufreißen mangels Schamfilungsmatte und ähnl.) oder durch Haken am Tiefenruder entstanden. Das Gesamtgerät mußte dann meist von mir eingeholt und die leckgerissene Schlauchlänge ausgewechselt, in einem Fall auch an Deck des Empfangsbootes abgeschlagen werden. Ein Boot kam beim Vonbordgeben der Schläuche mit dem vorderen Tiefenruder unklar, riß Troß und beide Schläuche ab, und ließ dann nach Klarieren das ganze Gerät völlig ausrauschen… Die Besatzung [von* U459*] hat sich bei dem zum Teil sehr schweren Einsatz ausgezeichnet bewährt und bis an die Grenzen der körperlichen Leistungsfähigkeit gearbeitet. Z.B. Versorgung von 4 Booten in über 16 Stunden eines Tages oder 8 bis 10 Stunden bei ständig überkommenden Seen und Brechern nur in Gurten hängend.*

U459 verteilte Treibstoff und Lebensmittel sparsam nach einem strengen, im U-Boot-Hauptquartier ausgearbeiteten Plan. Die meisten Typ-VII-Boote erhielten etwa 30 Kubikmeter Treibstoff und Lebensmittel für eine Woche bis zehn Tage, einschließlich frischen Brotes, das mit einer speziellen Einrichtung, die pro Stunde acht Brotlaibe produzieren konnte, an Bord von *U459* gebacken wurde.

Schulte hatte drei Wochen für die vergebliche Suche nach der *Rio Grande* verschwendet und kaum noch Treibstoff, als er *U459* erreichte. Er erhielt 55 Kubikmeter Öl (ungefähr das Doppelte wie üblich), doch selbst das war nicht ausreichend, um eine aggressive Feindfahrt in US-amerikanischen Gewässern sicher durchzuführen. Dönitz schickte ihn deshalb zu den Bermudas, etwa 1100 Kilometer südöstlich von New York. Dort wurde Schulte mit schlechtem Wetter, geringem Schiffsverkehr und starken ASW-Maßnahmen konfrontiert. Von Flugzeugen und Patrouillenbooten gejagt, schoß er aus den Bugrohren einen Dreierfächer auf ein »schnelles Passagierschiff«, verfehlte es jedoch. Er kehrte mit *U582* nach Frankreich zurück, ohne eine Versenkung vorweisen zu können – ein sehr deprimierendes Reiseresultat und natürlich auch ein Tankmanöver, das sich kaum gelohnt hatte.

Die anderen elf Typ-VII-Boote steuerten die amerikanische Küste zwischen New York und Florida an. Einige marschierten in das Gebiet von Kap Hatteras, wo sie kurz vor oder während des Neumonds am 14. April eintrafen und die zu einem früheren Zeitpunkt ausgelaufenen Typ-VII-Boote ablösten. Unter den Neuankömmlingen war auch Eberhard Greger mit *U85,* der seine vierte Feindfahrt absolvierte. In der Nacht des 10. April versenkte er, als er vor New Jersey nach Süden fuhr, mit zwei Torpedos den schwedischen Frachter *Christina Knudsen* mit 4900 BRT. Drei Tage später, am Abend des 13. April, legte er sich in der dunklen Neumondnacht im flachen Wasser vor Bodie Island nördlich von Kap Hatteras auf die Lauer.

Am selben Tag machte der Glattdeck-Zerstörer *Roper* eine ASW-Patrouille von Norfolk nach Kap Hatteras. Die *Roper* unter Hamilton W. Howe war mit 5 3-Zoll-Kanonen, 6 Torpedorohren und 75 130-Kilo-Wasserbomben bewaffnet, die von den Ablaufgerüsten am Heck heruntergerollt oder von Wasserbombenwerfern abgeworfen wurden. Außerdem war das Schiff erst kürzlich mit einem in Großbritannien gebauten Radargerät des Typs 286 ausgerüstet worden.

Am 18. April, kurz nach Mitternacht, bekam der Zerstörer, als er vor Bodie Island nach Süden fuhr, ein 2,5 Kilometer entferntes Objekt auf den Radarschirm. Da diese Gewässer von kleinen Marine- und Küstenwachkuttern, Fischtrawlern, Schleppern und Bergungsschiffen wimmelten, verursachte der Kontakt anfangs keine große Aufregung. Routinemäßig wendete die *Roper,* um die Position anzulaufen. Bei der Wende nahm das Horchgerät das Geräusch schnell drehender Schrauben auf. Diese Meldung alarmierte das Schiff, denn das Objekt bewegte sich für die üblichen Patrouillen- oder Fischerboote zu rasch.

Das Fahrzeug war *U85.* Wenn es bei einer Wassertiefe von nur 30 Metern einen Zerstörer sichtete, hatte ein U-Boot zwei Möglichkeiten. Es konnte tauchen und wurde aller Wahrscheinlichkeit nach von Wasserbomben in Stücke gerissen, oder es konnte mit voller Kraft an der Oberfläche in tieferes Wasser ablaufen. Greger hatte, vielleicht weil er hoffte, den Zerstörer in der Dunkelheit abschütteln zu können, sich für die zweite Möglichkeit entschieden. Er wußte jedoch nicht, daß der Zerstörer ein Radargerät hatte. Dönitz und seine U-Boot-Männer glaubten trotz zahlreicher gegenteiliger Anhaltspunkte noch immer, daß Radargeräte zu groß, zu sperrig und zu empfindlich seien, um auf kleinen Schiffen installiert werden zu können.

Der Zerstörer verfolgte das Boot mit 20 Knoten und überholte es allmählich. In einem letzten verzweifelten Versuch, den Verfolger loszuwerden, schoß Greger in 650 Metern Entfernung einen Hecktorpedo. Der Torpedo ging fehl und lief knapp an der Backbordseite der *Roper* vorbei. Als die *Roper* auf 270 Meter heran war und offenbar rammen wollte, gab Greger den Befehl, das Boot zu versenken und zu verlassen. Um diese letzte Tat in höchster Not ausführen zu können und von der *Roper* wegzukommen, drehte er plötzlich hart Steuerbord.

Als *U85* beidrehte, schaltete die *Roper* den 24-Zoll-Suchscheinwerfer ein und eröffnete aus kürzester Distanz das Feuer. Die Deutschen rannten an Deck, um über Bord zu springen, doch die Amerikaner meinten, wie sie später selber sagten, in ihrem Jagdfieber, die Deutschen wollten ihr Deckgeschütz besetzen und die Sache ausschießen.* Sie belegten das Deck des Bootes mit Maschinengewehrfeuer und mähten zwei Deutsche nieder, die über Bord springen wollten.

Die Ventile von *U85* waren geöffnet, und es lief rasch voll und begann mit dem Heck voran auf den 30 Meter tiefen Grund zu sinken. Wie sie später sagten, waren »ungefähr 40« Deutsche im Wasser und auf dem Deck des sinkenden Bootes, von denen viele auf deutsch »bitte rettet uns« riefen. Die *Roper* hatte also Gelegenheit, U-Boot-Männer für den Nachrichtendienst und für Propagandazwecke gefangenzunehmen, und in dem flachen Wasser bestanden gute Chancen, daß Taucher der Navy aus *U85* eine Vier-Walzen-Enigma-Maschine, das neue Kurzsignalbuch und anderes Geheimmaterial bergen könnten. Doch den Amerikanern kam in ihrer Aufregung wohl nichts dergleichen in den Sinn. Die *Roper* wendete, pflügte zwischen den im Wasser treibenden Männern hindurch und warf elf auf 15 Meter eingestellte Wasserbomben direkt über *U85*. Die Deutschen, die von den Schrauben der *Roper* nicht in Stücke gerissen wurden, starben durch die Wasserbomben. Nicht ein Mann der Besatzung überlebte. Die Gewalt der Explosionen erschütterte das Boot außen und innen und wälzte es ziemlich genau auf die Steuerbordseite, wo es im Sand liegen blieb.

Weil man auf dem Zerstörer fürchtete, weitere U-Boote könnten in der Nähe sein – und vielleicht das Schicksal des Schwesterschiffes *Jacob Jones* noch frisch im Gedächtnis hatte –, gab die *Roper* einen Bericht über ihren Angriff durch und dampfte davon. Nach Tagesanbruch tauchten ein Blimp, eine Catalina, und fünf weitere Flugzeuge auf. Die *Catalina* sichtete die Leichen der Deutschen und Wrackteile und warf noch eine eigene Wasserbombe ab. Ein anderes Flugzeug führte die *Roper* mit Hilfe von Rauchbomben wieder an den Schauplatz des Geschehens zurück. Das Schiff warf ebenfalls eine weitere Wasserbombe und ließ dann zwei Boote zu Wasser, um die Leichen und Trümmer einzusammeln. Mitten in dieser grausigen Unternehmung or-

* Eine zweifelhafte Schlußfolgerung, die wahrscheinlich von der alliierten Propaganda beeinflußt war, die alle deutschen U-Boot-Fahrer als fanatische, tollwütige Nazi-Killer darstellte. Kein vernünftiger U-Boot-Kommandant ließ sich über Wasser auf ein Artilleriegefecht mit einem Zerstörer ein, da dieser alle Vorteile auf seiner Seite hatte – größere Feuerkraft und bessere Panzerung der Geschütze, die höhere Geschwindigkeit, um zu rammen, und die Fähigkeit, Flugzeuge und andere ASW-Kräfte herbeizurufen.

tete die *Roper* ein U-Boot mit dem Sonar – vielleicht den Hulk von *U85* –, brach die Rettungsarbeiten ab und warf sinnloserweise weitere vier Wasserbomben.

Die Boote der *Roper* fanden 31 Leichen. Zwei von ihnen waren gräßlich verstümmelt. Sie wurden nur durchsucht und dann einfach im Wasser gelassen. Die anderen 29 Leichen wurden an Bord gebracht, an Deck gestapelt und mit einer Persenning bedeckt. Die *Roper* warf zwei weitere Wasserbomben auf *U85* und fuhr dann triumphierend nach Norfolk. Vor dem Hafen übernahm die *Scioto,* ein Schlepper der Navy, die 29 Leichen. Nachdem man sie nochmals durchsucht (und zwei nützliche Tagebücher gefunden) hatte, wurden sie fotografiert und ihre Fingerabdrücke genommen. Dann wurden sie in gekennzeichneten Gräbern mit allen militärischen Ehren auf dem National Cemetery in Hampton, Virginia, bestattet. Die Särge hatte die Veteran's Administration zur Verfügung gestellt.

Die Navy unternahm sofort Anstrengungen, *U85* zu bergen und/oder das im Boot liegende Geheimmaterial zu retten. Zahlreiche kleine Wasserfahrzeuge, darunter auch 2 der 22* neu eingetroffenen britischen ASW-Trawler, die *Bedfordshire* und die *Saint Loman,* kreuzten über *U85.* Zu Beginn dieser Operation fanden Helmtaucher eine scharfe, nicht explodierte Wasserbombe auf dem Grund neben *U85.* Ein Spezialtrupp der Navy sprengte die Bombe und beschädigte das Boot damit zweifellos noch mehr. Zwischen dem 15. April und dem 4. Mai unternahmen Taucher etwa hundert Tauchgänge zu dem Wrack. Da das Boot flach auf der Steuerbordseite lag, konnte kein Taucher ins Innere gelangen und nach der Engima-Maschine und anderem Geheimmaterial suchen. Aufgrund der durch die Wasserbomben verursachten Schäden an den Luftleitungen und Tanks war es nicht möglich, das Boot mit Preßluft zu heben oder wenigstens aufzurichten.

Schließlich kam man zu dem Schluß, *U85* könne nur durch »exzessiven« Einsatz von Pontons gehoben werden, und die Bergungsarbeiten wurden eingestellt. Die Taucher bauten am Oberdeck von *U85* viel Ausrüstung ab – das 20-mm-MG auf Brücke, die U-Boot-Zieloptik, den Tochterkompaß –, und sie demontierten die 8,8-cm-Kanone, in deren Rohr noch immer der Mündungspfropfen steckte. Dagegen gelang es ihnen nicht, den Oberdeckbehälter aufzustemmen und den Reservetorpedo zu bergen. Die Taucher meldeten keine Anzeichen von Geschütztreffern der *Roper* und kamen zu dem Schluß, daß sich *U85* »wahrscheinlich selbstversenkt« hatte.**

Mehrere andere Typ-VII-Boote waren in der Nähe von Kap Hatteras, als die *Roper U85* versenkte. Zwischen Key West und New York war zu diesem Zeitpunkt das Konvoisystem der Bucket Brigade im Gange, und Flugzeuge patrouillierten von morgens bis abends über Hatteras. Nachts gab es keinerlei genehmigten Schiffsverkehr, und

* Einige Tage zuvor, am 11. April, wurde einer der britischen ASW-Trawler vor North Carolina versehentlich von einem Handelsschiff gerammt. Er sank, so daß nur noch 22 Trawler übrig waren.

** Sporttaucher, darunter Roger A. Warden und Homer H. Hickam jr., der Verfasser von *Torpedo Junction*, tauchen regelmäßig zu *U85* hinunter, doch keiner konnte bisher in das Boot gelangen. Beide widersprechen dem Bericht der Navy in einem Punkt: Sie fanden Anzeichen, daß ein Schuß aus der Kanone der *Roper* das Boot »direkt hinter dem Kommandoturm« getroffen hat. Hickam entdeckte außerdem einen G7a-Torpedo auf dem Deck des Bootes – vermutlich den aus dem Oberdeckbehälter. Warden schreibt, ein Taucher habe 1997 eine Kiste mit drei Enigma-Walzen gefunden.

bei Tag waren U-Boot-Operationen in Küstennähe, wo Geleitzüge der Bucket Brigade fuhren, gefährlich. Zwei der Typ-VII-Boote führten Angriffe durch. Kurz vor Sonnenuntergang entdeckte und beschädigte der Ritterkreuzträger Adalbert Schnee mit *U201* einen Tanker mit 7500 BRT. Es war jedoch peinlicherweise die argentinische neutrale *Victoria.* Amerikanische Kriegsschiffe retteten die Besatzung und beschlagnahmten nach einigem Zögern das Schiff der deutschfreundlichen Argentinier, was einen diplomatischen Sturm der Empörung auslöste und letztlich zu einer Entschuldigung Berlins bei der argentinischen Regierung führte.

Am späten Nachmittag des 18. April unternahm Heinrich Zimmermann mit *U136* einen kühnen Angriff auf einen aus acht Schiffen bestehenden Geleitzug der Bucket Brigade, der von dem 53 Meter langen, vielbeschäftigten Küstenschutzboot *Dione,* zwei britischen ASW-Trawlern, einem kleinen Patrouillenboot und mehreren Flugzeugen gesichert war. Zimmermann schoß zwei Torpedos auf den beladenen amerikanischen 9000-Tonnen-Tanker *Axtell J. Byles.* Ein Torpedo durchbrach die Wasseroberfläche und alarmierte die Sicherungsfahrzeuge; der andere traf und sprengte ein Loch in den Tanker, doch das Schiff überstand den Angriff und erreichte Norfolk. Die *Dione* reagierte mit einer Salve von acht Wasserbomben und rief acht Flugzeuge herbei, die weitere Wasserbomben und Fliegerbomben abwarfen. *U136* entkam dennoch unbeschädigt.

Für Dönitz war es noch nicht offensichtlich, doch das Gebiet um Kap Hatteras und ein Großteil des amerikanischen Kontinentalschelfs waren für U-Boot-Operationen bis Mitte April unproduktiv geworden, weil die durch britische ASW-Trawler verstärkten amerikanischen Luft- und Seestreitkräfte zur U-Boot-Bekämpfung trotz ihrer noch geringen Zahl und ihrer Unerfahrenheit zu stark geworden waren. Einige Typ-VII-Boote der Märzgruppe blieben pflichtbewußt in der Nähe von Kap Hatteras, doch wie Dönitz später vermerkte, hatte nach dem 20. April keines dieser Boote mehr irgendwelche Erfolge zu verbuchen und die meisten meldeten starke ASW-Patrouillen.

Als Dönitz den U-Booten die Einsatzgebiete freistellte, verließen die meisten Typ-VII-Boote Kap Hatteras. Sie und andere Boote patrouillierten einige hundert Kilometer von der Küste entfernt, außer Reichweite der meisten Luftaufklärer, und deckten grob die Seewege von Massachusetts bis Georgia ab. Eine Ausnahme bildete Siegfried von Forstner mit *U402,* der auf dem Anmarsch einen Frachter versenkt hatte, aber in einer deprimierenden Woche vor Kap Hatteras kein einziges Schiff mehr erwischte. Gegen Ende seiner Feindfahrt hielt er sich nahe der flachen Küstengewässer von North Carolina auf, südlich von Kap Lookout und Kap Fear. Dort versenkte er den russischen Frachter *Ashkabad* mit 5300 BRT und die (mit 1000 BRT und 65 Metern Länge) große, aber alte Jacht *Cythera,* die die Navy zum zweiten Mal in einem Weltkrieg erworben und zu einem Sicherungs- und Rettungsfahrzeug umgebaut hatte.

Die russische *Ashkabad* sank in seichtem Wasser, und ihr Kapitän glaubte, das Schiff könne geborgen werden. Dem Autor Gary Gentile zufolge war der Zerstörer *Semmes* jedoch über diese Möglichkeit nicht informiert und versenkte das Schiff durch Geschützfeuer, um die Fahrrinne freizumachen. Die alte Jacht *Cythera* wurde von zwei Torpedos getroffen und in Stücke zerrissen. Als sie sank, explodierten ihre scharfgemachten Wasserbomben und töteten bis auf zwei Mann die gesamte 71köpfige Besatzung. Von Forstner fischte die beiden Überlebenden aus dem Wasser und nahm sie mit zurück nach Deutschland – die ersten amerikanischen Kriegsgefangenen, die von Deutschen gemacht wurden. Beide sollten den Krieg überleben.

Bei der Jagd in einiger Entfernung von der Küste konnten nur vereinzelte Versenkungen erzielt werden:

- Ludwig Forster mit *U654* versenkte nach dem 7000-Tonnen-Frachter auf dem Anmarsch 550 Kilometer östlich von Hatteras zwei weitere Frachter. Sein Ergebnis belief sich insgesamt auf 17755 BRT, das beste Ergebnis der Gruppe.
- Der zweite Platz ging an Ritterkreuzträger Adalbert Schnee mit *U201.* Er versenkte 740 Kilometer östlich von Georgia drei Frachter mit insgesamt 15300 BRT mit Torpedos und Artillerie und erhaschte einen flüchtigen Blick auf das Passagierschiff *Aquitania,* das von Australien nach New York fuhr, um von dort aus amerikanische Truppen nach Nordirland zu bringen, doch der Dampfer fuhr so schnell, daß Schnee keine Chance hatte, ihn zu überholen.
- Karl-Ernst Schroeter mit *U752* wurde während und nach dem Krieg die Versenkung dreier Schiffe mit 15500 BRT per Torpedos und Deckgeschütz bestätigt, doch Gary Gentiles Nachforschungen ergaben, daß der norwegische Frachter *Reinholt* mit 4800 BRT durch das Geschützfeuer nur beschädigt wurde und nicht mitgezählt werden darf.
- Zimmermann fuhr mit *U136* nach seinem abgebrochenen Angriff auf den Bucket-Brigade-Konvoi nach Norden in die Gewässer vor New Jersey und New York, wo er zwei Frachter mit 12400 BRT versenkte. Den zweiten, die holländische *Arundo,* erwischte er nur 28 Kilometer östlich des Ambrose-Feuerschiffes, das die Einfahrt in den New Yorker Hafen markierte. Auf dem Rückmarsch nahm Zimmermann mit dem Deckgeschütz das 300 BRT große kanadische Segelschiff *Mildred Pauline* unter Feuer. Er meldete, er habe das Schiff verfehlt, doch in Wirklichkeit ging es unter.
- Bei Günther Heydemann mit *U575* verlief auch die zweite Feindfahrt nach Amerika enttäuschend; er hatte nur auf dem Anmarsch ein Schiff mit 6900 BRT versenkt.

Noch schlechter erging es zwei Typ-VII-Booten, die überhaupt keine Schiffe versenkten: Walter Schug mit *U86* und Wilhelm Schulze, dem neuen Kommandanten des kampferfahrenen *U98,* der auf der Fahrt nach Amerika bei *U459* aufgetankt hatte. Beide Kommandanten schossen auf Frachter, trafen jedoch nicht. Schulze wurde von einem »Zerstörer« vor Florida in 18 Meter tiefem Wasser erwischt und schoß vier Torpedos auf den Angreifer, die alle ihr Ziel verfehlten. Der (bis heute nicht identifizierte) »Zerstörer« reagierte, wie Schulze meldete, mit einem schweren Wasserbombenangriff, war jedoch nicht hartnäckig genug, und Schulze konnte entkommen.

Auch Peter Cremer mit *U333* nahm, nachdem er zwei Tage lang einen Maschinenschaden repariert und ebenfalls bei *U459* Treibstoff übernommen hatte, Kurs auf die Gewässer um Florida. Am Nachmittag des 30. April sichtete er 550 Kilometer östlich von Jacksonville die Masten des modernen, doppelwandigen Tankers *British Prestige.* Der 11000-Tonnen-Tanker fuhr mit zehn Knoten im Zickzackkurs und hatte Flugbenzin von hoher Oktanzahl geladen. Cremer hielt Fühlung, bis es dunkel wurde, und schoß dann zwei Bugtorpedos, doch beide verfehlten ihr Ziel. Cremer tauchte, lud die Rohre nach, und nahm, durch sehr helles Mondlicht behindert, über Wasser die Verfolgung auf. Er setzte sich vor das Schiff, wendete und ging für den Angriff auf Sehrohrtiefe, lief auf Kernschußweite heran, wobei sich das große Schiff als Silhouette gegen den Mond abzeichnete. Als er im Begriff war zu schießen, zackte die *British Prestige* auf *U333* zu und rammte es unwissentlich. Wie der Kapitän später berichtete, machte der Tanker einen Ruck nach Steuerbord und die Besatzung hörte ein »dumpfes mahlendes Geräusch«. Es war offensichtlich, daß das Schiff ein Objekt unter Wasser gerammt hatte. Ein U-Boot? Einen Wal? Doch es hielt nicht an, um nachzusehen. Weder der Kapitän noch die Mannschaft wußten, daß die äußere Hülle des Tankers von vorn bis achtern aufgerissen war.

Die Kollision beschädigte *U333* erheblich. Der Vordersteven war nach Backbord verdreht und beide Backbordtorpedorohre waren verklemmt. Die Brücke war eingedrückt; das Angriffssehrohr war in einem aberwitzigen Winkel nach Backbord verbogen und konnte nicht zurückgebogen werden. Hätte Cremer die Fahrt abgebrochen, würde ihm niemand einen Vorwurf gemacht haben. Doch er hatte seinen zweiten Fehler auf ebenso vielen Feindfahrten gemacht – der erste war die Versenkung der *Spreewald* gewesen –, und es war denkbar, daß er sein Kommando verlieren würde. Deshalb ließ er seine Besatzung mit Schweißbrennern und Hämmern an die Arbeit gehen, um *U333* wieder in einen einsatzfähigen Zustand zu bringen. Bemerkenswerterweise schafften es die Männer, und Cremer näherte sich mit seinem halb zerstörten Boot auf der Höhe von Fort Pierce der Küste Floridas.

Am 5. Mai lag Cremer 28 Kilometer vor der Küste in acht Meter tiefem Wasser bei hellem Mondlicht an der Oberfläche auf der Lauer. Gegen Mitternacht kam der amerikanische Tanker *Java Arrow* mit 8300 BRT vorbei, der als Nachzügler eines Geleitzugs der Bucket Brigade im Ballast nach Süden fuhr. Cremer schoß auf Sicht zwei Torpedos nach Augenmaß. Beide trafen, und das Schiff brannte wild und sank, wie Cremer glaubte. Tatsächlich wurde es geborgen und wieder in Dienst gestellt. Vier Stunden später tauchte der 1300 BRT große holländische Frachter *Amazone* auf, und Cremer schoß nochmals zwei Torpedos. Beide trafen, und die *Amazone* ging unter. Abermals zwei Stunden später – kurz vor Sonnenaufgang am 6. Mai – erschien der nach Norden fahrende, mit Naphthalin und Dieselöl beladene amerikanische 7100-Tonnen-Tanker *Halsey*. Cremer schoß zwei Bug- und einen Hecktorpedo nach Augenmaß. Beide Torpedos des Bugfächers trafen, und die *Halsey* explodierte in einem Feuerball und sank.

Die amerikanischen ASW-Streitkräfte reagierten energisch auf diese letzte Versenkung. Zuerst erreichte *PC-451* den Schauplatz, ein von der Coast Guard bemannter Vorkriegsprototyp der Navy. Die Gewalt seiner Wasserbomben drückte *U333* in einer Tiefe von 20 Metern in den Sand, legte die Tiefenruder lahm und verursachte Beschädigungen an der Außenseite und im Innern des Bootes. Als nächstes kamen zwei kleinere Patrouillenboote der Küstenwache, der 38 Meter lange Küstenwachkutter *Vigilant* und *PC-450,* das Schwesterschiff des ersten Patrouillenboots, heran. Doch Cremer überlistete seine Angreifer, indem er auf dem sandigen Meeresboden in 60 Meter tiefes Wasser rutschte, wobei seine mahlenden Schraubengeräusche von den schlecht gezielten Wasserbomben übertönt wurden.

Nach 15 Stunden heftiger Angriffe und nervenaufreibender Anspannung war Cremer, wie er glaubte, entkommen. Doch ein Flugzeug war der Ölspur des U-Boots gefolgt und hatte den Glattdeck-Zerstörer *Dallas* herangeführt, der von der Sonarschule der Navy in Key West nach Charleston zurückkehrte.

Aber der Zerstörer war der Aufgabe nicht gewachsen. Er warf 25 Wasserbomben ab, doch dann setzte er seine Fahrt fort, und *U333* entkam, schwer beschädigt, aber ungebrochen, was den Deutschen wie ein Wunder erschien.

Cremer war noch nicht fertig. Als sich das Boot in den dunklen, verregneten Morgenstunden des 10. Mai Richtung Heimat schleppte, stieß er etwa 930 Kilometer östlich von Florida auf den alleinfahrenden britischen Frachter *Clan Skene* mit 5200 BRT und schoß seine letzten beiden Torpedos. Beide trafen, und das Schiff sank. Als Dönitz den kompletten und erstaunlichen Verlauf von Cremers Feindfahrt erfuhr, verlieh er ihm das Ritterkreuz. Cremers erste Feindfahrt nach Amerika hatte vor einem Kriegsgericht geendet; seine zweite endete in einem Rausch von Ruhm und Publicity.*

Hans-Dieter Heinicke mit *U576* traf und versenkte auf seiner zweiten Feindfahrt in amerikanischen Gewässern 740 Kilometer östlich von Kap Hatteras einen 5100 BRT großen Bauxit-Frachter und nahm anschließend Kurs auf Kap Cod in Massachusetts. Auf dem Weg griff er nördlich von New York den norwegischen Frachter *Tropic Star* an. Ein Torpedo traf, doch die *Tropic Star* hatte Glück, denn der Torpedo versagte, und sie konnte ihre Fahrt fortsetzen. Am 30. April stieß Heinicke vor Kap Cod auf eine Formation von Frachtern, möglicherweise einen Boston-Halifax-Konvoi. Er schoß seine letzten Torpedos auf vier sich überlappende Schiffe und traf den 1300 BRT großen norwegischen Frachter *Taborfjell,* der mit kubanischem Zucker beladen war. Das Schiff ging unter. Drei Mann der Besatzung überlebten und wurden von dem britischen U-Boot *P552* gerettet, eines von neun amerikanischen U-Booten, die vor kurzem an die Royal Navy ausgeliehen worden waren.**

Noch am selben Tag sichtete Heinicke die eindrucksvollste Ansammlung von Zielen, die bislang in amerikanischen Gewässern ausgemacht worden war. Es war der amerikanische Truppenkonvoi AT 15, der aus sieben Transportern einschließlich der *Aquitania* bestand und sich auf dem Weg von New York über Argentia nach Island und Nordirland befand. Der 12 Knoten Fahrt machende Geleitzug wurde von dem Schlachtschiff *New York,* dem Leichten Kreuzer *Brooklyn,* dem neuen Geleitträger *Avenger* (der nach Großbritannien überführt wurde), von 14 Zerstörern und von Sicherungsflugzeugen begleitet. Er sollte sich dem Truppenkonvoi NA 8 anschließen, der aus vier Truppentransportern bestand und am 3. Mai in Halifax ausgelaufen war, was die Gesamtzahl der Truppentransporter auf elf Schiffe mit 19000 Soldaten erhöhen sollte.

Da Heinicke keine Torpedos mehr hatte, konnte er nur vor Enttäuschung mit den Zähnen knirschen. Als ihn die Formation in Schußweite passiert hatte, tauchte er auf,

* Zum Zeitpunkt der Auszeichnung betrugen Cremers gemeldete Versenkungen – ohne die *Spreewald* – sieben Schiffe mit 56800 BRT. Die bestätigten Zahlen belaufen sich auf sechs Schiffe mit 27641 BRT. Später äußerte Cremer, die für ein Ritterkreuz erforderliche Tonnage habe 50000 BRT betragen, was auf eine Verminderung der ursprünglich geforderten Tonnage von 100000 BRT auf die Hälfte hindeutet. Diese Behauptung wird jedoch in deutschen Aufzeichnungen nirgends bestätigt. Zweifellos hatten Cremers erstaunlicher Mut, seine Findigkeit und seine Aggressivität mit zu der Auszeichnung geführt.

** Zusätzlich zu den sechs U-Booten der S-Klasse stellte die US Navy den Briten Anfang 1942 drei Boote der R-Klasse für die ASW-Ausbildung zur Verfügung. Vor Kap Race rammte und versenkte das kanadische Minenräumboot *Georgian* versehentlich *R19,* das in *P514* umbenannt worden war.

erstattete Meldung und versuchte, Fühlung zu halten. Doch einer seiner Dieselmotoren gab den Geist auf. Dönitz zog seine Navigationstafel zu Rate und stellte fest, daß sich vier auf der Fahrt nach Amerika befindende Typ-VII-Boote in einer Entfernung von etwa 1110 bis 1850 Kilometer von dem Konvoi befanden. Obwohl er keine große Hoffnung hegte, den Geleitzug abfangen zu können, fühlte er sich angesichts der wertvollen Ziele zu einem Versuch verpflichtet. Er wies die Boote an, mit äußerster Kraft zu laufen und genau südlich von Kap Race in Newfoundland einen Aufklärungsstreifen bilden. Zugleich drängte er Heinicke, alle nur denkbaren Anstrengungen zu unternehmen, um die Fühlung wiederherzustellen.

Heinicke reparierte seinen Diesel und bekam tatsächlich wieder Fühlung, und zwar am 3. Mai, als sich die Konvois AT 15 und NA 8 vereinigten. Er meldete jedoch, daß er von der starken Luftsicherung abgedrängt wurde und kurz darauf, daß er den Geleitzug abermals verloren hatte. Nach dieser Meldung verlegte Dönitz den aus vier Booten bestehenden Aufklärungsstreifen 55 Kilometer nach Norden, näher zum Kap Race, direkt in die flachen, nebligen Gewässer der Grand Banks. Doch keines der Boote konnte den Geleitzug finden, und Dönitz brach die Operation ab.

Insgesamt versenkten die zwanzig im März nach Amerika ausgelaufenen Typ-VII-Boote 46 Schiffe (darunter 12 Tanker) mit 242 000 BRT, fast ein Drittel dieser bestätigten Versenkungen (13 Schiffe mit 71 000 BRT) verbuchten zwei Kommandanten, Erich Topp mit *U552* (5 Tanker) und Hans Oestermann mit *U754* (3 Tanker). Es war ein spektakulärer Beutezug gewesen – die Hochzeit für die Typ-VII-Boote in amerikanischen Gewässern –, doch eine genaue Analyse durch den U-Boot-Stab legte einen enttäuschenden Trend offen. Die durchschnittliche Versenkungsrate der März-Gruppe pro Feindfahrt lag wesentlich niedriger als bei den Typ-VII-Booten der Februar-Gruppe: Sie betrug nur noch 2,3 Schiffe mit 12 097 BRT gegenüber 3,2 Schiffen mit 18 651 BRT. Darüber hinaus hatte die erste große Operation zur Treibstoffversorgung im Gegensatz zu vielen Darstellungen – und zu den später entstehenden Mythen – *nicht* zu erhöhten Versenkungszahlen geführt. Die acht unterwegs aufgetankten Typ-VII-Boote der März-Gruppe, versenkten pro Feindfahrt durchschnittlich nur 1,6 Schiffe mit 9396 BRT. Und drei aufgetankte Boote des Typs VII, *U86* mit Schug, *U98* mit Schulze und *U582* mit Schulte, versenkten kein einziges Schiff.

Dank der angestiegenen Versenkungszahlen der Typ-IX-Boote entsprach das Gesamtresultat der 26 Boote der März-Gruppe fast genau dem der 26 Boote der Januar-Gruppe: 75 bestätigte Schiffe (davon 25 Tanker) mit 406 046 BRT waren versenkt worden. Für die alliierte Schiffahrt war dies ein weiterer schwerer Schlag. Wenn man jedoch berücksichtigt, daß in der Januar-Gruppe ein Boot die Fahrt abbrach, daß acht andere Boote mit unerfahrenen Kommandanten und Besatzungen fuhren, daß alle im Januar ausgelaufenen Typ-VII-Boote in den stärker verteidigten kanadischen Gewässern patrouillierten, daß die Wetterverhältnisse sehr ungünstig waren und daß acht der März-Boote unterwegs aufgetankt wurden, dann war dieser Schlag weniger schwer, als man hätte erwarten können.

Daß es den erfahreneren Booten der März-Gruppe nicht gelungen war, das Gesamtergebnis der zahlenmäßig ebenso starken Januar-Gruppe zu übertreffen, war ein sicheres Anzeichen dafür, daß das behelfsmäßige Geleitzugsystem und die ASW-Maßnahmen an der Eastern Sea Frontier nun Wirkung zeigten. Der Verlust von Gregers *U85,* die Beinaheverluste von Hardegens *U123* und Cremers *U333* und der energische Gegenangriff, den Zimmermann mit *U136* bei seinem Angriff auf einen Geleitzug der Bucket Brigade erlebte, waren weitere Anzeichen für diese Entwicklung. Da man von einer kontinuierlichen Verbesserung der ASW-Maßnahmen ausgehen mußte, arbeitete Dönitz mit seinem Stab Pläne aus, um den Schwerpunkt des U-Boot-Kriegs auf die weniger gut überwachten Seewege im Golf von Mexiko und in der Karibik zu verlegen.

Feindfahrten in anderen Gewässern

Hätte Hitler nicht törichterweise darauf bestanden, daß etwa 50 U-Boote zur Abwehr der befürchteten Invasion in Norwegen und zur Unterstützung von Rommels Operationen in Nordafrika eingesetzt wurden, wären die U-Boot-Operationen in amerikanischen Gewässern im Jahr 1942 zweifellos sehr viel erfolgreicher gewesen. Wie Dönitz vorhergesagt hatte, erreichten die Boote, die für jene peripheren Aufgaben eingesetzt wurden, nur wenig. Mehrere gingen verloren. Im folgenden eine kurze Darstellung dieser Operationen:

Nordmeer

In Übereinstimmung mit Hitlers direktem Befehl, mehr U-Boote ins Nordmeer zu entsenden, marschierten zwischen Januar und Ende März 18 neue Typ-VII-Boote direkt von Deutschland in die Arktis und erhöhten damit die dortige Streitmacht auf etwa 25 Boote.* Die Boote im Nordmeer wurden von Konteradmiral Hubert Schmundt befehligt, der von Jürgen Oesten beraten wurde. Sie waren in Kirkenes und Narvik stationiert und kehrten oft zur Überholung und Reparatur von Gefechtsschäden nach Trondheim zurück. Schmundt, Oesten und andere Stabsoffiziere richteten ihr Hauptquartier an Bord von Schiffen ein, zunächst auf dem E-Boot-Tender *Tanga* in Kirkenes, dann auf der (für Hitler gebauten) Luxusjacht *Grille* in Narvik.

Im Februar hatten die Nordmeer-Boote überhaupt kein Glück. Während sie in der fast 24stündigen Nacht des arktischen Winters patrouillierten, gelangten die insgesamt 50 Handelsschiffe umfassenden Geleitzüge PQ 9, PQ 10 und PQ 11 von U-Booten unbehelligt nach Murmansk. Und auch die in Gegenrichtung fahrenden QP-Konvois waren keinen deutschen Angriffen ausgesetzt.

Als die *Tirpitz* am 6. März zu ihrem erfolglosen ersten Einsatz gegen die Geleitzüge PQ 12 (16 Schiffe) und QP 8 (15 Schiffe) auslief, wurden vier in Kirkenes stationierte U-Boote vor Murmansk aufgestellt, um PQ-Schiffe abzufangen, die der *Tirpitz* vielleicht entkommen würden. Zwei weitere U-Boote liefen in Narvik aus, um die *Tirpitz* direkt zu unterstützen. Eines davon, Otto Köhlers *U377,* wurde irrtümlicherweise von Maschinen der deutschen Luftwaffe angegriffen, die die Versenkung eines feindlichen U-Bootes meldeten.

Als man merkte, daß der »Feind« wahrscheinlich Köhler mit *U377* gewesen war,

* Siehe Anhang 5.

fürchtete das OKM den Verlust des Bootes und übte scharfe Kritik an der Luftwaffe. Doch *U377* war nicht ernsthaft beschädigt worden.

Burkhard Hackländer, der mit *U454* vor Murmansk patrouillierte und im Januar den Konvoi PQ 8 abgefangen hatte, fand auch PQ 12. Er funkte Peilzeichen, um die anderen drei bei Murmansk stehenden Boote heranzuführen, doch nur Max-Martin Teichert mit der neuen *U456* konnte ihn finden. Keines der beiden Boote hatte Erfolg, und PQ 12 erreichte ohne Verluste sein Ziel. In einem scharfen Schreiben an das OKM machte Dönitz darauf aufmerksam, daß die Boote zu nahe bei Murmansk Stellung bezogen hätten, da sie einen sehr viel größeren Seeraum benötigten, um gegen einen PQ-Konvoi operieren zu können.

Der nächste Murmansk-Geleitzug, PQ 13, und sein nach Westen fahrendes Pendant, QP 9, liefen am 20. bzw. am 21. März aus. Ein heftiger arktischer Sturm verstreute die 20 Schiffe von PQ 13 auf dem Meer über Tausende von Quadratkilometern. Als die verschiedenen Schiffe in der Region von Murmansk eintrudelten, versenkte die Luftwaffe zwei Schiffe. Auch drei der vier U-Boote versenkten jeweils ein Schiff: *U376* unter Friedrich-Karl Marks, *U435* unter Siegfried Strelow und *U456* unter Max-Martin Teichert.

Zu dieser Zeit gingen drei in Norwegen stationierte U-Boote, die älteren, aber unerfahreneren Kommandanten unterstanden, verloren. Am 24. März tauchte das britische Minenräumboot *Sharpshooter,* das den nach Westen laufenden Konvoi QP 9 begleitete, plötzlich aus einem Schneesturm auf und rammte und versenkte *U655* unter dem 32jährigen Adolph Dumrese, der sich auf seiner ersten Feindfahrt befunden hatte. Die *Sharpshooter,* die »zwei Rettungsringe und ein Schlauchboot aus Segeltuch« barg, meldete: »U-Boot stellte sich auf und sank mit dem Heck voran.« Es gab keine Überlebenden. Dem britischen Zerstörer *Fury,* einem Sicherungsschiff von PQ 13, wurde die Versenkung von *U585* unter dem 29jährigen Bernhard Lohse am 29. März gutgeschrieben. Nach dem Krieg stellte man jedoch fest, daß *U585* den Konvoi PQ 13 gar nicht angegriffen hatte. Möglicherweise wurde das Boot beim Legen von TMB-Minen (des Bantos-Felds) vor der Rybachi-Halbinsel von einer seiner eigenen Minen vernichtet. Auch hier gab es keine Überlebenden. Das neue Boot *U702* unter dem 35jährigen Wolf-Rüdiger von Rabenau lief auf dem Weg nach Norwegen in der Nordsee auf eine Mine und sank mit der ganzen Besatzung.

Die nächsten Nordmeerkonvois, PQ 14 und QP 10, liefen am 8. bzw. 10. April aus. Der auf 24 Frachter aufgestockte Geleitzug PQ 14 geriet unerwartet in Treibeis. Zahlreiche Schiffe wurden beschädigt, und 16 der 24 Frachter sowie 2 als Sicherungsfahrzeuge fungierende Minensuchboote mußten nach Island umkehren. Acht Frachter, darunter das Flaggschiff des Geleitzugkommodore, die britische *Empire Howard* mit 7000 BRT, fuhren weiter nach Murmansk. Als die Nachzügler sich der Kola-Mündung näherten, traf und versenkte der 32jährige Heinz-Ehlert Clausen in dem neuen Boot *U403* die *Empire Howard* mit zwei Torpedos. Der 27jährige Friedrich-Karl Marks schoß mit dem ebenfalls neuen Boot *U376* drei Torpedos auf einen »10 000-Tonnen-Kreuzer«, der zweifellos die *Edinburgh* war. Er meldete Treffer und die Beschädigung. Doch die *Edinburgh* erreichte Murmansk unversehrt, wie auch die übrigen sieben Frachter. Der mit 16 Schiffen in Gegenrichtung fahrende Konvoi QP 10 wurde von Maschinen der Luftwaffe und U-Booten angegriffen. Die Flugzeuge versenkten zwei Schiffe und beschädigten ein drittes, die russische *Kiev* mit 5800 BRT, schwer. Siegfried Strelow gab mit *U435* der *Kiev* den Rest und versenkte einen panamaischen 6000-Tonnen-Frachter, was die Gesamtverluste von QP 10 auf vier Schiffe und Strelows Versenkungen (aus zwei Geleitzügen) auf drei Schiffe mit 18252 BRT erhöhte. Strelow war der überragende Tonnagekönig unter den in Norwegen stationierten deutschen U-Boot-Kommandanten geworden.

Im Februar, März und April 1942 versenkten die U-Boote im Nordmeer insgesamt nur fünf Handelsschiffe mit etwa 30600 BRT und den britischen ASW-Trawler Sulla mit 250 BRT. Dafür waren in der gleichen Zeit drei U-Boote mit allen Besatzungsmitgliedern verlorengegangen. Und selbstverständlich erfolgte in Norwegen keine Invasion der Alliierten.

Northwest Approaches

Bis die in Norwegen stationierte U-Boot-Streitmacht eine permanente Stärke von ungefähr 25 Booten erreicht hatte, ließ Dönitz acht oder mehr U-Boote der Atlantikstreitmacht in den Northwest Approaches patrouillieren. Anfang Februar umfaßten diese U-Boote der Gruppe Westwall vier für den ständigen Einsatz in Norwegen vorgesehene Boote und vier neue, auf dem Weg nach Frankreich befindliche Boote, die sich in diesem Gebiet den atlantischen U-Boot-Verbänden anschließen sollten. Wie oben erwähnt, griffen diese Boote auf der Nordatlantikroute mehrere Geleitzüge an.

Am 6. Februar entdeckte U586 unter dem 27jährigen Dietrich von der Esch, der gerade drei Wochen auf seiner ersten Feindfahrt war, den Slow Convoy Outbound North 63. Drei weitere – allesamt neue – Westwall-Boote reagierten auf seine Meldung und folgten seinen Peilzeichen: *U136* unter Heinrich Zimmermann, VIID-Boot *U213* (einem Minenleger) unter Amelung von Varendorff und *U591* unter dem 26jährigen Hans-Jürgen Zetzsche. Doch Zetzsche hatte für die Jagd zuwenig Treibstoff und mußte nach Norwegen zurückkehren, bevor er zum Angriff kam. Esch meldete, er habe einen vollen Bugfächer auf einen »Kreuzer« geschossen, doch die vier Torpedos hätten sich als Blindgänger entpuppt. Er lud die Bugrohre nach und schoß vier weitere Torpedos auf drei Sicherungsfahrzeuge, doch alle verfehlten ihr Ziel.

Die britischen Sicherungsfahrzeuge des Geleitzugs peilten die Meldungen der vier U-Boote mittels Huff Duff ein. Der frühere amerikanische Glattdeck-Zerstörer *Chelsea* und die mit einem Zentimeter-Radargerät des Typs 271 ausgerüstete Korvette *Arbutus* lösten sich aus dem Verband, um die geortete Position anzulaufen. Die *Arbutus* bekam Zimmermanns *U136* in einer Entfernung von zweieinhalb Kilometern auf den Radarschirm, zwang ihn zum Tauchen und griff mit Wasserbomben an. Doch Zimmermann antwortete mit einem Torpedoangriff, und die *Arbutus* wurde zerfetzt. Der Zerstörer *Chelsea* war durch eine verklemmte Ruderanlage aufgehalten worden und erschien erst jetzt auf dem Schauplatz. Er sichtete ein U-Boot, wahrscheinlich *U136,* und eröffnete das Feuer, doch das Boot wendete, fuhr dicht unter der Backbordseite der *Chelsea* vorbei und tauchte dann. Die *Chelsea* bekam Sonarkontakt und führte vier gezielte Wasserbombenangriffe durch, doch Zimmermann entkam und hielt weiterhin Fühlung mit dem Geleitzug.

Dönitz machte sich Sorgen um die unerfahrenen Kommandanten und blies den Angriff ab. Von der Esch mit *U586* stieß auf dem Weg zu seiner neuen Position in Norwegen auf den 9100 BRT großen norwegischen Tanker *Anna Knudsen,* einen Alleinfahrer. Er schoß die letzten drei Torpedos auf das Schiff und meldete eine Beschädigung, die später bestätigt wurde. Dann fuhr er über Bergen nach Narvik, um gegen PQ-Konvois zu operieren.

Der ebenfalls nach Bergen fahrende Zetzsche mit *U591* litt bereits unter Treibstoffmangel, als er am 10. Februar eine Gruppe von Zielen fand. Es war der aus 22 Schiffen bestehende Slow Convoy 67, der mit einer schwachen Sicherungsgruppe von sechs kanadischen Korvetten unterwegs war. Diese Sicherungsfahrzeuge führten als erste Admiral Kings neues »durchgehendes« Geleitzugsystem durch – eine Nonstop-Reise von St. John's in Newfoundland nach Londonderry in Nordirland (oder »Newfie to Derry«, wie die Seeleute sagten). Dönitz war Zetzsches Treibstoffmangel bekannt, und er reagierte auf dessen Meldung mit der Ermächtigung zum Angriff. Zetzsche schoß all seine internen Torpedos auf drei Schiffe; ein norwegischer 4000-Tonnen-Frachter sank.

Zetzsche führte Zimmermann in *U136* durch Peilzeichen heran. Dieser schoß kurz vor Mitternacht einen Bugfächer auf einen Frachter und ein Sicherungsschiff. Er verfehlte offenbar den Frachter, doch einer oder mehrere Torpedos trafen die kanadische Korvette *Spikenard,* die explodierte und langsam sank – nach der *Arbutus* die zweite von Zimmerman innerhalb von fünf Tagen versenkte Korvette. Keine unmittelbaren Anstrengungen wurden unternommen – oder konnten unternommen werden –, um nach Überlebenden der *Spikenard* zu suchen. Am nächsten Tag um 11 Uhr fand die britische *Gentian* acht Besatzungsmitglieder auf einem Rettungsfloß. Weitere Überlebende wurden nicht mehr gefunden. Die anderen 21 Schiffe und fünf Korvetten von Slow Convoy 67 erreichten sicher den Hafen.

Zimmermann setzte seine Feindfahrt in der Nähe der Rockallbank fort und hatte nochmals Erfolg. Am 16. Februar versenkte er einen Nachzügler aus dem Geleitzug Halifax 174, das Motorschiff *Empire Comet* mit 6900 BRT. Drei Tage später entdeckte er den großen, stark gesicherten, schnellen Konvoi Halifax 175. Seine Meldung rief Kölle auf den Plan, der mit dem neuen IXC-Boot *U154* auf dem Weg nach Amerika war. Kölle hatte, wie erwähnt, alle 14 internen Torpedos wegen eines Defekts des Torpedovorhalterechners wirkungslos verschossen. Zimmermann machte gleichfalls eine deprimierende Erfahrung: Seine beiden letzten Torpedos versagten oder gingen fehl. Zwei weitere Westwall-Boote, Varendorffs VIID-Boot *U213* und Karl-Ernst Schroeters *U752,* reagierten ebenfalls, doch inzwischen hatte sich der Geleitzug den Britischen Inseln genähert, und ihre Angriffe wurden durch Flugzeuge des Coastal Command behindert. Schroeter meldete zwei Treffer – und zwei Fehlschüsse – auf einen großen Tanker, doch die Treffer konnten nicht bestätigt werden.

Im Februar waren die nach Amerika fahrenden Boote und die Gruppe Westwall insgesamt auf ein halbes Dutzend westwärts oder ostwärts laufender Geleitzüge gestoßen. Dönitz vermerkte, die ansteigende Häufigkeit von nordatlantischen Geleitzugkontakten sei erstaunlich. Sechs Monate zuvor hatten er und andere Mitarbeiter in Kernével vermutet, daß die Briten vielleicht den Enigma-Schlüssel der Marine lesen konnten, und hatten eine Untersuchung gefordert. Doch niemand in Kernével entdeckte einen Zusammenhang zwischen den steigenden Geleitzugkontakten und dem Wechsel auf die Vier-Walzen-Engimamaschine.

Damit die Gruppe Westwall in den Northwest Approaches im März weiterhin über acht Boote verfügte, sah sich Dönitz gezwungen, dort sechs Boote aus Frankreich einzusetzen, die eigentlich Ende Februar nach Amerika hatten auslaufen sollen. Da vier dieser sechs Boote – *U87* unter Berger, *U135* unter Praetorius, *U553* unter Thurmann und *U701* unter Degen – mit der ersten Welle in nordamerikanischen Gewässern patrouilliert hatten und mit diesem entfernten Seeraum vertraut waren, war ihre Verlegung zur Gruppe Westwall nicht nur für Dönitz enttäuschend, sondern auch für die Kommandanten und die Besatzungen.

Im März hatten nur vier der acht Westwall-Boote Feindkontakte, und die Ergebnisse waren unbedeutend. Am 1. März fand Praetorius bei schlechtem Wetter 445 Kilometer westlich der Hebriden einen Outbound North Convoy. Er schoß vier Torpedos, doch alle gingen fehl. Fünf weitere Boote der Gruppe Westwall versuchten Praetorius' Peilzeichen anzusteuern, doch die schlechten Wetterverhältnisse machten ihnen einen Strich durch die Rechnung. Einige Tage später stieß Varendorff mit dem VIID-Boot *U213* auf ein großes, von zwei Zerstörern eskortiertes Schiff, konnte jedoch wegen des miserablen Wetters nicht angreifen.

Zwischen dem 6. und dem 11. März schoß Degen, der mit *U701* vor der gefährlichen Südküste Islands eine ungewöhnlich kühne Feindfahrt durchführte, sieben Torpedos auf fünf verschiedene Schiffe und Patrouillenboote. Er meldete die Versenkung eines Frachters und dreier Patrouillenboote mit insgesamt 4100 Tonnen, doch nach dem Krieg wurde lediglich die Versenkung eines Fischtrawlers mit 272 Tonnen und der britischen ASW-Trawler *Notts Country* und *Stella Capella* mit je 500 Tonnen bestätigt.

Der 26jährige Gerd Kelbling, der Deutschland mit dem neuen Boot *U593* erst vor zehn Tagen verlassen hatte, entdeckte einen Geleitzug, doch das Boot hatte wegen der Eisbildung in der Ostsee nur ein dürftiges taktisches Training absolviert. Dönitz befahl Kelbling daher, nur bei Dunkelheit anzugreifen und auch dann nur, wenn die Umstände wirklich günstig wären. Luftsicherung und Geleitfahrzeuge vereitelten Kelblings Angriff.*

Während des abgebrochenen Einsatzes der *Tirpitz* gegen den Murmansk-Geleitzug PQ 12 vom 6. bis zum 11. März, unterstellte das OKM die acht Boote der Gruppe Westwall zur Sicherung und Unterstützung der *Tirpitz* dem kommandierenden Admiral der Gruppe Nord. Vier in der Gruppe York zusammengefaßte, erfahrene Boote, sollten aggressiv die Einheiten der Home Fleet jagen, die auslaufen würden, um die *Tirpitz* abzufangen. Die anderen, weniger erfahrenen Westwall-Boote sollten ursprünglich eine unterstützende Funktion übernehmen, doch auf Dönitz' Wunsch wurden diese Boote wieder Kernével unterstellt und durch vier neue, in Deutschland aus-

---

* Kelbling meldete, daß ein Sicherungsschiff sein Boot auf eine Entfernung von 3,5 Kilometern mit einem hellen roten Licht ausgemacht hatte und es auf eine Entfernung von 1,8 Kilometern unter gutgezieltes Feuer nahm. In Kernével vermutete man, es könnte sich um Infrarotstrahlen gehandelt haben, bis der Stab zu seinem Leidwesen informierte wurde, daß solche Strahlen unsichtbar sind. Man kam letztlich zu dem Schluß, daß es sich um einen gefärbten Suchscheinwerfer gehandelt hatte. Doch in der Aufregung über das Licht übersah man, daß zielgenaues Geschützfeuer auf eine Entfernung von 1,8 Kilometern bei völliger Dunkelheit ein fast sicheres Anzeichen dafür war, daß die Sicherungsfahrzeuge über miniaturisierte, hochempfindliche und präzise arbeitende Radargeräte verfügten. Kernével war von diversen technischen Diensten versichert worden, die Sicherungsschiffe seien nicht groß genug, um wirkungsvolle Radargeräte mitzuführen, und Dönitz verließ sich auch weiterhin auf diese kategorische Behauptung.

laufende Boote ersetzt. Weder die Gruppe York noch die vier wieder Kernével unterstellten Boote konnten Ziele finden. Auf Dönitz' Vorschlag lösten die vier neuen Boote aus Deutschland ab dem 25. März die Gruppe York ab, die ebenfalls wieder unter das Kommando von Kernével kam. Die acht neuen Boote, die die Gruppe Westwall ersetzten, sollten permanent in Norwegen stationiert werden.

Das OKM erteilte die Anweisung, daß die vier nach Frankreich fahrenden Boote der Gruppe York einen Umweg über die Dänemarkstraße machen und nach Einheiten der Home Fleet oder amerikanischen Großkampfschiffen Ausschau halten sollten. Da jedoch die York-Boote nur noch wenig Treibstoff hatten, konnte Dönitz diesem Befehl nicht nachkommen. Statt dessen betraute er das neue Typ-VII-Boot *U252* unter dem 31jährigen Kai Lerchen mit dieser Aufgabe, das am 26. März in Deutschland auslief, um in Island einen deutschen Agenten an Land zu setzen (Operation Dana).* Nach Ausführung dieses Spezialauftrags fuhr Lerchen als Aufklärer in die Dänemarkstraße, wo er einen norwegischen Frachter mit 1400 BRT versenkte. Auf dem Weg nach Frankreich stieß er am 14. April auf einen Konvoi und meldete ihn. Da auch Lerchen nur eine rudimentäre taktische Ausbildung erhalten hatte, erlaubte ihm Dönitz einen Angriff nur bei Nacht und unter günstigen Bedingungen.

Lerchen hatte den Geleitzug Outbound Gibraltar 82 entdeckt, der von der verkleinerten britischen Escort Group 36 unter »U-Boot-Killer« Johnny Walker auf der Sloop *Stork* gesichert wurde. Die Admiralität ließ eine DF-Einpeilung von Lerchens Kontaktmeldung vornehmen und alarmierte Walker, der wiederum die Korvetten in seinem Verband verständigte. Die mit einem Zentimeter-Radargerät des Typs 271 ausgestattete *Vetch* lokalisierte *U252* in einer Entfernung von 6,8 Kilometern an der Wasseroberfläche, startete eine 30minütige Jagd, nahm das Boot mit ihrer Hauptgeschützgruppe unter Feuer und schoß Snowflakes (Leuchtgranaten) ab.

Lerchen verteidigte sich mit zwei Torpedoschüssen, die die *Vetch* nur knapp verfehlten, und tauchte dann. Die *Stork* schloß sich der *Vetch* an, und die beiden Schiffe warfen 45 Wasserbomben, die *U252* mit der gesamten Besatzung versenkten. Walker ließ ein Beiboot zu Wasser, um nach Überlebenden zu suchen, doch die Suchmannschaft fand nur »eine ekelhafte Mischung aus Öl, Holz, Blut und Eingeweiden« vor. Sie fischten einige kleine Holzstücke aus dem U-Boot, einen Mantel aus Schaffell und eine Lederhose aus dem Wasser, in der ein mit Bleistift beschriebener, mit der Überschrift *»U252«* versehener Zettel steckte, und »ein menschliches Herz und eine Lunge, die vollständig von Splittern durchsiebt« waren. Der Arzt der *Stork* konservierte die Organe »zur Erbauung künftiger Mediziner« in einem Glas.

Als sich *U252* nicht mehr meldete und vom Verlust des Bootes ausgegangen werden mußte, zog Dönitz Parallelen zum Verschwinden von *U82* unter Rollmann Anfang Februar. Beide Boote hatten »wenig gesicherte« Geleitzüge in fast demselben Gebiet am westlichen Rand des Golfs von Biskaya gemeldet, und danach hatte man nie mehr etwas von ihnen gehört. Er zog daraus die – falsche – Schlußfolgerung, daß die Briten »einen Scheingeleitzug aus besonderen Abwehrfahrzeugen« gebildet hätten, dessen Aufgabe darin bestand, in Frankreich stationierte U-Booten auf dem Hin-

* Der in veröffentlichten Quellen nicht identifizierte Agent wurde um den 7. April an der Nordküste Islands an Land gesetzt. Er hatte vermutlich den Auftrag, das Auslaufen alliierter Schiffe zu melden.

und Rückmarsch in die Falle zu locken. Aus diesem Grund gab er den U-Booten den Befehl, Konvois in diesem Raum vorläufig nicht mehr anzugreifen.

Walkers Sieg über *U252* war daher sehr viel wichtiger, als der britischen Admiralität bewußt war. Sowohl ein- und auslaufende Gibraltar-Geleitzüge als auch Outbound South und einlaufende Sierra Leone Convoys würden künftig unbehelligt bleiben, wenn sie die Küsten Frankreichs und der Britischen Inseln passierten.

Von Januar bis einschließlich März hatte Dönitz insgesamt 33 Boote für Feindfahrten in den Western Approaches und anderen Gebieten des östlichen Atlantiks in Marsch gesetzt.* Abgesehen von Varendorffs Fahrt mit dem VIID-Boot *U213* waren all diese Feindfahrten nur von kurzer Dauer gewesen. Einige Fahrten hatten der Überführung von Booten aus Deutschland nach Frankreich gedient. All diese Boote hatten insgesamt zehn alliierte Schiffe mit 17600 BRT zur Strecke gebracht – darunter vier Kriegsschiffe: das amerikanische Küstenschutzschiff *Alexander Hamilton;* die britische Korvette *Arbutus,* die kanadische Korvette *Spikenard* und den britischen ASW-Trawler *Rosemonde.* Dafür waren die zwei Boote *U252* und *U581* versenkt worden.

Mittelmeer

Einschließlich der Neuankömmlinge und abzüglich der Verluste standen am 1. Februar 1942 21 deutsche Boote im Mittelmeer.** Sie waren auf italienisch verwalteten Stützpunkten in La Spezia, Pola und Salamis stationiert und hatten mit dem kompetenten Zerstörer-Experten Leo Karl Kreisch einen neuen Befehlshaber erhalten, der Viktor Oehrn abgelöst hatte. Diese U-Boot-Streitmacht hatte zwei Hauptaufgaben. Sie sollte Rommels Offensive in Nordafrika durch Angriffe auf die Küstenmotorschiffe unterstützen, die Rommels Gegner, die britische 8. Armee versorgten. Und sie sollte verhindern, daß die Briten ihre Truppen auf der Insel Malta verstärkten.

Die Feindfahrten im Mittelmeer dauerten 1942 wie schon 1941 nur kurz – selten länger als drei Wochen –, aber sie waren entsetzlich. Der Himmel wimmelte von britischen, deutschen und italienischen Flugzeugen, die feindliche U-Boote nicht von eigenen unterscheiden konnten. Luft- und Seestreitkräfte der Alliierten der Achsenmächte legten zahlreiche offensive und defensive Minenfelder. Die alliierte Schiffahrt war von kampferfahrenen, mit Radargeräten ausgerüsteten Luft- und Überwassereskorten stark gesichert, was Angriffe erschwerte. Eine weitere Gefahr ging von alliierten U-Booten aus.

Die Folge war, daß die U-Boote im Mittelmeer wie die im Nordmeer nur dürftige Ergebnisse erzielten. Im Januar meldeten fünf U-Boote Angriffe, davon vier gegen alliierte Zerstörer. In der Nähe von Alexandria traf und versenkte Hermann Hesse mit *U133* den britischen Zerstörer *Gurkha II.* Vor Tobruk torpedierte Heinrich Schonder mit *U77* den britischen Zerstörer *Kimberley,* doch das Schiff wurde nur beschädigt. Im selben Gebiet versenkte Wilhelm Dommes mit *U431* eine für ASW-Zwecke eingesetzte Jacht mit 300 BRT. Alle weiteren Angriffe scheiterten.

Im Februar führten sechs Boote Angriffe durch. Dommes meldete Treffer bei einem Zerstörer und einem Tanker; Helmut Rosenbaum von *U73* meldete die Versen-

---

* Siehe Anhang 2.

** Siehe Anhang 6.

kung eines Zerstörers; Robert Bartels von *U561* meldete einen Treffer auf einen Frachter; Georg-Werner Fraatz von *U652* meldete die Versenkung einer Korvette und eines kleinen Frachters sowie Treffer bei einem Zerstörer und einem Frachter; Friedrich Guggenberger von *U81,* der für die Versenkung des Flugzeugträgers *Ark Royal* das Ritterkreuz erhalten hatte, meldete Treffer bei einem Leichten Kreuzer; und Hans-Otto Heidtmann von *U559* meldete die Versenkung eines 4000-Tonnen-Frachters. Laut Jürgen Rohwer und nach dem Krieg ausgewerteten britischen Dokumenten sank jedoch nicht eines dieser Schiffe, und nur einige gemeldete Treffer und Beschädigungen konnten bestätigt werden.

Der Defekt in der Tiefensteuerung der Elektrotorpedos war bis zum März behoben worden, und die Ergebnisse verbesserten sich, aber nur geringfügig. Johann Jebsen mit *U565* versenkte den britischen Leichten Kreuzer *Naiad* mit 5500 Tonnen. Fraatz mit *U652* versenkte den britischen Zerstörer *Jaguar,* den britischen Hunt-Zerstörer *Heythrop* und wahrscheinlich einen britischen Tanker mit 2600 BRT. Kraus beschädigte mit *U83* einen kleinen Frachter. Doch es ging auch wieder ein U-Boot verloren. *U133,* das Salamis am 14. März unter dem neuen, 26jährigen Kommandanten Eberhard Mohr verlassen hatte, geriet in ein defensives Minenfeld und flog in die Luft. Es gab keine Überlebenden.*

Admiral Raeder und das OKM waren über die schwachen Ergebnisse der Mittelmeerboote bestürzt. Anfangs wies Berlin scharf darauf hin, daß im Mittelmeer trotz der kurzen Feindfahrten mehr U-Boote zur Überholung auf der Werft als im Einsatz wären, und verlangte von Leo Kreisch, dem neuen Befehlshaber der Mittelmeer-Boote eine Erklärung. Kreisch räumte ein, daß die Lage unglücklich sei, erklärte aber, daß viele Boote mit Gefechtsschäden durch Flugzeuge von den Feindfahrten zurückkehrten, daß es Probleme mit dem Nachschub (aus Deutschland) gebe und daß die italienischen Schiffswerften 10 bis 15 Prozent langsamer arbeiteten als deutsche Werften. Doch er versprach, sein Möglichstes zu tun, um die Dinge zu beschleunigen.

In der Zeit von Januar bis April versenkten die 21 U-Boote der Mittelmeerstreitmacht insgesamt nur 6 Schiffe mit ungefähr 14 500 Tonnen. Vier der sieben Opfer waren britische Kriegsschiffe: der Leichte Kreuzer *Naiad,* die Zerstörer *Gurkha II* und *Jaguar* sowie der Hunt-Zerstörer *Heythrop.* Ein weiteres britisches Kriegsschiff, der Zerstörer *Kimberley,* wurde beschädigt. Diese Versenkungen waren zwar keine direkte Hilfe für Rommel, doch die Anwesenheit der U-Boote im Mittelmeer bereitete den Alliierten viele Schwierigkeiten.

Westafrika

Am 11. Februar liefen zwei Typ-IX-Boote nach Freetown aus: *U68* mit Karl-Friedrich Merten und das neue IXC/40-Boot *U505* mit Axel-Olaf Loewe. Um Treibstoff zu sparen, fuhren beide Boote nur mit einem Dieselmotor.

Südlich der Kanarischen Inseln begegnete Loewe einem schnellen Konvoi, wurde

---

* Damit operierten am 1. April 1942 noch 20 deutsche Typ-VII-Boote im Mittelmeer. Zwischen dem 5. Januar und dem 18. März 1942 versenkten britische U-Boote fünf italienische U-Boote im Mittelmeer. Die *Unbeaten,* die zuvor *U374* versenkt hatte, erwischte eines, die *Upholder* zwei, die *Ultimatum* und die *Thorn* jeweils eines.

jedoch von den Sicherungsfahrzeugen vertrieben und kam nicht zum Schuß. Merten stieß auf der Fahrt nach Süden nicht auf Schiffe.

Die Boote erreichten Freetown in den ersten Märztagen. Das tropische Wetter war ein Schock für die aus der frostigen Ostsee kommende Besatzung von *U505*. Wie ein Mann der Besatzung schrieb, heizte sich das Boot tagsüber wie ein Hochofen auf. In der Freiwache ging man auf die Brücke, um sich ein wenig Erleichterung von der drückenden Hitze im Bootsinnern zu verschaffen. Die Uniform war den Tropen angepaßt: keine Hemden mehr nach der ersten Sonnenbräune, kurze Khakihosen und Tropenhelme.

Vier Monate waren vergangen, seit ein U-Boot in die Gewässer von Freetown vorgestoßen war. Loewe und Merten operierten unabhängig voneinander. Sie fanden viele Einzelfahrer und versenkten in acht Märztagen jeweils zwei Schiffe. Loewe holte sich den norwegischen Tanker *Sydhav* mit 7600 BRT und einen 5000-Tonnen-Frachter; Merten erwischte zwei große britische Frachter mit 14400 Tonnen. Merten griff auch ein Objekt an, das er für ein britisches U-Boot hielt, das mit einem als Lockvogel fungierenden Schiff zusammenarbeitete. Doch seine beiden Torpedos gingen fehl. Nach diesen Angriffen hatte Merten noch 10 und Loewe noch 14 Torpedos.

Die Angriffe rüttelten die britischen Marinebehörden in Freetown auf. Sie hielten einzelne Schiffe in Häfen zurück und organisierten wieder Geleitzüge. In den folgenden Tagen meldeten Merten und Loewe keinen Verkehr, und baten um die Erlaubnis, über den Atlantik nach Brasilien zu fahren. Wegen der heiklen politischen Situation, in der man sich gegenüber Brasilien befand – und aufgrund der Entfernung und der ungünstigen Passatwinde – lehnte Dönitz die Bitte ab und befahl Loewe mit *U505,* vor Freetown zu bleiben, während er *Merten* mit *U68* südwärts nach Lagos in Nigeria schickte.

Loewe fuhr langsam vor Freetown auf und ab. Es war nervenaufreibend – keine Spur von einem Schiff. Die Männer wurden allmählich gereizt. Sie sahen jeden Tag dieselben Gesichter, hörten immer dieselben Geschichten, die nach den ersten Wochen schon alte Hüte gewesen waren. Und inzwischen lagen durch die glücklose Jagd bei vielen die Nerven bloß. Es setzte böse Bemerkungen, und die Gesichter waren durch die erstickenden, schlaflosen Tage und Nächte von Erschöpfung gezeichnet.

Auf dem Weg nach Nigeria stieß Merten mit *U68* vor Kap Palmas in Liberia auf eine große Zahl von Einzelfahrern. Innerhalb von 24 Stunden, vom 16. auf den 17. März, versenkte er mit Torpedos und Deckgeschütz weitere vier Frachter mit 19100 Tonnen. Obwohl er nur noch drei Torpedos hatte, fuhr er wie befohlen weiter nach Lagos. Am 25. März traf er auf einen Konvoi mit fünf Schiffen und drei Sicherungsfahrzeugen, wurde jedoch von einem Flugzeug erspäht und am Angriff gehindert. Wenig später trat er wegen Treibstoffmangels den Rückmarsch an. Als er am 30. März Kap Palmas umrundete, stieß er auf einen weiteren Konvoi mit fünf Schiffen und versenkte mit den letzten Torpedos einen britischen Frachter mit 5900 Tonnen, was seine Bilanz auf dieser Feindfahrt auf sieben Schiffe mit etwa 40000 BRT erhöhte.

Nach Mertens Bericht über den starken Schiffsverkehr vor Kap Palmas verlegte Kernével auch Loewe mit *U505* in dieses Gebiet. Loewe meldete tatsächlich Schiffe, doch sie waren inzwischen stark gesichert. Nachdem er von einem Flugzeug bombardiert und von einem Überwasserschiff gejagt und mit Wasserbomben belegt worden war, machte er sich nach Süden in den offenen Ozean davon und überquerte den Äquator mit einer diesem Anlaß angemessenen Feier. Erst am 3. April – 29 Tage nach seinem letzten Erfolg – entdeckte Loewe wieder Schiffe und versenkte in zwei Nachtangriffen von insgesamt über 24 Stunden einen amerikanischen und einen niederländischen Frachter mit je 5800 BRT. Danach kehrte er in das Gebiet vor Freetown zurück, wo er weitere zwei Wochen zubrachte, ohne viel mehr zu sichten als ein Fischerboot. Als er am 7. Mai wieder in Lorient eintraf, war er 86 Tage auf See gewesen. In dieser Zeit hatte er vier Schiffe mit 25 000 BRT versenkt.

Dönitz war durchaus zufrieden. Die beiden Boote hatten elf Schiffe mit etwa 65 000 BRT zur Strecke gebracht. Außerdem hatten sie zweifellos die alliierte Schifffahrt im Südatlantik gestört und dort möglicherweise ASW-Streitkräfte gebunden, die andernfalls vielleicht nach Amerika verlegt worden wären. Hätte Dönitz noch Typ-IX-Boote in Reserve gehabt, so hätte er sie nach Freetown geschickt, doch alle verfügbaren Boote dieses Typs waren für den Krieg in amerikanischen Gewässern vorgesehen. Deshalb ließ man Freetown wieder mehrere Monate in Ruhe.

Geteilte Geheimnisse

Anfang April diskutierten die Briten und die Amerikaner endlich offen über die technischen Voraussetzungen für einen Einbruch in den Enigma-Schlüssel der deutschen Kriegsmarine. Der Durchbruch kam bei einer Konferenz der Alliierten vom 6. bis 17. April in Washington. Der hauptsächliche Zweck dieser Konferenz lag darin, die Sammlung und Verteilung noch unbearbeiteter Funksprüche der Achsenmächte wie auch der Informationen des alliierten HF/DF-Netzwerks im Atlantik und Pazifik zu vereinheitlichen und zu integrieren. Doch das Treffen brachte noch wichtigere Resultate.

Der Leiter der britischen Delegation war ein Captain der Royal Navy: Humphrey R. Sandwith, ein alter Hase aus der Naval Intelligence Division. Seit Kriegsausbruch war Sandwith dafür verantwortlich, den britischen Funkaufklärungsdienst Y-Service und die HF/DF-Netzwerke zu verbessern. Die ranghöchsten Vertreter der Amerikaner, Joseph Redman und Joseph Wenger, waren kürzlich aus der bürokratischen Schlacht um die Kontrolle der Entzifferungseinheit OP20 G als Sieger hervorgegangen und galten als die besten Experten der US Navy im Bereich der Funkentzifferung.

Die Briten, Kanadier und Amerikaner arbeiteten Vereinbarungen aus, nach denen die Sammlung und Verteilung der unbearbeiteten Funksprüche und der HF/DF-Erkenntnisse tatsächlich vereinheitlicht und stark verbessert wurden. Zusätzlich zum atlantischen HF/DF-Netzwerk der Briten hatten die Amerikaner im Sommer vier mit DAB-Empfängern ausgestattete HF/DF-Funkstationen an ihrer Ostküste in Betrieb genommen. Weiterhin installierten die Amerikaner in Sewall, Maine, den Prototyp des technisch verfeinerten, landgestützten Kurzwellenpeilgeräts DAJ, der vollautomatisch arbeitete und die Funksignale von U-Booten sehr schnell einpeilte.

Wie der Historiker Bradley Smith schreibt, kam zu diesen wichtigen Fortschritten in der Elektronik noch hinzu, daß die Briten sich durchrangen, den Amerikanern auf dieser Konferenz detailliert zu zeigen, »wie sie aus dem aufgefangenen gegnerischen Funkverkehr Informationen gewannen und diese in eine Form brachten, in der sie für

Operationen im Seekrieg nutzbar waren«. Dies schloß sehr aufschlußreiche Enthüllungen über die Techniken mit ein, die in Bletchley Park, im OIC der Admiralität und im Submarine Tracking Room angewandt wurden.

Zusätzlich berichtet der Historiker Harry Hinsley, daß die Briten endlich fest zugesichert hätten, dem US Navy Department eine »Bomba« zu überlassen, um ihm »den Aufwand zu ersparen, eine eigene Maschine zu entwickeln«. Wie Hinsley hinzufügt, hätten sich die Briten jedoch mit der Erfüllung ihrer Zusicherung so viel Zeit gelassen, daß die Verzögerung ab Juni die Beziehungen zwischen Briten und Amerikanern »belastete«.

Direkt nach der Konferenz flog Rodger Winn nach Washington, um Admiral King und dessen hochrangige Mitarbeiter zu drängen, einen Submarine Tracking Room ähnlich dem britischen zu schaffen, der mit dem britischen in Verbindung stehen sollte. King hatte bereits einen streng geheimen »War Room« ähnlich dem OIC der Admiralität, doch er hatte noch keinen Submarine Tracking Room, wie ihn die Briten besaßen. Das amerikanische Gegenstück zum OIC war das Combined Operations and Intelligence Center (COIC) und wurde von Kings Flaggoffizier und Vertrautem George C. Dyer geleitet, der den Zugang auf wenige ausgewählte Geheimnisträger beschränkte.

Als Winn sein Anliegen in einem Gespräch mit King überzeugend und diplomatisch vorbrachte, stieß er auf keinerlei Hindernisse. King war sofort einverstanden, und seine Stellvertreter übertrugen die Aufgabe der Erstellung der U-Boot-Lage an den Captain der Navy Kenneth A. Knowles, der wegen einer körperlichen Behinderung in Pension gegangen, aber nach dem Angriff auf Pearl Harbor wieder in den aktiven Dienst zurückgekehrt war.

Der Austausch auf der Konferenz hatte viele Optionen eröffnet. Doch einige Amerikaner blieben verstimmt, weil die Briten noch immer zu zögern schienen, ihnen eine Bomba zu überlassen und die Entzifferung des vierwalzig verschlüsselten Enigma-Codes mit aller Kraft gemeinsam in Angriff zu nehmen. Die Amerikaner gaben deshalb ihre geheimen Anstrengungen, eine eigene Version einer Bomba zu entwickeln, nicht auf. Diese wichtige Arbeit wurde von Howard Engstrom, dem Marinereservisten und Mathematiker aus Yale, vorangetrieben. Er wurde im Februar im Rang eines Lieutenants wieder in den aktiven Dienst einberufen und übernahm das Kommando über die »Forschungsabteilung« des OP20 G, wo er sich rund um die Uhr der Entzifferung des Enigma-Schlüssels der deutschen Marine widmete. Innerhalb von nur vier Monaten wurde er zum Lieutenant-Commander befördert, eine hochverdiente Anerkennung seines Genies und seiner Fortschritte bei der Entwicklung einer Bomba.

NEUN

Der britische Überfall auf St. Nazaire

Britische Aufklärungsflugzeuge machten im Februar 1942 Aufnahmen, die darauf hindeuteten, daß die Deutschen ein neues, leistungsstarkes Radarnetz entlang der Kanalküste des besetzten Frankreich installiert hatten. Auf Anraten von R. V. Jones, einem Wissenschaftler der RAF, der mit geheimdienstlichen Angelegenheiten zu tun hatte, wurden unter Leitung von Admiral Louis Mountbatten Pläne für einen Überfall auf eine Radarstation ausgearbeitet, um in die Gewalt von Ausrüstung und Bedienungspersonal zu kommen. Mountbatten wählte als Angriffsziel einen Peilsender auf dem Kap d'Antifer, einem 120 Meter langen Kreidefelsen in der Nähe des Dorfes Bruneval, etwa 19 Kilometer nördlich von Le Havre.

Am späten Nachmittag des 27. Februar gingen 120 Mann eines britischen Kommandotrupps unter der Führung von John D. Frost an Bord von zwölf Whitley-Flugzeugen. Am Abend landeten die Soldaten im Schneetreiben mit Fallschirmen nicht weit von der Radarstation auf den Feldern. Mit einer kurzen, aber sehr erfolgreichen Operation, bei der nur zwei Männer ums Leben kamen, erbeuteten Frost und seine Leute die Ausrüstung des Senders, nahmen einen Deutschen gefangen und wurden von Schiffen der Royal Navy abgeholt, die sich vorsichtig in eine befahrbare Bucht in der Nähe hineingetastet hatten. Durch die Beute erfuhren die Briten sehr viel über den Stand der deutschen Radartechnologie und -produktion. Der große Erfolg des »Bruneval Raid« ermunterte zu Plänen für weitere Überfälle an der französischen Küste.

Hitler regte sich über diesen Handstreich fürchterlich auf, der seine überdimensionierten Befestigungen an der Küste beinahe nutzlos erscheinen ließ. Er verlangte eine Überprüfung des Zustandes aller deutscher Einrichtungen entlang der Küste des besetzten Frankreichs. Sie brachte das Ergebnis, daß wegen des Abzugs deutscher Luft- und Bodentruppen in die Sowjetunion und wegen der Überführung von Kräften der Kriegsmarine nach Norwegen insbesondere die U-Boot-Stützpunkte am Atlantik unzureichend gesichert waren.

Am 26. März gab Admiral Raeder Hitlers »rigorose Befehle« weiter, daß bis zu der bevorstehenden Heeres- und Luftwaffenverstärkung alle U-Boot-Kommandos in der Nähe der Küste auf sicheren Boden »rückverlegt« werden müßten.

Die gesamte U-Boot-Führung von Dönitz abwärts war bestürzt. Dönitz und sein Stab sowie die sieben U-Flottillenchefs und ihre Stäbe hatten sich in Brest, St. Nazaire, Lorient, La Pallice und Bordeaux gut verschanzt. Abgesehen von den massiven U-Boot-Bunkern hatten die Deutschen ein umfassendes Fernmeldenetz und Einrichtungen zur Erholung der Besatzungen aufgebaut. Dies alles von der Küste wegzuverlegen, hätte eine enorme Anstrengung erfordert, und das zu einem Zeitpunkt, als alle Kräfte auf den U-Boot-Krieg in amerikanischen Gewässern konzentriert waren.

Nach Dönitz' Interpretation ließen Hitlers »rigorose Befehle« ihm selbst und seinem Stab in Kernével keine Wahl, als nach Paris zurückzukehren. Dies sei, schrieb er in sein Kriegstagebuch, ein bedauerlicher Rückschritt bei der Führung der U-Boote, weil der direkte Kontakt mit der Front, also der persönliche Austausch zwischen dem befehlshabenden Offizier und seinen Booten und Mannschaften, von Paris aus nicht annähernd im selben Umfang möglich sein werde. Aus diesem Grund wies Dönitz seinen Stab an, Alternativen wie etwa die Stadt Angers zu prüfen, die so küstennah wie möglich lagen.

London und Washington waren ständig in Sorge, daß die *Tirpitz,* wie die *Bismarck,* von Norwegen aus in den Nordatlantik auslaufen und dort Handelsschiffe und Geleitzüge angreifen würde. Man hielt es für wahrscheinlich, daß die *Tirpitz* einen solchen Ausfall in St. Nazaire abschließen würde, wo für das gigantische, französische Luxuspassagierschiff *Normandie** mit 83 423 BRT ein Trockendock an der Loire errichtet worden war. Die Briten ließen daher einen Plan für ein Kommandounternehmen gegen St. Nazaire ausarbeiten, das möglichst großen Schaden anrichten, insbesondere jedoch das Trockendock zerstören und die *Tirpitz* damit von einem Auslaufen in den Atlantik abschrecken sollte.

Die Armada mit dem Stoßtrupp für St. Nazaire lief am 29. März in Falmouth aus, am selben Tag, als Raeder Hitlers Befehl für die Verlegung der U-Boot-Befehlsstellen an der Küste weitergeleitet hatte. Der Verband hatte zur Tarnung Flaggen der Kriegsmarine gesetzt und bestand aus dem in *Campbeltown* umgetauften, ehemals amerikanischen Glattdeck-Zerstörer *Buchanan,* einem Motor-Kanonenboot, einem Motor-Torpedoboot und 16 Motorbooten, die einen Teil des Weges von zwei britischen Zerstörern begleitet wurden. Die *Campbeltown* und die 18 kleineren Schiffe waren mit insgesamt 353 Mann der Royal Navy bemannt, und die kleineren Schiffe beförderten die 268 Mann des Kommandotrupps, die für den Einsatz verbissen trainiert hatten. Die Flotte der kleineren Schiffe sollte mitten in der Nacht St. Nazaire überfallen und den Kommandotrupp an Land setzen. Ohne jede überflüssige Ausrüstung – d. h. überflüssiges

* Bei Kriegsausbruch im Jahr 1939 wurde die *Normandie,* die 1935 zum ersten Mal den Atlantik überquerte, in New York »interniert«. Nach Pearl Harbor wurde sie von der Regierung der Vereinigten Staaten »beschlagnahmt« und sollte als Truppentransporter mit dem Namen *Lafayette* umgebaut werden. Am 9. Februar 1942 geriet das Schiff beim Umbau durch 2500 Arbeiter der Werft Todd Shipyards, Inc., in Brand. Die 36 Einheiten der New Yorker Feuerwehr (und drei Feuerlöschboote), die auf den Alarm hin eingesetzt wurden, pumpten über drei Millionen Liter Wasser in das Schiff, weshalb es am Dock kenterte. Es wurde ein großangelegter Rettungsversuch unternommen, doch die *Normandie* war zu stark beschädigt. Sie wurde 1946 als Schrott verkauft. Der Verdacht der Sabotage wurde laut, ließ sich aber nicht nachweisen.

Gewicht – sollte sich die *Campbeltown,* beladen mit drei Tonnen TNT im das Schleusentor des Trockendocks festklemmen. Ein Zeitzünder sollte das TNT zur Explosion bringen, nachdem sich das Einsatzkommando in den kleinen Schiffen entfernt hatte.

Am frühen Morgen des 27. März entdeckte Gerd Kelbling in *U593* den Verband, als er sich der französischen Küste näherte. Kelbling befand sich nach seiner Entlassung aus der neuformierten Gruppe Westwall auf dem Rückweg nach Frankreich. Als er um 7.20 Uhr seine Meldung (»drei Zerstörer, zehn Schnellboote«) an Kernével absetzte, machten ihn die zwei begleitenden Zerstörer *Atherstone* und *Tynedale* aus und griffen ihn an; sie zwangen Kelbling viele Stunden unter Wasser und verhinderten weitere Meldungen. Kernével beging den Fehler, die Formation als einen Verband abzutun, der vermutlich vom Minenlegen an der französischen Biskaya zurückkehrte.

Ein britisches U-Boot, das am Abend des 27. März auf der Höhe von St. Nazaire lag, lotste die Flottille durch Peilzeichen zur Loiremündung. Plangemäß bombardierte die RAF St. Nazaire um 23 Uhr. Doch dies war vermutlich ein Fehler, weil die Stadt dadurch geweckt und die militärische Verteidigung alarmiert wurde. Als die Armada am 28. März um 1.30 Uhr weiter die Loire-Mündung hinauffuhr, wurde sie von den Deutschen gesichtet und von ihren Scheinwerfern erfaßt. Ein heftiger, unkoordinierter Schußwechsel folgte. Die *Campbeltown* ging auf volle Kraft, rammte um 1.34 Uhr die Schleuse und klemmte sich in dem Trockendock fest, aber der Zeitzünder der Sprengladung versagte.

Gleich nach dem ersten Schußwechsel wurde Dönitz informiert. Die panikartige Meldung erweckte den Eindruck, daß eine Landetruppe der Alliierten von »zwanzig Kreuzern und Zerstörern« St. Nazaire überfalle und daß womöglich noch schwerere Kriegsschiffe vor der Mündung der Loire lägen. Die Flut der folgenden, ebenfalls übertriebenen Meldungen ließ vermuten, daß die Alliierten eine größere Invasion versuchen würden. Deshalb befahl Dönitz 41 Minuten nach dem ersten Alarm allen U-Booten, die sich östlich des 29. Längengrades befanden, mit höchster Kraft St. Nazaire anzulaufen, weil eine Landung der Engländer im Gange sei. Fünf Boote auf dem Weg nach Amerika machten kehrt; die vier Boote der Gruppe York auf der Heimreise nach Frankreich gingen auf volle Fahrt.

Zwei U-Boot-Flotillen waren in St. Nazaire stationiert: die siebte unter dem Kommando von Herbert Sohler und die zehnte unter Günter Kuhnke. Als ranghöchster Offizier stellte Sohler Funkkontakt zu Dönitz her und berichtete, daß aus sämtlichen Diensträumen des Hauptquartiers und den U-Booten alle »Geheimpapiere« ausgeräumt worden seien und daß alle Mannschaftsmitglieder im Erholungslager in La Baule evakuiert und ins Inland in die Stadt La Roche Bernard verlegt worden seien. In Übereinstimmung mit den von Dönitz am 14. März ausgegebenen Befehlen waren auf den U-Booten außerdem Sprengladungen angebracht worden, um zu verhindern, daß ein Boot in Feindeshand geriet.

Nach mehreren Stunden wirrer und heftiger Kämpfe gewannen in St. Nazaire allmählich die deutschen Kräfte die Oberhand. Sie versenkten oder beschädigten 14 der 18 kleineren britischen Schiffe, und am Ende kehrten nur vier Motorboote wieder nach England zurück. Die Deutschen töteten fast die Hälfte der Seeleute der Royal Navy (171 von 353) oder nahmen sie gefangen, und auch 263 der 268 Mitglieder des Kommandotrupps fielen. (Von den Gefangenen überlebten 85 Matrosen und 59 Soldaten des Kommandotrupps den Krieg.) Doch die Angreifer erreichten ihr Ziel: Der

Sprengstoff an Bord der *Campbeltown* explodierte schließlich doch um die Mittagszeit, etwa acht Stunden später als geplant, zerstörte das Schleusentor und tötete einige Deutsche, die versucht hatten, die Sprengladung zu entschärfen. Einige Schaulustige kamen ebenfalls ums Leben. Die Verluste der Deutschen beliefen sich auf insgesamt 67 Tote, 62 schwer und 74 leicht Verwundete.

Der Überfall hatte weitreichende Folgen. Am Nachmittag des 28. März wies Hitler Dönitz an, das U-Boot-Hauptquartier und die Mannschaften der U-Boote in einen »gesicherten Bereich« zu verlegen. Am 30. März um 10.00 Uhr eröffnete Dönitz sein neues Hauptquartier in einem Gebäude an der Avenue Maréchal Manoury in Paris, das per Fernschreiber mit den Funkstationen in Kernével verbunden war. Als Antwort auf Hitlers Forderung nach einer Untersuchung warfen die in Berlin stationierten Generale des Heeres Alfred Jodl und Wilhelm Keitel der Kriegsmarine Versagen vor. Raeder faßte diese Kritik als persönliche Beleidigung auf und nahm bei Hitler nicht nur die Kriegsmarine in Schutz, sondern verlangte auch eine förmliche Entschuldigung von Hitlers Lakai Keitel, was die bereits bestehende Kluft zwischen Raeder und Hitlers engerem Kreis weiter vergrößerte.

Hitlers Zweifel und Versprechen

Die U-Boote in amerikanischen Gewässern fügten der Schiffahrt der Alliierten Schäden in Rekordhöhe zu, störten alle Pläne der Alliierten und hoben zudem die deutsche Moral zu einem günstigen Zeitpunkt. Doch ab April 1942 begannen einige hochrangige Strategen in Berlin, denen Hitler vertraute, den U-Boot-Krieg sehr negativ zu bewerten. Das mit höchster Priorität angetriebene, erweiterte Bauprogramm für U-Boote verschlang hochwertigen Stahl und knappes Kupfer, die von der Wehrmacht und der Luftwaffe dringend für den Krieg gegen die Sowjetunion benötigt wurden. Überdies hatten die Amerikaner die neuen – und beeindruckenden – Ziele ihres Bauprogramms für Handelsschiffe für die Jahre 1942/43 verkündet. Trotz der steigenden Versenkungen durch die U-Boote betrachteten die deutschen Strategen die Lage im Seekrieg deshalb langfristig als »hoffnungslos«. Deutschland konnte keinesfalls genug U-Boote bauen, um dem angekündigten Schiffbauprogramm der Alliierten wirksam entgegenzutreten.

Es gab ein noch zwingenderes Argument: Ungeachtet der hohen Zahl an Versenkungen in amerikanischen Gewässern gelangten über die Schiffsrouten im Nord- und Südatlantik, im Nordmeer und im Indischen Meer noch immer riesige Mengen Rüstungsmaterial zu den Britischen Inseln, zur britischen 8. Armee in Afrika und in die Sowjetunion. Nach Ansicht der Kritiker war es für rasche Erfolge in der Sowjetunion und im Mittelmeerraum viel wichtiger, Handelsschiffe in den oben genannten Meeren zu versenken, als vor der amerikanischen Küste, wo die Schiffe auch Bananen, Zukker oder Melasse und andere Güter ohne militärische Bedeutung geladen hatten. Auch wurden von diesen Schiffen Rohstoffe wie Bauxit transportiert, deren Verwertung bei einer raschen Beendigung des Kriegs nicht mehr rüstungsrelevant werden würde. Die Kritiker drängten folglich darauf, daß die U-Boot-Angriffe auf diejenigen Geleitzüge der Alliierten beschränkt würden, die unmittelbar die Kampftruppen von Deutschlands Feinden unterstützten.

Deshalb waren Raeder und Dönitz gezwungen, just als die erfolgreichsten U-Boot-Operationen des ganzen Krieges ihren Höhepunkt erreichten, gegenüber Hitler nicht nur die Fortsetzung des umfassenden U-Boot-Bauprogramms zu rechtfertigen, sondern auch ihre Entscheidung zu verteidigen, daß sie die Angriffe auf Geleitzüge in Kriegsgebieten ausgesetzt hatten, um die Küstenschiffahrt in amerikanischen Gewässern anzugreifen. Admiral Raeder legte in vier Besprechungen mit Hitler in der Wolfsschanze – am 16. April, am 13. und 14. Mai und am 15. Juni – triftige Gründe für die U-Boot-Strategie der Kriegsmarine vor. Dönitz war bei dem Treffen am 14. Mai zugegen und legte seine Ansichten dar. Hier seine wichtigsten Argumente:

- Dönitz hielt den Wettlauf zwischen dem feindlichen Schiffbauprogramm und den Versenkungen der U-Boote »in keiner Weise für hoffnungslos«. Das angekündigte Ziel der Alliierten, im Jahr 1942 neue Schiffe mit insgesamt 8,2 Millionen BRT zu bauen, war, wie er vermutete, bloße Propaganda. Die Experten im OKM hatten errechnet, daß die Alliierten 1942 nicht mehr als 5 Millionen BRT Schiffsraum bauen konnten. Folglich mußten die Kräfte der Achsenmächte (U-Boote, Überwasserschiffe, Flugzeuge, etc.) monatlich nur 400 000 bis 500 000 BRT versenken, um mit dem Neubau Schritt zu halten, und »alles was darüber« lag, bedeutete eine »Abnahme der Feindtonnage«. Alle Kräfte der Achse zusammen versenkten zum damaligen Zeitpunkt monatlich nahezu 700 000 BRT.*
- Die Handelsflotten der Vereinigten Staaten und Großbritanniens waren als Einheit zu betrachten, weil diese Staaten die gesamte Handelsschiffahrt zusammengelegt hatten. Es war somit unerheblich, *wo* ein Schiff versenkt wurde. Deshalb war es angebracht, die Schiffe dort zu versenken, wo die höchste Erfolgsquote mit den geringsten U-Boot-Verlusten zu erzielen war. Deutschland sollte sich nicht auf »ein bestimmtes Seegebiet« beschränken, wenn dies bedeutete, daß weniger Schiffe versenkt wurden, außer in besonderen Fällen, wenn die U-Boote, wie etwa im Nordmeer und im Mittelmeer, gebraucht wurden, um den Druck auf die Wehrmacht abzuschwächen. Jede irgendwo versenkte Tonne Schiffsraum der Alliierten schwächte die Fähigkeit des Feindes, eine zweite Front zu eröffnen.
- Deshalb waren die U-Boot-Operationen in amerikanischen Gewässern völlig gerechtfertigt. In den vier Monaten vom 10. Januar bis zum 10. Mai hatten die U-Boote 303 Schiffe mit über 2 Millionen BRT versenkt, darunter 112 Tanker mit 927 000 BRT. Die Amerikaner hatten mit dem Bau einer Pipeline von Texas an die Ostküste (der sogenannten »Big Inch«) begonnen, doch die Fertigstellung würde mindestens noch ein Jahr auf sich warten lassen, und in dieser Zeit blieb die amerikanische Industrie von den Tankern an der Küste abhängig. Jede Versenkung eines Tankers schadete mittelbar auch der amerikanischen Industrieproduktion. Die U-Bootwaffe packte das Übel an der Wurzel.

---

* Dies bedeutete, daß die Kräfte der Achse nicht nur mit den Neubauten Schritt hielten, sondern die bestehende alliierte Tonnage monatlich um 200 000 bis 300 000 BRT reduzierten. Die Schätzung der Versenkungen war sehr genau. Nach den Zahlen der Admiralität betrug die Gesamtzahl der im April 1942 verlorenen Handelsschiffe der Alliierten 132 Schiffe mit 674 457 BRT. Auf das Konto der U-Boote der Achsenmächte (Deutschland, Italien und Japan) gingen davon 74 Schiffe mit 431 664 BRT.

• Falls die Erfolge in amerikanischen Gewässern zurückgingen, wollte Dönitz die Angriffe auf die Geleitzüge im Nordatlantik und anderen Gewässern wiederaufnehmen. Das für Juni und Juli erwartete Eintreffen einer großen Zahl von Booten, das sich durch das Eis in der Ostsee und den Mangel an Arbeitskräften in den Werften für die Endmontage verzögert hatte, würde es erleichtern, Geleitzüge aufzuspüren und wirksam anzugreifen. Auch waren die vielen Feindfahrten nach Amerika mit zahlreichen neuen Booten für den Ausbildungsstand der Besatzungen nützlich gewesen. Sie hatten eine neue Generation tüchtiger Kommandanten – wie Albrecht Achilles, Otto von Bülow und Peter Cremer – hervorgebracht, die nun die Angriffe auf die Geleitzüge anführen konnten.

Abschließend versicherte Dönitz, daß die Aussichten des U-Boot-Krieges »günstig« seien. »Die U-Bootwaffe glaubt an ihr Material und glaubt, daß sie kämpfen kann.« Am wichtigsten sei es nunmehr, die verspäteten U-Boote rasch aus der Ostsee in den Atlantik zu verlegen und »grundsätzlich möglichst viele U-Boote auf See und im Einsatz zu haben«.

Damals trug sich Hitler seit einigen Monaten mit dem ungeheuerlichen Gedanken, zur Schädigung der feindlichen Schiffahrt die Überlebenden von versenkten Handelsschiffen in ihren Rettungsbooten erschießen zu lassen. Der Gedanke taucht in deutschen Dokumenten erstmals in der Mitschrift einer Besprechung Hitlers mit dem japanischen Botschafter Oshima Hiroshi am 3. Januar 1942 auf: »Wir kämpfen um unsere Existenz«, sagte Hitler laut Protokoll, »und können deshalb keine humanitären Gesichtspunkte walten lassen.« Wenn die Männer der U-Boote »Rettungsboote der Alliierten zusammenschössen«, erläuterte Hitler, und sich das herumspräche, dann »würden die Amerikaner schon bald Schwierigkeiten haben, neue Leute anzuwerben«.

Das nächste Mal wurde der mörderische Gedanke am 4. Februar 1942 offiziell im Tagebuch des OKM erwähnt, als die Themen einer Besprechung zwischen Admiral Raeder und Hitler erörtert wurden. Der Protokollführer gab den Meinungsaustausch feinsinnig wieder: Hitler, schrieb er, »hat weiter die Frage angeschnitten, den Zufuhrkrieg durch Fallenlassen jeder Rücksichtnahme auf die Besatzungen feindlicher Dampfer zu verschärfen«. Wie der der Schreiber festhielt, erhob Admiral Raeder gegen diesen Gedanken heftigen Einspruch, »aus naheliegenden Gründen«, zu denen auch die »Rückwirkung auf eigene Besatzungen« zählte. Die U-Boot-Besatzungen würden einen derartigen Befehl schon aus humanitären Gründen, aber auch aus Furcht vor Vergeltungsmaßnahmen der Alliierten nur widerwillig ausführen, die bald ebenfalls Überlebende versenkter U-Boote ermorden würden.

In einer eidlichen Aussage in den Akten von Dönitz Verteidigern bei den Nürnberger Prozessen erinnerte sich Admiral Raeder, daß Hitler diesen Gedanken bei der Besprechung vom 14. Mai aussprach. »Im Laufe des Vortrags fragte Hitler Dönitz«, sagte Raeder aus, »ob man gegen die Besatzungen torpedierter Handelsschiffe vorgehen könne, um ihre Rückkehr in die Heimat [zur Bemannung anderer Schiffe] zu verhindern. Admiral Dönitz lehnte jedes Vorgehen gegen die Überlebenden der Schiffsbesatzung entschieden ab.« Raeder fügte hinzu, er selbst habe Hitler ebenfalls erklärt, eine solche Maßnahme gegen die Überlebenden »komme überhaupt nicht in Frage«.

Dönitz hatte auf der Besprechung gesagt, das von Hitler angesprochene Ziel lasse sich nur verwirklichen, wenn die Torpedokonstrukteure eine zuverlässige Magnetpi-

National Archives, 80G49102

Admiral Ernest Joseph King, ab 20. Dezember 1941 Commander in Chief der US Fleet (CominCh) und ab 26. März 1942 Chief of Naval Operations (CNO). Diese Posten hatte er während des gesamten Krieges inne, am 15. Dezember 1945 trat er in den Ruhestand.

National Archives, 80G11609

Admiral Adolphus Andrews, Commander in Chief Eastern Sea Frontier, war ein tüchtiger Marineoffizier, doch im Jahr 1942 fehlten ihm die Mittel zur Abwehr des U-Boot-Überfalls auf Amerika.

National Archives, 80G259871

Präsident Franklin Delano Roosevelt. Als ehemaliger Assistant Secretary of the Navy forderte er im Zweiten Weltkrieg eine furchteinflößende »Flotte der zwei Meere« und erhielt sie auch. Er bereitete aber die US Navy schlecht auf die U-Boot-Gefahr im Atlantik vor.

National Archives, 80G283770

Admiral Royal Eason Ingersoll löste im Dezember 1941 Admiral King als Commander in Chief Atlantic Fleet ab.

National Defence Headquarters, Ottawa, R423

Admiral Percy W. Nelles, von 1934 bis 1943 Chief of the Royal Canadian Naval Staff.

National Archives, 242HB51609

Reinhard Hardegen, Kommandant des IXB-Bootes *U123.* Im Januar 1942 eröffnete er die Operation Paukenschlag, den Angriff auf die Schiffahrt an der amerikanischen Ostküste.

National Archives, 242GAP102T3

Erich Topp, Kommandant von *U552,* eröffnete die Operation Paukenschlag in kanadischen Gewässern. Er versenkte 34 Schiffe mit 185 434 Tonnen und belegte damit unter allen Kommandanten den vierten Platz.

Bundesarchiv/US Naval Institute

Peter-Erich Cremer, ein weiterer »Paukenschläger«, befehligte *U333* auf zwei Feindfahrten an der amerikanischen Ostküste.

National Archives, 357G2194587

Die überwältigende Mehrzahl aller Geleitzüge im Nordatlantik kam unbehelligt von den U-Booten durch. Hier formiert sich ein Geleitzug in einem Hafen an der Ostküste.

National Archives, 80G450625

In begrenzter Entfernung von der Küste waren auch amerikanische Blimps an der Luftsicherung von Geleitzügen beteiligt.

National Archives, 80G14047

Dieser brennende amerikanische Tanker (SS *Robert C. Tuttle)* lief vor Norfolk, Virginia, auf eine Mine, die das Typ-VII-Boot *U701* gelegt hatte. Die *Tuttle* wurde geborgen, *U701* wurde von amerikanischen Streitkräften versenkt.

US Coast Guard, 1407

Ein Geleitzug trifft unversehrt an seinem Bestimmungsort ein.

National Archives, 80G1034903

Die USS *Toucey,* ein am 9. Dezember 1919 in Dienst gestellter Glattdeck-Zerstörer. Im Herbst 1940 »lieh« Präsident Roosevelt den Briten und den Kanadiern 50 solche Fahrzeuge als Ausgleich für Nutzungsrechte von Stützpunkten in der westlichen Hemisphäre. Die amerikanischen Glattdeck-Zerstörer dienten als Sicherungsschiffe für Truppen- und Frachtkonvois.

US Coast Guard

Die *Duane* war eines der sechs großen amerikanischen Coast-Guard-Schiffe der Treasury-Klasse, die als Geleitschiffe im Nordatlantik dienten. Hier durchpflügt sie die charakteristische schwere See.

National Defence Headquarters, Ottawa, GM 1108

Eine Korvette, das Arbeitspferd des Geleitschutzes im Nordatlantik. Hier ist die *Kitchener* der Royal Canadian Navy zu sehen. Britische und kanadische Werften bauten Hunderte von Korvetten. Sie waren billig produziert, der Innenraum war immer erbärmlich feucht, und die Besatzungen litten unter diesen Lebensbedingungen. Dennoch spielten sie eine entscheidende Rolle in der Schlacht im Atlantik.

National Archives, 80G25092

Ein von den Briten gebauter Swordfish-Torpedo-Bomber für Flugzeugträger. Ausgerüstet mit Radar und Wasserbomben, leisteten diese alten Flugzeuge in den ersten Kriegsjahren gute Dienste bei der U-Boot-Bekämpfung.

National Defence Headquarters, Ottawa, PL 102453

Das Langstreckenflugboot Catalina. Amerikanische und kanadische Fabriken bauten im Krieg 3290 Catalina-Patrouillenflugboote. Hier die in Kanada produzierte, Canso genannte Version. Die ursprünglich als reine Flugboote gedachten Maschinen wurden später mit Rädern versehen und damit als Amphibienflugzeuge eingesetzt.

National Archives, 80G216686

Die in Amerika entwickelte Lockheed Hudson, die in Amerika und in Großbritannien gebaut wurde. Hier ist die neuere, etwas größere Version der US Navy zu sehen, die Ventura.

National Defence Headquarters, Ottawa, TL 33248

Das von den Briten entwickelte und gebaute Flugboot Sunderland wurde vom Coastal Command der RAF zur U-Boot-Bekämpfung eingesetzt. Die Briten bauten während des Krieges etwa 700 Sunderlands; einige wurden Geschwadern von anderen Staaten des Commonwealth zugeteilt.

[…] Headquarters, Ottawa, RE 685056

Der von Amerika entwickelte und gebaute Patrouillenbomber B-24 Liberator war zugleich eine sehr effektive Waffe gegen die U-Boote und ein schwerer strategischer Bomber.

National Archives, 80G68694

Amerikanische Flugzeuge greifen *U118* vom Typ XB (Minenleger und Tanker) an und versenken das Boot.

National Archives, 26G1517

Das Coast-Guard-Schiff *Spencer* der Treasury-Klasse greift das IXC-Boot *U175* mit einer Serie von Wasserbomben an.

National Archives, 26G1512

U175 wurde zum Auftauchen gezwungen. Doch ein Enterkommando der *Spencer* versuchte vergeblich, an Bord zu gelangen und Geheimmaterial zu bergen.

National Archives, 26G1514

Ein letzter Blick auf *U175*. Die *Spencer* lief anschließend heran und rettete die Überlebenden.

National Archives, 26G1567

Eine berühmte Aufnahme zeigt einen Überlebenden von *U175,* der um Hilfe ruft – ein Symbol für die Niederlage der deutschen U-Boot-Waffe.

US Coast Guard

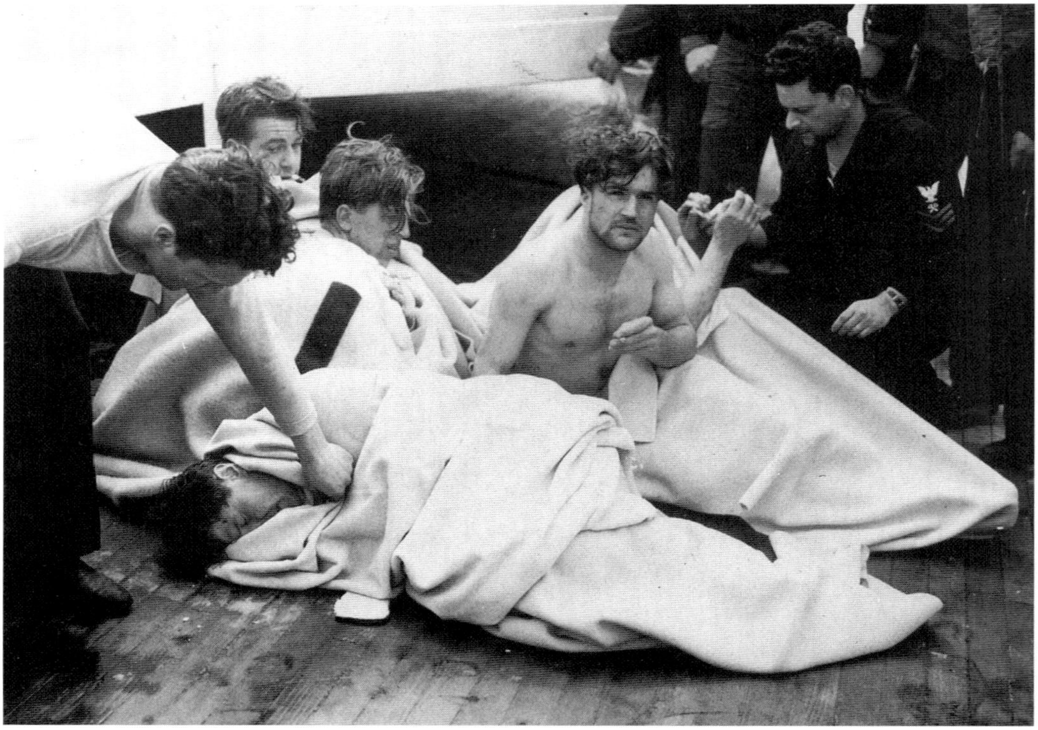

Niedergeschlagen kauern sich Überlebende von *U175* auf dem Deck der *Spencer* zusammen.

stole entwickelten, die die Torpedos unterhalb der anvisierten Schiffe detonieren lasse. Dies würde nicht nur Torpedos sparen und das Risiko für die U-Boote verringern, sondern würde – wie es im Protokoll heißt – »auch den großen Vorteil mit sich bringen, daß sich infolge sehr schnellen Sinkens des torpedierten Schiffes die Besatzung nicht mehr wird retten können. Dieser größere Verlust an Schiffsbesatzungen wird zweifelsohne die Besetzung des großen amerikanischen Bauprogramms mit Mannschaften erschweren.«

»Hitler gab sich mit dieser Stellungnahme zufrieden«, sagte Raeder unter Eid aus, »und ist auch in der Folge nicht mehr an mich mit einer derartigen Forderung herangetreten.« Nach Dönitz' Aussage in Nürnberg wurde ein solcher Befehl nicht ausgegeben. »Die Bekämpfung dieser Menschen [Schiffbrüchiger] ist eine Frage der soldatischen Ethik, und sie ist unter allen Umständen abzulehnen«, sagte Dönitz.

Im Gefolge der Besprechung kam jedoch ein anderer Gedanke auf, wie die Bemannung neuer Handelsschiffe erschwert werden konnte. Berlin ordnete an, daß die U-Boote nach dem Versenken eines Schiffes unter allen Umständen versuchen sollten, den Kapitän und den Leitenden Ingenieur gefangenzunehmen und als Kriegsgefangene nach Deutschland zu bringen. Dönitz leitete diesen Befehl am 5. Juni an alle U-Boote weiter, fügte aber hinzu, daß von einer Gefangennahme abzusehen sei, wenn sie nach Einschätzung des U-Boot-Kommandanten das Boot gefährden oder seine Kampfkraft beeinträchtigen würde.

Wie aus dem Protokoll der Besprechung vom 14. Mai hervorgeht, war Hitler offensichtlich überzeugt, daß Dönitz' Strategie der U-Boot-Kriegführung richtig war. Der Sieg hänge davon ab, möglichst viel Tonnage der Alliierten zu vernichten, rief er aus. Auf diese Weise könnten, alle Offensivoperationen des Feindes gebremst oder vollkommen zum Stillstand gebracht werden. Der U-Boot-Krieg werde am Ende über den Ausgang des Krieges entscheiden. Hitler billigte Raeders Vorschlag, den U-Boot-Bau von damals 17 Booten im Monat bis zum Äußersten zu steigern. Der Mangel an Kupfer und Arbeitskräften sollte durch den Kauf von Kupfer auf dem Schwarzmarkt in Frankreich und Belgien* und durch die Freistellung von Schiffbauern vom Dienst in der Wehrmacht ausgeglichen werden.

Dönitz verließ das Treffen in dem Glauben, er habe einen überwältigenden Sieg errungen und die U-Boot-Männer hätten endlich Hitlers uneingeschränkte Unterstützung, ja er glaubte sogar, die Boote nun einsetzen zu können, wie er es für richtig hielt. Tatsächlich hatte Dönitz jedoch nur einen Teilsieg errungen. Da Hitler es als Demütigung empfand, daß die *Tirpitz* nicht eingesetzt werden konnte, ordnete er an, daß die Arbeit an dem Flugzeugträger *Graf Zeppelin* mit höchster Priorität fortgesetzt werden sollte, und überdies der Lloyd-Passagier-Dampfer *Gneisenau,* der (im Bau befindliche) schwere Kreuzer *Seydlitz* und die großen Ozeandampfer *Europa, Scharn-*

* Eine Woche zuvor, am 7. Mai, hatte Hitler seinen Freund und ehemaligen Architekten Albert Speer zum Minister für Rüstung und Kriegsproduktion ernannt, nachdem Fritz Todt bei einem Flugzeugabsturz ums Leben gekommen war. Speer war bei der Besprechung vom 14. Mai zugegen und stimmte ebenfalls begeistert einer Steigerung der U-Boot-Produktion zu. Er schlug vor, das benötigte Kupfer durch Ausschlachten von elektrischen Mittel- und Niederspannungsleitungen in ganz Europa zu gewinnen. Als weitere Maßnahme raubten die Deutschen Kirchenglocken in ganz Europa.

horst und *Potsdam* zu Flugzeugträgern umgebaut würden. Diese Projekte zogen hochwertigen Stahl, Kupfer und Werftarbeiter vom U-Boot-Bau ab. Ferner glaubte Hitler immer noch, daß die Alliierten jeden Moment in Norwegen landen könnten, und bestand deshalb darauf, daß immerhin 20 U-Boote in Norwegen blieben, um die erwartete Invasion abzuwehren und in Zusammenarbeit mit der Luftwaffe Murmansk-Geleitzüge anzugreifen. Inzwischen hatten jedoch bereits die Weißen Nächte des Polarsommers begonnen, und den U-Booten fehlte der Schutz der Dunkelheit für ihre Jagden und Angriffe und für das Aufladen der Batterien über Wasser, was ihre Wirkung praktisch auf Null reduzierte.

Strategische Erfolge in der Korallensee und um Midway

In den letzten Tagen des April und im Mai mußten sich Admiral King und seine höchsten Berater gleichzeitig mit zwei dringlichen Angelegenheiten befassen: den gewaltigen Entscheidungsschlachten mit den japanischen Seestreitkräften im Pazifik und dem nicht weniger wichtigen Krieg gegen die deutschen U-Boote im Atlantik.

Die erste und dringlichste Aufgabe im Pazifik war die Verhinderung eines Landungsunternehmens der Japaner in Port Moresby auf Neuguinea, das eine akute Bedrohung Australiens und der Verbindungslinie zwischen diesem Kontinent und den Vereinigten Staaten bedeutet hätte. Die zweitdringlichste Aufgabe war die Verhinderung einer Landungsoperation im Zentralpazifik; Seekriegsstrategen erwarteten eine Invasion auf den Midwayinseln oder der Insel Oahu von der Inselkette Hawaii und eventuell auch von Alaska oder Kalifornien.

In Übereinstimmung mit dem auf der Besprechung vom 25. bis zum 27. April in San Francisco von King und Nimitz entworfenen Plan zur Abwehr eines Landungsunternehmens in Port Moresby entsandte Nimitz die Flugzeugträger *Lexington* und *Yorktown* sowie Kräfte zu ihrer Unterstützung in die Korallensee. Am 7. Mai stellten die Schiffe der Alliierten einen größeren japanischen Flottenverband, der sich aus den Trägern *Shokaku* und *Zuikaku,* dem leichten Träger *Shoho* und Begleitschiffen zusammensetzte. Flugzeuge der amerikanischen Träger versenkten die *Shoho,* japanische Flugzeuge hingegen versenkten den modernen Zerstörer *Sims* und beschädigten den Flottentanker *Neosho.* Am 8. Mai beschädigten die amerikanischen Flieger den Träger *Shokaku* schwer, während die japanischen Piloten den Träger *Lexington* und die *Yorktown* schwer beschädigten. Die *Shokaku* konnte sich nach Japan retten; die *Lexington* aber war so stark beschädigt, daß sie von dem Zerstörer *Phelps* versenkt wurde, und ebenso der lecke Tanker *Neosho* (von dem Zerstörer *Henley*). Beide Seiten hatten zahlreiche Piloten und Flugzeuge verloren und auch sonst hohe Verluste erlitten.*

Vor der Schlacht in der Korallensee hatte bereits am 3. Mai eine kleine japanische Einheit die Insel Tulagi in den südlichen Salomonen besetzt, die die Alliierten kurz zuvor evakuiert hatten. Von dieser neuen Bedrohung für die Verbindung nach Australien alarmiert, griffen am 4. Mai Flugzeuge der *Yorktown* die japanischen Eindring-

* Alles in allem verloren die Japaner 77 Flugzeuge und 1074 Mann, die Amerikaner 66 Flugzeuge und 543 Mann.

linge an und versenkten einen Zerstörer, einen Minenleger und einen Truppentransporter. Die Amerikaner verkündeten einen großartigen Sieg, doch das entsprach nicht annähernd der Realität. Vielmehr erfuhren die Amerikaner bald aus entschlüsselten Funksprüchen, daß die Japaner auf der benachbarten, weit größeren Insel Guadalcanal der südlichen Salomoninseln das Ziel verfolgten, einen Luftwaffenstützpunkt zu errichten. Da dieser Stützpunkt eine ernste Bedrohung der Verbindungslinie zu Australien darstellen würde, mußte dieses Vorhaben unbedingt verhindert werden. Admiral King mußte sich mit einem neuen Problem im Südpazifik befassen.

Vor und nach der Schlacht in der Korallensee arbeiteten amerikanische Codeknakker fieberhaft daran, die Angriffsziele einer bevorstehenden größeren Landungsoperation der Japaner im Zentralpazifik genau zu bestimmen. Aus verschiedenen Entzifferungen schlossen nachrichtendienstliche Berater von Nimitz in Hawaii, das erste und wichtigste Ziel sei eine Invasion der Midwayinseln als Vorbereitung einer Invasion von Hawaii, bei gleichzeitiger Invasion der Alëuteninseln Kiska und Attu, um amerikanischen Luftangriffen auf die japanischen Heimatinseln vorzubeugen. Demgegenüber beharrten die Berater Admiral Kings in Washington darauf, daß das Angriffsziel der Japaner »im Süden« liege und vermutlich eine Invasion Neukaledoniens geplant sei, wo die Amerikaner ihre Truppen erst vor kurzem verstärkt hatten. Als weitere Informationen aus der Funkentzifferung vom 17. und 18. Mai ganz klar auf Midway und die Alëuten hindeuteten, folgte King den Erkenntnissen von Nimitz' Nachrichtendiensten und billigte den Beschluß, die angeschlagene *Yorktown* aus dem Südpazifik in den Zentralpazifik zu verlegen. Nach eiligen Reparaturen sollte sie zu den Flugzeugträgern *Hornet* und *Enterprise* und zu weiteren Schiffen stoßen, um die Japaner bei Midway abzuwehren.

Um den am 21. Mai in der Korallensee versenkten Träger *Lexington* zu ersetzen, befahl Admiral King dem Oberbefehlshaber der Atlantikflotte Ingersoll, den Fluzeugträger *Wasp* und eine Abteilung Zerstörer (nominell sechs Schiffe) so schnell wie möglich in den Pazifik zu entsenden. Die *Wasp* war damals der britischen Home Fleet unterstellt, hatte soeben eine zweite Ladung Flugzeuge nach Malta gebracht und war danach eine Woche lang in Norfolk neu ausgerüstet worden. Am 24. Mai informierte King die Briten, daß die *Wasp,* das neue Schlachtschiff *North Carolina,* der Geleitträger *Long Island* (der für den Transport von Flugzeugen vorgesehen war), ein Schwerer und ein Leichter Kreuzer sowie eine Abteilung Zerstörer in den Pazifik verlegt werden sollten. Keines dieser Kriegsschiffe traf jedoch rechtzeitig in Hawaii ein, um in die Schlacht bei Midway einzugreifen.*

Nimitz konnte mit seinen Trägern aufgrund weiterer Informationen seiner Funkentzifferungsdienste einen raffinierten Hinterhalt bei Midway legen. In einem bemerkenswerten Sieg versenkten am 4. Juni Flugzeuge dieser amerikanischen Träger vier Flottenträger aus den Angriffskräften der Kaiserlichen Marine *(Akagi, Kaga, Soryu, Hiryu)* und zwangen die Japaner zum Rückzug. An dem amerikanischen Hinterhalt war auch ein Dutzend U-Boote beteiligt; die *Tambor* verursachte eine Kollision der

* Die *Long Island* und der neue Zerstörer *Aaron Ward* erreichten den Pazifik Ende Mai. Die *Wasp,* die *North Carolina,* die Kreuzer *Quincy* und *San Juan* und die sechs modernen Zerstörer *Lang, Stack, Sterett, Wilson,* und die neugebauten *Buchanan* und *Farenholt* fuhren am 10. Juni durch den Panamakanal in den Pazifik.

beiden Kreuzer *Mikuma* und *Mogami*. Die *Mogami* erreichte mit Müh und Not ihren Heimathafen, doch die *Mikuma* wurde von amerikanischen Flugzeugen entdeckt und versenkt. Japanische Flieger beschädigten den Träger *Yorktown* schwer. Am 5. Juni torpedierte und versenkte *I168,* eines der 16 U-Boote des japanischen Kampfverbands, die *Yorktown* und den Zerstörer *Hammann,* der dem manövrierunfähigen Träger beistand. In einer Nebenoperation besetzten japanische Truppen die Alëuteninseln Kiska und Attu.

Admiral Kings von den Briten kritisierte Konzentration auf den Pazifik hatte in den sechs Monaten seit Pearl Harbor zwei strategische Erfolge mit immensen Auswirkungen gebracht. Der Verlust von vier Flugzeugträgern und einem leichten Träger, die Beschädigung des Flugzeugträgers *Shokaku* und der Verlust der Elite der japanischen Marineluftwaffe waren eine vernichtende Niederlage für die Kaiserliche Marine. Mit der Rückkehr des Trägers *Saratoga* nach Ausbesserungsarbeiten in den Staaten und der Überführung der *Wasp* aus dem Atlantik verfügte Nimitz über vier schnelle Trägerverbände und über genug Marineflugzeuge, um die verbliebenen Trägerverbände der Japaner in Schach zu halten. Folglich konnten sich die Japaner so umfassende Operationen wie die Invasion von Midway oder Hawaii nicht mehr leisten, die eine starke Streitmacht an seegestützten Flugzeugen voraussetzten. Und sie waren nicht in der Lage, Vorteile aus der Besetzung von Kiska und Attu zu ziehen.

Dennoch schwächten die Japaner ihren Druck im Pazifik nicht ab. Sie verstärkten ihre Kriegsanstrengungen in Neuguinea mit einem Landangriff auf Port Moresby und Angriffen auf die Salomoninseln – Gebiete, von denen aus landgestützte Flugzeuge den japanischen Truppen die erforderliche Luftsicherung bieten konnten. Einen Monat nach der Schlacht bei Midway, am 6. Juli, setzten die Japaner zwei Baubattaillone (2571 Soldaten) auf Guadalcanal an Land, die mit der Arbeit an einem Luftstützpunkt beginnen sollten. Weil die Japaner die Komplexität ihres Marineschlüssels JN-25 erneut erhöhten, konnte die amerikanische Funkentzifferung diese neuerliche Landung der Japaner nicht vorhersagen. Die ersten zuverlässigen Informationen stammten von australischen Küstenbeobachtern, die sich auf den Salomoninseln versteckt hielten.

Das plötzliche und unerwartete Auftauchen japanischer Pioniere auf Guadalcanal wirkte auf die Amerikaner wie ein Schock. Es zwang sie, ihren geplanten Angriff auf die Inseln Tulagi und Florida (Operation Watchtower) zu erweitern und Guadalcanal miteinzubeziehen. Zudem mußten sie den Beginn der Operation auf den frühestmöglichen Zeitpunkt vorverlegen. Unter dem Befehl von Admiral Robert L. Ghormley (der in London durch den ehemaligen Chief of Naval Operations, Admiral Stark, abgelöst worden war) setzten amerikanische und australische Seestreitkräfte am 7. August Einheiten der 1. Marine Division gleichzeitig auf Guadalcanal und Tulagi an Land. Die Japaner wurden zwar überrascht, aber sie reagierten rasch und wirkungsvoll. Sie führten mit starken Luft- und Seestreitkräften einen Gegenangriff durch und setzten einen steten Strom von Fußsoldaten in Marsch, um die amerikanischen Marineinfanteristen von Guadalcanal zu vertreiben.

Weder Washington noch Tokio hatte die Absicht gehabt, auf den Salomonen eine Entscheidungsschlacht zu führen. Doch der Kampf um Guadalcanal wuchs sich zu einer solchen Schlacht aus und bestimmte für den Rest des Jahres 1942 alle Operationen der Alliierten und der Achsenmächte im Pazifik. Der verzweifelte Kampf in der Luft, auf See und in den Urwäldern sollte mit gräßlichen Verlusten auf beiden Seiten und, letzten Endes, einem weiteren legendären Sieg der Amerikaner im Pazifik enden.

Vorstöße in die Golfregionen

Im Frühjahr 1942 wurden die riesigen U-Boot-Bunker in den Stützpunkten an der französischen Atlantikküste fertiggestellt, und der Wirkungsgrad der U-Boote erreichte seinen Höchststand. Wegen des Abzugs von U-Booten ins Mittelmeer und in die Arktis und wegen Verzögerungen beim Bau neuer Boote, die für den Atlantik bestimmt waren, gab es Liegeplätze und Werftpersonal in Hülle und Fülle, und alle überholungsbedürftigen Boote wurden prompt repariert. Daher wurde die Liegezeit vieler Boote auf dem Stützpunkt stark vermindert. Deshalb und weil sechs neue Boote aus Deutschland (drei vom Typ IX und drei vom Typ VII) zur Atlantikflotte stießen, konnte Dönitz im April die bislang größte U-Boot-Streitmacht in amerikanische Gewässer entsenden: 31 Boote, 14 vom Typ IX und 17 vom Typ VII.

Diese 31 U-Boote sollten von zwei U-Tankern mit Nachschub versorgt werden: von *U459* unter Wilamowitz-Möllendorf, das im März ausgelaufen war und immer noch mitten im Atlantik auf Position lag, und von dem neuen Minenleger vom Typ XB* *U116* unter dem Kommando des 36jährigen Werner von Schmidt, der wegen des Versagens der Ankertau-SMA-Mine vorübergehend Dönitz überlassen worden war. Auf dem Weg ins Operationsgebiet wurde *U116* jedoch von einer Hudson des Coastal Command in der Nähe der Rockallbank mit einer Wasserbombe beschädigt und war gezwungen, nach Lorient zurückzukehren. Dieses Mißgeschick verzögerte den Einsatz von *U116* um 22 Tage und vereitelte die geplanten Nachschuboperationen für die im April ausgelaufenen Boote.

Der Schaden an *U116* war unmittelbar auf die verstärkte Luftaufklärung des Coastal Command in der Biskaya zurückzuführen. Die mit Radar ausgerüsteten Flugzeuge spürten auch zwei neue Boote auf, die im April in Deutschland ausgelaufen waren, und beschädigten sie: *U172* vom Typ IX und *U590* vom Typ VII. *U590* wurde von einer Whitley aus Squadron 502 getroffen, die von Edward Cotton geflogen wurde. Beide U-Boote mußten zur Reparatur nach Frankreich zurückkehren und ihre Feindfahrt auf Mai verschieben; die Zahl der im April ausgelaufenen Boote, die amerikanische Gewässer erreichten, verringerte sich damit auf 29.

Darunter waren 16 Typ-VII-Boote. Neun hatten bereits zuvor eine Fahrt in amerikanische Gewässer gemacht, und drei Boote wurden von Ritterkreuzträgern befehligt: *U558* von Günther Krech, *U564* von Reinhard Suhren und *U751* von Gerhard Bigalk. Zwölf dieser 16 Boote sollten bei *U459* nachtanken, solange sich der U-Tan-

* Der Minenleger vom Typ XB war das größte U-Boot, das in Deutschland während des Krieges fertiggestellt wurde. Er war 89,8 Meter lang und verdrängte etwa 1700 Tonnen. Er konnte 66 SMA-Minen und die zugehörige Ausrüstung zur Verankerung transportieren: 18 in 6 Schächten im Bugraum und 48 in Oberdeckbehältern. Zur Verankerung war das Boot mit zwei Hecktorpedorohren ausgerüstet und führte im Bootsinneren fünf Torpedos zum Nachladen mit. Als Versorgungsboot konnte der Typ XB auf dem Oberdeck mit acht Torpedobehältern versehen werden.

ker noch auf der Jungfernfahrt befand oder nachdem er Anfang Juni seine eilig arrangierte zweite Fahrt angetreten hatte.

Dönitz nahm ganz richtig an, daß die ruhigen Zeiten in den Gewässern vor der amerikanischen Ostküste zu Ende gingen. Die Boote vom April würden mit großer Wahrscheinlichkeit auf verstärkte – möglicherweise tödliche – ASW-Maßnahmen, insbesondere von Luftstreitkräften, stoßen. Vermutlich hatten die Amerikaner auch einen Geleitdienst an der Küste eingeführt. Dann würde den U-Booten die Jagd sehr schwerfallen, und Angriffe auf küstennahe Geleitzüge in den seichten Gewässern des Kontinentalschelfs wären sowohl bei Tag als auch bei Nacht zu riskant. Es standen aber nicht genügend Boote des Typs VII in dem Raum, um bei Nacht effektive Rudelangriffe gegen Geleitzüge in einiger Entfernung von der Küste durchzuführen, falls diese überhaupt aufgespürt werden sollten. Wenn sich die Bedingungen in den Küstengewässern als so ungünstig erweisen würden, wollte Dönitz einige U-Boote vom Typ VII auf See auftanken und in den weniger gut verteidigten Golf von Mexiko und in die Karibik entsenden.

U564 unter Reinhard Suhren, einem Träger des Ritterkreuzes mit Eichenlaub, erreichte als erstes Typ-VII-Boot dieser Welle amerikanische Gewässer. Nach dem Nachtanken bei *U459* traf er Anfang Mai in den Gewässern vor Florida ein, wo sich seine Fahrt für kurze Zeit mit der von Peter Cremers *U333* überlappte. Suhren kreuzte in den seichten Gewässern an der Küste von Kap Canaveral bis Fort Lauderdale, griff in nur einer Woche, vom 3. bis zum 9. Mai, fünf Schiffe (darunter zwei große Tanker) mit 30000 BRT an und meldete sie als versenkt. Zwei dieser Schiffe, der britische 9800-Tonnen-Tanker *Eclipse* und der amerikanische 3500-Tonnen-Frachter *Delisle*, überstanden jedoch die Torpedotreffer und wurden in Häfen geschleppt und repariert. Damit verringerte sich Suhrens bestätigte Jagdbeute in dieser Woche auf drei versenkte Schiffe mit 20400 BRT, darunter den panamaischen Tanker *Lubrafol* mit 7000 BRT.

Suhren tastete sich weiter südwärts nach Miami und versenkte unterwegs am 14. Mai den neutralen mexikanischen 4000-Tonnen-Tanker *Potrero del Llano,* der nach den einst reichen Ölfeldern Mexikos in der Nähe von Tampico benannt war. Suhren behauptete, das Schiff sei ein legitimes Ziel gewesen, weil es abgeblendet gefahren und ein bewaffnetes Sicherungsschiff in seiner Nähe gewesen sei. Die Mexikaner behaupteten jedoch, die an die Bordwand des Schiffes gemalten mexikanischen Flaggen seien mit Scheinwerfern hell angestrahlt worden. Die mexikanische Regierung nahm den Vorfall zum Anlaß, Deutschland mit Wirkung vom 22. Mai den Krieg zu erklären. Daraufhin instruierte Dönitz die Atlantikflotte, daß alle mexikanischen Schiffe zur Jagd freigegeben seien und die U-Boote mit ASW-Maßnahmen in mexikanischen Gewässern rechnen müßten.

Am 14. Mai führte die US Navy an der Küste zwischen Key West und Norfolk ein Geleitzugsystem ein, das die behelfsmäßige (aber wirkungsvolle) Bucket Brigade ablöste. Geplant war, alle drei Tage in jede Richtung einen ohne Zwischenstopp durchfahrenden Geleitzug aus 45 Schiffen aufzustellen, der von mindestens fünf Kriegsschiffen und von landgestützten Flugzeugen eskortiert wurde. Der erste Konvoi, KS 500 (Key West, Southbound), lief am 14. Mai in Norfolk aus. Sein Gegenstück, KN 100 (Key West, Northbound), lief am 15. Mai aus. Der Zeitplan war so gelegt, daß alle Schiffe Kap Hatteras bei Tageslicht und mit der größtmöglichen Luftsicherung passierten. Obwohl der Nutzen von Teilverdunkelungen und völligen Verdunkelungen noch immer umstritten war, erklärten sich einige Städte entlang der südlichen Küstenlinie nun dazu bereit.

Am 17. Mai kreuzte Suhren mit *U564* vor den Florida Keys. Er hatte bereits alle Torpedos verschossen. Da erspähte er einen Teil eines Geleitzugs, vermutlich KS 500, »14 Schiffe begleitet von vier Zerstörern«, die Key West umrundeten und nach Westen in den Golf von Mexiko fuhren. Er brach die Funkstille, um diese wichtige Meldung abzusetzen, dann ging er auf Heimatkurs und meldete eine Versenkungsbilanz von sechs versenkten Schiffen mit 34 000 BRT. Seine Schätzung war stark überhöht, doch er hatte mit der bestätigten Versenkung von vier Schiffen mit 24 400 BRT und der Beschädigung zweier weiterer Schiffe die erfolgreichste Feindfahrt der im April ausgelaufenen U-Boote vom Typ VII absolviert.

Auf dem letzten Stück seiner Feindfahrt in der Biskaya wurde er Zeuge einer neuen und furchteinflößenden Bedrohung. Nach 18 Monaten Forschungs- und Entwicklungsarbeit und bürokratisch bedingten Verzögerungen hatte das RAF Coastal Command am 1. Juni endlich das an Flugzeuge montierte »Leigh Light« in Dienst genommen, mit dem die U-Boote auf der letzten Anflugmeile angestrahlt wurden, wenn das 1,5-Meter-ASV-Radar blind war. Im Zuge der verstärkten Luftpatrouillen zur U-Boot-Abwehr in der Biskaya waren fünf zweimotorige Wellington-Maschinen der Squadron 172 des Coastal Command mit diesen Scheinwerfern ausgerüstet worden.

Als sich Suhren am Abend des 4. Juni der französischen Küste näherte, empfing Staffelführer Jeaff H. Greswell ein ASV-Signal und begann den ersten Angriff mit einem Leigh Light. Sein Ziel war das italienische U-Boot *Luigi Torelli* unter dem Kommando von Augusto Migliorini, das von Bordeaux aus zu den Westindischen Inseln fuhr. Greswell flog die *Torelli* mit Hilfe des Radars an und schaltete dann das Leigh Light ein. Wegen einer falschen Einstellung seines Höhenmessers konnte er aber kein Anzeichen eines U-Bootes entdecken. Migliorini hingegen hielt die Wellington fälschlich für ein deutsches Flugzeug und feuerte eine Leuchtkugel zur Erkennung ab, die sein Boot exakt markierte. In einem zweiten Anflug mit dem Leigh Light fixierte Greswell die *Torelli* direkt in dem ausgezeichneten Scheinwerferlicht und belegte sie aus einer Höhe von 15 Metern mit vier auf geringe Tiefe eingestellten Wasserbomben mit 130 Kilo Torpex. Die Explosionen richteten das Boot übel zu und zwangen Migliorini zum Abbruch der Fahrt.*

Suhren erreichte am folgenden Tag sicher Frankreich. Dort hatte der Angriff auf die *Torelli* den Stab von Kernével in einige Aufregung versetzt. Obwohl die technischen Ämter in Berlin und andernorts wiederholt das Gegenteil beteuert hatten, war es den Briten offenbar gelungen, ein Radargerät so zu verkleinern, daß es in Flugzeuge paßte. Dönitz verlangte, daß die Techniker unverzüglich einen »Radardetektor« oder ein FuMB (Abkürzung für Funkmeßbeobachtungsgerät) entwickelten. Dank der Forschungsarbeit des französischen Unternehmens Metox-Grandin vor dem Krieg, zu

---

* Nach Aviles in Spanien, wo das Boot auf Grund lief. Als es wieder freikam, warfen zwei Sunderland-Maschinen der RAF Squadron 10, geflogen von Thomas A. Egerton und E. St. Yeoman, fünfzehn Wasserbomben und hetzten es nach Santander in Spanien, wo es »interniert« wurde. Einen Monat später »entkam« es und schlich nach Bordeaux zurück.

der die Deutschen Zugang erhalten hatten, waren sie in der Lage, rasch einen Prototyp für einen Empfänger und eine primitive kleine, rombusförmige Antenne aus Draht und Holz zu entwickeln, die auf der Brücke des U-Boots montiert werden konnte, wenn es über Wasser fuhr. Erstaunlicherweise war dieses primitive FuMB (oder »Biskayakreuz«) in der Lage, 1,5-Meter-Radarstrahlen auf eine Entfernung von bis zu 34 Kilometern zu empfangen, und warnte vor ihnen mit einem »pfeifenden« oder »summenden« Geräusch. Dönitz gab Befehl, alle U-Boote der Atlantikflotte mit einem FuMB auszurüsten, doch der Befehl konnte erst Anfang September vollständig umgesetzt werden.

Die übrigen 15 Typ-VII-Boote aus der April-Gruppe liefen nacheinander in Richtung Amerika aus. Dönitz wollte so viele ASW-Einsatzkräfte der Alliierten wie möglich in kanadischen Gewässern binden und die Fahrten der Geleitzüge im Nordatlantik von und nach Halifax, Sydney und St. John's unterbrechen. In Anbetracht der Tatsache, daß nun das Wetter vor Newfoundland und Nova Scotia viel besser war, sollten vier Boote dort patrouillieren. Die übrigen elf wurden weiter nach Süden an die Ostküste der Vereinigten Staaten und zu den Bahamas, östlich von Florida, entsandt. Wenn das geplante Nachtanken mit *U459* erfolgreich durchgeführt werden konnte, sollten fünf Boote noch weiter vorstoßen und die ferne Karibik und den Golf von Mexiko erkunden.

Drei der vier Kommandanten, die in kanadischen Gewässern patrouillieren sollten, waren schon einmal nach Amerika gefahren: Heinz-Otto Schultze in *U432,* Karl Thurmann in *U553* und Viktor Vogel in *U588.* Das vierte Boot war der Minenleger *U213* vom Typ VIID, der von Amelung von Varendorff befehligt wurde. Varendorff hatte bislang eine Fahrt zur Verteidigung Norwegens gemacht. Nun mußte er, bevor er sein erstes Schiff angriff, einen ungeliebten Spezialauftrag ausführen und einen Agenten der Abwehr an der Küste von New Brunswick an Land setzen.*

Zwei der vier Kanada-Boote, Thurmanns *U553* und Vogels *U588,* wurden einige Tage lang von der vergeblichen Jagd auf den großen Truppenkonvoi AT 15/NA 8 aufgehalten. Nachdem sie von dieser Aufgabe entbunden waren, näherten sie sich mit Verspätung den kanadischen Küstengewässern. Am 6. Mai schoß Thurmann auf einen Frachter, der von einer »Korvette« begleitet wurde, doch der Torpedo versagte oder ging fehl, und das Sicherungsschiff vertrieb ihn mit Wasserbomben. Am folgenden Tag warf ein Flugzeug drei gutgezielte Fliegerbomben ab, die das Boot erheblich beschädigten. Auf der Suche nach einem »ruhigen« Platz für die Reparaturarbeiten tastete sich Thurmann langsam durch die Cabotstraße in den St.-Lorenz-Golf, ein großes, flaches, landumschlossenes Gewässer an der Mündung des St.-Lorenz-Stroms,** in das bislang noch keine U-Boote vorgedrungen waren.

Viktor Vogel in *U588* ging unmittelbar vor Halifax in Nova Scotia in Position. Am

* Vielleicht weil ein Minenleger eingesetzt wurde, haben einige Historiker fälschlich geschrieben, daß *U213* den Spezialauftrag hatte, Minen zu legen.

** Der St.-Lorenz-Strom ist etwa 1300 km lang. Mit Hilfe eines veralteten Systems von Schleusen und Kanälen konnten Schiffe mit geringem Tiefgang, die nicht länger als 81 Meter waren, seine gesamte Länge befahren. Während des Zweiten Weltkriegs konnten große seetüchtige Schiffe den Strom lediglich zur Hälfte, bis zu den Städten Quebec und Montreal, befahren.

9. Mai griff er den amerikanischen 7500-Tonnen-Frachter *Greylock* an und beschädigte ihn. Gestört durch Luft- und Überwasserpatrouillen zur U-Boot-Abwehr zog sich Vogel langsam nach Süden zum Kap Sable zurück. Nicht weit davon versenkte er am 10. Mai den britischen 4000-Tonnen-Frachter *Kitty's Brook*. Seine Angriffe legten für kurze Zeit die Geleitzüge Boston-Halifax-Boston lahm und schreckten auch alleinfahrende schnelle Schiffe ab.

Nach Abschluß der Reparaturarbeiten an *U553* beschloß Thurmann, auf eigene Faust den St.-Lorenz-Golf zu erkunden. Er schlich sich langsam nach Norden zur Insel Anticosti, die vor der Halbinsel Gaspé inmitten der breiten Mündung des St.-Lorenz-Stroms liegt. Als *U553* am Nachmittag des 10. Mai leichtsinnigerweise über Wasser fuhr, entdeckte eine amerikanische, in Gander stationierte B-17 das Boot und griff es mit fünf Bomben oder Wasserbomben aus einer Höhe von etwa 690 Meter an. Obwohl die Detonationen das Boot schwer beschädigten, stieß Thurmann weiter in Richtung Anticosti vor. Die amerikanischen Piloten ließen sich Zeit mit der Weitermeldung ihres Angriffs an andere ASW-Kräfte in der Gegend. Folglich wurde keine anschließende Jagd mit Luft- und Seestreitkräften eingeleitet, und die Gefahr, die *U553* für die Flußschiffahrt darstellte, wurde zunächst unterschätzt.

Bei seinem kühnen Vorstoß, der mit Priens Eindringen in Scapa Flow vergleichbar war, erreichte Thurmann in den ersten Stunden des 12. Mai die Mündung des St.-Lorenz-Stroms. In den ersten vier Stunden nach Tagesanbruch machte er fünf auslaufende, hochseetüchtige Frachter aus und beschoß vier davon mit Torpedos. Er meldete drei versenkte Schiffe und eine Beschädigung am vierten. Nach dem Krieg wurde die Versenkung von zwei Frachtern bestätigt, die der britischen *Nicoya* mit 5400 BRT und der holländischen *Leto* mit 4700 BRT.

Die Anwesenheit von *U553* im St.-Lorenz-Strom bewirkte helle Aufregung. Dönitz, der U-Boot-Stab, die kanadische Regierung und die ASW-Streitkräfte der Alliierten waren gleichermaßen wie vom Donner gerührt. Die Alliierten stellten zeitweilig die gesamte Schiffahrt in der Mündung und auf dem Strom ein, löschten die Leuchtfeuer für die Navigation und suchten das Gebiet mit ASW-Flugzeugen ab. Mit neun verbliebenen Torpedos hielt Thurmann sich eine Woche lang versteckt, entging den feindlichen Flugzeugen und Kriegsschiffen und wartete geduldig auf die Wiederaufnahme des Schiffsverkehrs. Am 21. Mai gab er schließlich auf und verließ den Golf durch die Cabotstraße. Dönitz beglückwünschte ihn, als er seinen Bericht erhielt. Die Propaganda in Berlin stellte Thurmann groß heraus und frohlockte über seine Ruhmestat, die den Anschein erweckte, daß U-Boote ungestraft im St.-Lorenz-Golf operieren konnten.

In der Zwischenzeit war das dritte Boot der in kanadische Gewässer entsandten Gruppe, Varendorffs Minenleger *U213* vom Typ VIID, eingetroffen, um den Abwehragenten an Land zu setzen. Der an Bord als Leutnant der Kriegsmarine »M. A. Langbein« geführte Agent trug gefälschte Papiere auf den Namen »Alfred Haskins« aus Toronto bei sich. Vermutlich lautete sein Auftrag, über die Fahrten der Geleitzüge von und nach Halifax zu berichten und andere militärische Informationen weiterzuleiten. Er war mit einem tragbaren Funkgerät ausgerüstet, und hatte Zivilkleidung und 7000 US-Dollar bei sich. Varendorff lief in die Fundybai ein und setzte den Agenten in den frühen Morgenstunden des 14. Mai mit dem Schlauchboot am Melvin's Beach in der

Nähe der Stadt St. Martins in New Brunswick, an Land.* Danach hielt er in der Fundybai vergeblich nach feindlichen Handelsschiffen Ausschau.

Das vierte und letzte Kanada-Boot, Schultzes *U432,* erreichte Mitte Mai das Gebiet um Nova Scotia. Schultze kreuzte südlich von Kap Sable, wo Vogel mit *U588* am 17. Mai den norwegischen 2100-Tonnen-Frachter *Skottland* versenkte und den britischen Frachter *Fort Binger* verfehlte, der mit einer freifranzösischen Crew bemannt war, die Vogel ihrerseits mit dem Geschütz angriff und vertrieb. Am selben Tag versenkte Schultze östlich von Kap Sable den 325 BRT großen Fischkutter *Foam* aus Boston mit dem Deckgeschütz. Varendorff verließ um diese Zeit mit seinem Minenleger die Fundybai bei Kap Sable, weil er keine Schiffe gesichtet hatte.

Der U-Boot-Stab war erstaunt darüber, daß keines der vier in kanadische Gewässer geschickten Boote einen größeren Geleitzug entdeckt hatte. In der Meinung, die Alliierten hätten die Routen weiter von der Küste wegverlegt, wies Kernével Vogel, Varendorff und Schultze an, ein Gebiet auszukundschaften, das etwa 370 Kilometer südöstlich von Kap Sable lag. Nach seiner Ausfahrt aus dem St.-Lorenz-Golf löste Thurmann mit *U553* die drei Boote im Gebiet vor Kap Sable ab und erkundete die Fundybai.

Vogel, Schultze und Varendorff entdeckten zwar keine Geleitzüge in ihrem neuen Operationsgebiet, trafen aber auf zahlreiche alleinfahrende Schiffe. Am 21. und 23. Mai versenkte Vogel in U588 den amerikanischen 3300-Tonnen-Frachter *Plow City* und den britischen 4500-Tonnen-Frachter *Margot* mit Geschütz und Torpedo.** Damit hatte er für vier bestätigte Versenkungen mit insgesamt 14 000 BRT alle Torpedos verbraucht und nahm Kurs auf Frankreich. Nicht weit davon versenkte Schultze in *U432* den alleinfahrenden britischen 4500-Tonnen-Frachter *Zurichmoor* und kehrte dann ins Gebiet um Kap Sable zurück, wo er Thurmann ablöste, dem allmählich der Treibstoff und die Lebensmittel ausgingen. Am 2. Juni versenkte Thurmann mit *U553* 440 Kilometer südlich von Kap Sable den britischen 7000-Tonnen-Frachter *Mattawin.* Obwohl ihm die Lebensmittel beinahe ausgegangen waren und er nur noch drei Torpedos und wenig Treibstoff hatte, zögerte er noch immer heimzufahren. Am 11. Juni wurde das Boot jedoch von einer Catalina gesichtet und mit zwei gutgezielten Wasserbomben angegriffen, die den Backborddieselmotor außer Gefecht setzten und Thurmann zur Rückfahrt zwangen. Varendorff jagte in *U213* am 26. Mai acht Stunden lang einen Frachter, um in eine günstige Schußposition zu gelangen, doch als er schließlich schoß, verfehlten alle drei Torpedos ihr Ziel.

Drei der vier im April nach Kanada entsandten Boote tankten nicht nach. Von Va-

* »Langbein-Haskins« war der erste deutsche Agent, der mit dem U-Boot nach Amerika gebracht wurde, doch er war ein Verräter. Er vergrub seine Uniform und das Funkgerät in der Nähe des Strandes und schlug sich nach Montreal durch. Einen Monat später, am 19. Juni 1942, ließ er sich in Ottawa nieder. Am 1. November 1944 stellte er sich selbst den kanadischen Behörden, die ihn für den Rest des Krieges in ein Internierungslager steckten. Beamte der kanadischen Spionageabwehr kamen zu dem Schluß, daß »Langbein-Haskins« niemals spioniert hatte. Er hatte sich mit dem Geld der Abwehr in Ottawa ein schönes Leben gemacht und alle Dollars verpraßt.

** Gary Gentile schreibt, Vogel habe den Überlebenden beider Schiffe Rum und Zigaretten angeboten, habe aber die Bitte des Kapitäns der *Margot* abgelehnt, die Rettungsboote an die Küste zu schleppen.

rendorff brauchte keinen zusätzlichen Treibstoff, da sein Minenleger vom Typ VIID im Vergleich zum Typ VIIC eine um 50 Prozent höhere Bunkerkapazität besaß (169 Tonnen gegenüber 113 Tonnen). Nach einer Feindfahrt von 60 Tagen, auf der er erfolgreich den Agenten an Land gesetzt, aber kein einziges Schiff versenkt hatte und ziemlich früh zurückgekehrt war, erhielt er einen scharfen Verweis. Thurmann in *U553* und Vogel in *U588* absolvierten Feindfahrten mit 67 beziehungsweise 50 Tagen.

Nach der Rückkehr zum Kap Sable hatte Heinz-Otto Schultze in *U432* alle Hände voll zu tun. Am 31. Mai versenkte er ein kanadisches Küstenschiff mit 1200 BRT. Am 2. Juni versenkte er mit dem Geschütz zwei kleine amerikanische Fischkutter: die *Aeolus* mit 41 BRT und die *Ben and Josephine* mit 102 BRT. Aufgrund dieser Versenkungen und der des Kutters *Foam* wurde Schultze von einigen Historikern Rücksichtslosigkeit vorgeworfen. Dönitz und/oder der U-Boot-Stab befürworteten aber offenbar solche Angriffe, weil sie meinten, Fischkutter und andere kleine Schiffe würden gesichtete U-Boote per Funk weitermelden.*

Etwa 130 Kilometer südwestlich von Kap Sable entdeckte Schultze am 9. Juni einen Geleitzug. Er meldete zwölf Frachter, die von »zwei Zerstörern, zwei Korvetten und einem Kleinluftschiff« begleitet wurden. Weil keine anderen Boote in der Nähe waren, gestattete Kernével Schultze, allein anzugreifen. Er schoß einen vollen Bugfächer auf zwei große Frachter und meldete die Versenkung eines 8000-Tonners und schwere Schäden an einem weiteren, doch die Unterlagen bestätigten lediglich eine Havarie an dem norwegischen Schiff *Kronprinsen* mit 7000 BRT. Wegen Treibstoffmangels nahm Schultze danach Kurs auf Frankreich und tankte unterwegs bei *U459* auf. Da seine gemeldeten und von Kernével anerkannten Versenkungen auf dieser und früheren Fahrten 100 000 Tonnen überstiegen, wurde er mit dem Ritterkreuz ausgezeichnet.**

Schwierige Jagd an der Ostküste

Die elf übrigen Boote vom Typ VII der April-Gruppe sollten an der Ostküste der Vereinigten Staaten und im Gebiet der Bahamas operieren. Auf dem Hinweg wurden die beiden Kommandanten Hans-Heinrich Giessler mit *U455* und Gerd Kelbling mit dem neuen Boot *U593* in kanadischen Gewässern aufgehalten, weil sie den großen Truppenkonvoi AT 15/NA 8 jagten. Die Jagd auf dieses militärische Ziel war vergeblich, doch der Umweg führte *U455* in den Kurs des alleinfahrenden 7000-Tonnen-Tankers *British Workman,* den Giessler am 3. Mai etwa 370 Kilometer südlich von Kap Race torpedierte und versenkte.

Beide Boote hatten bei der Jagd auf AT 15/NA 8 eine beträchtliche Menge Treibstoff verbraucht und konnten Kap Hatteras nicht mehr erreichen. Sie blieben in den Gewässern zwischen Nova Scotia und New Jersey und New York. Giessler in *U455* hatte in amerikanischen Gewässern kein Jagdglück mehr, versenkte aber auf dem

* Im Mai und Juni 1942 versenkten U-Boote über ein Dutzend kleine Segelschiffe und Fischkutter in amerikanischen Gewässern mit dem Geschütz. Amerikanische U-Boote versenkten aus denselben Gründen routinemäßig Fischkutter in japanischen Gewässern.

** Tatsächlich hatte er zum Zeitpunkt der Auszeichnung mit *U432* einschließlich der drei Kutter 19 Schiffe mit 68 900 Tonnen versenkt.

Rückmarsch im Mittelatlantik einen zweiten britischen Tanker, die *George H. Jones* mit 6900 BRT. Kelbling traf mit *U593* den griechischen Frachter *Stavros* schwer und versenkte den panamaischen 8400-Tonnen-Tanker *Persephone* nicht weit vor der Küste im Norden von New Jersey. Die *Persephone* war der einzige Tanker, der im Monat Mai im Bereich der Eastern Sea Frontier versenkt wurde. Weder Giessler noch Kelbling tankten dieses Mal nach. Sie waren 62 bzw. 59 Tage auf See.

Neun Typ-VII-Boote patrouillierten in den Gewässern südlich von New Jersey. Wie erwartet, hatten diese Boote mit stark verschärften ASW-Maßnahmen zu kämpfen, zu denen auch »schwere« Luftpatrouillen von 172 Flugzeugen der Navy und der Coast Guard und von Flugzeugen der Army Air Forces an der gesamten Ostküste zählten. Als die Boote eintrafen, waren die Konvois der Bucket Brigade bereits in vollem Gange, und am 14. Mai liefen die ersten Key West-Norfolk-Key West-Geleitzüge aus. Sechzehn Zerstörer der Atlantic Fleet* standen im Mai insgesamt 238 Tage unter dem Befehl der Eastern Sea Frontier; sie verbrachten 184 Tage zur U-Boot-Bekämpfung auf See und 54 Tage zur Wiederausrüstung und Überholung an Land.

In der offiziellen Geschichte der Eastern Sea Frontier heißt es über den Monat Mai 1942 unter anderem:

> *In diesem Monat kam es zu einem außerordentlichen Wechsel des Kriegsglücks im U-Boot-Krieg. Der April, in dem beinahe täglich ein Schiff sank, war der schlimmste Monat im Bereich der Frontier, seit die U-Boote zum erstenmal in diese Küstengewässer eingedrungen waren. Als der Monat sich dem Ende näherte, gab es noch keine Anzeichen und keine Hoffnung, daß diese schweren Verluste in absehbarer Zukunft merklich reduziert werden könnten. Tatsächlich sah es, als am 30. [April] zwei Schiffe sanken, sogar ganz danach aus, als würde die Zahl der Versenkungen noch ansteigen. Doch in den ersten 17 Tagen des Monats Mai ging im Bereich der Eastern Sea Frontier kein einziges Schiff mehr verloren.** Und in den verbleibenden 14 Tagen [des Mai] wurden lediglich vier Fahrzeuge in unseren Gewässern versenkt…****

Beim Anmarsch in das Gebiet vor Kap Hatteras versenkten drei U-Boote vom Typ VII nahe der äußeren Grenzlinie der Eastern Sea Frontier folgende Schiffe:

- Ulrich Gräf, der neue und angriffslustige Kommandant von *U69*, brachte das viermastige amerikanische Segelschiff *James E. Newsom* mit 600 BRT per Deckgeschütz zur Strecke.
- Friedrich-Hermann Praetorius in U135 torpedierte den britischen 7100-Tonnen-Frachter *Qu'Appelle*. Auf den SOS-Ruf hin sichtete ein kanadisches Flugzeug die

* *Bristol, Broome, Cole, Dallas, Dickerson, Du Pont, Ellis, Herbert, Lea, Ludlow, MacLeish, McCormick, Roper, Semmers, Simpson, Woolsey.*

** Geleitfahrzeuge nicht mitgerechnet. Wie erwähnt, versenkte Forstner in *U402* am 2. Mai die umgewandelte Jacht *Cythera* vor dem Kap Fear. Am 11. Mai versenkte Günther Krech in *U558* vom Typ VII vor Kap Lookout den britischen ASW-Trawler *Bedfordshire*, dessen gesamte Besatzung von 37 Mann dabei ums Leben kam. Sechs Leichname wurden geborgen und vier wurden auf der Insel Ocracoke auf einem Stück Land bestattet, das der britischen Regierung überschrieben wurde.

*** *Skottland, Plow City, Margot, Persephone.*

Rettungsboote, zwei Tage später rettete ein kanadisches Minensuchboot 35 Überlebende aus den Booten. Sie berichteten, daß 13 Mann der Besatzung bei der Versenkung ums Leben gekommen waren.

• Gerhard Feiler in *U653* versenkte den aus Australien kommenden, britischen 6200-Tonnen-Frachter *Peisander.* Eine Woche nach der Versenkung erreichten die fünf Rettungsboote die Insel Nantucket vor Rhode Island.

Eines der Typ-VII-Boote, das in dem Gebiet zwischen Kap Hatteras und Kap Lookout eintraf, ging verloren: *U352* unter dem Kommando des 31jährigen Hellmut Rathke. Dieser hatte zuvor eine Feindfahrt zur Verteidigung Norwegens gemacht und auf einen »Zerstörer« geschossen, aber er hatte noch kein einziges Schiff getroffen. Rathke tankte beim Anmarsch in das Gebiet bei *U459* auf und tastete sich am 8. Mai kühn an die Onslow Bay in North Carolina heran. Dort erspähte er einen Frachter, der von einem Küstenschutzschiff eskortiert wurde. Rathke schoß auf die beiden Schiffe drei Torpedos, aber alle gingen fehl oder versagten.

Am späten Nachmittag das folgenden Tages sichtete Rathke ein weiteres alleinfahrendes Küstenschutzschiff 55 Kilometer südlich von Kap Lookout. Es war die 49,5 Meter lange *Icarus,* die von New York nach Süden unterwegs war, um sich in Key West dem neuen Küstengeleitdienst anzuschließen. Die *Icarus* wurde von dem 52jährigen Maurice D. Jester befehligt, der sich vom untersten Rang emporgearbeitet hatte, und war ein erprobtes Schiff, das schon seit fünf Monaten ASW-Einsätze fuhr. Sie rechnete damit, daß das Gebiet um Kap Hatteras und Kap Lookout stark U-Boot-verseucht war, und fuhr in voller Gefechtsbereitschaft. Als Rathke für den Abschuß eines einzelnen Torpedos heranlief, bekam die *Icarus* einen deutlichen Sonarkontakt in einer Entfernung von 600 Metern. Rathke schoß, ehe die *Icarus* handeln konnte, doch der Torpedo ging zu früh los oder versagte oder traf den Meeresgrund und detonierte mit einer Wucht, die die *Icarus* von vorn bis achtern erschütterte.

Jester und die Crew der *Icarus* reagierten klug und professionell: Sie warfen fünf Wasserbomben mit geringer Tiefeneinstellung von den Ablaufgerüsten und mit dem Wasserbombenwerfer auf die vermutete Position. Alle fünf Bomben lagen gut und explodierten mit enormer Kraft. *U352* war kampfunfähig und der erste Wachoffizier Josef Ernst wurde getötet. Rathke legte das Boot in einer Tiefe von 34 Metern auf Grund und stellte sich tot. Doch als die *Icarus* fünf weitere Wasserbomben warf, die noch dichter beim Boot explodierten, tauchte er auf, um das Boot zu verlassen und zu versenken.

Als das Boot mit dem Heck voraus die Wasseroberfläche durchbrach, bestrich die *Icarus* sie mit dem 3-Zoll-Buggeschütz und Maschinengewehren aus nächster Nähe. Dieser Kugelhagel tötete oder verletzte viele Deutsche, die ins Meer sprangen oder bereits darin schwammen. Homer Hickam schreibt, ein Besatzungsmitglied der *Icarus* habe seine Landsleute angebrüllt: »Um Himmels willen! Erschießt sie nicht im Wasser!« Auch Rathke trieb bereits im Wasser und rief den Amerikanern zu, das Feuer einzustellen und seine Verwundeten zu retten. Er benutzte seinen Gürtel als Aderpresse für seinen Maschinisten Gerhard Reussel, dessen linkes Bein abgeschossen war.

Weil er die Anwesenheit eines weiteren U-Boots fürchtete, lief Jester mit der *Icarus* ab und forderte per Funk Instruktionen von verschiedenen Küstenkommandos an. Sollte er die deutschen Überlebenden retten oder im Wasser lassen? Mit der Anweisung, die Überlebenden zu retten, kehrte er noch in derselben Stunde zurück, fischte

33 Deutsche einschließlich des Maschinisten Reussel aus dem Wasser und brachte sie nach Charleston in South Carolina. Reussel erlag an Bord der *Icarus* seinen Verletzungen. Die Leichname von 13 Deutschen, die im Boot oder im Wasser ums Leben gekommen waren, wurden zurückgelassen. Die 32 Überlebenden – die ersten deutschen U-Boot-Fahrer, die von Amerikanern gefangengenommen wurden – brachte man in ein Internierungslager bei Fort Bragg in North Carolina. Reussel wurde mit militärischen Ehren auf dem Staatsfriedhof von Beaufort in South Carolina beigesetzt.

Die Navy wies Bergungstaucher an, *U352* nach einer Enigma-Maschine und anderem nachrichtendienstlichen Material zu durchsuchen, aber weil die *Icarus* es versäumt hatte, das Wrack mit einer Boje zu kennzeichnen, gestaltete sich die Aufgabe schwierig. Vor U-Boot-Angriffen geschützt durch die britischen ASW-Trawler *Northern Duke, Northern Dawn* und *Stella Polaris,* entdeckten Taucher des Bergungsschleppers *Umpqua* am 23. Mai schließlich *U352* in einer Wassertiefe von 35 Metern. Sie kennzeichneten das Wrack mit einer Boje, berichteten über die Schwere der Beschädigung und machten Aufnahmen, doch aus verschiedenen Gründen wurde die Bergungsoperation abgebrochen. Kein Taucher gelangte in das U-Boot, und das Wrack erbrachte keine nachrichtendienstlichen Erkenntnisse.*

Drei Typ-VII-Boote aus dieser Gruppe griffen auf der Heimfahrt Schiffe an. Am 1. Juni versenkte Dietrich Borchert in *U566* den britischen 9000-Tonnen-Frachter *Westmoreland* – sein zweiter Abschuß auf zwei Fahrten in amerikanische Gewässer. Nach seiner Ankunft in Frankreich verließ er das Boot für andere Aufgaben. Als der Verlust der *Westmoreland* auf den Bermudas bekannt wurde, liefen das alte (1918) amerikanische Minensuchboot *Gannet,* das als Versorgungsschiff für die Catalina Squadron 74 der Navy auf den Bermudas fungierte, und die britische ASW-Jacht *Sumar* aus, um nach Überlebenden Ausschau zu halten. Gerhard Feiler stieß mit *U653* am 7. Juni auf die *Gannet* und die *Sumar.* Er torpedierte die *Gannet,* die in in vier Minuten sank.** Praetorius in *U135* versenkte den norwegischen 4500-Tonnen-Frachter *Pleasantville* ein gutes Stück östlich von South Carolina.

In Anbetracht der mageren Jagdbeute und der massiven ASW-Maßnahmen im Bereich der Eastern Sea Frontier schickte Dönitz fünf der im April ausgelaufenen Boote vom Typ VII, die bei *U459* vollgetankt hatten, weit in den Süden: vier in die Karibik und eines in den Golf von Mexiko.

Als erster erreichte Dietrich Hoffmann in dem neuen Boot *U594* die Karibik. Seine Feindfahrt war ein katastrophaler Fehlschlag: acht Fehlschüsse auf einen Tanker und einen Frachter. Außerdem wurde ein Schütze über Bord gespült und ertrank, als das Boot den Tanker mit der Kanone unter Feuer nahm. Als Dönitz Hoffmanns Berichte erhielt, lehnte er das vorgeschlagene zweite Nachtanken ab und befahl ihm, unverzüglich und auf kürzestem Weg nach Frankreich zurückzukehren. Bei seiner Ankunft am 25. Juni war Hoffmann 67 Tage auf Feindfahrt gewesen, hatte jedoch kein einziges

---

* *U352* wurde 1975 von amerikanischen Bergungs- und Sporttauchern erneut entdeckt. Viele sind seither zu dem Boot hinabgetaucht und in die sandgefüllte Druckröhre vorgedrungen. Sie haben viele Gegenstände aus dem Boot geborgen.

** 14 Mann der Crew kamen bei der Versenkung ums Leben, doch die übrigen 62 Mann wurden von Catalina-Maschinen und dem Glattdeck-Zerstörer *Hamilton* gerettet.

Schiff versenkt. Nach sorgfältiger Prüfung der Fahrt übertrug ihm Dönitz eine neue Aufgabe und übergab das Kommando von *U594* einem anderen Offizier.

Nach und nach erreichten auch die anderen drei U-Boote die Karibik. In der Nähe von Trinidad versenkte Ulrich Gräf, der neue Kommandant von *U69,* zwei Schiffe mit 9400 BRT, darunter den norwegischen 6800-Tonnen-Tanker *Lise.* Dann bekam er jedoch den Befehl, einen Sonderauftrag vor der Vichy-französischen Insel Martinique auszuführen (siehe unten). Ritterkreuzträger Günther Krech in *U558* vergrößerte seinen Ruhm und den seines Bootes durch weitere Heldentaten und versenkte fünf Schiffe; damit erhöhte sich seine Gesamtbilanz bei dieser Fahrt auf sechs bestätigte Versenkungen mit insgesamt 16400 BRT plus eine Beschädigung an dem amerikanischen Tanker *William Boyce Thompson* mit 7100 BRT. Ritterkreuzträger Gerhard Bigalk in *U751* versenkte zwei mittelgroße amerikanische Frachter *(Nicaro, Isabella)* mit insgesamt 4555 BRT. Auf der Heimreise schoß er drei Torpedos auf einen großen Frachter, aber zwei versagten, und der dritte verfehlte das Ziel.

Das Gesamtergebnis der 16 im April nach Amerika ausgelaufenen Typ-VII-Boote hatte sich gegenüber der letzten Welle verschlechtert. Sie erzielten nur noch 33 bestätigte Versenkungen größerer Schiffe (darunter sieben Tanker) und versenkten zusätzlich fünf Segelschiffe und Fischkutter. Die versenkte Gesamttonnage betrug rund 158200 Tonnen.

Die erfolgreichste Fahrt hatte der Ritterkreuzträger Reinhard Suhren mit *U564* gemacht. Sie war abgeschlossen, bevor die Alliierten einen vollwertigen Geleitdienst an der Ostküste der Vereinigten Staaten einführten. Einschließlich der Versenkung des neutralen Tankers, die zum mexikanischen Kriegseintritt führte, versenkte Suhren vier Schiffe (zwei Tanker) mit insgesamt 24000 BRT und beschädigte zwei weitere Schiffe mit 13200 BRT. Die zweitbeste Fahrt absolvierte Karl Thurmann in *U553,* der auf eigene Faust in den St.-Lorenz-Golf vorstieß und dort und andernorts drei bestätigte Versenkungen mit 17000 BRT erzielte. Drei weitere Boote *(U455, U588* und *U753)* versenkten jeweils rund 14000 BRT, darunter drei Tanker. Zwei Boote *(U69* und *U135)* versenkten je 12000 BRT, darunter einen Tanker. Sechs Boote versenkten weniger als 10000 BRT, darunter ebenfalls einen Tanker, und drei Boote *(U213, U352* und *U594)* versenkten kein einziges Schiff. Ein Boot, *U352,* ging verloren.

Elf der 16 Typ-VII-Boote tankten nach. Mit Ausnahme des verlorenen Bootes *U352* konnten die übrigen zehn ihre Fahrt auf durchschnittlich 69 Tage verlängern; sie versenkten im Schnitt 2,7 Schiffe pro Boot und Fahrt. Die fünf Boote, die nicht nachtankten, darunter auch der glücklose Minenleger *U213,* waren durchschnittlich 60 Tage auf Feindfahrt und versenkten im Schnitt zwei Schiffe pro Boot und Fahrt. Ohne das schlecht geführte Boot *U213* versenkten die vier U-Boote, die nicht nachtankten, im Durchschnitt 2,5 Schiffe pro Boot. Das Nachtanken hatte die Feindfahrten zwar um durchschnittlich neun Tage verlängert, aber die Zahl der Versenkungen nicht nennenswert gesteigert. Vieles hing noch immer vom Operationsgebiet ab, von der Aggressivität der Kommandanten, der Erfahrung der Crew, dem Wetter, dem Glück und anderen Faktoren.

Im Gegensatz zu den Mythen, die in späteren Jahren aufkamen, war die Rückmeldung der fünf in die Karibik und in den Golf von Mexiko entsandten U-Boote enttäuschend. Bei durchschnittlich 70 Tagen auf See versenkten diese Boote elf Schiffe in der Karibik und im Golf – ein Durchschnitt von 2,2 versenkten Schiffen mit

7700 BRT pro Boot und Fahrt. Diese Quote lag nicht höher als Ergebnisse in anderen Gewässern, und sie war ein schwacher Ausgleich für die fürchterliche tropische Hitze und Feuchtigkeit und den chronischen Mangel an Lebensmitteln und Frischwasser.

In den ersten fünf Monaten des Seekriegs in amerikanischen Gewässern hatte Dönitz 70 Typ-VII-Boote auf Feindfahrt geschickt. Sie erzielten 155 bestätigte Versenkungen mit 778 307 Tonnen, einschließlich aller Trawler und Segelschiffe und derjenigen Schiffe, die auf dem offenen Meer beim An- oder Rückmarsch gesichtet worden waren. Nicht zuletzt wegen ihres erfolgreichen Angriffs auf den Geleitzug Outbound North 67 erzielten die neun im Februar ausgelaufenen Boote die besten Ergebnisse.

Monat	Boote	versenkt	Tonnen	Durchschnitt
Dezember	10	18	85 374	1,8
Januar	14	24	124 922	1,7
Februar	9	29	167 864	3,2
März	20	46	241 937	2,3
April	17	38	158 210	2,2

Die Stabsmitglieder, die sich gegen eine Entsendung von Typ-VII-Booten nach Amerika ausgesprochen hatten, sahen sich durch die Verschlechterung der Ergebnisse im April bestätigt. Die 15 verbliebenen Boote hatten 991 Tage auf See verbracht und nur Schiffe mit 158 210 Tonnen versenkt – gerade 25 Prozent der Menge, die als angemessene Trefferquote galt. Die Kritiker führten triftige Gründe an, die Typ-VII-Boote in Rudeln und heimatnäher einzusetzen, vor allem im Sommer, wenn es in den südlichen amerikanischen Gewässern unerträglich heiß und das Wetter für Operationen im Nordatlantik viel günstiger war.

Dönitz räumte ein, daß die Ergebnisse der Typ-VII-Boote in amerikanischen Gewässern den großen Aufwand nicht mehr annähernd rechtfertigten und daß die Fahrten für die Besatzungen sehr strapaziös waren. Dennoch wollte er nicht völlig auf Feindfahrten in amerikanische Gewässer verzichten. Schon wenige U-Boote vom Typ VII, die im Bereich der Eastern Sea Frontier operierten, würden gewährleisten, daß die Alliierten ihren Geleitdienst aufrechterhalten und die damit verbundenen Verzögerungen für die Schiffahrt hinnehmen mußten, und sie würden eine beträchtliche Zahl von ASW-Schiffen und -Flugzeugen binden. Allerdings ließ er die meisten Typ-VII-Boote, die im Monat Mai in amerikanische Gewässer entsandt wurden, zunächst Sonderaufträge wie Minenlegen oder das Absetzen von Agenten durchführen.

Schlachtfest im Golf von Mexiko und in der Karibik

Unter den 29 im April nach Amerika entsandten U-Booten waren 13 Boote vom Typ IX; davon waren zehn schon zuvor in dieses Gebiet gefahren.

Als erstes lief das IXC-Boot *U125* unter dem Kommando von Ulrich Folkers aus, der im Januar eine enttäuschende Jungfernfahrt vor Kap Hatteras gemacht hatte. Dönitz schickte ihn in bislang unberührtes Gebiet: in einen Raum in der Karibik südwestlich von Kuba, vor der südlichen Zufahrt zum Kanal von Yucatán, der Kuba von der mexikanischen Halbinsel Yucatán trennt. Beim Anmarsch von Frankreich aus versenkte Folkers mit Torpedos und Geschütz einen alleinfahrenden amerikanischen 5100-Tonnen-Frachter mitten im Ozean. Als er Anfang Mai im Operationsgebiet eintraf, fand er zwischen der Panamakanalzone und dem Golf von Mexiko regen, nicht gesicherten Schiffsverkehr vor. In den folgenden 16 Tagen, vom 3. bis zum 18. Mai, versenkte Folkers mit Torpedos oder Artillerie acht weitere Schiffe, darunter zwei Tanker: die amerikanische *Mercury Sun* mit 8900 BRT und die kanadische *Calgarolite* mit 12 000 BRT. Damit erhöhte sich seine Gesamtbeute auf neun Schiffe mit insgesamt 47 000 BRT. Zieht man die zwei »unbekannten« Schiffe ab, die Hardegen bei seiner ersten Fahrt in der Operation Paukenschlag meldete, war dies die bislang erfolgreichste Jagd eines U-Boots in amerikanischen Gewässern. Stolz berichtete Folkers von dieser »Goldgrube« und schlug vor, weitere Boote in das Gebiet zu entsenden. Ohne nachzutanken nahm er wieder Kurs auf Frankreich, wo er seine Feindfahrt nach 71 Tagen beendete.

Als nächstes brachen die beiden neuen IXC-Boote *U506* und *U507* auf. Diese beiden und Mannsteins *U753* vom Typ VII sollten den U-Boot-Krieg im Golf von Mexiko eröffnen, wo man die ASW-Maßnahmen zu Recht für noch schwach hielt. Beide Typ-IX-Boote sollten über den Alten Bahamakanal (nördlich von Kuba) und die Floridastraße in den Golf von Mexiko fahren. Als der 34jährige Harro Schacht in *U507* am 30. April den Bahamakanal erreichte, entdeckte er den amerikanischen 2900-Tonnen-Tanker *Federal* und versenkte ihn mit dem Deckgeschütz. Einige Tage später traf der 28jährige Erich Würdemann mit *U506* ein und versenkte den nicaraguanischen 600-Tonnen-Frachter *Sama* in der Floridastraße mit einem Torpedo.

Dönitz hatte die beiden Boote angewiesen, in den Golf nordwestlich Richtung Mississippidelta vorzustoßen, denn in Kernével wurde zutreffend angenommen, daß es in dieser Gegend von Schiffen nur so wimmeln würde. Einige überraschende Versenkungen würden möglicherweise den Schiffsverkehr auf dem Mississippi zum Erliegen bringen – ein lohnendes Ziel, aber nicht ungefährlich für die großen Boote. Das Wasser im Delta war schmutzig, und die Strömungen waren ausgesprochen tückisch.

Der Schutz der Schiffahrt im Golf von Mexiko und im Kanal von Yucatán gehörte zum Aufgabenbereich der vor kurzem gegründeten Gulf Sea Frontier unter dem Kommando von Russell S. Crenshaw, der sein Hauptquartier in Key West aufgeschlagen hatte, dem Zielhafen der Bucket Brigade und anderer Geleitzüge.* Ebenso wie Adolphus Andrews, sein Gegenstück an der Ostküste, standen Crenshaw nur wenige Einheiten zur Verfügung: zwei Glattdeck-Zerstörer *(Noa, Dahlgren),* neun 49,5 und 38 Meter lange Küstenschutzfahrzeuge, fünf große umgebaute Jachten und etwa 35 Flugzeuge von Army, Navy und Coast Guard. Erstaunlicherweise verfehlten zwei dieser Flugzeuge bei eilig angesetzten ASW-Flügen die Boote *U506* und *U507* nur knapp. Würdemann von *U506* meldete schwere Schäden an einem Heckrohr, und

* Die nicht eskortierten Schiffe aus dem Golf sammelten sich für die Geleitzüge entlang der Ostküste in einem künstlich angelegten Ankerplatz in der Nähe von Key West, der von einem Minenfeld mit 3460 Minen geschützt wurde. Am 26. April lief der Glattdeck-Zerstörer *Sturtevant* auf eine Mine und sank unter Verlust von 15 Mann.

Schacht in *U507* meldete eine Beschädigung der Steuerbordseite des Vordecks und den Verlust von zwei Tonnen Treibstoff wegen eines geborstenen Öltanks.

Schacht versenkte mit *U507* das erste Schiff im Golf, den amerikanischen 2700-Tonnen-Frachter *Norlindo.* Von einem einzigen Torpedo getroffen, sank er Heck voraus in drei Minuten. Schacht gab den Überlebenden 40 Schachteln Zigaretten, einen mit einer französischen Aufschrift verzierten Kuchen, Kräcker, Streichhölzer, Wasser und knapp 38 Liter Fruchtmark aus frischen Zitronen. »Tut uns leid, daß wir Ihnen nicht weiterhelfen können. Ich hoffe, Sie gelangen wohlbehalten zur Küste«, sagte Schacht nach Angaben der Überlebenden in perfektem Englisch.

In der folgenden Nacht, am 5. Mai, versenkte Schacht zwei amerikanische Tanker mit Torpedos. Der erste Tanker war die *Munger T. Ball* mit 5100 BRT, voll beladen mit Benzin, das in einem Flammenmeer explodierte. Von den 41 Mann der Crew kamen 37 ums Leben. Der zweite war die *Joseph M. Cudahy* mit 7000 BRT, die eine Meldung über die sinkende *Ball* durchgab und törichterweise hinzufügte: »In 17 Kilometer Entfernung.« Als Schacht die Meldung hörte, suchte er sofort nach der *Cudahy,* fand und jagte sie. Sein erster Torpedo ging fehl, doch der zweite traf, und das Schiff sank. Von der 37köpfigen Besatzung starben 27 Mann.

Noch in derselben Nacht lud die Crew von *U507* die Torpedos aus den Oberdeckbehältern nach unten. Dabei riß eine Halterung, und ein Torpedo rutschte in den Bugraum, wo er den Arm eines Funkers zerschmetterte. Schacht meldete Kernével den Vorfall und daß er keine Schmerzmittel an Bord hatte. Kernével arrangierte ein Treffen mit Würdemann in *U506,* der Morphium an Bord hatte. Doch die Boote verfehlten sich. Auch ein zweites und ein drittes Treffen scheiterten. Die Versenkungen und der intensive Funkverkehr wegen des Treffens lockten Schwärme von Flugzeugen der Army, der Navy und der Coast Guard an und führten zu einer scharfen Luftüberwachung der Schiffahrt an der Gulf Sea Frontier, vergleichbar der im Bereich der Eastern Sea Frontier.

Schacht gab den Versuch auf, Würdemann zu finden, und setzte seinen Marsch zum Mississippidelta fort. Er legte den Verletzten in eine Offizierskoje, verband die eiternde Wunde und gab ihm Schlaftabletten. Am 6. Mai stieß er auf den mit Bauxit beladenen amerikanischen 6800-Tonnen-Frachter *Alcoa Puritan.* Schacht verfehlte das Schiff zunächst mit einem Torpedo, dann griff er mit dem 10,5-cm-Deckgeschütz an und versenkte es schließlich mit einem weiteren Torpedo.* Einen Tag später versenkte er mit dem Geschütz den honduranischen Frachter *Ontario* mit 3100 BRT. Und am 8. Mai versenkte er den norwegischen 2400-Tonnen-Frachter *Torny* mit einem einzigen Torpedo. Dabei kamen zwei Besatzungsmitglieder ums Leben; ein Wasserflugzeug der Navy rettete 24 Überlebende.

U506 und *U507* arbeiteten sich um den 10. Mai endlich bis zur Mississippimündung vor. Würdemann in *U506* führte den ersten Angriff durch. Er schoß vier Torpedos auf den alten (1920) amerikanischen 7000-Tonnen-Tanker *Aurora,* der im Ballast fuhr. Nachdem die Crew das Schiff verlassen hatte, tauchte Würdemann auf und nahm das Schiff mit der Deckkanone unter Feuer. Er meldete, die *Aurora* sei in Flam-

---

* Samuel Eliot Morison schreibt, Schacht habe sich auch nach dieser Versenkung entschuldigt und den 50 Überlebenden Glück gewünscht. Alle wurden von dem 38 Meter langen Küstenschutzboot *Boutwell* gerettet.

men aufgegangen und gesunken, doch tatsächlich schleppte ein Küstenschutzschiff sie nach Burrwood in Louisiana, und sie wurde später wieder in Dienst gestellt.

Würdemann und Schacht patrouillierten vom 11. Mai bis zum 20. Mai, also zehn Tage lang, vor dem Mississippidelta. Würdemann gelang eine bemerkenswerte Serie von Torpedoangriffen auf sieben amerikanische Schiffe, von denen er fünf versenkte: die Tanker *Gulfpenn* mit 8900 BRT (90000 Barrel Heizöl), *David McKelvy* mit 6800 BRT (80000 Barrel Heizöl), *Gulfoil* mit 5200 BRT (Erdölprodukte) und *Halo* mit 7000 BRT* sowie den Frachter *Heredia* mit 4700 BRT (Bananen und Kaffee). Die Verluste bei den Besatzungen waren hoch: 13 von 38 Mann auf der *Gulfpenn,* 17 auf der *McKelvy,* 21 auf der *Gulfoil,* alle bis auf drei auf der *Halo* und 38 von 61 auf der *Heredia.* Beschädigt wurden die Tanker *William C. McTarnahan* und *Sun,* die im Ballast fuhren. Schacht hingegen hatte großes Pech mit seinen Torpedos (Fehlschüsse oder Versagern, darunter zwei Kreisläufer), doch er versenkte trotzdem zwei Schiffe: den amerikanischen 10700-Tonnen-Tanker *Virginia* mit zwei Torpedos und den honduranischen 4150-Tonnen-Frachter *Amapala,* den er mit dem Geschütz stoppte, enterte und versenkte. Von der 41köpfigen Crew der *Virginia* kamen 27 Mann ums Leben.

Als *U506* und *U507* alle Torpedos verbraucht hatten, fuhren sie durch die Floridastraße heimwärts. Auf dem Rückweg versenkte Würdemann in *U506* zwei britische Tanker östlich von Florida mit dem Geschütz und erhöhte damit seine bestätigte Versenkungszahl auf acht Schiffe (darunter vier Tanker) mit rund 40000 BRT plus Beschädigungen an drei großen Tankern. Schachts bestätigte Gesamtbilanz belief sich auf neun versenkte Schiffe (darunter vier Tanker) mit rund 45000 BRT. Homer Hickam schreibt in seinem Buch *Torpedo Junction,* über 200 Besatzungsmitglieder der 17 versenkten Schiffe seien beim Angriff oder später im Wasser und auf Rettungsflößen oder -booten ums Leben gekommen.

Bekanntlich wurde im April *U753* unter dem 43jährigen Alfred Manhardt von Mannstein als einziges Typ-VII-Boot in den Golf von Mexiko geschickt. Mannstein hatte zuvor eine Fahrt vor Norwegen gemacht, die aber vorzeitig abgebrochen wurde, weil *U753* von einem britischen »Zerstörer« gerammt und am Oberdeck schwer beschädigt wurde. Die Fahrt nach Amerika war somit die erste richtige Feindfahrt des Bootes.

Mannstein operierte im Kielwasser von *U506* und *U507* vom 19. Mai bis zum 1. Juni im Golf von Mexiko. Bei der Einfahrt in den Golf über die Floridastraße am 19. Mai erspähte er einen Geleitzug vor der Westspitze von Kuba. Tollkühn wendete er, um unter Wasser heranzulaufen und zu schießen; doch das Boot kam plötzlich hoch und ein Handelsschiff rammte es, wobei das Deckgeschütz zertrümmert wurde. Die Besatzung baute es später ab und verstaute es unter Deck. Der Unfall vereitelte den Angriff auf den Geleitzug, doch in den folgenden Tagen versenkte er mit fünf Torpedos den amerikanischen Frachter *George Calvert* mit 7200 BRT und stoppte den mit Nutzholz beladenen britischen Segelschoner *E. P. Theriault* mit der Flak. Er enterte das Schiff und brachte Sprengladungen an, doch die Theriault überstand die Explosionen.

---

* Die *Halo* hatte 63000 Barrel Rohöl geladen. Laut Jürgen Rohwer war sie im selben Jahr bereits von zwei anderen U-Booten getroffen und beschädigt worden: von *U130* und *U126.*

Bei seiner kühnen Fahrt hatte Mannstein nicht immer Erfolg. Ein Angriff auf ein Kanonenboot der Erie-Klasse scheiterte: Ein Torpedo verfehlte das Ziel, und ein anderer lief im Rohr heiß und mußte ausgestoßen werden. Auf dem Weg nach Nordwesten in Richtung Mississippidelta griff Mannstein am 25. und 27. Mai zwei große Tanker an. Er beschädigte die norwegische *Haakon Hauan* mit 6600 BRT und versenkte ihr Schwesterschiff, die ebenso große *Hamlet,* beide Angriffe kosteten ihn fünf Torpedos. Am 1. Juni verließ Mannstein den Golf durch die Floridastraße. Er hatte bei diesem ersten Vorstoß eines Typ-VII-Boots in den Golf von Mexiko einen Tanker und einen Frachter mit etwa 13 800 BRT versenkt.

Am späten Nachmittag des 23. Juni entdeckte eine von W. Jones geflogene Whitley der Squadron 58 des Coastal Command *U753* beim Einlaufen in den Golf von Biskaya und griff es mit Wasserbomben an. Der erste Angriff war sehr gut gezielt: Die Detonationen schalteten die Dieselmotoren von *U753* aus und machten es tauchunfähig. Der Brite versäumte es aber, ein weiteres Mal anzugreifen, und so entkam *U753,* wenn auch schwer beschädigt. In Frankreich stationierte deutsche Flugzeuge und Schiffe entdeckten *U753* am nächsten Morgen und eskortierten das Boot nach La Pallice, wo es drei Monate auf der Werft lag, bis es wieder gefechtsfähig war.

Aufgrund dieses Unglücks und der anderen britischen Flugzeugangriffe auf U-Boote im Juni änderte Dönitz am 24. Juni die Vorschriften für die Durchquerung der Biskaya. Bis dahin war die Taktik bei der Durchquerung weitgehend den U-Boot-Kommandanten überlassen worden. Die meisten hatten es vorgezogen, Tag und Nacht an der Oberfläche zu fahren, um diese gefährlicher werdende Zone möglichst rasch zu durchqueren. Tagsüber hatten sie sich auf die Brückenwache verlassen, die feindliche Flugzeuge frühzeitig ausmachen sollte, damit das Boot schnell genug tauchen konnte, und bei Nacht hatten sie sich mehr oder weniger sicher vor Angriffen gefühlt. Da die mit Radar und Leigh Light ausgerüsteten Wellingtons über Wasser fahrende Boote bei Tag *und* Nacht orten und angreifen konnten, ordnete Dönitz nun ausdrücklich an, daß alle U-Boote die Biskaya getaucht durchqueren mußten und lediglich kurz auftauchen durften, um die Batterien zu laden und frische Luft zu schnappen.

Diese Anordnung war sehr lästig, weil die Boote getaucht kaum mehr als 180 Kilometer am Tag zurücklegen konnten. Die Durchquerung zog sich erheblich in die Länge, und gleichzeitig verkürzte sich die Aufenthaltsdauer im Operationsgebiet. Doch die Maßnahme war nur vorübergehend und blieb nur bis zur Einführung der Metox-Radardetektoren oder FuMB und stark verbesserter Flugabwehrwaffen wie der 3,7-cm- und 2-cm-Flak-Automaten vom Typ M42 in Kraft. Dönitz glaubte, mit dem Detektor und der stärkeren Bewaffnung sei ein U-Boot bei Tageslicht einem Feindflugzeug durchaus gewachsen, und die Boote könnten bei Tag wieder über Wasser fahren.

Von den drei älteren und kürzeren U-Booten des Typs IXB, die im April in Richtung Ostküste der Vereinigten Staaten ausgelaufen waren, machten zwei Boote einen vielversprechenden Anfang. Werner Winter in *U103,* der bei dem Tanker *U459* auftankte, versenkte am 5. Mai einen britischen 6000-Tonnen-Frachter mitten im Atlantik, und am selben Tag versenkte Hermann Rasch in *U106* einen kanadischen 8000-Tonnen-Frachter. Doch danach ging es bergab. Beide Boote patrouillierten vor der Küste von Kap Hatteras bis Florida, bekamen jedoch viele Tage kein einziges Schiff zu Gesicht. Ähnlich erging es auch dem dritten IXB-Boot, *U107* unter Harald Gelhaus, das eine Woche später vor Kap Hatteras eintraf und ebenfalls kein Ziel sichtete. Alle drei Boote bekamen die Auswirkungen des neuen Geleitzugsystems Key West-Norfolk-Key West zu spüren.

In Anbetracht des ausbleibenden Schiffsverkehrs an der Ostküste und der großen Erfolge von Folkers, Schacht und Würdemann vor Yucatán und im Golf von Mexiko beschloß Dönitz, auch die drei IXB-Boote in diese Gebiete zu verlegen. Dafür war es erforderlich, daß *U106* von Rasch und *U107* von Gelhaus auf dem Rückmarsch bei *U459* auftankten, das in der Zwischenzeit in Frankreich wieder mit Dieselöl beladen werden sollte.

Winter und Rasch fuhren mit *U103* und *U106* voraus. Winter fuhr durch die Windward Passage nach Süden und löste Folkers an der südlichen Einfahrt des Kanals von Yucatán ab. Rasch fuhr nach Westen durch die Straße von Florida und ersetzte Schacht und Würdemann im Golf von Mexiko. Wie erwähnt erreichten zur selben Zeit vier Boote vom Typ VII die Karibik, und Mannstein patrouillierte mit dem Typ-VII-Boot *U753* ebenfalls im Golf von Mexiko vor dem Mississippidelta.

U103 wie auch *U106* hatten gutes Jagdglück. Winter versenkte zwischen dem 17. und dem 28. Mai südlich des Kanals von Yucatán acht Schiffe mit 36200 BRT und erhöhte damit die Ausbeute dieser Fahrt auf neun Schiffe mit 42200 BRT. Zu seinen Opfern zählten auch die beiden amerikanischen Tanker *Sam Q. Brown* mit 6600 BRT und *New Jersey* mit 6400 BRT. Laut Homer Hickam entschuldigte sich Winter nach der Versenkung des amerikanischen 5500-Tonnen-Frachters *Ogontz* beim Kapitän des Schiffes mit den Worten »Tut mir leid ... aber es ist Krieg«, leistete einem der Überlebenden persönlich medizinische Hilfe und ließ die Rettungsboote mit Zigaretten und Lebensmitteln versorgen.

Hermann Rasch, der mit *U106* vom 21. Mai bis zum 1. Juni, also ebenso viele Tage wie Winter, nördlich des Kanals von Yucatán im Golf von Mexiko patrouillierte, verfehlte ein riesiges Walfangmutterschiff mit zwei Torpedos, versenkte aber vier Schiffe mit 21200 BRT und beschädigte einen amerikanischen Frachter mit 4600 BRT. Damit erhöhte sich seine Versenkungsbilanz auf dieser Fahrt auf fünf Schiffe mit 29000 BRT. Auch er hatte zwei Tanker zur Strecke gebracht: die mexikanische *Faja de Oro* mit 6100 BRT und die amerikanische *Carabulle* mit 5000 BRT, die er mit 193 Schuß aus der 10,5-cm-Kanone und zwei Torpedos versenkte. Von den 40 Besatzungsmitgliedern kamen 22 Mann ums Leben. Auf der Heimreise nahmen *U103* und *U106* planmäßig bei dem U-Tanker *U459* Treibstoff auf, der nach dreiwöchigen Reparaturarbeiten am 6. Juni zu seiner zweiten Versorgungsfahrt ausgelaufen war. Einschließlich früherer Versenkungsmeldungen hatte sich Winter für das Ritterkreuz qualifiziert, das ihm noch auf See verliehen wurde.* Nach seiner Rückkehr nach Frankreich verließ er das Boot und übernahm das Kommando über die 1. U-Flottille.

Einige Zeit nach seinen Schwesterschiffen passierte auch Gelhaus in *U107* die Windward Passage und erreichte am 29. Mai die Karibik. In dieser Nacht versenkte er einen britischen 2600-Tonnen-Frachter und fuhr dann weiter in das Gebiet südlich des Kanals von Yucatán, wo er Winter ablöste. In den folgenden zehn Tagen, vom 1. bis

* Zum Zeitpunkt der Verleihung hatte Winter auf drei Fahrten 15 bestätigte Versenkungen mit 79302 Tonnen erzielt. *U103* hatte unter Viktor Schütze und Winter 43 bestätigte Versenkungen mit etwa 228000 Tonnen erzielt und war damals das drittbeste U-Boot nach *U48* und *U99*.

zum 10. Juni, versenkte Gelhaus vier Frachter mit 14200 BRT. Auf dem Rückmarsch brachte er mitten im Atlantik auch noch den imposanten holländischen Frachter *Jagersfontein* mit 10000 BRT zur Strecke und erhöhte damit seine Beute auf sechs Frachter mit insgesamt 27000 BRT. Dann tankte er wie geplant bei *U459.*

Insgesamt hatten die IXB-Boote *U103, U106* und *U107* auf Feindfahrten von 69, 76 und 82 Tagen 20 Schiffe mit 98300 BRT versenkt. Diese Erfolge waren unmittelbar darauf zurückzuführen, daß sie an *U459* nachtanken konnten. Ohne Nachtanken hätte keines dieser U-Boote mit kürzerer Reichweite ausgedehnte Feindfahrten im Golf von Mexiko oder vor Yucatán durchführen können.

Insgesamt hatten die sechs im April ausgelaufenen Kommandanten von Typ-IX-Booten (Folkers, Gelhaus, Rasch, Schacht, Winter, Würdemann) 46 Schiffe (darunter 14 Tanker) mit 230000 BRT versenkt. Dies bedeutete einen Durchschnitt von 7,7 Schiffen mit 38333 BRT pro Boot und Fahrt.

Als Reaktion auf diese schweren Verluste ernannte Admiral King den erfahrenen U-Boot-Jäger James L. Kauffman zum Nachfolger von Russell S. Crenshaw; Kauffman war Befehlshaber der Naval Forces auf Island gewesen. Am 17. Juni verlegte Kauffman das Hauptquartier der Gulf Sea Frontier von Key West in eine besser ausgebaute Einrichtung in Miami. Gleichzeitig erhielt Follett Bradley vom Kommandeur der First Air Force Hap Arnold den Befehl, in Miami zwanzig B-18-Bomber und zwei Staffeln Aufklärungsflugzeuge (die ASW Gulf Task Force) zu stationieren und diese Kauffmans Kommando zu unterstellen. Die Gulf Task Force nahm am 1. Juni ihren Dienst auf und wurde durch acht B-17-Bomber und zwei weitere Aufklärungsstaffeln aus Schulungseinheiten der Third Air Force in Florida und Louisiana sowie durch unbewaffnete Aufklärungsmaschinen der Civil Air Patrol unterstützt.

In ihrer Studie über die U-Boot-Operationen im Golf von Mexiko* schreibt Melanie Wiggins, im Gefolge der schweren Schiffsverluste im Mai hätten örtliche Entscheidungsträger zweifelhafte Maßnahmen ergriffen. Die amerikanischen und mexikanischen Behörden schenkten den Gerüchten Glauben, daß die U-Boot-Kommandanten von »Verbündeten der Achse« an der Küste Hilfe erhielten. Ihre Leute trieben deshalb Verdächtige zusammen und ließen sie verschwinden (eine Aktion, die bisher zu wenig beachtet wurde). Ungeachtet der Zweifel der Navy am Wert von Verdunklungen und ungeachtet der Gefahren für Auto- und LKW-Fahrer ließen amerikanische Beamte am 1. Juni Galveston und andere Küstengebiete verdunkeln.**

Das Schlachtfest im Golf zog nachdrückliche Forderungen nach besserem Schutz der Schiffahrt seitens der Ölgesellschaften, der Besatzungen von Handelsschiffen und, hinter den Kulissen, auch der Briten nach sich. Carl Vinson, der Vorsitzende des Naval Affairs Committee im Repräsentantenhaus, erklärte am 6. Juni zur Verteidigung der US Navy, daß die amerikanischen ASW-Verbände »ihre Geburtswehen überstanden« hätten und inzwischen »gut etabliert« wären und »wirkungsvoll arbeiteten«. Sein Ausschuß habe volles Vertrauen, daß die U-Boote der Achsenmächte besiegt werden würden. »Die Kritiker sollten sich daran erinnern«, sagte er, »daß die Briten

---

* *Torpedoes in the Gulf*, 1995.

** Am 25. Mai ordnete Bürgermeister Fiorello La Guardia die Verdunklung der Stadt New York an. Damals hielten sich sehr wenig U-Boote in dem Gebiet auf; sie operierten zu entfernt von der Küste, um aus dem Lichtschein irgendeinen Vorteil zu ziehen.

bei der Bekämpfung der U-Boot-Gefahr bereits drei Jahre [sic] Erfahrung gesammelt hätten und daß die Britischen Inseln [wo das Problem weitgehend gelöst war] bequem im Golf von Mexiko Platz fänden.«

Vier Langstrecken-U-Boote vom Typ IXC patrouillierten in der südlichen Karibik von Trinidad bis zum Panamakanal. Drei der vier Boote hatten Befehl, die Schiffahrt vor dem Kanal anzugreifen, doch als der B-Dienst schweren Tankerverkehr vor der Küste Trinidads ankündigte, wurde dieser Befehl aufgehoben. Alle vier Boote patrouillierten in der östlichen Karibik in der Nähe von Trinidad und vor der Küste von Venezuela.

Als erster lief Jürgen Wattenberg in *U162* vom Typ IXC aus, der wegen technischer Mängel gezwungen gewesen war, seine erste Fahrt nach Amerika abzubrechen. Mit 42 Jahren war Wattenberg (Crew-Jahr 1921) der älteste aktive Kommandant eines Kampfbootes der U-Boot-Streitmacht im Atlantik. Früher im Krieg hatte er auf dem Taschen-Schlachtschiff *Admiral Graf Spee* gedient und sich nach dessen Selbstversenkung vor Uruguay in der La-Plata-Mündung nach Deutschland durchgeschlagen.

Möglicherweise war Wattenberg darauf erpicht, den demütigenden Verlust dieses Schiffes zu rächen, denn er machte mit *U162* eine bemerkenswert aggressive Feindfahrt. In einem Zeitraum von 19 Tagen, vom 30. April bis zum 18. Mai, versenkte er mit Torpedos oder Deckgeschütz acht Schiffe mit insgesamt 47 000 BRT sowie einen amerikanischen Segelschoner mit 119 Tonnen, die *Florence M. Douglas.* Zu den versenkten Schiffen zählten vier Tanker.* Eines seiner Opfer war der brasilianische Frachter *Parnahyba* mit 6700 BRT, was die brasilianische Regierung der Kriegserklärung an Deutschland ein Stück näher brachte. Auf dem Segelschoner erbeuteten die U-Boot-Männer drei lebende Schweine. Sie aßen zwei davon auf, adoptierten aber das dritte, genannt »Douglas«, als Maskottchen, und schenkten es Flottillenchef Viktor Schütze, als sie nach Frankreich zurückkehrten.

Der Rückmarsch von *U162* verdient ebenfalls, erwähnt zu werden. Am Abend des 8. Juni, als Wattenberg den westlichen Rand des Golfs von Biskaya erreichte, flog das Coastal Command der RAF verstärkt ASW-Patrouillen. Eines dieser Flugzeuge, das mit einem metrischen ASV-Radar ausgerüstet war, entdeckte *U162* an der Oberfläche. Wattenberg ließ alarmtauchen. Die Flieger- oder Wasserbomben erfaßten das Boot in 24 bis 27 Meter Tiefe, richteten aber keinen schweren Schaden an. Trotzdem war dies eine neue und beunruhigende Erfahrung für die Crew und einer der Luftangriffe, die zu der besonderen Anweisung von Dönitz am 24. Juni führte, die Biskaya nur unter Wasser zu durchqueren.

Die anderen drei Typ-IXC-Boote trafen im Gebiet von Trinidad etwa zu der Zeit ein, als Wattenberg in *U162* seine Fahrt beendete. Zwei der drei Kommandaten, Werner Hartenstein in *U156* und Jürgen von Rosenstiel in *U502,* hatten im Februar den U-Boot-Krieg in der Karibik eröffnet; der dritte, Adolf-Cornelius Piening in *U155,* hatte bereits eine Fahrt zum Kap Hatteras hinter sich.

Piening in *U155* vom Typ IXC operierte westlich von Trinidad vor der Insel Los Testigos, wo der Schiffsverkehr so dicht war, daß er und seine Crew kaum zum Schlafen kamen. Trotz zweier Fehlschüsse auf einen Tanker torpedierte und versenkte er

* Die amerikanische *Esso Houston,* 7700 BRT, und die drei britischen Tanker *Athelempress,* 8900 BRT, *British Colony,* 6900 BRT und *Beth,* 6900 BRT.

innerhalb von 17 Tagen, vom 14. bis zum 30. Mai, sieben Schiffe mit insgesamt 33 000 BRT und beschädigte vermutlich ein weiteres. Zu seinen Opfern zählten zwei Tanker: die britische *San Victorio* mit 8100 BRT (mit Leichtbenzin und Paraffin) und die panamaische *Sylvan Arrow* mit 7800 BRT. Der Verlust an Menschenleben auf der *San Victorio* war entsetzlich: Nur 4 von 44 Mann überlebten. Pienings Absicht, näher an die Küste von Venezuela zu fahren, um mit dem Deckgeschütz den dortigen Schiffsverkehr anzugreifen, wurde durch den Ausfall seines Kreiselkompasses vereitelt. Er kehrte, ohne nachzutanken, nach einer Feindfahrt von nur 56 Tagen direkt nach Frankreich zurück.

Werner Hartenstein in *U156* hatte im Atlantik östlich von Trinidad sogar noch größeren Erfolg. Innerhalb von sechs Tagen versenkte er ab dem 13. Mai fünf Frachter mit 25 600 BRT und beschädigte den britischen Tanker *San Eliseo* mit 8000 BRT. Seine erfolgreiche Jagd wurde jedoch durch einen Spezialauftrag von Dönitz unterbrochen.

Aus Presseberichten und anderen Quellen hatte Hitler den falschen Eindruck gewonnen, die Vereinigten Staaten hätten die Absicht, die Vichy-französische Insel Martinique zu erobern und die dort liegenden Kriegsschiffe zu beschlagnahmen, unter anderem den alten Flugzeugträger *Béarn*. Da Hitler die Vichy-Regierung nicht zwingen konnte, die Kriegsschiffe zu versenken, und da er nicht wußte, daß Washington die Franzosen bereits dazu gebracht hatten, sie bewegungsunfähig zu machen, befahl er Raeder, U-Boote nach Martinique zu schicken, um eine Invasion zu vereiteln und/oder alle Kriegsschiffe der Vichy-Regierung – insbesondere die *Béarn* – zu zerstören. Denn er wollte sicherstellen, daß sich keines dieser Schiffe der Flotte des Freien Frankreich anschließen konnte, die mit den Seestreitkräften der Alliierten operierte.

Da Hartenstein früher schon einmal nach Fort-de-France hineingeschlichen war (um einen verwundeten Offizier an Land zu setzen) und zufällig aktualisierte Karten von Martinique mitgebracht hatte, übertrug Dönitz ihm die Führung des Unternehmens. Er wurde von dem Typ-VII-Boot *U69* unter dem Kommando von Ulrich Gräf verstärkt, das zuvor an *U459* nachgetankt hatte und nach Süden in die Karibik gefahren war.

Hartenstein und Gräf gingen am 20. Mai vor Martinique in Stellung. Am folgenden Tag versenkte Hartenstein einen dominikanischen Frachter mit 1700 BRT und Gräf einen kanadischen Frachter mit 1900 BRT. Als Dönitz die Versenkungsmeldungen erhielt, ermahnte er die Kommandanten scharf, ihre »Hauptaufgabe« sei es, amerikanische Kriegsschiffe oder Kriegsschiffe der Vichy-Regierung zu versenken, die aus Fort-de-France ausliefen. Vier Tage später, am 25. Mai, traf Hartenstein den amerikanischen Glattdeck-Zerstörer *Blakeley* mit einem Torpedo. Durch die Detonation wurden 18 Meter des Vordecks abgerissen, 6 Besatzungsmitglieder getötet und 21 verwundet. Erstaunlicherweise gelang es der *Blakeley,* sich nach Fort-de-France zu retten. Dönitz schlug Hartenstein die Bitte ab, in den Hafen einzudringen, um dem Zerstörer den Rest zu geben.*

Der Treffer an der *Blakeley* sorgte in Washington und Vichy für große Aufregung.

* Ein amerikanisches Schiff schleppte die *Blakeley* zu der nahegelegenen Insel St. Lucia, wo Washington Luftwaffen- und Marinestützpunkte errichtet hatte. Sie erhielt einen neuen Bug und war ab September 1942 wieder in Dienst.

Möglicherweise als Folge informierte die Vichy-Regierung Berlin, daß ihre Kriegsschiffe in Martinique bewegungsunfähig waren und weder für die Alliierten noch für die Achsenmächte eine Gefahr darstellten. Dennoch blieben Hartenstein und Gräf eine weitere Woche vor der Insel. In diesem Zeitraum versenkte Hartenstein zwei weitere Schiffe, darunter die brasilianische *Alagrete* mit 6000 BRT, doch er zahlte dafür einen hohen Preis. Eine amerikanische Catalina mit einem 1,5-Meter-ASV-Radar entdeckte *U156* und bombardierte das Boot. Die Detonation zerriß zwei Haupttauchzellen und einen Treibstoffbunker und schaltete die gesamte Unterwasserhorchanlage aus. Hartenstein brach die Feindfahrt ab, meldete die Bombardierung und klagte über die fast unerträgliche tropische Hitze, unter der die Besatzung besonders litt, weil das Boot wegen der ständigen Bedrängung durch amerikanische ASW-Kräfte in den vergangenen sieben Tagen 121 von 168 Stunden hatte unter Wasser bleiben müssen.

In der Zwischenzeit war *U502* unter Jürgen von Rosenstiel, das vierte Typ-IXC-Boot in der südlichen Karibik, weiter nach Westen in die Gewässer vor den Inseln Curaçao und Aruba gefahren. Rosenstiel hatte dort auf seiner ersten Karibikfahrt großen Erfolg gehabt, diesmal jedoch fiel die Beute spärlich aus. In zwei Wochen versenkte Rosenstiel nur ein Schiff, die brasilianische *Goncalves Dias* mit 5000 BRT. Anfang Juni aber, als Dönitz *U502* nach Osten in das Gebiet von Trinidad verlegte, besserte sich die Erfolgsquote drastisch. Vom 2. bis zum 15. Juni versenkte Rosenstiel sechs Schiffe mit 31 300 BRT und erhöhte damit seine bestätigte Versenkungszahl bei dieser Fahrt auf beeindruckende acht Schiffe mit 41 200 BRT. Zu seinen Opfern zählten zwei amerikanische Tanker: die *M. F. Elliott* mit 6900 BRT und die *F. K. Lane* mit 6600 BRT.

Für den Rückmarsch von Martinique nach Frankreich tat sich Hartenstein in *U156* mit Rosenstiel in *U502* zusammen. Am 22. Juni übergab Hartenstein, der fast immer im selben Gebiet operiert hatte, Treibstoff an den weit herumgekommenen Rosenstiel. Am nächsten Tag sichtete Rosenstiel den alleinfahrenden britischen Frachter *Willimantic* mit 4600 BRT, doch er hatte alle Torpedos und auch die gesamte Munition für die Deckkanone verschossen. Hartenstein lief die von Rosenstiel gemeldete Position an, fand die *Willimantic,* versenkte sie mit dem Geschütz und nahm den Kapitän gefangen. Durch diese Versenkung hatte Hartenstein seine Ausbeute bei dieser Fahrt auf die noch eindrucksvollere Zahl von neun Frachtern und einem Segelschiff gesteigert; dazu kamen noch die Schäden an dem britischen Tanker *San Eliseo* mit 8000 BRT und an dem amerikanischen Zerstörer *Blakeley.*

Hartenstein und Rosenstiel erreichten den Westrand des Golfs von Biskaya Anfang Juli. Die Wellingtons der Coastal Command Squadron 172, ausgerüstet mit ASV-Radar und Leigh Light, patrouillierten seit etwa einem Monat über der Biskaya. Im Morgengrauen des 5. Juli erspähte Pilot Officer Wiley B. Howell, ein in der RAF dienender Amerikaner, in seiner Wellington Rosenstiels *U502* und belegte das Boot mit vier 120-Kilo-Wasserbomben, die auf geringe Tiefe eingestellt waren. *U502* verschwand spurlos. Es gab keine Überlebenden bei der ersten erfolgreichen Versenkung durch eine Wellington mit Leigh Light.

Insgesamt hatten auch die vier Typ-IXC-Boote, die im Südwest-Atlantik und in der Karibik patrouillierten, sehr gute Ergebnisse erzielt. Sie versenkten 34 Schiffe (8 Tanker) mit rund 164 000 BRT, ein Durchschnitt von 8,5 Schiffen mit 41 000 BRT pro Boot und Fahrt.

Die letzten 3 der 13 im April ausgelaufenen Typ-IXC-Boote erhielten einen Spezialauftrag. Lose als Gruppe operierend, sollten sie den Schiffsverkehr der Alliierten im Gebiet der brasilianischen Insel Fernando de Noronha angreifen, die 460 Kilometer nordöstlich von Natal vor der westlichen Landspitze Brasiliens liegt. Die Kommandanten dieser Boote waren Ritterkreuzträger Ernst Bauer in *U126,* Ulrich Heyse in *U128* und Albrecht Achilles in *U161.* Alle drei waren bereits zuvor nach Amerika gefahren. Jedes Boot führte 23 Torpedos mit sich: 15 elektrische im Inneren und 8 Preßlufttorpedos in Oberdeckbehältern.

Auf dem Weg in dieses entlegene Gebiet stieß Heyse am 11. Mai mit seinem IXC-Boot *U128* auf den großen, nach Norden fahrenden Geleitzug Sierra Leone 109 mit 31 Schiffen, der von nur vier Geleitfahrzeugen gesichert wurde. Die Sicherungsgruppe fing Heyses Fühlungsmeldung mit einem Huff-Duff-Kurzwellenpeilgerät auf, nahm Kurs auf die eingepeilte Position und drückte ihn unter Wasser. Drei Schiffe warfen Wasserbomben. Zwei Geleitfahrzeuge, die Sloops *Landguard* (ein ehemaliges Küstenschutzschiff) und *Hastings* erlitten durch die Explosionen ihrer eigenen Wasserbomben einen »größeren Maschinenschaden«. Danach mußte die *Landguard* von einem Handelsschiff ins Schlepptau genommen werden, so daß der Geleitzug nur noch über drei Sicherungsfahrzeuge verfügte.

Am nächsten Tag, dem 12. Mai, holte Heyse Bauer in *U126* und Achilles in *U161* als Verstärkung heran. Bei Dunkelheit griff Heyse an und schoß vier Bugtorpedos auf zwei Schiffe. Er meldete mehrere Treffer, aber nur der mit Eisenerz beladene britische 3500-Tonnen-Frachter *Denmark* ging unter. Danach wurden alle drei U-Boote durch eine außerordentlich aggressive Reaktion der Geleitfahrzeuge, auch der *Landguard,* die ihr Schlepptau losmachte, in Schach gehalten, und da sie den Befehl hatten, Treibstoff und Torpedos für ihren Spezialauftrag zu sparen, verzichteten sie auf weitere Angriffe.

Bei der Ankunft im Gebiet von Fernando de Noronha sichtete die Einsatzgruppe keine Schiffe. Deshalb wies Dönitz Anfang Juni das Rudel an, das Gebiet weiter nordwestlich entlang der Küste Südamerikas bis nach Trinidad zu erkunden. Bauer kreuzte in den folgenden 40 Tagen in diesem Raum und übertraf dabei seine frühere spektakuläre Feindfahrt in der Windward Passage: Er versenkte fünf Schiffe mit insgesamt 41 500 BRT und zwei Segelschiffe, außerdem beschädigte er den amerikanischen Tanker *Gulfbelle* mit 7100 BRT, der sich mit seinen Geschützen heftig zur Wehr setzte. Unter den versenkten Schiffen waren die norwegischen Tanker *Höegh Giant* mit 11 000 BRT und *Leiv Eriksson* mit 10 000 BRT. In einem benachbarten Gebiet östlich von Trinidad versenkte Heyse mit *U128* zwischen dem 8. und dem 28. Juni vier weitere Schiffe mit insgesamt 32 000 BRT und beschädigte den amerikanischen Frachter *Steel Engineer* mit 5700 BRT. Auch zwei norwegische Tanker zählten zu seinen Opfern: die *South Africa* mit 9200 BRT und die *Andrea Brövig* mit 10 200 BRT.* Achilles in *U161* geriet in schlechtes Wetter und hatte kein Jagdglück. In der

* Heyse, der früher bei der Handelsmarine gefahren war, bezeugte in einem Dokument, das zur Verteidigung von Dönitz in Nürnberg vorgelegt wurde, er habe allen Überlebenden des norwegischen Tankers *South Africa* trockenes Brot und Rum gegeben, den Überlebenden des amerikanischen Frachters *Polybios* in die Rettungsboote geholfen und den Kapitän des amerikanischen Frachters *West Ira* an Bord genommen. Dieser schickte später Heyse eine Weihnachtskarte, in der er an seine »schöne Zeit« auf *U128* während der Fahrt nach Frankreich erinnerte.

Nähe von Trinidad, wo er sich bei seiner ersten Fahrt Ruhm erworben hatte, entdeckte er am 14. Juni einen Geleitzug, doch es gelang ihm nur, den 8000-Tonnen-Frachter *Scottsburg* zu versenken, und er wurde bei einem Gegenangriff gerammt.*

Nach einer notdürftigen Reparatur fuhr Achilles nach Westen in das Gebiet des Panamakanals, wo er mit dem Geschütz das amerikanische Segelschiff *Cheerio* mit 35 Tonnen versenkte und einen 3300-Tonnen-Frachter am Kai von Puerto Limon in Costa Rica torpedierte. Der konnte jedoch später gerettet werden. Auf der Heimfahrt griff Achilles einen militärischen Geleitzug an und versenkte ein Schiff, das wichtige Fracht geladen hatte. Ebenfalls auf dem Rückmarsch sichtete Bauer westlich des Golfs von Biskaya einen nach Norden fahrenden, schwer qualmenden Geleitzug, doch Dönitz argwöhnte, es sei eine U-Boot-Falle, und verweigerte Bauer die Erlaubnis zum Angriff.

Alle drei U-Boote dieser Sondergruppe tankten im Juli auf dem Rückmarsch nach Frankreich auf. Bauer in *U126* kam am 22. Juli an, nachdem er sieben bestätigte Schiffe (darunter zwei Tanker) mit rund 36 000 BRT versenkt hatte. Achilles legte am 7. August an und schloß eine Rekordfahrt von 102 Tagen ab, auf der er zwei Frachter mit 14 200 BRT versenkt und einen weiteren mit 3300 BRT am Kai von Puerto Limon beschädigt hatte.

Die Ergebnisse der 13 U-Boote vom Typ IXC, die im April in den Golf von Mexiko und in die Karibik ausgelaufen waren, schlugen alle Rekorde. Einschließlich der Segelschiffe hatten sie 95 Schiffe mit 482 843 BRT versenkt (darunter 26 Tanker), ein Durchschnitt von 7,3 versenkten Schiffen mit etwa 37 141 BRT pro Boot und Fahrt; eine Fahrt hatte durchschnittlich 76 Tage gedauert. Und ein Typ-IXC-Boot – Rosenstiels *U502* – war im Golf von Biskaya verlorengegangen. Das Verhältnis zwischen verlorenen Booten und versenkten Schiffen betrug damit 95 : 1, eine Quote, die im Zweiten Weltkrieg nie wieder erreicht werden sollte.

Sechs der 13 U-Boote vom Typ IX, die nach Amerika gefahren waren, hatten nachgetankt, auch das verlorengegangene Boot *U502*. Sie hatten durchschnittlich 83 Tage patrouilliert. Die sieben Boote, die nicht nachtankten, waren 70 Tage unterwegs gewesen. Das Nachtanken hatte also bei den aufgetankten Booten die Feindfahrten im Durchschnitt um 13 Tage verlängert. Doch die sechs aufgetankten Boote hatten durchschnittlich nur 6,3 Schiffe pro Boot und Fahrt versenkt, die sieben nicht aufgetankten aber 8,1.

Die Krise bei den Alliierten verschärft sich

Die Operationen der 29 im April nach Amerika ausgelaufenen U-Boote waren unbestreitbar ein spektakulärer deutscher Seesieg: 133 versenkte Schiffe mit 641 000 BRT (darunter 35 Tanker) und 14 beschädigte Schiffe mit 81 000 BRT (darunter 6 Tanker).

---

* Die Crew der *Scottsburg* wurde von dem ebenfalls amerikanischen Frachter *Kahuku* mit 6000 BRT gerettet; dieser wurde jedoch zwei Tage später von Bauer in *U126* versenkt. Bauer rettete mit Archie Gibbs von der *Scottsburg* einen Seemann, der binnen kürzester Zeit zwei Versenkungen erlebt hatte. Vier Tage später übergab er Gibbs einem kleinen venezolanischen Schiff, das Gibbs in einem Hafen absetzte – er hatte eine erstaunliche Geschichte zu erzählen.

Die Gesamtzahl der versenkten oder beschädigten Opfer betrug somit 147 Schiffe mit 722 000 BRT (darunter 39 Tanker).

Die Mehrzahl dieser Schiffe wurde im Golf von Mexiko und in der Karibik oder in den Zufahrten zu diesem Raum im Westatlantik versenkt oder beschädigt. Der deutsche Sieg wurde durch eine rasche und geschickte Verlegung der U-Boote von der Ostküste der Vereinigten Staaten in diese beiden Gebiete ermöglicht, die für einen U-Boot-Krieg noch nicht gewappnet waren. Wären die Alliierten in der Lage gewesen, den mit Vier-Walzen-Enigma-Maschinen verschlüsselten Triton-Schlüssel der U-Boote (den die Briten »Shark« nannten) zu entziffern, hätten sie mit großer Wahrscheinlichkeit diese Verlegung ebenso wie das Nachtanken früh genug bemerkt, um besondere Vorkehrungen und wirkungsvollere ASW-Maßnahmen zu treffen. Zum Beispiel hätte die Versenkung des Tankers *U459* zweifellos die Operationen der U-Boote gestört und im Mai und Juni zahlreiche Schiffe der Alliierten gerettet.

In den fünf Monaten vom 1. Januar bis zum 1. Juni 1942 hatten Deutsche und Italiener im Atlantik, in der Karibik und im Golf von Mexiko 129 Tanker versenkt. Von diesen waren 49 in Amerika registriert, 37 in Großbritannien, 19 in Norwegen und 12 in Panama. Die übrigen 12 stammten aus Kanada, den Niederlanden, Venezuela, Mexiko und der Sowjetunion.

Mit der Einführung der Geleitzugsysteme Halifax-Boston-Halifax und Norfolk-Key West-Norfolk hatten die Admirale King und Andrews die Verluste an Tankern im Gebiet der Eastern Sea Frontier fast auf Null reduziert (je ein Verlust im Mai und im Juni). Doch der Golf von Mexiko und die Karibik blieben problematische Gebiete. King konnte noch nicht so viele Luft- und Überwassereskorten aufbringen, wie er für Geleitzüge zwischen Trinidad und Key West sowie zwischen den Ölhäfen von Texas und Louisiana und Key West benötigt hätte.

Plangemäß führten die Briten und die Kanadier im Mai zwei Geleitzugsysteme in der Karibik ein:

- Eine britische Route, die zwischen Aruba-Curaçao und Trinidad verlief. Eine britische Sicherungsgruppe (B-5) der Mid-Ocean Escort Force (MOEF) wurde von der Nordatlantikroute in die Karibik verlegt, was die MOEF von zwölf auf elf Sicherungsgruppen – sechs britische, vier kanadische und eine amerikanische – verkleinerte.* Amerikanische Flugzeuge boten zusätzliche Sicherung, und die Briten verlegten die Coastal Command Squadron 53 (20 Hudsons) nach Trinidad. Wie erwähnt, fuhren britische Tanker ab Trinidad ungesichert nach Freetown in Sierra Leone und dann wieder in Geleitzügen zu den Britischen Inseln.
- Eine kanadische Route, die zwischen Trinidad und Halifax über die Bermudainseln verlief. Vier (später sechs) kanadische Korvetten verließen die MOEF und stellten die Überwassereskorte. Amerikanische Flugzeuge auf Trinidad und den Bermudas lieferten zusätzlichen Schutz. Kanadische Kriegsschiffe der Western Local Escort Force (WLEF) begleiteten die Tanker auf ihrer Fahrt von Halifax nach Portland in Maine, wo eine im November 1941 in Betrieb genommene Pipeline zu Raffinerien in Montréal endete.

---

* Die letzte amerikanische Sicherungsgruppe der MOEF, A-3, bestand in der Regel aus zwei der fünf im Atlantik stationierten Küstenschutzschiffe der Treasury-Klasse *(Campbell, Ingham, Spencer, Bibb* oder *Duane)* und aus bis zu sechs kanadischen Korvetten.

Einer der Gründe, warum King keine amerikanischen Routen für Geleitzüge in der Karibik und im Golf von Mexiko einrichten konnte, war die gescheiterte Umsetzung des von Präsident Roosevelt so energisch durchgesetzten Bauprogramms von 33 Meter langen Schiffen der SC-Klasse (»60 Schiffe in 60 Tagen«). Bis zum 1. Mai war dieses Projekt auf zahlreiche Schwierigkeiten gestoßen und lag kläglich hinter dem Zeitplan zurück. Dasselbe galt für das Bauprogramm der 52,5 Meter langen PC-Boote; vom 1. Januar bis zum 1. Mai war lediglich ein Dutzend PCs fertiggestellt und die Hälfte davon war noch in der Erprobungsphase.* Aus diesem Grund bat Admiral King am 21. Mai Admiral Pound um die leihweise Überstellung von »15 oder 20 Korvetten«, die auf den Britischen Inseln stationiert waren, damit er amerikanische Geleitzüge im Golf von Mexiko und in der Karibik einführen könnte. Pound entgegnete, die Briten hätten keine Korvetten auf den Britischen Inseln stationiert, war jedoch bereit, die britischen Sicherungsgruppen MOEF von elf auf zehn Fahrzeuge zu reduzieren, um der Bitte zu entsprechen, wenn der Admiralität zugesichert werden könnte, daß die amerikanischen und kanadischen Sicherungsgruppen »ebenso hart arbeiten würden« wie die britischen Gruppen. Da King befürchtete, daß eine weitere Verkleinerung der MOEF-Gruppen mit großer Wahrscheinlichkeit zu einer Wiederaufnahme der intensiven U-Boot-Angriffe auf die Nordatlantikroute führen würde, ließ er die Angelegenheit ruhen, wenn auch schweren Herzens.

In der ersten Juniwoche, am Vorabend der großen Schlacht bei Midway, berief King jedoch eine weitere Konferenz zur Einführung von Geleitzügen nach Washington ein, um die Krise der Schiffahrt in der Karibik und im Golf von Mexiko zu überwinden. Die Konferenzteilnehmer beschlossen, den geplanten Geleitdienst auf der Route Guantánamo Bay**-New York-Guantánamo Bay zugunsten des provisorischen Geleitdiensts auf der Route Key West-Trinidad-Key West zu verschieben, der am 1. Juli starten sollte. Zusätzlich sollten so rasch wie möglich ein provisorischer Geleitdienst auf der Route Key West-Panama-Key West und ein Geleitdienst im Golf von Mexiko eingerichtet werden. Die Briten erklärten sich bereit, die britische Escort Group B-5 der MOEF in der Karibik zu belassen, um die Einführung dieser Geleitdienste zu erleichtern.

Zur selben Zeit brachte King erneut die seit langem anstehende Bitte der US Navy um Geleitzerstörer (amerikanische Abkürzung: DE) vor. Am 15. Juni schrieb er an Roosevelt: »Wir benötigen abgewandelte DEs [d. h. die amerikanische, nicht die britische Version] zum frühestmöglichen Zeitpunkt. Wenn wir sie nicht rasch erhalten, wird es nötig sein, einige [Schiffs-]Routen zum Sperrgebiet zu erklären, um untragbare Verluste zu vermeiden.« Roosevelt hielt jedoch damals immer noch eine Invasion Frankreichs zur Entlastung der Sowjetunion (Operation Sledgehammer) im Spätsommer 1942 für sehr wahrscheinlich, und der Bau von Landungsbooten verschiedenster Art hatte noch für mehrere Monate die höchste Priorität.

In dieser frustrierenden Lage hatte King zudem noch mit der Army und den Army Air Forces einen ständigen Kampf über die Art der Verwendung landgestützter Flugzeuge bei der U-Boot-Bekämpfung zu führen.

---

* Siehe dazu Anhang 14.

** Guantánamo Bay ist ein amerikanischer Marinestützpunkt und -ankerplatz am Ostende von Kuba an der Windward Passage.

Gemäß der Vereinbarung vom 26. März zwischen der Army und der Navy hatten die Army Air Forces Einheiten des 1. Bomber Command an die Eastern und Gulf Sea Frontier abkommandiert und ihre Antilles Air Task Force unter Kontrolle der Caribbean Sea Frontier gestellt. Die jeweiligen Befehlshaber der Sea Frontiers, Andrews, Kauffman und Hoover, hatten diesen landgestützten Flugzeugen der Army zwei Hauptaufgaben zugewiesen: Luftsicherung für Geleitzüge und/oder wichtige alleinfahrende Schiffe und Suchpatrouillen in vermuteten Operationsgebieten der U-Boote.

Stimson und Marshall von der Army und Hap Arnold von den Army Air Forces mißbilligten die Dislozierung und den Einsatz ihrer landgestützten Flugzeuge durch die Navy. In den Augen von Arnolds Fliegern waren die Einheiten des 1. Bomber Command »zerstückelt« und den verschiedenen Räumen auf Dauer zugewiesen worden. Flugzeuge, die einer Frontier zugeteilt waren, durften die Grenze zu einer anderen Frontier nicht überqueren. Der Wechsel von Flugzeugen und Besatzungen von ASW-Patrouillen zur Ausbildung in Navigation und Bombenabwurf aus großer Höhe und umgekehrt hatte nicht reibungslos funktioniert. Die Flugzeugbesatzungen haßten die Patrouillenflüge und die Luftsicherung von Geleitzügen. Es waren, selbst mit einem 1,5-Meter-ASV-Radargerät, dumpfe, *defensive* und sehr schwierige Aufgaben, bei denen wenig Lorbeeren zu ernten waren.

In den fünf Monaten der ASW-Einsätze hatten sich Hap Arnold und der Stab der Luftwaffe eine starre Doktrin zur Bekämpfung der U-Boote zurechtgelegt. Statt die Kontrolle über die Lufteinheiten zu dezentralisieren und an die verschiedenen Frontiers zu delegieren, wie King es hartnäckig forderte, drängten Arnold und die Flieger auf die Schaffung einer zentralen Kommandostelle mit Kontrolle über sehr mobile Lufteinheiten, die theoretisch je nach Bedarf rasch von einer Frontier zur anderen verlegt werden konnten. Anstelle von *defensiven* Patrouillenflügen und Eskorten sollte dieses zentrale Kommando seine Einsatzkräfte in erster Linie für *offensive* ASW-Einsätze nutzen. Sie sollten mit gut ausgebildeten und ausgerüsteten »Hunter-Killer«-Staffeln über ein gemeldetes U-Boot oder ein U-Boot-Rudel herfallen und in der Lage sein, eine lange und energische Jagd durchzuführen.

Um die Umsetzung dieser Doktrin zu erleichtern, wies das Kriegsministerium am 20. Mai Hap Arnold an, das 1. Bomber Command zu reorganisieren. »Die Reorganisation sollte so gestaltet werden«, hieß es konkret in der Weisung, »daß sie die besonderen Anforderungen von ASW-Einsätzen und alliierten Lufteinsätzen erfüllt und ferner im Einklang steht mit der Pflicht der Army zu Operationen zur Unterstützung oder anstelle von Marineverbänden zum Schutz der Schiffahrt.« Arnold sollte das 1. Bomber Command mit allen in den Vereinigten Staaten verfügbaren zweimotorigen (mittleren) B-18-Bombern ausstatten und diese so rasch, wie die Anlagen erhältlich waren, mit 10-Zentimeter-ASV-Radargeräten und geeigneten Bomben- und Wasserbombenschächten zur U-Boot-Bekämpfung ausrüsten. Die so gerüsteten Flugzeuge sollten zu U-Boot-Zerstörer-Staffeln (»Submarine Destroyer Squadrons«) zusammengefaßt werden und von einem Netz neuer Stützpunkte entlang der Ost- und Golfküste aus operieren. Dabei sollten sie die von einer ASW-Forschungsgruppe in Langley Field empfohlene Taktik einsetzen und mit erstklassigen Funkgeräten kommunizieren.

Als Kriegsminister Stimson den Marineminister Knox und Admiral King über die Doktrin der Army Air Forces und die Pläne zur Reorganisation des 1. Bomber Command in Kenntnis setzte, reagierten diese Seekriegsexperten zurückhaltend und wenig begeistert. In einer offiziellen Antwort, die Stimson beinahe ungläubig entgegennahm, begrüßte King die ausschließliche Zuteilung des 1. Bomber Command zur U-Boot-Abwehr, lehnte aber den Gedanken eines zentralen ASW-Kommandos ab, selbst wenn der Oberbefehlshaber ein Admiral sein sollte. Er wandte sich gegen alle übereilten und grundlegenden Veränderungen der Befehlsstruktur, die laufende Operationen behindern könnten.

Der Verlust von 129 alliierten Tankern beunruhigte und erschreckte die Briten zutiefst. Es stellte sich heraus, daß die britischen Ölreserven – auf einen nicht hinnehmbaren Stand fallen könnten. Die Lage wurde noch verschlimmert, weil etwa 50 britische Tanker in den Indischen Ozean überführt werden mußten, um britische Operationen in diesem Gebiet und im Mittelmeerraum zu unterstützen, und weil man sich entschlossen hatte, die nach Großbritannien fahrenden Tanker die längere Route über Trinidad nach Freetown zu leiten, wo sie mit den langsamen Sierra-Leone-Geleitzügen nach Norden fahren konnten.

Um eine gefährliche Ölkrise zu vermeiden, ersuchten die Briten am 2. Mai die Amerikaner um die »Verleihung« (d. h. das Geschenk) eines Äquivalents von 70 Tankern mit einer Ladefähigkeit von je 10000 Tonnen, also von 700000 Tonnen. Präsident Roosevelt entsprach dieser Bitte in »sensationeller und fast unerwarteter Weise« (wie es in London formuliert wurde) trotz der eigenen Tankerverluste der USA und des Mangels an solchen Fahrzeugen im Pazifik. Der Ölzar Harold Ickes informierte die Briten am 14. Mai, daß ihre Bitte (bekannt als »Red Gap«) in den »kommenden vier Wochen« erfüllt würde. Und sie wurde nicht nur erfüllt, sondern sogar noch erheblich übertroffen: Tanker einer Ladefähigkeit von insgesamt 854000 Tonnen, davon 170000 Tonnen für Kanada und 684000 Tonnen für das Vereinigte Königreich.

Dieses zweite großzügige Geschenk von Öltankern an Großbritannien wurde durch folgende Faktoren ermöglicht:

- Den drastischen Anstieg von Öllieferungen aus Texas in den Nordosten der USA mit Hilfe von Eisenbahntankwagen. Im Januar 1942 beförderte die Ölindustrie etwa 100000 Barrel täglich mit der Eisenbahn in dieses Gebiet. Bis Juni 1942 waren die Lieferungen über die Schiene auf etwa 726000 Barrel täglich gestiegen.
- Die Inbetriebnahme der Plantation Pipeline. Diese verlief von Baton Rouge über Bremen in Georgia bis nach Greensboro in North Carolina und beförderte täglich etwa 50000 Barrel. Von Greensboro aus wurde das Öl in Eisenbahnwaggons oder Kähnen weiter nach Nordosten transportiert. Bis Juni 1942 gingen durch diese Pipeline und die Pipeline im oberen Mittelwesten täglich etwa 125000 Barrel Öl in den Nordosten.*
- Durch die Rationierung von Benzin im Nordosten der Vereinigten Staaten ab dem 15. Mai 1942.
- Durch einen weit effektiveren Einsatz aller Mittel zum Transport von Öl in den Nordosten im Jahr 1942.
- Durch den Bau neuer Tanker durch Jerry Lands Maritime Commission.

* Die gesamten Überlandlieferungen an Erdöl stiegen von 203000 Barrel täglich im Januar 1942 auf 956000 Barrel täglich im Juni 1942, also beinahe um das Fünffache. In der gleichen Zeit fiel die Transportmenge der Ozeantanker auf ein Sechstel der ursprünglichen Menge, von 1,3 Millionen Barrel pro Tag auf 226000 Barrel pro Tag.

- Durch die erstaunlich rasche Rückkehr zahlreicher erdölabhängiger Industrieunternehmen zum Kohle- oder Erdgasbetrieb.

Doch mit dem zweiten Geschenk war es nicht getan. Am 1. August ersuchte London Washington erneut um Tanker, um ein gefährliches Absinken der Ölreserven zu vermeiden. Diesmal (beim sogenannten »Blue Gap«) erbaten die Briten das Äquivalent von 54 Tankern mit einer Ladefähigkeit von 10 000 Tonnen, also einer Ladefähigkeit von insgesamt 540 000 Tonnen. Präsident Roosevelt entsprach auch dieser Bitte prompt. Innerhalb von 30 Tagen – bis zum 1. September – hatte Ickes das Äquivalent von 40 weiteren Tankern mit einer Ladefähigkeit von insgesamt 400 000 Tonnen an die Briten überstellt. Die restlichen Tanker wurden in den Monaten Oktober und November überstellt.

Die gesamte Unterstützung der Amerikaner für die Briten im Jahr 1942 (Red und Blue Gap) betrug somit über 124 »Äquivalenttanker« mit je 10 000 Tonnen Ladefähigkeit oder insgesamt 1,24 Millionen Tonnen. Als Antwort auf die erste Beihilfe (Red Gap) telegrafierte Churchill am 27. Mai an Roosevelt:

> *Ich muß Ihnen meine Dankbarkeit ausdrücken für die Zuteilung von 70 Tankern, um die Ölvorräte des Vereinigten Königreichs aufzustocken. Ohne diese Hilfe wären unsere Vorräte bis Ende des Jahres auf einen gefährlich niedrigen Stand gefallen. Diese Tat ist um so großzügiger, führt man sich die in letzter Zeit schweren amerikanischen Tankerverluste und die Opfer vor Augen, die mit der Freisetzung so vieler Schiffe verbunden sind.*

Die Argonauten-Konferenz

Da die Lage der alliierten Schiffahrt für den Erfolg oder Mißerfolg aller Pläne entscheidend war und weil die globale Strategie, die Kriegsrüstungsprogramme und andere Angelegenheiten abgeklärt und koordiniert werden mußten, entschloß sich Churchill, ein zweites Treffen mit Roosevelt in Washington vorzuschlagen. Roosevelt stimmte – keine Minute zu früh – dem Treffen zu, das als Argonauten-Konferenz bezeichnet wurde.

Im Juni 1942 stieß Hitler mit gewaltigen, stark motorisierten Armeen von der Ukraine Richtung Kaukasus auf die reichen Ölfelder bei Baku am Kaspischen Meer und südöstlich in Richtung Stalingrad an der Wolga vor. Stalin hatte einen neuerlichen deutschen Angriff auf Moskau erwartet und deshalb seine Truppen im Zentrum zusammengezogen. Deshalb konnten die Fronten der Roten Armee im Süden und Südosten den deutschen Vormarsch kaum aufhalten. Hitler leitete diese großangelegte Offensive persönlich und verlegte seine Befehlsstelle in die Ukraine.

Die deutschen Erfolge im Mittelmeerraum gaben zusätzlich Anlaß für eine dritte Gesprächsrunde zwischen Roosevelt und Churchill. In der Nähe von Tobruk versetzte Rommels Afrikakorps am 12./13. Juni der britischen 8. Armee einen scheinbar entscheidenden Schlag, der die Einnahme Tobruks und möglicherweise die Eroberung ganz Ägyptens vorbereitete. Um dieselbe Zeit, vom 13. bis zum 16. Juni, wehrte die Luftwaffe – und einige italienische Marineeinheiten – einen verzweifelten britischen Versuch ab, Malta durch zwei gleichzeitig auslaufende, schwer eskortierte Geleitzüge von Gibraltar und Alexandria aus zu verstärken. Lediglich zwei der 17 Versorgungsschiffe in den beiden Geleitzügen kamen durch, der Rest wurde versenkt oder machte kehrt. Infolge dieser britischen Niederlagen zu Wasser und zu Lande gab die Royal Navy ihren Hauptstützpunkt in Alexandria auf und zog sich nach Osten bis nach Haifa in Palästina und Beirut im Libanon zurück.

Schlimmer noch war eine besorgniserregende Vorhersage von Rodger Winn im Submarine Tracking Room der Admiralität. Am 1. Juni schätzte Winn, daß die Deutschen bislang 355 U-Boote gebaut hätten, von denen nur 75 mit Sicherheit versenkt worden waren. Damit blieb am 1. Juni eine Streitmacht von etwa 280 bis 285 in Dienst gestellten U-Booten.* Außerdem, schätzte Winn, würden die Deutschen mit einer Rate von »15 bis 25 pro Monat« neue U-Boote bauen. Falls sich diese Vorhersage erfüllte, würde die deutsche U-Boot-Streitmacht bis zum 1. Januar 1943 auf mindestens 400 U-Boote anwachsen.

Zahlreiche amerikanische Experten hielten diese besorgniserregende Vorhersage noch für stark untertrieben, auch Adolphus Andrews der Befehlshaber der Eastern Sea Frontier. Anläßlich einer Analyse von Winns Papier im Juni heißt es im Kriegstagebuch der Eastern Sea Frontier, die Zahl der noch aktiven U-Boote betrage vermutlich nicht nur 280 oder 285, sondern 325, von denen wiederum nicht nur 125, sondern 140 der Atlantikflotte zugeteilt seien. Weiter heißt es in dem Kriegstagebuch, das zweifellos Andrews Ansichten widerspiegelt:

> *Bei der gegenwärtigen Produktionsrate werden die Deutschen bis zum 1. Januar 1943 über 500 U-Boote haben. Vermutlich werden die meisten dieser Neubauten letztlich gegen uns im Atlantik eingesetzt. Wenn man bedenkt, daß in den ersten sechs Kriegsmonaten [für die Vereinigten Staaten] durchschnittlich 100 für Operationen im Atlantik vorgesehene U-Boote uns sehr schwere Verluste beigebracht haben, dann stellt die Verdoppelung oder Verdreifachung dieser Zahl ein sehr ernstes Problem dar, insbesondere, wenn man weiter bedenkt, daß die Zahl der Versenkungen von U-Booten [durch die Alliierten] in derselben Zeitspanne so gering war, daß sie beinahe vernachlässigt werden kann. Die U-Boot-Besatzungen, die im März noch unerfahren waren, sind inzwischen kampferprobte Veteranen [und] werden den aktiven Kern der größeren Flotte bilden, die von heute an gerechnet in sechs Monaten auf See sein wird.*
>
> *Die Lösung des Problems liegt in erster Linie in der Entwicklung von Mitteln zur Zerstörung der U-Boote und weniger in der Ortung und Aufspürung (worauf sich bislang unsere meisten Forschungsbemühungen konzentrierten). Auch wenn Angriff, Eroberung und Verteidigung der Küste der Biskaya eine gefährliche und kostspielige Operation wäre, könnte es sich als kostspieliger erweisen, dem Feind zu gestatten, daß er diese Stützpunkte weiter nutzt und die von dort aus durchgeführten Einsätze weiter ausweitet.*

---

* Nach Winns Schätzungen waren die an der Front eingesetzten Boote wie folgt aufgeteilt: 125 in der Atlantikflotte, 35 in der Mittelmeerflotte, 15 in der Arktisflotte, der Rest in Deutschland. Tatsächlich befanden sich 86 Boote im Atlantik, 21 im Mittelmeer und 21 in der Arktis im Einsatz.

Unter strenger Geheimhaltung verließ Churchill am 17. Juni in einer Boeing Flying Clipper die Britischen Inseln. Das riesige Flugboot landete 26,5 Stunden später auf dem Potomac in Washington. Dort stieg Churchill in ein kleineres Flugzeug um und flog zum Haus des Präsidenten nach Hyde Park in New York, wo er mit Roosevelt und Harry Hopkins Gespräche über die künftige Strategie führte. Churchill unterstrich folgende Punkte:

- Die »andauernden schweren Schiffsverluste« durch U-Boote in amerikanischen Gewässern stellten »die unmittelbarste und größte Gefährdung« der Alliierten dar. Er drängte Roosevelt, alles menschenmögliche zu veranlassen, damit die Ausdehnung des Geleitzugsystems bis in den Golf von Mexiko und in die Karibik beschleunigt werde.
- Falls die Operation Sledgehammer wie geplant im September 1942 gestartet werde, werde sie »mit Bestimmtheit zur Katastrophe führen«. Keine verantwortliche militärische Stelle in Großbritannien befürworte diese Operation.
- Anstelle von Sledgehammer sollten die Alliierten nochmals die Operationen Gymnast – die aufgeschobene Invasion der Alliierten in Französisch-Nordwestafrika – und Jupiter, eine alliierte Besetzung des äußersten Nordnorwegens zum Schutz der Murmansk-Geleitzüge von der Landseite her, in Erwägung ziehen.
- Britische Wissenschaftler hatten (auf dem Papier) wesentliche Fortschritte bei der Forschung an einer Atombombe erzielt, die auf den Britischen Inseln aus Sicherheitsgründen als Forschung an »Tube Alloys« (Legierungen für Röhren) getarnt worden war. Die Briten und die Amerikaner sollten »sofort all ihre Kenntnisse zusammenlegen, als gleichberechtigte Partner weiterarbeiten und die Ergebnisse, sollten sich welche einstellen, gleichermaßen teilen«.

Während diese Gipfelgespräche stattfanden, erhielt Admiral King am 19. Juni eine Denkschrift des ansonsten gelassenen und zurückhaltenden Generalstabschefs der Army George Marshall, in der er scharf kritisiert wurde und die seinen Gegnern sehr gelegen kam. In welcher Absicht die Denkschrift, deren Inhalt King mindestens ebenso bekannt war wie Marshall, ausgerechnet zu diesem Zeitpunkt verfaßt wurde, ist bis heute völlig unklar. Marshall teilte die schweren Schiffsverluste in vier Kategorien ein und schrieb:

> *Die Verluste durch U-Boote vor unserer Atlantikküste und in der Karibik gefährden inzwischen unsere gesamten Kriegsanstrengungen … Wir wissen alle, wie begrenzt die Zahl der verfügbaren Geleitfahrzeuge ist, aber sind in dieser Situation alle denkbaren, provisorischen Mittel zum Einsatz gekommen? Ich befürchte, wenn es ein oder zwei weitere Monate so [mit einer solchen Verlustrate] weitergeht, werden unsere Transportmittel so dezimiert sein, daß wir auf den wichtigsten Kriegsschauplätzen nicht mehr genügend Männer und Flugzeuge gegen den Feind führen können, um den Kriegsverlauf entscheidend zu beeinflussen.*

King antwortete am 21. Juni auf Marshalls Denkschrift, indem er bemerkenswert sachlich und ausführlich die Maßnahmen auflistete, die bereits zur U-Boot-Bekämpfung unternommen worden waren, und darstellte, was seiner Ansicht nach in Zukunft noch notwendig war. »Obwohl wir außerhalb der östlichen Geleitzugzone noch immer schwere Verluste erleiden«, schrieb King, »ist die Lage nicht hoffnungslos.« Er hob folgende Punkte hervor:

• Die U-Boot-Gefahr lasse sich nur dadurch völlig beseitigen, daß »die deutschen Werften und Stützpunkte durch schwere Bomberangriffe zerstört« würden. Dies sei eine Maßnahme zu der er »die Briten bislang nur mit bescheidenem Erfolg gedrängt« habe.
• In der Zwischenzeit könnten die »Verluste auf eine akzeptable Quote reduziert werden«, wenn für die gesamte Schiffahrt eine defensive Geleit- und Luftsicherung organisiert werde. King unterstrich im folgenden seine feste Überzeugung, daß »der Geleitschutz nicht etwa nur *eine* Art und Weise ist, der U-Boot-Gefahr zu begegnen, sondern die *einzige*,* die Aussicht auf Erfolg hat«. Daher gelte es »jedes Schiff, das über das Meer fährt, ständig gut zu sichern«.
• In einer Anspielung auf die Doktrin der Army Air Forces, die offensive »Hunter-Killer«-Luftpatrouillen unter Verzicht auf defensiven Geleitschutz vorsah, übte King erneut Kritik an diesem Ansatz. »Die sogenannten Patrouillen- und Jagdoperationen haben sich immer wieder als nutzlos erwiesen«, schrieb er. Die einzige wirksame Methode, U-Boote auf See zu versenken, bestehe darin, die U-Boote, die von den Geleitzügen angezogen würden, »unablässig und gnadenlos« zu vernichten. Dieser Ansatz erfordere jedoch eine riesige Anzahl mit Radar ausgerüsteter und gut ausgebildeter Überwassereskorten und land- und trägergestützter Flugzeuge, die noch nicht einmal in Aussicht, geschweige denn verfügbar sei.
King schloß seine Denkschrift, indem er Marshall in fünf Punkten um seine Unterstützung bat:
• Beim Aufbau einer Streitmacht von rund 1000 mit Radar ausgerüsteten Flugzeugen der Army, die entlang der geplanten knapp 13 000 Kilometer umfassenden Geleitzugrouten in den Eastern, Gulf, Caribbean und Panama Sea Frontiers patrouillieren sollte, »sobald dies realisierbar ist«. Diese Luftstreitmacht sollte »keine vorübergehende Maßnahme bis zur Vermehrung« der Überwassereskorten sein, sondern eine »ständige Einrichtung«, die »unsere Schiffahrt angemessen schützt«, und zwar:
• Bei der Reduzierung der Gesuche um Aufstellung von »Sondergeleitzügen« für die rasche Überführung von Truppen der Army in »die Karibik oder in andere lokale Gefahrenzonen«, bis eine große Zahl Überwassereskorten zur Verfügung stehe. Denn die Sicherung der »Sondergeleitzüge« verringere den für die allgemeine Schiffahrt verfügbaren Schutz.
• Bei der Reduzierung von nicht eskortierten Fahrten von Frachtschiffen und der hartnäckigen Forderung, daß solche Schiffe in den bestehenden Geleitzügen fahren sollten.
• Bei einer Reduzierung des wachsenden Aufwands zum Schutz von wichtigen Einrichtungen an der Küste, etwa von Ölraffinerien, vor einem Artilleriebeschuß durch U-Boote, denn dieser sei nicht sehr »bedrohlich«, trete »nur gelegentlich« auf und sei leicht zu vereiteln.
• Bei einer genauen Überprüfung »jedes neuen Projekts hinsichtlich seiner Auswirkungen auf die U-Boot-Bekämpfung«. Jeder militärische Vorschlag und jede Operation, die »den Ausstoß von Fahrzeugen zur U-Boot-Abwehr verzögern oder zu einem Abzug von Fahrzeugen führt, die zum Schutz der Handelsschiffahrt eingesetzt sind, werden die gegenwärtige schlimme Lage unnötig verschlechtern«.
Roosevelt, Churchill und Hopkins fuhren mit dem Sonderzug des Präsidenten am

* Hervorhebungen von King.

Abend des 20. Juni von Hyde Park nach Washington. Bei der Ankunft im Weißen Haus am folgenden Tag erwartete sie eine bestürzende Nachricht: Rund 33 000 kampferfahrene Soldaten aus Großbritannien und dem Commonwealth hatten in Tobruk vor einer etwa halb so starken Streitmacht der Achse kapituliert. Churchill schrieb später: »Das war einer der schwersten Schläge, die mir aus dem ganzen Kriegsverlauf in Erinnerung geblieben sind.«

Die amerikanischen und die britischen Delegationen, die sich zur Argonauten-Konferenz in Washington versammelten, tagten mit kurzen Unterbrechungen vom 21. bis zum 27. Juni. Die Krise in der Schiffahrt und die militärische Niederlage in Nordafrika waren die beherrschenden Themen.

Unter dem unablässigen Druck von Churchill und seinen Beratern, aber auch von Stimson, Marshall und anderen in Washington tadelte Präsident Roosevelt Admiral King noch einmal wegen der Verzögerungen bei der Einführung von Geleitzügen. In einem persönlichen Schreiben an King faßte Roosevelt die schweren Verluste in der nicht eskortierten Schiffahrt in nordamerikanischen Gewässern in der Zeitspanne vom 17. Mai bis zum 27. Juni zusammen und fuhr dann fort:

> *Wir haben 118 unabhängig fahrende Schiffe verloren, aber 20 aus Geleitzügen. Ich weiß, daß es bei der Zusammenstellung der Sicherungsgruppen für Geleitzüge Probleme gibt, aber seit wir uns diese Aufgabe gestellt haben, sind drei Monate verstrichen. Ich weiß auch, daß die strikte Einhaltung der Regeln für Geleitzüge die Fahrt zahlreicher Schiffe verlangsamen wird, aber ich bin, offen gesagt, der Ansicht, daß unglaublich viel Zeit verstrichen ist, bis sich etwas getan hat, und außerdem glaube ich, daß wir vor allem im Sommer weniger Geleitfahrzeuge einsetzen, als wir könnten. Wir müssen diese Angelegenheit vorantreiben, und wir müssen die verfügbaren Mittel einsetzen, auch wenn sie nicht genau denen entsprechen, die wir gerne hätten.*

Abgesehen davon, daß Roosevelt die Verzögerungen in seinem eigenen Notprogramm für SC- und PC-Schiffe (»60 Schiffe in 60 Tagen«) und die niedere Priorität für den Bau von Geleitzerstörern völlig übergeht, spiegelt diese Notiz auch seine starrköpfige Auffassung wider, daß kleine, billige und massenweise hergestellte Fahrzeuge wie SC-Boote, private Fischerboote und Jachten die Aufgabe des Geleitschutzes in amerikanischen Gewässern übernehmen könnten. Von King kam eine prompte und bemerkenswert beherrschte Antwort, in der er taktvoll unterstrich, daß die von Roosevelt so sehr befürworteten, kleinen Fahrzeuge für den Geleitschutz unbrauchbar waren.

»Ich stimme mit Ihren Ansichten völlig überein, was die Vorteile gesicherter Geleitzüge betrifft«, schrieb King an Roosevelt. »Ich habe, angefangen mit den gefährdetsten Gebieten, Geleitdienste eingeführt, soweit es der Erwerb von Geleitfahrzeugen gestattet hat. Ich habe dabei Fahrzeuge aller Art und Größe eingesetzt, die mit den Schiffen, die sie bewachen, Schritt halten können. Ich habe auch die kleinsten Geleitfahrzeuge akzeptiert, die ein vernünftiges Maß an Schutz versprachen.«

Nach einer Aufzählung der verschiedenen Geleitzugsysteme, die damals im Einsatz waren, fuhr King fort, daß »diese Geleitzüge ein Schritt in die richtige Richtung« seien, daß jedoch die Alliierten »immer noch im Nachteil« seien. Dann nannte er folgende Gründe:

- Die Eskorten seien unzumutbar schwach und bestünden aus einem zu hohen Anteil kleiner Fahrzeuge mit geringer Kampfkraft.
- Lediglich Geleitzüge mit einer mittleren Geschwindigkeit (nominell zehn Knoten) seien zur Zeit möglich. Schiffe mit einer Geschwindigkeit von 15 Knoten oder mehr würden in der Regel unabhängig fahren. Sehr langsame Schiffe würden, soweit möglich, bei Tageslicht mit einer Not-Eskorte aus kleinen Schiffen von Hafen zu Hafen geleitet.
- Gegenwärtig gebe es keine regelmäßigen Geleitzüge zu Häfen im Golf von Mexiko, aber es sei zu erwarten, daß 25 Meter lange Küstenschutzboote in naher Zukunft für diese Aufgabe zur Verfügung stehen würden.
- Die kleinen Fahrzeuge, die zur Zeit häufig in der Karibik eingesetzt würden, könnten gegen die Passatwinde nicht mit den Geleitzügen Schritt halten.
- Auf dem offenen Meer jenseits von Trinidad herrsche eine gefährlich hohe Konzentration nicht eskortierter Schiffahrt.
- Die kleineren Fahrzeuge, die zur Zeit sehr stark im Geleitschutz eingesetzt würden, könnten dem Winterwetter im Nordatlantik nicht standhalten.

King schloß mit dem Fazit:

> *Mein Ziel – und ich glaube auch Ihres – ist es, jedes Schiff unter Geleitschutz fahren zu lassen. Zu diesem Zweck benötigen wir (die Vereinigten Staaten und Großbritannien) eine sehr hohe Zahl – grob geschätzt 1000 – hochseetüchtiger Geleitfahrzeuge vom Typ DE [Geleitzerstörer] oder Korvetten. Ich tue mein möglichstes, um sie rasch zu bekommen.*

Die militärische Niederlage in Nordafrika beschäftigte die Delegierten der Argonauten-Konferenz sehr. Um eine kopflose Flucht der britischen 8. Armee abzuwenden, den Verlust Ägyptens und des Suezkanals sowie eine mögliche Vereinigung deutscher Truppen im Nahen Osten zu verhindern, boten die Amerikaner als Notmaßnahme folgende amerikanische Kräfte an:

- Die amerikanische 2. Panzerdivision unter dem Kommando von George S. Patton jr., die damals in der kalifornischen Wüste ausgebildet wurde. Patton wurde am 22. Juni von Marshall nach Washington beordert, um Pläne für den Einsatz auszuarbeiten. Nach mehreren Tagen reiflicher Überlegung empfahl Patton, lieber *zwei* amerikanische Divisionen nach Nordafrika zu entsenden. Doch das Unternehmen scheiterte aufgrund fehlenden Schiffsraums und anderer Faktoren.
- 300 neue Sherman-Panzer, direkt vom Fließband, sowie 100 neue 10,5-cm-Howitzergeschütze zur Panzerabwehr. Die Panzer wurden ohne Motoren in schnelle Frachtschiffe verladen. Die 300 Panzermotoren kamen in ein einziges Schiff, die amerikanische *Fairport* mit 6200 BRT. Diese Schiffe bildeten den schnellen militärischen Sondergeleitzug AS 4 und stachen, eskortiert von zwei Kreuzern und sieben Zerstörern, am 13. Juli in New York in See.

Wie erwähnt, stieß ein Typ-IX-Boot der im April ausgelaufenen Gruppe, *U161* unter dem Kommando von Albrecht Achilles, am 16. Juli auf diesen wichtigen Sondergeleitzug. Achilles wagte einen kühnen Angriff und schoß auf zwei der neun Frachtschiffe. Wie Churchill in seinen Kriegserinnerungen erwähnt, trafen die Torpedos die *Fairport,* und sie versank mit allen Panzermotoren. Zwei moderne Zerstörer, die

Kearny und die *Wilkes,* fielen über *U161* her und verfolgten das Boot neun Stunden lang. Sie meldeten das Boot als versenkt, aber zu Unrecht. Achilles meldete lediglich beträchtlichen Schaden an *U161.* Weder er noch Dönitz waren sich bewußt, was für eine wichtige Ladung sich in den Frachträumen der *Fairport* befunden hatte.

Wie Churchill in seinen Memoiren schrieb, befahl Roosevelt, als er von dem Verlust der *Fairport* erfuhr, »ohne ein Wort« der Briten abzuwarten, noch einmal 300 Motoren für die Sherman-Panzer zu verladen und nach Nordafrika zu schicken. Das »schnelle Schiff« mit diesen Motoren überholte den Geleitzug sogar. Die ersten Schiffe erreichten Port Said laut Churchill am 2. September mit 193 Sherman-Panzern und 28 10,5-cm-Howitzergeschützen. Der Rest der Schiffe kam am 5. September an. Insgesamt wurden 317 Sherman-Panzer und 94 Selbstfahrgeschütze nach Port Said geliefert. Außerdem stellten die Amerikaner:

- Sechs Gruppen der amerikanischen Army Air Forces: drei Jägergruppen, eine aus mittleren Bombern und eine aus schweren Bombern vom Typ B-24. Die 57. Jägergruppe, die aus 70 P-40-Jagdflugzeugen bestand, wurde eilig auf dem Flugzeugträger *Ranger* ins Einsatzgebiet transportiert. Am 1. Juli verließ das Schiff die Staaten, eskortiert von Task Force 22, die aus dem Schweren Kreuzer *Augusta,* dem neuen Leichten Kreuzer *Juneau* und sechs Zerstörern bestand. Wie schon zuvor ließ die *Ranger* die Flugzeuge auf See vor der Goldküste starten (am 19. Juli). Sie flogen nach Accra in Ghana und von dort nach Ägypten.

Die übrigen Geschwader plus 4000 Mann Bodenpersonal der Army Air Forces wurden im Juli per Schiff oder mit anderen Transportmitteln nach Nordafrika verlegt. Zusätzlich leitete Roosevelt 40 mittlere Bomber vom Typ A-20, die auf dem Weg in die Sowjetunion waren, und eine Sondergruppe aus 25 B-24-Bombern, die sich auf dem Weg nach China* befand, nach Nordafrika um. Und er verlegte außerdem die 24 schweren Bomber der 10. Air Force von Indien nach Ägypten.

Am 25. Juni ging Churchill für den Rückflug nach Großbritannien in Baltimore an Bord einer Boeing Flying Clipper. Zum Glück für die Briten gingen in Rommels Afrikakorps die Vorräte an Benzin, Munition und anderem Material zur Neige, und er konnte nur bis El Alamein nach Ägypten vorstoßen. In den folgenden Wochen säuberte Churchill die höchsten Ränge der Streitkräfte im Nahen Osten mit eiserner Hand. Er ernannte Harold Alexander zum Oberbefehlshaber und Bernard Law Montgomery zum kommandierenden General der 8. Armee. Die neuen Generäle profitierten in geradezu spektakulärer Weise von der Ankunft der amerikanischen Sherman-Panzer, der Panzerabwehrkanonen und der Luftstreitkräfte sowie von neuerlichen Einbrüchen in den deutschen Heeresschlüssel.

Trotz der Argonauten-Konferenz waren sich die amerikanischen und britischen Kriegsstrategen noch lange nicht einig. In Anbetracht des deutschen Vordringens in der Sowjetunion wollte Marshall 1942 noch immer Sledgehammer durchführen. Dem widersetzten sich die Briten weiterhin und drängten wegen der Bedrohung, die Rommel für Ägypten und den Nahen Osten darstellte, auf die Operation Gymnast (umbenannt in Torch), einer Invasion im Vichy-französischen Algerien oder Marokko.

---

* Diese Gruppe mit dem Decknamen Halpro bombardierte die Ölfelder von Ploesti; damit griffen sie als erste Flugzeuge der Army Air Forces ein strategisches Ziel in Europa an.

Um aus der Sackgasse herauszukommen, schickte Roosevelt, der Torch befürwortete, King und Marshall, die beide gegen die Operation waren, zu Gesprächen mit Churchill, Hopkins und Dwight Eisenhower nach London; Eisenhower war soeben erst eingetroffen und sollte sämtliche amerikanischen Truppen in Europa befehligen. King und Marshall flogen am 16. Juli ab und trafen am folgenden Tag in London ein. Als Endergebnis dieser Gespräche wurde Sledgehammer, weil die Briten darauf bestanden, endgültig aufgegeben, und statt dessen Torch geplant. Die Operation sollte noch im Oktober durchgeführt werden, falls die Lage in der Schiffahrt dies erlaubte.

Die Gruppe Hecht

Das Eintreffen von vier neuen Typ-IX-Booten in Frankreich und außergewöhnlich schnelle Ausbesserungsarbeiten ermöglichten es Dönitz, im Mai 21 Boote in amerikanische Gewässer zu entsenden: zwölf vom Typ VII und neun vom Typ IX. Trotz steigender Risiken und schlechterer Ergebnisse wurden alle Typ-VII-Boote und *U124,* ein älteres IXB-Boot mit geringerem Aktionsradius, in die Gewässer vor der Ostküste der Vereinigten Staaten entsandt. Die anderen acht Typ-IX-Boote mit größerem Aktionsradius wurden gleichmäßig auf den Golf von Mexiko und die Karibik verteilt. Alle Mai-Boote sollten von dem Tanker *U459* und dem großen Minenleger *U116* vom Typ XB unterstützt werden; *U116* stach am 16. Mai nach einer zwölftägigen Reparatur von Gefechtsschäden wieder in See.

Zu dieser Zeit war der Funkentzifferung des B-Dienstes eine, wie es im Kriegstagebuch des OKM hieß, »sehr gute Erfassung des Nordatlantik-Geleitzugverkehrs« gelungen, und die Routen und Auslauftermine waren bekannt. Dönitz sorgte dafür, daß *U124* und sechs Typ-VII-Boote etwa zur selben Zeit Anfang Mai nach Amerika aufbrachen,* und befahl ihnen, die Gruppe Hecht zu bilden und den westlichen Teil der Geleitzugrouten im Nordatlantik zu durchkämmen. Wenn sie einen Geleitzug entdeckten und angriffen, würden gleich mehrere Ziele erreicht. Durch das Gefecht würden die noch unerfahrenen U-Boot-Besatzungen gestählt, es würde Erkenntnisse über die neuen Ortungsgeräte und Waffen der Alliierten bringen und – so hoffte Dönitz – eine weitere Überführung von ASW-Kräften der Nordatlantikroute in die Karibik unterbinden. Wenn es zu einer Geleitzugschlacht kam, sollte der große Minenleger *U116* ausschließlich dieser Gruppe als Versorgungsschiff dienen. Nach dem Auftanken an *U116* sollten die Boote weiter in amerikanische Gewässer vorstoßen.

Die sieben Boote der Gruppe Hecht liefen vom 3. bis zum 7. Mai in französischen Stützpunkten aus. Zwei Boote wurden von jungen Ritterkreuzträgern befehligt, das Typ-VII-Boot *U94* von Otto Ites und das Typ-IX-Boot *U124* von Johann Mohr. Von den übrigen fünf Booten hatten drei bereits Gefechtserfahrung, zwei waren noch grün. Das berühmte Boot *U96* unter dem neuen 24jährigen Kommandanten Hans-Jürgen Hellriegel, der früher als Erster Wachoffizier unter Engelbert Endraß gedient hatte, war bereits auf See und suchte vergeblich nach einem Blockadebrecher. Es stieß westlich des Golfs von Biskaya zu der Gruppe, die nun insgesamt acht U-Boote umfaßte.

* Dazu kam noch *U96,* das Ende April in ein nahegelegenes Gebiet ausgelaufen war, um den Blokkadebrecher *Portland* nach Frankreich zu eskortieren, ihn jedoch nicht hatte finden können.

Einige Boote aus der Gruppe Hecht waren mit einer neuen Abwehreinrichtung ausgerüstet, die dafür gedacht war, feindliche Sonargeräte in die Irre zu führen. Es handelte sich um mit Kalziumhydrid gefüllte, löchrige oder wasserlösliche Behälter, die Bold genannt wurden (eigentlich Nebelbold, was ursprünglich von Lügenbold abgeleitet war). Der Bold wurde durch eine Bordschleuse, einen sogenannten Pillenwerfer, ausgestoßen und trieb in einer Tiefe von 15 bis 25 Metern. Sobald sich Salzwasser mit dem Kalziumhydrid vermischte, erzeugte der Bold etwa sechs Minuten lang eine große Menge Wasserstoffbläschen. Die Bläschen reflektierten die Ortungsimpulse des Sonars und sendeten ein Echo aus, das unerfahrenes Sonarpersonal für ein U-Boot halten konnte. Man hoffte, ein U-Boot könne dem Sonar entrinnen, indem es eine Spur aus Bolden zwischen sich und dem verfolgenden Feind legte.*

Die Gruppe Hecht operierte nach den ausgezeichneten Informationen des B-Diensts und durchkämmte den Westatlantik entlang bestimmter Seewege. In den Frühstunden des 11. Mai bekam *U569,* eins der erfahrenen Boote unter dem Kommando von Hans Peter Hinsch, im Mittelatlantik Fühlung zu dem Geleitzug Outbound North (Slow) 92. Der Geleitzug wurde von der amerikanischen Escort Group A-3 begleitet. Die Gruppe bestand aus dem Coast Guard Cutter *Spencer* der Treasury-Klasse, dem modernen amerikanischen Zerstörer *Gleaves* (Baujahr 1940) und vier kanadischen Korvetten; eine von ihnen, die *Bittersweet,* war mit einem 40-Zentimeter-Radargerät vom Typ 271 ausgerüstet. Das Bergungsschiff *Bury,* das am Schluß des Konvois fuhr, verfügte über ein Huff Duff.

Hinsch setzte eine Fühlungsmeldung ab und führte die beiden Ritterkreuzträger Ites in *U94* und Mohr in *U124* heran. Das Bergungsschiff *Bury* peilte Hinschs Funksignale ein, aber der amerikanische Escort Commander John B. Heffernan (auf der *Gleaves*) unterschätzte das volle Ausmaß der drohenden Gefahr. Am selben Abend durchstieß Mohr mit Leichtigkeit den dünnen, nicht alarmierten Schutzschirm. In zwei getrennten Nahangriffen schoß er sieben Torpedos auf nebeneinander fahrende Schiffskolonnen. Er meldete die Versenkung von fünf Fahrzeugen mit 19000 BRT und die Beschädigung an einem weiteren; nach dem Krieg wurde die Versenkung von vier Frachtern (drei britischen und einem griechischen) mit 21800 BRT bestätigt. Otto Ites drang hinter Mohr in die Formation ein, versenkte einen 5600-Tonnen-Frachter und nahm den Kapitän gefangen. Der Fühlungshalter Hinsch in *U569* meldete ein versenktes Schiff, doch die Versenkung wurde nicht bestätigt.

Am folgenden Tag, dem 12. Mai, hatten sechs der acht Boote der Gruppe Hecht Fühlung zu dem Geleitzug. Die drei Neuankömmlinge wurden von unerfahrenen Kommandanten befehligt, die ihre ersten Feindfahrten absolvierten: das alte *U96* unter Hellriegel, die neuen Boote *U406* unter dem 30jährigen Horst Dieterichs und *U590* unter dem 32jährigen Heinrich Müller-Edzards. Aber nur Ritterkreuzträger Otto Ites mit *U94* hatte noch einmal Jagdglück. Er versenkte zwei weitere Frachter mit 8900 BRT und näherte sich den Rettungsbooten des sinkenden Schweden *Tolken,* um den Kapitän gefangenzunehmen. Er wurde jedoch von den Kanonieren, die noch an Bord des Schiffes waren, unter Feuer genommen und unter Wasser gedrückt. Weitere Angriffe wurden durch heftige Stürme und schlechte Sichtverhältnisse vereitelt. Der Stab

* Die Alliierten entwickelten einen ähnlichen Mechanismus mit der Bezeichnung Submarine Bubble Target (SBT, Unterwasserbläschenziel).

im Western Approaches Command prüfte die Verluste sorgfältig – sieben bestätigte Versenkungen – und kritisierte das Verhalten der amerikanischen und kanadischen Geleitfahrzeuge scharf. Der kanadische Marinehistoriker Marc Milner schreibt in seinem Buch *North Atlantic Run*, der amerikanische Escort Commander Heffernan sei als Folge der Untersuchung »klammheimlich auf einen anderen Posten versetzt worden«.

Der leichte Sieg der Gruppe Hecht über diesen unaufmerksamen Geleitzug und die schlechten Jagdbedingungen vor der Ostküste der Vereinigten Staaten im Mai veranlaßten Dönitz, seinen Plan zu ändern. Der Minenleger *U116* vom Typ XB versorgte die acht Boote mit Treibstoff, Lebensmitteln und Torpedos, aber lediglich zwei Typ-VII-Boote, Otto von Bülows *U404* und Ernst-August Rehwinkels *U578*, erhielten die Erlaubnis, weiter nach Amerika zu fahren. Die restlichen sechs Boote der Gruppe mit drei erfahrenen und drei unerfahrenen Kommandanten sollten im Nordatlantik bleiben und die Informationen des B-Diensts über die Geleitzüge der Alliierten nutzen.

Der B-Dienst lieferte reichlich Informationen, doch die Gruppe wurde von schlechtem Wetter behindert. Fast ein voller Monat verging, ehe die Boote wieder sichere Fühlung mit einem Geleitzug bekamen. Es war der langsame Konvoi Outbound North 100, der von der gut ausgebildeten und erfahrenen kanadischen Gruppe C-1 gesichert wurde. Die Gruppe hatte jedoch beim Auslaufen auf einen Zerstörer und eine Korvette verzichten müssen, die überholt wurden, und bestand nur noch aus fünf Schiffen, dem routinierten kanadischen Zerstörer *Assiniboine* und zwei britischen und zwei freifranzösischen Korvetten. Alle fünf Geleitfahrzeuge waren mit Radar ausgerüstet (vier mit dem Typ 271) und das Bergungsschiff des Konvois, die *Gothland*, verfügte über ein Huff Duff. Zusätzlichen Schutz bot das Katapultschiff *Empire Ocean*, das ein Jagdflugzeug vom Typ Hurricane mit sich führte.

Mohr fand und meldete den Geleitzug am 8. Juni. Als Hinsch mit *U569* ebenfalls Fühlung bekommen und die Rolle des Fühlungshalters übernommen hatte, lief Mohr zum Angriff heran, aber die aggressiven, kampferfahrenen und mit Radar ausgerüsteten Korvetten verstellten ihm den Weg. Unerschrocken richtete Mohr seinen Angriff gegen die Geleitfahrzeuge, schoß kaltblütig zwei Hecktorpedos auf einen »Zerstörer« und zwei Bugtorpedos auf einen weiteren »Zerstörer«. Die Hecktorpedos gingen fehl, doch die Bugtorpedos trafen die in England gebaute, mit Franzosen bemannte Korvette *Mimose*, und sie explodierte in einem Feuerball. Die anderen vier Geleitfahrzeuge griffen *U124* an, vertrieben das Boot und vereitelten Mohrs Angriff auf den eigentlichen Geleitzug. Im ersten Tageslicht fand die *Assiniboine* nur noch vier Überlebende der *Mimose*.

Bis zum Nachmittag des 9. Juni hatten alle sechs Boote der Gruppe Hecht Fühlung mit dem Geleitzug, aber neue Probleme traten auf. Die drei neuen Kommandanten (Hellriegel, Dieterichs, Müller-Edzards) meldeten Maschinenschäden, vermutlich infolge der forcierten Jagd in der schweren See. Dönitz befahl deshalb diesen drei Booten, sich zurückzuziehen, und für den zweiten Angriff blieben nur noch Ites in *U94*, Mohr in *U124* und Hinsch in *U569*. In dieser Nacht griff Ites zuerst an und versenkte zwei britische Frachter mit 11 600 BRT; Mohr versenkte einen britischen 4100-Tonnen-Frachter. Später traf Hinsch einen Nachzügler, den britischen 4500-Tonnen-Frachter *Pontypridd*, mit einem Torpedo und stoppte ihn. Danach schickten er und Ites den Frachter mit Fangschüssen auf Grund und teilten sich das Verdienst. Undurchdringlicher Nebel bewahrte den Geleitzug vor weiteren Angriffen.

Zahlreiche, ostwärts fahrende Geleitzüge entgingen der Gruppe Hecht im Juni. Dazu zählte der Truppenkonvoi AT 16 aus New York, vereint mit dem Konvoi NA 10 aus Halifax. Diese Formation bestand insgesamt aus sechs Truppentransportern, die von Task Force 35 eskortiert wurden, die aus dem Schlachtschiff *New York* und neun amerikanischen Zerstörern bestand. Drei Zerstörer aus dieser Formation *(Eberle, Ericsson, Roe)* scherten am 16. Juni aus und eskortierten von Halifax aus die vier Truppentransporter des Konvois NA 11.

Nach dem Gefecht mit dem langsamen Konvoi Outbound North 100 machten die sechs Boote der Gruppe Hecht kehrt und durchkämmten auf dem Rückmarsch nach Frankreich die Geleitzugrouten; dabei wurden sie von U94 unter Ites aufgehalten, der ebenfalls Probleme mit den Maschinen hatte. Ironischerweise stieß ausgerechnet Ites am 16. Juni auf den großen, langsamen Geleitzug Outbound North 102. Der Konvoi bestand aus 63 Handelsschiffen und wurde von der amerikanischen Escort Group A-3 gesichert. Da die Briten von der Anwesenheit der Gruppe Hecht wußten, war die Escort Group um neun erfahrene, sehr aufmerksame Schiffe verstärkt worden, um die drei großen Coast Guard Cutters der Treasury-Klasse, *Campbell, Duane* und *Ingham,* den Glattdeck-Zerstörer *Leary,* den kanadischen Zerstörer *Restigouche* und vier Korvetten. Die meisten Schiffe hatten Radar, die *Restigouche* ein Huff Duff.

Die sechs U-Boote versuchten einen locker koordinierten Angriff auf den Geleitzug, doch dieser scheiterte. Die *Restigouche* peilte Funksprüche der Gruppe beim Sammeln und danach ein und alarmierte die anderen Geleitfahrzeuge. Der unerfahrene Kommandant Horst Dieterichs in *U406* schoß fünf Torpedos auf zwei »Zerstörer«, aber alle Torpedos verfehlten ihr Ziel, und die »Zerstörer« verjagten ihn. Andere Geleitfahrzeuge blockten Mohrs Angriffsversuche mit *U124* ab. Wieder andere stellten Ites in *U94* und Müller-Edzards in *U590* und belegten sie sieben beziehungsweise neun Stunden lang mit Wasserbomben. Beide Boote überstanden mit Glück den gnadenlosen Dauerbeschuß und kehrten schwer beschädigt nach Frankreich zurück. Sie wurden 41 und 47 Tage lang repariert und getestet.

Mohr meldete, der Geleitzug sei im Nebel entkommen und eine weitere Verfolgung sei hoffnungslos. Er fand ihn jedoch zufällig am 18. Juni im Morgengrauen wieder und wagte sofort einen verwegenen Überwasserangriff bei hellem Tageslicht. Aus großer Entfernung schoß er vier Bugtorpedos auf drei Frachter. Er meldete zwei Versenkungen und eine Beschädigung an dem dritten Schiff, doch nach dem Krieg wurde lediglich die Versenkung des amerikanischen 5600-Tonnen-Frachters *Seattle Spirit* bestätigt. Mohr ging auf äußerste Kraft, entkam den Geleitfahrzeugen und nahm Kurs auf Lorient.

Die sechs Boote der Gruppe Hecht kehrten in der letzten Juniwoche nach Frankreich zurück, als die Nachforschungen in Kernével, ob die Alliierten über verkleinerte Radargeräte zum Einsatz in Flugzeugen und Überwasserschiffen verfügten, auf ihrem Höhepunkt waren. Dönitz rief Mohr mit einem neuartigen Funktelefon an, das seine Gesprächsbeiträge zerhackte, und fragte ihn, ob er irgendein Anzeichen entdeckt habe, daß die Alliierten Schiffsradar hätten. Mohr berichtete, er habe auf seiner Fahrt siebenmal Ausweichmanöver durchführen müssen, sei jedoch nur einmal direkt von den Geleitfahrzeugen eingeholt und angegriffen worden. Daraus zog er den Schluß, daß die Alliierten *noch* keine Radargeräte in die Geleitfahrzeuge (!) eingebaut hätten.

Einschließlich *U96,* das etwas früher ausgelaufen war, hatten die sechs Boote der Gruppe Hecht durchschnittlich 57 Tage patrouilliert. Sie hatten die drei langsamen Geleitzüge Outbound North 92, 100 und 102 angegriffen und versenkten (einschließlich der Korvette *Mimose*) 13 Schiffe mit etwa 62 500 Tonnen. Die Ritterkreuzträger Otto Ites in *U94* und Johann Mohr in *U124* zeichneten für 92 Prozent der Versenkungen verantwortlich. Mohr hatte sieben Schiffe mit 32 500 Tonnen erwischt, Ites fünf Schiffe mit 25 500 Tonnen. Zusätzlich teilten sich Ites und Hinsch in *U569* das Verdienst für die Versenkung eines 4500-Tonnen-Frachters. Die drei neuen Kommandanten Hellriegel, Dieterichs und Müller-Edzards hatten kein Schiff versenkt.

Auch wenn die jungen Ritterkreuzträger Ites und Mohr ihre Sache wie immer gut gemacht hatten, war die Gruppe Hecht insgesamt eine schwere Enttäuschung gewesen. Die Erfolgsmeldungen waren kläglich angesichts des hohen Aufwands, insbesondere da *U116* 25 Tage lang ausschließlich diese Gruppe versorgt hatte. Überdies hatten die zahlreichen Geleitzugjagden die Boote übel mitgenommen; im Durchschnitt waren 43 Tage Überholung und Reparaturarbeiten nötig.* Bei einer sorgfältigen Prüfung zeigte sich, daß die Versenkungen der Gruppe Hecht sich drastisch verringerten, wenn die Boote, wie bei dem letzten Geleitzug Outbound North 102, auf große und erfahrene Sicherungsgruppen stießen. Wie schon früher hatten außerdem das schlechte Wetter und der Nebel auf der Großen Neufundlandbank einen Großteil der Jagd verdorben.

Agenten, Minen, Mißgeschicke

Die Abordnung von fünf Typ-VII-Booten zur Gruppe Hecht verringerte die Zahl der Typ-VII-Boote der Mai-Gruppe, die Gewässer der Vereinigten Staaten erreichten, auf acht. Fünf davon mußten zuerst Sonderaufträge ausführen. Drei Boote sollten Minenfelder vor New York und vor der Chesapeake und der Delaware Bay legen, und zwei sollten bei New York und in Florida Agenten der Abwehr an Land setzen.

Die drei Boote mit den Minen liefen am 19. Mai in Frankreich aus. Auf dem Anmarsch nach Amerika erhielt Joachim Berger in *U87* den Befehl, Boston anstelle von New York zu verminen, da die Schiffe (wie die *Gripsholm*), die deutsche und italienische Diplomaten in ihre Heimatländer zurückbringen sollten, noch nicht aus New York ausgelaufen waren.

Horst Degen traf mit *U701* am 12. Juni nach Sonnenuntergang vor der Chesapeake Bay ein. Es war Neumond und stockfinster. Um den starken ein- und auslaufenden Verkehr an der Bucht zu regeln, brannten die Leuchtfeuer auf Kap Henry und Kap Charles. Die Lichter boten Degen die Möglichkeit, seine Position zu bestimmen und direkt in den Hauptkanal zu navigieren. Er ging am 13. Juni um 1.30 Uhr unter Einsatz der E-Maschinen ganz leise in der Nähe eines unachtsamen Patrouillenbootes zu Werke und legte innerhalb von rund 30 Minuten 15 TMB-Minen mit Zeitzünder in elf Metern Tiefe. Dann lief er eilig in tieferes Wasser ab, tauchte und lud seine fünf leeren Torpedorohre mit Torpedos. Später ließ er noch zwei Preßlufttorpedos aus den Oberdeckbehältern nach unten hieven.

Am späten Nachmittag des 15. Juni erreichte der Küstengeleitzug KN 109 aus Key

* Mohrs *U124* nicht mitgerechnet, bei dem eine Generalüberholung anstand. Als es im Zuge dieser Arbeiten von einem Bunker in den anderen wechselte, wurde es von alliierten Flugzeugen bombardiert und beschädigt, so daß sich seine Rückkehr an die Front bis Mitte November verzögerte.

West, der aus zwölf Schiffen und sechs Geleitfahrzeugen bestand, die Zufahrt zur Chesapeake Bay, just als Degens Minen scharf wurden, die auf 60 Stunden Verzögerung eingestellt waren. Die Minen beschädigten die beiden großen, beladenen amerikanischen Tanker *R. C. Tuttle* und *Esso Augusta* schwer und zerstörten den britischen ASW-Trawler *Kingston Ceylonite* mit 500 Tonnen. Der Trawler hatte den Frachter *Delisle* eskortiert, der zuvor von Suhren auf *U564* in den Gewässern vor Florida beschädigt worden war. Von der 32köpfigen Crew des Trawlers kamen 17 Mann ums Leben. Da die Geleitzugeskorte, darunter der Glattdeck-Zerstörer *Bainbridge* und die beiden 49,5 Meter langen Küstenschutzfahrzeuge *Dione* und *Calypso,* zunächst annahm, die Schiffe seien torpediert worden, fuhren sie wild umher und warfen Wasserbomben. Eine Wasserbombe der *Bainbridge* zündete eine weitere deutsche Mine, die den Zerstörer leicht beschädigte. Zwei Tage später, am 17. Juni, beschädigte eine weitere Mine den auslaufenden amerikanischen 7100-Tonnen-Frachter *Santore* so stark, daß er nicht mehr gerettet werden konnte. Als Dönitz vom B-Dienst die (falsche) Information erhielt, daß die Minen vier Handelsschiffe und einen Zerstörer versenkt hätten, funkte er ein »gut gemacht« an Degen und befahl ihm, in den gefährlichen Gewässern vor Kap Hatteras zu patrouillieren.

Paul-Karl Loeser legte mit *U373* sein Minenfeld am Abend des 11. Juni vor Kap May, New Jersey, in der Mündung der Delaware Bay. Doch das Feld war offensichtlich fehlplaziert, oder die Minen versagten. Eine Mine versenkte am 24. Juni das amerikanische Schleppboot *John R. Williams* mit 400 Tonnen, aber keine andere Mine richtete einen Schaden an. Nachdem er das Feld gelegt hatte, fuhr Loeser weiter nach Kap Hatteras, um Degen in *U701* zu unterstützen. Loeser meldete am 14. Juni einen doppelten Fehlschuß auf einen 4000-Tonnen-Frachter und am 15. Juni einen einzigen Treffer und die Beschädigung eines britischen 5000-Tonnen-Frachters. Da er nicht mehr genug Torpedos hatte, um ein Nachtanken zu rechtfertigen, fuhr er mit sparsamer Fahrt nach Frankreich zurück, wo er nach 51 Seetagen eintraf.

Joachim Berger in *U87* legte seine Minen vor Boston, aber das Feld zeitigte nicht die geringsten Resultate. Er lud seine Rohre nach und patrouillierte von Boston aus nach Norden in Richtung Halifax. Spät am 15. Juni stieß er bei gräßlichem Wetter auf den Geleitzug Halifax-Boston 25, der aus sechs Schiffen und fünf Geleitfahrzeugen bestand. Berger versenkte zwei große Schiffe aus dem Geleitzug, den britischen 8400-Tonnen-Frachter *Port Nicholson* und das amerikanische Passagierfrachtschiff *Cherokee* mit 5900 BRT, das in Island Soldaten zur Überfahrt in die Staaten aufgenommen hatte. Von den 169 Mann an Bord kamen 86 bei der Versenkung der *Cherokee* ums Leben – einer der wenigen Fälle, in denen ein U-Boot ein Schiff mit Truppen der Alliierten versenkte.

Berger kreuzte weiter nach Norden in Richtung Halifax. Am 22. Juni sichtete eine Hudson der Canadian Air Force Squadron 11 das Boot und griff es an, verfehlte aber ihr Ziel. Am folgenden Tag ließ Staffelführer W. C. Van Camp das Gebiet von fünf Flugzeugen überwachen. Bei Tagesanbruch tauchte eine Hudson aus der Sonne und dem Nebel auf, überraschte *U87* an der Oberfläche und warf drei Wasserbomben in der Nähe des Hecks. Die Explosionen rissen den Backborddieselmotor aus seiner Verankerung, zerstörten das Hecktorpedorohr mitsamt dem Torpedo und beschädigten einen Teil der hinteren Batteriezellen. Berger mußte damit auch seine zweite Fahrt in kanadische Gewässer wegen eines Gefechtsschadens abbrechen und konnte froh sein, daß er mit dem Leben davongekommen war.

U87, U373 und *U701* hatten 45 TMB-Minen. Doch nur die von Degen vor Norfolk gelegten richteten erheblichen Schaden an: ein 7100-Tonnen-Frachter und ein britischer ASW-Trawler wurden versenkt, zwei große Tanker mit insgesamt 22 900 BRT beschädigt (aber gerettet). Dennoch wies Dönitz den Stab an, weitere Verminungseinsätze in amerikanischen Gewässern vorzubereiten.

Die beiden Typ-VII-Boote *U202* und *U584,* die die Agenten absetzen sollten, wurden von dem 38jährigen Hans-Heinz Linder und dem 29jährigen Joachim Deecke, Crew-Kameraden aus dem Jahr 1933, kommandiert. Linder hatte bereits mehrere Feindfahrten im Nordatlantik gemacht und war im März auch zur Küste der Vereinigten Staaten gefahren. Deecke hatte ebenfalls schon mehrere Fahrten gemacht, aber alle in arktischen Gewässern. Nach einer Generalüberholung von *U584* war er am 16. Mai für den Dienst im Atlantik in Frankreich eingetroffen. Jedes Boot hatte vier Agenten an Bord. Linder sollte seine vier auf Long Island an Land setzen, Deecke die seinen in Nordflorida.

Die acht Agenten waren in Sabotage ausgebildet worden. Jede Gruppe führte vier Kisten Sprengstoff mit sich und sollte Flugzeug- und Panzerfabriken sowie Schiffswerften sprengen. Um sich leichter tarnen zu können, hatten sie rund 154 000 Dollar in amerikanischer Währung erhalten. Einige Agenten hatten zuvor in den Vereinigten Staaten gelebt, andere hatten Väter, Mütter, Frauen und andere Verwandte oder enge Freunde, die dort lebten. Die beiden Gruppenführer sollten sich am 4. Juli in Cincinnati treffen, um die Sabotageakte zu planen und zu koordinieren.

Linder traf mit *U202* am Abend des 12. Juni bei Sprühregen und dichtem Nebel vor der Ostspitze von Long Island in der Nähe von Amagansett ein. Das Boot tastete sich im seichten Wasser gefährlich nahe an den Strand heran, und die Besatzung ließ ein Schlauchboot zu Wasser, das mit zwei Seeleuten besetzt und über ein Seil mit *U202* verbunden war. Die vier Agenten* luden die vier Kisten Sprengstoff und einen Seesack ins Boot und stiegen ebenfalls ein. Linders Deckmannschaft rollte das Seil ab und ließ das Boot mit Hilfe der schäumenden Brandung an den Strand treiben, und die Agenten verließen das Schlauchboot mit ihrem Gepäck. Dann zogen die beiden Seeleute ein paarmal an dem Seil und wurden von Linders Deck-Crew wieder zum U-Boot gezogen.

Beim Warten war *U202* auf eine Sandbank aufgelaufen. Linder war mit den Dieseln auf volle Fahrt voraus und auf volle Kraft zurück gegangen und hatte die Crew das Boot schaukeln lassen, aber es war nicht freigekommen. Als der Tag anbrach, hörten die Männer an Deck Autohupen und das Krähen von Hähnen. Linder hielt das Boot schon für verloren und bereitete die Vernichtung der Geheimpapiere und die Versenkung vor, doch zum Glück für die Deutschen hielt der dichte Nebel an. Als die Flut kam, erleichterte Linder das Boot, indem er mehrere Treibstofftanks verklappte, bekam es frei und lief in tiefes Wasser ab. Er meldete den Vollzug seines Sonderauftrags und erhielt Befehl, in dem Gebiet vor Kap Hatteras zu patrouillieren.

Am Strand legten die vier Möchtegern-Saboteure zivile Kleidung an und vergruben die vier Sprengstoffkisten und den Seesack. Bei dieser Tätigkeit überraschte sie eine Streife der Küstenwache, der 21jährige John C. Cullen, der deutsche Stim-

* Georg J. Dasch (der Anführer), Heinrich H. Heinck, Richard Quirin und Ernest P. Burger. Nur der letzte reiste unter seinem richtigen Namen.

men gehört hatte, und trat ihnen aus dem Nebel entgegen. Der Anführer der Gruppe, Georg Dasch, versicherte ihm, sie seien schiffbrüchige Fischer und bot ihm 300 Dollar an, damit er das Ganze »vergesse«. Da Cullen allein und unbewaffnet war, ging er scheinbar auf die Bestechung ein. Er nahm das Geld (tatsächlich nur 240 Dollar), kehrte jedoch unverzüglich in sein Hauptquartier zurück und schlug Alarm. In der Zwischenzeit trennten sich die vier Agenten, gingen zu Fuß nach Amagansett und stiegen in Züge nach New York, wo sie sich am selben Tag in einem Restaurant wiedertreffen wollten.

Dasch schrieb später, er habe Hitler und die Nazis verachtet und aus diesem Grund beschlossen, bei der ersten Gelegenheit überzulaufen und den Plan zu verraten. Er weihte seinen Teamkamerad Ernest Burger in den Entschluß ein und dieser erklärte sich bereit mitzumachen. Um den 17. oder 18. Juni stieg Dasch in einen Zug nach Washington, D. C. Burger blieb in einem New Yorker Hotel und behielt die beiden anderen Agenten der Gruppe im Auge.

In der Zwischenzeit hatte sich Joachim Deecke mit *U584* am späten Abend des 16. Juni mit den anderen vier Agenten* der Küste von Nordflorida genähert. In den ersten Stunden des nächsten Morgens setzte Deecke sie und ihre vier Sprengstoffkisten mit einem Schlauchboot bei Ponte Vedra Beach, knapp 12 Kilometer südlich von Jacksonville, an Land. Deecke zog sich ohne Schwierigkeiten mit *U584* zurück und meldete die erfolgreiche Ausführung seiner Mission; auch er erhielt Befehl, vor Kap Hatteras zu patrouillieren. Die vier Agenten vergruben den Sprengstoff, legten Zivilkleidung an und nahmen einen Bus nach Jacksonville. Dort trennten sie sich in zwei Gruppen und fuhren weiter zu verschiedenen Orten im Mittleren Westen.

Am 18. Juni hatte Dasch in Washington Kontakt zum FBI aufgenommen. Die Bundesbehörde schickte einen ranghohen Agenten zu einem Treffen mit Dasch ins Hotel Mayflower, und der Anführer deckte alles über seine eigene und die in Florida gelandete Gruppe auf. Innerhalb von 24 Stunden hob das FBI die anderen drei Agenten von Daschs Gruppe aus, Burger, Heinck und Quirin, und hatte aufgrund von Daschs Informationen auch rasch eine heiße Spur von der Gruppe, die in Florida an Land gegangen war. Am 23. Juni verhaftete das FBI den anderen Gruppenführer Kerling und seinen Kollegen Thiel. Bis zum 27. Juni waren auch die letzten beiden Agenten, Haupt und Neubauer, hinter Schloß und Riegel.

Ohne ein Wort über Daschs Verrat verkündete FBI-Chef Hoover unverzüglich die Gefangennahme der acht Agenten und die Verhaftung von 14 Verwandten und Freunden. Die Agenten und zehn Verwandte und Freunde wurden zwischen Juli und Oktober 1942 in Washington, New York und Chicago vor Gericht gestellt. Sechs der acht Agenten, die mit dem U-Boot gekommen waren, wurden der Kriegsspionage für schuldig befunden und am 8. August in einem Gefängnis in Washington auf dem elektrischen Stuhl hingerichtet. Dasch wurde zu lebenslänglicher und sein Mitüberläufer Burger zu 30 Jahren Haft verurteilt. Im Jahr 1948 wandelte Präsident Harry S. Truman ihre Strafen in die fünf Jahre und acht Monate um, die sie bereits abgesessen hatten, und schickte sie nach Deutschland zurück. Dasch veröffentlichte im Jahr 1959 ein Buch über die Mission und über die Gründe für den Verrat seiner Gruppe. Die

* Edward J. Kerling (der Anführer), Herbert Haupt, Werner Thiel und Hermann Neubauer. Nur Haupt reiste unter seinem richtigen Namen.

zehn Verwandten und Freunde wurden ebenfalls schuldig gesprochen. In den Nachkriegsjahren wandelte Truman auch ihre Strafen um.

Nachdem sie die Gruppe Hecht schon zu Beginn der Operationen verlassen hatten, fuhren Bülow mit *U404* und Rehwinkel mit *U578* getrennt an die Ostküste der Vereinigten Staaten. Beide Boote hatten schon zuvor erfolgreich in amerikanischen Gewässern patrouilliert.

Auf dem Anmarsch versenkte Bülow drei Schiffe mit 12300 BRT. Die ersten beiden waren zwei amerikanische 5500-Tonnen-Frachter. Den ersten erledigte er mit Torpedos, den zweiten, die *West Notus,* stoppte er mit einem Schuß aus der Deckkanone. Als die Besatzung in den Rettungsbooten war, schickte Bülow ein Enterkommando aus, um das Schiff zu versenken. Unterdessen sammelte er einige verstreute Überlebende ein, setzte sie in ein sicheres Rettungsboot, leistete einigen Männern medizinische Hilfe und gab anderen einige Flaschen Mineralwasser. Sein drittes Opfer war der neutrale schwedische 1300-Tonnen-Dampfer *Anna.* Bülow verfehlte ihn mit einem Torpedo, tauchte dann auf und erledigte ihn mit dem Deckgeschütz. Der Verlust des Schiffes zog einen diplomatischen Protest aus Stockholm nach sich, doch Bülow blieb hartnäckig dabei, daß der Dampfer abgeblendet und im Zickzack gefahren war, und so wurde ihm kein Vorwurf gemacht. Danach befahl Kernével Bülow, vor Kap Hatteras zu patrouillieren.

Noch weit vor der US-Küste versenkte Rehwinkel mit *U578* zwei große Frachter mit rund 13000 BRT. Der erste war die holländische *Polyphemus* mit 6300 BRT, die gemeinsam mit einem weiteren großen Schiff gefahren war, das Rehwinkel hartnäckig verfolgte, aber verlor. Als zweites versenkte er die norwegische, mit Kaffee beladene *Berganger* mit 6800 BRT. Er stoppte das Schiff mit einem Torpedo, doch als er auftauchte, um das Schiff mit dem Deckgeschütz auf Grund zu schicken, schossen die Norweger gut gezielt zurück. *U578* mußte tauchen und versenkte das Schiff mit zwei weiteren Torpedos. Immer noch in einiger Entfernung von der Küste stieß Rehwinkel am 10. Juni auf einen großen Frachter und verschoß seine letzten sechs Torpedos, aber kein einziger traf. Er blieb noch eine Woche im selben Raum und ging dann auf Heimatkurs.

Nach dem Minenlegen in der Mündung der Chesapeake Bay patrouillierte Horst Degen mit *U701* befehlsgemäß in den Gewässern vor Kap Hatteras. Am 16. und 17. Juni meldete er wenig Verkehr, starke ASW-Patrouillen durch Flugzeuge und Überwasserschiffe und einen doppelten Fehlschuß auf einen Frachter. Damit blieben ihm noch sechs Torpedos. Die Flugzeuge hatten viele, gut gezielte Bomben abgeworfen, und eine hatte sein Hauptsehrohr beschädigt. Er hatte drei in Formation fahrende »Zerstörer« gesichtet, und einer war auf ihn zugedreht und hatte ihn mit Wasserbomben angegriffen. Degen meldete nicht, daß seine Anlage zur Luftreinigung nicht mehr richtig funktionierte. Seinen Männern war deshalb die halbe Zeit übel, und sie litten unter der Hitze im Boot. Deshalb tauchte Degen jeden Nachmittag zwischen 13.00 und 14.00 Uhr für etwa zehn Minuten auf, lies die Dieselmotoren laufen und saugte durch das Turmluk Frischluft ins Boot.

Im Morgengrauen des 19. Juni stieß Degen auf den kleinen Trawler *YP-389* der US Navy. Der 165-Tonnen-Trawler war soeben aus Morehead City in North Carolina ausgelaufen. Er sollte am äußeren Rand eines neugelegten, defensiven Minenfeldes vor Kap Hatteras patrouillieren und befreundete Schiffe warnen, nicht zu nahe heranzufahren. Degen griff den Trawler kühn mit seinem Deckgeschütz an. Dieser war mit einem 3-Zoll-Buggeschütz ausgerüstet, aber es war defekt, und er konnte das Feuer nicht erwidern. Degen versenkte das Schiff und lief ab. Sechs Mann der Crew kamen ums Leben, aber 18 Überlebende wurden am folgenden Tag von Küstenschutzschiffen gerettet. Wie Gary Gentile schreibt, empfahl der Untersuchungsausschuß der US Navy, den Kommandanten von *YP-389* vors Kriegsgericht zu stellen, weil er es versäumt habe, »das Gefecht mit dem Feind zu suchen«, und wegen »schuldhaften Versagens«.

Die vier anderen Typ-VII-Boote der kleinen Mai-Gruppe steuerten wie geplant Kap Hatteras an: *U202* und *U584,* nachdem sie die Agenten in New York und Florida an Land gesetzt hatten, *U332* unter Johannes Liebe, der allein in Frankreich in See gestochen war, und *U404* unter Bülow. Liebe wurde kurz nach seiner Ankunft im Operationsgebiet von einem ASW-Flugzeug gesichtet und so schwer bombardiert, daß er die Fahrt abbrechen mußte. Auf seinem langsamen Rückmarsch tankte Liebe an einem der beiden neuen U-Tanker nach* und versenkte zwei alleinfahrende Frachter mit 10600 BRT. Das erste Fahrzeug war die amerikanische *Raphael Emmes* mit 6000 BRT. Liebe meldete, er habe zehn verwundete Überlebende aus dem Wasser gefischt, ihre Wunden versorgt und sie dann in die Rettungsboote gesetzt. Das zweite Fahrzeug war der neutrale Portugiese *Leonidas M* mit 4600 BRT, den er gegen den eindeutigen, aber verspäteten Befehl aus Kernével versenkte. Liebe nahm den Kapitän und den Ingenieur gefangen und brachte sie nach Frankreich.

Die übrigen vier Typ-VII-Boote im Raum zwischen Kap Hatteras und Kap Lookout hatten in den letzten Junitagen viel zu tun.

- Linder versenkte mit *U202,* nachdem er seine Agenten abgesetzt hatte, am 22. Juni auf dem Anmarsch ins Operationsgebiet den neutralen argentinischen 4900-Tonnen-Frachter *Rio Tercero.* Er nahm den Kapitän an Bord, und dieser protestierte wütend gegen die Versenkung und behauptete, an den Bordwänden und den Aufbauten seines Schiffes seien 13 argentinische Flaggen aufgehängt gewesen. Linder versuchte ihn, mit einem Glas Weinbrand und einem Paar Schuhe zu besänftigen, doch das plötzliche Auftauchen eines ASW-Flugzeuges zwang ihn, die Diskussion abzubrechen, den Kapitän ins Rettungsboot zu setzen und zu tauchen. Vor Kap Hatteras hatte Linder dann kein Glück mehr, aber am letzten Tag des Monats versenkte er weit vor der Küste das amerikanische 5900-Tonnen-Schiff *City of Birmingham,* das mit 381 Passagieren und Besatzungsmitgliedern vollgepackt war. Obwohl das Schiff innerhalb von vier Minuten sank, kamen nur neun Menschen ums Leben. In der Nähe fahrende Schiffe bargen 372 Überlebende. Auf dem Rückmarsch tankte Linder bei dem neuen Tanker *U460* nach, dann sichtete er auf der Höhe der Azoren den Geleitzug Outbound South 34 und führte mehrere andere Boote heran, die ihre Chance nutzten.
- Deecke in *U584* machte eine frustrierende Zeit durch, was manche auf den Schock der Verlegung aus arktischen Gewässern in die beinahe tropischen amerikanischen Gewässer zurückführten. Er entdeckte am 22. Juni zwei große Tanker. Der Ausfall eines Dieselmotors vereitelte einen Angriff auf den ersten, aber er schoß sechs Torpe-

---

* *U461* unter dem Kommando des 34jährigen Wolf Stiebler, das am 21. Juni in Frankreich in See stach. Der andere Tanker war U460 unter dem Kommando des 39jährigen Friedrich Schäfer; er lief am 7. Juni in Frankreich aus.

dos auf den zweiten, meldete jedoch drei Blindgänger und drei Fehlschüsse. Das Schiff entkam. Am 27. Juni sichtete er vor Hatteras einen Geleitzug und schoß zwei Torpedos auf einen eskortierenden »Zerstörer«, doch beide gingen fehl. Auf der Heimreise tankte er bei *U460* auf. Wenig später sichtete er einen riesigen 18 000-Tonnen-Tanker und jagte ihn, doch er war zu schnell für *U584.* Nach 59 Tagen auf See kam Deecke wieder in Frankreich an. Er hatte die Agenten in Florida an Land gesetzt, aber kein Schiff versenkt.

• Bülow hatte mit *U404* bei dem XB-Minenleger *U116* nachgetankt und versenkte in den Frühstunden des 24. Juni beim Anmarsch in das Gebiet vor Hatteras mit drei Torpedos einen jugoslawischen 3300-Tonnen-Frachter. Am selben Tag sichtete er einen nach Norden fahrenden Geleitzug von elf Schiffen vor Hatteras, der von dem 49,5 Meter langen Küstenschutzfahrzeug *Dione,* einem britischen ASW-Trawler und mehreren kleineren Fahrzeugen eskortiert wurde. Nach Sonnenuntergang versenkte Bülow bei einem kühnen Angriff die beiden mittleren Frachter *Nordal* und die *Manuela* aus dem Geleitzug. Danach vereitelten die *Dione* und ASW-Flugzeuge einen zweiten Angriff. Auf dem Rückmarsch stieß Bülow auf den norwegischen, alleinfahrenden 6800-Tonnen-Frachter *Moldanger* und versenkte ihn. Neun der 30 geretteten Besatzungsmitglieder verbrachten 48 qualvolle Tage auf einem Rettungsfloß. Bülow meldete die Versenkung von sieben Frachtern mit 42 172 BRT; damit wäre seine Fahrt der versenkten Tonnage nach die erfolgreichste Fahrt eines Typ-VII-Bootes in amerikanische Gewässer gewesen. Nachforschungen nach dem Krieg reduzierten aber die Meldung auf sieben Frachter mit 31 061 BRT. Dies entsprach fast genau der Rekordfahrt, die Hans Oestermann mit *U754* im April vor Kap Hatteras absolviert hatte.

• Horst Degen in *U701* patrouillierte verbissen vor Hatteras und tauchte stets am frühen Nachmittag für kurze Zeit auf, um frische Luft ins Boot zu saugen. Deutsche Darstellungen schreiben Degen eine Beschädigung an dem großen norwegischen Frachter *Tamesis* am 25. Juni zu, andere Quellen deuten darauf hin, daß der Frachter auf eine defensive, amerikanische Mine gelaufen sein könnte. Wie dem auch sei, die *Tamesis* wurde gerettet. Am 27. Juni fing Degen einen nach Süden fahrenden Geleitzug mit 31 Schiffen ab und schoß zwei Torpedos auf den 7000-Tonnen-Tanker *British Freedom.* Ein Torpedo traf, aber der Tanker fuhr im Ballast und wurde gerettet. Ein Geleitfahrzeug, die umgewandelte Jacht *St. Augustine,* warf 13 Wasserbomben und vertrieb Degen. Um die Mittagszeit des folgenden Tages stieß er auf den voll beladenen, amerikanischen 14 000-Tonnen-Tanker *William A. Rockefeller,* der von einem Flugzeug der Küstenwache eskortiert wurde. Degen stoppte den Tanker mit einem einzigen Torpedo. Das Flugzeug erspähte den Schatten von *U701,* griff mit zwei Wasserbomben an und rief das 25 Meter lange Küstenschutzboot *Number 470* heran. Der Kutter warf sieben Wasserbomben, die einen weiteren Angriff bei Tageslicht verhinderten, und rettete danach die Tankerbesatzung. Nach Einbruch der Dunkelheit kehrte Degen zum Schauplatz zurück und versenkte den Tanker mit einem weiteren Torpedo. Es war der einzige Tanker, den U-Boote im Juni im Bereich der Eastern Sea Frontier versenkten.

Bis dahin hatte Degen eine außergewöhnliche Feindfahrt absolviert. Seine Minen hatten den britischen Trawler *Kingston Ceylonite* und den amerikanischen 7100-Tonnen-Frachter *Santore* versenkt, die beiden amerikanischen Tanker *Robert C. Tuttle* mit 11 600 BRT und die *Esso Augusta* mit 11 200 BRT beschädigt und obendrein auch den Glattdeck-Zerstörer *Bainbridge* leicht beschädigt. Mit Torpedo und Artillerie hatte er den Tanker *William A. Rockefeller* und den Trawler *YP-389* versenkt und den 7000-Tonnen-Tanker *British Freedom* sowie möglicherweise den norwegischen 7300-Tonnen-Frachter *Tamesis* beschädigt. Insgesamt hatte er vermutlich neun Schiffe mit rund 60 000 Tonnen versenkt oder beschädigt – die beste Feindfahrt eines Typ-VII-Bootes überhaupt.

Die anderen beiden Typ-VII-Boote der Mai-Gruppe, die Minen gelegt hatten, *U87* und *U373,* befanden sich am 7. Juli schon in Sichtweite von Lorient. Degen aber, der am selben Tag ausgelaufen war und noch nicht nachgetankt hatte, stand mit *U701* seltsamerweise noch immer vor Kap Hatteras. Er war auf der Suche nach einem Schiff, das er mit seinen restlichen zwei oder drei Torpedos versenken wollte, obwohl er seit neun vollen Tagen und Nächten keine Schiffe mehr ausgemacht hatte. Die Hitze und die schlechte Luft im Bootsinneren waren beinahe unerträglich, und ihm stand eine ermüdende dreiwöchige Heimreise bevor.

An diesem 7. Juni tauchte Degen kurz nach 13.00 Uhr wieder vorsichtig auf. Er selbst, sein Erster Wachoffizier Konrad Junker, ein junger Offizier und der Obersteuermann Günther Kunert übernahmen die Brückenwache. Jeder war zuständig für ein Viertel des Horizonts (90 Grad). Da sie kein Flugzeug oder Schiff sichteten, ließ Degen eine Zeitlang Frischluft in das Boot strömen und gab dann Befehl zu tauchen. Junker wollte soeben nach unten steigen, da rief er plötzlich: »Flieger! Backbordsektor.« Degen war einen Augenblick wie vor den Kopf gestoßen und schrie Junker wütend an: »Sie haben ihn zu spät gesehen!«

Das Flugzeug war eine der 13 Hudson-Maschinen aus der Staffel 396th Medium Bombardment Squadron der Army Air Forces. Ursprünglich in Kalifornien für ASW-Aufgaben stationiert, war die Einheit vor kurzem auf den Luftstützpunkt des Marinecorps in Cherry Point, North Carolina, verlegt worden. Die Staffel flog bei Tageslicht sechs ASW-Patrouillen zu je fünf Stunden und patrouillierte weit vor der Küste zwischen Kap Hatteras und Charleston in South Carolina. Das Flugzeug hatte eine fünfköpfige Besatzung und wurde von dem 24jährigen Harry J. Kane geflogen. An diesem Tag flog Kane um 14.12 Uhr in einer Höhe von 450 Metern durch eine zerrissene Wolkendecke. Er erspähte *U701* etwa 12 Kilometer von seiner linken Tragfläche entfernt. Spontan flog er in einer absteigenden Kurve unmittelbar auf das U-Boot zu und versetzte seine Männer in Gefechtsbereitschaft. Sie bereiteten drei Mark-XVII-Wasserbomben mit 150 Kilogramm vor, die mit neuentwickelten Zündmechanismen für eine Tiefe von 7,5 Metern ausgerüstet waren.

Degen war zwar bereits getaucht, doch es war zu spät, um noch Tiefe zu gewinnen. Kane überflog den Strudel des Bootes in einer Höhe von 15 Metern und warf alle drei Wasserbomben. Die erste Bombe ging knapp acht Meter hinter dem Boot nieder, doch die beiden nächsten lagen nahe bei oder direkt am Heck von *U701.* Durch die Explosionen wurde der gesamte Heckteil des Bootes hinter dem Kommandoturm zerstört und geflutet. Innerhalb von zwei Minuten füllte sich die Zentrale beinahe bis zur Decke mit Salzwasser.

Da Degen die Tauchzellen nicht mehr anblasen konnte, stellte er sofort eine Gruppe zusammen, die durch das Turmluk ausstieg. Auf diesem Weg gelangten 18 Männer nach draußen und stiegen in riesigen Luftblasen an die Oberfläche. Ohne Degens Wissen entkamen 18 weitere Besatzungsmitglieder durch das Torpedoladeluk im

Bugraum. Deutsche Historiker schätzen, daß etwa sieben Mann der 43köpfigen Besatzung mit dem Boot untergingen oder beim Ausstieg ums Leben kamen.

Kane kreiste über dem versenkten Boot und beobachtete, wie zwei separate Gruppen mit Überlebenden an der Wasseroberfläche auftauchten. Er warf vier Schwimmwesten und ein Gummiboot für die Deutschen ab und markierte die Stelle mit einer Rauchbombe. Dann informierte er alle zuständigen Stellen über Funk und versuchte, das Küstenschutzboot *Number 427* per Funk und Signallampe zum Ort der Versenkung zu führen. Inzwischen war die Rauchbombe jedoch bereits erloschen und die starke Strömung des Golfstroms hatte die beiden getrennten Gruppen weit nach Norden abgetrieben, so daß *Number 427* vergeblich nach ihnen suchte. Gegen 16.30 Uhr ging Kanes Treibstoff zur Neige, und er mußte abdrehen.

Amerikanische Flugzeuge, Patrouillenboote und ein Kleinluftschiff durchkämmten am 9. Juli das Meer vergeblich nach Überlebenden. Die Deutschen trieben in zwei dichtgedrängten Gruppen dahin, die nichts voneinander wußten – und starben einer nach dem anderen am Schock, durch Unterkühlung oder am Wahnsinn, weil sie Salzwasser getrunken hatten. Degens rasch schrumpfende Gruppe klammerte sich an ein behelfsmäßiges »Floß«, das aus drei zusammengebundenen Tauchrettern und drei Schwimmwesten (zwei Westen von der Hudson) bestand. Die Männer fischten eine vorübertreibende Zitrone und eine Kokosnuß aus dem Wasser.

Erst am 10. Juli, zwei Tage nach der Versenkung, entdeckte der von George S. Middleton geflogene Blimp K-8 der US Navy sieben Überlebende von *U701* in zwei Gruppen etwa 200 Kilometer vor der Küste. Das Luftschiff ließ ein Rettungsfloß mit Decken, Wasser, Lebensmitteln und einem Erste-Hilfe-Kasten zu Wasser und forderte über Funk ein Wasserflugzeug an. Richard L. Burke, ein Pilot der Coastal Guard, flog das Luftschiff an und landete in der Nähe der sieben Überlebenden, die seit 49 Stunden im Wasser trieben. Unter den Überlebenden waren Degen, sein Obersteuermann Kunert und drei Männer, die aus dem Bugraum entkommen waren. Burke flog die Überlebenden nach Norfolk. Dort wurden sie ins Krankenhaus eingeliefert und dann an Beamte des ONI und des FBI übergeben. Noch am selben Tag barg das 25 Meter Küstenschutzboot *Number 480* fünf tote Deutsche. Die übrigen 31 Mann von *U701* wurden nicht gefunden.*

Die Ermittlungsbeamten des ONI berichteten, daß die sieben Überlebenden von *U701* dankbar für ihre Rettung seien und sehr kooperativ wirkten. Die U-Boot-Männer enthüllten viele interessante Details, darunter auch die Neuigkeit, daß im Nordatlantik U-Tanker eingesetzt wurden. Doch sie verhehlten geschickt ihr Wissen über die eigene Verminungsmission und die von *U87* und *U373* sowie ihr Wissen um die Anlandung der Abwehragenten durch *U202* und *U584.* Als die Verhörspezialisten meinten, alles aus ihnen herausgeholt zu haben, wurden Degen und Kunert in einem Kriegsgefangenenlager für Offiziere in Arizona und die übrigen fünf Besatzungsmitglieder in anderen Lagern interniert.

---

* Wegen ungenauer oder falscher Positionsmeldungen der Hudson und anderer Beteiligter konnte die Navy das Wrack von *U701* nicht finden und bergen. Im Jahr 1989 entdeckten es Sporttaucher; es lag auf der Steuerbordseite. Die Taucher bestätigten die schweren Schäden am Heck. Sie setzten sich mit Degen in Verbindung und versicherten ihm, daß sie Überreste der Besatzungsmitglieder nicht in ihrer ewigen Ruhe stören würden.

Die Nachricht von den U-Tankern erreichte die operativen Streitkräfte nur langsam, und die Briten zweifelten noch lange an ihrer Richtigkeit.

Insgesamt hatten die acht Typ-VII-Boote aus der Mai-Gruppe, die amerikanische Gewässer erreicht hatten, 20 Schiffe mit rund 102 000 Tonnen versenkt, darunter drei Trawler mit 1000 Tonnen. Das ergab einen Durchschnitt von 2,5 Schiffen mit 12 750 Tonnen pro Boot und Fahrt. Bülows *U404* zeichnete für beinahe ein Drittel der versenkten Schiffe und der versenkten Tonnage verantwortlich. Das verlorengegangene Boot *U701* nicht mitgerechnet, waren die Boote durchschnittlich 60 Tage auf See. Die von *U87, U373* und *U701* gelegten Minenfelder riefen bei den Amerikanern einige Bestürzung hervor, doch tatsächlich wurden durch die 45 Minen, die in den Booten den Platz von 15 Torpedos einnahmen, nur zwei Trawler und ein Frachter mit insgesamt rund 8000 Tonnen versenkt. Die 15 nicht mitgeführten Torpedos hätten weit mehr Schaden anrichten können.

Zum Glück für die Alliierten erfuhren die Deutschen nicht von einem größeren Schiffsunglück, das weitere Versenkungen zur Folge hätte haben können. In der Nacht des 28. Juni lief das 105 Meter lange Handelsschiff *Stephen R. Jones,* das mit 6300 Tonnen Kohle von Norfolk nach Boston fuhr, im Kap-Cod-Kanal auf Grund, kenterte und brach in zwei Hälften auseinander. Das Wrack blockierte den Kanal und zwang den gesamten Nord- und Süd-Schiffsverkehr in diesem Raum, außen um Kap Cod herumzufahren. Wegen der völligen Zerstörung des Schiffs und der starken Strömungen im Kanal dauerte es vier Wochen, bis die Trümmer aus dem Weg geräumt waren, der Schaden repariert war und der Kanal wieder freigegeben wurde. Hätten die Deutschen von dem Unglück erfahren, dann hätte Dönitz die U-Boote vor Kap Cod zusammenziehen können, wo sie vermutlich bei geringem Risiko große Erfolge erzielt hätten, vor allem weil nur 28 Kilometer vor der Küste ein großes Becken mit tieferem Wasser (195–210 Meter) liegt.

Die vorübergehende Schließung des Kap-Cod-Kanals beschleunigte die Verwirklichung des Plans, die Aufstellung und das Auslaufen der Halifax- und Sydney-Geleitzüge von den kanadischen Häfen nach New York zu verlegen.

Neue Rekordfahrten der Typ-IX-Boote

Im Mai liefen acht Boote vom Typ IX, darunter drei Neuankömmlinge aus Deutschland, in Richtung Amerika aus. Vier Boote waren bereits zuvor in amerikanische Gewässer gefahren, eins von ihnen, *U129,* hatte jedoch einen neuen Kommandanten, der Ritterkreuzträger Nikolaus Clausen abgelöst hatte. Das fünfte erfahrene Boot, *U68,* hatte bereits drei Feindfahrten nach Freetown und in den Südatlantik gemacht.

Dönitz wollte die beiden ersten, im Mai entsandten Typ-IX-Boote, die erfahrenen Boote *U158* und *U504,* vor dem Mississippidelta patrouillieren lassen. Bei der Ausgabe der Einsatzbefehle kam es jedoch zu einer Verwechslung. Deshalb fuhr Erich Rostin mit *U158* am Nordende des Kanals von Yucatán und Fritz Poske in *U504* zum zum Südende, und das Mississippidelta blieb zeitweilig verschont.

Südlich des Kanals von Yucatán versenkte der schon sehr lange dienende 37jährige Fritz Poske (Crew-Jahr 1923) am 29. Mai mit *U504* einen kleinen britischen Frachter. Danach hatte es den Anschein, als sei der gesamte Verkehr zum Erliegen gekommen, und es vergingen elf frustrierende Tage, bis er wieder einsetzte. In der Woche vom 8. bis zum 14. Juni versenkte Poske noch fünf Frachter, womit er seine Gesamtbeute auf sechs Frachter mit rund 20 000 BRT erhöhte. Danach kehrte er ohne nachzutanken nach Frankreich zurück; seine Feindfahrt hatte 67 Tage gedauert.

Erich Rostin in *U158* versenkte auf dem Anmarsch in den ihm zugewiesenen Raum nördlich des Kanals von Yucatán drei Schiffe: zwei im Mittelatlantik (eines davon war der britische 8100-Tonnen-Tanker *Darina*) und eines südlich von Kuba. Danach fuhr er nach Norden durch den Kanal von Yucatán in den Golf von Mexiko und versenkte zwischen dem 4. und dem 7. Juni drei weitere Frachter. Als die Verwechslung der Einsatzbefehle entdeckt wurde, wurde Rostin zum Mississippidelta umdirigiert, wohin verspätet auch *U67, U129* und das neue Boot *U157* unterwegs waren. Rostin traf als erster ein und versenkte am 11. und 12. Juni zwei große Tanker: die panamaische *Sheherazade* mit 13 500 BRT und die betagte (1918) amerikanische *Cities Service Toledo* mit 8200 BRT, die 83 000 Barrel Rohöl geladen hatte.

Auf dem Marsch in Richtung Mississippi durch den Alten Bahamakanal und die Floridastraße sichtete der 36jährige Wolf Henne in dem neuen Boot *U157* den amerikanischen 6400-Tonnen-Tanker *Hagan* und versenkte ihn; der Tanker hatte Melasse geladen. Als der Befehlshaber der Gulf Sea Frontier James Kauffman von diesem Verlust erfuhr, wies er alle verfügbaren Kräfte an, »dieses U-Boot bis zur Erschöpfung zu jagen und zu vernichten«.

Eine B-18 der Army Air Forces erfaßte *U157* im ersten Tageslicht am 11. Juni mit dem ASV-Radar. Als das Flugzeug auf 3,5 Kilometer heran war, sichtete die Besatzung *U157* an der Oberfläche und griff an. Die B-18 überflog das U-Boot in einer Höhe von 270 Metern, doch der Angriff scheiterte, weil die Bombenklappen sich nicht öffneten. Das Flugzeug wendete und griff im Sturzflug aus 90 Metern Höhe ein zweites Mal an, doch da war *U157* schon beinahe getaucht. Das Flugzeug warf vier Mark-XVII-Wasserbomben ab, die auf eine Tiefe von 7,5 Metern eingestellt waren. Alle Bomben explodierten, doch das Ergebnis ist ungewiß. Eineinhalb Stunden später sah ein amerikanisches Linienflugzeug der Pan American Airways das U-Boot an der Oberfläche. Doch drei Militärflugzeuge konnten es am selben Morgen nicht mehr finden.

In Key West und Miami lief eine ganze Armada von ASW-Fahrzeugen aus. Die Gruppe aus Key-West bestand aus neun Schiffen, darunter die Glattdeck-Zerstörer *Dahlgren* und *Noa* und die 49,5 Meter langen Küstenschutzfahrzeuge *Thetis* und *Triton.* Zu der Gruppe aus Miami zählten fünf PC-Boote, die am 12. Juni durch den Glattdeck-Zerstörer *Greer* verstärkt wurden. Alle 15 Fahrzeuge liefen zwischen Key West und Havanna in der Floridastraße zusammen.

Die amerikanischen Luft- und Seestreitkräfte jagten *U157* vom 11. bis zum 13. Juni 48 Stunden lang ohne Unterlaß. In der Nacht vom 12. auf den 13. Juni bekam eine B-18 der Army Air Forces das Boot erneut auf den Radarschirm. Bei Tagesanbruch des 13. Juni schickte Kauffman die Gruppe aus Key West zu der Stelle und rief die Miami-Gruppe zurück. Um 16.00 Uhr bekam das Küstenschutzfahrzeug *Thetis* eine deutliche Ortung mit dem Sonar. Ihr Kommandant, Nelson C. McCormick, der zuvor das Schwesterschiff *Dione* vor Kap Hatteras befehligt hatte, führte unverzüglich einen geschickten Angriff durch und warf in zwei Serien zehn Wasserbomben; danach stiegen riesige Luftblasen und Öl auf. Der Zerstörer *Noa,* der Kutter *Triton* und die drei anderen Fahrzeuge liefen bei der *Thetis* zusammen und warfen noch einmal 20 Wasserbomben über dem Ölfleck ab.

Durch diese Angriffe wurde *U157* zweifellos unter Verlust der gesamten Besatzung zerstört. Die *Thetis* und die anderen Fahrzeuge entdeckten nicht nur große Mengen Öl, sondern auch zwei Hosen, eine kleine Tube mit Öl aus Deutschland, Teile der Gräting an Deck und andere Holzteile. Die Army Air Forces beanspruchten zu Recht einen Anteil an der Versenkung, genau wie die *Noa* und die *Triton* und andere Fahrzeuge, aber Kauffman sprach das Verdienst einzig und allein McCormick auf der *Thetis* zu. Dönitz erfuhr erst Tage später von dem Verlust.

U67 und U129, die anderen beiden Typ-IX-Boote, die zum Mississippidelta unterwegs waren, erreichten ihr Operationsgebiet erst einige Tage nach *U157* und hatten ebenfalls nicht die leiseste Ahnung von dem Verlust. Bei der Durchfahrt durch die Floridastraße versenkte Günther Müller-Stöckheim in *U67* am 16. Juni einen 2200-Tonnen-Frachter aus Nicaragua, nahe der Stelle, wo *U157* auf Grund lag. Zwei Nächte später, am 18. Juni, versenkte der neue 32jährige Kommandant von *U129,* Hans-Ludwig Witt, nachdem er bereits im Mittelatlantik zwei große Frachter auf Grund geschickt hatte, am westlichen Ende des Alten Bahamakanals einen amerikanischen 3500-Tonnen-Frachter. Am folgenden Tag stieß Witt auf zwei Geleitzüge in der Floridastraße und meldete sie. Da jedoch kein anderes Boot in der Nähe war, das dem noch unerfahrenen Kommandanten Witt beistehen konnte, untersagte ihm Dönitz, die Geleitzüge anzugreifen oder auch nur zu beschatten.

Kernével wußte immer noch nicht, daß *U157* verlorengegangen war, und erkannte plötzlich, daß nach den geänderten Befehlen vier Boote zum Mississippidelta fuhren. Um diese riskante Ansammlung zu vermeiden, befahl Kernével Witt mit *U129* und Rostin mit *U158,* an der Küste von Mexiko – Deutschlands jüngstem Feind – zwischen dem Kanal von Yucatán und Tampico, Mexikos wichtigstem Ölhafen, zu patrouillieren. Nur Müller-Stöckheims Boot *U67* und Hennes (verlorenes) *U157* sollten noch zum Mississippidelta laufen.

Rostin und Witt hatten in den mexikanischen Gewässern beide gutes Jagdglück. In der Woche vom 17. bis zum 23. Juni versenkte Rostin mit *U158* weitere vier Schiffe, darunter den norwegischen Tanker *Moira* mit 1600 BRT; seine Gesamtbeute auf dieser Fahrt erhöhte sich auf erstaunliche zwölf Schiffe (vier Tanker) mit 61200 BRT. Dies war die beste Fahrt aller Amerika-Boote, und Rostin verdiente sich damit das Ritterkreuz, dessen Verleihung ihm am 28. Juni per Funk mitgeteilt wurde.* Witt, der neue Kommandant von *U129,* versenkte weitere fünf Schiffe, darunter zwei mexikanische Tanker: die *Tuxpan* mit 7000 BRT und die *Las Choapas* mit 2000 BRT.

Auf dem Rückmarsch stieß Rostin, der alle Torpedos verschossen hatte, in *U158* auf halber Strecke zwischen North Carolina und den Bermudainseln auf den lettischen 4000-Tonnen-Frachter *Everalda.* Er stoppte das Schiff mit dem Deckgeschütz, nahm den Kapitän und »einen Spanier« gefangen und schickte ein Enterkommando an Bord, um die Geheimpapiere zu bergen und die *Everalda* zu sprengen. Diese Ver-

* Zum Zeitpunkt der Verleihung hatte Rostin 19 Versenkungen mit rund 112000 BRT gemeldet. Seine bestätigte Versenkungszahl lag bei 16 Schiffen mit 90400 BRT.

senkung, die Rostin über Funk meldete, steigerte seine bestätigte Versenkungszahl bei dieser Fahrt auf die Rekordhöhe von 13 Schiffen mit 65 108 BRT.*

Rostin setzte die Meldung über seine letzte Versenkung, die Gefangennahme der beiden Seeleute und die Erbeutung der Geheimpapiere am 30. Juni um die Mittagszeit nach Kernével ab. Mehrere britische Funkpeilstationen, darunter auch eine auf den Bermudainseln nur etwa 240 Kilometer südlich von Rostins Position, fingen die Funksignale auf und peilten das Boot ein. Danach informierte die Station die gleichfalls auf den Bermudas stationierte US Navy Patrol Squadron 74, die mit Flugbooten vom Typ Mariner ausgerüstet war, über den Standort des U-Boots. Der Mariner-Pilot Richard E. Schreder nahm unverzüglich Kurs auf die mutmaßliche Position. Nach einem Flug von nur 92 Kilometern entdeckte er *U158* an der Oberfläche. Er konnte »etwa 15 Mann« ausmachen, die sich auf dem Oberdeck räkelten und sonnten – so nahe an den Bermudas eine unerklärliche Sorglosigkeit. Schreder griff an und warf zwei Sprengbomben, die fehlgingen, und zwei auf geringe Tiefe eingestellte Mark-XVII-Wasserbomben. Eine der Wasserbomben schlug auf der Brücke ein und klemmte sich im Aufbau fest, wie die Fliegerbesatzung berichtete. Als Rostin tauchte, detonierte sie. Es gab keine Überlebenden.

Dönitz wußte nichts von dem Verlust, und als *U158* nicht zum Nachtanken an einem U-Tanker nordöstlich der Bermudas erschien, nahm er an, daß Rostin einen Motorschaden und/oder ein defektes Funkgerät hatte. Dönitz hoffte das Beste und befahl dem U-Tanker, eine ganze Woche lang zu bestimmten Zeiten an dem Treffpunkt zu warten, und allen anderen Booten, nach *U158* Ausschau zu halten. Als nach dem Krieg der wahre Sachverhalt bekannt wurde, war klar, daß sich Rostin nur zwei Tage lang seines Ritterkreuzes hatte erfreuen können.

Müller-Stöckheim in *U67* erreichte das Mississippidelta am 19. Juni. Da Henne mit *U157* vor Key West versenkt worden war und *U129* und *U158* an der mexikanischen Küste operierten, hatte Müller-Stöckheim das reiche Jagdgebiet eine Zeit lang ganz für sich allein. Er fuhr von Florida bis nach Texas an der Golfküste entlang und griff in den drei Wochen vom 20. Juni bis zum 13. Juli sechs Tanker an, von denen er vier versenkte und zwei beschädigte.** Außerdem versenkte er noch einen 2200-Tonnen-Frachter. Seine bestätigte Versenkungszahl bei dieser Fahrt betrug damit sechs Schiffe mit 30 000 BRT. Nach einer überlangen Heimreise auf einem Motor und einmaligem Nachtanken erreichte er Frankreich am 8. August nach 81 Tagen auf See.

Der neue Kommandant Witt verließ mit *U129* die mexikanische Küste und patrouillierte durch den Kanal von Yucatán nach Süden bis Honduras und dann wieder zurück nach Norden in den Golf von Mexiko. Er versenkte noch drei weitere Schiffe, darunter den russischen 6300-Tonnen-Tanker *Tuapse*. Am 21. Juli trat er endlich die

* Bei seinen beiden Fahrten nach Amerika versenkte Erich Rostin, den in Deutschland praktisch niemand kennt, 17 bestätigte Schiffe mit 94 342 Tonnen. Dagegen versenkte der Volksheld Reinhard Hardegen in U123 auf seinen beiden Fahrten nach Amerika nur 15 Schiffe mit 81 561 Tonnen, plus die beiden Schiffe, die gerettet wurden. Rostins Rekord für zwei Feindfahrten wurde von keinem anderen Boot übertroffen.

** Er versenkte die drei amerikanischen Tanker *Raleigh Warner* mit 3700 BRT, *Benjamin Brewster* mit 6000 BRT und *R. W. Gallagher* mit 8000 BRT und den britischen Tanker *Empire Mica* mit 8000 BRT. Beschädigt wurden die norwegische *Nortind* mit 8200 BRT und die amerikanische *Paul H. Harwood* mit 6600 BRT.

langwierige Heimreise mit einem Motor an. Seine gemeldete und bestätigte Versenkungszahl bei der ersten Feindfahrt war in der Tat beeindruckend: elf Schiffe (drei Tanker) mit rund 41 500 BRT. Er war 94 Tage auf See gewesen.

Drei Typ-IX-Boote der Mai-Gruppe fuhren in die Panamakanalzone: *U68* unter Karl-Friedrich Merten und die beiden neuen Boote *U159* unter Helmut Witte und *U172* unter Carl Emmermann. Beim Auslaufen erhielt Merten den Befehl, die Eskorte für den Blockadebrecher *Münsterland* nach Bordeaux zu verstärken. Am 15. Mai sichtete er das Schiff im Südwesten des Golfs von Biskaya und zugleich *U437,* das ebenfalls als Eskorte eingeteilt war, doch ein alliiertes Flugzeug vereitelte das Treffen. Merten war gezwungen, sich nach El Ferrol in Spanien hineinzuschleichen und eine Abgasklappe zu reparieren. Die *Münsterland* fuhr allein nach Bordeaux weiter, und *U437* lief nach St. Nazaire. *U68* ging in El Ferrol bei dem »internierten« deutschen Schiff *Max Albrecht* längsseits, und Merten reparierte das Boot, tankte voll und lief nach einigen Stunden wieder aus.

Die beiden neuen Typ-IX-Boote stießen auf ihrem Weg in die Karibik im Mittelatlantik auf alleinfahrende, alliierte Schiffe. Witte in *U159* meldete fünf Versenkungen mit 26 200 BRT, aber lediglich drei mit 14 600 BRT wurden bestätigt, darunter die des britischen 2600-Tonnen-Tankers *Montenol.* Emmermann in *U172* versenkte drei Schiffe mit 17 900 BRT, darunter den britischen 9000-Tonnen-Tanker *Athelknight.* Diese beiden Boote und Merten in *U68* erreichten den Raum um Trinidad in der ersten Juniwoche. Am 5. und 6. Juni versenkte Merten zwei große Tanker, die amerikanische *L. J. Drake* mit 6700 BRT und die panamaische *C. O. Stillman* mit 13 000 BRT.

Die drei Boote fuhren weiter in Richtung Panama. Unterwegs griff Witte in *U159* mit dem Deckgeschütz zwei Segelschiffe an, die brasilianische *Paracury* mit 265 Tonnen und die honduranische *Sally* mit 150 Tonnen. Beide ließ er mit überflutetem Deck und, wie er meinte, dem sicheren Untergang geweiht, zurück, doch die Crew der *Paracury* ging wieder an Bord und rettete das Schiff. Auf der Höhe von Curaçao und Aruba versenkte Witte am 7. Juni einen amerikanischen 3400-Tonnen-Frachter. Nicht weit davon entfernt versenkte Emmermann in *U172* am 8. Juni einen amerikanischen 1700-Tonnen-Frachter.

Bis zum 10. Juni hatten die drei Boote die vorgesehenen Einsatzgebiete auf den nach Panama führenden Seewegen erreicht. An diesem Tag muß die wichtigste Formation amerikanischer Kriegsschiffe, die seit Monaten Panama erreichte, nahe an allen dreien vorübergefahren sein: der Flugzeugträger *Wasp,* das neue Schlachtschiff *North Carolina,* die Kreuzer *Quincy* und *San Juan* sowie sieben Zerstörer. Diese Kriegsschiffe fuhren in den Pazifik, um die Operation Watchtower zu verstärken – die geplante Besetzung der Salomoninseln Guadalcanal, Florida und Tulagi durch die Alliierten.

In dieser Nacht erspähte Merten in *U68* zwei große, schwerbeladene Frachter auf dem Weg nach Panama. Er tastete sich vorsichtig heran und schoß fünf Torpedos. Zwei gingen fehl, aber zwei trafen den britischen 5000-Tonnen-Frachter *Ardenvohr,* der rasch sank, und einer traf den britischen 8600-Tonnen-Frachter *Surrey,* der langsam unterging. Merten fiel auf, daß die Crew der *Surrey* in den Rettungsbooten sehr eilig wegruderte, was seine Neugier weckte. Er fischte einen einzelnen Überlebenden aus dem Wasser, der zurückgeblieben war, und fragte ihn aus. Dieser informierte

Merten, daß die *Surrey,* die endlich unter den Wellen verschwand, mit 5000 Tonnen Dynamit beladen war.

Wie auf Stichwort explodierte der Sprengstoff in diesem Moment. Die Gewalt der Detonation hob *U68* ganz aus dem Wasser, und dann krachte das Boot mit einer solchen Wucht auf die Wasseroberfläche, daß Merten meinte, es sei torpediert worden. Der Aufprall setzte kurzfristig beide Dieselmotoren und den Kreiselkompaß außer Betrieb, und im ganzen Boot gingen die Armaturengläser und das Geschirr zu Bruch.

Merten war gerade unter Deck und begutachtete den Schaden, als die Brükkenwache noch ein Schiff meldete. Nachdem der Ingenieur die Diesel wieder in Gang gebracht hatte, begann Merten eine lange Verfolgungsjagd. Schließlich erkannte er, daß er das Fahrzeug nicht vor Tagesanbruch überholen konnte, und schoß deshalb einen Torpedo aus sehr großer Entfernung. Dieser traf und versenkte den britischen 5900-Tonnen-Frachter *Port Montreal,* der ebenfalls mit Kriegsmaterial in den Pazifik unterwegs war. Als Merten seine Versenkungen meldete – fünf Schiffe (drei Tanker) mit 40 000 BRT – erhielt er das Ritterkreuz.*

In den folgenden beiden Tagen, vom 11. bis zum 13. Juni, trat Witte in *U159* sehr nahe bei Panama in Aktion. Er griff vier Frachter mit 28 700 BRT an und meldete sie als versenkt. Drei der vier Versenkungen mit 18 600 BRT (ein britisches und zwei amerikanische Schiffe) wurden später bestätigt, doch über die vierte fanden sich keine Unterlagen. Einschließlich früherer, überhöhter Meldungen hatte Witte für diese Fahrt nun neun versenkte Schiffe mit rund 53 000 BRT gemeldet. Seine bestätigte Versenkungszahl zu diesem Zeitpunkt betrug sechs Schiffe mit 43 300 BRT. Da er seinen gesamten Torpedovorrat aufgebraucht hatte, zog er sich genau wie Merten in den Raum um Aruba und Curaçao zurück.

Die Versenkungen von Merten und Witte – sechs Schiffe in drei Tagen – waren eine Blamage für die Panama Sea Frontier. Als Reaktion stellte der Befehlshaber der Frontier Clifford van Hook eine »Killer-Gruppe« auf, die aus zwei Zerstörern (der modernen *Edison* und dem Glattdeck-Zerstörer *Barry*), diversen kleineren Fahrzeugen und Catalinas bestand. Die Army Air Forces verstärkten die landgestützten ASW-Einheiten. Als diese Kräfte schon aktiv waren, versenkte Carl Emmermann in *U172* vom 14. bis zum 18. Juni unmittelbar vor Panama vier Schiffe mit 12 800 BRT, darunter den britischen Segelschoner *Dutch Princess* mit 125 Tonnen und den amerikanischen 2000-Tonnen-Tanker *Motorex.* Verstärkte Luftpatrouillen, eine verbesserte Überwachung der Schiffahrt und schlechtes Wetter verdarben Emmermann die weitere Jagd, und er konnte nur noch den kolumbianischen Segelschoner *Resolute* mit 35 Tonnen durch Geschützfeuer versenken.**

Bei ihrer Feindfahrt auf der Höhe von Aruba und Curaçao versenkten Merten in *U68* und Witte in *U159* jeweils noch zwei Schiffe. Beide Opfer Mertens waren Tan-

* Zum Zeitpunkt der Verleihung hatte Merten insgesamt 16 bestätigte Versenkungen mit 102 234 Tonnen erzielt.

** Wie Marinehistoriker Samuel Eliot Morison schreibt, beschoß das U-Boot »aus kürzester Entfernung Passagiere, Frauen und Kinder mit dem Maschinengewehr«. Falls dies zutreffen sollte, so war es zweifellos unbeabsichtigt – einer der unglücklichen Fälle, bei denen Rettungsboote oder Überlebende in das Gewehrfeuer hineintrieben. Der Vorfall wurde in dem Nürnberger Prozeß gegen Dönitz nicht als Beweismittel vorgebracht.

ker. Das eine war die panamaische *Arriaga* mit 2500 BRT; das andere war peinlicherweise die Vichy-französische *Frimaire* mit 9200 BRT, die unter portugiesischer Flagge fuhr. Das OKM hatte für sie ausdrücklich sicheres Geleit angeordnet. Die Offiziere im OKM schäumten vor Wut, als sie von der Versenkung der *Frimaire* erfuhren, aber Dönitz nahm Merten – seinen jüngsten Ritterkreuzträger – in Schutz. Merten bestand hartnäckig darauf, daß das Schiff nicht als Vichy-französisch oder portugiesisch gekennzeichnet war. Durch die beiden Versenkungen erhöhte sich Mertens bestätigte Tonnage bei dieser Fahrt auf sieben Schiffe (vier Tanker) mit rund 51 000 BRT. Die beiden Opfer Wittes waren kleine Frachter, die er mit dem Deckgeschütz auf Grund schickte.

Auf dem Rückmarsch versenkten Witte in *U159* und Emmermann in *U172* jeweils noch ein Schiff. Da Witte keine Torpedos mehr hatte, stoppte er den amerikanischen 9600-Tonnen-Tanker *E. J. Sadler* mit seiner auf der Brücke montierten Flak, schickte ein Enterkommando an Bord und sprengte das Schiff. Durch die Versenkung der *Sadler* erhöhte sich Wittes bestätigte Versenkungszahl auf zehn Schiffe (zwei Tanker) mit rund 50 000 BRT. Emmermann stoppte den amerikanischen 8400-Tonnen-Frachter *Santa Rita* mit seinem letzten Torpedo und schickte ebenfalls ein Sprengkommando an Bord. Außerdem nahm er den Kapitän gefangen und befahl dem Sprengkommando, das Schiff nach verwertbaren Dingen zu durchsuchen. Seine Männer kehrten mit überaus wertvollen Plänen und Dokumenten zurück, die Informationen über die Schiffahrtsrouten der Alliierten und die Lage der Minenfelder vor dem südafrikanischen Kapstadt und anderen Häfen enthielten. Durch die Versenkung der *Santa Rita* erhöhte sich Emmermanns bestätigte Versenkungszahl einschließlich der beiden Segelschoner auf zehn Schiffe (zwei Tanker) mit 40 800 BRT.

Auf dem Rückmarsch wurde Wittes *U159* in der Nacht vom 11. auf den 12. Juli in der Biskaya von einer Wellington-Maschine der Staffel 172 des Coastal Command geortet und angegriffen, die mit ASV-Radar und Leigh Light ausgerüstet war. Witte befahl seinen Flakschützen auf der Brücke, den Scheinwerfer auszuschießen, aber sie waren vom Licht geblendet. Das Flugzeug warf vier 130-Kilo-Wasserbomben ab, die das Boot stark durchschüttelten, aber nur leicht beschädigten. Der Pilot der Wellington war der bei der RAF dienende Amerikaner Wiley B. Howell, der sieben Nächte zuvor Jürgen von Rosenstiels Typ-IX-Boot *U502* getroffen und versenkt hatte, wobei die gesamte Besatzung ums Leben kam.

Insgesamt waren im Mai acht Typ-IX-Boot in amerikanische Gewässer entsandt worden. Das neue Boot *U157* unter Wolf Henne, das ein Schiff versenkt hatte, ging bei dem Versuch, in den Golf von Mexiko einzufahren, verloren. Die übrigen sieben, darunter die beiden neuen Boote *U159* unter Witte und *U172* unter Emmermann, erzielten Rekordergebnisse. Die drei Segelschiffe, die Witte und Emmermann versenkten, nicht mitgerechnet, schickten diese acht Typ-IX-Boote 61 Schiffe mit 304 000 BRT auf den Grund: ein Durchschnitt von 7,6 Schiffen mit 38 000 BRT pro Boot und Fahrt. Einschließlich der beiden verlorengegangenen Boote – *U157,* in der Floridastraße und *U158* auf der Höhe der Bermudas – hatten die Mai-Boote vom Typ IX 517 Tage auf See verbracht.

Die großartigen Erfolge der Typ-IX-Boote, die im Mai in die Karibik und in den Golf von Mexiko ausgelaufen waren, glichen die sich verschlechternden Ergebnisse der Typ-VII-Boote an der Ostküste der Vereinigten Staaten teilweise aus, von denen ein großer Teil Sonderaufträge ausgeführt hatte. Alle Mai-Boote zusammen hatten (einschließlich der Segelschoner, Trawler und anderer Fahrzeuge, die mit dem Geschütz oder mit Minen versenkt worden waren) insgesamt 84 Schiffe mit 407 000 Tonnen versenkt. Dies entsprach einem Gesamtdurchschnitt von 5,25 Schiffen mit 25 437 Tonnen pro Boot und Fahrt. Doch es waren auch drei Boote verlorengegangen: *U157* und *U158* vom Typ IX und *U701* vom Typ VII.

ZEHN

Rückkehr in den Nordatlantik

Im Sommer 1942 war die massive deutsche Offensive in der Ukraine das alles beherrschende Thema. Mitte Juli hatten deutsche Truppen Rostow und Stalingrad erreicht und wandten sich nach Süden in Richtung Kaukasus. Die alliierten Kriegsstrategen in Washington und London nahmen – völlig zu Unrecht – an, daß die Streitkräfte der Sowjetunion nicht länger standhalten könnten. Um den Druck auf die Rote Armee durch die Schaffung einer »zweiten Front« zu verringern, beschleunigten sie die Vorbereitungen für die Operation Torch, die Invasion in Französisch-Nordwestafrika, die 1942 statt der aufgegebenen Operation Sledgehammer durchgeführt werden sollte.

Trotz hinhaltenden Widerstands aus London drängten die Amerikaner auf eine Erhöhung von Anzahl und Größe der Murmansk-Geleitzüge, damit die Häfen nicht mehr durch Handelsschiffe verstopft waren, die Kriegsmaterial für die Sowjetunion geladen hatten. Widerstrebend hatte die Admiralität am 21. Mai den Konvoi PQ 16 und sein Pendant, den in die Gegenrichtung fahrenden Schwesterkonvoi QP 12 auslaufen lassen. Im nördlichen Norwegen stationierte deutsche Sturzkampfbomber und Torpedoflugzeuge, die von den länger werdenden Tagen im Nordmeer profitierten, hatten sechs von 35 Handelsschiffen aus PQ 16 versenkt, jedoch keine aus QP 12. Die Nordmeer-Boote, denen das längere Tageslicht Schwierigkeiten bereitete, hatten aus dem Konvoi PQ 16 den amerikanischen Frachter *Syros* mit 6200 BRT versenkt.

Am 27. Juni gab die Admiralität unter dem starken Druck Washingtons die Anweisung zum Auslaufen von PQ 17 und seines Pendants QP 13. PQ 17 war der bis dahin größte Murmansk-Geleitzug. Auf das schreckliche Schicksal dieses Konvois wird später noch eingegangen werden. Vorläufig kann man es bei der Feststellung belassen, daß dieser Geleitzug eine Katastrophe war, eines der größten Debakel des Geleitzugsystems während des ganzen Krieges, und daß die Briten sich weigerten, PQ 18 in Marsch zu setzen, so lange sich nicht sämtliche Bedingungen im Polarmeer zugunsten der Alliierten geändert hatten. Daß das Schlachtschiff *Washington* und vier

Zerstörer* am 14. Juli die Home Fleet verließen und in die Vereinigten Staaten zurückkehrten, war zum Teil auf diese Entscheidung zurückzuführen.

Auf der anderen Seite des Erdballs gingen die Vorbereitungen für das Unternehmen Watchtower, die Invasion von Guadalcanal, nur schleppend voran. Am 4. August erlitten die Landungstruppen, denen es an allem Nötigen mangelte, noch eine weitere Niederlage, als der moderne (aus dem Jahr 1935 stammende) amerikanische Zerstörer *Tucker* auf eine Mine lief und vor Espiritu Santo, einer Insel der Neuen Hebriden, sank.

Der Startschuß für Watchtower fiel schließlich am 7. August. Sowohl die Flugzeugträger *Enterprise, Saratoga* – sowie die *Wasp* und das Schlachtschiff *North Carolina,* die vor kurzem von der Atlantic Fleet an die Pacific Fleet überstellt worden waren – als auch zahlreiche Leichte und Schwere Kreuzer unterstützten die Landungstruppen. Dreißig Zerstörer, darunter sieben ebenfalls kürzlich von der Atlantic Fleet an die Pacific Fleet überstellte Schiffe, sicherten die Seestreitmacht. Der erste amerikanische Geleitträger *Long Island,* der ebenfalls von der Atlantic Fleet abgezogen worden war, transportierte Jagdflugzeuge zu einer Position in der Nähe der Insel und ließ sie aufsteigen. Am Tag des Invasionsbeginns wurde der Zerstörer *Mugford* und am folgenden Tag der Zerstörer *Jarvis* von japanischen Flugzeugen übel zugerichtet.

Vom 8. auf den 9. August, in der zweiten Nacht der Operation, eilte eine japanische Streitmacht von fünf Schweren und zwei Leichten Kreuzern und einem Zerstörer aus Rabaul heran und griff die alliierten Invasoren an. Diese Seeschlacht, die durch tragische Fehler der Alliierten gekennzeichet war, ging als die Schlacht von Savo Island in die Geschichte ein und war eine verheerende Niederlage für ihre Seestreitkräfte. Die Japaner versenkten vier Schwere Kreuzer (die *Astoria,* die *Canberra,* die *Quincy* und die *Vincennes*), beschädigten den Zerstörer *Jarvis* und beschädigten den Schweren Kreuzer *Chicago* so schwer, daß er sich nur mit Mühe nach Kalifornien retten konnte und dort monatelang auf der Werft lag.

Der Verlust der Kriegsschiffe gefährdete die alliierten Truppen, die auf Guadalcanal gelandet waren, wo sie einen Brückenkopf errichtet und einen japanischen Flugplatz erobert hatten, der in Henderson Field unbenannt wurde. Deshalb wies Admiral King Ingersoll an, sämtliche anderen amerikanischen Kriegsschiffe von der britischen Home Fleet abzuziehen, einschließlich der Schweren Kreuzer *Wichita* und *Tuscaloosa* und der noch verbliebenen Zerstörer *Emmons* und *Rodman.* Außerdem schickte King die neuen Schlachtschiffe *Washington* und *South Dakota* mit einer Eskorte von sechs vor kurzem in Dienst gestellten Zerstörern in den Pazifik.**

Auch in den Tagen nach der Seeschlacht bei Savo Island kam es bei den Salomonen immer wieder zu Gefechten zwischen alliierten und japanischen Kriegsschiffen – mit weiteren schweren Verlusten für die Alliierten. Am 22. August versenkten Überwasserschiffe der Japaner den Zerstörer *Blue.* Zwei Tage später versenkten Flugzeuge des Flugzeugträgers *Saratoga* den japanischen Leichten Träger *Ryujo,* doch japanische Flugzeuge erzielten Treffer auf dem Flottenträger *Enterprise* und beschädigten das Schiff so schwer, daß es in Pearl Harbor repariert werden mußte. Am 31. August

---

* Die Zerstörer *Mayrant, Rhind, Rowan* und *Wainwright.*

** Die Zerstörer *Barton, Duncan, Lansdowne, Lardner, McCalla* und *Meade.* Der letztere war erst am 22. Juni in Dienst gestellt worden.

wurde die *Saratoga* von dem japanischen U-Boot *I26* torpediert und schwer beschädigt, ihre zweite unglückliche Begegnung mit einem feindlichen U-Boot im Jahr 1942. Zwei Wochen darauf, am 15. September, wurde der Flugzeugträger *Wasp* von dem japanischen U-Boot *I19* getroffen und so schwer beschädigt, daß er von dem Zerstörer *Lansdowne* versenkt werden mußte. Damit hatten die Alliierten mit der *Hornet* nur noch einen gefechtsbereiten alliierten Flugzeugträger im Pazifik. Ebenfalls am 15. September torpedierte das japanische U-Boot *I19* das Schlachtschiff *North Carolina* und den modernen Zerstörer *O'Brien.* Von dem Sechser-Fächer liefen drei Torpedos an der Kampfgruppe Ost vorbei, und zwei davon trafen die *North Carolina* und die *O'Brien.* Das Schlachtschiff schaffte es nach Pearl Harbor, wo umfassende Reparaturen durchgeführt wurden, doch der Zerstörer *O'Brien,* der in San Francisco repariert werden sollte, brach am 19. Oktober auf dem Weg dorthin auseinander und sank. Der Zerstörer *Lang,* der die *O'Brien* begleitete, rettete die Besatzung.

Die ganze Zeit über sicherten Kriegsschiffe der zusammengeschrumpften Atlantic Fleet pflichtbewußt Truppenkonvois (AT- und NA-Geleitzüge) von New York über Halifax zu den Britischen Inseln und in umgekehrter Richtung (TA-Geleitzüge). Die alten Schlachtschiffe *Arkansas, New York* und *Texas,* die Leichten Kreuzer *Brooklyn* und *Philadelphia* sowie Zerstörer dienten als Geleitfahrzeuge, und an der Ostküste, in Nova Scotia, Newfoundland, Island und den Britischen Inseln hatten alliierte Flugzeuge die Luftsicherung übernommen. Kein U-Boot griff einen dieser Truppenkonvois an, und nur die zwei folgenden Vorfälle trübten eine ansonsten perfekte Leistung:

- Am Abend des 22. August stieß der moderne, 1940 gebaute Zerstörer *Buck* in dichtem Nebel mit dem Truppentransporter *Awatea* zusammen. Die *Buck* war das Flaggschiff John B. Heffernans, des Befehlshabers der dreizehn Zerstörer, die den Geleitschutz für den aus zehn Handelsschiffen sowie der *New York* und der *Philadelphia* bestehenden Truppenkonvoi AT 20 stellten. Sieben Besatzungsmitglieder der *Buck* kamen bei dem Zusammenstoß ums Leben. Der 1941 in Dienst gestellte Zerstörer *Ingraham,* den man angewiesen hatte, den beschädigten Schiffen zu helfen, stieß mit dem Navy-Tanker *Chemung* zusammen und sank so schnell, daß nur elf Mann gerettet werden konnten. Der angeschlagene Tanker nahm den schwer beschädigten Zerstörer *Buck* ins Schlepptau, bis der Navy-Schlepper *Cherokee* eintraf. Die ebenfalls stark beschädigte *Awatea,* die vom Zerstörer *Bristol* begleitet wurde, kehrte um und lief, wie die *Chemung* und die *Buck,* nach Boston. Durch diese Unfälle wurde der zu den Britischen Inseln weiterfahrende Geleitzug AT 20 um fünf Schiffe verkleinert. Die *Ingraham* war der fünfte Zerstörer der Atlantic Fleet, der in weniger als einem Jahr verlorengegangen war.
- Am 3. September fing das große amerikanische Passagierschiff *Manhattan* Feuer. Die *Manhattan,* die man in den Truppentransporter *Wakefield* umgebaut hatte, befand sich mit dem Konvoi TA 18 auf dem Weg nach New York, als sich der Unfall ereignete. Die Geleitschiffe des Konvois (die *Arkansas,* die *Brooklyn* und neun US-Zerstörer) und zahlreiche Schiffe, die in Halifax ausgelaufen waren, nahmen etwa 1500 Passagiere und Besatzungsmitglieder der *Wakefield* an Bord und brachten diese nach New York. Zwei Schlepper brachten die *Wakefield* nach Halifax, wobei die *Campbell,* ein Coast Guard Cutter der Treasury-Klasse, als Sicherungsfahrzeug diente. Die *Wakefield* wurde in den Staaten wieder hergerichtet und 1944 erneut in Dienst gestellt.

Während diese Operationen im Sommer 1942 im Gange waren, veränderte sich der U-Boot-Krieg im Atlantik allmählich, was das Tempo, den Schwerpunkt und die Vorgehensweise anging. Zwei wichtige Faktoren führten zu dieser Veränderung.

Erstens erlebte die deutsche U-Boot-Waffe im Atlantik einen beträchtlichen Zuwachs an Kampfbooten. Der Zuwachs beruhte auf den ungewöhnlich niedrigen Verlusten während des Sommers, auf dem abgeschlossenen Aufbau der U-Boot-Streitmacht zur Verteidigung Norwegens und im Eismeer in der von Hitler verlangten Größe, auf der Entscheidung, die Vergrößerung der U-Boot-Kräfte im Mittelmeer zu begrenzen und auf der Ankunft eines ganzen Schwungs neuer Boote, deren Eintreffen sich wegen der starken winterlichen Eisbildung in der Ostsee verzögert hatte.*

Das Anwachsen der atlantischen U-Boot-Streitkraft war beträchtlich, aber längst nicht so stark, wie gewöhnlich behauptet wird. Unter Berücksichtigung der Zugänge und Verluste hatte die U-Boot-Streitmacht jeweils zum ersten des Monats folgenden Umfang:

	Juni	Juli	August	September
Typ VII	51	57	61	77 (+26)
Typ IX	35	37	41	47 (+12)
Gesamt	86**	94	102	124 (+38)

Der zweite Faktor war die plötzliche Vergrößerung der U-Tanker-Flottille im Atlantik. Zusätzlich zu den drei bereits erwähnten Typ-XIV-Tankern *(U459, U460* und *U461)* liefen im Sommer die neuen Boote *U462, U463* und *U464* in den Atlantik aus. *U464* ging bei der Einfahrt in den Atlantik verloren, doch die anderen Typ-XIV-Boote überstanden die Fahrt.

Außerdem diente das große Minen-U-Boot *U116* weiterhin als provisorischer U-Tanker, bis die Mängel bei den SMA-Minen beseitigt waren.

Diese sechs U-Tanker und der Nettozuwachs von 26 Typ-VII-Booten im Sommer eröffneten die Möglichkeit, den U-Boot-Krieg der Wolfsrudel gegen die wichtige nordatlantische Geleitzugroute in der weit entfernten »Luftüberwachungslücke« vor Grönland mit sehr viel besseren Voraussetzungen wiederaufzunehmen. Die neun hinzugekommenen Typ-VII-Boote, die in Deutschland und Frankreich ausliefen, konnten die westwärts nach Kanada fahrenden Outbound North und Outbound North (Slow) Convoys in großer Zahl bei ständig zurückgehenden ASW-Maßnahmen angreifen, sich bei einem U-Tanker versorgen und dann, vorausgesetzt, die Boote hatten noch

* Trotzdem beschwerte sich Dönitz am 21. Juni gegenüber Berlin, daß sich von den 138 kürzlich in Dienst gestellten U-Booten 63 noch Monate nach der Indienststellung in der Ostsee aufhielten. Zudem ereigneten sich weiterhin Unfälle im baltischen Seeraum. Das Typ-VII-Boot *U596* wurde durch eine Batteriegasexplosion beschädigt, die das Auslaufen des Bootes von Juni auf August verzögerte. Auf *U606* vom Typ VII wütete im Maschinenraum ein Brand. Am 6. August rammte das Typ-VII-Boot *U444* das U-Boot *U612,* ebenfalls vom Typ VII, und versenkte es. *U612* wurde geborgen, aber nur noch zur Ausbildung eingesetzt. Wiederholte Pannen durch technische Probleme – von denen einige auf Sabotage zurückgeführt wurden – hatten zur Folge, daß das Typ-IX-Boot *U164* beinahe acht Monate brauchte, um die Ostsee zu verlassen.

** Diese Zahl schließt alle Kampfboote der Atlantik-Streitmacht mit ein, deren Gefechtsschäden repariert wurden, beispielsweise *U123, U124, U333, U563* und *U753.*

Torpedos, die ostwärts zu den Britischen Inseln fahrenden Halifax und Slow Convoys angreifen, wobei sie noch immer in der »Luftsicherungslücke« operierten.

Der größte Schwachpunkt dieses Planes lag darin, daß es sich bei einem extrem hohen Prozentsatz der hierfür vorgesehenen U-Boote um neue, eben aus Deutschland eingetroffene Boote handelte. Da diese unerfahrenen Besatzungen sich den bestorganisierten und erfahrensten Luft- und Überwasserkräften zur U-Boot-Bekämpfung stellen sollten, die es in den alliierten Marinen gab, war ein starker Anstieg der U-Boot-Verluste zu erwarten.

Die Möglichkeit, den Krieg gegen die Geleitzüge auf der Nordatlantikroute wiederaufzunehmen, fiel zufällig mit der steigenden Wirksamkeit der alliierten ASW-Maßnahmen in amerikanischen Gewässern, an der Eastern, Gulf und Caribbean Sea Frontier zusammen. Die wegen der besseren ASW-Maßnahmen sinkenden Erfolge der Typ-VII-Boote waren Wasser auf die Mühlen derjenigen Kräfte in Berlin, die von Anfang an dagegen gewesen waren, Typ-VII-Boote nach Amerika zu schicken. Dönitz hatte zwar geplant, mit mehreren, von U-Tankern unterstützten, kampferprobten Typ-VII-Booten einige Wolfsrudel- oder Gruppenangriffe auf alliierte Konvois in der Karibik zu organisieren. Doch er war sich über die damit verbundenen Schwierigkeiten, wie etwa über das tropische Klima, das die Besatzungen schwächte, durchaus im klaren. Deshalb war er gerne bereit, diese Pläne aufzugeben oder einzuschränken, um die erfahrenen Typ-VII-Boote an die Nordatlantikroute zu verlegen und in diesen Breiten den U-Boot-Krieg wiederaufzunehmen.

Die Ankunft der neuen U-Tanker kam auch für die Typ-IX-Boote gerade recht. Die in den Golf von Mexiko und die Karibik entsandten Typ-IX-Boote konnten mit Hilfe der U-Tanker ihre Feindfahrten in diesen Einsatzgebieten ausweiten und die Zufahrten zum Panamakanal und nach Brasilien erreichen, ohne sich ständig Sorgen über Treibstoffmangel auf dem Rückmarsch zu machen. Außerdem konnte Dönitz nun erneut Typ-IX-Boote in das ferne Gebiet vor Freetown und noch weiter weg entsenden, um den Schiffsverkehr in westafrikanischen Gewässern zu stören; sie wurden von Tankern unterstützt, die im Rahmen einer neuen, übergangsweisen Festlegung ihrer Routen von Trinidad nach Freetown fuhren.

Die im Sommer 1942 erfolgende allmähliche Verlegung der Patrouillengebiete durch die Typ-VII- und Typ-IX-Boote entwickelte sich wie folgt:

	TYP VII			
	Juni	Juli	August	Gesamt
Amerika	13*	11	3	27
Nordatlantik	4	15	29	48
Mittelatlantik	4	2	8	14
Gesamt	21	28	40	89

* 16 liefen aus, doch die VIIC-Boote *U71* und *U552* griffen auf dem Hinmarsch einen Geleitzug an und kehrten zur Neuausrüstung und/oder zur Reparatur von Gefechtsschäden nach Frankreich zurück. Außerdem wurde *U214,* der Minenleger vom Typ VIID, durch ein britisches Flugzeug in der Biskaya beschädigt und gezwungen, die Fahrt abzubrechen.

TYP IX	Juni	Juli	August	Gesamt
Amerika	10*	7	8	25
Nordatlantik	0	3**	0	3
Mittelatlantik	0	6	7	14
Gesamt	10	16	15	41

Hitler hätte beinahe alle Pläne für die Aufstellung der U-Boote im Sommer zunichte gemacht. Er schlug plötzlich vor, den Krieg gegen das offen pro-amerikanische Brasilien zu eröffnen, das den Amerikanern zahlreiche Luft- und Marinestützpunkte zur Verfügung gestellt hatte, und zwar mit einem Überraschungsangriff von zehn oder fünfzehn U-Booten auf die wichtigsten brasilianischen Seehäfen. Dönitz war von der Idee fasziniert, doch um den Überraschungsschlag zu realisieren, hätte er auf fast alle anderen Einsätze der U-Boote einschließlich der Operationen in nordamerikanischen Gewässern verzichten müssen. Deshalb forderte er, den Angriff auf Brasilien aufzuschieben, bis ihm eine größere Zahl von Kampfbooten und ein U-Tanker zu ihrer Versorgung zur Verfügung standen.

Doch Berlin nahm auf Dönitz' Bedenken keine Rücksicht. Am 15. Juni wies Hitler Admiral Raeder an, die Operationen Anfang August zu starten, und fünf Tage später gab das OKM den Befehl an Dönitz weiter. Dieser bestimmte daraufhin widerstrebend zehn U-Boote für die Aufgabe, die von dem provisorischen U-Tanker *U116* versorgt werden sollten, und händigte den Kommandanten Geheimbefehle aus. Als jedoch Hitlers Außenminister Joachim von Ribbentrop Wind von dem Plan bekam, erhob er heftig Einspruch, da die Aktion die pro-deutschen Regierungen von Argentinien und Chile verärgern könne. Am 26. Juli gab Hitler das Projekt auf.

Um dieselbe Zeit kam Hitler auch zur Überzeugung, daß die Alliierten die Eroberung der zu Portugal gehörenden Azoren und der Insel Madeira beabsichtigten. Bei einem Treffen mit Admiral Raeder am 15. Juni regte Hitler dem Protokoll zufolge, »die Bereitstellung einer operativen U-Boot-Gruppe an, die den Zweck hat, bei plötzlichen Unternehmungen des Gegners […] schnell einzugreifen«. Raeder machte den Einwand, »daß zur Zeit wesentliche Zahlen noch nicht nur für [einen] solchen Zweck bereitgestellt werden können«. Doch sei es möglich, eine solche Gruppe »in der Praxis des U-Boot-Krieges« zu bilden, das heißt, aus dem Strom der nach Amerika und Westafrika marschierenden U-Boote bei Bedarf rasch ein Rudel zusammenzustellen. Diese Lösung stellte Hitler zufrieden.

---

* Elf Boote liefen aus, doch *U105* wurde durch einen britischen Flieger in der Biskaya beschädigt und mußte die Fahrt abbrechen.

** Die Boote *U43, U174* und *U176* sollten ursprünglich durch den Nordatlantik nach Amerika fahren, hatten jedoch Gefechte mit Geleitzügen und verblieben im Nordatlantik.

Feindfahrten in amerikanischen Gewässern im Juni

Im Juni plante Dönitz 35 Feindfahrten in allen Gebieten des Atlantiks mit 24 Typ-VII-Booten und 11 Typ-IX-Booten. 27 Boote sollten den Krieg in amerikanischen Gewässern fortsetzen. Die übrigen acht, alles Boote des Typs VII, sollten gegen Monatsende auslaufen, um im Ost- und Südatlantik den Kern neuer Rudel zu bilden.

Die Juni-Boote sollten von vier U-Tankern versorgt werden: dem Typ-XIV-Boot von Wilamowitz-Möllendorfs *U459* und von Werner Schmidts XB-Boot *U116,* einem Minenleger, beide auf ihrer zweiten Feindfahrt, und von den beiden neuen Typ-XIV-Booten *U460* und *U461.*

Zwei der im Juni nach Amerika ausgelaufenen Typ-VII-Boote wurden von Flugzeugen des Coastal Command im Golf von Biskaya angegriffen und kampfunfähig gemacht.

- Am 5. Juni bombardierte eine in Südengland stationierte, von S. R. C. Wood geflogene Sunderland der Royal Australian Air Force Squadron 10 das erfahrene Boot *U71* unter Walter Flachsenberg mit acht auf geringe Tiefe eingestellten Torpex-Wasserbomben. Wood belegte das Boot anschließend mit 2000 Schuß aus dem Maschinengewehr und tötete dabei ein Besatzungsmitglied. Eine in der Nähe patrouillierende Focke-Wulf Condor griff die Sunderland an und verwundete zwei Flieger. Dann rasten deutsche Patrouillenboote zum Schauplatz und eskortierten *U71* nach La Pallice. Das Boot konnte schnell repariert werden und lief eine Woche später, am 11. Juni, wieder aus.
- Am 15. Juni griff ein alliiertes Flugzeug *U214* unter dem 26jährigen Günther Reeder an. Das Boot war ein zeitweise für Torpedo-Operationen eingesetzter Minenleger des Typs VIID und war im Mai in Deutschland ausgelaufen. Obwohl das Boot, wie es im Kriegstagebuch des OKM heißt, »schwer« beschädigt wurde, konnte es sich bis zum 17. Juni nach Frankreich retten. Die Instandsetzung verzögerte das Auslaufen bis in die erste Augustwoche.

Die in der Biskaya erfolgenden Angriffe auf ein- und auslaufende Boote empörten Dönitz. In seinem Tagebuch führte er bittere Klage, daß die Biskaya wegen mangelnder Verfügbarkeit deutscher Flugzeuge zu einem »Tummelplatz« britischer Maschinen geworden sei. »Traurig und für die U-Boot-Besatzungen von deprimierender Wirkung ist es, daß keinerlei Kräfte vorhanden sind«, um die U-Boote im Golf von Biskaya zu schützen oder beschädigte Boote in den Hafen zu geleiten, so daß die Boote durch die wiederholten britischen Luftangriffe verwundbar seien und beim Ein- und Auslaufen die meiste Zeit unter Wasser fahren müßten.

Dönitz wiederholte auf dem normalen Dienstweg den seit langem bestehenden Wunsch nach Luftsicherung. Als daraufhin wieder kein Ergebnis zustande kam, flog er am 2. Juli zu Hermann Görings Hauptquartier in Ostpreußen und sprach dort persönlich mit dem Chef der Luftwaffe. Göring erklärte, die Luftwaffe habe bisher jedes verfügbare Flugzeug in die Sowjetunion und ins Mittelmeer geschickt. Trotzdem erkannte er die Notwendigkeit für einen Schutz der U-Boote in der Biskaya und gab persönlich die Anweisung, dem Fliegerführer Atlantik weitere 24 Ju-88-Maschinen zu unterstellen.

Während sich die anderen Typ-VII-Boote auf die Fahrt nach Amerika vorbereiteten, berichteten verläßliche Agenten aus Algeciras vom Auslaufen des Geleitzugs Home Gibraltar 84. Nach dem katastrophalen Verlust von *U567* mit Ritterkreuzträger Engelbert Endraß und vier anderen Booten im Dezember 1941 durch den stark gesicherten Konvoi Home Gibraltar 76 hatte Dönitz Angriffe auf ein- oder auslaufende Gibraltar-Konvois untersagt. Er glaubte jedoch, daß ein Rudelangriff auf den Geleitzug nach einer Pause von sechs Monaten vielleicht auf eine schwächere und weniger aufmerksame Sicherungsgruppe stoßen würde, und befahl neun der erfahrensten, für Amerika bestimmten Typ-VII-Boote einen Umweg zu fahren und den Geleitzug anzugreifen. Danach sollten sie bei einem U-Tanker Treibstoff aufnehmen und ihren Weg nach Amerika fortsetzen. Ein erfolgreicher Angriff würde diejenigen Offiziere im OKM zufriedenstellen, die auf einem Einsatz der Typ-VII-Boote bestanden, um den Schiffsverkehr in größerer Nähe zu den Schlachtfeldern des Krieges zu stören.

Dieses ganz besondere Rudel wurde zum Gedenken an den berühmten Kommandanten »Endraß« genannt und sollte seinen Verlust durch einen Gibraltar-Geleitzug rächen. Fünf der neun Boote, darunter *U552* unter dem führenden »As« Erich Topp und Flachsenbergs erneut auslaufendes *U71,* zählten zu den erfahrensten U-Booten der U-Bootwaffe im Atlantik. Zwei Boote waren von der Nordmeer-Flottille überstellt worden: *U132* unter Ernst Vogelsang, der im Januar vor Island den Coast Guard Cutter der Treasury-Klasse *Alexander Hamilton* versenkt und dabei schwere Gefechtsschäden davongetragen hatte, und *U134* unter Rudolf Schendel, das gerade erst im Atlantik eingetroffen war. Zwei andere Boote hatten keine erfahrene Besatzung: das eben aus Deutschland eingetroffene neue *U89* unter dem 32jährigen Dietrich Lohmann und das gleichfalls neue Boot *U437* unter dem 31jährigen Werner-Karl Schulz, der den Blockadebrecher *Münsterland* nach Frankreich begleitet, aber noch keine richtige Feindfahrt gemacht hatte.

Der Geleitzug lief am 9. Juni in Gibraltar aus. Er bestand aus 20 Handelsschiffen und wurde von Johnny Walkers berühmter Escort Group 36 gesichert, die vorübergehend auf vier Schiffe verkleinert worden war: Walkers Sloop *Stork* und drei Korvetten. In dem Geleitzug fuhr auch die *Empire Morn* mit, die mit einem Katapult und einem Hurricane-Jagdflugzeug zur Abwehr deutscher Luftangriffe ausgerüstet war.

Das Rettungsschiff *Copeland* mit einem Huff-Duff-Kurzwellenpeiler bildete die Nachhut. Am 11. Juni schlossen sich drei eskortierte Handelsschiffe aus Lissabon dem Geleitzug an, doch ihre Geleitschiffe entfernten sich und übernahmen andere Aufgaben.

Aufmerksame Focke-Wulf Condor-Maschinen waren den drei Schiffen von Lissabon aus gefolgt und meldeten, daß diese sich Home Gibraltar 84 anschlossen. Erich Topp orientierte sich mit *U552* an ihren präzisen Positionsmeldungen und bekam am 14. Juni Fühlung mit dem Geleitzug. Er führte weitere Condor-Maschinen und drei U-Boote der Endraß-Gruppe heran: Vogelsang mit *U132* und die beiden unerfahrenen Kommandanten Lohmann und Schulz mit *U89* und *U437.*

Das Rettungsschiff *Copeland* peilte Topps Funksignale ein und alarmierte Johnny Walker auf der *Stork,* der sofort die Gruppe auf Gefechtsstationen beorderte und die *Empire Morn* anwies, ihre Hurricane aufsteigen zu lassen, um die deutschen Flugzeuge zu vertreiben. Die Hurricane führte ihren Auftrag aus und mußte dann neben der *Stork* notwassern, deren Mannschaft den Piloten an Bord holte. Unterdessen hatten die *Stork* und die Korvette *Gardenia* Vogelsang mit *U132* hinter dem Konvoi gesichtet. Sie führten eine hartnäckige, gut koordinierte Serie von Angriffen durch und belegten das Boot mit 110 Wasserbomben, so daß es sich schwer beschädigt zurückziehen mußte. Ungefähr zur selben Zeit erfaßten die Korvetten *Marigold* und *Convolvulus* Lohmann mit *U89* und Schulz mit *U437*, griffen sie an und zwangen sie ebenso zum Rückzug. Lohmann berichtete später, er sei 31 Stunden lang gejagt und mit Wasserbomben belegt worden.

In der Nacht kam Topp mit *U552* heran und griff an, während Walkers vier Geleitschiffe die anderen Boote jagten. Er schoß aus einer Entfernung von etwa 2,7 Kilometern eine volle Salve mit fünf Torpedos (vier aus dem Bug, einen aus dem Heck). Zwei Torpedos versagten oder gingen fehl, aber die anderen drei trafen und versenkten drei Schiffe: die beiden britischen Frachter *Etrib* und *Pelayo* mit insgesamt 3300 BRT und den norwegischen Frachter *Slemdal* mit 7400 BRT. Im Chaos nach dem Angriff setzte sich Topp vor den Geleitzug, lud die Rohre nach und ließ sich für einen zweiten Angriff zurückfallen. Er schoß weitere fünf Torpedos und meldete erneut zwei Fehlschüsse oder Versager und drei Treffer. Doch er täuschte sich: Nur zwei der fünf Torpedos trafen und versenkten die britischen Frachter *City of Oxford* und *Thurso* mit insgesamt 5200 BRT.

Im Lauf des folgenden Tages bekamen mindestens fünf weitere Boote der Gruppe Endraß Fühlung mit dem Konvoi. Topp hatte weiterhin Fühlung gehalten und die beiden letzten Torpedos geladen, konnte jedoch Walkers aggressive Sicherungsschiffe nicht umgehen, um in Schußposition zu kommen. Eines der Geleitschiffe spürte ihn auf und warf acht gutplazierte Wasserbomben, die in einem Tauchtank Risse und weitere ernsthafte Schäden verursachten. Ein weiteres Sicherungsschiff fand Walter Flachsenberg mit *U71* und belegte ihn mit Wasserbomben, so daß er gezwungen war, zum zweiten Mal im Juni eine Feindfahrt aufgrund von Gefechtsschäden abzubrechen. Nur ein weiteres Boot der Gruppe Endraß kam zum Schuß: Günther Heydemann mit *U575*. Er schoß einen vollen Bugfächer auf sich überschneidende Ziele, doch alle vier Torpedos gingen fehl oder versagten.

Am 16. Juni verstärkten die Briten den Geleitzug Home Gibraltar 84 massiv durch Langstreckenflugzeuge und Überwasserschiffe. Der Zerstörer *Wild Swan* und die beiden Fregatten *Spey* und *Rother* schlossen sich dem Konvoi vorübergehend an, bis schwere Bomber der Typen Lancaster und B24-Liberator sowie Catalina-Flugboote aus Südengland eingetroffen waren. Am 17. Juni ließ Dönitz zur Unterstützung der U-Boote ein Dutzend der ihm neu unterstellten Ju-88-Maschinen aufsteigen. Doch die deutschen Piloten verwechselten ein paar spanische Fischtrawler, zwischen denen der Zerstörer *Wild Swan* fuhr, mit dem Konvoi. Die *Wild Swan* meldete den Abschuß von vier Ju-88, bevor die Sturzkampfbomber sie und vier Trawler versenkten. Der Zerstörer *Vansittart* rettete 133 Überlebende der *Wild Swan* und 11 spanische Fischer.

Als sich der Konvoi Home Gibraltar 84 den Britischen Inseln näherte, verstärkte das Coastal Command die Luftsicherung durch Hudson-Maschinen mittlerer Reichweite. Insgesamt starteten in England 36 Flugzeuge zur Unterstützung Walkers. Angesichts dieser Luftüberlegenheit brach Dönitz die Operation der Gruppe Endraß ab. Flachsenberg mit *U71* und Topp mit *U552* kehrten zur Reparatur ihrer Gefechtsschäden und zur Neuausrüstung nach Frankreich zurück. Nach der Ankunft verließ Flachsenberg sein Boot, um andere Aufgaben zu übernehmen. Hingegen sträubte sich

Vogelsang in *U132,* dem in zwei aufeinanderfolgenden Feindfahrten im Atlantik schwer zugesetzt worden war, gegen die Anweisung, nach Frankreich zurückzukehren.

Johnny Walker hatte 5 von 25 Schiffen seines Geleitzuges verloren; dennoch wurde er gelobt, weil er mit seinen schwachen Kräften vermutlich ein Gemetzel vehindert hatte. Für Dönitz war das Ergebnis eine schwere Enttäuschung. Von den neun Kommandanten der Gruppe Endraß hatte nur Erich Topp dem Gegner durch fünf bestätigte Versenkungen mit 15 858 BRT Schaden zugefügt. Dönitz führte den mäßigen Erfolg auf die unerwartete Ankunft der landgestützten Lancaster und Liberator-Langstreckenbomber zurück und darauf, daß es den Ju-88-Maschinen nicht gelungen war, sie abzuschießen. Allerdings waren auch die bordgestützten Radargeräte des Typs 271 auf den Sicherungsschiffen, das Huff Duff auf dem Rettungsschiff (von dem Dönitz nichts wußte), das Flugzeugradar und die auf geringe Tiefen eingestellten Torpex-Wasserbomben wichtige Mittel der U-Boot-Bekämpfung, die den Deutschen nun zu schaffen machten.

Wie geplant versorgten sich die sieben verbliebenen Typ-VII-Boote der Gruppe Endraß bei den U-Tankern und nahmen Kurs auf amerikanische Gewässer. Unabhängig davon liefen im Juni sechs andere Boote des Typs VII nach Amerika aus, was insgesamt dreizehn Boote ergab. Bei der zweiten Gruppe befand sich der Ritterkreuzträger Rolf Mützelburg mit *U203.*

Kernével befahl zwei der dreizehn Typ-VII-Boote, ihre Feindfahrten in kanadischen Gewässern zu beginnen: Ernst Vogelsang mit *U132* sollte es Thurmann gleichtun und in die Mündung des St.-Lorenz-Stroms eindringen. Der unerfahrene 29jährige Kommandant Fritz Hoeckner sollte vor Kap Sable mit dem neuen Minen-U-Boot *U215* patrouillieren. Beide Boote erreichten am 1. Juli kanadische Gewässer.

Zu diesem Zeitpunkt liefen die Geleitzüge AT 17 A und AT 17 B in New York und Halifax aus. Der kombinierte Geleitzug bestand aus neun Truppentransportern und wurde von Task Force 37 gesichert (das Schlachtschiff *Texas,* der Kreuzer *Philadelphia* und 14 amerikanische Zerstörer), die den Konvoi durchgehend bis zu den Britischen Inseln begleitete. Vier der Zerstörer liefen anschließend nach Scapa Flow und ersetzten dort andere US-Schiffe, die die britische Home Fleet verließen: die *Emmons,* die *Hambleton,* die *Macomb* und die *Rodman.*

Weder *U132* noch *U215* bekamen Kontakt mit dem Truppenkonvoi AT 17 A-AT 17 B. Doch Hoeckner versenkte mit *U215* sein erstes Schiff, eine Begegnung, die jedoch auch für das Boot und seine Besatzung tödlich enden sollte. Er stieß am 3. Juli, an seinem 25. Tag auf See, vor Kap Sable auf den schwach gesicherten Boston-Halifax-Konvoi BX 2, griff an und versenkte die *Alexander Macomb,* ein amerikanisches Schiff der Liberty-Klasse. Doch eines der Geleitschiffe stellte *U215* und leitete einen Gegenangriff mit Wasserbomben ein. Die Alliierten schrieben die Versenkung des Bootes dem britischen ASW-Trawler *Le Tigre* zu. Es gab keine Überlebenden.

Am 1. Juli fuhr Vogelsang mit *U132* direkt durch die Cabotstraße zum St.-Lorenz-Strom. Er fuhr mit nordwestlichem Kurs durch die Mündung, umrundete die Halbinsel Gaspé und fuhr bei Kap Chat kühn in den St.-Lorenz-Strom hinein. Dort wartete er auf einen Quebec-Sydney-Geleitzug. In den frühen Stunden des 6. Juli fand er den

Geleitzug Quebeck-Sydney 15 (in den Dokumenten abgekürzt QS) bei hellem Mondlicht und schoß eine volle Salve von fünf Torpedos. Drei gingen fehl oder waren defekt, doch zwei trafen und versenkten zwei Frachter mit etwa 6000 BRT. Vogelsang lud rasch nach und führte einen zweiten Angriff durch, dem ein weiterer Frachter mit 4300 BRT zum Opfer fiel. Eines der kanadischen Sicherungsschiffe, das Minensuchboot *Drummondville,* griff *U132* an, zwang das Boot zum Tauchen und deckte es mit gutgezielten Wasserbomben ein, setzte den Angriff jedoch unerklärlicherweise nicht hartnäckig genug fort. Aus diesem Grund konnte Vogelsang stromabwärts entkommen und nötige Reparaturen durchführen. Sein kühner Angriff auf Quebecs »Türschwelle« verursachte bei der kanadischen Regierung abermals einen Sturm der Empörung, doch vor der Öffentlichkeit wurden die Verluste geheimgehalten.

Vogelsang patrouillierte dort weitere zwei Wochen, doch das Boot hatte eine schwere Zeit. Tagsüber wimmelte es am Himmel von alliierten Flugzeugen, die sich oft auf Ausbildungsflügen befanden. Nachts bildete sich dichter Nebel, der die Sicht erschwerte. Schließlich erfaßte er, als er am Nachmittag des 20. Juli getaucht vor Kap de la Madeleine in der Mündung des St.-Lorenz-Stroms dahinfuhr, einen weiteren Quebec-Sydney-Konvoi (QS 19). Er schoß einen Zweierfächer auf den britischen 4400-Tonnen-Frachter *Frederika Lensen.* Ein Torpedo ging vorbei oder versagte, aber der andere traf. Das Schiff brach trotz panischer Versuche, es zu retten, mittschiffs auseinander und sank. Alliierte See- und Luftstreitkräfte vermasselten erneut den Gegenangriff, und Vogelsang zog sich durch die Cabotstraße aufs offene Meer zurück. Er war im St.-Lorenz-Strom und im St.-Lorenz-Golf mit vier versenkten Schiffen doppelt so erfolgreich wie Thurmann mit *U553* (zwei Schiffe) gewesen, und die Resultate ermutigten Dönitz, ungeachtet der Risiken weitere Beutezüge in diesem Gebiet zu planen.

Fünf Typ-VII-Boote patrouillierten an der Ostküste der Vereinigten Staaten zwischen Kap Cod und Kap Lookout. Auf dem Anmarsch versenkten der 28jährige Kurt Diggins mit dem neuen *U458* und der kampferfahrene Hans Oestermann mit *U754* je einen Frachter im Mittelatlantik. Doch alle fünf Boote meldeten kaum Schiffsverkehr (der jetzt in Geleitzügen abgewickelt wurde) und starke Maßnahmen zur U-Boot-Bekämpfung.

In den frühen Stunden des 11. Juli fand der unweit von Kap Lookout patrouillierende Veteran Hans-Dieter Heinicke mit *U576* einen nach Norden laufenden Geleitzug. Er meldete ihn und erhielt den Befehl, anzugreifen und andere Boote herbeizuführen. Ein möglicher Partner war der ebenfalls altgediente Siegfried von Forstner mit *U402,* der sich gerade Kap Hatteras näherte. Heinicke verfolgte den Konvoi nach Norden Richtung Kap Hatteras, verlor jedoch die Fühlung, bevor er zum Schuß kam, und konnte daher keine anderen Boote heranführen. In der Folge gingen Forstner mit *U402* und Heinicke mit *U576* unabhängig voneinander vor Kap Hatteras in Stellung.

In den nächsten 48 Stunden, zwischen dem 12. und 14. Juli, meldeten vier bei Kap Hatteras patrouillierende Flugzeuge Angriffe auf U-Boote. Am 12. Juli griff ein Flugzeug der Coast Guard mit dem Piloten E. B. Ing ein U-Boot mit zwei 140-Kilo-Wasserbomben aus einer Höhe von 60 Metern an. Am folgenden Tag warf eine von A. H. Tuttle geflogene B-17 »Fliegende Festung« ebenfalls aus 60 Metern sechs Wasserbomben auf ein U-Boot. Am 14. Juli warfen zwei Navy-Maschinen, die von William

R. Jemison und George L. Schein geflogen wurden, bei niedriger Flughöhe vier auf geringe Tiefe eingestellte Mark XVII-Wasserbomben auf ein weiteres Boot. Alle vier Flugzeuge meldeten, daß sie die Boote wahrscheinlich versenkt oder schwer beschädigt hatten.

Bis heute war nicht festzustellen, welche U-Boote von welchen Flugzeugen getroffen wurden. Am 13. Juli meldete Heinicke mit *U576* Schäden durch Fliegerbomben und den Versuch, sie zu reparieren. Am folgenden Tag, dem 14. Juli, meldete Heinicke, er könne die Reparaturen nicht ausführen und müsse die Fahrt abbrechen. Ebenfalls am 14. Juli meldete Forstner mit *U402,* daß er stark mit Wasserbomben eingedeckt worden sei, was zu einer Batteriegasexplosion geführt habe. Kernével wies ihn an, in einem Gebiet 670 Kilometer direkt westlich von Kap Hatteras, das außerhalb der Reichweite der meisten ASW-Flugzeuge lag, Reparaturen auszuführen.

Am 15. Juli stieß Heinicke, der sich vielleicht schon auf dem Rückmarsch befand, auf einen weiteren Geleitzug vor Kap Hatteras. Es war der nach Süden laufende KS 520, der erst vor wenigen Stunden Norfolk verlassen hatte und aus 19 Handelsschiffen bestand. Der Geleitzug wurde von sieben Überwasserschiffen gesichert, darunter die US-Zerstörer *Ellis* und *McCormick,* die von den Briten bereitgestellte Korvette *Spry** (die mit einem 10-Zentimeter-Radargerät des Typs 271 und dem ersten von den Briten entwickelten Hedgehog-Wasserbombenwerfer ausgestattet war) und dem 50 Meter langen Küstenschutzboot *Triton.* Die Luftsicherung wurde von einem Blimp und einigen Flugzeugen geleistet. Vielleicht um den versäumten Angriff auf den Geleitzug vor Kap Lookout zu kompensieren, beschloß Heinicke, diesen Geleitzug anzugreifen, obwohl sein Boot stark beschädigt und instabil war.

Heinicke nahm drei Schiffe ins Fadenkreuz und schoß vermutlich einen vollen Bugfächer. Er versenkte den nicaraguanischen Frachter *Bluefields* mit 2100 BRT und beschädigte zwei große amerikanische Schiffe: den Frachter *Chilore* mit 8300 BRT und den Tanker *J. A. Mowinckel* mit 11 100 BRT. Die beiden angeschlagenen Schiffe liefen direkt nach Westen, wo sie an der Küste auf den Strand gesetzt werden sollten, gerieten jedoch in das defensive Minenfeld bei Hatteras. Die *Chilore* wurde irreparabel beschädigt, doch die *Mowinckel* wurde geborgen und später wieder eingesetzt. Der Navy-Schlepper *Keshena* lief bei dem Versuch, die *Chilore* zu retten, ebenfalls auf eine Mine und sank.

Nach dem Abschuß der Torpedos wurde *U576* instabil und durchbrach knapp hinter dem amerikanischen Handelsschiff *Unicoi* die Wasseroberfläche. Dort stand die Geschützbedienung der Armed Guard unter dem Kommando von M. K. Ames in voller Gefechtsbereitschaft an der 5-Zoll-Heckkanone. Sie eröffnete das Feuer auf *U576* und meldete einen Volltreffer am Turm.

Ungefähr zur selben Zeit warfen zwei Navy-Flugzeuge der Patrol Squadron 9 mit den Piloten Frank C. Lewis und Charles D. Webb auf *U576* zwei Mark-XVII-Wasser-

* Das Schiff war am 29. Mai in Brand geraten, als es in Argentia neben der wertvollen neuen Korvette *Prairie* vor Anker lag. Das Feuer hatte auf die *Prairie* übergegriffen und »starke Schäden« verursacht, und der Zerstörertender hatte für Monate nach Boston zurückkehren müssen.

bomben, die auf 15 Meter eingestellt waren und links und rechts des U-Boots einschlugen. Das Boot sank im tiefen Wasser, und es gab keine Überlebenden.

Vier andere Typ-VII-Boote hielten sich damals in Reichweite von Kap Hatteras auf oder waren auf dem Weg dorthin: Dietrich Lohmann mit dem neuen Boot *U89,* Siegfried von Forstner mit dem angeschlagenen *U402,* Kurt Diggins mit dem neuen Boot *U458* und Hans Oestermann mit *U754.* Dönitz ging irrtümlich von einem Verlust des VIID-Boots *U215* aus und vermutete zu Recht, daß Degens *U701* vor Hatteras gesunken war und daß *U402* und *U576* im selben Gebiet beschädigt worden waren (er wußte jedoch noch nichts vom Verlust von *U576*). Er kam zu dem Schluß, daß die mageren Ergebnisse das Risiko und die Verluste nicht rechtfertigten. Deshalb befahl er am 19. Juli dem beschädigten *U402,* nach Frankreich zurückzukehren, und verlegte *U89, U458* und *U754* aus US-amerikanischen in kanadische Gewässer südöstlich von Halifax, wo sie sich Vogelsang mit *U132* anschließen sollten, der damals den St.-Lorenz-Golf verließ.

Der Rückzug dieser vier Typ-VII-Boote von der Ostküste der Vereinigten Staaten markierte das Ende des intensiven sechsmonatigen U-Boot-Kriegs in diesen Gewässern.

Die vier Typ-VII-Boote, die sich in kanadischen Gewässern sammelten, waren unterschiedlich erfolgreich. Vogelsang versenkte vor Halifax den britischen Frachter *Pacific Pioneer* mit 6700 BRT, was seine Gesamttrefferquote bei dieser Feindfahrt auf fünf Schiffe mit 21400 BRT erhöhte und ihm großes Lob einbrachte. Diggins versenkte mit *U458* den britischen Tanker *Arletta* mit 4900 BRT. Oestermann mit *U754* versenkte den 260 BRT großen amerikanischen Trawler *Ebb* mit dem Deckgeschütz, wobei er fünf Fischer tötete und sieben verwundete. Lohmann mit *U89* entdeckte einen Konvoi südlich von Kap Sable und nahm einen großen Tanker ins Visier, doch ein Geleitschiff machte seinen Angriff zunichte. Er schoß zwei Torpedos auf den »Zerstörer«, doch sie gingen fehl oder waren defekt. Einige Tage später versenkte er den 54 BRT großen kanadischen Fischtrawler *Lucille M* mit dem Deckgeschütz. Die elf Überlebenden berichteten, Lohmann habe die Versenkung bedauert, aber gesagt, er habe seine Befehle und müsse gehorchen. Der Trawler war das einzige Schiff, das Lohmann auf seiner 77tägigen Feindfahrt in amerikanischen Gewässern versenkte.

Der kanadische Militärhistoriker W. A. B. Douglas hat nachgewiesen, daß die Hudson-Maschinen der kanadischen Squadrons 11 und 113 innerhalb einer Woche, vom 30. Juli bis 5. August, mit Hilfe eines neuen landgestützten Huff-Duff-Netzes, alle vier Boote fanden und angriffen. Die Piloten W. Graham und N. E. Small griffen *U89* am 30. Juli beziehungsweise am 5. August an. Small attackierte am 31. Juli beziehungsweise am 2. August auch *U754* und *U458.* Der Flieger G. T. Sayre griff am 31. Juli *U132* an.

Smalls Angriff auf Oestermann in *U754* erwies sich als tödlicher Schlag. Er flog bei gutem Wetter in einer Höhe von etwa 900 Metern, als er das Boot in fünfeinhalb Kilometern Entfernung über Wasser sichtete. Oestermanns Brückenwache sichtete die Hudson erst, als sie sich bereits im Sturzflug befand, und sprang hastig durch das Turmluk, doch es war zu spät, um noch Tiefe zu gewinnen. Small warf vier Wasserbomben ab, die nahe beim Boot einschlugen und kreiste fast eine Stunde über dem Gebiet. Bald tauchte der Kommandoturm von *U754* wieder auf, und Small nahm ihn mit den Bordwaffen unter Feuer. Dann erfolgte eine bis heute ungeklärte, gewaltige Explosion dicht unter der Wasseroberfläche. Später fanden einige Schiffe einen großen Ölteppich und Trümmer. *U754* war bei einer Wassertiefe von 110 Metern unter Verlust der gesamten Besatzung gesunken – das erste U-Boot, das einem kanadischen Flugzeug zum Opfer fiel.

Auf dem Rückmarsch im Golf von Biskaya wurde Lohmann in *U89* am 16. August zum dritten Mal von einem alliierten Flugzeug angegriffen: eine von dem Geschwaderführer Terence M. Bulloch geflogene B-24 Liberator der britischen Squadron 120. Die Wasserbomben fielen weitab und verursachten keine nennenswerten Schäden. Auch wenn dieser Angriff fehlschlug, wurde Bulloch später der führende U-Boot-Jäger der RAF. Einer seiner Kopiloten, der Neuseeländer Bryan W. Turnball, wurde ebenfalls ein berühmter U-Boot-Jäger.

Die anderen sechs im Juni nach Amerika ausgelaufenen Typ-VII-Boote patrouillierten unabhängig voneinander in südlichen Regionen von Florida bis Trinidad. Die Julihitze und die Feuchtigkeit waren unerträglich, und ein großer Teil der Lebensmittel und des Trinkwassers verdarben. Die Männer wurden von schmerzhaften Furunkeln und Ausschlägen befallen. Eine stetig verbesserte U-Boot-Bekämpfung und die Einführung des Konvoisystems im Golf von Mexiko und später in der Karibik frustrierten die Jäger.

- Horst Uphoff, der mit dem kampferprobten *U84* auf dem Anmarsch einen 6600 BRT großen norwegischen Frachter versenkt hatte, patrouillierte in der Floridastraße gegenüber Havanna. Am 7. Juli meldete er Tag und Nacht starke Luft- und Seestreitkräfte zur U-Boot-Bekämpfung und vermutete (korrekterweise), daß die nachts operierenden Flugzeuge mit ASV-Radar ausgestattet waren. In Kernével forderte man aggressives Vorgehen und antwortete tadelnd, es gebe keinerlei Bestätigung (!) für den Einsatz von Radar an der Küste der Vereinigten Staaten. Uphoff ging tatsächlich aggressiv vor und versenkte zwischen dem 13. und 26. Juli einen amerikanischen 6000-Tonnen-Frachter und einen honduranischen 1600-Tonnen-Frachter. Zudem beschädigte er den 7200 BRT großen amerikanischen Frachter *William Cullen Bryant,* und er verfehlte mit den letzten beiden Torpedos einen weiteren Frachter.
- Als sich der aus dem Nordmeer abkommandierte Rudolf Schendel mit *U134* am 5. Juli der Nordküste Floridas näherte, traf er auf den schwedischen Neutralen *Venezia.* Er bat um Anweisungen aus Kernével und erhielt den Befehl, das Schiff zu versenken. Er schoß einen Zweierfächer, doch beide Torpedos gingen fehl, und das Schiff entkam. Vor Florida und Georgia fand er keinen Schiffsverkehr, und er erhielt die Anweisung, durch die Floridastraße zum Mississippidelta zu fahren und dort zu patrouillieren. Immer wieder von starken ASW-Luftpatrouillen angegriffen, fuhr Schendel eine ganze Woche, vom 19. bis 26. Juli, an der Golfküste entlang, sichtete jedoch wiederum keine Schiffe. Erst als er sich am 27. Juli durch die Floridastraße zurückgezogen hatte, stieß er im Alten Bahamakanal auf einen Geleitzug, doch die Lufteskorte vertrieb ihn und verhinderte einen Angriff. Eine Woche später patrouillierte Schendel in der Windward Passage und meldete die Versenkung eines amerikanischen »Zerstörers«, doch sie wurde nicht bestätigt. Vielleicht von der Hitze demoralisiert, meldete Schendel am 6. August, er sei zu krank, um die Fahrt fortzusetzen, und *U134* kehrte nach Frankreich zurück, ohne auf seiner 84tägigen Feindfahrt ein Schiff versenkt zu haben.

• Der alte Hase Helmut Möhlmann patrouillierte mit *U571* ebenfalls in der Floridastraße, teilweise zur selben Zeit wie Uphoff mit *U84*. Am 7. Juli entdeckte er einen Geleitzug und versenkte den britischen Frachter *Umtata* mit 8100 BRT. In der nächsten Nacht stoppte er den US-Tanker *J. A. Moffett Jr.* mit zwei Torpedos und demolierte das Schiff anschließend mit 20 Schüssen aus dem Deckgeschütz. Bergungsschiffe schleppte die *Moffett* in einen Hafen, doch das Schiff ließ sich nicht mehr instandsetzen. In der folgenden Nacht, dem 9. Juli, versenkte Möhlmann einen honduranischen Frachter mit 1100 BRT. Sechs Tage darauf schoß er einen vollen Bugfächer auf ein Schiff, das er als einen im Zickzackkurs fahrenden Frachter mit 15 000 BRT meldete; es stellte sich jedoch als der US-Tanker *Pennsylvania Sun* mit 11 400 BRT heraus. Der Tanker schaffte es ebenfalls in einen Hafen und wurde schließlich wieder in Dienst gestellt. Auf dem Rückmarsch am 20. Juli begegnete Möhlmann ein riesiger Ozeandampfer mit zwei Schornsteinen, doch dieser war für eine Verfolgung zu schnell.

• Werner-Karl Schulz von *U437,* der seine erste richtige Feindfahrt absolvierte, wurde angewiesen, mit seiner Jagd im Gebiet südlich des Kanals von Yucatán bis nach Panama zu beginnen. Schulz fuhr durch die Windward Passage und entlang der Südküste Kubas in sein Einsatzgebiet, entdeckte jedoch keinen Schiffsverkehr. Nach einer deprimierenden und nutzlosen Woche befahl ihm Kernével, er solle auf derselben Route zurückfahren und in der Windward Passage und den umliegenden Gebieten patrouillieren. Am 17. Juli sichtete er einen Geleitzug, doch sein Angriff wurde durch Luft- und Überwasserkräfte vereitelt. Schließlich konnte er aus extremer Entfernung zwei Torpedos auf zwei unterschiedlich große Frachter schießen. Er meldete Treffer an beiden Schiffen, doch diese konnten nicht bestätigt werden. Am 20. Juli entdeckte Schulz einen großen Ozeandampfer, auf den er drei Torpedos schoß. Er meldete zwei Treffer, doch auch dieser Erfolg konnte nicht bestätigt werden, und eine Catalina verhinderte einen zweiten Angriff. Noch am selben Tag schoß Schulz vier einzelne Torpedos auf eine Formation von Schiffen innerhalb eines Geleitzugs, doch alle Torpedos versagten oder gingen fehl, so daß er insgesamt neun Torpedos ohne Treffer abgeschossen hatte. Wie Schendel mit *U134* kehrte auch Schulz nach Frankreich zurück, ohne ein einziges Schiff versenkt zu haben.

• Der Ritterkreuzträger Rolf Mützelburg, der im April vor Kap Hatteras patrouilliert hatte, war unabhängig von den anderen Booten in Frankreich mit dem kampferprobten *U203* ausgelaufen und hatte sich auf den Weg in das Gebiet um Trinidad gemacht. Auf dem Anmarsch versenkte er am 26. und 28. Juni mit Torpedos und dem Deckgeschütz drei Frachter mit insgesamt 16 000 BRT. Am 7. und 11. Juli versenkte er nahe Trinidad einen britischen 7000-Tonnen-Frachter mit Torpedos und den panamaischen 10 000-Tonnen-Tanker *Stanvac Palembang* mit Torpedos und Deckgeschütz. Danach hatte er seine Torpedos und die Munition für die Deckkanone verbraucht und nahm Kurs auf Frankreich. Er hatte fünf Schiffe (darunter einen Tanker) mit 33 000 BRT versenkt.

Der versenkten Tonnage nach hatte Mützelburg damit nach Erich Topp mit *U552* (40 000 Tonnen) und Werner Flachsenberg mit *U71* (39 000 Tonnen) die drittbeste Feindfahrt eines Typ-VII-Bootes nach Amerika absolviert. Zudem erhöhten diese Versenkungen Mützelburgs Gesamtergebnis auf 200 000 Tonnen, was ihn für das Eichenlaub zum Ritterkreuz qualifizierte. Am 15. Juli teilte Dönitz ihm diese Ehre über

Funk mit.* Wie es der Brauch war wurde das Eichenlaub später von Hitler persönlich überreicht. Obwohl er fast jede gewünschte Tätigkeit hätte wählen können, entschied sich Mützelburg, Kommandant von *U203* zu bleiben.

• Günther Heydemann patrouillierte mit dem erfahrenen *U575* ebenfalls in der östlichen Karibik nahe Trinidad. Als Mitglied der Gruppe Endraß hatte er im Gefecht mit dem Geleitzug Home Gibraltar 84 vier Torpedos abgeschossen (ohne Treffer zu erzielen), weshalb er mit seinen Torpedos sparsam umgehen mußte. Er erreichte sein Einsatzgebiet durch die Mona Passage, die die Dominikanische Republik von Puerto Rico trennt, und versenkte dort einen 2700 BRT großen amerikanischen Frachter mit einem Torpedo. Am 9. Juli versenkte er nahe Trinidad einen britischen Frachter mit 5300 BRT mit Torpedos und Deckgeschütz. Dieser Erfolg und eine Versenkung von Mützelburg führte in der östlichen Karibik zu einer vorläufigen Einstellung des Schiffsverkehrs. In den nächsten neun Tagen sichtete Heydemann überhaupt kein Schiff mehr. Die Langeweile fand am 17. Juli ihr Ende, als *U575* auf eine Gruppe von fünf Frachtern stieß; Heydemann vermasselte den Angriff jedoch und verschwendete zwei weitere wertvolle Torpedos. Am nächsten Tag, dem 18. Juli, beschädigte er mit seinen letzten Torpedos den 13 000 BRT großen britischen Tanker *San Gaspar* und versenkte mit dem Deckgeschütz zwei britische Segelschiffe vor Caracas in Venezuela.

Die Ergebnisse der dreizehn Typ-VII-Boote, die im Juni Amerika erreicht hatten, waren mittelmäßig: 27 Schiffe mit 124 000 Tonnen, ein Schnitt von zwei Schiffen mit 9500 Tonnen pro Boot und Fahrt. Zwei Kommandanten, Vogelsang mit *U132* vor Kanada und Mützelburg mit *U203* vor Trinidad, zeichneten für über ein Drittel dieses Gesamtergebnisses verantwortlich: zehn Schiffe mit 54 000 Tonnen. Drei der dreizehn Typ-VII-Boote versenkten kein Schiff. Drei Boote gingen verloren. Hoeckners VIID-Minenleger *U215* und Oestermanns *U754* in kanadischen Gewässern sowie Heinickes *U576* vor Kap Hatteras. Ein weiteres Boot, Forstners *U402,* wurde stark beschädigt und wäre beinahe verlorengegangen.

Stark nachlassende Erfolge der Typ-IX-Boote

Im Juni liefen elf Typ-IX-Boote nach Amerika aus. Eines der ersten war das kampferfahrene IXB-Boot *U105* unter Heinrich Schuch. Am Morgen des 11. Juni fand eine mit Radar ausgerüstete Sunderland der australischen Squadron 10 mit dem Piloten Eric B. Martin das Boot an der Oberfläche ungefähr 280 Kilometer westlich von Kap Finisterre. Martin warf sechs auf geringe Tiefe eingestellte Torpex-Wasserbomben und zwei 120-Kilo-Bomben zur U-Boot-Bekämpfung. Der Angriff beschädigte *U105* stark und tötete und verwundete etwa zehn Mann. Dönitz leitete vier ein- und auslaufende U-Boote um, die *U105* helfen sollten, doch keines konnte das Boot finden. *U105* schaffte es jedoch auch ohne Hilfe bis El Ferrol in Spanien, lief am 28. Juni

* Zum Zeitpunkt der Auszeichnung belief sich Mützelburgs bestätigtes Trefferergebnis auf 20 Schiffe mit ungefähr 83 000 Tonnen. Zu dieser Zeit trugen nur zwei weitere Kommandanten der Atlantik-U-Boote das Eichenlaub zum Ritterkreuz: Erich Topp von *U552* und Reinhard Suhren von *U564*.

nach behelfsmäßigen Reparaturen wieder aus und erreichte Frankreich mit einer Lufteskorte. Durch die Reparaturen war das Boot bis Ende November lahmgelegt. Der Pilot Eric Martin und sein französischer Kopilot Jacques Hazard und der Navigator A. Meaker fielen einige Wochen später im Gefecht.

Unter den zehn Typ-IX-Booten, die Amerika erreichten, waren sechs neue Boote. Dank der U-Tanker konnten sie ohne Zwischenstopp zur Versorgung in Frankreich direkt von Kiel nach Amerika fahren. Von den vier kampferprobten Booten hatte *U66,* das älteste und erfahrenste, einen neuen Kommandanten, der den Ritterkreuzträger Richard Zapp ersetzt hatte. Zwei Boote – das neue *U166* sowie *U66* – waren mit der verhaßten Aufgabe des Minenlegens beauftragt worden.

Drei Typ-IX-Boote liefen in der ersten Monatshälfte aus: Wilfried Reichmanns neues *U153,* Walther Kölles *U154* und Axel-Olaf Loewes *U505.* Kölle hatte mit *U154* eine Feindfahrt nach Amerika abgebrochen und eine Fahrt abgeschlossen, bei der er fünf bestätigte Schiffe versenkt hatte. Loewe hatte mit *U505* bereits eine lange Feindfahrt vor Freetown absolviert und dabei vier Schiffe versenkt. Kölle sollte im Golf von Mexiko patrouillieren; Reichmann und Loewe waren in die westliche Karibik nahe Panama beordert.

Alle drei Boote trafen noch auf dem Anmarsch im Atlantik, nordwestlich von Anegada, auf starken Schiffsverkehr ohne Geleitschutz. Der unerfahrene Kommandant Wilfried Reichmann stieß mit *U153* in vier Tagen auf vier Frachter. Ein Maschinendefekt vereitelte den Angriff auf den ersten, doch vom 25. bis zum 29. Juni versenkte er die anderen drei, zwei Amerikaner und einen Briten mit insgesamt 16 200 BRT. Der mit dem Schwesterboot *U154* in der Nähe stehende Walther Kölle meldete die Versenkung eines Schiffes mit 3200 BRT am 28. Juni, doch diese Meldung konnte nicht bestätigt werden. Axel-Olaf Loewe, der sich ebenfalls in der Nähe befand, versenkte am 28. und 29. Juni zwei Frachter mit insgesamt 12 600 BRT, den ersten nach einer hartnäckigen siebenstündigen Jagd. Der zweite war die *Thomas McKean* mit 7200 BRT, ein Schiff der Liberty-Klasse, das auf seiner Jungfernfahrt ins Kriegsgebiet unterwegs war. Loewe fuhr dicht an die Rettungsboote der *McKean* heran, fragte die Überlebenden, ob sie Lebensmittel oder Wasser bräuchten, und wies ihnen den Weg zur nächsten Küste.

Anfang Juli erreichten diese Typ-IX-Boote durch die Windward und die Mona Passage die Karibik. Kölle mit *U154* war den anderen um einige Tage voraus. Er passierte Kuba im Süden und fuhr dann nach Norden durch die Meeresenge von Yucatán in den Golf von Mexiko. Am 6. Juli versenkte er vor Yucatán den panamaischen 65-Tonnen-Trawler *Lalita* mit dem Deckgeschütz. Als er vor Alabama und der Westküste Floridas patrouillierte, schoß Kölle einen Zweierfächer auf einen Frachter, den er jedoch verfehlte; und er verlor einen Mann, der beim Alarmtauchen über Bord ging – ein demoralisierender Vorfall. Am 19. Juli meldete er einen leckenden Treibstoffbunker; das Öl hinterließ im Wasser eine verräterische Spur, und der Tank konnte nicht repariert werden. Kernével lehnte Kölles Wunsch auf Abbruch der Fahrt zunächst ab, erklärte sich dann jedoch einverstanden. Als Kölle nach 81tägiger Feindfahrt in Frankreich eintraf und nur einen Trawler mit 65 BRT versenkt hatte, bekam er einen anderen Posten, und Dönitz übergab das Kommando von *U154* Heinrich Schuch, dessen IXB-Boot *U105* durch Bomben und Bordwaffenbeschuß kampfunfähig geworden war.

Reichmann mit *U153* lief über die Mona Passage in die Karibik, und Loewe fuhr mit *U505* weiter westlich nach Panama und passierte dabei im Norden Aruba und Curaçao. Am 5. und 6. Juli meldeten drei mit Radargeräten ausgestattete B-18-Bomber der 59 th Bombardement Squadron der Army Air Force unabhängig voneinander Angriffe auf U-Boote. Alle Maschinen hatten je vier auf geringe Tiefe eingestellte Mark-XVII-Wasserbomben abgeworfen. Da Loewe mit *U505* in dieser Zeit keine Luftangriffe zu verzeichnen hatte, war vermutlich Reichmann mit *U153* das Opfer gewesen. Die Piloten meldeten »Beschädigungen«, jedoch keine Versenkung. Das Ausmaß der »Beschädigungen« an *U153* ist, falls es überhaupt welche gab, nicht bekannt.

Am Abend des 11. Juli sichtete Reichmann, 110 Kilometer von dem kleinen Seehafen Almirante in Nordpanama entfernt, den mit einer aufmontierten 3-Zoll-Kanone bewaffneten 560 Tonnen großen amerikanischen Netz-Tender *Mimosa* (YN-21). Die *Mimosa* meldete sich aufgeregt beim Kommando der Panama Sea Frontier und berichtete, ein U-Boot habe drei Torpedos auf sie abgeschossen, was darauf hindeutet, daß der unerfahrene Reichmann das Boot irrtümlicherweise für ein größeres Kriegsschiff hielt. Der erste Torpedo verfehlte den Bug, die beiden anderen beiden liefen unter dem flachen Kiel durch. Die *Mimosa* wehrte sich tapfer mit ihrer 3-Zoll-Kanone und gab zwei Schüsse auf das U-Boot ab.

Der Kommandeur der Panama Sea Frontier, Clifford van Hook, gab Befehl, das U-Boot bis zur Vernichtung zu jagen. Kurz nach Mitternacht erreichte eine mit Radar ausgerüstete Catalina der Patrol Squadron 3 den Schauplatz des Geschehens, und das in der Nähe liegende, mit Sonar, einer 3-Zoll-Kanone und zwölf Wasserbomben ausgestattete *PC-458* (auch unter dem Namen USS *Evelyn R.* bekannt) schloß sich der Jagd an. Gegen vier Uhr morgens bekam die Catalina ein 7,5 Kilometer entferntes Objekt auf den Radarschirm und warf an Fallschirmen zwei helle Leuchtbomben ab. Diese beleuchteten ein an der Wasseroberfläche befindliches U-Boot, das die Catalina mit vier Mark-XVII-Wasserbomben angriff, zwei davon auf 7,5 und zwei auf 15 Meter eingestellt. Die Besatzung meldete Volltreffer. Doch bei Tagesanbruch waren keine Anzeichen eines kampfunfähigen U-Boots und auch keine Trümmer zu sehen. Trotzdem gab van Hook *PC-458* die Anweisung, das Gebiet mit Sonar zu durchkämmen und ließ unzählige Army- und Navy-Flugzeuge (B-18-Bomber, Catalina-Flugboote, P-39-Jäger usw.) aufsteigen.

Die Flugzeuge und das Patrouillenboot jagten das U-Boot ohne Unterbrechung 24 Stunden lang. Am 13. Juli um zehn Uhr meldete schließlich eine Catalina »einen treibenden Ölteppich« und führte *PC-458* zu der Position heran. Das Patrouillenboot bekam Sonarkontakt und warf 10 Wasserbomben, die auf Wassertiefen von 45 bis 90 Meter eingestellt waren, und das über der Stelle kreisende Flugzeug steuerte 8 Fliegerbomben und 24 Wasserbomben bei. Abgesehen von dem Ölteppich zeigte sich kein Hinweis auf ein U-Boot. Gegen Abend löste der neue (1942 in Dienst gestellte) US-Zerstörer *Lansdowne* unter William R. Smedberg III. das Patrouillenboot ab, bekam prompt Sonarkontakt und warf vier Wasserbomben mit rund 270 Kilogramm. *U153* blieb für immer verschwunden. In einer umstrittenen Entscheidung schrieb Washington die Versenkung sowohl der *Lansdowne* als auch den B-18-Bombern der Army Air Force Squadron 59 zu, die das Boot angeblich am 5. und 6. Juli vor Aruba bombardiert hatten.

Nicht allzuweit entfernt patrouillierte Loewe mit *U505* vor Panama. Einem Besatzungsmitglied zufolge fuhr das Boot vor Colon 16 Tage langsam auf und ab, ohne ein einziges Schiff zu sichten. Die See war wie leergefegt. Schließlich verlor Loewe die Geduld und steuerte das Boot weiter nach Süden und näher an die Küste heran. Dort erlebte das Boot am 21. Juli seine erste schwere Prüfung. Ein Flugzeug hätte es beinahe an der Oberfläche erwischt und warf zwei Bomben, als das Boot noch keine 50 Meter Wasser über sich hatte. Doch das Boot wurde nicht beschädigt, und es erfolgte kein weiterer Angriff. Am folgenden Tag, dem 22. Juli, versenkte Loewe mit dem Deckgeschütz das 110 BRT große kolumbianische Segelschiff *Roamar.* Danach erkrankte er und wurde von seinem Ersten Wachoffizier Herbert Nollau abgelöst, der das Boot nach Frankreich zurückbrachte. Loewe wurde auf einen anderen Posten versetzt.

Die mit gewaltigem Aufwand durchgeführten Feindfahrten der drei Typ-IX-Boote waren ein völliges Desaster gewesen. Im Golf von Mexiko und in der Karibik hatten sie angesichts starker Luftüberwachung und eines funktionierenden Geleitzugsystems nur zwei Segelschiffe mit insgesamt 175 BRT versenkt. Das unerfahrene Boot *U153* war verlorengegangen, und die beiden anderen waren anscheinend sehr schlecht geführt worden.

U166, ein weiteres neues Typ-IX-Boot unter dem 28jährigen Hans-Günter Kuhlmann, einem ehemaligen Offizier der Handelsmarine und Ersten Wachoffizier auf Werner Hartmanns *U37,* erhielt den Auftrag, im Mississippidelta TMB-Magnetminen zu legen. *U166* war Kuhlmanns zweites Kommando. Zuvor hatte er das neue Typ-VII-Boot *U580* kommandiert, das im November 1941 bei Übungen in der Ostsee von einem Zielschiff gerammt und versenkt worden war. Die Besatzung war gerettet und *U166* zugeteilt worden. Das neue Boot war am 6. Dezember 1940 auf Kiel gelegt, am 1. November 1941 vom Stapel gelaufen und bereits am 23. März 1942 in Dienst gestellt worden. Nach nur zwei Monaten und neun Tagen Erprobungsphase in der Ostsee lief es nach Frankreich aus. Dort war es am 10. Juni eingetroffen und hatte eine Woche darauf mit sechs Torpedos in den Bug- und Heckrohren, neun auf den Flurplatten des Bugraumes gelagerten Minen und dreizehn weiteren Torpedos im Boot und auf dem Oberdeck seine erste Feindfahrt angetreten.

Auf dem Weg durch die Bahamasee und die Floridastraße in den Golf von Mexiko bekam Kuhlmann viel zu tun. Am 10. Juli griff er einen kleinen Konvoi an (zwei Frachter, zwei Sicherungsschiffe), doch alle sechs Torpedos gingen fehl oder versagten, vielleicht aufgrund der verkürzten Erprobungsphase in der Ostsee. Am nächsten Tag, dem 11. Juli, versenkte Kuhlmann mit dem Deckgeschütz das 84 BRT große dominikanische Segelschiff *Carmen.* Kurz vor der nördlichen Ausfahrt der Windward Passage begegnete er einem großen, stark gesicherten Geleitzug mit elf Schiffen, aus dem er einen amerikanischen Frachter mit 2300 BRT herausschoß. Auf dem Weg durch die Floridastraße versenkte er am 16. Juli den 16 BRT großen amerikanischen Trawler *Gertrude.*

Wie Kuhlmann meldete, legte er seine neun Minen in der Nacht vom 24. auf den 25. Juli in der Mündung des Mississippi, ungefähr 590 Meter vor dem Kopf der Molen. Die Minen hatten Verzögerungszünder, damit der Minenleger Zeit hatte, sich davonzumachen. Doch etwas lief schief; keine der Minen ist je explodiert. Am 30. Juli torpedierte Kuhlmann das bewaffnete und gesicherte 5200 BRT große Fracht- und

Passagierschiff *Robert E. Lee,* das mit Männern, Frauen und Kindern vollgestopft war und sich auf dem Weg von Trinidad nach New Orleans befand. Obwohl das Schiff innerhalb einer Viertelstunde sank, kamen nur 17 der 407 Menschen an Bord ums Leben. Die Geleitschiffe *PC-566* und *SC-519* sowie ein Schlepper retteten die übrigen 390 Menschen aus 22 Rettungsbooten und -flößen.

In Houma, Louisiana, stationierte Wasserflugzeuge der Coast Guard patrouillierten routinemäßig über dem Mississippidelta. Am Nachmittag des 1. August um 13.40 Uhr sichtete der Pilot Henry C. White aus einer Flughöhe von 460 Metern ein U-Boot an der Oberfläche. White ging sofort in den Sturzflug, griff an und warf aus 76 Metern Höhe eine einzelne, auf 7,5 Meter Detonationstiefe eingestellte Mark-XVII-Wasserbombe ab. Sein Funker, George H. Boggs jr., reckte den Kopf aus dem Fenster und meldete, man habe anscheinend einen Volltreffer auf der Steuerbordseite erzielt. Wenig später wurde White planmäßig von zwei Aufklärungsflugzeugen der Army abgelöst und flog nach Houma zurück. Das Gulf Sea Frontier Command rechnete White die »wahrscheinliche Beschädigung« eines U-Bootes an, doch tatsächlich hatte er *U166* mit der gesamten Besatzung in einer Wassertiefe von etwa 36 Metern versenkt. Da die Versenkung damals nicht erkannt wurde, unternahm man keinerlei Anstrengungen zur Bergung des Bootes. *U166* war das einzige U-Boot, das im Zweiten Weltkrieg von einem Flugzeug der Coast Guard versenkt wurde. Für seine Leistung wurde White später mit dem Distinguished Flying Cross ausgezeichnet.*

Die vier Typ-IX-Boote, die im Juni direkt von Kiel nach Amerika fuhren, absolvierten allesamt miserable Feindfahrten.

U171 und *U173* liefen als erste Boote aus. *U171* wurde von dem 27jährigen Günther Pfeffer kommandiert, der zuvor auf *U67* Erster Wachoffizier unter Ritterkreuzträger Heinrich Bleichrodt gewesen war, als das Boot für Forschungs- und Entwicklungszwecke eingesetzt wurde. *U173* wurde vom 38jährigen Heinz-Ehler Beucke befehligt, einem altgedienten Offizier des Crew-Jahrs 1922. Wie geplant, tankten beide Boote am 6. Juli bei dem neuen U-Tanker *U460* auf, der unter dem Kommando von Friedrich Schäfer nördlich der Bermudas in Stellung gegangen war. Danach wies Kernével die Boote an, am westlichen Rand des Golfs von Mexiko zu patrouillieren. Zu diesem Zweck sollten die Boote durch die Windward Passage in die Gewässer südlich von Kuba fahren und von dort aus nach Norden durch die Meerenge von Yucatán. Pfeffer war *U173* einige Tage voraus und gelangte am 22. Juli mit *U171* in den Golf von Mexiko. Er fuhr auf nordwestlichem Kurs weiter in das Gebiet vor Galveston in Texas, wo er einen mexikanischen Frachter mit 4400 BRT versenkte. Dann marschierte er nach Osten zum Mississippidelta, wo Kuhlmann mit *U166* seine Minen gelegt hatte und nun mit Torpedos Jagd auf Schiffe machte. Am 29. Juli meldete Pfeffer einen doppelten Fehlschuß auf den Tanker *Esso Richmond.* Am 31. Juli stieß

* *U166* kam im April 1971 in die Schlagzeilen, als ein Bergungsexperte aus Florida behauptete, das Boot sei irgendwie durch den Golf in das Gebiet von Tampa abgetrieben und die 200 Tonnen Quecksilber, die das Boot zur Trimmung mit sich geführt habe, könnten über ein Leck ins Wasser gelangen und das Leben im Meer abtöten. Dies war kompletter Unsinn. Weder hätte *U166* aus dem Grab steigen und »abtreiben« können, noch hatte es zur Trimmung Quecksilber an Bord. Obwohl *U166* im flachen Wasser gesunken war, konnten Sporttaucher das Boot nicht finden. Sehr wahrscheinlich liegt es im Schlick des Mississippi begraben.

er auf einen elf Schiffe umfassenden, nahe der Küste fahrenden Geleitzug, doch ein Flugzeug der Küstenwache vertrieb ihn mit einer Wasserbombe.

Einen ganzen Monat lang, vom 4. August bis 4. September, patrouillierte Pfeffer mit *U171* zwischen dem Gebiet des Mississippi und der mexikanischen Küste. Aufgrund der starken Luftpatrouillen und weil die Geleitzüge direkt an der Küste fuhren, konnte er in dieser Zeit nur zwei Tanker versenken, die amerikanische *R. M. Parker* mit 6800 BRT am 13. August und die mexikanische *Amatlán* mit 6500 BRT am 4. September. Danach nahm er Kurs auf Frankreich und gelangte durch den Kanal von Yucatán und die Mona Passage in den Atlantik. Am 24. September übernahm er von dem neuen Tanker *U461* unter Wolf Stiebler Treibstoff.

Am Nachmittag des 9. Oktober näherte sich Pfeffer nach 115 Tagen auf See Lorient und erhielt die Anweisung, sich um 16 Uhr mit einem Sicherungsschiff zu treffen. Er traf zwei Stunden zu früh ein, kam leicht vom Kurs ab und lief auf eine britische Mine. *U171* sank wie ein Stein. Als das Sicherungsschiff eintraf, konnte es noch 30 Mann retten, darunter Pfeffer und alle seine Offiziere, doch 22 Besatzungsmitglieder waren umgekommen.

Beucke, der einige Tage nach *U171* eintraf, fuhr am 17. Juli durch die Windward Passage in die Karibik. Als er auf westlichem Kurs dicht an den Caymaninseln vorüberfuhr, wurde sein Boot von einem alliierten Flugzeug gesichtet und bombardiert. Beucke meldete den Zwischenfall nach Kernével und berichtete, beide Sehrohre seien funktionunfähig und eine Reparatur sei kaum möglich. Er erbat und bekam die Erlaubnis, sich aufs offene Meer zurückzuziehen und außer Reichweite der in der Karibik stationierten ASW-Flugzeuge zu versuchen, die Sehrohre zu reparieren. Doch die Besatzung war nicht in der Lage, die Reparatur durchzuführen.

Kernével zog *U173* aus dem Golf von Mexiko ab und wies Beucke an, südlich von Niederländisch-Guyana (Surinam) auf offener See zu patrouillieren. Einen vollen Monat befolgte der Kommandant diese Befehle, wobei es höchstens zu minimalen Abweichungen kam. In dieser Zeit meldete er lediglich zwei Schiffe, am 8. August und am 17. August. Er schoß zwei Torpedos auf das erste Schiff, verfehlte es jedoch. Beim zweiten konnte er nicht in Schußposition gelangen.

Dann ereignete sich eine zweite Katastrophe. Am 27. August erwischte ein ASW-Flugzeug das Boot über Wasser und bombardierte es. Beucke meldete, die Explosion habe fünf seiner sechs Torpedorohre lahmgelegt und auf dem Oberdeck vier Behälter mitsamt den darin gelagerten G7a-Lufttorpedos zerstört. Die beiden Sehrohre waren noch immer nicht funktionsfähig, und das Boot konnte nicht mehr tieftauchen.

Nach dieser Meldung rief Kernével Beucke nach Frankreich zurück. Auf dem Rückmarsch jagte er einen Ozeanriesen mit 20000 BRT, verlor jedoch das Rennen. Er nahm ein zweites Mal von einem weiteren U-Tanker, dem neuen *U462* unter dem 38jährigen Bruno Vowe, Treibstoff auf. Als er am 20. September in Frankreich eintraf, hatte er 98tägige Feindfahrt hinter sich, aber kein einziges Schiff versenkt. Er verließ das Boot und übernahm andere Aufgaben.

Die beiden nächsten Typ-IX-Boote, die von Kiel aus direkt nach Amerika fuhren, waren IXC-Boote: *U508* unter dem 26jährigen Georg Staats und *U509* unter dem 32jährigen Karl-Heinz Wolff. *U508* war Staats' zweites Kommando. Sein erstes war *U80* gewesen, ein Boot des Typs VIIC, auf dem sich in der Ostsee eine Batteriegasexplosion ereignet hatte, und das danach nur noch als Ausbildungsboot Verwendung fand. *U508* und *U509* versorgten sich bei Friedrich Schäfers Tanker *U460* mit Treibstoff. Dann erhielten sie die Anweisung, in der Floridastraße zu patrouillieren.

Wolff näherte sich seinem Einsatzgebiet auf einem Umweg durch die Mona Passage und die Meerenge von Yucatán. Nach seiner Ankunft wurde er am 2. August von einem ASW-Flugzeug mit Wasserbomben belegt und meldete nach Kernével, daß er sich zu Reparaturen zurückziehen müsse. Am nächsten Tag meldete Wolff, daß das Boot eine Ölspur hinter sich herzog und sich das Leck nicht abdichten ließ. Er fuhr langsam auf demselben Weg zurück, den er gekommen war. Wie *U173* wurde auch *U509* ein zweites Mal bombardiert. Am 23. August meldete Wolff, er sei krank und werde nach Frankreich zurückkehren. Er kehrte am 12. September zurück und hatte kein einziges Schiff versenkt. Er verließ das Boot und übernahm andere Aufgaben.

U508 lief durch die Bahamasee in die Floridastraße, wo Staats auf ein von drei »Zerstörern« begleitetes »Schlachtschiff«, einen Tanker und einen schnellen Frachter stieß. Die »Zerstörer« verhinderten seinen Angriff auf das »Schlachtschiff«. Er schoß drei Torpedos auf den Tanker und vier auf den Frachter, doch alle sieben gingen fehl oder funktionierten nicht. Anschließend patrouillierte er in der Floridastraße an der kubanischen Nordküste nahe Havanna.

In den zwei Wochen vom 5. bis zum 18. August kam Staats kaum zum Schlafen. Am 5. und 6. August traf er auf zwei verschiedene Geleitzüge mit starker Luftsicherung. Er griff den zweiten an und meldete einen sicheren und einen wahrscheinlichen Treffer, doch beide Treffer konnten nicht bestätigt werden. Alliierte Flugzeuge vertrieben ihn mit Flieger- und Wasserbomben, bevor er einen zweiten Angriff einleiten konnte. Am 12. August attackierte Staats einen weiteren, von drei »Zerstörern« und zwei Catalinas gesicherten Konvoi. Zwei von vier Torpedos gingen fehl oder versagten, doch die anderen zwei trafen und versenkten zwei kleine kubanische Küstenschiffe mit insgesamt 2700 BRT. Auf der Flucht vor den »Zerstörern« setzte er »mit gutem Ergebnis« Bolde zur Irreführung der feindlichen Sonare ein.

Am 17. August verschoß er seine letzten Torpedos auf einen weiteren Geleitzug und meldete zwei Treffer, doch auch diese konnten nicht bestätigt werden. Auf dem Rückmarsch nach Frankreich traf sich Staats mit dem auslaufenden IXC-Boot *U163*, von dem er im Tausch gegen Trinkwasser Dieselöl übernahm.

Die vier direkt in Kiel ausgelaufenen Typ-IX-Boote hatten die für Boote dieses Typs bis dahin schlechteste Leistung des Krieges erbracht: nur fünf bestätigte Versenkungen mit 20300 Tonnen, ein Durchschnitt von etwa 1,25 Schiffen und 4000 Tonnen pro Boot und Fahrt. Beucke mit *U173* und Wolff mit *U509* hatten kein Schiff versenkt, und Pfeffer hatte sein Boot und 22 Besatzungsmitglieder verloren.*

Zwei weitere Boote der Juni-Gruppe, *U66* und *U160*, patrouillierten in der Nähe von Trinidad. Georg Lassen mit *U160* hatte zuvor eine Feindfahrt in das Gebiet vor Kap Hatteras und Kap Lookout unternommen und fünf Schiffe mit 37000 Tonnen versenkt. Er traf am 11. Juli vor Trinidad ein und patrouillierte auf der Hauptschifffahrtsstraße in der engen Passage zwischen den Inseln Trinidad und Tobago, wo er auf starke ASW-Luftpatrouillen stieß. Er hatte einen schlechten Start, denn er ver-

* Pfeffer und einige Mitglieder der Besatzung kehrten nach Deutschland zurück und übernahmen ein neues Boot.

fehlte zwei große Frachter mit einem Zweierfächer, wetzte die Scharte jedoch bald wieder aus, als er zwischen dem 16. und dem 21. Juli einen Frachter mit 5500 BRT, den panamaischen 7000-Tonnen-Tanker *Beaconlight* und den britischen 8100-Tonnen-Tanker *Donovania* versenkte. Danach bezog er eine Position östlich von Trinidad, wo er in den zehn Tagen zwischen dem 25. Juli und dem 4. August weitere drei Frachter mit insgesamt 8700 BRT versenkte und den norwegischen 6200-Tonnen-Tanker *Havsten* mit Torpedos und Artillerie übel zurichtete. Seine bestätigte Versenkungsbilanz betrug sechs Schiffe (davon zwei Tanker) mit etwa 29 000 BRT. Gemeldet hatte er einschließlich der *Havsten* sieben Versenkungen mit 61 568 Tonnen, was ihn für das Ritterkreuz qualifizierte. Die Nachricht von der Auszeichnung wurde ihm noch auf dem Rückmarsch per Funk mitgeteilt.*

Der neue Kommandant des altgedienten Bootes *U66* war der 27jährige Friedrich Markworth. Er hatte zuvor als Erster Wachoffizier unter Werner Winter auf *U103* zwei äußerst erfolgreiche Feindfahrten nach Amerika absolviert. Das Boot hatte den wichtigen Auftrag, sechs TMB-Magnetminen im Hafen von Castries auf der Insel St. Lucia zu legen, wo die Amerikaner einen Marinestützpunkt gebaut hatten, um das angrenzende Vichy-Martinique im Auge zu behalten.

Zusätzlich zu den sechs Minen führte *U66* neunzehn Torpedos mit, dreizehn im Boot und sechs in Oberdeckbehältern. Markworth hatte für den Fall, daß er auf dem Weg in die Karibik auf Schiffsverkehr stoßen sollte, alle sechs Torpedorohre geladen und hatte die sechs Minen auf den Flurplatten im Bugraum gelagert. Tatsächlich stieß er auf dem Anmarsch am 9. Juli auf den jugoslawischen Frachter *Triglav* und versenkte ihn mit zwei Torpedos. Danach verstaute er in den leeren Torpedorohren je drei TMB-Minen.

Am 20. Juli wartete Markworth auf Seerohrtiefe um die Mittagszeit vor dem Hafen von Castries. Als die Netzsperre geöffnet wurde, um ein Küstenboot durchzulassen, steuerte er *U66* mutig hinein. Auf Sehrohrtiefe fahrend legte er rasch die sechs Minen. Dann fuhr er rückwärts wieder aus dem Hafen, unmittelbar bevor sich die Netzsperre wieder schloß. Die Minen waren mit Verzögerungszündern ausgestattet und wurden später scharf. Am 29. Juli, neun Tage, nachdem die Minen gelegt worden waren, brachte eine kleine, schnell fahrende Barkasse eine der Minen zur Explosion. Niemand wurde verletzt, doch die lokalen Behörden schlossen den Hafen sofort für die Schiffahrt und forderten ein Minenräumboot an. Am 2. August zündeten zwei schnelle britische Motorbarkassen drei weitere Minen, doch keines der Boote wurde beschädigt. Minenräumboote beseitigten die restlichen beiden Minen, und der Hafen von Castries wurde um den 9. August wieder für die Schiffahrt geöffnet.

Markworths Minen hatten – außer verschlissenen Nerven – keinen Schaden angerichtet, doch danach absolvierte er eine beachtliche erste Feindfahrt. Zwischen dem 26. Juli und 6. August versenkte er drei weitere Frachter in der Nähe von Trinidad. Es folgte eine frustrierende Durststrecke von drei Wochen, in denen er kein Schiff sichtete. Doch er patrouillierte unverzagt weiter und entdeckte am 28. August östlich von

* Zur Zeit der Auszeichnung betrug Lassens bestätigte Zahl an Versenkungen elf Schiffe mit 66 000 Tonnen, sowie die Beschädigung zweier Tanker. Der erste dieser Tanker, die *Bidwell,* wurde geborgen. Der zweite, die *Havsten,* wurde aufgegeben. Zwei Tage später entdeckte das italienische U-Boot *Tazzoli* die *Havsten* und versenkte sie mit zwei Torpedos.

Trinidad auf dem offenen Atlantik offenbar eine neue Schiffahrtsstraße zwischen Trinidad und dem südafrikanischen Kapstadt. Dort versenkte er in drei Tagen vier weitere Schiffe: drei Frachter, die mit Kriegsmaterial für die britischen Truppen in Ägypten beladen waren, und den britischen Tanker *Winamac* mit 8600 BRT. Schließlich versenkte er auf dem Rückmarsch am 9. September noch den Schweden *Peiping* mit 6400 BRT, der von Buenos Aires nach New York hatte fahren wollen, und erhöhte sein Gesamtergebnis für diese Feindfahrt auf neun Schiffe mit etwa 49000 BRT. Die Freude über den Erfolg wurde allerdings durch den Tod eines Besatzungsmitglieds getrübt, das am 13. September auf See bestattet wurde.

U66 traf sich, wie geplant, mit Schäfers Tanker *U460.* Markworth bat um eine Routinefüllung von 25 Kubikmetern, und Schäfer entsprach seinem Wunsch – wie er glaubte. Tatsächlich machte jedoch Schäfers Crew einen Fehler und pumpte 16 Kubikmeter Dieselöl und neun Kubikmeter Seewasser auf *U66* hinüber. Als der Fehler später entdeckt wurde, war Markworth gezwungen, heimlich El Ferrol in Spanien anzulaufen und bei dem »internierten« deutschen Tanker *Max Albrecht* ein zweites Mal aufzutanken. Diesem Schiff übergab Markworth auch einen schwerkranken Matrosen. Das Boot traf schließlich am 29. September nach 96 Tagen auf See in Frankreich ein. Der in Spanien zurückgelassene Seemann wurde wieder gesund und kehrte rechtzeitig zur nächsten Feindfahrt des Bootes nach Frankreich zurück.

Die Ergebnisse der zehn im Juni nach Amerika ausgelaufenen Typ-IX-Boote waren enttäuschend: 31 Schiffe mit rund 135000 Tonnen, darunter vier Trawler und Segelschiffe. Dies war ein Schnitt von 3,1 Schiffen und 13500 Tonnen pro Boot und Feindfahrt, ein drastischer Rückgang im Vergleich zu den Ergebnissen der im Mai ausgelaufenen Typ-IX-Boote. Nur zwei Boote, Markworths *U66* und Lassens *U160,* hatten mit 15 Schiffen und 78200 Tonnen weit über die Hälfte der Schiffe und der Tonnage versenkt. Zwei Boote, Beuckes *U173* und Wolffs *U509* hatten kein einziges Opfer gefunden. Drei Boote waren verlorengegangen, *U153* mit Reichmann und *U166* mit Kuhlmann durch US-Kräfte in amerikanischen Gewässern und *U171* durch eine britische Mine vor Lorient.

Angesichts der mäßigen Erfolge der Typ-VII-Boote war auch das Gesamtergebnis der 23 Boote, die Amerika im Juni erreicht hatten, enttäuschend: 58 Schiffe mit etwa 259000 Tonnen, was einem Schnitt von etwa 2,5 Schiffen und rund 11260 Tonnen pro Boot und Feindfahrt entsprach. Insgesamt waren sechs Boote oder 26 Prozent der Juni-Welle verlorengegangen (jeweils drei des Typs VII und des Typs IX), davon fünf mit der gesamten Besatzung. Offensichtlich brachte der U-Boot-Krieg in amerikanischen Gewässern immer weniger Erfolge bei immer größer werdenden Risiken und Verlusten, doch Dönitz war noch nicht bereit, den Kampf aufzugeben.

Das Nordmeer und der Geleitzug PQ 17

Das ganze Frühjahr und den Sommer 1942 rechnete Hitler auch weiterhin fest mit einer alliierten Invasion in Norwegen. Auf seinen ausdrücklichen Befehl hin wurden in dieser Region große Schiffe der Kriegsmarine in Alarmbereitschaft gehalten, um die erwarteten Invasoren abzuwehren: die *Tirpitz,* der Schwere Kreuzer *Admiral Hipper* und die Taschen-Schlachtschiffe *Admiral Scheer* und *Lützow* (früher *Deutsch-*

land). Die *Lützow* war nach einer einjährigen Reparatur- und Erprobungsphase wieder in Dienst gestellt worden. Keines der Schiffe sollte auslaufen, ohne daß Hitler den direkten Befehl dazu gab.

Ebenfalls auf Hitlers ausdrücklichen Befehl war eine Streitmacht von 20 bis 25 U-Booten vor Norwegen stationiert. Sie hatten die Hauptaufgabe, die Abwehr der alliierten Invasion zu unterstützen. Ferner sollten sie in arktischen Gewässern patrouillieren und auf dem Weg von oder nach Murmansk befindliche PQ- und QP-Geleitzüge angreifen. An jedem Tag des Jahres befand sich ungefähr die Hälfte dieser Streitmacht auf See und jagte Konvois, die andere Hälfte lag in den Häfen zur Reparatur von Schäden, die durch Verschleiß oder Feindeinwirkung aufgetreten waren, oder sie wurden wegen der erwarteten Invasion in Alarmbereitschaft gehalten.

Die U-Boote im Norden hatten bei ihren Unternehmungen mit besonderen Schwierigkeiten zu kämpfen. Im Gegensatz zum atlantischen Raum oder dem Mittelmeer gab es damals keinen regionalen Befehlshaber der U-Boote mit einem eigenen Hauptquartier. Befehlsgewalt und Verantwortung wechselten zwischen dem Oberbefehlshaber des Marinegruppenkommandos Nord in Kiel, dem Kommandierenden Admiral Norwegen und dem Kommandierenden Admiral Nordmeer Hubert Schmundt in Narvik. Die neu hinzugezogenen U-Boot-Experten und Ritterkreuzträger Jürgen Oesten und Herbert Schultze konnten die Admiräle bei U-Boot-Operationen nur beraten, hatten jedoch keine direkte Befehlsgewalt. Auch gab es noch keine U-Boot-Flottillen oder Stäbe zur Unterstützung von der Küste aus.* Da die Einrichtungen der Stützpunkte primitiv waren, mußten die U-Boote für umfangreiche Reparaturen von Gefechtsschäden oder zur Überholung nach Deutschland zurückkehren. Außerdem ließen Koordination und Kommunikation zwischen Kriegsmarine und Luftwaffe in Norwegen viel zu wünschen übrig.

Da die britische Funkentzifferung sowohl den Luftwaffenschlüssel Red als auch den Drei-Walzen-Marineschlüssel lesen konnte, den der Admiral Norwegen benutzte, verfügte die britische Admiralität über hochkarätige Informationen über die deutschen Pläne und Operationen in Norwegen und im Nordmeer. Die Briten überwachten die Bewegungen der großen Schiffe, die Aufstellung der U-Boote und den Aufbau der Luftwaffe im nördlichen Norwegen genau. Enigma-Informationen ermöglichten es den Briten, Angriffe auf PQ-Geleitzüge und auf die in Gegenrichtung fahrenden QP-Geleitzüge vorauszuberechnen; sie waren jedoch aufgrund des beengten Raums in der Barentssee und der starken Luftüberwachung durch deutsche Flugzeuge nur selten in der Lage, eine Entdeckung der Geleitzüge zu vermeiden oder sie um bekannte Aufklärungsstreifen der U-Boote herumzuleiten.

Als die Schlacht mit PQ 16 in vollem Gange war, kam Hitler plötzlich zu der Überzeugung, daß eine Invasion Norwegens unmittelbar bevorstehe. Daher versetzte er alle militärischen Befehlshaber in Norwegen in Alarmbereitschaft und gab am 27. Mai, zum zweiten Mal im Jahr 1942, die Anweisung, *alle* in Deutschland in den Atlantik auslaufenden Typ-VII-Boote zur Verteidigung Norwegens umzuleiten. Das OKM kalkulierte, daß acht neue Boote des Typs VII Norwegen bis zum 10. Juni erreichen

---

* Die 11. U-Flottille unter Hans Cohausz, dem früheren Kommandanten von *UA*, wurde offiziell am 6. Juni in Bergen eingerichtet, doch Wochen verstrichen, bevor sie komplett mit Personal ausgestattet und einsatzfähig war.

könnten, falls der Befehl bestehen blieb. Durch weitere Verlegungen neuer Typ-VII-Boote im Juni und Juli konnte die Gesamtzahl der U-Boote in diesem Gebiet laut Kriegstagebuch des OKM auf »40 bis 50 Boote« erhöht werden, was einen schweren Verlust für die U-Boot-Streitmacht im Atlantik bedeutet hätte.

Hitlers Befehle provozierten eine weitere hitzige Debatte über die Aufstellung von U-Booten in arktischen Gewässern. Dönitz vertrat erneut mit allem Nachdruck die Ansicht, daß keine weiteren Boote dorthin verlegt werden sollten. Der U-Bootwaffe war es nicht gelungen, die britischen Operationen in Norwegen im April 1940 zu verhindern, und die Erfolge bei den Angriffen auf PQ- und QP-Geleitzüge waren nicht so gut, daß sie die dafür notwendigen Anstrengungen gerechtfertigt hätten. Bisher hatten alle in Norwegen stationierten U-Boote von den Hunderten in PQ-Konvois nach Murmansk fahrenden Schiffen nur acht Handelsschiffe und den Zerstörer *Matabele* versenkt. Und aus zwölf QP-Geleitzügen war nur ein einziges Handelsschiff versenkt worden. Drei U-Boote *(U655, U585* und *U702)* waren unter Verlust der gesamten Besatzung verlorengegangen – ein hoher Preis für neun Handelsschiffe und einen Zerstörer. Zudem hatten mehrere andere U-Boote schwere Gefechtsschäden erlitten.

Großadmiral Raeder und dem OKM gelang es erneut, Hitlers Angst vor einer Invasion zu beschwichtigen und die Aufhebung seines Befehls zur Verlegung aller neuen Typ-VII-Boote nach Norwegen zu erwirken. Doch Raeder stimmte nicht mit Dönitz überein, daß sämtliche U-Boote aus dem Nordmeer zurückgezogen werden sollten. Trotz der enttäuschenden Versenkungszahlen und größerer Gefahr aufgrund der ganztägigen Helligkeit in den Sommermonaten befand Raeder, die Kriegsmarine sollte in der Lage sein, »mindestens acht« U-Boote gegen jeden PQ-Konvoi einzusetzen. Sie sollten Geleitzüge aufspüren und für die Luftwaffe Fühlung halten, in Aufklärungsstreifen feindlichen Schiffen auflauern, von der Luftwaffe beschädigten Schiffen den Rest geben und notgewasserte deutsche Flieger retten.

Raeder und das OKM errechneten, daß eine Streitmacht von insgesamt 23 Booten erforderlich sei, um »mindestens acht« U-Boote gegen jeden PQ-Konvoi auszuschikken. Da drei Boote verlorengegangen waren und nach einer im Mai getroffenen Vereinbarung drei der in Norwegen stationierten U-Boote in den Atlantik überstellt worden waren *(U134, U454* und *U584),* war es notwendig, sechs weitere Typ-VII-Boote nach Norwegen zu verlegen,* um diese Sollstärke von 23 Booten zu erhalten. Dönitz protestierte erneut gegen diese Diversionen, jedoch ohne Erfolg. Raeder antwortete ihm, daß eine Streitmacht von 23 Booten in Norwegen aufgrund der Wichtigkeit, den in die Sowjetunion fließenden Strom an Kriegsmaterial zu unterbrechen, erforderlich sei.

Noch ein weiterer wichtiger Faktor spielte eine Rolle: Um die militärische Unterstützung der Alliierten für die Sowjetunion zu betonen und die Moral in Moskau und in den Reihen der bedrängten Roten Armee aufrechtzuerhalten, erteilte Präsident Roosevelt die Anweisung, daß die Murmansk-Geleitzüge die größtmögliche Publizität erhalten sollten. Daher wurden diese Konvois eine Zeitlang bekannter als andere. Wenn die Deutschen diese propagandistisch so wichtigen Geleitzüge ungehindert nach Murmansk hätten passieren lassen, wäre dies für sie in psychologischer und anderer Hinsicht eine schwere Niederlage gewesen.

* *U88, U255, U355, U408, U457* und *U601.*

Ermutigt durch die maßlos überhöhten Erfolgsmeldungen der Luftwaffe nach dem Angriff auf PQ 16 arbeiteten Admiral Raeder und das OKM einen ausgeklügelten Plan für das sogenannte »Unternehmen Rösselsprung« aus, um PQ 17 vollständig zu vernichten und dadurch die Alliierten zu zwingen, den Verkehr auf der Murmansk-Route einzustellen. Eine Gruppe von U-Booten mit dem Codenamen Eisteufel sollte nordöstlich der Insel Jan Mayen einen Aufklärungsstreifen quer zu der Route bilden, die der herankommende Geleitzug nehmen würde. Die vier großen Überwasserschiffe *Tirpitz, Admiral Scheer, Lützow* und *Admiral Hipper* sollten, von Zerstörern gesichert, über Narvik in den Altafjord durchgeschleust werden. Wenn sich die Umstände für die großen Überwasserschiffe als günstig erwiesen – und Hitler ihr Auslaufen genehmigte –, sollten sie ungefähr zum selben Zeitpunkt wie die Gruppe Eisteufel und die Maschinen der Luftwaffe bei dem Geleitzug eintreffen.

Die Deutschen wußten nicht, wann PQ 17 Island verlassen würde. Um die Abfahrt so früh wie möglich festzustellen, entsandte Hubert Schmundt in Narvik, der die U-Boot-Streitmacht vorübergehend befehligte, Anfang Juni die drei Boote *U251* unter Heinrich Timm, *U376* unter Friedrich-Karl Marks und das neu eingetroffene *U408* unter Reinhard von Hymmen an den nördlichen Ausgang der Dänemarkstraße. Marks von *U376* sichtete einen »Kreuzer«, doch bis er die Erlaubnis zum Angriff erhalten hatte, war das Kriegsschiff verschwunden. Auf Schmundts Befehl hin klärte Marks an der Packeisgrenze auf, um sicherzustellen, daß PQ 17 keine offene Passage nördlich der Jan-Mayen-Insel gefunden hatte. Doch PQ 17 hatte keine Passage gefunden.

Widerstrebend ließen die Briten am 27. Juni PQ 17 nach Murmansk und QP 13 in Murmansk auslaufen. PQ 17 war der bisher größte Geleitzug nach Murmansk und zählte vierzig Schiffe: 35 große, schwer beladene Frachter (darunter die mit einem Katapult für ein Flugzeug ausgestattete *Empire Tide*), drei Rettungsschiffe und zwei Tanker zur Treibstoffversorgung der Geleitschiffe. Der Geleitzug wurde von insgesamt 62 alliierten Kriegsschiffen gesichert. Er hatte eine Sicherungsgruppe von insgesamt 21 britischen Fahrzeugen;* eine Kreuzer-Gruppe von sieben alliierten Kriegsschiffen operierte als Nahdeckung;** eine Gruppe von 19 alliierten Kriegsschiffen übernahm die Fernsicherung,*** und 15 alliierte U-Boote bildeten die Vorhut.****

Keines der drei Aufklärungsboote in der Dänemarkstraße entdeckte das Auslaufen von PQ 17 oder eine Spur der massiven Sicherung des Konvois. Gleich nach dem Auslaufen »verlor« der Konvoi drei seiner Schiffe. Der amerikanische Frachter *Richard Bland* lief auf einem Felsen auf und mußte die Fahrt abbrechen. Der US-Frachter *Exford* und der 3300-Tonnen-Tanker *Grey Ranger* gerieten in Treibeis und wurden

* Sechs Zerstörer, vier Korvetten, zwei U-Boote, drei Minensuchboote, zwei Flakschiffe mit Luftabwehrgeschützen und vier ASW-Trawler.

** Die beiden britischen Schweren Kreuzer *London* und *Norfolk,* die beiden amerikanischen Schweren Kreuzer *Tuscaloosa* und *Wichita,* der britische Zerstörer *Somali* und die beiden modernen US-Zerstörer *Rowan* und *Wainwright.*

*** Der britische Flugzeugträger *Victorious,* das Schlachtschiff *Duke of York,* die Kreuzer *Nigeria* und *Cumberland* und neun, später zwölf Zerstörer sowie das US-Schlachtschiff *Washington* und zwei moderne US-Zerstörer, die *Mayrant* und die *Rhind.*

**** Die britischen U-Boote *Sahib, Seawolf, Sturgeon, Tribune, Trident, Unrivalled, Unshaken* und *Ursula,* das freifranzösische U-Boot *Minerve* und sechs sowjetische U-Boote.

beschädigt. Die *Exford* kehrte nach Island um. Der Tanker *Grey Ranger,* der die Sicherungsschiffe hatte wiederauftanken sollen, sollte aufgrund seines Schadens nur einen Teil der Strecke mitfahren und sich dann mit den Geleitschiffen von QP 13 treffen und diese versorgen. Der Tanker *Aldersdale* sollte die ganze Strecke bis nach Murmansk fahren und die Sicherungsschiffe von PQ 17 auftanken.

Schmundt bildete den vorgesehenen Aufklärungsstreifen der Gruppe Eisteufel in der Nähe der Insel Jan Mayen quer zur erwarteten Route von PQ 17. Als weitere U-Boote eintrafen, vergrößerte Schmundt den Streifen, bis er aus sechs Booten bestand. Am 1. Juli entdeckte der Kommandant von *U456,* Max-Martin Teichert, den Geleitzug und funkte Alarm, doch der Glattdeck-Zerstörer *Leamington* vertrieb ihn. Zwei weitere Boote, von Hymmens *U408,* das in der Dänemarkstraße patrouilliert hatte und bereits unter Treibstoffmangel litt, und *U255,* ein neues Boot aus Deutschland unter dem 27jährigen Reinhardt Reche, bekamen in einer Nebelbank Fühlung und bestätigten Teicherts Meldung. Von Narvik aus wies Schmundt diese drei Boote und Heinz Bielfeld von *U703* an, Fühlung zu halten und Peilzeichen für alle anderen deutschen Kräfte zu funken.

Am folgenden Tag, dem 2. Juli, vereinigten sich die Fühlung haltenden U-Boote und die der Gruppe Eisteufel ungefähr zu dem Zeitpunkt, als PQ 17 und QP 13 in jeweils entgegengesetzter Richtung aneinander vorbeifuhren. Einer der Eisteufel, Heino Bohmann mit *U88,* sichtete und meldete QP 13. Dieser Geleitzug bestand aus 35 Schiffen und 15 Sicherungsschiffen, doch die Deutschen hatten das Ziel, die mit Waffen für die Sowjetunion beladenen Schiffe zu versenken, und nicht die zurückkehrenden leeren Schiffe. Schmundt gab daher insbesondere Bohmann – und allen anderen Kommandanten – den Befehl, den nach Island fahrenden Konvoi QP 13 zu ignorieren und sich auf den Richtung Murmansk fahrenden Geleitzug PQ 17 zu konzentrieren.*

Obwohl Hitler nach Entdeckung der Geleitzüge die Angriffe der großen Überwasserschiffe erst noch genehmigen mußte, wurden sie nun nach Norden in die günstigste Ausgangsposition im Altafjord nahe des Nordkaps verlegt. Bei der Verlegung liefen drei Zerstörer und das neu eingetroffene Taschen-Schlachtschiff *Lützow* im Nebel auf Felsen und wurden so stark beschädigt, daß sie von der Operation abgezogen werden mußten.

Nach diesem demütigenden Unfall standen nur noch das Großschlachtschiff *Tirpitz,* das Taschen-Schlachtschiff *Admiral Scheer,* der Schwere Kreuzer *Admiral Hipper* und deren Sicherung (sieben Zerstörer und zwei Torpedoboote) für den Angriff der Überwasserschiffe auf PQ 17 zur Verfügung. Hitler gab schließlich die Erlaubnis zum Auslaufen, aber nur, wenn keine Gefahr eines Verlustes durch trägergestützte, alliierte Flugzeuge oder U-Boote bestand, da dies Deutschland peinlich wäre und die Verteidigung Norwegens gefährden würde. Diese Einschränkungen veranlaßten die

---

* Von den Deutschen unbehelligt erreichte QP 13 die Dänemarkstraße. Dort geriet ein Teil des Konvois in ein zur Verteidigung angelegtes Minenfeld der Alliierten. Das britische Minensuchboot *Niger* und fünf große Schiffe mit insgesamt 31 000 Tonnen liefen auf Minen, flogen in die Luft und sanken. Eines der verlorengegangenen Schiffe, der sowjetische Fracht- und Passagierdampfer *Rodina,* hatte die Frauen und Familien sowjetischer Diplomaten nach England transportieren sollen.

verantwortlichen deutschen Admiräle, die Unternehmungen der Überwasserschiffe nur noch mit äußerster Vorsicht fortzuführen.

Am 2. und 3. Juli kamen alle elf U-Boote in dem Gebiet an den Geleitzug PQ 17 heran oder gingen entlang der Geleitzugroute in Stellung. Wie Schmundt später schrieb, waren die Bedingungen für die U-Boot-Kriegführung denkbar ungünstig. Dichte Nebelschwaden lagen über einer von breiigem, zerbrochenem Eis bedeckten See. Der Nebel verbarg die U-Boote, doch von Zeit zu Zeit fuhr der Konvoi völlig unerwartet aus dem Nebel heraus, und dann lagen die U-Boote ungeschützt im hellen Sonnenlicht und in direkter Sicht der Schiffe und Sicherungsfahrzeuge. In nicht mit Eis bedeckten Räumen war die See spiegelglatt und ruhig, was für Sehrohrangriffe ein erhöhtes Risiko bedeutete. Reinhardt Reche kam mit dem neuen *U255* unter Wasser nahe genug heran, um auf einen »Zerstörer« einen Zweierfächer zu schießen, doch beide Torpedos verfehlten ihr Ziel. Die Sicherungsschiffe führten einen Gegenangriff durch und warfen 40 gut gezielte Wasserbomben, doch keine detonierte nahe genug, um dem Boot wirklich Schaden zuzufügen. Mindestens sechs weitere Boote versuchten einen Angriff, doch die kampferprobten Geleitschiffe wehrten sie ab, und ein Boot nach dem anderen fiel zurück und verlor die Fühlung. Deutsche Flugzeuge, die sich an den Peilzeichen der U-Boote orientiert hatten, übernahmen die Rolle der Fühlungshalter. Die deutschen Admiräle ignorierten die Schwierigkeiten, mit denen die U-Boote zu kämpfen hatten, und die Unerfahrenheit ihrer Besatzungen und schäumten vor Wut, weil es den Booten nicht gelang, sich dem Konvoi zu nähern und anzugreifen.

Am 4. Juli griffen Sturzkampfbomber und Torpedoflugzeuge der Luftwaffe PQ 17 und Teile der unterstützenden Kreuzer-Gruppe an, die sich dem Geleitzug zum Schutz genähert hatte. Die Sicherungsschiffe legten ein dichtes Flugabwehrfeuer, doch die im nördlichen Norwegen stationierten Flugzeuge hatten genügend Treibstoff, um mehrere Angriffe durchzuführen. Trotzdem erreichten sie nur wenig. Am frühen Morgen erzielte ein Torpedobomber einen Treffer bei dem amerikanischen Frachter *Christopher Newport* und beschädigte ihn schwer. Zwei britische Geleitschiffe versuchten, den Hulk zu versenken, nachdem die Besatzung das Schiff verlassen hatte, doch beide Versuche schlugen fehl. Noch am selben Tag stieß Karl Brandenburg mit dem neuen *U457* auf das übel zugerichtete und aufgegebene Wrack und versenkte es mit einem Torpedo.

Brandenburg konnte bei dieser Aktion durch das Sehrohr einen Blick auf Teile der Kreuzer-Gruppe werfen und meldete, er habe schwere Einheiten beim Konvoi gesehen, darunter ein »Schlachtschiff«. Aus diesem falschen Bericht zog Raeder den Schluß, daß es sich um die schweren Einheiten der Fernsicherung des Geleitzugs handelte, zu denen auch ein Flugzeugträger gehörte. Deshalb weigerte er sich, unter Berücksichtigung von Hitlers Anordnung, das Auslaufen der *Tirpitz* zu genehmigen, solange der mutmaßliche Flugzeugträger nicht versenkt worden war. Da die U-Boote die besten Chancen hatten, den Flugzeugträger zu versenken, wies Schmundt Brandenburg mit *U457* an, PQ 17 zu ignorieren und Fühlung mit dem »Schlachtschiff« (und vermutlich auch dem Träger) zu halten und weitere Boote heranzuführen. Da drei der elf Boote, die Anfang Juni als Aufklärer in die Dänemarkstraße gefahren waren, Narvik oder Kirkenes anlaufen mußten, um nachzutanken, und da zwei Boote für die Luftwaffe mit dem Geleitzug Fühlung halten mußten, waren nur fünf Boote verfügbar, die sich mit Brandenburg an der Jagd auf das »Schlachtschiff« beteiligen konnten. Um jeden Fehler auszuschließen, wies Schmundt anschließend alle U-Boote an, daß ihre Hauptziele die schweren Einheiten der Alliierten waren.

Im Laufe des 4. Juli flogen große Schwärme deutscher Flugzeuge zwei Angriffe auf PQ 17. Einige Sturzkampfbomber und Torpedoflugzeuge der zweiten Angriffswelle erzielten Treffer bei drei Schiffen: dem britischen Frachter *Navarino* mit 4800 BRT, dem amerikanischen Frachter *William Hooper* mit 7200 BRT und dem sowjetischen Tanker *Azerbaidzhan.* Britische Geleitschiffe versenkten die *Navarino,* nachdem sie die Mannschaft an Bord genommen hatten. Hilmar Siemon mit *U334* stieß auf den verlassenen Hulk der *William Hooper* und versenkte ihn mit Torpedos. Die *Azerbaidzhan* konnte nach behelfsmäßigen Reparaturen weiterfahren.

In London machte sich First Sea Lord Dudley Pound Sorgen. Er wußte aus mehreren nachrichtendienstlichen Quellen und Enigma-Funksprüchen, daß die *Tirpitz* und die anderen großen deutschen Schiffe, die nach Nordnorwegen gelangt waren, PQ 17 mit Sicherheit angreifen würden. Allerdings hatte er keine Kenntnis von Hitlers einschränkendem Befehl zum Einsatz der deutschen Überwasserstreitkräfte oder von dem Schiffbruch der *Lützow.* Im Gegensatz zu all seinen Beratern nahm er an, die *Tirpitz* und die anderen großen Schiffe seien am 4. Juli ausgelaufen, um die alliierte Streitmacht anzugreifen. Pound errechnete, daß die deutschen Großkampfschiffe PQ 17 und die Nahdeckung der Kreuzer-Gruppe am Nachmittag des 5. Juli erreichen könnten. Zusammen mit den U-Booten und der Luftwaffe waren diese Schiffe in der Lage, den gesamten Geleitzug PQ 17 mitsamt dem Kreuzer-Verband zu versenken. Um diese befürchtete Katastrophe zu verhindern, traf Pound eine verhängnisvolle – und umstrittene – Entscheidung: Er befahl dem Konvoi, sich zu »zerstreuen«, und der Kreuzer-Gruppe, kehrtzumachen und sich nach Südwesten zurückzuziehen. Obwohl sie keinen entsprechenden Befehle erhielten, schlossen sich auch die sechs Zerstörer aus der Nahsicherung des Geleitzugs den ablaufenden Kreuzern an, während sich die verbliebenen 15 Geleitfahrzeuge zusammen mit den Handelsschiffen in alle Himmelsrichtungen zerstreuten.

Die U-Boote waren die ersten, die die Auflösung des Geleitzugs meldeten und von ihr profitierten. Teichert von *U456* und Brandenburg von *U457* berichteten, die Kreuzer-Gruppe (die irrtümlich für den Verband mit dem Schlachtschiff und dem Flugzeugträger gehalten worden war) habe kehrtgemacht und sei mit voller Kraft abgelaufen. Angesichts der hohen Geschwindigkeit war den U-Boot-Kommandanten eine Verfolgung nicht möglich, und daher baten sie und andere um die Erlaubnis, die vielen ungeschützten Handelsschiffe in ihrer unmittelbaren Umgebung angreifen zu dürfen. Schmundt war mit dieser Änderung der Angriffsziele einverstanden, und während die Luftwaffe ihre Angriffe fortsetzte, hatten die U-Boote einen großen Tag.

- Heinz Bielfeld versenkte mit *U703* den von der Luftwaffe beschädigten britischen Frachter *Empire Byron* mit 6600 BRT und den britischen Frachter *River Afton* mit 5500 BRT. Er nahm einen britischen Armeeoffizier von der *Empire Byron* und den Kapitän der *River Afton* gefangen und gab den Schiffbrüchigen in den Rettungsbooten Lebensmittel und Wasser.
- Heino Bohmann mit *U88* versenkte die beiden US-Frachter *Carlton* mit 5100 BRT und den bereits von der Luftwaffe beschädigten *Daniel Morgan.*
- Hilmar Siemon versenkte mit *U334* den britischen Frachter *Earlston* mit 7200

BRT, der von einem deutschen Flugzeug beschädigt worden war, und nahm den Kapitän gefangen.

• Max-Martin Teichert mit *U456* versenkte den amerikanischen Frachter *Honomu* mit 7000 BRT und nahm den Kapitän gefangen.

Auch die deutschen Flieger hatten einen großen Tag, jedoch Schwierigkeiten, Freund und Feind zu unterscheiden. Ein Sturzkampfbomber griff Siemon mit *U334* an. Ein anderer landete einen Treffer auf Brandenburgs Boot *U457*. Die beiden Bomben, die in der Nähe von *U334* eingeschlagen waren, verursachten so starke Schäden, daß Siemon die Fahrt abbrechen mußte. Auf Siemons Wunsch wies Schmundt Teichert an, *U334* nach Kirkenes zu eskortieren. Ungefähr zur selben Zeit brach Heinrich Göllnitz mit *U657*, der keine Schiffe versenkt hatte, die Fahrt wegen eines leckenden Ölbunkers ab, der eine Ölspur hinterließ. Dadurch verringerte sich die U-Boot-Streitmacht auf fünf Boote, doch die drei Boote *(U251, U376* und *U408)*, die in Narvik und Kirkenes auftankten, liefen sofort wieder aus, so daß die Nordmeerstreitmacht wieder acht U-Boote zählte.

Als Großadmiral Raeder erfuhr, daß die alliierte Kreuzer-Einheit und die Zerstörer der direkten Konvoi-Sicherung geflohen waren und der Geleitzug sich zerstreut hatte, überzeugte er Hitler, daß die *Tirpitz*, die *Admiral Scheer* und die *Admiral Hipper* ohne übermäßiges Risiko auslaufen könnten, und Hitler billigte die Operation Rösselsprung. Raeder leitete die Zustimmung an die auf See befindlichen Kräfte weiter und hob hervor, daß jede Sicherheitsvorkehrung getroffen werden müsse, um einen Verlust oder eine starke Beschädigung der drei Großkampfschiffe, insbesondere jedoch der *Tirpitz*, zu vermeiden.

Am 5. Juli um 15 Uhr verließen die drei deutschen Großkampfschiffe, gesichert von sieben Zerstörern und zwei Torpedobooten, den Altafjord. Als die Streitmacht die offene See erreichte, sichtete das sowjetische U-Boot *K21* unter N. A. Lunin die Schiffe, griff die *Tirpitz* an und meldete zwei Treffer, die jedoch nicht bestätigt wurden. Eine Stunde später machte auch eine Catalina des Coastal Command den Flottenverband aus und funkte eine Meldung. Zwei Stunden darauf sichtete das britische U-Boot *Unshaken* unter H. P. Westmacott den Verband und funkte eine präzise Beschreibung des Verbandes.

Raeder hörte durch den B-Dienst von diesen alliierten Sichtungen, hielt den Einsatz aus diesem Grund für zu riskant und sagte die Operation Rösselsprung nur sechseinhalb Stunden nach ihrem Beginn auf eigene Verantwortung ab. Die *Tirpitz* kehrte zum zweiten Mal in den Hafen zurück, ohne mit ihrer gewaltigen Bewaffnung irgend etwas bewirkt zu haben. Dennoch hatte allein die Anwesenheit der *Tirpitz* Admiral Pound dazu veranlaßt, PQ 17 aufzulösen und alle verbleibenden Schiffe und Geleitfahrzeuge ungeschützt den U-Boot- und Fliegerangriffen auszusetzen.

In den nächsten zehn Tagen kämmten deutsche Flugzeuge und U-Boote die Barentssee nach Schiffen des zersprengten Geleitzuges durch. Ein deutsches Flugzeug versenkte den amerikanischen Frachter *Pan Atlantic* mit 5400 BRT; andere Flugzeuge beschädigten ein halbes Dutzend anderer Schiffe. Reinhardt Reche mit *U255* war der erfolgreichste U-Boot-Kommandant. Er versenkte drei US-Frachter mit etwa 18400 BRT und den Holländer *Paulus Potter* mit 7200 BRT, der von der Luftwaffe beschädigt und so hastig aufgegeben worden war, daß Geheimunterlagen zurückgelassen wurden.* Günter La Baume mit *U355* versenkte einen britischen Frachter mit 5100 BRT. Drei weitere Boote versenkten jeweils ein Schiff, das von der Luftwaffe beschädigt worden war: *U251* (Heinrich Timm), *U376* (Friedrich-Karl Marks) und *U457* (Karl Brandenburg), das knapp dem Angriff eines sowjetischen U-Bootes entging.

Als die endgültigen Versenkungzahlen Berlin erreichten, triumphierte die oberste militärische Führung der Deutschen. Man glaubte, zum ersten Mal in diesem Krieg einen gesamten Konvoi der Alliierten vernichtet zu haben. Die Luftwaffe meldete die Versenkung von 20 Schiffen mit 131 000 Tonnen. Die U-Boote meldeten 16 versenkte Schiffe mit 113 963 Tonnen, also insgesamt 36 Schiffe und eine Tonnage von 245 000 Tonnen. In Wirklichkeit hatten 14 der 38 Handels- und Rettungsschiffe die deutschen Luft- und U-Boot-Angriffe überstanden und sowjetische Häfen erreicht. Auch war keines der alliierten Kriegsschiffe verlorengegangen. Teilweise beruhten die überhöhten Schätzungen der Flugzeuge und U-Boote darauf, daß sie dasselbe Schiff »versenkt« zu haben meinten. Hier das Ergebnis der Geleitzugschlacht, wie es von Jürgen Rohwer und anderen Historikern errechnet wurde:

nur von Flugzeugen versenkte Schiffe	8 mit 40 425 Tonnen**
nur von U-Booten versenkte Schiffe	7 mit 41 041 Tonnen***
von Flugzeugen und U-Booten versenkte Schiffe	9 mit 61 255 Tonnen
Gesamt	24 mit 142 721 Tonnen****

Bis zur Geleitzugschlacht mit PQ 17 bestand noch die Möglichkeit, daß Dönitz die Führung in Berlin vielleicht überzeugen könnte, einige oder alle 23 Typ-VII-Boote in Norwegen und der Arktis für Aufgaben im Atlantik freizugeben. Angesichts der überhöhten – und damals auch bestätigten – Versenkungszahlen der U-Boote und angesichts der Entdeckung des Konvois und der Aufgabe, für die Luftwaffe Fühlung zu halten, bestand nun jedoch keinerlei Aussicht mehr auf einen Transfer.

Die Vernichtung von PQ 17 veranlaßte die Briten, die Murmansk-Route zu schlie-

* Ein Enterkommando von *U255* barg die Unterlagen, die sowohl genaue Details über die Zusammensetzung von PQ 17 enthielten als auch ein neues Signalcodebuch für Geleitzüge und anderes hochwillkommenes Material.

** Hermann Göring zeichnete drei Flieger mit Ritterkreuzen aus, die an der Schlacht mit PQ 17 teilgenommen hatten.

*** Die elf gegen PQ 17 zum Einsatz gebrachten U-Boote verschossen insgesamt 72 Torpedos, von denen vermutlich 27 trafen und detonierten. Neun der elf Boote wurden Versenkungen zugeschrieben. Reinhardt von Hymmen *(U408)* und Heinrich Göllnitz (*U657;* Fahrtabbruch wegen Ölleck) versenkten keine Schiffe.

**** 22 der 24 versenkten Schiffe waren große, mit Kriegsmaterial beladene Frachter. 14 der 24 Schiffe waren amerikanischer Herkunft. Insgesamt gingen 3350 Lastwagen und Fahrzeuge, 430 Panzer, 210 Flugzeuge und ungefähr 100 000 Tonnen weiteres Kriegsmaterial auf Grund. Etwa 153 Offiziere der Handelsmarine und Matrosen (davon 107 Amerikaner) kamen bei den Versenkungen oder in den Rettungsbooten ums Leben; etwa 1300 andere (davon 581 Amerikaner) überlebten. Die Schiffe, die sowjetische Häfen erreichten, transportierten 896 Fahrzeuge, 164 Panzer, 87 Flugzeuge und ungefähr 57 000 Tonnen anderes Militärmaterial. Bei 202 Einsätzen mit Sturzkampfbombern und Torpedoflugzeugen verlor die Luftwaffe nur fünf Maschinen und einige Männer. Bei den U-Booten gab es keine Verluste.

ßen, bis die arktischen Tage wieder einige Nachtstunden hatten und bis Schritte unternommen werden konnten, den Schutz der Handelsschiffe stark zu verbessern. Diese Schritte beinhalteten die Stationierung von Hampden- und Catalina-Geschwadern auf Flughäfen nahe Murmansk, die Einrichtung eines alliierten Stützpunkts zur Treibstoffversorgung der Geleitfahrzeuge und Kriegsschiffe auf Spitzbergen, den Umbau des in den USA gebauten Geleitträgers *Avenger* der Royal Navy für den vorübergehenden Einsatz in arktischen Gewässern,* die Ausstattung von Handelsschiffen mit mehr Flak-Geschützen und vertäuten Blimps und die Rückkehr von zahlreichen Kriegsschiffen der Home Fleet, die zeitweise im Mittelmeer und in anderen Gewässern gedient hatten und bei den Operationen im Juni und August 1942 zur Verstärkung von Malta eingesetzt worden waren. Trotz des immensen politischen Drucks aus Washington und Moskau blieb London standhaft, und kein PQ- oder QP-Geleitzug stach im Juli oder August in See.

Unterstützung für Rommel im Mittelmeer

Die am 1. April 1942 im Mittelmeer stationierten 20 Typ-VII-Boote, die Erwin Rommels Afrika-Korps unterstützen sollten, operierten weiterhin unter extrem schwierigen Bedingungen. Die Feindfahrten waren nach wie vor von kurzer Dauer, aber nervenaufreibend und riskant. Einige Kommandanten brachen unter der Belastung zusammen. Andere kehrten nach Deutschland zurück, um den Befehl über größere, im Bau befindliche U-Boote zu übernehmen. Ungeachtet des Drucks aus Berlin und Rom und des neuen Führers der U-Boote im Mittelmeer, Leo Kreisch, arbeiteten die von den Italienern unterhaltenen Einrichtungen an der Küste bei La Spezia, Pola und Salamis langsam und schludrig. Als ein Flugzeug der Alliierten am 1. April Helmut Rosenbaum von *U73* mit vier Fliegerbomben oder Wasserbomben traf, dauerten die Reparaturen in La Spezia volle vier Monate.

Anfang 1942 wurde die Mittelmeer-U-Boote zu administrativen Zwecken in der U-Flottille 29 zusammengefaßt. Der Befehlshaber der Flottille war in den ersten sechs Monaten der 58jährige Franz Becker. Im Juni 1942 wurde er von Ritterkreuzträger Fritz Frauenheim abgelöst, der sich als Kommandant von *U101* im Atlantik einen Namen gemacht hatte. Er sollte den Posten für ein ganzes Jahr behalten.

Im April 1942 patrouillierten im östlichen Mittelmeer sechs Boote. Vor Mersa Matruh traf Egon-Reiner von Schlippenbach am 7. April aus Versehen das 9700 Tonnen große Lazarettschiff *Somersetshire* mit drei Torpedos. Zum Glück für alle Betroffenen überstand das Schiff die Treffer und schaffte es gerade noch nach Alexandria. Hitler stimmte dem Plan des OKM persönlich zu, diesen Irrtum wie den Fall *Athenia* geheimzuhalten und alle von den Alliierten erhobenen Vorwürfe zu be-

* Die Indienststellung der ersten in den USA gebauten Geleitträger für die Royal Navy hatte sich verzögert. Wie erwähnt, kollidierte die *Archer* während der Erprobungsphase in der Karibik mit dem peruanischen Frachter *Brazos*. Dabei wurde der Geleitträger so stark beschädigt, daß er zur Reparatur zu dem Marinestützpunkt in Charleston geschleppt werden mußte. Alle vier Schiffe hatten bei ihren neu entwickelten Hochleistungsdieselmotoren mit zahlreichen Kinderkrankheiten zu kämpfen.

streiten. Von Schlippenbach änderte sein Logbuch entsprechend. Fast an derselben Stelle meldete am 23. April der neue, 27jährige Kommandant von *U565,* Wilhelm Franken, die Versenkung zweier Frachter mit 9500 BRT, doch nach dem Krieg wurde nur die Versenkung eines Frachters mit 1400 BRT bestätigt.

Vier der sechs im östlichen Mittelmeer operierenden Boote hatten den Auftrag, zwischen dem 13. und dem 15. April TMB-Minen zu legen.

- *U81* unter Friedrich Guggenberger, der für die Versenkung des Flugzeugträgers *Ark Royal* das Ritterkreuz erhalten hatte, legte Minen bei Haifa in Palästina, doch das Minenfeld führte nicht zu bestätigten Versenkungen. Nach der Durchführung dieses Auftrags fuhr Guggenberger nach Norden in die Gewässer vor Beirut, wo er mit Torpedos zwei Schiffe versenkte: den französischen Trawler *Viking* mit 1150 BRT und den britischen Tanker *Caspia* mit 6000 BRT. Auf dem Rückmarsch in palästinensische Gewässer versenkte er vom 16. bis zum 26. April sieben Segelschiffe mit dem Deckgeschütz und ein weiteres durch Rammung, und er beschoß ein Elektrizitätswerk in Tel Aviv.
- *U331* unter Hans-Dietrich von Tiesenhausen, der für die Versenkung des Schlachtschiffes *Barham* mit dem Ritterkreuz ausgezeichnet worden war, legte ein Minenfeld vor Beirut. Danach drang Tiesenhausen nachts unter Wasser in den Hafen ein und schoß einen Torpedo auf einen 3000 BRT großen, an einer Pier vertäuten norwegischen Frachter. Tiesenhausen dachte, er habe das Schiff beschädigt, doch der Frachter war durch Schleppkähne abgeschirmt, die die Wucht der Detonation absorbierten. Am nächsten Tag schoß er einen Torpedo auf einen 4000-Tonnen-Frachter, doch der Torpedo explodierte nicht. In den folgenden Tagen versenkte von Tiesenhausen drei Segelschiffe und zerstörte das Kraftwerk von Beirut mit dem Deckgeschütz. Es ist nicht bekannt, ob durch sein Minenfeld alliierte Schiffe versenkt oder beschädigt wurden.
- *U561* unter Robert Bartels legte ein Minenfeld bei Port Said in der Zufahrt des Suezkanals im Mittelmeer. Einen Monat später, am 15. Mai, gingen durch diese Minen zwei Frachter mit 11 754 BRT verloren, und ein dritter mit 4000 BRT wurde beschädigt. Angesichts dieser Erfolge wurde Bartels angewiesen, am 18. Juni bei Port Said ein weiteres Minenfeld zu legen und nochmal eines am 10. Juli. Diese beiden Minenfelder führten jedoch zu keinen dokumentierten Erfolgen. Nach diesen Aufträgen verließ Bartels *U561* und kehrte nach Deutschland zurück, wo er eines der großen U-Boote in Dienst stellte.
- *U562* unter Horst Hamm legte ein Minenfeld bei Famagusta, einem Seehafen an der Ostküste Zyperns. Ungefähr zwei Wochen später, am 29. April, fielen diesen Minen ein Segelschiff mit 156 BRT und ein Schlepper mit 81 BRT zum Opfer, aber kein Schiff von militärischem Wert. Nachdem Hamm das Feld gelegt hatte, fuhr er in türkische Gewässer. Die Briten behaupteten später, er habe internationales Recht verletzt, als er in einen türkischen Hafen eindrang, wo er ein britisches Schiff beim Laden vorfand. Er folgte dem Schiff auf hohe See und versuchte, es zu versenken. Doch der Angriff scheiterte.

Ende April patrouillierten drei U-Boote im westlichen Mittelmeer, um den großen Verband der Alliierten (darunter der Flugzeugträger *Wasp*) anzugreifen, der dort versuchte, Flugzeuge und Nachschub nach Malta zu bringen. Kein Boot fand ein Kriegsschiff, das es hätte angreifen können. Doch zwei der drei Boote gingen verloren:

• Am 1. Mai sichtete eine von Sergeant Brent geflogene Hudson der britischen Squadron 233 in einer Höhe von etwa 520 Metern *U573* unter Heinrich Heinsohn. Das Flugzeug griff im Sturzflug an und warf drei auf 7,5 Meter eingestellte Wasserbomben ab. Eine Bombe explodierte nicht, doch die anderen beiden richteten *U573* übel zu. Bald darauf sah die Besatzung der Hudson etwa zehn Mann mit erhobenen Händen auf der Brücke des Bootes. Daraufhin ließ die Besatzung der Hudson eine Gelegenheit verstreichen, das Boot mit Maschinengewehrfeuer unter Beschuß zu nehmen, was ihr später einen scharfen Verweis einbrachte.*
Der Hudson ging der Treibstoff zur Neige, und sie mußte zu ihrem Stützpunkt zurückkehren. Obwohl *U573* tauchunfähig war, entkam Heinsohn allen alliierten Flugzeugen und Schiffen und schaffte es nach Cartagena in Spanien, wobei ihn auf den letzten Kilometern zwei Schlepper der spanischen Marine begleiteten. Offiziell »interniert«, meldete Heinsohn nach Berlin, daß die Reparaturen an *U573* drei Monate in Anspruch nehmen würden und die spanischen Behörden zur Kooperation bereit seien. Doch Berlin entschied gegen eine Reparatur und überließ das Boot den Spaniern, die es instand setzten und in *G7* umtauften. Heinsohn und seine Mannschaft kehrten schließlich nach Deutschland zurück, wo sie neue Aufgaben erhielten.
• Im selben Gebiet erwischte am folgenden Tag, dem 2. Mai, eine Sunderland der britischen Squadron 202 mit dem Piloten R. Y. Powell *U74* unter Karl Friedrich, der kürzlich den Ritterkreuzträger Eitel-Friedrich Kentrat abgelöst hatte. Im Gegensatz zu dem nachlässigen Angriff der Hudson auf *U573* ließ die Sunderland das Boot nicht aus den Augen und führte die britischen Zerstörer *Wishart* und *Wrestler* heran. Der kombinierte Luft- und Seeangriff versenkte *U74* mit der ganzen Besatzung.
Der Verlust von *U74* und *U573* reduzierte die Mittelmeerstreitmacht auf 18 U-Boote, einschließlich solcher Boote wie *U73,* an denen aufgrund von Gefechtsschäden langwierige Reparaturen ausgeführt werden mußten. Im April versenkte die gesamte U-Boot-Streitmacht des Mittelmeers, Küstenboote ausgenommen, nur drei Handelsschiffe mit 8500 BRT – und keinerlei Kriegsschiffe. Vermutlich wegen der großen Risiken und der weiterhin schlechten Ergebnisse beeilte man sich nicht sonderlich, die versenkten Boote zu ersetzen.

Als Erwin Rommel am 27. Mai die stark verzögerte Offensive gegen Ägypten vom libyschen Gazala aus fortsetzte, brachte der Führer der Mittelmeer-U-Boote, Leo Kreisch, neun Boote zur Unterstützung der Bodentruppen der Achse in Stellung. Acht Boote patrouillierten dicht vor der afrikanischen Küste von Gazala bis Mersa Matruh, um alliierte Schiffe anzugreifen, die jene ins Wanken geratene britische 8. Armee mit Nachschub versorgen oder evakuieren sollten. Das neunte Boot, *U83* unter Hans-Werner Kraus, sollte einen Kommandotrupp der Achse im Golf von Bomba an Land setzen. Als Kraus sich der Küste näherte, schoß er auf einen gesicherten Dampfer. Er meldete, er habe sein Ziel verfehlt, aber die eskortierende »Korvette« getroffen und versenkt, doch die Meldung konnte nicht bestätigt werden. Das Kommandounternehmen wurden wegen technischer Probleme abgebrochen, doch Kraus setzte seine Feindfahrt fort.

* Wie das Hauptquartier des Coastal Command erklärte, war das korrekte Verhalten in solchen Fällen, weiterhin mit allen Waffen anzugreifen, um die U-Boot-Besatzung unter Deck zu halten und so eine Selbstversenkung zu verhindern, bis ein Überwasserschiff eintraf.

Zwei Boote gingen in der Anfangsphase von Rommels Offensive verloren, was die Zahl der Mittelmeerboote auf 16 verringerte.

• Am Morgen des 27. Mai sichtete ein britischer Blenheim-Bomber ein U-Boot etwa 110 Kilometer vor der Küste von Bardia, auf halbem Weg zwischen Tobruk und Mersa Matruh. Es war *U568* unter dem 28jährigen Joachim Preuß, der im vergangenen Oktober den US-Zerstörer *Kearny* getroffen und beschädigt hatte. Der Bomber warf eine Reihe gut gezielter Fliegerbomben, die auf dem Boot einen Treibstoffbunker zum Bersten brachten und ein Ölleck verursachten. In Reaktion auf einen Funkspruch des Flugzeugs stellte der Befehlshaber eines in der Nähe befindlichen Geleitzugs die beiden Zerstörer *Hurworth* und *Hero* zur Verfolgung des U-Boots ab. Die Schiffe bekamen Sonarkontakt, und die *Hurworth* warf bei acht Angriffen in über zwei Stunden 50 Wasserbomben, während die *Hero* drei Angriffe mit insgesamt 20 Wasserbomben unternahm.

Da die *Hurworth* alle Wasserbomben verbraucht hatte und die *Hero* nur noch 20 hatte, stellte der Befehlshaber des Geleitzugs auch noch den Zerstörer *Eridge* ab, der um 18 Uhr mit 35 Wasserbomben eintraf und die Jagd fortsetzte. Die *Eridge* führte sechs Angriffe durch, bis sie nur noch über fünf Wasserbomben verfügte. Während die *Hero* und die *Eridge* den Sonarkontakt hielten und dem Boot weiter auf den Fersen blieben, brach die *Hurworth* die Aktion ab und lief Tobruk an, um sich mit weiteren Wasserbomben zu versorgen.

Nach über zwölf Stunden schwerster Angriffe hatte Preuß keine andere Wahl mehr, als aufzutauchen und zu versuchen, die Zerstörer in der Dunkelheit abzuschütteln. Ungefähr um Mitternacht, vom 27. auf den 28. Mai, durchbrach er nur etwa 1100 Meter vor der *Eridge* die Wasseroberfläche. Sowohl die *Eridge* als auch die *Hero* verfügten über Radargeräte des Typs 286, die das Boot jedoch nicht erfaßten. Doch ihre Ausgucke sichteten das Boot, und die beiden Zerstörer eröffneten sofort mit ihren Hauptgeschützen das Feuer, was auch die *Hurworth* wieder auf den Schauplatz brachte. Preuß tauchte und entkam zunächst der Vernichtung, doch als er um 4 Uhr erneut in der Nähe der Zerstörer auftauchen mußte, wurde er erneut gesichtet und beschossen. Aus allen Rohren feuernd lief die *Eridge* auf das Boot zu und warf drei ihrer verbliebenen Wasserbomben mit einer Tiefeneinstellung von 15 Metern. Inzwischen hatten Preuß und seine Besatzung bereits die Versenkung des Bootes eingeleitet und sprangen ins Wasser, wo sie um Rettung flehten. Die *Hurworth* und die *Eridge* entsandten Enterkommandos, um Geheimmaterial zu erbeuten, doch sie kamen zu spät, und *U568* sank vor ihren Augen. Beiboote der Zerstörer fischten Preuß und 46 weitere Deutsche aus dem Meer, offensichtlich die gesamte Besatzung.

• Am Morgen des 2. Juni entdeckte eine von G. H. Bates gesteuerte Swordfish der britischen Fleet Air Arm Squadron 815 ebenfalls vor Bardia, aber näher an der Küste, ein weiteres U-Boot und griff an. Das Boot war *U652* unter Georg-Werner Fraatz, der im September des vorigen Jahres das Gefecht mit dem amerikanischen Zerstörer *Greer* gehabt hatte. Durch die Angriffe der Swordfish wurde *U652* vollkommen außer Gefecht gesetzt, aber nicht versenkt. Als Fraatz seine Lage über Funk meldete und um Hilfe bat, reagierte Guggenberger, der mit *U81* in der Nähe nach einigen notgewasserten deutschen Fliegern suchte, und erschien zwei Stunden später vor Ort. Fraatz und Guggenberger versuchten, *U652* bis Salamis zu schleppen. Doch der Versuch scheiterte, und Fraatz versenkte sein demoliertes Boot mit einem von Guggen-

bergers Hecktorpedos, nachdem er mit seiner Besatzung auf *U81* hinübergewechselt war. Die Männer von *U652* gingen in Salamis von Bord und kehrten später nach Deutschland zurück, um eines der großen U-Boote in Dienst zu stellen.
Die übrigen im Juni zur Unterstützung Rommels vor Nordafrika patrouillierenden Boote waren unterschiedlich erfolgreich. Franz-Georg Reschke versenkte mit *U205* den britischen Leichten Kreuzer *Hermione* mit 5450 BRT, der versucht hatte, Malta zu erreichen. Dieser Erfolg brachte Reschke hohes Lob ein, nicht jedoch das erhoffte Ritterkreuz. Wilhelm Dommes von *U431* versenkte einen 4200-Tonnen-Tanker, ein Küstenmotorschiff mit 2000 Tonnen und wahrscheinlich ein 300-Tonnen-Landungsboot. Außerdem rettete er neun abgeschossene deutsche Flieger. Heinrich Schonder versenkte mit *U77* den britischen Zerstörer *Grove* der Hunt-Klasse mit 1 000 Tonnen. Hans-Dietrich von Tiesenhausen von *U331* und Egon-Reiner von Schlippenbach von *U453* griffen einen Geleitzug an und meldeten die Beschädigung von drei Schiffen.

Hans-Werner Kraus patrouillierte nach dem Abbruch des Kommandounternehmens mit *U83* vor Palästina und dem Libanon. In der Zeit vom 7. bis zum 13. Juni meldete Kraus, der äußerst aggressiv vorging, die Versenkung von drei kleinen Frachtern und von vier Segelschiffen sowie die Beschädigung eines 6000-Tonnen-Frachters. Am 19. Juni, auf der Fahrt zurück nach Salamis, erhielt er die Nachricht, daß er das Ritterkreuz erhalten hatte. Wie ein Besatzungsmitglied sich erinnerte, fuhr das Boot mit 20 Siegeswimpeln in Salamis ein, die für die insgesamt gemeldeten 20 versenkten Schiffe standen. Auf dem Kommandoturm war zudem ein protziges Ritterkreuz mit einer »20« darunter aufgemalt. Zur selben Zeit lief Wilhelm Dommes mit *U431* in Salamis ein; er hatte sieben flatternde Siegeswimpel für die von ihm gemeldeten Versenkungen aufgezogen. Wie sich der U-Boot-Mann weiter erinnerte, wurde die gleichzeitige Einfahrt der beiden Boote nach Salamis von Kriegsberichterstattern inszeniert, gefilmt und später in der Wochenschau in deutschen Kinos gezeigt.*

Auch mehrere andere Boote konnten im Juni Erfolge im Gebiet Palästina-Libanon vorweisen. Heinz-Joachim Neumann versenkte mit *U372* den wertvollen, 14 650 Tonnen großen U-Boot-Tender *Medway,* das Mutterschiff der britischen 1st Submarine Flotilla, als dieser von Alexandria in Ägypten zu einem sicheren Liegeplatz im libanesischen Beirut verlegt werden sollte. Die von einem Leichten Kreuzer und sieben Zerstörern (!) gesicherte *Medway* hatte 1135 Mann an Bord gehabt. Dank einer seemännisch perfekten Rettungsaktion konnten bis auf 30 Mann alle gerettet werden. Hans-Otto Heidtmann von *U559* versenkte einen 4700-Tonnen-Tanker und beschädigte einen weiteren mit 6000 BRT, was auch ihm ein Lob aus Berlin eintrug. *U97* unter dem neuen 25jährigen Kommandanten Friedrich Bürgel versenkte vor Haifa drei Küstenmotorschiffe mit ungefähr 4000 Tonnen.

Auf dem Vorstoß nach Osten auf Ägypten umging Rommel erneut die britische

---

* Die Verleihung des Ritterkreuzes an Kraus gehörte offensichtlich zu einem Projekt der Berliner Propaganda, das den deutschen U-Boot-Fahrern im Mittelmeer Anerkennung verschaffen sollte. Zum Zeitpunkt der Verleihung hatte Kraus mit *U83* insgesamt zwölf Versenkungen mit 35 000 Tonnen gemeldet, darunter die sieben kleinen Schiffe vor Palästina. Er hatte bis dahin nur ein größeres Schiff versenkt: den portugiesischen 2000-Tonnen-Frachter *Corte Real,* den er mit dem Deckgeschütz im Atlantik gestoppt, durchsucht und dann mit einem Torpedo versenkt hatte, weil das Schiff seiner Ansicht nach Konterbande transportiert hatte.

Festung Tobruk. Diesmal vermuteten die Deutschen, die Briten würden ein »Dunkirchen« durchführen – einen Rückzug über die See. Um diese Möglichkeit auszuschließen, brachten sie für eine Blockade eilends drei U-Boote in das Gebiet, doch dies erwies sich als unnötig. Wie erwähnt, kapitulierte die Garnison von Tobruk am 21. Juni vor den Truppen der Achsenmächte.

Britische Luft- und Seestreitkräfte schalteten in dieser Phase der Kämpfe im Mittelmeer weitere vier italienische U-Boote aus. Am 7. Juni versenkte eine von dem Australier R. M. Corrie geflogene Catalina der britischen Squadron 202 die *Veniero.* Das britische U-Boot *Ultimatum* unter Peter R. H. Harrison, das im März die *Millo* versenkt hatte, schickte am 24. Juni die *Zaffiro* auf den Grund. Die Korvette *Hyacinth* trieb die *Perla* mit Wasserbomben an die Oberfläche, kaperte das U-Boot und nahm 25 Überlebende gefangen.* Am 11. Juli versenkten zwei südafrikanische Trawler, die *Protea* und die *Southern Maid,* mit Hilfe eines britischen Flugzeugs die *Ondina.*

Als Erwin Rommels Afrikakorps Anfang Juli der Nachschub ausging und es bei El Alamein steckenblieb, verdoppelten die Briten ihre Anstrengungen, Flugzeuge und Nachschub nach Malta zu bringen. Diese Bemühungen gipfelten in der Entsendung des Geleitzugs Pedestal von England, der aus 14 großen, schnellen Handelsschiffen bestand und über eine massive Sicherung von britischen Kriegsschiffen verfügte, darunter das Schlachtschiff *Nelson* und der Flugzeugträger *Victorious,* die man zeitweise von der Home Fleet abgezogen hatte.

Durch nachrichtendienstliche Quellen gewarnt, bereitete die Achse Pedestal einen heißen Empfang. Die Seestreitkräfte der Achsenmächte im Mittelmeer bestanden aus einem italienischen Kreuzer-Geschwader, etwa 18 italienischen U-Booten und 12 Schnellbooten sowie aus 3 deutschen U-Booten: *U73* unter Helmut Rosenbaum, das nach viermonatiger Pause (wegen der Reparatur von Gefechtsschäden) wieder im Einsatz war, *U205* unter Franz-Georg Reschke und *U331* unter Ritterkreuzträger Hans-Dietrich von Tiesenhausen. *U331* wurde jedoch am 8. August von einem alliierten Flugzeug angegriffen; zwei Mann wurden verwundet, und das Boot mußte für Reparaturen La Spezia anlaufen.

Am Abend des 10. August passierte der Geleitzug Pedestal in dichtem Nebel die Meerenge von Gibraltar. Am folgenden Tag fanden Luftstreitkräfte der Achse den Konvoi, meldeten seine Position und griffen die riesige Formation an, zu der zwei Schlachtschiffe, vier Flugzeugträger, sieben Kreuzer und 32 Zerstörer gehörten. Das italienische U-Boot *Uarsciek* war das erste Wasserfahrzeug der Achsenmächte, das den Geleitzug angriff. Es schoß drei Torpedos auf den Flugzeugträger *Furious,* der

---

* Die Kaperung der *Perla* erbrachte etliche geheimdienstliche Unterlagen von Wert, doch kein hilfreiches Material für die alliierte Funkentzifferung. Diese konnte noch immer den italienischen Marineschlüssel C-38 m mitlesen, hatte jedoch keinen deutschen Marineschlüssel im Mittelmeerraum gebrochen. Im August, kurz nach der Kaperung der Perla, wandten sich die Entzifferungsexperten der Alliierten dem deutschen Marineschlüsselkreis Süd (Porpoise) zu, den deutsche Marinebefehlshaber und Überwasserschiffe im Mittelmeer, im Raum der Balkanhalbinsel und im Schwarzen Meer einsetzten. Die verwendete Schlüsselmaschine erwies sich als eine »relativ unkomplizierte Vorkriegsmaschine«, deren Einstellungen »ohne große Schwierigkeiten entziffert werden konnte«. Dieser Durchbruch erbrachte jedoch weder Hinweise für die Entzifferung des vierwalzig arbeitenden Triton-Schlüssels im Atlantik, noch erbrachte er taktisch wertvolle Informationen.

nur einen Teil der Fahrt mitmachte, um Spitfire-Maschinen nach Malta zu bringen. Der italienische Kommandant meldete zwei Treffer, doch diese konnten in britischen Aufzeichnungen nicht bestätigt werden. Die *Furious,* die keine Ahnung hatte, wie knapp sie entronnen war, lieferte ihre 37 Spitfires ab und machte sich auf den Rückweg nach Gibraltar.

Nicht weit entfernt lag Helmut Rosenbaum mit *U73* unter Wasser. Am frühen Nachmittag des 11. August kam die riesige Formation direkt auf ihn zu. Er hätte auf 4 der 14 Handelsschiffe freie Schußbahn gehabt, doch die Befehle lauteten, zunächst große Kriegsschiffe anzugreifen. Als die Schiffsformation auf ihn zukam, konnte er durch das Sehrohr einen kurzen Blick auf den Flugzeugträger *Eagle* mit 22 600 Tonnen erhaschen, der von sieben Zerstörern abgeschirmt wurde. Rosenbaum schlüpfte kaltblütig zwischen den Sicherungsschiffen hindurch, näherte sich auf etwa 450 Meter und schoß vier Bugtorpedos. Alle trafen. Die *Eagle* sank innerhalb von acht bis zehn Minuten mit allen 16 Flugzeugen; 260 Mann der 1160köpfigen Besatzung kamen ums Leben. Die Zerstörer *Laforey, Lookout* und *Malcolm* sowie der Flottenschlepper *Jaunty* retteten die meisten Überlebenden, während die anderen Zerstörer vergeblich den Killer jagten. Rosenbaum ging mit *U73* sehr tief und lag still, ohne in dem Hagel schlechtgezielter Wasserbomben Schaden zu nehmen.

Noch am selben Nachmittag tauchte Rosenbaum auf, setzte eine Kontaktmeldung ab und berichtete, er habe die *Eagle* mit vier Torpedos auf 457 Meter Entfernung getroffen, deutliche Sinkgeräusche gehört und danach einen Wasserbombenangriff schadlos überstanden. Rosenbaum wurde mit Glückwünschen aus Berlin und Rom überschüttet, und Großadmiral Raeder beantragte umgehend das Ritterkreuz für ihn.* Als *U73* nach La Spezia zurückkehrte, wurde Rosenbaum befördert und erhielt das Kommando über die U-Boot-Streitmacht im Schwarzen Meer.** Sein Erster Wachoffizier auf dieser Feindfahrt, der 23jährige Horst Deckert, Sohn von in den USA lebenden deutsch-amerikanischen Eltern, wurde sein Nachfolger als Kommandant von *U73.*

Die *Furious* wurde auf dem Rückweg nach Gibraltar von einem halben Dutzend Zerstörer gesichert. Viele Zerstörer waren mit Überlebenden der *Eagle* überfüllt. Einer davon war die *Wolverine* – berühmt für die mutmaßliche Versenkung von Günther Prien mit *U47* – unter einem neuen Kommandanten, dem 29jährigen Peter Gretton. In dieser Nacht bekam die *Wolverine* in geringer Entfernung ein nicht identifiziertes U-Boot auf den Radarschirm. Sofort befahl Gretton äußerste Fahrt voraus und rammte das Zielobjekt mit 26 Knoten. Es entpuppte sich als die *Dagabur,* ein italienisches U-Boot mittlerer Größe, das sofort unter Verlust der gesamten Besatzung sank. Die betagte *Wolverine* wurde durch die »furchtbare« Kollision schwer beschädigt, konnte sich jedoch nach Gibraltar retten, wo sie mit einem provisori-

* Zum Zeitpunkt der Auszeichnung hatte Rosenbaum sechs bestätigte Versenkungen mit 52 000 Tonnen erzielt, einschließlich der *Eagle,* dem nach der *Courageous* und der *Ark Royal* dritten Flugzeugträger, der von U-Booten versenkt worden war.

** Die Einbäume *U9, U18, U19, U20, U23* und *U24* waren außer Dienst gestellt und zerlegt und mühsam mit Eisenbahn und Lastkähnen ins rumänische Galati am Schwarzen Meer transportiert worden, wo man sie wieder zusammengebaut und für Angriffe auf sowjetische Seestreitkräfte im Schwarzen Meer erneut in Dienst gestellt hatte.

schen Bug ausgestattet wurde und anschließend nach England weiterfuhr. Dort wurde Gretton ausgezeichnet und zum Führer der Escort Group B-7 auf der Nordatlantikroute befördert.

Der Konvoi Pedestal bewegte sich unterdessen weiter auf Malta zu und erreichte die gefährlichen Meerengen zwischen Tunesien und den Inseln Sardinien und Sizilien. Die wertvollen Schlachtschiffe und Flugzeugträger der Geleitsicherung waren im Begriff, abzudrehen und nach Gibraltar zurückzukehren und nur die weniger wertvollen Kreuzer und Zerstörer zum Schutz der Handelsschiffe zurückzulassen. Bevor dieses Manöver jedoch ausgeführt werden konnte, fügten Luft- und Seestreitkräfte der Achsenmächte den Briten schweren Schaden zu. Flugzeuge erzielten Treffer bei dem Zerstörer *Foresight* und dem neuen Flugzeugträger *Indomitable* und beschädigten die *Foresight* so schwer, daß das Schiff versenkt werden mußte. Mit einem bemerkenswerten Torpedofächer traf das italienische U-Boot *Axum* unter Renato Perrini den 4200 Tonnen großen Leichten Kreuzer *Cairo,* den 8000 Tonnen großen Leichten Kreuzer *Nigeria* und den von den Briten gecharterten amerikanischen 9500-Tonnen-Tanker *Ohio.* Auch die *Cairo* war so demoliert, daß sie versenkt werden mußte. Das italienische U-Boot *Dessie* unter Renato Scandola versenkte den vielleicht durch Flugzeuge bereits beschädigten britischen Frachter *Deucalion* mit 7500 BRT und beschädigte möglicherweise den 12 800 BRT großen britischen Frachter *Brisbane Star,* der vielleicht ebenfalls bereits durch Flugzeugangriffe angeschlagen war. Das italienische U-Boot *Alagi* unter dem Kommando Sergio Puccinis versenkte den britischen Frachter *Clan Ferguson* mit 7300 BRT und beschädigte den Leichten Kreuzer *Kenya* mit 8000 Tonnen. Und das von Cesare Buldrini befehligte italienische U-Boot *Bronzo* beschädigte den britischen Frachter *Empire Hope* mit 12 700 BRT (wahrscheinlich durch Flugzeuge bereits beschädigt) so stark, daß er von einem Sicherungsfahrzeug versenkt werden mußte.

Das auf seiner Jungfernfahrt befindliche *Cobalto,* ein italienisches U-Boot mittlerer Größe, kam zweimal in eine fast perfekte Schußposition, um den Flugzeugträger *Indomitable* zu versenken. Doch bevor das Boot schießen konnte, sichteten die für die Sicherung des Trägers zuständigen Zerstörer *Pathfinder* und *Ithuriel* unabhängig voneinander die *Cobalto* und vereitelten beide Angriffe. Die *Ithuriel* sichtete das Sehrohr des U-Boots und warf 5 auf 15 Meter Tiefe eingestellte Wasserbomben, die das U-Boot an die Wasseroberfläche brachten. Der Zerstörer lief, aus seinen 4,7-Zoll-Geschützen und anderen Waffen feuernd, zum Rammen heran und streifte *Cobalto* hinter dem Kommandoturm. Während die italienischen U-Boot-Männer ins Wasser sprangen, legte sich die *Ithuriel* mit dem Bug an den Kommandoturm, und ein Enterkommando hastete über eine Leiter auf das Boot hinunter. Der Anführer des Kommandos eilte ins Boot, um sich kryptographisches Material zu greifen, doch die *Cobalto* sank zu schnell. Die *Ithuriel* konnte alle Mitglieder ihres Enterkommandos retten und machte 42 italienische Gefangene.

Als der Geleitzug weiter nach Osten auf Kap Bon zulief, kehrten die beiden Schlachtschiffe und die zwei übriggebliebenen Flugzeugträger mit ihren Sicherungsschiffen wie geplant nach Gibraltar um. Danach, in den frühen Morgenstunden des 13. August, machte sich ein Dutzend große und kleine Schnellboote der Achse über den Geleitzug her. Die Boote versenkten vier oder fünf große Handelsschiffe und beschädigten den Leichten Kreuzer *Manchester* so schwer, daß er am nächsten Tag von den Briten versenkt werden mußte. Bei Sonnenaufgang führten Flugzeuge der Achsenmächte den Angriff auf versprengte Schiffe fort.

Die italienische Marine hatte geplant, den Konvoi mit einem Kreuzer-Geschwader anzugreifen, doch weil die Luftwaffe der Achsenmächte nicht für ausreichende Dekkung aus der Luft sorgen konnte, wurde der Angriff abgesagt. Einige der nach der abgesagten Operation auf dem Rückmarsch befindlichen italienischen Kriegsschiffe dampften direkt in das Fadenkreuz des britischen U-Bootes *Unbeaten* unter Alastair Mars, das nördlich von Sizilien patrouillierte. Mars hatte nur vier Torpedos übrig, doch er traf mit einem einzigen Viererfächer den Schweren Kreuzer *Bolzano* mit 10000 Tonnen und den Leichten Kreuzer *Muzio Attendolo* mit 7000 Tonnen und beschädigte beide stark. Zerstörer führten mit 105 Wasserbomben einen Gegenangriff durch, doch das Boot entkam und lief Malta an. Keiner der beiden Kreuzer wurde rechtzeitig wieder instandgesetzt, um weitere Kriegseinsätze zu fahren.

Nur 5 der 14 Handelsschiffe des Geleitzugs Pedestal erreichten Malta. Die britische Propaganda verkündete, die durch Pedestal gelieferten 37 Spitfires und 32000 Tonnen Fracht hätten Malta »gerettet«, und die Streitkräfte auf der Insel hätten in den folgenden Wochen Rommels Nachschub in entscheidender Weise gestört; deshalb sei der Geleitzug den schrecklichen Preis an verlorenen und beschädigten Schiffen wert gewesen. Britische Studien nach dem Krieg erbrachten jedoch das Ergebnis, daß die alliierten Luft- und Seestreitkräfte auf der Insel nur eine kleine und unbedeutende Rolle dabei spielten, Rommel zum Stehen zu bringen.

Während den Geleitzug Pedestal die Katastrophe ereilte, setzten die Briten von Alexandria aus den »Scheingeleitzug« Drover Richtung Malta in Marsch, um Streitkräfte der Achse von Pedestal abzuziehen. Die Deutschen wußten von dem Konvoi, hatten jedoch keine Ahnung, daß es sich um ein Täuschungsmanöver handelte, und stellten deshalb im östlichen Mittelmeer ein halbes Dutzend U-Boote auf, um ihn abzufangen. Wegen der britischen Flugzeuge, die diesen »Scheingeleitzug« und andere zwischen Port Said, Haifa und Beirut verkehrende Geleitzüge begleiteten, waren U-Boot-Operationen im August gefährlicher, als dies gewöhnlich der Fall war.

Am späten Abend des 3. August bekam eine Wellington der britischen Squadron 221, die den Geleitzug Drover vor Tel Aviv in Palästina sicherte, ein U-Boot auf den Radarschirm. Es war *U372* unter Heinz-Joachim Neumann, der auf seiner vorherigen Feindfahrt den großen und wichtigen U-Boot-Tender *Medway* versenkt hatte. Als er auf den Konvoi stieß, war er unterwegs, um in der Nähe von Beirut einen Agenten an Land zu setzen und dann gegen Schiffe zu operieren.

Der Pilot der Wellington, Sergeant Gay, warf in der Nähe von *U372* Leuchtbomben und forderte bei den Sicherungsschiffen des Geleitzugs Unterstützung an. Zwei große Zerstörer, die *Sikh* und die *Zulu,* lösten sich aus der Formation. Die *Sikh* bekam prompt deutlichen Sonarkontakt und führte sechs hartnäckige Wasserbombenangriffe durch, während die *Zulu* nur einmal angriff. Neumann entkam, doch als er später auftauchte, sichtete ihn ein Ausguck im Mastkorb der *Sikh.* Die beiden Zerstörer eröffneten das Feuer aus ihren 4,7-Zoll-Geschützen und zwangen Neumann wieder unter Wasser. Von Flugzeugen unterstützt führten die Zerstörer jeweils drei weitere Wasserbombenangriffe durch. Zwei weitere Zerstörer, die *Croome* und die *Tetcott,* trafen gegen Mittag mit je einer vollen Ladung Wasserbomben ein und führten ebenfalls je drei Angriffe durch. Gegen 13.30 Uhr kam das schlimm zugerichtete und gefechtsunfähige Boot schließlich an die Wasseroberfläche und wurde von der Besatzung versenkt. Die Zerstörer nahmen Neumann und 45 Deutsche gefangen, darunter auch den Agenten, den das Boot nicht mehr hatte absetzen können.

In den folgenden Tagen erwischten britische Flugzeuge drei weitere U-Boote. Am 4. August wurde nördlich von Alexandria Friedrich Bürgels *U97* schwer beschädigt. Das Boot rettete sich nach Salamis, wo die Reparatur der Gefechtsschäden Monate in Anspruch nahm. Am 17. August versenkte der neue Ritterkreuzträger Hans-Werner Kraus mit *U83* den kanadischen Passagierdampfer *Princess Marguerite* mit 5900 BRT (den er fälschlich als einen Hilfskreuzer mit 12 500 Tonnen identifizierte), doch ein britisches Flugzeug leitete einen Gegenangriff ein, durch den *U83* stark beschädigt und kampfunfähig wurde. Auf seinen Hilferuf hin retteten Flugzeuge, Überwasserschiffe und U-Boote der Achse *U83,* doch auch dieses Boot lag Monate in Salamis, und Kraus kehrte nach Deutschland zurück, um eines der großen U-Boote in Dienst zu stellen. Am 22. August fügte ein britisches Flugzeug Wilhelm Frankens *U565* schweren Schaden zu. Auch *U565* erreichte Salamis, fiel jedoch ebenfalls monatelang aus.*

Nur eines von sechs Booten, die im späten Juli und im August im östlichen Mittelmeer patrouillierten, absolvierte eine bemerkenswerte Feindfahrt. Heinrich Schonder mit *U77* tat es Kraus' Feindfahrt vom Juni gleich und versenkte in den zwei Wochen vom 30. Juli bis 13. August vor der Küsten Palästinas, des Libanon und Zyperns zehn Segelschiffe mit dem Deckgeschütz. Wie Kraus bekam auch Schonder das Ritterkreuz; es wurde ihm am 19. August verliehen.** Und wie Kraus und einige andere Kommandanten kehrte Schonder nach Deutschland zurück, um eines der großen U-Boote in Dienst zu stellen.

Insgeamt waren die Ergebnisse der Mittelmeer-Boote spärlich geblieben. In den fünf Monaten vom 1. April bis zum 31. August versenkten die 20 U-Boote dieser Streitkraft 4 große Kriegsschiffe (den Flugzeugträger *Eagle,* den U-Boot-Tender *Medway,* den Leichten Kreuzer *Hermione* und die *Grove,* einen Zerstörer der Hunt-Klasse) mit 43 750 Tonnen und 13 Handelsschiffe mit 45 630 BRT, also insgesamt 17 Schiffe mit rund 90 000 Tonnen. Italienische U-Boote versenkten den britischen Leichten Kreuzer *Cairo* und, irrtümlich, den italienischen Zerstörer *Antoniotto.* Im selben Zeitraum gingen 5 Boote verloren, was die Mittelmeerstreitmacht auf 15 Boote reduzierte; zudem wurden einige andere Boote wie *U83, U97* und *U565* schwer beschädigt. Das »Tauschverhältnis« betrug somit 1,3 versenkte Schiffe pro U-Boot, normalerweise ein unannehmbares Verhältnis, das in diesem Fall allerdings in Kauf genommen wurde, da die U-Boote Rommel unterstützt hatten.

Bis zum 1. September 1942 waren dreizehn U-Boote im Mittelmeerraum verloren-

* Um diese Zeit versenkten britische Streitkräfte noch ein weiteres italienisches U-Boot, die *Scirè.* Das Boot wurde am 10. August bei dem Versuch, in den Hafen von Haifa einzudringen und drei Chariots (oder »menschliche Torpedos«) abzusetzen, von dem ASW-Trawler *Islay* zerstört.

** Schonder verdankte seine Auszeichnung vermutlich ebenfalls den Bemühungen, den im Mittelmeer aktiven U-Booten größere Aufmerksamkeit zukommen zu lassen. Zum Zeitpunkt der Auszeichnung (es war das dritte Ritterkreuz innerhalb von zwei Monaten für einen im Mittelmeer stationierten Kommandanten) beliefen sich Schonders bestätigte Versenkungen mit dem Einbaum *U58* und *U77* auf neun Schiffe mit etwa 35 000 Tonnen (darunter die *Grove,* ein Zerstörer der Hunt-Klasse) sowie zehn Segelschiffe.

gegangen. Die Briten hatten 219 deutsche Überlebende von acht dieser Boote gefangengenommen, doch ungefähr 500 U-Boot-Fahrer waren tot oder vermißt. Ungeachtet dieser brutalen Verlustrate befahl Hitler eine weitere Unterstützung Rommels. Das OKM gab daher Dönitz die Anweisung, Pläne für weitere Verlegungen von Typ-VII-Booten vom Atlantik ins Mittelmeer auszuarbeiten.

Rückkehr zur Nordatlantikroute

Die im Juli erfolgte Ankunft von 13 neuen Typ-VII-Booten im Atlantik und die Entscheidung, die Fahrten von Booten des Typs VII nach Amerika einzuschränken, ermöglichten es Dönitz, die Gruppen- oder Wolfsrudelangriffe gegen Geleitzüge mit Frachtern auf der Nordatlantikroute wiederaufzunehmen. Die erste Gruppe erhielt den Codenamen Wolf und bestand aus zehn VIIC-Booten, die Ende Juni und Anfang Juli ausliefen. Sie sollten einen Aufklärungsstreifen in der weit entfernten »Luftüberwachungslücke« zwischen Island und Grönland bilden.

Wie schon bei den Operationen gegen Geleitzüge, die im Sommer und Herbst 1941 in diesem Gebiet stattgefunden hatten, sollten die Boote der Gruppe Wolf bei Bedarf auch diesmal individuell auf See von anderen Booten abgelöst werden, damit eine kontinuierliche Anwesenheit der U-Boote gewährleistet war. Wenn dann die eingetroffenen Ersatzboote und Verstärkungen die Mehrheit des ursprünglichen Rudels stellten, sollte es umbenannt werden. Falls die Anzahl der Boote im Nordatlantik so stark ansteigen würde, daß zusätzliche Gruppen gebildet werden konnten, sollten diese Gruppen formiert werden und gleichzeitig operieren.

Die Gruppe Wolf sollte aus einer eigenartigen Mischung aus alten und neuen Kommandanten und Booten bestehen. Sieben Boote kamen aus Deutschland, drei aus Frankreich. Aus Deutschland kamen fünf neue Typ-VII-Boote, ein älteres Boot dieses Typs, *U454,* das aus dem Nordmeer überstellt worden war, und das betagte Typ-IX-Boot *U43,* das eine lange Überholung hinter sich hatte. Sechs der zehn Kommandanten absolvierten ihre erste Feindfahrt in dieser Funktion, darunter der 24jährige Hardo Rodler von Roithberg, der mit dem kampferprobten *U71* in Frankreich auslief, und der 23jährige Hans-Joachim Schwadke mit dem gleichfalls erfahrenen *U43.* Zwei der zehn Kommandanten waren Ritterkreuzträger: Erich Topp mit *U552* aus Frankreich und Ernst Mengersen, der seine Auszeichnung auf dem außer Dienst gestellten *U101* erworben hatte und von Deutschland aus mit dem neuen Typ-VII-Boot *U607,* seinem vierten U-Boot-Kommando in diesem Krieg, in den Atlantik zurückkehrte.

Die drei von französischen Stützpunkten auslaufenden Boote mußten der verstärkten, rund um die Uhr bestehenden Luftüberwachung des Coastal Command entkommen. Topp und Roithberg kamen unbehelligt durch, doch Walter Schug mit *U86* hatte weniger Glück. In der Nacht des 5. Juli, als ein Wellington-Bomber des Coastal Command das einlaufende Boot *U502* bombardierte und versenkte, erwischte ein weiteres, bislang nicht identifiziertes Flugzeug *U86* und bombardierte das Boot. Schug meldete nach Kernével, die nahe detonierenden Wasserbomben hätten vier seiner fünf Torpedorohre außer Funktion gesetzt und das fünfte beschädigt. Seine Besatzung reparierte einen Teil der Schäden und vermied so einen Abbruch der Fahrt, doch *U86* war auf dieser Feindfahrt nicht mehr voll gefechtsfähig.

Auf dem Weg zum Aufklärungsstreifen meldete am 9. Juli eines der fünf neuen, in Deutschland ausgelaufenen Boote, *U90* unter dem 31jährigen Hans-Jürgen Oldörp, einen schnellen nach Osten laufenden Geleitzug. Dönitz wies drei weitere der neuen, aus Deutschland kommenden Boote an, sich von *U90* heranführen zu lassen, ermächtigte jedoch Paul-Hugo Kettner in *U379* aufgrund der unzureichenden Ausbildung der Mannschaft nicht zum Angriff, es sei denn, daß die Bedingungen äußerst vorteilhaft wären. Oldörp wurde von Überwassergeleitschiffen und auf Island stationierten ASW-Flugzeugen angegriffen und hielt trotzdem über eine Strecke von fast 370 Kilometern Fühlung, bis Dönitz die Operation abbrach.

Am 13. Juli hatten neun der zehn Boote der Gruppe Wolf einen Aufklärungsstreifen gebildet, der südöstlich von Grönland lag. An diesem Tag entdeckte und meldete von Roithberg mit *U71* einen weiteren nach Osten laufenden Geleitzug. Der 27jährige Horst Kessler mit dem neuen Boot *U704* erbat Peilzeichen, und Erich Topp von *U552* sichtete und meldete zwei »Zerstörer«, die Geleitschiffe des Konvois gewesen sein mögen. Doch der Geleitzug führte ein kühnes Ausweichmanöver durch und entkam im dichten Nebel, so daß Dönitz erneut gezwungen war, die Operation abzubrechen. Kurz darauf stellte er einen neuen Aufklärungsstreifen auf, um noch einen weiteren in östliche Richtung laufenden Geleitzug abzufangen, den der B-Dienst gemeldet hatte. Der dichte Nebel hielt sich jedoch eine ganze Woche lang und machte alle Anstrengungen der Gruppe Wolf zunichte.

Endlich, am Abend des 24. Juli, fand Erich Topp einen Konvoi und hielt hartnäckig Fühlung. Es handelte sich um den nach Westen laufenden Konvoi Outbound North 113, der aus 33 leeren Schiffen bestand und von 6 Kriegsschiffen begleitet wurde: den Glattdeck-Zerstörern *Burnham* von der Royal Navy und *St. Croix* unter A. H. Dobson von der Royal Canadian Navy sowie vier britischen Korvetten. Als die Fühlungshaltersignale eines U-Boots aufgefangen wurden, eilten die Zerstörer dem Geleitzug voraus und entdeckten zwei U-Boote an der Wasseroberfläche. Die *Burnham* jagte das eine Boot und die *St. Croix* das andere. Die Beute der *St. Croix* war Öldorps *U90,* das seit 26 Tagen auf der Jungfernfahrt war. Der Zerstörer drückte das Boot unter Wasser und führte drei gut gezielte Wasserbombenangriffe durch. Als er zum vierten Angriff heranlief, hörte seine Besatzung eine starke Unterwasserexplosion und sah Trümmerteile auftreiben. Sie waren alles, was von *U90* und seiner Besatzung noch gefunden wurde. Es war das zweite U-Boot, das erwiesenermaßen von kanadischen Überwasserkräften versenkt wurde.

Während die zwei Zerstörer andere U-Boote jagten, lief Erich Topp mit *U552* in aller Ruhe zum Angriff heran. Ein Diesel war ausgefallen, und seine Höchstgeschwindigkeit war auf 9 bis 10 Knoten vermindert. Er schoß auf zwei britische Schiffe und traf den 8100-Tonnen-Tanker *British Merit* und den 5100-Tonnen-Frachter *Broompark.* Der im Ballast fahrende Tanker erreichte einen Hafen und konnte repariert werden, doch *Broompark* war nur noch ein Wrack und ging nach einem vergeblichen Schleppversuch unter. Geschützfeuer des Frachters *Salsten* und vielleicht auch von einer oder mehreren der vier Korvetten zwang Topp zum Tauchen und verhinderte einen zweiten Angriff. Kein anderes U-Boot kam in Schußposition.

Trotz des Nebels und seiner Maschinenprobleme schaffte es Topp, die Fühlung zu halten, und am 25. Juli führte er durch seine Peilzeichen die Gruppe Wolf ein zweites Mal heran. Durch Radar und Huff Duff im Vorteil, hielten die sechs Sicherungsschiffe die meisten Boote ab und führten auf das betagte Typ-IX-Boot *U43* einen schweren Wasserbombenangriff durch. Diesmal kam nur Ritterkreuzträger Mengersen mit dem neuen *U607* zum Schuß. Er traf und beschädigte den 7000-Tonnen-Frachter *Empire Rainbow.* Etwa einen Tag später sichtete Horst Kessler mit dem neuen Boot *U704* dasselbe Schiff und erledigte es mit einem Torpedo. Außer einem weiteren Schiff* entkamen alle Fahrzeuge des Geleitzuges in den dichten Nebel vor der Neufundlandbank und erreichten sicher den Hafen.

U90 war das zehnte Boot der atlantischen U-Bootwaffe, das seit dem 1. Juni verlorengegangen war. Dönitz wußte genau, daß die Wiederaufnahme des U-Boot-Kriegs gegen die nordatlantischen Geleitzüge noch größere Verluste zur Folge haben würde. In der Hoffnung, den zu erwartenden Schlag für die deutsche Öffentlichkeit zu mildern, verkündete er am 27. Juli, der Feldzug vor Amerikas Küsten sei schwieriger gewesen, als er in den Medien dargestellt worden sei, und daß noch »schwierigere Zeiten« bevorstünden. Rodger Winn vom Submarine Tracking Room der Admiralität hörte diese ungewöhnliche öffentliche Rede und vermutete korrekt, daß dies ein Anzeichen für einen umfassenden U-Boot-Krieg gegen die nordatlantischen Geleitzüge sei.

Wie um Dönitz' Aussage zu untermauern, ging im Nordatlantik ein weiteres U-Boot verloren. Es war das neue VIIC-Boot *U335* unter Hans-Hermann Pelkner.

Der 33jährige Kommandant war am 31. Juli in Kiel ausgelaufen und hielt sich am 3. August nördlich der Shetlandinseln auf. Er hatte den Auftrag, in westlicher Richtung nach möglichen Konvoirouten zu suchen und sich jeder Gruppe anzuschließen, die gegen einen Geleitzug operierte. Ein weiteres neues U-Boot, das auf dem Weg nach Amerika befindliche *U174* vom Typ IXC, fuhr mit denselben Befehlen in der Nähe.

Die Admiralität hat die Versenkung von *U335* nicht auf Enigma-Erkenntnisse zurückgeführt, doch es ist sehr wahrscheinlich, daß dies der Fall war. Vielleicht erhielt die britische Funkentzifferung aus dem Werft-Schlüssel Informationen über das Auslaufen von *U335* und *U174* oder aus dem dreiwalzig verschlüsselten Enigma-Funkverkehr des Admirals Norwegen. Wie auch immer, am 1. August befahl die Admiralität dem neuen britischen U-Boot *Saracen,* das sich nördlich der Shetlands in Erprobung befand, nach zwei U-Booten Ausschau zu halten, die vermutlich in den nächsten zwei Tagen das Gebiet passieren würden. Und die *Saracen* unter Michael G. R. Lumby ging auf volle Gefechtsbereitschaft.

Am späten Nachmittag des 3. August sichtete die Sehrohrwache des getaucht fahrenden britischen Bootes *U335* in 3000 Metern Entfernung. Drei Minuten später machte Lumby in Sieben-Sekunden-Intervallen einen Fächer aus allen sechs Bugrohren los. Ein oder mehrere Torpedos trafen, und *U335* flog in die Luft. Als Lumby auftauchte, um nach Trümmern als Beweis für die Versenkung zu suchen, fand er die Leiche eines Deutschen und zwei Überlebende. Der eine ließ sich nicht retten und ertränkte sich selbst. Der andere, Rudolf Jahnke, ein Signalgast, der von der Brücke von *U335* geschleudert worden war, als das Boot getroffen wurde, kam bereitwillig an Bord. Die *Saracen* lud die Rohre nach und blieb in Alarmbereitschaft, weil sie hoffte, auch das andere Boot zu finden und zu versenken, doch sie hatte kein zweites Mal Glück.

---

* Wie oben erwähnt, versenkte Vogelsang mit *U132* aus diesem Geleitzug den 6700 BRT großen Frachter *Pacific Pioneer.*

Am 29. und 30. Juli versorgten sich die verbliebenen Boote der Gruppe Wolf im Mittelatlantik bei dem Tanker *U461,* der passenderweise einem Kommandanten namens Wolf Stiebler unterstand. Dabei stellte man dann fest, daß *U90* fehlte. Zur selben Zeit gestand sich Walter Schug von *U86* ein, daß sein Boot durch die Bombenschäden, die es beim Durchqueren der Biskaya erlitten hatte, für den harten Geleitzugkrieg nicht mehr tauglich war. Er wurde daher aus der Gruppe Wolf herausgenommen und angewiesen, im westlichen Atlantik nach Alleinfahrern zu suchen. Als er schließlich in Frankreich eintraf, hatte er nur ein Segelschiff, die *Wawaloam* mit 342 BRT, per Deckgeschütz versenkt.

U210, ein weiteres frisch ausgelaufenes Boot des Typs VII unter dem 28jährigen Rudolf Lemcke, entdeckte am 29. oder 30. Juli, als sich die Gruppe Wolf mit Brennstoff versorgte, einen weiteren nach Westen laufenden Geleitzug. Dieser Konvoi, Outbound North 115, umfaßte 41 leere Handelsschiffe und wurde von der rein kanadischen Sicherungsgruppe C-3 begleitet, die aus den Zerstörern *Saguenay* und *Skeena* sowie vier Korvetten bestand. Kernével reagierte auf Lemckes Kontaktmeldung und bildete eilends mit in der Nähe befindlichen Booten, die auf den nördlichen Routen nach Amerika fuhren, eine aus sechs Booten bestehende Gruppe namens Pirat. Bis die anderen Boote eintrafen, war Lemcke nicht zum Angriff ermächtigt, eine ärgerliche Einschränkung, die allerdings etwas durch die Nachricht gemildert wurde, daß seine Frau Zwillinge zur Welt gebracht hatte und zu Hause alles in Ordnung war.

Der kanadischen Sicherungsgruppe fehlte es an modernen Geräten wie etwa einem 10-Zentimeter-Radargerät des Typs 271 und Huff Duff. Trotzdem fingen die Kanadier, als sich die sechs Boote der Gruppe Pirat zum Angriff sammelten, deren Funksprüche auf, und der kampferfahrene Führer der Sicherungsschiffe, D. C. Wallace auf der *Saguenay,* reagierte außergewöhnlich aggressiv. In der Folge gelangte kein Boot der Gruppe Pirat in Schußposition. Zudem stellten zwei kampferprobte kanadische Sicherungsschiffe, der Zerstörer *Skeena* unter K. L. Dyer und die Korvette *Wetaskiwin* unter Guy S. Windeyer, das erfahrene VIIC-Boot *U588* unter Viktor Vogel und versenkten es durch Wasserbomben mit der gesamten Besatzung. Es war das zweite U-Boot nach *U90,* das im Nordatlantik innerhalb einer Woche kanadischen Überwassereinheiten zum Opfer fiel.

Die aggressiven Manöver der kanadischen Sicherungsgruppe verbrauchten sehr viel Treibstoff. Aus diesem Grund mußten die Zerstörer *Saguenay* und *Skeena* den Konvoi verlassen und direkt St. John's in Newfoundland anlaufen. Zusätzlich verschlimmert wurde die Lage, weil die Korvette *Wetaskiwin* von dem Geleitzug getrennt wurde, sich im Nebel verirrte und ebenfalls direkt nach St. John's fuhr. Diese Abgänge reduzierten die Eskorte vorübergehend auf lediglich drei Sicherungsschiffe. Allerdings liefen zwei andere Zerstörer, die britische *Witch* und der kanadische Glattdeck-Zerstörer *Hamilton* sowie eine weitere Korvette, die *Agassiz,* in Newfoundland aus, um die Sicherungsgruppe zu verstärken.

Obgleich Outbound North 115 in den schützenden Nebel der Neufundlandbank hineinfuhr und den mit Radar ausgerüsteten ASW-Flugzeugen in Newfoundland immer näher kam, befahl Dönitz den acht verbliebenen Booten der Gruppe Wolf, als sie mit dem Auftanken fertig waren, die sechs Boote der Gruppe Pirat zu verstärken und anzugreifen. Als erstes Boot der Gruppe Wolf fand *U552* unter Erich Topp den Geleitzug. Topp meldete den Konvoi, hielt Fühlung und führte Boote beider Gruppen heran. Er behauptete, im Chaos der Angriffe, die nun in der nebligen Nacht vom 2. auf den 3. August erfolgten, zwei Frachter mit jeweils 8000 BRT versenkt zu haben, doch Analysen nach dem Krieg ergaben nur die Beschädigung des britischen Tankers *G. S. Walden* mit 10600 BRT, der geborgen wurde, und die Versenkung des belgischen Frachters *Belgian Soldier* mit 7200 BRT. An der Versenkung der *Belgian Soldier* war mit *U607* unter dem Ritterkreuzträger Ernst Mengersen noch ein weiteres Boot der Gruppe Wolf beteiligt. Von der Gruppe Pirat versenkte nur der Veteran Karl Thurmann mit *U553* ein Schiff: den 9400 BRT großen britischen Frachter *Loch Katrine.*

Der britische Zerstörer *Witch* und die fünf kanadischen Kriegsschiffe der reorganisierten Sicherungsgruppe lieferten eine energische Verteidigungsschlacht. Im Nebel stieß die Korvette *Sackville* unter Alan H. Easton auf Topp, eröffnete das Feuer und hätte das Boot fast gerammt. Die Geschosse der *Sackville* durchlöcherten die Zuluft- und Abgaskanäle der Dieselmotoren und beschädigten das achtere Sehrohr, so daß Topp die Fahrt abbrechen mußte.* Hans-Joachim Schwadke, der neue Kommandant des betagten Bootes *U43,* meldete als Folge eines hartnäckigen und gutgezielten Wasserbombenangriffs beide Luftkompressoren außer Funktion und zwei in halb geöffneter Stellung verklemmte Bugtorpedoklappen und mußte ebenfalls die Fahrt abbrechen. Thurmann wurde fünf Stunden von einem Sicherungsschiff verfolgt und mit Wasserbomben eingedeckt, konnte jedoch mit geringen Schäden entkommen. Er übernahm von Topp allen Treibstoff, den dieser entbehren konnte, und setzte wie auch die anderen vier Booten der aufgelösten Gruppe Pirat die Fahrt in die Karibik fort.

Nach dem Abbruch von Topp und Schwadke war die Gruppe Wolf so klein, daß sie aufgelöst wurde. Mit den sechs übriggebliebenen Boote, die alle aufgetankt hatten und noch reichlich Torpedos besaßen, wurde eine neue Gruppe gebildet.

Die Ergebnisse der Gruppe Wolf und ihres vorübergehenden Abkömmlings Pirat waren nicht eben beeindruckend. Im Verlauf eines ganzen Monats – Anfang Juli bis Anfang August – hatten die zehn Boote der Gruppe Wolf nur zwei Geleitzüge klar erfaßt, die beide in westliche Richtung liefen: Outbound North 113 und Outbound North 115. Wie schon zuvor bei der kleinen Gruppe Hecht schafften es nur die Ritterkreuzträger (Topp und Mengersen) den Schirm der Geleitschiffe zu durchdringen und wirkungsvolle Angriffe durchzuführen. Doch auch diese Angriffe hatten nur spärliche Erfolge gezeitigt: drei leere Frachter mit ungefähr 20000 BRT versenkt, und zwei leere Tanker mit etwa 19000 BRT beschädigt. Ein Boot der Gruppe Wolf, *U90,* war verlorengegangen, und drei U-Boote, *U43, U86* und *U552,* hatten schwere Schäden erlitten. In der kurzlebigen Gruppe Pirat hatte Karl Thurmann mit *U553* ein Schiff mit 9400 BRT versenkt, doch Viktor Vogels *U588* war verlorengegangen.

Am 10. August entdeckte ein Flugzeug des Coastal Command Topp und bombardierte ihn, als er mit *U552* durch den Golf von Biskaya nach Lorient unterwegs war. Zum Glück für die Deutschen war der Schaden gering, und Topp erreichte den Hafen am 13. August ohne weitere Zwischenfälle. Er hatte inzwischen mindestens 250000 Tonnen an versenktem Schiffsraum gemeldet und sich damit – als der zweite U-Boot-

* Dieses Gefecht und andere aus der Schlacht mit Outbound North 115 sind in Eastons Kriegserinnerungen *Fifty North* (1963) eindringlich geschildert.

Fahrer nach Otto Kretschmer – für die Schwerter zum Ritterkreuz* qualifiziert. Die hohe Auszeichnung wurde ihm von Hitler persönlich überreicht. Danach verließ Topp *U552,* übernahm den Befehl über die 27. U-Flottille im Ausbildungskommando und kehrte nicht mehr in den Kampfeinsatz zurück.

Eine neue Gruppe namens Steinbrinck, die anfangs aus acht Booten bestand (sechs übriggebliebene Boote der Gruppe Wolf und zwei neu eingetroffene Boote), wurde in der »Luftüberwachungslücke« südöstlich von Grönland gebildet. Am 5. August fand eines der neuen Boote, Gerd Kelblings *U593* aus Frankreich, einen nach Osten laufenden Geleitzug und hielt Fühlung.

Bei diesem Geleitzug handelte es sich um Slow Convoy 94. Er bestand aus 33 schwer beladenen Handelsschiffen und wurde von der kanadischen Escort Group C-1 gesichert. Sie bestand aus sieben Kriegsschiffen: dem vormals britischen und nun kanadischen Zerstörer *Assiniboine* sowie drei kanadischen und drei britischen Korvetten. Obwohl nominell kanadisch, wurde die Sicherungsgruppe von dem britischen Offizier A. Ayer auf der Korvette *Primrose* befehligt. Keines der Geleitschiffe war mit Huff Duff ausgestattet. Nur ein Schiff, die britische Korvette *Nasturtium,* besaß 10-Zentimeter-Radar des Typs 271.

Als auch andere Boote Fühlung zu dem Geleitzug gemeldet hatten, griff Kelbling mit *U593* eine Formation an, die sich vom Hauptteil des Konvois gelöst hatte. Er meldete Treffer auf zwei Frachtern, traf und versenkte in Wirklichkeit jedoch nur den 3600 BRT großen Holländer *Spar.* Die Korvetten *Nasturtium* und *Orillia* gingen mit Wasserbomben zum Gegenangriff über, die in der Nähe von *U593* und dem frisch aus Deutschland eingetroffenen Boot *U595* explodierten, das von dem 29jährigen Jürgen Quaet-Faslem kommandiert wurde. Beide Boote blieben dem Konvoi auf den Fersen und führten andere Boote heran, doch keines von diesen konnte angreifen.

Am folgenden Nachmittag, dem 6. August, erfaßte der kanadische Zerstörer *Assiniboine* unter John H. Stubbs mit einem 1,5-Meter-Radargerät des Typs 286 ein Objekt in einer Entfernung von ungefähr 2000 Metern. Nur Augenblicke später sichteten die Ausgucke ein U-Boot an der Wasseroberfläche, das keine Fahrt machte. Die *Assiniboine* feuerte einen Schuß mit ihrem 4,7-Zoll-Hauptgeschütz ab, warf eine Reihe von auf geringe Tiefe eingestellte Wasserbomben und lief mit Höchstgeschwindigkeit heran, um das Boot zu rammen. Ihr Ziel war das neue *U210* unter Rudolf Lemcke, der zuvor Outbound North 113 entdeckt hatte, bis dahin jedoch noch keinen Torpedo abgefeuert hatte. Erstaunlicherweise traf der einzelne Schuß einen Tauchbunker von *U210,* was die Tauchfähigkeit des Bootes beeinträchtigte. Lemcke ging auf äußerte Kraft voraus und versuchte, eine Nebelbank zu erreichen.

Doch John Stubbs auf der *Assiniboine* ließ sich an diesem Tag nicht abschütteln. Er verfolgte *U210* mit dem Radargerät durch den Nebel, schloß auf und feuerte einige weitere Schüsse mit seiner Hauptgeschützgruppe. Lemcke manövrierte wild, um so nahe an den Zerstörer heranzukommen, daß dieser seine Geschützrohre nicht mehr weit genug senken konnte. Unterdessen schossen seine Männer aus nächster Distanz

---

* Zur Zeit der Auszeichnung betrug Topps bestätigte Trefferquote auf dem Einbaum *U57* und auf *U552* 34 versenkte Schiffe mit ungefähr 185 000 Tonnen, einschließlich des Zerstörers *Reuben James.* Damit belegte er unter allen U-Boot-Kommandanten des Zweiten Weltkriegs den vierten Platz.

mit den Waffen auf der Brücke zurück. Das Feuer der Deutschen tötete einen Mann auf dem Zerstörer, verwundete dreizehn weitere und setzte seine Brücke in Brand. Doch *U210* wurde von drei oder vier Schüssen aus den 4,7-Zoll-Kanonen der *Assiniboine* getroffen. Einer traf die Brücke, riß Lemcke in Stücke, tötete fünf weitere Männer und zerstörte die Brücke und den Kommandoturm.

Günther Göhlich, der 22jährige Erste Wachoffizier von *U210,* Crew-Jahr 1938, übernahm das Kommando über das halbzerstörte Boot, obwohl er in der Brust verwundet war. Verzweifelt schoß er einen Torpedo auf die *Assiniboine,* verfehlte sie jedoch. Unterdessen versuchte der Leitende Ingenieur Heinz Sorber, mit dem Boot zu tauchen. Doch es war zu spät. Die *Assiniboine* rammte *U210* zweimal und warf auf geringe Tiefe eingestellte Wasserbomben, die das Boot übel zurichteten. Als klar wurde, daß das Spiel aus war, befahl Göhlich seinen Männern, das Boot zu versenken und zu verlassen. Sie öffneten die Flutventile einer Tauchzelle, dann kletterten Göhlich, Sorber und 35 Mann der Besatzung durch das Torpedoladeluk an Deck und sprangen ins Meer. Ein Funker warf wie vorgeschrieben zwei Enigma-Kisten über Bord. 38 Minuten nach dem ersten Radarkontakt der *Assiniboine* stellte sich *U210* auf den Kopf und sank.

Inzwischen war die britische Korvette *Dianthus* aus dem Nebel aufgetaucht und half der *Assiniboine,* die Deutschen aus der See zu fischen. Die *Dianthus* nahm 27 Mann auf, die *Assiniboine* zehn. Bei der Suche erkannte der Kapitän der *Assiniboine,* daß sein Schiff zu stark beschädigt war, um die Reise zu den Britischen Inseln fortzusetzen; also übernahm er sechs Deutsche von der *Dianthus* und kehrte nach Kanada zurück. Die *Dianthus* fuhr mit den übrigen 21 Deutschen und dem Geleitzug weiter zu den Britischen Inseln. Aufgrund der erforderlichen Reparaturen war die *Assiniboine* erst im Januar 1943 wieder einsatzbereit. Später wurden Stubbs' 16 Gefangene, einschließlich Göhlich und Sorber, an amerikanische Marinebehörden übergeben.

Die vielgeschmähten Kanadier hatten allen Grund, stolz zu sein. *U210* war das vierte U-Boot, das innerhalb von zwei Wochen nachweislich von kanadischen Flugzeugen oder Überwasserschiffen versenkt worden war.

Slow Convoy 94 bewegte sich weiter auf die Britischen Inseln zu und wurde von der um ein halbes Dutzend nach Westen marschierender Boote verstärkten Gruppe Steinbrinck verfolgt, darunter die IXC-Boote *U174* und *U176.* Am Morgen des 8. August näherten sich drei neue Typ-VII-Boote, *U607, U660* und *U704,* der Formation, und jedes schoß drei Torpedos ab. Alle versagten oder gingen fehl. Am Nachmittag desselben Tages setzten sich zwei andere Boote, das neue *U379* vom Typ VII unter dem 30jährigen Paul-Hugo Kettner und das ebenfalls neue IXC-Boot *U176* unter dem 34jährigen Reiner Dierksen, vor den Geleitzug und wagten einen kühnen Sehrohrangriff bei hellem Tageslicht.

Die unerwarteten Angriffe bei Tag verursachten ein völliges Chaos. Kettner von *U379* versenkte einen amerikanischen und einen britischen Frachter mit insgesamt 8900 BRT. Dierksen schoß sechs Torpedos und versenkte drei Frachter mit 16700 BRT, einen Briten und zwei Griechen. In reiner Panik gaben die Besatzungen dreier weiterer Frachter ihre Schiffe auf. Vom Kommodore des Geleitzugs dazu angehalten, kehrten zwei der Besatzungen wieder auf ihre Schiffe zurück, doch die Mannschaft des 3700 BRT großen britischen Frachters *Radchurch* weigerte sich. Dierksen von *U176* fand dieses aufgegebene Schiff und versenkte es ebenfalls.

Noch am selben Nachmittag sichtete ein Ausguck im Mastkorb der britischen Korvette *Dianthus* unter C. E. Bridgeman in etwa elf Kilometern Entfernung zwei U-Boote. Bridgeman feuerte sofort zwölf Schüsse aus seiner 4-Zoll-Hauptgeschützgruppe, doch keiner traf, und die beiden U-Boote tauchten. Die *Dianthus* suchte das Gebiet mehrere Stunden lang ab, erhielt schließlich wieder Kontakt mit *U379* und feuerte acht Leuchtgeschosse ab. Kettner tauchte sofort, doch sein Ausweichmanöver war ungeschickt, und die *Dianthus* zwang ihn mit fünf gutgezielten Wasserbomben zum Auftauchen.

Als *U379* die Wasseroberfläche durchbrach, erfaßte die *Dianthus* das Boot mit dem Suchscheinwerfer, warf weitere fünf Wasserbomben und schwenkte herum, um das Boot zu rammen, wobei sie aus allen Rohren feuerte. Zusätzlich schoß sie Snowflakes ab, die den Ort des Geschehens taghell erleuchteten. Der Rammstoß gelang; die *Dianthus* krachte auf das Vordeck von *U379,* schob sich über das U-Boot hinweg und warf weitere fünf auf geringe Tiefe eingestellte Wasserbomben. Diese Explosionen zwangen Kettner, das Boot zu versenken und zu verlassen. Als er und die Besatzung ins Wasser sprangen, pumpte Bridgeman weitere sieben 4-Zoll-Granaten in das Boot, bestrich es mit Maschinengewehrfeuer und rammte es weitere dreimal. Nach Mitternacht, am 9. August, stellte sich das U-Boot schließlich auf und sank. Bridgeman holte einen der 21 Gefangenen von *U210* auf die Brücke, um beim Herausfischen der Besatzung von *U379* zu helfen, doch es wurden nur fünf Überlebende gefunden, allesamt Mannschaftsdienstgrade. Besorgt wegen eines beträchtlichen Schadens am Bug seines Schiffes und eines möglichen U-Boot-Angriffs gab Bridgeman die Suche bald auf. Er warf ein Rettungsfloß für eventuell nicht gefundene Überlebende über Bord, doch es wurde keiner mehr gerettet.

Im Lauf des 9. August verstärkte das Western Approaches Command die Sicherung des Geleitzugs. Ein B-24 Liberator-Bomber und ein Catalina-Flugboot stiegen in Island auf und kreisten über dem Konvoi. Zwei Zerstörer, die britische, mit Huff Duff ausgestattete *Broke* und die polnische *Blyskawica,* schlossen sich an. Der Kapitän der *Broke,* A. F. C. Layard, übernahm als ranghöchster Offizier das Kommando über die Sicherungsgruppe.

An diesem Tag waren ein Dutzend U-Boote in enger Fühlung mit dem Geleitzug. Drei Kommandanten, die sich auf ihren Jungfernfahrten befanden, griffen die Formation an. Der 39jährige Ulrich Thilo schoß mit dem IXC-Boot *U174* drei Torpedos auf das Zentrum der Geleitzugformation, traf jedoch unerklärlicherweise kein Schiff. Der 30jährige Hans Gilardone hatte mit dem Typ-VII-Boot *U254* auf dem Anmarsch aus Deutschland einen Frachter mit 1200 BRT versenkt und schoß nun drei Torpedos in die Mitte des Konvois, die jedoch ebenfalls fehlgingen. Der 27jährige Odo Loewe auf dem Typ-VII-Boot *U256,* der nach dem Auslaufen in Deutschland einen »Zerstörer« mit vier Torpedos verfehlt hatte, schoß drei weitere Torpedos auf einen »Zerstörer« und verfehlte ihn ebenfalls.

Am 10. August verfolgten noch immer über ein Dutzend U-Boote den Geleitzug. Drei Kommandanten in neuen Typ-VII-Booten setzten sich vor den Geleitzug und wagten Sehrohrangriffe bei vollem Tageslicht. Der 28jährige Eberhard Bopst mit *U597* war der erste Angreifer, doch seine Torpedos versagten oder gingen fehl. Der 31jährige Rudolf Franzius mit *U438* und der 25jährige Götz Baur mit *U660* griffen als nächste an. Beide Kommandanten trafen und versenkten gleichzeitig den 4400 BRT großen griechischen Frachter *Condylis* und teilten sich das Verdienst. Baur versenkte zwei Frachter mit 10 000 BRT und beschädigte einen weiteren, die *Oregon* mit 6000 BRT. Franzius stieß auf die angeschlagene *Oregon* und gab ihr den Fangschuß, so daß die Versenkung zur Hälfte ihm gutgeschrieben wurde. Insgesamt brachten diese Angriffe ein bestätigtes Gesamtergebnis von vier versenkten Frachtern mit 20 500 BRT.

Ab dem 11. August entsandte das Western Approaches Command massenhaft Flugzeuge in den Luftraum über Slow Convoy 94 und verstärkte die Überwassersicherung durch die ehemalige Coast Guard Sloop *Sennen* und vier Flottenzerstörer. Die Flugzeuge (Catalina-Flugboote, Liberator-Bomber und eine B-17 Flying Fortress) vertrieben die U-Boote und zwangen Dönitz, die Operation abzubrechen. Fünf Kommandanten meldeten schwere Schäden durch Wasserbomben von Flugzeugen oder Überwasserschiffen oder andere Defekte, die sie zum Abbruch der Fahrt zwangen: von Roithberg mit *U71* (wieder einmal!), Kelbling mit *U593,* Quaet-Faslem mit *U595,* Bopst mit *U597* und Kessler mit *U704.* Auf der Rückreise schlossen sich ihnen zwei Boote an, die nur noch je einen Torpedo besaßen: Hans Gilardone mit *U254* und der Ritterkreuzträger Ernst Mengersen mit *U607.*

Die Berliner Propaganda prahlte, der U-Boot-Angriff auf Slow Convoy 94 habe zur Versenkung von mehr als »84 000 Tonnen« Schiffsraum geführt. Die bestätigte, von fünf unerfahrenen Kommandanten erzielte Ausbeute belief sich auf elf versenkte Schiffe mit 53 421 Tonnen. Ein Dutzend andere Kommandanten waren herangekommen und hatten Torpedos geschossen, doch keiner hatte eine Versenkung erzielt. Zwei neue U-Boote, Lemckes *U210* und Kettners *U379,* waren von Sicherungsschiffen versenkt worden; ein weiteres Boot, Pelkners *U335,* war auf dem Weg zur Schlacht dem Feind zum Opfer gefallen. Die »Tauschrate« in dieser Schlacht hatte damit unakzeptable 3,7 Schiffe für jedes versenkte U-Boot betragen.

Am 12. August wurde die neue Gruppe Lohs formiert. Sie bestand aus den sechs Booten der Gruppe Steinbrinck, darunter die beiden IXC-Boote *U174* und *U176,* die ihre Feindfahrten nach Amerika abgebrochen hatten, und drei frisch in Deutschland ausgelaufene Boote. Aufgrund von Informationen des B-Diensts stellte Dönitz die Lohs-Gruppe in einer Linie etwa 930 Kilometer direkt südlich von Island auf, um den Geleitzug Outbound North 120 abzufangen.

Während die Gruppe in Position ging, entdeckte eines der Boote, das neue *U705* unter dem 25jährigen Karl-Horst Horn, einen Konvoi. Es handelte sich dabei nicht um den erwarteten Geleitzug, sondern um den nach Osten laufenden Slow Convoy 95. Er wurde von Escort Group A-3 unter Paul Heinemann, der letzten im Nordatlantik verbliebenen amerikanischen MOEF-Sicherungsgruppe, geschützt. Sie bestand aus der *Spencer,* einem großen Coast Guard Cutter der Treasury-Klasse, dem amerikanischen Glattdeck-Zerstörer *Schenck* sowie vier kanadischen und zwei britischen Korvetten.

Das überraschende Auftauchen von Slow Convoy 95 verwirrte die Deutschen. Trotzdem vergrößerte Kernével die Gruppe Lohs um drei in der Nähe stehende, neue Boote, was ihre Zahl auf dreizehn U-Boote erhöhte. Doch nur drei davon kamen rechtzeitig in eine günstige Schußposition. Horn von *U705* versenkte den amerikanischen Frachter *Balladier* mit 3300 BRT. Der 25jährige Herbert-Viktor Schütze von *U605* schoß auf einen Frachter, verfehlte ihn jedoch, und Odo Loewe von *U256* verfehlte ebenfalls einen Frachter. Ein Geleitschiff erwischte und beschoß *U256,* doch das Boot entkam. Kernével war noch immer verwirrt und gab die Operation gegen die schwer beladenen, ostwärts fahrenden Schiffe von Slow Convoy 95 zugunsten einer erneuten Suche nach den leeren, auf Westkurs laufenden Schiffen des Geleitzugs Outbound North 120 auf.

In Frankreich liefen drei kampferprobte Boote aus, um sich der Gruppe Lohs anzuschließen: *U135* unter Friedrich-Hermann Praetorius; *U373* unter Paul-Karl Loeser und *U578* unter Ernst-August Rehwinkel, der sich durch die Versenkung des US-Zerstörers *Jacob Jones* vor New Jersey Ruhm erworben hatte. Alle drei Boote wurden am 10. und 11. August in der Biskaya von Flugzeugen des Coastal Command entdeckt und angegriffen. Das Flugzeug, das *U135* angriff, tötete zwei Mann durch Maschinengewehrfeuer. Eine Sunderland bombardierte Loeser, doch er konnte tief tauchen und entkommen. Rehwinkel wurde von einer Wellington angegriffen, die zu der aus Tschechen gebildeten Squadron 311 gehörte und von Josef Nýlvt geflogen wurde. Der Angriff war erfolgreich. *U578* ging unter Verlust der gesamten Besatzung unter. Nýlvt starb einen Monat später im Einsatz.

Dönitz glaubte, die Alliierten würden die Geleitzüge weiter in den Norden führen, und verlegte die Gruppe Lohs in diese Richtung. Doch Praetorius war über die Verlegung nicht informiert und stand deshalb, als er den südlichsten Platz in dem Aufklärungsstreifen einnahm, über 180 Kilometer von der vorgesehenen Position entfernt. Durch Zufall plazierte dieser Fehler Praetorius genau auf die Route des langsamen Geleitzugs Outbound North 122, der im genauen Gegensatz zu der deutschen Vermutung weiter nach Süden verlegt worden war.

Wegen eines Verschlüsselungsfehlers konnte Kernével Praetorius' erste Kontaktmeldung nicht lesen. Drei Stunden später funkte er nochmals eine korrekt verschlüsselte Meldung. Dönitz war verblüfft und wartete mehrere Stunden mit der Aufstellung der U-Boote, bis er ein klareres Bild von der Lage gewonnen hatte. Nach Praetorius' dritter Kontaktmeldung mußte sich Dönitz eingestehen, daß es sich hier um Outbound North (Slow) 122 handeln mußte, der nicht weiter nach Norden, sondern weiter nach Süden verlegt worden war. Und er funkte allen Booten, bei *U135* zusammenzulaufen und anzugreifen.

Outbound North (Slow) 122 wurde durch die nominell britische Gruppe B-6 gesichert. Sie wurde von J. V. Waterhouse kommandiert und bestand aus dem britischen Zerstörer *Viscount,* der mit 10-Zentimeter-Radar des Typs 271, Huff Duff und einem Hedgehog-Wasserbombenwerfer ausgerüstet war, und aus vier mit norwegischen Besatzungen bemannten Korvetten, die ebenfalls Radargeräte des Typs 271 an Bord hatten. Das Rettungsschiff *Stockport* verfügte ebenfalls über Huff Duff und bildete die Nachhut.

Am 24. August bekamen neun U-Boote der Gruppe Lohs Fühlung mit dem Geleitzug, doch dieser fuhr in eine schützende Nebelwand hinein, und nur drei Boote konnten angreifen: Reiner Dierksen mit dem IXC-Boot *U176,* Rudolf Franzius mit *U438* und Herbert-Viktor Schütze mit *U605.* Dierksen und Franzius trafen und versenkten dasselbe Schiff, den britischen Frachter *Empire Breeze* mit 7500 BRT. Zusätzlich versenkte Franzius den 1600 BRT großen norwegischen Tanker *Trolla.* Schütze versenkte zwei weitere britische Frachter mit 8200 BRT. Das Gesamtergebnis belief sich auf vier versenkte Schiffe mit 17300 BRT.

Die *Viscount* und die anderen Schiffe konnten in dem Nebel zu ihrem Vorteil Radar wie auch Huff Duff einsetzen und somit weitere Angriffe vereiteln und Gegenangriffe einleiten. Die *Viscount* führte einen Angriff mit dem Hedgehog-Wasserbombenwerfer durch – vielleicht den ersten in diesem Krieg –, der zu einer »die See enorm aufwühlenden Explosion« führte. Die Detonation wurde für eine Versenkung gehalten, die jedoch nicht bestätigt werden konnte. Sechs Kommandanten meldeten starke Schäden:

- Schütze von *U605*. Ein Sicherungsschiff hatte seinen Kommandoturm so durchsiebt, daß er die Fahrt abbrechen mußte.
- Franzius von *U438*. Er wurde von einem Sicherungsschiff unter Wasser gedrückt und mit Wasserbomben belegt, die so starke Schäden anrichteten, daß auch er die Fahrt abbrechen mußte.
- Thilo von dem neuen IXC-Boot *U174*. Ein Sicherungsschiff traf ihn aus kurzer Entfernung mit Geschützfeuer, zwang ihn zum Wegtauchen und jagte ihn fünf Stunden lang mit gut gezielten Wasserbomben, die beträchtlichen Schaden anrichteten.
- Horn von *U705*. Ein Sicherungsschiff nahm ihn unter Feuer und verwundete mehrere Männer, so daß er die Fahrt abbrechen mußte.
- Loewe von *U256*. Auch sein Boot erlitt so starke Schäden, daß er die Fahrt abbrechen mußte.
- Praetorius von *U135*. Er meldete schwere Schäden durch Wasserbomben.

Am 31. August wurde Odo Loewe, als er durch die Biskaya nach Frankreich fuhr, durch zwei von Edward B. Brooks und E. O. Tandy geflogene Whitley-Maschinen des Coastal Command angegriffen und noch mehr beschädigt. Zum Glück für Loewe und seine Männer hielt sich Rudolf Franzius mit dem angeschlagenen *U438* in der Nähe auf. Franzius forderte in Kernével Hilfe an, nahm 30 Mann von *U256* an Bord und ließ nur eine Bergungsmannschaft auf dem Boot zurück. Kernével entsandte rasch Flugzeuge zur Luftsicherung und Torpedoboote zum Ort des Geschehens, die das Wrack nach Lorient schleppten. Dort stellte man fest, daß das Boot zu stark beschädigt war, um es weiterhin als Kampfboot einzusetzen. Loewe und der Großteil seiner Crew wurden auf ein neues Boot versetzt.

Am 3. September entdeckten und bombardierten zwei dem Coastal Command leihweise zur Verfügung gestellte Whitleys der Squadron 77 des Bomber Command in der Biskaya U-Boote. Eine von A. A. MacInnes geflogene Whitley sichtete Treffer auf Karl-Horst Horns *U705,* der mit schweren Schäden und Verwundeten auf Heimatkurs war. MacInnes versenkte *U705* durch Wasserbomben – von der Besatzung überlebte niemand. Eine andere Whitley-Maschine mit dem Piloten T. S. Lea griff Götz Baur mit *U660* an, doch dieser entkam mit leichten Beschädigungen. Die Admiralität buchte die Versenkung von *U705* während des Krieges auf Leas Konto, korrigierte jedoch nach späteren Untersuchungen ihren Fehler und schrieb sie MacInnes gut.

Angesichts der steigenden Zahl von Typ-VII-Booten, die gegen Geleitzüge operierten, war man in Kernével hocherfreut, als am 8. August der sechste U-Tanker auslief, das Typ-XIV-Boot *U464* unter dem 33jährigen Otto Harms. Auf dem Weg in den Atlantik entwickelte das Boot jedoch eine Ölspur, und Harms mußte zu Reparaturen Bergen anlaufen, was seine endgültige Abfahrt bis zum 16. August verzögerte.

Vier Tage später erreichte *U464* eine Position etwa 280 Kilometer ostsüdöstlich von Island. Obwohl diese Gewässer von alliierten Kriegsschiffen wimmelten, die zwischen Island und den Britischen Inseln hin und her fuhren, und der Luftraum mit lokalen ASW- und Geleitsicherungsmaschinen gesättigt war,* hielt sich Harms in der Morgendämmerung gefährlich nachlässig an der Wasseroberfläche auf, als aus der niedrigen, schmutziggrauen Wolkendecke eine amerikanische Catalina der Patrol Squadron 73 der Navy auftauchte, die einem kleinen Geleitzug als Luftsicherung zugeteilt war.**

Da der U-Tanker nur etwa sieben Kilometer von dem Konvoi entfernt und die Sicht sehr schlecht war, dachte der Pilot Robert B. Hopgood zunächst, es könnte sich vielleicht um einen der Zerstörer der Geleitsicherung handeln. Also flog er tief und schoß eine Erkennungsleuchtkugel ab, um sich zu identifizieren und nicht von einem Zerstörer der eigenen Seite unter Feuer genommen zu werden. Harms, der in dem plumpen und schrecklich langsam tauchenden *U464* überrumpelt worden war, konnte nichts anderes tun, als zu bluffen. In der Hoffnung, für ein isländisches Fischerboot oder ein alliiertes Kriegsschiff gehalten zu werden, reagierte er auf das Erkennungssignal, indem er ebenfalls eine Leuchtkugel abschoß. Sie brannte weißgelb und hatte nicht die geringste Ähnlichkeit mit dem richtigen Leuchtsignal. Harms versuchte, die Täuschung noch einen Schritt weiter zu treiben und wies die Männer auf der Brücke an, dem Flugzeug freundlich zu winken.

Hopgood hatte zu diesem Zeitpunkt erkannt, daß er ein U-Boot unter sich hatte. Mit großer Geistesgegenwart griff er sofort an und warf fünf seiner sechs auf 7,5 Meter Tiefe eingestellten Mark-XVII-Wasserbomben ab. Zwei der Bomben schlugen links und rechts des Kommandoturms ein, und die Explosionen schienen das Boot ganz aus dem Wasser zu heben. Gemäß der damals gültigen ASW-Richtlinien benachrichtigte Hopgood alle betroffenen Einheiten per Funk. Dann stieg er höher, flog eine Kurve und ging zu einem Bordwaffenangriff in den Sturzflug, bei dem er das Boot mit seinen .30 und .50 MGs bestrich. *U464* erwiderte den Angriff mit überlegenem und »präzisem« Feuer aus den beiden, auf Plattformen vor und hinter der Brücke montierten 3,7-cm-Flakgeschützen und dem 2-cm-MG auf der Brücke. Der Beschuß hielt die Catalina auf Distanz, was dazu führte, daß Hopgood *U464* aus den Augen verlor.

Die Druckwellen der Wasserbomben hatten *U464* jedoch stark beschädigt, und das Boot konnte nicht mehr tauchen oder über Wasser entkommen. Da Harms mit der baldigen Ankunft weiterer alliierter Flugzeuge und Schiffe rechnen mußte, entschied er sich, das Boot zu versenken. Zum Glück für die Deutschen tauchte ein isländischer Fischtrawler, die *Skaftfellingor,* aus dem Nebel und Nieselregen auf. Harms manövrierte *U464* nahe an den Fischtrawler heran und verlangte die Rettung seiner Besatzung. Während die deutschen Kanoniere den Trawler im Visier hielten, sprangen einige Männer von *U464* ins Wasser, kletterten an Bord des Isländers und »kaperten« das Schiff. Danach hißte Harms eine deutsche Flagge auf *U464* und versenkte es. Er und der Rest der Deutschen gingen an Bord des Trawlers und hofften, in dem schlechten Wetter nach Norwegen zu entkommen.

---

* Damals waren 48 ASW-Flugzeuge auf Island stationiert: 29 britische Maschinen, 10 amerikanische und 9 norwegische.

** Der Geleitzug war Reykjavik-United Kingdom RU. 36, der aus zwei Kreuzern und vier Zerstörern bestand, die vier große und wichtige Handelsschiffe sicherten.

Unterdessen hatte Hopgood den stark gesicherten Konvoi gefunden, dem er zugeteilt war. Mit einem Signallicht informierte er den Befehlshaber der britischen Sicherungsgruppe über seinen Angriff und forderte Unterstützung an. Die Briten waren skeptisch und sträubten sich dagegen, die Sicherung des Geleitzugs zu schwächen, gaben jedoch schließlich zwei der vier Zerstörer frei. Hopgood führte die vormals amerikanischen Glattdeck-Zerstörer *Castleton* und *Newark* zum Ort seines Angriffs, gerade rechtzeitig, um zu sehen, wie die Deutschen auf den Trawler hinüberwechselten und *U464* versenkten. Die *Castleton* feuerte einen Warnschuß über den Trawler hinweg, dann lief sie heran und nahm die Deutschen, die keinen Widerstand leisteten, gefangen. Sie nahm 52 Deutsche an Bord, darunter einen Arzt, der gemäß internationalem Recht nicht als Kriegsteilnehmer behandelt wurde. Harms berichtete, beim ersten Angriff der Catalina seien zwei seiner Männer über Bord geschleudert und nicht gerettet worden. Die US Navy zeichnete Hopgood mit dem Navy Cross aus.

Schon früher hatten gefangengenommene U-Boot-Fahrer britischen Vernehmungsoffizieren enthüllt, daß im Atlantik U-Tanker operierten. Doch die Briten hatten diese Enthüllungen ins Reich der Phantasie verwiesen. Auch die Gefangenen von Kettners *U379,* die am 8. August gerettet worden waren, und die am 20. August von *U464* geretteten Deutschen hatten offen über die Operationen der U-Tanker gesprochen. Doch die Briten hatten selbst dann noch Zweifel gehegt. »An der Geschichte könnte etwas Wahres dran sein«, hatte der blasierte Kommentar im britischen Anti-Submarine Report vom August 1942 gelautet, »doch zum gegenwärtigen Zeitpunkt muß sie mit Zurückhaltung behandelt werden.«

In den letzten Augusttagen standen im Nordatlantik genügend U-Boote, um zwei Gruppen zu formieren – die alte Gruppe Lohs und die neue Gruppe Vorwärts, die aus einer nie in Aktion getretenen Gruppe namens Stier hervorging und durch weitere im August ausgelaufene Boote ergänzt wurde. Einige Boote tankten bei dem von Bruno Vowe kommandierten Tanker *U462* nach und andere bei dem IXC-Boot *U176,* dessen Fahrt nach Amerika abgesagt worden war.

Unabhängig von diesen Gruppen patrouillierte der 26jährige Klaus Rudloff im August mit dem neuen Boot *U609* unweit von Reykjavik. Er sichtete zahlreiche Kriegsschiffe (und schoß zweimal auf »Zerstörer«), versenkte jedoch nichts. Ende August verlegte Kernével das Boot nach Süden an die Geleitzugrouten, wo es sich der Gruppe Vorwärts anschließen sollte. Während Rudloff diesem Befehl am 31. August nachkam, stieß er auf den ostwärts laufenden Geleitzug Slow Convoy 97. Kernével reagierte auf seine Meldung und befahl der aus mehr als einem Dutzend – unerfahrenen – Booten bestehenden Gruppe Vorwärts den Angriff.

Britische Analytiker aus dem Operations Research hatten errechnet, daß sich die Zahl der für die U-Boote angreifbaren Konvois ungefähr halbieren ließ und die Schiffsverluste um etwa 56 Prozent sinken würden, wenn man die Größe der nordatlantischen Geleitzüge von bisher etwa 30 auf 60 Schiffe verdoppelte. Die Verantwortlichen beim Western Approaches Command reagierten auf diese Empfehlung skeptisch, erklärten sich jedoch damit einverstanden, einen Versuch zu wagen, und ließen Slow Convoy 97 mit 58 Schiffen auslaufen. Der Geleitzug wurde von der kanadischen Escort Group C-3 gesichert, die aus den britischen Glattdeck-Zerstörern

Broadway und *Burnham* und vier kanadischen Korvetten bestand. Die Zerstörer waren mit Radar des Typs 271 ausgerüstet; ein Rettungsschiff führte Huff Duff mit sich.

Neun Boote bekamen Fühlung mit Slow Convoy 97. Vier Boote griffen an, Klaus Rudloff mit *U609* zweimal. Beim ersten Angriff versenkte er zwei Frachter mit 10300 BRT, beim zweiten schoß er die letzten beiden Torpedos einzeln und meldete einen Treffer, doch dieser konnte nicht bestätigt werden. Der 27jährige Heinz Walkerling vom neuen Boot *U91* schoß vier Torpedos in die Formation, doch alle gingen fehl. Der 25jährige Klaus Harney, der mit dem neuen Boot *U756* vor gerade 17 Tagen in Kiel ausgelaufen war, und der 29jährige Horst Höltring schossen ebenfalls, ohne Treffer zu landen.

Ab dem 1. September gaben amerikanische und britische Flugzeuge (Catalinas und Sunderlands) mit großer Reichweite Slow Convoy 97 eine starke Luftsicherung. Walkerling von *U91* meldete, die Flugzeuge hätten ihn jede Stunde ein- oder zweimal zum Tauchen gezwungen. Daher war es nicht möglich, sich vor den Geleitzug zu setzen, um in eine günstige Schußposition zu gelangen. Der zwei Wochen zuvor in Kiel ausgelaufene 25jährige Hans-Ferdinand Massmann mit dem neuen Boot *U409* meldete, daß seine beiden Sehrohre durch Fliegerbomben zerstört waren und er die Fahrt abbrechen mußte. Im Zuge dieser Angriffe meldeten britische Flieger die Versenkung von mindestens einem U-Boot. Als später bekannt wurde, daß Klaus Harneys Boot *U756* am 3. September mit der ganzen Besatzung verlorengegangen war, rechnete die Admiralität deshalb »britischen Flugzeugen« die Versenkung zu. Nach weiteren Nachforschungen in der Nachkriegszeit korrigierten die Historiker der Admiralität jedoch diese Zuschreibung und sprachen die Versenkung der kanadischen Korvette *Morden* zu. *U756* war das fünfte U-Boot, das von kanadischen Luft- und Seestreitkräften innerhalb eines sechswöchigen Zeitraums versenkt wurde, eine bemerkenswerte Leistung, die jedoch damals nicht anerkannt wurde.

Dönitz' am 27. Juli gemachte Vorhersage, der U-Boot-Krieg werde »hart« werden, kam zur rechten Zeit und war korrekt. In den sechs Wochen vom 24. Juli bis zum 3. September versenkten alliierte Luft- und Überwassereskorten und U-Boote im nordatlantischen Raum neun deutsche U-Boote (acht Typ-VII-Boote und einen U-Tanker des Typs XIV) und beschädigten ein weiteres Typ-VII-Boot so stark, daß es nicht mehr repariert werden konnte. Ungefähr 400 deutsche U-Boot-Männer starben bei den Versenkungen, 94 wurden gefangengenommen. Dreizehn Boote mußten mit Gefechtsschäden oder Verwundeten die Fahrt abbrechen.

Eine genaue Analyse der wiederaufgenommenen Operationen gegen Geleitzüge im Nordatlantik durch die im Juli und August ausgelaufenen 48 Kampfboote ist aufschlußreich. Insgesamt wurden 38 dieser Feindfahrten (80 Prozent) von neuen Booten oder neuen Kommandanten durchgeführt. Diese Boote versenkten zusammen 44 Schiffe, was im Schnitt 0,91 Schiffe pro Boot und Feindfahrt macht. 23 Boote, oder fast die Hälfte der ausgelaufenen Boote, versenkten keine Schiffe.

	Feindfahrten	Fahrten mit neuen Booten und/oder Kommandanten	Versenkte Schiffe	Pro Boot	Verlorene Boote	Keine Schiffe versenkt
Juli	18	15 (83%)*	18,5	1,03	3 (17%)	9 (50%)
August	30	23 (77%)**	25,5	0,85	5 (17%)	14 (47%)
Gesamt	48	38 (80%)	44,0	0,92	8 (17%)	23 (48%)

Die hervorstechendste Tatsache dieser Analyse ist, daß beinahe die Hälfte aller U-Boote überhaupt keine Schiffe versenkte, was zur Folge hatte, daß die durchschnittlichen Versenkungszahlen der Typ-VII-Boote auf weniger als ein Schiff pro Boot und Feindfahrt sanken. Zum Teil war dies dem sehr hohen Prozentsatz von hastig ausgebildeten und unerfahrenen Besatzungen und Kommandanten zuzuschreiben, doch andere Faktoren spielten ebenfalls eine Rolle. Die meisten sind oben schon erwähnt worden, doch alle sind der Wiederholung wert.

• Die Typ-VII-Boote, die den überwiegenden Teil der Atlantikstreitmacht stellten, waren aufgrund ihrer begrenzten Reichweite und geringen Torpedokapazität für Operationen gegen Geleitzüge in der weit entfernten »Luftüberwachungslücke« vor Grönland kaum geeignet. Sie konnten in diesem Gebiet nur mit Unterstützung von U-Tankern erfolgreich operieren. Obwohl jedoch inzwischen mehr U-Tanker im Einsatz waren, gab es noch immer nicht genug davon,*** und außerdem war die Notwendigkeit, die Typ-VII-Boote aufzutanken, ein schwaches Glied in der operativen Kette.

• 370 Kilometer lange »Aufklärungsstreifen« mit zwölf oder mehr Booten waren für das Aufspüren von Geleitzügen von Vorteil, wirkten sich aber nachteilig aus, wenn sich die Boote für einen Gruppenangriff konzentrierten. Die am entferntesten vom Geleitzug stehenden Boote kamen meist nicht rechtzeitig heran, insbesondere bei starkem Seegang oder wenn alliierte Flugzeuge eine Überwasserfahrt gefährlich machten. Deswegen wurden die erfolgreichsten »Rudelangriffe« noch immer in der ersten Nacht von den wenigen in der Nähe des Konvois stehenden Booten durchgeführt.

• Alle Unternehmungen gegen Geleitzüge hingen von präziser Navigation ab. Das Boot, das als erstes Fühlung bekam, mußte die Position des Konvois kennen, um die anderen Boote heranzuführen. Und auch diese mußten genau wissen, wo sie waren, um den richtigen Kurs zum Sammelpunkt festzulegen. Da keinerlei elektronische Hilfsmittel zur Verfügung standen, mußten alle Boote durch Koppeln navigieren oder indem sie mit dem Sextanten ihre Position nach den Sternen, der Sonne und den Planeten bestimmten. Je nach den Wetterbedingungen waren Messungen mit dem Sextanten oft tagelang nicht möglich.

• Wenn ein Fühlungshalter versuchte, die anderen Boote des Aufklärungsstreifens durch Funksignale heranzuführen, wie es für gewöhnlich der Fall war, dann konnten Funkstationen an der Küste und/oder Sicherungsschiffe in der Regel die erste Kontaktmeldung und die Peilzeichen mit HF/DF oder Huff Duff einpeilen. Daraufhin

* Darunter zwei kampferprobte Boote mit neuen Kommandanten.

** Darunter ein kampferprobtes Boot mit einem neuen Kommandanten.

*** Ein U-Tanker konnte pro Fahrt nur etwa dreizehn U-Boote versorgen. Daher benötigte jede Kampfgruppe ungefähr einen Tanker, um wirkungsvoll operieren zu können.

konnten ein oder mehrere Sicherungsschiffe die eingepeilte Position anlaufen und den Fühlungshalter mit Radar orten und entweder versenken oder durch Geschützfeuer und Wasserbomben zum Wegtauchen zwingen, während der Konvoi eine extreme Kursänderung nach Backbord oder Steuerbord durchführte, um den anderen U-Booten zu entkommen, die versuchten, sich für einen massierten Angriff zu sammeln.

- U-Boote hatten keinerlei Radargeräte, lediglich das Funkmeßbeobachtungsgerät Metox, das für die Fahrten durch die Biskaya nützlich war, aber zu umständlich in der Handhabung für den Gebrauch in einer Geleitzugschlacht. Daher waren mit Radargeräten ausgestattete Flugzeuge und Überwasserschiffe bei Nacht oder bei dem nebligen Wetter, das in der grönländischen »Luftüberwachungslücke« oder bei der Neufundlandbank so häufig war, gegenüber den U-Booten stark im Vorteil. Sie konnten nämlich auch im Nebel und bei Nacht elektronisch »sehen« und dadurch plötzlich und völlig überraschend über ein aufgetauchtes U-Boot herfallen.
- Die Befehlsstelle der U-Boote lenkte die meisten Rudelangriffe mit knappen Anweisungen per Funk, die über große Entfernungen hinweg übertragen wurden. Wegen atmosphärischer Störungen, besonders im Gebiet der grönländischen »Luftüberwachungslücke«, wurden diese Funksprüche häufig nicht empfangen oder kamen in verstümmeltem, nicht entschlüsselbarem Zustand an. In solchen Fällen mußten die an den Operationen beteiligten U-Boote warten und über Funk neue Anweisungen erbitten, wobei sich erhebliche Verzögerungen ergaben und die Boote das Risiko einer DF-Einpeilung eingingen.

Daher war ein ausdauernder »Rudelangriff« von U-Booten, so vielversprechend er sich in der Theorie anhörte, in Wirklichkeit noch immer extrem schwierig zu organisieren. Dies war vor allem dann der Fall, wenn unerfahrene U-Boote einer erfahrenen Geleitsicherung gegenüberstanden. Die alliierte Funkaufklärung (Dechiffrierung, Funkverkehrsanalyse usw.) und die elektronischen Geräte auf den alliierten Flugzeugen und Sicherungsschiffen (Radar, Huff Duff), von denen die Deutschen zum Großteil nichts wußten, hatten die von U-Booten ausgehende Gefahr für Geleitzüge bereits drastisch reduziert.

Eine Geschichtsschreibung über die Schlacht im Atlantik, die andeutet, daß die Bedrohung der nordatlantischen Geleitzüge im Sommer und Herbst 1942 einen kritischen Punkt erreichte, als mehr und mehr Boote zur U-Boot-Streitmacht im Atlantik stießen, ist nicht korrekt. Wie man sehen wird, stieg die Zahl derjenigen U-Boote, die auf ihren Feindfahrten kein einziges Schiff versenkten, stetig und für die Deutschen bedrohlich an, und zwar von der Hälfte der im Juli und August 1942 in den Nordatlantik ausgelaufenen Boote auf weit über die Hälfte der im Frühjahr 1943 eingesetzten Boote. Hunderte von Geleitzügen – mit Tausenden und Abertausenden von Schiffen – überquerten im Jahr 1942 unbeschadet den Nordatlantik.

Rückkehr in den Mittel- und Südatlantik

Als Dönitz die Gruppe Wolf gegen die nordatlantischen Konvois in Marsch setzte, bildete er gleichzeitig eine kleinere Gruppe mit dem Codenamen Hai, um den U-Boot-Krieg im Mittel- und Südatlantik wiederaufzunehmen.

Die Gruppe Hai bestand aus vier erfahrenen, im Juni in Frankreich ausgelaufenen

Booten und dem altgedienten Boot *U752,* das Anfang Juli ausgelaufen war. Alle waren U-Boote des Typs VIIC, die sich besser für Angriffe auf Geleitzüge eigneten als Typ-IX-Boote. Sie sollten, unterstützt von *U116,* einem Minenleger des Typs XB, der für die Atlantik-Boote vorübergehend als Versorgungsboot fungierte, nach Freetown patrouillieren. *U116* konnte die Kampfboote mit Diesel, Schmieröl, Frischwasser und Lebensmitteln, nicht jedoch mit Torpedos versorgen.

Der fähigste und erfahrenste Kommandant der Gruppe Hai war Ritterkreuzträger Adalbert Schnee mit *U201.* Und er enttäuschte nicht. Am 6. Juli entdeckte und versenkte er auf südlichem Kurs den beeindruckenden britischen Frachter *Avila Star* mit 14 500 BRT. Vier Tage später sichtete er westlich der Madeira-Inselgruppe den Konvoi Outbound South 33. Er hielt Fühlung und brachte die gesamte Gruppe Hai heran, mit Ausnahme von *U752,* das als letztes Boot ausgelaufen war.

In den folgenden 72 Stunden entspann sich eine harte Geleitzugschlacht. Schnee versenkte vier britische Schiffe mit 26 000 BRT: drei Frachter und den 7000-Tonnen-Tanker *Yeoman.* Werner Schulte mit *U582* versenkte zwei große Frachter mit 16 400 BRT. Werner von Schmidt versenkte mit seinem behelfsmäßigen Tanker *U116* (der zwei Hecktorpedorohre besaß) den 4300 BRT großen britischen Frachter *Shaftesbury* und nahm den Kapitän gefangen. Auch der höchst aggressive Heinrich Zimmermann mit *U136* (der innerhalb einer Woche im Februar zwei Korvetten, die *Arbutus* und die *Spikenard,* versenkt hatte) lief zum Angriff heran. Sein Boot wurde jedoch von drei Sicherungsschiffen, dem freifranzösischen Zerstörer *Léopard,* der britischen Fregatte *Spey* und der britischen Sloop *Pelican,* unter geschickter Anwendung von Radar und Huff Duff gestellt und durch Geschützfeuer und Wasserbomben versenkt. Dabei kam die gesamte Besatzung ums Leben. Der wie immer vorsichtige Heinz Hirsacker in *U572* bekam ebenfalls Fühlung mit dem Geleitzug, wagte jedoch keinen Angriff.

Adalbert Schnees Meldung elektrisierte Kernével. Einschließlich der *Avila Star* hatte er mit Torpedos und Deckgeschütz in einem Zeitraum von nur 19 Tagen 5 Schiffe mit 40 500 BRT versenkt. Frühere Meldungen und überhöhte Schätzungen eingerechnet, übertraf Schnees Trefferquote 200 000 Tonnen und qualifizierte ihn für das Eichenlaub zum Ritterkreuz. Wie bei Rolf Mützelburg von *U203* wurde auch ihm die Auszeichnung per Funk mitgeteilt*, und es wurden Vorkehrungen getroffen, damit Hitler Schnee und Mützelburg die Orden zur gleichen Zeit persönlich überreichen konnte.

Schnee hatte nach dem Angriff auf Outbound South 33 nur noch einen Torpedo und wenige Schuß Munition für das Deckgeschütz übrig. Er fragte deswegen in Kernével an, ob er die Gruppe Hai verlassen und auf seiner bisherigen Position bleiben könnte. Doch Kernével lehnte den Wunsch ab und betonte, daß *U201* sehr gut als Aufklärer dienen könne.

Widerwillig befolgte Schnee die Anweisung. Vor Freetown fand er keinerlei Schiffsverkehr. Nachdem er seinen letzten Torpedo auf ein Schiff geschossen hatte, das er als Korvette meldete – tatsächlich der britische ASW-Trawler *Laertes* mit 500 Tonnen –, erhielt er die Erlaubnis, nach Frankreich zurückzukehren, worauf Hitler ihm und Mützelburg bei einer gemeinsamen Feier das Eichenlaub verlieh. Danach übernahm

---

* Zur Zeit der Auszeichnung hatte Schnee auf dem Einbaum *U60* und auf *U201* insgesamt 29 versenkte Schiffe mit rund 210 000 Tonnen gemeldet. Sein bestätigtes Trefferergebnis belief sich auf 22 Schiffe mit ungefähr 92 000 Tonnen.

Schnee den neugeschaffenen Posten als Dönitz' operativer Admiralstabsoffizier, übergab *U201* an einen neuen Kommandanten und kehrte nicht mehr an die Front zurück.

Die restlichen drei küstennah und auf hoher See vor Freetown patrouillierenden Typ-VII-Boote der Gruppe Hai waren unterschiedlich erfolgreich. Der aggressive Karl-Ernst Schroeter auf *U752,* der zuvor Feindfahrten im Nordmeer, im Nordatlantik und in amerikanischen Gewässern gemacht hatte, versenkte vier Frachter (einen Amerikaner, einen Briten, einen Norweger und einen Holländer) mit 21 700 BRT. Werner Schulte von *U582* versenkte zwei weitere Schiffe (beides Amerikaner) mit 14 300 BRT, was seine Trefferquote auf vier Schiffe mit 30 600 Tonnen erhöhte; und er nahm den Kapitän und den Ingenieur der von ihm versenkten *Stella Lykes* gefangen. Heinz Hirsacker von *U572* absolvierte eine weitere enttäuschende Feindfahrt; er versenkte nur einen holländischen Frachter mit 5300 BRT.

Obwohl der Verlust des vielversprechenden Heinrich Zimmermann mit *U136* sehr schmerzlich war und Hirsacker erneut versagt hatte, wurde die Gruppe Hai als Erfolg gewertet. Insgesamt hatten die vier übriggebliebenen Typ-VII-Boote und *U116,* Werner von Schmidts Minenleger, 16 Schiffe mit ungefähr 103 000 Tonnen versenkt. Aufgrund dieser guten Resultate und der Verfügbarkeit von U-Tankern beschloß Dönitz trotz der schrecklichen Hitze in diesen Breiten – Schnee hatte Temperaturen von 56 Grad Celsius im Innern von U201 gemeldet –, weitere Boote zu den Azoren und nach Westafrika zu schicken.

Im Juli nahmen sieben Boote Kurs auf westafrikanische Gewässer: sechs Boote des Typs IX und der Minenleger *U213* vom Typ VIID. Später sollten diese und andere Boote von drei der fünf U-Tanker versorgt werden: *U459, U460* und *U462.* Nach dem Auslaufen in Lorient wurde Hermann Raschs Boot *U106* am 27. Juli durch eine von J. Stransky geflogene Wellington-Maschine der tschechischen Squadron 311 des Coastal Command angegriffen. Rasch wehrte sich mutig mit der Flak auf der Brücke. Bei dem Gefecht wurde ein Offizier getötet und Rasch verwundet, was ihn zum Abbruch der Fahrt zwang. Das Boot lief erst im September wieder aus.

Am 31. Juli, eine Woche nach dem Auslaufen von Lorient, entdeckte der Minenleger *U213* unter Amelung von Varendorff einen Geleitzug in der Nähe der Azoren. Von Varendorff meldete Fühlung und griff an – mit verhängnisvollen Folgen für das Boot. Die britischen Sloops *Erne, Rochester* und *Sandwich,* die alle mit Huff Duff ausgerüstet waren, entdeckten *U213* und versenkten es. Dabei kam die gesamte Besatzung ums Leben.

Zwei Typ-IX-Boote fuhren in lockerem Verband nach Süden: Ernst Kals mit *U130* und Harro Schacht mit *U507.* Am 14. Juli stieß Kals auf den nach Norden laufenden Geleitzug Sierra Leone 115. Dieser wurde von vier Kriegsschiffen, darunter das ehemals amerikanische Küstenschutzschiff *Lulworth,* begleitet. Schacht und Primo Longobardo von dem italienischen U-Boot *Pietro Calvi* fingen Kals Alarmmeldung auf und näherten sich dem Geleitzug.

Die *Lulworth* ortete »starke« Huff-Duff-Signale und lief auf die eingepeilte Position zu. Sie stieß auf Longobardo mit der *Calvi* und Kals mit *U130,* die ein Tête-à-tête miteinander hatten. Als die U-Boote die *Lulworth* ausmachten, leiteten sie ein Schnelltauchmanöver ein. Eineinhalb Stunden später hatte die *Lulworth* die *Calvi* mit dem Sonar geortet und führte drei Wasserbombenangriffe durch, die das italienische

Boot schwer beschädigten und an die Oberfläche brachten. Die *Pietro Calvi* besaß zwei 4,7-Zoll-Kanonen und die *Lulworth* nur zwei 3-Zoll-Kanonen, doch die Wasserbomben hatten beide Kanonen des italienischen Bootes außer Gefecht gesetzt. Longobardo schoß Torpedos aus den Heckrohren, doch die *Lulworth* wich aus und antwortete mit ihren 3-Zoll-Geschützen und kleineren Waffen. Der präzise Beschuß traf die Brücke der *Calvi* und tötete Longobardo und seinen Ersten Offizier, und die *Lulworth* lief zum Rammen heran. Die *Calvi* wich zunächst geschickt aus, doch beim dritten Anlauf traf die *Lulworth* das italienische Boot am Heck, zerschmetterte seine Schrauben und zwang es zur Kapitulation.

Unterdessen waren auf die Alarmmeldung der *Lulworth* hin die beiden Sloops *Bideford* und *Londonderry* eingetroffen, und die *Lulworth* hatte ein Enterkommando auf die *Calvi* übergesetzt. Doch die Briten wurden durch ein Feuer im Kommandoturm, durch eindringendes Wasser und einen Strom von Italienern aufgehalten, die nach oben kamen, um von Bord zu springen. Zu diesem Zeitpunkt schlich Kals heran und versuchte die *Lulworth* anzugreifen, doch das Küstenschutzschiff ortete das U-Boot mit dem Sonar und warf weitere Wasserbomben, die Kals vertrieben. Die Explosionen töteten vermutlich einige Italiener im Wasser und beschädigten die *Calvi* noch mehr, denn das Boot stellte sich plötzlich auf und sank. Das Enterkommando war in das Innere des Bootes vorgedrungen, hatte jedoch nur eine »Karte und das Konzept eines Logbuchs« gefunden. Der Führer des Kommandos wurde im Boot durch das plötzliche Sinken überrascht und kam ums Leben. Die britischen Schiffe retteten 35 von 78 Besatzungsmitgliedern der *Calvi.*

Kals setzte sich ab, meldete seine Versuche, der *Calvi* zu helfen, und bat um Instruktionen. Aus dem Verlust der *Calvi* und der Tatsache, daß Kals nicht an den Sicherungsschiffen vorbeigekommen war, schloß man in Kernével auf eine sehr viel stärkere Sicherung des Geleitzugs, als tatsächlich der Fall war, und man befahl Kals und Schacht, die Unternehmung abzubrechen. Sie sollten ihre Fahrt in das Gebiet vor Freetown fortsetzen und dort bei Schmidts Minenleger *U116* auftanken, der zuvor die Gruppe Hai unterstützt hatte.

Es war eine weite Fahrt nach Süden, quälend langsam und bei brütender Hitze. Unterwegs versenkte Kals zwei große Schiffe mit Torpedos und Deckgeschütz: den 10 100 BRT großen norwegischen Tanker *Tankexpress* und den 7200 BRT großen britischen Frachter *Elmwood.* Wie geplant tankten Kals und Schacht am 28. Juli bei *U116* auf. Zwei Tage später versenkte Kals den britischen Frachter *Danmark* mit 8400 BRT, was seine Trefferquote auf 25 700 Tonnen erhöhte. Schacht, der im Mai eine sensationell erfolgreiche Feindfahrt im Golf von Mexiko absolviert hatte, fand keine Ziele.

Kals blieb mit *U130* den ganzen Monat August vor Freetown. In dieser Zeit versenkte er mit Torpedos und Deckgeschütz weitere vier Schiffe mit 25 900 Tonnen, darunter zwei norwegische Tanker: die *Malmanger* mit 7100 BRT und die *Mirlo* mit 7500 BRT. Diese Erfolge erhöhten seine bestätigte Versenkungsbilanz auf sieben Schiffe (davon drei Tanker) mit 51 528 Tonnen. Die Versenkungen bei drei früheren Feindfahrten mitgerechnet, hatte sich Kals damit für ein Ritterkreuz* qualifiziert, dessen Verleihung ihm auf der Heimfahrt über Funk mitgeteilt wurde.

* Zur Zeit der Auszeichnung betrug Kals' bestätigte Trefferquote 18 Schiffe mit ungefähr 106 500 Tonnen.

Schacht fand mit *U507* vor Freetown kein Schiff und erbat die Erlaubnis, den Atlantik mit Kurs auf brasilianische Gewässer zu überqueren. Obwohl von Ribbentrop den früheren Plan, durch einen Überraschungsangriff von zehn U-Booten den offenen Krieg mit Brasilien zu beginnen, verhindert hatte, hatte Berlin nichts gegen den Beutezug eines U-Bootes einzuwenden, vorausgesetzt, daß Schacht Angriffe auf argentinische und chilenische Schiffe unbedingt vermeiden würde.

Am 16. August erreichte Schacht die brasilianische Küste. An diesem und dem folgenden Tag griff er sechs brasilianische Frachter an, die zwischen 4900 und 1100 BRT groß waren. Ein Torpedo zündete vorzeitig, doch alle anderen waren Volltreffer, so daß Schacht fünf Schiffe mit 14800 BRT versenkte. Am 19. August versenkte er das 90 Tonnen große Segelschiff *Jacyra* mit dem Deckgeschütz, und am 22. August verbrauchte er schließlich fünf Torpedos, um einen schwedischen Frachter mit 3200 BRT zu versenken. Gesamtergebnis: sieben Schiffe mit 18100 BRT.

Als direkte Reaktion auf diese Versenkungen erklärte Brasilien Deutschland am 22. August den Krieg. Kaum wahrgenommen wurde damals, daß die Erklärung lediglich einen schon seit Monaten bestehenden inoffiziellen Kriegszustand offiziell machte. Dönitz plante weitere U-Boot-Beutezüge nach Brasilien, doch das deutsche Außenministerium, wo man noch immer befürchtete, Argentinien und Chile gegen sich aufzubringen, konnte sich dafür nicht begeistern.

Zwei Typ-IX-Boote, die in loser Zusammenarbeit operierten, fuhren über Freetown hinaus zur afrikanischen Goldküste (heute Ghana) und nach Nigeria: Das IXC-Boot *U125* mit Ulrich Folkers, der bei *U462* auftankte, und das IXC-Boot *U506* mit Erich Würdemann. Würdemann war einigermaßen erfolgreich und und versenkte bis zum 5. September fünf Schiffe mit 16400 Tonnen. Folkers dagegen war vom Pech verfolgt; er versenkte bis zum selben Zeitpunkt nur ein britisches Küstenmotorschiff mit 815 Tonnen.

Das andere Typ-IX-Boot der Juli-Gruppe war der ältere B-Typ *U109* unter Ritterkreuzträger Heinrich Bleichrodt. Er patrouillierte vor Freetown und versenkte zwei Tanker mit 11800 BRT, den norwegischen *Arthur W. Sewall* mit 6000 BRT und den britischen *Vimeira* mit 5700 BRT, dessen Kapitän er gefangennahm. Dann folgten zwei ergebnislose und deprimierende Wochen, so daß Bleichrodt am 25. August ebenfalls um Erlaubnis bat, nach Brasilien fahren zu dürfen. Doch Kernével lehnte ab. Bleichrodt tankte bei dem Tanker *U460* nach und hatte im September mehr Glück. Er versenkte drei große britische Frachter mit etwa 24000 BRT und erbeutete auf dem letzten, der *Peterton,* wertvolle Geheimpapiere, die die Schiffswege der Alliierten in dem Gebiet vor Freetown beschrieben. Diese Versenkungen erhöhten Bleichrodts Gesamtquote auf fünf Schiffe (davon zwei Tanker) mit ungefähr 35600 BRT. Am 23. September erhielt er auf der Heimfahrt die Nachricht, daß er das Eichenlaub zum Ritterkreuz erhalten hatte.*

In der ersten Augusthälfte wurden acht Kampfboote aus französischen Stützpunkten in westafrikanische Gewässer entsandt: ein weiteres IXB-Boot, *U107,* und sieben Boote des Typs VII. Diese Boote sollten sowohl von drei Tankern *(U459, U460* und

---

* Zum Zeitpunkt der Auszeichnung belief sich Bleichrodts bestätigte Trefferquote auf *U48* und *U109* auf 26,5 Schiffe mit 150000 Tonnen.

U462) wie auch von dem zum Torpedoversorgungsboot umgerüsteten, ehemals holländischen U-Boot *UD5* versorgt werden.

Am 15. August lief *U107* unter Harald Gelhaus aus. Nach der Durchquerung des Golfs von Biskaya meldete er Kernével, sein Metox-Funkmeßbeobachtungsgerät arbeite gut, wodurch er Angriffen von sechs verschiedenen Flugzeugen (!) habe ausweichen können.

Als diese U-Boote in See stachen, führten die Briten am 19. August ein drittes, sehr großangelegtes Landungsunternehmen im besetzten Frankreich durch. Ungefähr 5000 kanadische und über 1000 weitere alliierte Soldaten unternahmen mit massiver Unterstützung der Royal Air Force einen Sturmangriff auf den Hafen Dieppe an der Kanalküste. Die Deutschen schlugen die Angreifer erfolgreich zurück und brachten ihnen eine demütigende Niederlage bei. Bei den kanadischen Streitkräften gab es 3363 Opfer, bei den anderen alliierten Truppen 247. Die Deutschen nahmen 2200 Mann gefangen. Die Royal Navy hatte 550 Opfer zu beklagen und verlor den Zerstörer *Berkeley* und zahlreiche Landungsfahrzeuge. Auch wenn der Angriff keineswegs perfekt organisiert war, bestärkten die immensen Verluste die Briten in ihrem Entschluß, Roundup, die Hauptinvasion, erst dann zu unternehmen, wenn eine realistische Aussicht auf Erfolg bestand.

In Reaktion auf den alliierten Angriff bei Dieppe dirigierte Kernével den frisch ausgelaufenen Gelhaus mit *U107* (und die Boote *U69* und *U432*) um und befahl ihm, die feindlichen Seestreitkräfte im Ärmelkanal anzugreifen. Doch die Alliierten zogen sich aus dem Gebiet vor Dieppe zurück, bevor *U107* dort eintraf. Als dies klar wurde, gab Kernével Gelhaus die Anweisung, auf Gegenkurs in südliche Gewässer zu gehen und auf weitere Befehle zu warten.

Die sieben Typ-VII-Boote bildeten die neue Gruppe Blücher als Ersatz für die Gruppe Hai. Unter diesen Booten befand sich Ritterkreuzträger Peter Cremer mit *U333,* der im Mai eine Fahrt nach Florida nur knapp überlebt hatte, sowie der Minenleger *U214* vom Typ VIID, der im Juni von einem Flugzeug des Coastal Command schlimm zugerichtet worden war.

Am 16. August fand Gerhard Feiler aus der Gruppe Blücher in der Nähe der Azoren den nach Norden laufenden Geleitzug Sierra Leone 118. Dieser bestand aus 33 Handelsschiffen, die von dem Hilfskreuzer *Cheshire* und vier weiteren britischen Kriegsschiffen, darunter dem ehemals amerikanischen Küstenschutzschiff *Gorleston,* gesichert wurden. Dieses Schiff und zwei andere Sicherungsfahrzeuge, die Sloops *Folkestone* und *Wellington,* waren mit Huff Duff ausgestattet.

Als die anderen sechs Boote der Gruppe Blücher auf Feilers Peilzeichen zuliefen, wurden einige von den Geleitschiffen mit Radar und Huff Duff erfaßt. Die *Folkestone* lief eine mit Huff Duff eingepeilte Position an, sichtete Cremer mit *U333,* als dieser eine Funkmeldung absetzte, zwang ihn unter Wasser und griff sechsmal mit Wasserbomben an. Die Angriffe waren laut Cremer wirklich gut gezielt und hätten das Boot fast zum Bersten gebracht. Die Explosionen bogen die Welle der Steuerbordschraube nach oben, was interne Funkenbildung verursachte und ein lautes zermürbendes Kreischen der Steuerbordkupplung erzeugte. Die Schäden zwangen Cremer, die Fahrt abzubrechen.

U556 unter dem neuen 26jährigen Kommandanten Gerhard Remus eröffnete das Gefecht mit einem bei Tageslicht durchgeführten Unterwasserangriff. Remus schoß drei Torpedos auf zwei Schiffe und meldete zwei Versenkungen mit einer Tonnage von 11 700 Tonnen. In Wirklichkeit ging nur der norwegische Frachter *Triton* mit 6600 BRT unter. Die Sicherungsschiffe unternahmen einen Gegenangriff mit Wasserbomben, doch Remus entkam, tauchte nachts wieder auf und setzte die Verfolgung der Hauptformation des Konvois fort.

Am Morgen des 18. August hatte der Geleitzug eine Position ungefähr 1110 Kilometer südwestlich von England erreicht und befand sich damit in Reichweite von B-24 Liberator-Bombern der Squadron 120 des Coastal Command. Der Geschwaderführer Terence Bulloch flog den ersten Einsatz. Cremer, der seine Feindfahrt abgebrochen hatte, und Remus von *U566,* der versuchte, sich vor den Konvoi zu setzen, meldeten beide Angriffe von landgestützten Bombern, aber nur geringe Schäden.

Am Nachmittag des 18. August kam Günther Reeder mit dem Minenleger *U214* heran und führte bei Tageslicht einen Unterwasserangriff durch. Er schoß einen vollen Bugfächer von vier Torpedos in die Formation und meldete die Versenkung von vier Schiffen mit 20 000 Tonnen. Tatsächlich versenkte er zwei große Frachter mit 13 800 BRT und beschädigte den 10 100 Tonnen großen, bewaffneten Hilfskreuzer *Cheshire,* der gerettet werden konnte und in einen Hafen geschleppt wurde. Reeder meldete, landgestützte Flugzeuge hätten ihn davon abgehalten, sich für einen zweiten Angriff vor den Geleitzug zu setzen.

Eine von dem Geschwaderführer Bulloch geflogene Liberator-Maschine griff Feiler in *U653* mit sechs Wasserbomben und zwei Fliegerbomben an. Sie detonierten nahe bei dem Boot, schleuderten ein Besatzungsmitglied über Bord und zwangen Feiler mit schweren Schäden zum Tauchen. *U653* war nach *U89* zweite U-Boot in zwei Tagen, das Bulloch ernsthaft beschädigt hatte. Als Feiler den Schaden etwas später am selben Abend nach Kernével meldete, erhielt er den Befehl, allen entbehrlichen Treibstoff an die Typ-VII-Boote *U406* und *U566* abzugeben und die Fahrt abzubrechen. Am 31. August lief das schwer angeschlagene Boot in Brest ein. Es blieb für zwei Monate außer Gefecht.

Müller-Edzards in *U590* bekam Fühlung mit dem Konvoi, doch die Sicherungsschiffe drückten ihn durch einen Gegenangriff unter Wasser und setzten sein Funkgerät außer Betrieb. Ein anderes Boot bat für ihn um die Ermächtigung zum Abbruch der Fahrt. Kernével lehnte ab und befahl Müller-Edzards durchzuhalten und, wenn irgend möglich, anzugreifen, doch die Befehle kamen nicht zur Ausführung. Unfähig, das Funkgerät zu reparieren, und ohne Kontakt mit Kernével brach Müller-Edzards die Fahrt ab und traf am 23. August in St. Nazaire ein. Nach eiligen Reparaturen lief er vier Tage später wieder aus.

Ab dem 19. August sorgten Liberator-Bomber, Sunderland-Maschinen und Catalina-Flugboote des Coastal Command für eine nahezu lückenlose Luftsicherung des Geleitzugs. Trotzdem kam Horst Dieterichs mit *U406,* bei dem zeitweise der Steuerborddiesel ausgefallen war, am späten Nachmittag in eine Position vor dem Geleitzug und unternahm einen Sehrohrangriff. Er traf und versenkte den 7500 BRT großen britischen Frachter *City of Manila,* doch die Sicherungsschiffe führten einen hartnäckigen und wirkungsvollen Gegenangriff durch, der auf dem Boot schwere Schäden und bei der Crew Verluste verursachte. Dieterichs widerstrebte es, die Fahrt abzubrechen, und er setzte sich in westlicher Richtung ab, um Reparaturen durchzuführen. Dabei entdeckte er, daß sein Schmieröl verunreinigt war.

Am 20. August sagte Dönitz die Operation gegen Sierra Leone 113 wegen der starken Luftsicherung ab. Die Deutschen hatten in der Geleitzugschlacht nur mittelmäßige Resultate erzielt. Drei der sieben Boote der Gruppe Blücher hatten angegriffen und vier Schiffe mit 28 000 Tonnen versenkt sowie den bewaffneten Hilfskreuzer *Cheshire* beschädigt. Im Gegenzug hatte die Luft- und Überwassersicherung die drei Boote *U333* unter Cremer, *U653* unter Feiler und *U590* unter Müller-Edzards zum Abbruch der Feindfahrt gezwungen. Ein viertes Boot, *U594* unter dem neuen 27jährigen Kommandanten Friedrich Mumm, auf dessen Boot bei einem Wasserbombenangriff beide Luftkompressoren ausgefallen waren, erhielt die Anweisung, von einem U-Tanker Ersatzteile zu übernehmen.

Die alliierten ASW-Kräfte hatten die Gruppe Blücher zerschlagen. Kernével befahl daher Gelhaus in dem IXB-Boot *U107,* sich den drei verbliebenen Booten *U214, U406* und *U566* anzuschließen. Als Gelhaus am 25. August sein neues Einsatzgebiet erreichte, meldete Günther Reeder vom VIID-Minenleger *U214* auf halbem Weg zwischen den Kanarischen Inseln und den Azoren Fühlung mit Sierra Leone 119, einem weiteren nach Norden laufenden Konvoi.

Reeder hielt Fühlung und führte andere Boote heran, doch dann peilten ihn die Geleitschiffe mit Huff Duff ein, drückten ihn unter Wasser und vertrieben ihn. Gerhard Remus von *U566* und Gelhaus von *U107* bekamen als nächstes Kontakt. Remus führte bei Tageslicht einen Unterwasserangriff durch und versenkte zwei große Frachter mit insgesamt 14 000 BRT. Die Sicherungsschiffe reagierten mit einem Gegenangriff, und eines von ihnen rammte *U566,* demolierte die Brücke und verbog die Sehrohre. Remus brachte das Boot, nachdem er mit Schneidbrennern den Großteil des zerfetzten Stahls entfernt hatte, mit knapper Not nach Frankreich zurück. Wegen der Reparaturen konnte das Boot erst Ende Oktober an die Front zurückkehren.

Angriffe weiterer Boote der Gruppe Blücher wurden durch die Luft- und Überwassersicherung von Sierra Leone 119 vereitelt. Reeder von *U214* berichtete, ein mit Radar ausgerüstetes Flugzeug habe ihn die ganze Nacht unter Wasser gehalten, was dazu führte, daß er immer weiter zurückfiel und nicht mehr in Schußposition gelangen konnte. Gelhaus von *U107* meldete, die Geleitfahrzeuge hätten ihn zum Tauchen gezwungen und volle acht Stunden lang mit Wasserbomben eingedeckt. Beim Ablaufen machte sein Boot ein lautes, klopfendes Geräusch, das die Besatzung jedoch abstellen konnte. Dieterichs versuchte mit *U406* einen Sehrohrangriff bei Tageslicht, wurde jedoch von Flugzeugen vertrieben.

Die verbliebenen Blücher-Boote, *U107, U214* und *U406,* verfolgten den Geleitzug hartnäckig weiter nach Norden, aber ohne Erfolg. Dönitz brach die Operation gegen Sierra Leone 119 angesichts der schweren Luftsicherung ab und formierte die Gruppe Blücher für Unternehmungen vor Freetown zum zweiten Mal neu. Die neue Gruppe sollte aus dem Ritterkreuzträger Peter Cremer bestehen, der mit *U333* wieder ausgelaufen war, aus Müller-Edzards, der sich mit *U590* wieder anschloß, aus Joachim Berger mit dem kampferfahrenen VIIB-Boot *U87* und aus den Booten *U107, U214* und *U406.* Bis zum Auslaufen oder erneuten Auslaufen der Boote in Frankreich postierte Kernével *U107* und *U214* in Wartestellung vor Lissabon. Dort versenkte Gelhaus am 3. September zwei britische Frachter mit 8600 BRT.

Die Rückkehr der U-Boote in den Südatlantik im Sommer 1942 war zur rechten Zeit gekommen und hatte gute Ergebnisse gebracht. Die fünf Boote der Gruppe Hai versenkten 16 Schiffe mit 103 000 Tonnen. Die im Juli unabhängig davon ausgelaufenen 7 Boote der Gruppe Blücher des Typs VII und IX versenkten 30 Schiffe mit 158 700 Tonnen. Und die der Gruppe später zugeteilten 7 Boote des Typs VII und IX versenkten acht Schiffe mit ungefähr 48 000 Tonnen – ein Gesamtergebnis von 54 Schiffen mit etwa 309 000 Tonnen. Zwei Typ-VII-Boote, *U136* und der Minenleger *U213,* gingen unter Verlust der gesamten Besatzung verloren. Das »Tauschverhältnis« hatte damit 27 versenkte Schiffe pro verlorenem Boot betragen, eine sehr viel bessere Quote als die im Nordatlantik erzielte. Angesichts der guten Erfolge ordnete Dönitz für den Herbst 1942 eine Steigerung von Feindfahrten in den Südatlantik und in westafrikanische Gewässer an.

Weitere Feindfahrten in amerikanischen Gewässern

Die Wiederaufnahme des U-Boot-Kriegs auf den nord-, mittel- und südatlantischen Geleitzugrouten im Juli und August nahm die Mehrheit der U-Boote in Anspruch. Dennoch widerstrebte es Dönitz, den Feldzug in amerikanischen Gewässern abrupt zu beenden. Außer möglichen Versenkungen würde eine fortgesetzte Anwesenheit von U-Booten in amerikanischen Gewässern eine Ausdehnung des Geleitzugsystems mit all den damit verbundenen Verzögerungen erbringen sowie ASW-Kräfte binden und ihrer Verlegung in andere Regionen vorbeugen. Deshalb wurden 28 weitere Boote nach Amerika entsandt. Im Juli stachen zehn Typ-VII-Boote und Typ-IX-Boote in See, und im August brachen drei Typ-VII- und acht Typ-IX-Boote auf.

Unter den zehn im Juli auslaufenden Typ-VII-Booten waren sechs kampferprobte Boote aus Frankreich und vier neue aus Deutschland. Zwei der sechs Boote aus Frankreich, *U564* und *U751,* wurden von den Ritterkreuzträgern Reinhard Suhren und Gerhard Bigalk kommandiert. Acht der zehn Boote sollten im karibischen Raum patrouillieren. Die anderen zwei, Bigalks *U751* und *U98* unter Wilhelm Schulze, sollten TMB-Minenfelder bei Charleston in South Carolina und bei Jacksonville in Florida legen.

Bigalk, der für die Versenkung des Geleitträgers *Audacity* während der Geleitzugschlacht mit Home Gibraltar 76 im Dezember 1941 das Ritterkreuz erhalten hatte, lief in St. Nazaire aus. Drei Tage später, am 17. Juli, sichtete eine Whitley-Maschine der Squadron 502 des Coastal Command mit dem Piloten A. R. A. Hunt das Boot an der Wasseroberfläche. Die Whitley warf aus einer Höhe von 15 Metern 6 auf 7,5 Meter Wassertiefe eingestellte Wasserbomben des Typs Mark VII mit Torpex-Ladungen. Sie explodierten in großer Nähe zu beiden Seiten des Bootes und hoben *U751,* wie die Flieger berichteten, buchstäblich aus dem Wasser. Trotzdem führte die Whitley einen zweiten Angriff mit ASW-Bomben und Maschinengewehren durch.

U751 überstand beide Angriffe und Bigalk konnte sogar noch tauchen. Als er jedoch einige Stunden später wieder an die Oberfläche kam, kreiste eine große viermotorige, britische Lancaster über ihm, die dem Coastal Command von der Squadron 61 des Bomber Command zur Verfügung gestellt worden war und von Peter R. Casement geflogen wurde. Beim Angriff der Maschine feuerte *U751* »aus allen Rohren zurück«. Die Lancaster warf zehn gutgezielte Mark-VIII-Wasserbomben und dann eine Kette von ASW-Bomben. Der Bug des Bootes stellte sich senkrecht auf, und das

U-Boot glitt mit dem Heck voran in die Tiefe. Die U-Boot-Männer sprangen ins Wasser, und einige von ihnen drohten trotzig mit der Faust, wie die britischen Flieger berichteten. Die Briten machten keinen Versuch, die Deutschen zu retten. Keiner überlebte.*

Wilhelm Schulze legte am 9. August mit *U98* sein Dutzend Minen vor Jacksonville. Doch irgend etwas ging schief, denn das Minenfeld brachte keine Versenkungen. Danach fuhr Schulze ein gutes Stück von der Küste entfernt nach Norden, wo er in den tiefen Gewässern vor Kap Hatteras patrouillieren sollte. In der Nacht des 22. August entdeckte er in hellem Mondlicht vor Kap Lookout einen Geleitzug, doch die Luft- und Überwassersicherung verhinderte einen Angriff. Bei der Rückkehr nach Frankreich wurde Schulze angekreidet, daß er zwei lange und mühselige Feindfahrten in amerikanischen Gewässern ohne eine einzige Versenkung absolviert hatte; er verlor sein Kommando und mußte andere Aufgaben übernehmen.

Am 17. Juli, dem Tag, als ein britisches Flugzeug Bigalk mit *U751* versenkte, stieß *U202* unter Hans-Heinz Linder auf dem Rückmarsch in der Nähe des Orts der Versenkung auf den Geleitzug Outbound South 34. Linder meldete den Geleitzug und hielt Fühlung, bis er durch den Geleitschutz vertrieben wurde. Seine Funksignale brachten sowohl die nach Amerika entsandten Typ-VII-Boote *U564* unter Ritterkreuzträger Reinhard Suhren und *U654* unter Ludwig Forster als auch ein frisch ausgelaufenes und ein auf dem Rückmarsch befindliches Typ-IX-Boot heran.**

Linder mit *U202* mußte seinen Einsatz wegen Treibstoffmangels abbrechen und nach Frankreich weiterfahren, doch inzwischen hatte Suhren Fühlung bekommen und blieb an dem Konvoi. Als auch Forster mit *U654* Fühlung gemeldet hatte, griff Suhren an und schoß vier Bugtorpedos auf vier verschiedene Schiffe. Er meldete Treffer auf vier Schiffen: zwei versenkte Schiffe mit 10000 Tonnen und zwei beschädigte Schiffe mit 13000 Tonnen. Eine Analyse nach dem Krieg bestätigte nur die Versenkungen mit 11100 Tonnen, nicht jedoch die Beschädigungen. Das frisch ausgelaufene IXB-Boot *U108* unter Ritterkreuzträger Klaus Scholtz schoß sechs Torpedos (vier Bug-, zwei Hecktorpedos) auf drei Schiffe, doch alle versagten oder gingen fehl. Kein anderes Boot konnte für einen Angriff herankommen, und der Rest des Geleitzugs entkam.

Suhren und Forster setzten ihre Fahrt mit südwestlichem Kurs in die Karibik fort. Am 22. Juli bot sich Suhren 1850 Kilometer westlich von Gibraltar ein atemberaubendes Schauspiel: zwei nach Westen laufende »britische Schlachtschiffe«, begleitet von drei »Zerstörern«. Suhren hielt Fühlung und setzte eine Meldung ab, konnte jedoch keine günstige Schußposition erreichen. Seine Meldungen brachten Forster mit *U654* und den auf dem Rückmarsch von seiner bemerkenswerten Feindfahrt in der Karibik befindlichen Rolf Mützelburg mit *U203* heran, doch keines der

* Die in einigen amerikanischen Darstellungen aufgestellte Behauptung, *U751* habe bei Charleston ein Minenfeld gelegt, ist offensichtlich ein Irrtum.

** Das Zusammenlaufen von sechs U-Booten (zwei des Typs IX und vier des Typs VII) in dem Gebiet in der Nähe des Geleitzugs Outbound South 34 läßt darauf schließen, daß Dönitz im voraus Kenntnis über die Position des Konvois besaß und Bigalk mit *U751,* der nicht nur Minen, sondern auch Torpedos geladen hatte, an einer Spezialmission gegen den Geleitzug beteiligt war. Es sind jedoch keine Dokumente aufgetaucht, die diese Vermutung bestätigen würden.

beiden Boote konnte die Schiffe überholen. Die beiden Boote trafen sich am folgenden Tag auf See, und der auslaufende Suhren setzte ein krankes Besatzungsmitglied auf das zurückkehrende *U203* über. Dabei dürfte Suhren, der das Eichenlaub zum Ritterkreuz trug, Mützelburg, dem dieselbe Ehre eine Woche vorher zuteil geworden war, zweifellos beglückwünscht haben.

Am 3. August fanden Suhren und Forster, noch immer in Gesellschaft fahrend, den neuen U-Tanker *U463* unter Leo Wolfbauer. Die Typ-VII-Boote füllten ihre Tanks auf, doch Suhren benötigte auch Torpedos. Als er erfuhr, daß das auf dem Rückmarsch von der Karibik befindliche Typ-IX-Boot *U154* noch seine volle Ladung an Bord hatte, arrangierte er über Kernével ein Treffen und übernahm einige Torpedos.* Danach setzten die beiden Typ-VII-Boote ihre Fahrt fort und trafen in der Karibik ein, Suhren in dem Gebiet westlich von Trinidad und Forster weiter westlich vor Panama.

Zu diesem Zeitpunkt war beinahe die gesamte Schiffahrt in der Karibik in Geleitzügen organisiert worden, die zwischen Key West, Trinidad, Aruba, Curaçao und der Guantánamo Bay verkehrten. Der Großteil der Luft- und Überwassersicherung wurde von den Amerikanern geleistet, doch auch die Briten und die Kanadier hatten jeweils eine Sicherungsgruppe von Überwasserschiffen zur Verfügung gestellt, und die Briten zudem eine Staffel von 20 auf Trinidad stationierten Hudson-Maschinen des Coastal Command.

Dönitz wußte von dem ausgeweiteten Geleitzugnetz in der Karibik und ermutigte seine Kommandanten, lose zusammenzuarbeiten, falls dies überhaupt möglich war. Wenn ein Kommandant einen Geleitzug fand, sollte er eine Kontaktmeldung funken und dann angreifen. Wenn sich andere Typ-VII-Boote in der Nähe aufhielten, sollten sie mit hoher Geschwindigkeit auf die gemeldete Position zulaufen. Dabei sollten sie berücksichtigen, daß die Karibik für eine langandauernde Konvoiverfolgung wenig Seeraum bot, daß die Anzahl der alliierten ASW-Flugzeuge von Tag zu Tag zunahm, so daß immer mit Luftangriffen zu rechnen war, und daß der Funkverkehr zwischen den U-Booten auf ein Minimum beschränkt bleiben sollte.

Als Jürgen Wattenberg mit dem Typ-IX-Boot *U162* am 19. August einen Geleitzug direkt westlich von Trinidad meldete, eilte Suhren mit *U564* kurz entschlossen herbei, bekam Fühlung und griff an. Trotz zwei Zündversagern meldete er die Versenkung eines Tankers und eines Frachters mit 15 000 BRT und die Beschädigung zweier Schiffe mit insgesamt 13 000 Tonnen. Doch es konnten nur die beiden Versenkungen mit 13 000 BRT bestätigt werden, darunter die des 7000-Tonnen-Tankers *British Consul.* Danach fuhr Suhren in den Atlantik östlich von Trinidad, sichtete jedoch in den folgenden zehn Tagen nichts, was einen Torpedo wert gewesen wäre. Doch als er sich am 30. August Trinidad näherte, entdeckte und versenkte er mit Torpedos und Deckgeschütz den norwegischen Tanker *Vardaas* mit 8200 BRT.

Danach hatte Suhren alle Torpedos verbraucht und nahm Kurs auf Frankreich. Er meldete fünf versenkte Schiffe (davon zwei Tanker) mit 35 000 Tonnen – eine Schätzung, die der Wirklichkeit nahekam – und Schäden an vier weiteren Schiffen mit 26 000 Tonnen. Der Stab in Kernével interpretierte seine Meldung falsch und vermerkte, Suhren habe insgesamt neun Schiffe mit 60 000 Tonnen *versenkt.* Möglicher-

* Eine beschwerliche und gefährliche Aufgabe, bei der man die durch Bojen über Wasser gehaltenen Torpedos von einem Boot zum anderen flößte.

weise jedoch erfolgte diese Fehlinterpretation bewußt, um den Umstand zu rechtfertigen, daß Suhren am 1. September die Schwerter zum Ritterkreuz erhielt.* Nach seiner Rückkehr verließ Suhren sein Boot. Später übernahm er den neu geschaffenen, hohen Posten des Führers der U-Boote Nord.

Ludwig Forster patrouillierte vom 12. bis zum 21. August mit dem Typ-VII-Boot *U654* vor Panama. In dieser Zeit sichtete er nur ein Schiff, ein schnelles Torpedoboot. Nach Eingang seines Zwischenberichtes verlegte Kernével das Boot in das Gebiet genau südlich der Guantánamo Bay in die Windward Passage. Am nächsten Tag, dem 22. August, entdeckte eine mit Radar ausgestattete B-18 der 45th Bombardement Squadron der Army Air Forces das Boot an der Wasseroberfläche. Der Pilot P. A. Koening flog einen schnellen und geschickten Angriff und warf vier auf geringe Wassertiefe eingestellte Torpex-Wasserbomben, die zu beiden Seiten des Bootes einschlugen. Augenblicke später kamen Öl und Trümmerstücke an die Oberfläche, das letzte Zeichen von *U654*. Es gab keine Überlebenden.

Die anderen sechs im Juli ausgelaufenen Typ-VII-Boote fuhren über die Nordatlantikrouten in die Karibik. Kernével befahl mehreren dieser Boote, unterwegs Geleitzüge anzugreifen und nachzutanken. Wie oben erwähnt, versenkte das erfahrene Boot *U553* unter Karl Thurmann den 9400 BRT großen britischen Frachter *Loch Katrine* aus dem Konvoi Outbound North 115. Bei einem Auftankmanöver am 5. August ging ein Besatzungsmitglied des neuen Boots *U598* unter Gottfried Holtorf über Bord und ertrank.

Vier der sechs Boote patrouillierten nahe der Windward Passage und waren auf der Suche nach Geleitzügen die zwischen Key West und der Guantánamo Bay und Key West und Trinidad verkehrten, in der Hoffnung, die Geleitzüge in grob aufeinander abgestimmten Operationen angreifen zu können. Am 12. August fand der 32jährigen Hans Senkel mit dem neuen Boot *U658* den Geleitzug Key-West-Trinidad 13. Seine Meldung brachte die anderen drei Typ-VII-Boote heran, die zusätzlich noch auf den nach Norden laufenden Geleitzug Trinidad-Key-West 12 stießen. Nach den nun folgenden Kampfhandlungen meldete Senkel die Versenkung eines Tankers und eines Frachters mit 21 000 BRT, sowie einen Treffer auf einen Frachter mit 6000 BRT. Doch es wurde nur die Versenkung eines kleinen holländischen Frachters mit 1311 BRT bestätigt. Gottfried Holtorf versenkte zwei britische Schiffe, einen Frachter mit 2300 BRT und den Tanker *Empire Corporal* mit 7000 BRT, und beschädigte den 6200 BRT großen britischen Tanker *Standella.* Karl Thurmann versenkte zwei Frachter mit 10 000 BRT und beschädigte den britischen Frachter *Empire Bede* mit 7000 BRT so schwer, daß das Schiff von der britischen Korvette *Pimpernel* versenkt werden mußte. Das neue Boot *U600* unter Bernard Zurmühlen, der zuvor ein britisches Segelschiff mit 130 Tonnen versenkt, jedoch einen »Zerstörer« mit einem Dreierfächer verfehlt hatte, versenkte zwei Frachter mit 9600 BRT.

---

* Nach Kretschmer und Topp war Suhren der dritte Kommandant, dem die Schwerter zum Ritterkreuz verliehen wurden. Das Ritterkreuz hatte er sich, was einzigartig blieb, schon als Erster Wachoffizier auf dem alle Rekorde brechenden Boot *U48* unter Herbert Schultze, Hans Rösing und Heinrich Bleichrodt verdient. Als Kommandant von *U564* hatte Suhren bei fünf Feindfahrten 18 Schiffe mit ungefähr 95 000 Tonnen versenkt.

Das Gesamtergebnis der vier Boote betrug acht bestätigte Versenkungen mit 37200 BRT und die Beschädigung eines Tankers.

Die teilweise gleichzeitig stattfindenden Gefechte mit den beiden in die jeweilige Gegenrichtung fahrenden Geleitzügen waren heftig. Die Boote meldeten eine starke Luft- und Überwassersicherung. Zurmühlen von *U600* berichtete, die alliierten Flugzeuge seien in der Lage gewesen, sein Boot mit großer Präzision nachts zu orten, was darauf hindeute, daß sie mit ASV-Radar ausgerüstet seien. Zudem besaßen die Überwassereinheiten laut Zurmühlen sehr gute Sonargeräte, und ihre Wasserbomben lagen beängstigend gut. Dies führte dazu, daß *U600* beträchtliche Schäden erlitt, die die Besatzung nicht reparieren konnte, so daß Zurmühlen die Fahrt abbrechen mußte. Auch Holtorf von *U598* meldete schwere Schäden durch Wasserbomben, die ihn zwangen, die Fahrt abzubrechen. Hans Senkel von *U658* meldete, er sei von einem Q-Ship gejagt worden und habe wegen Treibstoffmangel sofort die Rückfahrt antreten müssen.

Damit befanden sich drei der vier in der Windward Passage stehenden Boote auf Heimatkurs nach Frankreich. Kurz nach dem Verlassen der Karibik stieß Zurmühlen auf einen großen schnellen Frachter, meldete jedoch trotz fehlerfreier Daten des Vorhalterechners zwei Fehlschüsse. Senkel mit *U658,* Holtorf mit *U598* und Zurmühlen mit *U600* tankten auf dem Rückweg bei Leo Wolfbauers Tanker *U463* nach. *U600* lief bei der Einfahrt in den nach La Pallice führenden Kanal auf eine Mine. Das Boot überstand die Explosion, doch die Reparatur des dabei erlittenen Schadens und des Schadens, den es sich in der Karibik zugezogen hatte, nahm zwei Monate in Anspruch. Holtorfs *U598* lag 105 Tage zur Reparatur der Gefechtsschäden im Hafen.

Karl Thurmann patrouillierte noch weitere zehn Tage in der Karibik, fand aber keine weiteren Ziele. Da er auf dem Weg nach Amerika aufgetankt hatte und mit dem Diesel sehr sparsam umgegangen war, mußte er nicht mehr nachtanken, um nach Frankreich zu gelangen. Er meldete einschließlich des großen, im Nordatlantik versenkten Frachters fünf Versenkungen mit 32000 Tonnen und die Beschädigung eines 6000-Tonnen-Tankers. Dank überhöhter Meldungen erhielt er noch in der Karibik am 24. August das Ritterkreuz. Der Berliner Propagandaapparat brachte die Auszeichnung groß heraus und schrieb Thurmann die Versenkung von 18 Schiffen mit 106000 Tonnen zu.*

U217, ein neuer Minenleger des Typs VIID, patrouillierte vor Aruba und Curaçao. In der Nacht des 18. August drang der 25jährige Kommandant Kurt Reichenbach-Klinke in den Hafen von Willemstad auf Curaçao ein und schoß drei Torpedos auf den an einer Pier vertäuten Tanker *Esso Concord.* Er meldete eine Versenkung, doch sie konnte nicht bestätigt werden. Am folgenden Tag versenkte er mit dem Deckgeschütz das 75 BRT große britische Segelschiff *Seagull D.* und meldete, das Schiff habe fünfzig Soldaten transportiert. Während dieses Gefechts entdeckte eine B-18 der Army Air Forces das Boot und griff es mit Wasser- und Fliegerbomben an. Dabei wurde das Boot so schwer beschädigt, daß Reichenbach-Klinke sich in ein abgelegenes Seegebiet zurückziehen mußte, um Reparaturen durchzuführen. Später meldete er, daß mehrere seiner Männer einen Hitzschlag erlitten hatten, und kehrte am

* Zum Zeitpunkt der Auszeichnung betrug Thurmanns bestätigtes Trefferergebnis 14 Schiffe mit 80237 Tonnen.

16. Oktober nach Frankreich zurück – das Ende einer glücklosen Feindfahrt, auf der er nur ein Segelschiff versenkt hatte.

Das letzte der Juli-Boote, das in der Karibik eintraf, war das Typ-VII-Boot *U558* unter Günther Krech. Nur wenige Stunden nach ihm kam der am 2. August in Frankreich ausgelaufene Ritterkreuzträger Otto Ites mit dem Typ-VII-Boot *U94*. Beide Boote tankten am 20. August bei Bruno Vowes Tanker *U462* nach und füllten ihre Tanks bis zum Rand. Danach setzten sie ihre Reise zur Windward Passage fort, um dort Geleitzüge zu jagen. Krech passierte die Wasserstraße am 24. August und versenkte an ihrem südlichen Ende einen britischen 2000-Tonnen-Tanker, ein schnell fahrendes Schiff, das dem Konvoi Trinidad-Key-West 15 vorausgeeilt war. Kurz darauf brach er die Funkstille und meldete, daß er auf der Fahrt durch die Windward Passage von einer feindlichen ASW-Gruppe angegriffen und bombardiert worden war, die aus kooperierenden Flugzeugen und Zerstörern bestand, und Kernével befahl ihm, das Gebiet zu verlassen und weiter westlich entlang der Südküste Kubas bis zum Kanal von Yucatán zu patrouillieren.

Ites durchkämmte mit *U94* die südlichen Zufahrten der Windward Passage auf der Jagd nach Geleitzügen. Am 27. August sichtete er einen Konvoi und funkte eine Alarmmeldung. Es war der stark gesicherte, nach Osten laufende Geleitzug Trinidad-Key-West 15, der aus 21 Handelsschiffen und 9 Sicherungsschiffen aus verschiedenen Ländern bestand. Kein anderes Typ-VII-Boot stand nahe genug für einen Angriff, doch das IXC-Boot der Juli-Gruppe *U511* unter Friedrich Steinhoff reagierte.

An diesem Abend stieß eine mit Radar ausgerüstete Catalina des Patrol Squadron 92 von dem gegenüber der Windward Passage gelegenen amerikanischen Marinestützpunkt Guantánamo auf Kuba als Luftsicherung zu dem Geleitzug. Es war eine wunderbare tropische Nacht, erleuchtet von einem hellen Vollmond. Gegen 3 Uhr ortete der Pilot mit seinem Radargerät *U94* und sichtete kurz danach das aufgetaucht fahrende Boot hinter dem Geleitzug. Der Pilot Gordon R. Fiss griff aus einer Höhe von etwa 20 Metern an und warf vier neue experimentelle 300-Kilo-Wasserbomben des Typs Mark XXIX,* die auf eine Detonationstiefe von 15 Metern eingestellt waren. Ites sah das Flugzeug und tauchte, doch es war zu spät, um noch Tiefe zu gewinnen. Die starken, in unmittelbarer Nähe erfolgenden Explosionen brachten *U94* zurück an die Wasseroberfläche. Sie beschädigten sein Antriebssystem und verminderten seine Höchstgeschwindigkeit auf elf Knoten, nicht genug, um selbst den langsamsten Sicherungsschiffen zu entkommen, also tauchte Ites erneut.

Pilot Gordon Fiss flog zu einem der Sicherungsschiffe, der kanadischen Korvette *Oakville* unter Kapitän Clarence A. King, und meldete das U-Boot mit dem Signalscheinwerfer. King ging auf volle Fahrt und warf an der Stelle, wo Fiss Leuchtbojen abgeworfen hatte, fünf auf 30 Meter eingestellte Wasserbomben. Kings Männer orteten *U94* mit dem Sonar, und als sich das Wasser nach den Detonationen etwas beruhigt hatte, sichteten sie das Boot im Mondlicht direkt voraus an der Wasseroberfläche. Sofort wendete King die *Oakville* und nahm aus allen Rohren feuernd Kurs auf das Boot, um es zu rammen. Die *Oakville* streifte *U94* und riß es herum. King

* Diese Bombe, die nicht in Massenproduktion ging, hatte eine Ladung von 210 Kilo TNT. Die Mehrheit der Piloten zog es vor, eine größere Zahl der kleineren und leichteren Mark-XVII-Wasserbombe mit Torpex-Ladung mitzuführen.

ging auf Distanz, damit er die 4-Zoll-Kanone einsetzen konnte, und gab vier Schüsse ab; einer davon riß das Deckgeschütz von *U94* weg. Danach rammte King das U-Boot ein zweites Mal und warf gleichzeitig eine Wasserbombe, die darauf eingestellt war, direkt unter dem U-Boot zu explodieren.

Ites war nicht mehr in der Lage, zu tauchen, das Feuer zu erwidern oder über Wasser zu entkommen, und gab den Befehl, das Boot zu fluten und aufzugeben. Er und seine Männer strömten an Deck und gerieten direkt in den Feuerhagel der MGs und der Kanone der Korvette. Etwa ein Dutzend Deutsche wurden getötet oder tödlich verwundet. Ites wurde zweimal ins Bein getroffen und sprang ins Wasser, als King die *Oakville* wendete und *U94* ein drittes Mal rammte. Die Korvette traf das U-Boot hart direkt hinter dem Kommandoturm und riß dabei klaffende Löcher in den eigenen Schiffsboden. Im Moment der Kollision sprang ein »Enterkommando«, das nur aus dem Offizier H. E. T. Lawrence und dem Maat A. J. Powell bestand, mit gezogenen Pistolen auf den Bug von *U94,* um eine Selbstversenkung zu verhindern und Enigma-Unterlagen oder vielleicht sogar das ganze U-Boot zu erbeuten. Fast zur gleichen Zeit schwammen der verwundete Ites und andere schwer verletzte Deutsche zur *Oakville* hinüber und wurden an Bord genommen.

Lawrence und Powell gingen vorschriftsmäßig vor und eilten mit ihren Pistolen zum Kommandoturm, um die Deutschen unter Deck zu halten und eine Selbstversenkung zu verhindern. Die Kanadier erschossen zwei Deutsche, die ihre Befehle mißachteten. Laut Lawrence erhoben die noch unter Deck gebliebenen, »total verängstigten« Deutschen »ein furchtbares Geschrei«, so daß er ihnen erlaubte, an Deck zu kommen. Während Powell die Deutschen mit seiner Waffe in Schach hielt, eilte Lawrence unter Deck in die pechschwarze Zentrale, die rasch voll Wasser lief und wo es nach »Gas« roch. Bei einer hastigen Suche im schwachen Licht seiner eigenen Stablampe konnte er keine »Geheimdokumente« irgendwelcher Art finden. Als sich *U94* aufstellte und mit dem Heck voraus, zu sinken begann, griff sich Lawrence vier Ferngläser und eilte an Deck. Boote von der *Oakville* und von einem weiteren Sicherungsschiff, dem amerikanischen Glattdeck-Zerstörer *Lea,* fischten die beiden Kanadier und 24 Deutsche aus dem Wasser.

Während *Oakville* und die *Lea* – und die Catalina – mit dem sinkenden U-Boot beschäftigt waren, näherte sich Friedrich Steinhoff mit dem IXB-Boot *U511* dem Geleitzug und griff an. Er schoß einen vollen Bugfächer auf drei verschiedene Tanker und traf erstaunlicherweise mit diesen ersten Schüssen als Kommandant alle drei Schiffe. Er versenkte den 13 000 BRT großen Briten *San Fabian* und die holländische *Rotterdam* mit 9000 BRT und beschädigte den 8800 BRT großen US-Tanker *Esso Aruba,* der es aus eigener Kraft zur Guantánamo Bay schaffte. Eines der drei zu der Sicherungsgruppe gehörenden amerikanischen U-Jagd-Boote rettete 59 Überlebende der beiden gesunkenen Tanker.

In der Guantánamo Bay nahmen die Amerikaner die 26 deutschen Überlebenden von *U94* in ihren Gewahrsam. Mit Genugtuung stellten sie fest, daß sie mit Ites einen Ritterkreuzträger gefangengenommen hatten, ein »As«. In den nächsten Wochen quetschten amerikanische Geheimdienstoffiziere Ites und seine Männer aus, die sich kooperativ stellten, aber kaum wertvolle Informationen preisgaben. Als die Amerikaner Ites über die Schlüsselmaschine M auf *U94* ausfragten, äußerte er sich mit entwaffnender Lässigkeit. Die Maschinen seien kein Geheimnis, sagte er. Vor dem Krieg seien sie auf dem freien Markt verkauft worden, doch seien sie nutzlos, wenn man die Einstellungen nicht kenne. Hätte er gewußt, daß die Alliierten eine Enigma wollten, fuhr Ites leichthin fort, dann hätte er ihnen seine mitgebracht.

Die Versenkung von *U94* hatte ein unangenehmes Nachspiel. Der Kommandant der Marinebasis in Guantánamo, George L. Weyler, übertrieb die Leistung der Amerikaner und versuchte, die der Kanadier zu schmälern, indem er darauf beharrte, der Zerstörer *Lea* hätte auf *U94* das »Feuer eröffnet« und sei deshalb an der Versenkung beteiligt gewesen. Zudem enthielt Weylers offizieller, für höhere amerikanische Dienststellen verfaßter Bericht über die Kampfhandlungen kaum verhüllte Kritik an den Kanadiern. Auf der Grundlage von Berichten der amerikanischen Besatzungen der Catalina und der *Lea,* war es Clarence King, dem Kapitän der *Oakville,* möglich, Weylers Argumente zu zerpflücken und dessen anmaßenden Bericht zu widerlegen. In der Folge wurde die Versenkung dem Piloten der Catalina, Gordon Fiss, und seiner Besatzung sowie Kapitän King und der Mannschaft der *Oakville* zu gleichen Teilen angerechnet. *U94* war das sechste U-Boot, das innerhalb von sechs Wochen vollständig oder teilweise von kanadischen Streitkräften vernichtet worden war, eine bemerkenswerte Leistung, die jedoch noch immer nicht die verdiente Anerkennung fand.

Dönitz vermutete sofort, daß Ludwig Forster mit *U654* und Otto Ites mit *U94* versenkt worden waren, sehr wahrscheinlich durch feindliche Flieger. Der Verlust des vielbewunderten 24jährigen Ritterkreuzträgers Ites – der im Januar den Grund für die zu tief laufenden Torpedos entdeckt hatte – wurde in der ganzen U-Bootwaffe als schmerzlich empfunden. Dieser Verlust mag Dönitz' Entscheidung beeinflußt haben, keine weiteren Typ-VII-Boote für Angriffe auf Geleitzüge in die Karibik zu entsenden. Die Region war räumlich zu eng und die Geleitzüge zu stark von alliierten ASW-Einheiten gesichert. Daher war *U94* das letzte Typ-VII-Boot, das eine Feindfahrt in der Karibik oder im Golf von Mexiko unternahm.

Günther Krech hatte von alledem keine Ahnung und fuhr mit *U558* – dem einzigen Typ-VII-Boot, das je zwei Feindfahrten in der Karibik unternahm – an der Südküste Kubas entlang nach Westen zu den südlichen Zufahrten des Kanals von Yucatán. Er blieb für zehn Tage in diesem einst so ergiebigen Gebiet, ohne etwas zu sichten, das einen Torpedo wert gewesen wäre. Danach fuhr er zunächst nach Süden bis Panama und dann nach Osten bis Aruba, Curaçao und Trinidad. Am 13. September schließlich stieß er auf einen von Trinidad über Aruba nach Guantánamo fahrenden Geleitzug. Er führte zwei erfolgreiche Angriffe durch, erzielte zahlreiche Treffer und meldete die Versenkung eines Tankers und eines Frachters mit insgesamt 15 000 BRT und die Beschädigung eines Tankers und eines Frachters mit insgesamt 12 000 BRT. Analysen nach dem Krieg ergaben die Versenkung dreier großer Schiffe: zwei Frachter mit zusammen 15 200 BRT und den norwegischen Tanker *Vilja* mit 6700 BRT. Drei Tage später versenkte Krech in Gewässern westlich von Trinidad einen amerikanischen Frachter mit 2600 BRT. Damit erhöhten sich seine bestätigten Versenkungen bei dieser Feindfahrt auf fünf Schiffe mit 26 400 Tonnen, und er hatte sich für das Ritterkreuz qualifiziert, das ihm am 17. September zugesprochen wurde,* als er mit *U558*

* Zur Zeit der Auszeichnung belief sich Krechs bestätigte Trefferquote auf 15 Schiffe mit 104 593 Tonnen, einschließlich zweier britischer Kriegsschiffe, der Korvette *Gladiolus* und des ASW-Trawlers *Bedfordshire.*

auf Heimatkurs ging. Nach der Ankunft in Frankreich wurde das Boot drei Monate überholt und lief erst im Januar 1943 wieder aus.

Außer Ites auf *U94* fuhren im August nur noch zwei Typ-VII-Boote nach Amerika. Beides waren erfahrene Boote: *U69* unter Ulrich Gräf und *U455* unter Hans-Heinrich Giessler. Beide hatten die Aufgabe, TMB-Minen zu legen. Gräf sollte nochmals die Zufahrt zur Chesapeake Bay verminen, wo Degen mit *U701* bereits ein Minenfeld gelegt hatte, und Giessler sollte Charleston in South Carolina verminen, ein Auftrag den ursprünglich Bigalk hatte ausführen sollen, der mit *U751* im Golf von Biskaya verlorengegangen war. Beide Boote führten auch Torpedos mit.

Weitere schlechte Ergebnisse der Typ-IX-Boote

Ende Sommer liefen 18 Boote des Typs IX nach Amerika aus, zehn im Juli und acht im August. Wie erwähnt, stießen drei auf nördlichen Routen* fahrende Boote der Juli-Gruppe auf Geleitzüge oder schlossen sich organisierten Rudelangriffen im Nordatlantik an. Von den 15 Typ-IX-Booten, die amerikanische Gewässer erreichten, befanden sich zwölf auf der Jungfernfahrt.

Vier der sieben Juli-Boote patrouillierten östlich und südöstlich von Trinidad, wo der Schiffsverkehr zwischen den Häfen Freetown und Kapstadt in Afrika und den nord- und südamerikanischen Häfen zusammenlief. Die anderen drei Boote patrouillierten in der Karibik. Alle sieben waren mit starker Luftüberwachung konfrontiert.

Der alte Hase Adolf-Cornelius Piening überquerte mit *U155* den Atlantik auf der Südroute zusammen mit dem 41jährigen Karl Neitzel in dem neuen Boot *U510*. Ende Juli tankten sie bei dem neuen Tanker *U463* unter Leo Wolfbauer auf. Danach trennten sich die beiden Kampfboote. Piening wollte östlich von Trinidad und nach Süden bis Niederländisch-Guyana (Surinam) patrouillieren, und Neitzel wollte durch die Windward Passage an der Südküste Kubas entlang zu den südlichen Zufahrten des Kanals von Yucatán fahren.

Piening absolvierte eine weitere beachtliche Feindfahrt. In nur zwei Wochen, vom 28. Juli bis zum 10. August, versenkte er mit Torpedos und Deckgeschütz zehn Schiffe mit 44000 BRT. Darunter befanden sich der britische Tanker *San Emiliano* mit 8100 BRT und zwei holländische Küstenmotorschiffe mit 400 Tonnen. Von der norwegischen *Bill* und der britischen *Empire Arnold* nahm Piening mehrere Offiziere gefangen. Durch die Versenkungen auf dieser Feindfahrt und die auf den beiden vorherigen Fahrten in amerikanische Gewässer gemeldeten Versenkungen, qualifizierte sich Piening für das Ritterkreuz. Es wurde ihm verliehen, als er sich noch im Einsatzgebiet aufhielt.**

Nach diesen Erfolgen nahm Pienings Feindfahrt eine schlechte Wendung. Als *U155* vor der Küste von Französisch-Guyana nahe der berüchtigten Teufelsinsel kreuzte, machten in Brasilien stationierte alliierte Flugzeuge Jagd auf das Boot. Am 18. August kam bei dem Angriff eines Patrouillenflugzeugs mit Wasser- und Flieger-

* *U43, U174* und *U176*.

** Zum Zeitpunkt der Auszeichnung betrug Pienings bestätigte Trefferquote 20 Schiffe (darunter vier große Tanker) mit 94635 Tonnen.

bomben und dem Maschinengewehr ein Besatzungsmitglied ums Leben und das Boot wurde fast versenkt. Das Boot entkam schließlich, doch seine Batterien waren durch die Explosionen schwer beschädigt, was seine Tauchfähigkeit einschränkte. Piening meldete Kernével seine Lage und erhielt den Befehl, zu bleiben, wo er war, bis ihm ein anderes Boot zu Hilfe käme.

Am 2. August sichtete Karl Neitzel, der mit dem neuen *U510* durch die Windward Passage in die Karibik unterwegs war, ein beleuchtetes Schiff, das anscheinend ein Neutraler war. Neitzel bat wie vorgeschrieben in Kernével um die Genehmigung zum Angriff, und der Stab erteilte sie unter der Voraussetzung, daß das Schiff weder ein Argentinier noch ein Schweizer, noch ein Portugiese sei. Neitzel versenkte das Schiff und erfuhr bei der Gefangennahme des Kapitäns, daß es sich um die 5300 BRT großen neutrale *Maldonaldo* aus Uruguay gehandelt hatte. Die *Maldonaldo* hatte sich mit einer Ladung gepökeltem Rindfleisch auf dem Weg nach New York befunden. Die Versenkung brachte Uruguay einen Schritt näher an den Kriegseintritt.

Zwei Tage später fielen Neitzels Horchapparate aus. Angesichts der verstärkten Maßnahmen zur U-Boot-Bekämpfung in der Karibik und der Unerfahrenheit des Bootes zog Kernével *U510* daraufhin aus der Karibik ab und verlegte es in den als sicherer geltenden offenen Atlantik östlich der Windward Islands. Am 10. August sichtete Neitzel den 8000-Tonnen-Tanker *Alexia* und griff an. Das Schiff setzte sich energisch mit einem Geschütz zur Wehr. Neitzel schätzte es auf 14000 BRT und meldete es als versenkt, doch der Tanker wurde nur beschädigt und erreichte später einen Hafen.

Als er mit Kurs auf die Nordostküste Südamerikas nach Süden fuhr, stieß Neitzel östlich von Trinidad plötzlich auf starken Schiffsverkehr. Am 18. August schoß er vier Torpedos auf einen großen schnellen Frachter, doch sie verfehlten ihr Ziel. Am folgenden Tag versenkte er einen 5000-Tonnen-Frachter, den er in seiner Meldung auf 11600 BRT schätzte. Diese Versenkung zog einen Gegenangriff durch alliierte Flugzeuge nach sich, und eine der Maschinen beschädigte das Boot. Als Kernével erfuhr, daß *U510* ebenfalls angeschlagen war, erhielt Neitzel den Befehl, sich mit Piening zu treffen, der mit seinem beschädigten Boot *U155* in der Nähe der Teufelsinsel wartete. Neitzel überließ Piening einige Überbrückungskabel für seine Batterien, doch dies reichte nicht aus, und Kernével befahl beiden Booten, gemeinsam nach Frankreich zurückzukehren. Ein auslaufendes Boot sollte *U155* die nötigen Ersatzteile für die Reparatur der Batterien überbringen.

Ritterkreuzträger Klaus Scholtz fuhr mit dem IXB-Boot *U108* auf der Südroute direkt in das Gebiet östlich von Trinidad. Wie schon erwähnt, befand sich *U108* unter den fünf auf dem Hin- oder Rückmarsch befindlichen Booten, die am 17. Juli heranliefen, als Linder mit *U202* auf dem Rückmarsch den Geleitzug Outbound South 34 meldete. Ebenfalls wurde erwähnt, daß Scholtz den Geleitzug zusammen mit Suhren von *U564* angriff und dabei eine volle Salve von sechs Torpedos (aus Bug und Heck) auf die Formation schoß, die jedoch alle ihr Ziel verfehlten.

Als sich Scholtz dem Gebiet östlich von Trinidad näherte, mußte er deshalb mit Treibstoff und Torpedos äußerst sparsam umgehen. Trotzdem machte er erneut eine beachtenswerte Feindfahrt. Am 3. August versenkte er den britischen Tanker *Tricula* mit 6200 BRT. Eine Woche später jagte er vergeblich einen großen Ozeandampfer, versenkte aber den norwegischen Frachter *Brines* mit 2700 BRT. Vor Französisch-Guyana entdeckte er in den drei Tagen vom 15. bis 17. August mehrere einzeln fahrende Tanker und versenkte einen von ihnen, die amerikanische *Louisiana* mit 8600 BRT. Anschließend wurde das Boot mit Flieger- und Wasserbomben eingedeckt, doch es überstand den Angriff. Beschädigt und mit wenig Treibstoff ging Scholtz auf Heimatkurs. Seine teilweise überhöhten Meldungen hatten ihn für das Eichenlaub zum Ritterkreuz qualifiziert, das ihm am 10. September in Frankreich verliehen wurde. Anschließend verließ Scholtz das Boot und übernahm das Kommando der 12. U-Flottille in Bordeaux.*

Der unverändert kampflustige 42jährige Jürgen Wattenberg, der früher auf der *Graf Spree* als Navigationsoffizier gedient hatte, verließ Frankreich am 7. Juli für seine dritte Feindfahrt auf *U162.* Er hatte seine erste Feindfahrt nach Amerika wegen technischer Mängel abbrechen müssen, auf seiner zweiten Fahrt östlich von Trinidad jedoch neun Schiffe mit 47000 Tonnen einschließlich dreier Tanker versenkt. Entschlossen, diesen Erfolg auf seiner dritten Feindfahrt zu wiederholen oder gar zu übertreffen und sich das Ritterkreuz zu verdienen, entschied sich Wattenberg nochmals für die Gewässer östlich von Trinidad. Auch er hatte jedoch auf dem Anmarsch reagiert, als *U202* den Geleitzug Outbound South 34 gemeldet hatte, und bei der vergeblichen Jagd viel Treibstoff, aber keine Torpedos verbraucht.

Anfang August traf Wattenberg in den Gewässern vor Trinidad ein, wurde jedoch von ASW-Flugzeugen schwer bedrängt und hatte zwei Wochen lang keinen Erfolg. Wie oben geschildert, entdeckte er am 18. August einen Trinidad-Key-West-Geleitzug, hielt Fühlung und führte Reinhard Suhren mit dem Typ-VII-Boot *U564* heran. Bei dem lose koordinierten Angriff auf den Geleitzug versenkte Wattenberg einen amerikanischen Frachter mit 5700 BRT. Danach hielt er mehrere Tage lang Fühlung mit dem Konvoi, konnte aber keinen zweiten Angriff mehr durchführen und kehrte deshalb in die Gewässer östlich von Trinidad zurück. Dort versenkte er innerhalb einer Woche, vom 24. bis zum 30. August, zwei weitere Frachter und den norwegischen Tanker *Thelma* mit 8300 BRT, was seine Versenkungsbilanz auf dieser Feindfahrt auf vier bestätigte Schiffe mit 30500 BRT erhöhte.

Am späten Nachmittag des 3. September, als *U162* ungefähr 75 Kilometer südlich von Barbados stand, sichtete Wattenberg ein Objekt, das er für einen einzelnen Zerstörer hielt. Er erteilte den Befehl zu einem Unterwasserangriff, doch als er sich auf Schußweite näherte, merkte er, daß er nicht einen, sondern *drei* Zerstörer vor sich hatte! Es handelte sich um britische Schiffe, die nach Trinidad unterwegs waren, um dort einen nach Norden fahrenden Geleitzug zu sichern. Kühn oder töricht entschied sich Wattenberg für den Angriff und schoß einen Bugtorpedo auf das mittlere Schiff, die *Pathfinder.* Doch der Torpedo war defekt, durchbrach die Wasseroberfläche und lief direkt auf das linke Schiff, die *Quentin,* zu. Sie konnte dem Torpedo mit einem halsbrecherischen Manöver gerade noch ausweichen.

Die drei Zerstörer liefen heran und griffen *U162* mit Wasserbomben an. Die *Path-*

---

* Zur Zeit der Auszeichnung belief sich Scholtz' bestätigte Trefferquote auf 26 Schiffe mit 130677 Tonnen, darunter die *Brines,* die in den meisten deutschen Quellen nicht verzeichnet ist. Nach seinem Wechsel zu einer Tätigkeit an Land waren noch zwei Eichenlaubträger als U-Boot-Kommandanten im Fronteinsatz: Bleichrodt mit *U109* und Mützelburg mit *U203.*

finder warf zehn, die *Quentin* sechs und das dritte Schiff, die *Vimy,* vierzehn. *U162* wurde duch die Bomben schwer beschädigt, doch Wattenberg behielt die Kontrolle über das Boot, blieb unter Wasser und lag absolut still. In der Annahme, das U-Boot werde letztlich auftauchen und nach Osten zu entkommen versuchen, befahl der ranghöchste britische Kommandant der mit 10-Zentimeter-Radar des Typs 271 ausgestatteten *Vimy,* an Ort und Stelle zu warten, während die *Quentin* und die *Pathfinder* mit ihren 1,5-Meter-Radargeräten des Typs 286 weiter östlich suchten. Nicht lange, nachdem die *Quentin* und die *Pathfinder* davongefahren waren, tauchte *U162* auf. Die *Vimy* bekam das Boot in einer Entfernung von 2,5 Kilometern sofort auf den Radarschirm.

Sie rief die *Quentin* und die *Pathfinder* zurück und ging auf volle Fahrt, um das Boot zu rammen, wobei sie mit ihren Hauptgeschützen feuerte. Die zweite Granate traf *U162* und explodierte im Inneren des Druckkörpers. Allein und an Feuerkraft hoffnungslos unterlegen, gab Wattenberg seiner Besatzung den Befehl, das Boot zu fluten und zu verlassen. Als seine Männer über Bord sprangen, feuerte er zwei rote Leuchtkugeln ab, um die Stelle zu markieren. Von den Leuchtkugeln geblendet und eine List vermutend, versuchte die *Vimy* die Rammung abzubrechen, ihre linke Schraube streifte das Heck von *U162,* was den Zerstörer vorübergehend manövrierunfähig machte. Nachdem sich die Schiffe voneinander gelöst hatten, warf der Zerstörer eine weitere auf geringe Tiefe eingestellte Wasserbombe, die den Untergang von *U162* beschleunigte und viele im Wasser treibende Deutsche verwundete. Die drei Zerstörer retteten Wattenberg und 48 weitere Männer und brachten sie nach Trinidad. Zwei Deutsche kamen bei der Versenkung ums Leben.

Auf Trinidad übergaben die Briten Wattenberg und seine Besatzung an amerikanische Nachrichtendienstoffiziere. Diese stellten fest, daß die Deutschen »bei Sicherheitsfragen extrem vorsichtig« waren und konnten »kaum Informationen von Wert« gewinnen. Im weiteren Verlauf sollten die Amerikaner feststellen, daß Wattenberg ein unnachgiebiger Gegner war und ihnen auch als Gefangener Schwierigkeiten machte. Er entwickelte nämlich einen raffinierten Plan, der es ihm ermöglichte, zusammen mit mehreren anderen U-Boot-Kommandanten aus einem Kriegsgefangenenlager in Arizona zu entkommen.

Drei der in der Karibik operierenden Typ-IX-Boote der Juli-Gruppe waren neu. Das IXC-Boot *U511* unter dem 33jährigen Friedrich Steinhoff war vor seiner Feindfahrt der Raketenforschungsstelle in Peenemünde zugeteilt gewesen, wo deutsche Wissenschaftler und Ingenieure den Marschflugkörper V-1 und die ballistische Rakete V-2 entwickelten. Die deutschen Raketenexperten hatten eine kleine Rakete entwickelt, die dafür gedacht war, von einem getauchten U-Boot gestartet zu werden. *U511* hatte dafür kurzzeitig als Versuchsboot gedient, doch die U-Boot-Rakete war nicht ausgereift und wurde auch bis zum Kriegsende nicht einsatzbereit.

U511 und das neue Boot *U164* unter dem 36jährigen Otto Fechner marschierten über die Nordatlantikroute in die Karibik. Am 29. Juli beteiligten sich beide Boote an der Jagd auf den Geleitzug Outbound North 115, doch *U164* fiel wegen eines Schadens an den Dieselmotoren aus, und *U511* verirrte sich im Nebel. Nach diesem ergebnislosen Umweg tankten die Boote bei Leo Wolfbauers Tanker *U463* auf und setzten ihren Weg in die Karibik fort.

Fechner lief durch die Mona Passage in die Karibik und stieß in dem Gebiet bei Aruba und Curaçao auf starke Luftüberwachung, aber nur auf wenige Schiffe. Als Otto Ites mit dem Typ-VII-Boot *U94* am 25. August südlich der Windward Passage den Geleitzug Trinidad-Key-West 15 meldete, bekam Fechner Fühlung und versenkte einen holländischen Frachter mit 3800 BRT. Er blieb noch eine Weile in der Karibik vor Jamaika und der Südküste Kubas und versenkte einen weiteren kleinen Frachter mit 1700 BRT. Dann verließ er entmutigt dieses Operationsgebiet, um im Atlantik östlich von Trinidad zu kreuzen. Dort bombardierte ihn ein ASW-Flugzeug, ein Treibstoffbunker barst, und Fechner mußte die Rückfahrt nach Frankreich antreten. Auf einer mühseligen, 82tägigen Feindfahrt hatte er nur zwei Schiffe mit 5500 BRT versenkt.

Steinhoff fuhr durch die Windward Passage in die Karibik. Am 20. August entdeckte er einen Geleitzug im Süden der Passage, doch eine mit Radar ausgestattete Catalina zwang das Boot zum Tauchen und hielt es mehrere Stunden unter Wasser. Wie erwähnt lief Steinhoff heran, als Otto Ites am 27. August in der Windward Passage den Hauptteil des Konvois Trinidad-Key-West 15 entdeckte, und griff den Geleitzug an, während die Sicherungsschiffe *U94* versenkten. Dabei versenkte er zwei Tanker mit 22 000 BRT. Ein weiterer wurde beschädigt und rettete sich in die Guantánamo Bay. Steinhoff kreuzte noch bis zum 8. September in den stark überwachten Gewässern, hatte jedoch kein Jagdglück mehr.

Als drittes und letztes Typ-IX-Boot der Juli-Gruppe erreichte das neue Boot *U163* unter dem 39jährigen Kurt-Eduard Engelmann die Karibik. Es hatte den Auftrag, durch die Windward Passage und an der Südküste Kubas entlang zum Kanal von Yucatán zu fahren, wo er Neitzel mit *U510* ersetzen sollte, der seine Fahrt in dieses Operationsgebiet abgebrochen hatte. In der Nacht vom 12. auf den 13. August wurde Engelmann kurz vor der Windward Passage von Catalina-Maschinen angegriffen. Als Karl Thurmann am 17. August mit *U553* den Geleitzug Trinidad-Key-West 13 entdeckte, beteiligte sich Engelmann an der Jagd, kam jedoch nicht zum Schuß, weil er an der Geleitsicherung nicht vorbeikam. Drei Tage später meldete er einen Ausfall seiner Verdampfer, so daß er nur noch wenig Trinkwasser hatte und die Fahrt abbrechen mußte. Er kehrte nach 58 Seetagen nach Frankreich zurück, ohne ein einziges Schiff versenkt zu haben.

Insgesamt hatten die sieben im Juli nach Amerika ausgelaufenen Typ-IX-Boote 23 Schiffe (darunter vier Tanker) mit etwa 130 000 Tonnen versenkt. Dies war ein enttäuschender Durchschnitt von etwa 3,3 versenkten Schiffen und rund 18 500 Tonnen pro Boot und Fahrt, eine ähnliche Verschlechterung der Ergebnisse wie bei den im Juni nach Amerika entsandten Typ-IX-Booten. Ein Typ-IX-Boot, *U162* unter Wattenberg, war verlorengegangen.

Rückzug aus der Karibik

Im August liefen acht Typ-IX-Boote in amerikanische Gewässer aus. In Anbetracht der intensiven ASW-Luftpatrouillen der Alliierten und der Ausdehnung des Geleitzugnetzes auf alle Sektoren des Golfs von Mexiko und der Karibik, wurde in diese Gewässer keines dieser Boote entsandt. Drei Typ-IX-Boote führten Sondermissionen in kanadischen Gewässern durch; die anderen fünf patrouillierten in der Region östlich von Trinidad im Atlantik, wo sich zahlreiche Ziele boten.

Die Codeknacker im B-Dienst versorgten Dönitz mit einem breiten Strom von Informationen über die Geleitzüge im Nordatlantik. Trotzdem hatten die U-Boote in diesem Bereich Schwierigkeiten, die ostwärts laufenden Halifax und Slow Convoys zu finden. In der Annahme, diese Geleitzüge würden die kanadischen Gewässer vielleicht durch die Belle-Isle-Straße verlassen und sich weit nach Norden wenden, erteilte Dönitz drei Typ-IX-Booten der August-Gruppe den Auftrag, die Belle-Isle-Straße und das Seegebiet nördlich ihrer Zufahrt zu erkunden.*

Die drei Boote liefen am 7. und 8. August in Kiel aus und trafen drei Wochen später an der Zufahrt zur Belle-Isle-Straße ein. Am 27. und 28. August erfaßten zwei der Boote, *U517* und *U165,* einen kleinen Militärkonvoi, der auf dem Weg von Sydney in Nova Scotia über die Belle-Isle-Straße nach Grönland unterwegs war. Er bestand aus einem halben Dutzend in zwei Abteilungen fahrenden Schiffen. Den ersten Abschnitt bildeten der 5600 Tonnen große amerikanische Passagier- und Frachtdampfer *Chatham,* der 562 Soldaten und Besatzungsmitglieder an Bord hatte und von dem 74 Meter langen Küstenschutzschiff *Mojave* gesichert wurde. Den zweiten Abschnitt bildeten einige andere Schiffe, die von den beiden 50 Meter langen Küstenschutzfahrzeugen Algonquin und *Mohawk* gesichert wurden.

Beide U-Boote liefen zum Angriff heran. Paul Hartwig versenkte mit *U517* die *Chatham,* die glücklicherweise nur langsam unterging. Das Sicherungsschiff der *Chatham* rettete 293 Mann. Später retteten der amerikanische Glattdeck-Zerstörer *Bernadou* und die kanadische Korvette *Trail* weitere 256 Mann.** Eberhard Hoffmann traf und beschädigte mit *U165* zwei Schiffe im zweiten Teil des Konvois, den alten, 1921 gebauten Tanker der US Navy *Laramie* mit 7300 Tonnen und den 3300 BRT großen Frachter *Arlyn.* Die *Laramie* hatte 361 000 Gallonen Flugbenzin, 55 000 Gallonen Öl und andere Fracht geladen, darunter auch Wasserbomben. Der Torpedotreffer tötete vier Menschen und riß auf der Backbordseite ein riesiges Loch in den Bug, doch der Kapitän Peter M. Moncy rettete das Schiff mutig und geschickt und brachte es, von der *Mohawk* gesichert, nach Sydney zurück.*** Hartwig von *U517* gab der *Arlyn* den Fangschuß.

Hoffmann und Hartwig wagten nach Rücksprache mit Kernével mit ihren großen Typ-IX-Booten *U165* und *U517* einen kühnen Vorstoß nach Süden in die flache, nur etwa 28 Kilometer breite Belle-Isle-Straße. Hartwig erkundete vorsichtig das Gebiet der Forteau Bay, in der angeblich Geleitzüge zusammengestellt wurden, doch die Bucht war leer. Am 3. September stieß er, noch in der Belle-Isle-Straße, auf zwei kleine Geleitzüge, die in entgegengesetzter Richtung fuhren, und versenkte den kanadischen Seedampfer *Donald Stewart* mit 1800 Tonnen. Drei kanadische Korvetten und ein Minenräumboot liefen zum Gegenangriff heran, doch die Angriffe waren nicht

* Ursprünglich war diese Aufgabe drei Typ-VII-Booten der Juli-Gruppe zugedacht, doch sie wurden in Geleitzuggefechte verwickelt und schließlich in die Karibik umgeleitet.

** Die *Chatham* war nach der *Cherokee* der zweite amerikanische »Truppentransporter«, der im Zweiten Weltkrieg verlorenging. Dreizehn Menschen kamen bei der Versenkung ums Leben.

*** Obwohl Admiral King für die Rettung eigener Schiffe nur ungern Auszeichnungen verlieh, erhielt Moncy das Navy Cross.

gezielt oder hartnäckig genug, und Hartwig, der schneller war als die Sicherungsfahrzeuge, konnte über Wasser problemlos in die weiten, nebelverhüllten Gewässer des St.-Lorenz-Golfs entkommen.

Hoffmann mit *U165* hatte den St.-Lorenz-Golf schon vorher erreicht. Er kreuzte südlich der Ostküste der Kap-Breton-Insel, wo er einen mißglückten Angriff auf ein kanadisches Küstenmotorschiff mit 1900 Tonnen unternahm. Danach fuhr er auf nordwestlichem Kurs bis zur Spitze der Gaspé-Halbinsel, umrundete diese und setzte die Fahrt in westlicher Richtung den St.-Lorenz-Strom hinauf bis zu einer Position gegenüber der Stadt Matane fort. Dort traf er auf den Konvoi Quebec-Sydney 33, der aus acht großen Schiffen bestand und durch eine Korvette, ein Minenräumboot, zwei Motortorpedoboote und die bewaffnete Jacht *Raccoon* gesichert wurde. Nach einer Serie hartnäckiger Angriffe, die sich über 24 Stunden hinzogen, meldete Hoffmann Treffer auf drei Schiffen mit 19000 Tonnen. Nach dem Krieg wurden zwei Versenkungen bestätigt: der griechische Frachter *Aeas* mit 4700 BRT und die 358 Tonnen große Jacht *Raccoon.*

Hartwig von *U517* reagierte auf Hoffmanns Funksignale und Peilzeichen, überquerte den Golf und fing den Geleitzug ab, als dieser auf Südkurs die Gaspé-Halbinsel umrundete. Er griff am Spätnachmittag des 7. September an und versenkte drei Schiffe: zwei griechische Frachter mit 5700 und 3300 BRT und ein kanadisches Küstenmotorschiff mit 1700 BRT. Die vier verbliebenen Sicherungsschiffe waren inzwischen durch ein weiteres Minensuchboot verstärkt worden. Doch sie waren anscheinend wie gelähmt vor Schreck (oder zu schlecht ausgebildet), um einen wirkungsvollen Gegenangriff zu organisieren. Eine Hudson der kanadischen Squadron 113 entdeckte Hartwig an der Wasseroberfläche und meldete eine »wahrscheinliche« Versenkung, tatsächlich aber hatte der Pilot den Angriff verpfuscht, und *U517* war unversehrt entkommen.

Diese acht Versenkungen innerhalb von zwölf Tagen und die schweren Schäden an dem Tanker *Laramie* verursachten erneut große Unruhe in der kanadischen Regierung. Rolf Rüggeberg, der Kommandant des dritten Bootes, *U513,* das draußen im Atlantik geblieben war, sorgte durch eine kühne Tat noch für eine beträchtliche Steigerung dieser Unruhe. In der Nacht des 4. Septembers tastete er sich unter Ausnutzung des schlechten Wetters über Wasser vorsichtig in die Conception Bay (an der Nordspitze der Avalon-Halbinsel) hinein, tauchte dann in dem Gebiet von Wabana Roads, einem Sammelpunkt für Geleitzüge, und versenkte am folgenden Tag zwei dort vor Anker liegende große beladene Frachter, die britische *Saganaug* mit 5400 BRT und die kanadische *Lord Strathcona* mit 7300 BRT. In dem Chaos nach dem Angriff wurde das Boot von einem flüchtenden Frachter unabsichtlich gerammt und am Kommandoturm stark beschädigt, was Rüggebergs Tollkühnheit einen Dämpfer versetzte.

Ungeachtet der entstandenen Unruhe und der Reaktionen der folgenden ASW-Maßnahmen setzten die Typ-IX-Boote ihre Jagd fort. Hartwig versenkte mit *U517* die kanadische Korvette *Charlottetown* und zwei weitere Frachter mit insgesamt 4900 BRT, was seine Trefferquote auf neun bestätigte Versenkung mit 27283 Tonnen erhöhte. Hoffmann versenkte mit *U165* einen weiteren Frachter mit 3700 BRT und beschädigte zwei weitere und hatte damit drei Schiffe mit 8754 Tonnen versenkt und vier Schiffe mit 21751 Tonnen beschädigt. Rüggeberg, der im Atlantik vor der Conception Bay und St. John's blieb, unternahm nur noch einen Angriff, bei dem er das in den USA gebaute britische Liberty-Schiff *Ocean Vagabond* traf und beschädigte.

Berlin und Kernével bejubelten den erfolgreichen Beutezug in kanadischen Gewässern und priesen Hartwig und Hoffmann in den höchsten Tönen. Zu Hartwigs Meldungen von 44 000 Tonnen versenkten Schiffraums rechnete Dönitz willkürlich 8000 Tonnen für ein Schiff hinzu, auf das Hartwig am 15. September geschossen, jedoch nicht als versenkt gemeldet hatte. Dies verschaffte Hartwig laut Propaganda eine Versenkungsbilanz von 52 000 Tonnen, wie man in Berlin den Kanadiern unermüdlich unter die Nase rieb. Doch am 29. September lief Hoffmanns *U165* kurz vor Lorient auf eine britische Mine, und das Boot explodierte und ging mit der gesamten Besatzung unter.

Der leicht errungene Erfolg von Hartwig und Hoffmann im St.-Lorenz-Golf – und der Propagandaerfolg, der sich daraus ergab – überzeugte Dönitz, das Unternehmen fortzusetzen, das als »die Schlacht im St.-Lorenz« in die kanadische Geschichte eingehen sollte. Mehrere im September in Deutschland und Frankreich auslaufende Typ-IX-Boote erhielten den Auftrag, auf getrennten Wegen zum St.-Lorenz-Golf zu marschieren.

Unterdessen wurden die beiden Typ-VII-Boote, die in US-amerikanischen Gewässern TMB-Minen gelegt hatten, nach Kanada in die Schlacht geschickt. Ulrich Gräf mit *U69* hatte sein Minenfeld am 10. September in der Zufahrt zur Chesapeake Bay gelegt und fuhr nun zur Cabot-Straße. Auch Hans-Heinrich Giessler von *U455* ging, nachdem er vor Charleston in South Carolina Minen gelegt hatte, auf nördlichen Kurs, um vor St. John's, Newfoundland, zu patrouillieren und dort Rüggeberg mit *U513* zu ersetzen.*

Nach seiner Ankunft im St.-Lorenz-Golf fuhr Gräf direkt zur Mündung des St.-Lorenz-Stroms. Dann wandte er sich flußaufwärts nach Matane und darüber hinaus und drang damit weiter vor, als es irgendein anderer U-Boot-Kommandant, einschließlich des Pioniers Vogelsang, je gewagt hatte. Am 10. Oktober stieß Gräf auf einen Geleitzug von sieben Schiffen und drei Sicherungsfahrzeugen, die mit Kurs auf das 321 Kilometer entfernte Quebec den Fluß hinauffuhren. Gräf nahm in aller Ruhe den 2400 BRT großen kanadischen Frachter *Carolus* ins Visier, versenkte ihn und machte sich stromabwärts davon, bevor die alliierten ASW-Einheiten ihren Schock überwunden hatten.

Er kehrte in sicherere Gewässer in der Cabot-Straße zurück, wo er am 14. Oktober die 2200 BRT große *Caribou,* eine von dem Minensuchboot *Grandmère* gesicherte kanadische Eisenbahnfähre, entdeckte und versenkte. An Bord der *Caribou* befanden sich 237 Menschen, darunter 118 Militärangehörige. Die *Grandmère* sichtete *U69.* Sie unternahm einen Rammversuch, der das Boot verfehlte, und warf anschließend 18 Wasserbomben. Im Morgengrauen erhielt die *Grandmère* Verstärkung durch Flugzeuge und weitere ASW-Fahrzeuge, die Gräf für 16 Stunden auf dem Meeresgrund hielten, während das Minenräumboot 103 der 237 Menschen rettete, die sich auf der

* Der 7300 BRT große Tanker *Petrofuel* brachte vor der Mündung des Chesapeake eine Mine von Gräfs Minenfeld zur Explosion, ohne jedoch beschädigt zu werden. Keines von beiden Minenfeldern führte zu Versenkungen. Beide Felder wurden entdeckt und von den Amerikanern geräumt.

Caribou befunden hatten. Die übrigen 136 Menschen, darunter viele Frauen und Kinder, starben bei der Detonation oder im Wasser.

Auch Gräf, der weiter flußaufwärts vorgedrungen war und mehr Zivilisten getötet hatte als irgendein anderer U-Boot-Kommandant, verursachte einen enormen Aufruhr in Ottawa. Auf dem Rückmarsch griff er am 20. Oktober nahe Argentia einen Geleitzug an und erzielte einen Treffer auf dem 7800 BRT großen britischen Frachter *Rose Castle,* doch der Torpedo versagte. Bei seiner Rückkehr nach Frankreich wurde Gräf mit dem begehrten »gut gemacht« empfangen.

Giessler mit *U455* traf um den 1. Oktober vor St. John's in Newfoundland ein und patrouillierte fast zwei Wochen lang in den nebligen Gewässern nahe der Küste. Er sichtete nur zwei Schiffe, aber beide außer Reichweite. Am 14. Oktober meldete er, daß sein Kreiselkompaß ausgefallen sei und er die Fahrt abbrechen müsse. Als er nach 68 Seetagen ohne eine Versenkung in Frankreich eintraf, fiel unangenehm auf, daß er auf vier Feindfahrten nur zwei Schiffe (beides Tanker) mit 13 900 BRT versenkt hatte, und er wurde auf einen anderen Posten versetzt.

Die fünf Typ-IX-Boote der August-Gruppe, die in dem Gebiet östlich von Trinidad operieren sollten, liefen am 12. und 13. August in Kiel aus. Die drei Boote *U175, U512* und *U514* waren bereits im November und Dezember 1941 in Dienst gestellt worden, lagen jedoch drei bis vier Monate im Eis in der Ostsee fest. *U515* war im Februar 1942 in Dienst gestellt worden und war ebenfalls durch das Ostsee-Eis verspätet eingetroffen. *U516* hatte man erst am 10. März 1942 in Dienst gestellt, und wegen des Eises war keine größere Verzögerung mehr eingetreten, doch die Erprobungsphase und endgültige Ausrüstung hatten volle fünf Monate in Anspruch genommen.

U512 wurde von dem 31jährigen Wolfgang Schultze befehligt. Er war der Sohn eines Admirals der Kriegsmarine und nach Ansicht seiner Kameraden ein eingebildeter, launischer und verwöhnter Mensch, der viel trank – sogar an Bord seines Bootes. Bei der verspäteten Erprobungsphase in der Ostsee rammte Schultze einen kleinen Frachter (die *Morgenrot*) und brachte ihn zum Kentern. Er selbst wurde von einem anderen U-Boot gerammt. Diese und andere Zwischenfälle warfen *U512* noch weiter zurück und vermittelten den Eindruck, daß Schultze nicht nur rücksichtslos, sondern auch unfähig war.

Auf dem Weg nach Trinidad tankte Schultze bei Bruno Vowes Tanker *U462* auf. Danach entdeckte er am 8. September einen großen, schnellen Frachter, den er auf 12 000 BRT schätzte, und schoß in zwei separaten Überwasserangriffen vier Bugtorpedos. Keiner traf oder explodierte, und Schultze zog daraus den – vermutlich falschen – Schluß, daß der Frachter mit Torpedonetzen fuhr. Vier Tage später stieß Schultze auf den voll beladenen US-Tanker *Patrick J. Hurley* mit 10 900 BRT. Er schoß zwei Torpedos auf das Schiff, doch beide verfehlten ihr Ziel. Dann griff er mit dem 10,5-cm-Deckgeschütz, der 3,7-cm-Flak und anderen Waffen an. Die Besatzung der *Hurley* erwiderte das Feuer mit einigen Schüssen aus der Heckkanone, gab sich jedoch schnell geschlagen und verließ das Schiff. Sie mußte zusehen, wie der Tanker in einem Feuerball versank.

Einige Tage darauf, am 19. September, sichtete Schultze einen alleinfahrenden Frachter etwa 92 Kilometer östlich von Martinique. Es war der 3700 BRT große spanische Neutrale *Monte Gorbea,* der auch ganz korrekt unter spanischer Flagge fuhr.

Schultze ging dreist davon aus, daß das Schiff ein getarnter Brite war – zumindest meldete er dies an Dönitz –, und torpedierte und versenkte es. Als der B-Dienst die Notrufe des Schiffes auffing und das OKM informierte, war man in Berlin stocksauer. Admiral Raeder erteilte über Dönitz den Befehl, daß Schultze in Frankreich vor ein Kriegsgericht zu stellen sei. Dönitz informierte alle Boote über den Irrtum und das bevorstehende kriegsgerichtliche Verfahren und gab gleichzeitig auch eine strenge Mahnung Raeders weiter, alle Kommandanten sollten sich strikt an die Befehle zu Angriffen auf Neutrale halten.

Unterdessen trafen zwei weitere Typ-IX-Boote östlich von Trinidad ein: *U514* unter Hans-Jürgen Auffermann und *U515* unter Werner Henke. Der 27jährige ehemalige Marineflieger Auffermann hatte als Erster Wachoffizier auf *U69* gedient, als das Boot seine bahnbrechende Feindfahrt nach Freetown unternommen hatte, die Jost Metzler das Ritterkreuz eintrug. Der 34jährige Henke war vor dem Krieg viele Jahre bei der Handelsmarine gewesen und hatte als Zweiter und Erster Wachoffizier auf *U124* gedient, als Georg-Wilhelm Schulz sich das Ritterkreuz verdiente.

Auffermann patrouillierte am 11. September bei den Windward Islands und erkundete die Gewässer um Barbados, der am weitesten östlich gelegenen Insel der Gruppe. Ihre Hauptstadt Bridgetown lag an dem großräumigen Hafen Carlisle Bay, der erst kürzlich durch ein U-Boot-Netz, zu dem auch eine schwimmende Barriere gehörte, gesperrt worden war. Auffermann sichtete zwei im Hafen von Bridgetown liegende Frachter und schoß mehrere Torpedos, die das Netz durchbrachen und eines der beiden Schiffe, die kanadische *Cornwallis* mit 5500 BRT, versenkten. Er meldete außerdem noch die Versenkung eines weiteren Schiffes mit 4500 BRT, doch diese konnte nicht bestätigt werden. Die Torpedoexplosionen riefen Angst und Schrecken unter den Einwohnern des friedlichen Bridgetown hervor. Sie strömten zum Hafen und mußten zusehen, wie die *Cornwallis* im Schlamm versank. Später wurde das Schiff zusammengeflickt und wieder in Dienst gestellt, nur um später im Krieg von einem anderen U-Boot versenkt zu werden.

Henke operierte in den zehn Tagen vom 12. bis zum 23. September in dem direkt östlich von Trinidad liegenden Gebiet und absolvierte mit *U515* eine spektakuläre erste Feindfahrt. Er erzielte mit Deckgeschütz und Torpedos acht bestätigte Versenkungen mit 42 000 Tonnen und beschädigte zwei weitere Schiffe mit 10 700 Tonnen. Unter seinen Opfern war der britische Frachter *Ocean Vanguard,* der im Herbst 1941 als erster von 60 in den USA gebauten Frachtern der Liberty-Klasse von den Briten übernommen worden war, und zwei Tanker, den panamaischen 10 000-Tonner *Stanvac Melbourne* und die holländische *Woensdrecht* mit 4700 BRT. Diese fast perfekte Leistung wurde nur durch einen einzigen Rückschlag getrübt. Am 15. September hatte Henkes Deckgeschütz bei dem Angriff auf den amerikanischen 5600-Tonnen-Frachter *Mae* einen Rohrkrepierer, der einen von Henkes Männern das Leben kostete. Henke erhielt ein überhöhtes Ergebnis von zehn versenkten Schiffen und 54 000 Tonnen gutgeschrieben und kehrte rasch nach Frankreich zurück, wo er und seine Männer mit Lob und Auszeichnungen überhäuft wurden.

Das letzte von Henke torpedierte Schiff war der amerikanische 6000-Tonnen-Frachter *Antinous.* Nachdem die Besatzung das Schiff in den Rettungsbooten verlassen hatte, stieß am 24. September Schultze mit *U512* auf den Hulk und versenkte ihn mit einem einzigen Torpedo.

Damit erhöhte sich Henkers Gesamtausbeute auf drei Schiffe mit 20 600 Tonnen, einschließlich des spanischen Neutralen, für den er vors Kriegsgericht sollte.

Inzwischen war ein drittes IXC-Boot im Operationsgebiet eingetroffen: *U516* unter dem 35jährigen Gerhard Wiebe. Wiebe hatte eine ereignisreiche Fahrt hinter sich. Am 27. August hatte er südlich von Island ein Gefecht mit dem 9700 BRT großen britischen Frachter *Port Jackson,* einem schnellen Alleinfahrer, gehabt. Er schoß einen vollen Bugfächer auf das Schiff, doch alle vier Torpedos verfehlten das Ziel. Dann eröffnete er das Feuer mit dem Deckgeschütz und erzielte zwei Treffer, doch das Schiff entkam im Nebel. Am 31. August meldete ein anderes Boot im Mittelatlantik einen schnellen amerikanischen Tanker. Wiebe reagierte auf die Meldung und fand den 11 000-Tonnen-Tanker *Jack Carnes,* der im Ballast fuhr. Er jagte das Schiff über eine Strecke von 500 Kilometern 18 Stunden lang mit 15 Knoten Fahrt und versenkte es schließlich mit sieben Torpedos. Am 6. September traf er *U163,* das seine Fahrt abgebrochen hatte, und übernahm von diesem Boot sechs Torpedos. Und schließlich hatte Wiebe, kurz bevor er das Gebiet östlich von Trinidad erreichte, mit Torpedos den 6200 BRT großen US-Frachter *Wichita* versenkt.

In den letzten Septembertagen fuhren Schultze mit *U512* und Wiebe mit *U516* in lockerem Verbund vor der Küste Französisch-Guyanas nach Süden. Am 28. September stieß Wiebe auf das 1200 BRT große, brasilianische Küstenmotorschiff *Antonico.* Da er nur noch wenige Torpedos hatte, versenkte er das Schiff mit dem Deckgeschütz in einem Gefecht, das seiner Meldung zufolge nur 20 Minuten dauerte.* Zwei Tage später versenkte er mit Torpedos und Deckgeschütz den 5300 BRT großen britischen Frachter *Alipore.*

Schultze hielt sich mit *U512* in der Nähe auf, doch er fand keine Ziele. Obwohl alliierte Flugzeuge das Boot zuvor bereits angegriffen und Schultze leicht verwundet hatten, fuhr er unklugerweise auch tagsüber aufgetaucht. Am Morgen des 2. Oktober entdeckte eine mit Radar ausgestattete B-18 der auf Trinidad stationierten Squadron 99 der Army Air Forces das über Wasser marschierende Boot. Der Pilot ging im Sturzflug auf 15 Meter und warf zwei Standardwasserbomben des Typs Mark XVII und zwei Kolosse des Versuchstyps XXIX, die links und rechts neben dem Boot einschlugen. Die Explosionen zertrümmerten das Boot, und es sank auf den 42 Meter tiefen Grund. Anscheinend liefen die Abteilungen des Bootes sofort voll Wasser, und zwei Drittel der Besatzung, einschließlich Schultzes, ertranken.

Auch der Bugtorpedoraum war stark beschädigt, lief jedoch nur allmählich voll. Dort saßen 16 Männer fest. Mit Tauchrettern hätten diese Männer vielleicht überlebt, doch die Tauchretter des Bootes waren wegen unsachgemäßer Lagerung durch Kondenswasser feucht geworden und alle bis auf vier zum Trocknen in den Maschinenraum gebracht worden. Als das Wasser in der Abteilung immer weiter stieg, reagierte es mit den Batterien der Elektro-Torpedos, so daß sich Chlorgas bildete. Vier Mann

* Die Überlebenden der *Antonico* behaupteten, Wiebe habe auf die Rettungsboote geschossen und dabei sechs Mann getötet und zehn verwundet. Diese Anschuldigung wurde beim Nürnberger Prozeß gegen Dönitz vorgebracht, ohne jedoch sonderlich viel zu bewirken. Dönitz erwiderte, die Schiffbrüchigen seien zweifellos in das auf das Schiff gerichtete Geschützfeuer hineingetrieben, und wenn Wiebe, wie die Anklage behauptete, die Überlebenden hätte töten wollen, dann hätte er den Ort der Versenkung nicht schon nach 20 Minuten verlassen.

legten die verfügbaren Tauchretter an, während andere durch das Gas, den steigenden Luftdruck, den Schock und die Panik zusammenbrachen.

Zwei Mann, von denen einer einen Tauchretter trug, versuchten, durch das schräge Torpedoladeluk zu entkommen. Sie entriegelten das Luk und fluteten den Raum, bis der Druck ausgeglichen war und sie das Luk öffnen konnten. Dann schwammen sie aus dem Boot hinaus, doch nur der Mann mit dem Tauchretter erreichte lebend die Wasseroberfläche. Er winkte verzweifelt dem über ihm kreisenden Flugzeug, und die Besatzung der B-18 warf einen Rettungsring und ein Schlauchboot für ihn ab. Danach trieb der einzige Überlebende von *U512* zehn Tage lang in dem Schlauchboot, bis ihn am 12. Oktober der amerikanische Glattdeck-Zerstörer *Ellis* aus der See fischte. Die restlichen 48 Besatzungsmitglieder von *U512* blieben verschwunden.

Die anderen zwei Boote in dem Gebiet, Auffermanns *U514* und Wiebes *U516,* empfanden die Jagd als immer weniger lohnend. Auf der Suche nach Zielen fuhr Auffermann nach Süden zum Äquator. Am 28. September versenkte er in der Mündung des Amazonas zwei brasilianische Frachter mit 8200 BRT. Bei der Rückkehr nach Norden durch die Gewässer vor Französisch-Guayana versenkte er am 12. Oktober einen amerikanischen Frachter mit 5700 BRT, nicht weit von dem Ort, an dem *U512* sein Ende gefunden hatte. Wiebe fand keine weiteren Ziele vor Südamerika, doch er versenkte auf dem Rückmarsch am 23. Oktober ein britisches Schiff mit 5800 BRT. Einschließlich eines mit dem Deckgeschütz versenkten Segelschiffs mit 167 Tonnen belief sich Auffermanns Ergebnis mit *U514* für diese 90tägige Feindfahrt auf fünf Versenkungen mit 17354 Tonnen und die schwere Beschädigung des Frachters *Cornwallis* auf Barbados. Wiebes bestätigtes Ergebnis auf seiner 95tägigen Feindfahrt belief sich auf fünf versenkte Schiffe mit 28400 Tonnen, einschließlich des Tankers *Jack Carnes,* und die Beschädigung des britischen Frachters *Port Jackson* mit 9700 BRT.

Das letzte der fünf Typ-IX-Boote der August-Gruppe, das in dem Gebiet patrouillierte, war Heinrich Bruns' *U175.* Bruns kreuzte in den flachen Gewässern vor Britisch-Guayana und hatte großes Glück. In lediglich 18 Tagen, vom 18. September bis zum 5. Oktober, versenkte er mit Deckgeschütz und Torpedos neun Frachter mit 33400 BRT. Er kehrte nach 74 Seetagen nach Frankreich zurück.

Insgesamt hatten die fünf neuen Typ-IX-Boote auf ihren Feindfahrten östlich von Trinidad und südlich von Französisch-, Niederländisch- und Britisch-Guayana sowie vor der Nordküste Brasiliens 30 Versenkungen mit 143000 Tonnen erzielt. Über die Hälfte davon – 17 Schiffe mit ungefähr 75500 Tonnen – hatten Henke mit *U515* und Bruns mit *U175* versenkt. Eines der Typ-IX-Boote, *U512,* war verlorengegangen und hatte 48 der 49 Besatzungsmitglieder mit sich in die Tiefe gerissen.

Bewertung

Der im August 1942 erfolgte Abzug der Typ-VII-Boote aus amerikanischen Gewässern war ein weiterer Wendepunkt in der Atlantikschlacht. Er und der starke Rückgang von Feindfahrten mit Typ-IX-Booten waren der Anfang vom Ende des umfassenden U-Boot-Kriegs gegen die amerikanischen Staaten, ein angemessener Meilenstein, an dem die Operationen der U-Boote in amerikanischen Gewässern zusammengefaßt und bewertet werden sollen.

Jede solche Bewertung muß mit einer Richtigstellung der Verzerrungen in den bereits existierenden Darstellungen beginnen. Admiral King und die Angehörigen der amerikanischen Marine tauchen in diesen Darstellungen meist als Dummköpfe, Schurken oder noch Schlimmeres auf; die führenden Köpfe der US Army und die Briten dagegen als brillante und unfehlbare Kriegsherren. Um den U-Boot-Krieg in amerikanischen Gewässern im richtigen Licht zu sehen, ist es erforderlich, an diesen wichtigen Aspekt zu erinnern und falsche Darstellungen zu berichtigen.

Zunächst gilt es, daran zu erinnern, daß sich die, historisch gesehen, majestätische British Royal Navy in einem Zustand des ernstlichen Niedergangs befand, während die US Navy einen gewaltigen Aufstieg erlebte. Wie der Historiker James R. Leutze gezeigt hat,* gestanden sich die britischen Marineoffiziere diese Umkehrung der Rollenverhältnisse nur ungern ein und zeigten sich ziemlich unwillig, ihre Vormachtstellung zur See zugunsten ihrer unkultivierten und ungehobelten Vettern vom Lande aufzugeben. Diese Eifersucht, die besonders 1942 vorherrschte, beeinflußte die Sichtweise britischer Marineangehöriger, was die Effektivität der amerikanischen und kanadischen Seestreitkräfte und ihrer Befehlshaber anging, und sie beeinflußte im nachhinein auch britische Marinehistoriker, die zeitgenössische und voreingenommene Berichte der Briten über ihre nordamerikanischen Verbündeten unkritisch für bare Münze nahmen.

Überdies muß auch daran erinnert werden, daß den Großteil des Jahres 1942, ungeachtet öffentlicher Freundschaftsschwüre, zwischen den amerikanischen und britischen Kriegsstrategen ernsthafte Differenzen über das strategische Vorgehen bestanden. Die Amerikaner waren begierig, Operation Sledgehammer, die Invasion des besetzten Frankreich, zu starten und sich direkt mit der deutschen Militärmacht auf dem Festland auseinanderzusetzen. Dagegen lehnten die Briten die Operation Sledgehammer zugunsten einer Reihe von Unternehmungen ab, die mit geringerem militärischem Einsatz an der »Peripherie« durchgeführt werden konnten, und zugunsten massiver strategischer Bombenangriffe gegen deutsche Industrieanlagen und Städte, von denen sie sich eine Zermürbung der deutschen Moral und letztlich den Sieg versprachen.

In der amerikanischen und der britischen Marineführung bestanden unterschiedliche Ansichten über die strategische Rolle der alliierten Seemacht auf dem atlantischen Kriegsschauplatz. Wie es die Amerikaner schon im Ersten Weltkrieg gehalten hatten, räumte Admiral King auch im Zweiten Weltkrieg dem sicheren Transport von Soldaten und anderem militärischen Personal an Bestimmungsorte in Übersee höchste Priorität ein, insbesondere bezüglich der amerikanischen Einheiten, die ursprünglich auf die Britischen Inseln gebracht wurden, um das Unternehmen Sledgehammer durchzuführen. Die Briten legten dagegen fast den gleichen Wert auf den Schutz der Handelsschiffe, die Lebensmittel, Öl und Kriegsgerät auf die Britischen Inseln transportierten, Güter die für das Überleben Großbritanniens und die vom britischen Kriegskabinett bevorzugte Art der Kriegführung unverzichtbar waren.

Britische Historiker und populärwissenschaftliche Autoren geben selten zu, daß es

---

* *Bargaining for Supremacy* (1977).

1942 bei strategischen Fragen über den Einsatz der Seestreitkräfte überhaupt je Meinungsunterschiede gab oder daß der Schutz von Truppentransporten von den Amerikanern als die wichtigste Aufgabe überhaupt angesehen wurde. Sie betonen vor allem, wie unglaublich dumm sich die Amerikaner beim Schutz der Handelsschiffahrt angestellt hätten, weil sich sich »geweigert« hätten, vor dem Mai in amerikanischen Gewässern das Geleitzugsystem einzuführen, was zu einer vernichtenden Niederlage im Seekrieg geführt habe. Der kürzlich von den amerikanischen Marinehistorikern Dean C. Allard und Robert W. Love jr. geäußerte Hinweis, die in den ersten acht Monaten des Jahres 1942 ohne Verluste* erfolgte Beförderung von US-Truppen aus den Vereinigten Staaten über den Atlantik nach Großbritannien sei an sich schon ein bedeutsamer Seesieg gewesen, wurde von den britischen Historikern weitgehend ignoriert.

Ein weiterer Aspekt in den damaligen Auseinandersetzungen der Alliierten über den Seekrieg, der von Admiral Kings Kritikern häufig übersehen wird, ist der Umstand, daß damals die US Navy einen »Krieg auf zwei Ozeanen« führen mußte. Um die Verkehrswege nach Australien zu schützen und eine Invasion dieses Kontinents zu verhindern, wie dies in verschiedenen anglo-amerikanischen strategischen Abkommen festgelegt worden war, mußten die Amerikaner Zehntausende von Soldaten und Fliegern nach Hawaii, Neukaledonien, den Fidschi-Inseln und Australien entsenden.** Diese Truppenkonvois, die meist riesige Entfernungen im Stillen Ozean zu überwinden hatten, mußten ebenso stark wie die atlantischen Truppenkonvois geschützt werden. Daher war es nicht möglich, dem Wunsch der britischen Admiralität zu entsprechen und zur Sicherung von Frachtkonvois im Atlantik US-Zerstörer aus dem Pazifik abzuziehen.

Als der Mangel an Zerstörern und anderen geeigneten Schiffen King dazu zwang, eine Wahl zwischen der Sicherung amerikanischer und britischer Truppentransporter und der Sicherung von Frachtern und Tankern zu treffen, entschied er sich dafür, die Truppen zu schützen.

Ein dritter wichtiger Faktor, der bei einer richtigen Sicht des U-Boot-Kriegs in amerikanischen Gewässern berücksichtigt werden muß, sind die ernsthaften Meinungsverschiedenheiten, die das ganze Jahr 1942 zwischen der US Army und der US Navy über die richtigen Maßnahmen gegen die U-Boot-Gefahr bestanden. Die Army wollte Sondereinheiten von radarbestückten, viermotorigen, landgestützten Flugzeugen wie Bomber des Typs B-24 Liberator eingesetzen, um U-Boote »offensiv« zur Strecke zu bringen – eine sogenannte Hunter-Killer-Strategie.

Dagegen hielt die Navy Hunter-Killer-Operationen für nutzlos, und drängte darauf, solche Flugzeuge »defensiv« zur Sicherung von Geleitzügen einzusetzen, von denen die U-Boote angezogen wurden wie die Fliegen. Die Navy befürwortete »offensive«

---

* Neben anderen Truppenteilen vier Divisionen der US Army, die 1., 5. und 34. Infanteriedivision und die 1. Panzerdivision. Insgesamt wurden in dieser Zeit ungefähr 157 000 Personen an amerikanischem Militärpersonal auf die Britischen Inseln verschifft. (Siehe die Tabellen bei Behrens, S. 283, und Bykofsky und Larson, S. 102.) Die dreizehn Soldaten, die auf dem Truppentransporter *Chatham* umkamen, hatten sich auf dem Weg von Nova Scotia nach Grönland befunden.

** Neben anderen Kräften sechs Divisionen der US Army: die 27., 32., 37., 40. und die 41. Infantry Division, sowie die 1. Division des Marine Corps.

Einsätze nur gegen U-Boot-Werften, vorgeschobene Stützpunkte und bekannte »Nadelöhre« wie den Golf von Biskaya.

Aufgrund dieser Meinungsverschiedenheiten und da die Army Air Forces aus politischen, grundsätzlichen und anderen Gründen gegen die Aufhebung einer Vorkriegsvereinbarung waren, die ihnen die ausschließliche Kontrolle über landgestützte Flugzeuge zugesprochen hatte, durfte die Navy 1942 keine eigenen landgestützten Luftwaffeneinheiten zur Geleitsicherung aufbauen. Deshalb mußte die Navy bei den Army Air Forces um die leihweise Überstellung von Flugzeugen betteln, deren Personal für Geleitsicherung und U-Boot-Bekämpfung nicht ausgebildet war, und diese »defensiven« Aufgaben – im Gegensatz zu den spektakulären und »offensiven« strategischen Luftangriffen auf das deutsche Hinterland – lehnte sie ohnehin verächtlich ab. Es überrascht deshalb nicht, daß die Einheiten der Army Air Forces in den ersten acht Monaten des U-Boot-Feldzugs in amerikanischen Gewässern schmählich versagten und lediglich ein U-Boot *(U701)* ohne Hilfe von Überwasserschiffen oder anderen Kräften versenkten.

In den vorhandenen Darstellungen über den U-Boot-Krieg in amerikanischen Gewässern wird diese absurde und unnütze Auseinandersetzung, die zwischen den Waffengattungen über die Kontrolle der Luftstreitkräfte tobte, kaum je angemessen dargestellt. Daß Präsident Roosevelt diesen Streit im gesamten Jahr 1942 und im ersten Halbjahr von 1943 nicht unterband, ist eines der großen militärischen Trauerspiele des Zweiten Weltkriegs. Unabhängig von der Verantwortung des Präsidenten muß diese Situation jedenfalls bei einer Diskussion dieser Phase des U-Boot-Kriegs voll berücksichtigt werden.

Ein vierter Faktor, den man sich ins Gedächtnis zurückrufen sollte, ist der Umstand, daß die Alliierten ab Anfang 1942 die Enigma-Funksprüche des Schlüsselkreises Triton der U-Boote nicht mehr entziffern konnten. In der offiziellen britischen Geschichtsschreibung über die Nachrichtendienste wird die Ansicht vertreten, daß dieser Rückschlag auf den Verlauf des U-Boot-Kriegs in amerikanischen Gewässern nur geringen Einfluß hatte. Tatsächlich war er jedoch von entscheidender Bedeutung. Durch die Entzifferung des Enigma-Schlüssels der U-Boote hätten die Amerikaner sofort gewußt, daß diese neue Operation ein umfassender Angriff der Deutschen war, bei dem alle verfügbaren Atlantik-U-Boote, einschließlich der Typ-VII-Boote mit mittlerem Aktionsradius und neuer U-Tanker, eingesetzt wurden. Wären diese Tatsachen und andere taktische Daten wie der Umstand, daß die U-Boote nicht in koordinierten Gruppen oder »Wolfsrudeln« operieren sollten, dem militärischen Oberkommando der US-Streitkräfte bekannt gewesen, hätte es zweifellos anders reagiert und vielleicht sogar ungesicherte Öl- und Frachtkonvois zugelassen.

Ein fünfter wichtiger Faktor ist die Tatsache, daß die Deutschen Anfang 1942, als die Operationen in amerikanischen Gewässern gerade angelaufen waren, den letzten schwerwiegenden Konstruktionsfehler ihrer U-Boot-Torpedos entdeckten. Dabei handelte es sich um das Leck in der Trimmkammer, wodurch die Torpedos sehr viel tiefer liefen, als sie eingestellt waren. Die Schritte, die zur Behebung dieses Fehlers unternommen wurden, verbesserten die Leistung der Torpedos und den Prozentsatz der in amerikanischen Gewässern erzielten Treffer erheblich.

Ein sechster Aspekt, der zu berücksichtigen ist, betrifft die 50 Glattdeck-Zerstörer und 10 Küstenschutzschiffe der Lake-Klasse, die die Amerikaner den Briten und Kanadiern 1940 und 1941 leihweise überließen. Wären diese 60 großen Sicherungsschiffe unter der Kontrolle der US Navy geblieben, hätten sie ausgereicht, um an der amerikanischen Ostküste, im Golf von Mexiko und in der Karibik ohne Verzögerung ein Konvoinetz zu etablieren und damit den Verlust von zahllosen Schiffen und Hunderten von Matrosen der Handelsmarine zu verhindern.

Nachdem nun diese wichtigen Aspekte ins Gedächtnis gerufen sind, kann die Bewertung des U-Boot-Kriegs in amerikanischen Gewässern mit größerer Fairneß vorgenommen werden. Zur Untermauerung der Bilanz ist es nötig, eine weitere Reihe von Zahlen anzuführen, die sich auf die Feindfahrten der zwischen dem 18. Dezember 1941 und dem 31. August 1942 in amerikanische Gewässer entsandten U-Boote beziehen.*

- Die Deutschen führten 184 Feindfahrten durch: 80 von Typ-IX-Booten und 104 von Typ-VII-Booten. Das ergab einen Schnitt von ungefähr 20 Fahrten pro Monat, ein sehr viel stärkerer Kräfteeinsatz, als gewöhnlich angenommen wird.
- Diese Boote versenkten 609 Schiffe mit 3,1 Millionen BRT, wobei alle Trawler, kleinen Hilfsschiffe und Segelschiffe sowie alle Schiffe, die auf dem Hin- und Rückmarsch versenkt wurden, mitgerechnet sind. Dies ergibt einen Durchschnitt von etwa 68 Schiffen mit rund 350 000 Tonnen pro Monat.

Die in amerikanischen Gewässern in diesem Zeitraum versenkten Schiffe machten etwa ein Viertel des gesamten alliierten Schiffsraums aus, den deutsche U-Boote im Zweiten Weltkrieg insgesamt versenkten. Daher waren diese Operationen hinsichtlich der in einem relativ kurzen Zeitraum erreichten und im Verhältnis zum Aufwand erzielten Versenkungen die wichtigste Einzelunternehmung des Krieges – und der Höhepunkt des U-Boot-Kriegs. Nur etwa sechs der in dieser Zeit durchgeführten 184 Feindfahrten in amerikanischen Gewässern erbrachten keinerlei Versenkungen oder Beschädigungen alliierter Schiffe. Zudem waren die deutschen Verluste relativ erträglich: 22 U-Boote (zehn des Typs IX und zwölf des Typs VII). Von den annähernd 1000 U-Boot-Fahrern in diesen Booten überlebten nur 200, davon 114 als Kriegsgefangene.**

Eine Ironie dieser erfolgreichsten Aktionen der U-Boote bestand darin, daß die von Dönitz so scharf abgelehnten Typ-IX-Boote bei weitem die größten Erfolge erzielten. Der Zufall wollte es, daß in den ersten acht Monaten des Jahres 1942 34 neue, seit langem im Bau, in Erprobung oder in Modernisierung befindlichen Typ-IX-Boote für die Atlantik-Streitmacht verfügbar wurden. Die 80 Feindfahrten der Typ-IX-Boote waren für 384 (63 Prozent) der insgesamt versenkten Schiffe mit ungefähr 2 Millionen BRT (65 Prozent des versenkten Schiffsraums) verantwortlich. Den 104 Feindfahrten der Typ-VII-Boote sind die anderen 225 Schiffe (37 Prozent) mit 1,1 Millionen BRT (35 Prozent) zuzurechnen.

Insgesamt versenkten die Boote des Typs IX durchschnittlich 4,8 Schiffe mit 25 100 BRT pro Boot und Feindfahrt, verglichen mit nur 2,2 Schiffen mit 10 686 BRT pro Boot und Feindfahrt bei den Typ-VII-Booten. Dies läßt vermuten, daß wesentlich weniger Schiffe versenkt worden wären, wenn Dönitz sich durchgesetzt hätte und sehr

* Siehe Anhang 5 und Tafel 12.

** Von *U94, U162, U352, U512* und *U701.*

TAFEL 12

VERSENKUNGEN DURCH U-BOOTE AUF FEINDFAHRTEN IN AMERIKANISCHEN GEWÄSSERN

Dezember 1941 bis August 1942

	Versenkte Schiffe	Tonnen	Durchschnittswerte	
Dezember-Boote				
5 Typ-IX	23	150 505	4,6	30 101
10 Typ-VII	18	85 374	1,8	8 537
Januar-Boote				
12 Typ-IX	47	276 044	3,9	23 003
14 Typ-VII	24	124 922	1,7	8 923
Februar-Boote				
9 Typ-IX	28	176 630	3,1	19 625
9 Typ-VII	29	167 864	3,2	18 651
März-Boote				
6 Typ-IX	29	164 109	4,8	27 351
20 Typ-VII	46	241 937	2,3	12 097
April-Boote				
14 Typ-IX	95	482 843	6,7	34 488
17 Typ-VII	38	158 210	2,2	9 159
Mai-Boote				
9 Typ-IX	64	304 510	8,0	38 064
8 Typ-VII	20	102 082	2,5	12 760
Juni-Boote				
10 Typ-IX	31	135 100	3,1	13 510
13 Typ-VII	27	123 904	2,0	9 531
Juli-Boote				
7 Typ-IX	23	129 648	3,3	8 521
10 Typ-VII	22	109 240	2,2	10 924
August-Boote				
8 Typ-IX	44	191 696	5,5	23 962
3 Typ-VII	2	4 597	0,6	1 532
Gesamt nach Typen				
80 Typ-IX-Fahrten	384	2 011 085	4,8	25 138
104 Typ-VII-Fahrten	225	1 111 371	2,2	10 686
Gesamt				
184 Fahrten	609	3 122 456	3,3	16 969

Verluste: 10 Typ-IX- und 12 Typ-VII-Boote = 22 U-Boote.
»Tauschrate« = 27,7 Versenkungen pro verlorenem Boot.

viel weniger Typ-IX-Boote gebaut worden wären, nämlich vielleicht 400 Schiffe mit rund 2 Millionen Tonnen statt 609 Schiffe mit 3,1 Millionen Tonnen.

Ein verblüffendes Merkmal des Feldzugs in amerikanischen Gewässern war, daß den Deutschen in den ersten acht Monaten des Jahres 1942 eine sehr große Zahl an alliierten Tankern zum Opfer fiel.* Hier die Verluste pro Seegebiet:

US-Ostküste	43
Golf von Mexico	22
Karibik/Lateinamerika	72**
Kanada	6
Gesamt	143

Rechnet man diese Tankerverluste zu den Tankern hinzu, die in den ersten acht Monaten des Jahres 1942 von den Amerika-U-Booten auf dem Hin- und Rückmarsch und von anderen U-Booten der Achsenmächte auf Feindfahrten in anderen Gebieten wie etwa vor Freetown, Sierra Leone und den Azoren versenkt wurden, dann steigt die Gesamtzahl an Tankerverlusten in diesem Zeitraum auf 188 Schiffe.

Dies war zweifellos ein schwerer Schlag für die Alliierten. Die Verluste behinderten eine Reihe von militärischen Operationen der Alliierten und waren die Ursache für zahlreiche Konflikte zwischen der US Army und der US Navy sowie zwischen London und Washington. Doch im Gegensatz zu manchen Darstellungen war der Schlag für die alliierte Tankerflotte keineswegs vernichtend. Amerikanische, britische und kanadische Werften bauten 1942 insgesamt 92 größere und bessere Tanker mit ungefähr 925 000 BRT und ersetzten damit die Hälfte der verlorenen Tanker, aber beinahe zwei Drittel der verlorenen Tonnage. 1943 produzierten allein die amerikanischen Werften weitere 214 Tanker mit etwa 2,1 Millionen BRT, während die Tankerverluste durch U-Boote dramatisch auf 48 Schiffe mit 373 000 BRT zurückgingen.

Die Amerikaner kompensierten den durch die Tankerverluste und das Geleitzugsystem verursachten Rückgang der Öleinfuhren 1942 durch eine drastische Reduzierung ihrer Abhängigkeit von Hochseetankern und durch den Einsatz von alternativen Systemen für den Öltransport. Diese Umschichtung wird aus der folgenden Tabelle ersichtlich, die den Ölstrom von Texas und Louisiana in die nordöstlichen USA darstellt. Hier die Angaben in Barrels pro Tag:

Transportsystem:	Januar 1942	Dezember 1942
Kesselwagen der Eisenbahn	98 500	740 063
Pipelines	62 500	158 180
Lastkähne, Binnenschiffe	42 500	64 380
Hochseetanker	1 268 500	111 759
Gesamt	1 472 000	1 074 382

* Siehe Anhang 17.

** Einschließlich eines von *U512* versenkten Tankers und zweier von *U515* versenkter Tanker; jeweils Anfang September.

Das Defizit bei diesen Öltransporten wurde 1942 durch Benzinrationierung an der Ostküste, durch die Umstellung vieler Fabriken von Öl auf Kohle oder Erdgas und durch den Rückgriff auf die Ölvorräte der Region ausgeglichen.

Die geringere Abhängigkeit von Hochseetankern für Öllieferungen in die nordöstlichen USA und die Produktion an neuen Tankern im Jahr 1942 ermöglichte es den Amerikanern, den Briten erneut Tanker zu »leihen«. In Reaktion auf Anfragen von London (»Red Gap« und »Blue Gap«) stellte Washington 1942 das Äquivalent zu rund 100 durchschnittlichen Tankern zur Verfügung. Die in dieser Notsituation erfolgende Umverteilung von Schiffen führte im Verein mit einer strengeren Benzinrationierung auf den Britischen Inseln und dem Rückgriff auf britische Ölvorräte dazu, daß in jenen ersten acht Monaten des Jahres 1942 die oft vorhergesagte Ölkrise ausblieb. Aber durch die Einführung des Konvoisystems in Amerika, durch die Umleitung von Tankern, die zu den Britischen Inseln fuhren, über Freetown und durch die intensivierten britischen Militäroperationen in Nordafrika, im Nahen Osten und im Indischen Ozean wurden die britischen Ölressourcen dennoch bis zum Äußersten belastet.

Außer Tankern versenkten die an der Operation vor Amerika beteiligten U-Boote 440 Frachter, Trawler, Hilfsschiffe und Segelschiffe mit ungefähr 1,7 Millionen BRT. Dies war ein weiterer harter Schlag, aber er war im Gegensatz zu vielen Darstellungen ebenfalls nicht vernichtend. Die Verluste wurden durch neu gebaute Schiffe rasch wettgemacht. Im Jahr 1942 bauten amerikanische, britische und kanadische Werften 7,1 Millionen BRT Schiffsraum, d.h. über eine Million BRT mehr, als durch U-Boote verlorenging (6,1 Millionen BRT).* Insbesondere amerikanische Schiffswerften leisteten in diesem Zeitraum wahrhaft Heroisches. Dies kann am besten durch weitere Zahlenreihen veranschaulicht werden, die die weltweiten alliierten Schiffsverluste durch U-Boote der Achsenmächte zu den im Sommer 1942 erfolgten Neubauten in amerikanischen Werften in Bezug setzen.

	Versenkt**	BRT	Gebaut***	BRT
Mai	125	607247	57	416000
Juni	144	700235	67	504000
Juli	96	476065	71	524000
August	108	544410	68	499000
September	98	485413	94	691000
Gesamt	571	2813370	357	2634000

* Die 43000 im Schiffbau tätigen Arbeitskräfte auf den Britischen Inseln produzierten 1942 insgesamt etwa 1,3 Millionen BRT an neuen Handelsschiffen; die Kanadier etwa eine halbe Million.

** Zahlen der britischen Admiralität; von der Achse in allen Gewässern versenkte Schiffe.

*** Nur in amerikanischen Werften. Man beachte, daß die Tonnage der neuen Schiffe im Schnitt 7300 BRT betrug; ältere, in der Spalte »Versenkt« aufgeführte Schiffe kamen auf 4900 BRT. Es war also nicht die gleiche Zahl an neuen Schiffen nötig, um die Tonnage der versenkten alten Schiffe auszugleichen oder zu übertreffen.

Zusammenfassend läßt sich sagen, daß die Versenkungen den alliierten Schiffsbestand von rund 30 Millionen BRT keineswegs entscheidend verminderten, auch wenn die Versenkung von 609 Schiffen mit 3,1 Millionen BRT in nordamerikanischen Gewässern zweifellos eine bedeutende Leistung der deutschen Kriegsmarine war. Wie erwähnt wurden die Verluste an Handelsschiffen größtenteils schnell durch Neubauten ausgeglichen, und es trat aufgrund der systematischen Umstrukturierung des Öltransportsystems in den Vereinigten Staaten und der auch in Großbritannien ergriffenen Rationierungsmaßnahmen 1942 weder in Amerika noch auf den Britischen Inseln eine lähmende Ölkrise ein – nur eine Reihe deprimierender, kurzzeitiger und örtlich begrenzter Engpässe, die Notmaßnahmen erforderlich machten.

Ein weiteres verblüffendes Merkmal des U-Boot-Kriegs in amerikanischen Gewässern war die relativ geringe Auswirkung, die er auf eine wichtige Lebensader Großbritanniens hatte – den Frachttransport von Nordamerika zu den Britischen Inseln (siehe Tafel 13). In den ersten acht Monaten des Jahres 1941 erreichten 2867 mit Fracht beladene Schiffe in Halifax- und Slow-Konvois das Vereinigte Königreich. In den ersten acht Monaten des Jahres 1942 erreichten zum Vergleich 2411 beladene Schiffe in Halifax- und Slow-Konvois Großbritannien. Der Unterschied – 456 Schiffe weniger im Jahr 1942 – lag nicht so sehr an den Versenkungen durch U-Boote in amerikanischen Gewässern, sondern hatte eher mit drei anderen Faktoren zu tun:

- Der Diversion von ungefähr 200 beladenen Frachtern für die Geleitzüge PQ 7 bis PQ 17 in den Norden der Sowjetunion. Von diesen Frachtern fuhren 42 Schiffe in den Geleitzügen PQ 7 bis PQ 11 und ungefähr 160 in den Geleitzügen PQ 12 (1. März 1942) bis PQ 17.
- Das »Auseinanderziehen« der Halifax-Geleitzüge von einem Abfahrtstermin alle sechs auf alle sieben Tage, zum Teil, um die Abstellung von US-Zerstörern der MOEF für die Sicherung von Truppentransporten auszugleichen. Dieser Schritt verringerte die Halifax-Geleitzüge pro Jahr um ungefähr neun, d. h. von jährlich etwa 61 auf rund 52 Geleitzüge. Wenn man die durchnittliche Mindestzahl von 40 Schiffen pro Halifax-Geleitzug zugrundelegt, ergibt sich damit eine Verminderung um etwa 360 Schiffe, die in Halifax-Konvois zu den Britischen Inseln fuhren, also um etwa 240 Schiffe in den ersten acht Monaten des Jahres 1942.
- Die Umleitung vieler beladener Tanker aus der Karibik, die nun aus der Karibik nach Freetown und von dort in langsamen Sierra-Leone-Geleitzügen nach Großbritannien fuhren.

Diese drei Maßnahmen und die Verluste durch U-Boote hatten in den ersten acht Monaten des Jahres 1942 einen weiteren starken Rückgang der Gesamtimporte von Großbritannien zur Folge: von 28 466 000 Tonnen im Jahr 1941 auf 23 402 000 Tonnen 1942 (siehe Tafel 14). Dies führte zu einer Verminderung der wichtigsten Einfuhren um etwa fünf Millionen Tonnen und zu wirklicher Not auf den Britischen Inseln – unter anderem zu Engpässen bei Lebensmitteln, Heizöl und Benzin – und zu Bedenken hinsichtlich der Abstellung zahlreicher Schiffe zur Unterstützung der Sowjetunion und für geplante militärische Unternehmungen wie etwa die Operation Torch. Auch führten die Engpässe zu erneuten Forderungen an Washington, Großbritannien eine noch größere Zahl von Schiffen zur Verfügung zu stellen.

Einerseits wäre es nicht richtig zu behaupten, der U-Boot-Krieg in amerikanischen Gewässern hätte nur geringfügige Konsequenzen gehabt. Er fügte den Alliierten auf

TAFEL 13

WICHTIGSTE FRACHTKONVOIS IM NORDATLANTIK ZU DEN BRITISCHEN INSELN

1. Januar 1942 bis 31. August 1942

Anzahl der angekommenen Schiffe und der Verluste durch Feindeinwirkung[1]

Monat	Halifax	Sydney	Freetown	Gesamt
Januar	175 (1)	122[2]	88 (1)	385 (3)
Februar	311 (3)	–	66	377 (3)
März	257 (1)	–	124	381 (1)
April	313	–	96	409
Mai	346	–	121 (1)	467 (1)
Juni	114	138	143	395
Juli	154	198	103	455
August	144	139 (15)	101 (7)	384 (22)
Gesamt	1 814 (5)	597 (16)	842 (9)	3 253 (30)[3]

[1] Quelle: British Monthly Anti-Submarine Reports, Jan. 1942 bis Aug. 1942; und: Jürgen Rohwer, *Die U-Booterfolge der Achsenmächte 1939–1945,* München 1968.

[2] Nach dem Auslaufen von Slow Convoy 64 am 9. 1. 1942 wurde Sydney den Winter über geschlossen, und die Geleitzüge Slow Convoy 65 bis 84 liefen in Halifax aus. Am 29. 5. 1943 wurde Sydney mit dem Auslaufen von Slow Convoy 85 wieder geöffnet.

[3] Zusätzlich gingen drei Geleitschiffe verloren: der britische, ehemals amerikanische Zerstörer *Belmont,* die britische Sloop *Culver* und die kanadische Korvette *Spikenard.* Ein weiteres alliiertes Sicherungsschiff, der britische Hilfskreuzer *Cheshire* wurde durch einen U-Boot-Angriff beschädigt. U-Boote versenkten in diesem Zeitraum 47 der 2285 Schiffe in nach Westen laufenden Geleitzügen (ON, ONS), darunter drei Korvetten: die freifranzösischen Schiffe *Alysee* und *Mimose* und die britische *Arbutus.*

verschiedene Art und Weise Schaden zu und brachte Tod und Schrecken über die amerikanische und die britische Handelsmarine. Andererseits muß der U-Boot-Krieg als ein nicht errungener Sieg betrachtet werden, und zwar in dem Sinne, daß die entscheidenden strategischen Ergebnisse, die Dönitz anstrebte, nicht erreicht wurden. Menschen, Ausrüstung und neue Schiffe aller Typen strömten weiterhin in ungeheuren Mengen von den Vereinigten Staaten in weit entfernte Teile der Welt.

Der wichtigste Erfolg des U-Boot-Kriegs in amerikanischen Gewässern bestand darin, die Alliierten zu zwingen, umfangreiche Mittel für das Konvoinetz an der Ostküste, im Golf von Mexiko, in der Karibik und vor Lateinamerika einzusetzen. Obwohl sich die Bedrohung durch die U-Boote in diesen Regionen ziemlich rasch verringerte und schließlich dank der verbesserten Maßnahmen zur U-Boot-Bekämpfung ganz verschwand, wurde das neue und komplexe Geleitzugnetz des »Interlocking Convoy System« bis zum Kriegsende beibehalten. Auch wenn man Churchills Schätzung, allein die Einführung von Geleitzügen habe die britischen Importe um »ein Drittel« vermindert, für übertrieben hält, so führten die Geleitzüge in nord- und südamerikanischen Gewässern, so effizient sie auch waren, doch zweifellos dazu, daß sich der Strom der per Schiff transportierten Rohstoffe und Waren bis zum Ende der Feindseligkeiten wesentlich verringerte.

TAFEL 14

VERGLEICH DER IMPORTE INS UNITED KINGDOM 1941 UND 1942[1]

(In 1000 Tonnen)

	Nahrung		Nachschub		Öl usw.		Gesamt	
	1941	1942	1941	1942	1941	1942	1941	1942
Januar	1094	984	1319	1022	541	1037	2954	3043
Februar	915	956	1237	911	842	1139	2994	3006
März	1123	1015	1264	927	953	724	3340	2666
April	1038	1099	1322	1001	877	896	3237	2996
Mai	1331	1162	1437	1052	1186	623	3954	2837
Juni	1557	1047	1219	1044	1208	774	3984	2865
Juli	1544	958	1104	1208	1227	988	3875	3154
August	1360	674	1352	1245	1416	916	4128	2835
Gesamt	9962	7895	10254	8410	8250	7097	28466	23402

1 Quelle: Hancock, *Statistical Digest* (1975), S. 184. Man beachte, daß die hier aufgeführten Zahlen für acht, und nicht für zwölf Monate gelten. Die Kategorie »Nachschub« schließt Munition und verschiedene andere Güter mit ein.

Damit schließt meine Untersuchung der ersten beiden Phasen des deutschen U-Boot-Kriegs, der beiden fast getrennt voneinander geführten Kriege gegen das Britische Empire und gegen die amerikanischen Staaten, wobei sich der untersuchte Zeitraum bis zum 1. September 1942 erstreckt. Der U-Boot-Feldzug gegen die alliierte Schifffahrt wurde noch 32 weitere Monate fortgesetzt – in der Tat bis zum 8. Mai 1945, dem letzten Tag des Krieges in Europa. Diese dritte und letzte Phase des U-Boot-Kriegs wird im zweiten Band dieser Untersuchung dargestellt und bewertet.

ANHANG 1

HOCHSEETÜCHTIGE FRONT-U-BOOTE

Die ersten drei Jahre: August 1939 bis August 1942

Boot	Typ	Kommandant	Crew-Jahr	Geburts-datum	Verloren/ Abgezogen
Im Dienst am 1. 9. 39:					
U26	I	Klaus Ewerth	1925	3/1907	
		Heinz Scheringer	1927	8/1907	1. 7. 40
U27	VII	Johannes Franz	1926	5/1907	20. 9. 39
U28	VII	Günter Kuhnke	1931	9/1912	15. 11. 40 A
U29	VII	Otto Schuhart	1929	4/1909	15. 12. 40 A
U30	VII	Fritz-Julius Lemp	1931	2/1913	15. 8. 40 A
U33	VII	Hans-Wilhelm v. Dresky	1933	1/1908	12. 2. 40
U34	VII	Wilhelm Rollmann	1926	8/1907	15. 8. 40 A
U36	VII	Wilhelm Frölich	1929	3/1910	4. 12. 39
U37	IX	Heinrich Schuch	1925	8/1906	
		Werner Hartmann	1921	12/1902	
		Victor Oehrn	1927	10/1907	
		Nikolaus Clausen	1929	6/1911	15. 4. 41 A
U38	IX	Heinrich Liebe	1933	1/1908	
		Heinrich Schuch	1925	8/1906	21. 11. 41 A
U39	IX	Gerhard Glattes	1927	2/1909	14. 9. 39
U40	IX	Werner von Schmidt	1926	4/1906	
		Wolfgang Barten	1931	8/1909	13. 10. 39
U41	IX	Gustav-Adolf Mugler	1931	10/1912	5. 2. 40
U45	VIIB	Alexander Gelhaar	1927	11/1908	14. 10. 39
U46	VIIB	Herbert Sohler	1928	7/1908	
		Engelbert Endraß	1935	3/1911	1. 8. 41 A
U47	VIIB	Günther Prien	1933	1/1908	18. 3. 41
U48	VIIB	Herbert Schultze	1930	7/1909	
		Hans-Rudolf Rösing	1924	9/1905	
		Heinrich Bleichrodt	1931	10/1909	
		Herbert Schultze	1930	7/1909	1. 7. 41 A

A = Abgezogen und als Schulboot eingesetzt.
AMER = Erste Feindfahrt in amerikanischen Gewässern.
ARK = Erste Feindfahrt in arktischen Gewässern.

Boot	Typ	Kommandant	Crew-Jahr	Geburts-datum	Verloren/ Abgezogen
U52	VIIB	Wolfgang Barten	1931	8/09	
		Otto Salman	1932	7/08	1. 5. 41 A
U53	VIIB	Ernst-Günther Heinicke	1927	9/08	
		Harald Grosse	1925	11/06	24. 2. 40
September 1939:					
U31	VII	Johannes Habekost	1933	2/07	11. 3. 40[1]
		Wilfried Prellberg	1933	10/13	2. 11. 40
U32	VII	Paul Büchel	1925	8/07	
		Hans Jenisch	1929	10/13	30. 10. 40
U35	VII	Werner Lott	1926	12/07	29. 11. 39
Oktober 1939:					
U25	I	Viktor Schütze	1925	6/06	
		Heinz Beduhn	1925	8/07	1. 8. 40
U42	IX	Rolf Dau	1926	4/06	13. 10. 39
November 1939:					
U43	IX	Wilhelm Ambrosius	1926	6/03	
		Wolfgang Lüth	1933	10/13	
		Hans-Joachim Schwantke	1936	8/18	
U49	VIIB	Curt v. Gossler	1932	9/05	15. 4. 40
Dezember 1939:					
Keine					
Januar 1940:					
U44	IX	Ludwig Mathes	1928	11/08	13. 3. 40
U51	VIIB	Dietrich Knorr	1931	2/12	20. 8. 40
U55	VIIB	Werner Heidel	1933	6/09	30. 1. 40
Februar 1940:					
U50	VIIB	Max-Hermann Bauer	1930	7/12	10. 4. 40
U54	VIIB	Günter Kutschmann	1929	1/11	13. 2. 40
März 1940:					
Keine					
April 1940:					
U64	IXB	Georg-Wilhelm Schulz	1932/30	3/06	13. 4. 40
U65	IXB	Hans-Gerrit v. Stockhausen	1926	8/07	
		Joachim Hoppe	1933	3/15	28. 4. 41
UA		Hans Cohausz	1926	11/07	
		Hans Eckermann	1925	5/05	
U101	VIIB	Fritz Frauenheim	1930	3/12	
		Ernst Mengersen	1933	6/12	15. 11. 41 A
Mai 1940:					
U122	IXB	Hans Günther Looff	1925	2/06	7. 7. 40
Juni 1940:					
U99	VIIB	Otto Kretschmer	1930	5/12	17. 3. 41
U102	VIIB	Harro v. Kloth-Heydenfeldt	1931	4/11	1. 7. 40
Juli 1940:					
Keine					
August 1940:					
U100	VIIB	Joachim Schepke	1930	3/12	17. 3. 41
U124	IXB	Georg-Wilhelm Schulz	1932/30	3/06	
		Johann Mohr	1934	6/16	
September 1940:					
U103	IXB	Viktor Schütze	1925	6/06	
		Werner Winter	1930	3/12	

Boot	Typ	Kommandant	Crew-Jahr	Geburts-datum	Verloren/ Abgezogen
U123	IXB	Karl-Heinz Moehle	1930	7/10	
		Reinhard Hardegen	1933	3/13	
Oktober 1940:					
U93	VIIC	Claus Korth	1932	10/11	
		Horst Elfe	1936	4/17	15. 1. 42
November 1940:					
U94	VIIC	Herbert Kuppisch	1933	12/09	
		Otto Ites	1936	2/18	28. 8. 42
U95	VIIC	Gerd Schreiber	1931	4/12	28. 11. 41
U104	IXB	Harald Jürst	1932	3/13	28. 11. 40
Dezember 1940:					
U96	VIIC	Heinrich Lehmann-Willenbrock	1931	12/11	
		Hans-Jürgen Hellriegel	1936	6/17	
U105	IXB	Georg Schewe	1930	11/09	
Januar 1941:					
U106	IXB	Jürgen Oesten	1933	10/13	
		Hermann Rasch	1934	8/14	
U107	IXB	Günther Hessler	1927	6/09	
		Harald Gelhaus	1935	7/15	
Februar 1941:					
U69	VIIC	Jost Metzler	1932	2/09	
		Wilhelm Zahn	1930	7/10	
U70	VIIC	Joachim Matz	1932	10/13	7. 3. 41
U73	VIIB	Helmut Rosenbaum	1932	5/13	
U97	VIIC	Udo Heilmann	1933	3/13	
U108	IXB	Klaus Scholtz	1927	3/08	
U552	VIIC	Erich Topp	1934	7/14	
März 1941:					
U74	VIIB	Eitel-Friedrich Kentrat	1928	9/06	2. 5. 42
U76	VIIB	Friedrich v. Hippel	1934	1/15	5. 4. 41
U98	VIIC	Robert Gysae	1931	1/11	
U110	IXB	Fritz-Julius Lemp	1931	2/13	9. 5. 41
U551	VIIC	Karl Schrott	1932	3/11	23. 3. 41
April 1941:					
U75	VIIB	Helmuth Ringelmann	1931	4/12	28. 12. 41
U201	VIIC	Adalbert Schnee	1934	12/13	
U553	VIIC	Karl Thurmann	1928	9/09	
Mai 1941:					
U66	IXC	Richard Zapp	1926	4/04	
U77	VIIC	Heinrich Schonder	1935	7/10	
U109	IXB	Hans-Georg Fischer	1926	2/08	
		Heinrich Bleichrodt	1931	10/09	
U111	IXB	Wilhelm Kleinschmidt	1933	1/07	4. 10. 41
U204	VIIC	Walter Kell	1933	12/13	19. 10. 41
U556	VIIC	Herbert Wohlfarth	1933	6/15	27. 6. 41
U557	VIIC	Ottokar Paulshen	1934	10/15	16. 12. 41
Juni 1941:					
U68	IXC	Karl-Friedrich Merten	1926	8/05	
U71	VIIC	Walter Flachsenberg	1928	10/08	
		Hardo Rodler v. Roithberg	1937	2/18	
U79	VIIC	Wolfgang Kaufmann	1933	6/12	23. 12. 41
U202	VIIC	Hans-Heinz Linder	1933	2/13	

Boot	Typ	Kommandant	Crew-Jahr	Geburts-datum	Verloren/ Abgezogen
U203	VIIC	Rolf Mützelburg	1932	6/13	
U371	VIIC	Heinrich Driver	1933	7/12	
U558	VIIC	Günther Krech	1933	9/14	
U559	VIIC	Hans Heidtmann	1934	8/14	
U561	VIIC	Robert Bartels	1935	4/11	
U562	VIIC	Herwig Collmann	1935	9/15	
		Horst Hamm	1935	3/16	
U564	VIIC	Reinhard Suhren	1935	4/16	
U651	VIIC	Peter Lohmeyer	1932	1/11	29. 6. 41
U751	VIIC	Gerhard Bigalk	1933	11/08	17. 7. 42
Juli 1941:					
U81	VIIC ARK	Fritz Guggenberger	1934	3/15	
U83	VIIB	Hans-Werner Kraus	1934	7/15	
U125	IXC	Günther Kuhnke	1931	9/12	
U126	IXC	Ernst Bauer	1933	2/14	
U205	VIIC	Franz-Georg Reschke	1929	5/08	
U331	VIIC	Hans-Dietrich v. Tiesenhausen	1934	2/13	
U372	VIIC	Heinz-Joachim Neumann	1930	4/09	4. 8. 42
U401	VIIC	Gero Zimmermann	1929	6/10	3. 8. 41
U431	VIIC	Wilhelm Dommes	1931	4/07	
U451	VIIC ARK	Eberhard Hoffmann	1933	10/12	21. 12. 41
U563	VIIC	Klaus Bargsten	1935	10/11	
U565	VIIC	Johann Jebsen	1935	4/16	
U571	VIIC	Helmut Möhlmann	1933	6/13	
U652	VIIC ARK	Georg-Werner Fraatz	1935	3/17	2. 6. 42
August 1941:					
U82	VIIC	Siegfried Rollmann	1934	9/14	6. 2. 42
U84	VIIB	Horst Uphoff	1935	10/16	
U85	VIIB	Eberhard Greger	1935	9/15	14. 4. 42
U129	IXC	Nikolaus Clausen	1929	6/11	
U206	VIIC	Herbert Opitz	1934	3/15	29. 11. 41
U207	VIIC	Fritz Meyer	1934	2/16	11. 9. 41
U432	VIIC	Heinz-Otto Schultze	1934	9/15	
U433	VIIC	Hans Ey	1935	6/16	16. 11. 41
U452	VIIC	Jürgen March	1933	3/14	25. 8. 41
U501	IXC/41	Hugo Förster	1924	1/05	10. 9. 41
U566	VIIC ARK	Dietrich Borchert	1933/34	2/09	
U567	VIIC	Theodor Fahr	1930	11/09	
		Engelbert Endraß	1935	3/11	21. 12. 41
U568	VIIC	Joachim Preuss	1933	5/14	28. 5. 42
U569	VIIC	Hans-Peter Hinsch	1934	7/14	
U570	VIIC	Hans-Joachim Rahmlow	1928	10/09	27. 8. 41[2]
U752	VIIC ARK	Karl-Ernst Schroeter	1934	12/12	
September 1941:					
U67	IXC	Günther Müller-Stöckheim	1934	12/13	
U132	VIIC ARK	Ernst Vogelsang	1931	8/11	
U208	VIIC	Alfred Schlieper	1934	1/15	7. 12. 41
U373	VIIC	Paul-Karl Loeser	1935	4/15	
U374	VIIC	Unno v. Fischel	1934	11/1	12. 1. 42
U502	IXC	Jürgen v. Rosenstiel	1933	11/12	5. 7. 42
U572	VIIC	Heinz Hirsacker	1934	8/14	

Boot	Typ		Kommandant	Crew-Jahr	Geburts-datum	Verloren/ Abgezogen
U573	VIIC		Heinrich Heinsohn	1933	2/10	29. 4. 42
U575	VIIC		Günther Heydemann	1933	1/14	
U576	VIIC	ARK	Hans-Dieter Heinicke	1933	5/13	15. 7. 42
Oktober 1941:						
U133	VIIC		Hermann Hesse	1935	3/09	
			Eberhard Mohr	1935	11/15	14. 3. 42
U332	VIIC		Johannes Liebe	1933	7/13	
U402	VIIC		Siegfried v. Forstner	1930	9/10	
U577	VIIC		Herbert Schauenburg	1931	5/12	9. 1. 42
U578	VIIC	ARK	August Rehwinkel	19??	10/01	9. 8. 42
November 1941:						
U127	IXC		Bruno Hansmann	1933	12/07	15. 12. 41
U131	IXC		Arend Baumann	1922	3/03	17. 12. 41
U134	VIIC	ARK	Rudolf Schendel	1932	1/14	
U375	VIIC		Jürgen Könenkamp	1932	8/13	
U434	VIIC		Wolfgang Heyda	1932	11/13	18. 12. 41
U453	VIIC		Egon-Reiner v. Schlippenbach	1934	4/14	
U454	VIIC	ARK	Burkhard Hackländer	1933	12/14	
U574	VIIC		Dietrich Gengelbach	1934	10/14	19. 12. 41
U584	VIIC	ARK	Joachim Deecke	1933	6/12	
Dezember 1941:						
U86	VIIB		Walter Schug	1934	10/10	
U87	VIIB	AMER	Joachim Berger	1934	6/13	
U128	IXC		Ulrich Heyse	1933	9/06	
U130	IXC		Ernst Kals	1924	8/05	
U135	VIIC	AMER	Friedrich-Hermann Praetorius	1935	2/04	
U156	IXC		Werner Hartenstein	1928	2/08	
U333	VIIC	AMER	Peter Erich Cremer	1932	3/11	
U581	VIIC		Werner Pfeifer	1933	5/12	2. 2. 42
U582	VIIC		Werner Schulte	1937	11/12	
U585	VIIC	ARK	Bernhard Lohse	1932	4/13	30. 3. 42
U653	VIIC		Gerhard Feiler	1934	9/09	
U654	VIIC		Ludwig Forster	1936	10/15	22. 8. 42
U701	VIIC	AMER	Horst Degen	1933	7/13	2. 7. 42
U753	VIIC		Alfred Manhardt v. Mannstein	1925	3/08	
U754	VIIC	AMER	Hans Oestermann	1933	5/13	31. 7. 42
Januar 1942:						
U136	VIIC		Heinrich Zimmermann	1933	1/07	11. 7. 42
U161	IXC		Albrecht Achilles	1934	1/14	
U213	VIID		Amelung v. Varendorff	1935	12/13	31. 7. 42
U352	VIIC		Helmut Rathke	1930	12/10	9. 5. 42
U404	VIIC		Otto v. Bülow	1930	10/11	
U435	VIIC	ARK	Siegfried Strelow	1931	4/11	
U455	VIIC		Hans-Heinrich Giessler	1931	1/11	
			Hans Martin Scheibe	1936	4/18	
U456	VIIC	ARK	Max-Martin Teichert	1934	1/15	
U504	IXC		Fritz Poske	1923	10/04	
U505	IXC		Axel-Olaf Loewe	1928	1/09	
			Peter Zschech	1936	10/18	
U586	VIIC	ARK[3]	Dietrich v. der Esch	1934	1/15	
U587	VIIC		Ulrich Borchert	1933/34	9/09	27. 3. 42
U588	VIIC		Viktor Vogel	1932	11/12	31. 7. 42

Boot	Typ		Kommandant	Crew-Jahr	Geburts-datum	Verloren/ Abgezogen
U591	VIIC	ARK[4]	Hans-Jürgen Zetzsche	1934	10/15	
U656	VIIC		Ernst Kröning	1925	1/05	1. 3. 42
Februar 1942:						
U154	IXC		Walther Kölle	1926	9/07	
U155	IXC	AMER	Adolf-Cornelius Piening	1930	9/10	
U158	IXC	AMER	Erich Rostin	1933	10/07	30. 6. 42
U160	IXC	AMER	Georg Lassen	1935	5/15	
U162	IXC	AMER	Jürgen Wattenberg	1921	12/00	
U209	VIIC	ARK	Heinrich Brodda	1921	5/03	
U377	VIIC	ARK	Otto Köhler	1931	11/09	
U403	VIIC	ARK	Heinz-Ehlert Clausen	1932	7/09	
U405	VIIC	ARK	Rolf-Heinrich Hopmann	1926	3/06	
U436	VIIC	ARK	Günther Seibicke	1932	8/11	
U503	IXC		Otto Gericke	1933	12/08	15. 3. 42
U589	VIIC	ARK	Hans-Joachim Horrer	1933	2/08	
U592	VIIC	ARK	Karl Borm	1933	8/11	
März 1942:						
U252	VIIC		Kai Lerchen	1933	4/11	14. 4. 42
U334	VIIC	ARK	Hilmar Siemon	1934	3/15	
U376	VIIC	ARK	Friedrich-Karl Marks	1934	6/14	
U378	VIIC	ARK	Alfred Hoschatt	1927	2/09	
U459	XIV	AMER	Georg v. Wilamowitz-Möllendorf	1914	11/1893	
U506	IXC		Erich Würdemann	1933	1/14	
U507	IXC		Harro Schacht	1926	12/07	
U593	VIIC		Gerd Kelbling	1934	6/15	
U594	VIIC		Dietrich Hoffmann	1932	6/12	
			Friedrich Mumm	1936	1/15	
U655	VIIC	ARK	Adolph Dumrese	1929	11/09	24. 3. 42
U657	VIIC	ARK	Heinrich Göllnitz	1935	8/09	
U702	VIIC	ARK	Wolf-Rüdiger v. Rabenau	1933	1/08	4. 4. 42
U703	VIIC	ARK	Heinz Bielfeld	1934	8/16	
April 1942:						
U116	XB	AMER	Werner v. Schmidt	1926	4/06	
U157	IXC		Wolf Henne	1924	8/05	13. 6. 42
U159	IXC		Helmut Witte	1934	4/15	
U172	IXC		Carl Emmermann	1934	3/15	
U251	VIIC	ARK	Heinrich Timm	1933	4/10	
U406	VIIC		Horst Dieterichs	1934	3/12	
U437	VIIC		Werner-Karl Schulz	1928	10/10	
U590	VIIC		Heinrich Müller-Edzards	1933	3/10	
Mai 1942:						
U88	VIIC	ARK	Heino Bohmann	1934	3/14	
U89	VIIC	AMER	Dietrich Lohmann	1930	10/09	
U153	IXC		Wilfried Reichmann	1924	9/05	13. 7. 42
U166	IXC		Hans-Günter Kuhlmann	1937	11/13	1. 8. 42
U214	VIID		Günther Reeder	1935	11/15	
U408	VIIC	ARK	Reinhard v. Hymmen	1933	11/14	
Juni 1942:						
U90	VIIC		Hans-Jürgen Oldörp	1935	6/11	24. 7. 42
U171	IXC	AMER	Günther Pfeffer	1934	10/14	
U173	IXC	AMER	Heinz-Ehler Beucke	1922	1/04	
			Hans-Adolph Schweichel	1936	5/15	

Boot	Typ		Kommandant	Crew-Jahr	Geburts-datum	Verloren/ Abgezogen
U215	VIID		Fritz Hoeckner	1933	12/12	3. 7. 42
U255	VIIC	ARK	Reinhardt Reche	1934	12/14	
U355	VIIC	ARK	Günter La Baume	1929	4/11	
U379	VIIC		Paul-Hugo Kettner	1933	7/12	8. 8. 42
U457	VIIC	ARK	Karl Brandenburg	1924	7/06	
U458	VIIC	AMER	Kurt Diggens	1934	10/13	
U460	XIV		Friedrich Schäfer	IV/14	2/1893	
			Ebe Schnoor	XII/15	6/1895	
U461	XIV		Wolf-Harro Stiebler	1932	8/07	
U508	IXC	AMER	Georg Staats	1935	3/16	
U509	IXC	AMER	Karl-Heinz Wolff	1928	10/09	
U597	VIIC		Eberhard Bopst	1933	12/13	
U704	VIIC		Horst Kessler	1934	8/14	
Juli 1942:						
U163	IXC	AMER	Kurt-Eduard Engelmann	1923	4/03	
U164	IXC	AMER	Otto Fechner	1924	11/05	
U174	IXC		Ulrich Thilo	1922	1/03	
U176	IXC		Reiner Dierksen	1933	3/08	
U210	VIIC		Rudolf Lemcke	1933	5/14	6. 8. 42
U217	VIID	AMER	Kurt Reichenbach-Klinke	1935	2/17	
U254	VIIC		Hans Gilardone	1932	7/12	
U256	VIIC		Odo Loewe	1934	9/14	
U335	VIIC		Hans-Hermann Pelkner	1935	4/09	3. 8. 42
U462	XIV		Bruno Vowe	1923	7/04	
U463	XIV		Leo Wolfbauer	1913	7/1895	
U510	IXC	AMER	Karl Neitzel	1923	1/01	
U511	IXC	AMER	Friedrich Steinhoff	1935	7/09	
U595	VIIC		Jürgen Quaet-Faslem	1934	5/13	
U598	VIIC	AMER	Gottfried Holtorf	1935	5/12	
U600	VIIC	AMER	Bernhard Zurmühlen	1934	3/09	
U601	VIIC	ARK	Peter-Ottmar Grau	1934	5/14	
U605	VIIC		Herbert-Viktor Schütze	1935	2/17	
U607	VIIC		Ernst Mengersen	1933	6/12	
U609	VIIC		Klaus Rudloff	1935	1/16	
U658	VIIC	AMER	Hans Senkel	1933	1/10	
U660	VIIC		Götz Baur	1935	8/17	
August 1942:						
U91	VIIC		Heinz Walkerling	1935	5/15	
U92	VIIC		Adolf Oelrich	1935	3/16	
U165	IXC	AMER	Eberhard Hoffmann	1925	5/07	
U175	IXC	AMER	Heinrich Bruns	1931	4/12	
U179	IXD2		Ernst Sobe	1924	9/04	
U211	VIIC		Karl Hause	1935	7/16	
U216	VIID		Karl-Otto Schultz	1934	11/1	
U218	VIID		Richard Becker	1934	2/11	
U259	VIIC		Klaus Köpke	1935	1/15	
U380	VIIC		Josef Röther	1927	10/0	
U407	VIIC		Ulrich-Ernst Brüller	1936	9/17	
U409	VIIC		Hans-Ferdinand Massmann	1936	6/17	
U410	VIIC		Kurt Sturm	1925	1/06	
U411	VIIC		Gerhard Litterscheid	1935	6/14	
U438	VIIC		Rudolf Franzius	1932	6/11	

Boot	Typ		Kommandant	Crew-Jahr	Geburts-datum	Verloren/ Abgezogen
U464	XIV		Otto Harms	1933	4/09	20. 8. 42
U512	IXC	AMER	Wolfgang Schultze	1930	10/10	
U513	IXC	AMER	Rolf Rüggeberg	1926	3/07	
U514	IXC	AMER	Hans-Jürgen Auffermann	1934	10/14	
U515	IXC	AMER	Werner Henke	1934	5/08	
U516	IXC	AMER	Gerhard Wiebe	1925	1/07	
U517	IXC	AMER	Paul Hartwig	1935	9/15	
U596	VIIC		Günter Jahn	1931	9/10	
U599	VIIC		Wolfgang Breithaupt	1932	9/13	
U604	VIIC		Horst Höltring	1933	6/13	
U608	VIIC		Rolf Struckmeier	1935	7/16	
U617	VIIC		Albrecht Brandi	1935	6/14	
U659	VIIC		Hans Stock	1935	8/15	
U705	VIIC		Karl-Horst Horn	1935	12/16	
U755	VIIC		Walter Göing	1934	8/14	
U756	VIIC		Klaus Harney	1934	3/17	

Zusammenfassung bis 1. 9. 42	
Aufgestellte U-Boote	275
Verlorene U-Boote	94
Abgezogene U-Boote	10
Nettobilanz	171
Menschenverluste	4 230 (geschätzt)[5]
Davon in Gefangenschaft	1 365

[1] In heimischen Gewässern versenkt, geborgen, wieder versenkt am 11. 2. 40.
[2] Gekapert.
[3] Nach einer Feindfahrt im Atlantik.
[4] Nach einer Feindfahrt im Atlantik.
[5] 94 Boote à 45 Besatzungsmitglieder.

ANHANG 2

FEINDFAHRTEN IM NORDATLANTIK

August 1939 bis August 1942

Boot	Typ	Kommandant	Aufbruch	Rückkehr	Schiffe versenkt	Tonnen
August 1939:						
U28	VII	Günter Kuhnke*	19. 8.	29. 9.	1	4955
U29	VII	Otto Schuhart*	19. 8.	26. 9.	4	41905[1]
U33	VII	Hans-Wilhelm v. Dresky*	19. 8.	27. 9.	3	5814
U34	VII	Wilhelm Rollmann*	19. 8.	26. 9.	3	13891[2]
U37	IX	Heinrich Schuch*	19. 8.	15. 9.		Keine
U38	IX	Heinrich Liebe*	19. 8.	17. 9.	2	16698
U39	IX	Gerhard Glattes*	19. 8.	Verloren 14. 9.		Keine
U40	IX	Werner v. Schmidt*	19. 8.	17. 9.		Keine
U41	IX	Gustav-Adolf Mugler*	19. 8.	17. 9.	2	2172[3]
U45	VIIB	Alexander Gelhaar*	19. 8.	15. 9.		Keine
U46	VIIB	Herbert Sohler*	19. 8.	15. 9.		Keine
U47	VIIB	Günther Prien*	19. 8.	15. 9.	3	8270
U48	VIIB	Herbert Schultze*	19. 8.	17. 9.	3	14777
U52	VIIB	Wolfgang Barten*	19. 8.	17. 9.		Keine
U30	VII	Fritz-Julius Lemp*	22. 8.	27. 9.	3	23206[4]
U27	VII	Johannes Franz*	23. 8.	Verloren 20. 9.	2	624
U26	I	Klaus Ewerth*	29. 8.	26. 9.	3	17414 + M
U53	VIIB	Ernst-Gunther Heinicke*	29. 8.	30. 9.	2	14018
U36	VII	Wilhelm Fröhlich*	31. 8.	29. 9.	2	2813[5]
September 1939:						
U32	VII	Paul Büchel*	5. 9.	30. 9.	2	5738 + M[6]
U31	VII	Johannes Habekost*	8. 9.	2. 10.	2	8706
U35	VII	Werner Lott*	8. 9.	12. 10.	4	7850 +

* = Erste Feindfahrt des Bootes.
(K.) = Erste Feindfahrt als Kommandant.
+ = Beschädigte Schiffe oder Anteile an versenkten Schiffen.
M = Als Minenleger eingesetzt.
Abbruch = Abbruch der Feindfahrt wegen Gefechtsschäden, technischer Probleme usw.
AA = Kommandant übernimmt andere Aufgaben
DMG = Durchbruch ins Mittelmeer gescheitert

Boot	Typ	Kommandant	Aufbruch	Rückkehr	Schiffe versenkt	Tonnen
Oktober 1939:						
U42	IX	Rolf Dau*	2. 10.	Verloren 13. 10.		Keine
U48	VIIB	Herbert Schultze	4. 10.	25. 10.	5	37153
U37	IX	Werner Hartmann* (K.)	5. 10.	8. 11.	8	35306
U45	VIIB	Alexander Gelhaar	5. 10.	Verloren 14. 10.	2	19313
U46	VIIB	Herbert Sohler	7. 10.	16. 11.	1	7028
U47	VIIB	Günther Prien	7. 10.	17. 10.	1	29150[7]
U40	IX	Wolfgang Barten* (K.)	10. 10.	Verloren 13. 10.		Keine
U34	VII	Wilhelm Rollmann	17. 10.	12. 11.	5	19722[8]
U25	I	Victor Schütze*	18. 10.	4. 11.	1	5874 Abbruch
U31	VII	Johannes Habekost	21. 10.	31. 10.	2	160 M[9]
U53	VIIB	Ernst-Gunther Heinicke	21. 10.	29. 11.		Keine
U26	I	Klaus Ewerth	22. 10.	5. 12.		Keine M
U33	VII	Hans-Wilhelm v. Dresky	29. 10.	28. 11.	8	17023 + M[10]
November 1939:						
U43	IX	Wilhelm Ambrosius*	6. 11.	14. 12.	4	16030
U41	IX	Gustav-Adolf Mugler	7. 11.	7. 12.	4	12914
U28	VII	Günter Kuhnke	8. 11.	18. 12.	3	19854 M[11]
U49	VIIB	Curt v. Gossler*	9. 11.	29. 11.	Abbruch	Keine
U29	VII	Otto Schuhart	14. 11.	16. 12.		Keine M
U38	IX	Heinrich Liebe	14. 11.	16. 12.	3	13269
U47	VIIB	Günther Prien	16. 11.	17. 12.	3	23168
U31	VII	Johannes Habekost	18. 11.	9. 12.	6	12338
U35	VII	Werner Lott	18. 11.	Verloren 29. 11.		Keine
U48	VIIB	Herbert Schultze	21. 11.	21. 12.	4	25618
Dezember 1940:						
U36	VII	Wilhelm Fröhlich	3. 12.	Verloren 4. 12.[12]		Keine
U30	VII	Fritz-Julius Lemp	9. 12.	14. 12.	Abbruch	Keine M
U46	VIIB	Herbert Sohler	19. 12.	10. 1.	1	924
U30	VII	Fritz-Julius Lemp	23. 12.	17. 1.	5	22797 + M[13]
U32	VII	Paul Büchel	29. 12.	22. 1.	1	959 M
Januar 1940:						
U44	IX	Ludwig Mathes*	6. 1.	9. 2.	8	29688
U34	VII	Wilhelm Rollmann	11. 1.	6. 2.	2	13432 M[14]
U25	I	Victor Schütze	13. 1.	19. 2.	6	27335 Abbruch
U31	VII	Johannes Habekost	17. 1.	3. 2.		Keine M
U55	VIIB	Werner Heidel*	17. 1.	Verloren 30. 1.	4	12937
U51	VIIB	Dietrich Knorr*	18. 1.	7. 2.	2	3143 Abbruch
U41	IX	Gustav-Adolf Mugler	27. 1.	Verloren 5. 2.	1	9874
U48	VIIB	Herbert Schultze	31. 1.	24. 2.	4	31526 M
Februar 1940:						
U26	I	Heinz Scheringer* (K.)	1. 2.	1. 3.	3	10580
U37	IX	Werner Hartmann	1. 2.	27. 2.	8	24539[15]
U33	VII	Hans-Wilhelm v. Dresky	7. 2.	Verloren 12. 2.		Keine M
U50	VIIB	Max-Hermann Bauer*	8. 2.	2. 3.	4	16089 Abbruch
U53	VIIB	Harald Grosse* (K.)	8. 2.	Verloren 24. 2.	5	13298 +
U29	VII	Otto Schuhart	11. 2.	12. 3.	3	11399 M[16]
U54	VIIB	Günter Kutschmann*	12. 2.	Verloren 13. 2.		Keine
U28	VII	Günter Kuhnke	18. 2.	25. 3.	2	11215 M
U32	VII	Hans Jenisch* (K.)	26. 2.	25. 3.	2	7886 M[17]
U38	IX	Heinrich Liebe	29. 2.	6. 4.	5	14309

Boot	Typ	Kommandant	Aufbruch	Rückkehr	Schiffe versenkt	Tonnen
März 1940 (Invasion in Norwegen):						
U52	VIIB	Otto Salman* (K.)	2. 3.	4. 4.		Keine
U31	VII	Johannes Habekost	11. 3.	Verloren 11. 3.[18]		Keine
U30	VII	Fritz-Julius Lemp	11. 3.	29. 3.		Keine
U34	VII	Wilhelm Rollmann	11. 3.	29. 3.		Keine
U46	VIIB	Herbert Sohler	11. 3.	23. 4.		Keine
U47	VIIB	Günther Prien	11. 3.	29. 3.	1	1 146
U49	VIIB	Curt v. Gossler	11. 3.	29. 3.		Keine
U51	VIIB	Dietrich Knorr	11. 3.	26. 4.		Keine
U44	IX	Ludwig Mathes	12. 3.	Verloren 13. 3.		Keine
U43	IX	Wilhelm Ambrosius	14. 3.	6. 4.		Keine
April 1940 (Norwegeneinsätze):						
U37	IX	Werner Hartmann	1. 4.	18. 4.[19]	3	18715
U25	I	Victor Schütze	3. 4.	6. 5.		Keine
U30	VII	Fritz-Julius Lemp	3. 4.	4. 5.		Keine
U34	VII	Wilhelm Rollmann	3. 4.	30. 4.	1	495
U47	VIIB	Günther Prien	3. 4.	18. 4.		Keine
U49	VIIB	Curt v. Gossler	3. 4.	Verloren 15. 4.		Keine
U48	VIIB	Herbert Schultze	4. 4.	20. 4.		Keine
U50	VIIB	Max-Hermann Bauer	5. 4.	Verloren 10. 4.		Keine
U64	IXB	Georg-Wilhelm Schulz*	6. 4.	Verloren 13. 4.[20]		Keine
U52	VIIB	Otto Salman	7. 4.	30. 4.		Keine
U38	IX	Heinrich Liebe	7. 4.	27. 4.		Keine
U65	IXB	Hans-Gerrit v. Stockhausen*	8. 4.	13. 5.		Keine
U43	IX	Wilhelm Ambrosius	12. 4.	23. 4.		Keine/Versorger
U26	I	Heinz Scheringer	15. 4.	25. 4.	1	5 159[21]
U29	VII	Otto Schuhart	18. 4.	4. 5.		Keine/Versorger
U47	VIIB	Günther Prien	18. 4.	26. 4.		Keine
U32	VII	Hans Jenisch	27. 4.	12. 5.		Keine/Versorger
UA	Türkei	Hans Cohausz*	27. 4.	9. 5.		Keine/Versorger
U101	VIIB	Fritz Frauenheim*	29. 4.	9. 5.		Keine/Versorger
Mai 1940 (»Glückliche Zeit«):						
U43	IX	Wilhelm Ambrosius	13. 5.	22. 7.	4	29456
U37	IX	Viktor Oehrn* (K.)	15. 5.	9. 6.	10	41207 +
U122	IXB	Hans-Günther Looff*	17. 5.	24. 5.		Keine/Versorger
U28	VII	Günter Kuhnke	20. 5.	1. 6.	Abbruch	Keine
U101	VIIB	Fritz Frauenheim	21. 5.	25. 6.	7	42022
U26	I	Heinz Scheringer	23. 5.	5. 6.		Keine/Versorger
U48	VIIB	Hans-Rudolf Rösing* (K.)	26. 5.	30. 5.	Abbruch	Keine
U29	VII	Otto Schuhart	27. 5.	9. 7.	4	25061[22]
Juni 1940:						
U46	VIIB	Engelbert Endraß* (K.)	1. 6.	30. 6.	5	35347 +[23]
U32	VII	Hans Jenisch	3. 6.	30. 6.	5	16098
U48	VIIB	Hans-Rudolf Rösing	3. 6.	29. 6.	7	31533
U47	VIIB	Günther Prien	4. 6.	6. 7.	8	51483
U38	IX	Heinrich Liebe	6. 6.	2. 7.	6	30353[24]
UA	Türkei	Hans Cohausz	7. 6.	28. 8.	7	40706[25]
U51	VIIB	Dietrich Knorr	7. 6.	5. 7.	3	22168
U25	I	Heinz Beduhn* (K.)	8. 6.	29. 6.	1	17046[26]
U28	VII	Günter Kuhnke	8. 6.	6. 7.	3	10303
U30	VII	Fritz-Julius Lemp	8. 6.	7. 7.	6	26329[27]
U52	VIIB	Otto Salman	8. 6.	21. 7.	4	13542

Boot	Typ	Kommandant	Aufbruch	Rückkehr	Schiffe versenkt	Tonnen
U65	IXB	Hans-Gerrit v. Stockhausen	14. 6.	7. 7.	2	29301
U122	IXB	Hans-Günther Loof	14. 6.	Verloren 7. 7.	1	5911
U99	VIIB	Otto Kretschmer*	19. 6.	24. 6.	Abbruch	Keine
U26	I	Heinz Scheringer	20. 6.	Verloren 1. 7.	1	6701 +
U34	VII	Wilhelm Rollmann	22. 6.	18. 7.	8	22434[28]
U102	VIIB	Harro v. Klot-Heydenfeldt*	22. 6.	Verloren 30. 6.	1	5219
U99	VIIB	Otto Kretschmer	27. 6.	21. 7.	6	20755[29]
Juli 1940:						
U30	VII	Fritz-Julius Lemp	13. 7.	24. 7.	1	712 Abbruch
U34	VII	Wilhelm Rollmann	23. 7.	3. 8.	5	29990[30]
U99	VIIB	Otto Kretschmer	25. 7.	5. 8.	4	32345 +
U52	VIIB	Otto Salman	27. 7.	12. 8.	3	17102
August 1940:						
U25	I	Heinz Beduhn	1. 8.	Verloren 3. 8.		Keine
U37	IX	Viktor Oehrn	1. 8.	12. 8. Abbruch	1	9130 Abbruch
U38	IX	Heinrich Liebe	1. 8.	3. 9.	2	12493
U46	VIIB	Engelbert Endraß	1. 8.	8. 9.	5	33425 + [31]
U30	VII	Fritz-Julius Lemp	6. 8.	27. 8.	2	12407
U48	VIIB	Hans-Rudolf Rösing	7. 8.	29. 8.	5	29169
U65	IXB	Hans-Gerrit v. Stockhausen	8. 8.	22. 8.	Abbruch	Keine[32]
U51	VIIB	Dietrich Knorr	9. 8.	Verloren 20. 8.	1	5709
U100	VIIB	Joachim Schepke*	9. 8.	1. 9.	6	25812 +
U101	VIIB	Fritz Frauenheim	9. 8.	4. 9.	3	12311 Abbruch
U28	VII	Günter Kuhnke	11. 8.	17. 9.	4	9945 +
U32	VII	Hans Jenisch	15. 8.	8. 9.	3	13093 + [33]
U37	IX	Viktor Oehrn	16. 8.	30. 8.	7	24409[34]
U124	IXB	Georg-Wilhelm Schulz*	19. 8.	14. 9.	2	10563
U47	VIIB	Günther Prien	27. 8.	26. 9.	6½	37585[35]
U65	IXB	Hans-Gerritt v. Stockhausen	29. 8.	26. 9.	2	10192
September 1940:						
U29	VII	Otto Schuhart	2. 9.	1. 10.	1	6223 Abbruch
U99	VIIB	Otto Kretschmer	3. 9.	25. 9.	6½	28949[36]
U48	VIIB	Heinrich Bleichrodt* (K.)	7. 9.	29. 9.	8	36198 + [37]
U43	IX	Wilhelm Ambrosius	9. 9.	18. 10.	1	5802
U100	VIIB	Joachim Schepke	11. 9.	29. 9.	7	50340
U31	VII	Wilfried Prellberg* (K.)	15. 9.	8. 10.	2	4400 Abbruch
U46	VIIB	Engelbert Endraß	15. 9.	29. 9.	2	3920 Abbruch
U32	VII	Hans Jenisch	18. 9.	6. 10.	7½	39213[38]
U123	IXB	Karl-Heinz Möhle*	19. 9.	21. 10.	3½	15959
U103	IXB	Viktor Schütze*	21. 9.	19. 10.	5½	22127[39]
U37	IX	Viktor Oehrn	24. 9.	21. 10.	5½	26669
U38	IX	Heinrich Liebe	25. 9.	24. 10.	4	30345 +
Oktober 1940:						
U93	VIIC	Claus Korth*	5. 10.	25. 10.	3	13214[40]
U48	VIIB	Heinrich Bleichrodt	5. 10.	25. 10.	6½	40094 + [41]
U101	VIIB	Fritz Frauenheim	5. 10.	24. 10.	4	14616 +
U124	IXB	Georg-Wilhelm Schulz	5. 10.	13. 11.	5	20061
U28	VII	Günter Kuhnke	11. 10.	15. 11.	½	2694[42]
U100	VIIB	Joachim Schepke	11. 10.	23. 10.	3½	20959 + [43]
U46	VIIB	Engelbert Endraß	13. 10.	26. 10.	5	22966
U99	VIIB	Otto Kretschmer	13. 10.	21. 10.	6½	28949[44]

Boot	Typ	Kommandant	Aufbruch	Rückkehr	Schiffe versenkt	Tonnen
U47	VIIB	Günther Prien	14. 10.	23. 10.	4½	25 055 +
U31	VII	Wilfried Prellberg	21. 10.	Verloren 2. 11.	½	2 694
U32	VII	Hans Jenisch	23. 10.	Verloren 30. 10.	1	42 348[45]
U99	VIIB	Otto Kretschmer	30. 10.	9. 11.	4	42 407
November 1940:						
U29	VII	Otto Schuhart	3. 11.	30. 11.		Keine
U47	VIIB	Günther Prien	3. 11.	6. 12.	1,3	10 347[46]
U93	VIIC	Claus Korth	7. 11.	15. 12.		Keine
U100	VIIB	Joachim Schepke	7. 11.	27. 11.	7	24 601
U103	IXB	Viktor Schütze	9. 11.	12. 12.	7	38 465
U104	IXB	Harald Jürst*	12. 11.	Verloren 21. 11.	1	8 240 +
U123	IXB	Karl-Heinz Möhle	14. 11.	28. 11.	6	27 895
U52	VIIB	Otto Salman	17. 11.	28. 12.	2	7 034
U43	IX	Wolfgang Lüth* (K.)	17. 11.	16. 12.	3	21 262 +
U94	VIIC	Herbert Kuppisch*	20. 11.	31. 12.	2	12 031
U95	VIIC	Gerd Schreiber*	20. 11.	6. 12.	1,3	7 444
U101	VIIB	Ernst Mengersen* (K.)	24. 11.	7. 12.	5½	28 505 +
U99	VIIB	Otto Kretschmer	27. 11.	12. 12.	3,3	28 707
Dezember 1940:						
U100	VIIB	Joachim Schepke	3. 12.	1. 1.	3	17 166
U96	VIIC	Heinrich Lehmann-Willenbrock*	4. 12.	29. 12.	5	37 037 +
U95	VIIC	Gerd Schreiber	16. 12.	14. 1.	1	12 823
U124	IXB	Georg-Wilhelm Schulz	16. 12.	22. 1.	1	5 965
U38	IX	Heinrich Liebe	18. 12.	22. 1.	1½	6 250[47]
U105	IXB	George Schewe*	24. 12.	31. 1.	2	11 359
Januar 1941:						
U106	IXB	Jürgen Oesten*	4. 1.	6. 2.	2	13 640
U94	VIIC	Herbert Kuppisch	9. 1.	19. 2.	3	12 653
U96	VIIC	Heinrich Lehmann-Willenbrock	9. 1.	22. 1.	2	29 053[48]
U93	VIIC	Claus Korth	11. 1.	13. 2.	4	23 943
U123	IXB	Karl-Heinz Möhle	16. 1.	28. 2.	4	22 186
U103	IXB	Viktor Schütze	21. 1.	25. 2.	3½	28 206[49]
U52	VIIB	Otto Salman	22. 1.	25. 2.	2	4 662
U101	VIIB	Ernst Mengersen	23. 1.	19. 2.	2	10 699
U48	VIIB	Herbert Schultze* (wieder K)	25. 1.	27. 2.	2	8 640
U107	IXB	Günther Hessler*	25. 1.	3. 3.	4	32 163
Februar 1941:						
U96	VIIC	Heinrich Lehmann-Willenbrock	1. 2.	28. 2.	6½	44 232
U37	IX	Nikolaus Clausen* (K.)	2. 2.	18. 2.	3	4 781 Abbruch
U73	VIIB	Helmut Rosenbaum*	8. 2.	3. 3.	1	4 260
U69	VIIC	Jost Metzler*	13. 2.	3. 3.	3	18 576
U95	VIIC	Gerd Schreiber	16. 2.	19. 3.	5	24 900
U108	IXB	Klaus Scholtz*	16. 2.	12. 3.	2	8 078
U46	VIIB	Engelbert Endraß	17. 2.	4. 3.	Abbruch	Keine
U97	VIIC	Udo Heilmann*	19. 2.	7. 3.	3	16 764 +
U47	VIIB	Günther Prien	20. 2.	Verloren ?/3	4½	26 629 + [50]
U552	VIIC	Erich Topp*	22. 2.	16. 3.	2	12 749
U99	VIIB	Otto Kretschmer	22. 2.	Verloren 17. 3.	6½	51 392 +

Boot	Typ	Kommandant	Aufbruch	Rückkehr	Schiffe versenkt	Tonnen
U70	VIIC	Joachim Matz*	23. 2.	Verloren 7. 3.	1	820 +
U37	IX	Nikolaus Clausen	27. 2.	??	1	3050 + AA
U46	VIIB	Engelbert Endraß	27. 2.	10. 4.	4	21742
März 1941:						
U74	VIIB	Eitel-Friedrich Kentrat*	5. 3.	11. 4.	1	5724 +
U98	VIIC	Robert Gysae*	13. 3.	14. 4.	4	15588
U100	VIIB	Joachim Schepke	13. 3.	Verloren 17. 3.		Keine
U110	IXB	Fritz-Julius Lemp*	13. 3.	29. 3.	Abbruch	Keine +
U46	VIIB	Engelbert Endraß	15. 3.	10. 4.	4	21778
U48	VIIB	Herbert Schultze	17. 3.	8. 4.	5	27256
U69	VIIC	Jost Metzler	18. 3.	11. 4.	1	3759
U551	VIIC	Karl Schrott*	18. 3.	Verloren 23. 3.		Keine
U97	VIIC	Udo Heilmann	20. 3.	10. 4.	3	20510
U73	VIIB	Helmut Rosenbaum	25. 3.	24. 4.	4	25148
U52	VIIB	Otto Salman	27. 3.	30. 3.	Abbruch	Keine
U101	VIIB	Ernst Mengersen	27. 3.	5. 5.	Abbruch[51]	Keine
U76	VIIB	Friedrich v. Hippel*	29. 3.	Verloren 5. 4.	2	7290
U94	VIIC	Herbert Kuppisch	29. 3.	18. 4.	2	10994
April 1941:						
U52	VIIB	Otto Salman	3. 4.	3. 5.	2	13993
U108	IXB	Klaus Scholtz	3. 4.	4. 5.	1	16144[52]
U552	VIIC	Erich Topp	7. 4.	6. 5.	3	15970 +
U123	IXB	Karl-Heinz Möhle	10. 4.	11. 5.	1	6991
U75	VIIB	Helmuth Ringelmann*	10. 4.	13. 5.	1	10146
U65	IXB	Joachim Hoppe* (K.)	12. 4.	Verloren 28. 4.	1	8897
U95	VIIC	Gerd Schrieber	12. 4.	13. 5.	1	4873
U96	VIIC	Heinrich Lehmann-Willenbrock	12. 4.	22. 5.	4	30227
U553	VIIC	Karl Thurmann*	14. 4.	5. 5.	Abbruch	Keine
U110	IXB	Fritz-Julius Lemp	15. 4.	Verloren 9. 5.	3	10056
U201	VIIC	Adalbert Schnee*	29. 4.	18. 5.	1½	9897 + [53]
Mai 1941:						
U94	VIIC	Herbert Kuppisch	1. 5.	6. 6.	5	31940
U97	VIIC	Udo Heilmann	2. 5.	30. 5.	3	17852
U556	VIIC	Herbert Wohlfarth*	2. 5.	30. 5.	4	23391 +
U93	VIIC	Claus Korth	3. 5.	9. 6.	1	6325
U98	VIIC	Robert Gysae	5. 5.	29. 5.	2	15905 +
U111	IXB	Wilhelm Kleinschmidt*	5. 5.	7. 7.	3	15978
U74	VIIB	Eitel-Friedrich Kentrat	8. 5.	30. 5.	Abbruch	Keine
U43	IX	Wolfgang Lüth	11. 5.	1. 7.	3	8017
U109	IXB	Hans-Georg Fischer*	12. 5.	29. 5.	1	7402 Abbruch
U557	VIIC	Ottokar Paulshen*	13. 5.	11. 7.	1	7296
U66	IXC	Richard Zapp*	13. 5.	12. 6.	Abbruch	Keine
U46	VIIB	Engelbert Endraß	16. 5.	13. 6.	3	17100
U73	VIIB	Helmut Rosenbaum	20. 5.	25. 6.		Keine
U48	VIIB	Herbert Schultze	21. 5.	22. 6.	5	38462 AA
U204	VIIC	Walter Kell*	24. 5.	28. 6.	2	7902
U101	VIIB	Ernst Mengersen	28. 5.	4. 7.	2	13157
U108	IXB	Klaus Scholtz	28. 5.	7. 7.	7	26895
U75	VIIB	Helmuth Ringelmann	29. 5.	3. 7.	1	4801
U77	VIIC	Heinrich Schonder*	29. 5.	7. 7.	3	11755

Boot	Typ	Kommandant	Aufbruch	Rückkehr	Schiffe versenkt	Tonnen
Juni 1941:						
U558	VIIC	Günther Krech*	1. 6.	9. 7.		Keine
U203	VIIC	Rolf Mützelburg*	2. 6.	29. 6.	3	11325
U552	VIIC	Erich Topp	3. 6.	2. 7.	3	24401
U751	VIIC	Gerhard Bigalk*	3. 6.	5. 7.	1	5370
U371	VIIC	Heinrich Driver*	5. 6.	1. 7.	1	4765 +
U559	VIIC	Hans Heidtmann*	5. 6.	5. 7.	Abbruch	Keine
U651	VIIC	Peter Lohmeyer*	7. 6.	Verloren 29. 6.	2	11639
U553	VIIC	Karl Thurmann	7. 6.	19. 7.	2	7945
U79	VIIC	Wolfgang Kaufmann*	8. 6.	5. 7.	1	1524 +
U201	VIIC	Adalbert Schnee	8. 6.	19. 7.		Keine
U71	VIIC	Walter Flachsenberg*	14. 6.	2. 7.	Abbruch	Keine
U202	VIIC	Hans-Heinz Linder*	17. 6.	23. 7.		Keine
U564	VIIC	Reinhard Suhren*	17. 6.	27. 7.	3	18678 +
U562	VIIC	Herwig Collmann*	19. 6.	30. 7.	Abbruch	Keine
U556	VIIC	Herbert Wohlfarth	19. 6.	Verloren 27. 6.		Keine
U96	VIIC	Heinrich Lehmann-Willenbrock	19. 6.	9. 7.	1	5954 Abbruch
U98	VIIC	Robert Gysae	23. 6.	23. 7.	2	10842
U561	VIIC	Robert Bartels	25. 6.	1. 8.	1	1884 + Abbruch
U95	VIIC	Gerd Schreiber	30. 6.	31. 7.		Keine +
U68	IXC	Karl-Friedrich Merten	30. 6.	1. 8.		Keine
Juli 1941:						
U97	VIIC	Udo Heilmann	2. 7.	8. 8.		Keine
U331	VIIC	Hans-Dietrich v. Tiesenhausen*	2. 7.	19. 8.	Abbruch	Keine
U74	VIIB	Eitel-Friedrich Kentrat	4. 7.	12. 8.	1	5415
U126	IXC	Ernst Bauer*	5. 7.	26. 8.	4	5400 +
U565	VIIC	Johann Jebsen*	8. 7.	6. 8.	Abbruch	Keine
U372	VIIC	Heinz-Joachim Neumann*	9. 7.	13. 8.	2	8341
U401	VIIC	Gero Zimmermann*	9. 7.	Verloren 3. 8.		Keine
U431	VIIC	Wilhelm Dommes*	10. 7.	11. 8.	Abbruch	Keine
U203	VIIC	Rolf Mützelburg	10. 7.	31. 7.	3	4305 + Abbruch
U125	IXC	Günter Kuhnke*	15. 7.	28. 7.	Abbruch	Keine
U79	VIIC	Wolfgang Kaufmann	21. 7.	16. 8.	1	2475
U204	VIIC	Walter Kell	21. 7.	21. 8.	2	5982[54]
U371	VIIC	Heinrich Driver	23. 7.	18. 8.	2	13984
U205	VIIC	Franz-Georg Reschke*	24. 7.	26. 8.		Keine/Eskorte
U559	VIIC	Hans Heidtmann	26. 7.	21. 8.	1	3255
U46	VIIB	Engelbert Endraß	26. 7.	14. 9.		Keine AA
U83	VIIB	Hans-Werner Kraus*	26. 7.	8. 9.		Keine
U73	VIIB	Helmut Rosenbaum	29. 7.	1. 8.	Abbruch	Keine
U75	VIIB	Helmuth Ringelmann	29. 7.	26. 8.	1	4512 Eskorte
U563	VIIC	Klaus Bargsten*	31. 7.	10. 9.		Keine
August 1941:						
U71	VIIC	Walter Flachsenberg	2. 8.	7. 9.		Keine
U77	VIIC	Heinrich Schonder	2. 8.	10. 9.		Keine
U96	VIIC	Heinrich Lehmann-Willenbrock	2. 8.	12. 9.	1	5954
U751	VIIC	Gerhard Bigalk	2. 8.	8. 9.		Keine
U43	IX	Wolfgang Lüth	2. 8.	23. 9.		Keine

Boot	Typ	Kommandant	Aufbruch	Rückkehr	Schiffe versenkt	Tonnen
U105	IXB	Georg Schewe	3. 8.	20. 9.	1	1549 Abbruch
U568	VIIC	Joachim Preuss*	3. 8.	10. 9.	1	925[55]
U129	IXC	Nikolaus Clausen*	3. 8.	29. 8.	Abbruch[56]	Keine
U206	VIIC	Herbert Opitz*	5. 8.	10. 9.	Abbruch[57]	Keine
U567	VIIC	Theodor Fahr*	5. 8.	12. 9.	1	3485
U38	IX	Heinrich Schuch* (K.)	6. 8.	13. 9.	1	1700
U501	IXC	Hugo Förster*	7. 8.	Verloren 10. 9.	1	2000
U553	VIIC	Karl Thurmann	7. 8.	16. 9.	3	12532
U73	VIIB	Helmut Rosenbaum	7. 8.	17. 9.	Abbruch	Keine
U101	VIIB	Ernst Mengersen	7. 8.	2. 9.	Abbruch	Keine
U84	VIIB	Horst Uphoff*	8. 8.	22. 9.		Keine
U569	VIIC	Hans-Peter Hinsch*	11. 8.	21. 9.	Abbruch	Keine
U82	VIIC	Siegfried Rollmann*	11. 8.	18. 9.	4	24362 +
U202	VIIC	Hans-Heinz Linder	11. 8.	17. 9.	2	2210
U106	IXB	Jürgen Oesten	12. 8.	11. 9.		Keine/Eskorte
U452	VIIC	Jürgen March*	13. 8.	Verloren 25. 8.		Keine
U201	VIIC	Adalbert Schnee	14. 8.	27. 8.	4	7825
U564	VIIC	Reinhard Suhren	16. 8.	27. 8.	5	8458 + [58]
U552	VIIC	Erich Topp	17. 8.	26. 8.	1	2129 Abbruch
U557	VIIC	Ottokar Paulshen	18. 8.	19. 9.	4	20407
U69	VIIC	Jost Metzler	20. 8.	27. 8.	Abbruch[59]	Keine
U561	VIIC	Robert Bartels	20. 8.	20. 9.	Abbruch	Keine
U652	VIIC	Georg-Werner Fraatz	21. 8.	18. 9.	1	3410 +
U207	VIIC	Fritz Meyer*	24. 8.	Verloren 11. 9	3	10970
U570	VIIC	Hans-Joachim Rahmlow*	24. 8.	Gekapert 27. 8.		Keine
U95	VIIC	Gerd Schreiber	26. 8.	20. 9.	Abbruch	Keine
U432	VIIC	Heinz-Otto Schultze*	26. 8.	19. 9.	4	15138
U433	VIIC	Hans Ey*	26. 8.	25. 9.		Keine
U558	VIIC	Günther Krech	26. 8.	16. 9.	1	10298 Abbruch[60]
U562	VIIC	Herwig Collmann	26. 8.	2. 9.	Abbruch	Keine
U81	VIIC	Fritz Guggenberger	27. 8.	19. 9.	1	3232
U85	VIIB	Eberhard Greger*	27. 8.	18. 9.	1	4748 Abbruch
U98	VIIC	Robert Gysae	31. 8.	26. 9.	1	4392
September 1941:						
U69	VIIC	Wilhelm Zahn* (K.)	1. 9.	1. 10.		Keine
U565	VIIC	Johann Jebsen	1. 9.	7. 10.		Keine
U572	VIIC	Heinz Hirsacker*	1. 9.	2. 10.		Keine
U94	VIIC	Otto Ites* (K.)	2. 9.	9. 10.	4	29319[61]
U373	VIIC	Paul-Karl Loeser*	2. 9.	2. 10.		Keine
U552	VIIC	Erich Topp	2. 9.	5. 10.	3	19187
U575	VIIC	Günther Heydemann*	2. 9.	9. 10.	1	4652
U79	VIIC	Wolfgang Kaufmann	4. 9.	18. 9.	Abbruch	Keine
U74	VIIB	Eitel-Friedrich Kentrat	8. 9.	26. 9.	2	7891[62]
U372	VIIC	Heinz-Joachim Neumann	10. 9.	13. 10.	1	3410
U562	VIIC	Horst Hamm* (K.)	11. 9.	15. 10.	2	9053
U431	VIIC	Wilhelm Dommes	13. 9.	12. 10.	1	3198
U124	IXB	Johann Mohr* (K.)	16. 9.	1. 10.	6	11659
U371	VIIC	Heinrich Driver	16. 9.	27. 9 ins Mittelmeer		
U564	VIIC	Reinhard Suhren	16. 9.	1. 11.		Keine
U201	VIIC	Adalbert Schnee	18. 9.	30. 9.	6	15193 +
U97	VIIC	Udo Heilmann	20. 9.	27. 9. ins Mittelmeer		

Boot	Typ	Kommandant	Aufbruch	Rückkehr	Schiffe versenkt	Tonnen
U203	VIIC	Rolf Mützelburg	20. 9.	30. 9.	3	7658
U204	VIIC	Walter Kell	20. 9.	9. 10.	2	9902 Eskorte
U559	VIIC	Hans Heidtmann	20. 9.	26. 9. ins Mittelmeer		
U205	VIIC	Franz-Georg Reschke	23. 9.	2. 10.	Abbruch	Keine
U331	VIIC	Hans Dietrich v. Tiesenhausen	24. 9.	30. 9. ins Mittelmeer		
U573	VIIC	Heinrich Heinsohn*	26. 9.	15. 11.		Keine
U75	VIIB	Helmuth Ringelmann	27. 9.	3. 10. ins Mittelmeer		
U79	VIIC	Wolfgang Kaufmann	27. 9.	5. 10. ins Mittelmeer		
U83	VIIB	Hans-Werner Kraus	27. 9.	1. 11.	1	2044 +
U129	IXC	Nikolaus Clausen	27. 9.	8. 10.		Keine/Rettungsaktion
U71	VIIC	Walter Flachsenberg	29. 9.	31. 10.		Keine
U208	VIIC	Alfred Schlieper*	29. 9.	12. 11.		Keine
U374	VIIC	Unno v. Fischel*	29. 9.	11. 11.	1	5120
U502	IXC/40	Jürgen v. Rosenstiel*	29. 9.	9. 11.	Abbruch	Keine +
U206	VIIC	Herbert Opitz	30. 9.	28. 10.	2	4006[63]
Oktober 1941:						
U563	VIIC	Klaus Bargsten	4. 10.	1. 11.	2	3312[64]
U109	IXB	Heinrich Bleichrodt*(K.)	5. 10.	18. 11.		Keine/Eskorte
U553	VIIC	Karl Thurmann	6. 10.	22. 10.	3	12532
U568	VIIC	Joachim Preuss	9. 10.	7. 11.	1	6023 + [65]
U73	VIIB	Helmut Rosenbaum	11. 10.	11. 11.		Keine
U77	VIIC	Heinrich Schonder	11. 10.	13. 11.	Abbruch	Keine
U101	VIIB	Ernst Mengersen	11. 10.	7. 11.	1	1190[66] AA
U432	VIIC	Heinz-Otto Schultze	11. 10.	2. 11.	4	19818 +
U558	VIIC	Günther Krech	11. 10.	25. 10.	4	21318[67]
U751	VIIC	Gerhard Bigalk	11. 10.	08. 11.		Keine
U569	VIIC	Hans-Peter Hinsch	12. 10.	12. 11.	1	3349
U38	IX	Heinrich Schuch	14. 10.	31. 10.	Abbruch	Keine AA
U82	VIIC	Siegfried Rollmann	14. 10.	19. 11.	2	9317
U123	IXB	Reinhard Hardegen	14. 10.	22. 11.		Keine + [68]
U84	VIIB	Horst Uphoff	16. 10.	18. 11.		Keine
U85	VIIB	Eberhard Greger	16. 10.	27. 11.		Keine
U202	VIIC	Hans-Heinz Linder	16. 10.	13. 11.	2	6608
U93	VIIC	Horst Elfe* (K.)	18. 10.	21. 11.		Keine
U203	VIIC	Rolf Mützelburg	18. 10.	12. 11.	2	10456
U571	VIIC	Helmut Möhlmann	18. 10.	26. 11.		Keine
U577	VIIC	Herbert Schauenburg*	19. 10.	26. 11.		Keine
U106	IXB	Hermann Rasch* (K.)	21. 10.	22. 11.		Keine +
U74	VIIB	Eitel-Friedrich Kentrat	22. 10.	12. 11.	1	8531
U133	VIIC	Hermann Hesse*	22. 10.	26. 11.		Keine
U552	VIIC	Erich Topp	25. 10.	26. 11.	1	1190[69]
U567	VIIC	Engelbert Endraß* (K.)	25. 10.	26. 11.		Keine
U402	VIIC	Siegfried v. Forstner*	26. 10.	9. 12.		Keine
U96	VIIC	Heinrich Lehmann-Willenbrock	27. 10.	6. 12.	1	5998 DMG
U98	VIIC	Robert Gysae	29. 10.	29. 11.		Keine
U201	VIIC	Adalbert Schnee	29. 10.	9. 12.		Keine
U69	VIIC	Wilhelm Zahn	30. 10.	8. 12.	Abbruch	Keine
U332	VIIC	Johannes Liebe*	30. 10.	16. 12.		DMG
U373	VIIC	Paul-Karl Loeser	30. 10.	21. 11.	Abbruch	Keine
U572	VIIC	Heinz Hirsacker	30. 10.	29. 11.		Keine

Boot	Typ	Kommandant	Aufbruch	Rückkehr	Schiffe versenkt	Tonnen
November 1941:						
U561	VIIC	Robert Bartels	1. 11.	26. 11.	2	8531
U433	VIIC	Hans Ey	1. 11.	17. 11. ins Mittelmeer		
U652	VIIC	Georg-Werner Fraatz	1. 11.	29. 11. ins Mittelmeer		
U434	VIIC	Wolfgang Heyda*	2. 11.	Verloren 18. 12.		Keine
U205	VIIC	Franz-Georg Reschke	3. 11.	11. 11. ins Mittelmeer		
U81	VIIC	Fritz Guggenberger	5. 11.	12. 11. ins Mittelmeer		
U105	IXB	Georg Schewe	8. 11.	13. 12.		Keine
U565	VIIC	Johann Jebsen	8. 11.	16. 11. ins Mittelmeer		
U574	VIIC	Dietrich Gengelbach*	8. 11.	Verloren 19. 12.	1	1190[70]
U575	VIIC	Günther Heydemann	9. 11.	17. 12.		DMG
U43	IX	Wolfgang Lüth	10. 11.	16. 12.	3	22337[71]
U375	VIIC	Jürgen Könenkamp*	12. 11.	9. 12. ins Mittelmeer		
U453	VIIC	Egon-Reiner v. Schilippenbach*	12. 11.	9. 12. ins Mittelmeer		
U372	VIIC	Heinz-Joachim Neumann	13. 11.	8. 12. ins Mittelmeer		
U654	VIIC	Hans-Joachim Hesse*	16. 11.	20. 11.	Abbruch	Keine[72]
U431	VIIC	Wilhelm Dommes	16. 11.	24. 11. ins Mittelmeer		
U95	VIIC	Gerd Schreiber	19. 11.	27. 11. ins Mittelmeer		
U557	VIIC	Ottokar Paulshen	19. 11.	26. 11. ins Mittelmeer		
U562	VIIC	Horst Hamm	20. 11.	27. 11. ins Mittelmeer		
U558	VIIC	Günther Krech	24. 11.	7. 12.		DMG
U451	VIIC	Eberhard Hoffmann	25. 11.	12. 12.		Keine
U67	IXC	Günther Müller-Stöckheim	26. 11.	26. 12.		Keine
U131	IXC	Arend Baumann*	27. 11.	Verloren 17. 12.	1	4016
U127	IXC	Bruno Hansmann*	29. 11.	Verloren 15. 12.		Keine
U563	VIIC	Klaus Bargsten	29. 11.	2. 12.		DMG
U71	VIIC	Walter Flachsenberg	29. 11.	5. 12.		DMG
U206	VIIC	Herbert Opitz	29. 11.	Verloren 29. 11.		Keine
Dezember 1941 (Feindfahrten in amerikanische Gewässer siehe Anhang 4):						
U130	IXC	Ernst Kals*	1. 12.	16. 12.	3	14971
U566	VIIC	Dietrich Borchert	3. 12.	23. 12.		Keine
U208	VIIC	Alfred Schlieper	3. 12.	Verloren 11. 12.		Keine
U568	VIIC	Joachim Preuss	4. 12.	10. 12. ins Mittelmeer		
U374	VIIC	Unno v. Fischel	6. 12.	10. 12. ins Mittelmeer		
U74	VIIB	Eitel-Friedrich Kentrat	9. 12.	15. 12. ins Mittelmeer		
U108	IXB	Klaus Scholtz	9. 12.	25. 12.	2	7620
U77	VIIC	Heinrich Schonder	10. 12.	16. 12. ins Mittelmeer		
U86	VIIC	Walter Schug*	10. 12.	22. 12.		Keine
U107	IXB	Harald Gelhaus* (K.)	10. 12.	26. 12.		Keine
U128	IXC	Ulrich Heyse*	10. 12.	24. 12.		Keine
U432	VIIC	Heinz-Otto Schultze	10. 12.	23. 12.	Abbruch	Keine
U569	VIIC	Hans-Peter Hinsch	10. 12.	23. 12.		DMG
U83	VIIB	Hans-Werner Kraus	11. 12.	18. 12. ins Mittelmeer		
U573	VIIC	Heinrich Heinsohn	11. 12.	18. 12. ins Mittelmeer		
U576	VIIC	Hans-Dieter Heinicke	11. 12.	23. 12.		Keine
U202	VIIC	Hans-Heinz Linder	13. 12.	27. 12.		DMG
U581	VIIC	Werner Pfeifer*	13. 12.	24. 12.		Keine
U451	VIIC	Eberhard Hoffmann	15. 12.	Verloren 21. 12.		Keine
U654	VIIC	Ludwig Forster* (K.)	15. 12.	25. 12.	Abbruch	Keine
U133	VIIC	Hermann Hesse	16. 12.	21. 12. ins Mittelmeer		
U653	VIIC	Gerhard Feiler*	16. 12.	13. 1.		Keine

Boot	Typ	Kommandant	Aufbruch	Rückkehr	Schiffe versenkt	Tonnen
U577	VIIC	Herbert Schauenburg	16. 12.	23. 12. ins Mittelmeer		
U71	VIIC	Walter Flachsenberg	18. 12.	21. 1.		Keine
U567	VIIC	Engelbert Endraß	18. 12.	Verloren 21. 12.	1	3324
U751	VIIC	Gerhard Bigalk	18. 12.	26. 12.	1	10000[73]
U582	VIIC	Werner Schulte*	20. 12.	7. 2.	1	5189
U571	VIIC	Helmut Möhlmann	21. 12.	27. 1.		Keine
U93	VIIC	Horst Elfe	23. 12.	Verloren 15. 1.		Keine
U156	IXC	Werner Hartenstein*	24. 12.	10. 1.	Abbruch	Keine
U753	VIIC	Alfred Manhardt v. Mannstein*	24. 12.	30. 12.		Keine
U373	VIIC	Paul-Karl Loeser	25. 12.	15. 1.		Keine/Eskorte
U43	IX	Wolfgang Lüth	30. 12.	22. 1.		Keine/nach Deutschland
Januar 1942:						
U161	IXC	Albrecht Achilles*	3. 1.	15. 1.		Keine
U561	VIIC	Robert Bartels	3. 1.	15. 1. ins Mittelmeer		
U73	VIIC	Helmut Rosenbaum	4. 1.	14. 1. ins Mittelmeer		
U504	IXC/40	Friedrich Poske*	6. 1.	20. 1.		Keine
U572	VIIC	Heinz Hirsacker	7. 1.	10. 2.		DMG
U587	VIIC	Ulrich Borchert*	8. 1.	30. 1.		Keine
U588	VIIC	Viktor Vogel*	8. 1.	30. 1.		Keine
U402	VIIC	Siegfried v. Forstner	11. 1.	11. 2.		Keine +
U581	VIIC	Werner Pfeifer	11. 1.	Verloren 2. 2.	1	364
U586	VIIC	Dietrich v. der Esch*	12. 1.	12. 2.		Keine + [74]
U94	VIIC	Otto Ites	12. 1.	30. 1.	Abbruch	Keine
U575	VIIC	Günther Heydemann	13. 1.	26. 2.		Keine/Eskorte
U132	VIIC	Ernst Vogelsang	15. 1.	8. 2.	1	2216[75] Abbruch
U455	VIIC	Hans-Heinrich Giessler*	15. 1.	28. 2.		Keine
U591	VIIC	Hans-Jürgen Zetzsche*	15. 1.	20. 2.	1	4028[76]
U352	VIIC	Hellmut Rathke	15. 1.	26. 2.		Keine
U656	VIIC	Ernst Kröning	15. 1.	28. 1.		Keine
U578	VIIC	August Rehwinkel	15. 1.	26. 1.		Keine
U753	VIIC	Alfred Manhardt v. Mannstein	17. 1.	1. 2.	Abbruch	Keine
U404	VIIC	Otto v. Bülow*	17. 1.	1. 2.		Keine
U505	IXC/40	Axel-Olaf Loewe*	19. 1.	3. 2.		Keine
U136	VIIC	Heinrich Zimmermann*	22. 1.	1. 3.	3	8739[77]
U213	VIID	Amelung v. Varendorff*	24. 1.	19. 3.		Keine M
U332	VIIC	Johannes Liebe	27. 1.	8. 2.	Abbruch	Keine[78]
Februar 1942 (Verteidigung Norwegens):						
U752	VIIC	Karl-Ernst Schroeter	4. 2.	13. 3.		Keine
U154	IXC	Walther Kölle*	7. 2.	1. 3.		Keine
U503	IXC/40	Otto Gericke*	15. 2.	22. 2.		Keine
U135	VIIC	Friedrich-Hermann Praetorius	22. 2.	3. 4.		Keine
U87	VIIB	Joachim Berger	22. 2.	27. 3.		Keine
U553	VIIC	Karl Thurmann	24. 2.	1. 4.		Keine
U569	VIIC	Hans-Peter Hinsch	26. 2.	2. 4.	1	984
U701	VIIC	Horst Degen	26. 2.	1. 4.	3	1253 +
U753	VIIC	Alfred Manhardt v. Mannstein	26. 2.	26. 3.		Keine

Boot	Typ	Kommandant	Aufbruch	Rückkehr	Schiffe versenkt	Tonnen
März 1942:						
U506	IXC/40	Erich Würdemann*	2. 3.	25. 3.		Keine
U593	VIIC	Gerd Kelbling*	2. 3.	28. 3.		Keine
U507	IXC/40	Harro Schacht*	7. 3.	25. 3.		Keine
U594	VIIC	Dietrich Hoffmann*	14. 3.	30. 3.		Keine
U455	VIIC	Hans-Heinrich Giessler	21. 3.	30. 3.		Keine
U252	VIIC	Kai Lerchen*	26. 3.	Verloren 14. 4.		Keine[79]
April 1942:						
U437	VIIC	Werner-Karl Schulz*	4. 4.	16. 4.		Keine
U172	IXC	Carl Emmermann*	22. 4.	3. 5.		Keine
U159	IXC	Helmut Witte*	22. 4.	3. 5.		Keine
U96	VIIC	Hans-Jürgen Hellriegel* (K.)	23. 4.	1. 7.		Keine
U437	VIIC	Werner-Karl Schulz	29. 4.	18. 5.		Keine/Eskorte[80]
U157	IXC	Wolf Henne*	30. 4.	10. 5.		Keine
Mai 1942:						
Gruppe Hecht:[81]						
U590	VIIC	Heinrich Müller-Edzards*	3. 5.	26. 6.		Keine
U124	IXB	Johann Mohr	4. 5.	26. 6.	7	32429[82]
U569	VIIC	Hans-Peter Hinsch	4. 5.	28. 6.	1	4458 +
U406	VIIC	Horst Dieterichs*	5. 5.	1. 7.		Keine
U94	VIIC	Otto Ites	14. 5.	23. 6.	5	25502 +
U153	IXC	Wilfried Reichmann*	18. 5.	30. 5.		Keine
U166	IXC	Hans-Günther Kuhlmann*	30. 5.	10. 6.		Keine
Juni 1942:						
U71	VIIC	Walter Flachsenberg	4. 6.	5. 6.	Abbruch	Keine
U459	XIV	Georg v. Wilamowitz-Möllendorf	6. 6.	19. 7.		Keine/Versorger
U460	XIV	Friedrich Schäfer*	7. 6.	31. 7.		Keine/Versorger
U552	VIIC	Erich Topp	9. 6.	19. 6.	5	15858
U71	VIIC	Walter Flachsenberg	11. 6.	20. 6.	Abbruch	Keine
U461	XIV	Wolf Stiebler*	21. 6.	16. 8.		Keine/Versorger
U379	VIIC	Paul-Hugo Kettner*	25. 6.	Verloren 8. 8.	2	8904
U597	VIIC	Eberhard Bopst*	27. 6.	16. 8.		Keine
U90	VIIC	Hans-Jürgen Oldörp*	30. 6.	Verloren 24. 7.		Keine
U704	VIIC	Horst Kessler*	30. 6.	16. 8.		Keine
Juli 1942:						
U86	VIIB	Walter Schug	2. 7.	18. 9.	1	342
U71	VIIC	Hardo Rodler v. Roithberg* (K.)	4. 7.	15. 8.		Keine
U552	VIIC	Erich Topp	4. 7.	13. 8. Abbruch	1½	8719 +
U454	VIIC	Burkhard Hackländer	4. 7.	17. 8.		Keine
U43	IX	Hans-Joachim Schwantke* (K.)	4. 7.	15. 8.		Keine/Abbruch
U607	VIIC	Ernst Mengersen*	9. 7.	16. 8.	1½[83]	13884
U463	XIV	Leo Wolfbauer*	11. 7.	3. 9.		Keine/Versorger
U254	VIIC	Hans Gilardone*	14. 7.	19. 8.	1	1218
U588	VIIC	Viktor Vogel	14. 7.	Verloren 31. 7.		Keine
U609	VIIC	Klaus Rudloff*	16. 7.	10. 9.	2	10288
U210	VIIC	Rudolf Lemcke*	18. 7.	Verloren 6. 8.		Keine
U176	IXC	Reiner Dierksen*	21. 7.	2. 10.	5½[84]	31886
U593	VIIC	Gerd Kelbling	22. 7.	19. 8.	1	3616
U462	XIV	Bruno Vowe*	23. 7.	21. 9.		Keine/Versorger

Boot	Typ	Kommandant	Aufbruch	Rückkehr	Schiffe versenkt	Tonnen
U595	VIIC	Jürgen Quaet-Faslem*	23. 7.	18. 8.		Keine
U660	VIIC	Götz Baur*	25. 7.	5. 9.	3	15 286[85]
U256	VIIC	Odo Loewe*	28. 7.	3. 9.	Abbruch	Keine
U605	VIIC	Herbert-Viktor Schütze*	28. 7.	4. 9.	3	8409 Abbruch
U174	IXC	Ulrich Thilo*	30. 7.	6. 9.		Keine
U335	VIIC	Hans-Hermann Pelkner*	31. 7.	Verloren 3. 8.		Keine
August 1942:						
U705	VIIC	Karl-Horst Horn*	1. 8.	Verloren 3. 9.	1	3279 +
U438	VIIC	Rudolf Franzius*	1. 8.	3. 9.	2 +[86]	10 546 Abbruch
U464	XIV	Otto Harms*	4. 8.	Verloren 20. 8.		Keine/Versorger
U569	VIIC	Hans-Peter Hinsch	4. 8.	8. 10.		Keine
U604	VIIC	Horst Höltring*	4. 8.	8. 9.	1	7906
U755	VIIC	Walter Göing*	4. 8.	5. 10.	1	1827
U373	VIIC	Paul-Karl Loeser	6. 8.	4. 10.		Keine
U578	VIIC	Ernst-August Rehwinkel	6. 8.	Verloren 10. 8.		Keine
U135	VIIC	Friedrich-Hermann Praetorius	8. 8.	3. 10.		Keine/Abbruch
U596	VIIC	Gunter Jahn*	8. 8.	3. 10.	2	10 642
U92	VIIC	Adolf Oelrich*	12. 8.	25. 9.		Keine
U432	VIIC	Heinz-Otto Schultze	15. 8.	4. 10.	1	5868
U91	VIIC	Heinz Walkerling*	15. 8.	6. 10.	1	1375[87]
U407	VIIC	Ernst-Ulrich Brüller*	15. 8.	9. 10.		Keine
U659	VIIC	Hans Stock*	15. 8.	16. 9.	Abbruch	Keine +
U756	VIIC	Klaus Harney*	15. 8.	Verloren 1. 9.		Keine
U409	VIIC	Hans-Ferdinand Massmann*	18. 8.	9. 9.		Keine
U411	VIIC	Gerhard Litterscheid*	18. 8.	30. 9.		Keine
U608	VIIC	Rolf Struckmeier*	20. 8.	24. 9.		10 323 +[88] Abbruch
U380	VIIC	Josef Röther*	22. 8.	7. 10.	1	2994
U404	VIIC	Otto v. Bülow	23. 8.	13. 10.	1	1120 +[89]
U96	VIIC	Hans-Jürgen Hellriegel	24. 8.	5. 10.	4	15 959 +
U584	VIIC	Joachim Deecke	24. 8.	10. 10.	2	12 913
U218	VIID	Richard Becker*	25. 8.	29. 9.	Abbruch	Keine +
U211	VIIC	Karl Hause*	26. 8.	6. 10.	1	21 560 +[90]
U410	VIIC	Kurt Sturm*	27. 8.	28. 10.		Keine
U599	VIIC	Wolfgang Breithaupt*	27. 8.	Verloren 24. 10.		Keine
U216	VIID	Karl-Otto Schultz*	29. 8.	Verloren 20. 10.	1	4989
U259	VIIC	Klaus Köpke*	29. 8.	5. 10.		Keine
U617	VIIC	Albrecht Brandi*	29. 8.	7. 10.	4	15 079 +

[1] Einschließlich des Flottenträgers *Courageous* mit 18 600 Tonnen.
[2] Einschließlich der als Prise genommenen *Hanonia* mit 2534 Tonnen.
[3] Beides Prisen.
[4] Einschließlich des Passagierschiffs *Athenia* mit 13 600 Tonnen.
[5] In der Nordsee.
[6] Beschädigte zwei weitere durch das Minenfeld.
[7] Versenkte das britische Schlachtschiff *Royal Oak* in Scapa Flow.
[8] Einschließlich einer Prise mit 3176 Tonnen.
[9] Beschädigte außerdem das britische Schlachtschiff *Nelson* am 4. 12. 1939.
[10] Einschließlich zweier durch Minen versenkter Schiffe mit 11 929 Tonnen.
[11] Einschließlich eines durch Minen versenkten Schiffes mit 9577 Tonnen.

[12] In der Nordsee versenkt.
[13] Beschädigte das britische Schlachtschiff *Barham* mit 31 000 Tonnen.
[14] Einschließlich eines durch Minen versenkten Schiffes mit 7807 Tonnen.
[15] Setzte zwei Agenten in Irland ab.
[16] Einschließlich eines durch Minen versenkten Schiffes mit 710 Tonnen.
[17] Einschließlich eines durch Minen versenkten Schiffes mit 5068 Tonnen.
[18] Vor Wilhelmshaven versenkt, aber geborgen.
[19] Eskorte der *Atlantis.*
[20] Eskorte der *Orion;* im Hafen von Narvik versenkt.
[21] Bei einer Versorgungsmission in norwegischen Gewässern.
[22] Tankte in Spanien nach und kehrte nach Deutschland zurück.
[23] Einschließlich des Hilfskreuzers *Carinthia* mit 20 277 Tonnen.
[24] Setzte einen Agenten in Irland ab.
[25] Dehnte die Feindfahrt auf westafrikanische Gewässer aus.
[26] Wurde gerammt und mußte Feindfahrt abbrechen.
[27] Tankte am 26. 6. in Spanien nach und war das erste U-Boot, das in Lorient im besetzten Frankreich anlegte (am 7. 7.); lief dort am 6. 8. wieder aus.
[28] Einschließlich des britischen Zerstörers *Whirlwind.*
[29] Einschließlich der estnischen Prise *Merisaar* mit 2136 Tonnen, die später von der deutschen Luftwaffe versenkt wurde.
[30] Einschließlich des britischen U-Boots *Spearfish.*
[31] Einschließlich des Hilfskreuzers *Dunvegan Castle* mit 15 000 Tonnen.
[32] Feindfahrt mit dem Auftrag, zwei Agenten nach Irland zu bringen, abgebrochen und nach Brest zurückgekehrt.
[33] Beschädigte den britischen Leichten Kreuzer *Fiji.*
[34] Einschließlich der britischen Sloop *Penzance.*
[35] Versenkung der Elmbank mit 5156 Tonnen zusammen mit U99.
[36] Einschließlich der *Luimneach* mit 1074 Tonnen, deren Versenkung damals irrtümlich *U46* zugeschrieben wurde.
[37] Einschließlich der britischen Sloop *Dundee* und des Passagierschiffs *City of Benares* mit 11 000 Tonnen.
[38] Versenkung der *Corrientes* mit 6863 Tonnen zusammen mit *U37.*
[39] Versenkung der *Graigwen* mit 3697 Tonnen zusammen mit *U123.*
[40] Erstes Front-U-Boot vom Typ VIIC.
[41] Versenkung der *Shirak* mit 6023 Tonnen zusammen mit *U47.*
[42] Versenkung der *Matina* mit 5389 Tonnen zusammen mit *U31.*
[43] Traf das 5458-Tonnen-Schiff *Shekatika* mit einem Torpedo; die Versenkung wurde *U123* gutgeschrieben.
[44] Versenkung der *Clintonia* mit 3106 Tonnen zusammen mit *U123.*
[45] Das von der deutschen Luftwaffe bereits beschädigte Passagierschiff *Empress of Britain.*
[46] Versenkung der *Conch* mit 8376 Tonnen zusammen mit *U99.*
[47] Versenkung der *Ardanbhan* mit 4980 Tonnen zusammen mit dem italienischen U-Boot *Tazzoli.*
[48] Die beiden britischen 15 000-Tonnen-Frachter *Almeda Star* und *Oropesa.*
[49] Versenkung des britischen 10 516-Tonnen-Tankers *A. F. Corwin* zusammen mit *U96.*
[50] Prien und Kretschmer teilten sich die Versenkung des als Tanker verwendeten Walfangmutterschiffs *Terje Viken* mit 20 638 Tonnen.
[51] Der Abzug eines Dieselmotors war defekt, und das Boot füllte sich mit Kohlenmonoxid. Drei Besatzungsmitglieder starben, weitere wurden schwer krank.
[52] Versenkte bei einer Sondermission in der Dänemarkstraße den bewaffneten Hilfskreuzer *Rajaputana.*
[53] Versenkte vielleicht auch den französischen Dampfer *Kervegen* mit 2018 Tonnen.
[54] Einschließlich des ehemals amerikanischen Glattdeck-Zerstörers *Bath.*
[55] Die britische Korvette *Picotee.*
[56] Vermutete Ausbruch von Diphtherie.
[57] Rettete sechs britische Flieger und brachte sie nach Frankreich.
[58] Einschließlich der britischen Korvette *Zinnia.*
[59] Abbruch der Feindfahrt wegen Erkrankung des Kommandanten.
[60] Abbruch der Feindfahrt wegen Erkrankung eines Offiziersanwärters.
[61] Zwecks Komplettüberholung und Modernisierung Feindfahrt in der Ostsee beendet.

[62] Einschließlich der kanadischen Korvette *Levis.*
[63] Einschließlich der britischen Korvette *Fleur de Lys.*
[64] Einschließlich des britischen Zerstörers *Cossack.*
[65] Beschädigte den amerikanischen Zerstörer *Kearny.*
[66] Irreparable Beschädigung des ehemals amerikanischen Glattdeck-Zerstörers *Broadwater.*
[67] Einschließlich der britischen Korvette *Gladiolus.*
[68] Beschädigte den bewaffneten britischen Hilfskreuzer *Aurania* mit 14 000 Tonnen.
[69] Der amerikanische Zerstörer *Reuben James.*
[70] Der ehemals amerikanische Glattdeck-Zerstörer *Stanley.*
[71] Einschließlich des amerikanischen Tankers *Astral* mit 11900 Tonnen.
[72] Brach wegen kranker Crew die Feindfahrt ab und fuhr nach Norwegen; lief im Dezember mit neuem Kommandanten wieder aus.
[73] Der britische Geleitträger *Audacity.*
[74] Nach einer Feindfahrt im Atlantik wieder ins Nordmeer versetzt.
[75] Das amerikanische Küstenschutzschiff *Alexander Hamilton.*
[76] Nach einer Feindfahrt im Atlantik wieder ins Nordmeer versetzt.
[77] Einschließlich der britischen Korvette Arbutus und der kanadischen Korvette *Spikenard.*
[78] Suchte nach Überlebenden der *Spreewald.*
[79] Setzte Agenten in Island ab.
[80] Geleitete nach kurzer Feindfahrt zur Überführung des Bootes von Kiel nach Frankreich den Blockadebrecher *Münsterland* nach Frankreich.
[81] Zusätzlich *U96* sowie *U404* und *U578,* die danach in amerikanische Gewässer fuhren.
[82] Einschließlich der französischen Korvette *Mimose.*
[83] Versenkung der *Belgian Soldier* mit 7167 Tonnen zusammen mit *U552.*
[84] Versenkung der *Empire Breeze* mit 7457 Tonnen zusammen mit *U438.*
[85] Baur versenkte zwei Frachter alleine und zwei weitere zusammen mit Franzius in *U438.*
[86] Versenkung zweier Frachter in Slow Convoy 94 zusammen mit *U660,* der *Empire Breeze* zusammen mit *U176.*
[87] Der kanadische Zerstörer *Ottawa.*
[88] Versenkung der Hektoria mit 13 797 Tonnen und der *Empire Moonbeam* mit 6849 Tonnen zusammen mit *U211.*
[89] Der britische Zerstörer *Veteran.*
[90] Versenkte die *Esso Williamsburg* mit 11 237 Tonnen und gemeinsam mit *U608* die *Hektoria* und die *Empire Moonbeam.*

ANHANG 3

FEINDFAHRTEN IM SÜDATLANTIK
Oktober 1940 bis August 1942

Boot	Typ	Kommandant	Aufbruch	Rückkehr	Schiffe versenkt	Tonnen
Oktober 1940:						
U65	IXB	Hans-Gerrit v. Stockhausen	15. 10.	10. 1.	8	47785 +
November 1940:						
U37	IX	Nikolaus Clausen* (K.)	28. 11.	7. 1.	7	11201
Dezember 1940:						
Keine						
Januar 1941:						
Keine						
Februar 1941:						
U105	IXB	Georg Schewe	22. 2.	13. 6.	12	70450
U124	IXB	Wilhelm Schulz	23. 2.	1. 5.	11	52397
UA	Türk.	Hans Eckermann* (K.)	27. 2.	18. 3.	Abbruch	Keine +
U106	IXB	Jürgen Oesten	28. 2.	18. 6.	7	42218 + [1]
März 1941:						
U107	IXB	Günter Hessler	29. 3.	2. 7.	14	86699
April 1941:						
U38	IX	Heinrich Liebe	9. 4.	24. 6.	8	47279
U103	IXB	Viktor Schütze	11. 4.	12. 7.	13	65172
UA	Türk.	Hans Eckermann	14. 4.	26. 4.	Abbruch	Keine
Mai 1941:						
U69	VIIC	Jost Metzler	5. 5.	8. 7.	6	28423 +
UA	Türk.	Hans Eckermann	16. 5.	30. 7.		Keine
Juni 1941:						
U123	IXB	Reinhard Hardegen* (K.)	16. 6.	26. 8.	5	21507
U66	IXC	Richard Zapp	23. 6.	5. 8.	4	19078

---

* = Erste Feindfahrt des Bootes.
(K.) = Erste Feindfahrt des Kommandanten.
+ = Beschädigte Schiffe oder Anteile an versenkten Schiffen.
M = Als Minenleger eingesetzt.
Abbruch = Abbruch der Feindfahrt wegen Gefechtsschäden, technischer Probleme usw.

Boot	Typ	Kommandant	Aufbruch	Rückkehr	Schiffe versenkt	Tonnen
Juli 1941:						
U124	IXB	Wilhelm Schulz	12. 7.	26. 8.	Abbruch	Keine
U93	VIIC	Claus Korth	12. 7.	21. 8.	Abbruch	Keine
U94	VIIC	Herbert Kuppisch	12. 7.	16. 8.	Abbruch	Keine
U109	IXB	Heinrich Bleichrodt* (K.)	28. 7.	17. 8.	Abbruch	Keine
August 1941:						
U108	IXB	Klaus Scholtz	12. 8.	21. 10.		Keine
U125	IXC	Günter Kuhnke	12. 8.	5. 11.		Keine
U111	IXB	Wilhelm Kleinschmidt	14. 8.	Verloren 4. 10.	2	14 193
U107	IXB	Günter Hessler	30. 8.	11. 11.	3	13 641
September 1941:						
U66	IXC	Richard Zapp	2. 9.	9. 11.	1	7015
U68	IXC	Karl-Friedrich Merten	8. 9.	8. 12.	4	23 697
U67	IXC	Günther Müller-Stöckheim	14. 9.	16. 10.	1	3 753 Abbruch[2]
U103	IXB	Werner Winter	13. 9.	9. 11.	2	10 594
U126	IXC	Ernst Bauer	24. 9.	13. 12.	4	23 866
U129	IXC	Nikolaus Clausen	29. 9.	31. 10.		Keine/Rettungs-aktion
Oktober 1941:						
UA	Türk.	Hans Eckermann	23. 10.	24. 12.		Keine
U129	IXC	Nikolaus Clausen	27. 10.	27. 12.		Keine
U124	IXB	Johann Mohr	30. 10.	27. 12.	2	11 125[3]
November 1941:						
						Keine
Dezember 1941:						
						Keine
Januar 1942:						
						Keine
Februar 1942:						
U68	IXC	Karl-Friedrich Merten	11. 2.	13. 4.	7	39 350
U505	IXC40	Axel-Olaf Loewe	11. 2.	7. 5.	4	25 041
März 1942:						
						Keine
April 1942:						
						Keine
Mai 1942:						
						Keine
Juni 1942:						
U582	VIIC	Werner Schulte	27. 6.	12. 8.	4	30 644
U201	VIIC	Adalbert Schnee	27. 6.	8. 8.	6	41 036
U116	XB	Werner v. Schmidt	27. 6.	23. 8.	1	4284 + Versorger
U572	VIIC	Heinz Hirsacker	30. 6.	3. 9.	1	5281
U136	VIIC	Heinrich Zimmermann	30. 6.	Verloren 11. 7.		Keine
Juli 1942:						
U752	VIIC	Karl-Ernst Schroeter	2. 7.	4. 9.	4	21 651
U130	IXC	Ernst Kals	4. 7.	12. 9.	7	51 528
U507	IXC/40	Harro Schacht	4. 7.	12. 10.	7	18 132[4]
U109	IXB	Heinrich Bleichrodt	18. 7.	6. 10.	5	35 601
U213	VIID	Amelung v. Varendorff	19. 7.	Verloren 31. 7.		Keine
U106	IXB	Hermann Rasch	25. 7.	31. 7.	Abbruch	Keine
U125	IXC	Ulrich Folkers	27. 7.	6. 11.	6	25 415
U506	IXC/40	Erich Würdemann	28. 7.	7. 11.	5	28 023[5]

Boot	Typ	Kommandant	Aufbruch	Rückkehr	Schiffe versenkt	Tonnen
August 1942:						
U333	VIIC	Peter Cremer	1. 8.	24. 8.	Abbruch	Keine
U594	VIIC	Friedrich Mumm* (K.)	4. 8.	28. 9.	1	6074
U653	VIIC	Gerhard Feiler	5. 8.	31. 8.	Abbruch	Keine
U566	VIIC	Gerhard Remus* (K.)	6. 8.	5. 9.	2	12268 + Abbruch
U214	VIID	Günther Reeder	9. 8.	9. 10.	2	13840 +
U406	VIIC	Horst Dieterichs	9. 8.	8. 10.	1	7452
U107	IXB	Harald Gelhaus	15. 8.	18. 11.	3	23508
U179	IXD2	Ernst Sobe*	15. 8.	Verloren 8. 10.	1	6558
U172	IXC	Carl Emmermann	19. 8.	27. 12.	8	60048[6]
U459	XIV	Georg v. Wilamowitz-Möllendorf	19. 8.	5. 11.		Keine/Versorger
U504	IXC/40	Friedrich Poske	19. 8.	11. 12.	6	36156
U68	IXC	Karl-Friedrich Merten	20. 8.	6. 12.	9	56230
U156	IXC	Werner Hartenstein	20. 8.	16. 11.	3	30381[7]
U159	IXC	Helmut Witte	24. 8.	5. 1. 43	11	63730
U590	VIIC	Heinrich Müller-Edzards	27. 8.	24. 11.		Keine
UD5	Dutch	Bruno Mahn*	27. 8.	12. 11.	1	7628
U87	VIIB	Joachim Berger	31. 8.	20. 11.	1	7392

[1] Beschädigte das britische Schlachtschiff *Malaya.*

[2] Von dem britischen U-Boot *Clyde* gerammt.

[3] Einschließlich des britischen Kreuzers *Dunedin.*

[4] Feindfahrt in brasilianischen Gewässern, anschließend Teilnahme an der Rettung der Überlebenden der *Laconia.*

[5] Teilnahme an der Rettung der Überlebenden der *Laconia.*

[6] Einschließlich des Passagierschiffs *Orcades* mit 23456 Tonnen.

[7] Einschließlich des Passagierschiffs *Laconia* mit 19695 Tonnen.

ANHANG 4

FEINDFAHRTEN IN AMERIKANISCHEN GEWÄSSERN

Dezember 1941 bis August 1942

Boot	Typ	Kommandant	Aufbruch	Rückkehr	Schiffe versenkt	Tonnen
Dezember 1941:						
Typ-IX-Boote (6):						
U502	C/40	Jürgen v. Rosenstiel	18. 12.	22. 12.	Abbruch	Keine
U125	C	Ulrich Folkers* (K.)	18. 12.	23. 2.	1	5666
U123	B	Reinhard Hardegen	23. 12.	9. 2.	7	46744
U66	C	Richard Zapp	25. 12.	10. 2.	5	33456
U109	B	Heinrich Bleichrodt	27. 12.	23. 2.	4	27651
U130	C	Ernst Kals	27. 12.	25. 2.	6	36988
			Gesamt:		23	150505
Typ-VII-Boote (10):						
U84	B	Horst Uphoff	21. 12.	7. 2.		Keine
U135	C	Friedrich-Hermann Praetorius*	24. 12.	31. 1.	1	9626
U552	C	Erich Topp	25. 12.	27. 1.	2	6722
U203	C	Rolf Mützelburg	26. 12.	29. 1.	2	1977 +
U86	B	Walter Schug	27. 12.	15. 2.	1	4271 +
U87	B	Joachim Berger*	27. 12.	29. 1.	2	16324 Abbruch
U333	C	Peter Cremer*	27. 12.	9. 2.	3	14045[1]
U701	C	Horst Degen*	27. 12.	9. 2.	1	3657
U754	C	Hans Oestermann*	30. 12.	9. 2.	4	11386
U553	C	Karl Thurmann	31. 12.	3. 2.	2	17366
			Gesamt:		18	85374
			Gesamt, beide Typen:		41	235979

---

* = Erste Feindfahrt des Bootes.
(K.) = Erste Feindfahrt des Kommandanten.
+ = Beschädigte Schiffe oder Anteile an versenkten Schiffen.
M = Als Minenleger eingesetzt.
Abbruch = Abbruch der Feindfahrt wegen Gefechtsschäden, technischer Probleme usw.

Boot	Typ	Kommandant	Aufbruch	Rückkehr	Schiffe versenkt	Tonnen
Januar 1942:						
Typ-IX-Boote (12):						
U103	B	Werner Winter	3. 1.	1. 3.	4	26539
U106	B	Hermann Rasch	3. 1.	22. 2.	5	42139
U107	B	Harald Gelhaus	7. 1.	7. 3.	2	10850 +
U128	C	Ulrich Heyse	8. 1.	23. 3.	3	30803
U108	B	Klaus Scholtz	12. 1.	4. 3.	5	20082
U67	C	Günther Müller-Stockheim	19. 1.	30. 3.	2	17469 +
U156	C	Werner Hartenstein	19. 1.	17. 3.	5	22723 +
U502	C/40	Jürgen v. Rosenstiel	19. 1.	16. 3.	5	25232 +
U161	C	Albrecht Achilles	24. 1.	2. 4.	5	28033 + [2]
U504	C/40	Fritz Poske	26. 1.	1. 4.	4	26561
U129	C	Nikolaus Clausen	26. 1.	5. 4.	7	25613
U105	B	Heinrich Schuch* (K.)	26. 1.	18. 2.	Abbruch	Keine[3]
			Gesamt:		47	276044
Typ-VII-Boote (14):						
U654	C	Ludwig Forster*	3. 1.	19. 2.	1	900[4]
U582	C	Werner Schulte*	4. 1.	7. 2.	1	5189
U85	C	Eberhard Greger	10. 1.	23. 2.	1	5408
U82	C	Siegfried Rollmann	11. 1.	Verloren 6. 2.	3	19307[5]
U575	C	Günther Heydemann	14. 1.	26. 2.		Keine[6]
U751	C	Gerhard Bigalk	14. 1.	23. 2.	2	11487 +
U566	C	Dietrich Borchert*	15. 1.	9. 3.	1	4181
U98	C	Robert Gysae	18. 1.	27. 2.	1	5298
U564	C	Reinhard Suhren	18. 1.	6. 3.	1	11410 +
U576	C	Hans-Dieter Heinicke	20. 1.	28. 2.	1	6946
U432	C	Heinz-Otto Schultze	21. 1.	16. 3.	6	27820
U96	C	Heinrich Lehmann-Willenbrock	31. 1.	23. 3.	5	25464
U653	C	Gerhard Feiler*	31. 1.	30. 3.	1	1582
U69	C	Wilhelm Zahn	31. 1.	17. 3.		Keine
			Gesamt:		24	124922
			Gesamt, beide Typen:		71	400966
Februar 1942:						
Typ-IX-Boote (9):						
U126	C	Ernst Bauer	2. 2.	29. 3.	7	32955 +
U158	C	Erich Rostin*	2. 2.	31. 3.	4	29234 +
U154	C	Walther Kölle	7. 2.	1. 3.	Abbruch	Keine
U155	C	Adolf-Cornelius Piening*	7. 2.	27. 3.	3	17657
U162	C	Jürgen Wattenberg*	7. 2.	18. 3.	Abbruch	Keine
U124	B	Johann Mohr	21. 2.	10. 4.	7	42048 +
U160	C	Georg Lassen*	24. 2.	28. 4.	5	36731
U105	B	Heinrich Schuch	25. 2.	15. 4.	2	18005
U503	C/40	Otto Gericke	28. 2.	Verloren 15. 3.		Keine
			Gesamt:		28	176630
Typ-VII-Boote (9):						
U578	C	Ernst-August Rehwinkel	3. 2.	25. 3.	3	11630[7]
U656	C	Ernst Kröning	4. 2.	Verloren 1. 3.		Keine
U558	C	Günther Krech	10. 2.	11. 3.	5	36935[8]
U587	C	Ulrich Borchert	12. 2.	Verloren 27. 3.	2	6619 +
U588	C	Viktor Vogel	12. 2.	27. 3.	2	11566 +
U94	C	Otto Ites	12. 2.	2. 4.	4	14442 +
U404	C	Otto v. Bülow	14. 2.	3. 4.	4	22653

Boot	Typ	Kommandant	Aufbruch	Rückkehr	Schiffe versenkt	Tonnen
U332	C	Johannes Liebe	17. 2.	10. 4.	4	25 125
U71	C	Walter Flachsenberg	23. 2.	20. 4.	5	38 894
			Gesamt:		29	167 864
			Gesamt, beide Typen:		57	344 494
März 1942:						
Typ-IX-Boote (6):						
U123	B	Reinhard Hardegen	2. 3.	2. 5.	8	34 917 +[9]
U154	C	Walther Kölle	11. 3.	9. 5.	5	28 715
U66	C	Richard Zapp	21. 3.	27. 5.	6	43 946 +
U130	C	Ernst Kals	24. 3.	16. 6.	2	13 092
U109	B	Heinrich Bleichrodt	25. 3.	3. 6.	3	12 099
U108	B	Klaus Scholtz	25. 3.	3. 6.	5	31 340
			Gesamt:		29	164 109
Versorgungseinsätze:						
UA	ex Türkei	Hans Cohausz* (wieder K.)	14. 3.	24. 4.		Keine /Versorger
U459	XIV	Georg v. Wilamowitz-Möllendorf*	21. 3.	15. 5.		Keine /Versorger
Typ-VII-Boote (20):						
U373	C	Paul-Karl Loeser	1. 3.	17. 4.	2	9 867
U202	C	Hans-Heinz Linder	1. 3.	26. 4.	1	5 249 +
U552	C	Erich Topp	7. 3.	27. 4.	6	39 475 + [10]
U754	C	Hans Oestermann	7. 3.	25. 4.	7	31 578 +
U571	C	Helmut Möhlmann	10. 3.	7. 5.	3	24 319
U203	C	Rolf Mützelberg	12. 3.	30. 4.	2	14 232 +
U572	C	Heinz Hirsacker	14. 3.	13. 5.	2	9 532 +
U84	B	Horst Uphoff	17. 3.	14. 5.	2	8 240
U582	C	Werner Schulte	19. 3.	24. 5.		Keine/Geleitfahrzeug
U654	C	Ludwig Forster	21. 3.	29. 5.	3	17 755
U85	B	Eberhard Greger	21. 3.	Verloren 14. 4.	1	4 904
U201	C	Adalbert Schnee	24. 3.	11. 5.	3	15 313
U575	C	Günther Heydemann	24. 3.	13. 5.	1	6 887
U136	C	Heinrich Zimmermann	24. 3.	20. 5.	3	12 707
U86	B	Walter Schug	25. 3.	26. 5.		Keine
U402	C	Siegfried v. Forstner	26. 3.	20. 5.	3	11 135
U752	C	Karl-Ernst Schroeter	28. 3.	22. 5.	2	10 707
U576	C	Hans-Dieter Heinicke	29. 3.	16. 5.	2	6 441
U333	C	Peter Cremer	30. 3.	26. 5.	3	13 596 +
U98	C	Wilhelm Schulze* (K.)	31. 3.	6. 6.		Keine
			Gesamt:		46	241 937
			Gesamt, beide Typen:		75	406 046
April 1942:						
Typ-IX-Boote (14):						
U125	C	Ulrich Folkers	4. 4.	13. 6.	9	47 055
U507	C	Harro Schacht	4. 4.	4. 6.	9	44 782
U506	C	Erich Würdemann*	6. 4.	15. 6.	8	39 906 +
U162	C	Jürgen Wattenberg	7. 4.	10. 6.	9	47 181
U103	B	Werner Winter	15. 4.	22. 6.	9	42 169
U106	B	Hermann Rasch	15. 4.	29. 6.	5	29 154 +
U155	C	Adolf-Cornelius Piening	20. 4.	14. 6.	7	33 086
U107	B	Harald Gelhaus	21. 4.	11. 7.	6	26 983
U156	C	Werner Hartenstein	22. 4.	7. 7.	10	39 785 + [11]

Boot	Typ	Kommandant	Aufbruch	Rückkehr	Schiffe versenkt	Tonnen
U172	C	Carl Emmermann	22. 4.	3. 5.	Abbruch	Keine
U502	C	Jürgen v. Rosenstiel	22. 4.	Verloren 5. 7.	8	41213
U126	C	Ernst Bauer	25. 4.	25. 7.	7	41708 +
U128	C	Ulrich Heyse	25. 4.	22. 7.	5	35620
U161	C	Albrecht Achilles	28. 4.	7. 8.	3	14201 +
			Gesamt:		95	482843
Versorgungseinsätze:						
U116	XB	Werner v. Schmidt*	25. 4.	5. 5.	Abbruch	Keine/Versorger
Typ-VII-Boote (17):						
U590	C	Heinrich Müller-Edzards*	4. 4.	17. 4.	Abbruch	Keine
U564	C	Reinhard Suhren	4. 4.	5. 6.	4	24390 +
U594	C	Dietrich Hoffmann*	11. 4.	25. 6.		Keine
U558	C	Günther Krech	12. 4.	21. 6.	6	16380
U69	C	Ulrich Gräf* (K.)	12. 4.	25. 6.	4	11976
U751	C	Gerhard Bigalk	15. 4.	15. 6.	2	4555
U455	C	Hans-Heinrich Giessler	16. 4.	16. 6.	2	13908
U352	C	Hellmut Rathke	17. 4.	Verloren 9. 5.		Keine
U566	C	Dietrich Borchert	18. 4.	30. 6.	1	8967
U553	C	Karl Thurmann	19. 4.	24. 6.	3	16995
U588	C	Viktor Vogel	19. 4.	7. 6.	4	13975 +
U593	C	Gerd Kelbling	20. 4.	17. 6.	1	8426 +
U753	C	Alfred Manhardt v. Mannstein	22. 4.	25. 6.	2	13769 +
U213	D	Amelung v. Varendorff	23. 4.	21. 6.		Keine[12]
U653	C	Gerhard Feiler	25. 4.	6. 7.	2	7065[13]
U135	C	Friedrich-Hermann Praetorius	26. 4.	5. 7.	2	11676
U432	C	Heinz-Otto Schultze	30. 4.	2. 7.	5	6128 +
			Gesamt:		38	158210
			Gesamt, beide Typen:		133	641053
Mai 1942:						
Typ-IX-Boote (8):						
U504	C	Fritz Poske	2. 5.	7. 7.	6	19418
U158	C	Erich Rostin	4. 5.	Verloren 30. 6.	13	65108
U172	C	Carl Emmermann	11. 5.	21. 7.	10	40745
U68	C	Karl-Friedrich Merten	14. 5.	9. 7.	7	50898
U159	C	Helmut Witte	14. 5.	13. 7.	10	50354
U157	C	Wolf Henne	18. 5.	Verloren 13. 6.	1	6401
U67	C	Günther Müller-Stockheim	20. 5.	8. 8.	6	30015 +
U129	C	Hans-Ludwig Witt* (K.)	20. 5.	21. 8.	11	41571
			Gesamt:		64	304510
Versorgungseinsätze:						
U116	XB	Werner v. Schmidt	16. 5.	9. 6.		Keine/Versorger/ Gruppe Hecht
Typ-VII-Boote (8):						
U404	C	Otto v. Bülow	6. 5.	14. 7.	7	31061 H
U578	C	Ernst-August Rehwinkel	7. 5.	3. 7.	2	13095 H
U373	C	Paul-Karl Loeser	19. 5.	8. 7.	1	396 M
U87	B	Joachim Berger	19. 5.	8. 7.	2	14298 M
U701	C	Horst Degen	19. 5.	Verloren 7. 7.	4	21769 + M[14]
U332	C	Johannes Liebe	24. 5.	1. 8.	2	10738
U584	C	Joachim Deeke	25. 5.	22. 7.		Keine[15]

Boot	Typ	Kommandant	Aufbruch	Rückkehr	Schiffe versenkt	Tonnen
U202	C	Hans-Heinz Linder	27. 5.	25. 7.	2	10725[16]
			Gesamt:		20	102082
			Gesamt, beide Typen:		84	406592
H = früher Gruppe Hecht						
Juni 1942:						
Typ-IX-Boote (11):						
U105	B	Heinrich Schuch	?/6	28. 6.	Abbruch	Keine
U154	C	Walther Kölle	4. 6.	23. 8.	1	65
U153	C	Wilfried Reichmann	6. 6.	Verloren 13. 7.		16166
U505	C	Axel-Olaf Loewe	7. 6.	25. 8.	3	12748
U173	C	Heinz-Ehler Beucke*	15. 6.	20. 9.		Keine
U166	C	Hans-Günther Kuhlmann	17. 6.	Verloren 1. 8.	4	7593 M
U171	C	Günther Pfeffer*	17. 6.	Verloren 9. 10.	3	17641
U160	C	Georg Lassen	20. 6.	24. 8.	6	29281 +
U508	C	Georg Staats*	25. 6.	15. 9.	2	2710
U509	C	Karl-Heinz Wolff*	25. 6.	12. 9.		Keine
U66	C	Friedrich Markworth* (K.)	26. 6.	29. 9.	9	48896 M
			Gesamt:		31	135100
Typ-VII-Boote (13):						
U203	C	Rolf Mützelburg	3. 6.	29. 7.	5	32985
U437	C	Werner-Karl Schulz	6. 6.	12. 8.		Keine/E
U89	C	Dietrich Lohmann*	6. 6.	21. 8.	1	54 E
U215	D	Fritz Hoeckner*	9. 6.	Verloren 3. 7.	1	7191
U132	C	Ernst Vogelsang	10. 6.	16. 8.	5	21350 E
U575	C	Günther Heydemann	10. 6.	7. 8.	4	8274 E
U84	B	Horst Uphoff	10. 6.	13. 8.	3	14206 + E
U571	C	Helmut Möhlmann	11. 6.	7. 8.	2	9192 + E
U134	C	Rudolf Schendel	11. 6.	1. 9.		Keine/E
U214	D	Günther Reeder*	13. 6.	17. 6.	Abbruch	Keine
U576	C	Hans-Dieter Heinicke	16. 6.	Verloren 15. 7.	2	10373
U402	C	Siegfried v. Forstner	16. 6.	5. 8.	Abbruch	Keine
U754	C	Hans Oestermann	19. 6.	Verloren 31. 7.		12695
U458	C	Kurt Diggins*	21. 6.	26. 8.	2	7584
			Gesamt:		27	123904
			Gesamt, beide Typen:		58	259004
E = früher Gruppe Endraß.						
Juli 1942:						
Typ-IX-Boote (7):						
U510	C	Karl Neitzel*	7. 7.	13. 9.	2	10256
U162	C	Jürgen Wattenberg	7. 7.	Verloren 3. 9.	4	30481
U155	C	Adolf-Cornelius Piening	9. 7.	15. 9.	10	43892
U108	B	Klaus Scholtz	13. 7.	10. 9.	3	17495
U511	C	Friedrich Steinhoff*	16. 7.	29. 9.	2	21999
U164	C	Otto Fechner*	18. 7.	7. 10.	2	5525
U163	C	Kurt-Eduard Engelmann*	21. 7.	16. 9.	Abbruch	Keine
			Gesamt:		23	129648
Typ-VII-Boote (10):						
U658	C	Hans Senkel*	7. 7.	12. 9.	3	12146
U598	C	Gottfried Holtorf*	7. 7.	13. 9.	2	9295 Abbruch
U564	C	Reinhard Suhren	9. 7.	18. 9.	5	32181
U654	C	Ludwig Forster	9. 7.	Verloren 22. 8.		Keine

Boot	Typ	Kommandant	Aufbruch	Rückkehr	Schiffe versenkt	Tonnen
U217	D	Kurt Reichenbach-Klinke*	14. 7.	16. 10.	1	75
U751	C	Gerhard Bigalk	14. 7.	Verloren 17. 7.		Keine M
U600	C	Bernhard Zurmühlen*	14. 7.	12. 9.	3	9682 Abbruch
U98	C	Wilhelm Schulze	14. 7.	16. 9.		Keine M
U553	C	Karl Thurmann	19. 7.	17. 9.	3	19440 +
U558	C	Günther Krech	29. 7.	17. 9.	5	26421
			Gesamt:		22	109240
			Gesamt, beide Typen:		45	238888
August 1942:						
Typ-IX-Boote (8):						
U165	C	Eberhard Hoffmann*	7. 8.	Verloren 27. 9.	3	8754
U513	C	Rolf Rüggeberg*	7. 8.	22. 10.	2	12789
U517	C	Paul Hartwig*	8. 8.	19. 10.	9	27283[17]
U514	C	Hans-Jürgen Auffermann*	12. 8.	9. 11.	5	17354
U515	C	Werner Henke*	12. 8.	14. 10.	8	42114
U516	C	Gerhard Wiebe*	12. 8.	14. 11.	5	29357
U175	C	Heinrich Bruns*	15. 8.	27. 10.	9	33426
U512	C	Wolfgang Schultze*	15. 8.	Verloren 2. 10.	3	20619
			Gesamt:		44	191696
Typ-VII-Boote (3)						
U94	C	Otto Ites	2. 8.	Verloren 28. 8.		Keine
U69	C	Ulrich Gräf	16. 8.	5. 11.	2	4597 M
U455	C	Hans-Heinrich Giessler	22. 8.	28. 10.		Keine/M
			Gesamt:		2	4597
			Gesamt, beide Typen:		46	196293

* Siehe die Zusammenfassung der Erfolge und Verluste auf Tafel 12.

[1] Nicht mitgerechnet den irrtümlich versenkten Blockadebrecher *Spreewald.*

[2] Einschließlich des 1100-Tonnen-Tenders der US Coast Guard *Acacia.*

[3] Versenkte die britische Sloop *Culver,* rettete Überlebende der *Spreewald* und kehrte dann nach Frankreich zurück.

[4] Die freifranzösische Korvette *Alyssee.*

[5] Einschließlich des ehemals amerikanischen britischen Glattdeck-Zerstörers *Belmont.*

[6] Mit Verspätung, weil das Boot für die Suche nach Überlebenden der *Spreewald* umdirigiert wurde.

[7] Einschließlich des amerikanischen Zerstörers *Jacob Jones.*

[8] Alle aus dem Geleitzug Outbound North 67.

[9] Nicht mitgezählt die Tanker *Esso Baton Rouge* und *Oklahoma,* die zwar versenkt wurden, aber geborgen werden konnten und wieder in Dienst gestellt wurden.

[10] Beschädigt wurde u. a. der niederländische Tanker *Ocana;* er wurde später von britischen Kriegsschiffen versenkt.

[11] Zusätzlich die Beschädigung des amerikanischen Zerstörers *Blakeley.*

[12] Setzte am 16. 5. einen Agenten bei St. Jones in Neufundland ab.

[13] Einschließlich des amerikanischen Flugzeugtenders *Gannet* mit 840 Tonnen

[14] Zusätzlich leichte Beschädigung des amerikanischen Zerstörers *Bainbridge.*

[15] Setzte am 17. 6. vier Agenten bei Ponte Vedra in Florida ab.

[16] Setzte am 13. 6. vier Agenten auf Long Island im Staat New York ab.

[17] Einschließlich der kanadischen Korvette *Charlottetown.*

ANHANG 5

INS NORDMEER ENTSANDTE U-BOOTE
Juli 1941 bis August 1942

Boot	Typ	Kommandant	Ankunft	abgezogen/verloren
U81	VIIC	Fritz Guggenberger	7/41	9/41
U451	VIIC	Eberhard Hoffmann	7/41	9/41
U571	VIIC	Helmut Möhlmann	7/41	9/41
U652	VIIC	Georg-Werner Fraatz	7/41	9/41
U566	VIIC	Dietrich Borchert	8/41	12/41
U752	VIIC	Karl-Ernst Schroeter	8/41	12/41
U132	VIIC	Ernst Vogelsang	9/41	12/41
U576	VIIC	Hans-Dieter Heinicke	10/41	12/41
U134	VIIC	Rudolf Schendel	11/41	5/42
U578	VIIC	Ernst-August Rehwinkel	11/41	12/41
U584	VIIC	Joachim Deecke	12/41	5/42
U454	VIIC	Burkhard Hackländer	12/41[1]	5/42
U585	VIIC	Bernhard Lohse	12/41	30/3/42 Verloren
U435	VIIC	Siegfried Strelow	1/42	[11/42]*
U456	VIIC	Max-Martin Teichert	1/42	[12/42]
U209	VIIC	Heinrich Brodda	2/42	[2/43]
U377	VIIC	Otto Köhler	2/42	[2/43]
U403	VIIC	Heinz-Ehlert Clausen	2/42	[12/42]
U405	VIIC	Rolf-Heinrich Hopmann	2/42	[12/42]
U436	VIIC	Günther Seibicke	2/42	[10/42]
U589	VIIC	Hans-Joachim Horrer	2/42	[14/9/42] Verloren
U592	VIIC	Karl Borm	2/42	[2/43]

* Monat/Jahr in eckigen Klammern betrifft Boote, die nach dem im ersten Band behandelten Zeitraum abgezogen wurden oder verlorengingen.

Boot	Typ	Kommandant	Ankunft	abgezogen/verloren
U334	VIIC	Hilmar Siemon	3/42	[14/6/43] Verloren
U376	VIIC	Friedrich-Karl Marks	3/42	[2/43]
U378	VIIC	Alfred Hoschatt	3/42	
		Erich Mäder	10/42	[4/43]
U586	VIIC	Dietrich v. der Esch	3/42[2]	[9/43]
U591	VIIC	Hans-Jürgen Zetzsche	3/42[3]	[12/42]
U655	VIIC	Adolph Dumrese	3/42	[24/3/42] Verloren
U657	VIIC	Heinrich Göllnitz	3/42	[5/43]
U702	VIIC	Wolf-Rüdiger v. Rabenau	3/42	?/4/42 Verloren
U703	VIIC	Heinz Bielfeld	3/42	
		Joachim Brünner	5/43	[39/9/44] Verloren
U251	VIIC	Heinrich Timm	4/42	[7/43]
U88	VIIC	Heino Bohmann	5/42	[12/9/42] Verloren
U408	VIIC	Reinhard v. Hymmen	5/42	[5/11/42] Verloren
U255	VIIC	Reinhardt Reche	6/42	[11/43]
U355	VIIC	Günter La Baume	6/42	[1/4/44] Verloren
U457	VIIC	Karl Brandenburg	6/42	[16/9/42] Verloren
U601	VIIC	Peter-Ottmar Grau	7/42	
		Otto Hansen	[11/43]	[25/2/44] Verloren

[1] Versenkte den britischen Zerstörer *Matabele* am 17. 1. 1942.

[2] Nach einer Feindfahrt im Atlantik.

[3] Nach einer Feindfahrt im Atlantik.

ANHANG 6

INS MITTELMEER VERLEGTE U-BOOTE
September 1941 bis August 1942

Boot	Typ	Kommandant	Ankunft	verloren
U371	VIIC	Heinrich Driver	21. 9. 41	
		Heinz-Joachim Neumann	21. 4. 42	
		Waldemar Mehl	24. 5. 42	
U559	VIIC	Hans Otto Heidtmann	26. 9. 41[1]	
U97	VIIC	Udo Heilmann	27.9. 41	
		Friedrich Bürgel	16. 5. 42	
U331	VIIC	Hans-Dietrich v. Tiesenhausen	30. 9. 41[2]	
U75	VIIB	Helmuth Ringelmann	3. 10. 41	28. 12. 41
U79	VIIC	Wolfgang Kaufmann	5. 10. 41	23. 12. 41
U205	VIIC	Franz-Georg Reschke	11. 11. 41[3]	
U81	VIIC	Fritz Guggenberger	12. 11. 41[4]	
U433	VIIC	Hans Ey	16. 11. 41	16. 11. 41
U565	VIIC	Johann Jebsen	16. 11. 41[5]	
		Wilhelm Franken	18. 3. 42	
U431	VIIC	Wilhelm Dommes	24. 11. 41	
U557	VIIC	Ottokar Paulshen	26. 11. 41[6]	16. 12. 41
U562	VIIC	Horst Hamm	27. 11. 41	
U95	VIIC	Gerd Schreiber	28. 11. 41	28. 11. 41
U652	VIIC	Georg-Werner Fraatz	29. 11. 41[7]	2. 6. 42
U372	VIIC	Heinz-Joachim Neumann	8. 12. 41	4. 8. 42
U375	VIIC	Jürgen Könenkamp	9. 12. 41	
U453	VIIC	Egon-Reiner v. Schlippenbach	9. 12. 41	
U568	VIIB	Joachim Preuß	10. 12. 41[8]	28. 5. 42
U74	VIIC	Eitel-Friedrich Kentrat	15. 12. 41	
		Karl Friedrich	25. 3. 42	2. 5. 42
U77	VIIC	Heinrich Schonder	16. 12. 41[9]	
		Otto Hartmann	30. 8. 42	
U83	VIIC	Hans-Werner Kraus	18. 12. 41	
U573	VIIC	Heinrich Heinsohn	18. 12. 41	29. 4. 42 Int.[10]
U133	VIIC	Hermann Hesse	21. 12. 41[11]	
		Eberhard Mohr	??. 2. 42	14. 3. 42
U577	VIIC	Herbert Schauenburg	23. 12. 41	9. 1. 42
U374	VIIC	Unno v. Fischel	30. 12. 41	12. 1. 42
U73	VIIB	Helmut Rosenbaum	14. 1. 42[12]	
U561	VIIC	Robert Bartels	15.1. 42	

Bilanz bis 1. 9. 42:

Boote ins Mittelmeer:	28
Boote verloren:	13 (46 Prozent)
Netto-Streitmacht:	15
Menschenverluste:	585[13]
Davon gefangen:	167

---

[1] Versenkte am 27. 11. 41 die australische Sloop *Parramatta.*

[2] Versenkte am 25. 11. 41 das britische Schlachtschiff *Barham.*

[3] Versenkte am 16. 6. 42 den britischen Leichten Kreuzer *Hermione.*

[4] Versenkte am 13. 11. 41 den britischen Flugzeugträger *Ark Royal.*

[5] Versenkte am 11. 3. 42 den britischen Leichten Kreuzer *Naiad.*

[6] Versenkte am 14. 12. 41 den britischen Leichten Kreuzer *Galatea.*

[7] Versenkte am 20. 3. 42 den britischen Zerstörer der Hunt-Klasse *Heythrop* und am 26. 3. 42 den britischen Zerstörer *Jaguar.*

[8] Versenkte am 24. 12. 41 die britische Korvette *Salvia.*

[9] Versenkte am 12. 6. 42 den britischen Zerstörer der Hunt-Klasse *Grove.*

[10] In Spanien interniert.

[11] Versenkte am 17. 1. 42 den britischen Zerstörer *Gurkha II.*

[12] Versenkte am 11. 8. 42 den britischen Flugzeugträger *Eagle.*

[13] Zwölf Boote à 45 Besatzungsmitglieder. Die hier verzeichneten Verluste an Menschen sind auch in Anhang 1 mitgerechnet. Die Besatzung von *U573,* die ihr Boot in Spanien auf den Strand setzte, wurde interniert und später repatriiert.

ANHANG 7

VERSENKUNGEN DURCH U-BOOTE VOM TYP II (EINBÄUME)

September 1939 bis November 1941

Boot	Typ	Kommandant	Schiffe	Tonnen
U3	IIA	Joachim Schepke	2	2348
U4	IIA	Harro v. Klot-Heydenfeldt	3	5133
		Hans Peter Hinsch	1	1090[1]
U7	IIB	Werner Heidel	3	5892
U9	IIB	Wolfgang Lüth	8	17221[2]
U10	IIB	Joachim Preuß	2	6356
U13	IIB	Karl Daublebsky v. Eichhain	3	15967
		Heinz Scheringer	1	1421
		Max Schulte	3	8594
U14	IIB	Herbert Wohlfarth	9	12362
U15	IIB	Heinz Buchholz	2	4274
		Peter Frahm	1	358
U16	IIB	Hannes Weingärtner	1	3378
		Horst Wellner	1	57
U17	IIB	Udo Behrens	2	1615
U18	IIB	Max-Hermann Bauer	1	345
		Ernst Mengersen	1	1000
U19	IIB	Hans Meckel	3	12344
		Wilhelm Müller-Warnecke	1	6371
		Joachim Schepke	9	15715
U20	IIB	Carl-Heinz Möhle	4	10792
		Harro v. Klot-Heydenfeldt	6	16399 +[3]
U21	IIB	Fritz Frauenheim	5	6974
		Wolf Stiebler	2	4900
U22	IIB	Karl-Heinrich Jenisch	7	8422[4]
U23	IIB	Otto Kretschmer	6½	19896[5]
U24	IIB	Harald Jeppener-Haltenhoff	1	961
U56	IIC	Wilhelm Zahn	2	3452
		Otto Harms	2	22331[6]
U57	IIC	Claus Korth	8½	41383[7]
		Erich Topp	6	36861
U58	IIC	Herbert Kuppisch	4	13642
		Heinrich Schonder	4	16315

Boot	Typ	Kommandant	Schiffe	Tonnen
U59	IIC	Harald Jürst	13	12137
		Joachim Matz	5	19534
U60	IIC	Georg Schewe	1	4373
		Adalbert Schnee	2	3188
U61	IIC	Jürgen Oesten	6	20754
U62	IIC	Hans-Bernard Michalowski	3	6142[8]
U63	IIC	Günther Lorentz	1	3840
U137	IID	Herbert Wohlfarth	7	25444
U138	IID	Wolfgang Lüth	5	39971
		Franz Gramitzky	1	8593
U140	IID	Hans-Peter Hinsch	3	13207
		Hans-Jürgen Hellriegel	1	206
U141	IID	Philipp Schüler	2	6383
U143	IID	Harald Gelhaus	1	1418
U144	IID	Gert von Mittelstaedt	1	161
U146	IID	Otto Ites	1	3496
U147	IID	Reinhard Hardegen	1	4811
		Eberhard Wetjen	2	3753
U149	IID	Horst Höltring	1	206
		Gesamt:	172	501787

[1] Das britische U-Boot *Thistle.*

[2] Einschließlich des französischen U-Boots *Doris.*

[3] Beschädigte den britischen Leichten Kreuzer *Belfast.*

[4] Einschließlich des britischen Zerstörers *Exmouth.*

[5] Einschließlich des britischen Zerstörers *Daring;* geteilter Versenkungsanteil an der *Loch Maddy* mit 5000 Tonnen.

[6] Einschließlich des britischen 17000-Tonnen-Kreuzers *Transylvania.*

[7] Geteilter Versenkungsanteil an der *Loch Maddy.*

[8] Einschließlich des britischen Zerstörers *Grafton.*

ANHANG 8

IM ATLANTIK STATIONIERTE ITALIENISCHE U-BOOTE[1]

(Befehlshaber: Angelo Parona)

Name	Ankunft in Bordeaux	Schiffe	Tonnen	Schicksal
Malaspina	4. 9. 40	3	16384	Verloren 11/41
Barbarigo	8. 9. 40	7	39300	Verloren 6/43 – 8/43
Dandolo	10. 9. 40	2	655454	Nach Italien7/41
Marconi	28. 9. 40	7	18887	Verloren 10/41 – 12/41
Finzi	29. 9. 40	5	30760	Beschlagnahmt 9/43[2]
Bagnolini	30. 9. 40	2	6962	Beschlagnahmt 9/43
Emo	3. 10. 40	2	10958	Nach Italien9/41
Tarantini	5. 10. 40		Keine	Verloren 15. 12. 40
Torelli	5. 10. 40	7	42871	Beschlagnahmt 9/43
Faa'di Bruno	5. 10. 40		Keine	Verloren 10/40 – 1/41
Otaria	6. 10. 40	1	4662	Nach Italien 9/41
Baracca	6. 10. 40	3	8989	Verloren 8. 9. 41
Giuliani	6. 10. 40	3	16103	Beschlagnahmt 9/43
Glauco	22. 10. 40		Keine	Verloren 27. 6. 41
Calvi	23. 10. 40	6	34193	Verloren 15. 7. 42
Tazzoli	24. 10. 40	18	96650[3]	Verloren 5/43 – 8/43
Argo	24. 10. 40	1	5066	Nach Italien10/41
Da Vinci	31. 10. 40	17	120243[4]	Verloren 23. 5. 43
Veniero	2. 11. 40	2	4987	Nach Italien 8/41
Nani	4. 11. 40	2	1939	Verloren 1/41 – 2/41
Cappellini	5. 11. 40	5	31648	Beschlagnahmt 9/43
Morosini	28. 11. 40	6	40927	Verloren 8/42 – 9/42
Marcello	2. 12. 40	1	1550	Verloren 2/41 – 4/41
Bianchi	18. 12. 40	3	14705	Verloren 5. 7. 41
Brin	18. 12. 40	2	7241	Nach Italien 9/41
Velella	25. 12. 40		Keine	Nach Italien 8/41
Mocenigo	26. 12. 40	1	1253	Nach Italien 8/41
Guglielmotti	6. 5. 41		Keine	Nach Italien 10/41
Archimede	7. 5. 41	2	25629[5]	Verloren 15. 5. 43
Ferraris	9. 5. 41		Keine	Verloren 25. 10. 41
Perla	20. 5. 41		Keine	Nach Italien 10/41
Cagni	20. 2. 43	2	5840	Ergab sich 9/43[6]
Gesamt:		106	564473	

Insgesamt stationierte U-Boote:	32
Insgesamt verlorene U-Boote:	16 (50%)
Ins Mittelmeer zurückgekehrt:	10
Beschlagnahmt, kapituliert:	6

[1] Quellen: Alberto Santoni in Howarth und Law; Rohwer, *Axis Submarine Successes.*

[2] »Beschlagnahmt« von Deutschen oder Japanern.

[3] Das zweiterfolgreichste italienische U-Boot nach der versenkten alliierten Tonnage. Carlo Fecia di Cossato erzielte insgesamt 16 bestätigte Versenkungen mit 86 535 Tonnen und erhielt ein deutsches Ritterkreuz.

[4] Einschließlich der vier Schiffe mit 29 828 Tonnen, die es vor Südafrika versenkte, war die *Da Vinci* mit insgesamt 17 bestätigten Versenkungen und 120 243 Tonnen das erfolgreichste italienische U-Boot, ja nach der versenkten Tonnage sogar das erfolgreichste nicht deutsche U-Boot im Zweiten Weltkrieg. Elf der 17 Schiffe mit 90 601 Tonnen wurden von Gianfranco Gazzana Priaroggia versenkt; er wurde ebenfalls mit einem deutschen Ritterkreuz ausgezeichnet. Unter anderem versenkte er auch das Passagierschiff *Empress of Canada* mit 21 500 Tonnen.

[5] Einschließlich des Passagierschiffs *Oronsay* mit 20 000 Tonnen.

[6] Alliierten Kräften bei Durban.

ANHANG 9

DIE LAGE BEI DEN BRITISCHEN ZERSTÖRERN
1939–1941

Die Briten hatten im Ersten Weltkrieg Hunderte von Zerstörern gebaut, doch die meisten waren bis Mitte der zwanziger Jahre nicht mehr einsatzfähig oder verloren. Im Jahr 1927 begann die Admiralität mit einem Programm zum Bau von »modernen« Zerstörern. Danach gab sie bis 1935 jährlich neun Zerstörer in Auftrag. 1929 (Ausbruch der Weltwirtschaftskrise) gab sie nur fünf in Auftrag. Diese Schiffe waren 94 Meter lang und hatten eine Verdrängung von etwa 1400 Tonnen. Außer bei den in Klammern verzeichneten Namen begannen die Namen der Schiffe mit dem Buchstaben, der dem Jahresauftrag zugeordnet war (so gehört beispielsweise die Acasta zu dem Jahresauftrag »A« von 1927).

Jahr	Klasse	Anzahl	Stapellauf
1927	A	9	1929 *(Codrington)*
1928	B	9	1930 *(Keith)*
1929	C	5[1]	1931 *(Kempenfelt)*
1930	D	9	1932
1931	E	9	1933
1932	F	9	1934
1933	G	9	1935
1934	H	9	1936
1935	I	9	1937

Als Deutschland, Italien und Japan Mitte der dreißiger Jahre Programme mit schwereren, stärker bewaffneten Flottenzerstörern auflegten, zog die Admiralität mit der Tribal-Klasse nach (*Afridi, Cossack* usw.). Diese Schiffe besaßen 4,7-Zoll-Geschütze in vier Zwillingslafetten mit Schild, waren 107 Meter lang und verdrängten etwa 1900 Tonnen. Von diesen gab die Admiralität 16 Stück zur Auslieferung im Jahr 1937 in Auftrag.

Inzwischen liefen die jährlichen Zerstörer-Aufträge weiter. Die Admiralität verminderte die Zahl der erworbenen Schiffe von neun auf acht. Die neuen Schiffe waren jedoch größer als ihre Vorgänger. Sie hatten eine Länge von 102 Metern und eine Verdrängung von etwa 1700 Tonnen. Es waren die letzten »modernen« Zerstörer, die vor dem Krieg in Dienst gestellt wurden.

1936	J	8	1938
1937	K	8	1939[2]

Wie aus den obigen Tabellen ersichtlich, hatte die Admiralität zu Beginn des Zweiten Weltkriegs eine Streitmacht von 109 »modernen« Zerstörern aufgebaut. Großbritannien hatte jedoch in den Jahren 1937–1939 fünf

Schiffe der Klasse von 1929 an die im Entstehen begriffene Canadian Navy transferiert,[3] so daß nur eine Streitmacht von 104 »modernen« Zerstörern verblieb. 13 davon (9 der E-Klasse und 4 der I-Klasse) wurden jedoch zu schnellen Minenlegern umgebaut, so daß für den regulären Dienst noch 91 zur Verfügung standen.

Bei Kriegsausbruch befanden sich zwei weitere Jahresaufträge im Bau sowie acht ursprünglich für Brasilien und die Türkei bestimmte Schiffe (sechs der H-Klasse und zwei der I-Klasse), die nun zurückgehalten wurden.

Ex-Brasilien	H (zusätzlich)	6	1940
Ex-Türkei	I (zusätzlich)	2	1942
1938	L	8	1940–1941 *(Gurkha II)*
1939	M	8	1941–1942 *(Orkan)*

Zusätzlich zu der Flotte »moderner« Zerstörer waren bei der Royal Navy noch etwa 60 kleinere Vintage-Zerstörer aus dem Ersten Weltkrieg im Dienst. Sie verfügte also zu Beginn des Zweiten Weltkriegs insgesamt über rund 165 Zerstörer.[4]

Als Churchill im September 1939 First Lord of the Admiralty wurde, war er über die ungenügenden Zerstörerbestände der Royal Navy entsetzt. Er verkündete, die britischen Zerstörer seien zu groß, zu komplex und zu teuer geworden und ihre Bauzeit sei zu lang. Deshalb bestand er darauf, daß die Royal Navy als dringend benötigte Sicherungsschiffe zusätzlich zu den normalen Flottenzerstörern 50 kleinere, weniger komplexe Zerstörer in Auftrag gab, die in einem Drittel der Zeit gebaut werden konnten. Seine Forderung hatte ein Crash-Programm zum Bau des Geleitzerstörers der Hunt-Klasse zur Folge, einem Schiff mit einer Länge von 79 Metern, einer Verdrängung von etwa 1000 Tonnen und vier (später sechs) 4-Zoll-Geschützen in Zwillingslafetten.

Bis Ende Dezember lief in britischen Werften die eindrucksvolle Zahl von 28 Zerstörern der Hunt-Klasse vom Stapel. Wäre der U-Boot-Krieg wie im Ersten Weltkrieg mehr oder weniger auf die heimischen Gewässer der Britischen Inseln und das Mittelmeer beschränkt geblieben, hätten diese kleinen Schiffe als Geleitfahrzeuge möglicherweise viel bewirken können. Als jedoch die Hunt-Zerstörer 1941 in Dienst gestellt wurden, waren größere Bereiche des Atlantiks zum zentralen Schauplatz des U-Boot-Kriegs geworden, wo die Hunt-Zerstörer aufgrund ihrer geringen Reichweite nur schwer operieren konnten. Außerdem waren die Zerstörer dieser Klasse von vielen Kinderkrankheiten geplagt und für Einsätze in der extrem rauhen See des Nordatlantiks nicht geeignet. Insgesamt ließ die Admiralität während des Krieges 86 Zerstörer der Hunt-Klasse bauen, die sich vor allem im Mittelmeer als nützlich erwiesen.

Im Laufe des Krieges wurden außerdem 120 weitere Flottenzerstörer gebaut, die in der Regel eine Standardlänge von 102 Metern hatten. Zusätzlich gab die Admiralität 16 Zerstörer der Battle-Klasse in Auftrag. Diese waren wie die der Tribal-Klasse große, komplexe Fahrzeuge mit 107 Meter Länge.

Die britischen Zerstörerverluste von 1939 bis Ende 1941 waren schwer: Insgesamt gingen 56 Schiffe verloren. 46 davon waren »modern«. Wenn der Verlust nicht auf Feindeinwirkung beruhte oder von einem U-Boot verursacht wurde, ist die Ursache in Klammern angegeben.

Name	verloren am	Tonnen	Indienststellung am	Gebiet
1939 (3) (alle modern)				
Blanche	13. 11. 39	1400	1931	Themse (Mine)
Gipsy	21. 11. 39	1300	1936	Harwich (Mine)
Duchess	12. 12. 39	1400	1933	Schottland (Unfall)
1940 (34) (26 modern)				
Greenville	19. 1. 40	1500	1936	Nordsee (Mine)
Exmouth	21. 1. 40	1500	1934	Nordsee (U22)
Daring	18. 2. 40	1400	1932	Nordsee (U23)
Glowworm	8. 4. 40	1400	1936	Norwegen
Gurkha I (T für Tribal)	9. 4. 40	1900	1938	Norwegen
Hunter	10. 4. 40	1400	1936	Norwegen
Hardy	10. 4. 40	1500	1936	Norwegen
Afridi (T)	3. 5. 40	1900	1938	Norwegen
Valentine	15. 5. 40	1000	1917	Schelde
Whitley	19. 5. 40	1100	1918	Ostende[5]
Wessex	24. 5. 40	1100	1918	Calais
Grafton	29. 5. 40	1300	1936	Dünkirchen (U62)

Name	verloren am	Tonnen	Indienststellung am	Gebiet
Grenade	29. 5. 40	1300	1936	Dünkirchen
Wakeful	29. 5. 40	1100	1917	Dünkirchen
Basilisk	1. 6. 40	1400	1931	Dünkirchen
Keith	1. 6. 40	1400	1931	Dünkirchen
Havant	1. 6. 40	1400	1939	Dünkirchen
Acasta	8. 6. 40	1400	1930	Norwegen
Ardent	8. 6. 40	1400	1930	Norwegen[6]
Khartoum	23. 6. 40	1700	1939	Jemen (Unfall)
Whirlwind	5. 7. 40	1100	1918	Nordatlantik (U34)
Escort (Minenleger)	11. 7. 40	1400	1934	Mittelmeer (Marconi)
Imogen	16. 7. 40	1400	1937	Nordatlantik (Unfall)
Brazen	20. 7. 40	1400	1931	Dover
Codrington	27. 7. 40	1600	1930	Dover
Wren	27. 7. 40	1100	1923	Aldeburgh
Delight	29. 7. 40	1400	1933	Portland
Hostile	23. 8. 40	1400	1933	Mittelmeer (Mine)
Esk (Minenleger)	1. 9. 40	1400	1934	Nordsee (Mine)
Ivanhoe (Minenleger)	1. 9. 40	1400	1937	Nordsee (Mine)
Venetia	19. 10. 40	1100	1917	Themse (Mine)
Sturdy	30. 10. 40	900	1919	Schottland (Unfall)
Acheron	22. 12. 40	1400	1931	Isle of Wight (Mine)
Hyperion	22. 12. 40	1400	1936	Mittelmeer (Mine)
1941 (22) (17 modern)				
Gallant	20. 1. 41	1400	1936	Mittelmeer (Mine)
Dainty	24. 2. 41	1400	1932	Mittelmeer
Exmoor (Hunt-Klasse)	25. 2. 41	1000	1940	Lowestoft
Mohawk (T)	16. 4. 41	1900	1938	Mittelmeer [Tunesien]
Diamond	27. 4. 41	1400	1932	Mittelmeer [Griechenland]
Wryneck	27. 4. 41	1100	1918	Mittelmeer [Griechenland]
Jersey	2. 5. 41	1800	1939	Mittelmeer [Malta] (Mine)
Juno	21. 5. 41	1800	1939	Mittelmeer [Kreta]
Greyhound	22. 5. 41	1400	1936	Mittelmeer [Kreta]
Kashmir	22. 5. 41	1800	1939	Mittelmeer [Kreta]
Kelly	23. 5. 41	1800	1939	Mittelmeer [Kreta]
Mashona (T)	28. 5. 41	1900	1939	Nordatlantik
Hereward	29. 5. 41	1400	1936	Mittelmeer [Kreta]
Imperial	29. 5. 41	1400	1937	Mittelmeer [Kreta][7]
Waterhen	29. 6. 41	1100	1918	Mittelmeer [Ägypten]
Defender	11. 7. 41	1400	1932	Mittelmeer [Ägypten]
Fearless	23. 7. 41	1400	1934	Mittelmeer Geleitzug
Bath (Ex-USN)	19. 8. 41	1000	1919	Nordatlantik (U204)
Broadwater (Ex-USN)	18. 10. 41	1200	1920	Nordatlantik (U101)
Cossack (T)	27. 10. 41	1900	1938	Nordatlantik (U563)
Kandahar	19. 12. 41	1800	1939	Mittelmeer [Libyen] (Mine)
Stanley (Ex-USN)	19. 12. 41	1200	1919	Nordatlantik (U574)

Aufgrund dieser Verluste und weil die Hunt-Zerstörer für Einsätze im Nordatlantik ungeeignet waren, forderte Premierminister Churchill im Sommer 1940 von Präsident Roosevelt, daß die USA an Großbritannien (mindestens) 50 Zerstörer als Geleitfahrzeuge »ausleihen« sollten. Dies führte zum berühmten »Destroyer Deal« von 1940, in dessen Rahmen die USA insgesamt 50 Glattdeck-Zerstörer der Vintage-Klasse mit 94 Metern Länge und einer Verdrängung von 1200 Tonnen an die britische und die kanadische Kriegsmarine überstellten. Die Briten benannten diese Schiffe um und gaben ihnen die Namen von Städten, die es sowohl in Großbritannien als auch in den USA gab – daher die Bezeichnung Town-Klasse. In einer zweiten wohlbekannten Aktion »verlieh« Roosevelt zehn relativ moderne (1928–1932) 75 Meter lange Coast Guard Cutter an Großbritannien. Diese hatten eine Verdrängung von 1700 Tonnen und einen extrem großen Aktionsradius. Sie wurden von den Briten als Sloops klassifiziert. Hier die Überstellungen im Detail:

amerikanischer Name	britischer Name	Transfer	einsatzbereit
Zerstörer der US Navy (50):			
Aaron Ward	Castleton	9. 9. 40	9. 10. 40
Abbot	Charleston	23. 9. 40	6. 1. 41
A.P. Upshur	Clare	9. 9. 40	14. 10. 41
Aulick	Burnham	8. 10. 40	12. 11. 40
Bailey	Reading	26. 11. 40	8. 3. 41
Bancroft	St. Francis	24. 9. 40	Kanada
Branch	Beverley	8. 10. 40	19. 11. 40
Buchanan	Campbeltown	9. 9. 40	24. 11. 40
Claxton	Salisbury	5. 12. 40	3. 3. 41
Conner	Leeds	23. 9. 40	2. 3. 41
Conway (Ex-Craven)	Lewes	9. 9. 40	1. 2. 42
Cowell	Brighton	23. 9. 40	17. 1. 41*
Crowinshield	Chelsea	9. 9. 40	12. 10. 40*
Doran (Ex-Bagley)	St. Marys	23. 9. 40	1. 11. 40
Edwards	Buxton	8. 10. 40	3. 3. 41
Evans	Mansfield	23. 10. 40	Norweg. Besatzung
Fairfax	Richmond	26. 11. 40	16. 3. 41*
Foote	Roxborough	23. 9. 40	18. 3. 41*
Hale	Caldwell	9. 9. 40	23. 10. 40
Haraden	Columbia	9. 9. 40	Kanada
Herndon	Churchill	9. 9. 40	14. 1. 41*
Hopewell	Bath	23. 9. 40	Norweg. Besatzung
Hunt	Broadway	8. 10. 40	19. 11. 40
Kalk	Hamilton	9. 9. 40	Kanada
Laub	Burwell	8. 10. 40	24. 2. 41
Maddox	Georgetown	23. 9. 40	17. 12. 40*
Mason	Broadwater	9. 9. 40	31. 1. 41
MacKenzie	Annapolis	29. 9. 40	Kanada
McCalla	Stanley	9. 9. 40	1. 9. 41
McCook	St. Croix	24. 9. 40	Kanada
McLanahan	Bradford	8. 10. 40	1. 10. 41
Meade	Ramsey	26. 11. 40	29. 1. 41
Philip	Lancaster	23. 10. 40	11. 1. 41
Ringgold	Newark	26. 11. 40	15. 8. 41
Robinson	Newmarket	26. 11. 40	24. 4. 41
Rodgers	Sherwood	23. 10. 40	8. 4. 41
Satterlee	Belmont	8. 10. 40	20. 8. 41
Sigourney	Newport	26. 11. 40	24. 9. 41
Shubrick	Ripley	26. 11. 40	3. 3. 41
Stockton	Ludlow	23. 10. 40	1. 3. 41
Swansey	Rockingham	26. 11. 40	22. 2. 41
Thatcher	Niagara	26. 9. 40	Kanada
Thomas	St. Albans	23. 9. 40	1. 11. 40*
Tillman	Wells	5. 12. 40	10. 4. 41
Twiggs	Leamington	23. 10. 40	5. 1. 41*
W.C. Wood	Chesterfield	9. 9. 40	27. 2. 41
Welles	Cameron	9. 9. 40	Nie
Wickes	Montgomery	25. 10. 40	12. 1. 41
Williams	St. Clair	24. 9. 40	Kanada
Yarnall	Lincoln	23. 10. 40	Norweg. Besatzung*

amerikanischer Name	britischer Name	Transfer	einsatzbereit
Amerikanische Küstenschutzschiffe (10):			
Cayuga	Totland	12. 5. 41	Sofort
Champlain	Sennen	12. 5. 41	Sofort
Chelan	Lulworth	2. 5. 41	Sofort
Itasca	Gorleston	30. 5. 41	Sofort
Mendota	Culver	30. 4. 41	Sofort
Pontchartrain	Hartland	30. 4. 41	Sofort
Saranac	Banff	30. 4. 41	Sofort
Sebago	Walney	12. 5. 41	Sofort
Shoshone	Languard	20. 5. 41	Sofort
Tahoe	Fishguard	30. 4. 41	Sofort

* 1944 von Großbritannien an die UdSSR überstellt.

[1] Zwei weitere, ähnliche Fahrzeuge wurden von Thorncroft für die Royal Canadian Navy gebaut. Die *Saguenay* und die *Skeena* wurden beide 1931 in Dienst gestellt.

[2] Zwei davon, die *Khartoum* und die *Kipling*, wurden kurz nach Kriegsausbruch im November 1939 und Januar 1940, fertiggestellt.

[3] Sie wurden in *St. Laurent, Fraser, Ottawa I, Restigouche* und *Assiniboine* umbenannt.

[4] Weitere 15 Zerstörer der V- und W-Klasse aus dem Ersten Weltkrieg waren von der Royal Navy in »Geleitzerstörer« umgewandelt worden.

[5] Die Zerstörer *Whitley* und *Wessex* wurden versenkt, als sie Teile der britischen Expeditionary Force (B. E. F.) verstärken oder retten wollten. Einschließlich dieser Schiffe verloren die Briten acht Zerstörer bei der Evakuierung der B. E. F. und die Franzosen drei. Neunzehn weitere britische Zerstörer wurden bei diesen Operationen beschädigt. Am 5. Juni schätzte der amerikanische Marineattaché in London, daß von 49 Zerstörern in britischen Heimatgewässern nur 43 gefechtsbereit waren.

[6] Acht weitere britische Zerstörer wurden bei den Operationen vor Norwegen »erheblich beschädigt«.

[7] Sieben weitere britische Zerstörer wurden bei der Evakuierung Kretas schwer beschädigt.

ANHANG 10

DIE LAGE BEI DEN KANADISCHEN ZERSTÖRERN
1939–1945

Zu Beginn des Zweiten Weltkriegs hatte die junge Royal Canadian Navy, wie unten aufgeführt, sechs einigermaßen moderne, 1931–1939 in Großbritannien gebaute Zerstörer in Dienst gestellt. Kurz nach der Kriegserklärung überstellte die britische Admiralität einen weiteren in Großbritannien gebauten Zerstörer (die *Assiniboine*) an die Canadian Navy. Ein Jahr später erhielt Kanada im Rahmen des berühmten angloamerikanischen »Destroyer Deals« sieben in den USA produzierte Glattdeck-Zerstörer. Etwa um dieselbe Zeit transferierte die Admiralität die Zerstörer *Algoquin, Margaree* und *Sioux* an die kanadische Kriegsmarine, um den kanadischen Vorkriegszerstörer *Fraser* zu ersetzen, der versehentlich von dem britischen Flugabwehrkreuzer *Calcutta* gerammt und versenkt worden war. Ironischerweise wurde der Zerstörer *Margaree* auf seinem ersten Einsatz unter kanadischem Kommando von dem britischen Handelsschiff *Port Fairy* gerammt und versenkt. In den folgenden Kriegsjahren überstellte das United Kingdom elf weitere Zerstörer an Kanada, so daß von der kanadischen Kriegsmarine insgesamt siebenundzwanzig Zerstörer und zusätzlich, als stationäres Schulschiff, der ehemals amerikanische Glattdeck-Zerstörer *Buxton* in Dienst gestellt wurden. Vier in GrOßbritannien konstruierte und in Kanada gebaute Zerstörer der Tribal-Klasse wurden vor Kriegsende nicht mehr fertiggestellt.

Name	Indienststellung	Herkunft
Algonquin	22. 12. 43	UK (Ex-Valentine)
Annapolis	29. 3. 41	USA (Ex-MacKenzie)
Assiniboine	10. 9. 39	UK (Ex-Kempenfelt)
Athabaskan	2. 2. 43	UK Tribal-Klasse
Chaudiere	16. 10. 43	UK (Ex-Hero)
Columbia	20. 9. 40	USA (Ex-Haraden)
Fraser	17. 2. 37	UK (Ex-Crescent)
Gatineau	23. 11. 43	UK (Ex-Express)
Haida	30. 8. 43	UK Tribal-Klasse
Hamilton	25. 6. 41	USA (Ex-Kalk)
Huron	19. 7. 43	UK Tribal-Klasse
Iroquois	1. 10. 42	UK Tribal-Klasse
Kootenay	12. 4. 43	UK (Ex-Decoy)
Margaree	6. 9. 40	UK (Ex-Diana)
Niagara	24. 9. 40	USA (Ex-Thatcher)
Ottawa I	15. 6. 38	UK (Ex-Crusader)
Ottawa II	20. 3. 43	UK (Ex-Griffin)
Qu'appelle	8. 2. 44	UK (Ex-Foxhound)
Restigouche	15. 6. 38	UK (Ex-Comet)
Saguenay	22. 5. 31	UK Direkte Erwerbung
Saskatchewan	31. 5. 43	UK (Ex-Fortune)
St. Clair	24. 9. 40	USA (Ex-Williams)
St. Croix	25. 9. 40	USA (Ex-McCook)
St. Francis	24. 9. 40	USA (Ex-Bancroft)
St. Laurent	17. 2. 37	UK (Ex-Cygnet)
Sioux	21. 2. 44	UK (Ex-Vixen)
Skeena	9. 6. 31	UK Direkte Erwerbung

ANHANG 11

DER AUSTAUSCH VON HOCHSEE-GELEITFAHRZEUGEN AUSSER ZERSTÖRERN ZWISCHEN DER ROYAL NAVY UND DER ROYAL CANADIAN NAVY
1942–1944

Von der Royal Navy an die Canadian Navy:

Schiff	von der Canadian Navy in Dienst gestellt am
Modifizierte Korvetten der Flower-Klasse (4)	
Forest Hill	1. 12. 43
Giffard	10. 11. 43
Longbranch	5. 1. 44
Mimico	8. 2. 44
Korvetten der Castle-Klasse (12)	
Arnprior	8. 6. 44
Bowmanville	28. 9. 44
Copper Cliff	25. 7. 44
Hespeler	28. 2. 44
Humberstone	6. 9. 44
Huntsville	6. 6. 44
Kincardine	16. 9. 44
Leaside	21. 8. 44
Orangeville	24. 4. 44
Petrolia	29. 6. 44
St. Thomas	4. 5. 44
Tillsonburg	29. 6. 44
Fregatten der Klassen River und Loch (10)	
Annan	13. 6. 44
Ettrick	29. 1. 44
Loch Achanalt	31. 7. 44
Loch Alvie	10. 8. 44
Loch Morlich	17. 7. 44
Meon	7. 2. 44
Monnow	8. 3. 44
Nene	6. 4. 44
Ribble	24. 7. 44
Teme	28. 2. 44

Von der Royal Canadian Navy an die Royal Navy[1]

Schiff	US-Bezeichnung	Stapellauf
Modifizierte Korvetten der Flower-Klasse (7)		
Dittany	Beacon	13. 10. 42
Honesty	Caprice	28. 9. 42
Linaria	Clash	18. 11. 42
Rosebay	Splendor	11. 2. 43
Smilax	Tact	24. 12. 42
Statice	Vim	10. 4. 43
Willowherb	Vitality	24. 3. 43
Fregatten der River-Klasse (8)		
Barle	PG 103	26. 9. 42
Cuckmere	PG 104	24. 10. 42
Evenlode	PG 105	22. 8. 42
Findhorn	PG 106	5. 12. 42
Inver	PG 107	5. 12. 42
Lossie	PG 108	30. 4. 43
Parret	PG 109	30. 4. 43
Shiel	PG 110	26. 5. 43

[1] Alle Schiffe waren ursprünglich für die US Navy bestimmt.

ANHANG 12

DIE LAGE BEI DEN US-AMERIKANISCHEN ZERSTÖRERN
Januar 1942 bis September 1942

Vor, während und unmittelbar nach dem Ersten Weltkrieg stellte die US Navy 291 neue Glattdeck-Zerstörer in Dienst. Viele davon wurden verschrottet oder stillgelegt, um die in den zwanziger und den dreißiger Jahren in verschiedenen Flottenverträgen vereinbarten Beschränkungen zu erfüllen. Beginnend mit der *Farragut* (DD 348) stellte die US Navy nach und nach ab 1934 eine Flotte moderner Zerstörer in Dienst, die bis zum 31. 12. 1941 110 Schiffe umfaßte.

Nach dem Kriegseintritt der Vereinigten Staaten am 8. Dezember 1941 gewannen die Briten den Eindruck, daß Admiral King in den ersten neun Monaten des Jahres 1942 die Atlantikflotte eines Großteils der zur U-Boot-Bekämpfung oder Geleitsicherung geeigneten Zerstörer beraubte, um die Japaner im Pazifik zu bekämpfen. Dieser Eindruck wurde mit der Zeit in den Rang einer »Tatsache« erhoben. Doch er ist falsch.[1]

Als die Japaner ihren Schlag gegen Pearl Harbor führten, waren 92 amerikanische Zerstörer auf dem atlantischen Kriegsschauplatz im Einsatz. In den neun Monaten bis zum 1. September 1942 wurden 19 dieser Zerstörer (21 Prozent) zusammen mit neun Großkampfschiffen in den Pazifik entsandt – mit den Flugzeugträgern Hornet, Wasp und Yorktown und den Schlachtschiffen *Idaho, Mississippi, New Mexico, North Carolina, South Dakota* und *Washington.*

In denselben neun Monaten, stellte die US Navy insgesamt 46 neue Zerstörer in Dienst, davon 40 an der Ostküste und 6 an der Westküste der USA. 14 der an der Ostküste in Dienst gestellten Zerstörer und alle 6 an der Westküste (also insgesamt 20) wurden auf den pazifischen Kriegsschauplatz entsandt. Die restlichen 26 wurden der Atlantikflotte zugeteilt, was die Zahl der im Atlantik eingesetzten Zerstörer in diesem Zeitraum auf 99 erhöhte. Vier Zerstörer *(Ingraham, Jacob Jones, Sturtevant, Truxton)* gingen jedoch verloren, so daß am 1. September 1942 noch 95 amerikanische Zerstörer im Atlantik operierten. Das waren drei mehr als am 7. Dezember 1941. Es hatte also keine nennenswerte Veränderung gegeben.

Zum Zeitpunkt des japanischen Angriffs auf Pearl Harbor operierten 85 amerikanische Zerstörer im Pazifik und im Fernen Osten. Davon waren 50 der Pazifik Fleet, 13 der Asiatic Fleet und 22 dem 11., 12., 13., 14. und 15. Marinedistrikt zugeteilt. In den neun Monaten bis zum 1. September 1942 kamen 39 Zerstörer hinzu, so daß die Gesamtzahl der im Pazifik stationierten Zerstörer in diesem Zeitraum auf 124 anstieg. Zehn Zerstörer gingen jedoch verloren, so daß am 1. September 1942 nur noch 114 Zerstörer auf dem pazifischen Kriegsschauplatz operierten – gegenüber 95 im Atlantik.

Aus diesen Daten geht eindeutig hervor, daß Admiral King die Atlantikflotte in den ersten neun Monaten des Jahres 1942 keineswegs eines Großteils der zur U-Boot-Bekämpfung oder Geleitsicherung geeigneten Zerstörer beraubte. Vielmehr blieb die Zerstörerstreitmacht der Atlantic Fleet einigermaßen konstant. Hier die exakten Daten:

Zerstörer im Atlantik am 7. 12. 41 (92)[2]

Schiff	Nummer	Indienststellung	Transfer Mon./Jahr	Kommentar
Anderson	411	1939	Pazifik 1/42	mit *Mississippi* und *New Mexico*
Babbitt	128	1919		
Badger	126	1919		
Bainbridge	246	1921		
Barney	149	1919		
Barry	248	1920		
Benson	421	1940		
Bernadou	153	1918		
Biddle	151	1919		
Blakeley	150	1919		Torpedoschaden 25. 5. 42
Borie	215	1920		
Breckinridge	148	1919		
Bristol	450	1941		
Broome	210	1919		
Buck	420	1940		Kollisionsschaden 22. 8. 42
Charles F. Hughes	428	1940		
Cole	155	1919		
Dahlgren	187	1920		
Dallas	199	1919		
Davis	395	1938		
Decatur	341	1922		
Dickerson	157	1919		
Du Pont	152	1918		
Eberle	430	1940		
Edison	439	1941		
Ellis	154	1919		
Ellyson	454	1941		Kollisionsschaden 17. 5. 42
Emmons	457	1941		
Ericsson	440	1941		
Gleaves	423	1940		
Goff	247	1921		
Grayson	435	1941	Pazifik 3/42	mit *Hornet*
Greer	145	1918		
Gwin	433	1941	Pazifik 3/42	mit *Hornet*
Hammann	412	1939	Pazifik 1/42	mit *Mississippi* und *New Mexico*
Herbert	160	1919		
Hilary P. Jones	427	1940		
Hughes	410	1939	Pazifik 12/41	mit *Yorktown*
Ingraham	444	1941		Verloren 22. 8. 42 (Kollision)
J. Fred Talbot	156	1919		
Jacob Jones	130	1919		Verloren 28. 2. 42 (U-Boot)
Jouett	396	1939		
Kearny	432	1940		
Lang	339	1939	Pazifik 6/42	mit *Wasp* und *North Carolina*
Lansdale	426	1940		
Lea	118	1918		
Leary	158	1919		
Livermore	429	1940		
Ludlow	438	1941		
MacLeish	220	1920		
Madison	425	1940		
Mayo	422	1940		
Mayrant	402	1939		

Schiff	Nummer	Indienststellung	Transfer Mon./Jahr	Kommentar
McCormick	223	1920		
McDougal	358	1936		
Meredith	434	1941	Pazifik 3/42	mit *Hornet*
Moffett	362	1936		
Monssen	436	1941	Pazifik 3/42	mit *Hornet*
Morris	417	1940	Pazifik 1/42	mit *Mississippi* und *New Mexico*
Mustin	413	1939	Pazifik 1/42	mit *Idaho*
Niblack	424	1940		
Nicholson	442	1941		
Noa	343	1921		
O'Brien	415	1940	Pazifik 1/42	mit *Idaho*
Overton	239	1920		
Plunkett	431	1940		
Rhind	404	1939		
Roe	418	1940		
Roper	147	1919		
Rowan	405	1935		
Russell	414	1939	Pazifik 12/41	mit *Yorktown*
Sampson	394	1938	Pazifik 1/42	mit *Warrington*[3]
Schenck	159	1919		
Simpson	221	1920		
Sims	409	1939	Pazifik 12/41	mit *Yorktown*
Somers	381	1937		
Stack	406	1939	Pazifik 6/42	mit *Wasp* und *North Carolina*
Sterett	407	1939	Pazifik 6/42	mit *Wasp* und *North Carolina*
Sturtevant	240	1920		Verloren 26. 4. (amerikanische Mine)
Swanson	443	1941		
Tarbell	142	1918		
Tattinall	125	1919		
Trippe	403	1939		
Truxtun	229	1921		Verloren 18. 2. (Sturm)
Upshur	144	1918		
Wainwright	419	1940		
Walke	416	1940	Pazifik 12/41	mit *Yorktown*
Warrington	383	1938	Pazifik 1/42	mit *Sampson*
Wilkes	441	1941		beschädigt 18. 2. (Sturm)
Wilson	408	1939	Pazifik 6/42	mit *Wasp* und *North Carolina*
Winslow	359	1937		
Woolsey	437	1941		
		In den Pazifik transferiert:		19
		Verloren (verschiedene Ursachen):		4
		Nettoverluste bis 1. 9. 42:		23

Neu in Dienst gestellte Zerstörer (46) 7. 12. 41 – 1. 9. 42

Schiff	Nummer	Indienststellung	Transfer Mon./Jahr	Kommentar
Corry	463	12/41		
Hambleton	455	12/41		Kollisionsschaden 17. 5.
Rodman	456	1/42		
Macomb	458	1/42		
Forrest	461	1/42		
Fitch	462	2/42		

Schiff	Nummer	Indienststellung	Transfer Mon./Jahr	Kommentar
Hobson	464	2/42		
Laffey	459	3/42	Im Pazifik gebaut	
Aaron Ward	483	3/42	Pazifik 5/42	
Buchanan	484	3/42	Pazifik 6/42	mit *Wasp* und *North Carolina*
Woodworth	460	4/42	Im Pazifik gebaut	
Duncan	485	4/42	Pazifik 8/42	mit *South Dakota*
Lansdowne	486	4/42	Pazifik 8/42	mit *South Dakota*
Farenholt	491	4/42	Pazifik 6/42	mit *Wasp* und *North Carolina*
Bancroft	598	4/42	Pazifik 8/42	
Lardner	487	5/42	Pazifik 8/42	mit *South Dakota*
McCalla	488	5/42	Pazifik 8/42	
Bailey	492	5/42	Pazifik 8/42	
Barton	599	5/42	Pazifik 8/42	mit *Washington*
Beatty	640	5/42		
Fletcher	445	6/42	Pazifik 9/42	
Nicholas	449	6/42	Pazifik 8/42	mit *Washington*
O'Bannon	450	6/42	Pazifik 9/42	
Mervine	489	6/42		
Meade	602	6/42	Pazifik 8/42	mit *Washington*
Caldwell	605	6/42	Im Pazifik gebaut	
Cowie	632	6/42		
Knight	633	6/42		
Tillmann	641	6/42		
Radford	446	7/42	Pazifik 5. 12. 42	
Jenkins	447	7/42		
Chevalier	451	7/42	Pazifik 1/43	
Quick	490	7/42		
Murphy	603	7/42		
Coghlan	606	7/42	Im Pazifik gebaut	
Frazier	607	7/42	Im Pazifik gebaut	
LaVallette	448	8/42	Pazifik 12/42	
Saufley	465	8/42	Pazifik 9. 9. 42	
Strong	467	8/42	Pazifik 27. 12. 42	
Taylor	468	8/42	Pazifik 17. 12. 42	
Boyle	600	8/42		
Parker	604	8/42		
Gansevoort	608	8/42	Im Pazifik gebaut	
Doran	634	8/42		
Butler	636	8/42		
Champlin	601	9/42		
		Im Atlantik gebaut und bis 1. 9. 42 in den Pazifik transferiert:		14
		Im Pazifik gebaut und dort verblieben:		6
		Gesamt:		20
		Im Atlantik gebaut und dort verblieben bis 1. 9. 42:		26

[1] Siehe beispielsweise die folgende Äußerung des kanadischen Historikers W. D. G. Lund in Boutilier (S. 144): »Beim Kriegseintritt der Vereinigten Staaten wurden alle amerikanischen Zerstörer sofort für den Einsatz auf anderen Kriegsschauplätzen zurückgezogen, und bis Februar 1942 standen nur noch zwei amerikanische Coast Guard Cutter für den Einsatz als Geleitfahrzeuge zur Verfügung.« Auch der amerikanische Historiker Michael Gannon schreibt in seinem Buch *Operation Paukenschlag* (S. 177), offensichtlich gestützt auf eine falsche Behauptung in der *Administrative History of the U. S. Atlantik Fleet* (Nr. 138, Bd. 1,

S. 261): »... zwei Geschwader der modernsten Zerstörer waren Ende Dezember in den Pazifik verlegt worden.« Da die volle Sollstärke eines Zerstörergeschwaders zwölf Fahrzeuge betrug, impliziert dies, daß im Dezember 1941 vierundzwanzig Zerstörer vom Atlantik in den Pazifik verlegt worden wären. In Wirklichkeit waren es jedoch nur vier.

[2] Auf dieser Liste sind 33 alte Zerstörer nicht enhalten, die in schnelle Transporter (APD), Zerstörer-Minensucher (DMS), Zerstörer-Minenleger (DM) und verschiedene Hilfsfahrzeuge (AG) umgebaut wurden. Am 7. 12. 1941 gab es sechs APDs in der Atlantic Fleet *(Colhoun, Gregory, Little, Manley, McKean, Stringham),* die alle am 1. 9. 1942 in den Pazifik entsandt wurden. Es gab fünf DMSs in der Atlantic Fleet, die zumindest bis zum Ende der Invasion in Nordafrika (Operation Torch) in der Atlantic Fleet verblieben. Und es gehörte ein AG (die *Semmes*) zur Atlantikstreitmacht. Zusätzlich waren am 7. 12. 1941 dreizehn Zerstörer-Minensucher und acht Zerstörer-Minenleger im Pazifik im Einsatz. Obwohl keines dieser Schiffe für die U-Boot-Bekämpfung geeignet war, wurden sie wohl von einigen Historikern irrtümlich zu den ASW-Fahrzeugen gezählt.

[3] Wurde mit der *Warrington* zurückgehalten, um die HMS *Duke of York* zurück nach Großbritannien zu eskortieren, doch der Einsatz wurde abgesagt.

ANHANG 13

US-AMERIKANISCHE BAUPROGRAMME FÜR GELEITZERSTÖRER UND FREGATTEN

Die United States Maritime Commission ließ im Zweiten Weltkrieg 671 große, hochseegängige Überwasserschiffe bauen, die als Geleitfahrzeuge eingesetzt werden sollten. Sie wurden als Geleitzerstörer und Fregatten bezeichnet. Wie unten aufgeführt, transferierten die Amerikaner während des Krieges insgesamt 99 dieser Schiffe an die britische Royal Navy (78 Geleitzerstörer und 21 Fregatten) sowie sechs Geleitzerstörer an die freifranzösischen Seestreitkräfte, die unter britischem Oberbefehl operierten, und acht Geleitzerstörer an Brasilien.

Die amerikanischen Geleitzerstörer (DEs) wurden in sechs »Klassen« oder Typen produziert, von denen sich fünf recht ähnlich waren. Die in den USA produzierten Fregatten (PFs) waren von den Fregatten der britischen River-Klasse abgeleitet und gehörten alle der zweischraubigen City-Klasse an. Die Fakten:

Typ	gebaute Anzahl	transferiert	Verdrängung	Länge	Höchstgeschwindigkeit
Evarts	97	32 an GB[1]	1,150	87	21
Edsall	85[2]		1,200	92	21
Cannon	71	14 an FFR u. Brasil.	1,240	92	21
Buckley	154[3]	46 an GB[4]	1,400	92	24
Rudderow	72[5]		1,450	92	24
J. C. Butler	94		1,350	92	24
City (PF)	98[6]	21 an GB.[7]	1,430	91	20
Gesamt:	671	113 (99 an GB)			

Aufgrund von Präsident Roosevelts Entscheidung von 1942, dem Bau von Landungsfahrzeugen und Handelsschiffen größere Priorität einzuräumen, geriet der Bau von Geleitzerstörern und Fregatten ernsthaft in Rückstand. Die *Bayntun,* die als erster Geleitzerstörer an die Royal Navy ging, wurde erst am 20. Januar 1943 in Dienst gestellt. Ab April 1943 wurden dann in Raten von etwa 20 pro Monat die restlichen DEs durch Werften in Kalifornien, Massachusetts, New Jersey, Pennsylvania, Texas and Virginia geliefert. Die Fregatten für die US Navy wurden 1943 und 1944 von Werften in Kalifornien, Ohio und Wisconsin geliefert. Die 21 Fregatten für die britische Royal Navy wurden in Providence auf Rhode Island gebaut.

---

[1] Von der Royal Navy als Captain-Klasse bezeichnet.

[2] Davon waren 28 mit Besatzungen der US Coast Guard bemannt.

[3] Sechs wurden in schnelle Transporter (APDs) der US Navy umgebaut.

[4] Von der Royal Navy ebenfalls der Captain-Klasse zugeordnet.

[5] Dreiunddreißig wurden in APDs der US Navy umgebaut.

[6] Die beiden Fregatten *Asheville* und *Natchez* wurden im kanadischen Montreal gebaut und 1942 geliefert. Die restlichen 75 wurden von der Coast Guard bemannt.

[7] Von der Royal Navy als Colony-Klasse bezeichnet.

ANHANG 14

DAS US-AMERIKANISCHE BAUPROGRAMM FÜR PATROUILLENBOOTE IM ZWEITEN WELTKRIEG

Januar bis Juli 1942

Die United States Maritime Commission ließ im Zweiten Weltkrieg 417 Patrouillenboote bauen – 354 PCs mit 52 Metern Länge und 63 PCEs mit 54 Metern Länge. Die USA übergaben 44 PCs an andere Seestreitkräfte und 15 PCEs an die britische Royal Navy, bei der die Boote als Kil-Klasse liefen. Wie unten aufgeführt, wurden in der ersten Jahreshälfte von 1942 31 PCs fertiggestellt, aufgrund von Verzögerungen bei der Ausrüstung und in der Erprobungsphase sowie durch den Einsatz als Ausbildungsfahrzeuge standen in der Eastern Sea Frontier am 1. Juli 1942 jedoch nur sieben PCs als Geleitfahrzeuge zur Verfügung.

PC-Nummer	fertiggestellt
451	Vorkrieg
452	Vorkrieg
457	Vorkrieg
461	19. 3. 42
462	15. 4. 42
463	28. 4. 42
464	15. 5. 42
465	25. 5. 42
466	3. 6. 42
477	30. 3. 42
478	1. 4. 42
479	30. 4. 42
483	12. 3. 42
484	3. 4. 42
485	23. 4. 42
486	15. 5. 42
487	2. 6. 42
490	12. 5. 42
491	13. 4. 42
492	5. 4. 42
493	28. 5. 42
494	23. 5. 42
495	23. 4. 42
560	17. 6. 42
563	17. 6. 42

PC-Nummer	fertiggestellt
565	25. 5. 42
566	15. 6. 42
567	27. 6. 42
569	9. 5. 42
570	18. 4. 42
571	19. 6. 42
572	26. 5. 42
573	13. 6. 42
588	22. 6. 42

ANHANG 15

VON DER ROYAL NAVY AN DIE US NAVY AUSGELIEHENE HOCHSEE-GELEITFAHRZEUGE *1942/1943*[1]

Im Dienst befindliche Fahrzeuge der Royal Navy: zehn einschraubige Korvetten der Flower-Klasse (PEs), von der US Navy als Kanonenboote (PGs) neu klassifiziert.

Britischer Name	US-Name	PG-Nummer	Transfer
Veronica	Temptress	PG 62	21. 3. 42
Heliotrope	Surprise	PG 63	24. 3. 42
Hibiscus	Spry	PG 64	2. 5. 42[2]
Arabis	Saucy	PG 65	30. 4. 42
Periwinkle	Restless	PG 66	30. 4. 42
Calendula	Ready	PG 67	12. 3. 42
Begonia	Impulse	PG 68	16. 3. 42
Larkspur	Fury	PG 69	17. 3. 42
Heartease	Courage	PG 70	18. 3. 42
Candytuft	Tenacity	PG 71	11. 6. 42

Aus kanadischen Werften: Zwei Fregatten der River-Klasse der Royal Navy (PF) und acht modifizierte Korvetten der Flower-Klasse (PF), die von der US Navy als Kanonenboote (PGs) neu klassifiziert wurden.

Adur	Ashville	PF 1		1. 12. 42
Annan	Natchez	PF 2		16. 12. 42
Comfrey	Action	PG 86		22. 11. 42
Cornel	Alacrity	PG 87		10. 12. 42
Flax	Brisk	PG 89		6. 12. 42
Mandrake	Haste	PG 92	USCG	6. 4. 43
Milfoil	Intensity	PG 93	USCG	31. 3. 43
Musk	Might	PG 94		22. 12. 42
Nepeta	Pert	PG 95	USCG	23. 7. 43
Privet	Prudent	PG 96	USCG	16. 8. 43

[1] Nicht mit eingeschlossen 24 mit Kohle fahrende Trawler, die 1942 überstellt wurden. Alle hier genannten Fahrzeuge wurden Großbritannien nach dem Krieg zurückgegeben.

[2] Die *Spry* geriet am 29. Mai 1942 in Argentia auf Neufundland in Brand und wurde schwer beschädigt. Das Feuer griff auf das Führungsschiff der Task Force 24, den Zerstörer-Tender *Prairie,* über; er nahm ebenfalls »großen« Schaden und mußte drei Monate repariert werden.

ANHANG 16

EINSÄTZE VON ZERSTÖRERN DER ATLANTIC FLEET ALS GELEITFAHRZEUGE FÜR TRUPPENKONVOIS[1], SPEZIELLE FRACHTKONVOIS UND FÜR ANDERE AUFGABEN.

November 1941 bis September 1942

Die US-Zerstörer der Atlantic Fleet hatten 1942 zahlreiche Sonderaufgaben zu erfüllen. Die wichtigste war die Sicherung von Transportern, die alliierte Truppen nach Übersee brachten, und von Frachtschiffen, die wichtiges Kriegsmaterial wie etwa Panzer und Flugzeuge zu den Briten nach Nordafrika und an andere Orte sowie in die Sowjetunion transportierten. Bei Operationen, die ausschließlich unter amerikanischer Kontrolle standen, ging *nur ein einziges* Frachtschiff und *kein einziger* Truppentransporter durch Feindeinwirkung verloren. Im folgenden sind diese Geleitzüge und Sondereinsätze vollständig aufgeführt:

1. WS 12 X — Von Halifax nach Kapstadt, Bombay, Singapur usw. Sechs amerikanische Truppenschiffe (mit über 20000 britischen Soldaten an Bord). Abfahrt 10. 11. 41; Ankunft in Kapstadt 9. 12. 41. Sicherung (Task Group 14.4): *Ranger, Quincy, Vincennes, Cimarron* (Tanker) und die acht amerikanischen Zerstörer *Mayrant, McDougal, Moffett, Rhind, Rowan, Trippe, Wainwright, Winslow.*
2. TC 16 — Von New York nach Island und zum United Kingdom (UK). Drei Truppenschiffe (zwei brachen den Einsatz ab; Rest, ein Schiff). Abfahrt 12. 12. 41; Ankunft 23. 12. 41. Sicherung (Task Force 19): *Arkansas, Nashville* und die sechs amerikanischen Zerstörer: *Eberle, Ericsson, Hamilton, Ingraham, Livermore* und *Ludlow.* Drei britische Truppenschiffe stießen von Halifax aus dazu, so daß insgesamt vier Transporter den Atlantik überquerten.
3. TF 17 — Überführung des Flugzeugträgers *Yorktown,* der Leichten Kreuzer *Richmond* und *Trenton* und der vier modernen (1939–1940) Zerstörer *Hughes, Russell, Sims* und *Walke* von der Atlantic Fleet zur Pacific Fleet. Die *Yorktown* brach am 16. 12. in Norfolk auf und verließ die Panamakanalzone am 22. 12.
4. TFs — Überführung der drei älteren Schlachtschiffe *Idaho, Mississippi* und *New Mexico* und der fünf modernen (1939–1940) Zerstörer *Anderson, Hammann, Morris, Mustin, O'Brien* von der Atlantic Fleet zur Pacific Fleet. Wechsel beendet im Januar 1942.
5. TG — Überführung von zwei weiteren modernen Zerstörern (*Sampson* und *Warrington,* Baujahr 1938) von der Atlantic Fleet zur Pacific Fleet. Abfahrt in Newport 12. 1.; Ankunft in Panama 17. 1.
6. AT 10 — Von New York nach Island und Nordirland. Vier Truppenschiffe. Abfahrt 15. 1. 42, Ankunft in Island 25. 1.; Ankunft in Nordirland 27. 1. Sicherung (Task Force 15): *Texas, Quincy, Wasp* und die 13 amerikanischen Zerstörer *Eberle, Grayson, Gwin, Livermore, Mayrant, Meredith, Monssen, Roe, Rowan, Stack, Sterett, Trippe* und *Wainwright.*
7. NA 1 — Von Halifax zum UK. Zwei Truppenschiffe. Abfahrt 10. 1. 42; Ankunft 18. 1. Sicherung: Die drei ehemals amerikanischen kanadischen oder britischen Glattdeck-Zerstörer *Beverley, Hamilton* und *Rockingham.*

8. BT 200 — Von New York in den Pazifik. Acht Truppenschiffe. Abfahrt 21. 1.; Ankunft in Panama 31. 1. Sicherung (Task Force 16): Die *Vincennes* und die 14 amerikanischen Zerstörer, Transport-Zerstörer oder Zerstörer-Minensucher: *Colhoun, C. F. Hughes, Gregory, Hamilton, H. P. Jones, Howard, Ingraham, Lansdale, Little, Ludlow, Manley, McKean, Palmer, Stringham.* Die *Hamilton* kollidierte mit einem Handelsschiff und brach den Einsatz ab.

9. BC 100 — Von Charleston in South Carolina in den Pazifik. Sechs Truppenschiffe. Abfahrt 23. 1.; schloß sich dem Geleitzug BT 200 an. Sicherung: siehe BT 200.

10. NA 2 — Von Halifax zum UK. Zwei Truppenschiffe. Abfahrt 31. 1., Ankunft 7. 2. Sicherung: zwei britische Zerstörer, die ehemals amerikanischen Glattdeck-Zerstörer *Belmont* und *Firedrake. U82* versenkte die *Belmont* am 31. 1. im Westatlantik.

11. NA 3 — Von Halifax zum UK. Zwei Truppenschiffe. Abfahrt 11. 2.; Ankunft 19. 2. Sicherung: zwei britische Zerstörer, der ehemals amerikanische Glattdeck-Zerstörer *Montgomery* und *Garland,* ein in England gebauter Zerstörer der G-Klasse, der zu der Zeit mit polnischer Besatzung fuhr.

12. AT 12 — Von New York nach Nordirland. Fünfzehn Truppenschiffe. Abfahrt 19. 2.; Ankunft 4. 3. Sicherung (Task Force 32): *New York, Philadelphia* und die zehn amerikanischen Zerstörer *C. F. Hughes, H. P. Jones, Ingraham, Lansdale, Ludlow, Mayrant, Roe, Rowan, Trippe, Wainwright.* Ab dem MOMP sechs britische Zerstörer: die beiden ehemals amerikanischen Glattdeck-Zerstörer, *Leamington* und *Newport,* und die Zerstörer *Badsworth, Keppel, Lamerton, Watchman.*

13. NA 4 — Von Halifax zum UK. Zwei Truppenschiffe. Abfahrt 1. 3., Ankunft 8. 3. Sicherung: die zwei britischen, ehemals amerikanischen Glattdeck-Zerstörer *Beverley* und *Rockingham.*

14. BT 201 — Von New York in den Pazifik. Sieben Truppenschiffe. Abfahrt 4. 3.; Ankunft in Panama 12. 3. Sicherung (Task Force 18): *Nashville, Vincennes, Hornet.* Neun amerikanische Zerstörer oder Transportzerstörer: *Dickerson, Ellyson, Grayson, Gwin, Manley, Meredith, Monssen, Stansbury, Sturtevant.* Die vier modernen Zerstörer *Grayson, Gwin, Meredith* und *Monssen* wurden mit der *Hornet* in den Pazifik überführt.

15. AS 1 — Spezieller Versorgungskonvoi. Von Charleston in South Carolina nach Ascension Island. Drei Schiffe. Abfahrt 14. 3.; Ankunft in Ascension 31. 3. Sicherung: *Cincinnati* und *Memphis* sowie die fünf amerikanischen Zerstörer *Ellis, Greer, Jouett, Somers* und *Winslow.*

16. NA 5 — Von Halifax zum UK. Zwei Truppenschiffe. Abfahrt 14. 3.; Ankunft 22. 3. Sicherung: die zwei neuen amerikanischen Zerstörer *Nicholson* und *Swanson.*

17. AS 2 — Spezieller Versorgungskonvoi. Von Charleston in South Carolina nach Afrika. Vier Schiffe und der Geleitträger HMS *Archer* (Überführung). Abfahrt 19. 3.; Ankunft in Freetown 3. 4. Sicherung: Der Kreuzer HMS *Devonshire* und die drei amerikanischen Zerstörer *Cole, Du Pont* und *Upshur.*

18. NA 6 — Von Halifax zum UK. Zwei Truppenschiffe. Abfahrt 21. 3., Ankunft 28. 3. Sicherung: der kanadische, ehemals amerikanische Glattdeck-Zerstörer *St. Clair* und der britische Zerstörer *Witherington;* ab dem WOMP die britischen, ehemals amerikanischen Glattdeck-Zerstörer *Chesterfield* und *Churchill.*

19. TF 39 — Von Portland in Maine nach Scapa Flow. Abfahrt 25. 3.; Ankunft 4. 4. Umbenannt in Task Force 99: *Wasp, Washington, Wichita, Tuscaloosa* und die sechs Zerstörer *Lang, Madison, Plunkett, Sterett, Wainwright, Wilson.*

20. AT 14 — Von New York nach Argentia und Island. Fünf Truppenschiffe. Abfahrt 7. 4., Ankunft 18. 4. Sicherung (Task Force 37): Die *Philadelphia* und die zehn amerikanischen Zerstörer *Bernadou, Blue, Cole, Du Pont, Eberle, Ellis, Ericsson, Kearny, Lea* und *Livermore.*

21. NA 7 — Von Halifax zum UK. Zwei Truppenschiffe. Abfahrt 10. 4., Ankunft 18. 4. Schloß sich dem Geleitzug AT 14 an. Sicherung: siehe AT 14.

22. BT 202 — Von New York und Norfolk in den Pazifik. Siebzehn Truppenschiffe. Abfahrt 10. 4., Ankunft in Panama 17. 4. Sicherung (Task Force 38): *Texas, Brooklyn* und die elf amerikanischen Zerstörer *C. F. Hughes, Dickerson, Ellyson, H. P. Jones, Ingraham, Lansdale, Mayrant, Rhind, Roe, Rowan, Trippe.*

23. TF — Nach Argentia. Lief am 23. April aus, um einem Ausfall der *Tirpitz* und anderer deutscher Kriegsschiffe zu begegnen. Das neue Schlachtschiff *North Carolina* (später die neue *South Dakota*), der Flugzeugträger *Ranger* (später die *Wasp*), zwei Schwere Kreuzer, ein Leichter Kreuzer und »vier oder fünf Zerstörer«.

24. TF — Vom UK ins Mittelmeer. Flugzeugüberführung. Abfahrt 14. 4. Die *Wasp,* die zwei amerikanischen Zerstörer *Lang* und *Madison* und vier britische Zerstörer. Ließ 47 Spitfires für Malta aufsteigen. Rückkehr am 26. 4.

25. TF 36 — Von Newport auf Rhode Island nach Accra in Ghana. Flugzeugüberführung. Abfahrt 22. 4., Ankunft in Accra 10. 5. Ließ 68 P-40-Flugzeuge aufsteigen. *Ranger, Augusta* und die fünf Zerstörer *Ellyson, Emmons, Hambleton, Macomb, Rodman.* Die *Ellyson* und die *Hambleton* wurden am 17. 5. bei einem Zusammenstoß beschädigt. Der Verband kehrte am 28. 5. in die Vereinigten Staaten zurück; die *Ranger* wurde befristet in Argentia stationiert.

26. TF 99 — Lief in Scapa Flow aus, um der Home Fleet bei der Sicherung der Murmansk-Geleitzüge PQ 15 und QP 11 zu helfen. Abfahrt 28. 4. *Washington, Wichita, Tuscaloosa* und die vier Zerstörer *Madison, Plunkett, Wainwright, Wilson.* Kehrte am 7. 5. nach Scapa Flow zurück. Die *Madison* und die *Plunkett* fuhren zurück in die USA.

27. AT 15 — Von New York nach Argentia, Island und zum UK. Dreizehn Truppenschiffe. Abfahrt 30. 4., Ankunft 12. 5. Sicherung (Task Force 38): New York, Brooklyn, der Geleitträger HMS *Avenger* (Überführung) und die 14 amerikanischen Zerstörer *Buck, C. F. Hughes, H. P. Jones, Eberle, Edison, Ericsson, Ingraham, Lansdale, Mayrant, Nicholson, Rhind, Rowan, Swanson* und *Trippe.* Nach Scapa Flow: *Mayrant, Rhind und Rowan.*

28. NA 8 — Von Halifax zum UK. Vier Truppenschiffe. Abfahrt 3. 5., schloß sich AT 15 an. Sicherung: siehe AT 15.

29. TF — Vom UK ins Mittelmeer. Flugzeugüberführung. Abfahrt 5. 5. Die *Wasp,* die zwei amerikanischen Zerstörer *Lang* und *Sterett* und zwei britische Zerstörer. Ließ für Malta 47 Spitfires aufsteigen. Kehrte am 15. 5. nach Scapa Flow zurück.

30. TF 99 — Lief in Scapa Flow aus, um der Home Fleet bei der Sicherung der Murmansk-Geleitzüge PQ 16 und PQ 12 zu helfen. Abfahrt 16. 5. *Washington, Tuscaloosa* und die vier Zerstörer *Mayrant, Rhind, Rowan* und *Wainwright.* Kehrte am 26. 5. nach Scapa Flow zurück.

31. NA 9 — Von Halifax zum UK. Ein Truppenschiff. Abfahrt 18. 5., Ankunft 25. 5. Sicherung: Die zwei neuen amerikanischen Zerstörer *Buck* und *Bristol.*

32. TF 38 — Überführung der *Wasp* und der drei Zerstörer *Lang, Sterett* und *Wilson* am 18. 5. von Scapa Flow in die Vereinigten Staaten. Stieß zu den Schlachtschiffen *New York, Brooklyn* usw. von AT 15, die sich auf dem Rückweg von Island befanden.

33. AS 3 — Spezieller Versorgungskonvoi. Von Charleston in South Carolina nach Afrika. Vier Schiffe. Abfahrt 28. 5., Ankunft in Freetown 13. 6. Schloß sich WS 19P an. Sicherung (Task Force 34): Die *Texas* und die vier amerikanischen Zerstörer *Bernadou, Cole, Dallas* und *Ludlow.* Die *Dallas* brach den Einsatz wegen Maschinenproblemen ab.

34. AT 16 — Von New York zum UK. Vier Truppenschiffe. Abfahrt 31. 5., Ankunft 9. 6. Sicherung (Task Force 35): Die *New York* und die acht amerikanischen Zerstörer *Benson, Eberle, Ericsson, Gleaves, Kearny, Livermore, Mayo* und *Niblack.*

35. NA 10 — Von Halifax zum UK. Zwei Truppenschiffe. Abfahrt 3. 6., schloß sich AT 16 an. Sicherung: siehe AT 16.

36. TFs — Überführung des neuen Schlachtschiffs *North Carolina,* des Flugzeugträgers *Wasp,* des Geleitträgers *Long Island,* der Kreuzer *Quincy* und *San Juan* und der sieben Zerstörer *Buchanan, Farenholt, Lang, Monssen, Stack, Sterett, Wilson* von der Atlantic Fleet zur Pacific Fleet. Verließ den Panamakanal am 10. 6. 42.

37. NA 11 — Von Halifax zum UK. Vier Truppenschiffe. Abfahrt 16. 6., Ankunft 23. 6. Sicherung: die drei amerikanischen Zerstörer *Eberle, Ericsson, Roe.*

38. AT 17 A — Von New York nach Island und zum UK. Sieben Truppenschiffe. Abfahrt 1. 7., Ankunft 13. 7. Sicherung (Task Force 37): *Texas; Philadelphia* und die 14 amerikanischen Zerstörer *Buck, Bristol, Edison, Emmons, Hambleton, Ingraham, Ludlow, Macomb, Nicholson, Swanson, Trippe, Wilkes* und *Woolsey.* Nach Scapa Flow: *Emmons, Hambleton, Macomb* und *Rodman.*

39. AT 17 B — Von Halifax zum UK. Zwei Truppenschiffe. Abfahrt 5. 7., schloß sich AT 17A an. Sicherung: siehe AT 17 A.

40. TF 99 Lief in Scapa Flow aus, um der Home Fleet bei der Sicherung der Murmansk-Geleitzüge PQ 17 und QP 13 zu helfen. Abfahrt 1. 7. *Washington, Tuscaloosa, Wichita* und die vier Zerstörer *Mayrant, Rhind, Rowan* und *Wainwright.* Kehrte am 10. 7. nach Scapa Flow zurück. Die *Washington* und die vier Zerstörer kehrten in die Vereinigten Staaten zurück und ließen die *Tuscaloosa* und die vier Zerstörer *Emmons, Hambleton, Macomb* und *Rodman* in Scapa Flow zurück.

41. TF 22 Von Newport auf Rhode Island nach Accra in Ghana. Flugzeugüberführung. Abfahrt 1. 7. Ankunft in Accra 19. 7. Ließ 72 P-40-Flugzeuge aufsteigen. *Ranger, Augusta, Juneau* und die sechs Zerstörer *Corry, Hobson, Fitch, Forrest, Livermore* und *Kearny.* Kehrte am 5. 8. nach Norfolk zurück.

42. AS 4 Spezieller Versorgungskonvoi. Von New York nach Afrika. Neun Schiffe. Abfahrt 13. 7., schloß sich WS 21 P an. Sicherung: *Omaha, Juneau* und die sieben amerikanischen Zerstörer *Davis, Gleaves, Kearny, Livermore, Mayo, Somers* und *Wilkes. U161* versenkte das mit Panzermotoren beladene Handelsschiff *Fairport.*

43. AS 5 Spezieller Versorgungskonvoi. Von New York nach Afrika. Ein Truppenschiff (die *Pasteur*). Abfahrt 16. 7., Ankunft 24. 7. Sicherung (für 24 Stunden): der amerikanische Transportzerstörer *Stansbury.*

44. AS 6 Spezieller Versorgungskonvoi. Von Charleston in South Carolina nach Ascension Island. Drei Schiffe. Abfahrt 26. 7., Ankunft 14. 8. Sicherung: *Cincinatti* und die drei amerikanischen Zerstörer *Winslow Dallas* und *Ellis.*

45. AT 18 Von New York nach Island und zum UK. Dreizehn Truppenschiffe. Abfahrt 6. 8., Ankunft 18. 8. Sicherung (Task Force 38): *Arkansas, Brooklyn* und die 17 amerikanischen Zerstörer *Benson, Eberle, Ericsson, Gleaves, C. F. Hughes, H. P. Jones, Kearny, Lansdale, Livermore, Madison, Mayo, Mayrant, Niblack, Nicholson, Plunkett, Rhind* und *Roper.*

46. NA 14 Von Halifax zum UK. Zwei Truppenschiffe. Abfahrt 9. 8., schloß sich AT 18 an. Sicherung: siehe AT 18.[2]

47. TFs Überführung der neuen Schlachtschiffe *South Dakota* und *Washington* und der sechs neuen Zerstörer *Barton, Duncan, Lansdowne, Lardner, Meade* und *Nicholas* von der Atlantic Fleet zur Pacific Fleet. Wechsel abgeschlossen August 1942.

48. AT 20 Von New York nach Island und zum UK. Sieben Truppenschiffe. Abfahrt 19. 8., Ankunft 31. 8. Sicherung (Task Force 37): *New York, Philadelphia* und die 13 amerikanischen Zerstörer *Buck, Bristol, Cole, Eberle, Edison, Ericsson, Ingraham, Ludlow, Nicholson, Roe, Swanson, Wilkes* und *Woolsey.* Die *Buck* und die *Ingraham* hatten je einen Zusammenstoß mit einem Handelsschiff. Die *Buck* brach den Einsatz ab, die *Ingraham* sank.[3]

49. NA 15 Von Halifax zum UK. Zwei Truppenschiffe. Abfahrt 22. 8., schloß sich AT 20 an. Sicherung: siehe AT 20.

50. TF Überführung von *Wichita, Hambleton* und *Macomb* von Scapa Flow und Island nach New York am 16. 8. Ankunft 22. 8.

51. TF Von Scapa Flow zur Kola-Mündung, um besondere Fracht abzuliefern und gestrandete Mannschaften von Handelsschiffen zurückzubringen. Abfahrt Island 19. 8. Die *Tuscaloosa,* die zwei amerikanischen Zerstörer *Emmons* und *Rodman* und drei britische Zerstörer. Die amerikanischen Kriegsschiffe kehrten Anfang September in die USA zurück.

52. AT 23 Von New York zum UK. Neun Truppenschiffe. Abfahrt 26. 9., Ankunft 7. 10. Sicherung (Task Force 38): Die *Arkansas* und die neun amerikanischen Zerstörer *Benson, Gleaves, C. F. Hughes, H. P. Jones, Lansdale, Madison, Mayo, Niblack* und *Plunkett.*

53. NA 16 Von Halifax zum UK. Vier Truppenschiffe. Abfahrt 29. 9., schloß sich AT 23 an. Sicherung: siehe AT 23.

Ab Oktober 1942 wurden amerikanische Soldaten mit großen Ozeandampfern wie etwa der *Queen Mary* oder der *Queen Elizabeth* auf der Nordatlantikroute zu den Britischen Inseln verschifft. Insgesamt 40 amerikanische Zerstörer waren an Vorbereitung und Durchführung der alliierten Invasion in Nordafrika vom 8. 11. 42 (Operation Torch) beteiligt. Nach Torch wurden amerikanische Soldaten in schwer gesicherten Truppenkonvois mit den Bezeichnungen United States-Gibraltar (UG) oder United States-Gibraltar Fast (UGF) bzw. Slow (UGS) auf der »Südroute« nach Nordafrika verschifft.

[1] Nicht mitgezählt große Ozeandampfer wie die *Queen Elizabeth* oder die *Queen Mary,* die ohne Sicherung fuhren, und gesicherte britische Truppenkonvois im Ostatlantik, die normalerweise die Bezeichnung »Winston Special« bzw. WS trugen. Die aufgelisteten Geleitfahrzeuge fuhren entweder einen Teil der Strecke oder den ganzen Weg oder kehrten mit Schiffen zurück, die die Fahrt abbrachen. Geleitzüge, die zum amerikanischen Kontinent zurückkehrten (TA, AN usw.), sind ebenfalls nicht aufgeführt.

[2] Der Geleitzug NA 13 wurde nicht von amerikanischen Geleitschiffen gesichert. Details: Von Halifax zum UK. Zwei Truppenschiffe. Abfahrt 21. 7., Ankunft 29. 7. Sicherung: Der kanadische, ehemals amerikanische Glattdeck-Zerstörer *Annapolis* und die drei britischen Zerstörer *Amazon, Boadicea* und *Vanoc.*

[3] Der Geleitzug AT 19 bestand nur aus der *Queen Mary,* die ohne Sicherung fuhr.

ANHANG 17

ALLIIERTE TANKERVERLUSTE DURCH U-BOOTE DER ACHSE IM ATLANTIK
September 1939 bis Dezember 1942

Während des gesamten Krieges war die vereinte Tankerflotte der Alliierten ein Hauptziel der deutschen U-Boote, da sie lebenswichtiges Rohöl und Ölprodukte zur Ostküste der USA, nach Kanada und zu den Britischen Inseln transportierte.

Zu Beginn des Krieges, im September 1939, verfügten die nicht zur Achse gehörenden Länder jeweils über Tankerflotten beträchtlicher Größe:

Land/Länder	Tanker	Tonnage (BRT)
British Empire	453	3 200 000
Norwegen	268	2 107 000
Niederlande	107	539 000
Frankreich & andere europäische Länder	133	876 000
USA & Panama	430	3 224 000
Andere amerikanische Länder	54	216 000
Gesamt:[1]	1 445	10 162 000

Vom 1. 9. 39 bis zum 31. 12. 42 stellten britische und amerikanische Werften 176 neue Tanker mit 1 754 000 BRT fertig:

Jahr	USA		British Empire	
	Schiffe	BRT	Schiffe	BRT
1939	11	120 000		
1940	16	149 000	3	31 000
1941	27	258 000	27	271 000
1942	61	613 000	31	312 000
Gesamt:[2]	115	1 140 000	61	614 000

In den ersten 28 Monaten des Krieges – bis zum japanischen Angriff auf Pearl Harbor – versenkten U-Boote der Achse 117 Tanker mit 936 777 BRT. In diesem Zeitraum stellten Werften des British Empire und der USA (wie aufgeführt) 84 neue Tanker mit etwa 829 000 BRT fertig. Die durch U-Boote der Achse verursachten Verluste an Tankertonnage bei den nicht zur Achse gehörenden Ländern wurden durch die von den Alliierten neu gebauten Tanker also fast ausgeglichen. Obwohl London in diesem Zeitraum eine schwere Ölknappheit auf den Britischen Inseln fürchtete – und oft voraussagte –, trat diese nie wirklich ein. Opfer und Unbequemlichkeiten wie etwa die Benzinrationierung für Zivilisten beruhten nicht allein auf den Tankerverlusten, sondern auch auf der drastischen Verzögerung der Ölimporte aufgrund des Geleitzugsystems und natürlich auch auf der Verwendung von importiertem Öl für Kriegszwecke. Hier die Verluste an Tankern:

ALLIIERTE TANKERVERLUSTE IM ATLANIK
1. 9. 39 bis 31. 12. 41

Datum	Schiff	Reg.	BRT	Gebiet	U-Boot
1939 (12)					
8. 9.	Regent Tiger	Britisch	10176	Ostatlantik	U29
8. 9.	Kennebec	Britisch	5548	Ostatlantik	U34
11. 9.	Inverliffey	Britisch	9456	Ostatlantik	U38
14. 9.	British Influence	Britisch	8431	Ostatlantik	U29
15. 9.	Cheyenne	Britisch	8825	Ostatlantik	U53
12. 10.	Emile Miguet	Frankreich	14115	Ostatlantik	U48
17. 10.	Deodata	Norwegen	3295	Ostatlantik	U19 (M)[3]
12. 11.	Arne Kjöde	Norwegen	11019	Ostatlantik	U41
17. 11.	Sliedrecht	Niederlande	5133	Ostatlantik	U28
26. 11.	G. E. Reuter	Schweden	6336	Ostatlantik	U48
6. 12.	Britta	Norwegen	6214	Ostatlantik	U47
9. 12.	San Alberto	Britisch	7397	Ostatlantik	U48
1940 (53)					
10. 1.	El Oso	Britisch	7267	HX 14B	U30(M)
12. 1.	Danmark	Dänemark	10517	Nordsee	U23
16. 1.	Inverdargle	Britisch	9456	Ostatlantik	U33(M)
20. 1.	Caroni River	Britisch	7807	Ostatlantik	U34(M)
30. 1.	Vaclite	Britisch	5026	Ostatlantik	U55
2. 2.	Creofield	Britisch	838	Nordsee	U59
13. 2.	Chastine Maersk	Dänemark	5177	Ostatlantik	U25
14. 2.	Gretafield	Britisch	10191	Nordsee	U57
15. 2.	Den Haag	Niederlande	8971	Ostatlantik	U48
22. 2.	British Endeavor	Britisch	4580	Gibraltar	U50
25. 2.	Daghestan	Britisch	5742	Nordsee	U57
10. 4.	Sveaborg	Schweden	9076	Ostatlantik	U37
1. 5.	San Tiburcio	Britisch	5995	Nordsee	U9 (M)
29. 5.	Telena	Britisch	7406	Gibraltar	U37
15. 6.	Italia	Norwegen	9973	HX 48	U38
20. 6.	Moerdrecht	Niederlande	7493	HX 49	U48
21. 6.	Yarraville	Britisch	8627	Gibraltar	U43
21. 6.	San Fernando	Britisch	13056	HX 49	U47
22. 6.	Eli Knudsen	Norwegen	9026	HX 49	U32
25. 6.	Saranac	Britisch	12049	Ostatlantik	U51
27. 6.	Leticia	Niederlande	2580	Ostatlantik	U47
2. 7.	Athellaird	Britisch	8999	Biskaya	U29
7. 7.	Lucretia	Niederlande	2584	Ostatlantik	U34
14. 7.	Sarita	Norwegen	5824	Freetown	UA
16. 7.	Scottish Minstrel	Britisch	6998	HX 55	U61
27. 7.	Thiara	Britisch	10364	Ostatlantik	U34
12. 8.	British Fame	Britisch	8406	OB 193	Malaspina
15. 8.	Sylvafield	Britisch	5709	HX 62	U51
24. 8.	La Brea	Britisch	6665	HX 65	U48
25. 8.	Athelcrest	Britisch	6825	HX 65 A	U48
25. 8.	Pecten	Britisch	7468	HX 65	U57
20. 9.	New Sevilla	Britisch	13801	OB 216	U138

Datum	Schiff	Reg.	BRT	Gebiet	U-Boot
21. 9.	Invershannon	Britisch	9154	HX 72	U99
21. 9.	Torinia	Britisch	10364	HX 72	U100
22. 9.	Frederick S. Fales	Britisch	10525	HX 72	U100
26. 9.	Stratford	Britisch	4753	Ostatlantik	U137
6. 10.	Nina Borthen	Norwegen	6123	Atlantik	U103
6. 10.	British General	Britisch	6989	Atlantik	U37
12. 10.	Davanger	Norwegen	7102	HX 77	U48
17. 10.	Languedoc	Britisch	9512	SC 7	U48
19. 10.	Shirak	Britisch	6023	HX 79	U48
20. 10.	Caprella	Britisch	8230	HX 79	U100
20. 10.	Sitala	Britisch	6218	HX 79	U100
20. 10.	Janus	Schweden	9965	HX 79	U46
5. 11.	Scottish Maiden	Britisch	6993	HX 83	U99
15. 11.	Havbör	Norwegen	7614	Freetown	U65
18. 11.	Congonian	Britisch	5056	Freetown	U65
1. 12.	Appalachee	Britisch	8826	HX 90	U101
2. 12.	Conch	Britisch	8376	HX 90	U95, U47, U99
2. 12.	Victor Ross	Britisch	12247	OB 251	U43
19. 12.	Rhone	Vichy-Franz.	2785	Gibraltar	U37
21. 12.	C. Pratt	Panama	8982	Freetown	U65
24. 12.	British Premier	Britisch	5872	Freetown	U65
1941 (52)					
29. 1.	W. B. Walker	Britisch	10468	SC 19	U93
13. 2.	A. F. Corwin	Britisch	10516	HX 106	U96, U103
13. 2.	Clea	Britisch	8074	HX 106	U96
17. 2.	Edwy R. Brown	Britisch	10455	HX 107	U103
22. 2.	Scottish Standard	Britisch	6999	OB 287	U96
24. 2.	British Gunner	Britisch	6894	OB 289	U97
1. 3.	Cadillac	Britisch	12062	HX 109	U552
7. 3.	Terje Viken	Britisch	20638	OB 293	U99
7. 3.	Athelbeach	Britisch	6568	OB 293	U99
16. 3.	Ferm	Norwegen	6593	HX 112	U99
16. 3.	Beduin	Norwegen	8136	HX 112	U99
16. 3.	Venetia	Britisch	5728	HX 112	U99
23. 3.	Chama	Britisch	8077	Ostatlantik	U97
31. 3.	Castor	Schweden	8714	Atlantik	U46
2. 4.	British Reliance	Britisch	7000	SC 26	U46
3. 4.	British Viscount	Britisch	6895	SC 26	U73
4. 4.	Conus	Britisch	8132	Atlantik	U97
6. 4.	Lincoln Ellsworth	Norwegen	5580	Atlantik	U94
9. 4.	Duffield	Britisch	8516	Azoren	U107
28. 4.	Oilfield	Britisch	8516	HX 121	U96
28. 4.	Caledonia	Norwegen	9892	HX 121	U96
2. 5.	Capulet	Britisch	8190	HX 121	U552, U201
6. 5.	Sangro	Prise, früher Ital.	6466	Ostatlantik	U97
9. 5.	Alfred Olsen	Norwegen	8817	Freetown	Tazzoli
17. 5.	Marisa	Niederlande	8029	Freetown	U107
20. 5.	British Security	Britisch	8470	HX 126	U556
20. 5.	John P. Pedersen	Norwegen	6128	HX 126	U94
21. 5.	Elusa	Niederlande	6235	HX 126	U93
22. 5.	British Grenadier	Britisch	6857	Freetown	U103
30. 5.	Cairndale	Britisch	8129	Gibraltar	Marconi
3. 6.	Inversuir	Britisch	9456	Atlantik	U48
5. 6.	Wellfield	Britisch	6054	Atlantik	U48

Datum	Schiff	Reg.	BRT	Gebiet	U-Boot
8. 6.	Ensis	Britisch	6207	Atlantik	U46
8. 6.	Pendrecht	Niederlande	10746	OB 328	U48
12. 6.	Ranella	Niederlande	5590	OG 64	U553
28. 6.	Auris	Britisch	8030	Gibraltar	DaVinci
21. 7.	Ida Knudsen	Norwegen	8913	Gibraltar	Torelli
26. 7.	Horn Shell	Britisch	8272	Azoren	Barbarigo
19. 8.	Sildra	Norwegen	7313	Freetown	Tazzoli
11. 9.	Bulysses	Britisch	7519	SC 42	U82
20. 9.	T. J. Williams	Britisch	8212	SC 44	U552
20. 9.	Barbro	Norwegen	6325	SC 44	U552
26. 9.	I. C. White	Panama	7052	Brasilien	U66
1. 10.	San Florentino	Britisch	12842	ON 19	U94
17. 10.	W. C. Teagle	Britisch	9552	SC 48	U558
17. 10.	Erviken	Norwegen	6595	SC 48	U558
17. 10.	Barfonn	Norwegen	9739	SC 48	U432
19. 10.	Inverlee	Britisch	9158	Gibraltar	U204
20. 10.	British Mariner	Britisch	6996	Freetown	U126
22. 10.	Darkdale	Britisch	8145	St.Helena	U68
2. 12.	Astral	USA	11900	Azoren	U43
31. 12.	Cardita	Britisch	8237	Ostatlantik	U87

Land/Länder	Insgesamt verlorene Schiffe	Tonnage in BRT:
British Empire	76	628110
Norwegen	20	150221
Niederlande	9	57361
Andere Nicht-Achsenmächte[4]	12	101085
Gesamt:	117	936777

Viele Historiker und populärwissenschaftliche Autoren versichern, daß die alliierten Tankerverluste »an der Ostküste der USA«, als die Deutschen 1942 mit der Operation Paukenschlag den U-Boot-Krieg gegen die Schiffahrt in amerikanischen Gewässern aufnahmen, einfach entsetzlich gewesen seien. Außerdem betonen einige britische Historiker, daß die meisten dieser Tanker eine britische, norwegische oder niederländische Registrierung hatten und von den Briten gechartert waren. Beide Behauptungen sind falsch.

In den ersten sechs Monaten des Jahres 1942 versenkten die Deutschen 43 alliierte Tanker in den Gewässern vor der Ostküste der USA. Von diesen waren 32 (etwa 75 Prozent) in den USA oder Panama registriert. Nur neun waren in Großbritannien, Norwegen oder den Niederlanden registriert. In der zweiten Hälfte des Jahres 1942 wurde vor der Ostküste der USA *kein einziger* alliierter Tanker versenkt. Die Fakten:

ALLIIERTE TANKERVERLUSTE VOR DER OSTKÜSTE DER USA (43)
1. 1. 42 bis 31. 12. 42

Datum	Schiff	Reg.	BRT	Gebiet	U-Boot
14. 1.	Norness	Panama	9577	New York	U123
15. 1.	Coimbra	Britisch	6768	New York	U123
18. 1.	Allan Jackson	USA	6635	Hatteras	U66
21. 1.	Alexander Höegh	Norwegen	8248	Maine	U130
22. 1.	Olympic	Panama	5335	Hatteras	U130
24. 1.	Empire Gem	Britisch	8139	Hatteras	U66
25. 1.	Varanger	Norwegen	9305	New Jersey	U130
27. 1.	Francis E. Powell	USA	7096	Maryland	U130

Datum	Schiff	Reg.	BRT	Gebiet	U-Boot
30. 1.	Rochester	USA	6836	Virginia	U106
2. 2.	W. L. Steed	USA	6182	Maryland	U103
5. 2.	Indian Arrow	USA	8327	Maryland	U103
5. 2.	China Arrow	USA	8403	Maryland	U103
19. 2.	Pan Massachusetts	USA	8202	Florida	U128
22. 2.	Republic	USA	5287	Florida	U504
22. 2.	Cities Service Empire	USA	8103	Florida	U128
23. 2.	W. D. Anderson	USA	10227	Florida	U504
26. 2.	Mamura	Niederlande	8245	Florida	U504
28. 2.	R. P. Resor	USA	7451	New Jersey	U578
10. 3.	Gulftrade	USA	6676	New Jersey	U588
13. 3.	John D. Gill	USA	11641	N.Carolina	U158
15. 3.	Ario	USA	6952	N.Carolina	U158
16. 3.	Australia	USA	11628	Hatteras	U332
17. 3.	San Demetrio	Britisch	8073	Virginia	U404
17. 3.	Ranja	Norwegen	6355	Georgia	U71
18. 3.	E. M. Clark	USA	9647	Hatteras	U124
19. 3.	Papoose	USA	5939	N.Carolina	U124
19. 3.	W. E. Hutton	USA	7076	N.Carolina	U124
21. 3.	Esso Nashville	USA	7934	N.Carolina	U124[5]
23. 3.	Naeco	USA	5373	N.Carolina	U124
26. 3.	Dixie Arrow	USA	8046	Hatteras	U71
1. 4.	Tiger	USA	5992	Hatteras	U754
5. 4.	Byron T. Benson	USA	7953	Hatteras	U552
7. 4.	British Splendour	Britisch	7138	Hatteras	U552
9. 4.	Atlas	USA	7137	N.Carolina	U552
10. 4.	Tamaulipas	USA	6943	N.Carolina	U552
10. 4.	San Delfino	Britisch	8072	Hatteras	U203
11. 4.	Gulfamerica	USA	8081	Florida	U123
30. 4.	Ashkabad	UdSSR	5284	N.Carolina	U402
6. 5.	Halsey	USA	7088	Florida	U333
9. 5.	Lubrafol	Panama	7138	Florida	U564
14. 5.	Potrero del Llano	Mexico	4000	Florida	U564
25. 5.	Persephone	Panama	8426	New Jersey	U593
28. 6.	William Rockefeller	USA	14054	Hatteras	U701

Land/Länder	Insgesamt verlorene Schiffe	Tonnage in BRT:
USA	28[6]	220909
British Empire	5	38190
Norwegen	3	23908
Panama	4	30476
Niederlande	1	8245
Andere Alliierte	2[7]	9284
Gesamt:	43	331012

Dies waren keineswegs die gesamten Tankerverluste der Alliierten im Jahr 1942. U-Boote der Achse versenkten über doppelt so viele Tanker im Golf von Mexiko, in der Karibik und im Westatlantik bei Trinidad: 99 Schiffe mit 742571 BRT. Die Fakten:

ALLIIERTE TANKERVERLUSTE IM GOLF VON MEXIKO, IN DER KARIBIK UND BEI TRINIDAD (99)

1. 1. 42 bis 31. 12. 42

Datum	Schiff	Reg.	BRT	Gebiet	U-Boot
16. 2.	Oranjestad	Britisch	2396	Aruba	U156
16. 2.	Tia Juana	Britisch	2395	Aruba	U502
16. 2.	Monagas	Venezuela	2650	Aruba	U502
16. 2.	San Nicolas	Britisch	2391	Aruba	U502
21. 2.	J. N. Pew	USA	9033	Aruba	U67
21. 2.	Circe Shell	Britisch	8207	Trinidad	U161
22. 2.	Kongsgaard	Norwegen	9467	Aruba	U502
23. 2.	Thalia	Panama	8329	Aruba	U502
25. 2.	La Carriere	Britisch	5685	Puerto Rico	U156
25. 2.	Esso Copenhagen	Panama	9245	Westatlantik	Torelli
28. 2.	Oregon	USA	7017	Westatlantik	U156
5. 3.	O. A. Knudsen	Norwegen	11007	Bahamas	U128
6. 3.	Melpomene	Britisch	7011	Westatlantik	Finzi
7. 3.	Uniwaleco	Kanada	9755	Trinidad	U161
9. 3.	Hanseat	Panama	8241	Windward P.	U126
10. 3.	Charles Racine	Norwegen	9957	Westatlantik	Finzi
14. 3.	Penelope	Panama	8436	Puerto Rico	U67
15. 3.	Athelqueen	Britisch	8780	Westatlantik	Tazzoli
16. 3.	Oscilla	Niederlande	6341	Westatlantik	Morosini
23. 3.	Peder Bogen	Britisch	9741	Westatlantik	Morosini
31. 3.	T. C. McCobb	USA	7452	Westatlantik	Calvi
4. 4.	Comol Rico	USA	5034	Westatlantik	U154
5. 4.	Catahoula	USA	5053	Westatlantik	U154
8. 4.	Eugene V. R. Thayer	USA	7138	Brasilien	Calvi
12. 4.	Ben Brush	Panama	7691	Brasilien	Calvi
13. 4.	Empire Amethyst	Britisch	8032	Aruba	U154
16. 4.	Amsterdam	Niederlande	7329	Trinidad	U66
17. 4.	Heinrich v. Riedemann	Panama	11020	Trinidad	U66
29. 4.	Harry G. Seidel	Panama	10354	Trinidad	U66
30. 4.	Athelempress	Britisch	8941	Westatlantik	U162
30. 4.	Federal	USA	2881	Windward P.	U507
2. 5.	Sandar	Norwegen	7624	Trinidad	U66
5. 5.	Munger T. Ball	USA	5104	Golf v. Mex.	U507
5. 5.	Joseph M. Cudahy	USA	6950	Golf v. Mex.	U507
9. 5.	Calgarolite	Kanada	11941	Cayman	U125
12. 5.	Lise	Norwegen	6826	Aruba	U69
12. 5.	Virginia	USA	10731	Golf v. Mex.	U507
13. 5.	Esso Houston	USA	7699	Westatlantik	U162
13. 5.	Gulfpenn	USA	8862	Golf v. Mex.	U506
14. 5.	British Colony	Britisch	6917	Westatlantik	U162
14. 5.	David McKelvy	USA	6821	Golf v. Mex.	U506
17. 5.	San Victorio	Britisch	8136	Trinidad	U155
17. 5.	Gulfoil	USA	5189	Golf v. Mex.	U506
18. 5.	Beth	Britisch	6852	Westatlantik	U162
18. 5.	Mercury Sun	USA	8893	Windward P.	U125
20. 5.	Halo	USA	6986	Golf v. Mex.	U506
20. 5.	Sylvan Arrow	Panama	7797	Trinidad	U155
21. 5.	Faja de Oro	Mexico	6067	Golf v. Mex.	U106
23. 5.	Sam Q. Brown	USA	6625	Yucatan	U103
26. 5.	Carabulle	USA	5030	Golf v. Mex.	U106

Datum	Schiff	Reg.	BRT	Gebiet	U-Boot
27. 5.	Hamlet	Norwegen	6578	Golf v. Mex.	U753
28. 5.	New Jersey	USA	6414	Cayman	U103
3. 6.	Höegh Giant	Norwegen	10990	Lateinamer.	U126
3. 6.	M. F. Elliott	USA	6940	Trinidad	U502
5. 6.	L. J. Drake	USA	6693	Puerto Rico	U68
6. 6.	C. O. Stillman	Panama	13006	Puerto Rico	U68
8. 6.	South Africa	Norwegen	9234	Westatlantik	U128
9. 6.	Franklin K. Lane	USA	6589	Trinidad	U502
11. 6.	Hagan	USA	6401	Windward P.	U157
11. 6.	Sheherazade	Panama	13467	Golf v. Mex.	U158
12. 6.	Cities Service Toledo	USA	8192	Golf v. Mex.	U158
15. 6.	Frimaire	Portugal	9242	Aruba	U68
17. 6.	Moira	Norwegen	1560	Golf v. Mex.	U158
18. 6.	Motorex	USA	1958	Panama	U172
22. 6.	E. J. Sadler	USA	9639	Puerto Rico	U159
23. 6.	Rawleigh Warner	USA	3664	Golf v. Mex.	U67
23. 6.	Andrea Brövig	Norwegen	10173	Trinidad	U128
23. 6.	Arriaga	Panama	2469	Aruba	U68
27. 6.	Tuxpan	Mexico	7008	Golf v. Mex.	U129
27. 6.	Leiv Eiriksson	Norwegen	9952	Trinidad	U126
27. 6.	Las Choapas	Mexico	2005	Golf v. Mex.	U129
29. 6.	Empire Mica	Britisch	8032	Golf v. Mex.	U67
4. 7.	Tuapse	UdSSR	6320	Yucatan	U129
8. 7.	J. A. Moffett, Jr.	USA	9788	Golf v. Mex.	U571
10. 7.	Benjamin Brewster	USA	5950	Golf v. Mex.	U67
11. 7.	Stanvac Palembang	Panama	10013	Trinidad	U203
13. 7.	R. W. Gallagher	USA	7989	Golf v. Mex.	U67
16. 7.	Beaconlight	Panama	6926	Trinidad	U160
21. 7.	Donovania	Britisch	8149	Trinidad	U160
3. 8.	Tricula	Britisch	6221	Westatlantik	U108
6. 8.	Havsten	Norwegen	6161	Westatlantik	Tazzoli[8]
9. 8.	San Emiliano	Britisch	8071	Lat.Am.	U155
13. 8.	R. M. Parker, Jr.	USA	6779	Golf v. Mex.	U171
14. 8.	Empire Corporal	Britisch	6972	Windward P.	U598
17. 8.	Louisiana	USA	8587	Lat.Am.	U108
19. 8.	British Consul	Britisch	6940	Trinidad	U564
26. 8.	Thelma	Norwegen	8297	Atlantik	U162
27. 8.	San Fabian	Britisch	13031	Windward P.	U511
27. 8.	Rotterdam	Niederlande	8968	Windward P.	U511
30. 8.	Vardaas	Norwegen	8176	Westatlantik	U564
31. 8.	Winamac	Britisch	8621	Westatlantik	U66
4. 9.	Amatlan	Mexico	6511	Golf v. Mex.	U171
12. 9.	Stanvac Melbourne	Panama	10013	Trinidad	U515
12. 9.	Woensdrecht	Niederlande	4668	Trinidad	U515
13. 9.	Vilja	Norwegen	6672	Trinidad	U558
3. 11.	Thorshavet	Britisch	11015	Trinidad	U160
3. 11.	Leda	Panama	8546	Trinidad	U160
5. 11.	Meton	USA	7027	Trinidad	U129
5. 11.	Astrell	Norwegen	7595	Trinidad	U129

Land/Länder	Insgesamt verlorene Schiffe	Tonnage in BRT:
USA	33	225 108
British Empire	22	162 536
Norwegen	16	130 269
Panama	15	135 553
Niederlande	4	27 306
Andere	9[9]	61 499
Gesamt:	99	742 271

Aus den beiden letzten Listen geht hervor, daß sich die Gesamtverluste an alliierten Tankern durch U-Boote der Achse in »amerikanischen Gewässern« im Jahr 1942 auf 142 Schiffe mit 1 073 283 BRT beliefen. Hier die Gesamtverluste an Tankern in diesem Gebiet, aufgeteilt nach der Registrierung:

Land/Länder	Insgesamt verlorene Schiffe	Tonnage in BRT:
USA	61	446 017
British Empire	27	200 726
Norwegen	19	154 177
Panama	19	166 029
Niederlande	5	35 551
Andere	11	70 783
Gesamt:	142	1 073 283

Aus diesen Tabellen ist ersichtlich, daß die britischen Tankerverluste des Jahres 1942 in »amerikanischen Gewässern« nicht annähend so hoch waren, wie häufig in britischen Berichten behauptet. Insgesamt versenkten U-Boote der Achse 27 in Großbritannien registrierte Tanker. Das sind weniger, als in den Jahren 1940 (36) und 1941 (33) an U-Booten der Achse verlorengingen. U-Boote der Achse versenkten außerdem 24 norwegische und niederländische Tanker, die vermutlich von Großbritannien gechartert waren, so daß in »amerikanischen Gewässern« insgesamt 51 »britisch kontrollierte« Tanker verlorengingen. Amerikanische und panamaische Tanker gingen insgesamt 80 verloren.

Zur Vervollständigung dieser Analyse ist es erforderlich, auch die alliierten Tanker zu berücksichtigen, die von U-Booten der Achse 1942 in anderen Gebieten des Atlantiks als in »amerikanischen Gewässern« versenkt wurden. Diese Verluste sind auf die Wiederaufnahme der U-Boot-Angriffe auf die Nordatlantikkonvois im Spätsommer und Herbst 1942 zurückzuführen, die zum Teil erst im Textteil von Band II geschildert werden. Von dieser dritten und letzten Kategorie versenkten U-Boote der Achse weitere 71 Tanker mit 594 222 BRT. Hier die Verluste in dieser Kategorie:

ALLIIERTE TANKERVERLUSTE IN ANDEREN GEWÄSSERN (71)
1. 1. 42 bis 31. 12. 42

Datum	Schiff	Gebiet/Reg.	BRT	Gebiet/Konvoi	U-Boot
15. 1.	Diala	Britisch	8 106	ON 52	U553
17. 1.	Nyholt	Norwegen	8 087	ON 52	U87
22. 1.	Inneröy	Norwegen	8 260	Westatlantik	U553
22. 1.	Athelcrown	Britisch	11 990	Westatlantik	U82
23. 1.	Leiesten	Norwegen	6 118	ON 56	U82
26. 1.	Pan Norway	Norwegen	9 231	Atlantik	U123
31. 1.	San Arcadio	Britisch	7 419	Westatlantik	U107
5. 2.	Montrolite	Kanada	11 309	Westatlantik	U109
11. 2.	Victolite	Kanada	11 410	Westatlantik	U564
22. 2.	Kars	Britisch	8 888	Westatlantik	U96

Datum	Schiff	Gebiet/Reg.	BRT	Gebiet/Konvoi	U-Boot
22. 2.	Adellen	Britisch	7984	ON 67	U155
24. 2.	Inverarder	Britisch	5578	ON 67	U558
24. 2.	Empire Celt	Britisch	8032	ON 67	U162, U158
24. 2.	Anadara	Britisch	8009	ON 67	U558
24. 2.	Finnanger	Britisch	9551	ON 67	U558
24. 2.	Eidanger	Norwegen	9432	ON 67	U558
6. 3.	Sydhav	Norwegen	7587	Freetown	U505
14. 3.	British Resource	Britisch	7209	Westatlantik	U124
22. 3.	Muskogee	USA	7034	Westatlantik	U123
23. 3.	British Prudence	Britisch	8620	Westatlantik	U754
24. 3.	Empire Steel	Britisch	8138	Westatlantik	U123
25. 3.	Ocana	Niederlande	6256	Westatlantik	U552
25. 3.	Narragansett	Britisch	10389	Westatlantik	U105
27. 3.	Svenör	Norwegen	7616	Westatlantik	U105
31. 3.	San Gerardo	Britisch	12915	Westatlantik	U71
6. 4.	Koll	Norwegen	10044	Westatlantik	U571
6. 4.	Kollskegg	Norwegen	9858	Westatlantik	U754
12. 4.	Esso Boston	USA	7699	Atlantik	U130
29. 4.	Mobiloil	USA	9925	Westatlantik	U108
3. 5.	British Workman	Britisch	6994	Kanada	U455
20. 5.	Darina	Britisch	8113	ON 93	U158
20. 5.	Norland	Norwegen	8134	ON 93	U108
21. 5.	Montenol	Britisch	2646	Azoren	U159
27. 5.	Athelknight	Britisch	8940	Westatlantik	U172
31. 5.	Dinsdale	Britisch	8214	Südatlanik	Cappellini
11. 6.	George H. Jones	Britisch	6914	West-Biskaya	U455
15. 6.	Slemdal	Norwegen	7374	West-Biskaya	U552
15. 7.	British Yeoman	Britisch	6990	Gibraltar	U201
25. 7.	Tankexpress	Norwegen	10095	Freetown	U130
5. 8.	Arletta	Britisch	4870	Kanada	U458
7. 8.	Arthur W. Sewall	Norwegen	6030	Freetown	U109
9. 8.	Malmanger	Norwegen	7078	Freetown	U130
11. 8.	Mirlo	Norwegen	7455	Freetown	U130
11. 8.	Vimeira	Britisch	5728	Freetown	U109
31. 8.	Jack Carnes	USA	10907	Azoren	U516
10. 9.	Sveve	Norwegen	6313	ON 127	U96
10. 9.	Empire Oil	Britisch	8029	ON 127	U659, U584
12. 9.	Hektoria	Britisch	13797	ON 127	U211, U608
12. 9.	Daghild	Norwegen	9272	ON 127	U404, U608
12. 9.	Patrick J. Hurley	USA	10865	Atlantik	U512
23. 9.	Athelsultan	Britisch	8882	SC 100	U617
23. 9.	Esso Williamsburg	USA	11237	Atlantik	U211
3. 10.	Robert H. Colley	USA	11651	HX 209	U254
14. 10.	Southern Empress	Britisch	12398	SC 104	U221
22. 10.	Donax	Britisch	8036	ON 139	U443
27. 10.	Anglo Maersk	Britisch	7705	SL 125	U604
27. 10.	Sourabaya	Britisch	10107	HX 212	U436
27. 10.	Gurney E. Newlin	USA	8225	HX 212	U436, U606
27. 10.	Kosmos II	Norwegen	16966	HX 212	U606, U624
29. 10.	Pan New York	USA	7701	HX 212	U624
29. 10.	Bullmouth	Britisch	7519	Azoren	U409, U659
3. 11.	Hahira	USA	6855	SC 107	U521
4. 11.	Hobbema	Niederlande	5507	SC 107	U129
10. 11.	Cerinthus	Britisch	3878	Freetown	U128

Datum	Schiff	Gebiet/Reg.	BRT	Gebiet/Konvoi	U-Boot
18. 11.	President Sergent	Britisch	5344	ONS 144	U624
23. 11.	Caddo	USA	10172	Atlantik	U518
28. 11.	Brilliant	USA	9132	SC 109	U43
8. 12.	Empire Spencer	Britisch	8194	HX 217	U524
16. 12.	Bello	Norwegen	6125	ON 153	U610
20. 12.	Otina	Britisch	6217	ON 153	U621
29. 12.	President Francqui	Belgien	4919	ONS154	U225, U336

Land/Länder	Insgesamt verlorene Schiffe	Tonnage in BRT:
USA	12	111403
British Empire	35	282343
Norwegen	19	161075
Niederlande	2	11763
Andere	3[10]	27638
Gesamt	71	594222

Wenn man die letzten drei Tabellen über die alliierten Tankerverluste im Jahr 1942 zusammennimmt, ergeben sich insgesamt 213 versenkte Tanker mit 1667505 BRT. Und tatsächlich übertrafen die Verluste an in den USA registrierten Tankern im Jahr 1942 die der britisch registrierten um elf Fahrzeuge. Die Fakten:

Land/Länder	Insgesamt verlorene Schiffe	Tonnage in BRT:
USA	73	557420
Panama	19	166029
British	62	483069
Norwegen	38	315252
Niederlande	7	47314
Andere	14	98421
Gesamt	213	1667505

Im selben Zeitraum, also 1942, liefen in alliierten Werften (wie aufgeführt) 92 Tanker[11] mit 925000 BRT vom Stapel. Also übertrafen 1942 die Tankerverluste durch U-Boote der Achse die Zahl der neugebauten Tanker um 121 Schiffe mit 742505 BRT. Wegen dieses Defizits verfügte die alliierte vereinigte Tankerflotte am 1. Januar 1943 noch über 1291 Schiffe mit 9311718 BRT, ein Nettoverlust durch U-Boote der Achse von 154 Tankern mit 850282 BRT seit Beginn des Krieges oder von etwa zehn Prozent der gesamten Flotte.

Dieses Defizit wurde 1943 durch den spektakulären Tankerzuwachs im Vergleich zu den Verlusten dieses Jahres mehr als ausgeglichen. 1943 wurden auf amerikanischen und britischen Werften 245 neue Tanker mit 2031000 BRT fertiggestellt, während U-Boote der Achse nur noch 48 alliierte Tanker mit 373138 BRT versenkten. Der Nettozuwachs im Vergleich zu den gesamten Verlusten betrug damit 43 Tanker mit 805304 BRT. Am 1. Januar 1944 zählte die vereinigte alliierte Tankerflotte etwa 1488 Schiffe mit etwa 10969580 BRT, war also etwas größer als im September 1939.

Aus dieser Analyse geht hervor, daß der U-Boot-Feldzug gegen die Tankerflotte der Alliierten zwar große Opfer und Unbequemlichkeiten zur Folge hatte, der Achse aber keinen entscheidenden strategischen Erfolg brachte. Den einzigen wirklich ernsten Rückschlag erlitten die Alliierten 1942, doch dieser wurde 1943 schnell ausgeglichen. Hier noch einmal die Zahlen auf einen Blick:

	Schiffe	BRT
Tankerflotte der Nicht-Achsenmächte 9/39:	1445	10162000
Neubauten 9/39 bis 12/42:	176	1754000
Tanker insgesamt 9/39 bis 12. 42:	1621	11916000
Verluste 9/39 bis 12/41:	(117)	(936777)
Verluste 1/42 bis 12/42:	(213)	(1667505)
Gesamtverluste 9/39 bis 12/42:	(330)	(2604282)
Tankerflotte der Nicht-Achsenmächte 1/43:	1291	9311718
Neubauten 1/43 bis 12/43:	245	2031000
Verluste 1/43 bis 1/44:	(48)	(373138)
Tankerflotte der Nicht-Achsenmächte 1/44:	1488	10969580

[1] Anhang 4, »Tanker Statistics« in Payton Smith, *Oil,* S. 243.

[2] Fischer, *Statistical Summary*, S. 40–43; Hancock, *Statistical Digest,* S. 135.

[3] (M) = Verluste durch von U-Booten gelegte Minen.

[4] Vier Schweden, zwei Dänen, zwei Panamaer, ein Vichy-Franzose (irrtümlich), ein Amerikaner (die *Astral*), eine Prise.

[5] Das torpedierte Schiff brach in zwei Hälften. Navy und Coast Guard retteten das Heck, versahen es mit einem neuen Bug und stellten das Schiff wieder in Dienst.

[6] Außerdem lief die 9300 Tonnen große *F. W. Abrams* am 11. 6. auf eine amerikanische Mine vor Kap Lookout und sank.

[7] Ein Sowjetrusse und ein Amerikaner.

[8] Nach Beschädigung durch *U160.*

[9] Vier Mexikaner, ein Kanadier, ein Venezolaner, ein Sowjetrusse, ein Portugiese (neutral).

[10] Zwei Kanadier, ein Belgier.

[11] 61 auf amerikanischen, 31 auf britischen Werften.

ANHANG 18

VON DEUTSCHEN UND ITALIENISCHEN U-BOOTEN IM ZWEITEN WELTKRIEG VERSENKTE ALLIIERTE UND NEUTRALE SCHIFFE UND DEREN TONNAGE

***3. 9. 39 bis 31. 8. 42*[1]**

	1939		1940		1941		1942	
Januar			(53)	163 029	(23)	129 711	(56)	301 224
Februar			(50)	182 369	(47)	254 118	(72)	429 255
März			(26)	69 826	(41)	236 549	(93)	507 514
April			(6)	30 927	(41)	239 719	(81)	418 161
Mai			(14)	61 635	(63)	362 268	(129)	616 835
Juni			(66)	375 069	(66)	325 817	(136)	636 926
Juli			(41)	201 975	(26)	112 624	(96)	467 051
August			(56)	288 180	(27)	85 603	(117)	587 245
September	(48)	178 621	(60)	288 585	(57)	212 237		
Oktober	(33)	156 156	(66)	363 267	(28)	170 786		
November	(27)	72 721	(36)	181 695	(15)	76 056		
Dezember	(39)	101 823	(46)	256 310	(23)	93 226		
Gesamt:	(147)	509 321	(520)	2 462 867	(457)	2 298 714	(780)	3 964 211

Gesamt 1939–1941:	(1 124) 5 270 902
Gesamt 1942 (8 Monate):	(780) 3 964 211
Alles zusammen:	(1 904) 9 235 113

[1] Quelle: Tarrant (1989). Anzahl der verlorenen Schiffe in Klammern; Tonnage in BRT. Hinweis: Einschließlich im Geleitzug fahrender und alleinfahrender sowie durch von U-Booten gelegte Minen versenkter Schiffe. Vergleichbare Verlustzahlen der britischen Admiralität schließen Verluste durch von U-Booten gelegte Minen nicht mit ein.

GLOSSAR

Abkürzungen

A-I	Air Interception. Flugzeugradar zum Abfangen von Nachtbombern
ABC-1	Britisch-amerikanischer Plan für den Krieg gegen die Achsenmächte
Agrufront	Ausbildungsgruppe für Front-U-Boote
ASDIC	Antisubmarine Investigation Committee. Unterwasser-Ultraschall-Ortungsgerät (Sonar)
ASV	Air to Surface Vessel. Abkürzung für das erste britische Radargerät in Flugzeugen zur Entdeckung von Überwasserfahrzeugen. (ASV II mit 1,5-Meter-Wellenlänge, ASV III mit 10-Zentimeter-Wellenlänge)
ASW	Anti Submarine Warfare. U-Boot-Bekämpfung
B-Dienst	(Funk-)Beobachtungsdienst der Kriegsmarine
BdU	Befehlshaber der U-Boote (Großadmiral – ab Januar 1943 – Dönitz)
CAM-Ship	Catapult Aircraft Merchantman. Mit einem Katapult für ein Jagdflugzeug auf dem Vorschiff
COIC	Combined Operations and Intelligence Center. Operatives Geheimdienstzentrum der US Navy
DFC	Distinguished Flying Cross. Kriegsverdienstorden für Flieger
DSC	Distinguished Service Cross. Kriegsverdienstorden
DSM	Distinguished Service Medal. Kriegsverdienstorden
EASTOMP	East Ocean Meeting Point. Östlicher Treffpunkt im Ozean zur Ablösung der Geleitsicherung von Atlantikkonvois
ELEF	Eastern Local Escort Force. Britischer Flottenverband zur Sicherung von Geleitzügen
FdU	Führer der U-Boote. Dem BdU untergeordnete regionale Befehlshaber der U-Boote
Fido	Luftgestützter, zielsuchender, akustischer Torpedo
FuMB	Deutsches Funkmeßbeobachtungsgerät zur Erfassung von Funkmeß- bzw. Radarstrahlen (Metox-Empfänger)
HF/DF	High Frequency Direction Finder. Alliierter Kurzwellenpeiler zum Einpeilen der Sendestellen von Kurzwellenfunksignalen. Umgangssprachlich Huff Duff
I D	Naval Intelligence Division. Geheimdienst der britischen Kriegsmarine
LORAN	Long Range Aid to Navigation. Funkgestütztes System zur Allwetternavigation
MABS	Magnetic Airborne Bomb Sight. Magnetische Zieleinrichtung für Retrobomben (nach hinten ausgeworfene Bomben)
MAD	Magnetic Airborne Detector. Magnetisches Ortungsgerät, das auf die Metallmasse eines getauchten U-Boots anspricht
MIT	Massachusetts Institute of Technology
MOEF	Mid-Ocean Escort Force. Britischer Flottenverband zur Sicherung von Geleitzügen

MOMP	Mid-Ocean Meeting Point. Treffpunkt im Ozean zur Ablösung der Geleitsicherung von Atlantikkonvois
NRL	Navy und das Naval Research Laboratory. Forschungseinrichtung der US Navy
OIC	Operational Intelligence Centre. Operatives Geheimdienstzentrum der britischen Admiralität
OKM	Oberkommando der Kriegsmarine
ONI	Nachrichtendienst der US Navy
PC	Patrol Craft. Patrouillenboot der US Navy (52 m Länge)
RAF	Royal Air Force. Königlich Britische Luftwaffe
RCAF	Royal Canadian Air Force
SC	Submarine Chaser. U-Jagd-Boot der US Navy (33 m Länge)
SMA	Schachtmine vom Typ A (für U-Boote). Ankertaumine mit Fernzündung, Ladung: 350–355 kg
TI	Torpedo-Inspektion (der deutschen Kriegsmarine)
TINA	Funkerkennnummer, die anhand der Analyse der »Handschrift« des Funkers mittels eines Oszillographen vergeben wurde.
TMA	Torpedomine vom Typ A (analog TMB); Typ A war eine Ankertaumine mit 215 kg Ladung, Typ B eine ferngezündete Grundmine mit 580 kg Ladung.
UZO	U-Boot-Ziel-Optik. Gerät, mit dem die Schiffspeilung gemessen und automatisch an den Torpedovorhalterechner übertragen wird.
W/T	Wireless Telegraphy. »Drahtlose Telegraphie«, Funkübertragung
WESTOMP	West Ocean Meeting Point. Westlicher Treffpunkt im Ozean zur Ablösung der Geleitsicherung von Atlantikkonvois
WLEF	Western Local Escort Force. Kanadischer Flottenverband zur Sicherung von Geleitzügen

Worterklärungen

achtern	hinten
Ausguck	Brückenwache(n) auf U-Booten
Back	Tisch im U-Boot
Backbord	linke Seite eines Wasserfahrzeugs in Fahrtrichtung
Backschafter	Essenholer, Geschirrspüler
Bilge	Raum zwischen Schiffsboden und Flurplatten
Bletchley Park	Herrenhaus nahe London. Sitz der britischen Funkentzifferung
Blimp	Unstarres Kleinluftschiff
Bold	Mit Kalziumhydrid gefüllter Behälter, der zur Täuschung feindlicher Sonare Bläschen absondert
Bomba	Aus mehreren hintereinander geschalteten, nachgebauten Enigma-Maschinen bestehender elektromechanischer Sortierapparat zur Untersuchung deutscher Funksprüche
Bunker	Äußere Dieseltanks von U-Booten
Bunkerkapazität	Die Treibstoffmenge, die ein U-Boot tanken kann
Coastal Command	Küstenkommando der britischen Luftwaffe zur Unterstützung der britischen Kriegsmarine.
Crew-Jahr	Offiziersjahrgang
Druckkörper	Der U-Boot-Rumpf, nach dessen Festigkeit sich die Tauchtiefe richtet.
E-Maschinen	Elektromotoren bzw. Generatoren der U-Boote
Einbaum	Umgangssprachlich die kleinen U-Boote vom Typ-II
First Lord of the Admiralty	Britischer Marineminister
First Sealord	Chef des britischen Admiralstabs
Huff Duff	Umgangssprachlich für HF/DF
Hunter Killer Group	U-Jagdgruppe

Koppeln	Berechnung des Schiffsstandorts nach Kursen und Geschwindigkeit, nicht nach den Gestirnen
Operations Research	Systematische Analyse von U-Boot-Kontakt- und Angriffsmeldungen
Radio Finger-printing	Registrieren der »elektronischen Signatur« eines Senders
Room 40	Zentrale der britischen Funkentzifferung im Ersten Weltkrieg
Sonar	Aktives Ultraschall-Ortungsgerät (britisch ASDIC)
Steuerbord	rechte Seite eines Wasserfahrzeugs in Fahrtrichtung
Submarine Tracking Room	U-Boot-Verfolgungsraum im OIC, in dem alle Informationen über die Bewegungen der deutschen U-Boote gesammelt und ausgewertet wurden.
Tauchretter	Sauerstoffgerät für U-Boot-Fahrer zum Verlassen des getauchten U-Boots im Notfall
Tauchzellen	Werden beim Tauchen des U-Boots geflutet, beim Auftauchen leergepumpt (gelenzt)
Torpedofächer	Das gleichzeitige Abfeuern von zwei oder mehr Torpedos
Torpex	Hochexplosives Sprengstoffgemisch aus Cyclonite, TNT und Aluminiumsplittern
Ultra	Erkenntnisse der britischen Funkentzifferung
Western Approaches Command	Kommandobereich der Westlichen Zufahrten zu den Britischen Inseln
zacken	Im Zickzackkurs fahren, plötzliche Kursänderung von Schiffen oder Geleitzügen
Zentrale	Der Raum unterhalb des Kommandoturms, in dem sich sämtliche Steuerungsapparaturen eines U-Boots befinden.

DANKSAGUNG UND QUELLEN

Diese Darstellung ist das Ergebnis von neun Jahren kontinuierlicher Forschungsarbeit in Archiven und anhand von veröffentlichten Arbeiten. Auf deutscher Seite stützt sich die Darstellung stark auf die täglichen Kriegstagebücher der Seekriegsleitung der deutschen Kriegsmarine in Berlin und der U-Boot-Hauptquartiere an verschiedenen Orten sowie auf die Kriegstagebücher (oder Logbücher) der einzelnen U-Boote. Auf Seite der Alliierten greift die Darstellung vor allem auf die Einsatzberichte von Geleitzügen und von Kriegsschiffen und Flugzeugen zurück, die mit U-Booten in Berührung kamen, sowie auf die Vernehmungsprotokolle gefangener deutscher und italienischer U-Boot-Fahrer.

Die Kriegstagebücher der verschiedenen U-Boot-Kommandos umfassen Tausende von Seiten (größtenteils ins Englische übersetzt) und sind sehr detailliert. Sie enthalten die Daten von Antritt und Ende der Feindfahrten sowie die (bekannten oder mutmaßlichen) täglichen Positionen aller auf See befindlichen U-Boote; ferner Namen, Zusammensetzung und Operationen der Gruppen (»Wolfsrudel«); Meldungen über Sichtung, Jagd und Versenkungen alliierter Schiffe und über Gefechtsschäden und technische Defekte sowie eine Beurteilung der Strategie und Taktik durch Karl Dönitz oder andere. Anhand von diesen Tagebüchern und den von anderen Forschern zusammengestellten bestätigten Schiffsverlusten der Alliierten durch die U-Boote, anhand der entschlüsselten Informationen aus dem deutschen Funkverkehr und von Daten aus anderen Quellen wie den Kriegstagebüchern einzelner U-Boote ist es mir möglich gewesen, beinahe alle wesentlichen Ereignisse der Feindfahrten nahezu aller U-Boote zu rekonstruieren.

Die veröffentlichten Bücher zum U-Boot-Krieg unterscheiden sich sehr stark nach Authentizität, Verläßlichkeit und literarischer Qualität. Zu den verdienstvollsten zählen die offiziellen und halboffiziellen Kriegsdarstellungen der Alliierten und alle Publikationen des geschätzten deutschen Professors Jürgen Rohwer, ebenso die Bücher von Günter Heßler und Karl Dönitz. Von großer Bedeutung sind auch die Werke der britischen Autoren Geoffrey Patrick Jones und Norman L. R. Franks, die sehr gewissenhaft die offiziellen britischen Archive durchforstet haben und die U-Boot-Versenkungen durch britische Luft- und Seestreitkräfte im einzelnen schildern. Auch die amerikanischen Autoren Philip Lundeberg, William T. Y'Blood und Max Schoenfeld sowie die Kanadier W. A. B. Douglas, Michael L. Hadley und Marc Milner dürfen hier wegen ihrer ebenso kompetenten wie zuverlässigen Forschungen auf diesem Gebiet nicht vergessen werden.

Der Direktor der beeindruckenden Stiftung Traditionsarchiv Unterseeboote in Cuxhaven Horst Bredow war mir stets eine große Hilfe und verschaffte mir wertvolle Dokumente zum allgemeinen Hintergrund und zu Einzelfragen. Dazu zählt eine aktualisierte Liste aller deutschen U-Boote, die im Zweiten Weltkrieg gebaut wurden (in Form einer Broschüre). Die Angaben zu jedem Boot enthalten Typ, Bauort, Datum von Stapellauf, Indienststellung und Zuteilung zur Kampfflottille (oder Schulflottille usw.), ferner die Namen der Kommandanten und den Zeitraum ihres Kommandos und das endgültige Schicksal des Bootes und der Mannschaft. Ein weiteres Dokument ist eine Zusammenstellung der alliierten Kriegs- und Handelsschiffe, die jedes U-Boot versenkte, aufgeschlüsselt nach den Kommandanten der einzelnen U-Boote.

Viele andere haben uns in unserer Forschungsarbeit unterstützt, und wir sind ihnen überaus dankbar. Vor allem möchten wir Marcia Carr, Joans Bruder, Charles H. (»Ham«) Rutledge und Frederic Sherman danken. Marcia, die Bibliothekarin der Washington Island Library, beschaffte uns buchstäblich Hunderte von Büchern und Zeitschriften (darunter auch einige recht obskure) über das Fernleihsystem der Bibliotheken in Wisconsin. Der Computerexperte Ham Rutledge entwickelte für die Erstellung des Registers ein eigenes Programm und half Joan bei zahllosen Problemen mit dem PC weiter. Aus reiner Gefälligkeit las unser teurer Freund Fred, ein ehemaliger Zeitungsverleger, das ganze (amerikanische Original-)Manuskript Korrektur. Der Wilhelm Heyne Verlag dankt Professor Dr. Jürgen Rohwer dafür, daß er die komplette deutsche Übersetzung Korrektur las.

Die Fülle von Forschungsmaterial, die bei der Vorbereitung dieser Arbeit gesammelt wurde, darunter Tausende Seiten aus Dokumenten, Mikrofilmen und Mikrofiches, ist zusammen mit unseren anderen Unterlagen in dem American Heritage Center an der University of Wyoming in Laramie archiviert worden. Ernsthafte Forscher sind herzlich eingeladen, diese Sammlung für ihre Forschungen zu nutzen.

Bibliographie

Die Bibliographie für *Der U-Boot-Krieg* mit über tausend Einträgen wird 1999 im zweiten Band veröffentlicht werden. Bis dahin kann sie auf der folgenden Website von Random House eingesehen oder geladen werden:

http://www.randomhouse.com/uboat/biblio.html

REGISTER

Schiffe

A. F. Corwin 287
Aaron Ward 659
Abosso 400
Aboukir 38
Acacia 592
Acasta 211
Accra 223
Achates 252, 256
Acme 605–606
Adellen 596
Admiral Graf Spee 63, 86, 132–133, 141, 180, 679, 791
Admiral Hipper 190, 199, 219, 269–271, 275, 282, 285–287, 292, 294, 309, 387, 520–521, 523, 571, 617, 739, 742–743, 746
Admiral Scheer 63, 86, 255–256, 269, 273, 292, 308–309, 387, 390, 449–450, 520, 523, 570, 582, 604, 617, 739, 742–743, 746
Aeas 795
Aenos 245
Aeolus 667
Agassiz 435, 761
Ajax 350
Akagi 509, 659
Akenside 131
Alagi 755
Alagrete 681
Albatros 198, 468
Albemarle 278
Alberni 430
Alcoa Guide 627
Alcoa Puritan 674
Aldenham 599
Aldersdale 743
Alexander Hamilton 531, 567, 646, 723
Alexander Macomb 725
Alexandra Höegh 552
Alexia 790
Alfred Jones 359, 363, 582
Alfred Olsen 359
Algonquin 794
Alipore 799
Allan Jackson 547, 799
Alstertor 362
Altmark 86
Alysee 585, 598, 809
Amapala 675
Amatlán 736
Amazon 337, 341–344
Amazone 637
Amerikaland 583, 607
Amsterdam 627
Anadara 377, 596
Andania 211
Anderson 387, 511, 546, 584
Andrea Brövig 682
Anemone 283
Anna 703
Anna Knudsen 642
Annavore 491
Anneliese Eßberger 426
Anselm 392
Antelope 179, 252, 284
Antinous 798
Antonico 799
Antoniotto Usodimare 757
Appalachee 260
Aquitania 525, 636, 638
Arabic 40
Arabutan 602
Arandora Star 212–213
Arbutus 303–305, 322, 598, 642–643, 646, 774, 809
Archer 281, 526, 547, 564, 600, 612, 748
Ardent 177
Ardenvohr 712
Argo 262, 622
Argonaut 58
Argonauta 208, 380
Argus 275, 424, 465, 470
Ariguani 465–466
Ario 602
Arizona 509
Ark Royal 103, 105, 119–124, 127, 129, 141, 180, 182, 214, 232–233, 350–351, 470–471, 494, 512, 647, 749, 754
Arkansas 371, 386–387, 511, 527, 554, 718
Arletta 728
Arlington Court 156
Arlyn 794
Arne Kjöde 155, 157
Arriaga 714
Arthur W. Sewall 777
Arundo 636
Ashby 484
Ashkabad 635

Assiniboine 420, 697, 763–764
Asterion 624, 626
Astoria 717
Astral 484
Athelbeach 304, 307, 311
Athelcrest 226
Athelcrown 585
Athelempress 679
Athelknight 712
Athellaird 214
Athelqueen 593
Athenia 100–102, 109, 113–114, 120, 128–129, 163, 365, 500
Athenic 321–322
Atherstone 653
Atik 624, 626
Atlantic Sun 606
Atlantis 189, 191, 199, 210, 292, 358, 479–480, 482–483, 594, 600
Atlas 630
Aubrietia 338, 340–343
Auckland Star 223
Audacity 281, 462, 486–488, 490–494, 512, 781
August Wriedt 360
Augusta 397, 616, 694, 700
Aurania 442
Auris 379
Aurora 360, 478, 674
Australia 604
Avelona Star 214
Avenger 526, 612, 638, 748
Aviemore 125
Avila Star 774
Awatea 718
Azerbaidjan 745
Axtell J. Byles 635
Axum 755

Babitonga 362
Bade 356
Badger 278, 386, 554
Bagnolini 393
Bainbridge 700
Balladier 766
Balzac 251
Banderas 181
Baracca 257
Barbarigo 393
Barbro 435
Barfonn 440
Barham 163, 223, 232–233, 350, 473, 494, 512, 749
Barnegat 554
Baron Blythswood 242
Baron Erskine 531
Baron Pentland 431, 433
Barry 713
Barton 717
Bassano 283
Bath 405–406, 418, 494
Batiray 138
Batory 195
Beacon Grange 329–330
Beaconlight 738
Béarn 589, 680
Beaverburn 179
Bedfordshire 634, 668, 788
Beduin 311
Begonia 394
Belchen 349, 360–361, 367–368, 379
Belfast 160, 165, 227
Belgian Soldier 762
Belknap 278
Belmoira 214
Belmont 585, 809
Ben and Josephine 667
Ben Brush 594
Bengore Head 338
Benjamin Brewster 711
Benson 386, 446, 630
Berganger 703
Berillo 254
Berkeley 778
Bernadou 386, 794
Beth 679
Bévéziers 232, 318
Bianchi 288, 291, 332
Bibb 531, 539, 684
Bideford 776
Bidwell 738
Bill 789
Birmingham 42, 531, 698, 704
Bismarck 64–65, 79, 86, 138, 209, 269, 292, 294, 347–354, 356, 360, 362, 367, 390
Biter 526
Bittersweet 696
Black Swan 489, 724
Blairlogie 120
Blakeley 680
Blankney 487–489
Blücher 190
Blue 717
Bluebell 310, 465
Bluefields 727
Blyskawica 765
Bolzano 756
Boreas 148
Borkum 161
Borne 590
Bosnia 114
Boutwell 674
Brandon 158
Brazen 148, 195
Brazos 547, 748
Brazza 205
Bremen 220
Bremse 190
Breslau 66
Bressel 214
Bretagne 149, 207
Brilliant 361
Brines 791
Brisbane Star 755
Bristol 546, 625, 668, 718
British Colony 679
British Consul 783
British Fame 230
British Freedom 705
British General 243
British Grenadier 358
British Gunner 289
British Influence 124
British Mariner 479
British Merit 759
British Premier 275
British Prestige 636–637
British Prudence 629
British Reliance 321
British Resource 604
British Security 346
British Splendor 630
British Workman 667
Britta 158
Broadwater 441, 450, 494
Broadway 338–344, 770–771
Brockley Hill 374
Broke 765
Bronte 152
Bronzo 755
Brooklyn 386, 612, 638, 718
Broome 532, 622, 625, 668
Broompark 759
Browning 115
Buarque 587
Buchanan 625, 659
Buck 386, 718
Buctouche 447
Bulldog 337–344
Bulysses 432
Burnham 759, 771
Burwell 410–411, 413
Bury 696
Buttermere 433
Buxton 446

C. O. Stillman 712
Cachalot 225
Cadillac 302
Cairndale 354
Cairo 617, 755, 757
Calchas 325
Calcutta 350
Caledonia 330
Calgarolite 673
California 509
Calvi 483, 594, 775–776
Calypso 622, 700
Camellia 303–304
Cameron 234
Campbell 531, 539, 684, 698, 718
Campbeltown 337, 399, 652–654
Canberra 717
Cangonian 258
Cape Rodney 352, 400
Caprella 250
Capulet 329, 337
Carabulle 677
Cardita 531
Caribou 796–797
Carinthia 213
Carlisle 350
Carlton 745
Carmen 734
Carnation 465, 489
Carolus 796
Carolyn 624
Caroni River 179
Carsbreck 246
Cayrú 603
Casanare 255
Caspia 749
Cassequel 486
Cassin 509
Castleton 770
Castor 321
Catahoula 628
Catalina 554
Cavour 208, 232
Cedarbank 199
Celandine 375–376
Ceronia 179
Cesare 208, 233
Challenger 392
Chama 323
Chambly 354, 431–432
Champlain 212, 275
Charger 526
Charles F. Hughes 386, 546
Charles Pratt 275
Charles Racine 593
Charlottetown 795
Charybdis 617
Chastine Maersk 178
Chateau Thierry 546
Chatham 794, 802
Cheerio 683
Chelsea 642
Chemung 718
Cherokee 564, 700, 718, 794
Cheshire 253, 778–780, 809
Cheyenne 129
Chicago 717
Chikuma 509
Chilore 727
China Arrow 583
Christina Knudsen 632
Christopher Newport 744
Churchill 346
Ciltvaira 547
Cimarron 451
Cincinnati 600
Circe Shell 591
Cities Service Empire 584
Cities Service Toledo 709
City of Atlanta 547
City of Benares 241
City of Birmingham 704
City of Mandalay 150
City of Manila 779
City of New York 607, 718
City of Oxford 724
Clan Chisholm 150
Clan Ferguson 755
Clan Skene 638
Clantara 405
Clea 287
Clearton 215
Clintonia 247
Clyde 455–456, 458, 483
Cobalto 755
Coimbra 541
Cole 600, 625, 668
Collingwood 354
Columbia 438–439
Commandant Duboc 454
Commander Horton 630
Comol Rico 628
Conch 260–261
Condylis 765
Conus 323
Convolvulus 724
Copeland 723
Cornwall 615
Cornwallis 798, 800
Corrientes 243, 308, 363–366, 391
Corry 559
Corte Real 752
Cossack 352, 465–466
Counsellor 183
Courageous 124–126, 129, 134, 141, 145, 162, 204, 494, 497, 754
Courbet 207
Covington 51
Cressy 38
Croome 442–443, 486, 572, 574–575, 756
Crown Arun 240
Culebra 550
Culver 581, 809
Cumberland 742
La Curieuse 208
Curtiss 278, 509
Cyclops 533–534
Cythera 635, 668

Da Vinci 593
Dagabur 474, 754
Daghestan 189
Dahlgren 600, 626, 673, 709
Dallas 435, 545, 582, 600, 625, 637, 668
Daniel Morgan 745
Danmark 776
Daphne 321
Darina 709
Daring 216, 314
Darkdale 479
Dasher 526
Davanger 245
David McKelvy 675
Dayrose 553–554
Decatur 622
Delilian 304, 307
Delisle 662, 700
Den Haag 180
Denmark 682
Deptford 488, 491–492
Dessie 755
Deucalion 755
Deutschland 61, 63, 86–87, 132–133, 153, 190, 367
Devonshire 424, 480–481, 600
Diala 553
Diamante 208, 233
Dianthus 764–765
Dickerson 532, 582, 600–601, 605, 622, 625, 668
Dione 541, 605–606, 622, 635, 700, 705

Dirphys 369
Dixie Arrow 606
Doggerbank 587
Donald Stewart 794
Donovania 738
Doris 201, 253, 494
Dorsetshire 352, 480–481, 615
Douglas 329–330, 433, 679
Downes 509
Dresden 358
Drummondville 726
Du Pont 445, 451, 600, 622, 625, 668
Duane 531, 539, 684, 698
Duchess of Richmond 236
Duffield 325
Duilio 231–232
Duke of York 513, 615, 742
Dunaff Head 305–307
Duncan 466, 717
Dundee 241
Dunedin 362, 480–481, 494, 512
Dunkerque 207
Dunvegan 265
Dunvegan Castle 226
Durbo 254, 380
Dutch Princess 713

E. J. Sadler 714
E. M. Clark 605
E. P. Theriault 675
E1 62
Eagle 233, 361–362, 465, 617, 754, 757
Earlston 745
Ebb 728
Eberle 435, 698
Echo 156
Eclipse 662
Edinburgh 618, 641
Edison 597, 625, 713
Edwy R. Brown 287
Egda 586
Egerland 325–326, 356–359, 361–362
Eidanger 596
Elbe 361
Electra 348
Eli Knudsen 212
Ellis 386, 435, 554, 600, 625, 668, 727, 800
Ellyson 540, 546, 600, 616
Elmbank 242
Elmwood 776
Elsa Eßberger 572
Elusa 346–347
Emanuel 342
Emden 62, 190
Emidio 519
Emile Bertin 589
Emile Miguet 149
Emmons 600, 616, 625, 717, 725
Empire Ability 364
Empire Amethyst 628
Empire Arnold 789
Empire Barracuda 485
Empire Bede 784
Empire Breeze 767
Empire Byron 745
Empire Celt 595–596, 598
Empire Cloud 338
Empire Comet 643
Empire Corporal 784
Empire Gem 550
Empire Hope 755
Empire Howard 641
Empire Hudson 430
Empire Kingfisher 552
Empire Mica 711
Empire Morn 723
Empire Ocean 697
Empire Rainbow 760
Empire Steel 624
Empire Thunder 283
Empire Tide 742
Empire Wave 437
Empress of Britain 251
Endeavor 181
Ensis 369, 629
Enterprise 510, 616, 621, 659, 717
Erato 394
Ericsson 435, 554, 567, 698
Eridge 751
Ernani 363
Erne 775
Erodona 310
Erviken 440
Erwin Wassner 80
Esmond 338, 340–343
Esparta 625
Esperance Bay 361
Esso Aruba 787
Esso Augusta 700
Esso Baton Rouge 625–626
Esso Boston 627
Esso Concord 785
Esso Copenhagen 593
Esso Hamburg 361
Esso Houston 679
Esso Nashville 546, 606
Esso Richmond 735
Etrib 724
Eugene V. R. Thayer 594
Europa 657
Evelyn 624
Everalda 710
Exeter 180
Exford 742
Exmoor 357, 366, 574–575
Exmoor II 487–488
Exmouth 182

Faá di Bruno 262, 332
Fairport 693
Faja de Oro 677
Fanad Head 120–121
Farenholt 366, 659
Faulknor 122, 128, 370
Fearless 195, 370
Federal 673
Fern 311
Ferraris 208, 465–466
Fieramosca 208
Fiji 226, 232, 350
Finland 490
Finnanger 596
Finzi 483, 593
Firby 120, 123
Firedrake 122
Fischer 354
Fleur de Lys 395, 464
Florence M. Douglas 679
Foam 666–667
Foca 254
Folkestone 778
Forelle 34
Foresight 370, 755
Forester 127, 370
Forfar 260
Formidable 350, 450
Fort Binger 666
Forth 286
Fortune 127–128
Fowey 177, 245, 489
Foxhound 122, 370, 486
Frances Salman 553
Franche Comte 311
Francis E. Powell 555
Franconia 199
Franklin K. Lane 681
Frederick S. Fales 242
Frederika Lensen 726
Friar Rock 552
Friedrich Breme 360, 362

Frimaire 714
Frisco 552
Frisky 567
Fröya 198
Furious 124, 141, 144, 163, 193, 275, 390, 612, 617, 753–754
Fury 622, 641

G. S. Walden 762
G7 750
Galatea 474, 494, 512
Galilei 208, 238
Galvani 208
Ganda 365
Gandia 553
Gannet 670
Ganteaume 38
Gardenia 453, 723
Gartavon 114
Gedania 356, 361–362, 364
Gemma 254
General Greene 349
Gentian 643
George Calvert 675
George E. Badger 278, 386
George H. Jones 668
Georgian 638
Germania 629
Gertrude 734
Gladiolus 214–215, 265, 330, 374–376, 433, 439–441, 450, 788
Glauco 379
Gleaner 183
Gleaves 386, 546, 696
Glitra 38
Glorious 124, 211
Gloucester 350
Gnat 469
Goeben 66
Goldsborough 386
Goncalves Dias 681
Gondar 254, 380
Gonzenheim 361
Gorleston 453–455, 467, 778
Gothland 697
Gracia 164
Graf Zeppelin 86, 138, 521, 657
Grafton 201
Graigwen 245
Grandmère 796
Graph 415
Grayburn 377
Grayson 600
Greer 327, 429–430, 440, 534, 554, 600, 625, 709, 751
Gregalia 338
Grey Ranger 616, 742
Greylock 665
Griffin 511
Grille 640
Gripsholm 699
Gro 229
Grove 599, 752, 757
Guardfish 25, 28
Guglielmotti 208
Gulfamerica 625
Gulfbelle 682
Gulfoil 675
Gulfpenn 675
Gulftrade 603
Gurkha 182
Gurkha II 405, 486, 646–647
Gustaf E. Reuter 157
Gwin 600

Haakon Hauan 676
Hagan 709
Hagar 199
Hague 38
Halo 555, 675
Halsey 637
Hambleton 616, 625, 725
Hamburg 294, 361
Hamilton 531, 567, 600, 625, 646, 670, 723, 761
Hamlet 676
Hammann 387, 511, 546, 660
Hannover 281
Hanseat 600
Harlingen 400
Harry G. Seidel 627
Harvester 251, 262, 476
Hastings 682
Hasty 477
Hatasu 437
Havbör 258
Havelock 262, 321–322
Havsten 738
Hawke 38
Hecht 85
Heinrich Freese 360
Heinrich von Riedemann 627
Hela 38
Helena 509
Heliotrope 466
Henley 658
Hepatica 585
Herbert 600, 622, 625, 668
Heredia 675
Hermes 141, 615
Hermione 465, 470, 752, 757
Hero 198, 751
Hertford 629
Hertha 66
Hesperian 40
Hesperus 256, 321, 476, 572–573
Heythrop 647
Hiei 509
Highland Patriot 244
Highlander 251, 262
Hilary P. Jones 386, 446, 546, 582
Hird 240
Hiryu 509, 659
Höegh Giant 682
Holland 33
Hollyhock 615
Honolulu 509
Honomu 746
Hood 103, 141, 256, 348, 352
Hope Star 156
Horn Shell 393
Hornet 290, 511, 600, 616, 621, 659, 718
Hotspur 477
Hughes 386–387, 433, 511, 546
Huntingdon 288
Hurricane 321
Hurunui 245
Hurworth 751
Hyacinth 753
Hydrangea 310, 400

I. C. White 453
I 19 718
I 26 718
I 168 660
Icarus 149, 154, 622, 669
Ida Knudsen 395
Idaho 277, 290, 387, 450, 511
Ile de France 289
Ilex 148
Illustrious 232–233, 450
Imogen 148
Imperial Transport 181, 603
Impulse 622
Indomitable 387, 397, 450, 755
Ingham 539, 546, 684
Inglefield 149, 329
Ingraham 546, 718
Inneröy 553
Intrepid 149
Inverarder 596
Inverdargle 161
Inverlee 464
Inverliffey 120
Invershannon 242

Inversuir 368
Iride 254
Isabella 671
Islay 757
Italia 212
Ithuriel 755
Ivanhoe 149
Ixion 337

J. A. Moffett Jr. 451, 730
J. A. Mowinckel 727
J. B. White 312
J. N. Pew 590
Jack Carnes 799–800
Jacob Jones 601–602, 605, 608, 633, 767
Jacyra 777
Jagersfontein 678
Jaguar 647
James E. Newsom 668
Janus 250
Jarvis 717
Jaunty 754
Java Arrow 637
Jean Bart 209
Jeanne d'Arc 589
Jervis 478
Jervis Bay 256
John D. Gill 602
John P. Pedersen 346
John R. Williams 700
Jose de Larriuaga 229
Joseph M. Cudahy 674
Jouett 600
Juneau 694

K21 746
Kafiristan 125
Kaga 509, 659
Kahuku 683
Karlsruhe 62, 190
Kars 585
Kashmir 154
Kearny 440–441, 450, 535, 545, 751
Kennebec 124
Kenogami 430
Kenya 360, 479, 520, 755
Keppel 599
Keshena 727
Kiev 641
Kimberley 646–647
King George V 292, 352, 450, 618
King Malcolm 346, 377, 447
Kingston 154
Kingston Agathe 410–413
Kingston Ceylonite 700
Kingston Hill 363
Kinross 373
Kipling 477
Kirishima 509
Kittiwake 119
Kitty's Brook 665
Knut Nelson 100
Koll 629
Kollskegg 629
Köln 62, 141
Kongsgaard 375, 377, 590
Königsberg 62, 190
Kormoran 292, 308, 318, 325, 555–556
Korsholm 626
Kota Pinang 479, 483
Krebs 294, 300, 327
Kronprinsen 667
Kumasian 400
Kyleglen 272

L. J. Drake 712
La Brea 226
La Carriere 590
La Malouine 489
Lady Hawkins 547, 584
Lady Shirley 457–458, 477
Laertes 774
Lafolé 254
Laforey 572–573, 754
Lalita 732
Lamerton 465
Lance 405
Landguard 682
Lang 601, 617, 659, 718
Languedoc 245, 250
Lansdale 386, 546
Lansdowne 717–718, 733
Laramie 794–795
Lardner 717
Larne 405
Las Choapas 710
Lauenburg 362
Laurent 212, 260, 451
Laurentic 255–256
Lavender 392
Le Tigre 725
Lea 386, 545, 595–596, 625, 668, 787–788
Leamington 330, 433, 599, 743
Leary 698
Lech 320, 325, 356
Legion 470
Lehigh 479
Leiesten 585
Leipzig 159
Leith 245
Leiv Eriksson 682
Leonidas M 704
Leopard 774
Leslie 626
Leticia 212
Leto 665
Levis 435
Lexington 510, 621, 658
Liberator 605
Liebre 625–626
Lihue 591
Lincoln Ellsworth 324
Lise 671
Littorio 208, 231–232
Liuzzi 208
Llangibby Castle 573–575
Loch Katrine 762, 784
Lochavon 149
London 361–362, 742
Londonderry 776
Long Island 281, 511, 554, 659, 717
Lookout 754
Lord Strathcona 795
Lorraine 207
Lothringen 362, 364
Louisiana 791
Louisiane 149
Lubrafol 662
Lucille M 728
Lucretia 216
Ludlow 582, 668
Lulworth 467, 775–776
Lusitania 40, 100
Lützow 138, 190, 269, 367, 371, 387, 390, 739, 742–743, 745

M. F. Elliott 681
M18 250
M78 389
M175 566
Maasdam 375, 386
Macalle 208
MacLeish 545, 622, 625, 668
Macomb 600, 616, 625, 725
Madison 601, 617
Mae 798
Malabar 152
Malaspina 230, 254, 392, 463
Malay 547
Malaya (Battleship) 233, 281, 308, 318, 358, 366, 470–471
Malaya (Freighter) 375
Malcolm 447, 754

Maldonaldo 790
Mallow 465–466
Malmanger 776
Malpin 399
Mamura 584
Manaar 117, 120
Manchester 755
Manhattan 718
Manley 600, 607
Manuela 705
Maori 329
Marcello 288–289, 332
Marconi 257, 354
Mardinian 229
Margot 666, 668
Marigold 471–472, 486, 492, 724
Marisa 358
Marsdale 361–362
Martin 618
Maryland 509
Matabele 741
Matabelle 566
Matina 252
Mattawin 666
Mauritania 213
Max Albrecht 214, 712, 739
Mayflower 435
Mayo 386
Mayrant 451, 582, 717, 742
McCalla 717
McCormick 622, 668, 727
McDougal 451
McKean 606, 732
Meade 717
Medway 752, 756–757
Melpomene 593
Melville 422, 546
Memphis 600
Mendota 581
Mercury Sun 673
Meredith 600
Merisaar 216
Merkur 214
Mijdrecht 304, 307
Mikuma 660
Mildred Pauline 636
Millo 753
Mimosa 733
Mimose 697, 809
Minerve 742
Mirlo 776
Mississippi 277, 290, 387, 450, 511
Mobiloil 628
Modoc 349
Moerdrecht 214
Moffett 451
Mogami 660
Mohammed Ali El-Kebir 225
Mohawk 794
Moira 710
Mojave 794
Moldanger 705
Moldavia 51
Monssen 600
Monte Gorbea 797
Montebello 519
Montenol 712
Montgomery 288
Montrolite 555
Moosejaw 431–432
Morden 771
Morgenrot 797
Morosini 392, 593
Morris 387, 511, 546
Motorex 713
Mugford 717
Munargo 546
München 343
Munger T. Ball 674
Münsterland 712, 723
Muskogee 624
Mustin 387, 511, 546
Muzio Attendolo 756
Myosotis 477

Naeco 606
Naiad 285, 350, 647
Nani 283, 332
Napier Star 273
Narragansett 607
Narwhal 58
Nashville 386, 527, 600, 606
Nasturtium 374–377, 763
Nautilus 58
Navarino 745
Navasota 158
Nelson 103, 141, 160, 165, 179, 212, 256, 285, 361, 753
Neosho 658
Neptune 361, 478, 512
Neptunian 229
Nestor 486–487
Nevada 509
New Jersey 677
New Mexico 277, 290, 387, 511
New Sevilla 253
New York 371, 386–387, 511, 584, 601, 612, 638, 698, 718
Newark 770
Newmarket 337
Niagara 410–411, 413
Niblack 327, 386, 446, 534
Nicaro 671
Nicholson 595–596, 601, 625, 700
Nicolas Pateras 374
Nicoya 665
Nigaristan 435
Nigella 341
Niger 743
Nigeria 362, 742, 755
Nina Borthen 244
Noa 625, 673, 709
Nordal 705
Nordmark 258, 273, 318, 325–326, 356
Norfolk (Kriegsschiff) 153, 158, 188, 347–349, 352, 424, 742
Norfolk1 (Frachter) 370
Norland 628
Norlindo 674
Normandie 652
Norness 540
North Carolina 290, 511, 612, 615, 659, 712, 717–718
Northern Chief 410–411, 413
Northern Dawn 670
Northern Duke 670
Northern Princess 557, 602
Northland 349
Nortind 711
Norvana 550
Nottingham 448
Notts Country 644
Number 427 707
Number 470 705
Number 480 707
Nürnberg 159, 389
Nyholt 553

O. A. Knudsen 584
O8 334
O12 334
O21 473
O25 334
O26 334
O27 334
Oakville 786–788
O'Brien 387, 511, 546, 718
Ocana 629–630
Ocean Vagabond 796
Ocean Vanguard 235, 798
Ocean Venture 583
Octavian 549
Odin 389
Oglala 509

Ogontz 677
Ohio 755
Oilfield 330
Oklahoma 509, 625–626
Olean 602
Olinda 587
Olney 550
Olympic 549, 554
Ondina 753
Ontario 674
Oranjestad 589
Orchis 281
Oregon 590, 766
Orillia 354, 430, 434, 763
Orion 189, 191, 199, 210, 292, 350
Orione 474
Orzel 89, 190
Oscilla 593
Osorno 598
Osprey 606, 724
Otaria 354
Ottawa 262, 372–373, 376
Overton 592
Oxley 108

P514 638
P552 638
Pacific Pioneer 728, 760
Pan Atlantic 746
Pan Massachusetts 584
Pan Norway 550
Pandias 363
Papalemos 359
Papoose 605
Paracury 712
Paris 207
Parnahyba 679
Parramatta 477
Parthian 233
Pathfinder 38, 755, 791–792
Patrick Henry 235
Patrick J. Hurley 797
Patroclus 256
Paul H. Harwood 711
Paulus Potter 746
PC-450 637
PC-451 637
PC-458 733
PC-566 735
Pecten 230
Pegasus 105, 143, 298
Peiping 739
Peisander 669
Pelayo 724
Pelican 774
Pendrecht 368
Penelope 590
Pennsylvania 509
Pennsylvania Sun 730
Penquin 292
Penstemon 487–488
Penzance 226
Periwinkle 369–370
Perla 753
Persephone 668
Perth 350
Peter Bogen 593
Peterton 777
Petrofuel 796
Petunia 392
Phelps 658
Philadelphia 554, 584, 601, 612, 718, 725
Picotee 402, 418
Pimpernel 394, 784
Pinguin 222
Pleasantville 670
Plow City 666, 668
Plunkett 386, 601
Pluvoise 117
Plymouth 622
Pollux 583
Polybios 682
Polyphemus 703
Pontypridd 697
Porpoise 199
Port Gisborne 245
Port Hardy 330
Port Jackson 800
Port Montreal 713
Port Nicholson 700
Portland 695
Poseidon 229
Potrero del Llano 662
Potsdam 657
Prairie 278–279, 422, 727
President Lincoln 51
Primrose 763
Prince of Wales 348, 350, 352, 387, 397, 401–402, 450, 508, 512, 521
Princess Marguerite 757
Prinz Eugen 138, 269, 347–348, 352, 387, 390, 520–521, 523, 565, 570–571, 582
Protea 753
Protesilaus 162
Provana 208
Provence 207
Punjabi 618
Python 480–483, 594
Qu'Appelle 668
Queen Elizabeth (Schlachtschiff) 103, 473, 478, 512
Queen Elizabeth (Passagierschiff) 525
Queen Mary 213, 368, 525
Quentin 791–792
Quincy 387, 451, 545, 659, 712, 717

R. M. Parker 736
R. P. Resor 601–602
R. W. Gallagher 711
R1 631
R19 638
Raccoon 795
Radchurch 764
Rajputana 324
Raleigh 509
Raleigh Warner 711
Ramillies 233, 285
Ranella 379
Ranger 290, 451, 511, 612, 615, 694, 742
Ranja 605
Ranpura 337, 442
Raphael Semmes 704
Ready 622
Regent Tiger 124
Reinholt 636
Renown 103, 141, 180, 233, 350–351, 370, 617
Republic 584
Repulse 141–142, 144, 163, 256, 285, 387, 397, 450, 508, 512, 521
Resolute 713
Resolution 232, 281, 318
Restigouche 698
Restless 622
Reuben James 446, 450, 494, 535, 602, 630, 763
Reybold 605
Rhind 451, 717, 742
Rhododendron 394–395
Rhone 273, 332, 592
Richard Bland 742
Richelieu 207, 209, 232
Richmond 236, 511, 527, 735
Ringelmann 400
Rio Azul 365
Rio Claro 114
Rio Grande 631–632
Rio Tercero 704
River Afton 745
River Lugar 364

Roamar 734
Robert E. Lee 735
Robert C. Tuttle 700
Robert L. Holt 366
Robin Moor 357–358, 366
Rochester (Sloop) 215, 337, 465–466, 586, 775
Rochester (Tanker) 583
Rodina 743
Rodman 616, 717, 725
Rodney 103, 141, 256, 285, 352, 400
Rodney Star 356
Roe 582, 600, 698
Rona 230
Roper 600, 606–607, 622, 625, 632–634, 668
Rosabelle 477
Rose Castle 797
Rosemonde 573, 646
Rother 724
Rothesay Castle 156
Rotorua 272
Rowan 451, 582, 717, 742
Roxborough 330
Roxburgh 45
Royal Ark 351
Royal Oak 141–142, 314, 494
Royal Sceptre 115
Royal Sovereign 233
Royston Grange 162
Rubino 208, 380
Ruckinge 490
Russel 387, 453, 511
Ryujo 717

S1 511
S17 591
S21 511
S22 511
S24 511
S25 511
S29 511
Saar 80
Sachsenwald 353
Sackville 762
Sagadahoc 482
Saganaug 795
Sagona 478
Saguenay 262, 332, 420, 761
Sahib 742
Saint Loman 634
Saleir 327
Salinas 445
Sally 712
Salmon 159
Salopian 345
Salsten 759
Salvia 477
Sama 673
Samphire 475, 490, 492
Sampson 511
Samuel Q. Brown 677
San Alberto 158
San Arcadio 583
San Delfino 630
San Demetrio 604
San Eliseo 680
San Emiliano 789
San Fabian 787
San Fernando 212
San Florentino 434
San Gaspar 731
San Gerardo 607
San José 547
San Juan 659, 712
San Victorio 680
Sandar 627
Sandwich 775
Sangara 366
Sangro 349
Santa Elisa 547
Santa Rita 714
Santore 700
Saracen 760
Saranac 212
Saratoga 510, 621, 660, 717
Sardonyx 310
Sarita 230
SC-519 735
Scania 432
Scarborough 245, 322
Scharnhorst 64–65, 86, 153, 163, 190–191, 211, 216, 269–270, 275, 285–287, 290, 292–294, 308–309, 353, 387, 390, 520, 523, 565, 570, 582, 657
Schenck 766
Schie 373
Schleswig-Holstein 175
Scimitar 310–311, 377
Scioto 634
Scirè 478, 757
Scoresby 245
Scotstoun 211
Scottish Maiden 256
Scottish Minstrel 224
Scottish Standard 288
Scottsburg 683
Seahorse 108, 133
Seal 203, 334
Seattle Spirit 698
Seawolf 742
Semmers 668
Semmes 281, 622, 625, 635
Sennen 442, 484, 766
Seydlitz 138, 657
Sfax 273, 592
Shaftesbury 774
Sharpshooter 641
Shaw 509
Shch (sowjetisches U-Boot) 307, 389
Sheaf Mead 205
Shediac 438
Sheffield 351–352, 362, 479
Sheherazade 709
Shirak 250
Shoho 658
Shokaku 509, 658
Sikh 756
Silverbelle 453, 457
Simoun 181
Simpson 668
Sims 387, 433, 511, 658
Sirocco 149
Sitala 250
Skaftfellingor 769
Skeena 430, 761
Skottland 666, 668
Slemdal 724
Sliedrecht 162
Snar 152
Solöy 373
Somali 742
Somers 600
Somersetshire 748
Soryu 509, 659
South Africa 682
South Dakota 612, 717
Southampton 144, 195
Southern Maid 753
Spar 763
Spearfish 223, 494
Speedwell 377
Spencer 531, 539, 684, 696, 766
Spey 724, 774
Spikenard 598, 643, 646, 774, 809
Spind 405
Spreewald 550, 555–556, 581, 586, 631, 637–638
Springbank 461, 463
Spry 727
St. Albans 399–400
St. Apollo 341
St. Augustine 622, 705

St. Croix 759
St. Laurent 212, 260, 451
Stack 567, 601, 659
Stakesby 227
Standella 784
Stanholme 163
Stanley 467, 487–490, 494
Stansbury 600
Stanvac Melbourne 798
Stanvac Palembang 730
Starcross 354
Starwort 392
Stavros 668
Steel Engineer 682
Steinbek 521
Stella Capella 644
Stella Lykes 775
Stella Polaris 670
Stephen R. Jones 708
Sterett 601, 617, 659
Stockport 767
Stonepool 148
Stork 475, 486–490, 492, 645, 723
Strasbourg 208
Stratford 253
Strathaird 546
Sturgeon 108, 742
Sturtevant 600, 673
Suffolk 347–348, 424
Sulla 642
Sultan Star 180
Sumar 670
Sun 606, 673, 675, 730
Sunflower 394
Surcouf 58, 108, 149, 207, 286
Surrey 712
Sussex 40
Sveaborg 199
Svend Foyn 437
Svenör 607
Swanson 601, 625
Sydhav 648
Sydney 555
Sylvafield 225
Sylvan Arrow 680
Syros 716

T157 67
T. C. McCobb 594
T. J. Williams 435
Taborfjell 638
Tacoma Star 555
Tahchee 431
Tajandoen 158
Tamarisk 586
Tamaulipas 630
Tambor 659
Tamesis 705
Taney 531
Tanga 640
Tankexpress 776
Tarantini 262, 332
Tarbell 446, 600, 606
Tartar 362
Tazzoli 274–275, 282, 331, 359, 418, 483, 593, 738
Telena 205
Temptress 622
Tenedos 615
Tennessee 509
Terje Viken 304, 307, 311, 314
Tetcott 756
Texas 371, 387, 511, 545, 612, 718, 725
Thalia 178, 393, 464, 590
Thelma 791
Thetis 709–710
Thiara 223
Thirlby 321, 323, 553
Thistle 199, 494
Thomas McKean 732
Thor 292, 573
Thorn 647
Thornliebank 484
Thunderbolt 262
Thurso 724
Tibia 377
Tiger 629
Tirpitz 64–65, 79, 86, 138, 209, 269, 292, 294, 387, 390, 397, 449, 520, 523, 527, 565–566, 571, 578, 582, 585, 612, 616–617, 640, 644, 652, 657, 739, 742–746
Titan 229
Tolken 696
Tolten 603
Tone 509
Toorak 554
Torelli 240, 282–283, 332, 392, 395, 483, 593, 663
Torinia 242
Torny 674
Torricelli 208
Totland 442–443, 484
Toward 595–597
Tracker 526
Transylvania 224
Tregenna 240
Trenton 511, 527
Treverbyn 443
Trevisa 245
Tribune 742
Tricula 790
Trident 243, 571, 742
Triglav 738
Trinidad 618
Trippe 451, 582
Triton 108, 709, 727, 779
Trolla 767
Tropic Star 638
Truant 190
Truro 131
Truxtun 583
Tuapse 711
Tucker 717
Tuscaloosa 387, 450, 601, 612, 717, 742
Tuva 437
Tuxpan 710
Tweed 325
Tynedale 653

Uarsciek 753
Uebi Scebeli 208
Ulea 466
Ultimatum 647, 753
Ulysses 607
Umpqua 670
Umtata 730
Unbeaten 571, 647, 756
Unicoi 727
Unicorn 486, 493
Uniwaleco 591
Unrivalled 742
Unshaken 742, 746
Upholder 647
Upshur 386, 435, 582, 600
Ursula 119, 742
Utah 509

Vaclite 177
Valiant 103, 195, 233, 473, 478, 512
Valmy 177
Vampire 615
Vancouver Island 439
Vanoc 310–313
Vansittart 215, 724
Varanger 555
Vardaas 783
Vascama 407
Veendam 126
Venetia 311
Venezia 729
Veniero 753
Venore 550

Verbena 346, 468
Verity 267, 303–306
Vermont 149
Veronica 441
Vesihiisi 389
Vesikko 62, 66, 389
Vestal 509–510
Vetch 492, 645
Vetehinen 62, 389
Veteran 321, 433
Victolite 586
Victor Ross 260
Victoria 635
Victorious 349, 361, 390, 424, 450, 742, 753
Vidette 465
Vigilant 637
Vigrid 373, 386
Viking 749
Vilja 788
Ville d'Arlon 261
Ville de Liège 316
Ville de Mons 228
Vimeira 777
Vimy 792
Vincennes 387, 451, 546, 600, 717
Vingaland 257
Virginia 509, 675
Viscount 260, 321, 767–768
Visenda 316
Vittorio Veneto 208, 231, 233
Volendam 230, 241
Volturo 400
Volunteer 310, 599
Vulcan 422, 440

W. B. Walker 284, 310, 313
W. C. Teagle 440
W. D. Anderson 584
W. E. Hutton 605
W. L. Steed 583
Wainwright 451, 582, 601, 717, 742
Wakefield 718
Walke 387, 511
Walker 213, 284, 310–313
Wanderer 156, 369, 399–400
Warrington 511
Warspite 103, 163, 192–194, 197, 233, 350
Washington 206, 290, 511, 601, 612, 615–616, 618, 716–717, 742
Wasp 387, 511, 545, 601, 612, 616–617, 659–660, 712, 717–718, 749
Wastwater 410–413
Wawaloam 761
Wellfield 368
Wellington 443, 778
Wellington Star 214
Westcott 572, 574–575
West Ira 682
West Ivis 551
West Notus 703
West Virginia 509
Westerwald 87
Westmoreland 670
Weston 201
Wetaskiwin 373–374, 433, 761
Whirlwind 216
Whitshed 177
Wichita (Kreuzer) 387, 450, 532, 601, 612, 717, 742
Wichita (Frachter) 799
Widder 250
Wild Swan 724
Wilk 89
Wilkes 583
William A. Rockefeller 705
William Boyce Thompson 671
William C. McTarnahan 675
William Cullen Bryant 729
William Hooper 745
Willimantic 681
Wilson 601, 659
Winamac 739
Windermere 410–413, 433
Windhuk 356
Winkleigh 115
Winslow 451, 600
Wishart 379, 750
Witch 761–762
Woensdrecht 798
Wolverine 303–307, 314, 321–322, 446, 754
Woolsey 625, 668
Worcestershire 321, 323
Wrestler 750

X1 58

Yarraville 214
Yeoman 774
Yorkshire 150
Yorktown 277, 290, 511, 527, 621, 658, 660

Zaffiro 753
Zamzam 357–358
Zarian 214
Zealandic 283
Zinnia 400, 405–406, 418
Zuikaku 509, 658
Zulu 756
Zurichmoor 666

U-Boote

U1 34, 66, 71, 200
U2 117
U3 132, 224, 258, 314
U4 132, 199
U5 272
U6 337
U7 131–132, 177, 316
U8 272, 309
U9 72, 130, 253, 754
U10 193, 371, 402
U11 86
U12 75, 133
U13 130, 133, 180, 201, 496
U14 130–131, 253, 257, 342, 376
U15 42, 130, 133
U16 132, 160, 165
U18 42, 181, 441, 754
U19 130, 160, 189, 224, 258, 314, 754
U20 130, 215, 289, 345, 754
U21 131, 160, 189, 227
U22 131, 162, 182, 189
U23 131, 133, 139, 161, 216, 223, 314, 337, 754
U24 71, 131, 160, 754
U25 71, 75–76, 86, 138, 152, 157–158, 176, 178, 184–185, 190–194, 197–198, 211–212, 216, 225, 230, 363–364
U26 71, 75–76, 86–88, 113, 117–119, 123, 138, 152, 179–181, 185, 191, 199, 204, 214–216, 380
U27 71, 75, 127–129, 139
U28 89, 124, 129, 162, 182–183, 200, 204, 212, 226, 228–229, 252–253, 269

U29 124–126, 129, 139, 162, 164, 182, 191, 199, 204, 206, 211, 213–214, 243, 250, 253, 269, 607
U30 89–90, 94–96, 99–101, 109, 117, 120–123, 126, 128–129, 163, 187, 189, 198–199, 212, 214, 217–218, 221–223, 309, 340
U31 119, 124, 126, 129, 153, 160, 179, 183, 187, 189, 193, 200, 239, 243, 250, 252–253, 269, 284, 307
U32 71, 119, 124, 126, 128–129, 160, 163–165, 182–183, 199, 212, 226, 232, 242–243, 251, 269
U33 124, 128–129, 160, 183–184
U34 124, 128–129, 152, 179, 183, 187, 189, 198–199, 214, 216–217, 222
U35 89, 117, 119, 126, 129, 153–155, 159
U36 71, 75, 87–88, 130–133, 159
U37 77, 88, 116, 147, 149–151, 178–182, 191, 199–200, 204, 206, 211, 225–226, 230, 243, 249, 258, 273–274, 284, 286–287, 303, 305, 309–311, 313, 316, 320, 326, 402, 592, 734
U38 117, 119, 147, 187–188, 192, 194, 197–198, 211, 225, 244–246, 250, 274, 282, 325–326, 332, 356, 358, 361, 363, 402, 449
U39 66, 122–123, 139, 147
U40 147, 159
U41 116, 123, 147, 155–157, 176, 178, 181, 184, 284
U42 147–149, 159
U43 155–157, 159, 187–188, 191, 199, 204, 206, 211, 213–214, 242, 253, 259–260, 284, 345, 348, 369, 432, 449–450, 484–485, 490, 513, 515, 567, 721, 758, 760, 762, 789
U44 176, 178, 187–189
U45 76–77, 147, 149, 151, 159
U46 147, 149–151, 157–159, 163, 187, 189–192, 194, 197–198, 204, 213–214, 225–226, 250, 284, 288, 315, 317, 321, 323, 348, 369, 399–401, 492
U47 112, 114–115, 120, 141–142, 144, 147, 153, 155, 157, 187–188, 192, 194–195, 197, 211–213, 228–230, 240–242, 248, 250, 255, 259–261, 290, 302–307, 311, 313–314, 316, 322
U48 115, 120, 147, 149–151, 153, 155, 157–158, 179–180, 183, 191–192, 194, 197, 204, 213, 225–227, 240–245, 249, 274, 283–285, 287, 315, 317, 321, 323, 349, 353, 368, 375, 404, 626, 777, 784
U49 155–157, 159, 187–188, 192, 194, 197–198, 200
U50 180–181, 184, 198, 200
U51 76, 157–159, 176–177, 184, 187, 189–194, 197–198, 211–212, 225, 230
U52 147, 157–159, 187–188, 190, 198–199, 211–212, 214, 217–218, 222–223, 239, 260, 273, 285, 287, 327
U53 88, 125–126, 129, 152–153, 156–157, 181–182, 184
U54 180–182, 184
U55 176–177, 182, 184, 380
U56 77, 217, 224
U57 77, 189, 230, 288–289, 346, 369–370, 630, 763
U58 161, 217, 253, 342, 408, 757
U59 253
U60 163, 230, 283, 337, 356, 774
U61 164, 191, 199, 230, 283, 318
U63 496
U64 191–193, 198, 200
U65 191–192, 194, 197–198, 211–212, 224–225, 228–230, 240, 244, 258–259, 273–275, 330–331, 375
U66 349, 359, 364–365, 367, 453, 479, 515, 518, 533, 540, 547, 550–551, 627–628, 732, 737–739
U67 354, 454–457, 483, 485, 491, 493, 515, 588, 590, 593, 709–711, 735
U68 393–394, 453–457, 479–483, 515, 647–648, 708, 712–713
U69 287–289, 314–315, 317, 323, 356, 358, 364, 366, 406, 435, 586, 668, 671, 680, 778, 789, 796, 798
U70 302–305, 307, 311, 313–314, 316, 322
U71 199, 374–375, 464, 466, 475, 490, 513, 605–606, 720, 722–724, 730, 758–759, 766
U73 288, 290–291, 321, 327, 349, 351–352, 416, 426, 445, 513, 571, 646, 748, 753–754
U74 309–310, 312, 321, 323, 346, 349, 353, 400, 435, 444–445, 447–448, 485, 518, 750
U75 326, 400, 469, 477
U76 320–323, 331
U77 445–446, 485, 646, 752, 757
U79 367, 371, 373–375, 393–394, 403, 469, 477
U80 736
U81 390, 426, 428, 430, 469–471, 647, 749, 751
U82 410, 430, 432, 443, 585–586, 594, 599, 645
U83 464–466, 647, 750, 752, 757
U84 404, 442, 448, 554, 629–630, 729–730
U85 404, 430, 632–634, 640
U86 553, 636, 639, 758, 761–762
U87 531, 553, 557, 644, 699–701, 708, 780
U88 741, 743, 745
U89 723–724, 728–729, 779
U90 759–761
U91 771
U93 245, 258–259, 284–286, 346, 349, 360, 367, 403–404, 572
U94 260, 284, 321, 324, 336–337, 342, 346, 348, 403–404, 434, 513, 557, 568, 597, 602, 629, 695–699, 786–789, 793, 804
U95 259–260, 274–275, 288, 290, 302–303, 309, 407, 461, 473, 477
U96 270–273, 283, 288, 329, 391–392, 445–446, 466–467, 474, 490, 518, 585, 588, 603, 695–696, 698
U97 289–291, 302–303, 323, 469, 752, 757
U98 315, 321, 323, 345–346, 349, 352, 392, 396, 433, 518,

585, 628, 631, 636, 639, 781–782
U99 214, 216–217, 222–223, 240, 242, 246, 248–249, 255, 260–261, 282, 290–291, 302–305, 309–311, 313–314, 316–317, 322, 368, 404
U100 211, 224–226, 242, 249–250, 258, 271–274, 284, 309–312, 314, 316, 322, 401
U101 199, 204, 206, 211, 213, 225–229, 245–246, 248–249, 259–260, 287, 374, 426, 437, 441, 513, 748, 758
U102 214–216
U103 244–245, 257, 259, 261–262, 283–284, 287, 325–326, 356, 358, 363–364, 454–455, 479, 583, 586, 676–677, 738
U104 259, 269
U105 270, 282–283, 287, 308, 317–318, 325, 356, 358–359, 363, 432, 450, 484, 490, 556, 581, 607, 721, 731–732
U106 282–284, 287, 308, 317–318, 325, 356, 358, 363, 426, 444–445, 447–449, 583, 676–678, 775
U107 283, 285, 289, 325, 332, 356, 358–359, 363, 453–455, 479, 485, 487, 491, 493, 515, 583, 586, 676–677, 777–778, 780
U108 289, 324, 331, 349, 369, 374, 392, 453, 485–488, 490–491, 493, 515, 583, 623, 628, 782, 790
U109 346, 354, 393, 403, 438, 445, 447, 515, 518, 552, 554–555, 623, 628, 777, 791
U110 284, 309–312, 315, 317, 337–345, 359, 459, 576
U111 346–347, 349–350, 360, 368, 371, 453, 455–458
U116 378, 661, 695, 699, 705, 719, 722, 774–776
U117 378, 513
U118 378
U122 200, 204, 214, 216
U123 211, 244, 246, 249, 258, 285, 287–288, 327, 329, 345, 359, 364–365, 403–404, 442–443, 447, 449, 515, 518, 532–533, 540, 545, 547, 551, 554, 556, 623–629, 640, 711, 719
U124 224, 227–229, 244–245, 250, 283, 287, 308, 318, 325, 364, 403–404, 461, 463, 480–483, 515, 604–605, 607–608, 695–699, 719, 798
U125 453, 515, 518, 533, 540, 550, 672, 777
U126 393–394, 478–481, 515, 599–600, 607, 675, 682–683
U127 485–486, 492–493
U128 389, 583–584, 604, 682
U129 402, 426, 478–480, 482–483, 515, 588, 592–593, 708–711
U130 451, 515, 518, 551–552, 554–555, 623, 627, 675, 775–776
U131 451, 485, 487–488, 492–493
U132 426, 567, 723, 725–726, 728, 731, 760
U133 646–647
U134 521, 566, 723, 729, 741
U135 553, 644, 668, 670–671, 767–768
U136 631, 635–636, 640, 642, 774–775, 781
U137 253, 257, 342, 376
U138 253, 354, 370, 374, 496
U139 404
U140 259
U141 369–370, 406
U143 369, 406
U144 389
U146 404, 603
U147 302, 331, 354, 364, 369, 400
U153 732–734, 739
U154 595, 598, 628, 643, 732, 783
U155 595–596, 602, 679, 789–790
U156 588–590, 593, 679–681
U157 709–710, 714
U158 596, 602, 708–711, 714
U159 712–714
U160 356, 607, 737, 739
U161 588, 591, 593, 682, 693
U162 596, 598, 679, 783, 791–793, 804
U163 737, 793, 799
U164 719, 792
U165 794–796
U166 732, 734–735, 739
U171 735–736, 739
U172 661, 712–714
U173 735–737, 739
U174 721, 760, 764–766, 768, 789
U175 797, 800
U176 721, 764, 766–767, 770, 789
U177 585
U178 585
U179 585
U181 585
U201 337, 341, 343, 404–406, 462–463, 490, 513, 623, 628, 631, 635–636, 774–775
U202 432, 448, 476, 513, 629–630, 701, 704, 782, 790–791
U203 371–374, 377–378, 393–395, 443, 448, 463, 490, 517, 554, 623, 628–629, 725, 730–731, 774, 782, 791
U204 361, 399–400, 405, 464–466
U205 463, 469–471, 752–753
U206 402, 426, 464–465, 475, 477
U207 404, 432–433
U208 447, 476–477
U210 761, 763–766
U213 567, 642–644, 646, 664–666, 671, 775, 781
U214 720, 722, 778–780
U215 725, 728, 731
U217 785
U251 742, 746–747
U252 645–646
U254 765–766
U255 741, 743–744, 746–747
U256 765–766, 768
U331 403, 469, 473, 571, 749, 752–753
U332 476, 604–605, 704
U333 531–532, 553, 555–556, 631, 636–637, 640, 662, 719, 778, 780
U334 745
U335 760, 766
U352 669–671, 804
U355 741, 747
U371 373, 386, 394, 461, 468–469
U372 400, 433, 752, 756
U373 572, 629–630, 700–701, 708, 767
U374 447, 477, 571, 647
U375 475
U376 641, 742, 746–747
U377 640
U379 759, 764–766, 770

U401 399–400
U402 573–575, 631, 635, 668, 726–728, 731
U403 641
U404 603, 697, 703–705, 708
U406 696, 698, 779–780
U408 741–743, 746–747
U409 771
U431 400, 437, 646, 752
U432 404, 430, 432, 440, 466, 587–588, 664, 666–667, 778
U433 404, 432, 471–472, 477
U434 484–485, 488, 492
U435 641–642
U437 712, 723–724, 730
U438 569, 765, 767–768
U444 719
U451 390, 476–477
U452 407, 410, 416
U453 752
U454 521, 566, 641, 741, 758
U455 667, 671, 789, 796–797
U456 566, 641, 743, 745–746
U457 741, 744–747
U458 726, 728
U459 378, 623, 628, 630–632, 636, 661, 664, 667, 669–670, 676–678, 680, 684, 695, 719, 722, 775, 777
U460 378, 704, 719, 722, 735, 737, 739, 775, 777
U461 704, 719, 722, 736, 761
U462 719, 736, 770, 775, 777–778, 786, 797
U463 719, 783, 785, 789, 792
U464 719, 768–770
U501 401, 416, 431–432
U502 437, 445, 515, 518, 588, 590, 593, 679, 681, 758
U503 599, 608
U504 583, 708
U505 647–648, 732–734
U506 673–675, 777
U507 673–675, 775, 777
U508 736–737
U509 736–737, 739
U510 789–790
U511 786–787, 792
U512 797–800, 804, 806
U513 795–796
U514 797–798, 800
U515 797–798, 800, 806
U516 797, 799–800
U517 794–795
U551 315–316
U552 288–289, 302, 317, 329–330, 337, 349, 351, 369–370, 375, 405, 435, 445, 450, 490, 517, 553, 623, 628–631, 639, 720, 723–724, 730–731, 758–759, 761–763
U553 326, 379, 438–440, 553, 644, 664–667, 671, 762, 784, 793
U556 342–343, 346, 349, 351–352, 375–377, 778
U557 349, 354, 360, 367, 377, 404, 406, 474, 477
U558 401, 407, 439–441, 475, 596, 598, 608, 661, 668, 671, 786, 788
U559 367, 371, 405, 469, 647, 752
U560 496
U561 394, 449, 461, 571, 647, 749
U562 375, 394, 437, 749
U563 464–466, 475, 513, 719
U564 375, 386, 404–405, 464, 466, 490, 518, 586–587, 595, 661–663, 671, 731, 781–784, 790
U565 400, 404, 471, 647, 749, 757
U566 670, 779–780
U567 445–446, 490–492, 723
U568 402, 438–440, 445, 751
U569 432, 448, 513, 696–697, 699
U570 408–416, 436, 459
U571 390, 629–630, 730
U572 513, 571, 629–630, 774–775
U573 476, 750
U574 485, 487, 489–490, 492
U575 437, 476, 556, 585, 636, 724, 731
U576 426, 638, 726–728, 731
U577 571
U578 601–602, 697, 703, 767
U580 496, 734
U581 573, 575, 646
U582 631–632, 639, 774–775
U583 496
U584 521, 566, 701–702, 704–705, 741
U585 521, 641, 741
U586 642
U587 597–599, 608
U588 597, 603, 664, 666–667, 671, 761–762
U590 661, 696, 698, 779–780
U591 642–643
U593 644, 653, 667, 763, 766
U594 670–671, 780
U595 763, 766
U596 719
U597 765–766
U598 784–785
U600 569, 784–785
U601 741
U605 766–768
U606 719
U607 758, 760, 762, 764, 766
U609 770–771
U611 569
U612 719
U651 374, 376–377
U652 390, 404, 426, 428–431, 647, 751
U653 533, 586–587, 595, 669–670, 779–780
U654 585, 636, 782, 784, 788
U655 641, 741
U656 598–599, 608
U657 746–747
U658 784–785
U660 764–765, 768
U695 476
U701 531–532, 554, 644, 699–701, 703, 705–707, 728, 789, 803–804
U702 641, 741
U703 743, 745
U704 759–760, 764, 766
U705 766, 768
U751 445–446, 490–491, 493, 585, 597, 661, 671, 781–782, 789
U752 390, 636, 643, 774–775
U753 568, 671, 673, 675–676, 719
U754 553, 629, 639, 726, 728, 731
U756 771
U1059 630
U1062 630
U2513 25–26
UA 138, 185, 199, 211, 214, 221, 239, 269, 284, 303, 305–307, 316, 325, 356, 359, 365–366, 480, 482–483, 513, 569, 623, 628, 740
UB68 67
UC25 67
UD3 630
UD5 630

Personen

Achilles, Albrecht 588, 591–592, 656, 682–683, 693
Albring, Werner 431
Alexander, Albert V. 57
Alexander, Harold 694
Allard, Dean C. 802
Ambrosius, Wilhelm 156–157, 187–188, 191, 204, 206, 214, 242 – 243
Ames, M. K. 727
Andrews, Adolphus 535, 541, 543, 545, 549, 562, 564, 581, 600, 609, 612–614, 624, 684, 686, 689
Angus, Geoffrey 322
Arnold, Henry H. 544, 678, 686
Auffermann, Hans-Jürgen 798, 800
Ayer, A. 763

Baberg, Kurt 467
Bacon, Allon 362
Baker-Cresswell, Addison Joe 337, 339–343
Baker, Ernest Reginald 225
Baker, Wilder D. 562
Balme, David E. 340, 342, 344–345
Banks, W. E. 433
Bargsten, Klaus 464–466, 475
Barrow-Green, Patrick 299
Bartels, Robert 394, 449, 461, 571, 647, 749
Barten, Wolfgang 147
Bates, G. H. 751
Baudoux, Everett 250
Bauer, Ernst 393–394, 478–481, 599–600, 607, 682–683
Bauer, Max-Hermann 180–182, 198
Baumann, Arend 451, 485, 487–488
Baur, Götz 765, 768
Baxter, James Phinney 558
Beatty, David 65
Becker, Franz 478, 748
Beduhn, Heinz 211, 225
Beesly, Patrick 299–300, 360
Behnke, Paul 53
Behrens, Udo 131, 802
Berger, Joachim 531, 553, 557, 644, 699–700, 780
Bernbeck, Hinrich-Oskar 284
Berndt, Bernhard 408, 412, 415–416
Bertrand, Gustave 171
Beucke, Heinz-Ehler 735–737, 739
Bickford, E. O. 159
Bielfeld, Heinz 743, 745
Bigalk, Gerhard 490–491, 493, 585, 592, 597, 661, 671, 781–782, 789
Blackett, Patrick M. S. 381, 383, 407
Bleichrodt, Heinrich 240–242, 244–245, 249–250, 274, 354, 368, 393, 403–404, 438, 445, 447, 515, 518, 552, 554–555, 592, 623, 628, 735, 777, 784, 791
Bockett-Pugh, I. H. 337, 572, 574–575
Boehm, Hermann 78, 88
Bohmann, Heino 743, 745
Bonatz, Heinz 147
Boot, Henry 167–168, 236
Bopst, Eberhard 765–766
Borchert, Dietrich 670
Borchert, Ulrich 597–599, 608
Borne, Dietrich-Alfred von dem 589
Bowen, Edward G. 167, 236
Bowhill, Frederick 266–267, 381
Bradley, Follett 678
Brandenburg, Karl 744–747
Brennecke, Jochen 28
Brent, Sergeant 750
Bridgeman, C. E. 765
Briggs, D. A. 351
Briggs, W. E. S. 431
Bristol, Arthur Leroy 277–279, 290, 423, 433, 451, 565
Brooks, Edward B. 768
Brooks, Edward J. 177
Brown, David K. 265
Brown, J. David 266
Bruns, Heinrich 800
Büchel, Paul 126, 128–129, 160, 163–164, 182–183
Buchheim, Lothar-Günther 467–468, 475
Buchholz, Heinz 130
Buell, Thomas B. 526
Buldrini, Cesare 755
Bulloch, Terence M. 381, 729, 779
Bülow, Otto von 603–604, 656, 697, 703–705, 708
Bürgel, Friedrich 752, 757
Burger, Ernest P. 701–702
Burnett, Frederick 167
Busch, Harald 28
Bush, Vannevar 558
Bykofsky, 802

Cadogan, Alexander 608
Callaway, A. H. 457
Calvocoressi, Peter 237
Campbell, H. B. 412
Carney, Robert 277
Casement, Peter R. 781
Cave, W. W. 475
Chamberlain, Arthur Neville 79, 102, 111, 161, 186, 201
Christiansen, Walter 408, 412–413, 415
Churchill, Winston S. 37, 40, 49, 65, 102–104, 111–112, 115, 120, 123, 135, 154, 165, 185–186, 194, 201, 207, 210, 231–232, 234–235, 264–265, 276–277, 298, 300, 314, 318, 326, 347, 357, 384–385, 396–398, 401, 415, 423–424, 460, 504, 512, 523–524, 536, 557, 579, 608–610, 615–618, 620, 688–689, 692, 694, 809
Clarke, William F. 174
Clausen, Nikolaus 258, 273, 284, 286–287, 303, 305, 310–311, 316, 326, 402, 426, 478–480, 482–483, 588, 592, 641, 708
Clayton, J. W. 299–300
Coates, A. E. 475
Cochrane, Edward L. 528
Cohausz, Hans 211, 222, 623, 740
Coleman, John O. 409–410
Collmann, Herwig 375, 394
Colvin, George R. 414
Cope, Harley F. 445
Corbett, Julian 49
Cornelius, E. A. 156, 176, 192, 202–203
Corrie, R. M. 753
Cotton, Edward 661
Crawford, George C. 596

Cremer, Peter 531–532, 553, 555–556, 631, 636–638, 640, 656, 662, 778–780
Crenshaw, Russell S. 673, 678
Crepas, Alberto 262
Cullen, John C. 701
Cunningham, Andrew B. 103, 231–232
Currey, C. N. E. 596
Currier, Prescott H. 293

Danis, Anthony L. 440
Darlan, François 207
Dasch, Georg J. 701–702
Dau, Rolf 148
Davidson, E. H. 262
Deckert, Horst 754
Deecke, Joachim 521, 566, 701–702, 704
Deecke, Jürgen 199
Degen, Horst 531–532, 554, 644, 699–701, 703–707, 728, 789
Delap, Miles Villiers 187
Denfeld, Louis E. 277
Denning, Norman 299
Denniston, Alastair 174, 293
Dierksen, Reiner 764, 767
Diesel, Rudolph 34
Dieterichs, Horst 696–699, 779–780
Dietrich, Otto 145
Diggins, Kurt 726, 728
Dobson, A. H. 759
Dodds, G. E. 341–342, 344
Dolan, William C. 615
Dommes, Wilhelm 400, 437, 646, 752
Dönitz, Anna 66
Dönitz, Emil 66
Dönitz, Friedrich 66
Dönitz, Ingeborg 66
Dönitz, Karl 28, 66–67, 69–72, 75–79, 85, 87–89, 97–98, 100–102, 110, 113, 116–117, 119, 122, 124–128, 131, 133–134, 136, 138–140, 144, 146–147, 149–151, 153–162, 164, 176–178, 180–181, 184, 187–189, 191–192, 197–198, 200, 201–205, 211, 213–214, 216–218, 221–222, 224, 226, 228, 237–240, 242–244, 248, 252, 254–255, 258–260, 269–271, 273–275, 282, 284–291, 302–303, 307, 309–310, 313–321, 323, 325–327, 329–331, 334, 336, 344, 347–349, 352–354, 356–363, 365–369, 371–372, 375, 377–379, 388, 390–392, 395, 399–401, 403–404, 406–407, 410, 415–417, 427–430, 434, 436, 439, 441, 443–444, 446, 448–450, 452, 454, 458, 461, 466, 473, 475, 478, 482–485, 487, 492–493, 499–500, 507, 515–517, 520, 532, 550, 554, 556, 568, 570–571, 573, 577, 589–590, 594–595, 597, 627, 630, 639, 641, 643–646, 652–657, 661–663, 665, 667, 670, 672–673, 676, 680, 682, 695, 697, 701, 708, 710–711, 714, 719–722, 725, 730, 732, 741, 747, 758–760, 766–767, 771, 775, 777, 780, 782–783, 788, 794, 796, 798–799, 804
Dönitz, Klaus 67
Dönitz, Peter 67
Dönitz, Ursula 66, 283
Douglas, W. A. B. 728
Drake, Fredrick J. 410
Dresky, Hans Wilhelm von 124, 128–129, 160, 163, 183
Driscoll, Agnes 236
Driver, Heinrich 373, 394–395, 461, 468–469
Dulm, Johannes Frans von 474
Dumrese, Adolph 641
Dunbar-Nasmith, Martin 300
Durgin, Edward R. 327
Dyer, George C. 650, 761
Dyer, K. L. 650, 761

Eagleton, Norman F. 465
Eastham, Melville 560
Easton, Alan H. 762
Ebert, Friedrich 53
Eccles, Hugh 410
Ecke, Helmut 339, 341–343
Eckermann, Hans 303, 305–307, 316, 325, 356, 480–483
Edison, Charles 210, 528, 610
Edwards, Heywood L. 446
Eichelborn, Hans-Joachim 338–339, 341, 343–344
Eichhain, Karl Daublebsky von 130
Eisenhower, Dwight D. 524, 544, 694
Elfe, Horst 404, 572
Emmermann, Carl 306, 712–714
Emsmann, Hans Joachim 77
Endraß, Engelbert 114, 142, 144, 196, 204, 213–214, 225–227, 230, 250, 274, 284, 288, 315, 317, 321, 323, 348, 369, 399–401, 445–446, 491–492, 723
Engelmann, Kurt-Eduard 793
Engstrom, Howard Theodore 296–297, 650
Ernst, Josef 669
Esch, Dietrich von der 642
Esslinger, Robert J. 440
Everett, R. H. W. 399
Ewerth, Klaus 117–119, 152
Ey, Hans 404, 471–472, 474

Farago, Ladislas 564
Fechner, Otto 792–793
Fecia di Cossato, Carlo 593
Feiler, Gerhard 533, 586, 595, 669–670, 778–780
Fenn, Heinz-Konrad 369
Fischel, Unno von 447, 477, 571
Fischer, Hans-Georg 346
Fisher, David 167
Fisher, John (Jacky) 37
Fiss, Gordon R. 786, 788
Flachsenberg, Walter 374–375, 464, 466, 475, 490, 605–607, 722–724, 730
Fletcher, George 488
Flister, Siegfried 312
Folkers, Ulrich 515, 518, 533, 540, 550, 672–673, 678, 777
Forbes, Charles M. 103, 141, 144, 328
Förster, Hugo 401–402, 431–432
Forster, Ludwig 585, 636, 782–784, 788
Forstmann, Walter 66
Forstner, Siegfried von 573–575, 631, 635, 668, 726–728, 731
Fraatz, Georg-Werner 390, 404, 428–429, 431, 647, 751
Franco, Francisco 71, 326
Frank, Wolfgang 28, 255, 257, 261, 314
Franken, Wilhelm 749, 757
Franz, Johannes 127, 139
Franzius, Rudolf 765, 767–768
Fraternale, Athos 593

Frauenheim, Fritz 131, 160, 204, 206, 211, 213, 225–229, 245–246, 248–249, 274, 748
Fricke, Kurt 565
Friedman, William F. 236, 293
Friedrich, Karl 750
Fröhlich, Wilhelm 131–132
Frost, Laurence H. 429, 651
Fuchs, Helmut 458
Fürbringer, Werner 80

Gannon, Michael 545–547, 549, 563, 598
Garnell, Hugh 476
Gaulle, Charles de 206, 231–232
Gay, Sergeant 756
Gazzana-Priaroggia, Gianfranco 850
Gelhaar, Alexander 149
Gelhaus, Harald 485, 487, 493, 583, 586, 676–678, 778, 780
Gengelbach, Dietrich 485, 487, 489–490
Gentile, Gary 584, 635–636, 666, 704
George VI. 343
George, David Lloyd 45
Gericke, Otto 599
Gessler, Otto 62
Gewald, Hinrich 362
Ghormley, Robert L. 235, 277, 660
Giacomo, Antonio de 593
Gibbs, Archie 683
Gibson, W. N. 215
Giessler, Hans-Heinrich 667, 789, 796–797
Giffen, Robert C. 618
Gilardone, Hans 765–766
Gilbert, Martin 111
Giovannini, Adalberto 288, 291, 332
Giudice, Ugo 593
Glattes, Gerhard 122–124, 127
Göder, Hubertus 325
Godfrey, John H. 299–300
Godt, Eberhard 75, 203, 254, 282–284
Goebbels, Joseph 101, 145
Göhlich, Günther 764
Goldstein, Maxwell K. 559
Göllnitz, Heinrich 746–747
Gordon, Arthur 484
Göring, Hermann 220, 270, 293, 323, 500, 722, 747
Gossler, Curt von 156–157, 187–188, 192, 194, 197
Gräf, Ulrich 668, 671, 680–681, 789, 796–797
Graham, W. 728
Gramitzky, Franz 370
Grant, James D. 631
Greger, Eberhard 404, 430, 632, 640
Greswell, Jeaff H. 663
Gretton, Peter 754–755
Groener, Wilhelm 62
Grosse, Harald 181–182
Grubb, F. E. 431
Guggenberger, Friedrich 390, 430, 469–471, 647, 749, 751
Guthrie, Woody 446
Gysae, Robert 321, 323, 345–346, 349, 352, 396, 433, 518, 585, 592, 628

Habekost, Johannes 124–125, 153, 160, 179, 187
Hackländer, Burkhard 521, 566, 641
Hadley, Michael L. 28
Hague, Arnold 234
Halifax, Lord, Edward F. L. Wood 292–293, 297
Hamm, Horst 437, 749
Hansen, Peter 339, 345
Hansmann, Bruno 485–486, 492
Hardegen, Reinhard 302, 364–365, 403–404, 442–443, 447–449, 515, 518, 532–533, 540, 545, 547, 550–551, 554, 556, 592, 623–629, 640, 711
Harding, Warren G. 54
Harlinghausen, Martin 270
Harms, Otto 224, 768–770
Harney, Klaus 771
Harrison, Peter R. H. 753
Hart, Thomas C. 522
Hartenstein, Werner 588–590, 592, 679–681
Hartmann, Werner 88, 116, 147, 149–151, 159, 178–182, 184, 199–200, 203, 243, 261 274, 320, 734
Hartwig, Paul 794–796
Haupt, Herbert 702
Hazard, Jaques 732
Heffernan, John B. 696–697, 718
Heidel, Werner 131–132, 177
Heidtmann, Hans 405–406, 469, 647, 752
Heilmann, Udo 289–291, 302, 323, 349, 469
Heinck, Heinrich H. 701–702
Heinecke, Hans Joachim 458
Heinemann, Paul R. 766
Heinicke, Ernst Gunther 125, 153, 156–157, 181
Heinicke, Hans-Dieter 638–639, 726–727, 731
Heinsohn, Heinrich 476, 750
Hellriegel, Hans-Jürgen 695–697, 699
Henke, Werner 798, 800
Henne, Wolf 709–710, 714
Hesse, Hermann 646
Hesselbarth, Horst 313
Heßler, Günter 283, 285, 289, 325–326, 356, 358–359, 363, 453–455, 479, 556
Heßler, Ursula, geb. Dönitz 66, 283
Heyda, Wolfgang 485, 488–489
Heydemann, Günther 437, 476, 556, 585, 636, 724, 731
Heyse, Ulrich 389, 583–584, 604, 682
Hibbard, J. C. 430
Hickam, Homer H. 634, 669, 675, 677
Hindenburg, Paul von 53, 62–63
Hinsch, Hans-Peter 199, 259, 432, 448, 476, 696–697, 699
Hinsley, Francis H. 328, 577–578, 650
Hippel, Friedrich von 320–322
Hirsacker, Heinz 571, 629–630, 774–775
Hitler, Adolf 63–65, 67, 70–71, 77–79, 85, 87–88, 96–99, 101–102, 111, 126, 129–134, 136–137, 141, 145, 161, 184, 197, 201, 204, 206–207, 218–220, 222, 233, 238–239, 256, 268–270, 283, 293, 309, 314, 319–320, 331, 336, 352–353, 357, 368, 371–372, 388, 390, 402, 407, 417–418, 425–426, 430, 450, 472, 496, 499–500, 507–508, 512, 520–521, 565, 569, 594, 617, 630, 651, 654–658, 680, 721, 740, 743, 746, 748
Hoare, Samuel 64–65
Hoeckner, Fritz 725, 731
Hoffmann, Dietrich 670
Hoffmann, Eberhard 390, 476–477, 794–796
Hofmann, Horst 194

Holland, John P. 33, 186
Holtorf, Gottfried 784–785
Höltring, Horst 40, 771
Holzer, Rudolf 624
Hook, Clifford van 713, 733
Hoover, Herbert C. 56, 59
Hoover, J. Edgar 702
Hoover, John H. 591, 614, 686
Hopgood, Robert B. 769–770
Hopkins, Harry L. 277, 397, 608, 618–620, 690–691, 694
Hoppe, Joachim 330
Horn, Karl-Horst 766, 768
Howard-Johnston, C. D. 346, 376
Howe, Hamilton W. 632
Howell, Wiley B. 681, 714
Hughes, Charles Evans 54
Hull, Albert W. 167, 376
Hundius, Paul 77
Hunt, A. R. A. 781
Hymmen, Reinhard von 742–743, 747

Ibbeken, Hans 89, 585
Ickes, Harold I. 548, 687–688
Ing, E. B. 726
Ingersoll, Royal E. 522, 529–530, 541–543, 561–562, 564, 582, 600, 611–612, 625, 659
Ingram, David 455–456
Ites, Otto 404, 434, 557, 568, 597, 602–603, 629, 695–699, 786–789, 793

Jackson, Reginald 430
Jahnke, Rudolf 760
Jebsen, Johann 400, 404, 471, 647
Jeffreys, John 174
Jemison, William R. 727
Jenisch, Hans 182–183, 212, 226, 232, 242–243, 251, 274, 340, 344
Jenisch, Karl-Heinrich 162, 189
Jeppener-Haltenhoff, Harald 160
Jester, Maurice D. 669
Jewiss, Edward A. 408, 410–411
Jodl, Alfred 270, 654
Johnson, Brian 168
Jones, Reginald V. 221, 651, 676
Joubert de la Ferté, Philip 381
Jürst, Harald 259
Junker, Konrad 706

Kals, Ernst 451, 515, 518, 551–552, 554, 597, 623, 627, 775–776
Kane, Harry J. 706
Kauffman, James L. 678, 686, 709–710
Kaufmann, Wolfgang 373–375, 393–394, 403, 469, 477
Keitel, Wilhelm 654
Kelbling, Gerd 644, 653, 667, 763, 766
Kell, Walter 361, 399–400, 405–406, 464–465
Kemp, Peter 299
Kennedy, John F. 100
Kennedy, Joseph P. 100
Kentrat, Eitel-Friedrich 309–310, 312, 321, 323, 346, 349, 353, 400, 435, 444–445, 447–448, 485, 518, 750
Kerling, Edward J. 702
Kesselring, Albert 478
Kessler, Horst 759–760, 766
Kettner, Paul-Hugo 759, 764–766, 770
Kimmel, Husband E. 522
King, Clarence A. 786–788
King, Ernest J. 277–278, 333, 385–387, 397, 419–421, 429, 433, 445, 451, 522–523, 526–528, 530, 534–536, 538–539, 541, 543–544, 557, 562–564, 577–579, 581–582, 585, 609–612, 614–617, 620–621, 625, 643, 650, 658–660, 678, 684–687, 690–694, 717, 794, 801–802
King, W. L. Mackenzie 278
Kleinschmidt, Wilhelm 346–347, 349, 360, 368, 371, 453, 455–458
Klot-Heydenfeldt, Harro von 132, 215
Knebel-Döberitz, Hans-Joachim von 313
Knight, Frank LeR. 601
Knight, N. L. 410, 413
Knorr, Dietrich 177, 187, 189–194, 197–198, 212, 225
Knowles, Kenneth A. 650
Knox, A. Dillwyn 174
Knox, Frank 210, 218, 522, 529–530, 544, 610, 614, 686
Koch, Hugo Alexander 168
Koening, P. A. 784
Köhler, Otto 640
Köhler, Walter 477
Kölle, Walther 595, 628, 643, 732
Könnenkamp, Jürgen 475
Korth, Claus 189, 245, 258–259, 284–286, 346, 349, 360–361, 367, 403–404
Kraus, Hans-Werner 464–466, 647, 750, 752, 757
Krech, Günther 401, 407, 439–441, 475, 596–598, 608, 661, 668, 671, 786, 788
Kreisch, Leo Karl 646–647, 748
Kretschmann, Günter 181
Kretschmer, Otto 131, 133, 139, 161, 216–217, 222–223, 240, 242, 246, 248–249, 255–256, 260–261, 274, 282, 284, 290–291, 302–307, 309–314, 316–317, 337, 340, 344, 368, 401, 404, 415–416, 432, 518, 762, 784
Krogstad, Arnold N. 544–545, 562
Kröning, Ernst 598, 608
Kruh, Louis 579
Krummel, Helmut 573, 575
Krupp, Gustav 53
Kuhlmann, Hans-Günter 734–735, 739
Kuhnke, Günter 124, 129, 162, 182, 204, 212, 226, 228–229, 252–253, 274, 453, 653
Kummetz, Oskar 176, 192
Kunert, Günther 706–707
Kupfinger, Hans 294
Kuppisch, Herbert 161, 260, 284, 321, 324, 336–337, 342, 346, 348, 403–404

L'Estrange, H. O. 412
La Baume, Günter 747
Land, Emory S. 136, 235, 282, 529, 688
Larson, Westside T. 614, 802
Lassen, Georg 607, 737–739
Lawrence, H. E. T. 787
Layard, A. F. C. 765
Lea, T. S. 768
Leathers, Frederick 385
Leclerc, Jacques Philippe 232
Lehmann-Willenbrock, Heinrich 272–273, 283, 287–289, 329, 391–392, 445–446, 466–467, 474, 490, 518, 585, 587–588
Leigh, Humphrey de Verde 266
Lemcke, Rudolf 761, 763, 766
Lemp, Fritz-Julius 89, 96, 99–

102, 117, 120–122, 124, 128–129, 163–164, 184, 187, 189, 198, 212, 214, 217, 221–223, 274, 284, 309–312, 315, 317, 337–340, 342, 345, 359, 365
Leoni, Mario 254
Lerchen, Kai 645
Leutze, James R. 801
Lewis, Frank C. 727
Liebe, Heinrich 117, 120, 123, 187–189, 192, 194, 197–198, 211, 225, 245–246, 250, 274, 282, 325–326, 356, 358, 361, 363
Liebe, Johannes 476, 604–605, 704
Lindemann, Ernst 353
Lindemann, Frederick 112
Linder, Hans-Heinz 432, 448, 476, 629–630, 701, 704, 782, 790
Loeser, Paul-Karl 572, 629–630, 700, 767
Loewe, Axel-Olaf 647–648, 732–734
Loewe, Dietrich 338–339, 341, 344–345
Loewe, Odo 765–766, 768
Lohmann, Dietrich 723–724, 728–729
Lohmeyer, Peter 374, 376–377, 433
Lohs, Johannes 75
Lohse, Bernhard 521, 641
Long, Alan Osborne 341
Longanesi-Cattani, Luigi 593
Longobardo, Primo 240, 242, 282–283, 332, 775–776
Looff, Hans-Günther 72, 216
Loomis, Alfred 560
Lott, Werner 153–154
Love, Robert W. 540, 802
Luce, David 225
Lumby, Michael 760
Lüth, Wolfgang 253, 259–260, 274, 284, 345, 348, 369–370, 432, 449–450, 484–485, 490, 567, 585, 592
Lütjens, Günther 348, 350–352, 360

MacDonald, Ramsay 56
MacInnes, A. A. 768
Macintyre, Donald 310–313
Maertens, Erhard 436, 458–459
Mahan, Alfred Thayer 45–46
Mainguy, Edmond R. 262, 373
Mannstein, Alfred Manhardt von 568, 673, 675–676
Mansfield, J. M. 300
March, Jürgen 407
Marder, Arthur J. 52
Marks, Friedrich-Karl 641, 742, 747
Markworth, Friedrich 738–739
Marriot, Peter B. 415
Mars, Alastair 756
Marshall, George C. 523, 544, 618–620, 686, 690–694
Martin, Eric B. 731–732
Mason, Donald F. 564, 599
Massmann, Hans-Ferdinand 771
Mathes, Ludwig 178, 187–188
Matz, Joachim 302–305, 307–308, 313, 316, 322
Maudsley, Arthur T. 250
McCormick, Nelson C. 709
McDaniel, Aucie 440
Meaker, A. 732
Meckel, Hans 160, 254
Meigs, Montgomery C. 545
Meisinger, Rudolf 624
Mengersen, Ernst 259–261, 287, 374, 426, 437, 441, 758, 760, 762, 766
Mensel, Erick 408, 412, 415
Merten, Karl-Friedrich 393–394, 453–456, 467, 479–481, 483, 647–648, 712–713
Metzler, Jost 287–289, 314–315, 317, 323, 356–358, 364–366, 406, 798
Meyer, Fritz 404, 432–433
Migliorini, Augusto 663
Milner, Marc 696
Mittelstaedt, Gert 389
Möhle, Karl-Heinz 244, 246, 249, 257, 285, 287–289, 327, 329, 345, 364, 626
Möhlmann, Helmut 390, 629–630, 730
Mohr, Eberhard 606, 647
Mohr, Johann Hendrick 404, 462, 464, 480–483, 604–608, 627, 695–699
Moncy, Peter M. 794
Monsarrat, Nicholas 301
Montgomery, Bernard Law 694
Morison, Samuel Eliot 28, 527, 674, 713
Morris, Christopher 295
Morton, Desmond 112
Mountbatten, Louis 651
Mugler, Gustav-Adolf 123, 155, 157, 178
Müller-Edzards, Heinrich 696–699, 779–780
Müller-Stöckheim, Günther 454–456, 485, 491, 493, 588, 590, 592, 710–711
Mulligan, Timothy P. 459
Mumm, Friedrich 780
Murdaugh, Albert C. 597
Murray, L. W. 334
Mussolini, Benito 63, 87, 206, 231, 233, 238, 268–269, 499, 512
Mützelburg, Rolf 371–373, 377, 393–395, 443, 448, 463–464, 490, 517, 554, 592, 623, 628–630, 725, 730–731, 774, 782, 791

Nagumo, Chuichi 509–510
Neitzel, Karl 789–790
Nelles, Percy W. 278–279
Neubauer, Hermann 702
Neumann, Heinz-Joachim 400, 433, 752, 756–757
Nimitz, Chester W. 522, 526, 621, 658–660
Noble, Percy L. H. 300–301, 410, 423, 536
Nollau, Herbert 734
Nomura, Kichisaburo 508
Noyes, Leigh 579–580
Nýlvt, Josef 767

Oehrn, Viktor 204–206, 211, 225–226, 230, 243, 249, 254, 206, 211, 274, 478–479, 646
Oesten, Jürgen 163, 191, 283–284, 308, 317–318, 325, 356, 358, 363, 426, 444, 585, 640, 740
Oestermann, Hans 553, 629, 639, 726, 728, 731
Oldörp, Hans-Jürgen 759
Oliphant, Mark 167
Oliver, Edward 484
Olivieri, Emilio 594
Opitz, Herbert 402, 426, 464, 475
Oshima, Hiroshi 293, 656

Page, Walter Hines 49
Parrish, Thomas 296

Patton, George S. 693
Paulshen, Ottokar 349, 354, 360, 404, 406–407, 474
Pelkner, Hans-Hermann 760, 766
Périère, von Arnauld de la 471
Perona, Angelo 244
Perrini, Renato 755
Pétain, Henri 206
Petersen, Heinrich 249, 313
Petersen, Theodor 484
Pfeffer, Günther 735–737
Pfeifer, Werner 573–575
Piening, Adolf-Cornelius 595–596, 602, 679, 789–790
Polizzi, Gioacchino 283
Pope, Victor D. 592
Poske, Fritz 583–584, 708
Pound, Alfred Dudley P. R. 102, 154, 165, 298, 300, 318, 343, 350–351, 522, 534, 536–539, 557, 609, 618, 620–621, 685, 745–746
Powell, A. J. 787
Powell, R. Y. 750
Praetorius, Friedrich-Hermann 553, 644, 668, 670, 767–768
Preetz, Wilhelm 180
Prellberg, Wilfred 242–243, 251–252
Prentice, J. S. D. 354, 431
Preuß, Joachim 402, 438–441, 751
Prien, Günther 112–114, 120, 123, 141–142, 144, 153, 157–160, 164, 184, 187–189, 192, 194–198, 211–213, 228–230, 240–242, 248–250, 255, 257, 259–261, 274, 284, 290–291, 302–308, 313–314, 316, 322, 340, 368, 401, 591
Prini, Giuliano 463
Puccini, Sergio 755
Puttkamer, Karl-Jesko von 565

Quaet-Faslem, Jürgen 763, 766
Quirin, Richard 701–702
Quisling, Vidkun 137

Rabenau, Wolf-Rüdigen 641
Raeder, Erich 60, 62–64, 66–67, 70–71, 77–81, 85–86, 88, 96, 98, 101, 126, 129, 131, 134, 136–137, 139–140, 144, 152–153, 156, 159, 163, 165, 176, 182, 186, 197, 202–203, 211, 218–219, 222–223, 238, 268–269, 309, 327, 331, 353, 359, 371, 388, 390, 417, 429, 449, 472, 507, 520, 550, 565, 589, 594, 623, 627, 647, 651–652, 654–657, 680, 721, 741–742, 744, 746, 798
Rahmlow, Hans 408–412, 415–416
Randall, John 167–168, 236
Rasch, Hermann 444–445, 447–449, 583, 676–678, 775
Rathke, Hellmut 669
Raynor, Denys Arthur 346
Reche, Reinhardt 743–744, 746
Redman, Joseph R. 579–580, 649
Reeder, Günther 722, 779–780
Rehwinkel, Ernst-August 601–602, 697, 703, 767
Reichenbach-Klinke, Kurt 785
Reichmann, Wilfried 732–733, 739
Rejewski, Marian 171
Remus, Gerhard 778–780
Reschke, Franz-Georg 463, 469–471, 752–753
Reussel, Gerhard 669
Reynaud, Paul 186, 206
Ribbentrop, Joachim von 65, 78, 87, 293, 721, 777
Ringelmann, Helmuth 326, 469, 477
Robb, J. M. 300
Robertson, Terence 432
Rogge, Bernhard 480, 482
Rohwer, Jürgen 29, 159, 248, 261, 647, 675, 747, 809
Roithberg, Hardo Rodler von 758–759
Rollmann, Siegfried 410, 430, 432, 443, 585–586, 599, 645
Rollmann, Wilhelm 124, 128–129, 152, 159, 179, 184, 187, 198, 216–217, 222–223, 242, 274
Rommel, Erwin 285, 320, 417, 426, 460, 468–469, 472, 523, 571, 619, 646, 688, 694, 748, 752
Roosevelt, Franklin D. 112, 136, 185, 209–210, 218, 234–235, 276–277, 280–282, 319, 353–354, 385, 387, 396–398, 423, 429, 441, 446, 503, 512–513, 522–523, 525, 527–530, 543–544, 548, 558, 579, 590, 608–610, 615, 617–618, 620–621, 685, 687–688, 690–692, 694, 741
Root, Elihu 57
Ropp, Dietrich von der 133
Rosen, Leo 293, 296
Rosenbaum, Helmut 288, 290–291, 321, 327, 349, 351–352, 416, 426, 571, 646, 748, 753–754
Rosenstiel, Jürgen von 437, 515, 518, 588, 590, 679, 681
Rösing, Hans-Rudolf 72, 204, 213–214, 225–227, 230, 240, 252, 274, 368, 458, 784
Rösing, Friedrich Wilhelm 458
Roskill, Stephen Wentworth 28, 102, 343, 407
Rostin, Erich 596, 602, 708–711
Rowland, James M. 303, 305–307
Rózycki, Jerzy 171
Rudloff, Klaus 770–771
Ruge, Friedrich 61–62, 70
Rüggeberg, Rolf 795–796
Rumpf, Edward R. 549
Russell, Sean 225
Ryan, Denis 469
Ryan, Frank 225
Ryan, T. P. E. 413

Safford, Laurence F. 236, 296–297, 580
Salman, Otto 75, 187–188, 198, 212, 214, 217, 222–223, 260, 273, 285, 287, 327
Sandwith, Humphrey R. 649
Sayre, G. T. 728
Scandola, Renato 755
Schacht, Harro 673–675, 678, 775–777
Schäfer, Friedrich 704, 735, 737, 739
Schauenburg, Herbert 571
Schein, George L. 727
Schendel, Rudolf 521, 566, 723, 729–730
Schepke, Joachim 132, 189, 224–227, 230, 242, 249–250, 258, 271–274, 284, 309–312, 314, 316, 340, 368, 370, 401
Scherbius, Arthur 168
Scheringer, Heinz 180, 191, 199, 214–215

Schewe, Georg 163, 283, 308, 317–318, 325, 356, 358–359, 363, 432, 450, 484, 490
Schlieper, Alfred 447, 476
Schlippenbach, Egon-Reiner von 748, 752
Schmidt, Adolph 120–122, 128
Schmidt, Hans-Thilo (»Asche«) 171
Schmidt, Werner von 75, 661, 722, 774–776
Schmundt, Hubert 640, 740, 742–745
Schnee, Adalbert 230, 337–338, 341, 343, 404–406, 462–464, 490, 592, 623, 628, 631, 635–636, 774–775
Schneider, Adalbert 352
Schniewind, Otto 81
Scholtz, Klaus 289, 324, 349, 369, 374, 392, 453, 485–488, 490–491, 493, 583, 592, 623, 628, 782, 790–791
Schonder, Heinrich 485, 646, 752, 757
Schreder, Richard E. 711
Schreiber, Gerd 259–260, 274–275, 288, 290, 302–303, 309, 407, 461, 473–474
Schroder, Gottfried 313
Schroeter, Karl-Ernst 390, 636, 643, 775
Schrott, Karl 316
Schuch, Heinrich 402, 449, 556, 581, 607, 731–732
Schug, Walter 553, 636, 639, 758, 761
Schuhart, Otto 124–127, 129, 139, 145, 158–159, 162, 182–184, 191, 203–204, 206, 214, 243, 250, 253, 274, 607
Schulte, Werner 201, 631–632, 639, 774–775
Schultze, Heinz-Otto 404, 466, 587–588, 664, 666–667
Schultze, Herbert 115, 120, 123, 149–151, 153, 157–159, 164, 179–180, 184, 191–192, 194, 197, 203, 274, 283–285, 287, 315, 317, 321, 323, 349, 353, 368, 740, 784
Schultze, Wolfgang 797–799
Schulz, Georg-Wilhelm 193, 224, 227–229, 244–245, 250, 283, 308, 318, 325, 364, 403–404, 798
Schulz, Werner-Karl 723–724, 730
Schulze, Wilhelm 628, 631, 636, 781–782
Schütze, Herbert-Viktor 244–245, 257, 259, 261, 766–768
Schütze, Viktor 153, 178, 190–194, 197–198, 274, 283–284, 287, 325–326, 356, 358, 363–364, 677, 679
Schwantke, Hans-Joachim 758, 762
Seeckt, Hans von 53, 62
Senkel, Hans 784–785
Shaw, Bertie E. 443
Shepard, Andrew G. 531
Sherman, Forrest P. 277
Shirer, William L. 145, 206
Siemon, Hilmar 745
Simmons, Edward T. 432
Sims, William 49
Sinkov, Abraham 293, 296
Sitek, Werner 575
Sladen, G. M. 571
Slatter, Leonard H. 300
Slessor, John C. 300
Small, N. E. 728
Smith, Ashton B. 445
Smith, Bradley F. 237, 296, 649
Smith, Leonard 351
Smith, V. F. 338, 340, 343
Sobe, Ernst 88, 585
Sohler, Herbert 149–150, 158, 163, 187, 189–191, 194, 197–198, 204, 653
Somerville, James F. 351
Sorber, Heinz 764
Spector, Ronald H. 510
Speer, Albert 657
Staats, Georg 736–737
Stalin, Josef 64, 85, 87, 218, 396, 423, 618
Stark, Harold R. 218, 277–278, 385, 446, 522, 528–530, 535, 610, 660
Steinhoff, Friedrich 786–787, 792–793
Stephenson, G. O. 301
Stiebler, Wolf 189, 704, 736, 761
Stimson, Henry L. 57, 210, 237, 543–544, 614, 686, 692
Stockhausen, Hans-Gerrit von 192, 194, 197–198, 212, 224, 228–230, 240, 258, 273, 275
Stransky, J. 775
Strelow, Siegfried 641–642
Strode, Douglas 410
Strong, George 237
Stubbs, John H. 763–764
Suhren, Gerd 249
Suhren, Reinhard 249, 375, 404–406, 464–466, 490, 518, 586, 592, 595, 661–663, 671, 731, 781–784, 790–791

Tandy, E. O. 768
Tarrant, V. E. 494
Taylor, T. 339–340, 344
Teichert, Max-Martin 641, 743, 745–746
Teppati, Carlo Alberto 288
Tepuni, William 598
Thebaud, Leo H. 439
Thedsen, Otto 72, 75–76
Thiel, Werner 702
Thilo, Ulrich 765, 768
Thompson, James H. 409–410, 414
Thornton, M. 262
Thring, Ernest W. C. 299–300
Thurmann, Karl 326, 438–440, 553, 644, 664–667, 671, 762, 784–785, 793
Tiesenhausen, Hans-Dietrich von 399, 403, 469, 473, 571, 749, 752–753
Tiltman, John H. 293
Timm, Heinrich 742, 747
Tirpitz, Alfred von 34, 615
Tizard, Henry 236
Tojo, Hideki 507, 509, 512
Tölle, Alwin 541, 550
Topp, Erich 25, 230, 288–290, 302, 317, 329, 337, 349, 351, 369–370, 375, 405–406, 435, 445–446, 450, 490, 517, 553, 592, 623, 628–630, 639, 723–724, 730–731, 758–759, 761–763, 784
Torri, Alberto 474
Tovey, John C. 348, 350–351, 424, 449
Towers, John H. 544
Travis, Edward W. 174, 293
Trotha, Adolph von 53
Truman, Harry S. 702
Turing, Alan 174–175, 238, 294, 297, 460
Turnball, Bryan W. 729
Tuttle, A. H. 726

Uphoff, Horst 404, 442, 448, 554, 629–630, 729–730

Varendorff, Amelung von 257, 567, 642–644, 646, 664–667, 775
Vargas, Getulio 587, 603
Vause, Jordan 484
Veitch, James R. 416
Vian, Philip 352
Vinson, Carl 678
Vogel, Viktor 597, 603, 664, 666–667, 761–762
Vogelsang, Ernst 567, 723–726, 728, 731, 760, 796
Vowe, Bruno 736, 770, 786, 797

Walker, Frederic J. (»Johnny 285, 486–487, 489–493, 645–646, 723, 725
Walker, J. A. 285, 645–646, 723, 725
Walkerling, Heinz 771
Wallace, D. C. 761
Waterhouse, J. V. 767
Watson, Bertram C. 108
Watson-Watt, Robert 167
Wattenberg, Jürgen 596, 598, 679, 783, 791–792
Webb, Charles 727
Weber-Drohl, Ernst 180
Weddigen, Otto 72, 127
Weeks, Robert H. 293, 295
Wegener, Bernhardt 77
Wehr, Oskar 176
Wehrhöfer, Ulrich 341
Weichold, Eberhard 478
Weingärnter, Hannes 132
Welchman, Gordon 174–175, 237–238, 294, 297, 460
Wellner, Horst 131, 160
Wenger, Joseph 649
Werner, Herbert A. 377, 474
Westmacott, H. P. 746
Wetjen, Eberhard 354, 369
Weyler, George L. 788
Whinney, Bob (Reginald) 355
White, Henry C. 735
Wiebe, Gerhard 799–800
Wiggins, Melanie 678
Wilamowitz-Möllendorf, Georg von 623, 661, 722
Wilkinson, Theodore 579
Willis, Algernon 355
Willkie, Wendell L. 210, 234
Wilson, T. Hugh P. 362
Wilson, Woodrow 41–42, 52
Windeyer, Guy S. 374, 761
Winkler, Otto 148
Winn, Rodger 300, 327, 360, 368, 407, 519, 533, 577, 579, 650, 689, 760
Winter, Werner 131, 454–455, 479, 583, 586, 676–678, 738
Winton, John 45–46
Witt, Hans-Ludwig 710–711
Witte, Erwin 284
Witte, Helmut 712–714
Wohlfarth, Herbert 253, 257, 342, 346, 349, 351–352, 375–376
Wolfbauer, Leo 783, 785, 789, 792
Wolff, Karl-Heinz 736–737, 739
Wood, S. R. C. 722
Woodring, Henry H. 210
Woods, S. R. J. 411–413
Würdemann, Erich 673–675, 678, 777

Yamamoto, Isoroku 509
Yardley, Herbert 292

Zahn, Wilhelm 435, 586
Zapp, Richard 349, 365, 367, 453, 479, 515, 518, 533, 540, 547, 550–551, 627–628, 732
Zenker, Hans 53, 62
Zetzsche, Hans-Jürgen 642–643
Zimmermann, Gero 399
Zimmermann, Heinrich 631, 635–636, 640, 642–643, 774–775
Zurmühlen, Bernard 784–785
Zygalski, Henryk 171